Ullstein · Lexikon der Kunst

Ullstein
Lexikon der Kunst

Mit 8000 Stichwörtern,
650 Abbildungen im Text
und 64 Tafeln, davon 32 in Farbe

Herausgegeben und bearbeitet
von Heiner Knell
und Hans-Günther Sperlich

Überarbeitete Neuauflage 1972
VERLAG ULLSTEIN GMBH · FRANKFURT/M · BERLIN · WIEN

Printed in Germany 1972 · Herstellung:
Druck- und Buchbinderei-Werkstätten May & Co Nachf., Darmstadt

ISBN 3 550 06013 1

Die Autoren dieses Bandes

Dr. phil. Ferdinand Anders
Dr. phil. Cornelius Ankel
Dr. phil. Hans Biedermann
Dr. phil. Klaus Fischer
Dr. phil. Elisabeth Geiger
Dr.-Ing. Hans-Christoph Hoffmann
Dr. phil. Heiner Knell
Prof. D. Heinrich Laag
Inge Schwarz-Winklhofer
Dr. phil. Hans-Günther Sperlich
Dr. phil. Anne Charlotte Steland
Prof. Dr. phil. Joseph Wiesner
Dr. phil. Johanna Zick

Das vorliegende Ullstein Kunstlexikon gibt auf ca. 8000 Stichwörtern einen Überblick über die wichtigsten Kunstkreise, Epochen, Stilrichtungen und -entwicklungen sowie Künstler und Kunstdenkmäler. Über 600 Abbildungen im Text und je 32 Tafeln in Farbe und Schwarz-weiß tragen zur Erläuterung der künstlerischen Erscheinungsformen bei.
Ziel dieses Bandes ist es, neuen Gegebenheiten gerecht zu werden. Waren früher vergleichbare Unternehmen noch darauf ausgerichtet, die deutsche oder die europäische Kultur in den Mittelpunkt zu stellen und dies als Voraussetzung in der Stichwortauswahl zu berücksichtigen, so hat sich heute dank zahlreicher Einzelpublikationen und nicht zuletzt durch die in aller Herren Länder führende Reisetätigkeit der Blick geweitet und Kunstgebiete erschlossen, die früher nur einzelnen Fachwissenschaftlern bekannt waren. Dieser heute in breitem Umfang ermöglichten Begegnung mit fernen Ländern und deren Kunstzeugnissen soll hier auf unsere Weise Rechnung getragen werden. Somit stellte sich von Anfang an das hochgesteckte Ziel, eine lexikalische Zusammenfassung der Weltkunst darzustellen. Die Herausgeber sind sich darüber im klaren, daß auf so begrenztem Raum, wie dem hier zur Verfügung stehenden, dieses Ziel nur in Annäherungswerten zu verwirklichen war.

Bei solch großer Spannweite des Unternehmens mußte der einzelne in der Beurteilung der verschiedenen Gebiete Fachleute verantwortlich beteiligen. Deshalb haben sich die Herausgeber entschlossen, innerhalb eines abgesteckten Rahmens den einzelnen Autoren in der Auswahl der Stichwörter aus ihrem speziellen Fachgebiet weitgehend freie Hand zu lassen. Dabei hat sich ergeben, daß verschiedene Kulturen oder Epochen auch unterschiedliche Akzente in der Stichwortauswahl fordern. So können z. B. die alten Kulturen kaum ohne Hinweise auf historische oder religionsgeschichtliche Fakten erläutert werden, während umgekehrt die Darstellung der neueren abendländischen Kunst weitgehend auf solche Hinweise verzichten kann.

Hand in Hand damit ergibt sich auch die schwerwiegende Frage der Umfangverteilung. Sie mag im einen oder anderen Falle auf den ersten Blick „ungerecht" erscheinen. So nehmen z. B. Denkmäler und Künstler der mit der Renaissance beginnenden Neuzeit gegenüber dem Mittelalter einen sehr viel breiteren Raum ein. Dies liegt darin begründet, daß die Kunst der Neuzeit vielschichtiger ist, daß wir sehr viel mehr Künstler dieser Epochen als Individualitäten erfassen können und daß die Lösungen der Gestaltungsaufgaben z. T. origineller und atypischer sind, als dies bei der mittelalterlichen Kunst der Fall ist. Bei ihr, die festen Typen mehr verpflichtet ist, galt es in erster Linie, jene an ausgewählten Beispielen zu erläutern und darüber hinaus die Glanzpunkte der Entwicklungen hervorzuheben. – Dieses Auswahlprinzip hatte zur Folge, daß unter einem topographischen Stichwort Bauten der Neuzeit aufgeführt sein können, während am gleichen

Ort vorhandene mittelalterliche Bauten nicht erwähnt wurden. Sachlage und Eigenwert der Objekte können dies im einen oder anderen Fall erfordern.
Das gleiche Auswahlsystem, am Beispiel des Mittelalters erläutert, gilt für jene Kunstepochen, die – meist durch religiöse Gegebenheiten bedingt – an feste Typen gebunden sind, wie etwa die islamische Kunst oder die archaische Kunst der Griechen usw.

Es ist den Herausgebern ein Bedürfnis, den Autoren, die bereitwillig die oft schwierigen Erfordernisse akzeptierten und sich zu dieser Gemeinschaftsarbeit zusammenfanden, an dieser Stelle den schuldenden Dank auszusprechen. Ihrer Sorgfalt und Mühe ist in erster Linie das Zustandekommen des vorliegenden Bandes zu danken. – Museen und Fotoarchiven sei für die zur Verfügung gestellten Bildvorlagen gedankt, insbesondere Frau R. Görtz, die für einen großen Teil der Strichätzungen neue Zeichnungen anfertigte, und Herrn G. Ploetz, der bei der Bildbeschaffung mitwirkte. – An der redaktionellen Betreuung haben Fräulein A.-M. Radke und Herr F. K. v. Bernuth mitgearbeitet, Fräulein J. Bänfer und Herr J. Diesner unterzogen sich der verantwortungsvollen Aufgabe, die Korrekturen zu lesen. Ihnen allen fühlen sich die Herausgeber zu Dank verpflichtet.

Die Herausgeber

Hinweise zur Benutzung des Ullstein Kunstlexikons

Wird das Stichwort selbst in dem zu ihm gehörenden Artikel genannt, so nur mit dem ersten Buchstaben (z.B.: M. für Michelangelo im Artikel „Michelangelo").
Künstler gleichen Namens wurden, soweit sie zu einer Familie gehören, in einem Stichwort erfaßt.
Setzt sich ein Artikel aus mehreren Abschnitten zusammen, so sind diese numeriert und ihr Anfang durch gesperrten Druck gekennzeichnet.
Um unnötige Wiederholungen zu vermeiden, wurde ein Verweissystem eingeführt, wobei ein querliegender Pfeil auf einen anderen Artikel hinweist.
Einzelnen Artikeln wurden nach Möglichkeit Literaturangaben beigefügt, durch die sich die Leser, die über die hier notwendig sehr knappen Formulierungen hinaus Auskunft wünschen, über die detaillierteren Fragen orientieren können. Häufiger zitierte Publikationen werden abgekürzt wiedergegeben und durch das Literatur-Abkürzungsverzeichnis aufgeschlüsselt (S. 7/8). Bei mehreren Literaturangaben zu einem Artikel werden die einzelnen Zitate durch ein Semikolon getrennt.
Ein weiteres Verzeichnis erfaßt die häufigsten in den Texten vorkommenden Abkürzungen, ohne daß sämtliche allgemein gebräuchlichen und verständlichen Abkürzungen genannt sind.

Verzeichnis der wichtigsten Abkürzungen

ägypt.:	ägyptisch
altchristl.:	altchristlich
Bd., Bde.:	Band, Bände
byzant.:	byzantinisch
d. Ä.:	der Ältere
d. h.:	das heißt
d. J.:	der Jüngere
Dép.:	Département
ders.:	derselbe
Diss.:	Dissertation
Dyn.:	Dynastie
ebda.:	ebenda
engl.:	englisch
fläm.:	flämisch
franz.:	französisch
frühchristl.:	frühchristlich
geb.:	geboren
gest.:	gestorben
got.:	gotisch
griech.:	griechisch
Handb.:	Handbuch
hl.:	heilig
islam.:	islamisch
italien.:	italienisch
Jb.:	Jahrbuch
Jh., Jhs.:	Jahrhundert, Jahrhunderts
lat.:	lateinisch
Lex.:	Lexikon
mittelalterl.:	mittelalterlich
ms.:	manuscriptum
Mus.:	Museum
N:	Nord
niederl.:	niederländisch
O:	Ost
Pal.:	Palazzo
röm.:	römisch
roman.:	romanisch
S:	Süd
S.:	San sowie Santa (und Varianten in Italien. u. Span.)
span.:	spanisch
St.:	Sankt sowie Sankta (und Varianten in Engl. u. Franz.)
u. a.:	unter anderem
u. ä.:	und ähnliches
W:	West

Literatur-Abkürzungsverzeichnis

Akurgal, E., HK	Akurgal, E., *Die Kunst der Hethiter*, 1961.
Akurgal, E., KA	Akurgal, E., *Die Kunst Anatoliens von Homer bis Alexander*, 1961.
Albright, W. F., SD	Albright, W. F., *Von der Steinzeit zum Christentum*, 1948.
Altheim, F., RGG I	Altheim, F., *Römische Religionsgeschichte I*, 1951.
Altheim, F., WA	Altheim, F., *Weltgeschichte Asiens im griechischen Zeitalter*, 2 Bde., 1947/48.
AO	Der Alte Orient.
Awdrjew, W. J., GAO	Awdrjew, W. J., *Geschichte des Alten Orients*, 1953.
Banerjea, Development	Banerjea, J. N., *The development of Hindu iconography*, 2. Auflage 1956.
Barrett, Painting	Barrett, D., und Gray, B., *Painting of India*, 1963.
Beazley, J. D., ABV	Beazley, J. D., *Attic black-figure vasepainters*, 1956.
Beazley, J. D., ARV	Beazley, J. D., *Attic red-figure vasepainters*, 1963.
Bittel, K., Grundzüge	Bittel, K., *Grundzüge der Vor- und Frühgeschichte Kleinasiens*, 1950.
Brown, Architecture I	Brown, P., *Indian architecture (Buddhist and Hindu)*, 1956.
Brown, Architecture II	Brown, P., *Indian architecture (Islamic period)*, 1950.

Brunner-Traut, E., Ägypten	Brunner-Traut, E., und Hell, V., *Ägypten*, 1962.
Bussagli, Malerei	Bussagli, M., *Die Malerei in Zentralasien*, 1963.
Christian, V., AKZ	*Altertumskunde des Zweistromlandes*, 2 Bde., 1940.
Cont. Arts	*Contemporary Arts in Pakistan*, Karachi 1, 1960ff.
Coomaraswamy, Geschichte	Coomaraswamy, A. K., *Geschichte der indischen und indonesischen Kunst*, 1927.
Duhn, F. v., IGK I	Duhn, F. von, *Italische Gräberkunde I*, 1924.
Erdmann, K., KIS	Erdmann, K., *Die Kunst Irans zur Zeit der Sasaniden*, 1943.
Fischer, F., Keramik I	Fischer, F., *Keramik hethitischer Zeit*, Mitteilungen der Deutschen Orientgesellschaft, Bd. 89, 49ff., 1957.
Fischer, F., Keramik II	Fischer, F., *Hethitische Keramik*, Mitteilungen der Deutschen Orientgesellschaft, Bd. 91, 35ff., 1958.
Fischer, Caves	Fischer, K., *Caves and temples of the Jains*, 1956.
Fischer, Industal-Kultur	Fischer, K., in *UKG XIX*, 1964.
Fischer, Schöpfungen	Fischer, K., *Schöpfungen indischer Kunst*, 2. Auflage, 1961.
Ghirshman, R., Iran I	Ghirshman, R., *Iran. Protoarier, Meder, Achaemeniden*, 1964.
Ghirshman, R., Iran II	Ghirshman, R., *Iran. Parther und Sasaniden*, 1962.
Giglioli, G. Q., AE	Giglioli, G. Q., *L'arte Etrusca*, 1935.
Groslier, Hinterindien	Groslier, B., Ph., *Hinterindien*, 1960.
Hančar, F., Pferd	Hančar, F., *Das Pferd in prähistorischer und früher historischer Zeit*, 1956.
HDA	*Handbuch der Archäologie.*
Imp. Gaz.	*The Imperial Gazetteer of India*, 9 Bde., 1881.
Ind. Arch.	*Indian Archaeology, a review*, 1953/54 f.
Jettmar, K., Steppenvölker	Jettmar, K., *Die frühen Steppenvölker*, 1964.
Jirku, A., WB	Jirku, A., *Die Welt der Bibel*, 1957.
Kaschnitz von Weinberg, G., RK I—IV	Kaschnitz von Weinberg, G., *Römische Kunst*, 4 Bde. (rde 134, 137, 150, 165).
Kühnel, Buchmalereien	Kühnel, E., und Goetz, H., *Indische Buchmalereien*, 1924.
Leisinger, H., ME	Leisinger, H., *Malerei der Etrusker*, 1954.
Marg	Marg, *a magazine of the arts*, 1947 f.
MDAFA	*Mémoires de la Délégation Archéologique Française en Afghanistan*, 1942 f.
Minns, E. H., Scythians	Minns, E. H., *Scythians and Greeks*, 1913.
Morenz, S., ÄR	Morenz, R., *Ägyptische Religion*, 1960.
Nilsson, M. P., GGR I und II	Nilsson, M. P., *Geschichte der griechischen Religion*, Bd. I, 2. Auflage, 1955, Bd. II, 1950.
Nyberg, S., RAI	Nyberg, S., *Die Religionen des Alten Iran*, 1938.
Osten, H. H. von der, WP	Osten, H. H. von der, *Die Welt der Perser*, 1956.
Potratz, H., KAO	Potratz, H., *Die Kunst des Alten Orients*, 1961.
Rao, Painting	P. R. Ramachandra Rao, *Modern Indian Painting*, 1953.
Reuther, Paläste	Reuther, O., *Indische Paläste und Wohnhäuser*, 1925.
Rowland, Art	Rowland, B., *The Art and architecture of India*, 1956.
Schmökel, H., GAV	Schmökel, H., *Geschichte des Alten Vorderasien*, 1957.
Schmökel, H., UAB	Schmökel, H., *Ur, Assur und Babylon*, 2. Auflage, 1955.
Strommenger, E., Mesopotamien	Strommenger, E., und Hirmer, M., *Fünf Jahrtausende Mesopotamien*, 1962.
Thieme-Becker	*Allgemeines Lexikon der bildenden Künstler*, herausgegeben von U. Thieme und F. Becker, 1907–1947.
UKG	*Ullstein-Kunstgeschichte.*
Vacano, O. W. v., E. I	Vacano, O. W. v., *Die Etrusker*, 1955.
Vacano, O. W. v., E. II	Vacano, O. W. v., *Die Etrusker in der Welt der Antike*, 1957.
Wheeler, Alt-Indien	Wheeler, M., *Alt-Indien und Pakistan*, 1959.
Wiesner, J., KLA	Wiesner, J., *Kunst aus Luristan und Amlasch*, 1965.
Wiesner, J., Thraker	Wiesner, J., *Die Thraker*, 1963.
Wiesner, J., VFM I, II	Wiesner, J., *Vor- und Frühzeit der Mittelmeerländer*, 2 Bde., 1943.
Wolf, W., KÄ	Wolf, W., *Die Kunst Ägyptens*, 1957.
Wolf, W., WÄ	Wolf, W., *Die Welt der Ägypter*, 1954.
Yazdani, Arts	Yazdani, G., *Fine arts, History of the Deccan*, VIII 1, 1952.

Abbildungsnachweis

(l = linke Spalte, r = rechte Spalte)

Textabbildungen: A. C. L., Brüssel, 130, 207, 383l, 649; Alinari, Florenz, 67r, 82r, 118, 163, 168, 208, 212, 237, 254r, 412l, 412r, 523r, 547r, 548, 580r, 669, 685, 694; Anderson, Rom, 26, 56, 68l, 93r, 101, 114, 131, 143, 399, 479r, 494l, 509, 549l, 553, 556r, 579r, 646l, 692, 716r; Dr. C. Ankel, Bonn, 255l; Kunstarchiv Arntz, Haag/Obb., 98l; L. Aufsberg, Sonthofen, 67l, 106r, 156, 413, 585, 701, 714l; L. A. Bergsträsser, Darmstadt, 48, 285, 418l, 571l; Dr. H. Biedermann, Ehrenhausen, 20, 316, 596; R. Braunmüller, München, 121, 126, 127, 351, 457, 605, 708; Bayerische Verwaltung der Schlösser, Gärten und Seen, München, 141; Bruckmann Verlag, München, 259; G. Christ, Würzburg, 474; Country Life, London, 639l; Deutsche Fotothek, Dresden, 40l, 68r, 77, 85, 100, 137, 166, 218l, 222, 234r, 409, 453r, 502, 513r, 562r, 695r; Deutscher Kunstverlag, München, 50, 60, 221r, 575, 594, 639r; Deutsches Archäologisches Inst., Rom, 27, 266l; A. Dingjan, Den Haag, 513l, 627, 695l; W. Dräyer, Zürich, 49, 76r, 98r, 149, 338r, 370l, 372r, 427l, 437r, 562l; Dr. K. Fischer, Heisterbacherrott, 12, 21, 22, 42, 66, 79, 84, 106l, 111, 146, 167, 197, 232r, 239r, 243l, 255r, 261, 270, 292l, 292r, 293, 313, 319r, 357, 358, 386l, 387, 392l, 425r, 435r, 441, 442, 476r, 487, 488, 508l, 518, 524, 578r, 580, 591, 614, 615l, 622l, 643, 644r, 652, 677, 678, 685r, 198r; Fototeca Centrale, Rom, 557; Frobenius-Inst., Frankfurt/M., 202; A. Frequin, Den Haag, 200l; Giraudon, Paris, 371; H. Heidersberger, Wolfsburg, 11r; Hirmer Verlag, München, 16l, 17l, 18l, 18r, 19, 23, 24, 30l, 30r, 32l, 32r, 33, 34, 35l, 35r, 39l, 40r, 52, 53, 72l, 72r, 74, 103, 150l, 150r, 159, 162l, 171, 173l, 173r, 174l, 184, 185l, 185r, 193l, 228l, 234l, 248, 249l, 250, 251, 254l, 260, 263, 266r, 271, 274, 275, 290l, 312l, 312r, 322, 335, 342, 345, 354, 355, 374, 380, 425l, 443, 463l, 470l, 477, 478l, 478r, 495, 508r, 515, 519, 520l, 525, 528l, 529, 532, 540l, 549r, 569, 594, 578r, 579l, 581, 582, 584, 589, 603l, 607l, 642l, 655, 659l, 660, 675, 689, 691; Dr. H.-C. Hoffmann, Darmstadt, 200r, 265, 466; Hofstetter, Ried im Innkreis, 102; P. Keetmann, Breitbrunn am Chiemsee, 283; R. Kleinhempel, Hamburg, 83r; Dr. H. Knell, Darmstadt, 16r, 175, 301r, 343l, 467, 473, 651r, 729; Koninklijk Instituut voor de Tropen, Amsterdam, 631; Kunsthalle Darmstadt, 595; Kunsthist. Inst., Techn. Hochschule Darmstadt, 162r, 300, 306r, 343r, 404, 546, 600, 610, 634l; Kunsthist. Inst., Universität München, 556l; Landesbildstelle Württemberg, Stuttgart, 154; K. Lange, Oberstdorf/Allgäu, 682r; Dr. A. Linfert, Köln, 120r, 517, 655; Foto Marburg, 13r, 37, 57, 62, 67r, 75, 83l, 90l, 93l, 99, 119, 120l, 133, 136r, 139, 140, 147l, 148, 151l, 153, 157r, 169, 178r, 204, 214l, 214r, 215, 217, 227r, 232l, 233, 262, 281, 290r, 294, 346, 348r, 364, 365r, 373, 377, 386r, 388r, 398, 402, 410, 414, 446, 450, 461, 475, 476l, 483, 485, 494r, 498, 503, 504, 511, 536, 538, 543, 587r, 588, 590r, 601, 603r, 607r, 611, 612l, 612r, 621, 626, 629, 671, 683, 696, 702, 709, 712, 719, 725, 736; MAS, Barcelona, 136l; E. Müller-Brunke, Grassau/Obb., 54; Hans Retzlaff, Tann/Rhön, 377r; J. Roubier, Paris, 697; Rheinisches Bildarchiv, Köln, 309, 365l, 383r, 540r; W. Scott, Bradford, 182; G. Schlotter, Darmstadt, 124, 339, 405, 419l, 424, 479l, 690; H. Schmidt-Glassner, Stuttgart, 63r, 89, 155, 245, 319l, 338l, 403, 411, 444, 445, 501, 542, 587l, 634r, 646r, 673, 699; Dr. H. Schnell, Scheidegg, 174r, Dr. H. G. Sperlich, Darmstadt, 617; W. Steinkopf, Berlin, 69, 78, 228r, 378, 418r, 428r, 437l, 661, 710; Dr. F. Stoedtner, Düsseldorf, 190r, 299, 350, 392r, 470r, 472, 618, 619, 713r, 722, 724; USIS, Bad Godesberg, 637; Wien, Bildstelle der Österr. Nationalbibliothek, 276; L. Witzel, Essen, 422r; M. Wolgensinger, Zürich, 39r, 227.l

Schwarz-Weiß-Tafeln: A. C. L., Brüssel, 30; K. Alber, Freiburg, 13; Alinari, Florenz, 20, 26; Anderson, Rom, 19, 25; L. Aufsberg, Sonthofen, 8, 15, 23, 24; Dr. H. Baerend, München, 22; Hirmer Verlag, München, 1, 2, 3, 5, 6, 17, 28; Ingolstadt, Stadtarchiv, 16; Kunsthalle Darmstadt, 4; Foto Marburg, 9, 10, 14, 29; MAS, Barcelona, 27; G. Schlotter, Darmstadt, 7; H. Schmidt-Glassner, Stuttgart, 12, 18; Ullstein-Archiv, Darmstadt, 21.

Farbtafeln: Dr. F. Anders, Klosterneuburg, 2; J. Blauel, München, 16, 26, 28; Giraudon, Paris, 9, 15, 30; Hirmer Verlag, München, 3, 4, 5, 6, 10, 11, 12, 23, 29; Holle Verlag, Baden-Baden, 7, 8, 13, 17, 18; Meyer KG, Wien, 27; Ullstein-Archiv, Darmstadt, 19, 20, 31, 32; UNI-DIA-Verlag, Stuttgart, 1; V-DIA-Verlag, Heidelberg 14, 22.

Die nicht aufgeführten Abbildungen und Tafeln wurden von den in den Legenden genannten Museen zur Verfügung gestellt.

A

Aachen, Münster. Kernbau ist die 796 n. Chr. beg., 805 geweihte Pfalzkapelle Karls d. Gr. (Baumeister: Odo v. Metz) in Gestalt eines Oktogons mit 16seitigem Umgang mit Empore; der früheste erhaltene monumentale Steinbau Deutschlands u. Zentralbeispiel der →karolingischen Kunst, das bis auf die Ausstattung weitgehend unversehrt ist. Vorbilder waren frühchristliche Bauten, wie S. Vitale in →Ravenna und SS. Sergius und Bacchus in →Konstantinopel. Im W schließt sich ein karolingischer zweistöckiger Vorbau mit neugot. Glockenturm an, im O ein got. Langchor (1335–1414). Sechs spätere Kapellen sind dem Kernbau angefügt. Hauptausstattungsstücke: goldenes

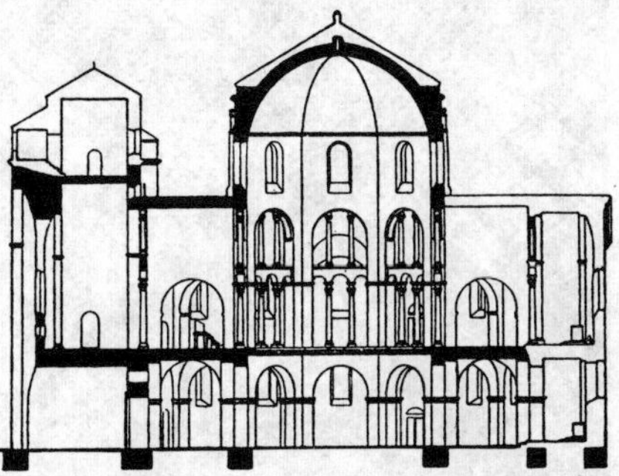

Aachen, Pfalzkapelle Karls d. Gr., 796 begonnen, 805 geweiht. Schnitt auf der O/W-Achse (schwarze Schnittflächen: heutiger Baubefund; konturierte Schnittflächen: rekonstruierte Teile).

Altarantependium und Kanzel des 11. Jhs. Bedeutender Münsterschatz (Hauptstück: Karlsschrein, 1215 voll.).
Lit.: H. Schnitzler, Der Dom zu A., 1950; F. Kreusch, Über Pfalzkapelle und Atrium zur Zeit Karls d. Gr., 1958.

Aachen (Achen), Hans von. Deutscher Maler, geb. 1552 in Köln, gest. 1615 in Prag. Ausgehend von den Romanisten bildet A. sich in Venedig (Einfluß Tintorettos), Rom und Florenz (Einfluß Michelangelos) und hat außerdem von den Bildern des →Correggio viel gelernt. Er ist ein raffinierter Eklektiker, bedeutend in seinen Bildnissen, von den Zeitgenossen allerdings mehr geschätzt in seinen allegorischen und mythologischen Kompositionen, die von den besten Stechern in alle Welt verbreitet wurden. 1574 in Florenz tätig, 1588 wieder in Köln, danach am Münchener Hof, ab 1592 Kammermaler Rudolfs II. Seit 1601 ansässig in Prag, bereichert er den spätmanieristischen Musenhof des Kaisers. Beispiele: Bildnis im Wallraf-Richartz-Mus., Köln; Allegorie (Sieg der Wahrheit) in der Galerie Schloß Schleißheim; Mythologie (Ceres und Bacchus) in Wien, Kunsthist. Mus.
Lit.: R. A. Peltzer in: Österreichisches Jb. 1912.

Aalto, Alvar. Finnischer Architekt. 1898 in Kourtane geb., in Helsinki und an der Yale University (USA) tätig. In seinen Baugedanken geht er von Henry van de→Velde aus und begründet eine fruchtbare Gegenrichtung zum →Bauhausstil von →Gropius und dem Stil von →Le Corbusier. An Stelle der streng geometrischen Baukörper setzt er die freie und individuelle Form, die wie bei Frank Lloyd →Wright und bei Hans Bernhard →Scharoun in die Umgebung eingebunden wird.
Lit.: E. u. C. Neuenschwander, Atelier Aalto, 1954.

Aannepadda. Sumerischer König der 1. Dyn. von→Ur (um 2500 v. Chr.), Sohn des Mesannepadda, bezeugt als Bauherr des Tempels der Göttin →Ninchursag in Obeid.
Lit.: H. Schmökel, GAV, 22, 31.

Abadie, Paul. Französischer Architekt. 1812 in Paris geb., gest. 1884 ebda. Als historistischer Architekt war er einer der bedeutendsten Nachfolger von →Viollet-le-Duc in der Belebung der Baustile des Mittelalters. Zahlreiche neuromanische Kirchen wurden von ihm errichtet. Sein Hauptwerk ist die 1874 begonnene Kirche Sacré-Cœur in Paris.
Lit.: Thieme-Becker.

Abakus (lat. abacus). Rechteckige Deckplatte des antiken Kapitells. →Säulenordnung.

Aba-Novak, Vilmos. Ungarischer Maler. 1894 in Budapest geb., 1942 ebda. gest. In seinen Stadtansichten, Landschaften und figürlichen Kompositionen vertritt er die ungarische Schule des →Impressionismus. Seine späteren Werke zeigen deutliche Einflüsse des deutschen →Expressionismus.
Lit.: E. Kallai, Neue Malerei in Ungarn, 1925.

Abate (Abbate), Nicolò dell'. Italien. Maler. Geb. um 1512 in Modena, gest. 1571 in Fontainebleau. Ausgehend von den oberitalien. Manieristen, beeinflußt von →Correggio, wird er zum wichtigen Vertreter des Manierismus und trägt zu dessen internationaler Verbreitung bei. Im Auftrage Franz I. in Frankreich führt er die Ideen des →Primaticcio aus und schafft mit ihm die Schule von →Fontainebleau. Landschaften, religiöse und mythologische Kompositionen. Beispiele in Rom, Gall. Borghese; Paris, Louvre; London, Nat. Gall.
Lit.: H. Bodmer, Correggio und die Malerei der Emilia, 1942; Ders., Die Landschaften des N. dell' A. in: Pro arte, 1945.

Abaton. Der unbetretbare, nur dem Priester zugängliche Raum eines antiken Kulthauses.→Adyton.

A. Aalto, Volkshochschule in Wolfsburg.

'Abbāsiden. Gegen die →Omeyaden siegreiche Kalifendyn. Von 750–945, nominelle Oberhoheit bis 1258 zur Zeit der →Fātimiden, →Buyiden und →Seltschuken. Von 1261–1517 Scheinkalifat unter dem Schutz der →Mamluken. – Bedeutendste Herrscher al-Mansūr, Hārūn ar-Raschīd, al-Mutawaqqil. Residenzen: zuerst Hashimiyya bei Kūfa, dann Medināt as-Salām an der Stelle von→Bagdad, vorübergehend im 9. Jh.→Samarra. Bedeutendste Bauten in →Bagdād, →Samarra, →Kairo, Wādi Natrūn, Nayin, Raqqa. – Höhepunkt der mittelalterl. islam. Staatsentfaltung, Kultur und Wissenschaft. Handel mit China. Goldmünzen mit Bildprägung. Beginn des Einflusses der Iranier und Turkvölker im

Staatswesen wie in der bildenden Kunst. Entfaltung eines Reichsstiles von Transoxanien bis Marokko: Konzeption der Arabeske (→Maureske), Aufkommen des Schrägschnittstils, in dem Form an Form anschließend den Grund füllt, Einführung der Zinnglasur und →Lüster-Technik für Prunkgeschirr. Im 10. Jh. unter den → Tuluniden Verbreitung dieses Stiles nach Ägypten. Erhalten: Holz- und Stuckdekor von Wohnbauten, Wandmalereien, Keramik, Glas mit Schliffdekor und Ritzdekor.
Lit.: B. Lewis, „Abbāsides", in: Encyclopaedia of Islam, 1960; G. Marcais und R. Ettinghausen in Enciclopedia Universale Dell'Arte, Bd. I, 1958, 5–18.

Abbate, Nicolò dell' →Abate.

Abd al-Rahim. Vorsteher eines Ateliers von Miniaturisten am Hofe des →Akbar. Er war unter anderem an der Gestaltung des Albums Babur-nama beteiligt.
Lit.: Barrett, Painting, 92.

Abd al-Samad. Persischer Kalligraph und Maler, der sich dem Humayun 1549 in Kabul anschloß und später am Hof der Moguls Vorstand der Bibliothek und unter →Akbar Lehrer der Mal- und Zeichenkunst wurde.
Lit.: Barrett, Painting, 78.

Abendmahldarstellungen. A. begegnen in der christl. Kunst seit dem 6. Jh. (Mosaik in S. Apollinare Nuovo, →Ravenna). Entweder wird die rituelle Kommunionsspendung gezeigt (zuerst im christl. O →Codex rossanensis) oder das geschichtliche Geschehen. Letzteres wird seit dem 9. Jh. gekennzeichnet durch die Ankündigung des Verrats durch Judas. Die byzant. Kunst bevorzugt das Matthäusevangelium (Judas' Griff in die Schüssel), die westliche das Johannesevangelium (Christus reicht Judas den Bissen). Beides wird auch kombiniert. Meist sitzt der Verräter isoliert an der Tischfront. In Refektorien italienischer, vor allem toskanischer Klöster wurden seit dem 14. Jh. monumentale A. angebracht, deren berühmteste die des →Leonardo da Vinci in S. Maria delle Grazie, Mailand, ist.
Lit.: M. Vloberg, L'eucharistie dans l'art, 2 Bde., 1946.

Aberkorn (England). Bedeutendes frühchristl. Pfeilerkreuz, das für England charakteristisch ist. Zwischen 681 und 685 entstanden.

Aberli, Johann Ludwig. Schweizer Maler und Radierer. Geb. 1723 in Winterthur, gest. 1786 in Bern, gehört zur Gruppe der Berner Kleinmeister. Erfolgreich und von großer Wirkung durch seine Methode, Landschaften in Umrissen zu radieren und die Drucke zu tuschen und in drei Farben zu kolorieren (sogen. Aberlische Manier), eine Methode, mit der dem aufkommenden Tourismus ordentliche und künstlerisch verantwortbare Ansichten angeboten waren.
Lit.: B. Geiser, J. L. A., Diss. Bern, 1924.

Abfasen. Das A. von Architekturgliedern wie Pfeiler u. ä. ist die Technik, einen Bauteil abzuschrägen oder abzukanten. Eine so bearbeitete Kante wird Fase oder Schmiege genannt.

Abguß. Ein A. entsteht durch das Ausgießen einer Hohlform, die von einem plastischen Gegenstand durch Abdruck abgenommen wurde. Als Material für den A. können sämtliche Materialien, die von einem flüssigen in einen festen Zustand übergehen, verwandt werden. Die flüssigen Materialien werden in die Hohlform gegossen. Nach Erhärten des Materials wird die Form abgenommen. – Bereits in der Antike war der A. bekannt, da in röm. Zeit die Köpfe der Verstorbenen in Wachsabgüssen im →Atrium des Hauses aufgestellt wurden. Aus diesem ursprünglich kultischen Brauch hat sich die röm. Portraitkunst mit ihrem ausgeprägten Realismus entwickelt. – Für die kunstgeschichtliche und archäologische Forschung werden seit dem 18. Jh. Gipsabgüsse plastischer Monumente als Studienobjekte hergestellt.

Abhängling. Herabhängender Knauf am Schnittpunkt der Gewölberippen, der sich vom Schlußstein ableitet und besonders häufig bei spätgotischen Gewölben vorkommt. Auch Knäufe an Kreuzungsstellen der Deckbalken von Renaissanceprunkdecken werden A. genannt. (Siehe Tafel 16).

Abhanga. Bezeichnung für indische Kultbilder mit leichter Neigung des Oberkörpers aus der Mittelachse, eine der häufigsten Darstellungsweisen neben der →Tribhanga-Haltung.

Abhisarika. Beliebtes Thema der indischen Miniaturmalerei: eine Liebhaberin (besonders Radha, die Geliebte des →Krischna), welche in der Nacht während des Gewitters durch einen Wald voller Dämonen zu ihrem Geliebten eilt.

Abichil. Tempelintendant des →Ischtarheiligtums von →Mari, dessen Sitzbild mit seiner feinen Modellierung, mit den erhaltenen Bitumeneinlagen der Augenbrauen, mit Augen aus Muschel und Lapislazuli zu den schönsten Plastiken der →sumerischen Kunst vor der →Akkadzeit gehört (25. Jh. v. Chr.).
Lit.: A. Parrot, Sumer, 114ff.; E. Strommenger, Mesopotamien, 70.

Abu. Marmordecke in Kuppelform im Vimala-Tempel.

Ablutionswanne. In der islam. Kunst rechteckiges Marmorbecken für rituelle Waschungen. Geschmückt sind die A.n meist mit ornamentalem, seltener mit figürlichem Reliefdekor omeyadischen Stils (→Omeyaden). Sie waren nur im islamischen Westen gebräuchlich und sind meist durch Inschriften fest datiert. Mehrere Beispiele sind aus der Omeyadenresidenz Medina az-Zahra bei →Cordova erhalten (Madrid, Archäolog. Mus.).
Lit.: U. Gómez-Moreno, Ars Hispaniae, Bd. III, 1951.

Aboba Plisca (Bulgarien). Hauptstadt des seit 679 n. Chr. selbständigen Bulgarien, das 864 zum Christentum bekehrt wurde. Ihre Paläste zeigen deutlich sasanidischen Einfluß. Monumentale basilikale Anlage, in der Grundanlage westlich orientiert, aber nicht ohne konstantinopolitanische Einflüsse.

Abraxen. Spätantike Gemmen, die anscheinend als gnostische Amulette galten. Sie haben auf dem Stein ein eingeschnittenes Fabelwesen mit Hahnenkopf und Schlangenfüßen, das in der Rechten fast immer eine Peitsche und in der Linken einen Schild trägt. Der Name kommt aus der ägypt. Zauberliteratur.

Abri. Altsteinzeitlicher Fundplatz unter Felsvorsprüngen (→Cap Blanc).

Abseite. Bezeichnung für das Seitenschiff einer Kirche (Basilika).

Absidae gradatae →Ambo.

Abside →Apsis.

Abstraction-Création. 1931 in Paris gegründete Gruppe abstrakt schaffender Künstler. Bis zu 400 Maler und Bildhauer gehörten zeitweise dieser Vereinigung an, die von 1932–36 eine gleichnamige Zeitschrift herausgab.

Abstrakte Kunst. Eine Kunst, die die Erinnerung an ein Vorbild oder die Veranschaulichung der Realität vermeidet. Denkerisch schien sie bereits der Romantik möglich. Historisch schafft →Kandinsky 1910 das erste abstrakte Aquarell und verfaßt im selben Jahre sein theoretisches Buch „Über das Geistige in der Kunst", das die ästhetische Rechtfertigung dieser Kunst darstellt. Die A. will eine Welt reiner Formen als Bildwelt aufbauen und unterscheidet sich damit vom Formenreich des Ornaments. Das Hantieren mit plastischen Volumina ohne gegenständliche Bedeutung führte analog zur abstrakten Malerei, zur abstrakten Plastik. – Die Bezeichnung A. besagt zunächst nichts über die kompositionelle oder malerische Eigenart eines Kunstwerkes, ob es dem →Orphismus, dem →Konstruktivismus, dem Neoplastizismus eines →Mondrian oder dem →Tachismus zugehört. Es gibt viele, wenn auch nicht unendlich viele Methoden, zu einem abstrakten Bild zu gelangen. Fest steht, daß keine der großen malerischen Leistungen unseres Jhs. entstanden ist ohne Beeinflussung durch A. Im Felde einer mehr oder minder starken Annäherung an sie liegt die Hauptleistung der Kunst des 20. Jhs. (Siehe Farbtafel 32).

Abtei. Ein von Abt oder Äbtissin geleitetes →Kloster.

Abu. Berg im westlichen Indien mit Dörfern und gut erhaltenen Marmortempeln der Dschainas (→Indische Kunst). Kaufleute stifteten 1031 n. Chr. den Rischabhanatha-Tempel und 1230 n. Chr. den Neminatha-Tempel. Erbliche Handwerkergilden sorgen noch heute für die Restaurierung verwitterter Architekturglieder und stellen figurenreiche Reliefs nach überlieferten ikonographischen Vorschriften her.
Lit.: Fischer, Schöpfungen, 74, 216.

Abu Gorab. Nördlich von →Abusir gelegene ägyptische Ausgrabungsstätte mit Sonnenheiligtum des →Niuserrê. Mittelpunkt der Hofanlage bildet der aus Kalkstein gemauerte Obelisk mit einst vergoldeter Spitze. Östlich davor großer Alabasteraltar. Künstlerisch bedeutsam sind die Reliefs aus dem Hofumgang und der südlichen Kapelle, der sogenannten Weltkammer mit Darstellung der personifizierten drei Jahreszeiten und Schilderungen ägyptischen Lebens.
Lit.: W. Wolf, KÄ 214f. E. Brunner-Traut, Ägypten 370.

Abu'l Hasan. Indischer Miniaturmaler der Mogulzeit, besonders hervorgetreten als Portraitist unter →Dschahangir.

Abu Simbel. 270 km südlich Assuan auf dem Westufer des Nils gelegener Felsentempel →Ramses' II., bei dem die Formen des Freibaus über 60 m weit in die mächtige Felsenwand verlegt sind. Die Fassade wird von vier 20 m hohen, aus dem Felsen gehauenen Sitzkolossen des Pharao beherrscht, sorgfältig gearbeitet und in den Proportionen zur Gesamtanlage abgestimmt. Sie flankieren das Portal, durch das man in die große Pfeilerhalle tritt. An den 8 Pfeilern stehen fast 10 m hohe Kolossalstatuen Ramses' II. mit Geißel und Krummstab des Osiris. Die Seitenwände zeigen farbige Reliefs mit Darstellungen der Hethiterschlacht, der Kämpfe gegen Syrer, Libyer und Nubier, die der Pharao im Dienst des →Rê-Harachte und des Amun-Rê besiegt. Gefangene Syrer und Nubier an den Eingangreliefs bereiten auf das Thema vor. An die Pfeilerhalle schließen ein Saal mit 4 Pfeilern und ein Querraum an, durch den man in das Allerheiligste gelangt. Die Wandbilder sind religiösen Szenen vorbehalten, darunter Barkenprozessionen. Aus der Rückwand des Allerheiligsten treten die Sitzbilder des →Ptah, des Pharao, des →Amun und des →Rê-Harachte heraus, genau nach Osten orientiert, so daß an den Tag- und Nachtgleichen die aufgehende Sonne mit ihren Strahlen genau die 4 Sitzbilder am Ende der Mittelachse trifft. Technischer Aufwand und Großartigkeit der Anlage sollten die Nubier beeindrucken (Das Denkmal ist, um es vor der Nilstauung bei Assuan zu schützen, gehoben worden). – Nördlich vom großen Felsentempel schuf Ramses II. den kleineren Tempel zu Ehren der →Hathor und seiner vergotteten Gemahlin Nofretiri, deren Standbilder neben denen des Königs die 28 m lange und 12 m hohe in Form eines →Pylons geböschte Fassade schmückt.
Lit.: W. Wolf, KÄ, 550f.; E. Brunner-Traut, Ägypten, 569ff.; →Ägyptische Kunst V.

Abusir. 11 km südlich Kairo gelegener Ort, bekannt durch die Pyramidengruppe der Pharaonen →Sahurê, Neferirkarê, →Niuserrê (5. Dynastie). Die →Pyramide des Neferirkarê war mit 70 m die höchste der Gruppe, die mit Taltempel, Aufweg, Verehrungstempel und Pyramide die charakteristischen Hauptglieder einer ägyptischen Grabanlage zeigt.
Lit.: E. Brunner-Traut, Ägypten, 370f.

Abu Simbel, Großer Tempel von SO.

Abydos. Alte oberägyptische Kultstätte (165 km nördlich von →Luxor) des Totengottes Chenti-Amentiu, an dessen Stelle früh →Osiris trat, den man sich hier begraben dachte. Das Begräbnisritual zu Ehren des Gottes bestimmte die Mysterienspiele von A. und gab dem Ort bis in die ägypt. Spätzeit seine Bedeutung als Kult- und Bestattungsplatz. Dabei wirkte mit, daß A. Stätte der Königsgräber der 1. Dyn. war. Beispielhaft für die Entwicklung ist die reiche Raumfolge im Grab des →Ka-a im Gegensatz zu einfachen Gruben der ältesten Anlagen. Der Befund deutet darauf, daß die berühmten Königsgräber von A. Leergräber waren, während die wirklichen Grüfte im Gebiet von →Sakkara zu suchen sind. In die 1. Dyn. gehört außer einer Königspfalz mit gegliederten Umfassungsmauern auch ein Heiligtum des Totengottes mit mehreren Kulträumen. Gesteigerte Bedeutung als Begräbnisort erhält A. seit der 6. Dyn. Monumentales Gepräge erhielt die Stätte durch den Tempel →Sethos' I., der mit 2 Höfen und 2 Säulensälen eine terrassenartige Raumfolge bietet. Sie wird durch 7 nebeneinanderliegende Kapellen abgeschlossen. Im Flügelbau die wichtigen Königslisten von →Menes bis Sethos I. mit hervorragenden Reliefs. Unmittelbar dahinter schuf Sethos I. in Formen der 4. Dyn. das sogenannte Osireion, ein Leergrab, das sich auf die Kultkapelle des Königs in dem von →Ramses II. vollendeten Tempel bezieht und die mythische Überlieferung des Osirisgrabes berücksichtigt. (Siehe Tafel 2).
Lit.: W. Wolf, KÄ.; E. Brunner-Traut, Ägypten, 418ff.

Acanceh. Praekolumbische kleinere Ruinenstadt der →Maya in Zentralyucatan. Um 1910 wurde das beste Beispiel für Stukkoarbeit im nördlichen Mayagebiet freigelegt, Tiere, Vögel und Schlangen zeigend (vielleicht Darstellung des Tierkreises) und der frühen Klassischen Zeit angehörend. Unter den noch vorhandenen ursprünglichen Farbresten herrschten leuchtende Türkistöne vor.
Lit.: E. Seler, Die Stuckfassade von A. in Yucatan, 1915.

Accoudoir →Chorgestühl.

Achaemeniden. Persische Dynastie, benannt nach ihrem Gründer Achaemenes, Sohn und Nachfolger

Teispes, König der Stadt Anschan (→Masdschid-i-Suleiman), 7. Jh. v. Chr. Nach dem Zusammenbruch des Reiches Elam mit dem Vorort →Susa um 640 v. Chr. fällt seinen Söhnen Ariaramnes und →Kyros I. das geteilte Königtum von Parsa (→Fars) und →Parsumasch zu. Vereinigung unter →Kambyses I., der die Residenz nach →Pasargadae (→Tacht-i-Mädär-i-Suleiman) verlegt, wo sich →Kyros II. nach der Einigung der Meder und Perser die erste große Palastanlage schuf. Hauptstadt →Ekbatana. Dessen Sohn →Kambyses II. folgte →Dareios I., ein Enkel des →Arsames. Hochblüte der persisch bestimmten A.-Hofkunst, in der elamische, assyrische, babylonische und medische Tradition neben griechischen Einflüssen nachweisbar sind (→Behistun, →Naqsch-i-Rustam, →Persepolis, →Susa, →Oxusschatz, →Luristan). Entscheidend ist die Umprägung der verschiedenen Stilformen und Motive aus der Umwelt der A. im Sinne einer →iranischen Kunst. Die verfestigte Kunsttradition behauptet sich unter den Nachfolgern Dareios I. (→Xerxes, Artaxerxes I.–III., →Dareios II.–III.) bis zur Eroberung des A.-Reiches durch →Alexander d. Gr. Das Erbe, stark religiös gebunden, wirkt trotz auflockernder hellenistischer Strömungen bis in die →baktrische und →eurasische Kunst.
Lit.: R. Ghirshman, Iran I, 129ff.; H. H. von der Osten, WP, 59ff.; →Iranische Kunst III.

Acheiropoietos (griech. = nicht mit Händen gemacht). Christl. Bild, vor allem Bildnis Christi, das angeblich nicht von Menschenhand geschaffen, sondern auf wunderbare Weise entstanden ist. Seit der Zeit Justinians (6. Jh. n. Chr.) wurde der Ausdruck vor allem für das sogen. Abgarbild gebraucht.

Achmim (Oberägypten). Griech. Siedlung, in der Thebais (Oberägypten) gelegen. Hier wohl ältestes Beispiel des reitenden Heiligen, der in der christlichen ägyptischen Kunst noch häufiger vorkommt (Plastik heute im Museum in Kairo). A. eines der Hauptzentren der bisher bekannten Textilfunde →koptischer Kunst.

Achtamar (Armenien). Die Klosterkirche auf der Achtamarinsel in Vansee (915–921 n.Chr.) hat unter den vielen interessanten Kirchenbauten Armeniens ein besonderes Gepräge, weil sie an den Außenmauern über und über mit Skulpturen bedeckt ist.

Achtihotep. Der ägypt. Wesir A. ließ Ende der 5. Dyn. in →Sakkara ein Doppelgrab für sich und seinen Sohn →Ptahhotep errichten, das meist nach letzterem benannt wird.
Lit.: E. Brunner-Traut, Ägypten, 392ff.

Achtort. In der got. Architektur das gleichseitige Achteck, das für Grundrißbildungen got. Pfeiler, Türme etc. eine der wichtigsten geometrischen Figuren ist.

à cire perdue (franz. verlorenes Wachs). Guß mit verlorener Form. Über einen Tonkern wird das Bildwerk aus Wachs modelliert und mit einem aus feinem Sand bestehenden Gußmantel umgeben. An die Stelle des ausgeschmolzenen Wachses tritt das Gußmetall in den entstandenen Hohlraum. Die Gußform muß zur Gewinnung des gegossenen Objektes zerschlagen werden.

Ackermann, Max. Deutscher Maler und Graphiker. 1887 in Berlin geb. Studierte 1906 bei H. van de→Velde in Weimar und 1908 bei Richard Müller in Dresden. – 1918 nahm er Kontakt auf zu ehemaligen Mitgliedern des →„Blauen Reiter“ und begann bald darauf mit zeitkritischen Radierungen, in denen er stark von O.→Dix und G.→Grosz beeinflußt ist. Nach einer für ihn entscheidenden Begegnung mit W.→Kandinsky (1928) findet er zur abstrakten Malerei und zu einem eigenen Stil, den er selbst als „absolute Kunst“ bezeichnet.
Lit.: H. Vollmer, Künstlerlex. d. 20. Jhs.

Action Painting. Mit diesem Begriff wird der abstrakte Expressionismus bezeichnet, wie er z.B. die Malerei eines J.→Pollock charakterisiert. Die unmittelbare Übertragung eines Erlebnisses in den künstlerischen Prozeß kennzeichnet diese Malerei.

Actium. Griech. Ortschaft an der Küste Akarnaniens. Mehrere archaische Kuroi (→Kuros), jedoch nur von provinzieller Qualität, wurden hier gefunden (Athen, Nat. Mus.). – Lit.: G. M. A. Richter, Kuroi.

Adad. Name des Wettergottes der→Akkadzeit, dessen Wesenszüge stark von Syrien und Kleinasien bestimmt sind (→Hadad). Sein Zeichen ist der flammende Zweizackblitz wie auf dem →Kudurru des →Melischipak. →Tiglatpileser I. errichtete A. und →Anu in →Assur ein mächtiges Doppelheiligtum.
Lit.: A. Parrot, Sumer, 319; H. Schmökel, GAV, 208.

Adadnirari. Assyrischer Königsname. A. I. (1297–1266 v. Chr.) festigte die Macht von →Assur und erneuerte diese Residenzstadt durch rege Bautätigkeit. A. II. (909–889) ist der Gründer des neuassyrischen Reiches. Beginn der gesicherten Chronologie. A. III. (809–782), Sohn der aus →Babylon stammenden →Sammuramat (→Semiramis). Statue des Gottes →Nabu für das Leben A.s III. und seiner Mutter.
Lit.: H. Schmökel, GAV, 189 ff., 248 f., 258 ff.; A. Parrot, Assur, 351.

Ada-Gruppe. 1) Buchmalerei: Gruppe karolingischer Prunkhandschriften (→Evangeliare, ein →Psalter). Entstehung vermutlich in Trier. Engste Beziehung zum Hof Karls d. Gr. Wichtigste Werke: Purpurevangeliar aus St. Sernin, Toulouse (Paris, lat. 1203), geschrieben von Godescalc 781–83 für Karl d. Gr.; Psalter (Wien Cod. 1861) geschrieben von Dagulf (zwischen 783–95), Geschenk Karls d. Gr. an Papst Hadrian (gest. 795); die namengebende →Ada-Handschrift. Ausstattung: Evangelistenbilder unter Säulenarkaden, reiche Kanontafeln, Initialen, Titelblätter. Stilistisch kennzeichnend sind die Umbildung spätantiker, über Syrien (Rabula-Evangeliar) vermittelter Formen ins Lineare, sowie irisch-insulare Einflüsse im Ornamentalen. – **2)** Elfenbeinschnitzerei: Engste stilistische Übereinstimmung mit den Miniaturen weist auf gleiches Entstehungsgebiet. Hauptwerk: sogen. Lorscher Tafeln, ehemals Buchdeckel des Lorscher Codex aureus (Vorderseite: Vatikan, Rückseite: London).
Lit.: A. Boeckler, Abendländ. Miniaturen..., 1930; W. Köhler, Die Hofschule Karls d. Gr., 1958; O. Pelka, Elfenbeine, 1923; W. F. Vollbach, Elfenbeinarbeiten der Spätantike und des frühen Mittelalters, 1952.

Ada-Handschrift. Karolingischer →Evangeliar aus St. Maximin, Trier (Trier, Stadtbibl., Cod. 22), benannt nach der Stifterin Äbtissin Ada (laut späterer Tradition Schwester Karls d. Gr.). Entstanden um 800; namengebend für die sogen. →Ada-Gruppe.
Lit.: Lamprecht, Menzel, Janitschek, Die Trierer A., 1889.

Adam, Henri-Georges. Französi. Bildhauer. 1904 in Paris geb., gest. 1967. Bei seinem Vater, einem Goldschmied, ging er in die Lehre. Anschließend Studium an der Ecole Germain-Pilon und erste Versuche, in Ton zu modellieren. Von hier aus kam er ein Jahr später zur Plastik und Bildhauerei. Gleichzeitig erging an ihn der Auftrag, für ein Drama von J. P. Sartre (Die Fliegen) Bühnenbildfiguren zu schaffen. Im gleichen Jahr ist A. zum ersten Male im Salon de la Libération vertreten. In seinen frühen Plastiken formuliert er stark expressiv Eindrücke aus der got. Kunst. →Picasso fördert von da an den jungen A. intensiv und stellt ihm ein Atelier zur Verfügung. – 1947 ändert sich sein Stil, der durch klare Linienführung und strenge, einfache Konzeption bestimmt ist. – Um 1949 beginnt er seinen kubischen Stil durch Gravierungen zu bereichern.
Lit.: C. Giedion-Welcker, Plastik d. 20. Jhs., 1955.

Adam, Lambert-Sigisbert. Franz. Bildhauer. Geb. 1700 in Nancy, gest. 1759 in Paris. Bedeutendstes Mitglied einer lothringischen Bildhauerfamilie, geschult am Hochbarock des →Bernini (Preis beim Wettbewerb für die Fontana di Trevi in Rom). Hauptwerk: Neptunsbrunnen im Park von Versailles. Weitere Werke im Louvre, in Sanssouci und Potsdam.
Lit.: Thieme-Becker.

Adam, Robert. Schottischer Architekt. Geb. 1728 in Kirkcaldy, gest. 1792 in London. A. schuf, gemeinsam mit seinem Bruder James, Paläste, Plätze und ganze Straßenzüge in London, die Universität in Edinburgh und viele andere Bauwerke. Ab 1754 Studium an antiken Ruinen Italiens und Dalmatiens, insbesondere am Diokletianspalast in→Spalato (veröffentl. 1764: The ruins of the Palace of Diocletian). Aus diesen Studien sich ergebende Einsichten koppelt A. mit Elementen englischer

Tradition zu einem persönlichen Stil, der das ganze Gebäude, Innendekoration und Außenarchitektur, durchdringt und von nachhaltigem Einfluß auf die →Englische Kunst war. Eigene Schriften: The works in architecture of R. und J. A. (1773 u. 1778; Neuausgabe 1902). Lit.: A. T. Bolton, The architecture of R. and J. A., 1922; N. Pevsner, Europäische Architektur, 1957.

Adam Garh →Felsbilder (Indien).

Adamklissi. Moderner Name der römischen Stadt Tropaeum Traiani. Trajan gründete die Niederlassung durch die Errichtung eines großen Siegesmonumentes, das an die Erfolge in den Dakerkriegen (102 n. Chr.) erinnern sollte. Das Tropaeum, das auch der benachbarten Stadt ihren Namen gab, war ein tumulusähnlicher Rundbau von 38 m Durchmesser, mit Reliefs, die hauptsächlich gefangene Daker zeigen, geschmückt.
Lit.: Gr. Gr. Tocilescu, Das Monument von Adamklissi.

Adat-Häuser. In →Indonesien Pflegestätten der lokalen Gerichtsbarkeit, die auf dem Gewohnheitsrecht beruht. Diese Versammlungslokale sind häufig gegenüber den Wohnhäusern durch reich geschnitzten Dekor der Tragebalken ausgezeichnet (besonders in →Sumatra).

Addaura. Name einer im Jahre 1952 in Sizilien entdeckten kleinen Höhle (bei Palermo) mit Ritzbildern aus dem späten →Magadalénien. Dargestellt sind Pferde und Hirsche, aber auch Menschen (maskierte Gestalten, oft in Bewegung).

Adelcrantz, Carl Fredrik. Schwedischer Architekt, geb. 1716 in Stockholm, gest. 1796 ebda. Vertreter eines spätbarocken Klassizismus, der für die Entwicklung der schwedischen Architektur bedeutend wurde. Vollendung des Königl. Schlosses, Adolf-Friedrich-Kirche (Zentralbau, 1768–74) und das Königl. Opernhaus (1774–82, 1892 zerstört), alle in Stockholm.
Lit.: C. R. Nyblom, C. F. A., o. J.

Adil Schahi. Islamische Dynastie und Bauherren von Werken im indo-islamischen Stil in →Bidschapur.

Holzschüssel von den Admiralitätsinseln (Basel, Mus. für Völkerkunde).

Adlerfibel. Prächtiger Fibeltyp der →Völkerwanderungszeit (→Fibel), wesentlich größer als die verwandten →Vogelfibeln. Die Oberfläche dieses Typs ist fast immer in Zellenverglasung mit Almandinen ausgelegt, oft finden Silber und Gold Verwendung.

Adlerpult. Lesepult in Adlergestalt auf der Brüstung von →Lettner, →Ambo oder →Kanzel (vor allem im italien. Frühmittelalter), bei dem Adlerflügel die schräge Fläche bilden; auch tragbar mit Fuß (vor allem in den Niederlanden im 14. u. 15. Jh.). Das Adlersymbol dürfte auf den Evangelisten Johannes deuten.

Admiralitäts-Inseln. Inselgruppe →Melanesiens nördl. von →Neuguinea, bekannt durch figürliche Holzplastik (→Ahnenkult, Südsee), vor allem aber durch große, flache Speiseschalen aus Holz mit reich verzierten Henkelgriffen.

Admont (Steiermark). Zu einem aufwendigen Neubau der Benediktinerabtei lieferte Gotthard Hayberger 1742 den Generalplan. Aus einem verheerenden Brand 1865 konnte die Bibliothek gerettet werden: Ausfließen eines Mittelsaales nach beiden Richtungen der Hauptachse. Deckenfresko von Bartolommeo →Altomonte, 1774.
Lit.: Reclams Kunstführer, Österreich, Bd. II.

Adonis. Ursprünglich phönizischer Vegetationsgott, der wie →Dumuzi und →Tammuz stirbt und wiederaufersteht, eng verbunden mit →Aphrodite, der griech. Entsprechung zu →Inanna und →Ischtar, vergleiche →Baal. Das Klagefest um den Tod des schönen Jünglings A. bildete den Höhepunkt des Kultrituals, dem die zahlreichen A.-Grotten im syrischen Küstengebiet dienten. Der A.-Mythos erscheint häufig in Darstellungen der abendländischen Kunst. Sie reichen vom 16. bis ins 18. Jh.
Lit.: A. Parrot, Sumer, 65.

Adorant. Menschliche Gestalt mit der Geste des Anbetens. →Orans.

Adresse. Auf Kupferstichen die Angabe des Verlegernamens.

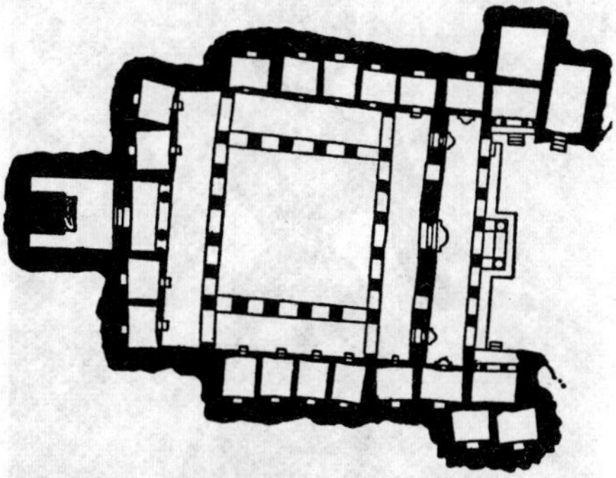

Adschanta (Ajantâ), Grottenheiligtum, Grundriß.

Adrianopel (heutiges Edirne). Von Kaiser →Hadrian 125 n. Chr. in Thrakien gegründete Stadt. Nach einer großen Blüte während des oström. Reiches wurde A. 1361 von den Türken erobert und war zeitweise Residenz der Osmanen. In dem rechteckigen Stadtkern hat sich die röm. Plananlage erhalten. Vor allem sind jedoch zahlreiche prachtvolle Bauten der Osmanen-Zeit, wie Moscheen, Sultangräber, von Bedeutung. Außerdem mehrere byzant. Kirchen.
Lit.: Kirsten-Kraiker, Griechenlandkunde, 629 f., 1962.

Adschanta. Buddhistische Höhlen an einer Schlucht im Dekkhan mit gut erhaltener Wandmalerei. Die Zeugnisse frühester künstlerischer Tätigkeit sind die Fragmente des Tschhaddanta-Dschataka aus der Zeitenwende in der Tschaitya-Halle X. In den Viharas, Höhlen II, XVI und XVII erkennt man den Übergang von der Gupta-Vakataka-Kunst des 5. Jhs. zum Tschalukya-Stil des 6. Jhs. Der Bodhisattva Padmapani im Vihara I und Mädchenfiguren im Vihara II weisen auf die Stilwandlungen der indischen Kunst um 600 n. Chr. hin, als die Vorliebe für schlanke und überlängte Formen zunimmt. Von besonderem Interesse sind Schmuckmotive eines perspektivischen Mäanders, phantastische Mischbildungen oder eine Trinkszene, das Bild einer „persischen Gesandtschaft".
Lit.: G. Yazdani, A., 4 Bde., 1930–1955.

Adschmer. Nach Delhi die erste bedeutende Stadt Nordwestindiens, welche die Mohammedaner unter Qutb-ud-Din eroberten. Aus den Spolien mittelalterlicher Tempel der Hindu und Dschaina wurde um 1200 die „in $2\frac{1}{2}$ Tagen erbaute" Arhai-din-kajhompra-Moschee errichtet: offener Hof mit Kultstätte an der Westseite; Stützenquadrate mit Ringschichtendecken, die durch eine große, siebenachsige Scheinfassade verschleiert werden.

Adyton. Im Cellainneren des griech. Tempels gesonderter, abgeteilter Raum. Aufbewahrungsplatz des Tempelschatzes oder des Kultbildes. Das A. war nur für die Priesterschaft zugänglich. – In der christlichen Kunst der Altarraum hinter den cancelli, der auf Grund der Beschlüsse des Konzils von Laodicea (343–44) nur den Geistlichen vorbehalten wurde. →Presbyterium, →Apsis.

Aedes. Römische Bezeichnung für einen Tempel, wobei keine genaue Abgrenzung zu dem Begriff templum besteht. Ursprünglich bedeutete A. lediglich „Haus" und dürfte frühe Anlagen, wie sie auf dem →Palatin gefunden wurden, bezeichnen. Mit dem Aufkommen des römischen Atriumhauses hat sich der Begriff A. vom Wohnhaus abgelöst und auf den Sakralbau übertragen.

Minoische Statuette einer Göttin mit Schlangen, aus Knossos, 17. Jh. v. Chr. (Herakleion, Mus.).

Aedicula. 1) Im Tempelinnern oder in einem Tempelhof eingebaute Wandnische, die mit Säulenvorbau und Giebel ausgestattet ist. Besonders in der röm. Baukunst diente die A. als Standort der Götterbilder. – **2)** In der altchristl. Kunst vor allem oberirdische Grabkapelle. Ihr Kennzeichen: 2 Säulchen über Stufenbau, darüber Gebälk mit Giebel. Die Mumie des Lazarus wird in den Katakomben und auf den Sarkophagen des 4. Jhs. immer in der A. gezeigt. – **3)** Viersäulenüberbau über dem Altar. →Ciborium. →Tabernakel.

Ägäische Kunst. Der Begriff Ä. bezeichnet die Kunst der Bronzezeit (3000-1025 v. Chr.) auf dem griech. Festland, den Kykladeninseln und →Kreta. Es ist dies die erste europäische Hochkultur, die die minoische Kunst, die mykenische Kunst und die Kykladenkunst umschließt. Während in der Frühzeit (3000–2000 v. Chr.) die Kunst des Festlandes und der Kykladen, wie es sich in Idolen und Keramiken ausdrückt, noch einem praehistorischen Stadium angehört, hat sich Kreta in Keramik und Plastik bereits weiter entwickelt. Die „ionische" Wanderung (nach 2000 v. Chr.) hatte die Kunstentwicklung auf dem Festland zum Stillstand gebracht, während das von dieser Welle unberührte Kreta seine Kultur zu verfeinern beginnt. Charakteristisch für diese mittelminoische Zeit (2000–1700 v. Chr.) ist die Keramik des sogen. →Kamares-Stils, nach einem Fundort so benannt. Die abstrakten Motive, die nach einem Rapportsystem angeordnet sind, werden weiß und rot auf schwarzem Grund aufgetragen. Gleichzeitig entstehen die großen Palastanlagen in →Phaistos, →Hagia Triada und →Knossos, die jedoch ihre endgültige Form erst nach einer wahrscheinlich durch Erdbeben hervorgerufenen Zerstörung in spätminoischer Zeit (1600–1450 v. Chr.) fanden. Trotz der großen und weitläufigen Anlagen sind die Paläste im eigentlichen Sinne nicht monumental. Die Architekturen kennen als Gesamtes keine geschlossenen Fassaden. Sie sind von innen her konzipiert. Daraus ergibt sich die Gruppierung verschiedener Räume und Raumkomplexe um einen Innenhof, der nur indirekt zugänglich ist. Die Anlagen entwickeln sich somit von innen nach außen. – Die Bildkunst ergibt sich weitgehend aus dekorativen Elementen, wie in den Blumenlandschaften der Palastfresken und Stuckreliefs deutlich wird. In der Komposition leitet sie sich vom Kamares-Stil her, der hier in einen vitalen Naturalismus umgewandelt erscheint. Noch deutlicher als die Fresken spricht der Bildschmuck der Gefäße von einer diesseitigen Kultur. Goldbecher und Steatitvasen zeigen Szenen aus dem Alltag und der Jagd. – In der Plastik erfüllt sich die Minoische Kultur in der Kleinkunst. Zahlreiche Statuetten, die als Votivgaben wohl dem Kult gedient haben, bringen immer wieder die gleichen Themen zum Vortrag: den Stier, eine weibliche Göttin, die häufig mit Schlangen in Verbindung gebracht wird, und den Vogel. Kaum Stein verwendend werden die Statuetten in Bronze, Elfenbein oder Ton geformt. Daneben zeigen Gemmen und Siegelsteine Szenen aus dem Kult, der neben dem Stier hauptsächlich einer Muttergottheit galt. In der minoischen Spätzeit (um 1500 v. Chr.) gleicht sich die Keramik der Wandmalerei

Tiryns, „Galerie" der Burgbefestigung, Ende 13. Jh.

an. Vegetabilische Gebilde ranken sich um die sogen. Palaststilvasen, jedoch nicht mehr mit der Lebendigkeit der früheren Kunst, sondern stilisiert und etwas trocken, wie es auch in dem späten Greifenfresco aus dem Thronsaal in Knossos zutage tritt. – Im Vergleich mit der kretischen Kunst geht die Kunst des Festlandes andere Wege, die zum Teil durch andere Lebensumstände bedingt sind. Brachte die minoische Zeit eine ausgesprochen friedliche, lebensfreudige und luxuriöse Kultur hervor (es gibt auf Kreta keine einzige befestigte Anlage), so erscheint die mittelhelladische Kunst 2000–1555 v. Chr.) karg und trocken. Die Keramik zeigt eine schwere architektoisch gebaute Formgebung. Sparsamste Dekoration mit gradliniger Ornamentik unterstreicht die Struktur der Gefäße. Nahe verwandt ist die gleichzeitige Kykladenkunst, wenngleich sich hier bereits der Einfluß Kretas bemerkbar macht. Ein Fresco in →Phylakopi legt es nahe, die Tätigkeit minoischer Künstler anzunehmen. Gegen das Ende dieser Periode werden auch auf dem Festland Einwirkungen Kretas spürbar, die jedoch erst in einem späteren Abschnitt voll zum Tragen kommen. Im 16. Jh. v. Chr. entwickelt sich die m y k e n i s c h e K u l t u r , die sehr stark in den Einflußbereich Kretas gerät. Deutlich legen davon die berühmten Funde der Schachtgräber von →Mykene Zeugnis ab. Ein starkes Fürstentum hatte sich hier festgesetzt und förderte Import und Nachahmung minoischer Kunstgegenstände. Daneben verläuft jedoch eine Eigenentwicklung, die zum →Kuppelgrab und zu riesigen Burganlagen führt. – Gleichzeitig endet die kykladische Eigenständigkeit. Die Inseln geraten unter kretische Herrschaft und werden völlig minoisiert. Diese Entwicklung wird durch einen verheerenden mykenischen Angriff (um 1400 v. Chr.) schlagartig unterbrochen. Das minoische Reich wird zerstört, die schutzlos dem Angreifer ausgesetzten Paläste Kretas niedergebrannt; die Kultur vernichtet. Jetzt beginnt die große Zeit der Mykener. Die gewaltigen Fortifikationen von →Mykene und →Tiryns werden errichtet. Ein kyklopisches Mauerwerk schützt die Burgherren vor Angriffen: Diese Architektur ist die eigentliche Leistung der mykenischen Kultur. Die Anlagen ergeben sich aus klar differenzierten Elementen, einer achsialen und symmetrischen Planung. Im Zentrum liegt der Königssaal, das →Megaron, aus dessen langgestreckter Rechteckform sich der griech. Tempel entwickelte. Nach 1300 v. Chr. entstehen die bedeutendsten Monumente, wie das Löwentor von Mykene, die erste europäische Monumentalplastik, und das riesige Kuppelgrab des Atreus (Durchmesser: 28 m). Daneben erhalten sich noch minoische Stilelemente, die jedoch mehr und mehr in das Mykenische eingeschmolzen werden. – Nur ca. 150 Jahre hatte diese Kultur Bestand. Schon vor dem Eindringen der Dorer (nach 1200 v. Chr.) zeigen die künstlerischen Erzeugnisse ein Erlahmen. Deutlich wird dies in dem laschen Dekor der spätmykenischen Keramik. Unbestimmte, weiche Wellenlinien umziehen die Gefäße und künden das Ende der Epoche an. Die einwandernden Dorer haben ihr um 1150 v. Chr. den Todesstoß versetzt, um nach einer Zeit der Besinnung die griech. Kultur zu ihrer eigentlichen Blüte zu führen. (Siehe Farbtafel 4 u. Tafel 3).

Lit.: H. Th. Bossert, Altkreta, 1937; F. Matz, Kreta, Mykene, Troja, 1957; Sp. Marinatos-M. Hirmer, Kreta u. das mykenische Hellas, 1959; F. Schachermeyr, Die ältesten Kulturen Griechenlands, 1956.

Ägina, Aphaiatempel, Ende 6. Jh. v. Chr. – Blick von O.

Ägina (griech. Aigina). Griech. Insel in der Bucht von Ägina. Großes Aphaia-Heiligtum mit dorischem →Peripteros vom Ende des 6. Jhs. v. Chr. Zu ihm gehören die thematisch nicht einwandfrei zu deutenden, 1811 gefundenen Giebelplastiken, die sogen. Ägineten (München, Glyptothek). In beiden Giebeln sind Kampfszenen dargestellt, die stilistisch an der Wende der archaischen zur frühklassischen Kunst stehen.

Lit.: A. Furtwängler, Ägina, 1906; H. Berwe-G. Gruben, Griech. Tempel und Heiligtümer, 1961.

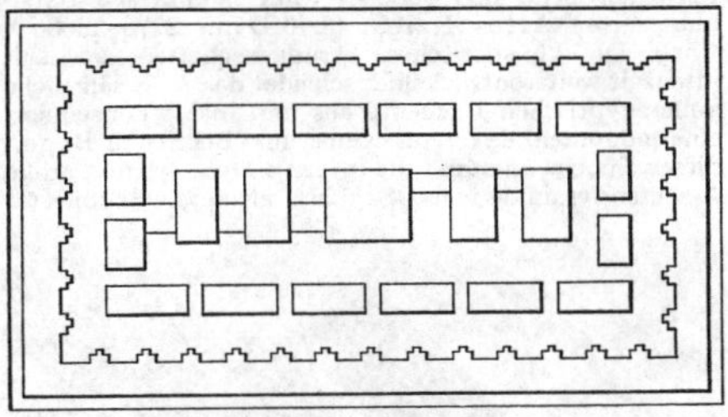

Negade-Grab, Grundriß.

Ägineten. Die Giebelplastiken des 510–490 v. Chr. errichteten Tempels der Aphaia auf →Ägina. Sie wurden 1811 entdeckt und mit Ergänzungen von →Thorvaldsen, die 1964 wieder abgenommen wurden, in München (Glyptothek) aufgestellt. Zeigt der nach 510 entstandene Westgiebel noch Elemente der archaisch-additiven Kompositionsweise, so weist der jüngere, um 490 vollendete Ostgiebel bereits auf die klassisch-verflochtene Gesamtkomposition. – Charakteristisch ist die herbe Formensprache, die Betonung der Achsen und die an Bronzearbeiten erinnernde Ziselierung und scharfe Zeichnung. Letztere zeigt Einflüsse der im 6. Jh. v. Chr. in hoher Blüte stehenden Bronzekunst von Ägina.

Ägyptische Kunst. 1) Die Ä. umfaßt geographisch das Land entlang des Nils und einige anschließende Gebiete, zeitlich die letzten 5 Jahrtausende v. Chr. Wie kaum eine zweite Hochkultur ist sie in ihren Monumenten dem Material des Steines verpflichtet und bleibt damit über ihre gesamte Entwicklung hin megalithischer Denkweise verbunden. – Das Frühstadium der V o r z e i t umspannt das 5. u. 4. Jahrtausend v. Chr. Bereits hier zeigen die grandiosen Felsbilder im libyschen Gebiet und im →Wadi Hammamat charakteristische Merkmale der späteren Entwicklungen, wie es im Umklappstil der Figurendarstellung, in dem Front- und Seitenansicht miteinander verbunden werden, deutlich wird. In diese Zeit gehören die Ziegelbauten von →Merimde Beni Salame, die geometrisch geschmückten Keramiken und die Schminkpaletten der Periode von →Tasa und die Funde der Kulturen von →Badari wie →Negade. Die Grabarchitektur bereitet in Ziegelbauten die spätere →Mastaba-Anlage vor. – Die Verschmelzung der z. T. verschiedenartigen Elemente Ober- und Unterägyptens weist auf die Reichseinigung der Frühzeit, mit der die lange Reihe ägypt. Herrscherdynastien beginnt. – Um 3000 v. Chr. haben sich die verschiedenen Göttervorstellungen in ihren wesentlichen Zügen, wie sie sich ikonographisch erkennen lassen, kanonisiert. Charakteristisch ist hierbei die Verbindung oder Konfrontation von Tier- und Menschengestalt (z. B. →Amun, →Anubis, →Hathor, →Horus, →Isis, →Osiris u. a.). Während der nachfolgenden Entwicklungen hält die Ä. immer an dem in der Frühzeit geprägten Tierbild als Kraftträger fest. – Auch die wesentlichen Weltbild- und Schöpfungsvorstellungen, die später zu differenzierten Systemen entwickelt werden, sowie charakteristische Typen der Kultgeräte (→Sistrum) werden in ihren Grundzügen bereits festgelegt. – **2)** Die T h i n i t e n z e i t der 1. u. 2. Dyn. (ca. 3000–2778 v. Chr.) steht unter dem Zeichen der Reichseinigung. Unverkennbare Beziehungen zur →altorientalischen Kunst. Die gegenseitige Durchdringung ober- und unterägypt. Grabarchitektur bringt die Monumentalisierung des Grabbaus mit sich und leitet gleichzeitig zur Steinbauweise über. Große Tempel- und Palastanlagen entstehen in →Abydos (→Ka-a) und →Nechen. In der

Plastik zeichnet sich eine zunehmende Formverfestigung ab, wie es zum einen in der Reduktion auf die Wesensmerkmale einer Gestalt, zum anderen in dem tektonischen Ordnungsprinzip der stereometrisch aufgebauten Plastik, die häufig die Würfelraumstruktur zeigt, deutlich wird. – Die Reliefbildnerei betont die Flächenstruktur und verzichtet auf räumliche Darstellung. – **3)** Altes Reich. (3.–6. Dyn., 2778–2263 v. Chr.). Die künstlerischen Errungenschaften der Thinitenzeit weiterentwickelnd, scheidet das A.R. sämtliche außerägyptischen Elemente aus und bildet konsequent eine monumentale ägypt. Kunst aus. Bereits zu Beginn dieser Epoche entstand die in der 3. Dyn. erbaute große →Stufenpyramide von →Sakkara, als deren Baumeister

Die Pyramiden von Gizeh.

→Imhotep überliefert ist. Ihren Höhepunkt erreicht die Kunst des A.R. in der 4. Dyn., aus der die ausgedehnten →Pyramiden- und Grabanlagen für →Snofru, →Cheops und →Chephren in →Medum, →Dahschur und Gizeh erhalten sind. Abgesehen von den Königsbildern, deren kubische Konzeption durch organische Elemente gemildert wird, zeigt die Rundplastik Stiltendenzen, die zum realistischen Portrait und zu den gegen Ende der 4. Dyn. aufkommenden →Dienerfiguren hinführen. Die Monumentalplastik wird eindrucksvoll durch kolossale Sphinxstatuen vertreten. – Relief und Wandmalerei sind reich in den Gräbern des →Hesire, →Meten, →Nefermaat und →Min-chaf überliefert. – In der 5. Dyn. tritt als Leitmotiv der Architektur die →Pflanzensäule als neues Stilelement in Erscheinung. Gleichzeitig entsteht gleichsam als Pendant zur vegetabilischen Form der Pflanzensäule der →Obelisk mit seiner pfeilerhaft prismatischen Struktur. – Die Reliefkunst erreicht ihren Höhepunkt in den prachtvollen Grabanlagen des →Ti und →Ptahhotep. Unter Verzicht auf Perspektive zeigen die ausgedehnten Bildkompositionen einen Handlungsablauf in seinen verschiedenen Phasen, wobei die Figuren stets aufeinander bezogen sind und sich in Gestik oder Blickrichtung nicht dem Betrachter zuwenden. – Am Ende des A.R. zeichnet sich eine deutliche Motivsteigerung ab. Dazu werden neue Bild- und Baugedanken entwickelt. So die zukunftsweisende Felsarchitektur der Gräber von →Assuan oder die neue Anlage des Königspalastes des →Phiops. – In der Plastik entsteht ein Realismus, der selbst vor der Darstellung körperlicher Mißbildung nicht zurückscheut. – **4)** Mittleres Reich. (11.–14. Dyn., 2133–1680 v. Chr.). Nachdem sich in der Zwischenzeit vom A.R. zum M.R. gewisse Verfallserscheinungen bemerkbar machten, knüpft das M.R. nach einer erneuten Reichseinigung an ältere Traditionen an, die besonders in der Rundplastik mit ihren kubischen Formen sichtbar werden. – Neue Residenzen entstehen in →Theben und →Lischt. An zahlreichen Orten wie →Der el-bahri, →Karnak, →Dahschur u. a. werden neue Tempel- und Grabanlagen errichtet. Charakteristisch ist ein bisher ungekanntes Raumempfinden, das zu abgewogenen Maßverhältnissen und rhythmischer Raumfolge führt. – Eine der wesentlichsten Typen, die das M.R. geschaffen hat, ist der Würfelhocker, in dem sich die organische Form der Menschengestalt dem von Würfelraum bestimmten Denken unterordnet. – Relief und Wandmalerei zeigen nebeneinander konventionelle und neu formulierte Darstellungen. So finden sich in den Gräbern des →Senbi und →Uchhotep z. T. nachahmende Umbildungen des →Ti-Grabes, daneben aber auch neue Bewegungsstudien, die den kontinuierlichen Bewegungsablauf anstreben. Häufig findet sich die Hochstaffelung der Figuren, wobei eine Tendenz zu räumlicher Erfassung deutlich wird. Dazu kommt als wesentliche inhaltliche Neuerung die Darstellung historischer Ereignisse, als stilistisches Merkmal ein ausgeprägter Naturalismus und eine Betonung der malerischen Werte. – Wie auf das A.R. folgt auch nach dem Ende des M.R. eine Zwischenzeit (15.–17. Dyn., 1680–1580 v. Chr.), die den Niedergang des M.R. besiegelt und durch den Einbruch der →Hyksos gekennzeichnet ist. – **5)** Neues Reich. (18.–20. Dyn. 1580–1085 v. Chr.). Nach der Befreiung Ägyptens von der Hyksos wird die reiche ägypt. Bildtradition weitergeführt. In der Architektur finden sich neue Baugedanken, die in der Trennung von Totentempel und Grab zum Ausdruck kommen. Die Felsgrabanlagen erreichen nun ihren Höhepunkt. Insgesamt zeigt die Architektur des N.R. jedoch zahlreiche Anknüpfungen zum M.R., dazu eine deutliche Monumentalisierung gegenüber jenem. Letzteres besonders in der →Ramessidenzeit, deren kolossale Tempel an Festungsarchitekturen erinnern. – In der Plastik zeigt sich in der Gesichtsbildung eine gewisse Befreiung von der strengen Konvention. Anmut

Memnonkolosse zu Theben.

und eine zunehmende Wendung zu individuellem Ausdruck kennzeichnen die oft realistischen Darstellungen, die in der →Amarnazeit ihren Höhepunkt erreichen. Die Kolossalplastik wird durch die Memnonkolosse eindrucksvoll repräsentiert. Deutlich ist in der gesamten Plastik des N.R. ein Bruch mit der kubischen Raumvorstellung zu erkennen. Schrägstellungen und Achsendrehungen weisen auf ein neues Darstellungsideal organischer Erfassung der Gestalten. Dabei bleibt stets der Zusammenhang mit der Tradition gewahrt. Deutlich wird dies in dem ständigen Ringen um die Verbindung von neuer und alter Form. – Die Entwicklung von Relief und Wandmalerei ist an zahlreichen Monumenten der 18. bis 20. Dyn. zu verfolgen. Beispielhaft für

Fresko aus dem Grab des Menna in Theben.

den reichen Motivschatz mit seinen bewegten Szenen, die sich in der 19. Dyn. zu großen Schlachtenbildern steigern, sind die Darstellungen in →Der el-bahri, →Karnak, →Theben-West und →Amarna. Als neues Motiv tritt der leichte Streitwagen auf, der eine neue ritterliche Gesinnung repräsentiert. – **6)** Spätzeit. (21.–31. Dyn., 1085–332 v. Chr.). Die Kunst der Spätzeit ist weitgehend durch das Erbe der vorangegangenen Epochen bestimmt. Deutlich wird dies in den archaisierenden Tendenzen, die zu idealisierten oder realistischen Darstellungen in der Plastik und Wandmalerei führen. Die schöpferische Neubelebung bleibt hinter einem oft erstarrenden Traditionalismus zurück. Häufig findet sich altes, jedoch entleertes Formengut, wobei sich die bildende Kunst durch hervorragende Technik der Ausführung auszeichnet. Charakteristisch für die Macht der Tradition ist die Tatsache, daß sich die Ä. während der Zeiten der Fremdherrschaft niemals den außerägypt. Einflüssen hingab, sondern stets an der eigenen Kultur festhielt und diese bisweilen sogar auf die Völker der Fremdherrschaft ausdehnen konnte. Lediglich die →griech. Kunst hinterließ, vermittelt durch ihre Faktoreien (z. B. →Naukratis), deutlichere Spuren von Einflüssen, die bereits auf die Kunst der Ptolemäerzeit hinweisen. – Die Hauptfundstätten jener Epoche sind: →Karnak, →Medinet Habu, →El Hibe, →Tanis und→ Philae. Bedeutende Reste der Grabarchitektur aus der →Aethiopen-Zeit sind in →Theben-West überliefert. – **7)** Ptolemäerzeit: (332–30 v. Chr.). Mit der Eroberung Ägyptens durch Alexander d. Gr. (332 v. Chr.) und der anschließenden Gründung von →Alexandria beginnt die Hellenisierung der Ä., die jedoch immer noch altägypt. Formengut tradiert. So ist die Kunst jener Epoche bestimmt durch die Auseinandersetzung jener beiden großen Kulturen. Deutlich wird dies z. B. in der Grabanlage des →Petosiris oder in den Tempelbauten von → Dendera und →Edfu. Charakteristisch ist die reiche Ausgestaltung der →Pflanzensäule mit einem Kompositkapitell. – In der bildenden Kunst zeigt sich nun eine bisher ungekannte Sinnlichkeit der Körperwiedergabe, vor allem in der weiblichen Plastik. Die bewegte Modellierung der Oberfläche zeigt deutlich den Einfluß der griech. Kunst. Dagegen hält auch die Ptolemäerzeit bei der Darstellung der Götter oder Sakralhandlungen an den altüberlieferten Typen und Formen fest. Im Jahre 30 v.Chr. unterlag Ägypten entscheidend dem nun mächtig aufstrebenden röm. Imperium, dem es als Provinz angegliedert wurde. Die bildende Kunst und die Architektur finden kaum zu Neuformulierungen, sondern führen die ptolemäischen Traditionen weiter. Umgekehrt übte die Ä. auf die Römer einen recht starken Einfluß aus, der in Bauten wie der →Cestius-Pyramide oder den nach Rom gebrachten Obelisken deutlich wird. (Siehe Farbtafel 3 u. Tafel 2).

Lit.: W. Wolf, KÄ.; E. Brunner-Traut, Ägypten; E. Otto, Ägypten; J. Wiesner, Ä.; C. Desroches-Noblecourt, Tu-ench-Amun; W. B. Emery, Ägypten, Geschichte und Kultur der Frühzeit, 1965.

8) Altchristliche Kunst. In Ägypten beginnt die altchristl. Kunst mit dem Bau von Grabdenkmälern und ihrem Schmuck, z. B. El-Karge, das man als altchristl. Pompeji bezeichnet hat, oder die Grabbasilika von Exyrhynchos. Die von Kaiser Arkadius (431) über dem Grab des hl. Menas errichtete große Basilika ist das erste datierte christliche Denkmal. Wichtige Klöster sind fernerhin das Weiße Kloster bei Sohag mit seinem schönen Sanctuarium, das des Jeremia in Sakkara und des Apollo in Bavit, schließlich noch das Epiphaniaskloster bei Theben-Luxor. Wir finden bei den Bauten reichen ornamentalen Schmuck, Skulpturen und Fresken. Im Laufe der Jahrhunderte (3.-9. Jh.) entwickelte sich dann eine eigenständige, christliche Kunst ägypt. Prägung, die →Koptische Kunst.

Ägyptologie →Archäologie.

Ältere Steinzeit (Paläolithikum). Sie beginnt vor mehr als 600 000 Jahren. Aus ihren älteren Abschnitten (Alt- und Mittel-Paläolithikum) sind fast ausschließlich Steingeräte (u. a. Faustkeile, Spitzen und Schaber) bekannt. Vielleicht sind aus der Form einiger →Faustkeile erste Anklänge künstlerischer Gestaltung zu erschließen. Die eigentliche →Eiszeitkunst gehört in spätere Phasen (Jung-Paläolithikum) und ist vom Erscheinen des Homo sapiens abhängig. Gleichzeitig entwickelt sich ein höheres Jägertum mit reicher, verfeinerter und spezialisierter Technik in der Gerätherstellung (Typenvielfalt, Werkzeuge und Waffen auch aus Kno-

chen). Mit unterschiedlichen Schwerpunkten finden sich im →Aurignacien, →Gravettien, →Solutréen und im →Magdalénien Kleinplastik und Relief von Mensch und Tier, vor allem aber →Höhlenmalerei (überwiegend Tierdarstellungen) sowie Gravierungen auf Stein und Knochen. (Siehe Farbtafel 1).
Lit.: K. J. Narr, Urgeschichte der Kultur, 1961.

Aeneolithikum →Chalkolithikum.

Äolisches Kapitell. Frühform des ionischen Kapitells (→Säulenordnung) mit weit ausladenden →Voluten u. Blattüberfall am oberen Ende des Säulenschafts.

Aertsen, Pieter. Holländ. Maler, geb. 1508 in Amsterdam, gest. 1575 ebda., 1535 in die Antwerpener Lukasgilde aufgenommen. In seinen Bauernbildern läßt er einem kraftvollen Realismus vollen Lauf und löst sich von den romanistischen und manieristischen Vorlieben seiner Zeit. Auch in seine religiösen Kompositionen dringt der Realismus ein. Er schuf die neue Gattung des Markt- und Küchenstücks (Eiertanz, 1557, Amsterdam; Köchin, 1559, Genua, Pal. Bianco).
Lit.: J. Sievers, P. A., 1908.

Äskulapstab. →Attribut des griech. Gottes der Heilkunde Asklepios (lat. Aesculapius). Der Name leitet sich aus einer vorgriech. Sprachschicht ab und bedeutet „der Schlangengestaltige", da die Schlange ursprünglich u. a. als heilendes Tier angesehen wurde. Seit dem 5. Jh. v. Chr. wurde Asklepios anthropomorph dargestellt, während ihm die Schlange, die sich an einem Stab hochringt, als Attribut beigegeben wurde.

Aes signatum. Röm. Bezeichnung für gezeichnetes Erz, speziell für Kupfermünzen. In der archäologischen Terminologie wird der Ausdruck für bildgeschmückte italische Kupferbarren verwandt. Häufig werden der Elefant und das Schwein dargestellt.

Ästhetik. Ursprünglich die Lehre von der Sinneswahrnehmung; seit Baumgarten (1750) die selbständige Wissenschaft vom Schönen in Kunst und Natur.

Äthiopen. Bezeichnung für die ägyptischen Pharaonen der 25. Dyn. (751-656 v. Chr.). Die Ä., die um 850 v. Chr. einen selbständigen Staat mit der Hauptstadt → Napata gegründet hatten, betrachteten sich als wahre Erben des Amunstaates von →Theben. Die von →Schabaka errichtete Herrschaft brach unter →Taharka zusammen, der von →Asarhaddon und →Assurbanipal besiegt wurde. Die Kunst der Ä.-Zeit ist durch konservative Bauten in →Karnak, Grabanlagen mit Ziegelpyramide und archaisierenden Reliefs, aber auch durch eindrucksvolle Bildnisplastik mit realistischer Wiedergabe des individuell geprägten Altersgesichtes bestimmt (→Montemhet), wobei unverkennbar nubische Züge hervortreten.
Lit.: W. Wolf, KÄ, 600, 607 ff.

Aëtion. Griech. Maler, dessen Blütezeit Plinius in das Jahr 352 v. Chr. setzt. Nach der Überlieferung Lukians malte A. ein Bild der im Jahre 328 v. Chr. gefeierten Hochzeit Alexanders d. Gr. mit Roxane. Das Gemälde ist ausführlich beschrieben, doch reichen diese Angaben nicht aus, um eine Vorstellung von dem persönlichen Stil des Malers zu gewinnen.

Ätzkunst →Kupferstich.

Afanasjevo. Nach dem Gräberfeld an der A. Gora bei Bateni unterhalb von →Minussinsk wird eine Kulturschicht des 3./2. Jahrtausends v. Chr. benannt. Weitreichende Verbindungen und Zusammenhänge mit der →Andronovokultur. Die europid geprägte Bevölkerung wirkt in den Trägern der →eurasischen Kunst (I.) nach.
Lit.: F. Hančar, Pferd, 225 ff.

Afrikanische Kunst. Da der sogen. „Dunkle Erdteil" erst relativ spät erschlossen wurde, konnte man die A. erst seit wenigen Jahrzehnten als solche erkennen und würdigen, während man in ihr früher nur eine Ansammlung von „exotischen Kuriositäten" sah. – Das Land nördlich des Sudan mit den einst z.T. fruchtbaren, z.T. steppenartigen Sahara-Gebieten war in prähistorischer Zeit vorwiegend von hellhäutigen Menschen besiedelt und wurde deshalb von der wissenschaftlichen Forschung als „Weißafrika" bezeichnet. Von hohem künstlerischen Rang sind die →Felsbilder Nordafrikas, die durch die Funde im →Tassili zu einer Einschränkung des Begriffes „Weißafrika" führten, da dort Malereien gefunden wurden, die offenbar von Negriden stammen. – Die mediterranen megalithischen und archaischen Kulturen hinterließen auch in Nordafrika deutliche Spuren (→Kanarische Inseln). Teilweise wirkten sie bis in historische Epochen nach (→Numidischer Grabbau). – Im engeren Sinne versteht man unter A. die Kunst „Schwarzafrikas" aus den Landstrichen südlich der Sahara. Die archäologisch-praehistorische Forschung konnte bisher nur vereinzelt bis zu den Wurzeln dieser Kulturen vordringen (→Nok-Kultur, →Simbabwe, →Esie, →Sao, →Nomoli, →Tellem). – Die Kunst Schwarzafrikas basiert fast ausschließlich auf religiösen Grundlagen, aus denen die entscheidenden und charakteristischen Formen und Typen der A.

Gruppe von drei Bronzeköpfen, Yoruba.

gewachsen sind (Ahnenfiguren, →Fetisch). Besonders reich ist die Kunstentwicklung in West- und Zentralafrika, wo sich einige Stilregionen unterscheiden lassen: der Westsudan (→Bambara, →Senufo, →Dogon, →Bobo, →Mossi), die westatlantischen Küstenländer (→Bidyogo, →Baga, →Mendi, →Dan), die ostatlantischen Küstenländer mit ihren Hochkultureinflüssen aus sehr frühen Epochen (→Yoruba, →Benin, →Dahomey, →Ashanti, →Baule, →Ibo, →Ibibio), schließlich Kamerun und das äquatoriale Waldgebiet (→Kameruner Grasland, →Pangwe, →Bakota) mit Übergängen zum eigentlichen Kongogebiet (→Bakongo, →Bakuba, →Bayaka, →Bapende, →Basonge, →Bena Lulua, →Baluba, →Tshokwe). Weniger reich ist die Bild- und Kunstüberlieferung von Ost- und Südostafrika (→Barotse, →Makonde, →Madagaskar). Dagegen fanden sich hier zahlreiche Spuren praehistorischer Epochen, z.B. die bedeutenden →Felsbilder Ostafrikas, die das Bindeglied zu der überaus reichen Felsbildkunst Südafrikas darstellen. – Weiteres → Schwarzafrika. (Siehe Farbtafel 24 u. Tafel 4).
Lit.: E. Leuzinger, Afrika. Kunst der Negervölker, 1959; M. Griaule, Arts de l'Afrique noire, 1947; C. Kjersmeier, Centres de Style de la sculpture nègre africaine, 1935 bis 1938; D. Paulme, Les sculptures de l'Afrique noire, 1956; E. v. Sydow, Afrikan. Plastik (hrsg. v. G. Kutscher), 1954; H. Himmelheber, Negerkunst und Negerkünstler, 1960; D. J. Wölfel, Die Kunst der Altvölker Afrikas, UKG I, 63 ff., 1963.

Afro (Afro Basaldelle). Italienischer Maler. 1912 in Udine geb. Sein Frühwerk steht stark unter dem Einfluß des →Kubismus, vermischt mit surrealen Anregungen. Später entwickelte er sich allmählich zur abstrakten Malerei hin und wurde Mitglied der von C. →Cagli

begründeten 2. Röm. Schule. Von 1941–1944 lehrte er an der Akademie in Venedig Mosaikmalerei.
Lit.: L. Venturi, Afro, 1954.

Agalma. In Inschriften der griech. Antike und in der griech. Dichtkunst häufig gebrauchtes Wort für Weihgeschenk, Götterbild oder Standbild.

Agasias. 1) Griech. Bildhauer aus Ephesos. Um 100 v. Chr. vor allem auf →Delos tätig. 13 von ihm signierte Statuenbasen sind dort gefunden worden. – **2)** Griech. Bildhauer aus Ephesos. Wohl ein Verwandter des A. 1). Er war im 1. Jh. v. Chr. tätig und hat in erster Linie Kopien hergestellt. Ein Original von seiner Hand ist in dem signierten berühmten →Borghesischen Fechter erhalten.
Lit.: G. Lippold, Handb. d. Archäologie, V., 1950.

Agatharchos. Griech. Maler aus →Samos. Nach Aristoteles' Bericht hat er als Bühnenmaler die Bühnenbilder zu den Tragödien des Aischylos entworfen und gilt als der „Erfinder" der →Skenographie. Er verfaßte eine Schrift über diese Kunst und soll nach der antiken Überlieferung als erster Künstler die Perspektive angewandt haben. – Seine Schaffenszeit fällt mit der des →Strengen Stils zusammen.
Lit.: Pfuhl, Malerei und Zeichnung, 723.

Agathokles. Griech. Bildhauer aus →Antiochia. Er gehörte der klassizistischen Richtung des späten Hellenismus an und arbeitete im 1. Jh. v. Chr. in →Lindos auf →Rhodos.
Lit.: G. Lippold, Handb. d. Archäologie, V., 377, 1950.

Agathyrsen. Thrakisch-skythisches Volk in Siebenbürgen mit Goldbergwerkbau, bedeutsam für die Vermittlung →skythischer Kunst nach Westen.
Lit.: K. Schefold, HDA 2, 443ff.; K. Jettmar, Steppenvölker, 15.

Ageladas →Hageladas.

Aghtamar →Achtamar.

Agra. Tadsch Mahall und Mogul-Garten.

Agnus Dei. 1) Darstellung Christi als Lamm. In der Altchristl. Kunst wird Christus häufig so symbolisiert, mit Blick auf das Johannesevangelium (1, 29). Das Lamm ist meistens gekennzeichnet durch einen →Nimbus, insonderheit einen Kreuznimbus. – **2)** Eine runde Wachsscheibe mit Aufdruck des Lammes. Sie wurde aus einer Wachsmasse unter Beimischung von geweihtem Öl hergestellt. Verwendungszweck sehr verschieden. Schon im 9. Jh. in Rom bekannt.

Agora. Griech. antiker Staatsmarkt, der zu jeder griech. Polis gehört. Die A. ist der Mittelpunkt des öffentlichen Lebens, der Verwaltung, der Staatsgeschäfte und der Staatskulte, entsprechend dem römischen →Forum.

Agorakritos. Griech. Bildhauer der 2. Hälfte des 5. Jhs. v. Chr. aus →Paros. Lieblingsschüler des →Phidias. Ein Marmorkultbild der Nemesis in →Rhamnous war sein berühmtestes Werk. Erhalten ist hiervon ein Kopffragment und eine Münzabbildung, dazu antike Beschreibungen der Basisreliefs, die in Fragmenten gefunden wurden. Dargestellt ist hier die Übergabe der Helena durch Leda an Nemesis und die Hochzeit der Helena. Der Stil der Basisreliefs entspricht den Friesfragmenten des →Erechtheions. Die Statue ist demnach zwischen 430 und 420 v. Chr. entstanden. Weitere Kultbilder und Einzelstatuen sind nur literarisch oder in unsicherer Kopienüberlieferung erhalten.
Lit.: G. Lippold, Handb. d. Archäologie, V, 187, 1950.

Agostino Ducci (Agostino d'Antonio di Duccio, auch Agostino da Firenze genannt). Italien. Bildhauer und Baumeister. Geb. 1418 in Florenz, gest. 1481 ebda. 1442 entstand als eines seiner bedeutendsten Frühwerke der Fassadenschmuck der Kathedrale zu Modena (vier Reliefs mit Szenen aus dem Leben des hl. Geminianus). 1446 hielt er sich in Venedig auf und kam 1447 durch L. B. →Alberti nach Rimini, wo er bis 1454 an der Ausstattung des „Tempio Malatestiano" beschäftigt war. Nach 1457 führte er in Perugia mehrere Aufträge aus (Fassadenbau mit reichem Skulpturenschmuck der Kirche S. Bernardino nach dem Vorbild von Albertis Fassade zu S. Andrea in Mantua; Altar einer Kapelle in S. Domenica in Stein und bemalter Terrakotta). – 1463 schuf er für die Dom-Opera zu Florenz eine Gigantenstatue. Nach 1473 war er wieder in Perugia tätig und begann 1475 mit dem Bau der unvollendet gebliebenen Porta S. Pietro.
Lit.: Thieme-Becker.

Agra. Residenzstadt der →Mogule an der Dschumna. Auf dem Fort stammt der früheste Bau, das Dschahangiri Mahall, noch aus der Zeit Akbars von 1566, während die Mehrzahl der Bauten wie die Diwans und die Perl-Moschee durch den Bauherrn Schah Dschahan, 1627–58, aufgeführt wurden. Derselbe ließ zur Erinnerung an seine Frau den Gartenbezirk mit dem Marmorgrab Tadsch Mahall errichten, welches von den Kunsthistorikern anfangs als Höhepunkt des indo-islamischen Stils gefeiert, später dagegen in der Wertschätzung früheren und herberen Kuppelbauten nachgestellt wurde; heute würdigt man wieder die Feinheit der Formensprache, mit der uralte Gedanken des Kuppelbaus auf besondere Weise ausgedrückt wurden.
Lit.: M. A. Chaghtai, Le Tadj Mahal, 1938.

Agraffe (lat. agrappa, agriperium). Eine verzierte Spange, die ein Gewand (Mantel) zusammenhält.

Agrak. Armenien, das durch seine vielseitigen Grundrißlösungen frühchristl. Architektur bekannt ist, besitzt in A. eine Kuppelkirche, bei der die Kuppel ohne Freistützen von den Wänden getragen wird; Zentralbau mit quadratischem Grundriß, bei dem an jeder Seite eine ausladende Apsis angefügt wird.

Agrigent. Griech. Stadt auf Sizilien (griech. Akragas, lat. Agrigentum). A. wurde von griech. Kolonisten gegründet und entwickelte sich im 5. Jh. v. Chr. zu einer reichen Stadt. Eine ganze Reihe von dorischen Tempeln wurde hier errichtet. Der am besten erhaltene Bau ist der sogen. Concordiatempel (Ende 5. Jh. v. Chr.), der in seiner Anlage dem Theseion in →Athen verwandt ist. Reste von zwei älteren Tempeln, dem Dioscurentempel und dem Heratempel, sind erhalten. Der bedeutendste Bau, der Zeustempel, zeichnet sich durch seine riesigen Ausmaße (110 × 55 m) aus. Atlanten von über 7 m Höhe trugen das Gebälk. – Aus römischer Zeit sind Wasserleitungen, Ringmauern und Häuser erhalten. Außerdem größeres christliches →Hypogaeum. An eine Haupthalle sind dabei weitere Räume angebaut. In der inneren Anlage selten vorkommende →Baldachingräber.
Lit.: H. Berve, G. Gruben, M. Hirmer, Griech. Tempel und Heiligtümer, 1961.

Agum. Name von drei Königen der →Kassiten in Babylonien. A. II. um 1530 v. Chr. setzte sich für die Wiederherstellung der Tempel und Götterbilder nach der Plünderung →Babylons durch den Hethiterkönig Murschili I. ein.
Lit.: H. Schmökel, GAV, 172ff.

Ahiram. König von →Byblos (11./10. Jh. v. Chr.?), bekannt durch seinen Reliefsarkophag mit Darstellung des Totenrituals für den Herrscher auf einem von geflügelten Löwensphingen getragenen Thron. Phönizisches Vorbild für den Cherubenthron im Tempel →Salomons. Lit.: H. Schmökel, GAV, 291, 307.

Ahlers-Hestermann, Friedrich. Deutscher Maler und Kunstschriftsteller. Geb. 1883 in Hamburg. Studium in Hamburg und anschließend bis 1914 in Paris bei →Matisse. 1928–33 lehrte er an der Werkkunstschule in Köln. 1949 übernahm er die Leitung der Landeskunstschule in Hamburg. In seinen Werken versuchte er Anregungen von →Renoir, →Matisse und dem →Kubismus zu neuer und selbständiger Formgebung zu vereinigen. Hauptsächlich zeigen seine Bilder Stilleben, Landschaften, Portraits und figürliche Kompositionen.
Lit.: H. Vollmer, Künstlerlex. d. 20. Jhs.

Ahmedabad. Indische Handelsstadt in Gudscherat. Die fast durchweg gut erhaltenen Bauten aus gelbrotem Sandstein stammen von der Begarha-Dynastie, Anfang 14. Jh. bis Mitte 16. Jh. In früheren Bauten bis zur großen Freitags-Moschee von 1423 fanden noch Spolien hinduistischer und dschainistischer Tempel Verwendung, die sich harmonisch in die islamischen Kunstvorstellungen von weiten, hohen und hellen Innenräumen einfügten. Die Nachfahren der traditionellen altindischen Steinmetzgilden schufen Meisterwerke indo-islamischer Bau- und Schmuckkunst: Rauza der Rani Sipari 1505, Siddi-Sayyid-Moschee 1515, Wasserpalast und Grabbezirk von Sarkedsch und die Brunnen und Wasserbauten von Adaladsch und Kankariya Talao.
Lit.: Brown, Architecture II, 48–61.

Ahmose. Ägypt. König der 18. Dyn. (1580–1558 v. Chr.), die er nach Vertreibung der →Hyksos und Grenzfestigung begründet. Denkstein des A. für seine Mutter Ahotep in →Karnak, für seine Großmutter Tetischeri Gedächtniskapelle in →Abydos. Das unmittelbare Anknüpfen an die Plastik des Mittleren Reiches (→ Ägypt. Kunst 4) zeigen die Kalksteinstatuen für den gleichnamigen Bruder und die Königin Nofretiri, Schwester und Gemahlin des A. Das Grab eines Beamten A. in →Amarna gehört in die Zeit →Amenophis' IV.
Lit.: W. Wolf, KÄ, 422, 575, 513; E. Otto, Ägypten, 140 ff.

Ahnenbilder. Wachsabgüsse vornehmer, verstorbener römischer Bürger. In republikanischer Zeit hatten die Angehörigen eines Verstorbenen, der ein senatorisches Amt bekleidet hatte, das Recht, eine Wachsmaske im Atrium des Hauses zur Ahnenverehrung aufzustellen. Dieser Brauch hat wesentlich zur Entstehung und Ausbildung des römischen Portraits beigetragen.

Ahnenkult (Südsee). In der →Südsee spielt der Kult der heroisierten (realen oder mythischen) Ahnen eine große Rolle, besonders in →Melanesien und →Neuguinea. Dies erklärt die Anfertigung verschiedenartiger Ahnenfiguren aus Holz, aber auch die Verehrung von Knochenschädeln der Vorfahren, die häufig in gleicher Weise wie Kopftrophäen mit Ton umkleidet und bemalt wurden; die Bemalung gab den persönlichen Gesichtsschmuck des Toten wieder; diese Kopfplastiken waren gleichsam „Rekonstruktionen" des Gesichtes Verstorbener mit oft hohem Kunstwert, besonders im →Sepik-Gebiet Neuguineas. →Schwarzafrika I.

Ahriman. In der altpersischen Kunst der Geist des Bösen und der dunklen Mächte, Bruder und Gegner →Ahura Mazdas, Sohn des →Zurvan. Der Dualismus, wahrscheinlich schon in der →Luristan-Kunst dargestellt, wird in der →Sasanidenkunst dadurch veranschaulicht, daß A. besiegt am Boden unter den Hufen des Pferdes liegt, das sein Bruder reitet.
Lit.: R. Ghirshman, Iran I, 51, 70; Iran II, Abb. 11, 201.

„Ahu". Aus Korallenkalk errichtete Steinbauten mit kultischem Zweck spielten in der älteren Steinarchitektur →Polynesiens eine große Rolle. Die Zusammenlegung des A. mit großen, gepflasterten Versammlungsplätzen ergab den für diesen Teil der Südsee so bezeichnenden Bautyp des →marae. Der A. ist eine schmal-rechteckige Plattform, die aus meist großen Steinblöcken mörtellos zusammengefügt ist.

Ahura Mazda. Hauptgott der persischen Religion, der weise Herr, Sohn des →Zurvan, Bruder des →Ahriman, gegen den A. die Herrschaft der rechten Weltordnung erkämpft. In der Kunst der →Achaemeniden erscheint A. als männliche Halbfigur in der Flügelsonne, mit segnender Rechten, in der Linken einen Ring. Persische Umprägung des Assurmotivs. In der →Sasanidenkunst wird A. als prächtiger Reiter dargestellt, der als Sieger über →Ahriman den siegreichen König zu Pferd belehnt.
Lit.: R. Ghirshman, Iran I, II.; H. H. von der Osten WP, 76 ff., 129 ff.

Ahmedabad.
Mihrab im zentralen Kultraum der Freitags-Moschee.

Aichel, Johann Santin (eigentl. Giovanni Santini). Böhmischer Architekt und Maler, geb. 1667 in Prag, gest. 1723 ebda. Mitglied einer aus Oberitalien eingewanderten Steinmetzfamilie. Mit den Problemen des italien. Spätbarock vollkommen vertraut, insbesondere mit den Formen des F. →Borromini, schuf er Kirchen und Paläste mit geistreicher Grundrißbildung. Seiner bizarren Neigung zur Spätgotik entsprechen Gotizismen, insbesondere der Innendekoration, die ihm eine unverwechselbare Stellung in der Kunstgeschichte gegeben haben (Beispiele: Nepomukkirche in Saar, 1706–23; Schloß Karlskrone in Chlumetz, 1721–23).
Lit.: H. G. Franz, Gotik und Barock im Werk des J. S. A. in: Wiener Jb. f. Kunstgeschichte XIV, 1950.

Aigrette. In der Damenmode des 18. Jh. Haarschmuck in Federform aus kostbaren Materialien (Edelmetall).

Aigues-Mortes. Südfranz. Stadt. 1240 als Ausgangspunkt des ägypt. Kreuzzuges gegründet, wurde die Stadt mit einer gewaltigen Umfassungsmauer festungsartig ausgebaut. Die vollständig erhaltene Anlage mit 15 Türmen und 10 Toren sowie dem mit Zinnen versehenen 1,5 km langen und 7 m hohen Mauerring gilt als eines der besten Beispiele mittelalterl. Festungsarchitektur.

Aiguière. Wasserkanne, die bei Tafel der Handreinigung dient. In der franz. Renaissance als Prunkgefäß ausgebildet.

Aihole. Dorf im Dekkhan mit alten Kultstätten der Hindus und Dschainas vom 5.–8. Jh. In der Nähe Höhlenheiligtümer des 7. Jh. Im Durga-Tempel, um 600 erbaut, lebt der apsidiale Grundriß der altertümlichen →Tschaitya-Halle fort, während im Ladh-Khan-Tempel des 5. Jh. und anderen gleichzeitigen Anlagen der mittelalterliche Hindu-Tempel Gestalt gewinnt.

Ainu. Ein auf den japanischen Inseln Hokkaido und Sachalin beheimatetes Restvolk europider oder altasiatischer Rasse, das noch heute Bärenriten und eine sehr altertümliche Lebensweise pflegt. Der Kunstsinn

der A. äußert sich vor allem in der Dekoration von Rindenstoffen und Geweben mit sehr harmonisch wirkenden kurvilinearen Mustern, die man auch, in Flachrelief geschnitzt, auf hölzernen Gebrauchsgegenständen (besonders auf den beim Bärenfest gebrauchten Ritualgeräten) findet.
Lit.: J. Batchelor, The A. of Japan, 1901.

Aix-en-Provence. Baptisterium. Im rechten Seitenschiff der Kathedrale St. Sauveur (5.–16. Jh.) öffnet sich ein Taufraum aus dem 5. Jh. Das Taufbecken befindet sich in einem Achteck, das von Säulen gebildet wird. Diese stammen von einem römischen Bau, die Kuppel aus der Renaissancezeit. Besonders reizvoll der Kreuzgang aus dem 12. Jh. Die größte Kostbarkeit der Kirche aber ist der Flügelaltar der „Madonna im Dornbusch", 1475 gemalt von Nicolas Froment.

Aja. Ägyptischer Pharao, Nachfolger des →Tut-ench-Amun. Grab am Ende des Tales der Könige, wegen der 12 Paviane in der Wandmalerei „Affengrab" genannt, deutlich an das Grab des Vorgängers anschließend. Tempelbezirk des A. in →Medinet Habu. Das erste A. zugedachte Grab in →Amarna mit Darstellung der Ehrengoldbelohnung durch →Amenophis IV.
Lit.: W. Wolf, KÄ, 399, 420, 442, 461, 508, 511f.; Ch. Desroches-Noblecourt, Tut-ench-Amun, 311.

Ajimez. Architekturform der westlich-islamischen Kunst. A. bezeichnet ein Doppelfenster mit mittlerer Säule und wurde zuerst unter den →Omeyaden in →Cordova als Schmuckelement eingeführt.

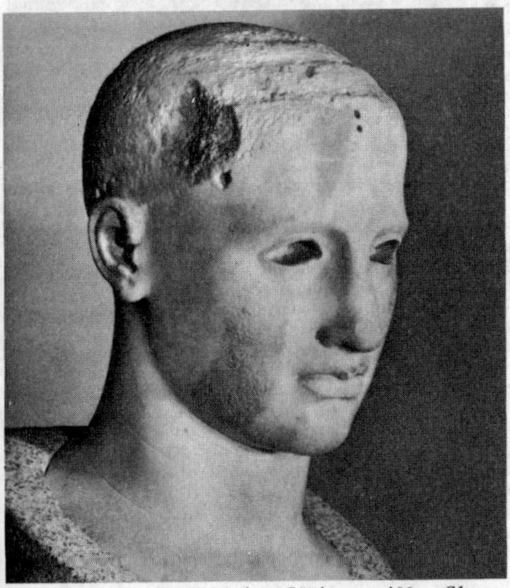

Akrolith, Kolossalkopf einer Göttin, um 460 v. Chr. (Rom, Vat. Mus.).

Akademie. Das Wort leitet sich her von einem dem Heros Akademos geweihten Hain in der Nähe Athens, den Plato für seine Freikaufung von den Sklavenhändlern des Tyrannen Dionysius gestiftet hatte. In dieser platonischen A., eigentlich die erste Universität, lehrte Plato, trafen sich die Philosophen. Der Name A. ging dann auf gelehrte Gesellschaften aller Art (seit der Renaissance) in- und außerhalb Italiens über, so auch auf solche mit dem Charakter von Kunstschulen. Die erste Malerschule war die 1494 in Mailand von →Leonardo da Vinci gegründete „Accademia Vinciana". Eine 1577 gegründete röm. Malerschule mit dem Namen des Patrons der Maler, die „Accademia di San Lucca", war mit ihren 1599 aufgestellten festen Satzungen beispielgebend für alle späteren Kunstakademien. Im 17. Jh. entstanden zahlreiche Kunst-A.n als fürstliche oder private Unternehmungen. Von besonderer Bedeutung waren die Académie Royale de Peinture et de Sculpture (1648) und die Académie d'Architecture (1671) in Paris; sie wurden 1795 zur Académie des Beaux-Arts als einer Abteilung des Institut de France vereint. Außerhalb Europas gab es schon 1101 eine von Kaiser Hui Tsung gegründete Maler-A. in China.
Lit.: Bibliographie im Reallex. zur deutschen Kunstgeschichte, Bd. I, 1937.

Akanthus. Pflanze mit ausgezackten Blättern, die in der griech. Kunst seit dem 5. Jh. v. Chr. in ornamentaler Verwendung nachgebildet werden. Besonders häufig findet sich das Akanthusornament als Grabstelenakroter. – In der Architektur schmückt der A. das →Korinthische Kapitell, das auch in römischer Zeit vielfach verwendet und umgebildet wird.
Lit.: H. Gropengiesser, Die pflanzlichen Akrotere klassischer Tempel, 1961.

Akbar. Mogulkaiser 1556–1605. Sein Ideal, altindisches Geistesgut und islamische Kultur zu vereinigen, suchte er u.a. in den Bauten der Residenz von →Fatehpur Sikri und in der Schaffung einer Hofschule indoislamischer Miniaturmalerei zu verwirklichen.

Akinakes. Bezeichnung für die heilige Waffe der →Skythen, ein Kurzschwert mit herzförmigen Griffabschluß. Wie der →Goryt ist der A. an Griff und Scheide meist mit feinen getriebenen Goldblechen verziert, deren Reliefs die charakteristischen Tierstilmotive der →skythischen Kunst zeigen.
Lit.: K. Schefold, HDA 2, 431; K. Jettmar, Steppenvölker, 266.

Akkadische Kunst →Altorientalische Kunst III.

Akkadzeit. Nach der von →Sargon I. um 2350 v. Chr. gegründeten Hauptstadt des ostsemitischen Großreiches benannte Epoche, die mit dem Untergang von Akkad um 2150 endet. Das von den →Gutäern zerstörte Akkad ist noch nicht wiederentdeckt (zwischen →Kisch und →Sippar?). Nach den Überlieferungen war Akkad ein glanzvolles Zentrum mit Palast-, Tempel- und Hafenanlagen, reich an kostbaren Rohstoffen aus allen Teilen des Großreiches zwischen →Zagros, Persischem Golf, Ostkleinasien und der syrischen Mittelmeerküste (→Rimusch, →Manischtusu, →Naramsin, →Scharkalischarri, →Akkadische Kunst).
Lit.: H. Schmökel, GAV, 39ff.; J. Bottéro, FWG 2, 91ff.

Akley-, Aklei-, Agleybecher. Kein Becher, sondern ein Buckelpokal, dessen Kelch der Akeleiblüte nachgebildet wurde. Berühmtester A. von Wenzel Jamnitzer in Nürnberg geschaffen, wird das Vorbild für alle Meisterstücke der Goldschmiedezunft dieser Stadt.

Akragas →Agrigent.

Akraiphiai. Griech. Stadt in Böotien, in der Nähe des Apollon-Heiligtums auf dem →Ptoion. Von der dorischen Gründung des 8. Jhs. v. Chr. sind Nekropolen erhalten. Außer diesen Grabanlagen, die bis in röm. Zeit reichen, sind Reste der Stadtmauern aus dem 3. Jh. v. Chr. und vor der Stadt ein Tempel gefunden worden. In der antiken Literatur werden ein Theater, ein Gymnasion und verschiedene Kultstätten erwähnt.
Lit.: Kirsten-Kraiker, Griechenlandkunde, 787, 1962.

Akrolith. Bezeichnung griech. antiker Bildwerke, deren nackte Teile, wie Kopf, Hände u. Füße, in Stein angefertigt wurden, während der bekleidete Körper und der Kopfschmuck aus vergoldetem Holz bestanden. Als Ersatz für die sehr kostspieligen Goldelfenbeinstatuen fand diese Technik weite Verbreitung.

Akropolis. Höchstgelegener Teil der antiken griech. Stadt. Die ursprüngliche Funktion als Wehranlagen wandelte sich im Laufe der Zeit zum Kultplatz zentraler Heiligtümer, z. B. →Athen.

Akroter. Bekrönungsschmuck am Giebelfirst u. auf den Giebelecken eines griech. oder röm. Tempels, auch auf Grabstelen. In der Regel wurde der Akroter als Sphinx oder als vegetabilisches Pflanzenwerk gebildet.
Lit.: H. Gropengiesser, Die pflanzlichen Akrotere klassischer Tempel, 1961.

Aksum. Im nördlichen Äthiopien gelegenes altes Kulturzentrum, dessen wechselreiche Blüte im 6. Jh. v. Chr. beginnt und bis zum 7. Jh. n. Chr. reicht. Danach verlor diese ehemalige Hauptstadt des aksumitischen Reiches zunehmend an Bedeutung, bis sie schließlich

Alaca Hüyük, Das Sphinxtor.

1535 durch den Einfall der Mohammedaner völlig zerstört wurde. Bedeutende Reste vor- und altchristl. Kulturphasen wurden gefunden. Unter ihnen sind vor allem zahlreiche monolithe Stelen, die eine Höhe von über 30 m erreichen können, zu nennen, außerdem Fragmente von diese Kultur kennzeichnenden Scheinarchitekturen. Dagegen hat sich von der einst hochstehenden Bildhauerkunst kaum etwas erhalten. – Aus altchristl. Zeit konnten drei Basiliken festgestellt werden, deren älteste aus dem 4. Jh. n. Chr. stammt (St. Maria).

Akt. Die ursprüngliche Bedeutung „Handlung" und „Bewegung" auf die vom nackten Modell gebotene Geste und die sich daraus ergebende Aktstudie übertragen, schließlich die Darstellung des nackten Menschen schlechthin.
Lit.: J. Cassou, Der A. in der Malerei, 1952.

Alabaster. Ein feinkörniger, kohlensaurer Kalk. Bei geringer Dicke ist er durchscheinend und eignet sich daher gut für Fenster (Beispiel Mausoleum der Galla Placidia in →Ravenna). Gebrannter A. wird als eine Art Gips benutzt. Es wurden aus ihm Lampen, Vasen, Wandverkleidungen hergestellt. Der Name kommt von der altägyptischen Stadt Alabastron.

Alabastron. Griech. Vasentyp mit langgestreckter, unten abgerundeter Form und engem Hals. Er diente zur Aufbewahrung kostbaren Salböls.

Alaca Hüyük. Hethitischer Fundort nordöstlich von →Boghazköi mit reichen Fürstengräbern um 2300 v. Chr., deren Inventar auf eine bemerkenswert hohe Kultur mit eigenwilligen einheimischen, lange nachwirkenden Formen in Keramik und Metallurgie weist. Neben Riefen-, Schnabelgefäßen und Goldschmuck fallen besonders durchbrochene Metallscheiben mit ornamentalen (Hakenkreuzen) und figürlichen Motiven (Standarten?), Hirsch- und Stierfiguren auf, letztere vermutlich als Baldachin- oder Thronschmuck verwendet. Zusammen mit Idolplastiken deuten sie auf eine ausgeprägte vorhethitische Vorstellungswelt, deren Träger vor allem die Hattier waren. Ihr Erbe wirkte in der Hethiterzeit weiter. Zur Zeit des Neuen Hethiterreiches war A. eine bedeutsame Stadt, deren Mauern Torsphinx und reichen Reliefschmuck, darunter das Motiv einer Lockhirschjagd, zeigen.
Lit.: E. Akurgal, HK, 18ff.; M. Riemschneider, WH, 104ff.; J. Wiesner, AO, 70ff. (→Hethitische Kunst I–IV).

Aladscha Kisle (Kleinasien). Lykische Basilika nach syrischem Vorbild. Dreischiffig, Mittelschiff dreimal so breit wie Seitenschiff. Arkaden über sechs Pfeilern tragen Obergeschoß mit 6 Fenstern. Die Kirche ist reich mit Ornamenten geschmückt. Das gilt sowohl von den Kapitellen als auch von dem reich profilierten Gebälk und den Türfirsten. Die Friese mit tief ausgearbeitetem Schmuck stammen aus dem 4.–5. Jh. Die Kompositkapitelle sind mit Kreuzen geschmückt und zeigen sogen. windbewegte Blätter.

Alalach. A. wurde östlich von →Antiochia am Orontes unter dem Ruinenhügel →Tell Atchana entdeckt. Die seit dem frühen 3. Jahrtausend v. Chr. besiedelte Stadt mit altem Tempel und Palast weist enge Beziehungen zur →sumerischen Kunst und Akkad sowie →Mari auf. Bedeutsam ist die Palastanlage des Königs →Jarimlim, auf den der eindrucksvolle Dioritkopf eines Königs aus den Tempelruinen von A. deutet. Künstlerisch tritt dagegen das Sitzbild des Königs →Idrimi zurück, das jedoch wegen seiner Inschrift wichtig ist. Aus der Zeit der hethitischen Herrschaft stammen 2 Löwenfiguren als Tempelwächter. 1194 v. Chr. wurde A. wie andere Städte Syriens durch die Bewegungen der Großen Wanderung zerstört.
Lit.: H. Schmökel, GAV, 218 ff.; E. Strommenger, Mesopotamien, 91 ff.

Alaman (Armenien). Kirche in Dreipaßanlage. 637 n. Chr. erbaut. Eine der interessanten Grundrißlösungen in Armenien.

Alamannischer Schmuck. Gehört zum Kunstgewerbe der →Völkerwanderungszeit und wird einem Verband von Teilstämmen der westgermanischen Sueben (Alamanni) zugewiesen, die im Jahre 212 v. Chr. zuerst genannt werden.

Alampur. Indische Stadt im Dekkhan mit Hindu-Tempeln des 8.–12. Jhs.

Albarello. Zylindrisches Gefäß aus glasiertem Ton, seltener aus Glas, zum Versand von Drogen. Er ist seit dem 12. Jh. n.Chr. im Iran bekannt. Die Form geht wahrscheinlich auf chinesische Anregungen zurück. Zur Zeit des mongolischen Einflusses auf die islam. Kunst hauptsächlich in Syrien im 14. und 15. Jh. zum Versand von Apothekerware nach Spanien benutzt. Meist handel

es sich um syrische Keramik mit mehrfarbiger Bemalung unter Bleiglasur oder mit →Lüster-Dekor auf zinnhaltiger Glasur. Durch den Import angeregte mozarabische Stücke dieser Gefäßgattung sind um 1500 aus Manufakturen in Paterna (Valencia) und Manises mit Lüster- und Blaumalerei bekannt. Von Spanien aus gelangten Exportstücke nach dem übrigen Europa.
Lit.: A.Wilson Frothingham, Lusterware of Spain, 1951.

Albarium (opus albarium). Stuck oder Unterlage für →Temperamalerei, auch Bezeichnung für jede Weißstuckarbeit.

Albenga (Norditalien, Riviera). Guterhaltene Taufkapelle aus dem 5. Jh. mit bedeutender Symboldarstellung. In einer Nische des →Baptisteriums im Scheitel des blauen, mit goldenen Sternen übersäten Tonnengewölbes befinden sich drei konzentrische Kreise, jeweils mit dem Monogramm Christi und den heiligen Buchstaben A und Ω. Die Kreise sind von einem Kranz von Tauben umgeben, die die Apostel symbolisieren.

Albers, Joseph. Deutscher Maler und Graphiker. Geb. 1888 in Bottrop. Studium an der Kunstakademie Berlin und am →Bauhaus in Weimar. Dort leitete er 1923–33 eine Klasse für Glasmalerei. 1933 Emigration nach den USA, wo er an verschiedenen Kunstschulen unterrichtete. Durch seine Lehrtätigkeit verbreitete er in Amerika die Bauhausgedanken und förderte das Industrial Design.
Lit.: H. Vollmer, Künstlerlex. d. 20. Jhs.

Alberti, Leone Battista. Italien. Architekt, universaler Denker und Kunstschriftsteller, geb. 1404 Venedig, gest. 1472 Rom, seit 1430 in Florenz, seit 1432 häufig in Rom lebend. A. stammt aus vornehmer Familie und erfuhr eine umfassende Ausbildung; Studium der antiken Denkmäler in Rom und schöpferische Auseinandersetzung mit allen Gebieten humanistischer Kultur, der seine Schriften entsprechen. Bekanntschaft mit →Brunelleschi und →Donatello. A. ist der bahnbrechende Theoretiker der Frührenaissance, wenn auch als Künstler leider nur in seinen großartigen Architekturen faßbar, deren Bedeutung sich darin erweist, daß sie meist erst in den folgenden Jahrhunderten verstanden und als Vorleistung genutzt werden: Für Sigismondo Malatesta die Kirche S. Francesco in Rimini als Ruhmestempel der Malatesta (1446–55); für Giovanni Rucellai den Palazzo Rucellai in Florenz (ca. 1446–51, mit Pilastergliederung der Fassade in 3 Ordnungen); Fassade von S. Maria Novella in Florenz (vollendet 1470); für Lodovico Gonzaga die Kirche S. Andrea in Mantua (ab 1472, große Pilasterordnung mit Tonnengewölbe und Vierungskuppel), die für die Raumgliederung des Petersdomes und des Gesú sowie anderer Barockkirchen Vorbild werden sollte. Wie bei Brunelleschi ist bei A. jedes Bauwerk ein Schritt in unbekanntes Land und trägt die Signatur einer außerordentlichen Begabung. Eigene Schriften: De re aedificatoria libri X (deutsch v. M. Theuer 1912); Della Pittura libri III, 1435; De statua (beide Schriften deutsch v. H. Janitschek 1877); Opere volgari, herausgegeben von v. A. Bonucci (Florenz 1843–49, enthält u. a. den Dialog Della Famiglia).
Lit.: M. L. Gengara, L. B. A., 1939; N. Pevsner, Europäische Architektur, 1957 (mit Bibliographie).

Albertina. Eine der bedeutendsten graphischen Sammlungen der Welt in Wien, genannt nach Herzog Albert von Sachsen-Teschen (1738–1822), dessen Sammlung den Grundstock bildet; umfaßt etwa 28000 Handzeichnungen vom 15. Jh. bis zur Gegenwart, darunter 145 Zeichnungen von A. →Dürer, weiterhin über eine halbe Million druckgraphischer Blätter.
Lit.: J. Schönbrunner, Die A., 1897; Beschreibender Katalog der Handzeichnungen, herausgegeben von A. Stix, bisher 6 Bände, 1926–41.

Albertinelli, Mariotto. Italien. Maler. Geb. 1474 in Florenz, gest. 1515 ebda. Begann in der väterlichen Werkstatt als Goldschmied, wandte sich jedoch bald der Malerei zu und ging bei Cosimo Rosselli in die Lehre. Bereits während seiner Lehrzeit lernte er den später unter seinem Mönchsnamen berühmt gewordenen →Fra Bartolommeo kennen, mit dem ihn eine enge Freundschaft verband. Gemeinsam mit diesem führte er mehrere Arbeiten aus, wobei er sich den künstlerischen Intentionen des bedeutenderen Fra Bartolommeo unterordnete. So blieb er immer von seinem Freund abhängig. 1512 kam es zum Bruch der Freunde. Die eigenen Grenzen nun deutlicher spürend gab A. bald danach die Malerei auf.
Lit.: Thieme-Becker.

Albi, Kathedrale. Bedeutendstes Beispiel und Prototyp südfranz. Gotik, begonnen 1282. Schmuckloser Backsteinbau in Form einer Wehrkirche. Breitgelagerter Saal mit 12 Jochen, ohne Querschiff, mit halbrundem Chorschluß und eingezogenen →Strebepfeilern, die Seitenkapellen ausgrenzen (Emporen spätes 15. Jh.) und am Außenbau als halbrunde Vorlagen die Wand gliedern. Ein Westturm. Auswirkungen auf Katalonien (Kathedrale von Barcelona).
Lit.: H. Jantzen, Die Gotik des Abendlandes, 1962; J. Lavan, La Cathédrale d'A.

Albinmüller (eigentl. Albin Müller). Deutscher Architekt. Geb. 1871 in Dittersbach, gest. 1943 in Darmstadt. Studium in Mainz und Dresden, doch hauptsächlich Autodidakt. Siedelte 1906 nach Darmstadt über und schließt sich dort der Künstlerkolonie an, für die er einige Bauten (1908–13), u.a. das Löwentor, schuf. – Durch die von ihm entwickelten transportablen, zerlegbaren Holzhäuser mit kompletter Inneneinrichtung wurde er zu einem Wegbereiter der vorgefertigten Bauweise.
Lit.: H. Vollmer, Künstlerlex. d. 20. Jh.

Albrechtsburg →Meißen.

Alb-Salem-Kultur. Untergruppe der eisenzeitlichen →Hallstatt-Kultur mit besonders reicher Gefäßverzierung.

Alcazar (arabisch: al qasr). Schloß von →Sevilla, anstelle des alten Almohadenschlosses 1360 n. Chr. unter Peter dem „Grausamen" begonnen. Der Bau wurde von Handwerkern aus Granada im Mudejarstil errichtet. Der Stuckdekor an Bögen, Oberwänden und Decken und die Fayencemosaiken in der Sockelzone der Wände des Mädchenhofs, des Gesandtensaals, im Puppenhof und den Nebenräumen zeigen deutliche Einflüsse des →Alhambrastils. Im 16. Jh. fließen europäische Stilrichtungen und Motive in den Dekor ein. – Von besonderer Meisterschaft sind holzgeschnitzte und mit Elfenbein eingelegte Türen mit Kassettendekor. (Abb. S. 26).
Lit.: Torres Babás, Ars Hispaniae, Bd. IV, 1949.

Aldegrever, Heinrich. Deutscher Maler, Kupferstecher und Goldschmied, geb. 1502 in Paderborn, gest. nach 1555 in Soest. Einer der →Kleinmeister der deutschen Renaissance. Gebildet an →Dürer und dessen Umkreis, aber auch Einflüsse von L. v. →Leyden und →Raimondi, wodurch sich italien.-manieristische Einzelzüge erklären. Seine Kupferstiche (Umfang 290 Blatt) umfassen volkstümliche Stoffe, z. B. die Folge „Hochzeitstänzer", 1538, und, als bedeutendsten Teil, etwa 100 →Ornamentstiche, die Formengut der italien. Renaissance aufnehmen, erfindungsreich weiterentwickeln und trotz kleinen Formates eine große Rolle in der Entwicklung des Ornamentes und als Vorlagen für angewandte Kunst gespielt haben.
Lit.: M. Geisberg, H. A., 1939; R. Fritz, H. A. als Maler, 1959.

Aldinen. Druckerzeugnisse, die von der Presse des Aldus Manutius in Venedig seit etwa 1490 hergestellt wurden und sich durch besondere Qualität auszeichneten.

Aldobrandinische Hochzeit. Berühmtes römisches Wandgemälde augusteischer Zeit, das vielleicht als Kopie oder Umbildung eines griechischen Freskos des 2. Jhs. v. Chr. angesprochen werden kann. Dargestellt ist eine Braut im Hochzeitsgemach, die auf den Bräutigam wartet. Die Deutungen der Szene weichen voneinander ab. Vielleicht handelt es sich um die Darstellung einer Theaterszene. – Seinen Namen erhielt die 1606 gefundene A. nach ihrem ersten Besitzer, dem Kardinal Aldobrandini (heute Rom, Vat. Mus.).
Lit.: H. Marwitz, in: Antike u. Abendland XII, 1966.

Alechinsky, Pierre. Belgischer Maler. Geb. 1927 in Brüssel, in Paris tätig. Er gehört zu den bedeutendsten Vertretern der jungen École de Paris. Die Bilder des abstrakt malenden Künstlers zeigen deutliche Einflüsse der ostasiatischen Kalligraphie.

Aleotti, Giovanni Battista, genannt Argenta. Italien

Sevilla, Innenhof im Alcázar.

Architekt, geb. um 1546, gest. 1636 in Ferrara. Universität (1587), Grabmal Ariosts und Biblioteca Communale in der Universität, alle in Ferrara. Sein bedeutendster Bau ist das Teatro Farnese in Parma (1618, im letzten Krieg zerstört), eines der größten Theater der Neuzeit, in dem er, von →Palladio ausgehend, Elemente des antikrömischen Theaters (Sitzanordnung und abschließende Kolonnade) mit den Forderungen seiner Zeit (Überdachung und Bühnentor) koppelt, ohne eine Verschmelzung anzustreben.

Aleppo. Alte Residenzstadt Halpa des nordsyrischen Staates Jamhad. Bereits im Altertum erreichte A. wegen seiner Lage an der Karawanenstraße zum Euphrat große Bedeutung, die sich in den reichen Grabungsfunden spiegeln (A., Mus.). Enge Beziehungen bestanden ursprünglich zu →Mari. Seit →Murschilis Vorstoß gegen →Babylon geriet A. unter hethitischen Einfluß. – Seit der arabischen Eroberung unterstand A. meist den Kalifen oder den jeweiligen Machthabern Syriens: →Fatimiden, →Seltschuken, →Ayyubiden, →Mamluken, →Osmanen. Im 11. Jh. n. Chr. wurde A. selbständiges Fürstentum. – Der älteste Teil der Stadt ist die Zitadelle, die unter den →Ayyubiden ausgestaltet wurde. – Im 12. Jh. unter den →Seltschuken Aufschwung der Baukunst und des Kunstgewerbes. A. wurde zum Produktionszentrum von vergoldeten und emaillierten Gläsern.
Lit.: Soubhi Saouaf, A. Guide, 1962.

Alessi, Galeazzo. Italien. Architekt, geb. 1512 in Perugia, gest. 1572 ebda. In Rom unter →Michelangelo ausgebildet, wird A. zu einem Hauptmeister der Spätrenaissance, der seit ca. 1550 das Stadtbild von →Genua mitbestimmt. S. Maria di Carignano (1552), Befestigungen, Hafenbauten und die Prachtstraße Strada Nuova, sowie harmonische Villenanlagen. Seine Genueser Paläste (Parodi-Spinola, Doria, Sauli) übertragen römische Errungenschaften mit großem Geschick auf die bewegte Topographie Genuas, entwickeln meist großzügige, frühbarock wirkende Hofanlagen mit monumentalen Treppen und fanden in Oberitalien und nördlich der Alpen ihre Bewunderer.
Lit.: A. E. Brinckmann, Baukunst des 17. u. 18. Jh. in den romanischen Ländern, 1917.

Alexander d. Gr. Griech. König von Makedonien. In seiner Jugend wurde er von Aristoteles erzogen und bestieg 336 v. Chr. im Alter von 20 Jahren den Thron. Durch seine ausgedehnten und erfolgreichen Kriegszüge wurde die gesamte damals bekannte östliche Welt hellenisiert. Die Kunst der Alexanderzeit, die nicht zu verwechseln ist mit der →Alexandrinischen Kunst, trägt den Stempel einer imperialen Kunst, in der sich spätklassische und frühhellenistische Züge begegnen. Zahlreiche Künstler seiner Zeit hat er gefördert und beschäftigt. So z. B. den Bildhauer →Lysippos und den Maler →Apelles. Die Ausdehnung seines Machtbereiches ermöglichte die Verbreitung der griech. Kunst und Kultur weit über den von Griechen besiedelten Bereich hinaus. In bedeutenden Portraits, Reliefs und Gemälden wurden seine Person und seine Taten gefeiert.

Alexandermosaik. Röm. Marmorbild, das im „Haus des Faun" in →Pompeji gefunden wurde. Lange Zeit hielt man es für die Kopie nach einem Gemälde des Philoxenos von Eretria. Die teilweise zerstörte Komposition zeigt den dramatischen Kampf Alexanders d. Gr. gegen den Perserkönig Darius. Wahrscheinlich geht das Mosaik auf ein Hauptwerk der hellenistischen Malerei zurück und ist für die Kenntnis jener Zeit, da keine Originalgemälde erhalten sind, von besonderer Bedeutung.
Lit.: Fuhrmann, Philoxenos von Eretria, 1929.

Alexandersarkophag. In der Königsnekropole von →Sidon gefundener Marmorsarkophag (Istanbul, Mus.) Der reiche Reliefschmuck zeigt Kämpfe von Persern und Griechen und Jagdszenen. Auf der einen Langseite ist Alexanders d. Gr. Sieg bei Issos (333 v. Chr.), der Sidon befreite, dargestellt. Nach dieser Kampfszene, die stilistisch die Formensprache des späten 4. Jhs. v. Chr. zeigt, wurde der Sarkophag benannt. Der Grabherr, Abdalonymos, der auf der Gegenseite bei der Löwenjagd dargestellt ist, war ein von Alexander d. Gr. eingesetzter Satrap.
Lit.: G. Lippold, Handb. d. Archäologie, V., S. 288, 1950.

Alexandria. Stadt am Nildelta, von Alexander d. Gr. 332/31 v. Chr. über einer älteren ägyptischen Siedlung gegründet. In hellenistischer Zeit erblühte A. zu dem bedeutendsten Kulturzentrum der alten Welt. Von den heutigen Stadt überbaut, sind die antiken Reste nur schwer zugänglich. Die Überlieferungen des Geographen Strabo ermöglichen jedoch, eine Vorstellung von der Anlage zu gewinnen. Danach wurde der Stadtplan mit einem rechtwinkligen Straßensystem von dem Architekten →Deinokrates entworfen und von Kleomenes von Naukratis ausgeführt. Zahlreiche Monumente trugen zu dem Ruhm dieser Stadt, die ein vielbewundertes Vorbild des Hellenismus war, bei. In röm. Zeit trug Antonius in A. Monumente aus allen Teilen des Orients zusammen. Außerhalb der Stadt lagen ausgedehnte Katakomben Nekropolen, die zum Teil ausgegraben werden konnten und von dem Reichtum der Stadt Zeugnis ablegen. Die antiken Stätten und Schulen wurden unter Theodosius

Alexandermosaik (Neapel, Mus. Naz.).

und Justinian geschlossen und zerstört. Noch nach der islamischen Eroberung im Jahre 641 n. Chr. galt A. als bedeutendes Zentrum, dessen Ruhm jedoch nach der Wahl Kairos als Hauptstadt schwand. – In altchristl. Zeit gewann A. wieder große Bedeutung, die jedoch fast ausschließlich literarisch überliefert ist. Erhalten sind mehrere Elfenbein- und Knochenschnitzereien des 5.–8. Jh. n. Chr., die sich stilistisch noch an hellenistische Werke anschließen. Von besonderer Bedeutung ist ein im 7. Jh. entstandenes silbernes Votivkreuz, das die Nonne Theodote unter der Äbtissin Mannu zu Ehren des Abtes Schenute gestiftet hat. Dargestellt ist Christus am Kreuz mit Johannes, Maria und der Stifterin.
Lit.: W. Wolf, KÄ, 601f.; E. Brunner-Traut, Ägypten, 228ff.; →Koptische Kunst.

Alexandrinische Kunst. Kunstschule hellenistischer Zeit, die von →Alexandria ausgeht. →Griech. Kunst.

Alfieri, Benedetto dei Conti di Cortimilia. Italien. Architekt, geb. 1700, Rom, gest. 1767, Turin. A. ist letzter großer Vertreter des piemontesischen Spätbarock; Jurist aus nobler Familie, als Künstler Autodidakt, 1739 erster Architekt der Könige von Piemont. Sein Stil, beeinflußt von F. →Juvarra, vereinigt Strenge und Klarheit der Detailformen mit komplizierten Raumbildern: Palazzo Ghilini in Alessandria (1730–33); Neues Theater in Turin, lange Zeit als schönstes Europas gepriesen (1736–40); Campanile von S. Gaudenzio in Novara (ab 1753); Entwürfe für den Turiner Dom, die das mittelmäßige Bauwerk zu königlicher Größe erhoben hätten, und Fassadenentwürfe für den königlichen Palast, die dem kostbaren Inhalt ein entsprechendes Gewand zu geben trachteten.
Lit.: Mostra del Barocco Piemontese (Katalog), 1963, Bd. 1; Brayda/Coli/Sesia, Ingegneri e Architetti del sei e settecento in Piemonte, 1963.

Algardi, Alessandro. Italien. Bildhauer und Architekt, geb. 1602 in Bologna, gest. 1654 in Rom, neben →Bernini bedeutendster Bildhauer seiner Zeit, von kühlerem Temperament als dieser und deshalb von der klassizistischen Kunsttheorie aufgewertet. A.s Haupttätigkeit unter Innozenz X. (1644–55). Entwurf für die Fassade von S. Ignazio und für die Villa Doria-Pamfili, deren Bauwesen er vorstand. Plastisches Hauptwerk: Vertreibung Attilas durch Leo I. (1650, Peterskirche) sowie eine Reihe großer Portraitleistungen (Marmorbüste des Kardinals Zacchia, 1626, Berlin; Bronzestatue Innozenz' X., nach 1645, Rom, Konservatorenpalast). A. beschäftigte viele Schüler, die seine Formensprache verbreiteten.
Lit.: F. Schottmüller, 2 Büsten von A. im Berliner Schloßmuseum, in: Jb. der preuss. Kunstsammlungen 44 (1923); G. Sobotka, Bildhauerei der Barockzeit, 1927.

Alhambra (al hamra = die Rote [Festung]). Gut erhaltene, von einer Mauer eingefaßte Schloßanlage der →Nasriden in →Granada, im 14. Jh. n. Chr. errichtet. Neben den offiziellen Räumen mit dem Thronsaal enthielt die Anlage Höfe, Harim, Bäder, Gärten, Einzelwohnbauten und eine Gruftanlage. Die Bauten sind prunkvoll ausgestattet. In der Sockelzone der Wände

Alhambra-Vase (Palermo, Gall. Naz.).

reich glasiertes Fliesenmosaik, an den aufsteigenden Wänden Stuck und vielfältige Durchbruchmuster. Stalaktitgewölbe finden sich in zahlreichen Variationen. Der Stuckdekor zeigt hauptsächlich tief ausgestochene Arabesken und Schriftzeichen, vereinzelt auch figürliche Darstellungen. Wandmalereien sind im Damenturm erhalten. Die Brunnenschale im Löwenhof wird von frei-

plastisch gearbeiteten Löwenfiguren getragen.
Lit.: Torres Balbás, Ars Hispaniae, Bd. IV, 1949.

Alhambrastil. Höhepunkt des →Maurischen Stils. Kennzeichnend ist die absolute Vorherrschaft des Ornaments in den Kunstwerken des A.s.

Alhambravasen. Spitzovale, großformatige Vasen, für die Prunkräume der Alhambra bestimmt und nach ihr benannt. Die A. sind mit flügelförmigen Henkeln ausgestattet und in Fayencetechnik mit Lüsterdekor und Blaumalerei geschmückt. Hauptsächlich erscheinen Arabesken und Flechtmuster, seltener Tierfiguren.

'Ali. Vierter Kalif, der 656–661 n. Chr. in Medina residierte. Er war mit Mohameds Tochter Fatima verheiratet. Sein Sohn Hussein war der Stammvater der Fatimiden. A. selbst wird von den Schiiten (Schi'at = Partei A.s) verehrt und besonders im Iran und in Ägypten als allein berechtigter Führer der islamischen Gesamtgemeinde angesehen. – Im Gegensatz zu den orthodoxen Sunniten sind die Schiiten nicht an die Befolgung der Ratschläge des Propheten (Mohamed) gebunden und zeigen deshalb in ihren Kunstwerken eine stärkere Neigung zu figürlicher Darstellung von Mensch und Tier.
Lit.: R. Strothmann, Enzyclopaedie des Islam, IV., 1936.

Alignements. Vorgeschichtlich-megalithische Baudenkmäler; alleeartig aneinandergereihte, unregelmäßig geformte Steinblöcke (Höhe bis zu 6 m). Das Zentrum der Verbreitung liegt in der Bretagne. Die oft geäußerte Vermutung, es handle sich um Markierungen astronomischer Fixpunkte, ist bisher unbewiesen. Möglich ist die Deutung als Kultanlagen (→Cromlech). Die A. werden der →Jüngeren Steinzeit zugewiesen.

Alisar Hüyük. Hethitische Siedlung zwischen →Boghazköi und Kültepe gelegen. Die ältesten Grabfunde reichen in vorhethitische Zeit zurück und zeigen eine Keramik, die in Form und Dekor trotz der Beziehungen zu →Assur typisch hattische Elemente aufweist. Sie wirken auch in der vollendeten hethitischen Politurware noch nach..
Lit.: K. Bittel, Grundzüge; E. Akurgal, HK.

Alkamenes. Griech. Bildhauer der 2. Hälfte des 5. Jh. v. Chr. – Schüler und Konkurrent des →Phidias. Eine Statue der Prokne (Athen, Akr. Mus.) ist im Original, sein Hermes Propylaios (→ Herme) in über 90 röm. Kopien überliefert. Ein dreileibiges Hekataion (Athen, Brit. School) und die Kultstatue des Arestempels von der Athener Agora (Paris, Louvre) sind ebenfalls durch röm. Kopien bekannt.
Lit.: Lippold, Handb. d. Archäolog. V, 184; A. Furtwängler, Meisterwerke, 117.

Alla prima. Bezeichnung für Malen ohne vorbereitende Untermalung und ohne überarbeitende Lasuren. Im Wesen der Technik liegen Frische und Unmittelbarkeit des malerischen Vortrags begründet.

Allegorie. Etwas anderes bedeutend als das, was gesagt wird. In der Kunst die Darstellung eines unanschaulichen, begrifflichen oder gedanklichen Vorstellungsgehaltes durch bildliche Mittel (z. B.: Gerechtigkeit). Die häufigste Form ist die seit der Antike übliche Personifikation, die im Mittelalter oft theologisch oder christlich moralisierende Funktion hat (z. B. Tugenden und Laster). Im Spätmittelalter werden die auch in ausgedehnten Programmen entwickelten allegorischen Inhalte immer komplizierter deutbar. Seit der Renaissance überwiegen Motive aus der antiken Mythologie, die neben der Belehrung auch der Repräsentation dienen können.

Allegri, Antonio →Correggio.

Allerheiligenbild. Die Darstellung der Anbetung des Lammes (Christussymbol) durch Vertreter der gesamten Menschheit. Sie geht auf Kap. 7 der Apokalypse und das Aufkommen des Allerheiligenfestes (1. Nov.) im 7. u. 8. Jh. zurück. Frühes Beispiel im karolingischen Sakramentar von Udine. Die Monumentalmalerei des 12. Jhs. ersetzte das Lamm durch die Gestalt Christi.

Almandin. Zu den Edel-Granaten gehöriger roter Edelstein, vor allem in Vorderindien und Ceylon vorkommend, wo er auch häufig zu Schmuck verarbeitet wird. Mit Alexander d. Gr. wurde er im Mittelmeergebiet bekannt und war vor allem später während der →Völkerwanderungszeit als Schmuckstein und Einlage beliebt.

Almar. Auch almer, Kurzform von →Armarium.

Almeria-Kultur. Prähistorische Kultur in Südostspanien, chalkolithisch, um 3000 v. Chr. Sie ist vielleicht aus der Ägäis, zum Teil aber auch aus Nordafrika abzuleiten. Sie verbreitete sich an der spanischen Ostküste bis zu den Pyrenäen. Die Träger dieser Kultur haben Kupfer- und Silberlagerstätten ausgebeutet und mit dem östlichen Mittelmeergebiet Handel getrieben. Typisch sind Steinkistengräber, später Kuppelgräber (→Los Millares). Bekannt sind naturferne, hochstilisierte →Idole aus Alabaster und Knochen, verziert mit Zackenband-Ornamenten; die Augen dieser Idole sind von Strahlen eingefaßt.

Almohaden. Berberdynastie aus Marokko von islam. religiös-politischem Ursprung. Aus dem Erbe der →Omeyaden entwickeln sie um die Mitte des 12. Jhs. n. Chr. in Spanien einen →Maurischen Stil, der in Nord-Afrika bis in das 13. Jh. bestimmend blieb. Ihre Residenz war bis zur Einnahme durch Ferdinand von Kastilien im Jahre 1248 Sevilla. Charakteristisch für die Architektur der A. sind ornamental profilierte Spitzbögen, die die Reife des Maurischen Stils zeigen. Unter den A. wurden in Nord-Afrika mehrere Stadtbefestigungen und Zitadellen, in Spanien u. a. die Moschee in Sevilla als Backsteinbau mit Stuckdekor und die alte Synagoge in Toledo erbaut. Außerdem führten sie die →Medrese in Spanien ein.
Lit.: Torres Balbás, Ars Hispaniae, Bd. IV, 1949.

Almoraviden. Berberische Mönchsritter, die gegen Ende des 11. Jhs. von Marokko aus die Herrschaft in Spanien und Nord-Afrika ergreifen. Unter ihnen wird Marokko mit der Hauptstadt Merrakesch Mittelpunkt der →Maurischen Kunst. Charakteristisch für die Architektur der A. sind Hufeisenbögen und →Mihrab-Kuppeln über Stalaktittrompen mit Rippengewölbe und Laterne. In den Dekorationselementen zeigen sich gegenüber dem spätomeyadischen Stil deutlich purifizierende Tendenzen. – Unter den A. wird die 859 n. Chr. erbaute große Moschee von →Kairouan erweitert und werden weitere Moscheen nach dem Vorbild der Moschee von →Cordova erbaut.
Lit.: Torres Balbás, Ars Hispaniae, Bd. IV, 1949.

Alpera-Typus. Typus der ostspanischen →Levantekunst, meint Menschendarstellungen in natürlichen Proportionen.

Alpirsbach (Schwarzwald). Ehemaliges Benediktinerkloster, 1095 gegründet. Der größte Teil der Bauten stammt aus dem Anfang des 12. Jhs. Über kreuzförmigem Grundriß wurde die Kirche unter dem Einfluß der → Hirsauer Bauschule als Flachdeckenbasilika errichtet und ist eines der interessantesten Beispiele dieses Typs. Das Paradies ist einer turmlosen W-Front vorgelagert. Vom Schmuck haben sich außer Teilen der roman. Innenausstattung ein Tympanonrelief mit Christus auf dem Regenbogen, umgeben von Engeln und Heiligen (oder Stiftern), erhalten. – Um 1230 wurde die Sakristei errichtet, während das Klostergebäude mit dem Kreuzgang aus dem Ende des 15. Jhs. stammt. – Auch das sogen. Freudenstädter Lesepult, eine der bedeutendsten deutschen Arbeiten der Romanik in polychromem Holz, gehörte ursprünglich zur Klosterkirche von A. (siehe Farbtafel 13).
Lit.: Dehio, Handbuch der deutschen Kunstdenkmäler III, Süddeutschland, 1908; Reclams Kunstführer, Deutschland, Bd. II, 9ff., 1957.

Alsengemmen. Name nach einem Gemmenfund in Sonderburg auf Alsen. Es sind zweischichtige Glasflüsse, deren Oberfläche als Intaglio bis zu drei eingetiefte menschliche Figuren trägt. Die Größe variiert von 12–32 mm Durchmesser. Sie sind in Nordwestdeutschland und Südskandinavien verbreitet und gehören in die Zeit vom 8. bis zum 10. nachchristlichen Jh.
Lit.: O.-F. Gandert, Die Alsengemmen, 36. Ber. d. Röm.-Germ. Kommission 1956, 156ff.

Alt, Rudolf v. Österreichischer Maler. Geb. 1812 in Wien, gest. 1905 ebda. Als Schüler seines Vaters schuf er gemeinsam mit seinem Bruder Franz Alt Ansichten von Wien und Landschaftsbilder. Vornehmlich Aquarelle und Steinzeichnungen. Nach seinen frühen, peinlich

genau nach dem Vorbild gemalten Werken findet er allmählich zu einer freieren Freilichtmalerei, die mit →Menzel vergleichbar ist.
Lit.: A. Rössler, Rudolf v. Alt, 1921.

Altamira. Fundplatz bei Santillana del Mar (Provinz Santander, Nordspanien). Neben →Lascaux die bedeutendste Höhle mit jungpaläolithischen Wandbildern der →franko-kantabrischen Kunst, bekannt seit 1868. In Altamira entdeckte man 1879 die ersten polychromen →Höhlenmalereien, deren Echtheit lange umstritten blieb. Die mehrfarbigen Fresken befinden sich in einem seitlichen Raum, dem sogen. „Bildersaal", 30 m hinter dem Höhleneingang. Hier sind ungefähr 100 Tierbilder erhalten, zum Teil graviert, überwiegend aber gemalt, mehrfach in beiden Techniken am gleichen Bild. In einem Ausschnitt der Höhlendecke von ca. 14 m Länge sind ohne Bezug zueinander über 25 farbenprächtige Tiere in halber bis annähernd natürlicher Größe wiedergegeben. In überwiegend dunklen Farbtönen (Rot und Braun für die Körper, Schwarz für den Umriß, gelegentlich aber auch Gelb und Weiß) kommen Jagdtiere in naturalistischer Darstellung vor. Besonders häufig sind Bison, Wildpferd, Wildschwein, Hirschkühe, Steinbock und Wolf, es gibt aber auch die sogen. →tektiformen Zeichen, →Handumrisse und →„Makkaroni". Die Farben sind teilweise hart nebeneinander gesetzt, gehen aber auch weich ineinander über. Buckel und Vorsprünge der Höhlendecke hat man geschickt in die Malerei einbezogen; dadurch erscheinen die Tiere plastisch. Gelegentlich sind Hörner, Hufe, Augen oder Mähnen durch Gravierungen verdeutlicht. Einfachere rote und schwarze Malereien finden sich im übrigen Höhleninnern, zahlreicher nur im hintersten Gang. Zeitlich gehören Abbildungen und Gravierungen dem →Magdalénien, einige bereits dem →Aurignacien an. (Siehe Farbtafel 1).
Lit.: Bandi/Maringer, Kunst der Eiszeit, 1955.

Altan →Balkon.

Altar. Fast ausnahmslos ist der A. in den vor- und nichtchristlichen Kulturen außer dem Grab der Ort, an dem sich zuerst kultische und religiöse Gedanken manifestieren. So haben sich zahlreiche große Heiligtümer der Hochkulturepochen um einen ursprünglichen Altarplatz entwickelt. Aus der ursprünglichen isolierten Stellung des A. als Opfertisch ergab es sich, daß der A. auch später nicht in die Tempel aufgenommen, sondern z. B. bei den Griechen und Römern stets vor oder neben dem Tempel errichtet wurde. Da der Tempel nicht wie im Christentum das Haus der Gemeinde, sondern allein das Haus des Gottes war, vollzog sich der Gottesdienst zwangsläufig außerhalb des Tempels und wurde durch das auf dem A. dargebrachte Opfer gefeiert. Hierfür konnte der A. in der Antike prunkvoll ausgestattet werden, indem man den Altartisch mit reich geschmückten Reliefschranken umgab. Grandiose Beispiele dieser Art sind in dem berühmten A. von →Pergamon (Berlin, Pergamonmus.) und in der →Ara Pacis Augustae (Rom) erhalten. In christl. Zeit wurde der A. im Innern der Kirche aufgestellt. Er besteht aus A.platte (Mensa) und deren Träger (Stipes) und hat Tischform (seit vorkonstantinischer Zeit) oder Blockform, wobei letztere als Kastenaltar (seit karolingischer Zeit) Reliquien oder Altargerät enthalten kann. Der Barock entwickelt den Sarkophagaltar. Der Funktion nach sind Hochaltar (A. des Herrn, auch Fronaltar) und Seitenaltar (einem Heiligen geweiht) zu unterscheiden. Zudem gab es bewegliche Tragaltäre. Der Hauptaltar stand in altchristl. Basiliken vor, seit dem Mittelalter in der →Apsis. Seit dem 6. Jh. entwickelte sich bes. in Italien ein A.überbau, das →Ciborium. Künstlerische Ausstattung trägt seit dem Frühmittelalter die A.bekleidung des Stipes, das →Antependium, später der A.aufsatz oder das A.retabel (lat. „Rückwand"). Das Retabel kann hinten auf der Mensa (deutsches Mittelalter) oder getrennt auf einem Sockel hinter dem A. stehen (Renaissance, Barock). Es ist seit dem 11. Jh. belegt, dem 12. Jh. entstammen die frühesten Beispiele. Das romanische Retabel ist aus reliefverziertem Stein, Stuck oder Metall oder aus bemaltem Holz und schließt gerade, halbrund oder ist in der Mitte halbrund überhöht. Die Gotik entwickelt den Flügelaltar mit A.schrein aus Holz oder Stein und angesetzten Holzflügeln. Er trägt Schnitzereien (Schnitzaltar) oder auch gemalte Darstellungen. Die Flügelaußenseiten sind nur bemalt. Ein Schrein mit mehreren Flügeln, die sich dem Wechsel liturgischer Erfordernisse anpassen, heißt Wandelaltar. Seit dem 15. Jh. gibt es die geschnitzte oder bemalte Predella oder A.staffel, ein Untersatz von etwa einem Drittel der Schreinhöhe. Die Spätgotik entwickelt den turmartigen Schreinaufbau, das Gesprenge, aus durchsichtig feingliedrig gearbeiteten Architekturteilen in der Art von →Tabernakeln und →Fialen. Verbreitet war der Flügelaltar bis ins 16. Jh. in Deutschland, den Niederlanden und Skandinavien. Im Barock setzt sich die italienische Form des festen Retabels mit architektonischem Aufbau auch in Deutschland durch. Der A. erfährt nun bes. prunkvoll repräsentative Ausbildung in Stein (Marmor) oder Holz, bemalt und vergoldet. Die Retabelmitte bildet oft ein Gemälde, das A.blatt, das von plastischem Schmuck gerahmt wird.
Lit.: J. Braun, Der christl. A., 1924; ders., Das christl. A.gerät, 1932; W. Wegner, Der deutsche A. des späten Mittelalters, 1941.

Altarbühne. Armenische Sonderheit. Altar steht auf einem Sockel von etwa einem Meter Höhe, zu dem von rechts und links Treppenstufen hinaufführen. Die Vorderwand, die die Stelle der sonst in den Ostkirchen gebräuchlichen →Ikonostasis einnimmt, ist reich verziert. Der Altar ist stets von einem →Ciborium überdeckt.

Altar de Sacrificios. Mayaruinenstadt am Rio Salinas (Zufluß des Usumacinta), Guatemala, mit datierten Stelen von 470 bis 730 n. Chr. Fundort polychromer Krüge mit von Hieroglyphen begleiteten figuralen Malereien.
Lit.: S. K. Lothrop, Das vorkolumbische Amerika und seine Kunstschätze, 1964.

Altargrab. Im Hinblick auf Offenb. Joh. 6, 9 Bezeichnung für Begräbnisstätte der Märtyrer beim Altar. Man unterscheidet: **1)** Das Bodengrab. In diesem Falle befindet sich der Leichnam oder die Reliquie unter dem Altar. – **2)** Das Stipesgrab. Die Reliquie ist dann im Stipes untergebracht. – **3)** Das Mensagrab. In diesem Fall ist die Reliquie in der Mitte der Altarmensa eingelassen und durch einen Stein (→Sigillum) verschlossen.

Altarschranken. Die A. trennen den Laienraum von dem der Priester. Sie können aus Holz, Marmor oder Metall bestehen. Sie waren schon in altchristlicher Zeit reich verziert. Auch Märtyrergräber oder Frauenräume in den Basiliken waren häufig durch solche Schranken eingezäunt.

Altchristliche Kunst. Auch christliche Archäologie genannt, eine Wissenschaft, die sich erst im 19. Jh. zu einem besonderen Fachgebiet entwickelt hat. Die A., die etwa zwischen 220 und 600 anzusetzen ist, nimmt eine Zwitterstellung ein. Auf der einen Seite ist sie Erbe der Antike, was sie auf Schritt und Tritt verrät und wurde daher früher ohne Bedenken von den weltlichen Altertumsforschern mit bearbeitet. Andererseits trägt sie viele Kennzeichen einer kommenden mittelalterlichen Welt. Die A., die früher als Kunst mittelmäßiger Qualität angesehen wurde, ja als Beispiel für die Entartung in der spätantiken Kunst, hat eine ganz neue Beurteilung gefunden, seitdem Kunsthistoriker und klassische Archäologen wie A. Riegel, G. Rodenwaldt, F. Wirth die Spätantike nicht mehr als eine Verfallserscheinung betrachten, sondern in ihr eine eigenständige und eigenwertige Kunst entdeckten. Die A., die so zwischen zwei Lager eingebettet ist, erweist ihre Eigenheit, daß sie von der Theologie her etwas Entscheidendes zu den Fragen der Kunst zu sagen hat, daß das Zentrum ihrer gesamten Kunst Christus ist. Die ältesten Zeugnisse treffen wir im Westen und im Osten etwa zur gleichen Zeit an. Der Anfang der Katakombenkunst, den man früher ins 2., ja in das 1. Jh. zurückdatierte, wird nach neuesten Forschungen um 220 angesetzt. Etwa gleichzeitige (240), ähnliche Bilder wurden in einer Hauskirche in →Dura Europas gefunden (Ausgrabung 1932). Vielleicht gehen die ältesten christlichen Bilder auf Bibelillustrationen alttestamentlicher Teile, wie des →Oktoteuch, der Geschichtsbücher, der Psalmen usw., zurück. Man meint, daß in Alexandrien solche Bücher illustriert wurden, ehe es eine christliche Kunst gab. Andererseits hat der Hellenismus (vergleiche die Orpheusdarstellung oder das Bild des Ozeanus oder von Amor und Psyche in den Katakomben) die A. geformt. Vor Anerkennung des Christentums (313) sind im wesentlichen nur die →Katakombenkunst und eine Anzahl christl. Sarkophage bekannt. Auf dem Gebiet der Architektur hat man bisher in dieser Zeit nur die Hauskirche in →Dura Europos entdeckt. Die Katakombenkunst vor 313 ist im wesentlichen symbolisch zu verstehen, nicht nur, daß eine größere Zahl von Symbolen gebracht wird, auch die Geschichten wie die Rettung Noahs, Isaaks, Susannas usw. sollen nicht historische Erzählungen sein, sondern den Rettungsgedanken symbolisieren. Nach dem Toleranzedikt (313) entwickelte sich die A. in ganzer Breite. Die Katakombenkunst nimmt viele neue Stoffe, vor allem aus dem neuen Testament, auf. Um 410 verfallen mit dem Einbruch der Westgoten die Katakomben. Ihre Bilder haben, wie die neuere Forschung gelehrt hat, vier verschiedene Stilrichtungen durchlaufen: **a)** den illusionistischen Stil, **b)** den nachgallienischen Realismus, **c)** den konstantinischen Expressionismus, **d)** den valentianischen Klassizismus und den theodosianischen Manierismus. Die Sarkophage, die im 3. Jh. nur vereinzelt vorkamen, nehmen im 4. Jh. einen breiten Raum ein, so daß noch heute etwa 1000 christliche Sarkophage erhalten sind. Wurde auf den Sarkophagen des 3. Jhs. Christus wesentlich als der Lehrer, als der christliche Philosoph gezeigt, so wird er im 4. Jh. auf den langen Reihen der Friessarkophage durch seine vielen Wundertaten verherrlicht. In der Mitte des 4. Jhs., etwa auf dem berühmten Junius Bassus-Sarkophag in den Petersgrotten, tritt das Passionsmotiv auf. Es entsteht die Gruppe der sogenannten →Passionssarkophage. Charakteristisch ist für das antike Denken, daß die leidenden Gestalten der Passionsgeschichte, vor allem Christus, noch in voller Schönheit erstrahlen und man das Leidvolle in ihren Gesichtszügen vermieden hat. Ende des 4. Jh. tritt dann sowohl in der Katakomben- wie in der Sarkophagkunst

Sarkophag mit Christus zwischen Petrus und Paulus, um 420–30 (Ravenna, Dom).

als auch in den Apsiden Christus als der himmlische Herrscher auf, der auf seinem Thron Platz genommen hat, manchmal auch auf dem sogenannten Paradiesberg steht. Die Architektur blühte nach dem Friedensschluß (313) in einem ungeahnten Maße auf. Durch kaiserliche Gunst und Mittel unterstützt, wurden in →Rom die berühmten drei Basiliken, Laterans-, Peters- und Paulskirche, erbaut. Aber auch in Jerusalem, in Bethlehem, in Antiochia, in Konstantinopel und an anderen für die Heilsgeschichte bedeutenden Orten wurden Basiliken errichtet. Die Prachtkirchen, vor allem aus kaiserlicher Zeit, waren fünfschiffig, in Rom zunächst westlich orientiert. Die Kirchen, die dann im Westen hauptsächlich unter dem Einfluß der Bischöfe erbaut wurden, mußten bescheidener ausfallen. Man begnügte sich zumeist mit einem dreischiffigen Bau. Bald wurden vor allem im Osten neben den basilikalen Anlagen auch zentrale Lösungen gefunden. Die verschiedensten Kombinationen von Basiliken und Kuppelkirchen wurden versucht (hervorragendstes Beispiel: Hagia Sophia in →Konstantinopel). Im Osten erhielt seit dem 6. Jh. die →Kreuzkuppelkirche den Vorzug. Neben den großen Gemeindekirchen spielten schon frühzeitig die sogenannten →memoriae, auch martyria genannt, eine große Rolle.

Ravenna, S. Apollinare in Classe (533–549).

In diesen Gebäuden wurde die Erinnerung an die Märtyrer wach gehalten. Die Mosaikkunst in den frühchristlichen Kirchen Roms, vor allem aber in →Ravenna, ist bis auf den heutigen Tag Gegenstand größter Bewunderung. Auch die Kleinkunst ist von den Christen des 3.–7. Jhs. liebevoll gepflegt worden: Elfenbein-Tafeln, auch Elfenbein-Diptychen (→Elfenbein) →Goldgläser mit christlichen Bildern auf dem Grund, mit christlichen Emblemen geschmückte Rauchfässer, Öllampen, Becher, Schalen, Pilgerflaschen, vor allem Kästchen für Reliquien zierten Kirchen und Häuser. Textilien mit reichem christlichen Bildschmuck, vor allem in Ägypten (→Koptische Kunst), haben sich bis heute erhalten. Zuletzt seien noch die bedeutenden Bibelillustrationen erwähnt. Es sind vor allem die im Orient entstandenen Prachtbücher →Wiener Genesis, →Codex rossanensis, →Rabulacodex. Auch sie knüpfen an vorchristliche Buchmalereien an und bereiten andererseits den Weg zur mittelalterlichen Buchillustration.

Lit.: C. M. Kaufmann, Handbuch der christlichen Archäologie (Wissenschaftliche Handbibliothek, 3. Reihe, Lehrbücher verschiedener Wissenschaften V), 1922; D. H. Leclercq, Manuel d'archéologie chrétienne, 2. Bd., 1907; L. v. Sybel, Christliche Antike, 2. Bd., 1906–1909; O. Wulff, Altchristl. und byzant. Kunst, 2. Bd. (=Handbuch der Kunstwissenschaft), 1914–1924; Walter Lowrie, Art in the Early Church, Pantheon Books, 1947; C. R. Morey, Early Christian Art, 1942, 1953; Rice, The Beginnings of Christian Art, 1957; Van der Meer, Altchristl. Kunst, 1960; Lexika: F. X. Kraus, Enzyklopädie der christlichen Altertümer, 2. Bd., 1882–1886; Cabrol-Leclercq, Dictionnaire d'Archéologie chrétienne et de Liturgie, 1924–1953; Th. Klauser, Reallexikon für Antike und Christentum, 1950ff.; Zeitschriften: Römische Quartalschrift, 1887ff.; Oriens Christianus, 1901ff.; Revista di archeologia cristiana, 1924ff.; F. J. Dölger, Antike und Christentum 1919 bis 1940, Bd. 6; Jahrbuch für Antike und Christentum, 1958ff.

Altdeutsch. In der Romantik entstandene Bezeichnung für deutsche Malerei des 15. und 16. Jhs. bis zu Hans →Holbein d. J., auch die Interieurs der deutschen

Renaissance betreffend. Heute vielfach abschätzig gemeint im Sinne eines Späthistorismus, der in Bierstuben und Hausbars bei „Bauernmöbeln" und Zinngeschirr sein Genügen findet.

Altdorfer, Albrecht. Deutscher Maler, Kupferstecher, Radierer, Holzschneider und Baumeister, geb. um 1480 wohl in Regensburg, gest. 1538 ebda. Jugend noch nicht erhellt, 1505 Bürger in Regensburg, 1519 Mitglied des Rates, 1526 Stadtbaumeister. 1511 Reise donauabwärts in die Alpenländer, vor 1526 vielleicht Reise nach Italien. A. ist das Haupt der →Donauschule, die in seinem Werk ihre schönste und bedeutendste Ausprägung erfahren hat. Er ist unter den deutschen Meistern seiner Zeit der anziehendste, voller Anmut und Sinn für das Verzauberte und Märchenhafte und gleichwohl ganz und gar nicht biedermeierlich, noch im kleinsten Format groß und tief. Er hat die Landschaft gesehen wie neben ihm nur →Dürer (Reihe von reinen Landschaftszeichnungen und -radierungen und die erste →Landschaftsmalerei der europäischen Kunst ohne jegliche menschliche Staffage), er hat sich in seinen religiösen Darstellungen weitgehend von der Tradition gelöst, sie eingebunden in Naturberichte und Lichtschilderungen (Ruhe auf der Flucht, 1510, Geburt Christi, um 1515, beide Berlin), so daß ihr

A. Altdorfer, „Alexanderschlacht"
(München, Bayer. Staatsgemäldesammlungen).

Inhalt auf fast magische Weise die ganze dargestellte Welt durchdringt. So bleibt seine größte Leistung die Alexanderschlacht (1528, München, Alte Pinakothek), in der eine historische Weltentscheidung, von Hunderten miniaturhaften Figuren dargestellt, mit Landschaft und Lichtschaft zu einem kosmischen Drama verwächst.
Lit.: H. Jantzen, A.s Passionsaltar aus St. Florian in: Das Werk des Künstlers I, 1939/40; A. A. Zeichnungen, Gesamtausgabe von F. Winzinger, 1952; K. Oettinger, A.-Studien, 1959.

Altenburg (Niederösterreich). Der Neubau des reizvollen Klosterkomplexes (Benediktiner) wird Josef Munggenast verdankt, der 1730 mit der Kirche begann. In dieser dominiert ein längsgerichteter Ovalraum mit Kuppel und Laterne; die Kuppel einheitlich ausgemalt von Paul →Troger (Vision des hl. Johannes). Der Ovalraum mit Kolossal-Ordnung. Im Stiftsgebäude Kaiserstiege und Kaiserzimmer sowie die Bibliothek, die bei einer Länge von 48 m zwei Geschosse einnimmt und aus einer Folge von drei Kuppelräumen mit zwischengeschobenen Verbindungstonnen besteht; unter den Kuppelzwickeln große frei stehende Säulen.
Lit.: Reclams Kunstführer, Österreich, Band I.

Altichiero da Zevio. Bedeutendster Maler des →Trecento in Oberitalien. Aus Verona stammend. Erhalten: Fresken im „Santo" (Zahlung 1379) und im Oratorium des hl. Georg, beide Padua. Die Rolle seines Mitarbeiters Jacopo Avanzo ist umstritten, doch dürfte A. der führende gewesen sein. Seine spezifisch malerische Farbbehandlung und die monumentale Komposition mit rhythmisch gelockertem, doch flächengebundenem Bildaufbau wurde für die spätere Malerei Venedigs wichtig.
Lit.: L. Coletti, „Studi sulla pittura del Trecento a Padova II, A. e Avanzo", Rivista d'arte XIII, 303ff.; G. L. Mellini, La „sala grande" di A. e Jacopo Avanzo ed i palazzi Scaligeri di Verona, Critica d'Arte 1959, 313ff.

Altis. Bezeichnung für den durch die Temenosmauer eingegrenzten Bezirk in →Olympia.

Altomonte, eigentlich Hohenberg, Martin. Österreichischer Maler. Geb. 1657 in Neapel, gest. 1745 in Heiligenkreuz. A., ein bedeutender Künstler des österreichischen Barock, ging in seinen Deckenfresken vom röm. Hochbarock, insbesondere der strengeren Richtung des →Maratti aus. 1684 Hofmaler König Johanns III. Sobieski in Warschau, ab 1703 in Wien, dort sein Hauptwerk im Unteren Belvedere: die Apotheose des Prinzen Eugen. Neben den Fresken zahlreiche Altarbilder. – Sein Sohn Bartolomeo (1701–83), ebenfalls in Italien ausgebildet, arbeitete seit 1723 in Österreich, das Werk des Vaters fortsetzend.
Lit.: J. Klaus, 1916.

Altomünster (Oberbayern). Birgittinenkloster. Die Klosterkirche, letzter Großbau von Joh. Mich. →Fischer, 1763 begonnen. Aus den Resten älterer Bauteile und des steigenden Geländes gewinnt der Architekt eine Stufenkomposition steigender Räume. Schmale, turmbekrönte Fassade. Turmvorhalle. Dreigeschossige Rotunde des Laienraumes (in den Diagonalen abgeschrägtes Quadrat) mit umlaufender Empore und Flachkuppel. Anschließend eine zweite kleinere Rotunde mit Nonnenchor darüber und schließlich Übergangszone zu einem Chor des 17. Jhs.
Lit.: F. Hagen-Dempf, Der Zentralbaugedanke bei Joh. Mich. Fischer, 1954.

Altorientalische Kunst. I. Die A. geht bis in das 4./5. Jahrtausend v. Chr. zurück und setzt sich aus verschiedenen dynastischen Kulturen des vorderasiatischen Raumes zusammen. Sie reicht bis in das 6. Jh. v. Chr. und wird durch die →Iranische Kunst abgelöst. Eines der Hauptzentren, von dem aus wesentliche Impulse ausgingen, ist das Zweistromland zwischen Euphrat und Tigris. – An fast allen bedeutenden Plätzen Vorderasiens lassen sich die Kulturen bis in die Vorzeit zurückverfolgen, die bis zum Beginn der Schriftzeit um 3000 v. Chr. reicht. Die einzelnen Entwicklungen jener frühen Epoche werden nach ihren Hauptfundorten →Jericho, Jarmo, →Hassuna, →Arpatschije, →Tell Halaf, →Samarra, →Obeid und →Uruk benannt. Wesentlichstes Kennzeichen der verschiedenen Phasen ist die Keramik, deren Analyse es erlaubt, Unterscheidungen und Zuordnungen vorzunehmen. – Grundformen der Architektur lassen sich bereits in dieser Vorzeit erkennen: Rundhütten, Rechteckbauten, der Hofhaustyp und Terrassentempel als Vorstufe der →Zikkurat in Eridu mit Nischengliederung der Tempelwand. Anfänge der Wandmalerei finden sich in →Tell Ghassul. In der Plastik sind weibliche Idole als lebensspendende Symbole charakteristisch. Häufig stellen diese Idolterrakotten eine stillende Frau dar. – Von hoher künstlerischer Bedeutung ist vor allem die bemalte Keramik der Vorzeit, die in ihren zahlreichen Lokalstilen zahlreiche Wandlungen durchmacht. Sowohl geometrische als auch figürliche Darstellungen lassen sich nachweisen. Eine Sonderstellung nimmt die Halaf-Keramik durch ihre dreifarbige Bemalung ein (Mitte 5. Jahrtausend). – **II.** Altsumerische Kunst (um 3000 v. Chr.). Diese früheste

Hochkultur der A. ist durch die städtische Entwicklung gekennzeichnet. An die formalen und typologischen Errungenschaften der Vorzeit anschließend, werden die wesentlichsten Elemente der A. in relativ kurzer Zeit ausgeprägt: So die sumerische Bilderschrift, so die Monumentalarchitektur und so auch die Plastik, die gegenüber der Keramik im Vordergrund steht. Deutlich wird dies an plastisch verzierten Steinvasen, z. B. aus →Ur und →Uruk. – Das Herrscherbildnis bestimmt die Reliefkunst. Zwei Bildinhalte, die für die gesamte folgende Entwicklung der A. bestimmend bleiben, werden bereits vorgestellt: Die Löwenjagd und die Vorführung der Gefangenen. Wichtigster Bildträger wird das →Rollsiegel, dessen Darstellungen den Reliefstelen dieser Zeit stilistisch nahestehen. Dabei wird deutlich, daß das formale Prinzip hinter der inhaltlichen Bedeutung zurücksteht. Deshalb läßt sich weder ein bindendes Kompositionsschema noch eine feste Ordnung der Gestalten (anfangs symbolische Tiere, später menschliche Figuren) erkennen. – Für die Entwicklung der Architektur, die immer mehr zu monumentaler Gestaltung drängt, ist der Befund von →Uruk, →Eridu und →Tepe Gawra charakteristisch. Die Grundform des oblongen Mittelteils mit seinen seitlich anschließenden Räumen wird durch eine dreischiffige Anlage erweitert, so daß der alte Grundtyp jetzt an der Schmalseite der Gesamtanlage erscheint. – Im 28. Jh. v. Chr. setzt die frühdynastische Epoche nach dem Zusammenbruch und Verfall der altsumerischen Phase ein. Dies äußert sich in einem einschneidenden Wendepunkt zu neuen künstlerischen Äußerungen, die formal einen direkten Gegensatz zur altsumerischen Kunst aufweisen. Deutlich wird dies in den abstrakteren Formen, dem stereometrischen Aufbau der Gestalten und dem geometrischen Gefüge, wie es besonders die Rollsiegel zeigen. Die linear verwobene Flächenaufteilung erinnert an Webmuster und führte zu dem Begriff „Brokatstil". Die frühere lockere Anordnung wird durch ein straffes Kompositionsprinzip, die Erzählung durch das Symbol ersetzt. Neues Zentrum dieser Phase ist das Flußgebiet des Dijala mit seinen großen Fundplätzen von →Chafadschi, →Eschnunna und →Tell Agrab. Daneben erringen →Kisch und →Mari wachsende

Samarra-Keramik, Gefäßhals, 5. Jahrtausend v. Chr. (Bagdad, Iraq-Mus.).

Bedeutung. – In der Architektur entsteht ein neuer Tempeltyp, dessen Herkunft bisher noch ungeklärt ist: er ist nur auf einer Seite geöffnet, wobei der Eingang nicht in der Hauptachse, sondern um 90° gedreht liegt. Deshalb wird dieser Tempeltyp auch „Knickachstempel" genannt. – Die Palastanlagen werden als Wohnhäuser mit einem Zentralhof, z.T. mit Umfassungsmauer, erbaut. In der Folgezeit wird dies der typische Herrschersitz, der aber auch auf den Sakralbau übergreift und die späteren Tempelbauten maßgeblich bestimmt. – In die Spätzeit der frühdyn. Epoche (26.–24. Jh. v. Chr.) gehören die berühmten Königsgräber von Ur, deren Funde wieder eine Zuwendung zu altsumerischen Formen zeigen. – **III.** Akkadische Kunst (2350–2150 v. Chr.). Ausgehend von dem neuen Zentrum Akkad, nach dem diese Epoche der A.

Beterstatue, Mesilim-Periode (Bagdad, Iraq-Mus.).

genannt wird, entwickelt sich unter Sargon I. und seinen Nachfolgern die A. zu einem künstlerischen Höhepunkt. Die →Rollsiegel sind von neuer, klarer und kraftvoller Formsprache mit lebhaft bewegten Darstellungen, darunter mythologischen Szenen, die eine auffallende Tendenz zum epischen Erzählen in Bildern bekunden. →Etana. Die Reliefs (→Sargon I.), darunter das Siegesmal →Naramsins, zeigen gestraffte Figurenbildung, starke Bewegtheit und Erfassen des Momentanen in neuen Kompositionen, wobei die Anlage in Diagonalen ebenso wie das Einbeziehen von Landschaftselementen bemerkenswert ist. Dazu fügt sich die Betonung der Schrägen in der Rundplastik, wie der Diorittorso der →Manischtusustatue und der aus Kupfer getriebene Kopf eines Herrschers, gefunden in →Ninive, bezeugen. Von der mächtigen Architektur der Akkadzeit vermittelt der Provinzpalast Naramsins in →Tell Brak einen Eindruck. Daß →Sargon, Naramsin und →Scharkalischarri den Tempel- und Zikkuratbau gepflegt haben, ist bisher nur durch Urkunden bezeugt, so daß wir über Neuerungen gegenüber der älteren sumerischen Kunst nichts aussagen können. Von entscheidender Bedeutung ist das Nachwirken der Kunst von Akkad, das in allen späteren Epochen der A. mehr oder weniger stark spürbar ist. – **IV.** Neusumerische Kunst (ca. 2065–1955 v. Chr., III. Dyn. von Ur). Nach dem Niedergang des Reiches von Akkad bildet sich mit der III. Dyn. von →Ur ein neues Zentrum der A., das ganz im Zeichen der sumerischen Restauration steht. Rundplastik und Relief zeigen den erneuten Durchbruch sumerischer Stiltendenzen mit ihren schweren, gedrungenen Formen. Daneben entstehen jedoch auch Werke, die die Tradition der Akkadischen Kunst erkennen lassen. – Die Tempelbauten

Ur, Zikkurat des Mondgottes Nanna, NO-Fassade mit Aufgängen.

selbst folgen ganz der Tradition, während die Zikkurate nun einen ersten Höhepunkt ihrer Entwicklung erreichen. – Die Rollsiegel, nach wie vor wesentliches Element der A., zeigen häufig das Einführungsmotiv, in dem der Beter von seiner Schutzgottheit zur thronenden Hochgottheit geführt wird. In ihrer formalen Bewältigung und künstlerischen Gestaltung bleibt die Rollsiegelkunst jedoch hinter den Erzeugnissen der Akkadzeit weit zurück. – **V.** Altbabylonische und Altassyrische Kunst (ca. 1955–1531 v.Chr.). Die Epoche umfaßt die →Isin-Larsa-Zeit und ist weitgehend vom Erbe der neusumerischen Kunst abhängig. Zentren dieser Epoche sind →Assur, →Babylon und →Mari. – Rundplastik und Relief zeigen oft glänzende technische Ausführung, bringen jedoch außer in den Tonreliefs und Rollsiegeln, die Szenen aus dem Leben und Kultmotive zeigen, kaum inhaltliche oder formale Neuerungen. Häufig findet sich die Darstellung der nackten →Ischtar in Frontstellung. Von besonderer Bedeutung sind realistische Wiedergaben der Altersgesichter (→Hammurabi). – Eines der glanzvollsten Zentren war →Mari mit seinem großartigen Palast des →Zimrilim. Wandmalereien und Plastik lassen Beziehungen zu der hochentwickelten Kunst →Kretas erkennen und weisen auf bedeutende Werkstätten, in denen die Tradition des 3. Jahrtausends lebendig gepflegt wurde. – **VI.** Churriter, Kassiten, Mitanni (16.–12. Jh. v. Chr.). Bauformen und Bildwerke jener Zeit sind vorwiegend durch die Überlieferung und Pflege der Tradition bestimmt. Vor allem bei den →Kassiten kann eine betonte Restauration der sumerisch-akkadischen und altbabylonischen Kultstätten beobachtet werden. Dies geben Tempel- und Zikkuratarchitektur, Palast- und Festungsbau, Plastik und Wandmalerei zu erkennen. Von besonderer Bedeutung ist der mit Ziegelreliefs geschmückte Tempel des →Karaindasch in →Uruk (→Dur Kurigalzu). – Ein neuer Bildtyp wird mit den →Kudurrus geprägt, deren Motive – wie auch die der Rollsiegel – altmesopotamische Bildgedanken mit neuen Symbolen verbinden. Als Zeichen eines neuen Adelsbildes erscheint in der Glyptik der leichte Streitwagen mit Pferdegespann. Die Tradition der Kudurrus lebt auch nach der Kassitenherrschaft in →Babylon weiter (→Marduk-apal-idinna, →Marduk-nadin-ache). – Schwer zu bestimmen ist die Kunst der Mitanni und Churriter, da sich bei ihnen charakteristische, eigenständige Formen und altmesopotamisches Erbe nicht klar fassen lassen. Die Rollsiegel zeigen einen Mischstil, in dem sich sogar ägypt. Anregungen (Darstellung der Flügelsonne) erkennen lassen. Dagegen ist die prachtvolle Löwenplastik des Königs →Tischari von →Urkisch akkadisch geprägt. – **VII.** Assyrische Kunst. Stark von akkadischem Erbe bestimmt ist die assyrische Kunst bis zur mittelassyrischen Zeit (14. Jh. v. Chr.), die einen eigenen Stil entwickelt. Deutlich zeigen dies die Rollsiegel seit →Eriba-Abad. Sie zeichnen sich durch eine reiche Vielfalt an Motiven und eine klare Formensprache aus. Altmesopotamische Themen wie Einführungsszenen, Tierkampf und →Lebensbaum-Motive erscheinen neben neuen Tier- und Jagdbildern wie Flügelpferd als Löwengegner und flüchtende Straußenvögel, die von eindringlicher Lebensnähe sind. – Vom Aufstieg →Assurs kündet die machtvolle Steinarchitektur mit Tempel- und Palastbauten →Assur-uballits, →Adadniraris I., →Salmanassars I., →Tukultininurtas und →Tiglatpilesers I. – In diese Zeit gehört auch der berühmte →Ischtar-Tempel in →Ninive. Rundplastik und Reliefkunst der mittelassyrischen Zeit offenbaren in charakteristischem Stil eine kraftvolle Wiederbelebung bester Traditionen der A. (Symbolsockel →Tukultininurtas): Zerbrochener Obelisk Assurbelkalas (→Tiglatpileser I.), dessen Zeit auch ein weiblicher Torso aus dem Palast von →Ninive als bestes Bildwerk der Epoche zuzuweisen ist. Höhepunkt der Architektur, Rundplastik, Relief- und →Rollsiegel-Kunst, Wandmalerei, Emailliereliefteehnik, Elfenbein- und Metallkunst in der neuassyrischen Zeit seit dem 9. Jh. v. Chr. →Assurnasirpal II., Salmanassar III., →Tiglatpileser III., →Sargon II., →Sanherib, →Assarhaddon, →Assurbanipal. Hauptzentren: →Assur, →Kalach, →Dur Scharrukin, →Ninive, →Balawat, →Til Barsip. Die Architektur ist gekennzeichnet durch ausgedehnte Tempelanlagen mit →Zikkurat-Bauten und weiträumige Paläste, die eine monumentale Erweiterung des altmesopotamischen Hofhaustypus zeigen. Die →Orthostatenreliefs sind bestimmt von historischen Themen, die alle Phasen assyrischer Kriegszüge wiedergeben, und Jagdbildern. Hauptmotiv ist der König unter dem Schutz des Gottes Assur. Erst unter Assurbanipal erscheint das Bild des reitenden Herrschers an Stelle des Streitwagenkriegers und -jägers. Die Entwicklung führt von scharf konturierten muskelstrotzenden Figuren zu weicheren Modellierungen, von schematisch angegebenen Landschaftsmotiven zu großzügigen Flächenkompositionen. Einzigartig ist die Wiedergabe von Tierbildern, die zur Zeit Assurbanipals von besonderer Lebendigkeit sind. Seitenansicht wird mit Vogelschau verbunden. Eine Fülle von Motiven bietet die Rollsiegelkunst, die sich durch einen festgeprägten Stil auszeichnet. Er erstarrt in der Spätzeit der assyrischen Kunst, doch wirken seine Motive noch bis in die Achaemenidenzeit (→Iranische Kunst IV) weiter. – **VIII.** Babylonische Kunst. Die Entwicklung dieser Epoche zeigt einen anderen Weg als die der assyrischen Kunst. Höhepunkt sind die Schöpfungen der →Chaldäer mit →Babylon als Zentrum unter den Königen →Nabupolassar und →Nebukadnezar. Zu ihren großen Leistungen gehört die teilweise mit glasierten, symbolgeschmückten Emailreliefziegeln ausgestattete Sakral- und Palastarchitektur, die auf →Orthostatenreliefs und Malereien mit historischen Szenen verzichtet. Die Königreliefs unter-

Neuassyrisches Relief aus dem NW-Palast in Kalchu, Löwenjagd König Assurnasirpals II. (London, Brit. Mus.).

scheiden sich von den assyrischen durch weiche Modellierung (→Marduk-apal-idinna II.). Die muskelstrotzenden, hart konturierten Gestalten fehlen. Auch in den Symbolformen der Ziegelreliefs ist der stilistische Unterschied unverkennbar, ebenso in der Rollsiegelkunst. Göttliche, dämonische und kosmische Bildgedanken dominieren gegenüber lebendig erzählenden und bewegten Darstellungen (→Pazuzu). – **IX.** Elamische Kunst. Innerhalb der A. bildet →Elam einen eigenen Bereich, der trotz enger Beziehungen zu Mesopotamien seine Selbständigkeit behauptet. Sie offenbart sich bereits in der bemalten Keramik von →Susa und in der Rollsiegelkunst. Monumentale Felsbilder bei →Kurangun und →Naqsch-i-Rustam zeigen unverkennbar sumerische Einflüsse, doch dominieren die einheimischen Elemente, wie Stil und Motive zeigen (Tracht, Schlangengottheit). Von der elamischen Kunst des 2. Jahrtausends zeugen die Bronzestatue der Königin →Napirasu, der bärtige Bronzekopf eines Elamiters, die Reliefstele →Untaschgals und die von ihm gegründete Stadt →Dur Untaschi mit der →Zikkurat von →Tschoga Zembil, die eine bemerkenswerte Umbildung mesopotamischer Architektur zeigt. Assyrische Einflüsse zeigen die an der alten Kultstätte von →Malamir vom Fürsten Hanni geweihten Felsreliefs, die auf elamische Tradition zurückgreifen. Von der reichen, künstlerischen Ausstattung der Tempel und Paläste zeugt der Siegesbericht →Assurbanipals. Trotz der riesigen Zerstörungen wirkte die elamische Kunst nachhaltig auf die Bau- und Bildkunst der →Achaemeniden (→iranische Kunst III). – **X.** Phönizische Kunst. Ein wichtiger Bereich der A. ist die phönizische Kunst wegen ihrer starken Wirkungen auf die assyrische, →griech., →etruskische und jüdische Kunst (→Chiram, →David, →Salomon, →Jerusalem). Ihre Vorstufe fassen wir in der Kunst der →Kanaanäer, für die die Überlieferung von →Ugarit den Künstlergott →Koschar bezeugt. Auch die Funde von →Aleppo und →Alalach müssen in die Entwicklung einbezogen werden, die ihren Höhepunkt in der Zeit vom 10. bis 7. Jh. v. Chr. erreicht. Hauptzentren: →Byblos, →Beirut, →Sidon, →Tyrus (→Damaskus). Die Phönizier waren Meister im Holzbau (Zedern des Libanon), in der Elfenbeinschnitzerei (→Arslantasch, →Kalach) und in der Herstellung von gravierten Metallgefäßen mit motivreichen Bildfriesen. Rundplastik und Relief in Stein dagegen treten zurück. →Ahiram. Charakteristisch ist das Verschmelzen von kanaanäischen, mesopotamischen, späthethitischen, ägäischen und ägyptischen Motiven in einem dekorativen Mischstil, wobei technische Meisterschaft oft das Künstlerische überwiegt. Schöpferische Erfindung ist selten. Ausgeprägtes Einfühlungsvermögen in fremde Vorbilder. Bedeutend ist jedoch die Vermittlung zahlreicher Motive der A. an die Mittelmeerwelt. – **XI.** Urartu. Im nordostanatolischen Urartu bildet sich ein eigener Kunstbereich der A. aus (9.–6. Jh. v. Chr.). Das Zentrum dieser Kultur lag zwischen →Van- und Sewansee. Die Hauptfundorte sind →Toprakkale, →Tuschpa, →Karmir Blur und →Irpuni. Landschaftlich bedingt ist die hervorragende Felsarchitektur, die zusammen mit Quadermauerwerk ein Kennzeichen urartäischer Baukunst ist. Sie wirkte sich auf die Bauten der frühen →Achaemeniden (→iranische Kunst III) aus, da die Perser ursprünglich am Urmiasee gesessen hatten (→Parsua). Einen Eindruck von der Baukunst in Urartu vermittelt außer einer Darstellung der Stadt →Musasir auf einem Relief →Sargons II. in →Dur Scharrukin auch eine Bronzeplatte (Brit. Mus.), die ein dreigeschossiges Gebäude mit Tor, Fenstern und Zinnen darstellt. Die assyrischen Berichte zeugen vom Reichtum der Tempel- und Palastanlagen. Meisterhaft war die Metallkunst von Urartu, wie neben Helmen und gravierten sowie reliefgeschmückten Schilden hervorragend gearbeitete Bronzefiguren und Gefäße mit plastischem Schmuck beweisen. Die reizvolle Gewandornamentik fügt sich zu entsprechenden assyrischen Berichten. – Die Ausstrahlungen von Urartu reichen über Kleinasien und Nordsyrien bis in die griech. und etruskische Kunst des 7. Jh. v. Chr. (Siehe Farbtafel 5 u. 6 und Tafel 1).

Lit.: E. Strommenger, Mesopotamien; A. Parrot, Sumer; A. Parrot, Assur; H. Potratz, KOA; H. Schmöckel, GAV; J. Wiesner, UKG II; E. Akurgal, KA; H. Bossert, Altsyrien; V. Christian, AKZ; W. Hinz, Das Reich Elam, 1964.

Alt-Paläolithikum →Ältere Steinzeit.

Altsteinzeit →Ältere Steinzeit.

Altstetten. Fundstelle eines Goldgefäßes aus der Älteren →Eisenzeit, →Zürich-Altstetten.

Alveus. Römischer muldenförmiger Behälter. Speziell die große gemauerte Badewanne im →Caldarium der röm. Thermen. Der A. wurde über 2 Stufen bestiegen.

Amadeo (Omedeo), Giovanni Antonio. Italien. Architekt und Bildhauer. Geb. 1447 in Pavia, gest. 1522 in Mailand. Vielbeschäftigter Meister der lombardischen Renaissance mit ihren dekorativen Tendenzen. Die Fassade der Certosa in →Pavia, 1491 nach seinem Entwurf begonnen und großenteils sein Werk; Colleoni-Kapelle in Bergamo; Hof des Pal. Bottigella-Rossi in Pavia, 1498; Arbeiten am Mailänder Dom.

Lit.: H. Lehmann, Lombardische Plastik im letzten Drittel des 15. Jhs., 1928.

Amalaka. Aus Kreissegmenten zusammengesetzter Deckstein als Abschluß des Turmes über dem Allerheiligsten im nordindischen Tempel. Konstruktiv hat dieser Architekturteil die Funktion einer Auflast; ikonologisch bedeutet er den Durchgangsort zwischen irdischer und himmlischer Welt.

Amaravati. Buddhistische Siedlung, Kloster und Kultort vom 2. Jh. v. Chr. – 4. Jh. n. Chr. im südöstlichen Indien. Die hervorragendsten Reliefplatten vom Hauptstupa mit Szenen aus dem Leben des Buddha und der

Darstellung des Erleuchteten in menschlicher Gestalt wie in der „Zähmung des Elefanten Nalagiri" aus dem 2.–3. Jh. n. Chr. befinden sich in den Museen von Madras und London.
Lit.: C. Sivaramamurti, A. sculpture, 1942; D. Barrett, Sculpture from A., 1954.

Amarna. Nach dem Namen eines Beduinenstammes benannte ägypt. Ruinenstadt auf dem Ostufer des Nils, 306 km südlich von Kairo, gegründet von →Amenophis IV. aus Protest gegen die Kulte von →Theben, vor allem gegen →Amun. Die neue Residenzstadt, Achetaton (Lichtort des →Aton), wurde nach dem Tode des Königs verlassen und nie wieder besiedelt, so daß sich bei den Grabungen die einmalige Gelegenheit bot, eine vollständige Stadtsiedlung in unverändertem Zustand freizulegen, wobei die von →Haremhab zerstörten Tempel- und Palastanlagen im Grundriß gesichert werden konnten. Den Kultmittelpunkt des von Stelen begrenzten Bereichs bildete der Große Atontempel, eine Folge von offenen Höfen für das Opfer unter freiem Himmel. Wie die Atontempel ist auch der Königspalast im Zentrum aus ungebrannten Schlammziegeln errichtet, ebenso der Nordpalast der Königin →Nofretete und das Lustschloß im Süden außerhalb der Stadt. Die Bauweise verrät die

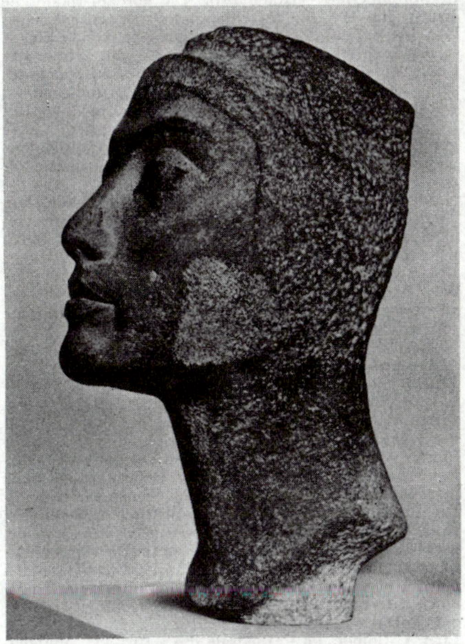

Nofretete (Kairo, Mus.).

Eile bei der Anlage von A., die mit Gärten und Teichen ausgestattet war. Dazu fügen sich die berühmten Fußboden- und Wandmalereien der Paläste mit Landschaftsmotiven, deren Farben überwiegend gebrochene Töne zeigen. Auch im Verzicht auf feste Umrisse fassen wir das Charakteristische der Kunst von A., das sich in den Personendarstellungen der Wandmalerei ebenso äußert wie in der Reliefarbeit und in der Plastik der Werkstätten. Zahlreiche Lehrmodelle zeugen von dem künstlerischen Ringen um einen Ausdruck für das neue Verhältnis zur Natur, das in der vorausgehenden →ägypt. Kunst bereits Ansätze zeigt. Beispielhaft für den Bruch mit der alten Raumauffassung, der sich vor allem in der illusionistischen Darstellung des Freiraumes offenbart, sind die Reliefs in den Felsengräbern, darunter die Anlage →Amenophis' IV., am Ostrand von A.
Lit.: W. Wolf, KÄ, 416ff., 452ff., 502ff., 527ff. E. Brunner-Traut, Ägypten, 414ff. Ch. Desroches-Noblecourt, Tut-ench-Amun, 137ff.

Amarsuena. König von →Ur (→Bursin), Sohn des →Schulgi, Vater des →Schusin (ca. 1998–1989 v. Chr.), dessen Regierungstätigkeit auf die Wiederherstellung sumerischer Tradition gerichtet ist. Erweiterung der monumentalen Königsgruft mit Kraggewölbe in Ur.
Lit.: H. Schmökel, GAV, 60f.

Amasis, schwarzfiguriges Bild einer Amphora: „Dionysos und Mänaden" (Paris, Cabinet de Médailles)

Amasis. Griech. Töpfer des 3. Viertels des 6. Jh.v.Chr. in Athen. Acht von ihm signierte Gefäße sind erhalten, zahlreiche weitere Vasen konnten ihm zugeschrieben werden. Seine Gefäße – hauptsächlich →Amphoren, →Oinochoen und Schalen – sind im →Schwarzfigurigen Stil vom sogen. Amasis-Maler, dem großen Konkurrenten des zeitgleichen →Exekias, bemalt. Der dionysische Mythenkreis ist die Hauptquelle seiner Bildthemen.
Lit.: S. Karuzu, The Amasis-Painter, 1958.

Amazonaskultur →Südamerika, Kunst der Naturvölker.

Amber. Vom Sitz der indischen Provinzhauptstadt, welcher 1728 in das nahe gelegene →Dschaipur übertragen wurde, sind eine ausgedehnte Stadtbefestigung, eine Siedlung mit regelmäßig entworfenen Gartenanlagen, eine Wachtburg auf der Höhe eines Bergzuges und in ihrem Schutz an halbem Hang der 1600 begonnene Palast des Man Singh I. in gutem Zustand erhalten.

Amberger, Christoph. Deutscher Maler. Geb. um 1500, gest. 1561 oder 1562 in Augsburg, tätig hauptsächlich ebda. Ausgebildet unter dem Einfluß von →Burgkmair und wie dieser beeindruckt von der venezianischen Malerei. Bedeutender Portraitmaler mit distinguierter Auffassung des Gegenstandes und weicher malerischer Behandlung der Farboberfläche. Hauptwerk: Bildnis Sebastian Münsters (Berlin, Staatl. Mus.). – Lit.: Winkler-Deutsch, Deutsche Malerei des 16. Jh.s, 1935.

Ambitus (Chorumgang) →Chor.

Ambo. Ein erhöhtes Podium in der christl. Kirche, zu dem Stufen hinauf (gradus ascensionis) und herab (gradus descensionis) führten. Das Podest des A. kann rund, viereckig oder polygonal sein. Der A. diente zur Verlesung der Epistel und des Evangeliums, wurde dann auch Predigtstätte. A.s gibt es schon im 4. Jh. n. Chr. Waren zwei vorhanden, diente der südliche der Verlesung der Epistel, der nördliche der des Evangeliums. Bisweilen stand der A. auch den Sängern zur Verfügung. – Bis ins 13. Jh. war der A. gebräuchlich und wurde im 14. Jh. durch den →Lettner ersetzt.

Ambo Heinrichs II. (Aachener Pfalzkapelle). Der von einem Meister des Trier-Echternacher Kreises um 1002 bis 1014 geschaffene und von König Heinrich II. gestiftete A. zeigt reichen Schmuck. Besondere Beachtung verdienen 6 geschmückte Elfenbeinreliefs, wohl alexandrinische Arbeiten des 5.–6. Jhs. Sie stellen Nereiden auf Tritonen dar, den Gott Bacchus zwischen Ranken, die Göttin Iris mit Genien und Tieren, einen von Genien gekrönten Reiter und einen stehenden Krieger.

Ambonaltar. Altar, der unter dem →Ambo stand. Der Ambo überdeckte ihn dann wie ein →Ciborium.

Ambras (Tirol). Schloß in der Nähe Innsbrucks. Das schon Anfang des 16. Jhs. bewohnbare unregelmäßig fünfeckige Hochschloß erlebt seine Glanzzeit unter Erzherzog Ferdinand II. Weitgehende Veränderung des Bestandes: Hofküche, großer Speisesaal (zerstört), Bad und regelmäßiger Innenhof mit Rustika. Im Unterschloß Einrichtung von 6 gewaltigen Sälen für die umfangreiche Waffensammlung Ferdinands sowie die Kunst- und Wunderkammer. Der interessanteste Teil der manieristischen Palastanlage ist der „Spanische Saal", in den Felsen gesprengt und mit einer Länge von 43, einer Breite von 10 und einer Höhe von 5 m der größte seiner Zeit.
Lit.: Reclams Kunstführer, Österreich, Bd. II, 1962.

Amenemhet. Auf wachsende Bedeutung des ägypt. Gottes →Amun weisender Name von Pharaonen der 12. Dyn. A. I. (1991–1962 v. Chr.), A. II. (1920–1878), A. III. (1842–1797), A. IV. (1798–1790). A. I. verlegte die Residenz nach →Lischt (Pyramide). Pyramide A.s II. mit feinsten Schmuckfunden bei →Dahschur. A. II. weihte im Tempel des Gottes →Month von El Tod (→Theben) 4 Bronzekästen mit kostbaren Gold- und Silberarbeiten aus Mesopotamien und Kreta. Außerdem errichtete er den Pylonbau in →Hermopolis. Pyramide A.s III. bei Dahschur, auf die später zugunsten der Pyramide bei →Hawara verzichtet wurde. Diese fällt durch enormen Aufwand an Sicherungsanlagen und ihre außerordentlich reich beschriftete Granitspitze auf. Ein großartiges Bauwerk war der zugehörige Totentempel, das berühmte Labyrinth, das Herodot rühmt und Strabo beschreibt. Von A. I.–III. besitzen wir ausgezeichnete Plastiken, mit denen ein neues Idealbild des Königs geschaffen wurde, auch für die Aufstellung in Tempelhöfen bestimmt.
Lit.: Wolf, KÄ, 297ff.; E. Brunner-Traut, Ägypten, 397ff.

Amenophis. Name von 4 Pharaonen der 18. Dyn. A. I., Sohn des →Ahmose (1557–1530 v. Chr.), A. II. (1450–1425?), A. III. (1408–1372), A. IV. (→Echnaton, 1371–1352?). A. I. trennte zuerst sein Grab in →Theben-West vom Totentempel, um es vor Dieben zu sichern und bereitete damit eine neue Entwicklung in der Baukunst vor. Beispielhaft sind die im Tal der Könige versteckten Grabanlagen A.' II. und III. mit rechtwinklig gebrochenen und durch Schächte gesicherten Gängen, die zur Sargkammer als 6-Pfeilerhalle führen. Vom Totentempel A.' III. stehen heute nur noch die vor den →Pylonen errichteten Kolossalfiguren (→Memnonskolosse) am Westrand des Fruchtlandes von →Theben-West. Der Tempelbau unter A. I.–III. mit charakteristischem Stilwandel ist gut in →Karnak zu verfolgen. Beispielhaft für die Tempelarchitektur unter A. III. ist das von ihm gestiftete Heiligtum von →Luxor, verbunden mit dem Heiligtum von Karnak durch eine Prozessionsstraße mit Widdersphingen, dem heiligen Tier des Gottes →Amun, gekennzeichnet durch das Bild des Stifters zwischen den Vorderbeinen. Die Statuen A.'II. künden in ihrer Anmut und inneren Freiheit eine neue Auffassung des Königsbildes, in dem sich bereits Zeichen von Überfeinerung zeigen. Der neue Stil offenbart sich auch in der Kalksteinplastik der →Hathor-Kuh von →Der el Bahari, ein großartiges Tierbild der →ägyptischen Kunst, wobei A. II gleichzeitig saugend am Euter und als Stifter unter dem Schutz des Kuhkopfes dargestellt ist. Charakteristisch für die neue Auffassung vom König ist das Karnakrelief mit A. II. als Wagenritter beim Bogenschießen auf eine Kupferplatte. Das Bild fügt sich zu den Überlieferungen von A. II. als sportgestähltem Vertreter des ritterlichen Stils. Die Statuen A.' III. zeigen die Abkehr von dieser Richtung, realistische Neigungen, die die Plastik von →Amarna vorbereiten, und Tendenzen zum pathetisch Repräsentativen, Kolossalen. In verfeinertem Relief ließ er seine Geburtslegende im →Luxor-Tempel darstellen. Reste von Fußbodenmalereien kennen wir aus dem in →Theben-West während der letzten Lebensjahre A.' III. erbauten Palast, bedeutsam als Übergang zu den Stilwandlungen unter A. IV. (→Amarna). Die Kolossal-Statuen A.' IV. in Karnak (Atontempel) zeigen bis zur Verzerrung gesteigerte Züge eines häßlichen asthenischen Fanatikers, der im Bann der Idee des →Aton-Glaubens steht. In →Amarna die Fortsetzung des Stils. Gegen Ende der Regierungszeit A.' IV. Rückkehr zu Darstellungen, die auf Übersteigerungen und Verzerrungen verzichten und dem Stil unter A. III. nahestehen. Dazu fügt sich die Überlieferung vom späteren Einlenken A.' IV. gegenüber →Theben. Das Königsgrab von →Amarna zeigt in einem Relief A. IV. mit seinem Hofstaat unter den divergierenden Strahlen der Sonnenscheibe, einen Bildgedanken, dem wir häufig in den familiären Reliefszenen A.' IV. begegnen.
Lit.: W. Wolf, KÄ, 397ff., 407ff., 422ff., 444ff., 452ff., 488ff., 502ff., 527ff. Ch. Desroches-Noblecourt, Tutench-Amun 103ff.

Amerighi, Michelangelo. →Caravaggio.

Amerikanische Kunst. Eine kontinental einheitliche A. gibt es nicht. Vor Besiedlung durch die Weißen → „praekolumbische Kunst". Nach der Entdeckung in Mittel- und Südamerika →ibero-amerikanische Kunst, in Nordamerika →Kolonialstil. Die nordamerikanische Kunst im 19. Jh. im Kielwasser der europäischen (→Whistler). Erst gegen 1890 emanzipiert sich die A. in der Architektur: Frank Lloyd →Wright, Schule von Chikago (→Sullivan) und die Probleme des →Hochhauses sowie des Landhauses werden unabhängig und originell gelöst. Im 20. Jh. erfährt die Architektur eine neue Belebung durch das →Bauhaus und strahlt nach dem Kriege von Amerika nach Europa zurück (→Neutra). Mit Malern wie Tobey und →Pollock entsteht eine amerikanische Variante der modernen Malerei.

Amida (Mesopotamien). Frühchristliche Siedlung am Tigris (Diyabakir). 340 durch Kaiser Konstantin gegründet. Später Metropole mit 7 Bistümern (381). Schauplatz hervorragender christlicher Bautätigkeit. U. a. weiträumige, baulich interessante Klosteranlage. Alle Bauten zeigen großen Reichtum an dekorativen Elementen. Die dortige berühmte Nestorianerkirche soll großen Einfluß auf die Gestaltung bedeutender Kirchen des 11. Jhs. gehabt haben.

Amiens, Kathedrale. 1220 begonnen. Grundriß, Aufriß und Gewölbeform der reifen Hochgotik von → Chartres übernommen, doch verzichtet A. auf Querhaustürme. Es vereinheitlicht die Fensterzone: Entsprechung der Fenster von Obergaden und Seitenschiff, Herunterführen von Maßwerkstäben aus den Obergadenfenstern ins Triforium, Durchlichtung des Triforiums im Chor nach dem Brand von 1258. Sehr steile Proportionen (1:3). Die Plastik der Westfassade ist stilistisch von →Paris, Notre Dame, herzuleiten. Auf →Paris, Sainte-Chapelle, wirkt A. auch zurück. Trotz gewisser feierlich-formalistischer Monotonie sind die Portale mit ihrem umfassenden theologischen Programm, das die Gesamtheit der Heilsgeschichte und des Erdkreises abbildet, als Höhepunkt got. Portalgestaltung anzusprechen.
Lit.: A. Boinet, La Cathédrale d'A., 1922; H. Jantzen, Kunst der Gotik, Klass. Kathedralen Frankreichs, 1957.

Amiet, Cuno. Schweizer Maler u. Graphiker. 1868 in Solothurn geb., gest. 1961 in Oschwand. Sein Frühwerk ist stark von →Gauguin und van →Gogh, denen er 1891/92 in Pont Aven begegnete, beeinflußt. Vor allem Gauguins Kunst begleitete seine weitere Entwicklung. Nach 1900 nimmt er Anregungen des deutschen →Expressionismus auf und tritt 1906/07 vorübergehend der →„Brücke" bei. Später lehnt er sich mehr dem Frühstil →Hodlers an und verband ihn um 1920 mit der Malweise der →Fauves.
Lit.: Vollmer, Künstlerlex. d. 20. Jhs.

Amlasch. Fundort von Großsteingräbern südwestlich des Kaspischen Meeres (9./8. Jh. v. Chr.), →Marlik. Charakteristisch sind neben Ton- und Metallgefäßen aufgeblähte Rhyta in Form von Buckelrindern und Pferden sowie Krieger- und Reiterstatuetten mit auffallender Steatopygie. Scheuklappen aus Bronze tragen die Inschriften mit den Namen der Könige →Menua (810–781 v. Chr.) und →Argischti I. (781–760) von →Urartu. Un-

verkennbar sind Beziehungen zur →Luristankunst. Das Mitwirken von Kräften der →iranischen Kunst ist sehr wahrscheinlich.
Lit.: R. Ghirshman, Iran I, 31 ff.

Amman, Jost. Deutscher Zeichner, Radierer und Maler. Geb. 1539 in Zürich, gest. 1591 in Nürnberg, ansässig wesentlich ebda. Gezeichnete und gemalte Bildnisse, Radierungen, Entwürfe für Glasgemälde. Hauptgewicht seines Schaffens sind gefällige Illustrationen, die alles Notierenswerte betreffen und heute eine kulturgeschichtliche Fundgrube darstellen. Turnierbuch, 1566; Beschreibung aller Stände mit Reimen von Hans Sachs, 1568 (Neuausgabe 1896); Frauentrachtenbuch (Neuausgabe 1880); Fronspergers Kriegsbuch, 1571–1573.
Lit.: K. Pilz, Die Zeichnungen und das graphische Werk des J. A., 1933 (Anzeiger für schweizer. Altertumskunde, N. F. 35); ders., J. A., 1940 (Mitteilungen d. Vereins f. Geschichte der Stadt Nürnberg 37).

Ammanati, Bartolommeo. Italien. Architekt und Bildhauer. Geb. 1511 in Settignano, gest. 1592 in Florenz; Schüler von B. →Bandinelli und J. →Sansovino. 1544–46 in Padua, ab 1560 dauernd in Florenz. A. ist ein bedeutender Künstler des →Manierismus. Als Bildhauer kann er sich zwar dem erdrückenden Einfluß von →Michelangelo nicht entziehen (Fontana del Nettuno in Florenz, 1571–75; Grabmäler), gewinnt aber gerade aus der Manier seinen elegant-preziösen Stil. Als Architekt hat er zukunftweisende Werke geschaffen. Vorliebe für →Rustika-Ordnungen und energische Belebung der Mauer überhaupt. Der Gartenhof des Pal. →Pitti in Florenz deutet den geschlossenen Palast alter Gattung um in eine frühbarocke Dreiflügelanlage (1558–70). Arnobrücke S. Trinita ebda. (1567–70, im letzten Krieg zerstört), weitere Werke in Rom, Padua, Venedig, Pisa, Neapel.
Lit.: A. Venturi, Storia dell'arte italiana X, 2, 1936; F. Baumgart, Geschichte der abendländischen Plastik, 1957.

Ammon. Griech. Bezeichnung des ägypt. Gottes →Amun, der bei den Griechen als Zeus-Ammon verehrt wurde. Die griech. Plastik stellt ihn als bärtige Zeusgestalt mit Stierhörnern auf dem Haupt dar.

Amnos. Eine Form der →Deesis, bei der Gott Vater über der thronenden Mutter Gottes mit Kind gezeigt wird und Christus im Kelch.

Amorbach (Unterfranken). Ehemalige Benediktinerabtei. Die Stiftskirche unter Verwendung romanischer Türme 1742–47 nach Plänen von Maximilian v. →Welsch errichtet. Fresken von Matthäus →Günther, Stuck von Joh. Mich. →Feuchtmayer und Johann Georg Übelherr. Prachtvolle Kanzel von Joh. Wolfg. →Auvera (1749–52). Orgel (1776–82). Im gut erhaltenen Klostergebäude 2 ausgezeichnete Raumschöpfungen des frühen Klassizismus.: Grüner Saal (1792/93) und Bibliothek (1797 ff.).

Amoretten. Abgeleitet von Amor, dem Gott der Liebe. Geflügelte kleine Liebesgötter. →Putten.

Amorgos. Griech. Insel der östlichen Kykladen. Die NW. Küste war in antiker Zeit stark besiedelt. Die drei Hauptorte waren Aigiale, Minoa und Arkesine. Die Besiedlung geht bereits in prähistorische Zeit zurück, aus der berühmten Kykladenidole stammen, z. B. der bekannte Harfenspieler von A.

Ampel (lat. ampulla). Fläschchen für geweihtes Öl, dann auch Ölhängelampe.

Amphiprostylos. Griech. ionischer Tempel mit je einer Säulenvorhalle an der Front und an der Rückseite. →Tempel.

Amphitheater. Griech. Bezeichnung für einen rein römischen Theatertyp, der überall, wo Römer herrschten, aufzufinden ist. Eine ovale Spielfläche für Tierhetzen und Gladiatorenkämpfe bildet das Innere (→Arena). Um diese Arena bauen sich zahlreiche Ränge auf, die außen in drei Stockwerke aus Bogenstellungen gegliedert sind. Hier liegen die Zugänge zu den Zuschauerrängen. (→Colosseum).

Amphora. Griech. Vase mit rundem oder gestrecktem Bauch, einem Hals und zwei seitlich gegenüberliegenden Henkeln, die vom Bauch zur Lippe der Vase emporgeführt sind. Die A. diente als Vorratsbehälter und kann eine Höhe bis zu 1 m haben.

Amphorenstempel. Die Amphoren trugen in altchristlicher Zeit bisweilen einen Stempel. Ein schönes Beispiel aus Karthago mit der Inschrift auf dem Stempel: „Spes in Deo."

Ampulle. Fläschchen oder kleiner Krug. Material: Glas, Ton oder Metall. In der A. wurden in altchristlicher Zeit vor allem Meßwein oder geweihtes Öl aufbewahrt. Bekannt sind die reichgeschmückten A.n aus dem 5. oder 6. Jh., die in →Monza gezeigt werden. Sie enthielten geweihtes Öl von den Heiligen Stätten in Palästina, das die Pilger mit in die Heimat brachten.

Amri. Dorf in West-Pakistan mit vorgeschichtlichen Ausgrabungen und Funden aus dem Zeitalter der →Industal-Kultur.
Lit.: J. M. Casal, Fouilles d'A., 1964.

Amsterdam, „Oude Schans".

Amritsar. Alte Handelsstadt an der Westgrenze Indiens nahe Lahore, besonders bekannt durch den „Goldenen Tempel" der Sikhs, eine Gründung des 16. Jh. n. Chr., die durch immer neue Stiftungen instand gehalten wurde und Anfang des 19. Jhs., einem Höhepunkt der Sikh-Herrschaft, die Eindeckung aus vergoldeten Kupferplatten erhielt.

Amsterdam. Auf Millionen von Pfahlrosten gegründete Stadt. Die große Zeit A.s beginnt 1578, als es sich dem niederl. Freiheitskampf anschließt. Im 17. Jh. wichtigste Handelsstadt des Nordens, 1602 Gründung der Ostindischen, 1621 der Westindischen Handelskompagnie, 1622 bereits 105 000 Einwohner. Bis 1612 drei halbkreisförmige Grachten (Wasserstraßen) um den älteren Stadtkern: Heren-, Keizers- und Prinsengracht, noch im 17. Jh. folgt die Singelgracht. Das Stadtbild dieser Grachten, Sitz der reichen Kaufherren, in bezwingender Einheitlichkeit noch fast vollständig erhalten, begründet den städtebaulichen Ruhm A.s und spiegelt großartig ein patrizisch-städtisches Gemeinwesen im Barock, spiegelt eine Lebensform, der Welthorizonte selbstverständlich sind; schönes Beispiel eines Wohnhauses Herengracht 475 für Familie de Neufville, um 1700. Bedeutendstes Einzelmonument aus der großen Zeit: Rathaus (heute königliches Schloß), 1648–65 von J. van →Campen in monumentalem klassizistischem Barock errichtet.

Amulett. Das Wort ist im 18. Jh. aus dem Arabischen über das Französische ins Deutsche übernommen. Das A., das der Sache nach schon seit Jahrtausenden bekannt ist, dient der Abwehr vorgestellter dämonischer Mächte.

Auch die Christen haben sich seiner bedient. Material und Form können sehr verschieden sein.

Amun. Ägyptischer Gott, „der Verborgene", seit der 11. Dyn. in →Theben, wo er seit →Amenemhet I. als Reichsgott wachsende Bedeutung erlangt. Mit hoher Federkrone ausgestattet, meist menschengestaltig, begegnet A. stehend und sitzend in der Reliefkunst, widderköpfig in der →Sphinx-Plastik, da der Widder neben der Gans ein heiliges Tier ist. Motiv der widderköpfigen Barke, die im Kult des A. vor allem bei der Prozession zwischen den Haupttempeln in →Karnak und →Luxor charakteristisch ist. Ithyphallische Darstellung in Verbindung mit →Min.
Lit.: W. Wolf, KÄ, 297ff.; S. Morenz, ÄR, 16ff.; H. Schrade, Der verborgene Gott, 1949; E. Otto, Osiris und Amun, 1966.

Amun-Rê. Verschmelzung des →Amun als Götterkönig mit →Rê.

Amykleion. Griechische Ortschaft in der Nähe von →Sparta. Berühmt wurde der Platz durch ein großes Heiligtum des Apollon, für dessen Kultbild der Bildhauer →Bathykles den sogenannten Amykleiischen Thron schuf (um 500 v. Chr.). Bei dem Kunstwerk handelt es sich um ein Gebäude, das die Form eines riesigen Thrones hatte. Das Bauwerk war reich verziert mit Schnitzereien, Elfenbein und Goldarbeiten.
Lit.: Kirsten-Kraiker, Griechenlandkunde, 1962.

Anahita. Altiranische Göttin, von den Griechen mit Artemis und der Himmlischen →Aphrodite gleichgesetzt. Die große Bedeutung der A. zeigt sich in Kultbauten, die mit →Feuertempeln (→Bischapur) verbunden sein können, in zahlreichen nackten Statuetten der →parthischen Kunst, in den Belehnungsszenen der →Sasaniden-Felsbilder.
Lit.: R. Ghirshman, Iran I, 429, II, 380.; H. H. von der Osten, WP, 292.; S. Nyberg, RAI, 486.

Anamorphose. Darstellung eines Gegenstandes, die in normaler Ansicht verzerrt wirkt, unter einem bestimmten Sichtwinkel aber unverzerrt erscheint, weil bei der Deformation perspektivische Gesetzmäßigkeiten beachtet wurden. Berühmtes Beispiel in einem Tafelbild: der Totenschädel auf →Holbeins Komposition „Die Gesandten" (1533, London, National Galerie).
Lit.: J. Baltrusaitis, A.s ou perspectives curieuses, 1955.

Anastasis. 1) In der byzantinischen Ikonographie Bezeichnung für Höllenfahrt Christi. Dabei sprengt er das Tor der Hölle und besiegt den Teufel. Er ergreift Adams Hand, neben dem Eva steht, um ihn aus dem Dunkel zu befreien. Oft werden auch andere Personen wie David und Salomo auf das Bild gesetzt. **2)** Bezeichnung für einen Rundbau in →Jerusalem über dem angeblichen „Heiligen Grab".

Anath. Kriegerische syrische Göttin, →Astarte und →Ischtar verwandt, meist nackt dargestellt. In der →ägyptischen Kunst der 18. Dyn. erscheint sie als bewaffnete Reiterin.
Lit.: J. Leclant, Syria 37, 1960, 1ff.; S. Morenz, ÄR, 251ff.; A. Jirku, WB, 39ff., 54ff.

Anathem. Griechische Bezeichnung für ein größeres, häufig mehrfiguriges plastisches Weihgeschenk.

Anathyrose. Griech. Fachausdruck der Bautechnik. Die A. bezeichnet die senkrechte Stoßfläche der Mauerquader mittels Glättung der Randzonen und Vertiefung der Mitte der Quader.

Anatolien. Der asiatische Teil der heutigen Türkei, ehemals klein-asiatisches Gebiet. Bereits in der Antike war A. ein Zentrum hochentwickelter Kultur, für deren künstlerische Erzeugnisse das Zusammenfließen altorientalischer und griechischer Elemente charakteristisch ist. – Eine zweite Blütezeit erlebte A. als Gebiet des →Seltschuken-Staates mit der Hauptstadt Konya, die seit dem 12. Jh. n. Chr. für die islamische Bau- und Fayencekunst von besonderer Bedeutung war. – A. ist als Kerngebiet der türkischen Knüpfteppichproduktion seit dem 13. Jh. berühmt.
Lit.: K. Bittel, Grundzüge.

Anatomie. In der italien. Renaissance wurde die Darstellung nackter menschlicher Körper erstmals seit der griech.-röm. Antike wieder aufgenommen. Impulse bekam die Kunst durch die Medizin. Schon Anfang des 14. Jhs. wurden systematische Sektionen vorgenommen. Wichtig wurden auch die anatomischen Lehrbücher, zu deren Illustrierung man Künstler heranzog. So lieferte z. B. →Pollaiuolo um 1480 anatomische Zeichnungen, auch von →Michelangelo, →Leonardo und anderen gibt es solche. In Deutschland begann erst mit →Dürer das ernsthafte Studium der menschlichen A. In der Folge davon entstand auch der →Muskelmann als Hilfsmittel an den Akademien. Eine neue Gattung von Gruppenbildern, die „Anatomie", entwickelte sich in Holland seit dem Bestehen des ersten anatomischen Theaters (1523). Der Arzt wird vor der geöffneten Leiche und umringt von Zuschauern dargestellt. Das berühmteste Bild dieser Art ist die „A. des Dr. Tulp" von →Rembrandt (1632, Den Haag, Mauritshuis.)
Lit.: Bibliographie im Reallex. zur deutschen Kunstgeschichte, Bd. I, 1937.

Anch-haf. Gemahl einer →Cheops-Tochter. Ihn stellt eine Kalksteinplastik aus dem angebauten Kultraum der →Mastaba in →Gizeh mit auffallend realistischen Alterszügen dar.
Lit.: W. Wolf, KÄ, 149ff.

Anch-ma-hor. Ägypt. Wesir der 6. Dyn. →Mastaba in →Sakkara mit Bildreliefs, die die Themen der 5. Dyn. weiterführen, erweitern (Beschneidung) und dabei Zeichen der Formentleerung zeigen.
Lit.: W. Wolf, KÄ, 244ff.

Ancón. In der Nähe von Lima fanden sich bei Grundaushebungen im Seebad A. Abfallager von →Chavín-Scherben mit graviertem Dekor (Küsten-Chavin). Reste von Wasserreservoirs weisen auf den geregelten Wasserhaushalt bereits in dieser Zeit hin. Die Kulturen von Mittel- und Spät-A. entsprechen der Zeit von Küsten-→Tiahuanaco (nach 1000 nach Chr.).

Anda. Sanskrit: Ei, besonders in der Bedeutung als Weltei; der halbkugelige, massive Hauptteil des buddhistischen →Stupa.

Andachtsbild. Kunstwissenschaftlicher Begriff für ikonographisch neue Bildtypen, die im 14. Jh. vor allem in Südwest-Deutschland unter Einfluß der Mystik entstanden und stiller gesammelter Andacht dienten: Marienklage (Pietà, →Vesperbild), →Schmerzensmann (Erbärmdebild), →Christus-Johannes-Gruppe, auch Schutzmantelmadonna, Heiliggrabdarstellungen und bestimmte Kruzifixtypen. Die Voraussetzungen liegen in der italo-byzant. Ikonographie des 12./13. Jhs., auch in der Dichtkunst. Vorgebildet sind sie in Darstellungen biblischer Historie (besonders in der Buchmalerei), auch in früh- und hochmittelalterl., hieratisch-strengen Bildern der Gottesmutter mit Kind und Christi. Neu ist die Isolierung des Motivs aus dem szenischen Zusammenhang und die Ausstattung mit menschlich verinnerlichten, auch symbolhaften Zügen, die das persönliche Empfinden ansprechen.
Lit.: H. Swarzenski, Quellen zum deutschen A., in: Zeitschrift f. Kunstgesch. 4, 1935, 141ff.; F. Meyner, Künstler-A., 1951; Reallex. zur deutschen Kunstgeschichte I, 1937.

Andalusien (al andalus). Arabische Bezeichnung für Spanien seit 716 n. Chr. 711–1492 war A. unter arabischer und berberischer Herrschaft und gehörte zum Kalifatsbereich der →Omeyaden. Residenz in →Cordova, weitere Zentren in Toledo, →Granada, →Sevilla, Manises, Paterna, Malaga, Alcaraz. Hier fand die islamisch-arabische Kultur zu höchster Blüte. Der omeyadische Stil wird in seiner künstlerischen Entwicklung zu letzter Verfeinerung geführt. Nach 1492 wird A. mozarabisch oder maurisch und findet in seiner Kultur Anschluß an die abendländischen Entwicklungen.
Lit.: E. Kühnel, Maurische Kunst, 1924; Ars Hispaniae, Bd. III, 1951; Ars Hispaniae, Bd. IV, 1949.

Andaval. Die Konstantinskirche bei A. ist typisch für das kleinasiatische Bestreben nach Einwölbung frühchristl. Kirchen. Der ursprünglich flachgedeckte Bau wurde in einen gewölbten umgewandelt.

Andechs (Oberbayern). Die Wallfahrtskirche, ein spätgotischer Bau des 15. Jhs. mit einigen späteren Änderungen, von J. B. →Zimmermann 1751–55 barockisiert und meisterhaft zu neuer Raumwirkung gebracht.

Andenkulturen. Die archäologische Forschung brachte Kulturreste bis 4000 Jahre vor der Ankunft der Spanier zutage. Ab 2500 v. Chr. tritt Ackerbau im Küstengebiet auf, um 1200 v. Chr. Mais und Baumwolle; ebenso kommt Töpferei in Gebrauch. Die Terminologie der Phasen analog Mesoamerika: formativ (vorklassisch), klassisch, nachklassisch (militaristisch). Die Chronologie wird durch die Verschiedenheiten von Tal zu Tal in ihrer Fixierung erschwert. Zahlreiche Überschneidungen und Vermischungen treten auf. Historisch belegt ist die Inkaexpansion 1438 und der Einfall Pizarros 1532. Für Norperu →Chavín, Cupisnique, Mochica, Recuay, Chimu. In Südperu erhielt das trockene Wüstenklima prächtige Textilien, ebenso herrliche polychrome Töpferwaren. Es kam zur Ausbildung und Ausbreitung der beiden großen ganz Peru umfassenden Kulturen von →Tiahuanaco und der der →Inka. In diesen Phasen kommt auch großer Steinschnitt vor. Die Metallurgie der Inka erlangt nicht die technische Höhe von Nordperu. – Bedeutende Stile waren die von →Paracas und →Nazca. Nur drei Kulturen erreichen „panperuanische" Ausmaße: →Chavin, →Tiahuanaco und →Inka-Reich. Dem frühen Tiahuanaco entsprechen zeitlich die Anfänge von Mochica und die Nazca-Kultur, ebenso die Schachtgräber von Paracas, dem klassischen Tiahuanaco die Blütezeit der Mochicakultur. Die Zeit der zahlreichen „kleinen Königreiche" fällt zwischen 1200 und 1450 (im Norden →Chimu-Reich mit →Chanchan, in der Mitte →Chancay, im Süden →Ica).
Lit.: H. U. Doering, Kunst im Reiche der Inca, 1952; Handbook of South American Indians, 1946; H. D. Disselhoff, Die Kunst des mittleren Andengebietes, 1960.

Andokides-Maler, rotfiguriges Bild (Detail) auf einer Amphora: „Jüngling mit Blüte" (Berlin, Staatl. Mus.).

Andokides. Griech. Töpfer des späten 6. Jhs. v. Chr. in Athen. Sechs von ihm signierte Gefäße sind erhalten, weitere wurden ihm zugeschrieben. In seiner Werkstatt arbeitete der sogen. Andokides-Maler, einer der großen Neuerer der attischen Vasenmalerei. Von seiner Hand stammen verschiedene zu den frühesten rotfigurigen Gefäßen zählende Vasen, die mehrfach die gleiche Szene auf Vorder- und Rückseite in schwarzfiguriger und rotfiguriger Technik zeigen. Es scheinen dies Schulbeispiele zu sein, die am selben Objekt die Vorzüge des Rotfigurigen Stils gegenüber dem Schwarzfigurigen demonstrieren.
Lit.: Beazley, ABV.

Andrea del Castagno →Castagno.

Andreaskreuz →Kreuz.

Andronovo. Nach Grabfunden bei A. nordwestlich von →Minussinsk benannte Kulturphase (17.–8. Jh. v. Chr.), wegen ihrer weitreichenden Verbindungen bedeutsam für die →eurasische Kunst. Mäander-Spiralmuster kennzeichnen die Grabkeramik.
Lit.: K. Jettmar, Steppenvölker, 54; F. Hančar, Pferd, 389 ff.

Andschali. Eine indische →Mudra: Handstellung mit aufeinander gelegten Handflächen in Brusthöhe. In Plastik und Malerei wird sie von Menschen vor Göttern und Königen zum Ausdruck ihrer Ehrerbietung ausgeführt.

Angelico, Fra →Fra Angelico.

Angers-Teppiche →Apokalypse von Angers.

Angewandte Kunst →Kunstgewerbe.

Anghelu Ruju. Künstlich in den anstehenden Fels eingetiefte Nekropole (Grabgrotten) bei Alghero im nördlichen Sardinien. Es handelt sich um 36 Grabhöhlen mit kompliziertem Grundriß aus der Zeit um 1800 v. Chr.

Ankor Wat (Kambodscha), Tempel.

Angkor. Ruinen der mittelalterlichen, 802 n. Chr. gegründeten Khmer-Residenz in Kambodscha (Hinterindien). Die regelmäßig angelegte und auf rechteckigem Grundplan beruhende Stadt stellt als Ganzes nach der hinterindischen Mythologie mit ihrer Verbindung von profanen und sakralen Vorstellungen ein Abbild des Himmels dar. Höhepunkte von einzelnen Bauanlagen innerhalb des ausgedehnten Baukomplexes sind: Bantey-Srei, „die Zitadelle der Frauen", schivaitisches Terrassen-Turm-Heiligtum aus dem Jahr 967 mit besonderer Feinheit im geometrisch-vegetabilischen Ornament und in der Reliefligurendarstellung. Der Tempelberg Angkor Wat, gegen 1113 begonnen und um die Mitte desselben Jahrhunderts vollendet, dessen 4 ineinander komponierte Rechtecke noch jetzt durch 5 Haupttürme bekrönt werden. Angkor Thom, „die große Hauptstadt" mit einer Zugangsstraße, deren Seitenrampen aus den Plastiken von 54 Göttern und 54 Dämonen bestehen. Der Tempelberg Bayon, 1200–1220, mit Türmen aus 4 Kolossalgesichtern und mit figurenreichen Szenen aus Hindu-Legenden. (Siehe Tafel 8).
Lit.: B. Ph. Groslier, A., 1956.

Anglonormannische Kunst. Aus der Verbindung normannischer mit alteinheimischen Elementen hervorgegangene Kunst des Mittelalters in England, die sich vor allem in der Baukunst ausdrückt. →Engl. Kunst.

Angoulême. Kathedrale. 1105 begonnene, einschiffige aquitanische Kuppelkirche. Drei Joche, Querhaus, Chor mit 4 radialen Kapellen. Ruhig gelagerter, ernster Raum. An den Kapitellen der Säulen und Pfeiler reiche Schmuckbänder. Fassade wie im →Poitou als reichverzierte Schaufront ausgebildet.
Lit.: Congrès Archéologique 1927, 45 ff.; K. J. Conant, Carolingian and Romanesque architecture 800–1200, Pelican History of Art, 1959.

Angster (auch Kutterolf oder Gutterolf). Flasche mit Kugelbauch. Der Gefäßhals wird aus 2–5 engen Röhren gebildet, um seine Achse gedreht und leicht gebogen.

Angula. Maßeinheit der Ostasiatischen Kunst. Der A. wurde um 300 n. Chr. in der Chinesischen Kunst als Modul für die Proportionierung der menschlichen Figur eingeführt und besonders beim ikonenartigen Kultbild angewandt. Dieses wird nach strengen Kompositionsgesetzen auf dem relativen Modul aufgebaut. Hieraus entwickelte sich der hieratische Proportionskanon des →Tâlamâna, der in erster Linie für die buddhistisch beeinflußte Kunst Chinas gültig war.

Anguß →Engobe.

Ani (Armenien). Zwei für die Landschaft charakteristische Kirchen. Die Burgkirche (622) ist ein gewölbter einschiffiger Raum mit starken Anklängen an syrische Vorbilder, demgegenüber die Gregorkirche des Tigran Honentz (Mitte des 10. Jh.) ein reiner Rundbau ist, dessen Wände reich mit Malereien geschmückt sind (Malereien von 1215).

Anitta. König von →Kuschschara um 1750 v. Chr., dessen Siegesbericht das älteste Dokument in hethitischer Sprache ist. A. erwähnt die Taten seines Vaters, Pitchana, darunter die Erstürmung der Stadt Nesa, nach der sich eine Schicht der →Hethiter nannte (Nesier).
Lit.: E. Akurgal, HK, 7ff., 18ff., 31ff.

Anker, Albert. Schweizer Maler. Geb. 1831 in Ins (Kt. Bern), gest. 1910 ebda. Studium an der Ecole des Beaux-Arts in Paris und bei →Gleyre. Malte hauptsächlich Szenen aus dem Bauernleben seiner Heimat. Später dringen Elemente des →Impressionismus in seine Malerei ein.
Lit.: H. Zbinden, A. Anker, 1943.

Ankerkreuz →Kreuz.

Ankyra. Antiker Name der türkischen Stadt Ankara. Die Gründung der Stadt ist nur mythologisch überliefert. Zur Zeit Alexanders d. Gr. ist A. historisch gesichert. In röm. Zeit war A. ein wichtiger Straßenknotenpunkt des Imperiums. Das bedeutendste Baudenkmal ist der Augustus-und-Roma-Tempel. Hier wurde das in griech. und lateinischer Sprache abgefaßte Testament des Augustus gefunden (Res gestae divi Augusti, auch „Monumentum Ancyranum" genannt).

Annaberg, St. Annenkirche, Blick gegen den Chor.

Annaberg (Sachsen). Die kleine erzgebirgische Stadt, 1496 gegründet, entwickelt sich durch Silberbergbau rasch und gelangt schon um 1500 zu einer großartigen Selbstdarstellung in der Annenkirche. Diese, eine spätgot., dreischiffige →Hallenkirche, gehört mit ihren nackten Achtkantpfeilern und ihren außerordentlich bewegten Gewölben zu den eindrucksvollen Leistungen der deutschen →Sondergotik.

Anna selbdritt. Eines der berühmtesten Bilder der Kunstgeschichte von →Leonardo da Vinci (Paris, Louvre). Der Typus, der in der Darstellung der hl. Anna mit Tochter Maria und Enkel Jesus an die Geheimnisse der Immaculata conceptio rührt, taucht im 14. Jh. auf, häuft sich im 15. und 16. Jh. und findet bei Leonardo eine Formulierung, die zwischen Sinnlichkeit und Spiritualisierung eine großartige Verklärung erreicht.

Anniserlampe. Sepulkrallampe mit einem eingedruckten Stempel „Anniser", dem Kennzeichen einer Werkstatt, die schon in frühchristlicher Zeit in Ostia Lampen produzierte.

Antefix als Satyrkopf gebildet, aus Gela, groß-griech., Anfang des 5. Jhs. v. Chr.

Ansbach (Mittelfranken). Residenzschloß der Markgrafen von A. Unter Verwendung spätgot. Reste entwickelt Gabriel de Gabrieli über Trapezgrundriß einen dem Typ nach veralteten, in der Ausformung aber extravaganten Arkadenhof ab 1705 (4 Geschosse, Kolossalordnung, borromineske Balkongitter), der die Ausrichtung auf den Kaiserhof in Wien deutlich macht. Auch die glänzende Fassade gehört der Idee nach Gabrieli. 1731 Berufung von Leopold Retti aus Stuttgart, der die Residenz in einem kühleren, westlich orientierten Sinne vollendet und zumindest organisatorisch für die prachtvolle Rokoko-Ausstattung der markgräflichen Wohnung verantwortlich zeichnet.
Lit.: Residenz A., Hofgarten und Orangerie, amtlicher Führer, bearbeitet von E. Bachmann, 1962.

Anschütz, Hermann. Deutscher Maler. Geb. 1802 in Koblenz, gest. 1880 in München. Studium in Dresden und nach 1822 in Düsseldorf bei P. v. →Cornelius, dem er 1826 nach München folgte. Im dortigen Odeonsaal entstand 1827 sein erstes selbständig ausgeführtes Deckenbild: „Das Urteil des Midas". Eine 1830/31 erfolgte Studienreise nach Neapel vermittelte ihm tiefgreifende Anregungen der antiken röm. Wandmalereien →Pompejis, in deren Stil er nach seiner Rückkehr enkaustische Gemälde in der Münchener Residenz schuf.
Lit.: Thieme-Becker.

Antarala. Teil des mittelalterlichen indischen Tempels: kurzes Verbindungsstück zwischen →Mandapam und →Garbhagriham.

Ante. Architekturglied des antiken Tempels. Die Anten bilden aus der Verlängerung der Cellaseitenwände die Vor- und Rückhalle (→Pronaos und →Opistodom). →Antentempel.

Antefix. Zierglied der griech. Baukunst. Als Palmettenornament oder figürlich gebildet schmückt der A. die schildförmig aufgebogenen Enden der untersten Deckziegel oder der Firstziegel.

Antélami, Benedetto. Bedeutendster oberitalien. Bild-

hauer und Architekt des 12. Jhs. Signierte Werke: Kreuzabnahme, Pontile im Dom zu Parma (datiert Februar 1178); Portal, Baptisterium zu Parma (nach 1198). Zugeschrieben: Skulpturen der Domfassade von Borgo San Donnino. Voraussetzungen für die friesartige Figurenreihung, die gleichförmigen Gewandmotive, das Vermeiden heftiger Bewegung finden sich in der Provence (→Arles, St. Trophime); doch sind bei A. die Formen kraftvoller, die Gesten einfacher, strenger. Neu ist die körperliche, frei bewegliche Bildung der Nischenfiguren in Borgo San Donnino, die sich am Baptisterium verstärkt, indem die Gestalten in kastenförmige Nischen gesetzt und so aus dem architektonischen Zusammenhang gelöst werden.
Lit.: G. de Francovich, B. A., architetto e scultore, e l'arte del suo tempo, 1952.

Antenor. Griech. Bildhauer der attischen Schule, tätig im letzten Viertel des 6. Jhs. v. Chr., Sohn des Malers Eumares. Von ihm erhalten ist eine signierte, durch Nearchos geweihte Kore (Athen, Akropolismuseum). Seine berühmte Bronzegruppe der „Tyrannenmörder" (506 v. Chr. auf der Agora in Athen errichtet, →Kritios) wurde in den Perserkriegen von Xerxes geraubt. Seinem Werk nahe verwandt sind die Giebelplastiken des archaischen Apollontempels in →Delphi (Delphi, Museum).
Lit.: G. Lippold, Handbuch der Archäologie V, 1950.

Antentempel. Griech. Tempel ohne →Peristasis, jedoch mit →Pronaos (beim Doppelantentempel auch mit →Opistodom) und in der Regel zwei Säulen zwischen den Anten (→Ante).

Antependium. Schmückende Altarbekleidung (des →Stipes), ursprünglich auf allen Seiten, seit dem 9. Jh. oft nur an der Front angebracht. Antependien aus Stoff seit dem 4. Jh. überliefert, doch auch als Altarvorsatz aus Holz oder Metall gefertigt. Antependien aus Edelmetall sind häufig Kunstwerke hohen Ranges, etwa das des Meister Wolvinus in S. Ambrogio, →Mailand (9. Jh.), das →Baseler A. (um 1020), die Pala d'oro in S. Marco, Venedig.
Lit.: E. v. Sydow, Die Entwicklung des figuralen Schmucks der christl. Altarantependien..., 1912; J. Braun, Der christl. Altar, 1924.

Antes, Horst. Deutscher Maler. Geb. 1936 in Heppenheim (Bergstr.). 1957–59 Studium an der Kunstakademie Karlsruhe bei H. →Grieshaber. 1959 mit dem Kunstpreis der Jugend Baden-Baden und dem Kunstpreis der Stadt Hannover ausgezeichnet. Seit 1960 auf mehreren in- und ausländischen Ausstellungen vertreten. 1962–1963 Studienaufenthalte als Stipendiat in Florenz (Villa-Romana-Preis) und Rom (Villa Massimo).
Lit.: C. Linfert, in: Junge Künstler 63/64, 1963.

Anthemion. Griech. Blüten- und Palmettenornament, das sowohl in der Malerei Verwendung findet, als auch in der dorischen Baukunst auf Leisten und Friesen der Tempel vorkommt.

Antigonos. Griech. Erzbildhauer aus Karystos auf Euboia. Im Dienst der Könige Attalos I. und Eumenes II. war er im 3. Jh. v. Chr. in →Pergamon tätig und arbeitete an den in röm. Kopien teilweise überlieferten Galliermonumenten. Da mehrere Bildhauer an diesen Siegesmonumenten arbeiteten, ist es kaum möglich, den individuellen Stil des A. herauszuarbeiten. Als allgemeiner Charakterzug läßt sich ein etwas derber Realismus, jedoch ohne die theatralische Pose vieler hellenistischer Werke, erkennen.
Lit.: H. Brunn, Gesch. d. griech. Künstler, I., 442 ff.

Antik. Im allgemeinen Sprachgebrauch: der „Antike", d. h. dem griechisch-römischen Altertum zugehörig. In der Sprache des Kunsthandels: Gegensatz zu modern (z. B. Möbel des Rokoko).

Antimachides. Griech. Architekt des 6. Jh. v. Chr., in Athen tätig. Er ist als Baumeister des dortigen Olympieions überliefert.

Antimenes-Maler. Griech. Vasenmaler der attischen Schule des 6. Jh. v. Chr., in Athen tätig. Fast 150 von ihm bemalte Vasen – hauptsächlich Hydrien und Amphoren – sind erhalten und konnten ihm zugeschrieben werden. In spätarchaischem →schwarzfigurigen Stil schmückte er seine Gefäße mit Mythen- und Kampfszenen. Häufig greift er auf frühere Bildprägungen zurück, die er variiert und zum Teil auch nur exzerpiert. Eine besondere Stellung nehmen in seinem umfangreichen Œuvre eine Reihe von Amphoren mit dionysischen Maskendarstellungen ein.
Lit.: J. D. Beazley, ABV, 266 ff., 1956.

Antinoë (Mittelägypten). Von Kaiser Hadrian 130 gegründete Stadt. Unmittelbar nach der Gründung vom →Fayum aus durch Griechen besiedelt. Über die Entwicklung der Kunsterzeugnisse sind wir durch viele Funde, vor allem →Stelen, aber auch Textilien unterrichtet: Zunächst sind sie hellenistisch bestimmt, mindestens seit dem 5. Jh. n. Chr. unterliegen sie immer stärker koptischem Einfluß.
Lit.: K. Wessel, Koptische Kunst, 1963.

Antiochia. Griech. Stadt in Klein-Asien am Fluß Orontes gelegen. Um 300 v. Chr. von Seleukos I. Nikator zu Ehren seines Vaters Antiochios gegründet. Die von den Seleukiden stark geförderte Stadt blühte rasch auf und konnte sich als Kulturzentrum mit Alexandria und Byzanz messen. Die antiken Literaten rühmen häufig die Schönheit und Pracht, von der heute noch die berühmten dort gefundenen Mosaiken zeugen. Umfangreiche Ausgrabungen brachten Reste von zahlreichen Bauwerken zutage. – In altchristlicher Zeit Sitz eines Metropoliten, Wirkungsfeld bedeutender Theologen, Schauplatz dogmengeschichtlicher Kämpfe. Trotz der unbestrittenen Bedeutung A.s ist an christlichen Bauten aus dieser Zeit nichts erhalten. Auch literarische Zeugnisse fehlen weithin oder geben, soweit vorhanden, kein klares Bild von dem Aussehen dieser Bauten. Die Hauptbautätigkeit wird sich auf drei Perioden erstreckt haben. **1)** Konstantinische Zeit, **2)** 5. Jahrhundert, **3)** Justinianische Zeit. Durch das Erdbeben von 538 wurden die Kirchen der ersten beiden Perioden zerstört. Wie überall werden die Gotteshäuser des großstädtischen A. die Nachbargebiete stark beeinflußt haben, so daß wir heute nur noch von den erhaltenen Bauten des antiochenischen Hinterlandes Rückschlüsse auf die Kirchen A.s ziehen können.

Antiochos von Kommagene. Hellenistischer Herrscher des 1. Jh. v. Chr. Er regierte von 69 bis 34 v. Chr. und spielte in den Kämpfen der Römer gegen die Parther eine etwas undurchsichtige Rolle, da er sich bald zu der einen, bald zu der anderen Seite schlug. – Großartige Grabmonumente schuf er für seinen Vater Mithridates Kallinikos in Arsameia am Nymphaios und für sich selbst auf dem →Nemrud-Dagh. Dazu gehören Kolossalstatuen griech.-iranischer Mischgottheiten wie →Ahura-Mazda-Zeus oder →Mithra-Helios. Auch die Reliefs der Grabmonumente zeigen sowohl in ihren inschriftlich bezeugten Kultsatzungen als auch in ihren szenischen Darstellungen die Verschmelzung griechischer und iranischer, insbesondere parthischer Elemente.
Lit.: R. Ghirshman, Iran, I, 57 ff.; H. H. von der Osten, WP, 113.

Antiphanes. 1) Griech. Bildhauer der attischen Schule, gegen Ende des 5. Jh. v. Chr. tätig. Durch zwei Bauabrechnungsurkunden ist seine Mitarbeit am Fries des →Erechtheions belegt. **2)** Erzbildhauer aus →Argos. Enkelschüler des →Polyklet. Er hat um 400 v. Chr. gearbeitet und verschiedene Weihgeschenke, von denen einige signierte Basen in →Delphi gefunden wurden, geschaffen.

Antiphilos. Griech. Maler des 4. Jh. v. Chr. Er stammte aus Ägypten und war für Alexander d. Gr. und Ptolemaios I. tätig. In der antiken Literatur wird er häufig als heftiger Rivale des →Apelles genannt. Seine vielfach zitierten Werke lassen ihn als einen vielseitigen Künstler erkennen. Er malte mythologische Themen, Idealportraits und Genreszenen. Von letzteren ist vielleicht ein Widerhall in den pompejanischen Wandbildern erhalten. Im Original ist keines seiner Werke überliefert.
Lit.: H. Brunn, Gesch. d. griech. Künstler, II., S. 247 ff.

Antiphonar. Gesangbuch, mit Melodien und Gesangtexten für das Chorgebet, bisweilen mit Miniaturen verziert, seit 816 zum liturgischen Büchervorrat des Priesters gehörend.

Antiquarium. Im allgemeinen Sinne Sammlung von antiken Stücken oder sonstigen Altertümern, im engeren Sinne ein Arrangement, das aus antiken Resten und zeitgenössischen Ergänzungen unter einheitlichem Programm und einheitlicher Gesamtdekoration eine neue Raumschöpfung entstehen läßt. Schönes Beispiel das A. in der Residenz von →München (1569–71, Umbau 1586 bis 1600).

Antithetische Gruppe →gegenständig.

Antitypus →Typologie.

Antoine, Jacques Denis. Franz. Baumeister. Geb. 1733 in Paris, gest. 1801 ebda. In Paris, der Provinz und im Ausland führte er große Aufträge aus. Hauptwerke sind die Münze in Paris (1768–75) und die große Treppenanlage des dortigen Justizpalastes. A. arbeitete außerdem in Nancy (Kirche St. Marie), Madrid (Hôtel des Herzogs von Berwick), Bern (Münze). Er zählt zu den großen franz. Rokokobaumeistern, verlor sich jedoch nie in die verspielte Formensprache, sondern gab seinen Bauten stets eine ruhige Geschlossenheit. In seinem Spätwerk finden sich anklingende Elemente des aufkommenden Klassizismus.
Lit.: Thieme-Becker.

Antonella da Messina →Messina.

Antonelli, Alessandro. Italienischer Architekt. Geb. 1798 in Ghemme bei Novara, gest. 1888 in Turin. Er war hauptsächlich in Turin tätig und errichtete dort einige große Bauten, die ihn zu den führenden Architekten des 19. Jhs. in Italien rechnen lassen. Früh bereits erkannte er die Möglichkeiten, durch kühne Eisenkonstruktionen moderne Bauten zu errichten. – Sein Hauptwerk ist die 1863 begonnene „Mole Antonelliana" in Turin. Das 165 m hohe turmartige Gebäude besteht aus einem quadratischen Sockelgeschoß mit einer durch Säulenstellungen gegliederten Fassade. Darüber lagert eine kühne Kuppelkonstruktion. Ursprünglich als Synagoge geplant, wurde die Anlage 1878 in ein Museum umgewandelt.
Lit.: Thieme-Becker.

Antoninisch-Severische Kunst. Epoche der →Röm. Kunst von 138–235 n. Chr. Sie umfaßt die Regierungszeit der antoninischen und severischen Kaiser. Die A. bringt keine großen Neuschöpfungen, sondern ist durch die Fortführung und Ausweitung der Tradition gekennzeichnet. Technisches Raffinement steht im Vordergrund und wird zur Routine und zum Selbstzweck. Charakteristisch ist die aufgebauschte und kleinteilige Ausführung der Details, wie z. B. der Frisuren, während die Portraits meist großflächige und leere Gesichter zeigen. Typische Beispiele sind neben den Kaiserportraits die Säule des →Marc Aurel, die in Anlehnung an die →Trajansäule geschaffen wurde, und der Severus-Bogen auf dem →Forum Romanum. – Die Kaiser entwickeln eine rege, aber nicht sehr einfallsreiche Bautätigkeit, von der die Caracalla-Thermen in Rom zu nennen sind.
Lit.: H. Kähler, Rom u. seine Welt, 1960.

Anu. Name des sumerischen Himmelsgottes. Beispielhaft für seine Bedeutung sind die Tempel mit →Zikkurat in →Uruk und →Assur.
Lit.: H. Schmökel, GAV, 327.

Anubanini. König der →Lulubäer (23. Jh. v. Chr.). Felsreliefs bei →Sar-i-Pul, dem Siegesmahl →Naramsins von Akkad nachgebildet. A. steht auf einem Besiegten vor einer der →Inanna ähnlichen Göttin, die A. nackte Feinde, einen mit Nasenriemen, zuführt und ihm den Belehnungsring reicht. Unter der Szene nackte Gefangene mit auf dem Rücken gebundenen Händen.
Lit.: R. Ghirshman, Iran I, 2; H. H. von der Osten, WP, 25; J. Wiesner, AO, 38f.

Anubis. Ägyptischer Totengott, schakalköpfig oder -gestaltig, als Balsamierergott schwarz dargestellt, in der Gräberkunst ein bedeutsames Motiv.
Lit.: S. Morenz, ÄR, 143, 262; W. Wolf, KÄ, 741.

Anuli. Geritzte oder profilierteRinge, die am untersten Teil des →Echinus den unteren Abschluß des dorischen Kapitells an seinem Übergang zum Säulenschaft bilden. →Säulenordnung.

Anuradhapura. Ruinen einer buddhistischen Siedlung, die durch Köng Pandukabhaya 437 v. Chr. gegründet wurde und bis zum 9. Jh. n. Chr. bewohnt blieb. Die 8 „heiligen Plätze", die noch heute von den Buddhisten aller Welt verehrt werden, sind: der Boddhi-Baum, die Fragmente von der Pfeilerhalle eines ehemals 9 Stock hohen Palastes des 2. Jhs. v. Chr. und die Reliquienhügel, hier Dagabas genannt, von Abhayagiriya, Dschetavanarama, Lankarama, Mirisvetiya, Ruanweli und Thuparama. In der Umgebung befinden sich weiterhin die Pokunas, kunstvoll konstruierte Trinkwasserbehälter oder Badeplätze und die Kultstätte Issarasamana Vihara. Bronzeplastiken im Museum Colombo.
Lit.: S. Paranavitana, The Stupa in Ceylon, 1947; H. Mode, Die buddhistische Plastik auf Ceylon, 1963.

Anuradhapura. Sogen. Issarasamana Vihara mit „Relief eines Liebespaares".

Anyang. Um 1300 v. Chr. gegründete chinesische Hauptstadt der Shang-Dynastie. A. war die erste Stadt Chinas, die nicht mehr allein auf der Landwirtschaft basierte, sondern alle Formen einer hochentwickelten Gesellschaft kannte. Hieraus ergab es sich, daß A. zu einem Zentrum von Kunst und Kultur wurde, wie sie sich heute noch in den hervorragenden in A. gefundenen Sakralbronzen, die einen Höhepunkt chinesischer Bronzekunst darstellen, erkennen läßt.
Lit.: W. Eberhard, Bericht über die Ausgrabungen bei A., in: Ostasiatische Zeitschrift 18, 1932; C. Hentze, Bronzegerät, Kultbauten, Religion im ältesten China der Shang-Zeit, 1951.

Apadana. Audienzhalle in den Palästen der →Achaemeniden. Großartige Beispiele wurden in →Pasargadae, →Susa und →Persepolis ausgegraben. Die größte bekannte A. wurde in Persepolis gefunden und besteht aus einem von 36 Säulen gestützten Mittelsaal, der von drei Säulenhallen umgeben ist.
Lit.: H. H. von der Osten, WP, 292.

Apameia Kibotos. In Pisidien gelegene Siedlung, die bereits 325 als christlich erwähnt wird. Frühchristliche einschiffige Kirche mit quadratischem Grundriß und halbrunder Apsis. Bemerkenswert die Anbauten rechts und links vom Narthex. Nur Grundmauern der Anlage sind erhalten.

Apelles. Einer der im Altertum berühmtesten Maler der griech. Antike. Stammt aus Kolophon und bekommt später das ephesische Bürgerrecht verliehen. Seine Schaffenszeit umfaßt die 2. Hälfte des 4. Jhs. v. Chr. Er wurde der führende Meister der durch exakte Malmethodik berühmten Schule von →Sikyon. Nachdem er bereits Philipp von Makedonien mehrfach portraitiert hatte, wird er Alexanders d. Gr. Hofmaler. Zahlreiche Portraits und Götterbilder werden neben historischen und allegorischen Gemälden in der antiken Literatur genannt. Sein Ruhm gründete sich nicht nur auf seine zeichnerische und malerische Könnerschaft, sondern auch auf eine bestimmte Lasur, mit der er seinen Bildern besonderen Glanz verlieh.
Lit.: A. Rumpf, Handb. d. Archäologie VI., 146, 1953.

Aphrodite. Griech. Göttin der Liebe. In archaischer Zeit nur selten dargestellt, häufen sich seit der 2. Hälfte des 5. Jhs. v. Chr. die Bilder der A. →Praxiteles hat mit seiner berühmten →Knidischen A. einen Typ geprägt, der für die griech. und röm. Zeit gültig blieb.

Apis. Ägyptischer Gott in Stiergestalt, mit Sonnenscheibe und →Uräus zwischen den Hörnern, verbunden mit →Ptah und →Osiris (→Sarapis).
Lit.: S. Morenz, ÄR, 20, 109, 150ff., 165, 260.

Apodyterion. Griech. Bezeichnung für den Umkleideraum der →Thermen.

Apokalypsen. Schriften, die auf Grund göttlicher Offenbarung Bilder der Endzeit entwerfen. Vor allem die Offenbarung Johannis hat die christliche Kunst stark befruchtet, →Dürer.

Apokalypse von Angers. Berühmte Teppichfolge mit ursprünglich ca. 90 Szenen (72 erhalten), für die der Miniaturenmaler Jean →Bandol Vorzeichnungen fertigte nach Vorlagen der Buchmalerei des 13. und 14. Jh. (u. a. Paris, Bibl. Nat. ms. Lat. 403). Im Auftrag Louis' I., Herzog v. Anjou († 1384), als Wandbekleidung der Halle seiner Burg von dem Pariser Nicholas Bataille gewebt. Später in die Kathedrale von Angers gelangt.
Lit.: A. Lejard, Les Tapisseries de l'Apokalypse de la Cathédrale d'Angers, 1942; E. Panofsky, Early Netherlandish Painting, 1953.

Apollinaire, Guillaume de Kostrowitsky. Französischer Dichter und Kunstschriftsteller. Geb. 1880 in Rom, gest. 1918 in Paris. Über die exotischen und primitiven Kulturen fand er Zugang zu →Rousseau und den →Fauves, für die er als die drei malerischen Tugenden „Reinheit, Einheit und Wahrheit" verkündete. Damit verbindet er eine totale Absage an den →Historismus. 1905 lernt er →Picasso kennen. Seit 1913 setzte er sich leidenschaftlich für den →Kubismus ein, zu dessen erstem Exegeten er wurde. In der Auseinandersetzung mit dem Werk →Delaunays prägte er den Begriff des →Orphismus. 1912 nimmt er Verbindung mit dem →Futurismus auf, dessen Programme er anfangs unterstützt. Er distanziert sich jedoch bald von dieser Gruppe, um sich de →Chiricos →Pittura metafisica zuzuwenden. Er untersucht dessen Ikonographie und weist damit dem →Surrealismus, dessen Name er 1917 prägte, den Weg.

Apollodoros. Griech. Maler des späten 5. Jhs. v. Chr. aus Athen. Nach der Überlieferung einer der bedeutendsten und bahnbrechendsten Meister seiner Zeit. Als erster wandte er Lichtschatteneffekte in der Figurenmalerei an, was ihm den Ruhm, der erste wirkliche Maler zu sein, eintrug. Von seinen Werken sind nur einzelne Themen (Odysseus, ein Priester, der vom Blitz getroffene Aias, die Herakliden) und Beschreibungen überliefert. Als gesichert ist daraus zu schließen, daß er der Illusionsmalerei den Weg geebnet hat, den Maler wie →Zeuxis weiterbeschritten haben.
Lit.: A. Rumpf, Handb. d. Archäologie VI., 120ff., 1953.

Apollodorus von Damaskus. Der bedeutendste Architekt der römischen Kaiserzeit. A. stammte aus Damaskus. Im 2. Jh. n. Chr. tätig, ist er der Hauptvertreter der hellenistischen Kunstrichtung in Rom. Unter Trajan führte er als offizieller Architekt des Kaisers große Staatsaufträge aus. Dazu gehören eine über die Donau bei Dobretae führende über 1 km lange Brücke, ein →Odeion in Rom, am gleichen Ort ein Cirkus, ein Gymnasium, das wahrscheinlich mit einer von →Pausanias genannten Thermenanlage identisch ist, schließlich das in den Jahren 107–113 n. Chr. erbaute Trajansforum, die großartigste antike Platzanlage. Wahrscheinlich war A. auch bei der Planung der großzügig angelegten Hafenbecken von →Ostia maßgeblich beteiligt.
Lit.: H. Brunn, Gesch. d. griech. Künstler, II., 340f.

Apollon. Griech. Gott des Lichtes und der Musen. In der Kunst wird er entweder als nackter Jüngling oder als Kitharaspieler mit langem Mantel dargestellt. Bereits in archaischer Zeit wurden zahlreiche →Kuroi in seine Heiligtümer geweiht, so daß diese Jünglingsstatuen früher allgemein als Apollines angesprochen wurden. Die berühmtesten griech. Bildhauer, wie →Phidias, →Praxiteles oder →Leochares haben das Bild des Gottes in großen Standbildern gefeiert. – Bedeutendstes A.-Heiligtum in →Delphi.
Lit.: K. A. Pfeiff, Apollon, 1943.

Apollonios von Tralles. Griech. Bildhauer des 1. Jhs. v. Chr. Er trug den Beinamen Dyskolos („der Schwierige") und ist hauptsächlich durch seine Mitarbeit am →Farnesischen Stier bekannt.
Lit.: G. Lippold, Handb. d. Archäologie, V, 383, 1950.

Apoptygma. Der Überfall des griech. →Peplos, der durch die doppelte Gürtung dieses Gewandes entsteht. Die Art, in der dieser Überfall in der bildenden Kunst dargestellt wird, ist eines der charakteristischsten Stildetails, die es erlauben, griech. Plastiken oder Vasenbilder zu datieren.

Apostel. Dargestellt vor allem in Szenen des Neuen Testaments, als Gefolgschaft Christi, als Beisitzer des Jüngsten Gerichts und in typologischer Zuordnung zu den Propheten des Alten Testaments (in einem Glasfenster der Kathedrale von→Chartres und am Fürstenportal des →Bamberger Doms sogar auf deren Schultern stehend; letzteres häufig an Kirchenportalen). In frühchristl. Zeit treten sie einzeln oder zu zweit als Zeugen der Wundertaten Christi etwa auf Sarkophagen oder in Mosaikbildern (→Ravenna, S. Apollinare nuovo), auch als Apostelkollegium, auf. Häufig werden sie, vor allem im 4.–6. Jh., symbolisiert und erscheinen dann als Schafe, die auf Christus als den Hirten zuschreiten, oder als Tauben, die das Kreuz Christi umschweben. Seit dem 14. Jh. werden die A. auch im Kircheninnern an Pfeilern angebracht. Anstelle des für Judas Ischarioth hinzugewählten Matthias tritt in späteren A.verzeichnissen Paulus. Feste Typen bilden sich erst allmählich aus. Seit dem 13. Jh. ermöglichen →Attribute die Identifikation: **1)** Andreas: schräges Kreuz (Andreaskreuz). **2)** Bartholomäus: Messer in der Hand, abgeschundene Haut unter dem Arm. **3)** Jacobus major: Pilgertracht mit Muscheln an Hut, Brust oder Stab. **4)** Jacobus minor: Walkerstange oder Fahne. **5)** Johannes: bartlos, mit Kelch, aus dem sich eine Schlange windet. **6)** Judas Thaddäus: Keule. **7)** Matthäus: Beutel, Beil, Winkelmaß, Lanze oder Hellebarde. **8)** Paulus: Schwert oder deren zwei. **9)** Petrus: Schlüssel oder deren zwei. **10)** Philippus: Kreuzstab oder ägypt. Kreuz (Antoniuskreuz). **11)** Simon: Säge. **12)** Thomas: Winkelmaß oder Lanze. Falls Matthias dargestellt wird: Beil, Lanze oder Stein.
Lit.: J. Braun, Tracht u. Attribute d. Heiligen in d. deutschen Kunst, 1943.

Apostelkrüge. Breite, konische Deckelhumpen aus braunglasiertem Steinzeug, verziert mit farbigen Reliefdarstellungen der 12 Apostel. A. wurden in Kreußen bei Bayreuth im 16. und 17. Jh. hergestellt.

Apostellöffel. 16.–18. Jh. Der Stiel der A. läuft in einer Figur aus. Ein Satz besteht aus 13 Stücken: die Apostel u. Christus (oder Maria). Im 18. Jh. wurden sie noch nach den alten Modellen d. 17. Jhs. hergestellt.

Apotheose (griech.). Vergöttlichung. Zunächst wurden Heroen, später verstorbene Kaiser, schließlich noch lebende Kaiser zu Gottheiten erhöht und deren Erhöhung in großen Kunstwerken gefeiert.

Apotropaion. Das Unheil abwehrende Zeichen in der griech. Antike. Magische, apotropäische Kräfte konnten dem A. zugeschrieben werden. Wahrscheinlich sind die Schildzeichen bei Kriegerdarstellungen als solche Apotropaia zu verstehen. – Auch Häuser und Heiligtümer konnten mit einem A. versehen werden.

Apoxyomenos →Lysippos.

Appel, Karel. Holländischer Maler. Geb. 1921 in Amsterdam, ansässig in Paris. 1940–43 studierte er an der Akademie in Amsterdam. 1948 gehörte er zu den Gründern der internationalen Künstlervereinigung →COBRA. 1950 übersiedelte er nach Paris und gehört zu der jungen Ecole de Paris. Der große Unesco-Preis wurde ihm 1954 verliehen. Für das Unescogebäude in Paris schuf er 1958 ein großes Deckengemälde, „Begegnung im Frühling". – In seinem Stil verbindet er eine kräftige Zeichnung, die bisweilen an Kinderzeichnungen erinnert, mit plakativen Farbwirkungen.
Lit.: H. Claus, K. A., 1963.

Applikationsarbeit. Bildschmuck an Textilien, der durch Aufnähen ausgeschnittener Einzelformen entsteht. Motive und Materialien ändern sich im Verlauf der Zeit. In der Renaissance wird A. für die großen, dekorativen Ausstattungsstücke verwendet. Applikationsstickerei in Verbindung mit Stickerei (häufig im Barock). Spitzen in A. entstehen durch Aufnähen von Spitzenmotiven auf Tüll. – Von besonderer Bedeutung ist die A. für die Turkvölker. Bereits aus der vorislamischen Steppenkunst sind Beispiele erhalten; in islam. Zeit sind die mamlukischen Arbeiten aus Ägypten und die osmanischen Arbeiten aus Klein-Asien und Ungarn entstanden.

Appliquen. Zierteile, die selbständig gearbeitet werden u. meist aus anderem Material bestehen als das Stück, für das sie gedacht sind, z. B. Möbelbeschläge. Wandappliquen sind Wandleuchten aus Metall oder Holz (reich geschnitzt und vergoldet).

Apsaras. In der indischen Mythologie und Kunst himmlische Nymphen von verführerischer Schönheit.

Apsis. Apside, auch Koncha, Exedra, Tribuna. Ein meist halbrunder, mit Halbkuppel überwölbter Raum, der einem Hauptraum ein- oder angebaut ist. Die A. wurde aus dem röm. Profan- und Sakralbau in den frühchristl. Kirchenbau übernommen, wo sie, im O gelegen, die Sitze für Geistlichkeit und Presbyter (daher auch Presbyterium) sowie den Bischofsstuhl enthielt. Der Altar stand meist davor. Seit karolingischer Zeit (zuerst im Plan von →St. Gallen um 820 nachweisbar) schob sich zwischen A. und Querhaus ein Chorquadrat. Dadurch wurde die A. zum abschließenden Chorteil und verlor ihre Selbständigkeit. Als Verlängerung der Seitenschiffe können im O Nebenapsiden, bei →doppelchörigen Anlagen eine gegenüberliegende Westapsis hinzukommen. Seit Mitte des 12. Jhs. wird die polygonal gebrochene A. häufiger. Das got. Streben nach Raumvereinheitlichung hob die Sonderung von A. und Chor auf und bezog diese so in den →Chor ein, daß nur noch vom polygonalen Chorabschluß gesprochen werden kann. Renaissance und Barock führten die selbständige A. teilweise wieder ein.
Lit.: Reallex. zur deutschen Kunstgeschichte I, 858ff., 1937.

Apulische Vasen. Unteritalische Vasengattung, deren Stücke von ca. 430–300 v. Chr. hergestellt wurden. Hauptentstehungsort dieser in rotfiguriger Technik prunkvoll verzierten Gefäße war wahrscheinlich →Tarent. Bei den meisten dieser Vasen handelt es sich um große Kratere, daneben finden sich Amphoren und Peliken. Charakteristisch sind eine betont bunte Bemalung und locker auf den Vasengrund gesetzte, mit reicher Pflanzenornamentik durchwirkte Szenen. Häufig findet sich in der Mitte der figurenreichen Kompositionen eine plastisch gezeichnete Aedicula, die je nach Bildinhalt die Stätte der Totenverehrung oder den Palast eines Heros bezeichnet.
Lit.: A. Rumpf, Handbuch der Archäologie, VI, 138ff., 1953; M. Schmidt, Der Dareiosmaler und sein Umkreis, 1960.

Aqa Riza. Maler aus Herat, der während der 1. Hälfte des 17. Jhs. anfangs beim Prinzen, später beim Mogulkaiser Dschahangir als bevorzugter Miniaturist tätig war.
Lit.: Barrett, Painting, 99.

Aqar Quf. Westlich Bagdad gelegene Ruinenstätte von →Dur Kurigalzu.

Aquädukt. Römische Wasserleitung, durch die das Wasser über der Erde kanalisiert wird. Über hochgezogenen Bögen und Pfeilern liegt der Kanal, der häufig über viele Kilometer hinweg das Wasser in die Städte leitet. Berühmtes Beispiel: →Pont du Gard.

Aquamanile. Bronzenes Gießgefäß in Tierform aus alt-iranischer Tradition. In islamischer Zeit vom 8. bis 10. Jh. n. Chr. finden sich im nordostiranischen Bereich der Samaniden Stücke von höchster künstlerischer Qualität, in denen erstmals Silber- und Kupfereinlagen Verwendung finden. Der Tierkörper wird hierbei mit ornamentalem Dekor überzogen. – In der abendländischen Kunst ursprünglich eine Schale, die Wasser auffing, das bei liturgischen Handlungen über die Hände des Priesters gegossen wurde. Der Name übertrug sich auf das Gießgefäß, das meist aus Bronze oder Messing hergestellt und in Tierform gebildet wurde: Löwe, Hirsch, Greif etc. Wahrscheinlich wurde das A. auch als Tafelgeschirr benutzt. Die frühesten Beispiele stammen aus dem 12. Jh., aus dem späteren Mittelalter sind Hunderte erhalten. Die Tierformen dürften auf westislamische Anregungen zurückgehen.
Lit.: O. v. Falke u. E. Meyer, Bronzegeräte d. Mittelalters, I, 1935.

Aquarell. Gemälde in Wasserfarben (fein zerriebene Farben, mit einer wäßrigen Lösung aus Gummi, Tragant oder Dextrin versetzt), die den Grund oder die Vorzeichnung durchscheinen lassen. Die ältesten Malereien dieser Art finden sich in ägypt. Totenbüchern des 2. Jahrtausends v. Chr. Später findet sich das A. wieder in Miniaturen des Mittelalters und im 15. Jh. zur Kolorierung von Einblattdrucken. Zu einer eigenständigen Gattung wurde die A.-Malerei jedoch erst mit A. → Dürer, der in hervorragenden Landschaftsbildern die Möglichkeiten dieser Technik nutzte. Diese singuläre Leistung fand jedoch erst im 18. Jh. vor allem in England ihre Fortsetzung und zählt seither zu den gängigen Techniken der Malerei. Kannte das A. bis einschließlich Dürer ausnahmslos die Vorzeichnung, über die die Farben in immer wieder getrockneten Schichten gelegt wurden, so verzichtete die neue A.-Malerei häufig sowohl auf die Vorzeichnung als auch auf das Trocknen der einzelnen Schichten, so daß eine „Naß-in-Naß-Malerei" entstand, deren Charakteristikum weich ineinanderfließende Übergänge sind.
Lit.: H. Lenner, Das A., 1956.

Aquatinta →Kupferstich.

Aquamanile, Bronze, 1. Hälfte 13. Jh. (Hamburg, Mus. für Kunst und Gewerbe).

Aquileja. 181 v. Chr. von den Römern gegründete Stadt in Oberitalien. Eine der größten und reichsten Städte zur Zeit der römischen Kaiser. Noch am Ende des 4. Jhs. bezeugt der Dichter Ausonius, daß A. die neunte Stelle im römischen Reich einnehme. Ebenso bedeutsam ist A. in altchristl. Zeit. Hier haben sich Ambrosius und Hieronymus aufgehalten. Dem Bischof von A. unterstanden in altchristl. Zeit fast ganz Venezien und Istrien. Bei dieser großen kirchlichen Bedeutung ist es verständlich, daß A. schon im 4. Jh. eine Doppelkirche besaß, deren reiches Fußbodenmosaik aus dem 3. und 4. Jh. erhalten ist. Über der zerstörten Südkirche ließ der Patriarch Poppo zwischen 1021 und 1031 den heutigen Dom errichten. Querschiff mit Empore und ausgeschiedene →Vierung weisen auf deutsche Vorbilder wie St. Michael in →Hildesheim. Nach Erdbeben 1365–81 Erneuerung mit Spitzbogen und Holzdecke in Kleeblattquerschnittform. In der Apsiswölbung Fresko mit Madonna in der →Mandorla und Stifter (vor 1036).

Bedeutend sind die Fresken der Krypta (1. Hälfte 13. Jh.): Kreuzigung, Kreuzabnahme, Tod Mariä, 18 Szenen aus der Legende des hl. Hermagoras (Patron von A.); Werke des eben entstehenden italo-byzant. Stils. Besonders reizvoll die lebendig skizzierten, Bogenschützen verfolgenden Ritter auf der gemalten Vorhangdekoration der Sockelzone.
Lit.: P. Frankl, Die frühmittelalterl. und roman. Baukunst (Handbuch der Kunstwissenschaft), 1926; R. Oertel, Die Frühzeit der italien. Malerei, 1953; G. Brusin, Kleiner Führer durch A. und Grado, 1958.

Aquitanien. Französische Landschaft zwischen Pyrenäen und Garonne gelegen. Seit dem 10. Jh n. Chr. war A. Besitz der Grafen von Poitou, unter denen sich hier eine reiche Baukunst und Plastik entwickelte. Im 11. Jh. entstand eine der bedeutendsten roman. Bauschulen Frankreichs, die einen ausgeprägten Kirchentyp hervorbrachte: Über einem Grundriß nach dem lateinischen oder griechischen Kreuz erhebt sich eine einschiffige Kuppelkirche mit aneinandergereihten quadratischen Kuppeljochen. Die →Pendentif-Kuppeln ruhen auf massigen Pfeilern, die untereinander durch rund- oder spitzbogige Tonnen (Kuppelwiderlager) verbunden sind. Anregungen wohl aus der byzant. Baukunst, eventuell über →Venedig, S. Marco, doch laufen die Lagerfugen der Kuppelquader in A. waagerecht, in Byzanz radial.– Beispiele: →Angoulême, Kath.; →Perigueux, St. Front. In der Loire-Gegend (Le Mans, Angers) verbindet sich in der 2. Hälfte des 12. Jhs. das Kuppel- mit dem Kreuzrippensystem zu Dominikalgewölben (stark gebuste kuppelige Gewölbe mit unterlegten Rippen). Plastik: Die zahlreichen Denkmäler roman. Bildnerei sind ungenügend erforscht und schwer datierbar (etwa 1100–1160). Plastischer Schmuck vorwiegend am Außenbau, besonders an den als reinen Schaufronten ausgebildeten Fassaden, deren untektonisch wuchernder Schmuck die Gliederung des anschließenden Langhauses nicht berücksichtigt (Auswirkung auf England?). Keine Betonung der Portale. Eigentümlich sind die im Hochrelief an den Fassaden angebrachten Reiterstandbilder, deren Bedeutung ungeklärt ist. Eventuell angeregt durch das Reiterstandbild des als Kaiser Konstantin angesehenen →Mark Aurels in Rom, jetzt auf dem Kapitol. Beispiel: →Angoulême, Kathedrale. Wichtig die Ausbildung von Archivoltenfiguren (radial und tangential angebracht), die von der Frühgotik (→St. Denis, →Chartres) übernommen wurden. Beispiele: Aulnay, →Angoulême, Argenton-le-Chateau u. a.
Lit.: R. Rey, La Cathédrale de Cahors et les origins de l'architecture à coupole d'Aquitaine, 1925; C. Enlart, Les Eglises à Coupole d'Aquitaine et de Chypre, Gazette d. Beaux-Arts 1926, I, 129ff.; K. J. Conant, Carolingian and Romanesque architecture 800–1200, Pelican History of Art, 1959; M. Aubert, La sculpture française au moyen âge, 1946; W. Sauerländer, Die Skulptur des Mittelalters, Ullstein-Kunstgeschichte XI, 1963; L. Schreiner, Die frühgotische Plastik Südwestfrankreichs, 1963.

Arabeske. Rankenornament mit Blattwerk, das seine pflanzlichen Vorbilder nicht verleugnet. Seit der hellenistischen Kunst bekannt, zu horizontal verlaufenden Dekorationen in Friesen und zu vertikal verlaufenden Dekorationen in Pilastern benutzt; von der italienischen Frührenaissance aufgenommen und seitdem in der abendländischen Kunst immer wieder auftauchend. Phantasievolle Abwandlungen im →Ornamentstich (z. B. →Aldegrever); dabei Bereicherung der floralen Grundmotive durch Masken und Figürchen (→Maureske).
Lit.: E. Kühnel, Die A., 1949.

Arabische Kunst →Islamische Kunst.

Arabissos (Jarpuz). Im südlichen Armenien gelegen. Um 300 in literarischen Quellen schon Christen erwähnt. Bekannt durch seine Felsengräber.

Arabo-normannischer Stil (auch sicolo-arabischer Stil genannt). Mittelalterl. Stil der Kunstentfaltung am Hofe Rogers II. und Wilhelms II. in →Palermo auf Sizilien. Hierbei zeigt sich eine Annäherung des fatimidischen Dekorationsstils an die europäische Kunstentwicklung. Hauptwerk ist die christliche Palastkapelle, die capella palatina von 1140 mit einer mit figürlichen Szenen ausgemalten hölzernen Stalaktitdecke. – In der Elfenbeinschnitzerei und Malerei finden sich Übernahmen des Stils der →Fatimiden. In der Hofwerkstatt von Palermo entstanden Textilien, u. a. zweifarbige Seidenstoffe mit Tierdarstellungen neben arabischen Schrift- und Ornamentzeichen. Das bekannteste Stück dieser Art ist der Mantel mit Perlen und Goldstickerei für König Roger II. mit heraldisch stilisierten Löwen, die Kamele schlagen. Durch die Hohenstaufer wurde dieser Mantel später zum Krönungsmantel der deutschen Kaiser. →Reichskleinodien.
Lit.: U. Monneret de Villard, Le pitture musulmane al soffitto della capella palatina in Palermo, 1950.

Aramäer. Semitische Nomaden, deren Vordringen in Syrien und Mesopotamien seit dem späten 2. Jahrtausend v. Chr. von entscheidender Bedeutung ist. Seit dem 9. Jh. wird die Sprache von Akkad (Keilschrift) durch die Buchstaben der A. allmählich verdrängt. Die Bilddenkmäler der A. folgen späthethitischen und assyrisch-babylonischen Einflüssen, die in weichem Stil umgewandelt werden. A. waren die →Chaldäer von →Babylon. Kanzleischrift und -sprache der →Achaemeniden sind aramäisch.
Lit.: H. Schmökel, GAV, 285; E. Akurgal, HK, 100ff.

Ara Pacis Augustae. Der Friedensaltar des →Augustus. Im Jahre 13 v. Chr. wurde dieses Monument durch Senatsbeschluß gestiftet und 9 v. Chr. auf dem Marsfeld vor Rom geweiht. Eine Umfassungsmauer, mit allegorischen und historischen Reliefs innen und außen geschmückt, umfaßt den Opferaltar. – Neu errichtet wurde dieser Altar jetzt neben dem Augustusmausoleum in Rom, nachdem lange Zeit einzelne Relieffragmente in verschiedenen Museen verstreut waren, die mit den neueren Grabungsfunden hier vereint wurden. – Der eigentliche Anlaß der Weihung war die Befriedung Roms und Italiens nach dem Bürgerkrieg. →Augusteische Kunst, →Röm. Kunst.
Lit.: G. Rodenwaldt, Kunst um Augustus, 1943.

Arazzi →Arrazzi.

Archäologie. In der wörtlichen Übersetzung bedeutet A. die Kunde vom Anfang, von der alten Vergangenheit. Im Sprachgebrauch ist hiermit die Wissenschaft von der Entwicklung der menschlichen Kultur gemeint, soweit sie materielle Überreste als Forschungsobjekt zur Erhellung vergangener Epochen heranzieht. – Primäres Hilfsmittel der A. ist die systematische Ausgrabung. Durch Datierung der Fundschichten können die Zeugnisse der Vergangenheit chronologisch geordnet werden. Hierzu zieht die A. andere Wissenschaften wie Geologie, Paläontologie, Chemie und Atomwissenschaft (Radiokarbonkalender) hinzu. Funde, die nicht durch Schichtuntersuchungen oder naturwissenschaftliche Methoden datiert werden können, werden durch typologische und stilistische Vergleiche geordnet. – Die A. hat sich aus dem in der Renaissance entstandenen Interesse für die Kunst und Kultur der Griechen und Römer entwickelt. Die stets fortschreitende Vertiefung in das immer reicher werdende Material, dazu die Ausdehnung der A. auf andere Kulturkreise, machte die Aufspaltung der A. in einzelne Disziplinen notwendig. So unterscheidet man heute die Klassische A., die Ägyptologie, die Prähistorie, die A. des Vorderen Orients, die mittelalterliche A., die Sinologie, die amerikanische A. usw. Die Grabungstätigkeit wird heute in der Regel durch staatlich geförderte Auslandsinstitute durchgeführt.

Archaisch. In wörtlicher Übersetzung bedeutet a. alt. Allgemein bezeichnet man Kunstwerke als a., wenn sie innerhalb einer Kultur einer Stilstufe angehören, die der klassischen Reife vorausgeht, jedoch das vorgeschichtliche Stadium der →Idole, Symbole oder geometrischen Zeichen bereits überwunden hat. Eindringliche Beispiele hierfür bietet die →Archaische Kunst der Griechen.

Archaische Kulturen Mexikos (Vorklassische Periode). Seit um 2000 v. Chr. wird im mesoamerikanischen Raum (→Mesoamerika) Ton modelliert; um 1800 entstanden im Gebiet um die großen Seen des Hochlandes dörfliche Siedlungen. Die jahrhundertelange Besiedlung hinterließ tiefe Abfallschichten, deren Abfolge wenigstens 2 Kulturen unterscheiden läßt (→Zacatenco,

→Ticoman), die weitgehend willkürlich in Früh-, Mittel- und Spätphase geteilt werden. Eine weitere Quelle unseres Wissens sind Beigaben ausgedehnter Gräberfelder (→Copilco, →Tlatilco). Der große Variantenreichtum an Tonfiguren erlaubte deren Unterscheidung in Typen durch die Buchstaben A bis O und in Varianten durch Ziffern. Sie und die Änderungen in den Keramikformen erlaubten die zeitliche Abfolge festzuhalten, deren chronologische Fixierung durch die Radiocarbon-Methode (C_{14}) erfolgte. Das häufigste Motiv der Figuren bilden stehende weibliche Figuren mit kurzen, stämmigen Armen, breit ausladenden Hüften und Oberschenkeln sowie extrem kleinen Füßen. Erst die jüngsten Phasen bringen vielfarbige Töpferwaren hervor, ebenso tritt als neuer Handwerkszweig die Steinschneiderei auf. Es kommt zur Ausbildung großer Kultstätten mit gewaltigen Pyramidenanlagen (→Cuicuilco, →Teotihuacan). Weiterleben des archaischen Stils in den →Westkulturen Mexikos.
Lit.: G. C. Vaillant, The Aztecs of Mexico, 1941.

Archaische Kunst. Bezeichnung für die erste Epoche monumentaler Plastik der →griech. Kunst (ca. 650 bis 490/80 v. Chr.).

Archaisches Lächeln. Während die griech. früharchaischen →Kuroi und →Koren einen strengen Gesichtsausdruck zeigen, ist die archaische Plastik seit ca. 570/60 v. Chr. durch das sogen. A. gekennzeichnet. Jugendliche Unbekümmertheit und Daseinsfreude kommen hierin zum Ausdruck.

Archaistische Kunst. Bezeichnung für den manierierten Stil, der im Bereich der →griech. Kunst auf den Formen- und Typenvorrat der archaischen Kunst zurückgreift. Charakteristische Beispiele hierfür sind die →panathenischen Preisamphoren. Als erster Bildhauer hat →Alkamenes archaistische Kunstwerke geschaffen. Aus der Zeit des späten Hellenismus und der römischen Kunst sind als Pendant zu klassizistischen Werken zahlreiche archaistische Monumente überliefert.
Lit.: E. Schmidt, A., 1922.

Archelaos. Griech. Bildhauer aus Priene, um 130 v. Chr. tätig. Als einziges seiner Werke ist das berühmte Relief „Apotheose Homers" (London, Brit. Mus.) mit seiner Signatur überliefert. Der Stil dieser figurenreichen Komposition, in der sich die Gestalten übereinander staffeln, zeigt einen eklektischen Klassizismus. Dargestellt ist der vergöttlichte Homer mit Zeus, Apollon und den Musen.
Lit.: G. Lippold, Handb. d. Archäologie, V., 1950.

Archermos. Griech. Bildhauer der Mitte des 6. Jh. v. Chr. aus →Chios. Eine von ihm signierte Nike-Statue (Nike von Delos, Athen, Nation. Mus.) gehört zu den Hauptwerken reif-archaischer Plastik. Weitere Werke von seiner Hand sind nicht bekannt.
Lit.: G. Lippold, Handb. d. Archäologie, V, 62, 1950.

Archipenko, Alexander. Russisch-amerikanischer Bildhauer. Geb. 1887 in Kiew, gest. 1964 in New York. Besuchte 1902–1906 die Kunstschule seiner Heimatstadt. Nach einem Aufenthalt in Moskau ließ er sich 1908 in Paris nieder, wo er die Ecole des Beaux-Arts besuchte. 1910 erste Einzelausstellungen in Berlin und Hagen. Gleichzeitig Gründung einer eigenen Kunstschule in Paris, in der er seine für die moderne Plastik ungeheuer fruchtbaren Ideen zu verwirklichen suchte. Als erster Bildhauer setzte er die Prinzipien der kubistischen Malerei in die Plastik um, indem er auf das volle Volumen verzichtete und ein gleichberechtigtes Nebeneinander von positiver und negativer Form schuf. Von hier aus kam er zum durchsichtigen Werkstoff. 1923 siedelte er nach Amerika über, erwarb 1928 die amerikanische Staatsbürgerschaft und lebte seither in den USA, wo er an verschiedenen Universitäten lehrte. Seit 1939 leitete er in New York wieder eine eigene Kunstschule.
Lit.: C. Giedion-Welcker, Plastik d. 20. Jhs., 1955.

Architektur →Baukunst.

Architekturbild. Die Darstellung eines Bauwerks um seiner selbst willen, d.h. ein Bild, dessen eigentliches Thema die Architektur ist, während Menschen und Gegenstände lediglich als belebende →Staffage eingeführt werden. Die frühesten Zeugnisse überliefert die Wandmalerei von →Pompeji, in der das A. hauptsächlich als illusionistisches Dekorationselement Verwendung findet. – Häufig finden sich seit der Antike Architekturdarstellungen, die jedoch nicht als A. im engeren Sinne zu verstehen sind, sondern lediglich der Erläuterung eines dargestellten Vorganges dienen. – Erst mit dem 15. Jh. wird in der Architektur ein die Darstellung bestimmendes Bildelement erkannt, wie sie in Werken von van →Eyck in Erscheinung tritt. Die Renaissance mit ihrer revolutionierenden Entdeckung der →Perspektive blieb eine der wesentlichen Voraussetzungen des A.s. Immer stärker tritt nun die Architektur gegenüber der Szenerie in den Vordergrund und behauptet sich in zunehmender Weise als eigenständiges Darstellungsobjekt. Innen- und Außenansichten finden sich seit dem 16. Jh. in vielfältiger Weise. Eine spezifische Sonderform des A.s ist die →Vedute, während das →Interieur nur bedingt als A. angesprochen werden kann. Die Innenraumdarstellung wird zu einer Domäne der niederl. Malerei, während die Vedute hauptsächlich in Italien beheimatet ist (→Canaletto).
Lit.: H. Jantzen, Das niederländische A., 1910; Reallex. zur deutschen Kunstgeschichte, Bd. I, 1937.

Architekturmalerei →Architekturbild.

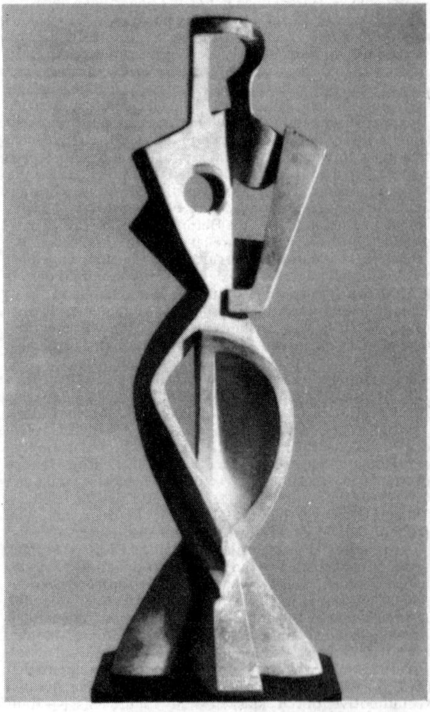

A. Archipenko, „Stehende"
(Darmstadt, Hess. Landes-Mus.).

Architekturzeichnung. Zeichnerische, meist geometrisch konstruierte Darstellung architektonischer Objekte, die in ihrer dreidimensionalen Gestaltung in geometrischer Plandarstellung möglichst anschaulich festgelegt werden. Auf Grund der Zweckbestimmung ist die A. in mehrere Gruppen zu ordnen: **1)** Der konkrete Entwurf als zeichnerische Festlegung einer architektonischen Idee für bestimmte Bauaufgaben, meist in maßstäblicher Darstellung. Ihm voraus geht der Vorentwurf, die Skizze, die von realen Gegebenheiten oder von

einem ideellen Thema ausgehen kann. Werkzeichnungen wurden in spätgot. Zeit für den Gebrauch am Bauplatz in Papierkopien nach den Originalen in Pergament hergestellt. **2)** In die Gruppe der Idealentwürfe fallen Schulzeichnungen, Übungs- und Wettbewerbsentwürfe, Meisterzeichnungen, theoretische Studien, Idealprojekte, die z.T. auch dem Studium oder der Illustrierung von architekturtheoretischen Problemen dienen können. Dazu gehören die mittelalterl. Skizzenbücher und „Unterweisungen", praktische Anleitungen für den Werkstattbetrieb, architektonische Musterbücher, schließlich die „Säulenbücher" und Perspektivwerke der Renaissance und des Barock. **3)** In die Gruppe der zeichnerischen Aufnahme fallen die Darstellungen schon ausgeführter Bauwerke in perspektivischer Weise, die im 17. und 18. Jh. große Bedeutung gewinnen. Meist dienen sie als Vorlage für Stichwerke (G. →Riedinger, →Fischer von Erlach, →Frisoni, Kleiner), wobei der Horizont in der Augenhöhe des Betrachters angenommen wird (im 18. Jh.). Topographische Aufnahmen, die bildmäßig geschlossen sind, bilden die →Veduten. Schon im 15. Jh. treten sie als Stadtportraits auf Tafelbildern auf. Ihre Hochblüte bringt das 17./18. Jh. (Braun und Hogenbach, Städtebuch 1572–1618; M. →Merian, 16 Bände Topographien, 1642–88).
Lit.: Bibliographie in: Reallex. zur deutschen Kunstgeschichte, Bd. I, 1937.

Architrav. In der Baukunst unmittelbar auf den Kapitellen aufliegender Gebälkteil. →Säulenordnung.

Archivolte. Die profilierte oder dekorierte Stirnseite eines Bogens sowie dessen Laibung (Antike, Romanik, Renaissance). Auch der Bogenlauf im roman. und got. Gewändeportal. Die hier die Gewändegliederung nach oben fortsetzenden A.n sind oft mit Figuren besetzt: Archivoltenfiguren.

Arcimboldo (Arcimboldi), Giuseppe. Italien. Maler, geb. 1530 in Mailand, gest. 1593 ebda. Hofmaler Kaiser Ferdinands I. und Kaiser Rudolfs II. Bizarres Talent des →Manierismus, das Köpfe und ganze Figurenkompositionen aus Früchten, Tieren und Blumen zusammensetzt. Diese surrealistische Methode verschaffte ihm im 20. Jh. erneuten Ruhm.
Lit.: B. Geiger, G. A., 1960.

Ardaschir. Name von 3 →Sasaniden-Königen. A. I. (224–241 n. Chr.). A. II. (379–383). A. III. (628–630). A. I. ist der Begründer der Dynastie und der →Sasanidenkunst. Gründung von →Firuzabad, Palastbau außerhalb der Stadt, in deren Nähe A. I. das größte und älteste Felsrelief der Sasanidenkunst mit der Darstellung der Entscheidungsschlacht gegen den Partherkönig Artabanos V. anbringen ließ. Ein weiteres Felsbild zeigt die Investitur durch →Ahura Mazda (→Naqsch-i-Radjab). Das Felsrelief mit der Belehnung A.s I. durch den Gott, beide zu Pferde, bei →Naqsch-i-Rustam betont die Verbindung mit den →Achaemeniden. Investiturrelief A.s II. mit Ahura Mazda und →Mithra bei →Taq-i-Bostan.
Lit.: R. Ghirshman, Iran II, 990; II. II. von der Osten, WP, 116, 123ff., 140, 146; J. Wiesner, AO, 144ff.

Ardebil. Stadt in Asserbeidschan mit bedeutender Grabmoschee des Scheich Safi, dem Stammvater der schiitischen →Safewiden-Dynastie des Irans. Die Moschee wurde im 16. Jh. n. Chr. begonnen und um 1650 vollendet. Zu der Anlage mit einer achtseitigen Moschee auf Holzsäulen ohne →Mihrab gehören Gartenhof, Innenhof und das Mausoleum mit Bethalle. Unter Schah Abbas wurde ein Porzellanhaus für das importierte chinesische Prunkporzellan, das in verkleidete Wandnischen eingestellt wurde (Noguldunwände), angeschlossen. – Die Fliesen- und Fayencemosaiks der Wandverkleidungen sind von höchster künstlerischer und technischer Vollendung.
Lit.: F. Sarre, Persische Baudenkmäler, 1910.

Ardebil-Teppiche. Zwei große berühmte Knüpfteppiche aus der Moschee von →Ardebil. Sie sind auf das Jahr 1539 datiert und von Mahmud von Kaschan signiert. Die A. zeigen Medaillonkompositionen mit anhängenden Ampelmotiven auf blütengefülltem Grund. (London, Victoria and Albert Mus.; Los Angeles, County Mus.).

Ardhanarischvara. Aspekt des indischen Gottes →Schiva: Kultbild in halb männlicher, halb weiblicher Form.

Arena. Bezeichnung für den ovalen Spielplatz des römischen →Amphitheaters. In der A. fanden die Gladiatoren- und Tierkämpfe statt.

Areobindus-Diptychon. Ein bedeutsames elfenbeingeschnitztes Konsulardiptychon um 506 n. Chr. Hergestellt wahrscheinlich in Konstantinopel. Befindet sich in Zürich.

Arezzo. Am Ostrand des nördlichen Chianatales gelegene etruskische Stadt (Arretium) des Zwölferbundes, durch beherrschende Lage und Befestigungen geschützt. Das bedeutendste Denkmal →etruskischer Kunst ist die in A. gefundene Bronzeplastik der Chimaera aus dem 5. Jh. v. Chr. (Mus. Florenz), ein eindrucksvolles Bild dämonischer Ungestalt und erregter Angriffslust, das als Meisterwerk eines korinthischem Vorbild folgenden etruskischen Erzgießers gelten darf. Charakteristisch ist die weiche Oberflächenmodellierung in Verbindung mit scharfen Umrissen bei Verzicht auf feste Struktur und Proportion.
Lit.: O. W. v. Vacano, E II, 8f., 43., 148ff., 158f.

Argali. Chinesisches Bergschaf mit mächtigem Gehörn, das häufig auf den in →Anyang gefundenen Sakralbronzen der Shang-Zeit dargestellt wird.
Lit.: C. Hentze, Bronzegerät, Kultbauten, Religion im ältesten China der Shang-Zeit, 1951.

Argischti. König von →Urartu (781–760 v. Chr.). Erfolgreiche Ausdehnung gegenüber dem Assyrerreich unter Assurdan und dem Gebiet der →Kimmerier im nördlichen Kaukasus. Gründung von Argischtichilini als neuer Hauptstadt nahe Armavir und Eriwan. Inschriften auf Bronzearbeiten. →Amlasch.
Lit.: R. Ghirshman, Iran I, 38, 247, 295, 299.

Argolis. Griechische Landschaft auf der südlichen Peloponnes. Bereits im 3. Jahrtausend v. Chr. besiedelt, wurde die A. im 17. u. 16. Jh. v. Chr. zum Zentrum der mykenischen Kultur mit den großen Palastanlagen von →Mykene und →Tiryns. In früharchaischer Zeit entsteht bei →Argos als Zentralheiligtum der Landschaft das →Heraion, dessen Blütezeit bis an das Ende der klassischen Zeit reichte. – Außerdem finden sich hier einige hervorragende Bauten christl. Kunst, besonders sogen. Viersäulenkirchen (Zentralbauten): Kirchen in Chonika (Anfang 11. Jh.), Merbaka (Ende 12. Jh.) und Aria-Nauplion (1148). Im Äußeren dieser Kirchen wird durch Schichtenwechsel (gelbe Quadersteine, rote Ziegel, weiße Quaderfugen) eine farbige Wandgliederung erreicht.

Argos. Griech. Stadt auf der Peloponnes. Die Stadt besaß zwei Akropolen, deren eine heute auf einer mittelalterlichen Burg (Castro larissa) liegt, deren andere durch einen megalithischen Mauergürtel aus der Zeit 2000 v. Chr. begrenzt ist. Davor lag die eigentliche Stadt. Zwischen den Akropolen befand sich ein Tempelbezirk des Apollon und der Athena auf breiten Terrassenanlagen. In den Felshang hineingearbeitet liegt ein Theater. Abseits der Stadt wurden die Reste des berühmten Heraions ausgegraben. Es war dies das berühmteste Heiligtum der →Argolis, gleichzeitig eines der ältesten der Griechen (Skulpturenreste im Nat. Mus., Athen). Neben diesem Heiligtum trug vor allem die argivische Bildhauerschule zum Ruhm der Stadt bei. →Hageladas.
Lit.: Kirsten-Kraiker, Griechenlandkunde, 1962.

Ariaramnes. Fürst der →Achaemeniden, Sohn des Teispes und Enkel des Achaemenes. Eine Goldtafel aus Hamadan (→Ekbatana) bezeichnet ihn als „Großer König, König der Könige, König des Landes Parsa" (→Fars).
Lit.: R. Ghirshman, Iran I, 429.

Arimaspen. Mythisches Volk im eurasischen Steppenraum, in der griechischen Kunst als Greifengegner und Reiter, oft in iranisch-griechischer Tracht, dargestellt.
Lit.: J. Wiesner, JdI 78, 1963, 200ff.

Arinna. Noch nicht lokalisierte Kultstätte der hethitischen Sonnengöttin. Lage nach der Überlieferung eine Tagereise von →Boghazköi. Darstellung der Göttin von A. im Heiligtum von →Yasilikaja.

Lit.: O. R. Gurney, The Hittites, 136ff., 1954; E. Akurgal, HK, 50ff.

Aristeas. Dichter des Epos der →Arimaspen (7./6. Jh. v. Chr.), dem die griechische Kunst charakteristische Motive entnahm, angeregt durch die Begegnung mit der →eurasischen Kunst.
Lit.: J. Wiesner, JdI 78, 1963, 200ff.

Aristionstele. Reifarchaische griech. Stele. Auf der um 520 v. Chr. entstandenen schmalen →Stele ist im Schema des archaischen Schrittstandes ein Krieger dargestellt. Außer dem Namen Aristion, der sich auf den Verstorbenen bezieht, ist auf der Basis der Name des Bildhauers →Aristokles erhalten (Athen, Nat. Mus.).
Lit.: G. Lippold, Handb. d. Archäologie, V, 83f., 1950.

Aristogeiton →Tyrannenmörder.

Aristokles. Griech. Bildhauer der attischen Schule. Er war im letzten Drittel des 6. Jh. v. Chr. in Athen tätig. Die etwas trockene →Aristionstele ist das einzige von ihm erhaltene Werk.
Lit.: G. Lippold, Handb. d. Archäologie, V., 84, 1950.

Arkade (lat. arcus = „Bogen"). Bogenstellung, d. h. ein auf Säulen oder Pfeilern aufruhender Bogen, in fortlaufender Reihe meist „die A.n" genannt. Auch ein einseitig von Bogenstellungen begrenzter Gang: Bogengang. Die A. kommt am entwickelten Steinbau aller Zeiten innen wie außen vor.

Spalato (heute Split)
Arkadenstellung im Peristyl des Diokletianspalastes.

Arkadenhöfe. In der islamisch-arabischen Architektur meist quadratische, zweigeschossige Höfe bei →Medresen und →Karawanserais mit Wohnräumen hinter einem Arkadengang.
Lit.: F. Wachtsmuth, Der Raum, 1929.

Arkadenmotiv. Blendnischenreihen, ein typischer Fassadendekor in Steinrelief, wie er bei den omeyadischen und abbasidischen Schloßanlagen oder bei dem Palast Ghazne in Lashkari Bazar erhalten ist. – Das A. ist iranischen Ursprungs und leitet sich aus der sasanidischen Zeit her.

Arkesilas-Schale. Polychrome griech. Schale aus der Mitte des 6. Jh. v. Chr. In Vulci gefunden, befindet sich das Meisterwerk einer lakonischen Werkstatt heute im Cab. d. Med. in Paris (Nationalbibliothek). Ein Aufseher mit dem beigeschriebenen Namen Arkesilas beobachtet das Abwiegen von großen Wollstoffballen. – Durch eine Namensverwechslung hat man die Darstellung mit dem König Arkesilas II. von Kyrene in Verbindung gebracht, eine phantasiereiche Deutung, die heute widerlegt ist.
Lit.: A. Rumpf, Handb. d. Archäologie, VI., 54, 1953.

Arkosolium (lat. arcus = Bogen, solium = Thron, auch Grab). Eine vor allem in den Katakomben öfter wiederkehrende Grabform. Über einem in die Wand eingelassenen Senkgrab, das mit einem Deckel verschlossen ist, wölbt sich ein Bogen. Die Laibung dieses Bogens ebenso wie die Rückwand der Grabanlage sind meistens mit biblischen Szenen und Ornamenten geschmückt. Bisweilen sind solche Arkosolgräber auch in die Wände von →Coemeterialkirchen eingefügt.

Arktische Kunst. Sammelbegriff für Felsgravierungen, aber auch Malereien der (jüngeren) Steinzeit – sie scheinen ungefähr bis in die Zeit um 1500 v. Chr. zu reichen –, die von Norwegen über Schweden und Finnland bis in die UdSSR (Sibirien) verbreitet sind. Die A. stammt nicht, wie die bronzezeitlichen →Felsritzungen Südskandinaviens, von seßhaften Ackerbauern oder Viehzüchtern, sondern von Jägern und Fischern. Dargestellt sind u. a. Elch, Ren, Vögel, Fische sowie – seltener – Menschen, außerdem kommen (symbolische) Zeichen verschiedener Art vor.
Lit.: F. Behn, in: UKG I, 1963.

Arles. Stadt in Süd-Frankreich. Bereits in vorrömischer Zeit besiedelt, wurde A. im 1. Jh. v. Chr. Hauptstadt der röm. Provinz Gallia Narbonensis. Unter →Augustus entstanden hier bedeutende Bauten, von denen das →Amphitheater hervorragend erhalten ist. Reste eines →Forums wurden ausgegraben. Hierbei wurde ein bedeutendes Augustusportrait gefunden, eines der besten Beispiele, in dem sich hellenistische Einflüsse mit neuer röm. Form verbinden. – In altchristl. Zeit blieb A. bis ins Mittelalter ein wichtiges religiöses Zentrum. Hiervon geben vor allem zahlreiche altchristl. Sarkophage und →Nekropolen Zeugnis. Von der röm. Zeit bis zum Mittelalter sind in den „Alyscamps" Tausende von Menschen beigesetzt. 16 Kirchen und Kapellen standen hier bis zum Mittelalter den Friedhofsbesuchern zur Verfügung. Seit der Zeit der Renaissance ist der Friedhof seiner künstlerisch wertvollsten Sarkophage beraubt. Ein Rest wird im Museum von A. aufbewahrt. Die übrigen Sarkophage ohne Schmuck mit dachförmigen Deckeln und Akroterien an den vier Ecken sind in langen Reihen in den „Alyscamps" aufgestellt. Der bedeutendste Bau des Mittelalters ist S t. T r o p h i m e, Mitte des 12. Jhs. erbaut. Steiler, dunkler, dreischiffiger Raum, schmucklos, mit weiten, hohen Arkaden und hochgelegenen Obergadenfenstern als einzige Lichtquelle. Im Mittelschiff Spitztonne, in den Seitenschiffen Rundtonne. In seiner Herbheit und Straffheit Endstufe der provenzalischen Romanik. Der als Scheinarchitektur der Westfassade vorgesetzte eine Portikus und sein plastischer Schmuck (Jüngstes Gericht, Heilige zwischen Säulen in rechteckigen Nischen; vor 1162) sind weniger antikisch und in der Form beruhigter und verhärteter als in →St. Gilles. Bedeutender, wohl auch etwa ein Jahrzehnt früher, die Kreuzgangplastik.
Lit.: R. de Lasteyrie, L'architecture religieuse en France à l'époque romane, 1929; E. Adam, Baukunst des Mittelalters I, Ullstein-Kunstgeschichte IX, 1963; R. Hamann, Die Abteikirche von St. Gilles und ihre künstlerische Nachfolge, 1956.

Armarium. Schrank, vor allem für Bücher oder heilige Geräte. Bisweilen auch Bezeichnung für Sakristei.

Armenbibel (Biblia pauperum). Bilderbibel des Spätmittelalters, die Szenen aus dem Leben Christi solchen aus dem Alten Testament gegenüberstellt (→Typologie). Es sind mehrere Handschriften des 14. Jhs. erhalten. Die Entstehung dürfte ins Ende des 13. Jhs. fallen. Seit etwa 1430 erschien die A. als →Blockbuch. Der Name mag sich auf unbegüterte Priester beziehen, denen eine vollständige Bibel unerschwinglich war, wie auf die ungebildeten Laien (die „Armen im Geiste"), denen so auf einfache Art die Heilstatsachen erklärt wurden.
Lit.: H. Cornel, Biblia Pauperum, 1925; G. Schmidt, „Die A.n des 14. Jhs.", Veröffentlichungen d. Inst. f. Österr. Geschichtsforschung XIX, 1959.

Armenische Kirchen. Vielfältige Kirchenbauformen finden sich in A. schon im 6. und 7. Jh. Man trifft gewölbte, einschiffige, ebenso dreischiffige Basiliken an. Dann wieder Kuppelbauten über Dreipaßgrundriß, auch Vierpaßanlagen mit einer entweder auf Stützen ruhenden oder stützenfreien Kuppel. In den Zentralanlagen bereichern Nischen im umgebenden Mauerwerk das Bild. Bei dem Reichtum an Grundrißlösungen lag der Gedanke nahe, daß Armenien Ursprungsland vieler Anregungen auf dem Gebiet des Kirchenbaus gewesen sei. Dagegen hat man mit gutem Grund die Meinung vertreten, daß Armenien mehr rezeptiv war und von Syrien,

Palästina, Konstantinopel beeinflußt wurde. Die wichtigsten armenischen Wandmalereien finden sich in →Thalin, Tekor, →Ani und →Achtamar.

Armitage, Kenneth. Englischer Bildhauer. Geb. 1916 in Leeds. Besucht zur Ausbildung 1934–1937 die Kunstschule seiner Heimatstadt, anschließend bis 1939 die Slade School of Fine Arts in London. Von 1946–1956 lehrte er an der Bath Academy of Art. 1952 erste Ausstellung in London. Seither auf zahlreichen internationalen Ausstellungen und in vielen Museen vertreten. – Das zentrale Thema seiner ausschließlich in Bronze gearbeiteten Werke ist die menschliche Figur, häufig zu Gruppen zusammengefaßt, die er als silhouettenartige Einheit darstellt. Durchziehen in seinen früheren Werken noch schwungvolle Linien die Komposition, so sind die späteren Figurengruppen statischer und auf eine Ebene fast reliefartig reduziert. Die reine Frontalansicht herrscht dabei vor.
Lit.: R. Penrose, K. Armitage, 1960.

Arnegunde. Fränkische Königin, eine der Frauen des Frankenkönigs Chlothar I. (511–561) und Mutter Chilperichs I. (561–584). Ihr reich ausgestattetes Grab wurde im Jahre 1959 unter der Basilika von →St.-Denis aufgefunden, die Identifizierung ist aus einem goldenen Siegelring mit Inschrift zu erschließen. Unter den prächtigen Schmuckstücken ist eine Gürtelgarnitur besonders zu erwähnen.
Lit.: A. France-Lanord/M. Fleury in: Germania 40, 1962, 341 ff.

Arnold, Karl. Deutscher Maler und Zeichner. Geb. 1883 in Neustadt b. Coburg, gest. 1953 in München. Studierte u. a. bei →Stuck in München. Seit 1907 war er als hervorragender Karikaturist ständiger Mitarbeiter am „Simplizissimus", an dem er 1917 Teilhaber wurde. Daneben arbeitete er für die „Jugend" und andere Zeitschriften. 1913 gehörte er zu den Mitbegründern der „Münchener Neuen Sezession".
Lit.: H. Vollmer, Künstlerlex. d. 20. Jhs.

Arnold von Westfalen. Deutscher Architekt, 1470 bis 1480 in Diensten des Kurfürsten Ernst von Sachsen und des Fürsten Albrecht von Sachsen, gest. 1480. Bedeutender Baukünstler der deutschen →Sondergotik, der seinen Fähigkeiten in der Albrechtsburg von →Meißen ein großartiges Denkmal gesetzt hat.

Arnolfo di Cambio. Italien. Bildhauer und Baumeister, gest. in Florenz 1302(?). Zuerst erwähnt 1265 als Gehilfe des Nicolo →Pisano (Sieneser Kanzel). 1277 im Dienst Karls v. Anjou in Rom. Zuschreibungen sind schwierig, da selbst signierte Werke wohl häufig Werkstattarbeiten sind, so die röm. Tabernakel in S. Giovanni fuori (1285), in S. Cecilia (1293 vollendet) und das über Papst Bonifaz' IV. Grabmal aus Alt-St. Peter (1301 vollendet). Sichere eigene Werke: Grabmal Kardinals de Braye in S. Domenico, Orvieto (nach 1281) und Skulpturenreste von der Fassade des Florentiner Doms, dessen Bauleitung A. seit 1286 innehatte. Er plante eine got. Fassade mit reliefgeschmückten Tympana (Geburt Christi, Madonna, Marientod) und Einzelgestalten, doch ohne Gewändefiguren. Zugeschrieben u. a. das Grabmal Kardinals Annibaldi aus S. Giovanni in Laterano, Rom (1276). Die Auseinandersetzung mit antiker Kunst in Rom und Kenntnis franz. Plastik der Stufe von →Reims verleihen seinen Werken bei der für die Toskana typischen Betonung körperlichen Volumens und tektonischen Aufbaus eine klassische Ausgewogenheit der Form. Wichtigste Neuschöpfung A.s beim Grabmal die Charakterisierung des Verstorbenen als Toten mit geschlossenen Augen.
Lit.: H. Keller, Der Bildhauer A. d. C. und seine Werkstatt, in: Jb. d. Preuß. Kunstsammlungen 1934, 204–28; 1935, 22–43; Gnudi, Nicola, Arnolfo, Lapo, 1948; J. Pope-Hennessy, Italian Gothic Sculpture, 1955.

Arolsen. Schloß und Städtchen bilden das eindrucksvolle Beispiel einer Miniatur-Residenz (Fürsten von Waldeck). 1711 bis 1728 errichtete Julius Ludwig Rothweil das Schloß. Hauptflügel und 2 Seitenflügel umschließen einen Ehrenhof, 2 weitere, etwas hinausgerückte Flügel bilden den äußeren Hof. Die Flügel enden in Pavillonbauten und werden überkrönt durch den großen Mittelpavillon.

Arp, Hans. Franz. Bildhauer. 1887 in Straßburg geb., gest. 1966 in Basel. Veröffentlichte 1904 lyrische Gedichte und kam anschließend nach einem Besuch in Paris zur Malerei. Bis 1908 Studium der Malerei in Weimar und Paris. Anschließend längerer Aufenthalt in Weggis (Schweiz), wo er 1909/10 die ersten Versuche, in Ton zu modellieren, unternahm. 1912 arbeitet er mit dem →„Blauen Reiter" zusammen und begründete 1916 gemeinsam mit anderen den →Dadaismus in Zürich. In dieser Zeit beginnt seine eigentliche Tätigkeit als Bildhauer, die ihn vom →Surrealismus zur abstrakten Kunst führte. Seit 1922 meist in Paris lebend, wird er dort Mitglied der Surrealisten. 1931 schließt er sich der Gruppe →„Abstraction-Création" an und wendet sich immer mehr der Freiskulptur zu. Er entdeckte die abstrakte organische Form, in der er die universale Urform versteht. Geballte

Hans Arp, „Concrétion humaine", 1933 (Zürich, Kunsthaus).

Rundungen, die in einem sie bestimmenden Kontakt zur Luft und zur Leere stehen, scheinen für ihn charakteristisch, wobei ein humoristischer und bisweilen grotesker Zug häufig mitschwingt.
Lit.: C. Giedion-Welcker, Hans Arp, 1957; H. Vollmer, Künstlerlex. d. 20. Jhs.

Arpatschije. NÖ von Ninive gelegene Siedlung des 5. u. 4. Jahrtausends v. Chr. Neben →Samarra, Hassuna und →Halaf war A. eines der bedeutendsten Zentren mesopotamischer bemalter Keramik mit vorwiegend geometrischem Dekor sowie stilisierten Pflanzen- und Tiermotiven. – Von der Siedlung selbst sind Reste einiger prähistorischer Rundbauten erhalten.
Lit.: A. Parrot, Sumer, 22 u. 18 ff.; J. Wiesner, AO, 9 ff.

Arrazzi (Arazzi). Italien. Bezeichnung für →Bildteppiche, die in Arras und überhaupt in Flandern gewirkt wurden. Beispiel: die A. der →Sixtinischen Kapelle, die in Brüssel nach den Kartons von →Raffael entstanden.

Arretinische Keramik. Röm. Gefäßgattung aus augusteischer Zeit. Sie ist nach dem Hauptfundort und antikem Werkstattzentrum Arretium, dem heutigen Arezzo benannt. Meist handelt es sich um dünnwandige becherförmige Gefäße aus sehr hart gebranntem Ton mit rotem siegellackartigem Überzug. Die Dekorationselemente wurden mit fertigen Stempeln in eine Formschüssel eingepreßt, die dann gebrannt wurde. Eine Form diente als Model für zahlreiche Gefäße, die vor dem Brand mit der berühmten Glasurmasse überzogen wurden. – Ausgegrabene Werkstätten lassen den Arbeitsvorgang genau rekonstruieren. – Die Dekorationen zeigen stilistisch engste Verwandtschaft mit den Reliefs der →Ara Pacis.
Lit.: H. Dragendorff – C. Watzinger, Arretinische Reliefkeramik, 1948.

Arsakiden. Parthische Dynastie, um 250 v. Chr. von

dem namengebenden Arsakes gegründet. Unter der Herrschaft der A., die bis 224 n. Chr. regierten, wird die →parthische Kunst ausgeprägt. In ihr verschmelzen Elemente der Steppenheimat der Parther mit Einflüssen der hellenistisch-achaemenidischen Kunst zu einer neuen Formensprache, die in der Kunst der →Sasaniden weiterwirkte.
Lit.: R. Ghirshman, Iran II, 15ff.; H. H. von der Osten, WP, 103ff.

Arsames. Fürst der →Achaemeniden, Sohn des →Ariaramnes, durch eine Goldtafel mit Inschrift aus Hamadan (→Ekbatana) bezeugt (7. Jh. v. Chr.).
Lit.: R. Ghirshman, Iran I, 429f.

Arslan Tasch. Assyrische Provinzresidenz in Nord-Syrien (ehemals Chadatu). →Tiglatpileser III. (745–727 v. Chr.) errichtete hier einen Palast, aus dem Reste von Wandmalereien erhalten sind. Außerdem stiftete er der →Ischtar einen mit Torstieren ausgestatteten Tempel. – Von den ausgegrabenen Einzelfunden sind neben Reliefstelen und Statuetten vor allem eine größere Anzahl von Elfenbeinarbeiten mit Ritzungen und Intarsien (Paris, Louvre; Aleppo, Mus.), die auf syrische Werkstätten zurückgehen, zu erwähnen. →Altorientalische Kunst X.
Lit.: H. Schmökel, GAV, 307; A. Parrot, Assur, 353.

Ars quadrataria →Mosaiken.

Arta (Epiros). Panagia Paragoritissa. Anfang des 13. Jhs. erbaut. Ragt aus dem Kreis der gleichzeitigen griechischen Kirchen durch ihre ausgesprochene Höhentendenz hervor. Die Kuppel, schmaler als sonst üblich, wird durch ein kompliziertes Konstruktionssystem überhöht. Auflösung der Wände durch Mosaik- und Lichtwirkung geht hier Hand in Hand mit gotischer Auflösung der Bauglieder.

Artabanos. Königsname der →Arsakiden-Dynastie. A. I. (214–196 v. Chr.), A. II. (88–77), A. III. (11–40 n. Chr.), A. IV. (80–81), A. V. (213–224). Münzbilder. Relief A. V. mit Belehnungsszene (215) in der charakteristischen Frontalansicht der →parthischen Kunst.
Lit.: R. Ghirshman, Iran II, 15ff.; H. H. von der Osten, WP, 103ff.

Artaxerxes. Königsname der →Achaemeniden. A. I. (465–424 v. Chr.). Vollendung des großen Thronsaales von →Persepolis. Stärkeres griechisches Wirken in der Kunst der →Achaemeniden. A. II. (404–358), A. III. (358–338). Felsengräber mit Reliefs nach dem Vorbild des →Dareios-Grabes bei →Naqsch-i-Rustam und →Persepolis.
Lit.: R. Ghirshman, Iran I, 130ff.; H. H. von der Osten, WP, 86ff.

Artemision. Bezeichnung für einen Artemistempel oder ein Artemisheiligtum, wie sie sich vor allem an der griechisch besiedelten klein-asiatischen Küste finden (z. B. in →Sardeis u. →Ephesos).

Arte plumario (Federmosaikkunst). Die Kunst der Federarbeiter im alten Mexiko (→Federmosaik, Mosaikkunst), die am höchsten geschätzt wurde. Die Amanteca wohnten in einem eigenen Stadtviertel in →Tenochtitlan. Je nach Tätigkeit und Bestimmungszweck gab es die einzelnen Zweige der Federarbeit. Am höchsten angesehen waren die Hersteller von Federbildern in Mosaiktechnik. Wegen der Vergänglichkeit des Materials blieben nur wenige Werke erhalten: Wien (ehemals Ambraser Sammlung) ein Federkopfschmuck (fälschlicherweise als Kopfschmuck des Montezuma bekannt), ein Federfächer, ein Federschild; Stuttgart (früher Kloster Weingarten) zwei Federschilde; Berlin (Kriegsverlust, 2. Weltkrieg) eine Federschürze; Mexiko zwei Federschilde (einer früher in Schloß Laxenburg bei Wien). Aus postkolumbischer Zeit werden eine Reihe von Federarbeiten in verschiedenen Museen und Sammlungen aufbewahrt. Es handelt sich um Wiedergaben christlicher Motive in der alten Technik. Vor allem 4 Bischofsmitren erwähnenswert, von denen sich jeweils 2 völlig gleichen: Wien (Ambras)-Toledo und Escorial-Florenz. Die spärlichen Reste von irisierenden Kolibrifedern können nur einen ungefähren Eindruck von der einstigen Farbenpracht vermitteln. Die meisten dieser Arbeiten stammen aus →Michuacan.
Lit.: F. Anders, Mexikanische Federarbeiten der Kolonialzeit, in: Anzeiger der Österreichischen Akad. Wiss., 1965; F. Anders, Der Federkasten der Ambraser Kunstkammer, in: Kunsthistorisches Jb., Wien, 1965.

Artes liberales →Künste, die sieben freien.

Artesonado. Span. →Täfelwerk, kunstvoll zu geometrischen Figuren aus verschiedenen Hölzern zusammengefügt. Es findet sich vor allem an maurischen Decken und Türen.

Artik (Armenien). Kirche aus dem 7. Jh. n. Chr. Interessante Grundrißgestaltung: Quadratischer Bau mit je einer Apsis an den 4 Seiten. Dazwischen eingefügt Nischen. Rechteckige Gebäudeteile vervollständigen die kreuzförmige Anlage zum Quadrat.

Artophorion (griech.). Büchse, die zur Aufbewahrung von Oblaten diente.

Artushöfe. Gesellige Vereinigungen von Mitgliedern ritterlicher und patrizischer Geschlechter, die, angeregt durch die Sage von König Artus' Tafelrunde, ursprünglich in England, seit dem 14. Jh. im Ostseeraum entstanden. Der Name übertrug sich auf die Versammlungshäuser, von denen das bekannteste der Artushof in Danzig (um 1480) ist.
Lit.: Th. Hirsch, Über den Ursprung der preuß. A., in: Zeitschr. f. preuß. Gesch. und Landeskunde I, 1884, 3ff.; Der A., Ostdeutsche Monatshefte 1926, Heft 6 (Beiträge von E. Keyser, K. Gruber, W. Mannowsky, P. Abramowski u.a.).

Aryballos. Kleines griech. Salbgefäß mit kugelförmigem Bauch und einem Henkel.

E. Q. Asam, Hochaltar der Abteikirche zu Rohr, 1717–19.

Asam. Bayrische Künstlerfamilie des 17. und 18. Jh. **1)** Hans Georg, Freskomaler und Stukkator, geb. 1649 in Rott am Inn, gest. 1711 in Sulzbach (Oberpfalz). Seit 1683 in Benediktbeuren, Fürstenfeld, Tegernsee und anderen Kirchen- und Klosterbauten beschäftigt. **2)** Cosmas Damian, Sohn von 1), geb. 1686 in Benediktbeuren, gest. 1739 in Kloster Weltenburg. Hauptmeister der süddeutschen Freskomalerei. In Rom ausgebildet, überträgt er die Illusionsmethoden der Hochbarockmaler (→Pozzo) in den Voralpenraum Süddeutschlands. Reichbewegte Freskokompositionen im Treppenhaus von Schloß →Schleißheim; Schloß Mannheim. **3)** Egid

Quirin, Sohn von 1), geb. 1692 in Tegernsee, gest. 1750 in Mannheim. Hauptmeister der süddeutschen Spätbarockplastik. Ebenfalls in Rom ausgebildet und von den Werken der Berniniperiode beeinflußt, hat er mit seiner „Himmelfahrt Mariä" am Hochaltar von →Rohr (1717–1719) eine der erregendsten Gruppen deutscher Plastik geschaffen, extrem in ihrer „antiplastischen" Haltung, aber überwältigend in der Gesamtwirkung.
Lit.: O. Endres, Untersuchungen der Baukunst d. Brüder A., Diss. München, 1935; C. Lamb, Die Asamkirche in München, 1937; E. Hanfstaengl, Cosmas Damian A., 1939; dies., Die Brüder A., 1955.

Asana. Sanskrit: Sitz. In der indischen Kunst besonders: Sitzpose, wie Padmasana = „Lotussitz" mit untergeschlagenen Beinen oder Lalitasana, wobei die Figur von einem Thronsitz ein Bein zur Erde herabhängen läßt. Auch Bezeichnung für die steinerne Sitzbank in der Vorhalle indischer Tempel. Asana-Murti: sitzendes Kultbild.

Asarhaddon. Assyrischer König (680–669 v. Chr.), Sohn des →Sanherib, dessen Zerstörungswerk in →Babylon er durch Wiederherstellung der Stadt und ihrer Tempel überwindet. Restauration des Stadtgottheiligtums von →Assur. Kultbauten in →Nippur und →Uruk, Palast in →Kalach. Siegesstele aus →Sendschirli mit Darstellung des Königs, wobei A. unterworfene Fürsten am Nasenring hält. Bronzerelief mit seiner Mutter Naqia. Felsrelief am →Nahr-el-Kelb zur Erinnerung an die Überwindung Ägyptens unter den →Äthiopen.
Lit.: H. Schmökel, GAV, 274ff.; A. Parrot, Assur.

Asarva →Ahmedabad.

Ascensio →Himmelfahrt Christi.

Aschaffenburg (Unterfranken). Residenzschloß der Kurfürsten von Mainz. Unter Verwendung eines älteren Turmes entsteht zwischen 1605 und 1614 nach Planung des Straßburger Meisters Georg →Ridinger ein Neubau. Dreistöckige Flügel bilden ein Quadrat, aus dessen Ecken sechsstöckige Türme herausspringen. Die Steil-

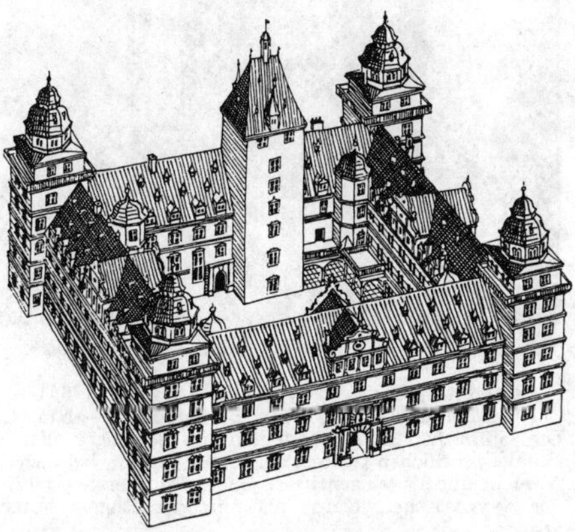

Aschaffenburg, Schloß, von Georg Riedinger ab 1610 errichtet; Übersichtsperspektive.

dächer der Flügelbauten in der Mitte von Zwerchgiebeln betont. Die Turmbauten von achteckigen Hauben laternenartig bekrönt. Überwiegen der Horizontalgliederung. Trotz Kriegszerstörung bildet, nach gelungener Restaurierung, A. das eindrucksvollste Beispiel einer Vierflügel-Schloßanlage auf deutschem Boden.
Lit.: Schulze-Koblitz, Das Schloß A., 1905.

Aschenkisten. Reliefgeschmückte etruskische Steinbehälter für Reste der Leichenverbrennung.
Lit.: G. Q. Giglioli, AE, Tf. 352ff.; O. W. v. Vacano, E I und II.

Aschoka. König der indischen Maurya-Dynastie Mitte des 3. Jh. v. Chr., der, vermutlich in Nachahmung achämenidischer Gepflogenheiten, in Pfeiler- und Felsedikten von seinen Taten berichtete und von dessen Regierung an man den Beginn der historisch überschaubaren Bau- und Bildkunst Indiens datiert.

Ashanti. Wichtiges westafrikanisches Volk im heutigen Ghana (früher Goldküste), im 15. Jh. vom Norden her in ihr jetziges Wohngebiet eingedrungen. Holzschnitzkunst selten. Zu erwähnen sind die hochstilisierten „Akuaba"-Puppen der Mondgöttin, die den Frauen Kindersegen verleihen sollen. Goldblechplastiken müssen früher häufig gewesen sein, stellen jedoch heute in europäischen Museen große Kostbarkeiten dar. Die bekanntesten A.-Kunstwerke sind jedoch die →Gelbguß-Goldgewichte in Form kleiner Figürchen von Menschen und Tieren, die (zum Unterschied gegen die Goldgewichte der →Baule) sehr lebendig gestaltete Szenen bilden oder Sprichwörter illustrieren können.
Lit.: J. Glück, Die Goldgewichte von Oberguinea, 1937; R. S. Rattray, Religion and Art in A., 1927.

Ashbee, Charles Robert. Englischer Architekt und Designer. Geb. 1863 in Isleworth bei London, gest. 1942 in Kent. Studium der Architektur in London 1883–85. Als Ausbildungsstätte für Architektur und Einrichtung gründete er 1887 die „School of Handicraft", in der er die Wiederbelebung des Handwerks als Gegenpol zur industriellen Fertigung anstrebte. Vor allem im Kunsthandwerk und in Möbelentwürfen ist er einer der bedeutendsten Wegbereiter des engl. „modern style".
Lit.: N. Pevsner, Wegbereiter moderner Formgebung, 1957.

Ashburnham - Pentateuch. Handschrift der 5 Bücher Moses. Besteht aus 142 Pergamentfolien mit 19 Miniaturen. Westgotisch. Etwa 7. Jh. n. Chr. So genannt nach seinem vorübergehenden Besitzer Lord Ashburnham (Paris, Bibl. Nat.).

Asine. Griech. Stadt auf der Peloponnes. Die Ausgrabungen an diesem Ort brachten Siedlungsreste von der früheren Bronzezeit bis zur römischen Zeit zutage. Aus den früheren Besiedlungen sind mehrere Hausanlagen der Bronzezeit, die in seltene Architekturreste geometrischer Zeit einmünden, überliefert. Eine mykenische Burg ist im Hellenismus erneuert und ausgebaut worden. Aus römischer Zeit stammt eine guterhaltene Thermenanlage (Einzelfunde, Nauplion Mus.).
Lit.: Kirsten-Kraiker, Griechenlandkunde, 336, 1962.

Asjut. 378 km südlich Kairo gelegene ägypt. Hauptkultstätte des Wolfsgottes Up-uaut (griech. Lykopolis). Unter den Felsgräbern ist das berühmteste das des Gaufürsten Djefai-hapi, mit hoher Längshalle und Quersaal, aus der Zeit →Sesostris' I.; Granitstatue der →Sennui.
Lit.: W. Wolf, KÄ, 310ff.; E. Brunner-Traut, Ägypten, 412.

Asklepieion. Bezeichnung für ein griech. Asklepiosheiligtum. Mit der Entstehung des Asklepios-Kultes gegen Ende des 5. Jh. v. Chr. entstehen große A.s. In der Regel gehören zu einem A. neben den Heiligtümern große Anlagen, die im Dienste des Gottes für die Kranken errichtet wurden (Gästehaus, Liegehallen, Badeanlagen). Die berühmtesten Asklepieien waren die von →Epidauros und →Kos.

Asomatikapelle (Peloponnes). Kirche, die um 900 erbaut wurde. Pfeilerstützen tragen die Schiffswände. Die Schiffe selbst sind von längsgerichteten Tonnen überwölbt. Trotz byzantinischer Einflüsse hat sich hier ein lokaler altertümlicher Zug der griechischen Baukunst gehalten.

Asphaltmalerei. Asphalt wurde im 19. Jh. als braune Lasurfarbe verwendet, um den auf alten Bildern durch Nachdunkeln entstandenen →Galerieton künstlich zu schaffen.

Aspis (lat.). Die Schlange, die nach Psalm 90, 13 von Christus mit Füßen getreten und besiegt wird. Häufig in der altchristl. Kunst dargestellt.

Asplund, Eric Gunnar. Schwedischer Architekt. Geb. 1885 in Stockholm, gest. 1940 ebda. Gedanken des →Bauhauses aufnehmend, entwickelte er einen ausgeprägten funktionalistischen Stil und wurde zu einem Hauptvertreter dieser Richtung in Schweden. Er errichtete zahlreiche moderne Bauten, vor allem in Stockholm (Stadtbibliothek, Krematorium, Ausstellungsgebäude) und Göteborg (Rathauserweiterung und Kirche). Lit.: H. Vollmer, Künstlerlex. d. 20. Jh.

Assisi, S. Francesco. Gründungsbau des Franziskanerordens über dem Grab des hl. Franz. Auf Substruktionen dunkle Unterkirche (1228–30[?]), darüber weite helle Oberkirche (wohl 1232–39, Schlußweihe 1253). Beide Bauten sind einschiffig mit Querhaus, Apsis ohne Vorchorjoch, mit Kreuzrippenwölbung (im Langhaus quadratisch). Oberkirche: Fenster über einem Laufgang zurücktretend. System der Kathedrale von Angers. Für den Außenbau mit den halbrunden Türmen statt Strebepfeilern südfranz. Bauten maßgebend (vergleiche die etwas spätere Kathedrale von →Albi). Bis auf die für Freskenzyklen bestimmten, weiten, ungegliederten Wandflächen noch keine typische →Bettelordenskirche. Die hochbedeutende Ausmalung um 1290 begonnen: **1)** → Cimabue: Chor, Querschiff, Vierungsgewölbe (Evangelisten) der Oberkirche; Reste, Unterkirche. **2)** →Torriti: Heiligengewölbe, Oberkirche. **3)** →Giotto: Szenen des Alten Testaments (Isaakszenen eigenhändig), Doktorengewölbe, Franziskuslegende am Sockel. Nach Giottos Plänen weitgehend Werkstattausführung. **4)** S. → Martini: Martinskapelle, Unterkirche (1322–26 [?]). **5)** P. →Lorenzetti: südl. Querhaus, Unterkirche (um 1320–30). Lit.: W. Schöne, Studien zur Oberkirche von A., in: Festschrift K. Bauch, 1957; R. Oertel, Die Frühzeit d. italien. Malerei, 1953.

Assistenzfigur. Eine auf Gemälden für das ursprüngliche Thema nicht unbedingt erforderliche Figur. A.en wurden zuerst in der italien. Malerei des Quattrocento verwandt. Sie dienten zur Bereicherung von figurenarmen Darstellungen, wobei sich der ausführende Künstler sehr oft der Vorbilder bekannter Zeitgenossen, mitunter auch seiner eigenen Person, bediente.

Assos. Griech. Stadt an der klein-asiatischen Küste. Die Anfänge der Stadt sind unbekannt. Im 6. Jh. v. Chr. geriet sie unter lydische und persische Herrschaft, im 5. Jh. v. Chr. unter den Einfluß Athens. Später wird sie Teil des pergamenischen Reiches. Bedeutende Monumente wurden hier ausgegraben. Erhalten ist z. T. eine große Befestigungsmauer aus dem 4. Jh. v. Chr., die über Resten einer älteren Mauer liegt und eine Akropolis samt Unterstadt umfaßt. Auf der Akropolis ist ein dorischer →Peripteros ausgegraben (um 530 v. Chr. errichtet), von dem Metopenreliefs und Architravfriese erhalten sind.
Lit.: Clarke-Bacon-Koldewey, Investigations at Assos, 1901–1921.

Assuan. Altägyptische Stadt des Elefantenlandes an der Grenze Nubiens (→Elephantine). Große Bedeutung für die →ägyptische Kunst wegen des Rosen- und graudunklen Granits. Steinbrüche mit unvollendetem →Obelisk und Kolossalfiguren. Auf dem Westufer Felsengräber der Gaufürsten und Großen von →Elephantine aus dem Ende des Alten Reiches (6. Dyn.) und dem Mittleren Reich (12. Dyn.) mit Treppenanlagen beiderseits einer schrägen Rampe für den Sarkophagtransport, bildgeschmückten Pfeilerhallen und -sälen, die für die Entwicklung des Felsengrabes bedeutsam sind. Den Höhepunkt bilden die Grabanlagen der Fürsten →Sarenput I. und II. (12. Dyn.); →ägypt. Kunst.
Lit.: W. Wolf, KÄ, 385ff. E. Brunner-Traut, Ägypten, 521ff., 534ff.

Assunta. Italien. Bezeichnung für Himmelfahrt Mariae. Die berühmteste Formulierung des Themas ist wohl die großartige A. des →Tizian (1518, Venedig, Frarikirche).

Assur. Ruinenstätte →Qalat Schergat am rechten Tigrisufer. Im Bereich der →Halaf-Kultur besiedelt, war A. nach Zuwanderung semitischer Bevölkerung ein bedeutendes Kultzentrum der Göttin →Ischtar, deren Heiligtum mit Bildwerken und Malerei enge Beziehungen zur →sumerischen Kunst und zu Akkad zeigt. Selbständigkeit nach dem Untergang der 3. Dynastie von →Ur. Starke Wirkung auf die assyrischen Handelskolonien im vorhethitischen Kleinasien (Kanesch-Kültepe, Alisar Hüyük). Mit dem westsemitischen Eroberer →Schamschiadad I. erste Hochblüte von A., dessen naturbegünstigte Festungsanlagen den Tempel des Gottes A. mit mächtiger →Zikkurat und den Alten Palast sicherten. Im 16. Jh. v. Chr. folgte der große Doppeltempel für →Sin und →Schamasch. Unter →Tukulti Ninurta I. entstand der Neue Palast, während unter Tiglatpileser I. der mächtige Doppeltempel für den Himmelsgott →Anu und →Adad vollendet wurde. Charakteristisch für die Architektur von A. ist das betonte Weiterführen von sumerisch-akkadischer Tradition zusammen mit der Pflege bodenständiger und westsemitischer Kulte. Durch die neuassyrischen Residenzanlagen von →Kalach, →Ninive und →Chorsabad verlor A. viel von seiner ursprünglichen Bedeutung. Nach der Zerstörung durch →Kyaxares erhielt A. wieder einen Palast der →parthischen Kunst unter dem Arsakiden →Vologases I.
Lit.: H. Schmökel, GAV, 93ff.; A. Parrot, Assur; E. Strommenger, Mesopotamien; R. Ghirshman, Iran II, 32ff.

Felsengrab des Sarenput bei Assuan, Mittleres Reich.

Assurbanipal. Neuassyrischer König (668–631 v. Chr.). Große Palastanlage mit Bibliothek in →Ninive. Die zahlreichen Reliefs berichten von Feldzügen, Kultritualen, festlichen Gartenszenen und Jagden, bei denen A. nicht nur als Wagenritter, sondern zum erstenmal in der →assyrischen Kunst als reitender Bogenschütze erscheint.
Lit.: H. Schmökel, GAV, 278ff; A. Parrot, Assur; E. Strommenger, Mesopotamien, Tf. 236ff.

Assurbelkala. Assyrischer König (1072–1055 v. Chr.), Auftraggeber des zerbrochenen „Obelisken" aus Ninive mit Darstellung des Herrschers vor Gefangenen mit Nasenringen unter der Flügelsonne, aus der die göttliche Hand dem Sieger den Bogen reicht.
Lit.: E. Strommenger, Mesopotamien, Tf. 188; H. Schmökel, GAV, 204.

Assurnasirpal. Assyrischer Königsname. A. I. (1052–1033 v. Chr.), Bericht über Wiederaufbau zerstörter Tempel und Wiederherstellung von Kultbildern. A. II. (883–859 v. Chr.). Prunkresidenz in →Kalach mit Palast- und Tempelanlagen. Darstellungen A.s in Freiplastik und auf zahlreichen Reliefs, die von Kriegszügen, Löwen- und Stierjagden mit Streitwagen und Kultszenen berichten. Gruft im Alten Palast von →Assur.

Lit.: H. Schmökel, GAV, 250ff.; A. Parrot, Assur; E. Strommenger, Mesopotamien, Tf. 191ff.

Assur-uballit. Assyrischer Königsname. A. I. (um 1350 v. Chr.). Beziehungen zu →Amarna. A. II. suchte nach dem Fall von →Ninive (612 v. Chr.) vergeblich mit ägyptischer Hilfe den Untergang des Assyrerreiches aufzuhalten, dessen Geschichte mit dem Tod des Königs 606 v. Chr. endet.
Lit.: H. Schmökel, GAV, 177f., 188, 191f., 283f.

Assyrische Kunst →Altorientalische Kunst V, VII.

Astarte. Name einer der →Ischtar und Anath nahestehenden kanaanäisch-phönizischen kriegerischen Liebesgöttin, meist nackt in Frontalansicht mit betonter Schoß- und Brustpartie dargestellt. Unter syrischem Einfluß in der →ägyptischen Kunst der 18./19. Dyn. als bogenbewehrte Reiterin.
Lit.: H. Schmökel, GAV, 241f.; S. Morenz, ÄR, 253ff.

Astkreuz. Seit ottonischer Zeit bekannte Sonderform des Kreuzes Christi, bei der Stamm und Arme als dürre Äste gebildet sind.

Astragal. Gelenkknochen von Schafen, die als Würfel in den berühmten und beliebten griech. A.spielen benutzt wurden. Als Lieblingsgegenstand sind sie den Verstorbenen in die Gräber mitgegeben worden. →Polyklet schuf eine nicht erhaltene, in der Antike hochberühmte Gruppe zweier A.spieler.

Astrolab. Rundes, aufhängbares Bronzegerät mit Gravierungen zur Fixierung von Ort, Zeit und Stunde durch Gestirnsbeobachtungen. Das A. ist mesopotamischen Ursprungs und war bis in das 19. Jh. n. Chr. hauptsächlich im Orient gebräuchlich.
Lit.: L. A. Mayer, Islamic Astrolabists and their works, 1956.

Astwerk. Dekorationsmotiv aus Ästen mit knorrig abgebrochenen Endigungen, 1480–1520 besonders häufig an Architekturteilen, Kanzeln und Altären auftauchend, ein charakteristischer Ausdruck naturalistischer Tendenzen in der Spätestgotik.

Astyages. König der →Meder, Nachfolger des →Kyaxares (584 v. Chr.), um 550 bei →Pasargadae von seinem persischen Vasallenfürsten (→Kyros II.) besiegt.
Lit.: H. H. von der Osten, 53ff., 59ff.; R. Ghirshman, Iran I, 130.

Atābeg (= Vormund, Erzieher für Prinzen). Bei den →Seltschuken Titel für Inhaber hoher Ämter und Chargen. Mehrmals Gründer eigener Dyn. – Am Hof der Ortokiden von Dyarbekr bekannt als Empfänger der einzigen →Grubenschmelzarbeit islam. Herkunft (1120 bis 1240, Innsbruck, Museum Ferdinandeum): Daūd ibn Sukmān. – Unter den Zengiden von Mōsul eingesetzt Badr ed-din Lu'lu' (=Neumond der Religion), gest. 1259, inschriftlich häufig als Stifter und Auftraggeber genannt: Grabmal der Zainab in Sindjar, Karawansaray al-Han bei Mosul, Qara-Saray in Mosul, zwei Grabmoscheen bei Mosul; an der Stadtmauer von Mosul Relief mit seinem Emblem: sitzender Mann, der die Mondsichel mit beiden Händen hält, desgleichen auf Münzen und tauschierten Mosulbronzen (Völkerkundemuseum, München, signiertes Becken).
Lit.: Enzyklopädie des Islam, 1913–38; Sarre und Herzfeld, Archäologische Reise im Euphrat- und Tigrisgebiet, 1911; F. Sarre, Das Metallbecken des A. Lulu von Mosul, in: Münchener Jahrbuch für Bildende Kunst, Bd. I; H. Glück und E. Diez, Die Kunst des Islam, 1925.

Atelier. Aus dem Französischen übernommener Begriff: Werkstatt. Heute durchgängig: Arbeitsraum des Künstlers mit seinen die spezielle Tätigkeit unterstützenden Lichtverhältnissen (Atelierfenster).

Athanodoros. Griech. Bildhauer des 1. Jhs. v. Chr. aus Rhodos. Er arbeitete gemeinsam mit →Hagesandros an der berühmten →Laokoongruppe. Bei den Grabungen in Lindos wurden verschiedene Basisblöcke, die seine Signatur tragen, gefunden.

Athen. Kern der Stadt ist die Akropolis, ein nach drei Seiten steil abfallender Felsen, auf dem A.s älteste Bebauung lag (Überreste von Mauern und einem Palast aus mykenischer Zeit). Hier residierten A.s Könige und später die Peisistratiden. Nach den Perserkriegen wurde die Akropolis zu einem stark befestigten, monumentalen Mittelpunkt für die Kulte und Feste des Staates umgestaltet. Die Stadt breitete sich durch Bebauung der umgebenden Hügel und Täler schnell aus. Die Stadtmauer aus dem 6. Jh. v. Chr., die nur die Akropolis und ihre Abhänge umschloß, war frühzeitig zu eng geworden. Ein weit größeres Gebiet lag innerhalb der Stadtmauern, die nach 478 v. Chr. von Themistokles erbaut und später im Osten von Kaiser Hadrian erweitert wurden. Um die Mitte des 5. Jhs. v. Chr. wurde A. durch die drei sogen. „langen Mauern“ mit der Hafenstadt →Piräus vereinigt. Ungefähr gleichzeitig wurde die Akropolis von dem Feld-

Cella des Parthenon zu Athen, 3. Viertel 5. Jh. v. Chr.

herrn Kimon mit neuen Befestigungen versehen, nachdem die alten Mauern, wie auch alle Tempel, während der Perserkatastrophe 480 zerstört worden waren. Als Füllung bei den Terrassierungsarbeiten an den Rändern des Felsens wurden Gebäudeteile und archaische Skulpturen verwandt, die bei Grabungen in den 90er Jahren des 19. Jh. wiedergefunden wurden. Die Fundamente des alten Heiligtums Athens (Hekatompedon, „das 100 Fuß lange“), sind noch erhalten, aber die übrigen Tempel auf der Akropolis stammen aus der Zeit des Perikles und später. Berühmt ist vor allem der →Parthenon, A.s neuer Tempel (vollendet 438). Nördlich davon liegt ein kleinerer Tempel, das →Erechtheion, in verfeinertem ionischem Stil (vollendet 406). Am Aufgang zur Akropolis liegen die von dem Architekten →Mnesikles 437–431 erbauten →Propyläen, ein monumentales Eingangsgebäude. Südwestlich von den Propyläen auf einem Felsvorsprung steht der kleine, um 410 vollendete Niketempel im ionischen Stil. Am Südhang liegt das Dionysos-Theater, das im 6. Jh. angelegt wurde und noch Reste eines Umbaues im 4. Jh. zeigt. Im Westen wird es durch die Stoa (Säulenhalle) des Pergamonkönigs Eumenes II. mit dem Theater- und Konzertraum, dem →Odeion, verbunden, das Herodes Atticus in den 60er Jahren des 2. Jh. n. Chr. errichten ließ. Die →Agora. Rings um diesen Platz lagen Verwaltungsgebäude, mehrere Heiligtümer sowie gewaltige Säulenhallen. An der Westseite des Marktes wurden ausgegraben die im 5. Jh. v. Chr. errichtete Stoa Basileios („die königliche Halle“) oder Stoa des Zeus (nach einer Zeus-Statue, die neben der Stoa stand), der Amtssitz des maßgebenden Archonten, weiter der Tempel des Apollon Patroos (4. Jh. v. Chr.), das Metroon (das Stadtarchiv, eig. ein Demeterheiligtum; 2. Jh. v. Chr.), das alte und neue Bouleuterion (das Rathaus; 6. und 5. Jh. v. Chr.) sowie die Tholos (5. Jh. v. Chr.), ein Rundgebäude, das als Versammlungshaus der Ratsmitglieder diente. Auf dem Markt ist das Fundament zu einem Ares-Tempel aus dem 5. Jh. v. Chr. freigelegt worden. An der Südseite der Agora wurden Reste eines riesigen Odeions entdeckt, ursprünglich ein Konzertraum aus der Zeit kurz vor Christi Geburt, der um 140 n. Chr. für die Philosophenschulen umgebaut wurde und im 5. Jh. n. Chr. seine endgültige Form bekam, wahrscheinlich als Sitz der „Universität“ von A. Außerdem hat man die Überreste einer Reihe von Gebäuden an der Südseite aus dem 5. und 6. Jh. v. Chr. untersucht, u. a. das, in dem man die

Heliaia (ein Gerichtsgebäude) sehen dürfte und eine große Säulenhalle, die Südstoa I, sowie gewaltige Säulenhallen, mit denen der Markt um 150 v. Chr. einen prachtvollen, für die Städte des Hellenismus typischen Rahmen bekam: im Süden die Mittlere Stoa und die dahinter liegende Südstoa II, im Osten die von Attalos II. erbaute Stoa. Die zuletzt genannte, die bereits im 19. Jh. freigelegt wurde, ist 1953–56 rekonstruiert und aufgebaut worden und enthält jetzt die Einzelfunde aus dem Bereich der Agora. – Die laut Pausanias an der Nordseite des Marktes gelegene Stoa poikile („die bunte Halle") aus dem 5. Jh. v. Chr. ist noch nicht identifiziert worden. – Westlich von der Agora liegt auf einem Hügel ein gut erhaltener dorischer Tempel aus der Mitte des 5. Jh. v. Chr., der Athena und Hephaistos geweiht war, das Hephaisteion, früher fälschlich Theseion genannt; Fragmente des zu diesem Tempel gehörenden Skulpturenschmuckes sind ausgegraben worden. – In der Stadtmauer nach Nordwesten befand sich ein gewaltiges Torgebäude, das →Dipylon, und unmittelbar südlich davon das sogen. Heilige Tor. Durch das erstere zog der panathenische Festzug längs auf einer Paradestraße nach Südosten über die Agora zur Akropolis; nach Nordwesten führte die Straße zu Platons Akademie, deren Lage sich noch nicht mit Sicherheit feststellen ließ. Durch das Heilige Tor führte „Der Heilige Weg" nach → Eleusis. Von der Agora breitete sich nach Nordwesten das Töpfer-Viertel → Kerameikos aus, an dessen äußerem Teil, an der Straße nach Eleusis, der große Begräbnisplatz von A. lag. In den älteren Gräbern hat man die wichtigen →Dipylonvasen (8. Jh. v. Chr.) gefunden. Aus dem 6.–4. Jh. sind mehrere mit Skulpturen versehene Grabdenkmäler, häufig von hohem künstlerischem Rang, erhalten. – Zu den Gebäuden, die in frühchristl. und mittelalterlicher Zeit entstanden, gehören einige besonders wertvolle byzantinische Bauten. Reiche Kreuzkuppelkirchen mit verschiedenen Systemen der Kuppelabstützung. Hierzu gehören die Theodoroskirche (1050), die Kirche des Kaisarianiklosters am Hymettos (Anfang des 12. Jhs.), die kleine Panagia Gorgopiko, als Achtstützenkirche die Panagia Likodimu (vor 1144). Die kleine Metropoliskirche (Hagia Eleutheros) ist dadurch bemerkenswert, daß sie an den Außenseiten eine große Zahl von Reliefplatten besitzt, die aus dem 10. Jh. stammen. Zur neueren Stadtanlage →Schaubert, Eduard.

Lit.: W. Judeich, Topographie von A., 1931; I. Th. Hill, The Ancient City of Athens, 1953; M. Collignon u.a., L'acropole d'Athènes, 1912–32; W. Hege und G. Rodenwaldt, Die Akropolis, 1937.

Athena. Griechische Göttin, Schutzherrin der Stadt →Athen. In der griechischen Kunst wird sie entsprechend der mythologischen Überlieferung als bewaffnete Gottheit dargestellt. Ihre Attribute sind die Ägis und die Eule. Letzteres als Symbol der Weisheit. Ihrem kämpferischen Charakter entsprechend wird A. häufig zusammen mit den griechischen Helden dargestellt. Daneben wurde sie auch als Schutzgöttin der Handwerker verehrt.

Athos. Halbinsel der Chalkidike. In ihren Bergen wohnten verstreut christl. Einsiedler. 963 wurde hier ein erstes griechisches Kloster gegründet, dem bald eine größere Zahl aus den osteuropäischen Ländern (Serbien, Bulgarien, Rußland) folgte. Die Klöster schlossen sich zu einer Mönchsrepublik zusammen, regiert durch 12 Großklöster aus den verschiedensten Ländern. Dabei hatten den Vorrang die Griechenklöster Lawra, Watopedi, Iviron, Chilandari und Dionysios. Geistiges Oberhaupt der Mönchsrepublik war der Patriarch von Konstantinopel. Besonders bedeutsam für die osteuropäische, byzantinische Kunstgeschichte ist das „Handbuch der Malerei vom Berge Athos" (Verfasser des Anfang 18. Jh. entstandenen Buches der Maler Dionysios von Phurna). 1855 in Trier in deutscher Sprache herausgegeben. Das Buch geht auf alte Überlieferung zurück: Teil I spricht über die Technik der Malerei, Teil II gibt eine Beschreibung biblischer Bilder, Teil III eine solche von Heiligenbildern, Teil IV bringt eine Anweisung, wie die Bilder in den Kirchen anzuordnen sind. Neben dem Malbuch verdienen die Malereien selbst größte Beachtung. Leider haben sich die Fresken der Athosklöster aus dem 14. und 15. Jh. nicht in ihrem ursprünglichen Zustand erhalten. Die eigentliche Blüte fällt in das 16. Jh. und ist wesentlich bestimmt von dem Maler →Theophanes dem Griechen und anderen Künstlern aus Kreta. Vorher hatte schon die →Makedonische Malschule starken Einfluß auf die Athosmalereien ausgeübt. In den Athosklöstern bildete sich selbst eine Schule, die vor allem für die Fresken in den Kirchen der Wallachei und an der Moldau wichtig wurde. Die Architektur der Athoskünstler hat ihr eigenes Gepräge. Sie bevorzugt weitgehend die → Dreikonchenanlage. Bei den Fünfkreuzkuppelkirchen liegen die vier Kuppeln außerhalb der Vierung nicht auf den Seitenarmen, sondern auf angebauten Seitenkapellen. Viele der Kirchen sind auch zweischiffig gebaut. Der Athos ist im Besitz einiger wichtiger Miniaturen, so eines Prunkevangeliars in Stauronikita (Cod. 43), einer Miniatur des →Oktateuch aus dem 13. Jh. in Vatopedi

Athos, Russenkloster Panteleimonos.

(Cod. 602) und eines Pantokratorpsalters (Cod. 61). Der Athos war auch ein Produktionszentrum für religiöse Holzarbeiten.

Lit.: K. Eller, Der Heilige Berg A., 1954; Kirsten-Kraiker, Griechenlandkunde, 708ff., 774f., 1962.

Athribis. Ägyptische Stadt im Nil-Deltagebiet, Geburtsort des →Amenophis Hapu. Fundort einer männlichen Mantelstatue aus Graugranit (Zeit →Amenemhets III.).

Lit.: W. Wolf, KÄ, 340ff.

Athrpa. Etruskische Schicksalsgöttin. Flügelgestalt mit Hammer und Nagel, dessen zeremonielles Einschlagen die Endgültigkeit und Unwiderruflichkeit des Geschehens bekräftigte. Darstellung auf einem Spiegel des späten 4. Jhs. v. Chr.

Lit.: O. W. v. Vacano, E II, 13ff. →Etruskische Kunst.

Atlant →Atlas.

Atlas. 1) Nach dem Titanensohn der griech. Mythologie, der dazu verurteilt wurde, das Himmelsgewölbe zu tragen, benannte männliche Bildsäule als Gebälkstütze. Vor allem in der röm. Baukunst vielfach verwandtes Bauglied, das in der Renaissance wieder aufgenommen und besonders häufig in der Barockarchitektur angewandt wird. **2)** Grundverbindung der Webkunst, sogen. Satinbindung. Abgeleitet vom arabischen Wort atlas = „ohne Haar". Auch das in dieser Technik angefertigte Gewebe wird A. genannt.

Aton. A. bezeichnet in Ägypten seit dem Mittleren Reich die Sonne als Gestirn. In der Kunst von →Amarna unter →Echnaton als Scheibe mit Strahlen dargestellt, die in Hände ausgehen; Symbol der einzigen schöpferischen Allmachtgottheit.

Lit.: W. Wolf, KÄ, 741; S. Morenz, ÄR, 293.

Atrium. Die große, offene Halle im Zentrum des römischen Hauses, die an die Vorhalle grenzt. Das A. hatte im Privatkult besondere Bedeutung, da hier die Bilder der Ahnen aufbewahrt und verehrt wurden. In christl. Zeit erhält der Vorhof der altchristlichen →Basilika diesen Namen, auch Paradies genannt. Der Grundriß ist meistens quadratisch. Das A. ist oft von Säulen umgeben. In der Mitte der Anlage befindet sich gewöhnlich ein Brunnen (→Cantharus). Diesen konnte ein Ablutionsbecken in der Westwand des A. ersetzen. Das A. war ein Raum der Besinnung für die in das Gotteshaus Eintretenden. In altchristl. Zeit hielten sich hier vor allem die Katechumenen auf. In späterer Zeit fanden auch Beisetzungen im A. statt. Nach dem 11. Jh. wurde das A. nur noch von den Zisterziensern (→Maulbronn) und Prämonstratensern beibehalten.

Attache. Bezeichnung für ein gesondert hergestelltes Einzelteil eines Gerätes, das an diesem als Schmuck angebracht wird. – Meist handelt es sich hierbei um einen figürlichen oder ornamentalen Ansatz an den Henkeln antiker Metallgefäße. Besonders in der iranischen und frühgriech. Kunst und bei keltischen Bronzeschnabelkannen.

Attaleia (Adalia). Stadt in Kleinasien. Spielt in der kleinasiatischen Kunst der mittleren byzantinischen Zeit eine führende Rolle. Besitzt ein archäologisches Museum. Darin wichtiges Relief aus dem 6. Jh. mit dem Erzengel Gabriel.

Attika. 1) Griech. Landschaft um →Athen. Das Gebiet Attikas zählt zu den ältesten Siedlungsräumen Griechenlands und war bereits im 3. Jahrtausend v. Chr. bewohnt. Vereinzelt sind Reste der mykenischen Kultur erhalten. Seit dem beginnenden 1. Jahrtausend v. Chr. bleibt A. mit seiner Hauptstadt →Athen das unumstrittene Zentrum der griech. Kunst und Kultur. **2)** Aus der Antike von der Renaissance übernommenes und seitdem übliches Bauglied. Geschlossene Wand über dem Hauptgesims einer Säulen- oder Pilasterordnung. Hinter der A. kann sich ein A.geschoß verbergen. Soll die A. das Dach kaschieren, kann sie auch als Baluster-A., bisweilen mit Statuenschmuck, ausgebildet sein.

Attische Basis. Attische Sonderform der Basis einer ionischen Säule. →Säulenordnung.

Attribut. Der einer dargestellten Figur zur Kennzeichnung beigegebene Gegenstand. In der antiken Kunst bezeichnet das A. den Wirkungsbereich eines Gottes oder bezieht sich auf die mythischen Taten eines Heros (z.B. Blitzbündel des Zeus, Löwenfell des Herakles). Wichtig wird das A. im Mittelalter zur Bezeichnung von Heiligen und personifizierten Begriffen (→Allegorie). Die A.e der Heiligen beziehen sich meist auf deren Martyrium, auf Wunder und denkwürdige Ereignisse (Turm der Barbara, Korb der Dorothea). Die eindeutige Zuordnung festigte sich erst im Spätmittelalter. Im Gegensatz zum →Symbol hat das A. nur gegenständliche, nicht sinnbildliche Bedeutung, doch sind die Grenzen nicht immer klar zu scheiden.
Lit.: R. Pfleiderer, Die A.e der Heiligen, 1920; J. Braun, Tracht und A.e der Heiligen in der deutschen Kunst, 1943.

Atum. Ägyptischer Sonnen- und Schöpfergott von →Heliopolis, menschengestaltig und als Schlange dargestellt, die sich auf die Entstehung des Urgottes A. aus dem Urozean Nun bezieht. Verbindung mit →Rê zu A.-Rê.
Lit.: S. Morenz, ÄR, 12ff.; W. Wolf, KÄ, 502.

Auberjonois, René. Schweizer Maler. Geb. 1872 in Montagny, gest. 1957 in Lausanne. Studium in London und Paris. 1901–1914 in Paris tätig, anschließend in Lausanne. Sein Frühwerk steht noch ganz unter dem Einfluß des →Pointilismus, den er mit dem Stil →Denis' zu verbinden suchte. Um 1915/20 fand er aus der intensiven Beschäftigung mit dem →Kubismus und →Fauvismus zu einem eigenen Stil. Strenge plastische Formen verbindet er mit einer dunklen Farbgebung. – Hauptsächlich schuf er Bildnisse, Stilleben und Landschaften. Daneben war er als Zeichner und hervorragender Buchillustrator tätig.
Lit.: H. Vollmer, Künstlerlex. d. 20. Jhs.

Aubussonteppich. Nach seinem Herstellungsort Aubusson (Dép. Creuse) genannter gewebter →Bildteppich.

Auditorium. Ort der Kirche, wo die Katechumenen sich aufhielten (das →Atrium und vor allem der → Narthex).

Aufhausen (Oberpfalz). Stiftskirche Maria Schnee. 1736–1751 von Joh. Mich. →Fischer errichtet. Schlichter Außenbau mit nur geradliniger Begrenzung. Der Kernraum, entwickelt aus einem in den Ecken abgeschrägten Quadrat, von Flachkuppel gekrönt. In den Diagonalen Emporen, die mit ihren Brüstungen in den Hauptraum schwingen. Auf der Hauptachse bilden Eingangsjoch und Chorraum etwa gleichwertige Raumteile. Die Architektur variiert eines der Grundthemen Fischerscher Raumkunst. Vergl. →Rott am Inn.
Lit.: F. Hagen-Dempf, Der Zentralbaugedanke bei Joh. Mich. Fischer, 1954.

Aufriß →Architekturzeichnung.

Aufstechen. Auffrischen einer durch viele Abdrucke vernutzten Platte für den →Kupferstich durch erneutes Vertiefen der Linien. Zugunsten saftigerer Drucke wird dabei die Ursprünglichkeit zerstört.

Augenpunkt →Perspektive.

Augsburg. Um 45 n. Chr. von Kaiser Claudius gegründet. Im Mittelalter Reichsstadt (Dom mit den wesentlichen Teilen aus dem 14. Jh.; St. Ulrich und Afra ab 1475), von etwa 1480–1630 Weltstadt (erdumspannende Unternehmungen der Familien Fugger und

Augsburg, Rathaus von Elias Holl, Fassade.

Welser). Aus der Glanzzeit stammen: die Fuggerkapelle bei St. Anna (1509–18, erstes Renaissancedenkmal auf deutschem Boden), das Fuggerhaus (1512–15) und die Sozialsiedlung der Fuggerei (1514). Die endgültige Prägung des Stadtbildes gelingt dem größten deutschen Baumeister um 1600, Elias →Holl: Zeughaus (1602–07), Veränderung des Perlachturmes (1614–16) und das heroisch-großartige Rathaus (ab 1615), mit dem (1944 ausgebrannten) Goldenen Saal. Durch den 30jährigen Krieg verkümmert die Stadt. Erneute Blüte im 18. Jh. (Goldschmiedehandwerk und Malerakademie unter Matthäus Günther und Bergmüller): Schaezler-Haus (1765–67) für den Bankier v. Liebert mit schönem Festsaal und Treppenhaus (beziehungsreiches Fresko:

Künste und Wissenschaften blühen unter dem Glück des Handels).

Augst →Kaiseraugst.

Augurenritual. Etruskisch-römisches Zeremoniell bei der Tempelgründung, entscheidend für die Richtungnahme des römischen Tempels im Gegensatz zum griechischen. Der Augur bezeichnete vor der für die Vogelflugbeobachtung errichteten heiligen Hütte mit dem Lituus die für den Tempel gültigen Grenzen des Beobachtungsfeldes und schloß dabei alles, was in seinem Rücken lag, vom heiligen Akt aus. Sein Platz bestimmte den Ort des Kultbildes mit dem vor der Gottheit liegenden Raum.
Lit.: H. Kaehler, Rom und sein Imperium, 23f., 1962; O. W. v. Vacano, E II, 25ff. →Etruskische Kunst.

Augusteische Kunst. Die Epoche der →Römischen Kunst, die mit der Herrschaftszeit des →Augustus zusammenfällt, zeichnet sich durch sehr charakteristische Merkmale aus. Bereitwillig wird griechisches Formengut aufgenommen, um römischen Gedanken untergeordnet zu werden. Besonders hebt sich die A. durch eine strenge und gebändigte Formensprache von den übrigen Abschnitten der römischen Kunst ab.
Lit.: G. Rodenwaldt, Kunst um Augustus, 1943.

Augustus. Röm. Kaiser, durch Adoption der iulischen Familie zugehörig. Der eigentliche Name ist Octavian, A. dagegen ursprünglich ein im Jahre 27 v. Chr. verliehener

Augustus von Primaporta (Rom, Vat. Mus.).

Ehrentitel, der später den Namen vertritt. Eine Darstellung dieser Ehrung durch den röm. Senat ist in der berühmten →Gemma Augustea erhalten. – Die Regierungszeit des A. reicht von 44 v. Chr. – 14. n. Chr. Er führte eine Neuordnung des Imperiums durch und begründete den Prinzipat, aus dem die Herrschaftsform des Kaiserreichs erwuchs. Die Regierung des A. war für die röm. Kunst von größter Bedeutung, da er einen imperialen röm. Stil schuf. In enger Anlehnung an die strenge Form griech. klassischer Werke entsteht durch Aufnahme spezifisch röm. Inhalte eine Synthese zwischen griech. und röm. Kultur, die man allgemein als augusteischen Klassizismus bezeichnet. Ein charakteristisches Beispiel hierfür ist der berühmte „Augustus von Primaporta": als Typ liegt der Gestalt der →Doryphoros von →Polyklet zugrunde, der gleichsam das Gerüst einer Komposition bildet, die in der Aussage des Gestus und der Panzerreliefs rein röm. Gedankengut vermittelt. Als zweites Beispiel sei die →Ara Pacis genannt.
Lit.: G. Rodenwaldt, Kunst um Augustus, 1943.

Augustusburg (Sachsen). 1567 unter Leitung von Hieronymus →Lotter begonnene Schloßanlage für die Kurfürsten von Sachsen. In den Ecken eines Quadrates stehen mächtige vierstöckige Eckhäuser und bilden die wesentlichen Hauptgebäude. Die verbindenden Trakte sind schmäler. Der Hof erhält dadurch den Grundriß eines gleichschenkeligen Kreuzes. Die Raumaufteilung der 4 Hauptgebäude im wesentlichen verwandt. Schönes Beispiel für das noch ganz unbarocke Denken, für die dezentralisierte Kompositionsweise in der zweiten Hälfte des 16. Jhs.

Augustus von Primaporta →Augustus.

Aula (lat. „Hof"). In der spätröm. Kaiserzeit mit der Herrscherresidenz identisch. – Leitet sich her vom griech. Wort „aule", das seit Homer den Hof, insbesondere den Palasthof, aber auch ein kleines Gehöft bezeichnet. In griech. klassischer Zeit bedeutete „aule" der Innenhof, der bei fast keinem griech. Haus dieser Zeit fehlt. Gute Beispiele sind in →Priene und →Olynth erhalten.

Aulis. Antiker Hafenplatz in Böotien. Nach Homer war A. Sammelpunkt der Griechen beim Zug gegen →Troja. Auch der Iphigenie-Mythos wird hier lokalisiert. →Pausanias nennt für A. ein →Artemision, das ausgegraben wurde. Der Tempel hat die langgestreckte Form archaischer Bauten, stammt jedoch erst aus dem 5. Jh. v. Chr. und wurde als →Antentempel mit →Adyton und zwei Reihen von je 4 Innensäulen errichtet. Im →Hellenismus ist dem →Pronaos eine prostyle Halle mit 4 dorischen Säulen angegliedert worden.
Lit.: Kirsten-Kraiker, Griechenlandkunde, 183ff., 1962.

Aunjetitz. Namengebender Fundort einer frühbronzezeitlichen Kulturgruppe des östlichen Mitteleuropa (um 1600 v. Chr.). Typisch sind außer einer metallisch glänzenden feingeschlemmten Keramik gut gearbeitete Bronzewaffen und -geräte, aber auch Goldschmuck.

Aurangabad. Indische Stadt im Dekkhan. In den nahe gelegenen Waldgebirgen sind buddhistische Höhlen mit Felsplastiken des 6.–8. Jh. erhalten. Gegen Ende der Mogulzeit residierte Aurangzeb (1658–1707) in A.; hieran erinnern verschiedene Teile der Stadtbefestigung und der Wasseranlagen und vor allem das Kuppelgrab seiner Frau, der Rabia Daurani, eine etwas schwerfällige Kopie des Tadsch Mahall von →Agra.

Aureole (lat. = goldfarbig). In der christlichen Kunst Strahlenkranz, Heiligenschein, der die Figur ganz umgibt, zum Unterschied von →Nimbus. Nur Christus, Maria und die Dreifaltigkeit können damit ausgezeichnet sein. Eine besondere Form der A. ist die →Mandorla (→Heiligenschein).

Aurignacien. Frühe Phase des jüngeren Paläolithikums (→Ältere Steinzeit) mit den ältesten Kunstwerken (etwa 40000 bis 20000 v. Chr.). In erster Linie Kleinkunst: →Frauenstatuetten und →Tierplastik (→Vogelherd-Höhle in Württemberg), aber auch geometrische Ornamente und Relief (→Laussel) sowie Anfänge der Wandkunst (gravierte und gemalte Umrisse von Tieren, →Handumrisse und sogen. →„Makkaroni"). Typisch ist die verschobene Perspektive: der Körper wird von der Seite, Hufe und Hörner werden von vorne gesehen.

Aurum coronarium. Auch aurum oblaticum (oder goldene Spende) genannt. Es handelt sich um goldene Kränze, welche die röm. Senatoren dem Kaiser darbrachten. Die altchristl. Kunst übernahm in ihren Darstellungen diesen Brauch, nur daß statt der Senatoren die Märtyrer die goldenen Kränze in den Händen tragen, um sie dem himmlischen Kaiser zu überreichen. Vergleiche etwa die Prozession der Märtyrer und Märtyrerinnen in St. Apollinaris in →Ravenna.

Ausgrabungen →Archäologie.

Auskragung. Vorspringen aus der Wand, z. B. eines Steines, Erkers oder ganzen Geschosses, wobei das vordrängende Architekturglied sich weiterhin auf die Wand allein stützt.

Auslucht. Erkerartiger Vorsprung einer Fassade seitlich der Eingangstür. Die A. besonders häufig in der → Weserrenaissance.

Australien. A. war vor der Entdeckung durch europäische Seefahrer von Jägern und Sammlern bewohnt, die anthropologisch der europiden Rasse verwandt sind (früher fälschlich als „Australneger" bezeichnet). Töpferei, Weberei und höhere Steinbearbeitung ist ihnen unbekannt. Ihre Kunst jedoch ist oft sehr eindringlich in der Wirkung, und z. T. trifft man auf komplizierte, konventionelle Stilisierungen, die fast an jene des europäischen →Mesolithikums erinnern. Die Kunst der australischen Ureinwohner wurzelt vorwiegend in Ritus und Mystik. Wir kennen neben Plastiken aus Wachs, Ton und (selten!) Stein vor allem Holzfiguren und Rindenmalereien (Nord-A.), dekorativ wirkungsvoll bemalte Schilde (Queensland) und verschiedenartige →Felsbilder. Geräte und Waffen (z.B. Speerschleuderhölzer) tragen häufig ornamentales oder figurales Dekor. Bekannt sind Ritualtäfelchen („tjurunga") mit stark vereinfachten Totem-Sinnbildern. Geschnitzt wird mit Hilfe von Steinsplittern und Muscheln, gemalt mit Erdfarben; Eiweiß dient als Fixiermittel. Auch der sandige Erdboden wird gelegentlich mit eingegrabenen Zeichen rituellen Charakters bedeckt. Hochentwickelt ist schließlich der Körperschmuck (besonders bei Jugendweihe-Riten) durch Bemalen und Bekleben der Haut mit Daunenfedern.
Lit.: Elkin/Berndt, Art in Arnhem Land, 1950.

Automaten. In der islamischen Kultur Bezeichnung für technisch raffinierte, prunkvoll ausgestattete Apparaturen zur Zeitmessung oder auch als mechanische Spielerei. A. waren am Kalifenhof im frühen Mittelalter hochgeschätzt als Wasserspiele, Wasseruhren, sich bewegende Figuren oder singende und flügelschlagende Vögel. Aus dem 13. und 14. Jh. n. Chr. sind illustrierte Manuskripte über die Konstruktion der A. erhalten (New York, Metr. Mus.).
Lit.: Coomaraswamy, Automata.

Autun. Franz. Stadt bei Dijon, bereits in röm. Zeit besiedelt. Um 313–314 werden Christen hier literarisch bezeugt. Sehr instruktive Grabinschriften aus dem 5.–6. Jh., griechische Distichen. Hauptleistung des Mittelalters ist die Kathedrale St.-Lazare. Um 1130 errichteter bedeutendster burgundischer Kirchenbau neben →Cluny III, dem er in seiner klassischen Lösung fast ebenbürtig ist und dessen Typ er zugehört. Abweichungen: dreischiffig, ein Querhaus, Langchor (got. verändert) mit Nebenchören ohne Chorumgang, Wandgliederung durch kannelierte Pilaster. Der Reichtum antikisierender Formen angeregt durch die röm. Stadttore von A. Von höchstem künstlerischem Rang ist der plastische Schmuck (um 1132) der Kapitelle (Evangelien, Apokryphen) und des Tympanon (Jüngstes Gericht), das von Meister → Gislebertus (Schulkreis von Cluny) signiert ist. Das Jüngste Gericht gehört in der expressiven Übersteigerung der Formensprache zu einer der großartigsten Darstellungen visionärer, endzeitlicher Vorgänge.
Lit.: E. Adam, Baukunst des Mittelalters, Ullstein Kunstgeschichte IX, 1963; G. Zarnecki, Gislebertus sculpteur d'Autun, 1960; C. Oursel, L'art roman de Bourgogne, 1928; weiteres →Burgund.

Auvera, Johann Wolfgang van de. Bedeutendster Vertreter einer niederl.-deutschen Bildhauerfamilie des 18. Jhs. Gest. 1756 in Würzburg, wo er nach seinen Lehrjahren in Rom als Nachfolger seines Vaters Jacob A. (1700–1760) Hofbildhauer wurde. Er schuf zahlreiche dekorative Plastiken der Würzburger Residenz, außerdem die Kanzel der Klosterkirche zu →Amorbach, den Hochaltar der Klosterkirche Tückelhausen und mehrere Grabmäler.
Lit.: Thieme-Becker.

Auvergne. Franz. Landschaft mit reichen mittelalterlichen Kunstschätzen. **1)** Baukunst: Haupttyp der roman. Baukunst ist die Hallenkirche, im Innern von basilikaler Wirkung durch Einfügen niedriger Emporen über steilen Seitenschiffen. Mittelschiff ohne eigene Lichtzufuhr. Dunkle Räume. Quadratische Pfeiler mit vorgelegten Halbsäulen. Alle Raumteile sind tonnengewölbt. Ausladendes Querschiff. Chor mit Umgang und Kapellenkranz. Massiger Vierungsturm. Typ ausgehend von →Nevers, St. Etienne. Beispiel: →Clermont-Ferrand. **2)** Plastik: Für die roman. Bildnerei kennzeichnend figürliche Umbildung des korinthischen Kapitells oder szenische Kapitelle im Kircheninnern, besonders im Chorrund. Wohl erst seit dem 2. Viertel des 12. Jhs. retrospektive Züge im Ikonographischen, derbe Ausführung. Beispiele: →Clermont-Ferrand, Issoire, Saint-Nectaire. Ausgangspunkt: Conques, St. Foy, dessen Tympanon des Westportals (Anfang 12. Jh.) eine besonders drastische Darstellung des Jüngsten Gerichts zeigt. Spät erst findet sich eine provinzielle Rückbildung des in der →Provence und der Ile-de-France ausgebildeten Figurenportals mit typischer Giebelform des Türsturzes. In der Gotik weder im Bereich der Architektur noch der Plastik eigenständige Leistungen.
Lit.: M. Aubert und L. Brun, „Eglises de Basse Auvergne ...", Centre internat. d'études romanes. Bull. 1961, II, 5ff.; III, 4ff.; La sculpture française au moyen âge, 1946; W. Sauerländer, Skulptur des Mittelalters, Ullstein-Kunstgeschichte XI, 1963; L. Schreiner, Die frühgotische Plastik Südwestfrankreichs, 1963.

Autun, Kathedrale, Blick nach O.

Avalokiteschvara. Ein →Bodhisattva der Barmherzigkeit. In der indischen Bildhauerei und Malerei elf-gesichtig dargestellt: auf seinem eigentlichen Kopf trägt er wie eine Krone 9 kleine Köpfchen (3 als Symbol für seine Haupttugend der Barmherzigkeit; 3 als Symbol für seinen heiligen Zorn über das Böse in der Welt; 3 als Symbol für seine Freude über das Gute) und darüber ein Buddha-Haupt.

Avantipur. Ruinenstätte einer alten Hauptstadt Kaschmirs. Für die Geschichte der west-östlichen Begegnung ist der hinduistische Avantisvamin-Tempel des 9. Jh. n. Chr. mit seiner Übernahme griechisch-römischer Bau- und Schmuckformen von Interesse.

Avant la lettre →Kupferstich.

Avanzo →Altichiero da Zevio.

Avatar. In der indischen Mythologie die „Herabkunft" = Inkarnation eines Gottes, besonders die 10 Formen des →Vischnu.

Aventuringlas (Goldfluß). Der Name kommt von dem goldflimmrigen Mineral Aventurin. Das A. ist eine Erfindung der Muranesen im 16. Jh. n. Chr. Auf die Glasblase wird Kupferoxydul und Hammerschlag aufgebracht. Beim Schmelzen entsteht metallisches Kupfer, das sich bei langsamer Abkühlung des Glases in goldglitzernden Kristallen ausscheidet. Dieser Effekt wurde besonders bei dunklen Gläsern angewendet.

Averlino →Filarete.

Avers. Vorderseite einer Münze.

Avignon. Im 12. Jh. erlebte die Stadt eine Blütezeit, in der die Kathedrale Notre Dame des Doms, die heute nur noch in Ruinen bestehende Abtei Saint Ruf und die berühmte Brücke des hl. Bénézet entstanden. Das 14. Jh., das A. als Stadt der Päpste sah, prägte sein Gesicht. Das Stadtbild wird beherrscht vom Palast der Päpste. Der Bau begann unter dem asketischen, ehemaligen Zisterziensermönch Benedikt XII. (1334–42) in den Gebäuden um den Nordhof. 1342–52 regierte der kunstliebende Clemens VI., der die südlichen Teile errichten ließ. Ende des 14. Jhs. war die Anlage vollendet. Vom 15.–18. Jh. bedrohten sie Verfall und Zerstörung, schließlich wurde sie Gefängnis und Kaserne. Der riesige Komplex war in nur 20 Jahren erbaut worden. Trotzdem unterscheidet sich der „alte" Palast Benedikts XII. vom „neuen" Clemens' VI. Um einen unregelmäßig viereckigen Hof legen sich die Flügel des „alten" Palastes. Der große Saal diente dem Konsistorium; über ihm liegt der große Festsaal, beide verbunden durch den außen angebauten Johannesturm mit den übereinanderliegenden Kapellen des hl. Johannes und des hl. Martial, beide unter Clemens VI. mit Fresken (von Matteo Giovanetti und einem unbekannten Maler der sienesischen Schule) ausgestattet. Aus der Zeit Clemens VI., der viele Künstler an seinen Hof zog (u.a. Simone →Martini, der hier 1344 starb), stammen die schönsten Räume des Palastes; der große Audienzsaal, eine 52 m lange, zweischiffige Halle mit Gemälderesten von Matteo Giovanetti an der Decke; die Kapelle Clemens' VI., ein einschiffiger, kühn gewölbter Raum.
Lit.: E. Adam, UKG X, 1963.

Avignon, Schule von. Bezeichnung des neben Paris wichtigsten franz. Zentrums der Malerei im 14. und 15. Jh., das durch Verlegung der Papstresidenz nach Avignon (durch Clemens V., Dauer: 1309–77) entstand. Wesentlich der Zustrom italien. Künstler (u. a. auch Petrarca!). Vom Spätwerk Simone →Martinis (in Avignon ca. 1340 bis 44) wenig erhalten, doch übte es weitreichenden Einfluß aus. 1343–67 leitete Matteo Giovanetti die Freskenausstattung des päpstlichen Palastes. Abnahme des italien. Einflusses gegen Ende des 14. Jhs. Hauptmeister und -werke des 15. Jhs.: Meister der Verkündigung von Aix; Enguerrand Charonton; Pietà von Avignon (Paris, Louvre); Nicolas Froment und seine Schule.
Lit.: M. Laclotte, L'Ecole d'Avignon, 1960

Avila, S. Vicente. Stiftung Alfons' VI. v. Kastilien. 1109 im Bau. Dreischiffige Emporenbasilika mit Querhaus, Vierungsturm, drei Apsiden und aufwendiger Westvorhalle mit Doppelturmanlage aus dem Ende des 12. Jhs., eventuell von Meister Fruchel (gest. 1192; Baumeister der Kathedrale von Avila) errichtet. Das Westportal, eine burgundische Variante des Chartreser Säulenfigurenportals, mit Christus als Trumeaufigur und 10 Aposteln von einem der bedeutendsten Bildhauer Spaniens geschaffen (Parallele zu →Santiago, Porta della Gloria).
Lit.: J. Gudiol, Arte de España, Cataluña, 1955; W. Goldschmidt, „The West Portal of S. V. at A.", Burlington Magazine 1937, 110ff.

Awaren. Stammesgruppe der →Völkerwanderungszeit, die durch Grabfunde des 7. und 8. Jhs. n. Chr. in Ungarn bekannt ist. In den mit Ornamenten und Tierkampfgruppen verzierten bronzenen Gürteln, Beschlägen und Schnallen lassen sich Einflüsse der byzant. Kunst und Asiens erkennen.
Lit.: K. Jettmar, Steppenvölker, 205.

Axenneigung. Das Abbiegen der Längsachse, etwa in einer Kirche.

Ayagapata. Steinerne, indische Weihetafeln der Dschainas, besonders in der Kuschana-Plastik von →Mathura: quadratische Platten mit kreisförmigen →Mandalas und glückbringenden Symbolen.

Ayaka. Am buddhistischen →Stupa: Plattformen in den vier Himmelsrichtungen mit Ehrenpfeilern.

Aya Sofia →Konstantinopel, Hagia Sophia.

Ayyubiden. Kurdische Gouverneursdyn. in Syrien, Arabien und Ägypten (1171–1250 n. Chr.), begründet durch Salah ed-din (Saladin), Sohn des namengebenden Ayyub. Sie bewahren die seltschukische Tradition in Syrien und beenden 1171 die Herrschaft der →Fatimiden und führen Ägypten zum sunnitischen Bekenntnis zurück. Unter den A. werden die Kämpfe gegen Barbarossa geführt und wird 1187 das Königreich Jerusalem zerstört. – Zahlreiche Befestigungsbauten entstanden während der A.-Herrschaft. In der Baukunst der A. ist in Ägypten die Kombination von Klosteranlage mit Moschee und Grab, manchmal auch mit Brunnen und Schule (Khamka), kennzeichnend. In dieser Zeit treten erstmals Chargenwappen in Stiftungsinschriften und Dekorationsfriesen auf. In der Schriftkunst wird der runde Naskhi-Duktus in hohem Format eingeführt. – Die →Mamluken beenden 1250 n. Chr. die Herrschaft der A.
Lit.: K. A. C. Creswell, The Muslim Architecture of Egypt., Bd. II, 1959.

Ayuthia. Im Norden Thailands gelegene Hauptstadt des siamesischen Reiches von 1350–1757. In einer Kunstschule des 15. Jh. wurden Schöpfungen der Khmer-Kunst abgewandelt: Anfangs handwerklich vereinfacht, später mit Schmuck überladen.

Azcapotzalco. Archäologische Funde in der einst am See von Tetzcoco gelegenen Siedlung weisen nur eine dünne Schicht von Altertümern aztekischen Stils auf (Tonscherben, -figürchen, Kleinfunde), darunter fast 4 m mächtige Ablagerung von →Teotihuacan-Resten. Sicher zogen sich Bewohner von Teotihuacan nach dem Fall der Stadt hierher zurück. Zur Zeit der →Chichimeken eine der mächtigsten Städte des Hochtales. A. muß gleichzeitig ein Hort des weiterlebenden hochstehenden Kunstgewerbes gewesen sein; die Amantecas stammen z.B. aus einem Ort nahe der Stadt (→Arte plumario). 1367 zerstörte A. mit Hilfe der →Azteken das mächtige →Colhuacan, später gelangte es seinerseits unter aztekische Herrschaft.
Lit.: E. Seler, Die Teotihuacan-Kultur des Hochlandes von Mexiko, 1915.

Azhar-Moschee (arabisch = „die Glänzende"). Bedeutendste Moschee in →Kairo mit später angeschlossener theologischer Hochschule, einem Zentrum der islamischen Theologie. Die A. ist die älteste Moschee der

Kairo, Portal der Azhar-Moschee.

→Fatimiden und wurde 970–72 n. Chr. erbaut. Der Moscheetyp zeigt einen vorgelagerten Arkadenhof, Stützenreihen, die zur Qiblamauer querlaufend angebracht sind, ein erweitertes →Mihrabschiff, eine Kuppel über der →Masqsura und zwei Eckkuppeln. Der Stuckdekor läßt erstmals voll entwickelte →Arabesken erkennen. – In mamlukischer Zeit (14.–16. Jh. n. Chr.) wurde die A. durch drei Minarets mit Umgängen über einem Stalaktitkranz bereichert, von denen eins mit Zwillingsendigung ausgestattet ist. Außerdem wurden der A. Hochschulbauten und eine Bibliothek angeschlossen.
Lit.: K. A. C. Creswell, The Muslim Architecture of Egypt, Bd. I, 1952.

Azilien. Fundgruppe der →Mittleren Steinzeit (Mesolithikum), benannt nach dem franz. Fundort Mas d'Azil.

Das Azilien ist in Westeuropa mit Ausläufern bis in die Nordschweiz verbreitet. Es ist, vielleicht noch am Ende des →Jungpaläolithikums, aus dem →Magdalénien zusammen mit einer entwickelten Sammler- und Jägerkultur entstanden. Bekannt sind vor allem mit Punkten und Linien bemalte Kiesel (unter ihnen auch Fälschungen).

Azteken. Barbarische Neuankömmlinge im Hochtal von Mexiko, die seit dem 15. Jh. die Vorherrschaft erlangten; durch Bündnisse und Fernhandel weitreichender Einfluß. Unter Verwendung der Elemente älterer Kulturen entstanden Bildwerke voll dramatischer, primitiver Kraft. Der Kult der Herzen und Blutopfer fordernden Götter brachte von dem kalten Hauch eines tatkräftigen, jungen Volkes erfüllte Kunstwerke hervor, veredelt von kunstfertigem Geschick jahrhundertealter Traditionen. Die Hauptstadt →Tenochtitlan, auf der das heutige Mexiko steht, war die größte und schönste von den Weißen gesehene Metropole Altamerikas. Große Palast- und Tempelanlagen mit Stufenpyramiden, zu denen steile, breite Treppen emporführen. Tonnenschwere Monumentalskulpturen vereinzelt als archäologisches Fundgut erhalten (Kalenderstein um 1480, 3,65 m Durchmesser; Göttin Coatlicue im Nationalmuseum). An Kleinkunst vor allem →Mosaikkunst, Schnitzarbeiten aus verschiedenem seltenen Material (Kristall, Obsidian, Onyx) und Metallarbeiten zu erwähnen. Töpferwaren zeigen reiche Entwicklung; 4 Phasen unterscheidbar: Aztekisch I (Colhuacan), Aztekisch II (Tenayuca), Aztekisch III (Tenochtitlan), Aztekisch IV (Tlatelolco), Bemalung teils naturalistisch, teils stark stilisiert.
Lit.: G. C. Vaillant, The Aztecs of Mexico, 1941; S. K. Lothrop, Das vorkolumbianische Amerika und seine Kunstschätze, 1964.

Azulejos (span. azul = blau). Bezeichnung für blauglasierte vielfarbig gemusterte Wandfliesen. Sie wurden im 14. Jh. von den Mauren in Spanien eingeführt, im 15. u. 16. Jh. war Sevilla Hauptherstellungsort.

Azzimina (al-azzimina = nach persischer Art). Bezeichnung für die von →Sarazenen in Venedig ausgeübte Kunst der →Tauschierung von Bronzegeräten. Im 14. Jh. n. Chr. von syrischen und iranischen Handwerkern in Venedig eingeführt, wurde diese Technik bis in das 16. Jh. geübt. Leuchter, halbkugelige Schalen und Teller wurden mit Arabesken und arabischem Schriftdekor, bereichert durch venezianische Wappen, geschmückt. Form und Dekor dieser Geräte sind ihrer Herkunft nach rein islam., wirken jedoch bald schematisiert und erstarrt in der Erfindung.

B

Baal. Westsemitischer Gottesname, durch die Texte von →Ugarit episch für das 2. Jahrtausend v. Chr. gesichert. Wichtig ist in ihnen der Bericht über B.s Forderung nach Tempel und Palast, die von Gott El genehmigt wird. Bei der Bauausführung kommt es zu lebhafter Auseinandersetzung zwischen B. und dem kanaanäischen Künstlergott →Koschar, da B. einen Dunkelraum fordert und zunächst einen Fensterbau ablehnt, um ihm schließlich zuzustimmen.
Lit.: A. Jirku, WB, 43; J. Wiesner, UKG, 61f.

Baalbek. Antike Stadt in Nordsyrien in der Nähe von →Damaskus. Wegen eines Sonnenkultes wurde die Stadt in der Antike Heliopolis genannt. Unter →Augustus wurde B. römisch und erreichte als römische Stadt große Blüte. Dank ihrer Abgelegenheit sind bedeutende Baudenkmäler aus dem 1. und 2. Jh. n. Chr. erhalten. Der große Tempel des Jupiter Heliopolitanus liegt auf einer aus gewaltigen Steinquadern erbauten Terrasse. Ein quadratischer und ein sechseckiger Hof sind ihm vorgelagert. – Besser erhalten ist der sogen. Bacchus-Tempel (wahrscheinlich der Venus-Astarte geweiht), neben dem noch ein kleiner Rundtempel steht (um 100 n. Chr. errichtet). – Die Anlagen gehen in ihrer Gestaltung auf einheimische Kulttradition zurück. In der prachtvollen Ausschmückung der Bauglieder lehnen sich die Monumente eng an stadtrömische Kunst an. Konstantin der Große ließ neben vielen anderen Kirchen seines Reiches auch in B. eine dreischiffige Basilika erbauen, mit drei Apsiden, die nach Westen ausgerichtet waren.
Lit.: Th. Wiegand, B., 3 Bde., 1921–1925.

Bab. Mittelalterliche steinerne Torbauten islamischer Stadtanlagen in den arabisch sprechenden Gebieten. Durch ihre Anlage und ihre Verzierung durch Steinmetzarbeiten sind die B. kunstgeschichtlich bedeutsame Baudenkmäler, zumal die übrigen Wohn- und Palastanlagen jener Zeit nicht erhalten blieben. Die schönste Toranlage der seldschukischen Zeit war das Bab el talism (Talisman-Tor) in →Bagdad (1917 gesprengt). 1221 wurde es unter dem Atabeg Badr eddin Lullu erbaut und mit einem Schriftfries verziert. In den Zwickeln fanden sich reiche Arabeskornamente mit zwei Drachenfiguren, die einem hockenden türkischen Fürsten (Sonnen- oder Mondsymbol) entgegenzüngeln. – Aus dem 12. Jh. sind von der fatimidischen Stadtbefestigung Kairos das Eroberungstor (Bab el Futuh), das Siegestor (Bab en Nasr) und Bab el Zuweila mit zwei →Minaretts der fatimidischen Muayyid-Moschee erhalten.
Lit.: K. A. Creswell, The Muslim Architecture of Egypt., 2 Bde., 1952; E. Kühnel, Maurische Kunst, 1924.

Baba →Kamennaya Baba.

Babel, Turmbau zu. Das im Alten Testament überlieferte Thema des Turmbaus zu B. regte seit dem Mittelalter immer wieder die Phantasie der Maler an. Das bedeutendste Werk dieses Themas schuf Pieter →Bruegel d. Ä. Bereits in der Antike zählte der Turm zu den → Sieben Weltwundern.
Lit.: H. Minkowsky, Der Turm zu B., 1960.

Babil. Ursprünglich sumerischer Name des Gebietes, in dem zu Beginn des 2. Jahrtausends v. Chr. westsemitische Kräfte unter Namensumdeutung mit der Anlage von →Babylon begannen. Unter dem Ruinenhügel B. wurde der „Sommerpalast" →NebukadnezarsII. entdeckt.
Lit.: H. Schmökel, GAV V, 108ff.

Babiska (Nordsyrien). Im ersten Viertel des 5. Jhs. wurde eine dreischiffige Basilika erbaut, die mit dem berühmten Architekten Markianos Kyris in Zusammenhang steht (schlichte Form des nordsyrischen Kirchenbaues).

Babylon. Ruinenstadt am Euphrat 80 km südlich Bagdad. →Babil. Gründung zu Beginn des 2. Jahrtausends v. Chr. durch westsemitische Fürsten, deren berühmtester →Hammurabi ist. Die Bauten dieser Dynastie und der nach dem Plünderungszug des Hethiterkönigs →Murschili I. (1531) herrschenden → Kassiten liegen ebenso wie die Trümmer der von →Sanherib zerstörten Stadt, die unter →Asarhaddon wieder aufgebaut wurde, unter der weiträumigen Anlage der →Chaldäer (→Nabopolassar, →Nebukadnezar II.), meist unzugänglich wegen des Grundwassers. Die Neuplanung seit 605 v. Chr. berücksichtigte die Lage der alten Kultstätten, vor allem des Heiligtums für →Marduk. Das rechteckige Stadtgebiet, von Festungsmauern umschlossen, wurde durch den Euphrat geteilt. Der westlichen Neustadt lag das bedeutendere, mehr befestigte Ostgebiet gegenüber mit dem Palastbezirk (→Kasr) und dem Mardukheiligtum →Esangila. Zwei riesige Höfe umschlossen den ebenerdigen Tieftempel und die →Zikkurat mit dem Hochtempel, den berühmten Turm von B., dessen Backsteinschale abgebrochen ist, so daß heute nur mehr ein quadratischer Lehmziegelstumpf steht. Die Höhe des Stufenturmes mit dem obersten Kultbau betrug 90 m bei gleicher Seitenlänge der Grundfläche. Mit dem →Etemenanki genannten Bauwerk erreichte die von der →sumerischen Kunst geschaffene Tempelform ihren monumentalen Höhepunkt. Von Esangila führte die mit glasierten Ziegelrelief-Wänden ausgestattete Prozessionsstraße zum berühmten Ischtartor in der Nordmauer von B., dessen Wände mit Löwen-, →Musihhusihu-, Drachen- und

Stiermotiven in farbigen Glasurziegelreliefs verkleidet waren. Unglasierte Reliefbilder dieser Art schmücken auch die tief unter der Straße angelegten Teile des Tores, dessen Planung wahrscheinlich durch die religiös verwurzelte Vorstellung von Oben und Unten bestimmt war. Farbige Glasurziegel mit Volutenbäumen und Blütenranken gaben auch den Wänden des Palastkomplexes mit fünf Höfen und Thronsaal ein prachtvolles Ansehen. Im Palast von B. ist der altmesopotamische Baugedanke des Hofhauses mit Breitraum monumental weitergeführt. Nach dem Prinzip sind auch die anderen Tempel mit Breitcella, z.T. mit Vorraum, an einem Hof angelegt, den schmale Räume umgeben. Unsicher ist die Deutung von Gewölbeanlagen als Substruktion für die berühmten hängenden Gärten der →Semiramis. Im Palastbereich stand der Basaltlöwe Nebukadnezars II., sich über einem geschlagenen Feind aufrichtend, ein verschlepptes, unvollendetes Bildwerk der späthethitischen Kunst Nordsyriens.

Lit.: H. Schmökel, GAV, 88ff., 106ff., 193ff., 211ff., 255ff., 272ff., 303ff.; A. Parrot, Assur; E. Strommenger, Mesopotamien; J. Wiesner, Die Kunst des Alten Orients, UKG II, 1963.

Babylonische Kunst →Altorientalische Kunst V., VIII.

Bacchanal. Orgiastisches Fest des römischen Weingottes Bacchus, das in der röm. Antike häufig auf Sarkophagen in Relief dargestellt wird. Hierbei wird das wilde Treiben der Satyrn und Mänaden häufig mit burlesken Zügen gezeigt. – Später wird das B. wieder in der Renaissancemalerei als Motiv aufgenommen und ist seitdem bis in das 19. Jh. in zahlreichen Darstellungen zu finden, ohne daß hierbei der ursprünglich religiöse Charakter eine Rolle spielt.

Baciccio (Baciccia), Giovanni Battista, eigentl. Gaulli. Italien. Maler des späten Hochbarock. Geb. 1639 in Genua, gest. 1709 in Rom. Bedeutender Bildnismaler und vor allem Schöpfer riesiger Fresken, mit denen er die von →Bernini und →Cortona eingeleiteten Tendenzen zu Ende führt: Deckengemälde von SS. Apostoli in Rom, gegen 1700. Besonders das Deckengemälde der Kirche Il Gesú, 1668–83, mit seinem vollkommen einheitlich gesehenen Illusionsraum, ist ein Triumph der Bewältigung von ungeheuren Flächen und war von nachhaltiger Wirkung auf die Freskomaler Süddeutschlands im 18. Jh.

Lit.: H. Voss, Malerei des Barock in Rom, 1924; A. Bertini-Calosso, in: Enc. Ital. 1930.

Backoffen (Backofen), Hans. Deutscher Steinbildhauer. Geb. um 1460, gest. 1519 in Mainz. Seiner weithin wirkenden Tätigkeit am Mainzer Hof werden hauptsächlich Grabdenkmäler und Kreuzigungsgruppen verdankt. Neben Hans →Leinberger Hauptvertreter eines „spätgotischen Barock". Im Gegensatz zu →Riemenschneider findet seine Kunst zu ausgesprochener Monumentalität. Grabdenkmäler im Mainzer Dom: Bischof Henneberg (gest. 1504), Bischof Ulrich von Gemmingen, 1515–17.

Lit.: P. Kautzsch, Der Mainzer Bildhauer H. B. und seine Schule, 1911; G. Braune-Plathner, H. B., Diss. Halle, 1934.

Bačkovo. Kloster in Ostbulgarien. Die Malereien der Grabanlage aus dem 12. Jh. sind der komnenischen Malerei der Hauptstadt Byzanz nahe verwandt. Die hieratischen Formen des Pantokrators und der anderen gemalten Personen sind von großer Schönheit und verraten den byzantinischen Einfluß.

Backsteinbau. Bau aus unverputzten Backsteinen oder gebrannten Ziegeln, die auch mit farbiger Glasur versehen sein können. Eine erste Hochblüte erlebte der B. in den Entwicklungen der altorientalischen Kunst. Hier läßt er sich bis in das 4. Jahrtausend v. Chr. zurückverfolgen und bestimmte bis zur Errichtung des Perserreiches Technik und Stil der Baukunst. In der sasanidischen und islamischen Architektur wirkte der B. als Erbe des Alten Orients weiter. – Auch die →Ägypt. Kunst kennt den B., der hier vor allem in den frühen Negadestufen überliefert ist, ohne jedoch die folgenden Entwicklungen maßgeblich beeinflussen zu können. – Die Griechen kannten zwar wahrscheinlich den B., jedoch negierten sie ihn bei ihrer eigenen Baukunst. In reichster Vielfalt findet sich der B. wieder in den Monumenten röm. Architektur, für deren grandiose Ingenieurbauten und Gewölbearchitekturen er sich hervorragend eignete. – In der frühchristl. Kunst zeigt die Architektur eine besondere Vorliebe für den B. (→Ravenna). In der Ostkirche waren wie in Konstantinopel, Griechenland, Ägypten usw. die Kirchen meist aus Ziegel erbaut. Im Mittelalter findet sich der B. zuerst in der Lombardei (10. und 11. Jh.). Seit Mitte des 12. Jhs. entwickelt er sich, wohl angeregt durch lombardische

Backsteingotik, Seitenwand des Mittelschiffs der Abteikirche zu Doberan.

Vorbilder, in Holstein, Brandenburg, Bayern, Dänemark, seit etwa 1200 in den nördlichen Niederlanden. Im N und NO bleibt Backstein das bevorzugte Baumaterial für kirchliche und profane Bauten (→Backsteingotik). Der fertig gebrannte, nicht weiter formbare Stein bringt weitgehenden Verzicht auf plastischen Dekor, der, wo er auftritt, vereinfacht und der Fläche angeglichen ist. Häufig werden Zierformen andersfarbig unterlegt oder ein Muster mit Glasursteinen in wechselnden Farben angelegt. Gekrümmte Profile für Fenster- und Portallaibungen, got. Maßwerk etc. sind aus sogen. Formsteinen zusammengesetzt. Bezeichnend für den B. ist die Ausbildung reicher Ziergiebel. Im Ganzen bedingt er eine plastisch wenig strukturierte Bauweise, die durch die Wucht ihrer großen geschlossenen Flächen von monumentaler Wirkung ist. In der →Renaissance, besonders in den Niederlanden, gemischte Bauweise. Im 17. und 18. Jh. in Piemont noch einmal eine Blüte des B. Im 19. Jh. Erneuerung durch K.F. →Schinkel. Im 20. Jh. gelingen wieder mächtige Bauten, z.B. das Chile-Haus in Hamburg von F. →Höger.

Backsteingotik. Kunstwissenschaftliche Bezeichnung für die aus unverputztem Backstein (→Backsteinbau) aufgeführten got. Kirchen (seit dem 13. Jh.) Norddeutschlands, vor allem des Ostseeraums, und Skandinaviens. Grundlage sind Backsteinkirchen der Zisterzienser und

Prämonstratenser; frühestes Beispiel: Jerichow (begonnen 1114). Die B. nutzt die spezifischen Möglichkeiten des Materials: Gestaltung geschlossener Wände und Massen, die durch farbig glasierte Ziegel aufgelockert werden. Wichtiger Schmuck des Innenraums sind die Stern- und Netzgewölbe (→Gewölbe). Beispiele: Klosterkirche Chorin (1243); Lübeck, Marienkirche.
Lit.: W. Burmeister, Norddeutsche Backsteindome, 1930; S. Thurm, Norddeutscher Backsteinbau, 1935.

Bacon, Francis. Englischer Maler. Geb. 1910 in Dublin. 1930 beginnt er als Autodidakt zu malen und schließt sich G. →Sutherland an. 1949 erste Ausstellung seiner Werke in London. 1962 große Wanderausstellung in London, Mannheim, Turin, Zürich und Amsterdam. – Er ist der Hauptvertreter der jungen englischen surrealistisch beeinflußten Malergeneration.
Lit.: Kat. d. genannten Wanderausstellung.

Badami. Indische Stadt im Talkessel an einem Teich im Dekkhan. In die Felswand auf der einen Seite dieser Siedlung wurden vom 5.–7. Jh. n. Chr. Kulthöhlen der Hindus und Dschainas mit ikonographisch besonders wichtiger Plastik eingegraben. An und auf dem Berg gegenüber erheben sich Hindu-Tempel des 6.–8. Jhs., an denen die Herausbildung des kanonischen mittelalterlichen Grundrisses zu verfolgen ist.

Badari. Nach dem oberägyptischen B. wird die Kupfersteinzeit-Kultur des Landes benannt, gekennzeichnet durch eine rotpolierte Ware mit schwarz geschmauchtem Rand, Tierfiguren und weibliche Idolplastik aus Ton oder Elfenbein, Zeugnisse neuen figürlichen Bildens.
Lit.: W. Wolf, KÄ, 29ff.; E. Otto, Ä, 23.

Badé. In der Volkskunst →Indonesiens ein pagodenähnliches, leichtes Holzgebäude, in welchem man Leichen zum Verbrennungsplatz bringt. Es handelt sich meist um kunstvoll aufgebaute, hohe Türme, auf den Rücken vergoldeter, holzgeschnitzter Fabeltiere aufgesetzt. Die neun flitterbehangenen Dächer des B. symbolisieren die Etagen des Weltgebäudes. In →Bali wurde der B. früher zusammen mit den Leichen von Fürsten verbrannt. Heute bewahrt man sie häufig für neue Totenfeiern auf.

Badia (italien.). Abtei, Abteikirche.

Badiya. Bezeichnung für Lustschlößchen aus der Zeit omeyadischer Kalifen (→Omeyaden, →Wüstenschlösser, →Chirbet), später Poststationen.

Badraspel. Handgroßes, glasiertes Keramikgerät in Tierform (z.B. Enten) mit reliefartig aufgerauhter Grundebene. Es wurde beim Bad zum Abreiben der Haut benützt. Gute Beispiele sind aus seltschukischer und safewidischer Zeit aus dem Iran erhalten.

Baehr, Georg(e). Deutscher Architekt. Geb. 1666 in Fürstenwalde, gest. 1738 in Dresden als Ratszimmermeister. B. baute neben kleineren Predigtkirchen (saalartig und zentral) als Wahrzeichen Dresdens die Frauenkirche (1945 zerstört), die der erste wahrhaft monumentale Kirchenbau des Protestantismus war und die im Außenbau mit ihrer flüssig modelliert erscheinenden Steinkuppel zu den Großleistungen deutscher Barockarchitektur gehörte (1726–38).
Lit.: W. Möllering, G.B., ein protestantischer Kirchenbaumeister des Barock, Diss. Dresden 1933; F.L. Sponsel, Die Frauenkirche in Dresden, 1893–1903.

Baer, Fritz. Deutscher Maler, geb. 1850 in München, gest. 1919 in Pasing. Studium in München und bei →Baisch. Malte hauptsächlich Landschaften. Seine Werke sind stark beeinflußt von der Schule von →Barbizon, besonders von →Dupré. Sparsame Farbanwendung bei zarter Tönung und reichen Nuancen sind für B. bezeichnend. Seine Bilder befinden sich in zahlreichen deutschen Museen.
Lit.: Thieme-Becker.

Baertling, Olle. Schwedischer Maler, geb. 1911 in Halmstad, in Stockholm ansässig. Stand sein Frühwerk noch ganz unter dem Einfluß des →Expressionismus, so findet er über Anregungen F. →Légers und des →Kubismus zu einer Zwischenphase seines Schaffens. Die Beschäftigung mit den Werken und Theorien →Mondrians bringt ihn der abstrakten Kunst in ihrer konstruktivistischen Richtung nahe.

Bäzäklik. Bachschlucht im zentralasiatischen Turfan, in deren Lößklippen buddhistische Klosterzellen und Kulträume gehöhlt und auf deren Terrassen Lehmziegelbauten errichtet sind: vorwiegend rechteckige, tonnengewölbte Hallen in der Art eines →Iwan mit der offenen Front zum Tal und würfelförmige Bauten mit Trompen-Kuppeln. Fragmente von den Wandgemälden der Heiligtümer im ostasiatischen Stil des 8.–10. Jhs. befinden sich in den Museen von Berlin und Delhi.
Lit.: A. Grünwedel, Altbuddhistische Kultstätten in Chinesisch-Turkistan, Abb. 494f., 1912.

Baga. Westsudanesische Stammesgruppe in Guinea, die →Masken und Idolfiguren in kühner Abstraktion mit einem charakteristischen „Vogelprofil" verfertigt. Diese spielen in den Geheimbund-Riten eine große Rolle, ebenso die von „Karyatiden" getragenen Trommeln.

Bagaran (Armenien). Die um 624–631 erbaute Kirche ist ein schönes Beispiel für den Reichtum an Lösungen, die in Armenien möglich sind. Es handelt sich hier um eine Kirche mit einem vierpaßartigen Grundriß.

Bagdād. Anstelle von →Damaskus Kalifenresidenz unter den →Abbasiden von 762/63 bis 1258. Dadurch Verlagerung des kulturellen Schwerpunkts in die iranische Einflußsphäre. Neugründung des zweiten Kalifen al-Mansūr, in kreisförmiger Gestalt, Palast und Moschee im Zentrum. Zu dieser Zeit in der islam. Welt „medina as-salām" genannt (Stadt des Heils). 796–808 Residenz Harūn al Rashīds; im 9. Jh. Blütezeit als Metropole und Handelsstadt (Seide, Kristall, Fayence, Papier, Leder, Waffen), Gründung der auswärts gelegenen Militärresidenz →Samarra. – Erhaltene Bauten: →Medrese des Kalifen Mustansir von 1233/34; Grabmal der Zubaida (Gemahlin Harūn al Rashīds); Marmormihrāb des 8. Jhs. aus der Jāmi al-Khāsakī; der Hān Ortmah, 1359. Das Talisman-Tor mit Kalifendarstellung von 1221 wurde 1917 gesprengt. – In der ersten Hälfte des 13. Jhs. Zentrum einer bedeutenden arabischen Malerschule, Illustration naturwissenschaftl. Werke, der Fabeln →Bidpais, der Makāmen des Hariri (Paris, Bibl. Nat.).
Lit.: C. A. Creswell, Early Muslim Architecture, II, 1950; F. Sarre und E. Herzfeld, Archäologische Reise im Euphrat- und Tigris-Gebiet, II, 1920; R. Ettinghausen, Arabische Malerei, 1962; Encyclopaedia of Islam, New Ed., 1960.

Bagh. Buddhistische Wohn- und Kulthöhlen in Mittelindien mit Wandmalereien aus der Mitte des 1. Jahrtausends n. Chr.
Lit.: J. Marshall u.a., The B. caves, 1927.

Baglione (Baglioni), Giovanni. Italien. Maler, geb. 1571 in Rom, gest. 1644 ebda. Als Maler epigonal, wichtig aber als Schöpfer eines Quellenwerkes über Künstler, die von 1572 bis 1642 in Rom gelebt und gewirkt haben: Le vite de'pittori, scultori, architetti ed intagliatori dal pontificato di Gregorio XIII (1572) fino a'tempi di Papa Urbano VIII (1642), Rom 1644.
Lit.: H. Voss, Malerei des Barock in Rom, 1924.

Bagnaia (Viterbo). Villa Lante. Das Gebäude wurde bereits 1477 errichtet, aber erst 1578 von →Vignola vollendet. Der Park wurde ebenfalls von Vignola angelegt: Treppen und Rampen ziehen sich den Abhang hinauf. An seinem Fuß liegt ein Brunnen mit Bronzefiguren von Taddeo Lantini. Pavillons, die nicht parallel zueinander, sondern im schrägen Winkel stehen, bewirken, daß sich die ganze Baueinheit für den bergaufsteigenden Beschauer zu weiten scheint, während sich, von oben betrachtet, eine Verengung ergibt und der Raum zwischen den Pavillons optisch begrenzt erscheint.
Lit.: Bates Lowry, Architektur der Renaissance, 1963.

Bahmani →Baihmani.

Bahram. Name von fünf Sasanidenherrschern. B. I. (273–276 n. Chr.). Reiterrelief von →Bischapur mit Investitur durch berittenen →Ahura Mazda, Meisterwerk der →Sasanidenkunst. – B. II. (276–293). Felsrelief bei →Naqsch-i-Rustam mit Darstellung des Königs im Kreis seiner Familie. B. in Frontalansicht thronend im Relief von Naqsch-i-Bahram, als Löwenkämpfer zu Fuß bei →Sar-Maschad. B. III. (293). B. IV. (388–399). B.V. (420–438).
Lit.: R. Ghirshman, Iran II, 382.

Bahram Gur. In der Sagensammlung →Schahname des Firdusi überlieferter sasanidischer Herrscher Bahram V. (420–438 n. Chr.) mit dem auf seine Jagdleidenschaft zurückgehenden Beinamen „Wildesel". Die Szene mit dem Meisterschuß bei der Jagd in Begleitung seiner Favoritin Azade wurde in Schahname-Manuskripten häufig illustriert und war ein beliebtes Schmuckmotiv mittelalterl. Gefäß- und Baukeramik.
Lit.: Das Schahname, Herausgeber F. Mohl.

Baihmani. Auch Bahmani, islamische Dynastie und Bauherren im Dekkhan, besonders in →Bidar.

Baisch, Hermann. Deutscher Maler, geb. 1846 in Dresden, gest. 1894 in Karlsruhe. Studium in Stuttgart und München. Seit 1880 lehrte er an der Akademie in Karlsruhe. Anregungen und Einflüsse der Münchener Schule und →Rousseaus bestimmten seinen Werdegang. Er schuf hauptsächlich feintonige, stimmungsvolle Landschaftsbilder, die in zahlreichen deutschen Museen (u.a. in Berlin, Stuttgart und München) vertreten sind.
Lit.: Thieme-Becker.

Bakongo. Wichtige Stammesgruppe Westafrikas, etwa im Raum zwischen Kinshasa und der Atlantikküste beheimatet (Bawili, Bawoyo, Bambata, Basundi u. a.). Von künstlerischer Ausdruckskraft durchdrungen sind vor allem Grabdenkmäler in Form kauernder Menschen (Basundi) und etwa 20 cm hohe Holzplastiken, die Ahnfrauen der Sippen darstellen. Häufiger sind jedoch wie im Gebiet des alten →Loango die →Fetische oder Zauberfiguren, die zwar nur Gebrauchsgerät der niedrigen Magie sind, deren Gesichter aber dennoch häufig sehr ausdrucksvoll wirken.
Lit.: F. M. Olbrechts, Plastiek van Kongo, 1946.

Bakota. Im Mittelkongo und West-Gabon wohnendes, von den →Pangwe in ihr jetziges Wohngebiet gedrängtes westafrikanisches Negervolk, das durch die Mbulu-Ngulu oder „Kopffüßer"-Figuren bekannt wurde. Es handelt sich um flache, mit Kupferblech und Zinndraht überzogene, „abstrakt" wirkende Figuren, die früher Behälter mit Häuptlingsknochen beschützten. Das Gesicht ist schematisch behandelt und mit umrahmendem Halsschmuck umgeben. Auf einem kurzen Hals hängt ein rhombischer Rahmen (meist als Beine aufgefaßt, eher als Wiedergabe der Arme zu betrachten). – Weniger bekannt sind die schwarz-weiß-bemalten →Masken der B., die ebenfalls hochstilisiert sind und Geistergesichter darstellen.
Lit.: H. Himmelheber, Negerkunst und Negerkünstler.

Baktrische Kunst. Hellenistisch-iranischer Mischstil in Nord-Afghanistan mit reichen, oft weichen Formen und lebensvollen Darstellungen, die die →parthische und die →Sasanidenkunst stark beeinflußt haben.
Lit.: R. Ghirshman, Iran II; F. Altheim, WA I, 286ff.

Bakuba. Wichtige Stammesgruppe im zentralen Kongogebiet, auch nach der Herrscherschicht als Bushongo bekannt; nach eigener Tradition besiedelten die B. das Gebiet am Sankurru um 500 n.Chr. Bedeutend ist ihre reiche und ästhetisch sehr ansprechende Kreuzbandornamentik, die sich nicht nur als Relief-Dekor an verschiedenartigen Gefäßen Büchsen usw. äußert, sondern auch in der Narben-Tatauierung und bei der Ausgestaltung der Baststoffe. Die Kreuzbänder sind zu kunstvollen, symmetrischen Schlingknoten verflochten. Aus Holz wird nicht nur geschnitzt (z.B. naturhafte Häuptlingsfiguren), sondern man formt auch Rotholzpulver mit Wasser wie Ton und „backt" die Plastiken in mäßiger Hitze. Die Holzfiguren im üblichen Sinne (Zauberfiguren, Orakelgeräte) tragen immer die erwähnten Kreuzband-Ornamente. Die →Masken der B. sind oft mit Perlen, Kauri, Kupferblech usw. geschmückt, reich bemalt und wirken bizarr. Selten sind Kleinplastiken aus Eisen und Elfenbein. (Siehe Tafel 4).
Lit.: H. Himmelheber, Negerkunst und Negerkünstler, 1960.

Balawat. Altorientalische Ruinen der Stadt Imgur-Enlil östlich von Mossul. Reste eines von →Assurnasirpal II. und →Salmanassar III. erbauten Palastes und Tempels. Bedeutsam sind die bronzenen Torbeschläge mit Reliefdarstellungen zahlreicher Feldzüge. Stilunterschiede deuten auf verschiedene Werkstätten im Dienst dieser repräsentativen →assyrischen Kunst.
Lit.: H. Schmökel, GAV, 145, 256, 286; A. Parrot, Assur, 112ff.; E. Strommenger, Mesopotamien, Tf. 209ff.

Baldachin. Ursprünglich kostbarer orientalischer Seidenstoff, dessen Name sich allgemein auf schwere Brokate übertrug. Als Bezeichnung eines Traghimmels über vier Stangen begegnet der Begriff im Spätmittelalter. Er übertrug sich dann auf Prunkhimmel über Thron, Bischofsstuhl, Altar, Kanzel, Katafalk, Bett, auch auf die steinerne Überdachung oberhalb der Köpfe got. Statuen. →Ciborium, →Tabernakel.

Baldachingrab. Grabform, die in Malta und Sizilien vorkommt. Mehrere Arkosolgräber bilden die Außenseite einer rechteckigen Grabanlage.

Baldung, Hans (genannt Grien). Deutscher Maler, Kupferstecher u. Holzschnittzeichner. Geb. 1484/85, Schwäb. Gmünd, gest. 1545, Straßburg, wo er auch meist

H. Baldung, genannt Grien, „Zwei Hexen" (Frankfurt/M., Städel).

tätig war. In seiner künstler. Entwicklung spielen der Einfluß und das Vorbild A. Dürers eine bedeut. Rolle. Im 1. Jahrzehnt war er, wie allgemein angenommen wird, wohl auch in der Werkstatt Dürers zu Nürnberg tätig (zwischen 1507 und 1509). – Zu seinem Frühwerk gehören ein Flügelaltar mit dem Martyrium des hl. Sebastian (1507) und ein Flügelaltar mit der Anbetung der Hl. Drei Könige (1505–08), beide für die Statdkirche zu Halle geschaffen. – Seit 1509 arbeitete B. fast ausschließlich in Straßburg, lediglich ein vierjähriger Aufenthalt nach 1512 brachte ihn nach Freiburg i. Br. Für das dortige Münster schuf er mehrere Glasfensterentwürfe. In diese Zeit gehört auch der Höhepunkt seines Schaffens, der in seinem reifsten Werk, dem großen Hochaltar des Freiburger Münsters, seinen Ausdruck fand. Einzig in diesem Werk beweist er innerhalb seines malerischen Œuvres, das sonst eigenartig kühl und bisweilen auch hart wirkt, überragende malerische Qualitäten. Freiere Formulierungen als in der Malerei fand B. im Holzschnitt, der seinen betont zeichnerischen Fähigkeiten mehr entgegen kam.
Lit.: Thieme-Becker.

Bali. Die „Insel der 1000 Tempel", ein berühmtes Zentrum hochkulturlicher Kunst in →Indonesien vor

der Ostküste Javas, zeichnet sich durch seine hinduistische Tempelarchitektur und Kultplastik aus. Ihr überreiches Dekor (Spiralornamente, Rankenwerk, Dämonenköpfe usw.) hat machmal geradezu „barockes“ Gepräge. Die Gestalten der indischen Mythologie (Krishna, Vishnu, der Garuda-Vogel, die Rakshasas) treten in der Steinplastik und auf Gemälden auf Stoff, Holz und Bast in stilistisch modifizierter Form auf. Indischen Charakter hat auch die Holzplastik (z. B. Dämonenfiguren). Typisch indonesisch sind hingegen die →Wayang-Figuren, die mit Hilfe der →Batik-Technik gefärbten Gewebe und die dekorative Kunst (z. B. Griff und Scheide des →Kris). – Wichtige Tempelbauten in B. sind der „Reichstempel“ von Gèlgèl am Abhang des Agung-Berges in der Nähe der Südostküste, die in den Felsen gehauenen →Tjandis von Tampaksiring in Zentral-B., die „puradésa“-Bauten von Bangli und Pasaban u. a. – Sie wurden wiederholt durch Erdbeben beschädigt und in neuerer Zeit zum Großteil restauriert.
Lit.: Coomaraswamy, Geschichte, 154f., 237f.

Balkengräber. Charakteristische Grabform des osteuropäischen Steppenraumes mit Hügelaufschüttung (2. und frühes 1. Jahrtausend v. Chr.). Letzte Stufe der →Ockergräberkultur.
Lit.: F. Hančar, Pferd, 98ff.; →Eurasische Kunst I.

Balkenkopf. Das offen sichtbare Stirnende eines Balkens, der meist auf einer Mauer aufliegt oder auch über diese hinaus vorkragt und dann häufig durch Schnitzwerk oder Bemalung verziert ist.

Hinduistischer Tempel auf Bali.

Balkh. Ausgedehnte Ruinenfelder bei der gleichnamigen Stadt in Nord-Afghanistan. Bisherige Grabungen haben Denkmäler aus einigen Perioden der Geschichte der Stadt freigelegt, die wahrscheinlich von einer Siedlung aus der Zeit →Alexander d. Gr. bis zum Beginn des 19. Jhs. reicht: die Stadtmauern aus hellenistischer Zeit, buddhistische Stupas der Kuschana-Epoche und timuridische Kuppelbauten.
Lit.: MDAFA I 1940–47, XV 1957, XIX 1964.

Balkon. Offener Austritt an den Obergeschossen eines Gebäudes, mit Brüstung versehen. Ist er durch erkerartige Ausbauten des Erdgeschosses vorbereitet, spricht man von Söller oder Altan.

Balla, Giacomo. Italien. Maler. Geb. 1871 in Turin, gest. 1958 ebda. Seine Laufbahn begann er als akademischer, sehr erfolgreicher Maler. Eine Reise nach Paris machte ihn mit dem →Impressionismus und →Divisionismus bekannt. Intensiv beschäftigt er sich mit dem Problem von Licht und Farbe. Die entscheidende Wende seiner Entwicklung brachte nach seiner Rückkehr die Bekanntschaft mit →Boccioni, →Severini und →Marinetti, die ihn 1909 in die Ideen des →Futurismus einführten. Das 1910 abgefaßte futuristische Manifest wurde von ihm mitunterzeichnet. 1913–16 entsteht eine Serie von abstrakten futuristischen Bildern. Die Dynamik der abstrakten Bewegung wird zu seinem zentralen Thema, mit dem er die Grenzen des Futurismus überschreitet und Elemente des synthetischen→ Kubismus entwickelt.
Lit.: H. Vollmer, Künstlerlex. d. 20. Jhs.

Bamberger Dom,
Seitenschiff mit dem sogen. Bamberger Reiter.

Ballenblume. Knospenförmiges Ornament in der Hohlkehle eines Gesimses (England 14. Jh.).

Ballu, Théodore. Franz. Architekt. Geb. 1817 in Paris, gest. 1885 ebda. Nach seinem Studium in Paris bereiste er Griechenland und Italien. Seit 1850 leitete er als Nachfolger Gaus nach dessen Plänen den Bau der Sainte Clothilde in Paris. Zahlreiche weitere Kirchen errichtete er in einem geschickt arrangierten Historismus oder in romanischem Stil. Seit 1873 arbeitete er hauptsächlich am Wiederaufbau des Pariser Rathauses, dessen alte Fassade er rekonstruierte, um den ursprünglichen Eindruck zu erhalten.
Lit.: Thieme-Becker.

Baltard, Victor. Franz. Architekt. Geb. 1805 in Paris, gest. 1874 ebda. Schüler seines Vaters Louis Pierre B. Wurde 1833 mit dem großen Rompreis ausgezeichnet. 1834–39 bereiste er Italien. 1842 wurde er nach Paris berufen, wo ihm die Restaurierung und Ausschmückung zahlreicher Kirchen unterstand. Historische Bauelemente verwendend errichtete er mehrere Kirchen und öffentliche Gebäude, u. a. die „Halles centrales“ in Paris

(1852–59). Die von ihm erbaute Kirche St. Augustin in Paris (1860–71) gehört wegen der kühnen Eisenkonstruktion ihrer riesigen Kuppelgewölbe zu den Marksteinen in der Entwicklung der Ingenieurkunst.
Lit.: Thieme-Becker.

Balthus (eigentlich Balthasar Klossowsky). Franz. Maler, deutsch-polnischer Herkunft. Geb. 1903 in Paris. Kam bereits früh durch seinen Vater, den Maler und Kunstschriftsteller E. Klossowsky, zur Malerei. Durch Anregungen →Derains und →Bonnards, des →Kubismus und →Surrealismus entwickelte er in der intensiven Beschäftigung mit den wesentlichen Strömungen seiner Zeit einen eigenen Stil, der dem Surrealismus nahesteht. Neben Stilleben und Landschaften schuf er figürliche Kompositionen und Portraits.
Lit.: Vollmer, Künstlerlex. d. 20. Jhs.

Baluba. Aus heterogenen Elementen hervorgegangenes Mischvolk im südöstlichen Kongogebiet, das sehr harmonisch wirkende Schnitzkunst hervorbrachte. Berühmt sind die von menschlichen Karyatidenfiguren getragenen Kopfbänke und Hocker, figural verzierte Trinkgefäße, Deckelschalen, Äxte als Würdezeichen, Wasserpfeifen und Trompeten aus Elefanten-Stoßzähnen. Auch andere Kleinplastiken aus →Elfenbein sind nicht selten. Ästhetisch sehr wirkungsvoll sind ca. 70 cm hohe Ahnenfiguren und die nicht sehr häufigen →Masken. Manche kleinere Holzplastiken stellen Schutzgeister der Zaubermänner dar und sind als → Fetische anzusprechen.
Lit.: R. P. Colle, Les B., 1913.

Baluster. Tragende Teile einer Balustrade (eines Geländers) aus Holz oder Stein in Säulchenform.

Bambara. Künstlerisch sehr hochstehendes, westsudanesisches Negervolk, das sein Volkstum gegen islam. Einflüsse zu behaupten sucht. Der von ihm entwickelte Stil beim Schnitzen von →Masken und Figuren ist eigenständig und eindrucksvoll. Am bekanntesten sind die „Tjiwara"-Antilopenmasken, eigentlich Kopfaufsätze der Tanzkleidung, die das Grundmotiv (das Bild einer langhörnigen Antilope) immer neu variieren und in feiner, kurvenlinear durchbrochener Arbeit zeigen. Daneben sind die Boli-Masken zu nennen, die Erdgeister verkörpern (in Form von Elefanten, Affen, Erdferkeln usw.). Die hochstilisierten N'tomo-Masken – „kubistisch" vereinfachte Mensch-Tier-Mischformen – spielen bei den Initiationsriten der Knaben eine große Rolle.
Lit.: G. Dieterlen, Essai sur la religion B., 1951.

Bamberg, Dom. Gründung Kaiser Heinrichs II. (1004–12, Umbau 1081). Schlußweihe des heutigen Doms 1237. Doppelchörige Basilika mit Ostkrypta, Westquerhaus (bayerische Baugewohnheit) und zwei Turmpaaren zu Seiten der beiden Apsiden (das westliche Turmpaar von →Laon beeinflußt). Rein staufisch die Ostpartie, deren reiche Gliederung und kleinteilige Ornamentik der Baukunst des Oberrheins verpflichtet ist (→Basel, Elsaß, →Worms). Nach unsicherer Weiterführung wird der Westteil von Ebracher Bauleuten in Formen burgundisch-zisterziensischer Frühgotik vollendet. Von höchstem Rang ist die gleichzeitige Skulptur. Der Hauptmeister der älteren Gruppe schuf die Chorschrankenreliefs mit disputierenden Propheten und Aposteln im Georgenchor (0). Mimik, Gestik, selbst die Faltenführung sind bestimmt von der geistigen Erregung und Dramatik des Gesprächs. Dem Hauptmeister der jüngeren Gruppe sind im Kircheninnern aufgestellte Einzelfiguren der Heimsuchung, der →Ecclesia und Synagoge und des sogen. Bamberger Reiters zu danken (um 1235), deren ursprüngliche Bestimmung unklar ist. Die Auseinandersetzung mit franz. Kathedralplastik (Reims) bringt hier eine Beruhigung der Form und Betonung des körperlichen Volumens. Hinzu kommen Skulpturen an drei Portalen: der Gnadenpforte, der Adamspforte (kein Tympanon, Gewände: Adam, Eva, Heilige, Stifter Heinrich II., Kaiserin Kunigunde) und dem Fürstenportal (Tympanon mit Jüngstem Gericht, im Gewände Apostel auf den Schultern des Propheten stehend, um 1230, franz. beeinflußt). Bedeutende Bildwerke späterer Zeit: Grabmal Bischof Friedrichs v. Hohenlohe (1352); Ehrengrab Heinrichs II. und Kunigundes von →Riemenschneider (1499–1513). (Abb. S. 63).
Lit.: H. Beenken, Bildwerke des Bamberger Doms, 1934; W. Pinder und W. Hege, Der Bamberger Dom, 1935; G. Dehio, Der Bamberger Dom, 1941; W. Boeck, Der Bamberger Meister, 1960.

Bambocciade (italien.). Veraltete Bezeichnung für Bilder bäuerlichen Genres.

Bambusmalerei. Die Bambuspflanze galt in der chinesischen Kultur als Jahreszeitensymbol, das seit der Yüan-Zeit (1260–1368 n. Chr.) bevorzugtes Darstellungsobjekt der kalligraphischen Pinselmalerei wurde. Im Bambus verkörperte sich die ästhetische Struktur dieser Technik, so daß er zu den wesentlichen Leitformen der chinesischen Kunst zählt.
Lit.: R. Goepper, Vom Wesen chinesischer Malerei, 133 ff., 1962.

Bamiyan. Buddhistische Wohn- und Kulthöhlen sowie Riesenfelsbilder im B.-Tal des Hindukusch in Afghanistan, etwa vom 2.–6. Jh. n. Chr., ein Mittelpunkt buddhistischen Lebens. Die Felsbilder des Buddha im →Gandhara-Stil sind 35 bzw. 53 m hoch. In den Spuren der Malereien beobachtet man iranische, besonders sasanidische, und gupta-zeitliche indische Elemente. Weitere Felsheiligtümer liegen in den benachbarten Tälern von Foladi und Kakrak. Den Eingang des B.-Tals beherrscht die Burg Schahr-i-Zohak, gegenüber den buddhistischen Denkmälern von B. liegen die Ruinen von Schahr-i-Gholghola. (Abb. S. 66).
Lit.: J. Hackin, B. Führer zu den buddhistischen Höhlenklöstern und Kolossalstatuen, 1939.

Bamum. → Kameruner Grasland.

Banco, Nanni di →Nanni.

Bandel, Ernst v. Deutscher Bildhauer und Maler. Geb. 1800 in Ansbach, gest. 1876 auf einer Reise von Italien nach Deutschland. 1817–21 Studium klassizistischer Bildhauerei und Malerei in München bei K. v. Fischer, P. v. Langer und W. v. →Kobell. Bildete sich durch Kopien nach →Rubens und van →Dyck weiter. 1821 schuf er im Auftrag Maximilians von Bayern Aquarelle für die königlichen Wohnräume des Schlosses in München. 1825–27 hielt er sich in Rom auf und studierte dort die Antike und den von ihm abgelehnten kühlen Klassizismus →Thorvaldsens. 1827–34 führte er zahlreiche Aufträge für Ludwig I. in München aus und arbeitete häufig mit →Rauch, →Rietschel und →Schwanthaler zusammen. Anschließend ließ er sich vorübergehend in Berlin nieder und wandte sich dem Realismus →Schadows zu. 1836 begann er mit der Ausführung eines großen Armindenkmals auf der Groteburg/Teutoburger Wald, das ihn schon lange beschäftigt hatte und an dem er bis 1846 und 1862–75 arbeitete.
Lit.: Hermann Schmidt, E. v. B., 1900.

Bandelwerk. Ornamentsystem, dessen Grundbestand nicht aus naturhaften Formen, sondern Bändern besteht in geradliniger und kurviger Führung, bereichert von Ranken und figürlichen Motiven. Das B., Ende des 17. Jhs. entstanden, wird zum führenden Ornament der →Régence. Ein Meister des B.s auf deutscher Seite ist L. von →Hildebrandt.

Banderole →Spruchband.

Bandgeflecht. Auch Flechtband genanntes Dekorationsmotiv, das im alten Orient bereits seit dem 3. Jahrtausend v. Chr. bekannt ist, in den europäischen Kunstentwicklungen jedoch erst um 1000 v. Chr. auftritt und über die griech. Kunst auf die röm. Mosaikkunst übertragen wird. – Im frühen Mittelalter erlebt dieses Schmuckelement seine eigentliche Blüte und findet sowohl in der Buchmalerei, in der Kleinkunst als auch in

Farbtafel 1: *Altamira, Rotes Pferd mit eingraviertem Hirsch.*

der Steinarchitektur als Zierornament reichste Verwendung.

Bandinelli, Bartolommeo, genannt Baccio B. Italien. Bildhauer, geb. 1493 in Florenz, gest. 1560 ebda. Von den Medici gefördert, erhielt er große Aufträge, die meist unvollendet liegen blieben. Wirklich ergiebig ist er nur in den Zeichnungen. Als Bildhauer war er Nachahmer von →Michelangelo, mit dem er zu rivalisieren trachtete, dessen Größe er aber nur karikieren konnte (Kolossalgruppe von Herkules und Cacus vor dem Pal. Vecchio in Florenz, 1530–34). B. ist ein Musterbeispiel des sich selbst überschätzenden Talentes.
Lit.: W. R. Valentiner, B., rival of Michelangelo, in: Art Quarterly 1955.

Bandji. In der Ornamentik →Indonesiens das Swastika (= Hakenkreuz)-Motiv, das „Glück und Wohlergehen" symbolisieren soll. Es kommt besonders auf den aus →Java stammenden →Batik-Tüchern häufig vor.

Bandkeramik. Sammelbegriff für mehrere Kulturen der →Jüngeren Steinzeit, u.a. →Linearbandkeramik, Stichbandkeramik, Starcevo-, Körös- und Vinca-Kultur, etwa ab 4000 v.Chr. Der Name ist von der gradlinigen bzw. kurvolinearen Verzierung der Gefäße abgeleitet.

Bandol, Jean. Auch Bondol oder Jean de Bruges genannt. Franco-flämischer Miniator. Geb. in Brügge. 1368 bis etwa 1381 in Paris im Dienst Karls V. Greift auf Jean →Pucelle zurück, dessen „Heures de Savoie" er fertigstellt. Sicheres Werk: Bible historiale (1371 vollendet; Den Haag, Mus. Meermanno-Westreenianum, ms. 10 A 14). Niederländisches Interesse am Sichtbaren – an Oberflächenstruktur, plastischer Erscheinung, am Raum –, differenzierte Farbigkeit, Verzicht auf die Linie verbindet er mit Pariser Tradition und Kenntnis italien. Kunst. B. gehörte zu den führenden Meistern des ausgehenden 14. Jhs. in Paris. Fertigte den Entwurf für die →Apokalypse von Angers.
Lit.: E. Panofsky, Early Netherlandish Painting, 1953.

Bandrippe. Gewölberippe des 12. Jhs. in der Form eines massiven Steinbandes.

Bangkok. Moderne Hauptstadt Thailands, in der sich in gutem Erhaltungszustand die spätesten Beispiele siamesischer Bau- und Schmuckkunst des 18. und 19. Jhs. befinden. Die Pagode Wat Suthat besteht aus Mauerwerk, vergoldetem Holz und glasierten Ziegeln und hat übereinander gesetzte, geschweifte Dächer ostasiatischer Art. Noch im Jahre 1892 begann man den Wat Arun Radschvararam: eine Verbindung von indischem Turmtempel und Stupa in einer Art dekorativer Übersteigerung. Das Innere der Bauten ist mit Fresken unter europäischem Einfluß geschmückt und mit Möbeln in ostasiatischer Lackmalerei ausgestattet. (Abb. S. 67).
Lit.: Groslier, Hinterindien, 238.

Bankgrab. Auch Auflegegrab, eine aus dem Felsen ausgehauene Steinbank als Unterlage für die in Tücher eingehüllte Leiche. – Beispiele dieser Art sind vor allem aus altchristl. Zeit bekannt.

Baños de Cerrato (Palencia, Spanien). Kirche San Juan Bautista in B. 661 n.Chr. gegründet, größtenteils erhalten. Gründungsjahr durch Inschrift gesichert. Dreischiffiger, fast quadratischer Bau. Auffällig die Apsisgestaltung. Drei rechteckige Apsiden, die durch Zwischenräume fast in der Breite der Apsiden voneinander getrennt und nach dem Querschiff geöffnet sind. Eigenartiges Eingangstor in Hufeisenform. Zum Innenraum noch eine Tür. Reicher Schmuck im Innern, etwa beim Triumphbogen, aber auch außen. Starke Verwandtschaft des Baues mit orientalischen, vor allem syrischen Kirchen.
Lit.: Helmut Schlunk, Arte Visigodo in: Ars Hispaniae, Bd. 2, Madrid, 1942.

Bansberia. Siedlung und Wallfahrtsort in West-Bengalen. Unter den Heiligtümern von kunstgeschichtlichem Interesse der Backsteintempel des Ananta Vasudeva von 1679 n.Chr. mit Terrakotta-Reliefs aus den Hindu-Epen.
Lit.: Imp. Gaz. I, 401.

Bantey-Srei →Angkor.

Banz. Aus der ehemaligen Burg entstand 1071 ein Benediktinerkloster, dessen Kirche 1114 geweiht wurde. 1695 begann Leonhard Dientzenhofer mit dem Neubau der Klostergebäude, 1710 wurde von Johann → Dientzenhofer der Neubau der Kirche begonnen, die 1719 geweiht wurde. Ihre Fassade ist schmal vorgewölbt, flankiert von den beiden hohen, überkuppelten Türmen. Statt der geplanten Terrassenanlage B. →Neumanns wurde nur eine Freitreppe vorgelegt. Der Innenraum erscheint im Grundriß als ein Längsoval, das in ein Rechteck eingeschrieben ist, effektiv aber aus aneinandergereihten Querovalen besteht. Der sehr lange Chorraum ist ebenfalls aus Querovalen gebildet. Die Gliederung des ganzen Kirchenraumes und seiner Gewölbe bewirkt durch das Prinzip des Ovalraumes und seiner Abgrenzung durch windschiefe Bogen, das dann in Neumanns Bauten (Hofkapelle der Würzburger Residenz, 1732; Vierzehnheiligen, 1743) anzutreffen ist; ein Motiv, das wahrscheinlich auf Lucas v. →Hildebrandt zurückzuführen ist. Die Wände sind fast ganz verschwunden; die Pilaster sind schräg angeordnet und fangen die Gurte auf, die einerseits ein großes, ovales Gewölbe, andererseits kleine Dreiecksgewölbe mit Stichkappen begrenzen.
Lit.: N. Pevsner, Europäische Architektur, 1957; Architektur der Welt – Barock, 1964; Reclams Kunstführer, Deutschland, Bd. I, 1961.

Bapende. Im südwestlichen Kongogebiet beheimatetes Negervolk, das eine Vielzahl von oft orangefarbig bemalten →Masken (Minyaki) und eine reiche Kleinkunst (Elfenbein-Anhänger, Trinkbecher in Form von Januskörpfen usw.) hervorbrachte. Die Menschengesichter sind durch eine spitz vorspringende Nase, schwere, dreieckige Augenlider und ein nur schwach angedeutetes Kinn charakterisiert. Durch die fast geschlossenen Augen haben die B.-Masken einen sehr verinnerlichten Ausdruck. – Die am östlichen Kassai wohnende östliche Gruppe der B. kennt langhörnige Antilopenmasken, die an jene der →Pangwe erinnern.

Baptisterium. Taufkapelle. In der Antike Bezeichnung für Badewanne, Warmbad. Die Christen gebrauchten seit dem 4. Jh. den Ausdruck zunächst für das Wasserbecken (→Piscina), in dem die Taufe stattfand, später für das ganze Taufgebäude, →Taufkirche.

Barabar. Berg im indischen Bundesstaat Bihar mit Wohn- und Kulthöhlen der Adschivika-Sekte. Unter den Mauryas wurden im 3. Jh. v.Chr. Felsen behauen und in vorzüglicher Steinmetztechnik glatt poliert. Im 1. Jh. n.Chr. entstand das schmuckreiche Portal der Lomas-Rischi-Höhle.
Lit.: Fischer, Schöpfungen, 111, 121.

Barbakane. Ein bei mittelalterlichen Befestigungsanlagen gebräuchliches Außenwerk mit Schießscharten und Wehrgängen, das den Burg- oder Stadttoren zur Verstärkung schräg vorgelegt war.

Barbari, Jacopo de' (in Deutschland Jakob Walch genannt). Italien. Maler und Graphiker. Geb. um 1450 in Venedig, gest. vor 1516 in Brüssel. Bis 1500 in Venedig tätig, dann in Diensten Kaiser Maximilians in Nürnberg und an anderen deutschen Fürstenhöfen. 1510 Hofmaler der Statthalterin Margerete in den Niederlanden (Rebhuhnstilleben, 1504, München, Pinakothek; frühestes erhaltenes Stilleben der neueren Kunst überhaupt). B. ist wichtig als Vermittler der Renaissance nach dem Norden, er gewinnt Einfluß auf das kunsttheoretische Denken von →Dürer. Sein Stecherzeichen ist der → Caduceus.
Lit.: E. Brauer, J. de'B.s graphische Kunst, Diss. Hamburg 1933; L. Servolini, J. de'B., 1944.

Farbtafel 2: *Altmexikanischer Opfermessergriff mit Mosaikauflage; Rom, Mus. Preistorico-Etografico „Luigi Pigorini".*

Bamiyan. Felswand mit buddhistischen Höhlenklöstern und Kultbildern.

Barberini-Codex. Der B. enthält bedeutsame Zeichnungen von dem ursprünglichen Zustand des Schmucks der Peters- und der Paulsbasilika in Rom.

Barberini - Elfenbein. Verherrlichung und Triumph des Kaisers (Anastasius?), der auf einem galoppierenden Pferd gezeigt wird. Der Engel mit dem Kreuz über dem Kopf des Kaisers macht deutlich, daß hier ein christlicher Künstler am Werk war (um 500). Konstantinopel wird als Entstehungsort angenommen (befindet sich in Paris im Louvre).

Barbizon, Schule von. Freundeskreis von Malern in dem Dorf B. bei Fontainebleau, etwa ab 1830ff.: Théodore →Rousseau, →Corot, →Millet, →Dupré, →Diaz, →Daubigny. Gepflegt wurde der stimmungserfüllte Naturausschnitt, das „Paysage intime".

Barbotine. Bezeichnung für islamische Ausgußverzierung einer mit der Gießbüchse ausgeführten Dekorationstechnik bei unglasierter Keramik in Mesopotamien (Mosul). Die Technik wurde vom 10.–13. Jh. n.Chr. gepflegt. Kommt vor allem bei Preßdekor vor. Daneben sehr beliebt bei den großen porösen Wassergefäßen (Heb) mit eiförmigem Körper und doppelschaliger Halszone in seltschukischer Zeit. Gelegentlich findet sich diese Verzierung auch bei Gießgefäßen in Tierform. Lit.: G. Reitlinger, Unglazed Relief-Potteryware from Northern Mesopotamie, Ars Islamica, Bd. 15–16, 11–22, 1951.

Barcelona. Kathedrale. Begonnen 1298, nach dem Vorbild von →Albi errichtet. Charakteristisch ist die hallenartige Raumvereinheitlichung des dreischiffigen Baus, der im Sinne got. diaphaner Struktur (→Gotik) von einem Kranz zweigeschossiger Kapellen umgeben ist. Im niedrigen Mittelschiffobergaden ein Triforium und Rosenfenster., im Osten polygonaler Chor mit Kuppelkranz. →Spanische Kunst.

Barelli, Agostino. Italien. Architekt. Geb. 1627 wahrscheinlich in Bologna, gest. um 1687 ebda. Von dem Kurfürsten Ferdinand Maria von Bayern nach München berufen und deshalb wichtig, weil er relativ früh den Barockstil nach Süddeutschland übermittelt. Hauptwerk: Theatinerkirche S. Cajetan in München (1663–75 nach seinen Plänen errichtet, Fassade von →Zuccalli).

Baridi. Islamische Dynastie und Bauherren im Dekkhan, besonders in →Bidar.

Barisanus von Trani. Italien. Bildhauer. Schuf die Bronzetüren (Bronzeplatten auf Holz genagelt) am Hauptportal des Doms von Ravello (unsigniert, datiert 1179), an der Nordtür des Doms von →Monreale (signiert), am Westportal der Kathedrale von Trani (signiert). Gegenüber →Bonanus ist B. Ziseleur mit geringem Interesse fürs Szenische. Eingeschränktes Programm: Majestas, Kreuzabnahme, →Limbus, Madonna, Heilige, Bogenschützen, Faustkämpfer. Reiche Ornamentik, Schablonenbenutzung. Im Typus, im Ikonographischen, in der Präzision des Schnitts von byzant. Vorbildern abhängig.
Lit.: A. Boeckler, Die Bronzetüren des Bonanus von Pisa und des B.v.T., 1953.

Ernst Barlach, Bronzegruppe: „Der Tod", 1925.

Barlach, Ernst. Deutscher Bildhauer, Graphiker und Dichter. Geb. 1870 in Wedel, gest. 1938 in Rostock. Studierte 1888–91 an der Kunstgewerbeschule in Hamburg, anschließend bis 1895 an der Dresdener Akademie. Nach zwei Studienaufenthalten in Paris ließ er sich 1899 in Berlin und 1901 in Wedel nieder. Von entscheidender Bedeutung für seine künstlerische Entwicklung waren Eindrücke, die ihm ein Aufenthalt in Rußland (1906) vermittelte. Nach 1909 siedelte er nach Güstrow über. 1915/16 nahm er als Soldat am 1. Weltkrieg teil. In der Zeit des Nationalsozialismus wurden seine Werke als „entartet" verfemt und zum großen Teil zerstört. Als Zweitguß blieb eines seiner bekanntesten Werke, die Schwebefigur des Güstrower Ehrenmals erhalten (Köln, Antoniterkirche). – B. gilt als Exponent der expressionistischen deutschen Plastik. Sein sehr charakteristischer

Stil, der kaum Wandlungen unterworfen war, ist durch blockhafte Gebundenheit der Figur und eine die Gesamtgestalt umgreifende Bewegung bei schweren, bisweilen etwas teigigen Formen gekennzeichnet.
Lit.: P. Fechter, E.B., 1957.

Barletta. Stadt in Süd-Italien an der adriatischen Küste. Bereits in antiker Zeit besiedelt. B. war berühmt durch den sogen. Koloß von Barletta, einer 4,5 m hohen Bronzestatue der spätrömischen Kaiserzeit. Wahrscheinlich ist Valentinian III. dargestellt. Das heute durch schlechte Restaurierung stark beschädigte Standbild war bereits in der Antike sehr berühmt und wurde von Theodosius als eines der bedeutendsten Kunstwerke seiner Zeit angesehen.
Lit.: H. Koch, Bronzestatue in B., in: Antike Denkmäler III, 1912.

Barna da Siena. Italien. Maler. Name von →Ghiberti überliefert. Lebensdaten unbekannt. Einer der selbständigsten Schüler Simone →Martinis, dessen schwebende Zartheit er durch derbere Formen ersetzt. Hauptwerk: Freskoszenen des Neuen Testaments, Kollegiatskirche von San Gimignano (M. 14. Jh.), eines der wenigen monumentalen Werke sienesischer Malerei. Reliefhaft klare Raumdarstellung und starke Plastizität verbindet B. mit kräftiger Betonung flächenhafter Elemente.
Lit.: J. Pope-Hennessy, „B., the Pseudo-B. and Giovanni d'Asciano", Burlington Magazine 1946, 35ff.; P. Toesca, Il Trecento, 1951.

Bangkok, die „blaue" Pagode.

Barocci (Baroccio), Federigo. Italien. Maler, geb. gegen 1526 in Urbino, gest. 1612 ebda. Gebildet an →Michelangelo, →Tizian, →Raffael, nimmt er sich den malerischen Stil von →Correggio zum Vorbild, entwickelt sich aber zu einem vollkommen selbständigen Meister zwischen →Manierismus und →Barock. Seine religiöse Malerei ist gekennzeichnet von einer hellfarbigen, fast süßen Schönheit; ihre Figuren sind inbrünstig und schwerelos zugleich. Hauptwerke: Madonna del Popolo (1579; Florenz Uffizien), Stigmatisation des hl. Franziskus (1594/95, Urbino). Unter seinen bedeutenden Porträts sind Kinderbildnisse die eindringlichsten. Ferner Radierungen, Handzeichnungen, Pastelle.
Lit.: A. Schmarsow, B.s Handzeichnungen, 1910–14; H. Olsen, F.B., 1955; W. Friedländer, B. und Tintoretto, in: Jb. d. Kunstwissenschaft, I, 1923.

Barock. Stilbezeichnung für die europäische Kunst des 17. und der ersten Hälfte des 18. Jhs. Der Begriff B. entstand ursprünglich aus einer negativen, abwertenden Haltung des frühen 19. Jhs. gegenüber der Kunst des 17. und 18. Jhs. Gegen Ende des 19. Jhs. setzte sich allmählich eine objektivere Auseinandersetzung mit dieser Kunst durch, was eine Aufwertung dieses Begriffs mit sich brachte. – **I)** Baukunst. Den Auftakt des B. bildete die in ihrer Zeit singuläre Leistung der von

Rom, Palazzo Barberini, 1628 von Maderna begonnen, später von Bernini und Borromini fortgeführt; Ansicht der Fassade.

→Michelangelo entworfenen Kuppel von St. Peter zu →Rom, deren machtvolle, aufstrebende Tendenz der Massen ein bisher ungekanntes Bewegungselement in die Architektur hineintrug. Erst zu Beginn des 17. Jhs. jedoch schloß die italien. Architektur in breiterer Entwicklung an diesen Bau an, der gleich einer Initialzündung eine neue Epoche heraufführte und vorbildhaft werden sollte. Die erste Blüte des B. erlebte Rom (ca. 1630–1670) mit dem anfangs führenden →Maderna und seinen Nachfolgern →Bernini, →Borromini und da →Cortona. Der neue Formwille manifestierte sich z. B. in dem von Maderna 1628 (Grundrißentwurf) begonnenen Palazzo Barberini, dessen Fassade nach Madernas Tod (1639) von Bernini ausgeführt wurde, während Borromini an den Dekorationen arbeitete. Die geschlossene Blockhaftigkeit früherer Paläste wird aufgegeben, indem frontal zwei kurze, seitlich angebrachte Flügel raumgreifend nach vorn stoßen. Bestimmend für die Fassade wird eine Kolonnadenstellung. – Im Kirchenbau wurde die Ovalform zu einer bevorzugten Grundrißkonzeption, da sich in ihr der Zentralbaugedanke mit der Langhaustradition zu einem bewegten und fließenden Raum vereinen ließen. Nach Vorläufern im 16. Jh. (1570 von →Vignola begonnene Kirche S. Anna dei Palafrenieri, Rom) breitet sich diese variable Planidee im 17. Jh. rasch aus und fand in der 2. Hälfte des 17. Jhs. ihre reichste Entfaltung (Rom, S. Carlo alle Quatro Fontane, 1633 von Borromini begonnen; Rom, S. Andrea al Quirinale, 1658–78 von Bernini erbaut). – Neben dem Palast- und Kirchenbau zählt die Platzgestaltung zu den bedeutenden Leistungen der B.-Architektur. Ihre reifste Ausprägung erfuhr sie durch die geniale Schöpfung Berninis in der Kolonnadenanlage vor St. Peter (1656 begonnen), die an die von Maderna 1607–15 errichtete Langhausfassade anschließt. – Nach Spanien wird der neue Baustil durch den epochalen Bau des →Escorial durch J. B. de Toledo übertragen. Diesem reichen Stil steht die durch →Palladio beeinflußte Baukunst seit der 1. Hälfte des 17. Jhs. in Kastilien entgegen, während sich das übrige Spanien dem reicheren, dem röm. Barock näheren Überschwang anschließt. Dabei bleibt stets eine gewisse eigene Komponente sichtbar, die vor allem im Dekorationswerk und der „Furcht vor der leeren Fläche" deutlich ist. Hauptwerk des späten 17. Jhs. ist die Kirche →Santiago de Compostella. – Eigenständiger entwickelte sich die Spanische Kunst im 18. Jh., besonders in den unruhigen und doch überaus reizvollen Formen des →Churriguerismus. Charakteristisch für den span. Barockstil ist die vielfache Übereinanderstaffelung von Gebälkzonen, sind reich torquierte Säulen und die deutliche Bewegung der Baumassen, die in ihrem Vor und Zurück zu keiner Ruhe zu kommen scheinen. – In Frankreich befreit François →Mansart die Architektur aus den schweren und wuchtigen Formen der Spätrenaissance. Wichtigster Bau des Neubeginns ist das 1642–50 errichtete Schloß Maison-Lafitte mit seinen hervorkragenden Seitenflügeln. Große Schloß-, Palais- und Hotelbauten folgen in dichter Fülle, unter denen

Rom, Blick in die Kuppel von St. Peter.

Schloß →Vaux-le-Vicomte (1657–60) von Le Vau mit seiner epochalen Gartenanlage von →Le Nôtre einen ersten Höhepunkt bezeichnet. In klarer Raumaufteilung ordnen sich hier je drei Säle an das Queroval des Mittelteils zur ersten Enfilade. – Mit der 2. Hälfte des 17. Jhs. erobert Frankreich eine überragende Sonderstellung im Bereich barocker Profanarchitektur, die nun eng mit dem Namen des „Sonnenkönigs", Ludwig XIV., verbunden ist. – Bernini lieferte den Entwurf für die neue Fassade des →Louvre, die – obgleich nicht ausgeführt – in der durch sie hervorgerufenen Kritik zu einem typisch franz. Barockstil führte, der durch die glanzvolle Darstellung absolutistischer Machtentfaltung gekennzeichnet ist. Großflächige, geordnete Formen, verschwenderische Raumfülle, ausgedehnte Breitorientierung sind die neuen Formelemente, die in→ Versailles ihre höchsten Triumphe feierten. Dazu fügt sich die riesige Gartenanlage mit ihren breiten, wie in die Unendlichkeit reichenden Alleen und der durch Menschenhand gebändigten und beherrschten Natur. In ihr verkörperte sich eine Idee, die die →Gartenkunst zu einer selbständigen Kunstgattung erhob und sie über ganz Europa verbreitete. – Gegenüber dem Überschwang italien. Barockformen zeichnet sich in Frankreich bereits eine gewisse Abkühlung und Abklärung der Formen ab, die die Frucht des Klassizismus in sich tragen. – Dominierte in Frankreich die Profanarchitektur, so tritt ihr in Deutschland, vor allem in Süddeutschland, der Kirchenbau ebenbürtig zur Seite. Bedingt durch die Wirren und Verarmung während des 30jährigen Krieges, entfaltet der Barockstil in Deutschland erst um 1680 seine Blüte und setzt unmittelbar mit dem Hochbarock ein. Wegweisend für den Kirchenbau wurden die Anlagen der →Dientzenhofer, die bereits vor dem Einsetzen des breiten Barockstroms in Deutschland in Prag und Franken tätig waren. Die verschiedenen Varianten des B. werden vertreten durch →Schlüters stark von Italien beeinflußten Schloßbau zu →Berlin, von G. →Bährs Kuppelbau der Frauenkirche zu →Dresden, von D. →Pöppelmanns Zwinger zu → Dresden, den grandiosen Kirchen und Schlössern B. →Neumanns in →Brühl, →Würzburg, →Vierzehnheiligen, L. v. →Hildebrandts Schloß Belvedere in →Wien und →Fischer von Erlachs Bauten ebda. – Im Gegensatz zur Machtentfaltung in Frankreich und zur Prächtigkeit in Italien und Deutschland steht die B.baukunst in den Niederlanden und vor allem in England, wo Baumeister wie I. →Jones und C. →Wren nach dem spätgot. →Tudorstil unmittelbar zu einem mathematisierten → Klassizismus übergehen, der seine Wurzeln teilweise in den Bauten und Schriften→Palladios hat. – **II)** Plastik. Die Bildhauerkunst des B. steht einerseits im Dienste der Architektur und findet sich in großem Reichtum als Raum- oder Gartendekoration. Andererseits behauptet sie jedoch auch ihre eigenständige Bedeutung, vor allem in Portraits und Denkmälern verschiedenster Art. – Auch hierbei gehen von dem weltoffenen Italien, besonders von Rom, die entscheidenden Impulse aus, wobei an

G. L. Bernini, „Apoll und Daphne" (Rom, Villa Borghese).

erster Stelle G. L. →Bernini zu nennen ist. In seinen Werken vollzog sich der folgenreiche Schritt von der in sich geschlossenen zur raumgreifenden Figur, von den Gesetzen der Statik zu dynamischer Bewegung und vom Realismus der Renaissance zu einer höchsten Steigerung des Naturalismus, belebt durch die Betonung des Sinnlich-Körperhaften, gebändigt durch ein neues, befreites Schönheitsideal. – Bezeichnend ist die höchste technische Vollendung der Marmorbearbeitung und die zur Politur gesteigerte Glättung der Oberfläche. – Die Wirkung der Barockplastik entspricht oft theatralischen Effekten, ohne jedoch nur oberflächlich zu sein. Vielmehr hat sie Anteil am herrschenden Lebensgefühl, dem sie Ausdruck verleiht. – Neben Bernini behauptet sich A. →Algardi als

A. Carracci, Römische Flußlandschaft mit Brücke, ca. 1590–1600 (Berlin, Gemäldegalerie Dahlem).

eigenständiger Portraitist (Bildnis „Roberto Frangipani", Rom, S. Marcello al Corso). – Antikische Traditionen aufnehmend und damit eine andere Richtung als Bernini einschlagend, zeigt das Schaffen von F. →Dusquesnoy („Susanna", 1630, Rom, S. Maria di Loreto), während das barocke Pathos bis zur Pose übersteigert sich in den Werken von P. Pyget findet („Perseus und Andromeda", 1684, Paris, Louvre). Diese singuläre Persönlichkeit steht in Frankreich neben F. →Girardon, der mit einer gemäßigteren Formensprache den offiziellen Stil der franz. Akademie vertritt („Grabmal Richelieus", 1675–94, Paris, Kirche der Sorbonne). – In Deutschland ist anfangs der Einfluß Berninis übermäßig stark. Zahlreiche Künstler schulten sich in Rom. Erst am Ende des 17. Jhs. findet die deutsche Barockplastik durch A. Schlüter zu größerer Bedeutung, vor allem durch dessen Reiterdenkmal des „Großen Kurfürsten" (1698–1703, Berlin). – Sakralplastik und Auftragswerke der großen und reichen Klöster entstanden in vielfältiger Weise im süddeutschen und österreichischen Bereich, wo vor allem M. →Zürn, B. →Permoser, E. Q. →Asam und als bedeutendster Meister I. →Günther zu nennen sind. – **III)** Malerei. Vorläufer des Barock finden sich in Italien bereits im 16. Jh. So wurde z. B. F. →Barocci (1535–1612) als der „Vater der Barockmalerei" bezeichnet. Nach der Mitte des 16. Jhs. werden vor allem in Venedig Elemente sichtbar, die auf die kommende Stilentwicklung weisen, insbesondere in →Tizians Spätwerk, das durch dramatische Bewegung und malerisch gesteigerte Lichtführung gekennzeichnet ist. Gleichzeitig begann →Tintoretto zu arbeiten, der die venezianische Barockmalerei zu höchster Blüte führte und auch nach Deutschland übertrug. Gegen Ende des Jahrhunderts formuliert die Schule von Bologna, vor allem durch die Brüder → Carracci, erstmals die neue Sprache des Hochbarock, indem sie entgegen den Manieristen den Anschluß an die Hochrenaissance und Meister wie →Michelangelo, → Raffael und →Giorgione suchte und diese Anregungen mit einem kraftvollen Naturalismus, der sich jedoch an idealer Formgebung orientierte, verband. Diese Tradition führte →Domenichino in der 1. Hälfte des 17. Jhs. weiter. Rom und daneben Neapel behaupten sich als die großen Kunstzentren. Neben dieser aus Bologna sich entwickelnden Malerei steht als großer Antipode M. da →Caravaggio mit seinem üppigen Naturalismus und seiner souveränen Beherrschung der Hell-Dunkel-Malerei, bei kühnster Figurenanordnung. Seine neue Malweise hinterließ bei zahlreichen Nachfolgern deutliche Spuren. – In der Carracci-Nachfolge führten G. →Reni und →Guercino die hochbarocke Malerei zu dramatisch idealer Gestaltung, die im Gegensatz zum bisweilen heftigen Realismus Caravaggios steht. – Um die Mitte des 17. Jhs. erreicht die italien. Barockmalerei ihre vollste Blüte. Vor allem die Fresken P. da →Cortonas sind hier zu nennen, während in der 2. Hälfte des Jahrhunderts A. →Pozzo zum Spätbarock überleitet. – Mit diesen Meistern entwickelten sich in Italien die verschiedenen Gattungen, wie →Portrait, →Genre, →Stilleben und →Landschaftsmalerei in breiter Vielfalt. An letzterer sind auch zahlreiche in Rom arbeitende Ausländer beteiligt, u. a. A. →Elsheimer, P. Bril, N. →Poussin und Claude →Lorrain. Diese wurden die wichtigsten Mittler zu den übrigen europäischen Ländern. – Für die Barockmalerei in Frankreich blieben die beiden bereits genannten, Poussin und Lorrain, führend. Neben diesen behauptet durch J. → Callot die Graphik eine wichtige Stellung. Außer Einflüssen aus Italien werden nun auch Anregungen aus den Niederlanden fruchtbar, vor allem in den Werken →Le Nains. Die akademische Tradition begründete sich durch S. →Vouet, der eine große Nachfolge in Frankreich fand. Gegen Ende des 17. Jhs. zeichnete sich in den Werken →Lebruns bereits ein Stilwandel ab, der von der schweren und fülligen Formgebung zur zierlichen und verspielten Sprache des →Rokoko überleitet. – Die Niederlande erreichen neben Italien in der Barockmalerei einzigartigen Weltrang in drei überragenden Persönlichkeiten, eine jede von ausgeprägter Eigenart: P. P. →Rubens mit seiner vitalen Fülle und glänzenden Strahlkraft, →Rembrandt, in dessen Werken die Portraitkunst, die Hell-Dunkel-Malerei und die Radierung ihre unübertroffenen Höhepunkte erreichten, und schließlich F. →Hals, der die typisch niederl. Bildgattung des Gruppenbildnisses (Schützenstücke) zu höchster Blüte führte. – Die weitläufige Tätigkeit von Rubens, nicht nur als Maler, sondern auch als Diplomat, intensivierte den Einfluß der niederl. Barockmalerei weit über die Grenzen des Landes hinaus. – Neben ihm ist A. van →Dyk mit seinen repräsentativen Portraits zu nennen, dessen Tätigkeit am engl. Hof von großem Einfluß war. – In Holland, wo F. Hals und Rembrandt die dominierenden Erscheinungen blieben, entwickelte sich neben ihnen in reicher Vielfalt die kleinmeisterliche Kunst des Sittenbildes, das bei Meistern wie A. —Ostade, D. →Teniers, A. →Brouwer, G. →Terborch, P. de →Hooch und J. →Steen von derber Volkstümlichkeit bis zu zart vibrierender Stimmung und großbürgerlicher Ruhe reicht. Von besonderem und die übrigen überragenden Rang ist hierbei →Vermeer van Delft zu nennen, dessen blühendes Kolorit seine Zeitgenossen überstrahlt. Gesonderte Er-

wähnung verdienen die großen Landschaftsmaler J. van →Ruisdael, J. van →Goyen und →Hobbema, die mit dieser Gattung die reiche Vielfalt und intensive Blüte niederl. Malerei des Barock eindrucksvoll abrunden. – Die deutsche Barockmalerei wird anfangs wie die franz. durch in Rom tätige Meister bestimmt, vor allem durch A. →Elsheimer und seine feine Landschaftskunst. Stärker als im übrigen Europa steht die Malerei in Deutschland hinter der Architektur zurück und tritt in deren Dienst, ohne daß es zu einer eigenständigen Blüte gekommen wäre. Für große Aufträge werden Ausländer engagiert, wie etwa →Tiepolo für die Ausmalung der Residenz zu →Würzburg. – Zu nennen sind M. →Merian d. Ä. mit seinem großen Werk der „Topographien" und der Historienmaler und Portraitist J. von →Sandrart, während in Österreich A. →Maulbertsch als Freskenmaler führend war und auch die süddeutsche Barockmalerei beeinflußte. – Zu den übrigen Randentwicklungen und lokalen Sondererscheinungen: →Engl. Kunst, →Span. Kunst etc. (Siehe Farbtafel 23, 25, 26, 27, 29 und Tafel 20, 21, 23, 26, 27, 28)
Lit.: A. Riegel, Die Entstehung der Barockkunst in Italien, 1923; H. Wölfflin, Renaissance und B., 1926; K. Gerstenberg und E.-M. Wagner, Baukunst des B. in Europa, 1961; M. Wackernagel, Renaissance, B. und Rokoko, UKG, XIII u. XIV, 1964; E. Hempel, Baroque Art and Architecture in Central Europe, 1965.

Baroda. Moderne Universitätsstadt in Gudscherat (Indien). Die Geschichte der frühen Besiedlung ist durch Ausgrabungen und Funde von Münzen, Terrakotten usw. geklärt worden. Aus dem indo-islamischen Mittelalter stammt der Naulakhi-Brunnen.
Lit.: B. Subbarao, B. through the ages, 1953.

Barotse. Südostafrikanische Stammesgruppe, in Nordrhodesien beheimatet, die im 17. Jh. n. Chr. ein mächtiges Reich besaß. Einzelne Unterstämme stellen Holzschnitzereien her, unter welchen kleine, eckig stilisierte Tierfiguren (Elefanten, Leoparden), z. T. federgeschmückte →Masken mit spitzbezahntem Mund und schließlich kleine Holzbüchsen zu nennen sind, deren Deckel Tier- und Menschenfigürchen in einer strengen Stilisierung zeigen, die an die vor- oder frühgeschichtliche →Simbabwe-Kunst erinnern. Waffen (vor allem mit Drahtgeflecht umwickelte Prunkäxte) und Geräte (z. B. Kopfbänke) zeichnen sich häufig durch gefällige, formschöne Gestaltung aus.
Lit.: M. Richters, Kultur und Reich der B., 1908.

Barrias, Ernest. Franz. Bildhauer. Geb. 1841 in Paris, gest. 1905 ebda. 1875–61 Studium an der Ecole des Beaux-Arts in Paris, anschließend als Stipendiat Aufenthalt in Rom. Seit 1865 ist er ständig auf den jährlichen Ausstellungen des Salons in Paris vertreten und wurde 1894 als Lehrer an die Ecole des Beaux-Arts berufen. In seinen Werken, hauptsächlich Denkmälern, Grabsteinen, Bildnisbüsten und mythologischen Figuren, versuchte er, in Anlehnung an die Renaissance, das klassizistisch-akademische Schönheitsideal mit dem damals neu aufkommenden Naturalismus zu verbinden.
Lit.: Thieme-Becker.

Barry, Sir Charles. Englischer Architekt. Geb. 1795 in London, gest. 1860 ebda. Nach seinem Studium bereiste er 1817–1822 zu seiner Fortbildung Italien, Griechenland und den Vorderen Orient. Anschließend ließ er sich in London nieder und baute in der Folgezeit mehrere Kirchen. Auf Grund eines Wettbewerbes wurde ihm 1840 der Neubau des 1834 abgebrannten Parlamentgebäudes in London übertragen. Dabei war zur Bedingung gemacht, daß die Anlage in gotischem Stil errichtet werden sollte. 1847 und 1852 wurden die beiden Gebäudeteile eingeweiht.
Lit.: Thieme-Becker.

Barsom. Zweigbündel im iranischen Opferritual als Vegetationssymbol, das in der Religion der medischen Magier und der späteren Zoroastrier große Bedeutung hat. Häufiges Bildmotiv der →iranischen Kunst.
Lit.: R. Ghirshman, Iran I, 431, II, 382; H. H. von der Osten, WP, 56, 86.

Bartatua. König der mit den Assyrern verbündeten Skythen, Zeitgenosse →Asarhaddons, der ihm eine Tochter zur Frau gibt. Bedeutsam für das Eindringen altorientalischer Elemente in die →skythische Kunst.
Lit.: H. Schmökel, GAV, 276; R. Ghirshman, Iran I, 85, 98, 302.

Bartholdi, Frédéric-Auguste. Franz. Bildhauer. Geb. 1834 in Colmar, gest. 1904 in Paris. Nach einer Ausbildung als Architekt in Colmar und dem Studium der Malerei in Paris wandte er sich 1851 der Bildhauerei zu. Gemeinsam mit →Gérôme bereiste er 1853 Griechenland und ließ sich anschließend in Paris nieder. Er schuf hauptsächlich Denkmäler monumentalen Ausmaßes, in denen er architektonische Wirkungen zu vermitteln bestrebt ist. Seine beiden berühmtesten Werke sind der „Löwe von Belfort" (1878) und die Kolossalstatue der „Freiheit", die als Geschenk Frankreichs an die USA 1886 im Hafen von New York als Leuchtturm aufgestellt wurde.
Lit.: Thieme-Becker.

Bartholomäusmeister →Meister des Bartholomäusaltars.

Bartmannskrug. Henkelkrug des 16.–18. Jhs. aus braunglasiertem rheinischen Steinzeug, der unter dem Ausguß die Reliefmaske eines bärtigen Mannes zeigt. Der Bauch des B.s ist oft mit verschiedenartigem Dekor geziert.

Bartning, Otto. Deutscher Architekt. Geb. 1883 in Karlsruhe, gest. 1959 in Darmstadt. Studium an der TH Karlsruhe und der Universität Berlin. Leitete 1928–1930 die Staatl. Hochschule für Baukunst, bildende Künste und Handwerk in Weimar. 1951 wurde er zum Präsidenten des Bundes Deutscher Architekten gewählt. Neben bedeutenden Industrieanlagen und modernen Krankenhäusern schuf er mehrere Kirchbauten, die ihn zu einem führenden Baumeister moderner Kirchen werden ließen. So die berühmte Stahlkirche in Köln (1928), die Rundkirche in Essen und über 50 Notkirchen nach 1945, für die er eine neuartige Schnellfertigungskonstruktion entwickelte.
Lit.: H. Vollmer, Künstlerlex. d. 20. Jhs.

Bartolini, Lorenzo. Italien. Bildhauer. Geb. 1777 in Vernio bei Savignano/Toskana, gest. 1850 in Florenz. Nachdem er in Florenz und Volterra als Steinmetz gearbeitet hatte, ging er 1797 nach Paris, befreundete sich dort mit →Ingres und begann mit der Bildhauerei. Seine Werke erregten bald Aufsehen, so daß er 1808 im Auftrage Napoleons nach Carrara geschickt wurde, um dort eine Bildhauerschule zu gründen. 1813 siedelte er nach Florenz über und wurde 1839 zum Professor an der dortigen Kunstakademie ernannt. – Neben →Canova galt er als der bedeutendste Bildhauer seiner Zeit.
Lit.: Thieme-Becker.

Bartolommeo →Fra Bartolommeo.

Barye, Antoine-Louis Franz. Bildhauer. Geb. 1796 in Paris, gest. 1875 ebda. Nach einer Lehre als Metallgraveur studierte er 1818 an der Ecole des Beaux-Arts in Paris und wurde 1820 mit dem Rompreis ausgezeichnet. Nach anfänglichen Erfolgen erklärte sich 1837 die offizielle akademische Kunstrichtung gegen seine Werke, die wegen ihres ausgeprägten Naturalismus in Bewegung und Detailausarbeitung abgelehnt wurden. – Angeregt durch →Géricault, versuchte B. vom akademischen Klassizismus loszukommen. Im Mittelpunkt seines Schaffens steht die Tierplastik, die in besonderem Maße geeignet erschien, seine neuen bildnerischen Gedanken zu realisieren. Seine künstlerischen Fähigkeiten verband er mit einem hervorragenden handwerklichen Können als Bronzegießer. 1848 wurde er zum Leiter der Gipsabteilung des →Louvre berufen und schuf in der Folgezeit zwei seiner bedeutendsten Werke: „Lapith und Kentaur" und „Der Jaguar", von denen letzterer →Matisse so stark beeindruckte, daß er ihn abwandelnd wiederholte.
Lit.: Ch. Saunier, A.-L. B., 1926.

Basawan. Hindu-Maler, der Ende des 16. Jhs. am Hofe des Mogulkaisers →Akbar bei der Illustration von geschichtlichen Werken (Razm-nama 1584–89, Akbar-nama um 1595, Darab-nama um 1596) hohen Ruhm erntete.
Lit.: Barrett, Painting, 84.

Basel, Münster. Nach Brand (1185) anstelle eines ottonischen Vorgängerbaus errichtet; 1205 in Benutzung. Erster deutscher Bau mit Rippenwölbung über allen Raumteilen (nach Erdbeben 1356 Gewölbe und obere Chorpartie erneuert). Franz. Anregungen: Wölbung, Anlage des ersten deutschen Figurenportals, der Galluspforte, am N-Querschiff. Lombardisch: Emporen, Ornamentik (vermittelt: Zürich, Großmünster). Trotz Verwertung vielfältiger Anregungen ist der schwere, kraftvolle Raum typisch für oberrheinische staufische Baukunst. Auswirkung: →Straßburg, Münster; →Freiburg, Münster. Eigentümliche Kryptenanlage: Die um den Chor geführten Seitenschiffe senken sich über Treppen auf Kryptenniveau; der Chor wirkte als freischwebende Plattform (heute verändert).
Lit.: E. Adam, Baukunst des Mittelalters II, Ullstein-Kunstgeschichte X, 1963; H. Reinhardt, Das B.er Münster, 1961.

Baseler Antependium. Bedeutendster ottonischer Altarvorsatz (Gold auf Zedernholz), von Kaiser Heinrich II. (mit seiner Gemahlin zu Füßen Christi kniend) dem 1019 geweihten Münster in →Basel gestiftet (heute Paris, Cluny-Mus.). Gliederung in 5 Arkaden, unter denen auf Schollenhügeln stehend Christus frontal und seitlich ihm leicht zugewandt je zwei Figuren (Erzengel, hl. Benedikt) erscheinen. Karolingische Bewegungs- und Raummotive sind weitgehend zurückgedrängt. In ruhiger Großflächigkeit mit klaren Konturen wölben sich die Gestalten vor dem glatt gehaltenen Grund. Wahrscheinlich ist Fulda als Entstehungsort anzunehmen.
Lit.: W. Wackernagel, Die goldene Altartafel von Basel, 1857; H. Jantzen, Ottonische Kunst, 1947; H. Schnitzler und T. Buddensieg, in: Wallraf-Richartz-Jb. 1957, 39ff., 133ff.

Basileios I. Bedeutender Kaiser der makedonischen Dynastie (867–886 n.Chr.). Durch ihn wird das stark geschwächte byzantinische Reich erneuert. Er knüpft an die römische Reichstradition an. Er glaubt, dies mit einer Erneuerung der griechischen Kultur in Einklang bringen zu können.

Basilica discoperta. Basilika, bei der das Mittelschiff sich unter freiem Himmel befindet, die Seitenschiffe aber Dächer haben.

Basilika. 1) Antike B.: Das ethymologisch nicht sicher abzuleitende Wort bezeichnet einen in Italien entstandenen Bautyp einer in der Regel mehrschiffigen, überdeckten, längsgerichteten Halle. Das Mittelschiff ist breiter als die Seitenschiffe. Vereinzelt finden sich auch peristyle Basiliken. – In der röm. Kaiserzeit wird die B. zu einem festen Typ ausgebildet. Das Mittelschiff kann überhöht werden, Emporen, Obergaden und Apsiden werden hinzugefügt. Als eines der frühesten Beispiele sei die B. Aemilia (176 v.Chr.) in Rom genannt. – Die B. diente als Börse und Großmarkthalle, seltener als Gerichtshalle. **2)** Frühchristl. B.: Wurde von den Christen als Versammlungsraum von der Antike übernommen. Die Frage, welche Form der vorchristl. B. die christliche in ihrer Gestaltung bestimmt hat, wird verschieden beantwortet. Die B. hat für gewöhnlich einen rechteckigen Grundriß. Sie besteht aus drei, fünf oder auch mehr Schiffen. Charakteristisch ist die Überhöhung des Mittelschiffes über die Seitenschiffe. Diese lehnen sich mit Pultdächern an das Hauptschiff an. Die Längswand über den Pultdächern trägt den Namen →Obergaden. An einer Schmalseite, meistens im Osten, ist eine →Apsis angefügt, wenn sie nicht in das Hauptgebäude mit einbezogen ist. Sie enthält die →Kathedra und die Subsellien, später auch den Altar. Oft findet die Apsis eine Erweiterung in einem ihr vorgelegten Querschiff. Auch 3 Apsiden sind möglich, vor allem in der Ostkirche. Der Basilika vorgelagert ist entweder ein quadratisches →Atrium oder ein rechteckiger →Narthex. Beide sind auch gleichzeitig möglich. **3)** Mittelalterliche B.: Seit karolingischer Zeit vollzieht sich die entscheidende Weiterbildung im Abendland: zwischen Querhaus und Apsis schiebt sich als Verlängerung des Mittelschiffs der →Chor, der selbst wieder vielfache Umbildung erfährt. Unter ihm wird in roman. Zeit die →Krypta angelegt. Die Durchdringungsstelle von Querhaus und Langhaus (in der Form des lateinischen Kreuzes), die →Vierung, wird zum Ausgangspunkt des →gebundenen Systems. Die Obergadenmauern ruhen statt auf einem Architrav nun auf Bogenstellungen, die aus Bogen auf Säulen (Säulenbasilika), auf Pfeilern (Pfeilerbasilika) oder einem Wechsel von Säule und Pfeiler (→Stützenwechsel) bestehen. Über den Seitenschiffen können →Emporen angelegt werden (Emporenbasilika). In der Gotik schiebt sich zwischen Arkade und Obergadenfenster das →Triforium. Wichtigste Neuerung

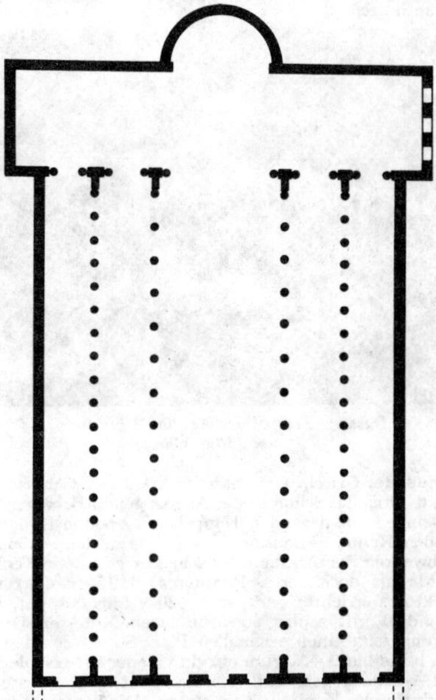

Rom, Lateransbasilika, Grundriß.

ist die Einführung der Wölbung seit etwa 1100 n.Chr. (→Gewölbe) anstelle von Flachdecke oder offenem Dachstuhl. Der ursprünglich schlichte Außenbau erfährt erst seit karolingischer Zeit nachdrückliche künstlerische Gestaltung durch Gruppierung der Baumassen und ständig reicher werdenden Bauschmuck. Wesentlich hierfür sind die Anlage von Türmen über der Vierung, seitlich des Chors, an der Westfront (→Turmfassade), evtl. noch an den Querhausenden, sowie die Ausbildung des karolingischen →Westwerks und der roman. →doppelchörigen Anlagen.
Lit.: C. Hülsen, Forum u. Palatin, 1926; R. Schultze, B., Untersuchungen zur antiken und frühmittelalterl. Baukunst, 1928 (Röm.-germ. Forschungen, Bd. 2); K. Liesenberg, Der Einfluß der Liturgie auf die frühchristl. B., Diss. Freiburg 1928; R. Krautheimer, Corpus Basilicarum Christianarum, seit 1937; Th. Klauser, Vom Heroon zur Märtyrerbasilika, 1942; E. Lehmann, Der frühe deutsche Kirchenbau, 1949; W. Sas-Zaloziecky, Die Byzant. Kunst, UKG VII, 1963.

Basiliuskathedrale →Moskau.

Basis. In der Baukunst die Standplatte einer Säule oder eines Pfeilers. In der Plastik der Standblock einer Statue oder eines Reliefs.

Basohli. Kleine Stadt mitten in den Bergen des Pandschab mit Miniaturistenschulen, die während des 17. und 18. Jhs. n.Chr. vor allem Themen aus den indischen Epen darstellen.
Lit.: M.S. Randhawa, B. painting, 1959.

Basonge. Im südöstlichen Kongogebiet beheimatetes,

mit den →Baluba stammverwandtes Negervolk, berühmt durch die gerillten Kifebwe- oder Kalebwe-Masken, die zu den am kühnsten stilisierten und abstrahierten Kunstwerken Schwarzafrikas gezählt werden müssen. Sie stammen vom B.-Unterstamm der Bena Mpassa. Die Herstellung dieser Masken wurde schon seit längerer Zeit unterdrückt, da aus magischen Gründen zu ihrer „Belebung" Menschenopfer für nötig erachtet wurden. – Weiter wurden von den B. auch →Fetische in allen Größen (bis zu 1,5 m hoch) hergestellt, die man ohne weiteres veräußern durfte, wenn sie ihre Wirkung getan hatten.

Bassae. Tempel des Apollon Epikureios, um 430 v. Chr.

Bassae. Griech. Ortschaft in Arkadien. Gehörte zur Stadt Phigalia. Schon in der Antike genoß B. wegen des in seiner Nähe liegenden Tempels des Apollon Epikurios großen Ruhm. →Pausanias zählt ihn zu den schönsten Bauwerken der Antike. Der sehr gut erhaltene Tempel wurde als dorischer →Peripteros (6x15 Säulen) von →Iktinos errichtet und gegen 420 v.Chr. geweiht. Der Grundriß mit seiner eigentümlichen Nord-Süd-Orientierung zeigt einen originellen Plan. So wurde das seitlich betretbare →Adyton nur durch eine Mittelsäule von der →Cella abgetrennt. Diese Säule trug das erste → Korinthische Kapitell. Zum ersten Male wurde hier der Fries nach innen verlegt und somit das attische Friesproblem gültig bewältigt. Gleichzeitig entstand der erste gestaltete griechische Innenraum. Die Friese stellen im nachparthenonischen Stil die Amazonomachie dar (London, Brit. Mus.).
Lit.: Kirsten-Kraiker, Griechenlandkunde, 796, 1962.

Bassano, Giacomo, eigentl. da Ponte. Italien. Maler, geb. 1516 in Bassano, gest. 1592 ebda. Bedeutender Meister der italien. Spätrenaissance, bildete sich an den großen Venezianern →Tizian und →Tintoretto und schuf mit seinen Söhnen die Schule von B., deren Stil sich durch satte Farbgebung und kühne Lichtwirkung auszeichnet. Durch ihn wird das Genrebild zu einer besonderen Gattung erhoben: Bäuerliche Idylle; Landschaften mit Beleuchtungseffekten.
Lit.: Dipinti dei B. nel Mus. Civ. Bassano, Katalog 1952.

Basselisse (franz.). Wirkarbeit mit waagerechter Kette. Wirkteppich →Teppichkunst.

Bassenheimer Reiter →Naumburger Meister.

Bassus-Sarkophag (Rom). Aus weißem carrarischem Marmor. Ein doppelstöckiger Säulensarkophag mit je 5 Darstellungen zwischen den Säulen (Fünfnischentyp). Über den 6 unteren Säulen wechseln je eine Muschel und ein flacher Rundbogen ab. Über den oberen Bilddarstellungen zieht sich ein reich profilierter Architrav hin. Der B. läßt sich genau auf 359 n.Chr. aufgrund einer Inschrift datieren. Er befindet sich in der Grotte von St. Peter. Abgesehen von seiner klassischen Schönheit, ist er ikonographisch interessant. Er bringt den Hinweis auf das Martyrium von Christus, Petrus und Paulus. Er ist also ein frühes Beispiel eines sogen. Passionssarkophages. Andererseits zeigt er Christus in der Herrlichkeit, nimmt also damit die Darstellung voraus, die Ende des 4. Jhs. auf Sarkophagen, vor allem aber in den Apsiden der Kirchen anzutreffen ist.

Bastien-Lepage, Jules. Franz. Maler. Geb. 1848 in Damvillers, gest. 1884 in Paris. 1867 studierte er bei →Cabanel in Paris und lebte seither dort. 1885 fand eine große Retrospektive seiner Bilder in Paris statt. Stilistisch ist sein Werk rückschrittlich und fortschrittlich zugleich. Der Generation des →Impressionismus angehörend nahm er Anregungen von →Monet auf, ohne dabei auf seine akademisch geschulte Malweise zu verzichten. Eine gewisse Verwandtschaft besteht zu den Werken →Millets und dessen Bauernmalerei.
Lit.: Thieme-Becker.

Batak. Altindonesischer Volksstamm, im Landesinneren von →Sumatra beheimatet. Die Kultur dieses Volkes empfing verschiedene Einflüsse; die Grundschicht hat megalithische Züge und erinnert in mancher Hinsicht an die der →Naga in Hinterindien. Später nahm sie bronze- und eisenzeitliche Elemente auf. Die wichtigsten B.-Stämme sind die Toba-, Timor- und Karo-Batak. Bemerkenswert sind ihre großen, stabilen Holzhäuser mit geschwungenem First und bemalten Giebelwänden, deren Seitenwände mit Schnitzereien reich verziert sind. Ihre Holzschnitzkunst äußert sich vor allem bei der Herstellung figural verzierter Orakel- oder „Zauberstäbe" und von Kleinplastiken, die Musiker, Handwerker u.a. darstellen. Früher wurden auch holzgeschnitzte Tanzmasken hergestellt, die bei Totenfeiern in Erscheinung traten. Diese farbig bemalten und mit Haaren verzierten Masken wirken überaus eindrucksvoll. Büffelhörner (zur Aufbewahrung von Zaubermitteln und Amuletten) sind mit eingeschnittenen Ornamenten und Figürchen ausgestaltet. Metallarbeiten aus Kupfer, Bronze, Messing, Silber und Gold (Ohrringe, Gürtelplatten, Schwertscheiden, Dolche u.a.) sind in der „cire-perdue"-Technik gegossen oder geschmiedet und oft ziseliert.
Lit.: H. H. Bartlett, Sacred Edifices of the B. of Sumatra, 1934.

Bathykles. Griech. Bildhauer aus Magnesia am Mäander. Er zählt zu den hervorragendsten Meistern der ionischen Schule spätarchaischer Zeit (um 510/500 v.Chr.). Sein Hauptwerk war der berühmte und von Pausanias ausführlich beschriebene Thron vom →Amykleion bei Sparta. Es war dies ein thronartiges überreich verziertes Bauwerk für das alte Erzkultbild des Apollon.
Lit.: H. Brunn, Gesch. d. griech. Künstler, I., 52ff.; G. Lippold, Handb. d. Archäologie, V, 55f., 1950.

Bassus-Sarkophag (Rom, Vat.).

Batik. In →Indonesien übliche Technik des Bemusterns von Geweben, vor allem in →Bali und →Java geübt. Dabei wird mit Hilfe des →Tjanting flüssiges Wachs in Form von Mustern oder Figuren auf den noch ungefärbten Stoff gegossen, der dann in das Farbbad getaucht wird. Nach Auflösen des Wachses in heißem Wasser treten die abgedeckt gewesenen Stellen als „Negative" hervor. Altertümlich ist die in →Celebes heimische Wachstropftechnik, bei der statt des Tjanting ein Bambussplitter zum Auftragen des Wachses verwendet wird. Die Vervollkommnung der B.-Technik in den letzten Jahrhunderten brachte vielfarbige Tücher mit zahlreichen verschiedenen Grundmotiven (z.B. →Bandji, Ganggong-Stern, Tjeplokkan = Rosette usw.) hervor, etwa auf dem traditionellen Umhängkopftuch (Sarong) der Frauen oder dem Festgewand (Sampur bei Frauen, Dodot beim Mann). Bei kostbaren B.-Tüchern wird mittels einer Leimfarbe Gold aufgetragen. – (→ Ikat, →Plangi, →Pilih). – Keramik in negativer Bemalung mit Batik-Technik findet sich auf peruanischer Keramik im nördlichen Hochland (→Recuay, Paracas).

Batoni (Battoni), Pompeo. Italien. Maler, geb. 1708 in Lucca, gest. 1787 in Rom. Letzter großer Vertreter des römischen Spätbarock, dessen immer dekorativer werdender Substanzlosigkeit er mit seinem kühlen akademischen Klassizismus zu steuern sucht. Freund und Gesinnungsgenosse von Winckelmann und →Mengs. Bildete sich an Raffael und an der Antike. Religiöse und mythologische Darstellungen, bedeutende Portraits. Hauptwerke: Sturz des Magiers Simon (Rom, S. Maria degli Angeli, 1761), Hl. Familie (Mailand, Brera), Doppelbildnis Josephs II. und Leopolds von Toscana (Wien, Hofmuseum, 1769).
Lit.: E. Emmerling, P.B., Diss. Köln 1932.

Batshokwe →Tshokwe.

Battke, Heinz. Deutscher Maler und Graphiker. Geb. 1900 in Berlin, gest. 1966 in Frankfurt/M., wo er seit 1956 an der Staatl. Hochschule für bildende Künste unterrichtete. – Studium bei C. →Hofer in Berlin (1921 bis 1925). 1927 erste Einzelausstellung seiner Werke in Berlin. Anschließend bis 1929 Aufenthalt in Paris. Bis 1934 Reisen nach Florenz und durch ganz Europa. Lebte von 1935–1956 in Florenz. – In seinen Werken ging B. vom →Expressionismus aus und schloß sich später dem →Surrealismus an. Sein eigenwilliger Stil, der eine gewisse Verwandtschaft zu B. →Nicholson zeigt, wird vor allem in hervorragenden Zeichnungen deutlich.
Lit.: O. Stelzer, H.B., Zeichnungen, 1955.

Bauchant, André. Franz. Maler. Geb. 1873 in Châteaurenault. Begann erst mit 46 Jahren als Autodidakt zu malen. In seinen Bildern, deren Farbgebung glatt und transparent ist, trägt er die Darstellung ohne Vorzeichnung auf weißem Malgrund direkt auf. – Neben →Rousseau ist er der Hauptvertreter der modernen naiven Malerei. Als ehemaliger Gärtner stellt er Pflanzen und Blumen immer wieder in den Mittelpunkt seiner Bilder, die aber auch mythische und biblische Szenen zeigen. – 1921 stellte er erstmals in Paris aus und wurde von →Le Corbusier und Diaghilew, der ihn mit den Dekorationsentwürfen für das Ballett „Apollon Musagete" beauftragte, entdeckt.
Lit.: W. Uhde, Fünf primitive Meister, 1948.

Bauernbruegel →Bruegel.

Bauernkunst →Volkskunst.

Bauflucht →Flucht.

Bauhaus, Das. Institut, das alle Bereiche der Kunst und Formgebung einbezog. Henry van de →Velde, Meister des Jugendstils und Akademiedirektor in Weimar, 1914 zum Verlassen Deutschlands gezwungen, hatte den Architekten Walter →Gropius als Nachfolger empfohlen. Als Gropius dieses Amt 1918 antrat, hatte er die Welt mit seinem eigenen Werk längst auf sich aufmerksam gemacht; er löste die Akademie auf und gründete an ihrer Stelle das „Staatliche B.", um die Chance der veränderten sozialen Struktur nach dem Kriege wahrzunehmen. Handwerkliche Ausbildung unter Anleitung von „Meistern"; Einheit der Künste unter dem Primat der Architektur; 1919 ein von Gropius erarbeitetes Manifest. Einige der wichtigsten Künstler der Zeit folgen dem Ruf von Gropius: Lyonel → Feininger (1919–1933), Gerhard →Marcks (1919–1924), Paul →Klee (1920–1929), Oskar →Schlemmer (1921 bis 1929), Wassily →Kandinsky (1922–1932), Laszlo → Moholy-Nagy (1923–1928); neben ihnen Johannes → Itten, Georg →Muche, später Josef →Albers, Herbert →Bayer. Ende 1925 verließ das B. Weimar. Gropius errichtete in Dessau Werkstattgebäude und Häuser für die Lehrkräfte, einen aus Glas und Stahl konzipierten Komplex, der selbst zu den Hauptwerken der Architektur des 20. Jhs. gerechnet werden muß. Das Dessauer B.-Programm bezieht verstärkt das technisch-zivilisatorische Moment ein. Einige der besten Lehrkräfte verlassen das B., 1928 geht auch Gropius. Sein Nachfolger ist Hannes Meyer. 1933 wird Ludwig →Mies van der Rohe, ein Gropius kongenialer Gestalter und Architekt, Leiter des B.es. 1933 schließt das B. unter politischem Druck. Durch die Zerstreuung der B.-Meister beschleunigt, wurde dem B. eine noch immer nicht absehbare weltweite Wirkung zuteil. „B.-Bücher" seit 1925, Zeitschrift „B." seit 1926. Über Geschichte und Wirkung des B.es unterrichtet das „B.-Archiv" in Darmstadt.
Lit.: H. M. Wingler, Das B. 1919–1933, 1962; Neue B.-Bücher, 1965ff.; Die künstlerische Graphik des B.es (geplant 4 Bde.), 1. Bd. 1965.

Bauhütte. Mittelalterlicher Werkstattverband der an größeren Kirchenbauten arbeitenden Steinmetzen mit eigener Hüttenordnung, die jeweils in der Haupthütte schriftlich niedergelegt war. Haupthütten in Deutschland: Straßburg, Köln, Wien, Bern (später Zürich). Hervorgegangen aus ähnlichen mönchischen Organisationen, entstand sie wegen Zunahme der Laien im 13. Jh. in Frankreich, Deutschland und England. Blütezeit 14. Jh. 1459 in Regensburg Zusammenschluß der deutschen B.n auf der Grundlage der Straßburger Ordnung. Im 16. Jh. langsam von den Zünften verdrängt. Die B. bestand neben den Zünften und schulte die Steinmetzen als Baumeister und Bildhauer, somit die Einheitlichkeit von Architektur und Plastik in Entwurf und Ausführung verbürgend. In ihr vererbten sich, streng geheim und daher größtenteils verloren, technische Erfahrungen, Methoden, Proportionsgrundsätze etc.
Lit.: W. Jüttner, Ein Beitrag zur Geschichte der B. und des Bauwesens im Mittelalter, Diss. Köln 1935.

Baukeramik. Erzeugnis der →Keramik, zur Verkleidung und zum Schmuck eines Bauwerks dienend.

Baukunst. (Architektur, „Erz- und Anfangskunst"). Von allen Künsten die abhängigste; Zweck, Konstruktion und Baumaterial sind mitbestimmend an der Form. Die Bemessung von Körper und Raum, proportionierende Unterteilung der sichtbaren Flächen, haptische Ausdeutung der Oberfläche sind ihre künstlerischen Mittel. B. ist Ausdruck eines Ordnungswillens vom Einzelwohnhaus bis zum Städtebau. Dem Material nach sind drei große Gruppen zu unterscheiden: Steinbau, →Backsteinbau, →Holzbau; seit dem 19. Jh. schließen sich neue Baustoffe wie Eisen, Glas, Beton, Leichtmetall und Kunststoffe an. Der Bestimmung nach unterscheidet man Sakralbau (kirchliche B.) und Profanbau (weltliche B.).

Baule. An der Elfenbeinküste lebender westafrikanischer Volksstamm, der sich vor etwa 300 Jahren von den →Ashanti abspaltete und seither eigenständige Kunstwerke hervorbrachte. Da die Ashanti keine bedeutende Schnitzkunst besitzen, dürften die den B. benachbarten →Guro und →Senufo die Lehrmeister der Maskenherstellung gewesen sein. Die in den Kulttänzen eine wichtige Rolle spielenden →Masken (Antilopen, Widder, Büffel, Elefanten usw.) sind anthropomorph stilisiert. Freistehende Menschendarstellungen – bei ihnen wird oft Portraitähnlichkeit angestrebt – sind an der Oberfläche sorgfältig geglättet und poliert, manchmal auch mit Goldblech überzogen. Ähnlich wie die → Ashanti stellen auch die B. Goldfigürchen und kleine Gelbgüsse her, und manchmal auch Tier- und Menschenfigürchen, Miniaturnachbildungen von Waffen und Geräten usw.; diese dienen als Gewichte beim Wägen von Goldstaub.

Baum, Otto. Deutscher Bildhauer. 1900 in Leonberg geb., lebt in Stuttgart. Nach einer Handwerkslehre als Motorenschlosser wird er im 1. Weltkrieg eingezogen. 1924–27 und 1930–33 besucht er die Kunstakademie in Stuttgart. 1946 Prof. ebda. 1947 Kollektivausstellung in München. – Seine Plastiken schließen sich an → Brancusis und →Arps Werke an. Er verbindet die weiche Modellierung mit einer blockhaften Gesamtform. In seinen Tierplastiken sucht er eine äußerste Reduktion, wobei die Masse ins Monumentale gesteigert wird.
Lit.: F. Roh, O.B., 1950.

Baumeister, Willi. Deutscher Maler und Kunst-

schriftsteller. Geb. 1889 in Stuttgart, gest. 1955 ebda. Studium in Stuttgart bei →Hölzel. 1912 und 1914 Aufenthalte in Paris, wo er sich hauptsächlich mit den Werken →Cézannes auseinandersetzte, →Le Corbusier und →Léger kennenlernte. 1928–1933 unterrichtete er an der Kunstschule in Frankfurt a.M. Nach der Serie der sogen. „Mauerbilder" (1919/22) entstehen 1924–1929 Maschinen- und Sportdarstellungen. Er entfernt sich allmählich vom Gegenstand und schließt sich 1936 der abstrakten konstruktivistischen Malerei an, die er nach 1945 mit surrealistischen Elementen verbindet. Daneben schuf er mehrere graphische Serien (Gilgameschepos, Saul und Esther u.a.). 1946 übernahm er eine Professur an der Akademie in Stuttgart.
Lit.: H. Vollmer, Künstlerlex. des 20. Jhs.

Baumkreuz. Kreuz Christi, gebildet als Baum mit Blättern, Blüten oder Früchten, meist in der Form des Weinstocks, Rosenstrauchs oder der Eiche. Das Motiv ist als →Lebensbaum zu deuten. Wichtigste literarische Quellen sind ein Traktat des hl. Bonaventura (1221–74) und Schriften deutscher Mystiker: Meister Eckhardt, Tauler. Die Darstellung begegnet seit der 2. Hälfte 12. Jh. in der deutschen Buchmalerei, seit dem 14. Jh. auf Gemälden, auch in Italien. Im Barock wird die Darstellung selten.
Lit.: H. Koch, Sonderformen des Heilandskreuzes, 1934 (Studien zur deutschen Kunstgeschichte 303).

Baumodell →Modell.

Baunaht. Stelle, an der sich ein älterer Bauteil erkennbar gegen einen jüngeren absetzt. Sie findet sich häufig an mittelalterlichen Kirchenbauten, die, meist von O nach W gebaut, wegen der oft langen Bauzeiten stilistische und technische Unterschiede zwischen den einzelnen Bauabschnitten aufweisen.

Bauplan von Sankt Gallen →Sankt Gallen, Bauplan von.

Bauplastik. Mit der Ausbildung der monumentalen Baukunst und Plastik in den alten Hochkulturen wird auch die B. entwickelt, die dekorativen oder symbolischen Wert haben kann. Eine ausgesprochene Hochblüte erlebte sie in der →griech. Kunst und hier ins-

Olympia, Mittelteil mit Apollo aus der Kentauromachie des Zeustempel-Westgiebels, um 460 v. Chr. (Olympia, Mus.).

besondere in der Tempelbaukunst. Anfangs wurden die großen Giebelfelder und →Metopen mit gemalten Figuren oder Ornamenten geschmückt. Hieraus entwickelte sich in früharchaischer Zeit das Relief als B., die in der Folgezeit eine konsequente Entwicklung vom Flachrelief bis zur vollplastischen Giebelplastik aufweist. Wichtigste Stationen dieses Weges sind der Giebel des Artemistempels von →Korfu, die →Ägineten, die Skulpturen des Zeustempels von →Olympia und als Höhepunkt antiker B. der reiche und vielfältige Schmuck des →Parthenon in Athen. – Gehörte die B. in der Griech. Kunst zu den wesentlichsten Leistungen dieser Kultur, so spielt sie in der röm. Kunst eine vergleichsweise untergeordnete Rolle und beschränkt sich hauptsächlich auf dekorative Friese. Mittelalter: Die Ausbildung von B., im 11. Jh. noch vereinzelt, setzt seit dem 12. Jh. in großer Fülle ein, vorwiegend in den christl. Teilen Nordspaniens, in den franz. Landschaften südlich der Loire, in Norditalien und Apulien. Vermittelnd wirkten die →Pilgerstraßen. Führend wird Frankreich, wo der bedeutendste Teil aller Skulptur bis ins spätere Mittelalter B. ist. Träger der roman. B. sind besonders das Portal (→Burgund, →Provence), die Fassade (→Aquitanien), das Kapitell (→Burgund, →Auvergne), auch der Kreuzgang (→Languedoc, →Provence). Die B. der Gotik, die Mitte des 12. Jh. in der Ile-de-France entsteht (→Chartres-West), beschränkt sich fast ausschließlich auf den Außenbau. Ausgangspunkt sind die Portale, deren Gewände mit rundplastischen Standfiguren besetzt werden, deren ursprünglich enge Einbindung in den architektonischen Rahmen sich allmählich lockert. Die Wiedergewinnung der rundplastischen Freifigur, der Statue, erfolgt auf dem Weg über die got. Gewändefigur. Seit Beginn des 13. Jhs. Ausdehnung der B. auf den gesamten Außenbau, seit dem 14. Jh. auch auf den Innenraum, besonders in Deutschland. Im 15. Jh. Verselbständigung der Skulptur und Lösung von der Architektur. Das Zeitalter der Säulenordnungen bringt mit →Karyatide und Attikafiguren noch einmal eine Blüte der B., wenn auch die Verbindung von Architektur und Plastik nicht so intensiv ist wie im Mittelalter; schönes Beispiel: Die Heiligenfiguren auf den Kolonnaden von St. Peter in Rom.

Baustein. Mit der Ausbildung der monumentalen Baukunst in den alten Hochkulturen wurden die bis heute im Prinzip unveränderten Formen des Bausteins entwickelt. So der unregelmäßige und nicht zugehauene Bruchstein und der regelmäßig bearbeitete Werkstein (auch Haustein genannt), beide aus natürlichem Stein gewonnen; so auch der Backstein oder Ziegel aus geformtem und getrocknetem oder im Brennofen gehärtetem Lehm.

Bausymbolik. Symbolische Bedeutung einzelner Bauteile, besonders weitgehend im mittelalterl. Kirchenbau entwickelt.
Lit.: J. Sauer, Symbolik des Kirchengebäudes, 1924; H. Sedlmayr, Entstehung der Kathedrale, 1950; G. Bandmann, Mittelalterl. Architektur als Bedeutungsträger, 1959 (Nachdruck).

Bauziegel. Ziegel, die eine Inschrift enthalten, die sich auf den Bau bezieht.

Bawit (Mittelägypten). Teile von koptischen, gemalten, Wandfriesen sind hier erhalten. Sie zeigen biblische und auch profane Szenen. Ebenso findet man in B. eine große Anzahl von Apsiden an sogenannten Kapellen, vielleicht Andachtsräume von Mönchen. Im Vordergrund der Ikonographie steht hier die Himmelfahrt Christi. Dabei sind zwei Szenen übereinander gesetzt, die kein Verhältnis zueinander haben. Im oberen Teil finden wir Christus in himmlischer Herrlichkeit, im unteren Maria mit dem Kinde, umgeben von den Aposteln in streng hieratischer Anordnung.

Bayaka. Negervolk des südwestlichen Kongo-Gebietes mit reicher Holzschnitzkunst (Idole, Kopfbänke oder „Nackenstützen", figural beschnitzte Geräte, →Masken). Manche Arten von Masken sind bis 1,3 m groß und tragen weite Bastfaser-Umhänge; sie spielen bei den Reifezeremonien der Knaben (Buschlager) eine wichtige Rolle. Bei B.-Kunstwerken sind oft eine sonderbare, rüsselartig aufgebogene Nase und eine „brillen"-artige Umrahmung der Augen zu beobachten.
Lit.: H. Himmelheber, Les Masques B., 1939.

Bayer, Herbert. Österreichischer Maler und Typograph. Geb. 1900 in Haag (Österreich), ansässig in den USA. Nach dem Studium in Linz, Darmstadt und Weimar lehrte er von 1925–28 am →Bauhaus. Als Maler stand er dem →Surrealismus nahe. Seine eigentliche Bedeutung liegt jedoch in der Tätigkeit am Bauhaus, wo er erstmals die Reklamegestaltung als Unterrichtsfach einführte.
Lit.: H. Vollmer, Künstlerlex. d. 20. Jhs.

Bayeux-Teppich. Friesartiger Teppich im Mus. von

Teppich von Bayeux, Ausschnitt: Zwei Krieger reiten zum Schloß Beaurain.

Bayeux (50 cm hoch, 70 m lang, ursprünglich noch länger) aus losem, farbig besticktem Leinen mit Darstellungen der Vorbereitung Herzog Wilhelms v. d. Normandie im Jahr 1066 zur Eroberung Englands, der Überfahrt und des Sieges über König Harald bei Hastings. Entstanden wohl Ende des 11. Jhs. Die Schilderungen sind in ihrer Drastik, der Fülle der Beobachtungen, dem Reichtum erzählender Szenen ein kulturgeschichtliches Dokument hohen Ranges. Es macht die Möglichkeiten einer zumeist verlorenen, wohl im Umfang auch geringen frühmittelalterlichen Profanmalerei deutlich.
Lit.: A. Léjard, Der Bildteppich von Bayeux, 1947; Der Wandteppich von Bayeux, 1957.

Bayreuth. Das Alte Schloß entstand aus einem befestigten, später umgestalteten Haus des 13. Jhs. 1668 wurde der Umbau dieser unregelmäßig viereckigen Anlage in Angriff genommen. 1691 wurde Ch. Ph. Dieussart berufen, der die alten Trakte mit einheitlichen Fassaden überblendete. Nach seinen hinterlassenen Entwürfen vollendete →Dientzenhofer den Bau. Sein interessantester Teil ist der Achteckturm mit der Schneckentreppe (zum Fahren oder Reiten) von Michael Mebart (1600). Die etwas trocken klassizistischen Fassaden werden durch eine kraftvolle Gliederung und reichen plastischen Schmuck (Büstenmedaillons über den Fenstern des Erdgeschosses) gelockert. Ein Brand (1753) des Alten Schlosses wurde Anlaß zum Bau des Neuen Schlosses unter Leitung von J. Saint Pierre. Allerdings mußte der Baumeister schon bestehende, für die Planung ungünstige Gebäude miteinbeziehen, um die Baukosten zu verringern. Dadurch entstand ein langgestreckter, dreigeschossiger Trakt mit einem vorgezogenen Mittelbau, der reich gegliedert über einem rustizierten Sockelgeschoß korinthische Säulen mit Gebälk und Attika vor 3 Rundbogenfenstern trägt. – Das Opernhaus entstand 1744 unter der Leitung J. Saint-Pierres, der auch die Entwürfe lieferte. Das Innere stammt von Giuseppe →Galli Bibiena. 1748 ist der Bau beendet, der die Nationalität seiner Architekten durch die französisch-klassizistische Fassade und die in schwerem üppigem Barock gehaltene Innenausstattung deutlich ausspricht. Bühnenhaus und Zuschauerraum nehmen je die Hälfte des Innenraumes ein; vom prächtigen Haupteingang in der Mittelachse gegenüber der Bühne führen 2 Treppen ins Parterre. Die schräggestellten Trompeterlogen leiten zur Bühne über, die sich mit dem Zuschauerraum formal zusammenschließt. – Die alte und die neue Eremitage. Auf ein 1669 errichtetes Grotten- und Brunnenhaus in der Waldlandschaft der Schleife des Roten Main geht der Bau der alten Eremitage (das „Alte Schloß") zurück. 1715–18 schuf J. D. Räntz die Anlage, die den Anschein freigewachsenen Felsengesteins erwecken will. 1736 wurden durch die Markgräfin Wilhelmine 2 Flügel an den Fassadentrakt der vierflügeligen Anlage gebaut, ebenfalls im Motiv der Felsenarchitektur. Die Neue Eremitage entstand als Orangerie oder Menagerie 1749–53 nach Plänen J. Saint-Pierres. Zwei niedrige Flügel werden aufgelöst durch Arkaden auf Zwillingssäulen mit einer Attikabalustrade darüber und bilden zusammen einen Halbkreis; in seinem Scheitel steht, abgesetzt von den beiden Bogentrakten, das Achteck des „Sonnentempels" mit hoher Kuppel. Mauern und Säulen der Rundflügel sind mit bunten Glasflüssen und Steinen inkrustiert, über den Arkaden verzinnte Stuckbüsten der Imperatoren von Pedrozzi.
Lit.: Reclams Kunstführer, Deutschland, Bd. I, 1961.

Bazaine, Jean. Franz. Maler. Geb. 1904 in Paris, ansässig ebda. Studium an der Ecole des Beaux-Arts in Paris. 1950 entwarf er die Fenster für die Kirche von Assy. 1949 fand die erste Einzelausstellung seiner Werke in Paris statt. 1951 beteiligte er sich gemeinsam mit →Picasso, →Braque, →Chagall, →Léger, →Matisse u. a. an der berühmten Ausstellung „Sur quatre murs" in der Galerie Maeght, Paris. 1952 bereiste er die USA und ließ sich anschließend in Paris nieder. – Von der Bildhauerei ausgehend, fand B. zu einer abstrakten Formensprache in der Malerei, die ihn zu einem der bedeutendsten Vertreter der heutigen Ecole de Paris werden ließ.
Lit.: Knaurs Lex. d. abstrakten Kunst, 1957.

Bazār. In arabischen Städten ein gedeckter, ständiger Markt, auf dem Lande nach der Erntezeit auf freiem Feld unter Zelten errichteter „Jahrmarkt". – Lage bei der Hauptmoschee der Stadt. Im Mittelalter nach Zünften getrennte Unterbringung der Händler und Handwerker. Angeschlossen oft die →Karawanserais und ein →Hammam. Komplex gedeckter Ladenstraßen, ein- aber auch zweigeschossig. Lichteinfall durch die Gewölbe, z. B. durch die gleichzeitig raumgliedernden, größeren Kuppeln über der Straße oder Halle. Angrenzend Werkstätten und Läden, oft einzeln überkuppelt. Geschlossenene Anlagen erhalten in: Aleppo, Bursa, Edirne, Isfahan, Istanbul, Kairo, Kaschan, Kum, Schiraz.
Lit.: E. Diez, Die Kunst der islamischen Völker. Handbuch der Kunstwissenschaft, 1915; A. U. Pope, Islamic Architecture. Survey of Persian Art, 1939. Bd. I, 1199.

Bazille, Frédéric. Franz. Maler. Geb. 1841 in Montpellier, 1870 bei Beaune-la-Rolande gefallen. – Nach dreijährigem Medizinstudium geht er nach Paris und

beginnt zu malen. 1862 begegnet er dort →Monet und →Renoir, mit denen er eine Ateliergemeinschaft begründet. Lebt von 1864–1866 meist gemeinsam mit Monet in der Umgebung von Paris und malt „en plein air". Nach der Rückkehr nach Paris mietet er sich gemeinsam mit Renoir ein Atelier und unterstützt seinen Freund Monet durch einen Bildankauf. 1868 ist er zum ersten Male mit einem Bild im Salon vertreten.
Lit.: Knaurs Lex. d. mod. Malerei, 1955.

Beardsley, Aubrey. Engl. Zeichner und Illustrator. Geb. 1872 in Brighton, gest. 1898 in Mentone. Als Autodidakt schulte er sich an Vorbildern wie →Dürer, →Michelangelo und →Botticelli. Um 1892 findet er, angeregt durch die →Praeraffeaeliten und die japanische Holzschnittkunst, zu einem eigenen zeichnerischen Stil, der das florale Element des →Jugendstils weitgehend

Aubrey Beardsley, „Der Pfauenrock", 2.

vorwegnimmt. Seine Gestalten entwickeln sich hauptsächlich aus der weit geschwungenen Umrißlinie und der breiten, schattenlosen Fläche. – Um 1896 entstehen seine reifen Arbeiten, die Illustrationen zu „Volpone", „Lysistrata" u.a., dazu zahlreiche Einzelblätter. In kongenialer Weise schuf er sein wohl bedeutendstes Werk, die Illustration zu Oscar Wildes „Salome". – Die Entwicklung der Buchkunst des Jugendstils hat von seinen linearen Formen wesentliche Anregungen erfahren.
Lit.: E. Hölscher, A. B., 1949; H. Esswein, A. B., 1908; H. Macfall, A. B., 1928.

Beaudin, André. Franz. Maler und Bildhauer. Geb. 1895 in Mennecy. 1911–15 Studium der Malerei an der Ecole des Arts Décoratifs in Paris. Erst um 1930 ging er zur Plastik über. Sowohl seine Gemälde als auch seine Plastiken sind fast ausschließlich vom →Kubismus bestimmend beeinflußt. Als Bildhauer arbeitet er in Gips und Ton. Seine Gestalten und Köpfe zeigen bei äußerster Vereinfachung der Form eine strenge Gliederung, die auch die Farbflächen seiner Bilder bestimmt.

Beauneveu, André. Franco-flämischer Bildhauer u. Miniator aus Valenciennes. Gest. um 1402. Schuf für Karl V. Grabfiguren des Philippe VI. de Valois, des Jean II. le Bon und Karls V. für die königliche Grablege von →St. Denis (Auftrag 1364, vollendet 1366). Spätestens seit 1380 in Bourges im Dienst des Jean, Duc de Berry, für den er Grisailleminiaturen malte; 24 thronende Propheten und Apostel (Psalter des Duc de Berry; Paris, Bibl. Nat.ms. 13091; um 1380–85). Vor gemustertem Grund gemalte Skulpturen von höfischer Zartgliedrigkeit, durchzogen von harmonisch weichem Bewegungsfluß. A. B. scheint Schöpfer des →Weichen Stils zu sein.
Lit.: E. Panofsky, Early Netherlandish Painting, 1953; G. Troescher, Burgundische Plastik des ausgehenden Mittelalters, 1940.

Beccafumi, Domenico. Italien. Maler und Bildhauer, geb. 1486 in Siena, gest. 1551 ebda. Meister des →Manierismus. Einflüsse von →Perugino, →Michelangelo, →Sodoma und →Rosso Fiorentino. Um 1518 entwickelt sich sein eigener Stil mit Vorliebe für das Heftige und Unheimliche; tätig in Siena: Szenen aus der Geschichte Mariä, Freskenzyklus im Oratorium S. Bernardino, Deckenbilder des Pal. Publico, 8 Bronzeengel für den Dom u.a.
Lit.: G. Delogu, Italien. Malerei, 1948.

Becher. In der Regel henkelloses, zum Umgreifen mit einer Hand bestimmtes Trinkgefäß. In seiner einfachsten Form konisch, ohne Fuß u. Schaft, die Grenzen zu →Pokal u. →Kelch sind jedoch fließend, besonders bei den Prunk- u. Schaubechern des späteren Mittelalters. →Akley-Becher. Material: Ton, Holz, Glas, edle u. unedle Metalle, Kristall, Email u. Elfenbein. Im Mittelalter herrscht der Glasbecher vor, in der Renaissance der Metallbecher. Besondere Formen sind: →Haufebecher, →Jungfernbecher, Münzbecher, Mühlenbecher, Sturzbecher u.a.

Max Beckmann, „Schauspielerinnen", 1946 (Zürich, Kunsthaus).

Beckmann, Max. Deutscher Maler. Geb. 1884 in Leipzig, gest. 1950 in New York. Studium in Weimar, Paris, Florenz und Berlin. Schließt sich dort 1905 der Sezession an. Seine Frühwerke sind deutlich vom deutschen →Impressionismus →Liebermanns und →Corinths beeinflußt, jedoch mit eigenen symbolistischen Tendenzen durchsetzt. Die entscheidendste Wendung bringt ihm das Kriegserlebnis. Er verzichtet auf die impressionistische Virtuosität und nimmt ex-

pressionistische Elemente auf, die er völlig selbständig zu einem eigenen Stil verarbeitet. Sein großes Thema wird die Bedrohung des Menschen in der Großstadt, in der Einsamkeit und in der Weltkatastrophe. Im Bildaufbau greift er auf die einfache Ordnung der altdeutschen Malerei zurück. Große Kompositionen dieser Art entstehen während seiner Lehrtätigkeit in Frankfurt a.M. (1915–1933). Immer stärker arbeitet er die linearen Strukturen heraus, die seinen Stil wesentlich bestimmen. 1933 siedelt er nach Berlin über, von wo er 1937 nach Amsterdam und anschließend nach New York auswandert. In seinem Spätwerk schuf er eine Reihe frei paraphrasierter, mythologischer Triptychen.
Lit.: G. Busch, M. B., 1960.

Bedeutungsperspektive. Ein in der Kunst des alten Orients gebräuchliches Prinzip, die Größe ihrer Figuren nicht nach ihrer Bedeutung im Raum festzulegen, sondern hochgestellte Persönlichkeiten größer darzustellen als die niederen Ranges. Dieses Prinzip wurde zum Teil auch in der →Altchristl. Kunst angewandt.

Bedsa. Buddhistische Kult- u. Wohnhöhlen im westl. Indien v. 2. Jh. v.Chr. bis zum 2. Jh. n.Chr.

Beer, Franz. Österreichischer Architekt. Geb. 1660 in Bezau, gest. 1726 ebda. Er gehörte einer weitverzweigten Baumeisterfamilie des 17. und 18. Jhs. an, deren bedeutendster Vertreter er war. – Die Klosterkirchen zu Rheinau, St. Urban und →Weingarten, außerdem die Klöster zu Münsterlingen, St. Katharinental und Irsee sind nach seinen Plänen entstanden.

Begas, Reinhold. Deutscher Bildhauer. Geb. 1831 in Berlin, gest. 1911 ebda. Bereits früh kam er durch seinen Vater, den Historienmaler Karl B., mit der bildenden Kunst in Berührung und studierte 1846–51 bei →Schadow und →Rauch an der Berliner Akademie. 1856 reiste er als Stipendiat nach Rom und nahm dort Anregungen von →Lenbach, →Böcklin und →Feuerbach auf. Die Plastik →Michelangelos und →Berninis beeindruckte ihn nachhaltig. 1858 kehrte er nach Berlin zurück und wurde 1861 als Lehrer an die Kunstschule nach Weimar berufen. 1886–91 entstand als eines seiner bedeutendsten Werke der Brunnen vor dem Berliner Schloß. Die Regierungszeit Wilhelms II. brachte ihm große Staatsaufträge und Erfolge (Denkmal Wilhelm I., Bismarckdenkmal vor dem Reichstag u. a. Denkmäler in Berlin). Nach dem Vorbild der Barockplastik schuf er vitale, naturalistische Bildwerke. Durch ihn und seine Schüler, die zahlreiche Werke in Berlin ausführten, wurde das Stadtbild Berlins wesentlich geprägt.
Lit.: Thieme-Becker.

Begram. Ruinen einer Geländefestung möglicherweise aus der Zeit Alexanders d.Gr. am Zusammenfluß von Pandschir und Ghorband sowie einer Stadt der griechisch-baktrischen Könige und der Kuschanas, ca. 80 km nördlich der afghanischen Landeshauptstadt Kabul. Von besonderem Interesse für die Wirtschafts- und Kunstgeschichte Indiens und Zentralasiens ist ein Verwahrfund der Kuschana-Zeit mit chinesischen Lacken der Han-Zeit; Elfenbeinreliefs des Stils von →Mathura u. vermutlich alexandrin. Gläsern u. Bronzen.
Lit.: MDAFA IX (1939), XI (1954), XII (1946).

Beham. 1) Barthel. Deutscher Kupferstecher und Maler. Geb. 1502 in Nürnberg, gest. 1540 in Italien. Zuerst in Nürnberg, ab 1527 in München und Landshut tätig. Bildete sich an →Dürer. Durch seine Stiche, biblischen, antiken und genrehaften Inhalts, wurden die italienischen Renaissanceformen in Deutschland weithin bekannt. B. malte auch zahlreiche Fürstenbildnisse (Galerie Schleißheim). **2)** Hans-Sebald. Deutscher Maler, Kupferstecher und Holzschneider. Bruder von 1). Geb. 1500 in Nürnberg, gest. 1550 in Frankfurt a.M. Vielseitigster Graphiker der deutschen →Kleinmeister. Bevorzugte biblische und antik-mythologische Szenen. Neben seinen Ornamentstichen hat er zahlreiche Holzschnittillustrationen geschaffen: 252 Kupferstiche, 1074 Holzschnitte und 18 Radierungen. – Lit.: G. Pauli, B. B. Krit. Verz. s. Kupferstiche, 1901/11.

Behistun. Kultort am Tor von Asien, 30 km östlich von Kermanschah. Am Felsen von B. Relief →Dareios' I. mit Darstellung des Königsgerichtes über die Lügenkönige unter dem Symbol des →Ahura Mazda und persisch, babylonisch, elamisch abgefaßter Beischrift. Parthisches Relief →Mithridates' II., Reiterkampfrelief →Gotarzes'. Frontalrelief eines opfernden Partherfürsten.
Lit.: R. Ghirshman, Iran I, 89, 233, 268; II, Abb. 64ff.; H. H. von der Osten, WP, 66ff., 76f., 114f.

Behrens, Peter. Deutscher Architekt, Maler u. Designer. Geb. 1868 in Hamburg, gest. 1940 in Berlin. Studium in Karlsruhe und Düsseldorf. 1900 wurde er als Mitarbeiter an die Darmstädter Künstlerkolonie berufen, wo er bis 1903 tätig war. Seit 1907 arbeitete er u.a. als Formgeber für die AEG in Berlin. 1922 wurde er zum Professor für Architektur an der Akademie in Wien ernannt. Zahlreiche Architekten des 20. Jhs., darunter →Le Corbusier u. L. →Mies van der Rohe, arbeiteten und lernten bei ihm. Neben einer Reihe von Wohnhäusern in Darmstadt, Hagen und Berlin errichtete er bedeutende Industriebauten. So die Turbinenhalle für AEG in Berlin (1909), Gebäude für die Mannesmann-Röhrenwerke in Düsseldorf und eine Arbeitersiedlung in Henningsdorf. 1911 wurde ihm der Neubau der deutschen Botschaft in

P. Behrens, Turbinenhalle der AEG in Berlin.

St. Petersburg (Leningrad) übertragen. – Neben einem vor allem in seinen späteren Bauten spürbaren Klassizismus, den er mit den Gedanken des →Jugendstils verbindet, bleibt das dekorative Element immer deutlich. – Entwarf als Designer u. Graphiker Beleuchtungskörper, Möbel, Teppiche, Plakate, Buchillustrationen.
Lit.: H. Vollmer, Künstlerlex. d. 20. Jhs.; P. J. Cremers, P. B., 1928.

Behzād. Bereits zu Lebzeiten (1450/55–1536) berühmter Buchmaler des Iran am Hof des →Timuriden Sultan Hussein in Herat. Dort führender Meister von 1470–1506, dann bis 1520 in Tebris am Hof des →Safewiden Schah Ismail I tätig. Als erster Maler erreicht er Unabhängigkeit von der Seitenaufteilung durch die Kalligraphen. Seine Miniaturen füllen ganze Buchseiten, auch Doppelseiten. In der Gestaltung erstrebt er Natürlichkeit, größere Differenzierung der dargestellten Menschen, Erzielung eines räumlichen Eindrucks durch kreisförmige Gruppierung der Figuren, koloristische Effekte. Begründer einer Schulrichtung. Auswirkung von Herat bis Buchara, Tebris, Schiras. Berühmte Schüler: Sultan Muhammed, Āgā Mirek, Qāsim Alī. – Erhaltene gesicherte Werke: ca. 1485 Gulistan Gulschah und 1486 Gulistan von Sa'dī, 1488 Bustān von Sa'dī, 1493 und 1494 Khamsa von Nizāmī, 1525 dergleichen in Tebris. – Lit.: Basil Gray, Persische Malerei (Die Kunstschätze Asiens), 1961.

Beichtstuhl. Ursprünglich ein einfacher Stuhl, um 1600 erhält er die auch heute noch übliche Form. Ein Gehäuse, dreiteilig mit überhöhtem Mittelteil für den Geistlichen, die Seitenteile, in denen die Beichtenden knien, sind durch Gitter getrennt. Besonders im Barock ist der B. prunkvoll verziert (→Intarsia, Schnitzereien etc.).

Beijeren, Abraham van. Niederl. Maler. Geb. 1629 in Den Haag, gest. um 1675 in Alkmaar. Sein Stil wurde beeinflußt von de Putter und de Heem. B. malte Stilleben mit Früchten, Blumen, Fischen, Fleisch und kostbarem Gewebe.
Lit.: W. Bernt, Niederländische Maler des 17. Jhs., 1948.

Beischlag. Terrassenartiger Vorbau mit Geländer vor der Gesamtfront eines Hauses, seit der Renaissance bekannt, besonders im Ostseeraum.

Belfried. Berchfrit,→Burg. Auch städt. Glockenturm, der freisteh. od. verb. m. d. Rathaus ein Zeichen städt. Macht darstellte (Spätgot., Renaissance).

Belgische Kunst. Die Kunst auf dem Boden des heutigen Belgien vor 1830 ist nur im Zusammenhang mit der →niederländischen Kunst zu sehen. Die staatliche Selbständigkeit wirkt sich zunächst auf dem Gebiet der Architektur aus: es entsteht ein eigenständiger Klassizismus: T. F. Suys (1783–1861), L. Roelandt (1786–1864), P. Bourla (1783–1866). Zu den bemerkenswerten Leistungen der 2. Jahrhunderthälfte gehört der Justizpalast in Brüssel von J. →Poelaert, 1866–79. Mit dem Auftreten der Jugendstilmeister H. van de →Velde u. V. Horta bekommt die belg. Architektur internat. Rang. Belgische Plastik findet in C. →Meunier (1831–1904) und G. → Minne (1866–1941) ihre bedeut. Vertreter. Unter den Malern erlangten europäischen Ruf: F. →Rops, Ensor u. Masereel. – Lit.: A. Fontaine, L'art belge, 1925; P. Fierens, L'art en Belgique du Moyen-âge à nos jours, 1939.

Bellano, Bartolomeo. Italien. Bildhauer und Baumeister. Geb. um 1434 in Padua, gest. um 1498 ebda. Lernte nach 1450 bei →Donatello. Nachdem er anschließend in Florenz, Rom und Perugia tätig war, arbeitete er nach 1469 wieder in seiner Heimatstadt. In Florenz war er wahrscheinlich längere Zeit an den beiden Cantorien von S. Lorenzo beschäftigt, in Rom als Architekt von Papst Paul II. am Papstpalast. Nach →Vasari schuf er für diesen Papst zahlreiche plastische Werke, u. a. die erhaltene Büste des Papstes im Palazzo S. Marco zu Rom. In den siebziger Jahren arbeitete er in Venedig und reiste 1479 gemeinsam mit Gentile →Bellini nach Konstantinopel. Anschließend wieder in Padua, schuf er dort nach 1484 Bronzereliefs für S. Antonio. – Als eines seiner Hauptwerke entstand zwischen 1491 und 1498 das monumentale, in Bronze gearbeitete Grabmal des Pietro Roccabonella in S. Francesco zu Padua. Lit.: Thieme-Becker.

Bellevue. (Franz.) „Schönblick". Name vieler Lustschlösser, z. B. in Berlin. →Belvedere.

Belling. Rudolf. Deutscher Bildhauer. Geb. 1886 in Berlin, ansässig in Istambul. Studium bei P. →Breuer. Seit 1913 in Berlin lebend, verbindet ihn ein enger Kontakt mit dem Sturmkreis. 1928 erste Kollektivausstellung in der Nationalgalerie Berlin. 1933 Auswanderung nach der Türkei, wo er in Istambul an der Kunstakademie und an der Techn. Hochschule lehrte. – Neben H. →Obrist gehört er in Deutschland zu den Begründern der abstrakten Plastik, zu der er aus der Auseinandersetzung mit dem „Problem der Form" von A. →Hildebrand und den Forderungen des →Kubismus Zugang fand. Das Problem von Materie und Zwischenraum wurde zu seinem zentralen Thema, das bereits in einer Gruppenplastik („Der Kampf") von 1916 deutlich wird. Er suchte die Synthese von negativer und positiver Form, die er mit seinem Freund A. →Archipenko zu einer wegweisenden Neuerung der modernen Plastik gestaltet. – Lit.: H. Vollmer, Künstlerlex. d. 20. Jhs.

Bellini. Italien. venezianische Malerfamilie des 15. Jhs. **1)** Jacopo. Geb. um 1400 als Sohn eines Zinngießers in Venedig, gest. um 1470. Lernte bei →Gentile da Fabriano. Zu seinen frühen Hauptwerken gehört das 1436 geschaffene Fresko einer vielfigurigen Kreuzigungsgruppe in der Kathedrale zu Verona (1759 zerstört). – Seine Biographie läßt als weitere Stationen seiner Laufbahn Aufenthalte in Ferrara (1441), Venedig (1443–52) und Padua (1460) verfolgen. – Nur drei signierte Werke sind erhalten: Kruzifix, Pinakothek Verona; Madonna, Venedig, Akademie; Madonna, Lovere, Gal. Tadini. – Mehrere Zuschreibungen auf Grund des Stils dieser Werke und seiner z. T. erhaltenen Skizzenbücher (London, Brit. Mus.; Paris, Louvre). In seinem Stil zeigt sich das in der Frührenaissance erwachende Interesse an der Anatomie des Körpers und eine feinsinnige, individuelle Farbgebung. – Die Skizzenbücher erlauben am intensivsten, die Individualität dieses Malers zu studieren. Deutlich zeigt sich, daß

Giovanni Bellini, Der tote Christus, von zwei trauernden Engeln gestützt (Berlin, Gemäldegalerie Dahlem).

bei ihm die Architektur innerhalb der Darstellung an Bedeutung zunimmt, während die Themen meist der Heiligen Schrift oder den Heiligenlegenden entnommen sind, jedoch bisweilen nur noch als Staffage einer Architekturdarstellung dienen. Daneben finden sich Zeichnungen nach antiken Inschriften und Monumenten. **2)** Gentile. Geb. 1429 in Venedig, gest. 1507 ebda. Schüler seines Vaters Jacopo 1) und wesentlich durch seinen Schwager →Mantegna beeinflußt. Zu seinen Frühwerken gehören die Orgelflügel in San Marco, Venedig (1464 begonnen?). Bereits in den Werken der nächsten Jahre zeigte sich, daß seine eigentliche Begabung im Portrait liegt. – Um 1471 unterhielt er gemeinsam mit seinem Bruder Giovanni (siehe unten) eine Werkstatt. Nach 1474 gehörte es zu seinen Aufgaben, die jeweils neu gewählten Dogen zu portraitieren. Sein Ruhm als Bildnismaler brachte für ihn eine Berufung an den Hof Sultan Mohammeds II. in Konstantinopel. 1479/80 führte er dort zahlreiche Aufträge aus. Mit hohen Ehren ausgezeichnet, kehrte er 1480 nach Venedig zurück und widmete sich in der Folgezeit der neuen Ausmalung des Rathaussaales. Der mindestens 22 Bilder umfassende Zyklus (Kampf Papst Alexanders III. gegen Friedrich Barbarossa) wurde bei einem Brand ebenso wie die Dogenportraits zerstört. Fast alle erhaltenen Bilder gehören zu seinem Spätwerk: drei Bilder in der Scuola di San Giovanni Evangelista (ca. 1492–1500), die Szenen aus dem „Wunder der Reliquie des hl. Kreuzes" darstellen. Mühelos bewältigte B. hierbei die Anordnung der Gestalten zu figurenreichen Kompositionen. – Nach 1504 nahm er noch die Neuausmalung der Scuola grande di S. Marco in Angriff, die von seinem Bruder Giovanni vollendet wurde. – **3)** Giovanni. Als Sohn des Jacopo [1)] um 1430 geb., gest. 1516 in Venedig. Bis zu seinen ersten fest datierten Werken (1487) ist nur wenig über ihn bekannt. Geschult wurde er wohl wie sein Bruder Gentile durch seinen Vater und nahm Anregungen von seinem Schwager →Mantegna und von →Donatello auf. In seinem Frühwerk überwiegt gegenüber dem malerischen noch das zeichnerische Element. Eines seiner ersten Hauptwerke, „Christus am

Ölberg" (um 1459?), zeigt starken Einfluß Mantegnas. In den folgenden Jahren fand er zwei Bildthemen, die ihn immer wieder beschäftigen sollten: Pietà und Madonnenbild. – Später machten sich Anregungen Antonello da →Messinas bemerkbar. Seit 1483 ist er ständig an der Erhaltung und Neuausmalung des großen Ratssaales zu Venedig beschäftigt. 1488 entstanden zwei Hauptwerke: Triptychon in der Frarikirche und ein Altarbild mit dem Dogen Agostino Barbarigo. In seinem Spätwerk entdeckte er die antike Mythologie als Themenwelt, jedoch ist sein Hauptmotiv die sogen. Sacra Conversazione, die von Heiligen umgebene Madonna, die er häufig vor hervorragend gemalte Landschaften stellte, geblieben. – Giovanni B.s Schaffen war für die venezianische Malerei von größter Bedeutung. Er schulte zahlreiche Meister (Palma 1), Tizian u. Giorgione) der Folgezeit, durch die sein Wirken weiterentwickelt wurde.
Lit.: Thieme-Becker; Enciclopedia Universale dell' Arte II, 1958.

Bellmer, Hans. Deutsch-franz. Maler, Graphiker u. Plastiker, * 1902, Kattowitz; 1923 TH Berlin u. Bekanntschaft mit G.→Grosz. Aufgabe des Studiums u. Tätigkeit als Graphiker, 38 Übersiedlung nach Paris. Das surreale Werk B.s wurde zunächst von der technischen Meisterschaft der Zeichnung her begriffen. Vergleiche mit Dürer, Altdorfer, Baldung, Graf, boten sich an u. verstellten gleichzeitig die Vielschichtigkeit seiner Bildfindungen. Er sagt selbst: das Objekt, das nur mit sich selbst identisch ist, bleibt ohne Wirklichkeit. Seine Objekte sind immer auch identisch mit Möglichkeiten des Eros. Geheimnisvoll u. eindeutig gleichzeitig ist das Zentrum seines Werkes: die Puppe (Konstruktion 1933, literarisch veröffentl. 1934, franz. Ausgabe 1936). – Lit.: Kat. der Kestner-Gesellschaft Hannover, 1967.

Bellori, Giovanni Pietro. Italien. Maler und Kunstschriftsteller. Geb. um 1615 in Rom, gest. 1696 ebda. Begann als Maler, wandte sich aber bald der literarischen Tätigkeit zu und veröffentlichte u.a. eine Biographiensammlung der zu seiner Zeit modernen Künstler. In diesem Kompendium trug er Angaben über die wichtigsten Maler, Bildhauer und Baumeister des 17. Jhs. zusammen: eines der wichtigsten Quellenwerke zum italien. Barock.
Lit.: Thieme-Becker.

Belotto →Canaletto.

Belur. Indische Stadt im ehemaligen Hoyschala-Gebiet. Der Tschenna-Keschava-Tempel des 12. Jhs. n.Chr. stellt mit seiner Verbindung südindischer Grundriß- und nordindischer Schmuckformen, der prunkvollen Steinmetzarbeit der Innenräume und den figurenreichen Bildhauerarbeiten einen Höhepunkt der Kunst unter dieser Dynastie dar.

Belvedere. (Italien.) „Schöne Aussicht" bzw. deren architektonische Ausformung; Name berühmter Schloßanlagen: Vatikan (um 1500), Prag (1536), Wien (1714), bei Weimar. Gleichbedeutend mit Bellevue.

Belvederischer Torso. Späthellenistischer Torso eines unbekleideten sitzenden Mannes (Rom, Vatikan). Bereits→Winckelmann kannte und rühmte diese Plastik, die häufig als sitzender Herakles interpretiert wird. Stilistisch steht sie der →Laokoongruppe sehr nahe.
Lit.: G. Lippold, Handbuch der Archäologie, V., 1950, S. 380.

Bema. (griech.) Bühne. **1)** Schon in der Antike Bezeichnung für eine erhöhte Fläche in Gestalt eines Halbrundes. **2)** In der christlichen Kirche der erhöhte Altarraum →Apsis. **3)** Gelegentlich wird auch der → Ambo so genannt.

Bena Lulua. Auch unter dem Namen Bashilange bekanntes, mit den →Baluba stammverwandtes Kongovolk, das in der Umgebung von Luluabourg beheimatet ist. Die etwa 20 cm hohen Holzfigürchen („Balenga") stellen Menschen mit reichem Schmuck, Narbentatauierung und komplizierter Figur dar; manche dienten als Schutzfiguren für Haus und Feld oder zu magischen Zwecken. Größere Holzplastiken (Häuptlingsfiguren und →Fetische) sind selten.

Benares. Stadt und heiliger Badeplatz der Hindus am Gangesfluß. Grabungen im Gelände von Radschghat ergaben u.a. Siegel und Terrakottas mit der Umwandlung von Bildern des griechisch-römischen Pantheon in das Indische. Denkmäler frühindischer Kunst befinden sich im nahegelegenen →Sarnath und im Museum der Universität Benares. Aus nachmittelalterlicher Zeit stammen die Paläste hinduistischer Lokal-Fürsten am Flußufer. Eine Rarität stellt der nepalesische Holztempel des 18. Jhs. dar. Der Mogulkaiser Aurangzeb ließ eine Moschee bauen, deren Minarett noch heute die Silhouette des Stadtbildes bestimmt.

Bendemann, Eduard Julius Friedrich. Deutscher Maler. Geb. 1811 in Berlin, gest. 1889 in Düsseldorf. Studierte bei W. →Schadow in Berlin und folgte 1827 seinem Lehrer nach Düsseldorf. 1829–31 und 1866–67 Aufenthalt in Rom. 1838 an die Dresdener und 1859 an die Düsseldorfer Akademie berufen. – In seinem Stil gehört er zu der lyrisch-romantischen Düsseldorfer Schule.
Lit.: Thieme-Becker.

Bendl, Ehrengott Bernhard. Süddeutscher Bildhauer. Geb. 1668 in Pfarrkirchen (Bayern), gest. 1736 in Augsburg. Nach einer Lehre bei seinem Vater setzte er seine Studien in Rom und Paris fort. 1687 ließ er sich in Augsburg nieder, wo er mehrere seiner Hauptwerke – meist religiösen Inhalts – schuf. Er beherrschte souverän die Arbeit mit verschiedensten Materialien wie Stein, Metall, Holz und Elfenbein.
Lit.: Thieme-Becker.

Benedictionale. Dem bischöflichen Gebrauch dienendes liturgisches Buch mit Segensgebeten. Bis zum 16. Jh. in England, Frankreich und Deutschland benutzt, nur in England illuminiert.

Belur. Mandapam des Tschenna-Keschava-Tempels.

Benediktbeuern. Den Komplex der Klostergebäude überragen die beiden oben achteckigen, zwiebelbehelmten W-Türme der Kirche (1680–83), deren Fassade mit dem rund abschließenden Giebel sich dem großen Klosterhof zuwendet. Das Innere zeigt eine Wandpfeileranlage mit tiefen Seitenkapellen und niedrigen Emporen darüber; alle Architekturteile wirken wie zu stark belastet. Die Schwere des Gesamteindrucks wird verstärkt durch stark plastische Stukkatur. Die Gewölbefresken stammen von H. G. →Asam (1683/84). Ein äußerst kostbarer Raum ist die dem Chor nördlich angebaute Anastasia-

kapelle von J.M. →Fischer (1751–58), ein lockerer, lichtdurchströmter Ovalraum, von Rocaillen überspielt und von einem sich in den Himmel öffnenden Fresko von Johann Jakob Zeiller bekrönt. Auf der Mensa die hervorragende Arbeit einer silbergetriebenen Reliquienbüste nach Entwürfen Egid Quirin →Asams.
Lit.: Reclams Kunstführer, Deutschland, Bd. I, 1961.

Benevent. Antike Stadt in Süd-Italien. Ursprünglich eine samnitische Siedlung mit Namen Maluentum, erhält der Ort, nachdem er 300 v. Chr. römisch wird, den Namen Beneventum. In republikanischer Zeit war B. eine wichtige Militärbasis, später ein bedeutender Straßenknotenpunkt. – Als eines der hervorragendsten Kunstwerke röm. Kaiserzeit steht in B. der Trajansbogen, auf dem in guterhaltenen Reliefs die großen Siege des Kaisers gefeiert werden. Der Bogen selbst ist in seinen Proportionen und in seiner Ornamentik eine fast wörtliche Wiederholung des Titus-Bogens vom →Forum Romanum.

Bengalen. Landschaft des östlichen Indien, heute in Indien und Pakistan geteilt; etwa vom 16. Jh. n. Chr. an sind islamische und hinduistische Bauten in einem Regionalstil aus Backstein erhalten, in welchem kurvige Gesimse der einheimischen Bambus-Bauweise nachgeahmt werden.

Beni Hasan. 268 km südlich von Kairo gelegener Ort. 39 Felsengräber befinden sich bei B. am Rand der Ostwüste, Anlagen von Gaufürsten aus dem Mittleren Reich. Aus dem einfachen Kultraum mit Vorplatz wird eine Vorhalle, deren Decke von zwei Achtkantpfeilern auf runder Plinthe getragen wird. Den Übergang zum Gebälk bildet ein viereckiger Abacus (Grab Amenemhets aus der Zeit →Sesostris' I.). Tiefenwirkung des Kultraumes durch besonderen Gebälkverlauf. Beispielhaft das Grab des →Chnumhotep aus der Zeit Sesostris' II., dessen Vorhalle sechzehnkantige kannelierte Säulen in Verbindung mit „Tropfen" am Gebälk hat, sogen. protodorische Säulen. Der Motivreichtum der Wandbilder zeigt charakteristische Stilmerkmale des Mittleren Reiches, vor allem Empfinden für malerische Werte.
Lit.: W. Wolf, KÄ, 309ff., 368ff.

Benin. Alte Kultur Westafrikas (Nigeria), die um 1450 n. Chr. ihre Blütezeit erlebte, verwandt mit jener von →Yoruba (die Gußtechnik wurde um 1280 von dort in B. eingeführt); sie zeichnete sich durch zahlreiche und vielgestaltige Kunstwerke in →Gelbguß und Bronze sowie durch Schnitzereien in Elfenbein und Holz aus. All diesen Plastiken geht zwar weitgehend das überraschend „klassische" Element ab, das die Schöpfungen der →Yoruba-Kultur auszeichnet. Sie zeigen dafür, wenn auch in oft außerordentlicher Verfeinerung, alle Stilmerkmale typisch schwarzafrikanischer Kunst. – Der Name B. bezeichnet ursprünglich eine Stadt am Unterlauf des Niger, von der Yoruba-Hauptstadt Ife ca. 200 km entfernt. Im Mittelalter begannen die B.-Leute („Edo") an der überlegenen Kultur ihrer Nachbarn Anteil zu nehmen, und gegen Ende des 13. Jhs. soll der Bronzegießer Ighe-Igha aus Ife nach B. gekommen sein und die eigenständige Kunstentwicklung hier begründet haben. Ab 1472 bestand Kontakt mit europäischen Händlern, die bald Messingringe als Gußmaterial einführten. Der →Gelbguß erfuhr nun eine Hochblüte. Im 18. Jh. traten Kriegshandlungen ein, die am Verfall der Stadt B. schuld waren. Als sie nach ihrer Wiederentdeckung (1897) durch die Engländer im Laufe einer Strafexpedition erobert wurde, lagen über 2000 der alten Metallkunstwerke in den Schuppen des Königs. In den vorhergehenden zwei Jahrhunderten waren fast nur Holzplastiken hergestellt worden. Die bekanntesten B.-Güsse sind Reliefplatten, die einst die Wände und Pfosten der hölzernen Palastbauten verkleideten. Darauf sind meist Würdenträger mit ihren Trabanten, aber auch Europäer (Portugiesen) dargestellt. Den Hintergrund bedeckt ein Rosetten-Ornament. Häufig sind auch runde Sockel in Form von Menschenköpfen mit einer Öffnung auf dem Scheitel. In sie wurden jene reich figural verzierten Elefantenstoßzähne gesteckt, die um die Opferaltäre standen, Schmuckmasken, ca. 20 cm hoch, wurden als Gürtelzier getragen (Bronze und Elfenbein). Aus Metall bestanden Glocken, Klangstäbe, Plaketten, Schmuck u. a., aus Elfenbein ferner Becher, Signalhörner, Tierfiguren etc.
Lit.: F.v. Luschan, Altertümer von B., 1919; A. H. L. F. Pitt Rivers, Antique Works of Art from B., 1900.

Beninbronze (Basel, Mus. für Völkerkunde).

Benque Viejo. Eine der größeren Mayastädte des Petén-Gebietes, nahe der Grenze nach Britisch Honduras. Bemerkenswerte Stukkoarbeiten, Keramik der älteren Zeit gut belegt.

Benrath (Stadtteil v. Düsseldorf). An Stelle einer Burg (14. Jh.) wurde 1660–1755 ein Landschloß erbaut. Aus dieser Zeit ist noch die Orangerie im Park erhalten. 1755–69 wurde unter Leitung von Nicolas de Pigage eine Sommerresidenz für Kurfürst Karl Theodor geschaffen. Zwei Kavaliershäuser, eingeschossig mit Mansarddächern, um einen Teich gelegen, führen zum Mittelbau mit vorspringendem, dreitürigem Mittelrisalit, konvex geschwungenem Mansarddach, vorgelegter Freitreppe und seitlich giebelbekrönten, polygonalen Pavillons. An der Gartenfront springt das Mittelteil etwas kräftiger vor. Der Park mit Gewässern, Teichen, Standbildern, Treppen und Rampen wird in B. gleichberechtigter Teil der Gesamtplanung. Er war präzise axial angelegt, das ist auch noch sichtbar: alle seine Achsen schneiden sich in den verschiedenen Räumen, alle Linien und Wege weisen zum Schloß als Mitte und Höhepunkt dieses Gesamtkunstwerkes im Übergang von Rokoko zu Klassizismus.
Lit.: Reclams Kunstführer, Deutschland, Bd. III, 1959.

Berchfrit, Bergfried. →Burg.

Berende (Bulgarien). In B. befindet sich eine Kirche

aus dem 14. Jh., deren Schmuck im Inneren griechische Elemente mit slawischen Zügen zu einem ,,graeco-slawischen" Stil verbindet. Charakteristisch ist bei den bildlichen Darstellungen das völlige Fehlen der Glanzlichter. Die Gesichter der dargestellten Figuren zeigen eine besonders gute Modellierung.

Berg, Claus. Deutscher Bildschnitzer. Geb. um 1475 in Lübeck, gest. nach 1532. Bedeutender Meister der lübischen Kunst. In seinen bewegten eindrucksvollen Gestalten sind die Erscheinungsformen des ,,spätgotischen Barock" ausgeprägt. B. stand von etwa 1504 bis 1532 in Diensten des dänischen Hofes. Seine Hauptwerke sind der um 1520 entstandene figurenreiche Allerheiligenalter in der Knudskirche in Odense und die nach 1532 geschaffenen Apostel im Dom zu Güstrow.
Lit.: Th. Struck, Zur Kenntnis C.B.s in: Mitt. d. Ver. f. lüb. Gesch. 15, 1939/40.

Berg, Max. Deutscher Architekt. Geb. 1870 in Stettin, gest. 1947 in Baden-Baden. Studium bei C. Schäfer an der TH Charlottenburg. 1909–25 Stadtbaurat in Breslau, anschließend in Berlin und Baden-Baden tätig. Sein bedeutendstes Werk ist die 1911–13 errichtete Jahrhunderthalle in Breslau, ein Zentralraum von 42 m lichter Höhe und 65 m Durchmesser. Die Konstruktion besteht aus Stahlbetonrippen mit Stahlkugelgelenken. Der Außenbau ist als Glasbau gegeben. 1921/22 entwarf er den Generalbebauungsplan für Breslau.

Bergama. Kunsthistorische Bezeichnung für altes Teppichknüpfzentrum osmanischer Zeit, identisch mit dem antiken →Pergamon. Hier wurden wahrscheinlich die sogen. Holbeinteppiche hergestellt: typische Musterung mit Flechtkranzformen auf quadratischer Feldgliederung oder alternierend große Felder und kleinere Quadratpaare. Im 19. Jh. breitet sich diese Musterung aus, findet sich auch an anderen Orten und läßt sich bis in das Kaukasusgebiet verfolgen.
Lit.: K. Erdmann, Der Orientalische Knüpfteppich, 3. Aufl., 1955.

Bering. →Burg.

Berlage, Hendrik Petrus. Holländischer Architekt. Geb. 1856 in Amsterdam, gest. 1934 in Den Haag. 1875–78 Studium in Zürich. 1880–81 Reisen nach Italien, Deutschland und Österreich, anschließend in Amsterdam ansässig, wo er anfangs Geschäftshäuser und Villen in einem nachempfundenen Renaissancestil baute. Seit 1889 war er als selbständiger Architekt tätig. 1898–1903 errichtete er die Amsterdamer Börse, die zu jenen epochalen Bauten gehört, die die Abkehr vom Historismus zugunsten konstruktiven Bauens bezeichnen. Seine reformierenden Gedanken legte er in seiner 1905 erschienenen Schrift ,,Gedanken über den Stil der Baukunst" nieder. Danach haben sich Dekoration und Ornament der konstruktiven Wahrheit, die für ihn die erste Bedingung architektonischen Gestaltens darstellt, unterzuordnen.
Lit.: Thieme-Becker.

Berlin. 1) Marienkirche. Die dreischiffige Hallenanlage ist aus Backsteinen, der Turmhelm von Langhans kam 1789/90 dazu. In ihrem Inneren ist ein beachtenswertes Stück spätmittelalterl. Wandmalerei, der 22 m lange Totentanz (1475) als ältester Deutschlands erhalten. – **2)** Schloß (im 2. Weltkrieg zerstört, später völlig abgetragen). Die Gesamtanlage gruppierte sich in viergeschossigen Flügeln um zwei Rechteckhöfe. Der Bau ging auf eine im 15. Jh. errichtete Burg zurück, die in der Folgezeit verschiedentlich umgebaut und erweitert wurde. Die endgültige Form wurde durch den umfassenden Erneuerungsbau, der unter A. →Schlüters Leitung 1698 begonnen wurde, geprägt. Sein nicht ganz vollständig durchgeführter Plan sah die Angleichung der einzelnen Bauteile an eine durchgehende Konzeption vor, die deutliche Einflüsse der italien. Barockarchitektur Roms erkennen läßt. Mit seinen großzügig gegliederten, kompakten Fassaden, die ihre Akzentuierung durch vorgeblendete Säulenordnungen erfuhren, galt Schlüters Bau als eine der großen Architekturen, die den Barockstil nach Deutschland übertrugen. – Im 19. Jh. bereicherten Arbeiten von →Schinkel und →Schadow die Anlage durch weitere Um- und Ausbauten. – **3)** Brandenburger Tor (1788–91) nach Motiven der Propyläen in Athen. Dieser triumphale Zugang zur Stadt von W her wurde durch C. G. →Langhans errichtet. Er entstand an Stelle eines älteren, 1734 erbauten barocken Stadttores und war ursprünglich als Friedenspforte gedacht, davon zeugt der plastische Schmuck der Friedensgöttin von Gottfried →Schadow auf der kupfergetriebenen Quadriga, die bereits ein wechselvolles Schicksal hinter sich hat. Der Torbau, 65 m breit, 11 m tief und 26 m hoch, öffnet sich in 5 Durchfahrten zwischen massiven Wänden, deren Stirnseiten 12 dorische Säulen vorgelegt sind. Über dem von Säulen getragenen Architrav ein Fries mit Triglyphen und den Metopenreliefs vom Kampf der Lapiten und Kentauren, die auf der W-Seite von Schadow stammen. – **4)** Die Neue (oder Haupt-) Wache Unter den Linden ist das erste und vielleicht schönste Werk →Schinkels, der es 1817–18 anstelle der alten ,,Königswache" schuf. Der kleine schlichte Bau ist ,,einem röm. Kastrum mit 4 Ecktürmen nachgebildet" (Schinkel), dem ein reicher dorischer Portikus mit 10 Säulen vorgelegt ist. Der Architrav ist mit Genien von Schadow geschmückt, das Giebelrelief ist von Kiß. – **5)** Alte Museum. Erbaut von Schinkel (1824–28). Sein reifstes Werk, das zugleich den ältesten deutschen Museumsbau neben der Münchener Glyptothek darstellt. Eine breite Freitreppe führt zu der von 18 ionischen Säulen getragenen Vorhalle. Inmitten des Gebäudes die inzwischen wiederhergestellte kuppelgewölbte Rotunde, die von korinthischen Säulen umstanden ist und einen vollendeten Raumeindruck erzielt.

Berliner Porzellan. Wir müssen dabei unterscheiden: 1) Wegely (1751–57). Gegründet durch den Wollzeugfabrikanten Wegely mit Hoechster Arbeitern. Marke: W (Blaumarke und eingepreßt). 2) Gotzkowsky (1761 bis 63). Gegründet von J. E. Gotzkowsky. Berühmt ist das Service mit indianischen Blumen. Marke: Blaumarke G. 3) Königliche Porzellan-Manufaktur (seit 1918 Staatl. Porzellan-Manufaktur) 1763 durch Übernahme der Manufaktur Gotzkowsky begründet, bis heute. Viele Geschirrformen, Dekor: Deutsche Blumen von höchster Qualität. Im 19. Jh. bekannt durch →Lithophanien. Seit 1880 Herstellung des nach seinem Erfinder genannten Seger Porzellans. Marke Szepter (Formen variieren).
Lit.: E. Köllmann, Katalog B. P. Ausstellung, Köln-Düsseldorf-Berlin, 1955.

Berlinghieri, Bonaventura. Italien. Maler. Sohn des →Berlinghiero. 1228–74 in Lucca erwähnt. Erhalten ist eine 1235 datierte Altartafel in S. Francesco, Pescia, mit der in Stil und Haltung dem byzantinischen → Pantokratorbild entsprechenden Gestalt des hl. Franz. Die Szenen auf den Seitenstreifen der Tafel sind die erste erhaltene bildliche Fassung der Franziskuslegende.
Lit.: E. B. Garrison, ,,Toward a new history of early Lucchese painting", The Art Bulletin 1951, 11 ff.; R. Oertel, Die Frühzeit der Italien. Malerei, 1953.

Berlinghiero. Italien. Maler. 1228 in Lucca erwähnt. Erhalten nur ein signiertes Kruzifix (um 1210–20; Lucca, Pinakothek), das den zu Beginn des Ducento einsetzenden byzant. Einfluß bereits teilweise italianisiert. Wichtig ist die Straffung des Aufbaus. Anstelle der vielen Nebenszenen romanischer Kruzifixe zeigt B. nur Maria und Johannes neben dem Gekreuzigten und Szenen an den Kreuzenden.
Lit.: →Berlinghieri, Bonaventura.

Berlocke (Berloque). Ziergegenstand, an einer Kette getragen, Ende des 18. Jhs. sehr in Mode.

Farbtafel 4: *Kretischer Krater mit Blüten, Kamaresstil, mittelminoisch II; Herakleion, Archäologisches Mus.*

Bernard, Emile. Franz. Maler. Geb. 1868 in Lille, gest. 1941 in Paris. Die Bekanntschaft mit van →Gogh und →Gauguin war für ihn wegweisend und bestimmte seine Entwicklung. Gemeinsam mit diesen beiden arbeitete er um 1890 in Pont-Aven. Sein farbig sehr reicher, flächiger Stil ist der Kunst Gauguins sehr verwandt. Als einer der ersten erkannte er die Bedeutung →Cézannes, dessen Bilder ihn tief beeindruckten. – Außer seinen Bildern schuf er Holzschnitte, kunstgewerbliche Gegenstände und Plastiken.
Lit.: J. Rewald, Von van Gogh zu Gauguin, 1957.

Bernini, Giovanni Lorenzo. Italien. Bildhauer und Baumeister. Geb. 1598 in Neapel, gest. 1680 in Rom. Lernte bei seinem Vater Pietro B., mit dem er 1604 nach Rom übersiedelte. Bis ca. 1620 stehen seine Werke, vor allem Bildnisbüsten, noch ganz unter dem Einfluß der strengen statuarischen Formgebung seines Vaters. Mit der Inthronisation von Papst Urban VIII. (1623) erfolgte der rasche Aufstieg B.s, da ihm durch den päpstlichen Gönner die bedeutendsten Aufträge zufielen. Nach →Madernas Tod (1629) wird er mit der Leitung der Bauarbeiten an St. Peter (→Rom) beauftragt. Neben dieser Arbeit schuf er in den folgenden Jahren als Bildhauer Portraitbüsten, die in individualistischer Weise zahlreiche Zeitgenossen darstellen. Vor allem auf derartige Arbeiten gründete sich seine außerordentliche Wertschätzung als Bildhauer (Kardinal Scipione Borghese, Villa Borghese; Bronzestatue Papst Urbans VIII. an dessen Grabmal in St. Peter; Karl I., 1637, verschollen; Marmorstatue Papst Urbans VIII., 1640, Konservatoren-Palast, Rom). Zahlreiche Aufträge führte er für die Familie Barberini seit 1626 aus. – Architektur und Bildhauerei vereinigten sich erstmals in dem großen, 1633 vollendeten Bronzetabernakel in St. Peter. – Die zahlreichen Aufträge als Architekt und Bildhauer veranlaßten B., die Ausführung seiner Entwürfe häufig Schülern und Gesellen seiner Werkstatt zu überlassen. Fast 20 Jahre (1628–1647) nahm die Arbeit an dem prunkvollen Grabmal für Papst Urban VIII. in St. Peter in Anspruch, die übrigen Grabmäler stammen in ihrer Ausführung meist aus seiner Werkstatt. – Schwierigkeiten brachte ihm der Bau von St. Peter. B. wollte die Fassade mit zwei Glockentürmen ausstatten, einer wurde errichtet, jedoch 1646 wieder abgetragen. – Mit dem Tode Papst Urbans VIII. (1644) verlor B. an Einfluß und mußte bei bedeutenden Aufgaben hinter →Borromini und →Algardi zurückstehen. – In der Folgezeit schuf er mit der Dekoration der Familienkapelle Cornaro in S. Maria Vittoria, Rom, einen prunkvollen barocken Innenraum. – 1647 gewann B. den Wettbewerb um den großen Brunnen auf der Piazza Navonna (→Rom), den er 1652 gemeinsam mit seinen Schülern vollendete. Damit wurde er zum eigentlichen Schöpfer des naturalistischen, von der Bindung an die Architektur befreiten Barockbrunnens. Eine zweite überaus fruchtbare Periode, die ihm öffentliche Anerkennung brachte, begann für B. unter Papst Alexander VII. (1655–1667). 1656 wurden die grandiosen Kolonnaden vor St. Peter in Angriff genommen, 1663 kam die Ausstattung der Scala Regia im Vatikan hinzu. – Früh bereits pflegte B. auswärtige Beziehungen. Zu den wichtigsten gehören die schon 1642 angeknüpften Kontakte zu Paris. 1665 ließ ihn der Umbau des Louvre nach Paris fahren, eine Reise, für die sich König Ludwig XIV. persönlich eingesetzt hatte. Noch im gleichen Jahr begann der Neubau des Louvre nach B.s Plänen, jedoch wurde die Vollendung hintertrieben, so daß die bereits stehenden Teile 1667 wieder abgetragen wurden. – In seinem umfangreichen Schaffen zählt B. zu den überragenden künstlerischen Erscheinungen des Barock. In gleicher Weise als Architekt wie als Bildhauer befähigt und tätig, war er wie kaum ein zweiter dazu prädestiniert, die barocke Form des Architekturraumes mit seiner bewegten Rhythmik und dem Ineinandergreifen von Architektur und Dekoration zu verwirklichen.
Lit.: E. Benkerod, G. L. B., 1926; B.s Handzeichnungen, herausgegeben von Breuer und Wittkower; R. Wittkower, G.L.B., the sculptor of the Rom an baroque, 1955; N. Pevsner, Europäische Architektur, 1957.

Bernstein (von niederdeutsch bernen = brennen). Fossiles Harz von gelber bis dunkelbrauner Farbe, das oft Einschluß von Pflanzenteilen und Insekten zeigt. Es entstand im Tertiär. Vorkommen: Ostseeküste, England und Niederlande. Bearbeitung: Drechseln, Schneiden u. Schleifen. B. wird seit der →Steinzeit für Schmuck, später vielseitiger verwendet (Kassetten, Plastiken, Brettspiele etc.). →Bernstein-Statuetten.

Bernstein-Statuetten kommen u.a. in der neolithischen kammkeramischen Kultur Nordost-Europas vor; bekannt ist die vollplastische Darstellung eines Bären (Stolp in Pommern, Länge: 12 cm) und eine schematische Statuette aus Schwarzort im Memelgebiet (Höhe: 10 cm), die einen Menschen wiedergibt.

Rom, Vatikan, Scala Regia, 1663–66, Bernini.

Bernwardskunst. In →Hildesheim unter Bischof Bernward († 1022) entstandene Werke, die den Ort zu einem Zentrum deutscher Kunst machten. Die wichtigsten: 1) Zwei 1015 vollendete Bronzetüren für St. Michael (in einem Stück gegossen, fast 5 m hoch), die in je acht übereinanderliegenden Feldern in antithetischer Gegenüberstellung die Geschichte des ersten Menschenpaares und Christi zeigen. Vorbilder: karolingische Miniaturen und antike röm. Fresken. Stilistisch kennzeichnend: sparsame Flächenfüllung, freie Beweglichkeit und unfester Stand der Figuren. 2) Bronzesäule (Dom; 4 m hoch; um 1020). Ursprünglich von Kruzifix bekrönt; als Denkmal des Triumphes Christi gedacht. Vorbilder: Trajanssäule, Markussäule (Rom). Um den Schaft ziehen sich bandartig Szenen aus Christi Leben. Die Bildfüllung ist enger, die Figurenbildung derber als bei den Türen. 3) Zwei Silberleuchter in der Magdalenenkirche, Hildesheim (um 1000). Schaft und Fuß reich mit Ranken und Figuren geschmückt. 4) Silberkruzifix (Domschatz, um 1007/08). Die expressive Gestaltung des Kreuzestodes und weiche Körpermodellierung dem Kölner →Gero-Kruzifix nahestehend. 5) Gleiches gilt für das hölzerne Ringelheimer Bernwardkruzifix (um 1000).
Lit.: R. Wesenberg, Bernwardinische Plastik, 1955.

Berruguete, Alonso. Spanischer Bildhauer, Maler und Architekt. Geb. um 1490 in Paredes de Nava, gest. 1561 in Toledo. Bildete sich in Italien, besonders an →Michelangelo. Kehrte 1520 wieder nach Spanien zurück und schuf als Hofbildhauer Karl V. Chorgestühl, Altäre und Dekorationen. In der figürlichen Plastik

entwickelte er Michelangelos Stil weiter, im starken Ausdruck seiner Gestalten kündigt sich bereits das Barock an. Als Dekorationskünstler war er Meister des →Platereskenstils, als Maler ist B. stark von →Leonardo und A. del →Sarto beeinflußt. – Hauptwerke: Chorgestühl der Kathedrale von Toledo, 1539–48, zusammen mit F. Vigarni; Hochaltar der Klosterkirche S. Benito (Teile davon im Mus. v. Valladolid); Grabdenkmal des Kardinals Tavera, 1554, in der Kirche des Hospitals S. Juan Bautista in Toledo.
Lit.: G. Weise, Span. Plastik aus 7. Jh., 1925.

Bernwardskunst. Feld vom linken Flügel der Bronzetür des hl. Bernward (1015) vom Dom zu Hildesheim: Gott Vater stellt Adam und Eva zur Rede.

Bertholle, Jean. Franz. Maler. Geb. 1909 in Dijon, ansässig in Paris. Nach seinem Studium an den Akademien von Saint-Etienne und Lyon lernte er →Bissière kennen, mit dem er sich befreundete und der ihn stark beeinflußte. Seine Werke sind ungegenständlich, jedoch versucht er hierbei stets den Kontakt zur Tradition und Vergangenheit aufrechtzuerhalten. Fein abgestufte Übergänge der Farben und Formen, wobei Schwarz und Blau dominieren, bezeichnen seine Werke.
Lit.: Knaurs Lex. d. abstrakten Kunst, 1957.

Bertram (Meister Bertram). Bedeutendster Maler Norddeutschlands in der 2. Hälfte des 14. Jhs. Geb. in Minden, seit 1367 erwähnt, tätig in Hamburg, dort vor 1415 gest. Wichtigste Werke: 1) sogen. Grabower Altar (für St. Petri, Hamburg; 1734 nach Grabow gelangt; jetzt Hamburger Kunsthalle), ein Flügelaltar mit Schnitzfiguren und gemalten Szenen in 2 Reihen zu je 12 Bildern aus Genesis und Christi Jugend (Außenseiten verloren). 2) Johannis- oder Passions-Altar (vielleicht 1394 gemalt für St. Johann, Hamburg). Die enge Bildfüllung durch wenige große Figuren, die schweren vollen Körper- und Gewandformen und die weiche Lichtführung verraten böhmische Einflüsse (→MeisterTheoderich). Eigen ist der derbe, eindringliche Erzählstil.
Lit.: A. Dorner, M. B. von Minden, 1937.

Bertrand, Jean-Baptiste (genannt James). Franz. Maler. Geb. 1823 in Lyon, gest. 1887 in Orsay/Seine et Oise. 1839–43 Studium in Lyon, anschließend in Paris, wo er 12 Jahre an den Fresken der Kirche Notre Dame de Lorette mitarbeitete. 1857–62 Aufenthalt in Italien, anschließend wieder in Paris ansässig. Um 1865 entstanden große Entwürfe für mehrere Glasfenster. Seit 1867 schuf er hauptsächlich Genrebilder und heroische oder allegorische Szenen aus der Romandichtung.
Lit.: Thieme-Becker.

Berzé-la-Ville (Burgund). Gut erhaltene Wandmalerei aus dem Bereich von →Cluny, zu dem die Doppelkapelle von B. gehörte. Programm der Ostpartie des oberen Raums: Christus in der Mandorla, Apostel, Legendenszenen (hl. Laurentius, hl. Blasius), Heilige, 2 Äbte von Cluny, Paradiesesflüsse. Verwertung byzant. Anregungen. Ansetzung: 1. Hälfte 12. Jh.
Lit.: F. Mercier, B. l. V., La chapelle du Château des Moines, Congrès archéologique de Lyon et Mâcon, 1936, 485–502.

Beschauzeichen. Amtliches Prüfzeichen der Qualität und des Feingehaltes, das in Gold, Silber und Zinn eingeschlagen wurde. B. sind seit der Spätantike nachweisbar.

Beschlagwerk. Ornamentsystem, um 1600 in Deutschland auftauchend und auf Hans Vredeman de →Vries zurückgehend. Gestanzt wirkende Band- und Leistenfigurationen werden auf die zu schmückende Fläche gewissermaßen „aufgenagelt". Lösen sich die Endigungen der Beschläge von der Grundfläche und rollen sich auf, ergibt sich →Rollwerk.

Besnagar. Alte Siedlung und Kultstätte in Mittelindien mit einer Heliodor-Säule aus dem 2. Jh. v. Chr., der Stiftung eines griechischen Gesandten an den Hindu-Gott Vasudeva-Krischana.

Bestiarium. →Physiologus.

Bestiensäule. Freistütze, deren Schaft bedeckt ist mit Kämpfen von Tieren, Fabelwesen untereinander oder mit Menschen. Zu finden im 12. Jh. in Frankreich (Türpfeiler südfranz. Kirchen; z. B. Souillac), der Toscana und Deutschland (nur eine B. in Freising, Domkrypta). Deutung noch unsicher.
Lit.: R. Bernheimer, Romanische Tierplastik und die Ursprünge ihrer Motive, 1931.

Bestistan. →Bazar.

Meister Bertram, „Gott Vaters Strafrede", Detail vom Grabower Altar (Hamburg, Kunsthalle).

Betender Knabe. Berühmte griech. Bronzestatue vom Anfang des 3. Jh. v. Chr. (Berlin, Mus.). Die Bezeichnung B. gründet sich auf den Gestus der emporgestreckten Arme, eine antike Gebetshaltung. →Boëdas.

Bethlehem. Geburtsort Christi mit fünfschiffiger Geburtskirche, die auf Veranlassung des Kaisers →Konstantin erbaut wurde. Querschifflos. Mit ungewöhnlichem Abschluß im Osten in Form eines Oktogons über der Geburtshöhle. Zur Zeit Justinians erhielt der Ostteil der Kirche die Form einer Dreikonchenanlage.

Betnuß. Anhänger in Form einer kleinen, aufklappbaren Kapsel (Holz, Elfenbein oder Metall), innen mit winzigen Schnitzereien christlich religiösen Inhalts. 16. Jh.

Betsäule. Im Gelände freistehender Pfeiler oder Säulenträger mit Tabernakel, in dem ein Kruzifix oder Heiligenbild untergebracht ist; identisch mit Bildstock.

Betsileo →Madagaskar.

Betta. Südindische Kultstätte der Dschainas: offener Hof auf einer Bergspitze mit der überlebensgroßen Steinfigur eines Heiligen, z.B. in →Karkala oder → Schravana Belgola.

Bettelordenskirchen. Die Kirchen der Franziskaner (Minoriten, Barfüßer) und Dominikaner (Prediger). Sie bilden eine Sonderform got. Baukunst von monumentaler Einfachheit und Strenge. Die nach ihren Gründern benannten Orden (Franziskaner gegründet 1209, Dominikaner 1215 in Südfrankreich) übernehmen im 13. Jh. (bis Mitte 14. Jh.) die Rolle der →Zisterzienser des 12. Jhs. Sie breiten sich rasch über ganz Europa aus. Ihre Missionstätigkeit bedingt Niederlassung innerhalb der Stadtmauern und Schaffung weiträumiger Predigtkirchen. Haupttypen: Saalkirche und dreischiffige Anlage, bereichert und abgewandelt durch landschaftliche Traditionen. Kennzeichnend: langer einschiffiger polygonal geschlossener Chor, Lettner, kein Querhaus, kleine hochgelegene Fenster, Chor gewölbt, Langhaus flachgedeckt (Dominikaner: gewölbt), Dachreiter am Choransatz statt Turm, Reduktion des Strebewerks. Strenge schmucklose Bauten mit weiten Wandflächen, zur Anbringung belehrender Freskenzyklen genutzt. Beispiele: →Florenz, S. Croce; Venedig, Frarikirche; Regensburg, Dominikanerkirche; →Kolmar, Dominikanerkirche.
Lit.: L. Schürenberg, Die kirchl. Baukunst in Frankreich ..., 1934; H. Konow, Die Baukunst der B. am Oberrhein, 1954.

Beuroner Schule. Eine 1868 im Benediktinerkloster Beuron bei Sigmaringen von Desiderius Lenz (1832 bis 1928) gegründete Kunstschule zur Schaffung einer neuen kirchlichen Kunst. Oft Anlehnung an die Kunst vergangener Zeiten.
Lit.: P. D. Lenz, Zur Ästhetik der B. S., 1912; G. Schwind, Pater Desiderius Lenz, 1932.

Beuys, Joseph. Dt. Künstler, geb. 1921, Kleve; 1961

Bhuvaneschvara. Radscha-Rani-Tempel.

Prof. f. Bildhauerei a. d. Kunstakad. Düsseldorf. Die einflußreiche u. für das Thema „Realität als Kunstwerk" wichtige Gestalt hätte in Europa nicht so singulär gewirkt, wäre zuvor schon eine ausreichende Bekanntschaft mit der amerikan. →Pop-Art möglich gewesen. Konsequent hat der Darmstädter Sammler K. Ströher vor Ankauf der amerikan. Pop-Sammlung Kraushar 1968 die Beuys-Ausstellung 1967 in Mönchengladbach mit 142 Exponaten en bloc erworben. – Lit.: Kat. „Sammlung Karl Ströher 1968", Nationalgalereie Berlin u. Kunsthalle Düsseldorf 1969.

Beyeren, Abraham von →Beijeren.

Bhadscha. Buddhistische Höhlen im Dekkhan vom 2. Jh. v. Chr. bis zum 2. Jh. n. Chr. mit einer gut erhaltenen Tschaitya-Halle in Apsidenform und Mönchswohnungen.

Bhambore. Grabungsstätte im ehemaligen Indusdelta nordöstlich von Karatschi mit den Resten der frühesten Moschee auf dem indo-pakistanischen Subkontinent aus dem Jahre 772 (109 Hedschra).

Bharhut. Buddhistischer →Stupa des 1. Jhs. v. Chr.; die Plastik vom Steinzaun, der das Heiligtum umgab, bietet den besten Einblick in die frühindische Kunst mit ihrer lebhaften Darstellung von Ereignissen aus dem Leben der Menschen und Tiere; die vollständigste Sammlung besitzt das Indian Museum, Calcutta.
Lit.: A. Cunningham, The Stupa of B., 1879; A. K. Coomaraswamy, La sculpture de B., 1957.

Bhitarghaon. Indisches Dorf mit restauriertem Backstein-Heiligtum des 5. Jhs. n. Chr., das für die Entwicklung des nördlichen Tempelturms von besonderer Bedeutung ist und zugleich für Indien seltene Beispiele von echter Tonnenwölbung zeigt.
Lit.: Brown, Architecture I, 50.

Bhringin. Ein asketischer Lehrer des indischen Gottes Schiva, meist als Skelett dargestellt.

Bhumi. Horizontale Schmuckbänder zur Gliederung des nordindischen Tempelturms.

Bhumisparscha-Mudra. Handhaltung des sitzenden →Buddha, welcher die Erde berührt.

Bhuvaneschvara. Hauptstadt des indischen Staates Orissa nördlich der alten befestigten Stadt →Schischupalgah und der Felsplastik eines Elefanten mit der Aschoka-Inschrift von Dhauli. Nordwestlich liegen die Dschaina-Höhlen von Udayagiri und Khandagiri mit Bildwerken aus den Jh.en um Chr. Geburt. In B. selbst befinden sich Ruinen zahlreicher entwicklungsgeschichtlich bedeutsamer Tempel vom 7.–13. Jh. n. Chr. Einige alte Gründungen stehen noch heute im Mittelpunkt des Hindukults, wie z. B. der Wallfahrtstempel Linga-radscha aus der Zeit um 1000 n. Chr. und der spätere Radscha-Rani-Tempel. – Lit.: Fischer, Schöpfungen, Abb. 12. u. Taf. 26, 27 S. 210–218.

Bianchi, Pietro. Italien. Architekt. Geb. 1787 in Lugano, gest. 1849. Nach seinem Studium an der Mailänder Akademie ließ er sich in Rom nieder und bildete sich dort durch Studien antiker Bauwerke weiter. Als hervorragender Klassizist war er in seiner Zeit sehr berühmt und wurde Mitglied der Akademien von Brüssel, Rom und Wien. – Sein Hauptwerk ist die 1815–24 errichtete Kirche S. Francesco di Paola in Neapel, deren riesige Kuppelanlage n. d. Vorbild des Pantheons in Rom entworfen wurde. – Lit.: Thieme-Becker.

Bianco, Bianchi Bartolommeo. Italien. Baumeister. Geb. um 1590 in Como, gest. 1657 in Genua. Erbauer großer genuesischer Paläste, so des Palazzo Durazzo Pallavicini (begonnen 1618), des Pal. Balbi Senarega (vollendet von Corradi im 18. Jh.), der genuesischen Universität, sowie des Jesuitenkollegiums und einiger Befestigungen und Hafenanlagen.

Bibiena →Galli-Bibiena.

Biblia pauperum →Armenbibel.

Bichos. Spanisch bitschos, Getier, oder cerdos, Schweine, nennt der Volksmund in Spanien vorgeschichtlich-iberische Plastiken aus Stein in Form kauernder oder liegender Tiere, deren Zeitstellung unsicher ist (vielleicht 800–400 v. Chr.).

Bidar. Stadt im Dekkhan, in deren Nähe sich Ruinen aus dem Zeitalter der Bahmanis (15. Jh.) und Baridis (2. Hälfte 16. Jh.) befinden. Von der 1. Dynastie stammt u. a. die Madrasa (Hochschule) des Ministers Mahmud Gawan, in welcher persische Bauformen des Kielbogens, der gestelzten Kuppel und des Iwans, der tonnengewölbten, nach der vorderen Schmalseite offenen monumentalen rechteckigen Hallenanlage Eingang in die indo-islamische Kunst fanden. In späteren Gräbern des Ali od. Ibrahim Barid wurde die iranische Bauweise zunehmend mit einheim. indischen Schmuckweisen verbunden. – Lit.: G. Yazdani, B., 1947.

Bidpai. Indischer Dichter des Fabelbuches „Kalila wa Dimna", Geschichten um zwei Schakale. In arabischer

Übersetzung beliebte Unterhaltungsliteratur im iranischen Mittelalter. Seit Beginn des 13. Jhs. häufig illustriert. z. B. in der Bagdad-Schule (Manuskript der Bibl. Nationale), Wiederkehr der Themen auf iranisch-mongolischen Lüsterfliesen (Palast auf dem Takht i Suleiman, 2. Hälfte 13. Jh.), timuridische Prachtmanuskripte um 1410 bis 1430 mit farbenreicher Landschaftsmalerei.
Lit.: Basil Gray, Persische Malerei, 1961.

Bidri. Nach der indischen Stadt und Provinz →Bidar benanntes Kunsthandwerk: Metallgefäße, vor allem →Huqqas, aus einer Legierung von Zink, Blei, Zinn und Kupfer mit Silber-Tauschierung. – Lit.: B. ware, Salar Jung-Museum, Hyderabad/Dekkhan, 1961.

Bidschapur. Stadt im Dekkhan mit ausgedehnten Ruinenfeldern sowie gut restaurierten Gebäuden von den vier Königen der Adil-Schah-Dynastie, Mitte 16. bis Ende 17. Jh. Bauformen des islamischen Iran wie monumentale Kielbogen-Portale beherrschen die frühen Bauten, z.B. den „Himmels-Palast" Gagan Mahall um 1560; etwa gleichzeitig wurde die gewaltige Kuppel der Freitags-Moschee in harmonischen Abmessungen gestaltet. Einheimische indische Steinmetzen, die nach dem Untergang der Hindu-Hauptstadt →Vidschayanagar hier neue Aufträge fanden, bereicherten später mit traditioneller Schmuckfreudigkeit die islamischen Bauten und schufen u.a. in der Ibrahim Rauza 626 ein Meisterwerk in der Verbindung indischer und islamischer ästhetischer Ideale. Im Grab des Muhammad Adil Schah, 1626–56, dem sogen. Gol Gumbaz, ist ein durch Nischen gegliedertes, bastion-verstärktes Mauerquadrat durch sich kreuzende Bögen in einer Abfolge von gekehlten Trompen und Pendentivs zum Grundkreis der Kuppel verwandelt; technisch einer der größten Kuppelbauten aller Zeiten, künstlerisch eine Innenraumwirkung von seltener Feierlichkeit. – Lit.: H. Cousens, B., 1916; E. Diez, Indische Kunst, UKG XIX, 78, 1964.

Bidyogo. Westafrikanischer Volksstamm auf den zu Portugiesisch-Guinea gehörenden Bissagos-Inseln; die idolartigen Seelenfiguren dieses Volkes wirken häufig sehr „abstrakt" und erinnern an vor- und frühgeschichtliche Idole der altmittelmeerischen Hochkulturen. Sie haben zum Teil ein relativ hohes Alter. Die jüngeren Schnitzereien der B. sind oft überraschend naturhaft gestaltet und proportioniert. Ein Kuriosum sind langgestreckte, etwa meterhohe Puppen, die von Frauen und Mädchen herumgetragen werden und Kindersegen verleihen sollen. Daneben kommen sehr hübsch beschnitzte Holzgefäße und Löffel mit Dekor in Form von Tier- und Menschenfiguren vor.

Biebrich (Stadtteil v. Wiesbaden). Das Schloß ist eine hufeisenförmige Anlage nicht einheitl. Planung. Der erste Bauteil (W) war ein kleines Jagdschloß mit Pavillon (1698), dem ein symmetrisches Gegenstück im O folgte. Die Verbindung der Trakte bilden Galerien mit einem von einer statuenbesetzten Attika bekrönten Kreispavillon in der Mitte, der nach Ideen → Fischers von Erlach von Max v. →Welsch 1710 10 er baut wurde und in seinem Inneren über der Kapelle einen Kuppelsaal mit 8 korinthischen Marmorsäulen enthält. Seine Freitreppe kam erst 1824 hinzu, 1733–36 wurde der NO mit Marstall und Kavalierswohnungen von F. Joachim Stengel angefügt. Um die Anlage ständig bewohnbar zu machen, wurde der heizbare, sogen. „Winterbau", ebenfalls von Stengel, als NW-Trakt angeschlossen. Der Außenbau wirkt sehr französisch: rustizierte Ecken, dreiachsiger Mittelrisalit, Mansarddächer.
Lit.: Reclams Kunstführer, Deutschland, 3d. IV, 1962.

Biedermeier. Die häufig auftauchende Bezeichnung B.-Stil ist insofern unzutreffend, weil die mit ihr gemeinten Erscheinungsformen der Kunst nicht ausreichen, um einen Stil zu schaffen. B. trifft die behagliche Wohnkultur zwischen 1815 und 1848. Reduktion der fürstlichen Empiremöbel auf einfache, wohnliche und behagliche Formen bei Anwendung soliden Materials (Wirkung der Eigenstruktur großer Holzflächen) und in vorzüglicher handwerklicher Ausführung sowie die freundlich-helle Gesamtatmosphäre der Räume, die fern ist von jeder Überladenheit, kennzeichnen die Haltung. Eine B.-Plastik gibt es nicht, wohl aber bestimmte Erscheinungen der Malerei, die mit B. zu bezeichnen wären: Das unpathetische Menschenbild (→Wasmann, Oldach), die Poesie der Kleinstadt (→Spitzweg), die feine Welt des bürgerlichen Wohnraums (→Kersting). Die Größe, die bisweilen aus biedermeierlichen Schöpfungen steigt, täuscht nicht darüber hinweg, daß diese Welt der Stille zu einer Welt der Enge degenerieren kann. – Lit.: M. von Boehn, B., 1922; Folnesics, Innenräume und Hausrat der Empire- und B.zeit, 1922; P. F. Schmidt, B.malerei, 1923; Ann Tizia Leitich, Wiener B., 1944; G. Hermann, Das B., 1965.

Biedermeierzimmer (Freiberg/Sachsen, Stadt- und Bergbau-Mus.).

Bijouterie. Juwelenarbeit (Bijou = Kleinod, Juwel).

Bikaner. Nordwestind. Prov. u. Stadt, als Residenz gegr. 1485 u. bis zum 18. Jh. Sitz v. Lokal-Dynastien, die sich als Bauherren in der späteren indo-islam. Mischkunst u. als Mäzene v. Miniaturisten auszeichneten.
Lit.: H. Goetz, Art and architecture of B., 1950.

Bildende Kunst (Bildende Künste). Zusammenfassender Begriff für Baukunst, Bildhauerei, Malerei, Graphik, Kunstgewerbe. Ursprüngl. betraf Bilden, „Sich ein Bild machen", nur Malerei und Bildhauerei.

Bilderhandschriften. (mesoamerikanische). Die zur Zeit der spanischen Eroberung von Priestern in →Mesoamerika ausgeübte Buchmalerei beruht auf jahrhundertelanger Entwicklung und Tradition. Während in Europa Tausende von illuminierten Handschriften aus verschiedenen Perioden zur Verfügung stehen, hat in Mexiko und in den Mayaländern nur ein gutes Dutzend die Zeit überdauert. Neben historisch-genealogischen blieben religiös-kalendarische Codices erhalten. In den kalendarisch angeordneten Partien erscheinen deren Patronatsgottheiten in großer dekorativer Wirkung mit reichen Trachtelementen und Schmuck. Die aus dem aztekisch-mixtekischen Raum stammenden B. lassen sich in vier Kunststile ordnen. Der Codex Borgia aus dem Raum von Cholula ist zweifelsfrei eines der bedeutendsten Kunstwerke Altamerikas; er verbindet lebensvolle Frische in der Ornamentik mit in raffinierter Manier erreichter Ausdrucksstärke. In der großen Gruppe der mixtekischen B. zeigt der Codex Vindobonensis musivische Flächenfüllung, beim Codex Vaticanus B und beim Codex Bodley (Oxford) geht die konventionelle Ornamentbehandlung allmählich in rein piktographische Behandlung über. Lebendige Geschichtsdarstellung bietet der Codex Zouche-Nuttall (London) erstarrte Formgebung die Codices Columbinus (México) und Becker I (Wien). Klare, erstarrte Formstrenge bieten die räumlich noch nicht lokalisierten Codices Fejérváry-Mayer (Liverpool) und Laud (Oxford). Die Bekanntschaft der indianischen Künstler mit europäischer Malerei brachte einen völligen Stilbruch mit sich. Beispiele für die ungelenke Unsicherheit sind der Codex Telleriano-Remensis (Paris) und der Codex Rios (Vaticanuns A 3738). – Lit.: K. A. Nowotny, Tlacuilolli. Die mexikanischen B. 1961.

Bilderkapitell. Kapitell, in dessen ornamentalem Schmuck Menschenköpfe oder Tierbilder auftauchen.

Bilderstreit. Der Bilderstreit in der Ostkirche

dauerte von 725–843. Die byzantinische Kunst erlitt dadurch eine schwere Erschütterung. Es wurde nicht nur eine Unzahl von Kunstwerken zerstört, es fiel auch für die Kunstentwicklung ein ganzes Jahrhundert aus. In dem B., der erbittert von den Kaisern, den Bischöfen, den Mönchen und dem Volk geführt wurde, standen sich die Bilderfeinde →Ikonoklasten und die Bilderfreunde →Ikonodulen gegenüber. Politische und religiöse Gründe haben bei dem Kampf gleichzeitig eine Rolle gespielt.

Bildhauerkunst. Die ein Bildwerk schaffende Kunst, im engeren Sinne durch Arbeit in Stein, im weiteren Sinne gleichbedeutend mit Plastik und Skulptur.

Bildkarte →Meßbildverfahren.

Bildmagie. Die Kunstwerke der →Älteren Steinzeit werden oft als Ausdruck der B. verstanden: der Besitz des Bildes habe zur Macht über den Gegenstand der Darstellung verholfen.

Bildnis →Portrait.

Bildnisstatuen Karls V., Königs von Frankreich, und der Jeanne de Bourbon, vom Hospice des Quinze-Vingt (jetzt Louvre, Paris). Ende 14. Jh., Bildnisstatuen, die ihr Entstehen der neuen Geltung des höfisch-profanen Bereichs und dem Interesse am Persönlich-Intimen verdanken (→Portrait). Zu vergleichen mit dem Statuenschmuck des Königssaals im Justizpalast von Poitiers und dem Singertor am Stephansdom in Wien. Herkunft von der got. Gewändestatue noch in der zarten Schwingung der Linien abzulesen. Neu der Realismus der Gesichtszüge und das Modische der Tracht.
Lit.: M. Devigne, La sculpture mosane du XIIe au XVIe siècle, 1932; G. Troescher, Burgundische Plastik des ausgehenden Mittelalters, 1940; M. Aubert, La Sculpture française au moyen âge, 1946.

Bildschnitzerei →Holzbildhauerei.

Bildstock → Betsäule.

Bildteppich. Mit bildlichen Darstellungen geschmückter, meist gewirkter Wandteppich, seit dem 17. Jh. nach der Pariser Manufaktur auch →Gobelin genannt (nur in Deutschland, in Frankreich selbst „tapisseries"). Der Bildteppich ist schon seit dem Altertum bekannt (älteste Funde in Ägypten 2. Jahrtausend v. Chr.). Der →Bayeux-Teppich ist der älteste erhaltene des europäischen Mittelalters. Seit der Mitte des 12. Jhs. entstanden in Niedersachsen B.e zum Schmuck der Kirchen. Vom 14. Jh. an wird der B. immer häufiger zur Ausstattung von Wohnräumen verwendet (neben den geistlichen Themen kommen weltliche Themen auf), Zentren der Herstellung sind jetzt Arras und Paris (daher die in Italien übliche Bezeichnung der B.e mit „arazzi"). Im 15.–17. Jh. ist Flandern führend, Hauptherstellungsort Brüssel (sogen. Vatikanische Teppiche des P. van Aelst nach Kartons von Raffael 1516/19 entstehen dort). 17. Jh.: Ludwig XIV. gründet die königliche Manufaktur in Paris. Im 19. Jh. verliert der gewirkte B. gegenüber dem gewebten (→Jacquardweberei) an Bedeutung.
Lit.: D. Heinz, Europäische Wandteppiche, 1963.

Bildwerk →Bildhauerkunst.

Bildwirkerei →Bildteppich.

Bill, Max. Schweizer Bildhauer. Geb. 1908 in Winterthur. Studium an der Kunstgewerbeschule Zürich und 1927/29 am →Bauhaus in Dessau. Die Bauhausgedanken haben seine weitere Entwicklung entscheidend geprägt. Er suchte die Synthese der bildenden Künste unter dem Primat der Architektur. 1930 ließ er sich als Architekt in Zürich nieder. Nebenher arbeitete er als Maler, Bildhauer und Designer und verfaßte mehrere kunsttheoretische Schriften über →Kandinsky und →Mondrian. Zu eigener Ausdrucksform hat er vor allem in der Plastik gefunden. In seinen abstrakten Metallkonstruktionen versucht er eine dynamische Räumlichkeit zu entwickeln. In einer Serie formte er die „Unendliche Schleife" (1935–1953) durch und hatte damit das Problem der unendlichen Bewegung als bildhauerisches Thema aufgegriffen, ein Thema, das sein weiteres Schaffen bestimmte.
Lit.: H. Vollmer, Künstlerlex. d. 20. Jhs.

Billing, Hermann. Deutscher Architekt. Geb. 1867 in Karlsruhe, gest. 1946 ebda. Seit 1901 Lehrer an der Akademie Karlsruhe. In seinen Architekturen lehnt er sich an die süddeutsche Barocktradition an, deren Elemente er mit Anregungen des →Jugendstils verbindet. Hierbei entwickelte er eine klare, materialgebundene Formensprache, die durch seine Kunsthallenbauten für Baden-Baden und Mannheim und durch die Universität Freiburg i. Br. repräsentiert wird. Besonderen Wert legte er auf die Innenraumgestaltung seiner Bauten.
Lit.: K. Martin, H. B., 1930.

Bildteppich, Ende 15. Jh. aus Nürnberg (Würzburg, Martin von Wagner-Mus.).

Bilot. Dörfer in West-Pakistan auf einem Höhenzug über dem rechten Indus-Ufer, das südlich gelegene auch als Kafir Kot bekannt. Bei ihnen befinden sich Ruinen von befestigten Siedlungen hinduistischer Lokalherrscher des 8.–10. Jhs. n. Chr., von denen vor allem die Ruinen von Turmtempeln mit ihrer Durchdringung des mittelalterlichen indischen Heiligtums mit Formen von → Gandhara interessant sind.
Lit.: M. Wheeler, 5000 years of Pakistan, 1950, Abb. 12; Fischer, Schöpfungen, Taf. 272, 273.

Bimaran. Buddhistischer Stupa im →Gandhara-Gebiet von Ost-Afghanistan, Fundort eines Goldreliquiars.

Binbirkilisse (Vorderasien). Auf antiker Nekropole christliche Stadt, in altchristlicher Zeit erbaut. Eine Unzahl von Kirchen. 21 kann man auf Grund der Ausgrabungen und der stehengebliebenen Reste noch beschreiben. Erstaunliche Vielfalt: Zentralbauten, basilikale Kirchen in Verbindung mit einer Kuppel, Kirchen mit Tonnengewölben und Emporen, mit Ansätzen zur Fassadenbildung.

Bindemittel. →Farbe.

Binder. Mauerstein (Backstein), der gemeinsam mit dem →Läufer die Ziegelsteinmauer bildet. Dabei wechseln B. und Läufer ab. Der B. liegt mit der Schmalseite nach außen und wird im rechten Winkel zum Läufer verlegt.

Bindesböll, Michael Gottlieb Birner. Dänischer Architekt. Geb. 1800 in Ledöje, gest. 1856 in Kopenhagen. 1822–23 vermittelte ihm eine Reise nach Frankreich und Deutschland wesentliche Anregungen, die ihn veranlaßten, das Architekturstudium aufzunehmen. Nach diesem Studium an der Akademie in Kopenhagen bereiste er bis 1838 Italien und Griechenland. Dort wurde er eingehend mit der antiken Architektur bekannt, die seine weitere Entwicklung maßgeblich bestimmte. Besonders die Dekorationssysteme der pompejianischen Bauten beeinflußten ihn nachhaltig. Nach seiner Rückkehr nach Kopenhagen wertete er seine Studien und Skizzen vor allem am Bau des von ihm 1838–47 errichteten Thorvaldsen-Museums aus. Obgleich er sich eng an die antiken Vorbilder anlehnte, schuf er sehr persönliche und eigenständige Architekturen.
Lit.: Thieme-Becker.

Binh-Dinh. Letzte Hauptstadt der Tscham-Dynastie an der Ostküste Indochinas, vom 11.–17. Jh. n.Chr. besiedelt. Wertvolle Reste buddhistischer Plastik aus dem Beginn dieser Zeit.
Lit.: Coomaraswamy, Geschichte, 220.

Birnau (Bodensee). An der Stelle eines alten Marienheiligtums (13. Jh.) wurde 1746–50 von P. →Thumb und J. G. Specht der Neubau der Wallfahrtskirche St. Marien aufgeführt. Die Fassade wird bestimmt von dem hohen, von Helm und Laterne bekrönten Turm. Durch den Niveauunterschied liegt der Eingang in die Kirche in seinem Untergeschoß, während sich aus dem 2. und 3. Geschoß die Flankenkörper des Priesterhauses entwickeln. Die Gliederung des Baukörpers geschieht nur durch flache Pilaster und Gebälk darüber. Das Innere öffnet sich nach einem engen Vorraum in einen Saal, der in das kleine Raumquadrat der Apsis mündet. Den Zusammenhang schafft ein durchlaufender Emporengang, der den Raum in 2 Geschosse teilt und von flachen Pilastern getragen wird, deren Kämpfer in Konsolen umgewandelt sind. Die Gewölbeform beginnt mit einer Kuppel über der Apsis, eine Flachkuppel überwölbt den Vorchor, ein flaches Spiegelgewölbe das Langhaus. Die Gewölbefresken sind von G. Bernhard Goetz, Thema sind die Mariengeschichte oder analoge Bibelstellen. Altar- und Stuckausstattung sind Meisterwerke J.A. →Feuchtmayers.
Lit.: Reclams Kunstführer, Deutschland, Bd. II, 1960.

Birnstab. Stabförmiges Bauglied der Gotik mit birnförmigem Querschnitt (Gewölberippe, Dienst).

Birolli, Renato. Italien. Maler. Geb. 1906 in Verona, ansässig in Mailand. In seinen frühen Werken ist er von →Ensor und van →Gogh nachhaltig beeinflußt. Nach 1945 kam er nach Paris und nahm Anregungen von →Picasso und →Pignon auf. 1947 zählte er zu den Gründern der Künstlergruppe „Fronte Nuovo delle Arti". Seither hat er sich immer mehr von seinen früheren Vorbildern gelöst und fand um 1952 zu einer abstrakten Formensprache, die eine gewisse Verwandtschaft zu den Werken →Bazaines aufweist.
Lit.: H. Vollmer, Künstlerlex. d. 20. Jhs.

Bischapur. Von →Schapur I. nach →hippodamischem System gegründete Residenzstadt in der Provinz Fars. Der große, aus Bruchstein und Mörtel errichtete Palastsaal ist auf vier Seiten überwölbt und von →Iwanen mit dreifachem Gewölbe umgeben, unverkennbar eine Weiterführung parthischen Erbes (→Firuzabad). Hellenistisch-parthisch ist die Wandgliederung in Nischen mit reichen farbigen Reliefornamenten. In den Bildmotiven der Bodenmosaiken zeigt sich iranische Umbildung römischer Vorlagen. In der Nischenbildung eines weiteren Palastes macht sich Anlehnung an →Persepolis bemerkbar, ebenso im angrenzenden Anahitatempel mit Kapitellen in Form von Stierprotomen. Der Tempel zeigt den für iranische Feuertempel typischen Quadratgrundriß. An der Kreuzung der Hauptstraßen von B. befindet sich das Monument zu Ehren Schapurs, zwei Monolithe mit korinthischem Kapitell römisch-syrischen Stils, Königsstatue und zwei Feueraltäre. Nahe B. drei Felsreliefs Schapurs I. mit Investiturszene und Triumphbildern. Ein Relief deutet nach Halbkreisanlage und Stilelementen auf Beteiligung römischer Steinmetzen und Anlehnung an die →Trajanssäule. In einer abgelegenen Grotte bei B. fand sich die Kolossalstatue Schapurs I., die wahrscheinlich als Grabfigur diente. →Bahram I., Sohn und Nachfolger Schapurs I., ließ bei B. seine Investitur in einem Felsrelief darstellen, das zu den Meisterwerken der →Sasanidenkunst gehört.
Lit.: R. Ghirshman, Iran II, 139ff.

Bischofsstab (pedum). Besteht aus einem Stab mit verziertem Knauf. Der Stab, canna oder auch fistula genannt, der etwa 1,25 m hoch ist, besitzt unten eine Spitze (stinulus). Der obere Teil, der in einem Knauf endet (manubrium), besteht meist aus Metall oder Elfenbein. Auf reiche Verzierung wird Wert gelegt. – In der östlichen Kirche ist der B. als Krücke gebildet, in der abendländischen endet er in einer „Krümme".

Bischofsstuhl (griech.→Kathedra). Der meist erhöhte Bischofssitz. In frühchristl. Zeit im Scheitel der Apsis hinter dem Altar stehend, seit karolingischer Zeit vor diesem auf der →Evangelienseite aufgestellt. Meist reichverziert, besonders im Frühmittelalter. Ein Hauptwerk ist die mit bedeutenden Elfenbeinschnitzereien versehene →Maximinianskathedra.

Biskuitporzellan, unglasiertes Figurenporzellan, besond. in Sèvres, Höchst, Frankenthal, Nymphenburg, Derby u. Bristol.

Bismillah, auch basmala genannte (= „im Namen Allahs") arabische Eingangsformel fast aller Suren (Verse) des Korans und aller Gebete. Häufig zu finden als kalligraphisch sorgfältig ausgestaltete Eingangsworte bei Grabschriften, Mihrabumschriften, Bau- und Stiftungs- u. Tirazinschriften, Urkunden und Münztexten.
Lit.: L. Gardet, Encyclop. of Islam, Bd. 1, 1960.

Bisomus. Doppelgrab. Wenn in der Wand einer Katakombengalerie hinter dem ersten in die Wand eingelassenen Loculusgrab noch ein zweites herausgehauen wurde, spricht man von einem B. Der Ausdruck wird auch verwandt für zwei Gräber übereinander.

Bissière, Roger. Franz. Maler. Geb. 1888 in Villeréal, 1910 kam er nach Paris, ohne in den nächsten 10 Jahren Kontakt zu den dortigen Künstlern aufzunehmen. Erst nach 1920 schloß er sich →Braque und dem →Kubismus an. Von hier aus fand er zu eigenen Formen, indem er die strengen Prinzipien des Kubismus milderte. Weitgehend abstrahierte Kompositionen voll feinster Farbnuancierungen entstanden. 1925–38 unterrichtete er an der Akademie Ranson in Paris und zog sich 1939 in seine Heimat zurück.
Lit.: M. P. Fouchet, R. B., 1955.

Bister. Braune Farbe aus Glanzruß für Aquarellmalerei.

Blachernitissa. Bezeichnung für Maria. Ein besonderer Typus der Madonnendarstellung in der byzantinischen Kunst. Das Marienbild in der Marienkirche in Blacherne, unweit Byzanz, das besonders verehrt wurde, führte zu dem Namen. Zwei Typen werden unterschieden: Einmal trägt Maria in einem Medaillon das Kind oder auch nur seinen Kopf auf der Brust. Das andere Mal wird sie ohne Kind mit erhobenen Händen gezeigt.

Blake, William. Engl. Graphiker, Maler und Dichter. Geb. 1757 in London, gest. 1827 ebda. Nach einer Lehre als Kupferstecher begann er um 1775 zu malen. Sowohl in seinen Bildern als auch in seiner Dichtung stellt er eine phantasievolle Traumwelt und mystische Weltanschauung dar. Seine langgezogenen Gestalten und rhythmischen Flächenmuster übten auf die →Praeraffaeliten und die Künstler des →Jugendstils großen Einfluß aus, während die von ihm dargestellten Bildinhalte die Symbolisten anregten. – Sowohl zu seinen eigenen Gedichten als auch zu den Werken anderer Dichter (u.a. zu Dantes „Göttlicher Komödie") schuf er zahlreiche Illustrationen. Als Maler verwandte er ausschließlich die Aquarelltechnik und malte mit klaren

ungebrochenen Farben. Daneben aquarellierte er häufig seine Zeichnungen und Graphiken.
Lit.: Thieme-Becker.

Blattgold. Blattdünn gewalztes Gold, das zur Vergoldung verwendet wird, vor allem auch in der Malerei und Plastik.

Blattkapitell →Kapitell.

Blattmaske. Menschliches Gesicht, das aus Blattornamenten gebildet wird oder sich aus Blättern herausentwickelt.

Blattstab. Neben dem →Eierstab die Schmuckform des ionischen →Kymations als Abfolge mehrerer Blattgebilde, die jeweils durch eine Vertikalleiste getrennt sind.

Blaue Reiter, Der. Entwicklungsgeschichtlich bedeutsamste Künstlervereinigung Deutschlands vor 1914, in München 1911 von Wassily →Kandinsky und Franz →Marc (gefallen 1916) gegründet. Unter vielen späteren Mitgliedern die wichtigsten: August →Macke (gefallen 1914) und Paul →Klee. Vorstufe war die 1909 gegründete ,,Neue Künstlervereinigung", in der sich viele, die mit den Konventionen gebrochen hatten, sammelten. 1909 bereiten Marc und Kandinsky den Almanach ,,Der B." vor. Am 18. Dez. 1911 erste programmatische Ausstellung (unter den Ausländern Henri →Rousseau und →Delaunay). 1912 veröffentlichte Kandinsky sein epochemachendes Buch ,,Über das Geistige in der Kunst", in dem er eine vom ,,Gegenstand" unabhängige Wirkung der Farben und Formen fordert, was keinesfalls von allen Mitgliedern des B.s befolgt wurde. Als der B. als Gruppe sich zu festigen und zu wirken begann, bereitete der Kriegsausbruch allen Plänen ein Ende; modifiziert wirken die Ideen des B.s in der Malerei des →Bauhauses fort.
Lit.: W. Kandinsky u. F. Marc, Der B., 1912; Der B., der Weg von 1908 bis 1914, Katalog der Ausstellung München 1949; H. M. Wingler, Der B., 1954.

Blau-grüner Stil. Chinesischer Malstil, besonders der Landschaftsmalerei des 8. Jhs. v. Chr. Charakteristisch ist hierbei die gestaffelte, räumliche Tiefenerstreckung bewirkende Anordnung von Berglandschaften, die hauptsächlich in blauen und grünen Farbtönen gemalt sind. Der Farbwechsel rhythmisiert den Bildaufbau und wird somit zum wesentlichen Element der Kompositionsweise.
Lit.: R. Goepper, Vom Wesen chinesischer Malerei, 45f., 1962.

Blechen, Karl. Deutscher Maler. Geb. 1798 in Kottbus, gest. 1840 in Berlin. Nach einer Banklehre und autodidaktischen Malstudien wurde er 1822 Schüler der Berliner Akademie. 1824–1827 arbeitete er als Bühnenbildner am Königsstädt. Theater in Berlin. Seine Werke jener Zeit entstanden unter dem starken Einfluß → Schinkels. Danach wandte er sich ausschließlich der romantischen Landschaftsmalerei zu. 1828–29 bereiste er Italien, dessen Landschaft und Kunstwerke ihn nachhaltig beeindruckten. Die Bilder und Skizzen dieser Reise zeigen Elemente, die auf den →Impressionismus hinweisen. 1831 wurde er zum Prof. der Berliner Akademie ernannt. In den Werken der Folgezeit wandte er sich wieder mehr der romantischen Ideallandschaft zu und nahm Anregungen der niederländischen Landschaftsmaler auf.
Lit.: Thieme-Becker.

Bleiglasur. Durchsichtige, meist ungefärbte Glasur, die das auf der Engobe mit Pigment bemalte Gefäß bedeckt. Die B. wurde seit dem 9. Jh. n. Chr. von islamischen Töpfern verwendet und geht wohl auf altiranische Anregungen zurück. – In Mesopotamien und Ägypten findet sich farbige B. über Reliefkeramik, im 9. Jh. als Imitation von Metallgerät.
Lit.: A. Lane, Early Islamic Pottery, 1947; A. Lane, Later Islamic Pottery, 1957.

Bleistift. Gebräuchliche, aber unrichtige Bezeichnung für in Holz gefaßte Stäbe (,,Minen") aus gebranntem Graphit-Ton-Gemenge. Der B. kam wahrscheinlich um 1500 in England auf, fand als Zeichenstift jedoch erst im 18. Jh., als die verschiedenen Härtegrade entwickelt worden waren, seine große Bedeutung.

Blende. Ein architektonisches Motiv, der Fläche als Gliederung hinzugefügt, z. B. Reihe von Bögen: Blendbögen. Im allgemeinsten Sinne: Verkleidung, z. B. Blendsteine, mit denen ein Mauerkern aus Bruchsteinen oder Ziegelsteinen ,,verblendet", d. h. verschönt und widerstandsfähiger gemacht wird.

Blenheim (nördl. Oxford). Der riesige, außerordentl. weitläufige Bau war ein Geschenk der Nation an den Herzog von Marlborough. Der Entwurf (1705) stammt von dem Flamen Sir John Vanbrugh (1664–1726), der seine Ausbildung in Frankreich erhalten hat. Ob das Vorbild für B. in →Versailles oder den weitausgreifenden Flügelbauten der Villen →Palladios zu suchen ist, weiß man nicht. Der kraftvolle, weit vorgeschobene Portalbau des Corps de Logis trägt über dem antikisierenden Giebel eine wuchtige Attika. Zwei gigantische Säulen werden von gekoppelten Pfeilern flankiert. Die Schwere und Monumentalität dieses Mittelrisalits wird etwas unterbrochen von den beiden seitlichen, etwas niedrigeren Trakten, die wieder zu den wuchtigen Ecktürmen der Seitenflügel vermitteln. Die monumentale Auffassung der einzelnen Bauglieder kann ohne weiteres als barock bezeichnet werden, obwohl bewußt Diskrepanzen gesetzt wurden (3 halbkreisförmige, abgeschlossene Öffnungen übereinander, zuletzt plötzlich ein Segmentbogen darüber). Derselbe Konflikt ist auch in den Innenräumen da: an sich fließend aneinandergereihte Räume, die aber in Form und Dekoration wieder streng gebunden sind. In B. bildet das Mittelglied der die Länge der Gartenfront einnehmenden Raumflucht ein riesiger Hauptsaal, von einem gigantischen Vestibül aus zu betreten. Die Räume sind, wie in Versailles, mit allen Türen in einer Achse (enfilade) angeordnet.
Lit.: N. Pevsner, Europäische Architektur, 1957.

Blockbau →Holzbau.

Blockbuch →Holzschnitt.

Bloemaert, Abraham. Niederl. Maler. Geb. 1564 in Dordrecht, gest. 1651 in Utrecht. Neben J. Wtewael bedeutendster Meister der Spätphase des niederl. Manierismus. Zuerst von F. →Floris beeinflußt, später auch von den Caravaggisten. Begründer der Utrechter Malschule. In seinen Werken (religiöse und mythologische Gemälde) geht er nach Gestaltung heftig bewegter Kompositionen mit lebhafter Farbgebung zur Anlehnung an die Klassik und zu einer Aufhellung der Farben über. Hauptwerke: Niobe, 1591, Kopenhagen, Gal.; Judith, 1593, Wien, Staatsgal.; Auferweckung des Lazarus, 1607, München, Pinakothek; Christus in Emmaus, 1622, Brüssel, Gal.
Lit.: W. Bernt, Niederländische Malerei des 17. Jhs., 1948.

Blois, Orleans-Flügel des Schlosses, 1635 von F. Mansart begonnen.

Blois. Das Schloß umschließt mit seinen in verschiedenen Jahrhunderten errichteten Bauteilen einen Ehrenhof. Die ältesten Gebäude (Ständesaal und Tour de Foix) stammen aus dem 13. Jh. In der Zeit des Übergangs von Gotik zu Renaissance kamen hinzu die Galerie von Charles d'Orléans (Mitte 15. Jh.), die Kapelle St.

Calais und der Flügel Ludwig XII. (1498–1503). Der Trakt Franz I. wurde 1515–24 erbaut und der Bau Gaston d'Orléans' 1635–38. – Der am Schloßplatz liegende Eingangstrakt Ludwig XII., aus Ziegeln und Haustein erbaut, ist an der Platzfront mit italien. anmutenden plastischen Details verziert. Die Hoffassade zeigt im Erdgeschoß offene Arkaden. An den Eingangstrakt schließt an der im nördlichen Winkel gelegene Ständesaal und an diesen im Nordwesten gelegen der Trakt Franz I., dessen Außenfront aufgelockert wird von zwei übereinanderliegenden Bogengalerien und einer direkt unter dem Dach entlang führenden Galerie. Berühmt ist die Hoffassade mit dem offenen Treppenturm. Er wird vertikal gegliedert durch die kräftigen, plastisch reich verzierten Pfeiler. Die sie verbindenden Balustraden zeigen den Verlauf der sanft ansteigenden Wendeltreppe. Die reichen, anmutig verspielten Schmuckformen des ganzen Gebäudes haben rein oberitalien. Charakter und sind wahrscheinlich von italien. Steinmetzen. Im rechten Winkel daran schließt sich der dem Eingang gegenüberliegende Flügel Gaston d'Orléans'. Er ist ein Meisterstück François →Mansarts. Besonders die Fassade zum Cours d'honneur ist bemerkenswert in ihrer noblen, zurückhaltenden Eleganz. Der Triumphbogen des Mittelrisalits ist zweigeschossig mit einem originellen, halbkreisförmigen Giebelfeld im 3. Geschoß.
Lit.: Die Blauen Führer, Frankreich, 1956; Pevsner, Europäische Architektur, 1957.

Blondel, Jacques François. Franz. Baumeister und Architekturtheoretiker, geb. um 1618 in Ribemont, gest. 1686 in Paris. Begann als Naturwissenschaftler und Mathematiker. Sein gebautes Hauptwerk die Porte Saint-Denis in Paris, 1672. Das Hauptwerk unter seinen theoretischen Schriften „Cours d'architecture" (1675–83) ist ein klarer Ausdruck der rational aufgebauten französischen Architekturtheorie.
Lit.: R. Middleton, J.F.B. and the Cours d'architecture. In: Journal of the Soc. of architectural historians 18, 1959, 140–148.

Blumenmalerei. Besonders die →chinesische Kunst pflegte in der Malerei die Darstellung der Pflanzenwelt. Dabei bildete sich eine spezielle B. heraus, die als Erfindung dem im 10. Jh. n. Chr. lebenden Maler Hsü Hsi nach chinesischer Tradition zugeschrieben wird und über viele Jahrhunderte hin gepflegt wurde. Blumen bilden bei diesen farbigen Kompositionen das alleinige Thema und verkörpern allegorische oder symbolische Inhalte. So bezeichnet z.B. die Päonie mit ihrer üppigen Blüte aufreizend weibliche Sinnlichkeit, während die Magnolie vornehme Zurückhaltung symbolisiert.
Lit.: R. Goepper, Vom Wesen chinesischer Malerei, 110ff., 1962.

Blumenthal, Hermann. Deutscher Bildhauer. Geb. 1905 in Essen, 1942 an der russischen Front gefallen. Nach einer Steinmetzlehre besuchte er die Kunstakademie in Berlin, wo er mit G. →Marcks und L. Kaspar bekannt wurde. 1930 ermöglichte ihm der Große Staatspreis der Preußischen Akademie einen längeren Romaufenthalt. 1934–1940 lebte er wieder in Berlin. 1938 Verleihung des Corneliuspreises der Stadt Düsseldorf. 1940 wurde er zum Kriegsdienst eingezogen. Große Retrospektiven fanden 1949 in Hannover und München statt. – In seinen Werken führt Blumenthal die klassische Schule von →Kolbe und →Scheibe fort. Sein zentrales Thema ist die nackte Jünglingsgestalt, die er als stehende, sitzende oder kniende Figur durchformt.
Lit.: H. Vollmer, Künstlerlex. d. 20. Jhs.

Blutemail →Email.

Boarium forum. Alter Marktplatz von Rom, zwischen Tiber, Palatin und Kapitol gelegen. Ursprünglich allgemeiner Marktplatz, diente das B. seit der röm. Kaiserzeit als Viehmarkt und erhielt daher seinen Namen. Neben einem gut erhaltenen Rundtempel (fälschlich Vestatempel genannt) steht der Fortunatempel als typisch röm. Podiumstempel. Beide Bauten sind im 1. Jh. v. Chr. entstanden. Erhalten sind ferner der 204 n. Chr. errichtete Bogen der Geldwechsler und der Janus Quadrifons (um 315 n. Chr.).

Bobbio. Ort in Oberitalien. Hier bedeutsam die Grabplatte des hl. Cumianus (in der Kirche S. Colombano 712–743). Eines der schönsten Beispiele der oberitalienischen dekorativen Plastik des 8. Jhs. Oft als langobardisch bezeichnet, was von anderer Seite bestritten wird.

Bobo. Westsudanesisches Negervolk, dessen Kultur wie die der →Dogon altertümliche Züge aufweist. Reiche →Masken-Schnitzkunst; charakteristisch sind flache, brettartige Aufsätze auf den Maskengesichtern, die selbst sehr naturfern wirken. Diese Aufsätze sind mit Zackenband- und Schachbrett-Ornamenten überzogen (z.B. Do-Schutzgeist der Dörfer). Andere Masken haben Tierkopfgestalt (z.B. Stier, Krokodil, Chamäleon u.a.), auch kommen schmale Antilopenmasken vor. Wichtiger sind Büffelmasken, die das Stammes-Schutztier der B. verkörpern.

Boccàro. Ursprünglich portugiesische Bezeichnung für eine bestimmte chinesische Steingutware, die seit der Ming-Zeit (1368–1644 n. Chr.) vor allem in Yi-hsing in der Provinz Kiangsu gefertigt wurde. Die Gefäße, die hauptsächlich als Teegeschirr hergestellt wurden, sind unglasiert und zeigen eine braune Tonfärbung. Vor allem die Portugiesen betrieben mit der B.-Ware regen Handel und importierten sie seit dem 17. Jh. nach Europa, wo sie bald als hochgeschätzte Sammelobjekte galten.

Boccioni, Umberto. Italien. Maler u. Bildhauer. Geb. 1882 in Calabria, gest. 1916 in Sorte (Verona). Um 1900 Schüler von →Balla. Seit 1908 in Mailand ansässig, wo er durch →Marinetti mit den Gedanken des →Futurismus bekannt wird. 1910 gehört er zu den Unterzeichnern des Futuristischen Manifests. In Plastik und Malerei schuf er räumliche Bewegungsbilder, die seit 1912 fruchtbar durch den →Kubismus beeinflußt wurden. Überschneidungen der Bewegungsvorgänge bei spitzer Formgebung und intensiver Farbanlage bezeichnen seine Werke. 1914 veröffentlichte er eine Schrift mit dem Titel „Scultura e pittura futuriste".
Lit.: H. Vollmer, Künstlerlex. d. 20. Jhs.

Bode, Leopold. Deutscher Maler. Geb. 1831 in Offenbach, gest. 1906 in Frankfurt/Main. Ausgebildet am Städelschen Kunstinstitut in Frankfurt. Als einer der letzten Maler schloß er sich der Richtung der Deutsch-Römer an. Schuf hauptsächlich Genre- und Historienbilder. Von größerer Bedeutung sind jedoch seine z. T. aquarellierten Illustrationen (z. B. Shakespeares Wintermärchen).
Lit.: Thieme-Becker.

Bodh Gaya. Buddhistische Heiligtümer bei der gleichnamigen modernen Siedlung in Bihar, seit dem 3. Jh. v. Chr. nachweisbar und bis zur Gegenwart laufend restauriert und erweitert. Wichtig für die frühindische Bildkunst sind die Fragmente an Maurya- und Schunga-Bauplastik; für die sogen. klassische indische Kunst sind Gupta-Bildwerke von Bedeutung. Auf letztere Periode geht auch der „Erleuchtungstempel" zurück; der Turm in seiner gegenwärtigen Gestalt stammt aus einem mittelalterlichen Umbau durch burmesische Handwerker.
Lit.: B. M. Barua, Gaya and B. G., 1931–34.

Bodhisattva. Im buddhistischen Kult ein Wesen, das zur Erlösung, zur Buddhaschaft bestimmt ist und für den Gläubigen Funktionen des Heiligen, des Vermittlers übernimmt. Im Gegensatz zum →Buddha in seiner Mönchsrobe wird der Bodhisattva in reicher fürstlicher Gewandung dargestellt.
Lit.: A. K. Coomaraswamy, Elements of Buddhist iconography, 1935.

Bodt, Jean de. Franz. Architekt. Geb. 1670 in Paris, gest. 1745 in Dresden. Schüler →Hardouin-Mansarts. Vertreter der französischen klassizistischen Richtung des Barock. Geht 1685 nach Holland, 1689 mit Wilhelm III. von Oranien nach England. 1689 führt ihn sein Weg zu Kurfürst Friedrich III. nach Berlin, wo er als Festungs- und Zivilarchitekt arbeitet. Nach Vollendung des von Nering begonnenen Zeughauses in Berlin baut er den Hofabschluß des Potsdamer Stadtschlosses.
Lit.: G. Dehio, Handb. d. deutschen Kunstdenkmäler 2, 1906 (neu herausgegeben von E. Gall, 1935).

Böblinger, Matthäus. Wichtigstes Mitglied einer

deutschen Baumeisterfamilie der Spätgotik. Geb. in Altbach bei Esslingen, gest. 1505 in Esslingen, Meister des Ulmer Münster-Bauwesens, dem er 1474–94 vorstand, führte mit Planänderungen den von Ulrich →Ensinger begonnenen Westturm weiter.

Böcklin, Arnold. Schweizer Maler. Geb. 1827 in Basel, gest. 1901 in S. Domenico bei Fiesole/Italien. Erste Zeichenstudien in Basel. 1845–47 Studium an der Düsseldorfer Akademie und in Genf bei Calame. 1848

A. Böcklin, „Bildnis Frau Angelika Böcklin", 1863 (Berlin, Nat.Gal.).

Parisreise, anschließend bis 1850 in Basel. 1850–57 hielt er sich in Rom auf. 1860–62 lehrte er an der Kunstschule Weimar und lebte anschließend bis 1866 wieder in Rom, von wo aus er die ihn stark beeindruckenden römischen Wandmalereien in Neapel und Pompeji kennenlernte. 1871–74 ließ er sich in München nieder und befreundete sich mit H. →Thoma. Nach Aufenthalten in Florenz (1874–85) und Zürich (1885–92) übersiedelte er 1893 nach Fiesole. – Seine frühen Werke entstanden unter dem Einfluß der Romantiker. Um 1865 entwickelte er in der Auseinandersetzung mit traditioneller Malweise und dem →Impressionismus, den er heftig ablehnte, seinen eigenwilligen Stil, der ihn zum Symbolisten werden ließ. Der antike Mythos diente ihm hierbei häufig als Symbolträger.
Lit.: Thieme-Becker.

Boëdas. Griech. Bildhauer und Erzgießer des 3. Jhs. v. Chr., Sohn und Schüler des →Lysippos. Nur eine Statue ist von ihm überliefert: Der „Betende Knabe" (Berlin, Mus.). Das Standbild zeigt deutlich die Abhängigkeit von Lysippos, zu dessen Statue des Apoxyomenos eine starke Verwandtschaft, die bis zu Einzelformulierungen reicht, besteht.
Lit.: G. Lippold, Handb. d. Archäologie, V, 296, 1950.

Böttgerporzellan. →Steinzeug.

Boffrand, Germain. Franz. Architekt, geb. 1667 in Nantes, gest. 1754 in Paris, Schüler von J. →Hardouin-Mansart, Hauptvertreter der →Régence, Hofarchitekt, erbaute Schlösser und Stadtwohnungen in Paris und in der Provinz mit einer außerordentlich kultivierten Außenarchitektur und mit meisterhafter Rokokoornamentik im Innern; auch als Berater im Ausland geschätzt, beispielsweise im Bauwesen der fürstbischöflichen Residenz von →Würzburg. Zu seinen Meisterleistungen zählen das Hôtel d'Amelot in Paris gegen 1700 und das Hôtel de Soubise, ebda. 1706, mit einigen Prachträumen gegen 1735, weiterhin Schloß und Kathedrale von Nancy, 1723. In seinem „Livre d'architecture" von 1745 werden Antike und →Palladio als Vorbilder gepriesen, der eigentliche Hochbarock aber als Geschmacksentgleisung beschrieben; in seiner kritischen Einstellung setzt sich das Maßvolle der eigenen Persönlichkeit durch.
Lit.: A. Michel, Histoire de l'Art 7, 1923.

Bogen. Mauerwerk zum Überwölben einer Öffnung, dessen einzelne Steine den schräg nach unten gerichteten Druck zu Widerlagern (Kämpfern) fortleiten. Die B.-Formen können zu den Leitformen eines Baustils zählen. Die wichtigsten sind: a) Rundbogen (Korbbogen), b) Flachbogen (Stichbogen, Segmentbogen), c) Kleeblattbogen, d) Spitzbogen (Lanzettbogen), e) Kielbogen (Eselsbogen), f) Vorhangbogen, g) Tudorbogen, h) Hufeisenbogen.

Bogenfeld →Portal.

Bogenfries →Fries.

Bogengang →Arkade.

Bogenlauf →Archivolte.

Boghazköi (Boghazköy). Zentralanatol. Ruinenstätte der Hethiterhauptstadt →Hattuscha, deren mächtige Festungsmauern aus Großsteinen an das schwierige Gelände angepaßt sind, wobei unterirdische Ausfallstore mit Kraggewölbe auch eine offensive Verteidigung ermöglichten. Das →Kyklopenmauerwerk, kunstvoll gefügt, wird von stark gesicherten Toranlagen durchbrochen, die abwehrenden Skulpturenschmuck tragen (Löwen-, Sphinx- und Königstor, benannt nach dem

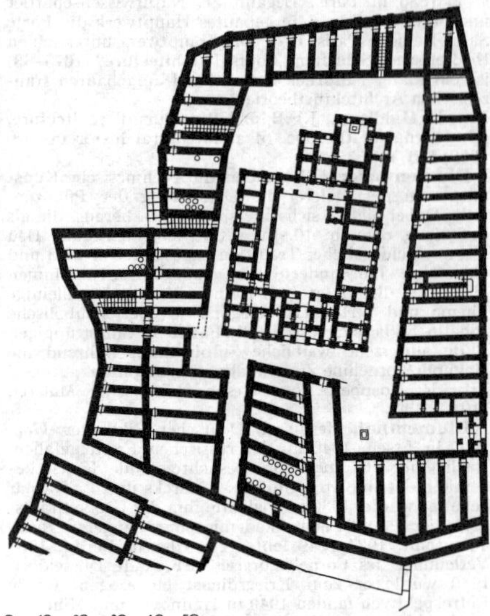

Hattuscha-Bogazköi, der große Tempel des Wettergottes mit umgebenden Magazinbauten, Grundriß.

Laibungsrelief mit Darstellung eines Gottes mit Hörnerhelm und Streitaxt). Von den aufgedeckten 5 Tempeln ist der größte dem Wettergott geweiht. Der große Baukomplex umfaßt einen Innenhof, von dem man durch eine Pfeilerhalle in die Kulträume gelangte. Charakteristisch ist die Asymmetrie der Planung, einzigartig die Verwendung von Fenstern mit niedrigen Brüstungen, die nicht an den Wänden der Hofseite, sondern an den Außenwänden des Tempels angebracht waren. Die Statue des Gottes im größten Kultraum erhielt auf diese Weise von drei Seiten Licht.
Lit.: E. Akurgal, HK, 39ff.

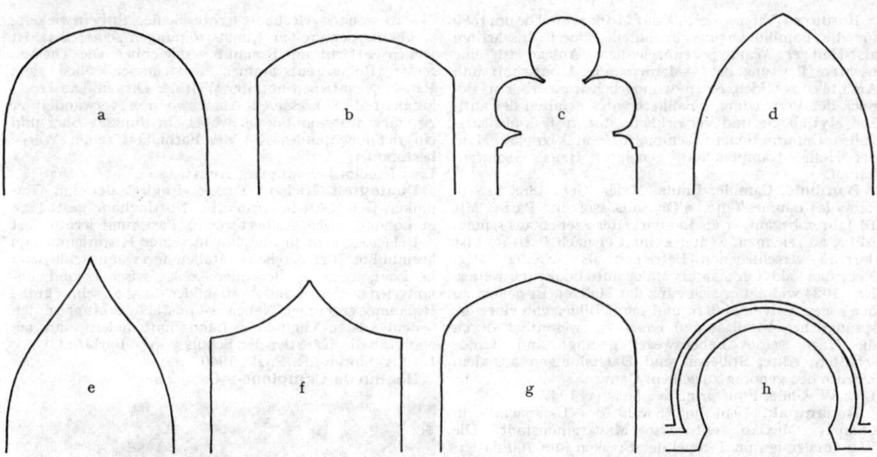

Bojana bei Sofia. Kirche, die fast vollständig erhalten ist. Der östliche Teil wurde im 11. Jh. als Bojarenkapelle erbaut. 1259 wurde die Kirche nach Westen erweitert. Damals erhielt das Gotteshaus eine völlig neue Ausmalung. Ein Künstler aus Tirnowo, der Hauptstadt des zweiten bulgarischen Reiches, führte sie durch. Verschiedene Stilarten vereinigen sich bei der künstlerischen Ausgestaltung. Maria und Christus sind nach dem mittelbyzant., hauptstädtischen Stil gemalt. Die Stifterfiguren und die Abendmahlsszene verraten starken bulgarischen Einfluß. Die Kreuzigungsgruppe läßt hinwiederum Einflüsse der serbischen Kulturzentren von Skolpje und Ochrid erkennen.

Bokchorisgrab. Etruskisches Frauengrab von →Tarquinia, benannt nach einer ägyptischen Fayencebüchse mit Reliefbildern und dem Namen des Pharao Bokchoris der 24. Dynastie (734–728 v. Chr.). Sie bietet einen wichtigen chronologischen Anhaltspunkt für den Beginn der orientalisierenden Kunstströmungen in Etrurien, die durch Phönizier und etruskische Seefahrer im östlichen Mittelmeer vermittelt worden sind. Neben anderen ägyptischen Importstücken finden sich etruskische Nachahmungen und Weiterbildungen. Die Verstorbene trug ein mit zahlreichen Goldplättchen benähtes Gewand und eine Brustplatte aus Goldblech mit orientalisierenden Motiven, ähnlich der Totenausstattung im fürstlichen →Regolini Galassigrab.
Lit.: O. W. v. Vacano, E II, 72f.

Bologna. 1) Bei →Villanova nahe B. ausgedehntes Gräberfeld mit den Bereichen Benacci (I/II) und Certosa, namengebend für die vor- und frühetruskische Kulturperiode vom 10. bis 7. Jh. v. Chr. In die Schicht Benacci gehört ein Tonaskos in Entenform mit Stierkopf und Aufsatzfigur eines Reiters. 8. Jh. v. Chr. Die Etruskerstadt hieß Felsina. Bedeutsam sind die mit Reliefbildern versehenen Grabsteine mit dem Thema der Jenseitsfahrt.
Lit.: Pietra Zannoni; O. W. v. Vacano, E II 75f.; G. Q. Giglio, AE, Taf. 237; F. v. Duhn, IGK I, 152ff.
2) B. ist Sitz der ältesten Universität Europas. Sie wurde im 12. Jh. gegründet und war bis 1803 im Palazzo del Archiginnaso untergebracht, der 1563 von Terribilia errichtet wurde. Im Arkadenhof sind noch Freskenreste zu sehen. Wappenschildchen von Gelehrten, Rektoren und Studentenverbindungen der Universität darstellend. Heute befindet sich die Universität in einem ehemaligen Pal., der 1549 von Pellegrino Tibaldi für den Kardinal Poggi errichtet worden war und einen sehr schönen Innenhof hat. Kunstgeschichtlich bedeutend war B. besonders im 16. Jh. Zu dieser Zeit hatte die Bologneser Malschule ihren Höhepunkt: aus ihr gingen u.a. Maler wie →Carracci, Il →Domenichino und Guido →Reni hervor. An berühmten Baumeistern seien Pellegrino Tibaldi (1532–1600), die Theaterbaumeister der →Galli-Bibiena (18. Jh.), Colonna, Franceschini genannt. Der Bildhauer Nicolo →Pisano und sein Schüler Guglielmo hinterließen 1267 in der Arca di San Domenico in der Kirche S. Domenico ein prächtiges Kunstwerk. Der Schrein ist in Basreliefs mit Szenen aus dem Leben des Heiligen geschmückt. 1473 wurde er vergrößert: den Deckel schuf Nicolò dell'Arca, ebenso die Figuren. Der rechte kniende Engel aber und die beiden Statuen des hl. Petronius und Prokulus sind Jugendwerke →Michelangelos.

Bologna, Giovanni da (Jean de Boulogne), gen. Giambologna. Flämisch-italien. Bildhauer, geb. 1529 in Douai, gest. 1608 in Florenz. B. geht 1554 oder 1555 nach Italien, studiert zwei Jahre in Rom, lebt seit 1557 in Florenz und entwickelt sich zum bedeutendsten Bildhauer des Spätmanierismus. Neptunsbrunnen in Bologna, 1563–67 (Prachtbeispiel einer manieristischen Brunnenanlage); Geflügelter Merkur, Bronze, 1564 (Florenz, Nationalmuseum, Bewältigung des Problems einer schwebenden Gestalt); Raub der Sabinerinnen, Marmor, 1583 (Florenz, Loggia dei Lanzi, Gruppe kunstvoll ineinandergreifender Gestalten); Reiterstandbild Cosimos I., Bronze, 1594 (Florenz, Piazza della Signoria). B.s Fähigkeiten umfassen das Kolossale (Gruppe des Okeanos und der Stromgötter, Florenz, Nationalmuseum) genauso wie die Gebiete der Kleinplastik. B. ist ohne den Einfluß von →Michelangelo nicht denkbar, umgekehrt wird in seiner Werkstatt eine Reihe bedeutender Frühbarockmeister ausgebildet, die zur internationalen Ausbreitung seines Stiles beiträgt (Hans →Reichle von Augsburg, Hubert →Gerhard, Adriaen de →Vries).
Lit.: P. Patrizi, Il Giambologna, 1905; P. de Bouchaud, Jean de Boulogne, 1906; E. Dhanens, Jean Boulogne-Giovanni B. Fiammingo, 1956 (Verhandelingen Koninkl. Vlaamse Acad. voor Wetenschappen voor Belgie, Kl. der Schone Kunsten 11).

Boltraffio, Giovanni Antonio. Italien. Maler. Geb. 1467 in Mailand, gest. 1516 ebda. Bedeutender Renaissance-Bildnismaler, Schüler von →Leonardo da Vinci. Malte außer Bildnissen auch Altarbilder, so z.B. um 1500 die Madonna zwischen Heiligen (Paris, Louvre) und eine Madonna, die sich in London, Nationalgalerie, befindet. Bildnisse: Girolamo Casio (Mailand, Brera), vielleicht auch La Belle Ferronnière (Paris, Louvre).
Lit.: W. Suida, Leonardo und sein Kreis, 1929.

Bolus. Gelbe, braune oder rote Tonerde, die vor allem in der niederländischen Malerei des 17. Jhs. als Farbe zur braunen Grundierung verwandt wurde. Bereits in der röm. Antike war dieser Ton bekannt. Insbesondere die Gefäße der Terra sigillata und die sogen. →Arretinische Keramik wurden häufig mit B. geformt.

Bomarzo (Viterbo). Park der Monstren. Die um 1580 für die Familie Orsini geschaffene, durch Inschriften als Heiliger Wald gekennzeichnete Anlage ist eine wichtige Leistung des →Manierismus. Landschaft und Architektur bilden einen wunderlich-wunderbaren Bereich der Verwirrung, bevölkert von Gestalten der antiken Mythologie und verwirklicht mit grotesk-absichtsvollen Deformationen: Tempietto (von Vignola), Maul der Hölle, Kampfelefant, geneigtes Haus, Gigantenkampf.

Bombois, Camille. Franz. Maler. Geb. 1883 in Venarey-les-Laumes/Côte d'Or, ansässig in Paris. Mit 16 Jahren begann er als Landarbeiter Szenen aus seinem Alltag zu zeichnen. Später kommt er nach Paris und ist dort in verschiedenen Betrieben als Arbeiter tätig. Nebenher bildet er sich als Maler autodidaktisch weiter. Erst 1924 widmet er sich ganz der Malerei. Er gehört zu den sogen. naiven Malern und schuf Bilder von einer ursprünglichen Vitalität und Kraft, die wesentlich durch die Härte seines Lebensweges geprägt sind. Landschaften, Akte, Stilleben und Darstellungen aus dem Zirkusleben gehören zu seinem Oeuvre.
Lit.: W. Uhde, Fünf primitive Meister, 1947.

Bonampak. 1946 im Urwald des Usumacinta in Chiapas, Mexiko, entdeckte Mayaruinenstadt. Die Wandmalereien im Tempel der Fresken (um 790 datierbar) gehören zu den größten archäologischen Funden der letzten Jahrzehnte. In Freskotechnik auf grobkörnigem Kalkputz ausgeführt, stehen die naturalistischen Darstellungen im Gegensatz zu der stilisierten Stelenkunst. Raum 1 zeigt die Vorbereitungen zu einer Festlichkeit (Priester legen ihr Ornat an, Orchester, stehende Fürsten), Raum 2 bringt eine Kampfszene und eingebrachte Gefangene, Raum 3 eine Kulthandlung auf einer Stufenpyramide und Menschenopfer. Besondere Erwähnung verdient der ohnmächtige oder tote Gefangene über der Türe zu Raum 2 wegen der gedrehten Darstellung seines Körpers. Bemerkenswerte Skulpierkunst auf Stelen und Türstürzen.
Lit.: K. Ruppert u.a., Bonampak, Chiapas, Mexiko. Carnegie Inst. Wash., 1955.

Bonanus von Pisa. Italien. Bildhauer und Baumeister. Möglicherweise Mitarbeit am schiefen Turm und Planung der Stadtmauer von Pisa. Inschriftlich gesichert die 1595 verbrannte, 1179 datierte Bronzetür am Hauptportal des Pisaner Doms sowie die 1185 datierte des Westeingangs von →Monreale (7,80 × 3,70 m), letztere mit Szenen des Alten und Neuen Testaments. Zugeschrieben die Porta di San Ranieri, Dom zu Pisa (Frühwerk; 4,70 × 3 m) mit Szenen aus Christi Leben. Reliefierte, durch Rahmen verbundene Bronzeplatten auf Holzkern. Der malerische, bewegte, sich stark vom Grund lösende Stil, der keine Nachfolge fand, verbindet byzant. Einflüsse, besonders im Ikonographischen, mit spätantiken (Jonas-Sarkophag, Lateran). (Siehe Tafel 15).
Lit.: →Barisanus von Trani.

Bonatz, Paul. Deutscher Architekt. Geb. 1877 in Solgne/Lothringen, gest. 1951 in Berlin. 1897–1900 studierte er an der TH München bei Th. →Fischer. Mit seinem Lehrer übersiedelte er 1902 nach Stuttgart und wurde dort anfangs dessen Assistent, 1907 a.o. Prof. und 1908 Fischers Nachfolger als Prof. für Entwerfen und Städtebau. Einflüsse seines Lehrers, der französischen Baukunst des 18. Jhs. und des englischen Landhausstils verband er mit modernen Baugedanken. Klare Bauanlage und eine funktionell organische Anordnung der Räume charakterisieren seine Architekturen. Zahlreiche Wettbewerbspreise zeichnen ihn aus. Auf fast allen Gebieten öffentlicher Bauaufgaben war er tätig: Bahnhöfe (Darmstadt 1908, Stuttgart 1913f.), Universitätsbauten (Tübingen, 1909/10), Schulen (Schweinfurt 1907, Stuttgart 1907–09) u.a. – 1923–25 errichtete er mit seinem Verwaltungsbau des Stumm-Konzerns in Düsseldorf das erste Hochhaus in Deutschland.
Lit.: Thieme-Becker; H. Vollmer, Künstlerlex. d. 20. Jhs.

Bonhomme, Léon. Franz. Maler. Geb. 1870 in Paris, gest. 1924 in Saint-Denis. Seine Ausbildung erhielt er u.a. im Atelier von G. →Moreau, wo er gemeinsam mit →Matisse und →Rouault lernte. Seinen Stil entwickelte er abseits der großen Kunstströmungen seiner Zeit, ist jedoch entfernt mit Rouault vergleichbar. Die Themen seiner Bilder entstammen fast ausschließlich dem Pariser Nachtleben und der Welt der Dirnen. Die Trostlosigkeit der exzessiven Ausschweifung verwandelt er zu einer düsteren Poesie, wobei ein dunkles Blau und ein tief leuchtendes Rot die Farbigkeit seiner Werke bestimmen.
Lit.: Knaurs Lex. d. mod. Kunst, 1955.

Bonington, Richard Parkes. Engl. Maler und Graphiker. Geb. 1801 in Arnold bei Nottingham, gest. 1828 in London. 1816 studierte er in Paris und lernte dort →Delacroix kennen, der ihn in seiner Historienmalerei beeinflußte. 1922 bereiste er Italien und war anschließend in London tätig. Besonders seine frischen und unkonventionellen Landschaftsbilder lassen seine große Begabung erkennen. Neben →Constable zählt er zu den bedeutendsten englischen Landschaftsmalern und beeinflußte die Künstler der Schule von →Barbizon.
Lit.: A. Shirley, R. P. B., 1940.

Bonino da Campione →Campione.

P. Bonnard, „Die Ziegenherde" (Essen, Folkwang-Mus.).

Bonn, Münster. Ausgrabungen 1928 unter dem Münster hatten folgendes Ergebnis: Die früheste Schicht (2. Jh. n. Chr.) ergab Zeugnisse eines heiligen röm. Bezirks, der später als Gräberfeld diente. Hier wurden 250 und 257 n. Chr. die Märtyrer Cassius und Florentinus inmitten der damals noch heidnischen Anlage bestattet. Unter der Krypta des Münsters wurde eine Totenmemoria aus der zweiten Hälfte des 3. Jhs. gefunden, deren kultischer Mittelpunkt sich um zwei quadratische Tischblöcke konzentrierte, umgeben von Sitzbänken (Totenmahle). Die Memoria um 300 zerstört und zugeschüttet. Es gruppieren sich bis 400 um das frühere christliche Heiligtum Christengräber (Steinsärge). Um 400 wird die alte Memoria mit einem Rechteckbau umgeben. Dieser ist wohl als Coemeterial- und Memorialbau zugleich zu denken. Es folgen auch hier Bestattungen innerhalb und außerhalb des Saalbaus. Im 7. Jh. erfolgt dann ein Umbau mit halbrunder Ostapsis. Der heutige Bau bedeutendes Spätwerk rheinischer Romanik. Gedrungene staufi-

sche Ostpartie mit Turmpaar seitlich der Apsis 1166 vollendet. Ihre reiche Außengliederung durch Blendbogen, Zwerggalerie, Nischen gehen auf →Speyer zurück. Der Plattenfries (Verbindung zweier Gesimse durch senkrechte Profilstäbe) am Hochchorgiebel ist eine wichtige Motivschöpfung für das Rheinland. Querhaus, Vierungsturm, Langhaus, Westchor 1224 vollendet.
Lit.: E. Adam, Baukunst des Mittelalters II, Ullstein-Kunstgeschichte X, 1963.

Bonnard, Pierre. Franz. Maler. Geb. 1867 in Fontenay-aux-Roses, gest. 1947 in Le Cannet. Studium an der Académie Julian in Paris. Dort traf er mit →Vuillard, →Sérusier und →Denis zusammen. Gemeinsam mit diesen Malern gründete er 1889 die Gruppe der →Nabis. 1913 unternahm er eine Reise nach Deutschland. 1925 zog er nach Le Cannet. – Nach der Nabiszeit, in der seine Bilder eine gedämpfte Farbgebung zeigen, findet er seinen eigenen Stil. Eine freie und warme Palette ist neben einem straffen Aufbau in der Komposition charakteristisch. Seit 1905–10 macht sich ein starker Einfluß von →Manet und →Cézanne bemerkbar. Das zentrale Thema seiner Werke ist die weibliche Gestalt, daneben malte er Stilleben, Landschaften und Bildnisse.
Lit.: Vollmer, Künstlerlex. d. 20. Jhs.

Bonnat, Léon. Franz. Maler und Radierer. Geb. 1833 in Bayonne, gest. 1922 in Château de Monchy-St-Eloi. Er studierte bei →Cogniet in Paris, ging in seiner Malerei jedoch hauptsächlich von →Courbet aus. Er schuf zahlreiche historische und religiöse Gemälde, dazu Portraits und Wandmalereien (Paris, Pantheon). 1905 wurde er als Direktor an die École des Beaux Arts in Paris berufen und übte dort eine fruchtbare Lehrtätigkeit aus.
Lit.: A. Personnaz, L. Bonnat, 1923.

Book of Kells. Vorzügliches Beispiel der irischen Buchmalerei (um 700 n. Chr.). Es ist vielleicht eine der reichsten Miniaturhandschriften des Abendlandes überhaupt. B. verrät eine ungeheure Phantasie im Erfinden immer neuer Formen. Tierische, pflanzliche, geometrische, flechtbandartige, menschliche Motive durchdringen sich in einem kaum entwirrbaren Knäuel. Auch bei den im Buch vorhandenen figürlichen Darstellungen und Kompositionen wird sogleich alles wieder ins Ornamentale übersetzt (Köpfe, Haare, Heiligenschein usw.). Abneigung gegen alles Naturnahe, gegen alle räumlichen Vorstellungen. Man bindet sich in keiner Weise mehr an die Tradition.
Lit.: E. Alton – P. Meyer, The book of Kells, 1950.

Bordeaux. Die ehemalige Hauptstadt von Aquitanien (370–508) war seit je wirtschaftlich bedeutend. Nach einem wechselvollen Schicksal wurde im 18. Jh. das Gesicht der Stadt geprägt unter der Verwaltung Aubert de Tourny's. Das Zentrum am Knie der Garonne bildet ein Dreieck, dessen Herz die Place de la Comédie ist mit dem Grand Théâtre. Dieser Bau, an sich schon einer der schönsten seiner Art, ist deshalb bemerkenswert, weil er zum erstenmal nicht wie bisher als an ein Schloß gebundener, sondern als selbständiger Theaterbau auftritt. Er wurde 1773–80 von V. →Louis (1731–1800) errichtet. Der lange Kubus (88 m lang und 19 m hoch) läßt die innere Anordnung und ihre Bestimmung von außen nicht erkennen. Der starren Masse des blockhaften Gebäudes ist eine riesenhafte starre Säulenfront vorgelagert, die ursprünglich um den ganzen Bau herumgeführt werden sollte, wodurch sich der Eindruck eines riesigen →Peripteros (als Musentempel) ergeben hätte. Das Gesims dieses Säulenganges ist von 12 Statuen (Musen und Göttinnen) bekrönt, die von Berruer und van den Dix stammen.

Bordüre →Rahmen.

Borghesischer Fechter. Späthellenistische Fechterstatue. In durchgeführtem →Kontrapost stürmt der mit Schild und Schwert bewaffnete nackte Jüngling mit weit vorgerecktem Arm einem gedachten Gegner entgegen. Die Statue ist im 1. Jh. v. Chr. von →Agasias geschaffen worden. Wahrscheinlich geht die Statue auf ein Vorbild des →Leochares zurück, gibt dieses jedoch stark abgewandelt wieder (Paris, Louvre).
Lit.: G. Lippold, Handb. d. Archäologie, V., 382, 1950.

Borneo. Zu →Indonesien gehörige Insel. Die Küsten von B. wurden schon im 1. Jh. n. Chr. von buddhistischen Einflüssen berührt, doch blieb das Binnenland davon weitgehend frei. Seine Bewohner werden mit dem Sammelnamen „Dajak" (Dayak) bezeichnet. Bei ihnen spielt die Kopfjagd (mit Hilfe von Haumessern – →Mandau, Parang – ausgeführt) eine große Rolle. Die Kopftrophäen werden reich ornamental verziert. →Hampatong-Figuren beschützen die Dorfeingänge; ansonsten sind Holzplastiken (meist kleine Figuren, die an jene der →Philippinen erinnern) nicht sehr häufig. Masken kommen im Kajan-Gebiet vor; sie sind aus Holz geschnitzt, bemalt und mit bunten Federn geschmückt. Mit Rankenmotiven, häufig auch mit Besatz von Tier- und Menschenhaar sind die Kampfschilde verziert. Rankendekor tragen auch Bambusdosen und fein geflochtene Körbe. In einigen Gegenden von B. ist das Weben bekannt. Hier werden mit Hilfe der →Ikat-Technik vorwiegend figurale Motive wiedergegeben. Sonst herrscht mit Stempeln bedruckter Baststoff als Kleidung vor. – Die Dajak-Frauen tragen schwere Metall-Ohrringe. Auffallend sind schließlich die Holzsärge, die Bootsform haben und figural verziert sind.

Rom, S. Carlo alle Quattro Fontane, Ansicht der Fassade, 1667 von Borromini errichtet.

Borobudur. Das berühmteste alte Bauwerk →Indonesiens, im mittleren →Java nordwestlich von Jogjakarta gelegen. Der B. wurde um 800 n. Chr. im Shailendra-Reich erbaut. Er besteht aus fünf quadratischen Terrassen, auf die drei runde und ein bekrönender Zentral-Stupa aufgesetzt sind. So entstand ein aus neun Stufen bestehendes Bauwerk in der Art einer Stufenpyramide, und zwar als religiöses Bauwerk des Mahayana-Buddhismus. Der Untergrund besteht aus einem natürlichen Hügel. Auf den runden Terrassen stehen 32 kleinere Stupas, die den Zentralstupa umrahmen. Ursprünglich trug der B. 505 Buddhafiguren; ein Teil davon befindet sich heute in Museen. – Die Terrassenwände sind mit insgesamt mehrere km langen Reliefstreifen geschmückt; sie illustrieren religiöse Texte und Legenden und zeigen den Weg der Läuterung von den Höllen der Begierde bis zur Buddhaschaft. – Die Gesamtanlage verbindet die Bauform des Stupa und des Weltenberges (Meru) als „Mandala", ein Abbild des Kosmos.
Lit.: D. Seckel, Buddhismus, 1962.

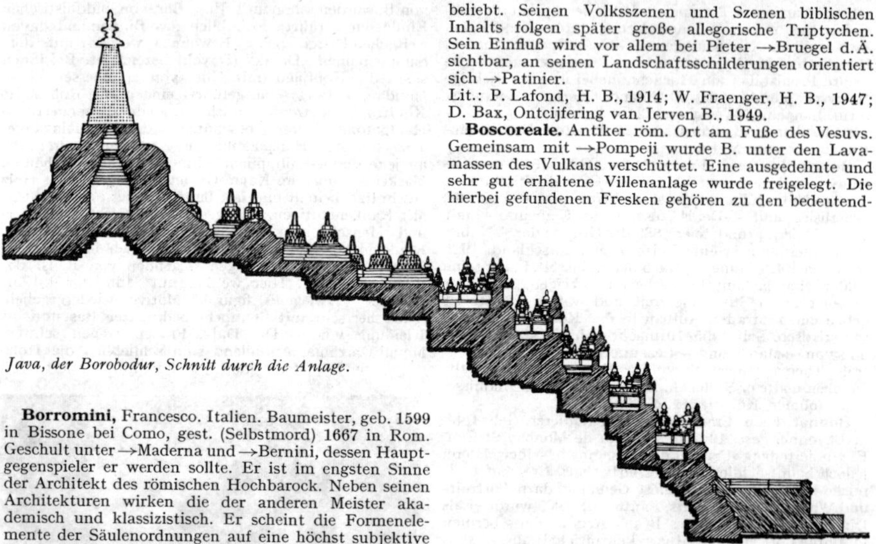

Java, der Borobodur, Schnitt durch die Anlage.

Borromini, Francesco. Italien. Baumeister, geb. 1599 in Bissone bei Como, gest. (Selbstmord) 1667 in Rom. Geschult unter →Maderna und →Bernini, dessen Hauptgegenspieler er werden sollte. Er ist im engsten Sinne der Architekt des römischen Hochbarock. Neben seinen Architekturen wirken die der anderen Meister akademisch und klassizistisch. Er scheint die Formenelemente der Säulenordnungen auf eine höchst subjektive Weise zusammenzustellen und in ihrer höchsten Ausdruckskraft bloßzulegen, bleibt aber an jeder Stelle mathematisch kontrollierbar; in ihm gipfelt eine konsequente Entwicklung, die einst mit →Alberti und →Brunelleschi begann. Die Kompliziertheit seiner Raumvorstellungen, die Raumverschränkungen und -durchdringungen sind freilich seine originellen Erfindungen, ohne die der Spätbarock eines →Guarini und die Rokokoarchitektur Süddeutschlands bis zu B. →Neumann undenkbar wären. So unabsehbar seine Wirkung nach dem Tode ist, zu Lebzeiten bleibt er angefeindet, bestenfalls unverstanden. Mit der Rolle des schrulligen Sonderlings bezahlt er sein Genie. Die Kette seiner eigenwilligen Bauwerke beginnt mit S. Carlo alle quattro fontane (1638–41, Fassade 1667). Das 2. Hauptwerk ist S. Ivo della Sapienza (1642–60). Weiterhin Oratorium des hl. Philipp Neri, um 1638ff., Umbau der Lateransbasilika (1643ff.), Collegio de Propaganda Fide (1646–66), Gartenseite des Pal. Falconieri (1650–58), wesentliche Teile von S. Agnese (1653–57) und unvollendet S. Andrea delle Fratte (1654–65).
Lit.: E. Hempel, F. B., 1924; H. Sedlmayr, Die Architektur B.s, 1939.

Borsippa. Unter dem Ruinenhügel Birs Nimrud südlich →Babylon wurde das alte B. entdeckt, dessen Kultzentrum →Ezida, das Heiligtum des →Nabu, mit einer heute noch 47 m hohen →Zikkurat war. Es schließt noch einen Tempel mit großem Hof und Breitraumzellen ein. Letzter Bauherr in B. war →Nebukadnezar II. Die Zikkurat von Ezida wurde bis zur Klärung der tatsächlichen Verhältnisse lange für die Ruine des babylonischen Turmes gehalten.
Lit.: A. Parrot, Sumer, 32; Assur, 179, 226; E. Strommenger, Mesopotamien, 126; H. Schmökel, GAV, 328.

Bosch, Hieronymus. Niederl. Maler. Geb. um 1450 in Hertogenbosch, gest. um 1516 ebda. Hauptmeister der altniederl. Malerei. Hat sein Leben wahrscheinlich in Hertogenbosch verbracht. In seinen bedeutenden religiösen Bildern, in denen er das Jüngste Gericht, die Todsünden, die Versuchungen und die Höllenstrafen grausam-lustvoll ausmalt, aber noch stärker in den allegorischen und sittenbildlichen Darstellungen tritt eine schrankenlose Phantasie zutage, verbunden mit scharf realistischer Sicht. Fabelwesen und rätselhafte Figürchen zeigen sein Schwelgen im Hintergründig-Untergründig-Bizarren. B.s Ruhm verbreitete sich schon zu seinen Lebzeiten, vor allem in Spanien war er außerordentlich beliebt. Seinen Volksszenen und Szenen biblischen Inhalts folgen später große allegorische Triptychen. Sein Einfluß wird vor allem bei Pieter →Bruegel d.Ä. sichtbar, an seinen Landschaftsschilderungen orientiert sich →Patinier.
Lit.: P. Lafond, H. B., 1914; W. Fraenger, H. B., 1947; D. Bax, Ontcijfering van Jerven B., 1949.

Boscoreale. Antiker röm. Ort am Fuße des Vesuvs. Gemeinsam mit →Pompeji wurde B. unter den Lavamassen des Vulkans verschüttet. Eine ausgedehnte und sehr gut erhaltene Villenanlage wurde freigelegt. Die hierbei gefundenen Fresken gehören zu den bedeutendsten Wandbildern des 2. Stils der röm. Malerei (→ Röm. Kunst). Eine weitere Villa zeigt einen mehr ländlichen Charakter. Hier wurde der berühmte Komplex von Silbergefäßen mit Reliefverzierung, die stilistisch dem Rankenwerk der →Ara Pacis nahestehen, gefunden.

Bosse. Bezeichnung für einen grob zugehauenen Quaderstein oder eine unfertige Steinplastik.

Bossenwerk. Mauerwerk, an dessen Quadern die Sichtseite bewußt in bruchroher Buckelung gelassen ist. Schon die römische Antike verwendet es, dann besonders die Stauferzeit an ihren Wehrbauten. In der Renaissance und im Barock wurde vom B. ausgiebig Gebrauch gemacht, weil es derb und schwer wirkt (Rustika), besonders in Sockelgeschossen.

Bothros. In der griech. Antike eine Opfergrube für Spenden an die Unterweltsgötter.

Botticelli, Sandro, eigentl. Alessandro Filipepi. Italien. Maler. Geb. um 1444 in Florenz, gest. 1510 ebda. Bedeutendster Maler der italien. Frührenaissance. Zuerst Goldschmied, später Schüler von Filippo →Lippi. Vom Einfluß des →Pollaiuolo und des →Verrochio machte er sich bald frei und fand zu seinem eigenen Ausdruck. Anfangs den humanistischen Kreisen von Florenz zugewandt, neigte er in seinen späteren Jahren zur Mystik und wurde Anhänger Savonarolas, dessen Persönlichkeit ihn offensichtlich zu seinen letzten Bildern (aus der Leidensgeschichte Christi) inspirierte. Seine Gemälde, allegorischen, mythologischen und religiösen Inhalts, sind von poetischer Empfindung erfüllt. Seine streng stilisierte Formensprache ist ein grandioser Ausklang der italienischen Gotik; mit vergeistigter Schönheit verbindet sich Wirklichkeitsnähe, durchdrungen von reicher Phantasie. B. schuf seine frühen Bilder fast alle im Auftrag der Medici, so die berühmte Anbetung der Könige (sie enthält die Portraits vieler Medici) und seine allegorisch-mythologischen Darstellungen. Zusammen mit den größten Künstlern seiner Zeit wurde er 1480 von Papst Sixtus IV. nach Rom berufen, um an der Ausmalung der Sixtina mitzuarbeiten. In der Komposition und der Figurenverteilung offenbarte er sein großes Können. Die für Francesco de Medici geschaffenen Dante-Illustrationen (Berlin-Kupferstichkabinett und Rom, Vatikan, Bibliothek) zeigen ihn als großartigen Zeichner. (Siehe Farbtafel 28).
Lit.: Wilh. v. Bode, B., 1921; C. Gamba, Italien. und

franz. Ausgabe, o. J.; L. Venturi, Phaidon-Band, 1937; L. Goldschneider, B., 1956/57.

Bouchardon, Edme. Franz. Bildhauer. Geb. 1698 in Chaumont, gest. 1762 in Paris. Schüler von →Coustou. Studierte von 1723 bis 1732 in Rom. Beteiligte sich dort auch am Wettbewerb für die Fontana Trevi. Nach seiner Rückkehr wieder hauptsächlich in Paris tätig. Von der Antike beeinflußt, zeigt sein Werk Merkmale des beginnenden Klassizismus. Hauptwerke: Brunnen in der Rue de Grenelle in Paris (entstanden 1739), eine grandiose, mit Figuren ausgestattete Anlage; Christus, Madonna und Apostel für St. Sulpice, ebenfalls in Paris; Reiterdenkmal Ludwigs XV. (Bronze) für die Place de la Concorde, begonnen 1748 (zerstört); Amor (Louvre).
Lit.: A. Michel, Hist. de l'Art 7, 1925.

Boucher, François. Franz. Maler. Geb 1703 in Paris, gest. 1770 ebda. Hauptmeister des franz. Rokoko. Ausbildung bei Lemoine. Weiterbildung in Rom, beeinflußt von →Tiepolo. Nach dreijährigem Aufenthalt in Italien 1730 Rückkehr nach Paris. Als Günstling der Madame de Pompadour vom Hofe gefördert. 1765 Direktor der Akademie und „Peintre du Roi". Wurde zum gefeierten Modemaler. Stilistisch von →Watteau beeinflußt, ohne ihn an Tiefe zu erreichen. Malt hauptsächlich galante Szenen (Schäfer und Nymphen) – im Sinne des modischen Zeitgeschmacks –, aber auch Portraits. Bedeutend als vielseitiger Dekorateur und Illustrator, als Zeichner und Radierer. Seine Meisterwerke: Venus in der Schmiede Vulkans, entstanden 1732, Diana nach dem Bad, geschaffen 1742, und der Raub der Europa (alle im Louvre). Dekorationen von B. im Schloß →Fontainebleau und im Schloß →Versailles.
Lit.: L. Réau, Dessins de F. B., 1928; E. Hildebrandt, Malerei und Plastik d. 18. Jhs. (Handbuch d.K.W.), 1930.

Boucicaut-Meister. Franz. Miniator, benannt nach seinem Hauptwerk, dem Stundenbuch des Maréchal de Boucicaut (zwischen 1393–1415; Paris, Mus. Jacquemart-André). Schließt stilistisch an Jacquemart de →Hesdin an. Ganzseitige Miniaturen mit weiträumigen Landschaften und Schilderung weitläufiger Innenräume. Neu die Wiedergabe atmosphärisch bedingter Farbveränderungen. Außerordentlicher Einfluß, besonders auf die Pariser Schule.
Lit.: E. Panofsky, Early Netherlandish Painting, 1953.

Boudin, Eugène. Franz. Maler. Geb. 1824 in Honfleur, gest. 1898 in Deauville. Nachdem er als Kaufmann in Le Havre tätig war, bringt ihn eine Begegnung mit →Millet im Alter von 21 Jahren zur Malerei. 1850 reist er als Stipendiat für drei Jahre nach Paris und läßt sich anschließend in der Normandie nieder. 1853 stellt er erstmals im Salon in Paris aus. Seine Bilder hatten für den jungen →Monet eine große Bedeutung und beeinflußten dessen erste Schritte zur impressionistischen Malerei. Bereits zu seinen Lebzeiten wurde B. sehr berühmt, vor allem durch seine Marinen und Hafenbilder. 1889 ist er auf der Weltausstellung in Paris vertreten und wird mit einer Goldmedaille ausgezeichnet.
Lit.: Thieme-Becker.

Boullearbeit. Nach C. A. Boulle (1642–1732) benannte Einlegearbeiten (→Intarsia) von holzfremdem Material in Holz.

Boullée (Boulée), Etienne-Louis. Franz. Architekt. Geb. 1728 in Paris, gest. 1799 ebda. Gehört zum Kreis der Künstler, die den „style Louis XV" (Rokoko) ablehnen und einen nüchternen, schmucklosen Klassizismus anstreben (Revolutionsarchitektur, →Ledoux), eine Strömung, wie sie J. L. →David in der Malerei einleitete. B.s Ideen kommen am reinsten in seinen Zeichnungen und theoretischen Werken zum Ausdruck, weniger in seinen Bauten (Häuser und Schlösser), dem Hotel Brunoy in Paris, Schloß Tassé in Chaville, Schloß Perreux in Nogent (Marne).
Lit.: E. Kaufmann, Three Revolutionary Architects, in: Transactions of the American Philosophical Society, New Series, 42, 1952.

Bourdelle, Antoine. Franz. Bildhauer. Geb. 1861 in Montauban, gest. 1929 in Le Véninet bei Paris. Studium an der École des Beaux-Arts in Toulouse und an der École Nationale des Beaux-Arts in Paris. Er erwarb sich eine hervorragende technische Könnerschaft. Später wurde er Assistent im Atelier von →Rodin, der den stärksten Einfluß auf den jungen B. hatte. Trotzdem fand er zu einem eigenen Stil, in dem technisches Können und plastische Vorstellungskraft zu einer Einheit verschmolzen. Er suchte einen monumentalen Stil, der die Bewegung linear strafft und sie in feste Grenzen einbindet. Etwa 1900 Plastiken hat er geschaffen, war daneben aber auch als Zeichner, Maler und Lehrer tätig. Zu seinen bedeutendsten Werken gehört eine Herkulesstatue (1909), die Fresken und Reliefs am Théâtre des Champs-Élysées (1912) und die Reiterstatue des Generals Alvear in Buenos Aires.
Lit.: H. Vollmer, Künstlerlex. d. 20. Jhs.

A. Bourdelle, „Die Wolke" (Paris, Mus. Bourdelle).

Bourges, Kathedrale St. Etienne. Planung und Baubeginn spätes 12. Jh., vermutlich 1324 vollendet. Frühgot. Grundrißtyp, fünfschiffig wie →Paris, Notre Dame, doch ohne Querschiff, doppelter Chorumgang mit kleinen Kapellen. Im Aufriß hochgot.: dreigeschossiges System wie in →Chartres, Maßwerk wie in →Reims, steiler Höhendrang wie in →Amiens. Neu die basilikale Staffelung der 5 Schiffe, die im Chor der Kathedrale von Le Mans weiterentwickelt wird.
Lit.: H. Jantzen, Die Gotik des Abendlandes, 1962; M. Le Guenne, St. Etienne de B., Architecture et vitraux, 1958; L. Grodecki, Saint Etienne de B. (Les grandes cathédrales 4), 1959.

Boussingault, Jean-Louis. Franz. Maler und Graphiker. Geb. 1883 in Paris, gest. 1943 ebda. Vor allem seine Lithographien und Kupferstiche, in denen er das gesellschaftliche Leben in Paris darstellte, lassen ihn als bedeutenden Künstler des 20. Jhs. erkennen. Szenen von der Rennbahn und aus dem Ballett stehen neben Buchillustrationen und Portraits. Außerdem schuf er Theaterdekorationen und malte Landschaften und Stilleben.

Bouts, Dirk (Dieric). Niederländischer Maler. Geb. zwischen 1410–20 in Haarlem, tätig in Löwen, gest. 1475. Hauptwerke: Abendmahlsaltar in St. Peter, Löwen (urkundlich gesichert 1464–67), Flügelaltar mit Anbetung der Könige (München, Pinakothek), 2 Gerechtigkeitstafeln (Brüssel, Mus.; Auftrag 1468). Nachfolger Rogier van der →Weydens, von dem er sich durch Vermeidung des Dramatischen und besinnliche Schilderung malerischer Details unterscheidet. Wichtig der neue Stimmungswert der Landschaft. (Abb. S. 28)
Lit.: W. Schöne, D. B. und seine Schule, 1938; E. Panofsky, Early Netherlandish Painting, 1953.

Bozzetto (Bozetto). Plastischer Entwurf eines Bildwerks, meist in vergänglichem Material hergestellt (z. B. Wachs oder Ton). Entsprechend der Skizze zeigt ein B. häufig sehr viel direkter die unmittelbare Frische der Intention als das fertige Kunstwerk. Von überragender Bedeutung sind die Bozzetti des Barock, da mit dem Aufkommen großer dekorativer Aufgaben die Meister häufig nur noch Entwürfe in Form von Bozzetti lieferten, nach denen die Werkstatt die Bildwerke fertigte.

Lit.: E. Brinckmann, Barock-Bozzetti, 4 Bde., 1923/24.

Bra, Théophile. Franz. Bildhauer. Geb. 1797 in Douai, gest. 1863 ebda. Nach seinem Studium in Paris wurde er rasch berühmt und mit vielen Preisen und Ehrungen ausgezeichnet (1818 Rom-Stipendium; 1825 Kreuz der Ehrenlegion). Er schuf hauptsächlich bronzene Bildnisbüsten berühmter Männer seiner Zeit und Reliefkompositionen religiösen und allegorischen Inhalts.
Lit.: Thieme-Becker.

Bracci, Pietro. Italien. Bildhauer. Geb. 1700 in Rom, gest. 1773 ebda. Erstes Hauptwerk ist die sogen. ,,Fontana di Trevi" in Rom, an der er mitarbeitete (1735). Schuf dann hauptsächlich Bildnisbüsten und Grabmäler. Außerdem war er zu seiner Zeit als hervorragender Antikenrestaurator geschätzt. – Lit.: Thieme-Becker.

Brahma. Der indische Schöpfergott, gewöhnlich mit 4 Köpfen dargestellt.

Brakteat. Münzähnlicher Anhänger aus der völkerwanderungszeitlichen Kunst Skandinaviens, teilweise von spätrömischen Medaillons ableitbar. Es gibt B.en mit figürlichen, ornamental umgesetzten Darstellungen, aber auch mit (zum Teil abstrahierten) Tierornamenten. Die B.en gehören dem 5.–6. nachchristlichen Jh. an.

Bramante, eigentl. Donato d'Angelo. Italien. Architekt, geb. um 1444 in Fermignano bei Urbino, gest. 1514 in Rom. Zentraler Meister der Renaissance, in Urbino bei L. →Laurana ausgebildet. Seit 1476 in Mailand, entwickelt er seinen Stil mit der lombardischen Renaissance, ohne deren Dekorationslüsternheit zu verfallen. Hauptbauten in Mailand: Chorpartie von S. Maria delle Grazie mit Kuppel, seit 1492; S. Maria presso S. Satiro mit Querschiff, perspektivischem Scheinchor und Sakristei, 1479 bis 1514. In Mailand hatte B. Gelegenheit, mit →Leonardo Probleme des Zentralbaus zu diskutieren, was spürbar, wenn auch nicht direkt faßbar ist. Die Übersiedlung B.s nach Rom, 1499, bedeutet im engsten Sinne den Entstehungsaugenblick der Hochrenaissance. Der Stil B.s klärt sich an Technik und Form der antiken Bauten und wird, verbunden mit einem eigentümlichen Wohlklang der Proportionen, zum Ausdruck einer bisher unbekannten Größe der Gesinnung. Schon der erste Bau, der Rundtempel von S. Pietro in Montario, der sogen. Tempietto, spricht die neue Sprache, desgleichen der Klosterhof von S. Maria della Pace. Seit 1504 ist B. im Dienste von Papst Julius II. Im Vatikan entsteht der vierstöckige Damasushof sowie der Belvederehof mit einer Tiefenachse, die auf eine Kolossalnische zielt. Ab 1506 beginnt B. mit dem Neubau der Peterskirche als Zentralbau. Wenn auch der Plan in der von ihm gedachten Form nicht durchgeführt wurde. so bleibt B. doch der Anreger der grandiosen Kuppelidee, die auch heute noch das Bauwerk beherrscht.
Lit.: C. Baroni, B., 1944; W. Suida, B. Pittore e il Bramantino, 1953; O. H. Förster, B.. 1956.

Branchiden. Nach einem Fürstengeschlecht des 6. Jhs. v. Chr. in →Milet benannte Reihe von archaischen, jonischen Sitzfiguren, die an der Straße vom Hafen zur Stadt aufgestellt waren. Die B. reichen von ca. 580 bis 520 v. Chr. und stellen wohl die verstorbenen Fürsten dar (London, Brit. Mus.).
Lit.: G. Lippold, Handb. d. Archäologie, V., 53, 1950.

Brancusi, Constantin. Rumänisch-franz. Bildhauer. Geb. 1876 in Rumänien, gest. 1957 in Paris. Nach einer Schreinerlehre besuchte er ab 1898 die Kunstakademie in Bukarest. 1902 brach er nach Paris auf, das er nach zweijähriger Wanderschaft erreichte. Dort studierte er an der Ecole des Beaux-Arts, beeinflußt durch →Rodin. 1906 stellte er sich zum ersten Male auf einer Ausstellung mit eigenen Werken vor. 1907 beschickte er den 17. Salon der Société Nationale in Paris. Hier wurde er mit Rodin bekannt, der ihm anbot, in sein Atelier einzutreten. Brancusi lehnte ab, um unabhängig zu bleiben. – Er befreite sich von seiner akademischen Schulung und vom Vorbild Rodins, um zu einer klaren, architektonisch gefestigten Form zu finden. Er reduzierte um 1908 seine Gestalten auf eine blockhaft gebundene, ruhige Form, die abseits der zeitgenössischen Strömungen einen eigenen Stil hervorbrachte. Sein Ziel war die unabhängige ,,Urform", die er in der Gestalt des Eies und in der ovalen Rundung, die seit 1909/10 seine Bildsprache beherrschen, gefunden hatte.
Lit.: H. Vollmer, Künstlerlex. d. 20. Jhs.

Brandberg →Felsbilder Südafrikas.

Braque, Georges. Franz. Maler u. Bildhauer. – 1882 in Argenteuil-sur-Seine geb., gest. 1963 in Paris. Nach dem Besuch von Abendkursen an der Kunstschule von Le Havre (1897) beginnt er 1899 eine Lehre als Dekorationsmaler, die er 1900 in Paris fortsetzt. Daneben besucht er die Académie Humbert. 1905 schließt er sich den →Fauves an, von denen →Matisse und →Derain ihn besonders beeindrucken. 1907 Bekanntschaft mit →Picasso, →Apollinaire und dem Kunsthändler Kahnweiler. 1908 entstehen unter dem Einfluß →Cézannes erste kubistische Malversuche. Von 1909–1914 verbindet ihn eine enge Freundschaft und Ateliergemeinschaft mit Picasso. In dieser Zeit entwickeln beide in gegenseitiger Anregung den →Kubismus, den sie von seiner analytischen zu seiner synthetischen Phase (1912) führen. Nach dem ersten Weltkrieg löst er sich allmählich vom Kubismus und findet zu einem farblich reicheren und formal weicheren Stil. Um 1920 entstehen die ersten Plastiken. 1922–24 schuf er eine Reihe ,,neoklassischer" Frauenakte von dekorativer Monumentalität. Seit 1930 tritt das dekorative Motiv immer stärker in Erscheinung.
Lit.: Kat. G. B., Ausst. München 1963.

Brasilia. Hauptstadt Brasiliens (seit 1960). Die Stadt wurde im Inneren des Landes neu gegründet. Berühmt sind vor allem die großen Bauten des Regierungsviertels, an deren Planung O. →Niemeyer entscheidenden Anteil hatte. Die Stadtanlage selbst geht auf Entwürfe von L. Costas zurück und wird durch ein großes Straßenkreuz mit einer 5 *km* langen Prunkstraße, an der die öffentlichen Gebäude (repräsentative Verwaltungsgebäude der Bundesreg.) liegen, bestimmt.

Brassempouy. (Dép. Landes, Südfrankreich). Aus der Grotte-du-Pape stammen Kleinkunstwerke des →Aurignacien: mehrere Torsi aus Elfenbein von → Frauenstatuetten (→Willendorf, →Laussel), z.T. recht naturalistisch gestaltet; berühmt ist ein Frauenköpfchen (Höhe 3,7 cm), das Einzelheiten der Frisur erkennen läßt.

Braubacher Schale. Gefäßtyp der jüngeren →Eisenzeit (Latènezeit) mit dekorativer Innenverzierung.

Brauner, Victor. Rumänisch-franz. Maler. Geb. 1903 in Piatra (Rumänien), gest. 1966 in Paris. 1937 übersiedelte er nach Paris und schloß sich dort den Surrealisten an. Bezeichnend für seinen Stil sind eine flächenhafte Silhouettenzeichnung und plakative Farbgebung, unter Verzicht auf jegliche tonige Übergänge. Mischwesen einer verfremdeten Tierwelt durchziehen seine Bilder.

Braunfirnis. Firnisbrand, email brun; eine besonders im 12. und 13. Jh. angewandte Methode, Kupfer teilweise zu vergolden. Auf Kupfer aufgetragener Leinölfirnis wird zu einer dunkelbraunen Schicht verkohlt, in die sich Muster und Schrift einritzen lassen. Die durch Ritzung bloßgelegten Partien werden vergoldet. Gebräuchlich hauptsächlich bei Rückseiten kirchlicher Kunstgegenstände. – Das Verfahren von →Theophilus beschrieben.

Braunschweig. Zentrum niedersächsischer Kunst der Stauferzeit unter Heinrich d. Löwen. **1)** Dom: Gegenpol zum Kaiserdom in →Worms. Neubau 1173–95. Kreuzförmige Pfeilerbasilika (Stützenwechsel; Pfeiler mit und ohne Vorlagen), hohe Krypta. Neu für Niedersachsen die vollständige Einwölbung; Mittelschiff mit gurtloser Tonne und Stichkappen. Dem dunklen schweren Raumeindruck entspricht das strenge, wenig gegliederte Äußere. Beides im Gegensatz zum Reichtum

Tafel 1: *Neuassyrisches Alabasterrelief mit Darstellung eines geflügelten Gottes vom Palast Sargon II. in Dur Scharrukin; Paris, Louvre.*

westlich staufischer Bauformen. Wichtigste Ausstattung: Imerward-Kruzifix, um 1150/60; Grabmal Heinrichs d. Löwen und seiner Gattin Mathilde, um 1240, Hauptwerk frühgot. sächsischer Bildnerei. **2)** Burg Dankwarderode: Residenz Heinrichs d. Löwen und der folgenden Herzöge bis 1279. Heute noch am Grundriß das gewaltige Ausmaß der Anlage abzulesen.
Lit.: P. J. Meier und K. Steinacker, Die Bau- und Kunstdenkmäler der Stadt B., 1926; E. Adam, Baukunst des Mittelalters II, Ullstein-Kunstgeschichte X, 1963.

Braunschweiger Löwe. Bronzelöwe auf hohem Steinsockel, von Heinrich d. Löwen 1166 vor seiner Burg Dankwarderode (→Braunschweig) als Wappentier aufgestellt. Es ist als Monumentalisierung von Vorbildern der Kleinkunst, besonders der →Aquamanile, anzusehen. Sachsen mit Hildesheim, Magdeburg, Braunschweig war im 12. Jh. ein Zentrum der →Goldschmiede- und Metallkunst. Als Standbild dürfte der B. in den Bereich mittelalterlichen Hoheits- und Rechtszeichens gehören.

Braun von Braun, Matthias. Österreich. Bildhauer. Geb. 1684 in Oetz (Tirol), gest. 1738 in Prag. Schulte sich in Italien an dekorativem Spätbarock. Arbeitete in Böhmen, ab 1710 vorwiegend in Prag. Schuf ausdrucksstarke Bildwerke, so die Atlanten am Palais Clam-Galles, Werke in der Nikolauskirche und 1710 den Gekreuzigten mit der heiligen Luitgard auf der Karlsbrücke in Prag.

Brauron. Antiker griech. Ort an der Ostküste Attikas. Bereits in mittelhelladischer und mykenischer Zeit war B.besiedelt. In klassischer Zeit lag hier das berühmte, seit 1948 ausgegrabene Heiligtum der Artemis Brauronia. Auf einer Terrasse liegen über einem Tempel des 6. Jhs. v. Chr. die Reste eines dorischen →Peripteros des 5. Jhs. v. Chr. Eine Halle und ein Heiligtum der Iphigenie schließen sich im SO an. Es folgt ein dreiseitiger klassischer Säulenhof. – Zahlreiche Einzelfunde an Keramik, Inschriften und Plastik, besonders Statuen der im Dienst der Göttin stehenden Mädchen (die sogen. Arktoi) wurden ausgegraben.
Lit.: L. Deubner, Attische Feste, 207f.

Brautbecher →Jungfernbecher.

Brauttür. Tür an der Nordseite einiger got. Kirchen, so genannt, weil vor ihr die Trauung vollzogen wurde. Als plastischer Schmuck häufig Figuren der Klugen und Törichten Jungfrauen (St. Sebald, Nürnberg).

Breitner, Georg Hendrik. Holländischer Maler. Geb. 1857 in Rotterdam, gest. 1927. Seine früh erkannte zeichnerische Begabung fand anfangs wenig Resonanz im Elternhaus, so daß B. 1871 eine kaufmännische Lehre antrat. 1875 konnte er die Akademie in Den Haag und anschließend die Akademie in Delft besuchen. Nach 1880 bildete er sich bei W. Maris weiter und fand durch ihn zum →Impressionismus, dessen hervorragendster Vertreter in Holland er durch seine Stadtansichten Amsterdams werden sollte.
Lit.: Thieme-Becker.

Bremen. Bereits 782 erstmals genannt. Als Hansestadt erlebte die Stadt um 1400 eine Hochblüte, eine zweite vor dem Dreißigjährigen Krieg, deren Ausdruck in der Umgestaltung des Rathauses (1608–12) lag und in der Gründung des bedeutenden „Gymnasium Illustre" (1610). Den Zerstörungen des 2. Weltkrieges war ein Großteil des alten Gebäudebestandes zum Opfer gefallen. Erhalten blieb der Marktplatz mit seinem einmaligen Zusammenklang der 4 Komplexe von Dom und Rathaus, Liebfrauen und Schütting. Das Rathaus, an Stelle eines Vorgängers aus dem 13. Jh. (domus consulum), wurde in der kurzen Zeit von 1405–10 erbaut. Das langgestreckte, kubische Gebäude war ursprünglich mit einem Wehrgang und Ecktürmchen versehen. Im O und W sind noch die got. Portale und Fenster zu sehen. Die Mauern sind aus glasierten dunklen und rotbraunen Ziegeln. Aus dieser Zeit stammt auch der wertvolle Zyklus der Rathausfiguren Karls d. Gr. und der 7 Kurfürsten. Auf der O- und der W-Seite je 4 weitere Figuren, alle von dem Bremer Meister Henning und einem Meister Johannes. 1608–12 erfolgte der Umbau des Rathauses im Sinne der „Weser-Renaissance" unter der Leitung des Steinmetzen Lüder von Bentheim. Der Wehrgang wurde in einen Laubengang mit abschließender Balustrade umgewandelt, ein Mittelrisalit, bekrönt von einem hohen Ziergiebel, wurde der Front vorgelegt, der Fries und die Bogenzwickel des Laubenganges mit plastischen Bildern – geistlichen und weltlichen allegorischen Darstellungen nach niederl. Stechervorlagen – reich geschmückt. – 1926 bis 1931 entstanden, gefördert durch den Kaufmann L. Roselius, die Bauten der Böttcherstraße, entworfen von den Architekten Runge und Scotland und dem Bildhauer B. →Hoetger. Die im Krieg teilweise zerstörte, wiedererrichtete phantasievolle, expressionistische Backsteinarchitektur bildet einen beziehungsreichen Kontrast zu den mittelalterl. Bauten der Stadt.
Lit.: Reclams Kunstführer, Deutschland, Bd. IV, 1962.

Brendel, Albert Heinrich. Deutscher Maler. Geb. 1827 in Berlin, gest. 1895 in Weimar. 1848–49 studierte er an der Berliner Akademie. 1851 bereiste er Holland und kam nach Paris, um bei →Couture zu studieren. Nach einer Italienreise (1852) ging er 1853 nach Berlin, ließ sich jedoch 1854 in Frankreich nieder, wo er bis 1870 meist in →Barbizon lebte. Eine enge Freundschaft verband ihn mit den Malern der dortigen Schule. Sein eigentliches Thema blieb fast sein ganzes Leben lang das Tierbild, wobei er anfangs hauptsächlich Pferde malte, später häufiger Bilder von Schafherden schuf. – 1870 mußte er Frankreich verlassen und übersiedelte nach Berlin, von wo aus er 1875 als Prof. an die Weimarer Akademie berufen wurde, als deren Direktor er 1881–84 die Schule leitete.
Lit.: Thieme-Becker.

Brescia. Nach Mailand die bedeutendste Stadt der Lombardei. Hier das Museo Civico dell'Età Christiana oder Museo Medioevale. Das Museum befindet sich in drei ehemaligen Kirchen mit anschließendem Kloster. Die kostbarsten Gegenstände sind das edelsteinbesetzte sogenannte Kreuz der Galla Placidea und die →Lipsanothek, eines der bedeutsamsten Stücke der altchristl. Kunst.

Breton, André. Franz. Dichter und Kunsttheoretiker. Geb. 1896 in Tinchebray, gest. 1966 in Paris. Mit seiner 1924 erschienenen Schrift „Manifeste du surréalisme" wurde er zum eigentlichen Begründer des →Surrealismus. Durch weitere Schriften wie „Le surréalisme et la peinture" (1928, 2. Aufl. 1945) und „Second manifeste du surréalisme" vertiefte und präzisierte er seine Kunsttheorien, ohne die Künstler wie →Arp, →Ernst oder →Dali nicht denkbar sind.

Breu, Jörg d. Ä. Deutscher Maler und Zeichner für Holzschnitt und Glasmalerei. Geb. um 1475 in Augsburg, gest. 1537 ebda. Zuerst an →Holbein d. Ä. orientiert, ließ er sich später von →Burgkmair beeinflussen. Malte von 1496 bis 1502 in Krems Altäre für österreichische Klöster. 1502 Meister in Augsburg, 1514/15 Aufenthalt in Italien. Im Bernhardsaltar in der Stiftskirche zu Zwettl, seinem bedeutendsten Jugendwerk, sind bereits Anfänge des Donaustils zu erkennen. In seinen späteren Werken engerer Anschluß an die italien. Form, besonders in der Gestaltung der Orgeltüren der Fuggerkapelle in Augsburg, entstanden um 1520.
Lit.: O. Holtze, Die Kunst J. B.s d. Ä., 1940 (Pantheon, Bd. 25).

Breuer, Peter. Deutscher Bildschnitzer. Geb. wahrscheinlich um 1472, vermutlich in Zwickau, gest. 1541 ebda. Führender Bildschnitzer der Spätgotik in Sachsen. Zuerst Malergeselle. Auf der Wanderschaft entscheidend beeinflußt von →Riemenschneider in Würzburg und Gregor →Erhart in Ulm. 1502 als selbständiger Meister

Tafel 2: *Relief mit Sethos I. vor dem Totengott Soker im Tempel Sethos I. zu Abydos.*

in Zwickau. Allmähliche Verflachung seiner Arbeiten in einem stark angewachsenen Werkstattbetrieb. – Hauptwerk: Beweinung Christi, Marienkirche, Zwickau.
Lit.: W. Hentschel, P. B. Eine spätgotische Bildschnitzwerkstatt, 1951.

Breviarium. Liturgisches Buch, das kirchliche Chor- oder Stundengebete enthält.

D. Bouts, „Abendmahl", Altarbild, um 1464–68 (Löwen, St. Peter).

Brianchon, Maurice. Franz. Maler. Geb. 1899 in Fresnay, ansässig in Paris. Nach seinem Studium an der École des Arts Décoratifs nimmt er vor allem Anregungen von →Bonnard auf. 1937 wurde er als Lehrer an die École des Beaux-Arts in Paris berufen. Seine Werke zeigen nie die Aggressivität der Avantgardisten. Er schuf Stilleben, Landschaftsbilder und Portraits, die in einem feinen Kolorismus ruhige Formen einer zugänglichen Modernität zeigen.
Lit.: Knaurs Lex. mod. Kunst, 1955.

Briefmaler. Mittelalterliche Zunft von Malern, die serienmäßig kleine Blätter (Breve), auch Spielkarten malten. Nach Erfindung des Holzschnitts im 15. Jh. kolorierten sie Drucke, wurden vielfach auch zu Briefdruckern.

Bril, Paul. Niederl. Maler. Geb. 1554 in Antwerpen, gest. 1626 in Rom. Malte Freskenzyklen und Tafelbilder mit heroischen Waldlandschaften und religiöser Staffage. In seinem Werk verbindet sich die niederl. Landschaftskunst eines →Patinier oder →Coninxloo mit der eines C. →Lorrain und →Poussin. Von →Elsheimer beeinflußt, gehörte auch B. zu den Begründern der „idealen Landschaft". War sein Leben lang in Rom tätig.
Lit.: W. Bernt, Niederländische Maler des 17. Jhs., 1948.

Brinay. Berry. Im Chor einer der bedeutendsten, besterhaltenen franz. Freskenzyklen des 12. Jhs.: Kindheit Christi, Taufe, Versuchung, Hochzeit zu Kanaa, Heilige, Propheten, Monatsbilder. Zwei übereinanderliegende Streifen durch Zickzackfries getrennt, die Szenen durch Säulchen geschieden. Zarte Farbigkeit, vorherrschend Ocker und Rot, feine Zeichnung, undramatische Erzählweise, vielleicht nach karolingischen Vorbildern.
Lit.: A. Humbert, „Les fresques romanes de B.", Gazette d. Beaux-Arts 1914, 217 ff.; R. Crozet, L'art roman en Berry, 1932; H. Focillon, Peintures Romanes des églises de France, 1950.

Brindaban. Einer der Hauptorte des Vischnu-Kults, von dem zahlreiche Tempel in und bei der nordindischen Stadt erhalten sind. Als Stiftung des Man Singh, 1592 bis 1625 n.Chr., entstand der Govind Deo, in welchem technische Leistungen der islamischen Kunst für eine hinduistische Kultstätte nutzbar gemacht und zu großartigen Effekten der Fassaden und Innenraumgestaltung verbunden wurden.
Lit.: Brown, Architecture I, 158.

Brixworth. Engl. Ortschaft mit einer der ältesten englischen Kirchen (680–90), in basilikalem System erbaut.

Brodrick, Couthbert. Engl. Baumeister der 2. Hälfte des 19. Jhs. Seine Bauten sind in antikischem Stil gehalten, vor allem sein Hauptwerk: die 1867 fertiggestellten Pläne für die neue National-Gallery, London.
Lit.: Thieme-Becker.

Broederlam, Melchior. Bedeutendster niederländischer Tafelmaler vor van →Eyck. Tätig in Ypern. Erwähnt 1387, 1391. Hauptwerk: Für Philipp d. Kühnen von Burgund Bemalung der Außenseiten eines geschnitzten Flügelaltars (von Jacques de Baerze) mit Verkündigung, Heimsuchung, Darbringung im Tempel, Flucht nach Ägypten (Dijon, Mus.). Einzigartig die sensible Schilderung der Lichtstimmung.
Lit.: E. Panofsky, Early Netherlandish Painting, 1953.

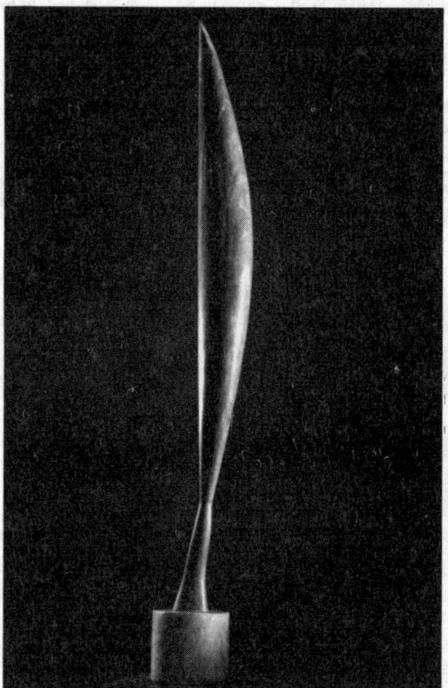

C. Brancusi, „Vogel im Raum", um 1925 (Zürich, Kunsthaus).

Brokat. Seidengewebe mit durchgeschossener Musterung unter Verwendung von Gold oder Silber im Schußfaden. Bei geschorenen Vorgeweben „Samtbrokat". Vielleicht Vorstufen die gestickten Seidenstoffe der Abbassidenzeit aus Bagdad. Im 14. Jh. Entwicklung durch Anregung chinesischer Vorbilder und Meister in mongolischer Zeit. Im islam. Gebiet Ende 15. Jh. mit kleinteiliger Musterung (Gewand des Cangrande von Verona; Grabgewand Rudolphs II. in Wien; Chormantel aus der Alten Kapelle in Regensburg). Westturkestanische Produktion für den Vorderen Orient: schwarzer Seidenbrokat mit dem Namen des Mamlukensultans Mohamed Nasir aus der Marienkirche in Danzig. Im 16. Jh. groß-

zügige ornamentale und florale Flächenmusterung in den Brokaten von Brussa, mit Blüten, aber auch figürlicher Musterung in Kaschan, Yezd und am Moghulhof.
Lit.: H. Schmidt, Alte Seidenstoffe, 1958.

Brongniart, Alexandre Théodore. Franz. Baumeister. Geb. 1739 in Paris, gest. 1813 ebda. Studierte u. a. bei Blondel und arbeitete anschließend hauptsächlich in öffentlichen Diensten. Er errichtete mehrere öffentliche Bauten, u. a. sein Hauptwerk, die typenbildende Börse zu Paris, die – 1808 begonnen – erst nach seinem Tode vollendet wurde.
Lit.: Thieme-Becker.

Bronzeguß →Gußtechniken.

Bronzeleber von Piacenza. Die in der Nähe von Piacenza gefundene B. diente als Lehrmodell für das wichtige Ritual der Leberschau etruskischer Haruspices. Die Opferleber wurde als Spiegelbild des Himmels und seiner Gliederung behandelt, der bösen und guten Mächte. Entsprechend zeigt die B. auf der Oberseite eine Feldereinteilung mit den Namen von 40 Gottheiten, die um die schematisch wiedergegebenen Leberhöcker und die Galle geordnet sind. Auf der Unterseite ist die Ortungslinie Nord–Süd angegeben. Entsprechungen für dieses Ritual sind im 2. Jahrtausend v. Chr. in Mesopotamien und bei den Hethitern durch ähnliche Modelle bezeugt →Kalchasspiegel.
Lit.: O. W. v. Vacano, E II, 25 ff.

Bronzeschnabelkanne. Typisch keltische Kannenform (→Eisenzeit), verwandt mit etruskischen Schnabelkannen, oft mit tierischen und menschlichen Fratzendarstellungen auf dem Kannenrand und der →Attache verziert (→Latène-Stil).

Bronzezeit. Bezeichnung für eine auf die →Jüngere Steinzeit und die →Kupferzeit (Neolithikum und Chalkolithikum) folgende vorgeschichtliche Epoche (→Vorgeschichte). Sie beginnt in Mitteleuropa nach 2000 v. Chr., im Mittelmeergebiet und im Nahen Osten erheblich früher. Die Einteilung in eine frühe, eine mittlere und eine späte Bronzezeit ist üblich. Mit der B. erschließt die Technik der Metallverarbeitung Möglichkeiten, die u. a. dem Kunstgewerbe und besonders der Ornamentik neue Wege eröffnete. Die Beobachtung, daß unreine Kupfererze mit natürlichen Beimengungen anderer Metalle ein härteres Material ergeben, führte zu der optimalen Mischung Kupfer und Zinn im Verhältnis 9:1. Im Mittelmeergebiet kannte man schon früh verschiedene Techniken, wie zum Beispiel Nieten und Verlöten, aber auch Einlegearbeiten, Repoussé, Granulieren und Färben der Oberfläche. Auch der Guß in verlorener Form ist bald bekannt. Die Farbe von Gegenständen aus Bronze ist goldschimmernd, grüne Farbtöne sind Folge der Patinierung. Vor allem in der →Nordischen Bronzezeit spielt das technische →Ornament eine Rolle.

Bronzezeit, nordische →Nordische B.

Bronzezeit Südostasiens. →Dongson-Kultur.

Bronzino, Agnolo. Italien. Maler. Geb. 1503 in Montecelli bei Florenz, gest. 1572 in Florenz. Einer der Hauptmeister des florentinischen →Manierismus. Zuerst Schüler des Raffaelino del Garbo, später des →Pontormo. Dessen Mitarbeiter bei Ausmalung der Certosa bei Florenz (1522). Von 1530 bis 1532 hält er sich in Pesaro, von 1546 bis 1548 in Rom auf. In Florenz leitet er ein großes Atelier. Seine religiösen und allegorischen Gemälde und Fresken von raffiniertem Bildaufbau sind von →Pontormo und →Michelangelo beeinflußt. In den Bildnissen, die er als Hofmaler der Medici schuf, erweist er sich als tiefblickender Psychologe.
Lit.: C. H. Smyth, The earliest works of B. in: The Art Bulletin 31 (New York 1949).

Brosamer, Hans. Deutscher Maler, Holzschneider und Kupferstecher. Geb. um 1500 in Fulda, gest. um 1554 in Erfurt. Gehört zu den →Kleinmeistern. Seine Arbeiten zeigen Einflüsse von →Cranach, →Aldegrever und →Burgkmair. B. entwarf auch Muster für Goldschmiedearbeiten und veröffebtlichte ein „Kunstbüchlein" (neu herausgegeben von Lippmann, 1882) in Holzschnitt neben anderem Vorlagen für Trinkgefäße. Außerdem schuf er einige Bildnisse.

Brosse, Salomon de. Franz. Architekt, geb. um 1562 in Verneuil, gest. 1626 in Paris, möglicherweise Schüler seines Großonkels Jacques →Ducerceau. B.s Kunst setzt italienische Vorbilder voraus, doch formt er sie in einem spezifisch französischen Sinne um; so erinnert sein Hauptwerk, das Palais du Luxembourg (1615–20), nach dem Wunsch der Auftraggeberin Maria Medici durchaus an den Pal. Pitti in Florenz, macht aber dennoch den entschiedenen Schritt zum Dreiflügelschloß, dem die Zukunft gehört. Seine Fassade von St. Gervais in Paris (1616–19) ist die erste im klassischen Sinne ausgeführte Kirchenfront Frankreichs (drei Säulenordnungen übereinander).
Lit.: L. Hautecœur, Histoire de l'architecture classique en France, I, 1943.

G. Braque, „Großer Akt", 1907/8 (Privatbesitz).

Brouwer, Adriaen. Niederl. Maler. Geb. um 1606 in Oudenaarde, gest. 1638 in Antwerpen. Bedeutendster Sittenbildmaler der südlichen Niederlande. Studierte von 1625 bis 1631 in Amsterdam und Haarlem die holländischen Meister, vor allem Frans →Hals und Pieter →Bruegel d. Ä., dessen starker Einfluß sich in der packenden Lebendigkeit seiner Rauf-, Spiel- und Kneipszenen ausprägt, in denen er immer einzelne Figuren scharf herausarbeitet. Sein Werk hat in der Hauptsache das niederl. Volksleben auf der Straße und in den Schenken zum Thema. B. malte auch einige ausgezeichnete Landschaften. In den Arbeiten von →Teniers d. J. ist sein Einfluß unverkennbar. B. war von 1631 bis zu seinem Lebensende in Antwerpen tätig.
Lit.: F. Schmidt-Degener, A. B., 1908; G. Böhmer, Der Landschafter A. B., 1940.

Bruchsal. Kardinal Damian Hugo von Schönborn ließ sofort nach seinem Amtsantritt Pläne zum Bau einer Residenz anfertigen. Sie wurden 1720 von M. v. →Welsch geliefert. Die Bauleitung hatte Neumann-Schüler Seitz. Die dreiflügelige Anlage besteht aus dem rechteckigen Kernbau, dem Corps de Logis, mit niedrigen, vorgeschobenen Seitenflügeln. Als der Bauherr 1730 B. →Neumann konsultierte, war das Schloß schon der Vollendung nahe, und Neumanns Aufgabe war nur mehr die Gestaltung des Treppenhauses, dessen Entwurf noch im selben Jahr fertig war. Im Zentrum des Corps de Logis gelegen,

P. Bruegel d.Ä., „Bauernhochzeit“ (Wien, Kunsthist. Mus.).

ist es der größte Raum des Schlosses, ein Umstand, der erkennen läßt, welch eine außerordentliche Bedeutung der Palastbau des deutschen und österr. Barock der Treppe zuerkannt hat. Mit ihrer Zerstörung 1944 ist eines der hervorragendsten Denkmäler des Barock dahingesunken. Die Treppe von B. war eine einmalige, gänzlich neuartige Schöpfung: ihre beiden Läufe nahmen ihren Ausgang in einem rechteckigen Vestibül. 10 Stufen weiter öffnete sich das Oval des eigentlichen Treppenhauses, in dessen Mitte sich ein ebenfalls ovaler, konzentrischer Raum befand, der als Grottenimitation mit Felsenwerk dekoriert war. Zu seinen beiden Seiten wanden sich halbkreisförmig die beiden Stiegen empor, an der Innenseite in nach oben zu niedriger werdenden Arkaden zur Grotte geöffnet, die Außenwand geschlossen, die Helligkeit nahm aber nach oben hin zu. Das Ende der Treppe bildete eine ovale Plattform über der Grotte, über der in der ganzen Weite des gesamten Ovals des Treppenhauses eine einzige, gewaltige Flachkuppel zu schweben schien, beleuchtet von der aus vielen Fenstern schießenden Helligkeit des Raumes, dessen Dekoration mit ihrer Rocailleornamentik (Fresken von J. →Zick, Stuck von J. M. →Feuchtmayer) in der vollkommenen Einheit mit der Raumgestaltung Höhepunkt und Ende zugleich des deutschen Barock darstellte.

Lit.: Reclams Kunstführer, Deutschland, Bd. II, 1960; N. Pevsner, Europäische Architektur, 1957.

Bruchstein →Baustein.

Brücke, Die. Künstlergemeinschaft, 1905 von vier Architekturstudenten der Dresdener Technischen Hochschule gegründet: Fritz Bleyl, Erich →Heckel, Ernst Ludwig →Kirchner und Karl →Schmidt-Rottluff. 1906 schloß sich Emil →Nolde an, verließ die Gemeinschaft allerdings nach 1½ Jahren; ebenfalls Max→Pechstein gehörte ihr bis 1912 an, am spätesten erwarb Otto →Mueller 1910 die Mitgliedschaft. Auflösung 1913. Die B. war, trotz Fehlens eines fest umrissenen Programms, ein wichtiges Instrument des deutschen →Expressionismus. Ihr größtes Verdienst ist die Emanzipation der Graphik, die sich zu einem eigenrangigen Kunstwerk mit neuen Ausdrucksmöglichkeiten entwickelte. Seit 1906 Jahresmappen. Der gemeinsame Ansatzpunkt blieb in den Werken der einzelnen Künstler der B. bis 1920 erkennbar.

Lit.: U. Apollonio, „Die B.“ e la cultura dell' Espressionismo, 1953; L.-G. Buchheim, Dt. Expressionismus – Gemälde, Graphik, Dokumente der B., 1956. Die Künstlergemeinschaft B. (Monographie), 1957; E. Roters, Beiträge z. Gesch. d. Künstlergruppe „B.“ 1905–07, 1960 (Jahrb. d. Berliner Mus. 2).

Brüder von Limburg →Limburg, Brüder von.

Bruegel. 1) Pieter d.Ä., auch Bauernbruegel genannt. Niederl. Maler. Geb. um 1520 wahrscheinlich in Bruegel bei Hertogenbosch (Brabant), gest. 1569 in Brüssel. Bedeutendster nordischer Maler der zweiten Hälfte des 16. Jhs. Schuf Bauernszenen, phantastische Genre- und Sprichwortbilder. Arbeitete in Brüssel und Antwerpen, 1553 Aufenthalt in Italien. Schüler von P. Coeke van Aelst in Antwerpen, eines Vertreters des Romanismus, von dem B. sich jedoch bald abwendet. Beeinflußt von H. →Bosch und der älteren Bauernmalerei, findet er zu seinem ureigensten Thema: der Welt des Bauern. Bei Darstellung dieser Welt läßt er alle Vorbilder weit hinter sich und erfaßt die ganze Fülle menschlichen Empfindens. In der Erkenntnis und Wiedergabe bäuerlichen Lebens ist er unerreicht. Stilvermögen und Phantasie erheben diese Darstellungen sowie seine nach intensivster Beobachtung entstandenen Landschaften zur reinen Kunst. Seine Sittenbilder, moralischen oder sprichworthaften Inhalts, sind zunächst vordergründig mit flachen bunten Figuren, später gewinnen sie an Größe und Tiefe. B. bleibt als Begründer des bäuerlichen Sittenbildes und der Landschaftsmalerei bis ins 17. Jh. bestimmend.

Lit.: M. J. Friedländer, Altniederl. Malerei 14, 1937; K. V. Tolnai, Die Zeichnungen B.s, 1925 und 1952; F. Würtenberger, P.B.d.Ä. und die deutsche Kunst, 1957.

2) Jan d.Ä., auch Samt- oder Blumenbruegel genannt. Niederl. Maler. Geb. 1568 in Brüssel, gest. 1625 in Antwerpen. Sohn von 1. Studierte von 1593 bis 1596 in Rom. Malte auf kleinen Kupfertafeln Landschaftsbilder mit Volks- oder historischer Staffage, Blumenstilleben in schimmernden Farben und Landschaftshintergründe für die Bilder von →Rubens. Von →Coninxloo und →Bril

beeinflußt. – Hauptwerke in Madrid, Prado; Den Haag, Mus.; Mailand, Ambrosiana; München, Pinakothek und Dresden, Gal.
Lit.: Thieme-Becker.

Brüggemann, Hans. Deutscher Bildschnitzer. Geb. um 1480 in Walsrode, gest. um 1540 in Husum. In seinen Arbeiten verbinden sich niederdeutsche und niederl. Schnitzertradition. Orientiert auch an →Dürer. Sein Hauptwerk, der Altar für das Kloster Bordesholm, den er 1521 vollendete (seit 1666 im Dom zu Schleswig), ist der letzte große Altar mittelalterlicher Prägung; er ist über zwölf Meter hoch und stellt zum Teil in Reliefs, zum Teil in Freifiguren Szenen aus der Passion dar. Für die ehemalige Marienkirche in Husum schuf B. ein Sakramentshaus und eine St. Georgs-Gruppe.
Lit.: F. H. Hamkens, Der Bordesholmer Altar Meister B.s, 1936.

Brühl. Das Schloß Augustusburg entstand als Teil der kurfürstlichen Residenz Bonn, als Lust- und Jagdschloß. An Stelle einer 1140 angelegten, oftmals umgebauten Feste (Wasserburg), die 1689 gesprengt wurde, legte Kurfürst Clemens August 1725 den Grundstein für das Schloß. Der Entwurf J. C. →Schlauns, eine Dreiflügelanlage um schmale, tiefe Höfe, stand 1728 im Rohbau. Dem erhaltenen NW-Turm setzte man ein Gegenstück am SW-Eck und umgab die Anlage mit einem Wassergraben. Dies alles wurde von François →Cuvilliés wieder beseitigt (1728–40), der auch die Fassade überarbeitete und an der S-Seite Gartenparterre und Terrasse anlegte. Der 3. Bauabschnitt begann mit den Entwürfen B. →Neumanns für das Treppenhaus. Die Treppe beginnt einläufig und scheint nach wenigen Stufen zu enden vor einem Wandaufbau, der seinesgleichen nicht hat. Seine architektonische Ordnung erhebt sich wie ein riesenhafter Altaraufbau in korinthischen Säulen, kräftig verkröpftem Gebälk, fast vollplastischen Karyatiden und einer Fülle allegorischer Gestalten. In der Mitte die vergoldete Büste des Erzbischofs Clemens August. Hier teilt sich die Treppe in 2 Läufe, die im Vestibül von überlebensgroßen Karyatiden in Dreier-Gruppen und von Marmorsäulen getragen werden. Das Treppenhaus ist nicht mehr so reich gestaltet, seine Farben sind Rot, Blau und Weiß. Die Deckengemälde dieser Zeit stammen von Carlo →Carlone. Der ganze Bau kam erst 1754–70 zum Abschluß unter der Leitung des Architekten Johann Heinrich Roth.
Lit.: Reclams Kunstführer, Deutschland, Bd. III, 1959; N. Pevsner, Europäische Architektur, 1957.

Brüssel. Seit 1830 Haupt- und Residenzstadt des Königreichs Belgien. Die erste fläm. Siedlung wird 966 erstmals erwähnt. Die Stadt gewann ihre Bedeutung durch das Aufblühen der Tuchindustrie. Der alte Stadtkern ist noch als Fünfeck erkennbar. Die alten Festungsanlagen und die Überwölbung der Senne wurden Ende des 19. Jhs. zum Ausbau von Boulevards benützt. Im Mittelpunkt der „Unterstadt" liegt die Grand' Place, der alte Markt mit dem got. Rathaus, dessen ältester, östlicher Teil 1402 begonnen und später verändert worden ist. Der berühmte Rathausturm wurde ab 1449 von Jan van Ruysbroek (gest. 1485) erbaut. Seine durchbrochene Spitze ist gekrönt von der Figur des Erzengels Michael, dem Schutzpatron der Stadt. Der Entwurf des Gebäudes selbst ist vermutlich von Jacques Laury van Thienen. Die übrigen Seiten des Platzes werden seit dem großen Brand von 1695 umstanden von den schmalen, barocken Zunft- oder Gildenhäusern, deren prunkvolle Fassaden die Dekorationskunst des Manierismus zeigen. Fruchtkränze und Girlanden sind besondere Kennzeichen dieses Stils. Das „gotische" Königshaus (Brothaus) wurde erst 1889–95 neu errichtet. In der Oberstadt liegt die 1775 angelegte Place Royale mit der klassizistischen Kirche S. Jacques sur Coudenberg, 1776 von A. Guymard einheitlich in die Platzwand eingefügt. Von ihm stammt auch das 1778–83 errichtete Hôtel du Conseil de Brabant (später Parlamentsgebäude) im Sinne des franz. Klassizismus.
Lit.: Wasmuths Lexikon d. Baukunst, Bd. I, 1929.

Brunelleschi, Brunellesco, Filippo. Italien. Architekt und Bildhauer, geb. 1377 in Florenz, gest. 1446 ebda. Begann als Goldschmied (Silberaltar in Pistoia), beteiligte sich mit →Ghiberti am Wettbewerb um die zweite Baptisteriumstür von Florenz (1401). B. entdeckt die zentralperspektivische Konstruktion, ausgehend von Euklids Optik (um 1410). Intensives Studium der Antike. Als Architekt ist er der Schöpfer der Florentiner Frührenaissance. Er errichtete die noch gotisch empfundene Kuppel des Domes, die technisch eine Genieleistung

Florenz, S. Spirito, Blick durch das Mittelschiff auf den Hochaltar, 1436 nach Plänen von F. Brunelleschi begonnen.

darstellt (1420–36), an deren prachtvoll erdachter Laterne antikisierende Details benutzt sind. In seinen profanen und sakralen Bauwerken entwickelt sich sein individueller Stil, der sich von der vorangegangenen Gotik scharf absetzt: Findelhaus (begonnen 1421); die Basiliken S. Lorenzo (1420ff.) und S. Spirito (1434ff.) und die Zentralbauten der alten Sakristei von S. Lorenzo (1419–28) und der Pazzi-Kapelle bei S. Croce (1429ff.). B. verbindet die spröd-durchsichtige, gleichzeitig auf Harmonie bedachte Raumempfindung seines Jahrhunderts mit antiker Umdeutung der Wandfläche und begründet im engsten Sinne das Zeitalter der Säulenordnungen.
Lit.: H. Folnesics, B., 1915, L. Gori-Montanelli, B. e Michelozzo, 1957.

Brunholdisstuhl. Bei Bad Dürkheim in der Pfalz gelegener Steinbruch römischer Zeit. Aus jener Epoche stammen mehrere Inschriften und Ritzzeichnungen, die z.T. von Steinmetzen und Arbeitern im Steinbruch eingraviert wurden.

Brunnen. Dem Zweck der Waschung diente der B. auch im →Atrium christl. Basiliken (bis zur Einführung des Weihwassers im Frühmittelalter) und in den B.-häusern der Klöster. Roman. B. sind meist Schalenbrunnen, häufig mehrschalig. Beispiele: Sayn b. Koblenz; Maulbronn (beide wohl 13. Jh.). Eine nordeuropäische Neuerung ist der got. Stock-(Lauf-)B., seit dem 14. Jh. durch Steinmetzen im städtischen Bereich ausgebildet. Aus dem der Röhrenleitung aufgesetzten Stock, ursprünglich ein hohler Baumstamm, später in Stein gearbeitet, rinnt das Wasser seitlich in einen Trog, auch in ein rechteckiges, vieleckiges oder rundes Becken, dessen Wände Reliefs tragen können. Die künstlerische Ausformung des „Stocks" zur Bildsäule bot reiche Möglichkeiten für Skulptur, reine Ornamentik und Schmiedekunst. In der Spätgotik entstehen turmartige B.stöcke, etwa der

„Schöne B." auf dem Nürnberger Marktplatz (1385–96). Die italien. →Renaissance und der →Manierismus entwickeln den Schalen-B. mit krönender Figur (Neptuns-B. von Giovanni da →Bologna). Der →Barock hat dem breit strömenden Wasser intensive Wirkungen abgerungen, wobei die Gestaltungsmöglichkeit vom figurenreichen Becken-B. mit entsprechender Mythologie (Vierströme-B. in Rom von →Bernini) bis zur Kaskade reicht.

Brunner, Johann Michael. Österreichischer Baumeister der 1. Hälfte des 17. Jhs. Wurde in Italien und Wien ausgebildet und war wahrscheinlich u.a. Schüler von L. v. →Hildebrandt. An dessen Bauten orientierte er seinen Barockstil. – Hauptwerke: Zentralbau der Dreifaltigkeitskirche in Stadl-Baura bei Lambach (1721/22); Schloß Gstadt bei Admont (1723–26); Neubau des Schlosses Lamberg in Steyr (nach 1731).
Lit.: Thieme-Becker.

Brussa →Bursa.

Brustkreuz (Pektorale). Spange am Chormantel, um das Gewand zusammenzuhalten. Oft mit vielen Verzierungen. Pektorale wird später zur Bezeichnung für Brustschmuck eines Bischofs in Form eines Kreuzes oder Brustschildes.

Bruyn, Barthel. Deutscher Maler. Geb. 1493 in Wesel, gest. 1555 in Köln. Altar- und Bildnismaler, seit 1515 in Köln tätig. Anfangs von den Niederländern Joest von Calcar und J. van →Cleve beeinflußt, wendet er sich später dem niederl.-italien. Manierismus zu. Bedeutend auch als Portraitmaler.
Lit.: Katalog d. Barthel-Bruyn-Gedächtnisausstellung, Köln, 1955.

Wolfgangsbrunnen in St. Wolfgang, um 1515.

Bryaxis. Griech. Bildhauer des 4. Jhs. v. Chr. des griech.-kleinasiatischen Kunstkreises. Er gräzisierte orientalische Götter in seinen zahlreichen Götter- und Heroengestalten. – Vielleicht geht auf ihn der Typ des sogen. Zeus von Otricoli (Rom, Vat.) zurück. Neben →Timotheos, →Leochares und →Skopas war er an der Ausgestaltung des Mausoleums von →Halikarnassos (→Sieben Weltwunder) beteiligt. Der sogen. Maussollos und die Statue der Artemisia (London, Brit. Mus.) sind Originale von seiner Hand.
Lit.: R. Lullies, M. Hirmer, Griech. Plastik, 75, 1960.

Brygos. Griech. Töpfer der spätarchaischen Zeit in Athen. Neun von ihm signierte Gefäße sind erhalten. Im →Rotfigurigen Stil hat der sogen. Brygos-Maler seine Vasen – insbesondere Schalen – mit mythologischen Szenen bemalt.
Lit.: J. Beazley, ARV, 368ff.

Bubastis. Heilige Stadt der ägypt. Katzengöttin Bastet im südlichen Ostdelta des Nils mit großem Tempel, dessen Reste auf rege Bautätigkeit seit der 4. Dyn. weisen. Endgültige Gestaltung durch die in B. residierenden libyschen Könige der 22. Dyn. (950 bis 730 v. Chr.) und →Nektanebes II. (359–341 v. Chr.).
Lit.: W. Wolf, KÄ, 310ff.; E. Brunner-Traut, Ägypten, 255f.

Bucchero. Die im 8./7. Jh. v. Chr. aus der oft schwarzglänzenden, aber in Farbtönen variierenden →Villanova-Keramik entwickelte etruskische B.-Ware zeichnet sich durch fein geschlemmten Ton und sicher beherrschte Brandtechnik aus, die zu einheitlich tiefschwarzem Hochglanz führt. Die B.-Keramik von ca. 680–600 v. Chr. (B.sottile) ist auffallend dünnwandig und mit geritzten, gepunzten oder mittels Rädchentechnik gewonnenen Mustern verziert, die durch weiße Masse hervorgehoben werden können. In der Technik wie in den einfallsreichen Formen mit figürlichem Relief- oder Plastikschmuck ist die Beziehung zur gleichzeitigen Metallkunst unverkennbar, vor allem, wenn man Gold- und Silberverwendung bei B.-Gefäßen berücksichtigt. Beliebt war die Übernahme korinthischer Formen. In die Zeit von 600 bis 550 fällt die Verzierung mit Stempelmustern und Relieffriesen, die durch Rollen negativ gearbeiteter →Rollsiegel erzielt wurden. Die Zentren lagen zunächst im Küstengebiet; nach 550 ist eine Verschiebung in das Binnenland mit Schwerpunkt →Chiusi zu beobachten. In diese Zeit fällt die Herstellung schwerer, dickwandiger B.-Gefäße (B.pesante). Das Ende der B.-Technik fällt in das frühe 5. Jh.
Lit.: O. W. v. Vacano, E I, 455f.; E II, 102ff.; G. Q. Giglioli, AE, Taf. 39ff.

Buchara (Bukhara). Westturkestan, neben Samarkand mehrmals Regierungszentrum. – Nach einem ersten arabischen Vorstoß 674 unter islam. Herrschaft seit 710 Hauptstadt der dem Kalifen unterstellten →Samaniden-Herrscher von 874–999. Blütezeit im 10. Jh. als wissenschaftliches, politisches und religiöses Zentrum, berühmte Erzeugnisse der →Tiraz-Werkstatt, darunter Teppiche genannt. Bauten: 913–43 Mausoleum des Isma'il, bedeutender Kuppelbau frühislam. Zeit, mit vier begleitenden Kuppeln und mit reichem Ziegelmosaik an den Fassaden; 1127 →Minaret der Kalyan Moschee, etwa gleichzeitig Maghak-i Attari Moschee. – Zerstörung der Stadt durch Dschingis Khan 1220; Eroberung durch Timur 1369. – 1358 farbiger Fayencereliefdekor am Außenbau des Buyan Quly-khan-Mausoleums. Aus dem 15.–17. Jh. drei große →Medresen-Komplexe timuridischer Bautradition erhalten. – Im 14. Jh. aufblühende Malerschule mit Pinselzeichnungen unter chinesischem und persischem Einfluß, im 16. Jh. unter den usbekischen Shaibaniden nennenswerte Malerschule – Meister Mahmūd Mudhahib –, die z. Z. Bāburs den Einfluß der →Behzād-Schule bis an den Moghul-Hof trägt.
Lit.: R. N. Frye, The History of Buchara, 1954; Hill and Grabar, Islamic Architecture and its decoration, 1964.

Bucheinband. Umhüllung (Buchdecke) eines zu einem Ganzen (Buchblock) gehefteten oder gebundenen Druckwerks. Das Altertum kennt die Paenula (Schutzhülle aus Leder oder Papyrus) um die Schriftrolle. Der spätantike Codex hat einen Pergamentumschlag, später mit Leder bezogene, seltener metallbeschlagene Holzdeckel. Aus den Formen des →Diptychon entwickelt das Mittelalter Prachteinbände mit Elfenbeinschnitzereien, die mit Edelsteinen und Zellenschmelz geschmückt werden. Die künstlerische Gestaltung des B. folgt der Stilentwicklung. Beim Gebrauchseinband finden wir Leder mit Blindpressung (farblos, mit Streicheisen und Stempel hergestellt) oder durch →Lederschnitt dekoriert. Im 15. Jh. wird die Blindpressung mit dem Rollen- oder Plattenstempel erzeugt. In der Renaissance tritt an

Stelle des Holzes der leichte Pappdeckel, der mit Leder bezogen wird, als Schmuck Goldpressung, doch bleibt daneben vor allem in Deutschland auch die Blindpressung. Mitte des 19. Jhs. Stilverfall, W. Morris (1834 bis 1896) und die moderne →Buchkunst bringen eine neue Blüte.

Lit.: F. Steenbock, Der kirchliche Prachteinband im frühen Mittelalter, von den Anfängen bis zum Beginn der Gotik, 1965.

Buchillustration →Buchmalerei.

Buchkunst. Bezeichnung für die Bestrebung, Schrift, Druck, Buchschmuck, Illustration, Einband (in neuerer Zeit auch Schutzumschlag) künstlerisch zu gestalten (→Miniaturmalerei, →Holzschnitt, →Kupferstich, →Lithographie, →Bucheinband). Wir finden diese Bestrebungen bereits in den Prachthandschriften des Mittelalters; diese künstlerische Ausgestaltung wurde nach Erfindung der Buchdruckerkunst auf die gedruckten Bücher übertragen. Die Inkunabeln gehören zu den größten Leistungen der Buchdruckerkunst, diese Höhe kann jedoch trotz der großen Leistungen der frühen Renaissance nicht gehalten werden, und es kommt in der 2. Hälfte des 16. Jhs. zu einem Abstieg. Das Papier wird schlecht, die Illustrationen sind von handwerklicher Durchschnittlichkeit. Das Barock- und besonders das Rokokobuch zeigen wieder eine ästhetische Durchbildung (Titelkupfer, Illustrationen im Kupferstich und zahlreiche Vignetten schmücken die schönausgebundenen Bücher). Im 19. Jh. tritt wieder der Holzschnitt auf, dazu kommt die Lithographie. 1891 gründet W. Morris die Kelmscott Press in London, es entwickelt sich die sogen. Buchkunstbewegung, die sich in Deutschland zunächst durch die Privatpressen verbreitet, durch das Vorbild einzelner Verleger (A. Kippenberg beim Insel-Verlag, Eugen Diederichs) dann Eingang in die allgemeine Buchproduktion fand.

Buchmalerei. Teilgebiet der →Miniaturmalerei. Die B. umfaßt die gesamte künstlerische Ausstattung von Manuskripten: Illustrationen, Dedikations- und Autorenbilder, rein ornamentale Zierseiten, Initialen, Kopf- und Schlußleisten, ausgeführt in Deckmalerei in Farben und Gold; auch als Federzeichnung. Im Frühmittelalter, ausschließlich den Bedürfnissen der Kirche dienend, entstehen Handschriften vorwiegend in klösterlichen Skriptorien und sind zumeist liturgische Bücher. Im Spätmittelalter ist sie, besonders im franz. Gebiet, meist von Laien ausgeführte Hofkunst. Die frühe B. verwertet anstelle des Naturvorbildes künstlerische Vorlagen: illuminierte Manuskripte antiker (besonders frühchristl.) und byzant. (auch syrischer und koptischer) Herkunft, denen ikonographische und stilistische Formeln entnommen werden. Diese Arbeitsmethode bedingt die außerordentliche Vielfalt besonders der karolingischen Produktion. Die altchristl. B. schließt unmittelbar an heidnische (pagane) Tradition an und benutzt als Buchtypus sowohl den →Codex wie die Rolle (volumen). Die frühesten Dokumente sind meist nur fragmentarisch erhalten. Ihnen gehen illustrierte Schriften mit paganen Themen, in frühchristl. Zeit entstanden, voraus wie etwa die →Ilias-Handschrift mit Miniaturen (Mailand, Ambrosiana) um 400, Vergilius vaticanus (Vatikan, Apostolische Bibliothek) Anfang 5. Jh. oder spätere Handschriften wie das Dioskurides-Manuskript (Wien, Nationalbibliothek) oströmisch um 512. Frühe christl. B.: Quedlinburger Itala (Berlin, Staatsbibliothek) weströmisch, 5. Jh., Purpurnes Evangeliar von Verona (Verona), 5. Jh. Bedeutende byzantinische B.: Wiener Genesis (Wien, Nationalbibliothek) um 550, Josuahrolle (Vatikan, Apostolische Bibliothek) Mitte 6. Jh., Rabbula codex (Florenz, Biblioteca Laurentiana) 586, Codex Purpurius Rossanensis (Rossano, Erzbischöfliches Museum) 6. Jh. Frühe syrische B.: Codex Sinopensis (Paris, Nationalbibliothek) spätes 6. Jh., Edschmiadsin-Evangeliar (Edschmiadsin, Armenien) 2. Hälfte 6. Jh. Frühe byzantinische Handschriften zeigen z. T. reiche Verwendung von orientalischem Formgut. Nach dem Untergang des röm. Reiches entwickelt sich die merowingische B. (kennzeichnend: Fisch-Vogel-Initialen; wichtigste Schulen: Luxieul/Burgund, Corbie b. Reims) und die irisch-angelsächsische B. (großformatige Prachthandschriften, meist Evangeliare), Blütezeit 6. und 7. Jh.; Hauptwerke: Book of Kells (Dublin), Evangeliar von Lindisfarne (um 710–20). Gemeinsam ist beiden der Vorrang des Ornamentalen, die reine Umrißzeichnung, lokalfarbig gefüllt. Durch Missionstätigkeit eingeführte irisch-angelsächsische Handschriften bilden eine der Grundlagen karolingischer B., die wie alle karolingische

Buchmalerei; Autorenbild, Gregor d. Gr. und Heinrich II., aus dem Kommentar zu Ezechiel; 1. Viertel 10. Jh. (Bamberg, Staatl. Bibliothek).

Kunstäußerungen unter direkter Einwirkung Karls d. Gr. als bewußter Anschluß an imperiale antike Tradition ins Leben gerufen wird (sogen. karolingische Renaissance). Es erfolgt eine Verschmelzung fränkisch-keltischer und antik-mittelmeerischer Traditionen. Wichtigste Schulen: →Tours, →Palastschule, →Ada-Gruppe, →St. Gallen, →Reims, →Metz, →Corbie, wohl eher →St. Denis. Zu einem zweiten Höhepunkt der B. kommt es unter den ottonischen Kaisern seit dem Ende des 10. Jhs. Wichtigste Schulen: →Reichenau, →Trier, →Echternach, →Köln, →Fulda, →Regensburg, →Hildesheim. Die überragende künstlerische Bedeutung der B. im Frühmittelalter verliert sich in roman. Zeit. Erst um 1400 gewinnt die B. nochmals eine führende Rolle. Die für die Höfe von Paris, Bourges, Dijon tätigen Miniatoren, vorwiegend Laien, oft niederländischer Herkunft (francoflämische Meister) bilden die Grundlage des neuen „Realismus", wie er sich in der frühen niederländischen Tafelmalerei manifestiert (van →Eyck). Hauptmeister: Jean →Pucelle, Meister →Honoré, Jean →Bandol, André →Beauneveu, Jacquemart de →Hesdin, →Boucicaut-Meister, Brüder von →Limburg.

Lit.: H. Gerstinger, Die griechische Buchmalerei, 1926; A. Kömstedt, Vormittelalterliche Malerei, 1929; A. Boeckler, Abendländische Miniaturen bis zum Ausgang der romanischen Zeit, 1930; E. Panofsky, Early Netherlandish Painting, 1953.

Buchser, Frank. Schweizer Maler. Geb. 1828 in Feldbrunnen bei Solothurn, gest. 1890 ebda. Er war hauptsächlich Autodidakt und bildete sich 1848–52 auf Reisen nach Rom, Paris und Antwerpen durch das Studium der alten Meister weiter. Als einer der ersten Freiluftmaler zählt er zu den Vorläufern des →Impressionismus. 1860 reiste er nach Afrika und malte dort Schlachtenbilder, 1866–71 hielt er sich in Amerika auf, wo er eine Reihe bedeutender Portraits schuf. Um 1855 lernte er die Werke →Courbets kennen und wandte sich dem Realismus zu. Lit.: W. Ueberwasser, F. B., 1940.

Buckelquadern →Bossenwerk.

Buckelung. Durch Treibarbeit herausgehobene buckelartige Verzierung von Metallgefäßen. Bereits in vorgeschichtlicher Zeit bekannt, findet die B. sich vor allem im Kunsthandwerk der deutschen Spätgotik (silberne Pokale).

Buddha. Der Buddha ist „der Erleuchtete", der Stifter der buddhistischen Religion, wahrscheinlich 563 bis 483 v. Chr. In der frühindischen bildenden Kunst wurde er durch Symbole des Rades, des Baumes, des Thrones, der Fußabdrücke usw. dargestellt; etwa vom 2. Jh. n. Chr. an tritt er auf Reliefs mit Szenen aus seinem Leben in menschlicher Gestalt auf. Von dieser Zeit an datieren auch stehende oder sitzende Kultbilder.
Lit.: A. Foucher, L'iconographie bouddhique de l'Inde, 1900.

Bückeburg. Frühes Beispiel einer barocken Residenzstadt (1609). Unter Fürst Ernst von Schaumburg entstanden Kunstwerke, die zu den bedeutendsten in Deutschland vor dem Dreißigjährigen Krieg gehören. Der Hofbildhauer Adrian de →Vries war mit seinen architekturtheoretischen Publikationen und den darin enthaltenen phantastischen Ornamentkompositionen richtungweisend geworden (→Floris-Stil). Die Stadtkirche wurde 1611–15 an Stelle eines älteren, abgebrannten Baues errichtet. Der Baumeister ist unbekannt. Prunkstück der einfachen, dreischiffigen Hallenanlage ist die Fassade. Typisch manieristisch ist schon die Inschrift: Exemplum Religionis Non Structurae (die Anfangsbuchstaben ergeben den Namen des Bauherrn). Über dem durch Pilaster einfach gegliederten Sockel mit dem Portal erhebt sich der hohe Giebel, der reich geschmückt mit Rollwerk in der Mitte und Kartuschen in den Zwickeln aufsteigt zur breit ausladenden, schweren Galerie, die in Obelisken und Glockenbau ausklingt. – Das Schloß ist Teil einer der frühesten Gesamtanlagen des deutschen Barock und nimmt Bezug auf die Stadtplanung. Der eigentliche Schloßbau enthält Teile aus verschiedenen Zeiten. Der linke Teil (ehem. O-Flügel) wurde 1732 nach einem Brand neu errichtet. 1894–98 wurde die Fassade erweitert: ein N-Flügel in den Formen des O-Flügels wurde angebaut. Auf der Rückseite die alte Vierflügelanlage von 1560–63 mit von Zwerchhäusern und gestaffelten Rundgiebeln bekrönten Dächern. Treppenturm und steinerne Galerie im inneren Schloßhof stammen ebenfalls aus dieser Bauperiode, wie auch die üppige Neuausstattung der Räume, die die Bedeutung des Schlosses mitbegründete.
Lit.: Reclams Kunstführer, Deutschland, Bd. IV, 1962; N. Pevsner, Europäische Architektur, 1957.

Bügelfibel →Völkerwanderungszeit und →Wittislingen.

Bühnenbild (Theaterdekoration). Mit der scharfen Trennung von Bühne und Zuschauerraum, wie sie seit der Renaissance vollzogen wurde (→Theater), entwickelte sich das B. im heute üblichen Sinne. Zwar gab es bereits seit der Antike Bühnendekorationen, jedoch erfaßte die →Skenographie nicht in der gleichen Weise wie das B. die gesamte Bühne. Wichtige Voraussetzung der Entstehung des B.s war die Kenntnis der Perspektive, durch die es möglich wurde, räumliche Illusionen auf der in ihrer Tiefenerstreckung begrenzten Bühne hervorzurufen. Dies gilt besonders für die Hinterbühne mit ihren auf Rahmen gespannten Leinenwänden, den Telari, auf denen bereits im 16. Jh. Architekturen als Handlungshintergründe gemalt wurden. Der hintere Abschluß wurde durch den Prospekt, meist gleichfalls mit illusionistischen Architekturen bemalt, markiert. Diese folienartige Aufgabe des B.s wird durch →Vasari abgeändert, indem er den Anspruch erhob, Spiel und B. intensiver gegenseitig zu integrieren. Vor allem die Tiefenwirkung des Raumes wird nun stärker in das Theater einbezogen. Im 17. Jh. werden die nur schwer zu handhabenden und unbeweglichen Telari durch wendigere Kulissen abgelöst. – Bis in das 18. Jh. hinein bleibt das B. an eine strenge Mittelachse gebunden. Erst dann wird diese starre Form aufgegeben und statt dessen die Übereckansicht gewählt. Die Anordnung über Diagonalen ermöglichte eine Bereicherung des Illusionismus. Nachdem im Barock meist schwere Architekturen das B. kennzeichnen und das Rokoko eine leichtere und beschwingtere Note in das B. brachte, kehrte der Klassizismus wieder zu strengen Formen zurück. Die Trennung von Zuschauerraum und Bühne wird noch stärker betont. Die Bühne wird mit Distanz betrachtet, man schaut in sie hinein wie in etwas, das außerhalb liegt (sogen. Guckkastenbühne). – Bis zum Klassizismus war das B. in seinen Sujets ausschließlich von Architekturen bestimmt. Im 19. Jh. wird das Landschaftselement neu hinzugewonnen, während der gleichzeitige Naturalismus in der bildenden Kunst sich auch im B. erkennen läßt. Daraus entwickelten sich die z. T. überladenen und mit zahllosen belanglosen Details überhäuften Theaterdekorationen, die häufig zum Selbstzweck wurden. Dieser Überschwang feierte vor allem in der großen Ausstattungsoper seine höchsten Triumphe. – In Abkehr hiervon suchte das 20. Jh. das B. wieder ganz auf das entsprechende Theaterstück zu konzentrieren, zu dessen Erläuterung es gehört. Unter Verzicht auf die naturalistischen Effekte will das moderne B. mit sparsamen Mitteln symbolische oder objektivierende Akzente setzen, wobei das B. selbst durch die neuen Möglichkeiten der Beleuchtungstechnik ergänzt und bisweilen sogar ersetzt werden kann.
Lit.: A. Nicoll, The development of the theater, 1927; H. Tintelnot, Barocktheater und barocke Kunst, 1939; O. Schubert, Das B., 1955.

Bückeburg, Evangelische Stadtkirche, Anf. 17. Jh.

Bündelpfeiler. Ein Pfeiler, um dessen Kern kleine und größere Dreiviertelsäulen, sogenannte junge und alte Dienste, angeordnet sind. In der Gotik häufiges Architekturelement.

Büste (italien. „busto" = Oberkörper). Plastische Darstellung des menschlichen Kopfes mit dem oberen

Teil der Brust, meist auf einem Sockel. Die B. entwickelte sich aus der antiken →Herme im Hellenismus und fand vor allem in der röm. Kaiserzeit als Portraitform weite Verbreitung. In der Renaissance wurde sie wieder aufgegriffen und seither beibehalten.

Buffet, Bernard. Franz. Maler und Graphiker. Geb. 1928 in Paris. Er zählt zu den berühmtesten, aber auch umstrittensten Malern Frankreichs. Durch seine figürlichen Kompositionen mit asketischen Gestalten wurde er nach dem 2. Weltkrieg rasch berühmt. Charakteristisch sind sein kantiger, linearer, das graphische Element stark betonender Stil und seine hauptsächlich auf Grautöne begrenzte Farbgebung. Nachdem er einmal seinen modisch makabren Erfolgsstil gefunden hatte, entwickelte sich seine Malerei nicht mehr weiter, sondern ließ seinen Stil zur Manier werden.

Buhen. Südlich Wadi Halfa Ruinen der im Mittleren Reich gegründeten ägyptischen Kolonie und befestigten Garnisonstadt mit zwei Tempelanlagen für den →Horus von B. Auffallend ist der südliche, von →Hatschepsut errichtete Bau, dessen Fünfraum-Zella auf allen 4 Seiten von runden Stammsäulen umstellt war. Umwandlung in 22seitige Pfeiler durch →Thutmosis III. Auffallende Ähnlichkeit der Bauform mit der des Peripteraltempels, ohne daß ein Zusammenhang nachweisbar ist.
Lit.: W. Wolf, KÄ, 410f.; E. Brunner-Traut, Ägypten, 375f.

Bukranion. Antike Nachbildung eines Stierkopfes. Als Erinnerung an das Tieropfer wurde das B. an Altären und Gräbern angebracht. In der röm. Kunst wird es ein sehr beliebtes Dekorationselement und häufig als Fries im Wechsel von Stierschädel und Girlanden verwandt.
Lit.: A. E. Napp, Bukranion u. Girlande, 1930.

Buleuterion. In der griechischen Antike das Versammlungs- und Beratungshaus der städtischen Abgeordneten und Magistrate. Das älteste Beispiel ist in einem apsidialen Bau in →Olympia überliefert. In spätklassischer und hellenistischer Zeit wird für das B. die Form des griech. →Theaters übernommen (z.B. in →Priene oder →Milet).

Bulgarien. Nach der Bildung des slawisch-bulgarischen Staates, vor allem nach seiner Christianisierung (865) enge politische, wirtschaftliche, aber auch kulturelle Beziehungen zu Konstantinopel. Während der fast zweihundertjährigen byzantinischen Herrschaft (1018–1185) vertiefen sich diese. Sie werden weiter verstärkt während des zweiten bulgarischen Reiches (1185–1396). Die Kirchenarchitektur hat ihr Vorbild in Byzanz (vergleiche etwa →Mesembria, →Tirnovo, →Preslav, vor allem →Sofia). In verstärktem Maße gilt das von der Freskenmalerei, die in den Balkanländern eine noch größere Rolle spielt als das Mosaik. In der mittelbyzantinischen Zeit ist bei der Ausmalung der Kirchen dasselbe System maßgebend wie in Byzanz: Pantokrator in der Kuppel, die zwölf Kirchenfeste des Kirchenjahres, Heilige, Märthyrer, Mönche erhalten je nach ihrer hierarchischen Rangordnung den ihnen gebührenden Platz an den Wänden. Die Kommunion der Apostel wird in die Apsis verlegt. Die Malereien des Klosters →Bačkovo aus der Mitte des 12. Jhs. seien als Beispiel dafür genannt. Während der Zeit des zweiten bulgarischen Reiches bildete sich in →Tirnovo, der Hauptstadt des Landes, eine eigene Malschule heraus, wenn auch in Anlehnung an Byzanz. Auch der Stil der byzantinischen Palaiologenzeit (13. und 14. Jh.) strahlte auf B. aus. Überreste dieser Malerei in einer winzigen Kapelle in Trapezica. Auch in der letzten Periode vor dem Zusammenbruch des byzantinischen Reiches (1453) im 14. und 15. Jh. enge Beziehungen B.s auf künstlerischem Gebiet zu Byzanz. Bei den Malereien der Peter- und Paulkirche in Tirnovo kann man deutlich den neuen Stil ablesen (illusionistische Malerei, individuelle Gestaltung der Gesichter). In Westbulgarien, so in →Bojana, ist der Stil unabhängiger von Byzanz, vor allem gilt das von der spätbyzantinischen Freskomalerei. In Zemen (1354) nehmen die Passionsszenen einen sehr viel breiteren Raum ein als sonst üblich und sind in einem bewußt archaischen Stil gearbeitet, der die mittelbyzantinische Kunst überspringt und an die Malweise vor dem Bilderstreit anknüpft. Im 15. Jh. ein völlig eigener Stil. Auf schwarzem Hintergrund werden die Figuren dargestellt. In B. ist im 15. Jh. das Curzon Evangeliar entstanden. (Heute im Britischen Museum.) Eine große Fülle weiterer Handschriften befindet sich in einem Museum in Sofia.
Lit.: B. Filov, Geschichte der altburgarischen Kunst, 1932; A. Grabar, La Peinture religieuse en Bulgarie, 1928; C. Gurlitt, Alte Bauten in Bulgarien, 1914; W. Sas-Zaloziecky, Die byzantinische Baukunst in den Balkanländern, 1955; H. Zimmermann, Beiträge zur Kenntnis christlicher Baudenkmäler in Bulgarien, 1913.

Bulla. **1)** Antike B.: Röm. tropfenförmiges Schmuckstück. In der Regel wurde die B. als apotropäisches Amulett aus Metallblech oder Leder von den Kindern getragen. – Das Tragen der B. war bereits bei den Etruskern geläufig, jedoch den Erwachsenen vorbehalten. Von diesem Brauch ging die goldene B. auf die Tracht der röm. Triumphatoren über.
2) Frühchristliche B.: Kapsel oder auch durchlöcherte Münze, die an einem Halsband auf der Brust getragen wurde. Ein Symbol auf der Rückseite und ein Portrait auf der Vorderseite sind meistens ihr Schmuck. Statt des Portraits kann auch ein Namenszeichen stehen. Bei den Christen befand sich in der B. zumeist eine Reliquie, bisweilen auch ein Blättchen mit Gebetsformularen. In der →koptischen Kunst stoßen wir sehr häufig auf die B.

Bulla Regia. Röm. Stadt in Afrika, ursprünglich alte Eingeborenensiedlung, von der noch →Dolmen gefunden wurden. Die röm. Stadt gehört der Kaiserzeit an und hatte reichausgestattete Heiligtümer des Apollon, Juppiter und Saturn. Außer einem →Forum und Kapitol wurden Tempel, →Thermen, →Theater, →Amphitheater, Bogen, Privathäuser und eine byzantinische Festung ausgegraben.

Bundi. Malschule der nordindischen Kunstlandschaft →Radschputana mit dem Höhepunkt in vielfigurigen, expressiv gestalteten Szenen aus der Hindu-Mythologie im 17. Jh.
Lit.: P. Chandra, B. painting, 1959.

Bunel. Franz. Malerfamilie des 16. Jhs. Ihre bedeutendsten Mitglieder sind: **1)** François d. J. Geb. um 1552 in Blois, gest. um 1599. 1580 arbeitete er in Tours und war seit 1583 Hofmaler des Königs von Navarra, den er häufig auf seinen Reisen begleitete. Er schuf hauptsächlich Portraits, daneben aber auch Genre- und Jagdbilder. – Von seinem umfangreichen Werk sind lediglich zwei Bilder durch Reproduktionen (Stiche) bekannt. – **2)** Jacob, Bruder des 1). Geb. 1558 in Blois, gest. 1614 in Paris. Reiste bereits früh nach Spanien und schuf dort 40 Auftragswerke für den Escorial. Nach einem anschließenden Romaufenthalt kehrte er in seine Heimatstadt zurück und schuf hauptsächlich Portraits, daneben aber auch Bilder religiösen Inhalts. Um 1580 ging er nach Paris und malte dort die Kleine Galerie des Louvre mit mythologischen und religiösen Szenen aus. Innerhalb der umfangreichen Kompositionen portraitierte er zahlreiche berühmte Zeitgenossen (z.B. Heinrich IV. als Jupiter). Das vielfach gerühmte Werk wurde 1661 durch Brand zerstört.
Lit.: Thieme-Becker.

Bunjin-ga. Bezeichnung für die ostasiatische, besonders japanische Literatenmalerei. Ihre Technik wurde in der Ming-Zeit (nach 1368 n.Chr.) in China entwickelt. Hierbei wurden die farbigen Partien durch Lavierungen aquarelliert, die Details mit Tusche kräftig herausgehoben und anschließend das Ganze mit trockener Tusche übergangen.
Lit.: R. Goepper, Vom Wesen chinesischer Malerei, 75, 1962.

Bunzlauer Tonwaren. Gebrauchsgeschirr aus grauem →Steinzeug, hergestellt in Bunzlau (Schlesien) im späteren 16. Jh. n. Chr. Es ist außen braun und innen weiß glasiert und ist in seinen frühen Beispielen bisweilen mit Vergoldungen geschmückt.

Buontalenti, Bernardo (delle Girandole). Italien. Architekt und Maler, geb. 1536 in Florenz, gest. 1608 ebda. B., Schüler von →Vasari, entfaltet in der Formensprache des florentinischen Manierismus eine umfassende

Bautätigkeit für die Großherzöge von Toscana, vollendet die von Vasari begonnenen Uffizien, die Fassade von S.Trinità, den Pal. Nonfinito, alle in Florenz; in Pisa Pal. des Großherzogs, in Siena Pal. Reale. Er war Festungsbaumeister, Theateringenieur, Kostümbildner und Feuerwerker.
Lit.: Thieme-Becker.

Bupalos. Griech. Bildhauer des späten 6. Jhs. v. Chr. aus Chios. Sohn des →Archermos. Gemeinsam mit seinem Bruder Athenis schuf er mehrere in der antiken Literatur zitierte Werke. So eine Karikatur des Hipponax und eine Artemis in Delos. Berühmt waren seine Chariten in →Pergamon. Augustus schätzte die Werke des B. sehr hoch und ließ verschiedene Plastiken dieses Meisters nach Rom bringen und im Palatinischen Apollontempel aufstellen. – Pausanias nennt B. auch als Architekt.
Lit.: G. Lippold, Handb. d. Archäologie, V, 62, 1950.

Buraq. Geflügeltes Maultier mit männlichem Menschenhaupt. Reittier Muhammeds bei seinem nächtlichen Ritt von Mekka nach der Felsenkupe auf Jerusalems Tempelplatz, bei dem er Himmel und Hölle durchreitet. Als Motiv ist dies vor allem in der iranischen Buchmalerei des 14.–16. Jhs. im Rahmen der Dedikation der Dichtung an den Schöpfer geläufig.
Lit.: R. Paret, Encycl. of Islam, Bd. 1, 1960.

Burckhardt, Carl. Schweizer Maler und Bildhauer. Geb. 1878 in Lindau bei Zürich, gest. 1923 in Ligornetto (Tessin). Studium in München (1897–99). Zwischen 1900 und 1904 mehrere Studienreisen nach Italien. Erst 1910 wandte er sich ganz der Bildhauerei zu und schuf für das Kunsthaus Zürich eine Serie von vier Reliefs. Sein Stil ist stark von der griech. archaischen Plastik beeinflußt, der er eine neue Form zu geben suchte. Architektonisch gebaute Kompositionen und einfache, großflächige Formen bezeichnen seine Werke.
Lit.: H. Vollmer, Künstlerlex. d. 20. Jhs.

Burdwan. Ruinenstätte von Backsteinbauten am Damodar-Fluß südlich der gleichnamigen Stadt an der Nordgrenze Bengalens. Sowohl in den Stadttoren, Moscheen und Gräbern aus der Mogul-Zeit vom Beginn des 17. Jhs. n. Chr. als auch in den späteren Hindu-Heiligtümern wie z.B. Nawab Hat (= „108 Tempel") sind Formen des traditionellen bengalischen Wohnhauses mit seinen gekrümmten Firstlinien aus Bambus nachgeahmt.
Lit.: Imp. Gaz. I, 422.

Burdwan. Ruinen der Altstadt im Dschungel mit Backstein-Moschee.

Burg. Im weitesten Sinn ein Wehrbau, wie es ihn zu allen Zeiten gab; im engeren ein gleichzeitig Wohnzwecken dienender Wehrbau, wie er zwischen 900 bis zum Ende des Mittelalters in ganz Europa bekannt war. Voraussetzung ist die allgemeine Verbreitung des Steinbaus und des Feudalsystems mit seiner Verselbständigung örtlicher Gewalten (Ritterburg). Man unterscheidet, je nach Lage die Höhenburg, meist besser erhalten, und, die leichter zerstörbare Niederburg (Tiefenburg), die häufig durch Wassergräben geschützt wurde: Wasserburg (Niederrhein, Holland, Westfalen). Eine Sonderform ist die meist als Niederburg angelegte →Ordensburg. Ein vor allem in germanischen Gebieten häufiger Typ der Höhenburg, die Randhausburg, setzt sich aus folgenden Bestandteilen zusammen: An eine in der Form dem Gelände angepaßte Ringmauer (Bering, Zingel)

Burg Eltz, Hof gegen S.

lehnen sich im Innern die Gebäude an, die so den unregelmäßig gestalteten Burghof formen. Die Ringmauer wird umgeben von Verteidigungsanlagen mit Vorburg, →Barbakane und anderen Außenwerken. Bei günstiger Lage kann sie durch den Ring der B.gebäude ersetzt werden. Sie trägt den oft vorkragenden, durch Brustwehr mit Zinnen geschützten Wehrgang. Der Raum zwischen zwei Ringmauern heißt Zwinger. Das Tor ist meist über einen mit Zugbrücke versehenen Graben (mit und ohne Wasser) zugänglich. Gelegentlich gibt es Türme zur Sicherung des Tors und zur Konzentrierung der Verteidigung an einzelnen Punkten. Der Berchfrit (Bergfrit, Bergfried), ein Turm über rundem, quadratischem oder polygonalem Grundriß, diente als Ausguck, zur Verteidigung und als Rückzugsort. Er war in Notzeiten bewohnbar, ohne eigentlich Wohnturm zu sein. Hauptwohnbau war der Palas, in seiner Gestalt dem Pfalzpalas oft ähnlich (→Pfalz). Kemenate (lat. caminata = „heizbares Gemach") war ursprünglich nur ein heizbarer Raum, dessen Name sich auf Frauengemächer, auch auf kleinere Wohnbauten (im Spätmittelalter auch Dirnitz genannt) übertrug. Synthese zwischen Palas und Berchfrit ist der besonders in Frankreich (→Donjon) und am Rhein verbreitete Wohnturm mit Zinnen und Ecktürmchen. Die zum Palas gehörige Burgkapelle, auch als →Doppelkapelle errichtet, kann mit ihrem Chor („Chörlein", →Erker) aus der Bauflucht vorspringen. Die von mehreren Besitzern bewohnte sogen. Ganerbenburg vereinigt meist mehrere Baukomplexe, Berchfrits, Wohntürme in einem Mauerring (z.B. die Salzburg b. Neustadt, Unterfranken). Über Kirchenburgen →Wehrkirche. Künstlerische Ausgestaltung: Seit dem 12. Jh. gibt es

Quaderwerk besonders bei →Hohenstaufenburgen. Der Wehrcharakter der Türme wird durch Buckelquader (→Bossenwerk) unterstrichen. Auf Palas und Burgkapelle werden Zierformen kirchlicher Baukunst übertragen. Regelmäßigkeit des Grundrisses findet sich, dem Baugrund entsprechend, fast nur bei Niederburgen. Im Spätmittelalter nimmt die Wohnlichkeit dank Geschoßeinteilung, größerer Räume und größerer Fenster zu. Damit wandelt sich die B. zum →Schloß (z.B. →Meißen, Albrechtsburg). Erhalten haben sich, wenn auch meist als Ruinen, dank der abgelegenen Lage und des für andere Zwecke uninteressanten Baugrunds vor allem Höhenburgen, die daher unseren Begriff von der mittelalterlichen B. bestimmen. (Siehe Tafel 24).

Burgfelden, St. Michael (Schwäb. Alb). Gründung vermutlich spätes 7. Jh. Erweiterung und Zufügung eines Ostturmes wohl späteres 11. Jh. Mit letzterem etwa gleichzeitig die hochbedeutende Ausmalung. Erhalten ein Weltgericht an der Ostwand und schwer deutbare Reste auf Nord- und Südwand; angebracht als breite Friese direkt unterhalb der Decke. Stilistische Zusammenhänge mit den Kaiserdarstellungen des Münchener Otto-Evangeliars und des Registrum Gregorii.
Lit.: P. Weber, Die Wandgemälde zu B. auf der schwäbischen Alb, 1896; H. Schrade, Malerei des Mittelalters, I, Vor- und frühroman. Malerei, 1958.

Burgkmair, Hans. Deutscher Maler und Zeichner für den Holzschnitt. Geb. 1473 in Augsburg, gest. 1531 ebda. Schüler seines Vaters, des Augsburger Malers Thomas B. (1444–1523). Wanderjahre im Elsaß, um 1495 in Italien; weitere Italienaufenthalte werden angenommen; 1498 Mitglied der Augsburger Malerzunft. B. wird einer der glücklichen Vertreter der deutschen Renaissancemalerei, der die Formenerrungenschaften des Südens bruchlos mit seiner eigenen spätgotischen Tradition zu verschmelzen versteht.
Lit.: K. Feuchtmayr, Das Malerwerk H. B.s von Augsburg, Kritisches Verzeichnis, 1931; A. Burgkhard, B. d. Ä., 1934; Th. Musper, Kaiser Maximilians Weiszkunig, 2 Bde., 1956.

Burgos, Kathedrale. 1221/22–1260 (?) entstanden. Dreischiffige Basilika mit stark ausladendem einschiffigem Querhaus (normannische oder engl. Anregungen). Chor mit Umgang (2 radiale Kapellen wohl später) von →Bourges herzuleiten. Doppeltürmige Westfassade ab 1442 nach Plänen zur Kölner Domfassade (→Köln) von Hans v. Köln. Wichtig durch vollständige Bewahrung reicher spätmittelalterlicher Ausstattung. Spätere An- und Umbauten. Bedeutender got. Skulpturenschmuck nach dem Vorbild franz. Kathedralplastik: Querhausfronten (S: Puerta del Sarmental, Zusammenhang mit →Amiens; N: Puerta de la Coroneria), Kreuzgangsplastik.
Lit.: L. Huidobro, La Catedral de B., Los Monumentos çardinales de Espana VIII, 1958; F. B. Deknatel, The Thirteenth Century Gothic Sculpture of the Cathedral of B. and Leon, in: The Art Bulletin 1935, 243ff.; H. Mahn, Kathedralplastik in Spanien, 1935; B. Gilman-Proske, Castilian Sculpture, 1951.

Burgund. 1) Baukunst: Bedeutendste roman. Bauschule Frankreichs neben der →Normandie. Schulcharakter seit dem 11. Jh. Es sind zwei Typen zu unterscheiden. 1. Typ →Cluny III: Kreuzförmige Pfeiler mit Spitzbogenarkaden, starke Horizontalgesimse, die mit den Gewölbediensten eine Aufteilung der Hochwand in Rechteckfelder bewirken. Rundbogige Blendtriforien (→Nevers, St. Etienne). Direkt belichtete Spitztonne. Chor mit Umgang und Kapellenkranz. 2. Typ →Vézelay: dreischiffige Basilika mit Kreuzgratwölbung zwischen starken Gurtbogen. Zweiteiliger Wandaufriß. Rundbogenarkaden. Die got. Baukunst, von der Frühgotik des Kronlands ausgehend, schafft eine gegenüber der Kathedralgotik völlig eigene Lösung, die die Grundlage der deutschen Gotik wird. Schönstes Beispiel: →Dijon, Notre Dame, das in der Zweischaligkeit der Mittelschiffwand, dem Zierlich-Stangenartigen der Dienste und Säulchen, der Zweischichtigkeit der turmlosen Fassade, der auf menschliche Maßstäbe bezogenen Dimensionierung wichtige Merkmale burgundischer Gotik zeigt. Schon im späten 13. Jh. Aufgeben der Selbständigkeit. — **2)** Plastik: Neben Toulouse (→Languedoc) wichtigstes Zentrum franz.-roman. Skulptur; von etwa 1080 (Neubau →Cluny III) bis um 1150 (Eindringen des got. Säulenfigurenportals). Figuren- und szenische Kapitelle (→Cluny, →Autun), Portalanlagen mit Tympanonreliefs (→Autun, →Vézelay). Wichtig die Rückwendung zur Antike im Ornamentalen: korinthisches Kapitell mit Akanthus; Kannelierung. Für die Portalplastik sind byzant. Quellen als Anregungen anzunehmen (evtl. Monte Cassino). Gegen 1400 Aufblühen einer höfischen, nicht landschaftlich bestimmten Plastik und Malerei am Hof der burgundischen Herzöge in Dijon. Hauptmeister sind der für die Karthause von Champmol tätige Bildhauer niederländischer Herkunft, Claus →Sluter, sowie die Maler Jean →Malouel, Melchior →Broederlam u. a.
Lit.: C. und M. Dickson, Les Eglises romanes de l'ancien diocèse de Chalon, 1935; J. Virey, Les églises romanes de l'ancien diocèse de Mâcon, 1934; ders., Les églises ... Mâcon: Cluny et sa région, 1935; C. Oursel, L'Art roman de Bourgogne, 1928; ders., L'Art de Bourgogne, 1953; G. v. Lücken, Die Anfänge der burgundischen Schule, o. J.; K. J. Conant, Carolingian and Romanesque architecture 800–1200, Pelican History of Art, 1959; R. Branner, Burgundian Gothic architecture, 1960; M. Aubert, La sculpture française au moyen âge, 1946.

Burne-Jones, Sir Edward. Engl. Maler. Geb. 1833 in Birmingham, gest. 1898 in London. Nach anfänglichem Studium der Theologie ging er nach 1854 unter dem Einfluß von →Ruskin, →Morris und →Rossetti zur Malerei über. 1859 bereiste er Italien, wo die Maler des Quatrocento, insbesondere →Botticelli, einen nachhaltigen Einfluß auf seine weitere Entwicklung ausübten. Durch seine auf ruhiger Linienführung aufgebauten Kompositionen wurde er zu einem der Hauptvertreter der →Praeraffaeliten. Seine Bilder stellen in erster Linie Szenen aus der Bibel dar. – Gemeinsam mit Morris bemühte er sich um die Erneuerung des Kunsthandwerks. Wertvolle Anregungen vermittelte er dem entstehenden →Jugendstil.
Lit.: Thieme-Becker.

Burri, Alberto. Italien. Maler. Geb. 1915 in Cittá di Castello, ansässig in Rom. Nach dem Studium der Medizin nahm er als Militärarzt am 2. Weltkrieg teil und begann 1944 in amerikanischer Gefangenschaft autodidaktisch zu malen. 1945 ließ er sich in Rom nieder und wandte sich völlig der Malerei zu. Seine abstrakten, ästhetisch komponierten Werke sind häufig aus Stoffteilen und Ölfarbe zu amorphen Gebilden zusammengestellt.
Lit.: H. Vollmer, Künstlerlex. d. 20. Jhs.

Bursa. Auch Brussa genannte osmanische Residenz. Von 1326–1402 n. Chr. Zentrum des ersten osmanischen Reiches mit den Mausoleen der osmanischen Sultane. Die Bauten der Stadt sind beispielhaft für die frühosmanische Bau- und Dekorationskunst. Die große Moschee (Ulu Camii) zeigt mit dem eingeschriebenen Brunnen und Leseraum eine Kombination von Moschee und Medrese. Die 1394–95 errichtete Anlage ist mit zwanzig Kuppeln überdeckt. In der Muradiye Cami ist die Mitwirkung italienischer Baumeister überliefert und läßt sich an den vorkommenden Renaissanceelementen erkennen. – Die erwähnten Mausoleen gelten den bedeutendsten Persönlichkeiten der osmanischen Geschichte. Ihre Innendekorationen aus Fliesen mit Schmelzglasurmalerei sind Meisterleistungen der türkischen Kunst des 15. Jhs. Weitere erhaltene Baudenkmäler der Zeit sind die überkuppelten, mit gemalten Fayencefliesen verkleideten Badeanlagen (Kaplica), die Reste des ausgedehnten Bazar- und Han-Viertels, das sogen. Wohnhaus Murats II.
Lit.: A. Gabriel, Brousse, 2 Bde., 1958.

Bursa. Verzierter Behälter, der das sogenannte Korporale, ein feines Altartuch, auf dem der Kelch und die geweihten Hostien bei der Eucharistiefeier ihren Platz haben, aufbewahrt.

Bursin. Frühe Lesart für →Amarsuena.

Burung. Name einer Höhle im südl. →Celebes (→Indonesien), enthält Fundstücke aus der mesolithischen Epoche; die Wände sind mit „Handnegativen" geschmückt: ähnlich wie in der eiszeitlichen Höhlenmalerei Europas wurde über die an die Felswand gelegte Hand Farbe gestreut oder geblasen, so daß die Umrißform als „Negativ" sichtbar wurde.

Busch, Wilhelm. Deutscher Zeichner, Maler und Dichter. Geb. 1832 in Wiedensahl b. Hannover, gest. 1908 in Mechtshausen. Studium in Düsseldorf, Antwerpen und München. Sah er selber auch seine Genrebilder als wesentlichsten Teil seines Schaffens an, so sind ohne Zweifel seine satirischen Zeichnungen und Folgen von größerer Bedeutung. Mit bissiger Schärfe karikierte er Heuchelei und kleinbürgerliches Spießertum. Er illustrierte hauptsächlich seine eigenen Werke wie „Max und Moritz", „Die fromme Helene" u. a.
Lit.: F. Bohne, W. B., 1958.

Buschmannmalereien →Felsbilder Südafrikas.

Busig oder gebust wird ein Gewölbe genannt, dessen Kappen höher als der Schlußstein steigen.

Bust. Ruinenfeld in Afghanistan südlich von → Laschkari Bazar am Zusammenfluß von Hilmend und Arghandab, aus antiken Schriftstellern als Bestia deselutta oder Parabeste bekannt. Der Bogen einer Moschee und Ruinen auf dem Burgberg rühren aus der ghaznevidischen Zeit her.

Bustelli, Franz Anton. Italien.-schweiz.-deutscher Porzellanplastiker. Geb. 1723 in Locarno, gest. 1763 in Nymphenburg. Modellmeister der Porzellanmanufaktur Nymphenburg. Neben →Kändler der bedeutendste Meister seines Faches. Kam wahrscheinlich über Wien nach München. Bildete sich am Stil der Brüder →Asam und des I. →Günther. Gestaltete vor allem Genregruppen von Damen und Kavalieren, in denen das Wesen des Rokoko zu vollendetem Ausdruck gelangt. (Siehe Farbtafel 23).
Lit.: W. Nowak, F. A. B. und Wien (Diss. Wien, 1942).

Busti, Agostino, eigentlich Bambaia. Italien. Bildhauer. Geb. 1483 in Mailand, gest. 1548 ebda. Gehörte dem Kreise der Meister der Certosa von Pavia an (→Amadeo). Begann 1515 sein Hauptwerk, das Marmorgrabmal für den 1512 gefallenen Gaston de Foix. 1521 beendet. Teilstücke davon in Mailand, im Mus. archeol. (Mus. Sforcesco), in Turin, Madrid und London. Weitere Werke: Grabmal des Dichters Lancino Curcio, Mailand, Mus. archeol.; Grabmal des Kardinals Caracciola, Mailand, Dom; Grabmal des Capitano Mercurio Bua in S. Maria Grande, Treviso.
Lit.: A. Venturi, Storia dell'Arte Italiana 10, 1, 1935.

Butkara →Mingora.

Butler, Reg. Engl. Bildhauer. Geb. 1913 in Buntingford. Studierte Architektur 1932/1937 und unterrichtete anschließend bis 1939 an der Architectural Association School. Als Kriegsdienstverweigerer arbeitete er in Sussex als Schmied. Erst 1944 wandte er sich der Bildhauerei zu. 1949 fand die erste Ausstellung seiner Werke in London statt. Es folgten bald zahlreiche Ausstellungen in Europa und in den USA. Seit 1950 lehrte er an verschiedenen Kunstakademien in England. – In seinen Skulpturen bleibt anfangs seine Herkunft von der Architektur immer deutlich. Nach einer Serie von insektenartigen Gestalten wandte er sich in den letzten 10 Jahren immer mehr der menschlichen Figur zu. Die spannungsvolle Bewegung bei einer zunehmenden Vereinfachung der Formen bezeichnet diese Werke.

Buto. Altägyptische Stadt im Westdelta des Nils mit noch unerforschten Ruinenhügeln. Die Überlieferung weist auf eine sehr alte Kultstätte, in der die Schlange Uto als Nährerin des →Horus-Kindes verehrt wurde. Darstellung des Tempels von B. auf der berühmten Schminkpalette des Königs →Narmer.
Lit.: W. Wolf, KÄ, 49, 51, 85f., 90; E. Brunner-Traut, Ägypten, 250.

Butzenscheiben. Runde Scheiben im Durchmesser von 6–12 cm. Mittels der Glasmacherpfeife wird eine kleine Glaskugel geblasen und zusammengedrückt. Die B. haben auf der einen Seite eine flache Vertiefung, auf der anderen einen Wulst und in der Mitte eine nabelförmige Erhöhung. In Bleisprossen gefaßt, wurden die B. schon im 16. Jh. zu Scheibenflächen verbunden. Die Glaszwickel zwischen den runden Scheiben nennt man Hornaffen.

Buyiden. Aus Dailam stammende, nationalpersisch ausgerichtete Militärdynastie, die in Iran in Opposition zu den →Abbasiden herrschte. Sie schloß sich den Schiiten an und war um Unabhängigkeit gegenüber →Bagdād bestrebt. In der Kunst der B. wird vor allem sasanidische Tradition gepflegt. Edelmetallgerät, Keramik mit Ritzdekor unter der Glasur in Anlehnung an gravierte Silberware und starr stilisierte Tier- und Reiterfiguren (→Ghabri-Ware). Die sogen. Nischapurkeramik mit reich farbiger Malerei in und unter der Glasur zeigt den Charakter einer Volkskunst. Buchmalerei von gleicher Art kann bestanden haben. Die Kunst der B. wirkte anregend auf die Seidenerzeugung in Bagdād, dies vor allem im 10. und 11. Jh., wie die Muster mit Tiermotiven in Kreisen mit Inschriften zeigen.
Lit.: E. Kühnel Die Kunst Persiens unter den B., in: Zeitschrift d. Deutschen Morgenländ. Gesellschaft, Bd. 106, Heft 1, NF Bd. 31, S. 78f, 1956.

Byblos. Nordsyrische Küstenstadt, phönizisch Gebal, keilschriftlich Gubla, bedeutsamer Verladeplatz für Zedernholz nach Ägypten seit der 1. Dyn. Unter den Tempelbauten ragt seit dem frühen 3. Jahrtausend v. Chr. das Heiligtum der „Herrin von Gebal" hervor. Gegenüber den mesopotamischen und ägäischen Beziehungen überwiegen die ägyptischen Verbindungen. Davon zeugen vor allem die reichen Fürstengräber von B. mit Steinsarkophagen ägyptischer Art und Beigaben gleicher Herkunft, darunter ein Holzkasten mit Inschrift → Amenemhets III. Festigung der Verbindungen unter →Thutmosis III. bis zum Abreißen in der →Amarna-Zeit. Wiederherstellung durch →Ramses III., wie eine Stele und Alabastervasen mit seinem Namen zeigen. Tempel mit Obeliskenstellung. Frühe Ausbildung einer Silbenschrift, die fast wie eine Buchstabenschrift verwendet wurde. Die Bedeutung von B. blieb bis in hellenistisch-römische Zeit (Säulenkolonnade, Theater), begünstigt durch den →Adonis-Kult.
Lit.: H. Schmökel, GAV, 228ff., 290f.

Byzantinische Kunst. Das Christentum in Ostrom mit Zentrum in Konstantinopel hat durch die besondere Situation der Herrschaftsform, dem späthellenistischen Kaisertum christlicher Prägung, die Form des orthodoxen Christentums angenommen und bereits seit dem Ende des 4. Jhs. eine eigenständige christliche Kunst entwickelt. Sie unterscheidet sich erheblich von der weströmischen (→Altchristl. Kunst). Sie ist durch das starke Nachwirken des spätantiken hellenistischen Erbes, durch die Nachbarschaft zu den orientalischen Kulturen und den dogmatischen Grundzügen der orthodoxen Kirche entstanden. Es werden vier Perioden der B. unterschieden: 1) Die frühbyzantinische, vom 4. Jh. bis zum Ausbruch des Ikonoklasmus (730). 2) Die Mittelbyzantinische vom Ende des →Ikonoklasmus (843) bis etwa 1260. 3) Die spätbyzantinische zur Zeit der Paleologenherrschaft bis zum Fall Konstantinopels (1453). 4) Die nachbyzantinische nach 1453. – Die Architektur im 4. Jh. unterscheidet sich nur unwesentlich von weströmischer der Zeit (Marienkirche, →Ephesus), Apsis wird von zwei Anbauten flankiert, der →Prothesis und dem →Diakonikon, wie bei den syrischen Kirchen. Im Westen ist dem Schiff (Naos) ein Querbau (Narthex) vorgelagert. Die Basilika des 5. Jhs. unterscheider sich von der römischen besonders durch Emporeneinbauten (Demetriuskirche →Konstantinopel; Achairopoietoskirche →Saloniki). Die für die spätere Zeit bestimmende Form des Sakralbaues ist der Kuppelbau. Er ist Ergebnis der fruchtbaren Auseinandersetzungen der beiden Typen Basilika und Zentralbau. Zunächst entstand die Kuppelbasilika (Hagia Sophia in →Konstantinopel), aus einer Weiterentwicklung die →Kreuzkuppelkirche; die Kreuzkuppelform ist fortan (seit 8.–9. Jh.) die übliche Kirchenform, die später noch Bereicherungen erfährt (Kuppeln über den Seitenräumen, Auflösung der Wände in Säulenstellungen). Die Bauornamentik ist sehr reich und stets antikisierend, wie bei Säulen mit Basen, Kapitellen,

Gesimsen, Friesen. Die justinianische Zeit bildet dabei eigentümliche Formen. Baumaterial oft Ziegelsteine, aber auch Hausteine, häufig ein →opus mixtum. Die Ziegelsteine sind oft zu farbreichen Mustern gruppiert. Die ganze Pracht der byzantinischen Kirchen ist aber dennoch auf den Innenraum gelegt, dessen Wände und Gewölbe mit Mosaiken oder Fresken geschmückt sind. Die Mosaiken des 4.–5. Jhs. unterscheiden sich noch nicht wesentlich von den weströmischen, doch ist der frühbyzantinische Stil in der justinianischen Zeit bereits gut zu erkennen (Hagia Sophia in →Konstantinopel, Kirche auf dem →Sinai, Kirchen in →Ravenna). Aus der Zeit des Ikonoklasmus ist wenig erhalten. Im Westen geben die Fresken von S. Maria Antiqua in →Rom eine gewisse Vorstellung von dieser Stilstufe. Die mittelbyzantinische Zeit prägt ein festes Programm für die Kirchen aus (→Daphni, →Hosios Lukas, Nea Moni auf →Chios). Christologischer Festzyklus sowie Heiligenbilder bleiben für die ganze spätere Zeit verbindlich. Um 1100 wird allmählich das Mosaik vom Fresko abgelöst. Die spätbyzantinische Malerei hebt die strenge Form der mittelbyzantinischen Kunst auf im Sinne des stärkeren menschlichen Empfindens und größerer Naturnähe. Die Freiplastik spielt in der B. keine Rolle, wohl aber die Reliefplastik, Reliefikonen und →Sarkophagplastik. In der Kleinkunst sind die Elfenbeinarbeiten bemerkenswert, die sich an spätantike pagane Formen bruchlos anschließen, sowie Goldschmiedearbeiten und Emaillearbeiten. Besondere Bedeutung kommt der →Buchmalerei zu. Auch auf die Kirchenausstattung sei noch hingewiesen, zu der vor allem der →Ambo und die →Ikonostasis gehören. Diese nimmt Ikonen auf, deren früheste erhaltene Beispiele ins 6. Jh. (Sinai, Katharinenkloster) zurückreichen.

Lit.: O. M. Dalton, East Christian Art, 1925; Charles Diehl, Manuel d'Art Byzantine, 1925/1926; Jean Etersolt, Monuments d'Architecture Byzantine, 1933/1934; André Groter, L'Art Byzantine, 1938; N. Kandahoff, Histoire de l'art Byzantine, 1886–91; Heinrich L. Nickel, Byzantinische Kunst, 1964; David Talbot Rice, Byzantinische Kunst, 1964; Wladimir Sas-Zaloziecky, Die byzantinische Kunst, UKG VIII, 1963.

Byzanz. →Konstantinopel.

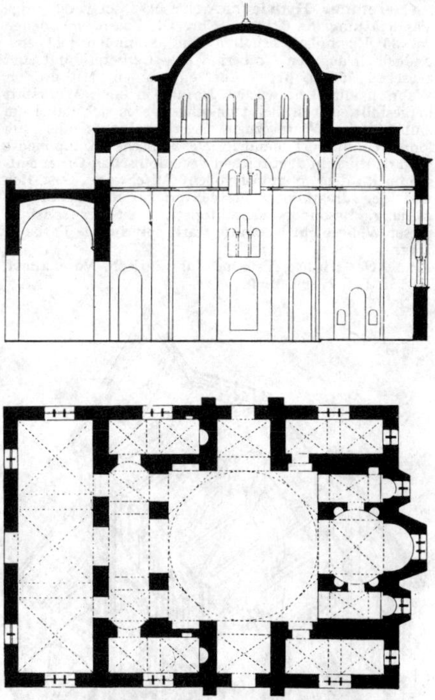

Daphni, Klosterkirche, 2. Hälfte 11. Jh. Grundriß und Schnitt.

C

Cabanel, Alexandre. Franz. Maler. Geb. 1823 in Montpellier, gest. 1889 in Paris. Als Schüler von →Picot zählter zu den bedeutendsten akademischen Malern des 2. Kaiserreichs in Frankreich. Als Modemaler der damaligen mondänen Welt schuf er zahlreiche Portraits, in denen sein glatter und etwas süßlicher Stil deutlich wird. 1863 wurde er an die Ecole des Beaux-Arts in Paris berufen. Dort gehörten →Gleyre, →Couture und →Constant zu seinem Schülerkreis.

Lit.: Thieme-Becker.

Cabat, Louis. Franz. Maler. Geb. 1812 in Paris, gest. 1893 ebda. Nach anfänglichen Studien der Porzellanmalerei widmete er sich seit 1831 ganz der Malerei und trat 1833 erstmals mit eigenen Werken an die Öffentlichkeit. Seine Frühwerke zeigen deutliche Einflüsse der alten niederländischen Meister. Durch die Werke →Constables entdeckt er die Natur in einer für ihn und seine Zeit neuen Weise. Außerdem nahm er Anregungen von →Delacroix auf. 1835 ließ er sich bei Fontainebleau nieder (Schule von →Barbizon). 1837 bereiste er Italien und wandte sich bei einem längeren Romaufenthalt in Anlehnung an →Poussin einer klassizistischen Malweise zu. Die Werke der Folgezeit sind durch die in ihm angelegten Gegensätze von Realismus und Klassizismus gekennzeichnet. – Sein Spätwerk wurde akademisch kühl.

Lit.: Thieme-Becker.

Caduceus. Stab von Lorbeer- oder Olivenholz, der von zwei Schlangen umschlungen wird. Er war vor allem der Botenstab Merkurs; →Kerykeion.

Caecilia-Metella-Grabmal. Gegen Ende des 1. Jhs. v. Chr. an der Via Appia in Rom errichteter monumentaler Grabbau. Auf einem quadratischen Sockelgeschoß erhebt sich ein Rundbau von 20 m Durchmesser. Das Mauerwerk ist mit Travertin verkleidet und mit einem dekorativen Rundfries geschmückt. Der Fries zeigt eine Abfolge von Schilden und Stierschädeln, eine eigentümliche Variante des →Bukranions. – Im Mittelalter wurde die Grabanlage zu einem Kastell erweitert und der Rundbau als Festungsturm ausgebaut; dadurch vorzüglich erhalten.

Caen. St. Etienne (Bautypus →Normandie). Gründung Wilhelms d. Eroberers. 1064/66 (?)–1077. Kräftige Reliefierung der Wand. Raumhaltige Hochwand: weite Emporenöffnungen; Laufgang, ein Arkadenzug auf Säulchen, vor den Obergadenfenstern. Ursprünglich war das Mittelschiff flach gedeckt. Gewölbe und Chor got. Eine der schönsten erhaltenen Doppelturmfassaden (Helme 13. Jh.), die durch rechteckige Vorlagen die Langhausgliederung auf der glatten Front sichtbar macht. Über schmalem Gesims steigen, von unten unvorbereitet, reich gegliederte Türme auf. – St. Trinité (Bautypus →Normandie). 1059 gegründet von Mathilde, Gattin Wilhelms d. Eroberers. Oberteile von Langhaus, Querschiff und Apsishochwand erst 1. Viertel 12. Jh. Emporen nun durch triforienartige durchlaufende Blendgalerie (Auswirkung auf die →Gotik) ersetzt; vielleicht burgundische Anregung. Obergaden und Apsishochwand zweischalig mit Laufgang (Einfluß auf spätere rheinländische →staufische Baukunst). Gewölbe modern, alte Form nicht zu ermitteln. Turmfassade im 18. Jh. verändert. (Abb. S. 110).

Lit.: E. Adam, Baukunst des Mittelalters, UKG IX, 1963; E. Lambert, C. roman et gotique, 1935.

Caere →Cerveteri.

Caeretaner Hydrien. Archaische schwarzfigurige Vasengattung des 6. Jhs. v. Chr. Die Vasen, von denen ca. 30 Exemplare erhalten sind, stammen fast ausschließlich aus den Gräbern von →Cerveteri und sind zwischen 550 u. 510 v. Chr. entstanden. Mit größter Wahrscheinlichkeit wurden sie alle in einer Werkstatt hergestellt, jedoch bleibt unsicher, ob es sich dabei um einheimische Ware zugewanderter Ioner oder um ionischen Import handelt. Die ionische Komponente wird deutlich in dem reichen vegetabilischen Ornamentschmuck, den phantasievollen Mischwesen-Gestalten und der drastischen Formensprache der Mythenerzählung. Besonders charakteristisch ist der sonst in dieser Weise nicht bekannte stark polychrome Farbauftrag.
Lit.: Arias-Hirmer, Tausend Jahre griech. Vasenkunst, 56f. u. Taf. 77–80, 1960.

Caen (Normandie), Abteikirche St. Etienne. Isometrie des 1077 geweihten Baus.

Caesar. Röm. Staatsmann und Feldherr des 1. Jh. v. Chr. (100–44 v. Chr.). Mit ihm geht die Zeit der röm. Republik ihrem Ende entgegen und wird gleichzeitig die neue Herrschaftsform der röm. Kaiser vorbereitet. – Zahlreiche Bildnisse des C. sind überliefert. Sie sind charakteristisch für ihre Zeit, da sie noch starke Beziehungen zu republikanischen Portraits erkennen lassen, während die repräsentative und auf einen gewissen Klassizismus hindeutende Weise augusteischer Kunst bereits anklingt. →Röm. Kunst.
Lit.: A. Alföldi, Studien über C.s Monarchie, 1953.

Caesarea. Röm. Stadt (heutiges Cherchel) an der afrikanischen Küste bei Algier. Geht auf einen alten punischen Handelsplatz zurück und wird im 1. Jh. n. Chr. röm. Hauptstadt der Provinz Mauretanien. – In der röm. Kaiserzeit entwickelt sich C. zu einer der größten Städte Nord-Afrikas und erstreckt sich über eine Fläche von 370 Hektar. – Bedeutende antike Ruinen wurden freigelegt: ein Theater, das im 4. Jh. n. Chr. in eine Arena umgebaut wurde, ein Amphitheater von 120×70 m Umfang, ein Circus, Thermenanlagen, mehrere Villen mit prachtvollen Mosaiken und verschiedene Tempel. Auf der vor der Stadt liegenden Insel Joinville stehen Reste eines antiken Leuchtturms des 1. Jhs. n. Chr., der wahrscheinlich in Anlehnung an den berühmten Leuchtturm von Alexandria (→Sieben Weltwunder) errichtet wurde.

Caesar-Forum. Ältestes →Kaiserforum in Rom. Von →Caesar errichtet, noch unvollendet 46 n. Chr. geweiht, von →Augustus fertiggestellt. Das 160×75 m große Forum liegt hinter der Curia Julia am Abhang des Kapitols. Der Platz war von einer Mauer und einer davor liegenden Säulenhalle umgeben, an seinem Westende stand der in korinthischem Stil erbaute Podiumstempel. In der Mitte des Forums war die Reiterstatue des Caesar aufgestellt.

Cagli, Corrado. Italien. Maler. Geb. 1910 in Ancona, ansässig in Rom. Er begann mit großformatigen Wandmalereien und gründete gemeinsam mit →Capogrossi u. a. 1932 die sogen. 2. Römische Schule, deren Mitglieder sich vom italien. Quattrocento beeinflussen ließen. 1939 wanderte er in die USA aus, wo er sich weiterbildend allmählich zu abstrakten Formen gelangte. Nach 1945 ließ er sich in Rom nieder und schuf seither nebeneinander abstrakte und gegenständliche Werke, bisweilen mit surrealistischen Elementen durchsetzt.
Lit.: Knaurs Lex. d. abstrakten Malerei, 1957.

Caillebotte, Gustave. Franz. Maler. Geb. 1848 in Paris, gest. 1894 in Gennevilliers. Von Hause aus wohlhabend, wurde er als Maler bei den Realisten geschult, ging jedoch bald zum →Impressionismus über und wurde einer ihrer bedeutendsten Förderer. Seine Landschaftsbilder zeigen einen lockeren und dekorativen Farbauftrag. – Nach seinem Tode ging seine hervorragende Sammlung impressionistischer Bilder als Stiftung an den französischen Staat, der sie zuerst völlig ablehnte, dann aber teilweise annahm.
Lit.: Thieme-Becker.

Cain, Auguste-Nicolas. Franz. Bildhauer. Geb. 1822 in Paris, gest. 1894 ebda. Nach einer Schreinerlehre wandte er sich erst 1845 der Bildhauerei zu und studierte bei F. →Rude und A. Guionnet. Seit 1846 stellte er regelmäßig in Paris aus und wurde in der Folgezeit mit mehreren Preisen ausgezeichnet. Fast ausschließlich galt sein Schaffen der Tierbildnerei. Als eines seiner Hauptwerke entstand 1879 das 20 m hohe Reiterdenkmal des Herzogs Karl von Braunschweig (Genf) in Anlehnung an das Scaliger-Denkmal in →Verona.
Lit.: Thieme-Becker.

Cajamarquilla. Beispiel einer Großstadtbildung mit deutlich geplanter Anlage in einer Oasenkultur der mittleren Küste Perus, nahe von Lima. Ausgedehnte Ruinen von Bauwerken aus Lehmziegel. Die Keramik weist hellen Beguß auf. Niedere Schalen und Dreifußplatten tragen auf der Innenseite kursive hieroglyphenähnliche Malereien.
Lit.: H. Trimborn, Das alte Amerika, 1959.

Calakmul. Mayastadt im nördlichen Petén, in der mehr Stelen errichtet wurden als in jeder anderen Stadt des Mayagebietes, im Jahre 731 n. Chr. z. B. allein sieben. Die Quantität steht jedoch weit über der Qualität.

Caldarium. Das Heißbad einer →Therme.

Calder, Alexander. Amerikanischer Bildhauer. Geb. 1898 in Philadelphia, ansässig in Roxbury/Connecticut (USA). Nach einem Studium am Polytechnikum seiner Heimatstadt kam er 1922 nach New York und nahm dort Zeichenunterricht. Er begann als Karikaturist. Bis 1926 Studium der Malerei. Über England kam er anschließend nach Paris, wo er seine ersten Drahtfiguren schuf. Unter dem Einfluß von A. →Giacometti arbeitete er in verschiedenen Materialien. Nachdem er sich vorübergehend dem →Konstruktivismus angeschlossen hatte, entstanden 1932 seine ersten „Mobiles", durch einen Motor in Bewegung gebrachte plastische Gebilde. Er verzichtete bald auf den mechanischen Antrieb und schuf Mobiles, die durch die Luftströmung bewegt wurden.
Lit.: Knaurs Lex. d. mod. Plastik, 1964.

J. Callot, „Das Strafgericht", Radierung (Berlin, Kupferstichkabinett).

Calderon, Philip-Hermogenes. Span.-engl. Maler. Geb. 1833 in Poitiers, gest. 1893 in London. Nach einer Lehre bei einem Ingenieur in London wandte er sich erst 1850 der Malerei zu und studierte 1851–52 bei F. →Picot an der Ecole des Beaux-Arts in Paris. 1857 nahm er vorübergehend Anregungen der →Praeraffaeliten auf, blieb jedoch in erster Linie Historien- und Genremaler. Daneben schuf er Landschaftsbilder und Portraits. – In London schloß er sich der Künstlergruppe der St. John's School an und malte zahlreiche sogen. Kostümstücke, in denen Elemente der Historienmalerei und des Genrebildes zusammengefaßt wurden.
Lit.: Thieme-Becker.

Caliari, Paolo →Veronese.

Calixtlahuaca. Ruinenstätte in der Nähe von → Toluca, Staat Mexico. Bemerkenswert vor allem ein Rundbau mit 4 Absätzen (22 m Basisdurchmesser, 12 m hoch), der 3 Überbauungen aufweist. Eine gut erhaltene Statue des Windgottes Quetzalcoatl in aztekischem Stil weist ihn als Tempel des Windgottes aus.

Callot, Jacques. Franz. Zeichner, Kupferstecher und Radierer. Geb. 1592 in Nancy, gest. 1638 ebda. Nach abenteuerlichen Reisen in frühester Jugend kam er 1608 nach Rom und arbeitete dort unter dem Einfluß der röm. Manieristen. Um 1611/12 ging er nach Florenz, um seine Studien fortzusetzen. Anschließend war er am toscanischen Hof tätig und kehrte erst 1622 in seine Heimatstadt zurück. Politisch und sozialkritisch engagiert, schuf er zahlreiche Darstellungen des Volkslebens und Szenen aus dem Dreißigjährigen Krieg. Berühmt war er aber vor allem wegen seiner hervorragenden Stadtansichten. Seine bedeutendsten Leistungen vollbrachte er auf dem Gebiet der Radierung. Er vervollkommnete diese Technik, deren malerische Wirkungen er vor allem zu nutzen wußte, und ließ damit die Radierung erstmals zu einer eigenständigen Kunstgattung werden. Lit.: Thieme-Becker; O. Levertin, J. C., 1953.

Calvaires. In der Bretagne zwischen 1480 u. Mitte 17. Jh. von einheimischen anonymen Steinmetzen ausgeübte Volkskunst: bäurisch ungelenke, demütige Figuren von naiver ungekünstelter Schönheit.

Calx. Lat. Bezeichnung der Ziellinie des →Circus.

Camaieu. 1) Eine →Kamee, geschnitten aus einem Stein mit verschieden getönten Schichten. – **2)** Malerei in verschiedener Abtönung einer einzigen Farbe. Sehr häufig Grau in Grau. →Grisaille.

Camaro, Alexander. Deutscher Maler und Graphiker. Geb. 1901 in Breslau, ansässig in Berlin. Nach seinem Studium bei O. →Mueller in Breslau ließ er sich in Berlin nieder. In seinem Frühwerk ist der Einfluß seines Lehrers, der ihn mit den Malprinzipien des →Expressionismus bekanntmachte, sehr deutlich. Um 1950 wandte er sich zunehmend der abstrakten Kunst zu, ohne jedoch den Gegenstand jemals völlig aufzugeben. Bei einer äußerst sparsamen Farbskala legt er den Schwerpunkt seiner Bilder auf die Umrißlinie und die Strukturen der Komposition.
Lit.: H. Vollmer, Künstlerlex. d. 20. Jhs.

Cambay. Das alte Khambayat, Hafenstadt im gleichnamigen Golf an der Westküste Indiens. Die Freitags-Moschee von etwa 1325 n. Chr. besteht aus einem rechteckigen, offenen Hof mit verschiedenen pavillonartigen Bauten und ist auf der Westseite von zwei Reihen wechselweise gerade geschlossener und überkuppelter Raumquadrate umgeben. Hierzu wurden entweder Spolien von geplünderten Tempeln oder frisch gebrochener Haustein verwendet.

Cambio →Arnolfo di C.

Cambridge, King's-College-Kapelle. Begonnen 1446, vollendet 1508–15 von John Wastell. Langgestreckte Rechteckkappelle mit hinter Stabwerk versteckten Seitenkapellen zwischen gestuften Außenstreben. Reiches Stabwerk zwischen riesigen Fenstern setzt sich im ornamentalen Gespinst des Fächergewölbes fort. Beispiel der anglogot. Vorliebe für gedehnte Längsachsen und spätgot. Vereinheitlichung von Raum und Einzelform. In den berühmten Glasfenstern (1115–31) ist die Wende von Spätgotik zu Renaissance abzulesen. Programm: Leben Christi, Apostelgeschichten, Marienleben, diesen antithetisch alttestamentarische Szenen gegenübergestellt. Die Entwürfe lieferten niederländische Maler, besonders bekannt sind hierbei die Arbeiten des Dirick Vellert aus Antwerpen. – Lit.: K. H. Clasen, Die Got. Baukunst (Handbuch d. Kunstw.) 1931; Illustr. Guide to the windows of K. C. Chapel, 1953.

Cambay. Hof, Pavillon und Hauptkultraum der Moschee.

Camera obscura. Zeichenkamera. Lichtdicht abgeschlossener Kasten mit feiner Öffnung (Lochkamera) oder Sammellinse; einfallende Lichtstrahlen werden über einen Spiegel auf einen Bildschirm gelenkt, der ein

verkleinertes Bild der Außenwelt in natürlichen Proportionen gibt. Die C. wurde vom Maler, besonders dem an Genauigkeit interessierten Landschafts- oder Vedutenmaler, als Hilfsmittel schon lange genutzt. Erster Versuch ihrer Anwendung in der Zeit des L. B. →Alberti (Systematisierung der Perspektive). Es ist bekannt, daß →Canaletto (Bernardo Belotto) sie zu seinen Stadtansichten benutzte.
Lit.: H. A. Fritzsche, Bernardo Belotto, gen. Canaletto, 1936.

Cameron, Sir David Young. Schottischer Radierer und Maler. Geb. 1865 in Glasgow, gest. 1945 in London. Nachdem er in seinem Frühwerk hauptsächlich von →Whistler stark beeinflußt war, wandte er sich später immer mehr der Radierung zu und schuf in Anlehnung an die Architekturdarstellungen Meryons technisch virtuose Serien von Stadtansichten, u.a. von London und Venedig.
Lit.: A. M. Hind, The Etchings of D. Y. Cameron, 1924.

Camoin, Charles. Franz. Maler. Geb. 1879 in Marseille, ansässig in Paris, wo er sich 1896 niederließ. Gemeinsam mit →Marquet studierte er dort bei G. →Moreau und befreundete sich mit →Matisse, mit dem er 1912 eine Reise nach Marokko unternahm. Früh schon schloß er sich dem →Fauvismus an, den er mit Elementen des Impressionismus verband. Besonders →Renoir und →Bonnard beeinflußten ihn nachhaltig. In seinem Spätwerk wandte er sich einem impressionistischen Realismus zu.
Lit.: J. Leymarie, Fauvismus, 1959.

Campana-Reliefs. Nach der berühmten Sammlung Campana benannte Gruppe von röm. Tonreliefs, hauptsächlich augusteischer Zeit. Die Reliefs dienten als Verkleidungsplatten, die in die Wände röm. Villen eingelassen waren oder das Gebälk des →Atriums schmückten. Beispiele aus →Pompeji lassen diese Art der Verwendung in situ erkennen. Die Platten lehnen sich stilistisch eng an die Pflanzenornamente der →Ara pacis an, ohne jedoch deren hohe Qualität zu erreichen. In erster Linie ist der Schmuck der C. ornamental, jedoch finden sich vereinzelt auch figürliche und mythologische Szenen. – Die Chronologie der C. reicht bis in das 2. Jh. n. Chr.
Lit.: H. v. Rhoden und H. Winnefeld, Architektonische Tonreliefs der röm. Kaiserzeit, 1911.

Campanile. Der Glockenturm italien. Kirchen, der seit frühchristl. Zeit bis in den Beginn des Barock als gesonderter Bauteil neben der Kirche stand. Das älteste Beispiel ist der C. der Kirche S. Apollinare in Classe in →Ravenna.

Campbell, Colin. Engl. Baumeister. Gest. 1729. Mit seinen Bauten, die in ihren Formen von Italien, hauptsächlich von →Palladio abhängig sind, steht er in der Tradition des engl. Klassizismus und in der Nachfolge von Jones und →Wren. – Große Schloßbauten schuf er in Kent, Norfolk und Essex.
Lit.: Thieme-Becker.

Campen (Kampen), Jacob van. Holländischer Maler und Baumeister. Geb. 1595 in Haarlem, gest. 1657 auf seinem Gut Randenbroeck bei Amersfoort. Nach Anfängen in der Malerei wandte er sich bei einer Studienreise nach Italien (1615–21), wo er sich hauptsächlich in Venedig und Vicenza aufhielt, der Baukunst zu. Die Werke →Scamozzis und →Palladios wurden seine großen Vorbilder. Die Bauten, die auf ihn zurückzuführen sind, zeigen deutlich die Anlehnung an den strengen italien. Stil. In der Regel lieferte er nur die Baupläne, während er die Ausführung der Bauten anderen überließ. – Durch ihn wurde der palladianische Klassizismus in Holland bekannt, so daß er zugleich Begründer und Hauptmeister des holländischen Klassizismus des 17. Jhs. war. – Seine wichtigsten Bauten: Rathaus Haarlem (1630); Mauritshuis im Haag (1633); Neue Kirche Haarlem (1645–49); Schloß Den Haag (1641).
Lit.: Thieme-Becker.

Campendonk, Heinrich. Deutscher Maler. Geb. 1889 in Krefeld, gest. 1957 in Amsterdam. Studium an der Kunstgewerbeschule Krefeld bei →Thorn-Prikker. 1911 siedelte er nach Oberbayern über und wird Mitglied des →„Blauen Reiters". Der Tierstil von Franz →Marc übte hier einen nachhaltigen Einfluß auf ihn aus. Ebenso nimmt er Anregungen des →Kubismus in sich auf. Um 1920 löst er sich vom Kubismus und findet seinen eigenen Stil in der linearen, stark lyrisch betonten Darstellung einer gegenständlich erfaßten Umwelt. 1926–1933 lehrte er an der Akademie in Düsseldorf und emigrierte anschließend nach Amsterdam.
Lit.: H. Vollmer, Künstlerlex. d. 20. Jhs.

Camphausen, Wilhelm. Deutscher Maler. Geb. 1818 in Düsseldorf, gest. 1885 ebda. Nach erstem Zeichenunterricht bei A. →Rethel studierte er 1834ff. an der Düsseldorfer Akademie. Bereits früh zeigt sich die Thematik des Schlachtengemäldes in seinen Werken. Malte er anfangs noch historische Szenen aus dem 30jährigen Krieg, so wandte er sich nach 1845 Gegenwartsthemen zu. Nach 1850 behandelte er Themen aus der englischen Geschichte des 17. Jhs., fand jedoch nach 1860 in Darstellungen zur preußischen Geschichte sein eigentliches Betätigungsfeld. Zu seinem Spätwerk gehören riesige Reiterbildnisse der preußischen Herrscher und ein monumentales Wandgemälde in der Ruhmeshalle des Berliner Zeughauses (Schlesien huldigt Friedrich d. Gr., 1882 vollendet).
Lit.: Thieme-Becker.

Camphuysen. Holländische Malerfamilie des 17. Jhs. Die bedeutendsten Mitglieder: **1)** Rafel Govertsz. Geb. um 1597 in Gorinchem, gest. 1657 in Amsterdam. War hauptsächlich als Landschaftsmaler tätig und schuf Winter-, Fluß- und Mondscheinlandschaften, die stilistische Verwandtschaft mit den Werken des Aert van der →Neer, der wohl sein Schüler war, zeigen. – **2)** Govert Dircksz. Geb. um 1624, gest. 1672 in Amsterdam, wo er 1650 das Bürgerrecht erwarb. Er begann als Bildnismaler, wandte sich dann aber mehr der Landschafts- und Genremalerei zu. Tierstaffagen beleben häufig seine Landschaften. 1655 reiste er nach Schweden und schuf dort im Auftrag der königlichen Familie Portraits.
Lit.: Thieme-Becker.

Campigli, Massimo. Italien. Maler. Geb. 1895 in Florenz, gest. 1971 in St. Tropez. Er kam früh nach Paris und lernte dort den →Kubismus kennen, dem er sich vorübergehend anschloß. Einflüsse des Kubismus verband er mit Anregungen aus der romantischen Malerei und entwickelte hieraus seinen eigenen Stil. Wabenartig setzen sich seine Bilder zusammen, in die er puppengleiche Figuren über- und nebeneinanderstellt. Weibliche Gestalten bauen sich wie Gefäße auf, Büsten erscheinen fast in der Form einer Büchse. Die aufgerauhte Oberfläche seiner Gemälde erweckt den Eindruck von Fresken.
Lit.: J. Cassou, M. Campigli, 1959.

Campin, Robert →Flémalle, Meister von.

Campione, 1) Bonino da. Der bedeutendste der C.s Italien. Bildhauer. Tätig 1357–88. Hauptwerke: 1. Grabmal des Bernabò Visconti für S. Giovanni in Conca, Mailand (heute Mus. del Castello Sforzesco). Das lebensgroße, ursprünglich versilberte und vergoldete Reiterstandbild, eigenhändig und vor 1363, von eindrucksvoller Monumentalität. Reliefierter Sarkophag vor 1385. 2. Grabmal des Cansignorio della Scala, Sagrato di S. Maria Antica, Verona (signiert, 1374 vollendet). Der reiche Aufbau – Sarkophag mit Liegefigur unter reich verziertem Tabernakel, bekrönt von Reiterstandbild – zeigt die Weiterentwicklung der früheren Scaligergräber.
2) Giovanni da. Italien. Bildhauer. Bekannt durch seine 1401 genannte Mitarbeit am Dom zu Como.

Campo Santo. Italien. Bezeichnung für Friedhof. Am berühmtesten ist der C. in Pisa, 1278–83 von Giovanni di Simone kreuzgangähnlich als Rechteckhof angelegt. Die Wände der Hallen trugen Fresken tos-

Tafel 3: *Stierkopfrhyton aus Knossos, spätminoisch, um 1500 v. Chr.; Hieraklion, Mus.*

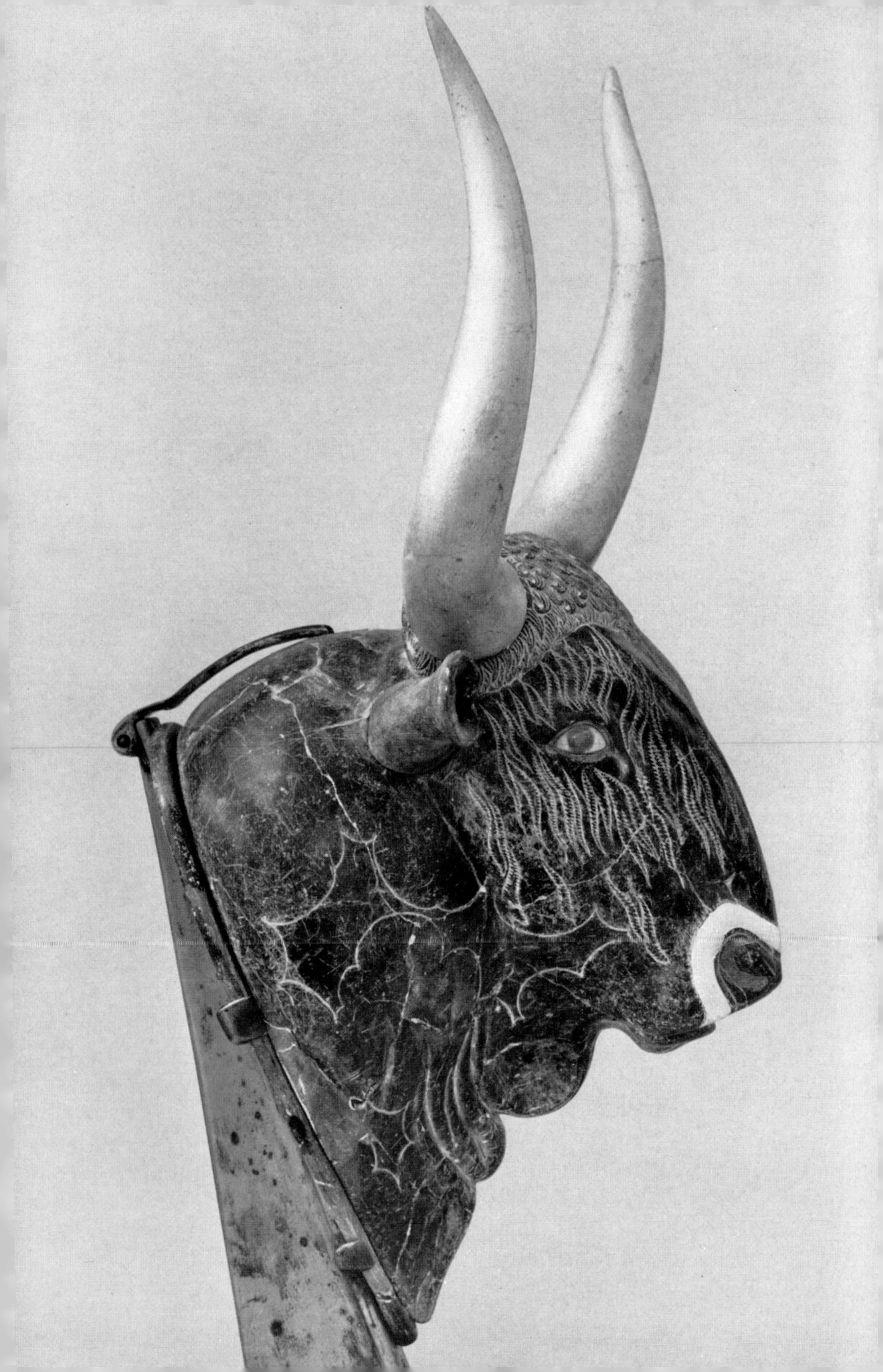

kanischer Maler (→Traini, →Gaddi, Andrea da Firenze, Antonio Veneziano, Spinello Aretino, B. →Gozzoli), die nach dem Brand 1944 abgenommen wurden. Das berühmteste, der Triumph des Todes (nach →Vasari von →Orcagna, heute →Traini zugeschrieben), jetzt im Nationalmus., Pisa.
Lit.: E. Carli u. P. E. Arias, Il Camposanto di Pisa, 1937; Camposanto Monumentale di Pisa, affreschi e sinopie, 1960.

Canal, Antonio →Canaletto.

Canaletto. Italien. Maler und Radierer. Geb. 1697 in Venedig, gest. 1768 ebda. **1)** Antonio Canale, gen. C. Ausbildung in Rom, im Jahre 1746 nach London. Arbeitete hauptsächlich in Venedig. Malte die Bauten seiner Vaterstadt mit großer Wirklichkeitstreue und fing auch die der Stadt eigene Atmosphäre ein. Erhob die Vedutenmalerei zur Kunst. C. hat auch Radierungen von Städtebildern geschaffen. – Werke: Prozession vor der Scuola di S. Rocco. London, Nat. Gal.; Der Markusplatz, ebda.; S. Maria della Salute, Paris, Louvre. Weiterhin vertreten in Dresden und Berlin.
Lit.: G. Ferrari, I due C., 1914; Enc. Univ. dell'Arte, 1958.
2) Bernardo Belotto, genannt C., Neffe von 1). Italien. Maler und Radierer. Geb. 1720 in Venedig, gest. 1780 in Warschau. Malte im Stil seines Onkels und Lehrers vorwiegend Städtebilder. Um 1740 Aufenthalt in Rom, danach in Turin, Brescia, Verona, Mailand und um 1745 in München. Von 1746–66 Hofmaler in Dresden. In seiner Darstellung zeigt Belotto große Genauigkeit in der Wiedergabe und hohes künstlerisches Niveau; doch bevorzugte er im Gegensatz zu 1) große Formate. Schuf Stadtansichten, hauptsächlich von Dresden und Umgebung und von Wien. Sein Werk bildet einen Höhepunkt der Vedutenmalerei des 18. Jhs. C.s Arbeiten befinden sich in Dresden, Frankfurt, Hamburg, München usw. (Abb. S. 114).
Lit.: W. v. Seidlitz in: Thieme-Becker; H. A. Fritzsche, Bernardo Belotto, gen. C., 1936.

Cancelli (von lat. cancellus = Gitterstab). Ist die Bezeichnung für die Schranken vor dem Chor altchristl. Kirchen, die meist als steinerne, etwa 1,10 m hohe Brüstungen ausgebildet waren. An ihnen standen später die ursprünglich isoliert aufgestellten Ambonen.

Candelabrum. Ursprünglich kleiner Leuchter, auf den die candelae (Binsen, die mit Talg oder Wachs umgeben waren) aufgesteckt wurden. Später großer, oft reich verzierter Leuchter, der seinen Platz auf dem Fußboden hatte. →Kandelaber.

Candid (Candido), Peter, bis 1574 de Wit (Witte) genannt. Niederl. Maler. Geb. um 1548 in Brügge, gest. 1628 in München. Ging schon früh nach Florenz und lernte dort bei →Vasari. Ab 1586 als Hofmaler in München tätig. In seinem Stil mischen sich italien. und niederl. Elemente. C. malte Altarbilder, zeichnete Entwürfe für Bildteppiche und schuf historisch-allegorische Wand- und Deckengemälde für die Münchener Residenz und für das Schleißheimer Schloß.
Lit.: P. C. in Italien, in: Preuß. Jb. 58, 1937.

Canopen. Etruskische Aschengefäße des 7. u. 6. Jhs. v. Chr. mit Totenmasken auf dem kugeligen, oft kopfförmigen Deckel. Bisweilen sind die C. auch mit Armen ausgestattet. Besonders in den Gräbern von →Chiusi wurden zahlreiche C. gefunden. – Außer diesen Gefäßen werden auch entsprechende Funde anderer Kulturen C. genannt.

Canova, Antonio. Italien. Bildhauer, geb. 1757 in Possagno (Treviso), gest. 1822 in Venedig. Die Lehrzeit verbrachte er bis 1773 in Venedig bei dem Bildhauer Foretti-Bernardi. Nach ersten Jugendwerken (Daedalus und Ikarus, 1779) ging C. nach Rom. Sein erster Großauftrag, das Grabmal für Papst Clemens XIV. (1787, Rom, S. Apostoli), in welchem er die neue Gliederung des klassizistischen Monumentalgrabes entwickelte, stellt bereits eines seiner Hauptwerke dar. Damit stieg er in den Rang →Thorvaldsens auf. – C. ist neben dem Nordländer Thorvaldsen der bedeutendste Klassizist jener Epoche, doch kommt sein Stil aus dem Barock und führt in einzelnen Teilen zum Naturalismus (Herakles zerschmettert Lychas am Felsen). Er arbeitet im Gegensatz zu Thorvaldsen sehr viel nach Naturstudien, Feder- und Bleistiftzeichnungen, bei denen das plastische Element stark zum Ausdruck kommt. Einen großen Teil seines Werkes nehmen antikische Bildwerke – Apollo, Venus, Amor u. a. – ein, und zwar von kleinen Tischfiguren bis zu lebensgroßen Plastiken. Zwischen diesen klassizistischen Bildwerken und seinen realistischeren stehen solche wie die der Napoleonstatue in heroischer Nacktheit (Mailand). Sehr selten wurden nichtantikische Vorbilder weiterentwickelt: so gab bei dem Standbild der halbnackten Paolina Borghese, einer Schwester Napoleons, Tizians ruhende Venus den formalen Anstoß; und seine Pietà, eine der wenigen Plastiken christlichen Inhalts, atmet etwas vom Geiste →Fra Bartolommeos. – Der stets von C. entworfene Aufbau der Grabdenkmäler, in denen er gern das Motiv eines pyramidalen Eingangs in die Unterwelt verwendete (Wien, Grabmal der Erzherzogin Maria Christina in der Augustiner Kirche, 1805), zeugt ebenso wie die von ihm entworfene und gestiftete Dreifaltigkeitskirche in Possagno (nach seinem Tod ausgeführt von Selva) von seinen großen architektonischen Fähigkeiten. (Abb. S. 115).
Lit.: E. Bassi, Sculture e dipinti di A. C., 1957; dieselbe, I Disegni di A. C., 1959.

Canterbury, Kathedrale. Erster got. Bau Englands. Nach Brand seit 1175 von Wilhelm von Sens, später von Wilhelm dem Engländer über der alten Krypta ein Chor nach dem Vorbild von Sens (Fehlen des Triforiums zwischen Empore und Obergaden) errichtet. Nach der zeitgenössischen Chronik des Gervasius 1185 vollendet. Englische Eigenarten: Abschnüren der am Chorscheitel gelegenen →Lady Chapel, Verschleierung der architektonischen Struktur durch reiche Dekorationen. Neubau von Langhaus und zweitem Querschiff 1377–91. Vorgetriebene Dienste, wie Gitterstäbe die Geschoßgliederung verdeckend, verbinden sich mit Netzgewölben zu gleichmäßiger Formenreihung. Formen, auch Maßwerkbrücke im Vierungsbogen (vergleiche Wells, Kathedrale), trocken und hart. Winzige Portale unter riesigem Westfenster verschwindend. Bedeutende Freskenreste des 12. Jhs. in der Gabrielskapelle (Krypta) und der Anselmuskapelle (Chor).
Lit.: R. Willis, Canterbury Cathedral, 1845; G. F. Webb, Architecture in Britain: The Middleages, 1956; E. Adam, Baukunst des Mittelalters II, Ullstein-Kunstgeschichte X, 1963.

Cantharus, auch canthara, cantharum. Reinigungsbrunnen frühchristl. Zeit in der Mitte eines Atriums, der oft unter einem Baldachin stand.

Cap Blanc. Bei Les Eyzies (Dép. Dordogne, Südfrankreich) gelegener →Abri mit einem 1909 entdeckten monumentalen Tierfries. Dargestellt sind, in ca. 30 cm hohem Relief, vier Pferde (Breite bis zu 2,15 m), ein Rentier (Breite 1,9 m) und ein Bison (Breite 1,4 m). Das Relief ist hervorragend gearbeitet und war ursprünglich bemalt; es wird in das ältere →Magdalénien datiert.
Lit.: Bandi/Maringer, Kunst der Eiszeit, 1955.

Capestrano. (Italien). Fundort einer für das Totenritual bestimmten antiken Kriegerstatue, aufrecht zwischen zwei Stützen gestellt, mit Maske, Ornat und Amtszeichen, wie es nach Polybius bei den röm. Totenfeiern auf dem Forum üblich war. Die Ausstattung spricht für Zusammenhänge mit etruskischem Grabzeremoniell.
Lit.: O. W. v. Vacano, E II, 97.

Capitolium. Name des alten Burghügels von Rom, oberhalb des →Forum Romanum. Zwischen zwei Kuppen liegt ein Sattel, über den der Weg zum Forum herabführt. An dieser sogen. „Via Sacra" lag das in Resten erhaltene Tablium (Staatsarchiv). Auf dem C.

Tafel 4: *Gesichtsbecher der Bakuba aus Holz, Kongo; Zürich, Mus. Rietberg.*

Canaletto, Dogenpalast in Venedig (Florenz, Uffizien).

stand der 509 v.Chr. geweihte Haupttempel Roms, zu dem die vom Forum herkommenden Triumphzüge führten. Das Heiligtum selbst war der Capitolinischen Trias (Jupiter, Juno und Minerva) geweiht. – Auf der zweiten Kuppe (Arx) stand die Münzstätte, der Tempel der Juno Moneta. – Unter →Michelangelos Leitung wurde das C. zu einer großartigen Platzanlage mit der beherrschenden Reiterstatue →Marc Aurels im Mittelpunkt neu gestaltet.

Capo di Monte. Schloß bei Neapel, namengebend für eine dort eingerichtete Porzellanmanufaktur zwischen 1740 und 1806/7. Die Produktion anfangs von Meißen beeinflußt, später antikisierend. Die 1759 in Schloß Buen Retiro bei Madrid gegründete Manufaktur wurde von Werkleuten und Künstlern aus C. besetzt, deshalb Parallelität des Stils.

Capogrossi, Giuseppe. Italien. Maler. Geb. 1900 in Rom, ansässig ebda. Nach dem Studium der Rechtswissenschaft begann er autodidaktisch zu malen. 1927–32 lebte er in Paris. Dort nahm er Anregung von →Picasso, →Cézanne und →Modigliani auf. Nach seiner Rückkehr nach Rom gründete er dort gemeinsam mit →Cagli u.a. die „Gruppo Romano", die später 2. Röm. Schule genannt wurde. In dieser Phase schuf er vornehmlich Landschaften, Stilleben und Gruppen von Tänzerinnen, wobei er klassische Monumentalität anstrebte. Seit 1950 wandte er sich mehr der abstrakten Malerei zu. Hier fand er als einziges, unendlich oft variiertes Thema ein Dreizackgebilde, das immer wieder umgeformt in seinen Bildern erscheint.
Lit.: M. Seuphor, G. Capogrossi, 1954.

Capo maestro. Italien. Bezeichnung des leitenden Baumeisters und Architekten etwa einer mittelalterl. Kirche.

Cappelle, Jan van de. Holländischer Maler. Geb. um 1624 in Amsterdam, gest. 1679 ebda. War Autodidakt, schulte sich jedoch vor allem an den Werken Simon de Vliegers. Einflüsse →Rembrandts lassen sich in der Art seiner Lichtbehandlung erkennen. Er schuf hauptsächlich Marinebilder, die durch eine wechselreiche Lichtführung der Wolken- und Sonnenlichtdarstellung eine naturhafte Lebensfülle zeigen.
Lit.: Thieme-Becker; W. Bernt, Niederl. Maler des 17. Jhs., 1948.

Caprarola (Viterbo). Der Palazzo der Familie Farnese, einer der großartigsten Fürstensitze Europas, ein Musterbau des →Manierismus, bildet einen Fünfflügelbau um einen zentralen Rundhof. Die Konzeption begründet in einem 1521 begonnenen Festungsbau von Antonio da San Gallo. Aus dem Unterbau entwickelt 1558 Giacomo Barozzi da →Vignola, nach ausgeschriebenem Wettbewerb, den Palast. 1573 nahezu vollendet. Der eindrucksvoll-originellen Außenarchitektur und dem prachtvollen Arkadenrundhof entspricht die Innenausstattung mit einer großartigen Wendeltreppe und Fresken, die zu den größten Leistungen der 2. Jahrhunderthälfte überhaupt gehören (Federico und Taddeo →Zuccari, Giacomo Bertoia, Giovanni Antonio da Varese u.a.). Gärten und Kasino.

Capsa. — **1)** Reliquienkästchen aus Holz, Metall oder Elfenbein, das Zylinderform hat. — **2)** Viereckiges, später meist rundes Kästchen zur Aufbewahrung von Büchern, insbesondere von Evangelien. — **3)** Behälter für Abendmahlsgeräte. — **4)** Gelegentlich auch Bezeichnung für das Kirchenschiff oder Teilen davon.

Capua →Formis.

Caracalla. Röm. Kaiser, Sohn des Septimus Severus. Geb. 176 n.Chr., Regierungszeit 211–217 n.Chr. Sowohl seine Grausamkeit wie seine Prachtliebe waren sprichwörtlich bekannt. Ersteres spricht noch aus den Zügen seiner Portraits, letzteres wird in den unter seiner Regierung errichteten Prunkbauten deutlich, von denen die Ruinen der nach ihm benannten →Thermen in Rom noch Zeugnis ablegen.

Caravaggio (eigentlich Michelangelo Merisi da Caravaggio). Italien. Maler. Geb. um 1570/73 in Caravaggio, gest. 1610 in Porto d'Ercole. Nach einer Lehrzeit in Mailand und einem Aufenthalt in Venedig kam er 1587 nach Rom, wo er sich anfangs nur mühsam seinen Lebensunterhalt verdienen konnte. Nach 1588 erfolgte jedoch ein rascher Aufstieg durch die Protektion des Kardinals Francesco Maria del Monte. Ein erster Großauftrag fiel ihm mit der Ausmalung der Kapelle des Kardinals Matteo Contarelli in S. Luigi de' Francesi (Rom) zu. Weitere Arbeiten in verschiedenen Kirchen folgten. Als streitbarer, leicht erhitzbarer Mann wurde er in verschiedene unliebsame Streitigkeiten verstrickt und mußte 1606 von Rom nach Pagliano fliehen. 1607 fand er in Neapel, wo er verschiedene Altarbilder malte, ein reiches Betätigungsfeld. Immer wieder in Streitigkeiten verwickelt, mußte er bald

nach Malta und von dort nach Sizilien ausweichen. Wiederum entstanden hauptsächlich Altarbilder (Syrakus; Messina). – Auf der Rückreise nach Rom erkrankte er und starb in Porto d'Ercole. – C. war eine der eigenwilligsten und bedeutendsten künstlerischen Persönlichkeiten seiner Zeit. Die malerischen Probleme jener Epoche, die Darstellung seelischer Vorgänge mittels lichtdurchdrungener Farbgebung formulierte er in meisterhafter Weise. Galten auch seine reifsten Leistungen dem religiösen Bild, so öffnete er doch durch seine Stilleben und novellistischen Genrekompositionen neue Wege, durch die er zu einem der bedeutendsten Anreger nachfolgender Generationen wurde.
Lit.: Thieme-Becker; L. Schudt, C., 1942; L. Venturi, C., 1955: R. Longhi, Il C., 1957; R. Jullian, Caravage, 1961.

Carlone. Schweizerisch-italien. Künstlerfamilie des 17. und 18. Jhs. Die wichtigsten Mitglieder. – **1)** Carlo. Maler. Geb. 1686 in Scaria (Como), gest. 1775 ebda. Er begann als Bildhauer, wandte sich jedoch bald der Malerei zu und schulte sich hauptsächlich in Rom. Neben

A. Canova, „Theseus und Kentaur" (Wien, Kunsthist. Mus.).

Altarbildern schuf er mehrere Fresken. So in Einsiedeln, in Schloß Ludwigsburg (Deckenbilder, 1717 und 1733), in Schloß Ansbach (1728). Umfangreiche Arbeiten in Wien (1715–23), wo er u.a. in Belvedere arbeitete. Weiterhin tätig in Passau, Prag, Weingarten und Breslau. – Stilistisch sind seine Werke weitgehend von den röm. und venezianischen Meistern beeinflußt. – **2)** Carlo Antonio. Baumeister. Geb. in Mailand, gest. 1708 in Passau. Seit 1686 stand er in Diensten des Stiftes St. Florian, dessen umfangreiche Neubauten (Kirche und Klostergebäude), neben dem Neubau des Doms zu Passau, seine Hauptwerke sind. Kennzeichnend für seine Bauten ist eine schwere Massigkeit, die häufig durch reichen Stuckschmuck überdeckt werden soll. – **3)** Diego. Bildhauer und Stukkateur. Geb. 1674 in Scaria, gest. 1750 ebda. Lernte bei seinem Vater Giovanni Battista C. 6) und schuf für zahlreiche Klöster und Kirchen große Stuckstatuen, u.a. in Weingarten, Einsiedeln und St. Florian. Wichtigstes Spätwerk: 8 Apostel und 4 Kirchenväter in der Kirche S. Maria di Carignano zu Genua. – **4)** Giovanni Andrea. Maler. Geb. 1639 in Genua, gest. 1697 ebda. Lernte anfangs bei seinem Vater Giovanni Battista 5) und bildete sich dann auf Reisen nach Neapel und Venedig weiter. Stärkste Eindrücke und Anregungen vermitteln ihm die Werke →Veroneses. Nach seinen Studien arbeitete er längere Zeit in Perugia (Fresken in Il Gesù und S. Girolamo), zwischen 1675 und 1686 in Rom (Kuppelfresko in Il Gesù; Altarbild im Pantheon). Kehrte anschließend in seine Heimatstadt zurück und schuf dort weitere Fresken und Altarbilder. – **5)** Giovanni Battista. Maler. Geb. 1592 in Genua, gest. 1677 in Turin. Lernte hauptsächlich in Rom und war später in Genua und Turin am Hofe des Herzogs von Savoyen tätig. Seine durch zahlreiche Freskenaufträge erworbene Erfahrung vermittelte er seinem Sohn Giovanni Andrea C. 4) weiter. – **6)** Giovanni Battista. Bildhauer, Baumeister und Stukkateur. Schaffenszeit: 2. Hälfte des 17. und Beginn des 18. Jhs. Er entwickelte den in seiner Familie tradierten schweren Stuckfigurenstil, den vor allem sein Sohn Diego C. 3) fortführte. Stark plastisch herausgearbeitetes Relief und die Verbindung von Pflanzenwerk und Figuren sind für ihn charakter. – Hauptwerke sind die Stuckdekorationen d. Doms zu Passau (1689 ff.), im Kloster Waldsassen (1695–98) u. d. Wallfahrtskirche Maria Hilf zu Amberg (1702–07).
Lit.: Thieme-Becker; M. Marangoni, I Carloni, 1925.

Carnuntum, ehem. röm. Festung in Niederösterreich, Hafen der röm. Donauflotte; zeitweise Quartier des Kaisers Mark Aurel. Ausgrabungen legten Reste aus der Römerzeit frei (guterhaltene Pfeiler und Wölbungen des sog. Heidentors); Museum mit Funden aus der Römerzeit in Deutsch-Altenburrg

Caron, Antoine. Franz. Maler. Geb. um 1515 in Beauvais, gest. 1593. Stark von der italien. Malerei beeinflußt, war er vor allem wegen seiner dekorativen Kompositionen hochgeschätzt. 1540–50 arbeitete er in Fontainebleau und wurde einer der Hauptmeister dieser Schule. Eine Zeitlang war er als Hofmaler Katharina Medicis tätig. Leitete später gemeinsam mit Larembart die Tapisseriewerkstatt de la Trinité in Paris.
Lit.: J. Ehrmann, A. C., 1955.

M. Caravaggio, „Grablegung Christi" (Rom, Vat.).

Carpaccio, Vittore. Italien. Maler. Geb. vor 1457 wahrscheinlich in Venedig, gest. vor 1526 ebda. Schildert in der Hauptsache das venezianische Leben seiner Zeit. Schüler Gentile →Bellinis und dessen Nachfolger. Harmonische Farbgebung und starkes Raumempfinden verleihen seinen sehr lebendigen Bildern Klarheit und Ruhe. C.s Hauptwerk ist der Ursula-Zyklus (Venedig,

Akademie), an dem er von 1490–1495 arbeitete. Dieser Zyklus ist einer seiner vier Bilderzyklen von Heiligenlegenden. Von seinen Einzelbildern ist als bedeutendstes das Wunder des Kreuzes (Venedig, Akademie) zu nennen. Kirchenbilder und weitere Werke C.s befinden sich in der Akademie in Venedig, in Mailand, Bergamo, Paris, Berlin und Stuttgart.
Lit.: H. Tietze und E. Tietze-Conrat, The drawings of the Venetian painters in the 15th and 16th centuries, 1944; Enc. Univ. dell'Arte, 1958.

Carpeaux, Jean Baptiste. Franz. Bildhauer und Maler. Geb. 1827 in Valenciennes, gest. 1875 auf Schloß Bécon bei Asnières. Schüler von F. →Rude. 1854–59 bildete er sich auf Reisen durch Italien weiter und ließ sich anschließend in Paris nieder. Seine üppigen, barocken Plastiken stehen den Werken seines Lehrers und den Skulpturen →Baryes nahe. Er nahm malerische Elemente, wie sie von →Daumier und →Delacroix entwickelt wurden, in die Plastik auf und schuf so einen illusionistischen Stil, der sich von der akademischen Bildhauerei abwendet und bereits auf →Rodin hinweist. Neben Gruppenplastiken schuf er eine Reihe sehr guter Portraitbüsten. – Als Maler ist er durch die span. Kunst, besonders durch →Velázquez beeinflußt und schuf kleinformatige, mit kräftigem Farbauftrag gemalte Szenen aus dem Gesellschaftsleben.
Lit.: Thieme-Becker.

Carrà, Carlo. Italien. Maler. Geb. 1881 in Quargneto (Piemont), gest. 1966. Studium in Paris und Mailand an der Brera-Akademie. Die Bekanntschaft mit →Marinetti und →Boccioni brachte ihm die Gedanken der Futuristen nahe, denen er sich anschloß und mit denen er 1910 das futuristische Manifest unterzeichnete. Eine verhaltene Farbgebung und stark kubistische Formen sind für seine Bilder dieser Epoche bezeichnend. Seit 1915 wandte er sich mehr der Dingwelt zu. 1917 lernte er de →Chiricos →„Pittura metafisica" kennen und schloß sich dieser Richtung an. Nach 1921 entfernte er sich mehr und mehr von dieser Malweise und fand in einem romantischen, bisweilen magischen Realismus seine letzte Entwicklungsstufe.
Lit.: R. Longhi, Carlo Carrà, 1945.

Carracci. Italien. Malerfamilie aus Bologna. – **1)** Lodovico, geb. 1555, gest. 1619. – **2)** Agostino, geb. 1557, gest. 1602. – **3)** Annibale, geb. 1560, gest. 1609. – Diese drei Maler waren gemeinsam in Bologna tätig und gründeten dort die Accademia degli Incamminati, aus deren Schülerkreis die bedeutende Schule von Bologna hervorging. Sie entwickelten eine neue Malweise, die sich in ihrem Stil deutlich vom Manierismus abhob und eine der wichtigsten Richtungen des italien. Frühbarock begründete. Sie suchten den Anschluß an das antikische Ideal, an →Michelangelo und →Raffael, gleichzeitig aber auch das Studium der Natur. Wichtigste Persönlichkeit der C. war Annibale, der u. a. große Aufträge in Rom ausführte (Fresken im Palazzo Farnese, 1595–1604) und den neuen Stil in dieses Zentrum italien. Kunst übertrug.
Lit.: Thieme-Becker; H. Voß, Die Malerei des Barock in Rom; Mostra dei C., Katalog der Ausstellung in Bologna, 2 Bde., 1956.

Carrand, Louis Hilaire. Franz. Maler. Geb. 1821 in Lyon, gest. 1899 ebda. Bis auf ein kurzes Studium in Lyon bildete er sich autodidaktisch aus. 1847 reiste er nach Florenz und ließ sich anschließend für immer in seiner Heimatstadt nieder. Seinen Lebensunterhalt verdiente er als Handlungsgehilfe und konnte sich nur noch in seiner Freizeit der Malerei widmen. Sein Lebenswerk gilt hauptsächlich dem Landschaftsbild. Nach 1886 entstanden einige Interieurs, die jedoch nie die Qualität seiner Landschaften erreichten. Von besonderer Bedeutung ist die Farbgebung der Lichtwerte, die es ihm erlaubte, feinste atmosphärische Nuancen ins Bild zu bringen.
Lit.: Thieme-Becker.

Carriera, Rosalba. Italien. Malerin. Geb. 1675 in Venedig, gest. 1757 ebda. Malte feine Miniatur- und Pastellbilder, die ihr schon früh Ruhm einbrachten. 1720/21 Aufenthalt in Paris. R.C. arbeitete hauptsächlich für die Hocharistokratie. Ihre biblischen, allegorischen und mythologischen Figuren sind in elegantem Stil gestaltet. Sie hatte viele Epigonen in der →Pastellmalerei, die durch sie zur beliebtesten Malweise des 18. Jhs. wurde. Reichhaltiges Schaffen. (157 Pastellbilder, 17 Miniaturen, vormals in Dresden, Galerie.)
Lit.: V. Malamani, R.C., 1910.

Carrière, Eugène. Franz. Maler. Geb. 1849 in Gournay, gest. 1906 in Paris. Bis um 1890 schuf er Bilder, die stark von →Rubens und →Velàzquez beeinflußt sind. Später lösen sich die Konturen seiner Gestalten immer mehr auf, während sich die Farbgebung auf Grau- und Brauntöne reduziert. Im Zentrum seines Schaffens steht das immer wiederkehrende Thema „Mutter mit Kind", daneben entstanden z.T. hervorragende Portraits.
Lit.: J. P. Dubray, E. Carrière, 1931.

Carstens, Asmus (Jakob Asmus). Dänischer Maler. Geb. 1754 in St. Jürgen (Schleswig), gest. 1798 in Rom. Nach seinem Studium in Kopenhagen ging er auf Reisen nach Italien (1783), mußte jedoch wegen Geldmangels bald wieder umkehren und war die nächsten Jahre in Lübeck als Bildnismaler tätig. 1787 übersiedelte er nach Berlin und von dort 1792 nach Rom. Strengste klassizistische Formen bestimmen seinen Stil, der von der Antike und von Michelangelo beeinflußt ist. Er vermied in seinen großen allegorischen, mythologischen oder historischen Kompositionen die Farbe und führte meist nur mit schwarzer Kreide gezeichnete Kartons aus. Dabei konzentrierte er sich in der Figurendarstellung ganz auf die streng zusammenfassende Umrißlinie. Diese Werke hatten einen großen Einfluß auf den aufbrechenden Klassizismus, vor allem aber auf →Thorvaldsen.
Lit.: Thieme-Becker; A. Kamphausen, A. C , 1941.

Carthago →Karthago.

Carus, Carl Gustav. Deutscher Maler, Naturphilosoph und Arzt. Geb. 1789 in Leipzig, gest. 1869 in Dresden. Stark beeinflußt von C. D. →Friedrich, schuf er hauptsächlich romantische Landschaftsbilder. Von besonderer Bedeutung sind seine „Neun Briefe über Landschaftsmalerei" (1831), in denen er seine Theorie der romantischen Landschaftsmalerei darlegte. Hierbei geht er von seinem verehrten Vorbild C.D. Friedrich aus und entwickelt die von Goethe, mit dem er befreundet war, begründete Philosophie der naturwissenschaftlichen Erkenntnis weiter.
Lit.: M. Schlösser, C. G. C., Denkwürdigkeiten aus Europa, 1963.

Caserta. Residenzschloß der Bourbonen-Könige von Neapel, seit 1752 von Luigi →Vanvitelli errichtet, 1759 im Rohbau vollendet. Baukörper 208 × 165 m. Mit seiner großartigen Treppenanlage, dem zentralen Kuppelraum, den guterhaltenen Prachträumen und der großzügigen Gartenarchitektur gehört C., das „Versailles Italiens", zu den wichtigsten Schöpfungen des späten →Barock und des späten Absolutismus.

Casino →Villa.

Casorati, Felice. Italien. Maler und Graphiker. Geb. 1886 in Novara, gest. 1963 in Turin. Sein Frühwerk entstand unter dem Einfluß des Wiener und Münchener →Jugendstils, wobei er sich vor allem an →Klimt anschloß. Die Bekanntschaft mit den Werken →Cézannes wandelte um 1920 seinen Stil, der nun neoklassizistische Elemente zeigt und mit seinen plastischen Formen und kühlen Farben Beziehungen zu de →Chirico aufweist. Stilleben, Figurenkompositionen und Portraits sind seine wesentlichsten Themen. Sein Spätwerk ist durch eine Reihe von puristischen Stilleben gekennzeichnet, die auf Formprobleme und die reine Farbfläche reduziert sind.

Cassapanca, wörtlich „Truhenbank". Italien. Renaissancemöbel: durch Arm- und Rückenlehnen als Sitzgelegenheit ausgebildete Truhe.

Cassatt, Mary. Amerikanische Malerin und Graphikerin. Geb. 1845 in Pittsburg, gest. 1926 in Paris. 1870 übersiedelte sie nach Paris und bereiste von dort aus Italien und Belgien. Hierbei nahm sie Anregungen von →Correggio und →Rubens auf. In Antwerpen begegnete sie →Degas, bei dem sie Unterricht nahm und der sie mit den Impressionisten bekannt machte. In

ihren Werken steht das Thema „Mutter mit Kind" im Mittelpunkt. Stilistisch ist sie sowohl von Degas als auch von der japanischen Holzschnittkunst stark beeinflußt. Neben ihren impressionistischen Gemälden schuf sie zahlreiche Farbradierungen und Holzschnitte.
Lit.: J. Rewald, Geschichte d. Impressionismus, 1957.

Cassone. Italien. Truhe des 15. u. 16. Jhs. Sie diente als Brauttruhe und war ein Teil der Aussteuer. Die lange Vorderseite und die Seitenteile mit Malereien oder Intarsien verziert, deren Künstler bisweilen bedeutende Meister der italien. Früh-und Hochrenaissance waren, z. B. →Uccello, →Botticelli.
Lit.: P. Schubring, Cassoni, 3 Bde., 1915–23.

Castagno, Andrea del. Italien. Maler. Geb. 1423 in Castagno bei Florenz, gest. 1457 in Florenz. Einer der Wegbereiter der florentinischen Frührenaissance. Von →Masaccio und noch stärker →Donatello beeinflußt. Schuf in monumentalem Naturalismus wuchtige Figuren, die mit intensiver Eindringlichkeit des Ausdrucks und lebendiger Gebärdensprache eine starke plastische Wirkung erzielen. C. ist anfangs in der Farbgebung gewagt, später jedoch mildert er die Kontraste und findet zu einer ausgewogenen Tönung. – Hauptwerke: Fresken in S. Zaccaria, Venedig, 1442; Fresko des Abendmahls, Refektorium des Klosters S. Apollonia, Florenz. Weitere Werke in Florenz, London und Berlin.
Lit.: G. Fiocco, C., 1927; Ausstellungskat. Florenz 1954.

Castel del Monte (Apulien). Jagdschloß Friedrichs II. von Hohenstaufen. Kristallinisch-klare Fügung des Baukörpers um einen achteckigen Innenhof. Der zweigeschossige Gebäudering besteht aus trapezförmigen Sälen. An den 8 Ecken des Kernbaues wiederum achteckige Türme. Wölbung der Räume in zisterziensisch beeinflußter Gotik. Fortschrittliche sanitäre Anlagen. In C., gegen 1240 entstanden, entwickelt der Profanbau des Mittelalters eine Monumentalform, die ihn den Kirchen ebenbürtig macht. (Siehe Tafel 23).
Lit.: H. Hahn, Hohenstaufenburgen in Süditalien, 1961.

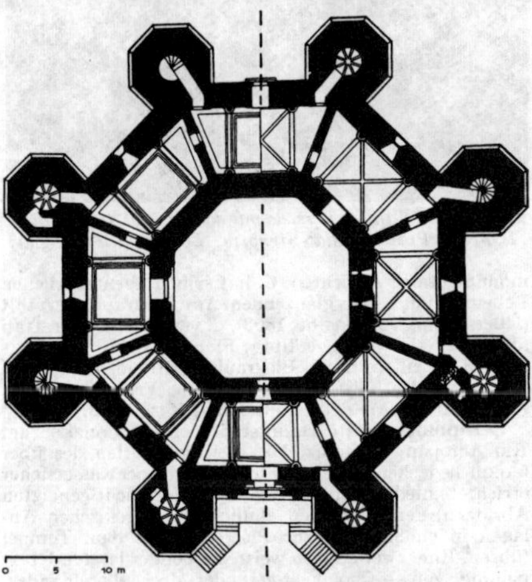

Jagdschloß Castel del Monte, Grundriß.

Castellamare di Stabia. Italien. Ortschaft mit Katakombenanlage ähnlich der von S. Gennaro in Neapel. Auf einen quadratischen Eingangsraum folgt ein langer Korridor, der in einem kleinen Saal endet. Von hier aus entwickeln sich weitere →Galerien.

Castellum. Röm. befestigtes Lager, im Unterschied von castra, der nur als Marschlager aufgeschlagenen Unterkunft der Legionäre. Das C. diente in erster Linie der Grenzsicherung entlang des Limes. Die Anlage ist in der Regel rechteckig und im Inneren durch zwei sich rechtwinkelig schneidende Lagerstraßen in vier Teile geteilt, die als Übungsplätze und Wohnquartiere der Militärs dienten. Nach außen ist das C. durch große Festungsmauern mit Türmen, Toren und Tortürmen abgesichert.
Lit.: Der kleine Pauly I, Sp. 1078f.

Castelseprio, S. Maria (nördlich Mailand). Die Freskoausmalung mit Szenen des Marienlebens und der Kindheit Jesu in halber Lebensgröße ist der bedeutendste neuere Freskenfund Italiens. Die sprühend lebendige, lockere Maltechnik, die zarte, bewegliche Empfindung und wache Geistigkeit der Gestalten erinnern an die kühnsten Improvisationen spätantiker illusionistischer Malerei. Geschaffen entweder von hellenisierten Syrern oder Alexandrinern, von durch den Bildersturm verdrängten Byzantinern oder von einheimischen, an östlichen Vorbildern geschulten Meistern. Ansetzung: 7. Jh. bis 2. Viertel des 10. Jhs. Der ikonographische Gehalt, Betonung der Menschwerdung Christi, weist wohl auf „mittelbyzant. Renaissance" des 10. Jhs.
Lit.: Bognetti/de Capitani d'Arzago/Chierrici, S. M. di C., 1948; K. Weitzmann, The Fresco Cycle of S. M. di C., 1951.

Casula →Kasel.

Catania. 728 v. Chr. gegründet. Die in der Kaiserzeit errungene Bedeutung verlor die Stadt, sie kam erst wieder unter den aragonischen Königen seit dem 14. Jh. zu Reichtum und Ansehen. Der Dom wurde im 11. und 12. Jh. unter Roger I. erbaut und mehrmals erneuert. Die Hauptfassade stammt von Vaccarini, sie wurde nach dem Erdbeben von 1693 errichtet. Das Innere ist dreischiffig mit Vierungskuppel. Durch Restaurierungsarbeiten wurden Überreste des ursprünglichen Baues freigelegt, u. a. auch in der Kreuzigungskapelle am Ende des linken Querschiffes, zu der ein Skulpturenportal von G. D. Mazzola (16. Jh.) führt. Der wertvollste Besitz des Domes ist der jüngst entdeckte Sarkophag König Friedrichs v. Aragonien (gest. 1337), eine röm. Arbeit aus dem 3. Jh. Die Leiche des Königs konnte durch einen Degen mit dem Wappen und den goldbestickten Samtmantel einwandfrei identifiziert werden.

Catel, Franz Ludwig. Deutscher Maler. Geb. 1778 in Berlin, gest. 1856 in Rom. Er begann seine Laufbahn als Holzschnitzer und Buchillustrator. 1807 ging er nach Paris und wandte sich dort der Ölmalerei zu. Er eignete sich ein hervorragendes technisches Können an, das seiner dekorativen Begabung entsprach. 1811 übersiedelte er nach Rom und malte in der Folgezeit zahlreiche Veduten, die er mit romantischen Licht- und Schatteneffekten durchsetzte. Nach 1813 bevorzugte er vor allem Motive aus dem süditalienischen Bereich. Später entwickelte er sich immer mehr zu einem hochgeschätzten Modemaler und arbeitet seit 1818 häufig für die europäische Aristokratie.
Lit.: Thieme-Becker.

Cathedra. Bischofssitz aus Stein oder Holz, der oft kunstvoll verziert war. Er stand in altchristlicher Zeit hinter dem Altar inmitten der Sitze der Geistlichen, →Bischofsstuhl.

Cattaneo, Danese (di Michele). Italien. Bildhauer. Geb. um 1509 in Colannata bei Carrara, gest. 1573 in Padua. Lernte bei →Sansovino in Rom, ging 1527 nach Florenz und anschließend nach Venedig, wo er als Mitarbeiter seines Lehrers tätig war. In Padua schuf er 1533 Stuckreliefs in der Cappella del Santo in S. Antonio und in den fünfziger Jahren Grabmäler. 1565 in Verona tätig (Grabaltar in S. Anastasia), anschließend umfangreiche Arbeiten in Venedig. 1572 ging er nochmals nach Padua, wo er für die Cappella del Santo in S. Antonio große Reliefs entwarf, die jedoch erst nach seinem Tode von Schülern ausgeführt wurden.
Lit.: Thieme-Becker.

Causeuse. Kleines, S-förmig geschwungenes Kanapee für zwei Personen (Empire).

Cavallini, Pietro. Röm. Maler, tätig Ende 13. Jh. Ausbesserung des frühchristl. Bilderschmucks von S. Paolo fuori le mura, →Rom (5. Jh.; C.s Tätigkeit etwa 1270–90) und Zusammentreffen mit →Arnolfo di Cambio formen auf der Grundlage byzant. Maltradition seinen Stil. Wichtigste Werke: Weltgerichtsbild in S. Cecilia,

Rom (Apsis); Mosaikzyklus aus dem Marienleben in S. Maria in Trastevere, Rom (Datum zerstört, wohl 1291). Das Statuarische der Figuren mit ihrem plastischen Volumen und der schweren Stofflichkeit der Gewänder bot eine der Voraussetzungen für →Giotto.
Lit.: L. Coletti, „Nota sugli esordi di Giotto", Critica d'Arte II, 124ff., 1937; R. Oertel, Die Frühzeit der italien. Malerei, 1953.

Cavea. Der Zuschauerraum des griech. →Theaters.

Cefalù, Dom. Bedeutendstes sizilianisches Beispiel normannischer Baukunst, vielleicht von franz. Baumeistern errichtet. Gegründet 1131 von König Roger II. als Grabkirche, 1154 Bauunterbrechung, Langhaus spätes 12. Jh. Dreischiffige Querhausbasilika mit Staffelchor, Kreuzrippenwölbung. Kapitelle mit Tierornamentik. Innenausstattung mit bedeutenden Mosaiken. Große Wandflächen sind von ihnen bedeckt. Da die Kuppel fehlt, ist das Bild des Pantokrators in die Konche der Apsis verlegt. Darunter befindet sich Maria, von Engeln umgeben. Weiter unten folgen zwei Reihen von Aposteln und Heiligen. Apsisraum um 1148 ausgeschmückt, die anderen Teile später. Für die Herstellung der Apsismosaiken hat sich der Normannenkönig höchstwahrscheinlich Künstler aus Byzanz erbeten. – Doppeltürmige Westfassade 1240 vollendet. Außenbau mit Rundbogenfriesen zwischen Lisenen. An Chor und Querhaus, als horizontaler Abschluß, umlaufende Blendgalerie von flächenhafter Wirkung. Auswirkung: →Palermo, Dom; →Monreale, Klosterkirche.
Lit.: H. Rau, Normannische Kunst in Sizilien, 1956.

Celebes. Die Insel liegt etwas abseits der wichtigsten Kulturströmungen →Indonesiens. Der Norden ist von den christianisierten Minahassa bewohnt, Süd-C. von Buginesen und Makassaren. Das ethnologisch interessanteste Volk sind die Toradja. Sie stellen nicht nur feine Rindenstoffe, sondern auch kunstvoll gewebte Tücher her, häufig mit Ahnenbildern in →Ikat-Technik oder mit →Batik-Mustern in einfacher Wachstropfentechnik verziert. In derartige Tücher werden die Toten gehüllt, die man in steinernen Urnen oder Sarkophagen beisetzt. Kunstvolle Holzarchitektur offenbart sich in den Häusern der Toradja, die ebenso wie die auf Pfählen stehenden Reisspeicher kühn geschwungene und an den Giebelseiten vorgezogene Dächer besitzen, was eine „schiffsförmige" Gestalt ergibt. Giebelfelder und Balken sind beschnitzt und mit geometrischem Dekor bemalt. Die Hauspfosten tragen häufig stilisierte Rinderköpfe, aus Holz nachgebildet, da das Rind im Weltbild der Toradja eine große Rolle spielt. Auch die Kampfschilde bestehen aus Rinderhaut und sind ornamental reich verziert.
Lit.: W. Kaudern, Art in Central C., 1944.

Celer. Röm. Architekt des 1. Jhs. n. Chr. Als Hofbaumeister Neros plante er gemeinsam mit →Severus die riesigen Anlagen des Kaisers. Wahrscheinlich geht auch das berühmte „Goldene Haus" (→Domus aurea) auf Pläne C.s zurück. – Sein Name ist außer in antiken Schriftquellen auf einem in Rom gefundenen Kapitell überliefert, dessen Inschrift ihn als Architekten Neros bezeichnet.
Lit.: H. Brunn, Geschichte der griech. Künstler II, 344.

Cella. Ursprünglich antike Bezeichnung für beliebigen kleinen Raum. – **1)** Fensterloser Hauptraum des antiken Tempels mit Götterstatuen. – **2)** cella coemeterialis, oberirdischer Kultraum, der altchristl. Begräbniskammern birgt. – **3)** cella memorialis, auch memorae: unterirdische Begräbniskammer. – **4)** cella trichora, oberirdische Gedächtniskapelle mit drei Apsiden in Kleeblattform. – **5)** Auch Bezeichnung für die Einzelzelle der Mönche.

Celle. Residenz der Herzöge von C.-Lüneburg. Das Schloß, über Resten einer mittelalterl. Wasserburg, umschließt mit 4 Flügeln den großen Innenhof. Außen- und Hoffassaden dieser Flügel 1660–80. Hofkapelle: 1565–80, charakteristischer Vertreter der protestantischen Schloßkapelle im 16. Jh. Die herzoglichen Wohn- und Repräsentationsräume zeigen allen Prunk fürstlichen Barocks im 17. Jh., besonders das Schlafgemach der Herzogin Eleonora d'Olbreuse um 1670. Ältestes Hoftheater Deutschlands mit Logen und Rängen.

Cellini, Benvenuto. Italien. Bildhauer und Goldschmied. Geb. 1500 in Florenz, gest. 1571 ebda. Arbeitete in Florenz, Bologna, Rom (ab 1523 für Klemens VII.), 1537 ein erstes und 1540–45 ein zweites Mal am Hofe Franz I. von Frankreich. Von seinen Goldschmiedearbeiten ist das berühmte Salzfaß für Franz I. (Wien, Kunsthist. Mus.) die einzig erhaltene. Technisch meisterhaft, seine künstlerischen Absichten wohl am klarsten ausdrückend, das Bronzebild des Perseus, mit dem Haupt der Medusa (vollendet 1554; Florenz, Loggia dei Lanzi). Ein Marmorkruzifix im Escorial erhalten. 1958 wurde die Bildnisbüste Cosimos I. wieder entdeckt. C.s Stil ist ohne →Michelangelo undenkbar, bleibt aber individuell in der Spannung zwischen preziösen Neigungen und

Benvenuto Cellini, „Perseus mit dem Haupt der Medusa" (Florenz, Piazza della Signoria, Loggia dell'Orcagna).

monumentalen Absichten. C. hat seinen abenteuerlichen Lebenslauf in einer glänzenden Autobiographie erzählt (Übersetzung von Goethe, 1803). C. verfaßte: Due trattati (dell'oreficeria e della scultura) Florenz, 1568.
Lit.: H. Focillon, B. C., Biographie critique, 1910; J. v. Schlosser, Das Salzfaß von B. C., in: Präludien, 1927; A. Venturi, Storia dell'arte italiana, X, 2, 1936.

Cempoala. Letzte Hauptstadt der →Totonaken am Rio Actopan, Veracruz. Die meisten Bauten des über 5 qkm bedeckenden Ruinenfeldes sind hochwassersicher errichtete niedrige Stufenpyramiden mit leicht geneigten Absätzen, deren Treppen ähnlich den aztekischen Anlagen in einem Zuge zur Plattform mit dem Tempel führen. Eine zweite Form weist wie bei der letzten Überbauung von →Cholula zwei oder drei übereinandergesetzte Terrassen auf, eine dritte Form schließlich zeigt Übereinstimmungen mit taraskischen Baukörpern. In der fast steinlosen Küstenebene errichtete man die Mauern aus Flußgeröll und Lehm, während der Verputz aus sauber geglättetem Kalkmörtel bestand. Skulpturen ebenso nicht aus Stein, sondern aus Ton geformt.

Cennini, Cennino di Drea. Italien. Maler aus Colle di Val d'Elsa, Schüler des Agnolo Gaddi. Verfaßte einen Kunsttraktat (Libro dell' arte), der an der Wende vom Mittelalter zur Neuzeit Einblick in die zeitgenössische Einschätzung der Trecentomalerei und in technische Gepflogenheiten italien. Künstlerwerkstätten erlaubt. – Italien. Ausgabe von C. und G. Milanesi, 1859; deutsche

Übersetzungen: A. Ilg 1871, 1888 (Quellenschriften f. Kunstgeschichte, Bd. 1); P. W. Verkade, 1916.

Cenotaphium. Leeres Grab, zur Erinnerung an einen in der Fremde Verstorbenen errichtet.

Centula. Ehemaliges Benediktinerkloster in St. Riquier (Abbeville/Nordostfrankreich), gegründet vom hl. Richarius (gest. 645). Der bedeutende karolingische Neubau (790–99) Angilberts, des Schwiegersohns Karls d. Gr., durch spätgot. Bau ersetzt und nur aus der Rekonstruktion Effmanns bekannt. Säulenbasilika mit Querhaus, Chorquadrat und →Westwerk, dem frühesten und zugleich vollkommensten der karolingischen Baukunst. Je ein breiter Rundturm über den Schnittpunkten von Langhaus und Querriegeln. Kleine Rundtürme neben dem Chorquadrat und vor der Fassade. Dreiseitig von Säulengängen umgebenes →Atrium, dessen Eingänge von Türmchen markiert sind. Frühe Ausprägung des für die Romanik kennzeichnenden Gruppenbaus durch Konzentrierung der Energien auf zwei Pole sowie durch den reichen Wechsel runder und eckiger, über- und untergeordneter Bauteile.
Lit.: W. Effmann, C., St. Riquier, 1912; K. J. Conant, Carolingian and Romanesque architecture, 800–1200, Pelican History of Art, 1959; E. Adam, Baukunst des Mittelalters, Ullstein-Kunstgeschichte IX, 1963.

Cernigow (bei Kiew). In C. hat sich, als die Kiewer Kirchen barock umgebaut wurden, die Kreuzkuppelkirche in alter Form erhalten. Die Erlöserkathedrale in C. gehört zu den schönsten Beispielen dieser Gattung (um 1036). Der großartige Monumentalbau besitzt zweigeschossige Emporen.

Cerro de las Mesas. Einer der Hauptfundplätze des olmekischen Stils in Zentral-Veracruz, Mexiko. Starke Verbindungen lassen sich nach →Teotihuacan, zu den →Maya und an die Pazifikküste feststellen. Unter Hunderten von Mounds finden sich Anlagen mit halbverschütteten Denkmälern. Vor allem sind etwa 10 Stelen erwähnenswert, die in Halbrelief reich verzierte Gestalten zeigen, die von Hieroglyphenstreifen begleitet sind. In Mayaart gelesen, ergäben sich vor allem Daten um 500 n. Chr. Hier wurde der größte Schatzfund von →Jade gemacht, darunter Stücke von außergewöhnlicher Schönheit (Weinendes Kind in durchscheinendem blauen Jade, Kanumodell, Buckliger usw.). Unter den Arbeiten in Ton ragt ein sitzender alter Feuergott hervor.
Lit.: Ph. Drucker, Ceramic stratigraphy at C., 1943.

Cerro de los Santos. „Berg der Heiligen" bei Monte Alegre in der spanischen Provinz Murcia, Fundort berühmter Statuen (Priesterinnen). Sie erinnern an die sogen. „Dame von →Elche", sind jedoch vermutlich jünger. Deutlich ist der griech. Einfluß auf die iberische Kultur. Die Plastiken können wohl in das 4. bis 3. Jh. v. Chr. datiert werden.

Certosa. Italien. Name für ein Kloster des Kartäuserordens; das berühmteste und architektonisch bedeutsamste die C. bei Pavia.

Certosina-Möbel. Italien. Möbel (Kästen und Truhen) der →Renaissance, mit →Intarsia aus Hölzern oder Elfenbein. Die im Namen angesprochene Beziehung zur →Certosa bei Pavia ist nicht geklärt.

Cerveteri. 45 km nordwestlich von Rom gelegene bedeutende etruskische Küstenstadt mit großen Hügelgräbern über reich ausgestatteten Kammeranlagen, die in der Banditaccia zu Straßen geordnet sind. Beispielhaft ist die Ausstattung des →Regolini-Galassi-Grabes. Die Funde zeigen deutlich griech. Einfluß, der besonders in den →Caeretaner Hydrien erkennbar ist.

Cestius-Pyramide. Antiker Grabbau des Gaius Cestius, eines hohen kaiserlichen Beamten der augusteischen Zeit. In Anlehnung an ägypt. Vorbilder wurde die Pyramide nach 12 v. Chr. in einer Höhe von 35 m in Rom erbaut. Der Baukern, der die Grabkammer enthält, ist mit einer kostbaren Marmorverkleidung ummantelt.

Cestosomatischer Typus der ostspan. →Levantekunst. Die menschliche Gestalt wird mit stark gelängtem Oberkörper, langen und dünnen Armen, überbetonten Beinen und rundem Kopf dargestellt.

Cézanne, Paul. Franz. Maler. Geb. 1839 in Aix-en-Provence, gest. 1906 ebda. Reiste nach anfänglichem Jurastudium 1861 nach Paris und bildete sich dort durch das Kopieren nach Barockmeistern und durch das Studium der Werke →Daumiers und →Delacroix' autodidaktisch aus. Mit den modernen Strömungen seiner Zeit wurde er durch den ihm seit früher Jugend befreundeten Dichter Emile Zola bekannt, der ihn bei den Impressionisten einführte. Von dieser Gruppe übte vor allem →Pissarro einen starken Einfluß auf seine weitere Entwicklung aus, besonders, als Pissarro den jungen C. 1873 auf eine Reise nach Auvers-sur-Oise mitnahm und ihm die Kenntnis neuer Malmöglichkeiten eröffnete. 1874 beteiligte er sich an der 1. Impressionistenausstellung. Seit 1879 lebte er, abgesehen von kürzeren Aufenthalten in Paris, wieder in seiner Heimat. – Deutlich lassen sich drei Hauptphasen seines Schaffens unterscheiden: 1) Die Frühzeit, die durch seine Kopien nach alten Meistern geprägt ist und Werke in dunklen Farbtönen überliefert (z. B. „Entführung", 1865). – 2) Die durch Pissarro und die Impressionisten beeinflußte Zeit in Paris brachte die Wende zu hellerer Palette, naturhafter Lichtstimmung und ungebrochenen Farben. Dies zeigen die zahlreichen Landschaftsbilder der Oise-Gegend. Daneben entstanden Portraits, die den Einfluß von →Daumier und →Chardin erkennen lassen. – 3) Erst nach seiner Rückkehr in die heimatliche Provence tritt C. in die entscheidende Phase seines Schaffens, die seinen europäischen Rang begründet. Er entwickelte einen festeren Bildaufbau, gekennzeichnet durch die Abkehr vom bedingungslosen Naturalismus der Impressionisten. Die Elemente der Natur (Steinformationen werden bevorzugt) werden auf einfache geometrische Grundformen reduziert und in die Komposition eingebaut. Damit betrat C. ein künstlerisches Neuland von kaum abzusehender Tragweite und einer variablen Breite, die mehrere Entwicklungsmöglichkeiten in sich einschloß. – Neben der sich zunehmend verfestigenden Form tritt die Farbe als Eigenwert der Gestaltung dominierend in Erscheinung. Damit wurde C. zum Wegbereiter verschiedenster auf ihn folgender Kunstströmungen wie z. B. →Fauvismus und →Kubismus.
Lit.: J. de Beucken, C., eine Bildbiographie, 1960; K. Badt, Die Kunst C.s, 1956.

P. Cézanne, „Steinbruch", 1898/1900 (Basel, Öffentliche Kunstsammlung).

Chabur. Linker Nebenfluß des Euphrat mit den an seinen Ufern liegenden wichtigen altorientalischen Fundorten →Chagar Bazar, →Tell Brak sowie →Tell Halaf im weiteren Quellgebiet des C.

Chacca (Zentralsyrien). Umfangreiche Klosteranlage des 5.–7. Jhs. An eine dreischiffige Pfeilerkirche mit rund ausladender Apsis schließt sich nach Norden eine große Zahl von Klosterräumen an, die sich um einen Säulenhof gruppieren.

Chacmultun. Mayastadt in der →Puuc-Region, Yukatan. Drei Gebäudegruppen erhalten, die typische Puuc-Elemente aufweisen (halbrunde Ziersäulchen,

Rundsäulen ähnlich →Sayil), in einem Raum blieben bedeutende Freskoreste erhalten.

Chadwick, Lynn. Engl. Bildhauer. Geb. 1914 in London, ansässig ebda. Nach einem abgeschlossenen Architekturstudium (1933) kam er erst 1945 zur Bildhauerei. Seine ersten Werke waren Mobiles, in denen er sich →Calder anschloß. 1951 löste er sich von der Bewegungsplastik und fand in spukartigen Gestalten, die auf dünnen Beinen stehen und halb Mensch, halb Vogeltier sind, eigene Ausdrucksformen.
Lit.: Knaurs Lex. d. mod. Plastik, 1964.

Chafadscha. Altorientalische Ruinenstätte im Dijalagebiet östlich von Bagdad; alter Stadtname Tutub. Mehrere Tempelanlagen der frühdynastischen Zeit, für die die Verwendung von plankonvexen Ziegeln charakteristisch ist. Tempelterrasse innerhalb eines doppelten Ovalzingels wie in el-Obeid. Die in den Kultbezirken gefundenen Beterstatuetten, Reliefplatten und -gefäße sowie →Rollsiegel zeigen den stark semitisch bestimmten abstrahierenden Stil →sumerischer Kunst während der frühdynastischen Zeit.
Lit.: A. Parrot, Sumer 374; E. Strommenger, Mesopotamien, 59 ff.

Chagall, Marc. Russischer Maler und Graphiker. Geb. 1887 in Witebsk. 1907–10 Malstudien in St. Petersburg (Leningrad). 1910–14 erster Aufenthalt in Paris, wo er mit den →Fauves und dem →Kubismus bekannt wurde.

M. Chagall, „Rabbiner", Lithographie.

Eine enge Freundschaft verband ihn mit →Apollinaire. Er fand aus der Synthese von Elementen der russischen Volkskunst und des →Fauvismus einen eigenen Stil mystischer Aussage, der einen bedeutenden Einfluß auf die deutschen Expressionisten hatte. 1914 erste große Ausstellung in der Galerie „Der Sturm" in Berlin. 1915 Rückkehr nach Rußland, wo er 1917 in Witebsk eine eigene Malschule gründete. 1922 siedelte er nach Berlin über und ließ sich 1923 in Paris nieder. In den folgenden Jahren führten ihn mehrere Reisen in den Mittleren Orient. 1941 emigrierte er nach den USA, von wo er 1947 nach Paris zurückkehrte. Seit 1949 lebt er in Vence. – 1961 wurde seine Autobiographie „Mein Leben" veröffentlicht. – Seine Bilder, die z. T. dem →Surrealismus nahestehen, sind von einer leuchtenden Farbigkeit und transponieren die dargestellten Dinge in eine phantastische Symbolwelt.
Lit.: W. Erben, Marc Chagall, 1957.

Chagar Bazar. Altorientalische Ruinenstätte am östlichen Quellfluß des →Chabur, nördlich von →Tell Brak, wahrscheinlich Residenzstadt Schubatenlil des Königs →Schamschiadad I. von →Assur, der an ältere Tradition der →Akkadzeit anschließt.
Lit.: H. Schmökel, GAV, 39, 97.

Chalcedon. Matter Quarzstein, der in der Antike häufig für →Gemmen verwendet wurde.

Chalco, Kleinstaat im Südosten des Tales von Mexiko, in dem als wichtiger praehistorischer Fund rohbehauene Steinwerkzeuge gefunden wurden („C.-Kultur"). Hier lebten Teotihuacan-Elemente nach dem Untergang der Stadt weiter, später war C. eines der Zentren mixtekischer Kultur.

Chaldäer. Stamm der →Aramäer im südlichen Mesopotamien. →Babylon.

Chaldische Kunst. Nach den Chaldern oder Urartäern benannte Kunst, deren Erzeugnisse auf die spätere hethitische Kunst von großer Wirkung waren. Die Funde stammen hauptsächlich aus dem Gebiet des heutigen Armeniens, aus der Spätzeit der C. stammen Bronzewerke und plastische Keramiken, die assyrischen Einfluß zeigen.

Chalgrin, Jean François. Franz. Baumeister. Geb. 1739 in Paris, gest. 1811 ebda. Nach seinem Studium in Paris folgte 1758 eine Italienreise. Anschließend in Paris tätig, wo er 1765–67 mehrere Hotels errichtete. Nach 1795 arbeitete er an der Erweiterung des Luxembourg. 1799 wurde ihm der Umbau des Inneren des Théâtre de l'Odéon übertragen. Erst am Ende seines Lebens begann er mit der Ausführung seines Hauptwerkes, das ihn berühmt werden ließ, dem „Arc de Triomphe" (1806 ff.), der jedoch von anderen vollendet wurde.
Lit.: Thieme-Becker.

Chalkidike. Griech. Halbinsel in Makedonien mit 3 Vorgebirgen. Die bedeutsamste antike Stadt der C. war →Olynthos. Aus der Nachbarstadt Mende stammte der berühmte Bildhauer →Paionios. – Der östlichste Berg ist der →Athos mit seiner großen Mönchsprovinz.

Chalkidische Vasen. Griech. schwarzfigurige Vasengattung der 2. Hälfte des 6. Jhs. v. Chr., benannt nach ihrem Entstehungsort, der Insel Chalkis. Fast ausschließlich stammen die C. (meist Hydrien, Amphoren und Kratere) aus etruskischen Gräbern und aus den chalkidischen Kolonien Unter-Italiens. Charakteristisch ist der Dekor, dessen freie Tier- und Ornamentsfriese eine elegante Linienführung zeigen.
Lit.: A. Rumpf, C., 1927.

Schloß Chambord.

Chalkographie (griech.: chalkos = Kupfer). Alte Bezeichnung für →Kupferstich.

Chalkolithikum →Kupferzeit.

Chamá. Mayaruinenstätte nahe Coban, Alta Vera Paz, Guatemala. Berühmt durch ihre prächtigen poly-

Chao Meng-fu, Kiefernpaar und Ausblick in die Ferne, Anfang 14. Jh.

chromen Gefäße, vor allem Vasen mit figürlichen Darstellungen (Fledermausgott, Priester, Begrüßungsszene). Lit.: E. Seler, Gesammelte Abhandlungen, III, 1908 (1960).

Chambord. Schloß der Valois-Könige, 16 km östlich von Blois. Zentrales Bauwerk der Loire-Renaissance, durch Franz I. 1519 begonnen. Die symmetrische Anlage bietet einen Kernbau, der in der Art eines mittelalterl. Donjon von Türmen an den Ecken gefaßt ist. Ein kreuzförmiger Korridor teilt in jedem Geschoß diesen Kernbau in 4 gleiche Quartiere; auf der Kreuzung eine doppelläufige Wendeltreppe, von allen bekannten die raffinierteste. Den Kernbau flankieren untiefe Galerietrakte und führen zu Seitenflügeln, die, niedriger als der Hauptbau, einen Rechteckhof bilden. Spielt der Plan noch mit franz.-mittelalterl. Gedankengängen des Burgenbaus, so bleibt die Detaillierung vollkommen im Bereich italien. Renaissanceformen und macht die Anlage zum Lustschloß einer höfischen Gesellschaft des beginnenden →Manierismus. Über der Dachterrasse des Mittelbaus tollkühne Verschneidungen von Kegeln, Zylindern, Schornsteinen und Fensterumrahmungen, überkrönt von der üppigen Laterne der Wendeltreppe.

Champaigne (Champagne), Philippe de. Fläm.-franz. Maler. Geb. 1602 in Brüssel, gest. 1674 in Paris, Hauptmeister der franz. Portraitkunst. Seit 1621 in Paris und mit →Poussin an der Einrichtung der Medici-Räume im Luxembourg beschäftigt. 1628 Hofmaler Ludwigs XIII. Viele religiöse Bilder für Kirchen und Klöster. Seine bedeutendsten Leistungen aber bleiben Bildnisse, in denen sich fläm. Realismus und franz. Distanziertheit zu psychologischer Eindringlichkeit des Stils verbinden. Die großen Stecher seiner Zeit haben seine Kunst verbreitet. Hauptwerke: Selbstbildnis, Richelieu, Doppelbildnis Mansart und Perrault, Ludwig XIII. (Louvre, Versailles und viele franz. Museen).
Lit.: W. Weisbach, Franz. Malerei des 17. Jhs., 1932; A. Mabille de Poncheville, C., 1938.

Champa-Reich. Staat in →Hinterindien, der von ca. 800 n. Chr. bis zur Islamisierung um 1600 blühte, und zwar neben dem kulturgeschichtlich wesentlich bedeutenderen Reich der →Khmer, die ihn zeitweilig unterwarfen. Die Kunst der Cham (sprich: Tscham) setzt die der →Dongson Kultur fort und ist chinesisch beeinflußt, trägt aber in ihren Grundzügen doch eher indisches Gepräge (z. B. Stil von Mi-son). Wir kennen aus der religiösen Tradition des Hinduismus Vishnu-Heiligtümer (etwa Quang-nam in Zentral-Vietnam) mit reichem Reliefdekor (Tänzerinnen, Flötenspieler, Einsiedler), aus jüngerer Zeit (Anfang des 8. Jhs.) mahayana-buddhistische Avalokiteshvara-Figuren aus Bronze und Stein.
Lit.: B. P. Groslier, Hinterindien, 1960.

Chanapata. Praehistorischer Fundplatz des Raumes von Cuzco ab etwa 4. Jh. v. Chr., Beginn entspricht zeitlich etwa Spät→Chavin (→Chiripa). Mauern aus lehmverbundenen Feldsteinen, Hockerbestattung, einfarbige sowie rot-weiß bemalte Tonscherben.
Lit.: J. W. Rowe, An Introduction to the Archaeology of Cuzco, in: Peabody Museum, Papers, Vol. 27, 1944.

Chancay. Die Kultur des Reiches von C. blühte zwischen 1200 und 1500 n. Chr. im mittleren Küstengebiet Perus in der Umgebung von Lima. Neben Metallarbeiten und guten Textilwaren vor allem durch die schwarz-weiß bemalte Keramik charakterisiert. Linienmuster oder cremefarbige und weiße Muster mit schwarzem Rand auf rotem Grund treten auf. Es erscheinen auch in Formen gepreßte Reliefs. Die Tonfiguren weisen starre Gesichtszüge und stereotype, abgewinkelte, flachmodellierte Handhaltung auf.

Chanchan. Größte praekolumbische Stadt Südamerikas, Hauptstadt des →Chimu-Reiches im Moche-Tal nahe Trujillo. Die planmäßige Anlage der Residenz der Chimu-Fürsten und Sitz der Aristokratie blüht besonders um 1400 n. Chr. Die Ruinenreste sind über mehr als 20 qkm verstreut. In den von Mauern umgebenen rechteckigen Bezirken lagen gewaltige Palastanlagen. Die Stadtteile weisen neben Pyramiden mit Tempeln und Friedhöfen Wasserreservoire, Lagerhäuser und Speicher zwischen den Häusern und Straßen auf. Die Grabanlagen waren mit Goldgeschmeide und Geschirr ausgestattet.

Chao Meng-fu. Chinesischer Maler, Kalligraph und Staatsmann aus Hu-chon. Geb. 1254, gest. 1322. Anfänglich am Kaiserhof tätig, zog er sich nach dem Sturz der →Sung-Dynastie ins Privatleben zurück. 1286 wurde er von den →Yüan-Herrschern wieder an den Hof berufen. In seinem Schaffen, dessen zentrale Themen Landschaft, Blumen und Pferde sind, bezog er sich vor allem auf die Malerei der T'ang-Zeit.

Chao Po-kü. Chinesischer Maler des 12. Jhs. n. Chr. Er arbeitete während der →Sung-Dyn. am Kaiserhof und war besonders als Landschafter, Figuren- und Blumenmaler sehr geschätzt. Vielfach wurden in späterer Zeit seine Werke kopiert und dadurch im Kunsthandel weit verbreitet.

Chapultepec. Der „Heuschreckenberg" war schon zur frühesten Zeit der Azteken ein strategisch wichtiger Felsen mit ihren ersten Ansiedlungen, bevor sie unter die Herrschaft →Colhuacans kamen. Standort eines alten Heiligtums und später Sommersitz der Könige und Stätte ihres Totenkultes. Die im 15. Jh. geschaffenen Felsenreliefs sind leider im 19. Jh. bis auf verschwindende Reste zerstört worden. Als Meisterwerk der Baukunst ließ König Nezahualcyotl 1466 ein Aquädukt erbauen, das Süßwasser über den See nach →Tenochtitlan leitete. – Das heutige Schloß war Residenz Kaiser Maximilians und später Sitz des Präsidenten, jetzt befindet sich dort das Museo Nacional de Historia.

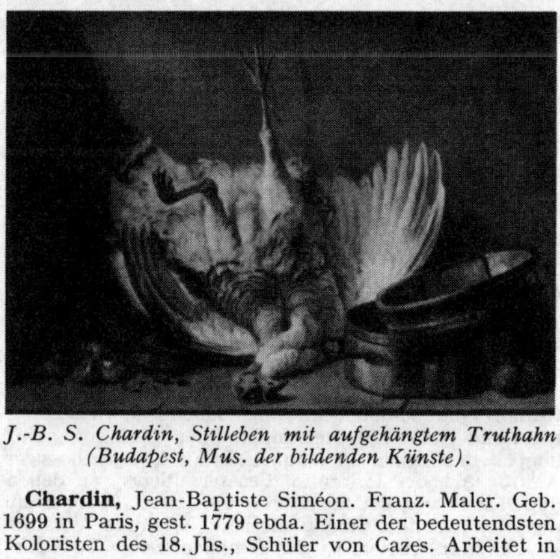

J.-B. S. Chardin, Stilleben mit aufgehängtem Truthahn (Budapest, Mus. der bildenden Künste).

Chardin, Jean-Baptiste Siméon. Franz. Maler. Geb. 1699 in Paris, gest. 1779 ebda. Einer der bedeutendsten Koloristen des 18. Jhs., Schüler von Cazes. Arbeitet in

Anlehnung an die Kunst der Niederländer, doch geht er in der Zusammenstellung der Farben und in der Bildaufgliederung einen Schritt weiter und schafft Stilleben, Pastellbildnisse und Genrebilder (naturnahe Darstellung ganz einfacher Dinge) von zauberhaften Farbtönungen und poetischem Glanz. – C. wurde von Largillière entdeckt, nachdem er sich künstlerisch fast als Autodidakt emporgearbeitet hatte. Er verbrachte sein Leben ausschließlich in Paris. Die beste Sammlung seiner Werke befindet sich im Louvre (Paris).
Lit.: A. de Ridder, C., 1932; E. Goldschmidt, C., 1945.

Charivari. Pariser Zeitschrift mit politisch-satirischen Tendenzen, gegründet 1832, jahrzehntelang von H. →Daumier mit prachtvollen Lithographien illustriert.

Charlottenhof. Schlößchen bei Potsdam, 1826–29 von F. L. Persius nach Plänen von C. F. Schinkel erbaut. Die grundlegende Idee war die eines antiken Landsitzes, daher wurden auch nur die für einen Sommersitz erforderlichen Räume geplant. Der eingeschossige Bau gilt als eine der edelsten Schöpfungen Schinkels.

Charlottenburg. Schloßbau in West-Berlin. Er wurde 1695 nach Plänen von A. Nering begonnen als Landhaus „Lietzenburg" für Sophie Charlotte, die Gemahlin Kurfürst Friedrichs III. Der nur 11 Achsen umfassende Kernbau zeichnet sich an der Hofseite noch deutlich ab, nur hatte er ursprünglich eine niedrige Kuppel über dem ovalen Gartensaal. 1700 wurden 2 den Hof flankierende Neubauten angefügt. 1702 schloß Eosander v. Göthe Hauptbau und Seitenflügel zu einer Dreiflügelanlage zusammen. An der Gartenfront wurde der Mittelbau über die Flucht der Seitenflügel hinaus verlängert und durch 4 kräftige Vorsprünge gegliedert. 1705 wurde das Schloß nochmals erweitert und bekam einen 48 m hohen, weithin sichtbaren Kuppelturm. Mit dem Regierungsantritt Friedrichs d. Gr. 1740 gewann es wieder an Bedeutung. Er ließ von G. W. von →Knobelsdorff den „Neuen Flügel" als Gegenstück zur Orangerie anbauen. Schließlich kam 1788–90 ein Schloßtheater dazu, das Langhans dem W-Ende der Orangerie anschloß. Die Länge der Schloßfront war somit auf 505 m angewachsen. Die Innenräume sind wieder soweit als möglich im alten Zustand hergestellt, nachdem der Mittelbau und der Neue Flügel 1943 bis auf geringe Reste der Dekoration ausgebrannt waren. Jenseits des Treppenhauses die beiden Festsäle: Speisesaal und Goldene Galerie, ein 42 m langer Tanzsaal mit Spiegelreihen und vergoldetem plastischem Schmuck auf grünem Stuckmarmor. Hinter dem Knobelsdorff-Flügel im Park liegt der „Neue Pavillon" von Schinkel. 1825 erbaut, zeigt er offene Loggien und eine umlaufende Galerie. Die Ausstattung, die ebenfalls von Schinkel entworfen war, ist 1943 verbrannt.

Charpentier, Alexandre. Franz. Bildhauer und Kunstgewerbler. Geb. 1856 in Paris, gest. 1909 ebda. In seinem Frühwerk dominieren Genrekompositionen und Portraits von historischen Persönlichkeiten Frankreichs. Nach 1890 schloß er sich einer Gruppe von Künstlern an, die eine Erneuerung des Kunsthandwerks zu verwirklichen suchten. In dieser Zeit entwarf er zahlreiche Möbel und Zimmereinrichtungen, die durch schweren und reich ausgeschmückten Zierat gekennzeichnet sind. Nach 1900 wandte er sich der Kleinplastik zu und schuf vor allem Medaillen, die stilistisch einen starken Einfluß →Rodins zeigen. Sein eigentlicher Ruhm gründet sich auf diese Werke, die in ihrem realistischen Impressionismus von großer Bedeutung sind.
Lit.: Thieme-Becker.

Chartres, Kathedrale. Altes Marienheiligtum in der Krypta (um 1000, gleiche Länge wie die Kirche). 1194 Brand der roman. Kathedrale. Portalzone des erhaltenen Westbaus (um 1145) von dem wohl aus →Laon kommenden „Chartreser Meister" in die Turmfront vorgerückt. C. (1194–1260) ist der erste hochgot. Bau, der im Grundriß und besonders im Aufriß kanonisch wird. Langhaus und Querschiff dreischiffig, Chor fünfschiffig mit doppeltem Umgang und Kapellenkranz. Dreigeschossiger Aufriß: Arkade, Triforium, Fenster. Pfeiler, an denen die Dienste von der Sockelzone aufsteigen. Neue Stufe der Raumvertikalisierung erreicht. Wichtige Vorstufe des Maßwerkfensters ist das Gruppenfenster des Obergadens: 2 Lanzettfenster mit darüberschwebendem Rosenfenster. Vierteiliges Gewölbe. Die hochbedeutende, noch originale Verglasung läßt in C. die diaphane Struktur des got. Kirchenraums erkennen (→Gotik). Erstes offenes Strebewerk, das den Außenbau in ein Gliedergerüst einhüllt. Ursprünglich waren 9 Türme geplant, nur die Westtürme wurden vollendet (Nordturm 1513 von Jean de Beauce). Die Mitte des 12. Jhs. errichteten Königsportale der Westfassade zeigen bereits wesentliche Züge des späteren got. Figurenportals. Der Struktur des got. Gliederbaus entsprechend sind vor das noch abgetreppte Gewände frei gerundete Säulen und Figuren gestellt. Herkunft aus Relief und Malerei zeigt sich noch in der Bildung von Figur und Rücklage aus einem Block, an den herabhängenden Füßen und dem aus der flächig rahmenden Arkade abgeleiteten Baldachin. Vorbild für Rundfiguren vor Säulenschaft in Beauvais, St. Quentin (um 1130), für Archivoltenfiguren in Aulnay (Westportal). Programm: biblische Könige; Christus mit Evangelisten, Aposteln, Engeln, apokalyptischen Greisen; Jugend Christi; Himmelfahrt. Die Querschiffvorhallen mit ihrem plastischen Schmuck (N Marienportal mit Wurzel Jesse; S Jüngstes Gericht, Heilige, Legenden) von →Laon herzuleiten, doch strenger. (Siehe Tafel 14).
Lit.: E. Mâle, Notre Dame de C., 1948; H. Jantzen, Die Kunst der Gotik, klassische Kathedralen Frankreichs, 1957; A. Katzenellenbogen, The sculptural programs of C. Cathedral, 1959; Y. Delaporte u. E. Houvet, Les vitreaux de la Cathédrale de C., 1926.

Chasechem. Letzter ägypt. Pharao der 2. Dyn., mit dessen wiederhergestellter Reichseinheit die →Thinitenzeit endet. Aus dem Tempel von →Nechen stammen zwei Sitzbilder aus Kalk- und Grünstein, die die älteste Grundform für die Darstellung des thronenden Pharao vertreten. Die Bodenplatte der Grünsteinplastik zeigt regellos gestreute Ritzbilder erschlagener Feinde, die betont in Gegensatz zur strengen Form des Königsbildes gestellt sind und die von C. überwundene Anarchie veranschaulichen.
Lit.: W. Wolf, KÄ, 61f.

Chassériau, Théodore. Franz. Maler und Graphiker. Geb. 1819 in Santo Domingo, gest. 1856 in Paris. Nach seinem Studium bei →Ingres in Paris bildete er sich auf Reisen nach Belgien, Holland, Südfrankreich und Algier weiter. Später war er stark von →Delacroix beeinflußt und versuchte den klassisch linearen Stil seines Lehrers mit der reichen Farbigkeit von Delacroix zu verbinden. 1844–48 entstand als eines seiner Hauptwerke die Freskenfolge für den „Cour des Comptes" (Rechnungshof) in Paris (Fragmente hiervon im Louvre). Mit seiner Monumentalmalerei übte er vor allem auf →Puvis de Chauvannes großen Einfluß aus. – Daneben schuf er zahlreiche Aktbilder und Portraits, in denen er seinem Lehrer Ingres vergleichbar ist.
Lit.: Thieme-Becker.

Château de Maisons. Der kleine Schloßbau in der Nähe von Paris, 1642–50 von François →Mansart errichtet, für die Entwicklungsgeschichte des →Schlosses von großer Bedeutung. Der Architekt erprobt peinlich genau jede Wirkung und scheut auch nicht davor zurück, bereits gebaute Teile wieder einzureißen. Im Äußeren Verwandtschaft mit dem 7 Jahre älteren Mansart-Trakt in →Blois. Dreiflügelanlage von geringer Tiefe, Ordnungen in zwei Geschossen, hohe Dachaufbauten, vorzügliche Detaillierung.

Châteaudun. Bedeutende Schloßanlage der Spätgotik über mittelalterl. Resten. Besonders der Westflügel, 1460 begonnen, zeigt die neuen Prinzipien durchlichteter Wohnräume und schöner Detailgliederung. Der Wendelstein (Treppenturm), spätgot. Elemente mit Renaissanceformen vermischend, gehört zu den Prunkbeispielen seiner Gattung.

Chattier. Altanatolische Bevölkerung vor Einwanderung der →Hethiter, die auch als protochattisch bezeichnet wird und nachhaltig die Kultur der Hethiter beeinflußt hat. Der Name ist in dem der Hauptstadt Chattuscha (→Boghazköi) und im Königsnamen →Chattuschil erkennbar, während sich die indogermanischen

Einwanderer wahrscheinlich nach dem noch nicht lokalisierten, aber urkundlich bezeugten Nesa als Nesier bezeichneten (→Anitta).
Lit.: H. Schmökel, GAV, 119ff.; E. Akurgal, HK, 7ff.

Chattuschil. Königsname der →Hethiter. C. I., Nachfolger des Labarna (ca. 1570–1531 v. Chr.), unter dessen Herrschaft Chattuscha (→Boghazköi) Hauptstadt wird. Erweiterung des Machtbereiches nach Nordsyrien, wodurch die Voraussetzungen für die Unternehmungen seines Nachfolgers →Murschili geschaffen werden. Unter C. II., dem Sohn und Nachfolger →Tutchalijas II., Schwächung der Hethitermacht durch den Aufstieg des →Mitanni-Reiches. C. III. schloß 1269 den Vertrag mit →Ramses II., der die Beziehungen zu Ägypten regelte. Die Tochter C.s II. wurde in den Harem Ramses' II. aufgenommen, wie ein Relief am Felsen von →Abu Simbel berichtet.
Lit.: H. Schmökel, GAV 123, 127, 135; E. Akurgal, HK 29ff.

Chavin. Das kleine Dorf Ch. de Huantar in den Hohen Anden (Cordillera Blanca) des nördlichen Zentralperu liegt in der Nähe eines archäologischen Fundplatzes, der dem Ch.-Horizont seinen Namen gab. Ein riesiger, um einen zentralen Hof gruppierter Gebäudekomplex (183 m lang, bis zu 12 m hoch) gehört der formativen Phase an, die Ausbreitung der Kultur in den Küstentäler der klassischen Epoche. In den Wänden erscheinen gigantische Groteskköpfe, die in aus dem Material voll herausgearbeitetem Flachreliefschnitt zumeist mit Mauerzapfen eingelassen sind. Im Mittelpunkt der Verehrung steht eine Jaguargottheit mit langen, gebogenen Hundezähnen. Verbindung besteht zum Kondormotiv. Häufig wird eine Katze mit menschlichem Körper dargestellt. Immer kehren Schlangen wieder, teils den Kopf umrahmend, teils aus dem Mund hervorkommend. Die ältere Tempelanlage ist für ein 4,60 m hohes Götterbildnis aus weißem Granit geschaffen („El Lanzon"); der letzten Phase gehört die Raimonditafel des Nat.Museums in Lima an (2 m) und zeigt ein von übereinandergetürmten Raubtierrachen gekröntes Götterungeheuer. Der Küste entlang breiten sich Ch.-Motive nach Süden aus (Küsten-Ch. →Cupisnique), mit vielfarbigen Verzierungen der →Paracas-Töpferei gemischt. Örtliche Varianten vorhanden, Ausdehnung noch unbekannt. Die Ornamentik zeichnet ein überaus kurvenfreudiger Stil aus; Realistik kommt neben abstrakter Stilisierung vor. Neben herrlichen Keramikformen ohne bisher bekannte Vorstufe finden sich Schmuck aus Türkis, Bein, getriebenes Goldblech und Knochen-Schnitzereien mit Türkiseinlage.
Lit.: J. C. Tello, Discovery of the C.Culture in Peru, Amer. Anthropologist, 1950.

Chelsea-Porzellan. 1747–1784 (ab 1770 hergestellt von der Fabrik zu Derby), Blütezeit um 1755–60. Berühmt sind die sogen. „Chelsea-toys": bemalte Riechfläschchen, Dosen und Bonbonnieren. – Marke: Frühzeit (bis 1749) Triangel, dann Anker.
Lit.: C. Sempill, English Pottery and Porcelain, 1947.

Chenes-Region (Los Chenes). Im nördlichen Zentral-Campeche, Halbinsel Yukatan, mit eigenem Maya-Kunststil (→Puuc). Die Fassaden werden von einer einzigen großen Maske eingenommen, deren Maul die Türe bildet, darüber die Nase und beidseits die Augen; Zähne und Unterkiefer stellen Einfassung und Schwelle dar. Regengottmasken, Gitterwerk, Rauten- und Mäanderfries als Zierat verwendet. Größte Stadt: Santa Rosa Xtampak.

Chenonceaux. Das Kernstück des Wasserschlosses im Cher über mittelalterl. Resten 1513–21 von Thomas Bohier, Schatzkämmerer der franz. Könige von Karl VIII. bis Franz I., errichtet. Die Formen der →Loire-Renaissance auf geistvolle Weise dem privaten Schloßbau angepaßt. Das Kernstück von Katharina von Medici um einen Galeriebau über die Cher-Brücke erweitert (entworfen von Philibert →Delorme). Aus der Zusammenfügung beider Teile entsteht eine Palastanlage, die den Geist des Hochmanierismus sinnfällig ausdrückt: das Haus über den Wassern. Am Ufer die Gärten der Diana von Poitiers und der Katharina von Medici.

Cheops. Zweiter Pharao der 4. Dyn. (26. Jh. v. Chr.), Sohn des →Snofru, Bauherr der größten →Pyramide Ägyptens bei →Gizeh, die mit ursprünglich 146,6 m Höhe und Quadratgrundriß von 230,38 m Seitenlänge zu den Weltwundern des Altertums zählte. Zur vollendeten Form fügt sich die Vollkommenheit der Konstruktion, mit der die Architektur der →ägypt. Kunst ihren ersten Höhepunkt erreichte. Ideale Raumproportionen offenbart die betont schlichte Sarkophagkammer auf halber Höhe im Innern des gewaltigen Bauwerks, dessen vorgelagerter Totentempel zusammen mit Aufweg und Taltempel heute verschwunden ist, so daß wir für das Gesamtbild der Anlage auf den analogen Befund der Pyramide des →Chephren angewiesen sind.
Lit.: W. Wolf, KÄ, 119ff.; E. Brunner-Traut, Ägypten, 359ff.

Chephren. Vierter Pharao der 4. Dyn. (26. Jh. v. Chr.). Bauherr der zweitgrößten →Pyramide neben der des →Cheops. Erhalten ist außer der Verkleidung der Spitze der meisterhaft gebaute Taltempel, der mit dem Totentempel vor der Ostseite der Pyramide durch einen gedeckten Aufweg verbunden war. Im Pfeilersaal des aus Rosengranit von →Assuan errichteten Taltempels standen die vom Bestattungsritual geforderten 23 Sitzbilder des C., in denen nach Ausweis einer erhaltenen Statue des vom Horusfalken beschirmten Pharao die Plastik der →ägyptischen Kunst des Alten Reiches ihre klassische Form gefunden hat. Nach dem Bild des C. wurde ein vom Bau der →Cheops-Pyramide stehengebliebener Felskern zum monumentalen →Sphinx gestaltet, vor dem ein Kultbau lag. Vom Flugsand zugeweht, wurde er wiederholt freigelegt, so schon durch →Thutmosis IV., zu dessen Zeit man das Kolossalbild als →Horus am Horizont deutete.
Lit.: W. Wolf, KÄ, 119ff.; E. Brunner-Traut, Ägypten, 364ff.

Chéret, Jules. Franz. Lithograph und Maler. Geb. 1836 in Paris, gest. 1932 ebda. Er gehört zu den Begründern mehrfarbiger Plakatkunst und schuf bereits nach 1870 farbige Lithographien für Plakate von Warenhäusern und Vergnügungslokalen. Neben einer starken Farbigkeit zeichnen sich seine Lithographien durch elegante Linienführung aus. Dabei lieferte er nicht nur die Entwürfe, sondern übertrug diese selbst auf den Stein.

Chersiphron. Griech. Architekt des 6. Jhs. v. Chr. aus Kreta. Nach der antiken Schriftquellenüberlieferung war er der erste Architekt des von Kroisos gestifteten archaischen Artemisions in →Ephesos. Da der an diesem Bau mitbeteiligte →Theodoros wohl hauptsächlich für die wegen des sumpfigen Bodens schwierige Fundamentierung zuständig war, wird man in C. den eigentlichen Entwurfsarchitekten dieses riesigen ionischen →Dipteros sehen dürfen.

Cherubim. Oberste Rangstufe der Engel. Werden schon in der Paradiesgeschichte erwähnt, dann wieder im Zusammenhang mit der Bundeslade. In Hesekiel 1, 4–25 haben wir eine genaue Beschreibung der C., die in Verbindung mit Offenbarung Johannes 4, 6–11 für die Künstler eine bestimmte Auffassung vermittelte. Die Darstellung der C. in Form des sogen. →Tetramorph ist dadurch angeregt. C. kommt auch als schlichter Engel vor, so in der →Wiener Genesis bei der Austreibung aus dem Paradies. Eine Verwechslung mit dem →Seraphim ist in der künstlerischen Darstellung des C. bisweilen festzustellen.

Cheruf. Ägypt. Haushofmeister der Königin →Teje. Grab in →Theben-West, das wegen seiner ungewöhnlichen Größe auffällt, mit reich ausgestaltetem Hof, Säulen-Querhalle, Pfeilerlängshalle. Datiert in das 36. Regierungsjahr →Amenophis' III., ist das Grab mit seinen vorzüglichen Reliefs, die zu den besten ägypt. Bildkunst gehören, kunstgeschichtlich besonders wichtig, vor allem, weil über dem Eingang →Amenophis IV. mit seiner Mutter Teje bei der Verehrung von Gottheiten gezeigt wird, unter denen das Atonsymbol noch fehlt. Die Darstellung fällt unmittelbar in die Zeit vor der →Amarna-Periode. Künstlerisch hochbedeutsam sind die Reliefs, die dem Staatsfest der Thronbesteigung →Amenophis' III. gewidmet sind. Sie zeigen den voll ausgereiften Stil der 18. Dyn. und sind von der Tendenz be-

stimmt, im Grab das Bild des Königs in den Vordergrund zu rücken.
Lit.: W. Wolf, KÄ, 502ff.; E. Brunner-Traut, Ägypten, 480f.

Chiaravalle Milanese. Besterhaltene der frühen italien. Zisterzienserkirchen. 1135 von Clairvaux (II) aus gegründet, von diesem platter Chorschluß und Kapellen an der Ostwand der Querschiffarme übernommen. Auch Rundstützen (vielleicht von →Tournus) und wulstige Kreuzrippenwölbung (wohl erst nach der Mitte des 12. Jhs.; Einwirkung auf andere mailändische Kirchen), burgundischer Backsteinbau lombardischer Tradition.
Lit.: H. Hahn, Die frühe Kirchenbaukunst der Zisterzienser, 1957.

Chiaroscuro →Helldunkel.

Chiasmus. Aus den Möglichkeiten der →Ponderation und des →Kontraposts hat →Polyklet in einem schriftlich fixierten Werk, das er →Kanon nannte, die antiken klassischen Darstellungsmaximen der menschlichen Gestalt systematisiert. Der Kernpunkt dieses Systems liegt im C., was bedeutet, daß be- und entlastete Teile einer Plastik über Kreuz angeordnet korrespondieren. So entspricht z.B. nach dem C. einem belasteten rechten Bein ein belasteter linker Arm, beziehungsweise einem entlasteten linken Bein ein entlasteter rechter Arm. Die Verbindung der Kraftlinien ergibt ein Gebilde, das dem griech. Buchstaben „chi", ähnlich dem lateinischen Buchstaben X, entspricht. Davon ist der Begriff C. abgeleitet.

Chiaveri, Gaetano. Italien. Architekt. Geb. 1689 in Rom, gest. 1770 in Foligno. Um 1722ff. im Dienste der Kurfürsten von Sachsen und Könige von Polen August II. und August III.; schuf in →Dresden als sein Hauptwerk die katholische Hofkirche, 1738–55, indem er Einzelformen des röm. Barock mit nordischem Raumreichtum verbindet und ein wirkungsvoll komponiertes Gesamtgebilde schafft.
Lit.: E. Hempel, G. C., der Architekt der katholischen Hofkirche zu Dresden, 1956.

Chibcha (oder Muisca). Vorkolumbischer Kunststil →Kolumbiens, gekennzeichnet durch großen Goldreichtum im 16. Jh. („El Dorado"). Gegossene Stücke meist nur aus einfachen Plättchen bestehend, Details mit Wachsfäden vor Guß angesetzt, Filigrantechnik vortäuschend. Die Werke geben einen flächenhaften, zweidimensionalen, etwas primitiv wirkenden Eindruck. Reichhaltige Sammlung im Museo del Oro, Banco de la República, Bogotá.

Chichén Itzá. Größtes postklassisches, praekolumbisches Sakralzentrum im nordöstlichen Yucatan und eine der bedeutendsten Maya-Metropolen, am heiligen Opferbrunnen (Cenote). Die Architektur weist 2 Stile auf: Mayaperiode (8./9. Jh.) und Toltekenperiode unter mexikanischen Herrschern (seit 10. Jh., Höhepunkt 11./12. Jh.) mit für das Hochland von Mexiko typischen architektonischen Zügen (→Tula), vor allem Pyramidentempel und Säulen in Gestalt von Federschlangen. Bedeutendste Bauten: Castillo (Überbauung des Tempels mit dem roten Jaguarthron aus jadeinkrustiertem Kalkstein) oder Tempel des Kukulcán; Tempel der Krieger (Überbauung des Tempels des Chac Mool; Wandmalereien) mit Kolonnaden und anschließendem Hof der 1000 Säulen; 7 Ballspielplätze, teilweise in Verbindung mit Tempeln, die auf Krieger- oder Ballspielerdarstellungen in Flachrelief überliefert sein könnten; Tzompantli als Gestell zum Aufspießen der Köpfe von Geopferten; Caracol, astronomischer Beobachtungsstand. Im alten Teil der Stadt Nonnenhausgruppe mit den sogen. „Elefantenrüsselmasken" (→Puuc-Stil). Archäologischer Fund von Türkismosaikscheiben und getriebenen Goldscheiben aus dem Cenote. (Siehe Tafel 7).
Lit.: A M. Tozzer, Ch. I. and its Cenote of Sacrifice, 1957.

Chichimeken. Jägerstämme aus dem Norden Mexikos, die der Kultur von →Teotihuacan ein Ende bereiteten (→Tolteken). Als chichimekische Altertümer im eigentlichen Sinne lassen sich Bauten und Reste in den 250 Jahren zwischen dem Ende des Toltekenreiches und dem Beginn der Aztekenherrschaft umreißen. Zentrum aus der Zeit der beginnenden Seßhaftigkeit war →Tenayuca. Auch die Haupttempel von →Tlatelolco und →Tenochtitlan reichen in die C.-Phase zurück. Der Übergang zur aztekischen Zeit vollzog sich in allmählichem Wandel ohne radikalen Stilbruch.

Chigi-Kanne. Berühmte protokorinthische Kanne in Oinochoenform (Rom, Villa Giulia). Die nach ihrem früheren Besitzer benannte Kanne ist um 640 v. Chr. entstanden. Sie wurde in Formello bei →Veji gefunden. Drei übereinandergestaffelte Zonen von figürlichen Darstellungen zeigen Kampf- und Jagdszenen, dazu Mythenhandlungen (Urteil des Paris). Von besonderer Bedeutung ist die reiche Farbgebung, die nach einer Nachricht Plinius' für die korinthischen Werkstätten charakteristisch ist. – Die lebensnahe Figurendarstellung läßt auf einen Künstler von größter Bedeutung und Fortschrittlichkeit schließen. Deshalb wird die C. von manchen Forschern dem berühmten korinthischen Maler →Ekphantos zugeschrieben.
Lit.: Arias-Hirmer, Tausend Jahre griech. Vasenkunst, 28 u. Taf. 16f., 1960.

Chichén Itzá, El Castillio, Kukulcánpyramide.

Childerich. Vater von König Chlodwig, dem Gründer des Frankenreiches. Im Jahre 1653 wurde in Tournay (Belgien) ein reich ausgestattetes Grab entdeckt, das unter anderem durch einen goldenen Siegelring mit der Umschrift CHILDERICE REGIS als Grab des C. zu identifizieren war. An weiteren Beigaben hat man u.a. ein zweischneidiges Langschwert (Spatha) und ein einschneidiges Kurzschwert gefunden; beide waren reich mit Gold und Almandinen verziert, hinzu kommen eine eiserne Wurfaxt, ein massiver goldener Armring und, als Mantelbesatz (?), „Bienen" aus Gold, deren Flügel mit Almandinen ausgelegt waren.
Lit.: H. J. Eggers, Einführung in die Vorgeschichte, 1959.

Chillida, Eduardo. Span. Bildhauer. Geb. 1924 in San Sebastian. 1943–47 Studium der Architektur in Madrid. Anschließend entstanden seine ersten Plastiken in Ton, Gips und Stein. 1948–51 Aufenthalt in Paris. Beeinflußt durch J. →Gonzales, findet er seinen eigenen Stil in einer abstrakten Formensprache. Sein bevorzugtes Material wird das Eisen. Er erlernte das Schmiedehandwerk und bringt es rasch zu einer souveränen Handhabung des Materials. Nüchterne, schmucklose Kompositionen mit kraftvoll einfachen Formen entstehen.
Lit.: W. Hofmann, Plastik d. 20. Jhs., 1958.

Chimaera. Antikes mythisches Mischwesentier mit einem Löwenkörper und Löwen- oder Drachenhaupt, einer Schlange als Schwanz und einem Ziegenkopf auf dem Rücken. Die C. spielte vor allem in der griech. Mythologie eine bedeutende Rolle und wurde bereits seit der Mitte des 7. Jhs. auf Vasenbildern dargestellt. – Eine einzigartige plastische Figur ist die bronzene C. in Florenz

(Archäologisches Mus.), eines der bedeutendsten Beispiele etruskischer Bildnerei des 6. Jhs. v. Chr.

Chimú. Nordperuanische Kultur, fällt in die Zeitspanne nach dem Rückgang des →Tiahuanaco-Einflusses und nach der Eroberung durch die →Inka. Die Hauptstadt des Militärstaates war →Chanchan im Mochetal. Die Keramik reicht qualitativ nicht an Frische und Farbe der →Mochica heran; vor allem Massenproduktion in schwarzer Farbe mit Steigbügelausguß und eingedrückter Zeichnung. Die Antlitze erscheinen in stereotyper Wiedergabe; charakteristisch ist ein kleines Tier (Affe) beim Ausguß. Kunstvolle Metallarbeiten, vorwiegend aus Gold (Brustplatten), oft aus Einzelstücken zusammengesetzt; Hackmesser aus Kupfer und Bronze. Zeremonialklingen weisen Handgriffe mit stehender Gestalt auf, aus gegossenen und gehämmerten Teilen zusammengesetzt, reiche Türkiseinlagen. Große Krüge aus getriebenem Metall, die Körperteilwiedergabe aus Blech scheint rituelle Zerstückelung widerzuspiegeln. Textilien wurden in gutem Zustand, erhaltener Farbenpracht und technischer Vollendung gefunden. Beliebt waren Mosaikarbeiten aus Muschelperlen und Federn (Kopfschmuck, Decken und Ponchos) mit dekorativen Mustern. Die umgebogenen Kiele der Federn wurden in Schlingen gehalten und einzeln reihenweise angenäht.
Lit.: S. K. Lothrop, Das vorkolumbianische Amerika und seine Kunstschätze, 1964; M. Schmidt, Kunst und Kultur von Peru, 1929.

Chincha. Keramikstil der peruanischen Südküste nach dem Rückgang des →Tiahuanaco-Einflusses (→Ica). Besondere Vorliebe zeigt sich für vielfarbige Verzierung. Der Stamm der C. verband sich mit den Inka.

Chinesische Kunst. Über viertausend Jahre reicht die Kontinuität chinesischer Kunstentwicklung zurück. Sie ist zwar nicht die älteste Hochkultur, die wir kennen, jedoch die stetigste und darüber hinaus die einzige, deren gegenwärtige Traditionen bis in die Zeit der alten Hochkulturen zurückgeht. – Ihre Periodeneinteilung erfolgt parallel zur politischen Geschichte und richtet sich – ähnlich wie in der →Ägyptischen Kunst – nach der Dynastienabfolge. **I.** Vorgeschichte (3. u. 2. Jahrtausend v. Chr.). Aus den Anfängen sind vor allem Keramiken überliefert, die in der →Jüngeren Steinzeit (um 2000 v. Chr.) bereits eine charakteristische Eigenentwicklung in Form und Dekor zeigen. Durch ihre hohe Qualität begründet sich hier eine der vornehmsten Traditionen chinesischen Kunstschaffens. Der europäischen Band- und Schnurkeramik verwandte Schmuckelemente treten auf. – Zur Vorgeschichte zu rechnen ist noch die Shang-Yin-Dyn. (1550–1027 v. Chr.). Durch die Grabungen in Anyang kennen wir aus dieser Epoche erstmals eine städtische Kultur auf dem Boden Chinas. Reste von Hausarchitekturen mit einem Unterbau aus Lehmziegeln lassen erkennen, daß die chinesische Pfahlhalle bereits in ihren Grundzügen ausgebildet war. – Von größter künstlerischer Bedeutung sind jedoch die berühmten Sakralbronzen der Shang-Zeit, die fast ausschließlich aus Anyang stammen. Die Ritualgefäße dieser künstlerisch und technisch hochstehenden Bronzekunst erlauben es, durch ihre Symboldekorationen Typenreihen aufzustellen, die datierbar sind. Die Einzelformen verraten eine unverkennbare Monumentalität, die Schmuckelemente sind häufig reliefiert oder plastisch ausgearbeitet. Die Symbolelemente beziehen sich, soweit deutbar, auf die Erde als fruchtbarem Mittelpunkt des Lebens und auf dämonische Mächte, die über das gesamte chinesische Altertum hin als Tiere gedacht und dargestellt werden. Sie stellen häufig zyklische Gedanken vom Kreislauf des Lebens dar. Diese relativ einfachen Grundgedanken werden in vielfacher Weise variiert. Die spätere Zeit, der ein direkter Zugang zu diesen Darstellungen und ihren Inhalten nicht mehr möglich war, bezeichnete sie mit dem magischen Wort „T'ao-t'ieh", dessen Bedeutung nicht bestimmt werden kann. **II.** Das Altertum (Chou-Dyn. und Huai-Periode 1027 bis 206 v. Chr.). Immer noch stehen die Sakralbronzen im Mittelpunkt des künstlerischen Schaffens. Seit ca. 1000 v. Chr. treten – bei unveränderter äußerer Form – mitgegossene Inschriften auf dem Deckel auf, die über Datum und Anlaß der Weihung Auskunft geben. Die Shang-Dyn. war 1027 durch ein mit dem Kampfwagen ausgestattetes Volk – wohl aus Nordwestchina kommend – vertrieben und durch die Chou-Dyn. ersetzt worden. Als neues religiöses Element, das vor allem aus den Sakralbronzen spricht, tritt nun die Ahnenverehrung und an Stelle der Erde der Himmel als maßgebliches göttliches Element in den Vordergrund. – In der Zeit von Mittel-Chou (946–7. Jh. v. Chr.) zeigen die Bronzen einen stark reduzierten Schmuck und deutliche Anzeichen eines Stilverfalls. Vor allem die symbolischen, reich ausgestalteten Darstellungen werden durch vertrockneten Dekor ersetzt. Auch die technische Qualität läßt deutlich nach. – Im 7. Jh. wird der Gedanke der

Chinesische Sakralbronze der Shang-Zeit (Washington, Freer Gall. of Art).

Reichseinheit, der erstmals mit den Chou verwirklicht wurde, unterhöhlt. Zwar besteht die Dyn. noch weiter, aber die einzelnen Gebietsfürsten erringen eine zunehmende Selbständigkeit, die die Feudalzeit (auch Huai-Periode genannt) heraufführt. Die Beziehungen zum Vorderen Orient bringen neue Formmotive und eine neue Hochblüte der Bronzekunst, die nun stark rationalisierte und säkularisierte Bildgedanken zum Vortrag bringt. Z. T. lassen sich deutliche Übereinstimmungen zum eurasischen Tierstil nachweisen (→Eurasische Kunst). Eine bereichernde Neuerung ist die vielfältige Verwendung von Gold und Silber für Geräte, aber auch als Einlagen in Bronze. Als Bildmotive treten vor allem stilisierte Tiere und Spiralformen, außerdem bandartig verflochtene Schlangendrachen auf. – Ebenfalls in diese Periode gehört als spezifisch chinesische Eigenleistung eine reich entwickelte Kalligraphie, deren phantasievolles Linienspiel im Kunsthandwerk vielfach anzutreffen ist. – Völker aus dem Wei-Tal erobern sich nach 221 v. Chr. eine Provinz nach der anderen, lösen die Herrschaft der Feudalherren gewaltsam ab und errichten das neue zentralisierte Kaiserreich der Ch'in-Dyn., die zum chinesischen Mittelalter überleitet. **III.** Mittelalter (206 v. Chr. – 1279 n. Chr.). Han-Dyn. (206 v. Chr. – 220 n. Chr.). Diese Epoche bringt die erste chinesische Monumentalplastik, vor allem geflügelte Löwen- und Drachenbilder in Stein, die bei den Fürstengräbern errichtet wurden. Stilistisch zeigen sie schwere, gedrungene Formen, die einer strengen monumentalen Konzeption untergeordnet werden. – Steinreliefs finden sich an Grabpfeilern und Opferhallen. Die berühmtesten Reliefs dieser Art wurden in →Wuliang-tsu in Shantung gefunden. Szenen aus dem Mythos und der chinesischen Geschichte werden in flächigem Silhouettenstil erzählt und gehen wahrscheinlich auf verlorene Fresken zurück. – Die Kleinkunst ist in vielfältigen Funden überliefert. Bekannt sind vor allem durch Raubgrabungen im Kunsthandel weitverbreitete Keramiken und Statuetten aus Gräbern. Die Gefäße zeigen in ihren Formen deutliche Anlehnung an die

Chen Hung-shou, Szenen aus dem Leben des Tao Yüan-Ming, 1. Hälfte 17. Jh.

Bronzeformen des Altertums und wurden wohl als billigerer Ersatz an Stelle der früheren Bronzegefäße nun in Ton – meist grün oder rotbraun glasiert – in großen Mengen hergestellt. Technisch handelt es sich hierbei um Bleiglasuren. Die Darstellungen zeigen Szenen aus dem Leben der Vornehmen, besonders häufig von der Jagd zu Pferd. – Besonders reich sind die Funde an Lackarbeiten, vor allem aus der Provinz Ssech'uan und von Lolang (heutiges Nord-Korea). Szenen aus dem täglichen Leben und feinste kalligraphische Arbeiten schmücken diese Lackmalereien, deren Formensprache eine bewußte Vereinfachung zeigt. Die vielfältigen Produkte wurden weithin exportiert. – Zu diesen Exportgütern zählten auch die Seidenstoffe, die bis zum Schwarzen Meer über die sogen. „Seidenstraße" gehandelt wurden. – Ist auch von der Architektur der Han-Zeit nur wenig erhalten, so geben die überlieferten Grabkammerreliefs eine Vorstellung von den damaligen Palastbauten. Sie zeigen die charakteristische Pfahlhalle mit Pfeilern und hohen, mehrgeschossigen Dächern. – Um 220 n. Chr. zerfällt die Han-Dynastie und wird durch die Reichsteilung in zuerst 3 Reiche, dann in 6 Reiche (220–589 n. Chr.) abgelöst. Wichtige Ereignisse und Neuerungen fallen in diese Zwischenzeit. Zum einen wird durch Wang Hsischih eine neue Schreibtechnik entwickelt (321–79 n. Chr.), die auch zu einem neuen Schriftstil führte. Erstmals wird der Pinsel mit seinen revolutionären Möglichkeiten entdeckt. Die Schrift befreit sich von der starren Linienführung und geht zu flüssigen Kurven über. Diese sogen. Grasschrift wurde seit ihrem Entdecker ein wesentliches ästhetisches Moment der Kalligraphie und später auch der Malerei (→Bambusmalerei). Sie hat bis heute an Gültigkeit nicht verloren. – Die zweite für die Weiterentwicklung der C. wesentliche Komponente ist im einzelnen noch nicht erforscht, läßt jedoch vermuten, daß sie mit Einflüssen aus dem Iran und Anregungen der Sasaniden zusammenhängt. Sie zeigt sich am deutlichsten in der Keramik, deren Form und Dekor um 500 n. Chr. mit der Tradition weitgehend bricht und eindeutig iranische und sasanidische Elemente aufweist. Historisch lassen sie sich wohl dadurch verstehen, daß China um 450 n. Chr. seine Grenzen bis unmittelbar an die des Iran ausdehnte. – Als drittes bildprägendes Element dringt im 5. Jh. n. Chr. der Buddhismus nach China ein, der in der Folgezeit trotz großer Verfolgungen bis in das 8. Jh. wesentlichen Anteil an den Kunstentwicklungen hatte. Dies vor allem in der Plastik, die sich unter dem Einfluß des Buddhismus zu großartigsten Leistungen steigert. Die Ikonographie der neuen Gottesdarstellung dringt aus Indien über Zentralasien ein. Eines der frühesten und zugleich großartigsten Beispiele ist der berühmte Grottentempel von →Yün-kang (Ende des 5. Jhs.) mit seinen zahllosen in den Fels gehauenen Bildern. Die formal lineare Stilisierung der Figuren, die besonders in den Gewandfalten deutlich wird, zeigt eine Umprägung der fremden Motive in eine chinesische Formensprache. – Die Skulpturen der Grotte von Lung-men (Ende 6. Jh.) zeigen eine weitere Druchdringung buddhistischen und chinesischen Erbes. – Diese Epoche des Umbruchs endet mit der erneuten Reichseinigung im Jahre 583 n. Chr., die durch die 630 an die Macht gelangende T'ang-Dyn. (bis Anfang 10. Jh.) gefestigt wird. Unter der Herrschaft dieser Dynastie erlebt China seine eigentliche politische und kulturelle Blüte, die seit einer 751 gegen die Mohammedaner verlorenen Schlacht allmählich zurückgeht. Die Plastik dieser Zeit ist stark von der indischen Kunst der →Gupta-Zeit beeinflußt und zeigt weichere Modellierungen und freiere Bewegungsmotive. Holz, Stein und Bronze, dazu gebrannter Ton, sind die häufigsten Materialien. Unter dem Kaiser Ming-huang findet vor allem die Malerei zu einem Höhepunkt. Die bedeutendsten Künstler dieser Zeit, Li T'ai po und →Wu Tao-tse arbeiteten an seinem Hof. – Das Mittelalter klingt aus mit der Sung-Dynastie (960–1279). Die Malerei schließt an die der vorangegangenen Dyn. an und bringt deren Neuerungen zu großer Blüte. Dichter wird die Zahl der zumindest namentlich bekannten Künstler. Die poetische Landschaftsmalerei steht im Mittelpunkt des Kunstschaffens. In der Regel spezialisierten sich die Maler und fanden außerhalb der Landschaft in Blumen, Vögeln und Bambusstudien ihre Themen. Als Bildträger dient hauptsächlich die hochformatige Bildrolle, die die früher bevorzugte Horizontalrolle ablöst. – Um 1100 vollzieht sich ein höchst bedeutsamer Wandel, der dadurch bedingt ist, daß von nun an die Persönlichkeit des Künstlers als Individuum immer stärker hervortritt und sich mit künstlerischem Anspruch behauptet. Es ist dies die Schwelle, die in der chinesischen Geschichte vom praehistorischen und archäologisch erfaßbaren Stadium in das historisch fixierbare Stadium überleitet. **IV.** Neuzeit (13. Jh. bis Gegenwart). Unter der von den Mongolen errichteten Yüan-Dyn. (1280–1368) verließen die Künstler, die über mehrere Jahrhunderte hin an den Kaiserhöfen gearbeitet hatten, den Hof der neuen Herren und zogen sich in die Einsamkeit zurück. Hier entsteht ein völlig neuer Stil der Tuschemalerei, der vor allem von den vier berühmten Künstlern →Wu Chen, →Ni Tsan, →Wang Meng und Huang Kungwang entwickelt wurde. Den poetisch zarten, in Halbtönen gehaltenen Werken der vorangegangenen Sung-Zeit wird nun eine herbere Formensprache von kühler Transparenz entgegengesetzt. Die Tuschetechnik wird zu einer kalligraphischen Ideenschrift vereinfacht. – Die Ming-Dyn. (1368–1644) vertrieb die Mongolen-Dyn. und richtete →Peking als prachtvolle Hauptstadt ein. Zahlreiche bedeutende Künstler wurden wieder an den Hof berufen. Die Kunst dieser Zeit ist durch eine Renaissance vergangener Epochen, besonders der T'ang-Zeit bestimmt. Verschiedene Malschulen werden gegründet, und verschiedene Stile verlaufen parallel. Wesentliches

Zentrum des künstlerischen Schaffens wird die Literatenmalerei (Wen Jen Hua), in der sich das Ideal des Zusammengehens von Malerei und Dichtkunst verwirklicht. – Eine besondere Rolle spielt seit dem 14. Jh. die Lackmalerei, deren Erzeugnisse sich seither kontinuierlich verfolgen lassen. Sie haben sich vor allem über Japan, das diese Ware reichlich importierte, erhalten. – Im 15. Jh. werden in der Malerei wieder Elemente der Sung-Zeit und ihrer Akademien aufgenommen und gelten sogar als Kriterien einer besonders hohen Kunst. Dabei tritt jedoch das poetische Stimmungsbild etwas hinter dem erzählenden Moment zurück. – Im 16. Jh. erreicht die Herstellung des Porzellans einen neuen Höhepunkt, nachdem es bereits seit dem 8. Jh. als beliebter Handelsartikel exportiert wurde. Der Export, der nun vor allem durch die Portugiesen betrieben wurde, hatte zur Folge, daß man sich in Ausstattung und Dekor der Ware nach dem Geschmack der europäischen Besteller zu Richten begann. Daneben aber entstanden Werke von höchst eigenwilliger Originalität, gekennzeichnet durch komplizierte Musterungen und kühne Farbgebung. – Für unsere Kenntnis chinesischer Architektur spielt die Zeit der Ming-Herrscher eine besondere Rolle. Fast die gesamte erhaltene ältere Architektur Chinas stammt aus

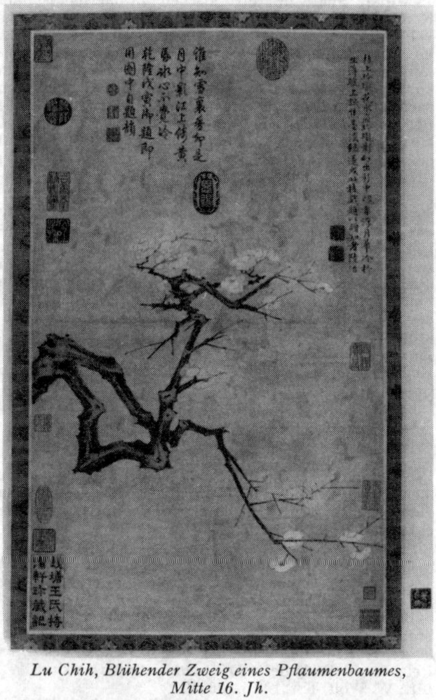

Lu Chih, Blühender Zweig eines Pflaumenbaumes, Mitte 16. Jh.

dieser Epoche und der ihr folgenden Zeit. In den einzelnen Bautypen ist eine gewisse Einförmigkeit nicht zu übersehen, da China für die verschiedenen Bauaufgaben wie Tempel, Ahnenhalle und Palast die gleichen Grundelemente verwendet und lediglich die →Pagode als gesonderter Typ entwickelt wurde. Die Architektur entwickelt sich nicht primär am einzelnen Bauwerk weiter, sondern in der Gesamtanlage und dem Zusammenklingen mehrerer Bauten, die zu einer größeren und variierbaren Einheit verbunden werden. Die Einbindung in die Landschaft spielt dabei eine besondere Rolle. Die Struktur des Einzelbauwerks basiert auf Erkenntnissen des 1. Jahrtausends v. Chr. Die charakteristische aufgebogene Dachschwingung geht wahrscheinlich auf das ursprünglich verwendete biegsame Material des Bambus zurück. Die Grundelemente des Hauses zeigen eine klare Dreiteilung von massivem Sockel- und Stufengeschoß, dem von Holzpfosten begrenzten Wandgeschoß aus Ziegeln mit Türen und Fenstern und dem darüber hochschwingenden Dach mit Konsolgebälk. Die Bauten bilden in der Regel als Einraumhaus die Kernzelle einer Anlage, die aus mehreren um einen Innenhof gruppierten Häusern besteht. Dies gilt sowohl für das Wohnhaus als auch für Palast und Klosteranlagen, wobei mehrere Höfe hintereinandergereiht werden können, so daß eine Anlage nach additivem Verfahren beliebige Ausmaße erreichen kann. – Die Kunstentwicklung ändert nicht diese Grundelemente, sondern zeigt sich in erster Linie in der Ausgestaltung und der phantasiereichen Anordnung und Gruppierung zu neuen Anlagen. – Zunehmende Verfeinerung zu einem höfischen Stil zeigen die Kunstwerke der Ch'ing-Dyn. (1644–1912). Die immer raffinierter entwickelten Malereien und kunstgewerblichen Gegenstände führen schließlich zu einer geschmäcklerischen Überhäufung ornamentaler Elemente. Die Maler des 17. und 18. Jhs. führen durch die vier →Wang-Meister nochmals zu einer hohen Blüte der Literatenmalerei, die an die Kunst der Yüan-Zeit anschließt. Stark ausgeprägte Einzelpersönlichkeiten mit zum Teil sehr originellem eigenen Stil lassen sich in den Malermönchen Pa ta Shanjen, →K'un Ts'an und →Tao-chi erkennen. – Seit dem 18. Jh. arbeitet das chinesische Kunsthandwerk zunehmend für den europäischen Markt und nach dessen Wünschen. Werden auch zuerst noch wertvollste Arbeiten in Jade, Porzellan, Lack und Textilien hergestellt, so läßt sich im 19. Jh. ein nicht aufzuhaltender Niedergang an Qualität und künstlerischer Kultur erkennen. Zunehmend dringen europäische Elemente vor allem in die Architektur ein und lassen das Ende der chinesischen Eigenentwicklung vorausahnen. (Siehe Farbtafel 7 und 8).

Lit.: J. u. A. H. Burling, Chinese Art, 1955; T. Dexel, Die Formen chinesischer Keramik, 1955; G. Debon – W. Speiser, Chinesische Geisteswelt, 1957; E. v. Erdberg-Consten, Das Alte China, 1958; J. Cahill, Chinesische Malerei, 1960; R. Goepper, Vom Wesen chinesischer Malerei, 1962; W. Speiser, Ostasiatische Kunst, UKG XVII, 1964.

Ch'ing-Dynastie. Letzte Dyn. der chinesischen Neuzeit, 1644–1912 an der Regierung. Unter ihrer Herrschaft erreichte die chinesische Kunst eine letzte Verfeinerung der dekorativen Elemente, während parallel hierzu – bedingt durch die Anforderungen des europäischen Marktes – deutliche Kennzeichen eines zunehmenden Stilverfalls auftreten. →Chinesische Kunst IV.

Chinkultic. Mayastadt im Bergland des südwestlichen Chiapas. Berühmt ist der runde Markierstein für das Ballspiel (Durchmesser 56 cm), der in der Mitte einen knienden Spieler mit seinem Kautschukball zeigt. Am Rand Hieroglyphenband mit Datum (590 n. Chr.).

Chinoiserie. Aufnahme und Umbildung ostasiatischer Motive in europäischen Kunstwerken, angeregt vermutlich durch eingeführtes Porzellan. Zuerst faßbar in niederl. Fayencen des 17. Jhs. Schöne figürliche Beispiele bei →Bustelli. Das →Rokoko entwickelt einen ausgeprägten Sinn für die ihm an sich fremde Motivwelt und richtet ganze Palasträume dementsprechend ein; Beispiele in Bayreuth, Ludwigsburg, in der Pagodenburg des Nymphenburger Parkes. Es können aber auch ganze Gebäude von der Welt der C. durchdrungen sein, z. B. der Japanische Pavillon im Park von Potsdam, 1754, oder das Japanische Palais in Pillnitz.

Lit.: E. Köllmann, in: Reallexikon zur Deutschen Kunstgeschichte, Bd. III, 1954; Ch. Yamada, Die Chinamode des Spätbarock, 1935.

Chios. Griech. Sporadeninsel. Die ältesten Siedlungsreste liegen im Süden der Insel in einer Hafenbucht und reichen in das →Neolithikum zurück. Die Siedlung wurde bis in die mykenische Zeit bewohnt. Darüber sind die Reste eines spätantiken Kastells gefunden worden. – Im 8. Jh. v. Chr. ist unterhalb dieses Platzes

ein Heiligtum für Apollon, Artemis, Aphrodite und Hera errichtet worden. Hiervon konnte ein Tempel mit Apsis und vier ionischen Frontsäulen gesichert werden. – In der Nähe am Hang finden sich ca. 50 Megaronhäuser mit jeweils eigener Terrassierung aus dem 7. Jh. v. Chr. – Die eigentliche Stadt lag im NW der Insel bei einem Demeterheiligtum und Nekropolen. Fast alle antiken Bauten sind der späteren Überbauung zum Opfer gefallen. – Bereits in archaischer Zeit (7. und 6. Jh. v. Chr.) war C. ein bedeutendes Handelszentrum, das seine Ware (vor allem Keramiken) bis nach Naukratis in Ägypten verschickte. – Auf C. mehrere byzant. Kirchen, wie die Aposteikirche in Pyrghi, die Kirche in Krina. Am bedeutendsten die Nea Moni (um 1054): acht Stützen tragen die Kuppel, ein Umgang fehlt in der zentralen Anlage; reicher Mosaikschmuck im Kuppelgewölbe und Blendnischen, die mit farbigen Marmorplatten bedeckt sind und nach oben mit Mosaik abschließen, geben dem Raum etwas Unwirkliches, die Raumgrenzen Überschreitendes. Der reiche Mosaikschmuck versinnbildlicht die großen Feste der Kirche. In dieser Ausschmückung haben wir eines der wenigen Zeugnisse der neuen, monumentalen, mittelbyzant. Malerei. Die Darstellungen sind sehr bewegt und haben das Hieratische abgestreift.
Lit.: Kirsten-Kraiker, Griechenlandkunde, 538f., 1962.

Chippendalestil. Engl. Möbelstil um die Mitte des 18. Jhs., geschaffen vom Londoner Kunsttischler Thomas Chippendale (um 1709–1779). Er war der Herausgeber des Vorlagewerkes „The gentleman and cabinet makers director" (1754). Die Möbel des C. sind leicht und vermeiden holzfremde Einlagen. Bevorzugtes Material: Mahagoni. In der Frühzeit chinesische Einflüsse, später das erste Eindringen neugot. Motive.
Lit.: J. Lowe, Möbel von Thomas Chippendale, 1955.

Chiram. Bronzeschmied aus kanaanäischer Kunsthandwerker-Familie, berühmt durch den Palastbau für David und die Tempel- und Palastanlagen Salomons. →phönizische Kunst.

Chirbet (auch Khirbet). Schloßanlagen aus omeyadischer Zeit in Jordanien (Wüstenschlösser). – **1)** Chirbet el Minje (auch al-Minya): zweigeschossige Jagdschloßanlage in Kastellform. Quadratischer Innenhof mit Säulengang, Thronsaal mit Mosaikfußboden, Moscheeraum, verschiedene Wohnräume. Bauinschrift nennt den Kalifen Walid. Von Qazwini wird später Hisham als Herr des Schlosses genannt. – **2)** Chirbet el-Mefdjer (auch Mafjar): Zweigeschossige, kastellartige Schloßanlage bei Jericho (Winterpalast) aus der Regierungszeit des Omeyaden-Kalifen Hischam, vielleicht für seinen Nachfolger, den Prinzen Walid II. ibn Yazid (gest. 744), erbaut. Torbau, Vorhof, quadratischer Innenhof mit Arkadengang, Moscheeraum mit Turm über dem Mihrab, Halle, Serdab, zahlreiche Gästeräume und zweite Moschee. Angeschlossen außergewöhnliche Badeanlage mit Audienz- und Thronraum. Reichste erhaltene Stein-, aber vor allem Stuckausstattung omeyadischer Zeit: ornamentale Flächenmuster, Akanthus- und Weindekor, vollplastische Menschen- und Tierfiguren, ehemals bemalt. Figürliches Mosaik im Diwan, Wandmalerei in den Privaträumen. Vielfältig gemusterte Gitterfenster aus Stuck. Byzant. und iranische Elemente in Stil und Tracht.
Lit.: R. W. Hamilton, Khirbat al Mafjar, 1959.

Chirico, Giorgio de. Griech.-italien. Maler. Geb. 1888 in Volo (Griechenland). Nach anfänglichen Ingenieurstudien kam er zur Malerei. 1906–09 Studium in München, wo er →Böcklin und →Klinger entdeckte. Anschließend reiste er nach Italien und sah dort das italien. Stadtbild von Turin und Mailand, das später in seinen Kompositionen eine bedeutende Rolle spielte. 1910 malte er die ersten Bilder, in denen der gesamte spätere →Surrealismus vorweggenommen erscheint. Intensiviert wurde dieser Stil durch einen Aufenthalt in Paris (1911), wo er mit den Kubisten zusammentraf. In scharfer Präzision stellt er italien. Platzanlagen dar, menschenleer und nur von technischen Gegenständen oder Gliederungen bevölkert. Der zerberstende Raum wird starren, leblosen Dingen gegenübergestellt. 1917 gründet er gemeinsam mit →Carrà die →„Pittura metafisica", unter der er die Darstellung der „metaphysischen Psychologie der Dinge" verstand. Seit 1924, als der eigentliche Surrealismus als breite Strömung sich entwickelte, wandte er sich von seinem Stil ab und kam zu einer historisierenden, literarisch-barocken Malweise.
Lit.: J. Faldi, G. de Chirico, 1949.

Chiripa. Kulturschicht vor dem expansiven →Tiahuanaco-Stil vom Südufer des Titicaca-Sees in Bolivien. Typischer Frühstil, etwa gleichzeitig mit →Chanapata. Neben der Bemalung mit gravierten Konturen kommt auch einfache Bemalung ohne Einritzungen vor. Verwendung fanden ein verwaschenes Gelb und Rot.
Lit.: W. C. Bennett, Excavations in Bolivia, 1936.

Chiton. Griech. hemdartiges Gewand aus dünnem Wollstoff, das in der Regel von Frauen unter einem Mantel, von Männern unter dem Panzer getragen wurde. So sind die berühmten archaischen →Koren in der Regel mit dem C. bekleidet.

Chiusi. Stadt des etruskischen Zwölferbundes am Rand der Chianasenke, das alte Clusium des Königs →Porsenna. Charakteristisch für die Gräber des 7./6. Jhs. v. Chr. sind die sogen. →Canopen, Aschengefäße, teilweise mit Armen ausgestattet, mit Totenmasken auf dem kopfförmigen Deckel. Deutlich ist die Entwicklung von flachen Bildungen zu vollplastischen Köpfen, die die Bedeutung des Kopfes als Wesensträger offenbaren. Hier zeigt sich der Zusammenhang mit →Phersu und persona in der Bedeutung Totenmaske. Bemerkenswert ist die Aufstellung der Canopen auf runden Thronsesseln, die sich auch in anderen Etruskergräbern nachweisen lassen. → Tomba delle cinque sedie, → Tomba degli scudi e delle sedie, →Tomba Campana. Ein Aschenbehälter aus C. ist in Form einer thronenden Grabstatue gebildet, deren Kopf ebenfalls abgenommen werden konnte. Noch ohne Deutung sind die mit vielen kleinen Statuetten und Greifenköpfen besetzten Urnengefäße, die von einer größeren Figur (des Verstorbenen?) gekrönt werden. Reliefs des 6./5. Jhs. mit Symposion-, Tanz- und Wagenszenen. Tomba del Granduca mit Keilschnittgewölbe. Hellenistische Reliefurnen →Poggio Gaiella.
Lit.: O. W. v. Vacano, E I, 174ff., 211ff.; E II, 198.

Chnum. Ägypt. Gott, menschengestaltig mit Widderkopf. Ein wichtiges Kultzentrum war →Elephantine, wo er als Spender des Nilwassers galt. In Antinoe und Esne wurde er als Ur- und Schöpfergott verehrt, der die Menschen auf einer Töpferscheibe formt. Darstellung dieses kunstgeschichtlich bedeutsamen Motivs in →Der el-bahri und →Luxor.
Lit.: S. Morenz, ÄR, 294; E. Brunner-Traut, Ägypten, 94.

Chnumhotep. Nach dem Gott →Chnum gebildeter ägypt. Personenname. Ch. II., Gaufürst unter →Sesostris II. mit kunstgeschichtlich bedeutsamem Felsengrab bei →Beni Hasan. Aus →Sakkara stammt die meisterhafte Statuette des Zwergen C., eine der zahlreichen Dienerfiguren, die für die Plastik der →ägypt. Kunst des Alten Reiches seit Ende der 4. Dyn. charakteristisch sind.
Lit.: W. Wolf, KÄ, 166ff., 368ff.

Cho. Mit →mao identischer Begriff chinesischer Kunstterminologie.

Chodowiecki, Daniel. Deutscher Radierer und Maler. Geb. 1726 in Danzig, gest. 1801 in Berlin. Meister des Zopfstils. Begann als Maler, ging jedoch 1770 zu Radierungen über, in denen er zu seiner ureigensten Begabung fand, sie entwickelte und so zum originellsten deutschen Graphiker des 18. Jhs. wurde. Zuerst Kaufmann, dann Emailmaler, schließlich Schüler von Rode. 1797 Direktor der Akademie der bildenden Künste in

Farbtafel 5: *Ziegenbock am Blütenstrauch aus dem Königsfriedhof von Ur, frühdynastische Zeit, um 2650 v. Chr.; London, Brit. Mus.*

Berlin. C. hat 2075 Radierungen geschaffen, in denen er die bürgerliche Welt des friderizianischen Preußen treffend und unverwechselbar schildert. Vorwiegend illustrierte er Bücher seiner berühmten Zeitgenossen (Klopstock, Goethe, Schiller), seine Hauptwerke sind die Illustrationen zu Lessings Minna von Barnhelm (1769), zu Sternes Empfindsamer Reise und zu Lavaters Physiognomischen Fragmenten.
Lit.: Kupferstiche, herausgegeben v. W. Engelmann, 1926; Schottmüller, 1912; Handzeichnungen von Boehn und Abramowski, 1926.

Chörlein →Erker.

Cholula. Altes Kulturzentrum im Hochland von Puebla. Gewaltige Pyramide (Höhe 62 m) übertrifft das Volumen der Cheopspyramide. 6 km lange Stollen klärten die Baugeschichte: der Kern geht auf die Zeit der Entstehung der Sonnenpyramide von →Teotihuacan zurück; 4 Überbauungen. Nach dem Ende des Toltekenreiches neues Zentrum der →Tolteken. Blühender Kulturmittelpunkt zur Aztekenzeit, reich durch Handel und Kunstfleiß, Erzeugung schöner, bemalter Tongefäße (→Puebla). Herkunftsort des Codex Borgia (→Bilderhandschriften). Dem Gemetzel durch die Schar des Cortés fiel u. a. der berühmte Tempel des Quetzalcoatl zum Opfer.
Lit.: I. Marquina, Arquitectura prehispanica, 1951.

Chons. Falkenköpfiger ägypt. Gott mit Mondsichel und -scheibe, als Sohn des →Amun und der →Mut verehrt. Tempel in →Karnak.
Lit.: S. Morenz, ÄR, 100ff.; E. Brunner-Traut, Ägypten, 94.

Chor. Ursprünglich Bezeichnung des für den gemeinsamen Gottesdienst und Chorgesang des Klerus bestimmten Platzes vor dem Hochaltar von Mönchs-, Stifts- und Domkirchen. Seit dem 14. Jh. übliche Benennung des gesamten Altarhauses mit Nebenräumen, auch bei Pfarrkirchen. Aussonderung eines C.raumes durch →C.schranken in der frühchristl. Basilika erst in späterer Zeit nachweisbar. Seit karolingischer Zeit Einschub eines C.quadrats zwischen Querhaus und Apsis, einmal um wegen der Vermehrung der Altäre ein gesondertes Sanktuarium für den Hochaltar zu gewinnen, zum andern, um den eigentlichen C.raum zu vergrößern (Bauplan von →St. Gallen, um 820). Dieser reichte gewöhnlich unter Einschluß der Vierung bis zum Langhausansatz, war um einige Stufen über das Kirchenniveau erhöht (bei Anlage einer →Krypta sogar beträchtlich höher) und durch →C.schranken, seit dem 13. Jh. durch →Lettner, im Barock durch C.gitter und Doxale gegen den übrigen, den Laien zugänglichen Kirchenraum abgegrenzt. Durch Weiterführung der Seitenschiffe um den C. entsteht der durch offene Bogenstellungen geschiedene C.umgang, oft von radial angesetzten, halbrunden oder polygonalen C.kapellen besetzt: Kapellenkranz (zuerst: Tours, St. Martin, 954–81). Diese Lösung wird in der roman. Baukunst Frankreichs führend; auch in die got. Baukunst übernommen. Die Cluniazenser (→Cluny II, 954–81) entwickeln durch Staffelung von Apsiden und Nebenräumen den Staffelchor und erweitern den C.teil bis zur Langhausmitte; Auswirkung auf die Hirsauer Bauschule (11., 12. Jh.). In der deutschen Romanik finden sich gelegentlich doppelchörige Anlagen, bei denen gegenüber dem Ostchor ein Westchor angelegt wird (Dome von →Mainz, →Worms, →Bamberg). Dies bedingt gleichgewichtige Verteilung der architektonischen Schwerpunkte auf zwei Pole und Verzicht auf die Westfassade. Eine Sonderform ist der Triconchos, bei dem C. und halbrundgeschlossene Querhausarme einander genau entsprechen. Die Kleeblattform der Ostteile hat →Zentralbau-Charakter (→Köln, St. Maria im Kapitol, Mitte 11. Jh.). – In der got. franz. Kathedrale führt die Vergrößerung der Domkapitel und die Freigabe von Querhaus und Vierung für die Laien zu beachtlicher Längung der Chöre. In der span. Kirche liegt der „coro", vom Altarraum (capilla mayor) durch die Vierung getrennt, im östlichen Langhausteil.

Choregisches Monument. Bezeichnung für ein griech. Weihmonument. Anlaß der Aufstellung war ein Sieg im musischen Agon, speziell ein Sieg für die Tragödiendichtung. Da als Siegespreis häufig →Dreifüße verliehen wurden, sind Nachbildungen von diesen als C. aufgestellt worden. Nach einer großen Anzahl dieser Monumente hieß in →Athen eine Straße „Dreifußstraße". An dieser steht heute noch als einziges erhaltenes C. das des →Lysikrates.

Choresmien. Gebiet südlich vom Aralsee. Unabhängiges Königtum bis zur arabischen Eroberung 712 n. Chr. Im 12./13. Jh. Loslösung von der seltschukischen Herrschaft. Unter den türkischen Choresm-Schahs selbständig, herrschte das Königtum von C. im gesamten islam. Osten von Tebris bis Ghazna unter Ma'mun II. im Anfang des 11. Jhs. An seinem Hof unterhielt er eine Gelehrtenakademie, in der der Geograph und Historiker Biruni und der Philosoph und Naturforscher Abu 'Ali ibn Sina (Avicenna) wirkten. – Stuck- und Keramikdekor im iranisch-seltschukischen Stil. – Ende der Herrschaft durch den Mongoleneinfall im 13. Jh.
Lit.: S. P. Tolstow, Auf den Spuren der Altchoresmischen Kultur, 1953.

Chorgestühl. Die zu beiden Seiten des Chors angebrachten Sitzreihen für Mitglieder eines Dom- oder Kollegiatskapitels oder einer Mönchsgemeinschaft, benutzt bei gemeinsamem Gottesdienst. Hervorgegangen aus der Bischofskathedra und den Subsellien der Priester in frühchristl. Zeit, fand das C. im 13. Jh. seine später nicht mehr veränderte Form: je eine obere und untere Sitzreihe mit hoher, durch Blendarkaturen gegliederter und mit Baldachinen versehener Rückwand, dem Dorsale. Sind die Sitze, die Stallen, durch hohe Trennwände geschieden, spricht man von geschlossener Form des C.s, sonst von offener. Den Abschluß des Gesamtkomplexes bilden die Wangen. Die Stallen haben Armlehnen, Accoudoirs und Klappsitze mit Gesäßstütze, der Miserikordie, am vorderen Rand. Die meist mit reicher Bildschnitzerei versehenen C.e haben sich besonders aus dem 14.–16. Jh. in großer Zahl erhalten. – Schönstes deutsches Beispiel: C. des Ulmer Münsters (→Ulm, Münster) von Georg →Syrlin d. Ä., 1469–74.
Lit.: R. Busch, Deutsches C. in 6 Jh.en, 1928; W. Loose, „Die C.e des Mittelalters" (Heidelberger Kunstgeschichtl. Abhandlungen, Bd. 11), 1931.

Chorsabad. 16 km nordöstlich von Mossul gelegene Ruinenstätte der von →Sargon II. gegründeten Residenzstadt →Dur Scharrukin.

Chorschranken. Schranken, die den für die Geistlichkeit bestimmten →Chor gegen die den Laien zugänglichen Kirchenteile abschließen, meist aus Stein. In frühchristl. Zeit halbhohe, brüstungsähnliche Altarschranken. Im Mittelalter mehr als mannshohe Abschlüsse, die gemeinsam mit dem gegen das Langhaus hin errichteten →Lettner auch eine optische Schranke bildeten. Bei Kirchen mit Chorumgang umzogen sie den gesamten Chor. Sie wurden häufig mit reichem Reliefschmuck, seltener mit Malerei versehen (Beispiel: →Bamberg, Dom).

Chosroes. Sasanidischer Königsname. C. I. (513–578 n. Chr.). Frontaldarstellung des thronenden Herrschers auf kostbarem Tafelgeschirr und Teppichen. C. II. (590–628). Palast und Feuertempel bei →Kasr-i-Schirin, Palast bei →Damghan. Unter beiden Herrschern, deren prunkvolle Hofhaltung in der Erinnerung der Iraner und Araber weiterlebte, erreicht die →Sasanidenkunst ihren letzten, weit strahlenden Höhepunkt.
Lit.: R. Ghirshman, Iran II, 383; H. H. von der Osten, WP, 142ff.

Chotscho. Auch als Idikutschari oder Khara-Chodscho bekanntes Ruinenfeld aus der 2. Hälfte des 1. Jahr-

Farbtafel 6: *Detail der Friedensseite der sogen. Standarte von Ur, um 2685–2645 v. Chr.; London, Brit. Mus.*

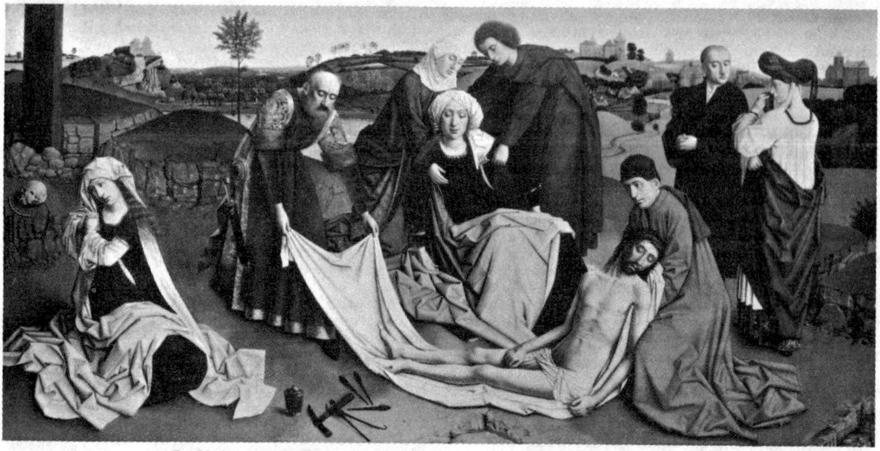

P. Christus, Beweinung Christi (Brüssel, Mus. Royaux des Beaux Arts).

tausends n.Chr. in der Turfan-Oase. Von quadratischer Ringmauer umschlossene Tempel- und Priesterstadt mit Resten vorwiegend buddhistischer, jedoch auch nestorianischer und manichäischer Kultbauten. Die Lehmziegelbaukunst hat Verwandtschaft mit der Wölbetechnik des sasanidischen Persien: Bogen- und Trompenkuppel. Als Sonderfall der indischen Kunst sind →Stupas als Freibauten oder in Pfeilerform errichtet. Fragmente der Wandmalereien, uighurische Schriftrollen und Tempelfahnen, buddhistische Seidenstickereien auf Baumwollstoff sowie beiderseits bemalte Blätter von manichäischen Manuskripten vor allem in der indischen Kunstabteilung der Staatlichen Museen Berlin.
Lit.: A. von Le Coq, C., 1913.

Chou-Dynastie. Erste Dyn. des chinesischen Altertums, die bei ihrem Regierungsantritt 1027 v.Chr. die Reichseinheit erstmals verwirklichte. Vom 7. Jh. bis zum Ende ihrer Herrschaft im Jahre 206 v.Chr. verlor sie zunehmend gegenüber den einzelnen Lehnsfürsten an Macht. →Chinesische Kunst II.

Chou-ta. Chinesischer Maler des 17. Jhs. n. Chr. (ca. 1630–50). Neben Blumen- und Vogelbildern schuf er in monochromer Tuschmalerei vor allem hervorragende Landschaften, deren fast impressionistisch anmutender Stil seinen eigentlichen Ruhm begründete.

Chrismarium oder Chrismatorium, Behälter zur Aufbewahrung des geweihten Salböls (Chrisma). Ursprünglich einfache Büchse (Pyxis) oder Flasche (Ampulla), wird es im späten Mittelalter kunstvoll geformt, z.B. in Gold gefaßtes Straußenei oder reich verziertes Horn, das in einem Deckeltürmchen abschließt.

Christianu (Peloponnes). Die Verklärungskirche in C. ist eine bedeutende byzant. Achtstützenkirche mit Umgang. Dieser ist nicht gewölbt, sondern mit Kuppeln bedeckt, die gleichzeitig als Verstrebungen fungieren.

Christliche Antike. →Altchristliche Kunst, →Byzantinische Kunst.

Christus, Petrus. Niederl. Maler. Geb. wohl um 1410 in Baerle/Brabant, gest. 1472/73 in Brügge. Schüler Jan van →Eycks. 1444 Meister in Brügge. Erster niederl. Maler, der den auf empirischem Wege ermittelten einheitlichen Horizont und Fluchtpunkt anwendet. Biblische Themen vom Meister v. →Flémalle und Rogier van der →Weyden beeinflußt, deren Pathos er zu stiller Verhaltenheit dämpft. Empfinden für körperliches und räumliches Volumen. Erstmals Halbfigurenbildnisse vor einem als Zimmer definierten Grund. Einfluß auf →Bouts, →Ouwater, →Geertgen tot Sint Jans. Hauptwerke: Maria mit Heiligen, Frankfurt/M., Staedel (1457); Sir Edward Grymestone, London, Nat.Gallery (1446).
Lit.: E. Panofsky, Early Netherlandish Painting, 1953.

Christusbild. Kirchenväter der frühchristl. Zeit haben die Meinung vertreten, daß Christus sehr häßlich gewesen sein müsse. Sie dachten vor allem an die Stelle Jesaias 51, die später auf Christus bezogen wurde, daß der Gottesknecht keine Schönheit besessen habe. Die altchristl. Kunst, die stark unter hellenistischem Einfluß stand, verwandelte das Bild Christi im 4. Jh. in einen bartlosen, schön gelockten Jünglings- oder Mannestyp. Etwa um 400 treffen wir den bärtigen Christus an. Die Majestasdarstellung Christi in den Apsiden der Basilika und auf Sarkophagen haben wohl zu dieser Auffassung des bärtigen Christustypus geführt. In Ravenna bestehen noch im 5. und 6. Jh. beide Typen nebeneinander. Während die Künstler der Ostkirche später in ihrem Schaffen an ein ganz bestimmtes C. gebunden waren, das angeblich der Himmel selbst geliefert hatte, hat die westliche Kirche ihren Künstlern die Freiheit gelassen, Christus nach ihrer persönlichen Auffassung zu gestalten. Daher hier die Fülle verschiedenartiger C.er bis in die Gegenwart.

Christus-Johannes-Gruppe. Ein →Andachtsbild: Christus mit dem an seiner Brust ruhenden Lieblingsjünger Johannes. Verdichtung und Isolierung eines Motivs der Abendmahlsdarstellung, für die auch Autorenbilder des Johannes – Christus als Attribut neben dem Jünger stehend – eine Voraussetzung bildeten. Aus dem 13.–15. Jh. etwa 30–40 Beispiele verschiedenster Größe, vorwiegend aus schwäbisch-alemannischem Gebiet, bekannt. Typusprägend: C. von Katharinental (um 1300; Antwerpen, Mus. Meyer v. d. Bergh).
Lit.: H. Wentzel, Die C. des 14. Jh., Der Kunstbrief Nr. 41, 1947; ders., „Ikonograph. Voraussetzungen der C. und das sponsus-sponsa-Bild des Hohen Liedes", in: Jb. „Heilige Kunst 1952"; R. Haussherr, „C.n in der Bible Moralisée", in: Zeitschrift für Kunstgeschichte 1964, 133ff.

Chromolithographie →Lithographie.

Chronogramm. Lat. Inschrift oder Beschriftung, bei der die röm. Buchstaben, die auch Zahlenwert besitzen, herausgehoben sind. Die Addition dieser Zahlen ergibt ein Datum. Gereimt wird C. zum Chronostichon.

Chronostichon →Chronogramm.

Chrysographie. Malen oder Schreiben mit einer Goldtinktur. Schönes Beispiel die frühmittelalterl. Handschrift des →Codex aureus.

Chryselephantin →Goldelfenbeinbilder.

Chün yao. Chinesische Bezeichnung für eine bestimmte Steingutware, die seit der Sung-Zeit (960 bis 1279 n.Chr.) in der Provinz Honan hergestellt wurde. Sie war berühmt wegen ihrer schillernden Glasur, deren grünblauer Grund häufig durch rote Farbflecken aufgelockert wurde. Die Gefäße, meist Schalen oder Vasen, bestehen aus einem dicken und schweren Material.

Chullpa. Grabtürme der alten Aimara-Bevölkerung in Bolivien aus Adobe und Stein in runder oder kubischer Form; teils mit Überkragungsgewölbe ausgestattet. Erst zwischen 1430 und 1470 erfolgte die Unterwerfung unter das Inkareich.

Chupicuaro. Vorklassischer praekolumbischer Fundplatz im Staat Guanajuato, Westmexiko, dessen Blütezeit in die mittlere vorklassische Periode fällt (etwa 800 v. Chr.). Bemerkenswerte Grabkeramik und Tonfigurinen, deren besonderes Kennzeichen extrem schräggestellte Augen sind.

Churriguera, José. Span. Bildhauer und Architekt. Geb. 1650 in Salamanca, gest. 1723 in Madrid. Seit 1689 hauptsächlich in Madrid, daneben in Salamanca und anderen Orten tätig. Schöpfer des →Churriguerismus, den seine Söhne Geronimo und Nicolas sowie seine Schüler über ganz Spanien verbreiteten und der erst durch den aufsteigenden Klassizismus am Ende des 18. Jhs. verdrängt wurde. Rathaus in Salamanca, um 1722; Turm der neuen Kathedrale, ebda.; Dekoration der großen Sakristei, ebda.; Altar der Dominikanerkirche S. Estebán; S. Cajetano in Madrid.
Lit.: O. Schubert, Geschichte des Barock in Spanien, 1908; A. Garcia y Bellido, Avances para una monografía de los C., in: Archivo español de arte y arqueologia, V, 1929, und VI, 1930.

Churriguerismus. Leidenschaftlich, ja pathetisch übersteigerte Variante des span. Barock, genannt nach ihrem bedeutendsten Vertreter José →Churriguera.

Churriter. Die sprachlich als eigenes Volk bezeugten C. stammen wahrscheinlich aus den Gebirgsländern nordöstlich des Tigris. Ihrer Expansion seit dem 17. Jh. v. Chr. ging eine lange Infiltration voraus. →Tischari, →Urkisch. Die politische Wirkung ist wie der religiöse Einfluß unbestritten in →Nuzi, im Reich der →Mitanni und →Hethiter, in →Ugarit und anderen Städten Syriens. Ein Gleiches gilt für die Entwicklung des Wagenrittertums mit Pferdegespann als Zeichen eines neuen Adelsbildes, →Streitwagen. Nur schwer zu bestimmen sind die C. in der Entwicklung der →altorientalischen Kunst.
Lit.: H. Schmökel, GAV, 154 ff.; A. Parrot, Sumer, 380; E. Strommenger, Mesopotamien, 91 ff.

Ciborium. 1) Überbau über einem Altar oder einem Taufbrunnen; →Piscina des →Baptisteriums. Im allgemeinen wurde es von 4 Säulen gestützt, zwischen denen bei Altären auch Vorhänge in altchristl. Zeit angebracht sein konnten. Der Grundriß des C. kann rund, rechteckig oder polygonal sein. Über dem abschließenden Gesims hatte es im allgemeinen ein aufsteigendes Pyramidendach. Im Unterschied zu dem Baldachin war das C. unbeweglicher, aber dauerhafter in seinem Material. In Deutschland gibt es das C. nur über Seitenaltären. Es steht dann an der Wand. Beispiel: Regensburger Dom, got. C. mit Wimpergen, Fialen, Statuen. – **2)** Das Weihbrotgefäß (auch Tabernakel genannt) aus Edelmetall, rund oder vieleckig gestaltet, mit Kelchfuß und Deckel, der in der Gotik die Form eines Turmhelms annehmen kann.

Cimabue. Italien. Maler. Erwähnt 1272 (Rom) bis 1302 (Pisa). Sicheres Werk: Figur Johannes des Evangelisten im Apsismosaik des Pisaner Doms (1302). Wichtigste Zuschreibungen: Madonna aus S. Trinità, Florenz (heute Uffizien); Fresken in den Ostteilen der Oberkirche von S. Francesco, →Assisi (um 1290 begonnen); überlebensgroßes Kruzifix in S. Croce, Florenz. C., Hauptmeister der florentinischen Malerei des ausgehenden 13. Jhs., wird von Dante als einer der berühmtesten Maler seiner Zeit erwähnt. Er füllt die Formen der →maniera greca mit verinnerlichter Ausdruckskraft. In den Fresken findet er zu monumentaler Größe und leidenschaftlichem Pathos.
Lit.: A. Nicholson, C., 1932; R. Salvini, C., 1946; P. Beye, C. und die Duecento-Malerei, ungedruckte Diss., Freiburg/Br. 1957.

Cinquecento (italien. „500“ als Abkürzung für 1500). In der italien. Kunst das 16. Jh., d. h. das Jahrhundert der Hochrenaissance, im Unterschied zum →Quattrocento, dem Jahrhundert der Frührenaissance.

Cinque santi (italien.). Gruppe von fünf →Oranten im Paradies, in der Katakombe S. Soteris.

Cippus. Steinkegel auf etruskischen Gräbern. Der C. weist darauf hin, daß in dem Grab ein Mann bestattet wurde.

Circus. Röm. Rennbahn mit langgezogenem Grundriß. Die Langseiten sind parallel geführt und münden auf einer Seite in ein Halbrund mit einem Tor, auf der anderen Seite in bogenförmig angeordnete carceres. Die eigentliche Kampfbahn, die Arena, wurde durch eine längs verlaufende niedrige Mauer, die Spina, halbiert. Das Rennen verlief um die Spina herum, die Spina selbst war häufig mit Figuren und Symbolen für Schutzgottheiten geschmückt. – Seit dem 4. Jh. v. Chr. ist der C. in der röm. Architektur bekannt. Große Anlagen wurden in der Kaiserzeit geschaffen, deren berühmteste der C. Maximus in Rom ist, in dem ca. 60000–80000 Zuschauer die Wagenrennen verfolgen konnten. In seiner erhaltenen Form geht er auf eine von Caesar erbaute und von Trajan erweiterte Anlage zurück.
Lit.: E. Nash, Pictorial Dictionary of Ancient Rome, II, 1961, 232 ff.

Cimabue, Thronende Madonna, ca. 1280–1285 (Florenz, Uffizien).

Cire-perdue →Gelbguß.

Ciste. Aus dem Etruskischen abzuleitende zylindrische Gefäßform mit Deckel. In der Regel aus Bronze. Die meisten Cisten sind im 4. und 3. Jh. v. Chr. entstanden und mit reichen szenischen Darstellungen graviert. Der Stil dieses Bildschmuckes entspricht der unteritalisch-griech. Kunst.
Lit.: Brunn-Körte, I relièvi delle urne etrusce, 1877–1911.

Cîteaux (bei Dijon). Zerstörtes Mutterkloster des

Zisterzienserordens, der von cluniazensischen Mönchen als Protest gegen den verweltlichten Machtanspruch und die Prachtentfaltung von →Cluny III gegründet wurde. (Durch Bernhard v. Clairvaux – seit 1113 – bedeutendster Orden des 12. Jhs., dessen Tochtergründungen sich über ganz Europa ausbreiteten; Ordensideale: Askese, harte körperliche Arbeit; straffe Organisation führt zu einheitlichen Bauformen, →Zisterzienserbaukunst.) Direkte Nachfolge: 1114 La Ferté und →Pontigny; 1115 Morimond und Clairvaux.
Lit.: →Zisterzienserbaukunst.

Clermont-Ferrand (Auvergne), Nôtre-Dame-du-Port. Baubeginn nach 1100; Isometrie.

Civate, San Pietro al Monte bei Lecco/Comer See. Einziger erhaltener lombardischer Freskenzyklus roman. Zeit. Um 1180. In der dreischiffigen Vorhalle der Kirche reiche Ausmalung. An der Stirnseite zum Langhaus Kampf der Engel mit dem apokalyptischen Drachen in kalt-bunten, abstrakten Farben. Rundgeschliffene, sich wiederholende Formen, zeichenhaft pathetische Gebärden, deren Abfolge die Fläche rhythmisch gliedert.
Lit.: P. Toesca, Monumenti dell'antica abbazia di S. Pietro al Monte di C., Artis Monumenta fotografica edite I, 1951.

Cividale. Zwei wichtige Kunstwerke aus dem 8. Jh.: das Ciborium des Patriarchen Callixtus (um 730) und der Pemmoaltar aus der Kirche S. Martino (um 730–737). Dieser laut Inschrift gestiftet vom König Ratchis Hidebohohrit, dem Sohn des Herzogs Pemmo. Auf der Vorderseite und den Nebenseiten folgende Szenen: die Himmelfahrt Christi, die Anbetung der Könige und die Heimsuchung. Der flächige Stil der Figuren, besonders auch der Ornamente und Pflanzen, weist den Altar in die Stilrichtung der oberitalien. dekorativen Plastik.

Clair-obscur →Helldunkel.

Clair-obscur-Schnitt →Holzschnitt.

Claude Lorrain →Lorrain, Claude.

Claustrum. Bezeichnung für das Klostergebäude einschließlich des Kreuzganges.

Claydon (England). Schloß der Familie Verney, 1750–84 geschaffen. Detaillierung der Innenräume in gediegenem Klassizismus, aber erstaunlicherweise angereichert mit einem unorthodoxen Dekor, das eine Variante des festländischen→Rokoko darstellt,→Chinoiserien.

Clermont-Ferrand. Fundstelle eines Reliquienbehälters aus Terrakotta, merowingisch, 7.–8. Jh. n. Chr. (→Völkerwanderungszeit) mit gewölbter Oberfläche und einem durchgehenden Muster von ineinandergreifenden Rosetten, die bogigen Schmalseiten mit Einzelrosetten. Es handelt sich um ein Sakralgerät, Höhe 10,8 cm. – Nôtre-Dame-du-Port, Prototyp der Bauschule der →Auvergne. Beginn kurz nach 1100. Choraufriß zweigeschossig mit Laufgang und Säulengliederung vor den oberen Fenstern (auvergnatische Eigenart). Vierung allseitig durch tief ansetzende Bogen abgetrennt, deren Übermauerung von dreiteiligen Öffnungen durchbrochen ist. Verwendung farbiger Fliesen zur Wandbelebung. Plastischer Schmuck: Zyklus szenischer Kapitelle, Figurenportal; →Auvergne.
Lit.: K. J. Conant, Carolingian and Romanesque Architecture 800–1200, Pelican History of Art 1959; E. Adam, Baukunst des Mittelalters I, Ullstein-Kunstgeschichte IX, 1963.

Cleve, Joos van, eigentlich van der Beke. Niederl. Maler. Geb. um 1485, gest. um 1540 in Antwerpen. Übernahm Elemente aus der italien. Malerei (vor allem von →Leonardo und dessen Schülern), die er mit altflämischer Darstellungsweise verschmolz. Stilistisch orientierte er sich an Joest von Haarlem und Q.→Massys. 1511 wurde er Meister in Antwerpen, von 1523 bis 1535 war er Bildnismaler am franz. Hof. C. lebte vorwiegend in Antwerpen und wahrscheinlich auch eine Zeitlang in Italien. In früheren Zeiten nannte man ihn Meister des Todes Mariae, nach seinem 1515 entstandenen gleichnamigen Triptychon (München, Pinakothek).
Lit.: Winkler, Altniederländische Malerei, 1924; M. J. Friedländer, 1931.

Clipeus. Schild, dann auch Bezeichnung für die rund geformte Platte, auf der bei Sarkophagen das Portrait des Verstorbenen dargestellt ist.

Clodion, eigentlich Claude Michel. Franz. Bildhauer. Geb. 1738 in Nancy, gest. 1814 in Paris. Schüler von L. S. →Adam und →Pigalle. 1762–71 in Rom, 1795–98 in Nancy, sonst hauptsächlich in Paris. C. war ein ungewöhnlich begabter Tonplastiker; seine Kleinplastiken gehören zu den reizvollsten Leistungen des 18. Jhs.; auch Modelle für die Manufaktur von Nidervilliers.
Lit.: H. Thirion, Les Adam et C., 1884.

Cloisonné →Zellenschmelz.

Cloisonné-Keramik. In Art des aus der Metalltechnik bekannten Zellenemailschmelzes wird nach dem Trocknen des Tongefäßes mit einem scharfen Instrument das figürliche oder geometrische Muster bis auf schmale Konturen entfernt und mit verschiedenen Farben ausgefüllt. Das praekolumbische Verbreitungsgebiet reicht von Arizona und New Mexico bis nach Guatemala (→Kaminaljuyu) sowie Peru und umfaßt eine Zeitspanne von der vorklassischen Zeit bis heute. In Uruapan im Süden von Michoacan lebt die Technik bei lackierten Holz- und Kürbisschalen noch weiter.

Clouet. 1) Jean, genannt Janet. Franz. Maler, geb. um 1485 in den westlichen Niederlanden, gest. 1540 in Paris. Bedeutender Portraitmaler am Hofe Franz I., 1516 Hofmaler. Es werden ihm 130 Bildniszeichnungen in schwarzer Kreide und Rötel zugeschrieben (Chantilly, Musée Condé, und Paris, Nationalbibliothek).
2) François, Sohn von 1), geb. um 1522 in Paris, gest. 1572 ebda. Schüler seines Vaters, setzt er dessen Stil fort und wird ebenfalls Hofmaler. Nur zwei signierte Bilder: Bildnis des Apothekers Pierre Cutte, 1562 (Paris, Louvre), und Badeszene (Richmond, Sammlung Cook); dazu viele Zuschreibungen. Die kühle Objektivität der Beobachtung und die Präzision der Niederschrift legen den Vergleich mit Hans →Holbein d. J. nahe.
Lit.: E. Moreau-Nélaton, Les C., 1908; A. Fourreau, Les C., 1929.

Cluniazenser-Baukunst. Das 910 in Burgund von Wilhelm d. Frommen, Graf v. Auvergne und Herzog v. Aquitanien gegründete Reformkloster →Cluny wurde zum geistigen Zentrum abendländischen Mönchtums im 11. Jh. Die durch die cluniazensische Regel („consuetudines" von 1043) begründeten Bauformen von zahllosen Tochterklöstern vor allem in Frankreich, Deutschland und England übernommen. Ausgangspunkt der 954–81 unter Abt Majolus errichtete zweite Bau, Cluny

II (rekonstruiert nach alten Plänen, Beschreibungen und nach Grabungen Conants): dreischiffige kreuzförmige Basilika. Staffelchor, d.h. langgestreckter Chor mit halbrunder Apsis, begleitet von Nebenchören, den Verlängerungen der Seitenschiffe, von rechteckigen Nebenräumen, den sogen. „cryptae“, für Bußübungen (später aufgegeben) und halbrunden Apsiden an den Querhausarmen. Der den Mönchen vorbehaltene Chor reichte bis in die Langhausmitte. Aufriß unsicher. Anfangs wohl flachgedeckt. Im Westen eine Vorkirche (→Tournus), den karolingischen →Westwerken ähnlich. Davor ein Atrium. Wichtig der typische Staffelchor, der Raum für zahlreiche Altäre bot, und die Schaffung eines Prozessionsweges durch Betonung des „Wegbaus“ in der Anlage. Wichtigste Nachfolgebauten: Romainmotier/Schweiz; Charlieu; La-Charité-sur-Loire I; →Hirsau, Bauschule. Spätere Gruppen lehnen sich im Bauplan an Cluny III an; →Cluny.
Lit.: J. Evans, Romanesque architecture of the order of Cluny, 1938; ders., Cluniac art of the Romanesque period, 1950; K. J. Conant, Carolingian and Romanesque architecture 800–1200, Pelican History of Art, 1963; J. Virey, Les églises romanes de l'ancien diocèse de Mâcon: Cluny et sa région, 1935; Weiteres →Cluny; →Burgund.

Cluny. Cluny I gegründet 910; Cluny II 954–81 →Cluniazenser Baukunst. Cluny III war die größte abendländische Kirche des Mittelalters (Gesamtlänge 187 m), der Gründungsbau der →burgundischen Bauschule (→Burgund) und zugleich ihre bedeutendste

Cluny, Abteikirche.

Leistung. Begonnen unter Abt Hugo, 1088–1130 (1124 fertig, 1125 Einsturz der Gewölbe), Vorkirche mit Westtürmen 1225 vollendet, 1809–23 bis auf einen Querhausarm zerstört. Fünfschiffige Basilika, zwei Querschiffe mit Apsiden, runder Chorschluß mit Umgang und fünf radialen Kapellen, dreischiffige Vorkirche, 6 Türme. Vollständig eingewölbt. Dreigeschossiger Aufriß. Die noch Cluny II bestimmende asketische Haltung ist höchstem Repräsentationsanspruch gewichen. Bedeutender Einfluß auf Ordenskirchen und umliegende Kathedralbauten. Wichtigste Nachfolgebauten: Paray-le-Monial; La-Charité-sur-Loire II; Semur; Saulieu; →Autun; Beaune; Langres. Die Figurenkapitelle des 1095 geweihten Chors (Museum von C.) bedeutende Zeugnisse burgundischer Bildnerei (→Burgund). Ausgangsform ist das korinthische Kapitell. Neuartig die starke Ablösung skulpturaler Formen vom Kapitellkelch, die bei den Figuren eine lockere, räumlich schwingende Bewegung freisetzt.
Lit.: J. Pignot, Histoire de C., 3 Bde., 1868; J. Virey, L'abbaye de C. (Petites monographies des grandes édifices de la France); K. J. Conant, „Mediaeval Academy Excavations at C.“, VIII, Speculum 1954; ders., The third church at C., ..., 2 Bde., 1939; Weiteres →Cluniazenser Baukunst; →Burgund.

C-Maler. Griech. Vasenmaler der attischen Schule. Zeitgenosse des →Kleitias. Fast ausnahmslos hat er Schalen bemalt, die sich für die in früharchaischer Zeit beliebte Friesanordnung besonders gut eigneten. Über 120 Schalen von seiner Hand sind erhalten. Er ist der Hauptmeister der sogen. Sianagruppe, zu der eine ganze Reihe früharchaischer Schalenmaler gehört.
Lit.: J. D. Beazley, ABV, 51ff., 1956.

Coba. Älteste bedeutende klassische Mayastadt (frühes 7. Jh. n. Chr.) in Nordost-Yucatan, bis 15. Jh. besiedelt, über 30 Stelen, davon 23 skulpiert. Eine Anzahl von Kultzentren liegt an den Ufern kleiner Seen und wird durch 16 künstlich angelegte Straßen miteinander verbunden. Die längste ist bei 5 m Breite rund 100 km lang und reicht nach Westen bis Yaxuna, einer Stadt mit Peten-artigen Keramikfunden. Straßenunterbau aus Stein, darauf Zementauflage.

Cobra. 1948 gegründete Künstlergemeinschaft, die auf Initiative von Asger →Jorn entstand, jedoch nur vier Jahre lang bestand. Die Gruppe gab Zeitschriften und Bücher heraus und veranstaltete mehrere Ausstellungen. Neben dem Initiator war K. →Appel das bedeutendste Mitglied dieser Vereinigung, die durch ihre Verwandtschaft zum →Surrealismus gekennzeichnet war.

Coburg, Veste. Bedeutender Bergsitz der Herzöge von C., weitläufige Fortifikationsanlage, auf mittelalterl. Vorgängerbauten basierend, im wesentlichen die heutige Gestalt dem späten 16. u. 17. Jh. verdankend, trotz eingehender Restaurierung im 19. Jh. und, wieder gutmachend, 1909–24. In ihrer Gesamtheit großartig und würdig des auszeichnenden Namens einer „fränkischen Krone“. Bedeutende Sammlungen: Graphik, Glas, Keramik, Waffen, Wagen- und Schlittenkammer.

Codex (lat. = Stamm). **1)** Ursprünglich Holztäfelchen zum Schreiben, die mit Riemen verbunden waren. – **2)** Das Buch in der heute üblichen Form. Gegensatz dazu ist das Volumen, das die einzelnen Seiten der Schrift zusammenrollt. Etwa im 4. Jh. n. Chr. erfolgte der Übergang vom Volumen zum C.

Codex aureus. Karolingisches Prunkevangeliar, im Auftrag Karls d. Kahlen 870 von Berengar und Liuthard (Schule von →St. Denis) geschaffen; in Goldunziale geschrieben, mit großformatigen Miniaturen und einem in Westfrankreich, wohl in Reims, gefertigten Prachteinband, der zu den künstlerisch bedeutendsten Goldschmiedearbeiten karolingischer Zeit gehört (Vorbild: fünfteilige spätantike Diptychen). Aus dem Stift St. Emmeran, Regensburg, stammend; seit 1811 München, Bayer. Staatsbibl.; Faksimileausgabe: G. Leidinger, 5 Bde., 1921–25. (Siehe Tafel 9).

Codex laurentianus →Rabula-Codex.

Codex purpureus. Andere Bezeichnung für den →Codex rossanensis.

Codex rossanensis, auch Codex purpureus genannt. Evangeliar mit Miniaturen. Vielleicht in Konstantinopel entstanden (wahrscheinlich 6. Jh.), befindet sich in Rossano (Kalabrien) in der erzbischöflichen Bibliothek. Ältester evangelischer Zyklus in der altchristl. Malerei. Sieben Darstellungen haben sich nur erhalten, von denen der Einzug Christi in Jerusalem und die Gethsemaneszene besonders eindrucksvoll sind. Unter den Evangelienerzählungen werden jeweils Propheten gezeigt, die nach oben weisen. Bisweilen sind auch zwei Bilder derselben Geschichte untereinandergeordnet, wie bei der Szene: Christus und Barabbas vor Pilatus. Ein dünner Streifen trennt in diesem Fall den oberen und unteren

Teil der Gesamtdarstellung. Wie schon bei den Bildern selbst die Auflösung des Raumzusammenhanges sichtbar wird, so geschieht das vollends durch die Übereinanderstellung der Bildteile.

Coelus. Himmel, in der altchristl. Kunst häufig personifiziert durch nackten männlichen Oberkörper. Das Tuch, das er über seinem Kopf ausspannt, soll die Himmelswölbung symbolisieren. Bei manchen Darstellungen thront Christus über dem C.

Coemeterialkirche. Kirche, die auf einem →Coemeterium errichtet ist, im allgemeinen zur Erinnerung an einen Märtyrer; →memoria.

Coemeterium, auch: cimiterium, cymeterium, clymeterium; bedeutet zunächst Ruhestätte, Schlafkammer. Im kirchlichen Sprachgebrauch Bezeichnung für oberirdische, oft auch unterirdische Grabanlagen, gleichgültig, ob es sich um Einzel- oder Familiengräber oder um eine Begräbnisstätte einer Beerdigungsgenossenschaft (Funeralkollegium) handelt. – C. martyrium werden bisweilen die →Katakomben genannt, nachdem sie wesentlich der Märtyrerverehrung dienten.

Coemeterium maius (Katakombe). Für die konstantinische Zeit besonders charakteristisches Deckengemälde eines Cubiculums mit dem guten Hirten im Mittelfeld. Die architektonische Struktur der Decke wird aufgehoben. Das Hirtenbild in der Mitte scheint in der Luft zu schweben. Zudem zerschneiden die Grate des Gewölbes die Dekoration der Decke. Auch die Plastizität der Figuren in C. ist typisch für diese Zeit. Sie wird unterstützt durch eine starke Farbigkeit. Die derbe Darstellung unterstrichen durch den breiten Rahmen um die Einzelbilder.

Cogniet, Léon. Franz. Maler. Geb. 1794 in Paris, gest. 1880 ebda. In seinen frühen Werken stark von J. L.→David beeinflußt, wandte er sich bald der romantischen Malerei zu und schuf in diesem Stil große Historienbilder. Daneben entstanden eine Reihe guter Portraits. Von großer Bedeutung war seine Tätigkeit als Lehrer an der Ecole des Beaux-Arts, Paris, wo u. a. L. →Bonnat und E. →Meissonier zu seinen Schülern zählten.
Lit.: Thieme-Becker.

Colhuacan. Toltekischer Ort im Tal von Mexiko, wo sich toltekische Kultur nach dem Fall von →Tula halten konnte und als Erbe anderen Nahua-Stämmen übermittelt wurde. Die Azteken leiten ihre Dyn. von C. her. Der älteste aztekische Gefäßstil fand sich im Schutt der zyklischen Erneuerungsbauten von C., von wo dieser Brauch seinen Ausgang genommen zu haben scheint. Nach diesem Fundplatz wird die erste aztekische Keramikphase auch Colhuacan-Stil genannt.

Colima. Staat in Westmexiko mit Kunststil ähnlich →Nayarit und →Jalisco (→Westkulturen), Höhepunkt freihändiger Tonmodellierung, meist feiner orange- bis rötlichbrauner Ton. Realistische Nachbildungen der Umwelt (Menschen in Ruhepose oder alltäglicher Beschäftigung, wilde oder domestizierte Tiere, Pflanzen, Früchte, Muscheln, Geräte) auch als Vollfiguren (Akrobaten, Musikanten, Liebespaare, Frauen bei Hausarbeit usw.) von karikaturhaftem Aussehen. Am besten bekannt sind die Wiedergaben haarloser gemästeter Hunde (techichi, „Steinhunde"). Bemerkenswert elegante Gefäßformen mit schönen Mustern (Früchte, Köpfe, Tiere).

Collage (Klebebild). Ein aus Papierteilen oder anderen Materialien zusammengeklebtes Bild. Stoffteile, farbige Papiere, Photographien usw. können hierbei verwendet werden. Durch Schichtungen und durch stärkere Materialien, wie z. B. Holzfurniere, werden bisweilen reliefartige Wirkungen erzielt. Systematisch benutzten erstmals →Picasso und →Braque um 1911 C.n, die ihrer Art nach dem →Kubismus und dessen Zielen sehr entgegenkamen. Später fertigten vor allem die Dadaisten C.n an, wobei die Trennung zwischen Plastik oder Relief und Bild nicht immer scharf vorzunehmen ist. Seither hat sich einerseits die abstrakte Kunst häufig der C. bedient, andererseits die Reklamekunst, bei der es sich jedoch mehr um Montagen handelt.

Colobium. Ärmellose Tunika der Frau, aber auch Bezeichnung für →Dalmatika, dem offiziellen Amtskleid der Diakone seit 320.

Colombe, Michel. Franz. Bildhauer. Geb. um 1430 in der Bretagne, gest. nach 1512 in Tours. Sind auch kaum Daten über die erste Hälfte seines Lebens und über seine Ausbildung überliefert, so ist doch anzunehmen, daß er aus der burgundischen Schule hervorging. War wohl seit 1473 in Tours ansässig und übernahm in den nächsten Jahren hauptsächlich Aufträge für Grabdenkmäler. Von seinen erhaltenen Werken ist das 1502 begonnene und 1507 vollendete Denkmal für Franz II. das bedeutendste (Nantes, Dom). Auf dem Sarkophag liegend sind der König und seine Gattin dargestellt, während Heilige die Wände umgeben und die Ecken durch Gestalten der Tugenden markiert sind. Die Plastiken, in spätgot. Stil gearbeitet, gehören zum Besten was die franz. Plastik dieser Zeit geschaffen hat.
Lit.: Thieme-Becker.

Colonia. Röm. antiker Name der Stadt →Köln.

Colosseum. Von Vespasian im Jahre 72 n. Chr. errichtetes, später umgebautes →Amphitheater in der Nähe des →Forum Romanum in Rom. Seinen Namen erhielt das C. von einer Kolossalstatue des Kaisers Nero, die an diesem Platz gestanden hatte, bevor das C. erbaut wurde.

Columbarium. Wörtlich: Taubenschlag, auch Taubenhaus. Altchristl. Begräbnisstätte mit zahlreichen Höhlungen in einer Wand, in denen Aschenurnen aufgestellt waren. Ähnlichkeit mit einem Taubenschlag war unverkennbar.

Columna Caelata. An der untersten Säulentrommel über der Basis mit Reliefs geschmückte Säule, wie dies vom Artemision in →Ephesos überliefert ist.

Combarelles, Les. Bei Les Eyzies (Dép. Dordogne, Südfrankreich). Seit 1901 bekannte Höhle mit altsteinzeitlichen Wandbildern (→Franko-kantabrische Kunst). Ca. 70 m vom Eingang entfernt, vor allem aber im schwer zugänglichen Höhleninnern sind zahlreiche, oft übereinander angebrachte, teilweise übersinterte Gravierungen von Bison, Mammut, Wildpferd, Rentier, Steinbock, Bär, Nashorn, Rind, Hirsch und von Raubtieren (Löwe, Wolf und Fuchs), aber auch über 30 antropomorphe, maskierte Wesen entdeckt worden. Ungefähr 300 Darstellungen sind gut zu erkennen. Manchmal sind die eingravierten Linien mit schwarzer oder brauner Farbe nachgezogen; Strichzeichnungen und Malereien sind selten. Die Darstellungen gehören dem älteren und mittleren →Magdalénien, teilweise vielleicht auch dem →Aurignacien an.
Lit.: Kühn, Die Felsbilder Europas, 1952.

Commendatio animae. Die Empfehlung der Seele an Gott. Ein Gebetsformular für Sterbende in der alten Kirche. Die Bilder, vor allem aus dem Alten Testament, die hier in der Sprache des Gebetes gewählt sind, entsprechen weitgehend den Darstellungen in der Katakombenkunst.

Como, S. Abbondio. Anstelle einer frühchristl. Kirche ein 1095 geweihter Neubau. Fünfschiffige Säulenbasilika ohne Querhaus. Zwei Osttürme neben dem einschiffigen Chor. Gerade Ostwände der Seitenschiffe durch Apsiden ausgenischt. Ungegliederter Obergaden. Würfelkapitelle. Chor und Westempore rippengewölbt, sonst offener Dachstuhl. Außenbau: Langhaus ungegliedert, Chor und Apsis mit umlaufendem Horizontalgesims und halbrunden Vorlagen mit Rundbogenfries. Die bisherige Forschung hielt Rippenwölbung und Chorgliederung dem 11. Jh. zugehörig und Como als Ausgangspunkt dieser entscheidenden Neuerungen mit Auswirkung bis Speyer, Mitteldeutschland, Schweden. E. Adam erklärt Westempore und Chor für Zutaten des 12. Jhs. und den ganzen Bau – besonders Osttürme und den düsteren schweren Raumeindruck – als von nordeuropäischen Vorbildern, Deutschland und Burgund, abhängig.
Lit.: K. J. Conant, Carolingian and Romanesque architecture 800–1200, Pelican History of Art, 1959; E. Adam, Baukunst des Mittelalters I, Ullstein-Kunstgeschichte IX, 1963.

Compiègne (Dép. Oise). Schloßbau der franz. Könige, 1751 von J. A. →Gabriel entworfen, 1752–75 ausgeführt, vollendet erst im 19. Jh. Das Bauwerk vertritt gültig die Formen des Louis-Seize.

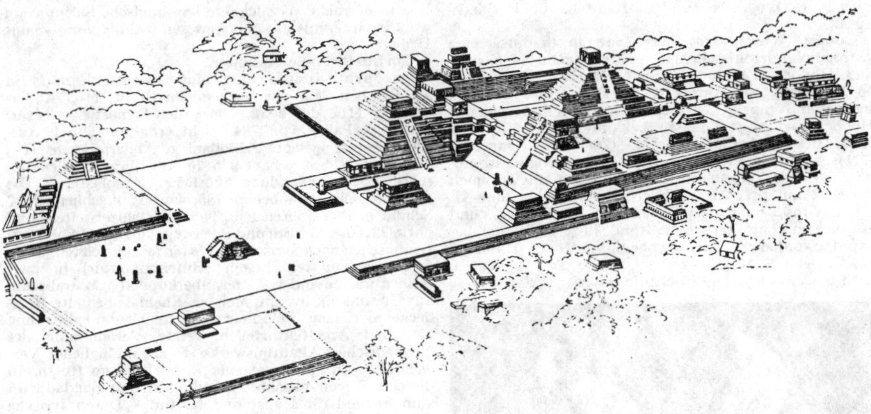

Copán, Gesamtanlage, Rekonstruktionszeichnung.

Confessio. 1) In altchristl. und frühroman. Zeit das Grab des Heiligen, meistens eines Märtyrers, unter dem Hauptaltar einer Kirche. – **2)** Eine Öffnung unten im Altar, die mit einem Türchen verschlossen war. Von hier aus führte ein schmaler Schacht zum Märtyrergrab. So war es möglich, Öl in das Grab zu gießen oder Tücher herabzulassen, die nach Ansicht der Gläubigen durch die Berührung mit dem Heiligen selbst Heiligkeitskraft bekamen. – Die C. ist die Vorform der Krypta.

J. Constable, „Das Tal von Dedham", 1828 (Edinburgh, Nat. Gall.).

Coninxloo, Gillis van. Niederl. Maler. Geb. 1544 in Antwerpen, gest. 1607 in Amsterdam. Schüler von Gillis Mostaert. Haupt der sogen. Frankenthaler Maler, nachdem er als Reformierter seines Glaubens wegen um 1587 nach Frankenthal ausgewandert war. Begründete zuerst in Antwerpen, dann in Deutschland und schließlich in Amsterdam (Übersiedlung 1595) eine neue Form der Landschaftsmalerei, indem er von der romantisch-phantastischen Betrachtung des 16. Jhs. zur realistischen des 17. Jhs. übergeht. →Bril, →Elsheimer und Jan →Bruegel orientierten sich an ihm. Sein Hauptwerk ist die 1604 entstandene Waldlandschaft (Liechtenstein-gal., Vaduz).
Lit.: E. Plietzsch, Die Frankenthaler Maler, 1910; J. A. Graf Raczynski, Die Flämische Landschaft vor Rubens, 1937.

Consignatorium. In altchristl. Zeit Raum für die Firmung, der meistens unmittelbar an das →Baptisterium anstieß. Die Firmung wurde vom Bischof im Anschluß an die Taufe vollzogen.

Constable, John. Engl. Maler. Geb. 1776 in East Bergholt, gest. 1837 in London. Nach seinem Studium an der Londoner Akademie bildete er sich durch das Studium der Werke von →Ruisdael und →Lorrain weiter, die sein Frühwerk stark beeinflußten. Ausgehend vom idealen Landschaftsbild, widmete er sich in der Folgezeit dem unmittelbaren Naturstudium und schuf bedeutende Landschaftsstudien, die zu den wesentlichsten Vorläufern der realistischen Landschaftsmalerei des 19. Jhs. gehören (Wolkenstudien, 1828). Frische Farbgebung und atmosphärische Stimmung kennzeichnen seine Werke, die vor allem die Maler der Schule von →Barbizon beeinflußten.
Lit.: K. Badt, J. Constable's Clouds, 1950.

Constant, Benjamin. Franz. Maler. Geb. 1845 in Paris, gest. 1902 ebda. Nach seinem Studium in Toulouse übersiedelte er 1867 nach Paris und bildete sich bei →Cabanel weiter. Cabanel und →Delacroix wurden seine großen Vorbilder. – Unter dem Einfluß von Delacroix entstanden eine Reihe von Bildern mit orientalischen Szenen, u.a. die „Marokkanische Gefangenschaft", 1875 (Bordeaux, Museum). Später wandte er sich der dekorativen Malerei (Paris, Sorbonne und Paris, Opéra Comique) und dem Portrait zu. Hauptsächlich für die engl. Aristokratie schuf er zahlreiche Bildnisse.
Lit.: Thieme-Becker.

Constantin →Konstantin.

Contrefait-Büchse. Eiförmig gedrehte Büchse aus Elfenbein, die beim Öffnen eine zweite, aus dem gleichen Stück gedrehte zeigt. Vereinzelt schon Ende des 16. Jhs. hergestellt, Hauptmeister L. Zick (1594–1666).

Cook-Inseln. Inselgruppe im östlichen →Polynesien. Hier traten nicht nur geometrische Dekormotive auf, sondern auch figurale Darstellungen, sowohl beim Schmuck der Waffen und Geräte als auch isoliert. Eines der wenigen Beispiele für Holzplastik in diesem Teil der Südsee stammt von der Austral-Insel Rurutu, westlich der C.: die 122 cm hohe Figur eines Meeresgottes, aus dessen Körper Menschen entstehen (im Brit. Museum, London). Ähnliche Skulpturen findet man auf Raratonga. Auch Steinplastik kommt vor (Götterfiguren von z.T. beträchtlicher Größe).

Lit.: P. H. Buck, Arts and Crafts of the Cook islands, 1944.

Copán. Wissenschaftliches Zentrum (hauptsächlich Astronomie) der klassischen →Maya-Kultur am Copanfluß, Honduras, bestehend aus einer Hauptgruppe und 16 Nebengruppen. Akropolis mit zwei Höfen und den schönsten Tempeln C.s: Tempel 26 (errichtet 756) mit Hieroglyphenstiege (längste bekannte Inschrift, etwa 2000 Hieroglyphen), Tempel 11 (756) und Tempel 22 (771); sämtlich zur Erinnerung an wichtige astronomische Entdeckungen errichtet. Haupthof von Tribünen flankiert mit prächtig skulpierten Steinstelen und Altären. Große monolithe Stelen vor allem für C. und →Quiriguá charakteristisch. Rund 40% der bisher bekanntgewordenen Hieroglypheninschriften stammen aus C. (Abb. S. 135).
Lit.: S. C. Morley, The Inscriptions at C., 1920.

Cordova, Innenansicht der Großen Moschee.

Copertaglasur. Durchsichtige, farblose Bleiglasur, die bei Fayencen zur Erzielung eines höheren Glanzes über die farbtragende Glasur gelegt wurde.

Copilco. Fundplatz der mittleren →archaischen Kulturen Mexikos, unter den Lavamassen des Pedregal entdecktes Gräberfeld, das durch vorgetriebene Stollen erforscht wurde und als Freilichtmuseum zugänglich ist. Der zeitliche Ansatz liegt zwischen 900 und 500 v.Chr. (→Zacatenco, →Cuicuilco).

Coppo di Marcovaldo. Italien. Maler. Erwähnt 1260 (Teilnahme als Florentiner an der Schlacht von Montaperti) bis 1276. Gesichert die 1261 datierte Tafel der thronenden „Madonna del Bordone", S. Maria dei Servi, Siena (Köpfe im Stil der →Duccio-Schule übermalt). Wichtigste Zuschreibungen: „Madonna del Carmine", S. Maria Maggiore, Florenz (um 1250–60); Madonna in S. Martino dei Servi, Orvieto. C. malte im Stil der →maniera greca, doch zeigt sich in der Schärfe der Zeichnung und Modellierung schon ein Grundzug florentinischer Malerei, an deren Beginn er steht.
Lit.: R. Oertel, Die Frühzeit der italien. Malerei, 1953; G. Giustini, „Una Madonna di C. a S. Maria Maggiore a Firenze (1250–1260)", L'Arte 1959, 277ff.

Corbie, Schule von. Die neben Luxeuil/Burgund wichtigste fränkische Schule merowingischer →Buchmalerei. Das früher als C. bezeichnete karolingische Skriptorium wohl in St. Denis ansässig gewesen (Schule von →Saint Denis).

Corbusier →Le Corbusier.

Cordova. Residenz des omeyadischen Emirats in Spanien seit 755; anschließend im 10. Jh. unter Abderrahman III., der span. Omeyaden-Dynastie. Alcazar: der erste Palast von 784, nicht erhalten. Durch Ausgrabungen freigelegte Schloßanlage Abderrahmans III., Medina az-Zahra, erbaut 936–76 im Stil der Großen Moschee, aber Verwendung figürlicher Freiplastik. – Die Große Moschee, Baubeginn 785, wurde auf schließlich 17 Schiffe in den Jahren 840, 965 und 990 erweitert und hatte 23 Tore. Größte und reichste, völlig erhaltene Stützenmoschee nach syrischem Muster mit gestelzten, zweifarbig gemauerten Bögen (Hufeisenkontur) in zwei Reihen übereinander. Tiefer, überkuppelter Mihrabraum mit Glasmosaik byzant. Meister. Ehemals bemalte Holzdecke. – Reiche Steinmetzarbeit in Tiefdunkelwirkung an allen Architekturteilen, letzte Verfeinerung des omeyadischen Akanthuswerks. Nach anfänglicher Verwendung von Spolien eigener Kapitelltyp im 10. Jh. In dieser Zeit frühabbasidische Stiltendenzen; Bagdad wird zum Vorbild für Kunst und Kultur. – Durch syrische Araber angeregte Seidenerzeugung. Bergkristall und Lüsterkeramik werden importiert. Leistungsfähige Kunstschmiede für Bronzegerät, Waffen, Schmuck. Berühmte Elfenbeinschnitzerzunft im 10. Jh., Pyxiden, Kästen mit ornamentaler und figürlicher Dekoration. Fayencen mit grüner und manganbrauner Bemalung auf weißer Glasur. – Als Sitz der Wissenschaft berühmt bis in das 12. Jh. – Nach Eroberung 1236 Umwandlung der Moschee in eine Kathedrale (1258) im Mudejar-Stil.
Lit.: Ars Hispaniae, Bd. III, U. Gomez-Moreno, 1951; G. Marcais, Moresco stile, Enciclopedia Universale Dell' Arte, Bd. IX, Sp. 656–72, 1963.

C. Corot, „Erinnerung an Italien", 1866 (Privatbesitz).

Corinth, Lovis. Deutscher Maler. Geb. 1858 in Tapiau (Ostpreußen), gest. 1925 in Zandvoort (Holland). Studium in Königsberg, Paris und München. 1900 siedelte er nach Berlin über und kam, nachdem er zuvor einen tonigen Realismus entwickelt hatte, zur aufgelichteten

Pleinairmalerei, durch die er zum Hauptvertreter des →Impressionismus in Deutschland wurde. In Berlin wurde er Mitglied der Sezession, der er 1911–12 vorstand. Durch eine Krankheit geriet er in eine schwere Krise, die schließlich zu einem stark expressiven Altersstil führte. Die pastose Pinselführung löste die Form der Gegenstände auf. Nach 1918 reiste er immer wieder an den Walchensee, wo eine ganze Serie von Landschaftsbildern entstand, in denen das gleiche Motiv variiert wird.
Lit.: Vollmer, Künsterlex. d. 20. Jhs.

Cornelisz. 1) Cornelis. Niederl. Maler. Geb. 1562 in Haarlem, gest. 1638 ebda. Er zählt zu den bedeutenden Malern des Manierismus in den Niederlanden und schuf hauptsächlich Werke religiösen und mythologischen Inhalts. Außerdem sind von ihm mehrere Schützenstücke erhalten, die für die Entwicklung des niederl. Gruppenbildnisses von besonderer Bedeutung sind. – Großformatige Bilder mit leidenschaftlich bewegten Gestalten charakterisieren sein Werk. – **2)** Jakobo (genannt C. van Amsterdam). Niederl. Maler. Geb. vor 1470 in Oostsanen, gest. 1532 in Amsterdam, wo er auch tätig war. Den stilistischen Ausgangspunkt seines Schaffens bilden die alten Meister der niederl. Malerei, später dringen Elemente der Renaissance ein, beschränken sich jedoch hauptsächlich auf die Ornamentik. – Leuchtende Farben und in prunkvoller Kleidung gegebene Gestalten kennzeichnen seine Werke.
Lit.: Thieme-Becker.

Cornelius, Peter von. Deutscher Maler. Geb. 1783 in Düsseldorf, gest. 1867 in Berlin. Studium in Düsseldorf. 1808 erschien seine Illustrationsfolge zu Goethes „Faust I.“, mit der er seinen anfänglichen barocken Klassizismus aufgab und sich neogotischen Formen zuwandte. 1811 ließ er sich in Rom nieder und schloß sich dort den →Nazarenern an. 1819 wurde er nach München berufen, um dort die Glyptothek auszumalen. Seit 1825 leitete er die dortige Kunstakademie. 1841 übersiedelte er nach Berlin. In seinen monumentalen Werken versuchte er eine Neubelebung deutscher Freskomalerei, wobei seine eigentliche Begabung weniger in der Farbgebung als in der Figurenzeichnung deutlich wird. In seinem Spätwerk lehnte er sich stark an die klassische Form →Raffaels an.
Lit.: Thieme-Becker.

Corneto. Jüngerer Name der etruskischen Stadt →Tarquinia.

Corot, Camille. Franz. Maler und Graphiker. Geb. 1796 in Paris, gest. 1875 ebda. Nach einer Lehre in einer Kleiderfabrik in Paris wandte er sich erst mit 27 Jahren der Malerei zu und wurde Schüler des Klassizisten V. Bertin. Von Anfang an stand die Landschaftsmalerei im Mittelpunkt seines Schaffens. Früh schon wandte er sich von der Ateliermalerei ab und widmete sich der Freiluftmalerei. Die Bekanntschaft mit den Werken von N.→Poussin und C.→Lorrain war für seine Entwicklung entscheidend. 1825–28 hielt er sich in Rom auf. In dieser Zeit fand er zu seinem eigenen Landschaftsstil („Blick über das Forum“ und „Ansicht des Kolosseums“, Paris, Louvre). Nach seiner Rückkehr schloß er sich der Schule von →Barbizon an. 1834–44 lebte er wieder in Rom. Um 1850 entstanden poetische Stimmungsbilder („Nymphentanz“, Paris, Louvre), die durch zarte Farbgebung und die Bevorzugung von lichten Grautönen charakterisiert sind. – Sein Spätwerk überliefert vor allem Landschaften von frischer Farbigkeit, die in ihm einen Vorläufer des →Impressionismus erkennen lassen. Daneben entstanden figürliche Kompositionen und über 100 graphische Blätter.
Lit.: Thieme-Becker; J. Maier-Graefe, C., 1930; D. Band-Bovy, C., 1957.

Correggio, Antonio, eigentlich Allegri. Italien. Maler. Geb. 1489 in Correggio (Emilia), gest. 1534 ebda. Meist in Correggio und Parma tätig. Ausgangspunkt seiner Kunst umstritten; Einflüsse von →Costa und →Mantegna sind spürbar, wesentliche Elemente seines Helldunkels verdankt er offenbar →Leonardo, und es ist unvorstellbar, daß er →Michelangelo und →Raffael nicht gekannt hat. Aus vielen Anregungen findet er um 1518 zu seinem eigenen Stil, der sinnlich-heitere Schönheit mit hingebendem, fast hinschmelzendem Ausdruck (an der Grenze des Süßen) mit lebhafter, trotz der frühen Daten fast barock wirkender Bewegung verbindet. Hieraus erklärt sich die große Wirkung, die er lange nach seinem Tode auf die Barockmeister ausübte (→Barocci, →Carracci, →Reni). Seine Tafelbilder entwickeln gerne diagonale Kompositionen, schwelgen in einem malerisch reichen Helldunkel und sind mit emailleartigem Schmelz der Farben vorgetragen. C.s Fresken zeichnen sich durch die Kühnheit der perspektivischen Untersichten, durch

Correggio, Die hl. Nacht, 1530 (Dresden, Gemäldegalerie).

Beweglichkeit der Figuren in Luft und Licht und suggestive Illusionskraft aus. In Parma: Speisesaal des Konventes von S. Paolo, 1518/19; S. Giovanni Evangelista, mit dem in die Glorie auffahrenden Christus, 1521–23; Kuppelfresko mit Himmelfahrt Mariae im Dom, 1526 bis 1530.
Lit.: H. Bodmer, C. und die Malerei der Emilia, 1943; A. E. Popham, C.s drawings, 1958.

Corrente comasca (comaskische Strömung). Von Geza de Francovich geprägter Begriff für eine bestimmte Gruppe lombardischen Bauschmucks. Anfang des 12. Jhs. zuerst in S. Abbondio, Como, und am Pulpito in S. Giulio, Ortasee, auftretend, bleibt er zunächst rein ornamental, in ganz flachem Relief ausgeführt. Charakteristisch das in lokaler Tradition bis in karolingische Zeit zurückzuverfolgende Bandgeflecht. Er erfüllt rein dekorative Aufgaben, wie den Schmuck von Fensterrahmen, Portallaibungen, Kapitellen. Schon auf dieser Stufe findet er, ausgeführt von lombardischen Steinmetzen, außerordentliche Verbreitung in den Randzonen roman. Bauplastik, etwa in Quedlinburg, Speyer, Mainz, am Oberrhein, selbst in Lund (Schweden). Um 1130–40 erscheinen auch Skulpturen in Hochrelief ohne architektonische Rahmung, die Untergeschosse der Fassaden in langen Reihen überziehend (z. B. S. Michele, Pavia). Diese uneuropäische, ‚unorganisierte‘ Verwendung, die im Gegensatz zur übrigen figürlichen Bauplastik, etwa Frankreichs, steht, ist wohl auf armenische Vorbilder zurückzuführen (Kreuzkirche, →Agthamar). Die älteren ornamentalen Formen nun nur noch als Portalschmuck. Der Einfluß der C. findet sich im späteren 12. und im 13. Jh. bis zum Eindringen der Gotik in Süditalien (Ruvo, Bari, Trani), Spanien (Ripoll), vor allem in Süddeutschland (Schotten-

tor von St. Jakob, Regensburg; Landshut u. a.), im Elsaß (Portal von Andlau), Österreich (Apsis von Schöngabern), in Hessen und am Mittelrhein (Remagen), selbst in England (Kathedrale von Ely, südl. Langhausportal).
Lit.: G. de Francovich, ,,La corrente comasca nella scultura romanica europea'' in: Rivista del Reale Istituto d'archeologia e storia dell'arte, Bd. 5, 1937.

Cortona. Nordwestlich vom Trasimenischen See gelegene Stadt des etruskischen Zwölferbundes in beherrschender, von starken Mauern geschützter Lage. Beispielhaft für etruskische Hügelgräber mit kielartig gewölbten Kammern sind die Anlagen Camucia, Melone del Sodo. Das Keilschnittgewölbe an Stelle der älteren Kragsteintechnik ist durch die großartige Grabkammer Tanella di Pitagora aus dem 4./3. Jh. v. Chr. vertreten. Zu einer Grabausstattung des späteren 5. Jhs. v. Chr. gehörte die schwere, mit 16 Lichtschälchen und reichem figürlichen Symbolschmuck ausgestattete Bronzelampe. Sie ist ebenso charakteristisch für etruskisches Grabinventar wie ein in der Camucia gefundenes großes →Bucchero-Kohlenbecken aus dem Ende des 7. Jhs. v. Chr., bezeichnend für die Auffassung vom Grab als licht- und wärmeerfülltem Jenseitsraum.
Lit.: O. W. v. Vacano, E I, 74. ff; G. Q. Giglioli, AE, Taf. 55 f., 74, 229 f.

Cortona, Pietro da, eigentlich Berrettini. Italien. Architekt und Maler. Geb. 1596 in Cortona, gest. 1669 in Rom. C. bildet mit →Bernini und →Borronini das zentrale Dreigestirn des röm. →Barock. 1640-47 in Florenz, sonst hauptsächlich in Rom tätig. C. ist als Maler der unvergleichliche Meister des barocken Illusionismus: Wand- und Deckenbilder fügen sich der realen Architektur ein und erweitern sie mit fiktiven Räumen, in denen Gestalten der Historie und der Mythologie sich zu pathetischen Kompositionen ordnen; Baukunst und Malerei wirken zusammen an einem malerisch-perspektivischen Gesamteindruck. Mythologische Deckenbilder im Pal. →Pitti, Florenz, um 1640 begonnen; Deckenbild des Saales im Pal. Barberini, Rom, vollendet 1651; Fresken in S. Maria in Vallicella, Rom, 1647–65; ferner Altar- und Tafelgemälde. Als Architekt gruppiert er reich bewegte, kraftstrotzende Formen an dem Zentralbau von SS. Martina e Luca, seit 1634; vor der älteren Kirche S. Maria della Pace errichtet er 1655–1667 eine Fassade, die aus Raumhöhlungen und plastisch hervorquellenden Architekturteilen sowie Einbeziehung der begleitenden Nebenbauten eine dramatische Szenerie zu schaffen weiß.
Lit.: A. Muñoz, P. da C., 1921; H. Voss, Geschichte der italien. Barockmalerei, I, 1924; N. Pevsner, Europäische Architektur, 1957.

Corvinen. Handschriften aus der Bibliothek des Ungarnkönigs Matthias Corvinus (Bibliotheca Corviniana), 1458–90. Die prachtvoll gebundenen und illuminierten Bände nach dem Tode des Königs zerstreut und teilweise von den Türken verschleppt; trotzdem gibt es auch heute noch 156 C.
Lit.: A. de Hevesy, La bibliothèque du roi Matthias Corvin, 1924; K. Zolnai, Bibliographia bibliothecae regis Mathiae Corvini, 1942.

Cosimo, Piero di →Piero di Cosimo.

Cosmaten. Gruppe röm. Künstler, die im 12.–14. Jh. tätig waren. Die C. waren untereinander verwandt und trugen vielfach den Vornamen Cosmas. Ihre Hauptleistung liegt auf dem Gebiet der Marmordekoration; sie haben Kanzeln, Chorschranken, Bischofsstühle, Altäre, Grabmäler, Fußböden, Kirchenvorhallen und Kreuzgänge geschaffen. Das Bildhauerische steht hinter Marmorintarsia und orientalisch beeinflußten, oft mit Glasfüßen versehenen, ornamentalen Mosaikdekorationen zurück. Figürliche Darstellungen erst im 13. Jh.; in dieser Zeit treten die C. auch als Bildhauer auf (Einflüsse auf die Frühwerke des →Arnolfo di Cambio). Ihre Dekorationsart wird als ,,Cosmatenarbeit'' bezeichnet.
Lit.: Hutton, The Cosmati, 1950.

Cossa, Francesco del. Italien. Maler. Geb. 1435 in Ferrara, gest. 1477 in Bologna, neben C. →Tura und Ercole de →Roberti Hauptmeister der Schule von Ferrara im 15. Jh., tätig in Ferrara und ab 1470 in Bologna. Von →Mantegna und P. della →Francesca beeinflußt. Hauptwerke die auch vom kulturgeschichtlichen Standpunkt bedeutsamen Fresken der Monate im Pal. Schifanoja in Ferrara (März, April und Mai), 1470. Allegorie des Herbstes (Berlin), Verkündigung Mariae (Dresden), Thronende Madonna mit Heiligen (Bologna).
Lit.: S. Ortolani, C. Tura, F. del C., E. de Roberti, 1941; E. Ruhmer, F. del C., (mit Werkverzeichnis) 1959.

Cossutius. Röm. Architekt des 2. Jh. v. Chr. Bekannt als Baumeister am →Olympieion zu Athen, das unter den Peisitratiden im 6. Jh. v. Chr. begonnen, aber nicht vollendet wurde. Mit einigen Planveränderungen übernahm C. im Auftrag des Antiochos Epiphanes (Regierungszeit: 176–164 v. Chr.) den weiteren Ausbau dieses Tempels als Dipteros korinthischer Ordnung (→Säulenordnung), ohne ihn jedoch zu vollenden. In der Nähe des Tempels wurde eine Statuenbasis mit einer Inschrift gefunden. Aus ihr geht hervor, daß für C. eine Ehrenstatue aufgestellt worden war.

Costa, Lorenzo. Italien. Maler. Geb. um 1460 in Ferrara, gest. 1535 in Mantua. Arbeitete hauptsächlich in Bologna und Mantua. Stilistisch sind seine Werke der Frühzeit von der Ferrara-Schule abhängig, während er sich später mehr dem Lyrismus der Bologneser Schule anschloß. Er schuf zahlreiche Werke religiösen Inhalts (mehrere des Themas der sogen. ,,Sacra Conversazione'') und mythologische Kompositionen (,,Musenhof der Isabella d'Este'', Paris, Louvre), in denen das Landschaftselement stark hervortritt. Durch diese Werke wurde er zu einem der Wegbereiter der heroischen Landschaftsmalerei des Barock.
Lit.: Thieme-Becker.

Costa, Lucio. Brasilianischer Architekt. Geb. 1902 in Loulon, ansässig in Rio de Janeiro. Seine bereits 1927 entwickelten kubischen Häuser waren für die moderne Architektur in Süd-Amerika von größter Bedeutung. 1930–31 leitete er die Kunstakademie in Rio de Janeiro. Hier erbaute er gemeinsam mit →Le Corbusier und →Niemeyer das Gesundheitsministerium. Später widmete er sich dem Städtebau und war maßgeblich an der Planung der neuen brasilianischen Hauptstadt Brasilia beteiligt.

Cotte, Robert de. Franz. Architekt. Geb. 1656 in Paris, gest. 1735 ebda. Hauptmeister der →Régence, den Übergang vom pompösen Geschmack des 17. Jhs. zu der maßvollen Eleganz des franz. →Rokoko bildend. Schüler, Mitarbeiter und Schwager von Hardoin-Mansart (→Mansart) wurde er 1708 dessen Nachfolger als ,,Premier architecte du Roi''; 1719 Intendant der königlichen Bauten. Ab 1699 leitete er die Pariser Gobelin-Manufaktur. Hauptwerke: Vollendung der Schloßkapelle von →Versailles, 1710; Goldene Galerie im Hôtel de la Vrillière, 1713–19; Säulengang von Grand-Trianon in Versailles sowie Innenausstattungen des Hauptschlosses; Dekoration von Chor und Hochaltar in Notre Dame, Paris, 1708–14; Kirche St. Roch, ebda., 1734/35. C.s Bedeutung ist immer noch nicht genügend erkannt und gewürdigt, doch steht fest, daß sein maßvoller Einfluß weit über die Grenzen Frankreichs wirkte.
Lit.: L. Hautecœur, Histoire de l'architecture classique en France, II, 2, 1948.

Cottet, Charles. Franz. Maler. Geb. 1863 in Le Puy, gest. 1925 (?) in Paris. Er studierte in Paris bei →Puvis des Chauvannes und Roll, anschließend bereiste er mehrere Länder Europas. Nachdem er anfangs stark vom →Impressionismus beeinflußt war, wandte er sich später einer dunkleren, tonigen Farbgebung zu und malte zahlreiche Szenen aus dem Leben der Fischer und Landschaftsbilder der Bretagne.
Lit.: Thieme-Becker.

Courbet, Gustave, Franz. Maler. Geb. 1819 in Ornans, gest. 1877. 1840 übersiedelte er nach Paris und begann autodidaktisch zu malen. Er schulte sich an den alten Meistern und nahm sich die Werke von →Hals, →Caravaggio und →Ribera zum Vorbild. Während seine Frühwerke – vor allem dunkeltonige Selbstportraits – ganz der Romantik zugehören, entwickelte er sich zu einem ausgesprochenen Realismus hin, zu dessen Be-

gründern er gehört. 1849 entstand sein berühmtes Bild „Die Steinklopfer“ (ehemalige Staatliche Gemäldesammlung Dresden). 1855 auf der Weltausstellung in Paris zurückgewiesen, eröffnete er eine eigene Ausstellung, „Le Réalisme. G. Courbet“, in der das Bild „Das Atelier“ (Paris, Louvre) im Mittelpunkt stand. Neben Szenen aus der Welt der Arbeit und neben seinen zahlreichen Portraits malte er Landschaftsbilder und einige hervorragende Stilleben.
Lit.: Thieme-Becker.

G. Courbet, „Le Reveil“, 1866 (Privatbesitz).

Coustou. Franz. Bildhauerfamilie des 18. Jhs. **1)** Guillaume d. Ä. Geb. 1677 in Lyon, gest. 1746 in Paris. Lernte bei →Coyzevox und arbeitete hauptsächlich in Versailles und für das Schloß Marly. Während er in Versailles als Mitarbeiter seines Bruders Nicolas 3) mit dekorativen Aufgaben betraut war, führte er in Marly selbständige Aufträge aus. Hier entstand auch als sein bedeutendstes Werk „Die Pferde von Marly“ (1740–45), eine Gruppenplastik mit zwei Pferdebändigern (seit 1795 an der Place de la Concorde zu Paris). Stilistisch vertritt er eine monumentale franz. Barockform, zeigt jedoch in seinem Spätwerk bereits Elemente des aufkommenden Rokoko. – **2)** Guillaume d. J. Geb. 1716 als Sohn des Guillaume d. Ä. 1), gest. 1777 in Paris. Lernte anfangs bei seinem Vater und bildete sich anschließend in Rom weiter. Seine Bildwerke zeigen in dekorativem Stil den Übergang vom Barock zum Neuklassizismus. Hauptwerke: Grabmal des Dauphin Ludwig, 1766ff., Sens, Kathedrale; mehrere Arbeiten für Friedrich d. Gr. in Sanssouci. – **3)** Nicolas. Bruder des 1). Geb. 1658 in Lyon, gest. 1733 in Paris. Lernte bei →Coyzevox und bildete sich anschließend (1683–86) in Rom weiter. War hauptsächlich in Versailles und Marly tätig. An beiden Orten schuf er zahlreiche dekorative Plastiken, die in ihrem Stil von der klassizistischen Barockform seines Lehrers ausgehen und sich später – wie bei seinem Bruder – der gefälligeren Sprache des Rokoko angleichen.
Lit.: Thieme-Becker.

Couture, Thomas. Franz. Maler. Geb. 1815 in Senlis, gest. 1879 in Villiers-le-Bel bei Paris. Schüler von → Delaroche. In seiner dem Realismus zugewandten Malerei ließ er sich von der venezianischen Kunst anregen und galt zu seiner Zeit als hochberühmter Historien- und Genremaler. Eines seiner Hauptwerke, „Die Römer der Verfallszeit“, 1847 (Paris, Louvre), wurde viel bewundert. Seine eigentliche Begabung lag mehr im zeichnerischen als im malerischen Element. Zudem war er ein hervorragender Lehrer und zählte u.a. → Manet, →Puvis de Chauvannes und A. →Feuerbach zu seinen Schülern. – Auch als Hofmaler Napoleons III. war er tätig.
Lit.: Thieme-Becker.

Coyotlatelco. Fundort eines Keramiktypus, der → Teotihuacan-Ware ablöst, bei Azcapotzalco im Hochtal von Mexiko. Das an sich beschränkte Verbreitungsgebiet erstreckt sich auch über Colhuacan, Tenayuca und Tula; neben →Mazapan-Stil vorkommend. Kennzeichen des Stils sind Horizontalbänder mit Dreiecken, Quadraten, Haken und Wellenlinien. In Modeln hergestellte flache Tonfiguren leiten zu den Ton-„idolos“ der aztekischen Zeit über.

Coyzevox, Antoine. Franz. Bildhauer. Geb. 1640 in Lyon, gest. 1720 in Paris. Bedeutender Meister des franz. Barock und Hofbildhauer Ludwigs XIV. Führte seine Dekorationen der Schlösser Zabern, Paris und Versailles (in Anlehnung an den Stil von →Bernini) unter Anleitung von →Mansart und →Le Brun aus, blieb jedoch selbständig. Schuf Bildnisbüsten, Grabdenkmäler, Reliefs und mythologische Plastiken. C. hatte großen Einfluß auf die nachfolgende Künstlergeneration, darunter auf N. und G. →Coustou. – Hauptwerke im Louvre und im Schloß von Versailles.
Lit.: H. Jouin, A.C., 1883; P. Francastel, La sculpture à Versailles, 1930.

Cozumalhuapa, Santa Lucía. Archäologischer Fundplatz an der Pazifischen Küste von Guatemala mit deutlichen olmekischen Zügen der Golfküste; ähnliche Ruinenstätten in Chiapas (→Tonalá und →Izapa). Eine Anzahl der fast 3 m hohen Steinstelen kam 1881 ins Berliner Museum für Völkerkunde, deren Reliefs in den Wolken schwebende Götter, anbetende Priester und Menschenopfer zeigen. Zu den Funden gehören auch Votiväxte, Steinjoche und mit Zapfen an der Rückseite versehene steinerne Menschenköpfe, die einst als Wand- und Balustradenschmuck dienten.

Craig, Edward Gordon. Engl. Zeichner und Bühnenbildner. Geb. 1872, ansässig in Newport. Er begann als Schauspieler und wandte sich 1898 der Graphik zu. In der Folgezeit entstanden zahlreiche Bühnenentwürfe. Als Vorläufer des modernen Bühnenbildstils wandte er sich gegen den Naturalismus der üblichen Inszenierungen und forderte statt dessen die „Stilbühne“, die eine Einheit von Regie, Bühnenbild und Kostümentwurf bilden sollte. Nach mehrjähriger Tätigkeit in London und Berlin übersiedelte er 1906 nach Florenz und gründete dort 1913 eine Schule für Bühnenmalerei.
Lit.: Thieme-Becker.

Cranach, 1) Lucas d. Ä. Deutscher Maler und Holzschnittzeichner. Geb. 1472 in Kronach, gest. 1553 in Weimar. War in seiner Entwicklung wesentlich von der sogen. →Donauschule beeinflußt, wurde darüber hinaus von →Grünewald und →Altdorfer angeregt. Seinem spätgot. Stil fügten sich nach einer Reise in die Niederlande (1508) Elemente der Renaissance ein. Einen großen Teil seine Schaffens stellte er, der mit M. Luther befreundet war, in den Dienst des Reformationsgedankens (Illustrationen zu Reformationsschriften und der Bibel; Bildnisse der Reformatoren). Nach 1505 arbeitete er als Hofmaler Kurfürst Friedrichs d. Weisen und unterhielt in Wittenberg eine große Werkstatt. Ebda. war er 1537–44 Bürgermeister. – In seinen letzten Lebensjahren am Hof zu Weimar tätig. – Neben den religiösen Bildern stehen solche mit Themen aus der antiken Mythologie. Die überaus umfangreiche Produktion geht zum großen Teil auf seine Werkstatt zurück, die auf Bestellung lieferte. Daher halten sich nicht alle Werke auf gleichmäßiger qualitativer Höhe. – **2)** Lucas d. J. Geb. 1515, gest. 1586. Als Sohn seines Vaters Lucas d. Ä. führte er dessen Werkstattbetrieb weiter und behielt dessen Tradition und Bildtypen im wesentlichen bei. (Abb. S. 140).
Lit.: Thieme-Becker; H. Lilienfein, C. und seine Zeit, 1942.

Crane, Walter. Engl. Maler und Kunstgewerbler. Geb. 1845 in Liverpool, gest. 1915 in Horsham. Als Schüler seines Vaters schloß er sich bei einem Aufenthalt in Rom den →Praeraffaeliten an und ist in seinen Bildern besonders durch →Botticelli beeinflußt. Bedeutender als sein malerisches Œuvre war seine Tätigkeit als Kunstgewerbler. Anknüpfend an die von W. → Morris entwickelten Gedanken einer Erneuerung des Kunsthandwerks, widmete er sich vor allem der Buchkunst und Buchillustration. Um 1890 arbeitete er gemeinsam mit Morris. Daneben schuf er Entwürfe für Teppiche, Tapeten und Stickereien.
Lit.: O. v. Schleinitz, W. Crane, 1902.

Craquelé, Craquelure, Sprung- u. Rißbildung der Farben in der Malerei und der Glasur bei keramischen Erzeugnissen. Das C. wurde (besonders beim altchinesischen Porzellan) absichtlich hervorgebracht und diente zur Belebung.

Crayonmanier, auch Krayonstich genannt. Tiefdruckverfahren. Die Platte wird ähnlich der →Radierung mit einem Ätzgrund überzogen. Mit einem Hämmerchen, dessen Oberfläche punktförmige Erhebungen zeigt, werden die Linien der Zeichnung dann überklopft. Es entsteht dadurch der Eindruck einer Kreidezeichnung. Der Erfinder dieser Technik war Jean Charles François, der um 1750 seine Versuche machte.

Lucas Cranach d. Ä., „Venus" (Frankfurt/M., Städel).

Credi, Lorenzo di. Italien. Maler. Geb. um 1459 in Florenz, gest. 1537 ebda. Lernte bei →Verrocchio und arbeitete anfangs in dessen Werkstatt. Anregungen vermittelte ihm darüber hinaus →Leonardo da Vinci, der gleichfalls Schüler von Verrocchio war. In erster Linie lehnte sich C. jedoch im Stil an seinen Lehrer an. Er malte hauptsächlich religiöse Themen (Thronende Madonna zwischen Heiligen, 1486, Pistoia, Dom; verschiedene Madonnenbildnisse; Anbetung der Hirten, Florenz, Akademie). Seine meist technisch sehr sorgfältig ausgeführten Gemälde wirken trotz ihrer lichten Farbigkeit häufig etwas trocken und akademisch.
Lit.: Thieme-Becker.

Crivelli, Carlo. Italien. Maler. Geb. 1430 in Venedig, gest. um 1495 ebda., bis 1457 in Venedig, später in den Marken tätig. C. malte Andachtsbilder und Altarwerke, deren Stil das Prunkvoll-Repräsentative mit archaisierender Grundhaltung zu vereinen weiß: die Figuren in harter Plastizität. Altar von 1468 (Stadthaus von Massa Fermana); Altar von 1473 (Dom von Ascoli); Triptychon mit Madonna und vier Heiligen, 1482 (Mailand, Brera); Kreuzigung Christi und Krönung Mariae, 1493 (ebda.). Weitere Werke in Berlin, Boston, Detroit, London, New York, Paris, Rom.
Lit.: B. Berenson, Venetian Schools, I, 1957; E. Hüttinger, Venezianische Malerei, 1959; Ausstellungskatalog, Venedig, 1961.

Crome, John. Engl. Maler. Geb. 1786 in Norwich, gest. 1821 ebda. Als Landschaftsmaler in seiner Heimatstadt lebend, gründete er dort mit einigen befreundeten Künstlern 1803 die Norwich-Schule, eine angelsächsische Parallele zur Schule von →Barbizon. In seinem Stil ist er maßgeblich von den niederländischen Meistern und von →Gainsborough beeinflußt. Durch die Erfassung einer intimen Landschaftsatmosphäre und durch seine lichtdurchfluteten Stimmungsbilder gilt er als Vorgänger von →Turner und →Constable und zählt zu den wegweisenden Malern einer neuen Landschaftsmalerei im 19. Jh.
Lit.: R. H. Mottram, J. Crome.

Cromlech. Überwiegend runde Anlagen aus großen, meist unbearbeiteten Steinblöcken, vielfach als Abschluß von →Alignements. Sie sind schwer zu datieren, sind jedoch wahrscheinlich jungsteinzeitlich bis bronzezeitlich und werden als Kult- oder Versammlungsplätze gedeutet. Die bekanntesten Cromlechs kommen auf den Britischen Inseln vor, das berühmte Bauwerk von →Stonehenge kann als spätes Beispiel derartiger Anlagen gedeutet werden.
Lit.: C. Schuchhardt, Alteuropa, 1935

Cross, Henri-Edmond. Franz. Maler. Geb. 1856 in Douai, gest. 1910 in Saint-Clair. Sein eigentlicher Name war Delacroix. Zur künstlerischen Ausbildung besuchte er die Ecole des Beaux-Arts in Lille. Seit 1884 steht er in engem Kontakt zu Angrand, Dubois-Pillet, →Signac und →Seurat. Ohne anfangs das naturwissenschaftlich begründete System pointillistischer Malerei Seurats zu befolgen, beginnt er bald, sich an Seurat und die von ihm begründete Malrichtung anzuschließen. Gegen 1890 findet er, nachdem er zuvor in dunklen und schweren Tönen gemalt hatte, zu einer immer helleren Palette. – Schließlich kommt er um 1893 zu einem eigenen Malstil. Er befreit sich von der Analyse. Einflüsse aus seinen Reisen nach Italien und Südfrankreich lassen ihn lyrische Empfindungen in leuchtendste Farben übersetzen.
Lit.: J. Rewald, Von van Gogh zu Gauguin, 1957.

Cruikshank, George. Engl. Karikaturist, Radierer und Maler. Geb. 1792 in London, gest. ebda. 1878. Ausbildung nur bei seinem Vater Isaac C. (etwa 1756–1810). Begann nach dem Tod seines Vaters mit Karikaturen, die sich gegen die sozialen Verhältnisse in England richteten und gegen die politischen Persönlichkeiten: Napoleon, Georg IV. Große Berühmtheit erlangte er 1818 mit einem Blatt, das anläßlich eines Aufsehen erregenden Vorfalls die Todesstrafe für geringe Verbrechen geißelte und den Gang der Strafprozeßform beeinflußte. Ab 1819 arbeitete C. auch in größerem Umfang für Buchillustrationen; es entstanden Zeichnungen zu Chamissos „Peter Schlemihl" und zu den Hausmärchen der Brüder Grimm (1824–26). Die Zahl dieser Illustrationen nahm in der folgenden Zeit immer mehr zu (Dickens, Scott). Als Maler trat er nur mit einem großen Bild, das für die Antialkoholikerbewegung entstand, in Erscheinung.
Lit.: Thieme-Becker; R. J. Douglas, The works of G.C., 3 Bände, 1903.

Crypta quadrata. Name einer Gruft in der Praetextatkatakombe in Rom. Der quadratische Raum ist mit vier Kappen versehen. Die Malerei atmet hier noch völlig antiken Geist.

Cubiculum. Grabkammer. Von den langen Gängen in den Katakomben, den →Galerien, zweigten bisweilen rechts oder links Grabkammern ab. Diese hatten meistens einen quadratischen, bisweilen auch polygonalen Grundriß. Wände und Decken waren oft mit Malereien geschmückt. Die Decke wurde durch flache Tonnen gebildet oder hatte ein Kreuzgewölbe. Stießen zwei oder drei solcher Kammern aneinander, so sprach man von einem C. duplex oder C. triplex. Seltener wird der Ausdruck C. für ein oberirdisches Grabgebäude gebraucht. Bisweilen werden auch Anbauten einer Kirche C. genannt.

Cubiculum clarum. Name für ein bekanntes →cubiculum in der Priscillakatakombe in →Rom.

Cučer (Serbien). Die Nikita-Kirche in C. (frühes 14. Jh., 1483–84 restauriert) ist in ihrer Innenausstattung ein Beispiel für den „graeco-slavischen" Stil. Lokale Merkmale wechseln mit griech. Einflüssen ab. Kennzeichen dieser Gruppe ist wie in →Berende das Fehlen der Glanzlichter bei den Bildern. Durch den Kontrast von Licht und Schatten werden aber die Gesichter gut modelliert.

Cuernavaca (Quauhnahuac). Gehört seit der ersten Hälfte des 15. Jhs. n. Chr. zu den den Azteken tributpflichtigen Städten mit aztekischer Garnison an der südlichen Abdachung. Wegen des tropischen Klimas Anlage von Lustgärten für die aztekischen Könige. In der Nähe der Stadt erhebt sich eine aztekische Pyramide (Teopanzolco), im Vorort →Gualupita bedeutende praehistorische Funde.

Cueva del Romeral, bei Antequera (nördlich Málaga, Spanien). Gut erhaltenes großes Kuppelgrab, verwandt mit dem sogen. „Schatzhaus des Atreus" in →Mykene.

Cueva de Menga, in der Nähe von Antequera (nördlich Málaga, Spanien). Berühmtes Ganggrab praehistorischer Zeit, megalithisch, mit eingravierten Zeichen auf einem der großen Tragsteine.

Cuicuilco. Zeremonialbau der →Ticoman-Phase der praeklassischen Kulturen des Hochtals von Mexiko. Zu einem Drittel in den Lavamassen des Pedregal (Vulkan Xitli) steckende kreisrunde, in vier Absätzen erbaute Rundpyramide (20 m hoch, Durchmesser 135 m). Steine halten die gestampften Lehmmassen; von der Westseite Zugangsrampe. In der Umgebung zahlreiche Gräber mit Grabbeigaben.

Cuismancu. Praekolumbischer Staat in den Tälern von →Chancay, →Ancón und Rimac (Lima). Die größte Stadt war →Cajamarquilla. Die Grenzen des Reiches sind durch die Verbreitung der schwarz-weißen Chancay-Keramik gegeben.

Cul-de-lampe. Im gedruckten Buch am Ende eines Kapitels angebrachte Vignette, nach unten spitz zulaufend.

Cupisnique oder Küsten-→Chavin-Kultur. In den Küstengebieten Perus erhielten sich viele Beispiele der Kleinkunst des Chavin-Stils, vor allem Textilien, Töpferei, Steingefäße sowie Schmuck und Werkzeuge aus Knochen und Gold. Früheste bekannte Metallbearbeitung Südamerikas. Der Stil findet sich in Streuwirkung zwischen Ekuador und →Paracas (→Ancón).

Curtea de Argeș (Walachei). Bischofskirche (1512–1517) von Neagoe Bassarab errichtet. Dreikonchenanlage, gegliedert in zwei Stockwerke mit stark hervorgehobenem horizontalen Gesims. Monumentale Vorhalle mit Kuppelschmuck. Die Kirche für die Kunstgeschichte von großer Bedeutung, weil in ihr eine byzant. Raumgestaltung mit islam. Ornamenten und einer venezianischen Wandgliederung verbunden ist. – Die Nikolauskirche in C. (14. Jh.) ist eine der üblichen Kreuzkuppelkirchen.

Curvilinear Style. Spätstufe des →Decorated Style, der engl. Hochgotik. Begriff abgeleitet aus der Betonung dekorativ-schwingender, kurviger Maßwerk- und Gewölbeformen. Dem C. gehören die großartigsten Schöpfungen engl. Baukunst an, z. B. Kapitelsaal der Kathedrale von →Wells.

Cuvilliés. 1) François de, d. Ä. Deutscher Baumeister und Ornamentschöpfer. Geb. 1695 in Soignies (Hennegau), gest. 1768 in München. Der gebürtige Wallone kam als Hofzwerg an den Hof des Kurfürsten Max Emanuel 1715 nach München. Ausgebildet bei →Effner und 1720–24 an der Pariser Akademie unter F. Blondel. 1725 Hofbaumeister am kurfürstlichen Hof. 1754/55 zweiter Parisaufenthalt. C. übernimmt Elemente der →Régence und kennt selbstverständlich italien. Formen. Doch dominiert die bayerische Komponente, so daß er mit Fug und Recht zu den Großmeistern des deutschen →Rokoko gerechnet werden muß. Das Geistreiche seiner Grundrißlösungen, die Eleganz seiner prachtvollen Dekorationen, die eine übersprudelnde Phantasie mit subtilem Geschmack verbinden, sind unübertroffen. Beteiligung an den Schloßbauten →Brühl (1728–40) und →Wilhelmsthal (Gesamtplan 1744). In München: Palais Piosasque de Non, 1728; „Reiche Zimmer" der Residenz, 1730–37 (diese Glanzleistung im 2. Weltkrieg fast völlig zerstört); Amalienburg im Park von →Nymphenburg, 1734–39; Residenztheater, 1750 bis 1753 (das Bauwerk 1944 zerstört, die erhaltenen Holzteile im „Cuvilliés-Theater" zu neuer Wirkung gebracht). **2)** François de, d. J. Deutscher Baumeister und Ornamentstecher, Sohn von 1). Geb. 1731 in München, gest. 1777 ebda. Setzte die Ornamentstich-Veröffentlichungen nach Werken des Vaters fort. Sein nicht abgeschlossenes Lehrbuch „Vitruve bavarois" gibt verschiedene Künstler und Richtungen als Vorbilder.

München, Residenz, Durchblick (Enfilade) durch die „Reichen Zimmer", um 1730 von F. Cuvilliés d. Ä. errichtet.

Lit.: W. Braunfels, F. de C. d. Ä., 1938; H. Steinmetz und J. Lachner, Das Alte Residenztheater zu München „Cuvilliés-Theater", 1960.

Cuyp, Aelbert. Niederl. Maler. Geb. 1620 in Dordrecht, gest. um 1691 ebda. Haupt der Schule von Dordrecht und bedeutender Meister der niederl. Landschaftsmalerei. Beeinflußt von J. van →Goyen; doch fand er sehr bald zu einem ganz eigenen Ausdruck. Vollkommen in ihrer Harmonie seine fast alle in den Jahren 1650–60 entstandenen Weidelandschaften: Ruhe atmende Tiere und Menschen in durchsonnter Atmosphäre. C. hat aber auch Stadtansichten, Marinen und Stilleben geschaffen sowie religiöse und geschichtliche Themen gewählt. – Hauptwerke: Gebirgige Landschaft, Amsterdam, Rijksmus.; Ansicht von Dordrecht und Tierstück ebda.
Lit.: W. Bernt, Niederländische Maler d. 17. Jhs., 1948.

Cuzco. Die praekolumbische Stadt galt zur Zeit der Ankunft der Spanier als Residenz der Gottkönige. Die vorgefundenen Goldobjekte sind alle in den Schmelztiegel gewandert; Vorstellung von ihrer Beschaffenheit liefern uns zeitgenössische Berichte und Bodenfunde. Nach einem Erdbeben (1440) Wiederaufbau der Stadt aus alten Bauteilen (glattpolierte, polygon behauene Blöcke, ohne Bindemittel versetzt). In großartiger Schlichtheit, unter Verzicht auf schmückendes Beiwerk belebt das Spiel der Schlagschatten die Flächen. Berühmt ist der zwölfeckige Stein in der Straße Hatunzumiyoc.

Cyprische Kunst →Zyprische Kunst.

Cyrene →Kyrene.

Dabhoi. Stadt im westindischen Staat Baroda. Als eine Seltenheit innerhalb indischer Baudenkmäler sind hier die mittelalterl. Stadtbefestigungen mit dem Baroda-Tor und dem Hira-Tor erhalten, an denen eine Verbindung von Wehr-Architektur, Stadtbaukunst und Sakralbauweise zu beobachten ist. Lit.: J. Burgess, u.a., The antiquities of ... D. ..., 1888.

Dacca. Hauptstadt Ost-Pakistans mit zahlreichen islam. Backsteinbauten (Gräbern und Moscheen), vor allem des 17. Jhs. n. Chr.

Dachauer Schule. Bezeichnung für eine Künstlergruppe, die sich in der 2. Hälfte des 19. Jhs. um die Landschaftsmaler Adolf und Eduard →Schleich sammelte. E. Schleich war aus der Münchener Akademie hervorgegangen, malte erst in der Art C. →Rottmanns, nahm sich aber dann die niederl. Landschaftsmaler van →Goyen und →Ruisdael zum Vorbild. Diese Studien vervollständigte er durch Reisen in die Niederlande, durch Italien und Frankreich. Dort studierte er erst Baukunst, dann Malerei und ging 1861 zu Jules →Dupré nach Paris. Hier verlegte er sich auf das Gebiet der landschaftlichen Stimmungsmalerei, die er 1865 nach Deutschland brachte und leitete 1869–73 eine Schule für Landschaftsmalerei in München, aus der Maler wie →Baisch, R. v. Poschinger, Schönleber, J. Wenglein u.a. hervorgingen. Die Brüder Schleich nahmen sich meistens lichterfüllte flache Gegenden um München (Dachau) oder an den oberbayerischen Seen als Motiv und malten kleinformatige, intime Landschaften in lockeren, leicht hingesetzten Pinselstrichen.

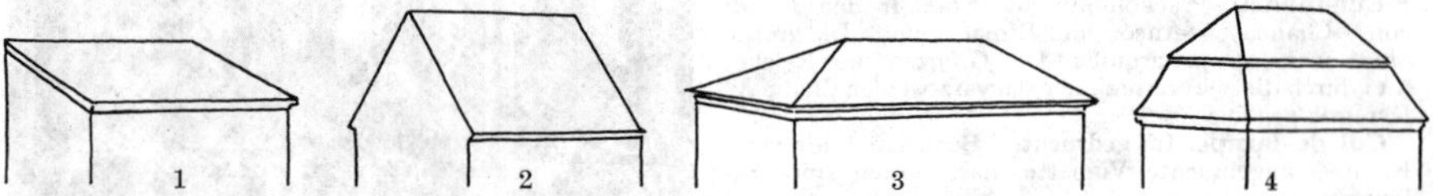

1 2 3 4

Dachformen. Über die Entstehung der D. im Altertum ist wenig bekannt, da die Überlieferung nur unzureichende Schlüsse zuläßt. Feststeht lediglich, daß im mediterranen Bereich ursprünglich das Flachdach vorherrschend war, daneben Walmdach (3) und Sattel-(Giebel)dach (2) bekannt waren. Letzteres bekrönte die antiken Tempelbauten. Vermutet wird, daß es als Dach-

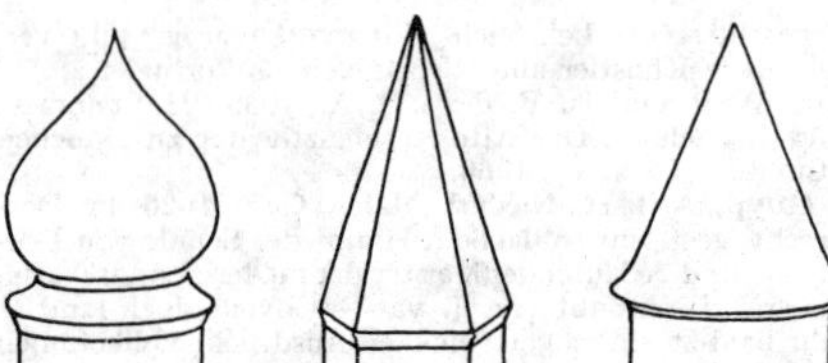

5 6 7

form aus dem Norden in das Mittelmeergebiet eindrang. Während das Mittelalter hauptsächlich das Giebeldach verwandte, wurden seit der Renaissance und dem Barock zahlreiche weitere D. geläufig: Pultdach (1), Giebeldach (2), Walmdach (3), Mansardendach (4), Zwiebeldach (5), Pyramidendach (6), Kegeldach (7).

Dachreiter. Türmchen, meist aus Holz, das ohne spezielle Substruktionen auf dem Dachfirst einer Kirche aufsitzt, mit Vorliebe oberhalb der Vierung. Die D. kommen zuerst auf den sonst turmlosen Zisterzienserkirchen des 12. Jhs. vor, später auf →Bettelordenskirchen, gelegentlich auch auf anderen Kirchenbauten.

Dadaismus. 1916 in Zürich sich erstmals manifestierende internationale Kunstrichtung, die nicht nur die bildende Kunst, sondern auch Literatur und Musik in sich einbezog. Ziel des D. war es, die konventionelle Lebensweise, das Spießbürgertum mit den Mitteln eines nihilistischen Protestes anzuprangern und ad absurdum zu führen. Der Name „Dada", den sich diese Gruppe gab, zeigt in seiner sinnleeren Inhaltslosigkeit ein wesentliches Element dieser Richtung. – In seinen verfremdenden Ausdrucksmethoden, häufig an die momentane Eingebung gebunden, trägt der D. Elemente in sich, die dem →Surrealismus verwandt sind. Um die Grenzen der in der abendländischen Tradition begründeten herkömmlichen Ästhetik zu sprengen, wurden spontane Inspiration und die Laune des Zufalls, unter Verzicht auf jeglichen intellektuellen Gestaltungswillen, zum künstlerischen Prinzip erhoben. Unter diesen Voraussetzungen war die →Collage das geeignete Ausdrucksmedium, ohne daß sich innerhalb dieser Gruppe, der Künstler wie M. →Ernst, H. →Arp, K. →Schwitters u.a. angehörten, ein verbindlicher Stil herauskristallisiert hätte. – Als konsequentester Vertreter des D. muß Marcel →Duchamp mit seinen berühmten „Ready-mades" angesprochen werden. Hierbei wird ein Gegenstand alltäglicher Fabrikationsware aus dem ihm funktionell zugehörigen Bereich herausgelöst und für sich stehend als Kunstwerk vorgestellt.
Lit.: G. Hugnet, L'aventure Dada, 1957.

Daddi, Bernardo. Florentinischer Maler. Schüler →Giottos. Erwähnt 1312–20, datierte Werke bis 1348. Seit 1865 mit Bernardus da Florentina identifiziert. Vorwiegend Tafelmaler. Wichtig sind die kleinen Andachtsbilder in handwerklich kostbarer, reizvoller Ausführung, die er und seine umfangreiche Werkstatt zwischen 1328–48 in Florenz verbreiteten. Der Typ und die im Spätwerk zarte, lichte Farbigkeit zeigen Einfluß Sienas. Beispiel: Marienaltar aus S. Pancrazio, Florenz (heute Uffizien).
Lit.: Thieme-Becker.

Daedalus →Daidalos.

Dänische Kunst. Die Frühzeit der D. gehört zu dem großen Bereich der germanischen Vor- und Frühgeschichte. Seit dem Mittelalter geriet sie immer wieder in den Sog der großen Kulturkreise, wenngleich die von außen hereindringenden Einflüsse häufig nationale Umformungen erfuhren. – Früheste bedeutende Funde reichen in die jüngere Steinzeit zurück, wobei vor allem keramische Ware zu nennen ist. In der Bronzezeit war das Gebiet des heutigen Dänemark ein wichtiges Zentrum, dessen Produkte durch eine sehr charakteristische Spiralornamentik charakterisiert sind (Schmuck, Waffen), die wiederum die übrige Kunst des Nordens beeinflußte. – In den ersten Jahrhunderten n. Chr. großer Aufschwung des Kunstgewerbes durch Einflüsse der provinzialröm. Kunst. Später wird die Tierornamentik bedeutsam, die bis in die Wikingerzeit Anregungen lieferte. – Im Mittelalter reich entwickelte Kirchenbaukunst, wobei vor allem im 12. Jh. mehrere bedeutende roman. Dome (Trondheim, Lund, Viborg) in Haustein errichtet wurden, die ihre Vorbilder architektonisch in den Rheinlanden hatten, während die Ausstattung durch norditalien. Anregungen bestimmt ist. – Bereits um die Mitte des 12. Jhs. entwickelte sich, durch Einflüsse aus der Lombardei bestimmt, die früheste Backsteinarchitektur nördlich der Alpen (Dom zu Roskilde, um 1200). – In der Gotik schließt sich die D. mehr an die franz. Baukunst an, während die Bildnerei (Schnitzaltäre) durch die lübeckische Tradition beeinflußt scheint. – Im 16. Jh. dringt die Renaissance nach Dänemark ein. Bewahren auch anfangs die Schloß- und Burganlagen noch stark mittelalterl. Charakter, so setzt sich doch zunehmend die neue Baugesinnung durch, vor allem gefördert durch Frederik II. und Christian IV. als Bauherren. Einflußreich war vor allem die Renaissancebaukunst in Holland mit ihrem festlich leichten Stil, durch nach Dänemark berufene holländische Baumeister geprägt (Schloß Frederiksborg, Kopenhagen; Börse, ebda.; Schloß Kronborg). Charakteristisch für die Bauten ist die durch den Kontrast von Backstein und Sandstein, dazu kupfer-

gedeckten Türmen bestimmte Farbigkeit. – In der 2. Hälfte des 17. Jhs. dringt der Klassizismus gleichfalls aus Holland ein. Malerei und Plastik des 16. und 17. Jhs. standen ganz unter dem Einfluß ausländischer Künstler, die nach Dänemark berufen wurden. – Im 18. Jh. macht sich franz. Rokokoeinfluß bemerkbar, jedoch findet der Stil in Bauten wie Schloß Christiansborg (1794 ausgebrannt) und Schloß Amalienborg eine nationale Variante. – Erst im 19. Jh. erreichte die D. eine eigenständige Blüte und brachte Künstler von europäischem Rang hervor. In der Architektur prägte C. F. →Hansen einen über Dänemark hinaus fruchtbaren Klassizismus, während in der Plastik B. →Thorvaldsen durch seinen klaren, an klassische Ideale angelehnten Figurenstil von größtem Einfluß auf seine und die nachfolgende Generation war. – Sowohl der Historismus der 2. Hälfte des 19. Jhs. als auch die moderne Kunst empfingen ihre wesentlichen Anregungen wieder aus dem übrigen Europa, vor allem aus Frankreich.
Lit.: Becket, Danmarks Kunst, 2 Bde., 1924–1926.

B. Daddi, Begegnung von Joachim und Anna an der goldenen Pforte (Florenz, Uffizien).

Dagoba oder Dagaba, Bezeichnung des →Stupa auf Ceylon.

Dahl, Johann Christian Clausen. Norwegischer Maler. Geb. 1788 in Bergen, gest. 1857 in Dresden. Er begann als Autodidakt und besuchte 1811 ff. die Akademie in Kopenhagen. Anfangs stark von den niederl. Meistern beeinflußt, schuf er heroische Landschaftsbilder. 1818 ging er nach Dresden und lernte dort C. D. →Friedrich kennen, dessen Werke ihn tief beeindruckten und für seine weitere Entwicklung von großer Bedeutung blieben. 1820–21 bereiste er Italien und wurde 1824 an die Dresdener Akademie berufen. In der Folgezeit entfernte er sich vom romantischen Landschaftsideal und wandte sich einer realistischen Landschaftsmalerei zu.
Lit.: Thieme-Becker.

Dahomey. Vom Oberguinea-Volk der Fon um 1650 n. Chr. gegründetes Königreich, einst an Macht dem der →Ashanti fast gleichrangig. Die Kunst ist hier jedoch weniger reichhaltig und vielgestaltig als bei anderen Völkern der Atlantikküste Afrikas. Zu erwähnen sind vor allem die bis 1,7 m hohen Plastiken von Menschen mit Tierköpfen aus der Residenz Abomey (heute Musée de l'Homme, Paris), die wohl mythische Königsahnen darstellen, ferner Metallfiguren und Holzmasken, die jedoch vielfach wie Nachahmungen der →Yoruba-Kunst wirken. In neuerer Zeit werden in Abomey kleine Figürchen und Gruppen (→Gelbguß) hergestellt und verhandelt.
Lit.: M. J. Herskovits, D., An ancient West African kingdom, 1938.

Dahschur (Ägypten). Südlich →Sakkara liegen nördlich von D. fünf →Pyramiden, davon drei kleine der 12. Dyn., aus Nilschlammziegeln, mit Kalksteinplatten verkleidet (→Amenemhet II. und III., →Sesostris III.). Bedeutsam ist die sogen. Knickpyramide des →Snofru, die im unteren Teil einen Neigungswinkel von 54°, im oberen von 43° hat, so daß wir eine Planänderung annehmen dürfen. Totentempel am Ostrand mit Aufweg zum Taltempel. Die zweite Pyramide Snofrus, als „Rote" bekannt, setzt mit dem oberen Neigungswinkel der Knickform an und war wohl die endgültige Grabstätte des Pharao, der bereits in →Medum ein Pyramidengrab hatte errichten lassen, so daß D. in der Entwicklung zwischen Medum und →Gizeh steht.
Lit.: W. Wolf, KÄ 118 ff.; E. Brunner-Traut, Ägypten, 397 f.

Daidalische Kunst. Nach dem mythischen Erfinder der griech. Großplastik (→Daidalos) benannt. Frühstufe der archaischen Plastik (ca. 650–600 v. Chr.). →Griech. Kunst.

Daidalos. 1) Nach der literarischen Überlieferung (Pausanias IX, 40, 3–4) der legendäre „Erfinder" der griech. Monumentalplastik. Nach ihm wird der früharchaische Stil auch „daidalischer Stil" genannt. Als Herkunftsort des D. wird →Kreta genannt, das mit die frühesten Großplastiken der Griechen überliefert. – **2)** Aus →Sikyon stammender griech. Bildhauer. Enkelschüler →Polyklets. Um die Mitte des 4. Jhs. v. Chr. tätig. Eine Athletenstatue von Ephesos (Wien, Kunsthist. Mus.) stammt wohl aus seiner Werkstatt.
Lit.: G. Lippold, Handb. d. Archäologie V, 18, 1950.

Daktyliothek. Aus dem Griechischen abgeleitete Bezeichnung für eine Gemmensammlung. In wörtlicher Übersetzung bedeutet D. „Sammlung von Fingerringen".

Dali, Salvador. Span. Maler. Geb. 1904 in Figueras/Katalonien. 1921 Studium an der Akademie in Madrid. 1924 lernt er die →„Pittura Metafisica" kennen und beschäftigt sich gleichzeitig mit der Psychoanalyse S. Freuds. 1928 reist er nach Paris und wird dort mit →Picasso und den Surrealisten bekannt. Er tritt dieser Gruppe bei und wird zu einem ihrer fanatischsten Vertreter. Die Terminologie und Methodik des →Surrealismus wurde von ihm neu durchdacht und formuliert. – In seinen Werken zeigt sich die meisterhafte Beherrschung aller malerischen Mittel. In weite perspektivische Landschaften setzt er konkrete Objekte in realistischer und minuziös detaillierter Wiedergabe. Mit virtuoser Leichtigkeit verbindet er die realistische Dingwelt mit der morbiden und pathologischen Verzerrung. Er verändert die Beziehungen der Gegenstände und Gestalten und ordnet sie in neue surreale Zusammenhänge ein. – Wird sein Frühwerk von einem durch das Studium →Raffaels angeregten Klassizismus bestimmt, so wendet er sich später in seinen Stilmitteln mehr einer barocken Formensprache zu.
Lit.: H. Vollmer, Künstlerlex. d. 20. Jhs.; J. Th. Soby, S. D., 1947.

Dalmatika. Kleidungsstück, nach der Landschaft Dalmatien genannt, weil angeblich dort zuerst getragen. Die D. ist eine ungegürtete →Tunika mit sehr breiten, kurzen Ärmeln. Die D. der Männer reichte bis zum Knie, die der Frauen bis zum Knöchel. Sie konnte aus Wolle, Leinen oder auch Halbseide bestehen. Gelegentlich ist die D. mit einer Kapuze verbunden. Der Papst Sylvester I. in Rom erklärte sie 320 zum offiziellen Amtskleid der Diakone. In diesem Falle reicht sie bis zum Knöchel und weist häufig Verzierungen auf.
Lit.: J. Braun, Die liturgische Gewandung, 1907.

Dalou, Jules. Franz. Bildhauer. Geb. 1838 in Paris, gest. 1902 ebda. Er studierte bei →Carpeaux an der École des Beaux-Arts in Paris. Wegen seiner politischen Beteiligung am Kommuneaufstand mußte er nach

England emigrieren und lebte dort bis 1879 in London, wo er auch regelmäßig ausstellte. – Ein barocker Realismus kennzeichnet seine Werke, hauptsächlich Denkmäler, Portraitbüsten und Medaillons. 1899 wurde das berühmte Monument „Triumph der Republik" (Paris, Place de la Nation) nach 20jähriger Arbeit vollendet. Lit.: Thieme-Becker.

Damaru. Beim indischen Kultbild: eine sanduhrförmige Handtrommel, besonders ein Attribut des →Schiva Nataradscha, der als Herr des kosmischen Tanzes damit den Lärm bei der Weltschöpfung symbolisiert.

Damasianische Schrift. Eigentümlichkeit: große, sehr exakt durchgeführte Buchstaben. Ein besonderes Erkennungszeichen ist die Gabelung der Grundstriche oben und unten. Benannt nach dem röm. Bischof Damasus (352–381 n.Chr.).

Damaskus. Die erstmalig im Feldzugsbericht →Thutmosis III. erwähnte Stadt war im frühen 1. Jahrtausend v.Chr. Zentrum eines aramäischen Königreiches, dessen bedeutendster Herrscher Barhadad, der Gegner →Salmanassars III. war. 732 v.Chr. Eroberung durch →Tiglatpileser III. Wachsende Bedeutung erst unter dem röm. Kaiser Trajan. Größte Bautätigkeit unter Septimus Severus und →Caracalla. Aus dem späten 2. Jh. n. Chr. stammt das Osttor (Bab Scharqi). – Im Jahr 635 erobern die Araber erstmalig die Stadt D., deren Mittelpunkt die alte Johanniskirche war. Nach dem Sieg über Ali wird sie 661 zur Residenz der →Omeyaden, unter denen aus der religiösen Gemeinschaft der Muslimen (Umma) in der Folge ein Kulturstaat erwächst. Der Kalif al Walid läßt 705 mit Material und Arbeitern aus Ägypten und Mosaizisten aus Konstantinopel die Große Moschee als religiösen und politischen Mittelpunkt der omeyadischen Macht errichten. – Mit dem Sturz der Omeyaden erobern 750 die →Abbassiden die Stadt, verlegen aber die Residenz nach →Bagdad. Mit dem Absinken der Macht des Kalifen wird D. fortan durch die jeweiligen Machthaber Ägyptens oder des Iraq beherrscht: 878 von den →Tuluniden, danach von den Ikschididen und →Fatimiden. Ab 1076 sind die →Seltschuken die Beherrscher, und das 12. Jh. bringt ständige Bedrohung durch die Kreuzfahrer. Die mittelalterl. Glanzzeit erlebt die Stadt unter Nur al Din und dem →Ayyubiden Salah ed Din (Saladin), die eine reiche Bautätigkeit entfalten. Eine große Rolle spielt die Errichtung von Medresen, wie der Nuriya und der Aziziya, in der auch das Mausoleum Saladins (gest. 1193) errichtet wird. Diese Blüte endet mit dem Mongoleneinfall 1260, und erst nach dem Sieg von Ain Dschalut wird D. unter den siegreichen →Mamluken zeitweilig neben Kairo deren Residenz. 1300–1303 gehört die Stadt erneut den Mongolen, und 1516 kommt sie unter die Herrschaft der →Osmanen. Wie vordem der mamlukische, wird nun der osmanische Stil für die öffentlichen Bauten der Stadt maßgebend, wie die unter Selim I. erbaute Kuppelmoschee verdeutlicht. Typisch syrisch sind Wohnhäuser mit einer dreiteiligen, offenen Empfangshalle, der Qa'a, mit mehrfarbigem Marmormosaikboden, Brunnen am Fußboden oder in einer Wandnische und mit Holztäfelung an Wänden und Decke. Die Bemalung dieser Täfelung des Kassetten-, Stalaktit- und Balkenwerks ist überwiegend geometrisch in mamlukischer Zeit, floral oder auch figürliche Motive und Szenen enthaltend in osmanischer Zeit. – Durch das ganze Mittelalter ist D. berühmt für seine Seidenwebereien (Damast) und für Brokatherstellung wie für die Kunst der Waffenschmiede (Damaszener Klingen). Von der syrischen Keramik ist zumindest eine blau und schwarz unter der Glasur bemalte Ware des 13.–14. Jh. in D. hergestellt worden, die der mamlukischen Ware aus Fostat (Alt-Kairo) entspricht. Ein typisches Erzeugnis syrischer Töpfer sind die Albarelli, die als Behälter von Arzneimitteln und Spezereien über Sizilien und Spanien Eingang in das Abendland finden. Vermutlich schon im 9. Jh. war D. Zentrum für die Herstellung feiner Gläser mit Lüstermalerei, und Ende des 13. Jhs. sind es seine emaillierten und mit Gold verzierten Gläser, die im Abendland hochgeschätzt sind. Die emaillierten Moscheeampeln des 14. und 15. Jhs. gehören zu den Sonderleistungen islam. Kunst. – Die sogen. D.-Teppiche der Mamlukenzeit wurden vermutlich in der Adana-Ebene hergestellt.
Lit.: H. Schmökel, GAV, 329; G. Migeon, Manuel d'art Musulman, 1927.

Damast. Benannt nach der Stadt →Damaskus. Dichtes feinfädiges Gewebe (Leinen, Seide, Baumwollgarn – heute auch Kunstfasergarne), bei dem durch abwechselnde Anwendung von Schuß- u. Kettbindung (z.B. Grund im Schußatlas, Figuren im Kettatlas) mit Hilfe der Jacquardmaschine (→Jacquardweberei) Muster entstehen, die typische Lichtreflexe hervorbringen. Echter D. mehrfädig abgestufte, unechter D. einfädig glatte Musterränder.

Damaszierung →Tauschierung.

Damghan. Stadt östlich von Teheran mit Palastruine →Chosroes II. Die Stuckreliefs ähneln sehr den in →Ktesiphon gefundenen.
Lit.: R. Ghirshman, Iran II, 200, 295; →Sasanidenkunst.

Damophon. Griech. Bildhauer des 2. Jhs. v.Chr. aus Messene. In Anlehnung und Variierung des Stils des 4. Jhs. v.Chr. schuf er verschiedene Göttergruppen. Erhalten sind Köpfe einer Gruppe der Demeter und Despoinia, der Artemis und des Titanen Anytos (Athen, Nat.Mus.). – An dem phidiasischen Kultbild des Zeus in →Olympia hat er Reparaturen durchgeführt.

Damus el Carita (Nordafrika). Eine neunschiffige Pfeilerbasilika mit überdimensionaler Apsis, die alle neun Schiffe umschließt. Man hat die Apsis mit den röm., nordafrikanischen Platzanlagen in Verbindung gebracht und glaubt, sie davon ableiten zu können.

Dandan Uiliq. Ruinen im Südteil der Wüste Taklamakan in Ost-Turkestan mit Resten von Wandmalereien und Kleinfunden, besonders Holztäfelchen. Etwa vom 6.–8. Jh. durchdrangen sich hier indische, iranische und ost-asiatische Stilelemente.
Lit.: Coomaraswamy, Geschichte Abb. 283, 285; Bussagli, Malerei 56–59.

Danhauser, Joseph. Österreichischer Maler. Geb. 1805 in Wien, gest. 1845 ebda. Studium an der Wiener Akademie bei P. Krafft. Sein Frühwerk entsteht in der Auseinandersetzung zwischen akademischer Manier und dem Wunsch nach lebensvollerem Malstil. 1826 reiste er nach Venedig und studierte dort die großen venezianischen Meister, deren Werke er auch kopierte. 1830 mußte er die väterliche Möbelfabrik übernehmen und widmete sich nun auch dem biedermeierlichen Kunsthandwerk und Möbelentwurf. Später kehrte er wieder zur Malerei zurück und wandte sich um 1835 – unter dem Einfluß der franz. Malerei – der Romantik zu. Im Mittelpunkt seines Schaffens stehen Genrebilder und Portraits, daneben entstanden satirische Szenen.
Lit.: Thieme-Becker.

Danielschnallen (Prophetenschnallen). Nach ihrem Schmuck, der in schematischer Wiedergabe den Propheten Daniel von zwei Löwen flankiert zeigt, benannte bronzene Schnallen des 7. Jhs. n. Chr. – Die D. haben ihren Ursprung in Burgund, finden sich jedoch auch in Savoyen und der Westschweiz. Byzant. Vorbilder haben wahrscheinlich zur Entstehung der D. in Burgund beigetragen.

Dannecker, Johann Heinrich von. Deutscher Bildhauer. Geb. 1758 in Waldenbuch bei Stuttgart, gest. 1841 in Stuttgart. Bedeutender Vertreter des deutschen Klassizismus in der reinsten Form. Studierte 1783 in Paris bei →Pajou, 1785 in Rom bei →Canova. Ab 1790 Professor an der Stuttgarter Karlsakademie. Seine Freundschaft mit Friedrich von Schiller inspirierte ihn auch künstlerisch: die 1794 entstandene Schillerbüste

Farbtafel 7: *Chinesische Holzschale mit Perlmutteinlagen auf gemaltem Lackgrund, 17. Jh. n. Chr.; Privatbesitz.*

(heute in Weimar) zählt zu den großen Schöpfungen der Bildhauerkunst. Weitere Hauptwerke D.s sind seine Selbstbildnisbüste, 1797 (Stuttgart), und die Ariadne auf dem Panther, geschaffen 1806–10 (Frankfurt).
Lit.: A. Spemann, J. H. D., 1909; Baum–Fleischhauer–Kobell, Die schwäb. Kunst im 19. und 20. Jh., 1952.

Dansker (Danzker, Danzk). Erkerartiger, als Abtritt dienender Ausbau auf der Nichtangriffsseite der →Ordensburg. Dem gleichen Zweck dienten ebenfalls D. genannte, über eine Brücke zu erreichende Türme mit offenem Untergeschoß über fließendem Wasser (Thorn, Marienburg).

Danti, Vincenco. Italien. Bildhauer. Geb. 1530 in Perugia, gest. 1576 ebda. Bedeutender Vertreter der ausgehenden Spätrenaissance. Arbeitete hauptsächlich in Perugia und Florenz. Ursprünglich Goldschmied, wurde er wahrscheinlich durch Michelangelos Einfluß Bildhauer. In seinen früheren Werken ist die Anlehnung an → Michelangelo unverkennbar, später orientiert er sich auch an →Bologna und →Cellini. – Hauptwerke: Bronzedenkmal Papst Julius III., 1555, Perugia, Dom; Sieg der Redlichkeit über den Betrug, Marmorgruppe, 1561, Florenz, Hof des Bargello, u. a.
Lit.: A. E. Brinckmann, Barockskulptur, 1922; A. Venturi, X, 2, 1936.

Dan und Kran. Westafrikanische Volksstämme, an der Elfenbeinküste und in Liberia wohnend, deren →Masken zu den am höchsten stehenden Erzeugnissen afrikanischer Schnitzkunst gehören. Auch bei grotesk wirkenden Stücken fällt der gespannt wirkende, „konzentrierte“ Ausdruck auf, der sich bei den Kran mit „kubistisch“ vereinfachten, kräftigen Formen, bei den Dan hingegen mit harmonisch geschwungener, glatter Linienführung verbindet. – Besonders bemerkenswert sind die Masken; vor allem die der Dan wirken auch für unser Gefühl edel und einfach. Charakteristisch sind die kreisrunden oder ganz schmalen Augen, der zum Kinn spitzoval zusammenlaufende Gesichtsumriß und ein über Stirn und Nasenrücken verlaufender vertikaler Wulst, der die Symmetrie betont. Masken dieser Art spielen bei Jugendweiheriten eine große Rolle. Ihre Miniaturnachbildungen in Holz und Stein gelten als besonders heilig. – Die Kran-Masken wirken derber; sie geben oft Tiergesichter (Affen, Nilpferde, Krokodile) in anthropomorpher Stilisierung wieder. – Außer Masken findet man (seltener) Kultfiguren und figural verzierte Geräte (Löffel usw.). Aus →Gelbguß bestehen Schmuckringe, Anhängsel und kleine Figürchen.
Lit.: H. und U. Himmelheber, Die D., 1958.

Danzig. Hauptbau ist die Oberpfarrkirche St. Marien. Die erste Anlage bestand schon im 13. Jh. Danach folgten 3 Bauperioden: 1359–79 wurde eine Basilika mit Strebepfeilern (wie das Münster in Freiburg/Br.) errichtet; Ende des 14. Jhs. kamen ein mächtiges Querschiff und ein dreischiffiger Hallenchor hinzu; dieser Umbau war erst 1446 abgeschlossen. In der 3. Bauperiode wurde das Langhaus zur dreischiffigen Halle umgestaltet, deren Einwölbung 1499–1502 durchgeführt war. Die Langhauswände waren nach außen versetzt worden, so daß sich zwischen den Strebepfeilern Kapellennischen bildeten. Jedes der Schiffe hat ein eigenes Satteldach, wodurch sich über Chor und Kreuzarmen Giebel ergaben, die mit senkrechten kannelierten und spitzbehelmten Türmchen geschmückt wurden. Zudem wird jeder äußere Eckpunkt der im Grundriß kreuzförmigen Anlage von je einem schlanken Treppenturm mit hohem spitzen Helm bekrönt; zu diesen 8 Türmchen kommt noch ein Dachreiter über der Vierung. Der mächtige Fassadenturm kam nie zur Vollendung. Außer den Türmen und der Giebelgestaltung hat der schlichte, mächtige Backsteinbau keine besonderen Schmuckformen aufzuweisen. Das Innere war bis zum letzten Krieg außerordentlich reich ausgestattet. Von den Profanbauten sei das Zeughaus (1600–1605) genannt als Beispiel der Verschmelzung des sogen. →„Floris-Stils“ mit seiner üppigen Rollwerkornamentik, den Obelisken und phantastischen figuralen Formen mit der biederen Behäbigkeit in der bürgerlichen Profanarchitektur dieser Zeit; Anthonis van Obbergen aus Mecheln war der Baumeister des zweigeschossigen, aus Ziegeln und Sandstein errichteten Baues. Das Erdgeschoß ist in 4 Schiffe zu sechs Jochen geteilt und gewölbt. Der Bau wird von 4 Satteldächern nebeneinander gedeckt, so daß sich an der O- und W-Front je 4 Giebel ergeben, die reich mit Rollwerk geschmückt sind. An der O-Seite legen sich den beiden äußeren Giebeln achteckige Treppentürme vor, zwischen denen vor der Gebäudemitte ein überkuppeltes Brunnenhaus steht. Der Bau ist das reifste und bedeutendste Werk holländischer Auffassung in den deutschen Gebieten der Ostsee.
Lit.: Wasmuths Lex. der Baukunst, Bd. II, 1930; N. Pevsner, Europäische Architektur, 1957.

Daphni. Unweit von Athen. Die Klosterkirche (2. Hälfte 11. Jh.) ist das früheste Beispiel eines sogen. Achtstützenbaus, wie er in der mittelbyzant. Architektur dann üblich wurde. Freie Stützen tragen dabei die Kuppel. In D. fehlen die Emporen. Die teilweise zwischen Hauptschiff und Umgang eingezogenen Wände stören die Vertikaltendenz. Derselbe Eindruck wird verursacht durch das Ausmünden des Umgangs in Kammern. Wie bei mittelbyzant. Kirchen üblich, unterliegt der Schmuck des Inneren ganz bestimmten Ordnungsprinzipien: in der Kuppel der Pantokrator, umgeben von Erzengeln und Propheten. Es folgen die Darstellungen der bekannten Feste der orthodoxen Kirche am Kuppelrand, in den →Trompen, an den Wänden des Umgangs. Die Darstellung der Maria ist in die Hauptapsis verlegt. In der Vorhalle werden Bilder aus dem Neuen Testament gezeigt. Auch Heilige, Märtyrer, Anachoreten, Asketen und Mönchsheilige füllen die Flächen der Wände. Diese werden vor allem an den Gewölben, an den Wänden und Pfeilern der Kirche, aber auch in den Nebenapsiden gezeigt. In D. stehen die beiden Erzengel in Verbindung mit dem leeren Thron, der bekanntlich die Herrlichkeit Christi symbolisieren soll. In D. werden 12 Festdarstellungen gebracht. Die großartige Idee, daß Christus im Universum der Herrscher des Kosmos ist, wo alles seine Ordnung hat und alles Christus unterworfen wird, wird hier exemplifiziert. Dieser Pantokrator wird in D. kolossal, streng, etwas mürrisch dargestellt. Wie eng in der Kunst Kaisertum und Kirche miteinander verbunden sind, wird deutlich bei den Erzengeln, die die Hoftracht tragen. Der goldene Hintergrund der Bilder, ebenso das Rund der Kuppel symbolisieren die Unendlichkeit. Die Feste werden im festen Jahresablauf gezeigt und versinnbildlichen dadurch die kreisende Bewegung des Ganzen. In D. ist der rein hieratische Stil der mittelbyzant. Kunst teilweise schon überwunden. Figuren haben an Plastizität zugenommen. Die Bewegungen sind freier. Die Kleider schmiegen sich wieder an die Körper an. D. gilt als großartiges Beispiel der mazedonischen Renaissance.
Lit.: G. Millet, Le monastère de D., 1899; Kirsten-Kraiker, Griechenlandkunde, 1962.

Darasuram. Südindische Stadt mit einem Tempel des dravidischen Stils, in welchem die mittelalterl. Kunst der →Tschola-Zeit um viele neuartige Motive bereichert wird. Während Grund- und Aufriß der →Mandapams alten Überlieferungen folgen, drängt die Plastik zu einer Fülle, die später in der Kunst von →Vidschayanagar ihren endgültigen Ausdruck finden wird.
Lit.: Brown, Architecture I, 108.

Darband-i-Gawr. Altorientalischer Fundplatz mit Felsrelief →Naramsins von Akkad zum Andenken an seinen Sieg über die →Lulubäer, →Gutäer und ihre elamischen Verbündeten am „Tor von Asien“. Monumentalisierung des Themas einer in →Susa gefundenen Triumphstele. Der Sieger stürmt auf dem Felsbild in ähnlicher Haltung über die mit gelösten Gliedern in die

Farbtafel 8: *Chinesische Porzellanvase der sogen. Graviata-Gattung, 18. Jh. n. Chr.; Hamburg, Mus. für Kunst und Gewerbe.*

Tiefe stürzenden Gegner. Charakteristisch für die akkadische Kunst ist die dynamische Schrägkomposition zusammen mit der Einbeziehung der Felswand in das Thema.
Lit.: H. H. von der Osten, WP, 25.

Darbar oder Durbar. Indische Versammlungshalle.

Dareios. Königsname der →Achaemeniden. D. I. (521–485 v.Chr.), Enkel des Arsames, Sohn des →Hystaspes. Nachfolger →Kambyses' II. Ältestes Denkmal Felsrelief von →Behistun zum Andenken an die Überwindung seiner innenpolitischen Gegner, die „Lügenkönige", und die Machtnahme. →Susa wird politische Hauptstadt, Zentrum für Verwaltung und Diplomatie. (→Apadana). Wichtige Bauinschrift mit Verzeichnis der Handwerker und ihrer Heimat sowie der Werkstoffe und ihrer Herkunft. Anschließend Gründung von →Persepolis mit Bauurkunden und Anlage des Grabes von →Naqsch-i-Rustam, dessen Reliefs und Inschriften das politisch-religiöse Testament künden. Goldenes →Rollsiegel mit Darstellung des Königs als Wagenritter auf der Löwenjagd. D. II. (424–404), Sohn des →Artaxerxes I. Kleiner Palast in →Susa. Grab in →Naqsch-i-Rustam. D. III. (335–330). Grab in Persepolis.
Lit.: R. Ghirshman, Iran I, 138ff; H. H. von der Osten, WP, 66ff.

Darmstadt. Die mittelalterl. kleine Landstadt entstand um eine Wasserburg (1256) der Grafen v. Katzenelnbogen. 1470 wurde sie Regierungssitz, dann Residenzstadt und wurde schließlich Ende des 18., Anfang des 19. Jhs. großzügig in regelmäßiger Plananlage aufgebaut. An wesentlichen Bauwerken aus dieser Zeit ist nur die katholische Ludwigskirche (1822–27) G. →Mollers zu nennen, eine Nachahmung des Pantheon in Rom mit einer hölzernen Kuppel von 33,5 m Durchmesser. Die sogen. Mathildenhöhe, genannt nach der Schwiegertochter des Großherzogs Ludwig II., wurde Künstlerkolonie unter Großherzog Ernst Ludwig. Schon 1899 war hier die Russische Kapelle von Benois aus Petersburg errichtet worden. Joseph Maria →Olbrich, der Schüler O. →Wagners und Mitbegründer der Wiener Sezession, war Architekt fast aller Bauten für die Ausstellung auf der Mathildenhöhe, die 1901 eröffnet wurde und großes Aufsehen erregte. So ist das Ernst-Ludwig-Haus (Atelierhaus) ein Gebäude in den typischen Formen des Wiener Jugendstils mit hufeisenförmigem, stark ornamentiertem Eingang an der breiten Stirnwand. Am Prinz-Christian-Weg die Dreihäusergruppe von 1904 ist ebenfalls von Olbrich. Das Wohnhaus Peter →Behrens' (1901), eines der führenden Mitglieder der D.er Künstlergruppe „Die Sieben", zeigt deutlich den Einfluß Henry van de →Veldes und in der Innenausstattung den Wunsch zur Herstellung enger Beziehungen zwischen allen bildenden Künsten. Der Höhepunkt der Ausstellung von 1908, der auch ihr Gesicht prägte, war Olbrichs „Hochzeitsturm", eine eigenwillige Stadtkrone moderner Baukunst zum Gedächtnis an die Vermählung des Großherzogs mit der Großherzogin Eleonore. Der weithin sichtbare Turm soll Symbol sein für die erhobene Hand mit den 5 Fingern. Seine Wände sind mit Klinkerziegeln bedeckt und durch übereck geführte Fensterstreifen gegliedert.
Lit.: Reclams Kunstführer, Deutschland, Bd. IV. 1962: Knaurs Lex. der modernen Architektur, 1963.

Daschavatar. Die 10 Avatar des →Vischnu.

Das Gupta, Prodosh. Indischer Bildhauer, geb. 1912 in Dacca, Ost-Pakistan, Mitbegründer der avantgardistischen Künstlervereinigung „Calcutta Group". Nach längerer Lehrtätigkeit an indischen Universitäten und Kunstschulen jetzt Leiter der National Gallery of Contemporary Art in New Delhi. Anfangs naturalistisch orientiert, entwickelt er später einen persönlichen Stil in der Abstraktion von Naturvorbildern.
Lit.: Marg 6, 1953, No 4.

Daskyleion. Hauptstadt der persischen Satrapie Phrygien bei →Erghili. Aus der Umgebung Friesreste von einem Kultbau mit Frauen auf Maultieren in einem Prozessionszug und Opferszene vor einem Tor, wobei die Priester Barsombündel halten. Thema und Anlage achaemenidisch, Ausführung stark griech. bestimmt. 5. Jh. v.Chr.
Lit.: R. Ghirshman, Iran I, 348f; H. H. von der Osten, WP, Tf. 63.

Datia. Mittelindischer Palast aus dem Beginn des 17. Jhs., eines der seltenen Beispiele gut erhaltener weltlicher Architektur. Ein mehrgeschossiger rechteckiger Block öffnet sich nach allen Seiten in reichverzierten Fenstern und Balkons und wird durch eine Abfolge von Kuppeln bekrönt, die teils einheimischer, teils islam. Überlieferung entstammen.
Lit.: Brown, Architecture II, Taf. 99.

Daubigny, Charles-François. Franz. Maler u. Graphiker. Geb. 1817 in Paris, gest. 1878 ebda. Einer Künstlerfamilie entstammend, begann er früh zu malen und bereiste bereits 1835 Italien. Nach seiner Rückkehr arbeitete er einige Zeit als Bilderrestaurator und trat 1840 in das Atelier von →Delaroche ein. In der Folgezeit schloß er sich der Schule von →Barbizon an und widmete sich ausschließlich dem Landschaftsbild. Nur zum Broterwerb schuf er für einige Verleger Entwürfe zu Titelblättern und Vignetten.
Lit.: Thieme-Becker.

Daucher. 1) Adolf. Deutscher Bildhauer. Geb. um 1460/65 in Ulm, gest. um 1524 in Augsburg. Bedeutendster Vertreter der deutschen Frührenaissance. Von Syrlin beeinflußt, zeigen seine Werke Klarheit und feste Konturen. 1502 arbeitet er am Hochaltar des Klosters Kaisheim mit, zwischen 1509 und 1518 entsteht sein Hauptwerk: das Chorgestühl der Fuggerkapelle in St. Anna. Bedeutend ist auch sein 1522 entstandener marmorner Hauptaltar der Annenkirche in Annaberg. D.s Einfluß auf die Augsburger Bildhauerkunst läßt sich mit dem →Burgkmaiers in der Malerei vergleichen.
Lit.: O. Wiegand, A.D., 1903; Ph.M. Halm, A.D. und die Fuggerkapelle in Augsburg, 1921.

2) Hans, Sohn von 1). Deutscher Bildhauer. Geb. um 1485, gest. um 1538. Bedeutender Kleinplastiker der deutschen Renaissance. Vorherrschend in Augsburg, Wien und Stuttgart tätig. Bevorzugt als Material Solnhofener Stein. Beginnt mit Epitaphien, geht aber später zu Bildwerken und Medaillen über und arbeitet nach Vorlagen von →Dürer, →Burgkmaier u. a. Als Bildnismaler gehört er zu den profiliertesten Künstlern seiner Zeit. – Werke: Epitaph Dr. Peisser, Ingolstadt, Minoritenkirche; Urteil des Paris (Relief), 1522, Wien, Kunsthist. Mus.; Reiterrelief Maximilians I., 1522, ebda.
Lit.: G. Habich, Die deutschen Medailleure des 16. Jhs., 1916; Ph. M. Halm, Studien zur süddeutschen Plastik II, 1927.

Daulatabad.
Stadtmauer, Minarett der Freitags-Moschee und Burg.

Daulatabad. Ruinen einer mauerumwehrten Stadt und eines Burgfelsens bei dem gleichnamigen Dorf im →Dekkhan an der Straße von Aurangabad nach Ellora. Mittelalterl. Tempel wurden bei der Verlegung der Residenz aus →Delhi durch Muhammad bei Tughlaq (1325–51) in eine Moschee verwandelt. Die →Baihmanis fügten 1435 den Gebetsturm „Tschand Minar" hinzu. Schließlich errichteten die Nizam Schahis im 17. Jh. im Stadtgelände und auf dem Burgberg prunkvolle Gräber und Paläste.

Daumier, Honoré. Franz. Maler, Lithograph und Bildhauer. Geb. 1810 in Marseille, gest. 1879 in Valmondois. Er begann als Autodidakt zu zeichnen und zu lithographieren und entwarf anfangs Titelblätter oder Vignetten. In Paris lebend, bildete er sich durch Skizzen nach antiken Plastiken im Louvre weiter und arbeitete auch anfangs nach lebendem Modell. Später verzichtete er hierauf und zeichnete oder malte nach dem Gedächtnis. 1829 veröffentlichte er seine ersten Lithographien und wurde 1831 ständiger Mitarbeiter der satirisch-politischen Zeitschrift „Caricature", 1835 der Zeitschrift →„Charivari". Mit seinen aktuellen Illustrationen wandte er sich gegen das Kleinbürgertum und die politische Korruption. Nach 1848 wandte er sich intensiv der politischen Satire zu. – Sind seine frühen Arbeiten noch in traditionellem Stil gehalten, so entwickelte er später eine impressionistische Skizzenkunst von höchster Originalität und Qualität. Immer mehr findet er zu einer auf aphoristische Kürzel reduzierten Formensprache. – Der größte Teil seiner Gemälde entstand zwischen 1860 und 1865 und läßt in ihm einen hervorragenden Romantiker, der zugleich auch Vorläufer des modernen Realismus ist, erkennen. Seine bildhauerische Tätigkeit bezog sich hauptsächlich auf Tonbüsten von Persönlichkeiten des öffentlichen Lebens, die er als Studienobjekte für seine Graphiken benutzte.

H. Daumier, „Don Quichote und Sancho Pansa" (Winterthur, Slg. Reinhart).

Lit.: M. Fischer, H. D., 1950; R. Lejeune, H. D., 1953; J. Adhémar, H. D., 1954.

David. Erster König von Israel (1042–972 v. Chr.), Vater →Salomons. Nach der Eroberung von →Jerusalem Bau eines kleinen Palastes durch →Chiram von →Tyrus im Stil der →phönizischen Kunst.
Lit.: H. Schmökel, GAV, 292ff., 296f., 308; G. Schmitt, D. the King, 1946.

David, Gerard. Niederländ. Maler. Geb. um 1460 in Oudewater, seit 1484 Meister in Brügge, dort gest. 1523. Neben dem Einfluß Rogiers van der →Weyden und Hugos van der →Goes besonders im Bildaufbau, der in D.s Frühwerk oft eklektizistische Züge trägt, bewußter Rückgriff auf die nüchterne Wirklichkeitserfassung von Jan van →Eyck. Kräftiges plastisches Volumen, Betonung des räumlichen und landschaftlichen Elements, harmonischer Ausgleich zwischen realistischer Bildnishaftigkeit und Idealität, die zu bedeutenden Werken im Bereich undramatisch-stiller, intimer Schilderung führt. Hauptwerke: „Suppenmadonna", ehemals Heemstede, Sammlung v. Pannwitz; Kreuzabnahme, London, Nat.Gall.; Maria mit weiblichen Heiligen, Rouen, Mus. des Beaux-Arts (1509).
Lit.: E. Panofsky, Early Netherlandish Painting, 1953.

David, Jacques-Louis. Franz. Maler. Geb. 1748 in Paris, gest. 1825 in Brüssel. Nach seinem Studium in Paris ging er nach Rom und bildete sich dort durch die intensive Beschäftigung mit antiker Kunst weiter. In seinem dort entstandenen Werk „Schwur der Horatier", 1784–85 (Paris, Louvre), wird erstmals sowohl formal als auch inhaltlich der Klassizismus in der Malerei konsequent verwirklicht. – Durch seine aktive Teilnahme an der Franz. Revolution entstanden zahlreiche Revolutionsbilder. Später schuf er als Hofmaler Napoleons I. mehrere Portraits dieses Herrschers. 1816 übersiedelte er nach Brüssel. – Durch seine Werke war er für die Entwicklung der klassizistischen Malerei Frankreichs von größter Bedeutung und zählte zu den Hauptmeistern dieser Richtung. (Siehe Tafel 30).
Lit.: A. Maurois, J. L. D., 1948.

David d'Angers, Pierre Jean. Franz. Bildhauer. Geb. 1788 in Angers, gest. 1856 in Paris. 1808 ging er nach Paris und arbeitete dort anfangs bei einem Ornamentbildhauer. 1809 studierte er bei L. Roland und J. L. →David. 1811–16 lebte er als Stipendiat in Rom und nahm vorübergehend starke Anregungen von →Canova auf. Nach einem kurzen Aufenthalt in London ließ er sich 1816 in Paris nieder und schuf in der Folgezeit eine Reihe von Portraitbüsten, mit denen er große Erfolge hatte. – Von besonderer Bedeutung sind seine z.T. hervorragenden Portraitmedaillons. Stilistisch gehört er zu den wichtigen Klassizisten Frankreichs, verband jedoch diese Stilrichtung mit einer fast impressionistisch anmutenden Freiheit der Form.
Lit.: Thieme-Becker.

Deambulatorium. Bezeichnung für die eine Kirche umgebenden Hallen und Gänge. Im Mittelalter auch für Chorumgang gebraucht. Gelegentlich werden Seitenschiffe und Emporen so bezeichnet.

G. David, „Maria mit dem Kinde zwischen musizierenden Engeln" (Basel, Öffentliche Kunstsammlungen).

Decamps, Alexandre-Gabriel. Franz. Maler und Graphiker. Geb. 1803 in Paris, gest. 1860 in Fontainebleau. Bildete sich nach kurzen Studien bei verschiedenen Malern in Paris autodidaktisch weiter. Entscheidend für seine künstlerische Entwicklung war 1827 eine Reise nach Kleinasien und Konstantinopel. Er entdeckte den Orient als Thema und ist hierin ein Vorläufer von →Delacroix. Starkfarbige Licht- und Schattenwirkungen charakterisieren seine Bilder dieser Zeit, die einen romantischen Realismus repräsentieren, der in bewußter Abkehr von der klassizistischen Tradition geschaffen wurde. 1832–34 bereiste er Italien und wurde hierdurch wieder zu etwas kühleren Kompositionen, häufig historischen Inhaltes, angeregt. Nach 1850 läßt seine Schaffenskraft deutlich nach, bis ihn ein schweres Nervenleiden 1853 dazu zwingt, auf die Malerei zu verzichten.
Lit.: Thieme-Becker.

Dečani (Serbien). Die in der Zeit von 1328–1338 in D. erbaute Kirche steht stark unter abendländisch-italien. Einfluß. Obwohl eine Kuppelkirche, verliert die Kuppel an Bedeutung, weil sie mit einer mehrschiffigen Basilika verbunden ist. Die einzelnen Räume sind mit gotischen Kreuzgewölben bedeckt. Erbauer war der Franziskanermönch Fra Vita aus Cattaro. D. auch bedeutsam durch seine Fülle von Darstellungen in der Kirche. Ganze Zyklen werden neu geschaffen. Die Wandmalereien aus dem Jahre 1348 sagen sich von der historischen Darstellungsweise der streng byzant. Kunst los; sie sind lebendig, oft visionär. Die Kirche besitzt aus dem 13. Jh. wertvolle Ikonen, die wahrscheinlich von Konstantinopel beeinflußt sind.

Deckenbild →Deckenmalerei.

Deckenmalerei. Gliederung der Decke eines Raumes durch ornamentale oder figürliche Malerei. Techniken und formale Möglichkeiten wie bei der →Wandmalerei, doch ergeben sich Eigenheiten der Form, der Unterteilung und der Position des oberen Raumabschlusses. Beispiele schon in der ägypt. und der antiken Kunst. Bei der pompejanischen Wandmalerei, in der die Wand illusionistisch aufgelöst werden kann durch Perspektiven und Landschaftsausblicke, kann die Decke zur Himmelszone werden. In den →Katakomben begegnet sowohl rein ornamentale als auch inhaltlich bedeutsame Ausmalung der Decke. Im Mittelalter werden flache Holzdecken und Wölbungen Träger von D. Gutes Beispiel für eine bemalte flache →Holzdecke: Hildesheim, St. Michael, Ende 12. Jh. Gutes Beispiel für ein Tonnengewölbe: St. Savin in Frankreich, um 1140; eine gut erhaltene Kassettendecke mit D. aus der Zeit des Barock in →Weikersheim, 1600; Staffeleibilder sind hier ohne Rücksicht auf die Untersicht in das Holzwerk gefügt. (Siehe Farbtafel 29).

Deckfarben. Farben, die schon in dünnen Schichten den Untergrund oder andere Farben überdecken; Gegensatz zu →Lasurfarben.

Decorated Style. Bezeichnung der engl. Hochgotik, beginnend um 1250. Bruchloser Übergang aus dem →Early English. Der schon dort wichtige Dekor ist nun der entscheidende Faktor; die Struktur des Bauwerks wird von phantasievollsten Zierformen überspielt. →Lincoln, Kathedrale (Chor; 1256–1320). Übernahme des Maßwerks (Kathedrale von Westminster). Spätstufe des D. ist der →Curvilinear Style.
Lit.: H. Bock, Der D., Untersuchungen zur engl. Kathedralarchitektur der ersten Hälfte des 14. Jhs., Heidelberger Kunstgeschichtliche Abhandlungen N.F.G., 1962.

Dedikationsbild. Eine besonders in frühmittelalterl. Handschriften häufige Darstellung. Sie zeigt die feierliche Überreichung des fertigen Werks an den Besteller oder Stifter, bei Manuskripten durch den Schreiber oder Miniator.

Deësis (griech. = Bitte, Gebet). Bezeichnung für eine Darstellung, bei der sich Maria als Verkörperung des neuen Bundes und Johannes der Täufer als Vertreter des alten dem Weltenrichter in der Mitte fürbittend nahen. Wir finden diese Gruppe besonders häufig auf der →Ikonostasis der griech. Kirche, und zwar an bevorzugter Stelle. – Werden weitere Heilige zugeordnet, spricht man von der „großen D.“.

Defregger, Franz v. Österreichischer Maler. Geb. 1835 auf dem Ederhof bei Dölsach/Tirol, gest. 1921 in München. Nach einer anfänglichen Lehre bei einem Holzschnitzer ging er 1860 nach München und studierte an der dortigen Akademie. 1863–64 bildete er sich in Paris weiter und trat nach seiner Rückkehr nach München in das Atelier von →Piloty ein, wo er bis 1870 arbeitete. 1878–1910 lehrte er als Prof. an der Münchener Akademie. Historiengemälde und Genrebilder bestimmen sein Œuvre. Dabei ging er stilistisch von Pilotys Malerei aus, setzte jedoch an Stelle des Pathos einen frischen Realismus.
Lit.: Thieme-Becker.

Degas, Edgar. Franz. Maler. Geb. 1834 in Paris, gest. 1917 ebda. Studium an der Ecole des Beaux-Arts in Paris. Er begann als Klassizist mit Historiengemälden und Portraits und ist darin weitgehend durch →Ingres und die alten Meister, die er im Louvre und bei einem Italienaufenthalt studierte, angeregt. Um 1865 kam er durch die Bekanntschaft mit →Manet mit dem →Impressionismus in Berührung. Er schloß sich dieser Gruppe an, ohne die gleichen Ziele anzustreben. So bildete nicht die Landschaft das vordringlichste Thema seiner Bilder, sondern die menschliche Gestalt. Er versuchte, den zufälligen Bewegungsausschnitt in eine feste Form einzufügen, ohne die Mittel der Farbzerlegung und Formauflösung anzuwenden. Hierin unterscheidet er sich von den Impressionisten. Um 1872 findet er seine Themen in der Welt des Balletts und des Theaters, deren Atmosphäre

E. Degas, Weibliche Halbfigur

er in zahlreichen Bildern eingefangen hat. In Pastellbildern und Zeichnungen dieser Themen erreicht sein Wirken den Höhepunkt. – Daneben schuf er als Graphiker mehrere Werke. In seiner Spätzeit entstehen Wachsstatuetten, in denen er die tänzerische Bewegung in die Plastik umzusetzen suchte.
Lit.: P. Cabanne, E. D., 1960.

Dehne, Christoph. Deutscher Bildhauer. Geb. um 1582, gest. nach 1626 in Magdeburg. In seinen Werken läßt sich niederl. und italien. Einfluß erkennen, auch spätgot. Elemente treten zutage. Doch über alle Einflüsse hinaus zeigt seine Kunst einen unverkennbar eigenen Stil. Einzig gesichertes Werk ist das von 1612 bis 1614 entstandene Epitaph für Heiner von Brösicke (in der Dorfkirche zu Ketzür, Westhavelland). Zuschreibungen sind Epitaphien, u.a. im Magdeburger Dom, Taufsteine und Kanzeln sowie die prachtvolle Kanzel in der Stephanskirche von Tangermünde (1618 bis 1619).
Lit.: L. Stauch, Ch. D., ein Magdeburger Bildhauer um 1600, Diss. Greifswald, 1936.

Deinokrates. Griech. Architekt der Zeit →Alexanders d. Gr. und in dessen Diensten tätig. Als Herkunftsort werden →Rhodos und Makedonien angegeben. – Das einzige große Werk, das gesichert angenommen werden kann, ist die Planung der Stadtanlage von →Alexandria. Der Stadtplan enthielt die Umfassungsmauer, die Kanalisations- und Wasseranlagen, die Hauptstraßenzüge und die Lagepläne für die wichtigsten Gebäude. Die Orientierung wurde nach astronomischen Gesichtspunkten vorgenommen. Angaben über weitere Werke des D. sind in der antiken Literatur zwar häufig, jedoch auch recht verschwommen, so daß sich hieraus keine rechte Vorstellung gewinnen läßt.
Lit.: H. Brunn, Gesch. d. Griech. Künstler II, 351 ff.

Dekkhan. Vorwiegend gebirgige Landschaft des südlichen Mittelindien. In den Jahrhunderten um Chr. Geburt ein Zentrum buddhistischer Kulthöhlen; zwischen 900 und 1300 ein Sitz von Hindufürstentümern mit bedeutenden Festungen und Tempelstädten wie →Alampur und →Warangal; im späteren Mittelalter Gebiet großzügiger Bauherren im hinduistischen →Vidschayanagar und im islam. Bidschapur. Vom 16.–18. Jh. unter den Qutb Schahis von →Golkonda und →Haiderabad die Heimat der dekkhanischen Miniaturschulen an den Höfen von Ahmadnagar, Bidschapur und Golkonda.
Lit.: Yazdani, Arts; Barrett, Painting, 115–130.

Dekor. Schmuck und Musterung von keramischen und textilen Erzeugnissen.

Dekoration. Schmückung eines Gegenstandes, eines Architekturteiles oder eines Gesamtraumes. Die Werke der Plastik, der Malerei oder des Kunstgewerbes, die zur D. bestimmt sind, können durchaus selbständigen Charakter haben, z.B. die Bilder (Tafelbilder und Fresken), die einer Raumgliederung zugehören.

del. Abkürzung für delineavit (lat. „hat es gezeichnet") besonders auf Druckgraphiken.

Delacroix, Eugène. Franz. Maler und Graphiker. Geb. 1798 in Charenton-Saint-Maurice, gest. 1863 in Paris. 1815 begann er Malunterricht bei Guérin zu nehmen, jedoch lernte er in erster Linie durch die Werke der alten Meister, die er kopierte, vor allem →Rubens und →Veronese. Einen fruchtbaren Gedankenaustausch pflegte er mit →Cogniet und →Géricault. Bereits seine frühen Werke wie „Barkedes Dante" (1822) lassen seine Originalität und das ihm eigene kräftige Kolorit erkennen. Sie riefen bei ihrer ersten Ausstellung einen Sturm der Entrüstung hervor. In den nächsten Jahren schuf er zu seinem Lebensunterhalt Lithographien für Karikaturzeitschriften. 1824 vollendete er sein erstes Hauptwerk, „Das Massaker von Chios", das bereits in seiner hochaktuellen Thematik eine Herausforderung an die offizielle Kunstrichtung bedeutete, und mit dem der romantische Realismus sich begründete. Er setzte an Stelle der scharfen Umrißlinie die Farbwirkung und an Stelle der ausgewogenen Figurenkomposition die Farbharmonie. – 1825 reiste er nach London und lernte dort die Werke von →Gainsborough und →Turner kennen, die ihn nachhaltig beeindruckten. Nach seiner Rückkehr entwickelte er eine erstaunliche Produktivität, malte mehrere große Bilder, führte einige Staatsaufträge aus und schuf eine Reihe von Illustrationsserien, vor allem zu Werken der engl. Dichtung. 1832 bereiste er Marokko und Spanien. Die Eindrücke dieser Reise waren für seine weitere Entwicklung von außerordentlicher Bedeutung. Begeistert griff er die Thematik des orientalischen Lebens mit seiner prallen Farbigkeit auf und führte damit diese Themen, die erstmals von →Decamps aufgegriffen worden waren, zu höchster künstlerischer Vollendung. Zu den bedeutendsten Werken dieser Themenreihe gehört sein 1834 vollendetes Bild „Die Frauen von Algier" (Paris, Louvre). 1838 begann er mit der Ausführung seines umfangreichsten Werkes, den Fresken der Bibliothek im Palais Bourbon, Paris, die er 1847 vollendete. (Siehe Farbtafel 30).
Lit.: Thieme-Becker.

Delaroche, Paul. Franz. Maler. Geb. 1797 in Paris, gest. 1856 ebda. Studierte 1816 an der Ecole des Beaux-Arts und arbeitete nach 1818 im Atelier von Gros, wo er sich auf sein späteres Erfolgsgebiet, die Historienmalerei, spezialisierte. 1827 begann mit dem „Tod der Königin Elisabeth" (Paris, Louvre) sein triumphaler Aufstieg. Weitere Werke mit Szenen aus der engl. Geschichte schlossen sich an. In diesen Bildern tritt seine brillante Technik, seine raffinierte Detailschilderung und die täuschend illusionistische Darstellung kostbarer Stoffe erstmals deutlich in Erscheinung. Diese Eigenschaften erregten sofort weitverbreitete Bewunderung. Außerdem zeigte sich seine Begabung in der geschickten Komposition und im Arrangement der Figuren. – 1837–1841 arbeitete er an seinem Hauptwerk, dem vielfigurigen Fresko mit der „Apotheose der bildenden Künste" im Palais des Beaux-Arts zu Paris. 75 Bildnisse von Malern und Bildhauern der gesamten abendländischen Kunst sind hier zu einer großen Komposition vereinigt. – Neben seinen Historienbildern waren Portraits von seiner Hand besonders geschätzt.
Lit.: Thieme-Becker.

Delaunay, Robert. Franz. Maler. Geb. 1885 in Paris, gest. 1941 in Montpellier. Autodidakt. Nach anfänglichen Anregungen von →Seurat und den →Fauves und einem gründlichen Studium der neoimpressionistischen Farbenanalyse schließt er sich 1909 dem →Kubismus von →Picasso und →Braque an, ohne von ihnen abhängig zu werden. Die Bildordnung des Kubismus und die

R. Delaunay, „Kreisende Formen, Sonne und Mond", 1912–31 (Zürich, Kunsthaus).

starke Farbgebung der Fauves gehen in seinen Bildern eine Synthese ein, die →Apollinaire 1912 mit dem Ausdruck →Orphismus charakterisierte. Der optisch erfaßte Gegenstand verliert an Bedeutung und wird zu einem rhythmischen Farbklang verwandelt. 1911/12 nimmt er Kontakt zum →„Blauen Reiter" auf, an dessen Ausstellungen er sich beteiligt. Die Begegnung mit →Kandinsky bringt ihn 1912 zu seinen ersten gegenstandslosen Bildern. Zwischen 1914 und 1920 lebte er meist in Spanien und Portugal. Anschließend findet er nach seiner Rückkehr nach Paris wieder zur Darstellung des Gegenstandes, jedoch stehen daneben, vor allem in seinen Spätwerken, immer wieder abstrakte Bilder. Neben Kandinsky gehört er zu den Wegbereitern der abstrakten Malerei.
Lit.: Vollmer, Künstlerlex. d. 20. Jhs.; F. Gilles de la Tourette, R. D., 1950.

Delfter Fayence. Seit dem Anfang des 17. Jhs. in Delft hergestellte blau-weiße Keramik (in Nachahmung des chinesischen Porzellans, das in ganz Europa Verbreitung gefunden hat) →Fayence.

Delhi. Hauptstadt der indischen Republik seit ihrer Gründung 1947. Die früheste Geschichte der Hindu-Residenz wird gegenwärtig durch Grabungen im Ruinenfeld von Lal Kot geklärt, wo bisher Altertümer vom Ende des 1. Jahrtausends n. Chr. gefunden wurden. Spolien der Tempel vom alten Fürstensitz Indraprastha dienten dem islam. Eroberer Qutb-ud-Din nach der Eroberung 1193 zur Errichtung einer Moschee an demselben Platz; völlig neu entworfen wurde das Minarett, einer der höchsten Turmbauten des Islam, durch indische Steinmetzen mit reichen Balkons verziert. Nach orientalischer Weise gründeten fast alle Dyn. oder Herrscher neue Stadtanlagen; kunstgeschichtlich bedeutend wurden zunächst Festung und Grab von Tughlakabad, Anfang des 14. Jhs. errichtet. Nach Zurückverlegung der Residenz von →Daulatabad gründete Firuz Schah Ende des 14. Jhs. Siedlung und Residenz Firozabad, deren Palastruine in Form eines Stufenbaus erhalten ist. Im

Ortsteil Khairpur liegen die Gräber der Lodi-Dyn., in Humayunpur das erste monumentale Mogulgrab. In der späteren Mogulzeit entstand eine Festung, die nach roten Sandsteinquadern als Lal Kila (Rote Festung) bekannt wurde. Hier liegen die prunkvollen Marmorpaläste des Bauherrn Schah Dschaban; Ende des 17. Jhs. fügte Aurangzeb die kleine, aber meisterhaft ausgeführte Perlmoschee hinzu. Als Zeugnis hinduistischer Naturwissenschaft und zeitgenössischer Kunstfertigkeit ist das Observatorium des Dschai Singh, Dschantar Mantar, von 1725 erhalten. Der Plan zur neuen Hauptstadt, New Delhi, wurde 1911 von George V. gutgeheißen; die Ausführung, bei der moderne Stadtbaukunst auf die Denkmäler der Vergangenheit Bezug zu nehmen versuchte, zog sich bis 1931 hin.
Lit.: G. Hearn, The 7 cities of Delhi, 1928; Ind. Arch., 1957–58 ff.

Delorme, Philibert (de Lorme, de l'Orme). Franz. Baumeister. Geb. um 1510/15 in Lyon, gest. 1570 in Ivry. Nach seinem Studium der Antike und der Renaissance in Rom führte er die klassischen Bauformen mit regelmäßigen Grundrissen in Frankreich ein, ohne ganz mit den heimischen Überlieferungen zu brechen. Etwa ab 1540 in Paris tätig, 1545–59 Generalbauinspektor. Von seinen vielen Bauten hat sich nur weniges erhalten: Schloß St.-Maur-des-Fossés (um 1540) ist zerstört, von Schloß Anet (für Diana von Poitiers) steht nur noch ein Portal und die Kapelle. Die Fassade der Tuilerien in ihren wuchtigen und strengen Formen (seit 1564, unter Ludwig XIV. umgebaut) wurde beim Aufstand von 1871 zerstört. Durch diese Bauten sowie durch sein architekturtheoretisches Werk „Le premier tome de l'architecture de Ph.D." (1567; neue Ausg. 1894) erweist sich D. neben →Lescot als Hauptmeister der franz. Renaissance.
Lit.: H. Clouzot, Ph.D., 1910.

Delos. Griech. Kykladeninsel. Mythischer Geburtsort von Apollon und Artemis. In historischer Zeit bedeutende antike Hafenstadt und Kultstätte. Durch die franz. Grabungen (seit 1873) sind große Teile der antiken Stadt mit Straßen, Märkten, Tempeln und Wohnhäusern freigelegt. Letztere sind zum Teil mit guterhaltenen Mosaiken und Resten von Wandmalereien erhalten und bilden gleichsam ein hellenistisches Gegenstück zu den röm. Funden →Pompejis.
Lit.: Exploration archéologique de D., 1909 ff.

Delos. Löwen an der Prozessionsstraße, 2. Hälfte 7. Jh. v. Chr.

Delphi. Griech. heiliger Bezirk in Phokis, Mittelgriechenland. Er war dem Apollon erbaut und vor allem wegen seines Orakels von großer Bedeutung. In seiner Blütezeit, die von 600–400 v. Chr. reicht, bildet dieser Platz das Kultzentrum der alten Welt. – Die Beschreibung des →Pausanias ergänzt sich mit den archäologischen Funden. Die ältesten Teile dieser Kultstätte lassen sich bis in mykenische Zeit datieren. Eine Temenosmauer umschloß den am Berghang gelegenen Bezirk (ca. 130 × 180 m). Vom unten gelegenen Eingang führte die Heilige Straße in Serpentinen hinauf zur Tempelterrasse, vorbei an den Schatzhäusern und zahlreichen Weihgeschenken. Am Tempel selbst konnten verschiedene Bauphasen nachgewiesen werden. Die älteste Anlage brannte 548 v. Chr. ab und wurde gegen 530 neu errichtet (Skulpturenreste im Mus. von Delphi). Nach einem Erdbeben 373 v. Chr. wurde der Tempel unter Beibehaltung des alten Grundrisses nochmals aufgebaut. Oberhalb des Zentralheiligtums liegt die Lesche (Versammlungshalle) der Knidier, die durch die Fresken des →Polygnot besonders berühmt war. Dicht daneben liegt das guterhaltene Dionysostheater. Oberhalb des Heiligtums wurde das Stadion, in dem die pythischen Spiele

Delphi, Blick über das Apollonheiligtum.

gefeiert wurden, ausgegraben. Abseits befindet sich ein zweiter kleiner heiliger Bezirk (sogen. „Marmaria"), der der Athena geweiht war. Ein Rundbau (Tholos) und Reste von zwei Athena-Tempeln wurden hier gefunden. Abgesehen von den Architekturen, kamen bei den Grabungen in D. zahlreiche bedeutende Einzelfunde zutage. Darunter der berühmte Wagenlenker, die Sphinx der Naxier und die Reliefs der Schatzhäuser.
Lit.: Fouilles de D., 1908 ff.; P. de La Coste-Messelière, D., 1957.

Demaratos. Angesehener Korinther, der seine Heimatstadt wegen politischer Unruhen verließ und sich in Begleitung tüchtiger korinthischer Handwerker nach →Tarquinia begab. Dem älteren seiner zwei Söhne gab er den etruskischen Königstitel Lucumo als Eigennamen. Dieser heiratete →Tanaquil, die Tochter einer der mächtigsten Familien der Stadt, wanderte mit ihr nach Rom aus und nahm dort nach seiner Herkunft den Namen Tarquinius an, den er auch als König trug (T. Priscus). Die Überlieferung, die zeigt, wie wenig fremde Herkunft Ansehen und Stellung minderte, ist wichtig für die vielschichtige Struktur der etruskischen Bevölkerung im 6. Jh. v. Chr. Dazu fügt sich die vor allem in →Tarquinia faßbare Stärke des griech. Einflusses.
Lit.: O. W. v. Vacano, E I, 52; E II, 73; F. Altheim, RGG I, 151 ff.

Demosthenes. Berühmter antiker Redner und Staatsmann aus →Athen (384–322 v. Chr.). In der röm. Kopie einer Bronzestatue des →Polyeuktos ist das Bildnis des D. eindrucksvoll überliefert. Das Standbild zählt zu den hervorragendsten Werken des frühen →Hellenismus und repräsentiert in seiner kargen Sperrigkeit den Stil des beginnenden 3. Jhs. v. Chr. (Rom, Vat. Mus.).

Dendera. 612 km südlich →Kairo gelegenes Hauptheiligtum der Göttin →Hathor, das bereits im Alten und Mittleren Reich (→Mentuhotep) bestand. Der große Tempel wurde, wie das nebenliegende Geburtshaus, an Stelle älterer Bauten unter den letzten Ptolemäern begonnen und im 1. Jh. n. Chr. durch röm. Kaiser vollendet, beispielhaft für das starke Nachwirken →ägypt.

Kunst-Tradition. Der große Baukomplex besteht aus einer großzügigen Raumfolge, die von der Vorhalle durch Längs- und Quersäle zum Allerheiligsten führt. Es ist von einem Korridor mit kleinen Räumen umgeben, von denen man in die Krypten gelangt. →Hathorkapitelle weisen auf die Bestimmung des Tempels, dessen Baugeschichte und Zeremoniell durch reichen Reliefschmuck erläutert wird. Der Stil bleibt trotz röm. Einflüsse ägypt.-ptolemäisch. Ein gleiches gilt für die Bildthemen, vor allem für die Decken mit astronomischen Darstellungen, zu denen die berühmte Platte mit dem Tierkreis von D. gehört.
Lit.: W. Wolf, KÄ, 609; E. Brunner-Traut, Ägypten, 424 ff.

Dendra. Griech. Ortschaft in der nördlichen Peleponnes. Hier ausgegrabene mykenische Gräber aus dem späten 15. Jh. v. Chr. brachten reiche Funde aus Gold und Silber, Gefäße, Lampen, Waffen und Siegelsteine zutage. Zum Teil handelt es sich hierbei um kretischen Import (Nauplia, Mus.,und Athen, Nat.Mus.).

Denis, Maurice. Franz. Maler. Geb. 1870 in Grandville, gest. 1943 in Saint-Germain-en-Laye. Studium an der Académie Julian und Ecole des Beaux-Arts in Paris. Durch P. →Sérusier lernte er die Gedanken →Gauguins kennen. 1889 gründete er gemeinsam mit →Vuillard, →Bonnard u. a. die Gruppe der →„Nabis", deren führender Theoretiker er wurde. Die Gruppe versuchte Anregungen von →Redon und →Gauguin mit impressionistischen Stilmitteln zu vereinigen. Denis findet zu einem eigenen Stil, der durch eine gedämpfte Farbigkeit und schwingende, jugendstilhafte Linienführung zu einer flächigen Struktur führt. Neben diesen Bildern entstehen scheinbar unvermittelt naive religiöse Szenen und große kirchliche Fresken, in denen er die Kunst →Puvis de Chauvannes' fortführte.
Lit.: P. Jamot, Maurice D., 1946.

M. Denis, „Madonna", um 1898 (Essen, Folkwang-Mus.).

Denkmal (Monument). Im umfassenden Sinne jeder beachtenswerte geschichtliche, kultur- oder kunstgeschichtliche Überrest einer vergangenen Zeit. Im engeren Sinne ein Gebilde der Plastik oder der Architektur, das die Erinnerung an ein Ereignis oder an eine Person wachhalten soll. Schon in der Antike sind vielfältige Formen ausgebildet: Säule, Triumphbogen, figürliches Denkmal und als Sonderform das Reiterdenkmal. Nach der Vernachlässigung des D.-Gedankens im Mittelalter erneute Belebung in der Renaissance (Reiterdenkmal des Gattamelata in Padua von Donatello und des Colleoni in Venedig von Verrocchio). Die Barock-Kultur beschränkt das Denkmal im wesentlichen auf den Fürsten und den Feldherrn (Reiterdenkmal des Großen Kurfürsten in Berlin von A. →Schlüter). In der zweiten Hälfte des 18. Jhs. mehren sich die Beispiele von Denkmälern, die Gedanken und Empfindungen („dem Genius der Freundschaft") oder dem geistig bedeutenden Menschen („Genio leipnitii", Hannover-Herrenhausen, 1790) gelten. Im 19. Jh. kann jede Persönlichkeit von irgendwelcher Bedeutung Anlaß eines D.s werden: Erfinder, Wissenschaftler, Künstler, Schauspieler, Politiker; und schließlich gibt es viele Ideen, die diesem Jahrhundert Anlaß zum D. in den verschiedensten Formen geben: Freiheit, Vaterland, Ruhm usw.
Lit.: A. Riegl, Der moderne D.kultus, sein Wesen und seine Entstehung, 1903; Monumente und Standbilder Europas, 1914 (Wasmuth); A. E. Brinckmann, Platz und Monument, 1923; H. Schrade, Das deutsche Nationaldenkmal, 1934.

Denkmalpflege. D. ist die Sicherung und Erhaltung wertvoller kultur- und kunstgeschichtlicher Bau- und Kunstdenkmäler aller Art. Verbunden mit der D. ist nicht nur die →Restaurierung, sondern auch die Bewahrung der Denkmäler vor Verschandelung oder stilwidrigen Zutaten, auch die Freilegung, Zugänglichmachung und die dem künstlerischen Wert entsprechende Aufstellung der Kunstdenkmäler. Meist ist die D. vom jeweiligen Staat betrieben, der ähnlichen privaten Vereinigungen gegenüber (beispielsweise Burgenvereine) in finanzieller Hinsicht eindeutig im Vorteil ist. Die D. ist hin und wieder schon in früheren Zeiten zu beobachten, ihre eigentliche Entwicklung begann aber erst im 19. Jh., geweckt durch die Romantik und ihrem Interesse für die Vergangenheit und den einsetzenden Historismus.

Denner, Balthasar. Deutscher Maler. Geb. 1685 in Altona, gest. 1749 in Rostock. Malte u. a. in Hamburg, England, Amsterdam, ab 1740 in Hamburg ansässig. Schöpfer zahlreicher Bildnisse, auch fürstlicher Persönlichkeiten. In seiner Zeit sehr geschätzt. Gute Miniaturbildnisse auf Elfenbein und Kupfer. Die miniaturhafte Technik auch auf die Großportraits übertragend, huldigt er, besonders in seiner Spätzeit, einem extremen Naturalismus; deshalb der Beiname „Poren-Denner". In vielen größeren Galerien vertreten.
Lit.: H. Röthel, Bürgerliche Kultur u. Bildnismalerei in Hamburg während der 1. Hälfte des 18. Jhs., 1938.

Deogarh. Dorf in Mittelindien an der Stelle alter Siedlungen und Kultstätten. Auf dem Berg befindet sich eine Tempelstadt der Dschainas, im Tal ist das bedeutendste Denkmal: die Ruine des guptazeitlichen Vischnu-Tempels, der einmal von Bedeutung für die frühe Entwicklung des indischen Turmtempels wurde und an dem sich zum anderen hervorragende Bildwerke der reifen Gupta-Plastik erhalten haben.
Lit.: M. S. Vats, The Gupta temple at D., 1952.

Derain, André. Franz. Maler. Geb. 1880 in Chatou, gest. 1954 ebda. Gemeinsam mit seinem Freund →Vlaminck und unter dem Einfluß von van →Gogh und →Matisse entwickelt er nach 1900 eine bisweilen grellfarbige Malerei in wilder Pinselführung, durch die er zu einem der Hauptvertreter des →Fauvismus wurde. 1906/7 verfestigt sich unter dem Einfluß →Picassos, →Cézannes und der Kunst der Primitiven seine Malerei. Die Farbgebung wird dunkler, und die Komposition vereinfacht sich zu kubischen Formen, die von straffen Konturen eingefaßt werden. Malte er in seiner fauvistischen Periode hauptsächlich Landschaften und Stilleben, so tritt nun die menschliche Gestalt stärker in den Vordergrund. Nach 1920 bricht er mit seiner Vergangenheit und wendet sich einem historistisch-romantischen Realismus zu.
Lit.: D. Sutton, André D., 1960.

Derbe (Kleinasien). In Lykaonien gelegener Ort mit interessantem altchristl. Rundbau. In einen äußeren Mauerkreis ist ein zweiter Kreis, der von Pfeilern gebildet wird, eingefügt. Zwischen beiden Kreisen befindet sich ein Umgang. Da die Apsis nur wenig herausragt, ist der Eindruck eines absoluten Zentralraumes erreicht.

Dere Ashy (Lykien). Klosteranlage, deren Basilika (etwa 8. Jh.) sich trotz der inzwischen verbreiteten Kreuzkuppelkirchen an ältere kuppelbasilikale Anlagen anschließt. Sie ist deshalb für die Entwicklungsgeschichte des Kirchenbaues bedeutsam.

Der el-bahri (Ägypten). Die steile Felswand von D. (→Theben-West) wurde von →Mentuhotep I. im frühen Mittleren Reich als Hintergrund für die Terrassenanlage eines Totentempels gewählt, bedeutsam wegen der in der →ägypt. Kunst erstmaligen Verbindung von Monumen-

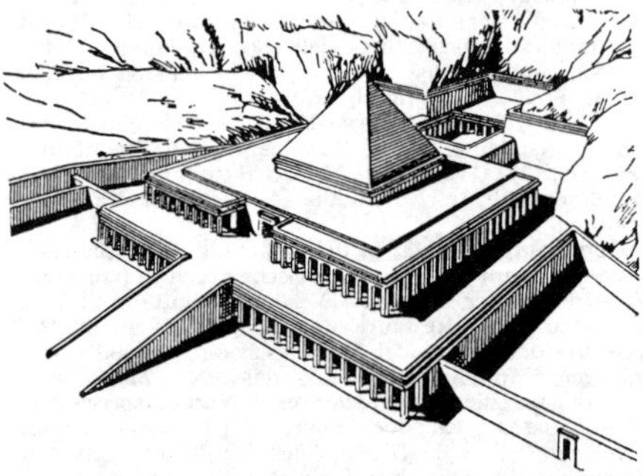

Der el-bahri, Grabbau des Mentuhotep, Rekonstruktionszeichnung.

talbau und landschaftlich gegebener Architekturkulisse, bedingt durch die Vorstellung von der in der Bergwand wohnenden Göttin →Hathor. So befand sich das tiefe, pfeilergestützte Allerheiligste im Felsen über der Grabkammer, in der der Sarkophag gefunden wurde. Davor wurde im Freien über einem unterirdischen Königsgrab die Terrasse angelegt, die die von Pfeilerhallen umgebene →Pyramide trug. Unter- und oberägypt. Grabform sind somit in der ganz neuartigen Anlage vereinigt, zu der aus dem Tal eine Allee durch den Tempelpark mit seinen Königsstatuen führte. Dem Vorbild Mentuhoteps folgte →Hatschepsut mit ihrem nach dem Plan ihres Günstlings →Senenmut in drei Terrassen aufgebauten Totentempel, dessen Achse nach →Karnak und dem Grab der Königin im Königsgräbertal von →Theben-West ausgerichtet ist. Vom Tal gelangte man durch eine →Sphinx-Allee über Rampen, die von Säulenhallen flankiert waren, zum Säulenhof der oberen Terrasse in die schmale Felsenkapelle, in der sich der Erbauer Senenmut darstellen ließ und in der →Ptolemäer-Zeit die weisen Baumeister →Imhotep und →Amenophis Hapu verehrt wurden. Wichtig sind die Säulenhallen der Mittelterrasse. Nördlich der Rampe die Geburtshalle, benannt nach den Darstellungen, die Hatschepsuts Zeugung durch →Amun und die Geburt durch die Königinmutter Ahmes zeigen. Südlich die Punthalle, die in motivreichen Reliefs von der Expedition nach →Punt berichtet. Bemerkenswert ist die landschaftliche Orientierung der beiden Hallen. An die Punthalle schließt das →Hathor-Heiligtum mit →Hathorkapitellen an, das in den Felsen führt. Im Allerheiligsten befand sich das Kultbild der göttlichen Kuh mit →Amenophis II. Die Gesamtanlage der →Hatschepsut zeichnet sich durch die Feinheit der Reliefarbeiten aus, in deren Darstellungen das Bild der Königin durch →Thutmosis III. systematisch getilgt wurde.
Lit.: W. Wolf, KÄ, 303ff., 407ff.; E. Brunner-Traut, Ägypten, 468ff.

Der el-Bersche (Ägypten). 20 km südlich →Beni Hasan. Bei D. 10 Gaufürsten-Felsgräber des Mittleren Reiches am Rand der Ostwüste. Bedeutend ist das Grab des →Thothotep, eines Zeitgenossen des →Chnumhotep von →Beni Hasan. Unter den feingearbeiteten Reliefs findet sich die einzigartige Darstellung des Transportes einer Kolossalstatue des Grabherrn aus den Steinbrüchen von Hatnub zur Kultkapelle, erläutert durch eine lange Inschrift, die auch den „Meister der Arbeiten an der Statue" berücksichtigt.
Lit.: W. Wolf, KÄ, 310, 373ff.; E. Brunner-Traut, Ägypten, 410f.

Der el-Gebrawi. Nördlich →Asjut auf dem Ostufer des Nils 120 Felsengräber aus dem Ende des Alten Reiches, darunter das des Gaufürsten →Ibi (6. Dyn.), dessen Bilder von einem Namensvetter der frühen Saïtenzeit für die Ausstattung eines Grabes bei →Theben übernommen wurden. Der Vorgang ist beispielhaft für das starke Nachwirken der →ägypt. Kunst des Alten Reiches in der Spätzeit.
Lit.: W. Wolf, KÄ, 636; E. Brunner-Traut, Ägypten, 412.

Dersenedj. Ägypt. Beamter der frühen 5. Dyn., aus dessen Grab in →Gizeh eine →Schreiberfigur und eine Sitzgruppe mit seiner Frau →Nofretka stammen. Die Granitplastiken sind charakteristisch für die Auflockerung der geschlossenen Form und die zögernde Annäherung an das Naturvorbild.
Lit.: W. Wolf, KÄ, 156f.

Der Termanin, Nordsyrien. Hier wurde eine der berühmtesten Kathedralbasiliken im ersten Viertel des 5. Jhs. von dem Architekten Markianos Kyris oder unter dessen Einfluß erbaut. Eine der ersten Kirchen mit Turmfassade. Die Türme springen als Eckrisaliten hervor, anders als bei den westeuropäischen Kirchen. Der Haupteingang hat ein prächtiges Tor.

Derutaware. In der italien. Stadt Deruta (Prov. Perugia) hergestellte →Fayencen. Sie sind berühmt durch ihre metallischen Lüsterfarben, ihr Ornament ist streng, die Zeichnung blau. Höhepunkt der D. ist das 16. Jh.

Desiderio da Settignano. Italien. Bildhauer. Geb. um 1428 in Settignano bei Florenz, gest. 1464 in Florenz. Bedeutender Vertreter der Frührenaissance. Wurde von →Donatello und Luca della Robbia beeinflußt. Ist in seiner Kunst graziös und anmutig. Besonders originell seine Art der Marmorbehandlung, die er hauptsächlich für Flachreliefs anwandte. Auch als Schöpfer neuer Motive für die Ornamentik und eines neuen Grabmaltypus tritt er hervor. – Hauptwerke: Grabmal des Carlo Marsuppini, um 1455, Florenz, S. Croce; Tabernakel der Sakramentskapelle von S. Lorenzo, Florenz, 1461; Bildnis der Marietta Strozzi, Berlin.
Lit.: W. v. Bode, Florent. Bildh. der Renaissance, 1921; L. Planiscig, D. da S., 1942.

Desnoyer, François. Franz. Maler und Bildhauer. Geb. 1894 in Montauban, ansässig in Paris. Die beiden großen Kunstströmungen seiner Jugendzeit, der →Kubismus und →Fauvismus, haben seine Entwicklung und sein Schaffen wesentlich beeinflußt. Er hat sich nie einer der beiden Richtungen angeschlossen, sondern suchte sie miteinander zu verbinden, um daraus einen eigenen Stil zu entwickeln. So entstehen Werke, die in der Strenge des geometrischen Aufbaus dem Kubismus, in der reichen und intensiven Farbgebung dem Fauvismus verpflichtet sind. Dabei geht er stets vom Gegenstand aus und schuf Landschaften, figürliche Kompositionen und Portraits. Daneben entstanden graphische Werke und Plastiken, zu denen er vor allem durch →Bourdelle angeregt wurde.
Lit.: Knaurs Lex. d. mod. Kunst, 1955.

Desornamentadostil. Bezeichnung jener Phase des span. →Manierismus, die unter Philipp II. in Kastilien vorherrscht und sich in der Herrschaft großer kahler Flächen auswirkt. →Escorial.

Despiau, Charles. Franz. Bildhauer. Geb. 1874 in Mont-de-Marsan, gest. 1946 in Paris. Studium in Paris. Erst 1904 entstand seine erste Plastik. →Rodin wurde auf ihn aufmerksam und lud ihn 1907 ein, in seinem Atelier zu arbeiten. Neben Rodin beeinflußte ihn →Maillol. Er verstand es, Anregungen beider Meister zu einem eigenen Stil zu verarbeiten, wobei er die große ruhige Form anstrebt. In der griech. archaischen und ägypt. Plastik sieht er seine Vorbilder. Von besonderer Bedeutung sind seine hervorragenden Portraitbüsten, in denen er es verstand, abseits vom Avantgardismus und Akademismus, Werke von eindringlicher Gestaltungskraft zu schaffen.

Lit.: Knaurs Lex. d. mod. Plastik, 1964; C. Roger-Marx, Ch. D., 1954.

De Stijl →Stijl, de.

Detmold. Bestand schon z. Zt. Karls d. Gr., wurde im 15. und 16. Jh. mehrfach verwüstet und schließlich im 18. Jh. zu einer, wenn auch kleinen, noblen Residenzstadt ausgebaut, deren Zeugnis das Residenzschloß ist. Der ursprüngliche Bau war eine von Wall und Graben umgebene Burg, aus der sich im 16. Jh. eine einen Hof umschließende, vierflügelige Anlage entwickelte. Ein Rundturm des alten Baues wurde beibehalten. Im Innenhof wurde die Front des einen schmalen Traktes im Sinne der →Weser-Renaissance in Haustein gestaltet. Besonders kostbar der sogen. „Steingang", eine auf Konsolen vorkragende Galerie (1555–57) mit reichem Renaissanceschmuck unter den Fenstern. Flankiert wird der ganze Trakt von 2 behelmten Treppentürmchen, und seine Bekrönung bilden 2 ungleiche Ziergiebel. Im Innern ist noch die Einrichtung des 18. Jhs. erhalten. Besonders aufschlußreich sind die Fußböden, an denen sich eine Entwicklungsgeschichte des Parketts ablesen läßt.

Deutsch, Niklaus-Manuel →Manuel.

Deutsche Kunst. 1) Mittelalter. Eine selbständige D. entsteht nach Bildung des Deutschen Reiches unter den Ottonenkaisern seit Otto I. d. Gr. im letzten Drittel des 10. Jhs. mit dem Beginn der →roman. Kunst, die in Deutschland nach dem jeweilig regierenden Kaiserhaus unterteilt wird in →ottonische, →salische und →staufische Kunst. Die ottonische gründet auf den Leistungen der vorangehenden →karolingischen Kunst, in der eine erste tiefgreifende Rezeption antiken Erbes, besonders der vorrangigen Darstellung der menschlichen Figur und der figürlichen Szene, stattfand. Doch bildeten franz. und deutsche Gebiete damals noch eine politische und kulturelle Einheit. Die Trennung erfolgt gegen 1000. Anfangs bis in salische Zeit, etwa bis 11. Jh., übernimmt Deutschland die Führung im abendländischen Kunstgeschehen. Bezeichnend ist eine selbständigere Umformung der Vorbilder, eine verstärkte Auseinandersetzung mit dem Byzantinischen, besonders der mittelbyzant. Kunst des 10. Jhs. Diese kommt dem Bedürfnis entgegen, sich von dem organisch-räumlichen Illusionismus antiker Bildtradition zu lösen zugunsten einer sich in Gebärden und Linien ausdrückenden, stärker vom geistig-religiösen Gehalt geprägten Darstellungsweise. Dem entspricht die Übernahme des →Goldgrundes aus der byzant. Kunst. Gipfelleistungen sind die Buchmalerei besonders der →Reichenauer Schule, die Wandmalerei in →Oberzell/Reichenau, die →Goldschmiedekunst, die →Elfenbein-Schnitzereien des →Echternacher Meisters, die Bronzewerke der Hildesheimer →Bernwardskunst und die frühen, um 1000 entstehenden Kultbilder, etwa das →Gero-Kruzifix. In der Baukunst bildet sich ein im Grundriß bis zum Beginn der →Gotik für Deutschland gültiger Kirchentyp aus (→ottonische, →salische Kunst). Im Aufriß sind die entscheidenden Neuerungen das Entstehen von Westchören (→Chor) und von Doppelturmfassaden. Bedeutendster ottonischer Bau ist St. Michael in →Hildesheim, bedeutendster salischer der Speyerer Kaiserdom (→Speyer, Dom), der nach 1061 erstmals Kreuzgratwölbung (→Kreuzgewölbe) des Mittelschiffs einführt. Die Ausbildung reich gegliederter Baugruppen im Außenbau, auch Gruppenbau genannt (→roman. Kunst), ist ein Merkmal roman. Baukunst, das Deutschland und Frankreich gemeinsam entwickeln. Typisch deutsch ist das Festhalten an geschlossenen Wandflächen. Gegen Ende des 11. Jhs. übernimmt Frankreich die Führung und schafft mit der Auflösung der Wand in tragende Glieder und weite Öffnungen sowie mit der Ausbildung von Bauplastik die Voraussetzungen für die Gotik (→franz. Kunst). Das Frühstaufische bleibt dem Salischen verhaftet. Erst seit Mitte des 12. Jhs. setzt wieder eine rege Bautätigkeit ein. Es entstehen ausgeprägte landschaftliche Sonderformen (→staufische Kunst). Doch werden keine neuen Baugedanken entwickelt. Ottonische und salische Traditionen verbinden sich mit franz. Anregungen; besonders hervorzuheben die Wölbung, die sich nun auch in Deutschland allgemein durchsetzt. Wesentlich sind die reiche Differenzierung des Außenbaus, die stark plastische, oft untektonische Durchformung der Mauermassen, deren Schwere und Wucht betont wird, während die gleichzeitige franz. Baukunst durch Gliederung der Wand deren Entschwerung anstrebt, sowie reichste Ausbildung von ornamentalen Zierformen. Der retardierende Zug staufischer Kunst wird auch in der Bildnerei deutlich, die keine Monumentalisierung durch Verbindung mit der Architektur sucht, sondern weiterhin meist kirchliches Ausstattungsstück bleibt. Inhaltlich wie formal hält

Gero-Kruzifix, 969–976 (Köln, Dom).

sie in ihrer Sinnbildlichkeit und Starrheit an salischen Traditionen fest, findet nicht zur expressiven Gestaltung aufrüttelnder (meist eschatologischer) Themen in monumentaler Form wie die gleichzeitige franz. Portalskulptur besonders der Pilgerkirchen (→franz. Kunst, →staufische Kunst). Ausgeprägte Lokalstile oder Schulbildungen fehlen weitgehend. Künstlerisch bedeutsame Leistungen entstehen in der 2. Hälfte des 12. Jhs. bezeichnenderweise auf dem Gebiet der maasländisch-rheinischen →Goldschmiedekunst, deren Höhepunkt die Werke des →Nikolaus v. Verdun sind. Gemessen an Baukunst und Bildnerei, spielt die Malerei in hochroman. Zeit eine untergeordnete Rolle. Die hochroman. Buchmalerei kann sich im künstlerischen Rang nicht mit den Werken ottonisch-salischer Zeit messen. An Wandmalerei hat sich nur weniges erhalten; u.a. in →Burgfelden, Prüfening b. Regensburg, →Schwarzrheindorf b. Bonn. Doch war jede bedeutendere Kirche mit bunten Bilderfolgen, die u.a. den Symbolcharakter des Raumes interpretierten, zumindest aber mit ornamental gliedernder Bemalung ausgestattet. – Die Übernahme des got. Stils (→Gotik) erfolgt in Deutschland nur zögernd. Trotz Eindringens got. Formen, besonders durch die →Zisterzienser-Baukunst, bleibt das Stilgefühl bis in den Anfang des 13. Jhs. roman. (Chor im Dom von →Magdeburg). Um 1220 übernimmt der deutsche Südwesten (→Straßburg, Münster; →Freiburg, Münster) burgundische Gotik. Die ersten rein got. Kirchen Deutschlands, die Elisabethkirche in →Marburg und die Liebfrauenkirche in →Trier, entstehen um 1235 im Anschluß an Bauformen der Champagne von 1200 (Soissons, Braisne). Doch beweist die im Bereich franz. Kathedralgotik undenkbare

Anlage von Zentralbau (Trier) und Hallenkirche (Marburg) eigenständige Umformung der Vorbilder, deren System im ganzen vereinfacht wird. Typisch deutsch ist das Fortlassen des Triforiums. Nur einige Bischofskirchen schließen eng an Frankreich an: →Straßburg, Münster (Fassade); →Köln, Dom (Chor), Regensburg, jeweils Mitte des 13. Jhs. begonnen. Der Kölner Innenraum darf in seiner Klassizität als Vollendung franz. Kathedralgotik über →Amiens hinaus angesehen werden. Einflußreich wird aber bezeichnenderweise der unter dem Überreichtum der Schmuckformen in seiner Struktur nicht

Schwäbisch Gmünd, Münster Hl. Kreuz, Blick durch das Mittelschiff auf den Chor.

mehr erfaßbare Außenbau, der besonders auf die rheinische Architektur wirkt; z. B. auf die als flimmernd reiche Schaufront ausgebildete Südwand der Katharinenkirche von Oppenheim (kurz nach 1300). Straßburg zeigt infolge der salischen Fundamente unfranz. weite Proportionen des Langhauses, auf die die breite Arkadenstellung Rücksicht nimmt. Wichtig wird die kurz nach 1275 begonnene Fassade (Vorbild: Querhausfronten von Notre Dame, Paris), die in der gleichmäßigen Vergitterung der Wand durch Maß- und Stabwerk und in der dahinter durchlaufenden Wandfläche eine spezifisch deutsche Umwandlung des stärker strukturbetonten Vorbilds zeigt. Großflächige, kaum gegliederte Wandflächen bleiben auch in got. Zeit ein Charakteristikum deutscher Baukunst. Das →Triforium fehlt fast durchweg. Eigene bedeutende Impulse gehen seit 1250 besonders von den Pfarr- und Stiftskirchen aus. Die Einturmfront des Freiburger Münsters (ursprünglich Pfarrkirche) wirkt auf Schwaben, das Ausgangspunkt der deutschen Spätgotik wird. Beispielhaft ist hier die Schwaben und Bayern beeinflussende, 1320 begonnene Heiligkreuzkirche von →Schwäbisch Gmünd mit dem berühmten, 1351 von Heinrich →Parler begonnenen Hallenchor. Überhaupt wird die Form der →Hallenkirche nun der bevorzugte Kirchentyp der deutschen Gotik. Er verbindet den got. Formapparat mit einer dem Kathedralbau entgegengesetzten Raumstruktur: lagernde Ruhe, harmonische Vereinheitlichung des Kirchenraums. In Süddeutschland erfährt die Hallenkirche ihre großartigste Entfaltung in den Backsteinkirchen des Hans →Stetthaimer, deren Schmuckteile im Gegensatz zur norddeutschen →Backsteingotik in Haustein ausgeführt sind (→Landshut, St. Martin, Baubeginn 1382; →Salzburg, Franziskanerkirche, 1408 begonnen). Wesentlich ist hier, wie überhaupt in der deutschen Spätgotik, der Kontrast zwischen reichem Innenraum und herbem, kraftvoll klarem Außenbau, dessen Monumentalität im Fall der Hallenkirche durch das eine riesige Dach gesteigert wird. Mitte des 14. Jhs. beginnt die Künstlerpersönlichkeit sich aus der Anonymität der Bauhütte zu lösen. Frühestes Beispiel ist die Familie der →Parler, daneben Stethaimer, Ulrich von Ensingen (→Ensinger, Ulrich), der Norddeutsche Hinrich Brunsberg. Künstlertragende Schicht wird das Bürgertum. Dies kommt sowohl in der Bedeutung der Pfarrkirche wie auch in der im Spätmittelalter immer reicher werdenden Profanarchitektur zum Ausdruck. Spezifisch ist der weitgehende Verzicht auf Schmuckformen. Doch finden sich hier besonders häufig die reichen spätgot. Wölbeformen der →Stern- und →Netzgewölbe (→Gewölbe). Gegen 1500 wirkt der Profanbau befruchtend auf den Kirchenbau. Er entwickelt üppige, oft pflanzliche Bildungen etwa des Maßwerks und der Rippen in Form von Astwerk (z. B. im Vladislavsaal auf dem Hradschin, Prag, von Benedikt Ried, 1487–1502; Annenkirche in →Annaberg/Sachsen, 1499–1520). Die dekorative Formphantasie der deutschen Spätgotik bildet eine Parallele zur Stauferzeit. In beiden Fällen handelt es sich um reichste, zum Untektonischen neigende Entfaltung von Spätstilen, eine Entwicklung, die sich innerhalb der deutschen Kunst nochmals im Barock wiederholt. – In der Bildnerei findet gegen 1200 eine innere Annäherung an die Gotik statt ohne Berührung mit westlichen Vorbildern; und zwar besonders in Köln, im Rheinland, im Maasgebiet (ausgehend von der →Goldschmiedekunst) und in Sachsen. Ausgelöst wird die reiche lebendige bewegliche Formensprache und oft klassische Ausgewogenheit vor allem durch eine erneute Hinwendung zur byzant. Antike. Sie führt zu einer Verlebendigung der Reliefform, nicht jedoch zur Verleiblichung der Figur. Dies wird deutlich etwa in den Chorschranken von St. Michael, Hildesheim (gegen 1190) und denen von →Halberstadt. Noch fehlen Integration von Bildwerk (oft noch Stuck!) und Bauglied und die volle Rundung der Figur. Die hochbedeutende Produktion wird auch Staufische Renaissance genannt. Hauptwerke: Figuren des Dreikönigsschreins im Kölner Dom von →Nikolaus v. Verdun (um 1186–96); Werke des sogen. Samsonmeisters (Maria Laach, südliches Tympanonrelief in Andernach, nach 1200); Stucktympanon von St. Godehard, Hildesheim (um 1200); Hildesheimer Taufkessel im Dom (um 1220). Diese stark ausgeprägte lokale Überlieferung verlangsamt besonders in Sachsen die Aufnahme des Gotischen. Noch die berühmte Goldene Pforte in →Freiberg/Sachsen (um 1230) zeigt zwar das franz.-got. architektonisch gegliederte Figurenportal, doch in Form des rundbogig geschlossenen süddeutsch-oberitalien. Stufenportals. Die kleinen, in Nischen eingestellten, unmonumentalen Figuren und die reiche Ornamentik der Bauglieder zeigen noch die innere Nähe zur Kleinkunst. Etwa gleichzeitig (nach 1230) dringt an der Peripherie, in Straßburg (Südquerschiff), westlich got. Formengut ein. Die bedeutendsten Werke klassischer got.-deutscher Bildnerei entstehen in →Bamberg (jüngere Werkstatt) und →Naumburg (→Naumburger Meister). Naumburg zeigt mit der Aufstellung von Stifterfiguren im neuerbauten Westchor die geschlossenste Leistung und zugleich eine typisch deutsche, unerhört freie Umwandlung franz. Vorbilder, indem erstmals weltlich, zeitgenössisch gekleidete Standespersonen als Einzelfiguren im Kirchenbau erscheinen. Von Bamberg abhängig sind die Magdeburger Werke, unter denen das von Anfang an frei auf dem Markt aufgestellte Reiterstandbild Kaiser Ottos II., der sogen. →Magdeburger Reiter, das bemerkenswerteste ist. Es ist das früheste profane Denkmal, das früheste Reiterdenkmal seit der Antike. Allgemein kennzeichnend für die deutsche Skulptur des 13. Jhs. ist die Aufstellung von Figurenzyklen besonders im Innenraum (Straßburg, Bamberg, Naumburg), die im Vergleich zu Frankreich lose Bindung an die Architektur und die damit zusammenhängende Verselbständigung der Einzelfigur sowie das Fortwirken auch älterer frühmittelalterl. und byzant. Traditionen. So erscheinen die bedeutendsten Leistungen spannungsvoller, intensiver, oft prononcierter im seelischen Ausdruck. Die Bildnerei gegen 1300 bis in die Mitte des 14. Jhs. spiegelt eine vielschichtige Entwicklung. Das Erstarken des Bürgertums fällt mit einer Verinnerlichung persönlicher Frömmigkeit zusammen, die durch die deutsche Mystik ausgelöst wurde. Es entstehen bedeutende Andachtsbilder (→Andachtsbild) besonders in Südwestdeutschland und die westdeutschen Pestkreuze mit ihrem erschütternd-krassen „Realismus" (Ausgangspunkt: Köln; frühestes Beispiel: Kruzifix in St. Maria im Kapitol, Köln, um 1304). Daneben werden erstmals die repräsentativ lehrhaften Portalprogramme der franz. Kathedralen übernommen, etwa in Straßburg (Westfassade, seit 1280), →Köln →Regensburg, auch → Freiburg i. Br., die weiten stilgeschichtlichen Einfluß ausübten. Die sich auch auf die Kathedralplastik auswirkende Geisteshaltung des Rittertums zeigt sich in Werken von höfischer Eleganz und Zierlichkeit mit einer neuen „Süßigkeit" des Ausdrucks (Grundlage: Reimser Josephsmeister, Apostel Nôtre Dame Sainte Chapelle in →Paris u. a.). Seit der Mitte des 14. Jhs. konzentriert sich das Kunstgeschehen in den in Zünften organisierten Werkstätten der Städte und im Bereich der Höfe, besonders am Kaiserhof in Prag. In Prag entstehen die bedeutenden Schöpfungen von Peter →Parler (Triforiumsbüsten und Grabmäler im Veitsdom), die bildnishafte Wiedergabe der Gestalten mit kräftiger Betonung der Körperlichkeit und stofflicher Wiedergabe der Gewänder verbinden. Die höfische Idealität ist aufgegeben. Gestaltet wird die weltliche Sphäre des Höfischen, die selbst im kirchlichen Bereich der Portalzyklen Aufnahme

N. Gerhaert von Leyden, Bildnisbüste eines Mannes (Selbstbildnis?), um 1467 (Straßburg, Frauenhaus-Mus.)

findet (z. B. Singertor, →Wien, Stephansdom, um 1375). Um 1400 wird ganz Europa noch einmal von der sogen. „Internationalen Gotik", in Deutschland →Weicher Stil genannt, erfaßt, eine höfisch bestimmte, elegant verfeinerte Kunst, für die kindliche Zierlichkeit der Typen, fließende Gewandbehandlung, Süßigkeit des Ausdrucks und eine höchst verfeinerte Sinnlichkeit charakteristisch ist. Den bedeutendsten deutschen Beitrag leistet der wohl aus Österreich stammende Meister der Schönen Madonnen (→Madonna). Er schafft einen Typ, dessen Verbreitungsgebiet vorwiegend Süddeutschland, Böhmen und der deutsche Osten ist. Die 2. Hälfte des 15. Jhs. ist für Deutschland eine der in der Bildnerei (und Malerei) produktivsten Zeiten. An Aufgaben kommen besonders die Gestaltung von Flügelaltären (seit dem 14. Jh. in Gebrauch) und Brunnen. Bevorzugtes Material ist das Holz, meist gefaßt, d. h. bemalt. Bedeutendste Meister sind der in Südwestdeutschland tätige Nikolaus →Gerhaert von Leyden, der in der Erfassung der Wirklichkeit einen entscheidenden Schritt über Parler und →Sluter hinaus tut und besonders in Süddeutschland bedeutenden Einfluß ausübte, ferner die süddeutschen Künstler Jörg →Syrlin d. Ä., Gregor → Erhart, Hans →Daucher, Erasmus Grasser, Hans →Leinberger, Michael →Pacher, Veit →Stoß, Peter →Vischer (d. Ä. und d. J.), der in Würzburg tätige Tilman →Riemenschneider und der Lübecker Bernt →Notke. In ihren Werken vollzieht sich noch in den Formen der späten Gotik der Übergang zur Renaissance. – Die got. deutsche Malerei spielt, gemessen an der Bildnerei, auch an der gleichzeitigen Malerei Italiens und Frankreichs, eine untergeordnete Rolle. Charakteristisch für das ausgehende 13. Jh. ist die mit 137 Illustrationen versehene sogen. Manessische Handschrift (Sammlung von Minneliedern, zusammengestellt von Ritter Rüdiger Manesse [gest. 1304]). In bunten Farben wird das ritterlich-höfische Leben der Zeit geschildert. Bestimmend sind zarter Lyrismus der Empfindung, höfisch feingliedrige Figurenbildung und ornamentale Flächengliederung. Von größter Bedeutung für die Entwicklung der deutschen Malerei wird die in der 2. Hälfte des 14. Jhs. im Bereich des Prager Kaiserhofs sich bildende böhmische Tafelmalerei, in der sich heimische, byzant. Traditionen mit franz. und italien. (Tomaso da →Modena) Einflüssen verbinden. Charakteristisch sind warme dunkle tiefe Farben, quellende weiche Formen. Hauptmeister: →Meister v. Hohenfurth, Meister →Theoderich v. Prag, → Meister v. Wittingau. Die böhmische Malerei wirkt befruchtend auf das gesamte deutsche Gebiet, auch auf den bedeutenden Hamburger Maler Meister →Bertram. Kurz nach 1400 entstehen die von franz.-burgundischer Malerei ausgehenden Werke des Westfalen →Konrad v. Soest und des Hamburgers Frater →Francke. Etwa gleichzeitig bildet sich in Köln ein neues Zentrum, das seine wichtigsten Impulse franz. Malerei des Weichen Stils (→Weicher Stil, internationale Gotik) verdankt. Die hellen weichen „süßen" Farben, die kindliche Lieblichkeit der Typen verbinden sich mit der für Köln spezifischen Weichheit der Modellierung. Hauptmeister: Veronika-Meister, Stephan →Lochner. Mit dem in Schwaben tätigen Lucas →Moser und dem Alemannen Konrad →Witz setzt bald nach 1430 auch in Deutschland intensives Bemühen um die Gestaltung des Tiefenraums, der Landschaft, um wirklichkeitsgetreue Schilderung des Sichtbaren ein, parallel zum Werk des Jan van →Eyck, doch unabhängig von diesem. Sie schaffen eine der Grundlagen für die gegen die Mitte des 15. Jhs. reich sich entfaltende deutsche Tafelmalerei, die sich, wie die Bildnerei, besonders im süddeutschen Raum konzentriert. Daneben wird der Einfluß niederl. Malerei, besonders des Rogier van der →Weyden, im gesamten Rheingebiet maßgebend. Wichtigste Maler: Hans → Multscher, →Meister E. S., →Spielkartenmeister, Martin →Schongauer, →Hausbuchmeister, Michael → Pacher.

Lit.: Bruckmanns Deutsche Kunstgeschichte, München 1942–55 (I. E. Hempel, Architektur; II. A. Feulner und Th. Müller, Plastik; III. O. Fischer, Malerei; IV. ders., Zeichnung u. Graphik; V. H. Kohlhausen, Kunstgewerbe).

2) Renaissance. Gleichzeitig mit dem Übergang zur Renaissance vollzieht sich der Schritt zur Reformation, der Deutschland in den überwiegend katholischen Süden und überwiegend protestantischen Norden teilte. Diese konfessionelle Teilung spiegelt sich in den Werken der Kunst und blieb bis in das 19. Jh. eine bestimmende

Komponente der Kunstentwicklung, am deutlichsten sichtbar im Barock. Die Renaissance brachte außerdem eine Umschichtung der Auftraggeber und damit der künstlerischen Aufgaben mit sich. In bisher nicht gekanntem Ausmaß spielt nun die profane Kunst, insbesondere die profane Baukunst, eine bedeutende Rolle. Sie erreicht ihren ersten Höhepunkt in der Kunst des Großbürgertums während der ersten Hälfte des 16. Jhs. Zentrum dieser neuen Richtung war das Haus Fugger in Augsburg. Gleichzeitig dokumentiert sich ein neuer

Heidelberg, Schloß, Friedrichsbau, 1601–04.

Repräsentationsanspruch in zahlreichen Residenzbauten der Landesfürsten und ihrer Vasallen. Die gewaltige Umwälzung geistiger und formaler Art tritt in der Zwiespältigkeit des Übergangs sprechend in Erscheinung: Einerseits finden sich zahlreiche Elemente der Gotik, die bisweilen zu ekstatisch erregten Formen führen, andererseits die von den Niederlanden und Italien eindringenden, von „logischen" Regeln bestimmten Formen der Renaissance, beides anfangs in heftiger gegenseitiger Auseinandersetzung begriffen, bis schließlich die Renaissance, vor allem als Dekorations- und Fassadenstil, die Oberhand gewinnt. Dabei halten sich got. Grundelemente, vor allem in der Grund- und Aufrißanlage der Bauten, z. T. bis in das 17. Jh. – Ein vorausgreifender Einzelgänger der Renaissancebaukunst in Deutschland ist in der Fuggerkapelle der Annakirche zu Augsburg überliefert (1509–18). Zum Durchbruch gelangte der neue Stil jedoch erst am Ende des 16. Jhs. in der Anlage des Schlosses zu →Heidelberg, während die 1537 erbaute Landshuter Residenz noch rein italien. Formen zeigt. – Nord- und Westdeutschland brachten Bauten hervor, die stark niederl. Einfluß verraten: Vorhalle des Rathauses zu Köln, das Rathaus zu Emden und die Vorhalle des Lübecker Rathauses. – Um 1580 erreicht die deutsche Baukunst die entscheidende Verschmelzung der bisher hauptsächlich auf die Dekoration bezogenen Renaissanceelemente mit einer von klaren Regeln bestimmten Grundrißkonzeption. Bedeutende Meister, wie Elias →Holl mit seinem Rathausbau von Augsburg, leiten zum Frühbarock über. – Wie die Baukunst, so steht auch die Bildhauerei des 16. Jhs. ganz unter dem Zeichen der Auseinandersetzung von Gotik und Renaissance. Während einerseits die Werkstatt Peter →Vischers um 1500 lebhaft auf die Renaissance eingeht, entwickelten andere Meister, z. B. H. →Leinberger, gleichzeitig ein bewegtes spätgot. Barock. Als selbständige Kunstgattung tritt die Bildhauerei vorübergehend jedoch in den Hintergrund und findet lediglich unter dem Primat der Architektur ein reiches Betätigungsfeld. So entwickelte der Holzbildschnitzer T. Evers in Lübeck neue Typen protestantischer Kirchenbildhauerei, die von großem Einfluß auf die norddeutsche Bildhauerkunst waren. – Mit einschneidender Prägnanz bahnt sich im Gegensatz zu Baukunst und Plastik die Malerei den Weg zur Renaissance. →Dürers Lehr- und Wanderjahre, die ihn wahrscheinlich nach den Niederlanden und mit Sicherheit nach Italien reisen ließen, brachten um 1500 die entscheidenden Anregungen nach Deutschland. In verschiedenster Form fanden sie ihren Ausdruck: sowohl in der genialen Verschmelzung deutsch-got. und italien.-klassischen Geistes bei Dürer als auch in der malerischen Romantik der →Donauschule, deren Landschaftsstil L. →Cranach d. Ä. teilweise vorwegnahm, während A.

M. Grünewald, „Der hl. Laurentius", 1508/09 (Frankfurt/M., Städel).

→Altdorfer sie vollendete, als auch in dem gewaltsam erregten Kolorismus M. →Grünewalds und schließlich auch in dem klassischen ausdrucksstarken Portraitstil H. →Holbeins d. J., der am deutlichsten eine enge Bindung an die Formenwelt der italien. Hochrenaissance erkennen läßt. – **3)** Barock. Der 30jährige Krieg brachte in der ersten Hälfte des 17. Jhs. eine vorübergehende Stockung der Kunstentwicklung mit sich. Jedoch kam es in der 2. Hälfte des 17. und im 18. Jh. zu neuen grandiosen Leistungen, die wiederum wesentlich bestimmt sind durch den Willen fürstlicher Machtdemonstration. Dies besonders im Zeitalter des Absolutismus, in dem die bürgerliche Kunst in den Hintergrund tritt, während die kirchliche Kunst sich weitgehend in den Bann fürstlicher Profankunst schlagen läßt und dieser nachzueifern strebt. Die alles beherrschende Kunstgattung, die diesem neuen Willen am besten entgegenkommen konnte, wurde nun die Architektur, deren

Bozzetto, Hl. Magdalena, um 1745, F. I. Günther (München, Bayerisches Nat.Mus.).

Formen wesentlich von den großen Leistungen Roms (→Bernini, →Borromini) beeinflußt sind. Entsprechend zu den fürstlichen Residenzen entstehen in Süddeutschland große Neuanlagen der mächtigen Klöster, während gleichzeitig der protestantische Norden zahlreiche Kirchenbauten hervorbringt. – Im Bau des im 2. Weltkrieg zerstörten und nach 1950 völlig abgerissenen Schlosses zu →Berlin schuf A.→Schlüter eine Anlage, die, ausgehend vom röm. Palaststil, diesen zu einer gesteigerten Massenwirkung führt. Ihren Höhepunkt erreicht die Baukunst im 18. Jh., vor allem die Werke B. →Neumanns (→Würzburg, Residenz; Wallfahrtskirche →Vierzehnheiligen u.a.), durch den Belvedere L. v. →Hildebrandts und durch die aus der malerischen Verschmelzung der Innenräume entstandenen Hoch- und Spätbarock-Kirchen von →Dientzenhofer, →Beer und der Brüder →Asam, die gemeinsam als Architekten, Stukkateure und Maler arbeiteten. Bei ihnen fand die malerische Gestaltung und Raumauflösung ihren glanzvollsten Ausdruck. – Die Plastik des deutschen Barock wird eingeleitet durch die am Ende des 16. Jhs. unter niederl. und italien. Einflüssen entstandene manieristische Bronzekunst (z. B. Brunnen in Augsburg). In erster Linie dient die Plastik der Dekoration von Palästen, Kirchen, Schlössern und Parkanlagen. Daneben gewinnt die Denkmalskunst große Bedeutung (z. B. Reiterstandbild des Großen Kurfürsten zu Berlin von A. →Schlüter). I. →Günther und B. →Permoser vertreten den süddeutschen Spätbarock. – In der Malerei überwiegt das dekorative Fresko, vor allem in der →Deckenmalerei, die ihre Vorbilder in Italien suchte und fand. Hauptmeister sind H. →Rottenhammer, die Brüder →Asam. Gleichzeitig nimmt A. →Elsheimer mit seiner intimen Landschaftskunst eine eigenständige Sonderstellung ein. – **4)** Rokoko. Noch stärker als im Barock kommt der bildenden Kunst im Rokoko eine dekorierende Aufgabe zu, die wiederum ganz im Dienst der Architektur, vor allem des Innenraumes und damit auch des Mobiliars steht. Neue Anregungen aus Frankreich werden fruchtbar, wozu die in Mode gekommene franz. Bildung an vielen Höfen einen wesentlichen Beitrag leistete. F. de →Cuvilliés repräsentiert mit seinen Bauten in→ München diese franz. Stilrichtung, die ihren reinsten Ausdruck in den intimen Anlagen des Schlosses von → Nymphenburg und →Sanssouci fand. Letzteres zählt zu den Hauptwerken des friderizianischen Rokoko, in dem bereits Elemente des Klassizismus anklingen. Noch mehr mit dem Barock verbunden zeigt sich der Zwinger zu →Dresden von →Pöppelmann. – **5)** Klassizismus und Historismus. Im frühen 19. Jh. bilden sich durch →Klenze in München und →Schinkel in Berlin die bedeutendsten Zentren des Klassizismus in Deutschland, wobei vor allem bei Schinkel vorausweisende Gedanken der Romantik fruchtbar werden. – Mit der Fertigstellung des Doms zu Köln nach 1840 kamen got. Formen in Mode, die zu zahlreichen neugot. Bauten führten. Nach der Mitte des 19. Jhs. wird die Neugotik durch die Neurenaissance abgelöst. Für eine Generation bestimmten diese Bauformen wesentlich die Architektur, als deren

H.v. Marées, „Parisurteil", Studie zu den Neapler Fresken, 1880/81 (Berlin, Nat.Gal.).

Hauptvertreter G. →Semper gilt. Ein überladener neubarocker Stil beschließt in den letzten beiden Jahrzehnten das Zeitalter des Historismus. Am Ende des Jhs. werden vor allem von A. →Messel Formen entwickelt, die zum Funktionalismus überleiten. Parallel hierzu entwickelt sich der →Jugendstil in seinen ersten Ansätzen. – Die Bildhauerei des 19. Jhs. ist wechselnd vom Neoklassizismus, Neobarock oder Realismus abhängig. Die Denkmalskunst erreicht eine weitverbreitete Beliebtheit. G. →Schadow, Chr. →Rauch und E. →Rietschel feiern in großen realistisch-klassizistischen Monumenten die großen Persönlichkeiten der Geschichte und Gegenwart. Zu Formen von barocker Glut fand R. →Begas. In Reaktion hierzu entwickelte A. v. →Hildebrand am Ende des Jhs. wieder eine strengere Formgebung, deren deutliche Hinwendung zu einem strengen Klassizismus die sogen. Münchener Schule nachhaltig bis weit in das 20. Jh. hinein beeinflußte. – Die Malerei betont stärker als die Plastik das romantische Element; wie es vor allem in der Landschaftsmalerei C. D. →Friedrichs seinen Höhepunkt erreicht. Ein klassizistischer Realismus wird durch die Malerei des →Biedermeier formuliert. Dieser Richtung entgegen steht eine süddeutsche, hauptsächlich in Rom tätige Gruppe, die sich um J. A. Koch, F. →Overbeck und P. →Cornelius schart, die sogen. →Nazarener, die in der heroischen Landschaft und in der Hinwendung zur Renaissance ihr Ideal fanden. Gleichzeitig erlebt die Historienmalerei einen großen Aufschwung und wird um die Mitte des 19. Jhs. durch A. v. →Menzel und dessen Realismus neu belebt. – Die großen Themen des 19. Jhs., wie historische Geschehnisse, Genre, Landschaft und Portrait. werden in vielfältiger Weise durch wechselnde Stileinflüsse bestimmt. So ließ sich K. v. →Piloty vom franz. Kolorismus beeinflussen, so finden sich in den Genrebildern von C. →Spitzweg gleichfalls Anregungen aus Frankreich, so ist A. →Feuerbach bestrebt, klassizistisch-romantische Elemente, verbunden mit italien. Einflüssen, zu monumentaler Form zu bringen. H. v. →Marées setzt die klassische Bildsprache fort und führt sie in der Neubelebung der Freskomalerei zu ihrem Höhepunkt. Daneben stehen →Böcklins Symbolismus und die Portraitkunst →Lenbachs. Unter dem Einfluß der holländischen Landschaftsmalerei und dem franz. →Impressionismus bringen →Liebermann, →Corinth und →Slevogt moderne künstlerische Ausdrucksmöglichkeiten nach Deutschland, während F. v. →Stuck, dem →Symbolismus nahestehend, dem Jugendstil verwandte Gedanken mit klassischer Formgebung zu verbinden sucht. – **6)** Die Moderne. Im 20. Jh. stand die D. im Gegensatz zum 19. Jh. wiederum im Brennpunkt künstlerischen Weltgeschehens. Architektur und Kunstgewerbe des 1. Jahrzehnts wurden durch den →Jugendstil mit seinen Zentren in München, →Darmstadt und Berlin geprägt. Experimentierfreudige Künstler suchten in Reaktion zum überladenen Historismus nach neuen Formen und einer Klärung der gestalterischen Aufgaben. Die Ergebnisse sind vielschichtig und sehr verschieden. Gemeinsamkeit besteht lediglich in dem Bestreben nach Erneuerung und dem Postulat nach ganzheitlicher Erfassung des Lebens durch die Kunst. Hauptmeister sind neben dem hauptsächlich in Deutschland tätigen Österreicher J. M. →Olbrich P. →Behrens, R. →Riemerschmidt, A. →Endell, B. →Paul. – Aus dem Atelier von Behrens ging W. →Gropius hervor, der mit dem →Bauhaus eine Schule gründete, die in den zwanziger Jahren Normen schuf, die richtungweisend für die moderne Architektur werden sollten. – Wie die Architektur im Jugendstil, so fanden Malerei und Plastik im →Expressionismus eine neue Ausdrucksform. Dabei richtete sich die Malerei hauptsächlich gegen den Naturalismus des →Impressionismus. Mit dem von →Kandinsky, →Klee, →Macke, →Marc u.a. gegründeten →„Blauen Reiter" manifestierte sich in München eine Künstlergruppe, die vor allem durch Kandinsky den Weg zur →Abstrakten Kunst bahnte. Parallel hierzu fanden sich unter der Führung E. L. →Kirchners die Künstler der Gruppe →„Brücke" in Dresden zusammen, in der der deutsche Expressionismus vor allem in der Wiederbelebung des →Holzschnitts seinen reinsten Ausdruck fand. →Heckel, →Schmidt-Rottluff, →Pechstein, →Mueller und vorübergehend →Nolde gehörten zu diesem Kreis. Nach dem 1. Weltkrieg fand das apokalyptische Kriegsgeschehen in den Werken von →Beckmann, dem größten und genialsten Einzelgänger der deutschen Moderne, und in den Bildern von O. →Dix einen intensiven Niederschlag. – →Dadaismus und →Surrealismus werden gleichzeitig durch K. →Schwitters und M. →Ernst vertreten. – Nach der erzwungenen Unterdrückung künstlerischen Schaffens während der Zeit von 1933–1945 suchte die D. durch W. →Baumeister, E. W. →Nay, G. →Meistermann u. a. erneut Anschluß an die modernen künstlerischen Bestrebungen. – Die Bildhauerkunst des 20. Jhs. konnte in Deutschland nicht die gleiche Bedeutung erreichen wie Malerei und Baukunst. Der Jugendstil wird am reinsten durch B. →Hoetger vertreten, während der Expressionismus, verbunden mit sozialkritischen Anliegen, in den Werken von E. →Barlach und K. →Kollwitz zum Ausdruck kommt. Neben diesen Einzelgängern bestimmte die neuklassizistische Schule von München mit Künstlern wie G. →Kolbe, R. →Scheibe, G. →Seitz, E. →Mataré und G. →Marcks weitgehend die Entwicklung. In künstlerisches Neuland vorzudringen suchten und suchen K. →Hartung, B. →Heiliger und H. →Uhlmann. (Siehe Farbtafel 11, 13, 14, 16, 32 und Tafel 9, 11, 12, 13, 16, 24, 28).

Lit.: G. Dehio, Geschichte der D., 4 Bde., 1930–1934; O. Schmitt, Reallexikon zur Deutschen Kunstgeschichte, 1933ff.; O. Fischer, Geschichte der deutschen Malerei, 1959; derselbe, Geschichte der deutschen Zeichnung und Graphik, 1951; F. Roh, Geschichte der D. von 1900 bis zur Gegenwart, 1958.

Deutscher Werkbund. 1907 in München gegründete Interessengemeinschaft von Künstlern, Kunstgewerblern und Industriellen mit dem Ziel, industriellen Produkten und Architektur gleichzeitig zweckhafte und schöne Form zu geben. Der D. ist ohne den Hintergrund des vorangegangenen →Jugendstils nicht denkbar. Einige Dogmen, wie z.B. das der Materialgerechtigkeit, sind durchaus zeitgebunden, dennoch auch später von großer Wirksamkeit. Vorbildliche Ausstellungen 1914 in Köln und 1930 in Paris. 1933 aufgelöst, 1946 neu gegründet.

Deutsches Band →Fries.

Deutschordenskunst →Ordensburg.

Deutschrömer. Bezeichnung für diejenigen deutschen Künstler, die in der ersten Hälfte des 19. Jhs. in Rom tätig waren. Ihr persönlicher Mittelpunkt war J. A. →Koch, architektonischer Mittelpunkt die 1817 mit Fresken versehene Villa Massimo. Ein Teil der D. ist identisch mit den →Nazarenern.

Devakulika. Die Nische für Kultbilder an den Außenmauern des nordwest-indischen Dschaina-Tempels.

Devotionalien (von lat. devotio = Aufopferung, Frömmigkeit). Gegenstände, die der Andacht dienen, oft als ein Erinnerungsstück von Wallfahrtsorten mitgebracht und bisweilen dorthin zurückgestiftet werden.

Dharmaschala. Ein Rasthaus, eine Pilgerunterkunft usw. im ausgedehnten Bereich des indischen Tempelbezirks.

Dhauli →Bhuvaneschvara.

Diadem, Stirnreif. Das D. war in der Regel aus mit Edelsteinen besetztem kostbarem Metall gefertigt und bezeichnete die hervorragende Stellung seines Trägers.

Diadumenos →Polyklet.

Diakonikon. 1) Bezeichnet vor allem in den Kirchen des Ostens den südlich neben der Hauptapsis gelegenen apsidialen Raum. Er stand dem Priester als eine Art Sakristei zur Verfügung. Das D. konnte sehr weiträumig sein und bestand bei größeren Kirchen oft aus drei Teilen: a) Das salutatorium oder receptorium. Hier empfing der Bischof den Klerus. b) Das vestiarium, mutatorium: Raum zum Umkleiden. c) Das thesaurarium: Schatzkammer mit liturgischen Geräten, Büchern usw. Die Grundrißform kann rechteckig oder auch rund sein. – **2)** Bezeichnung für liturgisches Handbuch des Diakons in der griech. Kirche.

Diamantierung. Verzierung von Ornamentlinien mit kleinen edelsteinartigen Gebilden (an Architekturen aus dem Stein gemeißelt) zur Verstärkung der Licht- und Schattenwirkung. Häufig in der Spätromanik.

Diamantquader. Bearbeiteter Baustein, dessen Sichtseite einem geschliffenen Diamanten gleicht. Schönes Beispiel der Benutzung von D.n der Pal. dei Diamanti in Ferrara.

Diaphanbild. Auf Glas gemalte oder durchscheinende Lithographie auf oder zwischen Glas. Dazu gehören auch die Erzeugnisse der Lithophanie.

Diaphanradierung, auch Glasklischee genannt. Der Künstler zeichnet mit der Radiernadel, genau wie bei der →Radierung, auf die mit Ätzgrund überzogene Platte, auf eine Photoplatte. Dann wird die Platte wie eine Photographie entwickelt.

Diatreta. Glasgefäß in Form eines großen Bechers, der

mit einem Glasnetz überzogen ist. Dabei kann die ganze Fläche das Netzwerk tragen oder nur der untere Teil. In diesem Falle befindet sich auf dem frei gelassenen Glas eine Aufschrift. Nur wenige Exemplare sind bisher bekanntgeworden. Über die Technik gehen die Meinungen auseinander. Entweder ist das Gitterwerk auf das untere Glas aufgeschmolzen, oder der dickwandige Kelch ist so ausgeschliffen, daß der Eindruck eines aufgelegten Flechtwerkes entsteht. – Die frühen Beispiele stammen aus Alexandrien (1.–4. Jh. n. Chr.), die späteren meist aus dem kölnischen Rheingebiet.

Didyma, Apollontempel, Anfang des 3. Jhs. v. Chr.

Diaz de la Peña, Narcisse. Franz.-span. Maler und Lithograph. Geb. 1808 in Bordeaux, gest. 1876 in Mentone. Er begann als Porzellanmaler in der Manufaktur von →Sèvres und mit romantischen Werken. Starke Impulse brachte ihm die Begegnung mit der Malerei von →Delacroix. 1831 schloß er sich unter dem Einfluß von Th. →Rousseau der Schule von →Barbizon an und schuf in der Folgezeit Landschaftsbilder, die zum Besten gehören, was diese Schule hervorgebracht hat. Häufig bereicherte er seine Waldlandschaften mit mythologischer Figurenstaffage.
Lit.: A. Hoeber, The Barbizon Painters, 1915.

Didymaion. In der Nähe von →Milet bei Didyma gelegener Tempel des Apollon Philesios. Der älteste Bau des 6. Jhs. v. Chr. – ein Orakelheiligtum – wurde 494 v. Chr. durch die Perser zerstört. Der Bildhauer →Kanachos schuf das Kultbild, das in Münzbildern überliefert ist. – Im 4. Jh. v. Chr. wurde nach den Plänen der Architekten Daphnis und Paionios ein riesiger ionischer Dipteros mit ungedeckter Cella, in deren Innern ein kleiner →Naiskos für das Kultbild stand, begonnen. Der Bau wurde nie vollendet.
Lit.: H. Berve/G. Gruben/ M. Hirmer, Griech. Tempel u. Heiligtümer, 249, 1961.

Diele. Ursprünglich niedersächsische Bezeichnung für den Hauptraum des Bauernhauses und entsprechend den großen Eingangsraum des Bürgerhauses (Kaufmannsdiele).

Dielenkopf. Deutsche Bezeichnung für die Tropfenplatte am Gesims des dorischen →Peripteros. →Mutulus.

Dienerfiguren. Bereits in der Vorzeit der →ägypt. Kunst gesicherte Grabstatuetten, die als bemalte Kalksteinfiguren seit der 4. Dyn. in wachsendem Maße dem Verstorbenen mitgegeben werden. Älteste Beispiele im Grab der Königin →Meres-anch in →Gizeh. Holzfiguren seit der 6. Dyn., die einen zunehmenden Verfall der plastischen Form offenbaren. →Uschebti.
Lit.: W. Wolf, KÄ, 165ff., 182ff.; E. Brunner-Traut, Ägypten, 111ff.

Dienst. Bezeichnung für Pfeiler- oder Wandvorlagen mittelalterl. Bauten, die als stabförmige Glieder zu Gewölbebogen und Rippen aufsteigen und als deren Träger erscheinen. Die stärkeren D.e unter Quer- und Längsgurten heißen „alte", die dünneren für die Rippen „junge D.e". Ihr Querschnitt, ursprünglich Viertel-, Halb- oder Dreiviertelsäulen entsprechend, paßte sich in der Spätgotik den kantiger und schärfer werdenden Rippenprofilen an. Vorgebildet besonders in der roman. Baukunst der →Normandie anfangs als reine Wandgliederung. Seit Einführung der Kreuzrippenwölbung (→Kreuzgewölbe), besonders jedoch in der →Gotik, ständig verwendet.

Dientzenhofer. Deutsche Baumeisterfamilie des 17. und 18. Jhs. in Franken und Böhmen. Ihre wichtigsten Vertreter sind: **1)** Christoph. Geb. 1655 in Rosenheim, gest. 1722 in Prag. Durch ihn wurden die Bauideen →Guarinis nach Deutschland verpflanzt, wodurch er zu einem der wichtigsten Anreger des deutschen Barock wurde. Seine bedeutendsten Bauten sind die ihm zugeschriebene Klosterkirche zu Brevnov bei Prag (1709–15) und das Langhaus der Nikolaikirche in →Prag (1703ff.). – **2)** Johann. Geb. 1663, gest. 1726 in Bamberg. Bruder des 1). Zu seinen Hauptwerken gehört der 1704–12 errichtete Dom zu Fulda, der sich durch strenge klare Formgebung auszeichnet; ferner die Klosterkirche zu Banz (1710–18), deren Innenraum an italien. Barockformen von →Guarini und →Borromini anschließt und in der sich Entwurfsideen von →Mantegnas Langhausplan für St. Peter in Rom wiederfinden. – Gemeinsam mit M. Welsch schuf er außerdem das Schloß →Pommersfelden mit seiner grandiosen Treppenhausanlage. – **3)** Kilian Ignaz. Geb. um 1690 (vielleicht 1689) in Prag, gest. 1751 ebda. Sohn des Christoph D. 1) und anfangs auch dessen Schüler. Seine Ausbildung vervollständigte er bei L. v. →Hildebrandt in Wien und auf Reisen durch Italien und nach Paris. Seit ca. 1720 war er hauptsächlich in Prag tätig und vermittelte dem Prager Barock seine wichtigsten Impulse. Somit wurde er zum Hauptmeister der Familie D. Auch er ging von der italien. Architektur aus und fand, wie sein Vater und sein Onkel, in →Guarini und →Borromini seine Vorbilder. In Prag vollendete er die von seinem Vater begonnene Nikolaikirche, außerdem errichtete er die Nikolaikirche in der Altstadt (1727–37) als elliptischen Zentralbau, die Fassade der Thomaskirche (1725–27), die St. Nepomukkirche (1730ff.) und mehrere Palais (Villa Amerika, 1720; Palais Piccolomini, um 1730; Palais Kinsky). Von seinen außerhalb von Prag erbauten Werken sind vor allem die Maria-Magdalena-Kirche in Karlsbad (1733–36) und das Kloster Wahlstatt in Schlesien (1727–36) zu nennen.
Lit.: O. A. Weigmann, D., eine Bamberger Baumeisterfamilie um die Wende des 17. Jhs., 1902; B. Menzel, Die Baumeister Christoph und Kilian Ignaz D., 1934; H. W. Hegemann, Die deutsche Barockbaukunst Böhmens, 1943.

Dietterlin, Wendel (eigentlich Wendelin Grapp). Deutscher Maler, Architekt und Radierer. Geb. um 1550 in Pfullendorf, gest. 1599 in Straßburg. Während sich sein übriges Schaffen in durchschnittlicher Qualität hielt, ist sein großes Entwurfswerk „Architectura" (erschienen 1593 und 1594) von überragender Bedeutung für die Entwicklung des deutschen Frühbarock. Das Werk enthält dekorative Entwürfe für Fenster, Türen, Brunnen, Fassaden etc. Ausgangspunkt bildete hierbei die Schrift →Vitruvius Pollios, jedoch waren dessen Architekturtheorien lediglich Anregung zu den in reicher Phantasie entwickelten Formen des D. Bezeichnend ist der Zug zum Dekorativen. Alle Architekturteile sind ausgestaltet mit vielfältigem Ornamentwerk (Pflanzen, Tiere und bewegte Figuren).
Lit.: Thieme-Becker; M. Pirr, Die Architectura des Wendel D., Diss. Berlin, 1940; Wendel D., Architectura ..., eingeleitet von H. G. Evers, 1965.

Dietz (Tietz), Ferdinand. Deutscher Steinbildhauer. Geb. 1709 in Eisenberg (Böhmen), gest. 1777 in Memmelsdorf bei Bamberg. Seine anmutigen Gartenskulpturen zeigen ihn als Meister des deutschen Rokoko. Nach Studien bei Mathias →Braun von Braun in Prag arbeitet er ab 1736 im Auftrag der Familie von Schönborn in Würzburg und Bamberg, später für den Kurfürsten von Trier. Seine Hauptwerke sind die Gartenskulpturen in den Schlössern →Seehof (1747–1749) und →Veitshöchheim (1763–68).

Lit.: E. L. von Stössel, F. T., 1920; H. Kreisel, Der Rokokogarten zu Veitshöchheim, 1952.

Dig. Nordindische Kleinstadt mit den Resten eines Wasserschlosses des 18. Jhs. See und Gartenlandschaft sind einheitlich mit den Palastanlagen konzipiert; in der Architektur und besonders der Außendekoration wurden verschiedene Elemente altindischer und islam. Bauformen auf geschmackvolle Weise miteinander verbunden.

Diglyph. Bezeichnung für ein Frieselement, das in Abwandlung der →Triglyphe seit dem 16. Jh. n. Chr. bekannt ist. Im Gegensatz zur Triglyphe besteht der D. nur aus 2 durch Stege voneinander getrennten senkrechten Rinnen.

Dijon. Notre Dame. Schönstes Beispiel burgundischer Gotik (→Burgund), 1220– um 1245. Dreischiffige Basilika, polygonaler Chor ohne Umgang und Kapellenkranz, polygonale Apsiden am Querhaus als Seitenschiffabschlüsse. Reduzierter Grundriß entspricht der Pfarrkirche. Hochgot. Raum trotz frühgot. Elemente (Rundpfeiler, Knospenkapitelle, sechsteiliges Rippengewölbe). Laufgang vor den Obergadenfenstern schafft typisch burgundische Doppelschichtigkeit der Wand. Vierungsturm entspricht burgundischer Tradition. Rechteckiger Fassadenblock mit Vorhalle. Zwei Obergeschosse durch vorgeblendete Spitzbogenarkaden gegliedert (vielleicht italien. Anregungen), darin der Zweischaligkeit des Innenraums entsprechend.
Lit.: C. Oursel, L'Eglise Notre-Dame de D., 1938; M. L. Springer, Notre Dame in D., 1934; R. Branner, Burgundian Gothic Architecture, 1960.

Dikpala. Wie die →Lokapala die Schützer der vier Haupt- und Nebenweltgegenden in der indischen Mythologie und Tempelbaukunst. Osten = Indra; Südosten = Agni; Süden = Yamma; Südwesten = Surya; Westen = Varuna; Nordwesten = Vayu; Norden = Kubera; Nordosten = Tschandra.

Dimini. Neolithischer Fundort bei Volos in Nordgriechenland. Nach diesem Grabungsplatz wird eine Kultur als Diminikultur benannt. Sie ist in der Hauptsache noch steinzeitlich, jedoch kommen Kupfer und Gold bereits vor. Die Dimini-Kultur löst die Kultur der vorausgehenden →Sesklo-Schicht ab. In D. wurde eine gewaltige Burg ausgegraben. Sie hat mehrere stark befestigte Mauerringe aus Steinplatten. Im innersten Ring liegt ein 12 m langer Megaronbau mit zwei hintereinandergereihten Räumen. – In der Plastik setzt sich die bereits vorher entwickelte Idolform fort. Die Keramik dagegen zeigt neue Elemente, die sich reich entwickeln und die Dimini-Kultur in vier Phasen einzuteilen ermöglichen. Präzise Datierungen sind jedoch nicht durchführbar. – Die letzte Stufe dieser Kultur hat eine Keramik hervorgebracht, für die geritzte, einpolierte und bemalte Verzierungen charakteristisch sind. Meist handelt es sich hierbei um Schachbrett-, Spiral- und Mäandermuster. Die Malfarben sind stumpf, in der Regel wird Schwarz auf hellem Grund aufgetragen. Vereinzelt kommen Rot und Weiß ergänzend hinzu. – Insgesamt gehört die Dimini-Kultur dem 3. Jahrtausend v. Chr. an.
Lit.: Kirsten-Kraiker, Griechenlandkunde, 597, 782, 1962.

Dinanderie. Bezeichnung für Messinggeräte, hergestellt in Dinant an der Maas, das im 14. und 15. Jh. eine Monopolstellung der Messingverarbeitung innehatte. Die Produktion reichte von Geräten des täglichen Gebrauchs bis zu künstlerischen Erzeugnissen, wie Taufbecken, Leuchtern etc. Grundlage war u. a. die maasländische →Goldschmiedekunst und Metallkunst des 12. und 13. Jhs. Der Begriff D. übertrug sich auf Messing-, auch Kupfergeräte aus dem übrigen Maasgebiet, aus Flandern, Brabant und Aachen, in Frankreich sogar auf alle Messingware.
Lit.: J. Squilbeck, La D. en Belgique.

Dinglinger, Johann Melchior. Deutscher Goldschmied und Emailleur. Geb. 1664 in Biberach (Württemberg), gest. 1731 in Dresden. Besaß eine der berühmten Goldschmiedewerkstätten seiner Zeit. Schuf zusammen mit seinen Söhnen und Brüdern zahlreiche barocke Kleinplastiken, Tafelaufsätze usw. (bis 1945 im Grünen Gewölbe in Dresden). Seit 1698 Hofgoldschmied Augusts des Starken, für den er ein goldenes Kaffeeservice arbeitete.
Lit.: J. L. Sponsel, J. M. D. und seine Werke, 1905; R. Enking, Der Apis-Altar J. M. D.s in Leipzig, Ägyptol. Studien, 11, 1939; E. v. Watzdorf, J. M. D., Bd. 1 und Bd. 2 1960.

Dinkelsbühl. St. Georg. Wichtiges Beispiel deutscher spätgot. Hallenkirchen. 1448 begonnen als Stadtkirche (Baumeister: Nikolaus Eseler und Sohn). Fehlen des Querschiffs bringt Vereinheitlichung des Raums und des äußeren Umrisses. Die Profile der Pfeiler (ohne Kapitell) setzen sich in reichen Netzgewölben fort. Verschleifung der Formen zu einem Liniensystem von zeichnerischer Leichtigkeit, die die architektonische Struktur fast negiert. Klar begrenzter Außenbau.
Lit.: K. H. Clasen, Deutsche Gewölbe der Spätgotik, 1958; E. Adam, Baukunst des Mittelalters II, UKG X, 1963.

Diokletian. Röm. Kaiser (284–305 n. Chr. an der Regierung). Mit ihm beginnt die Spätzeit der →röm. Kunst. Bedeutende Bauwerke wurden unter seiner Regierungszeit errichtet. So die berühmten Diokletianthermen in →Rom. Diese größte Anlage ihrer Gattung umfaßt neben den für den Thermenbetrieb notwendigen Räumen ausgedehnte Anlagen für Sport und Spiel der Besucher. Den gut erhaltenen Mittelteil mit seinem monumentalen Gewölbe hat später →Michelangelo zu einer Kirche ausgebaut. – Gegen das Ende seines Lebens zog sich D. in den von ihm erbauten großen Palast von →Spalato zurück (305 n. Chr.).

Dionysios Areopagita. Nach Apostelgeschichte 17, 34 wurde durch die Predigt des Paulus in Athen ein Mitglied des Areopags mit Namen Dionysius bekehrt. Seit dem 6. Jh. tauchen Schriften auf, welche für sich in Anspruch nehmen, von dem genannten D. verfaßt zu sein. Eine dieser Schriften ist die „Himmlische Hierarchie". D. hat die neuplatonische Emanationslehre sich zu eigen gemacht und eine hierarchische Rangordnung festgelegt. Die oberste ist die göttliche Sphäre, zu der auch die himmlischen Engelshierarchien gehören. Es folgen weitere Rangordnungen bis hin zu denen der Kirchenmänner und Mönche. Das Ausschmückungssystem der mittelbyzant. Kirchen verrät deutlich den Einfluß der „Himmlischen Hierarchie".

Diorama. 1822 von Daguerre erfunden. Ein von zwei Seiten bemalter, durchscheinender Stoff, der nach Art der Beleuchtung die eine oder die andere Seite zur Geltung kommen läßt. D. wird dann auch ein Bild genannt, das in bestimmter Beleuchtung aufgestellt und durch ein Guckloch betrachtet wird und dadurch plastisch wirkt. Heute nennt man D. ein mit plastischen Gegenständen und gemaltem Hintergrund ausgestattetes Schaubild besonders in Museen.

Dioskurides-Manuskript. Pflanzenbuch, das kurz vor 512 in Konstantinopel entstanden ist und sich in der Wiener Österreichischen Nationalbibliothek (Cod. med. graec. I.) befindet. Wird zum Vergleich mit altchristl. Bibelillustrationen herangezogen.

Dipteros. Griech.-ionischer Tempel mit doppelter umlaufender Säulenstellung. →Tempel.

Diptychon. Ursprünglich antike Schreibtafel aus zwei aufeinander zu klappenden Holz- oder Knochenplatten, die auf der Innenseite mit Wachs belegt waren. – In der Spätantike tritt das D. in Elfenbein als Geschenk hoher Würdenträger in Erscheinung. – Später wurde die Bezeichnung D. auch auf einen zweiteiligen Altar oder ein zweiflügeliges Bild übertragen. – Diptychen mit El-

Tafel 5: *Sogen. Kritiosknabe von der Akropolis zu Athen, um 490/80 v. Chr.; Athen, Akropolis Mus.*

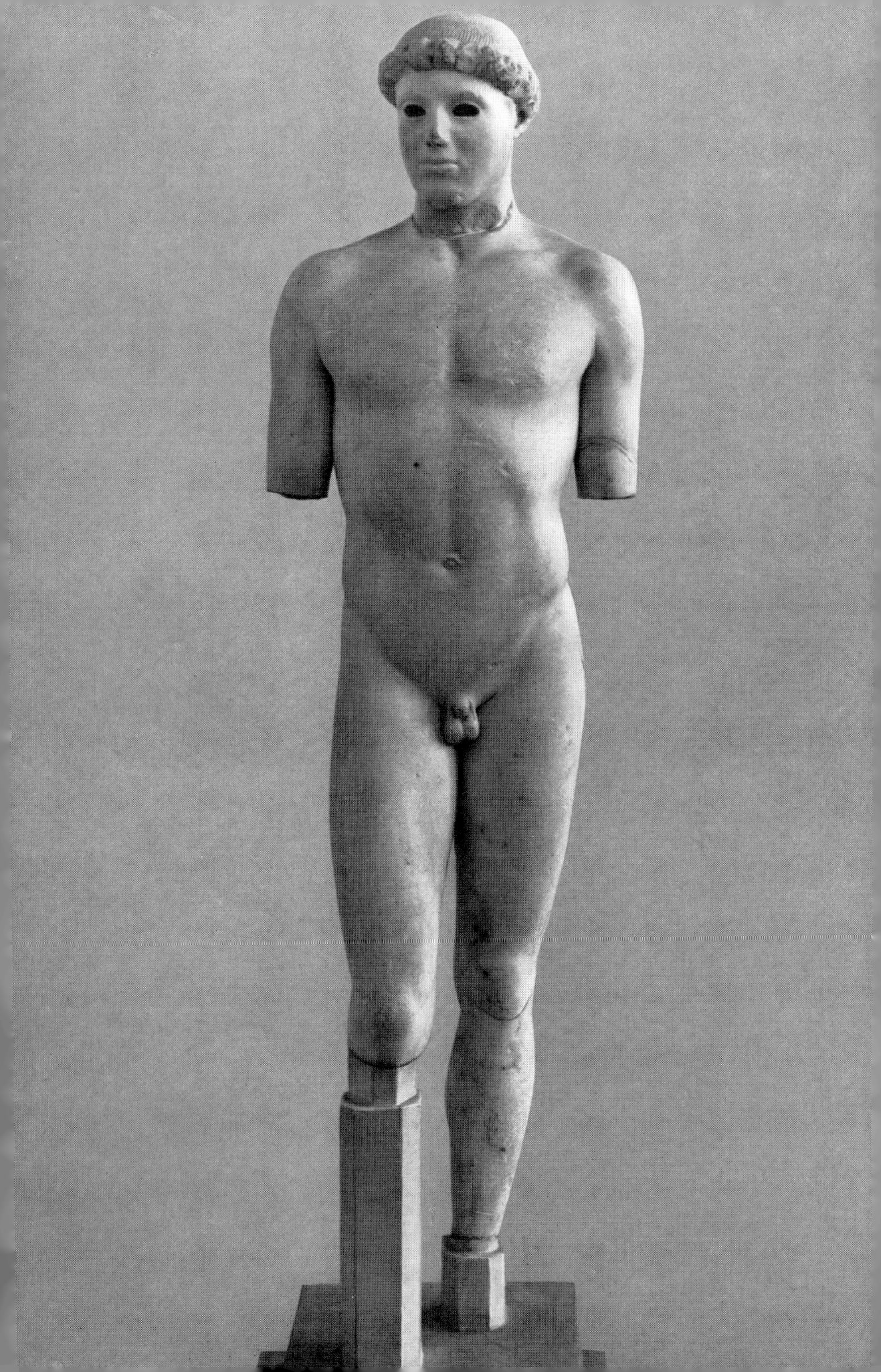

fenbeinreliefs waren in der altchristl. Kunst zahlreich. Sie sind kunstgeschichtlich von großer Bedeutung.

Dipylon. Stadtteil des antiken →Athen. Von der →Agora aus führte der Weg durch das berühmte Dipylontor zum D., dem Gräberviertel Athens in der Nachbarschaft des →Kerameikos. Besondere Bedeutung erlangt der D. durch die dort gefundenen Grabvasen geometrischer Zeit, die in höchster Qualität den Stil der sogen. →Dipylonvasen repräsentieren. Das bedeutendste Gefäß dieses reichen Grabbezirkes wird nach seinem Fundort „Dipylon-Krater" genannt (Athen, Nat.Mus.).

Dipylonvasen. Bezeichnung für die nach ihrem Fundort benannten, beim →Dipylon ausgegrabenen attischen reifgeometrischen Grabvasen des 8. Jhs. v.Chr. (→Griechische Kunst). (Abb. S. 162)

Directoire. Nach dem Revolutionsdirektorium (1795–99) genannte Variante des Klassizismus und Bezeichnung der entsprechenden Mode.

Dirnitz (Dürnitz, Tirnitz) →Burg.

Diskobol →Myron.

Divisionismus. Malprinzip des Spätimpressionismus (→Pointillismus). Es gründet sich auf der naturwissenschaftlich durchdachten Zerlegung der Farbskala in ihre einzelnen Werte, die rein und unvermischt in kleinsten Teilen aufgetragen werden. Erst das Auge des Betrachters verbindet diese nebeneinanderstehenden Farben wieder zu Farbakkorden, zu Übergängen und zu Formen, die ganz aus dem Farbauftrag gewonnen werden.

Dix, Otto. Deutscher Maler und Graphiker. Geb. 1891 in Gera, gest. 1969 in Singen. Nach einer Lehre als Dekorationsmaler, 1914–18 Kriegsdienst. Anschließend Studium in Dresden und 1922–25 an der Akademie in Düsseldorf. 1919 Mitbegründer der Dresdener Sezession, 1926–33 Prof. an der Akademie in Dresden, seit 1936 in Hemmendorf ansässig. – Sein Frühwerk ist dem Nachexpressionismus verpflichtet und thematisch durch das Kriegserlebnis gekennzeichnet. Sozialkritische Bilder und veristische, bisweilen fast karikaturistisch gesteigerte Kriegsszenen lassen ihn mit G. →Grosz vergleichen. 1923 wendete er sich dem →Dadaismus und der →Neuen Sachlichkeit zu. Von hier kam er zu einem Stil, der sich formal den deutschen Altmeistern anschließt. – Religiöse Bilder und Landschaften, in denen er sich wieder dem →Expressionismus näherte, kennzeichnen sein Alterswerk.
Lit.: H. Read, Gesch. d. mod. Malerei, 1959.

Djar. Ägypt. Personenname. Grab des D. in →Theben-West (11. Dyn.) mit Malereien, die in bemerkenswert kühnen Motiven (kopfüber tauchender Mann) trotz des rohen Stils der I. Zwischenzeit von zukunftweisender Erfindung sind.
Lit.: W. Wolf, KÄ, 253.

Djedars. Name für Eingeborenengräber frühchristl. Zeit, die sich in Algier, Tiaret (Oran), befinden. Es handelt sich um Stufenpyramiden mit einem quadratischen Grundriß. Im Kern der Pyramiden befinden sich die Grabanlagen, Kammern mit Malereien. Monumentale Grabmäler.

Djeng →Tschandi.

Djoser. Erster ägypt. König der 3. Dyn. (28. Jh. v. Chr.), Bauher der Stufenpyramide von →Sakkara und ihres von einer 10 m hohen rhythmisch genischten Kalksteinmauer begrenzten Bezirks. Die dem Baumeister →Imhotep zugeschriebene Anlage ist ein in Werkstein umgesetztes Abbild der irdischen Residenz von →Memphis, wobei bis in Details Elemente des unterägypt. Ziegelbaus und oberägypt. Holzmattenbaus berücksichtigt sind. →Pflanzensäule. – Die Scheinbauten vermitteln uns ein anschauliches Bild von der Palastarchitektur der →ägypt. Kunst im frühen Alten Reich, deren Bauglieder zugleich die Reichseinigung symbolisieren. Die Baugeschichte der →Pyramide zeigt deutlich die Entwicklung von der →Mastaba zum sechsstufigen Hochbau, der aus aufgetürmten monumentalen Mastabas besteht. Im Gegensatz zu den Anlagen der 4. Dyn. (→Medum, →Gizeh) ist der Bezirk des D. noch nicht mit einem vom Tal führenden Aufweg ausgestattet. Der Totentempel befindet sich vor dem Nordeingang zum Grab, nicht im Osten der Pyramide, wie die durch den →Osiris-Kult bedingte Neuerung der 4. Dyn. forderte.
Lit.: W. Wolf, KÄ, 112ff; E. Brunner-Traut, Ägypten, 377ff.

Docke. Hölzerne Geländerstütze, auch Togge genannt.

Dodona. In Nordwestgriechenland gelegenes antikes Zeus- und Orakelheiligtum. Die Besiedlung läßt sich bis auf das 3. Jahrtausend v. Chr. zurückverfolgen. Das Heiligtum selbst hatte ursprünglich keinen Tempel. Sein Kultzentrum war die berühmte, dem Zeus geweihte Eiche. Die heutigen Reste stammen zum größten Teil aus hellenistischer und röm. Zeit. So die große Temenosmauer, so auch das sogen. „Heilige Haus", das nicht mit einem Tempel gleichzusetzen ist, und so auch das neben dem Heiligtum liegende große Theater, das im 3. Jh. v. Chr. angelegt und durch →Hadrian erweitert wurde. – Neben zahlreichen Weihestatuetten, die bis ins 6. Jh. v. Chr. zurückverfolgt werden können und häufig den Blitze schleudernden Zeus zeigen, wurden bei den Grabungen im Heiligtum eine große Anzahl von Orakeltäfelchen gefunden, die über die Eigenart dieses sehr alten Kultes Auskunft geben.
Lit.: Kirsten-Kraiker, Griechenlandkunde, 739ff, 1962.

Doelenstück →Schützenstück.

Doesburgh, Theo van. Pseudonym für Küpper, Christian, holländischer Architekturmaler, Karikaturist, Bildhauer und Kunstschriftsteller. Geb. 1883 in Utrecht, gest. 1931 in Davos. Autodidakt, anfangs von →Daumier beeinflußt. Gründet 1917 die Zeitschrift „De Stijl". Schriften: „De Maskers af" (1911), Karikaturen und Betrachtungen über ihr Wesen, und „Grundbegriffe der neuen Gestaltung", das 1925 in der Reihe der →Bauhaus-Bücher erschien.
Lit.: Thieme-Becker; Vollmer, Künsterlex. d. 20. Jhs.

Dogon. Westsudanesisches Negervolk mit altertümlicher Kultur, im westlichen Nigerknie beheimatet, auch „Habbe" genannt; bekannt als Schnitzer sehr „abstrakt" wirkender →Masken, die vor allem im Ahnenkult eine wichtige Rolle spielen. Eine große Bedeutung hat die „Kanaga"-Maske mit brettartigem Aufsatz in Form eines Lothringerkreuzes, der als stilisierte Darstellung eines mythischen Krokodils gedeutet wird. – Figurale Holzplastik ist ebenfalls reich vertreten: sie zeichnet sich durch kantige, „in die Länge gezogene" Formen aus. Auch figurales Dekor auf Holzgefäßen usw. kommt vor. →Tellem.
Lit.: M. Griaule: Masques Dogon, 1938.

Dollmann, Georg von. Deutscher Architekt, geb. 1830 in Ansbach, gest. 1895 in München. Schüler von →Klenze, bei dessen Bau der Befreiungshalle in Kelheim er mitgeholfen hat. Sein erster selbständiger Bau war die neugotische Kirche in München-Giesing (1865). Sein Hauptwerk aber sind die im Auftrag Ludwigs II. von Bayern erbauten Schlösser Linderhof (1869/78), →Herrenchiemsee (ab 1878) und bis 1884 →Neuschwanstein. Die Aufgabe von D. bei diesen Schloßbauten war die Verwirklichung der Intuitionen und Pläne des Königs, so daß der eigentliche Anteil D.s an den Entwürfen schwer zu bestimmen ist. Am ehesten kann das Rokokoschloß Linderhof als alleinige Schöpfung D.s betrachtet werden, während in →Herrenchiemsee die Idee von →Versailles im Hintergrund stand und in Neuschwanstein nur der Rohbau hochzuführen war.
Lit.: Thieme-Becker.

Dolmen. „Steintisch", Bezeichnung für megalithische Grabanlagen vorgeschichtlicher Zeit (neolithisch und jünger) in West- und Nordeuropa. Die Innenseite der Wandsteine ist gelegentlich verziert.

Dólni Véstonice →Unterwisternitz.

Tafel 6: *Athen, Akropolis, Detail von den Propyläen des Mnesikles.*

Dom. Im engeren Sinne Bezeichnung für die Bischofskirche in Entsprechung zur Kathedrale. Der Begriff leitet sich aber aus dem Lateinischen (Domus Dei = Haus Gottes). Allgemeiner kann auch die Hauptkirche einer Stadt D. genannt werden.

Dipylonkrater, Mitte des 8. Jhs. v. Chr. (Athen, Nat.Mus.).

Domenichino, eigentlich Domenico Zampieri, genannt Il D. Italien. Maler. Geb. 1581 in Bologna, gest. 1641 in Neapel. Zuerst Schüler Calvaerts, später neben →Reni bedeutendster Vertreter der Carracci-Schule. 1621–23 vatikanischer Architekt in Rom. In den von 1630–38 in der Capella del Tesoro in Neapel entstandenen Fresken sowie in seinen historischen und mythologischen Gemälden, die er durch Anregung von Annibale→Carracci schuf, besticht er durch große Klarheit und erweist sich als Meister fast klassizistischer Formen (von Goethe außerordentlich geschätzt). – Hauptwerke: Fresken in Rom: S. Gregorio Magno (1608); S. Luigi dei Francesi; S. Andrea della Valle (1624–28; Evangelisten und Szenen aus der Geschichte des hl. Andreas).
Lit.: L. Serra, Domenico Zampieri, 1909 und 1921; J. Pope-Hennessy, The Drawings of D. at Windsor Castle, 1948.

Domenico di Bartolo Ghezzi. Italien. Maler. Geb. um 1400 in Asciano, gest. um 1444 in Siena. Folgt in seiner Kunst den Traditionen der sienesischen Schule der →Lorenzetti und →Martini, läßt sich aber auch von der florentinischen Kunst, von →Gentile da Fabriano und von →Pisanello beeinflussen und wird zum ersten Vertreter der Frührenaissance in der Sieneser Malerei. Sein bedeutendstes Werk (das zugleich als größtes der 1. Hälfte des 15. Jhs. gilt) sind die Fresken im Ospedale della Scala. Sein Einfluß wirkt sich in den Arbeiten Boccatis, Bonfiglis und Pierro della →Francescas aus. Seine wichtigsten Werke befinden sich in Siena.
Lit.: A. Venturi VII, I, 1911; I. Pope-Hennessy, La Peint. Sienn. du Quattrocento, 1947.

Domenico Veneziano →Veneziano.

Dominikalgewölbe. Eine in der unteren Loiregegend in der 2. Hälfte des 12. Jhs. entstandene Mischform aus Kuppel und Kreuzrippenwölbung (→Kreuzgewölbe): stark gebuste (→busig), kuppelige, mit Rippen unterlegte Gewölbe. Beispiele: Le Mans, Angers. Sie finden sich auch im 13. Jh. in Niederdeutschland, besonders in Westfalen (z. B. Münster, Minden).

Domitian. Röm. Kaiser (81–96 n. Chr. an der Regierung), unter dem die flavische Kunst ihren Höhepunkt erreicht. Unter ihm wird der Kaiserkult stark intensiviert, so daß die Kunst jener Zeit noch mehr als zuvor eine kaiserlich imperiale Kunst wird. Sein Hauptwerk der Architektur ist der große Flavierpalast auf dem →Palatin. Kernpunkt der Anlage ist ein großer Peristylhof, an den die Aula und die übrigen offiziellen Räume des Herrschersitzes anschließen. Prunkvolle Gartenanlagen u. ä. vervollständigen den Palast. – Zahlreiche Portraits sind von ihm überliefert, dazu wissen wir von einem Kolossalbildnis in Ephesos, in dem sich sein autoritärer Machtanspruch manifestierte.
Lit.: Lexikon der alten Welt, 766 f., 1965.

Domopera. Bauhütte eines italien. Domes. Heute Bezeichnung eines dem Dom angegliederten Museums.

Domus aurea. Teil der großen Kaiservilla →Neros in Rom. Der Palast, der mit allem barocken Prunk jener Epoche um 60–65 n. Chr. erbaut wurde, erhielt wegen seiner luxuriösen Ausstattung den Namen Domus aurea (Goldenes Haus). Der riesige Baukomplex erstreckte sich über 1,5 km vom →Palatin bis zum →Esquilin und entstand nach Plänen der Architekten →Severus und →Celer. Nach dem Sturz des Nero im Jahre 68 n. Chr. haben seine Gegner die Anlage z. T. geschleift, andere Teile sind später überbaut worden. Erhalten ist der östliche Flügel mit einem oktogonen überkuppelten Zentralbau. In diesem Teil ist 1547 die berühmte →Laokoongruppe gefunden worden. – In der Konzeption war der Palast eine ins Kolossale gesteigerte Variation der röm. Villa.
Lit.: E. Nash, Bildlex. z. Topogr. d. antiken Rom, Bd. I, 1961.

Donatello, Kopf des Gattamelatta, Padua.

Donatello (eigentlich Donato di Niccolò di Betto Bardi). Italien. Bildhauer. Geb. 1386 in Florenz, gest. 1466 ebda. Hauptsächlich in seiner Heimatstadt und in Padua (1443–53) tätig. Lernte bei →Ghiberti und →Nanni di Banco. Er begann als Marmorbildhauer und schuf mehrere Standbilder für den Florentiner Dom und Or S. Michele in Florenz. Zeigen sich in den ersten

Domenichino, Die Jagd der Diana, um 1610 (Rom, Galleria Borghese).

Arbeiten noch got. Formen, so findet er durch seine Werke für die Florentiner Domfassade (1408–15) zu einem bisher ungekannten monumentalen Realismus und begründete damit eine neue Epoche der bildenden Kunst, die Renaissance. Die 1416 entstandene Statue des hl. Georg für Or S. Michele zeigt erstmals den Anschluß an die antike Plastik und legt ein neues ideales Menschenbild dar. – Um 1420 trat D. in eine neue Phase seiner Entwicklung, die u.a. durch den Übergang zur Bronzebildnerei gekennzeichnet ist. Realistische, an röm. Portraits erinnernde Werke entstehen neben Idealgestalten. Das bedeutendste Werk dieses Jahrzehnts ist der berühmte 1430 vollendete „David" (Florenz, Mus. Naz.), mit dem D. das Studium der nackten Gestalt begründet. Ein Aufenthalt in Rom (1432/33) bringt die intensive Begegnung mit der Antike und weitreichende Anregungen. Nicht in sklavischer Abhängigkeit, sondern in freier Anlehnung an die Antike entstehen als Frucht dieses Aufenthaltes das Verkündigungstabernakel in S. Croce, Florenz (1434), und die Sängertribüne des Florentiner Doms (1433–40). – Die nächste Schaffensphase ist durch seine Tätigkeit in Padua (1443–53) gekennzeichnet. Hier entstand 1446/47 das große bronzene Reiterdenkmal des Gattamelata, mit dem D. erstmals einen an die antike Tradition anschließenden neuen profanen Denkmaltyp schuf, der von weitreichender Bedeutung für die folgenden Epochen blieb. Dieses Standbild, wie auch seine Spätwerke, sind durch ihren überaus eindringlichen Realismus gekennzeichnet. Eine zentrale Stellung innerhalb seiner Spätphase (1453 bis zu seinem Tode) nimmt die Bronzegruppe „Judith und Holofernes" (um 1455, Florenz) ein, in der D. das Thema der Gruppenplastik aufgreift. – Durch sein fruchtbares und vielseitiges Wirken bahnte D. den Weg zur Renaissance, die er als Bildhauer durch die erste nackte Gestalt, das erste Reiterstandbild, die erste Gruppenkomposition und durch seine realistische Portraitbildnerei auf verschiedenen Ebenen begründete und gleichzeitig zu einer ersten großen Blüte führte. Sein Einfluß auf Zeitgenossen und Nachfolger ist unabsehbar, da seine revolutionäre Erneuerung plastischen Schaffens bis hin zu →Michelangelo von normativer Bedeutung blieb.

Lit.: P. Schubring, D., 1922; H. Kauffmann, D., 1935; H. W. Janson, The sculpture of D., 2 Bde., 1957.

Donator. Die Person, die der Kirche ein Kunstwerk schenkt oder stiftet, häufig auf dem gestifteten Werk mit dargestellt: Stifterbildnis, worunter in der Regel ein gemaltes Bildnis verstanden wird. Im Frühmittelalter in sehr viel kleinerem Maßstab am unteren Bildrand kniend, im späteren Mittelalter und in der Renaissance dem Maßstab der heiligen Gestalten angeglichen.

Donauländische Kultur der jüngeren Steinzeit, → Bandkeramik.

Donauschule. Hauptsächlich im oberdeutschen Donaugebiet verbreitete Malrichtung der 1. Hälfte des 16. Jhs. Kennzeichnend ist die starke Betonung romantisch stimmungsvoller Landschaftselemente. Hauptmeister dieser Schule ist A. →Altdorfer als Maler, während im Bereich des Holzschnitts Meister wie A. →Hirschvogel dieser Richtung nahestehen.

Lit.: A. Stange, Malerei der D., 1964.

Donauwörth. Eine regelmäßige Stadtanlage neben der alten Fischersiedlung entstand im 13. Jh. Vom starken Mauerring, im 19. Jh. teilweise niedergelegt, sind noch Teile erhalten. – In der Stadtpfarrkirche Mariae Himmelfahrt, ein Backsteinbau aus dem 15. Jh. in Staffelform mit durchlaufendem Netzrippengewölbe und starkem Turm, sind Wandmalereien aus dem ausgehenden 15. Jh. aufgedeckt worden. Besonders wertvoll ist das 1503 gestiftete Sakramentshaus, das vielleicht von Gregor →Erhart ausgeführt wurde. – Die ehemalige Benediktinerklosterkirche Hl. Kreuz wurde an Stelle eines älteren Baues aus dem 12. Jh. durch Franz →Beer 1717–20 neu erbaut. Die Kirche ist im Vorarlberger Hallenschema als emporenbesetzte Wandpfeileranlage mit kurzem Querschiff und Vierungskuppel ausgeführt. Die Emporenschwingung ist im Langhaus konkav, erst im Chor gerade. Die Gebälkprofile kragen kräftig vor, aus ihnen steigen die feinen Stichkappengewölbe aus, von zartem Stuck (1720) umrahmt.

Dong-Duong. Alte Siedlung in Annam. Fundort eines stehenden Bronze-Buddha des 3. oder 4. Jhs. Reste von Hindu-Tempeln des 9. Jhs.
Lit.: Coomaraswamy, Geschichte, 222.

Dongen, Kees van. Holländisch-franz. Maler und Bildhauer, geb. 1877 in Delphaven, gest. 1968 in Monte Carlo. Seit 1929 naturalisierter Franzose. Begann sein Studium 1897 in Paris als Impressionist, schloß sich aber 1905 den→Fauves an, unter denen speziell Henri→Matisse auf seine Malerei Einfluß nahm. Ausgehend von sozialkritischen Arbeiten, kam er zu Werken, die eine genaue Beobachtung von Mensch und Landschaft zeigen und in denen er in Farben mit feinsten Nuancen schwelgt. Nach dem 1. Weltkrieg wurde er zum bevorzugten Maler der Halbwelt und der Artisten, die er in teilweise sarkastischen Bildern traf. Um seinen Käufern gefällig zu sein, nahm er in sein späteres Werk feste Formen auf, die diesem viel von seiner expressiven Kraft der frühen Jahre nehmen.
Lit.: Thieme-Becker; Vollmer, Künstlerlex. d. 20. Jhs.

Dongson-Kultur. Benannt nach der im heutigen Nord-Vietnam liegenden Hauptfundstätte dieser bronzezeitlichen Kultur→Hinterindiens, die auch→Indonesien stark beeinflußte und selbst im Norden von→Neuguinea ihre Spuren hinterließ. Nach neueren Datierungen ist sie relativ jung (ca. 5.–1. Jh. v. Chr.). Bezeichnend sind vor allem große Kesseltrommeln aus Bronze („Regentrommeln"), deren Oberfläche mit Reliefs verziert ist. Häufig sind Schiffe mit federgeschmückter Besatzung, Vögel, Sterne, Sonnen und geometrische Dekormotive zu finden. Außerdem kennt man flaschenartige Vasen, Gürtelschnallen, Dolche und kleine Menschenfiguren (Lampenhalter). Die D. kannte offenbar den Totenkult, denn in Gräbern findet man häufig Miniaturwiedergaben von Gegenständen des Alltagslebens (Lampen, Waffen, Schmuck) und Wächterfigürchen. Die Bronzegegenstände sind mit Flechtmustern, Spiralen, Zackenbändern und ähnlichen geometrischen Motiven reich verziert, so vor allem Lanzenspitzen, Tüllenäxte, Dolche und Dreifüße, ebenso auch die Keramik. – Die Ausstrahlungen der D. reichen nicht nur nach dem indonesischen Süden und Südwesten, sondern auch nach Yünnan in China. Ihre Tochterkulturen vermischten sich an vielen Orten mit Lokalkulturen, die zum→Megalithikum Hinterindiens gezählt werden müssen.
Lit.: Groslier, Hinterindien, 32.

Donjon. Franz. Bezeichnung des Bergfrieds oder des wehrhaften Wohnturms einer→Burg. Beispiele: Loches (11. Jh.); Coucy (13. Jh.; im ersten Weltkrieg zerstört).

Donner, Georg Raphael. Österreichischer Bildhauer. Geb. 1693 in Eßlingen (Nieder-Österreich), gest. 1741 in Wien. Ging um 1706 bei G. Giuliani in Wien in die Lehre. Um 1714/15 Italienreise. In den zwanziger Jahren arbeitete er verschiedentlich für die Münze zu Salzburg und fertigte dort Prägstöcke. 1728 folgte die Berufung nach Preßburg, wo er bis 1738 tätig war und anschließend nach Wien zurückkehrte. Er schuf dekorative Plastiken sowie mehrere Altarbilder und arbeitete hauptsächlich mit Blei. Seine Werke (z. B. Gruppe des hl. Martin, Dom zu Preßburg; Brunnen auf dem neuen Marktplatz zu Wien, 1739 vollendet) zeigen klare Gliederung und die Betonung des Tektonischen. In seiner gebändigten Formensprache steht er im Gegensatz zum bewegten Barock und gilt als einer der Wegbereiter zu einem kühleren Klassizismus.
Lit.: K. Blauensteiner, G. R. D., 1947.

Doppelbecher →Jungfernbecher.

Doppelchörige Anlage →Chor.

Doppelglas. Bezeichnung für Becher oder Teller des 18. Jhs., die aus 2 ineinandergeschobenen Gläsern bestehen. Häufig wird das D. reich bemalt. Dabei wird die Bemalung (Ölfarbe, Plattgold oder -silber) so angebracht, daß sie an der äußeren Wand des inneren Glases und der inneren Wand des äußeren Glases erscheint.
Lt.: G. Weiß, Ullstein Gläserbuch, 1966.

Doppelkapelle. Burg- oder Palastkapelle der roman. Zeit, mit unterem Raum für das Gesinde und oberem Raum für den Herrn und das Gefolge. Beide Raumanteile durch Decke mit Öffnung geschieden. Das Prinzip der doppelgeschossigen Palast-Kapelle auch im Barock noch durchgehalten, freilich zur Raumvereinheitlichung drängend; Beispiele: Versailles, Würzburg. Schöne Beispiele aus der staufischen Zeit: Nürnberg, Eger und Schwarzrheindorf.
Lit.: O. Schürer, Romanische Doppelkapellen, 1929.

Doppelturmfassade →Turm.

Doré, Gustave. Franz. Zeichner, Lithograph, Maler und Bildhauer, geb. 1832 in Straßburg, gest. 1883 in Paris. D. gehört zu den erfolgreichsten franz. Karikaturisten und Illustratoren im 19. Jh., hat dabei aber keine Kunstschule besucht, sondern sich nur im Louvre durch Kopieren alter Meister ausgebildet. Nach kurzem Besuch der Ingenieurschule in Bourg-en-Bresse, wo die ersten Graphiken entstanden, kam er 1847 nach Paris und schloß mit dem Verleger Phillippon einen Vertrag über die wöchentliche Lieferung einer Lithographie für das „Journal pour rire" ab. Daneben schuf er Illustrationen zu den franz. Klassikern (Contes drôlatiques). 1855 reiste er zusammen mit dem Schriftsteller Th. Gautier nach Spanien, und 1868/69 fährt er nach England zum Studium dortiger sozialer Verhältnisse. Seit den 60er Jahren entstanden Gemälde, Radierungen und Plastiken (Standbild Dumas d. Ä. in Paris). Zur Herstellung der Holzschnitte für seine Buchausgaben bediente sich D. der Hilfe von mehr als 40 namentlich bekannten Mitarbeitern, die nach seinen Bleistiftskizzen und Pinselzeichnungen arbeiteten.
Lit.: G. F. Hartlaub, G. Doré, 1924; G. Pauli, Kunst des Klassizismus und der Romantik, 1925.

Dorische Säule →Säulenordnung.

Dorischer Stil. Nach dem Stamm der Dorier (oder Dorer) benannter griech. Kunststil, der sich vor allem in Werken der Plastik und Architektur deutlich vom Stil Attikas und Ioniens abhebt. Bereits Bronzestatuetten der→geometrischen Kunst zeigen die für den D. charakteristische Betonung des tektonischen Elements. Zentren des D. sind die Peloponnes und Kreta. – Wahrscheinlich gehört die Entstehung der griech. Monumentalplastik, die im 7. Jh. v. Chr. entwickelt wurde, in diesen Stilbereich. – Zu den bedeutendsten frühen Plastiken des D. gehören die beiden Standbilder des→Kleobis und Biton (Delphi, Mus.). – Im Bereich der Architektur ist es vor allem der dorische→Tempel, der den D. bezeichnet. Er wurde im 7. Jh. v. Chr. entwickelt und gehört bis in klassische Zeit zu den wesentlichsten Leistungen der →griech. Kunst.

Dormitorium. Schlafsaal im Kloster.

Dornauszieher. Berühmte Plastik eines sitzenden Knaben, der sich einen Dorn aus dem Fuße zieht (Rom, Kapit.Mus.). Dem Typ nach eine klassische Figur, die man jedoch eher als klassizistische Neuschöpfung des 1. Jhs. v. Chr. bezeichnen muß.
Lit.: W. Fuchs, Der D., 1958.

Dorsale. Bezeichnung für die Rückseite eines Prachtbandes, auch für Rückwand bei dem Chorgestühl, ferner für Wandteppiche.

Doryphoros. Statue eines Speerträgers von→Polyklet. – Wahrscheinlich stellt sie Achilleus dar. Das in röm. Zeit häufig kopierte Standbild wird als die plastische Umsetzung der polykletischen Proportionslehre angesehen, wie sie im→„Kanon" niedergelegt war.

Dose. Kleinformatiger Behälter mit Deckel (rund, oval oder viereckig) aus Edelmetall, Elfenbein oder Holz. Im 18. Jh. wird die D. in der Form der Tabaks-D. zu einem beliebten Luxusgegenstand und Geschenk.

Dossena, Alceo. Italien. Bildhauer und Kunstfälscher, geb. 1878 in Cremona, gest. 1936 in Mailand. Erlernte zuerst das Geigenbauerhandwerk und später die Holz- und Steinbildhauerei und begann als Grabmalplastiker. Um 1913 ging er nach Rom, wo er zurückgezogen lebte. 1928 entstand ein weltweiter Skandal, als entdeckt wurde, daß mehrere unter berühmten Namen bekannte Kunstwerke international bekannter öffentlicher Sammlungen als Werke D.s erkannt wurden. Durch sein außergewöhnliches Einfühlungsvermögen in den Geist von Künstlern wie →Pisano, →Settignano, →Donatello gelang es, jahrelang die besten Kenner italien. Renaissancekunst zu täuschen.
Lit.: H. Cürlis, Der Bildhauer A. Dossena, 1930.

Dossi. 1) Dosso (eigentlich Giovanni de Luteri).

Italien. Maler. Geb. um 1482, gest. 1542 in Ferrara. War wohl Schüler des L. →Costa. Arbeitete hauptsächlich in Ferrara und wurde dort einer der Hauptmeister des Cinquecento. Er arbeitete wiederholt mit seinem Bruder Battista 2) zusammen. – Zwischen 1517 und 1524 ist ein längerer Romaufenthalt anzunehmen. Außerdem waren beide D. mehrfach in Trient tätig. Von seinen wiederholt in Urkunden genannten Fresken ist kaum etwas erhalten,

D. Dossi, Der hl. Sebastian (Mailand, Pinacoteca di Brera).

dagegen sind mehrere Tafelbilder überliefert, sowohl Altäre als auch mythologische Kompositionen. Wesentliche Einflüsse vermittelten ihm die venezianischen Meister, besonders →Giorgione. Deutlich sind ein starker Zug zum romantischen Stimmungsbild und Ansätze zum Genre und Stilleben. Darin finden sich Anregungen der Niederlande. – Sehr charakteristisch sind außerdem seine phantasievollen Landschaftshintergründe. – **2)** Battista D., Bruder des 1) und gleichfalls Maler. Gest. 1548. Arbeitete viel mit seinem Bruder zusammen, von dem er in seiner Entwicklung und in seinem Stil hauptsächlich abhängig war.
Lit.: H. Mendelsohn, Das Werk der D., 1913.

Doublieren →Restaurierung.

Douvermann, Heinrich. Niederl.-deutscher Bildhauer. Stammt wahrscheinlich aus Dinslaken. Lebte in der ersten Hälfte des 16. Jhs. Arbeitete zwischen 1510 und 1544 als Bildschnitzer in Cleve, Kalkar und Xanten. Gehört stilistisch der Spätgotik an, deren Schnitzkunst er bis zur höchsten Vollendung entwickelt. Seine Hauptwerke sind der Marienaltar im Dom zu Xanten, geschaffen 1535, und der 1522 entstandene Altar der Nikolauskirche in Kalkar.
Lit.: C. Louis, H.D., 1936; R. Hetsch, Die Altarwerke von H.D., 1937.

Doxale →Chor.

Drageoir. Schale oder Dose zum Aufbewahren von Süßigkeiten. Material: Gold, Kristall, Porzellan.

Drahtemail. Auf Gold oder Silber werden Drähte aufgelötet, beim Brand sinkt das Email zwischen den Drähten ein, so daß ein Glattschleifen der Schmelzmasse unmöglich ist. Das D. wird häufig in der ungarischen und russischen Volkskunst verwendet. D. ist eine Abart des →Zellenschmelz.

Drake, Friedrich (Johann Friedrich). Deutscher Bildhauer. Geb. 1805 in Pyrmont, gest. 1882 in Berlin. Arbeitete anfangs als Kunstschreiner und Mechaniker und wandte sich 1827 autodidaktisch der Bildhauerei zu. Noch im selben Jahr wurde er Schüler von C. →Rauch in Berlin, in dessen Atelier er in der Folgezeit arbeitete. 1828/29 entstanden seine ersten selbständigen Arbeiten, die bereits den ihm zeitlebens anhaftenden starken Einfluß seines Lehrers erkennen lassen. Nach dessen Tode führte er Rauchs Atelier weiter und blieb nach E. →Rietschel der bedeutendste Schüler und Nachfolger dieses Meisters. – Neben zahlreichen Portraitbüsten und -statuen (Schinkel, 1869; Reiterstandbild Wilhelms I., Friedrich Wilhelms III., 1845 und 1869) und einigen mythologisch-allegorischen Kompositionen ist sein Hauptwerk die Bronzestatue der Victoria auf der Siegessäule in Berlin (1873 vollendet).
Lit.: Thieme-Becker.

Drakensberg →Felsbilder Südafrikas.

Draperie. Aufgehängte Dekorationsstoffe in gefälligem Faltenwurf zur Gestaltung eines Raumes; in Bildnerei und Malerei die Anordnung der Gewänder.

Dravida. Bezeichnung für die Bewohner Südindiens und ihrer regional eigenständigen Baukunst.
Lit.: S. Kramrisch, D. and Kerala in the art of Travancore, 1953.

Dreifaltigkeit (Trinität). Gottvater, Sohn und Heiliger Geist. Seit dem 10. Jh. als drei gleiche Personen mit unterschiedlichen Attributen meist sitzend dargestellt. In der byzant. Kunst seit dem 11. Jh. der Typ des D.-bildes mit Gottvater als Greis, Christus als Kind und dem Heiligen Geist als Taube, der, in Deutschland selten, bis ins 14. Jh. auch im Westen verbreitet war. Seit dem 13. Jh. wurde die D. gelegentlich als eine Gestalt mit drei Köpfen dargestellt. In Psalterillustrationen bildet sich die Variation: Gottvater, Sohn und als Symbol des Heiligen Geistes die Taube. Diese seit dem 14. Jh. auch sonst übliche Darstellung bildet die Grundlage des neuzeitlichen D.bildes; jedoch häufig in Verbindung mit anderen Darstellungen, wie z.B. dem →Gnadenstuhl. Zahlreich sind die Möglichkeiten einer rein symbolischen Darstellung: drei ineinanderschneidende Kreise, drei Tiere, Engel oder sonstige Personen. Aus nachreformatorischer Zeit: gleichseitiges Dreieck mit dem Auge Gottes.
Lit.: W. Braunfels, Die heilige D., 1954.

Dreifuß. Dreibeiniger Untersatz für einen Kessel. In griech.-archaischer Zeit weitverbreitetes Weihgeschenk, in der Regel aus Bronze. Eine große Anzahl dieser D. wurde in →Olympia gefunden. Eine besondere Rolle spielt der D. im Kult des delphischen Apollon, da die Priesterin, auf ihm sitzend, die Orakelsprüche verkündete. – Auch andere Kulturen kennen den D., der meist aus Bronze hergestellt wurde.

Dreikonchenanlage (Triconchos). Kreuzförmige Basilika, deren halbrund geschlossene Querhausarme in Grund- und Aufriß dem Chorteil entsprechen, so daß sich die Gestalt eines regelmäßigen Kleeblattes ergibt, die von der Vierung aus den Eindruck eines Zentralbaus erweckt, dem sich nach W ein Langhaus anschließt. Im Bereich des östlichen Christentums vorbereitet (Geburtskirche in →Bethlehem, 4. Jh.), fand die D. ihre großartigste Ausprägung in den drei Kölner Kirchen St. Maria im Kapitol (Mitte 11. Jh.), St. Aposteln und Groß-St.-Martin (13. Jh.), →Köln.

Dresden, Zwinger (1711–22), Blick über den Hof.

Dreipaß →Paß.

Dreischneuß →Fischblase.

Dreisitz →Levitenstuhl.

Dreros. Antike Ortschaft im NO der Insel Kreta. Neben zahlreichen Siedlungsresten ist der dort ausgegrabene früharchaische Apollontempel (1. Hälfte des 7. Jhs. v. Chr.) von besonderer Bedeutung. Der in seinen Maßen bescheidene Bau hatte eine Cella von ca. 7 × 11 m, der eine offene Halle vorgelagert war. Wahrscheinlich war das Heiligtum entsprechend den Megaronbauten flach gedeckt. Im Innern stand an der Rückseite eine Bank (?). Hier wurden die 3 berühmten Statuetten aus Bronzeblech gefunden. In der männlichen Figur und den beiden weiblichen Gestalten hat man die appollinische Trias erkannt. Obgleich die Werke lediglich Statuettenformat erreichen, spricht aus ihnen deutlich eine neue monumentale Gesinnung, die in ihrer Weiterentwicklung zu der angeblich auf Kreta entstandenen griech. Monumentalplastik führte (→Daidalos). Die Statuetten werden in das Jahrzehnt zwischen 670–660 v. Chr. datiert.
Lit.: Artemis Lexikon der alten Welt, 776, 1965.

Dresden. Ende des 15. Jhs. vernichtete eine Feuersbrunst mehr als die Hälfte der alten Stadt, so daß die Baukunst der Renaissance tonangebend werden konnte. In diese Zeit (16. Jh.) fiel die Umwandlung der um 1200 gegründeten markgräflichen Burg. Im 18. Jh. begann für D. unter der Regierung Augusts des Starken (1694 bis 1733) eine außerordentliche Blütezeit. Ein Feuer hatte 1685 Alt-D. verheert, der Wiederaufbau war 1717 energisch in Angriff genommen worden unter Zugrundelegung eines neuen, achsengerechten Bebauungsplanes. Genaue Vorschriften für den Aufbau der Wohnhäuser aus Stein wurden erlassen. Baumeister waren: M. Daniel →Pöppelmann (1662–1736), de Bodt, Longnehme und →Chiaveri. Das bedeutendste Bauwerk Augusts des Starken ist der unvollendet gebliebene Zwinger. Diese Anlage wurde 1711 als monumentale Gestaltung eines Renn- und Festspielplatzes in Angriff genommen und bis zum Jahre 1722 weitergeführt. (Sie wurde 1944 stark zerstört, der Wiederaufbau ist im Gange.) Der Zwinger ist eine Verbindung zwischen Orangerie und Tribüne für Feste und Schaugepränge. Bei allem Reichtum in der Einzelausbildung ist die Grundrißdisposition klar. Als Teil einer Palastanlage, die sich bis zur Elbe erstrecken sollte, besteht der Zwinger aus eingeschossigen Galerien mit dazwischengesetzten zweigeschossigen Pavillons. Der hier sich offenbarende Stil Pöppelmanns ist südostdeutsch, Böhmen und Österreich näher als seiner Heimat. Die Galerien sind verhältnismäßig zurückhaltend dekoriert, die Pavillons mit dem reichsten plastischen Schmuck wie überschüttet. Besonders der als Eingang dienende Südturm, der sogen. Kronenturm, ist köstliches Spiel der Phantasie geworden. Der Torbogen des Erdgeschosses hat anstelle eines Giebelfeldes zwei auseinanderschwingende Giebelfragmente. Auch der Giebel des ersten Geschosses ist aufgebrochen, biegt sich aber wieder nach innen. Das erste Stockwerk ist nach allen Seiten geöffnet wie eine Laube. Die Attika wird von Putten wie ein Spielplatz benutzt. Darüber eine zwiebelförmige Kuppel mit der polnischen Königskrone. Diese unwahrscheinliche Fülle von Details gibt die übersprühende Sinnenfreude des Stiles Pöppelmanns wieder. Schmuckformen des italien. Barock werden in immer neuen Kombinationen und Variationen übereinandergehäuft. – Das Hauptwerk von Georg →Bähr ist die protestantische Frauenkirche, die anstelle eines älteren, spätgot. Baues 1726–38 errichtet wurde. Bedeutsam ist die vielumstrittene Kuppel aus Stein, gegen deren Ausführung viele Bedenken eingewendet wurden. Sie wurde 1743 von Fehre vollendet. Acht mächtige Risalite schieben sich aus dem hochplastisch durchgebildeten Bau, über dem die Kuppel wie eine Glocke emporsteigt. Im Innenraum ergreift die Schwingung des Mittelovals alle Einzelteile des im Gegensatz zur Außenarchitektur fast zerbrechlich zarten Gerüsts. Die geniale Schöpfung sank mit der Stadt, deren Silhouette sie beherrscht hatte, in Trümmer.
Lit.: Wasmuths Lex. der Baukunst, Bd. II, 1930; N. Pevsner, Europäische Architektur, 1957; Busch und Lohse, Baukunst des Barock in Europa, 1961.

Dresden China. Engl. Bezeichnung für →Meißner Porzellan.

Dressoir. Franz. Bezeichnung für ein auf tischartigem Unterbau befindliches Schränkchen des 16. und 17. Jhs.

Dreyer, Benedikt. Deutscher Bildschnitzer. Nachweisbar 1510–1555, 1517 Geselle in Lüneburg, später Meister in Lübeck. Hauptmeister der lübischen spätgot.-manieristischen Plastik. Seine dramatische Auffassung kommt am stärksten in dem drachentötenden Michael (Lettner der Marienkirche in Lübeck) zum Ausdruck. Gesichertes Werk: Antoniusaltar, 1522 (Lübeck, Mus.); Zuschreibungen.
Lit.: Roosval, „B. D., ein lübischer Bildschnitzer im Anfang des 16. Jhs.", 1909 (Jahrb. d. Preuß. Kunstsamml., Bd. 30); Deckert, „Studien zur hanseat. Skulptur und Malerei im Anfang des 16. Jhs.", 1924 (Marburger Jahrb. f. Kunstwissensch., Bd. 3).

Drin (Armenien). Bedeutende dreipaßartige Kuppelkirche (606–611).

Drolerie. Franz. Bezeichnung für scherzhaft groteske, dekorativen Zwecken dienende Darstellungen von Menschen, Tieren, Fabelwesen, einzeln oder als Szene, besonders in den Rand- und Schlußleisten von Handschriften und an den Miserikordien von Chorgestühlen (→Chorgestühl), auch in der italien. und franz. Bauplastik. Blütezeit ist die Gotik.
Lit.: C.G. Heise, Fabelwesen des Mittelalters, 1936.

Drottningholm (schwedisch = Königin-Insel). Sommerschloß auf einer Insel im Mälarsee. Nicodemus Tessin d. Ä. erbaute es in seinen wesentlichen Bauteilen 1660–70. Tessin d. J. vollendete es 1700. Den hohen rechteckigen Hauptbau begrenzen 4 stattliche Eckpavillons mit höherem Dach, zwischen denen an der Vorderseite der breite Doppeltreppenbau über das Sockelgeschoß emporführt. Die niedrigen Seitenflügel sind ebenfalls durch Vorsprünge und Eckausbauten gegliedert. Dieses System gestaffelter Flügelbauten weist auf die Verbindung zwischen franz. Zügen mit italien. Vorbildern.
Lit.: Wasmuths Lex. der Baukunst, Bd. II, 1930; Busch und Lohse, Baukunst des Barock in Europa, 1961.

Druckerzeichen und Verlegerzeichen (franz. Signet). Das D. ist häufig künstlerisch geformt und wurde früher am Schluß, später auf dem Titelblatt eines Buches angebracht. Heute noch üblich sind Verlagssignets.
Lit.: A. Meiner, Geschichte d. deutschen Signets, 1922.

Dschagannatha, „Herr der Welt". Beiname des indischen Gottes →Vischnu und zusätzliche Bezeichnung für viele berühmte Wallfahrtstempel, z.B. →Puri in Orissa.

Dschahangir. Mogulkaiser 1605–27, Bauherr besonders in →Lahore und Umgebung, Auftraggeber einer Hofschule von Miniaturmalern.

Dschaina →Indische Kunst.

Dschaipur. Stadt im westlichen Indien mit bedeutenden Architekturdenkmälern der Maharadschas des 18. Jhs.: Palast und Park, Observatorium und „Hawa Mahall", das sogen. Haus der Winde, dessen Obergeschosse so angeordnet sind, daß sie den frischen Luftstrom aus den nahegelegenen Bergen in die weiten Innenräume leiten.

Dscham. Dorf in der mittel-afghanischen Berglandschaft Ghor, in dessen Nähe sich ein dreigeschossiges, etwa 60 m hohes, rundes Ziegelminarett auf achteckiger Basis befindet. Inmitten prachtvollen kalligraphischen Schmucks ist der Name des Bauherrn Ghiath ud-Din, Mitte 12. Jh., zu lesen, der hier in der – offenbar völlig verschwundenen – Hauptstadt Firuzkoh residierte.
Lit.: MDAFA XVI, 1959.

Dschamalgarhi. Kloster und Stupas der Gandhara-Kultur (→Gandhara-Kunst) in Nordwest-Pakistan; Schieferplastik im Museum Peschawar.

Dschataka. Geschichten moralischer Tendenz, meist mit der Aufforderung zur Weltentsagung, die der →Buddha seinen Jüngern erzählt und die in allen Phasen der buddhistischen Kunst als Vorlage für bilderreiche Reliefs dienten.
Lit.: A. Foucher, Les vies antérieures du Bouddha, 1955.

Dschatamukuta. Indische männliche Haartracht mit großem Scheitelknoten, besonders häufig bei Schiva in seinem Aspekt als Asket.

Dschaunpur. Stadt in Nordost-Indien mit den teilweise gut erhaltenen Denkmälern aus der Residenzzeit der Scharki-Dyn. des 15. Jhs. (z.B. Freitags-Moschee, Atala-Moschee mit Madrasa) und mit einer Brücke über den Gumti-Fluß, von der einige Pfeiler und Bögen aus der Akbar-Zeit, Mitte 16. Jh., erhalten sind.
Lit.: Brown, Architecture II, 45.

Dschebel el Arak. Ägypt. Fundort eines Messergriffs aus Elfenbein, dessen Rückseite in die frühe →Thinitenzeit weisende Reliefbilder von Kämpfen zu Wasser und zu Lande zeigt. Die Vorderseite zeigt über verschiedenen Tiermotiven und einer Tierkampfszene die Darstellung eines zwischen zwei Löwen stehenden Tierbezwingers in mesopotamischer Tracht. Der Bildgedanke weist ebenso wie das Tierkampfmotiv auf sumerische Einflüsse in der →ägyptischen Kunst der →Thinitenzeit, auch wenn stilistische Eigenarten für die Ausführung durch einen einheimischen Meister sprechen. Die Beziehungen werden durch verschiedene andere Zeugnisse der Thinitenzeit bestätigt, die ihre Entsprechung in der mesopotamischen →Dschemdet Nasr-Periode haben. →Fabeltiere mit Schlangenhals, →Narmer, →Nechen.
Lit.: W. Wolf, KÄ, 92ff.

Dschaipur. Sogen. Haus der Winde.

Dschemdet Nasr. Sumerische Ruinenstätte 24 km nordöstlich von →Kisch, deren sumerischer Name noch nicht gesichert ist (Kidnun?). Die Grabungen ergaben Architektur im →Riemchen-Bau, eine nach D. benannte bemalte Keramik und frühsumerische Tontafeln mit Schriftzeichen. Auf ihnen begegnet der Personenname Enlilti (Enlil erhalte am Leben), wobei das Zeichen für „ti" = „Leben" durch einen Pfeil wiedergegeben ist, der im Sumerischen sowohl die Waffe als auch das Leben bezeichnen kann. An der sumerischen Besiedlung von D., zeitgleich mit Schicht →Uruk III b, kann demnach kein Zweifel sein. Die Blüte der nach der bemalten Keramik von D. benannten Periode um 2800 v. Chr.
Lit.: H. Schmökel GAV, 3ff.

Dscherablus. Ruinenstätte des alten →Karkemisch.

Dschina. Heiliger der indischen Religionsgemeinschaft der Dschainas. In der Plastik als nackte, stehende oder sitzende Figur von starrer, durch alle Perioden der indischen Kunst beibehaltener Haltung dargestellt.

Dschinschin. Bei D. (Fars) an der alten Straße von →Susa nach →Persepolis Reste eines königlichen Pavillons aus der →Achaemeniden-Zeit.
Lit.: R. Ghirshman, Iran I, 124.

Dubois, Paul. Franz. Maler, geb. 1886 in Colombier-Châtelot (Doubs), lebt in Paris. Schüler von →Laurens und Adler. Stellte seit 1909 im Salon der Société des Artistes Français aus. 1920 erhielt er ein Reisestipendium, durch welches er nach Algerien reisen konnte. Seitdem nehmen Orientmotive in seinem Werk breiten Raum ein. In den folgenden Jahren erhielt er verschiedene Medaillen und Staatspreise, seine Werke finden sich u.a. im Luxembourg-Mus. in Paris (die Felsen von Bou-Saada), im Petit-Palais in Paris und im Metropolitan-Mus. in New York.
Lit.: Vollmer, Künstlerlex. d. 20. Jhs.

Dubuffet, Jean. Franz. Maler, Lithograph und Bildhauer. Geb. 1901 in Le Havre, lebt in Vence. Kam 1918 nach Paris, wo er eine Kunstschule besuchte. Ab 1924 arbeitete er als Maler, wie auch als Handelsvertreter. Seine wirkliche künstlerische Laufbahn begann erst 1942, als er sich ganz der Malerei widmete. Zwischen 1947 und 1949 machte er mehrere Reisen in die Sahara und brachte von dort eine bedeutende Sammlung an Zeichnungen und Gouachen mit. 1955 ließ er sich in Vence nieder. Hier entstanden die „assemblages d'empreintes" (zusammengesetzte Abdrücke). Sein exzentrisches Werk weist ihn als Einzelgänger aus, da er es liebt, mit außergewöhnlichen Stoffen — Sand, Holzkohle, Glas — zu experimentieren.
Lit.: Ausstellungskatalog, Jean D., Frankfurt, Gal. Cordier, 1958.

Duccio, eigentlich D. di Buoninsegna. Italien. Maler. Geb. wahrscheinlich um 1260 in Siena, gest. 1319 ebda. Erster großer Meister der sienesischen Malerei. Arbeitete ausschließlich in Siena. Obgleich noch an das Vorbild der byzant. Malerei gebunden, bereichert er deren Starre durch beseelte Anmut und menschliche Wärme, vorherrschend bei Darstellung der Madonna. An der Neuorientierung der italien. Malerei zu Beginn des Trecento war er maßgeblich beteiligt. Sein Hauptwerk ist die Maestà (thronende Madonna mit Engeln und Heiligen), der Mittelteil des großen Altarwerkes für den Dom von Siena, das er in den Jahren von 1308–1311 schuf. Weitere Arbeiten D.s in London, Rom und Boston.
Lit.: C.H. Weigelt, D. di Buoninsegna, 1911; C. Brandi, D., 1951.

Ducerceau, eigentlich Androuet. Franz. Baumeisterfamilie. – **1)** Jacques. Geb. 1510, gest. 1584, tätig in Paris und Orléans, studierte in Italien Baudenkmäler der Antike und der Renaissance. Sein graphisches Werk: 800 Zeichnungen und 2000 Stiche. Seine Publikationen „Livre d'architecture", 1559, und „Les plus excellents bastiments de France", 1576–79 (Neudruck 1866–73), haben bei der Entstehung der klassischen franz. Architektur des endenden 16. und 17. Jhs. eine bedeutende Rolle gespielt.
–**2)** Baptiste, Sohn von 1). Geb. um 1544, gest. 1590. Hofarchitekt unter Heinrich III. und Heinrich IV. Am Ausbau des →Louvre und des Schlosses Fontainebleau beteiligt, schuf den Pont-Neuf in Paris.
Lit.: H. de Geymüller, Les D., leur vie, leur œuvre, 1887; Thieme-Becker.

Duchamp, Marcel. Franz.-amerikanischer Maler und Kunstexperimentator, geb. 1887 in Blainville (Rouen), gest. 1968 in Paris, lebte in New York, Paris und Mailand. Bruder des →Duchamp-Villon. Bildete sich als Bibliothekar aus und besuchte die Académie Julian. Nach spätimpressionistischen Bildern entstanden Werke unter dem Einfluß des analytischen →Kubismus. Sein 1911 entstandenes Werk „Nu descendant un escalier", in welchem er sich um eine bildhafte Umsetzung der Bewegung in der Art der „Chronophotographie" bemühte, stellte er 1913 in New York mit großem Erfolg aus. Dennoch malte er von da an kein Bild mehr, um nur noch „Antikunst" zu machen. So kam er zu „Ready-mades", mechanischen Gegenständen, die zu Kunstformen zusammengesetzt werden. Zusammen mit →Picabia und Man Ray gründete er eine Vorläuferbewegung des →Dadaismus und gab eine Zeitschrift heraus.
Lit.: Katalog Marcel Duchamp, Mus.Haus Lange, Krefeld, 1965.

Duchamp-Villon, Raymond. Franz. Bildhauer. Geb. 1876 in Damville/Eure, gest. 1918 in Cannes. Nach anfänglichem Medizinstudium, das er 1900 aufgab, wandte er sich der Bildhauerei zu. Als Autodidakt trat er 1901 in Paris zum ersten Male in die Öffentlichkeit. Stand er anfangs unter dem Einfluß →Rodins, so kommt er ab 1910 zu einem eigenen Stil und zu großen, auf geschlossene Formen reduzierten Körpern. Seine Plastik erfährt ihre Dynamik allein aus der Bewegung und Geste. Seit 1911 steht er den Kubisten nahe, mit denen er gemeinsam ausstellt und sich zur „Groupe de Puteaux" zusammenfindet. Seine Arbeiten sind von nun an durch eine zunehmende Reduzierung der Einzelformulierung zugunsten der geschlossenen Gesamtgestalt bestimmt. Den Höhepunkt seines Schaffens erreicht er in seinem berühmten „Pferd" (Paris, Mus. d'Art Mod.) von 1914.
Lit.: H. Vollmer, Künstlerlex. d. 20. Jhs.

Dürer, Albrecht. Deutscher Maler, Kupferstecher und Holzschneider. Geb. 1471 in Nürnberg, gest. 1528 ebda. Sohn eines aus Ungarn eingewanderten Goldschmieds. Nach der Lehrzeit in der väterlichen Werkstatt war D. 1486–90 in der des M. →Wolgemut, wo er möglicherweise an den Holzschnitten der →Schedel'schen Weltchronik mitgearbeitet hat. 1490 begab er sich auf

A. Dürer, Anbetung der Hl. Drei Könige, 1504 (Florenz, Uffizien).

die Wanderschaft. Während ein Aufenthalt in Kolmar, wo er →Schongauer aufsuchen wollte, und ein solcher in Basel, wo die ersten signierten Holzschnitte entstanden, belegt ist, gehört eine Reise in die Niederlande zu →Memling innerhalb jener Jahre noch zu den interessantesten Problemen der D.-Forschung. 1494 ist D. wieder in Nürnberg und heiratet dort. Schon ein Jahr später geht er wieder auf Reisen: nach Venedig, auf welcher Reise eine Reihe der wundervollsten Landschaftsaquarelle der deutschen Kunst entstanden. Die große Italienreise, die auch eine innigere Berührung mit der Kunst G. →Bellinis und →Mantegnas brachte, liegt erst 1505–07 und hielt ihn auch dieses Mal längere Zeit in Venedig. Malerisches Hauptwerk jener venezianischen Zeit ist das „Rosenkranzfest" (Prag, Gal.). Die letzte große Reise, 1520/21 durch die Niederlande, glich einer Triumphfahrt. – In D.s Kunst findet die Auseinandersetzung zwischen der Kunst der Spätgotik und der der Renaissance ihren Niederschlag; die Nürnberger Kunst des späten 15. Jhs. mit V. →Stoß, die oberrheinische eines Schongauer und die Einflüsse der Venezianer und Oberitaliener sind weniger die Lehrmeister als die Anreger zur bedeutendsten Verwirklichung deutscher Kunst. Sie setzt ein mit der Holzschnittfolge der „Apokalypse" (1498, 15 Blatt), in der er sich mit der italien. Renaissance auseinandersetzt. Es folgt die „große Passion" (1498–1510); „Das Marienleben" (1501–11) sowie die Meisterstiche: „Ritter. Tod und Teufel", „Melancolia I" und „Hieronymus im Gehäuse". In diesen Stichen hat D. das Bedeutendste geleistet, was in Jahrhunderten auf diesem Gebiet verwirklicht wurde. Die Feinheit der Strichlagen in seinen Holzschnitten ist nie wieder erreicht worden, während er technisch den Kupferstich durch die Placierung von Hell-Dunkel-Flächen schon für die Rembrandtschen Ausdrucksformen vorbereitete. Während D. als Graphiker mit diesen und anderen Blättern – insgesamt hinterließ er ca. 350 Holzschnitte, 100 Kupferstiche und 900 Zeichnungen – zu den bedeutendsten Interpreten graphischen Ausdrucks der Weltkunst geworden ist, ist er als Maler nicht über die spätgot. Leistungen der Zeit hinausgekommen, hat er vor allem nicht die erstrebten Höhen der italien.

R. Dufy, „Der Strand von Deauville“, 1933 (Winnipeg Art Gallery).

Renaissancekunst erreicht. Zu seinen Hauptwerken gehört hier der „Paumgärtner Altar“ (um 1504, München, Alte Pinakothek) und die „Aposteltafeln“ (1526, ebda.). Insgesamt sind von D. etwa 100 Gemälde bekannt. Welche bedeutende Künstlerpersönlichkeit D. für die deutsche Kunst ist, ist auch daran zu ersehen, daß er sich im Kreis um W. Pirchheimer mit Problemen des Humanismus und der Reformation auseinandersetzte, daß er sich als erster deutscher Künstler um eine Theorie zur bildenden Kunst bemühte und das Problem der „Schönheit“ in immer neuen Ansätzen zu erfassen suchte und daß er, ebenfalls als erster Deutscher, sein Leben durch immer neue Selbstbildnisse begleitete, angefangen von der Silberstiftzeichnung des Vierzehnjährigen (Wien, Albertina) bis zu den Selbstdarstellungen im Rosenkranzfest und anderen Bildern.
Lit.: H. W. Singer, Versuch einer D.-Biographie, 1928; H. Musper, Der gegenwärtige Stand der D.-Forschung, 1952; H. Wölfflin, A.D., 1926 (1943); F. Winkler, D.s Zeichnungen, 4 Bde., 1936–39; derselbe, A. D.s Leben und Werk, 1957.

Dufresne, Charles. Franz. Maler, Radierer und Medaillenstecher. Geb. 1876 in Millemont (Seine-et-Oise), gest. 1938 in Seyne-sur-Mer. Schüler der Bildhauerklasse der Ecole des Beaux-Arts in Paris. Seiue ersten Werke sind naturalistisch, farblich von →Delacroix, dekorativ von →Cézanne beeinflußt. Von der Farbe her versucht er dann eine Synthese herzustellen zwischen den →Fauves und den Kubisten. Die Themen seiner Werke umfassen alle Gebiete des menschlichen Lebens, von religiösen Darstellungen über figürliche Kompositionen und Akte zu Landschaften. Werke: Kreuzigung, Oase (Musée d'Art Moderne, Paris), außerdem Radierungen.
Lit.: H. Vollmer, Künstlerlex. d. 20. Jhs.

Dufy, Raoul. Franz. Maler. Geb. 1877 in Le Havre, gest. 1954 in Forcalquier. Kam 1900 nach Paris, wo er sich →Matisse und dem →Fauvismus anschloß. Unter dem Einfluß →Cézannes verfestigte sich der Aufbau seiner Kompositionen. Seit 1912 lieferte er für verschiedene Seidenfabriken Stoffentwürfe. Diese Tätigkeit förderte den dekorativen Zug seiner Malerei, die durch eine helle Farbgebung und arabeskenartige Zeichnung charakterisiert ist. Immer wieder malt er Segelregatten, Szenen aus der Rennbahn und elegante Interieurs.
Lit.: G. Besson, Raoul D., 1953.

Dugento. Auch Duecento genannt (italien. ‚200‘, Abkürzung für 1200); in der italien. Kunstgeschichte Bezeichnung für das 13. Jh.

Dukkan-i-Daud. Medisches Felsgrab bei Sar-i-Pul-i-Zohab (Westiran), auf der Straße von Bagdad nach Kermanschah, mit Vorhalle und Grabkammer. Relief eines Betenden mit →Barsom-Bündel.
Lit.: R. Ghirshman, Iran I, 86f.

Dumuzi. Sumerischer Name des babylonischen →Tammuz. D., das Inbild des guten Hirten, des sterbenden und wiederauferstehenden Gottes, ist wahrscheinlich in der→sumerischen Kunst als „Mann im Netzrock“ dargestellt, der im Zusammenhang mit dem Symbol der →Inanna erscheint.
Lit.: H. Schmökel, GAV, 329, 138; E. Strommenger, Mesopotamien, 55ff.

Dunoyer de Segonzac, André. Franz. Maler, Radierer und Buchillustrator, geb. 1884 in Boussy-Saint-Antoine, lebt in Paris. Studierte 1901/06 an der Ecole des Beaux Arts in Paris bei L. Merson, →Laurens und J. Blanche. Anfangs sind Einflüsse des →Impressionismus und des →Kubismus spürbar, später herrschen solche von →Cézanne, →Manet und →Courbet vor. Erst nach seinem Kriegsdienst (1914/18) findet er seinen eigenen Stil, der sich durch pastosen Farbauftrag, eine reiche, tonige Farbskala und temperamentvolle Zeichnung zu erkennen gibt. Sein Themenkreis beschränkt sich fast ganz auf die Frau und die Landschaft. Völlig fertige Ölgemälde, die er durch Zeichnungen, Aquarelle und Ölskizzen vorbereitet, sind selten. Hauptwerke sind hier: Badende und Frühling in der Vorstadt. Sein graphisches Werk steht gleichwertig neben der Malerei, hier seien die Kaltnadelradierungen zu Bernards „Tableau de la boxe“ genannt.
Lit.: Thieme-Becker; H. Vollmer, Künstlerlex. d. 20. Jhs.

Dupré, Guillaume. Franz. Bildhauer und Medailleur. Geb. 1576 in Sissonne bei Laon, gest. 1643 in Paris. Bereits seit 1597 wurden ihm zahlreiche Aufträge und Ehrungen des franz. Hofes zuteil. Als Plastiker schuf er hauptsächlich Bildnisbüsten. 1611–13 bereiste er Italien und studierte dort die Werke der italien. Renaissancemeister. Unter ihrem Einfluß entwickelte er seinen Stil, der ihn als den bedeutendsten franz. Spätrenaissancebildhauer auszeichnet. – Seine eigentliche Leistung vollbrachte er jedoch als Medailleur, indem er erstmals die Prinzipien plastischen Bildens auf die Medaille übertrug. Kraftvolle Formgebung und betont realistische Züge kennzeichnen seine zahlreichen Bildnismedaillen (zahlreiche Werke im Louvre und im Cabinet de Médailles zu Paris).
Lit.: Thieme-Becker.

Dupré, Jules. Franz. Maler und Lithograph. Geb. 1811 in Nantes, gest. 1889 bei Paris. Seine Ausbildung erhielt er hauptsächlich in England, wo ihn besonders der Stil →Constables nachhaltig beeinflußte. Nach Frankreich zurückgekehrt, lernte er →Rousseau kennen, unter dessen Einfluß er sich dem „paysage intime“ und der Schule von →Barbizon zuwandte, zu deren Hauptmeistern er gehörte. Sowohl das lyrische Stimmungsbild als auch die dramatische Landschaftsschilderung gehören zu seinen bedeutendsten Leistungen. Seine spezielle Vorliebe galt der lichtdurchdrungenen Darstellung von Wolkenformationen. – Neben seinem malerischen Œuvre stehen mehrere lithographische Arbeiten, deren Thema gleichfalls die Landschaft ist.
Lit.: A. Hoeber, The Barbizon Painters, 1915.

Duquesnoy, Frans (François), genannt „Il Fiammingo“. Niederl.-italien. Bildhauer. Geb. 1594 in Brüssel,

gest. 1643 in Livorno. Lernte anfangs bei seinem Vater Jérôme D. und wurde von P. P. →Rubens protegiert. Mit einem Stipendium versehen, reiste er 1618 nach Italien und ließ sich in Rom nieder. Die Freundschaft mit N. →Poussin, der 1624 nach Rom kam, vermittelte ihm die wichtigsten Einflüsse neben Anregungen, die er unmittelbar durch das Studium antiker Bildwerke empfing. Um 1626 nimmt er Beziehungen zum Hof des Papstes (Urban VIII.) auf und arbeitete unter der Leitung →Berninis 1627/28 an dem großen Bronzetabernakel für St. Peter. Für diese Kirche entstand auch als selbständige Arbeit eines seiner Hauptwerke: Kolossalstatue des hl. Andreas (1629–1640). In ihr erkannten bereits seine Zeitgenossen eine neue, fast programmatisch gegen Bernini gerichtete Formensprache, deren wesentlichstes Element eine durch Poussin angeregte ruhige, zum Klassizismus hinneigende Klarheit ist. – Neben weiteren monumentalen Werken schuf er mehrere Portraits. – 1642 wurde D. an den franz. Hof berufen, verstarb jedoch auf der Anreise nach Paris in Livorno.
Lit.: Thieme-Becker.

Dura-Europos. Stadt in Syrien am rechten Euphratufer, von →Seleukos Nikator um 300 v.Chr. nach hippodamischem System gegründete makedonische Kolonie. Nach dem Vordringen der →Arsakiden im 2. Jh. v.Chr. wird D. parthisch. Seit 165 n.Chr. röm. Bollwerk der Euphratgrenze bis zur Zerstörung durch →Schapur I. 256. Die Grabungsergebnisse an Tempel-, Palast-, Haus- und Grabanlagen von D. sind vor allem wichtig für die →parthische Kunst, die stark von hellenistisch-semitischen Strömungen bestimmt wird, ohne den iranischen Charakter zu verlieren. Beispielhaft dafür sind die Wandfresken im 70 n. Chr. geweihten Tempel der Palmyrenischen Götter, vor allem das repräsentative ‚Fresko des Konon' mit Frontaldarstellung von zwei weißgewandeten, tiaragekrönten Priestern mit Diener bei einer Opferszene vor Architekturfassade. Aus dem Mithräum stammt das Freskobild mit Mithras als reitendem Jäger. Das Motiv der Reiterjagd wiederholt sich in der Wandmalerei von D. ebenso wie in zahlreichen Graffiti mit charakteristischen Bildern (Lanzenreiter, gepanzert wie das Pferd, Elchrudel). Das Elchmotiv (Beinrelief) weist in die nordöstliche Heimat der Parther und auf Beziehungen zur →eurasischen Kunst, die durch die von den Parthern begründete Seidenstraße nach D. begünstigt wurden. Von besonderem Interesse sind z.T. gut erhaltene Wandmalereien, die in ihrem eigentümlichen Stil an Vorläufer der byzant. Fresken erinnern, jedoch eher als provinzielle Vereinfachung der röm. Malerei anzusehen sind. – Eine Synagoge wurde 1932 entdeckt, 244–245 erbaut. Nach 10 Jahren wieder zugeschüttet, weil das Gebäude für Verteidigungszwecke benötigt wurde. Synagoge über den Resten einer etwa 75 Jahre älteren Haussynagoge erbaut. Während die ältere Synagoge nur ornamental geschmückt war, ändert sich das in der von 244-245. Im Betsaal finden sich beispielsweise Personifikationen, wie etwa die Darstellung der Persephone. Besonders herausgehoben Tora-Nische. Neben Marmorinkrustationen und Fruchtgirlanden hier auch Symbole als Schmuck. Oberhalb der Tora-Nische ein Lebensbaum. Darunter Tisch und Throne. Um 250 werden dann auch die Wände bemalt. 3 Reihen von Bildern sind dabei übereinander geordnet. 28 Bilder sind erhalten, also etwa zwei Drittel des Gesamtbestandes. Darstellungen von der Patriarchenzeit bis zur Zerstörung Jerusalems, aber auch noch Motive aus prophetischen Schriften späterer Zeit. Der Lebensbaum über der Tora-Nische wird später historischen Darstellungen geopfert. Bilder in der Synagoge sind künstlerisch wertvoller als in der christlichen Hauskirche aus derselben Zeit. Vielleicht haben illustrierte Septuaginta-Ausgaben die Malerei bestimmt. Nicht alle Synagogen in der hellenistischen Welt waren mit Bildern versehen wie in D. Die Gestaltung der Synagoge im Innern war in den einzelnen Landesteilen sehr verschieden. – Die christliche Hauskirche, die 1931–32 ausgegraben wurde, war ursprünglich Privathaus wohl aus dem 1. Jh. Dadurch, daß 2 Räume vereinigt wurden (etwa 232–33), entstand ein großer Betsaal. Eine niedrige Plattform an der Ostseite des Raumes läßt dort einen Bischofssitz vermuten. Im 4. Jahrzehnt des 3. Jhs. entstand in dem Haus ein ausgesprochener Kultraum mit Wandgemälden, wahrscheinlich ein Taufraum, wenn auch einige Forscher ihn für ein Martyrium halten, also für einen Raum, in dem die Gebeine eines Märtyrers aufbewahrt wurden. Ein Baldachin, von 2 Säulen gehalten, birgt unter sich ein geöffnetes Grab. In einem Halbkreis dahinter sind auf der Wand der gute Hirte, Adam und Eva dargestellt. An der Nordseite des Raumes zwei Zonen übereinander, durch einen dunklen Querstreifen getrennt. Oben Heilung des Gichtbrüchigen (zwei Szenen), Jesu Meerwandel und der sinkende Petrus. Unter dem Streifen drei Frauen, verschieden gedeutet, entweder Frauen am Grabe zu Ostern oder Kluge Jungfrauen oder Neophysiten. Südliche Wand des Raumes zeigt Christus und Samariterin, ebenso David und Goliath. Die Fresken des Kultraumes heute im Original in Art Gallery der Yale University, New Haven, USA.
Lit.: C. H. Kraeling, Excavations at D. Final Report VIII 1: The Synagogue, 1956; C. Hopkins/P. V. C. Baur, Christian Church at D., 1934; M. Rostovtzeff, D., 1934; M. Rostovtzeff, D. and its Art, 1938.

Durand, Jean-Nicolas-Louis. Franz. Architekt und Architekturschriftsteller. Geb. 1760 in Paris, gest. 1834 in Thiais/Choisy. Schüler →Boullées, Preisträger der Ecole des Beaux-Arts. Von 1795 bis 1830 Prof. an der Ecole polytechnique. Durch seine Publikation „Précis des leçons d'architecture" (1801/05) hat er einen großen, nachweisbaren Einfluß auf die Baukunst des →Klassizismus ausgeübt.
Lit.: Thieme-Becker.

Durand-Ruel, Paul. Franz. Kunsthändler. Geb. 1831 in Paris, gest. ebda. 1922. Übernahm von der Familie ein Geschäft für Papier- und Malbedarf, in dem auch Bilder zum Verkauf geboten wurden. Befreundet mit allen Malern des →Impressionismus, unterstützt er sie bis an den Rand des eigenen Ruins. Sein Name ist besonders mit der 2. Impressionistenausstellung, die er in seinem Haus veranstaltete und für die →Duranty sein Buch „Nouvelle peinture" schrieb, verbunden. Schließlich gelang es ihm, in Amerika Interesse für die neue Richtung zu finden, und er gründet Filialbetriebe seiner Galerie nicht nur in europäischen Hauptstädten, sondern auch in New York. Die Pariser Galerie besteht heute noch.

Duranty, Louis Emile. Franz. Kunstschriftsteller. Geb. 1833 in Paris, gest. ebda. 1880. D. war der leidenschaftlichste Verfechter des →Impressionismus. Im „La Gazette des Beaux-Arts" veröffentlichte er einen Essay, in welchem er die Impressionisten als Nachfolger der Venezianer und →Constable's rühmte, und für die Ausstellung bei →Durand-Ruel 1876 schrieb er das gegen die Ecole des Beaux-Arts polemisierende Buch: „La nouvelle peinture à propos du groupe d'artistes qui expose dans les galeries Durand-Ruel", in welchem er voller Begeisterung den Impressionismus als die Kunst der Zukunft feierte. Er wurde von →Fantin-Latour auf dem Bild „Hommage à Delacroix" dargestellt und von Degas porträtiert.

Durchbruchsscheiben. Bezeichnung für durchbrochene Schmuckscheiben, die seit der →Bronzezeit bekannt sind. – Später treten sie wieder bei den Kelten der jüngeren →Eisenzeit auf, von wo aus sie in die provinzialröm. Kunst eindringen. Besonders beliebt sind sie bei den Franken und Alemannen (6.–7. Jh. n.Chr.). Sowohl figürliche als auch geometrische Darstellungen können die D. schmücken.

Durchdruckverfahren, auch „Vernis mou" genannt. Weichgrundverfahren, zum Unterschied zur →Radierung. Auf die mit weichem Ätzgrund überzogene Platte wird ein Papier gelegt und darauf gezeichnet. An den gezeichneten Stellen bleibt der Weichgrund am Papier haften, und die so freigelegten Stellen der Platte können nach Abheben des Papiers geätzt werden.

Durchdruckzeichnung →Monotypie.

Duret, François-Joseph. Franz. Bildhauer. Geb. 1804 in Paris, gest. 1865 ebda. Studium ab 1818 an der Ecole

des Beaux-Arts in Paris bei Bosio und Guérin. Errang 1823 den Rompreis und debütierte 1831 mit einem dort entstandenen Werk „Merkur, die Leier erfindend". In den folgenden Jahren wurde D. zu einem von Staat und Kirche stark beschäftigten Meister, der 1845 an die Ecole des Beaux-Arts berufen wurde. Anfangs von →Canova beeinflußt, gelangte er doch bald zu einem eigenen, hellenistisch geprägten Stil. Hauptwerke: Marmorstatue des Herzogs von Orléans, Marmorgruppe: Christus offenbart sich der Welt (St. Madeleine, Inneres).
Lit.: Thieme-Becker.

Duris, Innenbild einer attisch-rotfigurigen Schale: Herakles und Athena. Um 480 v. Chr. (München, Mus. für antike Kleinkunst).

Durga. Die Frau des indischen Gottes Schiva in ihrem furchtbaren, zerstörerischen Aspekt, auf dem Löwen oder Tiger reitend und den büffelköpfigen Dämon tötend.

Durham, Kathedrale. Einer der bedeutendsten engl.-normannischen Kirchenbauten. 1093 begonnen. Doppelturmfassade ähnlich der von St. Etienne in →Caen. Rosenfenster 1432 eingebrochen. Kräftiger, gedrungen wirkender Innenraum. Dreischiffige Basilika mit Querschiff und Staffelchor. Stützenwechsel mit reichen Bündelpfeilern und ornamentierten Rundpfeilern (vergleiche St. Philibert, Tournus). Doppelschichtige Obergadenwand. Im südlichen Nebenchor die ersten erhaltenen, wohl dem Bau von 1093 angehörenden Kreuzrippengewölbe (→Kreuzgewölbe).
Lit.: A. W. Clapham, English Romanesque architecture after the conquest, 1932; G. Webb, Architecture in Britain, the middle-ages, Pelican History of Art, 1956; →Engl. Kunst.

Duris. Griech. Töpfer und Vasenmaler des →Strengen Stils, in Athen tätig. Auf einem Gefäß signierte er als Töpfer, auf 32 Vasen als Maler. Seine rotfigurigen Vasenbilder charakterisieren ihn als feinsinnigen, ein wenig manierierten Künstler.
Lit.: J. D. Beazley, ARV, 425ff.; A. Rumpf, Handl. der Archäologie, VI, 86f. 1953.

Dur Kurigalzu. In der →Kassiten-Zeit von Kurigalzu I. um 1400 v. Chr. errichtete festungsartige Residenz westlich Bagdad (Aqar Quf), die dem Schutz der babylonischen Grenzen gegen die →Mitanni dienen sollte. Aus dem Palast stammen bemerkenswerte Reste von Wandmalereien mit Prozessionsszenen und Kleinplastiken mit Bemalung. Das Weiterleben älterer Tradition →babylonischer Kunst bezeugt vor allem die heute noch 57 m hohe →Zikkurat, ein mit Schilfseilen und -schichten verfestigtes Lehmziegelmassiv, dessen Außenwand durch Nischen gegliedert war. Die aus gebrannten Ziegeln erbaute Zentraltreppe mit zwei Seitentreppen schließt an das Vorbild der Zikkurat →Urnammus in →Ur an.
Lit.: H. Schmökel, GAV, 175, 183; E. Strommenger, Mesopotamien, 90f.; A. Parrot, Sumer, 372.

Dur Scharrukin. Von →Sargon II. gegründete Residenzstadt mit Festungsmauern, die durch regelmäßig gereihte Türme gegliedert waren. Diese größte Anlage der →assyrischen Kunst ist beispielhaft für den Städtebau des 8. Jhs. v. Chr. in Mesopotamien. Der ebenfalls ummauerte Palast- und Tempelbezirk im Nordwesten von D. sitzt teilweise auf der Stadtmauer auf. Der höher gelegene Kern umfaßte den Königspalast mit zahlreichen um zwei große und mehrere kleine Höfe gruppierten Raumfolgen, die mit →Lamassu-Figuren, Monumentalreliefs des heldischen Löwenbezwingers und motivreichen Reliefzyklen ausgestattet waren. Kultszenen wechseln mit Prozessionen von Gabenträgern. Bedeutsam ist die Darstellung eines Holztransportes zur See, die von Meerestieren auf Spiralrapportgrund belebt wird. Das an den Palast anschließende Heiligtum mit der →Zikkurat umfaßte Höfe mit Langcellen für mehrere Götter (→Sin, →Schamasch, →Ningal, →Ninurta, →Adad, →Ea). Vor der Kernterrasse lag der niedrigere Palast- und Tempelbezirk, darunter der →Nabu-Tempel mit Vorhöfen und Langcella. Die Palastbauten sind monumentale Hofhausanlagen mit Breiträumen, ausgestattet mit reichen Wandmalereien, die neben Symbolmotiven (Flügelgenien, Stiere) Szenen des höfischen Zeremoniells zeigten. Auch emaillierte Ziegelsockel mit friesartig angeordneten Symbolbildern in reichen Farbvarianten sind gesichert. (Siehe Tafel 1).
Lit.: H. Schmökel, GAV, 265ff., 284ff.; E. Strommenger, Mesopotamien, 109ff.; A. Parrot, Assur, 357.

Dur Untaschi. Im 13. Jh. v. Chr. von →Untaschgal gegründete Stadt, 50 km von →Susa entfernt. Bedeutsames Zentrum der →elamischen Kunst. Die Mitte von D. bildete das Heiligtum des Gottes →Inschuschinak mit einer fünfstufigen →Zikkurat, die sich von mesopotamischer Architektur wesentlich unterscheidet. Das Innere der untersten Terrasse ist nicht massiv, sondern ringsum mit überwölbten Räumen ausgestattet, die von oben über eine Treppe erreicht werden konnten. Im Gegensatz zu Mesopotamien steht auch die Anlage der Treppen, die nicht den einzelnen Terrassen vorgelegt, sondern in sie hineingeschoben sind. Glasierte Tonstifte schmückten einst Fassaden und Innenwände. Zum Heiligtum gehören außerdem mehrere kleine Tempel mit Vorhof innerhalb von Nischenmauern, deren Tore zur Tempelachse seitlich verschoben sind. Wände und Decke des Kultraumes waren mit runden Glasplättchen besetzt, die bei Lichteinfall flimmernde Pracht entfalten sollten.
Lit.: R. Ghirshman, Iran I, 444; E. Strommenger–M. Hirmer, Mesopotamien, 97ff.

Du Ry. Franz.-deutsche Baumeisterfamilie des 17. und 18. Jhs. Ihr bedeutendster Vertreter: Simon Louis (Ludwig). Geb. 1726 in Kassel, gest. 1799 ebda. Lernte bei seinem Vater Charles Louis Du Ry und 1746–48 in Stockholm, anschließend in Paris bei J. F. →Blondel, der ihm die wesentlichsten Anregungen vermittelte. 1753 zum fürstlichen Baumeister in Kassel ernannt, unternahm er noch im gleichen Jahre eine Studienreise nach Italien. Dort studierte er die Werke →Palladios, die antiken Funde in Herculaneum und weilte bis 1756 in Rom. Anschließend ließ er sich in Kassel nieder, wo ihm in der Folgezeit zahlreiche Ämter und Ehrentitel verliehen wurden. – Seine Bauten (fast alle in Kassel) zeigen gleichzeitig die Anregungen, die ihm sein Lehrer Blondel vermittelte, und Einflüsse, die auf seinen Italienaufenthalt zurückzuführen sind. Die verspielten, zu seiner Zeit in Mode kommenden Rokokoformen ablehnend, errichtete er kraftvoll barocke Architekturen, die durch ihre klare Gliederung und die Beruhigung der Baumassen den aufkommenden Klassizismus ankündigen.
Lit.: Thieme-Becker (dort unter Ry).

Dvaravati. Mittelalterl. Königreich im südlichen Siam mit einem besonderen Stil buddhistischer Plastik der Nach-Gupta-Tradition.
Lit.: Groslier, Hinterindien, 156, 221.

A. van Dyck, Bildnis eines Ehepaares. (Budapest, Mus. der bildenden Künste).

Dyck, Anthonis (Anton) van. Niederl. Maler und Radierer. Geb. 1599 in Antwerpen, gest. 1641 in London. Lernte anfangs bei H. van Balen und war seit 1616 als Schüler und Gehilfe in der Werkstatt von →Rubens tätig. 1620/21 arbeitete er in London und bereiste anschließend Italien, wo er mehrere Portraitaufträge ausführte. 1627 kehrte er nach Antwerpen zurück und wurde 1632 als Hofmaler nach London berufen. Maßgeblich für seine Entwicklung waren die Einflüsse seines Lehrers Rubens, die sich in seinen Werken niemals verleugnen, daneben aber auch die Begegnung mit den Bildern →Tizians, die zu einer Verfeinerung seines Figurenstils und zu einer Bereicherung seiner Palette führten. – Schon früh wandte er sich dem Portrait zu, malte aber auch mehrere religiöse Werke („Kreuztragung", 1617, Antwerpen, Paulskirche; „Verspottung Christi", 1620, Madrid, Prado; „Beweinung Christi", um 1630, Berlin, Staatl. Mus.). Erst während seiner Tätigkeit in London wandte er sich nach 1635 ausschließlich dem Bildnis zu und schuf in diesem Fach seine bedeutendsten Werke (z.B. „Gruppenbildnis der königlichen Familie", 1632, Windsor; „Karl I. bei der Jagd", Paris, Louvre; „Reiterbildnis Karls I.", 1633, Windsor; „Die Kinder Karls I.", 1635, Turin, Pinakothek).
Lit.: Thieme-Becker; E.Heidrich, Flämische Kunst, 1924; J. M. Friedländer, A.v.D., 1923; E. Göpel, A.v.D., 1940.

Dzibilchaltun. Mayastadt in Nordwest-Yukatan, in der Keramikschichten aus allen Epochen der Mayakultur gefunden wurden. Erstmaliger Nachweis der Verwendung von Fenstern bei Mayabauten.
Lit.: E. W. Andrews, Excavations at D., 1960.

E

Ea. Akkadisch-babylonischer Name des Gottes →Enki.

Eakins, Thomas. Amerikanischer Maler und Bildhauer. Geb. 1844 in Philadelphia, gest. 1916 ebda. Studium an der Ecole des Beaux-Arts in Paris bei →Bonnat und →Gérôme. War hauptsächlich in seiner Heimatstadt tätig und führte dort zahlreiche Figurenstücke und Portraits in stilistischer Anlehnung an seine Lehrer aus. Seine Bilder waren wegen ihres Realismus berühmt.
Lit.: Thieme-Becker.

Eannatum. König von →Lagasch (25. Jh. v.Chr.), dessen berühmtestes Denkmal die →Geierstele ist, ein zweiseitig bearbeiteter Reliefstein. Auf der einen Seite ist der Gott Ningirsu dargestellt, der mit dem Streitkolben die in einem Netz zappelnden Feinde in Schach hält. Die andere Seite zeigt in mehreren Streifen das siegreiche Unternehmen gegen →Umma, durchgeführt von E. als Anführer der blockhaft wiedergegebenen Kriegerphalanx, die über die erschlagenen Gegner walzt. Darunter E. als Wagenritter im Angriff vor einem anderen Aufgebot. Nach den Geiern, die in die Haufen getöteter Feinde einfallen, trägt das für die →sumerische Kunst charakteristische Siegesmal seinen Namen. Der Streitkolben als Weihegabe für das Leben des E., mit →Imdugud-Motiv und dem Fürsten im Zottenrock, gefolgt von zwei Dienern, beim Kultakt, kann auch den gleichnamigen Enkel meinen.
Lit.: H. Schmökel, GAV, 24f.; A. Parrot, Sumer, 135ff.; E. Strommenger, Mesopotamien, 66f.

Early English. Bezeichnung der engl. Frühgotik, einsetzend mit der um 1180 begonnenen Kathedrale von Wells. Kennzeichnend: enorme Längenerstreckung des Kirchenschiffs, Betonung der Horizontalen statt der Vertikalen durch kräftige Gesimse und Fehlen durchlaufender Dienste. Gleicher Querschnitt aller Rippen, dann Ausbildung einer durchlaufenden Scheitelrippe, zu der die übrigen Rippen hochstrahlen (zuerst: →Lincoln, Kathedrale; Langhaus, um 1233), sowie besondere Schmuckfreudigkeit, die im →Decorated Style zum bestimmenden Element wird. Auswirkung: besonders →Normandie (Kathedralen von Bayeux, Rouen).

Ebenist. Ebenholzarbeiter (→Intarsia). Kunsttischler des 18. Jhs.
Lit.: C. d. Salverte, Les ébénistes... 1934/35.

Eberbach, Kloster. Zisterzienserkloster 1135 von Clairvaux aus gegründet; Kirchenbau um 1145–1186 errichtet und fast unverändert erhalten. Wie Clairvaux II (→Fontenay) Pfeilerbasilika mit plattgeschlossenem Chor, je drei plattgeschlossenen Kapellen an den Ostwänden der Querhausflügel; jedoch gebundenes System und Kreuzgratgewölbe, deren Gurtbogen auf rechteckigen, von Konsolen in Kämpferhöhe aufsteigenden Wandvorlagen ruhen. Die geschlossenen Wandflächen und die feine Proportionierung der Fenstergruppen schaffen einen Raum von herber Monumentalität. Im insgesamt gut erhaltenen Klosterkomplex nennenswerter Kapitelsaal mit einzelner Bündelsäule und Netzgewölbe aus der Mitte des 14. Jhs.
Lit.: H. Hahn, Die frühe Kirchenbaukunst der Zisterzienser. Untersuchungen zur Baugeschichte von Kloster E...., 1957.

Eberswalde (nördlich von Berlin), Fund von. Im Jahre 1913 gefundenes Tongefäß vorgeschichtl. Zeit, das bis zum Rand mit Gold gefüllt war: darunter waren u.a. acht halbkugelige, reich mit eingestempelten Ornamenten verzierte Goldschalen, Ringschmuck, Goldbarren und Gußkuchen; insgesamt 81 Gegenstände. Der Fund gehörte in den Rahmen der süddeutschen →Hallstatt-Zeit. Ging 1945 im Zoobunker Berlin verloren.
Lit.: C. Schuchhardt, Goldfund vom Messingwerk bei E., 1914.

Eberz, Joseph. Deutscher Maler. Geb. 1880 in Limburg, gest. 1942 in München. Studium in München (1901/3) bei →Stuck und nach 1905 bei →Hölzel in Stuttgart. 1918 Übersiedlung nach München. Bildete der →Expressionismus die wesentlichen formalen Komponenten seines Schaffens, so fand er durch die Malerei →Grünewalds inhaltliche und geistige Anregungen, die sein Werk bestimmten. Neben Portraits und Landschaftsbildern schuf er in erster Linie großflächige religiöse Kompositionen, deren Aufbau durch monumentale Wirkungen bestimmt ist. Hierzu gehören zahlreiche Altarbilder und Kirchenfresken.
Lit.: H. Vollmer, Künstlerlex. d. 20. Jhs., 1960.

Ecaillemalerei. Bezeichnung für Schuppenmuster auf →Porzellan.

Ecce homo (lat. „Seht, welch ein Mensch!"). Jüngste aller Passionsdarstellungen; Zurschaustellung Christi mit Spottmantel und Dornenkrone, sowie Stock in den gefesselten Händen; entweder Christus als Einzelgestalt oder mit der Gruppe der verhöhnenden Juden. Taucht im 15. Jh. auf.

Ecclesia und Synagoge. Allegorische Veranschaulichung der Beziehungen zwischen Altem und Neuem

Testament in Gestalt zweier weiblicher Figuren, die stets als Paar auftreten. Synagoge gilt als Vorbereitung, Ecclesia als Erfüllung. In der karolingischen Buchmalerei erscheinen sie erstmals als Begleitfiguren der Kreuzigung. Seit 1220 bildet die Großplastik E. in polemisch dramatisierter Form zu selbständigen Motiven des typologischen Bilderkreises aus (Südquerschiffportal in →Straßburg, Münster). Ecclesia bleibt im Typ konstant: als Siegerin mit Krone (häufig mit Nimbus), Kreuzfahne oder -stab, Kelch oder Buch. Die →Attribute der Synagoge wechseln. Sie wird mit herabgleitender Lanze, seit dem 12. Jh. als Verblendete mit Augenbinde, mit zerbrochenem Stab und herabfallenden Gesetzestafeln gekennzeichnet.
Lit.: A. Weis, Die „Synagoge" am Münster zu Straßburg, in: Das Münster 1947, 65ff.; ders., Ekklesia und Synagoge, Reallex. zur deutschen Kunstgesch. IV, 1958, 1189ff.

Echinus. Kapitellwulst der dorischen Säule. →Säulenordnung.

Echnaton. Nach →Aton gebildeter Ersatzname →Amenophis' IV., der dadurch der Abkehr von →Amun und dem von ihm vertretenen Glauben Ausdruck gab (→Amarna).
Lit.: S. Morenz, ÄR, 49, 115, 155; C. Desroches-Noblecourt, Tut-ench-Amun, 103ff.

Echternacher Meister (auch „Vöge"-Meister genannt). Tätig Ende 10. Jh. Bedeutendster und eigenwilligster der ottonischen Bildschnitzer. Im Figürlichen von drastischer Lebendigkeit und leidenschaftlicher Eindringlichkeit. Wenige große, reich durchgearbeitete Motive. Wichtigste Werke: Elfenbeintafel mit Kreuzigung vom Deckel des Codex aureus epternacensis (→Echternacher Schule; Deckel für früheres Manuskript geschaffen); 2 Tafeln der ehemaligen Sammlung Figdor, Wien, mit ungläubigem Thomas und mit Moses, die Gesetzestafeln empfangend.
Lit.: W. Vöge, Ein deutscher Schnitzer des 10. Jhs., in: Jahrb. d. kg. Preuß. Kunstslg. 119ff.; 1899, K. Oettinger, Der Elfenbeinschnitzer des Echternacher Codex Aureus und die Skulptur unter Heinrich III. (1039–56), in: Jahrb. d. Berliner Museen 1960, 34ff.; H. Jantzen, Ottonische Kunst, 1947.

Pfeilerstatue des Amenophis IV. (Echnaton) (Kairo, Mus.).

Echternacher Schule. Ottonisches Skriptorium. Hauptwerke während der Regierungszeit Kaiser Heinrichs III. (1039–56). Schmuckseiten mit sasanidisch-byzant. Stoffmustern. Goldrankeninitialen des Reichenauer Typs. Im Figürlichen vom Evangeliar von St. Chapelle ausgehend, doch derber und bewegter. Byzant. Einflüsse. Hl. Markus immer im Bischofsgewand. Hauptwerke: Codex aureus epternacensis (um 1020–30; Gotha, Landesbibl.); Perikopenbuch in Bremen (um 1040); Codex aureus escorialensis (von Heinrich III. zwischen 1043–46 dem Speyerer Dom gestiftet, jetzt Madrid); Evangeliar in Uppsala.
Lit.: A. Boeckler, Das Goldene Evangelienbuch Heinrichs III., 1932.

Edfu, Falke im großen Hof des Horus-Tempels.

Eckblatt, auch Eckknolle. Eine blattartige Verzierung, die zwischen der gewölbten Säulenbasis und den vier Ecken der darunterliegenden quadratischen Fußplatte angebracht ist und so den zwischen Kreis und Quadrat entstehenden Zwickel füllt (byzant., roman., frühgot.).

Eckkontraktion. Am griech.-dorischen Tempel in verschiedener Weise geschaffene Zusammenziehung der Eckjoche zur Lösung des →Triglyphen-Konfliktes.

Eckmann, Otto. Deutscher Maler und Kunstgewerbler. Geb. 1865 in Hamburg, gest. 1902 in Badenweiler. Er begann als Maler und studierte an der Kunstgewerbeschule in Hamburg und an der Akademie in München. 1894 veräußerte er auf einer Auktion sämtliche bisher geschaffenen Bilder und löste sich damit programmatisch von der Malerei, um sich dem Kunsthandwerk zuzuwenden. Seit 1895 arbeitete er an den Zeitschriften „Pan" und „Jugend" mit und gilt als einer der frühen Hauptvertreter des →Jugendstils. Neben Möbel- und Textilentwürfen entwickelte er für die Klingspor-Druckerei in Offenbach neue Schrifttypen, die für die Typographie des Jugendstils große Bedeutung hatten. Seit 1897 lehrte er an der Kunstgewerbeschule Berlin.
Lit.: K. Klingspor, Über Schönheit von Schrift und Druck, 1949.

Eckrisalit →Risalit.

Edessa. Eine der Randstädte Mesopotamiens. Wahrscheinlich Ausgangspunkt einer syro-palästinischen Schule auf dem Gebiet der Reliefplastik. Charakteristisch für diese Kunst das Übereinander von Szenen, die zusammengehören, die Vergrößerung der Hauptfiguren gegenüber den Nebenfiguren, das Hervortreten der Köpfe, die derbe Art der Darstellung. – Um 370 wurde in E. das sogenannte „große Baptisterium" errichtet.

Edfu. Der 105 km südlich →Luxor gelegene Ort E. ist berühmt wegen seines 237–57 v. Chr. an Stelle eines älteren Heiligtums errichteten →Horus-Tempels, der auch →Hathor von →Dendera geweiht war. Das gut erhaltene Bauwerk ist ein Musterbeispiel für Tempelarchitektur ägypt. Kunst der →Ptolemäer-Zeit. An die →Pylone

schließt sich ein Säulenhof, von dem man durch die Vorhalle und einen Quersaal durch zwei Vorsäle in das Allerheiligste gelangt. Es wird von einem Umgang mit kleinen Kulträumen umschlossen. Die Umfassungsmauer mit innerem Umgang vervollständigt den geschlossenen Gesamteindruck der einheitlich angelegten Raumfolge, in der die Steinmassen trotz der gewaltigen Maße harmonisch proportioniert erscheinen. Die zahlreichen Reliefs folgen der religiösen Konvention, sind aber trotz der Erstarrung aufschlußreich für das Kultzeremoniell, in das ein mimisches Spiel des Lokalmythos einbezogen war. Im benachbarten Geburtshaus Darstellungen von der Bildung des Horuskindes auf der Töpferscheibe durch →Chnum, der Geburt und des Stillaktes.
Lit.: W. Wolf, KÄ, 609; E. Brunner-Traut, Ägypten, 513ff.

Eierstab am Erechtheion zu Athen, letztes Viertel des 5. Jhs.

Edinburgh. Gründung 617 durch König Edwin. Die Stadt wurde 1545 in Asche gelegt und im wesentlichen Mitte des 16. Jhs. neu aufgebaut. Auffallend ist besonders eine größere Anzahl von Häusern, die manchmal 10–12 Stockwerke hoch sind. – Die ehemalige Pfarrkirche St. Gile's Cathedral wurde als dreischiffige, fünfachsige Anlage mit Vierung und ausladendem Querhaus erbaut. 1387–1416 wurde das Langhaus um je ein Seitenschiff an den beiden Seiten erweitert, der Chor wurde verlängert und bekam ebenfalls ein nördliches und ein südliches Seitenschiff dazu. Im 19. Jh. baute man mehrfach um und beseitigte manches. Der mächtige kubische Bau wird von einem niedrigen, an der Spitze durchbrochenen Vierungsturm bekrönt. Die Neustadt wurde 1768 entlang der durch die Schlucht führenden Straße mit Gärten, Plätzen, Rondells ganz regelmäßig nach Plänen von J. Craig angelegt.
Lit.: N. Pevsner, Europäische Architektur, 1957.

Edschmiadsin (Armenien). Die Kirche des hl. Ripsime in E. ist eine Anlage über Vierpaßgrundriß mit rechteckigen Räumen an den vier Ecken (618 n.Chr. erbaut). Die Kuppel ruht auf vier freien Stützen. Aus E. stammt auch eine Elfenbeintafel (944), auf der Christus Kaiser Konstantin Porphyrogenetos krönt (heute in Moskau, Kunstmuseum).

Effner, Josef. Deutscher Architekt. Geb. 1687 in Dachau, gest. 1745 in München. Unter Boffrand in Paris ausgebildet, 1715–30 kurfürstlicher Hofbaumeister in München. Flügelbauten des Schlosses →Nymphenburg bei München (seit 1715) und im Park des gleichen Schlosses die Pagodenburg und die Badenburg, beides höchst originelle Gartenschlösser, sowohl von der Disposition wie von der Dekoration. Ausbau des Schlosses →Schleißheim (seit 1719). Preysingpalais in München (1723–28). Auch an der Ausstattung der „Reichen Zimmer" der Münchener Residenz beteiligt.
Lit.: Hauttmann, Der kurbayrische Hofbaumeister J.E., 1913.

Egell, Paul. Deutscher Bildhauer. Geb. 1691, gest. 1752 in Mannheim. Seit 1721 ebda. tätig. Durch seinen Lehrer →Permoser übernimmt er Anregungen →Berninis und bildet sie weiter im Sinne des Rokoko. Doch ist seine Kunst nicht nur zart und elegant, sondern erreicht in seinen besten Werken eine ungewöhnlich hohe Fähigkeit, Innerlichkeit und Vergeistigung auszudrücken. Stuckarbeiten im →Mannheimer Schloß; zahlreiche ausgezeichnete Zeichnungen.
Lit.: K. Lankheit, Die Zeichnungen des Kurpfälzischen Hofbildhauers P.E., 1954.

Egerer Arbeit. In farbigen Hölzern ausgeführte Reliefintarsia (→Intarsia), im 17. Jh. besonders in Eger hergestellt und hauptsächlich für Möbel verwendet.

Eghiward. Ortschaft in Armenien mit dreischiffiger Kirche (7. Jh.), die mit ihrer strengen tektonischen Gliederung syrischen Einfluß erkennen läßt.

Eglomisieren →Hinterglasmalerei.

Ehernes Meer. Ein von 12 Rindern getragenes Bronzebecken im Vorhof des Salomonischen Tempels in Jerusalem (nicht erhalten; Beschreibung in 1. Buch Könige 7, 23–26). Seine Deutung als Vorform des christlichen Taufbeckens durch Rupert von Deutz (1117; De trinitate..., In reg. lib. III, Kap. 21–23; Migne P.L. 167, Sp. 1166–69) führte zur Schaffung des berühmten, ursprünglich gleichfalls von 12 Rindern getragenen Taufbeckens. (1118; St. Barthélemy, Lüttich.) Die typologische Beziehung auf die christliche Taufe von →Nikolaus von Verdun im Klosterneuburger Altar (1181) wiederaufgegriffen, ebenfalls in der „Bible moralisée" (Oxford, Bodl. ms. 270b), dem →Heilsspiegel von Straßburg u. a. Werken.
Lit.: E. Beitz, Rupert von Deutz. Seine Werke und die bildende Kunst, 119–23, 1930; K. H. Usener, in: Marburger Jb. 1933, 77–134; J. J. Scheuchzer, Physica sacra, Bd. 3, 1733.

Maria Einsiedeln, Klosterkirche, innen, 1719–77, C. Moosbrugger.

Ehmcke, Fritz Helmut. Deutscher Graphiker und Kunstgewerbler. Geb. 1878 in Hohensalza, ansässig in München. Nach einer Lehre als Lithograph (1893–1897) gründete er 1900 gemeinsam mit G. Belwe und F. W. Kleukens die „Steglitzer Werkstatt", die mit Gebrauchsgraphik ein breites Publikum ansprechen wollte. 1903–13

Eleusis, Sitzstufen im Telesterion, um 430–20 v. Chr.

lehrte er an der Kunstgewerbeschule in Düsseldorf und war anschließend als Prof. in München tätig. 1920–21 leitete er die graphische Abteilung der Gewerbeschule in Zürich. Neben kunstgewerblichen Entwürfen verschiedenster Art schuf er eine Reihe neuer Schrifttypen: Ehmcke-Antiqua 1909, Ehmcke-Kursiv 1910, Ehmcke-Fraktur 1911 u. a., die ihn zu den bedeutendsten Schriftgestaltern des 20. Jhs. rechnen lassen.
Lit.: H. Vollmer, Künstlerlex. d. 20. Jhs., 1960.

Ehmsen, Heinrich. Deutscher Maler u. Graphiker. Geb. 1886 in Kiel, ansässig in Berlin. Studium bei →Ehmcke und →Thorn-Prikker an der Akademie in Düsseldorf. Beschäftigung mit den Werken van →Goghs, →Cézannes, →Picassos und →Noldes. 1909 Reise nach Paris, wo er →Jawlensky, →Marc und →Klee kennenlernt. 1914–18 Kriegsteilnehmer, anschließend in München tätig. 1928–33 zahlreiche Reisen durch Europa. 1933 als „entartet" verfemt. Nach 1945 gemeinsam mit →Hofer in Berlin lehrend. Sein Werk umfaßt neben Landschaften, Portraits und figürlichen Kompositionen mehrere graphische Serien, in denen er sich als Zeitkritiker und Satiriker ausdrückt. Seine Bilder zeigen neben einem derben Realismus auch phantastisch-visionäre Stimmungen.
Lit.: H. Vollmer, Künstlerlex. d. 20. Jhs., 1960.

Eichstätt. Die Stadt geht ursprünglich auf eine 741 zum Bischofssitz erhobene Klostergründung zurück: Aus dieser Zeit werden noch Restmauern im Dom vermutet (Querschiff und O-Chor). Ein W-Chor wird im 10. Jh., die beiden Türme im 11. Jh. angefügt; Giebel und Helme kamen später dazu. Im 13. Jh. wird der W-Chor umgebaut, im 14. Jh. der O-Chor, dann das Langhaus. Auch der Kreuzgang wird mehrfach verlegt, sein jetziger Zustand ist Werk des 15. Jhs. Der ganze Bau, zum größten Teil aus dem 14. Jh., ist einheitlich gestaltet, eine breite, dreischiffige Pfeilerhalle aus heimischem Kalkstein, die ältesten Teile aus unbehauenem, die jüngeren aus Quadern. Dem W-(Willibald-)Chor wurde 1714–18 nach dem Entwurf Gabriel Gabrielis eine Barockfassade vorgeblendet, die in überraschendem Gegensatz steht zum Gesamteindruck des kompakten Baues mit den beiden roman. Türmen und dem reich mit Terrakotta- und Kunststeinskulpturen aus dem 14. und 15. Jh. versehenen Hauptportal an der N-Seite. – Die ehemalige bischöfliche Residenz liegt an der S-Seite des Domes. Der Hof des Bischofs bestand hier schon im 11. Jh. Um 1700 wurde der Neubau in Angriff genommen. 1. Bauleiter war J. Engel (W-Flügel), ihm folgt Gabrieli (S-Flügel), der die dreiflügelige Anlage schließt. Wenig später folgen die Kanzleigebäude, Generalvikariat, die Kavalierhöfe an der S-Seite, schließlich, durch M. Pedetti, der Stiegenhausanbau am W-Flügel (1767). Die ganze Anlage wirkt einheitlich mit rustiziertem Erdgeschoß, die Fenster des Hauptgeschosses sind rundbogig und dreieckig abgeschlossen. Die S-Front trägt den 1791 vorgeblendeten, klassizistischen Mittelrisalit und wird von 2 polygonalen Eckerkern flankiert. Im Inneren ist das Treppenhaus Pedettis besonders hervorzuheben. Die Treppe beginnt zweiläufig, die beiden Arme vereinen sich auf einer Plattform. Vor der S-Seite der Residenz öffnet sich der Residenzplatz, einer der geschlossensten und besterhaltenen Barockplätze.

Eierstab. Neben dem →Blattstab die Schmuckform des ionischen →Kymations, als Abfolge mehrerer ovaler Gebilde, die jeweils durch eine Vertikalleiste getrennt sind.

Eiffel, Gustave. Franz. Ingenieur. Geb. 1832 in Dijon, gest. 1923 in Paris. 1850/52 versuchte er sich auf dem Kolleg St. Barbara in Paris für die Zulassung zur Ecole Polytechnique vorzubereiten. Als er dort nicht angenommen wurde, trat er in die Ecole Centrale des Arts et Manufactures in Paris ein, wo er sich hauptsächlich mit Chemie befaßte. 1856 trat er in die Firma „Nepveu et Cie." ein, einer Fabrik für Dampfkraftmaschinen und Eisenbahnbedarf. Später ist er bei der „Compagnie du Chemin de Fer de l'Ouest" tätig und als Bürochef bei „Pauwels & Cie.". Ab 1866 führte er ein eigenes Büro in Paris, mit welchem er die „Galerie des Machines" für die Pariser Weltausstellung von 1867 baute; 1867 finden wir sein Konstruktionsbüro für Eisenbau bei „Levallois-Perret". Mit diesem Büro entstehen nun seine Meisterwerke, seine Eisenbahnviadukte in Spanien, Portugal, Österreich, Rumänien, Peru und Bolivien; besonders hervorgehoben werden müssen das Warenhaus „Bon Marché" in Paris, 1876 (Architekt Boileau), der Viadukt von Garabit (1880/84) mit einer Spannweite von 165 m und die Konstruktion für die New-Yorker Freiheitsstatue von →Bartholdi (1885). Die Krönung seines Lebenswerkes ist aber der 300 m hohe Eiffelturm, den er 1887/89 für die Weltausstellung von Paris 1889 erbaute. – E. wirkte bahnbrechend auf dem Gebiete der Eisenanwendung, ihrer präzisen Berechnung und ihrer künstlerischen, durch die Funktion bestimmten Form. Nach der Jh.-wende hat sich E. nur noch mit aerodynamischen Problemen beschäftigt.
Lit.: M. Besset, G. Eiffel, 1965.

Eilbertus. Deutscher Goldschmiedemeister und Emailleur. Tätig in Köln um die Mitte des 12. Jhs. Bekannt durch einen signierten Tragaltar des →Welfenschatzes mit Goldzellenschmelz (östl. beeinflußt), der zu der Kölner Gruppe konischer Tragaltäre gehört, deren Wandungen mit Figuren in Grubenschmelz verziert sind. Der auf mehrere Goldschmiede aufzuteilenden sogen. Eilbertusgruppe sind eine Reihe weiterer Werke, darunter der Mauritius-Tragaltar in Siegburg und der Tragaltar von Mönchengladbach, zuzurechnen.
Lit.: O. v. Falke und H. Frauberger, Deutsche Schmelzarbeiten des Mittelalters, 1904; W. Berges und H. J. Riekenberg, in: Nachrichten d. Akademie d. Wissenschaften I, Phil.-Hist. Klasse, Göttingen 1951.

Einbeck, Konrad von →Konrad von Einbeck.

Einblattdruck →Holzschnitt.

Eingelegte Arbeit →Intarsia.

Eingezogener Chor. Ein →Chor, dessen Breite geringer ist als die des Mittelschiffs.

Einschlagen. Glanzloswerden der Oberfläche von Bildern, die mit Ölfarben gemalt sind. Entweder ist die Untermalung zu mager und saugt das Bindemittel der Oberflächenfarbe ab oder aus dem Bindemittel entweichen Öle durch Verdunstung.

Einsiedeln. Die Wallfahrtskirche in der N-Schweiz wurde im Jahre 1719 als Mittelpunkt einer umfangreichen und streng symmetrisch gegliederten Klosteranlage begonnen und erst 1777 beendet. Das Problem war, daß der Bau mit zwei Zentren für Hochaltar und Gnadenaltar geplant werden mußte. Der Entwurf geht auf den Laienbruder Caspar →Moosbrugger (gest. 1723) zurück. Das Gnadenbild der schwarzen Muttergottes war schon 1620 von Santino Solari von einem Kapellenschrein auf quadratischem Grundriß umgeben worden. Moosbrugger verband diesen mit dem alten O-Chor aus aus dem 17. Jh.: die Gnadenkapelle steht inmitten eines weiten Achteckraumes, der mit zwei weiteren Kuppeljochen zum O-Chor überleitet, die ihrerseits beide von Abseiten flankiert sind. Um das Oktogon zieht sich ein Emporenumgang, der sich an den 4 Diagonalseiten des Achtecks zu Balkonen mit dreieckigem Grundriß vertieft. Diese Emporenanlage ist in den beiden folgenden Jochen fortgesetzt; innerhalb der Querarme weicht sie konkav aus, zwischen den Jochen konvex vorschwellend. Die Abfolge der nach dem Chor hin sich stufenweise verengenden Raumeinheiten erinnert in ihrer Anordnung an die perspektivischen Kulisseneffekte des Theaters. Der prachtvolle, vergoldete und marmorierte Stuck der Brüder →Asam, die kunstvollen Gitter mit ihrem zugleich abschließenden und perspektivisch-raumverschmelzenden Effekt und die strahlend helle Farbgebung haben ebensolchen Anteil an dem faszinierenden Gesamteindruck dieser Wallfahrtskirche. (Abb. S. 174).
Lit.: N. Pevsner, Europäische Architektur, 1957; Busch und Lohse, Baukunst des Barock in Europa, 1961.

Einturmfassade →Turm.

Eirene. Griech. Friedensgöttin. Berühmt durch eine in röm. Kopien überlieferte Statue der E. des →Kephisodot, die um 400–390 v. Chr. entstanden ist.

Eisenbau. Wenngleich die Verwendung von Eisen bereits in der antiken Architektur bekannt war, so ist es zu einer wirklichen Eisenbauweise erst im 18. Jh. n. Chr. und hier zuerst im Brückenbau (Brücke Lyon, 1755; „Iron bridge“, Ostengland, 1773–79; Laasan/Schlesien, 1794) gekommen. Die Ingenieurkunst des 19. Jhs. ist wesentlich durch den E. bestimmt (Brücken, Hallen u. ä.). In Verbindung mit Glas wurden Bauten geschaffen („Kristallpalast“, London, 1850–51, Architekt J. →Paxton), die wegweisend für die Baukunst des 20. Jhs. werden sollten. – Weite Verbreitung fand der E. für übermäßige Spannweiten bei Deckenkonstruktionen von großen Sälen (Paris, Lesesaal der Bibl. Nat., 1861). – Einen Höhepunkt erreichte der E. in Bauten der Pariser Weltausstellung von 1889: eine riesige Maschinenhalle und vor allem der berühmte Eiffelturm sind hier zu nennen, die ersten Architekturen, die in ihren Formen von diesem Material her bestimmt sind. – In der Verbindung mit Beton ist dem Eisen im 20. Jh. eine neue Bestimmung innerhalb der Baukunst zugekommen.
Lit.: J. Joedicke, Geschichte der modernen Architektur 1958.

Eisenguß. Vor dem 15. Jh. nicht künstlerisch verwendet. Im 16. Jh. bereits sehr verbreitet, z. B. für Grabplatten, die auch bemalt wurden. Ende des 18. Jhs. und im 19. Jh. sehr bedeutend; es werden Plastiken in diesem Material geschaffen, vor allem Denkmäler.

Eisenmenger, August. Österreichischer Historienmaler. Geb. 1830 in Wien, gest. 1907 ebda. 1845 bis 48 Schüler der Akademie in Wien, ab 1856 im Atelier von Karl →Rahl, als dessen bester Schüler er gilt. Nach 1865 erhielt er viele Großaufträge für die Ausmalung der Monumentalbauten der Wiener Ringstraße: Musikvereinshaus, Rathaus, Parlament u. a. 1872-1901 war E. Prof. der Meisterklasse für Historienmalerei der Wiener Akademie. Er war der letzte Meister jener Stilgattung, die mit den Architekten →Hansen und →Ferstel und den Malern →Makart und →Rahl das neue Wien geschaffen hat.
Lit.: Thieme-Becker.

Eisenradierung →Kupferstich.

Eisenzeit. Eisen wird im Vorderen Orient schon sehr früh (etwa um 1400 v. Chr.) bearbeitet und dient zunächst der Anfertigung von Schmuck. In Mitteleuropa kommen einfache Schmuckstücke aus Eisen bereits während der →Hügelgräber-Bronzezeit vor, in der →Urnenfelder-Kultur ahmen Waffen und Geräte überwiegend noch Bronzeformen nach. Die ältere mitteleuropäische Eisenzeit, in der vor allem für Schmuck noch häufig Bronze verwendet wurde, ist die sogen. →Hallstatt-Kultur, die jüngere Eisenzeit entspricht weitgehend der keltischen →Latène-Zeit (→Vorgeschichte).

Eisglas. Erfindung des 16. Jhs. Glas mit rauher Oberfläche. Herstellung entweder durch Eintauchen einer warmen Glasblase in kaltes Wasser, wobei sich unzählige Risse bilden, oder durch Rollen der warmen Glasblase in feinen Glassplittern.

Eiszeitkunst. Die E. ist von Sibirien bis Westeuropa in den jüngeren Abschnitten der →Älteren Steinzeit (→Aurignacien, →Gravettien, →Solutréen, →Magdalénien) verbreitet und umfaßt Kleinkunst (u. a. →Tierplastik, →Frauenstatuetten, →Lochstäbe), →Relief-Darstellungen (→Cap Blanc, →Laussel, →Tuc-d'Audoubert), Gravierungen auf Stein und Knochen sowie vor allem die Felsbildkunst mit ein- oder mehrfarbigen Malereien und Gravierungen in Höhlen (→Höhlenmalerei); die sogen. →„Makkaroni“ sowie positive oder negative Handdarstellungen (→Handumrisse) gelten als Frühstufen. Das Zentrum liegt in Südfrankreich und in Nordspanien. – Es handelt sich sicherlich nicht um „Kunst um der Kunst willen“, sondern vielmehr um kultische und religionsgebundene Darstellungen, bei denen zusätzliche künstlerisch-ästhetische Aspekte nicht auszuschließen sind. Die weitverbreitete Deutung im Sinne einer Bildmagie ist allzu einseitig. Wahrscheinlich haben auch Initiationsriten mit Kult- oder Zeremonialtänzen eine gewisse Rolle gespielt (→Trois Frères, →Tuc-d'Audoubert).
Lit.: K. J. Narr, Urgeschichte der Kultur, 1961.

Eitoku. Japanischer Maler. Geb. 1543, gest. 1590 in Kyoto. Lernte bei Kano Motonobu und wurde einer der Hauptmeister der sogen. Kanoschule. Arbeitete hauptsächlich in Kyoto, wo er mit Dekorationsmalereien in Palästen und Tempeln, oft gemeinsam mit seiner großen Schülerschar, beschäftigt war. Er bevorzugte riesige Formate und stellte seine Dekorationen vor leuchtenden Goldgrund. Sind auch gesicherte Werke seiner Hand nicht mehr nachzuweisen, so kann doch der größte Teil japan. Dekorationsmalerei des 17. Jhs. seiner Schule zugeschrieben werden.
Lit.: Thieme-Becker.

Tafel 7: *Chichén Itzá, Reliefierte Vierkantpfeiler vom Kriegertempel, Maya-Tolteken-Kultur.*

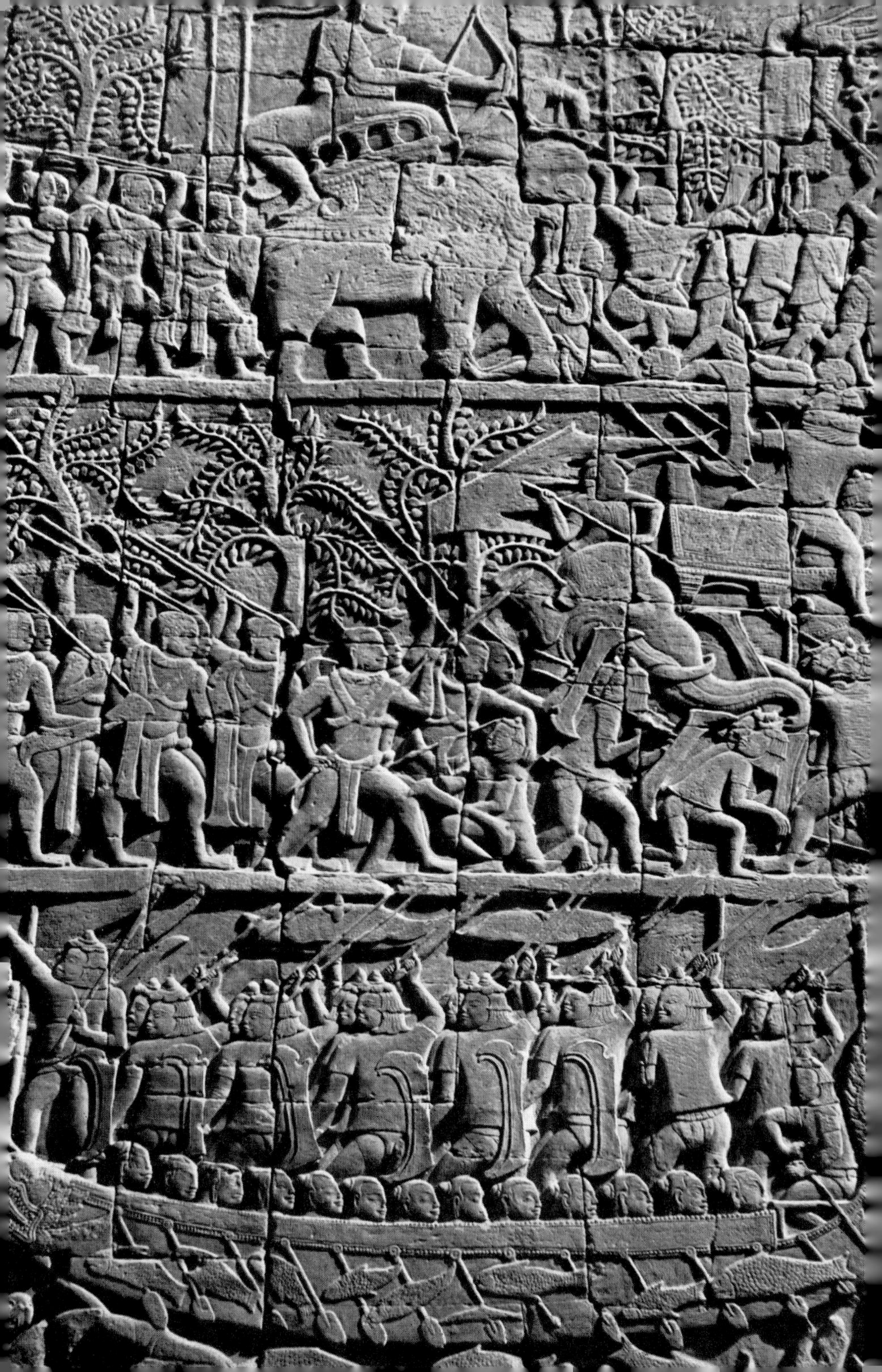

Eje →Aja.

Ekbatana. Heute Hamadan, Königsstadt der →Meder und →Achaemeniden, später Sommerresidenz der →Arsakiden. Von dem durch die Überlieferung bezeugten Glanz E.s künden kunstvolle Gold- und Bronzearbeiten. Goldtafeln mit Inschrift der Achaemenidenfürsten →Ariaramnes und →Arsames.
Lit.: R. Ghirshman, Iran I, 243, 433f.; H. H. von der Osten, WP, 48ff.

Eklektizismus. Anschluß an den Stil anderer Meister oder anderer Zeiten, weil ohne die getroffene Auswahl des erstrebenswerten Vorbildes die eigene Stilunsicherheit unschöpferisch macht.

Ekphantos. Griech. Maler der korinthischen Schule, im 7. Jh. v. Chr. tätig. Nach Plinius' Überlieferung soll er als erster Künstler mit Hilfe von zerstoßenen Tonscherben Farben für die Darstellung menschlicher Figuren (Fleischfarben) gemischt haben. Gesicherte Werke seiner Hand sind nicht bekannt, jedoch wird z. B. die berühmte →Chigi-Kanne diesem Meister zugeschrieben.
Lit.: J. L. Benson, Geschichte der korinthischen Vasen, 18, 1953.

Ekphora. In der griech. →geometrischen Kunst häufig vorkommende Darstellung der Ausfahrt des auf einem Wagen liegenden Verstorbenen zur Bestattung.

Elamische Kunst →Altorientalische Kunst IX.

El Amrah. Nach der Siedlung E. bei →Abydos wird die der →Badari-Kultur folgende prähistorische Stufe der →ägypt. Kunst (I) benannt, die man früher als →Negade I bezeichnete. Ihr Merkmal ist eine rotpolierte Keramik mit weißgemalten geometrischen Mustern und figürlichen Darstellungen, vorwiegend Tiermotiven, die zusammen mit Jagdszenen auf eine dominierende Bedeutung der Jagd weisen. Die Idolplastik ist vielfältiger und ausgeprägter, die Grabausstattung reicher. Abgelöst wird die Kulturphase durch die →Negade-II-Stufe.
Lit.: W. Wolf, KÄ, 36ff.

El Argar. Kultur der „jüngeren Atlantischen Bronzezeit" in Südostspanien, beginnt um 1700/1500 v. Chr. und reicht bis in die zweite Hälfte des 2. vorchristl. Jahrtausends. Interessant sind sehr abstrakt wirkende Idole (→Idolplastik) aus ornamentierten Schieferplatten.

Elba. Der Eisenreichtum von E. war von großer Bedeutung für den Aufstieg der etruskischen Städte (→Populonia). Der Name Ilva für E. ist ebenso etruskisch wie das Wort fersom für Eisen (lat. ferrum). Die Überlieferung bezeugt für →Porsenna ein gegenüber Rom angewendetes Eisenmonopol, wie es die →Philister gegenüber Israel gebrauchten. Die Entwicklung ist aus dem Zusammenbruch des ursprünglich hethitischen Eisenmonopols nach dem Untergang des Hethiterreiches um 1200 v. Chr. zu verstehen.
Lit.: J. Wiesner, VFM 2, 96f., 110, 123.

El Bagawat (Ägypten). Ausgedehnte Nekropole in der Oase Kargeh. Hier koptische Malereien vor allem in der sogen. Kapelle des Auszuges, wo auf dem weißen Grund der Kuppel neben anderen Geschichten aus dem Alten und Neuen Testament der Auszug der Kinder Israel aus Ägypten dargestellt ist. Sehr reicher Bilderzyklus, in dem die Formensprache sehr ungewandt erscheint.

Elche, Dame von. Vorgeschichtlich-iberische Steinbüste einer Priesterin oder Fürstin mit reichem Kopfschmuck, gefunden in der Provinz Alicante in Südostspanien. Die Figur war ursprünglich bemalt. Im Stil vergleichbar, aber jünger sind die Plastiken vom →Cerro de los Santos.

Elephanta. Insel bei Bombay mit schivaitischen Höhlen des 7.–8. Jhs. mit felsgehauenen, meist lebensgroßen Kultbildern und dem weit überlebensgroßen dreiköpfigen Bild des Schiva und seiner Gemahlin Uma, früher als „Trimurti" (gemeinsame Darstellung der drei Götter Schiva, Vischnu und Brahma) aufgefaßt.
Lit.: J. Burgess, The rock-temples of E., 1871.

Elephantine. Große Nilinsel bei →Assuan, Kultzentrum des Gottes →Chnum, seit dem Alten Reich für die Verbindungen nach Nubien von großer Bedeutung. Der Name weist auf die Nordgrenze der Elefantenverbreitung, die für die Gewinnung des Elfenbeins wichtig war. Zwei Tempel des Chnum und der Satis, teilweise aus Baublöcken des von →Kambyses II. zerstörten Tempels der frühen 18. Dyn. von →Nektanebos II. errichtet. Die Stadt E. mit dem Widderfriedhof war Residenz der Gaufürsten von E., deren Grabanlagen des Alten und Mittleren Reiches (→Sarenput) gegenüber Assuan am Rand der Westwüste die ältesten Felsengräber Ägyptens sind. Im 6./5. Jh. v. Chr. jüdische Kolonie mit Jahwetempel, aus dem die berühmten Papyrusfunde in aramäischer Schrift und Sprache mit Nachrichten über den Tempelkult stammen.
Lit.: W. Wolf, KÄ, 307, 312, 362, 368, 386, 416; E. Brunner-Traut, Ägypten, 531ff.

Eleusis. Griech. Heiligtum an der attischen Küste westlich von Athen. In der Antike berühmter Kultplatz eines Mysterienheiligtums. Der Tempel, das sogen. Telesterion (nach dem Fest der Telesterien benannt), entspricht eher einem Säulensaal als einem griech. Tempel. Er geht in seiner quadratischen Anlage auf einen Bau des 6. Jhs. v. Chr. zurück und wurde in der Folgezeit mehrfach erneuert und erweitert. Der bedeutendste Bau stammt aus dem 5. Jh. v. Chr. und wurde nach einem Entwurf des →Iktinos errichtet. Im 4. Jh. v. Chr. fügte der Architekt →Philon eine Säulenvorhalle hinzu. – Über die Funktion dieses eigenartigen Tempels ist ebensowenig bekannt wie über die eleusinischen Kulte, da die Mysterien nach streng geheimzuhaltenden Riten vollzogen wurden. – Zwei Propyläen und kleinere Tempel des Pluton und der Artemis sind außer Resten von Kleinkunst und Plastiken im Bereich des Heiligtums gefunden worden. (Abb. S. 175).
Lit.: F. Noack, E., 1927.

Elfenbein, „Elefantenknochen". Hartes, elastisches, weißgelbes Zahnbein der Stoßzähne des Elefanten, vergilbt an der Luft. Fossiles E. stammt vom Mammut. Als E.ersatz werden die Zähne von Narwal, Nilpferd und Walroß verwendet. Schnitzereien aus E. sind eine der ältesten Kunstübungen. Jungpaläolithikum: Ritzzeichnungen, Kleinplastiken. Kleinere Figuren werden auch in der ägypt., mesopotamischen und ägäischen Kunst geschaffen; prachtvolle Möbelverzierungen in der assyrischen Kunst des 8. Jhs. v. Chr. Sonderform der Antike ist das →Chryselephantin (aus Gold und E. über einem Holzkern errichtete, überlebensgroße Figuren). In der Spätantike sind von kunstgeschichtlicher Bedeutung die Konsulardiptychen (zusammenklappbare Schreibtäfelchen). Wie die Künstler der Spätantike, so haben auch die frühchristl. das Elfenbein mit besonderer Vorliebe für ihre Kunstwerke benutzt. Wertvoll sind die byzant. E.e. →Diptychen, Triptychen, Bucheinbände, Kästchen wurden aus diesem Material hergestellt. Im frühen Mittelalter nimmt die E.schnitzerei neben der →Goldschmiedekunst im Bereich plastischen Schaffens die führende Stellung ein. Künstlerisch wesentlich sind besonders Reliefs, die vorwiegend dem Schmuck der Buchdeckel von Prunkhandschriften, der →Altar-Antependien u. ä. dienten. Karolingische Buchdeckel folgen, auch im hohen schmalen Format, der spätantiken Tradition figürlich und szenisch verzierter Diptychoneinbände. Stilistisch zu scheiden sind: →Ada-Gruppe (um 800), →Liuthard-Gruppe (Mitte 9. Jh.), →Metzer-Gruppe (Mitte 9.–10. Jh.). Die spätesten karolingischen Werke entstehen im Umkreis des um 900 in St. Gallen tätigen E.schnitzers Tuotilo, der westfränkische Ornamenttradition mit einem wohl oberitalien. beeinflußten, graphisch abstrakten Figurenstil vereinigt. Mit heute verstreuten Täfelchen für ein von Kaiser Otto I. dem Dom in Magdeburg gestiftetes Antependium (962–73; Entstehungsort umstritten) setzt gegen 1000 die besonders in Lothringen und den angrenzenden Gebieten konzentrierte ottonische E.bearbeitung ein. Wie

Tafel 8: *Angkor (Kambodscha), Bayon, Reliefs der südlichen Galerie, Ende 12. Jh. n. Chr.*

in karolingischer Zeit sind meist Klöster Sitz der Werkstätten. Kennzeichnend sind: breiteres Format, Bevorzugung repräsentativer Darstellungen (Majestas Domini, Einzelfiguren), gegenüber dem Karolingischen stilistisch eine Straffung des Aufbaus und des plastischen Volumens. Vorbilder sind karolingische E.e und solche der im 10. Jh. neuaufgeblühten Konstantinopler Produktion. Künstlerische Höhepunkte: →Echternacher Meister und der in Trier arbeitende Meister des Registrum Gregorii, der jüngst als E.-Schnitzer erkannt wurde (C. Nordenfalk, Münchner Jb. 1950, 61ff., vergleiche →Trierer

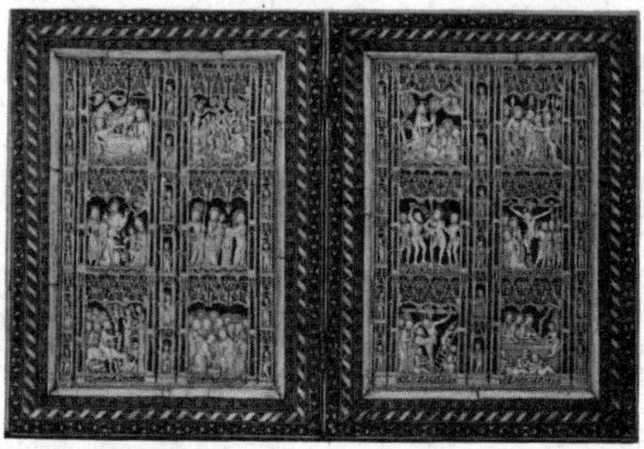

Elfenbeindiptychon (Durchbrucharbeit), Mailänder Schule, 15. Jh. (Washington, Nat. Gall. of Art).

Schule). Um 1000 entsteht auch in England im Anschluß an Buchmalerei der Winchesterschule eine bedeutende E.schnitzerei (bis 12. Jh.). Im 12. Jh. übernimmt die Großplastik die führende Rolle. Unter ihrem Einfluß setzt seit der Mitte des 13. Jhs. bis Ende des 14. Jhs. in Frankreich eine breite Produktion ein, vorwiegend frei stehende Statuetten oft beträchtlichen Formats (z.B. Marienstatuette aus der Sainte-Chapelle, Paris, heute Louvre), gelegentlich mit kostbaren Edelmetallmontierungen, die nun von Laienkünstlern gefertigt wurden. In der Renaissance wird das E. durch Bronzearbeiten verdrängt. Eine neue Blüte der Verarbeitung bringt das 17. Jh.: Reliefs an Möbeln, technische Spielereien, z.B. →Contrefait-Büchse. Im späten 18. Jh. verdrängt das Drechseln das Schnitzen und bringt damit einen künstlerischen Abstieg. Im 19. Jh. dient es weiter als Malgrund für Miniaturen und zur Herstellung kleiner Schmuckstücke. In neuerer Zeit finden wir Versuche, das Schnitzen des E.s wieder zu kultivieren; sie gingen von Belgien aus und werden in Deutschland vor allem in der Fachschule in Erbach im Odenwald unternommen.
Lit.: H. Graeven, Frühchristl. und mittelalterl. Elfenbeinwerke, 1898–1900; Ch. Scherer, Elfenbeinplastik seit der Renaissance, 1903; Reallex. zur deutschen Kunstgeschichte, IV, 1958.

Elfenbeinporzellan →Porzellan.

Elgin Marbels. Nach Lord Elgin, der 1799–1803 britischer Gesandter in Istanbul war, benannte Sammlung der Parthenonskulpturen. Elgin ließ 1803 Giebel-, Metopen-, und Friesplastiken vom →Parthenon in →Athen abnehmen und nach London überführen, wo sie heute zum zentralen Bestand des Brit. Mus. gehören.

El Hibe →Hibe, El.

Eliaskirche bei Pirdop. Erste Kuppelbasilika in Bulgarien aus nachjustinianischer Zeit. Die Schönheit der Kuppel und die Raumgestaltung verraten eine Ähnlichkeit mit der Irenenkirche in →Konstantinopel.

Eligius. Goldschmied des 7. Jhs. n. Chr. aus Paris, Schutzheiliger der Goldschmiede. Keines seiner hochgerühmten Werke, vor allem Ausstattungen von Grabmälern, ist erhalten. Jedoch wurde E. in den Werken späterer Künstler häufig dargestellt.

Elis. Hauptstadt der gleichnamigen Landschaft auf der Peloponnes in Griechenland. Im Zentrum der Landschaft liegt das griech. Nationalheiligtum →Olympia, dessen berühmte Zeusstatue zum Münzsymbol dieses Gebietes wurde.

Elisabethstil. Der im Profanbau Englands herrschende Stil zur Regierungszeit der Königin Elisabeth (1558–1603); gehört zum Gesamtkomplex des Tudorstils, →Englische Kunst.

Elkan, Benno. Deutscher Bildhauer. Geb. 1877 in Dortmund, gest. 1960 in London. Nach anfänglichem Studium der Malerei in München und Karlsruhe wandte er sich 1903 autodidaktisch der Bildhauerei zu. 1904/7 Aufenthalt in Paris und anschließend drei Jahre in Rom. Seit 1911 in Alsbach/Bergstraße und Frankfurt a.M. ansässig, 1933 emigrierte er nach London. Im Mittelpunkt seines Schaffens stehen Portrait und Aktfigur. Als naturalistischer Künstler schuf er hervorragende Bildnisbüsten, daneben entwarf er Medaillons und war auch schriftstellerisch tätig.
Lit.: H. Vollmer, Künstlerlex. d. 20. Jhs., 1960.

Ellora. 33 Kulthöhlen im →Dekkhan, 5.–10. Jh. Zuerst gruben die Buddhisten Klöster, die Viharas I–IX und die Tschaitya-Halle X oder „Vischvakarma-Höhle" mit ihrer kolossalen Buddha-Statue aus dem Trapp-Gestein. An diese Kammern schließen die Stiftungen der Hindus an, von denen XIV „Ravanaka-khai" und XV „Daschavatara" durch ihre Bildhauerkunst hervorragen, während XVI „Der Kailaschanath" das riesigste Denkmal indischer Monolitharchitektur darstellt. Von den Dschaina-Höhlen XXXI–XXXIII sind vor allem Spuren von Wandmalerei, mit einer Umbildung des Stils von →Adschanta in eine lineare Ausdrucksweise, berühmt.
Lit.: J. Burgess, Rock temples of Elura, 1877.

El Obeid → Obeid.

El Opeño. Vorklassisches Gräberfeld im nordwestlichen Michoacan mit Gräbern, in das vulkanische Sedimentgestein (Tepetate) eingeschnitten, zu denen Schächte mit Stufen hinabführen. Ähnliche Anlagen und Grabbeigaben bei anderen →Westkulturen Mexikos anzutreffen. Stilistische Ähnlichkeiten bestehen zu → Zacatenco (westlichster Fundplatz).

Emaillearbeit: Kreuzfuß des 12. Jhs. aus St. Bertin (St. Omer, Mus. archéologique).

Elsheimer, Adam. Deutscher Maler. Geb. 1578 in Frankfurt a.M., gest. 1610 in Rom, wo er seit 1600 tätig war. Lernte in Frankfurt bei Uffenbach und später in Venedig bei Rottenhammer. In seinem Frühwerk zeigen sich deutlich Einflüsse der niederl. Romanisten, während er später Anregungen der venezianischen Malerei, besonders von →Carracci und →Caravaggio aufnahm. Diese vielschichtigen Abhängigkeiten, zu denen noch der Einfluß →Altdorfers gehört, verarbeitete er zu einem sehr eigenständigen Stil kleinformatiger Bilder, in denen das romantische Stimmungselement der Landschaft dominiert. Die beginnende Barockmalerei zeigt sich in der unmittelbar realistischen Schilderung von machtvollen Bäumen und der bevorzugten Hell-Dunkel-Malerei seiner Ideallandschaften, die mit Figurenstaffage religiöser oder mythologischer Thematik ausgestattet sind. – Von großer Bedeutung war sein Wirken für Zeitgenossen und Nachfolger. So hat er u. a. Meister wie →Rubens, →Rembrandt und →Lorrain beeinflußt.

A. Elsheimer, „Flucht nach Ägypten", 1609 (München, Alte Pinakothek).

Lit.: W. Drost, A. E. und sein Kreis, 1933; H. Weizsäcker, A. E., 2 Bde., 1936 u. 1952 (mit Werkverzeichnis).

Elzevier. Holländische Buchdrucker- und Buchhändlerfamilie im 16. und 17. Jh. (Leiden und Amsterdam), die hervorragende Drucke lateinischer Klassiker und anderer Autoren geschaffen hat (Elzeviriana, E.-Drucke).

Email. Ein durch Metalloxyde gefärbter und auf Metall (auch Glas oder Ton) zu farbiger Verzierung aufgeschmolzener Glasfluß. Unter E.kunst (Schmelzkunst) im engeren Sinne versteht man die Verzierung von Metall durch ornamentale Muster oder in Form der E.malerei (Schmelzmalerei). Die ältesten bekannten E.arbeiten entstammen dem ägäischen Raum (Hauptfundort Zypern). Es handelt sich um ungeschliffenen Zellenschmelz (E. cloisonnée): auf Gold, Kupfer oder Silber befestigte Metallstege ergeben die Umrißzeichnung; die entstehenden Zellen sind mit Glasmasse gefüllt. Einen ersten Höhepunkt stellen die keltischen Furchenschmelzarbeiten dar, bei denen die als vegetabilische Muster in Bronze eingegrabenen Furchen mit opak-rotem E., dem sogen. Blutemail, ausgeschmolzen wurden (Höhepunkt 1.–3. Jh. n. Chr.). Eine Fortbildung ist der in provinzialröm. Gebieten entwickelte Grubenschmelz. Aus Metall (Bronze, Kupfer) werden flache Gruben und Gravierungen ausgehoben. In der byzant. Goldschmiedekunst spielte das E. erstmals als Schmuck auch von liturgischen Geräten, Reliquiaren, Kultbildern und Herrscherinsignien eine zentrale Rolle. Erstmals werden menschliche Figuren und religiöse Themen in E.technik dargestellt. Vorherrschend ist der Goldzellenschmelz. Bedeutende Beispiele sind die Limburger Staurothek (948–59) und die Pala d'oro in S. Marco, Venedig, die die seit dem 11. Jh. einsetzende Neigung zu abstrakter Stilisierung zeigt. Die ottonische Goldschmiedekunst verwendet unter byzant. Einfluß Goldzellenschmelz. Dagegen greift das 12. Jh. wieder auf den Grubenschmelz zurück. Es entstehen Werke höchster künstlerischer Qualität, die besonders dem Schmuck der großen Reliquienschreine und Tragaltäre dienten. Hauptzentren sind die bedeutenden Goldschmiedewerkstätten im Maasgebiet mit Lüttich und am Niederrhein mit Köln als Mittelpunkt. Die Maasschule (1150–80) wird durch einen Stil von plastischer Prägnanz und lebendiger Beweglichkeit charakterisiert. Die Anfänge des kölnisch-rheinischen Grubenschmelzes verbinden sich mit der Kunst des →Eilbertus (um 1150) und zeichnen sich durch geringere Plastizität, doch energische Zeichnung aus (Einfluß der Kölner Buchmalerei; Auswirkung auf eine niedersächsisch-westfälische Gruppe von Schmelzarbeiten). Bei beiden handelt es sich um E.malerei, die mehrere Farben innerhalb einer Grube verwendet. Ihren künstlerischen Höhepunkt erreichen sie mit den Werken des →Nikolaus von Verdun um 1180. Ein drittes Zentrum findet sich in Limoges (seit 1. Hälfte des 12. Jhs.), das u.a. islam. Anregungen verwertet und seit 1200 zu industriemäßiger Herstellung und ausgedehntem Export übergeht. Um 1300 entsteht in Italien das Drahtemail, eine Sonderform des Zellenschmelzes, bei dem anstelle von Stegen gedrehte Silberdrähte aufgesetzt werden. Es fand besonders im Osten (Ungarn 15. Jh.) Verbreitung. Mit dem Zellenschmelz verwandt sind Zelleneinlage und -verglasung, d.h. das Einsetzen von Halbedelsteinen (besonders des Almandin) und Glasstücken in Zellen (häufig bei germanischen Schmuckstücken der Völkerwanderungszeit). Im 14. Jh. kommt in Frankreich und Italien der transluzide Silberschmelz auf, bei dem das flach eingeschnittene Silberrelief durch das E. durchschimmert. Unter dem Eindruck der Malerei entwickelt sich Mitte des 15. Jhs. in den Niederlanden das Maleremail. Über Metallgrund wird auf meist opaken Emailgrund mit nacheinander aufgeschmolzenen opaken Glasflüssen ein Bild „aufgemalt". Hauptzentren finden sich in Italien und besonders in Limoges. Es kommen auch Grisaillen (→Grisaille) vor. Im 17.–19. Jh. war E. auf weißem Grund beliebt, eine Art Miniaturmalerei auf Taschen, Dosen, Medaillons und Schmuck. Mit dem Aufkommen der Porzellanmalerei ging die Bedeutung

des E. immer mehr zurück. Wichtigste alte Quellen zur Technik des Emaillierens sind die Schriften des Theophilus Presbyter und des Benvenuto →Cellini.
Lit.: W. Burger, Abendländ. Schmelzarbeiten, 1930; E. Steingräber, ‚E.', Reallexikon zur deutschen Kunstgeschichte, Bd. V, 1959, 1–66.

Emailbrun →Braunfirnis.

Emanuelstil. Der in der Architektur Portugals herrschende Stil während der Regierungszeit Emanuels I. (1495–1521); seiner wuchernden Üppigkeit kommt die Vermischung von Elementen der Spätgotik und der Renaissance entgegen.

Emblem. In der Antike „eingesetztes, eingelegtes Stück", Metallverzierung sinnbildlicher Bedeutung, später Sinnbild schlechthin, auch →Attribut, →Symbol, Hoheitszeichen, →Wappen usw.

Emden. St. Cosmas und Damian war eine 61 m lange, dreischiffige Hallenkirche, die aus einer Einraumanlage aus Backsteinen aus dem 12. Jh. hervorgegangen war. Durch Erweiterungen im 13. Jh. (W-Turm) und 14. Jh. (2 Seitenschiffe) entstand schließlich im 15. Jh. die dreischiffige Hallenanlage mit Holztonnengewölbe nach niederl. Vorbild, der W-Turm wurde durch einen N-Turm ersetzt. Der Ulrichschor von 1454 wurde um 1500 zum heute noch teilweise erhaltenen Abendmahlschor am O-Ende des Mittelschiffs erweitert.

Empästik. Antike Technik der →Tauschierung und Treibarbeit, auch die Technik der Metalleinlegearbeit, wobei häufig Edelmetall auf Bronze gearbeitet wurde.

Empire. Das Kaisertum Napoleons I. und – im Sinne von Empirestil – von Frankreich ausgehende Variante des →Klassizismus zwischen etwa 1800 und 1830 auf dem Gebiete der Mode, der Innenraumdekoration und des Kunstgewerbes. Es ist falsch, unter E. das Einfache und Klare als Reaktion auf das 18. Jh. und dessen „Verspieltheit" zu verstehen, vielmehr ist E. geradezu prunksüchtig. Bestimmte Elemente der ägypt., griech. und röm. Kunst wie Säule, Urne, Kandelaber, Palmette und Giebel werden in einfallsreichen Kombinationen nahezu allen Gegenständen aufgezwungen, seien es Möbel, Ofen, Porzellan, Tapete, Kronleuchter oder Gebrauchsgegenstand; sie treten so gehäuft auf, daß sie einen Raum geradezu terrorisieren. Die Vorliebe für reichliche gelbtonige Vergoldung und ungemischte, verbindungslos nebeneinander stehende Farben (Ochsenblut, Grasgrün, Azurblau) auf großen, wenig unterteilten Flächen ergibt dennoch einen reinen, wenn auch kalten Klang. Die unübertrefflichen Meister des E. waren →Percier und Fontaine; sie lieferten rechtzeitig das Stichwerk, in dem sich jeder orientieren konnte und das, wie kein anderes, zur internationalen Verbreitung des E. beitrug („Recueil de décorations intérieures", 1812).
Lit.: A. Speltz, Das E.ornament, 1913.

Emplekton. Antike →Füllmauer, bei der die Füllung aus Erde und Bruchsteinen besteht.

Empore. Eine galerie- oder tribünenartige Anlage in Kirchenräumen. Im Zentralbau über dem Umgang, in der Basilika meist über den Seitenschiffen, auch über dem westlichen Eingang oder in Querschiffen angebracht, in Hallen- und Saalkirchen auf eigenen steinernen oder hölzernen Gerüsten stehend (oft später zugefügt). Sie kann offen oder gedeckt sein und öffnet sich meist durch Bogenstellungen nach dem Kirchenraum. Die Ausbildung von E.n ist von baugeschichtlichen, kulturellen und sonstigen Voraussetzungen abhängig. Sie dient häufig zusätzlicher Raumgewinnung für die Gemeinde, oft nur für besondere Gruppen, etwa Frauen oder höfische Gottesdienstteilnehmer. So haben Nonnenkirchen gern eine E. im Westen, den sogen. Nonnenchor (Prieche). Die Westempore kann auch Standplatz der Sänger oder einer Orgel sein. Die E. scheint in Palästina entstanden zu sein. Sie findet sich in frühchristl. und besonders häufig in byzant. Kirchen und gelangte von dort in die abendländische Baukunst (→Aachen, Münster, →Gernrode, Stiftskirche). Eine neue Entwicklung des E.baus beginnt in der roman. Baukunst Frankreichs. Hier dient sie vor allem der versteckten Anbringung von Gewölbwiderlagern und der Durchbrechung, Schichtung und Gliederung der Obergadenwand, wobei besonders die →Normandie, und von dieser abhängig England, durch weite E.öffnungen eine Auflockerung der Wand erreichten, die erst in der Gotik übertroffen wurde. In der Frühgotik ist die E. im viergeschossigen Aufrißsystem noch ein wesentliches Element zur Entmaterialisierung der Wand, um dann dem Zuge zur Vereinheitlichung im dreigeschossigen System mit Triforium zu weichen. Auch in der roman. Baukunst des Rheinlands und der →Lombardei waren E.kirchen verbreitet. Wiederaufgegriffen wird die E. in den protestantischen Predigtkirchen.
Lit.: H. M. v. Erffa und E. Gall, E., Reallex. zur deutschen Kunstgeschichte, V, 262 ff., 1959.

Ende, Edgar. Deutscher Maler. Geboren 1901 in Hamburg-Altona, gestorben 1965. Nach einer Lehre als Dekorationsmaler studierte er an der Kunstgewerbeschule in Altona und an der Landeskunstschule Hamburg. – Er gilt als Hauptvertreter des deutschen →Surrealismus und ist stark von de →Chirico beeinflußt. – Als Illustrator schuf er graphische Folgen zu Werken von Garcia Lorca.
Lit.: H. Vollmer, Künstlerlex. d. 20. Jhs., 1960.

Endell, August. Deutscher Architekt und Kunstgewerbler. Geb. 1871 in Berlin, gest. 1925 in Breslau. 1896 Studium der Philosophie in München. Als Architekt Autodidakt, von H. →Obrist sehr gefördert. Seit 1918 Direktor der Kunstakademie in Breslau. Als Anhänger des →Jugendstils baute er 1897 das berühmt gewordene Atelier Elvira in München, das zu den bedeutendsten deutschen Jugendstilarchitekturen gehörte. – In Berlin baute er neben der Trabrennbahn Mariendorf (1910/11) mehrere Villen und Stadthäuser, dazu gestaltete er das „Bunte Theater" (1901). Als Kunstgewerbler war er auf allen Gebieten der Innenausstattung tätig und entwarf Möbel, Tapeten, Geschirr, Schmuck u. a. 1906 veröffentlichte er seine Schrift „Die Schönheit der Großstadt".
Lit.: H. Vollmer, Künstlerlex. d. 20. Jhs., 1960.

Endoios. Griech. Bildhauer, in der zweiten Hälfte des 6. Jhs. v. Chr. in Athen tätig. Nach der Überlieferung soll er der Schüler des sagenhaften →Daidalos gewesen sein. Mehrere Werke des E. sind überliefert: ein Elfenbeinschnitzbild der Athena Alea in →Tegea, eine Sitzstatue der Athena auf der Akropolis in Athen, dazu drei signierte Basisblöcke. Das einzige erhaltene Werk ist die sitzende Athena von der Akropolis, die im →Perserschutt gefunden wurde (Athen, Akr.Mus.). Die Göttin sitzt auf einem lehnlosen Stuhl, der rechte Fuß ist zurückgezogen. Der Stil der Gewandfalten ist den ionisierenden →Koren der Akropolis vergleichbar.
Lit.: G. Lippold, Handb. d. Archäologie, V., 74, 1950.

Engel. Der Glaube an die E. stützt sich auf alttestamentarische Offenbarung und die Paulusbriefe. Die als Geistwesen körperlosen E. nehmen bei Erscheinung in der heiligen Geschichte die Gestalt von Jünglingen an. So werden sie seit frühchristl. Zeit dargestellt, seit dem 5. Jh. nach dem Vorbild der geflügelten →Cherubim und Seraphim und unter Einfluß antiker →Niken und →Genien jedoch immer ausschließlicher mit Flügeln versehen. Sie tragen außerdem Nimben. Bestimmte E., wie →Erzengel und →Cherubim, erhalten besondere Kennzeichnung. E. sind in frühchristl. Zeit mit Tunika und Pallium bekleidet, im Frühmittelalter meist in byzant. Hoftracht, seit dem 13. Jh. in zeitgenössischer priesterlicher Gewandung, in der nordischen Kunst bis in die Renaissance mit Diakonsgewand oder dem →Pluviale. Die frühgot. Plastik bildet den E. als jugendlich schönen Menschen (Engelpfeiler →Straßburg, Münster), desgleichen die Frührenaissance, die außerdem den Mädchenengel schafft. Der bekleidete Kinderengel entsteht in der Frühgotik, der nackte zuerst bei →Giotto (Padua, Arenakapelle). In der Renaissance wandelt er sich unter Einfluß antiker →Genien und Eroten zum Putto. Im Rokoko findet sich neben dem Putto noch einmal der E. als geflügelter Mann, dessen physische Schönheit raffinierte Erotik mit inbrünstiger Versenkung verbinden kann (→Günther, →Donner). Gefiederte E.köpfe, eine verkürzte Darstellung der Cherubim und Seraphim, begegnen zuerst in frühchristl. Zeit und werden im 14. Jh. von der italien. Kunst, im 15. Jh. von der nordeuropäischen übernommen.

Lit.: K. A. Wirth, E., Reallex. zur deutschen Kunstgeschichte, Bd. V, 342ff., 1959; Katalog „E.darstellungen aus zwei Jahrtausenden", Kunsthalle Recklinghausen, 1959.

Engelbrechtsz (Engelbrechtsen), Cornelis. Niederl. Maler. Geb. 1468 in Leiden, gest. 1533 ebda. Er gehörte zu den bahnbrechenden Meistern, die die Renaissance in Holland einführten. Schuf hauptsächlich religiöse Figurenkompositionen mit knochig-hageren Gestalten („Christus am Kreuz", 1509; „Beweinung Christi", 1526; beide Werke Leiden, Mus.). Charakteristisch sind ein starkfarbiges Kolorit und überreiche, phantasievolle Gewänder. Durch sein fruchtbares Wirken als Maler und Lehrer (z. B. gehörte Lukas van →Leiden zu seinen Schülern) nahm er großen Einfluß auf die Entwicklung der holländischen Renaissancemalerei.
Lit.: Thieme-Becker.

Engelsburg. Ursprünglich der Grabbau des Kaisers →Hadrian. Das kreisrunde Monument leitet sich, wie auch das Augustusmausoleum, vom →Tumulusgrab der Etrusker her. Ihren heutigen Namen bekam die E., die im Mittelalter in eine Befestigung umgebaut wurde, von einer in der Renaissance auf dem Dach aufgestellten Statue des hl. Michael.

Englische Buchmalerei. Einen ersten Höhepunkt erreicht bereits die vorkarolingische →irisch-angelsächsische Buchmalerei, die durch Missionstätigkeit irischer und angelsächsischer Mönche starken Einfluß auf die kontinentale Kunst gewann und eine der Grundlagen der →karolingischen Kunst bildet. Sie setzt sich bis in den Beginn des 10. Jhs. fort, ohne Einflüsse der gleichzeitigen sogen. karolingischen „Renaissance" aufzunehmen. Die Übergangsphase zur bedeutenden angelsächsischen Buchmalerei des 10.–11. Jhs. bildet ein am Beginn des 10. Jhs. entwickelter neuer Initialtyp (vorwiegend in altengl. Manuskripten, z. B. dem angelsächsische Poesie enthaltenden Codex vercellensis; Vercelli, Bibl. Capitolare): beißende Tierköpfe, die sich gelegentlich in geflügelten zweifüßigen Reptilkörpern fortsetzen, werden wenig organisch mit Drahtgeflecht und Akanthusblättern verbunden. Führend werden jedoch Handschriften, für die eine völlige Abkehr vom Vorkarolingischen, die Übernahme karolingischer Formen, besonders der farbenfrohen Akanthusblätterdekoration und der karolingischen Minuskel, kennzeichnend sind. Schon hier begegnen die typisch engl., unproportioniert langgestreckten Figuren mit sehr kleinen Köpfen und zarten Händen und Füßen sowie die Freude an der karikierenden Darstellung des Bösen. Die Schwerpunktverlagerung von Nord- nach Südengland hatte bereits im 8. Jh. stattgefunden. Zentrum wird nun die sogen. Schule von Winchester. Als deren Gründer gilt König Alfred (gest. 899), doch entstammen die ersten Manuskripte der Regierungszeit König Aethelstans (925 bis 939). Charakteristische Werke: Abschrift von Beda's Leben des hl. Cuthbert mit den ersten biblischen Darstellungen der engl. Buchmalerei des 10. Jhs. in Cambridge (Corpus Christi College, ms. 183) und besonders das Aethelwold-Benediktionale (Sammlung Herzog v. Devonshire, Chatsworth, wohl 875–80 in Winchester geschrieben). Ein aus zwei parallelen Goldbändern gebildetes Rahmenwerk wird an den Ecken, auch wohl in der Mitte von Viereck- und Kreisformen unterbrochen. Als Füllung dienen hellbunte Akanthusblätter, die, räumlich gebildet und an den Spitzen aufgebogen (typisch engl.!), anfangs nur die Eckformen, später das gesamte Rahmenwerk überwuchern. Die Figurenszenen erscheinen wie unräumliches Gitterwerk und werden von den Rahmenformen anfangs fast erdrückt. Die Evangelienbücher zeigen gerahmte Initialseiten vor jedem Evangelium, oft Evangelistenbilder und Kanontafeln (z. B. Evangeliar des Herzogs v. Aremberg, jetzt Morgan Library; aus der Schule von Canterbury. – St. Grimbald-Evangeliar, London, Brit. Mus. Add. 34890, kurz nach 1000; erstes Exemplar aus der Schule von Winchester). Neben liturgischen Büchern finden sich Illustrationen altengl. Texte, deren Bildschmuck derber, doch originell ist (z. B. Gedichte des Caedmon, Oxford, Bodl. Libr., Junius II). Zweites Zentrum wird die Schule von Canterbury. Ihre Illustrationen sind entweder in Gouache in undurchsichtigen, oft leicht milchigen Farben ausgeführt oder in Federzeichnung, meist polychrom in verschiedenfarbigen Tinten: Rot, Grün, Blau, Schwarz (im berühmten Psalter von Ramsay, London, Brit. Mus., Harl. 2904, die Initialen in Deckfarbe, die figürlichen Szenen in Zeichnung mit leichter, die Plastizität betonender Lavierung). Häufige Kombination von Blau-Grün-Rot nimmt bereits das Kolorit roman. Manuskripte vorweg. Die polychrome Federzeichnung, wohl eine engl. Erfindung des 10. Jhs., wirkt im 11./12. Jh. auf den Kontinent. Charakteristisch für Canterbury ist die schon in der Federzeichnung, doch auch im Zeichenstil deutliche Einwirkung des →Utrecht-Psalters, der wohl Ende des 10. Jhs. nach England gelangt (erste Kopie in Canterbury um 1000). Die für die Blütezeit der engl. Buchmalerei charakteristischen reichen Faltenbildungen dürften anfangs durch die →Ada-Gruppe, später durch die Schule von →Reims angeregt sein. Gleichzeitig mit dem Überwuchern des Akanthusschmucks werden die „Faltentriller" immer reicher bewegt und nervöser, rascher im Strich. Diese spannungsreiche, intensive Lebendigkeit greift auch auf die Bewegung der Figuren über und wird gegen die Mitte des 11. Jhs. bis zu stereotypem Formalismus geführt. Typisch für die Versteifung und Entleerung der Formen ist der Cotton-Psalter (London, Brit, Mus. Tiberius C. VI, Winchester um 1050). Auch durch die Normanneneroberung von 1066 findet keine Unterbrechung statt. Auf dem Gipfel ihrer Entwicklung stellt die engl. Buchmalerei die bedeutendste Leistung der engl. Kunst des 10./11. Jhs. dar. Die leichte, graziöse, spontan wirkende Beweglichkeit greift selbst auf die Architektur der Kanontafeln über und verleiht ihr den Charakter eines luftigen Spaliers. Wichtigste ikonographische Neuerungen: karikierende Teufelsdarstellung; Schilderung der Hölle als aufgesperrter Höllenschlund; eigentümlich „realistische" Himmelfahrtsdarstellung, bei der nur noch Christi Beine unterhalb eines Wolkensaums sichtbar sind; →Monatsbilder, bei denen anstelle von Einzelfiguren erstmals Handlungen in Landschaftsfriesen gegeben werden (z. B. London, Brit. Mus., Tiberius B. V und Julius A. IV; Auswirkung auf die franco-fläm. → Buchmalerei des 14. Jhs.). Für das 12. Jh. ist die enge Verbindung zwischen franz. und engl. Buchmalerei charakteristisch, wobei wesentliche Anregungen von England ausgingen. Hauptzentren blieben Canterbury und Winchester. Hinzu kommen St. Albans, Bury-St. Edmunds, Rochester, Malmesbury, Hereford, Sherborne, Winchcombe, London u. a. Doch erreicht die engl. Buchmalerei des 12. Jhs. nicht mehr den hohen künstlerischen Rang, den sie im 10. und 11. Jh. innehatte.
Lit.: T. D. Kendrick, Late-Saxon and Viking Art, 1949; F. Wormald, „Decorated initials in English manuscripts from A. D. 900 to 1100", Archaeologia, 1945, 107ff.; ders., English drawings of the 10th and 11th centuries, 1952; C. R. Dodwell, The Canterbury school of illumination, 1954; D. Talbot Rice, English Art 871–1100, Oxford History of English Art, 1952; M. Rickert, Painting in Britain, The Middle Ages, Pelican History of Art, 1954; C. Nordenfalk, Buchmalerei, in: Die großen Jahrhunderte der Malerei, Das frühe Mittelalter vom 4.–11. Jh., 1957.

Englische Gruß, der. Gruß des Verkündigungsengels an Maria. Am berühmtesten wurde der E. in der Nürnberger Lorenzkirche, ein frei schwebendes Holzschnitzwerk des Veit →Stoß, 1517/18.

Englische Kunst. 1) Mittelalter. Die mittelalterl. Baukunst E.s beginnt 1066 mit der Eroberung durch den Normannenherzog Wilhelm. Unter Zerstörung von Vorgängerbauten (aus der Zeit vor dem Einfall nur wenige unbedeutende Kirchen erhalten) ließ er eine Reihe gewaltiger Kirchen errichten, die zu den bedeutendsten Zeugnissen normannischer Baukunst gehören (→Durham, Kathedrale; St. Albans). Engl. Eigenart zeigt sich besonders in der Vorliebe für Reihung gleicher Formen, die in der außerordentlichen Länge von Langhaus und Chor und in der Häufung des Dekors zum Ausdruck kommt. Zudem ist der Raumeindruck, u. a. durch Verwendung starker Rundpfeiler (z. B. →Tournus, St. Philibert), schwerer und gedrückter. Diese Züge gelten weitgehend auch für die got. Baukunst Englands, das nächst Nordfrankreich das wichtigste Entfaltungsgebiet der got. Kathedrale ist und hier zu bedeutender Sonderentwicklung gelangt. Die Gotik setzt, vermittelt durch die →Normandie, mit der England politisch bis ins 13. Jh. verbunden bleibt, schon seit 1275 ein (Chor der Kathedrale

Winchester, Querschiff der Kathedrale, ca. 1080–1090.

von →Canterbury). Man unterscheidet zwischen → Early English, →Decorated Style (→Curvilinear Style als dessen Spätphase) und →Perpendicular Style. Typisch engl. ist die Lage der Kathedrale am Stadtrand, bedingt durch die fast mönchische Lebensgemeinschaft der Domkapitel. Dies führt zu der ausgeprägten Längenerstreckung der Choranlagen mit ihren umfangreichen Einbauten (Presbyterium, Retrochor) und der im O angefügten, abgeschnürten, meist rechteckigen →Lady Chapel sowie zur Anlage von Kreuzgang und Wohnräumen für die Kleriker. Die Verdoppelung des Querhauses ist wohl von →Cluny III (bedeutende Filiationen in England) abhängig. Anstelle der Entwicklung zu räumlicher Vereinheitlichung und steilem Höhendrang in den nordfranz. Bauten ist für die E. die Betonung des Lagernden, der Horizontalen, das additive Gefüge des Kirchenraums charakteristisch; anstelle des Strukturalen, des aus plastisch gerundeten Gliedern aufgeführten Gerüsts tritt hier ein die Struktur überspielender, verwischender flächiger Schmuckreichtum, der zu früher Ausbildung reichster Gewölbeformen wie Stern-, Netz- und Fächergewölben führt (beginnend mit der Scheitelrippe in →Lincoln). Typisch engl. ferner die Beibehaltung des sich in einer belichteten Kuppel nach unten öffnenden Vierungsturms und die Ausbildung der mit reichsten Zierformen überwucherten querrechteckigen Fassadenblöcke zu reinen Schaufronten ohne Bezug auf Kirchenschiffgliederung (wohl beeinflußt durch roman. Fassaden in →Aquitanien und im →Poitou). Im 15. Jh. werden auch in England Pfarrkirche und Kapelle die wesentlichen Bauaufgaben. Charakteristika der Pfarrkirche: nur ein Westturm, häufig Flachdecke oder Holztonne, die die lagernde Breiträumigkeit betonen, sowie Entstehen hallenartiger Räume durch breite Arkadenstellung und häufiger Verzicht auf Obergadenfenster. Im Gegensatz zur Schlichtheit der Pfarrkirche zeigen die königlichen Kapellen verfeinertste Prachtentfaltung im Dekorativen (King's-College-Kapelle, →Cambridge). – Die Bildnerei spielt nach Qualität und Quantität eine geringe Rolle. Das Hauptwerk roman. Zeit, die Lazarusreliefs in Chichester (wohl erst um 1140), zeigt retrospektive Züge und derbe Ausführung. In der Gotik bleibt Bauplastik Ausnahme. Verglichen mit nordfranz. Werken, fehlt es den wenigen erhaltenen Denkmälern weitgehend an lebendiger Fülle und Spannkraft und an Empfinden für plastisches Volumen. Ein Beispiel ist der Skulpturenzyklus der Westfassade von Wells (um 1230) nach dem Vorbild der Kathedrale von →Amiens. Nischenfiguren und Reliefs in Vierpässen sind ohne Schwerpunktbildung über die kleinen Portale und die Strebepfeiler verstreut. Attribute, wie Schwerter, Szepter etc., sind, ein typisch engl. Zug, in fremdem Material angefügt. Bedeutender und zahlreicher ist die Grabmalsplastik. – Außerordentlich wichtig ist bis zum Ausgang des 13. Jhs. die Malerei Süd-Englands. Wandmalerei hat sich in wenigen Resten erhalten, etwa ein Zyklus in Hardham bei Chichester, einer in Coombes in Sussex und Fragmente in der Kathedrale von →Canterbury, sämtlich 12. Jh. Umfangreich ist die Produktion der Buchmalerei, deren Schwerpunkt im 10./11. Jh. in den Schulen von Winchester und Canterbury, in roman. Zeit zusätzlich in denen von St. Albans und St. Edmund in Bury liegt. Nach der Normanneneroberung verbindet sich die angelsächsische Maltradition mit byzant. Einflüssen. Doch wird der aus der Antike tradierte, die Körperformen umspielende Faltenstil ins Ornamental-Lineare umgedeutet, wie überhaupt die engl. Formphantasie ihre bedeutendsten Leistungen im Bereich ornamentaler Schmuckformen hat.

Lit.: Oxford History of English Art, herausgegeben von T. S. R. Boase, Bd. 1–7, 1949 ff.; Pelican History of Art: G. Webb, Architecture in Britain: The Middleages, 1956; L. Stone, Sculpture . . , 1955; M. Richert, Painting . . ., 1954; H. M. und J. Taylor, Anglo-Saxon Architecture, 2 Bde., 1965; H. Bock, Der Decorated Style, Untersuchungen zur engl. Kathedralarchitektur der ersten Hälfte des 14. Jhs., Heidelberger Kunstgeschichtliche Abhandlungen N. F. 6, 1962.

2) Die Renaissance wurde in England nie recht heimisch. Während das kontinentale Europa im 16. Jh. bereitswillig die neue Formensprache aufnahm, kam es gleichzeitig in England im sogen. Tudorstil (ca. 1485 bis 1550) zu Stilmischungen von bisweilen seltsamer Art. Im Kirchenbau hielt sich die Gotik noch weitgehend bis in die Mitte des 16. Jhs. als übliche Bauform. Eigene Formen brachte dagegen die Epoche des Elizabethstils (ca. 1560–1620) vor allem im Schloß- und Palastbau. Hier wird in der Verbindung einheimischer Traditionen mit Anregungen aus den Niederlanden und Deutschland, bisweilen auch aus Italien, ein charakteristisch engl. Typ entwickelt, für den einfache Grundrißplanung, eine weitgehende Rücksichtnahme auf den Wohnzweck der Gebäude und glatte Fassaden, die lediglich durch Fensterreihen und Risalite gegliedert werden, bezeichnend sind. – Malerei und Plastik des 16. Jhs. ist in England seltener eigenständig, sondern wird durch ausländische Künstler hervorgebracht. So war z. B. H. →Holbein d. J. am Hofe Heinrichs VIII. tätig, der die engl. Portraitminiatur, die im Elizabethstil durch Hillard zu reicher Blüte kam, begründete. – **3)** Barock. Auch das 17. Jh., die Epoche des Barock, brachte in England andere Bauformen zum Tragen als der Kontinent. Im Gegensatz zu diesem erfolgte nach dem Jh. der Stilmischungen die Klärung der Form aufgrund klassizistischer Gestaltung, deren Prinzipien dem Palladianischen →Klassizismus entsprechen. Bis in die Mitte des 18. Jhs. bestimmten diese Formen die engl. Architektur, die darüber hinaus eine noch weit in das 19. Jh. hinein lebendige klassizistische Tradition begründeten. Schöpfer dieses Stils, dessen kühle, klare und repräsentative Ruhe Anregungen der franz. Hofkunst erkennen läßt, ist Ingo→Jones (1573 bis 1652). Von seinem Hauptwerk, dem großzügig geplanten Königsschloß Whitehall, wurde jedoch nur ein bescheidener Teil, das sogen. Banqueting House, ausgeführt. Weitere Werke Jones: St. Paulskirche in Covent Garden und Wilton House. – Christopher →Wren steht in seiner unmittelbaren Nachfolge und entwickelt den neuen Stil weiter. Sein Werk ist die Neuplanung der 1666 durch Brand weitgehend zerstörten Stadt London, wo er neben dem Stadtplan im Geiste des röm. Barock die große St. Paul's Cathedral schuf. Gleichzeitig und anschließend ließ sich der engl. Hochadel zahlreiche z. T. riesige und prachtvolle Schlösser errichten, deren bedeutendstes das von Vanbrugh erbaute Schloß →Blenheim des Herzogs von Marlborough ist. – In der Malerei kamen wiederum die entscheidenden Anregungen vom Ausland. Als Hofmaler Karls I. wurde van →Dyck berufen, der entscheidenden Einfluß auf die Entwicklung der engl. Portraitkunst nahm. – Zu Beginn des 18. Jhs. entwickelte England im sogen. Queen-Anne-Stil, angeregt durch die holländische Backsteinarchitektur, Formen, die am Ende des 18. Jhs. zu Bauten führten, die in ihrer schmucklosen Sachlichkeit wesentliche Elemente eines modernen Funktionalismus vorwegnahmen. – **4)** Klassizismus und Romantik (ca. 1750–1850). Kaum berührt vom kontinentalen →Rokoko, geht die Baukunst Englands den durch den Palladianischen Klassizismus vorgeschriebenen Weg weiter. Eine Formverschiebung erfolgt, als mit einem intensiveren Antikenstudium und einer genaueren Kenntnis der griech. und röm. Baukunst archäologisches Wissen in der Architektur fruchtbar wird. Soane schloß sich mit seinem großen Bau der Bank von England an die röm. Tradition an, während Smirke mit seinem Hauptwerk, dem Brit. Mus., griech. Formen zu monumentalisieren suchte. – Bereits im 18. Jh. treten in der Rückbesinnung auf das Mittelalter, insbesondere auf die Gotik, Elemente der Romantik in Erscheinung. So kam es zu neugot. Ritterburgen, wie Strawberry Hill (1750–60). Damit begründete sich in England ein Stil, der vor allem im 19. Jh. die Park- und Landhausgestaltung weitgehend bestimmte und durch seine Ausstrahlung auf den Kontinent zu europäischer Bedeutung gelangte. Zu Beginn des 19. Jhs. wurde auch dieser Stil durch das Studium mittelalterlicher Bauten in den Historismus hinübergeführt. In dieser Weise erbauten Pugin und Barry das neue Parlament in London. Dominierend bestimmt die Neugotik den Kirchenbau. G. Scott war hierin lange Zeit führend. – Eigenartige Formen brachte die Romantik in der Verbindung klassischer und ostasiatischer Elemente hervor. Dies besonders in den Parkanlagen, den sogen. Landschaftsgärten. – Die Malerei dieser Epoche dokumentiert sich eindrucksvoll in eigenen engl. Leistungen, die sich vor allem in der Portrait- und Landschaftskunst entfalteten. Den Auftakt gab der satirische Realismus des Sittenbildmalers →Hogarth. Anregungen der florentiner und venezianischen Malerei verarbeitete →Reynolds, der damit die akademische engl. Portraitkunst begründete. Ausgehend von van →Dyck und Anregungen von →Murillo und →Rubens aufnehmend, führte →Gainsborough die engl. Malerei zu einem ihrer großen Höhepunkte. Sowohl das Portrait als auch die Landschaftsmalerei beherrschte er, oft beides miteinander verbindend, in gleicher Weise. – Holländischer Einfluß läßt die poetische Stimmungsmalerei von →Crome und seinen Schülerkreis erkennen. Am Ende des 18. Jhs. setzte sich zunehmend die Aquarellmalerei, deren Mittel in besonderem Maße geeignet waren, eine unmittelbare, intime Naturauffassung wiederzugeben, durch. Sie erreicht ihren Höhepunkt in der 1. Hälfte des 19. Jhs. bei →Constable und dessen skizzenhaft frischer Technik. Neben Constable steht der lange Zeit verkannte →Turner, dessen duftige Bilder romantische Sehnsucht auszudrücken vermögen. Beide haben wesentlichen Einfluß auf die europäische Landschaftsmalerei, die zum →Impressionismus führte, genommen. – **5)** Der Victorianische Stil und die Moderne (ca. 1850 bis zur Gegenwart). Während die offizielle Kunst Englands in weiten Bereichen von den fortschreitenden Entwicklungen kaum berührt wurde, zeigen sich doch verschiedentlich Kräfte, die in kühner Weise Neuland betraten. Dies jedoch selten ohne Rücksicht auf die Tradition. So ist es ein Wesensmerkmal der neueren engl. Kunst, daß ihre Künstler es vermochten, das Herkömmliche mit dem Neuen zu verbinden, bzw. aus der Tradition heraus zu neuen Formen zu finden. Die in England früher als in den übrigen Ländern Europas zum Problem gewordene Industrialisierung ließ bereits im 1. Jahrzehnt der 2. Hälfte des 19. Jhs. Persönlichkeiten auf den Plan treten, die dem durch die Industrialisierung bedingten Formverfall entgegentraten. Damit wurden wesentliche Gedanken der Jugendstilbewegung vorweggenommen. Ruskin als Theoretiker und →Morris als Künstler riefen zur Rückbesinnung auf die handwerkliche Tradition auf, wobei Praxis und künstlerisches Wollen in die gleiche Richtung wiesen, auf das Mittelalter. Ähnliches zeigte sich auch im Landhausbau. Richtungweisend für diese Bewegung wurde das von Ph. →Webb 1859 für Morris erbaute „Red House" in Kent. N. Shaw und Ch. Voysey trugen in verschiedener Weise zur Neuformulierung des Wohnhausbaues bei. – Eine entscheidende Wendung zu modernen Baustoffen brachte der 1851 für die Londoner Weltausstellung völlig aus Gußeisen und Glas von →Paxton errichtete sogen. Kristallpalast, einem der Gründungsbauten des →Eisenbaus. Am Ende des Jhs. wies die von →Mackintosh 1899 erbaute Glasgower Kunstschule bereits auf einen unabhängigen Funktionalismus. – In der Malerei wurden die Gedanken von Ruskin und →Morris in der Gruppe der →Praeraffaeliten fruchtbar. Elemente des →Symbolismus läßt das Schaffen von W. →Blake, Formen des →Jugendstils das in zerbrechlicher Gestaltung, die einzig durch die fließende Linie gehalten wird, vorgetragene Werk →Beardsleys erkennen. – Die E. des 19. Jhs. bietet sich in facettenartiger bunter Vielfalt dar. Ihr gemeinsamer Grundtenor besteht in der stets beibehaltenen Basis engl. Tradition einerseits und in der in verschiedene Richtungen andererseits weisenden Fortschrittlichkeit. – Mit dem 20. Jh., besonders nach dem 1. Weltkrieg, tritt die E. den kontinentalen Strömungen offener gegenüber. Vor allem der →Fauvismus und →Kubismus konnten sich durchsetzen. In neuerer Zeit hat sich die E. speziell auf dem Gebiet der Bildhauerei durch Namen wie H. →Moore, J. →Epstein, B. →Hepworth, K. →Armitage, L. →Chadwyck und R. →Butler als fruchtbar für die moderne Kunst erwiesen.

Lit.: Oxford History of English Art, herausgegeben von T. S. R. Boase, Bd. 8–11, 1949 ff.; Annual of British Art, 1936 ff.

W. Hogarth, „Der Ehevertrag", 1743 (London, Nat. Gall.).

Englische Manier. Die im 18. Jh. entwickelte Technik der Schabkunst (→Kupferstich), in England nicht erfunden, aber dort brillant angewandt.

Englischer Garten → Gartenkunst.

Engobe. Bezeichnung für die Verschlemmung von Keramiken mit feinem Tonschlamm, um somit eine gleichmäßigere Farbwirkung zu erzielen. Dabei kommen sowohl Naturfarben als auch künstlich eingefärbter Ton zur Verwendung. In dieser Technik wurde u.a. auch Halbfayence hergestellt.

Eninnu. Sumerischer Name des →Ningirsu-Tempels von →Lagasch.

Enkaustik. Antike Maltechnik der Griechen und Römer. Auf Marmor- oder Holztafeln wurden Wachsfarben unter Wärmeeinwirkung aufgetragen oder eingebrannt. In den berühmten →Mumienportraits sind enkaustische Malereien erhalten, ebenso in vereinzelten Stücken aus →Pompeji und →Herculaneum.
Lit.: H. Schmid, E. und Fresko auf antiker Grundlage, 1926.

Enki. Sumerischer Gott von →Eridu, Herr der Wassertiefe, Ratgeber des mesopotamischen Sintfluthelden (→Ziusudra, →Utnapischtim). Auf →Rollsiegeln mit Wasserbändern und Fischen dargestellt. Kosmisches Symboltier, →Ziegenfisch.
Lit.: H. Schmökel, GAV, 329; A. Parrot, Sumer, 376.

Enkidu. Gefährte des →Gilgamesch. Die oft mit E. verbundene Deutung des mesopotamischen Tierbezwingermotivs ist nicht gesichert.
Lit.: A. Parrot, Sumer, 376.

Enkolpion. 1) Kapsel mit Reliquien, die die Bischöfe frühchristl. und mittelalterl. Zeit auf der Brust trugen. – **2)** Ein Medaillonbild mit der Jungfrau Maria, das von den griech. Bischöfen ebenfalls auf der Brust getragen wird.

Enlil. Sumerischer Hauptgott von →Nippur, von größter Bedeutung für das Krönungszeremoniell sumerischer Könige, dessen Tradition bis in die assyrische Spätzeit nachwirkt.
Lit.: H. Schmökel, GAV, 329.

Ensinger, Ulrich (von Ensingen). Deutscher Baumeister. Geb. um 1359 in Ensingen bei Nürtingen (?), gest. 1419 in Straßburg. Seit 1365 in Eßlingen erwähnt, dort spätestens seit 1390 Baumeister der Frauenkirche. 1392–1417 Bauleitung des von den →Parlern begonnenen Münsters in →Ulm (nach ihm sein Sohn Matthäus und Enkel Moritz). Planänderung: dreischiffige Basilika statt Hallenkirche. Sein nicht ausgeführter Entwurf für den Westturm war die kühnste got. Turmkonstruktion. Kurze Mitarbeit am Dom zu →Mailand. Seit 1399 errichtete er auf der Westfassadenplattform des Münsters in →Straßburg den Nordturm bis zum Helmansatz, einen der schönsten Türme der Gotik.
Lit.: O. Kletzl, Das Frühwerk U.s v. E., in: Architectura 1933; A. Conradt, U. v. E. als Ulmer Münsterbaumeister, ungedruckte Diss., Freiburg/Br. 1959.

Ensor, James. Belgischer Maler. Geb. 1860 in Ostende, gest. 1949 ebda. Er verbrachte sein ganzes Leben in seiner Heimatstadt, die er nur zum Malstudium in Brüssel (1877–79) und zu einigen kürzeren Reisen verließ. Als Maler stand er anfangs unter dem Einfluß des → Impressionismus, den er jedoch bald überwand, um zu einem völlig eigenen Stil zu kommen, der sich bereits 1885 zu manifestieren begann. Spukgestalten, maskierte Figuren, Skelette und Monstren irrlichtern durch seine Bilder. Eine gespenstige Atmosphäre, durch die zur Darstellung in schroffem Gegensatz stehende sehr helle und leuchtende Palette noch gesteigert, bezeichnet seine Werke. – Er stieß damit anfangs auf heftigsten Widerstand seiner Malerkollegen und der Kritiker. Sein berühmtestes Bild „Christi Einzug in Brüssel" (1888) rief einen Sturm der Entrüstung hervor. 1883 gehört er zu den Gründern der Gruppe „Les XX", in der sich einige an →Gauguin anschließende symbolistische Maler zusammenfinden. E. selbst ist jedoch von dieser Künstlergemeinschaft nicht beeinflußt worden. Er ging seinen eigenen Weg, der künstlerisch um 1900 endete.
Lit.: P. Haesaerts, J. E., 1957; J. Rewald, Von van Gogh zu Gauguin, 1957.

Entasis. Verjüngung der griech.-dorischen Säule. In archaischer Zeit starke Schwellung und Einziehung nach oben (Apollon-Tempel von →Korinth), in klassischer Zeit straffe und knappe Konturführung (→Parthenon, Athen). Seit der Wiederaufnahme der Säulenordnungen in der →Renaissance E. allgemein üblich.

Entemena. König von →Lagasch, Sohn des →Eannatum (25. Jh. v. Chr.), bekannt durch zahlreiche Weihinschriften, die über große Kultbauten berichten. Graviertes Silbergefäß mit Weihung an →Ningirsu, dessen Symboltier →Imdugud über zwei Löwen den Hauptfries beherrscht.
Lit.: H. Schmökel, GAV, 25; A. Parrot, Sumer, 376; J. Wiesner, UKG II, Abb. 8.

Entlastungsbogen. Gewölbter und tragfähiger Bogen im Mauerwerk über einem Fenster oder einer Tür, der den Druck des Mauerwerks auf den Sturz oder sonstigen oberen Abschluß der Öffnung abfängt.

Entrelacs. Franz. Bezeichnung für Ornamente, die ineinander verschlungen sind oder einander kreuzen.

Entremont (Dép. Bouches-du-Rhône). Keltisch-ligurisches →Oppidum in Südfrankreich, wahrscheinlich 3. Jh. v. Chr. Bekannt sind vor allem Architektur-Fragmente mit Skulpturen, zum Beispiel ein Steinpfeiler mit zwölf Kopfreliefs (Kalkstein; 1,6 m hoch), ein sogen. „Schädelstein" mit Schädelmulden (quergestellter Steinbalken, Torsturz), sowie ein Stein mit einem Schlangenrelief.

Eosander, Johann Friedrich von, genannt E. von Göthe. Nordischer Architekt. Geb. um 1670 wahrscheinlich in Riga, gest. 1729 in Dresden. 1692–1713 am Hof von →Berlin, anschließend bei Karl XII. von Schweden und seit 1723 am Hof von →Dresden. E.s Hauptleistung ist die Weiterführung des von A. Schlüter begonnenen Berliner Schloßbaus (1707–13 nach dessen Entlassung), vor allem das schöne Westportal.

Ephesos. Griech. Stadt an der Westküste Kleinasiens. Von Ionien am Anfang des 10. Jhs. v. Chr. besiedelt, wurde die Stadt bereits in archaischer Zeit zu reicher Blüte geführt. – Über einer Reihe von kleineren Vorgängerbauten, die auf einen alteinheimischen Kult zurückgehen, wurde im 6. Jh. v. Chr. ein riesiger ionischer →Dipteros für die Schutzgöttin Artemis errichtet. Der Lyderkönig Kroisos soll das Geld für den Wald von 127 Säulen, von denen nach →Plinius auf einem skulpierten Fuß standen, gestiftet haben. Unter den gefundenen Resten befindet sich das Fragment einer

Ephesos.
Skulpierte Säulentrommel vom jüngeren Artemision, Mitte des 4. Jhs. v. Chr. (London, Brit. Mus.).

reliefierten Säulentrommel, die die Stiftungsinschrift des Kroisos trägt. – 356 v. Chr. brannte der Tempel ab, wurde jedoch bald wieder von neuem erbaut. Man behielt den alten Grundriß bei, stellte den Bau jedoch auf ein hohes Stufenpodest. Wieder wurden 36 Säulen skulpiert (Reste im Brit. Mus., London). Die Größe und die Pracht dieses Heiligtums reihten den Tempel unter die →Sieben Weltwunder. – 287 v. Chr. ist die Stadt selbst neu verlegt

worden. Es entstand eine typische hellenistische Stadtanlage mit rechteckigem Straßensystem und saekularisierten Prachtbauten. – Die Marienkirche wurde in spätjustinianischer Zeit als Kuppelbasilika mit schweren Pfeilern erbaut. Ursprünglich eine langgestreckte dreischiffige Säulenbasilika mit angebautem Baptisterium, beide auf langgestrecktem antiken verfallenen Bau errichtet. Hier 431 das berühmte 3. Ökumenische Konzil. Im 7. Jh. die Kuppelbasilika, nach Verfall durch anspruchslose Pfeilerbasilika ersetzt. Die Johanniskirche wurde zwischen 550 und 564 nach dem Vorbild der Apostelkirche in →Konstantinopel erbaut. Dadurch, daß in der Längsrichtung vier Kuppeln hintereinander liegen, ist die Gleichgewichtstendenz der Apostelkirche aufgehoben. Kuppel ruht auf schweren Pfeilern. Ursprünglich bestand die Johanniskirche aus einem → Martyrion, an das an alle vier Seiten Basiliken angebaut waren.
Lit.: Josef Keil, E., Österreichisches Archäologisches Institut, 1955.

Epidauros, Theater, 4. Jh. v. Chr.

Epidauros. Griech. Ortschaft auf der Peloponnes mit dem bedeutendsten antiken →Asklepeion. Die weitläufigen Anlagen dieses Kurheiligtums wurden im 4. u. 3. Jh. v. Chr. errichtet. Rings um das im Format bescheidene, aber kostbar ausgestattete Kultzentrum mit dem um 380 v. Chr. als dorischem →Peripteros mit 6x11 Säulen erbauten Asklepiostempel und der →Tholos, die zwischen 360 u. 320 v. Chr. als korinthischer Rundbau entstand, reihen sich die Gebäude für den Kurbetrieb: Zweietagige Liegehallen, Heilbrunnen, eine Palästra von riesigem Ausmaß mit einem später darin erbauten →Odeion, ein Stadion und als größter Bau ein Gästehaus mit 160 Zimmern, die um vier Säulenhöfe gruppiert waren. Schließlich das am besten erhaltene griechische Theater, das von →Polyklet d. J. mit 34 Sitzreihen erbaut wurde. Im 2. Jh. v. Chr. ist ein weiterer Rang mit 20 Reihen hinzugefügt worden, so daß das Theater insgesamt 14000 Zuschauer fassen konnte.
Lit.: Berve-Gruben-Hirmer, Griech. Tempel u. Heiligtümer, 157 ff., 1962.

Epigonos. Griech. Bildhauer, tätig in der 2. Hälfte des 3. Jhs. v. Chr. in Pergamon. Mehrere Basis-Signaturen sind von ihm erhalten. Daraus ist zu schließen, daß er zu den bedeutendsten Meistern der pergamenischen Kunst gehörte. – Seine Werke sind sonst nur literarisch überliefert.
Lit.: G. Lippold, Handb. d. Archäologie, V, 341 f., 1950.

Epiktet. Griech. Töpfer und Vasenmaler der spätarchaischen Zeit in Athen. Eine Töpfer- und dreizehn Malersignaturen sind erhalten. Er gehört zu den frühen Meister d →Rotfigurigen Stils.
Lit.: J. D. Beazley, ARV, 70 f., 1963.

Episkenion. Der Oberbau der Skene (Bühne) des griech. →Theaters.

Epistelseite. Südliche Seite des Altarraumes, wo die Epistel verlesen wurde, also für den Beschauer die rechte Altarseite. Sie wurde auch – auf das Kirchenschiff bezogen – →Männerseite genannt.

Epistolarium. Verzeichnis des aus dem Lektionarium bei der Messe zu lesenden lithurgischen Schriftstellen.

Epistylion. Antike Bezeichnung für den →Architrav.

Epitaph. Erinnerungsmal für einen Gestorbenen (nicht Grabmal) an der Kirchenwand oder am Kirchenpfeiler. Es gibt zwei Grundtypen: 1.) Die liegende Grabplatte mit der Gestalt des Gestorbenen wird sozusagen aufgerichtet, die ehemals ruhende, horizontale Gestalt erscheint also stehend an der Wand. 2.) Der E.inhaber wird in szenischem Zusammenhang (z. B. mit Frau und Kindern vor Christus kniend) wiedergegeben. Das E. taucht in der Mitte des 14. Jhs. auf und erlebt seine Blütezeit im 16. und 17. Jh. Der Barock schafft vielgeschossige E.anlagen mit rahmender Architektur und prunkvoller Ornamentik. Vergleiche auch →Kenotaph.

Epstein, Sir Jacob. Russisch-engl. Bildhauer. Geb. 1880 in New York, gest. 1959 in London. 1901 arbeitete er als Bronzegießer und besuchte Abendkurse in New York. 1902 ging er nach Paris und studierte dort an der Ecole des Beaux-Arts. 1905 siedelte er nach London über. Bis 1914 arbeitete er hauptsächlich an experimentellen Plastiken. 1911/12 lernte er in Paris →Picasso, →Brancusi und →Modigliani kennen und wird auf die Plastik der Naturvölker aufmerksam, die ihm wesentliche Impulse vermittelte. – Seine Entwicklung verlief abseits der großen Kunstströmungen seiner Zeit. Er blieb immer gegenständlich und fand in einem expressiv-realistischen Stil seine eigene Formensprache. Seine Themen sind der Bibel und literarischen Werken entnommen. – Daneben schuf er Portraits und figürliche Kompositionen.
Lit.: Knaurs Lex. d. mod. Plastik, 1964; R. Black, J. E., 1942.

Erbärmdebild →Schmerzensmann.

Erdmannsdorff, Friedrich Wilhelm, Freiherr von. Deutscher Baumeister. Geb. 1736 in Dresden, gest. 1800 in Dessau. Seine ihn bestimmenden Anregungen vermittelten ihm ausgedehnte Reisen durch England, Frankreich und nach Rom. Vor allem der engl. Klassizismus und die antike Baukunst Roms beeinflußten seine Entwicklung, die ihn zu einer frühklassizistischen Formensprache führte. Architektur und Innenausstattung beherrschte er in gleicher Weise und wurde durch Werke wie den Festsaal im Schloß zu Dessau (1768 begonnen), mehrere Innenräume in →Sanssouci und das 1769–73 errichtete Schloß Wörlitz zu einem Wegbereiter des →Klassizismus in Deutschland.
Lit.: E. P. Riesenfeld, F. W. v. E., 1913.

Karyatiden vom Erechtheion zu Athen, um 420/10 v. Chr.

Erechtheion. Tempel auf der →Akropolis in →Athen, nach einem der mythischen Urkönige Athens, Erech-

theus, benannt. Der sehr eigenwillige Grundriß und der originelle Aufbau ist durch mehrere sehr alte, dicht beieinanderliegende Kultplätze der Athena, des Poseidon, des Erechtheus, Hephaistos und Boutes, die gemeinsam hier verehrt wurden, bestimmt. Das Heiligtum selbst ist das älteste der Akropolis und reicht in mykenische Zeit zurück. Seine letzte Ausgestaltung hat es am Ende des 5. Jhs. v. Chr. erfahren. – An den ionischen →Prostylos schließt sich an der S/W-Ecke die sogen. Korenhalle, an der N/W-Ecke eine ionische Vorhalle als Platz des heiligen Salzquells an.
Lit.: Berve/Gruben/Hirmer, Griech. Tempel u. Heiligtümer, 1962.

Ereignisbild →Historienmalerei.

Eremitage (franz. Einsiedelei). Ländlich sich gebende Hütte in den Gartenanlagen des 18. Jhs., aber auch kleines Schloß, dessen Abgeschiedenheit durch den Namen betont wird. Schönes Beispiel für letzteres in →Bayreuth.

Eremitage. Staatliche Kunstsammlung in Leningrad (St. Petersburg). Hervorgegangen aus einer seit 1775 von Katharina II. für einen ausgewählten Kreis angelegten Kunstkammer, untergebracht in einem von L. von →Klenze 1840–52 errichteten Bau, seit 1917 teilweise auch noch im frühen Winterpalais präsentiert, gehört die E. zu den wichtigsten Museen der Welt: Antike Plastik, die Funde des Pontischen Kreises, Kunstgewerbe, Gemmen, Kameen, Münzen, Handzeichnungen, Kupferstiche und Gemälde (darunter die umfangreichste Rembrandtkollektion).
Lit.: R. F. Gubtschewski, Die Staatliche E. deutsch 1955.

Ereruk (Armenien). Die gewölbte, dreischiffige Kirche des 6. Jhs. in E. ist ebenso wie die Kirche von →Eghiward stark von Syrien beeinflußt. Die Kenntnis dieser Kirche ist wichtig für die Beurteilung der architektonischen Stilentwicklung in Armenien.

Eretria. Griech. Stadt auf Euböa. Teile der antiken Stadtmauer, ebenso von mehreren Tempeln und einem Theater sind erhalten. Die Ausgrabungen sind noch nicht abgeschlossen. – Von besonderer Bedeutung sind die Skulpturenfragmente des Apollontempels (Chalkis, Mus.). In der Mitte des Giebelfeldes stand Athena, deren Torso gefunden wurde. Daran schloß sich die hervorragend erhaltene Gruppe von Theseus und Antiope an. Stilistische Zuschreibung und Datierung sind bisher uneinheitlich, doch wird man in diesen um 520/10 v. Chr. entstandenen Werken die Arbeit einer inselionischen Schule erkennen dürfen.
Lit.: E. Langlotz, Frühgriech. Bildhauerschulen, 157f.; R. Lullies-M. Hirmer, Griech. Plastik, Abb. 66ff., 1960.

M. Ernst, „Der große Wald“, 1927 (Basel, Öffentl. Kunstsammlung).

Erfurt, Wolframsleuchter. →Wolframsleuchter.

Erghili. Ort des alten →Daskyleion (Nordwestkleinasien) mit wichtigem Relief reitender Frauen.

Ergotimos. Griech. Töpfer der attischen Schule der 1. Hälfte des 6. Jhs. v. Chr. Von ihm stammt eine der berühmtesten Vasen der Antike, die sogen. „François-Vase“ (Florenz, Archäolog. Mus.). Der bedeutendste Maler der frühschwarzfigurigen Zeit →Kleitias hat gemeinsam mit ihm gearbeitet. Die Produkte seiner Werkstatt müssen sich großer Beliebtheit erfreut haben, da sie an vielen Orten, besonders in Etrurien, gefunden wurden.
Lit.: Furtwängler-Reichhold, Griech. Vasenmalerei, Nr. 3.

Erhart, Gregor. Deutscher Bildschnitzer. Geb. um 1460 in Ulm, gest. 1540 (?) in Augsburg. Lernte bei seinem Vater Michael E. und ließ sich 1494 in Augsburg nieder, wo er einen umfangreichen Werkstattbetrieb unterhielt. Seine Werke (ausschließlich Zuschreibungen) zeigen stilistische Verwandtschaft zu den Werken →Multschers und Beziehungen zu →Riemenschneider. Ausgehend von der Spätgotik, nahm er Elemente der Frührenaissance auf. – Zu seinem Œuvre werden ein Hochaltar in Blaubeuren (1493/94), die 1945 zerstörte Kainsheimer Schutzmantelmadonna (1502–04) und die Schutzmantelmadonna der Wallfahrtskirche Frauenstein (um 1515) gezählt. (Siehe Tafel 11).
Lit.: G. Otto, G. E., 1943.

Eriba Adad. Assyrischer König (1383–1357 v. Chr.), unter dessen Herrschaft sich ein Wiedererstarken der Macht →Assurs und der →Rollsiegel-Kunst abzeichnet. Das Siegel E.s I. zeigt das bedeutsame Königsemblem der geflügelten Sonnenscheibe, das sich bis in die Spätzeit →assyrischer Kunst behauptet.
Lit.: H. Schmökel, GAV, 188.

Eridu. Unter der Ruinenstätte Abu Schahrein nahe dem alten Verlauf des Persischen Golfs wurde das als Kultzentrum des Gottes →Enki berühmte E. wiedergefunden. Die Besiedlung reicht in die Zeit der ersten bemalten Keramik zurück (5./4. Jahrtausend v. Chr.). Ein gleiches gilt für das mit reichen Fischopfern geehrte Heiligtum, dessen Bauentwicklung zur ältesten Tempelterrasse Mesopotamiens führt, der Vorstufe für die →Zikkurat-Form (Schicht VII). Auf die Bedeutung von E. weist die Überlieferung, wonach das sumerische Königtum hier vom Himmel herabstieg und Gott Enki die Göttin →Inanna von →Uruk mit allen Künsten vertraut machte.
Lit.: H. Schmökel, GAV, 4ff.; E. Strommenger, Mesopotamien, 49; A. Parrot, Sumer, 371.

Eriwan. Die Bibliothek von E. in Armenien besitzt 2 frühchristl. Buchdeckel in Elfenbeinarbeit, die stark östlichen Einfluß verraten (wahrscheinlich 9. Jh.). Auf ihnen verbindet sich syrisch-realistischer Stil mit hellenistischem Geist.

Erker. Geschlossener Ausbau, oft durch mehrere Stockwerke reichend, aber meist ohne Verbindung mit dem Erdboden an der Fassade oder an der Ecke eines Hauses, gerne in der Spätgotik, in der Renaissance und im Historismus angewandt. Sonderform ist das Chörlein an süddeutschen, vor allem Nürnberger Wohnhäusern im 15. und 16. Jh., wohl aus der Hauskapelle der Burg entstanden und auch in bürgerlichen Zusammenhängen gleichen Zwecken dienend.

Erlangen. Die Stadt zeigt eine der frühen, fürstlichem Willen gehorchenden, absolut regelmäßigen Planungen mit einer starken Achse, 2 großen Plätzen, möglichst gleichartigen Häusern (zweigeschossig mit Sattel- oder Mansarddach) und betonten Schnittpunkten. So sind die sogen. Richthäuser an den Hauptkreuzungen höher und reicher gegliedert. – Das Schloß am Marktplatz der Hugenottenstadt wurde 1700–1703 von dem Italiener A. Porta bis zum Rohbau aufgeführt, 1704 wurde es durch Gottfried von Gedeler vollendet. Der langgestreckte, dreigeschossige Quaderbau, nur durch Pilaster und durch einen attikabekrönten Mittelrisalit gegliedert, war ursprünglich reicher geplant. Die Orangerie, 1705 von Gedeler, ein kurvig zurückschwingender Bau im Schloßgarten, ist in der Mitte durch drei rundbogige, von Säulen flankierte Eingänge betont. Eine Attikabalustrade schließt das eingeschossige Gebäude ab. Reizvoller Akzent ist der Hugenottenbrunnen (1711 von Elias Räntz) und die unvollendet gebliebene Reiterstatue (ebenfalls von Räntz).
Lit.: Reclams Kunstführer, Deutschland, Bd. I, 1964.

Erminold-Meister. Bedeutender Bildhauer des

Escorial, 1563–84 von Juan de Herrera errichtet, Übersichtsperspektive.

ausgehenden 13. Jhs., tätig besonders in Bayern. Kennzeichnend: drastisch-derbe Lebendigkeit des Ausdrucks, tiefe, schwere, heftig umbrechende Faltenformen, beides verbunden mit statuarischer Festigkeit. Stilistische Voraussetzungen: Straßburger Lettnerplastik (Fragmente, anknüpfend an Apostel in Notre Dame St. Chapelle, →Paris); Sitzapostel im Mainzer Dommuseum. Wichtigste Werke: das namengebende Grabmal des seligen Erminold in Prüfening bei Regensburg (1283); Verkündigungsgruppe im Regensburger Dom (westlicher Vierungspfeiler).
Lit.: Th. Müller, Alte Bayrische Bildhauer. Vom E. bis Hans Leinberger, 1950; G. Schmidt, Beiträge zum E., in: Zeitschr. f. Kunstwissenschaft 1957, 141 ff.

Erni, Hans. Schweizer Maler. Geb. 1909 in Luzern, ansässig ebda. Studium in Paris bei →Derain und → Braque. In seinen Bildern sammeln sich Einflüsse von →Picasso, →Arp, →Miró und →Mondrian zu einem etwas disparaten Stil, wobei das Bemühen deutlich wird, alle diese Anregungen selbständig zu verarbeiten. Thematisch steht das Problem des von der Technik überwältigten Menschen, das er in eine dunkle Symbolsprache übersetzt, im Zentrum seines Schaffens. – Neben Ölbildern schuf er Fresken, mehrere graphische Folgen und Buchillustrationen.
Lit.: H. Vollmer, Künstlerlex. d. 20. Jhs., 1960.

Ernst, Max. Deutsch-amerikanischer Maler u. Graphiker. Geb. 1891 in Brühl bei Köln, lebt in Paris. Nach anfänglichem Philosophiestudium begann er um 1910 nach einer ersten Begegnung mit A. →Macke als Autodidakt zu malen. Seine ersten Bilder entstehen unter dem Einfluß des →Futurismus, während er bis 1918 kubistische und expressionistische Anregungen aufnimmt. 1919 gründet er gemeinsam mit H. →Arp in Köln eine Dada-Gruppe (→Dadaismus), in der er die irreale und absurde Welt entdeckt. 1924 schließt er sich in Paris der dort gegründeten Gruppe der Surrealisten (→Surrealismus) an. Nachdem er hier anfangs von einer peinlich genauen Wiedergabe der in verfremdendem Zusammenhang stehenden Gegenstände ausging, fand er bald zu seinem eigenen Stil, der sich in einer phantasiereichen Traumweltdarstellung manifestierte. – Mit seiner „Durchreibetechnik" entwickelte er in der Graphik neue Bildstrukturen. Sein immer wiederkehrendes Thema ist die Phantasielandschaft, mit Muschelgebilden durchsetzt und von dem glühenden Sonnenball überstrahlt. – 1941 emigrierte er nach den USA und kehrte 1954 nach Paris zurück.
Lit.: E. Trier, Max E., 1959.

Eroten. Kleine Erosfiguren, seit dem Hellenismus dekorativ verwandt. Reizvolle E.friese in der pompejanischen Wandmalerei. In der italien. Frührenaissance zu →Putten umgebildet.

Erwin von Steinbach. Seit Goethes Aufsatz „Von deutscher Baukunst" (1773) der bekannteste mittelalterl. Baumeister Deutschlands, den man als Erbauer des ganzen Münsters in →Straßburg ansah. Im wesentlichen ist sein Werk jedoch nur die Westfassade, bis auf den von U. →Ensinger errichteten Nordturm. Er wurde 1284 erstmals als Werkmeister des Münsters erwähnt (urkundlich nicht restlos sicher) und starb 1318 in Straßburg (Grabinschrift). Der Namensteil „von Steinbach" ist eine Zufügung des 17. Jhs.
Lit.: →Straßburg, Münster.

Erzengel. Höhere Rangstufe der →Engel. Biblisch sind nur Michael und Gabriel. Später kamen Raphael und Uriel hinzu. Die E. spielen vor allem in der byzant. Kunst eine große Rolle. So umstehen beispielsweise in →Daphni die Erzengel Michael und Raphael den leeren Thron, der Christus repräsentiert.

E. S. →Meister E. S.

Esangila. Name des Mardukheiligtums von →Babylon, „Haus der Haupterhebung".

Eschnunna. Die Ruinenstätte Tell Asmar 35 km nordöstlich Bagdad im Dijalagebiet wurde mit dem alten E. identifiziert. Entwicklungsbeginn der Stadt mit Palast- und Tempelanlage nach Ausweis plankonvexer Ziegel (→Riemchen) vor der →Mesalim-Zeit. In diese Periode gehören die im Abutempel vergrabenen zwölf Beterfiguren mit betont stereometrischen Formen. Die Bauentwicklung führt zu typischen Knickachscellen um einen Hof. Im Palast Thronsaal mit Hof, dessen Grundform in assyrischen Palastanlagen weiterlebt. Tempel für den Kult →Schusins. Nach dem Untergang der III. Dyn. von → Ur wurde E. selbständige Hauptstadt des Landes Warium mit Machtausdehnung bis →Assur. Zu E. gehörte als Verwaltungsvorort →Schaduppum.
Lit.: V. Christian, AKZ, 84f.; E. Strommenger, Meso-

potamien, 79, 61f., 71f., 79f.; H. Schmökel, GAV, 330; H. Potratz, KAO, 70; Parrot, Sumer, 372.

Escorial (bei Madrid). Der E. stellt eine der großartigsten Verwirklichungen von Spätrenaissance und Gegenreformation dar. In seiner Verbindung von Kloster, Schloß und Zentralkirche sind in einzigartiger Weise die Ideen der Sakral- und Profanarchitektur des 16. Jhs. zusammengefaßt. El Real Monasterio de San Lorenzo del Escorial war von Philipp II. (1556–98) im 2. Jahr seiner Regierung dem Märtyrer Laurentius gelobt worden. 1568 fand die Grundsteinlegung statt. Anfangs hatte Juan Bautista de Toledo die Bauleitung inne; Juan de →Herrera war ihm beigegeben worden, der 1574–82 die Kirche, 1584–89 das Konventhaus errichtete. Da alles aus Granit erbaut ist, war eine feinere Ornamentierung nicht möglich. Die einfachen Gliederungen sind ebenso großzügig wie der Gesamtorganismus. Dieser besteht aus einem gewaltigen Rechteck, dessen Ecken durch turmartige Bauten betont sind. Die längsgerichtete Mittelachse an der Eingangsfront wird durch eine Säulenfassade eingeleitet, die sieben Stockwerke zu zwei großen Geschossen zusammenfaßt. An den giebelbekrönten Seitenteilen zwischen Mittelbau und Ecktürmen flache Pilastergliederungen, die zur organischen Entwicklung der Frontwand von der Mitte zu den Seiten beitragen. Hinter dem Mittelbau ein Hof mit der Fassade der Kirche, deren Türme genau in der Mitte der Längsachse stehen und die Frontaufbauten noch überragen. Krönung der in der Vertikalen sich vollziehenden Entwicklung bildet die Tambourkuppel der Kirche. Hinter dem Chor der Kirche das letzte Rechteck in der Längsachse, der ehemalige Königspalast. Das Schlafzimmer des Königs war mit dem Allerheiligsten unmittelbar verbunden. Die Querachse wird betont von den Fassadentürmen. Dadurch kam eine optische und geistige Trennung zwischen der rein profanen Hälfte der Anlage mit dem Palast und der sakralen mit dem rechts von der Kirche gelegenen Mönchskloster zustande. Neben Mittelhof und Kirche befindet sich noch eine Reihe rechteckiger Höfe, die den Grundriß des Ganzen gitterförmig – den Rost des hl. Laurentius symbolisierend – aufteilen. Dieser Grundriß geht in seinem gedanklichen Ursprung auf die Anlage des Ospedale Maggiore in Mailand von A. →Filarete zurück, dessen mächtiger Baukomplex ganz symmetrisch eine Reihe von Innenhöfen (9) umschließt. In der Folge dieses Baugedankens entstanden nach dem E. die Tuillerien und Whitehall. Im E. wurde zum erstenmal die neue Form der sogen. „Kaisertreppe" angewendet. Vorbild dazu waren nicht ausgeführte italien. Bauentwürfe, z. B. Skizzen →Leonardos. Die Treppe im E. von da Toledo und de Herrera entwickelt sich aus einem im Grundriß rechteckigen Treppenhaus. Vom Erdgeschoß bis zum Absatz auf halber Höhe steigt ein geradlinig die Mittelachse des Rechtecks überquerender Treppenarm auf, der dann nach einer Wendung von 180 Grad sich in zwei Arme gabelt, um nun zweiläufig das obere Stockwerk zu erreichen. Die beiden Arme der 2. Steigerungsphase laufen dann parallel neben und über den Wangen des 1. Treppenabschnittes. Die Kirche im E. zeigt in ihrer vollendeten Verbindung von Lang- und Zentralbau den Geist der Architektur des 16. Jhs., im Vordergrund den Geist →Vignolas. Der Chor wurde zur Grabkapelle des Königshauses bestimmt, der Mönchschor an die Eingangsseite verlegt; für diesen Zweck wurde eine tiefe W-Empore eingezogen, so daß der Eindruck eines Zentralbaues auf griech. Kreuz entstand, beherrscht von der gewaltigen Tambourkuppel. (Abb. S. 187).
Lit.: N. Pevsner, Europäische Architektur, 1957; F. Baumgart, Geschichte der abendländischen Baukunst, 1960; P. Guinard, Madrid, L'Escorìal et les anciennes résidences royales, 1935.

Eselsrücken oder Kielbogen. In der Spätgotik Bogenform, deren Verlauf aus der Konvexform in die Konkavform übergleitet, bevor er die Spitze erreicht. Liegt der S-Verlauf steil, trifft die Bezeichnung E., liegt er flach, trifft die Bezeichnung Kielbogen zu.

Eselsturm. Bezeichnung für roman. Turm mit spiraligem Aufgang ohne Stufen. Da hier die Lastesel die Baumaterialien emportrugen, wurde ein solcher Turm E. genannt. Erhaltene Beispiele finden sich am Dom von →Speyer und →Worms.

Esie. Ort an der Nordgrenze des →Yoruba-Landes in der Provinz Ilorin in Nigeria, Fundstelle von achthundert mehr als halbmeterhohen Steinfiguren; sie entstanden wohl im Nupe-Reich, das vor etwa 300 Jahren als Bollwerk gegen die vom Nordwesten her fortschreitende Islamisierung wirkte. Die Steinplastiken wirken wuchtig und klobig, wie ein sehr vergröberter Nachklang der hohen →Yoruba-Kunst von Ife. Es handelt sich um Statuen von stehenden, sitzenden und knienden Frauen und Männern, oft mit knollenartigem Kopfputz (Frisur?). Sie werden von den heutigen Bewohnern des Landes als Fruchtbarkeitsspender in einem kleinen Hain verehrt.

Eskimos, Kunst der. Die ältesten bisher gefundenen Kunstwerke der E. gehören der „alten Beringsee-Kultur" an, die durch Radiokarbondatierung etwa in die Zeit von 800–1200 n. Chr. verlegt wurde, sind also relativ jung. Es handelt sich um Kleinplastiken aus Walroß-Elfenbein und Ritzbilder auf diesem Material, seltener auf Geweihstücken. Die spätere Eskimokunst beschränkt sich vorwiegend auf die Dekoration von Gebrauchsgegenständen sowie auf die Herstellung von Masken. Letztere zeichnen sich häufig durch große Ausdruckskraft aus. In neuerer Zeit erwiesen sich einzelne Eskimos als talentierte Holzschnittkünstler (etwa zur Illustration von Eskimo-Märchen); in den letzten Jahren entstanden in Grönland und Nordamerika sehr ansprechende Kleinplastiken aus Elfenbein und leicht bearbeitbarem Gestein, die von Reisenden gern gekauft werden und begehrte Sammelobjekte geworden sind. Sie stellen Eskimos bei den verschiedenen Verrichtungen des täglichen Lebens (Jagd, Fischfang usw.) dar.
Lit.: Himmelheber, E.künstler, 1938.

Esne. 53 km südlich →Luxor bei E. Tempel des Gottes →Chnum, der an Stelle eines Heiligtums der 18. Dyn. in der →Ptolemäer-Zeit und unter röm. Herrschaft erbaut wurde. Vollendet ist nur die hervorragende Vorhalle mit ihren prächtigen Kompositkapitellen (→Pflanzensäule). Die Reliefs zeigen außer Ptolemäern, röm. Kaiser in Pharaonentracht beim Kultritual vor ägypt. Göttern. Domitian erschlägt vor Chnum Feinde (nach dem Vorbild älterer Darstellungen). Trajan erhält von Chnum das Sichelschwert. Als letzter Kaiser ist Decius genannt. Der Tempel ist beispielhaft für das starke Nachleben →ägypt. Kunst in der röm. Kaiserzeit.
Lit.: W. Wolf, KÄ, 598, 609, 646f.; E. Brunner-Traut, Ägypten, 511 ff.

Esquilin. Einer der sieben Hügel →Roms, in der Nähe des →Colosseums. Unter Trajan wurde hier eine große →Thermen-Anlage errichtet.

Essen, Nonnenstiftskirche. Begonnen Ende des 10. Jhs., geweiht Mitte des 11. Jhs. (Kryptenweihe 1051). Der westwerkähnliche, schwere, rechteckige Westbau, der einen Westchor nach dem Vorbild des Aachener Oktogons ummantelt (Vielzahl verschachtelter Nebenräume), ist vollständig erhalten. Bewußter Rückgriff auf →Aachen auch in den Details. Ein neuer Typ entsteht durch Verschmelzung von →Westwerk und Westchor: vergleiche Maastricht, Nivelles, Reichenau-Mittelzell (alle 11. Jh.). Ursprünglich Langhaus mit Stützenwechsel, Querschiff mit ausgeschiedener Vierung, Vorchor und halbrunde Ostapsis. Ersetzt durch Hallenkirche (begonnen letztes Viertel 13. Jh.).
Lit.: Reclams Kunstführer, Deutschland, Bd. II, 1962.
Lit.: W. Zimmermann, Das Münster zu E., 1956; E. Gall, Dome und Klosterkirchen am Rhein, 1956.

Este. Kulturgruppe der →Hallstatt-Zeit im venetischen Italien; bekannt sind →Situlen aus Bronze und kleine →Figurenwagen.

Estève, Maurice. Franz. Maler. Geb. 1904 in Culan, ansässig in Paris. Während seines Studiums war er anfangs stark von →Cézanne beeinflußt und nahm anschließend Anregungen des →Kubismus und →Fauvismus auf. Nachdem er sich kurz den Surrealisten angeschlossen hatte, fand er zu einer abstrakten Formensprache und gehört heute zu den Hauptvertretern der „Ecole de

Paris". Gemeinsam mit →Delaunay war er 1937 an der Ausschmückung des Verkehrspavillons der Weltausstellung in Paris tätig. 1948 erste Kollektivausstellung seiner Werke in Paris.

Lit.: H. Vollmer, Künstlerlex. d. 20. Jhs., 1960.

Estrade. Bühnenartige Fußbodenerhebung im Innern eines Raums, ein- oder mehrstufig, unter Fenster, Thron, Altar und dergleichen.

Etana. Mythischer Gründer von →Kisch, Held eines altorientalischen Epos, in dem er auf einem Adler die mit seinem Absturz endende Himmelfahrt unternimmt. Darstellung auf Rollsiegeln der →Akkadzeit.

Lit.: H. Schmökel, GAV, 19, 116.

Etat →Kupferstich.

Etemenanki. Altorientalischer Name des Stufenturmes im Mardukheiligtum von →Babylon, „Haus der Gründung Himmels und der Erde".

Etimasia (Zurüstung des Thrones Christi). Auf Grund von Offenbarung Johannes 22, 1–4, ein apokalyptisches Motiv in der byzant. Kunst. Statt des Weltenrichters wird sein Thron gezeigt, auf dem er eigentlich seinen Platz haben müßte. Als Symbol der unsichtbaren Anwesenheit Christi befindet sich ein Kreuz auf der Rückenlehne oder ein Evangelienbuch auf dem Sitz, häufig auch ein Purpurkissen oder ein Purpurmantel. Bisweilen wird dieser Thron mit einer Inschrift verziert.

Etruskische Kunst. I. Die Anfänge der E. reichen an allen Orten des Zwölfstädtebundes (→Arezzo, →Cerveteri, →Chiusi, →Cortona, →Orvieto, →Perugia, →Populonia, →Rusellae, →Tarquinia, →Vetulonia, →Volterra, →Vulci, →Volsinii) und an anderen Orten (→Marsiliana d'Albegna) in die →Villanova-Zeit zurück. Das Kultzentrum des Bundes war der heilige →Voltumna-Hain. Der Frühzeit entstammt die Tendenz zu begrenzender und teilender Ordnung, die in der Stadtanlage und Tempelplanung faßbar ist (→Augurenritual, →Podiumtempel). Ein gleiches gilt für die Wasservogelmotive, die in den Bereich kosmischer Vorstellungen weisen (→Populonia). Auffallend ist die Randständigkeit von Symbolmotiven an Bronzegeräten und Keramik, die mit der Neigung zu Begrenzung verbunden werden darf (→Veji, →Palestrina). Ein anderes Erbe der Frühzeit ist die Vorliebe für plastisch schwellende Bildungen von Figuren und Gefäßen. Charakteristisch ist die Betonung des Hauptes als Wesensträger, die später zur Vernachlässigung der Körpermodellierung führt. Sie beginnt mit den helmbedeckten Urnen und erreicht in den →Canopen von →Chiusi ihre erste Ausprägung. Die Grundauffassung ist bedeutsam für die Entwicklung der etruskisch-röm. Portraitplastik. Schwierig ist noch die Abgrenzung des etruskischen Anteils an den auch von Italikern und mittelländischen Altkräften mitbestimmten Strukturtendenzen der →Villanova-Zeit. Ein gleiches gilt für die nahöstliche Komponente der →Tyrsener-Überlieferung (→Bronzeleber von Piacenza), die Beziehungen zur Nuraghenkultur Sardiniens und die auffallenden kretisch-mykenischen Entsprechungen in der E. Wir müssen mit einer vielschichtigen Bevölkerung als Träger der etruskischen Stadtentwicklung rechnen, an der Griechen nach dem Untergang der mykenischen Kultur, verstärkt durch Zuwanderer seit dem 8. Jh., wesentlichen Anteil haben (→Demaratos, →Tanaquil, →Tarquinius). Die Eigenständigkeit der etruskischen Städte ergibt sich aus bestimmten, nur für einzelne Orte charakteristischen Befunden (Treppensteine, Grabmalereien, →Tarquinia; →Canopen, →Chiusi). Für die Anwesenheit etruskischer Kräfte seit dem späten 8. Jh. sprechen die Inschriften (→Tomba del Duce, →Marsiliana d'Albegna), doch führt die etruskische Jahreszählung in das 10. Jh. Die Grabausstattung seit dem späten 8. Jh. (→Bokchorisgrab) spricht für eine gesteigert reiche Entwicklung und eine breite Aufnahme ägypt.-orientalischer Motive, unter denen sich auch →Luristan-Bronzen nachweisen lassen (→Marsiliana d'Albegna, →Palestrina, →Regolini-Galassi-Grab, →Tarquinia). Orientalische Tiersymbolik verbindet sich mit den →Tierstil-Motiven der Villanovazeit. Die etruskische Eigenständigkeit offenbart sich in Umbildungen fremder Anregungen durch die Schmiedekunst (Eisen), die vor allem in der Goldtechnik zu hervorragenden Schöpfungen gelangt (Silhouettengranulation →Vetulonia, Goldarbeiten →Palestrina, →Regolini-Galassi-Grab). Charakteristisch für die E. des 7./6. Jhs. ist die reich entwickelte →Bucchero-Keramik. – **II.** Griech. Einflüsse. Seit dem späten 8. Jh. wachsender Einfluß der griech. Keramik (geometrisch bemalte Gefäße in →Vulci, →Tarquinia), bedingt durch die griech. Kolonisationsbewegung. Protokorinthische, korinthische Importkeramik (Chigikanne, →Veji). Wirken

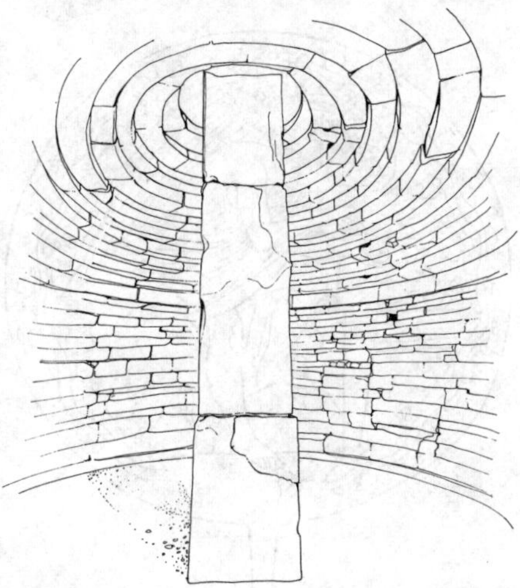

Casal Marittima, etruskisches Kuppelgrab, 1. Hälfte 6. Jh. v. Chr., Wiederherstellung im Mus. zu Florenz.

griech. Künstler in Etrurien (Aristonothoskrater →Cerveteri, →Caeretaner Hydrien). Etruskische Umbildung der griech. Einflüsse in Keramik, Plastik und Wandmalerei. Die Wirkung des Griechischen reicht bis in hellenistische Zeit (→Athrpa-, →Kalchas-, →Tarchonspiegel, Cisten →Palestrina; Urnenreliefs →Volterra, →Chiusi, →Perugia). Wir fassen sie auch in den griech. Mythen etruskischer Denkmäler. Grundsätzlich gilt die Feststellung, daß die E. kein Verhältnis zum Griechisch-Organischen hat und sich von der →griech. Kunst durch die charakteristische Kopfbetonung wie durch die auffallende Neigung zu langgestreckten Dehnungen unterscheidet. Auch die Tendenz zum Voluminösen kennzeichnet die Umwandlung der griech. Anregungen. – **III.** Die Architektur offenbart sich seit dem 7. Jh. in monumentalen Grabanlagen, die von der Vorstellung des Totenhauses und Bannkreises (→Vetulonia) bestimmt sind. Begünstigt wurde die Entwicklung durch das weitverbreitete Tuffgestein, aus dem Grabfassaden und Kammersysteme mit Innenausstattung geschnitten wurden (→Tomba dei relievi, →Tomba degli scudi, →Tomba delle cinque sedie, →Tomba della Doganaccia). Hügelgräber mit gebautem Sockel und Kammer (→Cerveteri), Gewölbegrüfte (→Regolini-Galassi-Grab, →Populonia, →Cortona, →Pietrera) mit Kragtechnik, die für die archaische Zeit typisch ist. Keilschnittgewölbe seit dem 4./3. Jh. (→Chiusi, →Cortona). Verbindung von Tempel- und Grabanlage (→Vulci, →Chiusi). Giebeldachgrüfte (→Tarquinia). Beispielhaft für die Hausbauentwicklung sind die →Hausurnen (→Chiusi). Die Tempelarchitektur geht trotz griech. Einflüsse eigene Wege (→Podiumtempel). Die kyklopischen Befestigungen etruskischer Städte (→Populonia, →Perugia, →Rusellae, →Veji) nutzen geschickt die beherrschende Felsenlage. – **IV.** Die Plastik der E. setzt mit dem Wirken orientalisch-ägypt. und griech. Einflüsse im 7. Jh. ein (→Arezzo, →Capestrano, →Cerveteri, →Chiusi,

→Grotta Campana, →Tarquinia, →Vetulonia, →Veji, →Volterra, →Vulci), wobei auch →Villanova-Motive verwendet werden (Wasservögel, Reiterfiguren). Reich mit plastischem Schmuck sind die zahlreichen Bronzegeräte ausgestattet. Bezeichnend ist der Verzicht auf Marmor und hartes Gestein. Modelliert wird in Tuff, Sandstein, weichem Kalkstein und Alabaster. Auffallend ist die Vorliebe für Terrakottaplastik. Die Bronzefiguren zeigen eine auffallende Tendenz zu Überlängungen seit dem 4. Jh. Charakteristisch ist das Zu-

Gravierter Spiegel aus Vulci mit Darstellung des opfernden Kalchas, Ende 5. Jh. v. Chr., Umzeichnung.

rücktreten von fester Struktur und Proportion, besonders auffallend in der Betonung des Kopfes, der die ganze Gestalt vertreten kann. In der zunächst maskenhaften Gesichtsbildung fassen wir die Anfänge der Entwicklung zur Portraitplastik, die von Scheinindividualität bestimmt ist. Die zahlreichen Reliefs sind beispielhaft für die etruskische Umwandlung griech. Vorbilder (→Wagen von Monteleone). Der einzige überlieferte Meistername der E. ist →Vulca. – **V.** Griech. Anregungen führen zur Entwicklung der Wandmalerei, deren Themen den etruskischen Jenseitsvorstellungen entsprechend gewählt sind. Im Mittelpunkt stehen Gelageszenen mit Tanz und Musik voller ekstatischer Bewegtheit, zu denen sich die übrige Grabausstattung fügt. Die Motive geben auch Einblick in etruskische Unterweltsüberlieferungen. Auffallend ist die Verdüsterung der Szenen im 4. Jh. (→Chiusi, →Grotta Campana, →Orvieto, →Tarquinia, →Vulci). In der Vasenmalerei ist die E. fast ganz abhängig von griech. Importgefäßen, neben denen etruskische Nachahmungen von geringem künstlerischen Wert verbreitet waren. Die bemalten etruskischen Vasen seit dem 3. Jh. v. Chr., vorwiegend mit Kopfmotiven geschmückt, zeigen in der Erstarrung und technischen Verwahrlosung das etruskische Unvermögen in diesem Kunstzweig. – Die Vorliebe der E. galt der Bronzespiegelziselierung, die ebenfalls die Umwandlung griech. Vorbilder erkennen läßt (→Athrpa-, →Kalchas-, →Tarchonspiegel). Ein gleiches gilt für die Bildziselierung auf Bronzecisten mit dem hervorragenden Zentrum →Palestrina. Schwierig ist die Abgrenzung zwischen der E. und frühröm.-italischen Kunst. Unverkennbar aber wirkt das etruskische Erbe in allen Bereichen der →röm. Kunst nach. (Siehe Farbtafel 9).

Lit.: O. W. v. Vacano, E I; E II; C. Q. Giglioli, AE; H. Leisinger, ME; M. Pallottino-H. und I. Jucker, Etruskische Kunst, 1955; T. Dohrn, Grundzüge etruskischer Kunst, 1958; L. Banti, Die Welt der Etrusker, 1960; A. Hus, Recherches sur la statuaire en pierre étrusque archaique, 1961; W. Zschietzschmann, UKG VI, 1963; G. Kaschnitz von Weinberg, RK I–III.

Ettal. Die Benediktinerklosterkirche geht zurück auf eine Stiftung Kaiser Ludwigs des Bayern, die einerseits für Ritter mit ihren Frauen, andererseits für Benediktinermönche gedacht war. Der Gründungsbau – ebenso wie die Idee – war ungewöhnlich: eine monumentale Rotunde, die 1370 geweiht wurde. Das Ritterstift verfiel bald. 1709–36 wurden in einer neuen Blütezeit des Benediktiner-Stiftes Kloster und Kirche umgebaut unter Beibehaltung der got. Mauern. Enrico →Zuccalli führte Fassade und Chor aus. Nach einem Brand leitete F. Schmuzer die Bauarbeiten. Sein Verdienst ist die Kuppel (Pläne Zuccalli). Einige Bauteile wurden erst im 19. Jh. fertiggestellt (Fassade, Fassadenturm, S-Turm). Der Säkularisation fielen die meisten Klostertrakte zum Opfer. Die bestehenden Gebäude der weitläufigen Anlage sind größtenteils Werk d. 20. Jhs. Das Motiv zur Wahl der in der Hochgotik einzigartigen Bauform in Deutschland ist wohl in der romantischen Idee des Grals anzunehmen, in der sich Barock und Gotik harmonisch verbinden. Der ursprüngliche Bau war ein Zwölfeck, von einem zweigeschossigen Umgang umgeben, der sich als Frauen-Empore im oberen Geschoß auf jeder der 12 Seiten in 4 Fenstern öffnete. Der westliche ehemalige Haupteingang trägt noch ein Tympanon aus der Zeit um 1330. Das Barock gestaltete das ursprüngliche und tiefer liegende Netzgewölbe der Rotunde zur Kuppel um. Die barocke vorschwingende Eingangswand wird von mächtigen Säulen unter schwerem Gebälk gerahmt, darüber die konkav gewölbten Flanken, die über Pilastern das Gebälk zu den beiden Türmen leiten. Das Innere ist durch farbig getönte Pilasterbündel aus Stuckmarmor gegliedert.

Lit.: Reclams Kunstführer, Deutschland, Bd. I. 1964.

Corneto, Tomba dei Tori, um 530/20 v. Chr.

Ettlingen. Die Stadtkirche St. Martin geht auf einen vorkarolingischen Bau zurück. Der Unterbau einer roman. Anlage des 12. Jhs. blieb erhalten, sie war im 13. Jh. zur dreischiffigen Basilika erweitert worden. 1460 kam der netzgewölbte, tiefe Stiftschor dazu. Einem Brand von 1689 fiel das ganze Langhaus zum Opfer, das erst 1732–39 nach Plänen Michael Ludwig Rohrers neu gebaut wurde. Die W-Fassade in der Reihe von Fachwerkhäusern trägt im Giebelfeld die Figur des hl. Martin, darunter Allianzwappen und die Inschriftkartusche der Bauherrin Markgräfin Sibylla Augusta. Der Turm ist im Unterbau roman., das Achteck der Glockenstube got. (im Turmchor Eckdienste, Blattkapitelle und Kreuzrippen), die Bekrönung eine barocke Kuppel. – Das Schloß, aus mittelalterl. Burgresten erwachsen, im 16. Jh. und 17. Jh. ausgebrannt, wurde nach Plänen L. M. Rohrers 1728–33 unter Sibylla Augusta neu erbaut.

Ausstattung und Schmuckwerk gingen durch spätere Zweckentfremdung (Kaserne) zugrunde. Erhalten geblieben ist eine Vierflügelanlage mit 2 Rundtürmen im S, einem nüchternen Innenhof mit Treppenturm (Renaissance) und einem prächtigen Delphinbrunnen an der W-Wand (1612 von J. Schoch). Im Inneren noch Stuck mit Bandwerk des frühen 18. Jhs. Prunkstück ist der „Asamsaal", das obere Geschoß der später unterteilten Hofkapelle, genannt nach dem prachtvollen, in wenigen Wochen genial ausgeführten Deckenfresko von Cosmas Damian →Asam mit Szenen aus dem Leben des hl. Nepomuk und seiner Verherrlichung (1732).
Lit.: Reclams Kunstführer, Deutschland, Bd. II, 1962.

Etzna. Größere Mayastadt im westlichen Nord-Yucatan, die Bauten sind dem Stil der →Puuc-Region zugehörig, zeitlich der Blütezeit von Yaxchilan und Palenque entsprechend, mit datierten Stelen und Ballspielplatz.

Euainetos. Griech. Stempelschneider, tätig im letzten Viertel des 5. Jhs. v. Chr. in Syrakus. Zahlreiche seiner Werke, die sich vor allem durch elegante Linienführung auszeichnen, sind mit seiner Signatur versehen. Sein berühmtester Münzstempel zeigt den Kopf einer bekränzten Göttin und wurde später häufig kopiert.

Eudemos. Griech. Bildhauer der Mitte des 6. Jhs. v. Chr. aus Ionien. Eine von ihm signierte Sitzstatue, die zu der Reihe der →Branchiden gehört, ist beim Apollonheiligtum von Didyma (→Didymaion) gefunden worden (London, Brit. Mus.). – Der Stil zeigt eine für ionische Plastik charakteristische weiche Sinnlichkeit der Körperdarstellung.

Euergides. Griech. Töpfer der attischen Schule, tätig am Ende des 6. Jhs. v. Chr. in Athen. Fast ausschließlich schuf er Schalen. Die meisten von ihnen wurden von einem anonymen Maler, dem sogen. E.-Maler, im rotfigurigen spätarchaischen Stil bemalt.

Euphranor. Griech. Maler und Bildhauer des 4. Jhs. v. Chr. aus →Korinth. – Aus der literarischen Überlieferung ist zu schließen, daß er dem weiteren Kreise der polykletischen Schule angehörte, jedoch schon früh einen eigenen Stil entwickelte, in dem er ähnlich wie →Lysippos auf die Veränderung der alten gedrungenen Proportionen zielte, wenngleich er die bewegliche Eleganz des Lysippos noch nicht erreicht haben dürfte. – Als charakteristisch ist seine außerordentliche Vielseitigkeit hervorzuheben. Neben seiner Tätigkeit als Bildhauer und Maler hat er Schriften über die Proportionslehre und die Verwendung der Farbe verfaßt. – 13 plastische Werke sind literarisch überliefert. Jedoch konnten bisher nur eine Statuettenkopie seines „Hinkenden Hephaistos" (Florenz, Archäolog. Mus.) und Münznachbildungen einer Trioptolemosstatue nachgewiesen werden. Weiterhin sind 4 Gemälde in der antiken Literatur genannt.
Lit.: A. Rumpf, Handb. d. Archäologie, VI, 131f., 1953.

Euphronios. Griech. Töpfer und Vasenmaler der attischen Schule, um 500 v. Chr. in Athen tätig. Neben →Euthymides und →Phintias bestimmte er maßgeblich den Stil der rotfigurigen Vasenmalerei seiner Zeit, den Übergangsstil von der Archaik zur frühen Klassik. Das zeigt sich einerseits in dem Festhalten an der überlieferten Bildtypik und andererseits in der sehr fortschrittlichen Detailzeichnung, die mit größter Sorgfalt angelegt ist. – Neben Themen aus dem Mythos wendet er sich der Darstellung der Palästriden und Szenen aus dem geselligen Leben zu (Krater, München, Mus. f. ant. Kleinkunst). – Zehn von ihm als Maler oder Töpfer signierte Gefäße sind überliefert.
Lit.: J. D. Beazley, ARV, 13ff., 1963.

Eupompos. Griech. Maler aus Sikyon, tätig um 400 v. Chr. Berühmt und in der antiken Literatur hoch gepriesen war das Bild eines Athleten. Charakteristisch für seine Malerei war die strenge Zeichnung und die Betonung plastischer Werte. Für die spätklassische Kunst war sein Werk von großer Bedeutung. Unter seinen Schülern ist vor allem →Pamphilos zu nennen.
Lit.: A. Rumpf, Handb. d. Archäologie, VI, 120, 1953.

Eurasische Kunst. I. Vorzeit. Das künstlerische Bilden im eurasischen Raum reicht bis in die jüngere →Altsteinzeit zurück. Weibliche Idolplastik in →Mezyn, Gagarino (Don), Malta (Baikalsee), Mäanderrapport in Mezyn. Spiralmuster, Torsion, Inversion der jungsteinzeitlichen bemalten Keramik Südosteuropas (Cucuteni, Tripolje) mit Ausstrahlungen bis Kansu wirken ebenso wie die Tektonik der osteuropäischen Schnurkeramik und das Erbe der nordeurasischen →Kammkeramik bis in geschichtliche Zeit nach. Beziehungen zur →altorientalischen Kunst durch das Fürstengrab von →Maikop bezeugt. Beispielhaft für die Grabarchitektur

Skythischer Fisch aus Vettersfelde, getriebenes Goldblech, 6. Jh. v. Chr. (Museum Berlin-Charlottenburg, Antiken-Abt.)

des Steppenraumes sind →Balken- und →Katakomben-Gräber. Die Entwicklung der Frühzeit (2./1. Jahrtausend v. Chr.) ist durch die Schichten der →Afanasjevo-, →Andronovo-, →Karasuk- und →Seimakultur gekennzeichnet, in deren Befund auch die Anfänge des altverwurzelten →Tierstils zu fassen sind. Mit der wachsenden Bedeutung der Pferdezucht im eurasischen Raum werden die Voraussetzungen für das →Streitwagen-Herrentum der indoiranischen Stämme geschaffen, während der Reiterkrieger zunächst ohne Bedeutung ist (→Mitanni, →Skythen). Der entscheidende Wandel erfolgt im frühen 1. Jahrtausend, belegbar durch →Kimmerier und →Skythen, deren Pferdegeschirr, vor allem im Bestattungsritual, zahlreiche →Tierstil-Motive zeigt. Die Schichten seit dem Aufkommen des Reiterkriegertums weisen besonders in der Ausstattung der Pferde einen zunehmend uniformen Charakter der Schmiedekunst auf. Figürliche Trensen und Behänge offenbaren ein von magischen Vorstellungen bestimmtes Bild, in dem das theriomorphe Denken dominiert. – **II.** Als die →Skythen nach Vorderasien drangen, verfügten sie über einen →Tierstil mit geringem Motivschatz in Holz- und Knochenschnitzereien sowie bescheidenen Bronzearbeiten. Charakteristisch sind gedrungene Raubvogelköpfe, die von einem übergroßen Auge und mächtigem Krummschnabel beherrscht werden, so daß sie oft nur Auge und Schnabel sind. Wie in der Pferdekopfplastik mit hervorgehobenen Einzelzügen ist das Bilden auf Wesenssymbolik, nicht auf das Organische des Naturvorbildes gerichtet. Wesensmerkmale verschiedener Tiere können zu einem Ganzen im Sinne der Kraftsteigerung des Bildes vereinigt werden. Dabei offenbart sich die typisch eurasische Freude an Kurvenlinien, kräftigen Bögen und Wölbungen, verbunden mit einer eigenartigen Tendenz zu Einrollungen, die zu sogenannten Rolltierfiguren führen (→Kuban). Die Begegnung der Skythen mit der →altorientalischen Kunst zeigt sich im Schatz von →Ziwije. Skythische Tierstilmotive erscheinen gleichsinnig neben Tiersymbolen der assyrischen, urartäischen und mannäischen Kunst (→altorientalische Kunst). Es handelt sich um Darstellungen liegender Hirsche, die ein Lieblingsthema der skythischen Kunst sind, um zusammengerollte und geduckte Raubkatzen sowie Hasen, deren Läufe besonders markiert sind. Bewußt ist bei diesen Bildern der eigenartige skythische Stil gegenüber den altorientalischen Figuren gewahrt, so daß ein fürstlicher Skythe als Auftraggeber vermutet werden darf; →Protothyas (→Bartatua). Der Tierstil der skythischen Kunst nach der Vertreibung der →Skythen durch →Kyaxares zeichnet sich durch Verschmelzung eurasischen Erbes mit altorientalischen Motiven und griech. Einflüssen aus. Charakteristisch sind die in scharfen Kurvenlinien und Graten zusammenstoßenden gewölbten Flächen und die übertrieben große Wiedergabe von Wesensmerkmalen ebenso wie die Verbindung von verschiedenen Tiergliedern oder ihre Einzeldarstellung. Typisch ist das Fehlen des Organischen und Funktionellen, das sich erst mit wachsendem griech. Einfluß bemerkbar macht und im 4. Jh. v. Chr. zur Auflösung der zeichenhaften, nie erzählenden skythischen Kunst führt. Hauptfundstätten sind die monumentalen →Kurgane, die an die Tradition der →Balkengräber anschließen. Holzkonstruktionen mit zeltartigen Stangengerüsten unter mächtigen Hügelaufschüttungen folgen unter griech. Einfluß Grüfte mit sorgfältig gearbeitetem Quaderwerk und Gewölbe. Megalithisches Erbe offenbart sich ebenso in rohen Steinreliefs der Gräber, deren Figuren mit Rhyton und →Akinakes ausgestattet sind. Tempelbauten fehlen ebenso wie Kultstatuen, die durch heilige Symbole (Schwert auf künstlichem Hügel) vertreten wurden. Wallburgen mit großen Hausbauten (→Gorodischtsche, →Nikopol). Die bisher älteste bewegliche Architektur ist in Wohnwagen vertreten, die durch Tonmodelle und Überlieferung bezeugt sind. – **III.** In der Entwicklung der E. kommt Sibirien eine besondere Bedeutung zu. Die Entwicklung ist durch die Vor- und Frühzeitschichten, die →Tagar- und →Majemirkultur, die →Pazyryk-, →Katanda- und →Schibe-Phase im Hochaltai und die →Ordosbronzen gekennzeichnet. Charakteristisch ist die mit der wachsenden Bedeutung des Reiterkriegertums verbundene Ausbildung und Verbreitung des →Tierstils, in dem sich eurasische Bildgedanken mit Einflüssen der →Achaemeniden-Kunst (→iranische Kunst III) verbinden (→Oxusschatz). Wie im Bereich der →Skythen des nördlichen Schwarzmeerraumes stammen die Hauptfunde aus reich ausgestatteten, monumentalen →Kurganen, deren Vereisung im Hochaltai auch künstlerisch bedeutsame Arbeiten in vergänglichem Material bewahrt hat (→Teppichkunst). Das Nachwirken läßt sich bis in die Hunnenzeit verfolgen (→Noin Ula), in der ebenfalls die Verschmelzung eurasischer Elemente mit Komponenten der →iranischen Kunst auftritt (→Kuschanen). Wichtig ist das Einströmen chinesischen Imports. Aus Fürstengräbern Kasachstans stammen die berühmten sibirischen Goldplatten mit Tierstilmotiven, Tierkampfszenen und Jagddarstellungen. Die Entwicklung der oft mit farbigen Einlagen versehenen Schmuckstücke reicht vom 5. bis 2. Jh. und läßt Beziehungen zur Kunst der Sarmaten erkennen. – **IV.** Die Kunst der →Sarmaten im nördlichen Schwarzmeerraum unterscheidet sich vom skythischen Tierstil dadurch, daß die verschiedenen Wesen nicht einzeln, sondern in Kampfszenen wiedergegeben sind; farbige Zellenschmelzeinlagen geometrischer und pflanzlicher Motive, Verwendung kostbarer Steine, Pseudofiligran und →Granulation. Beispielhaft für den Grabschmuck der Sarmaten ist das Diadem von →Nowotscherkask. Charakteristisch sind die silbernen Schmuckscheiben (Phaleren) des Pferdegeschirrs, die Tierkampfreliefs zeigen. Unverkennbar wirken Einflüsse der späten →Achaemeniden-Kunst (→Oxusschatz) neben Beziehungen zur →baktrischen und hellenistischen Kunst mit; chinesische Importstücke. Darstellung der Begegnung von Gott und Reiter zu Pferd →Karagodeuasch. Hellenistisch bestimmt sind auch die Grabreliefs und Wandmalereien, die Kampf- und Jagdszenen mit Sarmaten in typischer Tracht und Bewaffnung zeigen. Das Gesamtbild der Funde im Raum zwischen Don und Wolga, im Gebiet südlich vom Ural (→Prochorovkakultur), am Kuban und Dnjepr ergibt einen Mischstil, dessen Phasen vom 4. Jh. v. Chr. bis in das 4. Jh. n. Chr. (Früh-, Mittel-, Spätstufe) verfolgt werden können. Bedeutsam ist der Einfluß der spätsarmatischen, auch von röm. Elementen durchsetzten polychromen Goldschmiedekunst und ihrer Tierornamentik auf die Goten, die das späte Erbe der E. bis nach Westeuropa vermittelten.

Lit.: K. Schefold, HDA 2, 423ff.; K. Jettmar, Steppenvölker; F. Hančar, Pferd; J. Wiesner, UKG IV, 97ff.

Eurysaces-Grabmal. Grabmonument des röm. Bäckers Eurysaces bei der Porta Maggiore in Rom. Um 50 v. Chr. errichtet. Das Grab ist als großer Backofen entworfen und sollte wohl eine etwas geschmacklose Anspielung auf den Beruf dieses reich gewordenen Emporkömmlings darstellen. Unter dem Gebälk lief ein großer Fries um das Grabmal mit szenischen Darstellungen aus dem Alltag einer Bäckerei.

Euthymides. Griech. Vasenmaler vom Ende des 6. Jhs. v. Chr. in Athen. 6 von ihm signierte Vasen sind erhalten. Seine in rotfiguriger Technik ausgeführten Bilder brachen mit der archaischen Konvention, indem die Gestalten in neuen Bewegungsmotiven, die zur frühen Klassik überleiten, erscheinen.

Lit.: J. D. Beazley, ARV, 25ff., 1963.

Euthynterie. Oberste Lage der Fundamentblöcke des griech. Tempels als Ausgleichsschicht für das darüber hochgezogene Cella-Mauerwerk.

Eutin, Fund von. Im Aukamper Moor bei Braak (im Kreis Eutin) sind zwei fast drei Meter hohe, roh ausgearbeitete Holzplastiken – die primitiv wirkenden Darstellungen eines weiblichen und eines männlichen Wesens – gefunden worden. Es könnte sich um ein „Götterpaar" handeln. Die Datierung ist unsicher: frühe vorchristl. Eisenzeit, vielleicht aber auch nachchristl.-slawisch.

Eutychides. Griech. Bildhauer aus →Sikyon. Schüler des →Lysippos, am Anfang des 3. Jhs. v. Chr. tätig. Sein Hauptwerk – gleichzeitig das einzig gesicherte – ist die berühmte Tyche von →Antiochia, die in zahlreichen röm. Kopien überliefert ist. Die Göttin ist sitzend dargestellt mit einem Ährenbündel im Arm und einer Mauerkrone auf dem Haupt. Unter ihr taucht der personifizierte Flußgott Orontes empor. Das Werk ist um 300 v. Chr. entstanden und zeigt die Merkmale des frühen Hellenismus.

Lit.: Th. Dohrn, Die Tyche von Antiochia.

Evangeliar. Evangelienhandschrift, im Mittelalter oft kunstvoll verziert und mit Bildern ausgestattet.

Evangeliar aus Sinope. Fragmente befinden sich in der Pariser Nationalbibliothek (6. Jh.). Wahrscheinlich stark von der →Wiener Genesis beeinflußt.

Evangeliar Kaiser Otto III. Berühmt vor allem durch seinen Elfenbeindeckel, auf dem das in der byzant. Kunst immer wieder behandelte Thema vom Tod der Maria zur Darstellung kommt (10.–11. Jh.).

Evangelienkonkordanz. Codices, bei denen die Parallelstellen der Evangelien auf verschiedenen Kolumnen gegenübergestellt sind. Die E. war schon in frühchristl. Zeit mit figuralem oder ornamentalem Schmuck ausgestattet.

Evangelienseite. Nordseite der Kirche und des Altars, da hier die Evangelien verlesen wurden. Auch →Frauenseite genannt.

Evangelistar. Liturgisches Buch mit Auszügen aus den Evangelientexten, den sogen. Perikopen, für Sonn- und Feiertage. Auch →Perikopenbuch genannt.

Evangelistensymbole. Seit dem 4. Jh. wird der Rex gloriae (das Brustbild Christi oder sein Symbol, das Lamm) von vier Wesen umgeben, die aufgrund von Ezechiel I, 5ff. und Apokalypse 4, 6ff. schon seit dem 2. Jh. als Symbole der Evangelisten gedeutet wurden. Die anfangs schwankende Zuweisung festigte sich folgendermaßen: Engel = Matthäus, Löwe = Markus, Stier = Lukas, Adler = Johannes. Sie wurden anfangs auch für sich dargestellt ohne Beziehung auf die Evangelisten. Seit dem Mittelalter setzt man die Köpfe der vier Wesen auf menschliche Leiber. In wörtlicher Veranschaulichung der Vision Ezechiels sind die vier E. auch zu einer einzigen Gestalt, dem Tetramorph (griech. „Viergestalt"), zusammengefaßt. Dieser scheint syrischen Ursprungs zu sein und verschwindet im Spätmittelalter aus der christlichen Kunst.

Exarch. Zunächst Bezeichnung für byzant. Statthalter. Die griech. Kirche bediente sich später dieses Ausdruckes. Sie verlieh den Titel besonders anerkannten Patriarchen und Bischöfen. Das Exarchat von →Ravenna konkurrierte zeitweise sogar mit Rom, was in der Architektur dieser Region seinen deutlichen Spiegel findet.

exc. (lateinisch, Abkürzung für excudit, „hat es gebildet"). Auf Kupferstichen Zusatz zum Namen des Stechers oder auch Verlegers.

Exedra. In der Antike Bezeichnung für Versammlungsraum im Gymnasium oder in einem vornehmen Hause in Gestalt einer halbrunden →Apsis. Die runde Wand konnte durchbrochen sein. Der Raum war an seiner geraden Seite offen. Der Name wurde auf die →Apsis in altchristl. Zeit übertragen. Später wurden mit E. auch weitere Anbauten der Kirche benannt.

Exekias, Schaleninnenbild mit Dionysos auf dem Meer (München, Mus. für antike Kleinkunst).

Exekias. Griech. Töpfer und Vasenmaler im 3. Viertel des 6. Jhs. v.Chr. in Athen. Neun signierte Gefäße sind überliefert. E. hat den Schwarzfigurigen Stil zur höchsten Blüte und Vollendung gebracht. Seine Werke, zu denen neben Vasen zahlreicher Gattungen auch Pinakes (→Pinax) gehören, waren für seine Zeit und die schwarzfigurige Malerei der Spätarchaik stilistisch und ikonographisch bestimmend. Daher wird diese Epoche auch Exekiaszeit genannt. Er war der erste Maler, der die Götter frei von mythologischen Handlungszusammenhängen in individueller Charakterisierung darstellte. Über hundert Vasen konnten mit seiner Schule verbunden werden.
Lit.: W. Technau, Exekias, 1936; J. D. Beazley, ABV 143ff., 1956.

Exlibris (lateinisch „aus den Büchern", „aus der Bücherei"). Auf die Innenseite des Buchdeckels geklebte Blättchen mit Wappen, Schrift oder bildlicher Darstellung (in →Holzschnitt, →Kupferstich, →Radierung), die auf den Besitzer des Buches hinweisen. Die E. kommen Ende des 15. Jhs. auf und nehmen dann an der allgemeinen Entwicklung der graphischen Künste teil. Im 19. Jh. Verödung der Produktion, doch werden die älteren E. Sammelgegenstände und schließlich Anstoß einer Wiederbelebung im Zusammenhang mit dem neuerlichen Aufschwung der Buchkunst, besonders in England und Deutschland, gegen 1900. – Super-Exlibris: auf dem Vorderdeckel geprägte Besitzerzeichen.
Lit.: R. Braungart, Das moderne deutsche Gebrauchs-E., 1922; E. W. von der Westen, E., 1925.

Exonarthex. Zweiter →Narthex, der dem eigentlichen vorgelagert ist (Beispiel: Hagia Sophia in →Konstantinopel).

Expertise. Gutachten eines Kenners (Experten) zu einem Kunstwerk. Die schriftliche Niederlegung der E. kann sich auf dem Kunstmarkt wertverändernd auswirken.

Expressionismus (Ausdruckskunst). Von H. Walden 1911 erstmals so genannte programmatische Kunstbewegung des beginnenden 20. Jhs. Der E. fand in verschiedenen gleichzeitigen oder nur in kurzen Zeitabständen aufeinanderfolgenden Gruppen, wie der →Brücke und dem →Blauen Reiter in Deutschland oder den →Fauves in Frankreich, vergleichbare Ausformungen, die ihre Gemeinsamkeit zum einen in der Absage an die akademische Malerei und an den →Impressionismus, zum anderen in dem durch sie hervorgerufenen Aufbruch zur Moderne erkennen lassen. Kennzeichnend für den E. ist das Streben nach der Darstellung inhaltlich seelischer Vorgänge, deren Erläuterung die Form sich unterordnet. Dies führte zur „Deformierung" des Gegenständlichen und zum absoluten Gebrauch der Farbe, die nicht mehr der sichtbaren Umwelt entlehnt ist, sondern einen eigenen Stimmungswert beansprucht. Feste Umrißlinien von starker Ausdruckskraft, geschlossene Flächigkeit des Bildes und ungebrochene Farbgebung gehören zu den ästhetischen Kennzeichen des E. – Bedingt durch die hohe Bedeutung der Umrißlinie im E., wurde der →Holzschnitt eines der geeigneten Mittel, dem künstlerischen Wollen Ausdruck zu verleihen. So kam es vor allem in der Künstlergemeinschaft Brücke unter dem dominierenden Einfluß von E. L. →Kirchner zu einer erneuten Blüte des Holzschnitts. – Die konsequenteste Weiterentwicklung erfuhr der E. in der Gruppe des Blauen Reiters, in dem W. →Kandinsky den folgenschweren Schritt zum abstrakten Bild vollzog. – Dem E. verwandt ist der →Surrealismus eines →Chagall oder →Soutine, während diese Richtung, die ihre eigentlichen Höhepunkte in der Zeit bis zum Ausbruch des 1. Weltkrieges erfahren hatte, in der singulären Leistung von M. →Beckmann eine überaus fruchtbare Nachblüte erlebte. – Die Voraussetzungen des E. schufen vorbereitend Meister wie P. →Cézanne, V. van →Gogh. P. →Gauguin und H. de →Toulouse-Lautrec, bei denen in verschiedener Weise Form und Inhalt des Bildes sich vom Na-

E. L. Kirchner, Portrait Henry van de Velde, 1917, Holzschnitt.

turalismus des Impressionismus befreit hatten. – Abgesehen von dieser speziellen Kunstrichtung, die bis auf Ausnahmen (z. B. →Barlach) an die Malerei und Graphik gebunden blieb, spricht man auch allgemein von einem E., der an keine Epoche gebunden ist, sondern zu verschiedenen Zeiten auftritt: so etwa die ausdrucksstarke

Kunst spätgot. Plastik, die Darlegung des Seelischen bei →Grünewald oder der phantastischen Traum- und Spukwelt eines H. →Bosch.
Lit.: C. Einstein, Die Kunst des 20. Jhs., 1926; G. F. Hartlaub, Die Graphik des E. in Deutschland, 1947; H. Sedlmayr, Verlust der Mitte, 1953; W. Haftmann, Malerei im 20. Jh., 1955. – Vergleiche auch die bei den Stichworten →„Brücke" und →„Blauer Reiter" zitierte Literatur.

Externsteine. Sandsteinfelsen des Teutoburger Waldes bei Horn, wohl ursprünglich germanische Kultstätte (Grabungen 1934/35). Im westlichsten Felsen eine 1115 vom Paderborner Abdinghofkloster geweihte Kapelle. An ihrer Außenwand eine stark verwitterte Kreuzabnahme Christi, die früheste erhaltene monumentale Reliefdarstellung Deutschlands mit lebensgroßen Profilfiguren (wohl kurz nach 1115). Ikonographische Voraussetzungen in byzant. und abendländischen Elfenbeinen, stilistische in westfranz. Werken. Die gleichmäßige Streuung der Motive über die Fläche ist aus der Kleinkunst herzuleiten, doch beginnen sich die Formen plastisch zu runden. Die großen Gebärden sind noch Ausdruck transzendentaler Bezüge, nicht individueller Empfindung.
Lit.: J. Andrée, Die E., 1937.

Exultetrolle (in der Barberinischen Bibliothek zu Rom). Ähnlich wie auf der monumentalen Inschrift von S. Sabina in →Rom wird hier die Kirche als Frau personifiziert.

Ex voto. Zunächst eine Inschrift, die man auf Weihegeschenken und Votivtafeln findet. Sie weist darauf hin, daß es sich um eine Stiftung auf Grund eines Gelübdes handelt. Von hier aus ist der Name E. auf alle Kunstwerke, denen ein Gelübde zugrunde liegt, übertragen, auch wenn die Inschrift fehlt.

Eyck. 1) Hubert van: Geb. in Maaseyck bei Maastricht (?), gest. 1426 in Gent. – **2)** Jan van: Bruder von 1), geb. um 1390 in Maaseyck bei Maastricht (?), begraben 9.7.1441 in Brügge. Anfänglich im Dienst Johanns von Bayern in Den Haag (seit ca. 1422/24 Ausmalung der Residenz; verloren), dann im Dienst Philipps d. Guten v. Burgund, erst in Lille, seit ca. 1430 als Hof- und Stadtmaler in Brügge. Wiederholte diplomatische Missionen in Spanien und Portugal. – Frühestes datiertes Werk beider Brüder ist der „Genter Altar" von 1432 in St. Bavon, Gent, ein zweigeschossiger Flügelaltar, der geöffnet die Anbetung des Lammes durch Pilgerscharen und Engelchöre in paradiesisch üppiger Landschaft (→Allerheiligenbild), darüber thronend Gottvater mit Maria und Johannes und seitlich musizierende Engel, sowie Adam und Eva zeigt. Geschlossen gibt er die knienden Stifter Jodocus Vyd und Isabel Borluut neben den als Grisaillen gemalten beiden Johannes, darüber die Verkündigung sowie zwei Sibyllen und zwei Propheten wieder. Obwohl die Inschrift (von einigen Forschern angezweifelt) Hubert als größten Künstler aller Zeiten bezeichnet, ist sein Anteil an dem von Jan vollendeten Altar schwer abzugrenzen, wie überhaupt der ihm zuweisbare Teil des Eyckschen Frühwerks umstritten ist (von einzelnen Forschern sogar seine Existenz bestritten). Doch dürfte die Komposition zumindest der Anbetung des Lammes sein Werk sein, während die Ausführung weitgehend, die gesamte Außenseite sowie Adam und Eva sicher Jan gehören. Die monumentale plastische Form der Grisaillen, die unbestechlich realistische Erfassung der Stifterbildnisse und des nackten menschlichen Körpers in den Aktdarstellungen Adams und Evas, die perspektivisch-räumliche Schilderung des Gemachs der Verkündigung, das hinter der Rahmung durchläuft, sowie die präzise Charakterisierung der Pflanzenformen lassen Jan als den bedeutenderen der Brüder erscheinen, weisen ihn als Begründer der niederl. Tafelmalerei und frühesten Repräsentanten neuzeitlicher Wirklichkeitserfassung aus. Auch verwendete er als erster Öltempera in juwelenhaft schimmernd verfeinerter Form. Jans Voraussetzungen sind die Miniaturen des →Boucicaut-Meisters und der Brüder von →Limburg. Als Frühwerk dürfen wohl die umstrittenen Miniaturen des „Meisters G" im Turin-Mailänder-Stundenbuch (um 1415/17; Turiner Teil 1904 verbrannt) gelten. In ihnen finden sich die frühesten Tiefenschilderungen von Landschaften mit flachem Horizont mit Hilfe der Luftperspektive. Jans radikale Neuerungen blieben, abgesehen von seinem Schüler Petrus →Christus und einzelnen Nachahmern in Spanien, ohne unmittelbare Nachfolge. Die nächste Generation wendet sich dem konservativeren, „gotischeren" Rogier v. d. →Weyden zu. Wichtigste sichere Werke: „Arnolfini-Hochzeit" (London, Nat. Gall., 1434); Madonna in der Kirche (Berlin, Dahlemer Mus.); Madonna des Kanzlers N. Rolin (Louvre, Paris); Madonna des Kanonikus v. d. Paele (Brügge, Mus., 1436); Reisealtärchen mit Madonna (Dresden, Gemäldegalerie, 1437); Bildnis der Margarete v. Eyck (Brügge, Mus., 1439). (Siehe Farbtafel 21).
Lit.: L. Baldass, Jan van E., 1952; E. Panofsky, Early Netherlandish Painting, 1953.

Ezida. Name des durch →Nebukadnezar II. wiederhergestellten →Nabu-Tempels von Borsippa südlich von →Babylon, dessen heute noch 47 m hohe →Zikkurat man lange mit der Überlieferung vom babylonischen Turm verbunden hat.
Lit.: E. Strommenger, Mesopotamien, 126.

F

Fabbri, Agenore. Italien. Bildhauer. Geb. 1911 in Barba, ansässig in Albissola (Ligurien). Studium an der Kunstakademie in Pistoia. 1935 ließ er sich in Albissola nieder und arbeitete als Former in einer Töpferei. 1937 entstehen seine ersten Plastiken, in denen er stark von →Marini beeinflußt ist. Nach 1945 findet er zu einem eigenen Stil von häufig bizarren Formen. Ins Phantastische gesteigerte Tier- und Insektengebilde entstehen. – 1952 wurde sein Werk erstmals in größerem Umfang auf der Biennale in Venedig vorgestellt, seither ist er auf zahlreichen Ausstellungen vertreten und mehrmals mit bedeutenden Preisen ausgezeichnet worden.
Lit.: Knaurs Lex. d. mod. Plastik, 1964.

Fabeltiere mit Schlangenhals. In antithetischer Komposition begegnen F. auf Rollsiegeln von →Uruk aus der prädynastischen Zeit der →sumerischen Kunst. Ihre Bedeutung beruht auf der Tatsache, daß dieses Motiv zusammen mit anderen mesopotamischen Bildgedanken in der Frühzeit der →ägypt. Kunst begegnet und sich dort bis in die 1. Dyn. behauptet. Die unverkennbare Beziehung ist chronologisch wichtig. →Narmer, →Negade.
Lit.: A. Parrot, Sumer, 377; W. Wolf, KÄ, 101ff.

Fabius Pictor. Röm. Maler des 4. Jhs. v. Chr. Sein Hauptwerk waren die Gemälde im Tempel der Salus in Rom (304 v.Chr. geweiht). F. ist der älteste namentlich bekannte röm. Maler.
Lit.: Artemis Lex. d. Alten Welt, 1965.

Fabriano →Gentile da Fabriano.

Fabritius, Carel. Niederl. Maler. Geb. um 1624 in Amsterdam, gest. 1654 in Delft. Bedeutendster Schüler von →Rembrandt. Lebte zuerst in Amsterdam, ab 1652 in Delft. Obwohl seine Kunst ohne Rembrandt nicht denkbar ist, hat er seinen eigenen Stil entwickelt: beschattete Figuren vor einem hellen Hintergrund; in seinen letzten Werken geht er zur absoluten Hellmalerei über. An ihm orientiert sich →Vermeer van Delft, dessen Lehrer er wird. F. stirbt bei der Explosion des Delfter Pulvermagazins; von seinen Werken sind nur wenige erhalten, so die Schildwache, 1647 (Schwerin, Mus.), das Bildnis des Abraham de Potter, 1648 (Amsterdam, Rijksmus.), Tobias mit seiner Frau (Innsbruck), der Distelfink, 1654 (Den Haag, Mauritshuis) und einige andere.
Lit.: H. F. Wijnman, De schilder C. F., 1931; W. Bernt, Niederl. Mal. d. 17. Jhs., 1948.

Fabullus. Röm. Maler des 1. Jhs. n. Chr., tätig in Rom. Er arbeitete nach →Plinius fast ausschließlich für die Ausstattung des Goldenen Hauses (→Domus aurea) des Nero. Vielleicht kann man die dort teilweise erhaltenen Wand- und Deckendekorationen ihm oder seiner Werkstatt zuschreiben.

Fachraka. Felsgrab südlich des Urmiasees, nahe Tasch-Tepe (Aserbeidschan), mit doppelten Säulenstützen der Vorhalle und des Innenraumes. →Medische Kunst.
Lit.: R. Ghirshman, Iran I, 87.

Fachwerkbau. Hausbau germanischen Ursprungs. Ein Holzpfostengerüst bildet hierbei als Skelett aus horizontalen und vertikalen, bisweilen auch diagonalen Pfosten und Balken die tragenden Elemente. In der Regel werden die nichttragenden Außenwände, beziehungsweise die Felder zwischen den Pfosten und Balken, in Lehm (seltener in Ziegelsteinmauerwerk) ausgefüllt. Dabei bleibt der Holzrahmen, der häufig mit Schnitzwerk verziert und bereichert wird, sichtbar. – Der F. läßt sich bis in das 7. Jh. n. Chr. zurückverfolgen, erlebte seine eigentliche Blütezeit jedoch erst in der Profanbaukunst des 16. und 17. Jhs. Besonders schöne Beispiele dieser Bauweise sind in Hildesheim, Goslar und anderen niedersächsischen Städten erhalten.

Fadenglas. Bereits die Ägypter legten bunte Glasfäden auf die noch heiße fertiggeformte Glasmasse und preßten sie durch Rollen auf einer Marmorplatte ein. Im 16. Jh. wurde das Verfahren von den Venezianern wiedergefunden und zur Vollendung gebracht. Man zog Glas von verschiedener Farbe zu Fäden aus, drehte und flocht sie zu Mustern. Die gemusterten Glasstäbchen wurden in einer Holzform geordnet und blieben an der nun eingeblasenen Glasblase haften. Gleich- oder verschiedenartig gemusterte Fadengespinste lassen Gläser entstehen, die aussehen, als ob sie mit Spitze überzogen wären. Das Netzglas ist ein Fadenglas, das durch die Vereinigung zweier Glasschichten mit gegensinnig aufgetragenem Fadendekor entsteht.

Fadennetz →Netzrahmen.

Fächer. Schon in Ägypten und Mesopotamien verwendet, meist in Form eines gestielten Wedels; kann Sinnbild eines Herrschers werden. Kunstgeschichtlich bedeutend der chinesische und japanische Fächer sowie der Faltenfächer, der vermutlich in Korea erfunden wurde. Letzterer kam im 17. Jh. in Europa in Mode und hielt sich bis gegen 1900. In der europäischen Kunst wird er zum Träger der verschiedensten kunstgewerblichen Techniken. In Frankreich haben es auch Meister wie →Watteau und →Boucher nicht verschmäht, Bildentwürfe für Fächer zu liefern. Künstlerischer Höhepunkt des Fächers eindeutig im 18. Jh.
Lit.: G. Buß, Der F., 1904.

Fächerfenster. Seltenere spätroman. Fensterform, deren oberer Abschluß durch einen Fächerbogen gebildet wird. Verbreitet besonders im Rheinland.

Fächergewölbe, auch Palmen-, Strahlen-, Trichtergewölbe genannt. Gebildet durch zahlreiche, von je einem Mittelpunkt (Säule, Pfeiler, Dienst) fächerförmig ausstrahlende Rippen. Entwickelt und besonders reich ausgebildet in der engl. Gotik. Grundlage ist die Anlage einer Scheitelrippe (→Lincoln, Kathedrale). Erstmals voll ausgebildet im Kreuzgang der Kathedrale von Gloucester (1377).

Fächerrosette. Vor allem an Fachwerkbauten der deutschen Renaissance zu beobachtendes Schmuckelement einer ganzen oder geteilten fächerartig gegliederten Rosette.

Fälschung →Kunstfälschung.

Faenza-Majoliken →Fayence.

Färbetechnik →Batik, →Ikat, →Pilih, →Plangi.

Fahlcrantz, Carl Johan. Schwedischer Maler. Geb. 1774 in Stora Tuna (Dalarna), gest. 1861 in Stockholm. Trat 1790 in das Atelier der Theatermaler Brusell und Limnell ein und studierte an der Kunstakademie. Ein Reisestipendium, das er 1805 erhielt, führte ihn durch ganz Schweden. 1815 wurde er Professor der Akademie in Stockholm. – F.s romantische Landschaften sind oft in der Absicht geschaffen, die Großartigkeit und das Unberührte in der schwedischen Natur darzustellen. Seine Vorbilder in der Farbgebung waren dabei vor allem Claude →Lorrain und →Ruisdael.
Lit.: Thieme-Becker.

Faidherbe →Faydherbe.

Fajûm →Fayum.

Falconet, Etienne Maurice. Franz. Bildhauer. Geb. 1716 in Paris, gest. 1791 ebda. Schüler von Lemoyne. Seine feine Rokokokunst kommt vor allem im Porzellan zum Ausdruck (zahlreiche Modelle für die Manufaktur in Sèvres), doch ist sein Hauptwerk das von kraftvoller Bewegung erfüllte, elegant und schwerelos wirkende Reiterstandbild Peter des Großen in Petersburg (Leningrad), das er während seines Rußlandaufenthaltes von 1766 bis 1778 schuf. Ab 1778 Direktor der Akademie in Paris. Von weiteren Werken F.s, so von der badenden Nymphe (Bronze, Paris, Louvre) und der Pygmaliongruppe (Leningrad, Eremitage), sind auch Nachbildungen in Porzellan entstanden. Im Louvre befinden sich ferner sein Drohender Amor sowie Milon und der Löwe (1739 vollendet).
Lit.: E. Hildebrandt, F., 1908; I. Réau, F., 1922.

Falconetto, Giovanni Maria. Italien. Maler und Architekt. Geb. um 1468 in Verona, gest. um 1540 wahrscheinlich in Padua. Seine Fresken verraten den Einfluß von →Mantegna und →Melozzo da Forli. Seine Architekturen sind von Formen der röm. Antike inspiriert. Fresken in Verona: SS. Nazzárro e Celso, 1493; Dom, 1503; S. Pietro Martire, 1514. Bauten in Padua: Porta S. Giovanni, 1528; Porta Savonarola, 1530. Tafelbilder in der Pinakothek von Verona.
Lit.: G. Fiocco in: Enciclopedia Italiana, 1932.

Falerii. Etruskisch-röm. Stadt, ca. 50 km nördlich von Rom gelegen. Von den Ruinen ist vor allem die monumentale Stadtbefestigung mit einem großen Mauerring, Torbauten und Türmen zu nennen. Reste von 5 Tempeln des 6. bis 3. Jhs. v. Chr. sind erhalten. Außerdem reiche Funde an bemalter Keramik, vor allem des 4. Jhs. v. Chr.

Falguière, Alexandre. Franz. Bildhauer und Maler. Geb. 1831 in Toulouse, gest. 1900 in Paris. Begann seine Lehre im Atelier von Carrier-Belleuse, arbeitete dann bei Chenillion und ab 1854 im Atelier Jouffroy an der Ecole des Beaux-Arts. 1859 errang er mit einem Relief den Rompreis und blieb bis 1867 in Italien. In dieser Zeit begründete er seinen Ruf als Bildhauer. In den 70er Jahren wurde er wegen seines kräftigen Naturalismus und seiner oft pikanten Behandlung der weiblichen Form zu einem der beliebtesten Modebildhauer in Paris, wodurch sein zum Malerischen neigendes Werk, dem es an monumentalen Wirkungen fehlte, in eine Eintönigkeit der plastischen Motive verfiel. Bedeutenderes hat er dagegen als Kleinplastiker in Ton geleistet. Nebenher hat sich F. auch der Malerei gewidmet.
Lit.: Thieme-Becker.

Faltenkapitell →Kapitell.

Faltstuhl. Mit Leder bespannter zusammenklappbarer Stuhl, der vor allem in der ägypt., griech. und röm. Kultur bekannt ist (besonders Darstellungen mit Prozessionen, wobei der Prozessionsempfänger häufig auf dem F. sitzend dargestellt wird). Das Abendland übernimmt ihn aus der röm. Tradition.

Faltwerk. Ornamentform, unter dem Eindruck gefalteter Stoffe oder Papiere entwickelt, als Flächenfüllung an Möbeln und Wandverkleidungen, besonders in der Spätgotik und der Frührenaissance beliebt.

Fang →Pangwe.

Fang. Fachausdruck der chinesischen Tuschemalerei, der die freie und lockere Handhabung des Pinsels bezeichnet. Die hierbei angewendete Technik – seit der Tang-Zeit bekannt – kam durch die dilettierenden Maler auf, die sich nicht mehr an die akademische, konventionelle Malweise gebunden fühlten. Die Technik wird fei-pai genannt („überflogenes Weiß"), da sich bei der lockeren und bisweilen auch flüchtigen Pinselführung die Haare des Pinsels spreizten, so daß weiße Zwischenräume des Papiers stehen blieben, im Gegensatz zu der sonst üblichen dichten, gleichmäßig abdeckenden Pinselführung.

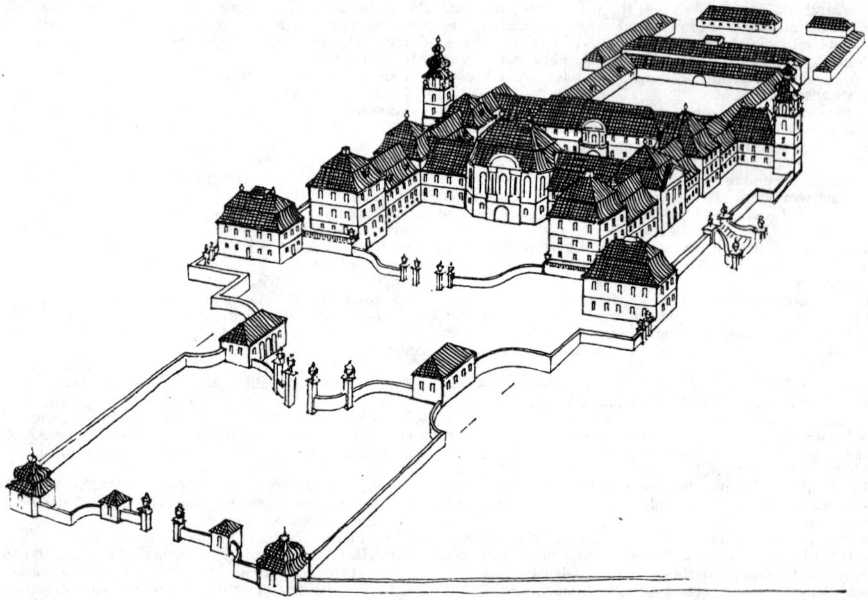

Schloß Fasanerie bei Fulda, Anlageplan.

Fan K'uan (eigentlich Chung-chêng). Chinesischer Maler, tätig um die Wende vom 10. zum 11. Jh. Er gehörte zu den bedeutendsten frühen Landschaftsmalern Chinas und arbeitete nach eigenen Worten unter dem unmittelbaren Eindruck der Natur, die er als seinen eigentlichen Lehrer bezeichnet.
Lit.: Thieme-Becker.

Fantin-Latour, Henri. Franz. Maler. Geb. 1836 in Grenoble, gest. 1904 in Buré/Orne. Als Altersgenosse der Impressionisten war er mit →Manet, →Monet und →Degas befreundet. Jedoch schloß er sich ihrer Malweise nicht an, sondern verharrte bei seinem spätromantischen, sehr subtilen Stil. In seinem berühmten Bild „Das Atelier in Batignolles" portraitierte er seinen Freundeskreis. Im Zentrum seines Schaffens stehen zahlreiche Blumenbilder, die bereits zu seinen Lebzeiten bei einem breiten Publikum sehr beliebt waren.
Lit.: Knaurs Lex. d. mod. Kunst, 1955.

Fara. Ruinenstätte des alten →Schuruppak.

Faras. In Nubien gelegener Ort. Hier wurden in jüngster Zeit bedeutende Reste byzant. Wandmalerei aufgedeckt. Die Fresken, die bisher durch Veröffentlichungen bekannt geworden sind, sind von großer Qualität und scheinen Beziehungen zu Konstantinopel und seiner Kunst offenkundig zu machen.

Farbe. Durch äußere und innere Eigenschaften im Auge des Betrachters evozierter Eindruck, der bei jeder F. durch fünf Grundkategorien gekennzeichnet ist: Stärke, Klarheit, Sättigung, Helligkeit und Ton. Nicht als F. im eigentlichen Sinne sind Schwarz und Weiß zu betrachten, da diese beiden Werte keine Varianten zulassen, d. h. sie sind ohne Farbskala und ohne Farbton. – In der Kunst hat die F. verschiedene Funktionen übernommen. Zum einen kann sie ein fertiges Gebilde, z. B. eine Plastik, bereichern (Polychromie), zum andern ein durch die Zeichnung bestimmtes Werk ausschmücken (kolorieren), schließlich aber auch als eigentliches Mittel der künstlerischen Aussage Verwendung finden, indem das Kunstwerk in erster Linie durch die F. entsteht (Malerei). – Farbigkeit kann jedoch auch durch die verschiedenen Werkstoffen eigenen Werte zustande kommen, etwa im Mosaik oder auch in der Baukunst, bei Anwendung verschiedenfarbiger Materialien. – Man unterscheidet verschiedene Farben entweder nach ihrer optischen Wirkung (z. B. Rot, Grün, Blau, Gelb usw.), wobei die simulierte Lichtwirkung für die oben genannten fünf Grundkategorien ausschlaggebend ist, oder nach ihrer chemischen Zusammensetzung (Bindemittel) und technischen Anwendung (Deckfarben, Wasserfarben, Lasurfarben, Ölfarben usw.). – Durch das Mischen verschiedener Farben können neue Farbtöne erreicht werden (z. B. Mischung von Blau und Gelb ergibt Grün), wobei durch unterschiedliche Anteile der Farben differenzierte Töne entstehen. – Neben der rein künstlerischen Aufgabe der F. steht die ikonographische Bedeutung, d. h. daß bestimmten Bereichen einer F. eine inhaltlich symbolische Bedeutung zukommt, vor allem in der mittelalterl. christl. Kunst (→Farbensymbolik).
Lit.: W. Ostwald, Die Farbenlehre, 3 Bde., 1918–1922; G. J. v. Allesch, Die ästhetische Erscheinungsweise der Farben, 1925; M. Richter, Internationale Bibliographie der Farbenlehre, 1952.

Farbenholzschnitt →Holzschnitt.

Farbenperspektive. Räumliche Gliederung eines Bildes, die mit der Verschiedenheit der Tiefenassoziation, die sich durch Farben einstellt, rechnet. So treten bei Farben, die in der gleichen Ebene liegen, alle rot- und gelbhaltigen in den Vordergrund, alle blauhaltigen in den Hintergrund.

Farbenrhythmus →Farbensymmetrie.

Farbenstich →Holzschnitt.

Farbensymbolik. Die F. ist schon aus vorchristl. Zeit bekannt. Auch die alte Kirche mißt den Farben Gold, Blau, Purpur, Weiß, vor allem in der Mosaikkunst für die Sinngebung ihrer Bilder, eine große Bedeutung bei. Im Laufe der Jahrhunderte hat sich bei den liturgischen Gewändern und den →Antependien ein gewisser Farbenkanon herausgebildet.

Farbensymmetrie. Folgt dem symmetrischen Aufbau einer Bild-Komposition auch die symmetrische Verteilung der Farben, was nicht zwangsläufig ist, spricht

Fatehpur Sikri. Ruinen der Stadt mit Diwan-i-Khas.

man von F. Steht die Farbenanordnung aber im Gegensatz zur symmetrischen Komposition, spricht man von Farbenwechsel oder von Farbenrhythmus.

Farnesischer Herakles. Berühmte griech. Heraklesstatue, die den bärtigen Heros auf seine Keule gestützt zeigt. Das in mehreren röm. Kopien überlieferte Standbild geht auf ein Original des →Lysippos zurück, wie die Inschrift auf einer röm. Kopie (Florenz, Pal. Pitti, A 186) berichtet. Die Kopie der ehemaligen Sammlung Farnese (Neapel, Mus.Naz. 280) nennt als Kopisten den Bildhauer Glykon aus Athen. – Das Standbild zeigt sowohl in der Weiterentwicklung polykletischer Kompositionsprinzipien als auch in den auf den →Hellenismus weisenden Zügen typische Merkmale lysippischer Kunst. Das verlorene Original wurde wohl zwischen 330 und 320 v. Chr. geschaffen.
Lit.: G. Lippold, Handb. d. Archäologie, V, 281f., 1950.

Farnesischer Stier. Ehemals in der Sammlung Farnese befindliche antike Gruppenplastik (heute Neapel, Mus.Naz. 260). Sie wurde im 1. Jh. n. Chr. als Umbildung nach einem Werk der Bildhauer Apollonios und Tauriskos (um 50 v. Chr.) geschaffen. Die barocke Komposition des heutigen Zustandes zeigt in der Einzelmodellierung der Gestalten klassizistisch kühle Formen. Wahrscheinlich war das Werk des Apollonios und Tauriskos reliefmäßiger angelegt und geht seinerseits auf ein berühmtes Wandbild der griech. Monumentalmalerei zurück. – Dargestellt ist die Bestrafung der Dirke, die an einen wilden Stier gefesselt und so zu Tode gemartert wird. – 1547 wurde die Gruppe in den Caracalla-Thermen zu Rom gefunden.
Lit.: G. Lippold, Handb. d. Archäologie, V, 383f., 1950.

Fars. Provinz Südwest-Irans, die alte Landschaft Parsa, Heimat der →Achaemeniden und Sasaniden, Nachbargebiet von →Parsumasch.
Lit.: R. Ghirshman, Iran I, 129, 440; H. H. von der Osten, WP, 54, 60ff., 69, 72, 78.

Fasanerie (bei Fulda). Schloß der Fürstäbte von Fulda, über älteren Teilen von Andrea Gallasini errichtet und etwa 1746 vollendet. Reizvolle Pavillonanlage mit zentralem Saal über Durchfahrt und mit Türmchen, die eine Verbindung zu →Werneck aufweisen. Gartenparterre auf die Seitenfront bezogen. Im Inneren einige Räume im Stil der Erbauungszeit, einige andere klassizistisch, bereichert durch die bedeutende Antiken-Sammlung der Landgrafen von Hessen.

Fascie. Vorspringender Streifen des griech. ionischen Architravs.

Fase →abfasen.

Fassade. Schauseite eines Bauwerks, meist auch dessen Haupteingangsseite. Die Kathedrale entwickelt neben der westlichen Haupt-F. Neben-F.n im Süden und Norden. Das Schloß zeigt neben der stadtseitigen F. meist eine ebenso gewichtige Garten-F. Eine F. kann der Raum-Disposition entsprechen, sie aber auch genausogut verleugnen; zwischen diesen beiden Möglichkeiten liegt der Reichtum der F.n-Gestaltungen begründet.

Fassbender, Joseph. Deutscher Maler und Graphiker. Geb. 1903 in Köln, ansässig in Bornheim bei Bonn. Studium in Köln bei R. Seewald. Wurde 1929 mit dem Villa-Roma-Preis ausgezeichnet. In seinen Bildern hatte er bereits früh zu einer abstrakten Formensprache gefunden und zählt heute zu den bedeutendsten Vertretern der jüngeren Malerei in Deutschland.
Lit.: Knaurs Lex. d. abstrakten Malerei, 1957.

Faßmaler. Derjenige, der die „Fassung", d.h. die Bemalung und Vergoldung eines Holzbildwerks, fertigte. Das Holz wurde zur Gewinnung einer möglichst glatten Oberfläche mit Kreide- oder Gipsgrund oder auch mit Leinwand überzogen. Wurde die Farbe unmittelbar auf das Holz aufgetragen, so verwendete man Ölfarbe, um das Bildwerk widerstandsfähig gegen Feuchtigkeit zu machen. Bis zum Ausgang des Barocks ist der Beruf des F.s verbreitet gewesen.
Lit.: H. Wilm, Die got. Holzfigur, 1940.

Fastentuch. Auch Hungertuch oder Palmtuch genanntes großes Leinentuch, auf dem in schachbrettartige Felder eingeteilt Szenen aus der Bibel, besonders aus der Leidensgeschichte Christi dargestellt sind. In Deutschland ist es seit dem 14. Jh. bekannt und findet sich bis in das Ende des 18. Jhs. Die Bezeichnung F. leitet sich von seiner Verwendung ab: während der Fastenzeit wurde es vor dem Hochaltar oder vor dem Chor ausgespannt.

Fatehpur Sikri. Ruinen der Residenz, welche Kaiser →Akbar 1569 nahe Agra gründete, aber wegen des ungünstigen Klimas noch vor Vollendung verließ. Die Wehrbauten („Siegestor", Buland Darwasa), die Wohnanlagen (Dschodhbais Palast, Miriams Haus), Residenzarchitekturen wie der fünfgeschossige Terrassenbau „Pantsch Mahall" oder die „Halle der Privataudienz" Diwan-i-Khas oder ein Kultbau wie die Freitags-Moschee spiegeln die philosophischen, politischen und ästhetischen Ideale des Bauherrn wider, eine Einigung und kulturelle Durchdringung von Islam und Hinduismus zu erreichen.
Lit.: E. W. Smith, The Moghul architecture of F., 1894–98; Reuther, Paläste, 36f.

Fätimiden. Die F. – eine Dyn. persischer Abstammung – regierten als Gegenkalifen schiitischer Richtung von 909–1071 und herrschten über das berberische

Nordafrika (Marrakesch), zeitweise über Sizilien, Sardinien und Korsika und führten Raubzüge nach Unteritalien, Frankreich und Genua aus. 969 zogen sie siegreich in Fostat (Alt-Kairo) ein, herrschten fortan in Ägypten und übten die Oberhoheit über Mekka und Medina aus. Sie gründeten neben Fostat einen neuen, von starken Mauern mit Toranlagen umgebenen Stadtteil, misr, mit zwei Palästen, der Hakim- und der→Azhar-Moschee. Der bedeutendste Herrscher der Fātimiden war al-Hakim (996–1021). Den in den Palästen konzentrierten Luxus der Zeit schildert der Historiker Makrizi in dem Abschnitt über die Plünderung des Palastes Mustansirs (1036–94). – Der Stil der fatimidischen Zeit ist gekennzeichnet durch einen besonderen Reichtum an lebhaft und frei geschilderten Figuren mittelmeerischer Tradition. Volkstypen und Genreszenen sind in treffender Weise charakterisiert, dennoch aber meist in einen Gesamtdekor von Rankenwerk eingefügt. Die erhaltenen Architekturteile zeigen einen Reichtum der Technik, der alle Feinheiten spielerisch beherrscht, die Formen spiegeln höfische Eleganz. – Das Stadtbild von →Kairo bewahrt aus der Fatimidenzeit noch die Mauern und Toranlagen (Bab), die Ruinen der Hakim-Moschee (990–1003), die Aqmar-Moschee (1125), vor allem aber die→Azhar-Moschee (970–972), das theologische Zentrum der islam. Welt. Die Aqmar-Moschee trägt als erster Bau in Kairo Stalaktitwerk an den Nischen der Frontseite. Das überkuppelte Mausoleum wird als Bauform neu eingeführt. Von den Palästen blieb ein Teil des Westpalastes, verbaut in dem Muristan (Krankenhaus) des Sultans Qalaun, erhalten. Aus seiner Ausstattung stammen geschnitzte Holzfriese mit Jagdszenen und Tieren in Kartuschen und Medaillons sowie Paneele mit eleganten Arabesken, sogar der Form der Tier-Arabeske. Eine Vorstellung des profanen Baudekors der Zeit vermittelt der Palast Rogers II. in Palermo, dessen hölzerne Stalaktitdecke der Kapelle (Cappella Palatina) von lebhaften figürlichen Malereien mit Tänzerinnen, Musikanten, Reisenden, Aposteln, Fürsten, Schreibern, Ranken und Tieren bis in die letzten Flächenteile gefüllt ist (1140). Eine bronzene Brunnenfigur fatimidischen Stils ist erhalten in dem Löwengreif vom Campo Santo in Pisa. Dieser Figurenstil findet seine Fortsetzung in Unteritalien in Werkstätten für Elfenbeinschnitzerei. Aus ihnen gehen zahlreiche Kästen und Olifanthörner hervor, für deren Dekor Tiere, gelegentlich Genreszenen in kreisförmig geführtem Rankenwerk charakteristisch sind. Im Gegensatz zu diesen Arbeiten im flachen Kerbstil stehen Schnitzereien aus Ägypten in voll gerundetem Relief mit lebhaft bewegten Volkstypen zwischen Rankenwerk in Durchbruchschnitzerei. Die gleiche Freude an der Darstellung lebhafter Szenen und Figuren zeigen die wenigen bekannten Fragmente von Skizzen aus Fostat. Aus den Tiraz-Werkstätten gehen reich mit farbiger Seide durchwirkte feinste Leinenstoffe hervor mit zierlichen Mustern in Medaillons und Friesen. Stickerei und Wirkerei zeigen die gleichen Musterelemente und Figuren wie die Schnitzereien. Der größte Reichtum figürlicher Entwürfe ist in den Lüsterfayencen aus Fostat erhalten, die zum Teil signiert sind. Die Beherrschung aller Techniken der Glasbearbeitung beweisen mit Lüster bemalte, geblasene, geschnittene, gepreßte und mit Fadenanguß geschmückte Gläser in allen Farben und Formen. Bergkristallkannen mit zierlichem Schliffdekor, chinesisches Porzellan und Edelmetallgeschirr sind das Luxusgeschirr des Hofes.
Lit.: E. Graefe, Enzyklopädie des Islam, 1927; K. A. C. Creswell, Muslim Architecture of Egypt, Vol. I, 1952; E. Kühnel, Islamische Kleinkunst, 1963.

Fātimidische Kunst. Nach der mohammedanischen Dyn. der →Fatimiden benannter Kunststil in Ägypten (ca. 10.–12. Jh. n. Chr.).

Faustkeil. Älteres steinzeitliches Universalgerät, aus dessen Form gelegentlich früheste Anklänge künstlerischer Gestaltung zu erschließen sind.

Fauves →Fauvismus.

Fauvismus. Die Fauves (franz. „die Wilden") scharen sich um →Matisse und erreichen die erste künstlerische Revolution des 20. Jhs. Keine Schule mit fest umrissenem Programm oder doktrinärer Theorie, bildet der F. vielmehr das Werk gleichgesinnter Künstler, die – als Absage an den →Impressionismus – im Gebrauch der reinen, ungebrochenen, leuchtenden Farbe bis zur äußersten Grenze gehen. Im „Herbstsalon" von 1905 trafen sich die Künstler erstmals. Neben Matisse von besonderer Bedeutung →Derain, →Dufy, →Vlaminck, →Rouault.
Lit.: G. Duthuit, Les Fauves, 1949 (mit Bibliogr.).

Favorite. Name von Lustschlössern in der Nähe der Residenz. Berühmtestes Beispiel war im 18. Jh. die F. bei Mainz, die, aufgelöst in viele Pavillons und versehen mit einer großartigen Gartenanlage, Maximilian von → Welsch 1712–18 errichtet hatte. – Erhaltenes Beispiel eines kasinoartigen Bauwerks die F. bei Ludwigsburg, 1718–23 nach Plänen von D. G. →Frisoni ausgeführt. – Best erhaltene F., auch im Inneren noch die alten Zusammenhänge bewahrend, bei Rastatt, 1710 ff. von M. L. Rohrer für die Markgräfin Sibylla Augusta von Baden errichtet. Interessant, neben der für die Entstehungszeit schon etwas düsteren Gesamtausstattung, der zentrale Speisesaal, zugleich Sala terrena, mit seinem Volumen durch sämtliche Etagen vom Erdgeschoß bis zur Laterne reichend.

Faydherbe (Faidherbe), Lucas. Niederl. Bildhauer und Baumeister. Geb. 1617 in Mecheln, gest. 1697 ebda. Schüler von →Rubens und bedeutender Meister der niederl. Barockskulptur. Arbeitete zuerst (von 1636–39) in Rubens Werkstatt in Antwerpen, später in Mecheln; sein pathetischer Barockstil wurde in den Niederlanden beispielgebend. F. schuf in der Hauptsache kirchliche Plastiken, Grabmonumente und Reliefs in großer Anzahl; seine Hauptwerke befinden sich in der Kirche Notre-Dame d'Answyck in Mecheln, mit deren Bau er 1673 begann und die er 1678 vollendete. Weitere Werke F.s sind der Hochaltar und das Grabmal des Erzbischofs Gruesen in der Kirche St. Rombout, ebenfalls in Mecheln, und die Apostelstatuen in St. Gudule in Brüssel.
Lit.: M. Libertus, F., 1938.

Fayence, Nachtlicht und Breinapf, um 1765 aus Durlach (Karlsruhe, Badisches Landes-Mus.).

Fayence. Mit undurchsichtiger Glasur bedeckte Keramik (Zinnglasur ist undurchsichtig, Bleiglasur durchsichtig, →Halbfayencen). Der Name kommt von einem der ersten Herstellungsorte in Italien: Faenza und wurde ursprünglich in Frankreich (um 1600) nur für die skizzen-

haft bemalte „weiße Majolika" Faenzas gebraucht. Vorläufer der Fayencen in Ägypten, Babylon, Susa, China („gefleckte Fayence"). Entstehung der „echten Fayence" (das heißt mit Zinnglasur und Malerei in die rohe Glasur vor dem Brand) im 9. Jh. in Mesopotamien, Höhepunkt der islamischen Fayencekunst in Persien 12.–14. Jh.; Verbreitung nach Ägypten (seit dem 11. Jh.), Türkei und Spanien (seit dem 13. Jh.), Italien (seit dem 14. Jh.), Frankreich (seit dem 14. Jh. von Spanien aus), Süddeutschland, Niederlande, England (seit dem 16. Jh.). deutsche Manufakturfayencen seit dem 17. Jh. – Blütezeiten in Europa. Türkei: Iznik 1490–1700, Spanien: Malaga (Alhambravasen) 14. Jh., Valencia 15.–17. Jh., Sevilla (Fliesen) 16. Jh., Italien: 15./16. Jh. in Florenz, Faenza, Cafaggiolo, Casteldurante, Urbino, Deruta, Venedig, 18. Jh. Castelli. Frankreich: Lyon 16. Jh., Nevers 17. Jh., Rouen 16.–18. Jh. Niederlande: Delft 17. Jh. Deutschland: Nürnberg 16. Jh., im 17. Jh. Hanau, Frankfurt/M., Berlin, im 18. Jahrhundert Nürnberg, Bayreuth, Fulda, Künersberg, Höchst u.a. England: („Delftware") Lambeth, Bristol 17. Jahrhundert, Liverpool 18. Jahrhundert.
Lit.: Graesse, Führer für Sammler von Porzellan, Fayence, Steinzeug, Steingut etc., 1958; K. Hüseler, Delfter Fayencen, 1958; G. Ballardini, Corpus della maiolica italiana, 1933; G. Weiß, Ullstein-Fayencenbuch, 1970.

Fayencemosaik. Für die islam. Baukunst Irans und Kleinasiens wird seit dem späten Mittelalter die Verkleidung von Ziegelbauten durch F. – sowohl am Außenbau wie im Innenraum – charakteristisch. Die Anfänge, in denen aus einfarbig glasierten Fayenceplatten geschnittene Formen (Buchstaben, Blüten, Ranken) in Stuck gebettet sind, liegen im 13. Jh., der Höhepunkt wird mit dem 15. Jh. in Iran erreicht, wo feinste kurvige und detaillierte Ornamente und Formen wie Tiere und Pflanzen lückenlos gegeneinander versetzt, die Flächen überziehen. Nicht nur gerade Wandflächen, auch Iwanwölbungen, Stalaktitwerk, Mihrabnischen und Kuppeln werden in dieser Technik verziert, indem die zugeschnittenen Formteile, deren Scherbenteil konisch verläuft, mit der Glasurfläche der Musterform aufgesetzt, von der Rückseite zusammengegossen und dann in Flächenteilen dem Baukörper aufgesetzt werden. Vom geometrischen Ornament bis zur Schrift, vom Spiel der Arabeske und Blütenranke bis zur Kombination mit Ziegelmosaik sind dem dekorativen Entwurf alle Möglichkeiten offen. – Berühmte Beispiele des 13. Jhs. sind die Sirtscheli und Karatai Medrese, die Indje Minare Cami im seltschukischen Konya, die Sockelzonen der Räume der Alhambra aus dem 14. Jh., die Fronten und Iwane der Freitags-Moschee in Isfahan, deren Fayencewerk aus dem 15.–17. Jh. stammt, die timuridischen Bauten Samarkands (Medrese Bibi Hanum) um 1400, die blaue Moschee in Tebris aus der ersten Hälfte des 15. Jhs. Während mit dem Ende des 15. Jhs. diese Technik aus dem osmanischen Bauprogramm verschwindet (Tschinili-Kiösk, Istanbul), bezeugen profane Bauten, wie Moscheen und Medresen in ihrem Innen- und Außendekor eine bis in das 18. Jh. anhaltende Glanzzeit dieser Sonderleistung islamischer Kunst. (Vergl. Farbtafel 18).
Lit.: A. U. Pope, A Survey of Persian Art, 1938; F. Sarre, Denkmäler persischer Baukunst, 1910.

Fayum (auch Fajum). Das durch den Bahr Jusuf, den langen westlichen Nebenarm des Nil bewässerte Fruchtbecken F. mit dem See Birket el-Karun als Rest des berühmten großen Mörissees wurde nach langer Besiedlung seit der ägypt. Vorzeit durch die Herrscher des Mittleren Reichs (12. Dyn.) erschlossen, vor allem durch →Amenemhet III., der wegen seiner Verdienste um das F. nach seinem Tode göttliche Ehren erhielt. Kolossalstatuen auf Riesensockeln standen einst im Mörissee 7 km nördlich von Medinet el-F. →Teje hatte bei →Illahun ihren Witwensitz. Höhepunkt der Urbarmachung unter den →Ptolemäern, die auch die dem Krokodilgott Sobek geweihte Stadt Krokodilopolis-Arsinoe (Medinet el-F.) zu einem glanzvollen Zentrum machten (ausgedehnte griech. Besiedlung). Zum Bereich von F. gehören →Hawara und →Illahun. Tebtynis am Südrand wurde durch die Papyrusfunde berühmt.
Das F. wurde vor allem bekannt durch seine weltberühmten →Mumienportraits. Aus altchristl. Zeit Funde griech. und auch koptischen Gepräges. Für den Gegensatz der Auffassungen charakteristisch zwei Grabstelen, von denen die eine (griech. empfunden) sich in Leningrad, die andere (koptisch empfunden) in den Staatlichen Museen von Berlin befindet. Beide Male ist eine betende Frau dargestellt. Die Stele in Berlin hat nichts mehr mit der Kunst der Antike zu tun. Denselben Gegensatz empfindet man bei zwei Darstellungen der stillenden Mutter Maria (vielleicht die ältesten dieser Art). Die eine Stele (Berlin, Staatl. Museum) ist elegant gearbeitet in griech. Geist, die andere (Kairo, Mus.) ist steif, hieratisch und eine Verkörperung der ägypt. Volkskunst (→koptische Kunst). Besonders charakteristisch ist ein Türsturzrahmen aus dem F. (heute im Museum in Recklinghausen). Die in der altchristl. und byzant. Kunst sehr lebendig gestaltete Szene von dem Einzug Christi in Jerusalem wirkt hier steif und kalt. Es gibt kaum einen Unterschied zwischen den Aposteln und den begrüßenden Menschen.
Lit.: W. Wolf, KÄ, 745; E. Brunner-Traut, Ägypten, 399.

fec. (lat. Abkürzung für fecit, „hat es gemacht"). Zusatz zur Künstlersignatur auf Bildern und Druckgraphiken.

L. Feininger, „Ober-Weimar", 1921 (Rotterdam, Mus. Boymans-van-Beuningen).

Federarbeiten (Südsee). In →Polynesien waren kostbare F. das Standesabzeichen vornehmer Sippen (Federgürtel in Tahiti, Federmäntel und -helme in Hawaii), da sie göttliche Macht symbolisierten. Besonders rote Federn galten als „heilig". Die Federplastiken von Hawaii (→Ku-kaili-moku) waren daher vorwiegend mit roten Federn überzogen. Die Technik bei der Herstellung der F. war ähnlich wie in Südamerika (die einzelnen Federn waren in ein sehr feinmaschiges Netz eingeknüpft).

Federmosaik. Die Verwendung der Feder zu Schmuckzwecken und Kleidung ist nahezu weltweit, doch kam es nur in Amerika und Ozeanien zu besonderen künstlerischen Arbeiten. Während die Herstellung von Mosaiken in Südamerika meist durch einander abdeckende angeklebte oder angenähte Federn geschah, wurden die Federmäntel in Hawaii und Altmexiko hauptsächlich durch Einknüpfen verfertigt. Die Muster entstanden durch entsprechendes Zuschneiden der Deckfedern. Eigentliche F.-Technik entwickelte sich ausschließlich in Mesoamerika. Auf Feigenbastpapier (Amate) wurden nach einer Vorzeichnung Federn und Federteile schuppenartig aufgeklebt. Feine Striche entstanden dadurch, daß schmale Streifchen fast bis zur Deckung kulissenartig übereinandergeschoben wurden. Der unübertroffene Reiz der F.en Mexikos lag in der Verwendung zweierlei Federmaterials, stumpffarbener Federn (vorwiegend Papageienarten) und irisierender Kolibrifedern, die – unter einem bestimmten Winkel betrachtet – strahlend aufleuchten (→Arte plumario). Um 1800 entstand in Eger eine eigene Federbildindustrie, deren Vogelbilder sich aber in keiner Weise mit den mexikanischen Werken vergleichen lassen. Ende des 18. Jhs. wurden in Europa musivische Werke aus verschiedensten Materialien hergestellt. In China erzeugte man vor allem im 19. Jh. Schmuck aus Federn. (→Mosaikkunst, →Michuacan, →Peru).

Federzeichnung. Die graphische Betätigung mittels Feder und Tinte gehört zu den ältesten Techniken. In der Natur der Feder liegt eine große Variationsmöglichkeit des Striches begründet, in der Unverwischbarkeit der getrockneten Linien die Haltbarkeit. Die Federzeichnung kann rein oder auch ein- und mehrfarbig laviert geschaffen werden.
Lit.: M. Kellerer, Die Kunst des Federzeichnens, 1940.

Feichtmayr →Feuchtmayer.

Feininger, Lyonel. Amerikanischer Maler. Geb. 1871 in New York, gest. 1956 ebda. 1887 kam er nach Deutschland, wo er als Zeichner grotesker Illustrationen begann. Nach mehreren Parisaufenthalten ging er 1906 zur Malerei über. Das eingehende Studium des →Kubismus und →Orphismus ließ ihn 1910/11 einen eigenen Stil finden, der durch Architekturbilder von einer prismatisch kristallinen Struktur gekennzeichnet ist. In München schließt er sich dem →,,Blauen Reiter" an und gehörte seit 1919 zu den →Bauhaus-Meistern. 1936 emigriert er nach den USA. In seinem Spätwerk lockert sich die Strenge seiner Bilder, in denen nun der Einfluß →Turners deutlich wird.
Lit.: L. Schreyer, L. F., 1957.

Fei-pai →Fang.

Fellner, Ferdinand. Österreichischer Architekt. Geb. 1847 in Wien, gest. 1916 ebda. Ausbildung bei seinem Vater Ferdinand F. d. Ä. (1815–71). Verband sich 1873 mit H. →Helmer zum Atelier ,,Fellner & Helmer" und baute mit diesem zusammen fast fünfzig Theater. Die bedeutendsten von F. sind: die Volkstheater in Budapest (1875) und Wien (1888) und das Stadttheater in Brünn (1882). Als die erfolgreichsten Theaterarchitekten ihrer Zeit haben sie durch ständige Weiterentwicklung und Rationalisierung der Grundrisse und in strenger Anlehnung an die Gesetzesbestimmungen den Typ des Theaterbaues bis zum 2. Weltkrieg geprägt. Daneben sind noch über 100 öffentliche Gebäude, Warenhäuser, Fabriken, Paläste und Villen bekannt.
Lit.: H.-C. Hoffmann, Die Theaterbauten von Fellner und Helmer, 1966.

F. Fellner u. H. Helmer, Lustspieltheater zu Budapest, 1895/96.

Felsbilder (allgemein). Der Ausdruck F. (Petroglyphen) wird meist im Gegensatz zu ,,Höhlenbilder" für jene entweder ohne Farbe ausgeführten (also eingeritzten, eingeklopften, eingeschliffenen) oder an geschützte Stellen unter Felsüberhängen gemalten Darstellungen angewendet, die sich nicht in geschlossenen Höhlenräumen befinden; die Anwendung dieses Terminus wird jedoch in der wissenschaftlichen Literatur nicht konsequent in diesem Sinne durchgeführt.– Während manche F. (besonders in Europa) sehr alt sind, stammen andere (etwa in der Neuen Welt) aus dem vorigen Jh. oder sogar aus der Gegenwart. Eine Datierung, z. B. mit Hilfe der Verwitterung oder Patina, ist naturgemäß nicht immer leicht durchzuführen und einigermaßen exakt nur dort durchführbar, wo Begleitfunde in deutlicher Vergesellschaftung eine zeitliche Einordnung erlauben.

I.) Australien. Über den ganzen Kontinent verteilt finden wir sowohl Petroglyphen (Punktierungen im Fels, Umriß-Ritzbilder und flächenhafte Punzierungen) als auch Felsmalereien. Polychrome Darstellungen kommen naturgemäß vorwiegend an geschützten Stellen unter Felsüberhängen und in den nicht sehr tiefen Höhlungen der Urgesteinrücken (z. B. Ayers Rock in Zentral-Australien) vor. Besonders reich an F.n ist NW-Australien, wo besonders die ,,Wondjina"-Bilder zu nennen sind (mundlose, geisterhafte Wesen mit ,,Heiligenschein", als verantwortlich für Regen und Fruchtbarkeit bezeichnet). Sie wirken immer statisch und reglos; dagegen sind die ,,Giro-Giro"- und ,,Mimi"-Bilder Darstellungen von menschenartigen Wesen in z. T. heftiger Bewegung. Sie erinnern stark an die F. Südafrikas. – Jene der Felsmalereien, die alljährlich erneuert werden und im Geheimritual der Männerbünde eine Rolle spielen, dürfen nur von den voll Initiierten gesehen werden.
Lit.: C. P. Mountford, Die Kunst der australischen Naturvölker in: Bühler, Ozeanien, 1961.

II.) Europäische Vorgeschichte. Die F. gehören als →Höhlenmalereien und Gravierungen zur →Älteren Steinzeit, besonders zur →franko-kantabrischen Kunst (→Eiszeitkunst). In der →Mittleren Steinzeit kommen F. unter →Abris in Ostspanien vor, in der →Jüngeren Steinzeit sowie in der →Bronzezeit sind sie u. a. in Nordwestspanien, in den franz. und italien. Seealpen, in Südskandinavien und in Nordosteuropa verbreitet. – **III.)** Indien. Seit 1880 wurden in Indien mehrere Fundplätze von F. entdeckt, deren Alter zum Teil bis in das Mesolithikum zu reichen scheint. Bei Mirzapur (nahe Madras) fand man die Darstellung eines Nashornes, das von federgeschmückten Männern angegriffen wird. Die Speere tragen Widerhaken und erinnern an kupfer- oder bronzezeitliche Jagdwaffen, ebenso bei der Darstellung einer Hirschjagd (Kaimur-Range). Bei Singhanpur (Raigarh) fand man polychrome Malereien von Menschen, Wildschweinen, Vögeln und geometrischen Symbolen. Diese F. wie auch die von Adam Garh erinnern stilistisch an die mesolithische Levante-Kunst Spaniens, doch ist eine exakte chronologische Einordnung noch nicht möglich. Ein Tierbild aus der Höhle von Hoshanghabad wird als ,,Giraffe" gedeutet (?); die hier dargestellten Büffel sind in verdrehter Perspektive (Körper im Profil, Gehörn von vorn gesehen) gemalt. Andere Höhlen mit F.n in den Zentralprovinzen sind Raigurh und Chakradhapur. – V. Goloubew berichtete den Fund von Petroglyphen (Menschendarstellungen) von den Felsen bei Chapa in Nord-Vietnam.
Lit.: D. H. Gordon, Indian Cave Painting, IPEK 1935. R. S. Manoranjan Ghosh: Rock Paintings, Patna 1946.

IV.) Neuseeland. Auf der Südinsel von Neuseeland entdeckte man an geschützten Stellen von Kalkwänden archaisch anmutende Felsmalereien von Menschen und Tieren (Hunden, Eidechsen, Fischen, des ausgestorbenen Moa) und drachenähnlichen Fabeltieren (,,taniwha"); das Alter der Bilder wird z. T. durch die Darstellung von Segelschiffen der Entdeckungszeit festgelegt. Bisher fehlen monographische Bearbeitungen des Materials. Auch auf der Nordinsel von Neuseeland wurden Gravierungen und Malereien an Felswänden entdeckt. Ob sie ihre Entstehung irgendwelchen kultischen Gründen verdanken, ist ungeklärt. – **V.)** Nordafrika. Hier wurden bisher über 30000 Felsbilder aus vor- und frühgeschichtlicher Zeit entdeckt, die vor allem gehäuft in folgenden Räumen anzutreffen sind: Südlich Oran und Marokko, Tassili n'ajjer, Hoggar (Ahaggar), Adrar n'Iforas, Tibesti, Ennedi, Djebel Uwenat und Gilf Kebir. Dazu kommen noch vereinzelte Fundstellen in Nubien und Oberägypten. Es handelt sich z.T. um Petroglyphen (geritzte, eingeschliffene und eingeklopfte oder punzierte Bilder), teils um ein- oder mehrfarbige Felsmalereien (besonders in Tassili und Djebel Uwenat), die man hauptsächlich in der Nähe von Wasserstellen oder unter überhängenden Felswänden findet. – Die Tatsache, daß einerseits völlig ausgestorbene Tiere (z.B. der Büffel

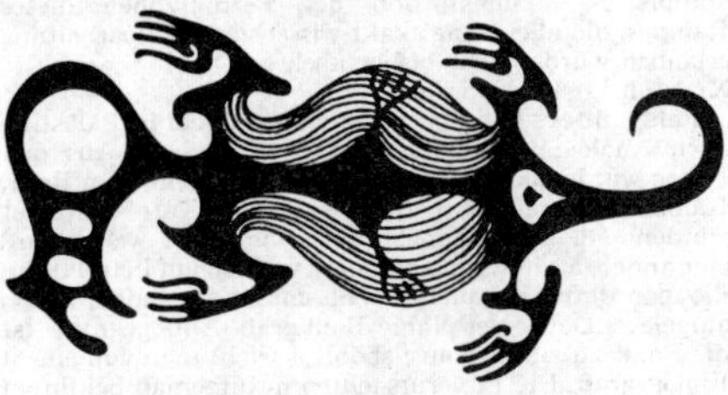

Felsbild aus Neuseeland, eidechsenartiges Fabelwesen, Umzeichnung.

„Bubalus antiquus") und andererseits eine Fauna dargestellt ist, die man heute in diesem Teil Afrikas nicht mehr findet, läßt auf ein seit der Entstehung der F. stark verändertes Klima der heute weitgehend wüstenartigen Landstriche schließen. Schon dadurch ist das z.T. hohe Alter der Darstellungen gesichert. – Die ältesten von ihnen (wohl aus der Zeit um 6000–4500 v.Chr.) stellen häufig den Büffelstier (Bubalus) sowie andere Wildtiere (Elefanten, Nashörner, Giraffen, Gazellen usw.) dar. Um 4500 v.Chr. scheinen rinderzüchtende Stämme die heutige Sahara durchzogen zu haben. Sie hinterließen F. von Hausrindern, oft zu wirkungsvollen Gruppen und Szenen vereinigt und von bogenbewaffneten Menschen begleitet. In dieser Periode tauchen im östlichen Tassili-Gebiet die von H. Lhôte charakterisierten „Rundkopfmenschen" auf, die (nach Schmuck, Körperform und dem dargestellten Kulturbesitz zu schließen) wohl als Negride aufgefaßt werden müssen, während „Weißafrika" (Afrika nördlich des Sudan) sonst vorwiegend Lebensraum Europäider war. – Aus dem Zeitraum von ca. 1200 v.Chr. an stammen die stellenweise nicht seltenen Gravierungen von Pferden, teils vor zweiräderigen Streitwagen in „fliegendem Galopp", teils als Reittiere. Dies erinnert an Herodots Bericht über die streitwagenbewehrten Garamanten. In dieser Epoche lassen sich häufig auch stilistische und vom abgebildeten Kulturgut her bedingte Anklänge an die →ägypt. Kunst feststellen. Die Schöpfer dieser Felsbilder hängen wohl mit den „Lebu" (Libyern) zusammen und sind teilweise mit ihnen identisch. – Wohl erst in der Römerzeit taucht auf den F. auch das Kamel als Reittier auf. Bilder dieser Art wurden noch in neuerer Zeit hergestellt und wirken meist kindlich und unbeholfen. Mit der großartigen Ausdruckskraft älterer F., etwa aus der Bubalus- und Rinderzüchterperiode, haben sie nichts mehr gemeinsam. Dagegen sind sie oft mit libyschen Schriftzeichen, die in der Tifinagh-Schrift der heutigen Tuareg weiterleben, vergesellschaftet. – Bekannte F.-Fundstellen in Nordafrika sind vor allem Oued Mertoutek im Hoggar; Khargur Tahl im Djebel Uwenat; Tell Issaghen und In Habeter im Fezzan; das Dermel-Tal im Sahara-Atlas; Wadi Djerat, Sefar und Jabbaren im Tassili; El Hosch und El Beida im nubisch-oberägypt. Raum.

Lit.: L. Frobenius, Ekade Ektab, die F. Fezzans, 1964; L. Frobenius, Hadschra Maktuba, Urzeitliche F. Kleinafrikas, 1965; H. Lhôte, Die F. der Sahara, 1958; H. Rhotert, Libysche F., 1952.

VI.) Nordamerika. Im Südwesten der USA wurden Hunderte von Stellen mit Petroglyphen entdeckt, die jedoch zur Zeit nur sporadisch veröffentlicht sind. Ihr Alter ist wohl nicht sehr hoch, ein Teil stammt sicherlich aus dem vorigen Jahrhundert. Sie stehen mit den religiösen Zeremonien der seßhaften Indianerstämme (Regen-Riten) in Verbindung. Es handelt sich um „Regenschlangen", Darstellungen von Menschen in Maskenkleidung oder übernatürlichen Wesen, vorwiegend aber um geometrische Symbole; alle F. dieses Raumes wirken nicht naturhaft, sondern „abstrakt". Ihr Verbreitungsgebiet erstreckt sich von Texas (Red River, Lamar County) über New Mexico (Hidden Lake), Nevada (Mt. Potwisha, Hospital Rock) bis Kalifornien (Painted Cave und Carrsisco Plains b. Santa Barbara, Inyo County, Tulare Region).

Lit.: H. Kühn, Wenn Steine reden, 1966; J. H. Steward, Petroglyphs of California, 1929; R. F. Heizer, Prehist. Rock Art of Nevada, 1962.

VII.) Nord- und Zentralasien. In diesem Raume wurden in den letzten Jahrzehnten relativ häufig F. entdeckt, doch liegt noch keine zusammenfassende Publikation darüber vor. Einige der Petroglyphen sind mit alttürkischen und arabischen Inschriften vergesellschaftet, doch deshalb nicht unbedingt gleich alt wie diese. Wahrscheinlich jungsteinzeitlich sind die Gravierungen von Abansk, Bezirk Minussinsk (Jäger mit Bogen und Pfeilen). Im Raume von Jakutsk entdeckte O. Okladnikov mehrere Gruppen von F.n an der mittleren und oberen Lena; dargestellt sind Wildpferde (z. T. nicht graviert, sondern in roter Farbe gemalt), Rentiere, kuppelartige Strukturen (Hütten?) und Menschen (wohl Schamanen in Maskenkleidung). – In Usbekistan entdeckte M. Voyevodsky in der Zaraut-Saya-Schlucht F. von Jägern und Wildrindern, zusammen mit Inschriften aus dem 13. Jh. n. Chr., die aber sicherlich wesentlich jünger als die Petroglyphen sind.

Lit.: L. Adam, Primitive Art, 1954.

VIII.) Ostafrika. In Kenya, Tanganyika und Nordrhodesien entdeckte man Felsmalereien, die stilistisch an die ostspanische Kunst des Mesolithikums erinnern. Es handelt sich vorwiegend um isolierte Tier- und Menschendarstellungen; die Wiedergabe von szenischen Gruppen ist hier sehr selten. Man fand stellenweise aus Tierfett und zerriebenen Erdfarben hergestellte „Fettkreiden", mittels welcher die meist einfarbigen Bilder an geschützten Felswänden angebracht worden waren. Die bekanntesten Fundstellen sind Kisese und Kondoa Irangi. Für die älteste Schicht des von Nordrhodesien her bekannten Nachikufu-Stils ergab eine Radiokarbon-

Felsritzzeichnung aus Fezzan.

datierung die Entstehungszeit um ca. 4000 v. Chr., während man früher das Alter dieser Bilder (halbnaturalistische Darstellungen in schwarzer Farbe) für viel geringer gehalten hatte.

Lit.: S. Cole, The Prehistory of East Africa, 1954.

IX.) Südafrika. In diesem Gebiet gibt es mehrere tausend F. von oft großer künstlerischer Ausdruckskraft, die aus dem Zeitraum zwischen 8000 v.Chr. und etwa 1880 n.Chr. stammen. Malereien sind häufiger als die eingeklopften (punzierten), eingekratzten und eingeschliffenen Petroglyphen. Farbige Darstellungen kommen vorwiegend unter vorspringenden Klippen und in höhlenähnlichen Felsunterständen vor, besonders im Südosten, Süden und Südwesten, die Gravierungen vor allem im Landesinnern (z. B. südlich von Kimberley). – Die ältesten Ritzbilder sind wohl isolierte Liniengravierungen von Tieren, oft an frei stehenden Granitkuppen („kopjes"), z.T. neben schematischen Darstellungen (Dreiecken, Leitern, Zickzacklinien). Szenen und zusammenhängende Gruppen treten hier kaum auf. Jünger sind flächenhaft punzierte naturalistische Tierbilder. Stilistisch läßt sich in großen Zügen eine ältere Epoche mit einfachen, oft überraschend abbildgetreuen Tierdarstellungen (z.B. Malereien in gelber, brauner, roter, schwarzer und weißer Farbe) von einer jüngeren unterscheiden, die häufig Menschen verschiedener Rassengruppen wiedergibt und in der künstlerischen Ausgestaltung von einer „inneren Unrast" gekennzeichnet ist. Die ältere Epoche (schon ab 8000 v.Chr.) kennt bereits

Felsmalerei aus S-Rhodesien, „Liegender mit Hörnermaske" (Mantiskopf).

die Verkürzung und szenische Gruppierung; bald treten sehr fein gemalte Bilder von Gazellen auf (Springbock, Impala u.a., „mikrographische" Kunst), häufig überlagert von größeren Darstellungen der möglicherweise damals sporadisch gezähmten Eland-Antilope („makrographische" Kunst). – Die jüngere Epoche ist offenbar durch Völkerwanderungen gekennzeichnet, die auch im Eindringen von Stämmen mit eisenzeitlicher Kultur (die Invasion der Bantu-Völker in das ursprünglich von den typologisch „steinzeitlichen" Vorfahren der Buschmänner und Hottentotten bewohnte Gebiet) ihre Prägung erhielten. Die F. dieser Epoche zeigen häufig Männer mit Schilden, Bogen und Speeren, die jüngsten schließlich bilden aus Europa stammende Ansiedler ab (z.B. Lesseyton Hills, Queenstown, Kap-Provinz). – In Südwestafrika ist die bekannteste F.-Fundstelle der Brandberg mit der berühmten „White Lady" (der genaue Fundort wird in der Literatur unter den Namen Tsissab-Schlucht, Leopard's Ravine und Maack Shelter geführt), die offenbar durch Fehlinterpretation als Beweis für altmediterrane Beeinflussung des afrikanischen Südens aufgefaßt wurde (Breuil). Weitere bekannte Fundstätten: der Bergstock des Drakensberges mit Hunderten prachtvoller Malereien; Iditima und Cinyati (Natal); Khotsa (Basutoland); Harrismith (Oranje-Freistaat); Tylden (Kap-Provinz); Klerksdorp, Doornkloof und Doornfontein (Transvaal); Rusapi, Macheke, Marandellas und die Matopos-Hills (Südrhodesien); Nachikufu (Nordrhodesien). Die letztgenannte Fundstelle leitet zu den F.n Ostafrikas über (dieser Artikel VIII.).

Lit.: L. Frobenius, Madsimu Dsangara, Südafrikanische F.-Chronik, 1962; A. R. Willcox, Rock Paintings of the Drakensberg, 1956; B.M. Bleek, Rock Paintings in South Africa, 1930; H. Breuil, The White Lady of the Brandberg, 1955.

X.) Südamerika. Petroglyphen verschiedener Art, vorwiegend sehr einfache Tier- und Menschenbilder, geometrische Symbole sowie Kombinationen davon, findet man in der Nähe von Flüssen (etwa an Felsblöcken in Ufernähe) relativ häufig zusammen mit Steinaxt-Schleifrillen im Stromgebiet des Orinoko, besonders in Guayana. Ihr Alter ist in den meisten Fällen wahrscheinlich nicht sehr hoch; sie stammen wohl vorwiegend von denselben Indianervölkern, die noch heute jene Gebiete bewohnen. Auch im Andenraum, in der Umgebung des Hochkulturgebietes, sind nicht selten F. ähnlicher Art entdeckt worden (Bolivien, Chile). Eine komplette Dokumentation der Petroglyphen dieses Raumes, die allein eine exakt-wissenschaftl. Bearbeitung erlauben würde, steht bisher noch aus.

XI.) Südsee →Osterinsel.

Felsgräber. Von den Christen vor allem in Palästina nach Analogie jüdischer Vorbilder angelegt. Aus den Felsen wurden, ähnlich wie bei den Katakomben in Rom, Kammern herausgearbeitet, in denen Tote bestattet wurden. Die Beerdigungspraxis war dabei weitgehend eine andere als in Rom. Die Toten wurden auf Felsplatten, die man durch Behauen der Felsmasse geschaffen hatte, aufgelegt. Daher der Name Bankgrab (Auflegegrab). Ist die Bank sargähnlich ausgehöhlt, spricht man von einem Einlegegrab. Die F. verursachten naturgemäß bei ihrem harten Gestein viel mehr Arbeit als die Katakombengräber mit ihrem weichen Tuffstein. F. finden sich auch in Syrien (schönes Beispiel in Mêschum, Zentralsyrien), Mesopotamien und Armenien.

Felsina. Etruskischer Name von →Bologna.

Felsritzungen. Bronzezeitliche →Felsbilder (II.) in Bohuslän (Schweden) und im südlichen Norwegen. Hauptmotive sind einfache Schiffsdarstellungen, Menschen, Tiere und verschiedene (symbolische) Zeichen. Bekannt ist u. a. eine Gruppe von drei (maskierten?) lurenblasenden Menschen.

Felten, Josef. Deutscher Architekt. Geb. 1799 in Köln, gest. ebda. 1880. Schüler der Bauschule in Berlin, danach in Köln ansässig als Architekt. Da er sich bei der Wiederherstellung und Ergänzung mittelalterl. Baudenkmäler bewährt hatte (St. Maria im Kapitol, Köln 1849), erhielt er von dem Museumsstifter J. H. Richartz den Auftrag zum Bau des städtischen Museums in Köln in Anlehnung an die bestehende Minoritenkirche. Seine Pläne, die im tudorgotischen Stil gehalten waren, wurden von J. →Raschdorff und A. →Stüler sowie durch König Friedrich Wilhelm IV. von Preußen korrigiert und bereichert. Das Wallraf-Richartz-Mus. wurde dann von 1855/61 erbaut. – Lit.: F. C. Heimann in Festschrift: Wallraf-Richartz-Mus. der Stadt Köln 1861–1911.

Fendi, Peter. Österreichischer Genremaler, Stecher und Lithograph. Geb. 1796 in Wien, gest. ebda. 1842. Der aus armen Verhältnissen stammende F., der nur die Zeichenakademie in Wien besucht hatte, erhielt durch die Förderung Wiener Sammler eine Stelle als Zeichner am kaiserlichen Münz- und Antikenkabinett, wo er neben mehreren Dienstreisen (Italien) auch Gelegenheit fand, Meisterwerke von der Antike bis zu seinen Zeitgenossen zu kopieren und die Aufmerksamkeit des Kaiserhauses auf sich zu lenken. So wurde er der bevorzugte Portraitist (besonders Kinderbildnisse) und Genremaler des Hochadels und auch dessen beliebter Zeichenlehrer. 1836 wurde F. zum Mitglied der Akademie der bildenden Künste in Wien ernannt. – F. ist der Chronist der Wiener Vororte, der sich weder von →Danhauser noch von →Waldmüller beeinflussen ließ. Am reizvollsten sind seine Szenen aus dem kleinbürgerlichen Alltag, manchmal sentimental, immer voll stillen Humors, sowie die in kleinem Format gehaltenen Portraits, denen eine unvergleichliche Skizzierkunst zugrunde liegt.

Fenestella Confessionis. Eine fensterartige Öffnung in der vorderen Seite des Altares oder an der unter dem Altar befindlichen →Confessio. Dadurch war eine Verbindung zu dem Märtyrergrab hergestellt, zu dem man herabschauen od. Tücher u. a. Gegenstände herablassen konnte, damit sie Heiligkeitskraft empfingen.

Fenster. Die lichtzuführende Öffnung in der Mauer ist fast immer Anlaß künstlerischer Gestaltung gewesen. In der frühchristl. Architektur führt die Laibung auf dem direkten Wege, senkrecht, durch die Mauer. In der Ro-

manik sind Solbank und Laibung nach außen erweiternd abgeschrägt (Vergrößerung des Lichteinfalls); durch Einstellen von Säulen entstehen Zwillings- und Drillings-F. In der Gotik wird die Laibung profiliert und die Öffnung von Stabwerk unterteilt (im Bogenbereich des F.s →Maßwerk genannt); Entwicklung farbiger und figürlicher Verglasung (→Glasmalerei); von romanischen Bildungen ausgehend Höhepunkt der F.-Rose. Die Renaissance rahmt, auf der Antike basierend, die F.-Öffnung (rechteckig, rundbogig oder flachbogig) mit einer Aedicula, deren Rahmenprofile und Giebelformen zu den mannigfaltigsten Varianten Anlaß geben. Der Barock entwickelt das Aedicula-F. weiter und macht es zu einem Betätigungsfeld seiner plastischen Absichten. Das Rokoko reduziert die Umrahmung und wirkt um so intensiver durch Proportionen sowie durch das überlegte Gitterwerk der Sprossen. Fast in allen Spätphasen der europäischen Stile kommt es zu höchst originellen Figurationen der F.-Öffnung: Schlüssellochfenster der Spätromanik, kurvig begrenzte F. bei →Zimmermann.
Lit.: O. Völkers, Glas und F., 1939.

Fensterfüllungen. Bestanden im allgemeinen aus Marmor oder Alabaster, der durchbrochen (perforiert) war. Man wollte auf diese Weise ein diffuses, gedämpftes Licht erreichen (besonders in den altchristlichen Kirchen).

Fensterkorb. Vergitterung einer Fensteröffnung, die bauchig aus der Mauerflucht herausragt, meist im Erdgeschoß. Kann Anlaß aufwendiger Schmiedearbeiten werden, besonders in der →Renaissance.

Ferhad und Schirin. Felsengrab bei dem Dorf →Sehne zwischen Kermanschah und Hamadan (Provinz Kurdistan, Westiran) mit säulengestützter Vorhalle und Flügelsonne über dem Eingang. →Medische Kunst.
Lit.: R. Ghirshman, Iran I, 87.

Fernkorn, Anton Dominik von. Deutsch-österreichischer Bildhauer. Geb. 1813 in Erfurt, gest. 1878 in Wien. Lernte in München in einer Eisengießerei, im Atelier L. →Schwanthalers (1836/40) und an der Akademie. 1840 ging F. nach Wien. Bis 1853 schuf er verschiedene kleinere Bildwerke, die ihn so bekannt machten, daß er in jenem Jahr den Auftrag für das „Erzherzog-Karl-Denkmal" erhielt, für welches die kaiserliche Erzgießerei unter der Leitung von F. gegründet wurde. Ab 1860 schuf er auch das Pendant dazu, welches Prinz Eugen darstellt. – F., dessen Ausbildung sich noch im klassizistischen Geist bewegte und dessen Plastiken trotz erstaunlicher Equilibristik noch in sich geschlossene Körper bilden, wurde für die Entwicklung der österreichischen Plastik bedeutend, da sich der Aufschwung dieser Plastik an ihm orientierte. – Lit.: F. Pollak, Anton Dominik von F., ein österreichischer Plastiker, 1911.

Ferrara. Das Castello Estense, ehemalige Wasserburg, wurde 1385 von Bartolino Ploti begonnen und ist eine der schönsten mittelalterl. Burgbauten Italiens. Die viereckige Anlage hat an den Ecken durch Wehrgänge miteinander verbundene Türme. Wassergräben umgeben den Bau. – Die Kathedrale S. Giorgio wurde 1135 begonnen und mehrmals im Lauf der Zeit umgestaltet. So wurde beim letzten Umbau (18. Jh.) das neue, von →Alberti geschaffene System der Verbindung zwischen Langhaus und Zentralraum mit einer Hauptkuppel zwischen 4 kleineren Eckkuppeln (bevorzugtes Motiv der Mailänder Renaissance) aufgenommen und rhythmische Kombinationen von Kolossalsäulen und -pilastern, die sich in der Fassadengestaltung wiederholen, verwendet. – Palazzo dei Diamanti. 1492 von B. Rossetti begonnener Renaissancepalast. Von S. d'Este in Auftrag gegeben u. 1567 vollendet. Die charakterist. Außengestaltung mit facettierten Quadern gab dem Palast seinen Namen.

Ferrari, Gaudenzio. Italien. Maler. Geb. um 1480 in Valduggia (Piemont), gest. 1546 in Mailand. Hauptmeister der piemontesischen Malerschule, tätig in Varallo, Vercelli und seit 1539 in Mailand. In seinem Werk kreuzen sich mannigfaltigste Einflüsse, werden aber selbständig verarbeitet. Fresken: Passionszyklus in S. Maria delle Grazie bei Varallo, 1507–13; Kreuzigungsfresken im Santuario di Varallo, 1523; Engelkonzert in der Kuppel der Wallfahrtskirche von Saronno, 1534.
Lit.: G. Delogu, Italien. Malerei, 1948.

Ferstel, Heinrich von. Österreichischer Architekt. Geb. in Wien 1828, gest. ebda. 1883. Er begann sein Studium am Wiener Polytechnikum, besuchte gleichzeitig die Malklasse der Akademie und trat 1847 in die dortige Architekturklasse ein, wo er Schüler von Roesner, van der →Nüll und von →Siccardsburg war. Nach Beendigung der Studien reiste er zur Fortbildung 1850 nach München. Kurze Zeit arbeitete er anschließend in Wien als Angestellter und begann 1852 in Böhmen selbständig zu arbeiten (got. Schloß Türmitz bei Teplitz, 1853/55). 1855 reiste er mit einem kaiserlichen Stipendium nach Italien, wo ihn die Nachricht seines Sieges im Wettbewerb um die Votivkirche in Wien erreichte. Dieser, auf Wunsch des Bauherrn in strengem Historismus durchgeführte got. Bau (1856/79), machte ihn weithin bekannt. In seinem späteren Schaffen, das durch eine Reihe bedeutender Monumentalbauten an der Wiener Ringstraße gekrönt wurde, zeigte er sein breit angelegtes historisches Können: die Nationalbank 1860 in italien.-roman. Formen, das Museum für Kunst und Industrie als Ziegelrohbau mit Sgraffiti und Terrakottenschmuck der Frührenaissance und als spätes Hauptwerk die Universität (1873/84) in den Formen der italien. Hochrenaissance, die er auf zwei Reisen nach Rom dafür studiert hatte.
Lit.: N. Wibiral, Die Bauten von Heinrich von F., 1953.

Feston. Eine meist mit Bändern umwickelte Girlande aus Blumen, Blättern und Früchten. Dieser schon in der Antike als Bauornament bekannte Schmuck findet vor allem in der Katakombenmalerei, aber auch in der altchristl. Buchkunst Verwendung.

Fetisch. In der älteren Literatur ursprünglich als Bezeichnung für alle schwarzafrikanischen Kleinplastiken gebraucht, heute nur im Sinne von „Zauberfigur" im Dienste der niederen Magie verwendet (von portugiesisch „feitiço" = das Gemachte und bedeutet Amulett oder Talisman). Der F. wird nur für bestimmte Zwecke (z.B. Schutz im Krieg und auf Reisen, Abwehr von bösem Zauber und Krankheit) hergestellt und wirkt nur dann, wenn eine besondere „Medizin" ihm Kraft verleiht. Wird der F. nicht mehr gebraucht oder erweist er sich als machtlos, so kann er weggeworfen, verbrannt oder verkauft werden. Dies erklärt die große Anzahl von F.en in europäischen Sammlungen. Stücke von echtem Kunstwert sind nur selten darunter.

Fetti, Domencio. Italien. Maler. Geb. 1589, gest. 1624. Arbeitete in Mantua, wo er nach 1613 als Hofmaler tätig war, und in Venedig. Stilistisch ist er in seiner lockeren Malweise stark von →Rubens beeinflußt und gehört durch seinen Improvisationsstil zu den frühen Meistern des italien. Hochbarock. Lichte glanzvolle Farbgebung charakterisiert seine kleinformatigen Bilder meist religiösen Inhalts.
Lit.: M. Endres-Soltmann, D. F., 1914.

Feuchtmayer (Faichtmayr, Feichtmayr). Künstlerfamilie des 17. und 18. Jhs. aus Wessobrunn, die vor allem Stukkatoren und Bildhauer hervorbrachte. **1)** Johann Michael. Geb. um 1709 in Wessobrunn, gest. 1772 in Augsburg. War vor allem als Stukkator tätig. Von seinem Phantasie- und Formenreichtum legen die Kirchenausstattungen in Amorbach, Zwiefalten, Ottobeuren und Vierzehnheiligen Zeugnis ab. Auch an der zerstörten Ausschmückung des Schlosses zu Bruchsal war er maßgeblich beteiligt. – **2)** Joseph Anton. Geb. 1696 in Linz, gest. 1770 in Mimmenhausen bei Salem. Bedeutendstes Mitglied einer bekannten Bildhauer- und Stukkatorenfamilie des 17. und 18. Jhs. aus Wessobrunn. Hauptmeister der Rokokobildnerei im Gebiet um den Bodensee. Schuf die Ausstattung der Schloßkapellen in Meersburg und auf der Insel Mainau, das Chorgestühl der Klosterkirche Weingarten sowie die Ausstattung des Klosters Salem, die der Wallfahrtskirche in Neubirnau sowie 1760 den Hochaltar der Franziskanerkirche in Überlingen. 1762 begann er mit der Arbeit am Chorgestühl der Stiftskirche von Sankt Gallen, die er 1768 beendete.
Lit.: K. Sauer, „Das Werk J.A.F.s", in: Oberrhein. Kunst 6, 1934; W. Boeck, J.A.F., 1948.

Feuerbach, Anselm. Deutscher Maler. Geb. 1829 in Speyer, gest. 1880 in Venedig. Aus einer seit Generationen wissenschaftlich bedeutenden Familie stammend. 1845 beginnt er seine Ausbildung an der Akademie in Düsseldorf als Schüler von →Schadow und →Schirmer. Studien im Atelier K.→Rahls 1849 in München werden durch den Hinweis auf die Bedeutung der franz. Kunst für F. wichtig. In Paris (1851/53) kopiert F. zuerst im Louvre alte Meister und findet so als Schüler erst zu →Courbet und später zu →Couture. Dieser befreit ihn von den

A. Feuerbach, „Ricordo di Tivoli", 1867 (Berlin, Nat.Gal.).

akademischen Bindungen, festigt seine technischen Fähigkeiten und leitet ihn zu dekorativen Arbeiten. In Italien, wohin er 1855 als Stipendiat reist, findet er endlich seine künstlerische Heimat, hier erreicht er die Selbständigkeit seiner Kunst. Es entstehen Bilder mit zumeist literarischen Themen: Iphigenie, Paolo und Francesca. 1873 wird F. als Prof. der Historienmalerei an die Akademie in Wien berufen und erhält den Auftrag, die Decke der Akademieaula auszumalen. Intrigen und bösartige Kritik lassen ihn aber schon 1876 von dem Lehramt zurücktreten und nach Italien zurückkehren, wo noch einmal eine reiche Schaffensperiode mit großen Aufträgen folgt, in der er auch seine Lebenserinnerungen niederschreibt, die zu den schönsten Aufzeichnungen eines Künstlers gehören. – F. suchte in der Malerei die Erneuerung der klassischen Schönheit durch einen höchsten Anforderungen genügenden Monumentalstil und suchte diese Absicht durch äußere Mittel zu erreichen, wodurch er aber nur im literarischen Sinne die Antike beschwor. Die einzelnen Figuren dagegen sind durch die seelische Erfassung der menschlichen Persönlichkeit ergreifende Werke, besonders die Zeichnungen, deren Rang alles überragt, was in der klassizistischen Kunst erreicht wurde; sie sind völlig frei von den abstrakten Theorien der großen Gemälde.
Lit.: J. Allgeyer, Anselm F., 1904; H. Bodmer, A.F., 1942.

Feuerstein. Rohmaterial für Steingeräte vor allem der →Älteren und der →Jüngeren Steinzeit, aus dem gelegentlich auch einfache Plastiken (etwa stark schematisierte Menschendarstellungen in spätneolithischen Kulturgruppen Nordosteuropas) geschlagen werden.

Feuertempel. F. und Altäre gehören zu den Kultbauten der →medischen, persischen, →parthischen und →Sasanidenkunst. Die Frühform der Altäre ist durch die medischen Felsgrabfassaden, die Form der →Achaemeniden-Zeit durch die Anlagen in →Pasargadae und →Naqsch-i-Rustam sowie durch die Reliefs von →Persepolis und →Naqsch-i-Rustam bezeugt. Daran schließen die Darstellungen auf den Münzbildern der →Fratadara an (→Nurabad). Die Entwicklung in der Partherzeit ist durch das Heiligtum von →Schiz gekennzeichnet. Charakteristisch für die →Sasanidenkunst ist neben dem turmartigen F. der offene Altar in einem offenen Pavillon, dessen Kuppel von vier Säulen getragen wird (→Bischapur, →Firuzabad).
Lit.: R. Ghirshman, Iran I, 134, 227ff; II, 25f., 149ff.; H. H. von der Osten, WP, 294.

Fezzan →Felsbilder (V.).

Fiale. Got. Bau- und Zierform. Schlankes Türmchen als Bekrönung des Strebepfeilers oder zur Flankierung des →Wimpergs. Der untere Teil, der meist vier- oder achtseitige Leib oder Schaft, ist mit Maßwerk versehen, auch als Tabernakel gebildet und mit Satteldach oder Giebel über jeder Seite ausgestattet. Über ihm erhebt sich der pyramidenförmige, mit →Krabben besetzte und von einer →Kreuzblume bekrönte Helm oder Riesen.

Fibel. Gewandschließe, aus einer einfachen Nadel entwickelt und in ihrer Urform der heutigen Sicherheitsnadel vergleichbar. Aus einfachen, ganz zweckentsprechenden Formen werden im Verlauf der vorgeschichtlichen →Bronze- und →Eisenzeit reich, bisweilen überladen verzierte Schmuckgegenstände. Man unterscheidet zwischen der einteiligen, früher „italisch" genannten und der zweiteiligen „nordischen" Fibel. In der →Hallstatt-Zeit sind Formen mit klappernden Anhängern typisch, in der →Latène-Zeit kommt es zu Zierweisen im typischen →Latène-Stil. In der nachchristl. →Völkerwanderungszeit kommen große, flächig ornamentierte →Bügelfibeln, aber auch zahlreiche andere Formen vor, so zum Beispiel die →Adlerfibel, die zur Gruppe der →Vogelfibeln gehört.
Lit.: H. Potratz, Vorgeschichtliche Geräte, Orion-Bücher 105, 1957; W. A. von Jenny - W. F. Vollbach, Germanischer Schmuck des frühen Mittelalters, 1933.

Fichtelberger Gläser oder Ochsenkopfgläser. Mit Emailfarben bemalte Trinkgläser aus dem Fichtelgebirge (17. und 18. Jh.). Dargestellt wird der Ochsenkopf, ein dicht bewaldeter Berg (einstige wendische Kultstätte), aus dem die Flüsse Main, Eger, Naab und Saale fließen.

Ficoronische Ciste. Berühmte →Ciste, nach ihrem früheren Besitzer benannt. Auf dem umlaufenden Fries ist die Argonautensage dargestellt. Man hat versucht, diese Szene auf Vorbilder der verlorenen monumentalen griech. Malerei zurückzuführen (heute in Rom, Mus. Villa Giulia).

Fidschi-Inseln. Inselgruppe Polynesiens westlich der →Tonga-I., ethnologisch eine Mischzone gegen →Melanesien zu. Kleine Plastiken, aus Holz und Walzahn geschnitzt, stellen Familienschutzgötter dar. Auch Hausbalken sind figural beschnitzt. Formschön gestaltet sind Kawa-Trinkschalen, Keulen und Geräte. Der →Tapa-Stoff ist mit schwarzen geometrischen Ornamenten verziert.
Lit.: B. Thomson, The Fijians, 1908.

Fiesole, Fra Giovanni da →Fra Angelico.

Fiesole, Mino da →Mino da Fiesole.

Figura piramidale. Kompositionsschema, bei dem sich die Hauptgestalten in ein gleichschenkliges Dreieck einordnen lassen, besonders beliebt in der Malerei der italien. Hochrenaissance.

Figurenkapitell (→Kapitell). Von Bedeutung zwei im 11. Jh.n.Chr. besonders in Frankreich und Spanien sich entwickelnde Formen: Entweder werden die Figuren dem architektonischen Kapitellaufbau untergeordnet, indem etwa die Köpfe anstelle der Abakusrosetten, die Hände anstelle der Eckvoluten treten (z. B. St. Bénigne, Dijon; vor 1017), oder die architektonische Funktion tritt hinter dem plastischen Reichtum mehrfiguriger erzählender Reliefs zurück. Letztere Form, bei der die Kapitelle zu Trägern ausgedehnter ikonographischer Programme werden konnten, fand weite Verbreitung, z. B. →Moissac, →Vézelay, →Autun.

Figurenverbot. Europäische, laienhafte Verallgemeinerung einerseits und mohammedanisch-religiöse Übertreibung andererseits haben die Vorstellung des religiös verankerten Verbots der Darstellung von lebenden Wesen verantwortlich erklärt für das Überwiegen ornamentaler Gestaltung in der islam. Kunst. Dem entspricht im Koran, der Gesetzcharakter hat, kein Verbot, dagegen enthalten einige überlieferte Aussprüche des Propheten Mohammed (Hadith) Warnungen und ablehnende Äußerungen. Einmal warnt er den Künstler vor der „Schaffung" lebender Wesen, da er ihnen am Jüngsten Tage kein Leben einhauchen könne und sie dem ewigen Höllenfeuer anheimfallen würden. Ein andermal rät er den Künstlern, ihre Figuren Blumen ähneln zu lassen – was in seltschukischer Zeit zur Form der „Tierarabeske" führte. Ein weiterer Ausspruch bezeugt wiederum, daß er Figuren an Kissen, also einem Gebrauchsgegenstand, duldete. Da die Befolgung des Hadith nur für die sunnitischen Mohammedaner verbindlich ist, wirken sich diese Aussprüche besonders unter den Türken und türkisch beherrschten Gebieten aus sowie in bilderstürmerischen Perioden. Unmöglich ist die Darstellung von Figuren an einer Moschee oder ihrem Mobiliar. Bilder Allahs sind ausgeschlossen, da das Wesen Allahs dem Menschen nicht faßbar ist. Wenn es bei historischen Legenden zur Darstellung Mohammeds kommt, ist sein Gesicht hinter einem Tuch verborgen.

Lit.: Enzyklopädie des Islam (Kapitel „sura").

Figurenwagen. Kultgeräte aus Ton oder Metall in vorgeschichtlicher Zeit. Aus der Nordischen →Bronzezeit ist der sogen. Sonnenwagen von →Trundholm, aus der →Hallstatt-Zeit der Steiermark der Wagen von →Strettweg bekannt. Verwandt sind die →Kesselwagen der Nordischen Bronzezeit. Die Figurenwagen sind vermutlich Bestandteil verschiedener Kultbräuche gewesen.

Figurierte Gewölbe. Gewölbe, deren Rippen ornamentale Figuren bilden, also Stern- und Netzgewölbe der Spätgotik. →Gewölbe.

Figurine. Modezeichnung, Kostümskizze. Früher übliche Bezeichnung für kleine →Staffage.

Fikellura-Vasen. Ostgriech. Vasengattung des 6. Jhs. v. Chr., nach dem Hauptfundort Fikellura bei Kamiros auf →Rhodos benannt. In Technik, Stil und Verbreitungsgebiet übernimmt die Gattung der F. die Nachfolge der →Kamiros-Vasen. Jene hatten den Übergang zum →Schwarzfigurigen Stil nicht mitgemacht, der von den F. aufgenommen wird, wobei in der Malerei der F. auf jegliche Ritzung verzichtet wird.

Lit.: A. Rumpf, Handbuch d. Archäologie, VI., 45, 1953.

Filarete, eigentlich Antonio di Pietro Averlino (Averolino), genannt F. Italien. Bildhauer, Architekt und Kunsttheoretiker. Geb. um 1400 in Florenz, gest. 1469 in Rom. Bildnerisches Hauptwerk die reliefgeschmückte Bronzetür am Haupteingang von St. Peter in Rom (1433–45). Bronzestatuette Mark Aurels (Dresden); silbernes Altarkreuz (Bassano, Dom, 1449); Bronzeplaketten. Seit 1451 als Architekt im Dienste des Francesco Sforza in Mailand: Ospedale Maggiore (1451–65) und Teile des Castello. In Mailand entstand auch sein berühmter „Trattato d'architettura" (herausgegeben von W. von Oettingen, 1890) mit der romanhaften Schilderung einer Idealstadt über sternförmigem Grundriß.

Lit.: W. von Oettingen, Über das Leben und die Werke des Antonio Averlino, genannt F., 1888 (Beiträge zur Kunstgeschichte, N.F. 6); M. Lazzaroni – A. Muñoz, F.scultore e architetto del secolo XV, 1908; W. Paatz, Kunst der Renaissance in Italien, 1954.

Filigran (lat. filum „Faden" und granum „Korn"). Zierweise, bei der Silber- oder Golddrähte auf eine metallene Unterlage aufgelötet werden, häufig in Verbindung mit →Granulation (→Völkerwanderungszeit).

Filigranglas →Fadenglas.

Filitosa-Kultur. Benannt nach dem Dorf Filitosa im Taravo-Tal im südlichen Korsika, bronzezeitlich. Bekannt sind zahlreiche Steinplastiken (→Menhir). Auf einigen Bildsteinen sind Dolche und Schwerter dargestellt, die an gleichzeitige Waffen aus dem benachbarten Sardinien erinnern.

Filter. Filterverschlüsse im Hals von tönernen Wasserkrügen, eine im Orient wichtige Vorrichtung, werden im Mittelalter in Ägypten zum Gegenstand künstlerischer Gestaltung. Die dünne Schicht unglasierten Tones wird im Durchstich und mit Details in Ritzzeichnung verziert. Von feinsten geometrischen Mustern bis zu Schriftornament oder Glückwunschformel, vom ornamentalen Netzwerk einer Tierfigur bis zum Schattenriß eines Fabelwesens ist die Erfindungsgabe der Meistertöpfer unübersehbar. Die zahllosen Beispiele stammen aus Fostat, dem mittelalterl. Kairo.

Lit.: Katalog des Museums für Islamische Kunst, Kairo.

Fiori, Ernesto de. Italien. Bildhauer. Geb. 1884 in Rom, gest. 1945 in São Paulo. Er begann als Maler großer dekorativer Figurenkompositionen, in denen sich Anregungen von →Hodler erkennen lassen. 1911–14 lebte er in Paris und kam dort unter dem Einfluß der Werke →Maillols und →Rodins, gefördert von →Haller zur Bildhauerei. Er versuchte in großen Aktfiguren und Portraitbüsten die Gegensätze seiner beiden großen Vorbilder auszugleichen, um in der Synthese einen eigenen Stil zu finden.

Lit.: H. Vollmer, Künstlerlex. d. 20. Jhs.

Firnis →Ölmalerei.

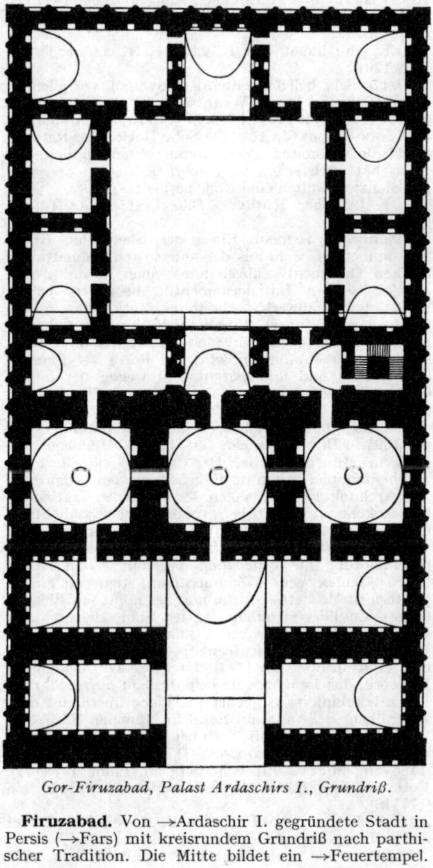

Gor-Firuzabad, Palast Ardaschirs I., Grundriß.

Firuzabad. Von →Ardaschir I. gegründete Stadt in Persis (→Fars) mit kreisrundem Grundriß nach parthischer Tradition. Die Mitte bildet ein →Feuertempel.

Der außerhalb von F. in Quellnähe erbaute Palast ist beispielhaft für die →Sasanidenkunst. Das mit Bruchsteinen und rasch erhärtendem Mörtel aufgeführte Mauerwerk war mit Stuck verkleidet. Der repräsentative Teil öffnet sich zur Quelle mit dem Garten in einem tiefen →Iwan, der beiderseits von zwei quergestellten Räumen mit Tonnengewölbe flankiert ist. Die Tür in der Rückwand des Iwan führt in den quadratischen Kuppelsaal. Diesem Kern der Anlage sind zwei gleiche Räume beiderseits zugeordnet. Vom mittleren Kuppelsaal gelangt man in den niedrigeren Wohnteil des Palastes, der von einem Hof mit zwei kleinen·Iwanen und voneinander getrennten Breiträumen mit Tonnengewölbe gebildet wird. Die nach außen abgeschlossene Hofhausform ist mit dem eigenständigen nach außen geöffneten Liwansystem organisch zu einer Anlage gefügt. Auf das Erbe der →Achaemeniden gehen ägyptisierende Hohlkehlen über gewölbten Nischen zurück, die der parthischen Architektur entstammen, so daß ein eigenartiger Kontrast entsteht. Ein gleiches gilt für die Verwendung von Halbsäulen am äußeren Mauerwerk der Anlage. Elemente des Gliederbaus sind vom Massenbau für die Fassadengestaltung übernommen und eingeschmolzen worden. Die bei F. auf einem Felsgrat erbaute Burg Ardaschirs I. (→Qal'a-i-Duchtar) verbindet Festung und Palast. An der Felswand der Schlucht, die nach F. führt, ließ der Herrscher seinen Sieg über den letzten →Arsakiden darstellen. Das Reiterkampfmotiv der →parthischen Kunst ist zu einer stürmischen Schlachtszene erweitert, in der der Gegner mit langer Lanze aus dem Sattel gehoben wird.
Lit.: R. Ghirshman, Iran I, 122ff.; H.H. von der Osten, WP, 129ff.

Fisch. Sehr beliebtes altchristl. Symbol, vor allem in der Katakombenkunst. Wenn man die Buchstaben des griech. Wortes für F. = „Ichthys" auflöst, kommt man zu dem Satz: „Jesus Christus, der Sohn Gottes, der Retter." So ist die Verbreitung dieses Symbols verständlich. Der Fisch hat auch schon in vorchristl. Zeit in den verschiedensten Kulten eine Rolle gespielt.
Lit.: F. J. Dölger, Ichthys, 3 Bde. Text, 2 Bde. Tafeln, 1927–28.

Fischblase, Schneuß. Ein in der →keltischen Kunst vorkommendes, wohl aus der aufgelösten Palmette der antiken Ornamentik abgeleitetes, auch in der irisch-angelsächsischen Initialornamentik, besonders jedoch im spätgot. Maßwerk verbreitetes Motiv, das an die Form einer F. erinnert. Wird die F. im Kreis zu mehreren zusammengesetzt, entsteht eine Wirbelform (z.B. Dreischneuß). In Frankreich wird die Form als Flamme interpretiert und der spätgot. Stil wegen der außerordentlichen Häufung dieses Ornamentes →Flamboyant-Stil genannt.

Fischer, Johann Michael. Deutscher Architekt. Geb. um 1691 in Burglengenfeld, gest. 1766 in München. Seit 1716 in München tätig. Der fast ausschließlich als Kirchenschöpfer bekannte F. gehört zu den bedeutendsten Architekten-Begabungen des deutschen Spätbarock und Rokoko. Er schafft bei grundsätzlicher Schlichtheit der Außenerscheinung lichterfüllte Innenräume, die trotz der Zartheit ihrer Stimmung ihre monumentale Grundhaltung nie verleugnen. Gegenüber den bäuerlichen Genies wie →Zimmermann, den malerisch-plastischen Meistern →Asam und der höfischen Eleganz eines →Cuvilliés ist er im engsten Sinne die architektonische Begabung Bayerns seiner Zeit. Unter den Langhausbauten die wichtigsten: →Zwiefalten (1741–53) und →Ottobeuren (ab 1744). Ist schon Ottobeuren ein Bauwerk, das Langhaus und Zentralbau auf großartige Weise kombiniert, so gehört F.s Liebe überhaupt dem Zentralbau: St. Anna am Lehel in München (1727–33), Wallfahrtskirche in Aufhausen bei Regensburg (1736–39, vollendet 1751), Franziskanerkirche in Ingolstadt (1736–39), Michaelskirche in Berg am Laim (1738–44), Rott am Inn (1759–61), Altomünster bei München (1763ff.).
Lit.: A. Feulner, J.M.F., 1922; F. Hagen-Dempf, Der Zentralbaugedanke bei J.M.F., 1954.

Fischer, Karl von. Deutscher Architekt. Geb. 1782 in Mannheim, gest. 1820 in München. Ab 1797 war er bei Maximilian v. Verschaffelt in München in der Lehre. 1799 setzte er sein Studium an der Akademie in Wien fort, wo er Schüler des J. Platzer war. Als Fischer 1804 den ersten Preis im Wettbewerb um das Nationaltheater in München gewann, erhielt er ein Reisestipendium nach Frankreich und Italien (1806/07). Auf dieser Reise empfing F. die Eindrücke, die für sein späteres Werk bedeutend wurden: die Neuerungen im Theaterbau, die neu entwickelten Eisenkonstruktionen, die Werke der Antike und des frühen Mittelalters. Nach seiner Rückkehr wurde F. 1808 als Prof. der Baukunst an die Akademie München berufen. Es folgte nun die kurze, aber intensive Schaffensperiode, deren Hauptwerk das Nationaltheater in München (1811/18) ist. Von einer 2. Italienreise (1811) brachte F. aus Florenz die Bauaufnahme des Pal. Pitti mit, die →Klenze später für den Königsbau der Residenz verwendet hat, wie auch andere Entwürfe von F. dem Werk von Klenze zugrunde liegen. Hauptwerke: Nationaltheater, Palais Prinz Carl, Anlage der Maxvorstadt mit Karolinenplatz (alle in München).
Lit.: O. Hederer, Karl von F., 1960.

Fischer, Theodor. Deutscher Architekt. Geb. 1862 in Schweinfurt a.M., gest. 1938 in München. Studium am Polytechnikum in München bei →Thiersch und bei →Wallot im Baubüro des Reichstages in Berlin. Nach kurzer Tätigkeit in Dresden als freier Architekt kehrte er nach München zurück, wo er 1892/93 Mitarbeiter von →Seidl war. 1893-1901 war F. Vorstand des Stadterweiterungsamtes in München. In diese Zeit fällt der Generalbaulinienplan von München, der bis zum 2. Weltkrieg Gültigkeit hatte. 1901 folgt er einem Ruf nach Stuttgart an die Technische Hochschule, und von 1908 bis zu seiner Emeritierung 1929 wirkte er wieder in München als Prof. an der Technischen Hochschule. – Ausgehend von den barocken Architekturformen seiner Lehrer, gelangte er zu einem Stil, der von den Bauaufgaben und den neuen Baustoffen geformt wurde und in welchem er auf eklektizistische Anklänge verzichtete. Er entwarf auch die Ausstattung seiner Bauten bis in die Details. Werke: Chirurgische Klinik in München, Universität Jena (1908), Kunstgebäude in Stuttgart (1913).
Lit.: Thieme-Becker.

Fischer von Erlach. 1) Johann Bernhard, deutscher Architekt. Geb. 1656 in Graz, gest. 1723 in Wien. 1682–85 in Italien, dann Hofbaumeister in Wien. F. eröffnet die Reihe der großen Barockarchitekten des Nordens, aber er ist nicht nur der erste, sondern auch derjenige mit einer – im engsten Sinne – kaiserlichen Gesinnung. Sein Werk faßt genial viele Einflüsse zusammen; es bleibt der röm. Größe eines →Bernini verpflichtet, ist aber auch von der räumlichen Kompliziertheit und Kühnheit eines →Borromini beeinflußt und bleibt doch gleichzeitig für die Strömungen des franz. Barock und dessen klassizistischen Tendenzen offen. Nichts beweist die Einmaligkeit seiner Begabung mehr als sein Kupferstich-Prachtwerk „Entwurf einer Historischen Architektur", 1721 (2. vermehrte Auflage, 1725; Neuausgabe 1956), in dem er auf die Architektur Ägyptens und Asiens genauso eingeht wie auf den Tempel Salomos und sich selbst als das Endglied einer jahrtausendelangen Entwicklung sieht. Der „Erste Entwurf" für Schönbrunn (1691) repräsentiert Kaiser und Reich und überbietet →Versailles. Von den Entwürfen für die Wiener Hofburg wurde nur die Hofbibliothek (seit 1722) ausgeführt, die Würde und fast antike Größe auszudrükken versteht und in den Bibliotheksbauten der Reichsklöster variierende Nachfolge fand. Unter seinen Sakralbauten macht die Karl-Borromäus-Kirche in Wien (seit 1717) das Imperiale in ernster Großartigkeit sinnfällig. Kirchenbauten: Dreifaltigkeitskirche in Salzburg, 1694; Kollegienkirche ebda., 1696–1707. Weltliche Bauten in Wien: Winterpalais des Prinzen Eugen, 1696ff.; Palais Schwarzenberg, 1710ff.; Palais Trautson, 1710ff.; Böhmische Hofkanzlei, 1711ff.; Reichskanzlei, 1728ff. – In Prag: Palais Clam-Gallas, 1707ff. – In Salzburg: Schloß Klesheim. Viele seiner Bauten wurden von seinem Sohn, F. 2), vollendet.

Lit.: H. Sedlmayr, J.B.F.v.E., 1956; H. Aurenhammer, J.B.F.v.E., Ausstellungskatalog Wien, 1956; G. Kunoth, Die historische Architektur F.s v.E., 1956.

2) Joseph Emanuel, Sohn von 1). Deutscher Architekt. Geb. 1693 in Wien, gest. 1742 ebda. Gebildet auf Reisen durch Deutschland, Italien und möglicherweise auch durch Frankreich und England. Beendete viele Werke seines Vaters, schon sehr selbständig die Reichskanzlei in Wien. Ganz unabhängig die Hofreitschule ebda., um 1730. F.s Stil nähert sich franz. klassizistischen Tendenzen.

Lit.: T. Zacharias, J.E.F.v.E., 1960.

Fixieren. Um das Verwischen von Zeichnungen in Bleistift, Kohle, Kreide oder Pastell zu vermeiden, werden sie mit einem rasch trocknenden Fixiermittel (Fixativ) bestäubt (z.B. mit in Spiritus gelöstem Schellack).

Flachbogen. Auch Stich- oder Segmentbogen genannte Bogenform, die aus einem Kreissegment besteht, das nicht allmählich in die Vertikalen übergeht, sondern mit einem Knick hart an sie anstößt.

Flämische Kunst →Niederländische Kunst.

Flamboyant. Bezeichnung der franz. Spätgotik. Der Name ist aus der im Franz. als Flamme interpretierten Ornamentform der →Fischblase abgeleitet. Der F.-Stil ist weitgehend ein Dekorationsstil, der der engl. Gotik →Engl. Kunst; →Maßwerk) wichtige Impulse verdankt. Kennzeichnend sind ein Verschleiern architektonischer Struktur durch reichste Zierformen, die eine schimmernd aufgelockerte Oberfläche schaffen, zunehmende Starrheit und Härte der Einzelformen, zudem Vorliebe für kleine Räume, wie Kapellen, und helle Glasfenster, d.h. nüchternere Beleuchtung. Wichtig wird besonders der Außenbau (z.B. Fassade der Kathedrale von Rouen). Neue Bauaufgaben sind Kapellen und Pfarrkirchen sowie die profane Baukunst des Adels, des Bürgertums und der Wehrbau, auf die der aus dem Kirchenbau stammende Stil übertragen wird. →Gotik, →Franz. Kunst.

Flameng, 1) Léopold. Belgisch-franz. Radierer und Kupferstecher. Geb. 1831 in Brüssel, gest. 1911 in Courgent bei Mantes. Als 10jähriger besuchte er schon die Holzschneiderklasse der Ecole Royale de Gravure in Brüssel, wechselte dann in die Stecherklasse, wo er schon früh bei der von seinem Lehrer edierten Publikation über das Versailler Museum half. Dort bildete er sich auch in der Radiertechnik aus und in der Kunst der Reproduktion alter Meister. 1853 ging er nach Paris und betätigte sich als Illustrator von Zeitschriften (Gazette des Beaux-Arts) und Büchern (Paris qui s'en va et Paris qui vient, von →Haußmann). Den Höhepunkt seines Werkes bilden aber die Vervielfältigungen alter Meister, von denen er fast alle berühmten Werke in immer neuen, den jeweiligen malerischen Besonderheiten gerecht werdenden Techniken reproduzierte und sie so der breiten Öffentlichkeit zugänglich machte. Unter diesen Radierungen sei besonders genannt die Kopie des Hundertguldenblattes von →Rembrandt. Daneben schuf er eine umfangreiche Portraitgalerie.

2) François. Franz. Maler. Geb. 1856 in Paris, gest. 1923 ebda. Begann als Schüler seines Vaters Léopold 1), wandte sich aber bald der Malerei zu, die er bei →Cabanel, Hédouin und J. P. →Laurens studierte. Seine Vorliebe galt dem historischen und dem Genre-Bild im Kostüm des 18. Jhs. und des ersten Napoleon. Als beliebter Modeportraitist führte ihn sein Ruf bis nach New York und Chicago, in London unterhielt er sogar ein zweites Atelier. Ferner malte er historistische Fresko-Dekorationen (Sorbonne, Opéra comique - Paris).

Lit.: Thieme-Becker.

Flavischer Stil. Röm. Stilepoche der Regierungszeit der flavischen Kaiser (69–96 n. Chr.). Im F. erreicht die Kunst der röm. Kaiserzeit ihren reinsten Ausdruck, vor allem in Architektur und Malerei. Blendordnung und Bogensystem sind die bevorzugten Elemente der Baukunst, die in Rom durch bedeutende Monumente wie das →Colosseum belegt sind. Zu den großen Leistungen der Flavischen Epoche gehört die Ausbildung der röm. Kaiserthermen, deren spätere Anlagen bis auf geringe Varianten auf den flavischen Typ zurückgehen. – Auch die Entstehung des mehrstöckigen Mietshauses ist in diese Zeit zu datieren, ebenso gehört der einzige erhaltene stadtrömische Kaiserpalast auf dem →Palatin in diese Epoche, deren bedeutendste Zeugnisse neben den bereits genannten der Titus-Bogen auf dem →Forum Romanum, das Nerva-Forum und die späten pompejianischen Villen sind.

Meister von Flemalle, Verkündigung (Brüssel, Mus. Royaux des Beaux Arts).

Flaxman, John. Engl. Bildhauer und Illustrator. Geb. 1755 in York, gest. 1826 in London. Lernte u. a. bei →Blake und war 1775–1787 für die Porzellanmanufaktur Wedgwood tätig. Ein anschließender mehrjähriger Aufenthalt in Rom (bis 1799), wo die Begegnung mit der Antike und mit Winckelmann entscheidend für seine weitere Entwicklung wurde. Er studierte die antiken Bildwerke und die griech. Vasenmalerei, deren Umrißstil ihn nachhaltig beeinflußte. Daran anschließend entstanden zahlreiche Illustrationen, u. a. zu Homer und Dante. Hierin und in seinen Entwürfen für Wedgwood leistete er Bedeutendes, dem sein bildhauerisches Schaffen (mehrere klassizistische, oft überladene Grabmäler) nachsteht.

Lit.: J. W. Constable, J. F., 1927.

Flecheln. Bezeichnung für das Ziselieren von Gegenständen aus Zinn. Mit dem Grabstichel wird hierbei eine Zickzacklinie eingraviert.

Flechtband →Bandgeflecht.

Fleischton →Inkarnat.

Flémalle, Meister von. Einer der Begründer der niederl. Tafelmalerei; benannt nach drei wahrscheinlich aus der Abtei Flémalle bei Lüttich stammenden Altartafeln, jetzt Staedelsches Kunstinstitut, Frankfurt/a.M. Auch Meister von Mérode genannt. Wahrscheinlich identisch mit Robert Campin, dem urkundlich benannten Lehrer Rogiers van der Weyden. Geb. vor 1380 in Tournai (?), dort gest. 1444. Das von Tschudi 1898 publizierte Œuvre (12 Gemälde) von einigen Forschern als Frühwerk des R. van der →Weyden beansprucht. Neu sind die nachdrücklich plastische Gestaltung der menschlichen Figur und die Ausweitung des Innenraums, die, verbunden mit scharfer Zeichnung und unbestechlicher Wiedergabe der sichtbaren Wirklichkeit, auch dem Bildinhalt neue Wahrheit und Monumentalität verleihen. Bedeutender Bildnismaler. Werkauswahl: Geburt Christi, Dijon Mus. (Frühwerk); Mérode-Altar (Verkündigung), New York, Metropolitan Mus.; „Feister Mann" (Bildnis), Berlin, Mus. Dahlem.

Lit.: H. v. Tschudi, „Der M.v.F.", Jb. d. königl. Preuß. Kunstsammlungen 1898, 89 ff.; M. Salinger, „Campin, Robert", Encyclopedia of World Art III, 1960, 38 ff.

Fleuron. Als Ornament verwendete stilisierte Blume.

Fliesen. Platten verschiedensten Umrisses aus Stein oder gebranntem, auch glasiertem Ton, als Fußboden oder Wandbekleidung. F. können Träger von Mustern, Wappen und figürlichen Darstellungen sein. Großartige Beispiele der Verwendung von F. schon in der altorientalischen Kunst, im Mittelalter besonders bei den →Cosmaten, dann weiter in der →islamischen Kunst und im 17. und 18. Jh. besonders in den Niederlanden (Delft).
Lit.: Forrer, Geschichte der europäischen F.-Keramik, 1901.

Flötner, Peter. Deutscher Kleinbildner, Ornamentzeichner und Architekt. Geb. um 1490 in Thurgau, gest. 1546 in Nürnberg, seit 1522 ebda. ansässig. Schuf Modelle für Plaketten, mit denen er das Formengut der italien. Renaissance im Norden verbreitete. Am glücklichsten entfaltete sich sein Talent in dekorativen Ornamententwürfen zu kunstgewerblichen Arbeiten, die er im Holzschnitt veröffentlichte. Dekorationen im Hirschvogelsaal (Nürnberg, 1534), im Tucherhaus (1533–44, ebda.). Holzschuher-Schrank (1541, Nürnberg, German. Nat.Mus.).
Lit.: F. Leitschuh, Das Plakettenwerk P.F.s, 1904; E.F. Bange, P.F.s Holzschnitte, 1926; E.F. Bange, „Die Handzeichnungen P.F.s", in: Jahrbuch der preuß. Kunstsammlungen, 57, 1936.

Florentiner Mosaik. Mosaikähnliche Verzierungstechnik, die besonders im 16. Jh. in Florenz bekannt war und der →Inkrustation verwandt ist. Vor allem Tischplatten aus Marmor wurden nach einer Vorzeichnung mit farbigen dünnen Steinplättchen (bei besonders kostbaren Stücken mit Halbedelsteinen) ausgeschmückt und poliert.

Florentinische Malerei →Toscana.

Florenz. Das antike Florentia von Caesar 59 v. Chr. als röm. Kolonie angelegt, anstelle einer von Sulla zerstörten etruskischen Siedlung. Im 4. Jh. Bischofssitz. Aufstieg im 11. Jh. F. löst sich aus der Markgrafschaft Tuskien. Die Stadt wächst über den alten Kern hinaus, greift auf das linke Arnoufer über und wird nach 1172 befestigt. Unter den zahlreichen Architekturdokumenten des Mittelalters seien sechs erwähnt. **1)** Baptisterium, S. Giovanni. Um 1060 begonnen, um 1150 vollendet, rechteckige Chorkapelle 1202. Achteckiger Zentralbau (frühchristl. Vorbilder) mit achtseitiger spitzbogiger Kuppel unter Zeltdach und Laterne (spätantike Konstruktionsform). Gliederung innen und außen durch schwarz-weiße Marmorinkrustation. Innen tragen korinthische Säulen ein Gebälk, darüber hinter je 3 zweigeteilten Bogenöffnungen zwischen Pilastern ein Laufgang. Bedeutendes fünfzoniges Kuppelmosaik mit Christus als Weltenrichter und zahlreichen Szenen (Datierung und Zuschreibung unsicher). Außen pilastergegliedertes Sockelgeschoß, Fenstergeschoß mit vorgeblendeten Bogenstellungen, über Gesims zurückgesetzte Attika, betonte Ecken. In der klaren Gliederung in Rechteckfelder und Bogenstellungen sowie im antikisierenden Detail ein Hauptbeispiel der sogen. Protorenaissance. Wichtigste Ausstattung: 3 hochberühmte Bronzetüren, eine von A. →Pisano (1330 begonnen), zwei von L. →Ghiberti (1403–24; 1425–52); innen Grabmal Johannes XXIII. von →Donatello und →Michelozzi (um 1425) und hl. Magdalena von Donatello (vor 1455). – **2)** →Campanile des Doms (Nordseite). 82 m hoch, Helm fehlt, quadratischer Grundriß mit polygonalen Eckstreben, weiß-grün-rötliche Marmorinkrustation. Begonnen 1334 von →Giotto (Entwurf, 1. Sockelgeschoß), fortgeführt von A. →Pisano (2. Sockelgeschoß, 2 Geschosse mit Statuennischen), 3 hohe Fenstergeschosse von Fr. Talenti (bis 1359). Am Sockel Reliefs, im wesentlichen von A. Pisano und seiner Schule. Ursprünglich in jeder der Nischen zwei Statuen von A. Pisano, G. di Bartolo und →Donatello (heute Domopera). Programm: Welt- und Heilsgeschichte. – **3)** Dom, S. Maria del Fiore. Anstelle der Kirche S. Reparata (Mitte des 12. Jhs.) Neubau ab 1296 von →Arnolfo di Cambio begonnen (bis 1301): Fassade und queroblonge Westjoche teilweise ausgeführt. 1357 Neuplanung durch Fr. Talenti: Langhaus mit 4 quadratischen Mittelschiff- und queroblongen Seitenschiffjochen; Kreuzrippenwölbung. Laufgang wie in S. Croce. Obergaden mit Rundfenstern (vergleiche S. Maria Novella, Florenz). Sehr weite Arkadenstellung schafft räumliche Vereinheitlichung und ruhig lagernden Raumeindruck. Ostteile 1380–1421 als zentralbauartige →Dreikonchenanlage errichtet. Die achtseitige Kuppel von F. →Brunelleschi (1418–21; Vorbild: Baptisterium). Außenbau mit grün-rötlich-weißer Marmorinkrustation. Fassade 19. Jh. Die Porta della Mandorla im N seit 1391 von Nicolò di Pietro Lamberti, Nanni di Banco (Tympanon: Mariae Himmelfahrt, 1415–21, Hauptwerk) u. a.

Florenz, S. Miniato al Monte, 11. und 12. Jh., Ansicht der Fassade.

Wichtigste Ausstattung: Orso-Grabmal des →Tino da Camaino (um 1321); Pietà des →Michelangelo (vor 1550-68); 2 Fresken mit Reiterbildern von P. →Uccello (G. Acuto, um 1436) und A. del Castagno (Nicolò da Tolentino, um 1456). Die berühmten Sängertribünen des →Donatello (1433–40) und des Lucca della →Robbia (um 1435) heute Domopera. — **4)** San Miniato al Monte. Bedeutendes Beispiel hochroman. toskanischer Baukunst. Dreischiffige querschifflose Säulenbasilika, halbrunde Apsis, offener Dachstuhl, der auf zwei über Halbsäulen aufsteigenden Schwibbögen ruht. Dadurch Rhythmisierung der Arkadenreihung. Ohne Rücksicht auf die Arkaden ragt die Krypta ins Schiff, eine hochgelegene Chorbühne schaffend (lombardischer Einfluß). Vollständig mit weißem und schwarzem Marmor inkrustiert. Großartigste Ausprägung toskanischer Schmuckkunst ist die reiche Prunkfassade mit ihren antikisierenden Einzelformen; um 1170. Berühmtes Beispiel der sogen. →Protorenaissance. – **5)** Santa Croce. Franziskanerkirche. 1295 begonnen von →Arnolfo di Cambio, 1442 geweiht, Fassade 19. Jh. 19 m breites Mittelschiff durch weite Arkaden auf Achteckpfeilern von schmalen Seitenschiffen geschieden. An der Ostwand des niedrigeren Querschiffs zu seiten der kleinen polygonalen Chorkapelle je 5 Seitenkapellen (→Zisterzienser-Baukunst). Laufgang zwischen Arkaden und Obergaden betont die Horizontale. Offener Dachstuhl. Der Kirchenraum in seiner Großformigkeit und ruhigen Lagerung von einer den nordischen Kathedralen ebenbürtigen Monumentalität. Hochbedeutende Freskoausmalung (z. T. verloren): 1. →Giotto: Peruzzikapelle (vor 1328); Bardikapelle (vielleicht von einem Schüler um 1330); 2. T. →Gaddi: Baroncellikapelle (um 1330); 3. B. →Daddi: Pulci-Beraldikapelle; 4. →Maso di Banco: Silvesterkapelle; 5. →Orcagna: Reste von Triumph des Todes, Weltgericht, Inferno (heute Opera von S. Croce). Reiche bedeutende Ausstattung, u.a. Glasgemälde (1320 bis 15. Jh.), Bruni-Grabmal von B. Rossellino (um 1444-47), Marmorkanzel von B. da Maiano (1474/75?), Verkündigung (um 1430/32) und Kruzifix (um 1412) von →Donatello, Grabmal Michelangelos von Vasari u. a. (16. Jh.). – **6)** Bargello (italien. „Polizeihauptmann"). Ein Florentiner Gebäude (13.–14. Jh.), ursprünglich Sitz des obersten Richters, später des Polizeihauptmanns. Seit seiner Restaurierung (1857–65) Museum, das u. a. die bedeutendste Sammlung von Bildwerken der Florentiner Renaissance besitzt. – Die Wiege der Renaissance stand in F. Sie entstand unter dem Mäzenat florentinischer Kaufleute, den Bankiers der Könige von Europa, die dieses Neuerwachen der antiken Kultur aufs kräftigste förderten, sei es in der Philosophie (L. Bruni), der Dichtkunst (Petrarca, Cocaio), der Malerei (Giotto), Plastik oder Architektur (Michelangelo). – **7)** Das Gebäude, in dem der Renaissancestil zum erstenmal in Erscheinung tritt, ist →Brunelleschis Findelhaus (begonnen 1421). Brunelleschi hatte man die Bauleitung und die Errichtung der Vierungskuppel am Dom übertragen. Die Domkuppel ist noch ganz got. aufgefaßt, sie war Brunelleschis Meisterwerk, und dennoch entstand das Findelhaus in ganz anderem Charakter: das Erdgeschoß der Fassade besteht aus einem offenen Arkadengang von weit gestellten, schlanken korinthischen Säulen, durch Rundbögen verbunden. Im Obergeschoß rechteckige Fenster über den Arkadenbogenscheiteln, so daß sich oben der gleiche Rhythmus ergibt wie unten. In den Bogenzwickeln sind die berühmten Terrakotta-Wickelkinder Andrea della →Robbias angebracht. – **8)** Am Außenbau des Palazzo Rucellai (1446–51 erbaut von B. Rossellino nach Entwürfen von L. B. →Alberti) sind die Pilaster an allen drei Geschossen in verschiedener Weise zur Anwendung gelangt: dorische im Erdgeschoß, darüber ionische und korinthische Pilaster im obersten Geschoß. Die horizontale Gliederung ist durch ein antikisierendes Kranzgesims gegeben, ebenfalls eines der frühesten seiner Art. Die Fenster sind zweigeteilt, darüber jeweils ein von seinem Zwillingsrundbogen trennendes Gebälk. – **9)** Der Palazzo Medici, 1444–95, begonnen von →Michelozzi, war der erste in der Reihe der großartigen privaten

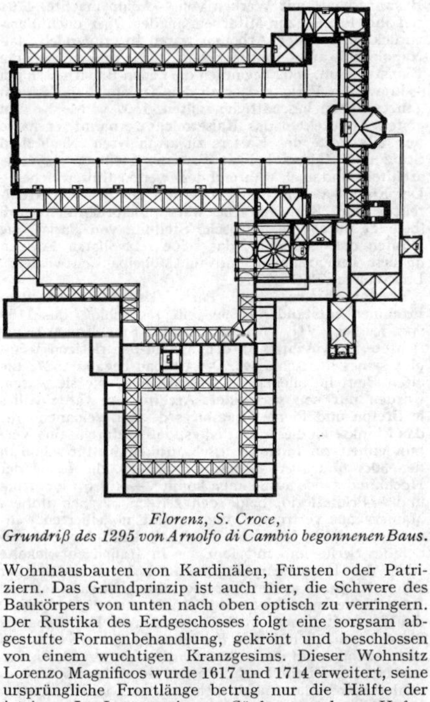

Florenz, S. Croce,
Grundriß des 1295 von Arnolfo di Cambio begonnenen Baus.

Wohnhausbauten von Kardinälen, Fürsten oder Patriziern. Das Grundprinzip ist auch hier, die Schwere des Baukörpers von unten nach oben optisch zu verringern. Der Rustika des Erdgeschosses folgt eine sorgsam abgestufte Formenbehandlung, gekrönt und beschlossen von einem wuchtigen Kranzgesims. Dieser Wohnsitz Lorenzo Magnificos wurde 1617 und 1714 erweitert, seine ursprüngliche Frontlänge betrug nur die Hälfte der jetzigen. Im Inneren ein von Säulen umgebener Hof. – **10)** Palazzo Strozzi. Benedetto da Maiano begann den Bau 1489; Cronaca vollendete ihn 1497–1507. Die Fassaden zeigen gleichmäßig behandelte Rustika mit schlichten Gurtgesimsen zwischen den einzelnen Geschossen, in denen (in den beiden oberen) die rundbogig abgeschlossenen Fenster gleichmäßig verteilt sind. Den oberen Abschluß bildet wieder ein Kranzgesims, das, wie auch der schöne, im Erdgeschoß offene Arkadenhof, auf Cronaca zurückgeht. – Die kirchliche Bautätigkeit in F. wurde seit der Errichtung der Domkuppel entscheidend für die Entwicklung der Sakralarchitektur der Renaissance. – **11)** Die Cappella dei Pazzi, 1430 von

Florenz, Palazzo Medici, Fassadensystem.

Brunelleschi begonnen, ist der Beginn zur Aufnahme des Problems des Zentralbaues. – **12)** 1435 entwarf Brunelleschi die Kirche S. Spirito, eine Basilika mit Rundbogenarkaden und flacher Decke, also eigentlich roman. Die Säulen tragen korinthische Kapitelle, die mit den Basen auf röm. Abkunft hinweisen. Ebenso sind die Wandnischen der Seitenschiffe röm. Ursprungs. Die Maße und das Verhältnis der Raumeinheiten zueinander weisen aber schon in die neue, den Raum nicht mehr als ein Unbestimmtes auffassende Richtung. Besonders im O-Teil von S. Spirito ist Brunelleschi entscheidend von Vorbildern der Romanik und Gotik abgewichen. Die Vierung trägt eine Kuppel; der Raum erweckt den Eindruck eines Zentralbaues. – **13)** In S. Maria degli Angeli hat Brunelleschi den frühesten Zentralbau der Renaissance geschaffen. Die Bautätigkeit wurde aber schon 1437, 3 Jahre nach Beginn, wieder eingestellt. Heute kann man sich nur noch mit Hilfe von Originalstichen und den restlichen Mauern eine Vorstellung von dem Bau machen. Statt der schlanken Säulen sollten hier Pilaster verwendet werden, den Pfeilern des inneren Oktogons vorgesetzt. Dieser Kernraum ist von 8 Kapellen umschlossen, die Kuppel hatte – nach röm.-antikem Vorbild – eine einzige massive Schale sein sollen. – **14)** Der Umbau der Familienkirche der Medici S. Lorenzo lag auch in Händen Brunelleschis. Die im 4. Jh. geweihte, im 11. Jh. erneuerte Kathedrale konnte von ihm nicht mehr vollendet werden. Die Alte Sakristei war zwar fertig, Chor und Querschiff wurden 1460 und später das Langhaus vollendet. Die Fassade wurde von →Michelangelo 1516 entworfen, aber nicht ausgeführt, statt dessen schuf er die Neue Sakristei als Mausoleum der Medici von 1521–34. – **15)** An die Kirche S. Lorenzo schließt sich die Biblioteca Laurenziana, das erste Beispiel reiner Baukunst von →Michelangelo an. Im Auftrag der Medici entwarf er 1524 den Lesesaal, 1526 den hohen, engen Vorraum. Der Büchersaal, niedrig und lang, ist an den Wänden durch Säulen in Felder geteilt. Die Farben sind kalt: Weiß und Grau. – **16)** Die Uffizien, 1560–74 als Verwaltungsgebäude neben dem Pal. Vecchio von →Vasari errichtet unter Verwendung schon vorhandener Mauerteile. Das Erdgeschoß bildet eine prachtvolle Halle zu beiden Seiten der langrechteckigen Piazza degli Uffizi, die gegen das Ufer des Arno durch eine monumentale offene Querhalle abgegrenzt wird. Der Palazzo beherbergt heute die berühmte Gemäldesammlung, Bibliothek und Archiv. Mitte des 16. Jhs. ist die Blütezeit Florentiner Architektur erloschen; Rom zieht die großen Begabungen an sich und wird in gewissem Sinne für die Folgezeit Mittelpunkt der Baukunst. (Siehe Tafel 19) →Pitti.

Lit.: Wasmuths Lexikon der Baukunst, Bd. VI, 1930; N. Pevsner, Europäische Architektur, 1957; W. und E. Paatz, Die Kirchen von F., 1940–54; E. Michelotti, Chiese di Firenze, 1959.

Floris. 1) Cornelis. Niederl. Baumeister, Ornamentzeichner und Bildhauer. Geb. 1514 in Antwerpen, gest. 1575 ebda. Sein 1561 begonnenes, 1565 vollendetes Rathaus von Antwerpen, in dem er eine Renaissance-Palastfassade mit nordischem Giebelschmuck verbindet, wird zum richtungweisenden Bautypus. Seine eigentliche Bedeutung erreichte er als Ornamentzeichner. In mehreren Mappenfolgen schuf er stilbildende Serien, in denen er die italien. Groteske mit Motiven wie Beschlag- und Rollwerk verband. Hiermit wurde er zum Schöpfer des in ganz Nordeuropa verbreiteten sogen. ,,Floris-Stils". – Auch als Plastiker trat er hervor: in seiner Werkstatt in Antwerpen entstanden zahlreiche Grabmäler und Epitaphien. – Hauptwerke: Freigrab Friedrichs I., vollendet 1552; Denkmal Herzog Albrechts I., vollendet 1572, Königsberg, Dom; Lettner der Kathedrale von Tournai, 1572.

Lit.: R. Hedicke, C. F., Text- und Tafelband, 1913; R. Hedicke, C. F. und die Florisdekoration, 2 Bde., 1913. – **2)** Frans. Bruder von 1). Niederl. Maler. Geb. 1516 in Antwerpen, gest. 1570 ebda. Schüler von L. Lombard und bedeutender Vertreter des Romanismus. Lebte hauptsächlich in Antwerpen. Studierte in Italien den →Manierismus, vor allem die Nachfolger →Michelangelos, und wurde zum Vorläufer von →Rubens, dem er auch den großen Werkstattbetrieb vorwegnimmt. Mit kraftvollem Strich und einer fast derben Malweise erreicht er kühne kompositionelle Wirkungen, in seinen Bildnissen erweist er sich als scharfer Beobachter. Die besten Arbeiten, die in seiner Werkstatt entstanden, sind außerordentlich originell. F. schuf Bilder biblischen und mythologischen Inhalts. Seine Hauptwerke sind der 1554 entstandene Engelssturz (Antwerpen, Mus.), der 1558 geschaffene Falkenjäger (Braunschweig, Mus.) und dessen Gegenstück, Die Frau des Falkenjägers (Caen, Mus.).

Lit.: Winkler, Altniederl. Malerei, 1924; D. Zuntz, F. F., 1929.

Floris-Stil →Floris.

Flucht. Gerade, auf der Bauwerke, Bauteile oder Innenräume aneinandergereiht sind (Häuserflucht, Zimmerflucht). Fluchten bedeutet in gerader Linie ausgerichtet sein, abfluchten, auf gerade Linie gebracht werden. – Bauflucht oder Baufluchtlinie ist eine obrigkeitlich festgelegte Linie, über die hinaus ein Grundstück nicht bebaut werden darf.

Fluchtpunkt →Perspektive.

Flügelaltar →Altar.

Flügelgläser. Dünngeblasene Kelchgläser, die zwischen 1550 und 1800 auftreten. Am Schaft des Kelches sind kleine Voluten in Form von Kämmen, Schnäbeln, verschlungenen und durchbrochenen Formen angebracht. Man nennt sie auch gekniffene Gläser, womit das Herausziehen von Glasteilen im heißen Zustand mit der Zange charakterisiert wird.

Flüstergalerie, Flüstergewölbe (Echo-Gewölbe). Räumlichkeiten, in denen Schallwellen an entfernter Stelle verstärkt zurückgeworfen und hörbar werden (z.B. durch ellipsoidisch gekrümmte Wände).

Förster, Ludwig von. Deutsch-österreichischer Architekt und Kunstschriftsteller. Geb. 1797 in Bayreuth, gest. 1863 in Gleichenberg. Studierte 1816/18 an der Akademie in München bei K. v. →Fischer und ging anschließend nach Wien, wo er bei Nobile arbeitete. 1843/46 war er Prof. an der Akademie in Wien. Sein Hauptwerk ist der Erweiterungsplan von →Wien, der der Anlage der Wiener Ringstraße zugrunde liegt. Nicht weniger bedeutend als seine Bauten ist sein publizistisches Werk, für dessen Verbreitung er 1836 die ,,Allgemeine Bauzeitung" gründete.

Lit.: Thieme-Becker.

Foladi →Bamiyan.

Folie. Metallplättchen, oft aus Gold oder Silber, das bei der Fassung von Edelsteinen oder durchsichtigen Glasflüssen die Wirkung des Farbenspiels erhöhen sollte.

Fondi d'oro →Goldglas.

Fondukistan. Ruinenhügel im Hindukusch südlich des Ghorbandtals. Kostbare Fragmente von buddhistischen Wandmalereien und von bemalten Tonfiguren, vermutlich der Stifter, im spätesten buddhistisch-sasanidischen Stil von der Wende des 6. zum 7. Jh. befinden sich im Museum Kabul.

Fontaine, Pierre-François-Léonard. Franz. Architekt und Bauhistoriker. Geb. 1762 in Pontoise, gest. 1853 in Paris. Studium an der Ecole des Beaux-Arts in Paris bei André und Peyre le Jeune, in dessen Atelier er Ch. →Percier, seinen späteren Mitarbeiter, kennenlernte. 1786/92 weilten beide in Rom, anschließend ging F. nach London, wo er den engl. Möbelbau studierte und die Bekanntschaft mit Werken von →Adam machte. 1794 rief ihn Percier zur Mitarbeit an der Oper nach Paris zurück. Ihre ersten Arbeiten waren so erfolgreich, daß Napoleon I. auf sie aufmerksam wurde und sie in seine Dienste nahm. 1802 begannen die neuen Bauarbeiten am →Louvre in Paris, später an den Tuilerien, die F. sein ganzes Leben beschäftigen sollten. 1807 wurde F. zum ersten Architekten des Kaiserreiches ernannt, er hatte nun alle Feste des Kaisers zu arrangieren. Nach dem Sturz des Kaisers behielt F. seine Stellung als Hofarchitekt und auch während des zweiten Kaiserreiches. – Der Einfluß von F. und Percier auf den Stil von Architektur und Kunstgewerbe war außerordentlich groß (bedingt durch die politische Stellung von Paris); sie schufen das →Empire, das seine reizvollsten Formen in den Innenräumen und im Möbelbau entwickelte.

Lit.: Thieme-Becker.

Fontainebleau, nahe Paris. Unter Robert dem Frommen entstand hier 998 ein Jagdschloß, das 1169 von Ludwig VII. erneuert wurde. Erst Franz I. errichtete im Anschluß an den Altbau den riesigen Komplex seines Lustschlosses. Der Umbau begann 1527; die alten Bauteile blieben im wesentlichen, wie sie waren, wurden nur neu verkleidet. Architekten waren Gilles le Breton und Pierre Chambiges d. Ä. Bezeichnend für das Frankreich dieser Zeit ist es, daß es durch seine Verbundenheit zur mittelmeerisch-antiken Kultur schon in den 30er und 40er Jahren des 16. Jhs. die Ideen der Hochrenaissance aufnehmen konnte. →Rosso Fiorentino und →Primaticcio, beide den zeitgenössischen italien. Manierismus vertretend, malten und modellierten während der 30er Jahre in F.; 1540 kam der Peruzzi-Schüler Serlio und mit ihm das in Italien entwickelte Ideal des Künstlerarchitekten nach Frankreich. Aber schon 10 Jahre später war hier eine Generation franz. Künstler herangebildet und übernahm nun die Aufgaben, die bisher Italienern vorbehalten waren. Die Tätigkeit dieser sogen. ,,Schule von Fontainebleau" erstreckte sich hauptsächlich auf die außerordentlich prunkvolle Innenausstattung der zahllosen Säle und Gemächer von F. Das Schloß wurde dann noch mehrmals um- und ausgebaut unter Heinrich II., Karl IX. und Heinrich IV. Der bedeutendste und interessanteste Bauteil ist aber die

„Galerie Franz I.“, ein Hauptbeispiel franz. Frührenaissance und zugleich Zeugnis des Wirkens der Schule von F. Der etwa 58 m lange und 5 m breite Raum ist an den Wänden mit architektonisch gegliederter Holzvertäfelung verkleidet, die ein plastisch und malerisch reich gestaltetes Fries trägt. Zusammenhängende große Bildreihen sind umgeben von einer Fülle von Figuren aus weißem Stuck. Jünger ist die ebenfalls von Franz I. begonnene, unter Heinrich II. vollendete „Galerie Henri II“, an deren prunkvoller Renaissance-Ausstattung (1553) vor allem Philibert →Delorme beteiligt war.
Lit.: F. Herbet, F., 1937; G. Pillement, Le château de F., 1942; Ch. Terrasse, F., 1951; R. Pichard du Page, F., 1955.

Fontainebleau, Schule von →Primaticcio.

Fontana. 1) Carlo. Italien. Baumeister. Geb. 1634 in Brugiate bei Balerna (Tessin), gest. 1714 in Rom. Schüler von →Bernini, dessen Stil er fortsetzt und zu dem allgemein kühleren röm. Spätbarock umbildet. Baute in Rom die Cappella Cibò in S. Maria del Popolo, um 1670; Fassade von S. Marcello, 1682–83; Portikus von S. Maria in Trastevere, 1702. Weiterhin Kathedrale von Montefiascone sowie Pal. und Villa Visconti in →Frascati. Tafelwerk über die Peterskirche, 1694, „Il tempio Vaticano e la sua origine“. Bedeutende städtebauliche Ideen, u.a. die einer Prachtstraße zwischen den Kolonnaden von St. Peter und der Engelsbrücke.
Lit.: E. Coudenhove-Erthal, C. F. und die Architektur des röm. Spätbarocks, 1930; Reclams Kunstführer Italien V, Rom und Latium, 1962.
2) Domenico. Italien. Baumeister. Geb. 1543 in Melide (Tessin), gest. 1607 in Neapel. Unter Sixtus V. (1585-90) päpstlicher Architekt, ist er ein Hauptmeister des Frühbarocks, dessen Werk ohne Einflüsse von →Michelangelo, →Vignola und della →Porta nicht denkbar ist, wenn auch deren Stil bei ihm strenger und kälter, bisweilen nüchtern wird. Werke in Rom: Palast der Päpste auf dem Quirinal, ab 1585; Querhausfassade der Lateranskirche mit Bogenhalle und Lateranspalast, ab 1586; Bibliotheksbau des Vatikans, ab 1587. Mit G. della Porta führt er die Kuppelwölbung von St. Peter nach Michelangelos Plan aus und errichtet die Laterne 1588–90. Höchsten Ruhm gewann er durch die Aufrichtung des Obelisken auf dem Petersplatz, 1586, sowie andere ähnliche Ingenieurleistungen. F. greift wesentlich in die städtebauliche Orientierung des barocken Rom ein (Piazza del Popolo und Corso). Seit 1592 in Neapel, dortiges Hauptwerk Pal. Reale.
Lit.: G. Giovannoni, Enciclopedia Italiana, 1932; Reclams Kunstführer Italien V, Rom und Latium, 1962.

Font-de-Gaume bei Les Eyzies (Dép. Dordogne, Südfrankreich), eine der bedeutenden Höhlen mit Wandmalereien der →Älteren Steinzeit. Sie wurde 1901 entdeckt. Die →Höhlenmalereien finden sich im Innern, etwa 65 m vom Eingang entfernt, und liegen teilweise unter alten Sinterschichten. Dargestellt sind mehr als 200 Tiere, u.a.: Bison, Wildpferd, Mammut, Rentier, Hirsch, Urstier, Steinbock, Nashorn, Bär, Wolf, ein Raubtier, eine menschliche Figur, mehrere →tektiforme Zeichen (in einem fallenähnlichen befindet sich ein Mammut) sowie →Handumrisse. Die Konturen sind überwiegend in roter und schwarzer Farbe gemalt, bisweilen ergänzend graviert, das Innere der Darstellungen ist rot, braun, schwarz und gelb getönt, häufiger sind Unebenheiten der Wand in die Bilder mit einbezogen. Mammutdarstellungen (in Ritztechnik) überlagern ältere Bisonbilder. Die Abbildungen gehören dem frühen und mittleren →Magdalénien, einige schon dem →Aurignacien an.
Lit.: Bandi/Maringer, Kunst der Eiszeit, 1955.

Fontenay. Einzige fast vollständig erhaltene Zisterzienserklosteranlage in Burgund (Stufe →Pontigny II, Clairvaux II). 1118 gegründet, Kirche 1139–47. Dreischiffiges Langhaus mit burgundischer Spitztonne über Gurtbögen, die bis zum Ansatz des niedrigeren plattgeschlossenen, seitlich von Nebenchören begleiteten Chors durchläuft. Niedrige Querhausarme, keine echte Vierung. Seitenschiffe mit Quertonnen. Typisch für die Frühstufe der →Zisterzienser-Baukunst: rechteckige Pfeilervorlagen im Mittelschiff, fortgeführt in Kämpferhöhe durch halbrunde Dienste, die die Gurtbögen tragen. Keine Obergadenfenster. Trotz Verwendung burgundischer Bauformen völlig neuartiger, von monumentaler Nüchternheit bestimmter Charakter (→Burgund).
Lit.: H. Hahn, Die frühe Kirchenbaukunst der Zisterzienser, 1957.

Ford, Edward Onslow. Engl. Bildhauer. Geb. 1852 in London, gest. ebda. 1901. Studierte 1871/74 in München bei M. Wagmüller. Debütierte 1875 in London mit einer Bildnisbüste und blieb bis 1884 diesem Genre verbunden. Danach schuf er auch Phantasieplastiken, die geistige Begriffe versinnbildlichen sollten. Sein bedeutendstes Werk dieser Art ist das Shelley-Denkmal in Oxford (1892). – F. gehörte zu den Begründern der engl. naturalistischen Plastik, ohne jedoch ganz vom akademischen Klassizismus frei zu werden. Während die Büsten dem Realismus zuneigen, ist F. in seinen Phantasieplastiken mehr romantisch-literarisch orientiert. Werke: Modelle zu engl. Münzen (Victoria), Statue des Staatsmannes W. E. Gladstone (1894, London).
Lit.: Oxford History of Engl. Art.

Forli, Melozzo da →Melozzo da Forli.

Forma Urbis. Bezeichnung für den antiken Stadtplan Roms, der sich durch großzügige Straßenanlagen mit Privatpalästen, Gärten und Parkanlagen auszeichnet. Der Stadtplan ist teilweise auf im Vespasiansforum gefundenen Marmortafeln erhalten.

Formgeschirr →Porzellan.

Formis, Sant'Angelo (bei Capua). Großartigstes Beispiel einer fast intakten, vollständigen frühmittelalterl. Ausmalung, gestiftet vom Abt Desiderius von Monte Cassino (1058–87). Apsis: thronender Christus zwischen →Evangelistensymbolen, drei →Erzengel, hl. Benedikt, Stifter. Hochschiffwände: drei Reihen neutestamentlicher Bilder. Seitenschiffwände: Altes Testament. Westwand: Jüngstes Gericht. Dekorationsschema abendländisch, stilistische wie ikonographische Grundlagen überwiegend byzant. Die auf Blau, gelben und dunklen Ocker, Braunrot, Grün, Kalkweiß eingeschränkte Palette, die derbe Ausführung, die bei aller Formelhaftigkeit lebendige, großzügige Handschrift, die Drastik des aufs Dramatische konzentrierten Erzählstils, der bei Abwandlung eines einzigen rustikalen Typs eine erstaunliche Vielfalt seelischen Ausdrucks erreicht, die kompakte Zusammenfassung in Gruppen, die einfache rechtwinklige Aufteilung scheint italien. Art zu sein und zeigt eine erste Umwandlung byzant. Formenguts zum Romanischen.
Lit.: F. X. Kraus, ‚Die Wandgemälde von S. A. in F.‘, in: Jb. d. preuß. Kunstsammlungen 1893, 3ff., 84ff.; R. Oertel, Die Frühzeit der Italien. Malerei, 1953.

Formmodel →Model.

Formschneidekunst →Zeugdruck.

Formsteine. Gebrannte Steine (Backsteine), zu deren Herstellung besondere Formen notwendig sind, weil aus ihnen die Zierglieder mit ihrer irregulär modellierten Oberfläche geschaffen werden.

Fortuny y Carbo, Mariano José. Span. Maler und Radierer. Geb. 1838 in Réus (Tarragona), gest. 1874 in Rom. Studierte ab 1853 an der Kunstschule in Barcelona und im Atelier des Overbeck-Schülers C. Lorenzale. Stellte schon ab 1855 im Kunstverein von Barcelona eigene Werke historistischen Genres aus, was ihm die Förderung der dortigen Kunstkreise eintrug. 1857 erhielt er ein Romstipendium. Hier kopierte er alte Meister und übte sich in Aquarellen. Als er 1859 nach Spanien heimkehrte, wurde er als Schlachtenmaler nach Marokko gesandt. Von da an war er fast ständig auf Reisen: Barcelona, Paris, London, Neapel, Marokko und immer wieder Rom. Er wurde der gefeiertste und höchstbezahlte Historienmaler seiner Zeit, der mit den allergrößten Formaten (60 qm) ebenso reüssierte wie mit seinen Aquarell- und Ölskizzen oder Radierungen. F. liebte es, seine historischen Werke in Rokokogewandung zu geben oder Genreszenen dieser Epoche darzustellen. Sein leuchtendes Kolorit und sein Detailreichtum wurde von den franz. Meistern, die er besuchte,

besonders Morelli, →Meissonier und →Gérôme, beeinflußt.
Lit.: Ch. Davillier, Fortuny – sa vie, son œuvre, sa correspondance, 1875.

Forum. Der Staatsmarkt einer röm. Stadt. Entsprechend der griech. →Agora war das F. das Zentrum des öffentlichen Lebens und diente der Rechtsprechung, der Verwaltung, den Staatskulten und der Repräsentation. →Basiliken, →Tempel, Rednertribüne und Weih- oder Repräsentationsmonumente gehören zu jedem F. – Das Forum Romanum bildete zudem den Mittelpunkt Roms und der gesamten damaligen Welt. Waren die frühen Fora allmählich gewachsen, so gibt es seit der Kaiserzeit durchgeplant angelegte Fora, die sogen. Kaiserfora, die der Verehrung und Verherrlichung vergöttlichter Kaiser dienten, →Kaiserforum.

Forum Romanum. Der Staatsmarkt von Rom, in einer Talsenke am Fuße des →Palatin und →Kapitol gelegen. Früheste Spuren stammen aus vorröm. Zeit, in der der Platz als Nekropole der anliegenden Siedlungen diente. Mit der Gründung Roms (753 v. Chr.) wird das F. bald zum Ort der Staatskulte und des offiziellen Staatslebens. Im Gegensatz zu späteren Stadtfora, die meist als geplante Platzanlage errichtet wurden, liegt dem F. keine einheitliche Planung zugrunde. Die natürliche Lage ergab eine Längsorientierung, die durch den Prozessionsweg zum Kapitol, die Via sacra, über der später die Triumphbögen errichtet wurden (Titus-Bogen, Augustus-Bogen, Septimus-Severus-Bogen), bezeichnet wird. Zwei dieser Bögen stehen noch aufrecht. – Die Reste von zwei großen Basiliken (Basilika Aemilia, Basilika Julia) und von mehreren Tempeln sind erhalten. In ihrem heutigen Bestand stammen die Tempel meist aus der späteren Kaiserzeit, gehen als Heiligtümer jedoch auf Gründungen der Königsherrschaft oder der Republik zurück. – Wichtigste Staatsbauten waren die wiederaufgebaute Curia (Senatssitz), die Rostra (Rednertribüne) und das Heiligtum der Vestalinnen, die die röm. Verfassung hüteten. – Weihedenkmäler füllten den übrigen Platz.
Lit.: R. Romanelli, Il Foro Romano (deutsche Ausgabe 1951).

Foster, Birket. Engl. Aquarellist und Graphiker. Geb. 1825 in North Shields, gest. 1899 in Weybridge (Surrey). Begann 1841 in London mit der Holzschneiderlehre. Im gleichen Jahr begann er schon Zeichnungen für den „Punch“ zu liefern. Ab 1846 arbeitete er als Illustrator für Kinderbücher, Romane und Klassiker (Miltons „Il Penseroso“, 1855). Von einer 1852 unternommenen Rhein- und Alpenreise brachte er die ersten Aquarelle mit, doch wandte er sich erst ab 1858 dieser Technik im größeren Umfang zu, als er mehrere Reisen nach Italien, Frankreich und Spanien unternahm. F. schuf mehrere Serien engl. Landschaften in allen Techniken, die ihm zur Verfügung standen (Aquarell, Deckfarben, Holzschnitt, Photo, Lithographie u. a.).
Lit.: M. B. Huish, „Birket Foster, his life and work“, Art Journal, 1890.

Foujita, Tsugouharu. Japanischer Maler und Lithograph. Geb. 1886 in Tokio, gest. 1968 in Paris. Kam 1912 nach London und ließ sich 1913 in Paris nieder. Dort begegnete er →Rousseau und →Picasso, die ihn nachhaltig beeinflußten. Dabei verleugnete er jedoch nie seine Herkunft und die Tradition japanischer Malerei. Kennzeichnend für seine Interieurs und Portraits sind ein ausgewogener Linienstil und die Betonung des dekorativen Elements. Wie in seinem malerischen Werk, versuchte er auch in lithographischen Reihen die ostasiatische Tradition mit der westlichen Moderne zu verbinden.
Lit.: H. Vollmer, Künstlerlex. d. 20. Jhs.

Fouquet (Foucquet), Jean. Franz. Maler. Geb. um 1415 in Tours, gest. zwischen 1477 und 1481 ebda. Bedeutendster franz. Maler des 15. Jhs., den wir vorherrschend als Miniaturmaler kennen, da als seine einzig beglaubigten Werke nur Miniaturen erhalten sind. Lebte in Tours. Zwischen 1443 und 1447 Aufenthalt in Italien. Schuf in Rom das Portrait Papst Eugen IV. In Frankreich ist er erst wieder ab 1461 nachweisbar. In seinen zahlreichen Miniaturen (u. a. für die Andachtsbücher der franz. Hocharistokratie) sind starke Einflüsse der flämischen Miniaturmalerei erkennbar; typische Merkmale seiner Kunst sind das Erzählerische seiner eindringlichen und präzisen Darstellungen und sein Empfinden für die Wirkungen des Lichtes in der Landschaft; seine menschlichen Gestalten entstanden in Anlehnung an die franz. Plastik. Die ihm zugeschriebenen Tafelbilder Etienne Chevalier mit dem heiligen Stephan (Berlin), Madonna mit Kind und Engeln (Antwerpen, Mus.) und das Bildnis des Juvénal des Ursins (Paris, Louvre) zeigen bereits Elemente der Renaissance.
Lit.: G. Lafenestre, J. F., 1904; K. G. Perls, J. F., 1940; P. Wescher, J. F. und seine Zeit, 1947.

Fra Angelico, „Verkündigung“ (Florenz, Kloster S. Marco).

Fra Angelico, eigentlich Guido di Piedro (Fra Giovanni da Fiesole). Italien. Maler. Geb. vermutlich 1387 in Vicchio, gest. 1455 in Rom. Beeinflußt von Monaco und Nelli, möglicherweise auch von der sienesischen Malerei, entwickelte er sich zu einem der bedeutendsten Vertreter der Frührenaissance (vielfach auch als „letzter Gotiker“ bezeichnet). Seine Werke sind ausschließlich religiösen Inhalts, seine Bilder werden beherrscht von den Farben Rot, Blau und Gold; sie offenbaren tiefe Gläubigkeit, innige weltabgewandte Stimmung und zarte Verklärung. – F. trat 1407 in das Dominikanerkloster in Fiesole ein, hielt sich von 1414–18 in Cortona auf und arbeitete anschließend wieder in Fiesole. Zu seinen Hauptwerken gehören die Fresken im Markuskloster in Florenz, die er 1436 begann und 1445 vollendete. Im gleichen Jahr weilte er in Rom, 1447 schuf er Fresken für die Chorwölbung der Cappella Nuova des Doms in Orvieto, 1452 in Rom Fresken für die Nikolauskapelle des Vatikans (Darstellungen aus der Geschichte der Heiligen Laurentius und Stephanus, vollendet 1455). Weitere Hauptwerke F.s sind die Madonna der Flachshändler (1433; Florenz, Uffizien), die Krönung Mariae (ebda. und Paris, Louvre), ein Madonnenaltar (Florenz, Mus. di S. Marco) u. a.
Lit.: W. Hausenstein, 1923; R. Papini, 1925; A. Banti; 1953; G. C. Argan, 1955.

Fra Bartolommeo, eigentlich Baccio della Porta. Italien. Maler. Geb. 1472 in Florenz, gest. 1517 ebda. Bedeutender Vertreter der Hochrenaissance. Begann als Schüler von Perugino und Rosseli. Malte zuerst weltliche Bilder, die er jedoch später, ergriffen von den flammenden Bußpredigten Savonarolas, vernichtete, um fortan nur noch Religiöses zu schaffen. Um 1500 tritt er in den Orden der Dominikaner ein, um 1508 hält er sich in Venedig auf, 1514 in Rom. Seine Kunstwerke zeigen Einflüsse von →Leonardo, →Michelangelo und →Raffael. Im Kloster malt er, zuerst zusammen mit Albertinelli, später allein, in der Hauptsache Altargemälde, deren plastische Wirkung er durch streng gegliederte Form und Schattierungen erzielt. Er erstrebt – und erreicht – die einfache klare Linie, die feierliche Geste. Zahlreiche großartige Handzeichnungen in Kreide und Rötel vervollständigen sein Werk (Florenz, Uffizien). –

Hauptwerke: Madonna zwischen Stephanus und Johannes d.T. (1509; Lucca, Dom), Verlobung der heiligen Katharina (1511; Paris, Louvre, und 1512 Florenz, Pal. Pitti), Beweinung Christi (1515, ebda.).
Lit.: H.v.d.Gabelentz, F. und die Florentiner Renaissance, 2 Bde., 1922; B. Berenson, The drawings of the Florentin painters, 1938.

Fra Filippo →Lippi.

Fra Gioconda, Giovanni da Verona, genannt F. Italien. Architekt. Geb. um 1433 in Verona, gest. 1515 in Rom. 1495ff. in Frankreich tätig, 1506 nach Venedig zur Regulierung der Brenta-Mündung berufen. 1513 als Bauleiter von St. Peter in Rom. Das architektonische Werk nicht sicher nachzuweisen. Durch seine Ausgaben röm. Autoren, besonders seiner Vitruv-Ausgabe, Venedig, 1511, gebührt ihm ein gewichtiger Anteil bei der Wiederentdeckung der Antike. Einflüsse auf die Renaissance-Architektur in Frankreich.
Lit.: G. Biadego, F. Giovanni G., 1917.

Fragonard, Jean Honoré. Franz. Maler und Radierer. Geb. 1732 in Grasse (Provence), gest. 1806 in Paris. Bedeutender Vertreter des franz. Rokoko. Lernte bei → Boucher. Verbrachte sein Leben, bis auf die Jahre von 1756–61, in denen er sich in Italien aufhielt, in Paris. Seine Schäfer- und Boudoirszenen, seine religiösen und mythologischen Bilder sind stilistisch von Boucher, farblich von →Rubens und →Tiepolo beeinflußt; seine wenigen Radierungen bestechen durch Feinheit des Strichs. F. ist auch als Bildnis- und Landschaftsmaler hervorgetreten. – Werke: Die Musikstunde, Paris, Louvre; Badende Mädchen, ebda.; Der gestohlene Kuß, Leningrad, Eremitage; Das Liebeszeichen, London, Wallace Coll., u. v. a.
Lit.: L. Réau, F., 1956; G. Wildenstein, The paintings of F., 1960.

Fraktin. Am nördlichen Antitaurus bei F. hethitisches Felsrelief →Chattuschils III., opfernd vor einem bewaffneten Gott mit geschultertem Lituus (Krummstab). Daneben Opfer der Königin Putuchepa vor der thronenden Göttin Chepat.
Lit.: H. Bossert, Altanatolien, 58; M. Riemschneider, WH, 87f; →hethitische Kunst.

Francesca, Piero della, eigentlich Piero dei Franceschi. Italien. Maler. Geb. um 1416 in San Sepolcro, gest. 1492 ebda. Einer der größten Maler des Quattrocento und einer der großen Theoretiker der Frührenaissance. In seinen Werken bestechen Klarheit der Formen, geringe Beweglichkeit und geschlossener Umriß. Besser als jeder andere wußte er auch um die Wirkung des Freilichts; in der Auffassung von Raumtiefe und Plastik der Gestalten war er seiner Zeit weit voraus. Als Lehrmeister der Perspektive entwickelte er völlig neue Gedanken, die in seiner bedeutenden Schrift „De prospectiva pingendi" (herausgegeben von Winterberg, 2 Bde., 1899; neueste kritische Ausgabe von G. N. Fasola, Text und Tafelbild, Florenz, o. J.) ihren Niederschlag fanden. – F. lernte bei Domenico →Veneziano und arbeitete ab 1442 hauptsächlich in San Sepolcro. Auch am Hofe des Federigo in Urbino war er mehrmals tätig. 1449 hielt er sich in Ferrara auf, 1451 und 1482 in Rimini. 1459 ging er nach Rom, anschließend bis 1466 nach Arezzo. – Hauptwerke: Altarwerk mit Schutzmantelmadonna (um 1445; Borgo San Sepolcro, Mus.), Fresko mit Votivbild des Sigismondo Malatesta (1451; Rimini, S. Francesco), Großer Freskenzyklus der Legende des heiligen Kreuzes (vollendet 1466; Arezzo, S. Francesco), Altarwerk mit thronender Madonna und Heiligen (Perugia, Pinac.), Bildnisse des Federigo da Montefeltre und Gattin (1461–66; Florenz, Uffizien) u. a. (Siehe Farbtafel 15).
Lit.: G. F. Pichi, 1892; Aventuri, 1922; R. Longhi, 1946; H. Focillon, 1952.

Francesco di Giorgio Martini. Italien. Architekt, Bildhauer, Maler und Kunsttheoretiker. Geb. 1439 in Siena, gest. 1502 bei Siena. Universale Künstlerpersönlichkeit der Renaissance. 1477–82 Festungsbaumeister bei Federigo da Montefeltre in Urbino, später meist in Siena. Gemälde: Krönung Mariae (1472, Siena, Akademie), Anbetung des Kindes (1473, Florenz, Uffizien, und 1493, Siena, S. Domenico). Plastische Arbeiten: Pieta, Bronzerelief (um 1478, Venedig, S. Maria del Carmine), Geißelung Christi, Bronzerelief (Perugia, Universität), zwei Bronzeengel (1498, Siena, Dom, Hochaltar). Bauten: Madonna del Calcinaio bei Cortona (begonnen 1485, tonnengewölbt); Rathäuser von Ancona (1484) und Jesi (1486). Seit 1498 in Siena Dombaumeister. Wichtigste Schrift: „Trattato dell' architettura" (herausgegeben von Saluzzo, 1841).
Lit.: A. S. Weller, F.d.G., 1943; R. Papini, F.d.G. architetto, 1946.

François-Vase →Kleitias.

Franke, Frater. Deutscher Maler. Geb. um 1380 als Sohn einer aus Zutphen/Gelderland stammenden Hamburger Schuhmacherfamilie Lubberdes-Francke. Dominikanermönch in St. Johann, Hamburg. Der Schulung im Umkreis der Pariser →Buchmalerei von ca. 1400–15 verdankt er die Berührung mit dem neu entstehenden „Realismus", der sich jedoch im Spätwerk weitgehend zugunsten einer wieder stärker vom seelischen Geschehen bestimmten, darin mittelalterlicheren Gestaltungsweise verliert. In der Erfassung seelischen Ausdrucks, der Feinheit der Detailschilderung und der leuchtend warmen, tiefen Farbigkeit ist der dem →Weichen Stil angehörende Frater F. einer der Hauptmeister der deutschen Tafelmalerei in der 1. Hälfte des 15. Jhs. Einfluß deutscher Malerei, etwa des älteren Hamburger Meisters → Bertram, fehlt; am nächsten steht ihm Konrad v. → Soest. Er bildete keine Schule. Hauptwerke: Barbaraaltar aus Nykyrko (jetzt Helsinki, Mus., Frühwerk um 1413); Thomas- oder Englandfahreraltar (Wandelaltar) für St. Johann, Hamburg (jetzt Hamburger Kunsthalle; 1424/25, unvollständig erhalten); Schmerzensmann, wohl für St. Johann (jetzt Hamburger Kunsthalle, ca. 1435–40).
Lit.: B. Martens, Meister F., 1929; H. Reincke, ‚Probleme um „Meister F.", in: Jb. d. Hamburger Kunstsammlungen 1959, 6ff.

Frankenthaler Maler →Coninxloo.

Frankenthaler Porzellan, 1755–99 (1762 ging es in kurfürstlichen Besitz über). Gegründet durch Paul Hannong. 1799 Auflösung und Übertragung nach Nymphenburg. Nach 1900 Neuformungen von F. in Nymphenburg (die Werke tragen dann beide Marken). Berühmt sind die Plastiken nach über 800 Modellen, große Gruppen, Paare, Einzelfiguren, Tiere etc. (darunter befinden sich Werke von K. Linck und J. P. Melchior). – Marke: wechselnd, die früheste ist PH gepreßt, ab 1762 Monogramm CT mit Kurhut in Unterglasurblau (daneben aber noch Varianten).
Lit.: F. H. Hofmann, F., 1911; K. Schultz u. M. Oppenheim, Katalog F., 1955.

J.-H. Fragonard, Der heimliche Kuß (Leningrad, Eremitage).

Frankfurt/Main. Die Wahl Barbarossas in F., in der Folgezeit die Krönungen von Kaisern und Königen in F. und schließlich der Handel und die Messen verliehen der Stadt schließlich ihre Bedeutung, die sie bis 1806 behielt, als Kaiser Franz II. hier seine Krone niederlegte. **1)** Der

Dom St. Bartholomäus geht auf eine um 840/47 gegründete Anlage zurück (Basilika mit Querschiff und O-Apsis). Eine dreischiffige Hallenanlage war wahrscheinlich um 1269 vollendet. Eine Erweiterung im 14. Jh. ergab einen neuen Chor und ein breit ausladendes Querschiff. Das Langhaus wurde im 19. Jh. zur Höhe der O-Teile aufgeführt, der hohe W-Turm mit Kuppel über dem obersten Achteckgeschoß, nach Plänen Madern Gertheners 1514 unvollendet eingestellt, wurde ebenfalls

Reims, Kathedrale, Verkündigungsengel, Westportalgewändefigur.

im 19. Jh. ausgebaut. Hauptschmuck des Baues sind an den O-Teilen die beiden mit plastischem Schmuck versehenen Portale an den Schmalseiten des Querschiffes von 1353 bzw. 1370 (N). Von der Ausstattung des großen Innenraumes sind nur das zweireihige Chorgestühl (nach 1350) mit bemerkenswerten Schnitzereien und die höchst qualitätvollen steinernen Denkmäler erhalten (Grablegung Christi mit der Sakramentsnische, 1435, die früheste Figurengruppe dieser Art in Deutschland; „Maria-Schlaf-Altar" von 1434 mit dem ersten, plastisch dargestellten Marientod Deutschlands). – **2)** Die Leonhardskirche (kath. Pfarrkirche) geht auf die Stiftung einer der Maria und dem hl. Georg geweihten Kapelle von 1219 zurück. Der spätromanische Neubau war eine dreischiffige Basilika mit Türmen über den O-Abschlüssen der Seitenschiffe. Im 14. Jh. erfolgte ein Patroziniumswechsel (Reliquien des hl. Leonhard). Im 15. und 16. Jh. wurden einschneidende Umbauten vorgenommen (Kapellenanbauten, Erweiterung des Langhauses). In der fünfschiffigen Halle ist der Kernraum quadratisch, in ihm erheben sich 2 hohe Achtecksäulen. 3 Seiten dieses Raumes sind von Maßwerkemporen umgeben. In den Seitenschiffen schöne Netzrippen- und Sterngewölbe mit Wappenschlußsteinen von Frankfurter Familien. Der Chor bildet einen eigenen Raum für sich. An der nördlichen Seitenschiffswand noch 2 wertvolle spätroman. Portale. – **3)** Steinernes Haus. Das typische, mittelalterl. Patrizierhaus (1464 erbaut, 1960 Wiederaufbau) ist horizontal gegliedert und trägt als Abschluß einen auf einem Maßwerkfries ruhenden Wehrgang mit Zinnen. – **4)** Die Industriebauten am Gaswerk Ost von Peter →Behrens (1912) und das Verwaltungsgebäude der Farbwerke in Höchst (1920–24) in ihren noch schweren, romanisierenden Formen waren Anfänge für ein neues Bauen. So stellt das Verwaltungsgebäude der I.G. Farben von Hans Poelzig (1928–30) eine hervorragende Leistung in baukünstlerischer Hinsicht dar. – **5)** Unter den zwischen 1925–30 entstandenen 26 Siedlungen ist die der Römerstadt von E. May (1927/28) wegen ihrer der Landschaft angepaßten flachen, gelockerten Reihung besonders zu erwähnen. Sie nimmt bereits den Typus der Satellitenstadt vorweg.

Franko-kantrabrische Kunst. Umfaßt Malerei, Gravierung und Relief der →Älteren Steinzeit im zentralen Verbreitungsgebiet der →Eiszeitkunst (Frankreich und Spanien). Wichtige Fundstellen sind u. a. →Altamira, Les →Combarelles, →Font-de-Gaume, →Lascaux, Niaux, →Pech-Merle, →Rouffignac, →Trois-Frères und →Tuc-d'Audoubert. Am Anfang dieses Kunstkreises stehen, bereits im →Aurignacien, Tierdarstellungen: einfache Gravierungen und einfarbene Umrißzeichnungen. Hierher sollen auch die sogen. →„Makkaroni" sowie →Handumrisse gehören. Höhepunkt der F. ist die →Höhlenmalerei im →Magdalénien mit mehrfarbigen, realistischen Tierbildern. Menschendarstellungen sind selten; Ursache hierfür ist vielleicht urtümliche Scheu vor dem eigenen Abbild. Das gilt offenbar nicht für „maskierte" tier-menschengestaltige Mischwesen, die häufig als „Zauberer" gedeutet worden sind (z. B. →Trois-Frères). (Siehe Farbtafel 1).

Lit.: Bandi/Maringer, Kunst der Eiszeit, 1955.

Franko-sächsische Gruppe →St. Denis, Schule von.

Frantz, Jourdain →Jourdain, Frantz.

Französische Kunst. I. Mittelalter. In karolingischer Zeit bildeten franz. und deutsche Gebiete eine politische und künstlerische Einheit. Erst gegen das Jahr 1000 entsteht eine selbständige franz. Kunst. – Architektur. Führend wird die Landschaft Burgund mit dem benediktinischen Reformkloster →Cluny. Mitte des 11. Jhs. beginnt die für das roman. Frankreich kenn-

Blois, St. Nicolas, Blick in den Chor.

zeichnende Schulbildung einzelner Landschaften: →Burgund, →Normandie, →Provence, →Poitou, →Auvergne, →Languedoc, →Aquitanien. Dabei unterscheidet sich der Süden mit seiner latinisierten keltischen Bevölkerung sprachlich wie künstlerisch vom Norden, der zusätzlich germanische Einwanderer (Franken, Normannen) aufnahm. Für den Süden ist der enge Anschluß an antike Vorbilder kennzeichnend, sowohl im

Paris, Louvre, Hofansicht des Westflügels

Dekor wie in der Wahl der →Tonnen- und →Kuppel-Gewölbe. Hier wie in den angrenzenden nordspan. und italien. Gebieten der Romania entwickelt sich seit der Mitte des 11. Jhs. wieder eine an die Architektur gebundene Großplastik (→Bauplastik). Der Norden dagegen ersetzt hölzerne Decken durch Kreuzgewölbe. Um 1100 entstehen in der Normandie die ersten Kreuzrippengewölbe. Sie ergänzen die ursprünglich zur rhythmischen Wandgliederung eingeführten Dienste, die nun optisch als Fortsetzung der Rippen das Gewölbe tragen. Damit ist eine wichtige Voraussetzung für die Entstehung der →Gotik geschaffen. Gemeinsam ist der roman. Baukunst Frankreichs (→Romanik) die Entwicklung des Gewölbebaus und der plastischen Gliederung sowie Durchbrechung der Wand mit Hilfe von Emporen, Diensten, durch Schichtung und Rücksprünge. Für Frankreich kennzeichnend ist die Neubildung von Chorschlüssen: Staffelchor (zuerst Cluny II, 954–81); Chor mit Umgang und Kapellenkranz, der zur vorherrschenden Chorlösung Frankreichs bis in got. Zeit wird (zuerst St. Martin, →Tours, 997–1015). Die reiche Differenzierung des Außenbaus im additiven, in Türmen aufgipfelnden Gefüge des Gruppenbaus und die Vorliebe für steile Innenräume sind sowohl für die deutsche als auch die franz. Romanik typische Merkmale. Trotz ausgeprägter Eigenentwicklung besteht reger Austausch zwischen den Schulen. Die rasche Motivverbreitung folgte den →Pilgerstraßen. Der Höhepunkt der normannischen Schule ist um 1100 schon überschritten. Im Süden liegt er Mitte des 12. Jhs., zu einer Zeit, wo sich in der Ile-de-France bereits die →Gotik entwickelt. Im Anschluß an den von Abt Suger 1137 begonnenen Gründungsbau, die Abteikirche →St. Denis bei Paris, entstehen in dieser seit 1000 unproduktiv gewesenen Landschaft plötzlich eine unerhörte Zahl umwälzender Neuschöpfungen, die das franz. Kronland bis ins spätere 13. Jh. zum Mittelpunkt abendländischen Kunstgeschehens machen und eine in der franz. Kunst nie wieder erreichte Expansionskraft entfalten (→Gotik). Grundlage sind normannische und burgundische Anregungen. Der Stil entwickelt sich vorwiegend an den von hoher religiöser Begeisterung der gesamten Bevölkerung getragenen Neubauten der großen Kathedralen. Hauptwerke sind u. a.: →Sens, →Laon, →Paris, →Chartres, →Reims, →Amiens, →Bourges. Charakteristisch ist die Synthese zwischen rationaler Konstruktion und einer durch Steilheit der Proportionen, farbiges Dämmerlicht, folienartige Raumschichtung und symbolhaltigen Schmuckreichtum angestrebte Steigerung mystisch religiösen Erlebens. Die Grundform der Kathedrale (→Gotik) bleibt weitgehend auf ihr Entstehungsgebiet beschränkt. Schon das grundsätzlich andere Raumgefühl des franz. Südens bringt wesentliche Umformungen; →Auvergne, →Languedoc, →Burgund. Im 14. Jh. erlahmen die schöpferischen Kräfte. Nur wenige franz. Bauten der Spätgotik sind von größerer Bedeutung (→Flamboyant). – Die mittelalterl. **Bildnerei** Frankreichs ist vorwiegend →Bauplastik. Diese entsteht im Süden des Landes in der 2. Hälfte des 11. Jhs. etwa gleichzeitig mit der Italiens und des christlichen Spanien. Verbindend wirkten die →Pilgerstraßen und das gemeinsame antike Erbe, das die Voraussetzung für ihre Entstehung bildete. Die franz. roman. Skulptur läßt sich wie die Architektur in Schulen scheiden: →Toulouse (→Languedoc), →Burgund, →Provence, →Aquitanien, →Auvergne. Träger des plastischen Schmucks sind Kapitelle (→Figurenkapitell), Portale, Fassaden, Chorauβenwände, Kreuzgänge. Thematische und stilistische Vorlagen boten Werke der Kleinkunst, wie Buchmalerei, Elfenbeine, Metallkunst. Sie erklären die enge Bindung roman. Bauplastik an die Fläche, aus der sich erst die got. Figur teilweise befreite. Einen äußeren Anlaß besonders zur Schmückung der Portalzone bot das Bestreben der Pilgerkirchen, die Gläubigen mit Hilfe expressiver Gestaltungen eschatologischer Themen aufzurütteln. Hier vollzieht sich die Lösung vom antiken Vorbild und die Entwicklung eines seelisch differenzierten, oft hochdramatischen Erzählstils (z. B. →Autun). Die für die Folgezeit wichtigsten Neuschöpfungen sind das Figurenportal (Schule von →Toulouse; →Provence) und die Archivoltenfiguren (→Aquitanien). Die got. Bildnerei schafft erstmals körperlich gerundete, aus der Fläche gelöste Figuren, die jedoch weiterhin eng mit dem Bauwerk verbunden bleiben (u. a. durch Konsole und Baldachin). Gründungswerk ist die Westfassade von →Chartres (Mitte des 12. Jhs.). Es folgt eine unerhört rasche, vielschichtige Entwicklung, in deren Verlauf ein klassisch got. Formenkanon entwickelt wird (→Reims, →Amiens), der auf ganz Europa befruchtend einwirkte. Wichtigste Stationen sind: Paris, Amiens, Reims (→Gotik). Einzigartig ist der Reichtum des mit jeder der Kathedralen verbundenen Skulpturenschmucks, der in umfassenden typologischen Programmen eine Interpretation des Kirchengebäudes darstellt. Er entfaltet sich bis zur Mitte des 13. Jhs. nur am Außenbau, besonders an den Portalen der West- und Querhausfassaden. Erst die St. Chapelle, →Paris (1243–48), enthält einen Apostelzyklus im Innenraum. Gegen Ende des 13. Jhs. lockert sich die Bindung von Bildwerk und Bauglied, auch die großen Programme schwinden. Unter Führung der Großplastik entstehen bis zum Ende des 14. Jhs. zahlreiche →Elfenbein-Schnitzereien, besonders frei stehende Statuetten. Anstelle der anonymen Produktion der Bauhütten treten namentlich bekannte Künstler, die vorwiegend für die Höfe in Paris, Bourges und Dijon arbeiten. Stilistisch kennzeichnend sind seit Anfang des 14. Jhs. geringere Betonung der Körperlichkeit und ein persönlicherer, intimerer, auch wohl höfisch zugespitzter Ausdrucksgehalt (im übrigen →Gotik). Trotz bedeutender Einzelleistungen verliert Frankreich die Vorrangstellung, die es seit Toulouse und Autun bis ins spätere 13. Jh. innehatte.– Wichtigstes Zeugnis franz. mittelalterl. Malerei ist die →Buchmalerei. Auf einen Höhepunkt in karolingischer Zeit folgt seit der Mitte des 14. Jhs. eine hochbedeutende, höfisch bestimmte Miniaturmalerei, ausgeübt besonders von Künstlern niederl. Herkunft. Sie schafft die Grundlagen für die spätere niederl. →Tafelmalerei. Von der großartigen Wandmalerei roman. Zeit sind nur Reste erhalten, u. a. in →Berzé-la-Ville, →Brinay, →St. Savin-sur-Gartempe, →Tavant. In got. Zeit wird sie durch die →Glasmalerei abgelöst. Deren außerordentliche Bedeutung für die diaphane Raumstruktur (→Gotik) der got. Kirche wird heute noch in →Chartres deutlich, dessen originale Verglasung fast vollständig erhalten ist. – **II.** Renaissance. Das späte 15. und das 16. Jh. zeigen in der F. die Auseinandersetzung zwischen spätgot. Formen des sogen. Flamboyantstils und den neuen künstlerischen Errungenschaften, die von Italien und aus den Niederlanden eindringen. Trotz der noch vorherrschenden spätgot. Formen weist eine betontere Körperlichkeit der Architektur bereits auf die Renaissance. Beispielhaft hierfür ist der Justizpalast in Rouen. – Im 16. Jh. wird der Einfluß Italiens begünstigt durch Franz I., der zahlreiche italien. Künstler an seinen Hof berief. In der Konfrontation mit franz. Elementen entsteht ein typisch franz. Renaissancestil, wie er sich vor allem in den Loireschlössern dokumentiert (→Blois, →Chambord). Eine zentrale Stellung innerhalb des Eingliederungsprozesses italien. Anregungen in die F. nimmt das Schloß →Fontainebleau ein, während die Hochrenaissance eindrucksvoll durch die von →Lescot erbauten Teile des Louvre zu Paris vertreten wird. – Stärker treten in der Spätrenaissance italien. Einflüsse in Erscheinung. – Realismus einerseits und eine etwas pompöse Eleganz andererseits bestimmen die Plastik der Renaissance und ihren Übergang zum Barock, während die gleichzeitige Malerei ganz unter italien. Einfluß steht. Die in erster Linie dekorativen Aufgaben werden durch italien. Künstler wie Rosso und Primaticcio und der von ihnen begründeten Schule von →Fontainebleau ausgeführt. – **III.** Barock und Klassizismus (17. Jh.). Im 17. Jh. nimmt die F. vor allem unter Ludwig XIV. zunehmend den Charakter einer höfischen Kunst an. Sie entwickelt sich weitgehend unter dem Machtanspruch des absoluten Herrschers, dessen Person und Rang es zu verherrlichen gilt. Der von Italien eindringende Barockstil wird unter diesem Herrscher in einen nationalen klassizistischen Barock umgebildet. Das von Le Vau begonnene und unter der Leitung von →Lebrun ausgeführte Schloß →Versailles wurde zum Inbegriff des franz. Barock und zu einem in ganz Europa wirksamen Vorbild königlichen Bauens. Gemeinsam mit dem Schloß feierte die barocke franz. Gartenanlage hier ihre höchsten Triumphe. – →Bernini wurde für den Umbau des Louvre, dessen Fassade →Perrault ausführte, nach Paris berufen. Dieser betont barocken Richtung steht der Klassizismus F. →Blondels entgegen, während J. Hardouin →Mansart beides in der Vollendung von Versailles und am Bau des Invalidendoms zu vereinigen suchte. – Ganz im Dienste dieser großen Architekturleistungen steht die Bildhauerkunst, die ein reiches Betätigungsfeld in der Ausschmückung von Gärten, Plätzen und der königlichen Bauten fand. Chirardon und →Coysevox vertreten den offiziellen franz. Stil, während ihr Zeitgenosse →Puget sich stärker an die italien. Barockplastik anlehnte. – Abgesehen von Deckenbildern, war die Malerei der 2. Hälfte des 17. Jhs. weitgehend von der röm. Barockmalerei beeinflußt. So hat z. B. der Hauptmeister dieser Zeit →Poussin fast seine gesamte Schaffenszeit in Rom verbracht. In seinen idealen Landschafts- und Figurenkompositionen versucht er die röm. Eindrücke mit einer klassizistisch-franz. Haltung zu vereinen. Hieraus resultieren der stark architektonische Aufbau und das klassische Maß seiner Bilder. Im Gegensatz zu ihm ist C. →Lorrain bestrebt, in seinen heroischen Landschaften dem stimmungsvollen Element mehr freien Raum zu gewähren. Daneben schuf Lebrun als Direktor der Pariser Akademie den offiziellen Stil dieser Zeit, der durch prunkvolle allegorische Malerei und durch das repräsentative Portrait gekennzeichnet ist. – **IV.** Rokoko und Neuklassizismus (18. Jh.). Die verfeinerte und mehr auf die Innenausstattung gerichtete Kunst des beginnenden 18. Jhs. führte zum →Rokoko, einer spezifisch franz. Stilrichtung. Mit diesem Stil erreicht die F. erstmals nach der Gotik wieder Weltrang, indem sich die neue Formenwelt bald in zahlreichen europäischen Ländern verbreitete. Parallel zum Rokoko setzte nach 1730 ein erneuter Klassizismus ein, der nach der Mitte des 18. Jhs. weiter um sich greift. Hauptwerk dieser Epoche des Klassizismus ist die große Anlage der Place de la Concorde samt deren angrenzenden Bauten. – Die Plastik zeigt in einer betonten Eleganz das neue Stilempfinden des Rokoko und brachte diesen Stil vor allem in der Kleinplastik und in Porzellanfiguren zu reinstem Ausdruck. – Gleichzeitig erreicht die Malerei durch →Watteau und →Boucher eine große Bedeutung. – **V.** Romantik und Realismus (1. Hälfte des 19. Jhs.). Die Franz. Revolution brachte das Ende der höfischen Kunst mit sich und ebnete damit gleichzeitig den Weg in künstlerisches Neuland. Vor allem Malerei und Plastik führen die F. dieses Jhs. zu immer neuen Höhepunkten. Zu Anfang dominiert die Staffeleimalerei das künstlerische Schaffen. Genrebilder, Kompositionen der Romantik und ein naturalistischer Realismus entwickeln sich parallel oder lösen einander ab. Daneben behauptete ein akademischer Klassizismus und Eklektizismus seine Stellung und bestimmte weitgehend die offizielle Kunst, indem der Salon in Paris, die wichtigste internationale Wettbewerbsstätte, von den Künstlern dieser Richtung kontrolliert wurde. In der Architektur entwickelte sich die klassizistische Form des Empire, das seine reichste Ausgestaltung in den Werken von →Fontaine und Percier erfuhr, während die Romantik sich an die Formenwelt der Gotik und des Mittelalters anschloß und in →Viollet-le-Duc ihren Hauptvertreter hatte. – Das zweite Kaiserreich fand seine architektonischen Vorbilder hauptsächlich in der Renaissance. Hauptwerk dieser Zeit ist die von Baron Haussmann geleitete Neugestaltung von

F. Boucher, „Ruhendes Mädchen", 1752 (München, Alte Pinakothek).

Paris, wichtigster Einzelbau ist die von →Garnier erbaute Große Oper in Paris. Gleichzeitig weisen die Eisenarchitekturen →Labroustes, wie z. B. die Bibliothèque Nationale in Paris, neue Wege, die in der 2. Jahrhunderthälfte in den Bauten der Weltausstellungen vor allem durch →Eiffel weitergeführt werden. – Als Hauptmeister der neuklassizistischen Malerei sind J. L. →David und →Ingres, als führende Persönlichkeiten der Romantik →Géricault und →Delacroix zu nennen. – Mit

→Corot wird die Pleinairmalerei eingeführt, die in der Schule von →Barbizon weiterentwickelt wurde und in ihrer letzten Konsequenz den →Impressionismus hervorbrachte. – Ein betonter Realismus entwickelt sich in den Werken von →Millet und →Daumier, wobei letzterer mit satirischer Schärfe sozialkritisch Stellung nimmt. Zu höchster Vollendung gebracht wird diese Richtung von →Courbet. – **VI.** Die Moderne. Die 2. Hälfte des 19. Jhs. steht einerseits noch unter dem mächtigen Primat des offiziellen akademischen Klassizismus und unter dem

C. Pissarro, „Der Louvre im Frühling" (Lüttich, Mus. des Beaux-Arts).

Einfluß der in der 1. Jahrhunderthälfte entstandenen Stilrichtungen, andererseits aber unter dem Eindruck umwälzender Neuerungen, deren erster Schritt mit dem Impressionismus heraufgeführt wurde. Anregungen des Landschaftsnaturalismus und des inzwischen in Europa bekannt gewordenen japanischen Farbholzschnitts werden in dieser neuen Richtung fruchtbar. In verschiedener Weise versuchen Maler wie →Manet, →Monet, →Degas, →Renoir, →Sisley und →Pissarro Stimmung und Lichtwerte des Augenblicklichen auf die Leinwand zu bannen. Blieb der Impressionismus als typisch franz. Erscheinung hauptsächlich auf Frankreich und Paris beschränkt, so lassen sich in Künstlern wie →Moreau und →Redon, die den →Symbolismus und →Surrealismus begründen, wegweisende und für die europäischen Kunstentwicklungen wichtigste Persönlichkeiten erkennen. – Beide, Impressionismus und Symbolismus, vereinigen sich in dem größten Genie, das Frankreich im 19. Jh. hervorbrachte, in A. →Rodin, dessen Plastiken in impressionistischer Auflockerung eine vibrierende Oberflächenbehandlung zeigen, während inhaltlich die Vision des Traumhaften ein wesentliches Element seiner Werke bedeutet. – Am Ende des 19. Jhs. setzt eine starke Reaktion gegen den Naturalismus des Impressionismus ein. →Cézanne und →Gauguin setzen in verschiedener Weise neue Maßstäbe, die zur Entstehung des franz. Expressionismus (→Fauvismus) führten. War für Cézanne die totale Bildflächenorganisation das zentrale Thema, so weist Gauguins Anschluß an die Kunst der Primitiven und seine dadurch entwickelte Flächigkeit unter Verzicht auf die Perspektive in anderer Weise auf künstlerisches Neuland, das vor allem von den →Nabis weitergepflegt wurde. Mit dem beginnenden 20. Jh. wird Frankreich zu einem die europäische Kunst bestimmenden Zentrum. Beschränkte sich die Bedeutung des →Fauvismus noch mehr auf Frankreich, so führte der etwa gleichzeitig von →Braque und →Picasso entwickelte →Kubismus die franz. Kunst an die Spitze der europäischen Kunst. Da Paris der unbestrittene Mittelpunkt des künstlerischen Geschehens geworden war, begegneten sich hier die fortschrittlichen Künstler aller Nationen zu regem gegenseitigem Austausch. Damit aber war der Moment gekommen, der die franz. Kunst nur noch in einzelnen Werken und Künstlern von der modernen Kunst überhaupt unterscheiden läßt. Die weitere Entwicklung müßte, unsachgemäß, nach Geburtsland der Künstler zu bestimmen sein, oder aber es müßten alle in Paris tätigen Ausländer, zu denen →Picasso, →Dali, →Ernst, →Zadkine und zahllose andere gehören, mit ihren Werken zur franz. Kunst gezählt werden. (Siehe Farbtafel 30, 31 und Tafel 14, 29, 30).

Lit.: Réau, Histoire de l'expansion de l'art français, 4 Bde., 1924–34; H. Keller, Die Kunstlandschaften Frankreichs, 1963; S. Sitwell u. E. Smith, Die großen Schlösser Europas, 1961; L. Reidemeister, Auf den Spuren der Maler der Ile de France, 1963; J. de Laprade, Meisterwerke des franz. Impressionismus, 1956.

Frascati. Villa Aldobrandini. Nach 1600 von G. della →Porta errichtet. Ausgedehnte Villenanlage, eines der bedeutendsten Beispiele barocker Baukunst in Italien, in der Villa und Park zu einer grandiosen Einheit verschmolzen sind. Besonders erwähnenswert ist der Vorplatz mit seinen Brunnen, Nischen und dekorativen Plastiken, darüber eine große Kaskadenanlage. – Villa Falconieri. Um 1640 von Borromini errichtet. Die inmitten eines großzügigen Parks angelegte Villa zeigt den reifen Barockstil, der die bisher übliche gedrungene rustikale Villenbauweise aus ihrer blockhaften Bindung befreit und ihr sowohl eine bewegtere Grundrißlösung als auch reichere Ausstattung in repräsentativer palastartiger Form verleiht.

Lit.: C. Franck, Die Barockvillen in F., 1956.

Fratadara. Fürstentitel der Persis (→Fars) während der →Seleukiden-Zeit in der Bedeutung „Hüter des heiligen Feuers". Dazu fügen sich die Münzdarstellungen, die die F. wie →Dareios I. an seinem Grab von →Naqsch-i-Rustam in betender Haltung vor einem Feueraltar oder -tempel und dem darüberschwebenden →Ahura-Mazda-Symbol zeigen. Zu den Nachfolgern der F. gehört →Papak.

Lit.: R. Ghirshman, Iran II, 122f.; H. H. von der Osten, WP, 105, 110.

Fratzenfibel. Besonders eindrucksvoll gestalteter Fibeltyp der keltischen →Latène-Zeit, bei dem der umgebogene Fibelfuß zu einer Art glotzendem Dämon umgestaltet ist (→Fibel).

Frauenseite. Nordseite des Kirchenraums, so genannt, da hier im Mittelalter die Frauen saßen. Auch →Evangelienseite geheißen.

Frauenstatuetten der →Älteren Steinzeit sind bereits im mittleren →Aurignacien Bestandteil der Kunst. Bekannt sind bisher mehr als 130 Funde von Sibirien bis nach Westeuropa. Im osteuropäisch-sibirischen Raum sind sie vor allem – vielfach zu mehreren – in Wohnbauten, manchmal sogar in Wandnischen von Häusern gefunden worden (häuslicher Kult mit Ahnenverehrung?). Dargestellt wurde der Typ der nackten, fettleibigen Frau mit ausgeprägten Geschlechtsmerkmalen, mehr schematisierend im Osten (→Malta, →Mezin, →Petersfels, →Předmost), naturalistisch im Westen (→Brassempouy, →Laussel, →Lespugue, →Willendorf). Die Darstellung des Gesichts ist sehr häufig vernachlässigt (→Franko-kantabrische Kunst). Die Deutung der Statuetten variiert, vermutlich gelten mehrere Aspekte: Symbol für das Übernatürliche, für Schöpferkraft oder Fruchtbarkeit, Bedeutung im „Jagdzauber" und als Ahnenbild. Die Kontinuität zu jungsteinzeitlichen →Idolen ist noch unsicher.

Lit.: K. J. Narr, Urgeschichte der Kultur, 1961.

Frau Welt →Welt, Fürst der.

Freiberg (Sachsen). Dom (Marienkirche), Goldene Pforte. Um 1230. Berühmtes Werk sächsischer Bildnerei. Es zeigt deutlich die zögernde Aufnahme westlicher got. Formen. Durch Frankreich bestimmt ist die Form des architektonisch gegliederten Figurenportals, das Auftreten von vollgerundeten Gewändestatuen und Archivoltenfiguren sowie das Programm (Anbetung der Könige, Marienkrönung, Weltgericht), das hier jedoch auf ein Portal zusammengedrängt ist. Durch die süddeutsch-oberitalien. Anlage des rundbogig geschlossenen Stufenportals, die unmonumentalen kleinen, in Nischen eingestellten Figuren und die reiche Ornamentierung der Bauglieder wird jedoch das struktive Element franz. Portalanlagen vernachlässigt zugunsten eines an die

Kleinkunst erinnernden Formenreichtums. Auch der Stil der Bildwerke dankt sächsischem Byzantinismus staufischer Zeit mehr als franz. Vorbildern (→Deutsche Kunst).
Lit.: G. Krüger, Die Marienkirche zu Freiberg i. S. und ihre Goldene Pforte, 1960.

Freiberg/Sachsen, Goldene Pforte der Marienkirche, um 1230.

Freiburg, Münster. Um 1200 als Pfarrkirche in Anlehnung an das Münster in →Basel und nordburgundische Spätromanik begonnen. Erhalten: Querhaus und Unterbau der zwischen Vierung und Chor eingestellten „Hahnentürme". Die Ostjoche des Langhauses seit etwa 1220 in Formen burgundischer Frühgotik, die Westjoche und der Turmunterbau seit ungefähr 1240 von einem Straßburger Meister errichtet. Deutsch ist das Fehlen des Triforiums, das Belassen großer Wandflächen im Obergaden. Einturmfassade (oberrheinische Tradition). Über den durch ein Stufenportal geöffneten, nur durch Strebepfeiler gegliederten glatten Flächen des Turmuntergeschosses wurde seit etwa 1280 von einem aus Straßburg kommenden Meister (Anregung durch den Straßburger Riss B) die mit einem in durchbrochenem Maßwerk gearbeiteten, achtseitigen Helm bekrönten Obergeschosse errichtet. Dieser zu den reifsten, sublimsten Leistungen der Gotik zählende Turm fand weitreichende Nachfolge (→Köln, Dom; →Burgos). Seit 1354 Neubau des Chors dreischiffig, basilikal, mit Kapellenkranz, von gleichen Abmessungen wie das Langhaus. Das Freiburger Münster ist die erste Pfarrkirche mit Kathedraldimensionen. Vom reichen plastischen Schmuck sind besonders zu erwähnen der von →Straßburg abhängige Skulpturenzyklus der Turmvorhalle und die Apostel an den Langhauspfeilern (beides nach 1400), die bedeutende Innenportalmadonna (um 1310) und ein →Heiliges Grab. Weitere Ausstattung: Glasfenster des 14. Jhs., Hochaltargemälde des →Baldung Grien (1512–16) und der Oberriedaltar Hans →Holbeins d. J. (1521; Universitätskapelle). (Siehe Tafel 13).
Lit.: W. Körte, Das Freiburger Münster, 1940; G. Münzel, Der Skulpturenzyklus der Vorhalle des Freiburger Münsters, 1959.

Freie Künste →Künste, Die sieben freien.

Freilichtmalerei →Pleinairmalerei.

Freising. Der Dom, ein 1160 von Friedrich Barbarossa und Beatrix von Burgund gestifteter Bau über Vorgängerbauten, wird in der Gotik und im frühen 17. Jh. entscheidend verändert und schließlich 1724 durch die Dekoration der Brüder →Asam in ein barockes Prunkgehäuse verwandelt. Bei aller Größe des Asamschen Arrangements, den Ruhm F.s macht die Krypta aus: dreimal 8 Säulen tragen die Wölbfelder, Tonnen, die sich in Graten durchdringen, 22 Wandsäulen antworten. Die Stützen wechseln rund und viereckig, einige gebündelt, einige kanneliert. In der mittleren Reihe der Säulen die Bestiensäule, deren Schaft vollkommen in Bildwerk aufgelöst ist: Drachen, Dämonen, kämpfende Menschen; Entstehung des Gesamtraumes vor 1205. – Von der bischöflichen Residenz erwähnenswert der Arkadenhof, „den 1519 Stephan Rottaler, renaissance-begierig, aber noch nicht so recht kundig, aufführte".
Lit.: Reclams Kunstführer, Deutschland, Bd. I, 1957.

Freitreppe. Von der Straße oder vom Garten zum Erdgeschoß oder Hauptgeschoß eines Bauwerks führende, nicht überdeckte Treppe. Besonders häufig in der →Renaissance und in der Schloßarchitektur des →Barock. Doch gibt es auch sehr eindrucksvolle Beispiele des Mittelalters, z. B. die Treppe von St. Michael in →Schwäbisch Hall.

Fréjus (Provence). Besitzt eine der bedeutendsten altchristl. Taufkapellen der Provence (4. Jh.), ausgezeichnet durch ihre Eleganz. Das Problem des Übergangs vom Oktogon zur Kuppel ist meisterhaft gelöst. – Von antiken Funden sind vor allem ein röm. →Amphitheater und als plastischer Einzelfund die sogen. Aphrodite von F., eine röm. Kopie nach einem griech. Werk, das vielleicht auf →Alkamenes zurückgeht, zu nennen.

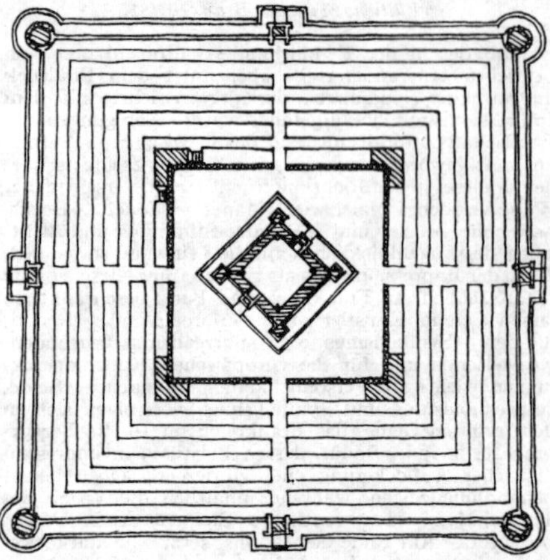

Freudenstadt, Idealstadtplan (1593–1608).

Fresko. Auf frischem Kalkverputz ausgeführte Wandmalerei, deren Farben mit Kalkwasser angerührt sind, so daß sie sich nach dem Trocknen unlöslich mit der Putzschicht verbinden. Dies bedingt die rasche Ausführung eines Werkes, das in seinen begonnenen Abschnitten bis zum Trocknen des Putzgrundes vollendet sein muß (Tagewerk). Nachträgliche Korrekturen sind nicht möglich, es sei denn, die zu korrigierende Partie wird mit der Putzschicht abgeschlagen und der Grund frisch aufgetragen. Um Verzeichnungen zu vermeiden, wurden seit der Renaissance →Kartons als Vorlage benutzt, auf denen das Wandbild originalgroß im Entwurf festgelegt war. – Die F.-Technik war wohl schon im Altertum bekannt. Bedeutende Beispiele haben sich aus der ägypt. und röm. Kunst (→Pompeji) erhalten. Im Mittelalter wurde sie erneut durch →Giotto entwickelt, jedoch nicht als reines F., sondern mit der „Secco"-Technik (Malen auf trockenem Grund) vermischt, wobei letztere vor allem zur Korrektur verwendet wurde. Erst

die Hochrenaissance führte – vor allem durch →Michelangelo und →Raffael – die reine F.-Malerei wieder ein. – Abgesehen vom Altertum, blieb die F.-Malerei bis zur ausklingenden Renaissance auf Italien beschränkt und fand erst im Barock auch nördlich der Alpen weite Verbreitung in Wand- und Deckenmalerei. – Eine kurze Nachblüte erlebte sie im 19. Jh. durch die →Nazarener. (Siehe Farbtafel 9).
Lit.: A. Eibner, Entwicklung und Werkstoffe der Wandmalerei vom Altertum bis zur Neuzeit, 1926; Th. Wiegand, Antike Fresken, 1944; K. Wehlte, Wandmalerei. Praktische Einführung in Werkstoffe und Technik, 1957.

Freudenstadt. Für die aus Österreich vertriebenen Protestanten ließ Herzog Friedrich von Württemberg 1593–1608 den Bebauungsplan von Heinrich →Schickhardt entwerfen. Um einen mächtigen quadratischen Marktplatz führen allseitig regelmäßige Straßenzüge in der Art eines Mühlebretts. Das Zentrum dieser Idealstadt sollte mit einem Schloß versehen werden, doch unterblieb dessen Ausführung. In einer Ecke des Marktplatzes, den Gegebenheiten entsprechend, die Stadtkirche (Schickhardt, 1601–08), ein Winkelhakenbau. Trotz der Kriegszerstörungen ist das Gefüge der kleinen Idealstadt noch immer spürbar.

Freudenstädter Lesepult. Hölzernes, von 4 Evangelistenfiguren getragenes und mit deren Symbolen geschmücktes Lesepult in der Stadtkirche von Freudenstadt/Schwarzwald. Eines der ältesten süddeutschen Holzbildwerke, aus dem Kloster →Alpirsbach stammend. Angesetzt Mitte des 12. Jhs. Die Haltung der Figuren ist feierlich frontal, das Tragen nicht als körperliche Aktion, sondern nur durch Heben der Arme gekennzeichnet. Dem absoluten Sinnbezug der Wortverkündung, in dem Figuren und Kultgerät aufgehen, entspricht das, verglichen mit gleichzeitiger franz. Skulptur, altertümlich Unbewegte, Stumme der Gestalten, auf deren Leiber die Gewandfalten wie bei einer Federzeichnung aufgeritzt sind. (Siehe Farbtafel 13).

Freundlich, Otto. Deutscher Maler u. Bildhauer. Geb. 1878 in Stolp/Pommern, gest. 1943 im Konzentrationslager Lublin-Maidanek/Polen. 1905 beginnt er zu malen. Siedelte 1908 nach Paris über. 1909 entstanden seine ersten Plastiken, in denen er – angeregt durch die Kunst der Primitiven – die Figur auf ihre Urform zu reduzieren suchte. Seit 1911 entwickelt er sich in seinen Bildern zur abstrakten Form, die anfangs noch symbolistisch wirkt, um 1919 endgültig zur völligen Verneinung des Gegenstandes führt. Geometrisch strenge Gebilde fügen sich gleich Glasbildern zur Gesamtkomposition, in der eine reiche Farbskala kontrastierend aufgetragen wird. 1931 gehört er in Paris zu den Gründern von →„Abstraction-Création". Seine anschließend entstandenen Spätwerke sind von monumentalem Ausdruck und einer feierlichen Ausstrahlung geprägt.
Lit.: H. Vollmer, Künstlerlex. d. 20. Jhs.

Friderizianisches Rokoko. Variante des Rokoko in Preußen z. Zt. Friedrichs d. Gr. (etwa seit 1740) in der Ausstattung der Schlösser →Sanssouci, →Potsdam, →Charlottenburg, →Berlin. Seine Meister sind →Knobelsdorff und Nahl.
Lit.: A. Streichan, Knobelsdorff und das friderizianische Rokoko, 1932.

Friedrich, Caspar David. Deutscher Maler. Geb. 1774 in Greifswald, gest. 1840 in Dresden. Nach autodidaktischen Anfängen besuchte er 1794/98 die Akademie in Kopenhagen. Danach kam er nach Dresden, wo er, abgesehen von Reisen in deutschen Landen, bis zu seinem Tode blieb. 1801 lernte er P. O. →Runge kennen, und um sie beide bildete sich der Dresdener Kreis von Romantikern mit den Dichtern Tieck und Novalis, den Malern Kügelgen, Olivier sowie dem Arzt, Schriftsteller und Maler →Carus. – Seine frühen Arbeiten sind durchweg Sepiazeichnungen; hierin wurzelt seine Kunst im landschaftlichen Realismus des 18. Jhs. Erst 1807 schuf F. sein erstes bedeutenderes Ölgemälde, das „Kreuz im Gebirge" (Tetschener Altar). – Was ihn gegenüber den Landschaftern des 18. Jhs. abhob und auch gegenüber seinen Zeitgenossen, war seine romantisch-religiöse Auffassung des Landschaftsbildes, mit welcher er zum größten romantischen Stimmungsmaler wurde. Als erster hat er auch seine eigenen Empfindungen einer verinnerlichten Schwermut den Landschaften unterlegt. – Sein malerisches Werk läßt sich nur schwer in Epochen gliedern, die Entwicklungsstufen darstellen. Die Technik ist einheitlich, die Themen, die Wahl der Staffagen, seine besondere Art, die Dinge zu betrachten, bleiben sich gleich. Thematisch kann man zwei Arten Landschaften

Caspar David Friedrich, „Der Morgen" (Hannover, Niedersächsische Landesgalerie).

unterscheiden: die allegorische (Mönch am Meer, 1809, Berlin — Staatl. Schlösser u. Gärten) und die stimmungsvolle (Der Sturzacker, 1820/30, Hamburg — Kunsthalle). Neben seinem bekannten malerischen Werk gibt es von F. Radierungen, architektonische Entwürfe zu Denkmälern, Gräbern und Dichtungen.
Lit.: Thieme-Becker.

Fries. Streifenartiges Feld oder durchlaufendes Band. Vor allem in der Architektur ist der F. als gliederndes oder abschließendes Schmuckelement in verschiedenen Varianten geläufig. – Der Ornament-F. entsteht häufig durch additive Reihung verschiedener Pflanzen-Ornamente (z. B. Palmette und Akanthus) oder Architekturelemente (Rundbogen u. ä.). Auch abstrakte Ornamente (Rauten, Schachbrett, Mäander, Zickzacklinien) finden im Rapportsystem zu F.-Formen. – Der Figuren-F. bringt dagegen besonders in der antiken Kunst große fortlaufende Handlungsbilder in der ununterbrochenen Art des ionischen F.es oder im Wechsel von Metope und Triglyphe in der Art des sogen. →Triglyphons. Während der Figuren-F. vor allem in der Antike und in den von ihr abhängigen Epochen zu finden ist, kommt der Ornament-F. zu fast allen Zeiten vor.

Friesreliefsarkophage. Die größte Zahl der christlichen Sarkophage aus der ersten Hälfte des 4. Jhs. tragen den Namen F., da ihre ganze Vorderseite friesartig mit Verzierungen bedeckt ist. Diese sind nicht ornamental, sondern bringen Szenen des Alten und des Neuen Testamentes. Sie werden im allgemeinen ohne gegenseitige Beziehung aneinandergereiht.

Friesz, Emile-Othon. Franz. Maler. Geb. 1879 in Le Havre, gest. 1949 in Paris. Nach anfänglichem Studium an der Kunstschule in Le Havre wurde er 1898 Schüler von →Bonnat in Paris. Sein Frühwerk steht noch ganz unter dem Einfluß des →Impressionismus. Später kam er durch →Cézanne, →Matisse und →Braque zum →Expressionismus und →Fauvismus, zu dessen begeistertsten Vorkämpfern er gehörte, ohne dabei jemals die Herkunft vom Naturalismus zu leugnen. Seine fauvistische Periode reichte von 1903–1907. Später kehrte er zu einer traditionalistischen Malweise zurück und malte gute Landschaftsbilder und Portraits, jedoch ohne seine vielversprechenden Ansätze weiterzuentwickeln.
Lit.: H. Vollmer, Künstlerlex. d. 20. Jhs., 1960.

Frigidarium. Das Kaltbad der röm. →Thermen-Anlage.

Frisoni, Donato Giuseppe. Italien. Stukkateur und Architekt. Geb. 1683 in Laino, gest. 1735 in →Ludwigsburg. 1709 von Herzog Eberhard Ludwig von Württem-

berg als Dekorateur berufen, ab 1714 Leiter des Ludwigsburger Bauwesens. F. erweitert den Schloßbau von J.F. →Nette zu einer aufwendigen Dreiflügelanlage (Plan von 1724) und schließlich durch das Neue Corps de Logis mit den verbindenden Galerie-Trakten zu einer der bedeutendsten Residenzen.
Lit.: R. Schmidt, Schloß Ludwigsburg, 1954; Thieme-Becker.

Fritten-Porzellan (pate tendre artificielle). Porzellan aus Alkali-Fritte, Kreide u. geschlämmtem Kalk; wird gebrannt bei 1250–1280 °C. In Frankreich 1668 erfunden.

Frölicher, Ernst. Schweizer Architekt. Geb. 1878 in Solothurn, gest. 1931 ebda. Nach dem Studium an der Technischen Hochschule in Zürich assoziierte er sich 1901 mit seinem Bruder Karl (Fa. Gebr. Frölicher). In Rosario (Argentinien) baute er zusammen mit Marcel Daxlhofer ein Krankenhaus. Eine geschlossene Werkgruppe bilden die Schulbauten.
Lit.: Schweizer Kunst, 1931/32 (Nachruf).

Fromentin, Eugène. Franz. Maler, Kunstkritiker und Schriftsteller. Geb. 1820 in La Rochelle, gest. 1876 in Saint-Maurice. Begann als Schriftsteller (1837 erste Essays) und 1839 in Paris mit dem Studium der Rechte. Als gegen 1840 sein Interesse für die Malerei erwachte, so geschah dies von der theoretischen Seite. Er fühlte sich den holländischen Landschaftsmalern, besonders →Ruisdael, zugetan und in der franz. Gegenwartsmalerei der Richtung von →Delacroix. Nach seinem Jurastudium wurde er Maler. Seine Lehrer waren Rémond, ein Vertreter der akademischen Landschaftsmalerei, →Cabat, → Decamps und Marilhat. Angeregt von letzterem, unternahm F. 1846 eine Algerienreise, die die Themen seiner späteren Werke festlegte. Weitere Afrika- und Orientreisen, die er unternahm, bestärkten F. in der eingeschlagenen Richtung: er wurde zum Maler des romantischen Beduinenlebens, das er in immer neuen Variationen auf kleinstem Format mit größter Feinheit des Details ausbreitete.
Lit.: L. Gause, E. Fromentin – peintre et écrivain, 1881.

Fronaltar →Altar.

Frontale. 1) Bekleidung des Altares an seiner Vorderseite, im allgemeinen mit einer Decke; →Antependium. **2)** Vorderer, geschmückter Deckel eines Prachtbandes. **3)** Königskrone, Binde.

Frontalität, Gesetz der. Figuren werden in Vorderansicht nebeneinander aufgereiht mit starrem Geradeausblicken.

Frontispiz. 1) Dreiecksgiebel über Tür, Fenster oder Mittelbau eines Hauses. – **2)** Titelkupfer, besonders bei Büchern des 17. und 18. Jhs.

Fronton. Giebel über Tür oder Fenster; →Frontispiz.

Frueauf. 1) Rueland d.Ä. Deutscher Maler. Geb. um 1440 möglicherweise in Salzburg, gest. 1507 in Passau. Arbeitet im Stil der Salzburger Schule, zu deren bedeutendstem Meister Ausgang des 15. Jhs. er wird; doch sind in seiner Kunst auch Einflüsse der Niederländer erkennbar. Seine Bilder haben einen klaren Aufbau und stark kontrastierende Farben, die wenigen Figuren sind kraftvoll und genau ausgearbeitet. Von seinem Werk können 4 Passionstafeln, die von 1490–91 entstanden, als gesichert gelten (Wien, Kunsthist. Mus.). Weitere ihm zugeschriebene Werke befinden sich in München, Prag, Budapest, Venedig und Lugano.
Lit.: L. Baldass, Die Kunst R.F.d.Ä., 1935.
2) Rueland d.J. Sohn von 1). Geb. um 1470, gest. um 1545 in Passau, in seiner Malweise den Meistern des Donaustils verwandt. Schuf 1507 mit seinem Hauptwerk, den vier Tafeln mit Szenen aus der Leopoldslegende (Museum des Stiftes Klosterneuburg bei Wien), die wohl schönsten Legendendarstellungen seiner Zeit. Die Handlung steht in vollkommener Harmonie zu der Welt, in der sie sich abspielt, märchenhafte Stimmungslandschaft und äußere Geschehnisse verweben sich zu reinem Zauber.
Lit.: R. Guby, R.F., Vater und Sohn, 1929; O. Fischer, Gesch. d. deutschen Malerei, 1942; L. Baldass, Conrad Laib und die beiden F., 1946.

Frühchristliche Kunst →Altchristl. Kunst, → Byzant. Kunst.

Frühgeschichte. Bezeichnung für den nachchristl., bereits durch historische Quellen geprägten Endabschnitt der →Vorgeschichte, →Völkerwanderungszeit.

Füger, Heinrich Friedrich. Deutscher Maler. Geb. 1751 in Heilbronn, gest. 1818 in Wien. Schuf Historienbilder in einem dem 18. Jh. und seiner Empfindsamkeit noch verhafteten klassizistischen Stil und Portraits, die an den englischen Meistern orientiert sind. Lernte bei Guibal in Stuttgart und bei Oeser in Leipzig. Zu seiner Weiterbildung ging er nach Rom. 1783 wurde er Galerie- und Akademieleiter in Wien. In der Bildnisminiatur entwickelte er sich zu einem der bedeutendsten Meister seiner Zeit. Er wurde vor allem von der österreichischen Hocharistokratie außerordentlich geschätzt. Seine Werke befinden sich größtenteils im Museum in Wien.
Lit.: A. Stix, H. F., 1925; G. Pauli, Kunst d. Klassiz. u. d. Romantik, 1925; J. de Bourgoing, Die Wiener Bildnisminiatur, 1926.

Führich, Josef von. Österreichischer Maler, Zeichner und Radierer. Geb. 1800 in Kratzau (Böhmen), gest. 1876 in Wien. Studium ab 1819 an der Akademie in Prag bei Bergler. Nebenher malte er damals schon Altarblätter und schuf Illustrationen zu Klassikern, zur böhmischen Geschichte und zur Bibel. Von →Dürer angeregt, entstanden Zyklenwerke, darunter „Genovefa", mit der er sich den Romantikern anschloß. Dieses Werk verschaffte ihm auch ein Stipendium nach Rom, wo er 1827/29 weilte, unter Leitung von →Overbeck an den Fresken der Villa Massimo mitarbeitete und sich den →Nazarenern anschloß. Dieser Schule blieb F. sein Leben lang verbunden, und als bedeutendster österreichischer Vertreter wurde er zum Neubegründer der christlich-religiösen Kunst in Österreich. 1844 wurde er als Prof. an die Wiener Kunstakademie berufen, und von nun an verbrachte er sein Leben in Wien, wo auch seine bedeutendsten Werke zu finden sind: Kreuzwegfresken in St. Johannes (1844/46), Fresken in der Altlerchenfelderkirche (1851/61) mit Hilfe seiner Schüler Kupelwieser, Engerth und Blaas, Entwürfe für Glasfenster im St. Stephansdom und in der Votivkirche.
Lit.: M. Dreger, J. Führich, 1912; W. R. Deusch, Malerei der deutschen Romantiker, 1937.

Füllmauer. Mauer aus doppelter parallel geführter Steinführung, deren Zwischenraum mit Steinschutt und Mörtel ausgefüllt ist. Die F. war bereits in der Antike bekannt (z.B. große Landmauer von →Konstantinopel) und findet sich wieder bei Bauten des Mittelalters.

Fürspan(n), Fürspange. Ein beidseitig an einer Agraffe befestigtes Band oder eine Kette, um den Mantel über der Brust zusammenzuhalten; oft in kunstvoller Ausführung (12.–13. Jh.).

Fürstenberger Porzellan. Anfänge 1747 (seit 1753 im Auftrag von Herzog Karl I. von Braunschweig), bis heute. Seit 1876 privat. Berühmt sind Vasen, oft in Blaumalerei, und Portraitbüsten von klassischen Personen und Zeitgenossen, z.T. in Biskuit. – Marke: Blaumarke F in Kursiv. Bei Biskuit eingepreßtes Pferd nach links.
Lit.: C. Scherer, Das Fürstenberger Porzellan, 1909; O. Wiese, Zweihundert Jahre Porzellanfabrik zu Schloß Fürstenberg.

Fürstenfeldbruck. Ehemalige Zisterzienserklosterkirche Mariae Himmelfahrt. Die Klostergründung erfolgte 1258 durch Herzog Ludwig den Strengen. Den Neubau der Kirche leitet ab 1701 G. A. Viscardi. Die Arbeit wurde nach längerer Unterbrechung durch J. G. Attenhofer weitergeführt. Die Kirchweihe erfolgte 1741, der Turm war 1754 vollendet. Die Fassade ist zweigeschossig mit Volutengiebel. Aus schrägen Sockeln erheben sich je 3 Säulenordnungen, die kräftige Gesimse tragen. Im Giebel die kupfergetriebenen Figuren von Christus zwischen hl. Bernhard und hl. Benedikt. Das Innere ist eine besonders weiträumige Wandpfeileranlage (83 m lang, 28,4 m breit, 27 m hoch) mit 2 Vorjochen und einem $3^1/_2$ Joche tiefen Chor in $^5/_{10}$ Schluß. Das Verhältnis des Chores zum Langhaus und dem Stelzungsglied der Gewölbe verraten das Vorbild von St. Michael in München. Die Emporen sind aber schon fast verschwunden, es bleibt nur ein schmaler Laufgang über der Gebälkregion. Das Licht strömt aus vielen dreigeschossig angeordneten

Fenstern. Die mächtigen Kompositordnungen haben rötlich-graue Stuckmarmorsäulen vorgelegt, die Kapitelle sind in Gold gehalten. Kräftige Gurtbogen teilen die Gewölbefelder. Stuck rankt sich zartrosa in Akanthus-, Muschel- und Bandwerk. Aus den Jochen strömt die Farbigkeit der Fresken Cosmas Damian →Asams mit den Szenen aus dem Leben des hl. Bernhard von Clairvaux. Über den Seitenkapellen allegorische Darstellungen aus dem Ordensleben der Zisterzienser.

Fürstenfeldbruck. Fassade der ehemaligen Klosterkirche.

Füssli (Fuessli, Fueslin), Johann Heinrich, in England Henry Fuseli genannt. Schweizerisch-engl. Maler und Zeichner. Geb. 1741 in Zürich, gest. 1825 in Putney Hill bei London. Kraftvoller bildnerischer Exponent von „Sturm und Drang". Begann als Dichter und wandte sich 1765 unter dem Einfluß von →Reynolds der Malerei zu. Lehrte 1765–70, war 1770–78 in Rom, wo er charakteristischerweise neben der Antike →Michelangelo bewunderte und neben →Winckelmann mit J. L. →David befreundet war. Seit 1779 wieder in London, 1788 Mitglied und 1804 Direktor der Akademie. F. war einer der gefeiertsten Künstler seiner Zeit, geriet dann in Vergessenheit, um neuerdings eine Renaissance zu erleben. Er ist stark von literarischen Themen, insbesondere romantischen, inspiriert. Dichtungen von Milton und Shakespeare, Dante und Virgil, Bibel und Nibelungenlied werden ihm Anlaß zu Bilderfolgen. F. sucht übersteigerte Gestik, heroisch betontes Pathos und geheimnisvoll-düstere Lichtstimmungen – am besten vergleichbar mit der literarischen Gattung der Ballade. Besonders in den Zeichnungen werden seine Ziele deutlich.
Lit.: P. Ganz, Die Zeichnungen F.s, 1947; F. Antal, Fuseli studies, 1956.

Fuga, Ferdinando. Italien. Architekt. Geb. 1699 in Florenz, gest. 1781 in Rom. Seit 1717 in Rom, 1730 päpstlicher Baumeister, um 1750 neapolitanischer Hofbaumeister. F. fußt auf dem Spätbarock, neigt aber dem aufkommenden Klassizismus zu. Seine Bauwerke sind wohl disponiert, manchmal etwas nüchtern. Werke in Rom: Fassade von S. Maria Maggiore, ab 1743; Pal. Corsini, 1729–32; Pal. della Consulta, ab 1732. In Neapel: Chiesa degli Incurabili, 1762–63.
Lit.: F. Noack in: Thieme-Becker, 1916; G. Pucci in: Enciclopedia Italiana, 1932; Reclams Kunstführer, Italien V, Rom und Latium, 1962.

Fulda. Das 744 durch Bonifatius gegründete Kloster im Frühmittelalter bedeutendes geistiges und künstlerisches Zentrum. 791–819 Neubau der Kirche nach Vorbild von Alt-St. Peter, →Rom. Das Kloster war seit 751 dem Papst direkt unterstellt, daher die für karolingische Zeit ungewöhnliche Anlage: dreischiffige Basilika, halbrunde Apsis, außen seitliche Rundtürme, weit ausladendes W-Querhaus mit Apsis. Unter beiden Apsiden bereits dreischiffige Krypten als selbständige Andachtsräume. Der karolingische Bau im Barockbau des Domes aufgegangen. St. Michael. 822 begonnen, runde, ursprünglich eingeschossige Friedhofskapelle mit Krypta, deren Gewölbe von einer runden Mittelstütze getragen wird. Zutaten von 1092: Kreisempore, die den Zentralbau zweigeschossig macht, Langhaus, Westturm.– Im 18. Jh. wandelt sich F., der Erhebung zum Bistum, 1752, entsprechend. Den Auftakt bildet der Neubau des Doms durch Johann →Dientzenhofer, 1704–12. Mit Doppelturmfassade in schöner Hausteinarchitektur und tonnengewölbtem Hauptschiff sowie Kuppel über Tambour und mit Laterne. Zu den Erfordernissen einer barocken Residenz gehört das Schloß, 1707–13, von →Dientzenhofer aus der Umbildung von Renaissance-Resten gewonnen; bedeutendster Innenraum der Kaisersaal, 1727–31 im Mittelbau der Gartenfront angelegt, mit Gesimszone, die um die Rundbogenöffnungen des Parterres kurvig geführt ist. Doch werden alle Profanbauten des Fuldaer Barocks an künstlerischer Bedeutung durch die Orangerie weit übertroffen; 1714–26 nach Plan von M. von →Welsch errichtet. Fünfachsiger Mittelpavillon mit großer Pilasterordnung und Giebel; siebenachsige eingeschossige Seitentrakte. Auf den Mittelpavillon bezogen eine prachtvolle Freitreppe, die auf dem Trennpodest zwischen konvexen und konkaven Stufenanteilen die bewegte Floravase von J. F. Humbach aus Bamberg, 1728, trägt. Der weiße Saal mit Bandelwerk-Stuck (Schwarzmann, 1730–34) und Fresko mit Scheinarchitektur sowie Apoll auf dem Sonnenwagen zwischen den vier Weltteilen (Emanuel Wohlhaupter, 1730). →Fasanerie.
Lit.: A. Schmitt, Führer durch Fulda und Umgebung, 1959; H. Retzlaff – E. Kramer, F., o. J.

Fulda, Kaisersaal im Schloß der Äbte, 1727–31 von Johann Dientzenhofer erbaut.

Fu-nan-Reich. Dieser Staat →Hinterindiens blühte von ca. 225–550 n. Chr. in Cochinchina und beeinflußte die Küstenländer des Golfes von Siam, ebenso Teile des heutigen Kambodscha und Burma. Der Kunststil des F. trägt vorwiegend indisches Gepräge, ist aber auch chinesisch beeinflußt. Die Fundstelle Oc-èo ergab nur spärliches archäologisches Material, da die meisten Bauten aus Holz bestanden hatten. Nur stellenweise wurde der Versuch gemacht, die Höhlentempel Südindiens in Granit- und Ziegelbau nachzuahmen (Bauwerk K von →Oc-èo). Viele Kleinfunde (Ringe, Siegel) sind indischer Import, hingegen sind Steinplastiken (Fundort →Phnom Da bei Angkor Borei) bodenständigen Ursprungs. Wir finden vor allem Götterbilder (Vishnu, Krishna) in glatter, graziler Formung, die später im Reich der →Khmer ihren reifen Ausdruck finden sollte.

Funeralplastik. Bildhauerarbeit auf dem Friedhof.

Funeralwaffen. Waffen, die einem ritterlichen Toten als Grabbeigabe mitgegeben oder über dem Grab aufgehängt oder -gestellt wurden (auch gemalt). Häufig handelt es sich hierbei – vor allem im abendländischen Mittelalter – um sogen. Totenschilde.

Furchenschmelz (auch Blutemail). Emailtechnik, deren Höhepunkt in der keltischen Kunst des 1.–3. Jhs. n. Chr. liegt. In Metall eingegrabene Furchen werden mit roter Schmelzmasse gefüllt (daher Blutemail). Eine Weiterbildung ist der →Grubenschmelz.

Furnier. Dünne Edelholzschicht zur Verkleidung unedlen Holzes.

Furttenbach, Josef, d. Ä. Deutscher Architekt und Architekturtheoretiker. Geb. 1591 in Leutkirch, gest. 1667 in Ulm. Zehnjährige Bildungsreise durch Italien. Seit 1621 in Ulm ansässig, 1631 Stadtbaumeister ebda. Von seinen ausgeführten Bauten nahezu nichts erhalten; dennoch ist F. von großer Bedeutung durch eine lange Reihe von Schriften, die alle Zweige der Architektur betreffen und weite Verbreitung erreichten. In diesen Schriften vermittelt er die künstlerischen und technischen Fähigkeiten Italiens in den durch den Dreißigjährigen Krieg verwüsteten Norden. „Newes Itinerarium Italiae", 1626; „Architectura civilis", 1628.
Lit.: Thieme-Becker.

Futtermauer. 1) Bezeichnung für die Verkleidungsmauer einer Felswand. – **2)** Stützmauer für Erdanschüttungen und Terrassierungen.

Futurismus. Richtung der modernen Malerei in Italien. 1909 veröffentlichte der Dichter Filippo Tommaso Marinetti das Manifest der futuristischen Dichtung, in dem die Schönheit des sich Bewegenden und der Geschwindigkeit gefeiert wurde. Anfang 1910 trafen in Mailand die Maler →Carrà, →Boccioni und L. Russolo mit Marinetti zusammen, und es kommt zum 2. Manifest, das dann auch die Unterschriften von →Balla und →Severini trägt. 1912 Ausstellung in Paris. Der F. erscheint hier als der Versuch, das Element des Dynamischen in die (von →Picasso und →Braque vermittelte) Kompositionsweise des →Kubismus einzufügen. Einer der glücklichsten Gedankengänge des F. ist die Idee der „Simultaneität", das heißt, die Vereinigung verschiedener Erlebnisphasen und verschiedener Zustände der Außenwelt in einem Bild. Charakteristische Bildtitel: „Elastizität", „Der Lärm der Straße dringt ins Haus".
Lit.: U. Boccioni, Pittura, Scultura Futurista, 1914; F. T. Marinetti, Manifesti del Futurismo, 4 Bde., 1932; C. Zervos, Un demi-siècle d'art italien, 1950.

U. Boccioni, „Seelenzustände" I, 1911 (New York, Slg. N. A. Rockefeller).

G

Gabelkreuz → Kreuz.

Gabii. Alte Latinerstadt, zwischen Rom und Praeneste gelegen. Von einem Junoheiligtum stehen noch mehrere Ruinen. Ein Tuffsteintempel der Juno war von Säulenhallen umgeben, an die sich eine Reihe von Priesterräumen anschloß. Die Tempelanlage steht auf einer die Terrasse, über eine halbkreisförmige Treppe zugänglich war. – Von den Einzelfunden in G. ist vor allem die berühmte Artemis von G. (heute Paris, Louvre) – eine röm. Kopie nach einem Frühwerk des griech. Bildhauers →Praxiteles – zu nennen.

Gabo, Naum (eigentl. N. Pevsner). Russischer Bildhauer. Geb. 1890 in Briansk, in den USA ansässig. Legte sich 1915, um Verwechslungen mit seinem älteren Bruder A. →Pevsner zu vermeiden, den Künstlernamen Gabo zu. – Studierte anfangs Medizin, Mathematik und Physik in München, wo er nebenher Vorlesungen bei →Wölfflin hörte und mit dem →Blauen Reiter bekannt wurde. Auslandsreisen und ein Aufenthalt in Paris (1914) bei seinem Bruder, durch den er die dortige Avantgarde und →Archipenko kennenlernte, veranlaßten ihn, sich der Bildhauerei zuzuwenden. 1915–1917 lebte er in Stockholm und schuf hier die ersten Plastiken, die er nach den Gesetzen des →Kubismus aufbaute. Nach seiner Rückkehr nach Rußland (1917) traf er dort mit →Kandinsky und →Malewitsch zusammen. 1920 verfaßte er gemeinsam mit seinem Bruder und anderen das berühmte „Realistische Manifest", in dem er die Prinzipien des →Konstruktivismus darlegte. Gleichzeitig entwickelte er die erste kinetische Plastik. 1922 übersiedelte er nach Berlin. 10 Jahre blieb er in Deutschland und schuf in dieser Zeit geometrische Kompositionen aus Metall, Kunststoff und Glas. 1932 ging er nach Paris und ließ sich 1935 in London nieder. Sein Stil begann sich zu wandeln: Er gab die Kantigkeit zugunsten der schwingenden Linienführung auf. Es entstehen abstrakte Plastiken von sphärischen Formen. 1946 übersiedelte er nach den USA.
Lit.: Knaurs Lex. d. mod. Plastik, 1964.

Gabriel, →Erzengel.

Gabriel, Jacques-Ange. Franz. Architekt. Geb. 1698 in Paris, gest. 1782 ebda. Ausgehend vom franz. Rokoko, war er maßgeblich an der Entstehung des Frühklassizismus in Frankreich beteiligt, indem er Anregungen antiker und engl. Architektur aufnahm. Er wurde durch den Umbau zahlreicher Schlösser, u. a. →Versailles und →Fontainebleaus, bekannt. Sein Hauptwerk ist jedoch die Anlage der „Place de la Concorde" in Paris und der anliegenden Bauten (nach 1754).
Lit.: G. Gromert, J.-A.G., 1933.

Gachet, Dr. med., Paul. Franz. Arzt und Kunstsammler. Geb. 1828 in Lille, gest. 1909 in Auvers. Freund der impressionistischen und anderer moderner Maler, die er nach Auvers-sur-Oise zu ziehen versuchte. In seinem Haus waren zu Gast →Cézanne, →Monet, →Pissarro, →Renoir und vor allem van →Gogh, der bei ihm in Behandlung war und auch bei ihm starb.

Gadag. Ind. Stadt im B.-Staat Mysore, in der sich ein heiliger Bezirk der mittelalterl. Tschalukyazeit im nord-südlichen Mischstil erhalten hat. Die Sarasvati- und Trikuteschvara-Tempel sind Meisterstücke indischer Steinmetzkunst.
Lit.: Fischer, Schöpfungen, Abb. 37 u. Taf. 201–204.

Gaddi, Taddeo. Italien. Maler. Gest. wohl 1366 in Florenz. Schüler →Giottos, in dessen Werkstatt er 24 Jahre gearbeitet haben soll. Hauptwerk: Freskoszenen aus dem Marienleben und der Jugend Christi, Baroncellikapelle S. Croce, Florenz (vielleicht datierbar durch Urkunden der Jahre 1332/38). Neu sind die dramatisch bewegten Massenszenen, kühne architektonische

Verkürzungen, weiträumige Landschaftsschilderung, Wiedergabe übernatürlicher Lichtquellen mit naturalistischen Mitteln und zeitgenössischer Tracht. Im 1334 datierten Flügelaltar mit Madonna (Berlin, Staatl. Museen) werden die Formen zierlicher. Im Spätwerk Verarbeitung got. Einflüsse.
Lit.: R. Longhi, ,,Qualità e industria di T.G. ed altri", Paragone X, 1959, nr. 109, 31ff.; nr. 111, 3ff.; R. Oertel, Die Frühzeit der italien. Malerei, 1953.

Th. Gainsborough, ,,The Hon. Mrs. Graham", 1777 (Edinburgh, Nat. Gall.).

Gadschalakschmi. Eine besondere Form eines vischnuitischen Kultbilds: die sitzende Göttin Lakschmi, welche beiderseits von Elefanten mit Wasser besprüht wird.

Gadschasimha. Steinernes oder hölzernes Schmuckmotiv an indischen Tempeln: ein Elefant, der von einem Löwen überwältigt wird.

Gärtner, 1) Andreas. Deutscher Architekt. Geb. 1744 in Dresden, gest. 1826 in München, Vater des Friedrich von Gärtner. Erhielt erst 1764 die Möglichkeit, sich in Wien auszubilden. Nach verschiedenen Tätigkeiten in Polen, Berlin und Wien kam er nach Paris, wo er Inspektor der königlichen Bauten wurde. In den achtziger Jahren wurde er vom Kurfürsten von Trier zur Weiterführung des begonnenen Schloßbaues angestellt. Der Zusammenbruch des Kurfürstentums vertrieb G. nach Würzburg, und als dieses bayerisch wurde, kam er nach München (1804). Neben Umbauten und Inneneinrichtungen in der Residenz stammen von ihm die älteren Teile der Münze (1809) und ein Teil der Akademie der Wissenschaften (1801/11). – G. war ein Vertreter des kühlen franz. Klassizismus, der in seiner strengen Einfachheit den persönlichen Eigenheiten wenig Raum läßt. Er erlitt aber das Unglück, daß die Jahre seiner Hauptschaffenzeit Revolutions- und Kriegsjahre mit geringer Bautätigkeit waren, so daß der größere Teil seines Werkes aus Innenausbauten bestand. Als es später in München größere Bauaufträge gab, hatte er zwei jüngere Konkurrenten, von denen ihn →Klenze 1819 aus seinem Amt als Hofbauintendant verdrängte.
2) Friedrich von, Deutscher Architekt, Sohn des Andreas G. Geb. 1792 in Koblenz, gest. 1847 in München. Studierte bei K. v. →Fischer an der Akademie in München (1809-12), ging dann zu →Weinbrenner nach Karlsruhe und zu →Percier und →Fontaine nach Paris. Dort studierte er auch antike Baukunst. Für über zwei Jahre bereiste er Italien (1815/17), wo er in Rom Mitglied der Künstlervereinigung der ,,Nemesianer" wurde. Von seinen Bauaufnahmen in Italien zeugen ein Tafelband über sizilianische Bauten und ein anderer über röm. Bauverzierungen. Da er nach der Rückkehr nach München keine Betätigung findet, reist er 1819/20 nach England. 1820 wird G. Nachfolger seines Lehrers Fischer an der Akademie in München. Neben mehreren Italienreisen kommt er 1835/36 und 1840/41 nach Athen, um die dortige Residenz zu bauen. – G. hat endgültig den Schritt vom Klassizismus zum Historismus vollzogen; in den Einzelformen – Materialrohbau, Verwendung der Formen des deutschen Mittelalters und der italien. Frührenaissance und der Mischung von mehreren Stilen an einem einzigen Bau – ist er ein Vertreter des ,,romantischen Historismus". Der von G. neu beschrittene Weg entsprang aber nicht voll seinem eigenen Willen, sondern dem Bemühen, die Vorstellungen von König Ludwig I. mit den Forderungen der Baukunst in Einklang zu bringen. Werke in München: St. Ludwigskirche, Staatsbibliothek, Universität und Feldherrnhalle.
Lit.: K. Eggert, Die Hauptwerke F. v. Gärtners, 1963; Thieme-Becker.

Gainsborough, Thomas. Engl. Maler. Geb. vor 1727 gest. 1788 in London. Nach seinem Studium bei H. Gravelot und F. Hayman ließ er sich 1760 in Bath nieder. Hier schuf er zahlreiche Portraits der vornehmen Badegesellschaft. 1774 übersiedelte er nach London, wo er neben →Reynolds zu einem der bevorzugten Portraitisten des engl. Adels wurde. Häufig zeigte er die dargestellten Personen vor einem Landschaftshintergrund. Sein Stil ist maßgeblich durch die holländische Malerei des 17. Jhs. (vor allem van →Dyck) beeinflußt. In der leichten Farbgebung lassen sich Anregungen von →Watteau erkennen. – Auch in seinen Landschaftsbildern ist er von den Niederländern abhängig, jedoch zeigen sich hier, stärker als in den Portraits, typisch engl. Elemente. Sein Schaffen war von großer Wirkung auf die Folgezeit und findet vor allem in →Constable seine Fortsetzung.
Lit.: E. Waterhouse, G., 1958; M. Woodall, G. s landscape drawings, 1939; O. Millar, G., 1950; Thieme-Becker,

Galerie. Langgestreckter Raum, der weit auseinanderliegende Hausteile verbindet, zu Festen und Empfängen genutzt. Seit der Renaissance im →Schloß ausgebildet, übernimmt sie teilweise die Funktion des Saales. Berühmte Beispiele: im vatikanischen Palast (von →Bramante begonnen), in →Chenonceaux, in →Fontainebleau. In der Spiegelgalerie von →Versailles findet die G. ihre prunkvollste Ausbildung und gleichzeitig ihren festgefügten Platz in der Grundrißdisposition. In der Natur der G. liegt große Helligkeit, durch Fensterreihung verursacht; deshalb wurde sie seit dem 16. Jh. auch zum Aufstellen von Kunstwerken benutzt. Von dort her die Bedeutung ,,Kunstsammlung". – Im Theaterbau: oberster Rang des Zuschauerraumes. – Der Begriff deckt außerdem Einbauten in Sälen in der Art von Emporen, verbindende, auch offene Gänge vor Zimmerfolgen und schließlich in der Baukunst des 19. Jhs. die glasgedeckten Ladenpassagen, von denen ein wichtiges Beispiel in Mailand zu finden ist.

Galerieton. Verdunkelnde, bräunliche Verfärbung der Oberfläche auf alten Ölgemälden, Ergebnis eines natürlichen Alterungsprozesses (Oxydation der Öle). Der G. wird besonders in der zweiten Hälfte des 19. Jhs. als ästhetischer Eigenwert empfunden und in der zeitgenössischen Produktion nachgeahmt, besonders auffällig bei den Bildnissen von F. →Lenbach.

Galiläa. Eine besonders in Frankreich (galilée) und

England (galilee) übliche Bezeichnung für die Vorhalle einer Kirche. Beispiele: →Tournus, →Vézelay, →Durham, →Lincoln. Die Deutung des Namens, der gelegentlich auf andere Teile von Kirche und Kloster übertragen wurde, ist umstritten.

Galitscha. Teppich indo-islam. Zeit, wollene Knüpfung auf baumwollenem Grundgewebe.

Gallé, Emile. Franz. Kunstgewerbler. Geb. 1846 in Nancy, gest. ebda. 1904. Als Sohn eines Glaskünstlers, der in Nancy eine Werkstatt besaß, war G. schon früh mit dem Material seiner späteren Werke vertraut. Seine Ausbildung erhielt er ab 1862 in Weimar und Meisenthal; dann rundete er seine Studien mit einer Reise nach London (1872) ab, wo er von den japanischen und chinesischen Gläsern im Kensington-Mus., besonders was die Überfangtechnik betraf, reiche Anregung empfing. Dieser japanische Einfluß wurde verstärkt durch die Freundschaft mit einem japanischen Botaniker in Nancy. Auf diesen Grundlagen der Überfangtechnik, der botanischen Kenntnisse und des Japanismus schuf G. die eigenständigsten Werke des franz. →Jugendstils. Vielfach hat er in die in unendlich vielen Farbabstufungen spielenden und reich mit floralen Ornamenten verzierten Vasenkörper Sprüche von Dichtern (Baudelaire, V. Hugo) eingeschnitten. G.-Gläser gelangten durch die Beteiligung an zwei Weltausstellungen (1889 und 1900) zu Weltruhm und gehörten zu den beliebtesten Sammelobjekten des Jugendstils. – Neben den Gläsern schuf er auch Möbel, wobei er mit Intarsien arbeitete, sowie Keramiken mit Schmelzflußglasuren. Seine Werkstatt arbeitete und signierte bis in die zwanziger Jahre unter seinem Namen.
Lit.: R. Schmutzler, Art Nouveau – Jugendstil, 1962.

Gallé-Gläser. Von E. →Gallé hergestellte →Jugendstil-Gläser.

Gallehus. Fundort bei Tondern in Südjütland (Dänemark). Hier wurden in den Jahren 1639 und 1734 zwei (Trink-) Hörner aus massivem Gold gefunden, die später, am 5. Mai 1802, aus den Königlichen Kunstsammlungen in Kopenhagen gestohlen und vom Dieb eingeschmolzen wurden, so daß heute nur Nachbildungen existieren. Die Goldhörner waren graviert und mit Reliefs verziert: in voneinander abgesetzten Bildstreifen waren menschliche Figuren, Tiere, Fabelwesen und andere, nur schwer deutbare Objekte dargestellt. Eine Inschrift lautet: „Ich, Laegaest von Holt (?), habe dieses Horn gefertigt.“ Die Funde sind in die Übergangsphase zwischen der nachchristl. röm. Eisenzeit und der →Völkerwanderungszeit zu datieren.
Lit.: J. Brøndsted, Guldhornene, 1954.

Gallén-Kallela, Akseli. Finnischer Maler und Graphiker. Geb. 1865 in Pori, gest. 1931 in Stockholm. Nach einer Grundausbildung in seiner Heimat besuchte er ab 1884 die Académie Julian in Paris, wo er Schüler Bouguereaus und Robert Fleurys war, sowie die Ateliers von F. Cormon und →Bastien-Lepage, der mit seiner mattsilbrigen Freiluftmalerei Einfluß auf G. gewann. Nach Finnland zurückgekehrt, wandte sich G. einem romantischen Stil zu, der das Fundament bildete für die großen finnischen Sagen- und Märchenzyklen, mit denen G. zum Maler der nordischen Mythen wurde (Kompositionen nach dem Kalevala-Epos und der Sampo-Saga) und zum Führer einer romantisch-nationalen Kunst. Er entwickelte dabei einen Monumentalstil mit sehr starken Umrißkonturen und flächigem Farbauftrag. Zu diesen Werken gehören seine Fresken (finnischer Pavillon der Weltausstellung in Paris 1900, Studentenheim in Helsingfors 1901).
Lit.: Thieme-Becker; Vollmer, Künstlerlex. d. 20. Jhs.

Galliano, bei Como. San Vicenzo in G. Die fragmentarische Apsisdekoration (datierbar ca. 1007) gehört zu den großartigsten Resten mittelalterl. Wandmalerei. Wölbung: Segnender Christus, Propheten Jeremias und Ezechiel, 2 Erzengel, Chöre hl. Märtyrer; unterhalb Vincentiuslegende. Brillante Technik, Typen, leidenschaftliche Bewegtheit und die in kaltem Feuer leuchtenden Farben und blitzenden Weißhöhungen deuten auf byzant. Vorbilder, auf spätantike Fresken oder Mosaiken. Dagegen zeigen die beginnende Ornamentalisierung der Lichter, die Architekturdarstellungen, die Dynamisierung der unbyzant. frei gefüllten Flächen, die grandiose Steigerung der „Bedeutungsgröße“ (→Bedeutungsperspektive), die reiche, gelegentlich illusionistisch gemalte Ornamentik auffallende Parallelen zu →Oberzell/Reichenau, die auf eine nicht zufällige Berührung der schon damals berühmten lombardischen Malerei mit der ottonischen Malerei Südwestdeutschlands hinzuweisen scheinen. Im Langhaus Reste von Legendenszenen des späteren 11. Jhs.
Lit.: G. R. Ansaldi, Gli affreschi della Basilica di S.V. a G., 1949.

Galli-Bibiena. Italien. Künstlerfamilie. – **1)** Ferdinando G., Architekt und Theaterdekorateur. Geb. 1657 in Bologna, gest. 1743 ebda. Sein Hauptwerk ist das 1731 erbaute Hoftheater in Mantua. Zu seiner Zeit war er vor allem wegen seiner zahlreichen Theater- und Festdekorationen berühmt. Seine um 1706 entstandene Entwurfsserie „Varie opera di prospettiva ...“ bildet einen bahnbrechenden Markstein in der Geschichte des Bühnenbildes. Seine Dekorationen wurden in zahlreichen Städten (u.a. in Bologna, Parma, Barcelona und Wien) ausgeführt. – **2)** Giuseppe G., Sohn des Ferdinando. Geb. 1696 in Parma, gest. 1756 in Berlin. Wie seine Brüder Allessandro (1687–1769) und Antonio (1700 bis 1774) setzte er vor allem auf dem Gebiet der Bühnen- und Festdekorationen das Werk seines Vaters fort und verbreitete dessen Gedanken hauptsächlich in Deutschland. Er war u.a. in Berlin, Dresden, München, Prag und Wien tätig.
Lit.: A. Hyatt Mayor, The Bibiena Family, 1945.

Galli da Bibiena →Galli-Bibiena.

Gallinazo. Kunststil der nördlichen Küste Perus, →Salinar.

Galluspforte am Basler Münster. Gegen 1185, am Nordquerschiff. Kunsthistorisch interessant als frühes deutsches Figurenportal. Tympanon: Thronender Christus zwischen Petrus, Paulus, Baumeister, Stifter und Engel. Türsturz: Christus an der Himmelspforte mit den klugen und törichten Jungfrauen. Gewände: Evangelisten. Tabernakel: zweimal drei Werke der Barmherzigkeit, beide Johannes, posauneblasender Gerichtsengel. In der Mauer Relief mit Auferstehenden. Die stilistischen Grundlagen sind noch umstritten; erwogen werden Oberitalien, Provence. Typisch deutsch die unplastische altertümliche Ausführung und die unmonumentale Komposition.
Lit.: H. Beenken, Roman. Skulptur in Deutschland (11. u. 12. Jh.), 1924.

Gandhara-Kunst. Das indische Königreich von Gandhara – im unteren Kabultal gelegen, etwa auf dem Gebiet des heutigen östlichen Afghanistan und nördlichen West-Pakistan – ist aus dem altindischen Schrifttum und aus den Berichten der griech.-röm. Historiker bekannt. Während der 1. Hälfte des 1. Jahrtausends v. Chr., im Zeitalter der Kuschanas und ihrer Nachfolger, bestand wirtschaftlicher und kultureller Kontakt zwischen den Mittelmeerländern und Asien und arbeiteten im Gandhara-Gebiet wahrscheinlich nebeneinander: 1) Wanderkünstler aus den hellenisierten Ostprovinzen des röm. Reiches, 2) Inder unter der Anleitung solcher Meister, 3) Inder, welche Vorbilder griech.-röm. Kleinkunst (die wir z.B. aus den Funden von →Begram kennen) nach den Bedürfnissen asiatischer Auftraggeber umformten. Buddhistische Klöster und →Stupas wurden auf antikisierende Weise mit Zahnschnitt oder korinthischem Kapitell verziert. Die Bekanntschaft mit der hochentwickelten mittelmeerländischen Bildkunst trug wahrscheinlich wesentlich zur Entstehung des →Buddha-Bildes in menschlicher Gestalt bei. Buddhistische Bild-

Farbtafel 9: *Tarquinia, etruskisches Grabfresko, 6. Jh. v. Chr.*

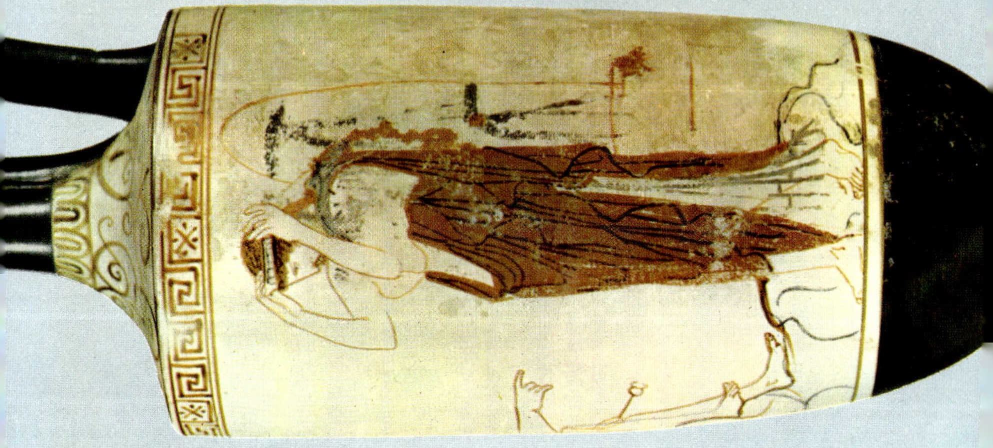

werke von Grabungs- und Fundstätten wie →Hadda, →Mingora, →Takht-i-Bahi oder →Taxila befinden sich u.a. in den Museen von Berlin-Dahlem, Delhi, London, Paris und Rom.
Lit.: A. Foucher, L'art gréco-bouddhique du Gandhara, 1905–51; H. G. Franz, Buddhistische Kunst Indiens, 1965.

Gandi. Der konvex einbiegende Unterteil des nordindischen Tempelturms; zugleich Bezeichnung für die dekorativen, plastisch reich ausgearbeiteten Vorsprünge an diesem Bauteil.

Gandscha-Karabagh-Kultur. Zwischen 1300 und 700 v. Chr. blühende Kultur Transkaukasiens, deren künstlerische Erzeugnisse in den großen Bereich der → eurasischen Kunst gehören. Die reichen Funde aus großen Nekropolen zeigen vor allem geometrisch verzierte schwarze Keramik und hervorragende Bronzearbeiten, z.T. mit punzierten Tierfriesen.

Ganerbenburg →Burg.

Ganescha. Der elefantenköpfige Sohn des indischen Gottes →Schiva.

Gangaikondatscholapuram. Dorf in Südindien an der Stelle einer verfallenen Residenzstadt der →Tscholas. Aus dem Beginn des 11. Jhs. ist ein Tempel des Stils von →Tandschore erhalten, in dessen Nischen im Erdgeschoß sich noch heute besonders gute Beispiele hinduistischer Kultbilder befinden.
Lit.: Fischer, Schöpfungen, Taf. 169.

Ganosis. Dünner, wachsartiger Überzug von Plastiken aus Marmor, auch bei Gipsabzügen, der den Statuen eine warme gelbliche Farbtönung verleiht.

Garbagriham. Dunkle, nur durch eine Tür erhellte Kammer, das schmucklose Allerheiligste, der Aufbewahrungsort des Hauptkultbildes im Hindu-Tempel.

Gardet, Georges. Franz. Bildhauer. Geb. 1863 in Paris. Schüler der Ecole Nationale des Arts décoratifs in Paris und von A. →Millet und Frémiet an der Ecole des Beaux-Arts. Nach →Barye wurde G. der bedeutendste franz. Tierbildhauer, der für seine natürlichen, dabei aber wirkungsvollen Tierplastiken neben Marmor und Bronze gern Onyx, Lithographenstein und andere gefleckte und gefärbte Steinarten verwendet hat. Viele dieser Tiergruppen stehen als Freiplastiken in Gärten, so im Schloßpark von Vaux-le-Vicomte ein Löwen- und ein Tigerpaar.
Lit.: Thieme-Becker.

Gargallo, Pablo. Span. Bildhauer. Geb. 1881 in Maella, gest. 1934 in Reus. Nach dem Studium in Barcelona reiste er 1902 erstmals nach Paris. Bei einem zweiten Parisaufenthalt, der bis zum Ausbruch des 1. Weltkrieges dauerte, begegnete er 1911 →Picasso. Diese Begegnung brachte die für ihn entscheidende Bekanntschaft mit dem →Kubismus. In der Folgezeit schuf er aus Eisen- und Kupferblech Metallplastiken, in denen er als einer der ersten Bildhauer die Prinzipien des Kubismus in die Plastik zu übersetzen suchte. – 1918 wurde er in Barcelona zum Prof. ernannt und ließ sich 1925 endgültig in Paris nieder.
Lit.: H. Vollmer, Künstlerlex. d. 20. Jhs.

Garhwal. Lokale Miniaturistenschule in den Pandschabbergen im 18. Jh. mit dem Hauptmeister →Mola Ram.
Lit.: W. G. Archer, G. painting, 1954.

Garnier, Charles. Franz. Architekt und Kunstschriftsteller. Geb. 1825 in Paris, gest. ebda. 1898. Nach dem Besuch der Ecole de Dessin trat er 1842 in Paris in die Ecole des Beaux-Arts ein. 1848 erhielt er ein Romstipendium. Dort beschäftigte er sich mit Archäologie, die ihn 1852 nach Griechenland führte, wo er eine Wiederherstellung des Tempels von →Ägina projektierte. 1854 kehrte er nach Paris zurück, wo er 1861 schlagartig berühmt wurde, als ihm einstimmig der 1. Preis im Wettbewerb um die Neue Oper in Paris zuerkannt wurde. Er baute – vom Deutsch-Franz. Krieg unterbrochen – an diesem teuersten Einzelbau Frankreichs im 19. Jh. (50 Millionen Goldfrancs) bis 1874 und entfaltete dabei einen architektonischen und dekorativen Reichtum barocker Formen, wie er nirgends mehr überboten wurde. Von seinen späteren Bauten sei nur noch das Theater und Casino in Monte Carlo (1878) genannt. (Siehe Tafel 29).
Lit.: Thieme-Becker.

Garnier, Tony. Franz. Architekt. Geb. 1869 in Lyon, gest. 1948 in La Bédoule. Studierte an der Ecole des Beaux-Arts in Paris bei Lousier und Blondel. Als Rompreisträger von 1899 entwirft er das Projekt einer Fabrikstadt, in welcher die Lebensbereiche Wohnen, Kultur, Handel und Arbeit streng geschieden sind. Als Stadtbaumeister von Lyon führte er Projekte durch, die von diesem Plan seiner „Cité industrielle" beeinflußt sind. Die Vorstellungen, die G. von der modernen Industriestadt hatte, haben einen nachweisbaren Einfluß auf den Städtebau unserer Zeit ausgeübt. Ausgeführte Bauten: in Lyon Schlachthof (1913) und Sportstadion.
Lit.: Vollmer, Künstlerlex. d. 20. Jhs.; L'œuvre de Tony G., in: Architecture vivante, o. J.

Gartenkunst. Künstlerische Gestaltung der freien Natur. Die Geschichte der G. bringt immer wieder Variationen der beiden Hauptformen: regelmäßige Anlagen (nach architektonischen Gesichtspunkten) und unregelmäßige Anlagen (Naturgarten). Unregelmäßige Anlagen schuf die G. der Chinesen, die versuchte, manchmal auf kleinstem Raum, eine ideale Landschaft zu schaffen. Japan kennt neben dieser Gartenform kultbezogene naturhafte Haine und schafft erstmals den sogen. Steingarten. Regelmäßig sind die Gartenanlagen der Ägypter, Griechen und Römer. Römische Anlagen sind uns aus →Pompeji bekannt. Sie sind durch Laubengänge gegliedert und mit Statuen, Wasserbecken und Springbrunnen geschmückt. Die Babylonier und Perser haben die Terrassengärten ausgebildet („hängende Gärten"). Ebenfalls regelmäßig waren die Gärten der islam. Völker, ein Beispiel bieten die Gärten der →Alhambra. Von einer G. des Mittelalters kann man kaum sprechen. Die Renaissance baut auf dem römischen Vorbild auf: schnurgerade Hecken, Statuenschmuck, eine reiche Ausstattung mit Springbrunnen (Wasserspiele) etc. Italien wird führend in der G. und beeinflußt die Gärten in Deutschland und Frankreich. Im Barock und Rokoko erreicht das architektonische Prinzip seinen Höhepunkt. Das Achsensystem der Schloßgebäude gliedert den Garten wie eine Architektur, in den Innenräumen wird manchmal die Raumgrenze zum Garten durch Malerei verwischt. Führend ist Frankreich, der Park von →Versailles (1662) das Vorbild. Ende des 18. Jhs. kommt die Umkehr zum unregelmäßigen Garten. Sie geht von England aus (sogen. engl. Garten) und ist eine Strömung der Romantik. Typisch sind künstliche Ruinen, Tempel, Einsiedeleien etc. (Abb. S. 226).
Lit.: M. L. Gothein, Geschichte der G., 1926; F. Hallbaum, Der Landschaftsgarten, 1927; J. C. Shepherd u. G. A. Jellicoe, Italian Gardens of the Renaissance, 1953.

Garuda. Mythologischer Vogel und Reittier des indischen Gottes →Vischnu.

Gatumdug. Sumerische Muttergöttin von →Lagasch, von →Eannatum und →Gudea durch Kultbauten geehrt.
Lit.: H. Schmökel, GAV, 25, 67; A. Parrot, Sumer, 214.

Gaudi, Antoni. Span. Architekt, Konstrukteur und Kunstgewerbler. Geb. 1852 in Réus, gest. 1926 in Barcelona. 1864 tritt er in die Ingenieurschule von Réus ein, 1873 in die Escuela Superior de Arquitectura in Barcelona. Vor seinem Diplomabschluß 1878 arbeitete er zusammen mit P. Villar an der Marienkapelle des Klosters Montserrat und baute mit E. Fontseré die Kaskaden im Park der Zitadelle von Barcelona. Nach dem Diplom unternahm er eine Reise nach Frankreich, wo ihn die frühgot. Formen und die neuesten Konstruktionsmethoden in-

Farbtafel 10: *Attisch weißgrundige Lekythos des sogen. Phiale-Malers, um 440 v. Chr.; München, Mus. für antike Kleinkunst.*

Hannover, Schloß Herrenhausen, Plan der gesamten Schloß- und Parkanlage.

teressieren. 1883 übernimmt G. die Weiterführung der in den Grundmauern liegengebliebenen Kathedrale „Sagrada Familia“ in Barcelona (begonnen 1879 von P. Villar). An diesem seinem Hauptwerk arbeitet er sodann sein ganzes Leben lang, ohne es zu vollenden, und gelangte von naturalistischer Weiterführung der got. Architektur- und Ornamentformen zu den bizarrsten, phantastischsten Architekturkonstruktionen, die er, da sie nicht errechenbar waren, an originalgroßen Versuchsmodellen auf ihre Standsicherheit hin untersuchte. So gesehen sind seine aus Werk- oder gebrannten Steinen ausgeführten Schrägstützen (mit Torsion in der Kapelle der Colonia Güell) oder Wellenformen (Front der Casa Milá) als Vorformen echten Betonbaues zu erkennen. Bemerkenswert sind ferner seine schmiedeeisernen Gitter, in denen alle Konstruktionsmöglichkeiten ausgeschöpft werden, sowie die Art seiner Oberflächenverkleidung aus dem Schutt von Keramikfabriken (Terrasse im Park Güell). Im Sinne des von ihm erstrebten Gesamtkunstwerks gestaltete er auch die Inneneinrichtungen einiger seiner Bauten, wie die des Stadtpalais des Conde de Güell (1889) oder der Kryptenkirche der Colonia Güell (ab 1898).
Lit.: Sweeney und Sert, Antoni, G., 1960.

Gau el Kebir. Südöstlich von →Asjut gelegene Felsengräberanlage von Fürsten des Mittleren Reiches (12. Dyn.), bedeutsam wegen ihrer baukünstlerischen Gestaltung. Vom Torbau im Tal führt ein gedeckter Aufweg hinauf zu einem Pylon mit anschließendem Säulenhof, dessen Treppe eine Terrasse mit offener Säulenhalle erreicht. Von ihr gelangt man in einen höhergelegenen Pfeilersaal, an den sich eine in den Fels gehauene Halle mit nachgeordnetem Allerheiligsten anschließt. Die größte und jüngste dieser staffelartig gesteigerten Raumfolgen gehört dem Fürsten Wahka II. aus der Zeit → Amenemhets III. Der Baugedanke ist im Neuen Reich durch die Anlage von →Der el-bahri vertreten. Zur großartigen Planung fügt sich die Bildausstattung. Erstmalig in der →ägypt. Kunst begegnet das auf kretische Einflüsse zurückzuführende Spiral-Palmettenmuster als Schmuck der tonnenförmigen Hallendecke.
Lit.: W. Wolf, KÄ, 310ff.

Gauguin, Paul. Franz. Maler und Bildhauer. Geb. 1848 in Paris, gest. 1903 in Hiva-Hoa (Marquésas/Südsee). Er verbrachte seine Kindheit in Lima (Peru), ging dann mit 16 Jahren zur See und wurde später in Paris Bankangestellter. Dort begegnete er →Pissarro und den Impressionisten (→Impressionismus) und beginnt als Autodidakt zu malen. Schließlich gibt er auch seinen Beruf auf, um ein unabhängiges Künstlerleben zu führen. Er wendet sich zunächst in die Bretagne; nach einem Versuch 1888/89, mit van →Gogh in Arles zusammenzuarbeiten, fährt er 1891 nach Tahiti, um vor Europa zu fliehen. – Nach impressionistischen Anfängen findet G. unter dem Einfluß von →Cézanne seinen eigenen symbolisch-dekorativen Stil. Seine Farben sind unvermischt und leuchtend. Auf der Suche nach den reinen Quellen der Kunst, glaubte er diese fern von Europa bei den Primitiven zu finden, weshalb er in die Südsee zog. Als Bildhauer ging er von der bretonischen Volkskunst und exotischen Formen aus: Relief „Soyez amoureuses“. Gemälde: Bretonische Kreuzabnahme, Contes barbares, 1902 (Essen, Mus. Folkwang). Ferner schuf er auch Keramiken.
Lit.: L. v. Dovski, P. G., 1950.

Gaul, August. Deutscher Bildhauer. Geb. 1869 in Groß-Auheim bei Hanau, gest. 1921 in Berlin. 1886–93 Studium in Hanau und Berlin. 1894 trat er in das Atelier von R. →Begas ein. 1897 reiste er als Stipendiat nach Rom, wo er sich dem Kreis der Marées-Schüler näherte. Angeregt durch Begas und →Hildebrandt, suchte er die einfache klassische Form, die er hauptsächlich als Tierbildner realisierte. Hierbei ging er von der geschlossenen Silhouette aus, in die er die Bewegung eingebunden hat. – Neben zahlreichen Einzelplastiken schuf er mehrere Brunnenanlagen, Modelle für die Porzellanmanufaktur Meißen, Zeichnungen und Radierungen.
Lit.: E. Waldmann, A. G., 1919.

Gaumata. Aufständischer →Magier (→Meder) gegen →Dareios I. nach dem Tode →Kambyses' II., dessen ägypt. Feldzug G. für die Machtnahme im →Achaemeniden-Reich nutzte, indem er sich als Sohn des Kambyses ausgab. Das Strafgericht über G. und die mit ihm verbündeten „Lügenkönige“ ist Thema des Dareiosreliefs von →Behistun. Unfern des Ortes, wo die Burg des G.,

Sikayauvatisch, vermutet wird, Felsnischen für Knochenbeisetzung mit Reliefbildern, die auf die Religion der →Magier weisen.
Lit.: H. H. von der Osten, WP, 66ff., 83f.; R. Ghirshman, Iran I, 233ff.

A. Gaudi, Sagrada Familia in Barcelona.

Gaupe. Ausbau um ein Fenster im Dachgeschoß mit Seitenwänden und eigenen Dachformen.

Gaur. Alte Hinduhauptstadt Ost-Bengalens, bereits um 1200 von den Mohammedanern erobert, im 14. Jh. zugunsten von →Hazrat Panduah verlassen, zu Beginn des 16. Jhs. wieder Hauptstadt geworden, aber nach der Pest von 1576 verfallen. Aus der Zeit des Husain Schah stammen u.a. der fünfgeschossige Turm „Firoz Schah Minar" und die „kleine goldene Moschee" mit der Nachahmung alt-bengalischer kurviger Bambusbauformen in Backsteinkonstruktion.
Lit.: H. E. Stapleton u.a., Memoirs of G. and Pandua, 1931.

Ǵaura →Tepe Ǵawra.

Gavarni, Paul (Pseudonym). Franz. Zeichner, Lithograph und Radierer. Geb. 1804 in Paris, gest. in Auteuil 1866. Erst nach einer Mechanikerlehre entschloß sich G. 1825, seine künstlerischen Fähigkeiten weiterzuentwikkeln. Die technischen Grundlagen seines Berufes erlernte er von J. Adam, darüber hinaus war er Autodidakt, der sich auf Reisen nach Bordeaux und in die Pyrenäen (Cirque de Gavarnie) übte. Ab 1828 lebte G. wieder in Paris und begann, die Eindrücke der Großstadt in Zeichnungen festzuhalten, die schnell einen Kreis von Liebhabern fanden. Die Verleger wurden auf ihn aufmerksam, und bald arbeitete er für ein Dutzend Pariser Blätter. Eine für seine Arbeit folgenreiche Verbindung ergab sich 1837 mit dem Verleger Charivari, der auch →Daumier unter Vertrag hatte. Zwischen 1837 und 1847 erschienen nun im „Charivari", im „Figaro" und in der „Caricature" die berühmtesten Serien G.s (Der Briefkasten; Das Leben junger Leute). Daneben illustrierte er in diesen Jahren auch Bücher. Neue Anregungen empfing er durch einen vierjährigen Englandaufenthalt (ab 1847), wo er sich besonders den Themen des Proletariats und der Slums zuwandte. Wieder in Paris, wurde er der einzige Illustrator der Tageszeitschrift „Paris", für welche er Serien schuf, die schon zu seinem Alterswerk zählen.
Lit.: E. und I. de Goncourt, G. – der Mensch und das Werk, o. J.

Gavr'inis. Ziegeninsel im Golf von Morbihan (Bretagne) mit berühmtem, gleichnamigen Megalithgrab unter einem 8 Meter hohen Erdhügel (Umfang ca. 55 Meter). Ein gepflasterter Gang führt etwa 13 Meter in den Hügel hinein und mündet in einer nahezu quadratischen Zelle von ungefähr 2,5 Metern Seitenlänge. Von 29 Tragsteinen sind 23 reich verziert; zu erkennen sind Halbkreise, Spiralen, Wellenlinien, Dreiecke, Bogen, „Krummstäbe", Schlangen und Gitter von parallel verlaufenden senkrechten, schrägen oder geschwungenen Linien (→Jüngere Steinzeit).
Lit.: P. R. Giot, Brittany, 1960.

Gavur Kalesi. Felsen in Zentralanatolien mit hethitischem Relief von zwei schreitenden Königen in Gebetshaltung. Typisch ist die freie Komposition mit dem unmittelbaren Übergang der Reliefbilder in den gewachsenen Felsgrund und dem Verzicht auf jede Abgrenzung. →Hethitische Kunst. (Abb. S. 228).
Lit.: H. Bossert, Altanatolien, 58; M. Riemschneider, WH, Taf. 5.

Gayole, La. Hier in einem kleinen Oratorium (wahrscheinlich 3. Jh.) zahlreiche Gräberfunde. Das Fragment eines Sarkophags aus der 2. Hälfte des 3. Jhs., heute in der Kirche in Brignolas, bedeutendes Stück. Darstellung des guten Hirten, einer →Orans, eines Anglers. Christliche Motive mischen sich mit antiken Personifikationen.

Gaza. Aufgrund literarischer Quellen wissen wir, daß hier die Kaiserinmutter Eudoxia im 5. Jh. anstelle eines niedergerissenen Tempels ein christliches Gotteshaus ausführen und die Pläne zum Aufbau aus Konstantinopel nach G. schicken ließ. Ein bemerkenswertes Beispiel für den unmittelbaren Einfluß von Byzanz auf östliche Länder. Ferner wissen wir von dem Bischof Porphyrius (5. Jh.), daß die Stephansbasilika einen ähnlichen Schmuck aufwies wie das berühmte verlorengegangene Mosaik in der Kuppel von S. Costanza in →Rom.

Gebende (Gebände). Kopftuch der verheirateten Frau im 13. Jh. Es besteht aus einer um Wangen und Kinn führenden Binde und einer flachen runden Mütze. Beispiele an weiblichen Stifterfiguren des Doms in → Naumburg.

P. Gauguin, „Mädchen mit Enten"
(Essen, Folkwang-Mus.).

Gebetbuch Kaiser Maximilians. In mehreren Exemplaren bekanntes, in Augsburg 1515 für den Kaiser von Schönsperger gedrucktes Gebetbuch. Ein Exemplar (wichtigster Teil in der Bayer. Staatsbibliothek in München, der Rest in Besançon) ist mit Federzeichnungen am Rand versehen, die von →Dürer, →Cranach, →Baldung, →Burgkmair, Jörg →Breu und →Altdorfer stammen und vom Ornament bis zu ganzen Szenerien reichen. Der Anteil Dürers von überragender Bedeutung. 1808 erstmals lithographisch reproduziert; Ausgabe von K. Gielow, 1907.

Lit.: Hetzer, Über Dürers Randzeichnungen im G., in: Zeitschrift für Deutsche Geisteswissenschaft 3, 1940.

Gebrauchsgraphik. Angewandte →Graphik zum Zweck der Werbung, im Gegensatz zur Kunstgraphik (eine zur Zeit vielfach angegriffene Unterscheidung). Die G. zeigt immer eine Verbindung von werbendem Text und Bild.

Felsrelief mit betenden Königen, Gavur Kalesi (bei Ankara), um 1400–1200 v. Chr.

Gebrochene Farben. Durch Mischen vor allem von Schwarz oder Weiß mit reinen Farben entstehen G., deren Töne meist unbestimmt sind. Vor allem in der Malerei des →Manierismus waren G. sehr beliebt.

Gebundenes System. Auch quadratischer Schematismus genannt. Konstruktionsform einer roman. Basilika. Bindende Maßeinheit für den Grundriß ist das Vierungsquadrat. Ihm schließt sich nach O das Chorquadrat, nach N und S je ein quadratischer Querhausflügel, nach W eine Folge quadratischer, mit je einer selbständigen Wölbung versehener Mittelschiffjoche an, die wieder seitlich von je zwei halb so großen quadratischen Seitenschiffjochen begleitet werden. Die Ecken der Mittelschiffquadrate werden gern durch Hauptstützen, die dazwischenliegenden der Seitenschiffquadrate durch schwächere Nebenstützen markiert, →Stützenwechsel.

Geburtshaus. In der ägypt. Sakralarchitektur der Spätzeit findet sich häufig vor dem Tempel quer zu seiner Achse ein kleines Tempelchen mit Umgang, das sogen. G. – Es stellt das Haus dar, in dem der mit dem göttlichen Kind identifizierte König von der Göttermutter geboren wird.

Gebust →busig.

Gedrehtes Tau. Anglo-normannisches Friesornament in der Form von gegeneinandergedrehten Tauen.

Geertgen tot Sint Jans, auch G. van Haarlem genannt. Geb. ca. 1460–65 wohl in Leiden, gest. vor 1495 in Haarlem als 28jähriger. Lebte als Laie im Haarlemer Johanniterkloster. Lehrzeit vermutlich in Brügge (1475/76 ein G. de Hollandere in der dortigen Buchmachergilde), Schüler des Albert van →Ouwater in Haarlem. Genaue Kenntnis südniederl. Vorbilder, besonders des Hugo van der →Goes. Typisch holländische, fast stillebenhaft vereinzelnde Anordnung der Gestalten sowie intensives Bemühen um kontinuierliche Entwicklung des liebevoll detailliert geschilderten Landschaftsraums und dessen natürlich wirkende Verknüpfung mit der Figurenkomposition. Erstmals Geburt Christi (London, Nat. Gall.) als nächtliche Szene dargestellt. In Haarlem schulbildende Wirkung.

Lit.: W. Vogelsang, G.t.S.J., 1942; J.E. Snyder, The early Haarlem School of Painting; G.t.S.J., The Art Bulletin 1960, 113ff.

Gefäßbemalung. Verzierung von Keramik durch farbige Substanzen, wobei die verschiedenen Muster auf den einfarbenen Grund aufgemalt oder aus diesem ausgespart sind; in vorgeschichtlicher Zeit seit der →Jüngeren Steinzeit gebräuchlich, →Keramik.

Gegenständig. Symmetrische Anordnung zweier Tiere im Profil, oftmals um ein Mittelmotiv, zum Beispiel Pflanze (antithetische Gruppe); im alten Orient entstanden und bis ins Mittelalter weitverbreitet.

Gehrung. Das schräge Anschneiden von zwei in einem Winkel aneinanderstoßenden Hölzern oder Steinbalken, wobei die G. den Anstoßwinkel halbiert.

Geierstele. Siegesdenkmal des →Eannatum von Lagasch.

Geison. Das hervorspringende profilierte Kranzgesims oberhalb des Frieses des griech. u. röm. →Tempels. Als Schräggeison rahmt es die Giebelschräge des Tempels.

Geist, Heiliger →Dreifaltigkeit.

Gekröpftes Gesims. Gesimsführung, die auf Mauervorsprünge, Säulen oder Pfeilervorlagen reagiert.

Geertgen tot Sint Jans, Johannes der Täufer in einer Landschaft sitzend (Berlin, Gemäldegalerie Dahlem).

Gekuppelt (gekoppelt) heißt die Verbindung zweier gleichartiger Bauteile durch ein oder mehrere gemeinsame Glieder; häufig in der roman. Baukunst. Zwei Säulen etwa können durch gemeinsame Fuß- und Deckplatte, auch durch Verschmelzung der Basen und Kapitelle g. sein. Rundbogenfenster können dadurch g. sein, daß man ihre Bogen durch eine gemeinsame Mittelsäule stützt.

Gela. Griech. Kolonistenstadt an der S-Küste Siziliens, um 690 v. Chr. gegründet. Architekturreste und die Funde in den Nekropolen künden ebenso wie das Schatzhaus von G. in →Olympia vom Reichtum dieser Stadt. – In der Nähe von G. wurde in der röm. Kaiserzeit die berühmte Villa →Piazza Armerina errichtet.

Gelati (Georgien). Kathedrale, um 1130 erbaut. In ihr ein typisches Beispiel einer mittelbyzant. Madonna, die stehend in der Apsis gezeigt wird. Die Mosaikkunst in der Kathedrale zeigt den byzant. Stil in stark lokaler Abwandlung.

Gelbguß →Messingarbeiten.

Gellée, Claude →Lorrain, Claude.

Gemäldedurchleuchtung. Verfahren, mit Röntgenstrahlen Farbschichten und Farbträger eines Bildes in ihren Zusammenhängen unter der Oberfläche sichtbar zu machen und auf diese Weise Schlüsse auf den Zustand und die Entstehung des Bildes zu ziehen.
Lit.: C. Wolters, Die Bedeutung der G. mit Röntgenstrahlen für die Kunstgeschichte, 1938.

Gemälderestaurierung →Restaurierung.

Gemeine Figuren. Darstellung von realen Gegenständen oder von Personen, die neben Heroldsbildern ein →Wappen schmücken können. Dabei sind die G. meist stark vereinfacht in heraldischer Form gegeben.

Gemma Augustea. Berühmter Kameo der augusteischen Zeit (Wien, Kunsthist. Mus.). Der 19 × 23 cm große Onyx ist mit zwei übereinandergestaffelten Reliefs geschmückt und gilt als eines der bedeutendsten und charakteristischsten Werke des augusteischen Klassizismus. Das im oberen Streifen dargestellte Ereignis ist auf den Tag genau zu datieren: Die Verleihung des Ehrentitels Augustus an Octavian am 16. Januar 27 v. Chr. Der untere Streifen zeigt die Aufrichtung eines Tropaeums anläßlich eines Sieges des Tiberius. – Wahrscheinlich gehörte die Gemma Augustea ursprünglich zum persönlichen Besitz des →Augustus. Später gehörte sie zu den Kronjuwelen der röm. Kaiser, gelangte im Mittelalter in einen der großen Kirchenschätze und wechselte im 17. Jh. in den Besitz der kaiserlichen Schatzkammer in Wien über.
Lit.: H. Kähler, Rom u. sein Imperium, 71 ff., 1962.

Gemmen. Bezeichnung für geschnittene Steine. Die Kunst des Gemmenschneidens ist sehr alt und war bereits den Ägyptern und Babyloniern bekannt. Die Steine

Griech. Gemme (Athen, Nat.Mus.).

werden mit einem negativen Zeichen oder Bild versehen und als Siegel benutzt. – Die Griechen übernahmen bereits in früharchaischer Zeit diese Technik und bildeten sie weiter. Der erste namentlich bekannte Gemmenschneider ist Mnesarchos (um 600 v. Chr.). Im Gegensatz zu den G. werden die Kameen mit erhaben geschnitzten Bildern geschmückt. Erst seit →Alexander d. Gr. sind Kameen bekannt und erfreuten sich vor allem bei den Römern einer zunehmenden Beliebtheit. Häufig werden hierfür verschiedene Halbedelsteine, besonders der Onyx benutzt (→Gemma Augustea). Aus dieser Technik entwickelte sich die Kunst des Gefäßeschneidens aus einem Stein. Das berühmteste Stück dieser Art ist das sogen. Mantuanische Gefäß in Braunschweig. Als Ersatz für diese sehr kostspieligen Gefäße wurden häufig Vasen aus buntem Glasfluß hergestellt, z. B. die berühmte →Portland-Vase (London, Brit. Mus.).

Geneleos. Griech. Bildhauer, tätig um die Mitte des 6. Jhs. v. Chr. auf →Samos. Von ihm signiert ist die dort ausgegrabene Basis, ehemals mit sechs Marmorfiguren, von denen zahlreiche Fragmente gefunden wurden. – Fast vollständig erhalten ist die stehende weibliche Gestalt der „Philippe", eines der wichtigsten Zeugnisse archaisch samischer Bildhauerkunst.
Lit.: E. Buschor, Altsamische Standbilder, 1934.

Genesis. Bezeichnung für das 1. Buch Mosis.

Genien. In der röm. Kunst als geflügelte, menschengestaltige Wesen dargestellte Schutzgeister der röm. Mythologie.

Genre. In der bildenden Kunst der Themenbereich, der weder religiös, noch mythologisch, noch historisch ist, sondern lebensnah alltäglich. Man unterscheidet bäuerliches, bürgerliches, höfisches G. Das G. ist seiner Natur nach so unbegrenzt wie das profane Leben mit der Fülle der möglichen Situationen. Das G.-Bild spiegelt Gebräuche und Sitten (deshalb auch Sittenbild). Höhepunkte im Hellenismus, im späten Mittelalter und im Barock. Im 19. Jh. Überproduktion und Verflachung.
Lit.: L. Hautecœur, Les peintres de la vie familiale, 1945; W. Hütt, Das G.-Bild, 1955.

Genter Altar →Eyck.

Gentile da Fabriano (eigentlich Gentile di Niccolò di Giovanni Massi). Italien. Maler. Geb. vor 1370, gest. 1427 in Rom. Seine wesentliche Schaffenszeit fällt in die ersten Jahrzehnte des 15. Jhs., wo er in Venedig (um 1408), in Prescia (1417–19), in Florenz (1419–25) und anschließend in Siena und Rom tätig war. Von →Pisanello bekam er den Auftrag zur Ausmalung des Dogen-Palastes in Venedig. Später arbeitete er als Hofmaler in Prescia und für Papst Martin V. in Rom. In seinen Werken ist G. noch der Spätgotik verpflichtet und gehört zu den bedeutenden Meistern des →weichen Stils in Italien. Häufig finden sich in seinen Bildern realistische Elemente, die wohl auf Anregungen aus der →niederl. Kunst zurückzuführen sind.
Lit.: G. Delogu, Italien. Malerei, 1948.

Genua. Italien. Hafenstadt an der ligurischen Küste mit zahlreichen prachtvollen Bauten aus dem 16. und 17. Jh., der Blütezeit dieser Stadt. Galeazzo →Alessi (1512 bis 1577) Architekt und Maler, Schüler →Peruginos, der seine eigentliche Ausbildung in Rom bei →Michelangelo erhalten hatte, schuf den eigentlichen Typus des Genueser Stadtpalastes, der noch lange Vorbild blieb: über dem Erdgeschoß erhebt sich meist nur ein sehr hohes Stockwerk, manchmal ist ein halbes Geschoß dazwischen oder oben eingefügt. Die Hauptgeschosse trennt ein mächtig vortretendes Gesims, und den Abschluß bildet meist ein kräftiges Kranzgesims mit Balustrade darüber. In der Achse des Baues gelegen Portal und Vestibül, das häufig reich mit plastischem Schmuck versehen ist. In der Mitte liegt der von Säulen umgebene Hof, geschlossen von Flügelbauten und einer diese verbindenden Halle. – Ein zweiter Palasttypus entstand durch Anordnung des Säulenhofes vor dem Hauptgebäude, wodurch sich ein reiches System von Terrassen über den Säulenhallen und Loggien an der dem Hof zugekehrten Fassade ergab. Die Innenräume schließen sich hier nicht um einen Hof, sondern sind als einziger Raumkomplex unter einem Dach angeordnet. Alessi war seit 1549 in Genua tätig. In der von ihm angelegten Strada Nuova (jetzt Via Garibaldi) reiht sich Palast an Palast. Hier liegt auch der Pal. Doria Tursi (jetzt Pal. Municipale), 1564 von Rocco Lurago errichtet, mit besonders wirkungsvoller Ausnutzung des ansteigenden Geländes für Treppen, Höfe und Gartenanlagen. Weitere bedeutende Paläste liegen in der Via Balbi: der Palazzo Reale, 1650 begonnen und 1705 von Carlo →Fontana erweitert; der Palazzo Durazzo-Palla-Vicini

(erbaut 1620, aber mehrmals verändert). Von den sakralen Bauten in G. ist S. Maria di Cariguano nach Alessis Plänen 1522 begonnen, aber erst 1600 beendet worden. Der Grundriß zeigt ein griech. Kreuz mit Vierungskuppel, das Innere einen harmonisch wunderbar ausgewogenen Raum. Von Giacomo della →Porta wurde 1587 die Kirche SS. Annunziata begonnen, deren Vorhalle erst 1843 dazukam. Aus klassizistischer Zeit stammt das Teatro Carlo Felice, das von Barabino 1826–28 in schweren massigen Formen errichtet wurde.
Lit.: W. Suida, G. Alessi, in: Thieme-Becker; Wasmuths Lex. der Baukunst, Bd. II, 1930; Busch und Lohse, Baukunst des Barock, 1961.

Th. Géricault, Das Floß der Medusa; (Paris, Louvre).

Geometrische Kunst. Bezeichnung für die erste Epoche der →griech. Kunst nach der sogen. dorischen Wanderung (ca. 1000–700 v. Chr.).

Georgische Kunst. Neben Konstantinopel war Georgien eines der wichtigsten Zentren von Emaillearbeiten im 12. Jh. In den Staatlichen Museen in Berlin (Kunstgewerbemuseum) befindet sich eine Darstellung des hl. Demetrius aus dem Kloster Djonmati in Georgien. Gold mit Emaille (11. Jh.). Die Emaillearbeiten Georgiens wurden bis 1917 in verschiedenen Kirchen des Landes aufbewahrt. Dann kamen sie zum größten Teil in das Museum in Tiflis.

Gerasa. Antike Stadt in Ostjordanien. Die wohl von →Antiochos IV. Epiphanes gegründete hellenistische Stadt erlebte ihre eigentliche Blüte in röm. Zeit. – Ausgehend von einem ovalen Zentralplatz, bestimmt eine Kolonnadenstraße mit ionischen Säulen die Hauptachse, die von zwei Querstraßen geschnitten wird. – Wichtigstes Heiligtum war der über eine große Treppenanlage zu erreichende Artemistempel. – Außerdem ein Zeustempel, ein Nymphäum, Theater- und Thermenanlagen. – In byzant. Zeit war G. ein wichtiges Zentrum des frühen Christentums (bis Justinian Bischofssitz). Hiervon zeugen mehrere Kirchen.

Gerechtigkeitsbild. Vor allem in niederl. Rathäusern des 15. und 16. Jhs. häufige Darstellung des Richtens als Vorbild gerechten Handelns.

Gerhaert von Leyden, Nicolaus (genannt auch Nicolaus von Leyen). Deutsch-niederl. Bildhauer. Geb. um 1420–30, gest. um 1473 in Wien. Als einer der bedeutendsten spätgot. Bildhauer war er in mehreren deutschen Städten tätig (u. a. in Trier 1462, in Straßburg 1463–67, in Konstanz und zuletzt in Wien). Ein wesentliches Merkmal seiner Figuren ist die Vielansichtigkeit, die für ihn ein Kriterium vollplastischen Bildens ist. Die verschiedenen Ansichtsseiten ergeben in ihren kunstvollen gegenseitigen Verspannungen und Verschränkungen die totale Rundplastik. Dabei werden sowohl die Draperie als auch Haltung und Gesten der Figuren in ein übergeordnetes Kompositionsprinzip eingeschmolzen. In präziser Erfassung einzelner Typen kommt sein betonter Realismus zum Ausdruck. – Ist auch die Herkunft G.s umstritten, so scheinen doch wesentliche Wurzeln seiner Kunst in niederl. Bereich zu liegen. – Gesicherte Werke seiner Hand sind das 1462 geschaffene Grabmal des Erzbischofs Jacob von Sierck (Trier, Diözesan.Mus.), zwei nur in Abgüssen erhaltene, um 1463/64 entstandene Büsten von der Kanzlei in Straßburg (Frankfurt a. M., Städel; Straßburg, Mus.), das 1467 geschaffene Kruzifix (Baden-Baden, Alter Friedhof) und das 1467 begonnene, von ihm jedoch nicht mehr vollendete Tumben-Grab Kaiser Friedrichs III. (Wien, St. Stephan).
Lit.: L. Fischel, N. G. und die Bildhauer der deutschen Spätgotik, 1953.

Gerhard, Hubert. Deutsch-niederl. Bildhauer. Geb. um 1550 in Herzogenbusch, gest. 1620 in München. Als einer der führenden Bronzebildhauer des Frühbarock war er hauptsächlich in Süddeutschland tätig. Seine Werke zeigen deutlich Anlehnung an italien. Bronzebildnerei, vor allem an die Kunst Giovanni da →Bolognas, dessen Schüler er wahrscheinlich war. Seine Hauptwerke sind der Augustusbrunnen in Augsburg (1589–94) und der hl. Michael an der Fassade der Michaelis-Kirche in München (um 1590). Außerdem war er an der Ausstattung der Residenz in München beteiligt (Wittelsbacher Brunnen und Perseus-Brunnen, um 1596).
Lit.: A. Feulner, Deutsche Plastik des 17. Jhs., 1926.

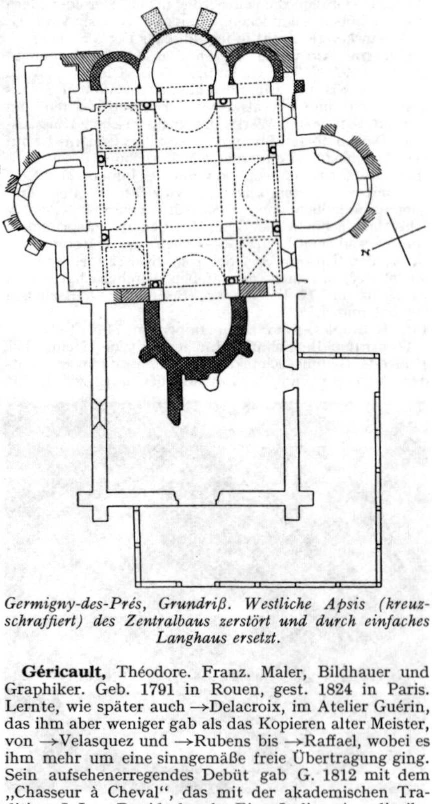

Germigny-des-Prés, Grundriß. Westliche Apsis (kreuzschraffiert) des Zentralbaus zerstört und durch einfaches Langhaus ersetzt.

Géricault, Théodore. Franz. Maler, Bildhauer und Graphiker. Geb. 1791 in Rouen, gest. 1824 in Paris. Lernte, wie später auch →Delacroix, im Atelier Guérin, das ihm aber weniger gab als das Kopieren alter Meister, von →Velasquez und →Rubens bis →Raffael, wobei es ihm mehr um eine sinngemäße freie Übertragung ging. Sein aufsehenerregendes Debüt gab G. 1812 mit dem „Chasseur à Cheval", das mit der akademischen Tradition J. L. →Davids brach. Eine Italienreise, die ihn 1816/17 nach Rom führte, hinderte seine Entwicklung mehr, als sie zu fördern. Nach seiner Rückkehr nach Paris greift G. einen aktuell-politischen Stoff auf, indem er das „Floß der Medusa" malte, wobei das künstlerische Thema der bewegte menschliche Akt ist. Zu den sehr sorgfältigen Studien, die er für dieses Bild machte, gehören auch Wachsmodelle. Um dieses Bild in England auszustellen, fährt er 1820 nach London. Hier wird er zu seinen zahlreichen Pferdestudien – die von da ab eine

dominierende Rolle in seinem Werk spielen – angeregt und zu dem neuen, kräftigen Kolorit, mit dem er zum Vorläufer von Delacroix und damit derjenigen Schule der franz. Malerei, die nicht den Weg →Ingres ging, wurde. Zum Tragen kamen diese neuen Erkenntnisse nicht mehr, da er kurz nach seiner Rückkehr aus England starb.
Lit.: K. Berger, G. und sein Werk, 1952.

Germigny-des-Prés. Winziger Zentralbau, 806 für Theodulph, Bischof v. Orléans, gebaut, im 19. Jh. durch Restauration verdorben. Um einen quadratischen, turmartig aufsteigenden Mittelraum legen sich acht wieder ein Quadrat bildende Raumteile, die kreuzförmige Gestalt erhalten, indem die an den Quadratseiten liegenden Räume tonnengewölbt, die Eckräume niedriger und kreuzgratgewölbt sind. Der Kirchentyp („Vier-Säulen-Kirche") ist byzant.-armenischen Ursprungs. Die Hufeisenform der Apsiden zeigt westgot.-span. Einfluß. Im O liegen drei Apsiden, an den übrigen Seiten je eine Apsis (die westliche später durch Langhaus ersetzt). Typisch karolingisch ist, daß die Einzelteile im Aufriß noch in keinem proportionalen Verhältnis zueinander stehen.
Lit.: J. Hubert, ‚G.-d.-P.', in: Congrès Archéologique XCIII (Orléans 1930), 534ff.; K. J. Conant, Carolingian and Romanesque architecture 800–1200, Pelican History of Art, 1959.

Gernrode/Harz. – **1)** 961 Stiftung eines Nonnenklosters durch Markgraf Gero (Kloster zerstört). Älteste erhaltene ottonische Kirche: dreischiffige Emporenbasilika (Rückgriff auf byzant. Emporenkirchen des 5. Jhs., doch in G. auch Westempore) mit →Stützenwechsel, der Arkaden- und Emporenzone rhythmisiert und das Langhaus zweiteilt. Querhaus ursprünglich ohne ausgeschiedene Vierung. Treppe vor quadratischem Vorchor und halbrunder Apsis, darunter Krypta. Flachdecke. Außen ursprünglich Bruchsteinmauerwerk ohne Sockel, →Lisenen-Gliederung nur an der Apsis. Im 12. Jh. Westchor angebaut, westliche runde Treppentürme erhöht. Verfälschende Restaurierung des 19. Jhs. (besonders Quaderwerk, Sockel). – **2)** Hl. Grab: Zweiräumiger Kapelleneinbau ursprünglich mit Sarkophag im südlichen Seitenschiff. Die Öffnung im O später durch Tür in der Nordwand ersetzt. Ursprünglich vermutlich Klostergewölbe. Wohl Beziehung zu Osterspielen. Nur Reste der figürlichen Stuckreliefs erhalten, u. a. Noli me tangere, Grabesengel, drei Frauen, sogen. Metronus, stehende Frau. Sie sind in ihrer lebendigen weichen Modellierung und der Intensität des Ausdrucks Werke einer reifen bedeutenden Kunst. Ihre Datierung ist umstritten; neuere Forschung hält sie für ottonisch, sieht stilistische Verbindung zur Hildesheimer →Bernwardskunst, während die steinernen Rahmen mit Ranken und Tieren dem lombardischen Formenrepertoire der Comascen angehören und um 1100 entstanden sind.
Lit.: G. W. Vorbrodt, Die Stiftskirche zu G., Das Christliche Denkmal, Heft 10, 1954.

Gero-Kruzifix (im Kölner Dom). Ein Hauptwerk frühottonischer Skulptur, von Erzbischof Gero von Köln (969–76) dem Dom gestiftet. Die expressive Gestaltung verbindet es etwa mit dem →Echternacher Meister und der späteren Hildesheimer →Bernwardskunst. Erstaunlich die Wirklichkeitserfassung des Kreuzestodes im schmerzerfüllten Antlitz mit den gebrochenen Augen, in dem schlaffen Hängen des schweren derben Leibes, in der Zerrung der Armmuskulatur, dem Vortreten des Bauches. Die sehr weiche Modellierung vielleicht kölnisch. Vorbilder: →Elfenbeine der →Metzer Gruppe, der →Trierer Schule; Kölner →Buchmalerei. Auswirkung besonders auf Hildesheim.
Lit.: R. Hamann, Studien zur ottonischen Plastik, Staedel-Jb. 1930, 1–19; R. Wesenberg, Bernwardinische Plastik, 1955; R. Haussherr, Der tote Christus am Kreuz, Zur Ikonographie des Gerokreuzes, 1963.

Gérôme, Jean-Léon. Franz. Maler, Bildhauer und Radierer. Geb. 1824 in Vesoul, gest. in Paris 1904. Er lernte bei →Delaroche, den er 1844 auch nach Rom begleitete, und bei →Gleyre. Berühmt wurde G. 1847 durch ein Bild „Hahnenkampf" im antikisierenden Genre. Dieser Erfolg verleitete ihn, das antik-erotische Idyll weiter zu betreiben, bis zu schon berüchtigten Interieurszenen. Später erweitert er seinen Themenkreis um den Orient, jedoch auch hier mit dem Zug ins Laszive (Sklavinnenmärkte, Frauenbäder). Gegenwartsbilder und Portraits (Rousseau, Mus. Rouen) sind selten. An der Weltausstellung von 1878 beteiligte sich G. auch mit polychromen Marmorskulpturen und Bronzeplastiken.
Lit.: Thieme-Becker.

Gesetzesübergabe. Von der Mitte des 4. Jhs. an erscheint auf Sarkophagen, gelegentlich auch sonst Christus auf dem Paradiesberg stehend, der das Gesetz (die nova lex) dem Petrus, bisweilen auch dem Paulus überreicht. Es umgeben ihn dann rechts und links je zwei oder auch mehr Apostel, entweder akklamierend oder die Buchrolle in der Hand. Da Christus in majestätischer Haltung die Gesetzesübergabe vollzieht, ist diesem Akt große Bedeutung beizumessen. Es handelt sich nicht um das Evangelium, das er übergibt, sondern um die Richtschnur für das Handeln der Apostel. So ist es verständlich, daß bisweilen statt des Gesetzes der Schlüssel überreicht wird.

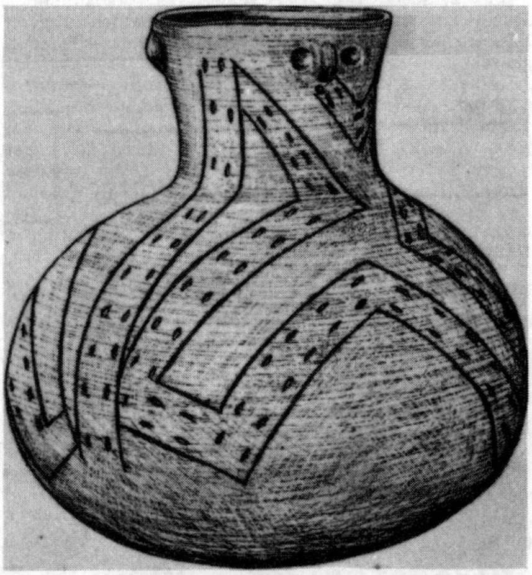

Einfache Gesichtsdarstellung auf einem Gefäß der linearbandkeramischen Kultur.

Gesichtsdarstellung. Seit der →Jüngeren Steinzeit kommen auf Gefäßen (etwa der linearbandkeramischen Kultur) einfache Gesichtsdarstellungen vor, die in späterer Zeit für eine Reihe typischer Gefäße namengebend wurden (→Gesichtsurnen).

Gesichtsurnen. Am Hals von Aschenurnen vorgeschichtlicher Zeit kommen gelegentlich einfache Gesichtsdarstellungen vor, bei denen manchmal der Gedanke an stilisierte Portraits der Verstorbenen naheliegt (→Eisenzeit).

Gesims. Architekturelement, ein Streifen, der waagerecht aus einer Mauer herausspringt. Häufig wird durch das G. die Gliederung einer Wand entsprechend der Vertikalaufteilung der Architektur bewirkt (z. B. Geschoßeinteilung im Inneren entspricht eine G.-Gliederung am Außenbau). Auch Türen und Fenster können durch G.e bereichert werden. – In zahlreichen Kulturen kennen wir G.e, wobei ihre Ausschmückung zu verschiedenen Formen führt.

Gesprenge →Altar.

Gessner, Salomon. Deutscher Maler, Graphiker und Dichter. Geb. 1730 in Zürich, gest. 1788 ebda. Er schuf neben Illustrationen zu seinen Dichtungen in verschiedensten Techniken zahlreiche Ideallandschaften, die häufig durch mythologische Gestalten bereichert sind. Seine Werke zeigen häufig einen gewissen tech-

nischen Dilettantismus. Eine Gesamtausgabe seiner Radierungen mit 395 Blättern erschien 1802.
Lit.: P. Leemann-van Elck, S.G., 1930.

Gestelzter Bogen. Bogen, deren Schenkel geraden Anlauf (Stelzen) haben, wodurch eine Erhöhung ohne Zunahme der Spannweite möglich wird. Häufig bei Spitzbogen.

Getäfel →Täfelwerk.

Getriebene Arbeit →Treibarbeit.

Gewände. Die durch schrägen Einschnitt eines Fensters oder Portals in die Mauer entstehenden Schnittflächen im Unterschied zu der durch senkrechten Einschnitt entstehenden Laibung (Leibung). Das G. des roman. und got. Portals (Gewändeportals) ist oft mit reichen Zierformen, seit dem Ende des 12. Jhs. (→Franz. Kunst) auch mit Figuren (Gewändefiguren) versehen.

Gewandhaus (Tuchhalle). Das Zunfthaus der Tuchmacher. Architektonisch bedeutend u. a. das G. in Ypern (um 1300; nach Zerstörung wiederaufgebaut) und in Braunschweig (1591).

Gewandstudie →Draperie.

Gewölbe. „Mauerkörper, die aus einzelnen, sich keilförmig zwischen zwei feste Widerlager verspannenden Steinen zusammengesetzt sind und zur Überdeckung von Räumen dienen." Die wichtigsten G.arten sind: →Tonnengewölbe, →Kreuzgewölbe, →Sterngewölbe, →Netzgewölbe, →Fächergewölbe, →Klostergewölbe, →Muldengewölbe, →Spiegelgewölbe, →Domikalgewölbe, →Kuppel. Im großen Maßstab wurde der G.bau von den Römern entwickelt. Sie erreichten Spannweiten, die erst in der Renaissance übertroffen wurden. Es kommen Kuppel- (Rom, Pantheon; Durchmesser 39,5 m), Tonnen- und Kreuzgratgewölbe vor. In nachkonstantinischer Zeit verzichtet der Westen, auch die frühchristl. Basilika in Italien, auf den Gewölbebau, doch wird die röm. Tradition in der byzant. Baukunst fortgesetzt. Sie entwickelt besonders den kuppelgewölbten Zentralbau (→Kreuzkuppelkirche), der auf einzelne westliche Kirchen, etwa in →Ravenna, auf das Münster in →Aachen und andere Zentralbauten anregend wirkte. Die abendländische Baukunst wagt erst in der 2. Hälfte des 11. Jhs. wieder die Wölbung großer Raumabschnitte, etwa des Mittelschiffs (zuerst →Speyer, um 1080). Überwiegend an den Kirchenbau gebunden, spielt das Gewölbe seit dem 12. Jh. sowohl konstruktiv wie ästhetisch eine entscheidende Rolle in der europäischen Baukunst.

Caen, St. Trinité, Gewölbe im Mittelschiff, W-Joch.

Gewundene Reihungen. Rippen spätgot. Stern- und Netzgewölbe, auch wenn sie in ihrer Grundrißprojektion gekrümmt sind. Häufig in obersächsischen Hallenkirchen, z. B. →Annaberg.

Ghazni. Architekturornamentik und Inschriftband vom Minarett des Masud III.

Gezbeli. Hethitisches Felsrelief im Antitaurus mit Darstellung eines bogenbewehrten Fürsten, der vor göttlichen Symbolen opfert. →Hethitische Kunst.
Lit.: M. Riemschneider, WH, Taf. 7.

Ghabri-Ware (ghabr = die persischen Zoroastrier). Händlerbezeichnung für eine dickwandige, über weißer Engobe einfarbig glasierte Töpferware, deren reliefartige Musterung durch Eintiefen in den roten Scherben hervorgehoben wird. Die transparente Glasur läßt in der Folge das Motiv hell über einem tiefer liegenden, dunklen Grund erscheinen. Diese Ware wurde im 12. Jh. im nordwestlichen Iran produziert, ein Zentrum für Funde dieser Gruppe ist der Garrus-Distrikt. Der Dekor besteht aus kraftvoll bewegten Tieren in ornamentaler Stilisierung, meist von Arabesk-Ranken und -Blüten umgeben. Gelegentlich kommen bizarre Figuren vor, die auf eine vorislam.-iranische Tradition im Figürlichen schließen lassen.
Lit.: A. Lane, Early Islamic Pottery, 1947.

Ghassul →Tell Ghassul.

Ghat. Stufenanlage am Ufer indischer Flüsse. Aus der Nutzform entwickelten sich prachtvolle, reich geschmückte Treppenanlagen, besonders in der Verbindung von Fluß und Aufgang zu Tempeltoren. Zugleich Name für Hafenbauten.

Ghazni. Von der afghanischen, an der Straße zwischen Kabul und Kandahar gelegenen Stadt waren vor allem die inschriftlich bezeichneten Türme des Masud III. und des Bahramschah aus der 1. Hälfte des 12. Jhs. bekannt, in welchen wir Ruinen von Backstein-Minaretts ghaznevidischer Lehmziegelmoscheen vor uns haben. Letztere sind inzwischen verschwunden. Andere Sakral- und Profanbauten dieser Periode und der vorangehenden des Mahmud von G. werden gegenwärtig ausgegraben. Aus vorislam. Zeit stammen Zufallsfunde hinduistischer Plastik, die vielleicht mit den ghaznevidischen Eroberungszügen aus Indien selbst kamen. Auch an buddhistischen Stupas dauern die Grabungen fort.

Ghiberti, Lorenzo. Italien. Bildhauer. Geb. 1381 in Florenz, gest. 1455 ebda. Er begann als Maler, wandte sich jedoch bereits um 1400 der Bildhauerei zu und wurde zu einem der führenden Meister der Frührenaissance. Im Zentrum seines fruchtbaren Schaffens steht die Arbeit an den Bronzetüren des Baptisteriums zu →Florenz, deren Auftrag ihm auf Grund eines Wettbewerbs 1401 (Nordtür) zufiel. 1403–24 arbeitete er an diesem Türschmuck, der in 28 Feldern Szenen aus dem Leben Christi bringt. Anschließend schuf er die Bronzereliefs für die Osttür (sogen. Paradiesestür) desselben Bauwerks. 1425–52 arbeitete er an den 10 Feldern mit Darstellungen aus dem Alten Testament. – Außer diesen Hauptwerken sind weitere Werke seines Œuvres gesichert, u. a. das 1401 entstandene Wettbewerbsrelief für das Baptisterium, drei zwischen ca. 1415–28 geschaffene Bronzestatuen für Or S. Michele in Florenz, die ersten Großbronzen der Frührenaissance und zwei Reliefs für den Taufbrunnen in S. Giovanni zu Siena (1417–27). Für den Dom in Florenz hat er Glasfenster entworfen und war hier auch als Baumeister tätig. – Stilistisch nimmt G. eine Mittlerrolle zwischen Spätgotik und Frührenaissance ein. Im Lineargefüge und der Umrißzeichnung bleibt er noch der Gotik verpflichtet, während er gleichzeitig das neue Schönheitsideal der aufkommenden Renaissance mit

L. Ghiberti, Bronzetafel von der Baptisteriumstür zu Florenz.

einem ausgeprägten Realismus im Detail verbindet. – In seinen letzten Lebensjahren verfaßte er die Schrift „Commentarii", in der er die Kunst des Trecento abhandelt, eine der wichtigsten Quellen für diese Epoche. – Abgesehen von der hohen künstlerischen Qualität und bahnbrechenden Neuerung seiner Werke, war sein Wirken durch die große Werkstatt, die er unterhielt und in der zahlreiche jüngere Künstler geschult wurden, von großer Bedeutung für die nachfolgende Entwicklung.
Lit.: J. v. Schlosser, Leben und Meinungen des florentinischen Bildners L. G., 1941; R. Krautheimer, L. G., 1956.

Ghirlandajo, Domenico (eigentlich Domenico di Tommaso Bigordi). Italien. Maler. Geb. 1449 in Florenz, gest. 1494 ebda. Geschult bei Baldovinetti, war er in Florenz, S. Gimignano, Pisa und Rom tätig. Er zählt zu den bedeutendsten Meistern der Frührenaissance und arbeitete hauptsächlich als Freskomaler. In seiner großen Werkstatt schulte er zahlreiche Meister der Folgezeit, unter denen vor allem →Michelangelo zu nennen ist. Seine Hauptwerke sind in den Fresken mit Szenen aus dem Leben des hl. Franz (Florenz, S. Trinità, 1485 vollendet) und den Fresken mit Darstellungen aus dem Leben Mariae und Johannes des Täufers (Florenz, S. Maria Novella, 1490 vollendet) erhalten. – Sie schließen an die Tradition von →Masaccio und →Lippi an. G. verarbeitet dabei in neuer Weise die Errungenschaften seiner Zeit. Deutlich wird dies in einer gewissen Profanisierung religiöser Themen, indem er die Szenen in seine Gegenwart übersetzt. In den figurenreichen Kompositionen, die in klarer Gliederung oft vor einen architektonisch durchgestalteten Hintergrund gesetzt sind, zeigt er lange Reihen von Florentiner Bürgern, seinen Zeitgenossen, so daß das Thema des Sittenbildes hier bereits anklingt.
Lit.: J. Lauts, D.G., 1943.

Ghumli (Pakistan). Dorf auf der Halbinsel Kathiawar mit Resten mittelalterl. Stadtanlagen, Stufenbrunnen und hinduistischen Turmtempeln.
Lit.: Brown, Architecture I, 151.

Giacometti, Alberto. Schweizer Bildhauer. Geb. 1901 in Stampa, gest. 1966. 1914 erste plastische Modellierversuche. 1919/20 Studium in Genf, 1922–25 in Paris bei →Bourdelle. Er versuchte anfangs, Plastik und Malerei zu verbinden. Polychrome Plastiken entstanden. 1925 schuf er erste idolhafte Statuen und schloß sich 1929 dem →Surrealismus an. 1935 folgte die Hinwendung zur menschlichen Gestalt und zum Portrait, dazu versuchte er das Bewegungsproblem in die Plastik umzusetzen. Nach 1945 setzt eine zunehmende Entmaterialisierung der Masse und eine spezifische Strukturierung der Oberfläche ein. Es entstehen seine langgestreckten, mageren Gestalten, die für die letzte Zeit seines Schaffens bezeichnend sind.
Lit.: Kat. A.G., Zürich, Kunsthaus, 1963.

Giacometti, Giovanni. Schweizer Maler und Graphiker. Geb. 1868 in Stampa (Graubünden), gest. 1933 in Glion/Montreux. Besuchte anfangs die Akademie in München und studierte 1888–91 in Paris an der Académie Julian bei Bouguereau und Robert Fleury. Seine Lehrzeit schloß er ab mit einer Italienreise, die ihn nach Rom und Neapel führte. Entscheidenden Einfluß auf Komposition und Farbe gewann →Segantini, dessen →Pointillismus er zeitweilig übernahm, bis er auf dem Weg über den Neuimpressionismus seinen eigenen Stil fand, der stark dekorativ und flächig ist.
Lit.: Thieme-Becker.

Giallo antico. Ein sehr seltener und kostbarer Marmor, gelb mit roten Adern, der aus Numidien kam und deshalb auch marmor numidicum benannt wurde. Man benutzte ihn vor allem für Skulpturen.

Giara di Serri. Bergstock in Zentralsardinien, Fundstelle zahlreicher vorgeschichtlicher Bauwerke (bronzezeitlich), u. a. „kyklopische" Festungsmauern, Brunnentempel von San Vittoria di Serri, Kult- oder Versammlungsplätze, nuraghenzeitlich (→Nuraghe).

Giebel. Abschlußwand eines Satteldaches in der Grundform eines gleichschenkeligen Dreiecks. Seine erste Ausbildung erfuhr der G. beim griech. Tempel, wo das G.-Feld reich mit plastischem Schmuck bereichert werden kann. In der Renaissance wird der G. erstmals für den Profanbau verwandt, während er in der Antike ausschließlich beim Sakralbau erscheint, dessen wesentliches Merkmal er ist. – Vom echten G. zu unterscheiden ist der Schein-G., bei dem nur ein G.-Feld hochgeführt ist, ohne daß er Bestandteil des Daches ist.

Gießgefäß →Aquamanile.

Gigantensäulen →Juppitersäulen.

Gigantija. Riesige vorgeschichtliche „Tempelanlage" der zum Archipel der Insel →Malta gehörenden Insel Gozo. Das „kyklopische" Mauerwerk aus großen Korallenkalkblöcken umfaßt ovale Innenhöfe, die in der Grundrißform „übereinanderstehender Kleeblätter" angeordnet sind.

Gijan. Schreibweise für →Tepe Giyan.

Gilgamesch. Mythischer König von →Uruk, auf den die Überlieferung den Bau der Stadtmauer zurückführt. Zentralgestalt des G.-Epos, dessen Haupttext im Archiv →Assurbanipals in →Ninive wiedergefunden wurde. Ältere Teilfunde bezeugen eine bis in das 3. Jahrtausend v.Chr. zurückreichende Tradition des sumerischen Mythos, der für die Frühgeschichte Mesopotamiens von

großer Bedeutung ist. Die Verbindung des heldischen Tierbezwingers in der mesopotamischen Kunst mit G. ist bisher nicht gesichert.
Lit.: H. Schmökel, GAV, 1936, 38, 56, 59, 83, 116, 150, 185f., 288; A. Schott-W. v. Soden, Das G.-Epos, 1963.

Giljaken →Sibirische Stämme.

Gill, Edmund. Engl. Landschaftsmaler. Geb. 1820 in Islington (London), gest. 1894 in Hackbridge. Den ersten Unterricht empfing er von seinem Vater, einem Bemaler von Japanwaren. 1843 trat er in die Royal Academy in London ein. Seine Motive sind fast ausschließlich in der Küstenlandschaft von Nord-Wales mit ihren Flußufern und Wasserfällen beheimatet (G. führte den Spitznamen Waterfall Gill), die er immer durch kleine Figurengruppen bereicherte.
Lit.: Thieme-Becker.

Gilles, Werner. Deutscher Maler. Geb. 1894 in Rheydt/Rhld., gest. 1961 in München. Studium an der Akademie in Kassel und am →Bauhaus in Weimar bei →Feininger. Längere Aufenthalte in Italien wirkten nachhaltig auf seine Werke. In leuchtenden Farben verband er surrealistische Visionen mit transparenten Strukturen, in denen sich Einflüsse von →Klee und →Feininger niederschlugen.
Lit.: H. Vollmer, Künstlerlex. d. 20. Jhs.

Gillot, Claude. Franz. Maler und Graphiker. Geb. 1673 in Langres, gest. 1722 in Paris. Lernte anfangs bei seinem Vater Jean G. und später bei J.-B. Corneille in Paris. Nach 1695 wandte er sich von der Historienmalerei seines Lehrers ab und fand im Theaterleben seine Themen. – Berühmt wurde er als Lehrer →Watteaus, der seit 1704/5 bei ihm studierte. – Nach 1710/15 arbeitete er zunehmend als Kupferstecher und Radierer und schuf in mehreren Folgen und Illustrationen seine bedeutendsten Werke. Daneben entstanden in geistreichem Rokokostil Dekorations- und Möbelentwürfe.
Lit.: Thieme-Becker; J. Poley, C. G., 1938.

Gilly, Friedrich. Deutscher Architekt. Geb. 1722 in Altdamm bei Stettin, gest. 1800 in Karlsbad. Studierte bei Erdmannsdorff und Langhans und war später Lehrer von →Schinkel. Er zählt zu den bedeutendsten Baumeistern des deutschen Klassizismus. Von seinen Bauten ist nur wenig erhalten, jedoch erlauben seine Entwürfe und Skizzen, ein Bild seiner Kunst zu gewinnen. Die klare Grundrißgestaltung, die aus stereometrischen Formen entwickelt wurde, ist neben barocken Elementen der Innenraumgestaltung charakteristisch für sein Bauen. Mit seinem Entwurf für ein Nationaltheater (1800) wurde er zu einem Wegbereiter des Theaterbaus im 19. Jh.
Lit.: A. Oncken, F.G., 1935.

Ginori-Keramik. 1735 gründete Marquese Ginori in Dozzia bei Florenz eine Manufaktur, unter deren Erzeugnissen im 18. Jh. die Porzellan-Bildwerke, in der zweiten Hälfte des 19. Jhs. alten Stücken nachgebildete Majoliken besonders geschätzt waren.

Giordano, Luca. Italien. Maler. Geb. 1632 in Neapel, gest. 1705 ebda. Schüler von →Ribera. In seinen prunkvollen, in warmen Farben gemalten Werken (Fresken und Ölbilder) lehnt er sich häufig an ältere Maler an und zeigt seine Qualitäten vor allem in der virtuosen Beherrschung technischer Möglichkeiten. Seine bedeutendsten Werke sind die Fresken im Pal. Ricardi in →Florenz (1682) und in der Schatzkapelle von S. Martino zu Venedig (1704). – 1692–1702 war er als Hofmaler Karls II. in Madrid tätig und schuf dort vor allem zahlreiche Ölgemälde.
Lit.: E. Petraccone, L.G., 1919.

Giorgione (eigentlich Giorgio da Castelfranco oder Giorgio Barbarelli). Italien. Maler. Geb. 1478 in Castelfranco, gest. 1510 in Venedig. – Ausgehend von seinem Lehrer Giovanni →Bellini, wurde er zum Begründer der venezianischen Hochrenaissance, indem er das Quattrocento überwand. – Von seinem Leben ist kaum etwas bekannt, ebenso sind nur wenige Werke gesichert von seiner Hand überliefert. Nur in wenigen Resten sind die Fresken, die er in Venedig für den Fondaco dei Tedeschi schuf (1508), erhalten. – Das Bild einer „Thronenden Maria" (Dom von Castelfranco, 1504), die sogen. „Drei Philosophen" (Wien, Kunsthist. Mus., 1505), die „Ruhende Venus" (Dresden, Galerie) und der sogen. „Sturm" (Venedig, Akademie) zählen zu seinen Hauptwerken. In seiner Malerei mildert sich die scharfe Umrißzeichnung seiner Vorgeneration zu weicheren Modellierungen, die harte Farbgebung zu gedämpftem Licht. – Von großer Bedeutung war sein Einfluß auf seine Zeitgenossen, u. a. auch auf →Tizian, von dem er selbst wiederum Anregungen verarbeitete.
Lit.: Ausstellungskatalog: G. e i Giorgioneschi, 1955; L. Baldass und G. Heinze, G., 1964.

Giorgione, Schlummernde Venus (Dresden, Gemäldegalerie).

Giotto di Bondone. Italien. Maler, auch Baumeister. Geb. wohl 1266 in Colle di Vespignano bei Florenz, gest. 1337 in Florenz. Begründer der neuzeitlichen Malerei, einmalig in seiner entwicklungsgeschichtlichen Bedeutung, in seiner Größe schon von seinen Zeitgenossen Dante und Petrarca erkannt. Vorwiegend Freskomaler, deren Technik er durch Einführung des Tagewerks verfeinert (→Fresko). Der Überlieferung nach Schüler →Cimabues, des letzten großen Vertreters der die italien. Malerei des 12. Jhs. beherrschenden sogen. →Maniera greca. Doch löst G. sich mit unerhörter Entschiedenheit aus den einengenden Bindungen der byzant. Maltradition mit ihrem die Wirklichkeitserfassung und Ausdrucksmöglichkeiten begrenzenden, vorgeprägten Typen- und Formenschatz. Schaffung des modernen, autonomen Bildes, indem er kraft der Genialität seines „disegno" (gemeint ist Entwurf sowohl wie Zeichnung) die Komposition zur Rechteckform des Rahmens in Beziehung setzt. Dadurch Gewinnung einer bildimmanenten Monumentalität, Lösung des Wandbildes aus der Bindung in den direkten architektonischen Zusammenhang. Von der rundplastisch erfaßten Figur her Ausbildung eines kastenförmigen Reliefraums, der, ohne exakt mathematisch konstruiert zu sein, bereits mit perspektivischen Mitteln gestaltet ist. Anregung durch röm. antike Wandmalerei, doch ist G. der erste, der die Raumdekoration auf einen zentralen Blickpunkt ausrichtet, den Betrachter mit einbeziehend. Erstmals lebendige, intensive Erfassung sichtbarer Wirklichkeit und eine von der Bildhandlung her gestaltete Dramatik. Doch vermeidet er mit seinem ausgeprägten Sinn für abstrakte Formzusammenhänge alles Portraithafte und Naturalistische. Die Idealität und Typik seiner Figuren, die Verhaltenheit des Ausdrucks und die Vermeidung unnötiger Tiefenwirkung ist das Ergebnis bewußter Beschränkung, in der die klassische Vollendung seiner Leistung wie auch sein einmaliger schulbildender Einfluß innerhalb der italien., besonders der florentinischen Trecentomalerei und die befruchtende Wirkung auf die gesamteuropäische Entwicklung begründet sind. Vermutlich von der in Florenz heimischen bedeutenden Tafelmalerei ausgehend, dürfte er die Technik der Monumentalmalerei in dem an Fresken und Mosaiken reichen Rom kennengelernt haben, vielleicht als Schüler Pietro →Cavallinis, mit dem ihn das Statuarische der Figurenbildung, die schwere Stofflichkeit der Gewänder verbindet. Werke: Die ca. 1290–1300 entstandenen Fresken der Oberkirche von →Assisi (lange umstritten). Vermutlich eigenhändig die Isaak-Szenen; nach seinem Plan

wohl Doktorengewölbe, letztes Joch mit Altem und Neuem Testament, Sockel mit Franziskuslegende. Die Mitarbeiter der für solche Programme nötigen umfangreichen Werkstatt erreichen erst in Padua ein einheitliches, G.s Intentionen angemessenes Stilniveau. In den für G. gesicherten, um 1305 gemalten Fresken der Arenakapelle in Padua mit Leben Mariae und Christi, Jüngstem Gericht und den ersten abendländischen →Grisaille-Figuren, den Tugenden und Lastern in der Sockelzone ist die gereifte klassische Formulierung seines Stils erreicht. Der Formenkanon dieser Stufe wird zum Typenschatz der Giottoschule. Literarisch überlieferte, umfangreiche Freskodekorationen in Ravenna, Rimini, Neapel (1328–33) und Mailand heute verloren. Erhalten noch die umstrittenen Wandmalereien der Peruzzikapelle (Leben Johannes d. T. und d. Ev.) und der Bardikapelle (Franziskuslegende; nach Oertel von Giotto-Nachfolger) in S. Croce, Florenz; beide nicht vor den 20er Jahren des 14. Jhs. Gesicherte Tafelbilder: Kruzifix in S. Maria Novella, Florenz (wohl gegen 1300; Urkunde von 1312); Triumphkreuz in Padua; Ognissanti-Madonna (Florenz, Uffizien; unmittelbar nachpaduanisch). Die übrigen, teilweise signierten Tafelbilder stark umstritten, großenteils als Werkstattarbeiten angesehen. Seit 1334 ist G. Leiter der Florentiner Dombauhütte; Entwurf und Ausführung des ersten Sockelgeschosses des →Campanile. (Siehe Farbtafel 22).
Lit.: R. Oertel, Die Frühzeit der italien. Malerei, 1953; C. Gnudi, G., 1959; L. Tintori und M. Meiss, The Painting of the Life of S. Francis in Assisi, with Notes on the Arena Chapel, 1962; H. Schrade, Franz von Assisi und G., 1964.

Giovanni da Campione →Campione.

Gipsabguß →Abguß.

Girandole. Mehrarmiger Metall-Leuchter.

Girardon, François. Franz. Bildhauer. Geb. 1628 in Troyes, gest. 1715 in Paris. Seine Ausbildung erhielt er vor allem durch längere Aufenthalte in Rom. – Er arbeitete hauptsächlich unter der Leitung von →Lebrun und schuf zahlreiche Werke, die den typischen Stil des franz. Barock unter Ludwig XIV. repräsentieren. Seine Hauptwerke sind vor allem dekorative Plastiken für die Tuilerien, den Louvre und den Park von Versailles.
Lit.: P. Francasta, F. G., 1928.

Girgenti →Agrigent.

Girlandensarkophag. Röm. Sarkophagtyp, bei dem die Außenwände mit in Relief ausgearbeiteten Girlanden geschmückt sind. Vielleicht läßt sich diese Schmuckform vom sogen. →Bukranion ableiten.

Girnar. Berg auf der westindischen Halbinsel Kathiawar nahe der alten Stadt Junagadh. Auf dem Gipfel liegen die Dschaina-Tempel des Neminatha und der Brüder Tedschahpala und Vastupala aus der Mitte des 13. Jhs. Letzterer enthält in einer Halle als Haupt-Kultobjekt ein Abbild des heiligen Berges Meru in der Form eines kreisrunden Stufenbaues.
Lit.: Brown, Architecture I, 164.

Gisela-Schmuck. Gruppe von Schmuckstücken für Frauen, das bedeutendste Zeugnis frühmittelalterl. Schmuckkunst. 1880 in Mainz gefunden, nach Berlin gelangt, dort im letzten Krieg zerstört, bis auf eine Adlerschließe in Mainz. Ursprünglich bestehend aus: Halskette, Brustbehang, 2 Adlerfibeln, 5 Ohrringen, 4 →Tasseln, 9 Ringen, aus Gold mit Steinen, Perlen, antiken Gemmen, Schmelzscheiben (→Email) unter Verwendung von Granulierung und Filigran. Die Zusammensetzung weist auf einen Hausschatz aus – auch stilistisch – verschiedenen Schmuckfolgen, teils zum Krönungsornat, teils zur Privatschatulle einer Herrscherin gehörig. Eine Datierung in den Anfang des 11. Jhs. brachte ihn mit der Vermählung der Kaiserin Gisela mit Konrad II. (Rom 1027) in Verbindung, doch macht der stilistische Zusammenhang mit der deutschen Kaiserkrone (nicht für Konrad II., wie bisher angenommen, sondern wohl für Otto I. gefertigt) eine Ansetzung ins Ende des 10. Jhs. wahrscheinlicher. Stilistische Anregungen besonders aus Byzanz.
Lit.: E. Steingräber, Alter Schmuck, 1956.

Gislebertus. Einer der bedeutendsten Bildhauer des 12. Jhs., namentlich bekannt durch die Signatur „Gislebertus hoc fecit" am Tympanon des Westportals der Kathedrale von →Autun, deren plastischer Schmuck fast vollständig sein Werk ist: Westtympanon mit Jüngstem Gericht; reliefierte Kapitelle (Altes und Neues Testament, Allegorien etc.), deren Figurenszenen feinfühlig der flachen Trapezform angepaßt sind; liegende Figur der Eva vom Türsturz des verlorenen nördlichen Querhausportals. Ansetzung um 1125–35. Herkunft stilistisch und ikonographisch aus dem Umkreis von →Cluny, eventuell Mitarbeit in →Vézelay, doch ist G. in Zeichnung, Bildung der schmalen, langen Figuren wie auch im seelischen Ausdruck zarter und empfindsamer. Das Westtympanon macht die tiefgreifende Ablösung von der aus der Spätantike hervorgewachsenen Bildtradition des Frühmittelalters deutlich, zeigt die neue Eindringlichkeit des seelischen Ausdrucks.
Lit.: D. Grivot und G. Zarnecki, G., Meister von Autun, 1962.

Gita Govinda. Gedicht des Dschayadeva über die Jugend des göttlichen Kuhhirten →Krischna und seine Liebe zu Radha, eine beliebte Vorlage für indische Miniaturmalerei seit dem 16. Jh. n. Chr.

Gizeh. 14 km südwestlich von Kairo liegen bei G. die drei klassischen →Pyramiden der ägypt. Baukunst (→Cheops, →Chephren, →Mykerinos) und der →Sphinx. Wie in Sakkara und →Medum sind unter dem Schutz dieser Wahrzeichen für das segensreiche Fortwirken des Pharao aus dem Jenseits die →Mastabas der Angehörigen und Beamten des Königshofes angelegt, wobei ein einheitlicher Grabtypus entwickelt wurde, dem ebenso wie den sich rechtwinklig schneidenden Straßen ein dominierender Gesamtplan zugrunde liegt. Bemerkenswert ist in diesem Zusammenhang das Aufgeben der Kult- und Statuenkammer in der Mastaba, in der somit auf jedes Bildwerk verzichtet werden mußte. Die Situation ändert sich in der späteren 4. Dyn. zugunsten einer reichen Bildausstattung des Grabes, nachdem die Zentralgewalt des Königswillens an Einfluß verloren hatte. Berühmte Grabfiguren aus G. →Anch-haf, →Hemon, →Meres-anch, →Schreiberfiguren, →Seneb.
Lit.: W. Wolf, KÄ, 119ff., 126ff., 138ff., 149ff.; E. Brunner-Traut, Ägypten, 353ff.

Gjölbaschi →Trysa.

Glas. Entweder von lat. glacies = Eis abgeleitet, oder die Wurzel ist in der gallischen und britischen Bezeichnung für Bernstein = glassum zu suchen. Zusammensetzung: 75% Kieselsäure als Glasbildner, 13% Natriumoxyd als Flußmittel, 12% Kalziumoxyd als Stabilisator. Verarbeitung der Glasschmelze: 1. Freihändiges Formen (bis 1. Jh. v. Chr.). 2. Gießen. 3. Blasen (mit der Glasmacherpfeife). 4. Pressen (in Metallformen). – Geschichte: Altertum (4000–1000 v. Chr.) Entdeckung des Schmelzvorganges beim Glas. Es wird bereits →Fadenglas und →Überfangglas hergestellt. Zwischen 650 v. Chr. und die Zeitenwende fällt die Erfindung des Glasblasens in Ägypten oder Syrien. 0 bis 1000 n. Chr.: Die röm. Glasherstellung ist schon 50 n. Chr. in Gallien und im Raum von Köln nachweisbar. Um 350 gibt es in Franken, um 800 in Böhmen und um 900 in England Glashütten. Mittelalter 1. Periode: Byzant. Vormachtstellung bis zum Verfall des oström. Reiches (1453), (→Hedwigsgläser). 2. Periode: Um 1500 Blütezeit der venezianischen Glasbläserei. Das Charakteristikum ist die Farblosigkeit der Glasmasse. Die wichtigsten Formen sind Pokale, Kannen, Teller. Die Emailmalerei wird gepflegt. →Fadenglas und Eisglas sind Erfindungen des 16. Jhs. Blütezeit der deutschen Hohlglaserzeugung. Aus den →Nuppenbechern entsteht der →Römer. Das Material ist vielfach das Waldglas. 3. Periode: Ende des 17. Jhs. sinkt die Qualität des venezianischen Glases. Neuzeit. Das Neue, das im 17. Jh. einsetzt und 2 Jahrhunderte die Vorherrschaft in der Glasveredelung einnimmt, ist der Glasschnitt (Zentrum Nürnberg). Auch das böhmische Glas kommt zur Geltung (→Zwischengoldgläser) und schließlich die Translucidmalerei des Biedermeier (Kothgasser). Glasveredelung: 1. Schleifen: Die Abtragung von Glassubstanz bei gewöhnlicher Temperatur mit Schleifmitteln wie Schmirgel und Sand in

wäßriger Aufschlämmung. 2. Gravieren: Ausführung eines Schliffes in stark verkleinertem Maßstab; sie dient hauptsächlich zur Anbringung feiner Verzierungen ornamentalen und figürlichen Charakters. 3. Schneiden: Bearbeiten des Glasgefäßes mit dem Schneidrad. Wenn der Dekor in die Glasoberfläche eingetieft wird, spricht man von Tiefschnitt, wird der Grund weggeschnitten und es bleibt der Dekor als Relief übrig, von Hochschnitt. 4. Reißen: Einritzen figürlicher und ornamentaler Zeichnungen mit dem Diamantschneider. 5. Ätzen: Chemische Oberflächenveredelung. Flußsäure ist die einzige Säure, die G. zu lösen vermag, es bilden sich Kristalle, die die Mattierung verursachen. 6. Bemalen: mit Emailfarben oder mit der Technik der Kaltmalerei. 7. Überfangen (Überfangglas). (siehe Farbtafel 19).
Lit.: L. F. Fuchs, Die G.kunst im Wandel der Jahrtausende, 1956; G. Mariacher, Edle Gläser von der Antike bis Murano, 1959; E. Meyer-Heisig, Der Nürnberger G.schnitt des 17. Jhs., 1963; J. Schlosser, Das alte G., 1956, W. Schnauck, G.lexikon, 1959; C. J. Stahl, Glaserkunst, Glasmalerei u. moderne Kunstverglasung, 1912; G. Weiß, Ullstein Gläserbuch, 1966.

Glasbau. Im Zusammenhang mit dem →Eisenbau entwickelte Bauweise, wobei die tragenden Elemente in Eisen oder Stahl, die Füllwände in Glas hergestellt werden. Wurde zuerst bei Gewächshäusern in England verwandt.

Glasfenster →Glasmalerei.

Glasklischee →Diaphanradierung.

Glasmalerei. Der Begriff bezeichnet in der Kunstgeschichte farbige Fensterverglasung mit bildlichen Darstellungen. Das ursprüngliche Verfahren ist die musivische G.: In der Masse einfarbig gefärbte Glasstücke werden nach einer in originaler Größe ausgeführten Vorzeichnung (Karton) zurechtgeschnitten, mit biegsamen Bleiruten umwickelt und so verbunden. Die Bleiruten ergeben die Hauptkonturen. Feinere Binnenzeichnung ist in aufgeschmolzenem Schwarzlot ausgeführt, ein mit gebranntem Kupfer versetztes leichtflüssiges Bleiglas, aus dem helle Lichter, Muster u. ä. herausgekratzt werden. Die ursprüngliche Farbskala beschränkt sich auf Rot, Blau, Grün, Rotviolett, Blauviolett, Farblos-Weiß und das Schwarz der Zeichnung. Die Haltbarkeit der Glasgemälde wurde durch Anbringung von sogen. Windeisen an der Fensteraußenseite erhöht. Sehr große Fensterflächen sind durch eiserne Sturmstangen und Armaturen in der Mauer verankert. Seit etwa 1300 benutzte man zusätzlich als Gelbton das auf farbloses Glas außen aufgeschmolzene Silbergelb, ein Silberoxyd, seit der 2. Hälfte des 13. Jh. rotes Überfangglas, bei dem eine dünne rote, in Mustern ausschleifbare Platte mit einer dickeren farblosen verbunden wird. Gegen Ende des Mittelalters kam das Eisenrot hinzu, dann auch die übrigen Farben als Schmelzfarben. Dadurch erübrigten sich die Bleifassungen, und die ehemals flächig-dekorative Wirkung wurde zugunsten einer G. aufgegeben, die mit der Tafelmalerei wetteiferte. Vorwiegend mit Schmelzfarben arbeitende G. wird Kabinettmalerei genannt („Kabinettscheibe"). Im Verfahren grundsätzlich anders ist die →Hinterglasmalerei. – Verglasung aus Scherben farbigen Glases gab es schon in frühchristl. Kirchen des Orients, Roms und Ravennas (seit dem 4. Jh. n. Chr.). Die auch im Abendland übliche Frühform war die Ornamentscheibe. Farbfenster mit figürlichen Darstellungen gab es den Schriftquellen nach seit karolingischer Zeit (literarisch bezeugt: Klosterkirche von Werden, Mitte 9. Jh.; Fragmente erhalten, z. B. Kopf aus Lorsch). Ihre Verbreitung läßt sich aus dem zisterziensischen Verbot von Farbfigurenfenstern ermessen (1134). Historisch faßbar wird die Entwicklung der G. im 12. Jh. (frühestes vollständig erhaltenes Beispiel: Prophetenfiguren im Augsburger Dom, kurz nach 1100). Wesentliche Bedeutung für die Gestaltung eines Kirchenraums erlangt sie in der →Gotik, die mit ihren riesigen Fensterflächen besonders in Frankreich einmalige Bedingungen schuf. Die Fenster enthalten entweder große Einzelstandfiguren vor einem mit Bandgeflecht oder Ranken teppichartig gemusterten Grund oder übereinander angeordnete Medaillons mit kleinfigurigen Szenen der biblischen Geschichte. Die Darstellung bleibt flächig. Die besondere Wirkung liegt in der durch das einfallende Licht erzeugten Intensität der Farben, der Auflösung der Wand in schimmernde farbige Flächen von juwelenhafter Leuchtkraft. Mit der Verglasung der großen Kathedralen, von denen allein →Chartres seinen ursprünglichen Bestand vollständig erhalten hat, wird Frankreich im 13. Jh. führend (erste franz. Beispiele: →St. Denis, um 1140, stark zerstört; Chartreser Westfenster, um 1160). Deutschland und England folgten mit Abstand. Erst im 14. und 15. Jh. kommt es in Deutschland (und Österreich) zu bedeutenden Fensterzyklen und einer umfangreichen Produktion (u. a. in Köln, Xanten, Altenberg, Straßburg, Marburg, Freiburg/Br., Regensburg, Erfurt, Ulm). In Italien gibt es keine nennenswerte G. – In Zisterzienserbauten findet sich nur die Blankverglasung; allein durch den Verlauf der Bleiruten gemustertes farbloses Glas, und Grisaillen, die auf farblosem Glas mit Hilfe von Schwarzlot hergestellt werden. Die Kabinettmalerei hat ihren Schwerpunkt im 16. Jh., vor allem in der Schweiz (→Wappenscheibe). Auch Kirchenfenster wurden in dieser Technik oft nach Entwürfen bedeutender Künstler gefertigt. Der Barock hat in seinem Streben nach hellen, lichtdurchfluteten Räumen kaum Interesse an der G. gehabt; im Gegenteil: manche mittelalterl. Fenster wurden im Zuge von Umbauten zerstört oder sind durch mangelnde Pflege verfallen. Eine Wiederbelebung versuchte das 19. Jh., auch durch Weiterentwicklung der technischen Verfahren. Doch ist die Wirkung meist von harter Buntheit oder nazarenischer Süßlichkeit. Der Jugendstil (z. B. →Thorn-Prikker) hat durch Rückgriff auf die flächig-dekorativen Grundlagen der G. eine neue Basis auch für die heutige, vielfach ungegenständliche G. geschaffen.
Lit.: M. Aubert, Le vitrail en France, 1947; H. Wentzel, Meisterwerke der G., 1951.

Glasradierung →Hinterglasmalerei.

Glasur. Überzug bei keramischen Erzeugnissen, der dazu dient, die poröse Oberfläche zu glätten. Die G. wird aufgeschmolzen und bewirkt einen farbigen oder durchsichtigen Glanz.

Glaukos. Griech. Kunstschmied aus Chios, tätig in der 2. Hälfte des 7. Jhs. v. Chr. – Nach →Pausanias soll er die Technik des Schweißens und Lötens von Eisen entwickelt haben. Ein in der antiken Literatur erwähnter eiserner Dreifuß, der – mit Friesen geschmückt – nach Delphi geweiht wurde, stammte von seiner Hand.
Lit.: G. Lippold, Handb. d. Archäologie, V, 64, 1950.

Gleizes, Albert. Franz. Maler, geb. 1881 in Paris, gest. 1953 in Avignon. Nachdem er anfangs der impressionistischen Schule anhing, löste er sich 1906 von dieser Richtung und entwickelte eine flächige Farbigkeit. Von hier aus kommt er zum →Kubismus, den er mit dem Bewegungsproblem des →Futurismus zu verbinden suchte. 1912 veröffentlichte er gemeinsam mit →Metzinger die Schrift „Du Cubisme" mit graphischen Blättern von →Picasso, →Duchamp u. a. Bei einem längeren Aufenthalt in New York 1915 schuf er große Kompositionen in klar durchdachter Gliederung. Als führender Theoretiker der Kubisten hatte er einen nachhaltigen Einfluß auf seine Zeitgenossen, vor allem auf →Delaunay. 1917 wendet er sich der Sakralkunst zu und schuf größere Wandbilder, die einen schematischen Kubismus zeigen.
Lit.: H. Vollmer, Künstlerlex. d. 20. Jhs.

Gleyre, Charles. Schweizer Maler. Geb. 1806 in Chevilly, gest. 1874 in Paris. Studierte in Paris, wo er sich an die akademische Richtung von →Delaroche anschloß. Nach einem Romaufenthalt, wo er mit den →Nazarenern bekannt wurde, bereiste er 1834–37 den Orient und ließ sich anschließend in Paris nieder. – Romantik und Klassizismus verbinden sich in seinen Werken. Von größerer Bedeutung als sein Schaffen als Maler war sein Wirken als Lehrer: So zählten u. a. →Anker, →Monet, →Renoir und →Whistler zu seinen Schülern.
Lit.: M. Huggler u. A. M. Cetto, Schweizer Maler im 19. Jh., 1942.

Gliederpuppe, Gliedermann (Manichino). Menschliche Figur mit beweglichen Gelenken, die in beliebige Stellungen gebracht werden kann, zu Maß-, Proportions-,

Drapierungs- und Bewegungsstudien; bereits bei →Filarete erwähnt.

Glocke. Das früheste Zeugnis über den Gebrauch von G.n im christlichen Bereich stammt aus nordafrikanischen Klöstern (um 535; chinesische G.n sind weit älter). Im Abendland sind sie im 9. Jh. allgemein nachweisbar, setzten sich im christlichen O jedoch nur langsam durch. Die ältesten sind klein, bienenkorbförmig, mit dünnem geschmiedetem Bronzemantel. Seit dem 13. Jh. ist die Form mit ausladendem Schlagrand üblich. Sie werden nun größer und meist gegossen. Inschriften, auch figürlicher und ornamentaler Schmuck, sind häufig und können wichtige lokalgeschichtliche Dokumente sein. Aufhängung: Gestell oder Glockenturm (→Campanile) neben der Kirche, im N meist mit der Kirche verbunden; bei Zisterzienser- und Bettelordenskirchen ein →Dachreiter.
Lit.: G. Stuhlfauth, G. und Schallbrett, Repert. f. Kunstwissensch., Bd. 41, 1919.

Glockenidol. Weibliches →Idol, dessen Gewandung schematisiert in einer glockenähnlichen Form gebildet ist. In der Regel besteht es aus bemalter Terrakotta. Die frühesten G.e finden sich in frühminoischer Zeit auf →Kreta. – Auf Anregungen aus dem Orient gehen spätere, hauptsächlich aus Böotien stammende G.e zurück.

Glockenleiste →Karnies.

Glockenturm →Campanile.

Glorie (lat. gloria = Ruhm). →Aureole. Heiligenschein, der die ganze Figur der Gottheit oder der Maria umgibt. Als Abart der G. vergleiche →Mandorla.

Glorienreif. Ring, der den Glorienschein abgrenzt. →Aureole.

Gloriette. Schmückende Architektur auf der Anhöhe eines Parkes in Pavillonform oder tempelartig. Schönes Beispiel in →Schönbrunn (Hohenberg, 1775).

Glykophilusa (griech. = die Zärtliche). Bezeichnung für die Madonna, die das Jesuskind herzt, indem sie dieses an ihre Wange drückt. Sie wird als Halbfigur gezeigt.

Glyptik. Kunst des Steinschneidens bei →Gemmen und →Kameen.

Glyptothek. Bezeichnung für eine Skulpturensammlung, insbesondere einer Sammlung antiker Plastik.

Gnadenbild. Bildwerk an Wallfahrtsorten, dem wundertätige Wirkung zugeschrieben wird.

Gnadenstuhl. Seit dem 12. Jh. bekannte Darstellung der heiligen Dreifaltigkeit. In der Kombination mit den Leiden Christi: Der thronende Gottvater hält den Gekreuzigten mit beiden Händen vor sich (oder der Leichnam Christi liegt über Gottvaters Schoß), und die Taube des heiligen Geistes schwebt über beiden.

Gnathia-Vasen. Hellenistisch apulische Vasengattung des 3. Jhs. v. Chr., nach dem ersten Fundort Gnathia in Italien benannt. Der Schmuck der Vasen zeigt Einzelfiguren oder Masken. Sehr beliebt sind hierbei Schattenangaben und das Aufsetzen von Glanzlichtern, eines Stilelementes, das von der Monumentalmalerei →Euphranors aufgenommen wurde.
Lit.: A. Rumpf, Handb. der Archäologie, VI, 155.

Gobelin →Bildteppich.

Göreme (Kappadokien). Höhlenkichen mit ornamentaler Wandmalerei (726–843), ein interessantes Beispiel für die Zeit des →Ikonoklasmus mit dem Verbot figürlicher Darstellungen im Gotteshaus.

Goes, Hugo van der. Fläm. Maler. Geb. um 1435–40, 1467 (Meister der Malergilde) bis 1475 in Gent, 1468 in Brügge (Anfertigung von Festdekorationen), 1475 bis zum Tode 1482 im Kloster Roodendale bei Brüssel. Ausgehend von Jan van →Eyck und Rogier van der →Weyden. Einziges sicheres Werk: Portinari-Altar mit Anbetung der Hirten (1476–78; Florenz, Uffizien). Einfluß italien. Werke in der monumentalen Form des Altars, auch in den Kopftypen. Im Spätwerk erneute Rückbesinnung auf Rogier van der Weyden. Kraftvolle Farbigkeit, zeichnerische Schärfe und Feinheit, dramatische Intensität des Ausdrucks und bildnishafte Wiedergabe der Gesichtszüge machen ihn zu einem der Hauptmeister der niederländ. Malerei der 2. Hälfte des 15. Jhs. Beeinflußte besonders →Geertgen tot Sint Jans. Werkauswahl: Diptychon mit Sündenfall, Beweinung, hl. Genoveva (Wien, Kunsthistor. Mus.; Frühwerk); Monforte-Altar (Berlin, Staatl. Mus.); Marientod (Brügge, Groeningemus.; Spätwerk).
Lit.: J. Destrée, H.v.d.G., 1914; E. Panofsky, Early Netherlandish Painting, 1953; F. Winkler, Das Werk des H. v. d. G., 1964.

H. van der Goes, Mittelteil des Portinari-Altars: „Anbetung" (Florenz, Uffizien).

Göttweig. Benediktinerstift in Niederösterreich. Die Gründung des Stiftes erfolgte schon 1074. Nach Bränden von 1580 und 1718 wurde ein großartiger Neubau nach Plänen Lucas v. →Hildebrandts begonnen. Die Pläne sahen eine riesige Anlage vor, die von einem im Grundriß einen komplizierten Stern darstellenden Kranz von Befestigungsmauern und Substruktionen umgeben worden wäre und den ganzen Berg einnehmen sollte. Die gewaltige Anlage konnte aber nicht ausgeführt werden, und so blieb sie ein Torso von 2 unvollendeten (W und S) und 2 vollendeten Flügeln (N und O); letztere sind 145 und 210 m lang. Noch 1750–65 führte man die Fassade der Kirche nach dem damals schon über 30 Jahre zurückliegenden Plan Hildebrandts aus, die den weiten Platz des Stiftshofes beherrscht. Seine S-Hälfte weist noch verschiedene alte Bauten (Sebastiankapelle 13. Jh.) auf, während die N-Hälfte ihr Aussehen dem meisterlichen Stil Hildebrandts verdankt. Gegen NW wird der Platz durch den Trakt der großartigen Kaiserstiege abgegrenzt. Die dreiteilige, den ganzen dreigeschossigen Trakt einnehmende Anlage entstand 1723–30: das Geländer begleiten Vasen, die Wände gliedern breite Blendbogen und Figurennischen (Johann Schmid), über den Hermenpilastern der obersten Wandzone entfaltet sich das herrliche Fresko P. Trogers (1739) mit der Apotheose Karls VI. Das Zentrum der ganzen Klosteranlage, die ursprünglich 5 Höfe umschließen sollte, ist die Kirche. Ihr Chor stammt noch aus dem 15. bzw. 16. Jh. (Erneuerung), das Langhaus ist ca. 1634 nach Plänen von Cypriano Biasino gebaut worden. Die großartige Fassade Hildebrandts wurde beim Bau stark verändert. Sie besteht aus 2 mächtigen Türmen, die die zurückweichende, giebelgekrönte Fassadenwand mit dem ihr vorgelegten Säulenvorbau flankieren. Den dreigeschossigen Wandaufbau gliedern geschichtete Eckpilaster, erst in den obersten Turmgeschossen Vollsäulen. Der Innenraum erhielt 1668 reiche Stuckdekoration mit besonders schöner Rankenornamentik. (Abb. 238).
Lit.: Wasmuths Lexikon d. Baukunst, Bd. II, 1930; Reclams Kunstführer, Österreich, Bd. I, 1961.

Gogh, Vincent van. Holländisch-franz. Maler. Geb. 1853 in Groot-Zundert (Holland), gest. 1890 in Auvers-sur-Oise. Nach erfolglosen Versuchen als Kunsthändler und Lehrer versuchte G. Prediger zu werden und arbeitete, wieder erfolglos, als Evangelist im Kohlenbecken des Borinage (Belgien). Erst um 1880 begann er zu zeichnen und zu malen und erkennt hierin seine wahre Berufung. Nach den Anfängen in Holland (Hauptwerk: Die Kartoffelesser, 1885 – Privatbesitz) wandte er sich 1885

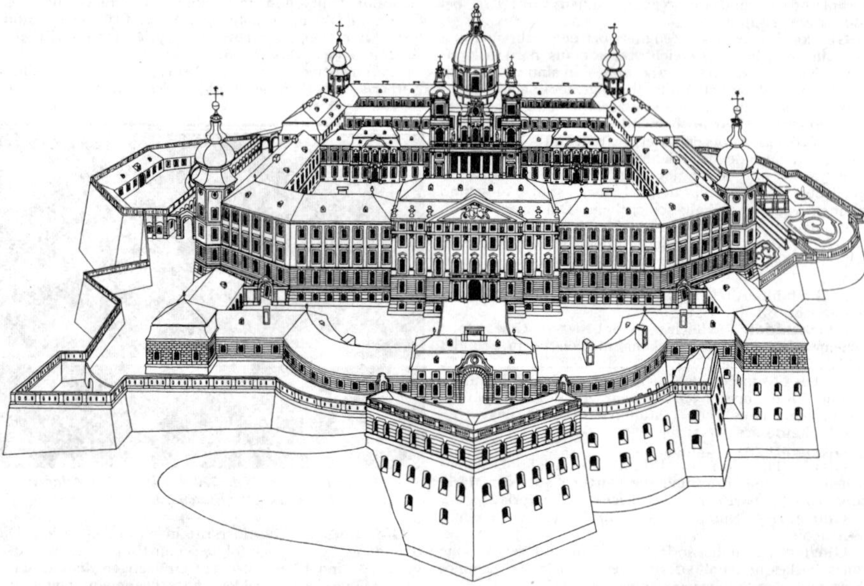

Stift Göttweig, von Lukas von Hildebrandt ab 1719 errichtet, Schema der Gesamtplanung.

nach Antwerpen und 1886 nach Paris, wo er seinen Bruder Théo traf, der ihn von da ab ständig unterstützte. In Paris trat er in Beziehung zu den Impressionisten (→Impressionismus), besonders aber zu →Seurat und →Signac. In diese Epoche gehört das Portrait des „Père Tanguy" (1887 – in amerikanischem Privatbesitz). 1888 geht er nach Arles, wohin ihm →Gauguin für fast ein Jahr zu gemeinsamer Arbeit folgt. In dieser sehr fruchtbaren, aber seelisch und geistig angespannten Arbeitsperiode überfallen G. die ersten Anfälle seiner geistigen Zerrüttung. Im Mai 1889, nachdem er sich in einem Erregunszustand ein Ohr abgeschnitten hatte, ging G. freiwillig nach Saint-Rémy in eine Heilanstalt, wo er für ein Jahr bleibt. Danach begibt er sich in die Pflege von Dr. →Gachet in Auvers-sur-Oise, wo er im Juli 1890 Selbstmord begeht. Unter seinen Werken in Arles sind die „Brücke von Arles" (mehrere Variationen) und die „Sonnenblumen" am bekanntesten. – G. gebrauchte als erster die Deformation als expressives Gestaltungselement, verwarf, um zu den Quellen der menschlichen Existenz vorzustoßen, alle akademischen Regeln und verlieh seinen Werken durch die Farben ihre Ausdruckskraft. Sein Werk zeigte den Fauves (→Fauvismus) und den Expressionisten (→Expressionismus) den Weg an, auf welchem sie und andere Künstler des 20. Jhs. weiterarbeiten konnten.
Lit.: W. Weisbach, V.v.G., 1951.

Goldblattkreuz. Dünne, aus feinem Goldblech zugeschnittene Kreuze, meist in griech., seltener in lat. Kreuzform, reich mit Flechtband, Tierformen und menschlichen Masken verziert. An den Ecken der Kreuzarme Durchbohrungen, die darauf hinweisen, daß die G.e auf Gewand genäht waren. Typisch für langobardische Gräber in Italien, Zeitstellung unsicher, vermutlich aber 6. Jh. n. Chr.
Lit.: G. Haseloff, in: Jahrbuch des Römisch-Germanischen Zentralmuseums Mainz, 3. Jahrgang, 1956.

Goldelfenbeinbilder. Griech. Götterbilder, die in einer Mischtechnik errichtet wurden. Ursprünglich wurden nur Kultstatuen als G. geschaffen, seit →Alexander d. Gr. konnten auch Könige G. von sich aufstellen lassen. – Die Technik besteht darin, daß über einem Holzkern die nackten Körperteile in Elfenbein, die bekleideten Partien in Gold gefertigt wurden. Berühmt waren die G. des →Phidias, der eine Athenastatue für den →Parthenon in →Athen und ein Zeusbild für →Olympia in dieser Technik schuf.

Goldene Pforte →Freiberg, Dom.

Goldener Schnitt. Eine Strecke ist nach dem G. in zwei Abschnitte unterteilt, wenn sich der kleinere Abschnitt zum größeren verhält wie dieser zum Ganzen. Dieses Maßverhältnis, von dem behauptet wird, daß es besonders harmonisch sei, ist bisweilen an Kunstwerken als Proportionskanon ablesbar.

Goldene Tafel. Berühmter Flügelaltar, um 1410–20 von einem anonymen Lüneburger Meister geschaffen (Hannover, Landesmus.). Der Schrein dieses Altars barg einst roman. Goldschmiedearbeiten, Reliquien und ein Antependium. Nach diesem Schatz, der später geraubt wurde, heißt der Altar G. – Der Altar selbst zeigt in 36 Feldern Szenen aus dem Leben Christi und Mariae, während die Innenseiten der inneren Flügel mit polychromer Plastik geschmückt sind. Der Altar stand ursprünglich in der St. Michaelskirche zu Lüneburg.
Lit.: V.C. Habicht, Die G. der St. Michaelskirche zu Lüneburg, 1922.

Goldglas. Glas, auf das innen eine Schicht von Blattgold aufgelegt ist, die wiederum von durchsichtigem Glas bedeckt wird. Das Blattgold hat Inschriften, Zierate und Figuren eingearbeitet. Eine Sonderheit sind die Fondi d'ori, von denen es hervorragende Beispiele schon aus dem 4. Jh. in der christlichen Kunst gibt. In diesem Falle ist nur der Grund der Gläser mit dem Gold bedeckt und in der oben geschilderten Weise verziert. – Sie wurden vor allem in röm. Katakomben und im Rheingebiet gefunden.

Goldgriffspatha. Die Spatha, das zweischneidige Langschwert der →Völkerwanderungszeit, ist manchmal reich (auch mit Gold) verziert, →Childerich.

Goldgrund. In der christlichen Malerei der goldene Grund, mit dem heilige Gestalten und Ereignisse hinterlegt werden. Er bildete sich seit dem 4. Jh. in frühchristl. und byzant. Mosaiken und Tafelbildern anstelle der antiken realistischen Hintergründe. Von dort gelangte er in die mittelalterl. →Buch- und →Tafelmalerei (zuerst faßbar in den ottonischen Miniaturen der → Reichenauer Schule). Er löst heiliges Geschehen aus realistischen Zusammenhängen, projiziert es vor eine ideale, raumlose Fläche und steigert den Eindruck des Erhabenen und Kostbaren. Wesentlich ist die besondere Beziehung mittelalterl. Denkens zum „Licht", von dem man annahm, daß es den Materialien, wie Gold, Edelsteinen etc., innewohne und von ihnen ausstrahle (entsprechende zeitgenössische Deutung got. Glasfenster). Erst im 15. Jh. wird der G. wieder von Landschafts- und Architekturhintergründen verdrängt, hat sich jedoch in der von Byzanz abhängigen östlichen Ikonenmalerei bis in neueste Zeit erhalten. In der spätgot. Tafelmalerei wurde er gelegentlich durch Punzierung mit Mustern versehen. Lit.: J. Bodonyi, Entstehung und Bedeutung des G.s in der spätantiken Bildkomposition, 1932/33 (Archaeologiai Ertösitö, Bd. 46); W. Braunfels, Nimbus und Goldgrund, in: Das Münster III, 1950, 321–34.

V. van Gogh, „Kornfeld" (Amsterdam, Stedelijk Mus.).

Goldschmiedekunst. Seit der Spätantike bis ins 13. Jh. gehörte die G. als eines der bedeutendsten Gebiete künstlerischen Schaffens zu den hohen Künsten. Dem besonderen Verhältnis mittelalterlichen Denkens zum „Licht" bot sich Gold als adäquates Material an, geistige Gehalte sichtbar zu machen. Künstlerische Höhepunkte: karolingische, ottonische Zeit, maasländisch-rheinische Produktion der 2. Hälfte des 12. Jhs. Hauptaufgaben: Gestaltung von Prachteinbänden, Antependien, Reliquienbehältern, liturgischen Geräten und Herrscherinsignien. Karolingisch: Charakteristisch ist eine unwirklich scheinende Kostbarkeit, eine Prachtentfaltung von malerischer Wirkung, erzeugt durch Häufung von Schmuckformen und den Kontrast der breiten, mit stark erhaben gefaßten, bunten Edelsteinen besetzten Rahmenleisten zum helleren Gold der getriebenen Reliefs. „Steine und Perlen sitzen auf turmartig erhöhten, oft von Arkaden unterbrochenen Fassungen, bieten in der Seitenansicht gleichsam das Bild einer Stadt" (A. Boeckler zum Codex aureus). Hauptwerke, wie der Deckel des →Codex aureus in München, ein Tragaltar aus Regensburg (ebenfalls München, beide um 870) und das Arnulfziborium, entstammen vielleicht einer Reimser Werkstatt. Der Reliefstil ist szenisch reich bewegt und von vibrierender Schärfe der Zeichnung, in Motiven und räumlichem Illusionismus antiken Vorbildern verpflichtet (→Karolingische Kunst). In den Reliefs des Mailänder Paliotto (Antependium, entstanden unter Bischof Angilbert, 824–56), spiegelt sich die tastende Vielfalt karolingischer Kunstäußerung: die goldene Frontseite zeigt räumliche Wirkung, breite, reich bewegte Figuren, die von Wolvinus signierte silberne Rückseite Enträumlichung und Versteifung der Form. Ottonisch: Schmale, flache Rahmenleisten tragen Goldzellenschmelz (→Email), Filigranplättchen und Edelsteine; antikisierendes Blattwerk und die mugeligen Steine karolingischer Zeit fehlen. Im Stil der flachen zarten Reliefs zeigt sich Verlust des räumlich-organischen Zusammenhangs, Verfestigung der Form, Bindung der wenig bewegten Figuren, meist Einzelfiguren, in die Fläche, gegen Mitte des Jhs. wieder dichtere Flächenfüllung. Die Gesamtwirkung ist von koloristischer Zartheit. Wesentlich für den stilistischen Wandel ist der Rückgriff auf byzant. Werke, die ihrerseits antike Form bereits weitgehend enträumlicht und entkörperlicht hatten. Bedeutendste Werkstatt ist die Trierer unter Bischof Egbert, deren Reliquiare die Form der eingeschlossenen Reliquie abbilden: z. B. der die Sandale des Apostels Andreas bergende kastenförmige Egbertschrein, auf dem ein goldener Schuh steht, und ein Nagelreliquiar (beide Trier, Domschatz); Hülle für den Stab des hl. Petrus (Limburg, Domschatz). Weitere Werkstätten in Fulda (charakteristisch die Unentschiedenheit zwischen spätkarolingischer und ottonischer Stilbildung; Werke: vermutlich →Basler Antependium, Aachener Pala d'Oro) und im Rheinland, vielleicht in Essen (wichtigste Werke im Essener Domschatz: 4 Vortragekreuze, ein Buchdeckel). Sonstige Hauptwerke: Ambo Heinrichs II. in Aachen; Aachener Lotharkreuz (westdeutsche Arbeit, vielleicht kölnisch; wohl anläßlich Ottos III. Besuch in Aachen im Jahr 1000 gefertigt); Heinrichsportatile für den Bamberger Dom (wohl Bamberger oder Fuldaer Arbeit); Krone, Kreuz, Schwert der →Reichskleinodien in der Wiener Schatzkammer. – Gegen Mitte des 12. Jhs. entsteht im Maastal (Zentrum Lüttich) und am Niederrhein (Zentrum Köln) eine der westlichen →Bauplastik ebenbürtige Metallkunst; neben Werken der G. solche des großformatigen Bronzegusses. Maasgebiet: Wesentliches Anliegen ist die plastisch gerundete Figur. Um 1140 (Hadelinusschrein, Kirche von Visé) zeigt sich eine zeittypische körperhafte Verfestigung von Figur und Raum, die bereits um 1160–80 von einer wieder bewegteren, nun jedoch plastisch substantiellen Bildung der Figuren abgelöst wird (z. B. Retabel aus St. Castor, Koblenz, jetzt Paris, Cluny-Mus.; Heribert-Schrein, Köln-Deutz). In

Golkonda. Blick von der Festung über die Stadtmauer auf die Gräberstadt.

den um 1180 entstehenden Spätwerken (z. B. Evangelisten am Kreuz aus St. Bertin, Omer) schließlich erreicht die Figurenbildung ein ungewöhnliches Maß heftig ausfahrender Bewegtheit, erfüllt von körperlicher Spannung und geistiger Lebendigkeit, die bereits der eben entstehenden got. Skulptur Nordfrankreichs nahesteht und befruchtend auf diese einwirkt (z. B. →Reims). Höhepunkt der mosanen Kunst sind die Werke des →Nikolaus von Verdun. Köln: Charakteristisch sind die linear-zeichnerische Gestaltung mit Hilfe des Grubenschmelzemails (→Email) und eine straffe Architektonisierung der Schreine (Hausform, Zentralbau). Wohl zwischen 1140–65 (nicht endgültig geklärt) entstehen konische Tragaltäre mit Figuren in Grubenschmelzemail (z. B. Tragaltar des →Eilbertus, Welfenschatz). Eindrucksvoller noch sind die großen, häufig mit rein ornamentalem Grubenschmelz verzierten (typisch das spitzzackige Laubwerk) großen Reliquiare (z. B. Kuppelreliquiar Heinrichs des Löwen, Welfenschatz, nach 1173; zwölfeckiges, turmförmiges Reliquiar mit Faltkuppel, Darmstadt, Landesmus.). Daneben findet sich ein drittes Zentrum in Sachsen, das vorwiegend bedeutende großformatige Werke des Bronzegusses hervorbringt. An G.-arbeiten sind die gravierten Tragaltäre des →Rogerus von Helmershausen zu erwähnen. In der Gotik wurde die G. durch Nachahmung von Formen der Architektur und Plastik zum Randgebiet künstlerischen Schaffens, zum reinen Kunstgewerbe. Künstlerische Impulse vermittelte sie nicht. (Siehe Tafel 9 und 10).

Gol Gumbaz →Bidschapur.

Golkonda. Siedlung nahe →Haiderabad/Dekkhan mit den ausgedehnten Ruinen einer Festung und den Gräbern der Qutb-Schahis aus dem 17. Jh., in deren Außen- und Innenarchitektur sich islam. Konstruktionsweise und alt-indische Schmuckfreude zu einer prachtvollen künstlerischen Einheit verbinden. (Abb. S 239).

Goltzius, Hendrik. Niederländ. Maler und Kupferstecher. Geb. 1558 in Mühlbrecht bei Venlo, gest. 1617 in Haarlem. Gegenüber seiner überragenden Bedeutung als Kupferstecher tritt sein malerisches Œuvre deutlich in den Hintergrund. Er ist einer der wichtigsten Wegbereiter des Kupferstichs in den Niederlanden, der hier im 17. Jh. eine reiche Blüte erreichte. Sein virtuoses Können, das er der eigenen Ausbildung der Technik verdankte, stellte er fast ausschließlich in den Dienst der Übertragung von Gemälden anderer Meister in den Kupferstich.
Lit.: E. K. J. Reznicek, Die Zeichnungen von H. G., 2 Bde., 1961.

Gontard, Karl von. Deutscher Architekt. Geb. 1731 in Mannheim, gest. 1791 in Breslau. Nach seinem Studium bei Blondel in Paris war er seit 1756 im Dienst der Markgräfin Wilhelmine von Bayreuth, seit 1764 für Friedrich d. Gr. tätig. – Seine Bauten (Schloß in Bayreuth, 1759–63; sogen. Communs beim Neuen Palais in Potsdam, 1765–69; weitere Bauten in Potsdam und im Park von Sanssouci) sind noch maßgeblich vom ausklingenden Barock bestimmt, zeigen jedoch in verschiedenen Details bereits Elemente des entstehenden Klassizismus.
Lit.: M. Osborn, Kunst des Rokoko, 1929.

Gontscharowa, Nathalie. Russisch-franz. Malerin. Geb. 1881 in Ladygino (Rußland), lebt seit 1914 in Paris. Studierte ab 1898 an der Akademie in Moskau bei dem Bildhauer P. Troubetzkoy, malt seit 1904. Um 1910 wandte sie sich ganz der abstrakten Malerei zu und begründete mit ihrem Gatten M. →Larionow den →Rayonismus. Ihre Arbeiten für das Theater – Dekorationen und Kostümentwürfe – beginnen schon in Rußland und finden ihren Höhepunkt in den Ausstattungen für die Ballette von Diaghilew (darunter für den ,,Coq d'Or" von Rimsky-Korsakow).

Gonzales, Julio. Span. Bildhauer und Maler. Geb. 1876 in Barcelona, gest. 1942 in Arcueil bei Paris. Arbeitete anfangs in der Goldschmiedewerkstatt seines Vaters und besuchte gleichzeitig die Kunstakademie seiner Heimatstadt. 1900 Übersiedlung nach Paris und Bekanntschaft mit →Picasso. Später lernte er →Brancusi kennen, mit dem ihn eine enge Freundschaft verband. Bis 1910 malte er. Dann entstanden die ersten plastischen Versuche. 1927 wendet er sich endgültig der Plastik zu. Über den →Kubismus kam er zum →Konstruktivismus, den er mit Elementen des →Surrealismus verband. Seit 1930 verwandte er als Material fast ausschließlich Eisen, dessen spröde Stofflichkeit seinen Formen entsprach.
Lit.: Knaurs Lex. d. mod. Plastik, 1964; W. Hofmann, Plastik d. 20. Jhs., 1958.

Gop (Pakistan). Dorf d. Halbinsel Kathiawar mit Ruine eines Turmtempels, dessen Architektur und Bildhauerarbeit auf der Grenze zwischen ausgehender Gupta-Zeit u. frühmittelalterl. nordindischem Stil stehen. (Abb. S. 243).

Gopuram. Im südindischen Tempelbezirk ein mehrgeschossiger Torbau, entweder am Haupteingang oder an den Eingängen des viereckigen Heiligtums von den vier Himmelsrichtungen her.

Gor. Andere Bezeichnung für →Firuzabad.

Gorgoneion. Bezeichnung für das schlangenumwobene Haupt der Gorgo als apotropäisches Zeichen. In der griech. Kunst hat es als Schildzeichen vielfach Verwendung gefunden. Die Schutzgottheit der Helden, Athena, trägt das G. als Attribut auf ihrem Brustpanzer.

Gorgos. Griech. Töpfer der attischen Schule, um 500 v. Chr. in Athen tätig. – Seine Signatur ist auf einer vom sogen. ,,Berliner Maler" bemalten rotfigurigen Schale überliefert.

Gorky, Arshile. Türkisch-amerikanischer Maler. Geb. 1905 in Khorkom Vari (Türkei), gest. 1949 durch Selbstmord. Autodidakt, ging 1920 nach Amerika und studierte in den Museen alte und neue Meister. Die ersten Werke lassen Einflüsse von →Cézanne, →Picasso, →Kandinsky und später stark von →Miró erkennen. Von 1930 ab malte er abstrakt und wurde hierin einer der Pioniere der neueren abstrakten Kunst in Amerika.

Gorodischtsche. Bezeichnung für die skythischen Wallburgen im nördlichen Schwarzmeergebiet, die beweisen, daß die →Skythen auch feste Plätze gehabt haben. →Nikopol.
Lit.: K. Schefold, HDA 2, 429.

Gortyn. Frühmykenische Siedlung auf Kreta. Sie gewinnt jedoch erst im 7. Jh. v. Chr. an Bedeutung und erlebt in röm. Zeit als Hauptstadt Kretas eine nochmalige Blüte. Bedeutende Ruinen sind erhalten: ein Odeion, das unter Trajan am Anfang des 2. Jhs. n. Chr. erbaut wurde und in dessen Mauern, die z. T. von einer archaischen →Tholos stammen, das berühmte ,,Recht von Gortyn" aufgeschrieben ist. Hierin wird die Gesellschaftsordnung des 6. Jhs. v. Chr. wiedergegeben. – Auf der Akropolis von G. mehrere Tempelanlagen: Die älteste, die später mehrfach überbaut wurde, geht in das 7. Jh. v. Chr. zurück. – Abseits ein Tempel der Isis und des Sarapis, daneben der Tempel des Apollon Pytheos, der auf einen Plan des 6. Jhs. v. Chr. zurückgeht, jedoch im Hellenismus einen Wiederaufbau erlebt und in röm. Zeit völlig restauriert wird. Von dieser Restauration stammen die erhaltenen Ruinen.
Lit.: Kirsten-Kraiker, Griechenlandkunde, 445 ff., 481 ff., 1962.

Goryt. Bezeichnung für den Köcher der →Skythen, in den zugleich der Bogen gesteckt wurde. Wie der →Akinakes ist der G. oft mit feinen getriebenen Goldblechen verziert. →Skythische Kunst.
Lit.: K. Schefold, HDA 2, 431; K. Jettmar, Steppenvölker, 268.

Gossaert →Mabuse.

Gotarzes. König der →Arsakiden (38–51 n. Chr.). Felsbild bei →Behistun zum Andenken an den Sieg des G. über den aus der Hauptlinie stammenden Prinzen Mihirdates. G., hoch zu Roß, sticht den Gegner vom Pferd. Das Motiv lebt in der →Sasanidenkunst weiter.
Lit.: R. Ghirshman, Iran II, 386; H. H. von der Osten, WP, 294.

Gothart-Neithart →Grünewald.

Gotik. Die auf die →Romanik folgende Stilepoche mittelalterl. Kunst. Ihr Name wurde von →Vasari geprägt. Er betrachtete die Goten als Urheber der für den Renaissancegeschmack barbarischen mittelalterl. Kunst, die auf das goldene Zeitalter der Antike gefolgt sei. Auch nach Berichtigung des historischen Irrtums blieb die Bezeichnung haften. Im Klassizismus wurde ‚gotisch' zum Inbegriff alles Geschmacklosen, Überladenen, Abstrusen. Erst die Romantik mit ihrer neuen Einschätzung mittelalterl. Kunst verwandte den Begriff

Farbtafel 11: *Mittelstück vom Deckel der Limburger Staurothek, um 960 n. Chr; Limburg a. d. Lahn, Domschatz.*

ΙϹ ΧϹ
ΜΡ ΘΥ

ΜΕΓΑΣ

Gotik (aus franz. ‚art gotique') als positive Stilbezeichnung in einem im wesentlichen noch heute gültigen Sinn. Die Begriffsbestimmung geht von der Baukunst aus, die sich eindeutiger als Bildnerei und Malerei dieser Epoche gegen die Kunst der Romanik und der Renaissance abgrenzen läßt. Entstehungsgebiet des Stils ist die Ile-de-France, das franz. Kronland, Entstehungszeit die Regierungszeit König Ludwigs VII. (1137–80), Gründungsbau die von Abt Suger neugeplante Abteikirche →St. Denis bei Paris. Voraussetzungen für die Ausbildung des Stils lieferten vor allem die →Normandie (Kreuzrippenwölbung, Dienste, starke Durchbrechung der Wand, Doppelturmfassade) und →Burgund (Spitzbogen, Doppelturmfassade). Der im Ursprungsgebiet wesentlich an den Bau der großen Kathedralen gebundene Stil entfaltete eine außerordentliche Expansionskraft. Er eroberte ganz Europa und wurde im Anschluß an eine reiche Entwicklung im 16. Jh. durch den →Renaissance-Stil abgelöst. Man unterscheidet Früh-, Hoch- und Spätgotik (im Engl.: →Early English, →Decorated Style, →Perpendicular Style; die Spätgotik wird im Franz. als →Flamboyant bezeichnet). Wesentliche Merkmale der stilgründenden Kathedralen des Kronlandes sind: Beibehaltung der basilikalen Form sowie des Chores mit Umgang und meist Kapellenkranz. Verzicht auf die Krypta zur Gewinnung eines durchlaufenden Bodenniveaus. Vereinheitlichung des Kirchenraums. Geringe Betonung, gelegentlich Fortlassen des Querschiffs. Diaphane Raumstruktur (H. Jantzen): Seitenschiffe und Chorumgang bilden mit ihrem durch die farbigen Glasfenster eindringenden glühenden Dämmerlicht lichthaltige, das gesamte Schiff umhüllende Raumfolien. Die sich ständig steigernde Steilheit der Räume (bis zum Einsturz der Chorgewölbe der Kathedrale von Beauvais; Ende der Hochgotik) wird technisch durch die Verwendung des Spitzbogens ermöglicht, der gleichzeitig eine statische Verbesserung bedeutet. Der über Rippen und Dienste abgeleitete Gewölbeschub wird durch ein kompliziertes Strebesystem aufgefangen. Die Strebepfeiler werden seit Paris, Nôtre Dame (Langhaus), durch offenes Strebewerk, d.h. Strebepfeiler und -bogen, ersetzt, die auf gefährdete Stellen einen Gegendruck ausüben. Dieses System ermöglicht dünne Füllwände, die durch riesige, farbig verglaste Fenster aufgerissen werden. Für die Frühgotik (u.a. →Sens, →Paris, →Laon) kennzeichnend sind 4teiliger Aufriß (Arkade, Empore, Triforium oder Rundfenster, Obergadenfenster) und 6teiliges Gewölbe, das jeweils zwei Joche zusammenfaßt (daher manchmal →Stützenwechsel); für die Hochgotik (u.a. →Chartres, →Reims, →Amiens) der dreiteilige Aufriß ohne Empore und vierteiliges Gewölbe, Verwendung kantonierter Rundpfeiler und Entstehen des Maßwerkes (Reims). Am Außenbau konzentriert sich der sehr reiche plastische Schmuck besonders an den Portalen. Sowohl Westfassade wie Querhausenden sind als Doppelturmfassaden angelegt. Die Türme, deren Helme selten vollendet wurden, steigen oberhalb des rechteckigen Fassadenblocks auf (→Normandie). Das offene Strebewerk macht auch nach außen den gerüsthaften Charakter der got. Kathedrale deutlich. Grundlage der raschen Ausbreitung ist der rege Austausch zwischen den →Bauhütten. Aus denjenigen des Kronlandes gelangen Baumeister und Handwerker ins Ausland, selbst bis nach Schweden. In England setzt die G. schon Ende des 12. Jhs. ein, in Deutschland nach 1220. Beide Länder machen reiche Sonderentwicklungen durch. England wirkt auf die Spätgotik besonders im Dekorativen ein. Deutschland ersetzt die Basilika durch die →Hallenkirche (→Engl. Kunst, →Deutsche Kunst). Italien übernimmt got. Formen nur zögernd unter starker Umformung, besonders durch Beibehaltung roman. Raumgefühls. Schon 1420 wird hier die Gotik durch die →Renaissance abgelöst (→Italien. Kunst). Spanien und die Niederlande bleiben dem franz. Vorbild am engsten verpflichtet (→Span. Kunst, →Niederl. Kunst). Sonderentwicklungen stellen besonders die schmucklos monumentalen →Bettelordenskirchen und die deutsche Backsteingotik dar. Im 14. Jh. setzt die Spätgotik ein. Charakteristisch sind ein Verschleiern der Struktur durch überreiche Zierformen, die im Detail starr werden, Ausbildung reicher Gewölbeformen. Hinzu kommt Vorliebe für kleine Räume und eine Verlagerung der Bauaufgaben. Anstelle von Kathedralen entstehen Pfarrkirchen, Kapellen und Profanbauten. Auch im 16. und 17. Jh. blieben im Norden got. Elemente in der Baukunst erhalten (im deutschen Kirchenbau „Nachgotik" genannt). Schon im 18. Jh., zuerst in England, setzt wieder die Neogotik ein, die ihren Höhepunkt im 19. Jh. erreicht. Die got. Bildnerei entsteht im Verband mit der got. Kathedrale als →Bauplastik am Außenbau, besonders an den Portalen. Gründungswerk ist die Westfassade von →Chartres (Mitte 12. Jh.), die erstmals körperlich gerundete Gewändefiguren vor einen Säulenschaft als Rücklage stellt. Eine Verselbständigung der Figur wird in Senlis durch Einführung des glatten statt des gestuften Gewändes erreicht. Durch Einfluß mittelbyzant. →Elfenbeine des 10. Jhs. tritt seit 1210 an den Westportalen der Kathedrale von →Paris eine Beruhigung der vorher expressiv bewegten Formen ein, entsteht ein klassisch got. Schönheitskanon, der seine vollständigste Verkörperung in →Amiens (nach 1220) erfährt. Hiervon unterscheidet sich die im Ausstrahlungsbereich maasländischer →Goldschmiedekunst gelegene Skulptur in →Reims (1. Hälfte 13. Jh.) mit ihren reichen, lebendigen, sinnlicheren Formen, die volle Körperlichkeit mit idealisierendem Schönheitskanon und physiognomischer Individualisierung verbinden (besonders Heimsuchungsgruppe, Josephsmeister). Schon um 1230 bildet Paris einen preziösen Stil aus: Figuren von fast modischer Eleganz, mit tänzelnder Bewegung, zierlichen Locken, süßem Neigen des Kopfes, verführerischem Lächeln (Kathedrale, 1243–48, Sainte Chapelle), der auch auf Reims einwirkt („lächelnde Engel"). Das franz. got. Figurenportal des frühen 13. Jhs. bringt auch ikonographisch Neues. Anstelle der an roman. Portalen besonders der Pilgerkirchen häufigen eschatologischen Themen bildet es die christliche Heilswelt ab, in deren Mittelpunkt als Verkörperung der Kirche Maria, die neue Eva, steht, der die großen Kathedralen geweiht sind (→Amiens). Die got. Bildnerei Frankreichs hat bis gegen Ende des 13. Jhs. breite Ausstrahlungskraft. Doch trifft sie auf höchst unterschiedlich strukturierte Kunstlandschaften. Am frühesten und engsten schließt sich Spanien an, schon bald nach Mitte des 12. Jhs. (→Span. Kunst). In dem für den Kathedralbau so wichtigen England bleibt Bauplastik die Ausnahme (→Engl. Kunst). In Deutschland ist der Westen, etwa →Straßburg, der franz. got. Plastik nah verbunden. Im übrigen bleibt eine Aufstellung von Bildwerken besonders im Innenraum die Regel (→Bamberg, →Naumburg, auch →Straßburg). Doch bringt die Auseinandersetzung hochbedeutende Werke mittelalterl. deutscher Bildnerei hervor, etwa die Naumburger Stifterfiguren, den Straßburger Engelspfeiler (→Deutsche Kunst). Italien geht eigene Wege: Das Figurenportal findet keine Aufnahme. Befruchtend wirkt die Skulptur der Reimser Stufe besonders auf Giovanni →Pisano und →Arnolfo di Cambio. Doch entstehen vor allem bei letzterem durch direkte Auseinandersetzung mit der Antike Bildwerke, die eine erste Voraussetzung für das Entstehen des Renaissancestils schaffen. Mit dem Beginn des 14. Jhs. nimmt die Körperlichkeit der Figuren ab. Neue seelisch-geistige Inhalte werden gestaltet, z.B. im südwestdeutschen →Andachtsbild, auch in der innigen Mutter-Kind-Beziehung der Madonnenfiguren. Die Skulptur wird intimer, gelegentlich bürgerlicher, löst sich nun langsam aus der architektonischen Bindung. Künstlerische Zentren werden die Höfe. Ein neuer Realismus zeigt

Farbtafel 12: *Großadmiral Apokaukos aus dem Hypokrates-Manuskript, um 1342; Paris, Bibl. Nat.*

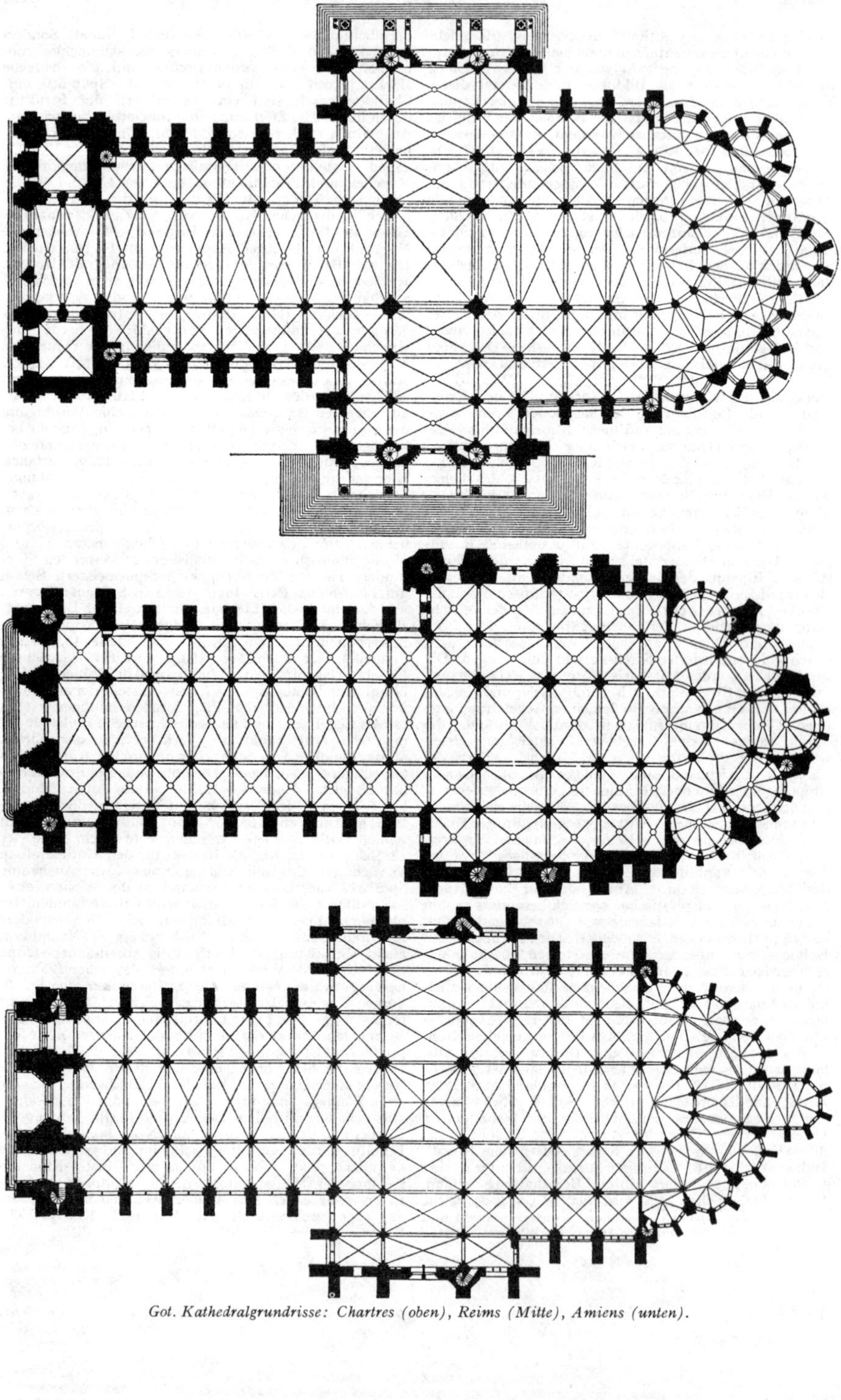

Got. Kathedralgrundrisse: Chartres (oben), Reims (Mitte), Amiens (unten).

sich in der 2. Hälfte des 14. Jhs., besonders in der Kunst des Claus →Sluter und des Peter →Parler. Der um 1400 im Umkreis der franz. Höfe entstehende Stil der internationalen Gotik, in Deutschland →‚Weicher Stil' genannt (A. →Beauneveu), bringt mit seinen preziösen, höfisch-verfeinerten Formen nochmals eine gesamteuropäische Geltung got. Empfindens und got. Formkultur. Schon um 1420 entsteht in →Florenz die Renaissance (→ Donatello), während der Norden bis um 1500 got. bleibt und besonders in Deutschland mit Künstlern wie Veit →Stoß, →Riemenschneider und → Pacher Ende des 15. Jhs. einen letzten Höhepunkt erreicht. Die Malerei tritt im Norden während des 13. Jhs. in ihrer Bedeutung gegenüber Baukunst und Plastik zurück. Wichtigstes Gebiet ist die →Glasmalerei, für die die riesigen Fensterflächen der Kathedralen einmalige Bedingungen schufen. Erhalten hat sich außer in → Chartres nur weniges. Seit Mitte des 13. Jhs. entwickelt sich in Frankreich eine höfisch bestimmte bedeutende →Miniaturmalerei (vorwiegend Künstler niederländischer Herkunft), die die Grundlagen für die Anfang des 15. Jhs. sich entwickelnde niederländische →Tafelmalerei schafft. Italien bildet wieder eine Ausnahme. Got. Einfluß bleibt gering, findet sich besonders in Siena (Simone →Martini). Die Beibehaltung geschlossener Wandflächen ermöglicht in Fortsetzung älterer Traditionen eine bedeutende Wandmalerei. Wichtig sind besonders →Giotto und seine Schule. Auch hier ist die Überwindung byzant. Maltradition durch →Giotto erster Meilenstein der Renaissancemalerei. Außerdem existiert in Italien eine bedeutende Tafelmalerei, die befruchtend auf den Norden wirkt (Schule von →Avignon). Im 15. Jh. gewinnt dann die besonders in Italien und den Niederlanden rasch sich ausbreitende Malerei die Führung vor der Bildnerei. (Siehe Farbtafel 14 u. 22 und Tafel 11, 12, 13, 14 u. 16).

Lit.: H. Sedlmayr, Die Entstehung der Kathedrale, 1950; H. Jantzen, Die G. des Abendlandes, 1962; W. Sauerländer, Die Skulptur des Mittelalters, Ullstein-Kunstgeschichte XI, 1963; J. Dupont u. C. Gnudi, Gotische Malerei, 1954; P. Frankl, Gothic Architecture, Pelican History of Art, 1962; L. Schreiner, Die frühgotische Plastik Südwestfrankreichs, 1963; P. Frankl, The Gothic, Literary sources and interpretations through eight centuries, 1960.

Gop. Terrasse und Ruine des Tempels.

Gotischer Schwung. Im 13. Jh. vorbereitetes, im 14. Jh. sich durchsetzendes Kompositionsprinzip got. Plastik. Im Gegensatz zur gleichgewichtigen Verteilung des Kräftespiels, wie es der →Kontrapost anstrebte, werden bei dem G. die aufsteigenden Richtungskräfte einseitig betont. Deutlich wird dies, wenn z.B. bei einer Gestalt die Schulter über dem Spielbein höher gezogen wird als die Standbeinschulter. Daraus ergibt sich für den Gesamtverlauf der Plastik eine S-förmige Linie, auf die die Bezeichnung G. zurückgeht.

Gouachemalerei →Guaschmalerei.

F. de Goya, Majas auf dem Balkon (New York, Metropolitan Mus. of Art).

Goujon, Jean. Franz. Bildhauer und Architekt. Geb. um 1510, gest. um 1564–68 in Bologna. Einer der bedeutendsten Meister der franz. Renaissance. Ausgehend von italien. Renaissance, verband er diese Anregungen mit eigenen Formvorstellungen, die ihn zu eleganter Kompositionsweise brachten. Er war in verschiedenen Orten Frankreichs tätig, hauptsächlich in Paris, und ließ sich 1562 in Bologna nieder. – Sein Hauptwerk war die dekorative Ausgestaltung des Louvrebaues von →Lescot und eine ursprünglich als Brunnenplastik für Schloß Anet (heute Paris, Louvre) geschaffene Gruppe der nackten ruhenden Diana, von Hirsch und Hunden umgeben. – Charakteristisch für seinen Stil sind die sensible Modellierung und die eleganten, langgestreckten Proportionen seiner Gestalten.

Lit.: P. du Colombier, J.G., 1949.

Govardhan. Hofmaler Anfang des 17. Jhs. unter dem Mogulkaiser →Dschahangir, besonders als Portraitist (Miniaturen) bekannt geworden, die jetzt in Alben von Museen und Bibliotheken in Berlin, Dublin, London, Paris usw. aufbewahrt werden.

Lit.: Kühnel, Buchmalereien, 46.

Goya, Francisco de. Span. Maler und Graphiker. Geb. 1746 in Fuendetodos (b. Saragossa), gest. 1828 in Bordeaux. War um 1766 Schüler von Bayen in Madrid, seinem Haupttätigkeitsort, wo er für die Teppichmanufaktur arbeitete, Direktor der Malerakademie und ab 1798 Hofmaler war. G. war neben →Velasquez bis in das 20. Jh. der bedeutendste span. Maler, vielseitig und wandlungsfähig. – Die Werke G.s können in zwei Epochen gesehen werden. Am Anfang, etwa 1771–94 ist er ein Maler des späten Rokoko, der das Leben als galantes Spiel dar-

stellt, dabei aber immer auch hinwies auf die Vergänglichkeit des Vergnüglichen. Er wirkte in jener Zeit vielfach als Zeichner für die Teppichmanufaktur (Spaziergang in Andalusien, 1777; Wasserträgerinnen, 1787, beides Madrid, Prado). Der Einfluß →Mengs und →Tiepolos tritt farblich vor. – In eigener Entwicklung, an der Schulung von →Velasquez, →Rembrandt und der alten Niederländer wie H. →Bosch findet G. den Weg zu einem romantischen, oft impressionistischen Ausdruck, dem seine bedeutendsten Werke angehören. G. wurde als hervorragender Portraitist Hofmaler und scheute sich nicht, in fast brutaler Unverhülltheit die Portraits der königlichen Familie (Karl IV. mit Familie, 1800, Madrid, Prado) in unmittelbarer, spannender Eindringlichkeit und auch abstoßender Häßlichkeit zu geben. In den Bildern ,,Die nackte Maja" und ,,Die bekleidete Maja" (1800–02, beide Madrid, Prado) hat G. die gesellschaftlichen Schwächen getroffen: die nackte Maja steht nicht mehr in der Tradition der ruhenden Venus. Mehr und mehr kommt nun auch das andere, ungraziöse Gesicht G.s zum Vorschein, mit dem er das Dämonische, die Grausamkeiten, die Bosheiten und die Hintergründigkeiten der Menschen entlarvt. Äußerer Anlaß dieser Arbeiten ist seine innere Teilnahme am Freiheitskrieg des span. Volkes gegen Napoleon, dem er mit der ,,Erschießung der Aufständischen in Madrid" (1809, ebda. Prado) ein Denkmal gesetzt hat, dessen Elend er aber auch schildert in der Folge ,,Desastres de la Guerra" (1808–15, 82 Radierungen), in einer von der Überlieferung des 18. Jhs. unabhängigen Form, die höchstens in →Callot ihren Vorläufer hat. Daneben sind die Radierfolgen ,,Caprichos" (1796–98, 80 Aquatintablätter), ,,Tauromatiqua" (1815, 33 Radierungen) und ,,Disparates" (Proverbios, 1815/1850, 15 Blätter) entstanden. In diesen Blättern betonte G. durch die Verwendung der Aquatintatechnik besonders dämonische Effekte, die im ganzen 19. Jh. Nachahmer fanden.
Lit.: V. v. Loga, F. de G., 1921; ders., F. de G. (Meister der Graphik), 1923; M. Raynal, De Goya à Gauguin, 1951 (mit Bibliographie); L. Goldscheider, F. d. G., 1938.

Goyen, Jan van. Holländischer Maler. Geb. 1596 in Leiden, gest. 1656 in Den Haag. Lernte bei Gerritz und war anschließend im Atelier van de →Veldes in Haarlem tätig, der ihn nachhaltig beeinflußte. Selbständig arbeitete er in Leiden und später in Den Haag. Nachdem er sich vom Einfluß van de Veldes befreit hatte, entwickelte er

J. van Goyen,, ,,Landschaft mit Hirten" (Amsterdam, Reichsmus.).

sich neben →Ruisdael zum bedeutendsten holländischen Landschaftsmaler seiner Zeit. Seine Themen fand er in der Küsten-, Dünen- und Flußlandschaft seiner Heimat, die er anfangs mit klaren Lokalfarben, seit 1627 zunehmend mit monoton graubrauner und gelbbrauner Palette malte. Summarische Darstellung des Details und eine starke Betonung des athmosphärisch Stimmungshaften kennzeichnen seine Werke. Knorrige Bäume, der Landschaft sich anschmiegende Häuser und genrehafte Figurenstaffage beleben häufig seine Landschaftsbilder.
Lit.: H. Volhard, Die Grundtypen der Landschaftsbilder J. van G.s und ihre Entwicklung, 1927; W. Bernt, Die niederl. Maler des 17. Jhs., 1948.

Gozzoli, Benozzo. Italien. Maler. Geb. 1420, gest. 1497. Als Schüler von →Fra Angelico zählte er zur Florentiner Schule. In seiner Malerei mischen sich got. Traditionen und ein neuer, stark farbiger Realismus. G. schuf hauptsächlich Fresken, in die er u. a. Szenen aus dem Leben seiner Zeit einflocht. Hauptwerke: ,,Zug der hl. drei Könige", Florenz, Kapelle im Pal. Medici-Riccardi, 1459–60; Freskenzyklus mit Szenen aus dem Leben des hl. Augustinus, S. Gimignano, S. Agostino, 1663–67; Fresken mit Szenen aus dem alten Testament, Pisa, Camposanto, 1468–84.
Lit.: P. Bargellini, La fiaba pittorica di B. G., 1946.

Grab. →Epitaph, →Grabmal, →Grabstele, →Heiliges Grab, →Imamzadeh, →Kenotaph, →Kuppelgrab, →Mausoleum, →Pyramide, →Sarkophag, →Schachtgrab, →Türbe, →Tumba, →Tumulusgrab.

Grabendach. Charakteristische Dachform, die sich vor allem an Häusern des 16. und 17. Jhs. in Salzburg und seiner Umgebung findet. Dabei wird das Dach in eine Reihe kleiner Giebeldächer aufgeteilt, die an der Fassadenseite durch eine hochgezogene, horizontal verlaufende Mauer verdeckt werden.

Grabgrotten. Spätsteinzeitliche, künstliche Grabhöhlen im Marnegebiet (Frankreich).

Grabkapelle. Eine isoliert auf dem Friedhof stehende Kapelle. Im Mittelalter ist sie meist rund oder polygonal und dem hl. Michael geweiht (→Erzengel).

Grablegung Christi. Zugrunde liegen knappe Evangelienberichte. Im Johannesevangelium wird erwähnt, daß Joseph v. Arimathia den Leichnam Christi in ein Tuch gehüllt und in einem neuen Felsengrab am Fuß des Golgathahügels beigesetzt habe. Matthäus nennt ferner die Mithilfe des Nikodemus, Markus und Lukas die Begleitung von Frauen aus Galiläa. In Miniaturen der Schule von →Reichenau (z. B. Codex Egberti) finden sich die frühesten abendländischen Darstellungen: Joseph und Nikodemus betten Christus in einen Sarkophag. Miniaturen des 13. Jhs. fügen Maria und Johannes hinzu, die nicht in der Bibel erwähnt sind. Wie die vielfach verwandten Darstellungsinhalte des →Andachtsbildes wird die Schilderung der G. im späteren Mittelalter besonders häufig. Durch Maria Magdalena und zwei heilige Frauen erweitert sich die Zahl der Figuren auf 7. Folgende Varianten der Darstellung bilden die Regel: Grablegung, Grabtragung, →Heiliges Grab.
Lit.: G. Simon, Die Ikonographie der G. vom 9. bis 16. Jh., 1926; L. Réau, Iconographie de l'Art Chrétienne, 1955–59.

Grabmal (→Grab). Mittelalterl. G.kunst entfaltete sich im Raum der Kirche. Ursprünglich gab es nur das meist in der Krypta gelegene Heiligen- oder Märtyrergrab. Die der Antike entlehnte Form des Sarkophages erfüllte hier gleichzeitig die Funktion des Grabes, des Grabmals und des Altars. Später wurde die Bestattung hoher geistlicher und weltlicher Würdenträger und die Errichtung über der Grabstelle gelegener G.er innerhalb der Kirche zugelassen, anfangs nur in Krypta und Chor, später im gesamten Kirchenraum. Manche Kirche ist vor allem als würdige Grablege für ihren oft kaiserlichen Stifter und dessen Familie gegründet worden (z. B. →Speyer, →Magdeburg). Früheste profane G.form ist die Grabplatte aus Stein oder Metall, wohl meist als Deckplatte gedacht, auch oberhalb des Grabes in der Kirchenwand eingelassen. Künstlerisch interessant wird sie erst, seit sie das Reliefbild des Verstorbenen zeigt (Mitte des 11. Jhs.). Für die ersten franz. Grabplatten ist Einfluß gallisch-röm. Stelenplastik nachgewiesen. Von höchster künstlerischer und technischer Vollendung sind die frühen deutschen Bronzegrabplatten, die in bedeutenden Metallwerkstätten entstanden und anregend auf die franz. G.er mit der Darstellung des Verstorbenen im 12. und 13. Jh. einwirkten. Im 13. und 14. Jh. tragen die Grabplatten vorwiegend Ritzzeichnung, um den Kirchenboden begehbar zu halten. Früheste erhaltene reliefierte Grabplatten: Grabmal des als Toter charakterisierten Abtes Isarn (gest. 1048) in St. Victor, Marseille, bei dem der Körper bis auf Kopf und Füße von einer Inschriftplatte verdeckt ist; G. des mit offenen Augen dargestellten Gegenkönigs Rudolf v. Schwaben (gest. 1080) im Merseburger Dom. Seit dem 13. Jh. ist die wichtigste G.form die Tumba, bestehend aus Sockel, leerem Kasten und flacher Deckplatte, welche meist die Liegefigur des Verstorbenen trägt, anfangs als Relief,

Grabmal des Jörg Truchseß von Waldburg, gest. 1467 (Waldsee, Stiftskirche).

seit dem 14. Jh. meist vollplastisch gebildet (z. B. Przemysliden-Gräber der →Parler-Werkstatt, Prager Dom). Material der Tumba ist Stein, im Spätmittelalter auch Bronze (Entstehung vielleicht im Zusammenhang mit dem Kastenaltar, Verbindungsglied wäre das Heiligengrab). In got. Zeit wird sie gelegentlich unter ein Ciborium gestellt: Ciboriengrabmal. Sie wird auch als Pleuranten- oder Klagetumba ausgebildet, an deren Wänden unter Arkaden der Trauerzug dargestellt ist (Vorformen vielleicht in ägypt. und griech. Sarkophagen mit Trauerfiguren). Frühestes erhaltenes Beispiel: G. des Louis de France (1260), aus Royaumont, jetzt St. Denis. Bedeutendste Ausformung um 1400 durch Claus →Sluter in Dijon und seine Nachfolge. Neben den Heiligengräbern wirkten auch die Reliquienschreine (→Goldschmiedekunst) befruchtend auf die Ausbildung von G.typen: Schreingrabmal (z. B. G. des Bischofs Ulger, gest. 1149), Kathedrale von Angers; Goldschmiedearbeit wohl Limoger Herkunft; das seltene Gehäusegrabmal, bei dem die im Innern ruhende Liegefigur sichtbar ist (z. B. Grabmal Heinrichs I. v. Champagne, gest. 1180, St. Etienne, Troyes). Platzmangel führte zur Entwicklung von Wandnischengrabmälern, die besonders in Italien weit verbreitet waren und den Toten auch sitzend oder kniend zeigen. Der gegen Ende des 14. Jhs. in Deutschland aufkommende →Epitaph ist ein Erinnerungsmal, kein G. Der Verstorbene wird im Früh- und Hochmittelalter fast ausschließlich mit offenen Augen, in der Blüte seiner Jahre (im Todesalter Christi als 33 jähriger), in einer zwischen Stehen und Liegen unentschiedenen Form dargestellt. Es handelt sich um ein Idealbildnis ohne Ähnlichkeitsanspruch (→Bildnis). Nur im südwestlichen Frankreich (z. B. Plantagenetgräber in Fontevrault, Anfang des 13. Jhs., die die Verstorbenen aufgebahrt zeigen) und in Italien (→Arnolfo di Cambio) wird er auch als Toter charakterisiert. Damit ergibt sich eine Annäherung an das Bildnis, die sich im Norden erst seit dem 14. Jh. findet; ist doch die Grabmalsfigur eine der Vorstufen für die Entstehung des Portraits. Die frühesten künstlerisch bedeutenden G.er mit dem Reliefbild des Verstorbenen entstehen in Deutschland seit Ende des 11. Jhs. In Frankreich mehren sich die Beispiele erst im 12. und 13. Jh., doch werden hier nun zahlreiche G.-Typen entwickelt, die einen monumentalen tektonischen Aufbau zeigen. Bedeutendstes erhaltenes Beispiel franz. G.kunst ist die königliche Grablege im Chor von St. Denis. In England wurde die Grabfigur zur wichtigsten Form plastischen Schaffens überhaupt (→Engl. Kunst). In Italien wirkten franz. Anregungen befruchtend. Eine breitere Produktion setzte erst seit Anfang des 13. Jhs. ein. Hauptform ist das Wandnischen-G. Die Interpretation des G.s als Ruhmesmal, die auch in den frühen Formen mitsprach, zeigt sich besonders deutlich in den reichen Aufbauten der →Skaligergräber in Verona, die erstmals eine Verbindung von Reiterstandbild und G. schaffen. Für das Spätmittelalter sind eine immer aufwendigere Ausführung und eine wirklichkeitsnähere, bildnishaftere Bildung der Grabfigur kennzeichnend.

Lit.: E. Borgwardt, Die Typen des mittelalterl. G.s in Deutschland, Diss. Freiburg i. Br. 1939; W. Franzius, Das mittelalterl. G. in Frankreich, die G.stypen im 12. und 13. Jh., ungedruckte Diss. Tübingen 1955; D. Jalabert, Le tombeau gotique, Revue de l'art ancien et moderne 1932/33; H. Keller, Die Entstehung des Bildnisses am Ende des Hochmittelalters, Röm. Jb. f. Kunstgeschichte, 1939; H. Schrade, Zur Frühgeschichte der mittelalterlichen Monumentalplastik, 33 ff., 1957.

Grabstele. Eine →Stele, die – häufig mit Inschriften und Relief (seltener Malerei) verziert – in verschiedenen Kulturen die Gräber bezeichnet. Von größter kunstgeschichtlicher Bedeutung sind die G.n in der griech. Kunst. Hier wurden sie bereits in archaischer Zeit entwickelt (z. B. →Aristionstele). In klassischer Zeit tritt die G. an Stelle des →Kuros. Ihre eigentliche Blüte erlebt die griech. G.n-Kunst im 4. Jh. v. Chr. In dichter Überlieferung läßt sich die Entwicklung der griech. Reliefkunst an diesen Monumenten ablesen. In der Regel ist der oder die Verstorbene sitzend dargestellt, während ein Angehöriger oder eine Dienerin gegenüber stehend angeordnet wird. Zeigen die G.n der ersten Hälfte des 4. Jhs. v. Chr. meist 2 Figuren, so wird diese Gruppe in der zweiten Hälfte des 4. Jhs. v. Chr. meist durch eine dritte Gestalt bereichert. – In verwandter Art finden sich G.n in fränkischer Zeit, 7./8. Jh. n. Chr. (→Völkerwanderungszeit); als Beispiel sei die G. mit phallischer Darstellung eines Verstorbenen aus Bonn (Kalkstein, Höhe 42 cm) genannt: es ist ein pilasterartiger Block, ab unterem Ende gebrochen. Die Schauseite zeigt eine stilisierte menschliche Gestalt, die in eine Art Nische gepreßt ist. Zwei kleine Diagonalkreuze auf der Brust weisen den Toten möglicherweise als Christen aus. Ein Phallus als Zeichen der Lebenskraft ist überbetont herausgearbeitet.

Grabstichel. Werkzeug des →Kupferstichs, mit dem die Linien der Zeichnung in die Platte gestochen werden. Der G. besteht aus einem an der Spitze abgeschrägten Vierkantstahl und einem Griff. Die mit diesem Instrument entwickelte Technik ist die älteste des Kupferstichs und wird G.manier (auch Linienmanier) genannt.

Gracanica (Klosterkirche). 1313–1315 erbaut. Diese serbische Kirche ist von verschiedenen Seiten beeinflußt. Zunächst Einwirkung der griechischen Architektur, vor allem Salonikis. Die klassische Kreuzkuppelkirche wird mehr malerisch gestaltet durch starke Auflockerung der Baumassen, ebenso durch eine farbige Behandlung der Wände. Daneben stark got. Tendenzen. Die Hauptkuppel zeigt einen ausgesprochenen Vertikaldrang. Dieses Aufwärtsstreben wird noch dadurch gefördert, daß die Nebenkuppeln nur bis zum unteren Rand der Hauptkuppel emporgeführt werden. Im Innern überhöhte Pfeiler. Auch Spitzbogenformen kommen vor. Bedeutsames Gemälde: Die Erweckung des Lazarus (1320).

Grado. Ursprünglich nicht mehr als ein Bestandteil der ausgedehnten Hafenanlage von →Aquileja. Mit dem Niedergang Aquilejas, das durch den Hunneneinfall stark mitgenommen wurde, steigt die Bedeutung G.s vom 6.–10. Jh. immer mehr. Beim Einfall der Langobarden in das Gebiet von Aquileja (568) verlegt der Patriarch Paulinus seinen Wohnsitz nach G. Um 570 wird G. Metropole Neuveneziens. Der bedeutende Bischof Helios (571–586) erbaut den Dom, der durch spätere Restaurierung viel von seiner ursprünglichen Schönheit verloren hat. In ihm befinden sich erhebliche Reste des Mosaikfußbodens mit den Namen frommer Stifter aus dem 6. Jh. Ein Oratorium unter dem Dom, das wieder ausgegraben ist, enthält ein interessantes Fußbodenmosaik von einem bekehrten Juden (4. Jh.) Auch in der Apsis der Kirche interessante Fußbodenmosaike, ebenso im sogen. →Diakonikon, dem Empfangsraum des Bischofs. Eine Inschrift weist ausdrücklich auf Bischof Helios hin. Am Ende des linken Schiffes Zugang zu einer Trichora. Im Domschatz zwei silberne Reliquienkapseln (5. Jh.). Die Taufkirche aus dem 5. Jh. bietet, abgesehen von ihrem Alter, nichts Sehenswertes. Die dreischiffige Kirche S. Maria in G. geht auf das 5. Jh. zurück. Aus dieser Zeit im rechten Seitenschiff noch Mosaiken mit Stifterfiguren. Auf der Piazza della Vittoria bei Fortino befindet sich ein Ausgrabungsgebiet. Zwei Kirchen aus dem 4. oder 5. Jh. werden hier mit ihren Resten wieder ans Tageslicht gebracht.

Graduale (lat. Stufengesang). Eines der liturgischen Bücher in der katholischen Kirche. In ihm befinden sich die gesungenen Teile der Messe. Speziell wird der Name G. auf den Gesang einiger Psalmenverse nach Verlesung der Epistel bezogen.

Grächwil-Meikirch im Kanton Bern (Schweiz). Fundort einer Hydria, eines im großgriech. Raum gefertigten und als Beigabe in einem Fürstengrabhügel des Schweizer Mittellandes gefundenen Bronzegefäßes. Die gegossene Attache stellt die „Herrin der Tiere" dar. 6. Jh. v. Chr.

Graeco-ägypt. Kunst. Vereinzelte Versuche der frühen →Ptolemäer-Zeit zeigen das Bestreben, ägypt. und griech. Formen miteinander zu verschmelzen, ohne daß es hierbei jedoch zu einer fruchtbaren Synthese gekommen ist. Monumente dieser Art werden unter dem Begriff G. zusammengefaßt.

Graeco-buddhistische Kunst. Bezeichnung für die Kunst von Gandhara, deren Werke einen Mischstil von griech.-hellenistischen und indischen Elementen zeigen.

Graeco-italienische Schule. Eine Anzahl von Bildern griech. Künstler in Italien, meistens aus dem 16. und 17. Jh., führt man auf die G. zurück. Im Verhältnis zur →kretischen Malschule liebt sie dunklere Farbgebung, ist auch weicher in der Pinselführung, arbeitet mit Licht- und Schattenwirkung, vermeidet dabei den Aufsatz von Glanzlichtern. Sie betont das Gefühl und ist weniger vergeistigt.

Graf, Urs. Schweizer Goldschmied, Maler und Graphiker. Geb. um 1485 in Solothurn, gest. 1527 in Basel (?). Im Mittelpunkt seines Schaffens stehen Zeichnung und Graphik. Neben Kupferstichen sind Entwürfe für Glasbilder und Holzschnitte von ihm bekannt. Auch die früheste bekannte Radierung geht auf ihn zurück. – Durch eigene Erfahrung mit dem Leben der Landsknechte vertraut, findet er hierin die bestimmende Thematik seiner Werke.
Lit.: E. Major und E. Gradmann, U. G., 1942; P. Ganz, Geschichte der Kunst in der Schweiz, 1960.

Graff, Anton. Schweizer Maler. Geb. 1736 in Winterthur, gest. 1813 in Dresden, wo er seit 1766 hauptsächlich tätig war, nachdem er zuvor in Augsburg arbeitete. Stilistisch steht er an der Wende vom Rokoko zum biedermeierlichen Klassizismus. Er arbeitete ausschließlich als Portraitist und überlieferte in meisterhafter technischer Ausführung und lebensnaher Frische Bildnisse zahlreicher berühmter Männer seiner Zeit, u. a. von Herder, Lessing, Schiller. Außerdem zahlreiche Selbstportraits.
Lit.: O. Waser, A. G., 1926; B. Becker, Zur Portraitkunst A. G. s, Diss. Göttingen, 1949.

Graffito (italien. = Schraffierung). Inschriften oder bildliche Darstellungen, die in unbeholfener Weise in Wände oder Steine eingekratzt sind. – Auch künstlerisch gestaltete (figürlich oder ornamental) Marmorfliesen werden G. genannt.

Urs Graf, „Der Bannerträger", Holzschnitt.

Gral, Becher des heiligen. Berühmte Schale aus dunkelgrünem Glas (Genua, Domschatz), die 1102 von Kreuzfahrern aus Caesarea nach Genua gebracht wurde. Das Stück stammt wahrscheinlich aus einer syrischen Werkstatt.

Gran, Daniel. Österreichischer Maler. Geb. 1694, gest. 1757. Nach seiner Ausbildung in Wien und Italien war er hauptsächlich als Freskomaler in Wien tätig. G. zeigt sich in seinen Hauptwerken, den Deckenfresken im Palais Schwarzenberg (1724–28), der Wiener Hofbibliothek (1730) und des Kaisersaales in Klosterneuburg als einer der bedeutendsten Freskomaler des österreichischen Barock.
Lit.: Thieme-Becker.

Granada. 1)→Alhambra. – **2)** Palast Karls V. 1526 von Pedro Machuca begonnen, aber niemals vollendet. Der mächtige, runde, von Kolonnaden umschlossene Innenhof und die 63 m lange Fassade erinnern an Raffaels Villa Madonna und ist somit ein Beispiel für die frühe Aufnahme des manieristischen Klassizismus. – **3)** Kathedrale. 1532 nach Entwürfen von Enrique de Egas begonnen, später von Diego de Siloe weitergeführt. Die W-Fassade entstand 1667; vollendet war der Bau erst im 18. Jh. Der Grundriß der Kirche zeigt die Verbindung eines fünfschiffigen Langhauses mit der Capilla mayor, die von Umgang und Kapellenkranz umgeben ist. Die Verbindung des Zentralbaues – die kuppelgekrönte, 47 m hohe oktogonale Capilla mayor – mit dem Langhaus wird durch einen Triumphbogen hergestellt. Im Inneren der Kathedrale bietet das von Bada 1741–92 errichtete Trascoro die ausschweifenden und phantastischen Formen des sogen. →Churriguerismus. – **4)** Karthause. Sie wurde 1727–64 von L. de Valo und F. Manuel Vasquez erbaut. Hier hat sich die dumpfe Schwere des Churriguerismus schon etwas gelockert. Das Ornament hebt sich vom glatten Fond ab; es konzentriert sich auf die Pfeiler, die es zu aufwuchernden organischen Gebilden umdeutet, und auf die Gewölbestreifen. Wo es zurückweicht, umziehen Gesimse wie rieselnde Wellensäume die Wände. Die unmittelbare Anregung für dieses Schnörkel- und Volutengewucher muß die alte Kunst Mittel- und Südamerikas gegeben haben. (Siehe Tafel 27).

Lit.: Wasmuths Lex. der Baukunst, Bd. II, 1930; N. Pevsner, Europäische Architektur, 1957; Busch und Lohse, Baukunst des Barock in Europa, 1961.

Granatapfelmuster. Muster in Samt oder Seidenstoffen, gebildet aus dem sich ständig wiederholenden Motiv eines von einem großen fünf- bis neunlappigen Blatt unterlegten Granatapfels oder Pinienzapfens. Das G. stammt aus dem Orient und wird in Europa vom 15.–17. Jh. zuerst in Italien, später vor allem in Burgund verwendet.

Granierstahl. Werkzeug des →Kupferstichs, mit dem die Platte in der Mezzotinto (Schwarze Kunst) genannten Technik präpariert wird. Dabei wird die Platte mit dem bogenförmigen Stahlinstrument gleichmäßig aufgerauht. Mit einem Schabeisen werden anschließend die im Druck hell erscheinenden Flächen glattgeschabt. Dieses Verfahren bot die Möglichkeit, tonige Übergänge zu erreichen.

Granulation, auch Granulierung, Verzierung von Metallarbeiten durch aufgeschmolzene Goldkörner.

Graphik. Sammelbegriff für die in vervielfältigbaren Techniken hergestellten zeichnerischen Künste, wie →Holzschnitt, →Kupferstich und →Lithographie.

Graphis. Griffel zum Zeichnen.

Graphitierung. Schwärzung der Oberfläche bei vorgeschichtlicher →Keramik durch Beimischung von Graphit oder Graphitüberzug, manchmal auch als Ziermuster.

Gratgewölbe →Kreuzgewölbe.

Gravettien (auch Spät-Périgordien oder Spät-Aurignacien). Abschnitt der →Älteren Steinzeit mit Verbreitungs-Schwerpunkt im O Europas. Zum G. gehören →Frauenstatuetten und →Tierplastiken, hinzu kommt eine Vorliebe für geometrische Ornamentik.

Gravierung. Seit der →Bronzezeit bekannte Technik, Metall zu verzieren.Dabei wird der Dekor mit einem Stift in das Metall eingeritzt. – Auch Steinplatten können mit G. geschmückt werden. So z.B. häufig im Zusammenhang mit megalithischen Anlagen der →Jüngeren Steinzeit und der Bronzezeit.

Greco, El (eigentlich Domenico Theotocopuli). Span. Maler griech. Herkunft. Geb. um 1541 auf Kreta, gest. 1614 in Toledo. 1566 kam er nach Venedig und wurde dort Schüler →Tizians, nachdem er bereits in seiner Heimat die byzant. Maltradition kennengelernt hatte. Während seines Italienaufenthaltes studierte er vor allem die Werke der venezianischen Meister wie →Tintoretto und →Veronese, die ihn, wie auch sein Lehrer Tizian, anfangs stark beeinflußten. 1570 reiste er nach Rom und begegnete dort den Werken →Michelangelos und →Raffaels. Wohl noch im gleichen Jahr kam er nach Spanien und ließ sich 1577 in Toledo nieder. Hier entwickelte er in religiösen Bildern den ihm eigentümlichen Stil einer äußersten Steigerung manieristischer Barockmalerei durch die Verwandlung italien. Renaissanceformen, die er mit gewissen Byzantinismen verband, zu ekstatischen Visionen von eindringlichster Leuchtkraft und Plastizität. Charakteristisch ist die erregte Verzückung seiner überschlanken Gestalten. Nachdem er in frühen Werken in Toledo („Mariae Himmelfahrt", 1577–79, Chicago, Art Inst.; „Anbetung der Hirten", 1578; „Auferstehung Christi", 1577, Toledo) zu seinen Aussagemöglichkeiten gefunden hatte, arbeitete er um 1580 für Philipp II. im Escorial und kehrte anschließend nach Toledo zurück. In der Folgezeit steigerte er seinen Stil zu tiefster Verinnerlichung, geformt von einer durch Exerzitien vertieften religiösen Inbrunst. Höhepunkt dieser Phase ist sein berühmtestes Werk: „Begräbnis des Grafen Orgaz" (1586, Toledo, S. Tomé). – In der nun folgenden Zeit seiner reifen Werke entstanden Bilder wie „Taufe Christi", „Kreuzigung Christi", „Auferstehung Christi" (1597–1600, Madrid, Prado), „Heilige Familie" (um 1590 bis 1598, Toledo, S. Juan Bautista). – Visionäre Landschaften und vergeistigte Portraits von einmaliger Eindringlichkeit gehören zu seinem Spätwerk („Ansichten von Toledo", Toledo, Mus. Greco; „Kardinal Tavera", Toledo, Hospital de Afuera; „Selbstbildnis", New York, Metropolitan Mus. of Art).

Lit.: H. Kehrer. G. als Gestalt des Manierismus, 1939; Chr. Zervos, Les œuvres de G. en Espagne, 1939; A. L. Mayer, Dominico Theotocopuli El G. Kritisches und illustriertes Gesamtverzeichnis; P. Guinard, G., 1956; H. Kehrer, G. in Toledo, 1960; H. E. Wethey, El G. and his school, 2 Bde., 1962.

Greef, Jan de. Holländischer Architekt. Geb. 1784 in Dordrecht, gest. 1834 in Amsterdam. Studierte mit einem königlichen Stipendium in Paris an der Ecole des Beaux-Arts, wo er 1809 Schüler von Le Bas war. Anschließend reiste er durch Italien. Nach seiner Rückkehr erhielt er eine öffentliche Anstellung in Rotterdam, seit 1816 in Den Haag und später als Stadtarchitekt in Amsterdam. Werke: Königliches Sommerschloß Soestdijk, eine Schloßanlage im Palladiostil mit engl. Einflüssen; Umbau des Schlosses im Haag (1814–21) gemeinsam mit B. W. Ziesenis.

Lit.: Thieme-Becker.

El Greco, „Salvator Mundi", um 1600 (Edinburgh, Nat. Gall.).

Gremiale. Seidenes Tuch, das der Bischof, sofern er die Pontifikalmesse (einfache Messe) sitzend hält, über dem Schoß liegen hat.

Greuze, Jean Baptiste. Franz. Maler. Geb. 1725 in Tournus, gest. 1805 in Paris, wo er, bis auf einen Aufenthalt in Rom, auch meist tätig war. Im Zentrum seines Schaffens steht das bürgerliche Genre, mit dem er am

Ende des Rokoko Stellung gegen die häufig frivolen Darstellungen des galanten Lebens bezog. Diese moralisierende Tendenz drückt sich auch in seinem etwas sentimental-süßlichen Stil aus. Ausnahmen bilden einige gut getroffene Mädchenbilder (z. B. „Der zerschlagene Krug“, Paris, Louvre).
Lit.: C. Mauclair, J. B. G., 1926; B. Waldram, J. B. G., 1923.

Griechische Kunst. I. Der Begriff G., wie er hier gebraucht wird, bezieht sich auf die Kunst der Griechen des 1. Jahrtausends v. Chr. Die davorliegende Epoche der →mykenischen Kunst wird ausgeklammert, da die Mykener wesentliche Merkmale der G. noch nicht kannten. Für die Entstehung der G. sind historische und geographische Gegebenheiten von Bedeutung. Die große Wanderung brachte die Beseitigung der kretischen Restbestände, die Vernichtung der erlahmten mykenischen Kultur und den Zusammenbruch der vorderasiatischen Großreiche. In diesem durch die Gunst der historischen Situationen abgeschirmten Raum, ohne Beunruhigung von außen, konnte sich die Wurzel der G. in ihren ersten Anfängen ungestört entwickeln. Die Lage Griechenlands hat diesen Tatbestand entscheidend gefördert. Auf eigenem Boden, unbelastet von einer vorangegangenen Hochkultur, ringsum jedoch umgeben von hochentwickelten Kulturstaaten, konnten die Griechen zu sich selbst finden, ohne einerseits in Abhängigkeit zu geraten und ohne andererseits auf fruchtbarste Anregungen von außen verzichten zu müssen. Nach der letzten Wanderungswelle am Ende des 2. Jahrtausends v. Chr. schuf eine Zeit der Konsolidierung ohne monumentale Überlieferung die Voraussetzung für den Neubeginn. **II.** Die geometrische Zeit (ca. 1100 bis 700 v. Chr.). Erste Zeugnisse der neuen Epoche legen keramische Produkte der protogeometrischen Zeit (ca. 1100 bis 900 v. Chr) ab.

Geometrische Amphora, 8. Jh. v. Chr. (München, Mus. für antike Kleinkunst).

In →Attika entwickelt sich auf altem Kulturboden der attisch-geometrische Stil: Die Form der mykenischen →Amphora übernehmend, straffen sich die Vasenkörper. Anstelle des kraftlosen spätmykenischen Dekors mit seiner unbestimmten Linienführung tritt die strenge Kargheit einer neuen Formensprache. Kraftvoll gesetzte senkrechte Streifen stehen gleich Pfeilern zwischen dem Ringwerk konzentrischer Kreise, die sich in einem sparsam variierenden Fries um den Vasenleib gürten. Im 9. Jh. v. Chr. beginnt sich der Dekor aus seiner fest fixierten Zone zu befreien und überzieht netzartig in übereinander gestaffelter Reihung den gesamten Vasenkörper, der sich, der frühen Kugelform entledigend, zu strecken beginnt. Dieser sogen. hochgeometrische Stil läßt sich bis zur Mitte des 8. Jhs. v. Chr. verfolgen. Es entwickelt sich hierbei in einer festgelegten Syntax, ohne Verwendung einer schildernden Formel, die Fähigkeit zum Komponieren. Um 750 v. Chr. scheint der Sinn für das Gegenständliche und der Wunsch nach Schilderung zu erwachen. Mit der Aufnahme auch noch so formelhaft vorgetragener Gestalten, die in knappen Gruppen auf streng gerahmten Metopenfeldern erscheinen, wird das geometrische Gefüge gesprengt. Entsprechend dem Verwendungszweck als Grabbeigaben finden wir Szenen aus dem Totenkult: die Prothesis (Aufbahrung) und Ekphora (Totenausfahrt). Parallel hierzu entsteht die Fähigkeit, gestalthaft zu formen, und damit der erste Ansatz zur Plastik. Statuetten aus Elfenbein, Bronze und Ton verkörpern in geometrischer Formelhaftigkeit das pränatale Stadium der Monumentalplastik. Bald nach diesen ersten Versuchen entstehen noch im 8. Jh. v. Chr. Handlungsgruppen. Der Mythos dringt in den Bereich der bildenden Kunst ein. Damit ist das Ende der griech. Frühzeit, wie sie sich in der geometrischen Kunst manifestierte, gekommen. Die Kolonisation und der rege Austausch mit dem Orient werden das ihre dazu beigetragen haben, das Ende dieser Epoche zu beschleunigen. – **III.** Die Zeit des Übergangs (700 bis 625 v. Chr.). In der Auflösung treten die verschiedenen landschaftlichen Stile besonders deutlich in Erscheinung: der dorische in der Betonung des abstrakten tektonischen Elements, der ionische in der bereitwilligen Aufnahme orientalischer Einflüsse, der attische beides zu fruchtbarer Synthese vereinigend. Damit wurde in Attika der Grundstein für die überragenden Leistungen der folgenden Jahrhunderte gelegt. Der frühattische Übergangsstil bewahrt noch Reste der geometrischen Kunst, weist aber gleichzeitig auf den →Schwarzfigurigen Stil hin, in dem die Gefäße – wie auch in der korinthischen Vasenmalerei – als bestimmende Thematik großleibige Gestalten zeigen. Der geometrische Dekor wird zerrissen, auf die Randzonen verbannt und zum Rahmenwerk degradiert; das spätgeometrische Metopenbild wird zugunsten umlaufender Friesdarstellung gesprengt. Gleichzeitig tritt die monumentale Plastik in Erscheinung, in ihrem sogen. daidalischen Stil nach dem sagenhaften →Daidalos 1) benannt. Seine Herkunft ist im dorischen Kunstbereich zu suchen. Daneben hat Attika regen Anteil an der Erschaffung des monumentalen Stils, während Ionien erst um die Jahrhundertwende mit Großplastiken in Erscheinung tritt. Der anregende Einfluß orientalischer Vorbilder aus Assyrien und Ägypten ist evident, blieb jedoch auf eine erste Anregung beschränkt. Kaum Vorstufen entwickelnd, entstehen überall mächtige Gestalten urwüchsiger Leiblichkeit. Die beiden Typen der →Kore und des →Kuros beherrschen von nun an das plastische Bilden bis zum Ausgang der archaischen Zeit. Auch die griech. Architektur wird im 7. Jh. v. Chr. in ihren Grundzügen herausgebildet, in →Argos und →Olympia als dorische Beispiele, in →Samos als ionisches wird zum erstenmal der Gedanke des →Peripteros verwirklicht. Am Ende des Jhs. ist die dorische Ordnung (→Säulenordnung) voll entwickelt und bleibt bestimmend für die gesamte nachfolgende dorische Tempelarchitektur. Die abfolgenden Zeitstile drücken sich in den Proportionen, nicht aber in der Ordnung aus. Das 7. Jh. v. Chr. setzte auf allen Gebieten der G. Normen, die bis zum Ende jener Kultur verbindlich blieben. – **IV.** Die archaische Zeit (625–490/80 v. Chr.). Das 6. Jh. v. Chr. ist aufs engste mit der vorangegangenen Übergangszeit verbunden. Die im 7. Jh. geborenen Gedanken werden weiterentwickelt und zu reicher Blüte gebracht. Überall entstehen lokale Kunstschulen, die in dichter Überlieferung von der Eroberung des plastischen Neulandes der Menschengestalt berichten. Als Grabstatuen oder der Gottheit in das Heiligtum geweiht ragen sie auf, in gebundenem Schrittstand, das Haupt frei erhoben, die Arme herabhängend dicht an den Leib gedrängt. Attika übernimmt die führende Rolle. Mit einem früharchaischen Kopf vom →Dipylon, dessen kubische Konzeption eine hohe Meisterschaft verrät, beginnt die Reihe der attischen Kuroi (→Kuros). Kurze Zeit später erheben sich in →Sunion mächtige Jünglingsleiber. Energisch vorgetragene Gliederung durchzieht als tektonisches Gerüst die überlebensgroßen Gestalten. Um die Jahrhundertmitte, die die reifarchaische Stufe repräsentiert, wird das Ausmaß der Statuen gemildert, die Gliederung organischer, die Modellierung plastischer und flüssiger. Diese Tendenz verstärkt sich in der 2. Jahrhunderthälfte zusehends. Gleichzeitig wird – besonders bei den →Koren – eine kapriziöse Verspieltheit in überfeinerten Gewandfältelungen spürbar, erste Anzeichen eines Manierismus, der das Ende der Archaik ankündigt. – In noch stärkerem Maße als in der Plastik dominiert Attika in der keramischen Produktion. Die schwarzfigurigen Gefäße – auf rotem Ton werden die Figuren als schwarze Silhouette aufgetragen – werden zum begehrtesten Exportartikel. Der →Kerameikos wird zu einem Industriezentrum, das seine Ware bis

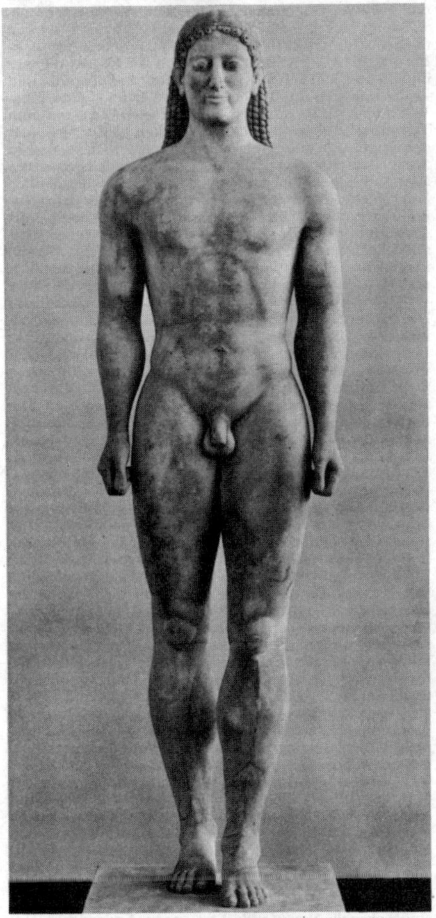

Kuros, sogen. „Kroisos", attisch um 530 v. Chr. (Athen, Nat.Mus.).

nach Etrurien verschickt. Die vielschichtige Mythenüberlieferung wird von den Vasenmalern weidlich ausgebeutet. Anfangs noch kurze Zeit von der Schule →Korinths beeinflußt, hebt sich bald der attische Stil deutlich heraus, wie er zuerst durch die Gefäße des →Kleitias und →Ergotimos oder des →Sophilos überliefert ist. Das charakteristische Übereinanderstaffeln mehrerer Mythenfriese wird um die Jahrhundertmitte durch das Metopenbild abgelöst. In dieser Zeit häufen sich die Beispiele signierter Vasen, so daß zahlreiche Künstler mit Namen und einem Œuvre bekannt sind. Als bedeutendste Meister seien →Exekias und →Amasis genannt. In ihren Werkstätten wurde der →Schwarzfigurige Stil, der nur in begrenztem Umfang Binnenzeichnung zuließ, an die Grenzen seiner Möglichkeiten geführt. Der Ausweg, den man suchte und fand, ist ebenso verblüffend wie einfach: Gegen 530 v.Chr. wurde aus der Umkehrung der Maltechnik der sogen. Rotfigurige Stil entwickelt. Der Maler des →Andokides hat hieran maßgeblich Anteil. Reichere Binnenzeichnung ermöglichte feinere Nuancierung und größere Bewegungsfreiheit der Figuren. – Nicht zufällig ist dieser Stil zu einem Zeitpunkt entstanden, der die Auflockerung des strengen Kurostyps und die ersten Versuche einer Architekturkurvatur zeigt (zuerst beim Apollontempel von →Korinth festgestellt). – Neben der Ausformung der Plastik und der Vasenmalerei hatte die Bautätigkeit in den Heiligtümern einen ungeheuren Aufschwung genommen. An der Wende zum 6. Jh. v.Chr. entsteht der monumentale Steintempel von →Korfu (Korkyra). Gegen die Jahrhundertmitte werden dem Apollon in →Delphi und Hera in →Olympia neue Peripteraltempel errichtet. Die zum Teil gut erhaltenen Bauwerke Großgriechenlands legen heute noch ein beredtes Zeugnis für die monumentale Gesinnung jener Zeit ab. Gleichzeitig baut das ionische →Samos und das kleinasiatische →Ephesos ionische Dipteroi (→Dipteros) riesigen Ausmaßes. Vom Ende des Jhs. stammt als letzter archaischer Bau der Aphaiatempel auf →Ägina mit seinen berühmten Giebelskulpturen (München, Glyptothek). Gegenüber den hocharchaischen Tempeln mit ihren langgestreckten Cellen nähern sich hier die Proportionen und die →Peristasis bereits dem klassischen Kanon. Besonders deutlich lassen die Giebelskulpturen die Übergangszeit erkennen. Während der um 510–500 v.Chr. entstandene Westgiebel noch ganz das archaische Schema kleiner aneinandergereihter Gruppen zeigt, greifen im Ostgiebel (490/80 v.Chr.) die einzelnen Gruppen ineinander über, um so die klassische Gesamtgiebelkomposition vorausahnen zu lassen. – **V.** Die klassische Zeit (480–323 v.Chr.). Während sich der Wechsel von der Archaik zur Klassik in Vasenmalerei und Architektur fast unmerklich vollzieht, folgt er in der Plastik schneidend und mit bestimmender Prägnanz. Kurz vor dem Persersturm (480/79 v.Chr.) wird in dem sogen. Kritiosknaben (→Kritios) in →Athen ein revolutionierender Gedanke verwirklicht: Die gebundene Schrittstellung wird überwunden, und frei wächst die Gestalt als organisch gegliedertes Gebilde auf. Stand- und Spielbein werden in

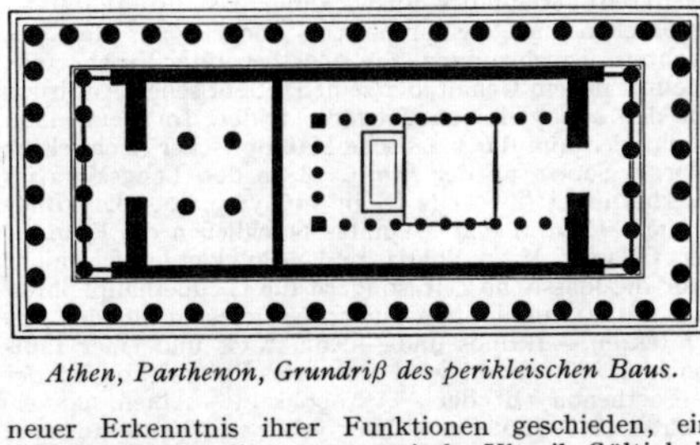

Athen, Parthenon, Grundriß des perikleischen Baus.

neuer Erkenntnis ihrer Funktionen geschieden, ein Prinzip, das für die gesamte griech. Klassik Gültigkeit behalten sollte. Ein bisher ungekanntes Selbstbewußtsein wird hier gleichsam programmatisch vorgetragen.

Der Kritiosknabe ist nach dem neuen Gesetz der →Ponderation angetreten, das hinführt zu den mächtigen Skulpturen des Zeustempels in →Olympia und im →Kanon des →Polyklet seine Vollendung finden sollte. Er griff damit schnell über Attika hinaus und behauptete für das gesamte griech. Kunstschaffen seine Gültigkeit. – Der übermäßige Aufwand, der mit der Grabausschmükkung betrieben wurde, hatte um 500 v.Chr. ein Gräberluxusverbot nötig werden lassen. Damit kam der Plastik

Sogen. „Marathonknabe". Griech. Athletenstatue in Bronze, 4. Jh. v. Chr. (Athen, Nat.Mus.).

eine neue Bestimmung zu. In Athleten- und Siegerstatuen wird die Jünglingsgestalt unter neuen Voraussetzungen gefeiert. Das heroische Sein der archaischen Kuroi (→Kuros) wird durch die leibliche Existenz des idealen Bildes ersetzt. Ein neu erwachtes Interesse für den organischen Körperbau bestimmt von nun an den weiteren Verlauf der Entwicklung. Die Frontalität ist gebrochen und das archaische Lächeln aus den Gesichtern verschwunden. Ein selbstbewußter Ernst erfüllt sie mit neuem Gehalt, der seinen literarischen Ausdruck in der aischyleischen Tragödie findet. Im Tempelbau stellt sich nun das klassische Maß dorischer Architektur vor: 6 Säulen an der Front, 13 an den Langseiten im Verhältnis 1:(2+1) (z.B. in →Olympia). – Die Bildhauer →Myron und →Onatas beschließen die Frühzeit der Klassik. Mit →Phidias und →Polyklet erreicht nicht nur die klassische Zeit, sondern die G. überhaupt ihren absoluten Kulminationspunkt. Gemeinsam mit den Architekten →Iktinos und →Kallikrates und einer zahlreichen Schülerzahl wird unter des Phidias Leitung der →Parthenon auf der →Akropolis in →Athen neu errichtet (447–32 v.Chr.). Hier erfahren Architektur und Plastik ihre konsequenteste gegenseitige Durchdringung. Über 70 Bildhauer schufen nach einer Entwurfsidee des Phidias Metopen-, Fries- und Giebelplastiken, in denen das Prinzip des →Kontrapostes seine dichteste Verwirklichung erreicht. Gleichzeitig schuf der große Antipode des Phidias, der Argiver →Polyklet, in seinem →Doryphoros den klassischen →Kanon, der sich aus der Idee des →Chiasmus entwickelt. Die Schulen des Phidias und Polyklet bestimmen den weiteren Verlauf der Entwicklung des ausgehenden 5. Jhs. v.Chr. und wirken noch weit in das 4. Jh. v.Chr. hinein. – Neben Architektur und Plastik tritt mit dem Beginn der Klassik die monumentale Malerei in Erscheinung. →Polygnot und →Mikon waren ihre bedeutendsten Vertreter. Von ihren Werken ist nichts erhalten, da die von →Pausanias zum Teil eingehend beschriebenen Fresken und Tafelbilder der Zerstörung zum Opfer gefallen sind. Reflexe sind in der gleichzeitigen Vasenmalerei zu vernehmen, deren aufgefächerte Komposition an große Wandbilder denken läßt. Nochmals nimmt die Vasenmalerei unter dem Einfluß der großen Malerei ungeheuren Aufschwung. – Mit dem Ende des 5. Jhs. v.Chr. verliert Athen seine wirtschaftliche und politische Bedeutung. Damit ist für die keramische Produktion, die hauptsächlich auf den Export abgestimmt war und deren letzter großer Vertreter →Meidias (nach 430 v.Chr.) war, das Ende gekommen. Die nachfolgenden Generationen sinken auf ein provinzielles Niveau herab und bleiben für die G. ohne Bedeutung. Im Gegensatz dazu führt die Plastik auch weiterhin zu neuen Höhepunkten. Die zahlreichen Staatsaufträge des 5. Jhs. haben viele Bildhauer herangebildet, die sich ein neues Betätigungsfeld suchten. Die reiche Gattung der Grabreliefs bestimmt nun maßgeblich die Kunst des ausgehenden 5. und des 4. Jhs. v.Chr. Daneben entwickelt sich prunkvoll der Grabbau, z.B. das →Mausoleum von →Halikarnassos (um 350 v.Chr.). →Timotheos, →Bryaxis, →Skopas und →Leochares wurden mit der Ausschmückung dieses Weltwunders beauftragt. Neben diesen sind →Praxiteles und →Lysippos die beherrschenden Bildhauer des Jhs. Ihre Werke (z.B. der Hermes in Olympia; der →Apoxyomenos, Rom, Vat.) lassen die dominierende Stiltendenz des Jhs. deutlich werden. Die Gestalten vermitteln nicht mehr die allgemein gültige Aussage der idealen Bilder des 5. Jhs., ihr Ausdruck ist intimer und wendet sich einem persönlicheren, individuellen Bereich zu. Dies geht überein mit der Bestimmung der Grabreliefs und dem Repräsentationsgedanken, der den prachtvoll ausgeschmückten Grabbauten zugrunde liegt. Parallel hierzu entwickelt sich in reicher Vielfalt das Portrait, die letzte große Schöpfung der G. Bleibt es auch anfangs noch klassisch idealer Formgebung verhaftet, so wird doch deutlich, daß diese ihre eigentliche Bestimmung überlebt hat. – **VI.** Der Hellenismus (323–34 v.Chr.). Gegen Ende des 4. Jhs. v.Chr. zerbricht das klassische Formgefühl, und ein neuer Realismus dringt ein, der sich jedoch in seinem ersten Auftreten der vielfältigen Formenwelt der späten Klassik durch kraftvolle Vereinfachung entgegenstellt. Die Statue des →Demosthenes (Rom, Vat.) mit ihrer sperrigen Kastenform oder die als strenge Dreieckskomposition aufgebaute Tyche von →Antiochia vertreten eindrucksvoll diesen Stil. Erst gegen Ende des 3. Jhs. v.Chr. erscheint jenes Pathos, gepaart mit einem sich steigernden Realismus (Trunkene Alte, Rom, Kons.Pal.; Schlafender Faun, München, Glyptothek), das im 2. Jh. v.Chr. den hochhellenistischen Barock bestimmt. Unvergleichliche Triumphe feiert er in den Reliefs des großen Altars von →Pergamon (180–150 v.Chr.), der Nike von →Samothrake (190/80 v.Chr.) oder auch der →Venus von Milo (100 v.Chr.). Raumgreifende Bewegtheit der Gestalten und schwellende Körperlichkeit bestimmen diese Kunst, die in der 2. Hälfte des 2. Jhs. ein neues Gegenüber findet: Ein reiner →Klassizismus bahnt sich gleichzeitig mit einer äußersten Steigerung der hellenistischen Formensprache an, die in der vielgerühmten →Laokoon-Gruppe ihre abschließende Formulierung erfährt. Mit dieser letzten späten Frucht der G., dem Klassizismus, in dem die pathetische Geste gerne zur theatralischen Pose wird (Poseidon von Melos, Athen, Nat.Mus.; Diadochenstatue, Rom, Mus. Naz.), wird noch einmal die große Vergangenheit beschworen, um mit diesem Rückblick auszuklingen. Im röm. Klassizismus wird diese Rückwendung aufgefangen und verschafft sich von neuem Weltgeltung. –

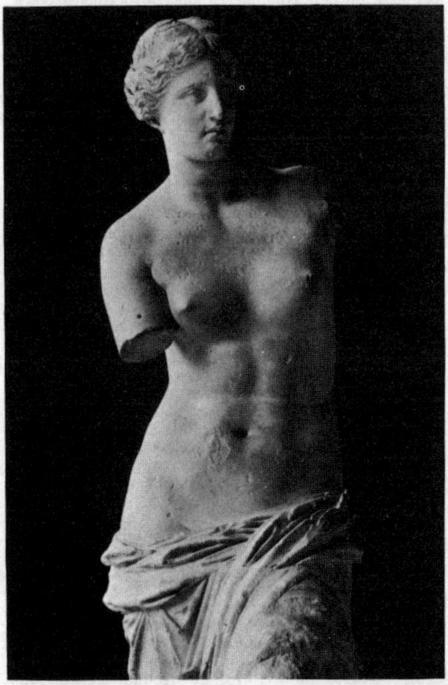

Venus von Milo (Paris, Louvre).

VII. Bereits in altchristl. Zeit steht Griechenland unmittelbar unter dem Einfluß des griech. Kunstschaffens, das von Konstantinopel seinen Ausgang nimmt. Diese Abhängigkeit ist bis zum Ende des byzant. Reiches nachweisbar. Hauptdenkmäler sind Werke der Architektur sowie Mosaiken und Fresken. Entsprechend den kirchlichen und klösterlichen Zentren sind die wichtigsten Denkmäler in →Athen, →Saloniki (Thessaloniki), →Kastoria, Varria, auf dem →Athos, in →Hosius Lukas, →Daphni, →Chios (Nea Moni) und anderen Orten erhalten. Die Kirche in Ephesos (Marienkirche) aus dem 4. Jh. zeigt noch keine wesentlichen Unterschiede zu den Bauten des Westens. Die östlichen Basiliken des 5. Jhs. (Demetriuskirche, 412–413) und Achairopoietos in →Saloniki (5. Jh.) besitzen Emporen über den Seitenschiffen, die Hauptapsis im Osten, Vorbau und Narthex im Westen. Schmuck, Querhaus fehlen. Dem aramäisch-syrischen Typ verdankt Griechenland dann später die Pastophorien rechts und links der Apsis. Neben Basiliken entstanden Zentralbauten. Schon im 5. Jh. Hosios David in →Saloniki. Grundriß in Form eines griech. Kreuzes mit Kuppel über der Führung und über den vier Räumen, die sich an die Kreuzarme anlehnen. Dann die eigentliche Kreuzkuppelkirche in mittelbyzant. Zeit (S. Sophia in →Saloniki zwischen 690 und 730). Es folgen die verschiedenen Varianten der Kreuzkuppelkirche, wie etwa die Achtstützen-Kreuzkuppelkirche, wo die Kuppel nicht auf Mauern ruht, sondern auf acht Pfeilern (→Hosios Lukas, Daphni, →Chios). Auch das 13. und 14. Jh. hat noch bemerkenswerte Kirchen, allerdings keine eigentlichen Architekturneuschöpfungen hervorgebracht. Bedeutsame Mosaiken aus frühchristl. Zeit besonders in den vier →Saloniki-Kirchen (Georgsrotunde, Hosios David, Acheiropoietos, Demetriusbasilika). Aus mittelbyzant. Zeit: →Hosios Lukas, →Daphni, →Chios (Nea Moni), noch später bedeutsame Fresken in Kirchen von →Saloniki, →Kastoria, Varria, →Athos, Arta. Ein zentrales Museum für byzant. Kunst in →Athen, ein bedeutsames Lapidarium in der Georgsrotunde in →Saloniki. Im griech. Gebiet der byzant. Welt wurden im 12., 13. und 14. Jh. Handschriften angefertigt und illuminiert. Bedeutsame Werke der Keramik mit einer künstlerisch hochwertigen, zarten Linienführung aus dem 12. Jh. wurden in Korinth, Athen, Saloniki gefunden. – (Siehe Farbtafel 10 und Tafel 5 u. 6).
Lit.: G. Lippold, Handb. d. Archäologie, V, 1950; A. Rumpf, Handb. d. Archäologie, VI, 1953; L. Alscher, Griech. Plastik, I–IV, 1954ff.; R. Lullies, M. Hirmer, Griech. Plastik, 1960; H. Berve, G. Gruben, M. Hirmer, Griech. Tempel u. Heiligtümer, 1961; E. P. Arias, M. Hirmer, Tausend Jahre griech. Vasenkunst, 1960; Kirsten-Kraiker, Griechenlandkunde, 1962; F. Gerke, Die mittelalterl. Kunststätten im Peloponnes, 1944.

Griechisches Kreuz →Kreuz.

Grien →Baldung.

Grieshaber, Helmut (h a p). Deutscher Maler, Holzschneider und Graphiker. Geb. 1909 in Roth bei Leutkirch, lebt bei Reutlingen. Nach einer Schriftsetzerlehre (1926/27) arbeitete er 1926–28 im Meisteratelier von E. Schneider in Stuttgart. Anschließend reiste er nach London, Paris, Ägypten, Arabien und Griechenland (1928–33). Zwischen 1933 und 1946 entstanden keine künstlerischen Werke, in dieser Zeit war er Hilfsarbeiter und Soldat. Ab 1947 arbeitet er wieder an Graphiken. 1955 wurde er als Professor an die Staatliche Akademie der bildenden Künste in Karlsruhe berufen, die er aber 1960 wieder verließ. Sein künstlerisches Werk besteht hauptsächlich aus Druckgraphik aller Techniken (Holz- und Linolschnitt, Typo- und Lithographien u. a.), die er vielfach in Mappenwerken zusammenfaßt: Marienkirche in Reutlingen, Ägyptische Reise.
Lit.: W. Boeck, hap G., 1958.

Gris, Juan (eigentlich José Victoriano Gonzáles). Span. Maler, geb. 1887 in Madrid, gest. 1927 in Boulogne-sur-Seine. Lebte seit 1906 in Paris und arbeitete dort anfangs als Karikaturist. Durch die Bekanntschaft mit Picasso angeregt, kam er 1911 zur Malerei und schuf die ersten Grisaillekompositionen. 1912 schloß er sich dem analytischen →Kubismus an. Nicht mehr die kubistische Darlegung verschiedener Ansichten eines Gegenstandes, sondern das durchorganisierte Bild bestimmten seine Kompositionen, unter denen das Thema des Stillebens im Vordergrund stand. Nach einer dynamischen Periode, in der die Bildfläche durch aufgesplitterte Formen und eine betonte Raumorganisation gegliedert ist, fand er ab 1916 immer mehr zu einfacheren Formen und zu gedämpfteren Farben, die sein Spätwerk bezeichnen. –
Lit.: D. H. Kahnweiler, J. G., 1946.

Grisaille. Eine grau in grau gehaltene Malerei, besonders häufig benutzt zur Nachbildung plastischer Werke durch die Malerei. Frühestes Beispiel der abendländischen Kunst: Darstellungen von Tugenden und Lastern zwischen gemalter Marmorinkrustation in der Sockelzone der von →Giotto ausgemalten Arenakapelle in Padua (um 1305). Weiteres berühmtes Beispiel: die zwei Johannes im Genter Altar der Brüder van →Eyck (1432). In Renaissance und Barock wurde häufig von Stechern zur Arbeitserleichterung eine G.-Skizze anstelle des Originals als Vorlage verwendet. Ton in Ton gehaltene Malerei in anderer Farbe heißt →Camaieu.

Grolier-Einbände. Nach dem franz. Sammler und Bibliophilen Jean Grolier (1479–1565) benannte Ledereinbände, die häufig mit mehrfarbiger oder Goldpressung verziert sind. Die Ziermotive wurden wohl von italien. Renaissancekünstlern entworfen. – Ca. 350 Bände dieser 1676 versteigerten Prunkbibliothek sind noch erhalten (Paris, Nationalbibliothek; London, Britisches Mus.).

Gromaire, Marcel. Franz. Maler. Geb. 1892 in Moyelles-sur-Sambre, lebt in Paris. Ist Autodidakt. In Paris fand er Kontakt zu den →Matisse-Schülern. Nach dem 1. Weltkrieg entwickelte er unter dem Einfluß von →Léger einen monumental-expressionistischen Flächenstil, in dem das Erlebnis des Krieges zum Ausdruck kam (Bild: La Guerre, 1925, Paris, Petit Palais). Er bringt in die kubistische Stillebenthematik neue soziale und menschliche Elemente, bleibt aber in der Zerlegung und in der Konstruktion der Form dem →Kubismus verbunden. Seinen großflächigen Kompositionen, deren Farbgebung glanzlos ist, fehlt es nicht an dekorativer Wirkung. Mit dieser Technik wurde er auch zum Erneuerer der franz. Flächenkunst (Fresko und Teppich).

Gropius, Walter. Deutscher Architekt. Geb. 1883 in Berlin, gest. 1969 in Boston, USA. Er gehörte zu den Bahnbrechern einer neuen, dem Zeitausdruck Gestalt gebenden Architektur. Nach einem Architekturstudium an den Technischen Hochschulen von München und Berlin war G. 1907/10 Assistent bei P. →Behrens. Ab 1910 wirkte er als freier Architekt. In den Jahren bis zum 1. Weltkrieg entstanden die Werke, die seinen Ruf als Architekt begründeten, wie das Faguswerk in Alfeld a. d. Leine (1911). Die Formensprache dieser Bauten ist einfach: klare, geometrische Körper, die Gebäudehaut als nichttragende Füllung, möglichst transparent. Die Konstruktionsmittel sind dabei Stahl und Glas, bei Stein fast nur Beton und Klinker. Nach dem Kriegsdienst wurde G. 1918 als Direktor der Hochschule für bildende Kunst nach Weimar berufen und erreichte hier 1919 den Zusammenschluß dieser Hochschule mit der Kunstgewerbeschule zum „Staatl. →Bauhaus Weimar". Es gelang ihm, für fast zehn Jahre die bedeutendsten Künstler seiner Zeit, wie P. →Klee, L. →Feininger und W. →Kandinsky, als Lehrer nach Weimar und später nach Dessau, wohin das Bauhaus unter dem Druck politischer Verhältnisse 1925 umziehen mußte, zu verpflichten. In Dessau baute G. das Haus des Bauhauses mit Ateliers und Werkstätten (1925/26). 1928 trat er von der Leitung des Bauhauses zurück, um wieder als freier Architekt zu arbeiten und gemäß seiner Forderung nach dem Zusammenhang aller Künste Entwürfe für kunstgewerbliche und industrielle Gegenstände anzufertigen (Lampen, Geschirre, Autos, Eisenbahnwagen). 1934 emigrierte G. nach London und 1937 nach Amerika, wo er bis 1952 Professor und Leiter der Architekturabteilung der Harvard University in Cambridge, Mass., war. Seine bedeutendsten Werke dort sind das Harvard Graduate Center (1949) und das Boston Center (1953). In seiner Schrift „Staatliches Bauhaus" (1923) verlieh er seiner Idee des Bauhauses Ausdruck, und in dem Buch „Internationale Architektur", 1925, äußerte er sich zu dem Architekturschaffen seiner Zeit.
Lit.: S. Giedion, Walter G., Mensch und Werk, 1954.

Grosz, Georges. Deutsch-amerikanischer Maler, Zeichner und Karikaturist. In Berlin 1893 geb., starb er dort 1959. Nach dem Studium an den Akademien in Dresden und Berlin arbeitete er für satirische Zeitschriften. Dabei faszinierte ihn immer das Aktuelle, so während des Krieges dessen Not und Elend und danach der schillernde Betrieb der Nachkriegszeit. 1917 schloß er sich den Dadaisten an, und um 1925 näherte er sich mit seinem Realismus der Richtung der „Neuen Sachlichkeit". Als er 1932 von der „Art Students League" nach Amerika eingeladen wurde, nahm er in New York einen Lehrauftrag an und erwarb 1937 die amerikanische Staatsbürgerschaft. – G. gehörte zu jenen Künstlern, die den →Expressionismus in den Dienst ihrer politischen Anschauungen stellen wollten. Mit unbarmherziger Schärfe griff er den Egoismus und die Schlechtigkeit des übersättigten Bürgers an; mit seiner ästhetikfreien Art der Zeichnung stand ihm eine scharfe Waffe zur Verfügung.
Lit.: G. Grosz, Ein kleines Ja und ein großes Nein, 1955.

Groteske. Der Arabeske oder Maureske verwandtes Ornament, in dessen dünnem Rankenwerk Menschen, Tiere, Pflanzen oder auch sonstige Gegenstände (z. B. Architekturteile) dekorativ eingefügt wurden. – Entwickelt wurde die G. bereits in der röm. Antike, erlebte ihre eigentliche Blüte jedoch in der Renaissance.

Grotta Campana. Eines der ältesten bemalten Kammergräber Etruriens bei →Veji aus dem späteren 7. Jh. v. Chr. Vor dem gewölbten Eingang zwei Tufflöwen mit mächtigen Pranken. Beiderseits der Verbindungstür zwischen Vorraum und hinterer Kammer bunte Darstellungen von Fabeltieren und Reitern. Schildmotive an der hinteren Kammerwand. Auch die Reste der geplünderten Ausstattung mit Gefäßen und einem Kandelaber in stilisierter Baumform weisen zusammen mit den Totenlagern auf ein fürstliches Grab.
Lit.: O. W. v. Vacano, E I, 16, 454; E II 83; G. Q. Giglioli, AE, Taf. 96f., 108.

Grotta ferrata. Klosterkirche von G. wahrscheinlich von Mosaizisten aus Venedig ausgeschmückt (12. Jh.). Glanzstück: Komposition der Ausgießung des Hl. Geistes, vielleicht nach palästinensischem Vorbild.
Lit.: A. Baumstark, Oriens Christianus, 1904, 121 ff.

Grotte. Sowohl in der Renaissance als auch im Barock finden sich künstlich angelegte G.n, die in Gärten, im 18. Jh. besonders als Gartensäle, erbaut wurden.

Grubenschmelz (émail champlevé). Aus der verhältnismäßig starken Metallfolie (meist Kupfer oder Bronze, aber auch Gold oder Silber) werden Gruben ausgehoben und mit mehrfarbiger Schmelzmasse gefüllt. Der G. entwickelt sich im 12. und 13. Jh. zu einer Schmelzmalerei (Reliquienschreine im Gebiet von Maas, Mosel und Rhein).

Gruber, Francis. Franz. Maler. Geb. 1912 in Nancy, gest. 1948 in Paris. Erste Anleitungen erhielt er von →Bissière und →Braque; 1928 trat er in die Académie Scandinave in Paris ein, wo er bei →Dufresne lernte. Sein Erfolg stellte sich schon 1930 bei seiner ersten Ausstellung ein; dieser ist nicht zuletzt auf seine präzise Zeichentechnik zurückzuführen. Die überschäumende Sinnenfreude, die sich in den frühen Bildern zeigt, wich aber mit der Zeit einer abstrakten Ordnung. Die Bilder wurden dem schwer Tuberkulosekranken zu Verkündern seines sich verzehrenden Lebens.

Gründungsfiguren. Bronzene Weihefiguren, die mit ihrer Spitze an den Ecken oder unter den Schwellen von altorientalischen Kultbauten in den Boden getrieben wurden, um das Gebäude als heiligen Bezirk magisch zu verankern und gegen böse Einwirkungen zu sichern. Als Hauptmotive begegnen der kniende Gott mit Pflock, der liegende Stier mit Nagel und der fürstliche Ziegelkorbträger, dessen Figur unten spitz ausläuft. Die Verpflockung gehörte zum Gründungsritual im Tempelbau.
Lit.: A. Parrot, Sumer, 378; E. Strommenger, Mesopotamien, 83.

Grüner Kopf. Berühmter ägypt. Kopf eines Priesters (grau-grüner Stein). Wahrscheinlich ist er in die →Ptolemäer-Zeit zu datieren. Charakteristisch für diese Spätzeit der →ägypt. Kunst sind die portraitähnlichen Züge.
Lit.: K. Lange – M. Hirmer, Ägypten, Taf. 238, 1955.

Grünes Gewölbe. Nach dem ehemals grünen Anstrich im 17. Jh. benannte Schatzkammer der sächsischen Kurfürsten in der Residenz zu Dresden. Die reiche, in mehreren Jahrhunderten zusammengetragene Sammlung mit kostbaren Prunkarbeiten aus Gold, Silber, Edelsteinen, Elfenbein u. a. fand ihre Aufstellung 1721–24 unter August dem Starken.
Lit.: J. L. Sponsel, Das G. zu Dresden, 4 Bde., 1925–32.

Grünewald, (Neithardt [Nithart], Mathias). Deutscher Maler. Geb. 1460/70. gest. 1528 in Halle a. d. Saale. Herkunft und Jugend des neben →Dürer bedeutendsten Malers sind unbekannt (alle Angaben aus der Zeit vor 1501 sind Spekulationen), und selbst der Name war durch den Irrtum von →Sandrart mit Grünewald falsch überliefert. Er selbst nannte sich Gothardt, woraus sich nun sein Monogramm M. G. N. versteht. – Urkundlich nachweisbar ist G. 1501–26 in Seligenstadt bei Aschaffenburg ansässig, seit 1508 tätig für den Erzbischof von Mainz; nach dem Übertritt zum Protestantismus und Verwicklungen in den Bauernkriegen 1525 zog G. 1527 nach Frankfurt und 1528 nach Halle, wo er als Wasserkunstmeister starb. – Das Werk von G. ist im Umfang gering, doch gehört es zu den bedeutendsten Äußerungen der deutschen Kunst. Erfüllt von religiöser Leidenschaft, gewaltig im Ausdruck, voll mystischer Symbolik (Offenbarung der hl. Birgitta von Schweden), modern in der Wiedergabe lichterfüllter Innenräume und von Bildnissen, steht G. zwischen der dem Mittelalter verpflichteten Spätgotik und der Renaissance. Sein Hauptwerk und zugleich ein Hauptwerk deutscher Malerei ist der „Isenheimer Altar" (1511–15, Colmar, Mus.) der Antoni-

F. Guardi, „Venezianisches Galakonzert", 1782 (München, Alte Pinakothek).

terkirche in Isenheim. Dieser Wandelaltar zeigt in geschlossenem Zustand die Kreuzigung Christi, nach der ersten Öffnung im Mittelbild Maria mit dem Kind und das Engelskonzert und nach der zweiten Öffnung die Schreinsplastik (diese vermutlich von →Nikolaus von Hagenau). Dazu kommen auf den Seitentafeln die Patronsheiligen, Verkündigung, Auferstehung Christi, Versuchung des hl. Antonius und Eremitenbild. Weitere Werke G.s sind Verspottung Christi (1503, München, Pinakothek), Kreuzigung (1505, Basel, Mus.), vom ehemaligen Maria-Schnee-Altar der Stiftskirche in Aschaffenburg die Stuppacher Madonna (1517–19, Stuppach) und die Gründung von S. S. Maria Maggiore (Freiburg i. Br., Mus.) u. a. Ferner gibt es einige Zeichnungen von G., jedoch keine Druckgraphik. (Siehe Farbtafel 16).

Lit.: W. K. Zülch, Der historische Grünewald, 1949; G., Scheja, Der Isenheimer Altar, 1955.

Grünstein →Nephrit.

Grüssau (Schlesien). Ehemaliges Zisterzienserkloster, gegründet 1290. Der erste Steinbau ist schon 1296 nachzuweisen. Eine Erneuerung der Anlage erfolgte 1662. Die Kirche entstand 1728–35 und ist der bedeutendste Barockbau Schlesiens. Auf kreuzförmigem Grundriß erhebt sich ein 77 m langer, allein im Hauptschiff 17 m breiter Bau, in dem alle rechten Winkel und geraden Linien vermieden wurden. Am Chor angebaut die von 2 Kuppeln gedeckte und von 2 Apsiden abgeschlossene Fürstengruft von überwältigender Raumwirkung. Die Kirchenanlage selbst kann als freie Wiederholung von St. Nikolei in Prag betrachtet werden. So ist die Doppelturmfassade in ihrem unteren Teil konvex nach vorn gewölbt, während der die Türme tragende obere Teil konkav zurückschwingt. Vielfach gekrümmte und verkröpfte Gesimse tragen zur reichen Gliederung der Fassade neben den bewegten Umrissen der Türme bei.

Lit.: Wasmuths Lex. der Baukunst, Bd. II, 1930.

Grundierung. Bezeichnung für den präparierten Malgrund eines Gemäldes. Bereits im Altertum war in Ägypten die G. bekannt. Sie wurde bei Wandbildern aus Gips und Leim gemischt und verlieh dem Farbauftrag eine kontrastreichere Leuchtkraft. In variierender Handhabung wurde diese Technik auch in späteren Zeiten beibehalten.

Grundig, Hans. Deutscher Maler und Graphiker. Geb. 1901 in Dresden, gest. ebda. 1958. Nach einer Weißbinderlehre begann G. 1922 mit seinem Studium an der Akademie in Dresden bei Gußmann und Hettner. Das Erlebnis der Haftzeit im KZ Sachsenhausen von 1936 bis 1945 prägte sein künstlerisches Werk der Nachkriegsjahre, in denen er bis zu seinem Tod Professor an der Hochschule für bildende Künste in Dresden war. – Werke: 4teiliges Gemälde „Das Tausendjährige Reich" (Dresden, Staatl. Kunstsammlungen); Graphische Folgen zu F. Villon, „Das große Testament" und „Das kleine Testament".

Lit.: Vollmer, Künstlerlex. d. 20. Jhs.

Grundriß. Zeichnung der Horizontalschnitte eines Gebäudes oder Flächenzeichnung einer Platz- oder Gartenanlage.

Gruppe des Wiener Krönungsevangeliars → Palastschule.

Gryll. Siegel oder Gemme mit magischer Abwehrkraft, die sinnfällig durch die Verschmelzung von Tier- und Menschenköpfen veranschaulicht wird. Damit führt der in der →Sasaniden-Zeit häufige G. die bereits in der →Mesalim-Zeit und in der →Luristan-Kunst auffallende altorientalische Neigung zu Motivkontraktionen und zoomorpher Junktur weiter, die sich auch im →Tierstil der →eurasischen Kunst ausgewirkt hat.

Lit.: R. Ghirshman, Iran II, 243.

Gualupita. Vorort von Cuernavaca, Morelos, Mexiko, mit vorklassischen Funden der frühen →Ticoman-Periode in besonders altertümlicher Form. Hohle olmekische Tonfiguren stehen an künstlerischer Qualität weit über dem Durchschnitt des sonstigen Fundmaterials.

Lit.: G. C. und S. B. Vaillant, Excavations at G., 1934.

„Guanchen" →Kanarische Inseln.

Guardi, Francesco. Italien. Maler. Geb. 1712 in Venedig, gest. 1793 ebda. Hauptmeister der Spätphase venezianischer Malerei. Lernte bei A. →Canaletto und

empfing wichtige Anregungen von seinem Schwager →Tiepolo und durch die Werke →Riccis. In seinen Motiven, zahlreichen Ansichten Venedigs (Markusplatz, London, Nat. Gal.), ist er durch seinen Lehrer angeregt, ohne jedoch dessen präzise Prospektdarstellung und scharfe Architekturzeichnung zu übernehmen. G. ging hauptsächlich von der Farbe aus, handhabte sie mit unruhigem Pinselstrich und erreichte impressionistisch anmutende Stimmungswerte, die er mit ihrer flimmernden Luft- und Lichtwirkung einfing (Galakonzert, München, Pinakothek). Damit ist ein letzter Höhepunkt einer Maltradition erreicht, die mit der Landschaftsmalerei →Giorgiones ihren Anfang genommen hatte. – Neben den genannten Motiven bevorzugte er das Genre und vielfigurige Kompositionen, die das Leben und die Feste der Venezianer zeigen (Maskerade im Ridotto, Venedig, Mus. Corrèr; Folge der Venezianischen Feste, Paris, Louvre).
Lit.: R. Pallucchini, G.s Zeichnungen im Mus. Corrèr, 1943; L. Dussler, F. G., 1948; E. Hüttinger, Venezianische Malerei, 1959.

Guarini, Guarino. Italien. Architekt. Geb. 1624 in Modena, gest. 1683 in Mailand. Baugedanken →Borrominis weiterführend, hatte er maßgeblichen Anteil an der Ausformung des italien. Spätbarock und wurde der Hauptmeister dieses Stils in Oberitalien, wo er hauptsächlich in Turin tätig war. Die gegenseitige Durchdringung der Architekturelemente, vor allem der Raumteile, führte er zu höchster Steigerung. Komplizierte stereometrische Berechnungen liegen seinen Bauten, die mit reichem Dekor verschwenderisch ausgestattet sind, zugrunde. Alle seine Hauptwerke errichtete er in Turin: Cappella del Santissimo Sudario (auch S. Sindone genannt), 1657ff.; S. Lorenzo, 1666ff.; Palazzo Carignano, 1680. (Siehe Tafel 26).
Lit.: A. E. Brinckmann, Von G. bis Balthasar Neumann, 1932; P. Portoghesi, G. G., 1956.

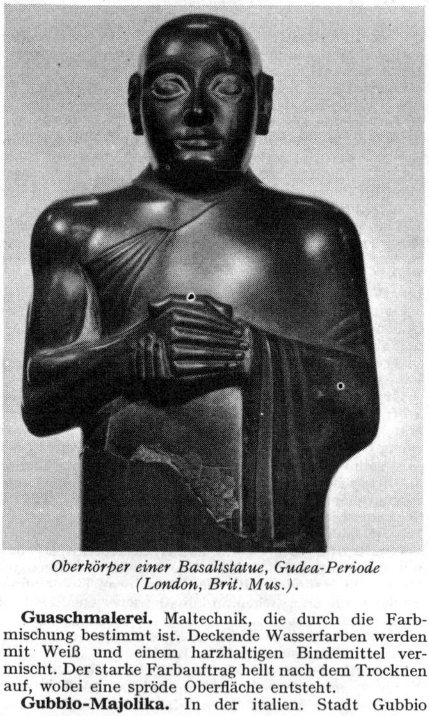

Oberkörper einer Basaltstatue, Gudea-Periode (London, Brit. Mus.).

Guaschmalerei. Maltechnik, die durch die Farbmischung bestimmt ist. Deckende Wasserfarben werden mit Weiß und einem harzhaltigen Bindemittel vermischt. Der starke Farbauftrag hellt nach dem Trocknen auf, wobei eine spröde Oberfläche entsteht.

Gubbio-Majolika. In der italien. Stadt Gubbio (Prov. Perugia) hergestellte →Fayencen. Berühmt ist ihr karminroter Lüster: Rubinlüster. Hauptmeister: Giorgio Andreoli. Blüte im 16. Jh.

Guercino, „Morgenröte“, Deckenbild in der Villa Ludovisi zu Rom.

Gubler, Max. Schweizer Maler, Zeichner und Holzschneider. Geb. 1898 in Zürich, lebt in Unter-Engstringen bei Zürich. Autodidakt. Von 1919–27 auf Reisen nach Berlin, Florenz, Palermo und den Liparischen Inseln (1923–27). Nach kurzem Aufenthalt in Zürich ging er 1930–37 nach Paris, wo er von →Bonnard und →Matisse beeinflußt wurde. 1937 siedelte er sich in seinem jetzigen Heim an. – Sein Themenkreis ist weitgespannt und umfaßt Figurenkompositionen, Portraits, Interieurs, Landschaften, Stilleben und Marinen.
Lit.: Vollmer, Künstlerlex. d. 20 Jhs.

Guckkastenbühne →Bühnenbild.

Gudea. Priesterfürst von →Lagasch (21. Jh. v. Chr.), Vater des →Urningirsu, durch zahlreiche Inschriften, vor allem seine Bauhymne auf den →Ningirsu-Tempel als königlicher Bauherr bezeugt, durch dessen Berichte wir wichtige Einzelheiten über die Ausstattung der Sakralarchitektur →sumerischer Kunst zur Zeit der 3. Dyn. von →Ur erfahren. Eine der zahlreichen Sitzfiguren zeigt G. mit Bauplan auf den Knien. →Gründungsfiguren aus Kupfer in Gestalt eines knienden Gottes mit Nagel und Inschrift G.s. Die meist aus dem harten Diorit gefertigten Rundbilder der G.-Periode sind von einheitlicher Formgebung, wobei die neben gestreckten Bildungen vertretene Neigung zu gedrungener Plastik das Wiederaufleben altsumerischer Tradition verrät. Unverkennbar wirkt sich das starke Erbe der Kunst von Akkad in Form, Stil und Tracht aus, so daß wir die Bildwerke der G.-Zeit aus der Verschmelzung der sumerischen und semitischen Strukturtendenzen verstehen dürfen. Sie äußert sich vor allem in eindrucksvollen Gesichtsbildungen, denen ein merkwürdiger Ernst eignet. Nur wenige dem G. zugewiesene Statuetten im Betertypus sind durch Inschrift gesichert, wobei sich bei vielen das Fehlen des Kopfes störend auswirkt. Der Befund weist darauf, daß G. mit seinen Weihefiguren Stilvorbild für die Beterstatuetten anderer Stifter gewesen ist. Ein Kultbecher des G. an →Ningizzida zeigt im Relief zwei um einen Stab sich windende Schlangen zwischen den Drachensymbolen des Gottes. Die Reliefs der G.-Zeit sind sorgfältig durchmodelliert und oft von weichem Stil, der vor allem in weiblichen Gesichtsbildungen zu anmutigem Ausdruck führt. Im Gegensatz zur →Akkadzeit treten auf den →Rollsiegeln mythologische Szenen zurück, dagegen dominieren Einführungsszenen mit thronendem Hauptgott und dem von einer Göttin geleiteten Beter. Die langweilige Wiederholung des Schemas offenbart ebenso wie die Rund- und Flachbildkunst das Erlahmen der schöpferischen Erfindungskraft. Über ermüdetes und unsicher gewordenes Epigonentum kann auch die vollendete Technik nicht hinwegtäuschen.
Lit.: A. Parrot, Sumer, 378; E. Strommenger, Mesopo-

tamien, 80ff.; H. Schmökel, GAV, 53ff., 66f.; H. Potratz, KAO, 141ff., 151ff.

Gudscherat. Kunstlandschaft an der Westküste Indiens mit Funden der →Industal-Kultur und mit Resten mittelalterl. Bau- und Schmuckkunst sowohl an Tempeln der Dschainas und Hindus als auch an Moscheen und Grabbauten der späteren islam. Herrscher.

Gül. „Rose", Schmuckmotiv beim turkmenischen Teppich (→Teppichkunst).

Guenanat. Zentralsyrische Kirche (5.–7. Jh.). Vielgestaltiger Baukomplex. Propyläen leiten zu einem Atrium über, an dessen Ost- und Südseite sich je eine dreischiffige Kirche anschließt. Die östliche ist im Mittelschiff mit Bogen überspannt.

Günther, Ignaz. Deutscher Bildhauer und Bildschnitzer. Geb. 1725 in Altmannstein (Oberpfalz), gest. 1775 in München. Als Schüler von Straub wurde er, hauptsächlich in München tätig, zu dem letzten großen Meister und Vollender des süddeutschen Rokoko. Raumgreifendes Pathos und monumentale Form einerseits, graziös galanter Rokokogeschmack andererseits verbinden sich in seinen meist für den Sakralbereich bestimmten Werken. – Seine Hauptwerke sind Altarbilder und Ausschmückung der Kirchen in Rott am Inn (1762), in Weyarn (1762–64) und Freising (um 1765).
Lit.: A. Feulner, I. G., 1947; A. Schönberger, I. G., 1954.

Günther, Matthäus. Deutscher Maler. Geb. 1705 in Unterpeißenberg (Oberbayern), gest. 1788 in Haid bei Wessobrunn. Lernte bei C. D. →Asam und war hauptsächlich in Augsburg tätig, wo er einer der Hauptmeister der dortigen Rokokomalerei wurde. Er schuf hauptsächlich große Fresken in Kirchen und Schlössern, wobei er häufig mit dem Stukkateur F. X. Feuchtmayer zusammenarbeitete. In selbstverständlicher Leichtigkeit handhabte er Farbe und Komposition, die Verteilung der Figuren auf den mit großer Sicherheit in die Räume eingegliederten Fresken und ihre dekorative Wirkung. Seine Hauptwerke entstanden in Neustift bei Brixen (1743), Klosterkirche Amorbach (1749), Schloß Sünching/Oberpfalz (1761), Klosterkirche Wilten (1754) und in der Klosterkirche Rott am Inn (1763).
Lit.: H. Gundersheimer, M. G., 1930; A. Feulner, Skulptur und Malerei des 18. Jhs. in Deutschland, 1929.

Gundestrup, Eisenzeitlicher Silberkessel.

Günzburg. Die Frauenkirche von Dominikus → Zimmermann 1735–40 erbaut, gehört zu den besten Leistungen des süddeutschen Kirchenbaues im 18. Jh. Ihr war ein abgebrannter got. Bau vorangegangen. Die Weihe der Barockkirche erfolgte 1780. Der Grundriß zeigt ein einschiffiges Langhaus mit Querschiff und stark eingezogenem Chor, in dessen S-Winkel der Turm auf mittelalterl. Unterbau steht. Der Turm trägt Zwiebelhelm, Pilaster, Lisenen und dreiteilige Fenster. Die Chorrückwand ist als Schauseite ausgebildet. Das Innere zeigt Säulen als Gliederungselement, die die Gebälklinie führt. Schwingungen, Rundungen und Nischen verwischen die Ecken. Der Querschiffsgrundriß ist elliptisch. Der viel niedrigere Chor wird optisch erhöht durch einen Umgang, aus dem sich gekoppelte Pfeiler erheben, die Gebälklinie aufnehmend. Die Gewölbe sind im Langhaus durch Lisenen, im Chor durch breite Gurte gegliedert. Der Stuck (frühe Rocailleformen) ordnet sich der Architektur unter.
Lit.: Wasmuths Lex. der Baukunst, Bd. II, 1930; Reclams Kunstführer, Deutschland, Bd. I, 1961.

Guercino (eigentlich Giovanni Francesco Barbieri). Italien. Maler. Geb. 1591 in Cento bei Bologna, gest. 1666 in Bologna. Unter dem Einfluß von →Carracci und →Correggio ging er aus der Bologneser Schule hervor und entwickelte sich zu einem der Hauptmeister des 17. Jhs. dieser Schule. 1621–23 arbeitete er in Rom an Freskenaufträgen in der Villa Ludovisi, in denen sich erstmals sein illusionistischer Malstil, der ihn als den bedeutendsten Vertreter des norditalien. Hochbarock auszeichnet, manifestierte. 1626 war er in Piacenza (Domkuppel), 1633 in Modena tätig. – Neben großen Fresken schuf er Altar- und Tafelbilder mit religiösen und historisch-mythologischen Themen. Dabei tritt immer wieder die stimmungsvoll illusionistische Landschaft in Erscheinung. Neben diesen Werken schuf er eine Reihe bedeutender Portraits, die sein vielseitiges Œuvre vervollständigen.
Lit.: Thieme-Becker; M. Marangoni, Il G., 1920.

Gwalior. Aufgang zur Festung und Front des Palastes.

Gürtelblech. Schmuck und Trachtzubehör der vorgeschichtlichen →Eisenzeit, oft mit (getriebenen) Ornamenten verziert.

Gürteldose. Zur Tracht gehöriges kleineres Bronzegefäß der Nordischen →Bronzezeit, reich mit eingravierten Ornamenten verziert.

Gürtelhaken. Sind als Trachtzubehör seit der →Bronzezeit bekannt, schon die frühen Exemplare wurden verziert. →Gürtelblech.

Guido da Siena. Sienesischer Maler. Bekannt durch signiertes, von der →Duccio-Schule stark übermaltes Tafelbild der thronenden Madonna (Pal. Pubblico, Siena), dessen Datierung auf 1221 heute vielfach angezweifelt wird. Auf Grund stilkritischer Analysen ist seine Entstehung um 1275–80 anzunehmen, die durch das zweite signierte Werk, ein Altardorsale mit Halbfiguren (Siena, Pinakothek), gestützt wird. G. steht am Beginn der sienesischen Malerei. Wie →Coppo di Marcovaldo malt er im Stil der →Maniera greca. Sienesische Eigenart prägt sich in der weichen Linienführung, den fließenden Übergängen und einer weiträumigeren Anordnung aus.
Lit.: R. Offner, „G.d.S. and A.D. 1221", Gazette des Beaux-Arts 1950, 61ff.; R. Oertel, Die Frühzeit der italien. Malerei, 1953.

Guillaumin, Armand. Franz. Maler. Geb. 1841 in Paris, gest. 1927 in Orly. G. war städtischer Beamter und anfangs nur Sonntagsmaler, der in seiner freien Zeit die Académie Suisse besuchte, wo er →Cézanne, →Monet und →Pissarro kennenlernte. Durch ihre Bekanntschaft

konnte er an den Impressionistenausstellungen teilnehmen. Als er 1892 in einer Lotterie das große Los gewann, gab er seinen Beamtenberuf auf und widmete sich ganz der Malerei.– Sein lyrischer Zug in den Landschaftsbildern und die sehr geschlossenen Kompositionen seiner Stilleben heben ihn aus der zweiten Reihe der Impressionisten heraus. In seinen späteren Jahren, als die Töne seiner Palette dunkler und kräftiger wurden, näherte sich G. dem →Fauvismus.
Lit.: G. Lecomte, A.G., 1925.

Guillochieren. Ursprünglich ein maschinelles Gravieren verschlungener Kurven, besonders auf Metall. Heute wird es auf photographischem Wege auf Wertpapiere aufgetragen, die verschlungenen Formen der Guillochen sollen die Nachahmung erschweren.

Guimard, Hector. Franz. Architekt, Bildhauer und Kunstgewerbler. Geb. 1867 in Paris, gest. ebda. 1942. Studierte in Paris an der Ecole des Beaux-Arts und an der Ecole des Arts décoratifs. Seine frühen Werke wurden stark bekämpft, doch setzte er sich durch, erhielt 1895 ein Reisestipendium und wirkte 1894–98 als Prof. an der Ecole des Arts-décoratifs. Von →Horta entscheidend beeinflußt, schuf er eine sehr eigenwillige (auch nach ihm benannte) Form des floralen →Jugendstils, die sich durch größte Abwechslung in der Wahl der Materialien, den verwendeten Farben und Formen und der Vermeidung jeder Symmetrie auszeichnet. Wie →Gaudi war er ein Meister des schmiedeeisernen Gitters, das er zu Abschlüssen in freien und geschlossenen Räumen verwendete. Am bekanntesten sind hierbei die Eingänge der Metrostationen in Paris (nur noch wenige erhalten).
Lit.: R. Schmutzler, Art Nouveau – Jugendstil, 1962.

Gula. Babylonische Heilgöttin, auf Darstellungen durch einen Hund vor ihrem Thron gekennzeichnet.
Lit.: A. Parrot, Sumer, 378.

Gulbarga. Stadt im Dekkhan, Mitte des 14. Jhs. erste Residenz der →Baihmanis, von denen Gräber und die Freitags-Moschee, das einzige Beispiel einer vollständig überkuppelten Anlage auf indischem Boden, erhalten sind.

Gulbransson, Olaf. Norwegisch-deutscher Karikaturist, Zeichner und Lithograph. Geb. 1873 in Christiania, gest. 1958 in Schererhof (Tegernsee). Besuchte 1892–95 die Kunst- und Handwerkerschule in Oslo. Nach Jahren selbständiger Tätigkeit als Illustrator für norwegische Zeitungen wandte er sich 1900 nach Paris, wo er Schüler von Colarossi war. Ab 1902 war er Mitarbeiter der satirischen Zeitschrift „Simplizissimus", wo er im Wettstreit mit Th. Th. →Heine, R. Wilke und B. Paul seinen persönlichen Stil gefunden hat. Seine politischen Karikaturen und Satiren treffen mit dem geringsten Aufwand den Gegenstand, ohne den Angegriffenen zu verletzen. 1924 wurde G. Prof. der Münchner Akademie. Neben den Arbeiten für Periodica illustrierte er auch Bücher von L. Thoma (Tante Frieda).
Lit.: Thieme-Becker; Vollmer, Künstlerlex. d. 20. Jhs.

Guler. Stadt in den Pandschabbergen und in der späteren Mogulzeit Zuflucht von nordindischen Malern nach der Einnahme von Delhi durch den Perser Nadir Schah im Jahre 1739. Vor allem unter den Mäzenen Govardhan Tschand und Balwant Singh entwickelte sich in den nächsten 3 Jahrzehnten ein sogen. G.-Stil, in welchem altindische mythologische Szenen, besonders die Krischnalegenden und Portraits, wie z. B. das des Balwant Singh, auf die gleiche vornehme, zurückhaltende und idealisierende Weise erfaßt wurden.
Lit.: Barrett, Painting, 172–180.

Gundeschapur. 30 km östlich von →Susa gelegene Stadt, in der Anlage eines röm. Lagers, von den Kriegsgefangenen →Schapurs I. nach seinem Sieg über Kaiser Valerian 260 n. Chr. errichtet.
Lit.: R. Ghirshman, Iran II, 135, 226.

Gundestrup am Limfjord im Kreis Aalborg (Jütland, Dänemark). Hier ist im Jahre 1891 der vieldiskutierte sogen. Silberkessel von Gundestrup gefunden worden. Es handelt sich um ein aus silbernen Platten zusammengefügtes Prunk- oder Kultgefäß, das reich mit getriebenen Darstellungen geschmückt ist. Auf den Seitenplatten sind u. a. Göttinnen zwischen Tieren, bärtige Götter, Krieger zu Fuß und zu Pferd, Fabelwesen und exotische Tiere zu erkennen. Auf der Grundplatte ist eine Stierjagd dargestellt. Der Stil des Reliefs wirkt naiv und hieratisch-streng zugleich. Um 250 v. Chr. (Abb. S. 255).
Lit.: S. Müller, in: Nordiske Fortidsminder 1 (1890 bis 1903).

Gunungan. Im →Wayang-Spiel →Indonesiens ist der G. Pausenzeichen und war früher wohl „Universalkulisse". Es handelt sich um ein symmetrisches, meist umgekehrt herzförmiges Pergamentblatt in durchbrochener Arbeit, reich verziert und vergoldet, das einen hochstilisierten Lebensbaum darstellt und oft phantasievoll mit Fabeltieren und Riesen ausgestattet ist. Der G. von →Java zeigt am unteren Rand im Gegensatz zu dem von →Bali ein Tempeltor. – Heute wird der G. während des Schattenspieles selbst nicht mehr gezeigt, sondern dient nur mehr zum Andeuten von Pausen und des Endes der Vorstellung.

Gupta. Nordindische Dyn. des 4.–8. Jhs. und Mäzene der sogen. klassischen indischen Kunst, in welcher der Grundriß des Hindu-Tempels und die kanonischen Formen des Kultbildes fixiert wurden. Das Menschenbild unterscheidet sich von den vorausgehenden, mehr reliefartigen, durch eine größere Plastizität und von den späteren, oft überlängten, durch eine natürliche Harmonie.

Gurnia. Minoische Ortschaft in Ostkreta. Im Zentrum liegt ein Palast, an den sich im S ein öffentlicher Platz anschließt. An zwei Hauptringstraßen standen die Wohnhäuser, deren Lehmziegelmauerwerk z. T. noch relativ gut erhalten ist. – Zahlreiche Kleinkunstfunde reichen von der Frühzeit der →minoischen Kunst bis in die spätminoische Phase.
Lit.: F. Matz, Kreta und frühes Griechenland, 1962.

Guro. Mit den →Dan verwandter, an der Elfenbeinküste beheimateter Oberguinea-Stamm, der harmonisch wirkende Holzmasken und figürliche Holzplastik verfertigt. Diese Kunstübung haben die benachbarten →Baule übernommen, deren →Masken und Figuren jedoch nur selten den überaus „intensiven", verinnerlichten Eindruck hervorrufen wie jene der G. Man unterscheidet hier einen naturalistischen „Rundnasen-" und einen mehr abstrahierten „Spitznasen-Stil". Auffallend ist die künstlerische Ausgestaltung eines Webstuhl-Teiles, des Webrollenhalters; er trägt fast immer kleine Tier- oder Menschenköpfe in der gleichen Stilisierung, die man an den Masken beobachten kann.
Lit.: H. Himmelheber, Negerkünstler, 1934.

Gurtbogen. Gurtartiger Verstärkungsbogen eines →Tonnengewölbes. Er markiert am Gewölbe die einzelnen Raumabschnitte, etwa eines Kirchenraums.

Gurtgesims →Gesims.

Guschtschi. Am →Urmiasee gelegener Fundort eines Bronzegürtels mit mythischer Jagdszene, deren Motive ebenso wie der Stil auf die Kunst von →Urartu weisen.
Lit.: R. Ghirshman, Iran I, 434.

Gußeisen →Eisenguß.

Gußmauerwerk. Mauer aus unregelmäßigen Steinen, deren Zwischenräume durch Mörtel ausgegossen werden.

Gußnaht. Bei in Gips, Metall oder anderen Materialien in mehreren Teilen gegossenen Werken entsteht beim Zusammensetzen eine G., die bei Bronzen häufig abgearbeitet wird.

Gussow, Karl. Deutscher Maler. Geb. 1843 in Havelberg, gest. 1907 in Pasing (München). Studierte ab 1866 an der Kunsthochschule in Weimar bei Ramberg und

Tafel 9: *Prunkeinband mit Golddecke des sogen. Codex Aureus aus St. Emmeran, um 870 n. Chr.; München, Staatsbibliothek.*

Pauwels. 1867 ging G. nach München zu →Piloty; diesem Studium schloß er eine Italienreise an. Als er 1870 nach Weimar zurückkehrte, erhielt er dort eine Professur, 1874/76 wirkte er sodann an der Akademie in Karlsruhe und anschließend bis 1880 an der Akademie von Berlin, wo er auch eine Privatschule unterhielt, bis er 1892 nach München übersiedelte. – G. gehörte zu den entschiedensten Naturalisten, seine Gemälde sind oft fotografisch getreu, weisen ihn dabei aber als einen sehr empfindsamen Koloristen aus. Sein Werk besteht hauptsächlich aus Genrebildern (Teppichhändler, 1877) und Portraits (P. →Wallot, W. Siemens).
Lit.: Thieme-Becker.

Gußstein →Steinguß.

Gußtechniken. 1) Bronzeguß (Kupfer-Zinn-Legierung: Rotguß; Kupfer-Zinn-Legierung: Gelbguß). Nach der Herstellungsart sind Voll- und Hohlguß zu unterscheiden. Der massive Vollguß findet sich meist nur bei Kleinplastik (Statuetten), während der Hohlguß, der dünnwandige, materialsparende Ausführung erlaubt, die weiteste Verbreitung fand. – Die ältere Technik: auf einen Kern wurde eine Wachsschicht in Stärke der zu gießenden Bronzewandung aufgetragen, deren Oberfläche nach einem Modell ausgearbeitet wurde. Ein Lehmmantel umgab diese Form, die beim Guß ausgeschmolzen werden mußte. So konnte jeweils nur ein Guß pro Form hergestellt werden. – Die jüngere, im 16. Jh. aufkommende Technik erlaubte mehrere Güsse: über den Kern und die modellierte Wachsschicht wird ein Gipsmantel gelegt, der in Einzelteilen abnehmbar ist und die Oberfläche negativ festhält. Dieser Mantel kann für mehrere Güsse verwendet werden, da er nur der Erhaltung der Form dient und beim Guß selbst durch einen Mantel aus mit Scherwolle durchsetzter Tonerde ersetzt wird. – Die alten Hochkulturen Chinas, Ägyptens und des Orients kannten den Bronzeguß ebenso wie die klassische Antike. Durch Karl d. Gr. wurde er wieder eingeführt und gehört seither zu den bedeutendsten Kunsttechniken des Abendlandes. – **2)** Eisenguß. Als Kunsttechnik vor allem bei den sogen. primitiven und den mexikanischen Kulturen bekannt. Sie entspricht dem älteren Bronzegußverfahren, siehe 1). – Bereits seit dem 8. Jh. v. Chr. findet der Eisenguß im alten China Verwendung. – In Europa wurde er 1388 durch Kanonenkugeln bekannt und diente seit dem 16. Jh. dem Kunsthandwerk für Ofenplatten. – **3)** →Messingarbeiten. – **4)** →Steinguß. – **5)** →Wachsbildnerei.
Lit.: H. Luer, Technik der Bronzeplastik, 1902.

Gustorfer Schranken. Reste eines Reliefzyklus (4 Platten, 90 cm hoch) mit Anbetung der Könige und Hirten, Hirtenverkündigung und den drei Frauen am Grabe aus Gustorf nahe Grevenbroich bei Bonn (jetzt Bonn, Provinzialmus.). Wohl Chorschranken. Eines der ältesten Kölner Werke des 12. Jhs. Deutlicher Zusammenhang mit der Kleinkunst. Charakteristisch das unentschiedene Verhältnis zwischen architektonischer Arkaden-Rahmung und den figürlichen Szenen, die bildmäßig über die Rahmung hinweg zusammengezogen sind.
Lit.: H. Beenken, Roman. Skulptur in Deutschland (11. und 12. Jahrhundert), 1924; A. Feulner und Th. Müller, Geschichte der deutschen Plastik, Bruckmanns Deutsche Kunstgeschichte II, 1953.

Gutäer. Bergvolk im nördlichen →Zagros, von →Naramsin und →Scharkalischarri erfolgreich bekämpft, drang nach dem Machtniedergang von Akkad um 2150 v. Chr. vor und zerstörte Akkad. Die Herrschaft der G. im Zweistromland, wo allein →Lagasch vor dem „Drachen des Gebirges" verschont geblieben war, wurde erst um 2050 durch den Fürsten Utuchengal von →Uruk gebrochen. Der Sieg über den letzten König der G., Tirigan, leitete die sumerische Renaissance unter →Urnammu, dem Statthalter Utuchengals in →Ur, ein.
Lit.: H. Schmökel, GAV, 52ff.

Guttae. Bezeichnung für die kleinen tropfenförmigen Gebilde, die am Gebälk des dorischen →Peripteros den →Mutulus und die →Regula schmücken.

Guttuso, Renato. Italien. Maler und Schriftsteller. Geb. 1912 in Bagheria (Sizilien), lebt in Rom. Autodidakt, begann ein Jurastudium, das er aufgab, um 1931 nach Neapel und Mailand zu gehen. Ab 1932 arbeitete er als Restaurator, 1940/42 war er Mitglied der Künstlergruppe „Corrente", und 1947 gehörte er zu den Gründern der „Fronte nuove delle arte". Seither auf zahlreichen internationalen Ausstellungen vertreten und mit Kunstpreisen geehrt. – Nach expressionistischen Anfängen und einer Epoche des Einflusses von →Picasso brach er zum Neo-Realismus durch.
Lit.: Katalog zu: Mostra Antologica di R. Guttuso, 1963/64.

Guys, Constantin. Franz. Zeichner. Geb. 1805 in Vlissingen (Holland), gest. 1892 in Paris. Begann seine Künstlerlaufbahn erst mit 42 Jahren, nachdem er am griech. Befreiungskrieg teilgenommen, als franz. Soldat gedient und den Orient durchreist hatte. Seine künstlerische Ausbildung eignete er sich als Autodidakt an und nutzte sie, um für die „Illustrated London News" zu den Kriegsschauplätzen (Krimkrieg) als Kriegszeichner zu reisen. In den 60er Jahren machte G. sich in Paris ansässig, wo er über das Pariser Leben berichtete. – Da G. seinen Namen stets verschwieg (er signierte keine Zeichnung), lebte er als unbekannter Sonderling, und nur seine engsten Kollegen, →Daumier, →Gavarni und →Nadar, wußten um sein Können. Seine Zeichnungen sind meist mit der Feder gezeichnet und mit weißer Deckfarbe oder farbiger Tusche laviert.
Lit.: Thieme-Becker; B. Streiff, C. G., Catalogue des Dessins, 1957.

Guyum. Dorf in der alten Persis (→Fars), 35 km von Schiraz, mit unvollendetem Felsrelief →Bahrams II. Belehnungsszene zu Fuß.
Lit.: R. Ghirshman, Iran II, 176.

Guzana. Der Tell Halaf, die Ruinenstätte des alten G., 5 km westlich von Ras el-Ain im Quellgebiet des →Chabur, gehört zu den Siedlungsplätzen der altorientalischen Vorzeit, wie vor allem die bemalte, nach dem Erstfundort benannte Halaf-Keramik beweist. →Arpatschije. Neben geometrischen Mustern, Tierfiguren, Bukranien, Doppelaxtmotive, die im Gegensatz zu der drehend bewegten Bemalung der →Samarra-Keramik in einem festen Gefüge eingeordnet sind. Charakteristisch ist die weibliche Idolplastik mit fettleibigen Bildungen, die der ganzen Schicht bemalter Ware eignet und auf dominierend weiblich bestimmte, lebengebende Vorstellungen weist. Die jüngste Vorzeitschicht ist durch →Obeid-Keramik bezeichnet. In späthethitische Zeit gehört die Befestigungsanlage mit Palast- und Tempelbauten des Fürsten Kapara (9. Jh. v. Chr.), deren Rundplastik und →Orthostatenreliefs in der Verschmelzung späthethitischer, churritischer (?) und altmesopotamischer Motive einen charakteristischen Provinzialstil zeigt. Torfiguren in Gestalt von →Skorpionmenschen, Gebälk tragende Götter und Göttinnen auf ihren Symboltieren sind zusammen mit Adlerfigur und blockhaftem Sitzbild beispielhaft für den gedrungenen, schweren Stil der Basaltplastik, die durch die großen eingelegten Augen eindrucksvoll belebt wird. Das Ungefüge erinnert an die Sitzfigur des →Idrimi. Auf den Orthostatenreliefs erscheint das sumerische Motiv der Tierkapelle neben dem eine Flügelscheibe tragenden Genius im Knielaufschema zwischen Stiermenschen, Krieger- und Jagdszenen. Ein neuer Bildgedanke zeigt sich in der Darstellung des Reiterkriegers. Typisch ist das unvermittelte Aneinanderreihen der verschiedenen Motive. Es fehlt die den assyrischen Orthostatenreliefs eigene verbindende Kompositionsordnung.
Lit.: H. Schmökel, GAV, 338; V. Christian, AKZ, 34f.;

Tafel 10: *Paliotto, Vorderseite, Mittelfeld mit thronendem Christus, 1. Hälfte 9. Jh.; Mailand, S. Ambrogio.*

A. Parrot, Assur, 362; H. Potratz, KAO, 351ff.; E. Akurgal, HK, 90ff.

Gwalior. Stadt und Festung im nördlichen Mittelindien. Auf dem Plateau des Burgbergs befinden sich Ruinen von Hindu-Tempeln. Aus der Mitte des 15. Jhs. stammen kolossale Felsbilder der Dschainas am Nordabhang des Berges. Man Singh, 1486–1516, befestigte den Aufgang an der Südseite, erbaute die Mehrzahl der Paläste, deren typisch indischen Charakter später der Mogulherrscher Babur in seiner Autobiographie beschrieb. (Abb. S. 255).
Lit.: Reuther, Paläste, 33; Fischer, Schöpfungen, 402.

Gyaraspur. Mittelindisches Dorf mit zahlreichen Resten von Architektur des 11.–13. Jhs. Von weltlichen Bauten stammt die Ruine einer Toranlage „Ath Khamba". In der Ebene und auf dem Berg liegen stark beschädigte Tempel von Buddhisten, Hindus und Dschainas.
Lit.: Fischer, Schöpfungen, 213.

Gymnasion. Griech. Sportanlage. In der Regel gruppieren sich um einen Peristylhof verschiedene Räume, wie Waschanlagen, Unterrichtssäle oder Umkleidezimmer. Seinen Namen erhielt das G. von dem griech. Wort gymnos = nackt, da die Leibesübungen unbekleidet durchgeführt wurden. Da das G. auch dem Unterricht und der Erziehung diente, hat sich sein Name auf unsere höheren Schulen übertragen. – Anlagen dieser Art sind erst ab ca. 400 v.Chr. errichtet worden. Gut erhaltene Beispiele wurden in →Priene, →Epidauros, →Milet, →Olympia und →Pergamon ausgegraben.

H

Habanerfayencen. Von den Habanern (deutsche Sektierer, die nach dem Südosten Europas auswanderten) im 17. und 18. Jh. hergestellte, volkstümliche keramische Erzeugnisse.
Lit.: K. Layer, Oberungarische H., 1927.

Hachas. Zeremonialbeile oder Votiväxte genannte Steinobjekte der klassischen Veracruz-Kultur (→Tajín-Kultur), dürften wie die →„Palmas" zum Schmuck der Spieler des zeremoniellen Ballspieles gehört haben. H. wegen der Ähnlichkeit mit bei den Feiern verwendeten Äxten so benannt. Ihre im Kreuzschnitt keilförmige Gestalt bietet Raum für Verzierungen im Reliefschnitt. Meist werden menschliche Köpfe, oft mit phantastischen Kopfbedeckungen oder Helmen dargestellt, seltener Tiere, wie Fledermäuse, Affen oder Vögel. Meisterhaft sind die Verbindungen und Übergänge zwischen Menschen- und Jaguargesichtswiedergaben („Tiger faces" der →Olmeken).
Lit.: M. Covarrubias, The Eagle, the Jaguar and the Serpent, 1954.

Hadad. Name des Gottes →Adad im kanaanäisch-phönizischen Bereich.

Hadda. Ruinen buddhistischer Siedlungen und →Stupas 8 km südlich der ost-afghanischen Stadt Dschelalabad. Die erzählenden Szenen an den Schiefer- und Kalksteinreliefs sowie die Stuckköpfe als letzte Reste von buddhistischen Kult- und Stifterfiguren, deren Körper aus ungebranntem Ton hergestellt waren, sind von gleich großem Interesse für die asiatische wie für die griech.-röm. Kunstgeschichte: als Beispiel der Stilmischung und der Verwendung antiker Vorbilder für asiatische Auftraggeber in →Gandhara.
Lit.: MDAFA IV, VI, XIX.

Hadith →Figurenverbot.

Hadra-Vasen. Griech. hellenistische Vasengattung der 2. Hälfte des 3. Jhs. v.Chr., nach einem Hauptfundort in der Westnekropole von →Alexandria benannt. In der Regel handelt es sich hierbei um schlanke Hydrien, die als Aschenurnen verwandt wurden. Schulter und Bauch der Gefäße sind dekoriert. Hierbei überwiegen ornamentale Elemente: Girlanden, Palmetten und Efeuranken. Bisweilen finden sich reliefartig aufgesetzte Mäanderstreifen. Bei den bemalten Gefäßen sind dunkle Farben auf hellen Grund gesetzt. – Einige der H. sind mit den Todesdaten der Verstorbenen versehen. Diese Daten reichen von 259–212 v.Chr.
Lit.: A. Rumpf, Handb. der Archäologie, VI, 154, 1953

Hadrian. Röm. Kaiser, (76–138 n.Chr.) seit 117 n.Chr. als Nachfolger →Trajans an der Regierung. Als ausgesprochener Philhellene mit romantischer Veranlagung entwickelte er eine starke Bautätigkeit, bei der er bis in die Entwurfsplanung hinein mitwirkte. Neben dem →Forum Romanum errichtete er den monumentalen Doppeltempel der Venus und Roma, bei Tivoli seinen ausgedehnten Palast als Abfolge mehrerer Villenanlagen, in Athen das große →Olympieion. Seine bedeutendsten Bauwerke sind das berühmte →Pantheon in Rom und die →Engelsburg am Ufer des Tiber. – Unter seinem Einfluß nahm die röm. Kopistentätigkeit einen großen Aufschwung. Zahlreiche hochberühmte Werke der griech. Klassik sind in Kopien seiner Zeit überliefert, die z.T. in der →Hadriansvilla aufgestellt waren.

Hadriansvilla. Große Villenanlage des Kaisers →Hadrian bei Tivoli. Der Anlage, die nach 117 n.Chr. entstanden ist, liegt kein einheitlicher Plan zugrunde. Sie ist als eine lose Gruppierung mehrerer Baukomplexe zu verstehen. Ein Teil dieser Bauten geht wohl auf Entwürfe Hadrians selbst zurück und zeigt in Anlehnung und Abwandlung älterer Vorbilder z.T. sehr originelle und persönliche Ideen. So die sogen. Piazza d'Oro, ein großer rechteckiger Säulenhof mit einem vorgelagerten achtseitigen Kuppelbau, dem auf der Gegenseite des Hofes ein phantasievoller Saal, aus der Verbindung von Glieder- und Wölbebau entstanden, entspricht. Das achtteilige Gewölbe dieses Pavillons ruht einzig auf dem Gebälk, das von 8 schlanken Pfeilern getragen wird. – Das sogen. „Teatro marittimo" geht wohl ebenfalls auf einen eigenen Entwurf Hadrians zurück. Ein ringförmiger Kanal umschließt einen kleinen überkuppelten Rundbau, in den sich der Kaiser ungestört von der Umwelt zurückzog. – Bibliotheksräume, Wasserbecken, Tempel und weitere Palastbauten gehörten zur H., die zudem reich mit Kopien antiker Bildwerke geschmückt war.
Lit.: H. Kähler, Hadrian und seine Villa bei Tivoli, 1950.

Hähnel, Ernst Julius. Deutscher Bildhauer. Geb. 1811 in Dresden, gest. ebda. 1891. Zunächst studierte er Architektur an der Bauschule in Dresden (1826–30), dann bei F. v. →Gärtner an der Akademie in München, wo er →Rietschel und →Schwanthaler kennenlernte, unter deren Einfluß er zur Bildhauerei überwechselt. Studien für diese betrieb er ab 1831 an der Akademie in Florenz und ab 1832 in Rom; hier lebte er mit →Koch, J. M. →Wagner und →Thorvaldsen zusammen. Nach Deutschland zurückgekehrt, betätigte er sich zunächst als Gehilfe Schwanthalers in München. 1838 rief ihn →Semper für den Bau der Oper nach Dresden, wo er sich dann niederließ. – Neben Rietschel hat H. das Kunstschaffen in Dresden wesentlich mitbestimmt und durch seine vielen Schüler auch in der Zukunft weitergewirkt. Er hat zeitweilig an allen großen Bauaufgaben Dresdens mitgewirkt (Opernhaus, Orangerie, Gemäldegalerie).
Lit.: Thieme-Becker.

Häkchenstil. In der griech. Buchschrift des 1. Jhs. v.Chr. und 1. Jhs. n.Chr. eine charakteristische Sonderform, nach deren ausschmückenden Häkchen dieser Stil benannt ist.

Hällristningar. Bronzezeitliche →Felsritzungen in Schweden (Bohuslän) und im südlichen Norwegen.

Hängebecken. Meist reich ornamentierte Bronzegefäße der Nordischen →Bronzezeit, →Gürteldose.

Hängekuppel →Kuppel.

Hängeplatte. Bezeichnung der mit einer Tropfleiste versehenen Platte, einem wesentlichen Bestandteil des Kranzgesimses (→Gesims).

Hängezwickel. Von einem quadratischen oder polygonalen Raum zu einer diesen überspannenden Kuppel überleitendes Konstruktionselement, das in den Ecken des Raumes das Rund der Kuppel abfängt. In der Grundform entspricht der H. einem sphärischen Dreieck. Auch Pendentif genannt.

Hafnerkeramik. Alle Erzeugnisse aus Ton, die einen Überzug aus gefärbten Bleiglasuren haben, besonders Ofenkacheln, →Kachelofen.

Hagar Kim (Hagar Qim). Große jungsteinzeitliche „Tempel"-Anlage an der Südküste der Insel →Malta, bestehend aus einem System ovaler Innenhöfe in gewaltigen Umfassungsmauern. In Wandnischen wurden Tierknochen (Reste von Opfern) gefunden. Von hier stammen außerdem einige etwa 0,25 m hohe Steinfiguren, die fettleibige Frauen darstellen. Berühmt ist der Terrakotta-Torso der „Venus von Malta" als erstaunliches Beispiel des frühen Naturalismus in spätmegalithischer Zeit.

Hageladas. Griech. Bildhauer aus →Argos. Tätig in der 1. Hälfte des 5. Jhs. v. Chr. – Seine zahlreich genannten Werke haben sich bisher nicht mit überlieferten Plastiken in Verbindung bringen lassen. Seine eigentliche Bedeutung beruht auch weniger auf seiner künstlerischen als auf seiner Lehrtätigkeit. Die bedeutendsten Künstler des 5. Jhs. v. Chr. werden als seine Schüler bezeichnet. Ganz sicher sind →Myron und →Polyklet, vielleicht auch →Phidias durch seine Schule gegangen.
Lit.: G. Lippold, Handb. d. Archäologie, V, 88, 1950.

Hagenau, Nikolaus →Hagnower, Niklas.

Hagesandros. Name mehrerer Künstler einer griech. Bildhauerfamilie des 2. und 1. Jhs. v. Chr. aus →Rhodos. Der bedeutendste von ihnen schuf gemeinsam mit →Polydoros und →Athanodoros die berühmte →Laokoongruppe (Rom, Vat. Mus.). Dieser H. war wahrscheinlich der Vater oder Bruder seiner beiden Mitarbeiter. Seine Schaffenszeit ist durch den auf 50 v. Chr. zu datierenden Laokoon festgelegt. Eine Reihe von plastischen Werken können stilistisch an die Laokoongruppe angeschlossen und somit mit H. in Verbindung gebracht werden.
Lit.: G. Lippold, Handb. d. Archäologie, V, 384, 1950; Thieme-Becker.

Hagias →Hegias.

Hagia Sophia →Konstantinopel.

Hagia Triada. Ortschaft mit minoischem Palast auf →Kreta in der Nähe von →Phaistos an einem Berghang zum Meer hin gelegen. H. war wahrscheinlich Hafenresidenz der Herrscher von Phaistos. Eine Rampe, die in einer repräsentativen Treppe vor dem Propylon endet, führt vom Hafen zum Palasthof. Zwei schmale, mehrstöckige, rechtwinklig zueinander verlaufende Flügel bilden das eigentliche Palastzentrum. Hier neben Wohn- und Repräsentationsräumen mit Resten hervorragender Fresken Magazine und Archive. Die Anlage wurde in der 1. Hälfte des 16. Jhs. v. Chr. erbaut und um 1400 zerstört. – Unter den Einzelfunden sind besonders die Steatitvasen (→Schnittervase) zu nennen.
Lit.: S. Marinatos – M. Hirmer, Kreta und das mykenische Hellas, 1959.

Hagnower, Niklas, (Hagenau, Nikolaus von). Deutscher Bildhauer. Geb. um 1460, gest. ca. 1538. Er zählt zu den Hauptmeistern der Spätgotik und arbeitete in diesem Stil, ohne von der zu seiner Zeit bereits vorhandenen Renaissancebewegung beeinflußt zu werden. – Gemeinsam mit seinen beiden Brüdern Veit H. und Paul H. unterhielt er in Straßburg eine Werkstatt, aus der der 1500 geschaffene Hochaltar des Münsters zu →Straßburg hervorging. Neben diesem einzigen gesicherten Werk H.s ist wahrscheinlich die Schnitzarbeit des →Isenheimer Altars auf ihn zurückzuführen. – Weiterhin wurden ihm Holzschnitzwerke im Ulmer Münster (plastischer Schmuck am Sakramentshaus) und im Dom zu Chur (Sakramentshaus) zugeschrieben.
Lit.: W. Vöge, N. H., 1930.

Hahn, Hermann. Deutscher Bildhauer. Geb. 1868 in Rudolstadt/Thüringen, gest. 1942 in München. 1887–92 Studium an der Kunstgewerbeschule in München. Nach ausgedehnten Reisen durch zahlreiche Länder Europas ließ er sich 1912 in München nieder und wurde als Prof. an die dortige Akademie berufen. Hier setzte er die klassische Tradition, die von →Hildebrand begründet worden war, fort und hatte als Lehrer zahlreicher bedeutender Bildhauer einen nachhaltigen Einfluß auf die folgende Generation. War für sein Frühwerk das Vorbild Hildebrands und der klassischen griech. Kunst maßgebend, so finden sich seit 1930 archaistische Elemente, die für die Münchener Schule bedeutsam wurden. Neben Denkmälern schuf er eine Reihe bedeutender Portraits und dekorative Plastiken.
Lit.: H. Vollmer, Künstlerlex. d. 20. Jhs.

Niklas Hagnower, Der hl. Antonius, Mittelfigur Schrein des Isenheimer Altars, um 1500–1510 (Colmar, Unterlinden-Mus.).

Haibak. Buddhistische Kloster- und Kultstätte am Nordabhang des Hindukusch mit dem einzigartigen Beispiel eines monolithen →Stupa.
Lit.: S. Mizuno, H. and Kashmir Smast, 1962.

Haider, Karl. Deutscher Maler. Geb. 1846 in Neuhausen (Bayern), gest. 1916 in Schliersee (Obb.). Besuchte nur kurz die Akademie in München, darüber hinaus war er Autodidakt. H.s erste Bilder (Landschaften) verraten deutlich den Einfluß der 1869 in München ausgestellten Bilder von →Courbet. Später machte sich ein Einfluß von →Leibl bemerkbar. Zum Erfolg konnte H. erst nach 1890 mit einigen Alpenlandschaften durchstoßen. In dieser seiner besten Schaffenszeit erwies sich H. als der fähigste und stimmungsreichste Maler aus dem Kreis um Leibl, dessen feines Farbempfinden auch von keinem anderen jenes Kreises übertroffen wurde.
Lit.: Thieme-Becker.

Haiderabad/Dekkhan. Provinzhauptstadt des kürzlich in Andhra Pradesch umbenannten indischen Staates. Aus der Residenzzeit der kunstsinnigen →Qutb-Schahi-Dyn. stammen der Tschar Minar von 1591 und die Mekka-Moschee, die Anfang des 17. Jhs. begonnen und unter Aurangzeb 1693 vollendet wurde.

Haiderabad/Sind. Provinzhauptstadt in West-Pakistan mit ausgedehnten Architektur-Denkmälern der späteren indo-islam. Baukunst: besonders Gräber der Kalhora-Dyn. vom Ende des 18. und der Talpur-Dyn. vom Anfang des 19. Jhs.

Hajek, Otto Herbert. Deutscher Bildhauer. Geb. 1927 in Kaltenbach, ansässig in Stuttgart. 1947–54 Studium an der Akademie in Stuttgart. Seine ersten Arbeiten entstehen aus religiösen Themen. Er gestaltete mehrere katholische Kirchen und schuf hierfür Altäre, Taufbecken u. ä. – Neben diesen Auftragsarbeiten ent-

Halikarnassos. Friesplatte vom Mausoleum, um Mitte des 4. Jhs. v. Chr. (London, Brit. Mus.).

wickelte er einen freien Stil gegenstandsloser Plastiken, die er „Raumknoten" nennt. Er versucht eine Synthese aus negativer und positiver Form zu erreichen. Die gleichgewichtige Kräfteverteilung von Raum und Körper ist hierbei das zentrale Problem.

Lit.: Knaurs Lex. d. mod. Plastik, 1964.

Hakenkreuz. Geometrisches Dekorationselement in zahlreichen Kulturen. Gehört zu den weitverbreiteten Wirbelmotiven und kann auch Träger symbolischer Inhalte sein.

Halaf →Guzana.

Halberstadt. 1) Chorschrankenreliefs der Liebfrauenkirche: Stuckverkleidung, gegen die Querhausarme geschmückt mit Reliefsitzfiguren unter Arkaden (Süden: Maria; Norden: Christus zwischen je 6 Aposteln). Enger Zusammenhang mit den Hildesheimer Chorschranken (nach 1186), doch stärker in der Fläche beruhigt; wohl wenig später als diese, etwa 1190–1200. Stil und Anordnung der Sitzfiguren auch hier abhängig von kölnisch-maasländischer Schreinplastik (z. B. Heribertschrein, Deutz; Servatiusschrein, Maastricht). Hauptwerke vorgot. sächsischer Bildnerei, deren lebhafter Ausdruck und reichbewegte Formen von byzant. Vorbildern angeregt wurden (→Deutsche Kunst). Die Reste farbiger Fassung größtenteils spätere Restaurierung. – **2)** Triumphkreuzgruppe im Dom: Über dem Lettner auf einem Tragebalken das Kruzifix, Christus noch lebend ohne Anzeichen körperlichen Leidens als Triumphator, daneben frei stehend Maria, Johannes, 2 Cherubim, auf der Stirnseite des Balkens Halbfiguren der Apostel, auf der Rückseite Propheten. Um 1220. Wie die Chorschranken ein Hauptwerk vorgot. sächsischer Skulptur, noch von byzant. Kleinfiguren ausgehend. In Einzelzügen Kenntnis got. franz. Vorbilder festzustellen (Laon, Braisne). Doch sind der Typus, die ornamentalisierende Gewandbehandlung und die reliefmäßig flache Bildung der frei aufgestellten Figuren noch roman. Stilempfinden verhaftet. – **3)** Silberpatene. Seit dem 12. Jh. schon im Domschatz zu H. Dieses ungemein wertvolle Stück byzant. Charakters ist an seinem oberen Rand mit reinem Rankenwerk geschmückt, zwischen dem Medaillons mit Heiligen eingestreut sind. Dasselbe gilt von dem in die Tiefe führenden zweiten Streifen, der zwischen hervortretenden Kanten und Einbuchtungen ebenfalls Medaillons besitzt. In der Mitte des Tellers Christus am Kreuz zwischen Johannes und Maria. Echt byzant. ist die Haltung der beiden, die zwar trauern, aber nicht vom Schmerz hingerissen sind, ebenso die elegante Darstellung der Personen.

Lit.: H. Beenken, Romanische Skulptur in Deutschland, 11. und 12. Jh., 1924; E. Panofsky, Die deutsche Plastik des elften bis dreizehnten Jhs., 1924; A. Feulner und Th. Müller, Geschichte der deutschen Plastik, 1953.

Halbfayence. Keramik aus porösem Grundkörper (naturfarbenen Scherben) mit weißem oder gefärbtem Tonanguß u. durchsichtiger Glasur. Der Anguß kann mit gefärbtem Schlicker („Slip-Dekor") od. Unterglasurfarben bemalt od. durch Ritzen, Schneiden (Sgraffiato) od. Einlegearbeiten (z. B. „Henry-Deux-Fayencen") verziert sein. Die Deckglasur ist eine transparente, häufig gefärbte oder gefleckte Bleiglasur („Gefleckte Fayence").

Halbsäule. Säule, die als vorgeblendetes Architekturelement nur in ihrem halben Durchmesser ausgearbeitet und an eine Mauer oder einen Pfeiler gesetzt ist.

Halbtöne. Gebrochene Farben, die den Übergang zwischen Licht und Schatten bezeichnen.

Halebid. Südindisches Dorf an der Stelle der mittelalterl. Hoyschala-Residenzstadt, von der ausgedehnte und zugleich bis in alle Einzelheiten sorgfältig skulptierte Tempel der Dschainas und Hindus erhalten sind.

Halikarnassos. Karische Hafenstadt an der kleinasiatischen Küste. Der einheimische Fürst Maussollos verlegte seinen Regierungssitz um 370 v. Chr. vom inländischen →Mylasa nach H. und ließ die Stadt neu und prunkvoll erbauen. Als Vorbild diente ihm die gerade vollendete theaterförmig um den Hafen angelegte Stadt →Rhodos. Auf einer in halber Höhe verlaufenden Prachtstraße wurde sein von ihm begonnener und nach seinem Tod vollendeter Grabbau, das zu den →sieben Weltwundern zählende Mausoleum, errichtet.

Halle. 1) Ein nach einer oder mehreren Seiten offener, gedeckter Bau (→Stoa). – **2)** →Königshalle. – **3)** Teil eines Gebäudes, z. B. großer Eingangs- u. Empfangsraum.

Halle (Saale). Schon 806 wurde hier vom Sohn Karls d. Gr., Karl, eine Burg errichtet. Die Bedeutung des Ortes ergab sich aus seinem Handel und den Salzquellen. Die eigentliche Stadtgeschichte beginnt mit der Gründung des Klosters Neuwerk 1116. Der Stadtplan zeigt klar die Altstadt mit ihren unregelmäßigen Straßen, dem Marktplatz und der 1529 erbauten Marktkirche als Mittelpunkt und der noch ganz got. ehemaligen Moritzburg am nordwestlichen Rand, die der Magdeburger Erzbischof an Stelle der Karolingerfeste 1484–1503 hatte errichten lassen. Alte Befestigungsanlagen und Wälle wurden in Promenaden und Ringstraßen umgewandelt.

Hallenkirche. Kirchentyp, bei dem im Unterschied zur →Basilika die Schiffe des Langhauses gleiche Höhe und ein gemeinsames Dach haben. Einzige Lichtquelle des Langhauses sind die Seitenschiffenster. Ist das Mittelschiff etwas erhöht und hat einen fensterlosen Obergaden, spricht man auch von pseudobasilikaler H. Es gibt 2-, 3-

und 5schiffige H.n mit und ohne Querhaus und mit unterschiedlichen Chorlösungen. Charakteristisch ist das ruhig Lagernde des Raumeindrucks. Ist der Stützapparat der Gewölbe von entsprechender Schlankheit, können Räume von schwebender Leichtigkeit entstehen, die sich in der Spätgotik besonders glücklich mit Stern- und Netzgewölben verbinden. Häufig, besonders in den zahlreichen deutschen got. H.n seit dem 14. Jh., wird im Zuge der Raumvereinheitlichung das Querschiff fortgelassen und der Chor als meist polygonaler Abschluß dem Hallenraum einbezogen. Die Steilheit und richtungsbetonte Anlage der got. Kathedrale (→Gotik) wird hier zugunsten eines harmonisch ausgewogenen Raumgefüges aufgegeben. Vorform der H. dürfte die Hallenkrypta sein (→Krypta). Frühestes deutsches Beispiel ist die „per graecos operarios" um 1017 erbaute Bartholomäuskapelle in →Paderborn, ein völlig richtungsloser Bau, der keine Nachfolge fand. In roman. Zeit gibt es zahlreiche H.n in Westfalen (12.–13. Jh.), auch in Bayern und Ostschwaben. Die roman.südfranz. Bauschulen des →Poitou (dreischiffig mit Querhaus), des →Languedoc und der →Auvergne (beide pseudobasilikal) bilden um 1100 ebenfalls H.n aus. Ferner gibt es den Kirchentyp in Italien, Holland, auf der Insel Gotland (dort westfälischer Einfluß). In der Gotik ist die H. besonders in Deutschland verbreitet, wo sie seit der Mitte des 14. Jhs. zum bevorzugten Kirchentyp wird (zuerst →Marburg, Elisabethkirche, um 1235 begonnen (→Deutsche Kunst).

Hallenkrypta →Krypta.

Halebid. Korridor im Hoyschaleschvara-Tempel.

Haller, Hermann. Schweizer Bildhauer, geb. 1880 in Zürich, gest. 1950 ebda. Nach dem Studium der Malerei geht er 1905, angeregt durch einen Aufenthalt in Rom, zur Bildhauerei über. Lebte von 1907–1914 in Paris, jedoch ohne wesentliche Kontaktaufnahme zu den dortigen Künstlergruppen. Die Plastik →Rodins übte einen nachhaltigen Einfluß auf ihn aus. Daneben finden sich Anregungen →Lehmbrucks in seinen Werken. Er schuf vor allem weibliche Aktfiguren, daneben auch einige Denkmäler (Bern u. Zürich).
Lit.: H. Vollmer, Künstlerlex. d. 20. Jhs.

Haller von Hallerstein, Carl Freiherr von. Deutscher Architekt. Geb. 1774 in Hilpoltstein bei Nürnberg, gest. 1817 in Ampelakia (Thessalien). Seine Ausbildung als Baukünstler begann an der Karls-Akademie in Stuttgart, danach studierte er in Berlin bei David Gilly, wo er starke Anregungen von Friedrich →Gilly und K. F. →Schinkel empfing. Nach kurzer Tätigkeit in Nürnberg reiste H. nach Italien und von dort nach Griechenland. Dort grub er zusammen mit Cockerell die Giebelstatuen des Aphaiatempels in →Ägina aus. Diese Figurengruppen, die der bayerische Kronprinz Ludwig erwarb, bildeten den Grundstock zur Glyptothek in München. Eine andere bedeutende Entdeckung H.s ist der Fries von →Phigalia (British-Mus., London). Außer den Forschungsreisen durch Griechenland, die er im Auftrag des bayerischen Kronprinzen unternahm, fertigte er zwei Entwürfe für die Glyptothek in München und für die Walhalla bei Regensburg.
Lit.: H. Kiener, H.s Entwürfe zur Glyptothek und Walhalla, in: Münchner Jahrbuch 1923.

Hallorengläser. Keulenförmige →Humpen mit Emailmalerei, die zur Pfingstbierfeier von den Halloren (Salzpfänner in Halle/Saale) benutzt wurden.

Hallstatt. Namengebender Fundort in Oberösterreich (→H.-Kultur) mit großem eisenzeitlichen Gräberfeld, Salzabbau.

Hallstatt-Kultur. Ältere vorgeschichtliche →Eisenzeit, nach →Hallstatt in Oberösterreich benannt, mit vielfältigem Kunstgewerbe. Die Keramik ist häufig bemalt und mit eingeschnittenen geometrischen Ornamenten verziert, in den Spätphasen nimmt sie oft phantastisch-überladene Formen an. Auch Schmuck und Gerät, Schwertgriffe und Fibeln sind reich verziert. Ungeachtet einer ursprünglich geometrischen Tendenz neigt das Kunstgewerbe bald zum Extravaganten, Barocken und Manierierten. Der Reichtum der Hallstatt-Kultur beruht u. a. auf Salz- und Metallhandel sowie auf engen Beziehungen zum italisch-griech. Raum.

Hallstatt-Zeit. Abschnitt der vorgeschichtlichen Metallzeit Mitteleuropas, nach →Hallstatt in Oberösterreich benannt. Sie umfaßt die →Urnenfelder-Kultur und die spätere eisenzeitliche →Hallstatt-Kultur, die im 5. Jh. v. Chr. von der keltischen →Latène-Kultur abgelöst wird.

Hals, Frans. Holländischer Maler. Geb. um 1580 in Mecheln, gest. 1666 in Haarlem. Schüler K. van → Manders, entnahm H. die Themen seiner Darstellungen – Bildnisse, Schützenstücke, Genrebilder – dem bürgerlichen Leben seiner Zeit. Dadurch befreite H. die niederl. Malerei vom Romanismus und wurde der Begründer einer von Italien unabhängigen, nationalen holländischen Malerei. Dazu kommt, daß H. einer der bedeutendsten Bildnismaler aller Zeiten war; besonders das Gruppenbild (Schützenstück) erreichte bei H. eine Vielfalt des Aufbaues und eine Charakterisierung der Dargestellten, die nach ihm nicht wieder erreicht wurde. Die größten Leistungen dieses Faches sind die beiden Gruppenbilder „Die Regenten des Altmännerhauses" und die „Regentinnen des Altmännerhauses", beide 1664 entstanden (Haarlem, Mus.). Die Eindringlichkeit der Charaktere, die Würde der Haltung, die dabei eine gewisse Zufälligkeit der Bewegung zeigt, gehört mit zu seinen Ausdrucksformen. Unter den Einzelbildnissen sind die berühmtesten „Hille Bobbe" (Berlin, Staatl. Gal.), „Der lustige Zecher" (Kassel, Gal.) und „Der junge Mann mit dem Schlapphut" (ebda.). – Anfangs lag seinen Kompositionen eine sorgfältige Zeichnung zugrunde, die Farben waren dunkel und schwer. Mit der Zeit wurde der Farbauftrag – bei helleren und leichteren Farben – immer breiter, skizzenhafter, „impressionistischer". Er erreichte ein Höchstmaß an Erfassung einer augenblicklichen Bewegungssituation. Im Kolorit machte sich der Einfluß von →Rembrandt bemerkbar; H. verzichtete auf Lokalfarben zugunsten eines Gesamttones in Grau, Braun oder Schwarz. (Abb. S. 262).
Lit.: W. v. Bode und M. Binder, F. H., 2 Bde., 1914; F. Dülberg, F. H., 1930.

Hal Saflieni. Vorgeschichtliche Nekropole in der Nähe von La Valetta auf der Insel →Malta. Sie wurde im Jahre 1902 entdeckt und besteht aus einem System von Grabkammern und Verbindungsgängen in mehreren Stockwerken. Es fanden sich Überreste von mehr als sechstausend Menschen. Ein Hypogäum ist in den an-

F. Hals, „Die Offiziere der Adriansgilde", 1627 (Haarlem, Frans-Hals-Mus.).

stehenden Kalk eingetieft, die Bauweise ist megalithischer Architektur nachempfunden. Einige Decken sind mit (roten) Spiralranken bemalt. Unter den Funden sind Terrakotta-Statuetten von „schlafenden Priesterinnen" zu erwähnen.

Hal Tarxien. Große vorgeschichtliche „Tempelanlage" in der Nähe von La Valetta auf der Insel→Malta; sie besteht aus mehreren Gebäudekomplexen mit ovalen Innenhöfen. Schwellsteine von Tordurchgängen sind mit Reliefs von augenähnlichen Doppelspiralen verziert, – das Motiv kann auch rankenartig abgewandelt sein. Ein sogen. Altar zeigt Flachreliefs von Steinböcken und Schweinen. Die Keramik erinnert an Gefäße der →Jüngeren Steinzeit aus Südostitalien und Südfrankreich.

Hamadan. Westiranische Stadt an der Stätte des alten →Ekbatana.

Hameln (Weser). Unter den kirchlichen Bauten der Stadt ist an erster Stelle das Münster St. Bonifatius zu nennen, an dem sich roman. (Querschiff und Vierungsturm) und got. (Langhaus) Bauteile durchdringen. Im 8. Jh. gegründet, wurde sie bald erheblich zu einer kreuzförmigen Basilika erweitert (heutige Krypta aus dem 11. Jh.), die bis ins 14. Jh. dauernd umgebaut worden ist. Der oktogonale Vierungsturm kam im 12. Jh. dazu, Gewölbe in Chor und Vierung wurden im 13. Jh. geschlossen, das Langhaus wurde vom Beginn des 13. Jhs. bis 1400 in eine Halle umgebaut. Im 19. Jh. wurden Details, besonders an der nördlichen Langhauswand, historisierend erneuert. Das Innere wirkt zunächst einheitlich, seine Maße und Verhältniswerte sind aber ziemlich ungleich; auch die einzelnen Stilformen (Kapitellschmuck, Friese) sind abwechselnd noch roman. oder schon got. – Die Altstadt – der Grundriß ist ein Dreiviertelkreis – gibt heute noch eine Vorstellung von ihrem im 16. Jh. so reichen Stadtbild. Zu den bedeutendsten Bürgerhäusern zählen das Rattenfängerhaus von 1602 mit seiner kräftigen Pilaster- und Rustikagliederung in holländischer Art. Sehr charakteristisch ist auch der große dreigeschossige Giebel, der dicht mit kleinteiligen Zierformen wie Rollwerk, Masken, Obelisken etc. überzogen ist. Dem Rattenfängerhaus verwandt ist das Hochzeitshaus von 1610–17, bei dem die Geschosse durch kräftige Gesimse voneinander getrennt sind. Es war als repräsentatives Fest- und Feierhaus der Bürgerschaft erbaut und erhält seinen Ausdruck durch volutenumrankte Giebeldreiecke.

Lit.: Reclams Kunstführer, Deutschland, Bd. IV, 325 ff., 1960.

Hammam. In der islam. Baukunst sind die beheizten Badeanlagen (Hammam) antiker Tradition von Anfang an besonders reich ausgestattete Bauten. Sie dienten sowohl der Reinigung und Körperpflege sowie der allgemeinen Entspannung und Anregung. Seit omeyadischer Zeit gehören sie zu den Palastanlagen und zeigen verschwenderischen Luxus in der Ausstattung: Kuseir Amra, Qasr al Hair al Gharbi, Chribet el Mefjer. Wandmalereien und farbiger Stuckdekor überraschen durch reiche figürliche Darstellungen. Aus abbasidischer Zeit wurden reiche Wandmalereien mit Jagdszenen und Tänzerinnen in der Residenzstadt Samarra gefunden. Figürliche und plastische Dekoration weichen in mittelalterl. Zeit dem Ornament, aber es ist überliefert, daß man bei der Wahl der Farben und des Dekors auf eine euphorische Wirkung Wert legte. In Stadtanlagen gehört das H. häufig zur Karawanserai oder zur Moschee als Stiftung für das öffentliche Wohl. Zeugnis der Großzügigkeit dieser Anlagen und ihrer Ausstattung in Fliesen und Marmor sind die Bäder in Bursa aus dem 14.–16. Jh. – Den Betrieb in einem Bad schildert 1494 der Maler Behzad in einer Illustration zu Nizamis Khamsa (London, British Museum). Im 16. Jh. entstanden zahlreiche H.s unter der Leitung →Sinans mit vielseitigen Abwandlungen der Grundrisse der einzelnen Räume als Sechseck, Achteck, mit Nischen, als Doppelbad.

Lit.: A. Gabriel, Une Capitale Turque, Bourse, 1958; B. Ünsal, Turkish Islamic Architecture, 1959.

Hammurabi. 6. König der 1. Dyn. von Babylon, die nach ihm benannt wird (1728–1686 v.Chr.), Sohn des Sinmuballit, Zeitgenosse des →Schamschiadad I. und des →Zimrilim, den er ebenso unterwirft wie den mächtigen →Rimsin, so daß →Babylon Zentrum eines Großreiches wird. Die von H. erbauten Tempel- und Palastanlagen sind uns nur durch Schriftquellen bekannt, doch vermittelt →Mari eine Vorstellung von der Pracht einer gleichzeitigen Residenzstadt. Das berühmteste Denkmal ist die nach →Susa von →Schutruk-Nachunte entführte Gesetzesstele (Diorit) des H. mit der Darstellung des ehrfürchtig vor dem über Gebirge auf seinem Tempelpalast thronenden Schamasch stehenden Fürsten. Die schlanke, geschlossene Figur des H. bildet zusammen mit der breiten, sich öffnenden Gestalt des Gottes eine ausgewogene, schlichte Komposition, zu deren Sinngehalt

Gesetzes-Stele des Hammurabi, späte Larsa-Periode (Paris, Louvre).

sich die Inschrift fügt. Ungesichert ist die Zuweisung eines in →Susa gefundenen bärtigen Dioritkopfes, dessen mageres Greisengesicht mit faltiger Haut und Tränensäcken von Sorge und Entsagung sprechen. Weihinschrift für H. auf der aus →Larsa stammenden goldplattierten Beterstatuette des →Lunanna, die eine kleine künstlerische Kostbarkeit ist. Für das Leben des H. weihte der Gouverneur Ituraschdum ein Reliefbild, dessen bärtige Beterfigur mit Rundkappe auch in der Haltung auffallend der Darstellung des H. auf der Gesetzesstele ähnlich ist.

Lit.: A. Parrot, Sumer, 378f.; E. Strommenger, Mesopotamien, 87ff.; H. Schmökel, GAV, 106ff.; H. Potraz, KAO, 434.

Hampatong. Bei den Dajak in →Borneo bezeichnet dieses Wort einfache Holzfiguren aus roh beschnitzten Pfählen, die das Dorf vor bösen Einflüssen beschützen sollen. Sie haben damit die gleiche Funktion wie in den Tempeln der indonesischen Hochkulturstämme die →Kala-Köpfe. Dargestellt sind meist Köpfe von Tieren und menschlichen Wesen mit gefletschten Zähnen.

Hamun-See. See in Ostiran (Sistan), wo der Insel-Palast von →Kuh-i-Chodscha gefunden wurde.

Hamza-nama. Legenden von einem frühislam. Helden, die unter dem Mogulkaiser →Akbar 1564–69 prachtvoll illustriert wurden.

Lit.: Barrett, Painting, 76.

Han. Die Anlagen der Hane (oder Karawanserai) dienen als Unterkunft und Stapelplätze für Karawanen. Sie liegen in Abständen von Tagereisen an den Hauptrouten von Asien bis zum Vorderen Orient. Ihr Grundriß entspricht der Anlage des Kastells der Römerzeit. Der von Mauern mit Ecktürmen umwehrte Hof ist durch ein aufragendes Portal zugänglich. Er ist umgeben von Unterkunftsräumen, und ein großer Hallenbau für Tiere und Waren befindet sich an der dem Portal gegenüberliegenden Hofseite. Größere Anlagen weisen eine Moschee auf. – In der islam. Baugeschichte gehören diese Anlagen zu den bedeutendsten Leistungen der seltschukischen Zeit in Iran und Kleinasien. Im iranischen Hochland sind es flache, von kleinen Kuppeln überdachte Baukomplexe, die Anlagen in der Ebene zeigen den Kastrumgrundriß mit offenem Hof. In Kleinasien weisen die seldschukischen Han-Anlagen als Besonderheit eine langgestreckte, gewölbte, dreischiffige Halle mit einer Kuppel im Mittelschiff auf. Der davor liegende Hof ist ebenso häufig quadratisch wie langgestreckt und hat gewölbte Seitenräume. Besondere Aufmerksamkeit gilt der Portalgestaltung durch Steinmetzarbeit: Arabesken, geometrisches Flechtwerk, auch Drachen, Löwen, Genien, Stiere überziehen das durch Profile und Lisenenführung plastisch gestaltete Mauerwerk. Stalaktitwölbungen geben den monumentalen Anlagen eine elegante Note. Die von zugehauenen Quadern gefügten Kuppeln sind von technisch vollendeter Bauweise. Durch Bauinschriften sind zahlreiche Hane datiert. Die bekannteste Anlage ist der Sultan Han bei Akseray von 1229 mit einem kubusförmigen, auf Spitzbogen zwischen Pfeilern stehenden Moscheebau im Zentrum des Hofes und einer Halle von 1430 qm Grundfläche mit zentraler Kuppel im überhöhten Mittelschiff. – In osmanischer Zeit tritt besonders in den Städten (Bursa, Edirne, Istanbul) der auch als Markt benutzte Han auf. Der von doppelgeschossigen Arkaden umgebene Hof hat nur in Einzelfällen eine Moschee über einem Wasserbassin und dient merkantilen Zwecken. – Unter den Safewiden in Iran erscheinen unter Schah Abbas I. eindrucksvolle Anlagen mit mannigfachen Wölbungen (Chebi-Han bei Tebris), und neben dem Kastrumgrundriß tritt die zentrale Form mit oktogonalem Grundriß und einfallsreicher Innenraumaufteilung sowie Kombination verschiedener Komplexe in den Vordergrund, und noch im 19. Jh. kommt es zu originellen Lösungen, wie dem kreisrunden Grundriß.

Lit.: K. Erdmann, Das anatolische Karawanseray des 13. Jhs., 1961; L. Siroux, Caravansérails d'Iran, 1949; B. Ünsal, Turkish Islamic Architecture, 1959.

Hanamkonda →Warangal.

Handbilder. Sie kommen im Rahmen der →frankokantabrischen Kunst der →Älteren Steinzeit vor, sie werden allgemein dem →Aurignacien zugewiesen. Man kennt den einfachen Abdruck in Farbe getauchter Hände, aber auch das Aufspritzen von Farbe um die auf den Untergrund gelegte Hand (positive und negative H.).

Lit.: K. J. Narr, Urgeschichte der Kultur, 1961.

Handbuch der Malereien vom Berge Athos. Ist zu Beginn des 18. Jhs. vom Maler Dionysius von Phurna

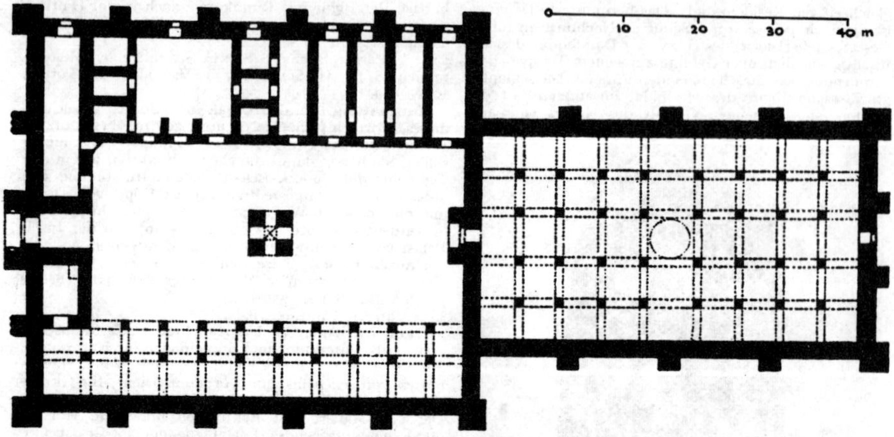

Karawansarai Sultan Han, 1229 n. Chr. errichtet; Grundriß.

verfaßt, 1845 ins Franz., 1853 ins Griech., 1855 ins Deutsche übersetzt. Stützt sich auf sehr alte Tradition. In vier Teilen wird die Technik der Malerei, die Beschreibung biblischer Bilder, die Beschreibung der Heiligenbilder und die Anordnung der Bilder in der Kirche festgesetzt. →Athos.

Handdruck. Von der Originalplatte abgezogener, ohne Verwendung einer Presse gewonnener Abdruck eines graphischen Blattes.

Handnegative →Burung.

Handumrisse →Handbilder.

Handzeichnung. Die mit verschiedenen Zeichenmaterialien auf Papier hergestellte Zeichnung. Je nach dem Zeichenstift unterscheidet man Bleistiftzeichnung, Federzeichnung, Kohlezeichnung, Kreidezeichnung, Rötelzeichnung, Silberstiftzeichnung und Tuschezeichnung. Zu unterscheiden sind →Skizze, Vorzeichnung, Studie oder Entwurf und die H., die ein in sich abgeschlossenes Kunstwerk ist. Ausgehend von der Vorzeichnung und dem Entwurf, entwickelt sich die H. im 16. Jh. zu selbständiger künstlerischer Ausdrucksform.
Lit.: J. Meder, Die H., ihre Technik und Entwicklung, 1923.

Han Kan. Chinesischer Maler, tätig zwischen 720 und 760 n. Chr. Als Hofmaler am kaiserlichen Hof zählte er zu den bedeutendsten Künstlern seiner Zeit. Vor allem als Pferdemaler erreichte er hohen Ruhm. Mehrere Werke wurden ihm aus allgemeinen stilistischen Erwägungen zugeschrieben, jedoch läßt sich hieraus kein gesicherter Anhaltspunkt für seinen persönlichen Stil gewinnen.
Lit.: Thieme-Becker.

Hankar, Paul. Belgischer Architekt. Geb. 1861 in St. Gilles (Brüssel), gest. 1901 in Brüssel. Schüler von J. Beyaert. Wie V. →Horta versuchte H. nach 1890 nach engl. Anregungen einen von historischen Vorstellungen losgelösten Stil zu kreieren, konnte sich jedoch gegen den ungleich genialeren Horta nicht behaupten. Neben einigen Wohnhäusern in Brüssel und Restaurierungen mittelalterl. Bauten hat er in seinem verspielten Linienstil eine Reihe – vielfach in schwächlicher Form nachgeahmter – Ladeneinbauten geschaffen.
Lit.: Thieme-Becker.

Hannonfayencen. Von der Familie Hannon in Straßburg von 1721–1781 hergestellte Fayencen. Geschirr mit Blumenmuster, aber auch Chinoiserien, ab 1750 auch sehr viel Formgeschirr (Gebrauchsgeschirr als Früchte, Vögel etc. gebildet). Marken: ligiertes PH (in der Frühzeit manchmal, ab 1750 ständig), ab 1762 ligiertes IH.
Lit.: H. Haug, Straßburger Fayence, 1957.

Hannover-Herrenhausen. Das Schloß ist 1665 unter Herzog Johann Friedrich von Calenberg nach Entwürfen von Lorenzo Bedogni begonnen, 1676 von Hieronymo Sartorio erweitert und zum Schloß ausgebaut, schließlich 1820–21 durch G. L. →Laves klassizistisch umgeformt und umgestaltet worden. Es wurde 1943 restlos zerstört. Geblieben sind die prachtvollen Gartenanlagen, die 1666 von Gärtner M. Grosse als Lustgarten in Größe eines Gartenparterres begonnen wurden. 1674 kamen Grotte und Kaskade hinzu. Martin Charbonnier, Schüler Le Nôtres, erweiterte den Garten und errichtete das Gartentheater. Mit den beiden Rundpavillons von L. R. de →la Fosse (1709) war die Anlage vollendet. Sie ist rechteckig und wird von einem Kanal (Gracht) umzogen. Ihre Hauptpunkte sind durch Fontänen betont. Die ganze, in regelmäßige Quartiere geteilte Anlage ist durchsetzt von Gartenplastik und Sandsteinvasen. Das Gartentheater besteht aus vergoldeten Metallfiguren vor Heckenwänden.
Lit.: Wasmuths Lex. der Baukunst, Bd. III, 1931; Reclams Kunstführer, Deutschland, Bd. IV, 1962; U. v. Alvensleben u. H. Reuther, Herrenhausen, 1966.

Hans von Tübingen. Deutscher Maler. Geb. um 1400, gest. 1462 in Wiener Neustadt. Als Hauptmeister einer großen südostdeutschen Malerschule nahm er Anregungen der franz.-burgundischen Malerei auf und verarbeitete sie zu einem eigenständigen ausgeprägten Realismus. – Er war hauptsächlich in Wien tätig. Als seine bedeutendsten Werke seien genannt: Votivtafel aus St. Lambrecht (Graz, Landesgalerie, um 1430) und eine Kreuzigung (Wien, Gemäldegalerie).
Lit.: K. Oettinger, H. und seine Schule, 1938.

Hansen, Christian. Dänischer Architekt. Geb. 1803 in Kopenhagen, gest. 1883 in Wien, Bruder des →H., Theophil. Studierte an der Bauakademie in Kopenhagen bei →Hetsch. Ein Stipendium ermöglichte ihm eine Reise nach Rom (1831), von wo aus er sich über Neapel und Sizilien nach Griechenland begab (1833). Gemeinsam mit Roß und →Schaubert baute er den Niketempel der Akropolis in →Athen wieder auf. Sein Hauptwerk in Athen ist jedoch die Universität (1839–42). Über Triest, wo er bis 1857 das Marinearsenal baute, kehrte H. nach Kopenhagen zurück, wo er als Prof. an der Akademie und als Stadtbaumeister wirkte. Er erbaute dort das Gemeindehospital (1859–63) und das Naturhistorische Mus. (1863–69).
Lit.: Thieme-Becker.

Hansen, Emil →Nolde.

Hansen, Theophil. Dänisch-österreichischer Architekt. Geb. 1813 in Kopenhagen, gest. 1891 in Wien; Bruder des →H., Christian. Studierte wie dieser bei →Hetsch an der Bauakademie in Kopenhagen und reiste 1837 mit

einem Stipendium über Berlin, wo er →Schinkels Werke studierte, nach Italien und Griechenland (1838). Schon 1840 wurde er in Athen Lehrer an der technischen Schule und erhielt seinen ersten Bauauftrag: den Bau der Sternwarte auf dem Nymphenhügel. Von L. → Förster eingeladen, kam H. 1846 nach Wien. Die nächsten Jahre wirkte er sodann im Wiener Atelier Försters, mit dem er auch verwandtschaftlich verbunden war. Aus der Epoche jener Zusammenarbeit stammt das Waffenmuseum im Arsenal (1850–56) im byzant. Stil. Von den vielen monumentalen Bauaufgaben, die H. im Zuge des Ausbaues der Wiener Ringstraße zufielen, seien nur genannt der Heinrichshof (erbaut 1861–63, zerstört 1945), mit welchem H. den für die weitere Entwicklung Wiens bedeutendsten Wohnblocktyp schuf, sowie das Parlament (1873–83), mit welchem er einen über Österreich hinaus geltenden Bautypus entwickelte. Von Wien aus baute er in Athen neben der Universität seines Bruders die Akademie der Wissenschaften (1861 f.) und die Bibliothek, einen ebenfalls musterbildenden Bau. – H. war durch seine Ausbildung Klassizist, nahm jedoch in Athen mit großer Begeisterung hellenische und byzant. Einflüsse auf, die er in Wien mit den dort vorherrschenden italienisierenden Formen zu einer „griech. Renaissance" zu vereinen wußte (Akademie und Musikvereinshaus in Wien). Neben der Ausstattung für die großen Säle seiner Bauten hat H. auch freie kunstgewerbliche Arbeiten – Möbel, Tafelaufsätze, Gläser und Service – entworfen und wenn nötig modelliert.
Lit.: G. Niemann und F. v. Feldegg, Th. H. und sein Werk, 1893.

Th. Hansen, Bibliothek, Athen.

Hanuman. Nach der indischen Mythologie König der Affen und Bundesgenosse des →Rama.

Harappa. Eine der Hauptstädte der vorgeschichtlichen →Industal-Kultur am Ravi-Fluß in West-Pakistan. In den Ausgrabungen wurden besonders eine stark befestigte Zitadelle, Hafenanlagen, Magazine, Arbeiterquartiere und Terrassen zur Bearbeitung des Getreides freigelegt. Lokalmuseum mit Kleinfunden an Keramik, Siegeln Handwerksgerät usw.
Lit.: Wheeler, Alt-Indien und Pakistan.

Harappakultur. Nach dem Hauptfundort →Harappa benannter Zweig der →Industal-Kultur.

Harbaville. Ein Triptychon aus Elfenbein im Louvre zu Paris. 10. Jh. Sehr zart und anmutig. Auf der Vorderseite eine →Deësis-Gruppe, in der Mitte, darunter und daneben Heilige. Auf der Rückseite in der Mitte ein Triumphkreuz im Paradies. Rechts und links Heilige.

Hardouin-Mansart, Jules →Mansart 2).

Haremhab. Ägypt. Reichsfeldherr, Nachfolger des →Aja und letzter Herrscher der 18. Dyn. (bis 1314 v.Chr.). H. spielte eine wichtige Rolle bei der Restauration nach dem Tode →Amenophis' IV. und der Beseitigung der Denkmäler der →Amarna-Zeit: 9. und 10. →Pylon in →Karnak auf der heiligen Straße zwischen →Amun- und Mut-Bezirk, erbaut aus den Blöcken des →Aton-Tempels →Amenophis' IV. Erweiterung des Totentempels →Ajas in →Medinet Habu zu einem befestigten Tempelpalst. Felskapelle in →Silsile. Reichsverwesergrab in →Sakkara, Königsgrab in →Theben-West. →Schreiberfigur aus dem →Ptah-Tempel zu → Memphis. In der Rundplastik H.s wie in den Reliefs zeichnet sich der Übergang zwischen dem →Amarna- und dem Ramessiden-Stil ab. Beispielhaft sind die Reliefbilder aus dem Sakkaragrab mit der Darstellung eines bewegten Gesandtenempfangs durch H., wobei die glänzend charakterisierte Fremdgruppe mit vielen Überschneidungen raumhaft wiedergegeben ist.
Lit.: W. Wolf, KÄ, 470 f., 522 ff., 544 f., 566 ff.

Haritsch. Ort in Armenien, wo eine Grabstele des 5./6. Jhs. n.Chr. gefunden wurde, deren Relief →Anahita in charakteristischer Frontaldarstellung zeigt.
Lit.: R. Ghirshman, Iran II, 301.

Harmal. Grabungsstätte →Tell H. →Schaduppum.

Harmika. Ein indischer Pavillon; der Reliquienschrein als Bekrönung des buddhistischen →Stupa.

Harmodios →Tyrannenmörder.

Harpyen-Monument →Xanthos.

Hartung, Hans. Deutsch-französischer Maler. Geb. 1904 in Leipzig, ansässig in Paris. 1935 siedelte er nach Paris über. Bis 1945 Kriegsdienst in der Fremdenlegion. Anschließend wieder in Paris. Er gilt als einer der wichtigsten Vertreter der abstrakten Malerei Frankreichs.
Lit.: M. Rousseau, Hans Hartung, 1950; H. H., Katalog der Ausstellung, Wien (1963).

Hartung, Karl. Deutscher Bildhauer. Geb. 1908 in Hamburg, gest. 1967. Nach dem Studium in Hamburg ging er 1929–32 nach Paris, wo er sich mit den Werken →Bourdelles und →Maillols beschäftigte. 1932 Aufenthalt in Florenz. 1933 Rückkehr nach Hamburg, von wo er 1936 nach Berlin übersiedelte. In dieser Zeit entfernte er sich vom Gegenstand und fand in der organischen Elementarform einen neuen bildnerischen Ausdruck. Neben melodisch schwingenden, abstrakten Körpern schuf er geometrische Gebilde von harter Kantigkeit. Seine Werke lassen sich mit denen von → Arp und →Brancusi vergleichen, wenngleich er seine Formensprache unabhängig von jenen Künstlern fand.
Lit.: Knaurs Lex. d. mod. Plastik, 1964.

Harunobu, Suzuki. Japanischer Maler und Holzschnittmeister. Geb. 1718, gest. 1770 in Tokio. Er entwickelte in reicher Vielfalt den Mehrfarbendruck und wurde dadurch zu einem der Begründer des ostasiatischen Buntdrucks. Farbholzschnitte, deren Themen aus dem Leben der Frauen genommen sind, stehen im Zentrum seines Schaffens.

Hasanlu. Grabungsstätte bei Solduz am Südwestufer des Urmiasees. Palast und Nekropole (9./8. Jh. v.Chr.). Reichgeformte Keramik, Bronzeplastik, Goldschmuck als Grabbeigabe. Goldener Reliefbecher mit religiösen Szenen (Opferzug und Götterfahrt über mythologischen Motiven) im zerstörten Palast. Die Darstellung weist auf Beziehungen zur →hethitischen Kunst und zu →Urartu. H. lag im Bereich der →Mannäer. Eine Pferdebestattung mit Zaumzeug läßt an Verbindung mit den →Skythen denken.
Lit.: R. Ghirshman, Iran I, 24 ff.; J. Wiesner, UKG II, 112 ff.

Hasenauer, Baron Karl von. Österreichischer Architekt. Geb. 1833 in Wien, gest. ebda. 1894. Schüler von van der →Nüll und →Siccardsburg an der Wiener Akademie (1850–55); Studienreisen durch Deutschland,

Italien, Frankreich, Belgien und England festigten seine Ausbildung. Nachdem er 1861 schon den 3. Preis bei dem Wettbewerb für das Wiener Opernhaus erhalten hatte, wurde er der Allgemeinheit durch seine palastartigen Ausstellungsbauten für die Pariser Weltausstellung von 1867 bekannt. Gemeinsam mit G. →Semper projektierte er sodann in Wien das Hof-Forum mit der Neuen Hofburg, den Hofmuseen und dem Hofburgtheater (1867–71), von dem nach Änderungen nur die Teile der Hofburg unvollendet blieben. Der Anteil H.s an diesen Bauten der Ringstraße in →Wien umfaßt die gesamte formale Erscheinung der barock-üppigen, oft kleinteiligen Architektur sowie die prunkvollen Innenausstattungen, während die Disposition der Gebäude und ihre innere Anlage das Werk Sempers sind.
Lit.: Thieme-Becker.

Hasenclever, Johann Peter. Deutscher Genremaler. Geb. 1810 in Remscheid, gest. 1853 in Düsseldorf. Nachdem er ab 1827 an der Düsseldorfer Akademie ein Architekturstudium begonnen hatte, wechselte er in die Malerklasse von W. →Schadow. Schon hier entschied sich H. für die humorvolle Charakterstudie und das illustrative Genre als Themen für seine kleinformatigen Bilder (Die Politiker; Das Milchmädchen). Großen und auch anhaltenden Erfolg hatte H. mit den Darstellungen zur „Jobsiade" von Kortum, deren erste Illustrationen 1838 erschienen sind.
Lit.: Thieme-Becker.

Hassleben. Fundort eines thüringischen „Fürstengrabes" mit reichen Beigaben, etwa 300 n. Chr.

Hastinapura. Diese nordindische Stadt ist aus alten Sanskrit-Epen bekannt. Ausgrabungen ergaben eine ausgedehnte, befestigte Siedlung frühgeschichtlicher Zeit, nach den Funden an Keramik aus der Wende vom 2. zum 1. Jahrtausend v. Chr.
Lit.: A. Chand, H., 1952.

Haterier-Grab. Berühmtes röm. Grabmal der Familie der Haterier, 1848 in Rom gefunden. Die hervorragenden Reliefs mit Szenen von der Errichtung eines

Relief vom Haterier-Grab.

Grabmals und Büsten der Verstorbenen gehören zu den bedeutendsten Werken röm.-flavischer Kunst. – Um 110 n. Chr. wurde das H. errichtet.

Hathor. Als Kuh vorgestellte Himmelsgöttin, auch menschengestaltig mit Kuhohren und -hörnern, zwischen denen die Sonnenscheibe steht, wie zahlreiche Darstellungen der →ägypt. Kunst bezeugen (→Hathorkapitell). H. ist Göttin der Liebe, des Tanzes, des Rauschtranks, Herrin der Fremdländer, in →Theben Totengöttin (→Der el-bahri). Gleichsetzung mit →Isis und der Stadtgöttin von →Byblos wegen der mütterlichen Züge. In →Dendera Gemahlin des →Horus von →Edfu und Mutter des Harsomtus. Die sieben Hathoren entsprechen den griech. Moiren.
Lit.: S. Morenz, ÄR, 295; E. Brunner-Traut, Ägypten, 94.

Hathor-Kuh, Neues Reich (Kairo, Mus.).

Hathorkapitell. Das H. besteht aus zwei gegeneinandergestellten Köpfen der Göttin →Hathor, deren Gesicht von den Flechten ihrer Frisur umrahmt ist. Es begegnet erstmalig im Mittleren Reich am Bau →Sesostris III. in →Bubastis und wird bis in die Spätzeit ausschließlich in Tempeln von Göttinnen verwendet. →Dendera, →Der el-bahri.
Lit.: W. Wolf, KÄ, 313.

Hatra. Ruinenstätte nordwestlich von →Assur aus parthischer Zeit (2. Jh. n. Chr.). Befestigte runde Lagerstadt mit Palast- und Tempelanlage, in der wie im parthischen Assur der →Iwan auftritt. Der Palast besteht aus zwei Iwanen, die beide von schmalen Seitenräumen mit Tonnengewölbe begleitet werden. Der an den Palastbereich angeschlossene quadratische Tempel zeigt einen zentralen Kultraum mit Tonnengewölbe, der ringsum von gewölbten Schmalräumen umgeben ist. Das sorgfältige Steingefüge ist hellenistisch-röm. bestimmt, parthisch dagegen der Schmuck des Mauerwerks mit Masken. Die ihnen eigene Frontalität offenbart sich auch in der reichen Plastik von H., darunter Statuen von Königen (→Sanatruq, →Utchal) und Frauen des Herrschergeschlechtes als Adoranten. Die Auseinandersetzung mit der Profildarstellung der →Achaemeniden und des →Hellenismus ist unverkennbar. Charakteristisch ist die minutiöse Ausarbeitung der Kleidung, die mit Ärmelrock und langer Hose die typische Reitertracht zeigt.
Lit.: R. Ghirshman, Iran II, 387; H. H. von der Osten, WP, 120.

Hatschepsut. Fünfter Pharao der 18. Dyn., erste Herrscherin in Ägypten. Tochter →Thutmosis I., Gemahlin →Thutmosis II., nach dessen frühem Tod sie die

Staatsgeschäfte führte. Die Bedeutung der größten Königin auf dem Pharaonenthron kommt in der Baukunst zum Ausdruck. Anlage des großen Terrassenheiligtums von →Der el-bahri. Tempel in →Buhen. →Obelisken und Kapelle im →Amun-Tempel von →Karnak, wo der 8. →Pylon an der Verbindungsstraße zum Mutheiligtum errichtet wurde. Jubiläumstempel in →Medinet Habu. Ein Grab der H. im Tal der Könige (→Theben-West) liegt in der Achse des Tempels von Der el-bahri, das andere westlich davon an einer steilen Felswand mit dem Zugang 70 m über der Talsohle. Die meisten Bildnisse der H. wurden in einem Steinbruch bei Der el-bahri gefunden, wohin sie →Thutmosis III. aus dem Tempelbezirk hatte entfernen lassen. Sie zeigen H. stehend, thronend und kniend, meist in männlicher Gestalt, doch auch in weiblicher Tracht und verhaltener Körperbildung. Unverkennbar ist die Anlehnung an die Königsstatuen des Mittleren Reiches, ebenso deutlich aber auch die anmutigere Neuformung des Gesichtes. Diese Feststellung gilt auch für die →Sphinx-Denkmäler der H., die erstmalig weiblich gebildet sein können. Es ist möglich, daß mykenische Frühgriechen dadurch zu ihrer Sphinxauffassung angeregt wurden, zumal der große Sphinx von →Gizeh damals verschüttet war. In den hervorragenden Reliefzyklen der H. ist das Bild der Königin durch Thutmosis III. systematisch ausgeschlagen. Doch gerade die von Haß bestimmte Zerstörung inmitten des Erhaltenen ist ein eindrucksvolles Zeugnis für die von H. und ihrem Günstling →Senenmut gepflegte hohe Kunst.
Lit.: W. Wolf, KÄ, 410ff., 423ff., 431ff., 471ff., 481ff., 742; E. Brunner-Traut, Ägypten, 447f., 458, 468ff.; E. Otto, Ägypten, 146ff.

Hattuscha. Hauptstadt der Hethiter, deren Ruinen bei →Boghazköi wiederentdeckt wurden.

Haufebecher. Metallbecher, die satzweise in abnehmender Größe angefertigt werden und zu einem „Haufen" zusammengestellt werden können. Seit dem 16. Jh. n. Chr bekannt. Vollständige Sätze finden wir in den Museen in Leipzig, Kassel und in der Reichen Kapelle in München.

Haurangebiet (Basiliken). Der reiche Kirchenbau in Syrien in der altchristl. Zeit hat im Haurangebirge südlich von Damaskus sein eigenes Gepräge. Wegen des Fehlens von Holz wird vor allem harter Basalt benutzt. Das Material ermöglicht die Herstellung von steinernen Querböden, die das Kirchenschiff überziehen. Die Säulenarkaden der altchristl. Basilika sind aufgegeben, die Überhöhung des Mittelschiffes fehlt, ebenso die Tiefenausdehnung. Die Fassaden sind im Unterschied zu denen der nordsyrischen Kirchen schmucklos, haben aber eine gewisse Ähnlichkeit mit griech. Tempelfassaden. So in der Säulen- und Giebelkonstruktion. Neben diesen für den Haurán charakteristischen Kirchen fehlen auch andere Typen nicht. Es gibt einschiffige Kirchen mit Querbogenanlagen (Julianuskirche aus dem Jahre 340 und die Masechoskirche in Unm-idj-Djimal), andere sind den westlichen ähnlich, nämlich dreischiffige Pfeilerbasiliken mit erhöhtem Stützdach über dem Mittelschiff. Bei einigen finden wir Säulen noch über den Arkaden, die die Schiffe trennen.
Lit.: H. W. Beyer, Der syrische Kirchenbau, 1925.

Hausbuchmeister. Anonymer deutscher Maler, Zeichner und Kupferstecher, tätig in der 2. Hälfte des 15. Jhs. im mittelrheinischen Gebiet (Mainz), benannt nach einem von ihm mit zahlreichen Federzeichnungen ausgestatteten „Hausbuch" (Schloß Wolfegg). Da sich der größte Teil seines Œuvres als Kupferstecher in Amsterdam befindet, wurde er auch „Meister des Amsterdamer Kabinetts" genannt. – In seinem Schaffen nimmt der Kupferstich eine dominierende Rolle ein. In diesen Werken wird deutlich, daß er zu den wegweisenden Meistern dieser Technik und zu den bedeutendsten Vorläufern A. →Dürers gehört. Bahnbrechend wie seine technische Könnerschaft waren auch seine Themen, die er z. T. dem Alltagsleben widmete. Über 90 Kupferstiche seiner Hand sind erhalten. – Auch Holzschnittillustrationen wurden ihm zugeschrieben.
Lit.: A. Stange, Der H., Studien zur deutschen Kunstgeschichte, 316, 1958.

Hausmaler. Bezeichnung für Porzellan- und Fayencemaler des 17. und 18. Jhs., die nicht in den Manufakturen, sondern in kleineren Werkstätten tätig waren.

Hausmarke. Gleicht dem →Steinmetzzeichen, runenähnliches Zeichen, das aus einem abstrakten Liniengebilde besteht. Es wurde als Zeichen des Besitzes von Bauern und Bürgern an den Häusern und Gegenständen des persönlichen Eigentums angebracht. Häufig hat die H. auch Eingang in das →Wappen gefunden.

Haußmann, Georges-Eugène, Baron. Franz. Präfekt. Geb. 1809 in Paris, gest. ebda. 1891. Besuchte anfangs das Konservatorium, wandte sich dann aber der Advokatur zu. Unter König Louis-Philippe wurde er in der öffentlichen Verwaltung angestellt, in der er bis 1848 zum Unterpräfekten aufstieg. Unter dem Präsidenten und späteren Kaiser Napoleon III. stieg er vom Präsidenten des Dép. Var bis zum Präfekten des Dép. Seine auf (1853). In dieser Stellung gestaltete er im Auftrage seines Kaisers das neue Stadtbild von →Paris, indem er nach militärischen Überlegungen ein Netz von Avenuen und Boulevards durch die dichte Altstadt brach (zusammen über 100 km Hauptstraßen) und damit auch der Repräsentation der Haupstadt neuen Glanz verlieh. Darüber hinaus verbesserte er wesentlich die hygienischen Verhältnisse der Millionenstadt durch ein Netz von 420 km Kanalisationen, 800 km Wasserleitungen und 3200 Gaskandelabern. Als die Schuldenlast der Stadt Paris mit 884 Millionen Franken nicht mehr tragbar war, wurde er gestürzt. Er war danach Präsident einer Bank und Kammerabgeordneter der bonapartistischen Partei.
Lit.: D. A. Pinkney, Napoleon III and the Rebuilding of Paris, 1958.

Haustein, auch Werkstein genannter, zu regelmäßiger Form gehauener, aus natürlichem Stein gewonnener Baustein.

Hausurnen. Wohnhäusern nachgebildete Tongefäße vorgeschichtlicher Zeit, Urnen (→Gesichtsurnen). In der →Eisenzeit kommen sie von Skandinavien bis Südeuropa vor. – Seit der →Villanova-Zeit im etruskisch-italischen Bereich verbreitete Aschenbehälter aus Ton, seltener aus Stein, deren Form von der Idee des Totenhauses bestimmt ist. Neben Rundhüttenformen gibt es viereckige H., die eine Vorstellung vom etruskisch-italischen Wohnbau vermitteln. Auch die Langhausform ist gesichert. Die Walm- und Giebeldachbildungen sind oft mit Sparrenenden in Form von Vogelköpfen ausgestattet, die auf kosmisch bestimmte Abwehrvorstellungen weisen. Ritzverzierung und Bemalung der Seiten deutet auf entsprechenden Schmuck der Hauswände. Nach dem Vorbild der H. ist die Hütte des Romulus auf dem Palatin rekonstruiert, wo runde Hausgrundrisse gesichert sind. Die etruskische Hausform ist durch eine H. aus Stein aus dem →Poggio Gaiella vertreten.
Lit.: G. Q. Giglioli, AE, Taf. 2ff.; O. W. Vacano, F. II, 61ff.; E. Nash, Bildlexikon zur Topographie des antiken Rom, II, 163ff.

Hautelisse →Basselisse.

Haviland, John. Amerikanischer Architekt. Geb. 1792 in England, gest. 1853 in Philadelphia. Seine Ausbildung empfing er in England; in London war er noch Bauleiter. Erst 1817 kam er nach Amerika, wo er eine Architekturschule eröffnete und ein Bauhandbuch „The Builder's Assistent", 2 Bde. 1818/19, herausgab. Berühmt wurde er durch die Entwicklung des Radialsystems für große Gefängnisse. Das erste dieser Art, erbaut in Philadelphia (1823–35), gilt als eines der besten Beispiele historistischer Architektur in der 1. Hälfte des 19. Jhs. in Amerika. Weitere Bauten: Presbyterianerkirche und St. Andreas-Kathedrale in Philadelphia.
Lit.: Thieme-Becker; H. R. Hitchcock, Architecture 19th and 20th Centuries, 1958.

Hawaii (Sandwich-Inseln). Inselgruppe im nördlichen →Polynesien. Noch heute findet man die Reste terrassenartiger Kultplätze (→Marae), die bis 1819 – dem Jahr einer religiös-sozialen Revolution noch vor der Europäisierung – von zahllosen Skulpturen aus Holz und Stein umgeben waren (Sippen- und Berufsgruppen-Schutzgötter). Charakteristisch für Plastiken aus H. ist der wild verzerrte Mund (→Ku-kaili-moku). Die Körper-

oberfläche der Figuren ist nicht (wie etwa in →Neuseeland) durch Tatauierungs-Ornamente verziert. – Berühmt war der Rindenstoff von H., der sehr fein war und den man mit Holzstempeln bedruckte (→Tapa). →Federarbeiten (Südsee).
Lit.: H. M. Luquiens, Hawaiian Art, 1931.

Hawara. Am Ostrand der Oase el-Fayum Ruine der Pyramide →Amenemhets III., einem mit Kalksteinplatten belegten Ziegelbau, der um einen natürlichen Fels gelegt war. Konstruktive Neuerungen in der Anlage der Sargkammer. Eingang im Süden, im Gegensatz zu dem ursprünglich üblichen Nordeingang der Pyramidengräber, ausgerichtet auf den Totentempel, das im Altertum berühmte Labyrinth, das nach der griech. Überlieferung zwei Stockwerke mit 1500 Räumen hatte. Nördlich der Pyramide Grabanlagen der Vornehmen von Krokodilopolis aus dem Mittleren Reich ist der größte Fundort der →Mumienportraits.
Lit.: W. Wolf, KÄ, 298, 303, 308f., 313, 328ff.; E. Brunner-Traut, Ägypten, 404.

Hayter, Stanley William. Engl. Maler und Graphiker. Geb. 1901 in London, ansässig in Paris. Kam bereits 1926 nach Paris und wandte sich dort der experimentellen abstrakten Graphik zu. Er versuchte die Ausdrucksmittel der Graphik zu erneuern und zu bereichern und hatte dadurch großen Einfluß auf die moderne Graphik. Dies besonders in den USA, wo er 1940 bis 1952 in New York tätig war. Als Graphiker arbeitet er hauptsächlich in Kupferstich und Radierung. – Sein malerisches Werk steht den Surrealisten, deren Gruppe er 1934–40 in Paris angehörte, nahe und ist in seinen abstrakt-visionären Bildern vor allem mit den Werken A. →Massons vergleichbar.
Lit.: W. Grohmann (Herausgeber), Neue Kunst nach 1945, 1958.

Hazrat Panduah. Alte bengalische Hauptstadt im Distrikt Malda. In der Adinah-Moschee des Sikander Schah (1364–74) ist die landesübliche Backsteinbauweise durch Spolien von Hindu-Tempeln, wahrscheinlich aus dem geplünderten →Gaur, bereichert.
Lit.: H. E. Stapleton, Memoirs of Gaur and P., 1931.

Heckel, Erich. Deutscher Maler und Graphiker. Geb. 1883 in Döbel (Sachsen), gest. 1970 in Radolfzell. Nach anfänglichem Studium der Architektur in Dresden lernte er dort E. L. →Kirchner kennen und begann 1904 als Autodidakt zu malen. Gemeinsam mit →Kirchner, →Schmidt-Rottluff und →Pechstein gründete er 1905/06 die expressionistische Künstlergruppe →„Brücke". In seinen Bildern stand er anfangs stark unter dem Eindruck van →Goghs, →Munchs und der →Fauves. 1911 siedelte er wie auch die übrigen Mitglieder der „Brücke" nach Berlin über. Immer mehr zeigte sich, wie H. Anregungen seines Freundes E. L. Kirchner aufnahm. Scharfe, spitz zulaufende Konturen, die kraftvoll aufgetragen werden, umschließen seine Gestalten, deren expressiver Ausdruck durch den reinen und starken Farbauftrag gesteigert wird. – 1913 Auflösung der „Brücke". 1914–18 Kriegsteilnehmer. Rückkehr nach Berlin. In dieser Zeit entstanden weiträumige Landschaftsbilder. Der aggressiv-expressionistische Ausdruck milderte sich zunehmend und wurde durch eine gefälligere Malweise ersetzt, die vor allem sein Spätwerk kennzeichnet.
Lit.: E. Gosebruch, E. H., 1948.

Hedwigsgläser. Rauchfarbene Becher, die schon im Mittelalter aus dem Orient importiert wurden und auf denen im Hochschnitt (→Glas) Löwen, Pfauen etc. kunstvoll dargestellt sind. Die hl. Hedwig soll einen ägypt. Hochschnittbecher besessen haben. Die H., von Hof zu Hof weitergegeben, sollten den Fürstinnen eine leichte Geburt bringen.

Heem, Jan Davidsz de. Niederl. Maler. Geb. 1606 in Utrecht, gest. 1683 in Antwerpen, wo er seit 1635 ansässig war. Im Zentrum seines Schaffens stehen zahlreiche Pflanzenstilleben, die er durch detailliert genau beobachtete Insekten und Kleintiere bereicherte. In warmen Helldunkelfarben verlieh er jeder Pflanze oder Frucht das ihr eigene Leben. – Stilistisch sind seine Werke besonders von F. →Snyders beeinflußt.
Lit.: W. v. Bode, Die Meister der holländ. und flämischen Malerschulen, 1958.

Heemskerck, Maarten van. Niederl. Maler. Geb. 1498 in Heemskerck bei Haarlem, gest. 1574 in Haarlem. Ausgedehnte Aufenthalte in Rom (1532–35) brachten ihm die Kunst →Michelangelos und der Antike nahe. Hiervon angeregt, wurde er zu einem Hauptvertreter des niederl. Romanismus. Neben seinen Werken in Ölmalerei (Kreuzabnahme, 1559, Brüssel, Mus.; Beweinung Christi, 1566, Delft, Rathaus; u.a.) sind vor allem seine beiden Skizzenbücher mit zahlreichen Zeichnungen nach der Antike von großer Bedeutung (Berlin, Kupferstichkabinett).
Lit.: M. J. Friedländer, M. v. H., 1936.

Hefazat Husain, Saiyid. Pakistanischer Maler. Geb. 1933, Ausstellung erstmals Karachi 1962. Gestaltet religiöse Themen der islam. Welt mit modernen technischen Mitteln.
Lit.: Cont. arts V, 1964, No. 1.

Hegenbarth Josef. Deutscher Maler und Graphiker. Geb. 1884 in Böhmisch-Kamnitz, gest. 1962. Begann seine Ausbildung bei seinem Vetter Emanuel H., setzte sie dann fort an der Dresdener Akademie. Erst nach dem 1. Weltkrieg konnte er sich durch Ausstellungen in Wien hervortun. Um seinen expressiven Stil zu richtigem Ausdruck zu bringen, suchte er die Anlehnung an dichterische Werke, besonders der Romantik. So wurde er als Illustrator von La Fontaines Fabeln, Goethes Reinecke Fuchs, der Märchen von E.T.A. Hoffmann und vieler anderer Dichtungen und Märchen zu einem der bedeutendsten Zeichner der Gegenwart. 1947 erhielt er an der Dresdener Akademie eine Professur für die Illustrationsklasse.
Lit.: Thieme-Becker; H. Vollmer, Künstlerlex. d. 20. Jhs.

Hegias. Griech. Bildhauer der attischen Schule, in der ersten Hälfte des 5. Jh. v. Chr. in Athen tätig. Eine Statuenbasis mit seiner Signatur ist erhalten. →Pausanias nennt ihn einen Zeitgenossen des →Ageladas und des →Onatas. →Plinius überliefert ein Werkverzeichnis des H., das jedoch keine sichere Quelle darstellt. Sein persönlicher Stil ist nicht mehr zu klären, doch wird er im Zeitstil den Werken des →Kritios zu vergleichen sein.
Lit.: Thieme-Becker.

Heide, Henning von der →Heyde, Henning von der.

Heidelberg, Schloß. Auf Anlagen des 13. Jhs. zurückgehend, wurde das Schloß als Residenz der pfälzischen Wittelsbacher im 15. und 16. Jh. erweitert. Die letzte Bauphase, die dem Bau seine endgültige Gestalt gab, reicht von 1544–1632 und ließ ihn zu einem der bedeutendsten Monumente deutscher Renaissancebaukunst werden. – Bereits am Ende des 17. Jhs. fiel es der Zerstörung durch die Franzosen anheim, bildete aber als eindrucksvolle Ruine einen Hauptanziehungspunkt der Romantik, deren Interesse es zu verdanken ist, daß dem Verfall der Anlage im 19. Jh. durch umfangreiche Restaurierungsarbeiten Einhalt geboten wurde. – Als die 4 bedeutendsten Teile sind zu nennen: 1) Der sogen. Gläserne Saalbau, mit seinem Giebel der Frührenaissance und wichtigen Formelementen, die den Übergang von der Gotik zur Renaissance zeigen. 2) Der nach 1566 errichtete Ottheinrichsbau, dessen horizontale Betonung der Geschosse sich deutlich an italien. Vorbilder anschließt. 3) Der im 19. Jh. wieder ausgebaute Friedrichsbau. 4) Der sogen. engl. Bau (nach 1612), dessen Anlage wohl auf Anregungen der Architekturprinzipien →Palladios zurückgeht.
Lit.: A. v. Oechelhäuser, Das Heidelberger Schloß, 1955.

Heideloff, Carl Alexander von. Deutscher Maler, Bildhauer, Architekt, Graphiker und Kunstschriftsteller. Geb. in Stuttgart 1789, gest. 1865 in Haßfurt. Schüler seines Vaters Victor H., eines Hofmalers in Stuttgart, des Architekten →Thouret, des Bildhauers →Dannecker u.a. in Stuttgart. Von 1816–21 in Diensten des Herzogs von Sachsen-Coburg, wandte er sich 1822 nach Nürnberg, wo er Konservator der städtischen Kunstdenkmäler und Prof. an der Polytechnischen Schule wurde. – Das Werk von H. ist breit gestreut. Er begann als Maler und Zeichner (Bild: Schiller liest im Bopserwäldchen seinen Kameraden aus den „Räubern" vor; Marbach, Schiller-

haus). Als Konservator in Nürnberg hat er durch seine Begeisterung für das Alte das Interesse für diese Bauten wieder geweckt und manches dadurch erhalten, jedoch durch sein allzugroßes Bestreben nach „Stilreinheit“ viel Gutes aus späteren Zeiten entfernt und durch neue, zumeist trockene und nüchterne Werke ersetzt (Restaurierungen: in Nürnberg St. Sebald und St. Lorenz; in Bamberg der Dom, zusammen mit F. v. →Gärtner, 1828–37). Der Architekt und Bildhauer H. war Neugotiker, ohne hier jedoch Überdurchschnittliches zu leisten; am bekanntesten ist von seinen Bauten die Burg Lichtenstein (1839ff.) geworden, für die er auch den Ausbau leitete. Als Kunst- und Fachschriftsteller hat er sein Leben lang publiziert; die Themen: Architektur des Mittelalters, Bildhauerkunst, Ornamentik, Möbelbau, Bautechnik u.a. beweisen sein vielseitiges Interesse und seine von allen Zeitgenossen bewunderte Gelehrsamkeit.
Lit.: U. Boeck, C. A. H.

Heilbronn. 1) St. Kilian. Der Bau geht im Kern auf eine Anlage aus der 2. Hälfte des 13. Jhs. zurück; er wurde im 15. und 16. Jh. vergrößert, und im 19. Jh. erfolgte eine gründliche „Restaurierung“, deren Spuren erst nach dem letzten Krieg beseitigt werden konnten. Das got. Langhaus (1447–54) steht unter dem Einfluß der flachgedeckten Bettelordenskirchen des 13. Jhs. Der Chor wurde 1487 von Anton Pilgram zur Halle erweitert. Merkwürdig ist vor allem der Westturm: er ist nur bis zur ersten Plattform got. (Fialen an den Strebepfeilern). Darüber folgt der achteckige Turmbau von 1513–29, dessen Formen eine eigentümliche Verschmelzung zeigen zwischen Spätgotik und Renaissance, die aber fast ins Barocke umschlägt (sich staffelnde Balustradenkränze mit antikem Dekor). Der Architekt ist Meister Hans Schweiner von Weinsberg (laut Inschrift). – **2)** Das Rathaus geht in seinem Kern auf einen Bau von 1417 zurück, der 1535 erweitert und 1579–82 zum Renaissancebau umgestaltet wurde. Die Fassade zeigt eine Durchdringung got. mit Renaissanceformen. Dem dreigeschossigen, von hohem Walmdach bekrönten Bau ist im Erdgeschoß ein gewölbter Altan von 1580 vorgelagert, dessen Bogen zwischen ionisierenden Säulen eingespannt sind und die im ersten Geschoß von einer Maßwerkbalustrade abgeschlossen wird. Die Mitte der Fassade wird betont von einer prunkvollen Uhr mit reichem, in einen Giebel auslaufendem Rahmenwerk. An diesen Hauptbau schloß sich östlich ein zurücktretender Anbau von 1590–96 und ein weiterer von 1600 an, die aber beide im Krieg zerstört wurden. Vom Archivgebäude (1765) blieb nur die elegante Rokokofassade.
Lit.: R. Schmidt, Der Turm der Kilianskirche zu H., 1920; Reclams Kunstführer, Deutschland, Bd. II, 168ff., 1957.

Heiligenschein. Auch Gloriole oder →Nimbus. Runde Fläche, im allgemeinen golden, bisweilen auch blau oder blaugrün, die das Haupt einer göttlichen Person umgibt. Schon in der Antike und im Orient bekannt. Die christliche Kunst verwandte ihn seit dem 4. Jh. zunächst für Christus und die symbolische Darstellung des Lammes, seit dem 5. Jh. auch für Maria, Heilige und alttestamentliche Propheten. Ein quadratischer Nimbus wird vom Ende des 5. bis zum 12. Jh. auch für noch Lebende benutzt. Es gab schon früh, um Christus besonders hervorzuheben, einen Nimbus mit Christusmonogramm oder Kreuz. Bisweilen befindet sich der Nimbus auch auf Darstellungen der Plastik.
Lit.: M. Collinet-Guerin, Histoire du Nimbe, 1961.

Heiliger, Bernhard. Deutscher Bildhauer. Geb. 1915 in Stettin, ansässig in Berlin. Studium in Berlin bei R. →Scheibe. 1938/39 Aufenthalt in Paris, wo er mit →Despiau und →Maillol in Berührung kam. Später nimmt er Anregungen von →Moore auf. – 1949 wurde er an die Hochschule für Bildende Künste in Berlin berufen. – In seinen Werken versucht er die abstrakt organische Form mit klassischer Statuarik zu verbinden. Neben meist in eine strenge Form gebundenen Figuren schuf er eine Reihe bedeutender Portraits.
Lit.: Knaurs Lex. d. mod. Plastik, 1964.

Heiliger Geist →Dreifaltigkeit.

Heiliges Grab. Das Felsengrab am Fuße des Golgathahügels in Jerusalem, in dem Joseph von Arimathäa den Leichnam Christi bestattete (Math. 27, 57ff.; Ev. Joh. 19, 38). Über der durch Eusebius v. Cäsarea durch Nachforschungen ermittelten Stelle ließ Kaiser Konstantin 326–35 einen Rundbau errichten. Nach Zerstörung durch Choroes wurde er 616–26 wieder aufgebaut und nach abermaliger Verwüstung seit 1130 von den Kreuzfahrern neu aufgeführt. Nach einem Brand im 18. Jh. heute ein Neubau des 19. Jhs. – Im Mittelalter wurden zahlreiche Rundbauten, meist Grabkapellen, als Stätten der Erinnerung an das H. angelegt, u.a. St. Michael, →Fulda (822); Neuvy-Saint-Sépulchre (1045; ‚ad formam Sancti Sepulcri Ierosolimitani‘); St. Bénigne, Dijon (1001–20; nur Zeichnungen erhalten); Bauten der Tempelritter in London und der Johanniter in Little Maplestead. Frei stehend oder auch an die Kirche angebaut finden sie sich bis ins 18. Jh. Daneben wurden auch kleine Einbauten innerhalb des Kirchenraumes angelegt und mit plastischem Schmuck versehen; z.B. das in Verbindung mit den Osterspielen stehende H. von →Gernrode (11.–12. Jh.); Rotunde in Eichstätt, Kapuzinerkirche (1194); polygonales H. im Konstanzer Münster (gegen 1280). H. wird zudem eine Sondergruppe von →Andachtsbildern genannt, die freiplastisch den Sarkophag mit dem Leichnam Christi, die Grabeswächter, die drei Frauen und weitere Figuren zeigen (→Grablegung Christi). Sie sind aus Holz oder Stein und entstanden in der 1. Hälfte des 14. Jhs. Beispiele: →Freiburg, Münster (um 1330–40); →Mainz, Dom (Ende 15. Jh.). Auch gibt es das H. als Nische mit gemalten Szenen und in Verbindung mit dem →Sakramentshaus. Außerhalb Deutschlands gibt es die monumentale plastische Ausführung nur noch in England.
Lit.: C. Gurlitt, Das Grab Christi in der Grabeskirche in Jerusalem, in: Festschrift Clemen, 1926; A. Schwarzweber, Das Heilige Grab in der deutschen Bildnerei des Mittelalters, Diss. Freiburg/i. Br. 1940.

Heiliges Grab in Gernrode →Gernrode, Heiliges Grab.

Heilsspiegel (lat. Speculum humanae salvationis). Ein Buch mit Bilderfolgen, die die wesentlichen Heilstatsachen aus Christi Leben solchen des Alten Testaments typologisch gegenüberstellen (→Typologie); erläutert durch erbauliche Texte in lat., deutscher oder niederländ. Sprache. Die Anfänge reichen bis ins 12. Jh. In der 2. Hälfte des 15. Jhs. fand der H. weite Verbreitung als →Blockbuch.
Lit.: J. Lutz und P. Perdrizet, Speculum humanae salvationis, 2 Bde., 1907.

Heiltum. Reliquienschatz mittelalterl. Kirchen, häufig in teilweise bebilderten sogen. Heiltumsbüchern inventarisiert. Von diesen waren 16 schon 1520 gedruckt, u.a. das Wittenberger mit Holzschnitten von Lucas →Cranach (1509). Sie können bei der Herkunftsbestimmung mittelalterl., später in weltlichen Besitz gelangter Kunstwerke wertvolle Hilfsquellen sein.
Lit.: Ph. M. Halm und R. Berliner, Das Hallesche H., 1931.

Heimatkunst. 1) →Volkskunst. – **2)** Nur noch selten gebrauchter Begriff für eine thematisch gebundene Malerei, wie sie sich in den Werken der Künstler von →Worpswede und der →Dachauer Schule findet. Die Maler dieser H. brachten vor allem die deutsche Landschaft ins Bild und setzten sich damit bewußt in Gegensatz zu den idealisierenden Landschaftsmalern ihrer Zeit, wie z. B. →Böcklin, →Feuerbach und →Klinger.

Heimatmuseum. Im Gegensatz zu den großen Kunstmuseen, die nicht an die Erzeugnisse eines geographisch abgegrenzten Bereichs gebunden sind, ist die Sammlung der Heimatmuseen an die lokale Tradition gebunden. Vor allem zur Erhaltung der →Volkskunst haben diese Institute, die seit Anfang des 20. Jhs. an zahlreichen Orten gegründet wurden, einen wesentlichen Beitrag geleistet.

Heimsuchung Mariae (lat. visitatio). Besuch Marias bald nach der Verkündigung in Hebron bei ihrer Cousine Elisabeth, der gleichfalls ein Sohn, der spätere Johannes der Täufer, verheißen wurde. Nach Luk. 1, 35ff. Im Frühmittelalter wird meist die einfache Begegnung oder

Begrüßung der beiden schwangeren Frauen dargestellt. Frühes Beispiel auf der →Maximianskathedra in Ravenna, 6. Jh. Im 12. Jh. kommt erstmals die Umarmung vor (Kapitelle in Die, in St. Benoît-sur-Loire; syrische Vorstufen), die von →Giotto um 1305 in den Paduaner Fresken in die italien. Malerei übernommen wird. In der monumentalen Plastik sind die bedeutendsten Beispiele der H. die Gruppe der Westfassade der Kathedrale zu →Reims und die davon abhängigen, getrennt aufgestellten Figuren in →Bamberg, beide Anfang 13. Jh. Der in der italien. Renaissance vorherrschende Typ mit der vor der Gottesmutter knienden Elisabeth findet sich schon Anfang des 15. Jhs. in der franco-fläm. →Buchmalerei (z. B. Très Belles Heures du Duc de Berry). Darstellungen, die die ungeborenen Kinder im Mutterleib sichtbar machen, sind besonders in der deutschen Malerei des 15. Jhs. häufig. Seit dem 15. Jh. wird die Schilderung mit immer zahlreicheren Begleitfiguren ausgestattet.
Lit.: B. Bord, Les grossesses à enfant visible dans l'art chrétienne, 1933; L. Réau, Iconographie de l'art chrétienne, 1955–59.

Heine, Thomas Theodor. Deutscher Maler und Illustrator. Geb. 1867 in Leipzig, gest. 1948 in Stockholm. Studierte an der Düsseldorfer Akademie. Ab 1889 war H. in München ansässig, wo er anfangs noch malte; dabei kam er mit dem Bild „Frühlings Erwachen" (zwei Mädchen mit bekränztem Stier) in die Nähe der Karikatur. Bald wandte er sich ausschließlich dieser zu und arbeitete für die „Fliegenden Blätter" und für die „Jugend". Zusammen mit Albert Langen und Ludwig →Thoma begründete er 1896 den „Simplizissimus", dem er bis zu dessen Verbot 1933 verbunden blieb. Er mußte dann emigrieren und zeichnete für verschiedene schwedische Blätter. – Durch O. →Gulbransson, H. →Thöny und H. wurde der „Simpl" zum Repräsentanten der Zeitkritik in der wilhelminischen Ära. Sein Thema war hierbei die Kritik an den sozialen Mißständen und am Polizeistaat. – Neben diesen Arbeiten schuf er Gebrauchsgraphik (Plakate), Buchschmuck und Illustrationen (Die bösen Buben von L. Thoma), Entwürfe für Teppiche und Möbel und sogar Plastiken.
Lit.: Thieme-Becker; H. Vollmer, Künstlerlex. d. 20. Jhs.

Heje. 1) Oberhofmeister der Königin →Teje. Grab in →Amarna mit bedeutsamen Darstellungen zur Geschichte der Amarnazeit (Königliches Festmahl zu Ehren Tejes, die →Amenophis IV. zu einem ihr geweihten Tempel führt. Atelierszene mit Juti, dem Bildhauer Tejes). – **2)** Sohn eines hohen Beamten unter →Amenophis III. und IV. Vizekönig von Nubien unter →Tut-ench-amun. Grab in →Theben-West mit ethnologisch bedeutsamen Darstellungen (Nubische Tributszenen, Bild einer nubischen Fürstin mit Sonnenschirm auf elegantem Wagen mit Ochsengespann).
Lit.: W. Wolf, KÄ, 509ff., 534f.; E. Brunner-Traut, Ägypten, 417 (Huje), 495f. (Hui); C. Desroches-Noblecourt, Tut-ench-amun, 154ff. (Huja), 195ff. (Huje).

Hekateion. Sonderform der Darstellung der griech. Göttin Hekate, bei der die Göttin dreigestaltig gezeigt wird. Wahrscheinlich geht der Typ auf den attischen Bildhauer →Alkamenes zurück.
Lit.: T. Kraus, Hekate, 1960.

Hekatompedon. Griech. Tempel von 100 Fuß (ca. 32 m) Länge. Dies ist ein in archaischer Zeit aufkommendes, sehr beliebtes Standardmaß, das sich an vielen Tempeln nachweisen läßt, wobei die genauen Maße nicht ganz übereinstimmen, da jede Landschaft ein eigenes Fußmaß hat, das zwischen 29 cm und 33 cm schwanken kann.

Hekatompylos. Hellenistische Gründung im alten Hyrkanien südöstlich vom Kaspischen Meer nahe →Damghan, erste Hauptstadt der →Parther. Stützpunkt der Seidenstraße zwischen →Ekbatana und →Merv.
Lit.: R. Ghirshman, Iran II, 33; H. H. von der Osten, WP, 120.

Hektoridas. Griech. Bildhauer der 1. Hälfte des 4. Jhs. v. Chr. Laut einer Bauurkunde hat er die von Timotheos entworfenen Plastiken in einem Giebel des Asklepiostempels in →Epidauros ausgeführt. – Außerdem wird er noch auf einer Statuenbasis und in weiteren Bauurkunden genannt.
Lit.: F. Crome, Die Skulpturen des Asklepiostempels von Epidauros, 1951.

Helenendorf. Ort in Aserbeidschan (Transkaukasien) mit reich ausgestatteten Megalithgräbern des frühen 1. Jahrtausends v. Chr., die Beziehungen zu den Grabanlagen von →Luristan und →Sialk erkennen lassen.
Lit.: R. Ghirshman, Iran I, 305; H. H. von der Osten WP, 43f.

Herat. Kuppelgrab im Gelände der timuridischen Stadt.

Helices. Spiralförmig aufsteigende Stengel am →korinthischen Kapitell, die die →Abakus-Blume tragen.

Heliopolis. 12 km von Kairo entferntes, hochbedeutsames Kultzentrum des →Rê. H. war theologischer Mittelpunkt der Lehre von der spontanen Entstehung des →Atum aus dem Urgewässer →Nun. Durch Selbstbesamung und Aushusten schuf der Sonnengott den Luftgott →Schu und seine Schwester Tefnut, die in natürlicher Weise Geb und →Nut, d. h. Erde und Himmel, zeugten. Das dadurch bestimmte Weltbild ist ebenso durch Darstellungen der →ägypt. Kunst bezeugt wie die Vorstellung von H. als fiktivem Ursprungsort des Königtums. Von den →Obelisken des Sonnentempels steht heute nur noch der von →Sesostris I. geweihte, der einst ein goldenes Pyramidion hatte. Auch der von →Sethos I. errichtete Obelisk (Piazza del Popolo in Rom) stand hier.
Lit.: W. Wolf, KÄ, 745; E. Brunner-Traut, Ägypten, 351f.; S. Morenz, ÄR, 9, 25, 45f.

Helladische Kunst. Bezeichnung für die Kunst des griech. Festlandes vorgeschichtlicher Zeit. Chronologisch entspricht die H. der minoischen Kunst (→Ägäische Kunst) und ist als bronzezeitlich anzusprechen.

Helldunkel. Unter weitgehendem Verzicht auf die Lokaltöne bezeichnet H. das bewußte Gegeneinandersetzen von Hell und Dunkel als Kompositionselement der Malerei. An Stelle der scharfen Umrißlinien tritt die nuancierte Abstufung von Licht- und Schattenwirkung. Eingeführt wurde diese Malweise (italien. Chiaroscuro, franz. Clairobscur) durch →Correggio, während →Rembrandt sie in allen ihren Möglichkeiten ausgelotet hat.

Helldunkelschnitt →Holzschnitt.

Hellenismus. Bezeichnung für die letzte große Epoche der →griech. Kunst (323 Tod Alexanders d. Gr. bis 34 v. Chr. Schlacht bei Actium).

Helmer, Hermann. Deutscher Architekt. Geb. 1849 in Harburg, gest. 1919 in Wien. Nach dem Besuch der Baugewerbeschule in Nienburg und der Polytechnischen Schule in Hannover Schüler von Prof. Gottgetreu in München. 1868 Eintritt in das Atelier von F. Fellner d. Ä.

mit dessen Sohn F. →Fellner er 1873 ein gemeinsames Atelier gründete. Wie dieser war er ein erfolgreicher Theaterbaumeister. Von ihm allein ist das Stadttheater in Warasdin; die bedeutendsten Theater sind: Odessa (3000 Plätze), Deutsches Theater Prag und Hoftheater Wiesbaden. – Lit.: →Fellner, Ferdinand.

Helmkleinod →Wappen.

Helmstedt. 1) Die Pfarrkirche St. Ludgeri wurde 886 gegründet, Anfang des 11. Jhs. neu gebaut, 1200 und 1556 wiederholt zerstört. Danach erfolgte der Ausbau der O-Teile. Der NO-Turm wurde 1676 hochgeführt. Ende des 19. Jhs. wurden Seitenkapellen und W-Bau errichtet. Die Kirche brannte 1942 völlig aus und wurde 1948/49 wiederhergestellt. Im alten Zustand erhalten ist nur noch die Felicitas-Krypta aus der 1. Hälfte des 11. Jhs. Der dreischiffige Raum von 4 Jochen hat in der außen geraden O-Wand 3 Konchen, an den übrigen Wänden Nischen; die ungewöhnlichen, übereck gestellten Mittelpfeiler tragen Würfelkapitelle, sonst korinthisierende Kapitelle. – **2)** Im ehemaligen Klosterhof befindet sich eine Doppelkapelle (St. Johannes der Täufer und Petrus), deren Untergeschoß möglicherweise karolingisch ist. Die aus Kalkstein errichteten, für eine Kapelle zu dicken Mauern sind älter als die des Obergeschosses (Nischen und Blendbogen um 1050). Das geschweifte Dach mit der Laterne, dem rechteckigen Fenster und dem Eingang von 1666. Im Inneren Stuck von 1710 über den Kreuzgratgewölben auf den korinthischen Kapitellen von 1050. – **3)** Aus dem 12. Jh. stammt die ehemalige Augustiner - Chorfrauenstiftskirche Marienberg: das Kloster wurde 1176 gegründet, die Kirche 1183 begonnen und 1256 noch nicht vollendet. Die Hauptbauzeit fällt ins 2. Viertel des 13. Jhs. Die Kirche ist die letzte große Flachdeckenbasilika Niedersachsens. Der Grundriß zeigt eine kreuzförmige, dreischiffige roman. Basilika mit je einer Apsis an den Querhausarmen und unvollendeter Turmanlage.
Lit.: Wasmuths Lex. der Baukunst, Bd. III, 1930; Reclams Kunstführer, Deutschland, Bd. IV, 1962.

Helmurne. Aschenbehälter etruskischer Gräber des 8./7. Jhs. v. Chr., dessen Deckelaufsatz als halbkugelige Helmkappe gebildet ist. →Tarquinia, →Vetulonia. Die Ausstattung, die den Bereich des reisigen Adels veranschaulicht, ist wichtig, weil der Helm gegenüber dem undifferenzierten Gefäß eine festgeprägte Form zeigt. Hier offenbart sich bereits die für die →etruskische Kunst charakteristische Überbetonung des Kopfes als Wesensträger gegenüber der vernachlässigten Körperbildung.
Lit.: O. W. v. Vacano, E II, 61 ff.

Hemadpanti. Ein sagenhafter mittelalterl. Bauherr, nach welchem ein mittelindischer Tempelstil von betonter Einfachheit benannt ist. Wahrscheinlich liegt ihm eine geschichtliche Gestalt aus der Periode der islam. Eroberung zugrunde, als man bei Neubauten indischer Tempel wegen der mohammedanischen Bilderfeindlichkeit auf das konventionelle reiche Bildwerk an den Fassaden verzichtete.

Hemon. Neffe des →Cheops, in dessen →Mastaba in →Gizeh die erstrangige Sitzstatue aus Kalkstein gefunden wurde. Beispielhaft für den einfachen und klaren Monumentalstil der 4. Dyn. – H. war maßgebend am Bau der →Pyramide des Cheops beteiligt. Die hohe Rangstellung kommt in der Statue zum Ausdruck.

Henchir Tikubai (Nord-Afrika). Die hier erbaute frühchristl. Basilika besitzt ein Atrium, das mit Portiken ausgestattet ist. Dafür in Nordafrika nur wenig Beispiele.

Henkelattache →Attache.

Henkelkreuz. Lebenssymbol in der ägypt. Kunst. Die christliche Kunst hat es übernommen. Der obere Teil des Längsbalkens ist durch einen Kreis oder Halbkreis (Henkel) ersetzt. →Kreuz.

Henri-Deux-Fayencen. Um 1542–1577 in St. Porchaire (früher fälschl. Oiron) hergestellte Pokale u. Leuchter aus weißer Keramik mit braunen od. schwarzen Ornamentbändern, Wappen (häufig Heinrichs II.), plastischen Applikationen od. Architekturelementen im Renaissancestil.

Henri-Deux-Stil. Bezeichnung für die Kunst unter Heinrich II. von Frankreich (1547–59). In dieser Zeit hat die →franz. Kunst den endgültigen Schritt zur →Renaissance vollzogen.

Hephaisteion →Theseion.

Hephaistos. Griech. Gott der Schmiede, Handwerker und Künstler.

Hephthaliten. Bezeichnung für die sogen. Weißen Hunnen (Chioniten), die zusammen mit →Saken im 4. Jh. n. Chr. aus Mittelasien gegen Nordostiran vordrangen und sich im Bereich der →Kuschanen nach Süden ausdehnten. Gegen sie richteten sich die Abwehrkämpfe →Schapurs II., →Bahrams V. und des →Peroz zum Schutz des →Sasaniden-Reiches.
Lit.: R. Ghirshman, Iran II, 387; H. H. von der Osten, WP, 139 ff.

Hepworth, Barbara. Engl. Bildhauerin, verheiratet mit B. →Nicholson. Geb. 1903 in Wakefield/Yorkshire, ansässig in St. Ives/Cornwall. Studium in London. 1924/25 Aufenthalt in Italien. 1928 erste Ausstellung ihrer Werke in London. – In ihren Formen ist sie stark von H. →Moore beeinflußt. Sie löst die Stoffmasse durch Hohlformen auf, wobei sie sich weniger als Moore an die gegenständliche Figur gebunden weiß. Später nimmt sie Anregungen der Konstruktivisten →Mondrian, →Gabo, →Brancusi und auch von →Arp auf. Seit 1934 arbeitet sie völlig abstrakt. Sie zählt zu den bedeutendsten Vertretern moderner Plastik in England.
Lit.: Knaurs Lex. d. mod. Plastik, 1964.

Heraion. Griech. Hera-Heiligtum beziehungsweise Heratempel, z. B. H. von →Argos, H. von →Samos und Heratempel in →Olympia.

Herme. Röm. Kopie nach einem Werk des Alkamenes, letztes Viertel des 5. Jhs. v. Chr. (Istanbul, Archäolog. Mus.).

Herakleion. Griech. Stadt an der Nordküste →Kretas. Das Archäologische Museum von H. besitzt die größte Sammlung kretischer Funde von der Jungsteinzeit bis zur röm. Zeit. Hauptsächlich handelt es sich hierbei um Statuetten, Vasen etc. der →Ägäischen Kunst und um Reste der Fresken und Stuckreliefs aus dem Palast von →Knossos.
Lit.: Kirsten-Kraiker, Griechenlandkunde, 449 ff., 486 ff., 1962.

Herakles. Griech. Heros (lat. Hercules), dessen Taten

eine der wesentlichsten Themenquellen der griech. Kunst sind. Immer wieder haben vor allem die archaischen Vasenmaler Szenen aus dem Zyklus seiner 12 Taten dargestellt. Ihre großartigsten Formulierungen fanden sie in den Metopenreliefs des Athener Schatzhauses zu →Delphi, des Zeustempels in →Olympia und des sogen. →Theseions an der Athener Agora.
Lit.: F. Brommer, H. Die 12 Taten des Helden in antiker Kunst und Literatur, 1953.

Heraldik →Wappen.

Herat. Provinzhauptstadt in West-Afghanistan, vermutlich in der Umgebung von Alexandreia in Aria. Die Freitags-Moschee steht seit ghaznevidischer Zeit im Mittelpunkt des geistigen Lebens und wird laufend restauriert. In der späteren timuridischen Zeit des 15. Jhs. war H. ein politisches und kulturelles Zentrum, der Sitz einer Miniaturistenschule unter Behzad. Schah Roch stiftete 1425 den Schrein des Ansari im Ortsteil Gazur Gah; an der Stelle der timuridischen Hauptstadt ist u. a. das Kuppelgrab seiner Frau, der Gauhar Schad, mit seinem prachtvollen Schmuck aus buntglasierten Ziegeln erhalten. (Abb. S. 270).
Lit.: G. A. Pugatschenkova, Iskusstvo Afganistana, 1963, 137–240; A. Lézine, Hérat, in: Bulletin d'études orientales 18, 1963–64, 127–145.

Herbad. Feuerpriester der in der Persis (→Fars) an die →Achaemeniden-Tradition anknüpfenden Schule in Istachr, deren Gegensatz zu den auf die medischen Magier zurückgehenden Mobads in →Schiz die religiösen Spannungen der →Sasaniden-Zeit, vor allem unter →Bahram II. auslöst. →Mani.
Lit.: R. Ghirshman, Iran II, 121; H. H. von der Osten, WP, 128.

Herbin, Auguste. Franz. Maler. Geb. 1882 in Quivy, lebt in Paris (1960). 20jährig kam er als Autodidakt nach Paris. Seine Anfänge als Landschafts-, Stilleben- und Portraitmaler sind von van →Gogh beeinflußt. Unter dem Einfluß von →Picasso wandte er sich dem →Kubismus zu, später malte er abstrakt und konstruktivistisch. Im Alter näherte er sich wieder naturalistischen Formen.
Lit.: Thieme-Becker; H. Vollmer, Künstlerlex. d. 20. Jhs.

Herculaneum. Antike Stadt am Fuße des Vesuvs in Campanien. H. wurde im 6. Jh. v. Chr. als griech. Kolonie gegründet und geriet 89 v. Chr. unter röm. Herrschaft. 79 n. Chr. wurde die Stadt durch einen Ausbruch des Vesuvs wie auch →Pompeji völlig zerstört und unter dem Lavastrom begraben. Nach einigen früheren Grabungsversuchen wurde H. seit 1927 systematisch freigelegt. Die gefundenen Reste gehören hauptsächlich in die frühe röm. Kaiserzeit. Der Stadtplan entspricht der rektangulären Anlage des →Hippodamischen Systems. Neben öffentlichen Gebäuden wie →Thermen und →Theater wurden zahlreiche Privatvillen mehrerer Haustypen gefunden, dazu Fachwerkbauten und mehrstöckige Mietshäuser. Von besonderem Wert sind Einrichtungsgegenstände, Mosaiken, Wandmalereien und Skulpturen (Neapel, Mus. Naz.).
Lit.: A. Maiuri, H., 1958; E. Kusch, H., 1960.

Herculanum →Herculaneum.

Hering, Loy. Deutscher Bildhauer. Geb. um 1484 in Kaufbeuren, gest. um 1554 in Eichstätt. Als Schüler von H. Beierlein war er bis 1513 in Augsburg tätig und arbeitete anschließend in Eichstätt. Er schuf hauptsächlich Kleinplastiken und Sepulkralskulpturen, für die er als Material Sandstein bevorzugte. Als einer der Hauptmeister deutscher Frührenaissance wandte er sich, stark von A. →Dürer beeinflußt, nach dessen →Holzschnitten er teilweise arbeitete, dieser neuen Stilbewegung zu. Zu seinen Hauptwerken gehören das 1514 vollendete Denkmal des hl. Willibald (Dom zu Eichstätt) und zahlreiche Epitaphien.
Lit.: E. Kahl, Dürer-Nachfolger in der Reliefplastik, unter besonderer Berücksichtigung des L. H., 1940.

Herkulanerin. Nach ihrem Fundort →Herculaneum benannter griech. Statuentypus, der in mehreren röm Kopien überliefert ist. Zwei Typen sind zu unterscheiden: die sogen. „Große H." und die „Kleine H.". Ursprünglich gehörten sie vielleicht zu einer Gruppe, deren Original um 320 v. Chr. geschaffen wurde.
Lit.: G. Lippold, Handb. d. Archäologie, V, 242, 1950.

Herlin, Friedrich. Deutscher Maler. Geb. 1435 in Rothenburg, gest. um 1500 in Nördlingen, wo er auch die meiste Zeit seines Lebens arbeitete. Wie ein großer Teil der oberdeutschen Maler der 2. Hälfte des 15. Jhs. empfing er wesentliche Anregungen durch die niederl. Malerei (R. van der →Weyden und D. →Bouts). Zu seinen Hauptwerken zählen der 1466/67 entstandene Hochaltar in der Jacobskirche zu Rothenburg, mit Darstellungen aus der Jakobuslegende und dem Marienleben, und der Hochaltar der Georgskirche zu Nördlingen (1477/78), mit Szenen aus der Georgslegende und dem Leben Christi.
Lit.: F. Haack, F. H., 1900.

Hermaphrodit. Griech. mythisches Zwitterwesen. Kind des Hermes und der Aphrodite, mit den körperlichen Merkmalen eines Mannes (Genital) und einer Frau (Busen). Als Statuenmotiv ist der H. in hellenistischer Zeit sehr beliebt und weit verbreitet (z. B. Paris, Louvre; Rom, Vat. Mus.).

Herme. In der griech. Kunst die Bezeichnung für einen Pfeiler mit einem aufgesetzten, meist bärtigen männlichen Kopf und erigiertem Glied an der Frontseite. Hermen wurden als apotropäische Standbilder seit archaischer Zeit vor den Hauseingängen aufgestellt, um die Dämonen abzuwehren. – Eine berühmte und in röm. Zeit häufig kopierte H. schuf →Alkamenes in seinem Hermes Propylaios (= Eingangswächter), von dem über 90 Repliken überliefert sind. (Abb. S. 271).

Hermodoros von Salamis. In Rom tätiger griech. Architekt des 2. Jhs. v. Chr. Nach seinen Entwürfen wurden die ersten Marmortempel Roms errichtet, so z. B. für Jupiter Stater und für Mars und Juno. – Auch der Circus Flaminius geht in seiner Anlage auf Pläne des H. zurück.
Lit.: Thieme-Becker.

Hermogenes. Griech. Architekt aus →Priene. Seine Schaffenszeit reichte von ca. 220–180 v. Chr. Eine Reihe von bedeutenden Architekturen läßt sich mit ihm verbinden. An erster Stelle ist hierbei das Artemision und der Markt von →Magnesia am Mäander zu nennen. Der Tempel ist als →Pseudodipteros mit 8 × 15 Säulen nach 220 v. Chr. errichtet. Auch der Plan des Tempels von →Priene geht auf H. zurück. Diesem sehr ähnlich ist der mit 6 Säulen an der Schmalseite und 11 Säulen an der Langseite erbaute dritte Tempel des H., der Dionysostempel von Teos. – Seine künstlerischen Grundsätze, die sich auf eine absolute Ablehnung der dorischen Bauordnung gründen, hat H. in einer Schrift niedergelegt, die →Vitruvius Pollio im III. Buch ausführlich exzerpierte.
Lit.: H. Brunn, Geschichte d. griech. Künstler, Bd. II, 375 f.; Thieme-Becker.

Hermonax. Griech. Vasenmaler der attischen Schule. Zeitgenosse des →Niobidenmalers, nach der Mitte des 5. Jhs. v. Chr. in Athen tätig. Der Stil seiner rotfigurigen Vasenbilder läßt einen sehr individuellen Künstler erkennen. Die Linienführung ist weich und fließend. Ionische Einflüsse machen sich bemerkbar. H. gehört zu den wenigen Malern seiner Zeit, die ihre Gefäße signierten.
Lit.: A. Rumpf, Handb. d. Archäologie, VI., 99, 1953.

Hermopolis. 286 km von Kairo liegen die Ruinen von H., der altägypt. Gaustadt Schmun, dessen Fürsten sich im Mittleren Reich gegenüber bei →Der el-Bersche bestatten ließen. →Thothotep. Hauptkulturort des Gottes →Thoth. Zentrum der theologischen Lehre vom lichtlosen Chaos, das dem Licht der mit dem Urhügel aus dem Urgewässer auftauchenden Sonne und ihrer Ordnung weichen muß.

Tafel 11: *Gregor Erhart, Vanitas; Wien, Kunsthistorisches Mus.*

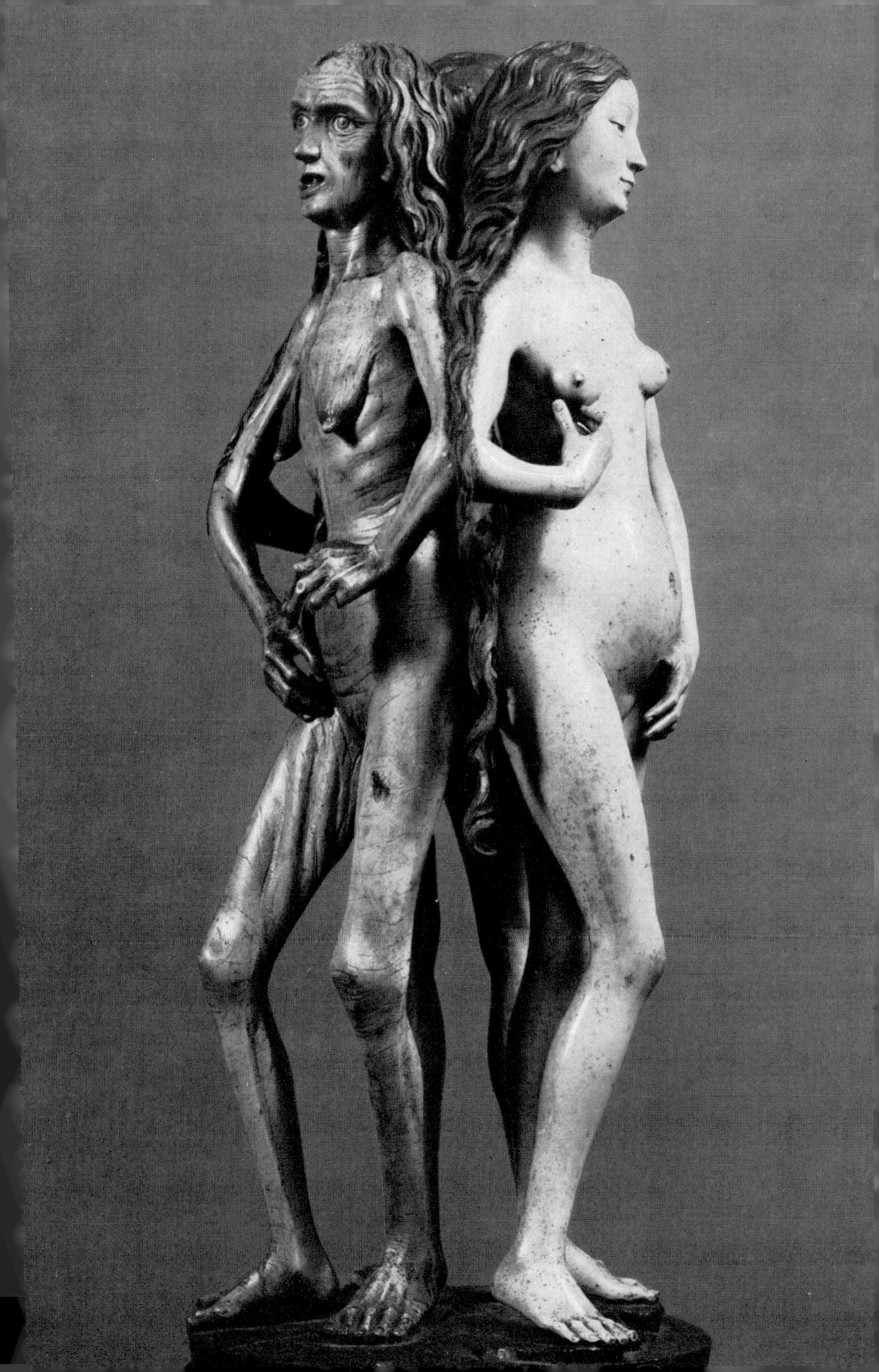

Lit.: W. Wolf, WÄ, 25; E. Brunner-Traut, Ägypten, 410f.

Heroische Landschaft →Landschaftsmalerei.

Heroldskunst →Wappen.

Heroon. Griech. Heiligtum eines Heros.

Herrenchiemsee. Das Alte Schloß (ehemalige Benediktinerabtei) auf der Herreninsel im Chiemsee ist eine quadratische Anlage aus der Mitte des 17. Jhs. Bemerkenswert die Bibliothek und der schöne, dekorierte Fürsten- oder Kaisersaal um 1700. Das Neue Schloß wurde 1878–85 für König Ludwig II. nach dem Vorbild von Versailles gebaut, blieb aber unvollendet infolge finanziellen Zusammenbruchs. Die Anlage, nach Plänen von G. v. →Dollmann und J. Hofmann, ist ein dreigeschossiger, hufeisenförmiger Bau, dessen Inneres höchst prunktvoll ausgestattet ist. Auch die über die ganze Insel projektierten Gartenpläne wurden nur teilweise verwirklicht.
Lit.: Wasmuths Lex. der Baukunst, Bd. III, 1930; Tillmann, Lexikon deutscher Burgen und Schlösser, Bd. I, 1958.

Herrera. Name mehrerer span. Künstler des 16. und 17. Jhs. **1)** Juan de H., Baumeister. Geb. um 1530 in Mobellan (Asturien), gest. 1597 in Madrid. Als erster Hofarchitekt Philipps II. vollendete er den von seinem Lehrer J. B. de Toledo begonnenen Bau des →Escorial, der im Mittelpunkt seines Schaffens steht. Ausgehend von der italien. Renaissance, bemühte er sich, in Gegnerschaft zu dem zu seiner Zeit üblichen wuchernden, schmuckreichen Stil, zu einfachen und klaren Formen zu kommen. Nach der Kargheit seines Stils wird dieser „Desornamentado-Stil" genannt. – **2)** Francisco H., genannt el Viejo. Geb. 1576 in Sevilla, gest. 1656 in Madrid. Er arbeitete hauptsächlich in Sevilla und Madrid und ist vor allem durch seine realistische Genremalerei bekannt, die ihn mit ihren Themen aus dem Volksleben als einen Vorläufer von →Velàzquez erkennen läßt. – In seinem Spätwerk verband er Anregungen der venezianischen Malerei mit dem ihm eigenen Realismus. – **3)** Francisco H., genannt el Mozo. Maler und Architekt, Sohn des 2), geb. 1622 in Sevilla, gest. 1685 in Madrid. Nach einem längeren Romaufenthalt wurde er 1672 Hofmaler Philipps IV. und schuf vor allem hochbarocke religiöse Bilder.
Lit.: Thieme-Becker.

Herzogenburg (bei St. Pölten, Niederösterreich). Augustiner – Chorherrenstift und Kirche. Neubau der in das 13. und 14. Jh. zurückreichenden Anlage ab 1714 nach Plänen von Jacob →Prandtauer. Von der ursprünglich geplanten doppelten Vierflügelanlage mit 2 Höfen blieb die westliche unvollendet. – Nachdem 1743 die mittelalterl. Kirche zerstört wurde, begann man mit einem Neubau, dessen Schlußweihe 1785 erfolgte. Die Längsfront der Kirche wird von einem Mittelrisalit mit Riesenordnung und eigenem Dach gegliedert, während der W vom Turm überragt wird, dessen Unterbau mit reichem Portal noch got. ist. Darüber ein quadratisches, von Doppelpilastern besetztes Uhrengeschoß mit abschließender Balustrade, auf der sich ein von Säulen bestellter Zylinder mit gekurvten Klangfenstern erhebt. Auf diesem steigen Voluten auf, die ein Kissen mit dem Herzogshut tragen, ein weithin sichtbares Wahrzeichen. Das Innere zeigt eine Verquickung von Langhaus mit überkuppeltem Zentralbau. Die Dekoration beschränkt sich auf Stuck imitierende Quadraturmalerei in hellem Grün, die Fresken Bartolomeo →Altomontes rahmend (1735–55). Von der mächtigen Stiftsanlage, die nur sparsam mit Bändern, Lisenen und leicht vorgezogenen Risaliten gegliedert ist, ist der fünfachsige Mittelrisalit des Traktes am bedeutendsten. Er wurde 1716–20 nach Entwürfen →Fischers von Erlach ausgeführt und birgt Treppenhaus und Festsaal. Der Pavillon mit eigenem Mansardendach besteht aus 2 gleichartig gegliederten, übereinandergestellten Geschossen, die durch 2 Pilasterpaare verbunden werden. Das Hauptgeschoß wird von hohen, segmentgiebelbekrönten Fenstern betont. Im Inneren des Festsaales, der außen risalitartig innerhalb dieses Pavillons vortritt, gliedern Riesenordnungen von Doppelpilastern die Wände. Das Deckenfresko von B. Altomonte (1772). Das ehemalige Prälatenoratorium wurde 1755–57 eingerichtet. Seine Fresken gehören zu den wenigen, die Johann Martin →Schmidt (genannt „Kremser Schmidt") in dieser Technik ausgeführt hat.
Lit.: Reclams Kunstführer, Österreich, Bd. I, 1961.

Hesdin, Jacquemart de. Franco-fläm. Miniator, wohl aus dem Artois. Im Dienst des Duc de Berry in Bourges, zuerst 1384 erwähnt. Die zugeschriebenen „Petites Heures du Duc de Berry" (um 1380–85; Paris, Bibl. Nat. manuscriptum lat. 18014) greifen auch in dem feinen, durch Tiere und Figürchen belebten Rankenwerk auf Jean →Pucelle zurück. Sienesischer Einfluß ist deutlich. Die Bilder des sogen. Brüsseler Stundenbuchs (um 1390 bis 1395; im Inventar von 1401; Brüssel, Bibl. Royale manuscriptum 11060/61) gewinnen durch erneute Auseinandersetzung mit italien. Tafelmalerei (Siena, besonders Simone →Martini; Padua; Oberitalien) neue Monumentalität des Stils. Verselbständigung des Bildes durch Rahmung der ganzseitigen Miniaturen in Form von Tafelbildern. Anstelle gemusterter nun blaue Gründe. Wirklichkeitsnahe Erfassung von Landschaft und Tiefenraum. Die Sachhaltigkeit der Dinge in poetisierender Art wiedergegeben. Der reife Stil von großem Einfluß, besonders auf die Brüder von →Limburg (seine Nachfolger in Bourges) und den →Boucicaut-Meister. Umstritten: „Très Belles Heures de Notre Dame" und „Grandes Heures du Duc de Berry" (Inventar von 1413; Paris, Bibl. Nat. manuscriptum lat. 919).
Lit.: E. Panofsky, Early Netherlandish Painting, 1953.

Hesire. Die →Mastaba des H. in →Sakkara (Ende 3. Dyn.) hatte an der Westwand des in den Ziegeloberbau eingezogenen Ganges Nischen mit Reliefplatten aus Holz. Die Darstellungen des H., als vornehmer Würdenträger schreitend mit Szepter, Stab und Schreibzeug und als Grabherr vor dem Opfertisch mit Speisen sitzend, gehören zusammen mit den Wandmalereien im Gang (Matten- und Möbelmotive, Szenen aus dem Leben mit sorgfältig gemalten Rindern und Krokodilen) zu den bisher ältesten Zeugnissen für die kunstvolle Ausstattung von Privatgräbern der ägypt. Kunst des Alten Reiches. Der feste, klare Stil bei hervorragender lebendiger Modellierung zeigt noch typisch archaische Züge, die sich bei der weiteren Entwicklung der →ägypt. Kunst des Alten Reiches verlieren, ohne daß die im H.-Grab kanonisch gewordenen Szenen aufgegeben werden.
Lit.: W. Wolf, KÄ, 200ff.

Hethiter. Aus verschiedenen Stämmen gebildetes, westindogermanisches Volk des 2. Jahrtausends v. Chr. in Zentralanatolien, das in den Bereich der vorindogermanischen →Chattier und der assyrischen Handelskolonien einwanderte. Die Anwesenheit der H. wird durch die in Keilschrift abgefaßten altassyrischen Handelsurkunden spätestens für die Zeit zwischen 1900 und 1720 bezeugt. Das ursprüngliche Ausgangszentrum der Infiltration im eurasischen Raum ist noch ebenso unbekannt wie die Zugstraße. Gesichert ist die Annahme der alteinheimischen Kultur durch die H. →Alača Hüyük. Als erstes Zentrum der dynastischen Machtentfaltung galt später die Stadt →Kuschschara, Residenz des Königs →Anitta, dem wir das älteste in hethitischer Sprache verfaßte Dokument mit Siegesberichten verdanken. Die Königsreihe der H. beginnt mit →Labarna, der Ende des 17. Jhs. das althethitische Reich gründete. Machterweiterung unter seinem Nachfolger →Chattuschil I., der die alte Residenz aufgab und →Hattuscha (→Boghazköi) zur Hauptstadt machte. Plünderungszug seines Nachfolgers →Murschili I. nach →Babylon (1531).

Tafel 12: *Bernt Notke, Kopf der hl. Maria Magdalena vom Triumphkreuz des Doms zu Lübeck, 1477 vollendet.*

Neuordnung des Staates durch seinen Nachfolger →Telepinu, der die rechtlichen Grundlagen für die Bildung des Großreiches schaffte. Ende der Dyn. im Kampf gegen das →Mitanni-Reich. Aufstieg zur Großmacht unter einem neuen um 1450 emporgekommenen Herrschergeschlecht, dessen größter Vertreter Schuppiluliuma (ca. 1375–1335) Schöpfer des Großreiches der H.ist. Vasallenstaat →Mitanni. Die Ausbreitung in Syrien führte zur Auseinandersetzung mit Ägypten, die in der Schlacht von Kadesch zwischen →Muwatalli, dem Sohn Murschilis II., und →Ramses II. 1286/85 ihren Höhepunkt erreichte. Sie ist das Thema zahlreicher ägypt. Reliefs, während die Urkunden der H. mit Ausnahme einer Andeutung nichts davon berichten. Friedensvertrag zwischen Hattuschil III. und →Ramses II. 1269, durch ägypt. und hethitische Urkunden gesichert. Festlegung einer Interessengrenze in Nordsyrien. Eisenmonopol der H. Letzte Blütezeit des Großreiches der H. unter →Tutchalija IV. (ca. 1250–1220), der enge Beziehungen zu Ägypten unterhielt. Reliefs von →Yasilikaja. Nach inneren Wirren unter seinem Sohn und Nachfolger Arnuwanda III. (1220–1205) fiel das Großreich unter Schuppiluliuma II. mit der Hauptstadt dem Ansturm der Nord- und Seevölker aus dem Balkanraum zum Opfer (→Merneptah, →Ramses III.). Nur im anatolisch-syrischen Grenzraum behaupteten sich Kleinstaaten der H. bis zur Eroberung durch →Tiglatpileser III. und →Sargon II., →Guzana →Karkemisch, Malatia, →Marasch, →Schamal, Saktschegözü. Wichtigstes Zeugnis für die Geschichte der H. sind die Schriftdenkmäler, die verschiedene Sprachschichten, darunter den Einfluß der →Churriter, erkennen lassen. Neben der Keilschrift, die ein eigenes Gepräge zeigt, war eine Hieroglyphenschrift bekannt, deren Bildzeichen wir auf Königssiegeln und Monumentalreliefs finden.

Lit.: H. Schmökel, GAV, 119ff.; E. Akurgal, HK, 7ff., 18ff., 31ff., 90ff.; →Hethitische Kunst.

Hethitische Kunst. Die H. ist aus dem altkleinasiatischen Erbe des 3. Jahrtausends v.Chr. erwachsen. →Alača Hüyük. →Alisar Hüyük. Bemalte Keramik, figürliche Metallplastik, ornamental durchbrochene Metallscheiben als „Standarten"-Bekrönungen, zu denen auch Stier- und Hirschfiguren gehörten. Abstrakte und naturnahe weibliche Idolplastik. Eine Bereicherung bringen die assyrischen Handelskolonien, in deren Blütezeit das Auftreten der →Hethiter fällt. Polychrome Keramik. Umwandlung mesopotamischer Anregungen. Stempel- und →Rollsiegel mit Kultszenen, darunter →Wagenmotiven. Die Alt-H. (ca. 1700-1450 v.Chr.) ist bestimmt vom harmonischen Zusammenwirken älterer Tradition und dem Formenwillen der indogermanischen Einwanderer, der sich im Stilwandel der Keramik äußert. Kennzeichen ist der tektonische Aufbau. Leitformen sind elegante Schnabelkannen und Gefäße in Tiergestalt. Großplastik ist bisher nur durch die Überlieferung →Anittas von →Kuschschara bezeugt. Die Grabungen in →Boghazköi ergaben neben älterer Bauweise die Verwendung von Großsteinen. Kragsteingewölbe für unterirdische Ausfallstore im Zuge starker Befestigungsanlagen der Königsburg. Formschöne Sitzbadewannen aus Ton in →Boghazköi, →Alača Hüyük, →Alisar Hüyük als Zeugnisse für gehobenen Lebensstil. Blüte der H. in der Großreichszeit (ca. 1450–1200). Die Architektur repräsentiert sich in hervorragend angelegten und vorzüglich gearbeiteten Kyklopenmauern, die der offensiven Verteidigung dienten. Die monumentalen Toranlagen sind mit mächtigen Abwehrmotiven (Löwe, Sphinx, Kriegsgott) ausgestattet, die Beziehungen zur mykenischen Kunst zeigen. →Orthostatenreliefs von →Alača Hüyük. Im Tempelbau (→Boghazköi) ist die Verwendung von Pfeilern an Stelle von Säulen ebenso charakteristisch wie die Anlage von großen Fenstern an den Außenwänden. Beispielhaft für die hethitische Reliefkunst ist neben den Orthostatenbildern, die verschiedene Motive oft zwanglos ohne feste Ordnung aneinanderreihen, das mit Götterdarstellungen ausgestattete Felsheiligtum von →Yasilikaja. Die Figuren erscheinen formelhaft und bis in Details nach einem feststehenden Schema gearbeitet. Ein gleiches gilt für die Felsreliefs an anderen Orten Anatoliens (→Sirkeli, →Karabel, →Gavur Kalesi, →Fraktin). Die Siegelkunst folgt weitgehend den Themen der Orthostaten- und Felsreliefs. In der Keramik wird das Erbe der Alt-H. vervollkommnet. An die Tradition der Großreichszeit schließen die Denkmäler der Spät-H. (1200–700 v. Chr.) an (→Guzana, →Ivriz, →Karkemisch, →Malatia, →Marasch, Schamal-Sendschirli, Saktschegözü). Die motivreichen Orthosta-

Hethitisches Tongefäß in Form einer zweiköpfigen Ente, aus Bogazköy, 15. Jh. v. Chr. (Ankara, Mus.).

tenbilder, Kult- und Grabreliefs, Tor-, Palast- und Tempelskulpturen zeigen neben dem traditionellen Stil, der meist provinziell abgewandelt ist, Stilelemente der assyrischen und aramäischen Kunst. Das Nachwirken der H. läßt sich auch in der phrygischen Zeit Kleinasiens verfolgen, wie vor allem Felsreliefs bezeugen.

Lit.: E. Akurgal, HK; H. Potratz, KAO, 329ff.; H. Bossert, Altanatolien; J. Wiesner, UKG II, 69ff.; M. Riemenschneider, Die Welt der Hethiter, 1954.

Hetsch, 1) Gustav Friedrich. Deutsch-dänischer Baumeister. Geb. 1788 in Stuttgart, gest. 1864 in Kopenhagen. Sohn des 2). Studierte in Paris und war fast ausschließlich in Dänemark tätig, wo er zum Hauptvertreter des Empire wurde und die dänische Baukunst der 1. Hälfte des 19. Jhs. nachhaltig beeinflußte. Wichtigster Bau ist die katholische Kirche in Kopenhagen (1844). – **2)** Philipp Friedrich von. Deutscher Maler. Geb. 1758 in Stuttgart, gest. 1838 ebda. Seine Ausbildung, die ihn zum Klassizismus führte, erhielt er in Stuttgart und vertiefte sie auf Reisen nach Rom und Paris, wo ihn besonders J. L. →David nachhaltig beeinflußte. War später Hofmaler in Stuttgart und wurde 1798 zum Direktor der herzoglichen Gemäldegalerie ebda. ernannt.

Lit.: W. Fleischhauer u. a., Die schwäbische Kunst im 19. und 20. Jh., 1952; Thieme-Becker.

Heuneburg (a. d. Donau). Hier wurde eine Burg der späten →Hallstatt-Zeit ausgegraben. Mehrere Schichten dieser Anlage, die wahrscheinlich als frühkeltischer Fürstensitz diente, sind zu unterscheiden. Besonders interessant ist Schicht IV aus dem 6. Jh. v.Chr., da ihre bastionenverstärkte Lehmziegelmauer wohl auf griech. Vorbilder zurückgeht. Die enge Verbindung zur griech. Kultur beweisen außerdem eine Reihe von hier gefundenen griech. schwarzfigurigen Vasen. – Im Umkreis der Burg konnten mehrere Grabanlagen festgestellt werden.

Lit.: K. Bittel – A. Rieht, Die H., 1951.

Heyde, Henning von der. Deutscher Bildschnitzer. Tätig um ca. 1490–1510 in Lübeck. Als spätgotischer Meister ist er stilistisch von B. →Notke beeinflußt, zu dessen Schülerkreis er vielleicht gehörte. Klare Linien-

Späthethitisches Orthostatenrelief mit Löwenjagd, aus Malatya, um 850–700 v. Chr. (Ankara, Mus.).

führung und ruhige Kompositionen sind für seine Werke charakteristisch. 1504 schuf er die St. Jürgen-Gruppe (Lübeck, St. Annenmus.), ferner eine 1942 zerstörte Johannesfigur für die Marienkirche zu Lübeck und einen 1496 entstandenen Fronleichnamsaltar (Lübeck, St. Annenmus.).
Lit.: W. Paatz, Bernt Notke und sein Kreis, 2 Bde., 1939.

Hibe, El. 160 km südlich Kairo auf der Insel H. Ruinen einer in der 21. Dyn. erbauten Stadt und des von →Scheschonk I. (22. Dyn.) errichteten Tempels für →Amun. Hier sind erstmalig Schranken zwischen den Säulen nachweisbar an Stelle der älteren an einem Querholz aufgehängten Matten. Die Reliefs in sicherer Ausführung mit zarten Umrissen folgen dem Stil→Sethost I., sie sind charakteristisch für die auf die ältere →ägypt. Kunst zurückgreifenden Tendenzen der Spätzeit.
Lit.: W. Wolf, KÄ, 607, 610, 635; E. Brunner-Traut, Ägypten, 409.

Hiddensee, Goldschatz von. Nach seinem Fundort benannter größter Fund Deutschlands an Goldarbeiten der Wikinger (Stralsund, Mus.). In den Jahren zwischen 1872 und 1874 wurde der Schatz aus seiner Lage dank großer Sturmfluten an die sichtbare Oberfläche gespült und konnte somit geborgen werden. Teile von Halsschmuck, eine Fibel mit Tierornamenten, mehrere Anhänger in Kreuzform sowie ein geflochtenes Goldhalsband gehören zu diesem Fundkomplex, der an den Anfang des 2. Jahrtausends n. Chr. datiert wird.
Lit.: P. Paulsen, Der Goldschatz von H., 1936.

Hieraklion →Herakleion.

Hierakonpolis. Griech. Bezeichnung für die ägypt. Stadt →Nechen.

Hierapolis. 1) H. in Phrygien. Wahrscheinlich durch die Könige von →Pergamon gegründete Stadt, deren älteste Reste durch bereits im Altertum häufige Erdbeben zerstört sind. – Der heutige Zustand läßt noch eine große Kolonnadenstraße erkennen, ferner ein relativ gut erhaltenes Theater und Teile ausgedehnter Thermenanlagen. – Alle diese Bauten gehören in die Wiederaufbauphase nach 60 n. Chr. – **2)** H. in Syrien. Die Siedlung ist unter dem Namen Mabbog bereits vor dem 9. Jh. v. Chr. bekannt, während sie in assyrischen Quellen Bambuki genannt wird. Erst in der röm. Kaiserzeit hieß sie H. und wurde zu einem wichtigen Handelsplatz zwischen Rom und dem Osten. – Nur sparsame Reste finden sich noch von der Stadtmauer, einer Temenosmauer und einer Kolonnadenstraße. Die noch vor 200 Jahren umfangreich stehenden Ruinen sind zum größten Teil – als Steinbrüche benutzt – der Zerstörung zum Opfer gefallen. – Aus frühchristl. Zeit stammen die Bauten einer querschifflosen Säulenbasilika (5. Jh. n. Chr.) mit Nebenräumen an beiden Seiten der Apsis, eine Anlage, die für den frühen Kirchenbau Syriens besonders charakteristisch ist.

Hieratisch (griech.). Eigentlich priesterlich. Der Ausdruck für den strengen, bisweilen starren Stil in der byzant. Kunst, im Gegensatz zu einer natürlichen, lebendigen Darstellung.

Hieron. Griech. Töpfer der attischen Schule. Er gehört der Blütezeit des rotfigurigen Strengen Stils an und arbeitete um 480/70 v. Chr. 22 Schalen und einige weitere Gefäße sind aus seiner Werkstatt erhalten. Die Bemalung seiner Gefäße haben verschiedene Vasenmaler ausgeführt, woran →Makron den größten Anteil hat.
Lit.: Pfuhl, Malerei u. Zeichnung d. Griechen, I., 467 ff.

Hierothek. Griech. Bezeichnung für den Heiligenschrein.

Hildebrand, Adolf v. Deutscher Bildhauer. Geb. 1847 in Marburg, gest. 1921 in München. 1861 Studium in Nürnberg, 1866/67 in München bei →Zumbusch, mit dem er anschließend nach Rom reiste. Dort kam es zu einer für ihn entscheidenden Begegnung mit H. v. →Marées. Nach einem kurzen Aufenthalt in Berlin kehrte er 1872 nach Italien zurück und ließ sich bei Florenz nieder. 1892 siedelte er nach München über, wo er große Aufträge ausführte. Entgegen seiner Zeit, die dem Neobarock und einem weichen Naturalismus verbunden war, suchte er die Rückbesinnung auf eine klassische Statuarik und auf die einfache Form. Seine Italienaufenthalte hatten ihn mit der Antike und →Renaissance bekannt gemacht, die nachhaltigen Einfluß auf sein Schaffen ausübten. Er entwickelte seine Theorie des plastischen Sehens und der unmittelbaren Ausführung, die er in dem 1893 erschienenen Werk „Problem der Form" niedergelegt hatte. Das Sehen steht bei ihm an Stelle des Tastens und führte zu einem ausgeprägten Reliefdenken und zu einer neuen Betonung der Tektonik und Struktur einer Plastik. – Bei seinen großen Denkmalsplastiken und Brunnenanlagen bildet die umgebende Architektur ein wesentliches Gestaltungselement.
Lit.: W. Hausenstein, A. v. H., 1949.

Hildebrandt, Johann Lucas von. Österreichischer Architekt. Geb. 1668 in Genua, gest. 1745 in Wien. Schüler von →Fontana. Seit 1701 ist H. in Wien tätig, wo er neben J. B. →Fischer von Erlach der bedeutendste Vertreter des Wiener Hochbarock wurde. Im Gegensatz zu der streng-monumentalen Baukunst Fischer von Erlachs vertrat H. einen festlich-heiteren Barock, der – auch auf den Architekturgliedern – ornamental geschmückt ist. Seine oberitalien. Ausbildung drückt sich in dieser Form des Barock aus. Seine Hauptwerke in →Wien sind das Obere und das Untere Belvedere für den Prinzen Eugen (1714–24), die zu den Hauptwerken des deutschen Barock zählen, sowie das Palais Daun-Kinsky (1713–16). Reiche Entfaltung fand sein Können aber auch in den Provinzen, so in →Salzburg, wo er das Schloß Mirabell umbaute. (Abb. S. 276).
Lit.: B. Grimschitz, J. L. v. H., 1959.

Wien, Oberes Belvedere, errichtet von Lukas von Hildebrandt, 1721–24.

Hildesheimer Schule. Ottonisches Skriptorium unter Bischof Bernward (983–1022), doch den gleichzeitigen Hildesheimer Werken der Architektur, des Erzgusses und der Goldschmiedekunst (→Bernwardskunst) künstlerisch unterlegen. Eklektische Verwendung von Vorlagen z.B. der →Ada-Gruppe, →Regensburger Schule; linear-ornamental gezeichnete Figuren und teppichhafter Grund rein dekorativ empfunden. Hauptwerke im Domschatz: Bernwardsevangeliar Nr.18; Bernwardsbibel Nr.61; die von Guntbald geschriebenen Evangeliare Nr.33 von 1011 und Nr.19 von 1014.
Lit.: St. Beissel, Des hl. Bernward Evangelienbuch im Dom zu Hildesheim, 1891; A. Goldschmidt, Die ottonische Buchmalerei, 1928; P. Buberl, Artikel „Buchmalerei", Reallexikon zur deutschen Kunstgeschichte II, 1948.

Hildesheimer Silberfund. In der Nähe von Hildesheim gefundener Schatzhort mit ca. 80 silbernen röm. Prunkgefäßen. Die frühesten unter ihnen stammen aus augusteischer Zeit. Die hervorragenden toreutischen Arbeiten zeugen von der hohen Kultur und dem luxuriösen Leben der röm. Kaiserzeit.
Lit.: Ausstellungskatalog H., 1959.

Hildesheim, St. Michael. Kurz nach 1000 (laut jüngster Forschungsergebnisse seit 1010) von Bischof Bernward (→Bernwardskunst) begonnen, Schlußweihe 1033. Bedeutendste erhaltene ottonische Kirche (→Ottonische Kunst). Dreischiffige Basilika mit 2 Querschiffen, 2 Chören, 2 Krypten. Ausgeschiedene Vierung. 3 quadratische Langhausjoche, durch sächsischen →Stützenwechsel rhythmisiert. Im Obergaden über einem Horizontalgesims geschlossene Wandfläche, die Fenster ohne Achsenbezug zur Arkadenstellung. Querschiffarme durch Säulenstellungen vergittert („Engelschöre" genannt, nur der nordwestliche erhalten). Der konzentrische westliche Kryptenumgang reicht in den Chor hinauf (z.B. →Basel). Sparsamer Schmuck: Schichtwechsel. Die ursprünglichen Würfelkapitelle größtenteils unter Bischof Adelog (1171–90) durch reiche staufische Kapitelle der Königslutterer Richtung ersetzt (Königslutter). Flachdecke mit Malerei (Wurzel Jesse; →Jessebaum) aus dem Anfang des 13. Jhs. Zwei Vierungstürme, am Ende jedes Querhausarmes ein polygonaler Treppenturm. Ursprüngliche Ausstattung weitgehend verloren. Bedeutend die reliefgeschmückten Chorschranken (nach 1186). Spätere Umbauten, Veränderung der Chöre, Abriß des Ostchors im 17. Jh., starke Zerstörung im Krieg 1939–45.
Lit.: H. Beseler, H. Roggenkamp, Die Michaelskirche in H., 1954.

Himera. Griech. Kolonie an der N-Küste Siziliens. 408 v.Chr. wurde die Stadt durch die Karthager völlig zerstört. Vor der Stadt liegen die ausgegrabenen Reste eines um 480 v.Chr. errichteten dorischen →Peripteros.

Himmelfahrt. 1) Christi. Grundlage: Mark. 16,19; Lukas 24, 50–53; Apostelgeschichte 1, 9 ff., mehrere Stellen der Apokryphen. Die Darstellung der H. Christi verbindet sich gelegentlich inhaltlich und formal mit der Auferstehung. Frühestes erhaltenes Beispiel ist die Elfenbeintafel des 4. Jhs. im Münchner Nationalmus. Christus schreitet empor, seine Hand wird von der Gottvaters ergriffen, am unteren Rande kauern zwei Apostel. Seit dem 6. Jh. mehren sich die Beispiele sowohl in der östlichen wie in der westlichen Kunst, wobei die östliche in repräsentativ-feierlicher Haltung die Göttlichkeit Christi betont, die westliche zu real anschaulicher Gestaltung der Menschlichkeit neigt. Palästinensische Werke (z.B. Ampullen im Domschatz von →Monza, 5. Jh.) zeigen Christus in einer von Engeln getragenen Mandorla, in syrischen (z.B. Rabula-Codex, 586 vollendet) wird die →Mandorla zusätzlich von einem der Ezechielvision entlehnten Wesen gestützt (Ez. 1, 1–28). Fast alle frühen H.-Schilderungen sind zweizonig; unten finden sich die Jünger, Maria und 2 Engel. Die frühmittelalterl. abendländische Kunst übernimmt diesen Typ, doch fehlt die Mandorla (z.B. Codex Egberti). die gelegentlich ohne Engel in der Bildnerei begegnet. Das erste erhaltene Beispiel der Wandmalerei findet sich in der Unterkirche von S. Clemente, Rom (847–55). Einen neuen Typ bildet die →Reichenauer Schule aus: Christus wird nicht getragen, sondern schwebt auf einer Wolke empor. Um 1100 entwickelt die engl. →Buchmalerei den realistischen Typ, bei dem nur noch Christi Füße und Gewandsaum unterhalb eines Wolkenrandes sichtbar sind (z.B. Sakramentar von Windsor, Rouen). Er findet im 12. Jh. weite Verbreitung. Seit der Gotik ist die Schilderung des Auffahrens gen Himmel aus eigener Kraft vorherrschend, besonders eindringlich gestaltet von→Giotto (Padua, Arenakapelle). Dieses Schema erfährt keine grundsätzliche Änderung mehr. Die Renaissance konzentriert sich auf die Darstellung seelischer Reaktionen der Apostel.
Lit.: S. H. Gutberlet, Die H. Christi in der bildenden Kunst, 1935.

2) Mariae (lat. Assumptio, italien. Assunta, Assun-

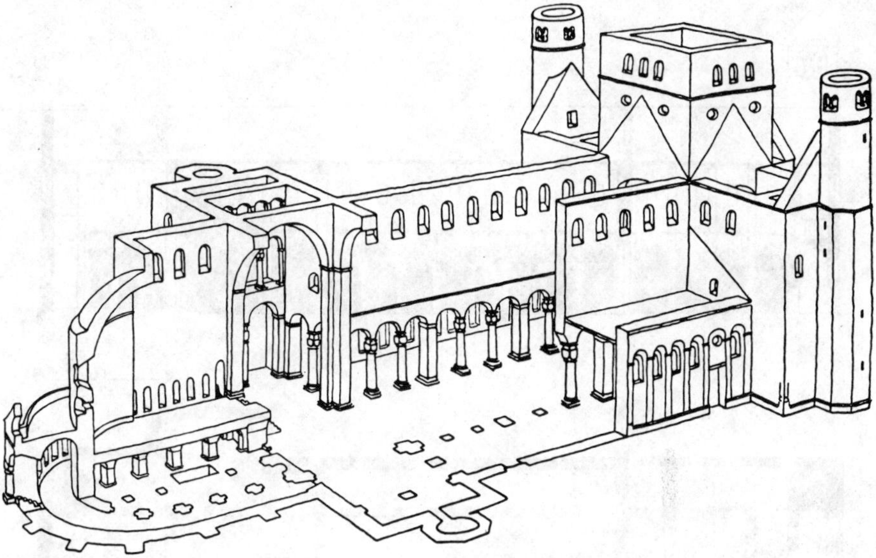

Hildesheim, St. Michael. Schnittrekonstruktion des um 1010 errichteten Bernwardbaus.

zione). Ursprünglich wurde im Zusammenhang mit der Schilderung des Marientodes die Auferstehung der Seele dargestellt, die von Christus in Gestalt eines Kindes aufgenommen wird. An diesem Typ (Koimesisbild) hält die östliche Kirche fest. Die leibliche Himmelfahrt, seit dem 8. Jh. zum Glaubensbestand der röm.-katholischen Kirche gehörend, doch erst seit 1950 zum Dogma erklärt, wird seit dem 8. Jh. in der westlichen Kunst dargestellt (z.B. Stickerei des 8. Jhs. im Domschatz von Sens; Elfenbeintafel des→Tuotilo, St. Gallen, 9. Jh.). Besonders zahlreich werden die Beispiele seit dem Ende des 13. Jhs., häufig verbunden mit der Marienkrönung und später mit der Gürtelspende an den hl. Thomas. In den frühen Darstellungen wird Maria, gelegentlich in ein Medaillon eingeschlossen, auch frontal in Orantenstellung, von Engeln oder auf einer Wolke emporgetragen. Die Schilderung entwickelt sich dann etwa parallel zu der der H. Christi. Seit der Renaissance schwebt Maria ohne Hilfe empor, während die Jünger zuschauen.
Lit.: H. Feldbusch, Die H. Mariä, 1951.

Hinkelstein-Keramik. Nach ihrem Hauptfundort in der Nahe von Worms benannte Kulturgruppe der → Jüngeren Steinzeit. Die Keramik, hauptsächlich Kumpfgefäße und Fußbecher, zeigt in ihrem Dekor Winkelbänder, Wolfszahnmuster und Rautenmotive, die den Zusammenhang mit dem Donauländischen Kreis erkennen lassen.

Hinterglasmalerei. Eine Veredelungstechnik, bei der mit kalten Farben (Öl- oder Lackfarben) die Unterseite von Glasschüsseln (Venedig) oder die Hinterseite von Flachglas figural und ornamental bemalt wurde. Bei H. mußte seitenverkehrt gearbeitet und die Glanzfarben vor den matten aufgetragen werden. Das Hinterglasbild wird im auffallenden, nicht im durchscheinenden Licht (Glasgemälde) sichtbar. Das Irisieren kann noch durch Vergolden oder Versilbern einzelner Teile sowie durch Hinterlegen mit einer Metallfolie gesteigert werden. Spiegelmalerei: nur Teile sind hinterlegt. Glasradierung: die ganze Glasfläche ist hinterlegt und die Zeichnung nur eingeritzt und mit Lack opak gemacht. – Die Anfänge der H. liegen in der späthellenistischen Zeit, der Höhepunkt 1500–1600 (Zentren: Deutschland, Niederlande und Italien). Ende des 18. Jhs. dringt die H. in die Volkskunst ein, hier hält sie sich bis heute (vor allem in Bayern und Österreich), sonst setzt in der 2. Hälfte des 19. Jhs. ein Verfall ein; Belebungsversuche: F.→Marc und sein Kreis.
Lit.: O. Freytag, H., 1937.

Hintergrund. Der H. ist als Kompositionselement der Malerei zu unterscheiden vom Grund (z.B. →Goldgrund). Erst seit der Einführung räumlicher Werte in die Malerei (14./15. Jh. n. Chr.) findet die durch die optische Tiefenwirkung bestimmte Aufteilung des Bildes in Vorder-, Mittel- und Hintergrund statt. Dabei können diese drei Phasen sowohl streng voneinander getrennt als auch miteinander verschmolzen werden.

Hinterindien. Während die Halbinsel Malaya (Malakka) ethnologisch eher zusammen mit →Indonesien betrachtet werden muß, weist das übrige H. von der Bronzezeit an (→Megalithikum H., →Dongson-Kultur) von Indien und China her zwar beeinflußte, aber diese Einflüsse bald stark modifizierende und schließlich eigenständige Kulturen auf. Wir erwähnen hier nur die Reiche von →Fu-nan, →Tschen-la, →Champa, vor allem jedoch das der →Khmer mit →Angkor als Zentrum. In religiöser Hinsicht war H. von Indien abhängig (hinduistische und buddhistische Tempelbauten), doch wurden indische Bauformen und Kunstrichtungen hier wiederholt variiert und umgebildet (→Thailand).
Lit.: B. P. Groslier, H., 1960.

Hippodamisches System. Nach dem berühmten griech. Architekten des 5. Jhs. v. Chr. →Hippodamos von →Milet benannte Stadtanlage. Nach einer vorherigen Vermessung wird die Stadt nach einem gradlinig-rechtwinkeligen Straßensystem geplant, wie dies in →Piräus, →Milet und →Priene durchgeführt wurde.

Hippodamos. Griech. Architekt aus →Milet. Um 510 v. Chr. geb., fällt seine Schaffenszeit in das 5. Jh. v. Chr. Auf ihn wird allgemein die Einführung der rektangulären Stadtanlage, das sogen. Hippodamische System, zurückgeführt. Wahrscheinlich hat er es jedoch nicht erfunden, sondern seine Erfahrungen beim Wiederaufbau von →Milet am Anfang des 5. Jhs. v. Chr. in dieser Art von Stadtplanung gewonnen und diese später systematisiert. Nach seinem Entwurf wurde gegen die Mitte des 5. Jhs. die Hafenstadt Athens, der →Piräus, angelegt. Auch die Neuplanung von →Rhodos (Ende 5. Jh. v. Chr.) wird ihm zugeschrieben. – Sein Bausystem ist stark mit zahlentheoretischen Spekulationen durchsetzt. Wahrscheinlich

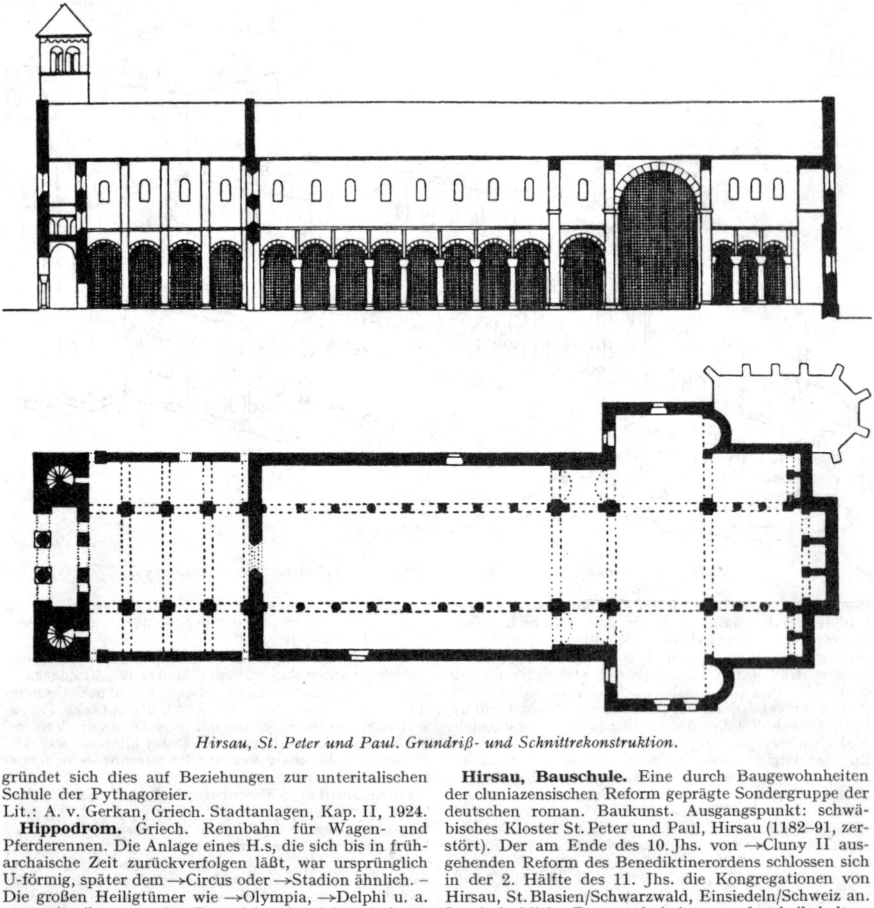

Hirsau, St. Peter und Paul. Grundriß- und Schnittrekonstruktion.

gründet sich dies auf Beziehungen zur unteritalischen Schule der Pythagoreier.
Lit.: A. v. Gerkan, Griech. Stadtanlagen, Kap. II, 1924.

Hippodrom. Griech. Rennbahn für Wagen- und Pferderennen. Die Anlage eines H.s, die sich bis in früharchaische Zeit zurückverfolgen läßt, war ursprünglich U-förmig, später dem →Circus oder →Stadion ähnlich. – Die großen Heiligtümer wie →Olympia, →Delphi u. a. waren für ihre agonalen Festspiele mit solchen Anlagen ausgestattet, ebenso einzelne Städte wie z. B. →Athen und Sparta.

Hippo Regio. Bischofssitz des Kirchenvaters Augustinus (gest. 430) in Nordafrika. Ein französischer Marineoffizier, Erwan Marec, hat hier seit 1924 umfangreiche Ausgrabungen durchgeführt. Die von ihm ausgegrabene Kirche mit Annexen auf einem Areal von 5460 qm, die 120 Säle, verschiedene Höfe und Gärten umfaßt, ist höchstwahrscheinlich die ecclesia pacis, in der Augustin gewirkt hat. Die Kirche ist ein Beweis, daß das sogen. Gemeindezentrum schon in altchristl. Zeit gebräuchlich war.
Lit.: E. Marec, Monuments Chrétiens d'Hippone, 1958; H. Laag, Altchristliche Gemeindezentren, in: Kunst und Kirche 1964, Heft 4.

Hiroshige, Ando. Japanischer Maler und Holzschnittkünstler. Geb. 1797, gest. 1858 in Tokio. Einer der Hauptmeister des japanischen Farbholzschnittes. In seinen zahlreichen Landschaftsdarstellungen entfernt er sich von den traditionellen Stilisierungen zugunsten einer realistischeren, bisweilen in den Farben grellen Erfassung des Vorbildes. Beeinflußt durch die europäischen Kunstentwicklungen, hat er perspektivische Elemente in seine Kompositionen aufgenommen.
Lit.: E. Preetorius, H., Landschaften, 1956.

Hirsau, Bauschule. Eine durch Baugewohnheiten der cluniazensischen Reform geprägte Sondergruppe der deutschen roman. Baukunst. Ausgangspunkt: schwäbisches Kloster St. Peter und Paul, Hirsau (1182–91, zerstört). Der am Ende des 10. Jhs. von →Cluny II ausgehenden Reform des Benediktinerordens schlossen sich in der 2. Hälfte des 11. Jhs. die Kongregationen von Hirsau, St. Blasien/Schwarzwald, Einsiedeln/Schweiz an. Landschaftliche Baugewohnheiten wurden beibehalten, so daß die neuere Forschung nicht mehr von einer Bauschule im engeren Sinn spricht. Doch bringt die asketische Reformidee Vereinfachung des Kirchenbaus und Reduzierung der Schmuckformen mit sich, die im Gegensatz zur gleichzeitigen Entwicklung roman. Architektur stehen. Gemeinsam sind liturgisch bedingte Sonderformen: Säulenbasilika ohne Krypta (Rückgriff auf Frühchristl., der Rückbesinnung auf die ursprünglichen Regeln des hl. Benedikt entsprechend); Anlage eines Langchores mit sich zum Hauptraum öffnenden Nebenräumen (z. B. Staffelchor von →Cluny II); Einbeziehung der Vierung als Aufenthaltsort der Mönche bei der Messe, „chorus maior“ oder „chorus psalentium“ genannt, und des ersten Langhausjoches als „chorus minor“ für alte und kranke Mönche. An dieser Stelle nochmals Pfeiler, da gelegentlich über den ersten Seitenschiffjochen Türme saßen (z. B. Paulinzella, heute Ruine). Schon in der Mitte des Langhauses der Kreuzaltar für die Laien. Verwendung von Kleinquaderwerk (wohl aus Burgund übernommen). Bedeutendste erhaltene Beispiele: Schaffhausen, Allerheiligenkirche; →Alpirsbach/Schwarzwald (seit 1095).
Lit.: W. Hoffmann, H. und die Hirsauer Bauschule, 1950.

Hirschlanden. Fundort eines vorgeschichtlichen Grabhügels (→Hallstatt-Zeit) im württembergischen

Kreis Leonberg nordwestlich von Stuttgart. Im Jahre 1962 wurde hier eine Steinfigur gefunden, die ursprünglich als Stele auf dem Hügel gestanden haben wird. Die vollplastische Darstellung eines unbekleideten, ithyphallischen Mannes (Höhe 150 cm, ursprünglich bei 170 cm) trägt eine kegelförmige, spitze Kopfbedeckung und zeigt einen Halsreif und einen Gürtel mit Dolch. Die Vorderseite wirkt primitiver als die Rückenseite, die – ebenso wie die beiden Beine – ausgewogener gestaltet ist. Der Fund ist ohne Beziehungen zum Mittelmeergebiet nicht zu erklären (→Kuros).
Lit.: H. Zürn, in: Germania, 1964.

Hirschvogel, Augustin. Deutscher Graphiker, Töpfer und Glasmaler. Geb. 1503 in Nürnberg, gest. 1553 in Wien. Seit 1525 unterhielt er eine Töpferei in seiner Heimatstadt und übersiedelte 1542 nach Wien. – Das Handwerk der Glasmalerei erlernte er bei seinem Vater, Veit H., der in seiner Werkstatt zahlreiche Glasbilder nach Entwürfen von A. →Dürer und H. v. Kulmbach herstellte. Von dem kunsthandwerklichen Schaffen Augustin H.s ist kaum etwas gesichert erhalten, da auch die sogen. →Hirschvogelkrüge in →Hafnerkeramik nicht mit Sicherheit seiner Werkstatt zugeschrieben werden können. – Zahlreich sind dagegen seine feinen Landschaftsradierungen erhalten, dazu mehrere Entwürfe für Wappen und weniger bedeutende Ornamentblätter. Stilistisch sind seine Werke von der →Donauschule beeinflußt.
Lit.: K. Schwarz, A. H., 1917.

Hirschvogelkrüge. Nürnberger Tongefäße der →Hafnerkeramik mit reliefiertem Schmuck auf gefärbter Bleiglasur. Sie wurden nach ihrer Zuschreibung an die Werkstatt A. →Hirschvogels benannt, stammen aber wohl ganz allgemein aus Nürnberger Werkstätten des 16. Jhs.

Hispanomoresken. Bezeichnung für maurische Majoliken mit Goldlüster des späten Mittelalters und der Renaissance, die vor allem für den spanischen Export nach Italien hergestellt wurden, wo sie eine große Wirkung auf die dortige Majolika ausübten.

Hissar →Tepe Hissar.

Historienmalerei. Bezeichnung für die Darstellung historischer Ereignisse, die bei zeitgenössischer Thematik auch Ereignisbild genannt wird. Die frühesten Quellen über die H. reichen bis in griech. klassische Zeit (z.B. Marathonschlacht in der →Stoa Poikile), jedoch bleibt es bis in das 14. Jh. n. Chr. nur bei vereinzelten Darstellungen. – Erst zu diesem Zeitpunkt wird – ausgehend von Italien – das Historien- oder Ereignisbild zum selbstverständlichen Bestandteil der Malerei. Eine überragende Bedeutung erreichte die H. im 19. Jh., als zahllose Maler historische Themen vor allem in großen Schlachtengemälden ins Bild brachten.

Historismus. Bezeichnung für den Rückgriff auf frühere Kunststile und deren Neubelebung, wie es vor allem in der Kunst (besonders deutlich in der Architektur) der 2. Hälfte des 19. Jhs. zu beobachten ist. Wohnte dem →Klassizismus noch ein Stilprogramm inne, so hat der H. in seiner geläufigen Bedeutung die Möglichkeit, auf jeden älteren Stil zurückzugreifen. So kam es in dieser Zeit nebeneinander zu einem neogotischen Stil, zu einer Neorenaissance oder zu einem Neobarock. Häufig entstehen dabei Stilmischungen, die sich in zahlreichen phantasiearmen Bauten von mangelhafter Qualität niederschlugen. Dies hat wesentlich zur Diskriminierung des H. in der Kunstbetrachtung des 20. Jhs. beigetragen, jedoch kann nicht abgestritten werden, daß es auch im H. – wesentliche Anregungen der Romantik aufnehmend – zu bedeutenden Leistungen gekommen ist, wie z.B. die Anlagen von →Neuschwanstein oder →Lichtenstein zeigen.
Lit.: H. G. Evers, Vom H. zum Funktionalismus, 1967.

Hittorff, Jakob Ignaz. Deutsch-franz. Architekt. Geb. 1792 in Köln, gest. in Paris 1867. Lernte bis 1810 in Köln und ging dann nach Paris, um bei →Percier und dem Miniaturmaler →Isabey weiterzustudieren. Besondere Förderung erlangte er durch den Architekten F. J. Bélanger, der ihn als Bauführer an der Kornhalle, einer der frühesten Großeisenkonstruktionen des Jhs., beschäftigte. Nach dessen Tod 1818 erhielt H. die dadurch vakant gewordene Stelle des Hofarchitekten, die er bis 1848 innehatte. Seine Bauleistungen in Paris, deren ingeniöse Bedeutung häufig die künstlerische übertraf, sind bemerkenswert: St. Vincent-de-Paul, die größte der neueren Pariser Kirchen (1824–44), die Entwürfe für die Place de la Concorde und ihre Brunnen (1833–40) und den Gare du Nord (1861–65) sind die umfangreichsten seiner Bauten. Ein anderer Teil seines Werkes sind seine archäologischen Schriften, darunter zwei über Sizilien (1835 mit Hilfe von L. v. →Zanth und 1866/67) und sehr bedeutend „L'architecture polychrome chez les Grecs" (1830), nach deren Ergebnissen er auch die Polychromie seiner Bauten ausführte und die seinen bedeutendsten Schüler G. →Semper zu seiner gleichartigen Schrift anregte.
Lit.: Thieme-Becker.

H. L., Meister →Meister H. L.

Hobbema, Meindert. Niederl. Maler. Geb. 1638 in Amsterdam, gest. 1709 ebda. Als Schüler von J. van →Ruisdael widmete er sich ausschließlich der Landschaftsmalerei und fand die Themen seiner Bilder in der Waldlandschaft seiner Heimat mit malerisch ins Bild gesetzten Bächen, Häusern und Mühlen. Wesentliche Bestandteile seiner Bilder sind ein genaues Naturstudium und ein lockerer Aufbau der Komposition, die ihre bindende Kraft vor allem in der tonigen Hintergrundmalerei findet.
Lit.: Thieme-Becker.

Sogen. Kuros von Hirschlanden (Stuttgart, Württemb. Landesmus.).

Hoby. Grabfund von der dänischen Insel Loland mit Funden röm. Herkunft (u.a. zwei silberne, reliefierte Becher, gefertigt von einem Griechen Cheirisophos).

Hochhaus. Mehrstöckiges Wohn- oder Geschäftshaus, wie es am Ende des 19. Jhs. zuerst in Amerika entwickelt wurde. Es entstand aus dem praktischen Bedürfnis, die teueren Grundstücke in den Städten nutzbringender zu verwenden. Mit der fortschreitenden Entwicklung der Technik war es dank neuer Materialien

möglich, immer größere Höhen zu gewinnen, die dann schließlich zu den sogen. „Wolkenkratzern" führten (z.B. Empire State Building, New York, Höhe: 381 m). – In Europa wurde der H.bau erst nach dem ersten Weltkrieg geläufig, ohne jedoch eine solch überragende Bedeutung wie in Amerika zu erreichen.
Lit.: H. Arreger, Das H., Wahrzeichen unserer Zeit.

F. Hodler, „Der Auserwählte" (Eigentum der G. Keller-Stiftung, deponiert im Kunstmus. Bern).

Hodegetria, auch Hodigitria. Bild der Madonna, nach der Legende vom hl. Lukas, der als erster Ikonenmaler angesehen wurde, selbst geschaffen. Schon im 5. Jh. von Jerusalem nach Konstantinopel gekommen. Hier wurde dem Bild über ein Jahrtausend lang höchste Verehrung gezollt. Die Ikone wurde in dem Kloster der Heiligen Pulcheria in Konstantinopel aufgehoben. In der Osterzeit wurde das Bild vom Kloster in feierlicher Prozession zum Kaiserpalast gebracht. Kaiser und Volk sollten ihm in dieser heiligen Zeit in gleicher Weise die Ehre erweisen. Bei feindlichen Angriffen wurde es in feierlicher Prozession auf die Stadtmauern getragen. Man traute ihm abwehrende Kräfte zu. Dargestellt ist die Madonna als Halbfigur, die auf dem linken Arm das Jesuskind trägt, während die rechte Hand fürbittend erhoben ist. Christus erhebt die Rechte zum Segensgestus und hält in der Linken eine Schriftrolle. So wird das Kind schon als Philosoph und auch in der Philosophentracht gezeigt.

Hodler, Ferdinand. Schweizer Maler. Geb. 1853 in Bern, gest. 1918 in Genf. In seinem Frühwerk ist er bis ca. 1890 von →Corot und dem französischen Realismus →Courbets beeinflußt. Doch betont er hier bereits die klare und strenge Ordnung, die für seine späteren Bilder bezeichnend ist. 1890 malte er sein berühmtes Bild „Die Nacht", durch das er sich vom Realismus absetzt und einem flächigen Symbolismus zuwendet, der sein weiteres Schaffen bestimmt. Neben der Flächigkeit und der strengen Ordnung tritt die schwingende Linienführung, die ihn zu den Wegbereitern des →Jugendstils werden läßt, als tragendes Element in Erscheinung. In der bewußten Abkehr vom Realismus und in scharfem Gegensatz zum →Impressionismus entwickelte er seine eigene Bilderwelt der Allegorien. Nach 1918 malte er wieder Landschaftsbilder, die ganz aus der Farbe entwickelt sind und in denen das lineare Element zurücktritt.
Lit.: W. Hugelshofer, F. H., 1952.

Höchst (bei Frankfurt). Die Stadt besitzt in der Justinuskirche einen Bau, dessen Kern bis auf das 9. Jh. zurückgeht und von dem noch das Langhaus (Kapitelle und Kämpfer von 6 Arkaden) erhalten ist. Grabungen (1926) ergaben, daß der karolingische Bau eine kleine dreischiffige Basilika mit Querhaus und abgeschnürter Vierung war. Sie wurde 1419 umgebaut und einem Kollegialstift eingegliedert und bekam 1443–60 einen neuen Chor und Kapellen. Die karolingischen Kapitelle des Langhauses gehören zu den feinsten und originellsten Meißelarbeiten Deutschlands. Von der mittelalterl. Einrichtung sind noch Teile eines spätgot. Chorgestühles erhalten und ein ebenfalls spätgot. Taufbecken, das von 3 roman. Löwen getragen wird.
Lit.: Reclams Kunstführer, Deutschland, Bd. IV, 209ff., 1960.

Höchster Porzellan (1746–1796). Begründet durch die Frankfurter Kaufleute J. C. Götz und F. J. Clarus. Die plastischen Werke sind viel bedeutender als das Geschirr, besonders Komödienfiguren (nach Stichen), Chinesen, Kindergruppen und Reliefportraits. Teilweise werden auch Meißner Vorbilder verwendet. Marken: zuerst Rad in verschiedenen Farben, dann Blaumarke, Rad mit und ohne Kurhut.
Lit.: K. Roeder und M. Oppenheim, Das H., 1930.

Höger, Fritz. Deutscher Architekt. Geb. 1877 in Beckenreihe (Holstein), gest. 1949 in Bad Segeberg. Studierte an der Hamburger Baugewerbeschule und arbeitete bei den Hamburger Architekten Lundt & Kallmorgen. Sein Verdienst ist die Erneuerung des norddeutschen Backsteinbaues, den er besonders durch expressionistische Einflüsse zu neuen Höhen führte. Sein neben dieser Formkraft stark rationales Denken ließ ihn auch führend beim Bürohausbau erscheinen. Sein wichtigster Bau dieser Art, dabei sein expressivster, ist das Chilehaus in Hamburg (1923). Seine hauptsächlich in Hamburg gebauten Werke verteilen sich daneben auf Industrie-, Verwaltungs-, Schul- und Siedlungsbau.
Lit.: Thieme-Becker; H. Vollmer, Künstlerlex. d. 20. Jhs.

Höhlenmalerei. Hauptbestandteil der →Eiszeitkunst, die im Jungpaläolithikum zusammen mit dem →Aurignacien und dem Erscheinen des Homo sapiens einsetzt. Gegenstand der H. ist überwiegend die Abbildung von Jagdtieren in engem Zusammenhang mit der Ausübung eines vielschichtigen kultisch-religiösen Zeremoniells, dessen Einzelheiten unklar bleiben müssen. Die Darstellungen setzen mit einfachen, bisweilen durch Gravierungen unterstützten Umrißzeichnungen ein und scheinen sich allmählich zu flächendeckender, oft polychromer Malerei zu entwickeln, wobei gelegentlich natürliche Formen der Höhlenwand berücksichtigt worden sind. Abgebildet werden fast immer einzelne Tiere, szenische Zusammenhänge sind außerordentlich selten und in ihrer Deutung umstritten (→Lascaux). In die Tierbilder eingezeichnete Waffen (Pfeil- beziehungsweise Geschoßspitzen) gelten als Hinweis auf jagdmagische Vorstellungen. Häufig ist versucht worden, eine stilistische Entwicklung der Höhlenmalerei zu rekonstruieren; dabei wurde nicht immer ausreichend berücksichtigt, daß es sich um eine „gebundene" Kunst handelt. (Farbtafel 1).
Lit.: Bandi/Maringer, Kunst der Eiszeit, 1955; Kühn, Die Felsbilder Europas, 1952.

Höhlentempel. Bezeichnung für einen in den Fels gehauenen Tempel, wie er sich in besonders guten Beispielen der →ägypt. und der →indischen Kunst erhalten hat.

Höhung →Kreide.

Höllenbruegel →Bruegel.

Hölzel, Adolf. Deutscher Maler. Geb. 1853 in Olmütz (Mähren), gest. 1934 in Stuttgart. Studium in München. 1888 gründete er gemeinsam mit F. v. →Uhde u.a. die Malerkolonie →„Neu-Dachau". Naturalistisch-lyrische Bilder entstehen. Aus der Beschäftigung und dem Studium der Farbenlehren Goethes, →Runges und →Seurats entwickelt er eine Theorie, die auf dem Gebrauch der reinen Farben aufbaut. Hierdurch kam er bereits um 1900 zu ersten abstrakten Malversuchen. Der Gegenstand bildete nur den Ausgangspunkt des organisierten Bildaufbaus. 1912 kam er zur völligen Gegenstandslosigkeit, nachdem zuvor der →Jugendstil einen nachhaltigen Einfluß auf ihn ausgeübt hatte. Seine eigentliche Bedeutung erlangte er jedoch als Theoretiker und Lehrer. →Schlemmer und →Baumeister waren seine Schüler. Seine neuen Prinzipien wirkten sehr stark auf die nachfolgende Generation. Sie wurden von →Itten weiterentwickelt und setzten sich an zahlreichen Kunstschulen als Grundlage des Elementarunterrichts durch. 1933 veröffentlichte er seine Schrift „Gedanken und Lehren".
Lit.: W. Hofmann, Zeichen und Gestalt, 1957.

Hörnschab. Bezeichnung für einen vor allem in Schleswig-Holstein in der Spätrenaissance vorkommenden Eckschrank, wie er seit dem Beginn des 16. Jhs. bekannt ist.

Hoetger, Bernhard. Deutscher Bildhauer und Architekt. Geb. 1874 in Hörde, gest. 1949 in Interlaken (Schweiz). Nach seinem Studium in Düsseldorf und Paris (1900–1907) wurde er 1911 an die Künstlerkolonie nach Darmstadt berufen. Anfangs von →Rodin beeinflußt, nimmt er Anregungen von →Maillol und von →Barlach auf. Für die Mathildenhöhe in Darmstadt schuf er eine Reihe von stark expressionistisch bestimmten Figuren und Reliefs. 1919 schloß er sich der Künstlergemeinschaft von →Worpswede an. 1926–1930 arbeitete er am Ausbau der Böttcherstraße in →Bremen. 1933 emigrierte er in die Schweiz.
Lit.: H. Vollmer, Künstlerlex. d. 20. Jhs.

Hofer, Carl. Deutscher Maler. Geb. 1878 in Karlsruhe, gest. 1955 in Berlin. Studium in Karlsruhe bei →Thoma und →Kalckreuth. 1903–1913 lebte er längere Zeit in Rom und Paris. Seit 1919 in Berlin ansässig. Einflüsse von →Böcklin, →Cézanne und →Gauguin verarbeitete er zu einem eigenen Stil. Er verband die expressionistischen Ausdrucksmöglichkeiten mit einer bisweilen klassizistischen Haltung seiner Gestalten. Hierin steht er der →„Neuen Sachlichkeit" nahe. 1945 übernahm er die Leitung der Berliner Hochschule für bildende Künste. Nach dem 2. Weltkrieg versuchte er, frühere Bilder, die in seinem Atelier in Berlin verbrannt waren, neu zu malen. – Lit.: H. Vollmer, Künstlerlex. d. 20. Jhs.

Hoffmann, Josef. Österreichischer Architekt und Kunstgewerbler. Geb. 1870 in Pirnitz (Mähren), gest. 1956 in Wien. Studierte mit J. M. →Olbrich und A. →Loos an der Akademie in Wien bei O. →Wagner und →Hasenauer. Nach einem Studienjahr in Italien wurde er 1899 Prof. für Architektur an der Kunstgewerbeschule. Ein Jahr vorher gehörte er zu den Begründern der Wiener Sezession, und 1903 gründete er die Wiener Werkstätten, denen er durch seine Entwürfe Weltgeltung verschaffte. Um seine Vorstellungen von der Einheit und vom Zusammenhang aller Künste zu realisieren, schuf er neben seinen Architekturen Entwürfe für Möbel, Tapeten, Geschirr und Bestecke, Lampen und Schmuck (Wiener Werkstätten) und sogar solche für Filmausstattungen und Theaterinszenierungen. – H.'s Frühwerk ist ein Teil der Geschichte des Wiener →Jugendstils; die Formen sind streng, gerade Kanten und Flächen, Rechte Winkel, das Flächendekor sparsam mit geometrischen Mustern, die Wirkung hauptsächlich auf dem Reiz edler Materialien beruhend. Das Hauptwerk jener Epoche ist das Palais Stoclet in Brüssel (1905–11).
Lit.: Thieme-Becker; H. Vollmer, Künstlerlex. d. 20. Jhs.

Hofkellereigläser →Humpen.

Hofmann, Hans. Deutsch-amerikanischer Maler. Geb. 1880 in Weißenburg (Bayern), gest. 1966 in New York. Nach dem Studium eröffnete er 1915 in München eine private Kunstschule und legte damit den Grundstein für seine äußerst fruchtbare pädagogische Tätigkeit, durch die er vor allem in New York und Berkeley großen Einfluß auf die Moderne Malerei Amerikas ausübte. – Seine wichtigsten Werke stehen der →Action Painting nahe, ohne daß seinen Bildern die gleiche Bedeutung wie seiner Lehrtätigkeit zukäme. – Lit.: C. Greenberg, H. H., 1961.

Hofschule Karls d. Gr. →Ada-Gruppe.

Hofschule Karls d. Kahlen →St. Denis, Schule von.

Hogarth, William. Engl. Maler und Kupferstecher. Geb. 1697 in London, gest. 1764 ebda. Nach einer Lehre als Goldschmied arbeitete er seit 1718 als selbständiger Kupferstecher und wandte sich erst 1728 der Malerei zu. – Ausgehend von der niederl. Genremalerei und der franz. Kupferstecherei, entwickelte er einen sehr eigenständigen realistischen Stil, wie er hauptsächlich in seinen satirischen Werken und Sittenbildern zum Durchbruch kam. Mit unbarmherziger Schärfe prangerte er den moralischen Verfall der engl. Gesellschaft an. Damit wurde er zu einem Wegbereiter der engl. Genremalerei und engl. Karikatur. – Auch als Portraitist – er war seit 1757 Hofmaler – schuf er Werke von hohem Rang, in denen er z. T. Elemente der Malerei des 19. Jhs. vorwegnahm.
Lit.: K. Haemmerling, H., 1950.

Hoheitszeichen. Bildliche oder schriftliche Zeichen staatlicher Gewalt, wie Wappen, Fahnen, Krone oder Grenzmarkierungen.

Hohenberg, Martin →Altomonte.

Hohenfurth, Meister von. Benannt nach 9 Tafeln eines Altars der Klosterkirche von Hohenfurth/Südböhmen (jetzt Prag, Narodni Galerie) mit Szenen der Heilsgeschichte (Christi Geburt bis Pfingstfest); um 1350 entstanden. Erster bedeutender Meister der böhmischen Malerei. Stilistisch anknüpfend an die österreichische Variante westlich got. Maltradition, wie sie der Klosterneuburger Altar (Rückseite) zeigt. Kenntnis italien. Vorbilder (→Giotto, Simone →Martini) deutlich an der raumschaffenden Funktion der Architekturen, der Modellierung mit Hilfe von Farbwerten, der zunehmenden Verfestigung des Körperlichen. Uneinheitlichkeit der Tafeln wohl bedingt durch rasche Entwicklung des Meisters und Mitarbeit mindestens eines Gesellen. Stilistisch kennzeichnend sind ausgewogene, reihende Flächenkomposition und lyrische Erzählhaltung.
Lit.: A. Stange, Deutsche Malerei der Gotik II, 1936; A. Matějček und J. Pešina, Gotische Malerei in Böhmen, Tafelmalerei 1350–1450, 1955.

Hohenschwangau. Im 12. Jh. wird schon eine Burg Schwanstein genannt, die unter verschiedenen Besitzern bis 1538 bestand. 1536 erwarb ein Augsburger Patriziergeschlecht den Bau und ließ 1538 bis 1547 einen Neubau aufführen. 1567 wurden Herrschaft und Schloß von Herzog Albrecht V. von Bayern erworben. Das Schloß verfiel. Erst 1832 wurde das inzwischen zur Ruine gewordene Gebäude von Kronprinz Maximilian in neugotischen Formen wieder errichtet nach Plänen von Dom. Quaglio, Gg. Fr. Ziebland und W. Lindenschmidt und bekam den Namen H. – Im Inneren Fresken von Moritz v. →Schwindt und W. Lindenschmidt.
Lit.: Wasmuths Lexikon der Baukunst, Bd. III, 1930; Tillmann, Lexikon der deutschen Burgen und Schlösser, Bd. I, 1958.

J. Hoffmann, Palais Stoclet, Brüssel, 1905–1911; Gartenseite.

Hohenstaufenschlösser. Die Wehrbauten und wehrbauähnlichen Schlösser des letzten Stauferkaisers Friedrich II. (geb. 1194, gest. 1250; gleichzeitig König v. Sizilien) in Unteritalien und →Sizilien; bedeutendste Schöpfungen des Profanbaus in der 1. Hälfte des 13. Jhs. Von den zahlreichen Bauten nur weniges erhalten. Kennzeichnend ist die kristallinische Regelmäßigkeit der Planbildung. Die Hauptform, der einen Innenhof umschließende, meist quadratische Flügelbau mit Ecktürmen, geht auf das antike castrum zurück. Gewisse Vorformen der regelmäßigen Anlage, der Portalschmuck, die Bauplastik waren in den sizilischen normannischen Bauten vorgebildet (→Sizilien). Die Wölbung und Details der Raumbildung sind durch Zisterzienser-Gotik beeinflußt. Die Ausführung der Bauten, auch das Quader-

und Bossenwerk, allgemein von höchster künstlerischer Vollendung. Für die sizilische, nach 1232 entstandene Kastellgruppe (Syrakus, Augusta, Catania) sind Anregungen des Nahen Ostens anzunehmen; Vorbilder boten Festungen, Stadtmauern (z.B. die in →Konstantinopel mit dem Wechsel eckiger und polygonaler Türme), Karawansereien (von hier Übernahme mehrschiffiger, gewölbter Zisternen unter dem Innenhof; schon im staufischen Jagdschloß Gravina) und Schlösser. Die Säulenhalle mit 5 × 5 quadratischen Jochen im Erdgeschoß des Kastells in Syrakus wohl von hier zu verstehen. Einflußvermittlung u.a. durch Friedrichs Kreuzzug 1228 bis 1229. Künstlerisch bedeutsame Einzelleistungen: Jagdschloß →Castel del Monte; Brückentor in Capua (begonnen 1234); zugleich Festungsanlage, Rechtssymbol und Kunstwerk. In seinem durch Bauplastik und Inschriften kenntlichen Anspruch und in der Form des Einzeltors wohl auf röm. Triumphbogen, in Einzelzügen auch auf östliche Vorbilder zurückgehend (Schloßportal von Qasr al-Hair-al-Gharbi, Damaskus/Syrien, 8. Jh.). Die bedeutende Plastik (heute Mus. Capua) an Vorbildern der röm. Antike geschult. (Siehe Tafel 23).
Lit.: H. Hahn und A. Renger-Patzsch, Hohenstaufenburgen in Süditalien, 1961.

Hohlkehle. Bezeichnung für das konkave Gegenstück zum →Rundstab. Die H. kann verschiedene Linienführung zeigen (gerade oder gebogen). Der Querschnitt des Profils ergibt sich aus einem Kreis- oder Ellipsensegment.

H. Holbein d. J., aus „Der Totentanz“, Holzschnitt.

Hokusai, Katsushika. Japanischer Maler und Holzschnittkünstler. Geb. 1760 in Tokyo, gest. 1849 ebda. Er zählt sowohl qualitativ als auch quantitativ zu den bedeutendsten Meistern der neueren japanischen Malerei. Über 500 Bücher schmückte er mit Holzschnittillustrationen und schuf daneben zahlreiche Folgen und Einzelblätter. Die Technik des Farbholzschnittes beherrschte er in virtuoser Weise. Seine Themen zeigen sowohl Figürliches als auch Landschaften. Szenen aus dem japanischen Leben bringen in reicher Vielfalt seine in 14 Bänden zusammengefaßten lockeren, skizzenhaften Holzschnitte, die unter dem Titel „Mangwa“ (gezeichnete Einfälle) veröffentlicht wurden. Sie zeigen in ihrer unmittelbaren Beziehung zum Gegenstand deutliche Einflüsse der europäischen Kunst, die ihrerseits wieder Anregungen aus dem Schaffen dieses Meisters aufnahm. – Sein berühmtestes Blatt mit dem Titel „Die Woge“ gehört zu seiner reifsten 1829 geschaffenen Folge, „36 Ansichten des Fuji-san“.
Lit.: J. Hiller, H., 1956.

Holbein. 1) Hans d. Ä. Deutscher Maler und Zeichner. Geb. um 1465 in Augsburg, gest. 1524 in Isenheim. Verbrachte seine Hauptschaffenszeit in Augsburg. Stilistische Anregungen nahm er anfangs von den Niederländern, später auch von der italien. Renaissance auf, ohne jedoch jemals seine Zugehörigkeit zur deutschen Spätgotik zu leugnen. In seinen Werken (Sebastianaltar, München, Alte Pinakothek; Brunnen des Lebens, 1519, Lissabon, Kunstmus.) zeichnet er sich durch klare Farbgebung und einen ruhigen Figurenstil aus. – Von besonderer Bedeutung sind seine hervorragend mit sparsamsten Mitteln charakterisierten Bildniszeichnungen (Berlin, Kupferstichkabinett), mit denen er einen Weg beschritt, den sein ihn an Bedeutung überragender Sohn 2) weiterging und vollendete. – **2)** Hans d. J. Sohn des 1). Geb. 1497/98 in Augsburg, gest. 1543 in London. Lernte bei seinem Vater 1) und nahm früh Anregungen von H. →Burgkmair auf. 1515 ging er nach Basel, wo er außer kurzen Reisen in die Lombardei (1518) und nach Frankreich (1524) bis 1526 blieb, um für die nächsten beiden Jahre in London zu arbeiten. Nach einem nochmaligen längeren Aufenthalt in Basel (1528 bis 1532) kam er über Augsburg wieder nach London und ließ sich dort, nachdem er 1536 zum Hofmaler Heinrichs VIII. ernannt worden war, endgültig nieder. – Neben A. →Dürer und →Grünewald zählt er zu den bedeutendsten deutschen Renaissancemalern. In selbstverständlicher Klarheit eignete er sich die neuen Formen der Renaissance an. Bereits in seiner ersten Baseler Zeit dominiert ein betonter Realismus (z. B. „Der tote Christus“, 1521, Basel, Kunstmus.) und zeigt sich auch seine eigentliche Begabung, die im Portrait liegt („Doppelbildnis des Bürgermeisters Meyer und seiner Frau“, 1516, Basel, Kunstmus.). Zu seinem Frühwerk gehören Bilder religiöser Thematik, deren bedeutendstes die „Madonna mit der Familie des Bürgermeisters Meyer“, 1525/26 (Darmstadt, Schloßmus.) ist. – Nach seiner ersten Reise nach London zog es ihn immer stärker zur Portraitmalerei. In zahlreichen Bildnissen erreichte er seine reifsten Leistungen, die ihn als den bedeutendsten deutschen Portraitisten überhaupt anzusprechen erlauben. Kühle Objektivität, klare Linienführung und ein betont repräsentativer Charakter zeichnen diese Werke aus (Erasmus von Rotterdam, 1523, Paris, Louvre; Erzbischof William Warham, 1527, Paris, Louvre; mehrere Portraits Heinrichs VIII., u. a. 1537, Windsor Castle). – Bedeutendes leistete er auch auf dem Gebiet der Zeichnung und vor allem im Holzschnitt („Totentanz“, 1523–26; „Todesalphabet“), wobei es ihm gelang, auf kleinstem Format monumentale Wirkung von drastischer Eindringlichkeit zu schaffen.
Lit.: W. Waetzoldt, H. H. d. J., 1938; P. Ganz, Die Handzeichnungen von H.H.d.J. (40 Lieferungen), 1911–37; A. H. Schmidt, H.H.d.J., 3 Bde., 1945–48; P. Ganz, H., 1955; Thieme-Becker.

Holl, Elias. Deutscher Baumeister. Geb. 1573 in Augsburg, gest. 1646 ebda. Er entstammte einer alten Baumeisterfamilie und bildete sich wesentlich durch Reisen nach Italien (1600/01), wo er die Bauten Venedigs und →Vicenzas kennenlernte und fruchtbarste Anregungen palladianischer Architektur aufnahm. Anschließend war er bis 1631 als Stadtbaumeister seiner Heimatstadt tätig, wo er – ein Hauptmeister deutschen Frühbarocks – durch sein umfangreiches Wirken das Stadtbild Augsburgs einflußreich bestimmte. Sein Frühwerk, das 1602–07 errichtete Zeughaus, ist nur unvollständig erhalten, läßt jedoch die geniale Verschmelzung spätgot. Formen mit einer neuen barock-plastischen Gesinnung noch deutlich erkennen. – Sein bedeutendstes Werk ist das 1615–20 entstandene Rathaus, in dem er in völlig eigenständiger Weise got. Höhenentwicklung mit sparsamen frühbarocken, palladianischen Formen zu einer unübertroffenen Synthese zwingt. – Der Ausbruch des

30jährigen Krieges setzte seinem vielversprechenden Schaffen ein jähes Ende.
Lit.: H. Hieber, E. H., 1923; U. Christoffel, Augsburger Rathaus, 1929; N. Pevsner, Europäische Architektur, 1957.

Augsburg, Rückseite des Rathauses, 1615–1620 von E. Holl begonnen.

Holländische Kunst →Niederländische Kunst.

Hollar, Wenzel. Deutsch-böhmischer Zeichner und Kupferstecher. Geb. 1607 in Prag, gest. 1677 in London. War in Frankfurt a. M. Schüler von M. →Merian und arbeitete anschließend in Straßburg, Köln und seit 1652 in London. Im Mittelpunkt seines überaus fruchtbaren Schaffens steht der Kupferstich mit Themen verschiedenster Art, die von mythologischen und religiösen Szenen über Landschaften und Städteansichten bis zu Buchillustrationen und Bildreproduktionen nach Werken anderer Meister reichen. Neben seinen Städteansichten sind seine Folgen mit Frauentrachten von besonderer Bedeutung. Ca. 3000 Blätter seines reichhaltigen Werkes sind erhalten.
Lit.: G. Parthey, W. H., Beschreibendes Verzeichnis seiner Kupferstiche, 1853 (Nachträge 1858 und 1898).

Holmul. Kleinere Mayastadt im Peten, in der Beispiele bester polychromer Mayakeramik gefunden wurden. Die Phase H. I weist als Charakteristikum große Schalen mit 4 brustförmigen Füßen auf und entspricht →Monte Alban II; sie erlaubt die Unterteilung der Chicanel-Phase von →Uaxactun.

Holzbau. Die H.weise gehört zu den ältesten Architekturtechniken der Menschheit, jedoch sind ihre frühesten Spuren, bedingt durch die Vergänglichkeit des Materials, nur in geringen Resten erhalten. – Die frühesten Reste, die von einer hochstehenden H.kunst zeugen, finden sich in den ostasiatischen Kulturen, die über eine unübertroffene Kontinuität solcher Architektur verfügen (→Japanische Kunst). – Im europäischen Bereich ermöglichen nur vereinzelte schlecht erhaltene Bodenfunde und frühe Darstellungen Rückschlüsse auf den H. – Die frühesten H.ten deuten auf den Blockbau (Mittlere Steinzeit), während der Pfahlbau in der Jungsteinzeit aufgekommen zu sein scheint. – Entsprechend der geläufigen Meinung erlaubt der griech. Tempel in seiner überlieferten Steinform Rückschlüsse auf eine verwandte ältere Holzform zu ziehen, jedoch bringen neuere Forschungen diese These ins Wanken. – Im mitteleuropäischen Raum findet der H. vor allem in der Variante des →Fachwerkbaus eine weite Verbreitung, der sich seit dem 7. Jh. n. Chr. in seiner Entwicklung verfolgen läßt.
Lit.: H. Phleps, H.kunst. Der Blockbau, 1942; C. Schäfer, Deutsche H.kunst, 1937.

Holzbildhauerei (Bildschnitzerei). Die Technik der H., bei der in der Regel nach einer Vorzeichnung das Bildwerk aus einem Holzblock geschnitzt wird, war bereits im Altertum bekannt und brachte es vor allem in der →ägypt. Kunst zu einer reichen Blüte. – Auch in den außereuropäischen Kulturen wurde und wird diese Kunst weitverbreitet geübt (z. B. Ausschmückung ostasiatischer Holzarchitektur, Masken und Statuetten afrikanischer und insulinder Völker). – Im frühen Christentum begründet sich die Tradition, Kirchentüren in vielfältiger Bildschnitzerei zu schmücken (z. B. S. Sabina, →Rom, 5. Jh. n. Chr.). – Im Mittelalter hat die H. vor allem in der Kunst der deutschen Spätgotik eine bedeutende Rolle gespielt. Aus der Frühzeit haben sich, wohl auch aus Gründen der geringen Haltbarkeit des Materials, nur relativ wenige Werke erhalten. Aus dem 11. Jh. sind u. a. die reliefierten Türen von St. Maria-im-Kapitol, →Köln (→Kirchentüren), sowie die Essener Madonna und die Paderborner Imadmadonna zu nennen. Beide waren mit Goldblech überzogen, das bei letzterer verloren ist. Im 12. und 13. Jh. wurden häufig Kruzifixe und Triumphkreuzgruppen aus Holz gearbeitet, z. B. die in →Halberstadt, Wechselburg. Reiche Entfaltungsmöglichkeiten boten die →Andachtsbilder des 14. Jhs. und besonders die spätgot. Schnitzaltäre (→Altar). Die wichtigsten namentlich bekannten Bildschnitzer gehören der deutschen Kunst des 15. Jhs. an: u. a. Veit →Stoß, Michael →Pacher, Tilman →Riemenschneider. Doch gibt es gleichzeitig auch in den Niederlanden bedeutende Meister der H. Die Holzbildwerke wurden durchweg farbig gefaßt und vergoldet (→Faßmaler). Erst Riemenschneider verzichtete in verschiedenen seiner Werke auf die Fassung, um die feinfühlige Durchgestaltung der Oberfläche zu bewahren. Als Material wurde im Norden Eichenholz, in Süddeutschland Lindenholz bevorzugt. Noch die Barockzeit überliefert zahlreiche Beispiele der H., die in dieser Epoche ihre Vollendung in den Werken von Ignaz →Günther fand. Seither trat sie gegenüber anderen Kunsttechniken zunehmend in den Hintergrund. Erst das 20. Jh. nahm sich, angeregt durch die Kunst der Primitiven und der Volkskunst, in der sich die H. kontinuierlich gehalten hat, dieser Technik wieder mit größerer Intensität an.
Lit.: H. Wilm, Die got. Holzfigur, 1942.

Holzer, Johann. Deutsch-österreichischer Maler. Geb. 1709 in Burgeis (Tirol), gest. 1740 in Clemenswerth (Hannover). Lernte in Augsburg, wo er die meiste Zeit seines Lebens ansässig war. In seinen Werken, hauptsächlich Fassaden- und Deckenfresken (Kuppelfresko in St. Anton bei Partenkirchen, 1739; Deckenfresko in der ehem. Sommerresidenz Eichstätt), ging er von → Tiepolo aus und gilt als einer der Hauptvertreter des süddeutschen Rokoko.
Lit.: Thieme-Becker.

Holzgerlingen (Kreis Böblingen in Württemberg). Fundort einer Großplastik keltischer Provenienz im typischen Stil der →Latènezeit.

Holzschnitt. Graphische Technik, bei der die Zeichnung aus einer Holzplatte herausgeschnitten wird, so daß die Zeichnung selbst in erhabenen Stegen stehen bleibt. Diese Stege werden eingefärbt und können dann als Druckstock verwandt werden. – Wird die Holzplatte längs der Faser geschnitten, spricht man von einem Linienschnitt, nimmt man die Platte quer zur Faser, spricht man von einem Ton- oder Holzstich. – Das Negativverfahren zum Linienschnitt wird Weißschnitt genannt, da hierbei die Zeichnung in den Stock eingegraben wird und im Druck weiß erscheint. – Der Helldunkelschnitt entsteht, indem die Linien, die durch eine Strichplatte erzeugt werden, durch Tonplatten, die einen grauen Ton erzeugen, bereichert werden. Bei ver-

schiedenfarbig eingefärbten Tonplatten entsteht in Variierung des Helldunkelschnitts der Farbholzschnitt. – Die Technik des H.s hat ihren Wegbereiter im →Zeugdruck, der bereits seit dem 4. Jh. n. Chr. bekannt war. Zum H. kam es jedoch erst, als die Papierfabrikation in Europa eingeführt wurde (2. Hälfte des 14. Jhs.). – Am Anfang steht hierbei der sogen. Einblattdruck, der in Frankreich, Deutschland oder den Niederlanden entwickelt wurde (Einzelblatt). – Gegen die Mitte des 15. Jhs. entsteht das sogen. Blockbuch, eine Folge mehrerer H.e, die neben Darstellungen auch Texte, die in den Holzstock geschnitten und eine wesentliche Voraussetzung des Buchdruckes sind, bringen. – In der 2. Hälfte des 15. Jhs. findet der H. als Buchillustration Verwendung. – Mit der Einführung anderer technischer Vervielfältigungsmethoden im 19. Jh. beschränkt sich der H. zunehmend auf rein künstlerische Aufgaben, wie sie vor allem zu Beginn des 20. Jhs. durch den →Expressionismus wieder neu belebt wurden. Die Künstlergemeinschaft →Brücke hatte hieran regen Anteil.
Lit.: Th. Musper, Der H. in 5 Jahrhunderten, 1944.

Holzschnitzerei. Das Schmücken von Holzgegenständen durch ornamentale oder figürliche Schnitzerei. Im Rahmen kirchlichen Kunstgewerbes (besonders → Chorgestühle) macht die H. im Mittelalter eine reiche Entwicklung durch. In Renaissance und Barock kommen weitere Entfaltungsmöglichkeiten durch die Verzierung profaner Gegenstände hinzu, insbesondere Möbel, Türen etc. Klassizismus und Biedermeier haben kaum Verwendung für die H., doch erfährt sie in Neorenaissance und Neobarock, auch im Jugendstil, intensive Wiederbelebung. Das moderne Kunstgewerbe (seit der Bauhauszeit) wendet sie kaum noch an.

Holzstich →Holzschnitt.

Homilien des Gregori von Nazianz (Paris, Bibliothèque Nationale, Cod. Gr. 510). Ein Codex mit 46 großen Miniaturen aus den Jahren 880–886. Diese verraten ganz verschiedene Stile. Einige stammen von einem Künstler aus der ikonoklastischen Zeit, der sich mit symbolischen Blattkreuzen begnügt, andere bringen eine Fülle von ungeordneten biblischen Szenen. Dann gibt es wieder hervorragende Blätter mit völlig hellenistisch gestalteten Bildern. Bekannteste Darstellung aus den H.: Die Vision des Ezechiel.

Honoré, Meister. Franz. Miniator, in Paris urkundlich erwähnt 1288–96. Klassischer Vertreter der franz. hochgot. Buchmalerei mit ihrer durcharchitektonisierten Aufteilung der Buchseite, dem zarten Rankenwerk und der friesartigen Reihung überlängter, graziös bewegter Figuren. In der plastischen Modellierung mit Hilfe des aus einer Richtung auftreffenden Lichts und der Konzipierung der Figur von der Körperachse her ist eine plastische Prägnanz erreicht, die dem hochgot. Relief ebenbürtig ist. Auswirkung auf Jean → Pucelle. Inschriftlich gesichert: Decretalien des Gratian mit Glossen von Bartolomeo da Brescia (1288 verkauft; Bibl. Tours Nr. 558; 38 Miniaturen). Zugeschrieben: Brevier für Philipp den Schönen (Paris, Bibl. Nat. manuscriptum lat. 1023).
Lit.: H. Martin, La Miniature française du XIIIe au XVe siècle, 1923; R. Blum, ‚Maître Honoré und das Brevier Philipps des Schönen', in: Zentralblatt für Bibliothekswesen 1948, 225 ff.

Hooch, Pieter de. Holländ. Maler. Geb. um 1629 in Rotterdam, gest. um 1683 in Amsterdam. In seinem Frühwerk war er noch deutlich von der Schule →Rembrandts beeinflußt, schloß sich aber später mehr der Malweise →Vermeer van Delfts an, neben dem er zu einem der bedeutendsten Meister holländ. Interieurmalerei wurde. – Er arbeitete in Den Haag, Delft und zuletzt (seit 1667) in Amsterdam. Seine bedeutendsten Werke entstanden in der Delfter Zeit (1655–65). Charakteristisch sind sparsam ausgestattete Innenraumansichten, die häufig durch eine geöffnete Tür den Blick in weitere Räumlichkeiten gestatten, während meist helles, warmes Licht durch ein Fenster hereinbrechend den Raum durchflutet. Nur wenige Figuren beleben in ruhigem, geselligem Zusammensein die Räume, deren einheitlicher Farbakkord in satten Lokalfarben seine Akzente findet.
Lit.: W. R. Valentiner, P. de H., 1930.

Hoogh, Pieter de →Hooch, Pieter de.

Hormizd. Sasanidischer Königsname. H. I. (272–273 n. Chr.) Münzbild. – H. II. (302–309). Reiterkampfrelief in →Naqsch-i-Rustam. Münzbilder. – H. III. (457–459). Münzbild. – H. IV. (578–590). Münzbilder. →Sasanidenkunst.
Lit.: R. Ghirshman, Iran II, 387.

P. de Hooch, „Vorratskammer" (Amsterdam, Reichsmus.).

Hornaffen →Butzenscheiben.

Horologium. Sonnenuhr, in der Ostkirche auch ein Buch, das die preces und carmina septem horarum enthielt.

Horror vacui. Ursprünglich Ausdruck für Abscheu der Natur vor allem Leeren (Aristoteles). In der Kunst das Bemühen, die ganze zur Verfügung stehende Fläche dicht bei dicht mit Personen oder Ornamenten auszuschmücken.

Horta, Victor. Belgischer Architekt. Geb. 1861 in Gent, gest. 1947 in Brüssel. Nach Studien in Gent, Paris und Brüssel bei A. Balat, einem streng klassizistischen Architekten, übernahm er 1895 das Atelier des Lehrers. 1899 wurde sein geniales Frühwerk, die Maison du Peuple in Brüssel, fertiggestellt. Bis er sein 1914 begonnenes – durch den 1. Weltkrieg erst nach 1923 vollendet – bedeutendstes Werk, das Palais des Beaux-Arts, in Brüssel bauen konnte, entstanden nur kleinere Werke. – H. ist der genialste Bahnbrecher der neueren belgischen Architektur neben P. →Hankar und L. Goovaerts. Die engl. Form des →Jugendstils mit ihrem floralen Linienspiel hat H. mit seinen Metallarbeiten (Träger, Gitter und Geländer) zu barocker Fülle getrieben; dadurch aber, daß er alle Details für seine Bauten selber zeichnete und teilweise auch modellierte, wußte er schwülstigen Entgleisungen zu entgehen. Mit zunehmendem Abstand zum Jugendstil wurden seine Bauten wieder strenger in ihren Gliederungen, ohne aber konstruktivistisch zu erscheinen. Nach wie vor behielten sie ihren besonderen Reiz durch seine geschickte Führung des Lichtes und der Farbigkeit seiner inneren Ausstattungen.
Lit.: Cassou, Langui, Pevsner: Durchbruch zum 20. Jh., 1962.

Hortus deliciarum (lat. „Lustgarten"). Name eines von Herrad von Landsperg, Äbtissin des Klosters Hohenberg oder St. Odilien im Elsaß, um 1170 verfaßten, bebilderten Manuskripts, das, wohl zu Lehrzwecken, ein Kompendium geistlichen und weltlichen Wissens jener Zeit darstellte. Es gelangte im 16. Jh. aus dem Kloster in die Straßburger Bibliothek, wo es 1870 verbrannte. Ch. M. Engelhardt gab 1818 Textauszüge und

Miniaturproben heraus, A. Straub und G. Keller publizierten 1879–99 die Kopien in Photolithographie. Die mit Deckfarben kolorierten Zeichnungen, künstlerisch von mittlerer Qualität, doch von lebendiger Drastik, sind eine der wichtigsten Quellen für Tracht, Bewaffnung und Sitten der Zeit.
Lit.: Ch. Schmidt, Herrade de Landsperg, 1897; O. Gillen, Ikonographische Studien zum H. der Herrad von Landsperg, Kunstwissenschaftl. Studien Bd. 9, 1931.

Horus. Falkengestaltiger Himmelsgott, auch als Mensch mit Falkenkopf oder als Kind der →Isis dargestellt. Sein Bild begegnet in der →ägypt. Kunst seit dem Alten Reich. In →Heliopolis mit →Rê zu →Rê-Harachte (H. vom Horizont) verschmolzen. Der große →Sphinx des →Chephren wurde als Harmachis (H. im Horizont) verehrt. Das Kind H. nannten die Griechen Harpokrates.
Lit.: S. Morenz, ÄR, 295; E. Brunner-Traut, Ägypten, 95.

Horyuji. Name einer berühmten japanischen Tempelanlage bei →Nara, in der die ältesten Reste an Holzarchitektur der →japanischen Kunst erhalten sind. Dies sind zugleich die ältesten stehenden Holzbauten überhaupt.
Lit.: W. Alex, Architektur der Japaner, 14f., 1965.

Hosemann, Theodor. Deutscher Maler und Zeichner. Geb. 1807 in Brandenburg, gest. 1875 in Berlin. Nach seinem Studium in Düsseldorf bei →Cornelius und →Schadow war er seit 1828 in Berlin tätig. Er schuf hauptsächlich zahlreiche Szenen des biedermeierlichen Lebens von Berlin und gehörte mit seinen Federzeichnungen, die als Vorlage zu Lithographien dienten, zu den beliebtesten Illustratoren seiner Zeit. – Zu seinen Hauptwerken gehören die Illustrationen zu „Münchhausen" (1840) und zu E.T.A. Hoffmanns „Gesammelten Schriften" (1844).
Lit.: L. Brieger, T. H., 1920.

Hosios Lukas in Stiris (Phokis, Griechenland). Berühmte Klosterkirche, kaiserliche Stiftung, erstes Viertel des 11. Jhs. Hauptkirche des hl. Lukas und Nebenkirche der Theotokos. Schon die Außenwände wirken durch den reichen Wechsel von Mauerschichten sehr dekorativ. H. ist einer der Hauptrepräsentanten der mittelbyzant. Architektur und Mosaikmalerei. H. ist die erste sogen. Achtstützenkirche. Der ganze Bau zeigt eine Entstofflichungstendenz. Das wird architektonisch dadurch erreicht, daß die tragenden Stützen der Kuppel in die Seitenschiffe verlegt sind, ähnlich wie bei der Hagia Sophia in →Konstantinopel. Überschlanke Säulen und hauchdünne, doppelte Scheidewände im Schiff und in der Empore unterstreichen das Unwirkliche. Die Marmorinkrustationen und reichen Intarsien an den Wänden, ebenso der überreiche Mosaikschmuck unterstreichen die Tendenz zum Übersinnlichen. Die Mosaiken auf Goldgrund zeigen frontal dargestellte Menschen mit großen Augen in hieratischer Haltung. So unterstützen die Figuren den Eindruck des Ewigen. Die in der mittelbyzant. Kunst üblichen Festdarstellungen sind an den verschiedenen Wänden der Kirche verteilt, wobei der Platz der Kuppel dem →Pantokrator gehört und die Apsis der Maria.
Lit.: E. Diez/O. Demus, Byzantine Mosaics in Greece, Hosios Lucas & Daphni, 1931.

Hostienbüchse →Pyxis.

Hostienmühle. Darstellung des Transsubstantiationswunders, dessen Bildtypus in Deutschland im 15. Jh. aufkam. Aus einer Mühle, die von Aposteln gedreht oder von den Paradiesesflüssen angetrieben wird, fällt das „Wort" in Form von Hostien in ein von Papst und Kirchenvätern getragenes Ciborium, nachdem es von den vier Evangelisten als Spruchband in den Mühltrog gegeben wurde. Die Hostien werden dann an die Gläubigen verteilt.

Hostientaube →Sakramentshaus.

Hostienteller →Patene.

Houbraken, Arnold. Niederl. Maler, Radierer und Kunstschriftsteller. Geb. 1660 in Dordrecht, gest. 1719 in Amsterdam. Gegenüber seiner schriftstellerischen Tätigkeit tritt sein künstlerisches Schaffen an Bedeutung in den Hintergrund. 1718–20 erschien in drei Bänden sein Werk „De Groote Schouburgh der Nederlandsche konstschilders enschilderessen". Diese Schrift bildet eine der Hauptquellen für die Kenntnis der niederl. Malerei des 17. Jhs.
Lit.: Thieme-Becker.

Houdon, Jean-Antoine. Franz. Bildhauer. Geb. 1741 in Versailles, gest. 1828 in Paris. Wurde bei →Pigalle und →Lemoyne ausgebildet und war als einer der Hauptmeister des franz. Klassizismus in Paris tätig. Wesentliche Anregungen vermittelte ihm ein längerer Aufenthalt in Rom (1764–68). Im Zentrum seines Schaffens stehen Bildnisbüsten und Denkmäler (Washington-Denkmal, Richmond, USA, 1785–88). Charakteristisch für seinen Stil ist neben einem klassizistischen Aufbau der Komposition ein betonter Realismus im Detail. Von den zahlreichen Bildnissen seiner Zeitgenossen sind neben dem Sitzbild Voltaires (Paris, 1781) die Büsten Rousseaus, Mirabeaus und Napoleons zu nennen.
Lit.: E. Maillard, H., 1931.

Hova →Madagaskar.

Hoyschala. Mittelalterl. Dyn. und Bauherren der →indischen Kunst. Die Tempel zeigen im Äußeren eine Vermischung der nord- und südindischen Turmstile und im Innern einen besonderen Reichtum der Deckenbildung. Die Wände der Heiligtümer sind mit zahlreichen kleinfigurigen Friesen mit Darstellungen aus den Hindu-Epen geschmückt und durch unterlebensgroße Figuren von überquellender Körperfülle unterteilt.

Hsi. Fachausdruck der chinesischen Tuschemalerei, der im Gegensatz zu →fang die detaillierte Feinheit der Malerei bezeichnet.

Hsia Kuai. Chinesischer Maler. Geb. um 1180, gest. um 1230. Als einer der Hauptmeister chinesischer Landschaftsmalerei war er an der Akademie in Hangchou tätig und gehörte zu den führenden Künstlern der →Südlichen Schule. Von seinem Œuvre sind nur wenige Werke erhalten.
Lit.: Thieme-Becker.

Hsiu. Fachausdruck der chinesischen Tuschemalerei, der im Gegensatz zu →fang die dichte Eleganz der Pinselführung bezeichnet.

Hti. Der burmesische, auch im östlichen Indien verbreitete Ausdruck für den indischen Reliquienschrein →Harmika.

Hosios Lukas, Fassade der Hauptkirche.

Huai-Stil. Chinesischer Kunststil der Huai-Periode (770–206 v.Chr.). Charakteristisch für diesen Stil sind Sakralbronzen, deren Dekor stark vom eurasischen Tierstil beeinflußt ist (→Eurasische Kunst). Eine technische Neuerung ist das Tauschierverfahren, das Gold- und Silbereinlagen in Bronze ermöglichte. – Häufig wiederkehrendes Motiv ist der bandartig verflochtene Schlangendrache.

Huaxteken. Früh vom Mayasprachstock getrennte Bewohner der Golfküste Mexikos in den Staaten Tamaulipas und Veracruz („Huaxteca"). 2000 Jahre Keramikfolge von früher vorklassischer Zeit bis zur Konquista, sechs Perioden unterscheidbar (Panuco I bis

VI), In der Klassischen Zeit starke Teotihuacan-Einflüsse. Bemerkenswerte Skulpturen aus cremefarbenem Kalkstein stellen hauptsächlich Götter und Menschen dar. Die steif stehenden Gestalten mit angewinkelten Armen haben naturalistische Hände und Gesichter. Auf den Köpfen tragen sie konische Kopfbedeckungen mit fächerförmigem Federkopfputz. Die flachen Vorder- und Rückenflächen zeigen reich ornamentierten Schmuck, manchmal Tatauierung anzeigend. Besonders berühmt sind der „Jüngling von Tamuín" und „Quetzalcoatl als Abendstern" (Museo Nacional, Mexico). Auf den Kult des letzteren Gottes weisen die Rundbautempel hin. Die H. waren ausgezeichnete Perlmuttschneider (Brustplatten u. Ohrscheiben in durchbrochener Arbeit).
Lit.: G. Ekholm, Excavations at Tampico and Panuco in the H., 1944; I. Bernal u. E. Davalos Hurtado (ed.), Huastecos, Totonacos y sus vecinos, 1953.

Hubertusburg/Sachsen. In der Nähe von Leipzig liegt das Jagdschloß, das 1721–24 unter dem Prinzen und späteren König August III. als prunkvolle barocke Anlage nach den Plänen von J. C. Naumann errichtet wurde. Von diesem Bau blieben nur Teile der Umfassungsmauern und Nebenbauten erhalten. 1733–51 erfolgte ein fast völliger Neubau durch Knöffel: ein quadratischer Innenhof wird von 4 Flügeln umschlossen. Der Hauptflügel ist in der Mitte von einem kräftigen polygonalen Mittelteil mit turmartigem Aufsatz betont. Die Seitenflügel sind mit flachen Eckrisaliten gegliedert. Die Innenausstattung ging im Dreißigjährigen Krieg teilweise verloren. – Lit.: Wasmuths Lex. der Baukunst, Bd. III, 1930; Tillmann, Lex. der d. Burgen u. Schlösser.

Hubertusburger Steingut. Steingut, das in der Manufaktur von Schloß Hubertusburg zwischen 1770 und 1884 hergestellt wurde.

Hué. Stadt in Zentral-Vietnam mit Palast-Anlagen des Kaisers Gia-long (1802–20), die nach uralten süd- und ostasiatischen Traditionen eine Einheit von Landschaftsgestaltung, Residenz-, Grab- und Kultbau im Sinne profaner und sakraler Kosmogonie darstellen.
Lit.: Groslier, Hinterindien, 247f.

Hübsch, Heinrich. Deutscher Architekt und Architekturschriftsteller. Geb. in Weinheim 1795, gest. 1863 in Karlsruhe. Nach zweijährigem Studium in Heidelberg (1813–15) ging er zu F. →Weinbrenner nach Karlsruhe, um dort Architektur zu studieren, Ab 1818 war er auf Reisen: Italien, Griechenland und Konstantinopel vermittelten ihm Eindrücke, aus denen er stets für sein Werk schöpfen konnte, die er später aber auch immer wieder auffrischte und ergänzte durch Reisen in Deutschland, Italien, Frankreich und England. Sein erstes Arbeitsfeld fand er an der Städel'schen Bauschule in Frankfurt. 1827 kehrte er nach Karlsruhe zurück, wo er nach dem Tode Weinbrenners die Stelle des obersten Baubeamten des Landes erhielt. Als Leiter der 1832 neu errichteten Baufachschule in Karlsruhe hatte er auch großen Einfluß auf die Ausbildung der späteren Architektengenerationen. – Seine ausgeführten Werke liegen wie gestreut im südwestdeutschen Raum. Er versuchte einen eigenen Stil zu schaffen, der der Romantik der Zeit entspräche und frei sei vom Eklektizismus. Als Vorbild für seine zahlreichen Kirchen diente ihm dabei der Typ der altchristl. Basilika. Die bedeutendsten noch erhaltenen Bauten sind die Trinkhalle in Baden-Baden (1837–40) und die Vorhalle des Domes in Speyer (1854–58). Seine Schriften befassen sich mit archäologischen Studien, seinem Werk und Stilfragen. – Lit.: Thieme-Becker.

Hügelgräber-Bronzezeit. Mittlere Phase der südwestdeutschen →Bronzezeit.

Hüttenplastik →Bauhütte, →Bauplastik.

Hugenottenstil. Baustil der 1685 aus Frankreich vertriebenen Hugenotten, die in ihren neuen Niederlassungen in Deutschland und Holland an einer klassizistisch barocken Bauweise festhielten.

Hugo van der Goes →Goes, Hugo van der.

Humpen. Zylindrisches Trinkgefäß mit unterschiedl. Gestaltung des Fußes, das hauptsächlich im Bayerischen Wald, in Franken, Hessen, Sachsen und Böhmen hergestellt und meist mit Emailmalerei verziert wurde. Nach Art der Verzierung unterscheidet man Wappen-, Zunft-, Reichsadler-, Kurfürsten-, Lebensalter-Humpen (der älteste ist mit 1547 datiert), nach Form und Art der Verwendung: Paßhumpen (mit Stricheinteilung), Igel, ein Hohlglas, das am Mundrand kugelförmig geformt ist, sowie →Hallorengläser u. die sächs. Hofkellereigläser.

Hundertwasser (eigentl. Stowasser), Friedrich. Österr. Maler, geb. 1928, Wien, Akad. der Bild. Künste in Wien. Aufenthalte in Paris, Marokko, Tunesien, Rom, den griech. Inseln, Japan. Das naive, wirkungssichere u. gleichzeitig märchenhafte Werk H.s hat Einflüsse von P. Klee, E. Schiele, G. Klimt u. überhaupt vom Jugendstil aufgesogen u. zu unverkennbar eigener Sprache zusammengefügt. – Lit.: Kat. der Kestner-Gesellschaft Hannover, 1964 (mit Lit.-Angaben u. Oeuvre-Kat.).

Hundszahnornament (engl. dog-tooth). Bes. in der engl. Frühgotik als Fries zur Begleitung von Profilen u. Hohlkehlen vorkommendes Ornament in Form pyramidenart. Gebilde, über die sich ein Kleeblatt legt.

Hungertuch →Fastentuch.

Hunt, Holman. Engl. Maler, Radierer und Holzschneider. Geb. in London 1827, gest. ebda. 1910. Erwarb sich seine erste Ausbildung als Autodidakt und besuchte nach 1845 die Royal Academy in London. Er hatte bis 1848 schon mehrfach ausgestellt, als er durch →Ruskin zur Kritik an dem an →Raffael orientierten Akademie-Lehrbetrieb ermuntert wurde. Sein Wunsch, zu den Naturwahrheiten der vorraffaelischen Zeit vorzustoßen, ließ ihn zusammen mit →Millais und D. G. →Rossetti eine „Prae-Raffaelitische" Bewegung gründen. Das Programm und die Zielsetzung derselben verfocht H. sein Leben lang, wodurch er sich sehr bald wieder von seinen frühen Mitstreitern trennte. – Auf drei Orientreisen, die jedesmal auch nach Palästina führten, suchte er den Naturalismus mit religiösem Leben zu füllen. Auf jeder dieser Reisen entstand ein Hauptwerk: „Der Sündenbock", 1855; „Schatten des Todes", 1873, und „Der Triumph der Unschuldigen", 1877. In diesen Werken überdeckt jedoch der penetrante Naturalismus die Fülle der gedanklichen, pietistisch-religiösen Inhalte. – Die Kunst von H. hat keinen unmittelbaren Einfluß auf die von →Morris angestrebte Neubelebung des Kunstgewerbes gehabt, im Gegensatz zu der Tätigkeit seiner praeraffaelitischen Freunde. – Lit.: Thieme-Becker.

Huqqa. Unterteil der indo-islam. Wasserpfeife.

Hurin-Scheich-Chan. Felsrelief im Gebiet von →Sar-i-Pul-i-Zohab mit Darstellung eines →Lulubäer-Fürsten (Name Tar Lunni?), der als Sieger einen Gegner zertritt. Grobe einheimische Nachbildung des →Naramsin-Reliefs.
Lit.: R. Ghirshman, Iran I, 2; Iran II, 54, Abb. 21.

H. W., Meister →Meister H. W.

Hydria. Griech. Vase mit Bauch und Hals, zwei waagerechten, seitlich gegenüberliegenden Henkeln am Bauch und einem senkrechten Henkel an der Rückseite. – Der Name leitet sich von dem griech. Wort hydor = Wasser her und bezeichnet die Vase als Wasserkrug.

Hyksos. Seit der 12. Dyn. Ägyptens bezeugtes Wort mit der Bedeutung „Fürsten aus der Fremde" zur Bezeichnung von Nomadenstämmen in Palästina und Syrien. Der Ausdruck bezieht auch die vorwiegend semitisch bestimmten, vielleicht churritisch durchsetzten Stammesverbände ein, die Ende des 18. Jhs. v. Chr. Ägypten infiltrieren und die Fremdherrschaft der 15./16. Dyn. begründen. Die zahlreichen Gräber der H.-Zeit sprechen gegen einen brutalen Einbruch. Die Funde bekunden das Weiterleben ägypt. Formtradition ohne Fremdelemente. Trotz zahlreicher Bauten haben uns die H.-Pharaonen kein Bildnis hinterlassen. Ein wichtiges Machtzentrum war das befestigte Auaris im östlichen Delta, wo die H. den Kult des →Seth pflegten. Der H.-König Chian nennt sich „Sohn des →Rê", der von Manetho übersetzte Name des ihm folgenden Apophis I. geht auf den ägypt. Namen Ipepi zurück. Die Verwendung des →Streitwagens mit Rossegespann ist erst für die späte H.-Zeit bezeugt, die mit dem Fall von Auaris und der Vertreibung der H. durch →Ahmose endet. – Lit.: W. Wolf, KÄ, 347ff.

Hypäthralbasilika (griech. = unter freiem Himmel). Basilika ohne Dach, ähnlich dem hellenistischen →Hypäthraltempel (Tempel mit Oberlicht in der dreischiffigen →Cella). Der geöffnete Innenhof ist von Hallen umzogen. Die Apsis befindet sich an einer Schmalseite.

Hypäthraltempel. Griech. Tempel ohne Dachdeckung, so daß das Innere keine geschlossene →Cella, sondern einen offenen →Sekos bildet. Das bedeutendste Beispiel ist der Artemistempel von →Ephesos oder das →Didymaion bei →Milet. Die hypäthrale Form findet sich in der Regel bei Bauten monumentalen Ausmaßes, die eine Deckung technisch nicht ermöglichten.

Hypnerotomachia Polifili. 1499 in Venedig anonym erschienener allegorischer Roman („Der Traumliebeskampf des Polifili"), in dem in einer Traumliebesgeschichte die Antike verherrlicht und die Kunstphilosophie der Renaissance dargelegt wird. Bereichert ist das Werk durch eine Reihe hervorragender Holzschnittillustrationen, die von großer Bedeutung für die weitere Entwicklung der Holzschnittkunst waren.

Hypogaeum. Unterirdischer, gewölbter Raum für Bestattungszwecke.

Hypokausten (griech.). Warmluftheizung unter dem Fußboden. Bei den Römern schon bekannt.

Hypotrachelion. Oberster Teil des Säulenschaftes, der Säulenhals. →Säulenordnung.

Hyria. Antike Burg mykenischer Zeit in Böotien in der Nähe von Aulis gelegen. Bereits bei Homer wird die Festung genannt. Reste eines mykenischen →Kuppelgrabes wurden gefunden. Im Innern stand ein Steinpfeiler mit Schiffsdarstellungen in Ritzzeichnung, die ein Pendant zu dem berühmten Schiffskatalog Homers bilden.
Lit.: Kirsten-Kraiker, Griechenlandkunde, 182ff., 1962.

Hyrkan. Die Überlieferung bezeugt für H. aus der Familie der Tobiaden (174–74 v.Chr.) den Bau einer Festung Baris am Jordan, deren Fassadenfries und Stierprotomen-Kapitelle dem Vorbild der →Achaemeniden folgten. Symbolhaftes Bekenntnis zur persischen Religionspolitik gegenüber den Juden.
Lit.: R. Ghirshman, Iran I, 355.

Hystases. Sohn des →Arsames, Vater →Dareios' I.

I

Ialysos. Antike Stadt auf →Rhodos, seit ca. 1400 v.Chr. festungsartig ausgebaut. Aus dem 3. Jh. v.Chr. stammen die Reste eines viersäuligen →Amphiprostylos, der über einem Bau des 6. Jhs. v. Chr. errichtet wurde und der Stadtgöttin Athena geweiht war. – Reiche Funde, die noch in mykenische Zeit zu datieren sind (14.–11. Jh. v. Chr.) ergaben Grabungen in der Nekropole am Abhang der Akropolis. – Eine zweite Nekropole in Küstenebene brachte zahlreiche Keramiken des 8.–5. Jhs. v. Chr. zutage. – Zu Beginn des 14. Jhs. n. Chr. diente I. den Johannitern, später im 16. Jh. den Türken als Festung.
Lit.: Kirsten-Kraiker, Griechenlandkunde, 588f., 1962.

Ibbisin. Letzter König der III. Dyn. von →Ur (1979 bis 1955 v.Chr.), der nach der Eroberung seiner Residenzstadt durch Ischbierra von →Mari im elamischen Exil starb.
Lit.: H. Schmökel, GAV, 61ff., 331.

Iberische Kunst. Bezeichnung für die Kunst der Iberischen Halbinsel (Spanien).

Ibero-amerikanische Kunst. Bezeichnung für die Kunst Lateinamerikas, soweit die künstlerischen Äußerungen durch die eingewanderten Spanier bestimmt wurden.

Ibi. Oberamtmann der „Gottesgemahlin" Nitokris, einer Tochter Psammetichs I. (26. Dyn.). In seinem Grab in →Theben-West sind Bilder aus dem Grab des gleichnamigen Gaufürsten der 6. Dyn. bei →Der el-Gebrawi übernommen und umstilisiert worden. Der Befund ist charakteristisch für den Archaismus der →ägypt. Kunst in der Saitenzeit.
Lit.: W. Wolf, KÄ, 636; E. Brunner-Traut, Ägypten, 479.

Ibibio. Volksstamm aus Südostnigeria, am Cross-River beheimatet, dessen Kultur Anklänge an die der →Ibo hat, obwohl die Sprachen beider Völker nicht verwandt sind. Bei den I. und ihren südöstlichen Nachbarn, den Ekoi, kommen mit Tierhaut überzogene und mit Haaren beklebte →Masken, Holzfiguren und Kopfaufsätze vor. I.-Masken ohne Hautüberzug haben oft bewegliche Unterkiefer. Als Kuriosum sind auch Holzmarionetten mit beweglichen Gliedern zu nennen, die an Fäden gezogen werden. – Ein Unterstamm der Ekoi, die Efek, stellte als Grabdenkmäler etwa 1,5 m hohe, würdevoll wirkende Pfahlplastiken her („Oron-Pfähle"). – Aus früheren Jahrhunderten stammen einfache, große Steinplastiken, die man vereinzelt in den Landstrichen um den Cross-River findet.
Lit.: C. Partridge, Cross River Natives, 1905; P.A. Talbot, Life in Southern Nigeria, 1923.

Ibn Scharrun. Schreiber zur Zeit →Scharkalischarris. Sein → Rollsiegel ist ein schönes Beispiel für den klaren kraftvollen Stil der Kunst der →Akkad-Zeit.
Lit.: A. Parrot, Sumer, 187.

Ibo. Etwa 5 Millionen Menschen umfassender Volksstamm Südost-Nigerias, im Hinterland des Niger-Deltas beheimatet. Die Mythik dieses Volkes ist von den → Yoruba beeinflußt, die bildende Kunst jedoch eigenständig entwickelt. Fast lebensgroß sind die Dorfidole und „Ikenga"-Figuren, die Glück vermitteln sollen und beim Tode ihres Besitzers verbrannt werden. Die I.-Masken lassen sich verschiedenen Stilgruppen zuweisen: einerseits reich dekorierte, bunt bemalte Masken mit eingefallenen Gesichtern und „unafrikanisch" scharfen Nasen, andererseits unbemalte Masken mit gerundeten Formen (zum Teil schlicht naturhaft, zum Teil „Schreckmasken" mit gefletschten Zähnen). Ein Teil der zweiten Art gibt verstümmelnde Krankheiten (Gangosa) wieder. – Bei dem alljährlich gefeierten Erdgöttin-Fest werden groteske Tonfiguren geformt. – Bei Geheimbund- und Initiationsriten werden auch auf dem Kopf getragene Tierfiguren und Tierkopfmasken verwendet.
Lit.: G. T. Basden, Niger Ibos, 1938; P. A. Talbot, Tribes of the Niger Delta, 1932.

Ica. Südperuanische Küstenkultur im I.- und Chichatal mit frühen Resten der →Nazca-Kultur. Trotz der Infiltration der →Tiahuanaco-Kultur hielt sich hier ein Stil von buntem Tongeschirr. Neben der Fortsetzung der Tradition schöner Textilien auch Metall in Verwendung, hauptsächlich gehämmerter Schmuck, während gegossene Stücke selten sind. Die Kultur wurde schließlich von der →Inca-Kultur abgelöst.

Ichnographia. Griech. antike Bezeichnung für den Grundriß eines Bauwerkes.

ICOM. Abgekürzte Bezeichnung des „International Council of Museums". Die Bemühungen dieser 1948 gegründeten Organisation dienen der internationalen Zusammenarbeit und Förderung des Museumswesens.

Idäischer Stil. Häufig gebrauchte wissenschaftliche Bezeichnung für den →orientalisierenden Stil der griech. Vasenmalerei des 7. Jhs. v. Chr.

Idealismus. Künstlerische Gestaltungsweise, die im Gegensatz zu Realismus und →Naturalismus auf die Idealisierung des Dargestellten hin gerichtet ist. Im Zentrum des I. stehen die ideale Menschengestalt und die →Ideal-Landschaft.

Ideal-Landschaft →Landschaftsmalerei.

Idealvedute →Vedute.

Idi-Ilum. Statthalter von →Mari (18. Jh. v. Chr.). Seine Gewandstatue aus dem Palast des →Zimrilim zeigt den starken Einfluß der Ur-III-Plastik auf die altbabylonische Kunst.
Lit.: A. Parrot, Sumer, 264f.

Idikutschari →Chotscho.

Idi Narum. Hoher Beamter in →Mari (25. Jh. v. Chr.). Beterstatue aus dem Tempel der →Ischtarat, beispielhaft für die individuelle Gesichtsbildung der →sumerischen Kunst.
Lit.: A. Parrot, Sumer, 116ff.; E. Strommenger, Mesopotamien, 70.

Idol (griech. „eidolon", eigentlich „Traum"- oder

„Schattenbild"). Sammelbegriff für Kultgegenstände, auch aus vorgeschichtlicher Zeit, die häufig der menschlichen (überwiegend der weiblichen) Gestalt angeglichen sind.

Idolbilder auf Tongefäßen. Seit der →Jüngeren Steinzeit kommen auf Gefäßen gelegentlich Gesichtsdarstellungen vor, die wohl überwiegend kultisch-religiösen Bereichen zuzuordnen sind und sich kunsthistorischen Kategorien weitgehend entziehen (→Gesichtsurnen).

Idolino. 1530 gefundene Bronzestatue eines nackten Knaben (Florenz, Mus. Archeologico). Das hervorragend gearbeitete Werk wurde lange Zeit als eines der wenigen erhaltenen griech. Bronzeoriginale angesprochen. Wahrscheinlich handelt es sich jedoch um eine röm. Kopie nach einem griech. Original der nachpolykletischen Zeit (Ende 5. Jh. v. Chr.).
Lit.: G. Lippold, Handb. d. Archäologie, V, 165, 1950.

Idolplastik. Kultfiguren vorgeschichtlicher Zeitstellung; unter diesem Begriff werden überwiegend abstrahierte Darstellungen übernatürlicher Wesenheiten verstanden; es ist jedoch nicht auszuschließen, daß sie mindestens zum Teil als „Stellvertreter" von Menschen gedacht waren. Bekannt sind die neolithischen →Kykladen-Idole (→Jüngere Steinzeit).

Idrimi. König von →Alalach (ca. 1480–1450 v. Chr.). Das im Tempel von Alalach zusammen mit dem Löwenthron vergrabene Sitzbild des I. ist vor allem wegen seiner langen, über die ganze Plastik geführten Inschrift wichtig. Diese bisher älteste uns bekannte Autobiographie erzählt von der Vertreibung des I. nach einer Palastrevolte, vom Exil in Kanaan, dem Aufenthalt bei den Chabiru (Hebräer), von der Rückkehr und der Aussöhnung mit seinen Brüdern, von der Anerkennung durch den Hethiterkönig und der prunkvollen Ausschmückung seines Palastes in Alalach.
Lit.: H. Schmökel, GAV, 221; E. Strommenger, Mesopotamien, 94.

Ife →Yoruba.

Igeler Säule. Berühmtes röm. Grabmonument in Igel (Landkreis Trier). Das 23 m hohe Monument wurde um 250 n. Chr. errichtet und ist mit Mythenbildern und Szenen aus dem Werktag der Handwerker (Bäcker, Müller u. a.) in Relief geschmückt.
Lit.: H. Dragendorff – E. Krüger, Das Grabmal von Igel, 1924.

Ikat. In →Indonesien übliche Technik des Bemusterns von Geweben, im Grundgedanken der →Batik-Technik sehr ähnlich: jene Stellen des Stoffes, die von Farbe frei bleiben sollen, werden vor dem Eintauchen in das Farbbad abgedeckt. Im Falle des I. geschieht dies dadurch, daß man die Fäden des Gewebes zu kleinen Bündeln zusammenfaßt und dann mit Pflanzenfasern oder Blattstreifen umwickelt. Je nachdem, ob dabei die Ketten- oder die Einschlagfäden abgedeckt werden, unterscheidet man Ketten-I. (häufig) und Einschlag-I. (seltener); auch eine Kombination beider Arten kommt vor, und zwar in →Bali. – Neben Indonesien war diese Technik auch in Altamerika gebräuchlich (Guatemala, Peru).
Lit.: A. Bühler, Materialien zur Kenntnis der I.-Technik, 1943.

Ikone. Ursprünglich wurde das griech. Wort „Eikon" (Bild) auf jede bildliche Darstellung angewandt. Die Beschränkung auf das sakrale, vor allem christliche Tafelbild ist Übereinkunft der modernen Wissenschaft. Die I. ist eng verbunden mit dem Ritus der orthodoxen Kirche und für den sakralen Gebrauch gedacht. Die I. galt als etwas Heiliges, so daß der Künstler, der sie anfertigte, sich innerlich und äußerlich auf den großen Augenblick der Darstellung des Heiligenbildes einstellen mußte. Da die I., ähnlich wie das Wort Gottes, als etwas unabänderlich Heiliges galt und nicht verändert werden durfte, ist es verständlich, daß sie in Form und Inhalt in 1000 Jahren nur wenige Abänderungen erfuhr. Im 5. Jh. scheint im Osten der Gedanke aufgekommen zu sein, das Verehrungsbild für einen Verstorbenen in ein Kultbild umzuwandeln. Dabei wurde die dargestellte Person im Laufe der Zeit immer mehr mit dem Bild identifiziert. Schon aus dem 6. Jh. besitzen wir I.n, die im Katharinenkloster auf dem Sinai gefunden wurden. Die I.n lehnen sich in ihrer Technik an die ägypt. Malereien der →Mumienportraits an. Man bediente sich der →Enkaustik. Auch in der Darstellung ähneln die I.n den →Mumienportraits (ovales Gesicht, verjüngte Kinnpartie, weitgeöffnete Augen). Beide Male handelt es sich um eine ausgesprochene Ausdruckskunst. Auch in der frontalen Haltung, in dem Zurücktreten des Plastischen gegenüber dem Flächigen ähneln sich I.n und Mumienportraits. Es lag also im Osten der Ansatz zur I.n-Malerei. Während des →Ikonoklasmus trat die I. ganz zurück, um dann in der Zeit der Komnenen und Paläologen eine Auferstehung in großartiger Form zu erleben. Die I.n griffen dann auch auf die Balkanländer sowie nach Rußland über. Die Nikolaus-I. aus dem 12. Jh. (Tretjakow-Galerie in Moskau) kann als Anfang der russischen I.n-Malerei betrachtet werden. Neben den enkaustischen gab es auch Edelmetall-I.n. Sie sind zumeist wegen ihres materiellen Wertes im Bilderstreit geraubt worden. Der Bischof Porphyri Uspanski (1804–1885) erforschte die I.n, nachdem ihr Wert lange verkannt war, als einer der ersten mit großer Gründlichkeit. Er ist auch der Entdecker der oben erwähnten Bildtafeln auf dem Sinai (heute im Museum Kiew). Der Westen wurde auf die I.n-Welt vor allem durch Alpatow hingewiesen. (Abb. S. 290).
Lit.: L. Duspensky u. W. Lossky, Der Sinn der Ikonen, 1952; W. Felcicetti-Liebenfels, Geschichte der byzantinischen Ikonenmalerei – von ihren Anfängen bis zum Ausklange unter Berücksichtigung der Maniera Greca und der Italo-Byzantinischen Schule, 1956; H. P. Gerhard, Welt der Ikonen, 1957; R. Lange, Die Byzantinische Reliefikone, 1964; K. Onasch, Ikonen, 1961; T. T. Rice, Ikonen, 1959.

Ikonodulen. In dem →Bilderstreit der Ostkirche (725–843) waren die I. die Bilderfreunde. Sie begründeten ihre Ansicht mit platonischen und neuplatonischen Ideen.

Ikonographie (griech.). Bezeichnung für die Wissenschaft, die sich mit den Bildinhalten und deren Entstehungsgeschichte befaßt.

Ikonoklast (Ikonoklasmus). Bei dem →Bilderstreit in der Ostkirche (725–843) nannte man die Gegner des Bilderdienstes I.en. Sie erreichten es, daß in dem vom Kaiser einberufenen Konzil von Hiereia (754) die Vernichtung sämtlicher religiöser Bilder angeordnet wurde.

Ikonologie. Bezeichnung für eine kunstwissenschaftliche Betrachtungsweise. Ausgehend von der Ikonographie, die die Deutung des Einzelmotivs ermöglicht, ist die I. bemüht, größere ikonographisch erkennbare Komplexe in ihrem Zusammenhang zu sehen. Dies kann sich sowohl auf eine entwicklungsgeschichtliche Untersuchung eines Motivs in seiner Veränderung im Laufe der Entwicklung als auch auf die Betrachtung mehrerer Motive, die in einen topographisch zeitlich gleichen Zusammenhang zu ordnen sind, beziehen.

Ikonostasis. Eine große Holzwand mit Ikonenbildern, die den geheiligten Altar von dem Gemeinderaum trennen soll und in der Darstellung der an ihr befestigten Ikonen die wichtigsten Glaubensaussagen durch Bilder illustriert. Die I. hat sich aus der steinernen Trennwand entwickelt, die schon deshalb nötig war, weil Kaiser Justinus II. (565–578) den „großen Einzug" der Priesterschaft in das liturgische Geschehen eingeführt hatte. Die Priester treten dabei durch eine Tür der Bilderwand heraus, um nach dem Umzug durch die Kirche wieder hinter der Bilderwand unsichtbar zu werden. Im byzant. Kunstkreis sind Ikonostasen aus Holz schon im 14. Jh. nachweisbar. Sie verbreiteten sich dann bis nach dem Norden Rußlands. Von den wenigen aus früheren Jahrhunderten erhaltenen befindet sich eine I. aus dem 16. Jh. in der Muttergotteskapelle der Sophienkirche in Nowgorod. Auf der I. wird in der wichtigsten Reihe der Dar-

Farbtafel 13: *Freudenstädter Lesepult; Freudenstadt, Stadtkirche.*

stellungen die →Deësis-Gruppe gezeigt (Christus, zu dem sich bittend Maria und Johannes wenden). Über ihr befinden sich die Kirchenfeste und Propheten, unter ihr die Halbfigur Christi und der Maria, Heilige und die Ikonen des Festes, dem die Kirche geweiht war.

Iktinos. Griech. Baumeister der 2. Hälfte des 5. Jhs. v. Chr. Mitarbeiter des →Phidias in Athen als Architekt des →Parthenon. Am direktesten ist sein Entwurf an der Grundrißbildung des Parthenon zu erkennen, wo es galt, kultischen, künstlerischen und praktischen Anforderungen gerecht zu werden. Alle Rücksichten gehen mühelos in dem Plan auf, obgleich als zusätzliche Erschwerung die zu verwendenden Fundamente des älteren Baues eingeplant werden mußten. Eine neue Entwurfsidee ist die dreiseitig durchgeführte Innensäulenstellung, die den Platz um das Kultbild als Raum zusammenfaßt. Als erster und einziger Architekt hat er das Problem der →Kurvatur konsequent auf den ganzen Bau übertragen, der kaum eine gerade Linie oder senkrechte Fläche erkennen läßt. – Das Telesterion von →Eleusis und der Apollontempel von →Bassae sind ebenfalls nach seinen Entwürfen errichtet.
Lit.: Thieme-Becker.

Iku Schamagan. König von →Mari (35. Jh. v. Chr.), dessen ausdrucksvolle Beterstatue im Ninni-Zaza-Tempel gefunden wurde. →Sumerische Kunst.
Lit.: A. Parrot, Sumer, 114ff.; E. Strommenger, Mesopotamien, 70.

Ilias-Handschrift (Ambrosiana). (Mailand Cod. F. 205 p INF der Biblioteca Ambrosiana.) Eine aus 52 Blättern bestehende, reich illustrierte Handschrift der homerischen Ilias aus dem 4. Jh. n. Chr., die ein Viertel des ehemaligen Umfanges ausmacht. Wichtig für das Verständnis der altchristl. →Buchmalerei. Die wohl von einer Hand ausgeführten, die Gesamtbreite einer Seite einnehmenden Illustrationen schließen sich sehr eng an die griech. Spätantike an.

Iliastafeln (Ilische Tafeln). Antike Marmorplatten mit Szenen aus dem Trojanischen Krieg in Flachrelief. Die Darstellungen sind häufig durch Inschriften erläutert. Sie beziehen sich nicht nur auf Homer, sondern auch auf andere antike Autoren, die diesen mythischen Krieg behandelt haben (Leschen, Stesichoros, Arktinos). Die Stücke, die im 1. Jh. n. Chr. entstanden sind, wurden als Votivgaben oder als Dekoration von Bibliotheken verwendet.

Ilkhane. Nach dem Ende des mittelalterl. Kalifats, das mit der Eroberung Bagdads durch die Mongolenheere Dschingis Khans beschlossen ist, herrschen über Iran und Iraq 1256–1336 mongolische Herren, die I., die dem Großkhan unterstehen. Ihre Residenzen sind in Tebris (seit 1227), in Bagdad, Sultaniye ihre bedeutendsten Herrscher sind Hulagu (1256–1265) und Gazan (1295 bis 1304). Als eifrige Mäzene der iranischen Künstler wirken die I. einflußreich auf die Entwicklung iranisch-islam. Kunst. Der nun einsetzende Stil ist charakterisiert durch eine dichte Flächenfüllung von Blüten und Blättern unter dem Eindringen asiatischer Formen und Motive, während die Arabeske zurücktritt und die Zweischichtigkeit des Dekors aufhört. Eine Gliederung durch Reihung kursiv begrenzter Bogen ist beliebt, die chinesische Päonie, der Wolkenballen (→Tschi), Kraniche und der Phönix, mongolische Figuren mit Federkopfschmuck werden eingefügt. In der Baukunst erreicht der Grabbau mit zweischaliger Kuppel eine auf Außenansicht berechnete, denkmalmäßige Wirkung. Als Zentrum für Bau- und Gefäßkeramik tritt jetzt Kaschan an die Stelle des verwüsteten Ray, dessen Meistertöpfer in die verschiedensten Zentren abwandern. Lüster- und Minaifayence und Laqabi-Technik werden weiter ausgeübt, geformte Reliefflíesen mit einfarbiger und mehrfarbiger Glasur, mit und ohne Lüsterbemalung, kommen neu hinzu. Die Fliesen – mit Ausnahme von Friesen – enthalten in sich geschlossene Kompositionen und werden zu Flächenmustern zusammengefügt. Besonders die Keramiken der sogen. Sultanabad-Gruppe zeigen den reinen mongolischen Stil. Die Buchmalerei kommt durch chinesische Anregungen und bedeutende Aufträge zu großartigen Leistungen, wie die Weltchronik des Raschid-ed-Din von 1307/8. Das Hauptzentrum ist Tebris, wo 1330–40 die großartigen Illustrationen zum Schahname der Sammlung Demotte entstehen. In diesen Malereien ist die aneinanderreihende Erzählung überwunden zugunsten einer spannunggeladenen Darstellung. Die Malweise erreicht auf der Grundlage chinesisch-kalligraphischer Pinselführung und der im Iraq voraufgegangenen Entwicklung der Buchmalerei das islam. Ideal der völligen Flächenfüllung. An Großzügigkeit und Kraft sind diese Werke in der islam. Buchmalerei unübertroffen. Die türkisch-mongolische Einflußnahme bewirkt einen neuartigen Realismus, wie ihn z. B. die iranischen Schilderungen des Lebens am Hof Arghun-Khans beweisen.
Lit.: M. S. Dimand, A Handbook of Muhammadan Art, 1958; B. Gray, Persische Malerei, 1961.

Illahun. Am Ostrand der Oase El-Fayum bei I. →Pyramide →Sesostris' I. mit Felskern, sternförmigem Mauergerüst aus Kalksteinblöcken und Nilschlammziegeln, typisch für die nachlassende Bautechnik an der einst so bedeutenden Form der Grabarchitektur. Südlich der Pyramide Grab der Prinzessin Sit-Hathor-Junet mit hervorragend gearbeitetem Goldschmuck, beispielhaft für die feine ägypt. Juwelierkunst des Mittleren Reiches.
Lit.: E. Brunner-Traut, Ägypten, 404f.

Illuminator. Künstler, der Bilder, vor allem Handschriften, bunt ausmalt.

Illuminieren. Das Ausmalen besonders von Handschriften. Mit Miniaturen versehene mittelalterliche Manuskripte heißen daher auch illuminierte Handschriften, der Maler oder Miniator auch Illuminator.

Illusion. Im künstlerischen Bereich vor allem ein Darstellungsmittel der Malerei. Hiermit ist die durch Perspektive, →Farbenperspektive oder Licht- und Schattenmalerei hervorgerufene optische Wirkung gemeint, vor allem der hierbei erzielte Eindruck der Dreidimensionalität auf der zweidimensionalen Malfläche. – Von besonderer Eindringlichkeit solcher Malweise sprechen die Architekturmalereien der →röm. Kunst oder der Kunst im Zeitalter der Säulenordnungen (Renaissance, Barock, Rokoko).

Illustration. Bezeichnung für die Bereicherung von Texten durch Darstellungen, die sich auf den literarischen Inhalt beziehen und diesen veranschaulichen. In der Regel wird der Begriff I. nur auf die durch vervielfältigende Techniken hergestellten Darstellungen verwandt (z. B. Holzschnitt, Kupferstich, Radierung, Lithographie), während die nicht vervielfältigbaren Werke ausgeklammert werden (z. B. →Buchmalerei), obgleich es sich auch hierbei im weiteren Sinne um I.en handelt.

Imagines maiorum. Wächserne Gesichtsmasken vornehmer Römer, die im →Atrium aufgestellt wurden. Dabei war das Aufstellen solcher I. an bestimmte Privilegien gebunden. Beim Leichenzug konnten die I. der Ahnen mitgeführt werden. – Der Brauch, solche Wachsmasken aufzustellen, hat wesentlich zur Ausbildung der röm. Portraitkunst in republikanischer Zeit beigetragen.

Imamzadeh. Als I. wird im Iran das Grab eines Nachkommen des Imams bezeichnet. Der Imam muß als Vorsteher der muslimischen Gemeinde im shiitischen Iran aus der Familie des Propheten stammen und wird besonders verehrt. Es handelt sich in der Regel um Kuppelbauten über quadratischem, zylindrischem oder polygonalem Grundriß, deren Bauweise auf sasanidische Bautradition (Feuerheiligtum) zurückgeführt werden kann. Im 11. Jh. sind die I. sehr einfache, sparsam dekorierte Bauten, allenfalls mit einem Schriftfries geschmückt. Unter den Safewiden, die die Shia zur Staatsreligion erheben, werden die I. reicher ausgestaltet, z. B. durch Anbau eines Vorraumes zu einem langgestreckten

Farbtafel 14: *Michael Pacher, Detail aus dem Marienaltar zu St. Wolfgang.*

Kuppelbau, im O als Pavillon. Ein architektonisch bedeutendes Beispiel ist das I. Isamils in Isfahan.
Lit.: F. Sarre, Denkmäler persischer Baukunst, 1910; K. Otto-Dorn, Die Kunst des Islam, 1964.

Ikone, Maria mit dem Kind von Pimen, 14. Jh. (Moskau, Tretiakow-Gal.).

Imaret. I.s sind türkisch-muslimische Speise- und Unterkunftshäuser, die aus frommen Stiftungen stammen. Seit dem 14. Jh. gehören sie zum architektonischen Entwurf von Moscheen, Medresen und Stadtanlagen. Das erste I. wird 1336 durch Sultan Orhan in Iznik errichtet, im 15. Jh. lassen Mehmet I. und Murad II. I.s in Bursa errichten, unter →Sinans Leitung werden zahlreiche I. s in Istanbul im 16. Jh. errichtet, z. B. bei der Sulaymaniye und der Fatih-Moschee. Nach ihrem Beispiel werden auch in Damaskus und im übrigen Osmanischen Reich I.s errichtet. Es sind äußerlich schmucklose, langgestreckte eingeschossige Anlagen mit einzelnen, von niedrigen Kuppeln überwölbten Räumen.
Lit.: A. Gabriel, Une Capitale Turque, Brousse, 1958; B. Ünsal, Turkish Islamic Architecture, 1959.

Imariporzellan. Japanisches Porzellan, benannt nach seinem Verschiffungshafen Imari auf der Insel Kyushu (Japan). Die Ware wurde hauptsächlich für den Export nach Europa hergestellt. Der vielfältige naturalistische Dekor zeigt vor allem Figuren und Blumen in Blau, Gold oder Eisenrot unter Glasur. Als begehrte Objekte in Europa wurden diese Stücke zu den meistkopierten ostasiatischen Vorbildern in den europäischen Manufakturen des 18. Jhs. In Japan wurde das I., angeregt durch chinesisches Porzellan, seit dem 17. Jh. hergestellt und später wiederum von den Chinesen kopiert.

Imaunezeh. Vornehmer Ägypter der 18. Dyn., der sich in seiner Lebensgeschichte als Grabherr an die Besucher des Grabes wandte, die sehen sollten, was I. Gutes auf Erden tat. Das Grab ist also Denkmal für die Lebensleistung des Verstorbenen und stand Besuchern offen, die sich an den schönen Bildern erfreuen wollten, wie Besucherinschriften in anderen Gräbern von →Theben zeigen.
Lit.: W. Wolf, KÄ, 543f.

Imdugud. Sumerischer Name des dämonischen Adlers mit Löwenkopf, Symboltier des Gottes →Ningirsu von →Lagasch.
Lit.: A. Parrot, Sumer, 156; H. Schmökel, GAV, 331.

Imeret-Nebes. Die bemalte Holzstatuette der I. (12. Dyn.) ist beispielhaft für die private Plastik der →ägypt. Kunst nach der Übergangszeit vom Alten Reich zum Mittleren Reich.
Lit.: W. Wolf, KÄ, 347f.

Imhotep. Baumeister und Ratgeber →Djosers, dem in der ägypt. Spätzeit göttliche Ehren erwiesen wurden. In Priestertracht dargestellt, galt er als Sohn des →Ptah. In →Memphis als Heilgott verehrt, wurde er von den Griechen mit Asklepios gleichgesetzt. Darstellung im Allerheiligsten des →Hatschepsut-Tempels von →Der el-bahri. Grabbezirk in →Sakkara.
Lit.: S. Morenz, ÄR, 296; E. Brunner-Traut, Ägypten, 95; W. Wolf, KÄ, 623f.

Impasto. Bezeichnung für den dicken Farbauftrag in der Malerei, wobei die Farbe häufig nicht mit dem Pinsel, sondern entweder direkt mit der Farbtube oder auch mit dem Spachtel aufgetragen wird.

Impluvium. Becken zum Auffangen des Regenwassers im Atrium des röm. Hauses, auch der Platz unter freiem Himmel im Atrium.

Impressionismus. In Frankreich durch C. →Monet Ende des 19. Jhs. begr. Richtung der Malerei. Die Bezeichnung geht auf ein 1874 von Monet ausgestelltes Bild mit dem Titel „Impression, soleil levant" zurück. Zwar lassen sich impressionistische Elemente schon seit der röm. Antike immer wieder in der Malerei beobachten, jedoch erhob erst der Kreis um Monet diese Malweise zu einem Prinzip der Kunst. – Entstanden ist diese Bewegung z. T. aus der Reaktion gegen die historistische, akademische Malweise des offiziellen Kunstbetriebs im 19. Jh., der der individuellen Erfindung nur einen schmalen Raum ließ und die Künstler in enge, vorgeschriebene Bahnen zwang. Im Gegensatz zu dieser reinen Ateliermalerei fand der I. seine Themen fast ausschließlich in der freien Natur und entwickelte hieraus eine grandiose Freilichtmalerei. Indem die Natur in ihrem reichen lichtdurchbrochenen Farbenspiel das eigentliche

C. Monet, „Frau mit Regenschirm", 1886 (Paris, Louvre).

Ziel künstlerischen Schaffens wurde, entstand ein neu ausgerichteter, einseitiger, jedoch sehr ausgeprägter Naturalismus. Nicht das dargestellte Objekt in seiner zeitlosen Erscheinung ist von Interesse, sondern der Gegenstand, wie er sich in dem Augenblick des Malens bietet. Somit zielte der I. nicht auf das Wesen der Dinge, sondern auf deren sich unter dem Einfluß äußerer Umstände, wie Sonne, Licht, Dämmerung usw., verändernde Erscheinungsform. Durch diese Bindung an die augenblickliche Situation dringt als neues Element der Darstellung die natürliche Bewegung in ihrer momentanen Erfassung in die Malerei ein. – In der Farbskala ist gegenüber der offiziellen Kunst eine deutliche Aufhellung der Palette zu erkennen. Aus dem Wunsch, die Reinheit der Farben nicht zu trüben, entstand die für den I. charakteristische Technik, in der nicht die Farbmischung die Zwischentöne bestimmt, sondern die Farbverteilung auf der Bildfläche, deren Erfassung mit dem Auge die optische Vorstellung von Zwischentönen erst ermöglicht. – Aus dieser zuerst noch undogmatisch gehandhabten Technik entwickelte sich, als sie zum mit naturwissenschaftlicher Akribie durchdachten Prinzip erhoben wurde ,um 1885 der →Pointillismus und →Divisionismus. Neben dem bereits genannten Monet sind vor allem →Renoir, →Manet und →Degas als die Hauptmeister des I. in Frankreich zu nennen. – In den übrigen europäischen Ländern spielte der I. nur eine untergeordnete Rolle. Erst als die Entwicklung bereits abgeschlossen war, drang er auch über die Grenzen Frankreichs hinaus und fand im Spätwerk von →Leibl, in →Liebermann und →Slevogt eine deutsche Variante. (Farbtafel 31).

Lit.: J.Meier-Graefe, Impressionisten, 1907; J. Leymarie, Der I., 2 Bde., 1955; G. F. Hartlaub, Die Impressionisten in Frankreich, 1956.

Inanna. Sumerische Liebes- und Kriegsgöttin mit Hauptheiligtum in →Uruk. Herrin des Planeten Venus. Die mythische Überlieferung verbindet sie mit Dumuzi (babylonisch: →Tammuz), der für I. in die Unterwelt steigt und nur zur Frühlingszeit wiederkommen darf. Der auf →Ischtar übertragene Mythos bildet die Grundlage für das Kultritual der Heiligen Hochzeit, das für babylonische Zeit gesichert ist. Heiliges Zeichen der I. ist schon in praedynastischer Zeit das Schilfringbündel, das auf →Rollsiegeln und Reliefgefäßen von Uruk begegnet.

Lit.: H. Schmökel,GAV, 5ff., 12ff.; E. Strommenger, Mesopotamien, 55ff.

inc. Abkürzung des lat. Wortes incidit (,,er hat es geschnitten"), wie sie sich häufig als Zusatz zur Signatur bei Kupferstechern findet.

Inca. Die Ausdehnung der I.-Herrschaft über das zentrale Andengebiet, Ekuador, Nord-Chile und Nordwest-Argentinien im 15. Jahrhundert führte zur Ausbreitung ihrer Kunst und brachte reichliche Einflüsse auf lokale Töpfereien. Außer den berühmten Steinbauten (→Cuzco, →Machu Picchu, →Ollantaytambo) wurde keine größere Steinplastik ausgeführt. Neben der Bearbeitung von Stein zu Kultschalen und Bechern wurden erstklassige Webarbeiten mit vorwiegend geometrischer Musterung hergestellt. Das geschickte Handwerkertum äußert sich neben der Fertigung von Federarbeiten und Mosaikwerken vor allem in der Metallurgie. Kurz vor der Zeit der Ankunft der Spanier wurde die Inkrustierung mit verschiedenen Metallarten erfunden. Die Spanier berichten von mit Gold ausgekleideten Räumen, Goldfriesen, Statuen und Figuren; das Edelmetall wanderte allerdings vollständig in den Schmelztiegel. Ausgrabungen brachten Hohlfiguren aus Gold und Silber, ferner Kupfer- und Bronzewerkzeuge neben verschiedenem Kleingerät zum Vorschein.

Lit.: H. Ubbelohde-Doering, Kunst im Reiche der I., 1952; G.H.S. Bushnell, Peru, 1957; J. A. Mason, The Ancient Civilizations of Peru, 1957.

Indianerkunst, Nordamerika. Die Ureinwohner Nordamerikas gehören mehreren Stammesfamilien an, welchen teilweise auch Kulturprovinzen entsprechen. Mit den Methoden der Ur- und Frühgeschichtsforschung erfaßbar sind die →Felsbilder des Westens und Südwestens und die Hinterlassenschaften der →Mound Builders. Unter den rezenten Kunstprovinzen ist an erster Stelle der Nordwesten zu nennen (wichtige Stämme: Tlingit, Haida, Tsimshian u.a.). Die mit reichem Figuraldekor ausgestalteten Totempfähle stellen übernatürliche Sippenahnen dar und illustrieren die Mythik dieses Raumes. Daneben finden wir an der Pazifikküste auch eindrucksvolle Masken (z. B. Tierköpfe, häufig mit beweglichen Teilen), die im religiösen Ritual eine Rolle spielten, reich beschnitzte Hausbalken, Bootsköpfe u. a. In diesem Raum entwickelte sich auch eine hochstehende Ornamentik mit Augenmotiven, vor allem auch auf Geweben (,,Chilcat-Decken"). – Nicht so reich an Kunstwerken sind die erst in historischer Zeit in größerem Umfang zu nomadischer Lebensweise übergegangenen Präriestämme. Hier ist vor allem das geradlinig-geometrische Dekor der Tracht zu nennen, weiters die von Männern hergestellte figurale Bemalung der ,,Tipi"-Zeltdecken, schließlich die aus weichem Pfeifenstein (Catlinit, nach dem Indianermaler Catlin) geschnitzten Pfeifenköpfe. Das ,,Kalumet", ursprünglich besonders im Osten verbreitet, war reich verziert und wurde in der Frühzeit immer paarweise hergestellt, um bei Vertragsabschlüssen von beiden Partnern geraucht zu werden. Erst in neuerer Zeit sank es zur gewöhnlichen Tabakspfeife ab. – Die Mandan, Hidatsa und die Dakota-Stämme zeichneten auf die Innenseite von Büffelhäuten Annalen in Form einer sehr einfachen Bilderschrift (,,Wintercounts") und hielten so mythische Begebenheiten, Details der Stammesgeschichte und Kriegstaten fest. Berühmt ist etwa die Stammeschronik der Delawaren, das ,,Walam Olum". – Das Waldgebiet des Nordostens wurde schon früh durch europäische Ansiedler kulturell beeinflußt. Die überaus ansprechende Blumenornamentik im Dekor der Stämme dieses Raumes ist wahrscheinlich durch diesen Einfluß aus kurvilinearen Mustern hervorgegangen. – Die Irokesen pflegen noch heute in der False Face Society (Falschgesicht-Gesellschaft) und ähnlichen Bünden reiches Maskenwesen, z. T. mit asymmetrisch geschnitzten Gesichtsdarstellungen. Meisterhaft ausgeführtes Kunstgewerbe ist die ,,Quillwork" genannte Bestickung oder Benähung von Stoffen und Fellen mit Stückchen von Stachelschweinkielen, die früher mit Pflanzenfarbstoffen, später mit den grelleren Anilinfarben gefärbt wurden. – Die berühmten ,,Wampum"-Gürtel, einst zeremoniell bei besonderen Anlässen (z. B. Vertragsabschlüssen) überreicht, waren aus farbigen kleinen Muschelschalen hergestellt. – Der Südosten (Natchez, Chickasaw, Choctaw u.a.) wurde schon vor Jahrhunderten durch die Ansiedler aus Europa akkulturiert, die einstige hohe Kultur der seßhaften Ackerbauern und Jäger dieses Raumes ist längst verschwunden (→Mound Builders) und größtenteils nur archäologisch erfaßbar. Zu erwähnen sind hier etwa die schönen, naturhaften Tierplastiken von Key Marco, Florida (heute im Univ. of Pennyslvania Museum), die etwa aus dem 15. Jh. n. Chr. stammen dürften. Aus dem Gebiet des heutigen Texas kennt man nicht nur interessante →Felsbilder, sondern auch eine hochentwickelte alte Keramik (Caddo Territory, Camp County). Der Südwesten, als Kunstprovinz etwa identisch mit dem heutigen New Mexico und Arizona, ist überaus reich an alten Werken der Kunst und des Kunstgewerbes. Die Keramik-Tradition reicht ungebrochen etwa vom 4. Jh. n. Chr. bis in unsere Zeit; hochstilisierte Dekormotive und künstlerisch sehr wirkungsvolle Ausführung machen die Gefäße jenes Raumes zu begehrten Sammelobjekten. In den Ruinen der alten, aus luftgetrockneten ,,Adobe"-Ziegeln erbauten ,,Pueblo"-Siedlungen fand man in den unterirdischen Kulträumen (,,Kivas") Malereien, die ein starkes Gefühl für Rhythmus und Symmetrie verraten. An ihren Stil erinnern die noch heute von den Navajos zu kultischen Zwecken hergestellten Sandmalereien. Dabei handelt es sich nicht um Gemälde im üblichen Sinne; verschiedenfarbiger Sand wird in Form exakt gezeichneter Figuren auf den glattgefegten Boden gestreut, wobei die Bildmotive durch die Tradition sehr streng festgelegt sind. Diese Bilder müssen nach Ende der Zeremonie wieder ausgelöscht werden. – Bei den Kulttänzen der Hopi tragen die Ahnengeister verkörpernden Tänzer (,,Katschinas") eindrucksvolle Maskenkostüme, deren Details zur Unterrichtung der Jugend über die übernatürliche Welt auch an den „Tihu"-Puppen genau zu sehen sind. – Auf beachtlich hohem Niveau steht im Südwesten heute das Kunstgewerbe (Herstellung von Silber- und Türkisschmuck sowie von feinen Geweben) und die christl. Kunst (Heiligenfiguren und -bilder), die seit der Zeit der spanischen Missionierung auch altindianische Stilelemente weiterführt. – Die Stämme des Westens (vor allem des heutigen Kalifornien) zeichnen sich hauptsächlich durch die Herstellung meisterhafter Korbflechtereien in Spiralwulsttechnik aus, die mit alten Dekormotiven verziert sind. Die Körbe diese Raumes gelten bei Fachleuten und Sammlern als die technisch vollendetsten der Neuen Welt.

Lit.: J. C. Ewers, Plains Indians Painting, 1939; F. H. Douglas und R. d'Harnoncourt, Indian Art of the United States, 1941; L. Adam, Nordwestamerikanische Indianerkunst, 1923; R. Underhill, Pueblo Crafts.

Indische Kunst. Die Völker des sogen. indo-pakistanischen Subkontinents entwickelten aus einheimischen Überlieferungen und der Kultur der indo-iranischen Einwanderer eigene geistige Vorstellungen, die ihren Ausdruck in der Sanskrit-Literatur, in Musik und Kulttanz und in einer reichen bildenden Kunst fanden. Nebeneinander her laufen Traditionen einer expressiven Volkskunst, deren abstrakte Zeichensprache noch bis zur Gegenwart verstanden wird, und die verschiedenen, immer von neuem entstehenden Richtungen der Hochkunst mit ihren vielfältigen Beziehungen zu den Nachbarn in West und Ost. Die frühesten Denkmäler stammen aus der vorgeschichtlichen →Industal-Kultur. In Ruinen der Flußniederungen Nordindiens wie Hastinapura oder →Rupar wurde eine graue, bemalte Keramik ausgegraben, die möglicherweise von Siedlungen aus der Zeit der indoarischen Landnahme um 1000 v. Chr. stammt. Ebenfalls bei nordindischen Grabungen erkannte man eine schwarzglänzende Keramik in Ruinenfeldern des 6.–2. Jhs., welche z.B. in Rupar oder →Taxilla Siedlungen der Maurya-Zeit einschließen, in welcher für uns der Ablauf der historischen Perioden der I. faßbar wird. Aus dem 3. Jh. v. Chr. stammen die Höhlen von →Barabar, die Säulen- und Felsedikte des →Aschoka, die befestigte Stadt und der Säulenhallenbau von achämenidischem Typus in →Patna. In den anschließenden vorchristl. Jahrhunderten entstanden die →Stupas von →Bharhut und →Santschi mit ihren Bilderfibeln vom Leben des

Sigiriya. Malerei an der Felswand.

→Buddha. Während die Szenen Natur, Tierwelt und Menschen anschaulich schildern, ist der Erleuchtete selbst in Symbolen dargestellt. Nach der Begegnung mit der bilderreichen Welt der Antike in der →Gandhara-Kunst ging man etwa im 2. Jh. n. Chr. unter den Kuschanas von →Mathura zur menschengestaltigen Darstellung des →Buddha, der hinduistischen Götter wie Schiva, Vischnu, Brahma und Surya und der Dschaina-Heiligen über. Im Zeitalter der Guptas, zwischen 4. und 8. Jh., wurden ältere ästhetische Lehrmeinungen und ikonographische Anweisungen über sakrale und profane Bauten und Bilder schriftlich niedergelegt und die kanonischen Typen für den indischen Tempel und die verschiedenen Aspekte der indischen Plastik ausgebildet. Während der sogen. mittelalterl. Kunstschulen entfalteten sich abwechslungsreiche Regionalstile an der Nordgrenze in Kaschmir, in den westlichen Landschaften von Radschputana und Gud-

Konarak. Erotische Plastik am Sonnentempel.

scherat, an der Ostküste in Bengalen und Orissa, an der Grenze zwischen Mittel- und Südindien im Dekkhan und im dravidischen, südindischen Tamil-Land. – Während dieser Zeit hat die I. im Lande ihrer Entstehung und nebeneinander im Dienste der buddhistischen und dschainistischen Religion folgende Gemeinsamkeiten: kultische Bauwerke – entweder der massive und als Reliquienhügel entworfene →Stupa oder der Freibautempel mit dem Kultbild im →Garbagriham – sind nach uralten mythologischen Vorstellungen ein Abbild der Welt und symbolisieren den Stufenbau des Universums von der unterirdischen Hölle bis zu den himmlischen Wohnsitzen der Götter. Nach einer kaum jemals unterbrochenen Überlieferung faßt der Inder noch heute den Bau des Wohnhauses als eine Nachahmung der Weltschöpfung auf; das Haus diente ihm jederzeit als Vorbild für Tempel oder Palast. Der Anlage einer Stadt, eines Fürstensitzes oder eines heiligen Bezirkes wird daher ein hervorragend kosmologischer Sinn beigemessen. Die Bauten sind mit einem Aufwand an Kultbildern geschmückt, an denen dem fremden Betrachter zumeist die Mehrgliedrigkeit und Vielköpfigkeit auffällt; damit sind die verschiedenen Funktionen symbolisiert, welche ein und dieselbe Gottheit in ihrer jeweiligen Inkarnation und nach den häufig im Detail festgelegten Texten in ihren verschiedenen Aspekten zum Segen oder Verderben des Gläubigen haben kann. Während die Inder häufig aus der Berührung mit dem iranischen und dem noch weiter westlich gelegenen Gebiet künstlerische Anregungen entnahmen, gaben sie selbst Impulse zur Schaffung von Kunstschulen nach Osten weiter. Sonderformen der I. entstanden aus der Verbindung mit der einheimischen Kultur bei der Ausbreitung von Buddhismus und Hinduismus besonders in Nepal, Tibet, Burma, Siam (Thailand), Kambodscha, Laos, Annam (Vietnam), Indonesien und Ceylon. Das kosmogonische, symbolische und magische Denken des Inders manifestiert sich in Tanz und bildender Kunst durch die Schöpfung von „Mandalas", magischen Konfigurationen aus Kreisen und Quadraten; das gewaltigste Bauwerk des Buddhismus, der →Borobudur, gilt zu Recht als „das größte Mandala der indischen Kunst". – Nach verschiedenen früheren Invasionen eroberte der Islam Ende des 12. Jhs. durch die Besetzung von →Delhi Indien endgültig. Während die frühesten Moscheen und Gräber von →Adschmer und anderen nordindischen Herrschersitzen aus Spolien altindischer Kultstätten errichtet wurden, kam es in späteren Jahrhunderten zu einer kulturellen Durchdringung der traditionellen Kunst der einheimischen Handwerkerkasten durch die Ideen großzügiger islam. Bauherren. Über-

lieferungen der altindischen Malerei hatten sich in der Manuskript-Illustration besonders im westlichen Indien bis ins 15. Jh. erhalten; an islam. Fürstenhöfen fanden iranische und indische Künstler als Illuminatoren ein neues Betätigungsfeld. Mittelpunkt der sogen. indo-islam. Kultur war anfangs die Hauptstadt Delhi. Später lag die Führung nacheinander oder nebeneinander in islam. Provinzen wie Dschaunpur (1360–1480), Gudscherat mit →Ahmedabad (14.–16. Jh.), Malwa mit →Mandu (15. Jh.), im →Dekkhan mit den Residenzen Gulbarga (1347–1422), →Bidar (1422–1512), Golkonda/Haiderabad (16. und 17. Jh.), →Bidschapur (16./17. Jh.). Im 16. und 17. Jh. zog auch die Mogulherrschaft künstlerische Kräfte wieder nach Norden. Unter den Kaisern →Akbar, Dschahangir und Schah Dschahan kam es zu einer neuen Blüte von Delhi und zu den neuen Residenzgründungen von →Fatehpur Sikri, Agra und Lahore. Gleichzeitig übernahmen auch die Inder Anregungen aus der islam. Welt und schufen Paläste und Kultstätten im indo-islam. Mischstil, z.B. in →Vidschayanagar, Brindaban und Bengalen. – Die neuere Kunst Indiens stand anfangs unter engl. Einfluß, später im Zeichen einer bewußten „Hindu-Renaissance“ mit Kopien einheimischer Vorbilder auf meist naturalistische und sentimentale Weise. In den letzten Jahrzehnten haben sich indische, ceylonesische, pakistanische u. a. bildende Künstler auch mit den zeitgenössischen Richtungen des Abendlandes zum Teil sehr erfolgreich auseinandergesetzt, z.B. der Maler →Keyt und der Bildhauer →Das Gupta. Die neue Hauptstadt des Pandschab, →Tschandigarh, entsteht aus einer Gemeinschaftsarbeit von →Le Corbusier mit indischen und europäischen Architekten. (Tafel 8).
Lit.: Banerjea, Development; Barrett, Painting; Brown, Architecture I, II; Coomaraswamy, Geschichte; Fischer, Schöpfungen; Groslier, Hinterindien; Rowland, Art.

Indonesien. Im ethnologischen Sinne größer als die moderne Republik I., schließt auch die Nikobaren, Andamanen, Portugiesisch-Timor, Brit.-Borneo, Malaya, Teile von Formosa und die →Philippinen ein (die allerdings auch mit →Mikronesien Gemeinsamkeiten haben). Die Bewohner von I. werden mit einem etwas ungenauen Sammelnamen als Malaien bezeichnet. Die Primitivstämme dieses Raumes sind ohne nennenswerte bildende Kunst. Diese tritt erst bei den Hackbauern stärker in den Vordergrund. Unsere Vorstellung von der Kunst I.s prägten jedoch vor allem die Hochkulturstämme, die seit Jahrtausenden Einflüsse vom asiatischen Festland empfingen (→Dongson-Kultur). Die ursprüngliche Ahnen- und Geisterverehrung wurde durch religiöse Einflüsse vom Festland her in Rückzugsgebiete verdrängt (Hinduismus, Buddhismus, Islam); die Hochreligionen waren die Triebfeder zur Errichtung großartiger Kultbauten (→Borobudur). Kunst und Kunstgewerbe des hochkulturlichen I. („jungmalaiische“, besser jungindonesische Kultur) ist durch reiches Dekor charakterisiert (hochstehende Steinplastik, Keramik, Steinarchitektur, Metallbearbeitung, Holzschnitzkunst). Auch Anschluß an die Kunst der Gegenwart wird von indonesischen Künstlern (Zaini, O. Effendi) mit Erfolg gesucht. – Die „jungindonesische“ Kunst der vorislam. Zeit wird auch als „indojavanisch“ bezeichnet, da sie schon im 1. Jahrtausend v.Chr. entscheidende Einflüsse aus Indien aufnahm, die sich in der Epoche der hinduistischen und buddhistischen Reiche weiter verstärkten. Erst um 1500 trat der Islam in den Vordergrund und setzte der indojavanischen Kunstepoche ein Ende; gleichzeitig begannen sich Einflüsse aus China und (ab 1520) Europa auszuwirken. →Java, →Sumatra, →Borneo, →Celebes. Ethnologisch überaus interessant ist die Kunst der „altmalaiischen“ (besser altindonesischen) Stämme, die von der Islamisierung nicht oder nur oberflächlich berührt wurden (→Nias, →Batak).
Lit.: F. A. Wagner, I., 1959.

Industal-Kultur. Die früheste Phase der →indischen Kunst, deren endgültige Datierung und Deutung von gegenwärtigen Grabungen an vor- und frühgeschichtlichen Ruinenhügeln Ost-Irans, Süd-Rußlands, Afghanistans, West-Pakistans und Nordwest-Indiens abhängt. Nach den frühesten Funden am Indus und seinen Nebenflüssen in →Harappa und →Mohendscho Daro erhielt die vorgeschichtliche Hochkultur, deren Blüte in die 1. Hälfte des 2. Jahrtausends v.Chr. fällt, ihren Namen. Nach den sich häufenden Funden an der Küste von Gudscherat und nach der überragenden Bedeutung von Harappa hat man auch Benennungen der Kultur nach diesen geographischen Begriffen vorgeschlagen. Regelmäßig geplante Wohnstädte aus Backsteinhäusern und mit sich rechtwinklig schneidenden Straßen, Festungen der Landesfürsten, Arbeiter- und Arbeitsviertel, Hafen- und Werftanlagen wurden bisher an monumentalen Zeugnissen ausgegraben. Nach den Funden von Siegeln mit noch nicht gedeuteten Schriftzeichen, realistisch erfaßten Tieren und phantastischen Mischwesen in den genannten und anderen Industal-Städten einerseits und

Mohendscho Daro. Gasse und Backstein-Hausmauer der vorgeschichtlichen Stadt.

in Vorderasien andrerseits ist ein frühzeitiger Waren- und Kulturaustausch mit Sumer zu vermuten. In tönernen und steinernen Figuren von Menschen und Tieren hat man gelegentlich Vorformen der späteren indischen Bildkunst beobachten wollen.
Lit.: M. Wheeler, The Indus civilization, 1953; B. Subbarao, The personality of India, 1958.

Ineni. Oberarchitekt →Thutmosis' I. Er war mit der Anlage des Königsgrabes betraut und rühmt sich in einer Inschrift auf einem Denkmal seines Grabes, den Lehmputz als Grundlage für die Wandmalereien in Gräbern eingeführt zu haben, →Ägypt. Kunst.
Lit.: W. Wolf, KÄ, 478f.

Inful →Mitra.

Ingenieurbauten. Bezeichnung für Bauwerke seit dem Anfang des 19. Jhs., die nicht durch Architekten, also Baukünstler, gestaltet wurden, sondern durch Maschinentechniker. Diese Absonderung ergab sich, als der Beruf des Ingenieurs sich von dem des allseitig gebildeten Architekten löste. Zu I. zählen Brücken- und Tunnelbauten, Eisenbahnbauten, Wasser- und Elektrizitätskraftanlagen (Staudämme), Förderanlagen von Hüttenwerken u. a. – Die ursprüngliche Unterscheidung, daß I. solche Bauten für die Industrie seien, die nur nach funktionellen Erfordernissen ausgeführt sind, kann nicht mehr aufrechterhalten werden, seit für die Formgebung solcher Anlagen auch Architekten herangezogen werden, ohne daß der funktionelle Charakter dieser Bauten deshalb aufgegeben wurde.

Ingolstadt (Obb.) Die Frauenkirche wurde 1425 gegründet; die Chorweihe fand 1439 statt, die Gewölbe

des Langhauses wurden um 1500 geschlossen. Eine Restaurierung erfolgte 1848. Der Bau gilt als eine der eindrucksvollsten spätgot. Hallenkirchen Bayerns. Das Mittelschiff mit 7 Jochen zu je 11 m Breite ist aber stark überhöht (5 m höher als die Seitenschiffe), wodurch die Anlage eigentlich eine Staffelkirche oder Stufenhalle darstellt. Der Außenbau ist aus Ziegeln, die W-Front blieb unvollendet, ihre übereck gestellten Türme sind ein Unikum. – Aus dem 18. Jh. bewahrt I. im Bürgersaal St. Maria Victoria ein Hauptwerk der Brüder →Asam und damit des bayerischen Rokoko. Das Gebäude wurde als Betsaal der marianischen Studentenkongregation 1732–36 errichtet. Das Äußere wird nur durch Pilaster gegliedert. Den weiten Saalraum beherrscht das Deckenfresko Asams (Glorifikation Mariae). Über den zweigeschossigen Fenstern reiche Stukkierung. – Das Neue Schloß (Museum) entstand innerhalb der Stadtbefestigungen im späteren 14. Jh. (ältester Teil aus dem 15. Jh.). Im Inneren selten schöne spätgot. Räume: Säle mit Rippengewölben, Turmzimmer, eine Schloßkapelle, verbindende Spindeltreppe. – Von der Stadtbefestigung des 14. und 15. Jhs. sind mehr als 40 halbrunde Türme innerhalb der Mauerzüge im N, W und SW erhalten. (Siehe Tafel 16).
Lit.: Wasmuths Lex. der Baukunst, Bd. II, 1930; Reclams Kunstführer, Deutschland, Bd. I, 1961.

Ingres, Jean Auguste Dominique. Franz. Maler. Geb. 1780 in Montauban, gest. 1867 in Paris. Sohn des Joseph I., eines Künstlers in der Provinz. Besuchte ab 1792 die Akademie von Toulouse, wo er Schüler des Malers Roques war, sowie des Bildhauers Vigan und des Landschafters Briant. In der bildenden Kunst und in der Musik leistete er dort so Erstaunliches, daß er als Wunderkind galt. 1796 trat er in das Atelier von J. L. →David ein; 1801 errang er mit einem Bilde antikischen Themas den Rompreis. Da der Staat die Stipendien für Rom nicht bezahlen konnte, mußte I. noch in Paris bleiben. In dieser Zeit entstanden die ersten berühmten Bilder I.': Napoleon als Konsul (1805) und als Kaiser (1806) und das Ovalbild von Mlle. Rivière. 1806 kann I. endlich nach Rom reisen, wo er, viel länger als vorgesehen, bis 1820 und in Florenz noch bis 1824 blieb. Während dieses ersten röm. Aufenthaltes, bei dem sich seine Leidenschaft für →Raffael entzündete, entstanden Werke der verschiedensten Themen: neben literarischen (Traum Ossians) solche historistischen Genres (Die Sixtinische Kapelle) und religiöse (Christus übergibt Petrus die Schlüssel). Das bedeutendste Werk dieser Epoche ist die „Liegende Odaliske" (1814), in der er die Probleme des menschlichen Aktes zu lösen suchte. In Florenz entstand das Altarbild „Gelübde Ludwigs des XIII.", mit dem ihm in Paris 1824 der Durchbruch gelang. Daraufhin eröffnete er ein Schüleratelier. Die folgenden 10 Jahre in Paris trugen nicht die erhofften Früchte, es entstand nur ein Hauptwerk: „Die Apotheose Homers" (1826/27). Als der Direktorsposten der franz. Akademie in Rom frei wurde, erhielt er diesen und kehrte nach Rom zurück. Auch diese Zeit war wenig fruchtbar. 1841 übersiedelte er abermals nach Paris, wo er nun der gefeierte Künstler einer klassizistischen, gegen den Romantiker →Delacroix gerichteten Anhängerschaft wurde. Er erhielt Aufträge zur Ausmalung von Schlössern, für Kirchenfenster, Altäre und Privatbilder. Zu den reifsten Werken dieser Spätzeit gehören die „Türkischen Frauen im Bade".
Lit.: G. Wildenstein, J. A. D. I., 1954.

Initiale (oder das Initial). Der Anfangsbuchstabe eines Textes in Hand- und Druckschriften, sofern er durch Größe, Farbe und ornamentalen, figürlichen oder szenischen Schmuck ausgezeichnet ist. Erste Anfänge finden sich in spätantiken Handschriften des 5. Jhs. Eine reiche künstlerische Entfaltung erfährt die I. jedoch erst seit der 2. Hälfte des 7. Jhs. in merowingischen Manuskripten (meist Fisch-Vogel-Motiv), seit dem Anfang des 8. Jhs. in irisch-angelsächsischen, dann in karolingischen Handschriften, wo sie jeweils eine ganze Buchseite, die Initialseite, beansprucht. In got. Zeit umschließt sie gern kleine figürliche Szenen. In frühen Buchdrucken wurden die I.n noch mit der Hand gemalt, erst seit dem 16. Jh. regelmäßig mitgedruckt. Durch die Ausweitung der Buchproduktion und ihre zunehmend zweckbestimmt-vereinfachte Ausführung verlor auch die I. ihre künstlerische Bedeutung. Eine Wiederbelebung künstlerischer Buchausstattung nach alten Vorbildern versuchten in der 2. Hälfte des 19. Jhs. William →Morris und, von ihm ausgehend, Künstler des →Jugendstils.
Lit.: A. Schaardt, Das Initial. Phantasie und Buchstabenmalerei des frühen Mittelalters, 1938; J. Gutbrod, Die I. in Handschriften des 8.–13. Jhs., 1965.

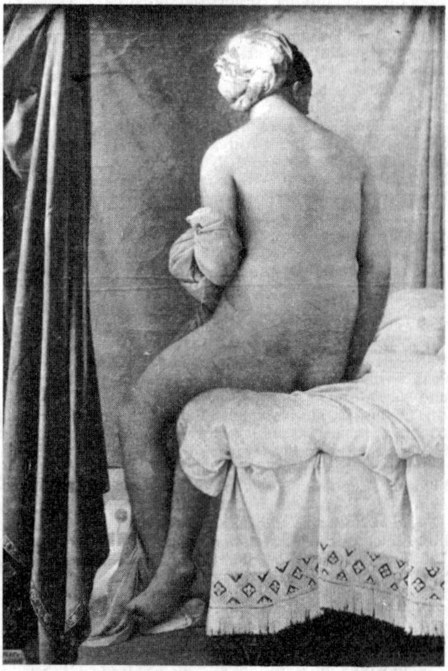

J. A. D. Ingres, „Die Badende", 1808 (Paris, Louvre).

Inka-Kunst →Inca.

Inkarnat. Bezeichnung für den Farbton, der in der Malerei für die Darstellung der nackten menschlichen Körperpartieen verwendet wird. Meist wird er durch die Mischung von Weiß und Rot gewonnen. Er wird auch Fleischton oder Karnat genannt.

Inkrustation. Bereits in der Antike bekannte Einlegetechnik zur Belebung großer Wandflächen oder Fußböden. Meist werden hierfür polierte Platten oder Würfel aus Porphyr, Marmor u. ä. verwandt. In hellenistischer Zeit hat sich für die Wanddekoration ein Inkrustationsstil entwickelt (z. B. in →Delos), der häufig Stukkaturen als Scheinquaderwerk anbringen läßt. Hieraus ist in enger Anlehnung die röm. Wandmalerei entstanden. (→Röm. Kunst). – Allgemein bezeichnet I. im Kunstgewerbe eine farbige Flächendekoration durch Einlegen härterer Materialien (Glas, Stein, Ton etc.) in verhärtende Massen (Gips, Kitt, Zement etc.).

Inkrustierung. Ausfüllen eines eingetieften Grundes mit einer farbigen Masse; seit der →Jüngeren Steinzeit bei vorgeschichtlicher Keramik häufig angewendete Ziertechnik.

Inkunabel. Bezeichnung für ein vor 1500 entstandenes Produkt des Buchdrucks oder für einen frühen Holzschnitt.

Innenarchitektur. Ursprüngliche Bezeichnung für die rein architektonische Ausgestaltung eines Innenraumes, z. B. durch Gesimse, Pilaster, Sockel oder Säulen usw. – In neuerer Zeit, seit mit den Gedanken des →Jugendstils die totale Einheit von Raum und Ausstattung gefordert und realisiert wurde, bezieht man die I. bisweilen auch auf das Mobiliar. Heute hat sich der Begriff der I. auf die gesamte Raumkunst ausgeweitet.

Innendekoration →Raumkunst.

Innin. Lesart für →Inanna.

Innsbruck. 1) Hof- (Franziskaner-)kirche, 1553–63 nach Plänen von Andrea Crivelli (Bauleitung: Nik. Türing d. J.) erbaut: eine dreischiffige Hallenkirche italien. Renaissance mit 2 Queremporen an Chor- und Eingangsseite und spätgot. Einzelformen, wie z. B. Netzgewölben, die aber um 1700 im Langhaus durch reichen Stuck verdeckt wurden. Das Innere der Kirche wird durch schlanke Säulen aus rotem Marmor gegliedert. Es ist fast ganz ausgefüllt mit dem von 28 lebensgroßen Bronzestatuen habsburgischer Vorfahren des Kaisers umstandenen Kenotaphen Maximilians I. – **2)** Die Jesuitenkirche (Universitätskirche) wurde 1627–40 unter Mitwirkung von Christoph Gumpp d. J. erbaut. Das Äußere ist schmucklos, betont nur durch die beiden Fassadentürme. Das Innere zeigt eine Kreuzform mit Vierung und Kuppel, Chor und Apsis, breiten Seitenkapellen und zweijochiger, von einer Säule gestützter W-Vorhalle. – **3)** Die Stadtpfarrkirche St. Jakob entstand 1717–22 unter Benutzung got. Seitenmauern des vorangegangenen Baues. Die Pläne von J. J. Herkomer übernahm J. G. Fischer. Die Brüder →Asam schufen Stuck und Fresken, die 1944 weitgehend zerstört und 1946–50 wiederhergestellt wurden. Der Grundriß zeigt einen Kreuzbau und Querschiffapsiden und geraden Chorabschluß. Das einschiffige, breite Langhaus mit den an die Wände gestellten Seitenaltären ist gleich gewölbt wie die Vierung. Erst über dem Chorraum erhebt sich die mächtige Kuppel. Gebündelte Pilaster (statt Wandpfeilern) tragen die Jochwölbungen. Im Hochaltar das berühmte Gnadenbild „Maria Hilf" von L. →Cranach. – **4)** Die Pfarrkirche „Unserer lieben Frau unter den 4 Säulen" wurde 1751–55 neu erbaut. Stukkaturen von Franz Xaver Feichtmayr, Freskenschmuck von Math. →Günther 1754/55. Der Außenbau mit Doppelturmfassade ist verhältnismäßig einfach. Das Innere ist einer der schönsten deutschen Rokokokirchenräume. 3 flachkuppelgewölbte Joche werden durch die Dekoration in ein schwereloses Gebilde verwandelt. In zarter Farbigkeit überspinnen Rocailleornamentik und Fresken Architektur und Gewölbe.
Lit.: Reclams Kunstführer, Österreich, Bd. II, 250ff., 1961.

Inro. In Japan im 16. Jh. aufkommende Dose für verschiedene Essenzen. Meist besteht das I., in Elfenbein, lackiertem Holz oder Metall hergestellt, aus zwei bis fünf ineinander gepaßten Fächern, die durch eine Schnur zusammengehalten werden. An einem Knopf hängend, wird das I. am Gürtel getragen. – Da diese kleinen Gefäße häufig reich mit Dekorationen geschmückt sind, gehören sie zu den beliebtesten Sammlerobjekten ostasiatischer Kunst.

Inschuschinak. Name des höchsten Gottes im elamischen Pantheon von →Susa und →Dur Untaschi.

Insula. Von dem lateinischen Wort insula („Die Insel") abgeleitete Bezeichnung für einen antiken Häuserblock, wie er sich bei den rektangulären Straßenanlagen der hippodamischen Stadtplanung als eine mehrere Wohnungen einfassende und von rechtwinkelig verlaufenden Straßenzügen umgebene Baufläche ergibt. Solche Insulae sind unter anderem in →Priene, →Olynthos, →Ostia und →Herculaneum festgestellt worden.

Intaglio (italien. Schnitzwerk). Gemme mit eingeschnittenen Ornamenten, Figuren usw.

Intarsia (franz. Marketerie, deutsch Einlegearbeit). Ornament- und Bildschmuck an Möbeln und anderen Holzarbeiten durch Einlegen von farbigen Furnieren, aber auch von Elfenbein, Schildpatt, Metall und Perlmutter. Die I. war schon im Altertum und Mittelalter bekannt, ihre Bedeutung erreichte sie aber erst im Kunstgewerbe der Renaissance. Die Technik bestand darin, das Muster aus der Grundfläche mit dem Schnitzmesser auszuschneiden und in die Hohlformen die ebenfalls mit dem Messer geschnittenen Füllungen einzufügen. Später (17. Jh.) tritt an die Stelle des Schnitzmessers die Laubsäge und dann die mechanische Marketeriesäge (19. Jh.). Bei diesen beiden Verfahren wird das Muster aus mehreren übereinandergeleimten Furnieren ausgesägt, die einzelnen Schichten wieder getrennt und die Hohlformen und Füllungen wechselweise ineinandergefügt. Zunächst wurde die sehr kostbare Verzierung nur für kirchliches Mobilar und für Truhen (Brauttruhen) verwendet, dann für Schränke, Türen, Wandtäfelungen etc. Eine neue Blüte brachte die Luxusmöbelindustrie des 17. und 18. Jhs. (in Frankreich Zentrum, Boulle; in Deutschland einer der bedeutendsten Meister D. Roentgen). Seit dem Klassizismus nur mehr gelegentlich verwendet.
Lit.: De Salverte, Les ébenistes du XVIIIe siècle, 1934; H. Kreisel, Möbel v. A. Roentgen, 1953; H. Huth, Möbel v. D. Roentgen, 1955.

Intefoker. Wesir →Sesostris' I., Gemahl der →Senet, der I. in →Theben-West ein Grab mit Langgang und Kammer anlegen ließ. Die Wandbilder zeigen Szenen aus dem Totenkult, darunter einen Tanz junger Mädchen zu Ehren der Verstorbenen sowie Darstellungen aus dem Alltag mit Ackerbau- und Handwerkerbildern, Vogeljagd, Fischfang und Jagd in der Wüste, wobei I. als Bogenschütze vor dem in fünf übereinanderstehenden Streifen aufgeteilten Jagdgelände mit dichtgedrängtem Wild wiedergegeben ist. Zum erstenmal erscheint das Bild des thronenden Königs. Die strenge Flächenhaftigkeit ist wie im Alten Reich charakteristisch für die Bildkunst des Mittleren Reiches, die gegenüber der Übergangszeit wieder von Formsicherheit zeugt.
Lit.: W. Wolf, KÄ, 383f.

Interieur. Franz. Bezeichnung für einen Innenraum. In der kunstgeschichtlichen Terminologie wird auch ein Bild, das einen Innenraum darstellt, I. genannt. – Nach ersten Anfängen im 15. Jh. wird erst in der holländ. Malerei des 17. Jhs. das I. zu einem selbständigen Thema, wie es vor allem durch P. de →Hooch und →Vermeer van Delft zu großartigen Bildern gestaltet wurde.
Lit.: H. Jantzen, Das niederländ. Architekturbild, 1910; F. Laufer, Das I. in der europäischen Malerei des 19. Jhs., Diss. Zürich, 1960.

Interkolumnium. Baugeschichtlicher Begriff, der die lichte Weite zwischen zwei Säulenschäften oder Pfeilern bezeichnet.

Internationale Gotik. Ein in der außerdeutschen, besonders der angelsächsischen kunstgeschichtlichen Literatur geläufiger Parallelbegriff für das Phänomen des →„Weichen Stils"; eine im Bereich franco-fläm. Hofkunst, besonders der →Buchmalerei (Zentren: Paris, Bourges, Dijon; A. →Beauneveu, möglicherweise Initiator dieser Bewegung) um 1400 entstehende Stilphase got. Malerei und Bildnerei. Sie erfaßt die Höfe fast Gesamteuropas (vor allem Frankreichs, des Deutschen Reichs, Italiens) und erlischt um 1420–30. Charakteristisch sind: Äußerste, fast manierierte Verfeinerung; Kostbarkeit der Ausführung; höfische Eleganz; Kindlichkeit der Typen; „Süßigkeit" des Ausdrucks und der Farbe; weiche, knochen- und gelenklos wirkende Bewegung; reicher, die zarten Figuren oft symmetrisch umhüllender Faltenwurf der Gewänder, der, nach unten üppiger werdend, sich absatzlos über den Boden breitet. Typisches deutsches Beispiel sind die „Schönen Madonnen".

inv. Abkürzung des lat. Wortes invenit („er hat es erfunden"), wie es häufig auf graphischen Blättern als Zusatz zur Signatur zu finden ist.

Inventare. Bezeichnung für systematische, wissenschaftlich bearbeitete Verzeichnisse der Bau- und Kunstdenkmäler, die topographisch zusammengehören. Sie werden durch die →Denkmalspflege herausgegeben.

Ionische Säule →Säulenordnung.

Ipuje. Ägypt. Bildhauer unter →Ramses II. Grab in Der el-Medine (217, →Theben-West) mit einer Fülle von lebhaften Szenen aus dem Leben, deren Unmittelbarkeit ebenso auf das Wirken des I. weist wie die betonte Individualisierung und Raumhaftigkeit der Darstellung. Bemerkenswert ist das Vermeiden des Schematischen, die Vorliebe für neue Motive, darunter ein Ziehbrunnen im Garten mit Kiosk, die freie Wiedergabe von Tieren, die aus dem Bild heraus den Betrachter anblicken.

Lit.: W. Wolf, KÄ, 581ff.; E. Brunner-Traut, Ägypten, 495.

Iranische Kunst. I.) Vorzeit. Die Wurzeln der I. reichen in die Vor- und Frühzeit, in der das Hochland von Iran noch nicht von ostindogermanischen Kräften, den Iranern (→Meder, →Parsua und verwandte Kräfte), bewohnt war, die wir archäologisch erst im frühen 1. Jahrtausend v. Chr. fassen. Die künstlerische Begabung der Vorbevölkerung, die wir im geographischen, nicht im völkischen Sinne Iraner nennen, offenbart sich in den Schichten von →Schah Tepe, →Sialk, →Tepe Hissar, →Tepe Giyan und in den engen Beziehungen zu →Susa. Weibliche Idolplastik, bemalte Keramik mit stilisierten Tiermotiven, unter denen der Steinbock dominiert. Auffallend ist die Neigung zu Überlängung der Figuren, zu Kurvenlinien (Torsion), geometrischen Begrenzungen und Ornamenten. Die Erscheinungen wirken lange nach der Einwanderung der Iraner weiter. Ein gleiches gilt für die Felsbilder im Gebiet der →Lulubäer und in Elam. →Anubanini, →Darband-i-Gawr, →Sar-i-Pul. Unverkennbar ist der Einfluß der →altorientalischen Kunst, bemerkenswert die Eigenständigkeit der I. gegenüber mesopotamischen Ausstrahlungen, die für alle Epochen charakteristisch ist. Mit der oft religiös bedingten Formen- und Bildtradition der Vorbevölkerung mußten sich die iranischen Stämme bei der Landnahme auseinandersetzen. Neubildungen zeichnen sich im frühen 1. Jahrtausend ab. Terrassenarchitektur, megalithische Gräber mit Giebeldach (Nachwirkungen der vor-iranischen Hausbestattung?). Auffallend ist die Vorliebe für Pferdemotive in der bemalten Keramik. →Sialk B, Reiterfiguren der Kleinplastik. Der Befund weist wie die zahlreichen Trensen (→Luristan-Bronzen) auf ein feudales Wagen- und Reiterkriegertum, das durch die Überlieferung bestätigt wird. Ausbildung von Provinzialstilen, bei der das Erbe der Vorbevölkerung besonders deutlich wird. →Amlasch. →Marlik. Luristan-Bronzen aus Gräbern und Heiligtümern mit reicher Metallkunst, in der ebenso wie in →Ziwije Elemente der →eurasischen Kunst (II) mit altorientalischen Motiven verschmolzen sind. (→Altorientalische Kunst, →Kimmerier, →Skythen.) Das Gesamtbild der I. bis zum 7. Jh. offenbart einen komplexen Prozeß. – **II.)** Medische Kunst. Eine Festigung zeichnet sich mit der Reichsbildung der →Meder ab. →Ekbatana, →Magier. Davon zeugen die Felsgräber mit charakteristischer Architektur und kultisch bestimmten Figurenreliefs mit religiösen Motiven. →Dukkan-i-Daud, →Fachraka, →Ferhad und Schirin, →Kizkapan, →Sakavand. Goldarbeiten →Kalardascht. →Oxusschatz. Unverkennbar sind in der medischen Kunst Einflüsse der →Skythen vor allem in den Tiermotiven. Auch in den →Luristan-Bronzen fassen wir Motive der medischen Kunst, in der zahlreiche Elemente der älteren Zeit verschmolzen sind. Ein Bild der Stadtarchitektur vermittelt die assyrische Darstellung der medischen Feste →Kischesim. Assyrische Einflüsse ergeben sich aus dem Vasallentum medischer Fürsten und der Eroberung von →Ninive, die reiche Beute brachte. – **III.)** Persische Kunst. Das Erbe der medischen Kunst wirkt in der Kunst der Perser (→Parsua, →Fars) nach, in der Einflüsse von →Urartu, assyrische und elamische Vorbilder umgeprägt worden sind. Ein gleiches gilt für mesopotamische Bildgedanken und ägypt. Motive. Die Fremdelemente sind jedoch ebenso wie die griech. Anregungen in die festgeprägte Hofkunst der →Achaemeniden eingeschmolzen, ohne ihren einheitlichen Charakter zu beeinträchtigen. Er ist bestimmt vom →Ahura-Mazda-Glauben und der Großreichidee mit den Vertretern der verschiedenen Stämme als Träger des Thrones. Beispielhaft sind die Denkmäler von →Pasargadae, das Felsrelief von →Behistun, die Paläste von →Susa und →Persepolis, die Grabanlagen von →Naqsch-i-Rustam und Teile des →Oxusschatzes. Keramik (→Maku), reiche Metall- und Steinarbeiten und Emailziegel lassen ebenso wie die →Rollsiegel die Auseinandersetzung mit dem künstlerischen Vermächtnis Mesopotamiens erkennen, wobei die Bildgedanken im iranischen Sinne umgedeutet sind. Neben flacher, linearer Stilrichtung ist die Tendenz zu prall gespannten, schwellenden Formen mit Vorliebe für Kurven und Torsion zu beobachten. Sie veranschaulichen in charakteristischen Tiermotiven die Bewegungskräfte. Die Wirkung wird oft durch farbige Einlagen gesteigert, deren Weiterentwicklung wir im polychromen →Tierstil der →eurasischen Kunst (II–IV) verfolgen können. Die weiten Ausstrahlungen der Achaemeniden-Kunst zeigen die Funde von →Pazyryk. Der Blütezeit unter →Dareios I. folgt eine zunehmende Erstarrung,

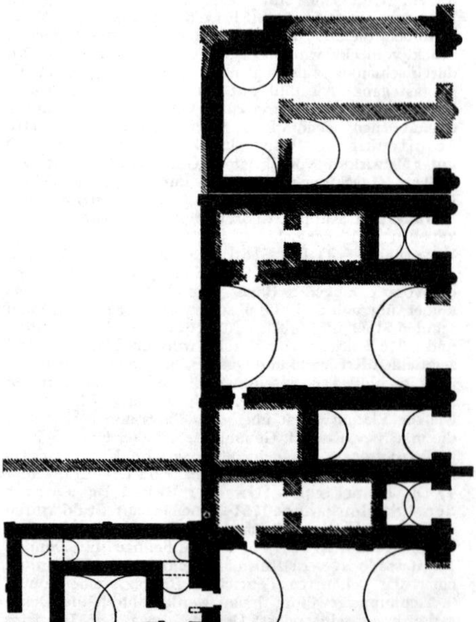

Hatra, Palast, Grundriß.

von der sich die belebenden griech. Einflüsse des 5./4. Jhs. v. Chr. abheben. Nach dem Untergang des Achaemenidenreiches wird die Tradition in Istachr (→Fratadara) aufrechterhalten. Wir fassen sie in hellenistischer Zeit (→Nemrud Dagh) und in der Kunst der →Sasaniden. Hochentwickelt war die →Teppichkunst. – **IV.)** Parthische Kunst. Die hellenistische Durchdringung der I. nach der Eroberung des Achaemenidenreiches durch Alexander d. Gr. (Kengavar, →Khurkha) war wesentlich für die Entwicklung der Kunst der →Parther (→Arsakiden), deren Herkunft sich in →Tierstil-Elementen, in der Wahl der charakteristischen Steppentracht (Ärmelrock, lange Hose) für die Darstellung von Gottheit und Herrscher zeigt. Bezeichnend ist die Vorliebe für das Reitermotiv (→Mithras). Von der →Achaemeniden-Kunst unterscheidet sich die parthische auch durch die Frontalansicht, die bereits in den →Luristan-Bronzen begegnet, und die Abkehr von der Profildarstellung, das Motiv der in Vorderansicht wiedergegebenen nackten Göttin, deren Bild häufig auf parthischen Tonsarkophagen erscheint und altorientalisch bestimmt ist. (→Anahita). Erbe der Steppenheimat dürfte auch die kreisrunde oder polygonale Planung von Stadtanlagen sein (→Merv, →Ktesiphon, →Hatra). Der Grundriß eignet auch dem in der Partherzeit bedeutsamen altmedischen Feuerheiligtum von →Schiz. Im Sakralbau wird die ältere Form des →Feuertempels weiterentwickelt. Eine Neu-form bildet der mit Stuck ausgestattete →Iwan-Palast (→Nisa, →Assur, →Hatra). Beispielhaft für die parthische Plastik und ihre hellenistische Komponente sind die Denkmäler von →Schami, →Hatra und →Palmyra. Reliefkunst: →Mithridates, →Gotarzes (→Behistun), → Tang-i-Sarvak, →Artabanos V.–Wandschmuck: →Kuh-i-Chodscha, →Dura Europos, Mosaik: →Urfa. Bemerkenswert sind die parthischen Funde an altmesopotamischen Plätzen (→Assur, →Babylon, →Kisch, →Nippur, → Susa, →Uruk). Sie weisen auf ein lebhaftes Interesse an altorientalischer Tradition, die in der Kunst der Parther ebenso berücksichtigt werden muß wie das Bekenntnis zu achaemenidischen Kultstätten (→Behistun, → Naqsch-i-Rustam). Die Gemmen und Münzen der →Arsakiden zeigen parthisch-hellenistischen Mischstil. Ein charakteristisches Motiv ist die Darstellung des sitzenden Herrschers, der sich mit der Zurichtung von Bogen und Pfeilen beschäftigt. Hier offenbart sich das Steppenerbe des Reitervolkes ebenso wie in der Wahl des Elchmotivs im Tierstil, das auch die Königskrone schmücken kann (→Phraates III., Reliefs und Graffiti von →Dura Europos). Barbarischer Formverfall der vielschichtigen Partherkunst ist besonders in den Münzbildern deutlich. Bedeutsam ist die Eröffnung der Seidenstraße, wodurch starke hellenistische Impulse in den weiten Bereich der →eurasischen Kunst (III.) gelangten. – **V.)** Sasaniden-Kunst. Der parthische Palasttypus wird in der I. der →Sasaniden-Zeit mit Tonnengewölben und Kuppeln weiterentwickelt, die →Iwan-Architektur mit dem altorientalischen Hofhausbau verbunden. Charakteristisch ist die Lage der Paläste in reichen Gärten, die bereits in →Persepolis gepflegt wurden. (→Bischapur, →Firuzabad, →Gundeschapur, →Kisch, →Ktesiphon, →Iwan-i-Kherkha, →Sarvistan). Farbige Stuckreliefs (Bischapur, Kisch, Ktesiphon, →Damghan, →Nizamabad, Tschahar Tarchan), die ebenso wie die →Teppichkunst altorientalische Motive (Fabeltiere, →Lebensbaum, Tierkampfszenen) neben Reiterjagden und -kämpfen zeigen. Wandmalerei mit Jagd- und Kriegsszenen (→Dura Europos, →Susa), Mosaiken nach röm. Vorbild (→Bischapur) in iranischer Umprägung. Charakteristisch ist der malerische Stil, der auch die Fassaden der Iwanbauten beherrscht. Er offenbart sich auch in den zahlreichen Felsreliefs, deren Hauptthemen die Reiterinvestitur des Herrschers, seine Siege und Triumphe (→Ahriman), seine Jadgabenteuer, seine repräsentativen Familien und Throndarstellungen bilden. Im Gegensatz zur parthischen Kunst herrscht die Profilansicht wie in der Achaemiden-Kunst vor, an die mit neuen Motiven betont angeschlossen wird. Doch begegnet auch das Frontalbild des thronenden Herrschers.→Firuzabad, Naqsch-i-Radjab, →Naqsch-i-Rustam, Naqsch-i-Bahram, Sar-Mesched, →Taq-i-Bostan. Die Anlage der Sasanidenstädte folgt meist nicht parthischem Grundriß, sondern dem →hippodamischen System. Bedeutsam ist der Brückenbau →Schustar. Im Sakralbau verbindet sich Achaemenidentradition mit Kuppelarchitektur, wie die →Feuer- und →Anahita-Tempel zeigen (→Bischapur, →Tang-i-Tschak-Tschak). Dem Vorbild des turmartigen Feuertempels folgt das Monument von →Paikuli. Beziehungen zur →Kuschanen-Kunst läßt der Tempel von → Surch Kotal erkennen. Die Motive der Felsbilder und Teppichkunst wiederholen sich in dem prunkvollen Kunsthandwerk der Gold- und Silberschmiede mit reichen Gefäßen, deren Themen der Verherrlichung des Herrschers dienen, thronend dargestellt, beim Bankett, als reitender Bogenschütze auf der Jagd, stets mit Krone und in vollem Ornat. Unverkennbar sind die Nachwirkungen der →baktrischen Kunst. Von großer Bedeutung ist die weite Verbreitung der oft mit kostbaren Steineinlagen versehenen Prunkgefäße für die →eurasische Kunst (IV). Beispielhaft die Schale →Chosroes I. → Strelka. Von ausgeprägtem Stil sind die Münzen der Sasanidenherrscher, deren jeder eine eigene Krone hatte. Die Rückseite zeigt meist den Königsnamen um einen Feueraltar. Die künstlerische Tradition wirkte lange in der islam. Welt, in Byzanz, bei den Steppenvölkern und im Abendland nach, hauptsächlich in den Denkmälern des Mittelalters.

Lit.: R. Ghirshman, Iran I, II; K. Erdman, KIS; H. H. von der Osten, WP; J. Wiesner, UKG II; KLA.

Irisch-angelsächsische Buchmalerei. Bedeutende Sondergruppe der vorkarolingischen →Buchmalerei. Die wichtigsten Werke sind im 8. Jh. entstanden. – Charakteristische Beispiele: das Evangeliar aus Durrow und das →Book of Kells (beide Trinity College in Dublin 700). Die Malerei knüpft an die Spätantike an, ist aber überreich an ornamentalem Empfindungsgeist. Tiere, Pflanzen, Bandgeflecht werden phantasievoll miteinander verbunden. Das Organische wird dabei ins Abstrakte verwandelt. Eine weitgehend eigenständige Kunst. Dagegen verrät das angelsächsische Lindisfarn-Evangeliar (698–721) im Britischen Museum in London antik-mittelmeerische Züge. Hier hat die kontinentale Buchmalerei auf die irische Einfluß ausgeübt.

Lit.: B. Alton, P. Meyer, The Book of Kells, 1950; G. Micheli, L'Enluminure du Haut Moyen Age et les Influences Irlandaises, 1939.

Irische Kunst →Keltische Kunst.

Irisierende Gläser. Künstlich durch Metalldämpfe, natürlich durch Verwitterung können Gläser eine schillernde Farbigkeit erhalten, die den Regenbogenfarben entspricht.

Irmensäule. Bezeichnung für eine hohe Säule, wahrscheinlich in Form eines Baumstammes, wie sie bei den Nordgermanen, Westfalen und anderen Stämmen zur Erinnerung an einen Sieg aufgestellt wurde.

Lit.: K. Schoppe, Die I., 1947.

Irpuni. Altorientalische Festung in →Urartu, südwestlich vom Sewansee, östlich von Eriwan, von → Argischti I. angelegt (Ruinenhügel Arinberd). Palast mit Thronsaal, von 30 Säulen gestützt, mit Resten von Wandmalerei, die neben Tiermotiven Lebensbäume (→Lebensbaum) und Ornamente zeigt. Funde der → Achaemeniden-Zeit und milesische Silbermünzen des 5. Jh. v. Chr. beweisen, daß I. den →Kimmerier- und →Skythen-Sturm überdauert hat.

Lit.: J. Wiesner, UKG II, 111.

Isabey, 1) Jean Baptiste. Franz. Maler. Geb. 1767 in Nancy, gest. 1855 in Paris. Kam aus der Schule von J. L. →David und wurde einer der geschätztesten Portraitmaler des Empire. Anstelle der harten Farbgebung seines Lehrers setzte er zarte Farbtöne und ein weich schimmerndes Kolorit. Als Hofmaler Napoleons portraitierte er zahlreiche Persönlichkeiten des Kaiserhofes und den Kaiser selbst („Krönung Napoleons in Notre Dame", Paris, Louvre). Von besonderem Reiz sind seine zierlichen miniaturhaften Frauenportraits in Aquarell auf Papier oder auch Elfenbein. – Lieferte auch Entwürfe für die Porzellanmanufaktur →Sèvres. – **2)** Eugène. Geb. 1803 in Paris als Sohn des 1), gest. 1886 in Lagny bei Paris. War Schüler seines Vaters und fand in Marinestücken und Kostümbildern seine bevorzugten Themen. Stilistisch ist er in der Farbgebung stark von seinem Vater beeinflußt, während ihm Künstler wie →Delacroix und Bonington wesentliche Anregungen vermittelten. In souveräner Selbstverständlichkeit handhabte er die technischen Mittel von Aquarell und Lithographie und schuf kleinformatige romantische Meisterwerke von impressionistisch anmutender Leichtigkeit und Lichtdurchdrungenheit.

Lit.: Thieme-Becker.

Ischan Bahrijat. Ruinenstätte des alten Isin, 30 km südlich von →Nippur.

Ischpuini. König von →Urartu (9. Jh. v. Chr.), Vater des →Menua. Inschriftbericht auf Säulenbasen über Tempelbau in der Nähe von →Tuschpa.

Lit.: W. I. Awdijew, GAO, 370.

Ischtar. Akkadisch-babylonische Göttin der Liebe und des Krieges, auf →Rollsiegeln der →Akkadzeit mit Falbelgewand, Hörnerkrone, Schulterstrahlen und Waffen dargestellt. Wie →Inanna Herrin des Planeten Venus (I. Anunitum). Das Motiv der nackten, Brüste pressenden I. in Vorderansicht begegnet erst im 2. Jahrtausend v. Chr. nach Zuwanderung der Westsemiten im Zweistromland. Der Bildgedanke behauptet sich bis in hellenistisch-parthische Zeit und wird mit dem Begriff der Dea Syria verbunden. →Inanna, →Astarte, →Anath, →

Anahita. Ein Mitwirken der praehistorischen Idolplastik des Alten Orients ist nicht ausgeschlossen.
Lit.: H. Schmökel, GAV, 331ff.; A. Parrot, Sumer, 380.

Ischtarat. Variante der →Ischtar mit Tempel in → Mari.
Lit.: A. Parrot, Sumer, 380.

Ischtar Kititum. Bezeichnung der in →Ischtschali verehrten Göttin →Ischtar.
Lit.: A. Parrot, Sumer, 380; H. Schmökel, GAV, 115f.

Ischtschali. Altorientalische Ruinenstätte im Dijalagebiet, das alte Neribtum. Das Zentrum bildete eine Rechteck-Anlage mit großem Hof, an den sich zwei Breitcella- und ein Langcella-Tempel anlehnten. Die Langraumform ist hier zum erstenmal belegt. Die Anlage, in der ein Breitraumtempel der →Ischtar Kititum geweiht war, entstand in der →Isin-Larsa-Zeit.
Lit.: A. Parrot, Sumer, 262ff.; E. Strommenger, Mesopotamien, 84.

Ischtup-Ilum. Statthalter von →Mari (19./18. Jh. v. Chr.), Gründer des Dagantempels. Gewandstatuette aus dem Tempel im Palast des →Zimrilim. Vergröberung der neusumerischen Kunsttradition durch westsemitische Umprägung. →Babylonische Kunst.
Lit.: A. Parrot, Sumer, 266ff.; E. Strommenger, Mesopotamien, 84.

Isenbrant, Adriaen. Fläm. Maler der 1. Hälfte des 16. Jhs. Gest. 1551 in Brügge, wo er seit 1510 arbeitete. Ging aus der Schule G. →Davids hervor und führte die Tradition der Brügger Schule weiter. Die Verwandtschaft seiner Werke mit Davids verfeinertem Spätstil erschweren die Klärung des Œuvre von I., jedoch wurden ihm zahlreiche Werke zugeschrieben.
Lit.: M. J. Friedländer, Altniederl. Malerei, Bd. 11, 1934.

Isenheimer Altar →Grünewald.

Isfahan (Esfahan). Die iranische Stadt I. (das antike Aspadana) wurde vor allem im 10. Jh. zu einem wichtigen Zentrum der islamisch-persischen Kultur. Nach der Zerstörung im Jahre 1387 durch Timur war I. von 1598 bis 1749 Hauptstadt des Iran. Neben der Freitagsmoschee aus dem 11. Jh. zeichnen die Stadt vor allem Bauten des 16. u. 17. Jhs. aus, u. a. der Gartenpalast Abbas d. Gr. und die von ihm erbaute Königsmoschee.

Isidoros von Milet. 1) I. d. Ä. Griech. Architekt der 1. Hälfte des 6. Jhs. n. Chr. Unter Justinian errichtete er die berühmte Hagia Sophia in →Konstantinopel, deren Kuppel jedoch bald durch ein Erdbeben einstürzte. – **2)** I. d. J., Neffe des 1), hat die 559 n. Chr. zerstörte Kuppel der Hagia Sophia wieder erneuert und dabei den Scheitelpunkt um 10 m höher verlegt.

Isigerios. Griech. Bildhauer des 2. Jhs. v. Chr., tätig in →Pergamon. Dort hat er für die pergamenischen Herrscher gemeinsam mit →Antigonos u. a. an den berühmten Galliermonumenten gearbeitet.

Isin-Larsa-Zeit. Nach den südmesopotamischen Städten Isin (→Ischan Bahrijat) und →Larsa benannte Phase, die die Zeit vom Untergang der III. Dyn. von → Ur bis zur Herrschaft →Hammurabis von →Babylon umfaßt. Wir können sie auch als Frühstufe der altbabylonischen Epoche bezeichnen. Sie ist bestimmt durch das Vordringen westsemitischer Fürsten in Südmesopotamien. Zu ihnen gehören Ischbierra von →Mari, der sich der Herrschaft von Isin bemächtigte und →Ur eroberte, und der ihm stammverwandte Naplanum, der sich zum Herrn von Lassa machte.
Lit.: A. Parrot, Sumer, 253 ff.

Isis. Ägypt. Göttin, Mutter des →Horus, Schwestergemahlin des →Osiris. Menschengestaltig dargestellt, mit Sonnenscheibe zwischen Kuhgehörn oder dem Thronzeichen auf dem Kopf. Als Göttin des Sirius →Sothis.
Lit.: S. Morenz, ÄR, 296; E. Brunner-Traut, Ägypten, 96; W. Wolf, KÄ, 742.

Islamische Kunst. Unter dem Begriff I. sind die Leistungen der Architekten sowie die Kleinkunst zusammenzuziehen, die in den mohammedanisch regierten Gebieten seit der Mitte des 7. Jhs. (622: Jahr der Flucht von Mekka nach Medina [Hijra], das Jahr 1 der mohammedanischen Zeitrechnung) geschaffen werden. Dieses Gebiet erstreckt sich von Spanien bis Indien und von Ägypten bis Turkestan, untersteht in wechselnder politischer Form dem Kalifen und wird von völkisch unterschiedlichen Herrschern regiert. Es kommt in diesen Gebieten zu einer einheitlichen Kunstentfaltung aufgrund der verbindlichen Regelung privaten und öffentlichen Lebens durch den →Koran sowie durch die Übernahme der arabischen Schrift oder Sprache, und nicht zuletzt durch das Erbe der Spätantike. Die Kunst des Islam kennt keine Darstellung religiösen Inhalts. Die ersten Aufgaben für den Künstler ergeben sich im 7. Jh. mit der Notwendigkeit, →Moscheen und Repräsentationsbauten im Gebiet Syriens und Palästinas zu errichten, die für die Macht der islam. Gemeinde und ihrer Leiter zeugen sollten. Die Darstellung von Figuren wird dem Künstler dabei nicht grundsätzlich verboten (→Figurenverbot), aber das vollplastische Bild bleibt immer eine Ausnahme; der Anwendungsbereich der Kunst erstreckt sich vielmehr auf den Schmuck von Bau, Buch und Gerät sowie auf praktische Lösung architektonischer Aufgaben. Parallel zu der Entwicklung im Byzant. Reich, unter den Westgoten und Langobarden beginnt eine Ornamentalisierung überkommener Formen, deren Bedeutung verlorengeht. Den entscheidenden Einfluß erfährt die islam. Entwicklung durch türkische Söldnerheere unter den →Abbasiden in Iraq und Iran im 9. Jh. Nicht zuletzt durch diesen Kontakt mit Zentralasien kommt es zu einer völligen Abstraktion pflanzlicher Gebilde, deren Ergebnis die

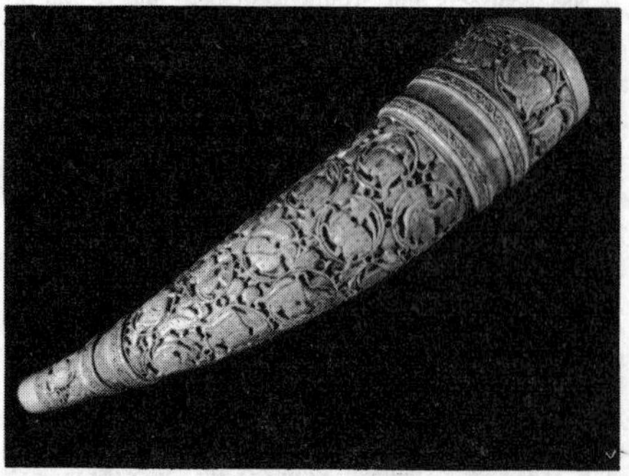

Olifant, Islamische Elfenbeinarbeit (Berlin, Mus. Dahlem).

→Arabeske wird. Daneben tritt das Spielen von Form zu Form ohne Betonung von „Muster und Grund" in Erscheinung, die die Flächengestaltung von nun an bestimmt. Die für die I. charakteristische „Unendlichkeit" der Musterungen hat darin ihre Voraussetzungen gefunden, neben der allerdings die Auseinandersetzung zwischen antikem formalem Erbe mit der Abstraktion ständig stattfindet. – Ein entscheidender Einfluß auf die künstlerische Tätigkeit kommt den herrschenden Dynastien zu, und so ist die Unterteilung der I. nach Herrscherhäusern gegeben. – In den entscheidenden Phasen entsteht unter den →Omeyaden eine arabische Kunst des Kalifats, unter den Abbasiden eine türkisch-iranisch beeinflußte Kultur mit starker Verbindung zu Asien. Das Aufkommen der →Seltschuken im Iran und in Kleinasien fördert diese Entwicklung und führt zu einem einheitlichen Stil von Afghanistan bis Kleinasien und Iraq, der mittelalterl. Blütezeit islamischer Kunst. In Spanien führt die Fortsetzung der omeyadischen Herrschaft zu einer gleichartigen Verfeinerung des Stils des Kalifats von →Damaskus. Der abbasidische Reichsstil dagegen geht von Iraq auf Ägypten über. Unter der Herrschaft der →Fatimiden kommt es im 10. und 11. Jh. zur Entfaltung einer stärker mittelmeerisch gebundenen, figurenfreudigen Schmuckkunst. Auf den Einbruch der →Mongolen in der ersten Hälfte des 13. Jhs. folgt eine Verbreitung chinesischer Formen und Motive. Mit dem Ende des 15. Jhs. aber kommt es nach Besiegung der Mongolenreiche zu im Künstlerischen türkisch beeinflußten, nationalen Entwicklungen unter den →Mamluken in Ägypten, den →Osmanen in Kleinasien und den →Safewiden in Iran, die zur Neuzeit überleiten. Unter diesen Herrschern entstehen noch einmal Stilschöpfungen, die vom europäischen Festland bis Indien Geltung haben. Die Berührung mit Europa im 16. Jh., die allmähliche Aufgabe eigener Grundlagen, führt im 18.–19. Jh. zu einem Niedergang der künstlerischen Leistung, die im Gegensatz von Naturalismus und Flächengestaltung auseinanderbricht. –

Die Datierung der Kunstwerke ist entweder durch Urkunden und Widmungen möglich, die Namen und Daten enthalten, oder aber in seltenen Fällen durch Signaturen. Biographische Nachrichten kommen erst seit Ende des 15. Jhs. in Betracht. Der Künstlersignatur geht das Wort ,,amal" (er hat es gemacht) voraus, es folgt der Eigenname und Vatersname, häufig eine Herkunftsbezeichnung (nisbe). Diese Ortsangeabe weist auf die handwerkliche Tradition, der der Künstler verbunden ist, wie z. B. ,,al shami" (der Syrer) auf ägypt. Töpferware des 13.–14. Jhs. Namen im Boden von Keramiken des 9. Jhs. sind nicht mit Sicherheit als Signaturen zu be-

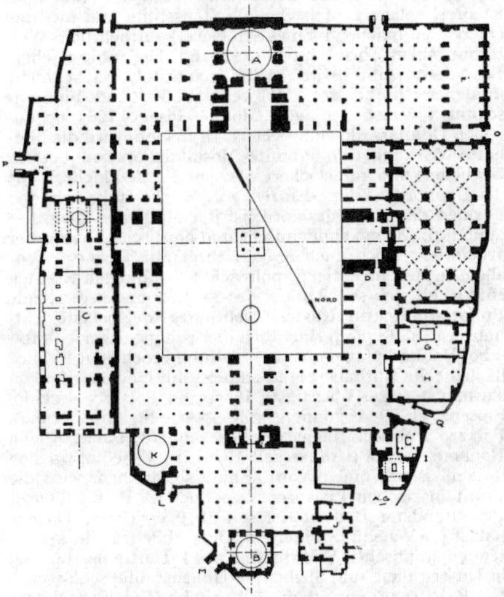

Isfahan, Mesdschid-i-Dschum'a, Grundriß

zeichnen. Auf fatimidischer Töpferware des 11. Jhs. begegnet außer der Malersignatur im Dekor – wie ,,al baitar" – im Boden außerdem der Name des Werkstattleiters ,,muslim". Persische Lüsterfliesen und -gefäße des 13. Jhs. enthalten am Ende der Verse des Dekors häufig die Jahres- und Monatsangabe der Fertigstellung. Spanische Lüsterfayence des 14. Jhs. enthält im Boden die Fabrikmarke malaga. – Im 13. Jh. ist eine Reihe von Meistern der Tauschierschule von Mosul kenntlich durch Signaturen mit der nisbe ,,al-mousili", und in der folgenden Zeit begegnen häufiger Signaturen auf Bronzearbeiten aus Iran und aus Venedig, speziell aber auf Waffen. – In der Buchkunst zeichnet seit Ende des 15. Jhs. im Iran der Kalligraph oder der Miniaturmaler seine Arbeiten mit der vorangestellten Bezeichnung ,,ustad" (Meister), gelegentlich mit dem Zusatz, in wessen Diensten er steht, ,,Riza i Abbasi" (der Riza des Schah Abbas I.). Zahlreiche Miniaturen in Sammelalben (muraqqa) des 16.–17. Jhs. enthalten Künstlernamen, die häufig aber spätere Zuschreibungen durch Sammler sind. Auch zugefügte sachliche Bezeichnungen wie ,,siyah kalem" (Tuschzeichnung) stellen unter Umständen Eigennamen wie ,,Schwarzfeder" dar. – Eine Signatur steht stets an einem untergeordneten, versteckten Platz der Komposition. (Siehe Farbtafel 18.)

Lit.: E. Dietz, Die Kunst des Islam, 1925; K. A. C. Creswell, Early Muslim architecture, 2 Bde., 1932–41; ders., The Muslim architecture of Egypt., 1952; E. Kühnel, Islamische Kleinkunst, 1925; ders., Miniaturmalerei im islam. Orient, 1922; ders., Die Kunst des Islam, 1962.

Isokephalie. Eine Regel der klassisch-griech. Relief- und Zeichenkunst, nach der die Köpfe verschiedener in einem Kunstwerk dargestellter Gestalten auf gleicher Höhe erscheinen.

Issedonen. Sibirisches Volk in der Nachbarschaft der →Saken, in der antiken Überlieferung mit dem Vorstoß der →Skythen in den Schwarzmeerraum verbunden.

Istachr. Hauptstadt der →Fratadara-Fürsten von Persis (→Fars) nach der Zerstörung des 6 km entfernten →Persepolis. Im stark befestigten I. lag das berühmte Heiligtum der →Anahita, der ein →Feuertempel geweiht war. Münzbilder mit Darstellung des turmartigen Bauwerks, ähnlich den Anlagen in →Pasargadae und →Naqsch-i-Rustam. Reichsbanner neben dem Tempel. Von I. ging die Erhebung →Ardaschirs gegen die →Arsakiden-Herrschaft aus.

Lit.: R. Ghirshman, Iran, II, 23, 121f., 185; H. H. von der Osten, WP, 294.

Istanbul →Konstantinopel.

Isthmos von Korinth. Stätte eines alten griech. Poseidonheiligtums, in dem die berühmten isthmischen Spiele gefeiert wurden. – Reste eines langgestreckten Baus aus dem 7. Jh. v. Chr. wurden unter einem im 5. Jh. errichteten prunkvollen Tempel gefunden. Der klassische Bau ist in enger Anlehnung an den Zeustempel von →Olympia entstanden und zeigt die gleichen Proportionen als dorischer →Peripteros mit 6 × 13 Säulen. Der Tempel wurde 394 v. Chr. durch einen Brand zerstört und im 4. Jh. v. Chr. auf dem alten Grundriß wieder aufgebaut.

Lit.: H. Berve – G. Gruben – M. Hirmer, Griech. Tempel und Heiligtümer, 144f., 1961.

Italafragment →Quedlinburger Itala.

Italienische Kunst. I) Die politischen Geschicke Italiens im Mittelalter bedingen eine nach Landschaften sehr unterschiedliche Entwicklung. In Oberitalien bringen politische Verflechtung mit dem Deutschen Reich und kultureller Zusammenhang mit Südfrankreich regen Austausch auch im Künstlerischen mit sich, vor allem mit Burgund und dem Rheinland (→Lombardei). In Süditalien und Sizilien mischen sich byzant., islam. und

Venedig, S. Marco, Front.

franz.-normannische Traditionen (→Sizilien). Hinzu kommt das eigene Erbe der röm. und frühchristl. Antike, das vor allem in der →Toscana und in Rom wirksam war. Venedig wiederum unterlag starken byzant., auch islam. Einwirkungen (z. B. seit 1063 Neubau von S. Marco, →Venedig, nach dem Vorbild der Kreuzkuppelkirche St. Aposteln, →Konstantinopel). Der Anteil Italiens an der Ausbildung der roman. Baukunst ist gering. Bis in die Mitte des 11. Jhs. hält sich der Typ der frühchristl. und ravennatisch-byzant. Basilika des 5. und 6. Jhs. mit offenem Dachstuhl, gleichförmiger Reihung der Säulenarkaden, breiter ungegliederter Lagerung der Baumassen und fehlender Durchformung des Außenbaus; daneben der der gleichen Tradition entstammende Zentralbau, vor allem in den neben der Kirche angelegten Baptisterien (→Taufkirchen; z. B. Parma, Cremona). Eine spezifisch italien. Kunst entsteht erst Anfang des 12. Jhs. Künstlerisch bedeutendste Gebiete sind: →Lombardei, →Toscana, →Sizilien (mit Apulien). Bis auf seltene, vom Norden beeinflußte Ausnahmen fehlt auch in roman. Zeit eine straffe Organisation des Baukörpers, die Akzentuierung liturgisch wichtiger Bauteile durch Türme im Bauverband. Ein einzelner Glockenturm, der →Campanile, steht neben der

Florenz, Dom, Detail von der Außenwand der S-Seite.

Kirche (seit dem 9. Jh.). Für die Gestaltung des Innenraums bleibt Italien ohne größere Bedeutung; eine strukturbetonte Gliederung fehlt weitgehend. Betonung der Horizontalen und eine gewisse Gleichförmigkeit der Rhythmik sind weitgehend bezeichnend. Wesentlich wird das dekorative Element. Die Wand gewinnt einen bildhaften Aspekt durch die Vorliebe für ornamentalen Schmuck, der, wie die Florentiner Mamorinkrustation, struktive Gliederung ersetzt (→Toscana) oder die Wand durch Reihung von Zwerggalerien (Lombardei), Rundbogenblenden (Lombardei, Süditalien), verstreut angebrachte figürliche Reliefs und rein ornamentalen Bauschmuck (Lombardei) dekorativ belebt. Die normannische Baukunst des Südens nimmt durch Verwertung islam. Motive und besonderen Schmuckreichtum der Außenwände eine Sonderstellung ein (→Sizilien). Fassaden sind als dekorativ gestaltete Schaufronten ohne Beziehung zu den Kirchenschiffen ausgebildet (Toscana, Lombardei). In Venedig wird die Entstehung einer als roman. zu bezeichnenden Baukunst durch die Ausrichtung nach O verhindert, in Rom durch die mächtige Tradition der frühchristl. Antike. – **II)** Bedeutendster italien. Beitrag innerhalb der europäischen Gotik sind die Bettelordensarchitektur und der Profanbau. Schon im 12. Jh. bringt die →Zisterzienser-Baukunst franz.-got. Formengut nach Italien, doch bleibt es auf die eigenen Anlagen beschränkt. Nur zögernd übernimmt Italien im 13. Jh. die Gotik, nicht ohne sie einer grundsätzlichen Umwandlung zu unterwerfen. Ihr Grundprinzip, Auflockerung der Baumassen und steiles Aufstreben, bleibt dem Süden wesensfremd. Wegbereiter der Aufnahme sind die → Bettelordenskirchen, die infolge fehlender eigener Traditionen die ihnen gemäße Architektur auf den Grundlagen nordischer Gotik entwickeln. Sie verbinden diese mit dem für Italien auch in got. Zeit charakteristischen, seit der Spätantike lebendigen Gefühl für weite, helle, nicht zu hohe Räume, horizontale Gliederung, eine auf menschliche Maßstäbe bezogene Proportionierung. Diese Synthese befruchtet auch den Bau der oft riesig dimensionierten Dome, die im übrigen, der Tradition verhaftet, unter got. Formengewand roman. Baugefühl bewahren. Im Florentiner Dom (→Florenz) wird durch weite Arkadenstellung eine Raumvereinheitlichung geschaffen, die das ruhig Lagernde betont; dieses wieder unterstrichen durch den horizontalen Laufgang über den Arkaden (Vorbilder: Bettelordenskirchen S. Croce, S. Maria Novella, →Florenz, die ihn aus der roman. Baukunst Süditaliens übernehmen). Durch Verwendung weißschwarzer Marmorschichtung ist in →Siena eine dem innersten Wesen nordischer Gotik widerstrebende malerische Wirkung der geschlossenen Wandflächen erreicht. Der Dom von Orvieto verzichtet sogar auf die Wölbung zugunsten des offenen Dachstuhls. Auch der Außenbau ist breit gelagert. Meist hohe Seitenschiffe und niedrige Obergaden machen offenes Strebewerk entbehrlich. Weiterhin fehlen Türme im Bauverband. Die ruhig flächige Fassadenwirkung wird nicht angetastet, selbst nicht in der reich mit got. Maßwerk, Fialen und Figurenschmuck versehenen, von Giov. →Pisano 1284 begonnenen Domfassade von →Siena. In Orvieto wird die bildhafte Wirkung durch bunte Mosaikdekoration betont. Gegliedert und aufgelockert wird jeweils die Fläche, nicht der Baukörper selbst. Einzige got. Kirche Italiens in den Formen der Kathedralgotik ist der Mailänder Dom (→ Mailand), an dem einheimische und nordische Baumeister arbeiteten. Doch auch er verzichtet auf Türme. – Vor allem in den mächtigen, politisch selbständigen Städten entwickelt sich seit Anfang des 14. Jhs. eine bedeutende Profanarchitektur: Kastelle, wehrhafte Adelspaläste, Rathäuser u. a. Typisch sind auch hier ruhig gelagerte, kubische Baukomplexe mit wenig durchbrochenen Wandflächen; die Rathäuser sind zumeist mit einem schlanken Turm versehen. Wichtigste Beispiele: Palazzo Vecchio, Florenz (1299 begonnen von →Arnolfo di Cambio), Palazzo Pubblico, Siena (1289 begonnen), Palazzo della Ragione, Padua (Umbau seit 1306). In Venedig, wo sich italien., islam. und byzant. Einflüsse mischen, wird die Front in reichen Zierformen geöffnet (z. B. Ca d'Oro). Bedeutendster Bau ist der seit 1310 errichtete Dogenpalast (→Venedig). Ohne Nachfolge blieben die bedeutenden staufischen Wehrbauten der 1. Hälfte des 13. Jhs. in Unteritalien und Sizilien; →Hohenstaufenschlösser. – Die Bildnerei vorroman. Zeit, wie im N vielfach Werke der Kleinkunst, weist noch keinen spezifisch italien. Akzent auf, ist, wie die gleichzeitige Baukunst und Malerei, der Tradition der frühchristl. Antike und byzant. Vorbildern verpflichtet. Mit dem Beginn des 12. Jhs. setzt in Oberitalien die Ausbildung einer bedeutenden figürlichen Bauplastik ein (→Wiligelmo, Niccolò →Pisano, B. →Antelami; →Lombardei) und eines als →„Corrente comasca" bezeichneten, vorwiegend ornamentalen, rein dekorativen Bauschmucks, der sich über die Randzonen roman. Bauskulptur bis weit in den Norden ausbreitet. Die figürliche Bauplastik, der gleichzeitigen südfranz. und nordspan. ebenbürtig (→Languedoc, →Span. Kunst), bleibt auf Oberitalien beschränkt. Unter dem Stauferkaiser Friedrich II. entsteht in der 1. Hälfte des 13. Jhs. in Süditalien und →Sizilien eine vor allem antiken Vorbildern verpflichtete, doch auch von der Gotik befruchtete, bedeutende Bildnerei, die die stilistischen Grundlagen für den in der Toscana tätigen Nicolò →Pisano liefert. Mit diesem, seinem Sohn Giovanni und seinem Schüler →Arnolfo di Cambio geht gegen Ende des 13. Jhs. die Führung an die →Toscana über. In Rom fehlt Bildnerei im engeren Sinn. Ihre Aufgaben wurden von den rein dekorativ, vorwiegend musivisch arbeitenden sogen. →Cosmaten wahrgenommen. Durch die ständig vor Augen stehenden Mosaik- und Freskenzyklen der röm. und frühchristl. Antike (besonders in →Rom; z.B. Alt-St.-Peter, S. Paolo fuori le mura) und der frühchristl.-byzant. Denkmäler auf italien. Boden (vor allem in →Ravenna) bewahrte die Malerei des italien. Gebietes eine einmalige Kontinuität, die im Frühmittelalter auch den N befruchtete (→Karolingische Kunst). Von der für die Erscheinung kirchlicher Innenräume so bedeutenden Wandmalerei sind nur Reste erhalten; u.a. in →Civate, →Castelseprio; →Formis, →Sant'Elia bei Nepi, →Volturno. Zentren der Monumental-, teilweise auch der Buchmalerei scheinen sich in Rom, Oberitalien (vielleicht Mailand) und Monte Cassino befunden zu haben. Auch die Tradition der Tafelmalerei ist offenbar niemals abgerissen (literarische Überlieferung). Die frühen, erhaltenen Tafelbilder des 12. Jhs., zumeist Kruzifixe (→Kreuzigung Christi), die als Frühwerke einer im engeren Sinn italien. Malerei anzusprechen sind, lassen auf eine längere Tradition schließen. Zentren roman. Tafelmalerei waren Lucca und Pisa (→Toscana). Zu Beginn des 13. Jhs. bewirkt die neuerliche Aufnahme byzant. Malweise einen grundlegenden Wandel: die Überwindung der formelhaften Erstarrung und des additiv-vereinzelnden Sehens der Spätromanik durch Vereinheitlichung der Sicht und eine lebendigere, formal wie geistig konzentrierte Gestaltungsweise. Sie wirkt auf die Malerei ähnlich befreiend, stimulierend wie der got. Formenkanon auf die Malerei

J. Bassano, Der hl. Rochus bei den Pestkranken (Mailand, Pinacoteca di Brera).

des N. Wichtigste Zentren werden um die Mitte des 13. Jhs. Florenz und Siena (→Toscana). Um 1300 vollzieht die italien. Malerei im Werk →Giottos den entscheidenden Schritt aus dem Gefüge der an vorgeprägte Bildformeln und weitgehend vorgegebene, inhaltliche Interpretation gebundenen Kunst des Mittelalters zur Gestaltungsweise neuzeitlicher Malerei mit ihrer neuartigen Wirklichkeitserfassung, ihrer Gestaltung körperlicher und räumlicher Existenz, einer aus der Bildhandlung abgeleiteten Dramatik und einem mit den Mitteln eines perspektivischen Illusionismus auf den Betrachter bezogenen Bildaufbau (im einzelnen →Giotto). Damit sind die Grundlagen für die Malerei (auch Bildnerei) der Renaissance geschaffen. Italien gewinnt die Führung innerhalb des abendländischen Kunstgeschehens. Die Auseinandersetzung mit der Gotik, vor allem in Siena

G. L. Bernini, Brunnen auf der Piazza Barberini, Rom.

(→Toscana), und das Eindringen der sogen. Internationalen Gotik um 1400 (→Weicher Stil; z.B. →Pisanello, →Gentile da Fabriano u.a.) bereichert das Bild, beziehungsweise bleibt Episode. Im Gegensatz zum N verliert die Monumentalmalerei dank der geschlossenen Wandflächen italien. got. Kirchen auch in got. Zeit nicht an Bedeutung. Zentren der Wandmalerei sind Rom (auch Mosaikdekorationen; →Torriti, →Rusuti, →Cavallini) und Florenz (vor allem →Giotto, seine Schule und Nachfolge). Bedeutende Zyklen entstehen vor allem in →Bettelordenskirchen, wo sie ihrer lehrhaften Funktion wegen als einziger Schmuck des Innenraums vorgesehen sind (z.B. S. Francesco, →Assisi; S. Croce, →Florenz). **III)** Zur I. des 15. und 16. Jhs. →Renaissance. – **IV)** Barock. Nachdem bereits unter Papst Julius III. Rom Zentrum der Hochrenaissance geworden war, konnte Rom während der Zeit des Barock noch einmal die bedeutendsten künstlerischen Kräfte an sich ziehen. Zahlreiche Kirchenbauten (S. Andrea, S. Carlo, S. Ivo) und Paläste (Palazzo Barberini, Palazzo Chigi) wurden errichtet. In ihnen zeigt sich die neue Tendenz zu einer dynamischen Raumkonzeption, die die frühere Klarheit durch bewegte Wechselwirkungen von Licht und Schatten und durch die Auflösung der strengen Fassadengliederung ersetzt. →Borromini und →Bernini sind die Hauptmeister der neuen Bewegung. Einen grandiosen Höhepunkt erreicht sie in der genialen Platzanlage zu St. Peter in →Rom, die Bernini geschaffen hat. Eine Sondergattung, in der sich Platzarchitektur und Plastik gegenseitig unlöslich durchdringen, entstand in den Brunnenanlagen, wie sie auf der Piazza Navonna und in der Fontana di Trevi in Rom beispielhaft verwirklicht wurden. – →

Guarini übertrug den röm. Barockstil nach Turin. Klassizistische Formen bevorzugten die Baumeister Oberitaliens, wie z. B. →Juvara. – Die Plastik, der hauptsächlich dekorative Aufgaben zukamen, fand ebenfalls in Bernini ihre der röm. Richtung entsprechende Erfüllung. – Größte Triumphe feierte die italien. Barockmalerei im Deckenbild, das in seiner raumauflösenden Tendenz der Architektur entspricht. P. da →Cortona, →Domenichino und A. →Pozzo sind die Hauptmeister dieser Richtung, während G. →Reni und A. → Sacchi mehr dem Klassizismus zuneigten. Eine Sonderstellung nimmt der in Neapel arbeitende Spanier → Ribera ein, der sich in seinen religiösen Kompositionen an den Stil →Caravaggios anlehnte. – Im 18. Jh. verlagerte sich das Schwergewicht künstlerischen Schaffens von Rom auf Venedig. Hier ist es vor allem die Vedutenmalerei, die in den beiden →Canalettos und in →Guardi ihre bedeutendsten Meister fand. Die Tradition der Deckenmalerei wird von dem letzten Großmeister dieser Gattung, dem Venezianer →Tiepolo, in einer singulären Leistung noch einmal zu großer Blüte gebracht. In heller, wie von Luft durchdrungener Farbgebung schuf er seine zum Rokoko überleitenden Fresken in Venedig, Würzburg und Madrid. – **V)** Klassizismus und Historismus (19. Jh.). Gegenüber der ungeheuren quantitativen und qualitativen Produktion der vorangegangenen Jahrhunderte steht das 19. Jh. deutlich zurück. Jedoch kam Italien eine besondere Rolle für die europäische Kunstentwicklung zu. Es wurde – und wiederum war Rom Zentrum des Interesses – zum Anziehungspunkt der Künstler aller Länder, zu deren Ausbildungsprogramm fast obligatorisch das Studium der alten italien. Meister und der auf italien. Boden stehenden Reste der Antike gehörten. Vermittelnd wirkten vor allem die in Italien ansässigen ausländischen Künstlergruppen, wie z. B. die sogen. →Nazarener. Daneben war das Werk →Canovas richtungweisend für die Plastik des Klassizismus. – **VI)** Die Moderne. An der Kunst des 20. Jhs. nahm und nimmt Italien wiederum regeren Anteil. Bedeutende Bewegungen, wie der →Futurismus mit seinen Hauptmeistern →Bella, →Boccioni und →Severini, die das Bewegungselement in die Malerei zu übertragen suchten, entstanden. Wenig später gründete G. de →Chirico unter Mitwirkung von →Carrà die sogen. →Pittura metafisica, eine mit den Mitteln des →Kubismus und der →Perspektive geschaffene Entsprechung zum →Surrealismus. In den 20er Jahren suchte die Gruppe der Valori Plastici einen neuen realistischen Klassizismus. – Die moderne Architektur Italiens hatte in Sant Elia und mit dessen 1914 veröffentlichtem futuristischen Manifest einen Vorgänger der utopischen Baukunst. – Die neue Betonbauweise vertritt eindrucksvoll P. L. →Nervi, der mit seinen kühnen und zugleich eleganten Konstruktionen eine diesem Material adäquate Formensprache schuf. (Siehe Farbtafel 15, 17, 19, 22, 23, 27, 28, 29 u. Tafel 10, 15, 19, 20, 21, 22, 25, 26).

Lit.: E. Adam, Baukunst des Mittelalters, Ullstein-Kunstgeschichte IX, X, 1963; K. J. Conant, Carolingian and Romanesque architecture, 800–1200, Pelican History of Art, 1959; G. H. Crichton, Romanesque Sculpture in Italy, 1954; J. Pope-Hennessy, Italian Gothic Sculpture, 1955; R. Oertel, Die Frühzeit der italienischen Malerei, 1953; J. Baum, Baukunst und dekorative Plastik der Frührenaissance, 1920; K. Escher, Malerei der Renaissance in Mittel- und Süditalien, Handbuch der Kunstwissenschaft, 1922; W. Paatz, Kunst der Renaissance in Italien, 1953; H. Wölfflin, Die klassische Kunst, eine Einführung in die italien. Renaissance, 1899, 8. Aufl., 1948; C. Ricci, Baukunst und dekorative Skulptur der Barockzeit in Italien, 2. Aufl., 1922; W. Weisbach, Die Kunst des Barocks in Italien, Frankreich, Deutschland und Spanien, Propyläen-Kunstgeschichte, Bd. II, 1924; H. Wölfflin, Renaissance und Barock, 1888, 4. Aufl., 1926.

Itet. Gemahlin des →Snofru-Sohnes Nefermaat, der sich in seinem Grabe bei →Medum der Erfindung des →Pastenmosaiks rühmt. Die Wandmalereien für I. sind vor allem wegen der in ihrer Farbabstufung unübertrefflichen Darstellung von sechs Gänsen berühmt geworden, die beispielhaft sind für die naive Vertrautheit der →ägypt. Kunst mit der einheimischen Tierwelt.

Lit.: W. Wolf, KÄ, 202ff.

Itinerarium. 1) Reisebuch mit Beschreibungen der einzelnen Stationen. **2)** Beweglicher Altar (altare portatile).

Itsch-taui. Name der von →Amenemhet I. bei → Lischt gegründeten Residenzstadt in der Bedeutung „Die das Doppelland erobert hat".

Itten, Johannes, Schweizer Maler. Geb. 1888 in Schwarzenegg/Kt. Bern, gest. 1967. Studium an der Akademie in Stuttgart bei →Hölzel, der die wesentlichsten Impulse für den Werdegang Ittens vermittelte. Nach seinen früheren expressionistischen Bildern fand er um 1915 zu rein geometrischen Bildkonstruktionen. 1919 übernahm er einen Lehrauftrag am →Bauhaus in Weimar. Hier entwickelte er auf der Grundlage der Farblehre →Hölzels eine neue Methode für den Elementarunterricht. 1961 veröffentlichte er sein grundlegendes Werk „Kunst der Farbe".

Lit.: H. Vollmer, Künstlerlex. d. 20. Jhs.

Ivriz. Späthethitisches Felsrelief um 720 v.Chr. bei Konya mit der Darstellung des Königs Warpalawas, eines Gegners →Tiglatpilesers III., vor der mächtigen Gestalt des mit Ähren und Trauben ausgestatteten Vegetationsgottes. Die Fibel am Gewand des Königs ist phrygisch. →Hethitische Kunst.

Lit.: H. Bossert, Altanatolien, Taf. 796; E. Akurgal, KA, 59ff., 81.

Iwan. Der I., auch Liwan, in der islam. Baukunst ist eine aus iranisch-sasanidischer Tradition übernommene, hofseitig offene, gewölbte Halle. Er liegt an der Südfront der Hofanlage, auf die die übrigen Wohnräume münden, axial gegenüber dem Eingang, und ist ein wenig erhöht. Das monumentale Beispiel aus sasanidischer Zeit ist der in Ruinen stehende Taq i Kisra in →Ktesiphon, der Audienzsaal der Großkönige, und kleinere Iwanräume zierten die Privathäuser dieser Stadt. Der Ausstattung des I. wird bereits hier besondere Aufmerksamkeit gewidmet durch Verkleidung der Ziegelwände mit Stuckreliefs, an deren Stelle später Fliesenwerk tritt. – Daß die Schloßanlagen in den abbasidischen Residenzen →Bagdad und →Samarra Iwanräume besaßen, ist belegt, und von dem fatimidischen Palast in Kairo wird es überliefert. Im 11. Jh. wird diese Bauart typisch für die unter den →Seltschuken im Iran und Iraq neu aufkommende →Medrese und wird für den Typ der Hof-Moschee übernommen. Ein großartiges Beispiel bilden die aus dem Ende des 11. Jhs. stammenden Anlagen der Freitags-Moschee in Isfahan. – Im seltschukischen Kleinasien sind die Iwane der Medresen wie in Konya (Sirtscheli-Medrese, 1242) mit reichem glasierten Ziegel- und Fayencemosaik ausgekleidet und dem entweder offenen oder mit einer Kuppel überdeckten und dem Bau einbezogenen Hof zugewandt (Karatai-Medrese und Indje-Minareli). In nachseltschukischer Zeit entstehen monumentale Medresen mit offenem I. im Steinbau (Ende des 13. und im 14. Jh.) in Erzerum, Karaman und Kayseri, zum Teil mit ornamentalem Flächendekor in reicher Steinmetzarbeit geschmückt. Gleichzeitig tritt mit dem Bautyp der Medrese der I. auch in Kairo auf (Sultan-Hasan-Medrese). – In den osmanischen Medresen überwiegt wiederum der Grundriß mit einem I. – Prächtig ausgestaltete Iwanräume zeigen im Iran die Medresen und Moscheen safewidischer Zeit, und ihre Gestalt greift auch auf den Portalbau über. Sie haben stets reiche Ziegel- oder Fayencemosaikausstattung, auch gemalte Fliesen, und ihre Wölbungen sind mit elegantem und großzügigem Stalaktitwerk geschmückt.

Lit.: K. Otto-Dorn, Die Kunst des Islam, 1964; A. U. Pope, A Survey of Persian Art, 1938.

Iwan-i-Kerkha. Ruinenstätte der von →Schapur II nach der Zerstörung von →Susa 25 km stromaufwärts am →Kerkha nach Rechteckplan angelegten Residenzstadt. Der aus Ziegeln und Mörtel errichtete Palast hatte einen quadratischen Kuppelsaal, an den sich beiderseits zwei überwölbte Flügel anschließen, deren Tonnen durch Gurtbögen gegliedert sind. →Sasanidenkunst.

Lit.: R. Ghirshman, Iran II, 180, 384.

Iwanowo bei Russe an der Drau. Hier befindet sich ein Felsenkloster, dessen Kapelle reiche, noch gut erhaltene byzant. Malereien aus mittelbyzant. Zeit aufweist.

Iximché. Hauptstadt des Reiches der Cakchiquel (Hochlandmaya), im Hochland von Guatemala, 1514 durch Feuer zerstört. Ausgrabungen der letzteren Zeit brachten Fresken zum Vorschein, die engsten Kontakt mit mexikanischen Kulturen beweisen.

Ixnard, Michel d'. Franz. Architekt. Geb. 1723 in Nîmes, gest. 1795 in Straßburg. Ursprünglich in der Provinz als Maurer und Steinhauer tätig, konnte er sich erst in fortgeschrittenen Jahren in Paris zum Architekten ausbilden. Entscheidend wurde jedoch ein längerer Aufenthalt in Italien. 1764 trat er in fürstlich hohenzollersche Dienste in Hechingen. Aus diesen Jahren, in denen er in Süddeutschland tätig war, ragen zwei Bauten heraus: der Umbau der Stiftskirche in Buchau (1774/76) zeigt mit seinen frühklassizistischen Formen I.s Fähigkeiten als Innenarchitekt und der Neubau der Klosteranlage St. Blasien mit ihrer, den ganzen Baukomplex beherrschenden Kirche seine raumschöpferische Begabung. Bei diesem Kirchenbau hat I. einen überkuppelten Zentralbau mit einem langgestreckten Chorbau verbunden und damit eines der eigenartigsten und auch bedeutendsten Werke seiner Zeit geschaffen. Wenig Glück hatte I. im Dienste des Kurfürsten von Trier, für den er ab 1777 einen Schloßbau durchführte, 1779 jedoch entlassen und durch Pleyre le Jeune ersetzt wurde.
Lit.: Thieme-Becker.

Izamal. Mayastadt im nördlichen Yukatan mit ähnlich fein gearbeiteten Stukkoarbeiten wie in →Acanceh. Große Pyramidenanlage, die bauliche Ähnlichkeiten mit →Cholula aufweist.

Izapa. Olmekoider Stil im östlichen Chiapas, Mexiko (→Cozumalhuapa). Funde von Steinstelen mit Jaguarmasken als Himmelssymbol und Schlangenmaskendarstellungen. Bemerkenswert eine fast rundplastische Figur in einem Jaguarrachen.

J

Jacquardweberei. Herstellung von gewebten Teppichen und →Bildteppichen auf der von Jacquard um 1805 erfundenen Jacquardmaschine. Die J. ersetzte vielfach die künstlerisch wertvolleren und teureren gewirkten Gobelins.

Jacquemart de Hesdin →Hesdin, Jacquemart de.

Jade. Sammelbezeichnung für die Halbedelsteine Nephrit und Jadeit, seit ältesten Zeiten bis heute in allen Teilen der Welt zu Gebrauchsgegenständen wie für ästhetische und religiöse Zwecke verwendet, vor allem zu Amuletten, Ornamenten, Lippen- und Ohrpflöcken und Kultgerät. Grobbearbeitung erfolgte meist durch Sägen, Feinbearbeitung durch Schleifen. Besonders in Mesoamerika hoch geschätzt und höher als Gold bewertet. Alle Grünschattierungen verwendet, von Blaugrün über Smaragdgrün, Apfelgrün und Erbsgrün – meist Weiß gesprenkelt – bis Grünlichgrau. Am wertvollsten der dem Quetzalgefieder ähnliche smaragdgrüne Stein angesehen. Bearbeitung durch Olmeken eingeführt, in → Cerro de las Mesas Depotfund von 782 Jadefiguren- und -schmuck. Meisterhafte Bearbeitung in Tajín (zahlreiche →Hachas), in Teotihuacan und bei den Maya und Zapoteken. Bemerkenswerte Funde sind die aus 25 J.-Stücken zusammengesetzte Fledermausmaske aus Monte Alban II, die beiden J.-Mosaikmasken aus dem Grab unter dem Tempel der Inschriften von →Palenque (700) und die Fuchsit-Statuette von Tempel A-XVIII von Uaxactun, ein 25,5 cm hohes, über 5 kg schweres Stück mit olmekischen Zügen (→Leidenplatte).
Lit.: S. K. Lothrop, Altamerikanische Kunst (R. Woods Bliss-Coll.), 1956.

Jaeckel, Willy. Deutscher Maler. Geb. 1888 in Breslau, gest. 1944 in Berlin. Nach dem Studium an der Akademie in Dresden siedelte er 1913 nach Berlin über. Dort seit 1919 als Prof. an der Kunsthochschule tätig. In seinen Bildern steht er dem →Expressionismus der → „Brücke" nahe, jedoch mit einem stark dekorativen Zug gepaart. Er schuf hauptsächlich religiöse Bildkompositionen. Daneben schlägt sich das Erlebnis des 1. Weltkrieges in seinen Bildern thematisch nieder. – Außer großen Wandbildern und Ölgemälden schuf er als Radierer und Lithograph mehrere Folgen.
Lit.: H. Vollmer, Künstlerlex. d. 20. Jhs.

Jagddarstellungen. Für die mittelsteinzeitliche → Levantekunst typisch, während sich die →Höhlenmalerei der →Älteren Steinzeit auf die Wiedergabe einzelner Jagdtiere beschränkt.

Jagdkrüge. In Kreußen (Creußen) angefertigte Krüge aus Steinzeug mit Jagddarstellungen. 16. Jh. n. Chr.

Jagdstück. Bezeichnung für die stillebenartige Darstellung der Jagdbeute, Waffen und Jagdhunde. – Auch das Bild einer Jagd kann J. genannt werden. – Zu einer selbständigen Thematik wurde das J. vor allem in der niederl. Malerei des 17. Jhs.

Jagdteppiche. Persische Knüpfteppiche mit Jagdszenen im Mittelfeld. Blütezeit 16. und 17. Jh. Der berühmteste der heute noch erhaltenen, befindet sich in Wien, im Österreichischen Mus. für Angewandte Kunst.

Jahreszeitendarstellungen. Die Vergänglichkeit des Daseins wird in der altchristl. Kunst durch die charakteristischen Blumen und Früchte der einzelnen Jahreszeiten deutlich gemacht. Rosen, Ähren, Weintrauben, Ölfrüchte wechseln miteinander in diesem Falle ab. In Erweiterung dieses Zyklus werden Eroten gezeigt, die etwa die Weintrauben keltern oder die Ölfrüchte abpflücken usw. Man trifft auch Eroten mit Attributen von Tieren an (Hasen, Enten), die die einzelnen Jahreszeiten symbolisieren sollen. – Die Typen und ihre Ikonographie sind von der röm. antiken Kunst abhängig.

Jaina. Begräbnisstätte auf einer kleinen Insel vor der Küste von Campeche, Yukatan, berühmt durch die Funde handgemachter oder gemodelter Tonfiguren. Die kleinen, selten mehr als 20 cm großen Männer- und Frauengestalten geben das Leben der Aristokraten aus der spätklassischen Zeit (700–900) wieder. Ohne den schwer verständlichen Symbolismus zeigen sie Schönheitsideal und Prunkliebe der Maya. Eine ähnliche Höhe und Perfektion erreichte die Herstellung solcher Figuren in Jonuta am unteren Usumacinta.
Lit.: A. Kidder II, The Art of the Ancient Maya, 1959; J. Groth Kimball, Maya Terrakotten, 1960.

Jalisco. Staat in Westmexiko mit Kunststil ähnlich →Nayarit und →Colima, Früh-, Mittel- und Spätepoche unterscheidbar. Die Vollfiguren und hohlen Figuren aus Ton zeichnen sorgfältige Arbeit und Einfachheit der Formen aus. Vor allem gepanzerte Krieger, oft Keulen schwingend, und sitzende Frauen mit ornamentierter Brust, Gefäß oder Kind haltend, charakteristisch.

Jami (auch 'Djami, Çami, Djum'a). Bezeichnet ursprünglich die Hauptmoschee einer Stadt, in der freitags die Kanzelrede gehalten wird. Mit der Zeit wird Jami die Bezeichnung für jede größere →Moschee.

Jamnitzer, Wenzel. Deutscher Goldschmied und Ornamentstecher. Geb. 1508 in Wien, gest. 1585 in Nürnberg, wo er seit 1534 eine gemeinsam mit seinem Bruder Albert J. betriebene Werkstatt unterhielt. – J., dessen eigenhändige Werke kaum noch von denen seines Bruders zu scheiden sind, wurde durch seine virtuos gearbeiteten Goldschmiedewerke zu einem der berühmtesten Renaissancemeister seiner Zunft. Häufig übertrifft die technische Könnerschaft den künstlerischen Einfall seiner Arbeiten. – Das berühmteste Stück dieser Werkstatt ist der nach seinem früheren Besitzer benannte Merkelsche Tafelaufsatz, der um 1549 entstand (Paris, Sammlung Rothschild). In Silber und Email gearbeitet, mit Figuren, Tieren und Ornamenten verschiedener Art geschmückt, erreicht das Prunkstück eine Höhe von ca. 1 m.
Lit.: Thieme-Becker.

Japanische Kunst. I.) Allgemeines. Die J. gliedert

sich in den größeren Bereich der ostasiatischen Kunst ein und brachte es im Vergleich zu China erst relativ spät zu eigenständigen Äußerungen. – Die Anfänge der J. stehen noch ganz unter dem übermächtigen Einfluß der bereits hochentwickelten →chinesischen Kunst. Mit der Einführung des Buddhismus im 6. Jh. n. Chr. finden sich die ersten Zeugnisse der J., die in Abhängigkeit von China der dortigen Kunst nacheifert und ihr bis in das 10. Jh. in einem Abstand von ca. 100 Jahren folgt. – Erst in der Fujiwara-Periode (894–1185) befreit sich die J. von dem mächtigen Einfluß des Nachbarn und findet allmählich zu eigenständigeren künstlerischen Aussagen. Ihre reichsten Früchte brachte sie in der Holzarchitektur, im Kunsthandwerk und vor allem in den graphischen Künsten hervor. In der Architektur bildet Holz das beherrschende Material. Eine hochentwickelte, leichte Gerippearchitektur, die sich an die Typen des ostasiatischen Verandahauses und der Phahlbauweise anschließt und diese zu höchster künstlerischer und technischer Vollendung bringt, entwickelte sich. Geschweifte Dächer mit oft mehrstöckigen Giebeln charakterisieren mit ihrem reichen Schnitzwerk den Stil dieser Bauten. Im Gegensatz zur chinesischen Architektur mit ihrer reichen Polychromie verzichtet die japanische Baukunst weitgehend auf die Bemalung. Die Eigenständigkeit dieser Architektur zeigt sich auch in der organischen und künstlerischen Eingliederung in Gärten oder in die Landschaft. Von besonderer Bedeutung sind die mehrgeschossigen hohen Pagoden, die in den steinernen Tempeltürmen Chinas und Indiens ihr Pendant haben .– Wenngleich auch die Architektur in ihren Anfängen und ihren Grundtypen wesentlich von China beeinflußt ist, so hat die J. doch weit ältere Holzbauten überliefert als China, darüber hinaus die ältesten noch stehenden Holzbauten der Erde (Tempelhof des →Horyuji mit fünfstöckiger Pagode und sogenannter „Goldener Halle" 607 n. Chr. erbaut). – In der Plastik finden sich frühe zum Kultbau gehörende Statuen in Holz und Bronze, die noch ganz von außerjapanischen Einflüssen abhängig sind. Daneben entwickelt sich aber eine eigenständige und innerhalb der ostasiatischen Kunst völlig singuläre Portraitplastik von hohem künstlerischen Rang, ebenfalls religiös gebunden. – Auch in der Figurenmalerei und vor allem im sonst unerreichten Farbholzschnitt geht Japan eigene Wege, ebenso im Kunstbandwerk, wobei die feinen und zu höchster Vollendung gebrachten Lackarbeiten vorrangig zu nennen sind. **II.)** Vorgeschichtliche Periode (bis zur Einführung des Buddhismus im Jahre 552 n.Chr.). Die ältesten Zeugnisse finden sich in Bronzeglocken und Eisenwaffen praehistorischer Art. Auch Reste von Tempelanlagen, die in ihren Typen z.T. in die spätere Architektur eingeschmolzen wurden, sind überliefert (kleine Pfahlhäuser auf quadratischem Grundriß in Schichtwerk errichtet, von einer Veranda umgeben). – **III.)** Frühzeit (6.–9. Jh.n.Chr.). Mit der Einführung der buddhistischen Religion entsteht eine reichere Tempelarchitektur, die aus China entlehnt wurde. Die bildende Kunst, wie sie sich in frühen Beispielen des 7. Jhs. in Werken der Holz- und Bronzeplastik und der Wandmalerei in →Horyuji findet, zeigt deutlich die Züge chinesischer Kunst, doch wurden diese Werke wahrscheinlich von Koreanern, die überhaupt ein wesentliches vermittelndes Bindeglied zwischen China und Japan bezeichnen, ausgeführt. Eine strenge rhythmische Gliederung und ein stilisierter Linienstil zeichnen diese Kunstwerke aus. – Im 8. Jh. läßt sich ein noch intensiveres Eindringen chinesischer Elemente beobachten (vor allem während der Nara-Periode, 646–793 n. Chr.). Besonders Einflüsse der chinesischen Tang-Periode treten deutlich in Erscheinung. – Die Residenzstadt →Nara wird mit großen Tempelanlagen, Palast- und Verwaltungsbauten ausgestattet. Bedeutendster Rest hiervon ist die noch original in einer Höhe von 25 m stehende, 718 n.Chr. als dreigeschossiges Bauwerk mit Galerien und Doppeldach errichtete Pagode des Yakushiji-Tempels, eines der großartigsten Zeugnisse früher japanischer Holzbauarchitektur. – In der Bildkunst dominiert der Tangstil Chinas, wovon die Bronzegruppe des Buddha zwischen zwei Bodhisatvas des Yakushiji-Tempels zu Nara ein grandioses Beispiel überliefert und deutlich die Überwindung früherer archaischer Züge zeigt. – Am Ende des 8. Jhs. und im 9. Jh. treten an Stelle der Bronze- oder Holzkultbilder Statuen aus bemaltem oder mit Trockenlack überzogenem Ton. Bei der Trockenlacktechnik wird der Tonkern lediglich als Form benutzt, die nach Vollendung des Stückes ausgeschlagen wird, so daß eine sehr dünne Hohlform übrigbleibt. – In dieser Zeit finden sich auch erstmals die für die eigenständige japanische Plastik so charakteristischen realistischen Züge, wie sie in einigen Mönchportraits vom Ende der Nara-Zeit anklingen. – 794 wird Heian an Stelle von Nara zur Hauptstadt erhoben. Gleichzeitig folgt unter dem Einfluß eines neuen Nationalbewußtseins eine Abkehr von der kulturellen Abhängigkeit von China. – **IV.)** Mittelalter (890–1333 n. Chr.). Der erste Abschnitt dieser Epoche steht ganz unter dem Einfluß der Fujiwara-Herrscher (890–1160), die den Kontakt mit China völlig abbrachen und damit den Weg für die Eigenentwicklung der J. ebneten. Neben der immer stärkeren Ausbildung realistischer Elemente ist ein verfeinerter höfischer Stil charakteristisch. Dies zeigt sich sowohl in den zierlichen Holzarchitekturen mit ihren reichen Innenausstattungen als auch in der gemilderten Form der ehemals strengen Kultbilder, als auch in der nun erstmals neben der religiösen Malerei sich entwickelnden profanen Bildkunst. Die Bilder – in chinesischer Technik mit Wasserfarben gemalt – werden in der äußeren Form des →Kakemono hergestellt. – Eines der schönsten Beispiele dieser Verfeinerung ist in der 1053 in Uji bei Kyoto erbauten Anlage, in der die Typen der Sommerresidenz und des Tempels in raffinierter Weise vermischt werden, überliefert. – Nach dem Sturz der Fujiwara-Dyn. und der Machtübernahme durch eine Kriegerkaste wird 1192 die Residenz nach Kamakuru verlegt. Auf die höfische Kunst der Fujiwara-Periode folgt nun ein herberer, volkstümlicherer Stil, wie er vor allem in der robusteren und schwereren Architektur, die wieder an Elemente der Nara-Zeit anschließt, seinen Niederschlag gefunden hat. – Gleichzeitig werden durch die Einführung des Zen-Buddhismus neue Tempelanlagen errichtet, die mit zwei rechtwinkelig sich kreuzenden Achsen, der kargen Ausstattung und mit massigen, sehr steilen Dächern einen neuen Architekturtyp repräsentieren. – Die Plastik erreicht nun sowohl im Kultbild als auch in der Portraitbildnerei einen neuen Höhepunkt. Erstmals werden nun auch Künstler in dichter Überlieferung namentlich genannt. Kokei, sein Sohn → Unkei und seine Enkel →Jokei, Koben und →Tankei bilden eine Künstlerfamilie, der einige hervorragende Portraits in Holz zu verdanken sind. Impressionistische Schilderung verbindet sich mit einem bisweilen rücksichtslosen Realismus von größter Intensität des Ausdrucks. – Die profane Malerei schließt eng an die der Fujiwara-Periode an. Neben Illustrationen zur zeitgenössischen Literatur verschiedenster Inhalte entwickelt sich eine reiche Portraitmalerei. In epischer Folge stehen die Szenen der Erzählung in einer Art Vogelperspektive in langer Reihung auf der nun aufkommenden Horizontalrolle. Dekorative Stilisierung verbindet sich mit realistischen Elementen zu klarem Bildaufbau. Das variable Silhouetten- und Liniengefüge wird durch kräftige Farbgebung, die mit Gold und Silber durchsetzt wird, zu einem höchst raffinierten Stil vereinigt. In der stilisierten Zeichnung, die fast an karikierende Vereinfachung reicht, liegt die Möglichkeit zu scharfer Charakterisierung der Gestalten. Die bedeutendsten Meister

Farbtafel 15: *Piero della Francesca, Bildnis des Herzogs von Urbino, Federigo da Montefeltro; Florenz, Uffizien.*

sind →Takayoshi Tosa in der erzählenden Malerei und →Nobuzane als Portraitist. – Im Kunsthandwerk erreicht die mittelalterliche Lackarbeit eine erste große Blüte, während gegen Ende dieser Epoche unter dem Einfluß Chinas und Koreas als neuer Produktionszweig keramische Werkstätten entstehen, die in erster Linie Teeservice in Steingut und Ton herstellen. – **V.)** Neuzeit (seit 1334). Unter der Ashikaga-Dyn. (1334–1573) erlebt die J. Wandlungen, die über die Regierungszeit dieser Herrscher hinaus die Kunstentwicklung maßgeblich bestimmen sollten. Wesentlicher Ausgangspunkt dieser Veränderungen ist der nun in zunehmendem Maße das religiöse Leben und die davon abhängige Kunst bestimmende Zen-Buddhismus. Gleichzeitig schließt sich Japans Kultur wieder enger an die chinesischen Entwicklungen an. Die naturphilosophischen und pantheistischen Gedanken der Zen-Sekte brachten einen Verfall der komplizierten Tempelbauweise und der buddhistischen Plastik mit sich. An Stelle der alten Tempeltypen entstehen nun einfachere Pavillons, die der Meditation und dem Studium dienten, wie sie in den im 14. und 15. Jh. entstandenen Bauten in Kyoto (Goldener Pavillon, 1950 abgebrannt, Silberner Pavillon) ihren Prototyp fanden. Die Bauten werden nun noch betonter in Gartenlandschaften eingegliedert, wie überhaupt die Gartenarchitektur einen großen Aufschwung erlebt. Mit der neuen Religion kommt dem Teezeremoniell eine große Bedeutung zu, die sich in den ebenfalls in Gärten erbauten Teehäusern architektonisch niederschlug. Hier

Hokusai, Die Menschenfresserin, Holzschnitt.

wurde auch das in Japan heute noch geübte kunstvolle Blumenarrangement als Ausdruck ästhetisierender Lebensform ein verbreiteter Brauch. – In der bildenden Kunst wird die Malerei zum Träger der religiösen Ideen. Eine großartige Landschaftsmalerei, zu der die chinesische monochrome Tuschetechnik der Sung-Zeit die wichtigste Anregung brachte und Voraussetzung schuf, wird zum vornehmsten Ausdrucksmittel der neuen Lebensanschauung. Der Zenpriester und Maler →Josetsu soll diese Kunst von China nach Japan übertragen haben. Aus der von ihm gegründeten Schule gingen die bedeutendsten japanischen Landschaftsmaler hervor, zu denen →Shubun, →Noami, →Soami, →Sessuh u. a. gehören. →Kano Motonobu, auf den die Kanoschule zurückgeht, vereinigte die anfangs noch dominierenden chinesischen Anregungen mit japanischer Formensprache. Der monochrome Tuschestil wird durch Farben, Gold und Silber in dekorativer Weise bereichert. Das hochformatige Bildband (Kakemono) wird nun wieder üblich. – Ein reiches Betätigungsfeld fand die Kanoschule in der Ausstattung von Tempeln und Palästen des späten 16. und frühen 17. Jhs. – Die prunkvolle Gestaltung dieser Bauten brachte gleichzeitig eine hervorragende Holzschnittkunst mit sich, die vor allem reich variierende Ornamentdekorationen hervorbrachte. – Auch das Kunstgewerbe entwickelt sich zu weiterer Blüte, vor allem erreichten in der Ashikaga-Zeit die Goldlackarbeiten eine höchste Vollendung. Unter dem Einfluß Chinas finden sich jetzt erste Porzellanerzeugnisse, neben denen keramische Arbeiten für das Teezeremoniell weiterhin entstehen. – Während der Yedo-Periode (1615 bis 1866) wird die neue Residenz Yedo (heutiges Tokio) Zentrum des künstlerischen und kulturellen Lebens, das sich nun in reichster Vielfalt und in mehreren Strömungen auf breitester gesellschaftlicher Basis entwickelte. Neben den alten Malerschulen entsteht eine neue auf dekorative Wirkungen hin ausgerichtete Malerei, deren Hauptvertreter, →Koetsu und →Korin, prunkvolle Kompositionen in leuchtenden Farben schufen. Bäume, Wasserflächen und vor allem Blumen werden in barocker Silhouette gegeben. – Im 18. Jh. entwickelte sich ein ausgeprägter Realismus, der sich vor allem in Tier- und Figurenbildern zeigt. →Okyo ist einer der Hauptmeister dieser Richtung. Gleichzeitig wird das Genre als neuer Themenkreis erschlossen. Hieraus entwickelte sich der Farbholzschnitt als eigenständige künstlerische Aussage, wie sie im 17. Jh. durch →Moronobu vorbereitet wurde. Zwar war der Holzschnitt sowohl in China als auch in Japan bereits im 9. und 10. Jh. n. Chr. bekannt, jedoch beschränkte er sich auf Buchillustrationen. Erst nachdem um 1740 der Zweifarbendruck und um 1760 der Mehrfarbendruck gefunden war, wird diese Technik in den Dienst der eigenständigen künstlerischen Aussage gestellt. Der erste und zugleich einer der bedeutendsten Meister des Farbholzschnitts ist →Harunobu (2. Hälfte 18. Jh.). Das Leben am Theater, Darstellungen der Geishas u. a. gehören zu den beliebtesten Themen. Auch die Portraitkunst findet nun im Holzschnitt ihren Niederschlag. Vor allem →Sharaku leistete hierbei mit seinem bis an die Grenzen der Karikatur getriebenen Realismus Hervorragendes. Zu den in Europa bekanntesten, vor allem im 19. Jh. die franz. Impressionisten anregenden Meistern gehören →Hokusai als Portraitist und →Hiroshige als lyrischer Schilderer der Landschaft. – Ein wesentliches Element japanischer Holzschnittkunst zeigt sich in der graziösen, flüssigen Linienführung, der Betonung kalligraphischer Werte und der Verbindung von dekorativer Stilisierung und realistischer Schilderung eines momentanen Vorgangs. Hinzu kommt, daß das höchst kunstvolle Zusammenklingen der verschiedenen Farbflächen durch Gold- und Silberauflagen oder auch durch Blinddruck, der eine reliefartige Wirkung ermöglicht, bereichert wird. – Im 18. und noch in der 1. Hälfte des 19. Jhs. brachte es Japan auch im Kunstgewerbe nochmals zu Erzeugnissen von hoher Qualität. Vor allem Porzellan- und Fayencearbeiten (→Imariporzellan), daneben aber auch Lackarbeiten (→Inro) erreichen nun eine letzte Vollendung.

Lit.: O. Kümmel, Die Kunst Chinas und Japans, 1929; J. Kurth, Geschichte des japanischen Farbenholzschnitts, 3 Bde., 1925–29; T. Yoshida, Japanische Architektur, 1952; A. Drexier, The architecture of Japan, 1955; G. Glaser, Ostasiatische Plastik, 1925; S. Noma, Japanese sculpture, 1939.

Japanpapier. Weiches Papier mit seidigem Glanz,

Farbtafel 16: *Mathias Grünewald, Die Heiligen Erasmus und Mauritius; München, Alte Pinakothek.*

das aus Bastfasern japanischer Pflanzen, besonders des Maulbeerbaumes geschöpft wird. Es wird vor allem für Kunstdrucke verwendet, seitdem es im 17. Jh. in den Niederlanden aufkam.

Jarhai. Vornehmer Kaufmann von →Palmyra, dessen unterirdisches Grabgewölbe mit den Büsten der Verstorbenen (108 n. Chr.) beispielhaft ist für Baukunst und Plastik der Oasenstadt.
Lit.: R. Ghirshman, Iran II, 77.

Jarimlim. König von →Aleppo, der zeitweise in → Alalach residierte und mit einem großen Palast ausstattete (18. Jh. v. Chr.). Ihm ist wahrscheinlich die eindrucksvolle Kopfplastik aus Diorit, gefunden in der gleichzeitigen Tempelschicht der Residenz, zuzuweisen, ein Meisterwerk in der Tradition der neusumerischen Kunst.
Lit.: H. Schmökel, GAV, 219.

Jasmach-Adad. Sohn →Schamschiadads I., vom Vater nach Vertreibung →Zimrilims als Palastherr in → Mari eingesetzt.
Lit.: H. Schmökel, GAV, 87 ff.

Jasperware. Engl. Steingut. 1775–80 wurde es von →Wedgwood hergestellt. Dabei handelt es sich in erster Linie um durch Metalloxyde gefärbte Steingutreliefs, Medaillons und weiße reliefverzierte Prunkvasen.

Jaspis. Rötlicher, gelber oder brauner undurchsichtiger Quarzstein, der für kunstgewerbliche Gegenstände und Gemmen verwendet wurde.

Java. Die kleinste der Großen Sunda-Inseln →Indonesiens, kulturgeschichtlich jedoch die bedeutendste. – Aus vorgeschichtlicher Zeit stammen Megalithbauten (→Megalithen), etwa die Terrassen von Artja Damas mit

Kollossalstatue einer Kwannon (Gottheit der Gnade), bei Tokio; Höhe: ca. 55 m.

Ahnengräbern, →Menhir-artigen Steinpfeilern und steingehauenen Wasserbecken. Die im Innern von J. lebenden, nicht zum Islam bekehrten Baduwi feiern ihr alljährliches Totenfest inmitten alter Steinkreise und Einfassungen aus Steinplatten. Ähnliche Anlagen findet man auch im ostjavanischen Vulkangebiet. – Die erste indische Kolonisation fand um 100 n. Chr. statt, doch erst um 600 treten die ältesten nachweisbaren Spuren der indojavanischen Machtkonzentration in Mittel-J. deutlich zutage. In diesem Gebiet setzt im 7. Jh. der Steinbau im indischen Stil ein; zum schivaitischen Hinduismus bekennt sich das Reich des Königs Sandjaya (um 730); bald tritt auch der Mahayana-Buddhismus in den Vordergrund, dem großartige Bauwerke wie der →Borobudur ihre Existenz verdanken (Shailendra-Reich). – In der Zeit der Madjapahit-Dyn. (1294–1520) verlagert sich der kulturelle Schwerpunkt von Mittel- nach Ost-J. Hier steht eine Kombination von Stein- und Ziegelbau im Vordergrund, gegenüber der vom Stein beherrschten mitteljavanischen Baukunst; ein bedeutendes ostjavanisches Baudenkmal ist etwa Tjandi →Panataran. Auch buddhistische Bauten aus dieser Epoche sind nachzuweisen, etwa Tjandi Sangghalan (heute stark zerstört). – Um 1520 setzt die Islamisierung der indojavanischen Kulturperiode ein Ende; die alten Tempel verfallen, und an ihre Stelle treten nun Moscheen wie die von Sendang-duwur oder die Kudus-Moschee (16. Jh.), deren Eingang in traditionellem Stil ein →Tjandi bentar bildet. Auch in neuerer Zeit ist J. ein Zentrum des indonesischen Kunstgewerbes, etwa der →Batik-Färbekunst, der Kunstschmiedetechnik (→Kris), deren Produkte bei europäischen Sammlern hoch geschätzt werden. Auch das →Wayang-Theater erlebte in J. seine Hochblüte.
Lit.: F. A. Wagner, Indonesien, 1959.

Jawlensky, Alexej von. Russischer Maler. Geb. 1864 in Souslowo/Twer, gest. 1941 in Wiesbaden. Nach anfänglicher Offizierslaufbahn begann er 1889 mit dem Studium der Malerei an der Akademie in St. Petersburg (Leningrad). Siedelte 1896 nach München über, wo er → Kandinsky kennenlernte. 1909 gründete er gemeinsam mit →Kanoldt, →Kandinsky, →Kubin, →Münter u.a. die „Neue Münchner Künstlervereinigung". Dem → „Blauen Reiter" stand er nahe, ohne mit dieser Gruppe auszustellen. 1921 ließ er sich in Wiesbaden nieder und gründete gemeinsam mit Kandinsky, →Klee, →Feininger 1924 die Gruppe „Die Blauen Vier". – In seinem Frühwerk ist er deutlich von van →Gogh und →Matisse beeinflußt. Von hier aus entwickelt er um 1911 seine einfachen monumentalen Formen, gepaart mit einem freien und kräftigen Farbauftrag. Während des Krieges wandelt sich seine Kunst. Malte er früher Portraits, Landschaften und Stilleben, so konzentrierte er sich ab 1917 fast ausschließlich auf die Darstellung des menschlichen Gesichtes, das er in eine überindividuelle abstrakte Form verwandelte.
Lit.: H. Vollmer, Künstlerlex. d. 20. Jhs.

Jazygen. Volksstamm der →Sarmaten, der am weitesten in den Donauraum vordrang.

Jean de Bruges →Bandol, Jean.

Jefferson, Thomas. Amerikanischer Staatsmann, Wissenschaftler und Architekt. Geb. 1743 in Shadwell (Virginia), gest. 1826 in Monticello. Er entstammte einer der vornehmsten Kolonistenfamilien Amerikas. Studierte Sprachen, Naturwissenschaften und Musik und war stets im öffentlichen Leben tätig: Abgeordneter und später Gouverneur in Virginia; 1784–89 Gesandter in Frankreich, Staatssekretär, Vizepräsident und endlich 1801–09 der 3. Präsident der Union. Nach 1817 war er Präsident der von ihm gegründeten Universität von Virginia in Charlottesville. – Sein Bemühen um die Baukunst entsprang dem Bestreben, die Kultur seines Volkes zu heben. Die Grundlagen hierzu erlernte er in Frankreich und auf Reisen nach England, Italien und den Rheinlanden. Auf seine Tätigkeit ist der Klassizismus der Neu-England-Staaten der USA zurückzuführen, wie auch die Verwendung der Tempelform und der Rundform der Villa Rotonda von →Palladio für öffentliche Gebäude. Ausgeführte Werke: Kapitol von Virginia in Richmond nach der →Maison Carrée in Nîmes (1785), Teile des „Weißen Hauses" in Washington, Stadtanlage und Baugesetzgebung dieser Hauptstadt und die Universität von Virginia (mit Latrobe).
Lit.: F. Kimbell, Th. J., Architect, 1916.

Jelling in Jütland (Dänemark). Bekannt durch riesige Grabhügel und einen →Runenstein aus der Zeit zwischen 965 und 985 n. Chr. mit einer Inschrift König Harald Blauzahns und der Darstellung eines Christus sowie eines Raubtieres, das von einer Schlange umschlungen wird.

Jellingstil. Stilphase der Wikingerzeit im 10. und

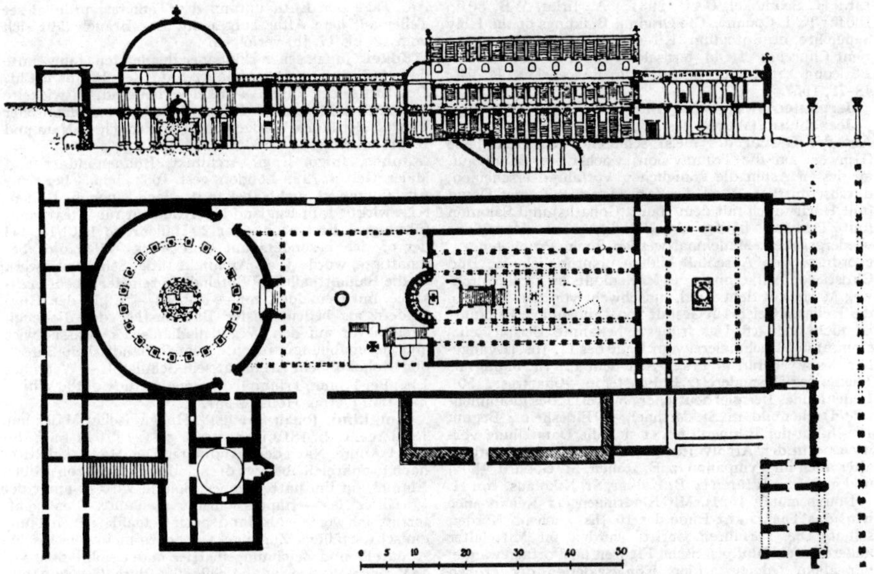

Jerusalem, Grabeskirche, Grundriß.

11. Jh. n. Chr. Wichtiges Motiv ist die Darstellung des Kampfes zwischen einem Löwen und einer Schlange, das als altorientalisch gelten kann (→Jelling).

Jenny, Heinrich. Schweizer Historien- und Portraitmaler. Geb. 1824 in Langenbruck, gest. 1891 in Solothurn. Begann als Musterzeichner in einer Seidenfabrik. Seit 1843 reiste er als Wanderportraitist durch die Schweiz und Süddeutschland; später findet man ihn in Berlin, Leipzig und Hamburg. Im Krieg von 1866 betätigte er sich als Schlachtenmaler, wobei er Portraits der dort anwesenden Hohenzollernfürsten, Moltkes und Bismarcks schuf. 1878 ließ er sich in Solothurn nieder, wo er öffentliche Aufträge ausführte: Aufnahme Freiburgs und Solothurns in den Eidgenössischen Bund (1881, Rathaus in Solothurn).
Lit.: Thieme-Becker.

Jericho. Befestigte Stadt am rechten Jordanufer. Die Besiedlung der Oase J. reicht in das keramiklose Neolithikum des 7./6. Jahrtausends v.Chr. zurück. Im 5./4. Jahrtausend bereits mächtige Umfassungsmauer mit Türmen, so daß man J. als die älteste Stadt der Welt bezeichnet hat. Megaronartige Tempelanlage mit Kultstatuen. Unter den Hausböden Bestattung von Köpfen, die nach Entfernung der Fleischteile mit Alabastergips portraitähnlich modelliert und mit Muschelaugen versehen worden sind. Zerstörung durch Erdbeben im 14. Jh. v. Chr. wie → Troja VI.
Lit.: H. Schmökel, GAV, 332; A. Jirku, WB, 11ff.

Jerichow. Prämonstratenserkirche, begonnen kurz nach 1144. Dreischiffige Säulenbasilika mit Querhaus; ursprünglich nur Chorquadrat und Apsis, dann um Nebenchöre erweitert. Flachdecke. Westjoch und Zweiturmfassade 1220–50. Fenster der Seitenschiffe gegen 1500 vergrößert. Wichtig als frühes erhaltenes Denkmal reinen Backsteinbaus in Norddeutschland, der, von den Zisterziensern fortgeführt, die Voraussetzungen für die → Backsteingotik schafft.
Lit.: I. Le Mang, Die Entwicklung des Backsteinbaus im Mittelalter in Nordostdeutschland, 1931; E. Adam, Baukunst des Mittelalters, UKG X, 1963.

Jerusalem. Befestigte Stadt der →Kanaanäer, um 1000 v.Chr. von David für Juda gewonnen. Palastresidenz und Jahwe-Tempel unter →Salomon. Plünderung durch den Pharao →Scheschonk unter Salomons Sohn Rehabeam (933–917 v.Chr.). Zerstörung von Stadt und Tempel durch →Nebukadnezar II. von →Babylon. Wiederaufbau nach dem Edikt →Kyros' II. (538 v.Chr.). Tempelplünderung durch den →Seleukiden Antiochos IV. Epiphanes (175–164), Prachtbauten unter Herodes d. Gr. (37–4 v.Chr.). Zerstörung des Tempels durch Titus 70 n.Chr., dessen Beute auf den Reichtum des Heiligtums weist. – Seit der Auffindung des →Heiligen Grabes und des Kreuzes durch Helena, der Mutter Konstantins d. Gr. (326 n.Chr.), wendet sich die großartige Bautätigkeit des Kaisers vor allem J. zu. Als einer der glänzendsten Memorialbauten kann die Grabeskirche mit ihrem gesamten Komplex angesehen werden, die nach 326 begonnen und 335 eingeweiht wurde. An die sogen. Anastasisrotunde (→Heiliges Grab) schließt sich im Osten, durch einen Hof getrennt, eine fünfschiffige Basilika mit Emporen an, einer reich vergoldeten Kassettendecke und bleibedecktem Dach, der ein von Hallen umgebenes Atrium und ein Portalbau vorgelagert sind. Die Apsis ist im Unterschied zu den großen konstantinischen Bauten in Rom ohne Querschiff. Die Kirche ist westlich orientiert. – Auf dem Ölberg entstanden nach 326/27 die Elona-Kirche, ferner das →Martyrion des hl. Johannes Prodomos, dann die Gethsemane-Kirche, deren Fußbodenmosaik 1958 wiederentdeckt wurde, ferner die Himmelfahrtskirche(oktogonaler Kuppelbau mit Impluvium). – Auf einem westlichen Hügel, dem neuen Zion, wurde die sogen. „große", den Aposteln geweihte Kirche gebaut (erste Hälfte des 4. Jhs.). Wegen ihrer Bedeutung „mater omnium ecclesiarum" genannt. Im 5. Jh. war die Kaiserin Eudokia in Palästina am Kirchenbau sehr interessiert. Es entstand die Basilika S. Mariae probaticae. Justinian hat die Bauten wieder im wesentlichen instandgesetzt und nur eine der Theotokos geweihte Kirche in J. ist sein Werk. 614 erfolgt Brandschatzung durch die Perser. – Ölbergkatakombe, im nördlichen Teil des Ölbergs gelegen. Wahrscheinlich aus nachkonstantinischer Zeit. Zahlreiche Kammern, die an einen Korridor anstoßen. Etwa 60 Gräber. Jüdische und christliche sind in dieser Katakombe vereint. Zum Teil eigenartige Grabformen (Schiebegräber neben Senkgräbern und sogen. Teichgräbern).

Lit.: H. Schmökel, GAU, 293ff.; A. Jirku, WB, 80ff., 120ff.; K. I. Conant, The Original Buildings of the Holy Sepulchre, in: Speculum 31, 1–48, 1956; E. A. Moore, Ancient Churches of Old Jerusalem, 1961; L. H. Vincent, L'Eléona sanctuaire primitif de l'Ascension R. Bi., 48–71, 1957.

Jerusalemsweg →Labyrinth.

Jessebaum (Wurzel Jesse). Der Stammbaum Christi. Aus der Gestalt des meist schlafend gezeigten Jesse (Hinweis auf die Traumvision) wächst ein Baum auf, an dessen Ästen die königlichen Vorfahren erscheinen, durchschnittlich 12 an der Zahl, darunter immer David (mit Harfe, auch mit dem Haupt Goliaths) und Salomon (mit Turban), häufig als Halbfiguren in Medaillons wiedergegeben. Manchmal werden ihnen Propheten zugeordnet. Den Abschluß bildete ursprünglich das Bild Christi, seit Aufkommen des Marienkults im 13. Jh. durchweg Maria mit dem Kind, umschwebt von den 7 Gaben des Heiligen Geistes in Gestalt von Tauben. Die Herkunft ist nicht geklärt. Das früheste bekannte Beispiel entstammt der Buchmalerei vom Ende des 11. Jhs. (Evangeliar des Vyšherad in Prag). Seit dem 12. Jh. häufig als Thema der Glasmalerei (z. B. Fenster in →Chartres, 1150). Bedeutendes Beispiel deutscher Malerei ist das monumentale Deckenbild in St. Michael, →Hildesheim, Beginn 13. Jh. In der Bildnerei findet sich die Darstellung vorwiegend in den Archivolten got. Portale, im Spätmittelalter auch im Tympanon (z. B. Rouen, St. Godard, 1506) und in Schnitzaltären (z. B. Kalkar, St. Nikolaus, von H. →Douvermann, 1521). Mit Eindringen der Renaissance wird das Thema seit Ende des 16. Jhs. auch im Norden selten. Die Vorfahren Christi wurden im Mittelalter außerdem als rundplastische Figuren im Portalgewände, vor allem jedoch in den Königsgalerien der großen franz. Kathedralen dargestellt.
Lit.: A. Watson, The early Iconography of the Tree of Jesse, 1934; L. Réau, Iconographie de l'art chrétien, 1955–59.

Jesuitenstil. Bezeichnung für den ibero-amerikanischen Barock der Kirchenbauten, die häufig durch die Jesuiten gefördert wurden. Es handelt sich meist um phantasiearme, etwas trockene Architekturen.

Jhangar. Ruinenhügel in West-Pakistan, frühgeschichtliche Nachfolgekultur der vorgeschichtlichen → Industal-Kultur.

Joch. Der zwischen zwei Hauptstützpunkten einer Baukonstruktion befindliche Abschnitt, etwa Gewölbejoch, Brückenjoch u. ä. Im Kirchenbau, besonders bei den aus einer Folge von Jochen bestehenden Bauten mit →Kreuzgewölbe oder →Tonnengewölbe zwischen Gurten, wird der Begriff sowohl auf die Gewölbeabschnitte wie auf die diesen entsprechenden Raumkompartimente bezogen. Im Franz. travée genannt. Als Rhythmische Travée bezeichnet man einen in der Arkadenzone durch →Stützenwechsel rhythmisierten Raumabschnitt.

Jocho. Japanischer Bildhauer, tätig in der ersten Hälfte des 11. Jhs. n. Chr. (gest. 1057). Er schuf hauptsächlich Buddhaplastiken in Holz. Von den zahlreich ihm zugeschriebenen Werken lassen sich nur wenige seiner Hand mit Sicherheit zuordnen. In seinem verfeinerten Stil, der durch elegante Linienführung und harmonische Kompositionen charakterisiert ist und durch den er die japanische Holzplastik zu einem ihrer bedeutendsten Höhepunkte führte, zeigt er sich als hervorragender Künstler der Fujiwara-Periode der →japanischen Kunst.

Jochweite. Bezeichnung für den Achsenabstand zweier Säulen, wobei dem →Interkolumnium zwei halbe Säulendurchmesser zugerechnet werden.

Johannes Damascenus. (Gest. vor 754 n. Chr.). Führer der bilderfreundlichen Partei im →Bilderstreit und damit wichtigster Gegner des byzant. Kaisers. Dieser konnte ihn nicht vernichten, da er in einem Kloster in Jerusalem lebte, wo die Araber herrschten. In einer Anzahl von Schriften suchte er wissenschaftlich darzulegen, warum die Verehrung der Ikonen erlaubt sei, ja, gefordert werden müsse.

Johannesschüssel. In verschiedenen Materialien (Holz, Stein, Metall) gefertigter Teller, der in erhabenem Relief gearbeitet das Haupt Johannes des Täufers zeigt. Am Tage der Enthauptung des Täufers wurde dieser Teller auf dem Altar aufgestellt. Der Brauch läßt sich vom 13. bis 17. Jh. verfolgen.

Jokei. Japanischer Bildhauer der letzten Jahrzehnte des 12. Jhs. und ersten Jahrzehnte des 13. Jhs. n. Chr. Den Stil seines Vaters →Unkei verfeinernd, entwickelte er eine realistische Formensprache buddhistischer Plastik. Berühmte Werke seiner Hand sind in →Nara und Kyoto erhalten.

Jones, Inigo. Engl. Architekt, Bühnenbildner und Maler. Geb. 1573 in London, gest. 1652 ebda. Über seine Ausbildung ist nichts bekannt. Nach einer 1. Italienreise wirkte J. in England als Arrangeur für Theateraufführungen. Erst nach einer 2. Italienreise 1613/14, bei der er sich besonders mit dem Werk →Palladios beschäftigte, wurde J. als Architekt tätig. Sein Hauptwerk ist die Banketthalle in Whitehall, in reinster Hochrenaissance, mit Gemälden von →Rubens. – J. gilt den Engländern als bedeutendster Baukünstler, der die engl. Architektur auf den Weg palladianischer Klassik wies und sie unabhängig machte vom festländischen Barock und Rokoko. Sein Erbe trat sein Schüler J. →Webb an.
Lit.: Per Palme, Triumph of peace, A study of the Whitehall Banqueting House, 1957.

Jongkind, Johan Barthold. Holländischer Maler und Radierer. Geb. 1819 in Lattrop, gest. 1891 in La Côte-Saint-André. Nach dem Studium in Den Haag siedelte er nach Frankreich über, wo die Schule von Barbizon großen Einfluß auf ihn hatte. Neben Boudin wird er einer der Vorläufer des →Impressionismus genannt. Dies rechtfertigt sich weniger an Hand seiner Gemälde, denen häufig ein schwerfälliger Zug eignet, sondern mehr durch seine Aquarelle und Zeichnungen. Hier findet sich längst vor →Monet und →Sisley die helle, lichtdurchlässige Atmosphäre und der weitgedehnte Horizont, jedoch ohne den doktrinären Anspruch der Impressionisten.
Lit.: M. Raynal, De Goya à Gauguin, 1951.

Joos van Gent, richtiger Joos van Wassenhove, auch Justus van Gent genannt. Fläm. Maler. In Gent urkundlich erwähnt 1460–69. Spätestens 1472–75 im Dienst des Herzogs F. Montefeltre von Urbino. J. verbindet Rogier v. d. →Weydens rhythmische Flächenkomposition mit Dirk →Bouts freier Entfaltung des Tiefenraums. Kennzeichnend sind Monumentalität des Bildaufbaus und graziöse Beweglichkeit der Figuren. Geringes Interesse am malerischen Detail. Einzig sicheres Werk: „Einsetzung des Abendmahls" (1473/74; Urbino, Pal. Ducale). Zugeschrieben „Anbetung der Könige" (Frühwerk; New York, Metropolitan Mus.). Umstritten die Bildnisse für das Studiolo des Herzogs (heute teils Urbino, Pal. Ducale; teils Paris, Louvre).
Lit.: J. Lavalleye, Juste de Gand, Peintre de Frédéric de Montefeltre, 1936; J. Lavalleye, Le Palais Ducal d'Urbin, Corpus: Les Primitifs Flamands . . ., I, 7, 1964; E. Panofsky, Early Netherlandish Painting, 1953.

Jordaens, Jacob. Flämischer Maler in Antwerpen. Geb. 1593, gest. 1678. Seine Ausbildung empfing J. in Antwerpen, wo er auch stark von →Rubens beeinflußt wurde. – Neben diesem und van →Dyck ist J. der dritte große Maler der südlichen Niederlande. Seine Malerei ist im besten Sinne volkstümlich, in ihrer Grundeinstellung dem derben Charakter des flämischen Menschenschlages gemäß. Anlehnungen an Rubens finden sich häufig; besonders in seinen großen Altarbildern. Eine eigene Sprache fand J. in seinen zahlreichen Sittenbildern (Fest des Bohnenkönigs, Brüssel, Königl. Mus.), Sprichwortbildern und den mythologischen Werken, die oft ins Genrehafte hinüberwirken (Triumph des Bacchus, Kassel, Staatsgal.). – J. unterhielt in Antwerpen ein großes Atelier mit mehreren Meisterschülern, die Teile seiner Aufträge ausführten, und selber arbeitete er zusammen mit zeitgenössischen Künstlern wie F. → Snyders. – Seine künstlerische Entwicklung führte ihn von Einflüssen →Caravaggios mit harten Schlaglichtern zu einer Malerei, die das Licht in feinen Abwandlungen über die Körper breitet.
Lit.: Max Rooses, J.s Leben und Werke, 1908.

Jordansmühl (Schlesien). Hier wurde ein 37 cm langer Widder aus Ton gefunden. Durch Schnurverzierung werden die Rippen der Hörner und die wollige Behaarung betont. Die in Mitteleuropa einmalige Plastik gehört an das Ende der →Jüngeren Steinzeit.

Jorghan Tepe. Ruinenstätte des alten →Nuzi.

Jorn, Asger. Dänischer Maler. Geb. 1914 in Vejrum (Dänemark). Nach Studien bei →Léger und →Le Corbusier in Paris (1936/37) setzte er sein Studium in Kopenhagen fort. Reisen brachten ihn nach Deutschland, Holland und Nord-Afrika. – Neben K. →Appel zählte er zu den wichtigsten Malern der Künstlergruppe →„Cobra". – Die wichtigsten Impulse vermittelten ihm die Werke P. →Klees und der sogen. primitiven Kulturen, durch die er zu einem abstrakten, kraftvollen Stil fand, der bisweilen durch figürliche Elemente bereichert wird. Auf diese Weise kam er zu surrealistisch anmutenden Ausdrucksformen.
Lit.: C. Dotremont, A. J., 1950; Ausstellungs-Katalog, A. J., Institute of Contemporary Arts, London, 1958.

Josetsu. Angeblich aus China stammender japanischer Maler. Geb. um 1370, gest. um 1450. Nach der Überlieferung geht auf ihn die Einführung der chinesischen Tuschemalerei in die japanische Kunst zurück. Er lehnte sich hierbei an den chinesischen Sung-Stil an und fand durch seinen Schüler →Shubun eine weite Verbreitung seines Stils.

J. Jordaens, „Der gefesselte Prometheus", um 1640–45 (Köln, Wallraf-Richartz-Mus.).

Josuarolle (Rom, Vatikan). Einzige erhaltene Handschrift in Rollenform, Vatikan (V. Palat. Graec. 431). Farbige Zeichnungen schieben sich in den Text, die die Siegestaten des Helden Josua in kontinuierlicher Form schildern, ähnlich wie die Taten Trajans auf der Trajanssäule in Rom. J. wird im allgemeinen als Kopie einer Handschrift des 4. oder 5. Jhs. n. Chr. angesehen, da das Lebendige, Anschauliche, die Art der Bewegung der Figuren, die Tiefenwirkung des Raumes, die Landschaftsbilder und die Personifikationen die Spätantike und die altchristl. Kunst in ihren Anfängen vorauszusetzen scheinen. Trotzdem hat man sich in letzter Zeit für eine Entstehung im 10. Jh. ausgesprochen. Man glaubt in der J. ein Kunstwerk der makedonischen Renaissance zu sehen (Weitzmann).
Lit.: K. Weitzmann, Die byzant. Buchmalerei im 9. und 10. Jh., 1935; K. Weitzmann, Illustrationen in Rolle und Codex, 1947.

Jourdain, Frantz Calixte. Franz. Architekt, Kunstgewerbler, Schriftsteller und Sammler. Geb. 1847 in Antwerpen, gest. 1935 in Paris, Sohn der Dichterin Laure Jourdain. Besuchte 1867–70 die Ecole des Beaux-Arts in Paris und ließ sich dort nieder. Neben einer Anzahl privater Palais und Villen in Paris ist die Eisenkonstruktion der Magazine des „Samaritaine"-Kaufhauses sein Werk; auf dem Friedhof von Montmartre steht das von ihm entworfene Grabdenkmal für E. Zola (1904, mit Bildhauer Solari). – J. hatte ein besonderes organisatorisches Talent, das er mit Männern wie A. Daudet, E. Zola, A. →Rodin und E. Carrière für den Kampf um die neuen Kunstformen einsetzte. So gehörte er 1902 zu den Gründern des Salon d'Automne und war Mitarbeiter aller führenden franz. Architektur- und Kunstzeitschriften.
Lit.: Thieme-Becker.

Juel, Jens. Dänischer Maler. Geb. 1745 auf Fünen, gest. 1802 in Kopenhagen. Seine Lehrzeit führte J. zu Gehrmann nach Hamburg, wo er von den Niederländern beeinflußt wurde. Als J. 1765 nach Kopenhagen zurückkehrte, errang er schnell einen Ruf als Portraitist, wodurch er mit dem königlichen Hof in Berührung kam und ein Reisestipendium erhielt. 4 Jahre weilte er in Rom, anschließend in Paris, Genf und Hamburg, überall gefeiert als Portraitist und überhäuft mit Aufträgen. 1780 war J. wieder in seiner Heimat, wo er an die Akademie berufen wurde und zu ihrem Direktor und zum Hofmaler aufstieg. – Seine Portraits in Öl und Pastell fallen gegenüber dem gezierten Stil des 18. Jhs. durch ihre Schlichtheit auf. Die Modelle geben sich natürlich, sind oft beschäftigt und frei von Koketterie. Zu seinen bedeutendsten Bildern gehören die Portraits des Ministers Struensee, Herzog Karl Augusts von Weimar (1779) und Klopstocks (1779).
Lit.: Thieme-Becker.

Jüngere Steinzeit (oder Neolithikum). Zeitstufe der →Vorgeschichte zwischen →Mittlerer Steinzeit und dem ersten Auftreten von Metall (Kupfer). In Mitteleuropa beginnt die J. mit der sogenannten →Bandkeramik spätestens im 4. Jahrtausend v. Chr. und dauert bis um 2000 v. Chr. Mit ihr kommen Ackerbau und Viehzucht – und damit Seßhaftigkeit – sowie Keramik und Geräte aus geschliffenem Stein auf, Elemente, die jedoch vermutlich zu verschiedenen Zeiten an verschiedenen Stellen im Südosten (Vorderer Orient) entstanden sind und zusammen im Fundbild für die J. typisch sind. Über eine reiche Verzierung der Gefäße hinaus sind künstlerische Äußerungen dieser Zeit im Vergleich etwa zur →Älteren Steinzeit arm und beschränken sich überwiegend auf einfache, abstrahierende Darstellungen von Mensch und Tier oder von Gottheiten.
Lit.: G. Smolla, Neolithische Kulturerscheinungen, 1960.

Jugendstil. Bezeichnung für die verschiedenen europäischen Kunstströmungen der Jahre zwischen 1895 und 1910, die ihren gemeinsamen Nenner in der Abkehr von den historischen Formen und in der Suche nach neuen, zeitgemäßen Formen erkennen lassen. – Der Name dieser Bewegung geht auf die Münchener Zeitschrift „Jugend" zurück, deren Hefte seit 1896 erschienen mit einer neuen Art typographischer Gestaltung, die durch einen linear geschwungenen Rankenstil in Titelblatt, Randleisten und Illustrationen großes Aufsehen erregte und den anfangs spöttisch gemeinten Begriff J. auslöste. – Zuerst war der J. auf die Erneuerung des Kunsthandwerks und der Typographie gerichtet. Ausgehend von W. →Morris und den Praeraffaeliten, die bereits früh durch ihre Rückbesinnung auf den Wert handwerklicher Arbeit und die damit verbundene Materialgerechtigkeit den Grundstein zu dieser neuen Bewegung legten, entstand der eigentliche J. im letzten Jahrzehnt des 19. Jhs. mit verschiedenen Zentren in mehreren europäischen Ländern. Seinen Höhepunkt erreichte er im 1. Jahrzehnt des 20. Jhs. in Deutschland und Österreich. – In Ablehnung historisierender Ornamentik, die in ihrer überladenen Fülle die Gegenstände zu verfremden und zu erdrücken pflegte, wandte man sich vorrangig dem Pflanzenornament zu, dessen schwingende Linienführung der Form und Funktion der Gegenstände entsprechen sollte. Das neue Dekorsystem verzichtete weitgehend auf räumliche Wirkungen und Schatten, um so die dekorierte Fläche in ihrem Eigenwert zur Geltung zu bringen. Die Formen der Ornamente verselbständigen sich, wenn diese als Grundlage der Gestaltung die Form von Möbeln oder Geschirren bestimmen. Damit wurde aus der dekorierenden Ornamentform eine neue Möglichkeit dreidimensionalen Formens gewonnen. – Nur einzelne bildende Künstler haben diesen neuen Formkanon zum künstlerischen Gestaltungsprinzip in Malerei und Plastik erhoben. Zu ihnen gehören G. →Minne, F. →Hodler und G. →Klimt,

Henry van de Velde, Samowar, um 1902 (Zürich, Kunstgewerbemus.).

in dessen farbenprächtigen, linear geschwungenen Kompositionen dieser Stil seinen reinsten künstlerischen Ausdruck fand und seine größten Triumphe feierte. Die meisten bildenden Künstler beschränkten sich jedoch darauf, Anregungen des J.s in ihr Schaffen aufzunehmen, ohne sich ihm ganz zu verschreiben (z. B. E. →Munch), da der →Fauvismus und →Expressionismus die zu neuer Gestaltungsweise bereiten Künstler dieser Zeit in seinen Bannkreis zog. – So ist es bezeichnend, daß die meisten großen J.-Meister, von der bildenden Kunst herkommend, sich von dieser abwendeten und dem Kunsthandwerk verschrieben. →Behrens, →Eckmann, →Pankok, →Riemerschmied u. a. waren ursprünglich Maler, →Obrist und →Endell gingen von der Bildhauerei aus. – München, Dresden, Darmstadt und Wien waren die Hauptzentren des J.s, die sich durch programmatische Ausstellungen als Kernpunkte der neuen Bewegung herauskristallisierten. Die Bewegung selbst war von Anfang an vielgesichtig und kann keineswegs unter einem einheitlichen Stilbegriff erfaßt werden. Denn neben dem linearen Element, aus dem die organische Form erwuchs, entwickelte sich auf der Basis geometrischer Elemente die ganz auf die reine Fläche und kubische Konzeption hin ausgerichtete, häufig puristische Form. Auch in den Zielen, die von den Künstlern selbst in von hohem Pathos getragenen Programmen formuliert wurden, treten die unterschiedlichen Anschauungen deutlich zutage. Während die einen von dem Einzelwerk und seiner Bindung an ein wieder zu belebendes Handwerk ausgingen, waren andere bestrebt, neue Formen zu finden, die dem industriellen Zeitalter und der maschinellen Fertigung entsprechen könnten. Hier war H. van de →Velde, der – obgleich er sich selbst nicht mit dem J. identifizierte – eine der überragenden Persönlichkeiten dieser Bewegung war, der Wortführer. Entsprechend den unindividuellen Formungsmöglichkeiten der Maschine ist die Ornamentik seiner in ruhiger, organischer Form entworfenen Gegenstände zurückhaltend und streng dem Gegenstand angepaßt. – Neben dem Kunsthandwerk nimmt die Architektur eine dominierende Rolle in der Entwicklung des J.s ein. Deutlicher noch als in den Werken der Gebrauchskunst treten hier die verschiedenen, sogar diametral zueinander stehenden Richtungen in Erscheinung. Die Extreme reichen hier von den an phantastische, plastische Gebilde erinnernden Architekturen des Spaniers E. →Gaudi bis zu den kubischen, auf jede geschwungene Linie und auf jedes Ornament verzichtenden Bauten des Österreichers A. →Loos, der der Wiener Schule entstammte, die von O. →Wagner ausging. Zu dieser Schule gehört auch J. →Olbrich, einer der Hauptmeister des J.s, der vor allem in →Darmstadt Gelegenheit hatte, seine neuen Gedanken von der Einheit des Bauwerks, bei dem gemeinsam mit der Architektur die Innenausstattung bis zu den einzelnen Gebrauchsgegenständen zur Gestaltungsaufgabe des Künstlers gehören sollte, zu verwirklichen. Neben ihm ist in Deutschland vor allem P. →Behrens zu nennen, gleichfalls zeitweise in Darmstadt tätig, dann aber mit großen Industrieaufgaben (Bauten und Design für die AEG) betraut. – Gleichfalls aus Wien kommend, läßt J. →Hoffmann in seinem Hauptwerk, dem Palais Stoclet (Brüssel, 1905), ein wesentliches Merkmal der J.-Architektur deutlich werden: die großzügige Einbeziehung von Glas in den architektonischen Entwurf und die Ausnutzung der Spiegelwirkung des Wassers, das in seiner Flächenreinheit den Empfindungen des J. entgegenkam. – In dieser Vielfalt von Möglichkeiten, die der J. in sich barg, klingt als gemeinsamer Grundtenor immer das über die Gegenstände hinauswirkende und auf das gesamte Leben gerichtete Bestreben nach Erneuerung durch. So kann der J. nicht nur als ästhetisches Problem erfaßt werden. Seine Wirkung reichte über das Formale hinaus und gehört zu den wesentlichen strukturellen Gegebenheiten des 20. Jhs. – Neben Deutschland und Österreich, wo der J. am stärksten zum Tragen kam, bildeten sich in England, Frankreich (Art Nouveau) und Belgien (Les Vingts; Libre Esthétique) nationale Varianten heraus.

Lit.: F. Ahlers-Hestermann, Stilwende, 1941; H. F. Lenning, The art nouveau, 1951; K. Bauch, J., der Weg ins 20. Jh., 1959.

Jumièges, Notre Dame. Abtei 654 durch St. Philibert gegründet. Neubau der Kirche seit 1037, vollendet und geweiht 1067. Grundlegendes Werk der normann. Bauschule (→Normandie). Querhausbasilika, ursprünglich mit Staffelchor. →Gebundenes System mit →Stützenwechsel. Jochfolge betont durch Dienste, doch noch Flachdecke. Seitenschiffe kreuzgratgewölbt. Dreiteiliger Aufriß mit Emporen. Die Straffheit und Steilheit vielleicht durch →Speyer beeinflußt. Vierung durch Bogenstellung noch abgeschnürt, über ihr hoher Vierungsturm. Doppelturmfassade, wohl burgundischer Einfluß (→Burgund; →Turm). Sonderfall, da der Mittelteil der Westfront als ungegliederter Block vorgezogen ist. Chor später erneuert, mit Umgang und Kapellenkranz versehen.

Lit.: L. M. Michon und R. Martin du Gard, L'abbaye de Jumièges, Petites Monographies des grands édifices de la France, 1935; E. Remnant, „The problem of the cloister of J.", in: Journal of the British Archaeological Association 1957/58, 107–139.

Jungfernbecher (Brautbecher). Ein Doppelbecher, bei dem der größere als weibliche Figur gebildet ist, die den kleineren Becher in den aufgehobenen Händen trägt. Der kleinere Becher ist drehbar, und es ist möglich, beide gleichzeitig zu füllen. Hauptsächlich hergestellt in Nürnberg im 16. und 17. Jh.

Jung-Paläolithikum. Abschnitt der →Älteren Steinzeit. →Eiszeitkunst, →Höhlenmalerei.

Jungsteinzeit →Jüngere Steinzeit.

Juppitersäulen. Auch Gigantensäulen genannte hohe Säulen aus reliefgeschmückten Trommeln, die sich in der Regel über einer rechteckigen Basis auftürmen. Bekrönt werden die J. von der Statue eines schlangengestaltigen Giganten oder von Juppiter. – Die meisten J. finden sich im röm. besetzten Germanien, so daß man damit rechnen muß, daß nicht immer der röm. Gott gemeint ist, sondern daß auch germanische Götter dargestellt sein können.

Jurjev Polskij. Berühmte Kirche (1230–1234 erbaut). Beispiel für eine eigenartige Fassadenbildung in Nordrußland. Eine reiche Reliefplastik schmückt die Fassade. Armenische Einflüsse bei deren Gestaltung wahrscheinlich.

Jussow, Heinrich Christoph. Deutscher Architekt. Geb. 1754 in Kassel, gest. ebda. 1825. Abgesehen vom mathematischen Unterricht des Collegium Carolinum in Kassel und der Universität Göttingen (1776–78), war seine Ausbildung eine juristische. Als er jedoch einen Brotverdienst ergreifen mußte, wandte er sich der Architektur zu. J. war anfangs in der Bauverwaltung unter →Du Ry tätig und als Architekturlehrer an der Akademie. Mit einem Stipendium versehen, reiste er 1784 nach Paris, wo er 2 Jahre lang die Akademie besuchte. Anschließend reiste er weiter durch die Schweiz nach Italien und Sizilien. Nach seiner Rückkehr reiste er im Auftrag des Landesherrn (Landgraf Wilhelm I. von Hessen-Kassel) nach England, um engl. Landsitze zu studieren. Danach arbeitete er zusammen mit Du Ry an den Schloßbauten der Wilhelmshöhe (→Kassel), richtete den dortigen Naturpark mit der Löwenburg (1793f.) und der Kaskade ein und nahm nach dem Tode Du Rys dessen Amt in der Hofbauverwaltung und die Direktorenstelle der Architekturabteilung der Akademie ein (sein bedeutendster Schüler war hier →Laves). – In seinem Werk vereinigten sich der franz. Klassizismus seiner Akademiejahre mit den Erfahrungen, die er in England sammeln konnte.
Lit.: Thieme-Becker.

Justinian I. (527–565) Kaiser v. Byzanz. Er ist für die altchristl. Kunst, speziell für die frühbyzant. Kunst, mittelbar und unmittelbar von großer Bedeutung. Er ließ zahlreiche Kirchen in allen Teilen seines Herrschaftsbereiches errichten und veranlaßte vor allem den Bau der Hagia Sophia (→Konstantinopel) und den Umbau der Apostelkirche. Gerade in dieser wurde der vom Kaiser geförderte byzant. Stil erkennbar. Dadurch, daß er die Ostgoten besiegte und auch in Afrika seine Herrschaft errichtete, kamen diese Gebiete nicht nur politisch, sondern auch kulturell unter byzant. Einfluß. Dasselbe gilt bei der von ihm geschaffenen Provinz Andalusien in Spanien, die 70 Jahre lang von Byzanz aus beherrscht wurde.

Juvara, Filippo. Italien. Architekt und Kupferstecher. Geb. um 1676 in Messina, gest. 1736 in Madrid. Früh geht er nach Rom, wo er bei Carlo und Francesco → Fontana in die Lehre eintritt. 1706 schon wird J. Mitglied der röm. Akademie. Die folgenden Jahre sind mit Studien der Antike, großen Projekten und Theaterinszenierungen ausgefüllt. Es sind die Jahre, in denen er sich auf seine spätere Tätigkeit als königlicher Baumeister in Turin vorbereitet. Dort entfaltet er eine heute kaum mehr zu übersehende, vielfältige Tätigkeit als Kirchen- und Palastarchitekt. Sein bedeutendstes Werk, die etwas außerhalb Turins liegende Superga, ein überkuppelter Zentralbau über quadratischem Grundriß mit abgestumpften Ecken, gehört zu den Glanzleistungen des italien. Barock. – Sein Ruhm führte ihn auch nach Lissabon, wo er 1719–29 für den Umbau der Kathedrale und den Neubau des Schlosses tätig war, wie dann auch 1735 in Madrid, dessen Schloßbau von ihm projektiert, jedoch durch seinen Schüler →Sacchetti im Geiste J.s ausgeführt wurde. – Die röm. Lehrzeit J.s blieb stets erkennbar. Die von ihm gern verwendeten runden und ovalen Grundrißbildungen hatten in Rom ihre Ausgestaltung erfahren, wie auch das Motiv der von 2 Glockentürmen flankierten Kuppel auf →Borromini hinweist. Sein besonders in seinem späteren Werk auftretender klassischer Formenausdruck (Schloß in Madrid; Pal. Madama, Turin) scheint aus Frankreich zu kommen.
Lit.: M. Labò, F. J., 1926.

Juwelenporzellan. Um 1780 in →Sèvres entwickelte Technik, bei der auf unterlegte Goldplättchen Schmelzperlen in verschiedenen Farben aufgebracht werden. Es entsteht der Eindruck von Juwelen.

K

Ka-a. Letzter König der 1. Dyn. (→Thinitenzeit), dessen unterirdische Gruft in →Abydos mit Treppengang, Zentral- und Nebenräumen die Ausweitung des ursprünglichen Grubengrabes zu einer umfangreichen Raumfolge von 386 qm erkennen läßt.
Lit.: W. Wolf, KÄ, 51f.

Ka'aba. Die K., ein würfelförmiger Bau in Mekka, enthält in einer Ecke der Außenseite den den Arabern von altersher heiligen Schwarzen Stein, dessen Verehrung der Prophet Mohammed beibehielt. Sie steht in einem von Arkadengängen umschlossenen, quadratischen Bezirk mit sechs Minaretts, welcher außerdem den Brunnen Zem-Zem sowie überkuppelte Standplätze für die drei Imame der vier rituellen Richtungen und einen Mimbar enthält. Die jährliche Veranstaltung der Pilgerfahrt führt die Muslime aller Länder und Stände zusammen. Mit dieser Wallfahrt wird vom Kalifen jeweils ein neuer Behang (Kiswa) aus Kairo für die K. gesandt, der in einer Tiraz-Werkstatt gearbeitet war. Er besteht aus einfarbigem Brokat mit dem eingewebten Text der Schahada (Glaubensbekenntnis) und ist in Zweidrittel-Höhe von einem goldbestickten Band umgeben. Zur Zeit der Mamluken und Osmanen ist grüne Seide mit diagonallaufendem, weißem Text üblich, heute ist die Kiswa schwarz. – Die Darstellung der K. auf Miniaturen in Pilgerbüchern und auf Fliesen kommt in osmanischer Zeit auf. Solche K.-Fliesen aus der Manufaktur von Iznik sind aus dem 17. Jh. in größerer Zahl erhalten. Sie haben ihren Platz in →Mihrab-Nischen (Altes Serai, Istanbul) oder an der →Qibla-Wand, auch an der Hoffront von Moscheen. Sie gehören zu den wenigen Architekturdarstellungen der islam. Kunst und sind charakterisiert durch ihre aufgeklappte Perspektive.
Lit.: Wensinck und Kramers, Handwörterbuch des Islam, 1941; K. Erdmann, Ka'aba-Fliesen, Ars Orientalis III, 1959.

Ka'aba-i-Zarduscht. Bezeichnung des →Feuertempels von →Naqsch-i-Rustam.

Ka-aper. Das Grab des K. in →Sakkara (5. Dyn.) enthielt zwei ursprünglich stuckierte und bemalte Holzstatuen, von denen die eine unter dem Namen des „Dorfschulzen" berühmt geworden ist. Im Gegensatz zum perückenlosen, beleibten, jovialen Typ mit glattem Rock steht die schlanke Bildung der zweiten Statue mit Löckchenperücke und plissiertem Schurz, die das höfische Idealbild neben der lebensnahen Darstellung vertritt. Aus demselben Grab stammt die lebensgroße Holzstatue der Frau des K., deren hervorragende Modellierung beispielhaft für die Privatplastik der →ägypt. Kunst des Alten Reiches ist.
Lit.: W. Wolf, KÄ, 172ff.

Kabah. Nach →Uxmal zweitgrößtes Mayazentrum der →Puuc-Region. Besonders bemerkenswert der am Ausgangspunkt der Straße nach Uxmal errichtete Steinbogen von 5 m Spannweite, dessen Bestimmung unbekannt ist, und der Palast der Masken, dessen Außenseiten mit Reihen von Regengottmasken besetzt sind (50 m Länge, 10 Räume, in 5 hintereinander angeordneten Raumpaaren angelegt).

Kabinett. Bezeichnung für ein Nebenzimmer, das in Schlössern häufig zur Aufbewahrung von Kunstgegenständen diente. Von hier aus hat sich der Name auf Sammlungen der Graphik und Kleinkunst übertragen.

Kabinettmalerei →Glasmalerei.

Kabinettscheibe →Glasmalerei.

Kabinettschrank. Meist auf einem kleinen tischartigen Untergestell stehendes Schränkchen in Kastenform mit mehreren Fächern zur Aufbewahrung von Kunstgegenständen. Deshalb auch Kunstschrank genannt.

Kabirenvasen. Griech. Vasengattung nach ihrem Hauptfundort, dem Kabirenheiligtum (Mysterienheiligtum) beim böotischen Theben benannt. Die Gefäße, vor allem Trinknäpfe mit Ringhenkeln, sind in der Regel schwarzfigurig bemalt. Rankenwerk und Szenen, die dem dionysischen Themenkreis zugehören, bilden hauptsächlich den Schmuck, der auf die oberste Zone beschränkt ist. Häufig finden sich karikaturhafte Darstellungen. Die Blüte der K. fällt in die Zeit von ca. 430–300 v.Chr.
Lit.: P. Wolters – G. Bruns, Das Kabirenheiligtum bei Theben, 1940.

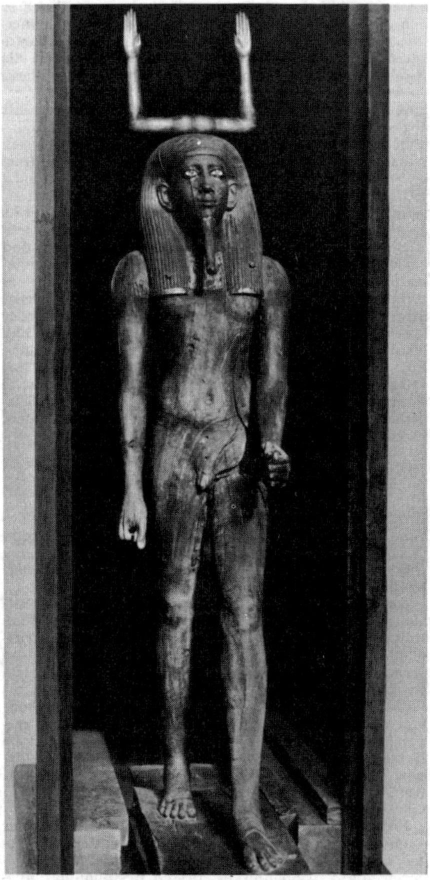

Im Schrein stehende Ka-Statue des Königs Hor (Kairo, Mus.).

Kabul. Hauptstadt des Königreichs Afghanistan. In der Umgebung liegen zahlreiche Ruinen buddhistischer →Stupas, und auf Bergspitzen an den alten Routen nach Indien stehen Säulen, die nach ihrem neueren volkstümlichen Namen „Minar-i-Tschakri" das buddhistische Kultsymbol des Rades des Gesetzes (=Tschakra) getragen haben dürften. Nördlich der Stadt, an der Straße zum Hindukusch, wurden die Ruinen des →Surya-Heiligtums von Khair Khaneh ausgegraben.

Kacheln. Alle Erzeugnisse aus Ton, die einen Überzug aus gefärbten Bleiglasuren haben, im besonderen Ofenkacheln, →Kachelofen.

Holzstatue des Ka-aper, Altes Reich (Kairo, Mus.).

Kachelofen. Die ältesten Berichte haben wir aus dem 8. Jh. Im Jahre 820 führt der Idealplan von St. Gallen Kachelöfen an. Die ältesten erhaltenen Öfen finden sich auf der Hohensalzburg und auf Schloß Tirol bei Meran. Die Grundform ist ein vierseitiger Unterbau auf Füßen, darüber ein Oberteil, das vierseitig, polygonal oder rund ist und manchmal auch noch eine besondere Bekrönung aufweist. Die ältesten Öfen sind aus dunkelbraunen oder dunkelgrünen Kacheln gebaut, seit Ende des 16. Jhs. finden wir mehrfarbige Kacheln; die Kachelöfen werden jetzt architektonisch gegliedert, dazwischen finden wir Reliefs mit kirchlichen, mythologischen, aber auch profanen Szenen. Ende des 17. Jhs. werden in Holland und in Norddeutschland häufig Kacheln in Weiß mit Mustern in Delfter Blau für Kachelöfen verwendet. Im 18. Jh. geht die Farbigkeit zurück, der Ofen des Rokoko ist meist reinweiß und hat die Grundform zugunsten einer ornamentalen Gliederung verloren. Im Klassizismus weiße oder hellgrüne Kachelöfen, mit häufig nur Mittelrelief und einer Bekrönung, oft in Form eines Adlers oder einer Vase. Die 2. Hälfte des 19. Jhs. bringt als Stilimitationen sogen. „Altdeutsche Kachelöfen".

Kachrylion. Griech. Töpfer der attischen Schule, im letzten Viertel des 6. Jhs. v. Chr. in Athen tätig. Ausschließlich Schalen sind von seiner Hand bekannt. Bedeutende Maler der spätarchaischen Zeit wie →Euphronios und →Oltos haben seine Vasen rotfigurig bemalt.
Lit.: H. Bloesch, Formen attischer Schalen, 45ff., 1940.

Ka-em-heset. Im Ziegelgrab des K. in →Sakkara ist eine Belagerungsszene gemalt, deren Darstellung An-

sätze zum Sehbild erkennen läßt im Gegensatz zu dem in der →ägypt. Kunst dominierenden Denkbild.
Lit.: W. Wolf, KÄ, 246ff.

Kämpfer. Verbindungsstück zwischen einer Säule und der auf ihr lastenden Mauer oder einem Bogenansatz. Er hat die Aufgabe, den Druck des Bogens oder der Mauer aufzufangen. Der K. wurde als Bauglied in der Spätantike, dann vor allem in der frühbyzant. Kunst ausgebildet.

Kändler, Johann Joachim. Deutscher Bildhauer und Porzellanmodelleur. Geb. um 1706 in Fischbach/Sachsen, gest. 1775 in Meißen. Bedeutendster Modelleur der Meißener Porzellanmanufaktur. K.s Verdienst ist die Schöpfung der Porzellanplastik, deren Darstellungs- und Anwendungsbereich er gleich so weit steckte, daß Spätere – auch an anderen Manufakturen – dem nichts mehr hinzufügen konnten. Nach anfänglichen Versuchen in Porzellan-Großplastik – er versuchte ein lebensgroßes Reiterstandbild König Augusts III. von Sachsen zu schaffen – widmete er sich der Entwicklung des Tafelservices. Die bedeutendste Leistung hierbei ist das Schwanenservice für Graf Brühl (1737–41), aus dessen Formenschatz er dann die kleinen Tischplastiken mit Menschen- und Tierdarstellungen aller Art kreiert hat.
Lit.: C. Albiker, Die Meißner Porzellantiere, 1959.

Kaffgesims. Auch Kappgesims genannte got. Sonderform eines Gesimses, das unter den Fenstern entlanggeführt und um die Strebepfeiler herumgekröpft ist.

Kafir Kot. Ruinen von Hindu-Tempeln aus dem Ende des 1. Jahrtausends n. Chr. in West-Pakistan, die zu der Gruppe von →Bilot gehören und wie diese Nachwirkungen der →Gandhara-Kunst zeigen.

Kaga. Landstrich in Japan. Hier wurde im 17. Jh. das berühmte K.-Porzellan hergestellt, das sich vor allem durch Arbeiten in tiefgrünen Schmelzfarben auszeichnet.

Kagami. Japanischer Kultspiegel aus poliertem Metall. Die Rückseite dieser meist runden oder blütenkelchförmigen Gegenstände ist häufig mit reicher Ornamentik verziert.

Kagemni. Ägypt. Wesir der 6. Dyn. →Mastaba in →Sakkara, unmittelbar neben der des →Mereruka, mit der sie die Auflösung des Mastabakerns in zahlreiche Räume gemeinsam hat. Bedeutsam sind die lebensvollen Bildszenen der Drei-Pfeiler-Halle, die die Motive des →Ti- und →Ptahotep-Grabes bewegt steigern und bereichern. Bezeichnend für die Raumerweiterung ist die Anlage von zwei Langräumen auf dem Dach, die über eine Treppe erreicht wurden.
Lit.: E. Brunner-Traut, 396.

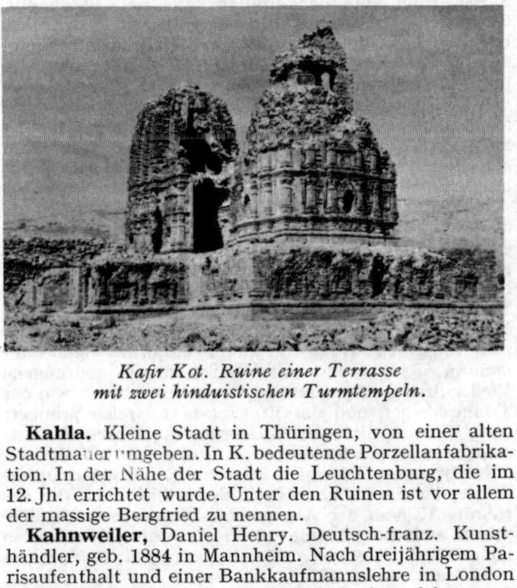

Kafir Kot. Ruine einer Terrasse mit zwei hinduistischen Turmtempeln.

Kahla. Kleine Stadt in Thüringen, von einer alten Stadtmauer umgeben. In K. bedeutende Porzellanfabrikation. In der Nähe der Stadt die Leuchtenburg, die im 12. Jh. errichtet wurde. Unter den Ruinen ist vor allem der massige Bergfried zu nennen.

Kahnweiler, Daniel Henry. Deutsch-franz. Kunsthändler, geb. 1884 in Mannheim. Nach dreijährigem Parisaufenthalt und einer Bankkaufmannslehre in London eröffnete K. 1907 in Paris eine Galerie, in welcher er →Derain, →Vlaminck, van →Dongen, besonders aber →Braque und →Picasso, J. →Gris und F. →Léger ausstellte und die Künstler nicht nur materiell unterstützte, sondern sich auch ideell für sie und ihre Bewegung einsetzte. 1909 schloß er der Galerie einen Kunstverlag an, in welchem er u. a. Werke von →Apollinaire und Jacob herausgab. Seine Schriften sind wertvolle Dokumente zur Stilgeschichte unseres Jhs., es seien hier nur genannt: „Der Weg zum Kubismus" und die Monographie zu Juan Gris (1946).

Kailasa. Mythischer Berg im Norden Indiens, häufiger Ehrenname für mittelalterl. Tempelanlagen, u. a. für das monolithische Heiligtum →Ellora XVI: Kailasanath.

Kairo. Im Bereich von K. bestand eine altägypt. Siedlung, die man „Ort des Kampfes" (Cheri-aha) nannte, da man sich hier die Stätte der Auseinandersetzung zwischen →Horus und →Seth dachte. Im Alten Reich Verbindungsplatz zwischen den Steinbrüchen im Mokattamgebirge östlich K. und den Pyramiden von →Gizeh. Die von den Griechen Babylon genannte Siedlung wurde in der röm. Kaiserzeit zur gleichnamigen Festung ausgebaut. Eroberung durch den Kalifen Omar 641 n. Chr., der nördlich von Babylon das Feldlager Fostat anlegte. Nach weiterer Ausdehnung unter dem Abbasiden-Statthalter Ibn Tulun endgültige Hauptstadt und Namensgebung (el-Kahira „die Siegreiche") 996 durch Gohar, den Feldherrn des Fatimidenkalifen Mu'iss. – Die islamische Bautätigkeit bestimmt durch die über 500 Moscheen, die zum großen Teil aus der Mamlukenzeit (1252–1517) stammen, das Gesicht dieser Stadt. Der bedeutendste dieser Bauten ist die →Azhar-Moschee. Daneben sind die Amr-Moschee in Fostat (gegründet um 642, später aber ganz umgebaut) sowie die Sultan-Hasan-Schulmoschee (1356–63) zu nennen. Die Museen in K. besitzen ausgedehnte Sammlungen ägypt., griech., röm., koptischer u. islam. Kunst.
Lit.: E. Brunner-Traut, Ägypten, 267ff.

Kairuan (Kair(a)wa'n). 670 n. Chr. gegründete Stadt in Tunesien mit bedeutenden Monumenten der islamischen Baukunst. Die Sidi-Oqba-Moschee wurde in der Gründungszeit der Stadt erbaut, jedoch im 9. und 10. Jh. zu ihrer heutigen Form umgestaltet. Sie zählt mit ihrer siebzehnschiffigen Gebetshalle und dem dreigeschossigen Turm, der über rechteckigem Grundriß erbaut wurde, zu den bedeutendsten Architekturen ihrer Gattung.
Lit.: G. Marçais, Tunis et Kairuan, 1937.

Kaiseraugst. Bei Basel (Schweiz) gelegenes röm. Castrum, das in diokletianischer Zeit Garnisonstadt war. Hier wurde 1962 der berühmte Silberschatz von Augst gefunden, darunter mehrere hervorragende, toreutisch gearbeitete Gefäße des 4. Jhs. n. Chr. – Bereits im 1. Jh. n. Chr. bestand Augusta Raurica als röm. Colonia. – Die Blütezeit dieser Stadt fällt in das 2. und 3. Jh. n. Chr. Davon sprechen noch die Bauanlagen, unter ihnen eines der besterhaltenen röm. Theater nördl. der Alpen. Die Stadt selbst mit ihren Wohn- und Geschäftsvierteln, mit Thermen und Fora war im rektangulären System erbaut. Tempel, Amphitheater und eine Basilika wurden freigelegt.
Lit.: R. Laur, Führer durch Augusta Raurica, 1959; ders., Der Silberschatz von K., 1963.

Kaiserforum. In →Rom seit Caesar angelegte Verehrungsplätze für die röm. Kaiser. Im Gegensatz zum →Forum Romanum sind die Kaiser-Fora geplante Anlagen mit einem von Säulenhallen umgebenen Hof und dem Verehrungstempel. Das größte K. hat Trajan angelegt, der den üblichen Typ um große →Exedren, eine →Basilika, eine Bibliothek und die berühmte →Trajanssäule erweitert hat. Erhalten sind außerdem das Forum des Caesar, des Augustus und des Nerva.

Kaiserpfalz →Pfalz.

Kaiserswerth (Düsseldorf). Ältester Kern war ein 713 gegründetes Kloster. Die im 13. Jh. erneuerte Stiftskirche geht auf einen Bau des 11. Jhs. zurück. – Friedrich Barbarossa baute hier über einer Anlage der salischen Kaiser eine noch gut erhaltene Pfalz.

Kakemono. Als Gegenstück zum →Makimono bezeichnet das K. eine hochformatige Rolle aus Papier oder Seide, auf die die meisten japanischen Bilder gemalt sind. Die Rolle ist an beiden Schmalseiten an Holzstöckchen befestigt. Auch die chinesische Malerei kennt sowohl das K. als auch das Makimono.

Kakrak →Bamiyan.

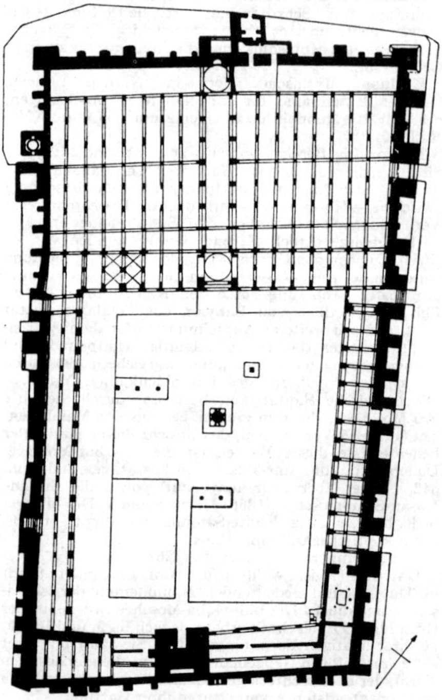

Kairuan, Moschee, Sidi Oqba.

Kalabaka (Nordgriechenland). Unterhalb der → Meteora-Klöster gelegener, alter griech. Bischofssitz mit einer Basilika des 12. Jhs. Es ist dies eines der seltenen Beispiele einer byzant. basilikalen Anlage dieser Zeit, da sonst in diesem Bereich bereits der Zentralbau dominierte.
Lit.: Kirsten-Kraiker, Griechenlandkunde, 1962.

Kalabscha. 50 km südlich →Assuan auf dem Westufer des Nils von Augustus an Stelle eines Heiligtums der 18. Dyn. erbauter Tempel des nubischen Gottes Mandulis, in Raumfolge, Pflanzenkapitellen und Reliefs, darunter Darstellungen des Kaisers vor den Landesgöttern, beispielhaft für die Tradition der →ägypt. Kunst, die sich über die →Ptolemäer-Herrschaft mit festgeprägten Grundformen bis in die röm. Kaiserzeit behauptet. Wegen des neuen Assuandamms ist der Tempel von K. nach Norden verlegt worden. →Edfu, →Dendera, → Komombo, →Philae.
Lit.: H. Stock – K.G. Siegler, K., 1965.

Kalach. Assyrische Stadt, einst unmittelbar am Ostufer des Tigris unweit der Mündung des Großen Zab (Ruinenstätte Nimrud), von→Salmanassar I. gegründet, von →Assurnasirpal II. zur prunkvollen Residenz ausgebaut, die mit reichen Reliefs (Kampf-, Jagd- und Kultszenen) und großen →Lamassu-Torfiguren ausgestattet war. An den Nordwestpalast Assurnasirpals II., in dem sich wie an anderen Stellen der Akropolis hervorragende Elfenbeinarbeiten des 9.–7. Jhs. v. Chr. fanden, darunter der als „Mona Lisa von Nimrud" bekanntgewordene, in einem Brunnen geborgene Frauenkopf, schloß sich der Zentralpalast →Salmanassars III. und →Tiglatpilesers III. an. Ein weiterer Palasttrakt entstand unter →Asarhaddon. Die Nordwestecke der befestigten Akropolis beherrschte die →Zikkurat, in deren Bereich sich das Tempelgebiet mit mehreren Heiligtümern ausdehnte (→Ischtar, →Ninurta). Beispielhaft ist die Tempelanlage für →Nabu im Südosten nahe einem weiteren Palastbezirk (Adadnirari III.) mit ihrer klaren Langraumfolge.
Lit.: V. Christian, AKZ, 15ff.; E. Strommenger, Mesopotamien, 100f.; A. Parrot, Assur, 100ff.; H. Schmökel, GAV, 192, 199, 251ff., 332.

Kala-Köpfe. In der Plastik →Indonesiens typologisch vom Kopf eines Löwen abgeleitete Ungeheuerköpfe, die oft beiderseits von Tempeltoren angebracht wurden, um dämonische Mächte vom Eindringen in den heiligen Raum abzuhalten.

Kalamdan. Federkästchen, neuzeitliches indisches Kunsthandwerk aus Papiermaché und Lack, besonders in Kaschmir hergestellt.

Kalamis. Griech. Erzbildner der 1. Hälfte des 5. Jhs. v. Chr. Schüler des →Onatas. Zahlreiche Werke sind in der antiken Literatur zitiert, kein einziges ist erhalten. Er muß jedoch nach Aussage der Schriftquellen zu den bedeutendsten Meistern des →Strengen Stils gerechnet werden. Besonders als Tierbildhauer wird er häufig gerühmt. – Zahlreiche namenlose Skulpturen sind ihm zugeschrieben worden, jedoch ohne daß sich daraus sein Œuvre heraushebt.

Kalardascht. Nekropole 7./6. Jh. v. Chr. in einem Tal des mittleren Elbrusgebirges am Südrand des Kaspischen Meeres. Tonrhyta in Tierform und ein Goldbecher mit Relief von drei schreitenden Löwen, deren Köpfe vollplastisch aufgesetzt sind, so daß sie aus der Fläche drehen, gehören zum Formenschatz der →medischen Kunst. Ein Goldschwert legt Beziehungen zu →Luristan nahe.
Lit.: R. Ghirshman, Iran I, 96f.

Kalascha. Sanskrit: „Wassertopf"; eine Spitze auf dem Oberteil des →Stupa, besonders aber die vasenförmige Bekrönung auf dem →Amalaka des nordindischen Tempelturms.

Kalathos. Ursprünglich griech. Wollkorb von zylindrischer Form mit kelchartig sich öffnendem Rand. Danach hat man Gefäße ähnlicher Form und vor allem den hohen Kopfschmuck weiblicher Figuren benannt. – Auch der Kern des →korinthischen Kapitells, um den die →Helices hochgeführt sind, heißt K.

Kalat-Siman (Syrien). Hier Klosterkirche von gewaltiger Dimension. Sie ist die größte Kirchenanlage Syriens und eine der größten altchristl. überhaupt. Gleichzeitig ist sie von großer Originalität. In der Mitte befindet sich die Säule des Styliten (Säulenheiligen) Simon. Sie wird von einem Oktogon umgeben. Von hier aus strecken sich nach den vier Himmelsrichtungen vier dreischiffige, querhauslose Basiliken. Die östliche allein endet in drei Apsiden. Die Kirchenanlage ist zwischen 470 und 790 entstanden. Sie hat einen maßgebenden Einfluß auf die nordsyrische kirchliche Baukunst ausgeübt.

Kalb Lauzeh (Syrien). Kirche im Kathedraltypus um 500, wahrscheinlich von der mittelsyrischen Bauweise beeinflußt. Für die Entwicklung des Kirchenbaues von großer Bedeutung. Die Fassade ist völlig neuartig. Über einem dreiteiligen Narthex erhebt sich in der Mitte eine Terrasse zwischen zwei Türmen. Diese ein völlig neues Bauglied in der Kirchenarchitektur. Auch der Innenraum geht völlig neue Wege und knüpft an antike Baugedanken an. Rechts und links tragen kurze, gedrungene Pfeiler drei große, mächtige Bogen, die ebenso wie der Triumphbogen und das Eingangsportal reich profiliert sind. Völlig antik ist die Gliederung der oberen Fensterzone. Hier tragen Säulen auf Konsolen das Gebälk.

Kalbträger. Allgemein Bezeichnung für einen Opferträger, der ein Kalb darbringt. Speziell ist damit der berühmte K. von der Akropolis in Athen gemeint, eine griech. archaische Statue (um 580-70 v. Chr.). Das 1,65 m hohe Standbild gehört zu den hervorragendsten Werken attisch-archaischer Bildhauerkunst.
Lit.: W. Schiering, Der K., Opus Nobile II, 1958.

Kalchasspiegel. In →Vulci gefundener, gravierter etruskischer Spiegel mit Darstellung des geflügelten Sehers Kalchas, der sich vor einem Opfertisch dem Beschauen einer Leber in seiner Linken widmet. Die Versenkung in das den Kosmos spiegelnde Organ ist nach griech. Vorbild in etruskischer Umprägung treffend veranschaulicht, vor allem auch durch die Ausstattung des Kalchas mit Schwingen, die die Entrückung aus dem Bereich des Irdischen andeuten. Um 400 v.Chr.→Bronzeleber von Piacenza.
Lit.: O. W. v. Vacano, E I, Taf. 107; E II, 48f., 200.

Kalckreuth, Stanislaus Graf von. Deutscher Landschaftsmaler. Geb. 1820 in Kozmin (Posen), gest. 1894 in München. War 1840-45 Offizier in Potsdam, wo er sich erstmals malerisch betätigte. Um sich der Malerei ganz widmen zu können, nahm er 1845 den Abschied und studierte an der Düsseldorfer Akademie bei →Schirmer. An der neugegründeten Kunstschule in Weimar wurde er Direktor (1860–76); hier machte er sich besonders verdient durch die Berufungen von →Böcklin, →Lenbach und →Begas. – K. war romantischer Landschaftsmaler; mit Vorliebe wählte er dabei Gebirgssilhouetten mit Alpenglühen und Abendstimmung.
Lit.: Thieme-Becker.

Kalendarium. Enthält eine Folge von Monatsbildern, bei denen der einzelne Monat durch eine ihm entsprechende Arbeit charakterisiert oder ein Zeichen des Tierkreises dargestellt wird. Solche Bilder befinden sich schon auf Mosaikfußböden altchrl. Basiliken. Später tauchen Kalendarien in Handschriften auf, so etwa in den karolingischen.

Kalenić. Die Kirche von K. in Serbien (1407–1413) ist architektonisch besonders interessant, da sie die Wände wieder stark durch Säulen oder Lisenen gliedert, während in der byzant. Kunst vorher die Auflösung der Wände das entscheidende Anliegen war. Auch spitzbogige Fensterformen treten plötzlich auf. Die Ornamente an Fenstern und Portalen, die in der Hauptsache Flechtwerk und symbolische Tierdarstellungen zeigen, sind noch flächig gearbeitet, dagegen sind die Figuren in der Freskomalerei schlank, elegant und sehr naturalistisch.

Kalf, Willem. Holländischer Maler. Geb. 1622 in Amsterdam, gest. 1693 ebda. Der vollendete Aufbau seiner Stilleben, ihr delikater Farbauftrag und ihre von feinstem Geschmack zeugende Stoffbehandlung wurde von keinem seiner Zeitgenossen auch nur annähernd erreicht. Seine für die Kulturgeschichte aufschlußreichen Werke zeigen fast ausschließlich Frühstücksstilleben, in denen er mit Gläsern, Silberkannen, Obstschalen, Karaffen und anderem Gerät gefüllte Tische darstellt. – In der Malweise hat sich K. derjenigen →Rembrandts genähert, so daß er im weitesten Sinne dessen Schule zugeordnet werden kann. Neben diesen meist hochformatigen Bildern von z.T. beträchtlichen Ausmaßen gibt es eine umfangreiche Gruppe kleiner Bilder mit intimen Genreszenen.
Lit.: W. v. Bode, Die Meister der holländischen und flämischen Malerschulen, 1953.

Kali. „Die Schwarze", Beiname der indischen Göttin Parvati, der Frau des Schiva in ihrem schrecklichen Aspekt mit einer Halskette aus Totenschädeln.

Kaljaja bei Lebane (Balkan). Altchristl. Basilika mit östlichem Einschlag. Versuch, Tiefenrichtung und Breite des Schiffes in Ausgleich zu bringen. Pfeiler trennen die Schiffe, die Apsis ist polygonal. Die Bedeutung des Altarraumes baulich stark betont.

Kalkar. Stadt in Nordrhein-Westfalen. Im 15. und 16. Jh. arbeitete hier die sogen. Kalkarer Schule, zu der mehrere Maler und Bildschnitzer gehörten. Hauptwerk dieser Schule ist die Ausstattung der im 15. Jh. erbauten Kirche St. Nikolai in K., deren berühmter Schnitzaltar auf H. →Douwermann, den Hauptmeister dieser Schule, zurückgeht.

Kallikrates. Griech. Architekt und Bauunternehmer des 5. Jhs. v. Chr. in Athen. In vier Bauwerken ist seine Tätigkeit überliefert. Für den →Parthenon wird → Iktinos als Architekt gemeinsam mit K. genannt. Wahrscheinlich lag die Bauleitung in seinen Händen. – Als entwerfender Architekt tritt er lediglich am Tempel der Athena Nike auf der Akropolis von Athen in Erscheinung. Der Entwurf wurde 448 v.Chr. in Auftrag gegeben, jedoch erst im vorletzten Jahrzehnt des 5. Jhs. v. Chr. als kleiner ionischer →Amphiprostylos ausgeführt.

Kallimachos. Griech. Bildhauer des 5. Jhs. v. Chr. – In →Athen, Plataiai und →Korinth tätig. Die Erfindung der Steinbohrung wird ihm ebenso zugeschrieben wie das erste →korinthische Kapitell. Seine Werke sind nur durch antike Autoren literarisch überliefert und konnten bisher noch nicht einwandfrei mit erhaltenen Skulpturen identifiziert werden.

Kallmorgen, Werner. Deutscher Architekt. Geb. 1902 in Altona, lebt in Hamburg. Bekannt als Spezialist auf dem Gebiet der Restaurierungen und Wiederaufbauten kriegszerstörter Theater: Stadttheater Kiel, Opernhaus in Hannover (von G. →Laves), Thaliatheater Hamburg; Neubau: Barlach-Mus. in Hamburg, 1963.

Kalmar. Stadt in Südschweden mit schönen und gut erhaltenen Bürgerhäusern des 17. Jhs. und dem im 12. Jh. errichteten und im 16. Jh. umgebauten Schloß Kalmarhus (heute Museum). Der vierflügelige Bau mit einem großen Torturm und vier Ecktürmen gehört mit seinen sich an Renaissancearchitektur anschließenden Giebeln zu den bedeutendsten Anlagen seiner Art in Schweden.

Kalon. Griech. Bildhauer aus →Ägina, tätig am Ende des 6. Jhs. v. Chr. Er gehörte zu der berühmten äginetischen Erzgießerschule und war einer ihrer bedeutendsten Meister. – Vielleicht kann man die →Ägineten seiner Werkstatt zuschreiben, da K. der führende Meister dieser Zeit auf Ägina war und die Tempelskulpturen, obgleich in Stein gearbeitet, auffallende Stilmerkmale zeigen, die auf eine Schule weisen, die sonst in Bronze arbeitete. – Seine Werke sind bis auf eine Basissignatur nur literarisch überliefert.
Lit.: G. Lippold, Handb. d. Archäologie, V, 97, 1950.

Kalb Lauzeh (Syrien), Blick in das Hauptschiff auf die Apsis; Rekonstruktionszeichnung.

Kalotte. 1) Der obere Teil einer sphärischen Wölbung, ein Viertel einer Kugel. – **2)** Oberteil des Schädels. – **3)** das Kopfhaar. – **4)** Bezeichnung für ein Käppchen, das den Schädel bedeckt.

Kalotypie. Photographisches Verfahren, bei dem mittels Papiernegativen Kopien hergestellt werden konnten. Die K. wurde von dem engl. Erfinder Talbot um die Mitte des 19. Jhs. entwickelt und nach diesem auch Talbotypie genannt.

Kalpasutra. Indisches Handbuch zur Durchführung der Opferzeremonien und des Tempelkults.

Kaltnadelradierung →Kupferstich.

Kalvarienberg. Bezeichnung für die Stätte, auf der bei Darstellungen der Kreuzigung Christi ein größerer Kreis teilnehmender Personen dargestellt ist. Gemeint ist mit dem K. die „Schädelstätte“, die auch bei den Szenen der Kreuztragung Christi zusätzlich zu den Kreuzwegstationen gezeigt wird. Der K. findet zuerst in Italien im 14. Jh. Eingang in die Malerei.

Kalydon. Griech. Küstenstadt am Golf von Korinth. Neben einem gut erhaltenen Mauerring von ca. 4 km Länge und Resten eines Artemisheiligtums (sogen. „Laphrion“), zu dem eine heilige Straße von der Stadt herführt, ist vor allem ein gleichfalls außerhalb der Stadt liegendes monumentales →Heroon vom Ende des 2. Jhs. v. Chr. zu nennen (sogen. „Leonteion“). Die dreiflügelige Anlage von 37,50 × 34,40 m öffnet sich nach N durch ein Pfeilerpropylon. Im Inneren befindet sich ein quadratischer Peristylhof.
Lit.: Kirsten-Kreiker, Griechenlandkunde, 768 ff., 1962.

Kamakura. Japanische Küstenstadt, 1192–1338 Residenz der Shogune und Shikken. In dieser Zeit erlebte K., das mit zahlreichen Tempeln und Palästen geschmückt wurde, seine eigentliche Blüte. Bedeutendstes Zeugnis ist ein 1252 geschaffenes, ca. 15 m hohes, in Bronze gearbeitetes Sitzbild des Buddha. Nach dieser Stadt wird eine Unterepoche der japanischen Kunst benannt, da sich in der Zeit vom 12.–14. Jh. n. Chr. hier neben der Kaiserstadt →Kyoto ein eigenes Kulturzentrum bildete, das durch eine etwas spröde, auf ritterliches Kriegertum gerichtete Kunst gekennzeichnet ist. Hauptmeister der Plastik des K.-Stils mit seinem ausgeprägten Realismus und mit der technischen Neuerung, die Augen einer Plastik durch eingelegte Kristalle zu beleben, ist →Kokei.

Kamakurabori. Bezeichnung für die japanische Technik von Lackarbeiten, bei der ein Holzrelief mit rotem oder schwarzem Lack überzogen wird.

Kamares. Minoische Kulthöhle in der Nähe von →Phaistos auf Kreta mit reichen Funden an Kleinkunst, vor allem den sogen. K.-Vasen.

Kamaresvasen →Ägäische Kunst. (Farbtafel 4)

Kambodja →Khmer-Reich.

Kambyses. Königsname der →Achaemeniden. K. I. (um 600–559 v. Chr.), Sohn →Kyros' I. Einte →Parsumasch und Parsa (→Fars). Residenzverlegung von →Masdschid-i-Suleiman nach →Pasargadae (→Tacht-i-Mädär-i-Suleiman). – K. II. (529–521), Sohn →Kyros' II. Eroberer Ägyptens, woher charakteristische Elemente in der Baukunst der →Achaemeniden stammen.
Lit.: R. Ghirshman, Iran I, 435; H. H. von der Osten, WP, 59 ff., 76 ff.

Kamee (italien.). Edelstein, oft Halbedelstein (Onyx, Sardonyx, Achat) mit erhaben geschnittener Darstellung. Gegensatz dazu →Intaglio. Im Unterschied von diesem ist die K. stets nur als Schmuckstück oder in der Kleinkunst verwendet worden. →Gemmen.

Kamennaya Baba. Volkstümliche russische Bezeichnung für figürliche Grabdenkmäler in Stein, die von türkischen Bevölkerungsgruppen in der 2. Hälfte des 1. Jahrtausends n. Chr. in Rußland errichtet wurden. Die sitzend oder stehend dargestellten Männer- oder Frauenfiguren sind durch eine mehrzöpfige Haartracht und einen in gefalteten Händen gehaltenen Becher gekennzeichnet.

Kameruner Grasland. Dieses westafrikanische Hochplateau wird von sehr selbstbewußten Ackerbauern und Viehzüchtern bewohnt (Bamum, Tikar, Bamileke, Bali, Babanki u. a.), deren Kunst viel Gemeinsames hat. Leichtigkeit und Anmut fehlen; die dargestellten Formen wirken schwer, massiv und kraftvoll. Es gibt eine Unzahl verschiedenartiger Tier- und Menschengesicht-Masken, zum Teil auch in Metallguß; daneben gibt es mit Tier- und Menschenfiguren verzierte Schemel und Hocker, Throne, lebensgroße Holzfiguren, schließlich ein reiches Kunstgewerbe (ornamental und figural beschnitzte Trinkhörner, Elefantenzahn-Trompeten, Tabakspfeifen, Schlitztrommeln u. a.). Entscheidenden Auftrieb erhielt die Kunst des K. durch den Bamum-König Njoya, der viele Künstler zu Anfang des Jhs. an seinen Hof in Fumban zog. Aus den Hofwerkstätten gingen zahllose Masken, →Gelbguß-Stücke und Elfenbeinschnitzereien hervor.
Lit.: P. Germann, Das plastisch-figürliche Kunstgewerbe im Grasland von Kamerun, 1910; W. Hirschberg, Die Künstlerstraße, 1962.

Kameruner Grasland, Maske der Tikar.

Kamin. Gegen das Zimmer offene, in der Wand befindliche Feuerstelle. Der K. ist häufig durch Rahmung (K.mantel) und vorkragendes K.gesims (K.sturz) künstlerisch geschmückt.

Kaminaljuyu. Ruinenstätte der Hochlandmaya am Rande von Guatemala mit über 200 Grabmounds. Wie in Zacualpa und Zaculeu vorklassische und frühklassische Keramikfolge, die für die Entwicklung der Mayakeramik im Hochland spricht. Besonders die spätere Zeit zeigt engen Kontakt mit dem Hochland von Mexiko, vor allem mit →Teotihuacan. Hohe Entwicklung erreicht die →Cloisonné-Keramik. Beweis für starken Einfluß des klassischen Veracruz-Stils (→Tajin) bieten die Rückseiten runder Pyritspiegel aus geschnitztem Schiefer, die in Ornamenten des Schnörkelstils stehende Gestalten wiedergeben.
Lit.: Kidder u. a., Excavations at K., 1946.

Kamiros (Kameiros). Antike Stadt an der W-Küste von →Rhodos. Umfangreiche Grabungen (bisher unveröffentlicht) haben weite Teile der Stadt freigelegt.

Kamiros-Vasen. Ostgriech. Vasengattung des 7. Jhs. v. Chr. nach dem Hauptfundort Kamiros auf →Rhodos benannt. Über einem relativ groben Ton wird ein sauberer heller Überzug aufgetragen. Kannen mit Kleeblattmündung und Teller mit ausgeschnittenem Rand sind die Hauptformen. Häufig werden die Vasen mit Friesen von Steinböcken oder Damhirschen, die von Hunden gejagt werden, geschmückt. Bei den Tellern finden sich vielfach Rosetten um Metopenbilder mit Tier- und Vogelköpfen. In roter und manchmal weißer Farbe wird die Bemalung aufgetragen. Ritzzeichnung wird in der Regel vermieden. Im 4. Jh. v. Chr. wird die Gattung der K. durch die sogen. →Fikellura-Vasen abgelöst.
Lit.: A. Rumpf, Handb. d. Archäologie, VI., 36, 1953.

Kammergrab. Bronzezeitlicher Grabtypus der Ägäis, der sich wahrscheinlich unabhängig von bereits früheren Kammergräbern in Ägypten entwickelt hat. Die Grabkammer, der sich bisweilen Nebenkammern anschließen, ist in den Fels hineingearbeitet und durch einen Dromos zugänglich.

Kammkeramik. In Skandinavien wie im osteuropäischen Waldgebiet bis ostwärts über den Ural hinaus verbreitete Steinzeitkultur, benannt nach den Kammstrich-Ornamenten der Keramik. Im Bereich der nordeurasischen K., die sich bis in das frühe 2. Jahrtausend v. Chr. behauptet und in der →Seima-Ananino-Kultur lange nachwirkt, ist eine auffallende Neigung zu Tierkopfplastik und Tiermotiven in Felszeichnungen zu beobachten, wobei Elch und Wasservogel bevorzugt werden. Deutlich ist die Bindung an magische Vorstellungen des Jägers und Fischers.
Lit.: H. G. Bandi – J. Maringer, KE 143ff.; F. Hančar, Pferd, 647; J. Wiesner, UKG IV, 99ff.

Kampanische Vasen. Groß-griech. Vasengattung des 4. Jhs. v. Chr. aus Unteritalien (Cumae und Capua). Die rotfigurig bemalten Gefäße imitieren vor allem →Apulische Vasen, ohne jedoch deren Qualität zu erreichen. Charakteristisch ist neben häufig flüchtiger Zeichnung eine betonte Polychromie.
Lit.: A. D. Trendhall, Paestan Pottery, 1952.

Kampen, Jacob van →Campen, Jacob van.

Kampf, Arthur von. Deutscher Maler. Geb. 1864 in Aachen, gest. 1950 in Castrop-Rauxel. Schüler und später Professor an der Akademie in Düsseldorf, wo er der letzte Vertreter einer langen Reihe von Historienmalern war. 1914 siedelte K. nach Berlin, wo er Nachfolger →Werners als Direktor der Hochschule für bildende Künste wurde. Um die Konkurrenz →Menzels zu meiden, wählte sich K. vornehmlich die Befreiungskriege zum Gegenstand seiner oft monumentalen Werke. Sein bedeutendstes Werk dieser Gruppe ist 1913/14 für die Aula der Berliner Universität entstanden: „Fichte redet zur deutschen Nation." Im Alter wandte sich K. dem Blldnis zu.
Lit.: B. Kroll, A. v. K., 1944; M. Rosenhagen, A. v. K., 1922.

Kanaanäer. Semitisches Volk in Syrien und Palästina, für das 2. Jahrtausend v. Chr. bezeugt durch die Texte von →Ugarit, die uns Einblick in die mythische Überlieferung der K. geben. Die Epen bezeugen Palast- und Tempelbauten, erfindungsreiches Kunsthandwerk, vertreten durch den Künstlergott →Koschar. Die K. sind identisch mit den Phöniziern der Griechen, →Phönizische Kunst. →Ahiram, →Alalach, →Aleppo, →Anath, →Astarte, →Baal, →Beirut, →Byblos, →Chiram, →Jerusalem, →Sidon, →Terafim, →Tyrus.
Lit.: H. Schmökel, GAV, 213ff.; E. Strommenger, Mesopotamien, 91ff.; A. Jirku, WB, 16ff.

Kanachos. Griech. Bildhauer und Erzgießer der berühmten Schule von Sikyon. Er war in der Zeit des strengen Stils tätig. Häufig werden seine Werke in der antiken Literatur genannt. Sein Hauptwerk war ein kolossales Erzkultbild des Apollon in →Milet. Ein Reflex dieses Standbildes ist auf milesischen Münzen erhalten.
Lit.: H. Brunn, Geschichte der griech. Künstler, 1853.

Kanarische Inseln. Für die Kulturgeschichte Westafrikas von größter Bedeutung sind die Hinterlassenschaften der Ureinwohner der K., die meist ungenau als „Guanchen" (eigentliche Bedeutung: Einwohner von Tenerife) bezeichnet werden. Ihre Kultur hatte bis zur europäischen Eroberung im Mittelalter und zu Beginn der Neuzeit jungsteinzeitlichen Charakter. Sie hinterließen zahlreiche Steinbauten aus Trockenmauerwerk, Höhlenwohnungen von z. T. großen Ausmaßen (z. B. „Palast" von Montaña Bermeja und Kloster der Aremaguadas, beides auf Gran Canaria), Idolfiguren aus Ton und Stein, die an die vorgeschichtlichen der Ägäis erinnern (wohl Spuren eines Ahnenkultes), und schließlich zahlreiche Felsritzungen. Dabei handelt es sich z. T. um „megalithische Petroglyphen" (Spiralen und konzentrische Kreisbögen), z. T. um roh stilisierte Darstellungen von Menschen und Schiffen.
Lit.: L. Torriani, Die K. und ihre Urbewohner (ed. D. J. Wölfel), 1940.

Kandahar. Hauptstadt der südwest-afghanischen Provinz gleichen Namens. Die Bedeutung der Ruinen im Umkreis der heutigen Siedlung für die Kulturgeschichte des Westens und Ostens erhellt aus der kürzlichen Entdeckung von →Aschoka-Inschriften in einem griech.-aramäischen Felsedikt und in griech. Sprache auf einem Werkstein.

Kandelaber (lat. candelabrum). Ständer für Kerzen, Lampen, Räucherwerk u. ä., bestehend aus Fuß (meist Dreifuß), Schaft und oberer flacher Schale, auch als mehrarmiger Leuchter ausgebildet. In der Antike aus gebranntem Ton, Metall, häufig aus Marmor oder Alabaster gefertigt. Im Mittelalter überwiegen Bronzekandelaber, meist als siebenarmige Leuchter von manchmal gewaltigen Ausmaßen (Hauptwerke in den Domen zu →Mailand und Braunschweig); gelegentlich auch in menschlicher Gestalt, wie der berühmte →Wolframsleuchter in Erfurt. Die →Osterleuchter gehören ebenfalls zu den K.n. Ansatz für den häufig reichen ornamentalen und figürlichen Schmuck ist der Fuß, in der Renaissance, die wieder Marmorkandelaber einführt, zudem der Schaft.

Kandelaberstil. Wissenschaftliche Bezeichnung für die Übergangsphase vom 2. zum 3. Stil der röm. pompeijanischen Wandmalerei, benannt nach der häufigen Verwendung des →Kandelabers als beliebtes Dekorationsmotiv. →Röm. Kunst, →Pompeji.

Kandinsky, Wassily. Russischer Maler. Geb. 1866 in Moskau, gest. 1944 in Paris. Nach dem Studium der Rechtswissenschaften und Volkswirtschaft in Moskau gab er mit 30 Jahren seine akademische Karriere auf und kam 1896 nach München, wo er u. a. bei F. von →Stuck studierte. Seine frühen Werke entstehen ganz unter dem Einfluß des →Jugendstils, der russischen Folklore und des franz. →Impressionismus. 1902 eröffnete er eine eigene Malschule. 1903–1907 bereiste er Tunesien, Italien, Frankreich und Holland und ließ sich 1907 wieder in München nieder. Unter dem Einfluß des →Fauvismus wurden seine Bilder großflächiger. 1910 entstand sein erstes abstraktes Bild, mit dem sich die gegenstandslose Malerei begründet. Gleichzeitig schrieb er sein Buch „Über das Geistige in der Kunst", in dem er seine revolutionierende neue Malweise begründet. – Die Bekanntschaft und Freundschaft mit →Macke, →Klee, →Marc u. a. führte 1912 zu der nach einem Bilde Kandinskys benannten Künstlergruppe des →„Blauen

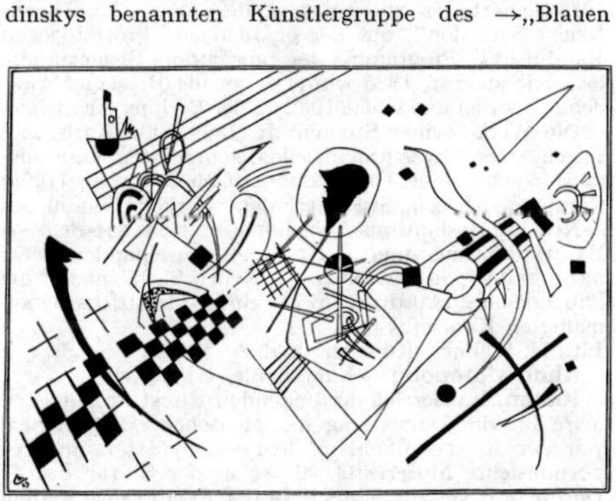

W. Kandinsky, Zeichnung, 1923.

Reiters". 1914 ging er in die Schweiz und kam 1918 über Skandinavien nach Rußland, wo er u. a. als Prof. an die Moskauer Kunstakademie berufen wurde. 1921 kehrte er nach Deutschland zurück und lehrte von 1922–33 am →Bauhaus in Weimar und Dessau. 1933 emigrierte er nach Paris, wo er bis zu seinem Tode lebte. – Seine abstrakten Bilder aus der Zeit von 1910–1920 zeigen eine heftige Dynamik in Farben und Formen, ein gleichsam komponiertes Chaos. 1920–24 entstanden architekto-

nisch gebaute Kompositionen, an die sich 1925–28 die sogen. „Kreisperiode" anschließt, die zur „konkreten Periode" und zu seinem Spätwerk überleitet, in dem er jeden Kontakt zur Materie und zur realen Welt abbricht.
Lit.: M. Brion, W. K., 1960.

Kandy. Stadt im Herzen Ceylons, königliche Residenz 1542–1815. Dalada Maligawa, „der Zahntempel", bewahrt den heiligen Zahn, eine der bedeutendsten Reliquien des →Buddha.

Kangavar. Ruinenstätte zwischen Kermanschah und Hamadan (Kurdistan, Iran). Hellenistischer Tempel der Artemis-Anahita inmitten eines großen, von Säulenhallen umgebenen Hofes. Das Heiligtum ist auf einer mächtigen Terrasse errichtet, die die Tradition der Anlagen von →Masdschid-i-Suleiman, →Pasargadae und →Persepolis weiterführt. Ein Gleiches gilt wie in Khurka für die überschlanken Säulen, die in keinem Verhältnis zum Kapitell stehen. Es fehlt wie in der Beziehung zwischen Tempel und →Temenos die griech. Proportion, so daß wir K. als Beispiel für iranische Elemente in der hellenistischen Architektur betrachten dürfen.
Lit.: R. Ghirshman, Iran I, 285, 436; II, 24; H. H. von der Osten, WP, 119f.

Kangra. Tal in den nordwest-indischen Pandschabbergen, in welchem bis Ende des 18. Jhs. eine provinzielle Miniaturistenschule die Hindu-Epen illustrierte.
Lit.: W. G. Archer, K. painting, 1952; M. S. Randhawa, K. paintings on love, 1962.

Kanheri. Buddhistische Höhlen, Klöster, Kulthallen und Plastiken des 2. Jhs. v. Chr. bis 4. Jhs. n. Chr. nördlich von Bombay in den Waldgebirgen der Insel Salsette.

Kanischka. Kuschana-König des 2. oder 3. Jhs. n. Chr., Bauherr in den Residenzen →Mathura und Puruschapura (= Peschawar), Stifter des Heiligtums von →Surkh Kotal in Afghanistan, Mäzen einer eklektischen und synkretistischen Kultur und besonders der →Gandhara-Kunst.

Kannebäckerland. Gegend im Westerwald, in der es dank großer Tonvorkommen im 16. und 17. Jh. zu einer hochentwickelten Steingutproduktion kam.

Kannelierung. Bezeichnung für die eine Säule umgebenden vertikalen Einkehlungen. Die dorische Säule war in der Regel mit 16–22 Kanneluren geschmückt.

Kanoldt, Alexander. Deutscher Maler und Graphiker. Geb. 1881 in Karlsruhe, gest. 1939 in Berlin. 1908–12 war er Mitglied der „Neuen Künstlervereinigung München", der auch →Kandinsky und dessen Freunde angehörten. 1913 gehörte er zu den Gründern der „Münchener Neuen Sezession", aus der er 1920 aus Protest gegen Kandinskys Programm der absoluten Gegenstandslosigkeit austrat. 1925 wurde er an die Breslauer Akademie berufen und lehrte 1932 an der Berliner Akademie. – Die Werke seiner Studienzeit (1899–1907 Karlsruhe) zeigen, einen etwas provinziellen, genrehaften Naturalismus. Nach seiner Übersiedlung nach München (1908) wandelte sich sein Stil unter dem starken Einfluß des →Neo-Impressionismus. Nachdem er sich mit dem →Expressionismus und →Kubismus auseinandergesetzt hatte, fand er in der sogen. →„Neuen Sachlichkeit" die ihm gemäße Ausdrucksform eines klassizistisch gemäßigten Kubismus.
Lit.: H. Vollmer, Künstlerlex. d. 20. Jhs.

Kano Motonobu →Kanoschule, →Motonobu.

Kanon. Im Bereich der bildenden Kunst Proportionslehre für die Darstellung des Menschen. Ursprünglich war der K. das Buch, in dem →Polyklet seine Proportionslehre niederlegte, die er in der Statue des →Doryphoros verwirklichte. – In der Renaissance werden diese Regeln erneut aufgegriffen und neu durchdacht, vornehmlich von →Leonardo da Vinci und A. →Dürer.

Kanonbild. Darstellung des gekreuzigten Christus im Meßbuch. Das Bild steht am Anfang des Kanons und entwickelte sich aus der Form des Anfangsbuchstabens T.

Kanontafeln (Kanonestafeln). Eine auf Eusebius von Caesarea (4. Jh.) zurückgehende Evangelienkonkordanz, die die Nummern der Abschnitte angibt, in die jedes der Evangelien unterteilt ist. Sie erleichtert das Aufsuchen gleicher und ähnlicher Textstellen. Für diese jedem mittelalterlichen Evangelienbuch vorgehefteten Tafeln wurde folgendes Schema verbindlich: Die vier Zahlenkolumnen sind in die Zwischenräume von fünf durch Halbkreisbögen untereinander verbundenen Säulen eingestellt. Das Ganze wird nochmals von einem großen Halbkreisbogen zusammengefaßt. (Früheste Beispiele in syrischen Handschriften, etwa dem →Rabula-Codex von 586.
Lit.: C. Nordenfalk, Die spätantiken K., 1938.

Kanopen →Canopen.

Kanoschule. Eine der bedeutendsten japanischen Malerschulen, der über 1000 Maler angehörten. Stammvater ist →Masanobu, dessen Sohn →Motonobu die vom chinesischen übernommene Tuschemalerei zu höchster Blüte brachte. Er verband Anregungen der chinesischen Sung-Zeit mit japanischen Elementen und schuf damit den eigentlichen Kanostil, der einen wesentlichen Teil japanischer Malerei vom 15. bis 18. Jh. bestimmte. Zu den Hauptmeistern dieser Schule gehören außer den Genannten: →Eitoku und →Tanyu.

Kantharos. Griech. Weinbecher mit zwei Henkeln. Auf schwarz- und rotfigurigen Vasen häufiges Attribut des Dionysos.

Kantoniert werden Pfeiler und Mauerecken genannt, deren Kanten mit Halb- oder Dreiviertelsäulen besetzt sind. Der k.e Rundpfeiler wird die klassische got. Arkadenstütze franz. Kathedralen. Zuerst in Chartres (dort noch Wechsel runder und polygonaler Stützen), später Reims, Amiens u.a. Um den säulenartigen Kern legen sich vier oder mehr zylindrische Dienste. Der k.e Rundpfeiler dient der durchlaufenden Vertikalisierung der Mittelschiffwand und betont zugleich die Plastizität des architektonischen Gliedergerüsts. Aus ihm entwickelt sich der →Bündelpfeiler, dessen Kern von den zylindrischen Vorlagen vollständig verdeckt ist.

Kantschipuram. Mittelalterl. Name der heutigen südindischen Stadt Conjeeveram. In der Pallava-Zeit wurden mehrere Hindu-Heiligtümer errichtet, die wie der Kailasa oder der Vaikuntha Perumal von Bedeutung für die Entwicklung des Grund- und Aufrisses dravidischer Tempel werden sollten und zugleich ikonographisch einzigartige Kultbilder und eine Art des historischen Reliefs enthalten.
Lit.: C. Minakshi, K., 1954.

Kanzel (lat. cancelli „Schranken"). Vorformen sind der →Ambo, die an oder vor den Chorschranken frühchristl. Kirchen errichtete Lesebühne und seit dem 13. Jh. die in Verbindung mit dem →Lettner stehende K. Früheste Beispiele allein stehender K.n finden sich seit dem 13. Jh. In der 2. Hälfte des 13. Jhs. entwickeln die italien. Bildhauer Nicolo und Giovanni →Pisano die Grundform der K., die in der Kombination von architektonisch gegliedertem Aufbau und reichem plastischem Schmuck zu einem bedeutenden Träger bildnerischer Kunstäußerung besonders in Italien wird. Die K. steht vor einem Vierungs- oder Langhauspfeiler, wird von einem K.fuß in Gestalt einer, auch mehrerer Säulen getragen, der gelegentlich durch eine Tragefigur ersetzt wird, hat gewöhnlich eine polygonal gebrochene Brüstung und wird über eine mit Brüstung versehene Treppe erreicht, die entweder rund um den Pfeiler führt oder diesen durchschneidet. Über ihr befindet sich ein Schalldeckel in Form eines Baldachins. Brüstungen und Schalldeckel sind in Spätgotik und Renaissance architektonisch gegliedert und plastisch reich verziert. K.n wurden zu bedeutenden Kunstwerken (z.B.: K. von Anton Pilgram im Wiener Stephansdom, 1505–12) und ihr Besitz nun auch in kleinen Kirchen zur Regel. Der Barock löst die architektonische Gliederung auf; der Schalldeckel wird zur Wolke, auf der Putten spielen; Beispiele vor allem in süddeutschen und fläm. Barockkirchen.

Kapelle. Ursprünglich die Bezeichnung des Betraums im königlichen Palast in Paris, in der das Mönchskleid des hl. Martin, die Cappa, als Reliquie verehrt wurde. Der Name übertrug sich später allgemein auf Andachtsräume von Palästen wie Schloßkapellen, Pfalzkapellen, dann auf selbständige kleine christliche Sakralräume wie Taufkapellen, Totenkapellen, schließlich auch auf solche im Kirchenverband wie Chorkapellen und Seitenschiffkapellen.

Kapellenkranz →Chor.

Kapellen-Stolzenfels (bei Koblenz). Die Feste an schmaler Stromschnelle geht auf eine alte Zollstätte der Trierer Kurfürsten zurück, die 1689 von den Franzosen zerstört wurde. Ab 1825 wurde sie im Auftrag Wilhelms IV. nach Plänen C. F. →Schinkels unter Schonung des Bestehenden wiederaufgebaut. Der 5eckige Bergfried stammt noch aus dem 14. und 15. Jh. Die Anlage, eines der Hauptwerke deutscher Romantik, bezieht auch die Natur mit Bäumen, Felsen, Bach und Wasserfall in das Baukonzept mit ein. Bemerkenswert ist auch die Ausmalung der Burgkapelle von E. Deger.

Bildnisbüste Kaiser Friedrich I. Barbarossa, vergoldete Bronze, 2. Hälfte des 12. Jhs. (Kappenberg, Schloßkirche).

Kapitell. Bekrönendes Glied einer Säule oder eines Pfeilers. Im alten Ägypten entwickelt es sich aus Papyros- oder Lotosformen. Die antike griech. Architektur hat drei Typen des K.s entwickelt. Das dorische K. besteht aus dem wulstartigen hochschwingenden→Echinus und der darauf liegenden Deckplatte, dem →Abakus. Das ionische K., das sich aus dem Orient herleitet und seine Vorform im →äolischen K. hat, besteht aus einem →Blatt- oder →Eierstab, einem großen, sich darüberlegenden Volutengebilde und einer von einem Blattstab eingefaßten Deckplatte. Dorisches und ionisches K. sind ungefähr gleichzeitig in früharchaischer Zeit entwickelt worden. Im späten 5. Jh. v. Chr. entsteht als Variante der ionischen Säulenordnung das korinthische K., das sich vor allem im →Hellenismus und in der röm. Architektur einer zunehmenden Beliebtheit erfreute. Gemeinsam mit ionischen Voluten bildet beim korinthischen K. ein Akantus-Gebilde den krönenden Schmuck. – Neue Formen finden sich in der byzant. Kunst, besonders am →Kämpfer als sogen. Kämpfer-K. – Die Hauptformen des byzant. K.s sind: Trapez-K., Korb-K., Falten-K. und Kessel-K., die nach ihren Formen benannt sind. – Die karolingische Zeit übernahm röm. K.formen, zumeist das korinthische K., häufig in stark vergröberter Form. In ottonischer Zeit entstanden neben dem korinthischen, gelegentlich durch Einfügung menschlicher Köpfe bereicherten K.e (z. B. in →Gernrode) das Pilz-K. (Quedlinburger Wipertikrypta, um 930), dessen Vorstufen in Kleinasien zu suchen sind, und das Würfel-K., eine Durchdringung von Würfel und Kugel. Seine kubische Form verdeutlicht die tektonische Funktion und entspricht der kubischen Raumform frühroman. Kirchen (frühe Beispiele in St. Michael, →Hildesheim). Seine Vorstufen sind wohl in K.en justinianischer Zisternen (z. B. Bin-bir-direk), vielleicht auch im Mulden-K. zu suchen (Krypta von Oberzell/Reichenau, um 900). Es kann mit Ornament, gewöhnlich mit Palmetten, versehen sein. In der Spätromanik entwickeln sich schlankere Formen: das Kelchblock-K., das zum Teil die kubische Schwere des Würfel-K.s beibehält, und das Kelch-K. Es wird in der Spätromanik gern mit dem antiken Schmuckmotiv der Akanthusblätter verziert: Akanthus-K. Neben den rein ornamental geschmückten K.en entsteht in roman. Zeit noch das →Figuren-K., das seine großartigste Ausprägung in Frankreich erfuhr. Künstlerisch bedeutend sind vor allem die mit Reliefszenen versehenen K.e, deren Folge oft umfangreiche ikonographische Zyklen aufnahm. Die Frühgotik entwickelt das Knospen- oder Knollen-K., bei dem einzelne anliegende Blattornamente in eingerollten, vorspringenden Knollen enden. Es geht, wie die Gotik selbst, von Frankreich aus. In der Hochgotik herrscht das Blatt-K., von mehreren Kränzen fein gearbeiteter Blätter, oft heimischer Pflanzensorten, umzogen (z. B. →Reims, →Naumburg), die gegen Ende des 13. Jhs. immer stärker stilisiert werden. In der Spätgotik, wo der Kontrast von Tragen und Lasten optisch aufgehoben erscheint, verschwindet auch das K.; die Stütze geht absatzlos in die Schenkel der Bogen, beziehungsweise in die Rippenansätze über. Im ganzen spielt die Ausgestaltung des K.s in der Romanik eine wesentlich größere Rolle als in der Gotik. – Seit der Renaissance wurden keine neuen K.formen mehr entwickelt, da sich hier – wie auch im Barock und Klassizismus – die Architektur wieder der antiken K.e bedient.

Karli. Tschaitya-Halle mit Stupa.

Kapitelsaal →Kloster.

Kapitol →Capitolium.

Kapitolinische Wölfin. Berühmte estruskische

Bronzeplastik des 5. Jhs. v. Chr. (Rom, Konservatoren-Palast). Man hat in ihr häufig die aus der Sage her bekannte Wölfin erkannt, die die Zwillingsbrüder Romulus und Remus säugt. Die beiden Knaben sind jedoch Ergänzungen der Renaissance.

Kapota. Nach der Form des „Taubenschnabels" benanntes gebogenes Gesims am südindischen Tempel.

Kappadokische Handelskolonien. In Zentralanatolien, dem Verbreitungsgebiet der vorhethitischen Hatti, von assyrischen Kaufleuten um 1900 v. Chr. gegründete Handelsniederlassungen mit dem von →Assur abhängigen Zentrum Kanesch, dem heutigen Kültepe, unweit von Kayseri. Die in altassyrischer Sprache abgefaßten Keilschrifturkunden, die auch in →Alisar Hüyük und →Boghazköi gesichert sind, bezeugen für die Zeit zwischen 1900 und 1720 v. Chr. die Anwesenheit der →Hethiter in Kleinasien.
Lit.: H. Schmökel, GAV, 94f., 156f.; E. Akurgal, HK, 18ff.

Kappadokische Höhlenfresken. In Kappadokien sind im 7. Jh. n. Chr. und später Mönchskirchen in den weichen Kalk des Gebirges hineingearbeitet. Zunächst saalartige Räume mit Tonnengewölben, später eine Art von Kreuzkuppelkirchen. Diese wurden an den Gewölben und Wänden reich mit Fresken geschmückt. In der ersten Periode (etwa 9. Jh.) ließ man sich dabei vor allem von apokryphen Schriften anregen und schuf im allgemeinen einen fortlaufenden Zyklus; die syrische Kunst hat hier wahrscheinlich ihren Niederschlag gefunden. Später statt der historisierenden Darstellungsweise Bilder der Anbetung (11. u. 12. Jh.). Die mönchische, derbe, aber sehr ausdrucksstarke Kunst der K. hat Einfluß auf Griechenland, den Balkan, vielleicht auch Konstantinopel selbst gehabt.
Lit.: G. de Jerphanion, Les églises rupestres de la Cappadoce, 1923–1934, 4 Text- und 3 Bildbände; N. und M. Thierry, Nouvelles églises rupestres de Cappadoce, 1963.

Kappe (Gewölbekappe) →Gewölbe.

Kappel. In der Nähe von Zürich gelegenes Dorf. Kern der Ortschaft ist die 1185 gegründete Zisterzienserabtei, in deren got. Kirche hervorragende Beispiele got. Glasmalerei erhalten sind.

Kappenberger Barbarossakopf. Um 1160–70. Bedeutendes Werk der →Goldschmiedekunst des niederlothringischen Kunstkreises mit Zentrum Aachen. (Neu) vergoldete Bronzebüste Friedrich Barbarossas, Augen in Silber eingelegt, Vollbart mit ziselierten Locken. Patengeschenk des Kaisers für Otto von Kappenberg, der den Sockel mit 3 Engeln und einer vierten verlorenen Tragefigur (vielleicht sein eigenes Bildnis) zufügte und das Ganze als Behälter für Reliquien Johannes' des Evangelisten der Kappenberger Kirche stiftete. Die künstlerisch bedeutende Kaiserbüste wohl als individuelles Bildnis gedacht. (Abb. S. 319).
Lit.: E. Meyer, Bildnis und Kronleuchter Barbarossas, in: Der Kunstbrief 1946.

Kappgesims →Kaffgesims.

Kap Sunion. Südlichstes Kap der griech. Landschaft →Attika. Hoch über dem Meer liegt hier ein bedeutendes Poseidon-Heiligtum, in dem die berühmten frühharchaischen Sunion-Kuroi (Athen, Nat. Mus.) gefunden wurden. Ein klassischer dorischer →Peripteros wurde wahrscheinlich nach dem Entwurf eines attischen Architekten, der vielleicht mit dem Baumeister des →Theseions in Athen identisch ist, um 440 v. Chr. hier errichtet. Der Tempel wurde am Anfang dieses Jhs. freigelegt und zum Teil wieder aufgebaut. Von seinem plastischen Schmuck sind nur wenige, stark verwitterte Fragmente erhalten.
Lit.: Berve-Gruben-Hirmer, Griech. Tempel und Heiligtümer, 191ff., 1961.

Kar, Cintamoni. Indischer Bildhauer der Gegenwart, der von naturalistischen Darstellungen zu einer Abstrahierung kam und zugleich Grundsätze altindischer plastischer Auffassung in geschichtlichen Darstellungen niedergelegt hat, z. B. in: Classical Indian Sculpture, London, 1950, und Indian Metal Sculpture, London, 1952.

Karabel. Hethitisches Felsrelief der Großreichszeit südlich von Sipylos (Westkleinasien) mit Großkönigdarstellung und Hieroglypheninschrift. Das Relief bezeugt den Einfluß der →hethitischen Kunst im westanatolischen Küstengebiet. Es wird von Herodot 2, 106 erwähnt.
Lit.: H. Bossert, Altanatolien, Taf. 557ff.

Karagodeuasch. →Kurgan im →Kuban-Gebiet. Griech. Silberrhyton (→Rhyton) mit Belehnung eines reitenden →Skythen-Fürsten durch einen Gott zu Pferd in Reitertracht. Unter den Hufen beider Pferde überwundene Gegner (um 330 v. Chr.). Der Bildgedanke ist charakteristisch für die →parthische Kunst und die →Sasanidenkunst.
Lit.: R. Ghirshman, Iran I, 359; K. Schefold, HDA II, 453; J. Wiesner, UKG IV, 124f.

Karaindasch. König der →Kassiten (spätes 15. Jh. v. Chr.), Zeitgenosse und Vertragspartner →Amenophis' III., erbaute einen kleinen Tempel für →Inanna in →Uruk. Es handelt sich um einen von schmalen Seitenräumen eingefaßten Langraum mit Vorhalle, dessen Grundriß an ein Megaron erinnert. Die mit Eckbastionen ausgestattete Umfassungsmauer zeigt an der Außenwand, die durch Nischen gegliedert ist, in Ziegelrelief abwechselnd eine Flußgöttin und einen Berggott mit Wassergefäßen, die überquellen, so daß sich die Wellenbänder ornamental über die ganze Fassade ziehen. Der Bildgedanke steht in neusumerisch-altbabylonischer Tradition, während der Grundriß an die Tempelanlage von →Tepe Gawra angeschlossen werden kann.
Lit.: H. Schmökel, GAV, 174, 183; E. Strommenger, Mesopotamien, 90f.

Karakorum. Ehemalige Residenz Dschingis Khans, in der Mongolei gelegen. Ausgedehnte Ruinen zeugen noch von der Macht dieses Herrschers (um 1220 n. Chr.).

Karasuk-Kultur. Die nach dem sibirischen Fluß im Minussinskgebiet benannte K. (10.–8. Jh. v. Chr.), in weit auseinanderliegenden Enklaven nachgewiesen, ist eine wichtige Vorstufe der →eurasischen Kunst, wie die Metallarbeiten mit charakteristischen →Tierstil-Erscheinungen bezeugen.
Lit.: F. Hančar, Pferd, 217f., 250ff., 327; J. Wiesner, UKG IV, 103f.; K. Jettmar, Steppenvölker, 66f., 71ff., 166, 223, 234.

Karatepe. Späthethitischer Burgpalast des frühen 1. Jahrtausends v. Chr. mit motivreichen →Orthostatenreliefs (Kult-, Familien-, Kriegs- und Jagdszenen) in der für die →hethitische Kunst charakteristischen zwanglosen, freien Gruppierung, die von keinem festen Kompositionssystem bestimmt ist. Die phönizische Übersetzung der Hieroglyphentexte bot den Schlüssel für die Entzifferung der hethitischen Hieroglyphenschrift.
Lit.: E. Akurgal, HK, 90ff.; M. Riemschneider, WH, 257.

Karawanserai →Han.

Karcher, Johann Friedrich. Deutscher Gartenarchitekt und Baumeister. Geb. 1650 in Dresden, gest. 1726 ebda. Schüler →Klengels und →Le Nôtres. Als Obergärtner am sächsischen Hofe legte er den „Großen Garten" vor dem Pirnaer Tor an. Die Zuschreibung des in diesem Garten stehenden Japanischen Palais (erbaut ab 1679) an K. ist irrig. Dagegen hat K. mit Unterstützung →Pöppelmanns das Taschenbergpalais der Gräfin Cosel in Dresden erbaut. Dieses Rokoko-Palais bezeichnet in Dresden den Übergang vom italien. zum franz. Geschmack. Arbeiten für das Schloß Wilhelmshöhe bei →Kassel gediehen nicht über erste Entwürfe.
Lit.: F. Löffler, Das alte Dresden, 1955.

Kardinaltugenden →Tugenden.

Karikatur. Bezeichnung für eine Darstellung, in der das Objekt in satirischer oder komischer Weise gezeigt wird. Die künstlerischen Mittel der K. liegen in der Reduzierung auf die Wesensmerkmale und in der Übertreibung des Charakteristischen. – Zwar hat es karikieren-

Tafel 13: *Freiburg i. Br., Blick in den Helm des Münsterturms.*

de Darstellungen schon früh und in zahlreichen Kulturen gegeben, zu einer selbständigen künstlerischen Form kam es dabei jedoch erst im 19. Jh. – Wesentliche Voraussetzungen hierfür schuf →Hogarth noch im 18. Jh. – In erster Linie steht die K. im Dienst der Gesellschaftskritik, wie sie anfangs in England, dann vor allem in Frankreich üblich wurde und durch Lithographien oder Holzschnitte weit verbreitet werden konnte. Neben der Gesellschaftskritik spielt die politische K. eine bedeutende Rolle.

Karkal. Dorf nahe der Westküste Südindiens. Virapandya ließ 1432 die Kolossal-Statue des Dschaina-Heiligen Gommateschvara auf der Kuppe eines Berges errichten; im Jahre 1586 stiftete Bhairava II. auf dem gegenüberliegenden Hügel ein weiteres Dschaina-Heiligtum, die Tschaturmukha-Basti.
Lit.: Fischer, Caves, 30.

Karkemisch. Späthethitischer Fürstensitz in Nordostsyrien an der anatolischen Grenze am rechten Euphratufer auf langgestrecktem Burgberg, der seit der Vorzeit besiedelt war, wie bemalte Tell Halafkeramik (→Guzana) und Schichten des 2. Jahrtausends v. Chr bezeugen. Nach dem Untergang des Großreiches der →Hethiter Erweiterung und Neubefestigung, Ausstattung mit Stadttoren, Palast- und Tempelbauten, deren Skulpturen und Orthostatenreliefs hethitische Tradition und assyrische Vorbilder erkennen lassen. Beispielhaft für das hethitische Nachwirken sind neben dem schönen Reliefkopf einer Göttin mit hoher Mütze (Polos) Säulenlöwen, zwischen denen die Relieffigur eines adlerköpfigen Tierbezwingers im Knielaufschema dargestellt ist. In assyrisierendem Stil ist das Relief des Königs Katuwas von K. mit hethitischer Hieroglyphenschrift ausgeführt. Ein gleiches gilt für Orthostatenreliefs mit Kriegern, Kampfszenen, Stieren beiderseits des →Lebensbaumes, geflügelten Adlerkopfgenien und das neben der Darstellung des Tierbezwingers im Knielaufschema wichtige Motiv der Löwensphinx mit aufgesetztem Menschenkopf und Schlangenschweif, die als Vorbild der →Chimaera angesehen wird.
Lit.: V. Christian, AKZ, 32f.; E. Akurgal, HK, 90ff.

Karli. Buddhistische Wohn- und Kulthöhlen im Dekkhan an der Eisenbahnstrecke zwischen Bombay und Poona. Die berühmte →Tschaitya-Halle ist eine Stiftung vorchristl. Zeit und wurde später durch Bildwerke des →Buddha ausgeschmückt. (Abb. S. 319).

Karlsruhe. 1715 gegründete Barockresidenz des Markgrafen Wilhelm von Baden-Durlach. Nach dem Vorbild von Rastatt entstand eine der bedeutendsten deutschen Städteanlagen des Barock, die mit äußerster Konsequenz die aufgefächerte Straßenführung auf das Schloß bezog. Die erste Anlage mit ihren auf ein Kreissegment bezogenen Straßen entstand 1715–19. Unter Mitwirkung von B. →Neumann wurden nach Plänen des italien. Baumeisters L. Retti in der 2. Hälfte des 18. Jhs. umfangreiche Erweiterungsbauten am Schloß durchgeführt. Die im späten 18. Jh. rasch aufblühende Stadt erhielt ihre wesentlichen Akzente durch die in großzügigem Klassizismus errichteten Bauten →Weinbrenners.

Karmir Blur. Ruinenstätte der Festung Teschebaini →Urartu am Oberlauf des Araxes bei Eriwan. Reiche Bronzearbeiten mit Weihinschrift an den Gott Chaldi Trense mit Namen →Menuas, feinziselierter Helm mit Namen → Sardurs. Pfeilspitzen und Knochenschnitzereien mit Tierstilmotiven der →skythischen Kunst sprechen zusammen mit dem Grabungsbefund für Eroberung und Zerstörung durch die →Skythen.
Lit.: R. Ghirshman, Iran I, 306; F. Hančar, Pferd, 186ff.; J. Wiesner, UKG II, 108, 111; IV, 117.

Karnak. Ausgedehnter ägypt. Tempelbezirk im Bereich von →Theben-Ost, mit dem südlich von K. gelegenen →Luxor durch eine Widder-Sphinx-Allee verbunden. Ursprünglich eine Kultstätte des Kriegsgottes →Month; hier wurde im Mittleren Reich das Heiligtum des Amun gegründet mit Richtung auf die Terrassenanlage →Mentuhoteps in →Der el-bahri. Jubiläumskapelle →Sestostris' I. Die Bedeutung des Amuntempels läßt sich an den Erweiterungen ablesen, die von der 18. Dyn. bis in die →Ptolemäer-Zeit durchgeführt wurden. So muß man heute eine langgestreckte Raumfolge durchschreiten, um zum ältesten Teil zu gelangen, in dem sich trotz aller Umbauten stets das Allerheiligste mit der Barke des Amun befand. Vom Nil her führt eine Widder-Sphinx-Allee zum 1. →Pylon und dem anschließenden Großen Hof der →Libyer und →Aethiopen, der die Tempel →Sethos' II. und →Ramses' III. einbezog. Zwischen dem 2. und 3. Pylon (→Haremhab, →Amenophis III.) erbaute →Ramses II. den von →Sethos I. begonnenen Großen Säulensaal, dessen Außenwände im Norden die Siegesreliefs Sethos' I., im Süden die Ramses' II. zeigen. Daneben Siegesbericht →Scheschonks I. über Rehabeam von Juda, den Sohn →Salomons (→Jerusalem). Zwischen dem 3. und 4. Pylon (→Thutmosis I.) Obeliskenpaar →Thutmosis' I., das einst den Eingang zur Zeit der frühen 18. Dyn. flankierte und durch ein weiteres Paar →Thutmosis' III. ergänzt wurde. →Streitwagen-Stele →Amenophis' II. Zwischen dem 4. und 5. Pylon (→Thutmosis I.) Säulen-Querhalle Obeliskenpaar der →Hatschepsut, von →Thutmosis III. hoch ummauert, von →Sethos I. wiederhergestellt, nachdem →Amenophis IV. Namen und Figuren Amuns getilgt hatte. Zwischen 5. und 6. Pylon (→Thutmosis III.) Querhof mit Säulen und Osirispfeilern. Pfeilerpaar mit Lilie und Papyrus als Wappenzeichen Ober- und Unterägyptens, nach Himmelsrichtungen gesetzt. Siegesreliefs Thutmosis' III. Anschließend Allerheiligstes. Granitkapelle der →Ptolemäer-Zeit an Stelle älterer Bauten, flankiert von Räumen der →Hatschepsut mit charakteristischen Reliefs der frühen 18. Dyn. Annalensaal im Umgang der Kapelle. Auf den östlich anschließenden Bereich mit Tempelresten des Mittleren Reiches folgt die quergestellte Festhalle →Thutmosis' III., dahinter der Botanische Garten des Pharao, schließlich der von ihm begonnene, von →Ramses II. fortgesetzte und von → Taharka erweiterte Obeliskentempel. Der Tempel → Amenophis' IV. mit den Osirispfeilern, die den Pharao in seiner eigenartigen, häßlichen Gestalt zeigen, lag außerhalb der Ziegelumwallung des Amunbezirkes. Sie schloß einen heiligen See mit dem Kolossal-Skarabäus → Amenophis' III. ein, ebenso die mit den Pylonen 7–10 ausgestattete heilige Straße zum südlich gelegenen Mutbezirk (7 →Thutmosis III., 8 →Hatschepsut, 9/10 →Haremhab). Westlich der Pylonenstraße →Chons-Tempel →Ramses' III. innerhalb der Ziegelumwallung, die in der →Ptolemäer-Zeit mit einem hohen Tor ausgestattet wurde und die von →Luxor kommende Sphinxallee aufnahm. Nördlich vom Amuntempel am Rande der Umwallung Tempel →Thutmosis' III. für →Ptah von →Memphis mit Kultstatue des Gottes und seiner löwenköpfigen Gemahlin Sechmet. Die Erweiterung durch →Schabaka und die →Ptolemäer offenbart sich vor allem im Reliefstil und in den Kompositkapitellen (→Pflanzensäule). Wichtig ist, daß auch der alte Künstlergott von Memphis im Bereich des Amun berücksichtigt werden mußte. Folgt man der Sphinxallee in der Achse der südlichen Pylonenstraße, so gelangt man in den umwallten Bezirk der Amungemahlin →Mut, deren Tempel von einem heiligen See umgeben war. Hervorragende Sitzbilder der löwenköpfigen Göttin →Sachmet. Ein Sphinxweg verband die zum Mutheiligtum führende Sphinxallee mit der parallelen Sphinxstraße nach →Luxor, so daß die heilige Barkenprozession auf dem Landweg ihren würdigen Rahmen hatte. Sie bildete nach Ausweis der Reliefbilder zusammen mit der Barkenfahrt auf dem Nil, die auch nach →Der el-bahri führte, einen wichtigen Teil des Amunkultes und demonstrierte in Festzeiten die enge Verbindung zwischen den weit auseinander liegenden Kultzentren von →Theben.
Lit.: W. Wolf, KÄ, 303ff., 332ff., 401ff., 416ff., 431ff.,

Tafel 14: *Chartres, Fensterrose von der Westfassade der Kathedrale.*

451ff., 461ff., 472ff., 518ff., 534ff., 547ff., 552ff., 570ff., 596ff., 612ff.; E. Brunner-Traut, Ägypten, 439ff.

Karnation →Fleischton.

Karneol. Rotweißer Stein, eine Abart des Chalcedon, der besonders für Siegelsteine verwendet wurde.

Karnak, Südlicher Hof und Annalensaal Thutmosis' III. im Heiligtum des Reichsgottes Amun.

Karner. Friedhofskapellen über rundem oder polygonalem Grundriß, deren Untergeschoß die bei Aufhebung alter Gräber geborgenen Knochen aufnahm, während das Obergeschoß der Zelebrierung der Totenmesse diente. Vor allem in Niederösterreich und Kärnten verbreitet und meist aus roman. Zeit stammend. Bedeutendste Beispiele in Hartberg, Mödling, Tulln.

Karnies. Bauglied mit S-förmigem Profil. Er gehört meist zum Gesims und wird auch Glockenleiste genannt, da der Profilschnitt in seinem Verlauf der Glockenform ähnlich ist.

Karolinen. Inselgruppe im Zentrum von →Mikronesien. Hier sind Holzfiguren selten, doch künstlerisch hochstehend; dies gilt besonders für die glatten, fast „abstrakt" wirkenden lebensgroßen Statuen der Insel Nukuoro (ihre Bevölkerung stammt aus →Polynesien), ebenso für die Masken der Insel Mortlock, die bei sparsamem Dekor sehr eindrucksvoll wirken. Bedeutsamer als die rezente Kunst sind jedoch die archäologisch erfaßbaren Kulturspuren auf →Ponape und Kusaie.

Karolingische Kunst. Beginn der abendländischen Kunst, ausgelöst durch bewußtes Bemühen Kaiser Karls d. Gr. um eine „Renovatio" des röm. Imperiums im fränkischen Reich (auch „karolingische Renaissance" genannt). Die von ca. 800 bis ins 10. Jh. währende Stilepoche (franz. treffend „Style Charlemagne") gründet sich auf das deutsche wie franz. Gebiete umfassende Karolingerreich. Auftraggeber sind das Kaiserhaus und dessen engste Umgebung. Für die bildende Kunst insgesamt ist charakteristisch eine Lösung von der vorwiegend ornamental bestimmten, vorkarolingischen Kunst und eine bewußte Aneignung höchst verfeinerter, komplizierter, spätantik-byzant. Formen. Baukunst: Nach Abreißen röm. Traditionen erstes Wiedererstehen von Großbauten in Stein nördlich der Alpen. Tastenden Beginn zeigt die Fülle übernommener Typen: Zentralbau, Basilika mit und ohne Querschiff, Saalkirche mit Rechteckchor, einer oder drei Apsiden. Folgenreichste Neuansätze: Bemühen um gruppierende Gestaltung des Außenbaus (führt zum roman. Gruppenbau und zur Entstehung von Türmen im Kirchenverband) und um festere Maßverhältnisse besonders des Grundrisses. Auffälligste Form karolingischen Kirchenbaus ist das als eigener Baukörper dem Langhaus vorgelagerte →Westwerk, dessen Zweckbestimmung umstritten ist. Wichtigste Bauten u. a.: Aachener Pfalzkapelle, →Centula, →Germigny-des-Prés. Der Palastbau ist nur durch Grabungen bekannt (etwa Ingelheim). In Bildnerei und Malerei war die Kleinkunst führend, →Goldschmiedekunst, →Elfenbeinschnitzerei, →Buchmalerei. Sie diente besonders der Ausstattung von liturgischen Büchern, liturgischen Geräten, Antependien u. ä. An Goldschmiedearbeiten ist nur weniges auf uns gekommen, wichtig besonders der Deckel des →Codex aureus, ein Regensburger Tragaltar (beide jetzt München, entstanden vielleicht in Reims um 870) und der von Wolvinus gefertigte Paliotto (824–56) aus S. Ambrogio, Mailand. Kennzeichnend ist der Kontrast zwischen dichter Setzung stark erhaben gefaßter, bunter Edelsteine des Rahmens und dem einheitlichen Goldglanz der getriebenen Relieffelder. Besser erhalten sind die Elfenbeine, die unterteilt werden in →Ada-Gruppe (um 800), für die eine ins Zeremonielle, Prächtige gehende Formkultur typisch ist, →Liuthard-Gruppe (Mitte 9. Jh.), →Metzer-Gruppe (Mitte 9.–10. Jh.). Der Reliefstil ist wie der der Buchmalerei abhängig von spätantiken, auch byzant. Vorlagen und schwankt je nach Vorbild, so daß ebenso wie in der Baukunst noch kein einheitlicher karolingischer Stil zu fassen ist. Wichtigste Schulen der Buchmalerei: →Ada-Gruppe, →St. Gallen, →Palastschule, →Tours, →Reims, →Metz, →St. Denis (Corbie). Die Werkstätten befanden sich in den großen Klöstern, mit Ausnahme einiger, die dem Hof Karls d. Gr. direkt verbunden waren. Nach dem Tode des Kaisers verlagert sich das Schwergewicht der Produktion nach Westen: Lothringen, Nordfrankreich. Von der bedeutenden Wandmalerei haben sich nur geringe Reste erhalten, etwa in Naturns, →Müstair. Die Profanmalerei ist mit den Pfalzen vollständig untergegangen. (Siehe Tafel 9 und 10).

Lit.: Karl der Große, Herausgeber: H. Beumann, B. Bischof, W. Braunfels, H. Schnitzler, 3 Bde., 1965.

Karomama. Gemahlin Takhelotis' II., →Libyer.

Kartapesta → Papiermasse.

Karthago. Ursprünglich phönikische Hafenstadt an der N-Küste Afrikas (um 800 v. Chr. gegründet). Eine über 30 km lange Mauer mit einer Stärke von bis zu 10 m umgab die Stadt, in deren Zentrum eine riesige Zitadelle stand. Vor der Stadt ausgedehnte Hafenanlagen für Handels- und Kriegsflotten. – Im 3. Punischen Krieg wurde K. 146 v. Chr. durch die Römer völlig zerstört. – 126 v. Chr. zur röm. Kolonie erklärt, blühte K. im 1. Jh. n. Chr. zu einer der bedeutendsten Städte des röm. Imperiums auf. Große Forum-, Tempel- und Thermenanlagen wurden erbaut und nach einer Feuersbrunst im 2. Jh. n. Chr. neu errichtet. Gut erhalten sind ein Circus und ein Amphitheater. – Im 6. Jh. fällt K. an das oström. Reich und wird mit dem Konzil von 535 zu einem Zentrum des frühen Christentums. Mehrere frühchristl. Basiliken liegen außerhalb der eigentlichen Stadt. – Am Ende des 7. Jhs. wurde K. durch die Araber erobert und in Tunis umbenannt. – Im Musée National de Carthage sind die Ergebnisse der Ausgrabungsarbeiten gesammelt, die Pater Delattre (gest. 1932) fast ein halbes Jahrhundert, vor allem in dem Raum um K. durchgeführt hat. Neben punischen und röm. Ausstellungsstücken wichtige Funde der altchristl. Kunst, vor allem auf dem Gebiet der Skulptur, Epigraphie und Keramik.

Lit.: E. Kirsten, Nordafrikanische Städtebilder, 1961.

Karton. Bezeichnung für die auf starkem Papier gegebene maßstabgleiche Vorzeichnung eines →Freskos oder monumentalen Bildes. – Vor allem die italien. Malerei bediente sich des K.s seit dem 15. Jh. bei großformatigen Werken, um durch die Übertragung der Vorzeichnung auf die Malfläche nach Möglichkeit Korrekturen zu vermeiden. Da es sich hierbei lediglich um für den Werkstattgebrauch hergestellte Zeichnungen handelte, die größten teils keinen eigenen künstlerischen

Wert beanspruchten, sind die meisten dieser Vorzeichnungen nicht erhalten. – Ausnahmen bilden K.s von →Leonardo oder →Michelangelo, die öffentlich ausgestellt wurden. Seit dem Ende des 16. Jhs. begann man sich mehr für diese Arbeiten zu interessieren und sie auch zu sammeln.

Kartonstich →Kupferstich.

Kar-Tukulti-Ninurta. Auf dem linken Tigrisufer gegenüber →Assur von →Tukulti-Ninurta nach der Eroberung →Babylons gegründete neue Hauptstadt mit Prachtpalast, aus dem Reste von Wandmalereien stammen, Assurtempel, →Zikkurat u. a. Kultbauten.
Lit.: A. Parrot, Assur, 3f.; H. Schmökel, GAV, 194.

Kartusche. Schildförmige Umrahmung eines Wappen- oder Bildfeldes, das durch einen Rahmen aus →Rollwerk gebildet wird. In der Renaissance und vor allem im Barock wird die K. zu einem beliebten Zierglied der Architektur und des Kunstgewerbes. Im 17. und 18. Jh. findet sich die K. auch bei graphischen Arbeiten.

Karun. Nebenfluß des Tigris aus Südwestiran. Zusammen mit →Kerkha bedeutsam für die Verbindungen zwischen Mesopotamien u. Westiran. →Elamische Kunst.

Karyatide. Griech. Bezeichnung für eine Säule oder einen Pilaster, wobei der Schaft durch eine weibliche Gewandstatue ersetzt ist. Das berühmteste Beispiel sind die Karyatiden der sogen. Korenhalle des →Erechtheions auf der →Akropolis in →Athen. Die architektonische Eingliederung der K. ist bereits im 6. Jh. v.Chr. an Schatzhausbauten in →Delphi belegt.

Kasan. Russisch-tartarische Stadt mit einer bedeutenden Sammlung tartarischer und mongolischer Handschriften. – Außerdem zahlreiche bedeutende Bauten: Eine 1552 erbaute Kathedrale und der 77 m hohe sogen. Sumbekaturm gehören zum Kreml. Von den zahlreichen Klöstern ist vor allem das 1559 gegründete Uspenskiji-Kloster mit der berühmten Ikone der „hl. Mutter von K." zu nennen. – Ferner über 60 Kirchen.

Kasba. Arabische Bezeichnung für „Festung" oder „Zitadelle". Auch die marokkanischen Sultanschlösser werden häufig K. genannt.

Kaschmir. Kunstlandschaft Nordindiens mit Ruinen aus buddhistischer und hinduistischer Zeit vom Ende des 1. Jahrtausends n.Chr., an denen die spätesten Einflüsse mittelmeerländischer Bau- und Bildformen auf Indien zu beobachten sind.

Kaschtariti. Mederfürst, griech. Phraortes, Vater des →Kyaxares. Erhob sich um 675 v.Chr. mit verbündeten →Kimmeriern und →Mannäern gegen →Asarhaddon. Abwehr gegen die →Skythen. Niederlage und Tod durch →Assurbanipal (653). Frühzeit der →medischen Kunst.
Lit.: R. Ghirshman, Iran I, 42, 85, 284, 301; H. H. von der Osten, WP, 50.

Kaschtiliasch. Königsname der →Kassiten-Dyn. von →Babylon. Unter K. IV. (ca. 1241–1234 v.Chr.) wurde Babylon von →Tukulti-Ninurta erobert, seine Mauern zerstört, die Tempelschätze und die →Marduk-Statue nach →Assur gebracht, wo K. endete. Nach den Berichten war Babylon unter der Regierung des K. eine reiche, blühende Stadt, in der die Tradition der →Hammurabi-Zeit weitergepflegt wurde.
Lit.: H. Schmökel, GVA, 179ff.

Kaseinmalerei. Käsekalkmalerei. Bindemittel der Farben ist Kasein, ein in Kalkwasser gelöster Stoff des Milcheiweißes. Meist zur Wandmalerei auf trockenem oder nassem Putz, doch auch auf anderen Malgründen verwendet. In Italien schon im Frühmittelalter bekannt, in Deutschland erst seit dem 14. Jh. nachweisbar, häufig in Renaissance und Barock, auch heute noch gebräuchlich.

Kasel (von lat. casula = Häuschen). Das Obergewand des priesterlichen Meßornates, in Rom bis auf den heutigen Tag planeta genannt, in vorkarolingischer Zeit auch als amphibalus, seit dem 11. Jh. auch als infula bezeichnet. Sie hat sich aus dem profanen Gewand der paenula entwickelt. Diese war ein Obergewand, für gewöhnlich aus schwerem Wollstoff. Die paenula bedeckte die Vorder- und Rückseite des Körpers und hatte einen Halsausschnitt. Das zunächst unten spitz zulaufende Gewand hatte später eine elliptische Form.

Kaskade. Wasserfall, der sich über mehrere Stufen herabstürzt. Vor allem in barocken Parkanlagen finden sich nach gartenarchitektonischen Gesichtspunkten künstlich angelegte K.n. – Das bedeutendste Beispiel dieser Art in Deutschland ist im Park Wilhelmshöhe in →Kassel überliefert.

Kasr. Ruinenhügel im Stadtgebiet von →Babylon, der die befestigten Paläste, Vorwerke, Ischtartor mit Beginn der Prozessionsstraße barg.

Kasr-i-Schirin. Ruinenstätte bei K. an der Straße von Bagdad nach Kermanschah. Palast und →Feuertempel →Chosroes' II. →Sasanidenkunst.
Lit.: R. Ghirshman, Iran II, 200.

Kassel. Neben dem Schloß, der sogen. „Chattenburg", die im 16. Jh. zu einer Vierflügelanlage mit starken Fortifikationen ausgebaut wurde und 1811 niederbrannte, und neben der prachtvollen barocken Gartenanlage des Auegartens, mit dem 1703–10 erbauten Orangerieschloß, ist vor allem das ehemalige Karmeliterkloster (1292) mit seiner vierjochigen, zweischiffigen Hallenkirche, die jedoch im 16. und 19. Jh. durch ausgedehnte Restaurierungen weitgehend verändert wurde, zu nennen. Von künstlerisch höchster Bedeutung sind die in der Nähe von K. gelegenen, großartigen Anlagen der Wilhelmshöhe. Eine ca. 5 km lange Allee führte von der Stadt zu dem auf der unteren Terrasse des Hanges liegenden Schloß und von dort aus weiter steil aufwärts bis zu der großen Wasserkaskade, deren oberer Abschluß durch das sogen. „Riesenschloß", einem oktogonalen Bau mit der Statue des Herkules, bekrönt wird. – Das Schloß – auf ein ehemaliges Kloster und späteres Jagdschloß zurückgehend – wurde am Anfang des 18. Jhs. durch den Landgrafen Karl in Verbindung mit einer großen Parkanlage in der Planung vorbereitet. Die Entwürfe stammten u.a. von L. R. de →La Fosse, J. F. →Karcher und Guerniero. Auf letzteren geht die Grundkonzeption dieser grandiosesten Barockplanung Deutschlands, in der Architektur, Landschaft und Parkgestaltung eine innig verschmelzende Einheit bilden, zurück. Die Ausführung kam nicht über das oberste Drittel des Parkes mit dem Oktogon und der Kaskade hinaus. Jedoch legte der italien. Baumeister seine Gesamtplanung in einem 1706 fertiggestellten Kupferstichwerk nieder. – Erst am Ende des 18. Jhs. wurde unter dem zum Kurfürsten erhobenen Wilhelm I. mit dem Schloßbau begonnen, der nun Einflüsse eines noblen engl. Klassizismus lebendig werden ließ. Die mächtige Dreiflügelanlage öffnet sich mit schräg nach außen geführten Flügeln dem Park zu. Die Innenausstattung geht hauptsächlich auf Wilhelm II. (nach 1822) zurück, der sich hierzu Künstler berief, die sich an das →Empire und die Formenwelt von →Percier und →Fontaine anschlossen.
Lit.: Reclams Kunstführer, Deutschland, Bd. IV, 420ff., 1962.

Kassette. Ein vertieftes, umrahmtes Feld, das in seiner Aneinanderreihung Flachdecken, Gewölbe oder Bögen aufteilt. Häufig wird das Innere der K. durch Ornamente geschmückt. Anknüpfend an die Antike, die die K.ndecke vor allem in Säulenhallen und Triumphbögen kennt, wurde dieses Dekorationssystem in der Renaissance und im Barock in reicher Vielfalt angewendet.

Kassiten. Die K. sind ein Bergvolk, das nach langer Infiltration seit der →Hammurabi-Zeit unter →Agum II. die Ausplünderung →Babylons durch →Murschili I. und den dadurch bedingten Sturz der Hammurabi-Dyn. für die Machtnahme in Babylon um 1530 v.Chr. nutzte. Die durch betonte Pflege sumerisch-akkadischer und altbabylonischer Tradition gekennzeichnete Herrschaft der K. endet um 1150 v.Chr. mit dem Vorstoß des Elamiterkönigs →Schutruk-Nachunte, der seine Söhne →Kutir-Nachunte und →Schilchak-Inschuschinak als Könige von Babylon einsetzte. →Karaindasch, →Kaschtiliasch, →Dur Kurigalzu, →Melischipak.
Lit.: H. Schmökel, GAV, 171ff.; E. Strommenger, Mesopotamien, 87, 90f.

Kastell. Ursprünglich die röm. Militärstützpunkte, die entlang des Limes als Grenzsicherung angelegt wurden (→castellum). Später bezeichnet man kleinere Befesti-

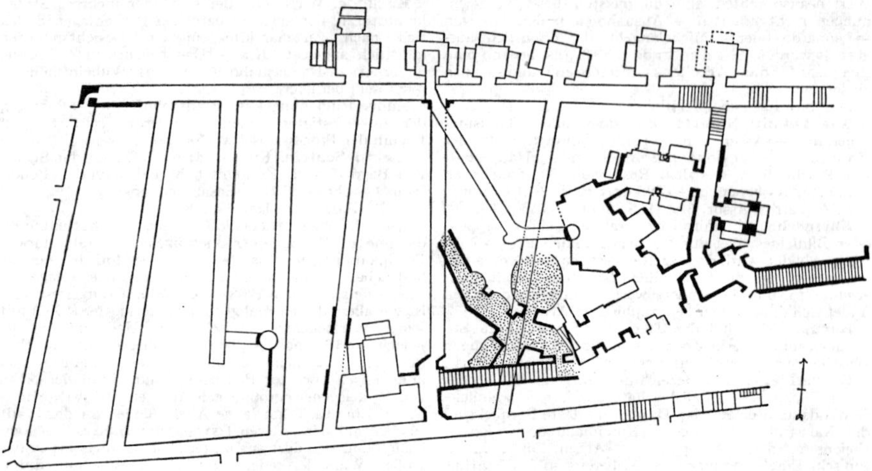

Rom, Callistus-Katakombe, Grundriß der Anlage.

gungen, die nicht die Ausmaße einer →Burg erreichen, als K.

Kastenaltar. Setzt sich aus vier Platten oder vier Mauern zusammen. Er ist jedenfalls innen hohl. Der Hohlraum wird häufig zur Aufbewahrung von Reliquien benutzt.

Kastenfassung. Im Kunstgewerbe eine Edelsteinfassung mit einer Zarge, die sich nach unten verjüngt, während der Stein selbst in einen oberen breiten Rand gefaßt wird.

Kastenkomposition →Modellmännchen.

Kastoria (Nordgriechenland). Bereits in der Antike besiedelte Ortschaft mit dem alten Namen Keletron. →Justinian ließ eine neue Befestigungsanlage errichten, deren Verlauf in dem jüngeren Mauerwerk gesichert ist. Die ehemals hier zahlreich errichteten byzant. Kirchen gingen, als die Stadt 1385 in türkische Hände fiel, zum größten Teil zugrunde. Zu den wenigen erhaltenen byzant. Bauten gehört eine Kapelle für den Säulenheiligen Alypios mit einem 1422 entstandenen Fresko der „Mutter der Barmherzigkeit". Der eigentliche Ruhm von K. begründete sich auf die teilweise außerhalb der Stadt liegenden mittelalterlichen Kirchen, vor allem deren reichem Freskenschmuck. Zu den ältesten Bauten gehört die Kirche Hagios Nikolaos Kanitsis, die in schlichter Form als einschiffige Anlage bereits vor 1000 n. Chr. erbaut wurde. Der größte Teil des reichen Freskenschmucks, der Szenen aus dem christologischen Zyklus und die stehende Madonna zwischen Erzengeln zeigt, stammt aus der ersten Hälfte des 12. Jhs. Dazu kommen aus der gleichen Zeit Bilder aus dem Leben des hl. Nikolaos. Diese Malereien gehören mit ihrer Betonung individueller, menschlicher Züge zu den bedeutendsten Beispielen der sog. „2. byzant. Renaissance".
Lit.: Kirsten-Kraiker, Griechenlandkunde, 692ff., 1962.

Kasuga-jinja. 709 n.Chr. bei →Nara errichteter japanischer Shinto-Tempel.

Katakomben. Name kommt im 3. Jh. auf. Heißt übersetzt: Bei der Talsenke. Gemeint die Flurbezeichnung von S. Sebastiano (Rom). Später übertragen auf alle unterirdischen Begräbnisanlagen. Die K. sind nicht auf Rom beschränkt. Beachtliche Anlagen auch in →Neapel, →Syrakus, →Malta, ebenso Tunesien. Der leicht zu bearbeitende und dabei doch haltbare Tuff in der röm. Campagna machte solche unterirdischen →Coemeterien in einem solchem Umfang möglich. Die K. sind in einer Länge von etwa 100–150 km erforscht. 40 solcher Friedhöfe hat man bisher entdeckt und wieder ausgraben können. Noch in jüngster Zeit, 1955–56, neue Funde. Die K. bestehen aus langen Gängen (Galerien). Seitenarme führen rechts und links zu kleinen, oft auch größeren Räumen. In den Wänden der Galerien sind die Leichen parallel zum Gang in die ausgehauenen Wände eingeschoben, wobei auch 2 (bisomi) oder 3 (trisomi) Leichen hintereinander liegen können. Ebenso sind die Gräber in mehreren Reihen übereinander angeordnet. Diese sind zum Gang hin mit Platten abgedeckt, die Inschriften tragen, oft auch mit Symbolen bemalt waren (Depinto). Die oben erwähnten Kammern, genannt →cubicula, waren reich mit Fresken an den Decken und den Wänden ausgemalt. Hier neben dem →Loculusgrab vor allem das →Arkosolium vorherrschend. Dieses bot an seiner Rückwand, ebenso in den überspannenden Bogenfeldern, Möglichkeit zu bildlicher Darstellung. Der Rettungsgedanke und die Jenseitssehnsucht sind die Themen der Katakombenmalerei (→Rom). Erst in späterer Zeit kamen die Heiligenbilder dazu. Die unterirdischen Friedhöfe oft mehrstöckig. Bei größer werdender Zahl der Verstorbenen mußte man immer mehr in die Tiefe gehen. Die K. haben sich teilweise aus Familiengrüften wohlhabender Christen entwickelt, teilweise verdanken sie ihre Entstehung einem Beerdigungsverein. Bekannte Katakomben: S.Callisto, S. Domitilla, Praetextat, Priscilla, Petro e Marcellino. Auch jüdische K. (Villa Torlonia), gnotisches K. (Hypogaeon Viale Manzoni), schismatische (Novatianische K. an der Via Tiburtina) trifft man in →Rom an. Die K. verloren mit der Eroberung Roms (410) ihre Bedeutung.
Lit.: Roma Sotteranea cristiana, herausgegeben von G. B. de Rossi, 1864–77; Nuova serie, herausgegeben von O. Marucchi, 1909–19, herausgegeben von Pont. Istituto di Archeol. Crist., 1936ff. (bisher 3 Bde.); P. Styger, die röm. K., 1933; P. Styger, Die altchristl. Grabeskunst, 1927; H. Achelis, Die K. von Neapel, 1936; J. Führer und V. Schulte, Altchristl. Grabstätten Siziliens, 1907; E. Becker, Malta Sotterranea, 1913.

Katalanische Kunst →Spanische Kunst.

Katalog. Im Museums- und Ausstellungswesen Bezeichnung für eine Publikation, die die Bestände systematisch erfaßt und erläutert.

Katanda. Fundort eines →Kurgans im Hochaltai 150 km westlich von →Pazyryk, in dem die Frostkonservierung die aus Baumstämmen gefügte Grabkammer, die Holzbahre und Kleidungsstücke erhalten hat. Der Befund weist auf eine jüngere Phase als Pazyryk.
Lit.: K. Jettmar, Steppenvölker 82, 140f.; →Eurasische Kunst III.

Katharinenrad. Da das Rad das →Attribut der hl. Katharina ist, wird das got. Radfenster gelegentlich auch K. genannt.

Kathedra. Der meist erhöhte Sitz des Bischofs. Er stand in altchristl. Zeit hinter dem Altar und ist erst im späten Mittelalter vor den Altar, und zwar auf die →Evangelienseite gerückt. Die K. war oft prächtig geschmückt. Eines der schönsten Beispiele ist die →Maximianskathedra aus Ravenna (um 545).

Kathedrale (griech. cathedra „Bischofsstuhl"). Bezeichnung für eine Bischofskirche (→Dom), vor allem in Frankreich, England und Spanien.

Kathiawar. An der Westküste Vorderindiens gelegene Halbinsel, auf deren Bergen berühmte →Dschaina-Tempel (Wallfahrtsorte) liegen.

Kathmandu. Hauptstadt Nepals mit zahlreichen neueren Tempeln und Palästen. Sie hat ihren Namen nach der reichen Verwendung von Holz (= Kath) in den Obergeschossen der Bauten mit ihren stark erotischen Schnitzereien erhalten. In der Umgebung befinden sich ältere Stupas, z.T. auf →Aschoka zurückgehend. Weiterhin sind mittelalterl. Tempel in den nahe gelegenen älteren Residenzen →Patan und Bhatgaon sowie traditionsreiche Stupas in den Wallfahrtsheiligtümern Bodnath und →Schvayambunath erhalten.
Lit.: Brown, Architecture I, 196.

Katholikos (griech.). Ursprünglich hoher Finanzbeamter in der Kirche, dann Vorsteher mehrerer Klöster einer Stadt. In Groß-Armenien Bezeichnung für obersten Bischof.

Katipa. In der Volkskunst →Indonesiens bezeichnet dieses Wort Schmuckborten aus Perlenstickerei, die meist vielfarbig ausgeführt sind. Auf ihnen werden oft Tierfiguren und geometrische Ornamente wiedergegeben.

Katsugawa-Schule →Shunsho, Katsugawa.

Kauffmann, Angelika. Schweizerisch-italien. Malerin. Geb. 1741 in Chur, gest. 1807 in Rom. Als vielseitig begabtes Wunderkind erhielt sie nur anfängliche Ausbildung bei ihrem Vater Joseph Johann (1707–82). 1763 kam K. nach Rom, wo sie die Bekanntschaft →Winckelmanns machte, der sie bedeutend förderte. 1766 reiste K. nach London, wo sie 15 Jahre lang lebte. – Der Erfolg der K. beruht weitgehend auf außerkünstlerischen Eigenschaften. Künstlerisch gehörte sie zu den späten Rokokomalern, die sich geistig-literarisch dem Klassizismus anschlossen, ohne ihn formal zu übernehmen. Ihre Bilder mythologischen, allegorischen oder religiösen Inhalts sind (bewußt) versüßlicht. Eine Gruppe für sich bilden Portraits (Goethe), die ohne Tiefe ein liebenswürdiges Bild des Dargestellten geben.
Lit.: E. Engels, A. K., 1910.

Kaufmann, Oskar. Deutsch-ungarischer Architekt. Geb. 1873 in Neu-St.-Anna, gest. 1956 in Budapest. Architekturstudium in Karlsruhe bis 1899. Neben →Seeling und →Littmann führender Architekt im deutschen Theaterbau, besonders in den 20er Jahren wirksam. Entwickelte hierbei in der Werkbundbewegung völlig neuartige Theatersäle, in denen er viel mit Holzflächen und dazu kontrastierendem Farbdekor arbeitete. In Berlin baute er die Krolloper, die Volksbühne und das Hebbeltheater.
Lit.: O. Bie, Der Architekt O. K., 1928.

Kaukasischer Kreis. Relativ selbständiger Kulturkreis Kaukasiens in der →Bronze- und →Eisenzeit. Er gehört in den größeren Bereich der →eurasischen Kunst. Die wichtigsten Untergruppen sind: →Koban-Kultur, →Gandscha-Karabagh-Kultur und →Lewar-Kultur. – Bezeichnend für die Erzeugnisse dieser Kulturen sind eine formenreiche Keramik und eigenständige Metallarbeiten.

Kaukasische Teppiche. Knüpfteppiche (→Teppich), die im Gebiet des Kaukasus hergestellt werden. Hauptzentren: Schirwan, Karabagh.

Kaulbach, Wilhelm von. Deutscher Portrait- und Historienmaler und Illustrator. Geb. 1805 in Arolsen, gest. 1874 in München. Studierte ab 1822 an der Düsseldorfer Akademie. Auf Veranlassung von P. →Cornelius ging K. 1826 nach München, wo er bei der Ausmalung des Odeon, der Hofgartenarkaden und der Residenz mitwirkte. Auf seiner 1. Italienreise entstand 1835 in Venedig der Karton zur Hunnenschlacht, der ihn schlagartig berühmt machen sollte. 1837 schon wurde er Hofmaler. Von König Friedrich Wilhelm IV. von Preußen erhielt er den Auftrag zur Ausmalung des Treppenhauses im Neuen Museum zu Berlin, und in den 50er Jahren malte er die Fresken in der Neuen Pinakothek in München. Doch vertrug sein Stil diese Großaufträge nicht. Die unentschiedene Mischung barocker und klassizistischer Maltraditionen läßt diesen Teil seines großen Werkes theatralisch und unorganisch erscheinen. Seine Stärke lag dagegen in seinen Skizzen und Entwürfen.
Lit.: F. v. Ostini, W. K., 1906.

Kaunakes. Bezeichnung für den sumerischen →Zottenrock.

Kaus, Max. Deutscher Maler und Graphiker. Geb. 1891 in Berlin, ansässig ebda. Nach dem Studium der Malerei bei E. →Heckel und der Graphik bei E. L. →Kirchner hielt er sich mehrfach in Paris auf. Seit 1928 unterrichtete er an der Gewerbeschule und an der Akademie in Berlin. In seinen Werken ist er stark vom deutschen →Expressionismus der →„Brücke" beeinflußt, entwickelte jedoch in seiner Spätphase eine abstrakte Formensprache. Er schuf hauptsächlich Landschaften, Portraits und Akte, dazu mehrere hervorragende lithographische Folgen.
Lit.: H. Vollmer, Künstlerlex, d. 20. Jhs.

Kauschambi. Ausgrabungen einer alt-indischen Stadt am Dschamuna-Fluß, die nach den Kleinfunden vom 6. Jh. v. Chr. bis zum 6. Jh. n. Chr. bewohnt war. Eine Inschrift bezeichnet das Kloster, welches der Kaufmann Ghoschita für den →Buddha und seine Gemeinde errichten ließ. Kultbauten aus verschiedenen Epochen der indischen Kunst beginnen mit einem Stupa des 3. Jhs. v. Chr.
Lit.: Fischer, Industal-Kultur, 24.

Kavadh. Sasanidenherrscher (488–497 oder 499–531 n. Chr.). Münzbilder der →Sasaniden-Kunst.
Lit.: R. Ghirshman, Iran II, 388f.

Kavalierperspektive. Bezeichnung für die perspektivische Darstellung, deren Objekte von einem erhöhten Standpunkt aus gesehen sind.

Kawanabe →Kyosai.

Kazbek. Fundort im Kaukasus, wo ein Schatz der →Achaemeniden-Zeit entdeckt wurde. Silberne Omphalosschale mit wappenartig angeordneten Schwanenkopf- und Palmettenmotiven, beispielhaft für persisch-griech. Mischstil.
Lit.: R. Ghirshman, Iran I, 256, 382; F. Hančar, Pferd, 132.

Kefermarkt. Die Pfarrkirche zum hl. Wolfgang wurde unter dem Schutzherren des Marktes, Christoph v. Zelking, 1470–76 neu erbaut. Der Grundriß zeigt eine fünfjochige Staffelkirche mit dreijochigem Chor, weit gestellten achteckigen Pfeilern, W-Empore und Hochempore darüber. Das Gewölbe wird von zickzack geführten Netzrippen gebildet. Die Innenausstattung besteht aus got. und barocken Stücken. Ihr Prunkstück aber ist der Hochaltar, ein Hauptwerk deutscher Schnitzkunst, der auch in seinen Dimensionen zu den größten erhaltenen Schnitzaltären zählt. Er ist 13,50 m hoch und bei geöffneten Flügeln nur 6,30 m breit. Heute fehlen vor allem die Fassung, die wahrscheinlich 1852–55 der Restaurierung J. Rints (unter der Aufsicht Adalbert Stifters) zum Opfer fiel, die Predella, die Rückseiten der jetzt feststehenden Flügel und wahrscheinlich die Außenflügel. Der Aufbau wurde außerdem verändert und die Figuren geglättet. Trotzdem ist das Werk in seiner monstranzförmigen Gesamterscheinung und dem aufsprießenden Gesprenge mit „schwebenden" Figuren unter Baldachinen von großer Schönheit. Im Schrein stehen die 3 großen Schnitzfiguren: der hl. Petrus in ekstatischer Gestik, der hl. Wolfgang, etwas salbungsvoll, und der hl. Christophorus, ein schöner, jugendlicher Dulder. An den Flügeln Szenen aus der Mariengeschichte. Im Gesprenge Statuen der Muttergottes mit Kind zwischen der hl. Katharina und der hl. Barbara, darüber die hl. Agnes und Helena. Die Feinheit der Schnitzkunst dringt bis in die letzten Einzelhei-

ten; Haare, Hände, Gewandverzierungen oder Gesichtspartien sind auf das subtilste abgestimmt. Trotz zahlreicher Lösungsversuche ist die Meisterfrage bis heute nicht geklärt. Verschiedene Hände wurden festgestellt, und besonders für die Schreinfiguren wurden →Riemenschneider, →Pacher und Valkenauer genannt.
Lit.: Reclams Kunstführer, Österreich, Bd. I, 161ff., 1963.

Kegeldach. Kegelförmige Bedachung von Rundbauten mit geringem Durchmesser, besonders häufig über roman. Rundtürmen. →Dachformen.

Kehlbalken. In der Holzarchitektur des Dachstuhls finden sich horizontal geführte, die jeweils gegenüberliegenden Dachsparren verbindende und versteifende Balken, die K. genannt werden.

Kehle →Hohlkehle.

Keilrahmen →Rahmen.

Keilschnitt →Kerbschnittverzierung.

Kelch. Das wichtigste der zu liturgischen Zwecken benutzten Gefäße, aus Fuß, Schaft mit Knauf (lat. nodus) und Schale (lat. cuppa) bestehend, seit dem Frühmittelalter in der Regel aus Edelmetall geformt. Ursprünglich hatte der K. die Gestalt eines Doppelbechers; der Schaft fehlte, der Fuß entsprach in Umkehrung etwa der Form der Schale (z.B. →Tassilo-Kelch, 8. Jh.). In roman. Zeit ist die Kuppa halbkugelig, der Nodus kugelförmig. Seit dem 13. Jh. längt sich der Schaft. Auch die Kuppa wird in got. Zeit schlanker, trichterförmig. Der Fuß ist als Sechspaß ausgebildet, und die polygonale Brechung greift auf Schaft und Nodus über. Häufig wird der Knauf mit 6 Griffknoten, den Rotuli (Nägeln), besetzt, die vor allem im 15. Jh. oft die emaillierten Buchstaben i h e s u s zeigen. Der gesamte K. wird sowohl in roman. wie got. Zeit dicht mit ornamentalem Schmuck überzogen, der in der Gotik architektonisiert ist und häufig so überreich, daß er die Form des Gefäßes verunklärt. – Während der K. in Italien im 16. Jh. wieder gerundete Formen aufkommen läßt, werden außerhalb Italiens die alten Formen beibehalten (bis ins 17. Jh.) und nur durch einen Renaissancedekor verändert. – In der Barockzeit wird der K. monumentalisiert und mit Medaillons, Reliefdarstellungen und Engelsköpfen prunkvoll verziert, während im Rokoko eine wuchernde Ornamentik den Dekor bestimmt. – Antikische Ornamente und eine kühle, strengere Form charakterisieren die K.e des Klassizismus.

Kelchkapitell, Kelchblockkapitell, →Kapitell.

Keleclar. In der Kirche von K. Bilder der kappadokischen Mönche aus der Mitte des 10. Jhs., die schon eine reifere Entwicklung zeigen als die oft ungeschickten Bilder der vorangegangenen Jahrhunderte.

Kelermes. Skythischer →Kurgan im →Kuban-Gebiet (580–570 v. Chr.). Charakteristisch für den →Tierstil der skythischen Kunst ist das Goldrelief einer Raubkatze, deren Tatzen und Schwanz aus Rolltieren bestehen. Einlagen aus farbiger Glaspaste und Bernstein. Eisenaxt mit goldblechverziertem Schaft, dessen →Tierstil-Motive den Einfluß von →Urartu auf die →skythische Kunst zeigen.
Lit.: K. Schefold, HDA 2, 429ff.; K. Jettmar, Steppenvölker, 27ff., 30ff., 57, 136, 197; J. Wiesner, UKG IV, 129f.

Kelim. Persisch-türkischer Webteppich oder Wandbehang mit beidseitig identischem Muster. Meist roter Dekor auf hellem Grund.

Kelten →Keltische Kunst.

Keltische Kunst. Die frühesten Erzeugnisse der K. reichen bis in die Bronzezeit zurück. Vor allem die Keramiken mit ihren wie in Holz geschnitzt wirkenden Kerbornamenten sind für diese frühen Stücke charakteristisch. Eine bedeutende Blüte erreichte die K. während der 2. Hälfte des 1. Jahrtausends v. Chr. und deckt sich hierbei teilweise mit der Kunst der →Latène-Zeit. – Im irisch-angelsächsischen Bereich bilden sich daneben teilweise Sonderformen heraus, die um 50 v. Chr. byzant. und germanische Tierornamente neben Elementen röm. Pflanzenornamentik zeigen. – Eine sogen. Neu-K. nimmt in der 2. Hälfte des 1. Jahrtausends n. Chr. wieder Motive der Latène-Zeit in sich auf.
Lit.; Fr. Henry, Irish art in the eary Christian period (to 800 A. D.), 1965.

Kemenate →Burg.

Kemeny, Zoltan. Ungarischer Bildhauer. Geb. 1907 in Banica, gest. 1964 in Zürich. Nach einer Tischlerlehre und dem Studium der Architektur begann er seine künstlerische Laufbahn als Modezeichner in Budapest. Um 1930 wandte er sich der Bildhauerei zu. 1930–1940 lebte er in Paris und ließ sich 1942 in Zürich nieder. In seinen Werken verbindet er verschiedene fertige Metallelemente wie Röhren, Nägel oder Drähte zu sogen. „Montagebildern", die in ihren abstrakten Formen einen beachtlichen Phantasiereichtum erkennen lassen.
Lit.: Knaurs Lex. d. mod. Plastik, 1964.

Kenamun. Obervermögensverwalter →Amenophis' II. Grab in →Theben-West mit Pfeiler-Querhalle, Längshalle und hinterer Pfeiler-Querhalle. Der mit der Ausstattung des Grabes betraute Künstler gehörte zu den schöpferischen Persönlichkeiten seiner Zeit, wie die stimmungsvollen Jagdbilder, die motivreichen Szenen des Totenrituals mit feierlichem Statuentransport zu Grabanlage und Tempeln sowie die Darstellung der Geschenke beweisen, die K. seinem König vorführt, darunter eine Statuette mit dem Namen der →Hatschepsut, eine mit dem →Thutmosis' I.
Lit.: W. Wolf, KÄ, 485ff.; E. Brunner-Traut, Ägypten, 490f.

Kenotaph (griech.). Pseudograb, Leergrab, kann Hügel- oder Steingrab sein. Wurde zur Erinnerung an einen Verschollenen errichtet. Der Ausdruck wird auch für das leere Grab Christi gebraucht. Das K. ist bereits aus vorgeschichtlicher Zeit bekannt.

Kent, William. Engl. Architekt, Gartenkünstler und Maler. Geb. 1684 in Yorkshire, gest. 1748 in London. In Anlehnung an →Palladio und seinen Landsmann I. →Jones baute K. in einem streng klassizistischen Stil, wobei die Innenausstattungen der außen fein proportionierten, aber kargen Architekturen von unvergleichlicher Pracht sind. Als Gartenarchitekt brach er mit der franz. architektonischen Gartenbaukunst und schuf neu den engl. Garten. Dieser nach malerischen und natürlichen Aspekten angelegte Parkstil zeigt sich auch in einigen seiner Gartenbauten.
Lit.: M. Jourdain, The work of W. K., 1948.

Kephisodot 1) d. Ä. Griech. Bildhauer, nach 400 v. Chr. in Athen tätig. Vater und Lehrer des →Praxiteles. Von seinen Werken ist nur die Statue der Eirene (Friedensgöttin) in röm. Kopie sicher überliefert (München, Glyptothek). Statuen des Hermes, des Dionysos und der Hygieia wurden ihm zugeschrieben. Sein Stil führt die attisch-phidiasische Tradition fort und leitet zur praxitelischen Kunst über. – **2)** d. J. Griech. Bildhauer der attischen Schule, tätig um 300 v. Chr., Sohn des →Praxiteles und Enkel des →K. d. Ä. – Er schuf hauptsächlich Portraits und Frauenstatuen.
Lit.: G. Lippold, Handb. d. Archäologie, V, 223f., 299f., 1950.

Kerameikos. Stadtteil des antiken →Athen. Gräber- und Töpferviertel. Vom 8.–4. Jh. v. Chr. war der K. das Zentrum der attischen Keramikindustrie, die ihre Ware in die ganze damalige Welt – vor allem nach Etrurien – exportierte. Die berühmtesten Meister der schwarz- und rotfigurigen Vasenmalerei wie →Exekias, →Andokides, →Euphronios, →Kleophrades u. a. haben hier gearbeitet.

Keramik. Bezeichnung für Erzeugnisse (hauptsächlich Gefäße und Kunstgewerbe) aus gebranntem Ton, wie →Fayence, →Majolika, →Porzellan, →Steingut, →Steinzeug und →Terrakotta. – Die frühen Keramiken sind meist von Hand geformt und weisen oft rohe und etwas plumpe Formen auf. Sie lassen sich seit der →Jüngeren Steinzeit als Träger von Verzierungen nachweisen. Mit der Erfindung der Töpferscheibe entwickelte sich eine hochstehende keramische Kunst (seit dem 3. Jahrtausend v. Chr. im Vorderen Orient und Ägypten, seit dem 1. Jahrtausend v. Chr. in Europa). – Das leicht zu formende Material des Tons und die verschiedenen Brenntechniken ermöglichen eine unvergleichlich reiche Vielfalt der Formen, die es im einzelnen erlauben, wichtige Anhaltspunkte zur Datierung und Zuordnung zu gewinnen. – Von besonderer künstlerischer und kunstgeschichtlicher Bedeutung ist die bemalte K., wie sie vor allem in der →griech., →chinesischen und →japanischen Kunst in großartigen Kunstwerken überliefert ist.

Keramischer Druck. Verzierung von Glas, Keramik etc. mit auf lithographischem Weg hergestellten Bildern. Sie werden auf den Gegenstand abgezogen und eingebrannt.

Kerbschnittkeramik →Kerbschnittverzierung.

Kerbschnittverzierung (Keilschnitt). Bereits in praehistorischer Zeit entwickelte Ornamentverzierung, bei der schräge, scharfkantige Schnittflächen aufeinandertreffen. Wahrscheinlich gehörte die K. ursprünglich zu Arbeiten in Holz, jedoch handelt es sich bei den frühesten erhaltenen Beispielen um Metall- oder Keramikgegenstände der jüngeren Steinzeit und Bronzezeit. Sie findet sich wieder an provinzialröm. Werken in Stein. Weit verbreitet war sie auch in der Kunst der Völkerwanderungszeit und ging später in den Ornamentvorrat der Volkskunst über.

Kerkha. Fluß im westlichen Zagrosgebiet. Zusammen mit dem →Karun wichtig für die Beziehungen zwischen Mesopotamien und Westiran, →Luristan, →Susa, →Dur-Untaschi. →Elamische Kunst.

Kerkovius, Ida. Deutsch-lettische Malerin und Kunstgewerblerin. Geb. 1879 in Riga, gest. 1970 in Stuttgart. Studium bei →Hölzel in Stuttgart und 1920–23 bei →Klee und →Kandinsky am →Bauhaus in Weimar. Zahlreiche Reisen führten sie nach Italien, Frankreich, Skandinavien und in die Balkanländer. 1933 wurde in Deutschland ein Ausstellungsverbot für ihre Werke erteilt. In ihren Bildern, meist Stilleben und Landschaften, entwickelte sie – beeinflußt durch ihre Lehrer – eine weitgehend abstrakte Formensprache. Daneben entwarf und webte sie z.T. hervorragende Wandteppiche, die ihre eigentliche Bedeutung begründen.
Lit.: H. Vollmer, Künstlerlex. d. 20. Jhs.

Kerkyra →Korfu.

Kersting, Georg Friedrich. Deutscher Maler. Geb. 1785 in Güstrow, gest. 1847 in Meißen. Schüler der Akademie in Kopenhagen. Seit 1808 in Dresden ansässig, wo er, mit Kügelgen und →Friedrich eng befreundet, zum Hauptvertreter des romantischen Dresdener Biedermeier wurde. Seine schönsten Werke sind Interieurbilder mit meist nur einer Person. In diesen Bildern mischt sich die dänische Schulung mit den Einflüssen Friedrichs zu reizvollen Genrekompositionen in leuchtenden, hellen Farben. Seit 1818 war er an der Meißner Porzellanmanufaktur als Leiter des Malateliers tätig, wodurch K. als freier Maler mehr und mehr in den Hintergrund trat.
Lit.: G. Vriesen, Die Innenraumbilder K.s, 1935.

Kertsch. Stadt an der Ostküste der Krim, wo das alte →Pantikapaion lag. In der Nähe von K. skythische →Kurgane, darunter →Kul Oba.

Kertscher Vasen. Griech.-attische Vasengattung des 4. Jhs. v. Chr., benannt nach ihrem Hauptfundort Kertsch/Südrußland, wohin sie durch Handelsbeziehungen mit Athen gelangten. Sie stammen aus den Fürstengräbern und zeigen wichtige Elemente der Grabsymbolik. – Stilistisch schließen sie sich im Dekor deutlich an die spätklassische Malerei an.
Lit.: K. Schefold, K., 1930.

Keru. Inka-Becher; die steilen Wände stehen im Gegensatz zu den ausladenderen Formen von Tiahuanaco. Bis in die Kolonialzeit erhalten. Das paarweise Vorkommen weist auf die zeremonielle Verwendung als Trinkgefäß hin. Vorkolumbische Beispiele zeigen mit harzhaltigen Farben ausgefüllte, eingeschnittene Konturen dargestellter Personen, Tiere und Pflanzen. In älterer Zeit kommen geometrische Muster vor, postkolumbische Beispiele sind bemalt.

Kerykeion. Der Heroldsstab mit an der Spitze verschlungenen Schlangenenden. Das K. ist das Attribut des griech. Gottes und Götterboten Hermes.

Kesselkapitell. Kapitell, das eine Art Kessel bildet. Die Form wahrscheinlich schon im 5. Jh. v. Chr. entstanden. Tritt vor allem in Ägypten und Vorderasien auf. Dann in der byzant. Kunst verwandt, so bei den unteren Säulen der Hagia Sophia in →Konstantinopel. Hier läuft der Kessel oben in zwei Eckvoluten aus nach Art des ionischen →Kapitells. In S. Marco in Venedig ähnliche Bildungen wie bei der Hagia Sophia.
Lit.: Wilken v. Alten, Geschichte des altchristl. Kapitells, 1912.

Kesselwagen. Kesselartige Gefäße aus Bronze sind in der →Bronzezeit gelegentlich auf einem vierrädrigen „Fahrgestell" befestigt worden (→Peccatel). Dabei kann es sich nur um die Nachbildung von sogen. →Kultwagen gehandelt haben (→Stade).

Kesslerloch bei Thayngen in der Nähe von Schaffhausen (Schweiz). Fundstelle eines beschädigten →Lochstabes mit der berühmten Gravierung eines „weidenden Rentieres"; vermutlich ist ein Rentierhirsch dargestellt, der einer brünstigen Rentierkuh folgt. Die Darstellung stammt aus der →Älteren Steinzeit.

Kesteli (Kleinasien). Kuppelbasilika auf einem Tauruspaß südlich von →Binbirkilisse. Dreischiffiger Steinbau mit Narthex und nur 2 Stützen. Dadurch Verkürzung des Hauptraumes. Vor der Apsis noch ein Raum eingeschoben, um das Presbyterium zu erweitern.

Kesu. Hofmaler unter Kaiser →Akbar; er war bei der Illustrierung des Geschichtswerkes Akbar-nama beschäftigt und kopierte auch christliche Kultbilder.
Lit.: Barrett, Painting, 87.

Ketel, Cornelis. Niederl. Maler. Geb. 1548 in Gouda, gest. 1616 in Amsterdam. Nach erstem Unterricht in Gouda studierte er 1565 in Delft bei Blocklandt van Montfoort. 1566 unternahm er eine Studienreise nach Paris und Fontainebleau. 1573 ging er nach London und war dort als geschätzter Bildnismaler der Hofgesellschaft und des Adels bis 1581 tätig. Anschließend ließ er sich in Amsterdam nieder. – Seine eigentliche Begabung zeigt sich in seinen hervorragenden Portraits. Hierin leistete er Vorbildliches und bahnte der Bildnismalerei eines F. →Hals und →Rembrandt den Weg. Das Gruppenbild, eines der großen Themen niederl. Malerei des 17. Jhs., wurde erstmals von ihm aufgegriffen („Kompanie des Hauptmanns Dirck Jacobsz Rosecrans", 1588, Amsterdam, Rijksmus.). Prägnante Zeichnung und treffende Charakterschilderung zeichnen seine Werke aus.
Lit.: Thieme-Becker.

Keyser, Hendrik de. Holländischer Architekt und Bildhauer. Geb. 1565 in Utrecht, gest. 1621 in Amsterdam. Entstammt einer verzweigten Künstlerfamilie, die in Amsterdam und in England tätig war. Schüler des C. →Bloemaert in Utrecht, seit 1591 in Amsterdam ansässig. Die Bedeutung K.s als Architekt liegt in der Vermittlung des Formenapparates der italien. Spätrenaissance aus den südlichen Niederlanden in die nördlichen. Dabei gelangte K. innerhalb seines Werkes von einer fast unruhigen Gesamtsilhouette (Zuiderkerk, 1603–14) zu einer streng klassizistischen Richtung (Westerkerk, begonnen 1620). Dazwischen liegen die Börse in Amsterdam nach dem Vorbild der von London (1608–17) und die Fassade des Delfter Rathauses (1618). – Als Bildhauer schuf er in dem Grabmal Wilhelms des Schweigers (ab 1614, Nieuwe Kerk in Delft) das bedeutendste Denkmal holländischen Frühbarocks. Es mischen sich hier italien. Einflüsse (→Michelangelo) mit franz. (→Pilon). Das Bronzestandbild des Erasmus von Rotterdam, sein letztes Werk, muß in seiner erhabenen Größe als das beste öffentliche Denkmal Hollands angesehen werden. – In der vielbeschäftigten Werkstatt des K. arbeiteten seine Söhne Pieter (1595–1676) und Willem (1603–74) mit.
Lit.: Thieme-Becker.

Keyt, George. Ceylonesischer Maler und Illustrator, geb. 1901 in Candy/Ceylon. Anfangs bebilderte er vor allem singhalesische Gedichte und buddhistische Texte; dabei versuchte er, Überlieferungen der alt-asiatischen Wandmalerei von →Adschanta und →Sigiriya mit Techniken des westlichen Naturalismus zu verbinden. Unter dem Eindruck von →Braque, →Matisse und →Picasso bevorzugte er seit Beginn der 30er Jahre eine persönliche Weise der Abstraktion, die ihn zu einer neuartigen Erfassung von traditionellen Themen der hinduistischen und buddhistischen Mythologie befähigt.
Lit.: M. Russell, G. K., 1950.

Khadschuraho. Dorf in Mittelindien, in dessen näherer und weiterer Umgebung sich – z.T. noch als Wallfahrtsort dienende – Tempel des 9.–12. Jhs.n.Chr. im nordindischen Stil befinden. Auf einer weiten Ebene bei der neueren Siedlung liegen die Hindu-Tempel: Kandariya Mahadeva, Kali Devi Dschagadamba, Lakschmana und Vischvanatha. An Teichen und in Wäldern befinden sich die Ruinen des Brahma-Tempels und des Dschatkari. Eine Dschaina-Siedlung hält die Tempel des Adinatha und Parschvanatha instand.
Lit.: B. L. Dhama u.a., K., 1953; E. Zannas u.a., K., 1960.

Khair-Khaneh →Kabul.

Khandagiri →Bhuvaneschvara.

Khapuri. „Hals", das eingezogene Verbindungsstück zwischen dem Oberteil des nordindischen Tempelturms und seinem Schlußstück, ein heute noch in volkstümlichen Architekturlehrbüchern gebräuchlicher Ausdruck.

Khara-Chodscho →Chotscho.

Khila'a. Ein im islam. Bereich vom Herrscher verliehenes Ehrengewand für Würdenträger und Gelehrte, das zum Empfang am Neujahrstag, zur Amtseinsetzung, bei der Thronbesteigung für die Kanzelredner in Mekka verliehen wurde. Die Stoffe dieser Gewänder stammten aus den ausschließlich für den Hof arbeitenden „Tiraz"-Werkstätten. Fragmente von einfachen Leinenstoffen mit – in Seide gestickten oder gewirkten – Schriftzeilen mit Anrufung Allahs, Preisung des Kalifen und Nennung des Beamten, der die Anfertigung befahl, sind aus Grabfunden des 8.–11. Jhs. zahlreich erhalten.
Lit.: Ch. Huart, Enzyklopaedie des Islam, 1927; J. H. Schmidt, Alte Seidenstoffe, 1958.

Khmer-Reich. Mittelalterl. Königreich in →Hinterindien, dessen Zentrum das seit 500 Jahren in Trümmern liegende →Angkor war. Das künstlerisch und architektonisch hochbegabte Volk, das nicht nur mit seinen großzügig geplanten Tempel- und Palastbauten, sondern auch mit seiner Steinplastik Spitzenleistungen erreichte, verstand es, den machtvollen Einfluß der indischen Kunst teilweise zu überwinden und einen eigenen Stil zu finden, der sich durch klare, harmonische Linienführung und Vermeidung von grausig-makabren wie auch erotischen Themen auszeichnet. Man kann Perioden mit reicher Prunkentfaltung und bewußt archaisierende Epochen unterscheiden, die einander wiederholt ablösen. Besonders in buddhistischer Zeit (Stil des Bayon-Tempels) wurden eindrucksvolle Lösungen des Problems einer Synthese von Plastik und Architektur erreicht. Noch nach dem Ende der großen Zeit von →Angkor begnügten sich die Thai-Künstler damit, den großen Stil der Khmer-Klassik zu imitieren.
Lit.: B. P. Groslier, Hinterindien, 1960.

Khnopff, Fernand. Belgischer Maler, Zeichner, Bildhauer, Radierer und Lithograph. Geb. 1858 auf Schloß Grembergen (Flandern), gest. 1921 in Brüssel. Begann in Brüssel mit dem Studium der Rechte und wurde, als er zur Malerei überging, Schüler von Mellery an der Brüsseler Kunstakademie. Einen nachhaltigen Einfluß auf ihn nahmen die engl. →Praeraffaeliten und G. →Moreau, die er 1878 in Paris kennenlernte und durch die er zum →Symbolismus kam. Neben seinen oft sibyllinischen Werken (Ein blauer Flügel, 1898, Mus. des Beaux-Arts, Brüssel) gibt es eine Anzahl Landschaften voll echten Naturgefühls und Portraits.
Lit.: Cassou-Langui-Pevsner, Durchbruch zum 20. Jh., 1962.

Khotan. Gleichnamige Hauptstadt der süd-turkestanischen Landschaft, durch die in der Mitte des 1. Jahrtausends n.Chr. eine der großen Handelsstraßen zwischen Ost und West führte und deren Denkmäler die Berührung iranischer, indischer und chinesischer Kultur widerspiegeln.
Lit.: A. Stein, Ancient K., 1907.

Khurkha. Ruinenstätte in Westiran an der Straße zwischen Teheran und Isfahan. Reste eines hellenistischen Dionysostempels mit überschlanken Säulen, die in keinem Verhältnis zu den kleinen ionischen Kapitellen stehen. Im Fehlen der griech. Proportion zeigt sich der Einfluß iranischer Bautradition.
Lit.: R. Ghirshman, Iran II, 383; H. H. von der Osten, WP, 119f.

Khwasak. Satrap von →Susa unter →Artabanos V. Flachrelief mit Ringbelehnung Ks. durch den thronenden Herrscher beispielhaft für die charakteristische Frontalität der →parthischen Kunst. Inschriftdatierung auf 215 n. Chr.
Lit.: R. Ghirshman, Iran II, 56f.

Kielbogen →Bogen.

Kieselmosaik. Antike Mosaiktechnik, in der farbige Naturkiesel verwendet wurden. Seit dem 5. Jh. v. Chr. bekannt, wurde das K. im 3. Jh. v. Chr. von der heute noch allgemein üblichen →Mosaik-Technik verdrängt. – Gute Beispiele wurden vor allem in →Olynthos gefunden.

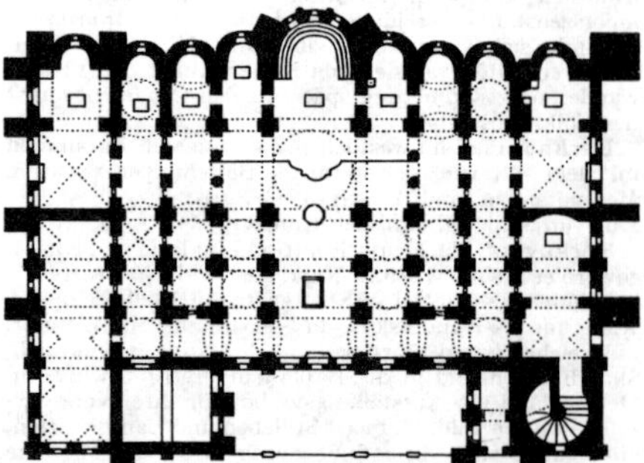

Kiew, Sophienkirche, Grundriß und Schnitt.

Kiew. Besitzt eine Fülle byzant. Kirchen. Durch die sogen. Zehentkirche (989–996) fand der dreischiffige Kreuzkuppelbau Eingang, von dem es noch mehrere Beispiele gibt, wie die Koimesiskirche des Kiewer Höhlenklosters (1075–1089). Daneben entwickelte sich die fünfschiffige Anlage wie bei der Sophienkathedrale (1017), der Georgskirche oder der Irineenkirche. Die Sophienkirche besitzt 13 Kuppeln. Das Äußere stark durch barockisierenden Einfluß verändert. Im Innern reicher Mosaikschmuck. Kuppel mit Pantokrator, Aposteln, Evangelisten. Apsis mit stehender Maria und als Sonderform mit der Abendmahlsszene der Apostel.

Kimmerier. Nordiranisch-thrakisches Reitervolk, das Ende des 8. Jhs. v. Chr. über den Kaukasus nach Vorderasien dringt, verfolgt von den →Skythen. Abwehrkämpfe →Rusas von →Urartu, →Asarhaddons und →Assurbanipals. Bezeichnend für die Kunst der K. (→Koban) ist das Reiterkriegermotiv zusammen mit →Tierstil-Erscheinungen, die für einen Anteil der K. an der Kunst von →Luristan sprechen. →Eurasische Kunst.
Lit.: R. Ghirshman, Iran I, 436; H. H. von der Osten, WP, 49f.; K. Jettmar, Steppenvölker, 269.

Kimon. Berühmter griech. Stempelschneider des späten 5. Jhs. v. Chr., tätig in Syrakus. Seine hervorragenden, sehr plastisch ausgearbeiteten Münzen sind häufig mit seiner Signatur versehen.

Kimon von Kleonai. Griech. Maler der spätarchaischen Zeit. Keines seiner Werke ist erhalten, jedoch spricht →Plinius ihm die „Erfindung" der Schrägansicht und Körperperspektive zu, wie sie auch in der zeitlich

entsprechenden frührotfigurigen Vasenmalerei auftritt.
Li.: A. Rumpf, Handb. d. Archäologie, VI, 71, 1953.

Kinetische Plastik. Ausgehend vom Dadaismus entwickelte die K. bewegliche Elemente, die dadurch weder räumlich noch zeitlich absolut fixierbar sind. Vor allem Calder mit seinen Mobiles und Tinguely mit zum Teil sehr komplizierten Apparaturen haben sich um entsprechende Konzeptionen bemüht.
Lit.: P. Wember, Bewegte Bereiche der Kunst, 1963.

King's-College →Cambridge.

Kinnara. (Sanskrit, „Was für ein Mensch?"). Weibliche Form: Kinnari; mythologisches Mischwesen, gewöhnlich mit Vogelleib und Menschenkopf und ein Musikinstrument spielend, beliebtes Schmuckmotiv an Reliefs indischer Tempelfassaden.

Kionedonschrift. Schreibweise in Vertikalzeilen, wobei man die Buchstaben senkrecht untereinanderstellt. Kommt vor allem auf byzant. Inschriften vor.

Kiosk. Bezeichnung für ein frei stehendes kleines Gartenhaus, wie es vor allem im Orient bekannt ist. Hiernach wurden auch moderne Kleinbauten benannt.

Kirchenburg →Wehrkirche.

Kirchenfamilie. In der Kunstsprache Ausdruck für das, was man modern ein Gemeindezentrum nennt, wenn etwa eine Basilika ein besonderes Baptisterium, Konsignatorium, vielleicht noch Säle zu einem gemeinsamen Kirchenkomplex angegliedert sind. Hervorragende Beispiele in Hyppo Regius, →Salona, →Parenzo, ferner in Syrien.

Kirchentüren. Die wenigen erhaltenen K. karolingischer und roman. Zeit gehören zu den bedeutendsten Kunstdenkmälern des frühen Mittelalters. Verbreitungsgebiete sind vor allem Deutschland und Italien, das Material meist Bronze, auch Holz; wobei in Deutschland der Guß in einem Stück, in Italien die Montierung kleinerer, durch Rahmenleisten verbundener Bronzeplatten auf Holzkern bevorzugt wurde. Vorbilder boten spätantike und byzant. Türen. Den klassischen, spätantiken Typ mit rechteckiger Felderteilung, glatter Füllung, reich gestuften, ornamental verzierten Rahmenleisten, als Griff je ein Ring an einem Löwenkopf, vertreten die zur Zeit Karls d. Gr. gefertigten 4 Bronzetüren des Münsters in →Aachen sowie in vereinfachter Form die bronzene Mainzer Domtür des Erzbischofs Willigis (975–1011) (→Mainz). Auch die mit figürlichen Reliefs geschmückten K. greifen auf spätantike Überlieferung zurück (S. Sabina; Rom; S. Ambrogio, Mailand). Stil und Ikonographie ihrer Reliefdarstellungen stehen jeweils in enger Beziehung zu Werken der → Buchmalerei, der →Elfenbeinschnitzerei und →Goldschmiedekunst. Bedeutendstes Beispiel ottonischer Zeit sind die Hildesheimer Bernwardstüren (1015; →Bernwardskunst) mit Szenen des Alten und Neuen Testaments auf querrechteckigen Feldern, die durch flache, glatte Rahmenleisten unterteilt sind. Ihr an karolingische, besonders Touraner Buchmalerei(→Tours) anknüpfender Bilderzyklus gleicht einer in Erz gegossenen Miniaturenfolge. Byzant. Anregungen verwertet die auf Holzkern montierte Augsburger Bronzetür (1. Hälfte 11. Jh.). Feinprofilierte Leisten, an deren Schnittpunkten Tierköpfe und Masken erscheinen, rahmen eine Vielzahl kleiner hochrechteckiger Felder, die vorwiegend mit allegorischen Einzelfiguren geschmückt sind. Die einzige erhaltene bedeutende Holztür findet sich in St. Maria-im-Kapitol, →Köln (um 1065). Dicke, runde Rahmenleisten mit schweren Knäufen an den Schnittpunkten fassen die in kräftigem Hochrelief geschnitzten, ursprünglich farbig gefaßten Szenen eines umfangreichen Christuszyklus ein. Stilistische Vorbilder boten Elfenbeinschnitzereien der Lütticher kleinfigurigen Gruppe. Bedeutendste Beispiele nördlichen Bronzegusses im 12. Jh. sind die in Magdeburg gefertigten Nowgoroder Türen (1152 bis 1154, →Nowgorod) sowie die enge Berührung mit böhmischer Buchmalerei zeigende Tür in Gnesen mit Szenen aus dem Leben des hl. Adalbert, deren Entstehung noch nicht lokalisiert ist. Der reiche Bestand italien. K. ist teils byzant. Importware vorwiegend des 11. Jhs. (mit Rahmenleisten versehene, auf Holz montierte Bronzeplatten mit figürlichen Darstellungen in →Niello-Technik; zB. Monte Sant'Angelo 1076; Amalfi 1066 u.a.) oder variiert den byzant. Typus (z.B. 2 Türen des Oderisius von Benevent in Troia, 1119 und 1127). Daneben finden sich hochbedeutende reliefierte Türen. Frühestes berühmtes Beispiel ist die Tür von S. Zeno, Verona, deren Plattenbestand mit Szenen des Alten und Neuen Testaments wohl von zwei verschiedenen Türen stammt: der ältere, Ende des 11. Jhs. entstandene, zeigt ikonographischen Zusammenhang mit span. Miniaturen, stilistischen mit Frühwerken der →„corrente comasca" (Como; Ortasee); der jüngere wird um 1200 angesetzt. Die meist quadratischen Felder werden von reich ornamentierten, teils durchbrochenen Rahmenleisten mit Masken und Tierköpfen an den Schnittpunkten eingefaßt. Hochbedeutend sind zudem die byzant. Überlieferung verpflichteten Türen des →Barisanus von Trani (Trani, Ravello, Monreale) und die szenisch geschmückten des →Bonanus von Pisa (Pisa, Monreale). Beide arbeiteten in der 2. Hälfte des 12. Jhs. – K. gleichen künstlerischen Ranges finden sich erst wieder zu Beginn der Renaissance. Berühmtestes Beispiel sind die des Baptisteriums in →Florenz.
Lit.: H. Leisinger, Roman. Bronzen. Kirchentüren im mittelalterl. Europa, 1956.

Kirchner, Ernst Ludwig. Deutscher Maler. Geb. 1880 in Aschaffenburg, gest. 1938 in Davos. 1901–1905 Studium der Architektur in Dresden. 1903/4 unterbrach er das Studium und ging nach München, um bei H. → Obrist Malunterricht zu nehmen. 1905 gründete er gemeinsam mit →Heckel und →Schmidt-Rottluff die →„Brücke", deren führender Meister er wurde. 1911 bis 1916 lebte er in Berlin und siedelte 1917 nach Davos über. – Vom →Neo-Impressionismus ausgehend, wandte er sich, angeregt durch die Werke von →Munch, → Gauguin, den →Fauves und der Negerplastik, dem → Expressionismus zu. In der größten Vereinfachung von Form und Farbe suchte er das Ausdrucksbild. Zunehmend verfestigte sich die Linie, die in scharfkantiger Führung die Farbflächen umschrieb. Der einzelne Mensch im Strudel des Großstadtlebens war eines seiner zentralen Bildthemen. Später entdeckte er unter dem Eindruck seines Aufenthaltes in Davos die Landschaft. – Nach 1926 fand er durch die Auseinandersetzung mit Picasso zu einer flächigen Abstraktion.
Lit.: W. Hofmann, Zeichen u. Gestalt, 1957; L.-G. Buchheim, Die Künstlergemeinschaft Brücke, 1956.

Kirchner, Heinrich. Deutscher Bildhauer. Geb. 1902 in Erlangen, ansässig in München. 1931 Studium bei → Hahn in München und an der Académie Julian in Paris. 1932 Lehrer für Bronzeguß in München. – Im Dritten Reich als entartet verfemt. 1953 als Prof. an die Akademie in München berufen. – In seinem Werk geht er von der klassischen Tradition →Hildebrands aus, die er jedoch durchbricht, um zu archaischen Formen zu gelangen.
Lit.: Knaurs Lex. d. mod. Plastik, 1964.

Kiririscha. Göttin des elamischen Pantheons, der in →Dur Untaschi ein Tempel geweiht war.
Lit.: R. Ghirshman, Iran I, 283.

Kirtimukha. Sanskrit „Kopf des Ruhmes"; eine Maske, ein Ungeheuerkopf, gewöhnlich mit Perlenschnüren reich verziert, eine beliebte Dekoration sakraler und profaner indischer Architektur.

Kirtistambha. Eine Sonderform der indischen Säule →Stambha.

Kisch. 20 km östlich von →Babylon gelegene sumerische Stadt mit den Ruinenstätten el-Oheimir (Ost) und Ingharra (West), die durch einen Kanal getrennt waren. Hauptkultzentrum des Kriegsgottes Zababa, Residenz des Königs →Mesalim (26. Jh. v. Chr.). Tempelanlagen mit →Zikkurat. Palastartiger Baukomplex im Gebiet von Ingharra mit repräsentativem Eingang, dessen Fries figürliche Szenen in Einlagetechnik zeigt (Gefesselte Gefangene). Die Funde im Friedhof von K. haben Entsprechungen in den Gräbern von →Ur. Im 2. Jahrtausend v. Chr. hieß der Ostteil Chursagkalama. Die Tradition läßt sich bis in die Zeit →Nebukadnezars II. verfolgen. Parthische Besiedlung. Palast der →Sasaniden-Zeit mit Kuppel auf frei stehenden Pfeilern.
Lit.: V. Christian, AKZ, 62ff.; E. Strommenger, Mesopo-

tamien, 62; H. Schmökel, GAV, 5ff., 17ff., 34ff., 332.

Kischangadh. Eine regionale Miniatur-Malerschule von →Radschputana, in welcher während der 1. Hälfte des 18. Jhs. unter dem Mäzen Savant Singh und unter dem führenden Künstler Nihal Tschand die Technik der Mogulkunst vollendet und zur lyrischen Erfassung von Hindu-Themen wie der göttlichen Liebe zwischen → Krischna und Radha genützt wurde, gelegentlich mit portraitartigen Darstellungen der fürstlichen Auftraggeber.
Lit.: E. Dickinson u. a., K. painting, 1959.

Kischesim. Medische Stadt im Nordwesten Irans. Nach assyrischer Reliefdarstellung Terrassenanlage mit mehreren turmbewehrten Mauerkränzen.
Lit.: R. Ghirshman, Iran I, 85.

Kitsch. Unkünstlerisches, geschmackloses Machwerk, meist durch sentimentale Inhalte oder durch Kontamination verschiedener, nicht zusammengehöriger Bildelemente und süßliche Formen gekennzeichnet. Der K. greift auf allgemein Bekanntes zurück und gibt es in leicht verständlicher, verflachter, auf Massenabsatz gezielter Art wieder.

Kitschik Assa Schähri. Verfallene Stadt in der Oase von →Turfan, deren Ruinen aus großformatigen Lehmziegeln in der Gestaltung massiver Turmheiligtümer indischen und in der Konstruktion von Kuppelbauten iranischen Einfluß zeigen.

Kivik in Schonen (Schweden). Hier wurde eine große bronzezeitliche Steinkiste mit bildverzierten Platten gefunden; dargestellt ist unter anderem ein zweirädriger, mit Pferden bespannter Wagen.

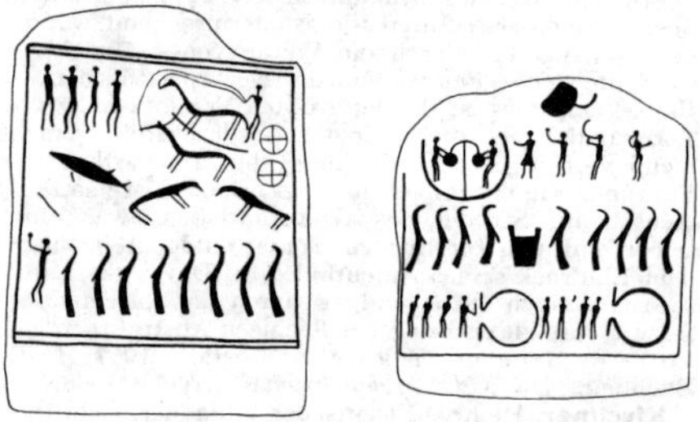

Kivik, Gravierte Platte einer bronzezeitlichen Steinkiste (Schweden).

Kizkapan. Medisches Felsgrab bei Surdasch an der Schleife des Kleinen Zab in der Nähe des Schehrizor-Tals (Grenzgebiet Irak—Westiran). Vorhalle mit Nachbildung einer Balkendecke und zwei Halbsäulen mit Volutenkapitell. Über dem Eingang zwei Bogenschützen in medischer Tracht, betend vor einem Altar. Drei Reliefscheiben mit →Ahura-Mazda-Symbol, Mondfigur und Stern (→Mithras). →Medische Kunst.
Lit.: R. Ghirshman, Iran I, 87ff.; H. H. von der Osten, WP, 56.

Klagefrauensarkophag. Berühmter Säulensarkophag aus →Sidon vom Ende des 4. Jhs. v. Chr. Seinen Namen erhielt er von den zwischen den Säulen stehenden klagenden Frauen, die in Anlehnung an die Kunstrichtung des →Praxiteles geschaffen wurden (Istanbul, Mus.).
Lit.: R. Lullies u. M. Hirmer, Griech. Plastik, 207ff., 1960.

Klagenfurt (Kärnten). **1)** Die Dom- und Pfarrkirche St. Peter und Paul wurde 1582–91 unter der Bauleitung von Ch. Windisch erbaut. 1604 kam die Kirche an die Jesuiten, die das Presbyterium und die Franz-Xaver-Kapelle ausbauen ließen. Im Inneren dieser frühesten großen Wandpfeilerkirche Österreichs laufen an 3 Seiten Emporenarkaden. Alle Wände, auch die mächtigen Tonnengewölbe, sind überzogen von Stuck. Der Hochaltar rahmt mit Riesensäulen, verkröpften und gesprengtem Gebälk 2 prachtvolle Gemälde Daniel Grans. **2)** Die Stadthauptpfarrkirche St. Egyd geht auf einen Bau des 14. Jhs. zurück, der nach einem Erdbeben abgetragen werden mußte. Der Neubau wurde 1692–97 ausgeführt, der hohe W-Turm war 1709 beendet. 1761 wurde die Ausstattung erneuert, im 19. Jh. erfolgten Renovierung und Anbringung neubarocker Fassaden, schließlich 1928 die Renovierung der Deckengemälde. Das Innere der tonnengewölbten, von Emporen umzogenen Wandpfeilerkirche wurde durch die verschiedenen Zutaten der Renovierzeiten in seiner Wirkung ziemlich beeinträchtigt.
Lit.: Reclams Kunstführer, Österreich, Bd. II, 315ff., 1962.

Klagetumba →Grabmal.

Klappaltärchen. Dienten als →Diptychon oder → Triptychon im frühen Mittelalter wohl als Aufsatz eines Tragaltars, im späteren der privaten Andacht als Reise- oder Hausaltärchen. Sie wurden aus reliefierten Elfenbeintafeln, aus getriebenem Edelmetall oder Emailplatten auf Holzkern hergestellt. Im Spätmittelalter sind sie vielfach Werke der →Tafelmalerei, gelegentlich auch in Form zweitüriger Schreine. Hervorragende Beispiele bietet u. a. die Kölner Schule.

Klapperfibel. Fibeltyp der →Urnenfelder- und der →Hallstatt-Zeit. Meist sind an einem mit einfachen Ornamenten verzierten Fibelkörper Kettchen und Anhänger befestigt, →Fibel.

Klassisch. Bezeichnet die ausgewogene und vollendete Form, die die Gesetze des ihr innewohnenden Stils in gültiger Weise durchdringt und gestaltet. Epochen, denen solches Formschaffen als Charakteristikum eigen ist, werden deshalb k. genannt. In erster Linie trifft dies auf die →griech. Kunst des 5. und 4. Jhs. v. Chr. zu, deren künstlerische Erzeugnisse die vollkommene Harmonie von Freiheit der Phantasie und Bindung an die selbstgesteckten Grenzen repräsentieren.

Klassische Kunst. Bezeichnung der Epoche von 480–330 v. Chr. →Griech. Kunst.

Klassizismus. Stilbegriff, der durch den Rückgriff einer Epoche auf die klassische Kunst der Antike gekennzeichnet ist. – In dieser Weise gibt sich bereits die griech. Kunst des ausklingenden →Hellenismus und die →röm. Kunst der beiden Jahrhunderte um Christi Geburt als eine klassizistische Kunst zu verstehen, die in den klassischen Formen der griech. Kunst des 5. und 4. Jhs. v. Chr. ihr Ideal findet. – In anderer Weise führt die Baukunst A. →Palladios zu einem europäischen K., der sich in erster Linie an der ihrerseits klassizistischen röm. Kunst orientiert. Das vordringliche Anliegen ist nun, zu klarer Gliederung und einfacher Form zu finden. Typisch hierfür ist eine Betonung der rechten Winkel unter Verzicht auf Rundformen. – Um 1800 hat sich ein weiterer K. entwickelt, der als Gegenbewegung zur wuchtigen Form des Barock und zur Verspieltheit und gekünstelten Form des Rokoko verstanden werden kann. Nun gibt nicht mehr die röm. Kunst, sondern die griech. Kunst, die seit →Winckelmann wieder näher in das europäische Bewußtsein rückte, das Vorbild ab. Vor allem die Tempelarchitektur in ihrer peripteralen Form, mit ihrer strengen Säulenordnung und dem Giebelfeld vermittelt intensive Anregungen. Dies jedoch nicht im Sinne einer Imitation, sondern als Ausgangspunkt eines neuen Gestaltungswillens. Die bedeutendsten Leistungen auf dem Gebiet der Architektur wurden von den Baumeistern →Erdmannsdorff, →Gilly, →Weinbrenner, →Hansen, →Klenze und →Schinkel hervorgebracht. – In der Bildhauerei und Malerei spricht der K. deutlich aus den Werken von →Canova, →Thorvaldsen, →Schadow, →David u. a. – Sowohl in der Thematik als auch in Stil und Material (Bevorzugung von Marmor) lehnen sich die Künstler an die Antike an, die ihnen Vorbild und Ideal war, ohne daß sie auf das Niveau von Kopisten herabsanken.
Lit.: S. Giedion, Spätbarocker und romantischer K., 1923; V. L. Tapié, Baroque et classicisme, 1957.

Klauer, Martin Gottlieb. Deutscher Bildhauer. Geb. 1742 in Rudolstadt, gest. 1801 in Weimar. Lebte ab 1773 als Hofbildhauer am Weimarer Hof und schuf dortselbst klassizistische Bildnisbüsten des Goethekreises von lebensnaher und monumentaler Wirkung.
Lit.: W. Geese, M. G. K., 1935.

Klause. Wohnung eines Einsiedlers.

Klausur. Der eigentliche Bezirk des →Klosters, der den Mönchen vorbehalten ist. An die K. schließen sich dann weitere Gebäude an, die dem Klosterbetrieb dienen. Ihre Anlage unterliegt im allgemeinen keinen festen Gesetzen.

Klazomenische Sarkophage. Griech. Gattung bemalter Tonsarkophage des späten 6. und 5. Jhs. v. Chr., benannt nach ihrem Hauptfundort, der Stadt Klazomenai.

Klazomenische Vasen. Griech. Vasengattung der 2. Hälfte des 6. Jhs. v. Chr., benannt nach ihrem Herkunftsort Klazomenai (vielleicht auch aus dem nördlichen Klein-Asien stammend). In Imitation attisch-schwarzfiguriger Keramik entstanden hauptsächlich Halsamphoren mit reicher Ritzung und polychromer Malerei. Sie zeigen typisch ionische Elemente in der weichen Bildung der Figuren, wobei es häufig auch zu starren Formen kommt. Figurenfriese und Mischwesen sind die beliebtesten Themen.

Kleanthes. Griech. Maler der früharchaischen Zeit (Ende des 7. Jhs. v. Chr.) aus Korinth. Ihm wird die scharfe Umrißzeichnung der Figuren als „Erfindung" zugeschrieben, ein stilistisches Kriterium, das sich auch in der früharchaischen Vasenmalerei finden läßt. – Keines seiner Werke ist erhalten.

Klebeband. Bezeichnung für einen Folianten, in den die Sammler des 16.–18. Jhs. vorzugsweise Werke der Zeichenkunst und Graphik einklebten. Die Abfolge der Werke war hierbei meist durch thematische Gesichtspunkte bestimmt. – Da bei diesem Verfahren die Blätter häufig beschädigt wurden, setzte sich seit dem 17. Jh. allmählich der Brauch durch, die Zeichnungen auf lose Kartons zu legen und nicht mehr festzukleben.

Klebebild. Bezeichnung für ein aus verschiedenen Papieren oder verschiedenen Materialien zusammengeklebtes Bild (auch Collage genannt). Zum künstlerischen Prinzip wurde diese Technik von →Braque und →Picasso erhoben, als sie um 1910/11 den sogen. synthetischen →Kubismus entwickelten. Nachdem sich der →Futurismus und →Symbolismus des K.es bedient hatten, fand es vor allem in der abstrakten modernen Kunst weite Verbreitung.

Klee, Paul. Schweizer Maler und Zeichner. Geb. 1879 in Münchenbuchsee bei Bern, gest. 1940 in Muralto-Locarno. Studium in München bei →Stuck. 1901 bereiste er mit H. →Haller Italien. 1903–06 lebte er in Bern, wo seine ersten selbständigen Arbeiten entstanden. Vom Nachimpressionismus ausgehend, wandte er sich der Zeichnung zu und schuf ähnlich wie →Kubin groteske Szenen und sozialkritische Karikaturen. 1906 ließ er sich in München nieder und wurde dort mit →Kandinsky bekannt, mit dem er seit 1912 eng befreundet war und den →„Blauen Reiter" begründete. Eine Reise nach Paris bringt ihn mit →Picasso, →Delaunay und →Apollinaire zusammen. Hierbei lernt er die Bilder →Cézannes und der →Fauves kennen, die ihn nachhaltig beeindruckten. 1914 bereiste er gemeinsam mit →Macke Tunesien, wo er entscheidende Anregungen empfing. 1920 wurde er als Lehrer an das →Bauhaus nach Weimar berufen und lehrte 1931 an der Düsseldorfer Akademie. 1933 aus dem Lehramt entlassen, kehrte er in seine Heimat Bern zurück. – War er anfangs fast ausschließlich Zeichner, so findet er – angeregt durch seine Reise nach Tunesien – um 1914 zur Farbe. In seiner weiteren Entwicklung kommt er zu Zeichen und Chiffren, die seine Bildwelt bestimmten. Nie entfernt er sich völlig vom Gegenstand, nie bleibt er aber auch am Gegenstand hängen, sondern formt ihn um und übersetzt ihn in eine Bildsprache, die die Dinge und Erscheinungen durchdringt und in einer unendlichen Vielfalt interpretiert. – Sein Spätwerk entsteht fast ausschließlich unter dem Bewußtsein eines schweren, unheilbaren Leidens, das ihn Bilder schaffen ließ, die sich der „logischen" Interpretation entziehen. (Siehe Farbtafel 32).

Lit.: N. Ponente, P. K., 1960.

Kleeblattbogen →Bogen.

Kleeblatt-Kanne. Kanne mit kleeblattförmiger Mündung, ungefähr aus dem 6. Jh. v. Chr. Derartige Gefäße kommen in reich ausgestatteten Gräbern der mitteleuropäischen →Eisenzeit als Importe von großgriech. Werkstätten vor. Als Typ ist die K. griech. Ursprungs.

P. Klee, „Angstausbruch" III, 1939 (Bern, Paul-Klee-Stiftung).

Kleeblattkreuz →Kreuz.

Klein-Aspergle. Grabhügel in der Nähe von Ludwigsburg aus der frühen →Latène-Zeit mit reichen Funden, unter denen sich auch importierte griech. Vasen befinden.

Kleiner, Salomon. Deutscher Zeichner und Kupferstecher. Geb. 1703 in Augsburg, gest. 1761 in Wien. Bildete sich in Augsburg zum Kupferstecher aus, wobei er sich sogleich auf Architekturdarstellungen spezialisierte. Mit seinen nachschöpferischen Fähigkeiten wurde K. einer der bedeutendsten Stecher für Barockbauten. So schuf K. für die Familie Schönborn ein (unvollständiges) Werk über die „Schönbornschen Familienhäuser" von Mainz (Favorite), über Pommersfelden und Würzburg bis Wien. Dort stach K. mehrere Vedoutenserien des Palais des Prinzen Eugen mit Garten und anderer Wiener Adelspaläste.

Lit.: Thieme-Becker.

Kleinkunst. Bezeichnung für kunstgewerbliche Erzeugnisse auch aus vorgeschichtlicher Zeit (zum Beispiel für Bronzegegenstände oder Idole).

Kleinmeister. Eine Gruppe deutscher Kupferstecher des 16. Jhs., benannt nach den meist kleinen Formaten ihrer Werke. Wegweisend für sie war vor allem →Altdorfer.

Lit.: H. W. Singer, Die K., 1908.

Kleinmeisterschalen. Griech.-archaische Vasengattung kleiner Schalen des 6. Jhs. v. Chr. (ca. 560–520), vor allem aus Athen und Ionien bekannt. Die K. sind in der Regel dünnwandig und stehen auf einem hohen Fuß. Sparsamster, oft miniaturhafter Dekor bildet den Schmuck.

Lit.: J. D. Beazley, ABV, 159ff., 1956.

Kleinplastik. Kommt in der →Vorgeschichte seit der →Älteren Steinzeit (zum Beispiel Plastiken vom →Vogelherd) vor und ist aus allen dafür möglichen Materialien (Bein, Keramik, Metall) gefertigt. – In fast allen Kulturen kennen wir die K. Häufig äußert sich in ihr das erste Stadium plastischen Bildens.

Kleitias. Griech. Vasenmaler der attischen Schule der 1. Hälfte des 6. Jhs. v. Chr. – Auf vier Gefäßen ist seine Signatur überliefert. An erster Stelle steht hierbei die berühmte „François-Vase" (Florenz, Archäolog. Mus.), die er gemeinsam mit dem Töpfer →Ergotimos schuf. Sein Stil, der noch Einflüsse der Schule von →Korinth aufweist, hat maßgeblich zur Entwicklung der attisch-schwarzfigurigen Vasenmalerei beigetragen, zu deren Schöpfern er an erster Stelle gezählt werden muß. In reicher Staffelung finden sich bei seinen Gefäßbildern mehrere übereinandergereihte Friese mit mythologischen Darstellungen. – Seine Kunst hat große Wirkung auf die nachfolgende und gleichzeitige Malerei gehabt und blieb bis zu →Amasis und →Exekias gültig.
Lit.: J. D. Beazley, ABV, 76ff., 1956.

Klengel, Wolf Caspar von. Deutscher Baumeister. Geb. 1630 in Dresden, gest. 1691 ebda. Nachdem er anfangs die Militärlaufbahn eingeschlagen hatte, begab er sich 1647 auf Reisen durch Holland, Belgien und Frankreich, wo er auch Architekturstudien betrieb. 1651–52 bereiste er Italien, das ihm wertvolle Anregungen vermittelte. Mit den bedeutendsten Meistern seiner Zeit, wie →Borromini, →Bernini u. a., wurde er in Rom und Venedig bekannt und zeichnete eifrig die von ihm studierten Bauten. – 1656 wurde er als Baumeister nach Dresden berufen und begann 1661 mit eigenen Bauten (Umbau am Schloß zu Torgau; Schloßkapelle Moritzburg bei Dresden). In Dresden entstanden in den folgenden Jahren seine bedeutendsten Profanbauten: Komödienhaus, 1664ff.; Neues Ballhaus, 1668f.; Schießhaus, 1672f. In diesen Werken wird die selbständige Verarbeitung franz. Anregungen und italien. Einflüsse deutlich, wodurch K. den Dresdener Barockstil begründete.
Lit.: Thieme-Becker.

Klenze, Leo von. Deutscher Architekt und Archäologe. Geb. 1784 in Bockela, gest. 1864 in München, dessen klassizistisches Bild er als Hofbaumeister geprägt hatte. Nach Studien bei Adolf Hirt in Berlin und bei →Percier und →Fontaine in Paris wurde er 1804 Hofbaumeister in Kassel (Theater Schloß Wilhelmshöhe, 1812). Ab 1816 weilte er in München. Als Begleiter von Kronprinz Ludwig reiste er 1818 nach Rom und 1823/24 nach Sizilien; in diplomatischer Mission für die Wittelsbacher wurde er 1834 nach Griechenland gesandt, wo er zum Begründer der deutschen Archäologie dortselbst wurde, die Anregung zur Inventarisierung der antiken Denkmäler Athens gab, die ersten Maßnahmen zur Rettung der Akropolis ergriff und den Stadtplan von Athen, das damals die Hauptstadt Griechenlands wurde, nach den Entwürfen von →Schaubert und Kleanthes überarbeitete. Auf Einladung von Zar Alexander II. weilte er zwischen 1839 und 1851 mehrmals in Petersburg (Leningrad), um dort u. a. das Mus. Eremitage zu bauen. – K. gehört zu den bedeutendsten Klassizisten in Deutschland. Seine Standfestigkeit, Hartnäckigkeit und sein diplomatisches Geschick bewahrten ihn davor, in seinen Architekturen, so wie F. v. →Gärtner, zu sehr den Wünschen seines Landesherrn nachzugeben. Doch ist durch den Charakter der privaten Bauten der Ludwigstraße der Anstoß gegeben worden für die in falscher Pracht ausartenden Miethausfassaden der 2. Jh.-Hälfte. – Als wichtigste Werke entstanden in München die Glyptothek (1816–31), Pinakothek (1826–36), Propyläen (1846–60), Ruhmeshalle (1843–54, Plastik von L. v. Schwanthaler), Königs- und Festsaalbau der Residenz (1826–35 und 1832–42); in Donaustauf, unterhalb Regensburgs entstand die Walhalla (1830 bis 1842).
Lit.: O. Hederer, L. v. K., 1964.

Kleobis und Biton →Polymedes.

Kleomenes. Name verschiedener griech. Bildhauer des 1. Jhs. n. Chr. aus Athen. Sie waren hauptsächlich als Kopisten tätig und haben mehrere Kopien nach Werken klassischer Zeit signiert. Daneben schufen sie auch klassizistische Kompositionen.

Kleophonmaler. Griech. Vasenmaler der attischen Schule, tätig in der 2. Hälfte des 5. Jhs. v. Chr. in Athen. Seine Vasenbilder zeigen vor allem im Figurenstil deutliche Beziehungen zum plastischen Schmuck des →Parthenon. Szenen aus dem dionysischen Kreis gehören zu seinen beliebtesten Themen.
Lit.: J. D. Beazley, ARV, 1143ff., 1963.

Kleophrades. Griech. Töpfer der spätarchaischen Zeit, um 500 v. Chr. in Athen tätig. Sohn des →Amasis. In seiner Werkstatt hat der Maler →Duris Vasen des K. im rotfigurigen Stil bemalt. Neben diesem war ein zweiter namenloser Künstler, der sogen. K.-Maler tätig, dem über 70 Vasenbilder zugeschrieben werden.
Lit.: J. D. Beazley, ARV, 181ff., 1963.

Klimsch, Fritz. Deutscher Bildhauer. Geb. 1870 in Frankfurt a. M., ansässig bei Titisee/Schwarzwald. Nach seinem Studium an der Berliner Akademie nahm er, stets der klassischen Tradition verhaftet, verschiedene Anregungen der Moderne auf, ohne sich je einer bestimmten Richtung anzuschließen. Im Zentrum seines Schaffens stehen zahlreiche Portraitbüsten und Denkmäler, Grabmäler und Brunnenanlagen.
Lit.: H. Vollmer, Künstlerlex. d. 20. Jhs.

Klimt, Gustav. Österreichischer Maler. Geb. 1862 in Baumgarten bei Wien, gest. 1918 in Wien. 1876–83 Studium an der Kunstgewerbeschule in Wien. 1883 eröffnete er gemeinsam mit seinem Bruder Ernst Klimt und Franz Matsch ein Atelier und führte, stilistisch unter dem Einfluß des Historismus und →Makarts stehend, verschiedene dekorative Wand- und Deckengemälde aus. Der Tod seines Bruders (1892) führte zu einer 6jährigen Arbeitspause und zur Auflösung der Ateliergemeinschaft. Als er 1898 wieder zu malen begann, entwickelte er einen völlig neuen Stil, der ihn zum Hauptvertreter österreichischer →Jugendstil-Malerei werden ließ. 1900–1903 entstanden seine aufsehenerregenden Deckengemälde für die Wiener Universität, in denen er naturhafte Gegenständlichkeit mit dekorativer Abstraktion verband. 1904 trat er aus der von ihm 1898 mitgegründeten Wiener Sezession aus und zog sich in seinen letzten Jahren – unverstanden von seiner Umwelt – immer mehr zurück. Symbolistisch allegorische Kompositionen, Portraits und pointillistische Landschaftsbilder stehen im Zentrum seines Schaffens.
Lit.: E. Pirchan, G. K., 1956.

Klinger, Max. Deutscher Bildhauer und Graphiker. Geb. 1857 in Leipzig, gest. 1920 in Großjena bei Naumburg. Nach seinem Studium bei Gusso in Karlsruhe und Berlin (1874ff.) bildete er sich 1883–86 in Paris und 1888–93 gemeinsam mit K. →Stauffer-Bern in Rom weiter. 1893 ließ er sich in Leipzig nieder. Anregungen von →Marées und →Böcklin verband er mit Elementen des Jugendstils und →Impressionismus zu einer eigenen Formensprache, die in ihm einen äußerst vielseitigen und offenen Neo-Klassizisten erkennen läßt. Als Bildhauer schuf er, angeregt durch polychrome und chryselefantine antike Plastik das Beethovendenkmal in Leipzig (1886

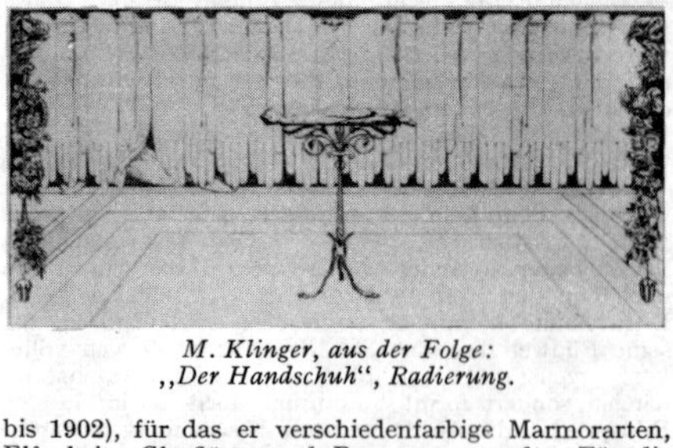

M. Klinger, aus der Folge: „Der Handschuh", Radierung.

bis 1902), für das er verschiedenfarbige Marmorarten, Elfenbein, Glasflüsse und Bronze verwandte. Für die Leipziger Universität entstand 1909 das Monumentalgemälde „Die griechische Geisteswelt". – Von besonderer Bedeutung sind seine graphischen Zyklen, zu denen die berühmten Folgen „Der Handschuh" und die „Brahmsphantasie" gehören. Hier entwickelte er bei größter Meisterschaft der Technik des Radierens Elemente des →Surrealismus, die seiner Zeit weit voraus waren.
Lit.: E. Plietzsch, M. K., 1943.

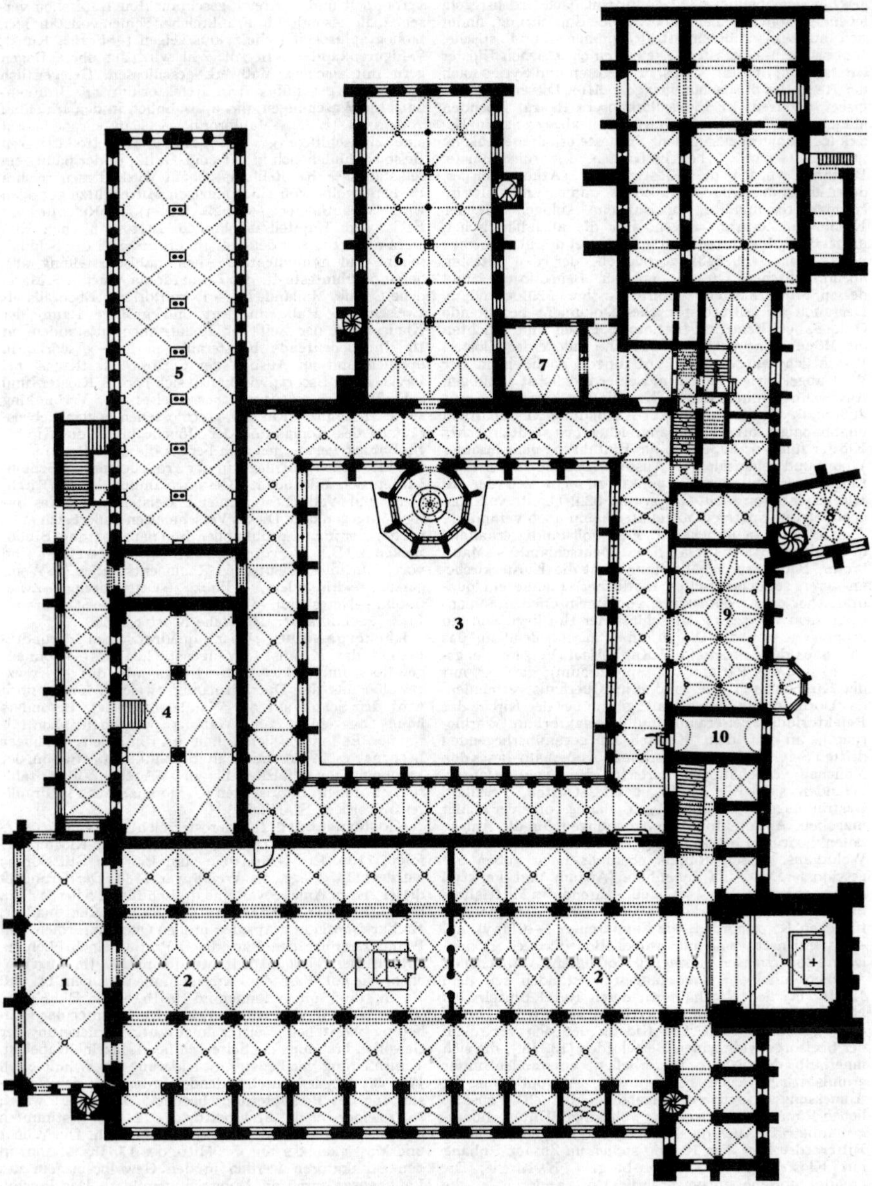

Zisterzienserkloster Maulbronn. Grundriß des engeren Klosterbezirks: Paradies (1), Kirche (2), Hof mit Kreuzgang und Brunnenkapelle (3), Vorratskeller (4), Laienrefektorium (5), Herrenrefektorium (6), Wärmeraum (7), Ostdurchgang mit anschließendem Parlatorium (8), Kapitelsaal (9), Sakristei (10).

Klinker. Hartgebrannter dunkelroter, brauner oder fast schwarzer Ziegel von oft bläulichem Schimmer unter einer Glasur. Ursprünglich hauptsächlich als Fliesen verwendet, wurde der K. wegen seiner dekorativen Art und seiner großen Wetterfestigkeit zu einem bevorzugten Material moderner Baukunst.

Klitias →Kleitias.

Kloster (von lat. claustrum „Schloß, Siegel"). Abgeschlossene, bauliche Anlage für eine nach Ordensregeln lebende Mönchsgemeinschaft. Die Einrichtung findet sich auch in außerchristl. Religionen (buddhistische, chinesische u. a. Klöster). Die ersten christlichen Klöster entstanden Mitte des 4. Jhs. in Ägypten und Syrien nach der Regel des hl. Pachomius (gest. 346). Dieser faßte die bisher verstreut in Einsiedlerhäusern (laura) lebenden Mönche in Wohngemeinschaften auf abgegrenztem Bezirk (coenobium) zusammen. Früheste erhaltene Anlage: „Großes Gebäude" bei El-Kargeh, Libysche Wüste. Berühmt wurden die Klöster des →Athos-Gebirges, deren erste aus frühchristl. Zeit stammen und teilweise erstmals regelmäßige, quadratische Anlagen mit der Kirche im Zentrum zeigen. Für die abendländischen mittelalterl. K.anlagen wurde die Regel des hl. Benedikt von Nursia (480–543) vorbildlich, der den ältesten abendländischen Orden, den der Benediktiner, und dessen Mutterkloster →Monte Cassino (529) gründete. Der auch als kulturhistorisches Dokument bedeutende Ordo Sancti Benedicti bestimmte Leben und Pflichten der Mönche und damit die bauliche Anlage der Klöster. Wesentlich wurden die Forderungen nach einem der Welt abgekehrten Leben und einer möglichst ständigen Anwesenheit innerhalb des K.s, die zur Ansiedlung weit außerhalb der Städte und zur Ausbildung wirtschaftlich unabhängiger, oft sehr umfangreicher, fast stadtähnlicher Klöster führten; außerdem die Einführung gemeinsamer Wohn- und Schlafsäle. Das Aussehen der frühen Benediktinerklöster und der Zeitpunkt, zu dem sich der im Klosterplan von →St. Gallen (um 820) bereits voll ausgebildete, im späteren Mittelalter kaum noch veränderte Typ festigte, ist unbekannt. Fast vollständig erhaltene mittelalterl. Klosteranlagen in Deutschland: →Maulbronn, Bebenhausen. Mittelpunkt ist die Klosterkirche, an deren südlicher (selten nördlicher) Flanke ein quadratischer oder rechteckiger, von einem offenen Säulengang, dem Kreuzgang, umschlossener Hof liegt. Um ihn gruppieren sich die Wohnräume: anschließend an das Querhaus die Sakristei, der Kapitelsaal (Versammlungsraum) und das Parlatorium (Sprechraum); darüber, mit der Kirche durch eine Treppe im Querhaus verbunden, das Dormitorium (Schlafsaal); gegenüber der Kirche das Refektorium (Speiseraum) und Kalefaktorium (Wärmeraum), an der dem Kapitellsaal gegenüberliegenden dritten Seite die Wirtschaftsräume. Außerhalb dieses den Mönchen vorbehaltenen Bereichs, der sogen. Klausur, befanden sich Wirtschaftsgebäude, Garten, Friedhof, Gasträume, oft ein Hospital u. a., häufig von einer Mauer umgeben. Architektonische Anregungen für die Anlage boten die frühen morgenländischen Klöster und das röm. Wohnhaus, dessen Räume ebenfalls nach außen abgeschlossen und um Innenhöfe (Atrium und Peristyl) gruppiert waren. Der Typ blieb während des Mittelalters für alle Benediktinerklöster und solche der benediktinischen Reformorden, wie Cluniazenser (→Cluny) und →Zisterzienser, bindend, wobei Benediktiner Höhenlagen, Zisterzienser Tallagen bevorzugten. Abweichende Anlagen mit zwei Kreuzgängen entstanden seit dem 12. Jh. bei den Karthäusern, deren Regel Einzelzellen vorschrieb, die in Form kleiner Häuschen um den Kreuzgang gereiht wurden. Die Klöster der sich vor allem der Seelsorge widmenden Bettelorden (13. Jh.), die sich innerhalb der Städte niederließen, entstanden unter grundsätzlich neuen Bedingungen, sowohl was die Abmessung verfügbaren Baugeläudes als auch die zusätzlichen Räume für Verwaltung wohltätiger Unternehmungen anbetrifft. Auch die Schlösser und Burgen geistlicher Ritterorden (seit dem 13. Jh.) stehen im Zusammenhang mit Klosterbauten; →Ordensburg. – K.-Kirche: Die architektonische Anlage unterliegt oft Änderungen, die sich aus den jeweiligen Ordensregeln ergeben, und unterscheidet sich dadurch von gleichzeitigen Bischofs- und Pfarrkirchen. →Cluniazenser-Baukunst, →Hirsau, Bauschule, →Zisterzienser-Baukunst, →Bettelordenskirchen. – Kreuzgang: Ursprünglich flach gedeckt, später meist gewölbt. Er öffnet sich gegen den Innenhof in Bogenstellungen (meist Säulenarkaden) oberhalb einer Brüstung (frühes Beispiel 1952 in St. Pantaleon, →Köln, gefunden). In roman. Zeit sind die tragenden Säulen häufig verziert, verdoppelt und mit reich geschmückten Kapitellen versehen, die besonders in Frankreich oft einen vollständigen ikonographischen Reliefzyklus zeigen (→Franz. Kunst, →Figurenkapitell). In got. Zeit wird der obere Bogen gern mit reichem Maßwerk geschlossen. Gelegentlich findet sich gegenüber dem Refektorium ein Brunnenhaus für Waschungen, das apsisähnlich in den Innenhof vorspringt (z. B. →Maulbronn). – Kapitellsaal: Meist eine zweischiffige gewölbte Halle. Die großartigsten Beispiele finden sich in der engl. Gotik, in der häufig ein selbständiges Kapitellhaus gebaut wird, dessen reiches Fächergewölbe von einer einzigen Mittelstütze getragen wird (Westminster; →Engl. Kunst). – Refektorium: Es ist dem Kapitellsaal ähnlich. In toskanischen Klöstern nimmt es seit dem 14. Jh. oft an einer der Schmalseiten eine monumentale Abendmahlsdarstellung auf, deren berühmteste die des Leonardo da Vinci in S. Maria delle Grazie, Mailand, ist. – Dormitorium: Ebenfalls als zweischiffige Halle angelegt und größter Raum der Klausur. In der Zeit der Renaissance entstanden im 16. Jh. bedeutende Klosteranlagen im →Escorial in Spanien und im Ausbau der Certosa (Karthause) bei Pavia. Beim Escorial verbinden sich bereits Kloster- und Schloßbau in eigentümlicher Weise: die Verbindung zwischen den sonst in sich geschlossenen beiden Lebensräumen des Königs und der Mönche bildet die Kirche. Im Barock verwischen sich bereits die scharfen Grenzen der klösterlichen Anlage in der großzügigen, an Schloßbauten sich anlehnenden Gesamtplanung, der die Kirchliches und Weltliches vereinende Geisteshaltung des Barock entgegenkam. Dieses Verschmelzen äußert sich auch noch in der immer prunkvollen Innenausstattung (Bibliotheken z. B.). Hervorragende Anlagen dieser Zeit sind vor allem im süddeutschen Raum entstanden (→Weingarten, →Einsiedeln, →Banz, →Ottobeuren, →Zwiefalten, →Neresheim, →Melk, →Göttweig, →St. Florian). Lit.: J. Schumacher, Deutsche Klöster, 1928.

Klostergewölbe. Über quadratischem Grundriß besteht das K. aus 4 Wangenstücken des →Tonnengewölbes und bildet sich ähnlich wie das →Kreuzgewölbe aus der Durchdringung zweier Tonnen, doch wird der Schub auf die Wände abgeleitet. Besonders häufig ausgeführt zur Wölbung polygonaler Zentralräume. Es findet sich schon in röm. Zeit. Häufiger begegnet es in der mittelalterl. Baukunst, etwa in der karolingischen Pfalzkapelle zu →Aachen, über zahlreichen italien. Baptisterien (→Florenz), auch in Frankreich (Poitiers, St. Hilaire).

Klosterneuburg (Niederösterreich). Das Augustiner-Chorherrenstift. Die Gründung des Klosters erfolgte 1108. Der Grundstein zum Bau der Stiftskirche wurde 1114 gelegt, die Weihe war 1136. Der Grundriß dieser ersten Anlage war eine dreischiffige Pfeilerbasilika im gebundenen System mit Querhaus, Chorquadrat, Halbkreisapsis und Apsiden an den Querhausarmen. Ein Brand zerstörte den Bau, die O-Partie jedoch blieb erhalten. Der Vierungsturm wurde im 17. Jh. abgebrochen. Die got. Fassadentürme stammen aus dem 14. und 17. Jh., ihre Spitzen kamen im 19. Jh. hinzu. Die Kirche wurde 1634–45 zum frühbarocken Raum unter der Bauleitung oberitalien. Meister umgestaltet (Erneuerung der Gewölbe, Trennung der Seitenschiffe in einzelne Kapellen, Vergrößerung der Fenster, Stuckierung der Wände etc.). 1723–30 war der einschneidende Umbau mit der Neugestaltung des Presbyteriums beendet. Das Innere wirkt, trotz seiner für die Architektur des 12. Jhs. bestimmten hohen und steilen Proportionen, einheitlich. Die Wucht und Massigkeit der aus der Mitte des 17. Jhs. stammenden Stukkaturen werden in den Gewölbespiegeln des Langhauses durch die Malereien gemildert. Das Presbyterium liegt etwas erhöht und wird gegen Schiff und Querschiffsarme durch das prachtvolle Chorgestühl M. Steinls (1723) abgeschlossen. Hinter dem nördlichen Querschiffsarm die Leopoldskapelle, ehemaliger Kapitelsaal, um 1677–80 umgestaltet, in welcher der Gründer, Markgraf Leopold d. Heilige, beigesetzt ist. Dieser Raum birgt das Prunkstück des Stiftes, den Verduner Altar. Von der mittelalterl. Stiftsanlage ist besonders der schöne Kreuzgang aus dem 13. und 14. Jh. zu erwähnen,

Knossos, Thronsaal des Palastes mit Fresken spätminoischen Stils (rekonstruiert), 15. Jh. v. Chr.

der mit seinen zarten Säulen, den prachtvollen Dreipaßfenstern mit Rosettenfenstern darüber und seinen sechsteiligen Gewölben die frühe Stilstufe der burgundisch geprägten, niederösterreichischen Zisterzienser-Architektur zeigt. Nach 1730 sollte unter Karl VI. das Stift zu einem riesigen, an den →Escorial sich anlehnenden Komplex erweitert werden. Entwürfe J. E. →Fischers v. Erlach dürften den Plänen Donato Felice dell'Allios zugrunde gelegen haben. Die Kirche sollte die Mittelachse einer 4 Höfe umschließenden Anlage bilden, deren Eck- und Mitteltrakte über Kuppeln die Kronen des Hauses Habsburg tragen sollten. Mit dem Tod des Bauherrn (1740) wurde der Bau eingestellt. Den O-Trakt überragt in der Mitte der sich vorwölbende, ovale Kuppelraum des Marmor-Saales, der im Erdgeschoß von Freisäulen getragen wird. Die Säulenreihe wird von einem Balkon abgeschlossen. Das Saalgeschoß gliedern Doppelpilaster und Rundbogenfenster; darüber erhebt sich, über dem gesprengten Giebel des Mittelteils und den allegorischen Figuren auf der Attika, die kupfern gedeckte Kuppel mit der Kaiserkrone als Abschluß.
Lit.: Wasmuths Lex. d. Baukunst, Bd. III, 1930; Reclams Kunstführer, Österreich, Bd. I, 1961.

Klosterneuburger Altar →Nikolaus von Verdun.

Knagge. Zur Verstärkung an beiden Enden einer hölzernen Stütze angebrachtes Kantholz, das dazu diente, die Stabilität der Stütze zu erhöhen.

Knickachstempel. Bezeichnung für einen altorientalischen Langraumtempel, dessen Kultplatz sich an einer Schmalseite befindet, während der Eingang am entgegengesetzten Teil einer Längsseite liegt. Die Tür ist also nicht in der Längsachse des Tempels angelegt, sondern ihr gegenüber um 90° verschoben, so daß der eintretende Besucher eine entsprechende Wendung zum Kultplatz vornehmen muß. Man hat diese Bauform auch Herdraumtempel genannt in der Annahme, daß der Opfertisch an der dem Eingang entgegengesetzten Schmalseite an die Stelle des Herdes getreten ist, die dann durch das Bild der Gottheit als Hausherrn behauptet wurde. →Altorientalische Kunst II.
Lit.: E. Strommenger, Mesopotamien, 21.

Knidische Aphrodite. Aphroditestatue, die →Praxiteles für die Stadt →Knidos um 360 v.Chr. geschaffen hatte. Sie zählte in der Antike zu den berühmtesten Werken der griech. Kunst und wurde in röm. Zeit vielfach kopiert. Nur in solchen Kopien ist sie überliefert. Dargestellt ist die Göttin, die sich von einem ungebetenen Beobachter gesehen weiß, als sie dem Bade entsteigt. – Spätere Aphroditebilder wie die kapitolinische und mediceische Aphrodite sind in Anlehnung an das Werk des Praxiteles geschaffen worden.
Lit.: G. Lippold, Handb. d. Archäologie, V, 239, 1950.

Knidos. Antike griech. Stadt im SW Klein-Asiens. Reste der Stadtbefestigung und von mehreren Tempeln, dazu ein Theater sind erhalten. Ein Aphroditeheiligtum war wegen der hierfür geschaffenen Aphroditestatue des →Praxiteles bereits im Altertum weit berühmt. – Außerdem war K. Münzstätte, deren Prägungen zu den hervorragendsten Werken griech. Münzkunst gehören.

Kniestück →Bildnis.

Knobelsdorff, Georg Wenzeslaus von. Deutscher Baumeister und Maler. Geb. 1699 auf Gut Kuckädel b. Crossen, gest. 1753 in Berlin. Erst als er 1729 als Hauptmann seinen Abschied nahm, wandte sich K. seinen künstlerischen Neigungen zu, wobei ihn A. →Pesne in der Malerei und Wangenheim in der Baukunst unterrichteten. Friedrich d. Gr., mit dem er befreundet war – er gehörte zum Rheinsberger Kreis –, ermöglichte ihm 1736/37 eine Italienreise und 1740 eine Reise nach Paris. – Mit seinem an →Palladio und den großen Franzosen →Mansart und →Perrault geschulten Klassizismus schuf er im „Friderizianischen Rokoko" einen Baustil von fast „hellenischer Anmut und Feinheit". – K. wurde 1740 Oberintendant der königlichen Schlösser und Gärten und war der bedeutendste Architekt Friedrichs d. Gr., der mit seinem künstlerischen Willen jedoch starken Einfluß auf K.s Pläne ausübte. Dadurch kam es beim Bau von →Sanssouci (1745-47) zum Bruch zwischen beiden. Seine Hauptwerke sind die Umbauten der Schlösser Rheinsberg (1737-39), Charlottenburg und Potsdam und vor allem das Opernhaus in Berlin (1741-43, heute bis zur Unkenntlichkeit umgebaut). Als Gartenkünstler legte K. den Tiergarten in Berlin sowie den Park von Sanssouci an.
Lit.: A. Streichhan, K. und das Friderizianische Rokoko, 1932.

Knöffel, Johann Christoph. Deutscher Architekt. Geb. 1686 in Dresden, gest. 1752 ebda. Über seine Ausbildung ist wenig bekannt, außer, daß seine Bauten franz. Einfluß verraten. K. diente sich in der sächsischen Bauverwaltung an die erste Stelle empor und hatte von da her maßgeblichen Anteil an der künstlerischen Gestaltung des spätbarocken Dresden. Stilistisch gehören seine Bauten (alle 1945 zerstört) noch dem Rokoko an, doch leitet er schon zum Klassizismus über. Bezeichnend waren die in schönem Rhythmus über die Fassaden verteilten Lisenen.
Lit.: F. Löffler, Das Alte Dresden, 1955.

Knoller, Martin. Deutscher Maler. Geb. 1725 in Steinach (Tirol), gest. 1804 in Mailand. Studierte an der Akademie in Wien und war Schüler P. →Trogers. 1765

kam K. nach Mailand, wo er 1793 Prof. der Akademie wurde. Er malte vor allem große Fresken in Kirchen. Während K. sich in Italien dem dortigen Hochbarock anschloß, gehören seine Fresken in Tirol und Süddeutschland dem bayerischen Rokoko an (Fresken in Ettal, 1769). Unter dem Einfluß seines Freundes R. →Mengs malte K. klassizistisch (Deckengemälde der Klosterkirche →Neresheim, 1770-75).
Lit.: Thieme-Becker.

Knorpelwerk. Phantastisch zusammenkomponiertes, knorpelartiges Ornamentgebilde, das sich im 17. Jh. entwickelte und vom Ornamentstich ausgehend auf die Plastik übergreift.

Knossos. Minoische Stadt auf →Kreta. Herrensitz des sagenumwobenen Königs Minos. Der berühmte Palast von K., der eine Fläche von ca. 140 × 140 m umfaßt, wurde um 2000 v.Chr. angelegt. Nach 1700 v. Chr. zerstörte ein Erdbeben die Anlage, die bald darauf erneuert wurde, um nach einem Brand (ca. 1560 v.Chr.) ihre endgültige Form zu finden. Der Palast bestand aus mehreren Raumkomplexen, die sich um einen Innenhof gruppieren. Der Zentralhof war von außen her über ein kompliziertes Korridorsystem zugänglich. Die späteren Griechen nannten ihn deshalb das Labyrinth. Durch die Hanglage bedingt, hatte der Palast im Westen zwei, im Osten vier Stockwerke, die durch prachtvolle Treppenanlagen miteinander verbunden waren. Im Westen lagen die Verwaltungs- und Repräsentationsräume, im Osten die königlichen Wohnungen und Wirtschaftsmagazine. Die gesamte Anlage kennt keine Befestigungen. – Von der hohen Kultur jener Zeit künden die z.T. erhaltenen, prachtvollen Palastfresken und das umfangreiche Tontafelarchiv, das die Buchhaltung aufbewahrte. Daneben wurde minoische Kleinkunst in reicher Vielfalt gefunden. – Am Ende des 15. Jhs. v. Chr. zerstörten plündernde Festlandbewohner die Insel und den Palast, der von 1898–1939 von engl. Archäologen ausgegraben und teilweise restauriert worden ist.
Lit.: S. Marinatos – M. Hirmer, Kreta und das mykenische Hellas, 1959.

Knotensäule. Säulenpaar, das in der Mitte der Schäfte zu einem Knoten verschlungen ist. In der roman. Baukunst anzutreffen, doch meist nur in kleinem Maßstab. Der Knoten gilt als apotropäisches Zeichen.

Knüpfteppich →Teppich.

Koban. Gräberfeld im Nordkaukasus, namengebend für den vorskythischen Kulturbereich (10.–8. Jh. v. Chr.). Reiche Bronzearbeiten mit Ritzdarstellungen von Tieren und Tierplastik in charakteristischem →Tierstil. Bedeutsam ist eine Nadel mit Aufsatzfigur in Form eines Bogenreiters. Zusammen mit Trensen spricht der Befund für eine Zuweisung an die →Kimmerier.
Lit.: F.Hančar, Pferd, 129 ff.; K. Jettmar, Steppenvölker, 42, 171, 226; J. Wiesner, UKG IV, 105.

Kobell. 1) Ferdinand. Deutscher Maler und Radierer. Geb. 1740 in Mannheim, gest. 1799 in München. Studierte ab 1762 bei Verschaffelt an der Mannheimer Zeichenakademie; die Landschaftsmalerei erlernte er im Selbststudium. 1768-70 weilte er in Paris, wo er die holländischen Landschafter kennenlernte, die ihn von da an nicht mehr losließen. Seine ersten bedeutenden Stücke in dieser Art sind Landschaften im Badhaus des Parkes in Schwetzingen. In seinem Spätwerk tat er den für die deutsche Malerei bedeutenden Schritt, daß er vom allgemeinen, stimmungsvollen Landschaftsbild zur portraitartigen Abbildung überging, wodurch K. zum Vorläufer J. A. Kochs wurde. Lit.: Thieme-Becker.
2) Wilhelm von. Deutscher Maler und Radierer. Geb. in Mannheim 1766, gest. 1855 in München, Sohn des Ferdinand Kobell [1)] – Erhielt die technische Ausbildung an der Zeichenakademie in Mannheim bei Leydensdorff und Verhelst; künstlerisch bestimmend war aber der Vater, der ihn auf die Holländer (→Wouvermann und →Ruisdael) verwies, von denen er sich erst in München lösen konnte. Hier schuf er nach 1808 die Schlachtenbilder zur Verherrlichung der bayerischen Heldentaten. Für diese Arbeit unternahm er eine Reise nach Wien (Aspern und Wagram) und 1809/10 eine weitere nach Paris; 1818 weilte er auch in Rom. Obwohl er 1814–26 an der Münchener Akademie Landschaftsmalerei lehrte, hatte K. keine nennenswerte Schülerschaft. – Für die Münchener Malerschule steht er im Mittelpunkt einer Entwicklung, die von der dekorativen Malerei des 18. Jhs. über den romantischen Klassizismus zu vollendetem Biedermeiertum führte.
Lit.: W. Lessing, W. v K., 1923 (mit Werkkatalog).

Koch, Joseph Anton. Österr. Maler und Graphiker. Geb. 1768 in Obergilben (Tirol), gest. 1839 in Rom. 1795 siedelte er nach Rom über, lebte 1812–15 in Wien und anschließend in Italien, hauptsächlich in Rom. Figürliche Zeichnungen kennzeichnen seine erste Schaffensphase, ehe er seit 1803 eine heroische Landschaftsmalerei entwickelte, durch die er den sogen. Deutsch-Römern starke Impulse vermittelte. Als Freskant schuf er im Casino Massimo zu Rom große Dante-Fresken (1824–29).
Lit.: O. R. von Lutterotti, J.A.K., 1940.

Koch, Rudolf. Deutscher Buchgewerbezeichner und Schriftsteller. Geb. 1876 in Nürnberg, gest. 1934 in Offenbach a.M. Nach seinem Studium an der Kunstgewerbeschule Nürnberg und an der Technischen Hochschule München war er 7 Jahre an der Leipziger Akademie für Graphische Künste und Buchgewerbe tätig. 1906 übersiedelte er nach Offenbach und arbeitete in der berühmten Schriftgießerei Klingspor. Für diese Firma entwarf er mehrere sehr bedeutende Schrifttypen, die wesentlich zur Erneuerung der Buchkunst durch den →Jugendstil beitrugen. Daneben entwarf er kunstgewerbliche Gegenstände, Plakate und Gebrauchsgraphik.
Lit.: H. Vollmer, Künstlerlex. d. 20. Jhs.

Kodex →Codex.

Kodja Kalessi (Isaurien). Die Basilika von K. aus dem 6. Jh. ist in der Anlage eine Kuppelbasilika, wie sie von Konstantinopel oder Saloniki her bekannt ist. Der entscheidende Unterschied besteht darin, daß statt der Steinkuppel ein kuppelartiges Holzdach die Vierung überspannt.

Köln. 1) Wichtige Stätte frühen Christentums in den Rheinlanden. Die ersten Kirchen lagen außerhalb der Colonia Claudia Ara Agrippinensium. Nach 312 entstanden auf den großen Friedhöfen an den Ausfallstraßen →Coemeterialkirchen wie St. Severin, St. Ursula, St. Gereon, Bauten, die später zu Basiliken erhoben wurden. Bei den Ausgrabungen in St.Ursula (1942) stieß man auf zwei nicht wesentlich voneinander abweichende Bauten aus frühchristl. Zeit. An der nordwestlichen Ausfallstraße liegt auf sehr frühem Friedhofsgelände St. Gereon (im letzten Viertel des 4. Jhs. als Coemeterialkirche errichtet). Es handelt sich um einen ellipsenförmigen Zentralbau, der als Dekagon so gestaltet ist, daß sich um eine östliche Hauptapsis nach beiden Seiten vier Konchen gruppieren. Im Westen vorgelagert ein Narthex mit Konchen an den beiden Schmalseiten. – **2)** Dom St. Peter. Ursprünglich karolingische, im 10.–12. Jh. mehrfach umgebaute Anlage. Riesiger Neubau 1248 durch Meister Gerard begonnen nach dem Vorbild franz. Kathedralen, besonders von →Amiens; doch fünfschiffig, wobei die Seitenschiffe im Gegensatz zu →Bourges u.a. gleiche Höhe haben. Dreischiffiges Querhaus. Steiles Mittelschiff (Breite zu Höhe: 1 zu 3). Bündelpfeiler. Beleuchtetes Triforium durch Maßwerkstreben mit den Hochfenstern verbunden (vergleiche→ St. Denis). Chorweihe 1322. Teile des Langhauses und obere Fassadenpartie erst im 19. Jh. vollendet. Die Steilheit, streng durchgeführte Vertikalisierung, vollständige Auflösung der Wandfläche und die kraftvolle, doch zarte Eleganz des Innenraums bedeutet eine im franz. Sinn klassische Steigerung gegenüber Amiens. Nachfolge fand jedoch der durch Überreichtum von Strebewerk und Schmuckformen in seiner Struktur verunklärte Außenbau (→Deutsche Kunst). Wichtigste Ausstattung: →Gerokru-

Tafel 15: *Pisa, Domtür, Bronzeplatte des Bonanus von Pisa, um 1179.*

zifix (Ende 10. Jh.); Chorpfeilerstatuen von 1310–20 (Christus, Maria, Apostel; →Deutsche Kunst); Glasfenster besonders des Hochchors; „Dombild" (Altar mit Anbetung der Könige) von Stephan →Lochner (2. Viertel 15. Jh.). Domschatz: Dreikönigsschrein des →Nikolaus v. Verdun (Ende 12. Jh.). – **3)** St. Aposteln: 1192–1219 fast

Köln, Groß-St.-Martin.
Ostteile mit Vierungsturm, 1172 geweiht; Aufriß.

völliger Neubau einer offenbar doppelchörigen Anlage des frühen 11. Jhs. Typisches Beispiel der spätstaufischen, kölnischen Bauschule. Folgenreich das Anknüpfen an St. Maria-im-Kapitol durch Anlage eines Triconchos, jedoch ohne Umgang, ohne Krypta. Zweiteiliger, durch Laufgang zweischichtiger Wandaufriß; Umbildung normannischer Einflüsse ins Reiche, Dekorative. Im Langhaus über Pfeilerarkaden des 11. Jhs. Oberwand mit spitzbogigen Fenstern. Vierungsturm mit Laterne (vielleicht byzant. Anregung), umstellt von 4 polygonalen Ecktürmen. Im 17. Jh. das westliche Sanktuarium mit dem um 1200 zugefügten Turmaufbau zur Orgelempore umgebaut. Nachfolgebau vor allem Groß-St.-Martin, Köln. – **4)** St. Maria-im-Kapitol: Schlußweihe 1065. Im Osten →Dreikonchenanlage (Vorbilder wohl spätantike Grabbauten u.ä.) mit kreuzgratgewölbten Umgängen (den ersten in Deutschland), die sich in den Seitenschiffen des ursprünglich flach gedeckten basilikalen Langhauses fortsetzen. Im Langhaus Rundbogen über Pfeilern, im Triconchos über Säulen. Über der Vierung Hängekuppel (→Kuppel), vor den halbrunden Konchenabschlüssen Tonnengewölbe (um 1200), im Schiff 6teilige Kreuzrippengewölbe (1240). Krypta unter dem östlichen Konchos, doch gleichbleibendes Bodenniveau. Westbau wohl aus Teilen des 10. Jhs. mit vorgezogenem quadratischem Mittelteil, in den Ecken Treppentürme, innen Empore. Außenbau: flache Blendnischen über hohem Sockel. Obere Zone ein Umbau staufischer Zeit. Charakteristisch: freie Großräumigkeit, Verschmelzung der Raumteile. Bedeutender Gründungsbau der rheinischen Bauschule; Nachfolgebauten St. Aposteln, Groß-St.-Martin (→Staufische Kunst). Wichtigste Ausstattung: die berühmte Holztür aus der Nordvorhalle (um 1065) mit Szenen aus Christi Leben, deren Stil und Rahmengliederung an Elfenbeinarbeiten der kleinfigurigen Lütticher Gruppe (aus dem Anfang des 11. Jhs.), deren bunte Fassung (besonders die gelben, d. h. goldenen Gründe) an Buchmalerei erinnern (→Kirchentüren). – **5)** St. Pantaleon: 964 begonnen unter Erzbischof Bruno von Köln, Bruder Kaiser Ottos d. Gr., 980 vollendet. Einschiffiges Langhaus im 12. Jh. dreischiffig umgebaut. Frühe Züge: ursprünglich niedrige, abgetrennte Querhausflügel; letztes großes, erhaltenes Westwerk über kreuzförmigem Grundriß mit später verkürzter Vorhalle. Dessen steiler Mittelbau dreiseitig von Arkaden und Emporen (Rundbogen auf Pfeilern; Schichtwechsel) umgeben, im O zum Schiff geöffnet. Den Bau überragen unten halb in der Mauer liegende Treppentürme. Wichtig die Außenbaugliederung: Langhaus ursprünglich mit flachen Blendnischen (angeregt wohl durch die röm. Basilika, Trier; →Speyer), Westwerk geschoßweise durch Lisenen mit Rundbogenfries (frühestes deutsches Beispiel). Frühester erhaltener Kreuzgang 1952 entdeckt: Säulchen mit Pilzkapitellen auf einer Mauerbank. Tympanon von einem um 1170–80 erneuerten Portal am nördlichen Querschiff: Christus zwischen Maria und St. Pantaleon (?), Johannes und Erzbischof Bruno (?) stehend. Köpfe abgeschlagen. In der Nachfolge der Gustorfer Schranken. Die schmalen Proportionen der Standfiguren, die schärferen und zugleich geschmeidigeren Bewegungen, das Gepreßte der engen linearen Faltenführung zeigen die 2. Jahrhunderthälfte an. Heute Kunstgewerbemus.

Lit.: H. Beenken, Romanische Skulptur in Deutschland, 11. und 12. Jh., 1924; E. Gall, Dome und Klosterkirchen am Rhein, 1956; A. Huppertz, Der Kölner Dom und seine Kunstschätze, 1950.

Kölner Schule. Ottonisches Skriptorium, das im Gegensatz zu den stärker zeichnerisch-flächenhaft bestimmten Werken der süddeutschen Schulen einen malerischen, von der Farbe her lebenden Stil ausbildet, ausgehend von karolingischen Manuskripten der →Palastschule und der Schule von „Corbie" (→St. Denis). Charakteristisch: Evangeliar der Äbtissin Hitda von Meschede (Darmstadt, Cod. 1640). Im 2. Viertel des 11. Jhs. setzt unter Einfluß der →Reichenauer Schule eine Umbildung zum Linearen ein.

Lit.: H. Ehl, Die ottonische Kölner Buchmalerei,

Forschungen zur Kunstgeschichte Westeuropas 4, 1922.

König, Leo von. Deutscher Maler. Geb. 1871 in Braunschweig, gest. 1944 in Tutzing am Starnberger See. Begann sein Studium an der Akademie in Berlin und setzte dieses fort an der Académie Julian in Paris bei Robert Fleury. Ab 1900 lebte er in Berlin, wo er bis 1911 am Kunstgewerbemuseum wirkte. – K.s Malerei ist geprägt von einem Eklektizismus, der sich an die alten Meister ebenso wie an →Feuerbach, →Manet und →Cézanne anlehnt; sein handwerkliches Können, seine stark malerische Veranlagung hoben ihn jedoch aus der Masse der Gefolgschaft von Manet und Cézanne heraus.
Lit.: Thieme-Becker.

Königslutter, Bogenfries (Drolerie) an der Außenwand des Chors.

Königsgalerie. Fassadenschmuck got. Kathedralen. Galerie mit Königsstatuen, die die königlichen Vorfahren Christi darstellen (→Jessebaum), angebracht oberhalb der Portalzone. Beispiele in Paris, Amiens, Reims.

Königshalle. Die nordische K. war in Island als Holzbau errichtet und diente als Aufenthaltsraum der Könige. Das Innere wurde prunkvoll ausgestattet mit Schnitzwerk und Bildteppichen.

Königspfalz →Pfalz.

Königslutter (Nds./Braunschw.). Ehemalige Benediktiner-Abteikirche St. Peter und Paul, heute evangelische Pfarrkirche. Der Grundstein wurde 1135 gelegt. 1431–63 wurden die Seitenschiffsgewölbe eingezogen, die achteckigen W-Türme und der ebenfalls achteckige Vierungsturm überarbeitet. 1693–95 zog man im Mittelschiff spitzbogige Gewölbe ein. Der Grundriß zeigt eine kreuzförmige Pfeilerbasilika, im O nach Hirsauer Schema mit 5 Apsiden (in der Mitte, an jedem Seitenschiffsende, an jedem Querhausarm) abgeschlossen. Die Hauptapsis ist besonders reich an plastischem Schmuck (korinthische Kapitelle, Akanthusfriese, Maskenkonsolen), der italien. Einflüsse vermuten läßt, vielleicht unmittelbar auf Steinmetzen aus Ferrara und Verona zurückzuführen ist (Säulenportal am N-Seitenschiff).
Lit.: Wasmuths Lex. d. Baukunst, Bd. III, 1930; N. Pevsner, Europäische Architektur, 1957.

Koerbecke, Johann. Deutscher Maler. Geb. um 1410, gest. in Münster 1491. In K. ist die westfälische Malerei der Mitte des 15. Jhs. am bedeutendsten vertreten. Sein Hauptwerk, der Marienfelder Altar (um 1457, die einzelnen Tafeln in Museen in aller Welt verstreut) zeigt einerseits die Anregungen, die K. vom Spätwerk →Lochners empfing, andererseits die Beziehungen zu →Konrad von Soest. Seine Malerei bringt kraftvoll leuchtende Farben, einen besonders im Detail stark mitsprechenden Realismus und eine stimmungsvolle Landschaftsauffassung. Die Perspektive ist eher gefühlsmäßig als konstruktiv gegeben. Als ein Frühwerk gelten 2 Flügel des Langenhorster Altares (Münster, Landesmus.).
Lit.: Westfälische Maler der Spätgotik, 1440–1490, Ausstellungs-Katalog, Münster, 1952.

Körperbemalung als Schmuck oder Bestandteil kultischer Bräuche ist bereits in der →Älteren Steinzeit vorauszusetzen.

Körperschatten →schattieren.

Koetsu, Honami. Japanischer Maler. Geb. 1558, gest. 1637 in Kyoto. In seinen Werken ging er vom Stil der Tosa-Schule aus und verband diesen mit Elementen der Kano-Schule. Diese Malweise wurde von seinem Schüler →Korin fortgesetzt und zu neuer Schultradition erhoben.

Koftgari. Inkrustationstechnik besonders für nordwestindische Metallgefäße und Waffen der indo-islam. Zeit.

Kohle. Weiches Zeichenmaterial aus gebranntem Holz (Holzkohle), das vor allem für Entwurfszeichnungen geeignet ist. Um die K.-Zeichnung vor raschem Verwischen zu bewahren und um ihr Haltbarkeit zu verleihen, wird sie fixiert.

Koilon →griech. Theater.

Koimesis (griech. = das Schlafen). Bezeichnung für Darstellung vom Tod der Maria, in der byzant. Kunst schon früh nach folgendem Schema: Maria ruht auf dem Totenbett, die Hände gekreuzt, an Fuß und Kopf klagen Apostel, auch Bischöfe und andere Würdenträger. Hinter dem Totenbett hält Christus die Seele der Maria in Gestalt eines kleinen Kindes auf seinen Armen.

Koinobion (griech.). Gemeinsames Leben, Bezeichnung für strenge Formen mönchischer Gemeinschaft im Kloster. In der Ostkirche auch Bezeichnung für Kloster selbst.

Kokei. Japanischer Bildhauer der 2. Hälfte des 12. Jhs n. Chr. Er zählte zu den großen Holzbildnern seiner Zeit und schuf mit seinen berühmten sechs Patriarchenplastiken der Hosso-Sekte einen wegweisenden Portraittyp, der durch einen sehr ausgeprägten Realismus gekennzeichnet ist.

Kokorinoff, Alexander. Russischer Architekt. Geb. 1726 im Uralgebiet, gest. 1772 in Petersburg. Besuchte ab 1742 in Moskau eine Architektenschule. Durch die Gunst des Grafen Schuwaloff konnte K. 1753/54 für diesen ein Palais in Petersburg erbauen, bei dem erstmals in Rußland klassizistische Formen Aufnahme fanden. 1758 zum Architekten der Akademiebauten ernannt, erhielt K. den Auftrag, zusammen mit V. de la Motte, die Akademie der Künste in Petersburg zu bauen (1765–72). Seit 1765 war K. Prof., 1769 Rektor der Akademie. – Die Baukunst von K. lebt noch aus den großen Ordnungsvorstellungen des Barock; klassizistische Formen dringen erst in Detailformen und Grundrißdispositionen durch.
Lit.: A. Eliasberg, Russische Baukunst, 1922.

Oskar Kokoschka, „Liebespaar mit Katze", 1917 (Zürich, Kunsthaus).

Kokoschka, Oskar. Österreichischer Maler, Graphiker und Dichter. Geb. 1886 in Pöchlarn/Donau, ansässig in Villeneuve/Genfer See. 1904ff. Studium an der Wiener Kunstgewerbeschule. 1908 Hinwendung zum →Expressionismus. Mehrere expressionistische Dramen entstanden in den folgenden Jahren. Im psychologischen Portrait fand er das ihm entsprechende Ausdrucks-

medium. 1915/16 Kriegsteilnehmer. In Rußland verwundet, ließ er sich nach seiner Genesung 1917 in Dresden nieder und wurde 1919 an die dortige Akademie berufen. 1924–31 befand er sich meistens auf Reisen durch Europa, Afrika und Vorderasien. 1934–38 Aufenthalt in Prag, anschließend bis 1953 in London. 1953 übersiedelte er nach Villeneuve und unterrichtete bis 1963 in Salzburg an der „Schule des Sehens". – Im Mittelpunkt seines Schaffens stehen mehrere graphische Zyklen und zahlreiche hervorragende Portraits. Daneben entstanden Stadtansichten und allegorische Kompositionen. Stilistisch verband er expressive Inhalte mit einer impressionistischen Palette und bisweilen barocken Formen. Von besonderer Qualität sind seine zahlreichen, grandiosen Zeichnungen.
Lit.: H. M. Wingler, O. K., 1956.

Kokosniki. Bezeichnung in Russland für kielbogenartige Tonnenabschlüsse in Kirchen. Sie kommen an russischen Kirchen des 15. Jhs. zuerst vor und geben den Bauten ein ganz neuartiges Gepräge. Die überall hervorsprießenden Kielbogen sprengen die Ruhe der byzant. Raumgestaltung.

Kolbe, Georg. Deutscher Bildhauer. Geb. 1877 in Waldheim/Sachsen, gest. 1947 in Berlin. Ursprünglich Maler, ging er 1898 unter dem Einfluß von →Rodin und Tuaillon zur Bildhauerei über. Seit 1903 lebte er in Berlin. In seinem Schaffen ging er von Rodin aus, nahm jedoch bald Anregungen von →Maillol und →Hildebrand auf, die ihm eine ruhigere Statuarik ermöglichten. Das zentrale Thema seiner Arbeiten ist immer wieder die gymnische weibliche und männliche Gestalt, die er frei variiert und in eine harmonische, in sich geschlossene Bewegung einband. – Während in seinem Frühwerk häufig exotische Typen erscheinen, lassen seine späteren Plastiken (um 1925) enge Beziehungen zu →Lehmbruck erkennen.
Lit.: Knaurs Lex. d. mod. Plastik.

Kollegiatskirche →Stiftskirche.

Kollwitz, Käthe. Deutsche Malerin, Bildhauerin und Graphikerin. Geb. 1867 in Königsberg, gest. 1945 auf der Moritzburg bei Dresden. 1885 Studium der Malerei bei →Stauffer-Bern in Berlin. Seit 1891 lebte sie in Berlin, nachdem sie zuvor in München studierte. – In ihren Werken versuchte sie Anregungen des sozialen Realismus mit Stilmitteln des →Expressionismus – ausgehend von →Klinger und →Munch – zu verbinden. Im Zentrum ihres Schaffens stehen neben großen lithographischen und radierten Zyklen Plastiken und Denkmäler, die thematisch durch das abschreckende Kriegserlebnis bestimmt sind. Hierbei wird die Nähe zu →Barlach deutlich.
Lit.: H. Vollmer, Künstlerlex. d. 20. Jhs.

Kolmar (Elsaß), Dominikanerkirche. 1283 bis 2. Viertel 14. Jh. Wohl reifstes Werk unter den deutschen →Bettelordenskirchen. Dreischiffiges flachgedecktes Langhaus, dessen sehr schlanke Rundstützen absatzlos in spitze Arkadenbogen übergehen. Annäherung an den Typ der →Hallenkirche, doch vielleicht ehemals Fenster im niedrigen Obergaden. Ursprünglich →Lettner vor dem langen einschiffigen Chor, dessen →Kreuzgewölbe auf Konsolen, nur im Chorpolygon auf Diensten aufruhen. Dies neben dem Fenstermaßwerk einzige Schmuckform. Ausgeprägte Raumvereinheitlichung und Verzicht auf schmückendes Detail schaffen einen Predigtraum von klarer, monumentaler Wirkung.
Lit.: H. Konow, Die Baukunst der Bettelorden am Oberrhein, 1954.

Kolomenskoje (bei Moskau). Eine der sogen. Malkirchen des 16. Jhs. Bei ihr ist, ähnlich wie bei der Gotik, das Vertikalstreben ganz entscheidend, und damit wird die byzant. bestimmte Moskauer Architektur verdrängt.

Kolonialstil. Bezeichnung für den in Anlehnung an den engl. →Klassizismus in den Kolonien entstandenen Architekturstil. Neben den engl. Kolonien findet er sich hauptsächlich in Bauten des 19. Jhs. in Amerika (→Amerikanische Kunst).

Kolonnade. Bezeichnung für einen Säulengang, dessen Joche mit Bögen oder Horizontalgebälk überspannt sind. Besonders im Barock und Klassizismus finden sich K.n häufig als Eingrenzungen von Plätzen usw. – Das bedeutendste Beispiel einer barocken K.n-Anlage ist in der genialen Gestaltung des Platzes vor dem Petersdom zu →Rom durch →Bernini geschaffen worden.

Kolonnenschrift. Bezeichnung von Schriften, deren Zeichen nicht waagerecht, sondern senkrecht angeordnet sind. Beispiele: chinesische und japanische Schrift. Aus dekorativen Gründen findet sie sich vor allem zur Angabe von Namen gelegentlich auch auf byzant. und roman. Bildern, besonders der →Buchmalerei, ebenfalls auf Initialseiten (→Initiale).

Kolossalkopf aus Palenque, La Venta.

Kolophon. Griech. Stadt im mittleren Ionien, deren Blütezeit in das 7. Jh. v. Chr. fällt. Ein ausgedehntes Ruinenfeld der Stadt mit Akropolis und öffentlichen Anlagen wie Thermen und Theater wurde hier ausgegraben. – Ca. 13 km südlich lag das im Altertum berühmte Heiligtum des Apollon von Klaros, von dessen zahlreichen ausgegrabenen Bauten (Grabungen noch im Gange) vor allem ein ionischer Tempel und ein dorischer Tempel des 3. Jhs. v. Chr. zu nennen sind.
Lit.: L. Robert, Les fouilles de Claros, 1954.

Kolorieren. Bezeichnung für die farbige Ausmalung graphischer Blätter.

Kolorismus. Bestimmt bei einem Gemälde die Farbe gegenüber der Zeichnung den Bildaufbau und den künstlerischen Eindruck, so spricht man von K., wie er vor allem in den Werken des →Impressionismus dominierend hervortritt.

Kolorist. Ein Maler, der das →Kolorieren graphischer Blätter vornimmt. Auch ein Künstler, in dessen Malerei die Farbe eine beherrschende Rolle spielt, wird K. genannt.

Kolorit. Bezeichnung für die Farbgebung eines gemalten Gegenstandes in den ihm eigenen natürlichen Farben.

Kolossalköpfe. Körperlos auf steinernen Fundamenten ruhende Riesenhäupter, vor den olmekischen Pyramiden aufgestellt, meist aus Basalt gefertigt, der von weither gebracht werden mußte (→Tres Zapotes 1,80 m hoch, Um-5,50 m; →La Venta 2,46 m hoch, Umfang 6,35 m). Völlig realistisch wurden olmekische Gesichter wiedergegeben, auf dem Kopf fest anliegende Kappen mit Stirn- und Kinnband. Ähnliche Züge tragen die Köpfe mancher →Hachas.

Kolossalordnung. In der Regel eine Fassadengliederung, die durch mehrgeschossige, übereinandergestaffelte Säulenordnungen bestimmt ist. Dabei baut die K. auf den drei Hauptordnungen der griech. Antike auf (→Säulenordnung). Eine erste Anwendung fand die K. in der röm. Architektur, z. B. am →Colosseum mit der Übereinanderstaffelung von dorischer, ionischer und korinthischer Ordnung. – Im Barock erlebte die K. eine erneute Blüte und wurde hier vor allem durch W. fang →Dietterlin in allen ihr innewohnenden Möglichkeiten und Varianten durchdacht und gestaltet.

Kolosseum →Colosseum.

Koloß von Rhodos →sieben Weltwunder.

Kolotes. Griech. Bildhauer der 2. Hälfte des 5. Jhs. v. Chr. Als Schüler des →Phidias hat er am Zeuskultbild für →Olympia mitgearbeitet. Seine Werke sind nur literarisch überliefert; Zuschreibungsversuche haben bisher zu keinem sicheren Ergebnis geführt.
Lit.: G. Lippold, Handb. d. Archäologie, V., 189, 1950.

Kolumbarium →Columbarium.

Kolumbien. Eine Reihe vorkolumbischer Kulturen unterscheidbar, zeitliche und kulturelle Zusammenhänge noch größtenteils unklar. Berühmt wegen ihrer Metalltechnik, die hauptsächlich Gold und Tumbaga verwendet. Treibarbeit, Guß (massiv und in „verlorener Form") und Lötung kommen vor, ebenso Plattierung des Kupfers mit Gold und Oberflächenveredelung mit Pflanzensäften (Misse-en-couleur-Methode). 7 Stile unterscheidbar: Muisca (→Chibcha), Colima, →Quimbaya, Darién, Sinú, Tairona, →Tolima. Monumentale Steinfiguren finden sich in →San Agustín; ein anderes Charakteristikum sind Schachtgräber, unter denen die ausgemalten der Tierradentro-Kultur hervorzuheben sind.
Lit.: J. Perez de Barradas, Orfebreria Prehispanica de Colombia, 1958.

Kommagene. Gebiet zwischen Taurus und dem Oberlauf des Euphrat mit namensgleicher Landesgöttin, die am Grabmal des →Antiochos von K. dargestellt ist.
Lit.: R. Ghirshman, Iran I, 389; H. H. von der Osten, WP, 113.

Kommandostab →Lochstab.

Kommunizierende Nebenchöre. Kommen gelegentlich bei roman. Staffelchören vor (→Chor), wenn die den Hauptchor begleitenden, in der Verlängerung der Seitenschiffe liegenden Nebenchöre mit ersterem durch Öffnungen in den Trennwänden verbunden sind. Beispiele: St. Peter und Paul, Hirsau (nicht erhalten); Murbach/Elsaß.

Komnenischer Stil. Zur Zeit der Dyn. der Komnenen in Byzanz (1081–1185) hat sich ein bestimmter byzant. Stil in der Kunst ausgebildet, so daß man etwa von einer komnenischen Miniaturmalerei sprechen kann.

Komombo. Nördlich →Assuan liegt bei K. der aus der →Ptolemäer-Zeit stammende Doppeltempel für den Krokodilgott Sobek und den falkenköpfigen „großen →Horus" (Haroëris), deren Tempelteile trotz deutlicher, auch in den Reliefmotiven ablesbaren Scheidung zu einem Ganzen mit →Pylon, Säulenhof, Vorhalle, Säulensaal und drei Querhallen vor der Doppelkapelle vereinigt sind, umgeben von Umgängen innerhalb der Umfassungsmauer. Das für die Ptolemäer-Zeit typische Geburtshaus liegt vor dem Tempel, dessen weich gerundete Reliefs außer Szenen mit Ptolemaios III. Euergetes auch Darstellungen des Tiberius zeigen.
Lit.: W. Wolf, KÄ, 609, 646ff.; E. Brunner-Traut, Ägypten, 516ff.

Komposition. Bezeichnung für den Aufbau eines Kunstwerkes. In der K. wird die Beziehung der Einzelteile zum Ganzen und umgekehrt festgelegt. Die wesentlichen Elemente, deren Anwendung ein wichtiges stilistisches Kriterium sein kann, sind →Perspektive, →Symmetrie, →Isokephalie, Hintergrund und die damit sich ergebenden Anordnungsmöglichkeiten.

Kompositkapitell (lat. componere = zusammensetzen). In der röm. Kaiserzeit ausgebildete Variante des keiten korinthischen Kapitells (→Kapitell), dessen außen aufsteigende, sich zusammenrollende Akanthusblätter in Anlehnung an das jonische Kapitell durch →Voluten ersetzt sind.

Konarak. Ruine, besonders eines →Mandapams, von einem →Surya-Tempel des 13. Jhs. an der Küste von Orissa. Ungenügende Fundamentierung und Schwemmsand führten zum Einsturz des wahrscheinlich riesigen Tempelturms. Die erhaltenen Plastiken einer der größten mittelalterl. Tempelanlagen zeichnen sich durch eine besondere erotische Ikonographie aus.

Konche (lat. concha). **1)** Bezeichnung für halbkugelförmige Wölbung der Apsis, auch für die Apsis selbst. (→Dreikonchenanlage). – **2)** Muschelförmiges Trinkgefäß. – **3)** Taufbecken. – **4)** Gefäß für heiliges Öl (Chrisma). – **5)** Muschelartiger Hintergrund für Portraits auf →Sarkophagen.

Koninck (Koning, Coningh), Philips. Holländischer Maler. Geb. 1619 in Amsterdam, gest. 1688 ebda. Schüler →Rembrandts. Am bekanntesten sind seine Landschaften, wobei er vor allem die Darstellung des flachen, weiten Landes schätzte, mit Fernblick und in dunklen, braungrünen Farben sowie effektvoller Beleuchtung. Er hat aber auch Portraits gemalt.
Lit.: Thieme-Becker.

Konrad von Einbeck. Deutscher Baumeister und Bildhauer. Früheste Erwähnung 1382 als „Meister der Steinmetzen" an der Moritzkirche in Halle/Saale. Ihm sind zuzuschreiben ein hl. Moritz (ca. 1411), eine Schmerzensmutter, ein Schmerzensmann, Christus an der Martersäule und ein Anbetungsrelief, alle an der dortigen Kirche. Diese Werkgruppe weicht mit urwüchsigen, schweren Figuren völlig von dem damals vorherrschenden internationalen →„Weichen Stil" ab. Möglicherweise stellt eine Büste des nördlichen Nebenchores ein Selbstbildnis – dann aber eines der frühesten der deutschen Kunst – dar.

Konrad von Soest. Deutscher Maler. Vermutlich um 1395–1425 in Dortmund tätig. Das einzige gesicherte und datierte Werk K.s ist der Flügelaltar in Bad Wildungen mit einer als 1404 gelesenen Datierung. Sichere Zuschreibungen danach sind eine Nikolaustafel in der Nikolaikirche von Soest und der Marienaltar der Dortmunder Marienkirche von etwa 1420 (nur noch unvollständig erhalten). Um diese drei Werke gruppieren sich eine Reihe von Zuschreibungen, die K. als einen der tätigsten Maler seiner Zeit ausweisen, was auch der Ausstrahlung, die von den gesicherten Werken ausging, entsprechen würde. – K.s Kunst fällt in die Zeit des →„weichen Stils". Von der burgundischen Hofkunst nahm er einen idealistischen Ausdruck und eine zierliche und lyrische Empfindsamkeit auf. Dieses verbindet K. mit der burgundischen Vorliebe für höfische Prunkgewänder. Daneben wirkten auf K. aber auch Strömungen aus Prag, wie er umgekehrt auch durch seine Kunst die westfälische und Kölner Malerei des 15. Jhs. beeinflußte.
Lit.: Katalog der Ausstellung K. v. S. (Schloß Cappenberg), 1950.

Konsekrationsmünze. Röm. Kaisermünze, die aus Anlaß der Erhebung des Kaisers zu göttlicher Verehrung geprägt wurde. Die K.n gehören zu den bedeutendsten röm. Münzen und zeigen in der Regel auf dem Avers das Kaiserportrait, auf dem Revers ein Symbol seiner Göttlichkeit.

Konsignatorium. Raum für die Firmelung, der meistens mit dem →Baptisterium vereint war. Die Firmelung wurde vom Bischof im Anschluß an die Taufe vorgenommen.

Konsole. Bezeichnung für einen aus einer Mauer hervorkragenden Stein (auch Kragstein genannt). Die K. dient als Stütze von Bögen, Diensten oder Gesimsen oder auch als Basis und Standfläche von Figuren.

Konstantin. Röm. Kaiser (306–337). Durch Sieg über Maxentius (312) und durch Mailänder Toleranzedikt (313) Ende der Christenverfolgung. Damit der Weg frei zur künstlerischen Betätigung der Christen in der Öffentlichkeit. Der Kaiser selbst hat den Kirchenbau in seiner Regierungszeit in hervorragender Weise angeregt und die Mittel für großartige Bauten zur Verfügung gestellt, zunächst in Rom, nach seinem Sieg über Licinius (324) auch im Osten. Durch Verlegung seiner Residenz 330 von Rom nach Byzanz hat er nicht nur ein Zentrum politischer Macht, sondern auch künstlerischen Glanzes geschaffen. Dadurch wurden auch die Voraussetzungen für die spät-konstantinische Kunst gegeben.

Konstantinopel. 1) Antike Bauten. Bedeutendstes Monument der Antike ist die noch fast völlig stehende sogen. „Große Landmauer" von K. zwischen dem Goldenen Horn und dem Marmarameer, die von Theodosius II.

Konstantinopel, Hagia Sophia, Längsschnitt.

(408–450 n. Chr.) errichtet wurde. Die riesige Anlage mit ihren machtvollen Bastionen und Türmen ist das größte erhaltene Festungswerk der Antike. Ursprünglich südlich der alten Stadt wurde der Bezirk der Kaiserpaläste angelegt, von deren vorjustinianischen Bauten noch Reste mit bedeutenden Mosaiken erhalten sind. – Außerdem Teile des Hippodroms mit der berühmten Schlangensäule und dem Theodosius-Obelisk, Teile eines Aquädukts des 4. Jhs. n. Chr. und die Reste der Reliefsäulen Konstantins, des Arcadius und des Marcian. – **2)** Apostelkirche. Auf Veranlassung des Kaisers Konstantin erbaut. In architektonischer wie in religiöser Beziehung ist sie als Nachbildung der Grabeskirche in Jerusalem zu begreifen. Da die A. zur Zeit Justinians (6. Jh.) zu einer geosteten Kreuzkuppelkirche mit 5 Kuppeln umgebaut wurde, ist es schwer, die ursprüngliche Form der Anlage festzulegen. Die amtlichen Beschreibungen sind im allgemeinen recht ungenau. Am wahrscheinlichsten ist die Annahme, daß das „Apostoleion" eine gewestete Basilika mit einem von Hallen umgebenen Vorhof war, in dem eine Grabrotunde lag. Hier waren der Sarg Konstantins und die 12 →Kenotaphe der Apostel aufgestellt. – **3)** Hagia Sophia. Als Palastkirche der bedeutendste Bau des 4. Jhs. in K. Bei Aufstand verbrannt (415). Zweiter Bau (fünfschiffig) 532 auch bei einem Volksaufstand verbrannt. So dritte Kirche, die heutige Hagia Sophia. Baumeister Anthemios von Tralles und Isidor von Milet. 537 geweiht. Wunderbare Vereinigung von basilikalem Bau und Zentralbau zu einer Kuppelbasilika. Gegenüber dem schlichten Äußeren, bei dem man sich heute manches fortdenken muß, ein märchenhafter Innenbau. Ziel des Baumeisters, eine Entstofflichung durchzuführen. Der Bau sollte also nicht mehr körperlich und plastisch wirken wie der griech. Tempel, sondern sollte das Schwebende, Überirdische symbolisieren. Dadurch, daß die gewaltige Kuppel durch Halbkugeln gestützt wurde, die wiederum ihren Halt in je drei Nischen fanden und im Süden und Norden der Seitendruck der Kuppeln auf niedrige Pfeiler in den Nebenschiffen abgeleitet wurde, wirkte die Kirche im Innern wie schwebend (vergleiche Prokopius, Geschichtsschreiber Justinians: „Die Kuppel scheint gar nicht auf festem Unterbau aufzusitzen, sondern an goldenen Ketten zu hängen.") Das Schwebende, Unirdische des Raumes wird durch die Farbwirkung unterstützt. Fußböden und Seitenwände sind mit buntem Marmor geschmückt, und es folgten über der Marmorzone Mosaiken bis hin zu der goldglänzenden Kuppel. (Diese Mosaiken wurden durch die Türken übertüncht, aber seit 1934 durften sie freigelegt werden). Selbst die Kapitelle mit ihren filigranartigen Gebilden trugen zu der allgemeinen Auflösung des Raumes bei. Dieser irisierenden Hülle, die um den Hauptraum gelegt ist, entsprechen nicht die Seitenschiffe mit den Emporen, die ihr eigenes Leben führen. Im Narthex berühmtes Mosaik (zwischen 886 und 912 zu datieren) Maria mit dem Kind auf dem Schoß zwischen Justinian und Konstantin, ebenso Mosaik der Deësis an der Westwand der Südemporen (13. Jh.) bedeutsam. – **4)** S. S. Sergios und Bacchos (526–37). Diese justinianische Kirche ist ein zentraler Emporenbau. Nach außen quadratisch abgeschlossen. Ein aus Pfeilern gebildetes Oktogon trägt die Kuppel. Zwischen den Pfeilern je zwei Säulen. Zwischen Oktogon und quadratischem Umriß bleibt ein Umgang frei. Über den quadratischen Grundriß ragen nach Osten die polygonale Apsis, nach Westen ein eingezogener Narthex hinaus. Eine einzigartige, 16teilige Faltkuppel überspannt den Zentralraum. – **5)** Hagia Eirene (Irene). Dritte Kirche in K. aus justinianischer Zeit (um 520–30). Veränderungen durch Umbau nach 740. Die früheste Kuppelkirche in Konstantinopel. Anknüpfend an die Vergangenheit, hat sie einen basilikalen Grundriß, aber mit einem sehr breiten Mittelschiff. Statt des üblichen Holzdaches oder Tonnengewölbes sind neuartig zwei hintereinander geordnete Kuppeln. Es handelt sich dabei um →Pendentifkuppeln. Daß in der Zeit des Bilderstreites ein Apsisbild in der Kirche entstehen konnte, gibt dieser eine besondere Bedeutung. Da die Darstellung von Personen verboten war, zeigt es ein einfaches, gut proportioniertes Kreuz vor einem goldenen Hintergrund. – **6)** Basilika des Studios-Klosters. Stiftung des Patriziers Johannes Studios (463). Im Unterschied zu den justinianischen Kirchen stark plastische, tektonische Tendenz. Die Tiefenrichtung der westlichen Basilika fehlt. Apsis schließt sich ohne Querschiff an den Hauptraum an. Das archäologische Museum in Istanbul besitzt einige Reliefs aus dem Studios-Kloster (5. Jh.). – **7)** Hagia Maria Panachrantos (10. Jh.). Der fragmentarische Ciboriumsbogen dieser Kirche heute im Museum in Istanbul. Wertvoll auch die bei Ausgrabungen gefundenen Platten mit Einlegearbeiten (Darstellung der Propheten). – **8)** Hagios Theodoros Tiron (10. bis 12. Jh.) Besitzt bedeutende Mosaiken aus dem 14. Jh. Architektonisch dadurch interessant, weil man das in der mittel- und spätbyzant. Kunst vorhandene Bestreben bei ihr erkennen kann, mit dem Hauptraum des Schiffes weitere Nebenräume und Kapellen zu verbinden. Es entsteht so, modern gesagt, ein Gemeindezentrum (Kirchenfamilie). Diese Anordnung von Kirchengebäuden ist in die spätere russische Baukunst übergegangen. – **9)** Chorakirche (Kachrije-Djami). Die am Stadtrand von K.

Konstantinopel, Kirche Johannes des Täufers im Studioskloster, um 463 n. Chr.

stehende kleine Kirche aus dem 14. Jh. birgt einen reichen Mosaikschmuck und Fresken, die als einzige aus diesem Jh. in dieser Vollzähligkeit erhalten sind. Sie zeichnen sich durch besondere Schönheit aus. Vielleicht sind sie die schönsten, die es im 14. Jh. überhaupt gibt. Die beiden Vorhallen der Kirche sind zunächst mit Mosaiken geschmückt, und zwar laufen die Darstellungen vom Leben Jesu und der Maria an den Gewölben des äußeren und an den Gewölben und Wänden des inneren →Narthex entlang. Nicht nur die Ausführlichkeit der Zyklen ist neu und erstaunlich, die Mosaiken selbst sind eindrucksvoll durch ihre Innerlichkeit, durch ihre Menschlichkeit, durch die kleinen Details. Man hat bei ihnen mit Recht von einem byzant. Renaissancestil gesprochen. Eines der beachtlichsten Gemälde: Das Gespräch Jesu mit Maria. Die Darstellungen werden in ihrem künstlerischen Wert noch erhöht durch die vielen hellfarbigen Lichter, die auf die Personen und ihre Gewänder fallen. Alles hat Leben und Leuchten zugleich. Ein Werk von großer Schönheit ist auch die „Domitio Mariae" über dem Westportal des Hauptschiffes. Den Mosaiken kommen an Wert die Malereien gleich, denen das Byzantine Institute of America durch eine gründliche Reinigung die ursprüngliche Leuchtkraft wiedergeschenkt hat. In der Apsis befindet sich eine eindrucksvolle →Anastasis. Die Kuppel zeigt eine Madonna, die von Engeln getragen wird. An den übrigen Teilen der Kuppel und an den Wänden sind alttestamentliche Szenen von hohem künstlerischem Wert. – **10)** Euphemiakirche. Am Hippodrom gelegen mit einem sehr bedeutsamen → Templon, wohl aus justianischer Zeit mit →Bema. Einzig erhaltenes Beispiel in Byzanz. – **11)** Nea. Zur Zeit des Kaisers →Basileios I. (Ende des 9. Jhs.) erbaut. Wir wissen von der Kirche nur aus Beschreibungen. Diese ergeben, daß der streng hieratisch gegliederte Bilderkreis der mittelbyzant. Kirchen, der die christologisch-dogmatischen Grundsätze zum Ausdruck bringt, hier zum ersten Mal gezeigt wurde. Das Kuppelrund gehört dabei Christus und den Evangelisten, die Apsis der Maria. Die Apostel, Propheten, Patriarchen, Mönche werden auf die Wände verteilt. – **12)** Islamische Moscheen: →Sinan.

Lit.: A. Heisenberg, Grabeskirche und Apostelkirche, II, 1908; R. Janin, Constantinople byzantine, 1964; A. M. Schneider, Byzanz, 1936; ders., Die Hagia Sophia zu K., 1939.

Konstantinsbasilika. Monumentale Basilika der Spätantike neben dem →Forum Romanum, am Anfang des 4. Jhs. n. Chr. in Rom erbaut. Begonnen wurde die K. von Maxentius und von Konstantin nach 312 n. Chr. vollendet. Der Bau, von dem noch ein Seitenschiff aufrecht steht, war dreischiffig mit seitlichen Tonnengewölben und einem mittleren Kreuzgewölbe gedeckt. Die gesamte Anlage war 100 m lang, 60 m breit und 35 m hoch. Im Innern stand das kolossale Bild Konstantins (Reste davon heute im Hof des Konservatorenpalastes, Rom).

Lit.: H. Kähler, Rom und sein Imperium, 215f., 1962.

Konstruktivismus. Bezeichnung für eine Richtung innerhalb der modernen, abstrakten Kunst, die um 1915 durch W. Tatlin in Moskau begründet wurde. Der K. baut seine Werke ausschließlich auf streng geometrischen Formen auf. – Ein Pendant fand der russische K. in den Bildern des Holländers P. →Mondrian.

Konsulardiptychon →Diptychon.

Konterfei →Bildnis.

Kontinuierende Darstellung. Die Wiedergabe mehrerer zeitlich aufeinanderfolgender Szenen innerhalb eines einzigen Bildes oder Reliefs. Sie eignet sich besonders zur Textillustration sowie zur Schilderung historischer Ereignisse religiösen wie profanen Inhalts. Ihre Anfänge lassen sich bis zu assyrischen Reliefdarstellungen historischer Szenen zurückverfolgen. Seit dem 2. Jh. n. Chr. findet sich die K. in röm. Reliefs und wird auf dem Wege über die frühchristl. der mittelalterl. Kunst vermittelt, in der sie einen breiten Raum einnimmt. Im Früh- und Hochmittelalter werden die verschiedenen Szenen additiv nebeneinander, innerhalb einer gemeinsamen Fläche angeordnet, seit dem 15. Jh. innerhalb eines gemeinsamen Bildraums auf verschiedene Raumschichten verteilt. Mit der Ausbreitung der Renaissance verliert sich die K. im 16. Jh. bis auf seltene Ausnahmen.

Lit.: F. Wickoff, Die Wiener Genesis, 1912.

Kontorniaten. Bronzemedaillen der spätröm. Kaiserzeit des 4. und 5. Jhs. n. Chr. mit Kaiserportrait und mythologischen oder allegorischen Darstellungen.

Kontrapost. Charakteristisches Merkmal der griech. hochklassischen Kunst. Aus der →Ponderation entwickelt, bedeutet der K. die gleichgewichtige Verteilung des Kräftespiels innerhalb einer Plastik oder Architektur. Die souveräne Handhabung der kontrapostischen Kompositionen ist gleichbedeutend mit klassischer Kunst. In unübertroffener Weise haben die Meister des 5. Jhs. v. Chr., von denen an erster Stelle →Phidias genannt werden muß, den K. verwirklicht.

Kontur. (franz. contour). Bezeichnung für die Umrißlinie.

Konversationsstück. In der →Genre-Malerei die Darstellung der vornehmen Welt in geselligem Beisammensein, vor allem bei der Unterhaltung (Konversation).

Konzil von Hiereia. Auf dem K. wurde während des

→Bilderstreites die Vernichtung aller religiösen Bilder angeordnet (754). Kaiser Konstantin V., der dieses Edikt veranlaßte, ging auch sonst gegen die Bilderverehrer vor.

Kooning, Willem de. Holländisch-amerikanischer Maler. Geb. 1904 in Rotterdam, ansässig in New York. 1916–20 ging er bei einem Innendekorateur in die Lehre und besuchte Abendkurse an der Akademie in Rotterdam. Um 1920 nahm er Kontakt zu der Gruppe „de Stijl" auf. 1926 wanderte er nach den USA aus, wo er zuerst als Gelegenheitsarbeiter und Dekorateur tätig war. Ab 1935 widmete er sich ganz der Malerei, nachdem er zuvor längere Zeit mit A. →Gorky zusammengearbeitet hatte. Seit 1948 unterrichtete er an verschiedenen Kunstschulen in den USA. – Seine vorwiegend abstrakten Werke haben die Kunstentwicklung Amerikas entscheidend beeinflußt.
Lit.: T. B. Hess, W. de K., 1959.

Rom, Konstantinsbasilika.

Kopenhagen. Typisches Beispiel für die niederl. beeinflußte Renaissance in Dänemark sind das reizende Schlößchen Rosenborg und die Börse. **1)** Schloß Rosenborg wurde außerhalb der ursprünglichen Umwallung unter Christian IV. errichtet (1613–16); der dreistöckige Renaissancebau mit ursprünglich franz., später engl. Park liegt mitten in der Stadt. **2)** Die Börse wurde 1619–40 von Hans v. Steenwinkel in Formen der niederl. Renaissance erbaut und 1878–82 renoviert. Das langgestreckte kubische Gebäude ist an seinen Langseiten durch reiche, die Fensterachsen betonende Hermenpilaster und eine Reihe von reichverzierten Zwerchhäusern gegliedert. Die Schmalseiten zeigen Volutengiebel, mit reichem Rollwerk, Gesimsen, Hermenpilastern und Bandwerk verziert. **3)** Hauptwerk der 2. Hälfte des 17. Jhs. ist Charlottenburg (Kunstakademie), 1672–83 erbaut. Dem Riß zum Vorbild diente ein Entwurf Ph. Vingboons zum Rathaus in Amsterdam, mit dem er in Wettbewerb mit Jacob van →Campen getreten war. – **4)** Schloß Christiansborg, auf der Schloßinsel gelegen, wurde 1731–40 unter der Leitung des Generalbaumeisters Elias David Häusser erbaut. Das Schloß bildet ein Viereck um einen Innenhof; daran schließt sich der äußere Hof oder die Reitbahn, von Ställen u.a. Gebäuden umgeben. Nur dieser Teil ist erhalten und zeigt in seiner rhythmischen Gruppierung der Gebäude die Großzügigkeit barocken Baudenkens. Das Hauptschloß wurde zweimal durch Brand zerstört. Nach dem ersten Brand wurde es von Hansen als klassizistisches Bauwerk wiederaufgeführt, nach dem zweiten Brand ab 1906 in neobarockem Stil errichtet. **5)** Bedeutendstes Werk des 19. Jhs. ist das zweigeschossige Gerichtsgebäude (ehemaliges Rathaus) von C. F. →Hansen, 1817 vollendet, mit einem schönen, giebelgekrönten Säulenvorbau mit ionischen Kapitellen zwischen 2 Portalen im Erdgeschoß, an denen sich Giebel und Säulenordnung wiederholen.
Lit.: C. Elling u. A. Nygaard, Det gamle Köpenhamn, 1947.

Kopenhagener Porzellan. 1760 bis heute. Die Blütezeit ist um 1780. Figuren (sehr viele Vögel) und Geschirr (Flora Dunica Service). Marke: 3 Wellenlinien oder Linien in Unterglasurblau.

Kopfbank. Die K., früher meist als „Nackenstütze" bezeichnet, ist ein holzgeschnitzter, schemelähnlicher „Kissen-Ersatz" und als solcher zwar hart, aber luftig, was in heißem Klima entscheidend ist. Die Stützen des oben halbrund ausgehöhlten „Tischbrettchens" sind in Afrika und →Neuguinea fast immer mit geschnitztem Dekor versehen, manchmal auch figural ausgestaltet. → Barotse.

Kopfleiste. Die Schmuckleiste am oberen Rand einer Manuskript- oder Buchseite.

Kopfreliquiar →Reliquiar.

Kopie. Nachbildung eines Kunstwerks im Unterschied zur Replik, der Wiederholung durch den Künstler des Originals oder der Wiederholung einer Kopie. Eine K. muß weder der Größe noch im Material dem Vorbild entsprechen, hat jedoch seine Details möglichst genau wiederzugeben. Kopistentätigkeit kennen wir seit der spätgriech. Antike, die in ihrem Klassizismus auf die Vorbilder der Klassik zurückgreift. In der röm. Kunst, besonders in hadrianischer Zeit, spielen diese Kopien eine große Rolle. Die meisten Werke griech. Künstler sind uns nur in solchen K. überliefert, die der röm. Kopistenindustrie entstammen. In der Renaissance lebt die K. von neuem auf. Die Arbeiten berühmter Künstler der Zeit werden kopiert. Seit dem Barock wird das Kopieren zu einem wesentlichen Bestandteil des Unterrichts an den Kunstakademien. – Seit dem 19. Jh. kommt der Kopie eine neue Bedeutung zu. Da die Photographie und die Reproduktion die K. in ihrer alten Funktion erübrigten, wird heute in erster Linie im Sinne der Fälschung kopiert. – Von der K. zu unterscheiden ist ferner die Umbildung, die in der röm. Kaiserzeit merkwürdige Triumphe feierte, indem auf den Körper einer klassischen Statue z.B. ein Portrait aufgepfropft wurde.

Koptische Kunst. In der K. bildet das Jahr 451 einen wichtigen Einschnitt. Auf dem Konzil von Chalcedon wurde der sogen. Monophysitismus (eine Lehre über die Natur Christi), den die Kopten vertraten, verworfen. Von der Reichskirche verbannt, entwickelte sich im

Koptische Klosterkirche Der-Simeon bei Assuan.

Gegensatz zu ihr eine Nationalkirche, die das Hervortreten eines eigenständigen Kunstempfindens begünstigte. Bis 451 wurden in der Architektur Ideen vertreten, wie sie aus der übrigen Mittelmeerwelt bekannt sind. Im 4. Jh. dominiert noch der basilikale Stil (etwa die Kirche der →Menasstadt in der Mareotis). Auch die Drei-Apsidenanlage bei den Basiliken, die man bei der sogen. →Sohag-Gruppe in der Thebais antrifft, ist nicht eigenständig, sondern hat ihre Vorbilder etwa in Nordafrika. Nach 451 wurden selbständige Lösungen vor allem bei den Klosterkirchen gefunden. Der Grundriß wird zum Quadrat, das wieder in kleinere Quadrate zerfällt, über denen sich Räume mit winzigen Kuppeln erheben (Vielkuppelbau). Einige Klosteranlagen des 5. und 6. Jhs., wie das weiße und rote Kloster bei → Sohag, sind noch zum guten Teil erhalten. Deutlicher als in der Architektur ist in der Plastik, der Malerei, dem Kunstgewerbe, der Weberei das Typische der koptischen Kunst erkennbar. Hier zeigt es sich, daß die K. ein Mischstil altägypt., spätröm., byzant., später auch arabischer Bestandteile ist. Ikonographisch wird der Eklektizismus deutlich, wenn etwa griech. mythologische Aussagen christlich umgedeutet werden. Stilistisch zeigen vor allem die Säulenkapitelle zwar ein Anknüpfen, aber doch wieder ein Hinausführen über die korinthischen und byzant. Auffassungen zu eigenständigen Formbildungen. Vor allem bei den Grabstelen ist der Eklektizismus bei der Auswahl der Themen charakteristisch. Neben christlichen treten ägypt. Segenszeichen und Symbole auf, dann sind es wieder griech.-röm. Motive. Von der Malerei gilt dasselbe wie von der Plastik. Schon vor 451 erkennt man an der starken Bedeutung der Hauptpersonen, an dem Verzicht auf Perspektive den altägypt. Einschlag. Auch röm. Stilelemente werden sichtbar. Nach 451 kommt dann die volkstümliche koptische Kunst zu voller Blüte. Neben der plastischen Malerei wird das vor allem im Kunstgewerbe deutlich. Die Elfenbeinschnitzereien, ebenso die Keramik (vergleiche etwa die Menasampullen, die als Reiseandenken von heiligen Stätten mitgenommen wurden), die Holzschnitzereien, die Bronzestücke, die kultischen Gegenstände, oft mit biblischen Szenen geschmückt, verraten die koptische Eigenständigkeit: Die oft plumpe und verzerrte Darstellung der Körper, dafür aber wieder ein reich entwickeltes Ornament, die genannten ikonographischen Eigenschaften, die Mischung verschiedener kultureller Ströme, das alles gibt der koptischen Kunst, die weit über Ägypten schon im 1. Jahrtausend bekannt wurde und bis nach England sich auswirkte, ihren Reiz, so daß das Interesse seit einigen Jahrzehnten sich ihr immer mehr zugewandt hat (z. B. die bedeutende Sammlung K. im Ikonenmuseum zu Recklinghausen). Vor allem sind es die koptischen Webereien, die durch ihr Webverfahren und durch ihre eigenartige Farb- und Formgebung die besondere Aufmerksamkeit erregten. Man muß sich natürlich klar darüber sein, daß die meisten Webereien sehr einfach waren, wie etwa die 3450 Stücke, die bei Karnis (Ägypten) gefunden wurden.

Lit.: K. Wessel, K., 1963; M. Cramer, Koptische Paläographie, 1964; M. Cramer, Koptische Buchmalerei, 1964.

Koralle. Schmuckmaterial, in der →Vorgeschichte Mitteleuropas seit der →Hallstatt-Zeit. Korallen werden zu Ketten verarbeitet und dienen als Material für Einlegearbeiten bei Fibeln, Ringen und Dolchgriffen.

Koran. Der K. enthält die Zusammenfassung der aufgezeichneten Offenbarungen des Propheten Mohammed in Form von Suren, die wiederum in Verse unterteilt sind. Er enthält 114 Suren, die teils vor und teils nach der Hijra (Flucht von Mekka nach Medina) aufgezeichnet sind. Der K. wurde bis in die Neuzeit ausschließlich in arabischer Sprache verbreitet, und so bildeten Sprache und Schrift der Araber die allen Muslimen in den eroberten Gebieten gemeinsame Grundlage kultureller Entwicklung. – Die ältesten K.-Handschriften sind in Querformat auf Pergament im lapidaren „kufi"-Duktus geschrieben und mit roten oder grünen Lesezeichen und golden ausgeführten Verzierungen geschmückt. Die Surenköpfe sind kalligraphisch hervorgehoben und enthalten den Titel, die Abtrennungen zwischen den Versen sind durch Rosetten markiert. Mit der Einführung des Papiers im 10.–11. Jh. kommt das Hochformat auf. Bis zum 16. Jh. war die Form der einzeln gebundenen 30 K.-Teile (Guzz) beliebt, um in den Moscheen möglichst vielen gleichzeitig die Benutzung zu ermöglichen. Diese Teile waren in K.-Kästen aus Holz mit Elfenbeineinlagen oder beschlagen mit tauschierten Bronzeblechen untergebracht, die eine entsprechende Inneneinteilung besaßen (Kursi). Die Eingangsseite des K.s oder eines K.-Teils ist meist reich illuminiert, die Schlußseite enthält oft Angaben über Ort und Zeit der Entstehung sowie den Schreiber. Auf dem Rand der Seiten ist die Zählung der Suren in Rosetten oder Palmetten angegeben. – Die mehrfarbige Gestaltung von Flechtbandornamentik in K.-Handschriften des 8. Jhs. zeigt noch koptischen Einfluß, die iraqischen Beispiele des 9.–10. Jhs. weisen iranisch-sasanidische Palmettenformen auf. Unter den →Seltschuken und →Safewiden sowie →Osmanen und →Mamluken besteht der Schmuck der Titelseite aus dem Ranken-, Arabesken- oder Kassettenwerk des Zeitstils. – Der K.-Einband unterscheidet sich nicht von dem einfachen ledernen Bucheinband mit Blindpressung oder Vergoldung. Er ist dreiteilig mit einer Klappe zum Verschluß. Daneben gibt es speziell für den K. hergestellte Einbände mit entsprechender Aufschrift in safewidischer Zeit. – Großformatige und prunkvolle K.-Exemplare wurden von Würdenträgern in die Moscheen und Medresen gestiftet. Sie wurden von namhaften Kalligraphen geschrieben und dann von den Illuminatoren ausgeschmückt. Handgeschriebene Miniatur-K.e sind eine spielerische Form des 18.–19. Jhs. – Einzelne Verse des Ks. sind häufig wiederkehrender Bestandteil von Schriftbändern und Friesen an Gebäuden und Geräten. Besonders Geräte und Möbel für den Gebrauch in der Moschee weisen z. B. den „Thronvers" der zweiten Sure (Vers 256) oder den „Lichtvers" der vierundzwanzigsten Sure (Vers 35) auf.

Lit.: Wensinck und Kramers, Handwörterbuch des Islam, 1941; E. Kühnel, Islamische Kleinkunst, 1963.

Korbbogen →Bogen.

Kore (griech. kore = das Mädchen). In der archäologischen und kunsthistorischen Terminologie die Bezeichnung für archaische bekleidete Mädchenstatuen, die in die Heiligtümer geweiht wurden. Eine besonders große Anzahl kam bei den Grabungen auf der Akropolis in Athen zutage (Athen, Akropolismuseum).

Koreanische Kunst. Entsprechend der geographischen Lage Koreas zwischen China und Japan liegt die eigentliche Bedeutung der K. in der Mittlerrolle zwischen den künstlerischen Erzeugnissen der →Chinesischen Kunst und →Japanischen Kunst. – Die immer wieder in der japanischen Kunst zu beobachtenden chinesischen Anregungen kamen meist über Korea nach Japan. Besonders an den frühen japanischen Tempelbauten und der frühen Malerei Japans waren koreanische Künstler vielfach beteiligt. – Die Architektur der K. kennt seit dem 7. Jh. n. Chr. große Pagoden, während Tempelanlagen erst seit dem 14. Jh. erhalten sind. – In Plastik und Malerei schließt sich die K. seit dem 6. Jh. eng an die chinesische Kunst an und brachte z.T. hervorragende Werke vorbuddhistischer Wandmalereien hervor. – Eigenständige Leistungen der K. finden sich vor allem im Kunstgewerbe und in der Keramik des 10.–14. Jhs.

Lit.: A. Eckhardt, Geschichte der K., 1929.

Korfu. Griech. Insel mit der Hauptstadt Kerkyra. Aus dem 7. Jh. v. Chr. stammen die frühesten Baureste: ein Stück Befestigungsmauer und ein Kapitell, das zu einem unbekannten Bau gehörte. Dicht dabei liegen die Fundamente eines um 510 v. Chr. errichteten dorischen →Peripteros mit 6 × 11 monolithen Säulen. – Oberhalb der Stadt wurde der berühmte Bezirk der Göttin Artemis angelegt. Nur in Teilen konnten die Fundamente und Architekturglieder sichergestellt werden. Sie reichen jedoch aus, um den Bau als dorischen Peripteros mit 8 × 17 Säulen zu rekonstruieren. Vor dem um 590 v. Chr. erbauten Tempel liegt, mit diesem durch eine Rampe verbunden, ein Altar. – Der wichtigste Fundkomplex von K. ist in den 1911 ausgegrabenen Westgiebelreliefs des Artemistempels erhalten. In der Mitte des 17 m breiten und 2,60 m hohen Giebeldreiecks ist die apotropäische Gestalt der Gorgo – umgeben von ihren Söhnen Chrysaor und Pegasos – dargestellt. Es folgen zwei Pantherkatzen. Die Giebelzwickel zeigen als isoliertes Geschehen Szenen aus der Titanomachie. Die additive Komposition und die großflächige Wiedergabe der Einzelgestalten sind charakteristisch für die früharchaische Kunst. Diese um 585 v. Chr. entstandenen Reliefs überliefern den ältesten erhaltenen griech. Giebelschmuck.

Lit.: Kirsten-Kraiker, Griechenlandkunde, 724 ff., 1962.

Korin, Ogata. Japanischer Maler des 17. Jhs. aus Kyoto. Die von seinem Lehrer →Koetsu begründete Synthese von Stilelementen der Tosa- und Kano-Schule führte er in seinen vielseitigen Werken (u. a. Figurenkompositionen, Blumenbilder, Landschaften und Illustrationen) fort. Hieraus entwickelte sich eine neue Schultradition, die nach K. benannt wird, obgleich sie auf seinen Lehrer zurückgeht.

Korinth. Griech. Stadt am →Isthmos. In archaischer Zeit war K. die führende Handelsmacht Griechenlands und gründete bedeutende Kolonien. Im Vordergrund des Handels stand die keramische Industrie, die ihren Höhepunkt in einem eigenen Stil des 7. u. 6. Jhs. v. Chr. fand und ihre Ware in die ganze Mittelmeerwelt exportierte. Im 6. Jh. v. Chr. wurde dem Apollon ein großer dorischer →Peripteros mit monolithen Säulen errichtet. Bald

Korinth, Apollontempel, um 550 v. Chr.

danach überflügelt Athen diese Stadt, die zunehmend an Bedeutung verliert. Im Hellenismus erlebt sie jedoch eine neue Blütezeit. – Nach einer plündernden Zerstörung durch Mummius im Jahre 146 v. Chr. gründet Caesar eine neue Stadt, die sich in röm. Zeit zu dem bedeutendsten griech. Handelspunkt entwickelte. Die großzügig neben dem Apollontempel angelegte →Agora legt mit ihrer gewaltigen →Stoa, dem →Theater, einem →Odeion, der →Basilika und Administrationsgebäuden Zeugnis von dieser Blüte ab.
Lit.: Kirsten-Kraiker, Griechenlandkunde, 1962.

Korinthisches Kapitell. →Säulenordnung und →Kallimachos.

Korporale. Feines Altarleinentuch, auf dem der Kelch und die geweihte Hostie stehen.

Korsika. Vorgeschichtliche Kunstwerke sind vor allem aus der endenden →Jüngeren Steinzeit und aus der →Bronzezeit bekannt; es handelt sich überwiegend um →Dolmen und um teilweise skulptierte →Menhire.

Korssunsche Türen. Bronzetüren (3,60 × 2,40 m) der Sophienkathedrale von Groß-Nowgorod mit Darstellungen der Geschichte Christi (Geburt bis Himmelfahrt), mit Allegorien und Bildnissen. Das Bild des Bischofs Wichman von Magdeburg sichert die Entstehung zwischen 1152–54 in einer Magdeburger Gießhütte, das des Bischofs der polnischen Hauptstadt Plock die ursprüngliche Bestimmung. 1336 Export nach Rußland. Somit ist die Bezeichnung K., d. h. richtiger Chersonsche Türen, unzutreffend. Im Gegensatz zur ottonischen Hildesheimer Tür (→Bernwardskunst) sind die Platten einzeln gegossen, auf Holzkern montiert und mit Rahmenleisten versehen.
Lit.: A. Goldschmidt, Die Bronzetüren von Nowgorod und Gnesen, Frühmittelalterliche Bronzetüren Bd. 2, 1932.

Korwar-Stil. Kunstart aus dem NW von →Neuguinea, benannt nach den Korwaren (Behälter für Menschenschädel in Form hockender Menschen; der Oberteil des hohlen Kopfes ist zur Aufnahme des echten Schädels abnehmbar). Das Dekor besteht aus oft durchbrochen geschnitztem Rankenwerk und wirkt „verfeinert" (indonesischer Einfluß ?). Besonders charakteristisch entwickelt ist der K. im Raum um die Geelvink-Bai.

Korymbos. Kugel auf dem Kopf der →Sasaniden-Könige, von Seidentuch umschlossener Haarbeutel. Darstellung auf Münzbildern und Felsreliefs der →Sasanidenkunst.

Kos. Griech. Sporadeninsel vor der SW-Küste Kleinasiens. Der Ruhm dieser Insel gründete sich auf die bedeutendste griech. Ärzteschule, die mit einem großen, weitläufig ausgebauten Asklepiosheiligtum verbunden war. Von der Hauptstadt gleichen Namens wurden mehrere hellenistische Anlagen ausgegraben. Ca. 4 km von ihr entfernt liegt das im 4. Jh. v. Chr. gegründete Heiligtum, dessen Blütezeit in den →Hellenismus gehört. In dreifacher künstlicher Terrassierung steigt der heilige Bezirk empor. Auf dem obersten Plateau steht als Haupttempel ein dorischer Tempel des 2. Jhs. v. Chr., umgeben von einer großzügig konzipierten Hallenanlage, durch die ein rahmender Platz um den Tempel entsteht. – Auf der mittleren Terrasse stand ein ionischer Antentempel des 4. Jhs. – durch eine zweifach durch Podeste gegliederte große Freitreppe mit der oberen verbunden –, dessen Inneres ein berühmtes Gemälde des →Apelles barg, außerdem ein in korinthischer Ordnung errichteter Tempel des 2. Jhs. v. Chr. und der große Altar.
Lit.: Kirsten-Kraiker, Griechenlandkunde, 563ff., 1962.

Koschar. Name des kanaanäisch-phönizischen Künstlergottes, der als erfindungsreicher Meister und Erbauer des mit Fenstern ausgestatteten Tempelpalastes für Gott →Baal in der epischen Überlieferung von →Ugarit bezeugt ist. Bereits im 2. Jahrtausend v. Chr. Gleichsetzung mit →Hephaistos und →Ptah.
Lit.: A. Jirku, WB, 43, 55; J. Wiesner, UKG II, 59ff.

Kosmas Indikopleustes. In seiner Kosmographie hat K. eine bebilderte Reisebeschreibung verfaßt, die zum erstenmal im 6. Jh. in Ägypten niedergeschrieben war. Der Vatikan besitzt (V. graec. 699) das noch erhaltene älteste Exemplar aus dem 9. Jh. Eines aus dem 11. Jh. befindet sich im Sinaikloster. Bringt auch biblische Bilder.

Kosmokrator. Bezeichnung für Christus als Weltbeherrscher. Christus wird in dieser Eigenschaft häufig auf einer Weltkugel gezeigt.

Kostromskaja. Skythischer →Kurgan im →Kuban-Gebiet. Das hier gefundene goldene Hirschrelief ist beispielhaft für die →skythische Kunst um 560 v. Chr. Ein gleiches gilt für die aus Balken erstellte Grabarchitektur in Hausform unter der Hügelaufschüttung und die Mitbestattung von Pferden.
Lit.: K. Schefold, HDA 2, 429ff.; K. Jettmar, Steppenvölker, 30; R. Ghirshman, Iran I, 99.

Kotah. Eine der letzten regionalen Kunstschulen der Miniaturmalerei von →Radschputana, in der Anfang des 19. Jhs. nochmals eine anschauliche und zugleich sentimentale Wiedergabe von Natur und Mensch gelingen.
Lit.: W. G. Archer, Indian painting in Bundi and K., 1959.

Kot Didschi. Neuere islam. Geländefestung in West-Pakistan, in deren Nähe die Reste einer dörflichen Siedlung aus der Periode vor der städtischen →Industal-Kultur ausgegraben wurden.
Lit.: F. A. Khan, Preliminary report on K. excavations, 1959.

Kotěra, Jan. Tschechischer Architekt. Geb. 1871 in Brünn, gest. 1923 in Prag. Als Schüler O. →Wagners an der Wiener Akademie 1894-97 wurde K. der Begründer der modernen tschechischen Architektur. Sie lehnt sich mit Betonung zweckmäßig materialgerechter Formen bei einfachen Konstruktionen an Wagner an. – 1898-1910 lehrte K. an der Kunstgewerbeschule in Prag, von da ab an der dortigen Akademie. Außer durch seinen Schülerkreis fand sein Lehrgut durch den von ihm gegründeten tschechischen Werkbund Verbreitung.
Lit.: Thieme-Becker; Katalog der Ausstellung des Gesamtwerkes K.s, 1926.

Krabbe (Kriechblume). Ein Blattornament, mit dem in gleichmäßigen Abständen Kanten von Turmhelmen, Giebeln und andere Teile gotischer Bauwerke besetzt sind. Durch die gleichsam kriechende Bewegung und vegetabilische Form dient es der Verlebendigung der Umrißlinien und überspielt mit seinem Reichtum die struktiv bedingte Starrheit von Architekturgliedern. In der Spätgotik nimmt die K. immer kühnere, üppigere (in der engl. Gotik breitere) Gestalt an.

Krafft (Kraft), Adam. Deutscher Bildhauer. Geb. 1455-60 in Nürnberg (?), gest. 1508/09 in Schwabach bei

Nürnberg. Gehört neben P. →Vischer d. Ä. zu den bedeutendsten Bildhauern der Zeit. In den malerisch-dekorativen Formen der Spätgotik wurzelnd, gelangte K. nach 1500 selbständig und ohne italien. Renaissanceeinflüsse zu einem einfachen, konstruktiven Stil, der das Plastische betont. Seine ausschließlich steinernen Bildwerke geben lebendige, seelisch ausdrucksstarke Charaktere wieder, die der bürgerlichen Sphäre entnommen sind. – Sein Werk umfaßt eine Fülle von

A. Krafft, Selbstportrait am Sakramentshaus; Nürnberg, St. Lorenz.

Epitaphen, ferner kirchliche und profane Reliefs (Relief an der Stadtwaage, 1497), Freiplastiken (Kreuzwegstationen auf dem Johannesfriedhof, 1508 vollendet) und Architekturplastiken. Zu letzterer Gruppe gehört das Sakramentshaus der St. Lorenzkirche in Nürnberg, 1493–96, ein fast 20 m hoher Turmaufsatz in reichster Spätgotik mit einer Fülle von Skulpturen zur Heilsgeschichte.
Lit.: D. Stern, A. K., 1916.

Kragenflasche. Kleine Flasche der →Jungsteinzeit. Die Gefäße aus Ton haben einen charakteristischen, ringförmigen Wulst am Hals, an dem eine Tragschnur befestigt wurde. Sie gehören vor allem zur nordischen Megalith-Kultur.

Kragstein →Konsole.

Kranzgesims. Auch Dach- oder Hauptgesims genanntes Architekturelement, das einen Bau ringsum am Dachansatz abschließt.

Krater. Griech. kelchförmige Vase. Der Name leitet sich von dem griech. Wort keranymi (mischen) her und bezeichnet die Vase als Mischgefäß, in dem der Wein mit Wasser gemischt wurde.

Kratzputz →Sgraffito.

Krautstrunk. Deutsches Hohlglas (Pokal) aus der Spätgotik und Renaissance. Der mit ungeformten Nuppen (→Nuppenbecher) besetzte, leicht gebauchte Körper ähnelt einem entblätterten Krautstrunk. Der Glasboden ist eingestochen, und zwischen dem eingekniffenen Fuß und der →Kuppa ist ein verzierter →Nodus eingeschoben. In den Niederlanden wurden später größere K.e bis ins 17. Jh. hergestellt. Der K. erfreute sich größter Beliebtheit, so belebt er Gemälde und Stiche besonders der holländischen Meister des 17. Jhs. Der K. ist der Vorläufer des →Römer.

Krebs, Conrad (Cunz). Deutscher Baumeister. Geb. 1492 vermutlich in Büdingen, gest. 1540 in Torgau. Erstmalig nachweisbar 1509 beim Bau der Annakirche in Annaberg. An der Moritzkirche in Coburg erbaute K. ab 1520 das Langhaus. Als kurfürstlich sächsischer Baumeister entwarf K. das Schloß Hartenfels bei Torgau; ausgeführt wurde von ihm vor allem ab 1532 der Südflügel mit einem in der Mitte vorspringenden, ursprünglich offenen Treppenturm (Wendeltreppe auf 8 Pfeilern und Hohlspindel). Dieses bedeutende Werk deutscher Frührenaissance ist möglicherweise in Zusammenarbeit mit P. →Flötner entstanden.
Lit.: A. Haupt, Baukunst der Renaissance und Deutschland, 1916.

Kreide. Zeichenmaterial, das als Naturstein (Steinkreide) vor allem in Italien vom 15.–18. Jh. – oft in Verbindung mit Pastell oder Rötel – verwendet wurde. Seit dem 19. Jh. wird die künstliche Kreide, die gegenüber der mehr grauen Naturkreide eine satte, schwarze Farbe hat, gebräuchlich.

Kreidemanier. Kupferstichtechnik, bei der mit einem Instrument mit kleinen Spitzen an der Aufsatzfläche die Zeichnung auf dem Ätzgrund angelegt wird, so daß sich die einzelnen Linien aus aneinandergereihten, kleinen Punkten ergeben. Der Abdruck von einer auf diese Weise hergestellten Platte ist in seiner Tonigkeit der Kreidezeichnung sehr ähnlich. Die Technik fand vor allem im 18. und 19. Jh. bei Reproduktionen vielfache Verwendung.

Kreis, Wilhelm. Deutscher Architekt und Fachschriftsteller. Geb. 1873 in Eltville/Rh., gest. 1955 in Honnef. Nach seinem Studium in Berlin war er 1898–1902 als Assistent von →Wallot in Berlin tätig und lehrte anschließend an der Kunstgewerbeschule in Dresden. 1909–1920 wurde er als Prof. an die Dresdener Akademie berufen. Als einer der führenden Architekten der 20er und 30er Jahre entwarf er mehrere, sich durch großflächige Sachlichkeit auszeichnende Bauten, u.a. Warenhaus Tietz in Köln (1912–14), Museums- und Ausstellungsgebäude in Düsseldorf (1922–24) und das Hygiene-Museum in Dresden (1927–30).
Lit.: Thieme-Becker.

Kreisilas. Griech. Bildhauer aus Kydonia auf Kreta, tätig in →Argos und →Athen um 450–25 v. Chr. Eine Statue des Perikles, deren Basis auf der Akropolis in Athen gefunden wurde, ist in mehreren Hermenkopien (→Herme) bekannt (London, Brit. Mus.). In röm. Kopien sind ferner Statuen des Diomedes (Kyrene, Mus.) und der verwundeten Amazone, die er für den Wettbewerb mit →Phidias und →Polyklet geschaffen hat, überliefert. Beide Werke zeigen Einflüsse dieser Meister.
Lit.: G. Lippold, Handb. d. Archäologie, V, 172, 1950.

Kreml. Russische Bezeichnung für eine Burg, vor allem aber für den befestigten Teil einer Stadt. Der bekannteste K. wurde in Moskau errichtet. Zu den ausgedehnten, im 15. Jh. begonnenen Anlagen in Moskau gehören neben einer großen Befestigungsmauer mit Wehrtürmen mehrere Kirchen, Klöster, Paläste und Kasernen.

Kremser-Schmidt →Schmidt.

Krepidoma. Bezeichnung für den Stufenunterbau eines griech. →Peripteros.

Krepis. Stufenunterbau des griech. Tempels.

Kresilas →Kreisilas.

Kreta. Griech. Insel im südlichen Mittelmeer. Zentrum der →minoischen Kunst mit den großen Palastanlagen von →Knossos, →Phaistos, →Hagia Triada, →Mallia und →Gurnia. – In früharchaischer Zeit soll nach antiker Vorstellung auf K. die Monumentalplastik entstanden sein. Die Überlieferung legt es nahe, die Frühstufe der griech. Plastik auf dorischem Gebiet, zu dem K. damals gehörte, zu lokalisieren. – In röm. Zeit war K. eine Provinz mit der Hauptstadt →Gortyn.
Lit.: F. Matz, Kreta und frühes Griechenland, 1962.

Kretische Kunst →Ägäische Kunst.

Kretische Malschule. Aus der →makedonischen Malschule entwickelt. Bei aller Ähnlichkeit mit den Stilmerkmalen der makedonischen Schule sind für die K. charakteristisch die lang emporgezogenen Figuren und die Freude am Detail, die sonst mehr bei der Tafelmalerei üblich ist. Die K. ist weit über die Insel hinaus wirksam geworden. Gutes Beispiel: Ausschmückung der Peribleptoskirche in →Mistra. Aus dem 14. Jh. weitere Beispiele in Geraki (Peloponnes). Auf dem Athos haben sich die makedonische und kretische Schule weiterentwickelt, so im Refektorium (1512) und Katholikon von Lavra (1535). Das bedeutendste Beispiel das alte Katholikon von Xenophontos (1535). Bis nach Serbien gehen die Einflüsse der K. Auch bei Miniaturen spricht man von einer K.

Lit.: G. Millet, Monuments byzantines de Mistra, 1910.

Kretische Säule. Säulenform der ägäischen Architektur mit weit ausladendem, kissenähnlichem Kapitell und einem sich nach unten verjüngenden Säulenschaft.

Kretisch-orientalisierende Vasen. Griech. Vasen der 1. Hälfte des 7. Jhs. aus Kreta, meist Pyxiden, Kannen und Urnen. Bunte →Mattmalerei kennzeichnet die Urnen, während sonst orientalisierende Ornamente in freier Variierung in metopenartige Felder gesetzt werden, die noch subgeometrischer Tradition verhaftet sind. Spiraldekor und überlängte Figuren lassen noch altminoisches Erbe erkennen.

Kreußener Steinzeug. Nach ihrem Herstellungsort Kreußen (Oberfranken) benannte Steinzeuggefäße des 16.–18. Jhs. Die Gefäße zeigen anfangs reliefierten Figurenschmuck im Renaissancestil, später eine dunkle Glasur, die die Darstellungen verschwimmen läßt.

Kreuz. Ein schon in den ältesten Kulturen begegnendes Schmuck- und Symbolmotiv, das bereits bei den Phönikern als Symbol der Aufopferung galt, da man Menschenopfer durch Kreuzigung vollzog. Im Christentum wurde es zum Sinnbild des Leidens Christi und Christi selber (→Kreuzigung Christi). Schon früh bildeten sich innerhalb des christlichen Bereiches die vielfältig variiert wurden, vor allem durch die Heraldik. Die wichtigsten Formen sind: **1)** Griech. K. mit vier gleich langen Armen (im Norden bereits seit der jüngeren Steinzeit vorkommend). **2)** Lat. oder Passions-K. (Crux immissa) mit verlängertem unterem Arm, dem Kreuzesstamm. **3)** Andreaskreuz, schräg liegendes griech. K. **4)** Antoniuskreuz oder ägypt. K. (crux commissa), T-förmiges K., bei dem das obere Balkenende fehlt; häufig für die K.e der Schächer in Kreuzigungsdarstellungen verwendet. **5)** Ankerkreuz; die Enden der K.arme sind geschlitzt und ankerförmig nach oben aufgebogen. **6)** Doppelkreuz; griech. K., verbunden mit einem Andreaskreuz. **7)** Gabelkreuz oder Schächerkreuz; die Querarme sind schräggestellt und bilden oben einen rechten Winkel. **8)** Henkelkreuz (crux ansata), Antoniuskreuz; oben mit einem Ohr versehen (ägypt. Symbol zukünftigen Lebens, von dort in die christliche Kunst übernommen). **9)** Malteser- oder Johanniterkreuz; aus vier an den Enden stumpfwinklig ausgeschnittenen Dreiecken bestehend. **10)** Kleeblattkreuz oder Lazaruskreuz; mit kleeblattförmigen Enden der K.arme (häufig bei Triumphkreuzen des 13. Jhs.). **11)** Krückenkreuz; seine gleich langen Arme bilden je ein Antoniuskreuz, also eine Krücke. **12)** Doppelkreuz oder lothringisches K.; Form des lat. K.es mit zwei gleich langen Querarmen. **13)** Päpstliches K.; drei Querarme, deren Länge nach oben abnimmt. **14)** Kardinals- oder Patriarchenkreuz; ein päpstliches K. mit kleeblattförmigen Enden. **15)** Russisches K.; zwei unterschiedlich lange Querarme, darunter noch ein schräger Querbalken. **16)** Wiederkreuz; gebildet aus vier lat. K.en, deren untere K.stämme in der Mitte zusammentreffen.

Kreuzarme, auch Kreuzflügel werden bei kreuzförmigen Kirchengrundrissen die beiderseits der Vierung liegenden Querhausarme genannt.

Kreuzblume. Die kreuzförmig ausstrahlende, blumen- oder blattähnliche Bekrönung auf der Spitze got. Türme, Giebel, Fialen und Wimperge. Sie kann ein- oder zweifach übereinander angeordnet, aus zwei oder vier ausladenden Teilen gebildet sein.

Kreuzbogen. Friesform, bei der in Variierung des Rundbogenfrieses die Bogen ineinandergreifen, wie es besonders in der normannischen Baukunst häufig zu finden ist.

Kreuzfahne. Der mit einem Wimpel versehene, in einem Kreuz endende lange Stab des aus dem Grabe auferstehenden Christus; ein Zeichen des Sieges über den Tod.

Kreuzfahrergotik. Die vielen gotischen Bauwerke (Burgen, Kirchenanlagen) in Kleinasien, Armenien, Syrien, Palästina, Griechenland, Zypern werden, da die Kreuzfahrer vom Westen ihre Ideen in die östlichen Länder brachten, K. genannt.

Kreuzgang →Kloster.

Kreuzgewölbe. 1) Gratgewölbe: Es wird aus der Durchdringung zweier Tonnen gleichen Querschnitts gebildet und überträgt die Last ausschließlich auf die 4 Endpunkte der als Grate bezeichneten diagonalen Durchdringungskurven. Die dazwischenliegenden Teilstücke heißen Kappen. Schon in röm. Zeit bekannt und im Frühmittelalter zur Eindeckung kleiner Raumabschnitte benutzt, tritt es in der abendländischen Baukunst zur Einwölbung des Mittelschiffs einer Kirche erstmals nach 1080 im Speyerer Dom (→Speyer) auf, wenig später auch in der →Normandie: Bernay, →Jumièges. – **2)** Rippengewölbe: Als Entstehungsgebiet werden →Burgund oder die →Normandie erwogen. Die frühesten bekannten Beispiele entstanden um 1100 in der Normandie (Lessay; →Caen, St. Trinité), das früheste erhaltene in der normannischen Kathedrale von →Durham (England), 1093 begonnen. Doch sind die Rippen hier dem Gratgewölbe nur unterlegt zur Fortführung des durch →Dienste gegliederten Wandsystems. Erst in der →Gotik werden sie zum tragenden Bauglied, zum Auflager für die nachträglich eingespannten Kappen, die nun sehr dünn sein können.

Kreuzigung Christi. Das zentrale Thema der christlichen Ikonographie. Sofern es sich um das isolierte Bild des Gekreuzigten handelt, wäre die Bezeichnung „Christus am Kreuz" korrekter. Die Entstehung ist nicht endgültig geklärt. Kreuzigungsdarstellungen finden sich erst nach Einführung des Christentums als staatlich anerkannter Religion (durch Kaiser Konstantin d. Gr., 320) und nach Abschaffung der Kreuzigung als Todesstrafe, wohl weil diese Todesart den Nichtchristen als Schande galt. (Die Katakombenkunst verwandte für das Bild Christi das →Agnus Dei.) Die frühesten Darstellungen zeigen Christus lebend, aufrecht stehend, in Orantenstellung mit ausgebreiteten Armen; Schächer, Mora spielende Soldaten, gelegentlich Maria und Johannes weisen auf den Sinn der Szene; manchmal ist das Kreuz angedeutet (Beispiel: Relief der Holztür von S. Sabina, Rom, 2. Viertel 5. Jh.). Die Entstehung des historischen Kreuzigungsbildes scheint der Buchmalerei zu danken zu sein, seine Verbreitung durch das Konzil von 692 in Konstantinopel („Trullianum") beeinflußt, das die Darstellung Christi in menschlicher Gestalt forderte. Das früheste erhaltene Beispiel findet sich im syrischen Rabula-Codex (586). Der nimbierte, mit 4 Nägeln ans Kreuz geschlagene Christus wird lebend mit offenen Augen, als Triumphans wiedergegeben. Er trägt langes, gescheiteltes Haar, einen Bart und ein ärmelloses, knöchellanges Gewand, das sogen. colobium. Diese syrische Variante herrscht bis in karolingische Zeit vor, sowohl im W wie im O. Als Assistenzfiguren finden sich die Schächer, Mora spielende Soldaten, Schwamm- und Speerträger, häufig auch Maria und Johannes, dazu symbolische Begleitfiguren wie Oceanus, Terra, Sol, Ecclesia, Synagoge, Schlange am Kreuzesfuß u.a. Sie sind besonders in karolingischer Zeit sehr zahlreich vertreten. Im Frühmittelalter überwiegen im N Darstellungen der Buchmalerei und Kleinkunst. Die karolingische Kunst bildet Christus gern jugendlich ohne Bart. Im Übergang zur ottonischen Zeit tritt anstelle des colobium der Lendenschurz. Seit dem 11. Jh. begegnet im N gelegentlich schon die Darstellung Christi als Toter (vielleicht durch die östliche Theologie [Theodor Balsamon] angeregt; deutsches Beispiel: →Gero-Kruzifix), doch weiterhin als der über Tod und Sünde Triumphierende, in roman. Zeit auch mit der Königskrone ausgestattet. Ebenfalls roman. sind die oft riesigen, auf einem Balken hoch oben zwischen Chor und Langhaus angebrachten Triumphkreuze; im N als plastische Gruppen mit Maria und Johannes (und gelegentlich weiteren kleinformatigen Figuren) gebildet; in Italien fast immer gemalt. Bei den italien. Triumphkreuzen hat die Holztafel Kreuzform und nimmt im 12. Jh. seitlich des Gekreuzigten senkrecht gereihte, kleinfigurige Nebenszenen auf, die um 1210–20 von →Berlinghiero durch großformatige Figuren Marias und Johannes ersetzt werden. Giunta →Pisano zeigt um 1236 Maria und Johannes nur noch als Halbfiguren auf den Seitentafeln der Kreuzarme und Christus nun, wie die Kunst des N, als Toten. Die Gotik ersetzt das Bild des triumphierenden Herrschers endgültig durch das des Opfertodes Christi. Anstelle des Viernagelkruzifixes entsteht der Dreinagelkruxifiz (im N seit 1220, in Italien seit 1275). Der vom Leiden gezeichnete Leib hängt mit geknickten, übereinandergelegten Beinen am Kreuz, das nun immer mit der Dornenkrone versehene Haupt sinkt nach rechts, das Antlitz des sterbenden oder toten Erlösers ist schmerzerfüllt. Eine Steigerung zu übertreibender Gestaltung der grausamen Todesqual findet sich unter Einfluß der Mystik und nach Beschreibungen der hl. Brigitte (Revelationser IV, Kap. 70) seit 1400 besonders in Deutschland (z. B. rheinische Pestkreuze, auch noch im Isenheimer Altar des Matthias Grünewald). Gegen Ende des Mittelalters erhöht sich die Zahl der Begleitfiguren erheblich. Der Schauplatz wird vergrößert und das ganze Bild nach dem Namen des Hügels, auf dem das Kreuz steht (zu seinen Füßen nun häufig der eben dort laut der Legende aufgefundene Schädel Adams), Kalvarienberg genannt. Seit Ende des Mittelalters finden sich keine grundsätzlichen ikonographischen Änderungen mehr. Die Gestalt des Gekreuzigten nimmt auch in Deutschland in der 2. Hälfte des 15. Jhs. wieder eine straffere, edlere Bildung an, wie sie sich in Italien, nach dem Vorbild vor allem →Giottos, nie verloren hatte. Das gleiche gilt von der Renaissance, in der der Körper anatomisch korrekt durchmodelliert wird, und vom Barock, der allerdings Christi Leiden stärker betont. Gelegentlich vorkommende Sonderformen des Kreuzes: →Baumkreuz; Astkreuz (z.B. Hildesheimer Bernwardstür, Anfang 11. Jh.), bei dem Stamm und Arme als dürre Äste gebildet oder mit Aststümpfen besetzt werden (→Lebensbaum). Die lat. Bezeichnung des Gekreuzigten, →Kruzifixus, wurde in der Abkürzung „Kruzifix" auf das isolierte Kreuz mit dem daran gehefteten Erlöser übertragen.

Lit.: L. Réau, Iconographie de l'art chrétienne, 1955–59; R. Haussherr, Der tote Christus am Kreuz, Zur Ikonographie des Gerokreuzes, 1963.

Kreuzkirche. Jede Kirche, die in irgendeiner Form ein Kreuz als Grundriß hat. Es muß also stets eine Kirche mit einem Querschiff sein, das nach beiden Seiten auslädt.

Kreuzkuppelkirche. Ein aus der altchristl. Kunst in der mittel- und spätbyzant. Zeit entwickelter Kirchentyp, der das griech. Kreuz zum Grundriß hat und über dessen Mittelquadrat sich eine Kuppel erhebt. Oft tragen auch die Nebenräume zwischen den Kreuzarmen kleine Kuppeln. Die Kuppel wölbt sich über einem Unterbau, dem sogen. Tambour. Sie kann von 4, später auch von 8 Stützen getragen werden. Die 4 Kreuzarme sind tonnenüberwölbt.

Kreuzlage. Bezeichnung für die sich kreuzenden Linien bei der mit graphischen Mitteln hervorgerufenen Schattierung. Dabei wird ein Schattenfeld durch eine Lage parallel geführter Linien durch eine zweite ebenfalls parallel geführte Linienlage überkreuzt.

Kreuznimbus. Ein →Nimbus mit einem Kreuzeszeichen, das in der Darstellung nur als Attribut Gottes, Christi und des Heiligen Geistes erscheint.

Kreuzrippe →Kreuzgewölbe.

Kriechblume →Krabbe.

Kris. Die Nationalwaffe von →Java und →Bali, Höhepunkt der Waffenschmiedekunst von →Indonesien. Die Klinge des K. ist unsymmetrisch, häufig auch gewellt (geflammt). Griff und Scheide tragen oft reiches Dekor (Inkrustierung, Ziselierung), etwa in Form von Garuda-Vögeln, Naga-Schlangen u. Rankenornamenten. Auch die Klinge ist bei kostbaren Stücken auf diese Weise verziert. Besonders wertvolle Exemplare sind in →Pamor-Arbeit geschmiedet. – Der K. wurde in Indonesien im frühen Mittelalter bekannt. Handelt es sich um ein kostbares Erbstück („pusaka-K."), so betrachtet man die Waffe als mit magischer Kraft geladen. Eine besondere Art ist der dolchartige K. madjapahit, bei dem Griff und Klinge aus einem Stück geschmiedet sind. Die meist polierte Edelholz-Scheide trägt manchmal eine Umhüllung aus getriebenem Metall; ihr Griffende ist in charakteristischer Weise verbreitert („Schuh"). Waffen dieser Art sind auch bei europ. Sammlern sehr beliebt.

Krischna. Inkarnation des indischen Hauptgottes →Vischnu als Hirt. Beliebtes Thema für die Miniaturmaler ist seine Liebesgeschichte mit der Hirtin Radha.

Kristallglas. Die Bezeichnung K. hat im Laufe der Zeit einen Bedeutungswandel erfahren. In Deutschland ursprünglich für das Glas à la façon de Venise verwendet, im 17. Jh. auf die beste Art von Kreideglas übertragen und schließlich für Glas von starker Lichtbrechung gebraucht.

Kritios. Griech. Bildhauer der attischen Schule des →Strengen Stils. Gemeinsam mit Nesiotes von 480 v. Chr. an in Athen tätig. Fünf Statuenbasen mit den Signaturen beider Künstler wurden auf der Akropolis Athens gefunden (Athen, Akropolis-Museum). 477/76 v. Chr. wurde die von ihnen geschaffene berühmte Gruppe der Tyrannenmörder Harmodios und Aristogeiton aufgestellt, die in röm. Kopien erhalten ist (Neapel, Mus. Naz.). Der sogen. „Kritiosknabe" (Athen, Mus. Nat.) ist das einzige überlieferte Original des K. und gleichzeitig das erste plastische Werk der griech. Klassik →Ponderation. (Siehe Tafel 5).

Lit.: G. Lippold, Handb. d. Archäologie, V, 106, 1950.

Krohne, Gottfried Heinrich. Deutscher Architekt. Geb. um 1700 in Dresden, gest. 1756. Tätig für die thüringischen Herzogtümer, doch wirkte sein Einfluß auch ins Fränkische, so daß er auch der rheinisch-fränkischen Architekturschule angehört. Besondere Beziehungen zeigen sich zu →Welsch und Stengel. – Seine Bauleistungen begannen mit dem Turmaufsatz des Weimarer Schlosses 1726. Später erbaute K. das Stadtschloß in Eisenach und nach einem Brand das Städtchen Ilmenau (nach 1751).

Lit.: H. H. Möller, G. H. K., 1956.

Krypta des Straßburger Münsters.

Kronleuchter. Ein mit mehreren Lichtquellen versehener, von der Decke herabhängender Leuchter. Sein Name ist den bis zu 100 (wohl 96) Kerzen tragenden, reifenförmigen Lichtkronen roman. Kirchen zu danken, die an in einer Kugel zusammentreffenden Trageketten entweder im Chor oder über dem Hauptaltar hingen, im Durchmesser bis zu 7 m maßen, meist 12- oder 24seitig

Ktesiphon, Palastruine, Tac-i-Kisra.

gebildet waren, aus vergoldetem Metall bestanden und mit reichem ornamentalen und figürlichen Schmuck sowie Edelsteineinlagen ausgestattet waren. Wie die an den Ecken angebrachten Türmchen und Tore und die Inschriften beweisen, waren sie als Abbild des Himmlischen Jerusalem gedacht. Frühes Hauptstück: der verlorene, unter Bischof Bernward für St. Michael, Hildesheim, im 1. Drittel des 11. Jhs. gefertigte Leuchter. Erhaltene Beispiele u.a. in Hildesheim, Dom; Aachen, Münster; Bayeux, Kathedrale. In der Gotik nimmt der K. die Form eines Schaftes mit ausstrahlenden Armen an, einer →Kreuzblume vergleichbar. Seit der Renaissance finden sich die unterschiedlichsten Formen. Von besonderem künstlerischen Rang sind die reichen komplizierten Gebilde der venezianischen Glasindustrie, in deren Kristallfacetten sich der Kerzenschein vielfältig bricht und widerspiegelt.
Lit.: A. Kitt, Der frühroman. K. und seine Symbolik, Diss. Wien, 1944.

Krückenkreuz →Kreuz.

Krüger, Franz, gen. Pferde-Krüger. Deutscher Maler. Geb. 1797 in Großbadegast b. Köthen, gest. 1857 in Berlin. Errang großen Ruhm mit seinen kleinformatigen, exakt gemalten Reiterbildern, die er mit Darstellungen des biedermeierlichen Berlins vereinte. Besondere Popularität trugen ihm seine Paradebilder ein, auf denen er alle Personen darstellte, die in Berlin von Bedeutung waren. – Unzählige Zeichnungen von ihm sind erhalten, sowohl in Bleistift wie auch in anderen Techniken.
Lit.: W. Weidemann, F. K., 1927.

Krümme. Bezeichnung für den oberen Teil (meist in Elfenbein, Gold oder Silber reich verziert) des abendländischen Bischofsstabes.

Krumpper, Hans. Deutscher Bildhauer und Architekt. Geb. um 1570 in Weilheim, gest. 1634 in München. Schüler von H. →Gerhard in München, seit 1590 in bayerischen Diensten. K. schuf Bronzebildwerke und war als Baumeister und Dekorateur tätig. – K.s Bedeutung liegt in der Mittlerrolle zwischen der bayerischen Kunsttradition des 16. Jhs. mit den von Italien eindringenden Strömungen. Vom Manierismus seiner Lehrjahre gelangte K. dabei durch die Anregungen P. →Candids zu fast klassizistischen Formen. Von seinen Bronzebildwerken sind die bedeutendsten die Grabdenkmäler für Kaiser Ludwig, um 1620, in der Frauenkirche und für Herzog Ferdinand von Bayern, um 1608, Hl.-Geist-Kirche in München. Während für seine bauliche Tätigkeit nur Landkirchen gesichert sind, kommt seinen dekorativen Arbeiten in der Residenz Herzog Maximilians in München größere Bedeutung zu.
Lit.: A. Feulner, Deutsche Plastik des 17. Jhs., 1926.

Krusevac (Serbien). Kirche der →Moravaschule (nach 1381). Entsprechend dem Gestaltungswillen dieser Schule sind Außenmauern farbig behandelt. Schichten von quadratisch geformten Steinen und Ziegellagen, die um der koloristischen Wirkung wegen in starke Mörtelschichten eingebettet sind, wechseln miteinander ab. Glasierte Ornamente an den Fensterrahmen haben das gleiche Ziel. Trotz der farbigen Auflösung der Wände wird durch Wandsäulen und Lisenen eine Verstraffung des Baukörpers erreicht.

Kruzifixus. Lat. ,,Der ans Kreuz Geheftete" (Christus), →Kreuzigung Christi.

Krypta. Jeder unterirdische Gang, auch jeder unterirdische Raum. Daher manchmal gleichbedeutend mit →Katakomben gebraucht. Entstehung nicht endgültig geklärt. Vorstufe wohl die →Confessio, das unter dem Hauptaltar einer Kirche gelegene, durch einen ringförmigen Umgang zugänglich gemachte Heiligen- und Märtyrergrab. Vorstufe vielleicht der Grabraum eines Märtyrers in den Katakomben. Ausgangspunkt wohl der ringförmige Umgang in Alt-St.-Peter, Rom. Weitere Querstollen wurden häufig als Grablegen benutzt. Frühe Beispiele solcher Gang- und Stollenkrypten u.a. in St. Emmeran, Regensburg; Steinbach bei Michelstadt. Mit Zunahme des Reliquienkultes in nachkarolingischer Zeit entwickeln sich Hallenkrypten (wohl zuerst in Italien, 9. Jh.), selbständige, unterirdische, meist dreischiffige, gewölbte Räume von oft beträchtlicher Größe; immer unter dem Chor der Kirchen gelegen, manchmal östlich über ihn hinausgeschoben und oft bis unter die Vierung, gelegentlich bis unter das Langhaus reichend. Durch die zunehmende Höhe wird das Bodenniveau von Chor und Vierung häufig erheblich angehoben. Bedeutendes deutsches Beispiel ist die ursprünglich mit 7 Altären ausgestattete Krypta des Speyrer Doms (→Speyer), eine Kirche unter der Kirche. Krypten sind ein charakteristisches Merkmal roman. Baukunst (sie fehlen in der Hirsauer Bauschule) und verlieren sich in der Gotik aus kultischen und architektonischen Gründen (→Gotik).
Lit.: R. Wallrath, Zur Entwicklungsgeschichte der K., Jahrbücher des Kölnischen Geschichtsvereins 22, 1940.

Kryptoporticus. Eingang zur Gruft, unterirdischer oder bedeckter Gang.

Ktesiphon. Von den →Arsakiden gegründete Hauptstadt mit rundem Grundriß am Ostufer des Tigris gegenüber →Seleukia. Nach dem Ende der →Arsakiden-Herrschaft Haupt- und Residenzstadt der Sasaniden seit →Ardaschir I., der den parthischen Palast übernahm. An seiner Stelle ließ →Schapur I. eine neue → Iwan-Anlage erbauen, die unter →Chosroes I. und II. so prächtig ausgestattet wurde, daß nach der arabischen Eroberung von K. (637 n. Chr.) die Residenz noch lange in der Erinnerung als Inbild eines Prunkpalastes weiterlebte. Von den vier um einen Mittelhof geordneten Iwanbauten steht heute nur noch ein Teil der Westfassade, deren Bogenhalle zu den größten der Welt gehört. Die Teilung der Fassade in vier Horizontalzonen mit Gliederung durch Halbsäulen und Blendnischen, deren Vertikal-

achsen gegeneinander verschoben sind, knüpft an die parthische Iwandekoration von →Assur an und steigert das Erbe durch dichte Formenbereicherung der Fläche. Iwan und hinten anschließender Thronsaal waren einst mit Mosaik, Marmor- und Stuckverkleidung sowie kostbaren Teppichen ausgestattet.
Lit.: R. Ghirshman, Iran II, 389; H. H. von der Osten, WP, 295.

Kuban. Fluß in Nordwestkaukasien. Im K.-Gebiet seit der Frühmetallzeit zahlreiche Gräber, deren reichstes bei →Maikop entdeckt wurde. Seit dem frühen 6. Jh. bedeutsame →Kurgane für die Entwicklung der →skythischen Kunst (→Karagodeuasch, →Kelermes →Kostromskaja, →Sieben Brüder, →Taman).
Lit.: F. Hančar, Pferd, 123 ff.; K. Jettmar, Steppenvölker, 269; K. Schefold, HDA 2, 429 ff.

Kubin, Alfred. Österreichischer Zeichner und Graphiker. Geb. 1877 in Leitmeritz, gest. 1959 in Zwickledt bei Wernstein/Ober-Österreich. Ließ sich 1898 in München nieder und war dort seit 1902 als Mitarbeiter am „Simplizissimus" tätig. 1906 zog er auf sein Gut in Zwickledt, behielt jedoch engen Kontakt zu den Münchener Künstlergruppen und gehörte 1911/12 zu den Mitgliedern des →„Blauen Reiters". Nachdem seine frühen Zeichnungen stark vom →Jugendstil beeinflußt waren, fand er um 1910 seinen eigenen Stil. Sein Strich wurde unruhig und gekräuselt, seine Themen zeigten Traum- und Spukgestalten, ähnlich wie →Ensors Bilder. Seine Werke – über 70 Buchillustrationen und Tausende von Zeichnungen – verbinden Anregungen des →Expressionismus mit Gedanken des →Symbolismus und →Surrealismus. Hiermit schloß er an die von →Redon und →Klinger begründete Tradition an.
Lit.: P. Raabe, A. K., 1957.

Kubismus. Bezeichnung für eine in sich geschlossene Richtung innerhalb der Malerei des 20. Jhs. Der K. wurde in enger Zusammenarbeit von →Picasso und →Braque zwischen 1908 und 1910 entwickelt. In Anschluß an →Cézanne versuchten Picasso und Braque, später auch →Gris, →Léger, →Gleizes und →Metzinger die kubischen Werte zum Gestaltungsprinzip zu erheben und sie in die Fläche umzusetzen. Dabei ergibt sich, daß die Körperhaftigkeit eines dargestellten Objektes durch

P. Picasso, Die Fabrik.

die Übereinander- oder Nebeneinanderordnung seiner Vorder- und Seitenflächen gleichberechtigt in die Ebene eingeschmolzen wird. Auf diese Weise waren die Künstler bestrebt, über die optische Erscheinungsform hinaus zum Wesen der Dinge, die über die Zertrümmerung der dargestellten Gegenstände in neuen Zusammenhängen gebracht wurden, in der Analyse und Synthese vorzustoßen. – Vorrangig bedienten sie sich dabei geometrischer und kristallinischer Formen, die die Dinge in ihren kubischen Werten erkennen lassen sollten.
Lit.: A. Schmeller, K., 1956.

Kudai-Kallu. Steinmal der südindischen Megalithkultur; ein halbkugelartiger, mit der flachen Seite auf der Erde aufliegender Stein.

Kudu. Aus der altindischen Holzarchitektur abgeleitetes Sonnenfenster; im Mittelalter ein beliebtes Schmuckmotiv des südindischen Tempels, häufig mit Büsten verziert.

Kudurru. Mit Reliefs und Inschriften versehene Urkundensteine der →Kassiten-Zeit, die in Bild und Wort die Rechtmäßigkeit von Landbesitz sichern sollten. Der noch wenig erschlossene Symbolreichtum der K., der zahlreiche kosmische Motive enthält, ist ein Musterbeispiel für die religiös gebundene Bildsprache der Kunst des Alten Orients (→Nebukadnezar, →Melischipak).
Lit.: A. Parrot, Sumer, 381; E. Strommenger, Mesopotamien, 120.

Küchel, Michael. Deutscher Architekt. Geb. 1703 in Bamberg, gest. 1769 ebda. In Mainz Schüler von →Welsch und beeinflußt von J. →Dientzenhofer. Wurde 1735 nach Bamberg berufen, wo K. unter Oberleitung B. →Neumanns arbeitete. Hauptwerk in Bamberg ist das Rathaus auf der Regnitzinsel (1749). Seine Pläne für den Umbau des Domes mit spätbarocken Dekorationen kamen nicht zur Ausführung. Eine Ahnung des Gewollten vermittelt aber der Gnadenaltar von →Vierzehnheiligen, jenes Wunderwerk hochgetürmter, durchbrochener Rocaille.
Lit.: R. Kömstedt, Von Bauten und Baumeistern des fränkischen Barock, 1963.

Küchenstück. Stillebenartiges Detail einer Küche, wobei die Gegenstände wie Kupferkessel, Geschirr und Eßwaren zu einem Bild komponiert werden. Bisweilen reicht das K. in die Gattung des →Genrebildes hinein und kann auch durch Personen bereichert werden. Vor allem in der niederländischen Malerei des 17. und 18. Jhs. zählte das K. zu den bevorzugten Darstellungen.

Künste, die sieben freien (lat. artes liberales). In der röm. Antike durch Marcianus Capella (um 400 n. Chr.) kanonisierte Künste, deren Beherrschung den freien Bürger vom Sklaven unterscheiden sollte. Dabei wurden die K. in zwei Gruppen zusammengefaßt: 1. Grammatik, Arithmetik und Geometrie; 2. Astronomie, Dialektik, Musik und Rhetorik. – Diese K. wurden personifiziert und gingen so in den Typenvorrat der Spätantike ein. Verbreitet wurden solche Darstellungen jedoch erst in karolingischer Zeit und im Mittelalter, besonders in den romanischen Ländern.

Künstlerinschrift →Signatur.

Künstlermonogramm. Vor allem in den graphischen Künsten seit dem Ende des 15. Jhs. findet das Monogramm als Schutz vor Nachahmung und als Zeichen eines neuen Selbstbewußtseins Eingang in die bildende Kunst. Es tritt zuerst beim Kupferstich auf, wird aber seit dem 16. Jh. ganz allgemein in der Graphik üblich, während es bei Gemälden nur selten die Signatur ersetzt. Zahlreiche Meister sind nicht mit vollem Namen, sondern nur in ihrem K. bekannt. Man bezeichnet diese Künstler als Monogrammisten.

Kugelamphora. Im mediterranen Raum verbreitete Form der →Amphora mit kugeligem Bauch und abgesetztem, meist zylindrischem Hals.

Kuh-i-Chodscha. Befestigter Insel-Palast im →Hamun-See, Statthalterresidenz der Fürsten von →Sakistan unter den →Arsakiden und →Sasaniden, erbaut im 1. Jh. n. Chr. Neben reicher Stuckdekoration mit endlosen Rapportsystemen Freskogemälde in leuchtenden Farben, die ein Königspaar, eine Gruppe von drei Göttern, einen reitenden Eros zeigen. Hellenistische Profildarstellung neben der charakteristischen Frontalität →parthischer Kunst. Einfluß der →baktrischen Kunst.
Lit.: R. Ghirshman, Iran II, 40 ff., 389; H. H. von der Osten, WP, 121.

Kuh-i-Ramat. Name des Berges, an dem die Palastterrasse von →Persepolis errichtet wurde („Berg des Erbarmens").

Ku-i-Khwaja. Andere Umschreibung von →Kuh-i-Chodscha.

Kujundschik. Ruinenhügel des alten →Ninive auf dem linken Tigrisufer gegenüber →Mosul.

Kung Hsien, Landschaft, 2. Hälfte 17. Jh.

Ku-kaili-moku. Kriegsgott von →Hawaii, dargestellt durch Federplastik des Kopfes; Federn in roter und gelber Farbe wurden in ein engmaschiges Netz eingeknüpft und dieses über ein formgebendes Rutengeflecht gezogen. Die Augen des K. bestehen aus Perlmutter, sein Mund weist viele spitze (Hunde-)Zähne auf. Durch ihren verzerrten, breiten Mund wirkt die Figur wild und dämonisch.
Lit.: D. Malo, Hawaiian Antiquities, 1951.

Kulisse →Bühnenbild.

Kulli. Eine der vorgeschichtlichen Siedlungen in West-Pakistan, die als Bauerndörfer in den Bergländern den Städten der →Industal-Kultur in den Flußniederungen vorausgehen.

Kulmbach →Plassenburg.

Kulmbach, Hans Suess von. Deutscher Maler. Geb. um 1480 wohl in Kulmbach, gest. 1522 in Nürnberg. Seine Lehrmeister waren J. de →Barbari und A. →Dürer. Seit 1505 ist K. in Nürnberg nachweisbar, und er war auch stets dort tätig. 1511 und 1514 lieferte K. Altäre nach Krakau, doch unterhielt er dort keine Werkstatt. Einen besonderen Rang im Werke K.s nimmt der 1513 entstandene Tucheraltar der Sebalduskirche in Nürnberg nach einer Skizze Dürers ein. – In seinen besten Werken – Tucheraltar und Krakauer Johannesaltar – ist sein Stil innig beseelt mit romantischer Landschaftsauffassung und warmtöniger Malerei. Wenig beachtet ist bisher K.s Bedeutung in der Portraitmalerei. Hier ragt das Bild des Markgrafen Casimir von Brandenburg (1511, Pinakothek München) heraus. – Sehr große Bedeutung kommt K. als Zeichner für Glasgemälde zu (Maximiliansfenster und Markgrafenfenster in St. Sebald in Nürnberg).
Lit.: F. Stadler, H. v. K., 1936; F. Winkler, H. v. K., 1959.

Kul Oba. Bei →Kertsch ausgegrabener →Kurgan. Unter den reichen Funden die berühmte Elektronvase mit griech. Darstellung von →Skythen in charakteristischer Tracht und Bewaffnung um 360 v. Chr. Goldrelief eines Hirsches mit griech. Tiermotiven, beispielhaft für den griech. Einfluß auf den →Tierstil der →skythischen Kunst um 460 v. Chr.
Lit.: K. Schefold, HDA 2, 429ff., 453; K. Jettmar, Steppenvölker, 16, 30, 40; J. Wiesner, UKG IV, 131ff.

Kultscheibe. In der Bronzezeit Nordeuropas finden sich runde Goldblechscheiben, meist mit getriebenem geometrischem Dekor verziert, die vielleicht als Kultgegenstände die Sonne versinnbildlichen. Entsprechende Darstellungen finden sich auch in Felsbildern Skandinaviens.

Kultwagen. Religiösem oder kultischem Brauchtum dienten in vorgeschichtlicher Zeit häufig Wagen oder wagenähnliche Gebilde, vor allem während der →Bronzezeit, →Kesselwagen, →Sonnenwagen.

Kulu. Tal in den nordwest-indischen Pandschab-Bergen mit einer Miniaturistenschule von regionaler Bedeutung, in welcher während des 18. Jhs. Themen aus den alt-indischen Epen lebhaft wiedergegeben wurden.
Lit.: Barrett, Painting, 169.

Kumbakonam. Südindische Stadt, in welcher große Anlagen von künstlichen Teichen und Tempeln mit einem besonders prachtvollen →Gopuram des späteren dravidischen Stils erhalten sind.

Kumpfgefäß. Jungsteinzeitliches keramisches Gefäß von Halbkugel- oder Dreiviertelkugelform.

Kundala. Sanskrit: Ohrring; mit diesen sehr großen und schweren Gehängen sind häufig mittelalterl. indische Bilder von Göttinnen und Königinnen geschmückt.

Kung Hsien. Chinesischer Maler und Kalligraph des 17. Jhs. n. Chr., hauptsächlich in Nanking tätig und dort einer der „acht Maler von Nanking". Er schuf in erster Linie Landschaften von melancholischem Ausdruck und sehr persönlichem Stil. – Bekannt wurde er auch durch seine Schrift über die Malerei.

Kunisada, Utagawa. Japanischer Maler und Holzschnittzeichner. Geb. 1786 bei Tokio, gest. 1865 in Edo (Tokio). 1804 schuf er seine ersten Buchillustrationen, 1808 sein erstes Schauspielerbild, womit er zu einem der bedeutendsten Anreger der jüngeren japanischen Malerei wurde. Zahlreiche Nachfolger und Nachahmer eiferten ihm nach. – Charakteristisch für seine Werke, die er unter dem Namen Toyokuni II. veröffentlichte, ist ein selbst die Verzerrung nicht scheuender derber Realismus, der besonders deutlich in den Schauspielerbildern zutage tritt.

Kuniyoshi. Japanischer Maler und Holzschnittzeichner. Geb. 1798, gest. 1861 in Edo (Tokio). Er ging aus der berühmten Utagawa-Schule hervor und zählt zu deren bedeutendsten Vertretern. 1814 entstanden seine ersten Buchillustrationen, seit 1818 schuf er auch Einzelblätter und fand schließlich 1830 Zugang zur Karikatur. Wesentliche Anregungen vermittelte ihm das eingehende Studium der Perspektive in der europäischen Malerei. – Seine sehr eigenständigen Werke, hauptsächlich Landschaften, in denen sich die Kenntnis perspektivischer Mittel mit japanischer Tradition paart, sicherten ihm einen besonderen Platz in der Geschichte der japanischen Malerei. – Seinen größten Erfolg errang er 1853, als er mit einem Monumentalgemälde von 50 qm Fläche den Sieg in einem Malerwettstreit in Edo zugesprochen bekam.
Lit.: Thieme-Becker.

Kunst. Bezeichnung für die künstlerischen Äußerungen, denen ein gestaltender Wille zugrunde liegt. Hierzu gehören vor allem Bildhauerei und Malerei. Die Architektur (Baukunst) wird man ebenfalls weitgehend als K.

ansprechen, jedoch spielen hierbei in größerem Maße als bei den bildenden Künsten außerkünstlerische Faktoren eine bedeutende Rolle. Nur bedingt kann man →Kunstgewerbe, Dekoration unter dem Begriff K. erfassen.

Kunstakademie. Stätte zur Ausbildung in den bildenden Künsten. Die frühesten K.n entstanden um 1100 n.Chr. in China, die erste abendländische K. wurde 1494 in Mailand gegründet. Bis zur Mitte des 17. Jhs. beschränkten sich diese Institutionen auf Italien. 1648 entstand eine K. in Paris, die vor allem im 19. Jh. eine dominierende Rolle in Europa einnahm. – Zahlreiche dieser Schulen wurden in allen Ländern Europas seit dem 17. Jh. ins Leben gerufen.

Kunstauktion. Seit dem 17. Jh. übliche Form der öffentlichen Versteigerung von Werken der bildenden Kunst. Da es sich hierbei häufig um Kunstwerke aus Privatbesitz handelt, die auch wiederum vielfach an private Sammler weitergehen und somit der Öffentlichkeit kaum zugänglich sind, bildet der Auktionskatalog, in dem die Stücke aufgeführt, beschrieben und z. T. abgebildet werden, ein wichtiges Hilfsmittel der Kunstwissenschaft.

Kunstausstellung. Bezeichnung für die zeitlich begrenzte, öffentliche Ausstellung von Kunstwerken, die häufig zum Zweck einer K. zusammengetragen werden. Dabei kann die K. unter verschiedenen Gesichtspunkten aufgebaut sein. Vor allem die Kunstakademien hatten bereits im 17. Jh. wesentlich zur Entstehung der K. durch die Vorstellung der in einer Akademie entstandenen Werke beigetragen. – Neben Retrospektiven, die einen Überblick über das Gesamtschaffen eines Künstlers geben, können K.en thematisch, stilistisch, historisch oder geographisch geordnet sein. – In erster Linie dient die K. der Bekanntmachung von Kunstwerken gegenüber einem breiteren Publikum.

Kunstdenkmäler. Monumente, die der Denkmalspflege unterstehen und durch diese erhalten werden. Es handelt sich dabei hauptsächlich um kunstgeschichtlich bedeutende Bauten und Plastiken. Gemälde zählen in der Regel nur dann zu den K.n, wenn sie, wie z.B. Fresken, in einen architektonischen Zusammenhang gehören.

Kunstfälschung. Seit der Renaissance sind K.en üblich, zuerst in Nachahmung antiker Monumente. Bald erstreckten sie sich auf alle Sparten der Kunst und des Kunsthandwerks. Falsche Signierung, Übermalung wertloser Werke oder Nachahmung typischer Motive im Stil begehrter Meister sowie künstliche Alterung sind die häufigsten Methoden der K.

Kunstgeographie. Unter diesem Begriff versteht man die Untersuchung von Kunstwerken unter dem Gesichtspunkt geographischer Zusammengehörigkeit. Zu den wichtigsten Ergebnissen zählt die durch Stilanalyse gewonnene Erkenntnis von landschaftlich gebundenen, stilistischen Eigenarten, die unabhängig vom Zeitstil ein wesentlicher Bestandteil des Stils sein können. Durch landschaftliche Bedingungen unterscheidet sich z.B. die franz. Gotik sehr deutlich von der engl. Gotik, oder es lassen sich typische Merkmale einer Landschaft als eigentliches Kontinuum einer fortschreitenden Entwicklung feststellen. – Weiterhin gehört es zu den Aufgaben der K., die Verbreitung eines Stils in verschiedene geographische Räume zu untersuchen.

Kunstgeschichte. Der Begriff K. bezeichnet die Betrachtung der Kunstwerke unter entwicklungsgeschichtlichem Aspekt. →Kunstwissenschaft.

Kunstgewerbe. Bei allen Gattungen des K.s handelt es sich um die künstlerische Durchbildung von Gebrauchsgegenständen, die dabei ihren sinngemäßen Gebrauchswert nicht verlieren dürfen. „Angewandte Kunst" im Gegensatz zu den „freien Künsten". Das K. zeigt oft enge Verbindung zu →Malerei, →Plastik und →Architektur, mittelbar und unmittelbar, da sehr oft Maler und Bildhauer den Entwurf liefern. Die Übergänge sind oft fließend, z. B. Bildteppiche, griech. Vasen etc. Als ein Sondergebiet wird das K. erst seit der Mitte des 19. Jhs. betrachtet. G. Semper forderte in seiner Schrift „Wissenschaft, Industrie und Kunst" (1851) die Errichtung von eigenen Sammlungen für das K. Unter seiner Mitwirkung wurde 1852 das South-Kensington-Museum (Viktoria and Albert Museum) gegründet, dem bald weitere Museen in Europa folgten. Diese Museen wurden nicht nur als historische Sammlungen, sondern auch als Vorbilder für das imitierende K. dieser Zeit betrachtet. – Nach dem Material unterscheiden wir beim K.: Glaskunst (→Glas, →Glasmalerei), Textile Künste (→Teppich, →Spitzen, →Stickerei etc.), Metallarbeiten (→Schmuck, →Goldschmiedekunst), →Email, Keramik (→Porzellan, →Steinzeug, →Fayence etc.), Möbel (→Intarsia etc.), Lederarbeiten (→Buchkunst etc.), Schnitzereien in →Elfenbein, Holz etc.

Lit.: B. Bucher, Geschichte der technischen Künste, 3 Bde., 1875/76; Bossert, Geschichte des K.s aller Zeiten und Völker, 6 Bde., 1929–35.

Kunstglas →Glas.

Kunsthandwerk →Kunstgewerbe.

Kunstindustrie. Bezeichnung für die industrielle Fertigung von Gebrauchskunst und Kunstgewerbe.

Kunstkritik. Berichte über Ereignisse der bildenden Kunst, soweit sie von aktuellem Interesse sind und sich in Zeitschriften und Zeitungen an ein breiteres Publikum wenden. Die K. berichtet beschreibend und wertend vor allem vom zeitgenössischen Kunstschaffen und von →Kunstausstellungen. – Seit der 2. Hälfte des 18. Jhs. ist die K. bekannt und hatte vornehmlich im 19. Jh. in Paris großen Einfluß. Heute gehört sie zum Feuilleton jeder Tageszeitung.

Kunstphilosophie. Die Betrachtung der Kunst an Hand von Kriterien, die außerhalb der kunsthistorischen Methoden entwickelt wurden, um durch philosophische Gedankengänge zu allgemeinen Aussagen über das Wesen der bildenden Kunst zu gelangen. Ausgangspunkte der K. sind die Ästhetik und Ethik.

Kunstschrank →Kabinettschrank.

Kunstsammlung. Das Sammeln von Kunstwerken geht auf eine sehr alte Tradition zurück und führte schließlich zur Anlage von Museen. Bereits die antiken Kulturen kannten die K. in Form von Tempelschätzen, wobei der kultische Aspekt den künstlerischen übertraf. Erstmals unter historischen Aspekten wurden K.en durch die hellenistischen Herrscher von Pergamon und durch die Ptolemäer zusammengetragen. In der röm. Antike dehnte sich das Sammeln von Kunstgegenständen auch auf reiche Privatleute aus. Die frühchristl. und mittelalterlichen K.en beschränkten sich wieder mehr auf den sakralen Bereich in Form von Kloster- und Kirchenschätzen. Im 14. Jh. finden sich bereits reiche Schatzkammern der Fürsten, in denen wertvolle Kunstgegenstände aufbewahrt wurden, wobei jedoch der materielle Wert eine bedeutende Rolle spielte. – In der Renaissance kamen K.en in größerer Fülle auf. Das neu erwachte Interesse an der Antike ließ seit dem 15. Jh. in Italien Antikensammlungen entstehen, an deren Stelle in den nordischen Ländern im 16.–18. Jh. die Wunderkammer trat. – Um die Mitte des 18. Jhs. wurden große öffentliche K.en und Galerien eingerichtet, in deren Nachfolge die ersten großen Museen gegründet wurden. – Das 19. Jh. und die Bestrebungen der Romantik brachten eine zunehmende Systematisierung der Kunstgattungen mit sich, woraus die Trennung in Skulpturensammlung, Gemäldesammlung etc. entstand.

Kunststein →Steinguß.

Kunsttheorie. Allgemeine Kunstwissenschaft, die die Beschaffenheit der Kunst von ihrem Wesen her, ihr Zustandekommen, schließlich ihre Wesenszüge, Grenzen und die Gestaltungsweisen ihrer verschiedenen Arten untersucht. Zur K. gehört auch die Erforschung von auftretenden Gesetzmäßigkeiten und deren Entwicklung.

Kunsttopographie. Der Kunstgeographie verwandter Wissenschaftszweig, durch den die Monumente nach ihrer topographischen Zusammengehörigkeit geordnet und untersucht werden. Die K. gehört zu den wichtigen Aufgaben der Denkmalspflege.

Kunstwissenschaft. Die K. ist eine Schöpfung des 19. Jhs. und geht auf die Anregungen →Winckelmanns zurück, der in seinen Werken zur Kunst der Antike erstmals stilgeschichtliche Abhandlungen geschrieben hat. Die zweite Anregung brachte die Kunstliebe der

Romantik. Als Fachwissenschaft wurde die K. durch Historiker wie Burckhardt, Grimm und Justi begründet, die die Kunst in den allgemeinen Rahmen der Kulturgeschichte einbezogen. Parallel hierzu begann die antiquarische Sichtung und Ordnung der überlieferten Monumente, eine Arbeit, die eng mit dem Kunstsammeln verbunden ist. – Neue Anregungen zur Methodik gingen von Morelli (→Morellische Methode) und später vor allem von →Wölfflin aus, der die kunstgeschichtlichen Grundbegriffe der Stile aufzustellen versuchte. – Die wichtigste Basis der K. ist die vergleichende Stilkritik, daneben die →Strukturforschung und →Ikonographie. Hierbei wurden Methoden entwickelt, die in ständiger Verfeinerung die zeitliche, geistige und inhaltliche Einordnung und Bestimmung der Kunstwerke ermöglichen.

A. Dürer, Detail aus dem Kupferstich „Adam und Eva".

K'un-ts'an. Chinesischer Maler und Priester. Geb. um 1620, gest. um 1700 in Nanking. Dem diesseitigen Leben abgewandt, bereiste er früh China und fertigte auf diesen Reisen zahlreiche Landschaftsstudien an. Stilistisch schloß er sich der sogen. →Südlichen Schule an und fand seine Vorbilder vor allem in den Werken von →Wang Mêng.
Lit.: Thieme-Becker.

Kuo Hsi. Chinesischer Maler. Geb. um 1020, gest. gegen Ende des 11. Jhs. n. Chr. Tätig an der kaiserlichen Akademie, wo er zu den bedeutendsten Landschaftsmalern zählte. Er schuf vor allem große Wandbilder mit düsteren Berg- und Waldlandschaften. Eine Schrift über die Landschaftsmalerei veröffentlichte 1082 sein Sohn Ssu, der gleichfalls als Maler arbeitete. – K., dessen Werke nicht erhalten sind, kann als der eigentliche Schöpfer des Landschaftsstils der Sung-Dyn. angesehen werden.
Lit.: Thieme-Becker.

Kupecký, Jan. Tschechisch-deutscher Portraitmaler. Geb. 1667 bei Preßburg (oder Prag), gest. 1740 in Nürnberg. Nach ruheloser Jugend und Lehrjahren in Wien wanderte K. nach Italien, wo er durch M. Füßli entdeckt und gefördert wurde. In Rom eröffnete K. sein erstes Atelier. 1709 wandte er sich wieder nach Wien, wo er vielbeschäftigt bis 1723 lebte. Die letzten Jahre seines Lebens verbrachte er in Nürnberg. – K. war einer der meistbeschäftigten Portraitmaler seiner Zeit; er traf sehr gut das Charakteristische des Portraitierten und scheute sich nicht, auch häßliche Züge darzustellen. Zumeist verzichtete K. auch auf barocke Staffage; wo sie dennoch vorkommt, ist sie Werkstattarbeit. – Als Maler strebte er hauptsächlich G. →Reni nach, doch kommen in seinen späten Bildern, vor allem in den Selbstportraits (ca. 1730, Hradschin, Prag), starke Anklänge an →Rembrandt vor.
Lit.: O. Strettiová, Das Barockportrait in Böhmen, 1957.

Kupferstich. Die Technik des K.s ist das älteste Tiefdruckverfahren. Mit dem Grabstichel, der Roulette und dem Granierstahl wird die Zeichnung in eine Kupferplatte eingegraben und mit Druckerschwärze eingefärbt. Mit einem weichen Papier wird die so präparierte Platte unter starkem Druck durch eine Presse gezogen. Auf dem Papier steht dann die spiegelbildliche Darstellung der Platte. – Eine Variante des K.s ist die Radierung, bei der die Kupferplatte mit einer wachsartigen Schicht überzogen wird, in die die Zeichnung mit einer Nadel eingegraben wird. Anschließend wird die Platte in ein Säurebad gelegt, wobei die durch die Zeichnung von der Wachsschicht freigelegten Teile durch Ätzung vertieft werden. Im Druckverfahren entspricht die Radierung dem K. – Die Kaltnadelradierung entsteht wie die Radierung, jedoch ohne den Ätzvorgang, der durch eine kräftigere Ritzung ersetzt wird. Häufig werden auch diese Techniken miteinander vermischt und gleichzeitig angewendet. – Die ersten Versuche des K.s tauchen im 15. Jh. auf, im 17. Jh. versuchte man sich wiederholt an der Herstellung farbiger K.e, ohne daß sich diese Versuche durchsetzen konnten. Im 19. Jh. wurde das nicht sehr strapazierfähige und nur relativ geringe Auflagen ermöglichende Material des Kupfers teilweise durch Stahl ersetzt. Der so entstandene Stahlstich ermöglichte hohe Auflagen und kam dem Bedürfnis nach Massenreproduktionen entgegen. – Die Anfänge des K.s, die zeitlich dicht bei der Erfindung des Buchdrucks und des →Holzschnitts liegen, gehen wahrscheinlich auf Meister in Südwestdeutschland zurück. Bei den meisten Künstlern, die in dieser Technik arbeiteten, handelt es sich um sogen. Monogrammisten (→Künstlermonogramm). Der K., der hauptsächlich in Deutschland eine reiche und fruchtbare Entwicklung durchlebte, fand seine frühe Vollendung in den Werken M. →Schongauers und A. →Dürers. Im 16. und 17. Jh. setzte sich gegenüber dem eigentlichen K. in zunehmendem Maße die Radierung durch. Nachdem beide Techniken im 18. und 19. Jh. fast ausschließlich in den Dienst der Reproduktion gestellt wurden, entdeckten einzelne Meister des späten 19. Jhs. (z. B. →Klinger) in Radierung und K. wieder ein rein künstlerisch gebrauchtes Ausdrucksmedium.
Lit.: F. Lippmann, Der K., 1926; E. Bock, Geschichte der graphischen Kunst, 1930.

Kupferzeit oder Chalkolithikum. Übergangsphase zwischen der →Jüngeren Steinzeit und der →Bronzezeit, in der zunächst nur Kupfer (kalt gehämmert oder auch gegossen) verarbeitet worden ist, →Vorgeschichte.

Kupka, Franz. Tschechisch-französischer Maler und Graphiker. Geb. 1871 in Oponca/Böhmen, gest. 1957 in Puteaux/Seine. Nach seinem Studium an den Akademien von Prag und Wien übersiedelte er 1894 nach Paris und ließ sich 1906 in Puteaux nieder. Ausgehend vom →Impressionismus, den er mit Elementen des →Jugendstils verband, kam er 1911 zum →Fauvismus, von dem aus er 1912 eine abstrakte Formensprache entwickelte, die dem →Orphismus zugehörte. Zu seinen frühen Werken gehören mehrere z. T. veristische graphische Zyklen und Buchillustrationen. – Seine abstrakten Bilder zeigen rhythmisch gegliederte, schwingende Kurven, Kreissegmente oder schräg durchschnittene Flächen, wobei er später zunehmend räumliche Wirkungen anstrebte.
Lit.: H. Vollmer, Künstlerlex. d. 20. Jhs.

Kuppa. Teil des Kelches oder des Pokals, der die Flüssigkeit aufnimmt und auf einem Fuß aufsitzt.

Kuppel. Verwendet zur Wölbung runder, quadrati-

scher oder polygonaler Räume. Ihre Gestalt entspricht einem Kugelabschnitt, hat seltener spitzbogige oder elliptische Form. Sie kann völlig geschlossen sein oder am Scheitel zur besseren Belichtung geöffnet, entweder durch ein sogen. Auge oder auch durch ein aufgesetztes durchfenstertes Türmchen, die Laterne. Oft sitzt sie auf einem zylindrischen, mit Fenstern versehenen Ring auf, dem Tambour oder der Trommel. Größere K.n werden gern zweischalig angelegt, d. h. die Raumkuppel wird von einer steileren, äußeren K.schale überfangen. Zur Überwölbung quadratischer oder vieleckiger Räume sind Hilfskonstruktionen nötig. Entspricht der Fußkreis der K. dem einbeschriebenen Kreis des Quadrats (oder Vielecks), so erfolgt der Übergang zum Kreis durch Ecktrichter, sogen. Trompen, oder durch sphärisch gebildete Eckzwickel, sogen. Pendentifs: Pendentifkuppel. Geht der Fußkreis durch die Ecken des Quadrats, so sind die außerhalb des Raums zu denkenden K.teile abgeschnitten; an den Raumseiten entstehen halbkreisförmige Schildbogen. Man nennt diese Form Hängekuppel. Die frühesten K.n finden sich in den kretisch-mykenischen sogen. K.gräbern. Sie sind durch ringförmig angelegte, übereinander vorkragende, sich nach oben schließende Steinschichten gebildet; also noch keine echte Wölbung. Zu den ersten monumentalen K.wölbungen kommt es in der röm. (Rom, →Pantheon; Durchmesser 39,5 m) und byzant. Baukunst (→Kreuzkuppelkirche). In der abendländisch-mittelalterl. Baukunst sind K.n selten. Sie begegnen vor allem in →Aquitanien/Frankreich. Eine neue Blütezeit großartigster monumentaler K.wölbungen ist die italien. Renaissance (Zusammenhang mit der Vorliebe für den →Zentralbau; berühmteste Beispiele: →Florenz, Dom; Petersdom in Rom mit einem Durchmesser von 42 m). Von hier aus verbreitet sich die K.-wölbung über ganz Europa und hat bis heute ihre Bedeutung nicht verloren, doch wird sie neuerdings in Eisenbeton ausgeführt, wodurch sich ihre Spannweite noch vergrößern läßt. (Siehe Tafel 22).
Lit.: J. Fink, Die K. über dem Viereck, 1958.

Kuppelgrab. Rundgrab, das in der Regel in einen Hang hineingeschachtet und mit einem Kraggewölbe überspannt ist. Ein Korridor führt zum verschlossenen Eingang. Die Bezeichnung K. bezieht sich in erster Linie auf die mykenischen Grabanlagen, wie sie in →Mykene und →Orchomenos gefunden wurden. Der Hauptfundplatz dieser Gräber ist die →Argolis. Daneben kommen sie jedoch auch in Attika, Böotien und Thessalien vor. Einfache Kuppelgräber finden sich in → Kreta und Kleinasien, dazu in der frühen Bronzezeit in Westeuropa.

Kuppelreliquiar →Reliquiar.

Kurangun. Felsrelief der →elamischen Kunst zwischen →Susa und →Persepolis an Kultstätte des frühen 3. Jahrtausends v. Chr. Vor einem thronenden Götterpaar mit Gefolge nahen sich über eine Treppenanlage drei Reihen von Betern, geführt von hohen Würdenträgern. Die Szene weist auf ein für K. charakteristisches Kultritual, da sich am Kultplatz selbst eine Treppe nachweisen läßt, die zu einer Plattform führt.
Lit.: R. Ghirshman, Iran I, 346; H. H. von der Osten, WP, 10.

Kurbinovo (Makedonien). Ausmalung in der Kirche (1191) typisches Beispiel für die sogen. „zweite byzant. Renaissance". Charakteristisch das starke Interesse am Menschlichen und am Individuum.

Kurfürstengläser →Humpen.

Kurfürstenkrüge. Steinzeug-Krüge aus dem 16. u. 17. Jh. Sie stammen meist aus dem Rheinland und sind mit den Bildern der Kurfürsten (in Arkaden oder Medaillons) geschmückt.

Kurfürstenteller. Zinnteller des 16. und 17. Jhs. Herstellungsort Nürnberg. In der Mitte ein Bild des Kaisers, am Rand die Bilder des Kurfürsten.

Kurgan. Bezeichnung für künstliche Hügel über Grabanlagen im Bereich der →eurasischen Kunst.

Kuros. Bezeichnung für den nackten Jünglingstypus der griech.-archaischen Plastik. Im sogen. Schrittstand ist der K. frontal ausgerichtet, der erste Typ der griech. Monumentalplastik. Die Kuroi dienten als Grabstatuen oder wurden als Weihgeschenke in den Heiligtümern aufgestellt. (z. B. in →Sunion und im →Ptoion). Die Reihe der K. reicht von 625–500 v. Chr.
Lit.: G. M. A. Richter, Kuroi.

Kursi (arabisch „Thron"). Bezeichnet im Zusammenhang mit der Moscheeausstattung einen Ständer zum Auflegen des Korans. In Kairoer Moscheen befanden sich von mamlukischen Emiren gestiftete K. in tauschierter Bronzearbeit oder aus eingelegtem Holz. Diese Tische haben sechs durchbrochen gearbeitete Wände und enthalten Raum zur Unterbringung des Korans. Die Verzierung ist rein geometrisch oder floral und enthält Schriftfriese mit Koranzitaten und einem Hinweis auf den Stifter. Eine Sonderform in türkischen Moscheen seit dem 14. Jh. sind in reicher Holzschnitzerei, in Kassettenwerk und mit Elfenbeineinlagen gearbeitete hohe Kastenstühle für die Koranrezitation. Gelegentlich ist bei ihnen der Sitz mit der Auflage für den Koran im gleichen Möbel vereint.
Lit.: E. Kühnel, Die Moschee, 1949; C. E. Arseven, Les Arts Décoratifs Turcs, Istanbul o. J., Fig. 493.

Kuppel des sogen. „Atreus-Schatzhauses" in Mykene, Anfang 13. Jh. v. Chr.

Kursumlija (Serbien). Kirche St. Nikolaus (2. Hälfte des 12. Jhs.). Die Serben übernahmen hier einen Baugedanken Armeniens und Kleinasiens. In der Mitte eines Längsschiffes erhebt sich eine Kuppel, gehalten von 4 Pfeilern, die sich an die Außenwände anlehnen. Die stark zerstörte Ruine hat noch den ausgedehnten Kuppelansatz erhalten mit →Pendentifs und einem achteckigen Tambour über 4 großen Bögen. Vor der Südseite ein Vestibül, dessen oberer Teil zerstört ist.
Lit.: G. Millet, L'ancien art Serbe: Les églises, 1919.

Kurvatur. Bezeichnung für die Aufbiegung des →Stylobats am klassisch dorischen Tempel. In der Regel beträgt die Abweichung der K. in ihrem Kulminationspunkt von der Horizontalen nur wenige cm. Mit der Durchführung der K. bezweckten die griech. Baumeister, die Härte der streng kanonisch angelegten Architektur zu mildern. Der bisher früheste bekannte Bau, an dem die K. festgestellt werden konnte, ist der Apollontempel von →Korinth. Die übrigen archaischen Tempel kennen die K. noch kaum. In klassischer Zeit ist sie am konsequentesten am →Parthenon in Athen durchgeführt worden.

Kuschanen. Iranisches Volk, das, von den Hunnen im 2. Jh. v. Chr. aus Mittelasien abgedrängt, im 1. Jh. n. Chr. zur Großreichbildung im afghanisch-nordwestindischen Raum gelangte. Dazu fügt sich die Bezeichnung „Indoskythen". Bedeutendster Herrscher der K. Kanischka (128–150 n. Chr.). Münzen in →Surch Kotal. Die Kunst der K. weist auf starkes Nachwirken der →baktrischen Kunst. Beziehungen der K. zu den →Arsakiden und →Sasaniden.
Lit.: R. Ghirshman, Iran II, 390; F. Altheim, WA I, 81ff.; II, 88ff.; K. Jettmar, Steppenvölker, 151, 153, 202.

Kuschschara. Älteste Königsstadt der →Hethiter, deren genaue Lage noch nicht bekannt ist. Sie darf im Flußgebiet des mittleren Halys (Kizil Irmak) gesucht werden.
Lit.: H. Schmökel, GAV, 121; E. Akurgal, HK, 18ff., 31ff.

Kuseir Amra (Syrien). Wandmalereien im Wüstenpalast K. (724/743) geben guten Einblick in die Freskokunst des 8. Jhs. und lassen, wenn auch profan, Rückschlüsse auf kirchliche Malerei zu.

Kußtäfelchen (Paxtafel, Pacificale). Seit dem 13. Jh. zuerst in England nachweisbar, nur im Abendland üblich. Sie dienen der Spendung des Friedenskusses vor der Kommunion an Geistliche, später auch an Laien. Ursprünglich oft aus Marmor, wurden sie meist aus vergoldetem Kupfer oder Messing, auch aus Elfenbein oder Holz hergestellt und auf der Rückseite mit einem Griff versehen. Ihre Form ist oblong, rautenförmig, auch rechteckig mit halbrundem Schluß, gelegentlich rund (dann mit Standfuß). In einem Rahmen enthält das K. eine meist in Relief, auch in →Niello oder →Hinterglasmalerei ausgeführte Darstellung des Gekreuzigten, des Schmerzensmannes, der Gottesmutter oder eines Heiligen, häufig auch eine Reliquie.
Lit.: J. Braun, Das christliche Altargerät, 1932.

Kutir-Nachunte. Sohn des →Schutruk-Nachunte, der die →Kassiten-Zeit von →Babylon beendete (1170 bis 1166 v. Chr.). Die Kultbilder des →Marduk und des →Nanna von →Ur wurden in den Tempel des →Inschuschinak nach →Susa gebracht. K. ist wie sein Bruder →Schilchak-Inschuschinak inschriftlich erwähnt auf dem Ziegelrelief der Tempelfassade, die in Nischen gegliedert ist und neben der Göttin →Ninchursag stilisierte Dattelpalmen unter dem Schutz einer Gottheit mit dem Unterleib eines Stieres zeigt. Umprägung mesopotamischer Bildgedanken durch die →elamische Kunst.
Lit.: A. Parrot, Sumer, 328; E. Strommenger, Mesopotamien, 99; H. H. von der Osten, WP, 33.

Kutscha. Kunstlandschaft mit Resten indischer Malerei in Zentralasien.

Kuttrolf. Andere Bezeichnung für →Angster.

Kyathos. Griech. Vase in der Form eines Bechers mit einem vertikal hoch über den oberen Rand emporgezogenen Henkel. Diente als Schöpfgerät.

Kyaxares. Mederkönig, Sohn des →Kaschtariti (625–585 v. Chr.), dem die Vertreibung der →Skythen aus Vorderasien gelang, Eroberung von →Assur und →Ninive im Bündnis mit →Nabupolassar.
Lit.: R. Ghirshman, Iran I, 437; H. H. von der Osten, WP, 50ff., 60ff.

Kykladen-Idol. Schematisierte, aber auch naturalistische Kleinplastiken, meist Frauendarstellungen, die in der →Jüngeren Steinzeit und in der →Bronzezeit auf den Kykladen hergestellt und weithin exportiert worden sind.

Kykladenkunst →Ägäische Kunst.

Kykladenpfannen. Frühbronzezeitliche Kultgeräte der Kykladen. Namengebend ist die an eine Pfanne erinnernde Rundform mit Griff dieser in Ton gefertigten und häufig mit ornamentalen und figürlichen Ritzungen geschmückten und mit dunklem Urfirnis versehenen Kultscheiben. Wahrscheinlich ist ihre Bedeutung mit der der Kykladenidole verwandt.

Kyklopenmauerwerk. Antike Bezeichnung der riesigen Steinquadermauern mykenischer Anlagen. Da den Griechen der archaischen und klassischen Zeit das Bauen mit solch gewaltigen Steinen – die Blöcke haben z.T. ein Gewicht von mehreren Tonnen – völlig unbegreiflich war, bildete sich bei ihnen der Mythos, das Geschlecht der Kyklopen, die zu den Riesen der Vorzeit gehören, hätte diese Mauern errichtet. Im Zusammenhang mit dieser Vorstellung ist der Begriff K. entstanden und bis heute gebräuchlich geblieben.

Tiryns, „Kyklopenmauerwerk" der Burgbefestigung, Anfang 13. Jh. v. Chr.

Kylix. Flache griech., zweihenkelige Trinkschale mit niedrigem oder hohem Fuß.

Kymation. Griech. Blattornament (plastisch oder gemalt) in Form einer wellenartigen Profilleiste, die in unterschiedlicher Weise in der ionischen und dorischen Architektur erscheint. Man unterscheidet folgende Varianten: **1)** Dorisches K. mit einfachem überlappendem Profil; **2)** Ionisches K. mit Eierstab häufig über einem Perlstab; – **3)** Lesbisches K. mit Blattstab über einem Perlstab.

Kyonaga. Japanischer Maler und Holzschnittzeichner. Geb. 1742 in Tokio, gest. 1817. War vor allem als Holzschnittmeister tätig und schuf ruhige, klare Kompositionen, deren zentrales Thema die Landschaft ist.

Kyosai. Japanischer Maler. Geb. 1831 in Furukawa, gest. 1889 in Tokio, tätig ebda. Berühmt und berüchtigt wegen seiner Trunksucht und exzentrischen Lebenshaltung, lebte er lange Zeit in Armut und abseits von den führenden Schulen. In dieser Zeit schuf er hauptsächlich kunstgewerbliche Gegenstände, u. a. Lackarbeiten. 1857 eröffnete er eine eigene Malerwerkstatt unter dem Namen Kawanabe. Zahlreiche Scherzbilder entstanden. 1859 war er als Kano-Meister tätig. – Durch eine 1863 veröffentlichte Folge von Buchillustrationen erregte er große Aufmerksamkeit und fand öffentliche Anerkennung, die mit großen Aufträgen verbunden war. Nach 1870 fiel er jedoch wieder in Ungnade und wurde innerhalb der strengen Künstlerhierarchie „degradiert". – Als er später wieder größere Erfolge hatte, schuf er hauptsächlich neben zahlreichen Illustrationen historische und religiöse Bilder. 1887 veröffentlichte er die vier Bände umfassenden „Gespräche über die Malerei".

Kyoto. Früher Heian genannte Stadt Japans, 794 bis 1868 Hauptstadt. Zahlreiche Klöster, Tempel, Palast- und Gartenanlagen geben Zeugnis von der kulturellen und religiösen zentralen Bedeutung dieses Ortes. Ganze Stadtteile nahmen die über 900 buddhistischen Klöster ein. – Zu den ältesten Bauten gehört der im 12. Jh. n. Chr errichtete Tempel der Jodosekte Chionin. – Aus der Ashikagazeit stammten der 1395 erbaute, 1950 niedergebrannte sogen. „Goldene Pavillon" und der um 1450 errichtete sogen. „Silberne Pavillon", beides Bauten, die in typischer Weise den auf vornehme Eleganz gerichteten Stil ihrer Epoche repräsentieren. Mit leichten Veranden ausgestattet, bewußt in die umgebenden Landschaftsparkanlagen eingegliedert, dienten sie kultischer Meditation. – Im 17. Jh. entstand der Zentraltempel der Shinsekte Nishi-Honganji, in den die prunkvollen Reste des 1506 zerstörten Momoyamapalastes eingebaut wurden (reich mit Plastiken verziertes Tor und dreischiffige, prachtvoll mit Dekorationen ausgeschmückte Audienzhalle). – Der 1856 neu erbaute Kaiserpalast schließt sich stilistisch eng an einen Vorgängerbau des 9. Jhs. an. – Außerhalb der Stadt liegt die kunstvoll mit höchster Raffinesse erdachte Howodo auf dem Tempelplatz Byodoin in Uji mit der 1053 errichteten Fenixhalle, deren Grundriß dem Vogel Fenix mit ausgebreiteten Flügeln nachgebildet ist.

Kyprische Kunst →Zyprische Kunst.

Kypseloslade. Berühmte, bei →Pausanias ausführlichst beschriebene Lade (Truhe), die um 600 v. Chr. von Kypselos, dem Tyrannen von Korinth, in das Heraion von →Olympia geweiht wurde. Die Zedernholztruhe war mit Figurenfriesen aus Elfenbein und Edelmetall in fünf übereinander gestaffelten Friesen geschmückt. Wahrscheinlich handelte es sich hierbei nicht um Intarsien, sondern um aufgestiftete Relieffiguren.
Lit.: W. v. Massow, Die K., Diss. Leipzig, 1922.

Kyrene. Griech. Kolonie in Nordafrika, Hauptstadt der alten Kyrenaika, im 7. Jh. v. Chr. gegründet. Kyrene hatte seine Glanzzeit in archaischer Zeit und war im Hellenismus ein wichtiger Teil des ptolemäischen Reiches. Bei Ausgrabungen seit 1964 sind Reste von Gebäuden freigelegt worden, vornehmlich aus röm. Zeit. Unter diesen sind mehrere Tempel zu nennen, so der Apollotempel, dazu ein Theater und Thermen. In der Umgebung der Stadt liegen längs der Hauptwege große Nekropolen, u. a. Felsgräber mit säulengeschmückten Fassaden. – In einer der Nekropolen eine monumentale christliche Grabanlage. Auch einfache Grüfte von Christen, die an palestinensische und syrische Gräberanlagen erinnern.

Kyros. Königsname der →Achaemeniden. K. I. (um 640–600 v. Chr.), Sohn des Teispes. König von →Parsumasch. K. II. d. Gr. (559–529), Sohn des →Kambyses I. und der Tochter des Mederkönigs Astyages, Mandane. Gründer des Perserreiches nach dem Sieg über Astyages. Eroberer von →Babylon 539. Zylinderinschrift mit Bericht über dieses wichtige Ereignis. Hauptstadt → Ekbatana. Palastanlagen in →Pasargadae nahe der Stätte des Sieges über Astyages, wo auch das Grab K.' II. liegt. Wichtige Bauinschriften mit Hinweis auf die Achaemenidenherkunft. Architekturreliefs mit elamischen und assyrischen Einflüssen bezeugen die Anfänge der für die persische Hofkunst der →Achaemeniden charakteristischen Entwicklung.
Lit.: R. Ghirshman, Iran I, 129ff.; H. H. von der Osten, WP, 62ff., 72ff.

Kyzil. Buddhistische Wohn- und Kulthöhlen an der Nordroute im Westteil der Turfan-Oase. An zahlreichen Wandmalereien, jetzt meist im Museum Berlin, vor allem in der sogen. „Schatzhöhle" um 500 oder der „Schwertträger-Höhle" 600–650, wird die iranische Phase innerhalb der indischen Kunstschulen Turkestans am deutlichsten.
Lit.: A. von Le Coq u. a., Die buddhistische Spätantike in Mittelasien, 7 Bde., 1922–33.

L

Labarna. Mit L. beginnt die Königsreihe der → Hethiter. L., der das Erbe des Königs →Anitta von → Kuschschara erweiterte, galt als Ahnherr der althethitischen Dyn. und darf als Begründer des ersten Reiches der Hethiter angesehen werden.
Lit.: H. Schmökel, GAV, 121ff.; E. Akurgal, HK, 31ff.

Labarum. Feldzeichen der Römer, „Reichsfahne". Lange Lanze mit einem Querbalken, woran ein purpurnes Fahnentuch hing. Kaiser Konstantin ließ vor der entscheidenden Schlacht gegen Maxentius (312) das Monogramm Christi auf der Fahnenstange über dem Tuch anbringen, weil er auf Grund einer Vision unter diesem Zeichen siegen sollte. Auch das Christusmonogramm wird bisweilen als L. bezeichnet.

Labenwolf, Pankraz. Deutscher Bildhauer und Erzgießer. Geb. 1492 in Nürnberg, gest. ebda. 1563, einer Nürnberger Erzgießerfamilie entstammend. Wohl Schüler P. →Vischers. Daraus, daß ihn der Rat der Stadt Nürnberg 1537 eine Gießhütte bauen läßt, ist auf eine bedeutende Werkstatt zu schließen. Sicher beglaubigte Werke sind jedoch nur eine Grabplatte des Grafen Wernher v. Zimmern (Stadtkirche Meßkirch, 1551) und der Puttenbrunnen im Rathaushof zu Nürnberg von 1557.
Lit.: Thieme-Becker.

Labná. Eine der bedeutendsten Mayastädte der → Puuc-Region, Yukatan. In frei anmutender Gestaltung das Tor von L. („Arco de L.") als Verbindung zweier Höfe. Ein Musterbeispiel der Überkragungsbogen des nördlichen Yucatán (3 m breit, 5 m hoch). Palastgruppe (7 m hoch, 120 m lang, nur 6 m tief), verziert mit Halbsäulenbündeln, Regengottmasken, Gitterornamentik und vorspringenden Steinen als Friese.

Labrouste, Henri. Franz. Architekt. Geb. 1801 in Paris, gest. 1875 in Fontainebleau. L. war als Schüler in den Ateliers von →Vaudoyer und →Lebas und 1824–30 als Stipendiat an der Académie de France in Rom. Er wurde berühmt durch seine neuartigen, ganz dem Zweck angepaßten Bauformen, in denen er auch neue Baustoffe in kühnen Konstruktionen zu verwenden wußte. Am bekanntesten sind von ihm die Bibliothek St. Geneviève in Paris, mit ihrem Lesesaal, der ein Meisterwerk früher Eisenkonstruktion darstellt (1843 bis 1850), und der Lesesaal der Nationalbibliothek (1862 bis 1868).
Lit.: H. R. Hitchcock, Architecture in 19th and 20th Centuries, 1958.

Labyrinth. 1) Nach dem Zeichen der Doppelaxt, griech. „labrys", benannt. In übertragener Bedeutung aus den vielräumigen Anlagen kretischer Architektur entstanden (→Knossos). In Nordeuropa kommen labyrinthähnliche Steinsetzungen wohl vorgeschichtlicher Zeit vor, deren Datierung unsicher ist. – **2)** Die christliche Kunst übernahm das L. als wohl dekorativ gedachte, verwickelte geometrische Figur, meist in Form einer unterbrochenen Spirale, zum Schmuck von Fußböden, gelegentlich Wänden oder Pfeilern, auch in Handschriften oder auf Grabplatten. Frühestes Beispiel: Mosaikboden der Reparatusbasilika, Orléansville (324; schon mit Inschrift: Sancta Ecclesia). Später in Ravenna, S. Vitale; in den Kathedralen von Lucca (Pfeiler), Cremona u. a. Besonders häufig in got. franz. Kirchen: u. a. Kathedralen von Chartres, Reims (zerstört), Amiens. Einziges deutsches Beispiel: St. Severin, Köln (1850 vernichtet). Falls das Baumeisterbildnis im Mittelpunkt erscheint (Reims, Amiens), ist das L. wohl als Sinnbild kunstvollen Bauens zu verstehen. Manchmal weisen Inschriften auf symbolische Deutung religiösen Inhalts, wie die Befreiung aus den Irrungen des Lebens. Solche L.e benutzten, besonders in Frankreich (Reims), die Gläubigen auch zu Buß- und Betübungen als Ersatz für eine Wallfahrt nach Jerusalem; daher als „Jerusalemsweg" bezeichnet.

Lackkunst. Das Überziehen kunstgewerblicher Gegenstände, vor allem aus Holz und Metall mit Lack. Grundmaterial des Lackes der Saft des Lackbaumes (rhus vernicifera). Die L. stammt aus China, wo sie schon in der Shang-Zeit (16.–11. Jh. v. Chr.) bekannt war. In der Tang-Zeit (618–907) wurden Lackgegenstände mit Perlmutteinlage hergestellt. In der Sung-Zeit (960 bis 1279) Herstellung von Schichtlack (dünne, verschiedenfarbige Lackschichten, in die Ornamente eingeschnitten werden). In der Ming-Zeit (1368–1644) werden Holzgegenstände mit einer Kreideschicht überzogen und erhalten dann einen Lacküberzug, in den Ornamente eingraviert werden; sie heißen nach dem Ausfuhrort, der Koromandelküste: Koromandellacke. Die L. findet sich in Japan, Indien, Korea, Persien und Zentralasien, im 17. Jh. findet sie Eingang in Europa. (Farbtafel. 7).

Laconicum. Das Schwitzbad der röm. →Therme.

Lahore. Blick von der Burg auf die Moschee des Aurangzeb.

Lady Chapel. Marienkapelle am Scheitel des Ostchors engl. Kathedralen, abgeleitet von franz. Vorbildern in →Sens, →Amiens. Zuerst in →Canterbury (Chor 1175 bis 1184), dort stark abgeschnürt. Typisch engl. die zunehmende Verselbständigung des Raumteils. Später meist rechteckig und von beträchtlicher Größe (→Engl. Kunst).

Läufer. Bezeichnung für den mit der Langseite nach außen sichtbaren Stein, meist Ziegel- oder Backstein, eines aus →Binder und L. bestehenden Mauerwerks.

Lafosse, Charles de. Franz. Maler. Geb. 1636 in Paris, gest. ebda. 1716. Schüler C. →Lebruns; 1658–64 zu Studien in Rom und Neapel. Nach Paris zurückgekehrt, wurde L. zu großen Ausstattungsaufträgen herangezogen. So stammt von ihm im Schloß Versailles u.a. das Deckenbild der Salle d'Apollon (Apollo im Sonnenwagen) und das Apsisgemälde der Schloßkapelle mit der Auferstehung Christi. Sein Hauptwerk ist die Ausmalung der Kuppel des Invalidendomes in Paris. 1673 wurde L. Mitglied der Akademie, 1696 Hofmaler und 1699 Direktor der Akademie.
Lit.: Thieme-Becker.

La Fosse, Louis Remy de. Franz. Architekt. Geb. um 1666, gest. 1726 in Darmstadt. Herkunft und Ausbildung sind unbekannt. Ab 1706 war L. in hannoverschen Diensten tätig. Seine Arbeiten dort zeigen typisch franz. Formen, streng im Detail, mit feiner Massenverteilung. Von Interesse sind Entwürfe von 1710 für Schloß Wilhelmshöhe bei →Kassel mit einer Treppenform, die die von →Bruchsal vorwegnimmt. – Reichere Bautätigkeit konnte L. erst in Darmstadt entfalten, wo er ein Opernhaus einrichtete (1871 abgebrochen), ein sich stark an →Mansart anlehnendes, feinproportioniertes Orangeriegebäude (heute Theater) erbaute und ab 1715 den Neubau des Schlosses plante. Von diesem seinem Hauptwerk wurde nur die Hauptfront nach Süden ausgeführt mit triumphaler Portalarchitektur sowie ein Teil des Ostflügels.
Lit.: J. Schlippe, L. R. de la Fosse und seine Bauten, 1916.

La Fresnaye, Roger de. Franz. Maler und Graphiker. Geb. 1885 in Le Mans, gest. 1925 in Grasse. 1908 Studium in Paris u.a. bei →Denis und →Sérusier. In seinen früheren Bildern nahm er Anregungen der →Nabis auf. Um 1910 entdeckte er →Cézanne, dessen Werk ihm neue bildnerische Möglichkeiten erschloß und ihn 1913 zu kubistischen Formen finden ließ. Es folgte die Zusammenarbeit mit →Braque. Er befreite sich bald vom analytischen →Kubismus und entwickelte als erster den sogen. synthetischen Kubismus. Um 1915 wurden seine früher matten Farben leuchtender und kräftiger.
Lit.: Knaurs Lex. d. mod. Kunst, 1955.

Lagasch. Sumerische Stadt (Ruinenstätte al-Hiba) mit dem Kultzentrum Girsu (Ruinenstätte Telloh). Rivalin von →Umma. Besiedlung seit der →Obeid-Zeit, wobei in der Keramik noch stark die Tradition der älteren bemalten Ware nachwirkt. Hauptkultort des →Ningirsu im wichtigen Bezirk Girsu, dessen Heiligtum Eninnu die Entwicklung von der frühsumerischen bis in neusumerische Zeit verfolgen läßt. Mesalimkeule mit → Imdugud-Motiv. Plankonvexe Ziegel (→Riemchen) mit Inschrift →Urnansches, dessen Familienrelief ihn als fürstlichen Bauherrn ausweist. Triumphrelief →Eannatums (→Geierstele). Silbervase des →Entemena. Die Bildwerke bezeugen ebenso wie der große Reformbericht Urukaginas, unter dessen Herrschaft L. durch Lugalzaggesi von →Umma zerstört wurde, und der große Hymnus des →Gudea die dominierende Bedeutung des Ningirsukultes. Weihefiguren Gudeas und →Urningirsus, dessen Gruft wie die seines Sohnes Ugme der Monumentalanlage von →Ur ähnlich ist.
Lit.: V. Christian, AKZ, 46 ff.; H. Schmökel, GAV, 25 ff., 53 ff., 333; E. Strommenger, Mesopotamien, 100 ff.; A. Parrot, Sumer, 100 ff.; H. Potratz, KAO, 91 ff.

Lahore. Hauptstadt des westlichen Pandschab in West-Pakistan. Im Gang befindliche Ausgrabungen unterrichten über die frühe Geschichte der Stadt am Ravi-Fluß und im Gelände des Forts, auf dem heute die gut erhaltenen Denkmäler aus allen Perioden der Mogul-Herrschaft stehen. In der Altstadt liegt die größte Moschee indo-islam. Zeit, von Aurangzeb Ende des 17. Jhs. gestiftet. An der Straße nach Amritsar befinden sich die Parkanlagen von Schalimar, welche Schah Dschahan 1637 mit einem großen Aufwand an Wasserspielen und Marmorpavillons anlegen ließ. Auf der andern Seite der Ravi liegen die Mogulgräber von Schahdara.
Lit.: M. W. Khan, Historical notes on the archaeological monuments at L., 1955.

Laibung, Leibung →Gewände.

Laienaltar. In Stifts- und Klosterkirchen zwischen Chor und Mittelschiff unter dem Triumphbogen errichteter Altar für die Laien, zumeist dem hl. Kreuz geweiht (Kreuzaltar). Vor allem bei Einbau eines Lettners aufgestellt, da dieser den Blick auf den Hochaltar nahm.

Lainberger, Simon. Deutscher Bildschnitzer. Gest.

in Nürnberg 1503. Soweit feststellbar, in Nürnberg tätig (1478 erwähnt). Wurde 1494 mit P. →Vischer d. Ä. vom Pfalzgraf Philipp nach Heidelberg berufen. Gesicherte Werke seiner Hand sind nicht bekannt. Zugeschrieben werden ihm mit großen Vorbehalten die Dangolsheimer Madonna in Berlin und die Kreuzigungsgruppe der St. Georgskirche in Nördlingen.
Lit.: Thieme-Becker.

Lakkundi. Inneres des Manikeschvara-Tempels.

Lakisch. Stark befestigte Stadt in Südpalästina (Ruinenstätte Tell-el-Duwer), deren Belagerung durch → Sanherib auf den →Orthostatenreliefs von Ninive dargestellt ist.
Lit.: H. Schmökel, GAV, 231, 305f., 315; H. Potratz, KAO, 261; A. Jirku, WB, Taf. 90f.; A. Parrot, Assur 366.

Lakkundi. Dorf im Dekkhan, im 12. und 13. Jh. n. Chr. Hauptstadt der Hoyschala-Dyn. Aus dieser Zeit stammen Tempel der Hindus wie der Kaschiveschvara oder der Manikeschvara und ein kleiner und ein großer Tempel der Dschainas mit meisterhaften Architekturdetails, deren Steine wie gedrechselt wirken.
Lit.: Brown, Architecture I, 177.

Lakonische Vasen. Bezeichnung für die in Sparta (Lakonien) hergestellten griech. Vasen. Während aus geometrischer Zeit nur spärliche Funde überliefert sind, finden sich aus dem 7. und 6. Jh. v. Chr. zahlreiche Stücke, die vor allem nach Samos, Kyrene und Tarent exportiert wurden. Die Gefäße, meist hochfüßige Schalen, Hydrien, Volutenkratere, Kannen und Aryballoi sind aus braunem Ton gefertigt und zeigen auf einem hellen Überzug schwarze und violette Bemalung. Noch weit in archaische Zeit hinein gehören geometrische Muster zum Dekorationssystem (Mäander und Zickzackstreifen). Typisch für die L. des 6. Jhs. sind Blütenornamente und vor allem Granatapfelfriese. Der Figurenstil befreit sich erst nach der Mitte des 6. Jhs. von seiner starren Formgebung.

Lakschmi. Indische Göttin des Wohlstandes, Gemahlin des Vischnu. Ob vier- oder zweiarmig dargestellt, trägt sie als hauptsächliches Symbol den Lotus.

Lalique, René. Franz. Juwelier und Kunstgewerbler. Geb. 1860 in Ay (Marne), gest. 1945 in Paris (?). Schüler der Ecole des Arts Décoratifs in Paris. Bedeutendster Schmuckkünstler des franz. →Jugendstils. Schuf aus allen möglichen edlen und unedlen Materialien (Gold, Silber, Email, alle Schmucksteine, Schildpatt und Metalle bis zum Stahl) die phantasievollsten und graziösesten Schmuckstücke und Ziergeräte.
Lit.: Thieme-Becker.

Lam, Wifredo. Kubanischer Maler. Geb. 1902 in Sagua la Grande, ansässig in Paris. 1921ff. Studium in Havanna, Madrid und Paris. 1937/38 übersiedelte er nach Paris und arbeitete einige Zeit bei →Picasso. Die Bekanntschaft mit Max →Ernst und Victor →Brauner brachte für ihn die Verbindung zur surrealistischen Bewegung. 1940 emigrierte er in die USA und ließ sich 1941 gemeinsam mit →Masson, →Breton u.a. auf den Antillen nieder. Es folgten Reisen durch Süd-Amerika, nach Schweden, Italien und der Schweiz. Nach dem 2. Weltkrieg ließ er sich wieder in Paris nieder.
Lit.: H. Vollmer, Künstlerlex. d. 20. Jhs.

Lamassu. Bezeichnung für die Torleibungsstiere mit bärtigem Menschenkopf und Hörnerkrone in der →assyrischen Kunst. Die L. galten als göttliche Wächter der Tempel- und Palasttore. Ihre Ausstattung mit fünf Beinen beweist, daß sie nur von vorn oder von der Seite betrachtet werden sollten. Es handelt sich um die Verbindung von zwei Reliefansichten. →Kalach, → Dur Scharrukin. Erst in der →persischen Kunst der → Achaemeniden-Zeit sind die L. vollplastisch aufgefaßt und mit vier Beinen versehen. →Persepolis.
Lit.: A. Parrot, Assur, 27; H. Schmökel, GAV, 210; E. Strommenger, Mesopotamien, 105, 112.

Lambrequin. Mit Quasten versehener Behang (z.B. Betthimmel), in der Barockarchitektur wird der L. in Stein nachgebildet zur Fassadenverzierung.

Lambris. Verkleidung einer Mauer mit Holz oder Marmor.

Lami, Eugène Louis. Franz. Maler, Illustrator und Lithograph. Geb. 1800 in Paris, gest. ebda. 1890. Ausgebildet bei Vernet und bei Baron Gros (1817). Im Atelier des letzteren begegnete er dem Maler →Bonington, der ihn in die Aquarellmalerei einführte. Auf zwei Englandreisen (1826 und 1848-52) vervollkommnete er sich in dieser Technik derart, daß er es mit weitgehender Detaillierung des Dargestellten zu einzigartigen Leistungen brachte (Aquarelle: Bankett zu Ehren der Königin von England im Schloß zu Versailles am 25.8.1855 – Louvre; Foyer der Oper in der Rue Le Peletier mit allen Berühmtheiten von Paris, um 1844).
Lit.: Thieme-Becker.

Laminieren. Zusammenschmelzen verschieden gefärbter Glassplitter. Das Glas wird dann geblasen, die so entstandenen Gefäße sind gesprenkelt und gefleckt. Die Technik ist besonders in Venedig beliebt.

Lamki-Mari. König von Mari (26. Jh. v. Chr.), dessen Beterstatuette im →Ischtar-Tempel von Mari gefunden wurde. L. trägt dieselbe Haartracht, die der Goldhelm des →Meskalamdug in →Ur zeigt. Die Plastik ist ein wichtiges Zeugnis der bildenden Kräfte →sumerischer Kunst.
Lit.: A. Parrot, Sumer, 116; E. Strommenger, Mesopotamien, 70; H. Schmökel, GAV, 46.

Lamphun. Ruinen im Gebiet des spät-mittelalterl. nord-thailändischen Königreichs von Haripundschaya. Der Stil von →Dvaravati lebt im 13. Jh. noch in den hochgestreckten Stufentürmen des Wat Kukut und des Wat Prahtat Haripundschay fort.
Lit.: Groslier, Hinterindien, 225.

Lamu. Nach der Insel L. an der ostafrikanischen Suaheliküste benannte Technik des Einlegens von Goldplättchen in Silbergrund. Auf diese Weise entstehen in dem erwähnten Küstenabschnitt Afrikas sehr ansprechende Ornamente aus Rankenmotiven und Rosetten. Die Suaheli stellen auch andere punzierte, getriebene, inkrustierte oder in Filigrantechnik hergestellte Metallarbeiten her.

Lancret, Nicolas. Franz. Maler. Geb. 1690 in Paris, gest. 1745 ebda. Schüler der Akademie in Paris und Gillots, wo er mit →Watteau zusammentraf. Dieser wurde ihm für sein ganzes Leben zum Vorbild. Nach dessen Tod beherrschte L. fast allein das Fach der „fêtes galantes" und das der Komödiantenszenen. Er ahmte sein Vorbild Watteau zwar nur äußerlich nach, dies aber mit Geschick und gutem Farbempfinden, und nie-

mals glitt er ins Laszive ab. Ein besonderer Freund seiner Malerei war Friedrich d. Gr.
Lit.: G. Wildenstein, N. L., 1924.

Landschaftsmalerei. Die Darstellung der Landschaft um ihrer selbst willen gehört zu den Erscheinungen, die sich allgemein erst in einem reifen Entwicklungsstadium der Kulturen und Epochen aufzeigen lassen. Die frühesten Elemente der L. sind im schmückenden Beiwerk von Bildern zu finden, deren eigentliches Thema die Erzählung einer Handlung ist. – In der Antike entwickelte sich die L. in der Malerei der röm. Kaiserzeit fast bis zur Darstellung der Landschaft als eigenständiges Sujet. – Mit der frühchristl. und byzant. Kunst und ihrer Hinwendung zur figürlichen Gestalt wird die weitere Entwicklung einer L. bis durch das Mittelalter verhindert. Erst im späten 14. Jh. und durch das neu entwickelte Raumgefühl in der Malerei gewinnt die L. wieder an Interesse. Besonders die niederländ.-burgundischen Miniaturen bereiten zu Beginn des 15. Jhs. der L. den Weg. Die Revolution, die zur L. ohne Figurenstaffage führte, wurde von →Leonardo da Vinci eingeleitet und von der sogen. →Donauschule und den hervorragenden Aquarellen →Dürers weitergeführt. An der weiteren Entwicklung hatte um 1600 vor allem der Kreis um →Elsheimer Anteil, durch den die Ideallandschaft geschaffen wurde. Im 17. Jh. fand die sogen. Heroische Landschaft mit ihrer mythologischen Figurenstaffage vor allem durch Meister wie →Lorrain und →Poussin eine reiche Blüte, die bis in das 19. Jh. nachwirkte. – Die wohl intensivste Entwicklung erfuhr die L. in der holländischen Kunst des 17. Jhs., die in unvergleichlicher Breite, begünstigt durch das Spezialistentum der holländischen Maler, alle Möglichkeiten der L. verwirklichte. Die weite Skala reicht hier von Küsten-, Meer- und Flußlandschaften über Waldlandschaften bis zu Winter- und Mondscheinlandschaften und schließt Meister wie van →Goyen, →Ruisdael und →Rembrandt in sich ein. – Eine weitere Blüte erlebte die L. in der Romantik des 19. Jhs. (C. D. →Friedrich) im naturhaften Stimmungsbild. Zahlreiche Richtungen innerhalb dieser Gattung entstanden, ihre Repräsentanten sind in Frankreich die sogen. Schule von →Barbizon, in Deutschland →Menzel und in England →Constable. – Eine letzte Steigerung erfuhr die L. durch die grandiose Entwicklung der Freilichtmalerei im franz. →Impressionismus. – Eine Sonderstellung beansprucht die L. der →chinesischen Kunst. In ihr ist die L. das wohl wichtigste Element der Kunstentwicklung seit dem 6. Jh. n. Chr. Ihre bedeutendsten Leistungen entstanden vom 9.–14. Jh. (weiteres: →Chinesische Kunst). (Farbtafel 31).
Lit.: K. Gerstenberg, Die ideale L., 1923; R. Grosse, Die holländische Landschaftskunst von 1600–1650, 1925; P. O. Rave, Deutsche Landschaft in fünf Jahrhunderten deutscher Malerei, 1938; M. J. Friedländer, Essays über L. und andere Bildgattungen, 1947; H. Geller, 150 Jahre deutsche L., 1951.

Landshut. 1) St. Martin, die Pfarrkirche der Altstadt, ein Hauptwerk bayerischer Backsteingotik. Baumeister ist Hans →Stettheimer (vermutlich), nach dessen Plänen der Bau 1432 abgeschlossen wurde. Der mächtige W-Turm, zugleich Wahrzeichen der Stadt, war erst um 1500 beendet. Er ist 133 m hoch. Über dem quadratischen, mit Maßwerkgitter verzierten Unterbau das hohe Oktogon, über dem sich noch 3 Geschosse bis zum kupfernen, von got. Fialen und Ranken umkränzten Spitzhelm türmen. 5 mit plastischem Schmuck verzierte Portale führen ins Innere, eine hochaufstrebende, lichte Halle. Das Hauptgewölbe ist eine Tonne mit Stichkappen, überzogen von Netzrippen, die in die Dienstbündel der schlanken, achteckigen Pfeiler münden. Die Seitenschiffe zeigen Sternrippen. Niedrige Kapellen reihen sich entlang der Seitenschiffe und der Turmhalle. Der Hauptaltar ist das seltene Beispiel eines äußerst qualitätvollen Tabernakelaltares des →„Weichen Stils". Prunkstück der reichen Ausstattung aber ist die Marienfigur H. →Leinbergers (1518–20). – **2)** Von den übrigen Kirchen der Stadt ist zu erwähnen: die Spitalkirche zum Hl. Geist, 1407 von H. Stettheimer begonnen, ist eine Hallenkirche von schlanken Proportionen. Sie hat einstöckige Fenster, die außen ebenso steil aufsteigen wie innen die Pfeiler, die ohne Kapitelle in das sternförmige Gewölbe übergehen. Das Gewölbe fließt ohne Gurtbögen nach allen Seiten hin, auch in den Chorumgang hinein, dessen Grundriß aus 5 Seiten eines Zwölfecks besteht. Im Chorinneren ist eine ungewöhnliche, aber später oft wiederholte Komposition aufgenommen worden, nämlich ein einzelner Pfeiler in der Mittelachse des Raumes, vor dem hellen Hintergrund des mittleren Chorfensters.
Lit.: Wasmuths Lex. der Baukunst, Bd. III, 1930; Reclams Kunstführer, Deutschland, Bd. I, 1961.

Lanfranco, Giovanni. Italien. Maler. Geb. 1582 in Parma, gest. 1647 in Rom. Schüler von Agostino und Annibale →Carracci; dem letzteren war L. bei der Ausmalung des Pal. Farnese in →Rom behilflich. Den eigentlichen Einfluß übte jedoch →Correggio auf ihn aus, dessen illusionistischen Stil er in Decken- und Kuppelfresken fortsetzte. Entwicklungsgeschichtlich liegt L.s Bedeutung in der Übertragung der malerischen Tradition der Emilia nach Rom und Neapel, wo L. 1634-46 wirkte. Auch als Maler des Altarbildes und der religiösen Historie kommt L., der stets auf monumentale Wirkung bedacht war, große Bedeutung zu. Hauptwerke: Kuppelfresko in S. Andrea della Valle, Rom (Himmelfahrt Mariae, 1621-25); Kuppelfresko in der Capella di S. Gennaro, Dom zu Neapel (1641).

Lange, Ludwig. Deutscher Architekt, Maler und Schriftsteller. Geb. 1808 in Darmstadt, gest. 1868 in München. Schüler von Lerch und G. →Moller in Darmstadt und K. →Rottmann in München, mit dem er auch nach Griechenland reiste. Die Rückreise über Italien brachte ihm die für seine Arbeit bedeutende Begegnung mit byzant. und roman. Bauten (Russische Kirche in Moskau, 1852). Später wandte er sich jedoch den beliebteren Renaissanceformen zu. In dieser Art erbaute er das Museum der bildenden Künste in Leipzig (1856) und das Archäologische Museum in Athen (1860).
Lit.: Thieme-Becker.

Langhans, 1) Carl Gotthard. Deutscher Architekt. Geb. 1732 in Landeshut (Schlesien), gest. 1808 in Grüneiche bei Breslau. Erst nach einem Mathematikstudium wurde er Architekt. Sein Weg führte ihn hier vom preußischen Spätbarock, verbunden mit Renaissance-Elementen, zu einem kubischen Klassizismus, wie er sich in seinem letzten Jahrzehnt in Berlin ausbreitete; Reisen nach Italien, Holland, England und Frankreich ließen ihn diesen Weg beschreiten. Die Zeugnisse seiner reichen Tätigkeit in Schlesien, die mit seinem Ruf nach Berlin als Direktor des neugeschaffenen Oberhofbauamtes endete, sind fast ganz verloren. In Berlin schuf er außer dem alten Schauspielhaus (1800–02, nach dem Brand von 1817 durch →Schinkel wiederaufgebaut) das Wahrzeichen Berlins: das Brandenburger Tor (1789 bis 1794). – **2)** Carl Ferdinand. Geb. 1782 in Breslau, gest. 1869 in Berlin, Sohn des Carl Gotthard [1)]. Theaterarchitekt und Architekturschriftsteller. Sein Umbau des königlichen Opernhauses in Berlin mit neuartiger Aufteilung des Zuschauerraumes wurde weithin bekannt; ein Frühwerk modernen Theaterbaues war das Berliner Viktoriatheater (1859 durch E. Titz ausgeführt), dessen 2 Säle beiderseits der Bühnenanlage zu einem Amphitheater mit Mittelbühne umgewandelt werden konnten, und sein reifes Spätwerk, das von →Schinkel inspirierte Stadttheater in Leipzig (1864–67) trug seine reichen Früchte im Theaterwerk von →Fellner und →Helmer.
Lit.: Thieme-Becker.

Langhaus (corpus, auch corpus longum). Bedeutet die Kirche in ihrer ganzen Breite mit Mittel- und Seitenschiffen vom Eingang bis zum Beginn des Querschiffes oder des Chores. →Basilika.

Langobardische Kunst. Bezeichnung für einen Teil der vorgeschichtlichen germanischen Kunst. Charakteristisch sind kleine Kreuze aus Gold, die den eigenartigen Schmuckstil der L. repräsentieren. – Speziell bezeichnet die L. die Erzeugnisse des oberitalienischen Langobardenreiches (568–774 n. Chr.), in denen germanische Elemente mit röm. und byzant. Einflüssen durchsetzt werden. Einfache figürliche Szenen und Flechtwerkornamentik bezeichnen diesen Stil.

Languedoc. Alte südfranz. Landschaft, in roman. Zeit bis 1271 aus der Grafschaft Toulouse und dem Herzogtum Narbonne bestehend. Die roman. Baukunst läßt sich im Typ von der der →Auvergne kaum trennen, doch bringt gerade das L. Bauten höchsten Ranges hervor: →Toulouse, St. Sernin; Conques, St. Foy. Die Ausstrahlungen der Bauschule sind bis in den äußersten Westen des christlich nördlichen Spanien zu verfolgen (z. B. →Santiago de Compostela, fast eine Kopie von St. Sernin, Toulouse), das im Frühmittelalter mit dem L. eine zusammenhängende Kunstlandschaft bildet (→Span. Kunst). Bedeutende got. Bauten, vorwiegend in Backstein, entstehen im L. erst nach Ende der Albigenserkriege (1229). Es werden got. Konstruktionsformen wie Kreuzrippenwölbung, Strebepfeiler, auch Maßwerk und Schmuckformen übernommen, doch fehlt das Steile, Gerüsthaft-Schlanke nördlicher Gotik. Die Kirchen wirken breit und wohlproportioniert, einem grundsätzlich anderen, lat. Raumgefühl verpflichtet (Antike, Romanik mit Tonnengewölben). Sofern der basilikale Typ erscheint (z. B. Chor der Kathedrale von Narbonne, begonnen 1272), wird zumindest die Wand als feste Raumgrenze betont, ihr plastisches Relief und die diaphane Struktur zurückgedrängt (→Gotik). Saalartige ein- oder zweischiffige Kirchen ohne Querschiff, von wehrhaft geschlossenem Äußeren ohne offenes Strebewerk überwiegen (z. B. Kathedrale von →Albi; Jakobinerkirche von →Toulouse). Daneben entstehen Hallenkirchen. Etwa die Kathedrale von →Poitiers, die kuppelige achtteilige Gewölbe aufweist. Die got. Vertikalisierung wird durch Weiträumigkeit ausgeglichen. Von höchstem künstlerischem Rang ist die gegen Ende des 11. Jhs. entstehende Bauplastik, deren Geltungsbereich sich von Mittelfrankreich (Souillac; Beaulieu; südlich des Massif Central) bis nach Kastilien (→León) und Galicien (→Santiago de Compostela) erstreckt. Ihr Entstehungsgebiet ist vielleicht in Spanien zu suchen, doch nicht endgültig geklärt. Die Hauptwerke finden sich im mittleren Garonnetal (in →Toulouse, →Moissac, Agen), das mit dem Beginn des 12. Jhs. die Führung übernimmt (Auswirkung der Kreuzgangplastik von Moissac auf →San Domingo de Silos; des Tympanons von Moissac auf Souillac, Beaulieu, Cahors). Auf der Grundlage einer entschiedenen Rückwendung zur Antike (→Toulouse, Chorumgangreliefs von St. Sernin, 1096) entfaltet die Skulptur des L. eine immer intensivere, raumgreifendere Beweglichkeit der Figur, eine immer heftigere, erregtere Expressivität (Moissac, Tympanon). Inhaltlich wird die Gestaltung des Visionären (Moissac, Tympanon; Souillac, Jesaja) und des Dämonischen (Souillac, Bestienpfeiler) bevorzugt. Wesentlicher Beitrag ist die Lösung der Figur aus der Fläche. An der ,,Porte Miègeville", Toulouse (vor 1118; auch an dem fast gleichzeitigen Portal von S. Isidor, León) wurde sie frei vor der Mauer aufgestellt ohne architektonische Rahmung. In der um 1125 entstandenen Vorhalle von Moissac erscheint sie unter dachartig vorkragenden, kleeblattförmigen Arkaden, die ein wichtiges Zwischenglied zwischen flacher roman. Nische und dem vollräumlichen Baldachin bildet. Am etwa gleichzeitigen Kapitelsaalportal von St. Etienne, Toulouse, findet sie sich erstmals seitlich des Eingangs vor abgetrepptem Gewände, aus den Kanten des Stufenportals fast vollplastisch herausgearbeitet. In etwa drei Jahrzehnten hat die Bauskulptur des L. die frühmittelalterl. Überlieferung fast völlig überwunden. Die großen gereihten Gewändefiguren von St. Etienne stehen an der Schwelle zur Gotik. Für die Werke auf span. Boden sind charakteristisch: starke Lösung der Figuren aus dem architektonischen Zusammenhang, Verzicht auf klare Portalgliederung, Überfülle des Schmucks (→Santiago, Puerta de las Platerias). Die Formen sind voll gerundet, fast gedunsen. Um die Mitte des 12. Jhs. endet die führende Rolle span. Bauplastik. Anschließend werden franz. Lösungen importiert, etwa die burgundische Variante des got. Figurenportals (→Avila, S. Vicente). →Span. Kunst. – Lit.: K. J. Conant, Carolingian and Romanesque architecture 800–1200, Pelican-History of Art, 1959; A. Kingsley Porter, Romanesque sculpture of the pilgrimage roads, 1923; W. Sauerländer, Skulptur des MA.s, UKG XI, 1963.

Laokoongruppe. Griech. Gruppenplastik, die den Priester Laokoon, der sich mit seinen Söhnen, als er beim Opfer von Schlangen angefallen wird, an den Altar retten will, darstellt. Das von den rhodischen Künstlern →Athanadoros, →Hagesandros und →Polydoros um 50 v. Chr. geschaffene Werk war bereits in der Antike sehr berühmt. Plinius nennt es mit Rücksicht auf den damaligen Besitzer, Kaiser Titus, das Meisterwerk aller Kunst. Die Gruppe ist bereits 1506 in Rom gefunden und seither viel bewundert worden. Schon →Winckelmann hat sie eingehend besprochen. Die Gruppe ist wohl in unmittelbarer Anlehnung an ein klassisches Gemälde entstanden. Die einansichtige, pyramidenförmig sich aufbauende Komposition ist klar gegliedert, die Darstellung der Körper idealisiert im Sinne des barocken Klassizismus, zu dessen hervorragendsten Werken die L. gehört.
Lit.: G. Lippold, Handb. d. Archäologie, V., 383f., 1950.

Laon, Kathedrale. Unter den frühgot. Kathedralen der Ile-de-France stellt die von L. einen Sonderfall dar. Die Plastizität und Wucht der Einzelformen und des Gesamteindrucks, in denen noch roman. Empfinden mitschwingt, wirkten stark auf Deutschland (spätstaufische rheinische Bauten, Gotik). Begonnen gegen 1160. Dreischiffiges Langhaus, ausladendes dreischiffiges Querhaus (normannisch beeinflußt) mit je einer Apsis und kapellenartigen Einbauten im O, gerade geschlossener Chor von Langhauslänge um 1220 begonnen. 6teilige Kreuzrippengewölbe. 4teiliger Wandaufriß: Rundpfeiler, Empore, unbelichtetes →Triforium (Vorstufen: →Normandie, →Burgund, besonders Noyons; wichtig für Bauten der Hochgotik), Obergadenfenster. Der Vertikalisierung wirken horizontale Gesimse und die Schaftringe der Dienste entgegen, der Längserstreckung die Anlage eines belichteten Vierungsturms (normannischer Einfluß). Für den Außenbau sind die stark vorspringenden Strebepfeiler typisch, die an der Westfassade über den Portalen durch Giebel geschlossene Vorhallen schaffen. Geplant 7 Türme. Wichtig die Doppelturmfassaden an den Querhausfronten (jeweils nur der westliche Turm ausgeführt).
Lit.: H. Adenauer, Die Kathedrale von L., 1934; H. Jantzen, Die Gotik des Abendlandes, 1962.

Lapique, Charles. Franz. Maler. Geb. 1898 in Théizé bei Lyon. Seine frühen Bilder zeigen einen dekorativ ornamentalen, abstrakten Stil. Nach 1950 wandte er sich der gegenständl. Malerei zu und fand hierbei zu Ausdrucksformen, die eine gewisse Verwandtschaft zu den Werken →Dufys aufweisen.

Laprade, Pierre. Franz. Maler und Graphiker. Geb. 1875 in Narbonne, gest. 1932 in Fontenay-aux-Roses. Studium in Montauban und Paris. In seiner spätimpressionistischen Malweise ist er von →Renoir, →Signac und →Cézanne beeinflußt. Neben →Bonnard und →Vuillard zählt er zu den sogen. ,,Intimisten". – Mehrere Jahre lebte er in Italien, wo er zahlreiche Aquarelle schuf, in denen er das einfache Alltagsleben zu poetischen Szenen verwandelt. Stilleben, Interieurs, Akte und Landschaften sind seine bevorzugten Themen. – Außerdem schuf er zu mehreren literarischen Werken hervorragende Illustrationen. – Lit.: Thieme-Becker.

Laqabi-Ware (laqab, arabisch: gemalt). Händlerbezeichnung für eine iranische weiß glasierte Tonware (Platten, Schüsseln) des 12. und 13. Jhs., deren charakteristische Verzierung aus reliefartig eingekerbten Motiven besteht, die mit farbigen Glasuren (Kobalt, Mangan, Kupferoxyd) bedeckt sind. Diese Ware wurde vermutlich zuerst in dem iranischen Töpferzentrum Ray hergestellt, bald darauf aber auch in Raqqa, vielleicht infolge von Abwanderung einiger Töpfer zur Zeit des Mongoleneinfalls. Die Dekoration zeigt den seltschukischen Stil mit Tieren, Fabelwesen und Arabesken.
Lit.: A. Lane, Early Islamic Pottery, 1947.

La Quemada. Ruinenstadt bei der Stadt Villa Nueva in Zacatecas, nördliches Mexiko. Die Reste der Bauten stehen auf einem 150 m hohen Bergrücken, die Zugänge sind durch 10 m hohe Mauern zur Verteidigung ein-

gerichtet. Sie bestehen aus Terrassen, Tempeln, vertieften Höfen und Pyramiden. Besonders auffällig ist ein quadratischer Turm aus massivem Mauerwerk, ohne Absätze errichtet (17 m Seitenlänge, 11 m hoch). Ungeschützt liegt am Fuße des Burgberges ein Säulensaal mit 2 m starken, 11 m hohen Rundsäulen, aus dünnen Steinplatten gemauert. Baulich läßt sich L. an Mayabauten (Chichen Itzá, Palenque) anschließen.
Lit.: E. Seler. Die Ruinen von L. im Staate Zac. Ges. Abh. III., Berlin, 1908.

Larionow, Michel (Larionoff, Michail). Russisch-franz. Maler und Bühnenbildner. Geb. 1881 in Tiraspol, gest. 1964 in Fontenay-aux-Roses (Seine). Studium an der Moskauer Kunstschule. Er begann als Impressionist, löste sich jedoch um 1910 durch die Auseinandersetzung mit →Cézanne von dieser Malweise und entwickelte gemeinsam mit seinem Freund →Malewitsch den sogen. →Rayonismus. 1915 übersiedelte er nach Paris. In seinen Bildern versuchte er menschliche Empfindungen durch Lichteffekte auszudrücken, wobei er – vom →Kubismus ausgehend – die Würfelform durch Strahlenformen ersetzte. Hierbei enstand als Synthese aus Kubismus und →Futurismus sein Rayonismus.
Lit.: H. Vollmer, Künstlerlex. d. 20. Jhs.

Larisa am Hermos. Griech., bereits vorgriech. besiedelte Stadt an der W-Küste Kleinasiens. Die Blütezeit fällt in die archaische Epoche, aus der ein Tempel, ein großer Mauerring und riesiger Herrscherpalast festgestellt werden konnten. Vier zeitlich aufeinanderfolgende Bauten (um 550, 500, 450 und 350 v. Chr.) gehören zu dem ausgedehnten Palastbezirk. Im Hellenismus wurde die Stadt verlassen und verfiel.
Lit.: J. Boehlau – K. Schefold, L., 3 Bde., 1940–42.

Larsa. 25 km südöstlich von →Uruk wurde im Ruinenfeld von Senkere das alte L. mit Resten von Tempel und →Zikkurat des Sonnengottes sowie Palastanlagen entdeckt. Die Tradition reicht nach Ausweis der Urkunden von neusumerischer Zeit (→Urnammu) bis in die neubabylonische Periode (→Nebukadnezar II.). →Larsa-Zeit.
Lit.: V. Christian, AKZ, 43, 83 f.; H. Schmökel GAV, 73 ff.

Larsa-Zeit. Nach der südmesopotamischen Stadt Larsa (Ruinenstätte Senkere) benannte Periode (ca. 1960–1700 v. Chr.), die den Übergang zwischen der Ur III-Zeit und der →Hammurabi-Zeit bildet. Nach dem Untergang der III. Dyn. von →Ur wurde in Larsa eine westsemitische Herrschaft unter Naplanum begründet, die sich gegenüber Isin behauptet. Unter →Rimsin Oberherrschaft von Larsa, so daß die Epoche auch als →Isin-L. bezeichnet wird. Ihr Ende ist durch den Sieg →Hammurabis von →Babylon über →Rimsin von Larsa bestimmt. Die künstlerische Entwicklung ist durch das starke Nachwirken der neusumerischen Tradition und die westsemitische Umprägung gekennzeichnet. Der Zusammenhang mit der Kunst der Hammurabi-Zeit erlaubt uns, die L. zur altbabylonischen Kunstepoche zu rechnen. →Altorientalische Kunst.
Lit.: H. Schmökel, GAV, 73 ff.; H. Potratz, KAO, 188 f.

Las Bocas. Fundplatz des mittleren vorklassischen Stils Mexikos in Puebla mit starker stilistischer Beziehung zu →Tlatilco.

Lascaux bei Montagnac (Dép. Dordogne, Südfrankreich). Neben →Altamira die berühmteste Höhle mit altsteinzeitlichen →Höhlenmalereien der →frankokantabrischen Kunst. L. wurde erst 1940 entdeckt und enthält mehr als 500 Gravierungen und Malereien, die in einem weitläufigen und mehrstöckigen Höhlensystem verteilt sind. Dargestellt sind, z. T. übereinander, Wildpferd, Bison, Urrind, Steinbock und Hirsch. Die bevorzugten Farben sind Schwarz, Rot, Gelb und Braun. Hinzu kommen einige Tiere mit eingeritzten Pfeilen sowie, als Besonderheit, Jungtiere und polychrome Gitterzeichen. Oft ist die Farbe fein zerstäubt, so daß die Darstellungen aus ineinander verlaufenden Flecken bestehen. – Eine der sehr seltenen szenischen Darstellungen zeigt einen liegend ausgestreckten, ithyphallischen Menschen mit vogelartigem (?) Kopf vor einem verwundeten Bison, der den Kopf in Richtung auf den Menschen senkt. Unterhalb des Menschen ist ein Vogel auf einer Stange zu sehen, nach links entfernt sich ein Nashorn. Die Zusammengehörigkeit der Darstellungen ist verschiedentlich bestritten worden. Die Datierung der Bilder von L. schwankt zwischen →Aurignacien und mittlerem oder spätem →Magdalénien.
Lit.: Bandi/Maringer, Kunst der Eiszeit, 1955.

Laschkari Bazar. Siedlung am Hilmend (Afghanistan), nördlich des Zusammenflusses von Hilmend und Arghandab, nahe →Bust. Ausgrabungen der Residenz des Mahmud von Ghazni vom Beginn des 11. Jhs. n. Chr. ergaben wertvollen Aufschluß über frühislam. Palastanlagen, Lehmziegel-Gewölbebaukunst, Wandmalerei und Keramik.
Lit.: MDAFA XVIII, 1963 f.

Lasieren. Bezeichnung für den dünnen Farbauftrag über eine andere Farbe, so daß diese noch durchscheint (z. B. dünner, durchsichtiger Stoff in Lasurfarbe über nackten Körperpartien).

Lastmann, Pieter. Holländischer Maler. Geb. 1583 in Amsterdam, gest. 1633 ebda. Schüler des Manieristen G. P. →Swelinck. 1603 reiste L. nach Italien, wo →Elsheimer in Rom tiefgreifenden Einfluß auf seinen bis dahin manieristischen Stil erlangte. Durch L. erlangte die biblische und mythologische Historie eine selbständige Bedeutung als Bildgattung. Außerdem arbeitete L. bei diesem Genre mit den Helldunkelgegensätzen →Caravaggios. Dieses ist dann auch die Basis, von der sein bedeutendster Schüler, →Rembrandt, ausging.
Lit.: K. Freise, P. L., 1911.

Lasurfarben. Dünne, durchscheinende Farben, mit denen das →Lasieren vorgenommen wird.

Lateinisches Kreuz →Kreuz.

Latène-Stil. Kunststil der →Latène-Zeit. Wesentliche Elemente sind eine geometrische Komponente, die sich auf den →orientalisierenden Stil zurückführen läßt, Pflanzenformen aus der subarchaischen-klassischen Periode Griechenlands sowie östliche Motive. Daraus entstand eine Kunst, die weder naturalistisch noch geometrisch zu nennen ist und die ohne erkennbaren Übergang aus dem Kunstgewerbe der →Hallstatt-Zeit entstand.
Lit.: P. Jacobsthal, Early Celtic Art, 1944.

Latène-Zeit. Jüngere vorchristliche Eisenzeit Mitteleuropas, benannt nach einem Fundort am Neuenburger See in der Schweiz, besonders bekannt durch ihre Kunst, die durch den keltischen →Latène-Stil geprägt ist.

Laterne. Gegliederter Aufbau auf dem Scheitel einer →Kuppel.

Latmos (Kleinasien). Höhlen, die im Stil klösterlicher Kunst ausgemalt sind. Gemälde verraten kappadokischen Einfluß. Vieles sehr primitiv, einiges qualitätvoll (Entstehungszeit umstritten). Man schwankt zwischen 7.–8. Jh. und 10.–11. Jh.

La Tour, Georges du Mesnil. Franz. Maler. Geb. um 1600 bei Lunéville, gest. 1652 ebda. Seine Besonderheit sind die Nachtstücke, mit denen er im Einflußbereich →Caravaggios einerseits und Honthorsts aus den Niederlanden andererseits steht. Diese Werke sind streng reliefartig komponiert, zeigen herbes, eigenwilliges Kolorit und eine bis zur Starrheit gesteigerte Linienführung. Als Parteigänger Frankreichs erhielt L. Aufträge der franz. Könige, aber auch der lothringischen Herrscher. – L.s Werk lebt von religiösen Themen; gesicherte Bilder bisher in Nantes (Der Engel erscheint dem hl. Joseph; Petrus und die Magd, beides signiert und datiert, 1650), Epinal, New York; weitere Werke durch Zuschreibungen für L. bestimmt.
Lit.: G. Isarlo, La peinture en France au XVIIe siècle, 1960.

Latour, Maurice Quentin de. Franz. Pastellmaler. Geb. 1704 in St. Quentin, gest. ebda. 1788. Nach Ausbildung in Paris und Reisen im Lande und nach England begann er mit der Ölmalerei. Erst nach 1720 wandte er sich der in Mode kommenden Pastellmalerei zu. Seine charakteristische Portraitkunst ist, bei aller Gefälligkeit der Darbietung, doch realistisch und hebt sich dadurch von der zeitgenössischen Rokokomalerei ab. Tiefen Einblick in seine Arbeitsweise vermitteln die „préparations", vorbereitende Pastellskizzen, im Museum seiner

Heimatstadt. Unter den Dargestellten: Mme. Pompadour (1756), Marschall Moritz von Sachsen.
Lit.: E. Hildebrandt, Malerei und Plastik des 18. Jhs. in Frankreich, 1914.

Laube →Loggia.

Laufender Hund. Bezeichnung für eine Variante des →Mäander. Im Gegensatz zu diesem setzt sich der L. nicht aus rechtwinkeligen, gebrochenen Linien zusammen, sondern aus fortlaufenden Spiralen.

Laurana, 1) Francesco. Italien. Bildhauer, Medailleur und Baumeister. Geb. 1420-25 in Dalmatien (Laurana?), gest. um 1500 in Avignon. Bedeutender Meister der Frührenaissance, der von Sizilien (Palermo) bis Frankreich tätig war. Unter seinen Bauwerken hebt sich das Triumphtor in Neapel, dessen Entwurf und Bauleitung von ihm sein sollen, hervor (um 1458). Seine Hauptwerke sind die Reliefs der Kirchenväter und Evangelisten der Mastrantonio-Kapelle in S. Francesco zu Palermo (1468) und die Marmorbüsten aus Neapel: Beatrice von Aragonien und Caterina Sforza (wohl 1474 nach einer Totenmaske). Seine Medaillen, alle datiert, sind in Frankreich entstanden.
Lit.: Thieme-Becker.

2) Luciano. Italien. Baumeister, Herkunft wohl Laurana bei Zara. Geb. um 1425, gest. 1479 in Pesaro. Möglicherweise Schüler →Brunelleschis. Mit dem von ihm vollendeten Pal. Ducale in Urbino weist sich L. als einer der Hauptmeister der italien. Frührenaissance aus. Durch Anknüpfung an die Antike (Kapitelle in Urbino) und programmatische Befolgung der Architekturtheorien L.B. →Albertis bahnte L. der Hochrenaissance den Weg, zu deren Vollendern sein Schüler →Bramante gehört. Neben dem durch schlanke Treppentürme, Loggien und Kompositsäulen aufgelockerten Urbiner Kastell stammt von ihm das Kastell in Pesaro. Zugeschrieben wird ihm mit Wahrscheinlichkeit der Entwurf des Triumphbogens in Castelnuovo in Neapel (1451–55, Ausführung Francesco L.). Seine Tätigkeit als Maler wird bezeugt; man vermutet in einigen Einrichtungsstücken von Urbino seine Arbeit.
Lit.: H. Willich, P. Zucker, Baukunst der Renaissance in Italien, 1914.

Lauren-Anlage. (laura=Gang zwischen Felsen), Einsiedlerkolonie im frühen Mönchtum, vor allem in Ägypten und Syrien, trotz der verstreuten Anlage unter einem Abt stehend. Später wurde der Name auch auf bedeutende Klöster koinobitischen Charakters übertragen, also auf Klöster mit gemeinsamem Leben in strengster Form.

Laurencin, Marie. Franz. Malerin und Graphikerin. Geb. 1885 in Paris, gest. 1956 ebda. Studium an der Ecole des Beaux-Arts in Paris. Bereits früh traf sie mit →Picasso, →Braque, →Matisse und →Apollinaire zusammen. Sie erlebte in diesem Künstlerkreis die Entstehung des →Kubismus, der sie zwar beeinflußte, dem sie sich jedoch nicht anschloß. – Ihr zentrales Thema ist das Frauenportrait. Eine zarte Farbgebung aus grauen, rosa und blauen Tönen bei häufig überlängten Gesichtern ihrer Portraits oder Gruppenbildnisse charakterisiert ihre zwischen →Rousseau und →Picasso stehende Malweise.
Lit.: H. Vollmer, Künstlerlex. d. 20. Jhs.

Laurens, Henri. Franz. Bildhauer. Geb. 1885 in Paris, gest. 1954 ebda. Er begann als Dekorateur und Steinmetz und besuchte Zeichenkurse. 1911 machte er die für ihn entscheidende Bekanntschaft mit →Braque. Entsprechend dem analytischen →Kubismus versuchte er sich vom Gegenstand zu lösen und zur „Urform" vorzustoßen. Über →Collagen kam er zu polychromen Plastiken. Die Farbe sollte hierbei die Lichteinflüsse aufheben. 1915 lernte er →Picasso kennen, der ihm Zugang zum Kunsthandel verschaffte. 1927 entfernt er sich von seinem vom Kubismus ausgehenden geometrischen Stil. Das lyrische Element der schwingenden Linie tritt an dessen Stelle, und die organische Form bestimmt sein weiteres Schaffen. Dabei geht er vom Gegenstand aus, ohne ihn abzubilden.
Lit.: C. Goldschneider, H.L., 1956.

Lauriacum (Lorch-Enns, Oberösterreich). Frühchristl. Märtyrerkirche, spätestens zweite Hälfte des 4. Jhs. Auf Ruinen eines keltischen Heiligtums, als erste Bischofskirche des Munizipiums errichtet. Einschiffiger, nachweisbar schon heizbarer Raum. In späteren Jh.en mehrfach umgebaut. Schon in der frühchristl. Kirche statt des sonst üblichen Tischaltars Steinkiste, Reliquienbehälter mit Mensa. Durch alle Zeiten war dieses steinerne Reliquiar bedeutendes Heiligtum. Dieser durch Ausgrabungen in den letzten Jahren bekannt gewordenen Kultstätte kann im österreichischen Raum aus altchristl. Zeit nichts gleichgesetzt werden.

Lauriya Nandangarh. Nordostindische Fundstätte von Goldplättchen aus frühgeschichtlichen Gräbern. Später wurden hier eine Aschoka-Säule und Stupas gestiftet.
Lit.: Fischer, Schöpfungen, 405.

Lausitzische Kultur. Bronzezeitliche Kultur, deren Fundbereiche in Nord- und Ostdeutschland liegen. Hauptsächlich keramische Ware von hellbrauner Farbe, deren frühe Stücke meist mit Buckelung geschmückt sind. Die späteren Keramiken zeigen diese Buckelverzierung seltener und verzichten häufig völlig auf diesen Schmuck. – Als Jüngere L. bezeichnet man eine größere Gruppe verschiedener Kulturen Norddeutschlands der späten Bronzezeit und frühen Eisenzeit, deren Produkte im einzelnen nicht sehr charakteristische Formen aufweisen, insgesamt jedoch mit der Hallstatt-Kultur zusammenhängen. Die hervorstechenden Funde bestehen aus schwarzpolierter Keramik und z.T. auch aus bemalter Tonware.

Laussel. →Abri bei Les Eyzies-de-Tayac (Dép. Dordogne, Südfrankreich), in dem 1908 fünf Kalksteinreliefs des jüngeren →Aurignacien gefunden worden sind. In verschiedener Größe (21–43 cm) sind auf Felsblöcken ein schlanker Mann mit Gürtel und vier nackte, en face gesehene, fettleibige Frauen mit stark betonten Geschlechtsmerkmalen dargestellt. Zwei der Frauen halten Bisonhörner in der Hand. Die ursprünglich tief eingeschnittenen, rot eingefärbten Reliefs erinnern in Form und Stil an gleichzeitige Frauenstatuetten (→Brassempouy und →Willendorf).
Lit.: Bandi/Maringer, Kunst der Eiszeit, 1955.

Lavatorium (lavarium, lavabo) **1)** gleichbedeutend mit der →piscina in der Taufkapelle. **2)** Bezeichnung für das Waschbecken des Priesters oder den Waschraum der Mönche in der Nähe des Speisezimmers. **3)** die Stätte, wo die Leiche gewaschen wurde.

La Venta. Olmekisches Zentrum im Sumpfgebiet des heutigen Tabasco an der Mündung des Rio Tonalá, Mexiko, das der →Olmeken-Kultur die bessere Bezeichnung L.-Kultur gegeben hat. Eine abgestumpfte, 34 m hohe Erdpyramide umgeben mehrere von kleinen Hügeln umschlossene Plätze. Ein Zaun aus massiven Basaltsäulen reicht bis zu einem Grabhügel, in dem eine hochgestellte Persönlichkeit beigesetzt ist. Grabbeigaben und Opferdepots zeigen wertvolle Kunstgegenstände aus Serpentin und →Jade. Frei stehen 4 Kolossalköpfe sowie skulptierte Altäre und Stelen, deren Einfluß sich stilistisch in der →Maya-Kunst nachweisen läßt. Zu den bemerkenswertesten Funden gehört ein in 7 m Tiefe liegendes, ein Jaguargesicht wiedergebendes Mosaik aus in Asphalt verlegten Serpentinplatten.

Laves, Georg. Deutscher Architekt. Geb. 1788 in Uslar, gest. 1864 in Hannover. Studierte an der Akademie in Kassel bei seinem Onkel →Jussow und an der Universität Göttingen. Ab 1814 war er in Hannover, wo er bis zum Oberhofbaudirektor aufstieg. 1814/15 führte ihn eine Studienreise durch Italien und nach Paris, wo er mit →Klenze zusammentraf und die neuesten klassizistischen Schöpfungen kennenlernte. Reiche Anregungen empfing er auch auf den Englandreisen 1816 und 1826 durch die Begegnung mit dem Werk von J. →Nash. Neben seinen klassizistischen Bauten und Entwürfen zeugen Werke im got. Stil von seinen vielseitigen Fähigkeiten; als Städtebauer wurde er zum Gestalter des neuen Hannover, und als Bauingenieur erhielt er mehrere Patente für seine Balkenkonstruktionen; auch schuf er schon gußeiserne Brücken.
Lit.: G. Hoeltje, Georg Ludwig Friedrich L., 1964.

Lavieren. Bezeichnung für den Auftrag verwischender Farbflächen, vor allem bei Zeichnungen üblich, um diesen einen tonigeren Charakter zu verleihen und um die Konturen weicher ineinander übergehen zu lassen. Technisch wird das L. mit einem sehr nassen Pinsel, mit dem die Zeichnung übergangen wird, hergestellt.

Lawra. Bezeichnung für ein großes Kloster in der Ostkirche.

Leagros-Gruppe. Unter diesem Begriff, der nach dem auf zu dieser Gruppe gehörenden Vasen immer wieder erscheinenden Jüngling Leagros benannt ist, wird eine sehr umfangreiche Reihe von griech.-attischen spätschwarzfigurigen Vasen zusammengefaßt. Zeitlich steht die L. am Ende der archaischen Epoche und reicht bis gegen 500 v. Chr.
Lit.: J. D. Beazley, ABV, 360ff., 1956.

Lebas, Louis Hippolyte. Franz. Architekt. Geb. 1782 in Paris, gest. ebda. 1867. Schüler →Vaudoyers und →Perciers. Ab 1819 bis zu seinem Tod war er als Nachfolger Vaudoyers Lehrer an der Ecole des Beaux-Arts in Paris, und als solcher nahm er fast ein halbes Jh. lang Einfluß auf die Erziehung aller Architekten dieser Anstalt. Sein Hauptwerk ist die Kirche Nôtre Dame de Lorette (Paris 1823–26), nach dem Vorbild von S. Maria Maggiore in Rom errichtet.
Lit.: Thieme-Becker.

Lebensbaum. Nach der biblischen Überlieferung vom Zentralbaum im Garten Eden benanntes Motiv der →altorientalischen Kunst, das sich von der sumerischen Zeit bis in die →Sasanidenkunst verfolgen läßt und starke Nachwirkungen in der islam. Kunst gehabt hat. Das Symbol des L.s bildete die Mitte einer antithetischen Komposition von Tieren oder göttlichen Wesen. Es kann sich um einen Strauch mit Rosetten (Zeichen der →Inanna) oder um eine Palme handeln. Der L. ist Inbild lebenspendender Kraft der Vegetation, die dem Schutz göttlicher Mächte untersteht. Die Bibel nennt ihn als einen neben dem Baum der Erkenntnis stehenden Paradiesesbaum. Theologische Spekulation brachte ihn in Verbindung mit dem Kreuz Christi, das der Legende nach aus seinem Holz gefertigt worden war. Es wird daher manchmal in Gestalt eines mit Ästen und Blättern versehenen Baumes dargestellt (→Kreuzigung Christi). Der L. wurde so zum Sinnbild der Erlösung. Er erscheint in der mittelalterl. Kunst allein oder in Gegenüberstellung zum Baum der Erkenntnis, manchmal auch in Form des Kreuzes (Darstellungen häufig in Tympana mittelalterl. Kirchen). Er wurde ferner mit dem Abendmahlsdogma (mit Trauben oder Hostien versehen) und mit Maria (unter ihm stehend, während Eva unter dem Baum der Erkenntnis erscheint) in Zusammenhang gebracht. Als Sinnbild des Erlösungswerks wird er bis ins 16. Jh. in vielerlei neuen Kombinationen verwendet. Häufig auch in der Volkskunst, wobei sich christliche mit Vorstellungen aus dem germanischen Sagenkreis mischen.
Lit.: R. Bauerreis, Arbor Vitae. Der „L." und seine Verwendung in Liturgie, Kunst und Brauchtum des Abendlandes, 1938.

Lebensbrunnen. Christliche →Allegorie, die im Bild einer Quelle die erlösende Macht Christi darstellt. Frühestes Beispiel der nördlichen Buchmalerei im Godescale-Evangeliar (nach 781), wo sich Tiere der von einem Tempelchen eingefaßten Quelle nähern. Später tritt oft das Blut Christi anstelle des Wassers; oder es wird eine Verbindung von →Agnus Dei und L. hergestellt, z. B. im Genter Altar der Brüder van →Eyck (1432). Hier sprudelt das Wasser in ein Becken, um das sich die Gläubigen versammeln.
Lit.: W. v. Reykebiel, Der „Fons vitae" in der christlichen Kunst, Niederdeutsche Zeitschrift für Volkskunde, 1934; P. A. Underwood, The Fountain of Life in Manuscripts of the Gospels, Dumbarton Oaks Papers V, 43 to 138, 1950.

Le Blon, Jacob Christof. Maler und Kupferstecher. Geb. 1667 in Frankfurt a. M., gest. 1741 in Paris. L.s Bedeutung liegt nicht in seinen künstlerischen Werken, sondern in seiner Erfindung des Vierfarbendruckes. Ausgehend von Newtons Lehre, nach der alle Farben aus den Grundfarben Blau, Gelb und Rot zusammengesetzt sind, entwickelte L. ein Verfahren, durch 3 verschieden eingefärbte Platten und eine Schwarzplatte fertige Reproduktionen von Ölbildern herzustellen. Von ihm selber gibt es 49 Farbstiche (nach Rubens, van Dyck u. a.).
Lit.: H. W. Singer, J. C. L., 1901.

Leblond, Alexandre Jean-Baptiste. Franz. Baumeister. Geb. 1679 in Paris, gest. 1719 in St. Petersburg. Studierte in Paris und errichtete dort mehrere herrschaftliche Hotels. 1716 wurde er von Zar Peter d. Gr. nach St. Petersburg als Generalarchitekt berufen und übertrug die franz. Barockarchitektur nach Rußland. Damit beeinflußte er den dortigen Baustil jener Zeit maßgeblich. Sein größtes Objekt, die Neuanlage von St. Petersburg, wurde durch Intrige hintertrieben und kam nicht zur Ausführung. Jedoch plante und baute er große Park- und Schloßanlagen in und um St. Petersburg: Sommergarten; Park Peterhof; Park Strelna; Entwurf zu Schloß Strelna; Fertigstellung von Schloß Peterhof und Lusthäuser (Eremitage) im dortigen Park.
Lit.: Thieme-Becker.

Lebourg, Albert Marie. Franz. Landschaftsmaler. Geb. 1849 in Montfort-sur-Risle, gest. 1928 in Rouen. Bildete sich, von G. Morin gefördert, als Autodidakt. 1872–76 lehrte er in Algier an der Ecole des Beaux-Arts, danach trat er in das Atelier von →Laurens ein. Zusammen mit →Manet, →Renoir und →Sisley stellte er 1876 aus und bewegte sich von da ab in einem gemäßigten Impressionismus. Seine Landschaften stellen Motive der Ile-de-France, die Normandie, Holland und Algier dar.
Lit.: Thieme-Becker.

Le Brun, Charles. Franz. Maler. Geb. 1619 in Paris, gest. ebda. 1690. Schüler →Vouets und Studiengenosse →Poussins, mit dem zusammen er in Rom studierte. Nach Paris zurückgekehrt, schloß sich L. den Gründern der Königlichen Akademie in Paris an (1648). Sein Organisationstalent, seine Beziehungen zu Colbert sowie seine malerischen und dekorativen Fähigkeiten trugen ihm nacheinander die Nobilitierung, das Amt des Hofmalers und das des Direktors der Königlichen Werkstätten ein. Durch diese Position, und da er selber die Entwürfe für Gobelins, Möbel, Schmiedeeisen und andere Dekorationen entwarf, wurde L. zum maßgeblichen Schöpfer des Stils Ludwigs XIV. Er vereinte dabei den italien. Hochbarock →Berninis mit dem Klassizismus Poussins zu einem für Frankreich typischen, raumhaltigen Klassizismus. Daneben hatte er noch den Auftrag, im Louvre in Paris, vor allen aber in →Versailles zu malen. Sein Hauptwerk dort ist die Gestaltung der Spiegelgalerie mit dem Deckenbild der Apotheose Ludwigs XIV.
Lit.: G. Isarlo, La Peinture en France au XVIIe siècle, 1960; Thieme-Becker.

Lebrun, Rico. Italien.-amerikanischer Maler. Geb. 1900 in Neapel, ansässig in New York. 1919 Studium an der Accademia di Belle Arti in Neapel. 1924 Übersiedelung nach New York. Seit 1936 an verschiedenen Kunstschulen in Amerika als Lehrer tätig. Neben Glasbildern und Fresken schuf er hauptsächlich figürliche Kompositionen.
Lit.: H. Vollmer, Künstlerlex. d. 20. Jhs.

Le Corbusier (eigentlich Charles Edouard Jeanneret). Franz. Architekt, Maler und Kunstgewerbler. Geb. 1887 in La Chaux-de-Fonds/Schweiz, gest. 1965 bei Nizza. Nach einer Lehre als Kupferstecher begann er 1905 mit dem Studium der Architektur und studierte bei J. →Hoffmann in Wien und bei A. →Perret in Paris. 1911/12 arbeitete er im Atelier von P. →Behrens. 1917 ließ er sich in Paris nieder. – Für die neuen Baumaterialien des 20. Jhs. hat er einen neuen Stil geschaffen, in dem er eine teilweise Entmaterialisierung anstrebt. Auf Betonstützen „schwebende" Bauten entstanden. Seine Skelettkonstruktionen zeigen horizontale Fensterfriese. Immer wieder verwandte er das Motiv des Dachgartens. Die herkömmliche, unbewegliche Stockwerkabfolge lockerte er auf, indem er die Räume in verschiedenen Höhen zueinander ordnete. Charakteristische Bauten dieser Art sind 2 Häuser in der Weißenhofsiedlung, Stuttgart (1928); „Cités radieuses", Marseille (1954);

Wohnhaus im Hansaviertel Berlin (1957). Der Wohnhausbau steht im Mittelpunkt seines Wirkens. Davon ausgehend, war er auch als Städteplaner tätig und entwarf Bebauungspläne für Paris, Moskau, Madrid, Bogota und für die neue Hauptstadt des Pandschab, Chandigarh, in Indien, wo er auch mehrere Häuser errichtete. – Zu seinen bekanntesten Bauten gehört die Wallfahrtskapelle von Ronchamp (1955), eine an monumentale Freiplastik erinnernde Architektur. – Seine Schriften (Kommende Baukunst; Grundlagen des Städtebaus u.a.) und seine Bauten sind für die Baukunst der Gegenwart von größter Bedeutung. – In seinem Schaffen als Maler und Zeichner ging er vom →Kubismus aus. 1920 gründete er gemeinsam mit →Ozenfant die Zeitschrift „L'Esprit nouveau", mit der er den sogen. →Purismus manifestierte.
Lit.: H Vollmer, Künstlerlex. d. 20. Jhs.; Thieme-Becker.

Lederer, Hugo. Österreichischer Bildhauer. Geb. 1871 in Znaim, gest. 1940 in Berlin. Studierte und arbeitete 1890–92 in Dresden und war anschließend in Berlin tätig. Seit 1915 lehrte er an der dortigen Akademie. Schuf hauptsächlich monumentale Denkmäler von kompakter, plastischer Geschlossenheit, durch die er, an die Tradition des 19. Jhs. anschließend, zu einfacheren Formen kam. Hauptwerk: Bismarckdenkmal, Hamburg (1901–1906).
Lit.: Thieme-Becker.

Lederer, Jörg. Deutscher Bildschnitzer. Vermutlich in Füssen um 1470 geb., gest. in Kaufbeuren um 1548–50. 1499 Bürger in Füssen, 1507 oder 1519 in Kaufbeuren, wo L. Ratsherr und Stadtamtmann war. Ausgebildet möglicherweise in Tirol; seine Werke stehen der Schule M. →Pachers nahe. Sein Werk ist noch nicht ausreichend gesichert. Dazu gehören die Kassettendecke des Rittersaals im Schloß zu Füssen (um 1500) sowie eine Reihe von Altären und Figuren zwischen 1513 und 1520.
Lit.: H. Wilm, Die gotische Holzfigur, 1923; U. Crämer und A. Schädler in: Das schöne Allgäu, 13, 1950.

Ledermosaik. Mosaikartige Zusammenfügung verschieden eingefärbter Lederstücke. Hauptsächlich als Ornamentgebilde findet sich das L. bei Bucheinbänden des Orients und wurde seit dem 16. Jh. n. Chr. auch in Frankreich und Venedig bekannt.

Lederschnitt. Lederverzierung durch Einschneiden figürlicher und ornamentaler Motive. Der L. wird hauptsächlich für Bucheinbände, Futterale, Sättel etc. verwendet und ist oft mit Punzierung, Vergoldung und einem vom Lederrücken her herausgearbeiteten Relief verbunden. Der L. war schon früh im Orient gebräuchlich, seit dem Mittelalter in Deutschland, verfiel jedoch hier rasch; seit dem 16. Jh. in Spanien u. Portugal heimisch.
Lit.: Clouzot, Geschmückte Lederarbeiten, 2 Bde., 1925.

Ledertapeten. Wandverkleidung aus Kalb-, Ziegen- oder Schafleder. Die L. wurden durch gepreßte Reliefs verziert, punziert, bemalt, versilbert und vergoldet. Die Mauren führten im frühen Mittelalter die L., „Guadamacile" genannt (nach der arabischen Stadt Gadames), in Spanien ein. Im 16. Jh. gelangen sie nach Italien, im 17. Jh. sind sie in ganz Europa anzutreffen und werden erst im 18. Jh. durch die Stoff- und Papiertapeten verdrängt.
Lit.: Clouzot, Geschmückte Lederarbeiten, 2 Bde., 1925.

Ledoux, Claude Nicolas. Franz. Architekt. Geb. 1736 in Dormans, gest. 1806 in Paris. Studierte unter J. F. →Blondel und F. Trouard Architektur. Nach frühen Bauten trat L. 1772 mit dem Haus „Temple de Terpsichore" für die Tänzerin Guimard an die Öffentlichkeit.– L.' Werk weist weit in das 19. und 20. Jh. hinein. Er vollzog den Übergang von der franz. Klassik zum Klassizismus und brach damit mit der Tradition des dekorationsfreudigen klassisch-barocken Bauens. Seine Baukörper und Grundrisse sind stereometrisch, sie begnügen sich mit den geometrischen Grundformen. Die Wirkung seines schon durch die Architektur weitreichenden Werkes wurde verstärkt durch die nur in einem Band erschienene Geschichte der Architektur (1804, mit 125 Abbildungen seiner Bauten und der Entwürfe für die Salinenstadt Chaux). – Unter seinen ausgeführten Werken sind zu nennen das Theater in Besançon (1776–84).
Lit.: Y. Christ, C. N. L., 1961.

Le Fauconier, Henri. Franz. Maler. Geb. 1881 in Hesdin, gest. 1946 in Paris. Studium bei J. P. Laurens in Paris. Nach impressionistischen Versuchen kam er mit →Gleizes und →Delaunay zusammen, die ihn mit dem →Kubismus bekanntmachten. 1911 bereiste er Italien und nahm Verbindung zum →Futurismus auf. 1914–19 lebte er in Holland und ließ sich anschließend in Paris nieder. Er gehört zu den bedeutendsten Malern des →Kubismus, dem er sich schon sehr früh anschloß. Akte, Bildnisse und Landschaften sind die zentralen Themen seiner Bilder, die auf die jüngere Künstlergeneration einen nachhaltigen Einfluß ausübten.
Lit.: H. Vollmer, Künstlerlex. d. 20. Jhs.

Legenda aurea (lat. „Goldene Legende"). Heiligenlegenden, die von dem Dominikaner und späteren Erzbischof von Genua Jacobus de Varagine (nicht Voragine; 1230–1298/99) nach mündlicher und schriftlicher Überlieferung zusammengestellt wurden. Die Sammlung fand weite Verbreitung und diente häufig als wichtige Quelle für die Gestaltung von Heiligenlegenden in der abendländischen Malerei. Deutsche Ausgabe: R. Renz, 2 Bde., 1925.

Legende. Inschrift auf Gemälden oder Plastiken, auch Spruchbänder auf mittelalterl. Darstellungen. Dann Umschrift bei Siegeln und Münzen. – Auch die erläuternde Unterschrift einer Abbildung in einem Buch wird L. genannt.

Léger, Fernand. Franz. Maler und Graphiker. Geb. 1881 in Argentan, gest. 1955 in Gif-sur-Yvette. 1897–1900 Lehre als Zeichner in einem Architektenbüro. 1900 kam er nach Paris und studierte 1902–05 an der Ecole des Beaux-Arts als Schüler von →Gérôme. Seine bis 1909 entstandenen Arbeiten, in denen er sich dem Nachimpressionismus und →Fauvismus angeschlossen hatte, vernichtete er, als er sich in diesem Jahr →Braque und

F. Léger, „Frauen in einem Raum".

dem →Kubismus zuwandte. Bis 1914 entstehen Bilder, in denen er Gegenstände wie Kegel, Zylinder u.ä. zu einem geometrischen System ordnet. 1914–1916 Kriegsteilnehmer. Um 1917 beginnt seine „dynamische Phase", die bis 1925 reicht. Hier entwickelte er seinen Stil, der durch den in das Triebwerk der Technik eingespannten Menschen, der selbst technische Formen annimmt, gekennzeichnet ist. Zahnräder, Transmissionen, Kurbelwellen usw. sind seine Requisiten. Seine Figuren erstarren zu Gegenständen. Nach 1925 wandte er sich

immer mehr einer konstruktivistischen, abstrakt architektonischen Formgebung zu.
Lit.: Ch. Zervos, F. L., 1952.

W. Leibl, „Bauernjägers Heimkehr", 1893 (Köln, Wallraf-Richartz-Mus.).

Lehmbruck, Wilhelm. Deutscher Bildhauer. Geb. 1881 in Meiderich, gest. 1919 in Berlin. 1901–1907 Studium an der Akademie in Düsseldorf. 1910–14 Aufenthalt in Paris, wo er die Werke →Maillols, →Rodins und →Brancusis kennenlernte. Die Bekanntschaft mit →Archipenko wurde zur dauernden Freundschaft. Um 1911 löste er sich von seiner akademischen Schulung und weitgehend vom Einfluß Rodins. In der Einzelform läßt er sich mit Maillol vergleichen, wenngleich der Aufbau seiner Gestalten, in denen Einflüsse der Gotik durchbrechen, in ihrer Überlängung dem →Expressionismus nahestehen. – In seinen Werken machen sich zahlreiche Anregungen der ihn umgebenden Kunstströmungen geltend. Keiner dieser Richtungen hatte er sich angeschlossen, sondern ging seinen eigenen Weg, der ihn zu einer selbständigen Formensprache führte.
Lit.: H. Vollmer, Künstlerlex. d. 20. Jhs.

Lehrgerüst. Ein Gerüst aus Holz, das einen Bogen oder Gewölbe abstützt, bis der Bau fertig ist. Das L. legt dabei die Form des zu konstruierenden Bauwerkes fest. Nach Fertigstellung des Bauteiles verschwindet das L.

Leibl, Wilhelm. Deutscher Maler. Geb. 1844 in Köln, gest. 1900 in Würzburg. Studierte ab 1864 an der Akademie in München bei Strähuber und Anschütz. 1866–68 lernte er im Atelier von Ramberg und 1869 für kurze Zeit bei →Piloty. – Während seiner Münchner Jahre gelangte L. zur vollständigen Beherrschung der technischen Mittel; von Ramberg beeinflußt, ist seine Malerei tonig mit einer reich abgestuften Palette. Einen starken Einfluß auf ihn übte die Begegnung mit →Courbet 1869 in München aus, die zu einem freundschaftlichen Verhältnis beider führte. Neben den ersten Portrait- und Genredarstellungen (Die Kritiker, 1868) stehen einige Kopien nach Gemälden in der Älteren Pinakothek (Schäferszene von Rubens). – Sein Pariser Aufenthalt wurde nach kurzer Dauer durch den Deutsch-Franz. Krieg unterbrochen. In der anschließenden 2. Münchner Zeit vollendete er seinen persönlichen Stil, das Genrehafte tritt thematisch stärker in den Vordergrund (Tischgesellschaft). – Nach 1873 wechselt L. häufig seinen Wohnsitz. Sein Stil erreichte nun seinen höchsten Naturalismus, technisch wird die altniederl. Malerei mit ihrer klaren Emailschicht angestrebt. In dieser Epoche entstand sein Hauptwerk: Die Dorfpolitiker (1876). In seinem Spätwerk der 90er Jahre nähert sich L. wieder den Münchener Anfängen, ohne etwas von dem mittlerweile Erlernten einzubüßen.
Lit.: Waldmann, W. L., 1914.

Leidenplatte. Im Rijksmuseum, Leiden (→Tikal), gefunden in Puerto Barrios, Guatemala. Sie beweist die völlige Ausbildung des klassischen Mayastils und -kalenders weit vor dem uns bekannten Auftreten vor 300. In Art einer Maya-Stele erscheint auf der Rückseite das Datum 8.14.3.1.12 (= 320 nach Chr.), auf der Vorderseite eine auf einem Gefangenen stehende reichgeschmückte Mayapersönlichkeit. Linienführung und phantastische Anhäufung von Zierelementen belegen lange künstlerische Tradition. Die Fundumstände lassen auf jahrhundertelange Verwendung als Erbstück schließen.

Leidenswerkzeuge →Passionswerkzeuge.

Leinberger, Hans. Deutscher Bildhauer. Geb. um 1470 wohl in Niederbayern, gest. um 1530 in Landshut. Hauptmeister der spätgot. Altäre, die durch ihren teilweise krassen Naturalismus, ihre starke Bewegtheit und ihre Gemütstiefe die Renaissance überspringend, schon barock wirken (gotisches Rokoko). Sein Hauptwerk dieses Stils ist der Hochaltar des Münsters in Moosburg (1515). Weitere erhaltene Werke monumentaler Plastik sind u. a. ein Kruzifixus im Bayer. Nationalmus. in München, 1516, und eine überlebensgroße Madonna in Landshut.
Lit.: A. Feulner, L.s Moosburger Altar, 1923.

Leins, Christian Friedrich. Deutscher Architekt. Geb. 1814 in Stuttgart, ebda. gest. 1892. Arbeitete nach der Gewerbeschule u.a. im Atelier von →Zanth und 1837 bei H. →Labrouste in Paris. Im Auftrage von Kronprinz Karl erbaute er die Villa Berg bei Stuttgart (1844–53). Für diesen Bauauftrag reiste er im Gefolge des Kronprinzen nach Italien (1845/46), wo er Anregungen für seine historischen Architekturen empfing. Als langjähriger Lehrer an der Technischen Hochschule Stuttgart gehörte er zu den Schöpfern einer traditionsreichen Stuttgarter Architekturschule.
Lit.: Thieme-Becker.

Leinwand. Die in einen Rahmen gespannte L. ist Bildträger eines Gemäldes in Öl oder Tempera, nachdem die L. mit einer Grundierung versehen wurde. →Tafelmalerei.

H. Leinberger, „Der ungerechte Richter", um 1530 (Nürnberg, Germanisches Nat.Mus.).

Leipzig. 1) Das Alte Rathaus, Blickpunkt und Schmuckstück des ehemals wegen seiner Geschlossenheit gerühmten Marktplatzes, ist ein Renaissancebau von 1556 mit der beachtlichen Länge von 90 m. Das Erdgeschoß ist in Arkaden aufgelöst. Die Fassade zieren 6 abgetreppte Giebel entlang des mächtigen Daches, deren Reihe von dem asymmetrisch gesetzten barocken Turm mit glockenförmiger Haube und Laterne unterbrochen wird. – **2)** Im sogen. Musik- oder Konzertviertel das Gewandhaus. Das 1884 in maßvollem Klassizismus neu erbaute Konzerthaus wurde im 2. Weltkrieg schwer beschädigt. Die noch bestehenden Umfassungsmauern wurden notgedeckt. – **3)** Die Nikolaikirche gehört zu den ältesten Bauten der Stadt (Ende 12. Jh.). Das roman. Westwerk strebt fast schmucklos kubisch auf. Die Bekrönung des Mittelturmes und die Dächer der beiden Flankentürme stammen aus der Renaissance. Das Innere war 1525 zu einer got. Halle umgebaut worden. 1725 wurde der Innenraum sehr qualitätvoll frühklassizistisch ausgestaltet.
Lit.: Leipzig, ein Gang durch die Messe-Stadt, 1957.

Leistikow, Walter. Deutscher Maler. Geb. 1865 in

Bromberg, gest. 1908 in Schlachtensee bei Berlin. Nach seinem Studium an der Berliner Akademie 1885-90 ließ er sich ganz in Berlin nieder und gehörte 1898 zu den Gründern der Berliner Sezession. Ausgehend von einer realistischen Landschaftsmalerei, entwickelte er einen das lineare Element stark betonenden Stil, der ihn zu den Hauptmeistern deutscher →Jugendstil-Malerei rechnen läßt. In seinem Spätwerk wandte er sich besonders der märkischen Landschaft zu. – Neben seinem malerischen Œuvre sind seine Jugendstilentwürfe für Plakat, Tapeten und Teppiche von besonderer Bedeutung.
Lit.: H. Vollmer, Künstlerlex. d. 20. Jhs.

Lekanis. Griech. Gefäß in Form einer flachen Schüssel mit horizontal geführten Henkeln und einem schweren Deckel. Sie wurde als Vorratsbehälter oder Speiseschüssel verwendet.

Lektionar. Liturgisches Buch, in dem die während der Messe zu lesenden Stellen der Bibel zusammengestellt sind. Das Schriftstellenverzeichnis wird Epistolar genannt.

Lekythos. Griech. Vasentyp. Die L. hat eine schlanke, hochgereckte Form und einen von der abgekanteten Schulter aufsteigenden Hals, dazu einen an der Rückseite angebrachten Henkel. Als Grabbeigabe mit dem Salböl für den Verstorbenen wurde sie verwandt. Meistens sind die Gefäße weißgrundig und mit feiner Pinselzeichnung, die Totenkultszenen zeigen, geschmückt. (Siehe Farbtafel 10.)
Lit.: A. Rumpf, Handb. d. Archäologie, VI, 104f., 1953.

Le Lorrain, Robert. Franz. Bildhauer. Geb. 1666 in Paris, gest. 1743 ebda. Schüler und Gehilfe →Girardons, dem er beim Grabmal Richelieus behilflich war. Weilte als Preisträger der Akademie von Paris in Rom (1689–94) und wurde später deren Mitglied und Rektor. Arbeitete viel für Versailles und für die Familie Rohan in Straßburg, Zabern und Paris. – L. vollzog den Übergang von der strengklassischen Form Girardons zu einem bewegten Rokoko. Sein Hauptwerk ist die Tränke der Sonnenrosse am Marstall des ehemaligen Hôtel de Rohan in Paris (um 1740).

Lelwar-Kultur. Zum Kaukasischen Kreis gehörige Kulturgruppe, deren Fundgebiete im Tifliser Gouvernement liegen. Die Funde werden in die erste Hälfte des 1. Jahrtausends v. Chr. datiert und zeigen gewisse Verwandtschaft mit denen der →Gandscha-Karabagh-Kultur. Gürtelbleche aus Bronze zeigen Kriegerfriese mit Streitwagen.

Lely, Sir Peter, eigentlich Pieter van der Faes. Holländisch-engl. Maler. Geb. 1618 in Soest bei Utrecht (nicht Westfalen), gest. 1680 in London. Um 1637 Schüler de Grebbers in Harlem, seit 1641 in England. Ausgehend von van →Dycks und Dobsons engl. Portraits, wurde L. der führende Portraitist der engl. Revolution unter Cromwell und der nachfolgenden Herrscher. Nach einer stark durch die Niederländer beeinflußten Phase gelangte L. in seinem Alter zu einer gelösten freien Maltechnik.
Lit.: C. H. Collins Baker, L. and Kneller, 1922; J. Woodward, Tudor and Stuart drawings, 1951.

Lemercier (Le Mercier), Jacques. Franz. Baumeister. Geb. um 1585 in Pontoise, gest. 1654 in Paris. Entstammte einer im 16./17. Jh. in Frankreich tätigen Baumeisterfamilie. L. war neben F. →Mansart der bedeutendste Architekt der Zeit Ludwig XIII. und Richelieus. Etwa 1607-14 weilte L. in Rom. Seine erste größere Bauaufgabe war die Weiterführung des →Louvre (Pavillon de l'Horloge mit anschließenden Trakten). 1627 begann L. mit seinem Hauptwerk, Schloß und Stadt Richelieu im Poitou. In dieser Anlage kündigt sich schon die neue, barocke, raumbeherrschende Baugesinnung von Versailles an.
Lit.: A. E. Brinckmann, Stadtbaukunst, 1920; A. Aulanier, Le Pavillon de l'Horloge, 1964.

Lemoyne (Le Moine), François. Franz. Maler. Geb. 1688 in Paris, gest. 1737 ebda. durch Selbstmord. Studierte an der Académie Royale in Paris bei Galloche; an derselben Akademie wurde L. 1733 Professor. L.s Stärke lag in der Komposition großer Deckenbilder. So übernahm er, um seine Fähigkeiten zu beweisen, das kolossale Deckenbild im Chor der Jakobinerkirche in Paris (1723). Erst während dieses Auftrages konnte L. nach Italien reisen, wo er →Correggio kopierte und wo er sich jene reizvolle, mit pikanten Halbschatten getönte Aktbehandlung zu eigen machte, die sich sein Schüler →Boucher besonders zum Vorbild nahm.
Lit.: Thieme-Becker.

Lemoyne, Jean-Baptiste. Franz. Bildhauer. Geb. 1704 in Paris, gest. 1778 ebda. Schüler Le Lorrains und seit 1738 Mitglied, 1744 Professor und 1768 Rektor der Académie. Als Lieblingsbildhauer Ludwigs XV. schuf er eine Fülle von Denkmälern und Büsten desselben. Letztere häufig in Ton, welches Material ihm bei dem Bestreben, charakteristische Momente zu erfassen, besonders gelegen war. Damit wiederum vertrat L. am meisten die franz. Rokokoplastik.
Lit.: A. E. Brinckmann, Barockskulptur, 1919.

Le Nain (Lenain), Gebrüder. Drei franz. Maler, alle in Laon geb. und in Paris gest.: Antoine um 1588–1648, Louis 1593–1648 und Mathieu 1607–1677. Die drei unterhielten in Paris ein gemeinsames Atelier und zeichneten nur unter dem Namen L. Eine Aufteilung des Werkes ist also nur durch Zuschreibungen möglich. 1648 traten sie gemeinsam in die neugegründete Akademie ein. Obgleich die L. zahlreiche Bilder religiösen, antikischen oder historischen Inhalts malten, sind sie doch bekannt geworden als Maler des Bauernlebens. Jedoch nicht des spaßhaften, derben, sondern des ruhig arbeitsamen, das erst in →Courbet und →Millet wieder solch unpathetische und ehrliche Interpreten fand.
Lit.: P. Jamot, Les L. N., 1929; P. Fierens, Les L. N., 1933.

Lenbach, Franz Seraph von. Deutscher Maler. Geb. 1836 in Schrobenhausen, gest. 1903 in München. 1847 bis 1852 Ausbildung als Baumeister. 1850 beginnt er autodidaktisch zu malen und studiert 1857 bei →Piloty in München. 1858/59 Aufenthalt in Rom. 1860 wurde er gemeinsam mit A. →Böcklin und →Begas nach Weimar an die Kunstschule berufen. 1862 übersiedelte er nach München. In der Folgezeit entstanden Kopien nach Werken von →Rubens und →Tizian. 1863–66 erneuter Romaufenthalt, wo er hauptsächlich als Auftragswerke Kopien nach alten Meistern ausführte. Seit 1871 lebte er abwechselnd in Berlin, München und Madrid. Um 1878 lernte er Bismarck kennen, mit dem ihn eine enge Freundschaft verband. Nach 1883 lebte er in München und verbrachte mehrere Winter in Rom. – In seiner künstlerischen Entwicklung ging er von einem stark farbigen Naturalismus aus, wandelte seinen Stil jedoch häufig in Anlehnung an die von ihm kopierten Meister. Erst um 1877 entwickelte er einen eigenen Stil, der sich hauptsächlich in seinen zahlreichen Portraits, die immer die Konzentration auf den Kopf und die Vernachlässigung nebensächlich erscheinenden Beiwerks zeigen, manifestierte.
Lit.: Thieme-Becker.

Le Nôtre, André. Franz. Gartenarchitekt. Geb. 1613 in Paris, gest. 1700 ebda. L. begann mit Studien in Malerei und Architektur, doch wurde ihm 1637 das väterliche Amt als Hofgärtner übertragen. Seine Idee des planierten und regulierten Gartens, mit perspektivischer Ausrichtung der Bepflanzung auf einen Blickpunkt hin, konnte L. erstmals im Tuileriengarten verwirklichen. Seine Hauptwerke aber sind die Parkanlagen von Versailles mit den großen Achsen, der Zusammenfassung aller Wasserflächen und der Gliederung der riesigen Fläche vor dem Schloß in drei Terrassen. Mit dieser Anlage schuf L. den franz. Barockgarten, der bis zur Ablösung durch den engl. Garten zum europäischen Gartenideal wurde. Die bedeutendsten Gärten sind ferner die von Chantilly, wo er ein unebenes Gelände in seine Form zwang, und Greenwich in England.
Lit.: Thieme-Becker; J. Guiffrey, L. N., 1912.

Leochares. Griech. Bildhauer des 4. Jhs. v. Chr. (370–40), wahrscheinlich aus Athen. Zahlreiche Werke sind in der antiken Literatur überliefert. Dazu gehört auch sein Anteil an der Ausschmückung des →Mausoleums von →Halikarnassos. Wegen mangelnder Vergleichsmöglichkeiten ist es jedoch bisher nicht gelungen,

unter den erhaltenen Skulpturen dieses Bauwerks die Werke seiner Hand mit Sicherheit festzustellen. Wahrscheinlich ist der berühmte „Apoll von Belvedere" (Rom, Vat.) eine röm. Kopie nach einer Statuengruppe des L., zu der wohl auch die sogen. „Artemis von Versailles" (Paris, Louvre) gehört.
Lit.: G. Lippold, Handb. d. Archäologie, V, 268ff., 1950.

Leon. 1) Frühester bedeutender Bau: Panteón de los Reyes (1054–67; Königskapelle und Grablege), ein zweistöckiger, zweischiffiger Bau (Planung etwa durch Westturm von St. Benoît-sur-Loire beeinflußt) an der W-Seite von St. Isidor. Bedeutende Ausmalung der Gewölbe (um 1157–88; Szenen aus Kindheit und Passion Christi, apokalyptische Theophanie), deren schmiegsame Zeichnung und Modellierung vielleicht durch franz. Miniaturen beeinflußt ist. Insgesamt jedoch aus lokaler Tradition abzuleiten. Die antikisierenden Figurenkapitelle haben lokale Vorstufen in der mozarabischen Baukunst des 10.-11. Jhs. und nehmen Motive der Bauskulptur von St. Sernin, →Toulouse, um zwei Jahrzehnte vorweg (→Languedoc). – **2)** St. Isidor: Ende 11. Jh. – 1148, dreischiffig mit Querhaus und drei Apsiden. Wichtig die Portalplastik, besonders die „Puerta del Agnus dei" mit figürlich geschmücktem Tympanon (→Agnus Dei, Isaakopfer), die im Typus mit der vielleicht wenig späteren „Porte Miègeville", →Toulouse, übereinstimmt (→Languedoc). Bezeichnend der Verzicht auf architektonische Rahmung der oben seitlich vor der Mauer angebrachten Gestalten (hl. Vinzenz, Isidor) und das vollrunde, gedunsen wirkende Hochrelief (ähnlich in →Santiago de Compostela, „Puerta de las Platerias"). – **3)** Kathedrale. Reinste Rezeption franz. Kathedralgotik auf span. Boden. Grundsteinlegung 1205, erst nach 1250 Dombauhütte erwähnt, 1303 wohl weitgehend vollendet. Grundriß an →Reims orientiert: 3schiffiges, 5jochiges Langhaus, 3schiffiges Querhaus, 5schiffiges Vorchorjoch, Chor mit Umgang und Kapellenkranz. 3teiliger Aufriß im Verhältnis 3:1:3 mit doppelschaligem verglastem Triforium. Außenbau weniger klar. Westfassade mit Vorhalle (Vorbild: →Chartres, Querhausvorhallen). Türme seitlich neben den Seitenschiffen (vergleiche engl. Bauten, z. B. Kathedrale von Wells; auch →Santiago de Compostela). Der Bauschmuck normannisch beeinflußt.
Lit.: W. M. Whitehill, Spanish Romanesque architecture of the eleventh century, 1941; M. D. Berrueta, La Catedral de L., Los Monumentos cardinales de España XI, 1951; W. Cook und J. Gudiol Ricart, Pintura mural, Ars Hispaniae VI, 1950; W. Sauerländer, Skulptur des Mittelalters, UKG XI, 1963.

Leonardo da Vinci. Italien. Maler, Bildhauer, Baumeister, Techniker und Forscher. Geb. 1452 in Vinci bei Empoli, gest. 1519 in Schloß Cloux in Amboise. 1466 begann L. bei A. →Verrocchio in Florenz die Malerlehre, 1472 wurde er in die Gilde der Maler aufgenommen. Aus den Florentiner Jahren bis 1481 ist nur ein kniender Engel auf Verrocchios Taufe Christi (links) und eine unvollendete Anbetung (Florenz, Uffizien) gesichert. 1482 bewarb sich L. bei der Regentschaft in Mailand als Militäringenieur, Architekt und Bildhauer. In den folgenden 17 Jahren in Mailand entfaltete L. seine ganzen Fähigkeiten. Als Architekt entwarf er u. a. eine Vierungskuppel für den Mailänder Dom, als Bildhauer vollendete er das Modell für ein Reiterstandbild des F. Sforza, das jedoch vor dem Guß 1499 bei der Eroberung Mailands durch die Franzosen zerstört wurde. Als Maler schuf L. u. a. die Felsgrottenmadonna (in zwei Fassungen vorhanden: Louvre und Nationalgal. London. Die originalere ist nicht festgestellt) und das Abendmahl im Refektorium des Klosters S. Maria delle Grazie in Mailand (1496/97), das heute fast gänzlich zerstört ist. Es ist die reifste und vollkommenste Lösung, die dieses Thema in der italien. Malerei gefunden hat; in der seelischen Vertiefung des Vorganges blieb dieses Werk unerreicht. In der Komposition und im Ausgleich von Kraft und Harmonie zeigt sich die Renaissance auf ihrem Höhepunkt. Als Forscher endlich hat L. in Mailand mit der Sammlung seiner Beobachtungen und seinen theoretischen und praktischen Studien begonnen. – Die kriegerischen Verwicklungen Mailands veranlaßten L. 1499, über Mantua und Venedig nach Florenz zurückzukehren. In den nächsten sechs Jahren entstanden der Entwurf der Hl. Anna Selbdritt (ausgeführt in Mailand, heute Louvre), das Bildnis der Mona Lisa (1503–06, Louvre) als Ideal des beseelten Portraits und der Karton zur Anghiarischlacht. Diese letzte Komposition ist nur in Umzeichnungen zeitgenössischer Kopisten und von →Rubens bekannt, gibt aber auch so

Leonardo da Vinci, „Maria mit dem Kinde"
(München, Alte Pinakothek).

schon die außerordentliche entwicklungsgeschichtliche Bedeutung zu erkennen. 1506 kehrte L. nach Mailand zurück. Außer der Anna Selbdritt und einer Halbfigur Johannes des Täufers (beide im Louvre) ist aus dieser Zeit jedoch nichts Eigenhändiges mehr erhalten, nur Schülerarbeiten und -kopien sind bekannt. Seine Interessen hatten sich auf die wissenschaftlichen (namentlich anatomischen) und technischen Studien verlagert. 1513 zog L. an den Hof Papst Leos X. nach Rom, doch sind aus dieser Zeit so wenig Arbeiten bekannt wie aus der Zeit nach 1516, die L. im Dienste König Franz I. in Frankreich in Cloux, in Begleitung seines Schülers Melzi, verbrachte. – In L. hat die in der Hochrenaissance entwickelte Idee des universalen Menschen ihre Verkörperung gefunden. Die Verschmelzung von Kunst und Wissenschaft ist keinem anderen so weit gelungen. Aus seiner Universalität heraus legte L. seinen künstlerischen Arbeiten eingehende Naturstudien – oder auch technische – zugrunde. Dabei strebte er nach plastischer Ausarbeitung des Körpers und einer exakten, tiefenräumlichen Raumdarstellung. Ein Gestaltungsmittel seiner Malerei war ihm das sfumato, mit dem er die Übergänge von Licht und Schatten gestaltete.
Lit.: E. Verga, Bibliografia Vinciana 1493–1930, 2 Bde, 1931; Quellenschriften, herausgegeben von Eitelberger, 5 Bde., 1884/85; L., 1940, Zusammenfassung der Mailänder Ausstellung von 1939 mit 40 Aufsätzen, 2000 Abbildungen (deutsch).

Leopardi, Alessandro. Italien. Goldschmied, Bronzegießer, Architekt und Bildhauer. Geb. in Venedig, gest. 1522/23 ebda. 1484 an der venezianischen Münze beschäftigt. – Von L.s vielseitigem Werk ist nur weniges erhalten und für L. gesichert. Am bedeutendsten ist Guß, Ziselierung und Marmorsockel von →Verrocchios Reiterdenkmal des Colleoni in Venedig (Guß 1492, Enthüllung 1496). Ferner schuf L. die Fahnenhalter auf dem Markusplatz (1501–05). Die 1521/22 begonnene Kirche

S. Giustina in Padua hat L. zwar begonnen, doch spricht die Ausführung nicht mehr für ihn.

Lepakschi. Südindisches Dorf mit einem großen Tempel im →Vidschayanagar-Stil. Er wurde um 1540 mit Fresken ausgeschmückt, die zu den seltenen Beispielen mittelalterl. Wandmalerei gehören und die Umwandlung des Stils von →Adschanta in den graphischen, zweidimensionalen Stil der Miniaturmalerei zeigen.
Lit.: Barrett, Painting, 46.

Lepautre (Le Paultre), Jean. Franz. Radierer. Geb. 1618 in Paris, gest. 1682 ebda. L. war der produktivste und phantasievollste Ornamentstecher seiner Zeit. Ab 1643 begann seine Produktion in Ornamentstichen (Architekturen, Möbel, Kamine, Kircheneinrichtungen), ferner Landschaften, historische und biblische Szenen, Flugblätter und Gelegenheitskarten. 1751 wurde bereits ein 775 Blatt umfassendes Werk seiner Stiche zusammengestellt, und die Nationalbibliothek in Paris verwahrt 2348 Blatt.
Lit.: P. Jessen, Der Ornamentstich, 1920.

Leptis Magna. Antike Stadt in Lybien. Sie war ursprünglich eine phönizische Niederlassung, fiel aber später den Römern zu und wurde in der röm. Kaiserzeit eine bedeutende Handelsstadt. Kaiser Septimius Severus, der 146 n.Chr. in L. geboren wurde, schmückte die Stadt mit prachtvollen öffentlichen Bauten. L. wurde im 4. Jh.n.Chr. durch ein Erdbeben zerstört. Um 1920 haben italien. Archäologen bedeutende Reste freigelegt. Man fand großartige Bäder, den Triumphbogen des Septimius, den Kaiserpalast, eine Basilika, einen gewaltigen Zirkus, Wasserleitungen und Zisternen. – Christliche Basilika (530–50) mit einer Doppelapsis. Wichtigstes Beispiel dieser Gestaltung aus vorkarolingischer Zeit. Hervorgegangen aus der Marktbasilika des Kaisers Severus, die auch schon Doppelapsis besaß.
Lit.: M. Floriani Squarciopino, L., 1966.

Lesbisches Kymation →Kymation.

Lesche. Griech. Versammlungshaus, wie es auf öffentlichen Plätzen und in Heiligtümern errichtet wurde. Die berühmteste L. stand in Delphi und war als Rechtecksbau mit 8 Innensäulen erbaut. Im Inneren befanden sich die großen Gemäldezyklen des →Polygnot, von denen →Pausanias eine ausführliche Beschreibung überliefert hat, die zu den wichtigsten Quellen der antiken Malerei gehört.

Lescot, Pierre. Franz. Baumeister. Geb. zwischen 1500 und 1515, gest. in Paris 1578. Durch Franz I. mit dem Neubau des Louvre in Paris beauftragt, vollendete er dessen Westflügel sowie einen Teil des Südflügels bis 1569. In diesen Teilen, deren plastische Arbeiten von J. →Goujon stammen, erwies sich L. als Hauptmeister der franz. Frührenaissance, die er möglicherweise in Italien studiert hatte. Weitere Teile am Gesamtkomplex Louvre–Tuilerien hat L. begonnen, jedoch nicht fertiggestellt. Andere Bauten sind in originalem Zustand nicht erhalten. Seine Architekturideen wurden für die klassische franz. Baukunst maßgebend.
Lit.: A. Haupt, Baukunst der Renaissance in Frankreich und Deutschland, 1916.

Lesnovo (Serbien). Kirche von L. (1349) besitzt Gemälde einer Mönchsschule des 14. Jhs. Besonders charakteristisch der sogen. „Reigen".

Lespugue (Dép. Haute-Garonne, Südfrankreich). In der „Grotte-des-Rideaux" wurde eine der bekanntesten Frauenstatuetten der →Älteren Steinzeit gefunden. Sie besteht aus Elfenbein (Höhe 14,7 cm). Axiale Gliederung und horizontale Schichtung entsprechen den Kompositionsgesetzen des →Aurignacien; die Proportionen sind, bei einer Überbetonung des Unterkörpers, deutlich verschoben. Haare und Schurz sind durch Gravierung angedeutet, der Kopf ist gesenkt, Einzelheiten des Gesichts fehlen. Die Statuette ist mit der Gravierung von →Předmost zu vergleichen.
Lit.: Bandi/Maringer, Kunst der Eiszeit, 1955.

Lessing, Karl Friedrich. Deutscher Maler. Geb. 1808 in Breslau, gest. 1880 in Karlsruhe. Begann 1822 in Berlin mit dem Studium der Architektur, das er jedoch bald aufgab, um sich der Malerei zuzuwenden. 1826 übersiedelte er nach Düsseldorf und schloß sich dort W. v. →Schadow an, der seine weitere Entwicklung maßgeblich beeinflußte. In der Folgezeit entstanden romantische Landschaftsbilder und historische Kolossalgemälde. Um 1830 begann er literarische Werte in die Malerei umzusetzen und schuf damit den Prototyp des „Heldengenre", von dem aus er das politische Historienbild entwickelte. Zwischen 1840 und 1865 malte er zahlreiche Bilder nach Themen der Religionskämpfe des 15. und 16. Jhs., während er sich später mehr dem historischen Portrait und der realistischen Landschaftsmalerei zuwandte.
Lit.: Thieme-Becker.

Lesueur, Eustache. Franz. Maler. Geb. 1617 in Paris, gest. ebda. 1655. Schüler →Vouets in Paris. Entwickelte seinen franz.-klassischen Stil an den Italienern →Caravaggio, →Carracci und →Reni sowie an seinem Landsmann N. →Poussin. Ausgehend von dekorativer Malerei mythologischen Inhaltes, kam L. in das Fach der religiösen Malerei. Sein Hauptwerk ist hier der Zyklus von 22 Bildern zum Leben und Wirken des hl. Bruno für die Kartause in Paris (heute Louvre). Die in großfigurigen Gruppen komponierten Bilder, ohne störendes Beiwerk, voll Würde und Anmut heben sich gegenüber der zeitgenössischen religiösen Malerei Frankreichs wohltuend ab. Seine Kunst bezeichnet die klassische Neigung des Stils Ludwig XIII. und bereitete damit und mit den dekorativen Elementen den Stil Ludwigs XIV. vor.
Lit.: Thieme-Becker.

Lettner (lat. lectorium „Lesepult"). Seit dem 13. Jh. anstelle der →Chorschranken als hohe Trennwand zwischen Chor und Mittelschiff eingebaut. Er hatte einen oder mehrere Durchgänge und eine über Treppen zugängliche, mit Brüstung versehene, meist geräumige Bühne, von der aus an einem Lesepult (daher der Name der Anlage) das Evangelium verlesen wurde, die jedoch auch als Sängertribüne dienen konnte. Ältestes deutsches Beispiel ist der roman. L. vor dem Ostchor des Doms zu →Naumburg, der allerdings nur die Seiten der durch die Krypta weit über das normale Bodenniveau erhöhten Chorbühne verkleidet. Der L. in Maulbronn nähert sich bereits dem späteren Normaltyp. Frühestes got. Beispiel ist der in Fragmenten überkommene L. der Kathedrale von Chartres (1220). Wichtige frühe deutsche L. im Straßburger Münster (zerstört), in den Domen von Mainz (nur Reste) und Naumburg (beide vom →Naumburger Meister). Gewöhnlich wurden die durcharchitektonisierten L. reich mit Bildwerken, meist Reliefs, geschmückt. Vermutlich, weil die L. die Sicht auf das Meßopfer nahmen, wurden sie in nachmittelalterl. Zeit größtenteils zerstört (im Barock statt dessen oft schmiedeeiserne Gitter). Bezeichnend für den liturgischen Wandel ist die L.anlage in St. Etienne du Mont, Paris, aus der 1. Hälfte des 16. Jhs., die nur aus einer brückenartigen, die Sicht nicht behindernden Bühne besteht.
Lit.: E. Kirchner-Doberer, Die deutschen L. bis 1300, Diss. Wien, 1946; dies., „Der L. Seine Bedeutung und Geschichte", Mitteilungen der Gesellsch. für vergleichende Kunstforschung in Wien, 1956, 117–122.

Leuchter →Kandelaber, →Kronleuchter.

Leuchterweibchen →Muttergottesleuchter.

Levantekunst. Malereien unter →Abris und in natürlichen Felsnischen entlang der ostspanischen Küstenzone; sie werden der →Mittleren Steinzeit zugewiesen. Die L. ist seit 1903 bekannt und unterscheidet sich in wesentlichen Merkmalen von der →Höhlenmalerei der →Älteren Steinzeit: szenische Darstellungen, fast „Erzählungen", sind jetzt, ebenso wie die Wiedergabe von Menschen, von zentraler Bedeutung. Lebendige Schilderungen von Jagd, Kampf, Kult und Sammeltätigkeit überwiegen. Gravierungen sind selten. Die Darstellung des Menschen variiert von einer fast naturalistischen Auffassung bis zu starken Stilisierungen; man hat vier Grundtypen herauszuarbeiten versucht (→Alpera-, →cestosomatischer, →nematomorpher und →pachypoder Typ), die sich nicht nach Fundstellen trennen lassen. Es bleibt unklar, ob sie unterschiedlichen Stilstufen angehören. Trotz der Stilisierung, die in den Spätstufen bis zu Zeichen und Symbolen reicht, wird auf die Wiedergabe von Waffen, Schmuck, Haar-

und Barttracht Wert gelegt, manchmal sind sogar Kleidungsstücke angegeben. Sowohl der Beginn der L. im ausgehenden Paläolithikum als auch der Übergang in die →Jüngere Steinzeit sind noch umstritten; Zusammenhänge mit afrikanischen →Felsbildern noch ungenügend erforscht.

Lit.: Bandi/Maringer, Kunst des Eiszeit, 1955.

Levanzo. Insel vor der Westküste Siziliens mit einer Höhle, in der im Jahre 1950 jungpaläolithische Wandbilder entdeckt worden sind. Außer Gravierungen von maskierten und tanzenden Menschen kommen naturnahe Darstellungen von Hirsch, Wildpferd und Urrind vor.

Levau (Le Vau), Louis. Franz. Baumeister. Geb. um 1612 in Paris, gest. 1670 ebda. Seine Ausbildung in Italien kann vermutet werden. Seit 1654 Hofarchitekt und als solcher maßgebend am Bau von →Versailles beteiligt. – Seine Bedeutung liegt in der Überwindung der franz. Renaissance und der Begründung des franz. Spätbarock als Weltstil. Zwar fehlt ihm das ausgesprochen Monumentale, dafür wurde er jedoch der Schöpfer der franz. Raumkunst mit ihrer Betonung von Komfort und Eleganz. Sein bedeutendster Bau ist das Schloß Vaux-le-Vicomte (1655–61), das zum Muster des franz. Landschlosses wurde, mit intimer äußerer und innerer Wirkung. Weitere Bauten: Le Collège Mazarin (Institut de France) und Bauleitung in Versailles (1661–70).

Lit.: A. E. Brinckmann, Die Baukunst des 17. und 18. Jhs. in den romanischen Ländern, 1931.

Levi, Carlo. Italien. Maler, Schriftsteller und Politiker. Geb. 1902 in Turin, lebt in Rom. Begann mit einem Medizinstudium, wandte sich jedoch 1923 der Malerei zu, wo er schließlich über →Modigliani und →Braque zu einem Neo-Realismus gelangte. Wegen seiner Führerrolle im Kampf gegen die offizielle Kunst des „Novecento" wurde er zeitweilig inhaftiert. Daraus entwickelte sich L.s zeitweiliges Engagement in der Politik, wobei er verschiedene Zeitungen herausgab. Als er wieder zu malen begann, schloß er sich dem sozialen Neurealismus von R. →Guttuso an.

Levitenstuhl. Dreisitziger Stuhl, den der Priester und seine zwei Diakone während des Credo und Gloria der Messe benutzten. In frühgot. Zeit ist er häufig in die südliche Chorwand als Nische eingetieft; später zumeist aus Holz und zum Chorgestühl gehörig.

Levy, Rudolf. Deutscher Maler. Geb. 1875 in Stettin, 1943 in einem KZ umgekommen. Nachdem er 1933 verboten wurde, ging er nach Italien. Seine von →Matisse und →Cézanne beeinflußte Malerei umfaßte Landschaften, Stilleben, figürliche Kompositionen und Portraits.

Lewis, Wyndham. Engl. Maler, Zeichner und Kunstschriftsteller. Geb. 1884 in Neu-Schottland, ansässig in Washington. Nach dem Besuch der Slade School in London schloß er sich der sogen. „London Group" an, in der sich die Anhänger der Moderne vereinigten. 1914 gründete er den →Vorticismus, eine Stilrichtung, die Anregungen des →Kubismus mit Elementen des →Futurismus verband. Seine Werke sind weitgehend abstrakt, jedoch gibt er den Gegenstand niemals völlig auf. – Als Kunstschriftsteller arbeitete er an der Zeitschrift „Blast" und war Herausgeber der Zeitschrift „The Enemy", die er fast nur mit eigenen Artikeln herausgab.

Lit.: H. Vollmer, Künstlerlex. d. 20. Jhs.

Lewizkij, Dimitrij Grigorjewitsch. Russischer Maler. Geb. um 1735 in Kiew, gest. 1822 in Petersburg. Seit 1771 Prof. an der Petersburger Akademie. L. war der bedeutendste russische Portraitmaler seiner Zeit. Seine größte Entfaltung erlebte er in den siebziger Jahren unter Katharina II. In diesen Jahren trat L. den westeuropäischen Bildnismalern, besonders denen des franz. Rokoko, ebenbürtig zur Seite.

Lit.: S. Djagileff, D. G. L. (Die russischen Maler im 18. Jh., I), 1902.

Lewkas. Malgrund einer →Ikone.

Leyden, Lucas van, eigentlich Lucas Hugensz. Niederl. Maler, Kupferstecher und Holzschnittzeichner. Geb. 1494 in Leiden, gest. 1533 ebda. Schüler seines Vaters Hughe Jacobsz und des C. →Engelbrechtsen. L. war der Hauptmeister der niederl. Renaissance; seine besondere Stärke lag hierbei auf dem Gebiet des Kupferstichs. Schon in seinen frühesten Arbeiten (1508, Mohammed und der getötete Mönch) zeigt L. einen eigenen, vom Lehrer unabhängigen Stil. Nur von →Dürers graphischen Kompositionen hat er manches in sich aufgenommen. – L.s Stil zielte weniger auf eine regelmäßige Gruppierung und plastische Ausformung der Körper als auf die Betonung menschlicher und stofflicher Eigenheiten. Später näherte sich L. dem Romanismus; hier waren es besonders die Stiche →Raimondis nach Raffael, die ihn fesselten. – Seine Tafelbilder behandeln alt- und neutestamentarische Themen (Lot und seine Töchter, Louvre; Altar des Jüngsten Gerichts, 1526, Leiden). Auch Sittenbilder und Bildnisse malte und zeichnete er.

Lit.: M. J. Friedländer, in: Meister der Graphik XIII, 1924; ders., Die altniederl. Malerei, 10, 1932.

Lhasa. Tibetisch „Ort der Götter", Hauptstadt von Tibet, seit dem Altertum ein wichtiger Handelsplatz. Der Jo-Khang-Tempel aus dem Ende des 1. Jahrtausends ist der Mittelpunkt der Stadt, welche von der Palastburg (Potala) des Dalai Lama beherrscht wird.

Lhôte, André. Franz. Maler. Geb. 1885 in Bordeaux, gest. 1962 in Paris. Er begann als Bildhauer und kam um 1905 autodidaktisch zur Malerei. 1905–07 Aufenthalt in Rom. 1922 gründete er seine eigene Malakademie in Paris, durch die er zahlreiche junge Maler förderte und beeinflußte. In seinem eigenen Schaffen, maßgeblich durch seine überragenden intellektuellen Fähigkeiten bestimmt, nahm er Anregungen der Kubisten auf, ohne sich deren Kunsttheorien anzuschließen. Daneben haben ihn →Cézanne und →Picasso beeinflußt. Konstruktion, Farb- und Formanalyse kennzeichnen seine Bilder.

Lit.: H. Vollmer, Künstlerlex. d. 20. Jhs.

Libon. Griech. Baumeister aus Elis. Einziges von ihm überliefertes Werk ist der große 470–456 v. Chr. errichtete Zeustempel von →Olympia, in dem erstmals der griech. dorische →Peripteros in den klassischen Formkanon eingeschmolzen wurde.

Libyer. Westliche Nachbarn Ägyptens, wo sie als Gegner bereits zur →Thinitenzeit bezeugt sind. Die Abwehrkämpfe gegen sie bilden ein wichtiges Thema der →ägypt. Kunst bis in die Ramessidenzeit. Auf eine bis in die jüngere Altsteinzeit zurückreichende Besiedlung des weiten, von L.n beherrschten Gebietes weisen zahlreiche Felsbilder, die bis in die Steinkupferzeit verfolgt werden können und Beziehungen zur ägypt. Vorzeit erkennen lassen. Von Gravierungen sind Malereien zu scheiden, die durch langwüchsige Figuren mit lebhaften, geschmeidigen Bewegungen gekennzeichnet sind. Die Motive deuten auf Jäger und Rinderhirten, deren geistiges Erbe bei den L.n nachwirkt. Seit dem Ende der 20. Dyn. nimmt die Unterwanderung des Deltas durch L. zu. Ein Söldnerführer der L. wurde zum Begründer der 22. Dyn. (→Scheschonk), deren Hauptstadt →Bubastis war (950–730). Die Ägyptisierung offenbart sich unverkennbar in Bauten und Bildwerken. Beispielhaft ist die Erweiterung des Amunbezirkes in →Karnak durch den großen Säulenhof im W (Bubastidenhalle). Ein gleiches gilt für die reichen Königsgräber in →Tanis. Bedeutsam ist die künstlerische Vollendung der Großbronzentechnik. Das schönste Beispiel bietet die 59 cm hohe Statue der →Karomama, Gemahlin Takelothis' II. (847–823) (jetzt Paris, Louvre). Die Anmut der Gestalt wird durch das feinplissierte Gewand gesteigert, der Gesamteindruck durch Vergoldung und verschiedene Metalleinlagen bereichert, die eine hervorragende Beherrschung der Technik des Tauschierens zeigen. Auch Einlagen von farbigen Halbedelsteinen und Glasstückchen in Bronzefiguren verraten ein hohes technisches Können mit dem Ziel, Figuren in Farbglanz wirken zu lassen. Die Neigung zum Archaismus offenbart sich in der Vorliebe für →Würfelhocker, deren Flächen jetzt mit Beischriften und religiösen Motiven gefüllt werden. Besonders werden Bildwerke des Mittleren Reiches getreu kopiert, teilweise sogar im Original übernommen, das mit neuen Reliefs und Inschriften versehen wird. Der Befund ist aufschlußreich für das innere Verhältnis der L. zur →ägypt. Kunst der Vergangenheit, deren Formen man nicht mit neuem Sinngehalt zu erfüllen vermag. – Lit.: W. Wolf, KÄ, 600ff., 612 ff.; E. Otto, Ägypten, 218ff.

Lichtenstein (Württemberg). Die alte Burg wurde 1802 abgebrochen. Erst durch den 1826 erschienenen Roman „Lichtenstein" von W. Hauff wurde der L. berühmt. Ein Neubau entstand nach Plänen von→Heideloff (1839), ausgeführt von Rupp (Reutlingen). Der Bau ist ein typisches Dokument der romantischen Begeisterung des 19. Jhs.

Lichtenstein, Roy. Amerikan. Maler, geb. 1923, New York City. 1949 Master of Fine Arts, 49–51 Lehrtätigkeit am Ohio State College, 57–63 an New Yorker Universitäten. L. ist wie Cl.→Oldenburg eine überragende Gestalt der →Pop-Art. Die Verführungsmittel der Konsum- u. Reklamewelt werden als ästhet. Reizwert u. als Ausgangspunkt neuer Bildvorstellungen erkannt. Weiterdenken der comics u. deren Stilmittel, Ausbildung der Rastertechnik von Zeitungsabbildungen zur eigenen Stilform, 61 war das Jahr des Durchbruchs. – Lit.: Kat. „Roy Lichtenstein" des Stedelijk Museum Amsterdam 1967; Kat. der Kestner-Gesellschaft Hannover, 1968.

Lichtgaden. Auch Obergaden. Fensterstockwerk in dem erhöhten Mittelraum der altchristl. Basilika, das über die Pultdächer der Seitenschiffe herausragt. Von hier wird das Mittelschiff beleuchtet, wodurch die Nebenschiffe in ein Halbdunkel getaucht sind. Durch diese Beleuchtungsart wird das Mittelschiff stark betont. Die Abwechslung v. beleuchteten Säulen u. dunklem Intervall erzielt außerdem einen opt. Effekt.

Lichtwark, Alfred. Deutscher Kunstwissenschaftler. Geb. 1852 in Hamburg, gest. 1914 ebda. Seit 1886 leitete er die Hamburger Kunsthalle und setzte sich in vorbildlicher Weise für die Erneuerung der Kunst ein. Vor allem seine Tätigkeit und Schriften als Kunsterzieher bilden einen fruchtbaren und wertvollen Beitrag zur Kunst des 20. Jhs. – Lit.: A. L., Übungen in der Betrachtung von Kunstwerken, 1897.

Liebermann, Max. Deutscher Maler. Geb. 1847 in Berlin, gest. 1935 ebda. Studium in Berlin (1866–68) u. Weimar (1868–73). 1873–78 hielt er sich in Paris auf und lernte dort den →Impressionismus kennen. Nachdem er 1878–84 in München tätig war, ließ er sich in Berlin nieder. Sein Frühwerk entstand unter dem Einfluß von →Courbet und →Millet. Erst um 1890 findet er zur impressionistischen Farbpalette. Anregungen des franz. Impressionismus aufnehmend, entwickelte er einen eigenen Stil, indem er an seinem früheren Realismus festhielt und diesen lediglich durch lichtere Farbgebung auflockerte. – Reisen nach Holland brachten für ihn wesentliche Eindrücke. Portraits, Selbstbildnisse u. Szenen aus der Gesellschaft u. aus der Welt des Sports, daneben Landschaften u. Stilleben sind seine wesentlichen Themen. – Lit.: Thieme-Becker.

M. Liebermann, „Oude Vink", 1905 (Zürich, Kunsthaus).

Ligorio, Pirro. Italien. Baumeister, Maler und Altertumsforscher. Geb. um 1500 in Neapel, gest. 1583 in Ferrara. War seit 1542 in Rom als Fassadenmaler tätig, entschied sich dann aber für Archäologie und Architektur. Architekt im Dienste des Kardinals Ippolito d'Este, dem er die Villa d'Este bei Tivoli mit Park und Wasserkünsten erbaute. 1559–65 schuf L. das mit antiken Statuen und Brunnen reich geschmückte Kasinos Pius IV. in den vatikanischen Gärten. Unter → Michelangelo am Bau von St. Peter beschäftigt, wurde L. nach dessen Tod leitender Architekt an diesem Bau. – L. hinterließ auch ein umfangreiches Werk über die antiken Denkmäler (teilweise erschienen 1553–58 in Venedig) sowie über das antike und zeitgenössische Rom. – Lit.: Thieme-Becker.

Ligozzi, Giacomo (Jacopo). Italien. Maler. Geb. um 1547 in Verona, gest. 1626 in Florenz. Seit 1575 in Florenz als Hofmaler der Großherzöge tätig. Bedeutender als die malerischen Werke sind seine naturwissenschaftlichen Zeichnungen (Vögel, auch exotische, Pflanzen, Blumen und Früchte). Als Zeichner von religiösen und profanen Allegorien (Todesvisionen) bildete er sich u.a. nach altdeutschen Vorbildern. Als Miniator vereinigte L. schärfste Beobachtung, sorgfältige Ausführung und feine Farbenskala. – Lit.: H. Voss, Die Malerei der Spätrenaissance in Rom und Florenz, 1920.

Limburg an d. Lahn. Der Dom St. Georg gehört zu den wenigen einheitlich durchgeführten Bauten an der Wende der Romantik (Außenbau) zur Frühgotik in Deutschland. Der Dom wurde 910 gegründet, ein Neubau 1058 geweiht, der in der 1. Hälfte des 13. Jhs. durch einen 2. Neubau ersetzt wurde (Altarweihe 1235). Die Anlage ist kreuzförmig, auf die Vierung ausgerichtet, der Vierungsturm ist der höchste der 7 Türme. Neben den zierlichen Ecktürmchen der Querhausfassaden erscheinen die W-Türme wie eine Summierung von Kuben. Lisenen und Blendbogen verschiedenster Art bilden ihre reiche Gliederung. Das große Radfenster der W-Fassade hat das des Querschiffs der Kathedrale von Laon zum Vorbild. Im Inneren erreicht hier die Aushöhlung der Binnenwand ihren Höhepunkt. Mit ihren 4 Zonen, dem 4teiligen Wandsystem der (schon spitzbogigen!) Doppelarkaden, der Empore, dem Triforium und dem Lichtgaden ist das roman. Prinzip der Summierung selbständiger Teile folgerichtig durchgeführt. Die Weiterführung der Emporen im Querschiff war ursprünglich nicht vorgesehen. Das gleichmäßige Herumführen der Wandgliederung in dem kurzen, 2jochigen Schiff erweckt den Eindruck eines Zentralraumes, dessen Krönung der offene lichte Vierungsturm ist. – Lit.: H. Busch und B. Lohse, Baukunst der Romanik in Europa, 1959; Wasmuths Lex. der Baukunst, Bd. III, 1931; Reclams Kunstführer, Deutschland, Bd. 4, 1962.

Limburg, Brüder Paul, Hermann und Jan von. Franco-flämische Miniatoren. Neffen des Jean →Malouel. Benannt wohl nach der Stadt Limbricht (ehem. Lymborch) in Geldern. Ausgebildet vor 1399 bei einem Pariser Goldschmied. Paul und Jan seit 1402 im Dienst Philipps des Kühnen v. Burgund; alle drei spätestens seit 1411 Hofmaler des Duc de Berry in Bourges als Nachfolger des J. de→Hesdin. Wichtigste Werke: Heures d'Ailly (Slg. M. de Rothschild; Frühwerk), Très Riches Heures du Duc de Berry (Chantilly, Mus. Condé; begonnen 1413; vollendet von Jean →Colombe) mit den berühmten Monatsbildern. Grundlage ihrer Kunst: Jacquemart de →Hesdin, →Boucicaut-Meister, erneute Auseinandersetzung mit italien. Vorbildern, neben den Sienesen nun auch Giotto und seine Schule (T. →Gaddi). Höhepunkt des →Weichen Stils. Die Brüder verbinden verfeinertste, höfische Eleganz, Kostbarkeit der Ausführung, zarte, fast überzüchtete Formen, scharfe, genaue Zeichnung mit neuer Unmittelbarkeit der Sicht, die bes. deutlich wird in der sich einheitl. in Zonen erstreckenden, aus der Vogelperspektive gesehenen Landschaft mit topograph. getreuen Details. Ihr Werk bildet die Voraussetzung der frühen ndl. Malerei.
Lit.: E. Panofsky, Early Netherlandish Painting, 1953.

Limbus. 1) Untere Einfassung eines Gewandes. – **2)** Bezeichnung für Vorhölle. So spricht man von einem limbus patrum, in dem sich angeblich die alttestamentlichen Gerechten vor der Befreiung aufhalten. Bei der Höllenfahrt Christi, ein in der byzant. Kunst sehr bekanntes Motiv, ist der L. der Abgrund, auch der Palast

Brüder Limburg,
Monatsblatt: Château de Saumur (Chantilly, Musée Condé)

des Hades, dessen Tore Christus zertrümmert, um die Gerechten des Alten Bundes, angefangen mit Adam und Eva, zu erlösen und zu sich emporzuziehen.

Limosiner Email →Maleremail.

Lincoln. 1) Kathedrale: Über normannisch-roman. Bau (Westfassadenteile erhalten) seit 1192 got. Neubau: dreischiffiges, im Aufriß dreiteiliges (Arkade, Empore, Obergaden) Langhaus, zwei einschiffige Querhäuser mit östlichen Kapellen, Presbyterium, Retrochor; Doppelturmfassade, Vierungsturm. Für das 1233 vollendete Langhaus (reifes →Early English) bezeichnend die Verschleifung der Jocheinteilung zugunsten betonter Längenerstreckung, Betonung der Horizontalen: Einführung einer Scheitelrippe, von der die Rippen zu den erst über den Kämpfern der Arkaden beginnenden Diensten ausstrahlen. Die Ostteile (1256–1320; Hauptwerk des frühen →„Decorated Style"; der figürlichen Dekoration wegen „Engelschor" genannt) entsprechen in breiter Proportionierung und Aufrißgestaltung dem Langhaus. Charakteristisch für die engl. Hochgotik die unerhörte Fülle phantasievollster Bauornamentik und -plastik: Engelsfiguren in den Emporenzwickeln, Blattkapitelle von lebender üppiger Bildung, Säulenschäfte in schwarzem Purbeckmarmor u.a. Auch am Außenbau ist die Bauplastik ins dekorative System eingebunden. Horizontale Streifen von Blendarkarturen und Lanzettfenstern. Querrechteckige, flächig gegliederte Westfassade, deren roman. Portalnischen nicht zu monumentaler Portalgestaltung genutzt sind. Das Volumen der massigen Türme durch überreiche Zierformen verschleiert. Durch die Lage innerhalb des Stadtkerns nimmt L. eine Sonderstellung unter den engl. Kathedralen ein. – **2)** Kapitelhaus, freistehend auf der N-Seite der Kirche. Bedeutendes frühes Beispiel, um 1220. 10eckiger Bau mit äußerem Strebewerkkranz. Sterngewölbe von einem Mittelpfeiler in 20 Rippen ausstrahlend.
Lit.: P. Meyer und M. Hürlimann, Englische Kathedralen, 1948.

Lindner, Richard. Deutsch-amerikan. Maler, geb. 1901, Hamburg; künstlerisch erzogen in Nürnberg u. München, 1933–39 in Paris. 41 Emigration i. d. USA lebt in New York; bis 52 vorw. Illustrator, seitdem ausschließl. Maler. Das Werk L.s beschäftigt sich in großfigurigen Bildern mit den Menschen des 20. Jhs. „Für L. wird daraus ein Menschenbild mit massenhaften u. maskenhaften, klischeehaft ausgeprägten u. puppenhaft konstruierten Zügen", genußsüchtig u. gesichtslos, isoliert u. rabiat intensiv. – Lit.: Kat. der Staatlichen Kunsthalle Baden-Baden, 1969.

Lindos. Griech. Stadt auf Rhodos, an der O-Küste der Insel gelegen. Die frühesten Siedlungsspuren reichen in mykenische Zeit zurück. In archaischer Zeit war L. wegen seines günstigen Naturhafens eine der wichtigsten Städte der Insel. Ihre eigentliche Blüte erlebte L. jedoch erst im 4. Jh. v. Chr. und im Hellenismus, als die Akropolis prachtvoll ausgebaut wurde. Die untere Terrasse wurde von einer in dorischer Ordnung errichteten, fast 90 m langen Halle mit zwei seitlich vorspingenden Flügeln eingerahmt (um 200 v.Chr.). Von hier aus führt eine über 20 m breite Treppenanlage zu der oberen Terrasse mit dem Heiligtum der Athena Lindia, das durch ein dorisches, den Propyläen von Athen nachgebildetes, um 300 v.Chr. errichtetes Propylon zugänglich ist. Der Tempel selbst wurde um 330 v.Chr., einem Vorgängerbau des 6. Jhs. folgend, als dorischer Amphiprostylos erbaut. Im Hellenismus wurde der Platz durch großzügige Hallenanlagen im S, die mit dem Torbau korrespondieren, zu einer großräumigen Platzarchitektur gestaltet. – Im MA Sitz der Ritter, die hier ein Ritterkastell u. zahlr. mittelalterl. Bauten errichteten.
Lit.: Kirsten-Kraiker, Griechenlandkunde, 586ff., 1962.

Linear. In der bildbeschreibenden Terminologie bezeichnet l. die Betonung zeichnerischer Werte gegenüber den malerischen. Scharfe Umrißlinien, fest eingegrenzte Farbflächen, die übergangslos aneinandergesetzt sind, und die auf der Zeichnung aufbauende Bildkomposition sind die wesentlichen Elemente eines l.en Stils, der entwicklungsgeschichtlich häufig als Vorläufer eines malerischen Stils zu erkennen ist. Daraus hat die Kunstwissenschaft (Wölfflin) die nicht mehr lückenlos aufrechtzuerhaltende These aufgestellt, daß allen Stilentwicklungen die Gesetzmäßigkeit von der Aufeinanderfolge von l. und malerisch zugrunde läge.

Linearbandkeramik. Frühneolithische Kultur in Mitteleuropa (→Bandkeramik). Außer einer reichverzierten Keramik kommen nur gelegentlich einfache Gesichts- oder Menschendarstellungen sowie einige primitiv wirkende Tierplastiken aus Ton vor (→Niederweisel).

Linga. In der indischen Mythologie Zeugungsbild des Hauptgottes Schiva, abstraktes Kultsymbol im Mittelpunkt zahlreicher Tempel.

Linienmanier →Grabstichel.

Linienschnitt →Holzschnitt.

Linoleumschnitt. Graphische Technik, die dem →Holzschnitt entspricht, jedoch an Stelle des harten Holzes das weiche Material des Linoleums verwendet.

Linsenflasche. Gefäßtyp der →Latène-Zeit. Eine im Querschnitt „linsen"-ähnliche Form und ein hoch ausgezogener Halsteil sind auf die erste Kenntnis der schnell rotierenden Töpferscheibe im mitteleuropäischen Raum zurückzuführen; auf der breiten Schulter der Gefäße sind gelegentlich Verzierungen (→Matzhausen).

Liotard, Jean Etienne. Franz.-Schweizer Pastell- und Emailmaler. Geb. 1702 in Genf, gest. 1789 ebda. Lernte in Genf und Paris und malte hauptsächlich Portraits. 1736 brach L. zu einer mehrjährigen Reise auf, die ihn über Rom, Griechenland nach Konstantinopel führte, wo L. 5 Jahre lang lebte. Auf dem Rückweg kam er auch nach Wien. Überall fand er vornehme Kundschaft, zu der auch der Papst und die kaiserliche Familie zählte. 1748 kehrte L. nach Paris zurück, wo er zwar gefeiert wurde und Aufträge erhielt, nicht aber in die Akademie aufgenommen wurde, weshalb er 1758 endgültig nach Genf übersiedelte. – Lit.: F. Fosca, J. E. L., 1928.

Lipitischtar. 5. König der Dyn. von →Isin (ca. 1875–1865 v.Chr.), bedeutsam wegen seines sumerisch abgefaßten Reformgesetzes, das „das Recht in Sumer und Akkad wiederherstellen" sollte. L. ist damit zus. mit dem älteren Urnammu Vorläufer des Hammurabi von Babylon. – Lit.: H. Schmökel GAV, 74f.

Lippi, 1) Fra Filippo. Italien. Maler. Geb. um 1406 in Florenz, gest. 1469 in Spoleto. Seit 1421 Karmelitermönch in Florenz und seit 1456 Kaplan in Prato. Seine künstlerische Ausbildung ist ungeklärt, doch haben →Masaccio und →Fra Angelico seine Entwicklung beeinflußt. Wie dieser war L. bestrebt, die Darstellungen christlicher Legenden und der Heilsgeschichte mit weltlicher Sinnenfreude zu verbinden, die ihm wohl näherstand: die Beziehung der Muttergottes zu ihrem Kind wird ins Mütterliche umgedeutet, dies besonders schön in den verschiedenen runden Andachtsbildern. Aber auch die anderen Gestalten sind schöne, anmutvolle diesseitsbezogene Menschen, und der perspektivisch genau konstruierte Raum ist belebt durch eine Fülle genrehafter Details. – **2)** Filippino. Italien. Maler. Geb. um 1457 in Prato, gest. 1504 in Florenz, Sohn von 1). Seine Lehrjahre bei →Botticelli seit 1742 haben sein Jugendwerk nachhaltig beeinflußt, das auch früher seinem Lehrer zugeschrieben wurde (Anbetung der Könige, Nat.-Gal. London). Diese Werke zeichnen sich aus durch die seinem Lehrer eigene Anmut und Zierlichkeit, bei Filippino auch Geziertheit der Gestalten und Freude an kostbaren Gewändern und Schleiern. – Einen Umbruch brachte der Auftrag zur Vollendung des Freskenzyklus des →Masaccio in der Brancaccikapelle von S. Maria del Carmine in Florenz. Der hier schon vorgegebene monumentalere Freskenstil Masaccios übertrug sich auch auf L. Seine Kunst gewann an Kraft, ohne die anmutige Bewegungskunst der früheren Jahre zu verlieren. Der Spätstil L.s, vertreten durch seine römischen Fresken S. Maria sopra Minerva, zeigt eine „barocke" Übersteigerung der Gestik und Charakteristik der Gestalten und wirkt dadurch eher unruhig. – Lit.: A. Scharf, F. L., 1950.

Lippold, Richard. Amerikan. Bildhauer. Geb. 1915 in Milwaukee. 1933–37 Ausbildung in Chicago. Anschließend für die Industrie als Designer tätig. Als Bildhauer Autodidakt. Seine ersten Drahtfiguren entstanden 1942. Seit 1947 auf zahlreichen Ausstellungen vertreten. Von Anfang an arbeitete er abstrakt und hat seine Konzeption kaum verändert. Aus verschiedenen Drahtmaterialien schuf er geometrische, transparente Kompositionen, die stark vom Konstruktivismus beeinflußt sind.
Lit.: Knauers Lex. d. mod. Plastik, 1964.

Lipsanothek (griech. = Reliquienbehälter). Speziell bezeichnet es ein Elfenbeinkästchen, das in Brescia aufbewahrt wird. Stammt aus dem Kloster S. Giulia (4. Jh.). Ikonographisch dadurch interessant, daß es neben bekannten Szenen aus dem Leben Jesu, wie der Auferwekkung des Lazarus, der Blindenheilung, der Auferweckung von Jairi Töchterlein, des Verhörs von dem Hohen Rat und Pilatus, der Gefangennahme Christi, der Verleugnung des Petrus, auch völlig neue Erzählungen der Bibel, Altes und Neues Testament in seinen Bilderschatz aufgenommen hat. Im Neuen Testament sei an die Darstellung Christi als des guten Hirten, der den Wolf abwehrt, oder an die Bestrafung des Ananias und der Saphira durch Petrus hingewiesen. Auch künstlerisch ist die L. eines der schönsten Stücke der altchristl. Kunst.

Lipschitz, Jacques. Russisch-franz. Bildhauer. Geb. 1891 in Druskieniki/Litauen. Nach anfänglichem Architekturstudium ging er 1909 nach Paris und studierte dort an der Ecole des Beaux-Arts und an der Académie Julian, ohne mit den großen neuen Kunstrichtungen in Berührung zu kommen. 1912 ging er nach Rußland, kehrte aber bereits 1913 zurück nach Paris und lernte →Picasso und →Archipenko kennen. Aus der Beschäftigung mit dem →Kubismus fand er eine eigene Formensprache und löste sich damit von der akademischen Bildhauerei. Auf geometrische Grundelemente reduzierte, streng architektonisch aufgebaute Köpfe und Figuren entstehen. Um 1925 löste er sich von der strengen Form des Kubismus und setzt an Stelle des dichten Volumens die dynamisch frei schwingende, durchbrochene Arabeske. 1937 verzichtet er auch auf die scharfen Konturen. Die Oberfläche seiner Plastiken wird bewegter, die Umrißlinien weicher und freier. Seelischen Empfindungen sucht er auf diese Weise Ausdruck zu verleihen. – 1941 emigrierte er nach den USA.
Lit.: W. Hofmann, Die Plastik des 20. Jhs., 1958.

Lipton, Seymour Arthur. Amerikanischer Bildhauer. Geb. 1903 in New York. Nach einem Studium der Zahnmedizin kam er erst 1932 als Autodidakt zur Bildhauerei. Er begann mit figürlichen Holzplastiken. Nach 1945 wandte er sich dem Metall zu und fand allmählich zur abstrakten Plastik. Seinen eigenen Stil – einen abstrakten

J. Lipschitz, „Le chant des voyelles", 1932 (Zürich, Kunsthaus).

Symbolismus – erreichte er um 1950. Geschwungene Schalen aus Stahlblech sind die Hauptelemente seiner Werke, denen ein weitschwingender Rhythmus zugrunde liegt und die von scharfen Konturen eingefaßt werden.
Lit.: Knauers Lex. d. mod. Plastik, 1964.

Lischt. Zwischen →Memphis und →Fayum gelegener Ort der von →Amenemhet I. gegründeten Hauptstadt →Itsch-taui. →Pyramiden →Amenemhets I. und →Sesostris' I., bei der massive Kernbau durch eine Skelettkonstruktion mit radikalen Stützmauern ersetzt ist. Der Befund fügt sich zu dem konstruktiven Geist der frühen 12. Dyn. – Lit.: W. Wolf, KÄ, 307.

Lisene (von franz. lisière, „Rand, Saum"). Ein flach aufliegender, im Querschnitt rechteckiger, senkrechter Mauerstreifen ohne Basis und Kapitell, der als Wandvorlage zumeist nur der Gliederung dient. Häufig oben durch Rundbogenfriese verbunden. Bevorzugtes Gliederungsmittel roman. Baukunst, vor allem am Außenbau.

Liss, Johann (auch Jan Lys). Deutsch-italien. Maler. Geb. um 1597 in Oldenburg, gest. 1629 in Venedig. L. war eine der fähigsten Malerpersönlichkeiten Deutschlands im 17. Jh. Seine Ausbildung empfing er, nach Lehrzeit bei seinem Vater, ab 1616 im wesentlichen in Haarlem und zählte dort zu den Romanisten. Anschließend war L. in Paris und Rom, wo er ganz unter dem Einfluß →Caravaggios stand. Seit 1621 war L. in Venedig tätig, wo die venezianische Kunst und besonders →Fetti auf ihn einwirkten. – Seine Themen entnahm er der Mythologie, den biblischen Geschichten und Genreszenen. In den letzten Jahren schuf L. auch Altargemälde (hl. Hieronymus in S. Niccolò da Tolentino). – Lit.: K. Steinbart, J. L., der Maler aus Holstein, 1940.

Lissitzky, El. Russischer Maler und Architekt. Geb. 1890 in Smolensk, gest. 1941 in Moskau. 1909–14 Studium der Architektur an der TH Darmstadt. Nach seiner Rückkehr nach Rußland lernte er →Malewitsch kennen und wandte sich dem →Konstruktivismus zu. 1921 wurde er zum Prof. a. d. Moskauer Kunstakad. ernannt. Im gleichen Jahr ging er wieder nach Deutschland und befreundete sich dort mit →Moholy-Nagy. 1923–25 lebte er in der Schweiz und gab gemeinsam mit →Arp die Schrift ,,Die Ismen der Kunst" heraus. 1925–28 Aufenthalt in Hannover, wo er für das Landesmus. Dekorationen schuf, die später von den Nazis vernichtet wurden. Anschließend kehrte er nach Moskau zurück.
Lit.: Knauers Lex. d. mod. Kunst, 1955.

Lithographie. Graphische Drucktechnik (Steindruck). Eine poröse Kalkschieferplatte, auf die die Zeichnung mit Kreide oder fettiger Tinte aufgetragen ist, wird einer ätzenden Säure ausgesetzt. Dadurch wird die Platte so präpariert, daß die Druckerfarbe nur an der Zeichnung haftet, und die Platte dann als Druckstock zur Verfügung steht. In Abwandlung zu diesem Verfahren entstand, indem man mehrere Platten in verschiedenen Farben übereinanderdruckte, die Farb-L. – Da die Technik der L. keine Kenntnis eines bestimmten Materials wie beim Holzschnitt oder Kupferstich voraussetzt und zum anderen geeigneter als die genannten graphischen Verfahren ist, dem künstlerischen Wollen direkten Ausdruck zu verleihen, setzte sich die L., nachdem sie am Ende des 18. Jhs. von A. Senefelder in München entwickelt wurde, rasch durch und konnte sich bis heute als eine der beliebtesten graphischen Techniken halten. Nachdem die L. ursprünglich zum Zweck der Reproduktion erfunden worden war, erkannte man bald die in ihr liegenden Möglichkeiten, die in Deutschland vor allem →Menzel in überragender Weise zu nutzen wußte, während die franz. Maler sich bald in breitem Umfang ihrer bedienten. – Nachdem die L. in der zweiten Hälfte des 19. Jhs. wieder hauptsächlich als praktisches Reproduktionsverfahren angewendet wurde, kam ihr mit der Wiederbelebung der Graphik durch die Expressionisten von neuem künstlerische Bedeutung zu.
Lit.: H. Wolf, Fachkunde für Lithographen, 1950; R. Gräfe, Die Farbenlithographie, 1955.

Lithophanie. Porzellanbild. Einer unglasierten Porzellanplatte wird das Bild reliefartig eingepreßt, im durchscheinenden Licht wirken die dicken Stellen als Schatten, die dünnen als Lichter.

Liti. Bezeichnet quadratischen Vorbau bei Kirchen auf dem →Athos, bestehend aus mehreren Travéen, die von zwei Kuppeln überdeckt sind. Ähnlich wie bei dem Atrium Raum zur Vorbereitung auf den Gottesdienst durch vorgeschriebene Gebete. Beispiele: Chilandar (13. Jh.), Pantokrator (1663), Esphigmenu (14. Jh.).

Litoi Kurgan. Im Dnjeprgebiet →Kurgan mit reicher Grabausstattung, die für die Geschichte der →skythischen Kunst bedeutsam ist. →Tierstil-Motive. Griech. Einfluß (575–550 v. Chr.). – Lit.: K. Schefold, HDA 2, 429ff., 452; K. Jettmar, Steppenvölker, 23, 30.

Littmann, Max. Deutscher Architekt. Geb. 1862 in Schloß-Chemnitz, gest. 1931 in München. Studierte an der Technischen Hochschule Dresden. 1885 kam er nach München, wo er 1892 mit dem Ingenieur J. Heilmann (1846–1927) ein gemeinsames Atelier gründete. L. ist neben →Seeling und →Kaufmann einer der großen Theaterarchitekten Deutschlands (etwa 12 Theater). Sein Anteil an der Entwicklung dieses Bautypes ist die Weiterentwicklung des Wagnerschen Amphitheaters und dessen Anwendung auf Säle mit mehreren Rängen. Dekorativ steht L. der strengen Richtung des →Jugendstils nahe. – Lit.: G. Wolf, Ing. J. Heilmann und das Baugeschäft Heilmann und L., 1912.

Liturgische Bücher. Die L. sind bestimmt für den praktischen Gebrauch beim liturgischen Gottesdienst und enthalten entweder Texte wie Gebete, Gesänge, Lesungen oder geben Anweisungen für die Durchführung liturgischer Handlungen. Besonders im Frühmittelalter sind sie teilweise Träger bedeutenden künstlerischen Schmucks (→Buchmalerei, →Goldschmiedekunst). Die wichtigsten L. sind folgende: Benedictionale, Breviarium, Epistolarium, Evangeliar, Evangelistar, Graduale, Gremiale, Lektionar, Missale, Passionale, Perikopenbuch, Plenarium, Psalterium, Sakramentar, Stundenbuch.

Liturgische Farben. Die in der katholischen Kirche für die verschiedenen Zeiten des Kirchenjahrs, besondere Anlässe des Tages oder der liturgischen Handlung vorgeschriebenen Farben der →Paramente (mit Ausnahme von Amikt und Albe): Weiß, Rot, Grün, Violett, Schwarz. Regeln für ihren Gebrauch bildeten sich zuerst unter Papst Innozenz III. um 1200. Sie wurden unter Papst Pius V. 1570 vereinheitlicht, doch erst im 19. Jh. verbindlich. Die östliche Kirche kennt sie nicht. In lutherischen Kirchen werden sie für Kanzel- und Altarbekleidungen verwendet.

Liuthard-Gruppe. Gruppe karolingischer Elfenbeinreliefs, benannt nach dem Schreiber des zwischen 842–69 entstandenen Psalters für Karl d. Kahlen. Wichtigste Werke: Buchdeckelrelief dieses Psalters, Paris; Kreuzigungsrelief, München. Im schärfsten Gegensatz zur →Ada-Gruppe stehend. Der stark bewegte, kleinfigurige, mit tiefen Unterschneidungen arbeitende Stil geht von Vorlagen in der Art des etwa gleichzeitigen Utrecht-Psalters (Schule von →Reims) aus, den er in Freiheit und Lebendigkeit fast übertrifft. Entstehungsort vermutlich, wie der der entsprechenden Handschriften, in Nordostfrankreich, vielleicht in Reims.
Lit.: H. Swarzenski, Monuments of Romanesque Art, nr. 7, 8, 26, 27, 32, 1954.

Livre d'heures →Stundenbuch.

Liwân. Bezeichnung für →Iwan.

St. Lochner, Apostelmartyrien (Frankfurt/M., Städel).

Ljuboten. Kirche St. Nikolaus (1337) von Künstlern d. ,,graeco-slavischen" Gruppe ausgemahlt. Griech. Empfinden u. slav. Denken verbinden sich hier. Charakterist. das Fehlen jegl. Glanzlichtęs, gute Licht- u. Schattenwirkung. Vorzügl. Gestaltung der Gesichter.

Loango. Landstrich in Westafrika zwischen Ogowe und Kongo, auch Name eines alten Königreiches, das von den Bawili (westlich →Bakongo), Bafiote und Mayombe bewohnt wurde. Hier entstand ein großer Teil der in ethnographischen Sammlungen häufigen Zauberfiguren (→Fetische), die eine magische Substanz enthalten, daneben aber auch →Masken, häufig mit geöffnetem Mund und herausgestreckter Zunge.

Lochner, Stephan. Deutscher Maler. Geb. zwischen 1410-15 wohl in Meersburg (Bodensee), gest. 1451 in Köln. L. ist wohl seit etwa 1430 in Köln ansässig und der bedeutendste Maler der dortigen Schule. Das einzige aus Quellen für L. gesicherte Werk ist das ,,Kölner Dombild" (für den Rat gemalt, seit 1810 im Dom) um 1440; das einzige, datierte Bild ist die ,,Darbringung im Tempel" von 1447 (Landesmus. Darmstadt), sein geschlossenstes, reifstes und handwerklich vollendetstes Werk. Aus diesen Werken, den gesicherten Zuordnungen (Weltgerichtsaltar um 1435 für die Laurentiuskirche in Köln, heute im Wallraf-Richartz Mus. in Köln, Städel in Frankfurt und Pinakothek in München) und den Zuschreibungen ist eine Ausbildung bei den oberrheinischen Realisten (→Witz) und den niederl. Meistern zu vermuten. Unter den letzteren stand L. dem Meister von →Flémalle am nächsten. In Köln setzte sich dann jedoch der ihm ganz eigene, idealistische Sinn durch, der den bis dahin vorherrschenden Realismus verdrängte.
Lit.: O. H. Förster, St. L., 1941; H. May, St. L., Der Dreikönigsaltar, 1948.

Lochstab. Kommandostab, Gerät der →Älteren Steinzeit, von Westeuropa bis nach Sibirien verbreitet, aus Ren- oder Hirschgeweihstangen hergestellt, ein- oder mehrfach durchbohrt. Der L. kommt, unverziert, bereits im →Aurignacien vor, wird im →Magdalénien zum Träger von kunstvollen Tiergravierungen. Die Deutung des Gerätes ist umstritten.

Loculusgrab. Die am meisten vorkommende Bestattungsart in den →Katakomben. Parallel zu den Gängen sind in das weiche Gestein der Wände Gräber hineingehauen, die der Länge des Leichnams entsprechen. Oft befinden sich 10 oder mehr solcher Loculigräber übereinander. Loculisarkophage nennt der bekannte Katakombenforscher de Rossi die Loculigräber, deren Vorderseite reich verziert ist wie die eines →Sarkophags.

Löwentor. Nach einem Hochrelief in Kalkstein im sogen. Entlastungsdreieck des Haupttors der Burg von →Mykene benanntes Tor. Es gehört zu den im 13. Jh. v. Chr. errichteten Erweiterungsbauten der großen Fortifikationsanlagen. Antithetisch um eine kretische Säule (vielleicht das Sinnbild einer Muttergottheit) geordnet, richten sich zwei Löwen mit in anderem Material eingesetzten, herausgewendeten Köpfen, dem Verlauf des Dreiecks folgend, gegenüber auf. In dieser Reliefkomposition mit ihrer festen Modellierung der Körper und dem strengen Aufbau ist die früheste griech. Monumentalplastik überliefert, die, ohne direkte Vorstufen zu kennen, ein Meisterwerk von höchstem Rang darstellt.
Lit.: F. Matz, Kreta und frühes Griechenland, 186, 1962.

Mykene, Das Löwentor, Anfang 13. Jh. v. Chr.

Loggia. Bezeichnung für einen Bogengang, der entweder dem Erdgeschoß eines Baues vorgelagert ist (Laube) oder in der Anordnung einer Galerie entspricht. – Auch eine für sich allein stehende Bogenhalle kann L. genannt werden. – Ein wie ein Balkon dienender Raum, der jedoch im Unterschied zu diesem immer überdacht ist und dessen Brüstung der Bauflucht folgt, heißt gleichfalls L.

Lohstein. Leichter, mit Hohlräumen durchsetzter Backstein, der in der Gotik zur Gewölbemauerung benutzt wurde. Die Hohlräume entstanden durch Beigabe von Gerberlohe, die beim Brennprozeß vernichtet wurde.

Lokalfarbe. Bezeichnung für die Eigenfarbe eines Gegenstandes in einem Bild, wobei die Farbe nicht in toniger Angleichung ihrer Umgebung eingegliedert wird.

Lokanatha. Sanskrit ,,Herr der Welt"; wie Lokeschvara Ehrenbezeichnung für hinduistische Götter und ein Beiname des →Bodhisattva Avalokiteschvara.

Lokapala. Die Wächter über die vier Haupt- und vier Nebenhimmelsrichtungen an indischen Kultbauten.

Lokrische Reliefs. Nach dem unteritalischen Fundort Lokroi benannte Gruppe von westgriech. Tonreliefs kleinen Formats. Der Stil dieser Reliefs zeigt die Merkmale des →Strengen Stils und erlaubt, die L. in die Zeit zwischen 470 und 450 v. Chr. zu datieren. Einflüsse aus dem ostgriech. Bereich lassen sich feststellen.
Lit.: G. Lippold, Handb. d. Archäologie, V., 126, 1950.

Lombardei. Die Rolle ihrer vorroman. und roman. Baukunst innerhalb der abendländischen Entwicklung ist umstritten. So folgenreiche Neuerungen wie Ausbildung von →Kreuzgewölben, von →Lisenen mit Rundbogenfriesen, der →Zwerggalerie, auch der →Dreikonchenanlage (S. Fedele, Como) glaubte die ältere Forschung in der L. entstanden, während die jüngere zumeist umgekehrt Beeinflussung durch das Rheinland und Burgund annimmt. Wichtigstes Streitobjekt: Datierung von S. Abbondio, →Como. Die mangelhafte Erhaltung und Datierungsmöglichkeit vieler Denkmäler sowie die politische Verflechtung mit dem Deutschen Reich und der kulturelle Zusammenhang mit dem südlichen Frankreich, die regen Austausch auch im Künstlerischen mit sich brachten, erschweren die Klärung. Bis ins 11. Jh. hielt auch die L. überwiegend am Typ der frühchristl. oder ravennatisch-byzant. Basilika fest (z. B. S. Vicenzo in Prato, Mailand, 11. Jh.; vergleiche →Italien. Kunst), gelangte nicht zu der für die frühmittelalterl. Baukunst des Nordens typischen tektonischen Durchgliederung der Baumassen. Wesentliche eigene Leistungen entstehen seit dem 12. Jh., vor allem ausgehend vom Neubau von S. Ambrogio, →Mailand (Datierung umstritten). Charakteristisch wird die Anlage düsterer, wenig beleuchteter, ursprünglich meist querschiffloser Räume im →gebundenen System, mit polygonaler Vierungskuppel über dem östlichen Langhausjoch, mit Kreuzgrat- und Kreuzrippenwölbung, dunklen Emporen in der Gewölbezone (Schildwand), gelegentlich Krypten, die eine hochgelegene Chorbühne schaffen (z. B. Dom von →Modena; Auswirkung: →Toscana). Der Außenbau zeigt Zwerggalerien in fortlaufender Reihung als schattendes Schmuckband, auch kombiniert mit flachen Rundbogennischen (Modena, Piacenza, Parma u. a., Auswirkung: Toscana, z. B. Pisaner Domfassade, 13. Jh.), sowie als Schaufronten ausgebildete, untektonische Fassaden mit nur dekorativer, senkrechter Teilung durch Vorlagen, mit den Giebel begleitenden, steigenden Zwerggalerien und ungerahmten, verstreut angebrachten, figürlichen Reliefstreifen (→,,corrente comasca"; z. B. Pavia, S. Michele, Mitte 12. Jh.), gelegentlich mit vorgestelltem Portalportikus (z. B. Modena, Borgo S. Donnino). – Gotische Baukunst der L.: →Italien. Kunst. – Ungleich bedeutender sind die figürliche Bauplastik und das Bauornament roman. Zeit. Um 1100 entstehen die ersten, der gleichzeitigen südfranz. und nordspan. Bauplastik ebenbürtigen

Werke des →Wiligelmo (Figurenfriese und Westportal, Dom von Modena, signiert) und seiner Nachfolge. Ihre eindringliche, körperhafte Formensprache gehört in den Zusammenhang westlicher Skulptur entlang der →Pilgerstraßen. Wichtig: Prophetenfiguren unter Arkaden in vertikalen Reihen an den Türpfosten. Die in ihrer ziselierenden Feinheit byzant. Vorbildern nahestehenden, 1135 und 1137 datierten Werke des →Nicolo an den Domen von Ferrara und Modena bieten die wohl frühesten Beispiele von got. „Säulenfiguren" ähnlichen Gewändefiguren (Ferrara). Bedeutendster oberitalien. Bildhauer des 12. Jhs. ist der um 1178 vor allem in Parma tätige Benedetto →Antelami. Ausgehend von provenzalischer Bauplastik, schafft er aus der architektonischen Einbindung gelöste Figuren von statuarischer Schwere, die sich innerhalb des Reliefraums frei entfalten; darin antikem Empfinden näher als die gleichzeitige Bildnerei des Nordens. Im künstlerischen Rang geringer, jedoch in die Randzonen roman. Bauskulptur bis Süditalien, Spanien, Deutschland, England, Schweden vordringend, immer von lombardischen Steinmetzen ausgeführt, ist die Anfang des 12. Jhs. entstehende →„corrente comasca" eine nur dekorative Aufgaben erfüllende Unterströmung roman. Bauplastik. Typisch: Anfangs rein ornamentaler Schmuck in sehr flachem Relief mit dem charakteristischen Bandgeflecht. Seit 1130–40 auch figürliche Hochreliefs ohne Rahmung, in langen Reihen die Fassadenuntergeschosse überziehend (z.B. Pavia, S. Michele). Diese uneuropäische, „unorganisierte" Verwendung wohl von armenischen Vorbildern ausgehend (Kreuzkirche, →Achtamar). In got. Zeit übernimmt die →Toscana die Führung. Eigenständige lombardische Leistungen sind die von Reiterstandbildern gekrönten Grabmäler der Campiones (Giovanni und Bonino da →Campione) und die Werke der Brüder dalle Masegne.

Lit.: A. K. Porter, Lombard Architecture, 4 Bde., 1915 bis 1917; W. Sauerländer, Skulptur des Mittelalters, UKG XI, 1963.

Lombardo (Lombardi), Pietro. Italien. Baumeister und Bildhauer. Geb. um 1435 in Carona am Luganersee, gest. 1515 in Venedig. Stammvater einer durch 3 Generationen tätigen venezianischen Baumeister-, Bildhauer- und Erzgießerfamilie des 15. und 16. Jhs. Ausbildung bis 1465 wohl in Florenz, dort Einflüsse →Donatellos und D. da →Settignanos. Seit 1465 in Venezien. Die frühen Bauten noch in venezianischer Gotik, bei den Grabmälern anfangs florentinische Einflüsse, die bald einheimischen Formen weichen. Hauptbau: S. Maria dei Miracoli, 1481–89, zusammen mit seinen Söhnen Antonio (um 1458–1516) und Tullio (1455–1532). Bei diesem Bau, wie auch bei anderen Werken des L., besticht die kostbare Verarbeitung des polychromen Marmors.

Lit.: L. Planiscig, Venezianische Bildhauer der Renaissance, 1921.

London. Durch den verheerenden Brand von 1666 ist L. arm an alten Gebäuden. **1)** An profanen Bauwerken steht an 1. Stelle der Tower, das ehem. Staatsgefängnis. Ältester Teil der Anlage der White Tower, erbaut 1078 durch Wilhelm d. Eroberer. Der 28 m hohe Bau besitzt 4 Ecktürme und an der W-Seite eines jeden Geschosses je einen durchgehenden, pfeilergestützten Saal. An der S-Seite die 2geschossige St. John's Chapel. Die 6eckige Umfassungsmauer ist von 12 Rundtürmchen begleitet. – **2)** Die Westminster-Abbey geht auf einen von Eduard d. Bekenner gegründeten, 1065 geweihten Bau zurück (Reste in der Krypta: Chor mit Apsis, Umgang und Empore). 1245 Neubau unter Heinrich III.; Ostteile und Querschiff waren 1258 vollendet, Weihe 1269. Baumeister waren Henry of Westminster und John of Gloucester. Der Chor stellt ein einzigartiges Zeugnis der Annäherung an die nordfranz. Gotik dar mit seinem 3-seitigen Chorabschluß, Umgang und Kapellenkranz, Triforium (das auch nach außen geöffnet ist), von jeweils 4 Diensten begleiteten Rundpfeilern, Prunkgräbern aus der Zeit vom 13. bis zum 15. Jh. und dem Grab Eduards d. Bekenners als kultischen Mittelpunkt. Das Querschiff ist 3schiffig, ebenso das im 15. Jh. vollendete Langhaus. Die beiden W-Türme stammen aus der Zeit von 1725–40 (Baumeister: Chr. →Wren und Hawksmoore). Am O-Ende der Kirche die prunkvolle Grabkapelle Heinrichs VII., ein Musterbeispiel des Perpendicular-Style. Im Kreuzgang herrliches Maßwerk (Flowing tracery). – **3)** St. Paul's Cathedral ist die Hauptkirche L.s nach Westminster. Der Gründung Ethelberts von Kent (610)

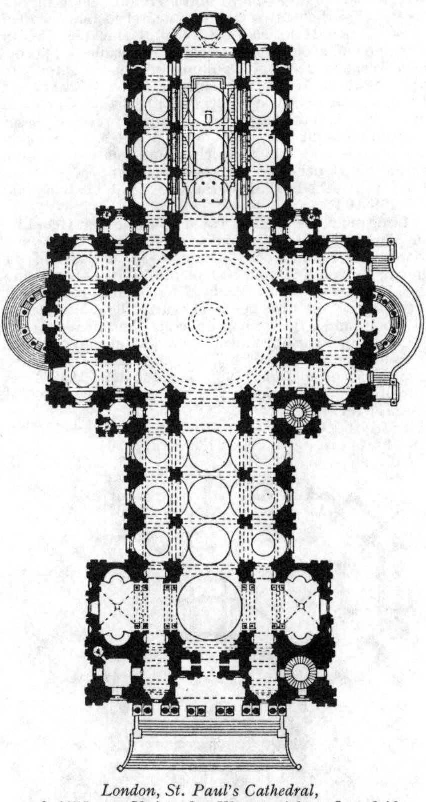

London, St. Paul's Cathedral, nach 1675 von Christopher Wren errichtet, Grundriß.

folgten 2 Neubauten, deren letzter dreimal umgebaut und 1666 schließlich abgebrannt war. Der 4. Bau nach Plänen von Chr. →Wren entstand 1675–1710. Über einer Krypta erhebt sich auf dem Grundriß eines gestreckten griechischen Kreuzes ein in Chor und Langhaus 3schiffiger Bau mit mächtiger Vierungskuppel und Flachkuppeln über den übrigen Raumeinheiten. Das Schiff öffnet sich nach einer von 2 Türmen flankierten Vorhalle aus gekoppelten Säulen und einem anschließenden, von 2 Kapellen begleiteten Vorjoch. Die Pfeiler sind durch Pilaster gegliedert, Arkaden und Vierungsbogen kassettiert, das Gebälk ist verkröpft. Der 2geschossige Kuppeltambour zeigt die merkwürdige Konstruktion der Kuppel: über der im Scheitel offenen, inneren Kalotte ein Backsteinkegel mit der äußeren Holzkalotte. – **4)** Whitehall. 1298–1529 erzbischöfliche Residenz, dann königlicher Palast, seit 1895 Armee-Mus. I. →Jones und J. →Webb planten eine riesige Neuanlage, die in ihrer geplanten Form durch Zeichnungen Webbs bekannt ist. Lediglich die sogen. Banketthalle wurde 1622 ausgeführt und ist der einzige Teil der Anlage, der einen Brand von 1698 überstanden hat, bei dem die gesamten älteren Teile zugrunde gingen. Im Inneren der Halle 9 monumentale, allegorische Kompositionen nach Entwürfen

von P. P. →Rubens, 1635 vollendet. – **5)** Das Parlamentsgebäude am Ufer der Themse wurde 1840ff. von Charles →Barry in neugot. Formen erbaut. In diesem Bau wurde auch Westminster Hall miteinbezogen (erbaut 1079, 1291 verbrannt, Ende des 14. Jhs. wieder aufgebaut). – **6)** Das British Museum, 1823–55 von Robert und Sydney Smith erbaut, zeigt in der ernsten Feierlichkeit seines von ionischen Säulenhallen umstandenen Hofes den schon zu Beginn des Jhs. in England aufgenommenen griech. Klassizismus. – **7)** Ganz neue Wege in der engl. Baukunst schlug →Paxton ein, als er 1851 zur 1. Weltausstellung den *Kristallpalast* aus Eisen u. Glas im Hydepark (London) erbaute. Ohne daß man sich damals schon der ganzen Tragweite dieser Leistung bewußt war, hatte der Industriebau den Bann der historischen Stile gebrochen und aus der Technik heraus einem neuen Stil den Weg bereitet.
Lit.: Wasmuths Lexikon d. Baukunst, Bd. II, 1930, und Bd. III, 1931.

Longhena, Baldassare. Italien. Baumeister. Geb. 1598 in Venedig, gest. 1682 ebda. Hauptmeister des venezianischen Hochbarock. Schüler →Scamozzis und dadurch beeinflußt von →Palladio und →Sansovino. L.s Hauptwerk ist S. Maria della Salute, 1631–82, in Venedig, ein die Lage genial ausnutzender Bau mit zwei Kuppeln und Triumphbogenportal. Weitere Werke von ihm, alle in Venedig, sind: Scuola dei Carmini mit einer Fassade von palladianischer Klassik und sansovinischem Formenreichtum (um 1668), Fertigstellung der Neuen Prokurazien und einer Vielzahl von Palästen (Pal. Pesaro, 1679f.).
Lit.: A. E. Brinckmann, Die Baukunst des 17. und 18. Jhs. in den romanischen Ländern, 1930.

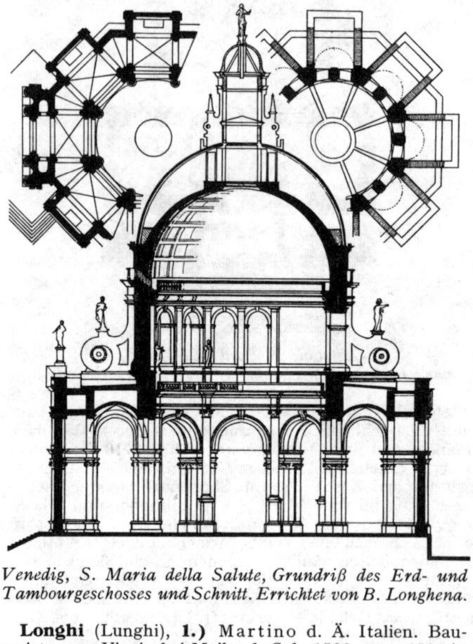

Venedig, S. Maria della Salute, Grundriß des Erd- und Tambourgeschosses und Schnitt. Errichtet von B. Longhena.

Longhi (Lunghi), **1.)** Martino d. Ä. Italien. Baumeister aus Viggiu bei Mailand. Geb. 1530, gest. 1591 in Rom. Glied einer röm. Baumeisterfamilie. Nach Arbeiten in Mailand seit 1573 in Rom nachweisbar. L. gehört zu derjenigen Generation, die in der röm. Baukunst in der 2. Hälfte des 16. Jhs. die Renaissanceformen durch barocke ersetzte. In häufiger Zusammenarbeit mit G. della →Porta baute er in Rom am Konservatorenpalast und u. a. die Kirchen S. Maria Consolazione (mit Hochaltar) und den Glockenturm des Kapitols.
Lit.: A.E. Brinckmann, Die Baukunst des 17. und 18. Jhs. in den romanischen Ländern, 1930.

2.) Pietro. Italien. Maler. Geb. 1702 in Venedig, gest. 1785 ebda. Schüler →Crespis in Bologna, seit 1732 wieder in Venedig, wo er zum Meister des venezianischen Rokoko wurde. Seit 1763 Lehrer und Direktor der dortigen Zeichenakademie und ab 1766 Mitglied der Malerakademie. – L. pflegte in erster Linie das Genre (Die Wahrsagerin, London, National-Gal.), aber auch das Portrait. In jedem Fall bevorzugte L. das kleine Format.
Lit.: V. Moschini, P.L., 1956.

Longuelune, Zacharias. Deutscher Architekt. Geb. 1669 in Paris, gest. 1748 in Dresden. Nach anfänglicher Ausbildung als Maler lernte L. bei A. Lepautre Architektur. 1696 verließ er Paris, um sich nach Berlin zu begeben; 1710 reiste L. nach Italien, und 1713 wurde er nach Dresden als Hofbaumeister berufen. – Seine praktische Tätigkeit wurde durch die Intrigen →Knöffels stark eingeschränkt. Es blieben ihm hauptsächlich die Lehrtätigkeit, durch die L. einen nachhaltigen Einfluß auf die Dresdener Architektur gewann, und seine Tätigkeit als Landbaumeister in Warschau. Vermutlich hat L. dort am Bau des Sächsischen Palais mitgewirkt. Für den sächsischen Hof arbeitete L. viel mit J. D. →Pöppelmann zusammen (Japanisches Palais, Hauptwache, beides in Dresden; Schloß und Park Großsedlitz). – L. war ein ausgesprochener Vertreter des klassizistischen Barock der franz. Akademie. Er löste den deutschen Hochbarock Pöppelmanns ab und führte die Lisene als wichtigstes Glied in die Dresdener Architektur ein.
Lit.: H. G. Franz, Z. L. und die Baukunst des 18. Jhs. in Dresden, 1953.

Loos, Adolf. Österreichischer Architekt. Geb. 1870 in Brünn, gest. 1933 in Wien. Nach seinem Studium an der Technischen Hochschule Dresden bildete er sich in den USA (Chicago, New York und Philadelphia) 1893–96 weiter und ließ sich anschließend in Wien nieder. Hier begründete er gemeinsam mit Jos. →Hoffmann eine neue, auf Sachlichkeit, unter Verzicht auf jegliches Ornament, ausgerichtete Bauweise, die er bereits 1897 propagierte. Seine Architekturen sind aus kubischen Elementen konzipiert und erstreben die Gestaltung allein aus der Gliederung der Flächen und durch die Verwendung edler Materialien. – Als epochales Bauwerk gilt sein 1910 in Wien errichtetes „Haus Steiner". – 1924–28 lebte er in Paris und ging anschließend wieder nach Wien. – Sein Schaffen war von größter Wirkung auf die Entwicklung des modernen sachlichen Baustils. Dabei sind nicht nur seine Bauten, sondern ebenso seine theoretischen Schriften von größter Bedeutung: „Ornament und Verbrechen", 1907; „Ins Leere gesprochen" (Gesammelte Aufsätze 1897–1900), 1921.
Lit.: N. Pevsner, Wegbereiter moderner Formgebung, 1957.

Lopburi. Stadt, Museum und Ruinengelände im südlichen Thailand mit buddhistischer Plastik des nachguptazeitlichen Stils von →Dvaravati und mit Turmtempeln, z.B. Phra Prang Sam Yot, aus dem 12. Jh. n. Chr.

Lorenzetti. 1) Ambrogio. Italien. Maler aus Siena, Zeitgenosse Simone →Martinis. 1321(?) und 1332 in Florenz. 1347 zuletzt erwähnt. Wichtige Werke: Madonna in Sant'Angelo a Vico l'Abate (1319); Fresken der Sala della Pace im Pal. Publico, Siena (1338/39) mit Darstellungen des guten und schlechten Regiments; Verkündigung, Galerie von Siena (1344). Einzigartig im Trecento ist die unbekümmerte Frische des Erzählerischen, etwa in der Stadtansicht im Pal. Publico. In den Madonnenbildern ist Ambrogio freier und zarter als sein wohl älterer Bruder Pietro. – **2)** Pietro. Nachweisbar 1306, 1320–42. Gest. vielleicht 1348. Im Retabel mit Halbfiguren der Madonna und Heiligen in Arezzo, Pfarrkirche (Auftrag 1320) ist die Herkunft von →Duccio, in der Raumdarstellung und Verkürzung die Auseinandersetzung mit →Giotto und in der Leidenschaftlichkeit des Vortrags die Berührung mit dem Bildhauer Giovanni →Pisano deutlich.
Lit.: G. Sinibaldi, I L., 1933; R. Oertel, Die Frühzeit der italien. Malerei, 1953.

Lorenzo Monaco, eigentlich Piero di Giovanni. Italien. Maler. Geb. um 1370/71 vermutlich in Siena,

Lorrain (Claude Gelée), „Christus erscheint Magdalena" (Frankfurt/M., Städel).

gest. laut Vasari 1425 in Florenz. Legte 1391 im Camaldulenserkloster in Florenz die Gelübde ab. – Sein Frühwerk läßt Einflüsse A. →Gaddis sowie der Sienesen der 2. Hälfte des 14. Jhs. erkennen. Mit seinem schönlinig-dekorativen und lieblich-anmutigen Stil wurde L. der bedeutendste Meister des →„Weichen Stils" in Florenz. In seinen kleinformatigen Bildern erzielte er besonders zarte Farben, auch überrascht er durch raffinierte Lichteffekte. Trotz seiner zahlreich erhaltenen Beispiele an Miniaturmalerei war L. ein Monumentalmaler für Fresken und Altäre: Mariae Krönungsaltar, 1413, Uffizien; Fresken der Cappella Bartolini in S. Trinita in Florenz. Lit.: O. Sirén, Don L. M., 1905.

Loriyan Tangai. Kultstätte der Gandhara-Kultur (→Gandhara-Kunst) in Nordwest-Pakistan, aus der u. a. eine Buddhastatue mit einer Inschrift des Jahres 318 (in einer unbekannten Ära) stammt.

Loro Dschongrang. Schivaitisches Heiligtum des →Tschandi Pranbanam.

Lorrain, Claude, eigentlich Claude Gellée. Franz. Maler und Radierer. Geb. 1600 in Chamagne in Lothringen, gest. 1682 in Rom. Kam 1614 nach Rom, wo er Schüler A. Tassis war; seit 1627 lebte L. dann ständig in dieser Stadt. Anfangs wirken noch die Einflüsse P. →Brils und →Elsheimers, auch →Poussins auf L.s Arbeiten, doch entwickelte L. bald seine eigene Form der idealistischen Landschaft. Sie ist lyrischer als die Poussins und lebt mehr von der differenzierten Wirkung des Lichtes und der Atmosphäre. Doch verlassen seine Kompositionen nie die Grenzen franz. Klassik. Durch Staffagefiguren ordnet L. seinen Werken (in erster Linie Landschaften) mythologische oder biblische Inhalte bei: Verstoßung der Hagar, 1668, und Hagar und Ismael in der Wüste (beides München, Pinakothek). – Größter Wertschätzung erfreuten sich auch seine Zeichnungen, von denen L. 200 in einem Buch zusammenstellte (Chatsworth, Herzog Devonshire); sie wurden gestochen von R. Earlom (1777) und als „Liber veritatis" veröffentlicht. Ferner sind von L. 44 Radierungen bekannt. Lit.: Th. Hetzer, C. L., 1947; M. Röthlisberger, C. L., 2 Bde., 1961.

Lorsch bei Darmstadt. Bedeutendes karolingisches Reichskloster, nur durch Grabungen bekannt. 764 durch Erzbischof Chrodegang von Metz gegründet. Erhalten nur die für Karl d. Gr. im Klostervorhof als dreiteiliges Triumphtor errichtete Vorhalle, eines der bedeutendsten Denkmäler karolingischer Baukunst. Der Vorhallencharakter wohl durch das Propyläum von Alt-St.-Peter, Rom, und ähnliche Anlagen angeregt; die gesonderte Aufstellung durch antike Triumphbogen beeinflußt, doch haben in L. alle drei Bogen gleiche Höhe. Antiker Tradition sind die Kompositkapitelle verpflichtet sowie die plastische Gliederung durch Bogen auf Pfeilern und Gebälkstreifen auf Säulen im Untergeschoß, durch Pilaster im Obergeschoß. Die Dreiecksgiebel und die Inkrustation mit farbigen Platten merowingisch-fränkischer Überlieferung entnommen. Die teppichhaft bunte Gesamtwirkung und flächige Gliederung mag auf byzant. Anregungen zurückgehen. Das Dach verändert. Lit.: E. Gall, „L'Abbaye carolingienne de L.", Mémorial d'un voyage d'études de la Société nationale des Antiquaires de France en Rhénanie, 57 ff., 1953.

Torhalle des ehemaligen Klosters zu Lorsch, Ende des 8. Jhs.

Loscher, Sebastian. Deutscher Bildhauer, vielleicht auch Baumeister. Gest. 1548 in Augsburg. Dort auch seit 1510 nachweisbar und tätig. Arbeiten von ihm nur in geringer Zahl erhalten, so ein Holzrelief (Berlin, Kaiser-Friedrich-Mus.) eines Mannes von Architektur mit allegorischen Gestalten. Aus der Benennung des Dargestellten als Jakob Fugger ergibt sich die Möglichkeit, daß L. auch der Meister der Augsburger Fuggerkapelle war.
Lit.: E. F. Bange, Die Kleinplastik der deutschen Renaissance, 1928.

Los Millares. In Südostspanien, vorgeschichtliche Stadtanlage mit rechteckigen Häusern, dabei eine Nekropole mit zahlreichen Kuppelgräbern und einigen Megalithgräbern, um 2000 v. Chr.

Lota. Altindisches Wassergefäß mit spitz zulaufendem Boden.

Lothal. Grabungsplatz im Golf von Cambay an der Westküste Indiens. Bisher wurden erkannt: eine vorgeschichtliche Stadt des 2. Jahrtausends v. Chr., Kanal, Hafen und Werft. Neben den üblichen Industal-Funden (→Industal-Kultur) an Keramik und Siegeln entdeckte man auch einen Anker als wichtigen Nachweis der vorgeschichtlichen Seefahrt zwischen den Industal-Städten und Mesopotamien.
Lit.: Fischer, Industal-Kultur, 11.

Lotossäule →Pflanzensäule.

Lotter, Hieronymus. Deutscher Kaufmann und Baufachmann. Geb. 1497/98 in Nürnberg, gest. 1580 in Geyer (Erzgebirge). Kam 1531 nach Leipzig, woselbst er siebenmal das Amt des Bürgermeisters bekleidete. In dieser Stellung als Bauherr (d.h. „Baumeister" in der alten Bedeutung) war L. an der Bautätigkeit der Stadt Leipzig beteiligt, so u. a. am Bau der neuen Stadtbefestigung, der Alten Wage (1555) und des Rathauses (1556). Seine Erfahrung als Fachmann wurde auch in anderen Städten in Anspruch genommen (Augustusburg, Rathaus Pegau).
Lit.: G. Wustmann, Der Leipziger Baumeister H.L., 1875.

Lotto, Lorenzo. Italien. Maler. Geb. um 1480 in Venedig, gest. 1556 in Loreto. Führte ein für einen Venezianer ungewöhnlich unstetes Leben, das ihn außer in Venedig auch in Bergamo, Treviso, Rom und in den Marken (Recanati) tätig sein ließ. – L. nimmt unter den Venezianern eine Sonderstellung ein. Mit außergewöhnlicher Phantasie begabt, sind seine Arbeiten oft bizarr und poetisch, selten manieristisch. In der Frühzeit ging L. von G. →Bellini aus (Hieronymus in der Landschaft,

L. Lotto, Bildnis eines jungen Mannes, um 1525 (Berlin, Gemäldegalerie Dahlem).

1500, Paris, Louvre). Während seines röm. Aufenthaltes machen sich Einflüsse →Raffaels bemerkbar (Himmelfahrt Mariae, Mailand, Brera). Zu eigenem, mit →Correggio zeitgleichen Ausdruck fand L. in Bergamo (Madonna mit Heiligen, 1516, Bergamo, S. Bartolomeo). Später entwickelte L. aus diesen Grundlagen und der Annäherung an →Tizian einen bewegten Stil mit reichen Helldunkel-Werten, die Dramatik wurde ausdrucksvoller, und die malerische Gestaltung gewann an Freiheit (Kreuzigung, 1531, Monte S. Giusto). Außerordentlich bedeutend durch Lebendigkeit und treffende Charakteristik sind seine Bildnisse (Antiquar Odoni, 1527, Hampton Court).
Lit.: B. Berenson, L.L., 1956.

Louis, Victor. Franz. Architekt. Geb. 1731 in Paris, gest. 1800 ebda. Schüler von Loriot, 1756–58 als Preisträger der franz. Akademie in Rom. Einer der großen Klassizisten Frankreichs. Mit dem Theater in Bordeaux (1775–80) schuf L. eines der schönsten Theater Frankreichs und einen Bau, dessen innere Disposition im 19. Jh. viel Nachahmung fand. Ebenfalls in Bordeaux legte L. die Promenaden der Stadt an und erbaute eine Reihe von Häusern für die Bürgerschaft der Stadt.
Lit.: A. E. Brinckmann, Die Baukunst des 17. und 18. Jhs. in den romanischen Ländern, 1915.

Louis-quatorze. Nach Ludwig dem XIV., dem „Sonnenkönig" (1643–1715), benannter offizieller Stil Frankreichs. Unter diesem König fand vor allem die Architektur des Barock in Frankreich ihre reichste Blüte und verwirklichte in der Umsetzung in prachtvollste Schlösser (→Versailles) in adäquater Weise die Staatsidee des Absolutismus. Alles, was künstlerisch Rang und Namen hatte, wurde im Auftrag des Königs in den Dienst des Hofes gestellt, so daß sich hieraus die Stilbezeichnung nach dem Namen des Königs ergab.

Louis-quinze. Dem deutschen Rokoko entsprechender franz. Stil unter der Regierung von Ludwig XV. (1723–74).

Louis-seize. Bezeichnung für den Kunststil, der unter der Regierung von Ludwig XVI. (1774–92) in Frankreich vorherrschend war. Charakteristisch sind Formen, die vom späten Rokoko zum Klassizismus überleiten. Möbel, Dekorationen und Raumgestaltung bestimmen die wesentlichen Akzente dieses ruhigen, etwas kühlen Stils.

Loutrophoros. Griech. Vasentyp von sehr schlanker Form. Die Loutrophoroi sind in ihrem Aufbau der →Lekythos sehr ähnlich, wenngleich in der Regel größer. Außerdem haben sie im Gegensatz zu jener zwei seitlich vom Vasenleib zur Lippe hochführende Henkel. Fast ausschließlich dienten sie als Grabbeigaben, wenngleich ihr ursprünglicher Sinn der eines Hochzeitsgefäßes gewesen sein mag. Dies läßt sich aus den Hochzeitsdarstellungen, die häufig auf den Loutrophoroi erscheinen, schließen.

Louvre (Paris). Unter Philipp II. August (1180–1223) wurde Paris neu befestigt. Vor den Stadtmauern im W soll Philipp August ein Jagdschloß erbaut haben, die Lupara für Wolfsjagden, die Keimzelle des späteren Louvre. Unter Franz I. (1515–47) wurde der Bau 1528 zur königlichen Residenz erweitert und ab 1546 umgestaltet. Der Umbau wurde von Pierre Lescot geleitet und umfaßte das heutige SW-Viertel der Anlage. Der W-Flügel war 1555 und der S-Flügel (zur Seine hin) 1563 vollendet. Die W-Fassade gehört in den Zusammenhang des Cinquecento, ist aber gleichzeitig Ausdruck eines spezifischen französischen Stilwillens. Die Leichtigkeit und Freiheit der Behandlung der Fassade dieses L.-Traktes läßt die Kenntnis der italien. Renaissance vermuten. Besonders das zentrale Triumphbogenmotiv mit den übereinandergestellten Säulenpaaren und den Nischen dazwischen ist eindeutig italien. (Bramante). Der reiche plastische Schmuck wurde von Jean Goujon gestaltet. 1566 ließ Katharina v. Medici einen gegen die Seine vorspringenden Flügel hinzufügen und ließ ihn durch einen gedeckten Gang längs der Seine verbinden. Diese sogen. Große Galerie wurde von Thibaut und Météreau ausgeführt. Sie wurde später zum S-Flügel des L. umgebaut und bekam nördlich ein Gegenstück. Eine Vergrößerung der ganzen Anlage plante Heinrich II. schon zwischen 1551 und 1559. Ausgeführt wurde sie aber erst unter Ludwig XIII. (1610–47), der den Alten L. durch J. →Lemercier (1585–1654) auf das Vierfache des ursprünglichen Planes vergrößern ließ. Nachfolger Lemerciers wurde L. →Levau, der den Hof schloß. Als unter Ludwig XIV. Colbert Generalbevollmächtigter des gesamten Bauwesens wurde, ließ er den Bau abbrechen, um Entwürfe für die als Eingangsseite geplante O-

Fassade zu bekommen. Zu diesem Zweck ließ Ludwig XIV. →Bernini kommen, der aber eine vollkommene Umgestaltung des L. in einen mächtigen Baukomplex quadratischen Grundrisses entwarf, der im Sinne römischer Palastanlagen mit Kolonnaden und mächtigen Gesimsen umgeben werden sollte. Diese Pläne wurden fallengelassen, und statt dessen kam die von C. →Perrault (1613–88) entworfene, später berühmt gewordene O-Front mit ihrer langen Säulengalerie zur Ausführung (1665), die sogen. Louvrekolonnade, mit hohen Wandsäulen auf toskanischem Sockelgeschoß, von echt französischem Gepräge. Typisch französisch sind auch die Fenster mit ihrem segmentförmigen Abschluß und das Dekorationsmotiv der Kartuschen mit den beidseitig herabhängenden Girlanden (von Lescot übernommen). Zur Zeit Napoleons I. und Napoleons III. fand die Schließung der großartigen Anlage statt (Visconti), die ihre beiden Schwerpunkte einerseits in der quadratischen Anlage des Louvre, andererseits in den parallel dazu, aber entfernt davon gebauten Tuilerien haben sollte, aneinandergeschlossen durch die langen Verbindungs- und Galerietrakte. Kaum war die Anlage geschlossen, wurde sie durch Niederbrennung der Tuilerien im Pariser Kommune-Aufstand von 1871 wieder zerstört. Dadurch öffnet sich heute die vom alten Louvre ausstrahlende Anlage mit ihren riesigen Flügeln zum Garten der Tuilerien hin.
Lit.: Wasmuths Lexikon d. Baukunst, Bd. IV, 1931; N. Pevsner, Europäische Architektur, 1957; F. Baumgart, Geschichte der abendländischen Baukunst, 1960.

Lucca, Dom S. Martino, Fassade.

Luang Prabang. Die nördliche Hauptstadt des mittelalterl. Reiches von Laos. Spuren der Besiedlung sind seit dem Mesolithikum nachweisbar. Gegenwärtig befinden sich Klöster, die seit dem 16. Jh. n. Chr. entstanden, wie Wat Xieng Thong oder Wat Mai Suvannabunaram, und durch ihre breit ausladenden, reichgeschmückten Dächer im ostasiatischen Pagodenstil auffallen, in gutem Erhaltungszustand.

Lubaantun. Mayastadt in Britisch Honduras, Funde von Tonfiguren ähnlich denen aus Campeche und schöne bemalte Keramik, Stelen-Errichtung fehlt, Gebäude wurden mit feinem Stuck verkleidet. Im benachbarten Pushila hingegen sind eine Reihe skulptierter Stelen aus einer Zeitspanne von fast 300 Jahren gefunden worden.
Lit.: T. A. Joyce u. a., Report on the Investigations at L. Journal of the Royal Anthropolog. Inst. London, 1926 to 1930.

Lucca. 1) Der Dom S. Martino stammt in seinen wesentlichen Bauteilen aus dem 12. Jh. Chor und Seitenschiffe roman., Langhaus im 14. Jh. erneuert. Die Fassade entstand 1196–1204: über einer in 3 Rundbogen sich öffnenden Vorhalle drei Zwerggalerien übereinander, die Spätstufe dieser aus →Speyer in die Lombardei gelangten Verzierung. Säulen und Flächen über den Arkaden sind hier außerdem mit Inkrustationen übersponnen. Meister dieser Fassade laut Inschrift Guidetto. – **2)** Verwandt dazu ist die noch reicher ausgebildete Fassade von S. Michele, begonnen um 1210, 1866 stark erneuert. Der Bau selbst war ursprünglich flach gedeckt. – **3)** S. Frediano ist eine der ältesten Kirchen in L. Das Innere aus dem 7. Jh. wurde im 12. Jh. roman. umgestaltet. Im 15. Jh. wurden die äußersten Seitenschiffe der ursprünglich 5schiffigen Säulenbasilika in Kapellen umgewandelt. Am Außenbau der Apsis eines der ältesten Beispiele der Zwerggalerie. Der mächtige Campanile (1112–47) zeigt in den 5 Geschossen über dem Turmunterbau nach oben zu kleinteiliger werdende Arkaden.
Lit.: Wasmuths Lexikon d. Baukunst, Bd. III, 1931; H. Busch u. B. Lohse, Baukunst d. Romanik in Europa, 1959.

Luchsperger (Luxberger), Lorenz. Österreichischer Bildschnitzer des angehenden 15. Jhs. in Wiener-Neustadt. Gest. 1501 ebda. Wohl identisch mit dem Meister der Wiener-Neustädter Apostel. Danach sind ihm zuzuordnen 12 Apostelstatuen an den Mittelschiffpfeilern des Domes (Pfarrkirche Mariae Himmelfahrt) in Wiener-Neustadt, um 1495. Die Statuen, die nicht alle eigenhändig von L. gearbeitet sind, gehören zu den Hauptwerken der österreichischen Spätgotik.
Lit.: W. Pinder, Deutsche Plastik des 15. Jhs., 1924.

Lucknow. Nordost-indische Stadt mit den spätesten Denkmälern indo-islam. Palastarchitektur vom Ende des 18. und dem Beginn des 19. Jhs. Die Nawabs von Oudh ließen z.T. durch europäische Baumeister ausgedehnte Residenzanlagen errichten, die in ihrer Überladung mit Stuckdekoration mehr von historischem als künstlerischem Interesse sind. In den Gewölben finden sich die frühesten Beispiele von Scheindecken in einer Art Rabitz-Gewölbe auf indischem Boden.
Lit.: Brown, Architecture II, 122.

Ludovisischer Thron. Fälschlich als Thron bezeichneter Altar mit reliefgeschmückter Einfassung. Dargestellt ist die Geburt der Aphrodite an der Front, an den Seiten Flötenspielerinnen (Rom, Nat. Mus.). Das Monument entstand in einer griech. Werkstatt Unter-Italiens um 460 v. Chr. und zählt zu den bedeutendsten Reliefkompositionen des →Strengen Stils. (Abb. S. 380).

Ludwigsburg (bei Stuttgart). Das Jagdschloß des Herzogs Eberhard Ludwig von Württemberg wurde 1704 durch M. Ph. Janisch begonnen, seit 1710 erweitert zur Dreiflügelanlage und seit 1718 zur Residenz bestimmt. Bauleiter war ab 1707 J. F. →Nette und nach dessen Tod D. G. →Frisoni. Dieser baute 1716–22 Hofkirche, Ordenskapelle und die beiden Kavaliersbauten an; 1725 schloß er durch Hinzufügung eines zweiten (im S) Fürstentraktes den bis dahin offenen Ehrenhof. Mit dem Festinhaus im N und dem Theater im S war dieses „deutsche Versailles" im wesentlichen abgeschlossen (1733). Teils böhmische, teils französische Einflüsse zeigen sich in dem lockeren, akzentuierten Nebeneinander, dem Vor- und Zurücktreten der einzelnen Gebäudeteile mit ihrem wechselnden Dachkontur. Das Schloß war Ausgangspunkt zu einer einheitlichen, regelmäßigen Stadtplanung von Frisoni (ab 1709), deren Mittelpunkt der von Lauben umzogene Marktplatz bildet. Im Schloßpark das Schlößchen Favorite mit 2türmigem Mittelbau und niedrigen Flankenbauten, das P. Retti nach Plänen von Nette und Frisoni erbaute (1718–23). Das Innere von →Thouret im frühen 19. Jh. umgestaltet.
Lit.: Wasmuths Lexikon d. Baukunst, Bd. III, 1931; Reclams Kunstführer, Deutschland, Bd. II, 315f., 1960.

Ludwigsburger Porzellan (1758–1824). Bedeutender als die Geschirrformen sind die Plastiken (Bauern,

Komödienfiguren, Ballett, Vögel, Götter etc.). In den Figurendarstellungen nahm das L. als erstes die klassizistische Richtung an. Marken: CC ligiert in Unterglasurblau mit und ohne Krone. Von 1793–95 gekröntes L. 1806–16 gekröntes FR. 1816–24 gekröntes WR.

Lübeck. Die Marienkirche ist die Hauptpfarrkirche der Stadt. Gründung 1159; 1. Neubau um 1200 (roman. Backsteinbasilika), 2. Neubau nach einem Brand von 1251: eine riesige Halle war geplant. Unter der Leitung eines franz. geschulten Baumeisters entstand 1260–1280/90 der lange, 3schiffige Chor mit Umgang und Kapellenkranz nach dem System von →Soissons und der 2geschossigen Hochwandgliederung mit Laufgang nach vermutlich normannischen Vorbildern. 1304 und 1310 wurden die beiden W-Türme begonnen (vollendet 1350 bis 1351). Ursprünglich wurden dem Bauplan die alten Maße zugrunde gelegt. Unter dem Einfluß franz.-flandrischer Bauten wurde das ältere Hallenlanghaus durch eine basilikale Anlage mit Kapellenkranz und doppelten Fassadentürmchen ersetzt (vollendet 1330). Der Außenbau ist von wuchtiger Erscheinung: die schmucklosen Wände sind aus Backstein, nur Sockel, Gesimse und Portale aus Haustein. Die Wirkung des Inneren geht heute von der Architektur in ihrem farbigen Gewand aus. Sie gipfelt in dem überwältigenden Eindruck des ca. 80 m langen und 40 m hohen Mittelschiffs, dessen Tiefenzug von dem in vielgliedrigen zarten Bündelpfeilern aufstrebenden Chor aufgefangen wird.
Lit.: Wasmuths Lexikon der Baukunst, Bd. III, 1931; Reclams Kunstführer, Deutschland Bd. IV, 1962.

Lübecker Bibel. 1494 in Lübeck erschienene Bibel mit reichen Holzschnittillustrationen, die zu den bedeutendsten frühen deutschen Holzschnittarbeiten gerechnet werden. Als Hauptmeister dieser qualitativ nicht ganz einheitl. Werke wird B. →Notke vermutet.

Lünette (franz. = kleiner Mond). Halbkreisförmiges Bogenfeld über Türen und Fenstern, auch die Fläche in einem Schildbogen und die Rückseite eines →Arkosoliums. Sie ist oft mit Malereien und Reliefs geschmückt, kann auch in Glas aufgelöst sein.

Lüster. Metallisch glänzender, gelbl. bis rötl. Überzug (Malerei od. Fond), auf eine keramische Glasur aufgebrannt. L. fayencen seit d. 9. Jh. in Bagdad. Typisches Erzeugnis islam. Keramik, sonst nur in Italien im 16. Jh. u. im europ. Historismus des 19. Jh.s anzutreffen.

Lütticher Elfenbeine. Kleinfigurige Gruppe von Elfenbeinschnitzereien, die um die Jahrtausendwende im Anschluß an die →Metzer Gruppe entstand. Sie ist als Fortsetzung karolingischer Tradition anzusehen, nicht als Beitrag zur ottonischen Stilentwicklung. Im Laufe des 11. Jhs. starke Einwirkung auf Köln, wo sie sich als einzige rheinische Werkstatt bis in salische Zeit fortsetzt. Beispiel: Kreuzigungstafel in Brüssel.
Lit.: H. Schnitzler in: Beiträge zur Kunst des Mittelalters, 112–18, 1950.

Luftperspektive →Perspektive.

Lugalkisalsi. Name eines Königs von →Uruk auf der Beterstatuette seines Enkels Diutu, die eine Formerstarrung der Plastik →sumerischer Kunst zur Zeit →Lugalzaggesis zu Beginn des 24. Jhs. v. Chr. erkennen läßt.
Lit.: A. Parrot, Sumer, 210 ff.; E. Strommenger, Mesopotamien, 71.

Lugalzaggesi. Letzter sumerischer König von →Uruk vor →Sargon von Akkad (24. Jh. v. Chr.), von dem er besiegt und in einen Käfig vor dem Tor des Enliltempels in →Nippur gesperrt wurde. Ursprünglich wahrscheinlich semitischer Priesterfürst von →Umma, zerstörte L. →Lagasch und usurpierte Uruk, das er zur Hauptstadt eines großen Herrschaftsgebietes mit Handelswegen vom Persischen Golf bis zum Mittelmeer machte. Aus seiner Zeit stammt der älteste Beleg für Bauholz aus dem „Zedernbergland", dem Libanon-Amanus-Gebiet. Älteste ausgeformte sumerische Königsinschrift, die bereits Züge der folgenden →Akkadzeit aufweist.
Lit.: H. Schmökel, GAV, 27 f.; A. Parrot, Sumer, 169 f.

Luini, Bernardino. Italien. Maler. Geb. um 1480–85 in Luino (?), gest. 1532 in Mailand. Ausbildung nicht sicher nachgewiesen, Einflüsse von Bramantino, Borgognone und →Leonardo da Vinci. Tätig in der Lombardei. Bleibt in seinem Freskenstil lombardischer Tradition verbunden, wobei L. versucht, neue Anregungen mit dem Altüberlieferten zu verbinden. Hauptwerke: Fresken in der Wallfahrtskirche in Saronno; abgenommene Fresken aus Mailänder Kirchen im Mus. Brera, Mailand; Tafelbilder: Madonna im Rosenhag (Mailand, Brera); Christus unter den Schriftgelehrten (London, Nat.-Gal.); Badende Frauen (Mailand, Brera).
Lit.: A. Ottino della Chiesa, B. L., 1953.

Sogen. Ludovisischer Thron.
Detail vom Frontrelief, um 460 v. Chr. (Rom, Mus. Nat.).

Lukasbilder. Der Legende nach authentische Bildnisse Christi und Mariae, die der hl. Lukas gemalt haben soll. Das berühmteste Christusbild im Oratorium Sancta Sanctorum, Rom (nachweisbar seit dem 8. Jh., ursprünglich Ganzfigur, die übermalt wurde mit einem spätbyzant. Christusbild); weitere Exemplare in der Vatikanischen Bibliothek, in der Kathedrale von Tivoli, in Viterbo, Trevignano (letztere röm. Werke des 12. bis 13. Jhs.). Erste Nachrichten der Marienbilder aus dem 6. Jh.: die Kirchengeschichte des Theodorus Lector (bis 518 reichend) berichtet von einem ursprünglich in Jerusalem bewahrten Bild, das die Kaiserin Eudoxia ihrer Tochter Pulcheria sandte und das später in die Hodegonkirche von Byzanz gelangte (→Marienbildtypen). Berühmt ferner ein Bild in S. Maria Maggiore, Rom, das schon Papst Gregor d. Gr. 585 in feierlicher Prozession nach Alt-St. Peter trug. Im 15. Jh. wurde das Motiv des die Gottesmutter malenden Lukas häufiger dargestellt. Ein solches Bild heißt Lukasmadonna.
Lit.: K. Künstle, Ikonographie der christlichen Kunst, 1928; C. M. Henze, Lukas, der Madonnenmaler, 1948; D. Klein, St. Lukas als Maler der Maria, 1933.

Lukasbrüder, Lukasbund →Nazarener.

Lukasgilde. Bezeichnung für Malergilden, die den hl. Lukas als Schutzpatron verehrten. →Lukasbilder.

Lukasmadonna →Lukasbilder.

Luksor →Luxor.

Lulubäer. Bergvolk im Zagrosgebiet, von →Naramsin besiegt, dessen Siegesdenkmäler Vorbilder für die Felsreliefs im Bereich der L. wurden. →Anubanini.

Lit.: H. Schmökel, GAV, 44, 52, 197f.; H. H. v. der Osten, WP, 25f.; R. Ghirshman, Iran I, 437.

Luminarium. Auch lucernarium, Luft- und Lichtschacht der Katakomben. Er hat die Form eines Schornsteins, der sich nach oben verjüngt und rund, aber auch viereckig sein kann. Das L. ist bisweilen an seinen vier Seiten mit Bildern geschmückt. Ein bekanntes Beispiel ein L. in der Praetextatkatakombe, Rom.

Lunanna. Die von L. dem westsemitischen Gott Amurru geweihte Bronzestatuette eines knienden Beters mit vergoldeter Gesichts- und Handpartie trägt die Inschrift „für das Leben des →Hammurabi von →Babylon". Sie ist somit das bisher einzige gesicherte Zeugnis für die Bronzeplastik der →babylonischen Kunst des 18. Jhs. v. Chr., der sich stilistisch verwandte Bronzefiguren zuordnen lassen.
Lit.: A. Parrot, Sumer, 284f.; E. Strommenger, Mesopotamien, 89.

Lunettengemälde. Bezeichnung für ein Fresko, das in seiner Fläche durch den Anstoß eines Tonnengewölbes an eine Wand bestimmt ist und somit dem Schnitt des Gewölbes folgt. Es erscheint zuerst im Zusammenhang mit röm. Architektur und wird in der Regel bewußt von der unter ihm liegenden Wanddekoration abgesetzt.

Lurago, Carlo. Italien. Baumeister. Geb. um 1618 in Laino, gest. 1684 in Passau. Seit 1638 in Prag. Entstammt einer aus der Gegend von Como stammenden Künstlerfamilie, von denen mehrere in Böhmen tätig waren. Im Collegium Clementinum in Prag, 1654–58 erreichte L. die Vereinigung strenger italien. Barockformen mit den in Böhmen heimischen. Nach reicher Tätigkeit in Prag und Böhmen baute L. in Passau den Dom wieder auf (1668–83, Langhaus, Westfront, Kuppel und Krypta), wobei er auch die reiche Stuckierung schuf.
Lit.: K. M. Swoboda (Herausgeber), Barock in Böhmen, 1964.

B. Luini, Madonna mit Kind, der hl. Katharina und Barbara (Budapest, Mus. der bildenden Künste).

Lurcat, Jean. Franz. Maler und Graphiker. Geb. 1892 in Bruyères/Vogesen, gest. 1966 in Paris. Nach anfänglichem Studium der Medizin und Philosophie kam er 1912 nach Paris und wandte sich der Malerei zu. Nach eigenständigen Experimenten schloß er sich 1920 dem →Kubismus an. 1924 ging er nach Spanien und beschäftigte sich hauptsächlich mit Landschafts- und Marinemalerei. In dieser Zeit löste er sich von der starren Doktrin des Kubismus und nahm lyrische Elemente in seine Bilder auf. In der Folgezeit bereiste er die USA, Nord-Afrika, Griechenland und den Nahen Osten. 1915 entstanden seine ersten Wandteppiche, jedoch blieb er vorerst noch bei der Malerei. Erst seit 1939 wandte er sich intensiv der Teppichkunst zu und brachte es hierbei, ausgehend von der Farbe, zu seinen bedeutendsten Leistungen. Gemeinsam mit →Gromaire und →Matisse begründete er in Aubusson eine neue Tradition der Bildteppichkunst, die er auf einer surreal-expressionistischen Grundlage entstehen ließ.
Lit.: H. Vollmer, Künstlerlex. d. 20. Jhs.

Lure. Spätbronzezeitliches Musikinstrument, u.a. auf →Felsritzungen in Bohuslän (Schweden) dargestellt.

Luristan. Provinz des Zagrosgebirges, Fundgebiet der merkwürdigen L.-Bronzen (figürliche Trensen, Streitwagenbeschläge, Waffen, „Standarten"-Aufsätze, Glokken und durchbrochene Schellen vom Pferdegeschirr, Tierplastik, Gefäße, Schmuck, darunter Scheibenkopfnadeln, mit religiöser Symbolik). Die Masse der L.-Bronzen gehört nach den im Mittelmeergebiet gesicherten Funden (Zypern, Samos, Etrurien) in das 7./6. Jh. v. Chr. in die Zeit nach dem Eindringen der →Kimmerier und →Skythen in Vorderasien. Dazu fügt sich die Keramik von L., die bei den Raubgrabungen meist verworfen wurde und daher selten ist. Inschriftlich datierter Vorläufer der Bronzekunst von L. ist die Axt Untaschgals aus Tschoga Zambil. Beutegut aus geplünderten Heiligtümern diente oft als Vorbild für neue Arbeiten, die altertümliche Motive zeigen. Altmesopotamisches Erbe äußert sich in zahlreichen Bildgedanken, vor allem in der Darstellung des Tierbezwingers, an dessen Stelle auch eine lebengebende Göttin erscheinen kann. An die Kunst der →Mesalim-Zeit erinnert die auffallende Motivkontraktion, an den →Tierstil der →Susa-Keramik die Neigung zu überlängten Dehnungen, vor allem an Tierhälsen und -körpern deutlich. Die häufige Darstellung von mehreren Köpfen in einer Figur ist durch magische Vorstellungen von Kraftballung bestimmt, wobei die Betonung des Kopfmotivs auf die Auffassung vom Haupt als Wesensträger deutet. Die Vorliebe für Maskendarstellungen nimmt charakteristische Erscheinungen der Frontalität in der →parthischen Kunst vorweg. Ein gleiches gilt für das Bild des Tierbezwingers und der lebengebenden, nackten Göttin, die die Brüste preßt, ein Motiv der praehistorischen Idolplastik des Alten Orients. Dominierend ist der charakteristische →Tierstil, der den L.-Bronzen ein einheitliches Gepräge gibt und auf Einflüsse aus der →eurasischen Kunst weist. →Koban. Die zoomorphe Junktur mit der Verschmelzung von verschiedenen Tierkörperteilen in einer Figur von kraftgeballter Wirkung ist von →Urartu und mesopotamischer Tradition beeinflußt. Die meisten L.-Funde stammen aus Gräbern in megalithischer Bauweise, die auf den Kaukasus weist. Auch Tempel waren bekannt (→Surch Dum). Der Gesamtbefund spricht für →Kimmerier und →Skythen als Träger der L.-Kultur, die durch →Meder abgedrängt worden sind.
Lit.: R. Ghirshman, Iran I, 437; II, 390.

Luxor. Teil des alten →Theben mit großem →Amun-Tempel, der von →Amenophis III. durch →Amenophis Hapu an Stelle eines älteren Heiligtums errichtet wurde. Dem alten Tempel gegenüber hatte bereits →Thutmosis III. eine schlichte Kapelle errichten lassen, die später in den Säulenhof →Ramses' II. einbezogen wurde. Ihre Achse ist auf die Widdersphinxallee nach →Karnak ausgerichtet. Im Gegensatz zu →Karnak ist das Gesamtbild von L. einheitlicher, weil der Plan →Amenophis' III. nicht durch Umbauten gestört wurde. Danach führte eine lange Säulenhalle, deren Wände unter →Tutench-amun und →Haremhab mit Reliefbildern des großen Barkenfestes ausgestattet wurden, zu einem großen Säulenhof mit Lotoskapitellen (→Pflanzensäule). Daran schließt das eigentliche Tempelhaus mit breiter Säulen-Vorhalle und zwei Vorräumen des Allerheiligsten an, dem Alexander d. Gr. die jetzige Gestalt gab. Schrein für die Amunbarke. Wichtig sind die Reliefs der Geburtshalle neben dem ersten Vorraum, die von der mythischen Zeugung und Geburt →Amenophis' III. berichten. Begegnung der Königsmutter mit Amun, Bildung des

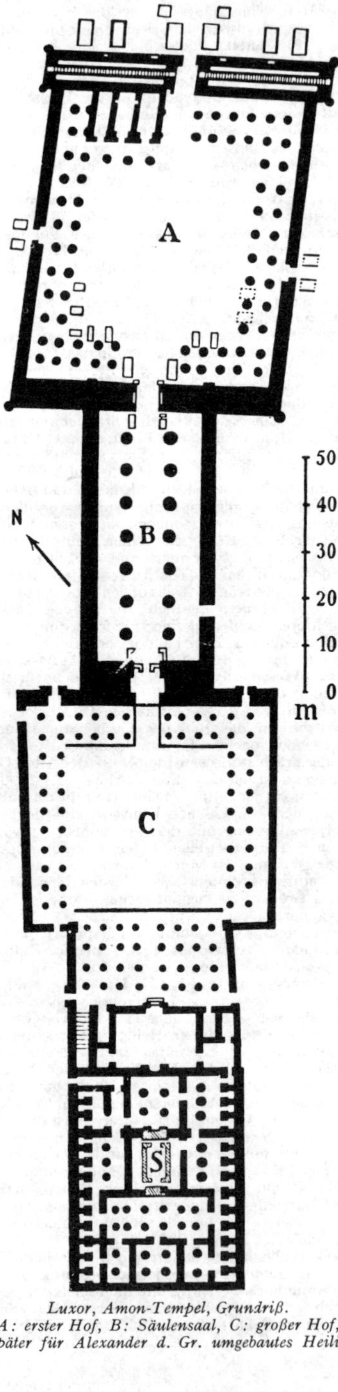

Luxor, Amon-Tempel, Grundriß.
A: erster Hof, B: Säulensaal, C: großer Hof,
S: Später für Alexander d. Gr. umgebautes Heiligtum.

Königs auf der Töpferscheibe durch →Chnum, Weg der Königsmutter in die Geburtshalle unter dem Geleit der Götter, Geburt des Königskindes und Übergabe an Amun. Pflege durch göttliche Ammen. Tauf- und Beschneidungsmotiv. Thronbesteigung Amenophis' III. Der Reliefzyklus ist für die Ikonographie von der Geburt eines königlichen Gottmenschen von größter Bedeutung, zumal auch der Verkündigungsgott (→Thoth) nicht fehlt und neben der leiblichen Gestalt die geistige (Ka) bildlich berücksichtigt wird. Zu den mythisch-religiösen Bildreliefs fügte →Ramses II. an den Außenwänden des der Säulenhalle Amenophis' III. vorgelegten Säulenhofes und am Pylon historische Szenen aus dem Hethiterfeldzug. – Zahlreiche Funde koptischer Kunst. Davon seien 3 Stelen genannt: eine im koptischen Museum in Kairo. Sie stellt eine →Orans dar und ist in eine reiche Architektur eingefügt. Sie hat stark griech. Züge, wie die Gestalten in Fajum. Eine zweite Stele im Staatl. Mus. in Berlin zeigt eine männliche Büste. Sie ist röm. empfunden, aber mit koptisch-ornamentalem Schmuck umgeben. Eine dritte Stele aus der Nähe von L. befindet sich im koptischen Museum in Kairo.
Lit.: W. Wolf, KÄ, 414ff., 573ff.; E. Brunner-Traut, Ägypten, 434ff. K. Wessel, Koptische Kunst, 1962.

Lydische Kunst. Im kleinasiatischen Lydien mischen sich Einflüsse des alten Orients mit solchen aus Griechenland. Von künstlerischer Bedeutung sind vor allem Grabbauten, die sich eng an die im lykischen Gebiet entwickelten Formen anschließen.

Lydos. Griech. Vasenmaler der attischen Schule, um die Mitte des 6. Jh. v. Chr. in Athen tätig. Stilistisch und chronologisch steht er zwischen →Kleitias und →Exekias. An zwei von ihm signierten Vasen konnten über 80 weitere unsignierte Vasen angeschlossen werden. Als erster attischer Maler löst er sich von der epischen Friesdarstellung und legt in seinen Bildern das Gewicht auf großfigurige Mythencharakterisierung. Hierin ist er der Wegbereiter des →Exekias.
Lit.: J. D. Beazley, ABV, 107ff., 1956.

Lykios. Griech. Bildhauer der 2. Hälfte des 5. Jhs. v. Chr., Sohn und Schüler des →Myron. Vielleicht ist ihm das Original einer in röm. Zeit häufig kopierten Statue des Diomedes (Neapel, Mus. Naz.; München, Glyptothek) zuzuschreiben, die im Stil klassischer Körperbildung und in der Modellierung des Kopfes das Erbe Myrons erkennen läßt. – Von seinen sonst in der antiken Literatur öfters zitierten Werken läßt sich keines mehr mit seinem Œuvre in Verbindung bringen.
Lit.: G. Lippold, Handb. d. Archäologie, V, 183f., 1950.

Lykische Kunst. Charakteristische Formen entwickelte Lykien hauptsächlich im Grabbau. Es finden sich große Felsgräber, deren reichverzierte Fassaden in der Form von Giebeln als Scheinarchitektur aus dem Fels herausgearbeitet worden sind. Deutlich läßt sich hierbei erkennen, daß die nachgeahmten Vorbilder in Holz errichtet und konzipiert waren, so daß diese Monumente von besonderer Bedeutung für die Kenntnis früher Holzbaukunst sind. Die um 500 v. Chr. datierten Anlagen zeigen vor allem Balkenlagen in Stein. – Eine Sonderform frei stehender Grabbauten hat sich in den lykischen Pfeiler- oder Turmgrabmälern erhalten, ebenso in aufgesockelten Hausformen. Die bekanntesten Monumente sind in dem sogen. Harpyenmonument (6. Jh. v. Chr.) von →Xanthos, dem Grabmal von Gjölbaschi (→Trysa) und dem Nereidenmonument (2. Hälfte 5. Jh. v. Chr.) von Xanthos überliefert. Die Grabbauten selbst waren mit reichem plastischem Schmuck versehen, der zu dem Bedeutendsten gehört, was ionische Künstler in Relief geleistet haben.

Lykosura. Griech. Siedlung in Arkadien in der Nähe von →Megalopolis mit einem in der Antike berühmten Despoina-Heiligtum, dessen Tempel und Nebengebäude hellenistischer Zeit gesichert werden konnten. Bedeutendster Einzelfund ist in den Fragmenten eines Kultbildes von der Hand des →Damophon von Messene überliefert.

Lysikrates-Monument. Sogen. →Choregisches Monument des Lysikrates, der im Jahre 334 v. Chr. einen musischen Agon gewann und zur Erinnerung an diesen Wettkampf einen Rundbau an der Dreifußstraße in

Athen errichten ließ. Der Bau diente zur Aufbewahrung des als Siegespreis verliehenen Dreifußes. – Die auf einem Sockel stehende Rotunde ist von korinthischen Halbsäulen eingefaßt, die einen Reliefries, der sich stilistisch an die Friese des →Mausoleums von →Halikarnassos anschließt, tragen.

Lysippides-Maler. Griech. Vasenmaler der attischen Schule, um 520 in Athen tätig. Er ist der letzte große Meister des schwarzfigurigen Stils und wendet bei einigen Vasen bereits die rotfigurige Technik an. Als Schüler und Nachfolger des →Exekias variiert und verfeinert er dessen Stil und Bildtypen. – Eine Reihe von Fachgelehrten neigt heute dazu, den L. mit dem →Andokides-Maler zu identifizieren.
Lit.: J. D. Beazley, ABV, 254ff., 1956.

Lysippos. Griech. Bildhauer des 4. Jhs. v. Chr. aus →Sikyon. Neben →Praxiteles der bedeutendste Künstler seiner Epoche. Seine Schaffenszeit reicht von ca. 370 bis gegen 310 v. Chr. Als Bildhauer ist er Autodidakt, bezeichnet jedoch →Polyklet als sein Vorbild. Seine raumgreifenden Figuren, die in röm. Zeit vielfach kopiert wurden und deren charakteristischstes Beispiel der berühmte Apoxyomenos (Rom, Vat.) ist, leiten von der Spätklassik in den →Hellenismus über. Somit wurde sein Schaffen für die nachfolgenden Generationen äußerst fruchtbar und anregend. Als erster griech. Bildhauer hat er die in sich geschlossene Figur zugunsten betonter Räumlichkeit aufgegeben, ein Prinzip, das im Hellenismus große Bedeutung gewann. – Neben zahlreichen Athletenstatuen war er besonders wegen seiner Portraits von Alexander d. Gr. (Portraitherme, Paris, Louvre) weit berühmt.
Lit.: F. P. Johnson, L., 1927.

Lys, Johann →Liss, Johann.

M

Maat. Menschengestaltige Personifikation der →ägypt. Kunst für die Begriffe Recht, Ordnung und Wahrheit.
Lit.: S. Morenz, ÄR, 296; E. Brunner-Traut, Ägypten, 96.

Mabuse, Jan, eigentlich Gossaert. Niederl. Maler, Kupferstecher und Radierer. Geb. um 1478 in Maubeuge (Mabuse), gest. 1533/36 in Middelburg. Möglicherweise hat M. bei Gerard David in Brügge gelernt, stärker jedoch wirkten auf ihn die Stiche →Dürers. 1508/09 weilte er in Rom. Später lebte M. in Utrecht und Middelburg. – M. war der erste „Romanist" unter den niederl. Malern, der die bis dahin im nördlichen Europa dominante Stellung der niederl. Malerei ablöste und sie der Führung der italien. unterordnete. Der nackte, menschliche Körper nimmt in den mythologischen Darstellungen einen

J. Gossaert, genannt Mabuse, Venus und Amor, 1521 (Brüssel, Mus. Royaux des Beaux-Arts).

breiten Raum ein, in der Landschaftsdarstellung machen sich Einflüsse →Leonardos bemerkbar.
Lit.: E. Weiß, J. Gossaert, genannt M., 1913.

Macellum. Röm. Marktplatztyp (Lebensmittelmarkt) mit zentralem Rundbau, umgeben von Portikusanlagen. Das älteste überlieferte M. liegt in Rom, weitere finden sich in zahlreichen Städten des Imperiums. Bisweilen können solche Plätze auch apsidial erweitert werden.

A. Macke, „Dame in grüner Jacke", 1913 (Köln, Wallraf-Richarts-Mus.).

Machu Picchu. Peruanische Ruinenstadt und Bergfestung in 2400 m Höhe, nahezu 500 m über dem Urubamba-Tal gelegen, überragt von der noch 300 m höher aufsteigenden Felspyramide Huayna Picchu. Der Rundturm („Torreón"), aus prachtvollen Quadersteinen in der Inka-Periode erbaut, besitzt teilweise elliptischen, teilweise rechteckigen Aufbau und gehört einem Kultkomplex an, zu dem auch eine natürliche Höhle zählt. Sie ist durch den Einbau von Nischen in Trapezform zur Kultstätte ausgestaltet worden und enthält einen monolithischen, aus dem Fels gehauenen Opferaltar, vielleicht für den Ahnenkult oder für die Erdgöttin Pachamama bestimmt. Der „Thron der Götter", ein gemeißelter Steinblock mit einem 66 cm hohen Zapfen, gehört zu mit der Sonne verbundenen Kulthandlungen („Sonnenfessel").

Macke, August. Deutscher Maler. Geb. 1887 in Meschede, 1914 gefallen. 1904–1906 Studium an der Düsseldorfer Akademie, 1907 bei →Corinth in Berlin. 1907/8 erster Parisaufenthalt, der ihn mit den Werken der Impressionisten (→Impressionismus) und →Gauguins bekannt machte. Hier nahm er Anregungen des →Fauvismus auf, die seine Werke der nächsten 2 Jahre stark beeinflußten. 1910 lernte er in München →Marc und dessen Freunde kennen und schloß sich 1911/12 dem →„Blauen Reiter" an. 1912 reiste er gemeinsam mit →

Marc nach Paris und kommt dort mit →Delaunay zusammen, dessen →Orphismus ihn wesentlich beeinflußte, so daß in der Folgezeit Bilder von prismatischer Lichtdurchlässigkeit entstanden, die ihn zu dem bedeutendsten deutschen Orphisten werden ließen. Gemeinsam mit →Klee reiste er 1914 nach Tunesien, wo er Aquarelle schuf, die in ihrer lichten Farbigkeit den Höhepunkt seines Schaffens darstellen.
Lit.: W. Holzhausen, A. M., 1956.

Mackensen, Fritz. Deutscher Maler. Geb. 1866 in Greene bei Kreiensen, gest. 1953 in Bremen. Nach anfänglichen Studien an der Akademie in Düsseldorf studierte er seit 1888 bei →Kaulbach in München. Bereits in seinem Frühwerk wird die für ihn bestimmende Thematik der bäuerlichen Szenen in der Heidelandschaft deutlich. 1889 gründete er gemeinsam mit O. Modersohn die Worpsweder Künstlerkolonie. 1910–1918 war er als Lehrer und Direktor an der Kunsthochschule in Weimar tätig. – 1933–1935 leitete er die Nordische Kunsthochschule Bremen. – Er gehört zu den bedeutendsten Vertretern der norddeutschen →Jugendstil-Malerei.
Lit.: Thieme-Becker; H. Vollmer, Künstlerlex. d. 20. Jhs.

Mackintosh, Charles Rennie. Engl. Architekt und Kunstgewerbler. Geb. 1868 in Glasgow, gest. 1928 in London. Nach seinem Studium an der Kunstschule Glasgow bildete er sich in Paris und Italien weiter. Als Architekt schuf er sein Hauptwerk mit der 1898/99 errichteten und 1907–09 erweiterten Kunstschule von Glasgow. In seiner totalen Ablehnung des →Historismus war er für die Entwicklung der neuen Baukunst in England wegweisend. Darüber hinaus war sein Schaffen für den →Jugendstil von großer Bedeutung. Als Kunstgewerbler hatte er vor allem mit seinen Möbel- und Textilentwürfen großen Anteil an der Erneuerung der Gebrauchskunst.
Lit.: N. Pevsner, Ch. R. M., 1950.

Madaba, Ostjordanland. Hier sind eine ganze Reihe von Basiliken in den letzten Jahren ans Licht gekommen. Vor allem bedeutsam die Mosaiklandkarte von Palästina aus dem 6. Jh. Das fast intakte Fußbodenmosaik wurde im vorigen Jh. weitgehend zerstört. Auf der Karte noch zu sehen das Tote Meer, Jerusalem (in seinen Details recht gut wiedergegeben), Bethlehem, der Jordan, Jericho u. a.

Madagaskar. Von Volksstämmen teils malaiischer, teils afrikanischer Herkunft bewohnte Insel vor der Südostküste Afrikas. Die Kunst der dunkelhäutigen M.-Bantu ist vor allem durch die „Aloala" genannten Grabpfosten gekennzeichnet; diese sind 2 bis 4 m hoch und mit geschnitztem Ornament-Dekor (Rosetten, Halbmonde) und figuraler Bekrönung reich verziert. – Andere Stämme (Hova, Sakalaven, Betsileo) zeichnen sich durch megalithische Kultureigentümlichkeiten aus, die sich vorwiegend in der Grabbaukunst äußern (Grabkammern aus großen Steinblöcken, oft reliefverziert; Steinpfeiler und Deckelsarkophage; Opferpfosten). Wohl durch indischen und arabischen Einfluß ist das ornamentale Dekor reich ausgebildet.
Lit.: H. Lormian, L'art malgache, o. J.

Madamud. Nördlich von →Karnak bei M. liegt ein Tempel →Sesostris' III. mit Jubiläumsrelief, das den thronenden Pharao im Krönungsmantel unter dem Baldachin in zwei einander abgekehrten, gleichsinnigen Szenen mit der hohen Krone Oberägyptens und der niedrigen Unterägyptens zeigt. Die Standarten der Landesgötter Seth und Horus reichen ihm mit Händen die Symbolzeichen für unzählige Jubiläen. Streng symmetrisch-tektonische Gliederung der Komposition, deren Motive bis in die →Thinitenzeit zurückreichen.
Lit.: W. Wolf, KÄ, 364f.

Maderna (Maderno), Carlo. Italien. Baumeister. Geb. 1556 in Capolago am Luganer See, gest. 1629 in Rom. Schüler von D. →Fontana. Sein Hauptwerk ist das Langhaus von St. Peter in →Rom mit Vorhalle und Fassade. Mit dieser Front, an welcher er wegen der Bindungen an die Seitenfassaden eine Kirchenfassade mit einer Ordnung erstellte, bereitete M. den Stil des Hochbarock vor. In der Verwendung von Formen →Michelangelos ist M. der Formensprache G. della →Portas verwandt. Auch in der Auflockerung der Massen, durch Ersetzen der Pilaster durch Säulen (erstmals in S. Andrea in Rom), hat M. richtungweisend gewirkt. Mit der Schauseite von S. Susanna (Rom, vollendet 1603) schuf M. den Typus der Kirchenfassade des 17. Jhs. Auch als Palastarchitekt hat M. vielfach gewirkt: Entwurf für den Pal. Barbarini (Ausführung von →Bernini); M. vollendet den von della Porta begonnenen Pal. Chigi (1602–10) und erbaut den Pal. Odescalchi (beide in Rom).
Lit.: A. Munoz, C. M., 1922; A. E. Brinckmann, Baukunst des 17. und 18. Jhs. in den romanischen Ländern, 1915.

Madhu oder Madhava d. Ä. Hofmaler der Moguls, der Ende des 16. Jhs. unter Kaiser →Akbar geschichtliche Werke mit Miniaturen im indo-persischen Mischstil schmückte (Babur-nama, Akbar-nama) und Anfang des 17. Jhs. für Dschahangir gemeinsam mit →Aqa Riza als Illustrator tätig war.
Lit.: Barrett, Painting, 91.

Madonna. Die aus dem szenischen Zusammenhang isolierte Darstellung der Gottesmutter Maria mit dem Jesuskind als Devotionsbild. Seit dem Konzil von Ephesus, 431, gewinnt das M.bild seinen Platz an hervorragenden Stellen der Kirchengebäude wie Apsis, Triumphbogen, auch, vor allem in got. Zeit, im Tympanon oder am Türpfeiler der Portale. Es erscheint außerdem als frei stehendes Bildwerk in der Kleinkunst (Elfenbeinschnitzerei, Goldschmiedekunst, Buchmalerei) sowie in der Tafelmalerei. Die früh einsetzende Marienverehrung der östlichen Kirche führte zur Ausbildung der Grundtypen des marianischen Devotionsbildes (→Marienbildtypen) durch die byzant. Kunst. Sie gestaltete M.bilder von feierlich herber Majestät, die von der frühmittelalterl. und roman. Kunst übernommen wurden. In roman. Zeit erscheint Maria meist thronend, das Kind frontal auf den Knien (Nikopoia, frühe Beispiele: Essener und Paderborner M., 11. Jh.), häufig mit einer Krone ausgestattet. Dieser Typ wird in der italien. Malerei bis um 1300 beibehalten. Er wird dadurch bereichert, daß das Kind nach links rückt und so die seelische Beziehung zwischen Mutter und Kind darstellbar wird (Verbindung mit dem Typ der Hodegetria, →Marienbildtypen; zuerst bei →Guido da Siena). Zu Seiten des Throns erscheinen meist Engel. In got. Zeit dominiert im Norden, seit Ende des 13. Jhs. auch in Italien, das Bild der stehenden M. mit dem Kind auf dem linken Arm (Hodegetria); vor allem in der Bildnerei. Die Darstellung gewinnt Züge anmutiger Menschlichkeit (z. B. M.statuen got. Kathedralportale, z. B. die Vierge dorée in Amiens), wird im Laufe des 14. Jhs. immer mütterlicher, inniger und lieblicher gestaltet. Das Spiel zwischen Mutter und Kind wandelt sich ins Idyllische (etwa die „Schönen Madonnen" in der Bildnerei kurz nach 1400). Unter dem Einfluß der Mystik bildete das Spätmittelalter eine Vielzahl von M.bildtypen aus, die als religiöse Genrebilder vor allem der privaten Andacht dienten (→Marienbildtypen).
Lit.: K. Künstle, Ikonographie der christlichen Kunst, 1928; L. Réau, Iconographie de l'art chrétien, 1955–59.

Madrid. Die Hauptstadt Spaniens ging aus einer maurischen Stadt und Festung mit Namen „Madschrît" hervor, die 1083 durch Alfons VI. erobert worden war. M. war lange Zeit eine sehr eng gebaute Stadt, obwohl sie seit 1561 Residenz geworden war. Erst Karl III. begann mit ihrer teilweisen Umgestaltung, die von Joseph Bonaparte fortgesetzt wurde. Mittelpunkt der Stadt ist die Puerta del Sol, ein ehemaliger Torplatz, von dem zehn Straßen ausgehen. Eine davon führt zur Plaza del Castelar, von der aus nach Süden die berühmte Promenadenstraße, der Prado (= Wiese), läuft. An ihr liegt auch das Prado-Museum, das 1785 von Juan

Farbtafel 17: *Dom von Siena, Blick in die Vierung.*

de →Villanuova begonnen, 1898 und 1919–27 umgebaut und erweitert wurde. Östlich vom Prado der 1630 begonnene Park El Retiro; das Schloß Buen Retiro, erbaut von Crescensi, ist 1734 abgebrannt. Ebenfalls ein Werk Crescensis ist das ehemalige Hofgefängnis (erbaut 1629 bis 1643). Das königliche Schloß (Palacio Real) wurde von →Juvarra entworfen und 1738–64 von →Sacchetti errichtet. 1845 wurde es durch niedrige Flügelbauten erweitert. Der Plan Sacchettis, die innere Stadt umzugestalten, konnte nicht verwirklicht werden. Unter den Kirchen der Stadt ist die bedeutendste die Jesuitenkirche San Isidoro el Real. Sie wurde ab 1626 nach Plänen von Fray Francisco Bautista erbaut.
Lit.: Wasmuth, Lexikon der Baukunst, Bd. III, 1931.

Madura. In der modernen südindischen Stadt finden wir vor allem zwei Denkmäler der →Nayyak-Zeit, also des 17. Jhs.: einen der größten dravidischen Tempel mit der letzten Höhenentwicklung der Tortürme und der äußersten Ausdehnung von Steinpfeilerhallen im sogen. Minakschi Mandapam sowie einen Palast des Tirumala Nayyak in einer südindischen Variante des indo-islam. Baustils. (Abb. S. 386).

Mäander. Bezeichnung für ein rechtwinkelig gebrochenes, fortlaufendes Ornament, das seinen Namen nach dem sich vielfach windenden, kleinasiatischen Fluß Maiandros erhielt. Der M. ist bereits in vorgeschichtlichen Kulturen bekannt, hat jedoch seine eigentliche Ausformung in der griech. geometrischen Kunst erfahren. Spätere Epochen nehmen das Ornament zur dekorativen Verwendung wieder auf.
Lit.: O. Kunkel, Der M. in den vor- und frühgeschichtlichen Kulturen Europas, 1925.

Maecenas. Röm. Adeliger, Vertrauensperson und Ratgeber des →Augustus. Neben eigener schriftstellerischer Tätigkeit wurde er vor allem als Förderer zahlreicher Dichter berühmt. Von seinem Namen leitet sich der Begriff Mäzenatentum ab, die großzügige Förderung und Unterstützung der Künste.

Maenianum. Röm. Bezeichnung für die Zuschauergalerien im Amphitheater oder am Forum.

Männerhaus. Das M. ist in der Südsee (→Neuguinea, →Mikronesien und →Melanesien) Versammlungsort der Männer für kultische Feiern und geselliges Leben. Es handelt sich meist um große und hochgiebelige, strohgedeckte Häuser, deren Giebelfelder mit reicher Schnitzarbeit und Malerei verziert sind. Hier wird das Beiwerk der Geheimbundriten (Skulpturen, geschmückte Trophäen, Musikinstrumente) aufbewahrt.

Männerseite. Die südliche Seite des Kirchenraums, in der die männlichen Teilnehmer des Gottesdienstes Platz nahmen. Auch als →Epistelseite bezeichnet.

Maes, Nicolaes. Holländischer Maler. Geb. 1632 in Dordrecht, gest. 1693 in Amsterdam. Kam 1648 zu →Rembrandt in die Lehre, als dessen bester Schüler er häufig genannt wird. Er begann noch während seiner Lehrzeit mit biblischen Bildern, doch verlegte sich M. später auf das Sittenbild, häuslich-intime Familienszenen, die etwas von der Behaglichkeit geordneten Bürgerlebens ausstrahlen. Daneben treten noch Bildnisse, in denen er sich von seiner Rembrandt-Schulung abwandte und mehr die von den Italienern und van →Dyck gepflegte Darstellungsform nachahmte.
Lit.: W. R. Valentiner, N. M., 1924.

Maestà. Italien. Bezeichnung der thronenden Madonna mit dem Kind, umgeben von Engeln und Heiligen. Häufig vor allem im Duecento und Trecento.

Maffei, Francesco. Italien. Maler. Geb. um 1620 (?) in Vicenza, gest. 1660 in Padua. Ging bei dem Manieristen S. Peranda in Venedig in die Lehre. Bildete sich weiter an den Werken von →Tintoretto, →Fetti, →Liss und →Strozzi. M. war ein bedeutender venezianischer Barockmeister; als glänzender Dekorateur wirkte er namentlich in Kirchen in Venedig und Vicenza.
Lit.: N. Ivanoff, F. M., 1942.

Magdalénien. (Nach dem Fundort La Madeleine in Frankreich.) Jüngster Abschnitt der →Älteren Steinzeit (nach 20000 v. Chr.), mit zahlreichen Fundstellen (von Nordspanien bis nach Osteuropa) und einem ausgeprägten Bestand an Waffen und Geräten aus Stein und Knochen, Blütezeit der →Eiszeitkunst in Südfrankreich und Nordspanien. Zu nennen sind Ritzzeichnungen und mehrfarbige Tierbilder des franko-kantabrischen Kunstkreises (→Franko-kantabrische Kunst), aber auch Reliefs (→Cap Blanc, →Tuc-d'Audoubert), hinzu kommt Tierplastik, die →Speerschleuder und der →Lochstab. Gegen Ende des M. Neigung zur Schematisierung und zur Stilisierung der Kunst, z. B. bei sehr kleinen Frauenstatuetten von →Malta, →Mézin und vom →Petersfels.

Magdeburg, Dom. Über dem Dom Ottos d. Gr. (Gründung 955, 1207 abgebrannt) seit 1209 ein Neubau, der in Grund- und Aufriß von franz. got. Baukunst ausgeht (vermittelt über Burgund), in der Schwere und kraftvollen Plastizität der Formen jedoch spätstaufische Tradition fortsetzt. Häufige Bauunterbrechung. Weihe 1363, Fassade und Türme erst 1520 vollendet. Kreuzförmige, dreischiffige Gewölbebasilika mit polygonalem Chorumgang, Chorempore (Bischofsgang) und Kapellenkranz, Doppelturmfassade mit einem Portal. Bedeutend der von dem in Burgund geschulten, zisterziensischen Maulbronner Bautrupp errichtete Bischofsgang mit halbkreisförmiger Rippenführung, springenden Kämpferhöhen und verrutschten Schlußsteinen. Es entsteht so ein eigenwillig spannungsreicher Raum, dem durch reiches Formenspiel die Schwere genommen ist. Langhaus 2. Hälfte 13. Jh.: Weiträumigkeit, starke Vereinfachung der Wandgliederung (typisch deutsch der zweiteilige Aufriß), flächige Wandwirkung. Am Außenbau fehlt Strebewerk. Bedeutende Bauornamentik und -plastik: u. a. Chorumgangskapitelle mit Pflanzenornament, Menschen- und Tierfiguren; Zyklus kluger und törichter Jungfrauen an der Paradiesespforte. Wichtigste Ausstattung: Bronzegrabplatten der Erzbischöfe Friedrich v. Wettin (1152) und Wichmann (1192) aus dem alten Dom, Werke der bedeutenden roman. Magdeburger Gießhütte; Bronzegrab Erzbischofs Ernst v. Sachsen (1495) von Peter →Vischer d. Ä.
Lit.: G. Giesau, Der Dom zu M., 1940.

Magdeburger Reiter. Um 1240 entstanden. Erstes abendländisches freiplastisches →Reiterstandbild (Einfluß auf Norditalien), auf dem Marktplatz von Magdeburg errichtet in baldachinartigem Gehäuse über Postament (barock verändert unter Zufügung der Kurfürstenfiguren). Dargestellt ist Kaiser Otto II. mit zwei weiblichen Figuren, die Schild und Fahne tragen (erneuert: Beine und Bauch des Pferdes, Gewänder der Mädchen). Bamberger Vorbilder: Adamspforte, Dionysiusengel, Reiter. Gegenüber letzterem durch Vereinfachung der Gewandbehandlung und engere Verbindung von Reiter und Pferd durch den beidseitig herabhängenden Mantel größere Monumentalität erreicht; vollere, weichere Bildung der Einzelformen. Bedeutendstes Werk der Magdeburger Bildnerei der Mitte des 13. Jhs. neben dem Jungfrauenzyklus des Domes (→Magdeburg). Abb. S 386).
Lit.: H. Jantzen, Deutsche Bildhauer des 13. Jhs., 1925.

Magier. Stamm der →Meder mit besonderen priesterlichen Funktionen, von →Astyages gegenüber dem Kriegeradel begünstigt. Nach dem Bericht des Herodot und iranischer Überlieferung verfügten die M. über eine geistige Macht, die sich auf religiöser Tradition der indogermanischen Indoiraner und der Vorbevölkerung gründete. Im Zeremoniell der M., die am Hofe der →Achaemeniden die Opferhandlungen wahrnahmen und auf Reliefs der medischen und persischen Kunst (→Iranische Kunst II/III) dargestellt sind, sind →Barsom und Feuerkult von Bedeutung. →Feuertempel. Im Totenritual der M. werden die Leichen Vögeln und Hunden zum Fraß ausgesetzt, die Knochen in Felsnischen geborgen, die in der Nähe der vermutlichen Burg des M.s

Farbtafel 18: *Detail der Kuppelfayencen von der Metrese Schah Sultan Hussein in Isfahan, um 1710 n. Chr.*

→Gaumata bezeugt sind. Die Grabarchitektur der →Meder (→Iranische Kunst II) und →Achaemeniden (→Pasargadae, →Naqsch-i-Rustam, →Persepolis) ist davon zu trennen, wenn auch Motive der M.-Religion dargestellt sind. Die Lehre →Zarathuschtras wurde erst später von den M.n aufgenommen, die sie in der →Sasaniden-Zeit zum Staatskult erhoben und mit fanatischer Intoleranz verbanden, die wahrscheinlich bereits während der →Parther-Zeit auf Grund alter Tradition stark ausgeprägt war. Hauptvertreter ist die Priesterschaft der Mobads mit dem Zentrum →Schiz im Gegensatz zu den →Herbads. Das Wirken der M. offenbart sich in den Bildmotiven der →iranischen Kunst bis in die Sasaniden-Zeit, wenngleich wir die Anfänge noch nicht klar fassen können, die wahrscheinlich auch für die Themen der →Luristan-Bronzen von Bedeutung sind.
Lit.: H. H. von der Osten, WP, 295; S. Nyberg, RAI, 335ff., 374ff., 388ff., 395ff.

Magischer Realismus. Auch „Neue Sachlichkeit" genannte Stilrichtung des Nachexpressionismus. Die Objekte der Darstellung werden realistisch genau nach dem Vorbild gegeben, jedoch in verfremdetem Zusammenhang neu geordnet. Somit ist der M. dem →Surrealismus und der →Pittura metafisica verwandt.

Maglemosekultur der →Mittleren Steinzeit. Verbreitet in Norddeutschland, Südskandinavien und, mit Ausläufern, im Baltikum. Hierhin gehören geometrische Ornamente auf Waffen und Geräten aus organischem Material sowie stark stilisierte Menschen-Darstellungen und Kleinplastiken aus Bernstein (Vogel, Bär).
Lit.: Brøndsted, Nordische Vorzeit, 1960.

Madura. Haupthalle des Nayyak-Palastes.

Magnasco, Alessandro. Italien. Maler. Geb. um 1667 wahrscheinlich in Genua, gest. 1749 ebda. Schüler des F. Abbiati in Mailand, wo er sich anfangs niederließ. Später war M. in Florenz und ab 1735 in Genua tätig. Malte anfänglich religiöse Bilder, wandte sich dann jedoch kleinfigurigen Szenen zu. Sein Stil wirkte schon auf die Zeitgenossen ungewöhnlich: ein fahriger, die Formen nur andeutender Strich, überschlanke Proportionen und auf dunklem Grund flackernde Lichter. Er erzielte damit dämonisch-unheimliche Wirkungen, wozu auch die Staffage beitrug: Soldaten, Mönche, Nonnen, Einsiedler und fahrendes Volk in ruinenhaften Räumen oder wilden Landschaften. Beeinflußt wurde sein Werk von →Callot und →Rosa.
Lit.: B. Geiger, A. M., 1923.

Magdeburger Reiter.

Magnelli, Alberto. Italien. Maler. Geb. 1888 in Florenz, gest. 1971 in Paris. Nach anfängl. technischem Studium kam er autodidaktisch zur Malerei. 1910 reiste er nach Paris und lernte dort den ihn stark beeindruckenden →Kubismus kennen. 1913 nahm er Verbindung zum →Futurismus, zu →Boccioni und →Carrà u.a. auf, ohne sich der Gruppe selbst anzuschließen. 1914 hielt er sich wieder in Paris auf und befreundete sich mit →Apollinaire und →Léger. – Ausgehend von Stillebenkompositionen, die er zur äußersten Reduktion der gegenständlichen Form entwickelte, schuf er 1915 sein erstes abstraktes Bild. Um 1918 wandte er sich wieder gegenständlichen Formen zu und schuf zwischen 1920 und 1930 hauptsächlich figürliche Kompositionen von kräftiger Farbgebung und architektonisch gebaute Landschaften. Zwischen 1931 und 1933 entwickelte er erneut eine abstrakte Formensprache, die er dann beibehielt und die ihn zu einem der bedeutendsten Vertreter der italien. Moderne werden ließ. Geometrischen Grundformen stellt er malerische Elemente gegenüber.
Lit.: H. Vollmer, Künstlerlex. d. 20. Jhs.

Magnesia am Mäander. Griech.-persische Stadt Kleinasiens. Nach wechselreicher Geschichte gehörte M. im Hellenismus zum Reich der Seleukiden, seit 189 v. Chr. zum pergamenischen Reich. Die Ausgrabungen brachten umfangreiche Anlagen zutage. Die Stadt selbst war durch regelmäßige Straßenführungen gegliedert und nach den vier Himmelsrichtungen orientiert. Von besonderer Bedeutung ist der große Artemistempel des 3. Jhs. v. Chr., der als →Pseudodipteros mit 8 Säulen an den Fronten und 15 Säulen an den Langseiten errichtet wurde. Ein Fries mit Szenen der Amazonomachie ist in mehreren Teilen erhalten (heute in den Museen von Berlin, Istanbul und Paris).
Lit.: C. Humann, M., 1904.

Magritte, René. Belgischer Maler und Buchillustrator. Geb. 1898 in Lessines, Belgien, gest. 1967 in Brüssel. Nach dem Studium an der Akademie in Brüssel lebte er 1920–26 in Paris und schloß sich der Surrealisten-

Mahabalipuram. Felsrelief mit „Herabkunft der Ganga" und Höhlenheiligtum „Fünf-Pandava-Mandapam".

gruppe an, nachdem er zuvor mit dem →Kubismus und →Futurismus experimentiert hatte. Zwischen 1925 und 1936 schuf er zahlreiche Bilder, in denen er gleich einem Vexierspiel Gegenstände des normalen Alltaggebrauchs in ungewohnter Weise zusammenstellte und miteinander konfrontierte, um mit dieser Verfremdung Überraschungseffekte zu erzielen. Um 1940 hatte er eine vorübergehende impressionistische Periode und kam 1946 zu seiner alten Malweise zurück.
Lit.: Knaurs Lex. d. mod. Kunst, 1955.

Mahabalipuram. Dorf an der Ostküste Südindiens mit hinduistischen Denkmälern einer Pallava-Hauptstadt des 7./8. Jhs. Die typisch indische Kunstfertigkeit, Kultstätten mit reichem Bildschmuck aus dem anstehenden Fels zu schlagen und Felsberge zu monolithischen Tempeln abzuarbeiten, erreichte einen Höhepunkt in der „Fünf Pandava-Höhle", dem „Mahischamardini-Mandapam" und den „Fünf Rathas". Eine riesige Felswand enthält ein Relief mit Szenen von der „Herabkunft der Ganga". Der Küstentempel und andere Heiligtümer auf den Berghöhen gehören zu den frühesten südindischen Freibauten aus sorgfältig gearbeitetem Werkstein in trockenem Verband.
Lit.: C. Sivaramamurti, M., 1952.

Mahaparinirvana. „Das völlige Verwehen". Die bildnerische Darstellung des →Buddha auf dem Totenbett: lang ausgestreckt und mit der rechten Hand unter dem Kopf, mit dem ganzen Körper dem Beschauer zugewendet.

Mahischasuramardini. Ein Aspekt der indischen Göttin Durga, die den büffelköpfigen Dämon tötet; nachdem der Kopf des Ungeheuers abgeschlagen ist, entsteigt dem Rumpf ein gerüsteter Krieger, den die Göttin endgültig besiegt.

Mahlszenen (Katakomben). In den →Katakomben Roms kommen häufig M. vor, bei denen eine Anzahl von Teilnehmern sich um den antiken Polstertisch lagern. Ein Teil dieser Bilder wird als coena coelestes, also als Freudenmahl im Himmel gedeutet, andere, vor allem in den sogen. Sakramentskapellen von S. Callisto, als Mahl Christi mit den 7 Jüngern am See Genezareth (Johannes-Evangelium 21, 2), weitere Szenen auch in den Sakramentskapellen als wunderbare Speisung der Menge (Matthäus 14.).

Mahu. Polizeipräfekt von →Amarna, der zu den treuesten Anhängern →Amenophis IV. zählte. Sein Grab in →Amarna. Die Darstellung der Auslieferung von zwei Räubern an den Wesir, der mit Gefolge vor dem Palast steht, zeigt die Vorliebe für die Wiedergabe einmaliger Vorfälle. Mit der Tendenz zum Zeithaften verbindet sich infolge starker Überschneidungen der Eindruck der Raumtiefe.
Lit.: W. Wolf, KÄ, 518; E. Brunner-Traut, Ägypten, 417; C. Desroches-Noblecourt, Tut-ench-amun, 157.

Maigelein. Halbkugeliges, schalenförmiges Hohlglas des 15. und 16. Jhs. mit tief eingestochenem Boden und meist mit Rillen oder Quadern verzierter Becherwand.

Maikop. Bei M. im →Kuban-Gebiet kupferzeitliches Fürstengrab (unterirdisches Holzhaus mit Grabhügel) mit Rinderplastiken aus Gold und Silber, die ebenso wie die goldenen Reliefplättchen mit Löwen- und Rinderfiguren zu einem Baldachin gehörten. Silberne Prunkbecher mit Tierfriesen, die Beziehungen mit Mesopotamien zeigen. Bedeutsam ist dabei die Darstellung einer Gebirgskette mit zwei Strömen, die sich in einem See vereinigen, das älteste Landschaftsmotiv in der Kunst Alteuropas. Verbindungen zu den Fürstengräbern von →Alaca Hüyük (?).
Lit.: F. Hančar, Pferd, 123ff.; K. Jettmar, Steppenvölker, 59; J. Wiesner, UKG II, 70; UKG IV, 101ff.

Mailand. 1) S. Lorenzo. Bemerkenswerter Zentralbau aus dem 5. Jh. Sein Oktogon, über dem um 1500 die heutige Kuppel erbaut wurde, ruht auf vier starken Pfeilerpaaren. Der Grundriß ist dadurch kompliziert, daß sich an den Mittelraum vier Exedren (→Exedra) anschließen, denen nach außen hin noch im Nord-Ost und Süd Kapellen angegliedert sind. Über den Exedren befinden sich Emporen mit restauriertem, aufgemaltem Intarsienschmuck. – **2)** In der Apsis der Kapelle von S. Aquilino neben S. Lorenzo ein bedeutsames Apsismosaik. Christus als Lehrer, jugendlich, antik empfunden, im Kreis seiner Jünger. Trotz des goldenen Hintergrundes nicht hieratisch, sondern sehr lebendig. – **3)** Sant' Ambrogio. Gründung im 4. Jh. unter Ambrosius. Breite gedrückte Apsis (Mosaiken 940 datiert) und niedriges, tonnengewölbtes Vorchorjoch aus dem 10. Jh. Im übrigen Neubau des späten 11. und 12. Jhs. (Datierungen umstritten). Wichtigster roman. Kirchenbau der →Lombardei. Kein Querhaus. Langhaus im gebundenen System mit Stützenwechsel. Seitenschiffe kreuzgratgewölbt. 4 quadratische Mittelschiffjoche, deren östlichstes vierungsähnlich mit achtseitiger Faltkuppel über Trompen ausgebildet ist. Nach außen Vierungsturm. Sonst stark gebuste (→busig), tief heruntergezogene Bandrippenwölbung. Die Dienste der Rippen schräggestellt; ergibt Verselbständigung der Wölbung gegenüber der Wand (Baldachinraum). Kein Obergaden. In der Schildwand der Gewölbe dunkle Emporen. Geringe Lichtzufuhr durch Fenster der Kuppel und der Westwand, vor der eine mit Empore versehene einjochige Vorhalle liegt. Die Wirkung der schönen, sich in weiten Rundbogen öffnenden Westfront durch Anlage eines → Atriums behindert. Im S Turm des 10. Jhs., im N einer des 12. Jhs. Die schwere wuchtige Wirkung des Innenraums typisch für die Lombardei. – **4)** Dom: Begonnen 1387. Neben der Kathedrale von →Sevilla die größte aller got. Kirchenanlagen, unter den italien. Domen der „gotischste". Fünfschiffiges, basilikal gestaffeltes, in der Raumwirkung hallenartiges Langhaus, dreischiffiges Querhaus, polygonaler Chor mit Umgang ohne Kapellen. Die straffen Vertikalbahnen der Bündelpfeiler nur durch Kapitellzone mit Figuren unter Baldachinen unterbrochen. Der von lombardischen Baumeistern entworfene Plan von nördlichen Großbauten besonders von →Köln ausgehend. Fortführung bei stän-

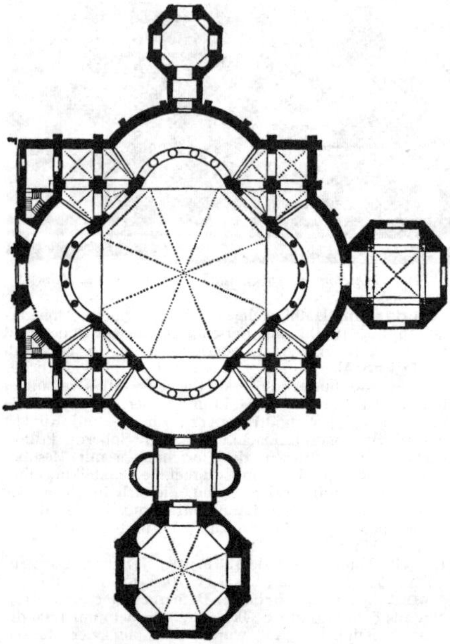

Mailand, S. Lorenzo, 5. Jh., Grundriß.

digem Wechsel einheimischer und nordischer, vor allem deutscher Baumeister (z.B. Ulrich →Ensinger), auf die der Hallencharakter zurückzuführen ist. An keinem anderen italien. Bau wird die Auseinandersetzung des Südens mit der nördlichen Gotik so deutlich. Im Außenbau die Konstruktion von einer Überfülle rein dekorativer, überspitzter Formen verschleiert (vollendet erst im 18. und 19. Jh.), wie sie sich in dieser Häufung sonst nur in Spanien findet. Vierungsturm. Typisch italien. das Fehlen von Fassadentürmen. Reiche plastische Dekoration. Wichtigste Ausstattung: Goldener Paliotto (karolingische Altarbekleidung, wohl Mailänder Arbeit, Mitte 9. Jh.); Trivulzio-Kandelaber (7armiger Leuchter, wohl maasländische Arbeit, Anfang 13. Jh.). – **5)** M. besitzt ferner zwei sehr bedeutsame Elfenbeindyptichen in seinem Domschatz, das eine etwa von 420, das andere aus dem 9. Jh. Das ältere war ursprünglich fünfteilig. Zwei Teile dienen als Bucheinband für ein Evangeliar. Im Mittelpunkt wird einmal das Lamm gezeigt, auf der anderen Platte das Gemmenkreuz auf dem Paradiesberg. Beide Male ist die Mitteltafel, die also Christus gehört, von einer größeren Zahl von Einzelbildern aus dem Alten und Neuen Testament eingerahmt. Schließlich seien noch die Mosaiken von S. Vittore in Ciel d'oro aus dem 5. Jh. erwähnt, die u.a. ein Bild von Ambrosius, dem Bischof von Mailand, zeigen. – **6)** S. Maria delle Grazie: ein dreischiffiger got. Bau (1470–82) nach Plänen →Bramantes, die →Albertis Kirche S. Sebastiano in Mantua nahestehen. Nördlich angrenzend das Dominikanerkloster mit dem „Abendmahl" →Leonardos. (Tafel 9).

Lit.: F. Gaggiori, La basilica di S. Ambrogio a M., 1945; H. Siebenhühner, Deutsche Künstler am Mailänder Dom, 1944; O. Homburger, Der Trivulzio-Kandelaber, 1949; V. H. Elbern, Der karolingische Goldaltar von Mailand, 1952; Wasmuth, Lexikon der Baukunst, Bd. III, 1931.

Maillol, Aristide. Franz. Bildhauer. Geb. 1861 in Banyuls-sur-Mer, gest. 1944 in Perpignan. Er begann als Maler und studierte 1882–86 in Paris bei →Cabanel und →Gérôme. Über die Werke →Cézannes, →Puvis des Chauvannes und →Gauguins fand er Zugang zur Gruppe der →Nabis, denen er sich 1893 anschloß. Er befreundete sich mit →Bonnard, →Vuillard und →Denis. In den nächsten Jahren schuf er vor allem Bildteppiche und eröffnete in seiner Heimatstadt eine Werkstatt. Eine schwere Augenkrankheit zwang ihn, die Arbeit zu unterbrechen. 1900/01 wandte er sich autodidaktisch der Bildhauerei zu. Hier schuf er zuerst Holzplastiken, kam aber bald zur Tonmodellierung und zum Bronzeguß. War er anfangs noch von den Nabis und dem →Jugendstil beeinflußt, so entstanden bereits um 1903-05 Plastiken, die deutlich die Hinwendung zu klassischer Statuarik erkennen lassen. Wesentliche Anregungen vermittelte ihm 1908 eine Reise nach Griechenland, wo er die antike Plastik studierte. – Im Zentrum seines Schaffens steht die weibliche Aktfigur, die er häufig allegorisch verwandte. Die geschlossene, kompakte Form und der monumentale Aufbau sind für ihn bezeichnend.

Lit.: H. Vollmer, Künstlerlex. d. 20. Jhs.

Mainamati. Kloster und Tempel mit zahlreichen Funden an Bildwerken in Ost-Pakistan. Übergang von der späten Gupta-Zeit zum frühmittelalterl. Stil.

Lit.: F. A. Khan, M., 1956.

Mainz, Dom. Eines der Hauptwerke deutsch-roman. Baukunst. Der erste unter Erzbischof Willigis seit ca. 975 begonnene Dom brannte kurz vor der Weihe 1009 ab (erhalten die Osttürme). Erneuerung durch Erzbischof Bardobis 1036. Doppelchörige Anlage mit Westquerschiff, Ostchor mit Krypta und quadratischem östlichen Vorchorjoch. Nach Brand 1081 weitgehender Umbau bis 1137: Halbrunde Ostapsis, außen mit Zwerggalerie. Faltkuppel über dem Vorchor, außen als Vierungsturm (im 19. Jh. erneuert). In den platten Seitenschiffschlüssen Portale. Reiche, qualitätvolle Bauornamentik der →corrente comasca. Langhaus mit flachen Blendnischen, die unterhalb der paarweise angeordneten Hochfenster (Anfang 12. Jh.) enden (vergleiche Dom zu →Speyer). Nach Speyer erster großer Bau mit Kreuzgrat-

A. Maillol, „Hockende Frau mit Taschenkrebs".

wölbung im Mittelschiff. Spätstaufisch, ca. 1186–1243 (letzte Weihe), ist die Erneuerung der Mittelschiffwölbung mit Kreuzrippen und der Umbau der Westteile als →Dreikonchenanlage mit Vierungsturm und Westtürmen. 1279–1309 got. Seitenkapellen. Ausbau des Westvierungsturms durch J. F. Neumann bei der Restaurierung seit 1767. Wichtigste Ausstattung: Bronzetür des Willigis-Baus (→Kirchentüren); West-

lettner des →Naumburger Meisters (im 17. Jh. zerstört; Fragmente erhalten); bedeutende Grabmäler der Erzbischöfe aus dem 13.–18. Jh.; Meisterwerke spätgot. Plastik, u. a. ein →Heiliges Grab.
Bei Ausgrabungen eines spätröm. Friedhofs südlich von M., der noch in fränkischer Zeit benutzt wurde, wurden auch frühchristl. Grabsteine entdeckt.
Lit.: K. H. Esser, M., 1961.

Maison carrée. Röm. Podiumstempel mit prostyler Vorhalle, um 10 v. Chr. in Nîmes erbaut. Die M. ist das besterhaltene Beispiel für die hohe Qualität und durchdachte Klarheit augusteischer Tempelarchitektur. Der Tempel ist in enger Anlehnung an stadtröm. Bauten entstanden und darf als eines der wenigen Beispiele röm. Architekturkopie gelten. Sehr wahrscheinlich wurde das M. nach einem Apollontempel am Tiber in Rom kopiert. Bei beiden Bauten können die gleichen Proportionen, die gleiche Grundrißanlage und bis in Schmuckdetails gehende Übereinstimmungen festgestellt werden.
Lit.: H. Kähler, Rom und sein Imperium, 51f., 1962.

Maitano, Lorenzo. Italien. Bildhauer und Baumeister. Gest. 1330 in Orvieto. 1308 von Siena an den Dom von Orvieto berufen, dessen unteren Fassadenteil er entwarf. Urkundlich gesichert nur das Bronzesymbol Johannes des Evangelisten. Zugeschrieben: Marmormadonna mit 6 Bronzeengeln im Tympanon des Hauptportals, 3 weitere Evangelistensymbole, 4 Freifiguren und Marmorreliefs auf den Pfeilerflächen seitlich der Portale, wobei umstritten ist, ob die mittleren Pfeilerreliefs von einem Vorgänger, Rano di Paganello, stammen. Die ungewöhnliche Verwendung von Bronze entstammt lokaler Tradition. M.s lyrischer Stil mit fließender, weicher Linienführung und zartgliedrigen Gestalten, die von dünnen Gewändern mit feinen Stegen umhüllt werden, kommt nördlicher Gotik nahe.
Lit.: Carli, Le Sculture del Duomo di Orvieto, 1947; J. Pope-Hennessy, Italian Gothic Sculpture, 1955.

Maitreya. Der →Bodhisattva des künftigen Weltalters. In der Stein- und Bronzeplastik dargestellt gewöhnlich in meditierender Haltung, mit über das Knie gelegtem Fuß und an die Wange emporgeführter Hand.

Majano. 1) Benedetto da. Italien. Bildhauer und Architekt. Geb. 1442, gest. 1497 in Florenz. Schüler und Gehilfe seines Bruders Giuliano, später jedoch hauptsächlich als Marmorbildhauer tätig. M. ist der Vollender der von →Desiderio da Settignano und A. →Rossellino vorgezeichneten Frührenaissance. In seinen kirchlichen Ausstattungsstücken erzielte M. eine vollkommene Harmonie zwischen dem Architektonischen und dem Plastischen. Seine bedeutendste Leistung ist die Kanzel von S. Croce in Florenz (1470–75) und das Ziborium für den Hochaltar von S. Domenico in Siena (nach 1475). In den Reliefs ist M. der Schönlinigkeit →Ghibertis verwandt.
Lit.: L. Dußler, B. da M., 1924.
2) Giuliano. Italien. Bildhauer und Architekt. Geb. 1432 in Maiano bei Fiesole, gest. 1490 in Neapel, Bruder von 1). War mehr als Baumeister tätig, doch hatte er in Florenz auch ein Atelier inne, aus dem Holzarbeiten und Möbel hervorgingen. In seinem Stil folgte er →Brunelleschi. 1477-90 Dombaumeister zu Florenz. Von seiner Tätigkeit ist nur wenig erhalten; in der Hauptsache: Ausstattung der Sakristei im Dom zu Florenz, Marmorportal im Pal. Vecchio und (in Zusammenarbeit mit seinem Bruder) in Neapel die Porta Capuana (um 1485).

Majemirkultur. Nach der sibirischen Majemir-Steppe (Altai) benannte Reiterkultur des 7./6. Jhs. v. Chr., deren Grabausstattung durch Trensenbeigaben und →Tierstil-Motive gekennzeichnet ist. Die M.-Phase, die in die Zeit der →Skythen-Expansion fällt, ist wichtig für die Entwicklung der →eurasischen Kunst.
Lit.: F. Hančar, Pferd, 648; K. Jettmar, Steppenvölker, 269.

Majestas Domini (Rex Gloriae). Die Darstellung Christi als Herr der Christenheit, frontal thronend, die Rechte zum Segensgestus erhoben, in der Linken das Buch haltend, mit langem gescheiteltem Haar und kurzem Bart, in roman. Zeit auch mit Krone. Gewöhnlich in der Mandorla (→Heiligenschein) dargestellt und von den Evangelistensymbolen umgeben. Grundlage: Vision des Ezechiel (1,5), Apokalypse des Johannes (4,2). Die Darstellung entwickelte sich aus dem byzant.. →Pantokrator-Bild, das Christus in Halbfigur zeigt. Frühes Beispiel der M. (ohne Mandorla) in S. Apollinare Nuovo, Ravenna (6. Jh.). In karolingischer Zeit begegnet sie häufig in Prachthandschriften (z. B. Bibel Karls d. Kahlen, Paris, Nationalbibl.), auch als Apsisdekoration (literarische Überlieferung; z. B. für Aachener Pfalzkapelle gesichert). In roman. Zeit vor allem in Frankreich vielfach als Tympanonrelief (z. B. →Arles, St. Trophime), auch zusammen mit den 24 Ältesten (z. B. →Moissac) oder dem Jüngsten Gericht (z. B. →Autun). Nach dem 13. Jh. wird die Darstellung seltener. In Italien begegnet sie kaum.
Lit.: F. v. d. Meer, M., Théophanie de l'Apocalypse dans l'art Chrétien, 1938.

Majolika. Ursprünglich italien. Bezeichnung für farbig glasierte →Fayencen. Das Wort M. stammt aus dem Alt-Toscanischen und war der Name für die Insel Mallorca, von der aus den maurischen Tonwerkstätten die Kenntnis der farbigen Zinnglasuren nach Italien gebracht wurde.

Majumdar, Nirode. Indischer Maler. Geb. 1916, Mitglied der ,,Calcutta Group". Mehrere Ausstellungen im Ausland, zuerst Paris 1951. Fand besonders in der Graphik einen persönlichen, expressionistischen Stil.
Lit.: Marg 6, 1953, No. 4.

Makara. Phantastisches Tier der indischen Mythologie, beliebter Torschmuck in Delphin- oder Krokodilsgestalt.

Makāra-Figuren. In der Steinplastik →Indonesiens bezeichnet dieses Wort mythische Tiere (Mischwesen aus Elefant und Fisch), die, oft verbunden mit →Kala-Köpfen, an Tempeln angebracht wurden (z. B. an den Terrassenwänden des →Borobudur), und zwar mehr zu dekorativen Zwecken als – dem Grundgedanken ent-entsprechend – zur Abwehr dämonischer Mächte.

Makart, Hans. Österreichischer Maler. Geb. 1840 in Salzburg, gest. 1884 in Wien. Studium in Wien bei →Piloty, von dessen historisierendem Stil er stark beeinflußt ist. Er veränderte diese Malweise jedoch, indem er die historistische Thematik zugunsten freier Kompositionen aufgab. →Tizian und die venezianische Malerei waren seine großen Vorbilder. In neobarocker Malweise schuf er prunkvolle Dekorationen, häufig allegorischen Inhalts. Als Repräsentant der sogen. Gründerzeit war sein Stil (sogen. ,,Makartstil") ein Hauptangriffspunkt jener neuen künstlerischen Bewegung, die den →Jugendstil entwickelte.
Lit.: E. Pirchan, H. M., 1954.

Makartbukett. Bukett aus getrockneten Blumen, benannt nach dem österreichischen Maler →Makart. Schmuck des Salons in der 2. Hälfte des 19. Jhs.

Makedonische Malschule. Kunstwissenschaftliche Bezeichnung für eine byzant. Malschule, deren Wesen vor allem in den Bauten in →Mistra deutlich wird. Aus der M. entwickelte sich die ,,kretische Malschule"(11. Jh.). Dafür wieder in Mistra ein charakteristischer Bau, die Peribleptoskirche (1340–60). Auch bei späteren Handschriften kann man den Stil der M. und der kretischen Malschule unterscheiden.

Makedonische Renaissance. Nach dem Bilderstreit, der das Entstehen von Kunstwerken fast ganz zum Erliegen brachte, kann man zur Zeit der Makedonischen Dyn. (867–1056) ein erstaunliches Wiederaufblühen der Kunst feststellen. Man spricht sogar von einer M Über die Zeit Justinians hinaus knüpft man an frühere Kunstrichtungen wieder an. Ermöglicht wurde diese günstige Kunstentwicklung durch den wirtschaftlichen und politischen Aufschwung unter den makedonischen Kaisern.

Makimono. Bezeichnung für das im Gegensatz zum →Kakemono im Breitformat gegebene Bild japanischer Malerei.

„Makkaroni". Herkömmliche Bezeichnung für wirre Strichgruppen von Wellenlinien aus der →Älteren Steinzeit. Sie sind mit Fingerspitzen in den lehmigen Untergrund von Höhlen eingetieft, gelegentlich sollen Figuren erkennbar sein (→Altamira, →Pech-Merle, →Rouffignac). Vielleicht imitieren die M. Kratzspuren von Höhlenbären. Sie gelten vielfach als der Beginn eiszeit-

licher Kunstübung, wodurch sie zweifellos überbewertet sind. Ihre Datierung in das →Aurignacien wird neuerdings bestritten.
Lit.: Bandi u.a., Kunst der Welt, Die Steinzeit, 1960.

Makonde. Die einzige Stammesgruppe Ostafrikas, die nennenswerte Holzplastik hervorbrachte, im südlichen Tanganyika und nördlichen Mosambik (zwischen Indischem Ozean und Nyassa-See) beheimatet. Kultureinflüsse aus Westafrika sind anzunehmen. Die etwa halbmeterhohen Ahnenfiguren der M. sind daran zu erkennen, daß an ihnen die in der Oberlippe getragene Schmuckscheibe (ein rundes Brettchen) der Frauen zu sehen ist; auch die Narbentatauierung der Haut ist wiedergegeben (ähnliche wie bei den →Bena Lulua). Die →Masken zeichnen sich durch mit Wachs aufgeklebte Haare und Perlenornamente aus. Männer, die bei Tanzfesten als Frauen auftreten, tragen vor dem Oberleib eine geschnitzte Holzplatte mit Wiedergabe der weiblichen Brust. – Die naturalistisch wirkenden Stülpmasken der zur M.-Stammesgruppe gehörigen Wayao am mittleren Rovuma wirken durch übertriebene Ausformung der Wulstlippen wie Karikaturen der Bantu-Physiognomie.
Lit.: K. Weule, Negerleben in Ostafrika, 1909.

Makron. Griech. Vasenmaler der attischen Schule. Seine in rotfiguriger Technik bemalten Vasen sind in der Zeit des →Strengen Stils entstanden. Nur einmal ist sein Name durch eine Signatur auf einem Becher des Töpfers →Hieron erhalten. Sein sehr ausgeprägter und gleichförmiger Stil läßt jedoch eine ganze Reihe von Vasen aus der Werkstatt des Hieron seinem Œuvre zuordnen. So sind ihm über 200 Vasen zugeschrieben worden. Die Formensprache seiner Bilder zeigt noch eine deutliche Anlehnung an spätarchaische Darstellungen.
Lit.: A. Rumpf, Handb. d. Archäologie, VI., 88, 1953.

Maku. Bei M. (Nordwest-Azerbeidschan) Zufallsfund eines bemalten Tonrhytons in Form eines gesattelten Pferdes, dessen Decke Tiermotive zeigt (7. Jh. v.Chr.). Verwandt ist ein schlankeres Rhyton mit stilisierten Ebermotiven auf der Satteldecke aus →Susa. Die Tierornamentik deutet auf magische Vorstellungen bei der Reiterjagd. →Iranische Kunst II.
Lit.: R. Ghirshman, Iran I, 287ff.

Ma Kuei. Chinesischer Maler, tätig in der 2. Hälfte des 12. Jhs. n.Chr., der Familie Ma zugehörig. Landschaften werden ihm zugeschrieben, jedoch bleiben diese Zuschreibungen unsicher. War hauptsächlich wegen seiner Vogelbilder geschätzt.

Ma Kung-hsien. Chinesischer Maler, tätig um die Mitte des 12. Jhs n.Chr., der Familie Ma zugehörig, vor allem als bedeutender Landschaftsmaler berühmt.

Malamir. Ebene in der Provinz Chusistan (Iran) östlich von →Susa mit 11 Felsreliefs der →elamischen Kunst. Sie stammen von einem einheimischen Fürsten Hanni und zeigen neben assyrischen Einflüssen charakteristische Eigenzüge, die bereits auf dem beträchtlich älteren Relief von →Kurangun begegnen. Das größte Bild stellt ebenfalls eine Opferszene dar.
Lit.: R. Ghirshman, Iran I, 346; H. H. von der Osten, WP, 37f.; W. Hinz, Das Reich Elam.

Malanggane. Kultfiguren aus dem Nordwesten von Neu-Irland und von den Tambar-Inseln. Meist aus langen Pfählen in durchbrochener Schnitztechnik hergestellt, sind sie dekorativ überreich ausgestaltet, mit Federn und Pflanzenfasern verziert und bunt bemalt. Auch M. in Form von Fischen und Vögeln sind bekannt (Totem-Figuren). Bei Kultfesten wurden die M. in Schauhäusern mit fehlender Vorderwand ausgestellt. Die meisten stellen verstorbene Ahnen dar. Sie gehören zu den auffallendsten und dekorativsten Kunstwerken → Melanesiens.

Malatia. Späthethitischer Fürstensitz in Ostanatolien. Die →Orthostatenreliefs mit Königs- und Götterfiguren in hethitischer Tracht (Opferszenen, Wetter- und Streitwagengott, Löwenjagd mit Streitwagen), begleitet von hethitischer Hieroglypenschrift, zeigen den charakteristischen Provinzialstil des 9./8. Jhs. v. Chr. mit schweren, gedrungenen Gestalten, deren Bildung und Komposition sich klar von den Vorbildern der einflußreichen →assyrischen Kunst unterscheidet.
Lit.: H. Bossert, Altanatolien, 100ff.; E. Akurgal, HK, 90ff.; H. Potratz, KAO, 354ff.

Malaya (Malakka). Halbinsel →Hinterindiens, wird ethnologisch meist zusammen mit →Indonesien behandelt. Ein indo-malaiischer Kunststil entwickelt sich in Abhängigkeit vom Shrividjaya-Reich von →Sumatra, doch ist auch Einfluß von →Java wahrscheinlich (Grundriß des Vat-Kéo-Tempels von Jaya; Avalokiteshvara-Figur). An manchen Fundstücken läßt sich auch eine Beeinflussung durch die Kunst der →Khmer ablesen.

Malerei. Im Gegensatz zur Graphik und Zeichnung die an die Farbe gebundene Flächenkunst. Abgesehen von den Stilentwicklungen, unterscheidet man verschiedene Richtungen und Möglichkeiten der M., die sich aus der Aufgabe oder Technik ergeben: →Aquarell, →Architekturbild, →Buchmalerei, →Enkaustik, →Fresko, →Genremalerei, →Glasmalerei, →Guaschmalerei, →Historienmalerei, →Interieur, →Landschaftsmalerei, →Marinemalerei, →Miniaturmalerei, →Ölmalerei, →Pastellmalerei, →Portrait, →Seccomalerei, →Stilleben, →Tafelmalerei, →Temperamalerei, →Tuschmalerei und →Wismutmalerei.

Maleremail. Bezeichnung für eine gegen Ende des 15. Jhs. in Italien entwickelte Emailtechnik, die dann vor allem in den berühmten Werkstätten von Limoges angewendet wurde. Auf einer mit Schmelzmasse überzogenen Kupferplatte wird die farbige Malerei aufgetragen und dann eingebrannt.

Malerisch. Gegensatz zu →linear.

Malerradierer. Auch Malerstecher genannter Künstler, der die Technik der Kupferstichs nicht für Reproduktionen, sondern für eigene Bilderfindungen verwendet.

Malewitsch, Kasimir. Russischer Maler und Bildhauer. Geb. 1878 in Kiew, gest. 1935 in Leningrad. Nahm in seinen frühen Werken Anregungen des Nachimpressionismus und →Fauvismus auf. 1912 reiste er nach Paris und lernte dort den →Kubismus kennen, der ihn nachhaltig beeinflußte. Er wurde zur zentralen Künstlergestalt des russischen Kubismus. 1913 malte er sein berühmtes Bild „Schwarzes Rechteck auf weißem Grund", mit dem er den →Suprematismus begründete. 1915 veröffentlichte er sein „Suprematisches Manifest". 1919 wurde er als Prof. an die Moskauer Kunstschule, 1921 an die Leningrader Kunstschule berufen. 1926 hielt er sich vorübergehend in Deutschland auf, wurde nach seiner Rückkehr nach Rußland verhaftet und lebte nach seiner Entlassung bis zu seinem Tode zurückgezogen. Seine suprematistische Kunst entwickelte er aus Elementen des Kubismus und →Futurismus und schuf Bilder, die sich aus den vier Grundformen des Kreises, Vierecks, Dreiecks und Kreuzes aufbauten. Später erweiterte er den Formenvorrat um elliptische Gebilde und Zickzacklinien.
Lit.: Knaurs Lex. abstrakter Malerei, 1957.

Malgrund. Bezeichnung für die durch Grundierung präparierte Fläche eines Bildes.

Malhotra, Jeet. Moderner indischer Baumeister, u.a unter →Le Corbusier am Aufbau von →Tschandigarh und besonders bei der Gestaltung von preiswerten Wohnsiedlungen beschäftigt.
Lit.: Marg 17, 1963, No 1.

Ma Lin. Chinesischer Maler der 1. Hälfte des 12. Jhs. n. Chr., der Familie Ma zugehörig. Schuf hauptsächlich Figurenbilder und Landschaften, unter denen vor allem eine Abendlandschaft hohen Rang aufweist.

Malinalco. Aztekischer Felsentempel, südlich von Toluca, Mexiko. Auf einer durch Stützmauern verbreiterten Bergterrasse zwischen 1501 und 1515 angelegt. Alle Bauteile und Skulpturen des Haupttempels aus dem Felsen herausgemeißelt, technisch mit ähnlichen Anlagen Ägyptens oder Vorderindiens vergleichbar. Die kreisrunde Cella (3 m Durchmesser) besitzt ein Drachenmaulportal; als künstliche Höhle sicher dem Erd- und Höhlengott Tepeyollotli („Herz der Berge") geweiht. Adler- und Jaguardarstellungen weisen auf eine Kultstätte des Kriegerordens hin (→Tetzcotzinco).
Lit.: W. Krickeberg, Felsplastik und Felsbilder bei den Kulturvölkern Altamerikas, 1949.

Malkirchen. Bezeichnung für bestimmte Moskauer Kirchen des 16. Jhs. wie Djakovo (1547), Ostrov (16. Jh.) und Kolomenskoje (1532). Hier zeigen sich starke Auflösungstendenzen der bisherigen Moskauer Architektur, da die Vertikale übermäßig beim Gesamtbau in Erscheinung tritt.

Mallia. Minoischer Palast auf →Kreta, ca. 20 km östlich von →Knossos. In der Anlage wiederholen sich die Grundzüge des großen Palastes von Knossos. Um einen großen Mittelhof reihen sich die über eine Treppe begehbaren Repräsentationsräume, denen Magazinräume gegenüberliegen. Vorhöfe bei den verschiedenen mit Propylonbauten versehenen Eingängen und ausgedehnte Magazinkorridore runden die Palastanlage ab. Die ausgegrabenen Teile wurden im 16. Jh. v. Chr. errichtet und liegen über einem älteren Vorgängerbau.
Lit.: S. Marinatos – M. Hirmer, Kreta und das mykenische Hellas, 1959.

Malmaison. Schloß M. war die Lieblingsresidenz Napoleons als Konsul. Die Sammlungen des Schlosses mit dem ursprünglichen Mobiliar und den zahlreichen Erinnerungsstücken bilden ein einzig dastehendes Museum der Napoleonzeit und ihrer Kunst. Der Park mit seiner berühmten Rosenzucht ist 6 ha groß; in ihm liegt auch der Pavillon Osiris mit Erinnerungsstücken von der Familie Napoleons.

Malot. Ruine eines Tempels des 8. Jhs. nahe dem gleichnamigen Dorf in West-Pakistan. Er ist durch Besonderheiten des westlichen Grenzlandes ausgezeichnet: Wir beobachten Spuren korinthischer Säulen und Gebälke sowie eine Überdeckung des Hauptkultraumes mit Kuppel und Laterne.

Malouel, Jean. (Maelwel = „Male gut".) Francoflām. Maler aus Gelderland, Onkel der Brüder von → Limburg. Bis 1397 in Paris im Dienst der Königin Isabeau v. Bayern, dann im Dienst der Herzöge von Burgund in Dijon. Gest. 1415 in Paris. 1398 Auftrag für 5 Altarbilder für die Kartause von Champmol. Eines davon vielleicht identisch mit dem „Martyrium des hl. Dionysius (St. Denis)" (Paris, Louvre), für dessen Vollendung sein Nachfolger Henri Bellechose im Jahre 1416 Farben erhielt (das Bild daher auch diesem zugeschrieben). Verbindung von Kultbild (Kruzifix in der Mitte) und historischer Szene. Dekorative, fast heraldisch wirkende Bilddisposition in großen, bunten Farbflächen. Zugeschrieben ferner ein Tondo mit Pietà (Christus, von Gottvater gehalten, Verbindung mit dem Bildtypus des Gnadenstuhls, auf der Rückseite Wappen der burgundischen Herzöge; Paris, Louvre). Beiden gemeinsam die weiche, zarte Figurenbildung.
Lit.: E. Panofsky, Early Netherlandish Painting, 1953.

Malta. Zusammen mit Gozo kleine Inselgruppe im Mittelmeer, bekannt durch zahlreiche Bauten aus vorgeschichtlicher Zeit: sogen. „Tempelanlagen" (→Hal Tarxien, →Hagar Kim, →Gigantija) und unterirdische Grabtempel oder Hypogäen (→Hal Saflieni). Die Funde stammen aus der →Jüngeren Steinzeit. – Aus frühchristl. Zeit Katakomben entdeckt. Unter anderem Baldachingräber, eine Kombination mehrerer →Arkosolien. Manche Gräber zeigen Backofenform, von phönizischen Einwanderern übernommen. Charakteristisch für M. ferner, daß sich viele Sarkophage und Arkosolgräber der Form der Leichen anpassen und kleine Erhöhungen mit rundem Ausschnitt für den Kopf haben.
Lit.: E. Becker, Malta sotteranea, 1913.

Maltá. Bei Irkutsk in Sibirien, Rentierjäger-Station mit den östlichen Funden der →Eiszeitkunst. Gefunden wurden mehr als zwanzig Frauenstatuetten des nackten, fettleibigen Typus (→Willendorf), aber auch des schlanken Typs (Elfenbein, Höhe 4,5–13,5 cm). Mehrfach sind Gesicht sowie Haartracht angegeben, deutlich ist die Neigung zur Abstraktion. Außerdem sind sechs plastische Vogelanhänger und 150 ornamentierte Knochengegenstände (z. T. als Schmuck aus einem Kindergrab) geborgen worden. Die Verzierungen sind graviert (Mammut, Schlangen), es kommen auch kleine Spiralen vor. Die Datierung ist noch nicht einwandfrei geklärt.
Lit.: Bandi/Maringer, Kunst der Eiszeit, 1955.

Maltechnik →Malerei.

Malteserkreuz →Kreuz.

Malwa. Indische Miniaturistenschule des 17. Jhs. n. Chr. mit dem Zentrum im mittelindischen M. und zugleich zu einem südlichen Zweig der Kultur von → Radschputana gehörig.
Lit.: Barrett, Painting, 149.

Mamluken. Verursacht durch die mongolische Eroberung Bagdads, die zum Ende des mittelalterl. Kalifats führte, und die anschließende Herrschaft der Mongolen in Iraq und Iran, suchen die letzten Angehörigen des abbassidischen Kalifenhauses Zuflucht bei den M. in Kairo, üben aber keine Funktion mehr aus. Die in Ägypten aus der Militäraristokratie hervorgegangenen M., (mamlukun = der Leibeigene) herrschen 1250–1517 als Sultane gleichzeitig über Syrien, schlagen als einzige erfolgreiche islam. Macht die Mongolen bei Ain Dschalut und vertreiben 1291 die Kreuzfahrer. Nach ihren Standorten in Kairo benannt, unterscheiden sich die Bahri-M. die von 1250–1390 regieren, von den Burji-M., Tscherkessen, die von 1342–1517 die Macht ausüben. Die Eroberung Kairos durch die →Osmanen bedeutet das Ende der Selbständigkeit ihrer Herrschaft, sie sind fortan Gouverneure der Osmanen. Ihre bedeutendsten Herrscher waren Barsbai (1260–1277) und Kalaun (1279 bis 1290), Barkuq (1382–1398) und Kaitbay (1468–1495). – Für den Stil der mamlukischen Zeit sind kleinasiatische und turkestanische Einflüsse bestimmend. Im Dekor dominiert ein großzügiges und großflächiges geometrisches Ornament, Flecht- und Kassettenwerk mit Vorliebe für sternförmige Konzentrationsfelder. Muster und Grund werden oft gleichwertig einander verbunden. Schriftfriese und Wappen spielen eine betonte Rolle im Gerätschmuck. Der Figurenstil schließt an den der fatimidischen Zeit an, neigt aber zu einer ruhigen Stilisierung der Form. Figuren treten ausschließlich in Friesanordnung auf. – Besonderheiten der mamlukischen Baukunst sind die Kombinationen von Grab mit →Moschee und Grab mit →Medrese. Die knappen, helmförmigen Kuppeln aus Stein mit Reliefdekor erscheinen in einzelnen Fällen über einer vom quadratischen Bau zur achteckigen Basis für die Kuppel überleitenden Zone, in der die Trompen im umgekehrten Sinn am Außenbau in Erscheinung treten. Die Gliederung der Fassade erfolgt durch flache Arkaden, Schichtenwechsel, Stalaktitwerk und Kleeblattbogen, aufgesetzte Zinnen. Im Innenraum dominiert vielfarbige Marmorintarsie, das Glasmosaik erlebt eine Renaissance, die Holzdecken bestehen aus reich bemaltem und vergoldetem Kassettenwerk. – Von den zahlreich erhaltenen Baudenkmälern mamlukischer Zeit in Kairo ist der Muristan des Sultans Kalaun – ein Hospital mit Moschee und Mausoleum –, die Grabmedrese Sultan Hasans (1356–62) und von den Anlagen der Nekropole vor der Stadt die Grabmoschee und Medrese des Sultans Kaitbay zu nennen. – Der charakteristische Dekor der Kleinkunst – tauschiertas und und graviertes Bronzegerät, Holzmobiliar mit Elfenbeineinlage, applizierte Behänge und Decken, Seiden- und Brokatgewebe – setzt sich zusammen aus Schriftfriesen mit Wappen, Flechtwerk, chinesierenden Blüten und Tieren, während die Arabeske in den Hintergrund tritt. Die Erzeugnisse der Keramik sind ein dickwandiges Gebrauchsgeschirr, das chinesisches Porzellan im Dekor nachahmt oder unter farbigen Glasuren gravierte Motive und reliefstarke Malerei zeigt. Lüsterfayence aus Ägypten ist nur in Ausnahmen bekannt, im allgemeinen wird diese Ware aus Spanien importiert. Einen besonderen Aufschwung nimmt die Produktion emaillierter Gläser – Moscheeampeln, Flaschen, Stangengläser, Schüsseln, Prunkpokale – in Aleppo und Damaskus. Der Dekor dieser Gläser setzt sich zusammen aus Friesen mit religiösen und profanen Texten, Wappen, Blüten und Arabesken, Reitern, Zechern, Musikanten und Tänzerinnen, Fischen, Jagdtieren und dem chinesischen Phönix. Im 15. Jh. kommt es in Kairo zur Produktion einer eigenen Knüpfteppichgattung, die bis zum Ende des 16. Jhs. blüht. Geometrische Muster mit Blütenfüllung, überwiegend in den drei Farben Weinrot, Blaßblau und Grün, sind für sie charakteristisch.
Lit.: K. A. C. Creswell, Muslim Architecture of Egypt,

Vol. II, 1960; E. Kühnel, Cairene Rugs (Textile Museum), Washington, 1957; C. J. Lamm, Mittelalterliche Gläser, 1930; E. Kühnel, Die Kunst des Islam, 1962.

Manasara. Altindisches Lehrbuch für priesterliche Bauherren und Handwerker mit Anweisungen für profane und sakrale Bauten.

Manasija (Klosterkirche). Dreischiffiger Trikonchos mit einer mittleren Kuppel auf vier Stützen. Wandsäulen gliedern den Raum. Got. Fenstermotive. Dalmatinische Meister am Werk (erbaut 1406–1418). Wandmalereien zeigen Figuren von Schlankheit und Eleganz. Das Milde, Gefühlsbetonte steht im Vordergrund. Reiche Prachtentwicklung. (Sogenannte Schule von Resava).

Mandala. Kosmisches Diagramm der Inder aus Kombination von Quadrat und Kreis; abstrakter Kultgegenstand als Mittel zur Versenkung, Kompositionsgrundlage für menschengestaltige Kultbilder und ideelle Grundlage des Tempels.
Lit.: H. Zimmer, Kunstform und Yoga im indischen Kultbild, 1926, 54 ff.

Mandalai. 1857 gegründete, letzte historische Hauptstadt Burmas (vor Rangun) mit Palastbauten und buddhistischen Klöstern, die nach traditionellen Grund- und Aufrissen entworfen und mit einem großen Aufwand an Teakholz-Schnitzereien und Glasschmuck ausgestattet sind.

Mandapam. Steinerne Säulenhalle, nach den indischen Architekturschriften Teil des Palastes, heute vor allem in den Versammlungsräumen der Tempel erhalten.

Mandau. Kopfjägerschwert der Dajak von →Borneo, dessen Griff häufig mit sehr feinen Holz- und Elfenbeinschnitzereien verziert ist und überdies Schmuck aus Federn tragen kann.

Mander, Karel van. Niederl. Maler, Dichter und Kunstschriftsteller. Geb. 1548 in Meulebeeke (Flandern), gest. 1606 in Amsterdam. M. weilte einige Jahre in Italien. Seit 1583 war er in Haarlem ansässig, wo er eine Zeichenakademie leitete. Als Maler gehörte M. zu den flämischen Manieristen, beeinflußt von →Spranger. Er war Lehrer von F. →Hals. Größere Bedeutung kommt ihm heute durch sein 1604 in Alkmaar erstmalig erschienenes „Het Schilder Boeck" zu (2. Ausgabe Amsterdam 1616–18, deutsch von H. Floerke 1906). Das mehrere Bände umfassende Buch besteht aus einem Lehrgedicht, das die Theorie der Malerei vermitteln soll, und Künstlerbiographien, die teilweise in Anlehnung an →Plinius und →Vasari entstanden.
Lit.: J. v. Schlosser, Die Kunstliteratur, 1924; E. Valentiner, K. v. M. als Maler, 1930.

Mandu. Dschahaz Mahall, sogen. „Schiffs-Palast".

Mandorla, Mandelglorie (italien. = Mandel). Heiligenschein, der in Form einer Mandel das ganze Bild umschließt, in der Sarkophagkunst beispielsweise das Bild des guten Hirten. Später war es Bezeichnung für die mandelförmige →Aureole. Durch diese M. wird dann die göttliche Herrlichkeit hervorgehoben.

Mandschuschri. Der →Bodhisattva der höchsten Weisheit. Seine Attribute sind das Schwert als Symbol für die Erkenntnis, die das Dunkel der Verblendung durchschneidet, und die Buchrolle als Symbol für die heiligen Schriften des Buddhismus.

Mandu. Dorf in der mittelindischen Landschaft Malwa, in dessen Umgebung, teils von der Denkmalpflege geschützt, teils vom Dschungel überwachsen, sich ausgedehnte Ruinen einer befestigten Residenzstadt des 15. und 16. Jhs. n. Chr. befinden, u. a. die Moscheen des Dilawar Khan (1401) oder des Malik Mughit (1432); die Gräber des Hoschang Schah (1440) oder die Grabruine Da-i-ka Mahall; technisch hervorragende und zugleich kunstvoll verzierte Brunnenanlagen wie Tschampa Baoli; und schließlich die Palastanlagen wie eine Art Audienzhalle Hindola Mahall und das Dschahaz Mahall, der wegen seiner Lage an einem künstlichen Teich sogen. „Schiffspalast".
Lit.: G. Yazdani, M., 1929.

E. Manet, Beim Vater Lathuille (Tournai, Mus.).

Mandylion. Ein Christusbild, das man bis ins 6. Jh. zurückverfolgen kann. Es wurde angeblich dem König von Edessa von Christus übersandt und brachte ihm nach der Legende Heilung. Dieses Bild soll im Jahre 544, als Edessa vom Sasanidenkönig Chosrau I. belagert wurde, den Abzug der Perser erreicht haben. Seitdem wurde diese Ikone in Syrien hoch verehrt.

Mánes, Josef. Böhmischer Maler. Geb. 1820 in Prag, gest. 1871 ebda. Schüler seines Vaters Antonin (1784 bis 1843 in Prag) und der Malerakademie in Prag bei C. Ruben (1840–44). Unter dem Eindruck der tschechischen Nationalbewegung im 19. Jh. wurde M. zum Historienmaler, der die Geschichte, die Landschaft und das Leben seines Volkes schilderte. Auch als Portraitist des tschechischen Bürgertums trat M. hervor.
Lit.: M. Lamač, J. M., 1952.

Manessier, Alfred. Franz. Maler. Geb. 1911 in Saint-Quen, ansässig in Paris. Studium an der Kunstschule in Amiens und 1931 ff. an der Ecole des Beaux-Arts in Paris, wo er auch Architektur studierte. 1935 lernte er →Bissière kennen und schließt sich ihm an. 1940–41 arbeitet er in seinem Atelier. Im Mittelpunkt seines Schaffens stehen mehrere bedeutende Glasfenster. Seinen abstrakten Bildern gibt er häufig gegenständliche Titel. Wie kaum ein zweiter Künstler ist er in der Lage, abstrakte Bildwerte in sakraler Kunst zu verwirklichen.
Lit.: H. Vollmer, Künstlerlex. d. 20. Jhs.

Manessische Handschrift. Umfangreichste der drei Sammlungen mittelhochdeutscher Minnelyrik, nach dem Züricher Ratsherrn Rüdiger Manesse (gest. 1304) und seinem Sohn Johannes benannt, die Sammler alter Liederbücher gewesen sein sollen. Wohl um 1320 entstanden. Aus Fuggerschem Besitz 1571 nach Heidelberg gelangt, 1657 nach Paris verkauft, 1888 zurückerworben, heute Heidelberg, Universitätsbibliothek. Sie enthält Lieder von 140 Dichtern, begleitet von 138 ganzseitigen Miniaturen, deren Stil Einwirkung franz. Buchmalerei verrät. Charakteristisch: ornamentale Aufteilung der hochrechteckigen Bildfelder, arabeskenhafte Flächengliederung, zarter Lyrismus der Empfindung, schlanke, elegante Figurenbildung. Die Szenen schildern, mitunter

naiv-humorvoll, das ritterlich höfische Leben der Zeit.
Lit.: Stange, Die Miniaturen der M. und ihr Kreis, Diss. Königsberg, 1909; Faksimile-Ausgabe des Insel-Verlags, 1926–28.

Manet, Edouard. Franz. Maler und Lithograph. Geb. 1832 in Paris, gest. 1883 ebda. Studierte 1851 bis 1856 bei →Couture in Paris. Daneben kopierte er nach Werken von →Delacroix, →Velazquez und →Giorgione. Sein Frühwerk zeigt deutlich Einflüsse der Realisten, besonders →Courbets. Um 1860 schuf er großflächige, in dunklen Farben gehaltene Bilder. Bald danach wurden seine Farben heller, seine Themen unkonventionell. Das 1861 entstandene Bild ,,Frühstück im Grünen", sein erstes Hauptwerk, stieß auf heftigen Widerstand und rief einen Skandal hervor. Zu einem weiteren Skandal kam es, als er 1865 das Bild ,,Olympia" ausstellte. – Seine neue Sehweise war für die jungen Impressionisten von größter Bedeutung, wie er sich auch umgekehrt von dieser neuen Richtung anregen ließ. Trotzdem war er im engeren Sinne kein Impressionist, da die menschliche Gestalt stets im Mittelpunkt seiner Werke steht und die Landschaftsmalerei keine wesentliche Rolle in seinem Schaffen spielt.
Lit.: G. Bataille, E. M., 1955.

Manetho. Ägyptischer Priester aus Sebennytos im Deltagebiet unter →Ptolemaios II. um 280 v. Chr. M. schrieb eine ägypt. Geschichte, auf die die Einteilung in 30 Dyn. zurückgeht, beginnend mit König →Menes, endend mit der Wiedereroberung Ägyptens durch →Artaxerxes III. 343. Nachträglich wurden als 31. Dyn. die letzten Perserkönige und die →Ptolemäer hinzugefügt. Die von M. aufgestellte Reihe ist auch für die Gliederung der Geschichte →ägypt. Kunst wichtig.
Lit.: A. Scharff, Ägypten, 25.

Manguin, Henri. Franz. Maler. Geb. 1874 in Paris, gest. 1943 in St. Tropez. Nach seinem Studium bei →Moreau wurde er besonders von →Cézanne und vom →Fauvismus, dem er sich anschloß, beeindruckt. Revolutionäre Neuerungen brachte sein Werk nicht. In lebhaften Farben und zu Arabesken vereinfachten Formen malte er seine Bilder, die ohne starke Kontraste harmonisch komponiert sind.
Lit.: H. Vollmer, Künstlerlex. d. 20. Jhs.

Mani. Um 216 n. Chr. in →Babylon geborener, mütterlicherseits mit den →Arsakiden verwandter Begründer der nach ihm benannten religiösen Lehre, die die Überlieferung →Zarathuschtras mit buddhistischer, christlicher und gnostischer Tradition verbindet. Die Offenbarungen M.s wurden durch selbstgemalte religiöse Bilder verbreitet und schön illustrierte Bücher. Hauptwerk mit Widmung an →Schapur I., der M. ehrte und seine Mission unterstützte. Unter →Bahram I. und II. auf Betreiben der die zoroastrische Religion vertretenden Priesterschaft, besonders des Mobads Karter (→Schiz), wurde M.s Tätigkeit verboten, ihm selbst der Prozeß gemacht. Hinrichtung 276.
Lit.: R. Ghirshman, Iran II, 390f.; H. H. von der Osten, WP, 135f.

Manichino →Gliederpuppe.

Maniera greca, (maniera bizantina). In Italien gebräuchliche Bezeichnung für die Stilrichtung der italien. Malerei des 13. Jhs., besonders in Mittel- und Süditalien, für die eine weitgehende Übernahme byzant. Traditionen kennzeichnend ist (→Italien. Kunst).

Maniera tedesca (deutsche Manier). Gemeint ist die Gotik, die von den italien. Kunsthistoriographen der Renaissance, welche den Begriff prägten, neben der →maniera greca für den angeblichen Verfall der italien. Kunst im Mittelalter verantwortlich gemacht wurde.

Manierismus. Das Wort M. stammt von ,,maniera", womit →Vasari im 16. Jh. die späte künstlerische Ausdrucksweise →Michelangelos bezeichnete. Dieser Begriff wurde zunächst erweitert auf die Epoche von 1520–1650. E. L. Curtius (,,Europäische Literatur und lateinisches Mittelalter", Kapitel ,,Manierismus", Bern 1953) sieht Höhepunkte des M. auch in der Spätantike, im Mittelalter, im 16. und 17. Jh. und auch in der Zeit zwischen 1880 und 1950, überall da, wo sich der Klassik entgegengesetzte Tendenzen zeigen. Beschränkt man sich auf die Epoche des ,,bewußten" M. zwischen 1520 und 1650, ist festzustellen, daß in dieser in Europa politisch chaotischen Zeit der Mensch nach dem Absonderlichen, dem Exklusiven, der Sonderstellung auch in der Gesellschaft suchte. Er liebte die Anspielung, den Sophismus und die sinnliche Bildhaftigkeit nur in der abstrus verkleidenden Metapher. Allen Formen des M. aber ist eine weitgehende Verstärkung ihrer Ausdrucksmittel gemeinsam, so daß sie schließlich ,,expressiv", ,,deformierend", ,,surreal" und ,,abstrakt" werden.
Lit.: R. Hocke, Die Welt als Labyrinth, 1957.

Manischtusu. Dritter König von Akkad, Sohn →Sargons (23. Jh. v. Chr.), dessen Diorittorso aus →Susa wegen der schwingend gedrehten Schrägfalten des Gewandes mit feingeknüpften Fransen bedeutsam ist. Wie der ebenfalls in Susa gefundene Kopf, zeigt er den charakteristischen Unterschied der belebten Plastik von Akkad gegenüber der älteren →sumerischen Kunst.
Lit.: H. Schmökel, GAV, 42f., 48; A. Parrot, Sumer, 178f.; H. Potratz, KAO, 168f., 170, 180.

Mannäer. Aus verschiedenen Gebirgsstämmen des 3./2. Jahrtausends v. Chr. gebildetes Volk, das, unterstützt von iranischen Kräften, im 9. Jh. südlich vom →Urmiasee in einem Königreich zusammengefaßt ist. Konkurrenz mit →Urartu. Im 7. Jh. Bündnis mit den →Skythen gegen →Assurbanipal, der die M. unterwarf. Nach dem Untergang des Assyrerreiches unter Herrschaft der →Meder. Die Entwicklung der M. spiegelt sich in der Kunst, in der assyrische und iranische Elemente mit Einflüssen von →Urartu und mit dem →Tierstil der →skythischen Kunst verschmolzen sind, die ihrerseits wieder durch die M. stark geprägt worden ist. Beispielhaft ist der Goldbecher von →Hasanlu neben den Goldarbeiten von →Ziwije.
Lit.: R. Ghirshman, Iran I, 438; J. Wiesner, UKG II, 112f.; K. Jettmar, Steppenvölker, 229.

Mannheim, 1) Stadtanlage. M., schon um 800 genannt, wird 1606 befestigt und 1607 Stadt. 1689 durch die Franzosen unter Mélac niedergebrannt, wird die Stadt, die schon damals über ein klares Regelmaß verfügt, unter Kurfürst Johann Wilhelm 1698 wieder aufgebaut. Der Plan in völliger Regelmäßigkeit wird von dem Niederländer Coehorn entworfen. Die Zitadelle wird aufgegeben und ihr Gelände dem Stadtbering eingefügt. Der Nachfolger Johann Wilhelms, Kurfürst Carl Philipp, erwählte M. zu seiner Residenz und ließ dort seit 1720 die großzügige Schloßanlage aufführen. Damit erhielt auch das Straßennetz, das bisher der kürzesten Verbindung unter den Fortifikationen galt, einen neuen Sinn. Die ,,Breite Straße" von der Neckarbrücke bis zum Schloß wurde zur repräsentativen Hauptachse und das gesamte Stadtwesen zum Gleichnis des kurpfälz. Absolutismus: festgefügte Stufung nach höfischen Ämtern und Würden vor dem Schloß, dem Strahlungspunkt fürstlicher Gnadensonne. – **2)** Kurfürstl. Schloß, entstand als großartiger Monumentalbau aus Anlaß der Verlegung der kurfürstlichen Residenz von Heidelberg nach M. an Stelle der Zitadelle Friedrichsburg und einem älteren Schloßbau unter Kurfürst Carl Philipp von 1720–60. Es stellt die ausgedehnteste Schloßanlage Deutschlands nach →Nymphenburg dar und ist als Abschluß der streng in Quadrate eingeteilten Stadtanlage aufgeführt. In drei Bauperioden wurden unter den Baumeistern Joh. Clemens Froimont, Hauberat, Louis Remy de →la Fosse und Alessandro →Galli da Bibiena 1720–31 das Corps de Logis, der Ehrenhofflügel und die Kirche aufgeführt; dann folgte 1737–42 der Westflügel bis zum Jesuitenkolleg und dem Opernhaus. Die dritte Bauperiode erstreckte sich von 1751–60, in der der Ostflügel mit der Bibliothek, der Galerie und den Marställen erbaut wurden. Die Anlage ist hufeisenförmig um einen großen Ehrenhof mit Eckpavillons erbaut. Im Mittelbau repräsentativer Rittersaal und Treppenhaus. Im rechten Winkel an den Enden des Hufeisens zwei Flügel mit Kirche (reiche Innendekoration) und Bibliothek (1755 von Nicola de Pigage und Rischer; Inneres ein Meisterwerk des Rokoko).
Lit.: Reclams Kunstführer, Deutschland, Bd. II, 266ff., 1958.

Manohar. Indischer Miniaturist am Hofe der Mogulkaiser Akbar, Dschahangir und Schah Dschahan in der 1. Hälfte des 17. Jhs. Als Portraitist und Tiermaler hervorgetreten.
Lit.: Kühnel, Buchmalereien, 48 No. 3.

Manohar. Hindumaler der Schule von →Mewar, der 1649 das erste Buch des Ramayana illustrierte.
Lit.: Barrett, Painting, 137.

Manoschahr. Indischer Miniaturmaler, besonders Portraitist unter dem Mogulkaiser Dschahangir in der 1. Hälfte des 17. Jhs. n. Chr.
Lit.: Kühnel, Buchmalereien, 48 No. 5.

Mansarde. Bezeichnung für die nutzbaren Dachräume eines →M.n-Dachs.

Mansarden-Dach. Nach dem franz. Architekten Hardouin-Mansart benannte, jedoch fälschlich ihm als Erfindung zugeschriebene Dachform, bei der, ausgehend vom Giebeldach, der untere Teil des Daches steil hochgeführt ist und dann erst zur Giebelform abknickt, um somit Platz für Dachräume zu gewinnen.

Mansart. Franz. Künstlerfamilie des 17./18. Jhs. – **1)** François. Architekt. Geb. 1598 in Paris, gest. 1666 ebda. Seit 1636 „Architecte du Roi". Charakteristisch für seine Bauten sind wohlabgewogene Proportionen und ruhige Fassaden. Er hatte ein sicheres Gefühl für Raumwirkungen (Zentralbau der Visitation St. Marie in Paris 1632–34) und für Konstruktionseffekte (doppelte Wölbung der Kuppel ebda.). An den Außenseiten drängte M. alle barocken Elemente zurück, um sie nur im Inneren zum Klingen zu bringen. M. ist einer der Hauptvertreter des franz. Klassizismus des 17. Jhs. Hauptwerk: Entwurf von Kirche und Abtei Val-de-Grâce in Paris (1645-65). – **2)** Jules Hardouin-M. Architekt. Geb. 1646 in Paris, gest. 1708 in Marly bei Paris. Großneffe und Schüler von 1), dessen Namen er 1668 annahm. 1674 trat M. in die Dienste des Königs (Ludwig XIV.), und fortan ist sein Name mit allen Bauten dieses Herrschers verbunden. Seine Bautätigkeit erstreckte sich ausführend, planend oder beratend über das ganze Land, so daß er zum ersten Architekten der Epoche wurde. Wie sein Großonkel hielt M. am Klassizismus fest. Er vermied große Ordnungen, beschränkte sich auch bei den Risaliten auf feine Reliefierung und legte alle Wirkung in die wohlabgewogenen Proportionen. Barocke Formen zeigt das Innere des Invalidendomes mit den Diagonalkapellen. Als Neuerung führte M. die gebrochenen Dächer mit großen Fenstern ein (Mansard-Dächer). Auch im Innenausbau schuf M. viele Neuerungen. Ab 1678 war er in Versailles als Nachfolger →Levaus tätig. Hauptbauten ebda.: 1680 Spiegelgalerie; 1699–1710 die Schloßkapelle, die Vorbild wurde für Hofkirchen des Barock (Würzburg, Dresden); 1687/88 das Grand Trianon im Park von Versailles, der vollendetste Schloßbau M.s. Der Invalidendom in Paris 1693–1706 (1735), glänzendste Lösung des Zentralbaues der klassizistisch-franz. Baukunst mit dreischaliger Kuppel.
Lit.: L. C. Colomb, F. M. et J. Hardouin-M., 1886.

Mantegna, Andrea. Italien. Maler und Kupferstecher. Geb. 1431 vermutlich in Isola di Cartura bei Vicenza, gest. 1506 in Mantua. M. war neben G. →Bellini der bedeutendste Meister der oberitalien. Frührenaissance. Schüler Squarciones in Padua, interessierte er sich für die Bildwerke der Antike. Bedeutender für seinen späteren Werdegang war jedoch die Zusammenarbeit mit N. Pizzolo, einem Gehilfen →Donatellos, an den Fresken der Eremitanikirche in Padua (1448–57). – 1460 wurde M. von Lodovico Gonzaga nach Mantua berufen, in dessen Diensten er blieb, ungeachtet seiner Tätigkeit in Florenz, Pisa und Rom 1488/89. – M. ist der eigentliche Vollender des von der Florentiner Schule aufgestellten Kunstideals. Die Figuren sind monumental, streng, voll Ernst und Würde; die Gegenstände und Raumbegrenzungen sind in scharfer Zeichnung und mit bewußt angewandten perspektivischen Mitteln, oft übertrieben (jähe Verkürzung), dargestellt. Die Farben sind oft hart aneinander gesetzt, das Körperliche in seiner Plastik stark herausgearbeitet, wobei besonders die Anatomie des nackten Körpers ausführlich dargelegt wird. Die Bindung an die Antike zeigt sich besonders stark in der statuarischen Gelassenheit der Figuren, auch finden sich Darstellungen antiker Bildteile oder Architekturen in seinen Werken. – Außer der Freskierung der Eremitanikirche in Padua, mit Darstellungen aus dem Leben des Hl. Jacobus und der Himmelfahrt Mariae, gehört als Hauptwerk in diese Zeit der Hochaltar von S. Zeno in Verona (1456–59), wo zum ersten Mal in der oberitalien. Kunst der Bildtypus der →Sacra Conversazione dar-

A. Mantegna, „Christus als Schmerzensmann", um 1475–1500 (Kopenhagen, Staatl. Kunstmus.).

gestellt wurde. Das Hauptwerk der Mantuaner Tätigkeit ist die Ausmalung der Camera degli Sposi im Schloß. Auch hier betrat M. Neuland: es ist die erste illusionistische Raumdekoration mit einem Deckenbild, das einen Durchblick in den freien Raum vortäuscht. Auch schuf er hier das erste Gruppenportrait. – Ein ungewöhnlich kühnes Werk in der Verkürzung, Anatomie und Farbgebung ist die „Beweinung Christi" (Mailand, Mus. Brera). Ein Werk seiner Spätzeit ist die „Madonna della Vittoria" (1495/96, Paris, Louvre) mit Francesco Gonzaga als Stifter.
Lit.: Thieme-Becker; Tietze-Conrat, A. M., 1956; R. Cipriani, A. M., 1956.

Mantineia. Griech. Stadt in Arkadien. Blütezeit im 5. und 4. Jh. v. Chr. Das ausgedehnte Stadtgebiet war von einem noch gut erhaltenen Rundmauerring umgeben. In der Mitte der Stadt eine Agora mit Hallen, einem Bouleuterion und einem Theater. – Von großer kunstgeschichtlicher Bedeutung ist die sogen. Musenbasis von M. mit drei erhaltenen Reliefplatten, von denen die beiden Nebenseiten je drei Musen zeigen, während auf der Hauptseite der sitzende Apoll als Kitharöde, umgeben von Marsyas und einem Skythen, dargestellt ist. Dem Gewandstil und Figurentypus entsprechend darf in diesen Reliefs eine Arbeit aus der Werkstatt des →Praxiteles erkannt werden, die in der 2. Hälfte des 4. Jhs. v. Chr. entstanden ist.
Lit.: G. Lippold, Handb. d. Archäologie, V, 238, 1950.

Mantos. Totentücher aus Wolle und Baumwolle, mit figürlichen Stickereien gesäumt und reich bestickt, vor allem von der →Paracas-Halbinsel und der Gegend von Ica im südlichen Peru. Es konnten 190 Farbstufen festgestellt werden, bis zu 22 Farben kommen auf einem einzigen Tuch vor.

Mantua. 1) Bedeutendste Kirche ist die Basilika S. Andrea. Sie wurde 1472 nach Plänen von L. B. → Alberti begonnen; Querschiff und Chor entstanden erst 1597–1600, die Kuppel wurde nach →Juvarras Entwurf 1732–82 ausgeführt. – **2)** Palazzo del Te (Abkürzung des Ortsnamens Tejeto). Er wurde nach den Plänen von Giulio →Romano als herzogliches Lustschloß 1525–35 erbaut. Bemerkenswert an diesem Bauwerk ist vor allem die einheitliche Innendekoration, an deren Freskenschmuck auch Francesco →Primaticcio beteiligt war. – **3)** Der Reggio oder Palazzo Ducale, die große, von den Gonzagas immer wieder erweiterte Schloßanlage, entstand um den Kern eines Schloßbaues aus dem 14. Jh. In diesem Komplex hatte auch Giulio Romano einige Säle eingerichtet (1525–31). – **4)** Im Castello di Corte schließlich findet man ein einmaliges Zeugnis quattrocentistischer Wandmalerei, nämlich das große Wandgemälde der Familie Markgraf Lodovico Gonzagas in pseudoarchitektonischer Umrahmung in der sogenannten ,,Camera degli Sposi", das von Andrea →Mantegna 1474 fertiggestellt wurde. Die Decke desselben Raumes, ebenfalls von Mantegna, zeigt schon barocke Tendenzen. Illusionistisch öffnet die Malerei dem Beschauer eine kreisrunde Brüstung, über die sich Hofdamen und Putten neigen, um den Vorgängen in diesem Ehegemach beizuwohnen.
Lit.: Wasmuth, Lexikon der Baukunst, Bd. III, 1931; R. Hamann, Geschichte der Kunst, Band 2, 1959.

Manuel, Niklaus, genannt Deutsch. Schweizerischer Maler und Zeichner, auch Dichter und Staatsmann. Geb. 1484 in Bern, gest. 1530 ebda. Als Künstler wurde M. sehr stark von den Werken H. →Baldungs beeinflußt, aber auch die Graphiken →Dürers und die Kunst →Burgkmairs waren ihm vertraut. Wenigstens zweimal war M. in Italien und hat die dortige Kunst auf sich einwirken lassen. M. schuf große Altarwerke (Marienaltar; Dominikanerkloster Bern, 1515, erhalten 3 Tafeln in den Mus. in Bern und Basel), mythologische Darstellungen (Urteil des Paris; Basel, Mus.), Bildnisse, Holzschnitte (Kluge und törichte Jungfrauen, 1518) und Zeichnungen.
Lit.: C. v. Mandach und H. Koegler, N. M., 1938; F. Vetter, N.M.s erste reformatorische Dichtungen, 1917.

Manzú, Giacomo. Italien. Bildhauer. Geb. 1908 in Bergamo, ansässig in Rom. Nach einer Lehre als Graveur und Stukkateur studierte er in Verona Bildhauerei, ist jedoch im wesentlichen Autodidakt. Nach einem kurzen Aufenthalt in Paris ließ er sich 1930 in Mailand nieder und lehrte ab 1941 an der dortigen Akademie. 1955 beauftragte ihn →Kokoschka mit der Leitung einer Bildhauerklasse an der ,,Schule des Sehens" in Salzburg. →Rodin und →Maillol, daneben die alten Meister wie →Donatello und →Francesco di Giorgio übten einen nachhaltigen Einfluß auf die Entwicklung dieses gegenständlich arbeitenden Künstlers aus. Neben religiösen Themen (Bronzetür für St. Peter in Rom, 1950) schuf er Portraits und figürliche Kompositionen.
Lit.: Knaurs Lex. d. mod. Plastik, 1964.

Mao. M. bezeichnet in der chinesischen Malerei die einfache, unverbildete Darstellungsweise der fei-pai-Technik (→fang). Der Ausdruck kann, je nach Standpunkt des Urteilenden, positiv im Sinne von frisch und unkonventionell oder negativ im Sinne von ungekonnt und flüchtig verstanden werden.

Maori →Neuseeland.

Maqqai. Vornehmer Palmyrener, der das Grab (Hypogäum) des Atenatan (98 n. Chr.) 229 n. Chr. mit einer Exedra für seinen Sarkophag ausstattete. Relief mit Frontaldarstellung des M. zwischen einem Diener mit seinem Pferd und einem Bogenträger.
Lit.: R. Ghirshman, Iran II, 78.

Maqsura. Die M. ist ein als ,,Fürstenloge" durch Holzschranken abgegrenzter Teil in einer →Moschee. Diese Anlage war nur in Hauptstädten mit Palast notwendig für den Herrscher oder Statthalter. Die älteste M. war unter der Kuppel der Omeyaden-Moschee in Damaskus im 8. Jh. errichtet. Später befindet sich die M. an der → Qibla-Wand in Nähe des →Mihrabs oder sie hat einen eigenen Mihrab an der Qibla-Wand. Berühmt sind die reichen, durchbrochenen Schnitzereien der M.-Wände aus dem Jahr 1040 in der großen Moschee von Kairouan, deren Pflanzendekor dem fatimidischen Stil entspricht. – In der osmanischen Kuppelmoschee mit Emporengeschoß tritt die Sultansloge mit eigenem Mihrab in besondern Fällen – vielleicht unter Einfluß der Anlage der byzant. Königsloge – auf der Empore auf, wie in der Selimiye in Edirne (Adrianopel).
Lit.: E. Kühnel, Die Moschee, 1949; K. Otto-Dorn, Die Kunst des Islam, 1964.

„Marae". Terrassenartige Begräbnis-, Versammlungs- und Kultplätze in der Stein-Architektur →Polynesiens. Typologisch älter ist der →Ahu, der später als hohe, fast pyramidenähnliche Plattform an einem Ende der Terrasse erscheint. Bauwerke dieser Art findet man auf den meisten Inseln →Polynesiens, z.B. auf →Tahiti.

Marañon. Keramikstil des nördlichen Hochlandes von Peru, den mittleren Phasen angehörig. Außerdem Reste von dreistöckigen Tempeln.

Marasch. Späthethitischer Fürstensitz in Südostanatolien. Bedeutsam für den hethitisch-aramäischen Mischstil des 8. Jhs. v. Chr. ist das Steinrelief eines sitzenden Götterpaares in Frontalansicht, das sich gegenseitig die Arme über die Schultern legt. Der bärtige Gott hält eine Weintraube, die Gemahlin mit Kappe (Polos) einen blütenverzierten Spiegel. Einfluß ägypt. Darstellungen von Herrscherpaaren (?). Der hethitisch-aramäische Stil wird auch durch Grabreliefs mit Profilfiguren, die am Speisetisch einander gegenübersitzen, bezeugt.
Lit.: H. Bossert, Altanatolien, 100ff.; E. Akurgal, HK, 90ff., 100ff.; H. Potratz, KAO, 359f.

Maratti (Maratta), Carlo. Italien. Maler. Geb. 1625 in Camerano, gest. 1713 in Rom. Er zählte zu den berühmtesten Meistern spätbarocker Malerei in Rom, wo er hauptsächlich tätig war. →Carracci, →Reni und →Raffael waren seine Vorbilder. In eklektizistischer Manier suchte er die Wesenszüge dieser Meister zu einem prunkvollen, monumentalen Stil zu vereinigen. Aus seinem Œuvre stechen die in hellen Halbtönen und weicher Linienführung gehaltenen Altarbilder und hervorragend beobachtete Portraits hervor.
Lit.: Thieme-Becker.

Marburg, Elisabethkirche. Neben →Trier die erste rein got. deutsche Kirche. 1235 begonnen als Kirche der Deutschordensniederlassung und Wallfahrtskirche über dem Grab der hl. Elisabeth. Chor 1249 vollendet (Reliquienüberführung), Langhaus bis um 1283, Westfassade frühes 14. Jh. Dreikonchenanlage ohne Umgang (Vorbild wohl Noyons, Tournai), verbunden mit dreischiffiger Halle des Langhauses, Doppelturmfassade. Maßwerkfenster in Ostpartie und Langhaus zweigeschossig übereinander angeordnet (Vorbild: Soissons, St. Léger). Vierteiliges Rippengewölbe. Durch das Aufgreifen frühgot. Formen der Champagne aus der Zeit um 1200 und die Verbindung des Triconchos mit dem Typ der →Hallenkirche (erste deutsche got. Halle!) wird etwas sowohl für die franz. wie für die deutsche Baukunst Neues geschaffen. Ein Werk von hohem künstlerischem Rang, das die weitere Entwicklung der deutschen Gotik befruchtete. Wichtigste Ausstattung: Chorfenster des 13. Jhs.; Elisabethschrein (Mitte 13. Jh.).
Lit.: R. Hamann und K. Wilhelm-Kästner, Die Elisabethkirche zu M. und ihre künstlerische Nachfolge, 2 Bde., 1924, 1929.

Marc, Franz. Deutscher Maler. Geb. 1880 in München, 1916 bei Verdun gefallen. Nach seinem Studium an der Münchener Akademie besuchte er 1903 und 1907 Paris, wo er mit dem →Impressionismus und van →Gogh in Berührung kam. 1910 lernte er →Macke und →Kandinsky kennen und gehörte 1911/12 zu der Künstlergruppe des ,,Blauen Reiters". 1912 lernte er den →Kubismus und →Delaunay kennen. Im Zentrum seines Schaffens steht als Thema das Tier. Seinen charakteristischen Stil fand

er erst zwischen 1910 und 1912. Er verband die formalen Strukturen des →Kubismus mit einer Farbgebung, die wesentlich von Delaunay beeinflußt ist, und mit dem Bewegungselement des →Futurismus. Seine Welt der Tiere war ihm Symbol seiner Weltsicht als Einheit des Kreatürlichen. Um 1914 kam er zu abstrakten Kompositionen, deren Weiterentwicklung der Kriegsausbruch verhinderte.
Lit.: L.-G. Buchheim, Der Blaue Reiter, 1959.

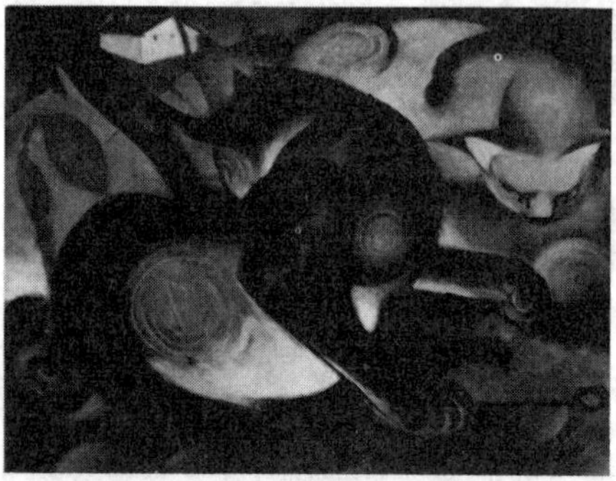

F. Marc, „Zwei Katzen"
(Basel, Öffentliche Kunstsammlungen).

Marcantonio →Raimondi, Marcantonio.

Marcks, Gerhard. Deutscher Bildhauer. Geb. 1889 in Berlin, ansässig in Köln. 1907–12 studierte er bei →Scheibe, →Kolbe und →Gaul in Berlin. 1920 berief ihn →Gropius an das →Bauhaus in Weimar. 1925 ging er als Lehrer an die Kunstgewerbeschule in Halle/Saale. Er begann als Tierbildhauer. Während seiner Bauhauszeit entstanden Holzschnitte, die einen starken Einfluß des →Expressionismus zeigen. Eine 1928 unternommene Reise nach Griechenland war für seine weitere Entwicklung von großer Bedeutung. Er schuf unter dem Einfluß der griech. Plastik mehrere Aktfiguren, knabenhafte Gestalten von äußerster Sensibilität. – 1946 folgte er einem Ruf an die Landeskunstschule Hamburg und ließ sich 1950 in Köln nieder. – In seinem Alterswerk findet er zu einfacheren Formen und zur figürlichen Abstraktion. Daneben entstanden erneut Tierplastiken.
Lit.: Knaurs Lex. d. mod. Kunst, 1964.

Marcoussis, Louis (eigentl. Mouis Markus). Polnischer Maler und Graphiker. Geb. 1883 in Warschau, gest. 1941 in Cusset/Ostfrankreich. Besuchte nach anfänglichem Studium der Rechtswissenschaft die Kunstschule in Krakau. 1903 ließ er sich in Paris nieder und schloß sich →Picasso und dem →Kubismus an, nachdem er zuvor impressionistisch gemalt hatte. Löste sich allmählich von dem direkten Einfluß Picassos und fand um 1912 seinen eigenen Stil in streng geometrisch gebauten Bildern und in einer die Gegenständlichkeit abstrahierenden Formensprache.
Lit.: H. Vollmer, Künstlerlex. d. 20. Jhs.

Marcussäule →Mark Aurel.

Marduk. Stadt- und Reichsgott von →Babylon, eingeführt durch die westsemitischen Gründer der Stadt.

Marduk-apal-iddinna. Babylonischer Königsname. M. I. (1168–1156 v. Chr.) vorletzter Herrscher der →Kassiten-Zeit. – M. II. (722-711), dessen →Kudurru vom Nachleben kassitischer Tradition zeugt. Er gehört bereits zu den →Aramäern in Babylon, gegen die →Sargon II. bei seinem siegreichen Unternehmen gegen M. II. als Befreier auftritt.
Lit.: H. Schmökel, GAV, 264, 268, 272, 275, 310.

Marduk-nadin-ache. König von →Isin und →Babylon (Ende 12. Jh. v. Chr.), den ein →Kudurru-Relief in vollem Königsornat mit Bogen und Pfeil unter kosmischen Symbolzeichen zeigt. Gegner →Tiglatpilesers I., der die Palastanlagen des M. plünderte und verbrannte.
Lit.: H. Schmökel, GAV, 201f.; A. Parrot, Sumer, 318f.

Marées, Hans von. Deutscher Maler. Geb. 1837 in Elberfeld, gest. 1887 in Rom. 1853/54 Studium in Berlin. 1857 ließ er sich in München nieder und schloß sich dem Kreis um →Lenbach an. In den kommenden Jahren entstanden vor allem z.T. hervorragende Portraits. 1864 bereiste er Italien und ließ sich 1865 in Rom nieder. Das Studium der italien. Meister beeindruckte ihn ungewöhnlich stark, so daß er eine Zeitlang Bilder nach →Tizian, →Raffael u. a. kopierte. 1869 reiste er nach Spanien und den Niederlanden. Dort empfangene Eindrücke bringen die entscheidende Wende in seiner Entwicklung. Seine Farben werden kräftiger, sein Bildaufbau eigenständiger. 1871 übersiedelte er nach Berlin und ließ sich 1873 in Neapel nieder, wo er die berühmten Fresken in der zoologischen Station malte. Hier erreichte sein Schaffen einen ersten Höhepunkt, da er sich zum Ziel gesetzt hatte, die Wandmalerei zu erneuern. Später schuf er mehrere Tafelbilder, die jedoch primär als Entwürfe für weitere Wandgemälde gedacht waren. – Wesentliches Element seiner Kunst ist es, die Beziehung von Figur und Raum darzustellen. Dabei hebt er den Rhythmus und die Statik einer Gestalt in ihrem Aufbau eindringlich hervor und ordnet Farbgebung, Licht- und Schattenwirkungen der formalen Bildgestaltung unter.
Lit.: Thieme-Becker.

Margiana. Provinz des →Achaemeniden-Reiches, der →Parther- und →Sasaniden-Zeit. Hauptstadt →Merv.

Marginalien. Randbemerkungen, dann auch Randszenen, die an der Seite eines Textes von Miniaturen angebracht sein können, wie beim →Rabula-Codex. M. noch im sogen. Chludoff-Psalter in →Moskau (9. Jh.).

Mari. Nordwestlich von Abu Kemal am rechten Euphratufer gelegene sumerisch-semitische Stadt (Ruinenstätte Tell Hariri). Aus dem Ischtarattempel stammen hervorragende Weihefiguren, charakteristisch für die →sumerische Kunst der Mitte des 3. Jahrtausends v. Chr. (→Abichil, →Idi-Ilum, →Idi Narum, →Iku-Schamagan, →Ischtup-Ilum, →Lamki-Mari, →Urnansche). Von M. brach der westsemitische Eroberer Ischbierra auf, dessen Vorstoß zum Ende der III. Dyn. von →Ur führte. →Ibbisin. Die zentrale Bedeutung von M. offenbart sich in der großen, von →Zimrilims Vater erbauten Palastanlage, in der vorübergehend der Sohn →Schamschiadads residierte. Ihren Kern bilden zwei große Höfe, die ebenso wie die anschließenden Thron- und Kulträume mit Wandgemälden geschmückt waren. Themen aus dem Leben mit Kriegern und Fischern, Opferszenen. Große Darstellung der Einführung des Königs unter dem Schutz von Gottheiten und Fabeltieren, flankiert von Dattelpalmen, so daß eine Komposition aus lebensnahen Landschaftsmotiven und schematischen Ritualszenen entsteht. Die Einfügung eines blauen Vogels weist auf phantastisch-märchenhafte Züge. Ein Zusammenhang mit der kretischen Palastmalerei liegt angesichts der schriftlich bezeugten Beziehungen zwischen M. und Kreta nahe. Beispielhaft für die Plastik von M. ist die Figur einer wasserspendenden Göttin mit schwerem Hörnerhelm und fließendem Gewand. Ein sinnvoller Mechanismus ließ dem Gefäß in der Hand der Göttin Wasser entströmen. Aus dem Palast von M. stammt das in der Hauptburg von →Babylon gefundene Statuenpaar des →Puzur-Ischtar, das wahrscheinlich nach der Eroberung von M. durch →Hammurabi entführt wurde. Das Nachwirken neusumerischer Kunsttradition ist unverkennbar. Besonders eindrucksvoll sind die Bronzelöwen, die einst den Vorplatz und Eingang des Dagantempels bewachten. Die drohende Sprungbereitschaft der mit großen Augen und mächtiger Gebißpartie ausgestatteten Raubkatzen ist intensiv wesenhaft erfaßt. Von der glanzvollen Pracht des Zimrilimpalastes zeugt die Tatsache, daß sich der König von →Ugarit über Hammurabi von →Aleppo an Zimrilim wandte, um das Wunderwerk besichtigen zu dürfen, das spätestens durch den Plünderungszug →Murschilis nach →Babylon endgültig zerstört und nie wieder aufgebaut wurde. So bieten die Ruinen von M. das ungestörte Bild einer altorientalischen Palast- und Tempelstadt des frühen 2. Jahrtausends v. Chr. und ihrer älteren Tradition, das eine Vorstellung von anderen gleich-

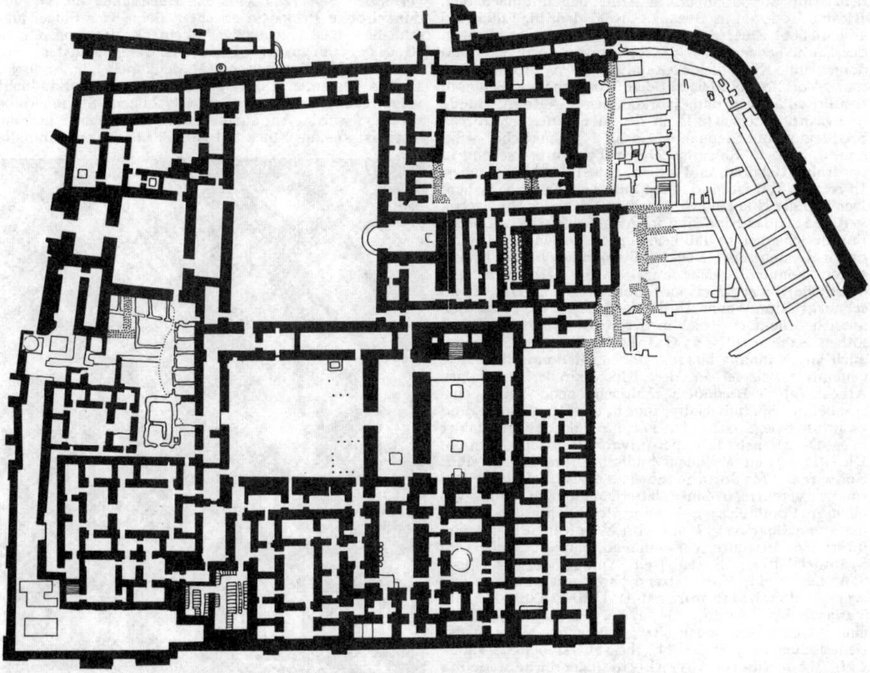

Mari, Zimrilim-Palast, Grundriß.

zeitigen Metropolen wie →Assur unter →Schamschiadad und →Babylon unter →Hammurabi vermittelt.

Lit.: H. Schmökel, GAV, 85ff.; A. Parrot, Sumer, 375, 379; E. Strommenger, Mesopotamien, 85; H. Potratz, KAO, 190, 195, 299ff.

Maria Einsiedeln (Schweiz) →Einsiedeln.

Maria Laach. Benediktinerabtei, gegründet 1093. Kirche: doppelchörige, dreischiffige Basilika, Krypta, Westteile mit Querschiff in Langhausbreite und Langhaus 1156 vollendet. Ostchor und ausladendes Ostquerschiff bis 1177. Kein gebundenes System. Kreuzgratgewölbte, querrechteckige Mittelschiffjoche: die wegen der rundbogigen Führung der Grate gestelzten Schildbögen und gedrückten Gurte lassen das Gewölbe als lastende Längstonne mit Stichkappen erscheinen. Der gedrungene, schwere Raumeindruck, die geringe Höhe, die geschlossenen Wandflächen und die Unsicherheit der Wölbung typisch frühstaufisch. Großartig die differenzierte Gruppierung und Durchformung des Außenbaus mit zwei Vierungstürmen und je einem Turmpaar seitlich der Chöre. Außenbaugliederung durch flache →Lisenen und Rundbogenfriese. Der gesamte Bau zeigt eine bezeichnend staufische Fortbildung salischer Baugedanken. Das vorgelagerte Atrium wurde im 13. Jh. erbaut.

Lit.: Pater Th. Bogler, M., Schnells Kunstführer, Große Reihe, Bd. 12.

Marianen. Nördlichste Inselgruppe von →Mikronesien. Die rezente Kunst kennt keine auffälligen Leistungen, während die Archäologie sehr interessant ist. Kennzeichnend sind die „latte" genannten Anlagen der Insel Tinian, nach oben schmäler werdende Säulen aus Stein, von einem schalenförmigen, halbkugeligen „Hut" bekrönt, die in parallelen Reihen stehen. Es scheint sich um Tragepfeiler von Häusern gehandelt zu haben. – Auf den M. fand man auch Keramik und Steinmörser etc. in geschichteten Ablagerungen, deren älteste laut Radiokarbon-Datierung um 1527 v. Chr. entstand, was eine Besiedlung der Inseln um 2000 v. Chr. nahelegt.

Marianische Symbole. Die von der mittelalterl. →Typologie entwickelten Sinnbilder, die sich auf Maria, vor allem auf deren Jungfräulichkeit beziehen. Sie wurden größtenteils dem Alten Testament, auch dem →Physiologus entnommen. Die ältere marianische Typologie erwuchs aus der christologischen. Wichtigste M.: der brennende Dornbusch des Moses; das Vlies Gideons; der dürre, Früchte tragende Stab Aarons; der verschlossene Garten; das verschlossene Tor; die verschlossene Quelle u. a.

Lit.: K. Künstle, Ikonographie der christlichen Kunst, 1928.

Maria Panachrantos. Bezeichnung für die thronende Maria in der byzant. Kunst.

Marienbildtypen. Die Maria orans und die sitzende Madonna mit Kind begegnen schon in der sepulkralen Kunst des Abendlandes vom 3. Jh. an, wurden jedoch von der byzant. Kunst weitergebildet und auf dem Umweg über diese wieder in die westliche aufgenommen. Sie sind die Urformen des marianischen Devotionsbildes, dessen wichtigste Typen von der byzant. Kunst unter dem Einfluß von Liturgie und Hymnologie der östlichen Kirche ausgebildet und innerhalb des byzant. Kunstkreises kaum abgewandelt wurden (in der russischen Kunst bis in die Gegenwart tradiert). Die Typenbezeichnung geht auf die Namen der meist verlorenen Urbilder zurück, die entweder von deren Aufstellungsort abgeleitet oder eine Charakterisierung des Typs sind. – **1)** Blacherniotissa: Madonna als Orantin in Voll- oder Halbfigur; benannt nach dem Kloster Blachernae in Byzanz. Das Urbild wurde dem hl. Lukas zugeschrieben (→Lukasbilder). – **2)** Platytera: Variante der Blacherniotissa. Das Jesuskind erscheint in einer Scheibe in Voll- oder Halbfigur vor der Brust der Mutter. – **3)** Hodegetria (Wegeführerin): stehende Madonna mit dem Kind auf ihrem linken Arm; benannt nach dem Kloster Hodegon in Byzanz. Urbild dem hl. Lukas zugeschrieben. Einer der wichtigsten Typen, vor allem in der Gotik bevorzugt. – **4)** Nikopoia: thronende Madonna mit Kind, beide Gestalten streng frontal. Formales Vorbild wohl Isis mit dem Horusknaben. Schon in der Priscilla-Katakombe vorkommend (→Rom). Häufig in byzant. Kirchen (z.B. in der justinianischen Kirche SS. Sergius und Stephanus, Gaza; Sophienkirche, →Saloniki), auch in Ravenna. Dieser Typ vorherrschend in der frühmittelalterl. und roman. Kunst des Abendlandes. In roman. Zeit ist Maria gern mit einer Krone versehen. Der Typ der Nikopoia wird auch mit dem der Hodegetria verbunden: das Kind sitzt im Arm der Mutter auf deren linkem Schenkel, so daß beide durch Neigen des Kopfes, durch Gesten und Blicke miteinander in Beziehung treten können (→Madonna). – **5)** Glykophilusa (Zärtliche) oder Eleusa (Barmherzige). Das Kind schmiegt seine Wange an die der Mutter, die es zärtlich an sich drückt (Beispiel in der Klosterkirche von Philotheu, Athosberg). – **6)** Galaktotrophusa (Stillende; auch lat. Madonna lactans, italien. Madonna del Latte genannt; Beispiel in der Klosterkirche Chilandari, Athosberg). – Besonders zahlreiche neue Typen entstanden im Spätmittelalter und in der Renaissance, und zwar überwiegend in der Form religiöser Genrebilder oder Devotionsbilder, die privater Andacht dienten. Die wichtigsten M. abendländischer Provenienz sind: Schwarze Madonnen (meist als wundertätig besonders verehrte, frühmittelalterl. Madonnen, häufig vor allem in Frankreich; Beispiel in der Krypta der Kathedrale von Chartres); Maria im Wochenbett (bereits im frühen Mittelalter vorkommend, häufig besonders im Spätmittelalter); Pietà (seit Anfang des 14. Jhs.; →Andachtsbild; Maria sitzend, ihren toten Sohn in den Armen haltend); Madonna dell' Umilità (der Demut; Variante der Galaktotrophusa, bei der Maria meist auf einem Kissen am Boden sitzt; häufig vor allem in der sienesischen Malerei des 14. Jhs., zuerst bei S. →Martini); Madonna im Ährenkleid (jugendliche Madonna ohne Kind; Prototyp ist das deutsche Votivbild im Mailänder Dom; häufig in Bayern im Spätmittelalter, seit dem 16. Jh. nicht mehr vorkommend); Madonna im Rosenhag (auch Paradiesgärtlein, Entstehung in Deutschland Anfang 15. Jh., zuerst beim Meister des Paradiesgärtleins, Bild im Staedel, Frankfurt/Main); Madonna im Gehäus mit Heiligen und Stiftern; Schutzmantelmadonna (meist ohne Kind, die gläubige Menschheit zum Schutz gegen Gefahren der Seele und des Leibes unter ihren ausgebreiteten Mantel nehmend; Ordensemblem der Zisterzienser und anderer religiöser Gemeinschaften); Rosenkranzmadonna (seit 1474; Triptychon in St. Andreas, Köln; Darstellungen anfangs meist von Rosenkranzbruderschaften gestiftet); die sieben Freuden und sieben Schmerzen Mariae (die Freuden seit dem 12. Jh. verehrt, Kirchenfest zu Ehren der sieben Schmerzen 1424 auf dem Provinzialkonzil zu Köln eingerichtet; Beispiel: Schnitzaltar des H. Douvermann in Kalkar); Immaculata Conceptio (unbefleckte Empfängnis; ursprünglich im Bild der Begegnung Joachims und Annas unter der goldenen Pforte dargestellt; seit dem 15. Jh. Maria aus dem Himmel zur Erde herabschwebend). – Hinzu kommen Varianten der Madonna mit Kind, z.B. Maria kniend (isoliert aus der Darstellung der Geburt oder der Anbetung der Könige; häufig in der italien. Malerei des Quattrocento), Maria mit dem schlummernden oder spielenden Jesusknaben, dem häufig der kleine Johannes als Spielgefährte beigegeben ist. Die Jungfräulichkeit Marias wird meist symbolisch dargestellt, →Marianische Symbole.

Lit.: K. Künstle, Ikonographie der christlichen Kunst, 1928; L. Réau, Iconographie de l'art chrétien, 1955–59.

Marienburg. Westpreußen, an der Nogat gelegen. Gegründet etwa 1272, seit 1309 Sitz der Hochmeister des Deutschen Ritterordens. In der Anlage größtes und künstlerisch bedeutendstes Beispiel der →Ordensburgen, das Anregungen des westlichen Burgenbaus und der kirchlichen Backsteinbaukunst (→Backsteingotik) verbindet. Seit 1280 wird das Hochschloß im SW aus dunkelrotem Backstein errichtet. Seine vier Flügel umschließen das regelmäßige Rechteck des von einem Kreuzgang umzogenen Innenhofs. Bedeutendster Bauteil die im N-Flügel gelegene Marienkapelle, die Ende des 13. Jhs. begonnen, 1331–44 mit einem aus der Bauflucht vorspringenden Chor und dreistrahligem Sterngewölbe versehen wurde. Am äußeren Chorhaupt eine 8 m hohe Marienstatue aus Stuck mit Mosaik überzogen; einmalig

Marienburg, der große Sommer-Remter.

in der abendländischen mittelalterl. Kunst. Berühmt die im nördlich sich anschließenden Mittelschloß (vollendet Ende 14. Jh.) gelegenen Räume des Hochmeisterpalastes mit den drei Remtern, deren geschmeidig ausstrahlende Sterngewölbe über achteckigen, schlanken Stützen von straffer Eleganz sind. Der Gesamtkomplex mit allen Wehranlagen im 15. Jh. fertiggestellt.

Lit.: B. Schmid, Die M., 1955.

Marieschi, Michele. Italien. Maler und Radierer. Geb. 1696 in Venedig, gest. 1743 ebda. War Landschafts-, Architektur- und Theatermaler; als solcher beeinflußt von A. →Canaletto und B. Belotto. 1736–41 wirkte M. an der Akademie in Venedig. – Seine erhaltenen Bilder stellen, ebenso wie eine Folge von Radierungen, in der Mehrzahl venezianische Ansichten dar.

Marin, John. Amerikanischer Maler. Geb. 1870 in Rutherford/New Jersey, gest. 1953 in Cliffside. Besuchte nach anfänglichem Architekturstudium die Kunstakademie von Philadelphia (1899). Nahm bei einem fünfjährigen Aufenthalt in Frankreich Anregungen des →Fauvismus auf, nachdem er zuvor impressionistisch gemalt hatte. 1913 stellte er in der denkwürdigen „Amery Show" in New York, einem Markstein in der Geschichte der modernen amerikanischen Malerei, aus. Er schuf hauptsächlich Landschaften und einige ungegenständliche Bilder. In seinen späteren Werken wandte er sich auch dem →Surrealismus zu.

Lit.: H. Vollmer, Künstlerlex. d. 20. Jhs.

Marinemalerei. Bezeichnung für die Schilderung des Meeres und der Küste. Vor allem die niederl. Malerei des 17. Jhs. hat bedeutende Maler hervorgebracht, die sich fast ausschließlich der M. widmeten. In weiterem Sinne kann die M. zur →Landschaftsmalerei gezählt werden.

Marinetti, Filippo Tommaso. Italien. Schriftsteller. Geb. 1876 in Alexandrien, gest. 1944. Studium in Paris. 1909 veröffentlichte er in der Zeitschrift „Figaro" in Paris einen Artikel, in dem er der futuristischen Strömung Italiens ihren Namen gab und den Begriff des →Futurismus prägte.

Marini, Marino. Italien. Bildhauer. Geb. 1901 in Pistoia, ansässig in Mailand. Studium der Malerei und Bildhauerei in Florenz. Von entscheidender Bedeutung war für ihn sein erster Parisaufenthalt 1919, wo er mit den neuen Kunstströmungen bekannt wurde. 1929–1940 war er als Lehrer an der Kunstschule in Monza tätig und wurde 1940 an die Brera-Akademie nach Mailand berufen. Die Plastik →Maillols und die ägypt. und etruskische Kunst haben ihn nachhaltig beeinflußt. – Zu seinen bedeutendsten Werken gehören die verschiedenen Ausführungen, die er von der Gruppe „Reiter und Pferd" geschaffen hat. Ist in seinem Frühwerk das Element des Statuarischen bestimmend, so sind seine Plastiken ab 1955 häufig durch eine betonte Dynamik bezeichnet. Innerhalb dieser Entwicklung bleibt er stets gegenständlich, wobei er die Gegenstände und Figuren auf ihre plastischen Werte zu reduzieren sucht.
Lit.: Knaurs Lex. d. mod. Plastik, 1964.

Maris. Drei holländische Malerbrüder des 19. Jhs. der Haager Schule. **1)** Jacob. Landschafts- und Figurenmaler. Geb. 1837 in Den Haag, gest. 1899 in Karlsbad. Beeinflußt von der Schule von →Barbizon. – **2)** Matthijs. Maler und Graphiker. Geb. 1839 in Den Haag, gest. 1917 in London. Beeinflußt von der deutschen Romantik und den engl. →Praeraffaeliten. – **3)** Willem. Landschafts- und Tiermaler. Geb. 1844 in Den Haag, gest. 1910 ebda. Schüler seiner Brüder.

Mark Aurel. Röm. Kaiser, 161–180 n. Chr. an der Regierung. Seine Reiterstatue, das einzige erhaltene antike Bronzebildwerk dieser Art, wurde bereits im 10. Jh. n. Chr. beim Lateran in Rom gefunden und von Michelangelo in der Mitte des von ihm gestalteten Platzes auf dem Kapitol aufgestellt (1537). Das ehemals vergoldete, 164–166 geschaffene Standbild zeigt den Kaiser mit ausgestrecktem rechten Arm, dem typisch röm. Imperatorengestus. – Nach dem Vorbild der Säule des Trajan wurde die 180 n. Chr. beschlossene, 193 n. Chr. vollendete M.-Säule in Rom errichtet, deren spiralig hochgeführtes Reliefband Szenen aus den Kriegen des

Reiterstatue des Mark Aurel (Rom, Piazza del Campidoglio).

Kaisers zeigen. Das völlig erhaltene Monument zählt zu den wichtigsten Kunstdenkmälern dieser Epoche. Stilistisch lassen die Reliefs die für ihre Zeit charakteristischen barocken Züge erkennen. →Röm. Kunst.
Lit.: W. Zwicker, Studien zur Markussäule I, 1941.

Marke. An kunstgewerblichen Erzeugnissen angebrachtes Zeichen. Es ist entweder ein Künstlermonogramm, ein Fabrikzeichen (→Porzellan) oder ein amtliches Prüfzeichen (→Beschauzeichen).

Marketerie →Intarsia.

Markianos Kyris. Genialer syrischer Baumeister, der die bedeutenden syrischen Kirchen geschaffen hat: Ostkirche von Babiska, die Ostkirche von Ksêdibeh und die Kirche des Paulus und Moses in Dâr-Kîtâ. Es handelt sich hierbei um Bauten der ersten beiden Jahrzehnte des 5. Jhs. Die Orte liegen dicht beieinander. Seine Kirchen sind wuchtig, dabei schlicht und haben schöne Formen. Die drei Schiffe sind durch Säulenarkaden voneinander getrennt und haben ein dreiteiliges Presbyterium (Hauptapasis, →Prothesis, →Diakonikon).
Lit.: H. W. Beyer, Der syrische Kirchenbau – Studien zur spätantiken Kunstgeschichte, 1925, 39ff.

Markon Monastir (Markus-Kloster). Beispiel für mönchische Kunst in Serbien im späten 14. Jh. Sehr eindringliche Darstellungen, wie „Rahel weint um ihre Kinder", künstlerisch weniger bedeutend.

Markt. M. ist der Platz, an dem sich Käufer und Verkäufer zu ganz bestimmten Zeiten treffen. Märkte verlangen städtebaulich die Anlage geräumiger, dazu geeigneter Plätze oder besonders breiter Straßen.

Marlik. Aus den reichen Megalithgräbern von M. in den Bergen südwestlich vom Kaspischen Meer 20 km von Rudbar stammen charakteristische Tiergefäße, vor allem in Form von Buckelrindern und Reiterstatuetten. Schwellender Stil der sogen. →Amlasch-Kultur. Datierung der Grabfunde, zu denen auch Goldgefäße, Silber und Bronzearbeiten sowie Tonstatuetten gehören, durch Scheuklappen mit Namen der Könige →Menua und →Argischti I. von →Urartu (8. Jh. v. Chr.).
Lit.: R. Ghirshman, Iran I, 37; J. Wiesner, KLA.

Marly-le-Roi. In der nächsten Umgebung von Paris liegt das Schloß M. an den Abhängen des Seine-Ufers. Es wurde im Auftrage Ludwig XIV. von Hardouin-Mansart (→Mansart) von 1679–86 erbaut. In der Revolution wurde es zerstört und im 19. Jh. niedergerissen. Erhalten geblieben ist nur der schöne Park mit seinen Teichen.
Lit.: Die blauen Führer, Frankreich, 1956.

Marmachen (Armenien). Hier große Kirche Ende des 10. bis Anfang des 11. Jhs. Grundriß entspricht dem griech. Kreuz. Kuppel auf polygonalem Tambour, darüber ein spitzes Faltdach, das von Säulen gestützt wird. Fassade reich durch Arkadennischen gegliedert.

Marmarainsel (Prinzeninsel, Büyük Ada). Hier große Steinbrüche. Herstellung von Kapitellen in byzantinischer Zeit, die in verschiedene Länder verschickt und dort auch nachgebildet wurden. In der Hiristoskirche bedeutende Ikone der kretischen Schule „Die Kreuzigung".

Marmion, Simon. Franz. Maler. Vermutlich aus Amiens stammend, gest. 1489 in Valenciennes. Seit 1458 dort ansässig. Bedeutender Illuminist und Tafelmaler. Wahrscheinlich bei einem franz. Künstler in die Lehre gegangen, stand er später doch mehr unter dem Einfluß der flandrischen Schule. In seinen Tafelbildern (Kreuzigungsaltar, Philadelphia) steht M. ebenbürtig neben Dirk →Bouts und Justus v. Gent. Der Schwerpunkt der Tätigkeit M.s liegt aber in der Buchmalerei, in der er auch einen einheitlichen Stil zeigt. Beispiele sind: Missale (Turin, Bibl.), Kalendarium (Brügge, Domschatz), Pontificale von Sens (ebda.) u. a.
Lit.: G. Ring, La Peinture française du XVe siècle, 1949; M. J. Friedländer, in: Jb. der preußischen Kunstsammlungen, 1923.

Marmor. In verschiedenen Färbungen wachsender, kristallinischer Kalkstein, der zum bevorzugten Material der Architektur und Plastik wurde. Dies gilt vor allem für die griech. und röm. Antike und die Architektur Italiens.

Marmorbilder. Auf Marmorplatten überlieferte enkaustische röm. Kopien und Umbildungen nach griech. Gemälden, gefunden in Pompeji und Herculaneum. Die berühmtesten Stücke zeigen Knöchelspielerinnen und einen Kentaurenkampf. Die Werke entstanden in augusteischer und flavischer Zeit und wurden in die Wände eingelassen. Sie sind von unschätzbarem Wert für die

Kenntnis der im Original fast völlig verlorenen griech. Malerei.
Lit.: A. Rumpf, Handb. d. Archäologie, VI, 157, 1953.

Marmorstuck. Bezeichnung für die durch Bemalung hervorgerufene Imitation des Marmors in Stuck.

Marquesas-Inseln. Inselgruppe im östlichen →Polynesien. Skulpturen aus Holz und Bein, Schmuckstücke aus Schildpatt und Perlmutter kommen vor; Holzfiguren mit Höhen bis zu 3 m umstanden früher Terrassenbauten aus Korallenkalk (→Marae). Auch Steinfiguren mit kurzen, dicken Gliedmaßen und vorquellenden Glotzaugen kommen vor („Tiki"), meist knapp 20 cm hoch, daneben auch große Steinfiguren (auf Nuku Hiva und Hiva Oa); sie sind nach Radiokarbondaten jünger als die der →Osterinsel (ca. 1330–1450 n. Chr.).

Marquet, Albert. Franz. Maler. Geb. 1875 in Bordeaux, gest. 1947 in Paris. Studierte gemeinsam mit seinem Freund →Matisse 1897 bei G. →Moreau in Paris. 1900 arbeitete er an den Jugendstildekorationen für die Pariser Weltausstellung. Gehörte 1905 zu den Begründern des →Fauvismus. Er verband die Freiheit des Fauvismus mit Elementen des →Impressionismus und schuf hauptsächlich Landschaften und Hafenbilder, dazu zahlreiche Bilder der Pariser Seine-Quais. Seine Werke sind klar gegliedert und streng gebaut, wobei er dunkle Farbtöne bevorzugt. – Von besonderer Qualität sind seine Zeichnungen, in denen er es verstand, mit skizzenhaft hingeworfenenen Strichen Gestalten und Szenen zu erfassen.
Lit.: D. Duthuit, Les Fauves, 1949.

Marseille. Musée Lapidaire in einem Annex des Schlosses Borély enthält neben sonstigen altchristl. Kunstschätzen größere Zahl bedeutender altchristl. Sarkophage. Basilika St. Victor (gegründet Anfang des 5. Jhs., später von Sarazenen zerstört, 1040 wieder aufgebaut), besitzt von der alten Basilika noch die Krypta. An einer Seite dieser Krypta Eingang zu einer Katakombe der hl. Maria Magdalena. Hier Fülle von altchristl. Sarkophagen entdeckt.
Lit.: A. Villard, Art de Provence, 1957.

Marshall-Inseln. Inselgruppe im östlichen →Mikronesien, arm an isolierten Kunstwerken, doch bekannt für die Herstellung der schönsten Matten Ozeaniens, auch fein geflochtener Körbchen und Fächer. Die →Tatauierung hatte hier eines ihrer Hauptzentren.

Marsiliana d'Albegna. Am Unterlauf der Albegna, nordwestlich von →Vulci gelegene etruskische Stadt mit ausgedehnter Steinkreisnekropole (→Pozzo- und Fossagräber). 7./6. Jh. v. Chr. Unter den reichen Beigaben, die auch hervorragend gearbeitete Schmuckstücke aus Gold und Silber ergaben, ist ein Elfenbeinschreibtäfelchen mit Alphabetzeichen auf dem Rahmen bemerkenswert. Für die Trensenbeigaben lassen sich einwandfreie Beziehungen zu den →Luristan-Bronzen aufzeigen, ein Zeichen für die weitreichenden Handelsverbindungen der Etrusker im 7. Jh. v. Chr.
Lit.: O. W. v. Vacano, E I, 106, 129, 452; E II, 37f., 73, 112, 189; F. v. Duhn, IGK I, 299ff.; G. Q. Giglioli, AE, Taf. 30f.

Martand. Ruine eines Sonnentempels in Kaschmir, eines der bedeutendsten Denkmäler der Nachwirkung von Gandhara-Formen (→Gandhara-Kunst) und der neuen Einwirkung syrisch-röm. Bauweise Ende des 1. Jahrtausends n. Chr.
Lit.: R. C. Kak, Ancient monuments of Kashmir, 1933.

Martini, Simone. Erster got. Maler Sienas. Gest. 1344 in Avignon. Frühestes datiertes Werk ist die Maestà von 1316 im Pal. Pubblico, Siena; eine Synthese zwischen →Duccios zartfarbiger Schönlinigkeit und →Giottos perspektivischer Systematik und monumentaler Form. Weitere Hauptwerke: Fresken der Martinskapelle in S. Francesco, →Assisi (wohl um 1322–26); Fresko des Feldherrn Guidoriccio da Fogliano im Pal. Pubblico, Siena (datiert 1328); Verkündigung, Florenz, Uffizien. Von den in Avignon entstandenen Spätwerken (Schule von →Avignon) ist wenig erhalten, doch beeinflußten sie die Miniaturmalerei des Nordens (Brüder von →Limburg). M. ist nach Duccio Hauptmeister der sienesischen Malerei. Die Verbindung got. Formen mit perspektivischer Struktur und einem unsystematischen, doch komplexen Realismus hatte breite Auswirkungen. Der von ihm geschaffene Typ des Andachtsbildes, die auf den Kissen sitzende, ihr Kind stillende Madonna, die Madonna dell' Umilità (→Marienbildtypen), fand in ganz Italien Nachfolge.
Lit.: A. de Rinaldis, Simone M., 1936; R. Oertel, Die Frühzeit der italien. Malerei, 1953.

Martyrion. Bau zur Verehrung besonders geheiligter Personen, vor allem über dem Grab eines Märtyrers, speziell in der Ostkirche. Das M. hatte im allgemeinen den Grundriß eines griech. Kreuzes.
Lit.: A. Grabar, Martyrium, Recherches sur le culte des reliques et l'art chrétien antique I., Architecture, 1946.

Maruyamaschule. Japanische Malschule des 18. Jhs., die von Maruyama →Okyo um 1760/65 gegründet wurde. Im Gegensatz zum früheren Traditionalismus steht der ungebundene Realismus dieser Schule, die in ihren Stilmitteln ausschlaggebend durch ihren Gründer beeinflußt ist.

Marwar. Nordindische Miniaturistenschule des 17. Jh. n. Chr. mit dem Zentrum in Dschodhpur, ein Zweig der Kunst von →Radschputana.
Lit.: Barrett, Painting, 152.

Masaccio, eigentlich Tommaso di Giovanni di Simone Guidi. Italien. Maler. Geb. 1401 in S. Giovanni Valdarno, gest. um 1428 in Rom. Laut Vasari Schüler →Masolinos, doch waren seine eigentlichen Lehrmeister →Brunelleschi und →Donatello. – H. wurde zum wesentlichen Schöpfer der Malerei der Frührenaissance; er überwand die got. Traditionen der Sienesen und der Giotto-Nachfolger und schloß wieder direkt an →Giotto an. Für diese Erneuerung der Malerei stand ihm die Formensprache der Frührenaissance mit der Linearperspektive und der plastischen Gestaltung durch die Lichtführung zur Verfügung. In M.s Hauptwerk, den Fresken der Brancacci-Kapelle in S. Maria del Carmine in Florenz (1426/27), stellte er jede Figur in einen kompositionellen Zusammenhang und gab ihr zugleich ihren eigenen Lebensraum. Die Gestalten sind monumental, wirklichkeitsnah und von seelischer Eindringlichkeit (Taufe Petri, Zinsgroschen, Schattenheilung, Vertreibung aus dem Paradies). – Zu den wichtigsten Werken zählen die Fresken der Dreifaltigkeit in S. Maria Novella, Florenz, 1426/27, und die Tafelbilder: hl. Anna selbdritt (Florenz, Uffizien) sowie das Altarwerk für die Kirche del Carmine in Pisa, 1427.
Lit.: A. Schmarsow, M.-Studien, 5 Bde., 1895–99; M. Salmi, M., 1947; K. Steinbart, M., 1948.

Masanobu, Kano. Japanischer Maler. Geb. wahrscheinlich 1454, gest. um 1550 in Kyoto. Kopierte anfangs nach Werken alter Meister und erfuhr wesentliche Anregungen durch →Shubun. Schuf hauptsächlich Landschaften, von denen jedoch nur wenige erhalten sind. – M. war der Stammvater der berühmten →Kanoschule.
Lit.: Thieme-Becker.

Masanobu, Okumura. Japanischer Maler und Holzschnittzeichner. Geb. um 1690, gest. 1768 in Edo (Tokio). Die Überlieferung über seine Ausbildung ist unsicher, vielleicht bildete er sich autodidaktisch. Zu seinen entscheidenden Verdiensten gehört es, daß er, der auch als Verleger tätig war, den zu seiner Zeit aufkommenden Farbholzschnitt besonders förderte. Auf M. soll die Erfindung und Entwicklung des Zwei- und Dreifarbendrucks zurückgehen. – Seine Werke – hauptsächlich Buchillustrationen und Holzschnittfolgen – haben die japanische Sagenwelt und das Leben der Freudenhäuser mit stark erotischen Elementen zum Thema.
Lit.: Thieme-Becker.

Farbtafel 19: *Glaspokal mit Vergoldung und Emailmalerei aus Venedig mit Darstellung eines Hochzeitszuges, letztes Viertel 15. Jh.; Kunstsammlungen Veste Coburg.*

Masdschd-i-Suleiman. Ruinenstätte 50 km südöstlich von Schuschtar bei →Malamir (Provinz Chusistan, Iran). Die aus riesigen Blöcken errichtete Terrassenanlage mit Treppenzugang, breiter Haupttreppe und Nischengliederung der Umfassungsmauer war ein Fürstensitz wie die ähnliche Terrassenruine 25 km nordöstlich von M. in Bard-i-Nischandeh. Der Befund spricht für Residenzen der frühen →Achaemeniden von Teispes bis →Kambyses I., der nach Vereinigung von Parsa (→Fars) und →Parsumasch bei →Pasargadae eine neue Terrassenanlage schuf (→Tacht-i-Mädär-i-Suleiman). Die kyklopische Bauweise ist den Persern im Land → Parsua in der Nachbarschaft von →Urartu bekannt geworden, bevor sie nach Südwestiran gelangten. Die Terrassenbautradition wirkt nach in →Pasargadae →Persepolis.
Lit.: R. Ghirshman, Iran I, 129ff., 438; H. H. von der Osten, WP, 62.

Masegne, dalle. Brüder Jacobello und Pierpaolo. Italien. Bildhauer und Baumeister. Geschult wohl in Venedig unter Einfluß Nino →Pisanos (Conaro-Madonna). Zuerst faßbar 1383: Grabmal des Giovanni da Legnano aus S. Domenico, Bologna (heute Mus. Civico, Bologna). Hauptwerke: 1. Altar für S. Francesco, Bologna (1388 bis 92), mit Mittelgruppe einer Marienkrönung, oberhalb Gottvater, sowie seitlich zwei Reihen von Heiligen in Nischen. 2. Heiligengestalten auf der Ikonostasis von S. Marco, Venedig (signiert und datiert 1394). 1399 Mitarbeit am Mailänder Dom. Um 1400 offenbar Trennung. Pierpaolo, wohl 1403 gest., arbeitete noch in Mantua und am Südfenster des Dogenpalastes, Venedig. Jacobello lebte noch 1409. Stilistisch kennzeichnend ist die vielleicht durch deutsche Plastik der Mitte des 14. Jhs. (Wien) angeregte realistische Erfassung und raumhaltige Gestaltung der Figuren, im Spätwerk formelhaft.
Lit.: Krautheimer, Zur Venezianischen Trecentoplastik, in Marburger Jahrbuch für Kunstwissenschaft 1929, 193ff.; J. Pope-Hennessy. Italian Gothic Sculpture, 1955.

Masereel, Frans. Belgischer Maler und Graphiker. Geb. 1889 in Blankenberghe/Flandern, ansässig in Paris und Nizza. Nachdem er kurze Zeit die Akademie in Gent besucht hatte, begab er sich 1909 auf Reisen und besuchte London, Paris und Nord-Afrika. 1916–21 lebte er in Genf und schuf für eine Zeitschrift zahlreiche illustrierende Holzschnitte. Vor allem seine Holzschnittfolgen, die in ihren kräftigen Schwarz-Weiß-Kontrasten stilistisch dem →Expressionismus nahestehen, ließen ihn bald berühmt werden. Später verflachte seine Kunst zu einem gefälligen Illustrationsstil.
Lit.: L. Lebeer, F. M.

Mashrabiye. Hölzerne Gitter im oberen Stockwerk von Wohnhäusern im islam. Orient, die, gestützt durch geschnitzte Konsolen, aus der Hausfront vorspringen. Die M. ist eine aus zahllosen kleinen, gedrechselten Holzteilen zusammengefügte, luftdurchlässige und lichtdämpfende Wand, oft Begrenzung eines Erkers. Sehr kunstfertig ist ihre Zusammenfügung der Einzelteile zu geometrischen Mustern, gelegentlich unter Verwendung von Schrift. Sie gehören bis zum Ende des 19. Jhs. zum Typ des vornehmen Wohnhauses in Kairo und Istanbul.

Maskaron. Als Dekorationselement vor allem in der Architekturplastik des Barock häufig verwendete Maske.

Masken. Seit der →Älteren Steinzeit, besonders seit dem →Magdalénien, sind Darstellungen von Menschen in einer Art „Tierverkleidung" bekannt, woraus auf „Maskenjagd" (Tarnung in Tierfellen), aber auch auf Beschwörungsriten geschlossen worden ist. Aus der vorchristl. Eisenzeit sind M. aus Metallblech und an Plastiken (→ Hirschlanden) bekannt. – Außerdem finden sich M. in zahlreichen sogen. primitiven Kulturen. (Siehe Farbtafel 24).

Maskenfibel. Fibeltypus der keltischen →Latène-Zeit mit stilisierten Gesichtsdarstellungen, →Fratzenfibel.

Maso di Banco. Italien. Maler. Einer der bedeutendsten Schüler von →Giotto. Erwähnt 1320–53 in Florenz. Außer einigen Tafelbildern und Freskenresten in der Hauptkapelle des Castel Nuovo, Neapel (fast lebensgroße Köpfe in den Fensterlaibungen; um 1330), sind die Fresken der Silvesterkapelle in S. Croce, →Florenz, mit Szenen aus dem Leben der hl. Silvester und Konstantin erhalten. Stilistisch bestimmend ist eine ernste, fast düster verhaltene Stimmung, das Dominieren der Ortsschilderung, etwa eines pathetisch-stimmungsträchtigen Ruinenprospekts, gegenüber der Erzählung, trotz individueller Charakterisierung der Figuren.
Lit.: R. Oertel, Die Frühzeit der italien. Malerei, 1953.

Masolino, Tommaso di Cristoforo Fini. Italien. Maler. Geb. 1383 in Panicale, gest. um 1447. Nach →Vasari Gehilfe →Ghibertis und Schüler Starninas, beeinflußt von Gentile da Fabriano und →Fra Angelico. Tätig in Florenz, kurz auch in Ungarn (1427). – M. war eine lyrisch zarte und liebliche Erzählweise eigen, ohne Sinn für Dramatik. Dennoch soll er der Lehrer →Masaccios gewesen sein, mit dem er auch an den Fresken der Brancacci-Kapelle in S. Maria del Carmine in Florenz zusammengearbeitet hat (Sündenfall, Predigt Petri, Erweckung der Tabita, Heilung des Lahmen). Ihm werden neuerdings auch die früher Masaccio zugeschriebenen Fresken der Passionskapelle von S. Clemente in Rom zugesprochen. Ferner von M. die Fresken im Chor der Kollegialkirche in Castiglione d'Olona (Leben Mariae, um 1430) und ebda. im Baptisterium (aus dem Leben Johannis d. Täufers, um 1435).
Lit.: A. Schmarsow, M. und Masaccio, 1928; P. Toesca, M., 1907.

Masson, André. Franz. Maler. Geb. 1896 in Balagny, ansässig in Aix-en-Provence. Nach Malstudien in Brüssel leistete er 1914–18 den Militärdienst ab und übersiedelte 1919 nach Paris. Hier nahm er zuerst Einflüsse des → Kubismus auf. 1925–29 pflegte er engen Kontakt zu den Surrealisten. 1929 wurde er aus der Surrealistengruppe ausgeschlossen und ging zur abstrakten Malerei über. 1941 emigrierte er nach New York und kehrte 1945 nach Paris zurück. 1947 ließ er sich in Aix-en-Provence nieder. – In seinen späteren Werken wandte er sich wieder mehr der Gegenständlichkeit zu, indem er in einer sehr persönlichen Variante eine symbolisch-surreale Bilderwelt schuf.
Lit.: H. Vollmer, Künstlerlex. d. 20 Jhs.

Maßwerk. Eine Verbindung von abstrakten, geometrischen (mit dem Zirkel „gemessenen") Figuren wie Kreisen, Pässen, Nasen, Drei- oder Vierblättern, sphärischen Drei- oder Vierecken, Fischblasen etc. vorwiegend zur Füllung der Bogenzwickel von Fenstern, auch als Blend-M. zur Verkleidung von Wandflächen oder als durchbrochenes M. zur Füllung von Brüstungen. Echtes M. findet sich nur in der Gotik und spiegelt deren Sinn für gesetzmäßig geometrische Gliederung besonders deutlich. Vorformen finden sich in den eingestanzt wirkenden Lochfiguren frühchristl. Transennenplatten und roman. Okulusfenster, vor allem der zu Rosenfenstern sich ausbildenden roman. Radfenster. Ausgangspunkt ist das über mehrteiligen Fenstern unter einem übergreifenden Bogen sich bildende Feld (Beispiele zuerst bei Emporen, z. B. St. Germer um 1130). Das früheste reine M. begegnet in den Chorkapellenfenstern der Kathedrale von →Reims (1211–27). Ein übergreifender Spitzbogen umschließt einen Sechspaßkreis und die Bogen zweiter Ordnung zu einem festen Gefüge, dessen Rundstäbe und Unterteilungsbögen streckenweise miteinander verwachsen. Vorgelagerte Säulchen und Rundstäbe lösen das M. aus dem Wandzusammenhang. Dieses klassische hochgot. System mit seinem harmonischen Gleichgewicht zwischen tragenden und getragenen Gliedern wurde von der deutschen Gotik übernommen (frühes Beispiel: →Marburg, Elisabethkirche). In England findet sich schon auf dieser Stufe, ausgehend von den typischen engl. Lanzettfenstern, die weniger ausgewogene Sonderform des Flechtmaßwerks (z. B.

Farbtafel 20: *Turkmenische Tainaktscha-Pferdedecke, 19. Jh.; Privatbesitz.*

Broughton/Lincolnshire). Die zweite Phase, einsetzend mit St. Nazaire, Carcassonne, im 1. Viertel des 14. Jhs., zeigt Formen von kristallinischer Schärfe und Durchsichtigkeit, die sich gegenüber der Architektur verselbständigen. Grundformen sind sphärische Dreiecke und Vierecke und strahlenförmige Gebilde. Wieder geht England mit der Ausbildung von Blasenformen und Wellenlinien (Curvilinear) einen eigenen Weg (z. B. Chorschranken von Beverly, 1334). Dieses ,,flowing tracery" wirkt im franz. →Flamboyant der dritten Stufe seit Beginn des 15. Jhs. nach. Doch steigen die franz. Formen wie vom Wind bewegte Kerzenflammen leicht und schwebend auf (z. B. Alençon, Nôtre Dame). Während in England, in Umkehrung der kontinentalen Entwicklung, schon um die Mitte des 14. Jhs. (Chor von Gloucester) die stabwerkförmige Vergitterung des engl. spätgot. M.s einsetzt (rectilinear). Für die franz. und deutsche Spätgotik sind von Strudel- und Wirbelbewegung ergriffene, vorwiegend asymmetrische Fischblasenmotive typisch. Hauptformen sind das rotierende Fischblasenrad und die Spirale. (Frühes Beispiel: Rücklehne der Sitzbank einer tönernen Nürnberger Apostelfigur um 1400).
Lit.: L. Behling, Gestalt und Geschichte des M., 1944.

Massys, Quentin. Niederl. Maler. Geb. 1465-66 zu Löwen, gest. 1530 in Antwerpen, wo M. seit 1491 lebte. Da Frühwerke fehlen, ist M.s künstlerische Herkunft unbestimmt, doch sind Beziehungen zur Kunst D. → Bouts erkennbar. In Antwerpen stand M. in Beziehung zu den Humanisten; eine Reise nach Italien, die Anregungen →Leonardos eintrug, ist wahrscheinlich. – M. malte Altäre (Beweinungs-Altar für den Antwerpener Dom, 1511, heute ebda. im Mus.), Madonnen (Maria mit Kind, Berlin, Staatl. Gal.), Portraits (Bildnis eines Chorherren, Galerie Liechtenstein, Vaduz) und genrehafte Portraitbilder (Der Geldwechsler und seine Frau, 1514, Paris, Louvre). – M. verbindet eine strahlende, emailartig glatte Farbigkeit mit großer Feinheit der zeichnerischen Durcharbeitung und einer neuen Körperlichkeit, die namentlich bei den weiblichen Köpfen etwas Liebliches hat.
Lit.: M. J. Friedländer, Altniederl. Malerei, 7, 1923, und 13, 1936; H. Roosen-Runge, Die Gestaltung der Farbe bei Q. M., 1940.

Mastaba. Ägypt. Grabform, nach dem arabischen Wort für ,,Bank" benannt, entsprechend dem kastenförmigen, ursprünglich massiven Ziegel-Oberbau mit leicht geböschten Mauern. Tief unter dem Oberbau liegt die Sargkammer am Ende eines Schachtes. Die an der Ostwand des Oberbaus eingelassene Kultnische, ursprünglich nur mit einer Bildplatte ausgestattet, die den Toten am Speisetisch zeigt, wurde über eine Steinfassung mit Reliefs zur Kultkammer erweitert, die große Steinflächen für Reliefbilder bot. Zu Beginn der 4. Dyn. verdrängte der Stein den Ziegel völlig, so daß die architektonischen Voraussetzungen für immer umfangreichere Reliefzyklen gegeben waren. Durch Vorhöfe, Pfeilerräume und Gangsysteme wird in der 5. Dyn. der massive Kern der M. aufgelöst, wie vor allem die berühmten Grabanlagen des →Ti, →Achtihotep und Ptahotep sowie das Grab des →Mereruka aus dem Anfang der 6. Dyn. in →Sakkara mit 32 Räumen beweisen.
Lit.: W. Wolf, KÄ, 126ff.; E. Brunner-Traut, Ägypten, 175.

Mastara (Armenien). Kuppelkirche mit vierpaßartiger Anlage. Zentralbau. Wölbung läßt Freistützen fehlen, wie sie bei anderen Kirchenlösungen in Armenien häufig anzutreffen sind.

Mastenkirche →Stabkirche.

Mastos. Vor allem in Athen in spätarchaischer Zeit beliebtes Trinkgefäß in der Form einer weiblichen Brust. Von den beiden Henkeln ist meist der eine horizontal, der andere vertikal geführt.

Mataré, Ewald. Deutscher Bildhauer. Geb. 1887 in Aachen, gest. 1965 in Büderich bei Neuß. Begann als Maler und studierte 1907 bei →Corinth. 1920 kam er zur Bildhauerei und begann mit Holzplastiken. Religiöse Themen u. Tierbilder stehen im Zentrum seines Schaffens. Er geht vom Gegenstand aus, dessen Formen er weitgehend reduziert und dessen Oberfläche er bis zur Glättung vereinfacht. Neben Plastiken in Holz und Bronze schuf er verschiedene Kirchentüren (Kölner Dom, 1954), Brunnenanlagen und kunstgewerbliche Gegenstände.
Lit.: Knaurs Lex. d. mod. Plastik, 1964.

Mateič (Kreuzkuppelkirche in Serbien). Hier Bilder einer Mönchsgruppe, die im 14. Jh. in verschiedenen Kirchen wie →Markon Monastir, →Lesnovo, künstlerisch tätig war. Einfluß der mönchischen Kunst Kappadokiens. Neben vielen primitiven Malereien auch ausdrucksvolle Stücke.

Matejko, Jan. Polnischer Maler. Geb. 1838 in Krakau, gest. 1893 ebda. Studierte an der Kunstschule in Krakau, an der Münchner Akademie (bei →Anschütz) und bei Ruben an der Akademie in Wien. 1860 ließ sich M. in Krakau nieder, wo er 1873 Direktor der Kunstschule wurde. M. war Historienmaler; seine bedeutende Stellung in der polnischen Kunst leitet sich aus seiner nationalen Einstellung ab, aus der heraus M. die Bilder zur Geschichte Polens malte: Wandgemälde in der Marienkirche in Krakau.
Lit.: W. Luszczkiewicz, J. M. in: Franz Josef I. und seine Zeit, Wien, 1898 (deutsch).

Mater dolorosa →Schmerzensmutter.

Mathieu, Georges. Franz. Maler. Geb. 1921 in Boulogne-sur-Mer. Studierte Jura, Philosophie und Anglistik. 1942 kam er zur Malerei und ließ sich 1947 in Paris nieder. Wandte sich gegen die abstrakten Formalismus und entwickelte den →Tachismus. Berühmt wurde er durch öffentliche Schaustellung seines Malens, wobei er vor breitem Publikum in wenigen Sekunden Bilder herstellte. – Gemeinsam mit C. Bryen begründete er die Bewegung der ,,Non-Figuration Psychique".
Lit.: Knaurs Lex. abstrakter Malerei.

Mathura. Nordindische Stadt am Dschamuna-Fluß, z.T. auf den Ruinen alter Siedlungen und schon den antiken Schriftstellern bekannt. Noch nicht abgeschlossene Grabungen ergaben Keramik und Terrakotten von der Maurya-Zeit an. Im Gelände ist der Grundriß einer befestigten Kuschana-Stadt am Ufer des Flusses zu erkennen. Das Lokalmuseum bewahrt Plastiken aus dem Stadtbezirk und von nahe gelegenen Kultstätten wie Kankali Tila und Mat, besonders aus den Epochen der Schungas, Kuschanas (in Zusammenhang mit der Kunst von →Gandhara) und Guptas.
Lit.: J.-Ph. Vogel, La sculpture de M., 1930.

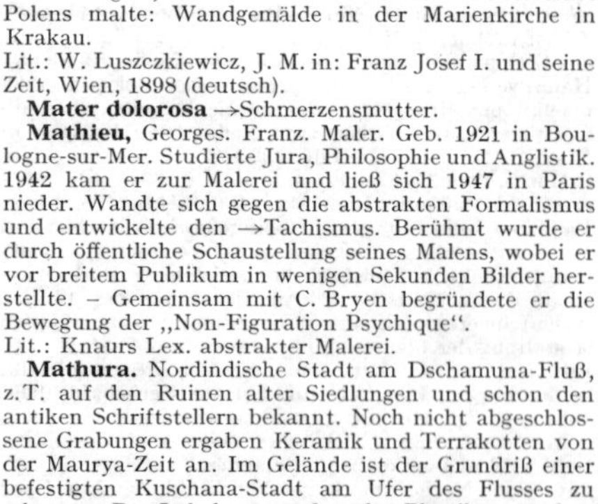

H. Matisse, ,,Drei Frauen mit Schildkröte", um 1907 (Essen, Folkwang-Mus.).

Matisse, Henri. Franz. Maler und Graphiker. Geb. 1869 in Le Cateau, gest. 1954 in Nizza. Nach einem abgeschlossenen Jurastudium kam er 1890 nach Paris und besuchte die Ecole des Beaux-Arts. 1895–98 studierte er gemeinsam mit →Manguin, →Marquet, →Rouault u.a. bei G. →Moreau. Um 1896 nahm er, nachdem er anfangs akademisch malte, Einflüsse des →Impressionismus auf und schuf Landschaftsbilder von der Côte d'Azur und

Korsika. Bald wurden seine Farben kräftiger, sein Bildaufbau betont gesetzmäßig. →Cézanne, →Gauguin und →Manet beeindruckten ihn stark. Nach 1900 vereinfachte er seine Formen zu großen Flächen. 1905 gehörte er zu den maßgeblichen Begründern des →Fauvismus. Dabei vermitteln seine Bilder nicht in erster Linie expressive Inhalte, sondern eine unmittelbare dekorative Farbwirkung. Dieses dekorative Element bestimmt nach 1908 seine weitere Entwicklung. Die räumlichen Werte versuchte er in reine Flächen umzusetzen, die Flächen selbst werden häufig mit geschlungenen Arabesken geschmückt. Stark betonte Umrißlinien trennen Figuren und Gegenstände voneinander. 1908 gründete er eine eigene Malschule und nahm hiermit starken Einfluß auf die jüngeren Maler. 1919 gelang ihm der Durchbruch zur öffentlichen Anerkennung. In der Folgezeit mildert sich seine Formensprache. Runde und geschwungene Linien durchziehen seine Bilder, die reine Farbwerte zeigen. – 1928 findet er wieder zu kraftvolleren Vereinfachungen und vereinigt in seinen späten Bildwerken all jene Elemente, die zuvor in verschiedenen Phasen entwickelt wurden. 1949–51 schuf er die großen Fresken für die Kapelle in Vence, für die er auch Entwürfe zu den Glasfenstern lieferte. – Neben seinen Bildern schuf er zahlreiche graphische Werke und war auch als Bildhauer tätig.
Lit.: G. Dieht, H. M., 1954.

Matta, Roberto Sebastian. Chilenischer Maler. Geb. 1911 in Santiago de Chile, lebt in New York und Paris. 1931 Abschluß des Architekturstudiums. 1933 übersiedelte er nach Paris und war 1935–37 im Atelier von →Le Corbusier tätig. 1937 ging er zur Malerei über und schloß sich dem →Surrealismus an. 1939 ließ er sich in New York nieder. 1950–54 Aufenthalt in Rom. Seit 1957 auf zahlreichen internationalen Ausstellungen vertreten und 1962 mit dem „Premio Marzotto per la Pittura" ausgezeichnet. Er schuf mit Gegenständen aus der Welt der Technik surreale Bildkompositionen.

Mattiwaza. König von →Mitanni um 1350 v. Chr., Vasall Schuppiluliumas, von dem M. mit goldüberzogenen Prunkwagen, Rossen, Gold- und Silbergefäßen, kostbaren Kleidern und Schmuck ausgestattet wird, ein Zeugnis für den feudalen Prunkstil, der über die Schwäche des Staates unter M. nicht hinwegtäuschen kann.
Lit.: H. Schmökel, GAV, 164f.

Mattmalerei. Bezeichnung für eine Maltechnik, die sich vor allem auf Gefäßen mittelhelladischer Zeit findet. Die geometrischen Muster stehen in strenger Anordnung in dunkler Farbe auf hellem Grund. Hauptfundorte sind Kreta, Ägina, Mykene und Troja IV.

Mattoir. Zeicheninstrument des Kupferstichs, besonders bei der sogen. →Kreidemanier verwendet. Es besteht aus einem Stab, dessen Aufsatzfläche aufgerauht und mit kleinen Spitzen besetzt ist.

Matzhausen. In der Oberpfalz; hier wurde in einem Grabhügel unter anderem eine latènezeitliche sogenannte „Linsenflasche" mit eingeritztem. umlaufendem Tierfries auf der sehr flachen Schulter gefunden.

Mauerkappe. Gewölbeabschnitte zwischen Graten oder Bezeichnung für flaches Gewölbe, dessen Ansatz außerhalb des zu überwölbenden Raumes liegt.

Maulbertsch, Franz Anton. Österreichischer Maler. Geb. 1724 in Langenargen (Bodensee), gest. 1796 in Wien, wo M. seit 1739 ansässig war. Lernte in Wien an der Akademie, an welcher er 1759 Mitglied und 1770 Prof. wurde. – M. ist der bedeutendste Künstler der ausgehenden österreichischen Barockmalerei. Das Erbe der süddeutschen Barockmalerei mischt sich bei M. mit dem in Wien Erlernten, wobei besonders P. →Troger ausschlaggebend war. Die Bedeutung der venezianischen Malerei des 18. Jhs., die er auf einer Italienreise kennengelernt hat, darf nicht überschätzt werden; Gemeinsamkeiten sind hier mehr zeitbedingt. Wichtiger ist dagegen die Beziehung zu →Rembrandt, die gerade seinem Alterswerk (Strahowkloster, Prag) neue Ausdrucksmöglichkeiten zuleitet. – Der Großteil des Werkes von M. besteht aus Deckengemälden in österreichischen, ungarischen und böhmischen Kirchen, Schlössern und Bibliotheken, ferner Altarblätter. Kleine Staffeleibilder sind selten, aber besonders ausdrucksvoll (Lustige Gesellschaft, Stuttgart, Privatbesitz). Seine bedeutendsten Fresken sind die der Wallfahrtskirche Heiligenkreuz-Guttenbrunn, 1757/58; Pfarrkirche Sümeg, 1758; Bibliotheksaal im Kloster Strahow, Prag, 1794/95.
Lit.: K. Garas, F. A. M., 1960

Maulbronn. Schwäbisches Zisterzienserkloster. Eine der wenigen deutschen mittelalterl., fast vollständig erhaltenen Klosteranlagen (mit Wirtschaftsgebäuden, Ringmauer etc.; →Kloster). Gegründet 1147. Kirchenweihe 1178. Bedeutend das 1210–30 von einem burgundischen Bautrupp errichtete Paradies (Vorhalle der Kirche) und Herrenrefektorium (dazu Kreuzgangsteil). Unter Verwendung frühgot. Konstruktionsformen entsteht im Herrenrefektorium ein spätroman. Raum in seiner großartigsten Steigerung. Springende Kämpferhöhen, bedingt durch rundbogige Führung von Rippen, Gurt- und Schildbögen, schaffen nervöse Spannung, die durch geschlossene Wandflächen und einfach eingeschnittene hohe Fenster ausgewogen wird (letzter bedeutender zisterziensischer Baumeister, weiter zu verfolgen in Walkenried, Schulpforta, Halberstadt, → Magdeburg). In den weiteren Bauten alle Phasen der Gotik bis ins 16. Jh. vertreten. Reizvoll das Brunnenhäuschen am Kreuzgang mit Dreischalenbrunnen (Mitte 14. Jh.).

Maulbronn,
Diamantierung im Herrenrefektorium des Klosters.

Lit.: I. Dörrenberg, Das Zisterzienserkloster M., 1937.

Maureske. Der Arabeske ähnliche, jedoch nicht mit ihr gleichzusetzende Ornamentform aus Pflanzengebilden, die – Formen des Hellenismus aufnehmend – von der islam. Kunst ausgebildet wurde. In strenger Stilisierung tritt sie ausschließlich in der Flächendekoration in Erscheinung und wurde, außer in der islam. Kunst, vor allem in der Renaissance zu einem bevorzugten Element.

Maurisch. M. ist die Bezeichnung der islam. Kunst in Spanien nach dem Ende der Omeyadenherrschaft und unter dem am Ende des 11. Jhs. einsetzenden Einfluß der mauretanischen Berber (Almoravien und Almohaden). Nach einer Vereinfachung überwuchernden omeyadischen Stils kommt es im 14. Jh. unter den Nasriden in Granada zu einer neuen Blüte, die sich im Alhambrastil

manifestiert. Charakteristisch für ihn sind das dichte Dekorationsgespinst aus klar geteilten Schriftfriesen, Borten, Gitterwerk, Arabeskwerk, sternbildendem Flechtwerk. Er überwindet jede technische Schwierigkeit und beherrscht Stuckdurchbruch und Stalaktitkuppel ebenso, wie er in Seidenstoffen (Almeria), Buchillumination, Filigran und durchbrochenen Metallarbeiten zur Geltung kommt. Das in Malaga hergestellte islam. Prunkgeschirr, die Lüsterfayence, zeigt gleichfalls die westliche Form der Arabeske mit stark betonten Blattformen vor zarten Spiralranken.
Lit.: E. Kühnel, Maurische Kunst, 1928.

Mausoleum →Mausolleion.

Mausolleion. Grabbau des karischen Fürsten Mausollos von →Halikarnassos (Mitte des 4. Jhs. v. Chr.). Auf einem hohen Sockelbau erhebt sich eine peripterale Anlage mit 36 Säulen. Eine Quadriga krönte das 24stufige Pyramidendach. Als Architekten werden →Pytheos von →Priene und Satyros von →Paros genannt. Das Monument zählte dank der künstlerischen Ausgestaltung durch die berühmtesten Bildhauer der Zeit, →Bryaxis, →Timotheos, →Leochares und →Skopas, die die Friese mit Darstellungen aus der Amazonomachie schufen, zu den →Sieben Weltwundern der Antike. –Die lat. Bezeichnung des Mausoleums, die sich bis heute für den monumentalen Grabbau erhalten hat, leitet sich von diesem M. ab.

Mauve, Anton. Holländischer Maler. Geb. 1838 in Zaandam, gest. 1888 in Arnheim, Schüler Verschuurs, doch als Landschaftsmaler stark von →Millet, →Corot und →Daubigny beeinflußt. Tätig in ganz Holland, schuf M. Weidelandschaften (Kühe auf der Weide, München, Staatsgal.), Strandbilder (Dünenlandschaft, Hamburg, Kunsth.), auch Marinebilder (Muschelfischer). M.s Kunst ist lyrisch gestimmt, besonders schön sind die Aquarelle und Radierungen.
Lit.: E. Waldmann, Kunst des Realismus und Impressionismus, 1927.

Maxentius-Basilika →Konstantinsbasilika.

Maximianskathedra. Im erzbischöflichen Museum in Ravenna. Genannt nach dem ravennatischen Bischof Maximianus (545–553), für den sie bestimmt war. Das Monogramm auf der Front der Kathedra wird heute von den meisten Forschern als das des Bischofs anerkannt, was für die Datierung der M. von Wichtigkeit ist. Die M. ist mit Elfenbeinplatten belegt, von denen ein Teil verlorengegangen ist. Sie enthalten Geschichten aus dem Leben Josephs oder christologische Szenen, diese auf der Rücklehne über dem Sitz und auf der Rückseite. Leisten mit verzierten Ranken und in ihnen spielenden Tieren rahmen die einzelnen Bilder ein. Unter dem Sitz auf der Vorderseite zwischen Ranken und zwei Pfauen das obengenannte Monogramm. Darunter fünf Hochreliefs unter Muschelarkaden. Johannes der Täufer in der Mitte und die vier Evangelisten rechts und links. Umstritten ist die Herkunft der M. Man schwankt zwischen Ravenna, Oberitalien, Konstantinopel, Kleinasien und Syrien. Allgemein anerkannt, daß verschiedene Künstler an der M. gearbeitet haben. Der Meister der Frontreliefs ist wohl der größte Künstler. Die christologischen Bilder sind auf alle Fälle von der syrischen Kunst beeinflußt. Die Ornamentstreifen atmen stark orientalischen Geist.
Lit.: W. F. Volbach, Elfenbeinarbeiten der Spätantike und des frühen Mittelalters, Römisch-Germanisches Zentralmuseum zu Mainz, Katalog 7, 1952; C. Cecchelli, Le Cathedra di Massimiano, o. J.; G. W. Morath, Die M. in Ravenna, in: Freiburger Theologische Studien, 54, 1946.

Maximiliansgrabmal. In der Hofkirche in Innsbruck befindet sich dieses großartigste Kaisermonument der deutschen Geschichte, das Grabmal Maximilians I. (1459–1519). Siebzehn Jahre vor seinem Tode plante Maximilian sein Grabmal als ein vielteiliges Bronzewerk mit 40 überlebensgroßen Statuen, darstellend seine Vorgänger und einige Verwandte, die mit einer Kerze in der Hand an seinem Leichenzug teilnehmen sollten. Der Aufbau dieser Figuren und die Funktion von 2 Reihen Statuetten und Büsten habsburgischer Heiliger und röm. Kaiser (einige davon sind auf der Westempore der Kirche aufgestellt) sind unbekannt. Dem Testament des Kaisers entsprechend, hätte das Denkmal rund um sein Grab in der Burgkapelle in Wiener Neustadt aufgestellt werden sollen. Dies erwies sich als technisch unmöglich, und daher bestimmte Ferdinand I. Innsbruck, die Lieblingsresidenz des Verstorbenen, zum Aufstellungsort. Ausgeführt wurden schließlich 28 lebensgroße Figuren. Die bedeutendsten davon entstanden noch vor 1519, die übrigen bis 1550, in verschiedenen Gießerwerkstätten, zumeist in Innsbruck. 1502 wurde Gilg Sesselschreiber aus München zum Hofmaler Maximilians bestellt. Unter seiner Leitung wurden in Innsbruck die

Maximiliansgrabmal, Detail; Innsbruck, Hofkirche.

ersten 8 Figuren gegossen. Die nächsten 17 Figuren wurden zwischen 1518 und 1533 unter der Leitung Stefan Godls ebenfalls in Innsbruck gegossen. Allerdings hatte für die erste, den Grafen Albrecht von Habsburg (Nr. 5), Albrecht →Dürer die Vorzeichnung und Hans →Leinberger aus Landshut das Modell, vielleicht sogar die Ausformung geliefert. Großartig gelungen ist diese Figur in ihrer tänzerischen Bewegung und dem lebendigen Ausdruck. Die übrigen Statuen aus der Werkstatt Godls, die in Zusammenarbeit mit dem Innsbrucker Hofmaler Jörg Kölderer und dem Schnitzer Leonhard Magt entstanden sind, sinken dagegen gewaltig ab. Sie sind in Stellung und Ausdruckskraft müde, manchmal leer. Die beiden berühmtesten Figuren, offensichtlich als Gegensätze komponiert, stammen aus der Nürnberger Werkstatt des älteren Peter →Vischer. Es sind dies Artus von England und Theoderich (Nr. 22 und 25). Während Theoderich melancholisch und zart noch zwischen Spätgotik und Manierismus steht, zeigt sich König Artus schon als selbstsicherer, eleganter Renaissancefürst. Vermutlich hat Dürer in der Vischer-Werkstatt als Entwerfer mitgewirkt. Unter Mitarbeit des Augsburger Malers Christoph Amberger und des Innsbrucker Schnitzers Veit Arnberger sind in den Gießerwerkstätten Godls und Christoph Löfflers in Innsbruck bis 1550 alle restlichen Figuren gegossen worden. Die letzte Figur, König Chlodwig (Nr. 29), entstand schon im Zusammenhang mit Kaiser Ferdinands Aufstellungsplänen. Der Gedanke des Kenotaphs wurde auch erst zu dieser Zeit aufgenommen (1561–83). Der kniende Kaiser obenauf, die ihn umgebenden 4 Kardinaltugenden und einige der Elfenbeinreliefs stammen von dem Niederländer Alexander von Colin.
Lit.: Reclams Kunstführer, Österreich, Bd. II, 1961.

May, Ernst. Deutscher Architekt. Geb. 1886 in Frankfurt a. M., gest. 1970. Studium in London und München bei F. Thiersch und T. →Fischer. Als Stadtbaurat von Frankfurt entwickelte er in den 20er Jahren für den Siedlungsbau revolutionierende Bauideen, die er in der Frankfurter „Römersiedlung“ erstmals verwirklichte.

Sein funktionalistisch ausgerichteter Flachbaustil hatte auf die Entwicklung der modernen Stadtbaukunst großen Einfluß. 1930–33 arbeitete er in der UdSSR und entwarf dort einen Generalplan für die Bebauung Moskaus. 1933 emigrierte er nach Nairobi und ließ sich anschließend in Daressalam nieder. 1953 kehrte er nach Deutschland zurück und war bei mehreren Wiederaufbauprojekten zerstörter Städte maßgeblich beteiligt.
Lit.: H. Vollmer, Künstlerlex. d. 20. Jhs.

Maya. Mesoamerikanisches Kulturvolk, das die größte Kulturhöhe Altamerikas erreichte. Die verschiedenen Sprachgruppen hatten den Raum von Guatemala, Teile von Honduras, Brit.-Honduras sowie von Mexiko (Campeche, Chiapas und Yucatán) inne. Aus der Basiskultur von der Golfküste (→Olmeken) entstand um 300 n. Chr. eine Reihe von Stätten mit allen Zügen der Klassischen Mayakultur (Architektur mit →Überkragungsgewölbe, Skulpturkunst, Hieroglyphenschrift, Chronologie). Nach 600 Höhepunkt, im 8. Jh. rapider Niedergang. Ab dem 10. Jh. verlagert sich der Schwerpunkt nach dem Norden. →Bilderhandschriften, →Jade, →Stele. Bei weitgehender Einheitlichkeit lokale Sonderentwicklungen. Zentren der M.-Kultur: Zentralgebiet, vor allem im Petén (→Uaxactun, →Tikal, →Naranjo, →Calakmul, →Xultun, →Seibal, →Benque Viejo, sowie →Lubaantun und Pushila im südlichen Brit. Honduras), Usumacinta-Region (→Palenque, →Piedras Negras, →Yaxchilan, →Bonampak, →Altar de Sacrificios), Südwest-Region (→Tonina, →Chinkultic), Südost-Region (→Copan, →Quirigua), →Puuc-Region, →Chenes-Region, →Rio Bec-Region, Yukatan (→Acanceh, →Oxkintok, →Izamal, →Dzibilchaltun, →Mayapan, →Uxmal, →Chichen Itzá, →Cobá, →Tulum). Statt der früheren Bezeichnungen „Altes Reich" und „Neues Reich" wird besser von „Klassischer Zeit" und „Nachklassischer Zeit" gesprochen. In den letzten Jahrhunderten nimmt der mexikanische Einfluß stark zu (→Tolteken). (Siehe Tafel 7).
Lit.: S. G. Morley, The Ancient Maya, 1958; J. E. S. Thompson, The Rise and Fall of Maya Civilization, 1954; F. Anders, Das Pantheon der M., 1963.

Palenque, Reliefsarkophag im „Tempio de las Inscripciones", Maya-Kultur.

Mayapan. Mayastadt im nördlichen Yucatán, von etwa 1000 bis 1200 n. Chr. Mitglied der Liga von M., anschließend bis zum Fall der Stadt (1441) Hegemonie. Während →Chichen Itzá die erste Phase der nachklassischen Mayakultur bezeichnet, steht M. für die zweite, der eine Zeit fehlender zentraler Autorität folgt. Eine 9 km lange Ringmauer schützte die Stadt, die Tausende Häuser und 20 Tempelanlagen umfaßte. Der Baustil lehnt sich sklavisch an ältere Vorbilder aus Chichen Itzá an. Herstellung von Weihrauchbrennern und Graburnen aus vorgefertigten Einzelteilen in Massenproduktion, meist porös und schlecht gebrannt, polychrome Bemalung täuscht bessere Qualität vor.

Ma Yüan. Chinesischer Maler, tätig um 1190–1224. Vater des →Ma Lin und Bruder des →Ma Kuei. Er ist der bedeutendste Vertreter der Familie Ma und schuf neben Landschaften, die seinen eigentlichen Ruhm begründeten, Tierbilder und Figurenkompositionen. Seine Werke waren hochgeschätzt und wurden häufig kopiert.
Lit.: Thieme-Becker.

Mazapan. Toltekischer Keramiktypus, im Hochtal von Mexiko die →Teotihuacan-Keramik ablösend. Entstehung unbekannt, mehrere Entwicklungsphasen feststellbar, überlebte den Fall von →Tula. Musterung meist durch mit kammartigem Gerät gezogene, dünne, gerade oder wellenförmige Parallellinien neben Spiralen. Es wurden auch große hohle Tonfiguren und Räuchergefäße mit Regengottgesichtern (Tlaloc) hergestellt (→Coyotlatelco).

Mazzola, Francesco →Parmigianino.

Meckenem, Israhel van. Zwei niederdeutsche Kupferstecher des 15. Jhs., Vater und Sohn. – **1)** Israhel d. Ä., 1457–61 (?) in Bocholt als Goldschmied nachweisbar, sodann in Cleve bis 1470. Dieser Meister wird heute als der Meister der Berliner Passion angesehen, und er schuf mit seiner kleinteiligen, dem Goldschmiedeberuf verbundenen Technik die ersten Ornamentstiche. – **2)** Israhel d. J. Geb. um 1440–50, gest. 1503 in Bocholt. Lernt bei seinem Vater und kommt auf seiner Wanderschaft in die Werkstatt des →Meisters E. S., von welchem M. eine Reihe Platten überarbeitete, kopierte oder nachstach. – M. hinterließ etwa 600 Stiche, die jedoch zu einem großen Teil Kopien nach Meister E. S., →Hausbuchmeister, →Schongauer u. a. sind. Doch gibt es von ihm eine Reihe überraschend lebendiger, thematisch völlig neuer Blätter, wie das Selbstbildnis mit seiner Frau, das als das erste Meisterbildnis der deutschen Graphik angesehen wird.
Lit.: M. Geisberg, Der Meister der Berliner Passion und M., 1903; ders., Verzeichnis der Kupferstiche I.s v. M., 1905.

Medaille. Runde Schau- oder Denkmünze, die auf der Vorder- und Rückseite eine Reliefdarstellung trägt, seit der Renaissance meist als Bildnismedaille vorkommend.

Medaillon. Schmuckmotiv in Kreis- oder Ovalform. Als Schmuckstück bezeichnet es eine Form des Anhängers.

Meder. Den Persern (→Parsua) sprachverwandtes ostindogermanisches Volk, erstmalig unter dem Namen „Madai" durch den Feldzug →Salmanassars III. 837 bis 836 v. Chr. in das nordwestiranische Hochland bezeugt, Das Gebiet der M. erstreckte sich nach assyrischen Berichten des 8. Jhs. bis zum Gurganfluß südöstlich vom Kaspischen Meer. Anfänge der Reichsbildung mit der Hauptstadt →Ekbatana unter Dejokes, in dessen Zeit der Einbruch der →Kimmerier und →Skythen fällt. Vorübergehende assyrische Verbannung des Dejokes nach Nordsyrien (Zusammenhang mit der Verbreitung von Luristanbronzen?). Bündnis des Nachfolgers Phraortes mit Kimmeriern und Skythen. Übergang vom Wagenritter zum Reiterkrieger. Blütezeit des M.-Reiches nach der Eroberung von →Ninive und der Vertreibung der Skythen durch →Kyaxares. Ende der M.-Herrschaft nach dem Sieg des Kyros' II. über →Astyages um 550 v. Chr. →Magier, →medische Kunst (→iranische Kunst II).
Lit.: H. H. von der Osten, WP, 39ff.; R. Ghirshman, Iran I, 3ff., 438.

Mediceische Venus. Berühmte Aphroditestatue der ehemaligen Sammlung Medici in Florenz (heute Florenz, Uffizien). Das Standbild ist eine röm. Kopie nach einem griech. Werk des späten Hellenismus, das in freier Anlehnung an die berühmte Knidische Aphrodite des →Praxiteles geschaffen wurde.

Medici-Porzellan. Eine Art weißes Steinzeug mit Blaubemalung unter trüber, leicht verletzlicher Bleiglasur. Das M. wurde in Florenz unter Großherzog Franz I. (1547–87) als Nachahmung des chinesischen Porzellans hergestellt.

Medinet Habu. Im Süden des Bereichs von →Theben-West kleiner Tempel der →Hatschepsut, von →Thutmosis III. umgebaut, beispielhaft für die ausgewogenen Proportionen der Architektur in der frühen 18. Dyn. Die ptolemäischen Cellareliefs Umbildungen von Motiven Thutmosis III. mit wichtigen Stilunterschieden. Die Bedeutung der Kultstätte erigbt sich aus Umbauten und

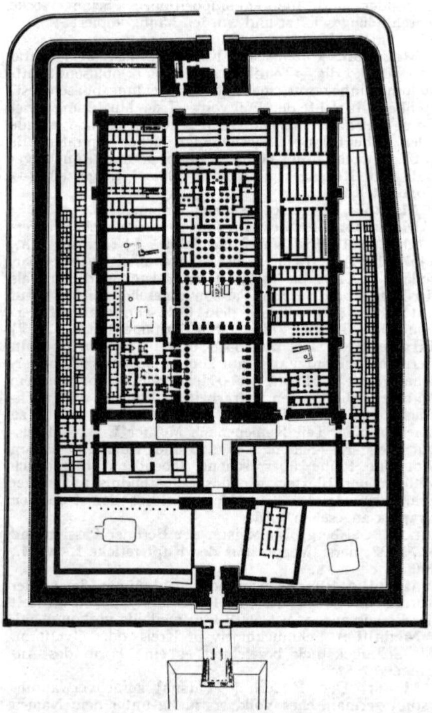

Medinet Habu, Tempel Ramses III., Grundriß.

Erweiterungen bis in röm. Zeit. Nördlich anschließend von →Aja begonnener, von →Haremhab vollendeter Totentempel, dessen riesiger, festungsartig ummauerter Komplex mit einem Palast ausgestattet war. Ebenfalls ein Tempelpalast, der den kleinen Tempel einbezog, war die mächtige Anlage →Ramses III. mit Festungsmauer und zwei turmbewehrten Toren, deren östliches (Hohes Tor) die Siegesreliefs des Pharao im Abwehrkampf gegen die Nord- und Seevölker (→Philister), Nubier und Libyer zeigt. Kernstück der ausgedehnten Anlage war der Große Tempel mit zwei Pylonen, zwei Höfen, Säulensaal und Quersälen vor dem Allerheiligsten. Die Wände tragen Reliefs mit Kultszenen, historisch wichtigen Siegesdarstellungen und künstlerisch bedeutsamen Jagdbildern.
Lit.: W. Wolf, KÄ, 745; E. Brunner-Traut, Ägypten, 500ff.; E. Otto, Ägypten, 285.

Medische Kunst →Iranische Kunst II.

Medrese. Als Rechts- und Traditionsschule zur Heranbildung von Theologen und Juristen entstand im 10. Jh. in Khorassan die erste M. Unter den seltschukischen Herrschern gewinnt sie seit dem 11. Jh. eine feststehende architektonische Gestaltung und dient der Ausbreitung der sunnitischen Form des Islam in Iran. Die Form ihrer Anlage wird vorbildlich für den iranischen Moscheegrundriß dieser Zeit. Ihr offener, quadratischer oder rechteckiger Hof wird umgeben von zweigeschossigen Wohnzellen und ist an allen vier Hoffronten durch einen hochragenden Iwan akzentuiert. Der Hauptiwan gegenüber der Eingangsfront enthält den Mihrab. Dieser Typ ist vielleicht von buddhistischen Klosteranlagen Ost-Turkestans beeinflußt. In Bagdad entstand 1066 unter dem Wesir Nizam al Mulk die erste bedeutende Anlage, und 1232 unternahm der Kalif Mustansir eine bedeutende Anstrengung, in seiner M. alle vier Doktrinen in einem gemeinsamen Gebäude zusammenzubringen. Verschiedenartige bauliche Lösungen hat der Medresetyp in der seltschukischen Residenz Konya erfahren. Die Sirtscheli-M. von 1243 ist mit einem Grabbau vereint, wie auch die Karatai-M. von 1251, in der eine auf Fächerkonsolen ruhende Kuppel den quadratischen Raum vor dem Iwan überdeckt. In Syrien sind keine Beispiele seltschukischer Zeit erhalten, aber von dort wird der Typ unter dem →Ayyubiden Saladin nach Ägypten getragen. In Kairo vereint die M. Sultan Hasans (1356–62) Iwanbau, Grabanlage und quadratischen Hof mit Wohnbauten für die vier sunnitischen Riten. Ihr verwandt ist die osmanische Anlage Murads I. in Bursa. In Spanien wird die M. als reiner Zweckbau unter den Almohaden im 12. Jh. eingeführt. Neben Unterkünften enthält er einen Hörsaal mit Mihrab. Architektonisch bedeutende Leistungen mit prächtiger Kuppelgestaltung über dem Mihrab-Raum entstehen in timuridischer und safewidischer Zeit in Iran, Iraq und Turkestan: in der Mitte des 14. Jhs. die Mirdjamiya in Bagdad, 1399 Bibi Hanum in Samarkand, 1447 Ulug Beg, 1610 Schir Dar und später Tilla Kari. Iwan und die von zwei Minarets flankierte Kuppel über dem Mihrab-Raum erscheinen in monumentaler Form und mit reicher Fayencefliesenbekleidung.
Lit.: E. Kühnel, Die Kunst des Islam, 1962.

Medum. 84 km südlich Kairo →Pyramide des →Snofru, nach ihrer Form auch prismatische Pyramide genannt, mit kleinem Totentempel an der Ostseite, in dem zwei schmucklose, oben abgerundete Stelen gefunden wurden. Der Bau wurde wahrscheinlich von Snofrus Vorgänger und Vater Huni begonnen. Wie in →Sakkara und →Gizeh beherrscht die Pyramide →Mastaba-Bauten, die für die Entwicklung dieser Grabform wichtig sind. Seit Ende der 3. Dyn. wurde in den Ziegeloberbau eine kreuzförmige steinerne Kapelle eingefügt, die größere Flächen für Reliefbilder bot. Beispielhaft sind die Mastabas der Snofrusöhne →Rahotep und →Nefermaat (→Itet), in denen sich eine zunehmende Erweiterung der Bildthemen beobachten läßt, richtungweisend für die Reliefzyklen in den Gräbern der 5. und 6. Dyn. in →Sakkara.
Lit.: W. Wolf, KÄ, 118ff., 126, 134, 202ff.

Medusa Rondanini. Medusamaske der ehemaligen Sammlung Rondanini (heute München, Glyptothek). Das Stück wurde lange Zeit als Kopie nach dem Medusenhaupt auf dem Schild der Athena Parthenos des Phidias angesprochen, jedoch scheint es sich eher um eine klassizistische Neuschöpfung zu handeln, die in mehreren Kopien überliefert ist.
Lit.: E. Buschor, M., 1958.

Meegeren, Jan van. Holländischer Maler und Graphiker. Geb. 1889 in Deventer, gest. 1947 in Amsterdam. Sein originäres Schaffen blieb unbedeutend und steht im Schatten seiner Fälschungen. Er hatte sich vor allem auf →Vermeer van Delft spezialisiert und hierbei geniale Fälschungen hervorgebracht, die von bedeutendsten Sammlungen aufgekauft wurden und erst nach langer Zeit entlarvt werden konnten. Außer 8 Fälschungen Vermeers wurden 2 Fälschungen nach Frans →Hals und einigen weiteren niederländischen Malern entdeckt.

Megalithen, „große Steine" (griech. megas, groß und lithos, Stein). In der →Vorgeschichte besteht während der →Jüngeren Steinzeit und der →Bronzezeit eine weitverbreitete Tendenz, kultbezogene Bauwerke ebenso wie Grabanlagen aus Megalithen zu errichten (→Malta, →Gavr'inis). Hinzu kommen einzeln stehende Steinsäulen (→Menhire) und, vor allem in Westeuropa, die sogen. →Alignements. Eine oft postulierte „Megalithkultur" scheint es nicht gegeben zu haben, wohl aber Vorstellungen, die vielleicht – sehr vereinfacht – als megalithische Religion zu bezeichnen wären.
Lit.: S. v. Cles-Reden, Spur der Zyklopen, 1960.

Megalithgrab mit Gravierungen. Aus →Megalithen errichtete Grabanlagen der →Jüngeren Steinzeit und der →Bronzezeit mit Verzierungen, deren Motive überwiegend aus einfachen Ornamenten bestehen (→Gavr'inis). Bei späteren Gräbern kommen auch andere Darstellungen vor (→Kivik).

Megalithikum. I. Hinterindien. Megalithisch beeinflußt war sicherlich die →Dongson-Kultur, doch auch unabhängig von ihr findet man →Dolmen und menhirartige Steinsäulen in Laos, ebenso aus Sandstein hergestellte, große Urnenkrüge mit Steindeckel, z.T. mit Reliefs verziert. Am Unterlauf des Mekong entdeckte man umfangreiche Erdaufschüttungen in Terrassenform, die derzeit noch nicht archäologisch erforscht sind. – Von Hinterindien aus verbreitete sich megalithische Kultur auf dem Seewege bis →Indonesien und →Südsee. – Bis in unsere Zeit vom Geistesgut des M. beeinflußt sind die Volksstämme der →Naga. – **II.** Indonesien. Diese vorgeschichtliche Kultur ist zweifellos abhängig vom M. Hinterindiens. Sie wurde schon vor Beginn der Metallzeit von Seefahrern in die Inselwelt Indonesiens verbreitet. Eine Fülle von Megalith-Bauten findet man besonders an der Südküste von →Sumatra in der Landschaft Pasemah (Dolmen, Menhire, klobige Steinstatuen, Terrassenheiligtümer), die jedoch zum Großteil bereits in der Metallzeit entstanden. Für dieses „jüngere Megalithikum" sind Reliefdarstellungen kennzeichnend, die z.T. Menschen mit Helmen, Waffen und Schmuck aus Metall zeigen (z.B. im östlichen →Java). Ähnlich wie bei den →Naga Hinterindiens ist auch in Indonesien in einzelnen Gebieten megalithisches Geistesgut bis in die Gegenwart lebendig geblieben, so etwa bei den Baduwi im Bergland von West-Java und auf der Insel →Nias. – **III.** Nordafrika. Das M. von Nordafrika ist typologisch und auch chronologisch jünger als jenes von Syrien-Palästina und von der Iberischen Halbinsel. Wir finden dolmenartige Bauwerke, meist mit nach Osten orientierter Öffnung, deren Wände jedoch (wohl aus Mangel an großen Steinplatten) aus Trockenmauerwerk bestehen. Sie scheinen ursprünglich von Erdhügeln überdeckt gewesen zu sein, die jedoch nicht mehr erhalten sind. Die meisten dieser Bauwerke sind heute teilweise oder ganz zerstört. Das Gräberfeld von Guyotville bei Algier umfaßte 389 Bauten dieser Art, davon fand L. Frobenius um 1910 nur noch 9 erhaltene und 7 halbzerstörte Dolmen. Andere Gruppen von Grabanlagen dieses Typus findet man bei Cherchel, Ain Riram (in Verbindung mit künstlich ausgeschachteten Grabgrotten) und Hensir-el-Hadjar (Mehrkammerbauten). Ein anderer Typus ist jener der „Bassina"-Gräber, dies sind Grabtumuli in Zylinderform, oft treppenartig abgestuft und in Verbindung mit einem menhirartigen „Steloid" (Steinpfeiler). Viele Bassinas weisen an der Ostseite von im Grundriß halbrunden Steinmauern eingefaßte Opferplätze auf. – Seltener sind Opfersteine mit eingemeißelten Rillen und Becken für Libationen (Trankopfer); auch Decksteine von Dolmen tragen Vertiefungen dieser Art. Relativ häufig sind Trilithen aus zwei vertikalen Pfeilern und einem steinernen „Türsturz". Die meisten Bauten dieser Art sind zweifellos relativ jung und stammen aus karthagischer und numidischer Zeit (→Numidischer Grabbau), gehen aber auf eine alte Bautradition zurück. Auch die Möglichkeit von Nachbestattungen in frühgeschichtlicher Zeit, durch die man die Funde von numidischen und röm. Münzen in den archaisch wirkenden Bauten erklären könnte, muß in Betracht gezogen werden. Es ist daher nicht auszuschließen, daß zumindest ein Teil dieser „Megalithbauten" aus früheren (etwa bronzezeitlichen) Epochen stammt. – **IV.** Südsee →Ahu, →Marae.

Megalith-Kultur. Jungsteinzeitliche Kultur, die sich von Südwesteuropa nach West- und Nordeuropa ausbreitete. Charakteristisch sind Gräber aus großen Steinblöcken und entsprechende Kultbauten. – Über diesen Bereich hinaus lassen sich M.en, die jedoch zu verschiedenen Zeiten entstanden, in allen Bereichen der Erde feststellen. Immer wieder finden sich, ohne daß gegenseitige direkte Einflüsse oder Abhängigkeiten nachzuweisen sind, die charakteristischen Monumente aus Stein, zu denen die →Dolmen, Ganggräber und →Kuppelgräber gehören. Ebenso bezeichnend wie die massigen Steinarchitekturen ist das Fehlen monumentaler Plastik in den M.en. →Megalithikum.

Megalopolis. Griech. Stadt in Arkadien, nach 371 v. Chr. als Hauptstadt dieser Landschaft gegründet. Nur spärliche Reste sind von dem einst riesigen Mauerring erhalten. Die Ausgrabungen auf der Agora ergänzen sich mit der ausführlichen Beschreibung des →Pausanias zu einem geschlossenen Bild. Am besten erhalten ist der untere Teil eines außerhalb der heutigen Stadt an einem Fluß liegenden Theaters, das ehemals ca. 50 Sitzreihen hatte und über 20000 Zuschauer aufnehmen konnte. Um 350 v. Chr. wurde diese Anlage, nach Pausanias die größte ihrer Art in Griechenland, errichtet und diente auch als Versammlungsort. An die Orchestra schließt sich ein fast quadratischer Säulenbau an, der in seiner Anlage dem Telesterion von →Eleusis entspricht, das sogen. Thersileion.
Lit.: E. A. Gardner, Excavations at M., 1892.

Megara. Griech. Stadt zwischen Attika und der Peloponnes am Meer gelegen. Von den antiken Bauten, von denen nur spärliche Reste erhalten sind, seien ein Zeustempel und ein Brunnenhaus, beide am Ende des 6. Jhs. v. Chr. errichtet, genannt.

Megarische Becher. Sondergattung griech. hellenistischer Becher, die um 250 v. Chr. in Athen aufkommt und fälschlich M. genannt wird. Der Reliefdekor zeigt metallische Formen und ist wohl auch in Nachahmung von Metallgefäßen entstanden. Die in Formschüsseln produzierte Ware breitete sich rasch aus und wurde in zahlreichen Exemplaren an verschiedensten Orten gefunden. Zeigen die frühen Stücke noch einen schwarzen, glänzenden Überzug, so sind die späteren Gefäße seit dem 2. Jh. v. Chr. häufig rot oder grau. – Bis ins 1. Jh. v. Chr. bestanden im ganzen Mittelmeergebiet zahlreiche Werkstätten, die diese Ware, die zu den Leitformen hellenistischer Keramik gehört, herstellten. Im 1. Jh. v. Chr. wurde sie durch die sogen. →Arretinische Keramik abgelöst.

Megaron. Griech. Bezeichnung für das rechteckige Wohnhaus. Das M. besteht aus einem Raum mit einem Herd in der Mitte und einer davorliegenden offenen Halle. Speziell wird der Begriff M. für den Thronsaal eines Fürsten verwandt. Die Herkunft und Entstehung des M. ist bisher ungeklärt. In Mittel- und Osteuropa läßt es sich bereits in der Steinzeit belegen. In Griechenland finden sich die frühesten Beispiele in →Dimini. Die mykenischen Burgen kennen das M. als Zentrum des Herrschersitzes. In diesem Sinne ist es auch bei Homer überliefert. Zahlreiche griech. Wohnhäuser waren in der Form des M. erbaut. – Auch die →Cella des griech. Tempels läßt sich vom M. ableiten.

Megaspeleion (Peloponnes). Zentrum byzant. Kultur. Vor allem für die Entwicklung der byzant. Mosaikkunst von großer Bedeutung.

Megiddo. Südlich vom See Genezareth am rechten Jordanufer gelegene Stadt der →Kanaanäer (Tell el-Mutesellim), deren Besiedlung in die Vorzeit zurückreicht. Wichtig sind →Wellenhenkelgefäße der →Dschemdet Nasr-Zeit, die auch in Ägypten gefunden wurden und auf nahöstliche Einflüsse im Niltal weisen. 1480 v. Chr. Schlacht →Thutmosis III. bei M. Elfenbeinarbeiten mit hethitischen, mesopotamischen und ägypt. Einflüssen bezeugen die Entwicklung eines Mischstils, der für die phönizische Kunst charakteristisch ist. Die durch die biblische Überlieferung für M. bezeugten Pferdeställe →Salomons für Streitwagengespanne sind archäologisch gesichert.
Lit.: H. Schmökel, GAV, 213ff., 231, 242, 295, 303, 307f.; A. Jirku, WB, 100ff.; H. Bossert, Altsyrien, 100ff.

Meidan. Das arabische Wort „der Platz" bezeichnet städtebaulich den Hauptplatz einer Stadt, an dem die Hauptmoschee und der Bazar liegen und der verschiedenen öffentlichen Zwecken wie Markt, Spiel, Turnier dient. Berühmt ist der 386 m lange M. i Schah in Isfahan als städtebaulicher Mittelpunkt dieser von Schah Abbas dem Großen ausgebauten Residenzstadt. Er ist von einheitlicher Anlage, begrenzt von Palastbezirk, Moscheen, Bazar und diente u.a. dem Polospiel, für welches

zwei Pfeiler eingegraben sind und das vom Pavillon des Palastes sowie von den Galerien des Bazars beobachtet werden konnte. Die gleiche Rolle spielte in Istanbul unter den osmanischen Herrschern das ehemalige Hippodrom. Die festlichen Aufzüge, die dort stattfanden, schildern die Miniaturen des Sur-name aus der Zeit Murads III.
Lit.: R. Ettinhausen, Türkei, Frühe Miniaturen, 1961.

Meidias. Griech. Töpfer der attischen Schule, um 420 v. Chr. in →Athen tätig. Nur eine von ihm signierte →Hydria ist erhalten (London, Brit. Mus.), doch konnte eine ganze Reihe von weiteren Gefäßen ihm zugeschrieben werden. Ein anonymer Meister hat diese Vasen bemalt, der sogen. Meidias-Maler. Sein Stil ist sehr charakteristisch. Er zeigt deutliche Einflüsse der parthenonischen Formensprache, die leicht verspielt und betont kalligraphisch abgewandelt wird.
Lit.: Hahland, Vasen um M., 1930.

Meidner, Ludwig. Deutscher Maler. Geb. 1884 in Bernstadt/Schlesien, gest. 1966 in Darmstadt. Studium in Breslau und Paris. 1907 übersiedelte er nach Berlin, wo er sich dem →Expressionismus anschloß. 1939 emigrierte er nach London, ließ sich 1953 in Frankfurt a.M. nieder und übersiedelte 1963 nach Darmstadt. Er schuf mehrere sehr gute expressionistische Portraits und zahlreiche Buchillustrationen. – In seinen späten Werken werden die Formen weicher und verlieren gegenüber seinen expressionistischen Bildern an Ausdruckskraft.
Lit.: H. Vollmer, Künstlerlex. d. 20. Jhs.

Meisenheim (bei Kreuznach). Die ev. Schloßkirche (ehemalige Johanniterkirche) wird als eine der schönsten spätgot. Kirchenbauten bezeichnet. Auf dem Unterbau eines älteren und beschädigten Baues wurde sie 1479–1504 errichtet. Baumeister war Philipp Steinmetz, der auch den Chor der Kirche in Monzingen und die Alexanderkirche in Zweibrücken baute. Der Bau ist eine süddeutsche Stufenhalle mit quadratischem Chorjoch. Im Langhaus sind z.T. die Strebepfeiler eingezogen, dadurch ergaben sich Seitenkapellen und Portalhallen. Die Rippen der reichen Stern- und Netzgewölbe wachsen unmittelbar aus kämpferlosen Pfeilern und Diensten hervor. Zu beachten ist der vom zehnteiligen Chorschlußjoch herabhängende, reichgeschmückte Schlußstein.
Lit.: Reclams Kunstführer, Deutschland, Bd. III, 443f., 1961.

Meißen. Das landesherrliche Schloß (Albrechtsburg), dessen Hauptbau seit 1676 „Albrechtsbau" genannt wird, wurde 1471 bis ca. 1485 von Arnold von Westfalen erbaut. In einheitlich spätgotischen Formen verbinden sich Burgarchitektur und Schloßbau. Die Gewölbe sind kunstvoll figuriert. Charakteristisch sind die Dacherker im letzten Geschoß und die Wendeltreppe, die in einem Turmgehäuse aus der Fassade vorspringt. Der ganze Bau ist dreigeschossig. Die Widerlager der Gewölbe sind nach innen gezogen, so daß tiefe Fensternischen entstehen. Die Fenster selbst sind ohne Maßwerk und oben mit dem sogen. Vorhangbogen abgeschlossen. Von 1525–30 arbeitete hier auch Jakob von Schweinfurt, dessen Hand in den Renaissanceformen mancher Bauteile zu erkennen ist.
Lit.: Wasmuth, Lexikon der Baukunst III., 1931.

Meißner Porzellan. Die erste Manufaktur in Europa. 1709 bis heute. Das Gründungsdekret stammt aus dem Jahre 1710, seit diesem Jahr in Meißen, davor in Dresden. Gegründet von Boettger, dem europäischen Erfinder des →Porzellan. Von 1719–1731 unter der Leitung von Johann Gregor Hoeroldt. 1731 Berufung →Kändlers, von da ab immer mehr Plastik und Geschirr in europäischen Formen. Ab 1733 Leitung der Manufaktur durch Graf Brühl. 1774–1813 Leitung durch Graf Marcolini. – Wir unterscheiden: **1)** Boettgersteinzeug. Geschirrformen nach chinesischen Vorbildern und Modellen von Irminger. Dekor durch nur teilweise polierte Oberfläche. Muster werden eingeschliffen und eingeschnitten. Kalte Lackbemalung und Vergoldung. Nachbildungen von Großplastiken. – **2)** M. (ab 1710). In der Frühzeit ist die Glasur oft grünlich und blasig, dann rein weiß. Die Farben unter Boettger waren matt und nicht sehr abwechslungsreich, nach 1720 verbessern sich die Farben sehr, sie werden nach dem Garbrand auf die Glasur aufgetragen und durch Muffeln geschützt →Muffelfarben. Besonders berühmt der Meißner →Purpurlüster. – Geschirrformen zuerst wie bei 1, ab 1730 kommen weitere Formen dazu. Berühmte Service: „Brandenstein" mit Korbflechtrand, „Ozier", „Schwanenservice", „Gotzkowsky erhabene Blume" etc. Berühmte Muster: →Zwiebelmuster, Roter Drache, fliegender Hund, gelber Löwe, indianische Blumen, deutsche Blumen etc. Marken: ab 1725 gekreuzte Schwerter in Unterglasurblau. Zusatzzeichen z.B. 1763–74: Punkt zwischen den Parierstangen der Schwertermarke, 1774 bis 1813: Stern zwischen den Parierstangen der Schwertermarke. AR für Stücke, die im Auftrag des Königs (August d. Starke) hergestellt wurden. Daneben selten KPM, MPM, KPF in Kursiv. Auf Exportstücken für den Orient sogen. Papierdrache und Merkurstab. Dazu kommen Malermarken (goldene Ziffern und Buchstaben), Modell- bzw. Maßbezeichnungen (eingepreßte Nummern) und farbige Besitzmarken. Fälschungen sehr häufig. Thüringer und engl. Firmen des 18. Jhs. wählten Marken, die zu Verwechslungen führen konnten, aber auch ausgesprochene Fälschungen: Sanson (Paris), Herend (Ungarn), Weise (Dresden).
Lit.: K. Berling, Das M. und seine Geschichte, 1900; S. Ducret, M., 1952; W. B. Honey, Dresden China, 1947; A. Schönberger, M. mit Hoeroldt Malerei, o. J.; E. Zimmermann, M., 1926.

Meister der hl. Veronika, „Die hl. Veronika mit dem Schweißtuch" (München, Alte Pinakothek).

Meissonier, Ernest (Jean Louis E.). Franz. Maler und Graphiker. Geb. 1815 in Lyon, gest. 1891 in Paris. Nach seinem Studium bei L. →Cogniet ging er nach Rom, um seine Studien dort fortzusetzen. – Zu seiner Zeit war er hochberühmt, und seine Werke, minuziös gemalte Genrebilder, erzielten unverhältnismäßig hohe Preise. Seine besondere Vorliebe galt der raffiniert genauen Darstellung

historischer Vorgänge aus der franz. Geschichte, vor allem Szenen aus den Kriegen Napoleons I. Daneben schuf er über 300 Holzschnittentwürfe für Buchillustrationen.
Lit.: Thieme-Becker.

Meister Bertram →Bertram.

Meister der hl. Sippe →Kölner Schule.

Meister der hl. Veronika. Deutscher Maler. Tätig in Köln um 1410–20, benannt nach der Tafel: Veronika mit dem Schweißtuch (München, Pinakothek). Diese Tafel ist ein Hauptwerk der →Kölner Schule, doch ist der Versuch, den Meister mit einem Künstlernamen in Verbindung zu bringen, noch nicht gelungen. Zugeschrieben werden dem Meister u. a. Madonna mit der Erbsenblüte (Nürnberg, German. Mus.) und Ursulamarter (Köln, Wallraf-Richartz-Mus.).
Lit.: O. H. Förster, Kölner Malerei, 1923.

Meister der Spielkarten →Spielkartenmeister.

Meister der Ursulalegende →Kölner Schule.

Meister der virgo inter virgines. Benannt nach einer Tafel mit der Madonna inmitten hl. Jungfrauen im Amsterdamer Rijksmuseum. Dank zahlreicher Holzschnitte, die seinen Stil spiegeln und in den 1480er Jahren in Gouda, Delft u. a. erschienen, ist er mit großer Sicherheit nach Holland zu lokalisieren (vielleicht nach Delft) und seine Tätigkeit im letzten Drittel des 15. Jhs. anzusetzen. Einer der wenigen fruchtbaren anonymen Tafelmaler des 15. Jhs., der neben H. →Bosch und →Geertgen tot Sint Jans die einzige größere Werkstatt der nördlichen Niederlande hatte. Charakteristisch die Bosch verwandte, leicht karikierende Gestaltung der Figuren, die ernste, gelegentlich rigorose Expressivität und die tonige Farbigkeit.
Lit.: Thieme-Becker; E. Panofsky, Early Netherlandish Painting, 1953.

Meister des Amsterdamer Kabinetts. Identisch mit dem sogen. →Hausbuchmeister.

Meister des Bartholomäusaltars. Deutscher Maler. Um 1480–1510 in Köln tätig, genannt nach einem Bartholomäusaltar der Münchner Pinakothek (um 1505–10). Weitere, diesem Meister zugeordnete Werke sind ein Thomasaltar um 1499 und ein Kreuzaltar um 1501 (beide Wallraf-Richartz-Mus. in Köln) sowie eine Kreuzabnahme (Paris, Louvre). Der M. ist einer der letzten und eigenartigsten spätgot. Vertreter der →Kölner Schule. Seine Kunst ist in den Niederlanden geschult und zeichnet sich aus durch erlesene Farbwirkungen. Sie ist mit ihrer Freude an den Kostbarkeiten der Welt stark diesseits bezogen und betont die seelischen Zustände und Beziehungen zwischen den Figuren.
Lit.: K. vom Rath, Der M., 1941.

Meister des Georgs-Codex. Einer der bedeutendsten italien. Miniaturmaler. Tätig Mitte des 14. Jhs. Wohl in Avignon Schüler des Simone →Martini, dessen Stil er ins Miniaturhafte übersetzt: kindlich-zierliche Typen, weiche, nuancenreiche Farben, traumhaft schwebende, fast preziöse Stimmung. Benannt nach einer Handschrift, die die von Kardinal Steffaneschi verfaßte Lebensgeschichte des hl. Georg enthält. Zugeschrieben werden ihm noch kleinformatige Tafelbilder.
Lit.: R. Oertel, Die Frühzeit der italien. Malerei, 1953.

Meister des Hausbuchs →Hausbuchmeister.

Meister des Marienlebens →Kölner Schule.

Meister des Parement de Narbonne. Franz. Maler und Miniator, benannt nach einem in Narbonne gefundenen Altarparament aus weißer Seide mit Pinselfederzeichnung (seit 1852 Paris, Louvre), das in der Mitte die Kreuzigung, daneben Ecclesia und Synagoge, unter diesem die Stifter König Karl V. und Johanna v. Bourbon sowie seitlich je drei Passionsszenen zeigt. Entstanden wohl in Paris zwischen 1364–78. Zeitlich und stilistisch Jacquemart de →Hesdin nahestehend. Charakteristisch: schlanke, kalligraphisch gezeichnete Figuren, vornehme Zurückhaltung im Erzählerischen. Erneute Aufnahme italien. Motive (S. →Martini, →Barna da Siena). (M. wurde von manchen Forschern mit →Hesdin für identisch erklärt.) Als Miniator leitete er die Ausstattung des ersten Teils der „Très-Belles Heures de Notre Dame" für den Duc du Berry (ca. 1385–90; zuletzt bis 1945 Sammlung M. de Rothschild, Paris; der Rest, bekannt als Turin-Mailänder Stundenbuch, von den Brüdern van →Eyck [?] vollendet).
Lit.: E. Panofsky, Early Netherlandish Painting, 1953.

Meister des Registrum Gregorii →Trierer Schule.

Meister H. W. (H. Witten), Tulpenkanzel im Dom zu Freiberg/Sachsen, um 1500.

Meister des Stundenbuches des Maréchal de Boucicaut →Boucicaut-Meister.

Meister des Todes Mariae →Cleve, Joos van.

Meister des Tucher-Altars. Deutscher Maler. Tätig in der Mitte des 15. Jhs. in Nürnberg und benannt nach seinem Hauptwerk, dem für die Frauenkirche in Nürnberg um 1445 geschaffenen Tucher-Altar. Dieser Altar ist ein Hauptwerk der die Gotik überwindenden Malerei jener Zeit: die Figuren sind modelliert und kräftig gedrungen, verhalten in der Bewegung, oft auch starr im Ausdruck. Sie stehen reliefartig vor goldenem Grund. Voraussetzungen für diese Malerei bietet die burgundisch-niederl. Kunst der Zeit, zugleich ist aber noch die böhmische Überlieferung lebendig.
Lit.: C. Gebhardt, Die Anfänge der Tafelmalerei in Nürnberg.

Meister E.S. Deutscher Kupferstecher und Goldschmied. Nachweislich tätig zwischen 1450 und 1467. Der stilistische Befund und der Charakter der Legenden seiner Blätter deuten auf eine Tätigkeit im Oberrheingebiet und am Bodensee. Der M., so genannt nach dem Monogramm auf einigen seiner Stiche, ist der Hauptmeister des deutschen Kupferstiches. Er erhob diese damals ganz neue Technik gleich auf die Höhe →Schongauers und ist somit der eigentliche Begründer des Kupferstiches. Überliefert sind 318 Stiche, darunter 95 Unika und 18 mit der Signatur E. S. Die Thematik ist weit gespannt, sie umfaßt biblische Darstellungen (Geburt Christi, Madonna mit Engeln), historische und mythologische Legenden (Kaiser Augustus und die Tiburtinische Sybille), Liebesszenen, Kartenspiele, Figurenalphabete und reine Ornamente. Er nahm anfangs Anregungen der Art des →Spielkartenmeisters auf und auch solche des Kreises um K. →Witz. Umgekehrt wirkte E. S. in vielfältiger Weise auf nachfolgende

Meister H. L., Hochaltar im Breisacher Münster, 1526 vollendet.

Künstler, so auf →Schongauer und die Niederländer, die seine Stiche als Vorlage verwerteten.
Lit.: M. Geisberg, Der M., 1924.

Meister Franke →Franke, Frater.

Meister Hans von Burghausen →Stettheimer.

Meister H. L. (Meister des Breisacher Hochaltars, vielleicht Hans Loy). Deutscher Bildschnitzer. Gest. um 1533. Hauptmeister der oberrheinischen Spätgotik. Seine Werke (Hochaltar, Breisach, Münster, 1526; Hochaltar, Niederrothweil, 151–418) zeigen eine letzte Steigerung expressiven Ausdrucks und barocker spätgot. Formgebung. – Ein Teil der Forschung hat diesen Meister mit einem Kupferstecher und Zeichner gleichen Monogramms identifiziert.
Lit.: Thieme-Becker.

Meister Honoré →Honoré, Meister.

Meister H.W., vielleicht identisch mit Hans Witten. Deutscher Bildhauer und Bildschnitzer. Tätig Ende 15. bis Anfang 16. Jh. in Niedersachsen und im Erzgebirge: 1501 in Chemnitz, auch in Halle und Leipzig nachweisbar, 1508 in Annaberg. Drei seiner Bildwerke sind signiert und datiert, dazu sind ihm noch etwa 20 weitere Werke zugeschrieben. – H.W. war eine ungewöhnliche, plastische Begabung, dessen Arbeiten eine unvergleichliche Stellung in der deutschen Spätgotik einnehmen. Hauptstücke sind die ,,Schöne Tür" der Annenkirche in Annaberg (1512) und die Tulpenkanzel im Dom zu Freiberg (1507), die, abgesehen von ihrer ungewöhnlichen, in der Wurzelgotik beheimateten Form, deshalb so interessant ist, weil sie einmal eine jener als ,,romantisch" bezeichneten Stimmungen auf Bildern dieser Zeit in die Wirklichkeit überträgt. (Abb. S. 409).
Lit.: G. v. d. Osten, Das Frühwerk des H.W., in: Preußisches Jb. 63, 1942.

Meistermann, Georg. Deutscher Maler. Geb. 1911 in Solingen, ansässig in Düsseldorf. Studium an der Düsseldorfer Akademie u. a. bei →Mataré. 1937–39 bereiste er Frankreich, Holland und England. Lehrte 1953–55 in Frankfurt und seither in Düsseldorf. Im Mittelpunkt seines Schaffens stehen sakrale Glasfenster. Er arbeitet sowohl abstrakt als auch gegenständlich und ist in seinem Stil von →Thorn-Prikker beeinflußt. – In seinen Gemälden nimmt er Anregungen von →Miró und →Klee auf und schuf zeichenhafte Bildkompositionen.
Lit.: H. Vollmer, Künstlerlex. d. 20. Jhs.

Meister von Flémalle →Flémalle.

Meister von Hohenfurth →Hohenfurth, Meister von.

Meister von Meßkirch. Deutscher Maler. Tätig etwa 1530–43 in Meßkirch, besonders für Gottfried Werner Graf von Zimmern. Sein Hauptwerk war der Hochaltar sowie 8 Seitenaltäre der Stadtkirche zu Meßkirch (Hochaltarbild mit Anbetung am Ort, alle anderen Teile verstreut). Der M. steht in der Dürernachfolge, weist aber schon stark manieristische Züge auf. Entsprechend eigenartig und vielfältig ist seine Farbgebung. Weitere bedeutende Werke sind: Wildensteiner Altar (Donaueschingen), Falkensteiner Altar (Donaueschingen und Stuttgart).
Lit.: C. Salm, Der M. v. M., Diss. Freiburg, 1950.

Meister von Moulins. Franz. Maler. Tätig um 1475 bis 1500 in Paris oder Lyon (?), genannt nach dem Großen Triptychon mit Madonna in der Glorie um 1498/99 in der Kathedrale von Moulins. Auf den Seitenflügeln dieses Altars sind die Stifterbildnisse der Bourbonen dargestellt (daher in Frankreich auch die Bezeichnung Maître des Bourbons). Der M. ist beeinflußt von H. van der →Goes; später werden Beziehungen zu →Fouquet erkennbar. Seine Werke zeichnen sich aus durch monumentale Figurenkompositionen und helle, kühle Farben. Weitere zugeordnete Werke: Geburt Christi und Kardinal Rolin um 1480 (Autun, Mus.), Madonna mit Kind (Brüssel, Mus.), hl. Magdalena mit Stifterin (Paris, Louvre), hl. Mauritius mit Stifter (Glasgow, Gal.), u. a.
Lit.: P. Dupieux, Les maîtres de Moulins, 1946.

Meister von Tegernsee. Deutscher Maler. Tätig in der 1. Hälfte des 15. Jhs. in Oberbayern, benannt nach dem 1445/46 entstandenen Hochaltar der Klosterkirche in Tegernsee. Der M. wurde früher irrtümlich als G. Mälenkircher bezeichnet. Die Tafeln dieses Altars sind heute in deutschem Museumsbesitz verstreut. Der unbekannte Meister muß als eine der stärksten künstlerischen Begabungen unter den bayerischen Malern seiner Zeit betrachtet werden.
Lit.: E. Buchner, in: Münchner Jb. der bildenden Kunst, 1938/39; K. Öttinger, in: Zeitschrift des Deutschen Vereins für Kunstwissenschaft, 8, 1941.

Meister von Wittingau. Böhmischer Maler der 2. Hälfte des 14. Jhs. Benannt nach einer Folge von Bildern mit Passionsdarstellungen aus Wittingau, heute in der Gal. in Prag. Die Kunst dieses Meisters ist die letzte große Zusammenfassung und Steigerung der Voraussetzungen der Malerei Böhmens seit der Mitte des 14. Jhs. und der Beweis dafür, daß es für die Höhe dieser Malerei nicht westlicher Einflüsse bedurft hat.
Lit.: A. Matějček und J. Pešina, Gotische Malerei in Böhmen, 1350–1450, 1955.

Meisterzeichen →Steinmetzzeichen.

Meit, Conrad. Deutsch-niederl. Bildhauer und Bildschnitzer. Geb. um 1485 in Worms, gest. nach 1544 in

Antwerpen (?). Vor 1511 in der Wittenbergischen Werkstatt →Cranachs für Kurfürst Friedrich den Weisen von Sachsen tätig. Seit 1514 Hofbildhauer der Statthalterin Margarete von Österreich in Mecheln, seit 1534 in Antwerpen. – M. war einer der bedeutendsten Bildhauer der deutsch-niederl. Renaissance. Bezeichnend für den im höfischen Dienst Tätigen sind runde, mehr auf die glatte Bildung der Oberfläche gearbeitete, doch realistisch durchgearbeitete Formen. Er schuf mit Vorliebe Kleinplastiken (Aktfiguren und Portraitbüsten) aus Marmor, Alabaster und Buchsbaum, doch beherrschte er ebenso die Großplastik. Sein Hauptwerk sind die Grabmäler für Margarete von Österreich, ihren Gemahl und dessen Mutter in der Nikolauskirche in Brou (Bourg-en-Bresse), 1526–32 (zusammen mit anderen, der Anteil M.s nicht ganz festgelegt). Dieses Grabmal aus Marmor und Alabaster mit lebensnahen Figuren und lieblichen Putten steht in der deutschen Plastik des 16. Jhs. einzig da. Es ist stilistisch von →Dürer, Cranach und auch J. de →Barbari beeinflußt.
Lit.: G. Troescher, C. M. von Worms, 1927; Bange, Kleinplastik der deutschen Renaissance in Holz und Stein, 1928.

Melanesien. Die „Inseln der Schwarzen", von dunkelhäutigen Menschen bewohnt, sind der an auffallenden Kunstwerken reichste Teil der Südsee. Vor allem sind Skulpturen zu nennen: Holzfiguren (Ahnen, übernatürliche Wesen), Masken für Geheimbundriten, Dekorationen von Waffen und Geräten, doch kommt auch dekorative Malerei auf Brettern vor. Steinplastik ist nur spärlich belegt. Die Holzfiguren sind häufig in lebhaften Farben bemalt. Allen Kunstwerken M.s ist ihr expressiver, „heftiger" Charakter gemeinsam. Die räumliche Trennung der Inselgruppe bewirkte die Entwicklung zahlloser kleiner Stilprovinzen und Lokalstile. →Admiralitäts-I., Neubritannien, Salomonen, Neue Hebriden, Neukaledonien.
Lit.: H. Nevermann, Masken und Geheimbünde in M., 1933; A. B. Lewis, The Melanesians, 1951.

Melgunov. Russischer General, der 1763 den →Litoi Kurgan öffnen ließ, wo der nach M. benannte Goldschatz gefunden wurde.

Melische Aphrodite. Berühmte, auch Venus von Milo genannte Aphroditestatue (Paris, Louvre). Das am Ende des 2. Jhs. v. Chr. geschaffene Standbild wurde auf der Insel →Melos gefunden und erhielt danach seinen Namen. – Die Komposition der Plastik geht auf ein Werk des →Lysippos zurück, jedoch nicht im Sinne einer Kopie, sondern als Umbildung in dem Bemühen, den Reichtum an Kontrasten gegenüber dem Vorbild noch zu steigern. Als Kunstwerk wird die M. meist weit überschätzt. Dem sperrigen Aufbau fehlt die klare Richtungsbezogenheit. Statt dessen dominiert eine starke Unruhe in der Bewegung und im Standmotiv. Front- und Seitenansicht bilden keine harmonische Einheit. Die Kriterien sind typisch für die nachlassende Kraft späthellenistischer Plastik.
Lit.: G. Lippold, Handb. d. Archäologie, V., 372, 1950.

Melische Reliefs. Im 2. Viertel des 5. Jhs. v. Chr. in Werkstätten der Insel Melos hergestellte griech. Terrakottareliefs. Die nur 10–20 cm hohen Reliefs wurden hauptsächlich für den Export gearbeitet und fanden sich im gesamten griech. Kulturbereich. Die M. wurden mit Hilfe von Formen gewonnen und über heller Engobe farbig bemalt. Die Darstellungen in etwas provinziellem Stil zeigen vor allem Szenen aus dem griech. Mythos.
Lit.: P. Jacobsthal, Die M., 1931.

Melische Vasen. Griech. inselionische Keramik, hauptsächlich Amphoren, Kratere und Teller, benannt nach ihrem Hauptfundort, der Insel Melos. Die Vasen gehören zeitlich in die 2. Hälfte des 6. Jhs. v. Chr., stilistisch zum sogen. →Orientalisierenden Stil. Neben vegetabilischen Ornamenten sind das bevorzugte Spiralornament und eine reiche Gewandmusterung der dargestellten Personen charakteristisch. Thematisch dominiert das ritterliche Element. – Zentrum der Werkstätten dieser Vasengattung war wahrscheinlich die Insel Paros.
Lit.: A. Rumpf, Handb. d. Archäologie, VI, 31, 1953.

Melischipak. König der späten →Kassiten-Zeit von →Babylon (ca. 1183–1169 v. Chr.), auf dessen Namen mehrere →Kudurrus lauten. Der wichtigste zeigt M. mit seiner Tochter vor der thronenden Göttin Nana in einer seit der →Ur III-Zeit üblichen Einführungsszene, wobei vor der Göttin erstmalig ein Räucheraltar der Form wie die Feueraltäre auf den Reliefs der →Achaemeniden erscheint. Die andere Reliefseite stellt in fünf Friesen das kassitisch-babylonische Pantheon in Symbolzeichen dar, die hieratisch von oben nach unten geordnet sind (→Anu, →Enlil, →Ea, →Sin, →Ischtar, →Schamasch; →Nergal, →Zababa, →Ninurta, →Adad, Nusku, Ningirsu, →Schuqamuna; →Ningizzida, Ischchara).
Lit.: H. Schmökel, GVA, 181; A. Parrot, Sumer, 318f.

Melk, Benediktinerstift, 1702 von J. Prandtauer begonnen.

Melk, Benediktinerstift. Die Großartigkeit dieses barocken Bauwerkes konnte nur durch das Zusammentreffen eines großzügigen genialen Bauherrn mit einem hervorragenden Baumeister entstehen: Abt Berthold Dietmayr, der die alte Klosteranlage völlig niederreißen ließ und 1702 den Grundstein legte für den Neubau unter der Leitung des Baumeisters Jakob →Prandtauer. Der Rohbau war 1718 vollendet, doch dauerte der gesamte Ausbau bis 1736. Als Prandtauer starb, leitete Dietmayr selbst den Bau bis zu seiner Beendigung. Nach einem Brand 1738 betrieb er noch die Restaurierungsarbeiten, in deren Zuge Josef Mungenast die Turmhelme erneuerte. Auf einer Bergzunge von 320 Metern Länge, die sich über der Donau und einem ihrer Nebenflüsse erhebt und die ganze Umgebung beherrscht, erstreckt sich die Klosteranlage von O nach W gegen die Kirche zu in einer bewußten Steigerung der einzelnen Bauteile nach ihrer Bedeutung. Die prächtige Schauwand bildet zugleich den Abschluß einer Terrasse, welche die Trakte von Marmorsaal und Bibliothek flankiert. Die mehrfach gegliederte, nach W vorgewölbte Abschlußmauer öffnet sich in der Mitte zu einem Palladio-Motiv. Auf der Donauseite zeigt sich die gebrochene Baulinie der Nebenhöfe, während über der Stadtseite die Südfront mit ihren 59 Fensterachsen aus dem Felsen hervorwächst. Die Stiftstrakte umrahmen und verhüllen zugleich den Außenbau der Kirche, um die Steigerung zu den bizarr geformten Turmhelmen und der markanten Silhouette der Kuppel zu erhöhen. Stiftskirche. Der Außenbau der den Heiligen Petrus und Paulus geweihten Stiftskirche wurde zwischen 1702 und 26 von Jakob Prandtauer erbaut. Nur die W-Fassade und die Kuppel sind ganz zu sehen, der übrige Teil des Kirchenbaues steckt in den Stiftsgebäuden. Die W-Fassade wird durch reich verkröpfte Pilaster gegliedert, darüber erheben sich die originellen Türme von Josef Mungenast (nach 1738). Die stark in manieristischen Formprinzipien steckende Behandlung der Fassaden-

wand steht im Dienste der Fernwirkung, auf die diese großartige Schauwand berechnet ist. Der Innenraum ist eine Farbenharmonie in Rot und Gold, in der sich die Architektur verdichtet. Die Kirche ist ein tonnengewölbter Saalbau mit jeweils 3 Seitenkapellen an der N- und an der S-Wand und Emporen darüber, die über den Kapellen nach vorne gebaucht sind und gleich darauf wieder zurücktreten, wodurch sich eine wellenförmig schwingende Bewegung ergibt, die sich in ihrer strömenden Dynamik zur Monumentalität des Baukörpers gesellt.
Lit.: Reclams Kunstführer Österreich, Bd. I, 1961; Fritz Baumgart, Geschichte der abendländischen Baukunst, 1960.

Melos. Griech. Insel der Kykladen. Nach ihr benannt sind die berühmte →Melische Aphrodite, die →Melischen Vasen und die →Melischen Reliefs. – In der Keimaschlucht beim Dorfe Trypiti sind Katakomben entdeckt mit etwa 2000 Gräbern. Man vermutet dort weitere Coemeterien (→Coemeterium).

Melozzo da Forli. Italien. Maler. Geb. 1438 in Forli, gest. 1494 ebda. Tätig in Forli, Rom, Loreto und Urbino (?). Eine Lehre bei P. della →Francesca ist nicht sicher, doch ging M. in seiner wissenschaftlich begründeten Raumgestaltung von diesem aus. Auch von →Mantegna war M. beeinflußt. Seine Fresken zeichnen sich durch eine klare perspektivische Entwicklung des Raumes und durch die großartigen, realistisch erfaßten, monumentalen Gestalten aus. M. übertraf die kühnen Perspektiven Mantegnas und stieß in das Gebiet der Illusionsmalerei vor. Bei keinem anderen Meister des Quattrocento trat die Geisteshaltung der Hochrenaissance bereits so deutlich zutage. – Eine eigentliche Schule hat M. nur in seiner Heimat gebildet, einen Nachfolger

Melozzo da Forli, „Papst Sixtus IV. und der Historiker Platina“ (Rom, Vat. Mus.).

fand er erst in →Correggio. Seine Hauptwerke sind: „Die Gründung der vatikanischen Bibliothek“, Fresko, heute auf Leinwand, 1477 (Rom, Vatikan); Kuppelfresko in der Sakristei in Loreto, 1478, und, nur teilweise erhalten, Fresko in SS. Apostoli in Rom, 1481.
Lit.: O. Okkonen, M. und seine Schule, 1910; G. Delogu, Italien. Malerei, 1948.

Melrose Abbey (Schottland). Um ca. 1400 wurde an Stelle einer zerstörten, älteren die Zisterzienser-Klosterkirche erbaut. Die ältesten Bauteile wurden aber noch im hochgotischen Stil (decorated style) errichtet. Von der ganzen Anlage sind nur noch 3 Langhausbögen mit entsprechenden Seitenschiffsgewölben (achteckig), die Vierung, der Chor und das Querschiff erhalten. Der Lichtgaden des Querschiffs ist mit Maßwerk im perpendicular style (um 1500) geschmückt.
Lit.: Wasmuth, Lexikon der Baukunst, Bd. III., 1931.

H. Memling, Der hl. Benedikt, Flügel eines Triptychons, 1487 (Florenz, Uffizien).

Melzi, Francesco. Italien. Maler. Geb. 1493 in Mailand, gest. um 1570. Lieblingsschüler →Leonardos und dessen Freund. Folgte diesem 1513 nach Rom und 1515 nach Frankreich, wo er bis zu dessen Tod verblieb und dann den schriftlichen Nachlaß nach Mailand zurückbrachte. Gewährsmann →Vasaris.
Lit.: W. Suida, Leonardo und sein Kreis, 1929.

Memling, Hans. Niederl. Maler. Geb. um 1435 in Seligenstadt bei Mainz, gest. 11. 8. 1494 Brügge, wo er seit 1465 nachweisbar ist. Niederl., vielleicht anfangs kölnische Schulung. Sein Werk faßt die Ergebnisse der altniederl. Malerei des 15. Jhs. (besonders des Rogier v. d. →Weyden, des D. →Bouts, des H. v. d. →Goes) zusammen, ohne Neues hinzuzufügen. Charakteristisch seine geringe Entwicklungsfähigkeit, das Beharren im Bereich des Idyllisch-Poetischen, der Reichtum des Erzählerischen, die verhaltene, verinnerlichte Gestaltung bei gewisser Steifheit der Bewegungen, die technische Vollendung in der Schilderung des Stofflichen sowie in der Wärme und Brillanz der Farbe. Gestaltung dramatischer Spannung und Schärfe der Charakterisierung fehlen. Bedeutende Bildnisse, bei denen er erstmals als Hintergrund den reinen Landschaftsausschnitt verwendet (wohl italien. Einfluß). Werkauswahl: Weltgerichtsaltar, Danzig, Marienkirche (vor 1473); Reliquienschrein der hl. Ursula, Brügge, Johanneshospital (vor 1489), Passionsaltar, Lübeck, Marienkirche (1491 bestellt); Männliches Bildnis, Antwerpen, Mus. Royal.
Lit.: M. J. Friedländer, M., 1950.

Memmi, Lippo. Italien. Maler. Erwähnt 1317 (S. Gimignano) bis 1347 (Avignon). Sohn des Malers Memmo di Filipuccio, mit dem gemeinsam er 1317 im Stadtpalast von S. Gimignano eine Nachbildung der Maestà des Simone →Martini malte, dessen Schwager,

Schüler, Mitarbeiter und Nachahmer er war. Trotz mangelnder Selbständigkeit gehören seine kleinen Madonnenbilder in ihrer stillen Anmut und handwerklich erlesenen Kostbarkeit zu den feinsten und charakteristischsten Werken sienesischer Malerei.
Lit.: R. Oertel, Die Frühzeit der italien. Malerei, 1953.

Memnonkolosse. Als M. wurden von den Griechen nach dem vor Troja gefallenen Aethiopenkönig Memnon die beiden kolossalen Sitzfiguren →Amenophis III. bezeichnet, die einst den Eingang zu dem riesigen Totentempel des Pharao flankierten. Ihr Schöpfer war →Amenophis Hapu, der Baumeister des auf dem Ostufer gelegenen Tempels von →Luxor. Bei der Darstellung des thronenden Königs ist außer der Mutter die Gemahlin →Teje berücksichtigt. Das Symbol der Reichseinheit bilden an der Thronseite zwei Nilgötter, die Lilie und Papyrus als Wappenzeichen Ober- und Unterägyptens um das Schriftzeichen für „Vereinigen" schlingen, ein seit dem Mittleren Reich der →ägypt. Kunst vertrautes Motiv.
Lit.: W. Wolf, KÄ, 438f.; E. Brunner-Traut, Ägypten, 507f.

Memnonsäulen →Memnonkolosse.

Memoria. 1) Kleiner Grabbau auf einer area (Begräbnisplatz). – **2)** Gedächtniskirche, vor allem für die Märtyrer, Mausoleum.

Memorialkirchen. Auf den Coemeterien (→Coemeterium) wurden schon früh zur Erinnerung an Apostel und Märtyrer vom Volk „Memorien" errichtet, in denen man sich an den Jahrestagen der betreffenden Heiligen versammelte. Die Form wurde z.T. von profanen Grabbauten übernommen. Um dieser Sitte einen amtlichen Charakter zu geben, errichtete die Kirche selbst M. (wichtig für die Entwicklung zum amtlich anerkannten Bau das Konzil von Karthago im Jahre 438). Die M. standen in engster Verbindung mit dem Märtyrergrab (z.B. die Peterskirche in Rom). Die Form der M. verschieden. Im Osten wurde im allgemeinen der Zentralbau bevorzugt (z.B. Kirche St. Georgios in Saloniki). Sie ist aus einem Kaisermausoleum erwachsen.
Lit.: A. Grabar, Martyrium, Recherche sur la culte des reliques, 2. Bd., 1946.

Memphis. Südwestlich von Kairo bei →Sakkara gelegener Hauptkultort des Gottes →Ptah. M. wurde als „Waage der beiden Länder" in der →Thinitenzeit Hauptstadt und Königsresidenz, deren Bedeutung sich bis in die röm. Zeit verfolgen läßt. Von der berühmten Stätte zeugen heute nur noch eine Alabaster-Sphinx und zwei sorgfältig gearbeitete Kolossalfiguren →Ramses II., abgesehen von Ruinen des Ptahheiligtums und anderer Tempel. Um so wichtiger sind die Gräber aus der →Thinitenzeit im nahen →Sakkara und der →Djoser-Bezirk der 3. Dyn., der in Scheinarchitektur aus Stein ein Bild des alten Königssitzes vermittelt. Zu M. gehören die →Pyramiden von →Dahschur, →Gizeh, →Abusir und →Sakkara. Bedeutsam ist M. als Zentrum der mit →Heliopolis rivalisierenden Lehre, die im „Denkmal memphitischer Theologie" verankert ist, einer unter →Schabaka auf einer Granittafel festgelegten Abschrift einer Papyrushandschrift der 4. Dyn. Danach münden alle Sinneseindrücke im Herzen, wo sie zu Gedanken geformt und zur Zunge gelenkt werden, deren Weisungen zum schöpferischen Akt führen. Die Überlieferung ist wichtig, weil auch das künstlerische Bilden durch Ptah von M. als rein geistiger Schöpfungsvorgang angesehen wird. →ägypt. Kunst.
Lit.: W. Wolf, WÄ, 38f.; KÄ, 745; E. Brunner-Traut, Ägypten, 372ff.

Menasstadt (Menapolis). Unterägypten. Neben Gemeindebasiliken auch Coemeterialbasiliken (5. Jh.) auf Gräberfeld, das bis zum 8. Jh. benutzt. Dreischiffig, Atrium mit Arkaden, →Prothesis, →Diakonikon →Taufkapelle, Marmorfußboden, an Seitenschiffen anschließend Begräbniskammern. Fülle von verschiedenen Kapitellbildungen. Auf dem Begräbnisplatz Tausende von Ampullen zutage gefördert. Stammen aus einer Werkstatt in M. (4. Jh.). Es sind Gefäße mit sich verengendem Hals und zwei Henkeln. Enthalten heiliges Wasser. Häufige Darstellung: Heilige in Soldatenkleidung mit zum Gebet erhobenen Händen. Zu Füßen oder an den Seiten je ein kauerndes Kamel als Symbol der Wüste. Weitere Heilige, ebenso Dattelpalmen und anderer Schmuck werden auf den Ampullen gezeigt. Es handelt sich in der M. um ein altchristl. Wallfahrtszentrum mit Basiliken und Nekropolen in der Mareotiswüste.
Lit.: C. M. Kaufmann, Die M., 1910.

Mendelsohn, Erich. Deutscher Architekt. Geb. 1887 in Allenstein, gest. 1953 in San Franzisco. Nach seinem Studium in Berlin und München ließ er sich in Berlin nieder, emigrierte 1933 nach Palästina und England. Lebte seit 1941 in San Francisco, wo er als Prof. lehrte. In seinen Bauten realisierte er funktionalistische und konstruktivistische Gedanken, ohne jedoch auf monumentale Formgebung zu verzichten. Hauptsächlich war er als Architekt von großen Geschäftshäusern (Kaufhaus Schocken in Nürnberg, Stuttgart und Chemnitz, 1926 bis 1930) und von Industrieanlagen tätig. In Amerika baute er außerdem mehrere Synagogen.
Lit.: H. Vollmer, Künstlerlex. d. 20. Jhs.

Mendi. Westafrikanischer Volksstamm im Urwald von Sierra Leone, bei dem u. a. große, über den Kopf gestülpte →Masken in den Geheimbundriten der Frauen („Bundu") eine große Rolle spielen. Auffallend ist ein fein gestaltetes Gesicht über einem dicken, von Fettwülsten (Zeichen für Schönheit und Reichtum) umgebenen Hals. Der mit Heilzauber beschäftigte „Yassi"-Bund verwendet menschliche Holzfiguren mit schlanken Körperformen und langem Hals, die den Eingeweihten ihren Willen durch „Nicken" kundtun sollen, wenn eine überirdische Macht sie beseelt.
Lit.: J. Staub, Beiträge zur Kenntnis der materiellen Kultur der M., 1936.

Menes. Nach der ägypt. Überlieferung Reichseiniger und Begründer der 1. Dyn., wobei wahrscheinlich die Leistungen von drei verschiedenen Königen der frühen →Thinitenzeit auf eine Gestalt vereinigt sind, des Königs „Skorpion", dessen Keulenkopf mit Triumphrelief wir kennen, des →Narmer und des Horus Aha (Horus der Kämpfer).
Lit.: W. Wolf, KÄ, 45ff.

Menhire bei Carnac (Alignements).

Mengs, Anton Raphael. Deutsch-böhmischer Maler. Geb. 1728 in Aussig (Böhmen), gest. 1779 in Rom. Schüler seines Vaters Ismael M. (1688–1764), mit dem er 1741 nach Rom kam: hier wurde M. zum Studium von →Raffael angehalten. 1744 kam M. nach Dresden, wo er, von einem zweiten Romaufenthalt 1746–49 unterbrochen, bis 1754 als Hofmaler blieb. 1754 wurde M. Direktor der Accademia di S. Luca in Rom, doch folgte er 1761 einem Ruf Karls III. nach Madrid. Dort weilte er bis 1769; er kehrte sodann nach Rom zurück, wo er, bis auf eine zweite Spanienreise 1773/74, blieb. – M. war der

berühmteste Maler seiner Zeit. Er schloß mit seinen Frühwerken dem Spätbarock an, wandte sich jedoch nach seinem dritten römischen Aufenthalt einem eklektischen Klassizismus zu. Er orientierte sich dabei an der Antike, an Raffael und an den Bolognesern; farblich war ihm →Correggio Vorbild. Die Kunstanschauungen →Winckelmanns und die Funde von →Herculaneum beeinflußten ihn.
Lit.: K. Gerstenberg, J. J. Winckelmann und A.R.M., 1929.

Menhir. Megalithisches Denkmal der →Jüngeren Steinzeit und der →Bronzezeit, allein stehende Steinsäule, ungefähr 3–5 Meter hoch und kaum bearbeitet. Aus zahlreichen Menhiren bestehen →Alignements und →Cromlechs. (Abb. S. 413).

Menhirstatue. →Menhire können so bearbeitet sein, daß die Steinsäulen der menschlichen Gestalt ähnlich werden. Das ist in Südfrankreich während der endenden →Jüngeren Steinzeit ebenso üblich wie bei wesentlich späteren, zum Teil frühgeschichtlichen mitteleuropäischen Steinfiguren.

Meniskos. Griech. Bezeichnung für einen unterschiedlich geformten Metallstab, der in der Antike auf den Köpfen von im Freien stehenden Statuen angebracht wurde, um die Vögel abzuwehren.

Menna. Hoher Beamter unter →Thutmosis IV., dessen Grab in →Theben-West besonders frische und ursprüngliche Wandmalereien mit Motiven aus dem Alltag und Kultszenen enthält.
Lit.: W. Wolf, KÄ, 742; E. Brunner-Traut, Ägypten, 487f.

Menologion. – **1)** Martyriologium, Liste von Heiligen, derer an den einzelnen Tagen des Monats gedacht wurde. Auch die Hauptfeste Christi und der Maria fanden im M. ihren Platz. Zur Bereicherung waren passende Evangelientexte zum Vorlesen an den entsprechenden Tagen beigefügt. Auch die Lebensbeschreibung des jeweiligen Heiligen, die meistens stark legendarisch ausgeschmückt war, wurde mit hineingearbeitet. Das M. ist ein liturgisches Buch der Ostkirche. – **2)** Monats-Ikone. Bilder von Heiligen und ihren Festen, die in dem ihrem Festtag entsprechenden Monat vor dem Altar nebeneinander aufgestellt wurden.

Menora. Hebräische Bezeichnung für den siebenarmigen Leuchter, der im jüdischen Kult eine wichtige Rolle spielt. Das Gerät wurde zu einem Symbol des Judentums und zählt zu den charakteristischsten Ornamentmotiven.

Mensa. Platte des christlichen Altars.

Menschenförmiges Gefäß →Gesichtsurnen.

Mentuhotep. Ägypt. Königsname der 11. Dyn., der von drei Pharaonen geführt wird. M. I. (2060–2010 v. Chr.) stellt die zerrüttete Ordnung und Reichseinheit wieder her und darf als der Begründer des Mittleren Reiches gelten. Große Grabanlage von →Der el-bahri. Sitzstatue aus dem Leergrab unter der →Pyramide, beispielhaft für die erneute Festigung der kubischen Form. Die mit M. verbundenen Triumph- und Kultreliefs zeigen eine zunehmende Sicherheit in der Linienführung und die für die →ägypt. Kunst des Mittleren Reiches charakteristische Stilverfeinerung. Hauptstadt →Theben. Tempelbauten in →Elephantine, →Dendera und →Abydos.
Lit.: W. Wolf, KÄ, 303ff., 314ff., 355ff.

Menua. König von →Urartu (810–781 v. Chr.), Sohn des →Ischpuini. Inschriftlich bezeugt sind Festungs- und Palastbauten M.s im Bereich von →Tuschpa, wo eine berühmte Kanalanlage die Hauptstadt von Urartu mit Wasser versorgte.
Lit.: R. Ghirshman, Iran I, 28, 38, 295; W. I. Awdijew, GAO, 370f.

Menzel, Adolph von. Deutscher Maler, Zeichner und Graphiker. Geb. 1815 in Breslau, gest. 1905 in Berlin. 1830 übersiedelte er mit seiner Familie nach Berlin. Seine erste Ausbildung erhielt er in der väterlichen Lithographieranstalt, die er 1832 nach dem Tode seines Vaters weiterführte. Als Zeichner und Maler bildete er sich sehr rasch autodidaktisch weiter und erregte mit seiner 1833 geschaffenen Folge von 6 lithographierten Federzeichnungen zu Goethes „Künstlers Erdenwallen" erstmals Aufsehen. Sein berühmtestes zeichnerisches Werk, die Illustrationen zu dem Buch „Das Leben Friedrichs d. Gr." des Historikers Kugler, entstand 1840–42 mit einer Folge von über 400 Federzeichnungen. Um 1835 begann er in Öl zu malen und schuf historische Szenen. Dabei wandte er sich bewußt von der üblichen Historienmalerei ab, verzichtete auf die große pathetische Geste zugunsten eines neuen Realismus. In dieser Richtung bestärkte ihn →Courbet, den er mehrmals in Paris besuchte. Von bahnbrechender Bedeutung sind eine Reihe von Bildern und Studien, die zwischen 1845 und 1860 entstanden und in denen er wesentliche Elemente des →Impressionismus vorwegnahm, ohne jedoch bewußt diese Kunstrichtung zu begründen. In ungezwungener Leichtigkeit verbindet sich hier ein lockerer Realismus mit impressionistischen Tendenzen (z.B. „Balkonzimmer" 1845 u. „Das Schlafzimmer des Künstlers", 1847, Berlin, Staatl. Mus.). Als sozialkritischer Maler stellt er sich in seinem 1875 entstandenen Bild „Das Eisenwalzwerk" vor. – In seinen historischen Darstellungen greift er vor allem auf Szenen aus der Zeit Friedrichs d. Gr. zurück.
Lit.: Thieme-Becker.

A. v. Menzel, „Théâtre du Gymnase", 1856 (Berlin, Nationalgalerie).

Mer. 330 km südlich Kairo bei M. westlich des Nils und des Ibrahimkanals Felsengräber der Gaufürsten aus der 6. und 12. Dyn. Wegen ihrer lebensvollen Wandbilder, die zu den besten der Flachbildkunst des Mittleren Reiches zählen, sind die Grabanlagen des Senbi und seines Sohnes Uchhotep aus der Zeit →Amenemhets I. und →Sesostris I. bedeutsam. Offenkundig sind Motive aus dem Grab des →Ti übernommen, doch sind sie frei und selbständig im Stil der →ägypt. Kunst des Mittleren Reiches umgebildet. Neu ist die Aufgabe der Streifeneinteilung bei der Darstellung der Wüstenjagd, in die der Grabherr aktiv einbezogen ist. Einzigartig sind die Bewegungsstudien bei sorgfältiger Naturbeobachtung, die sich in der Wiedergabe frei schweifender Tiere offenbart. Zur zusammenfassenden Ansicht aus der Vogelschau fügt sich die jetzt auftauchende Hochstaffelung.
Lit.: W. Wolf, KÄ, 376ff.; E. Brunner-Traut, Ägypten, 411.

Merenptah. Sohn →Ramses' II., König der 19. Dyn., unter dessen Regierung im späten 13. Jh. v. Chr. die Abwehrkämpfe gegen die sogen. Seevölker (→Philister, →Tyrsener) beginnen. Die Israelstele des M., auf der unter besiegten Gegnern auch der Name Israel erscheint, ist der bisher älteste außerbiblische Beleg für den Volksnamen (M. Pharao des Exodus?). Das Grab des M. in →Theben-West ist eine bedeutende große Anlage mit langem Korridor und überwölbtem Pfeilersaal, Sarkophagdeckel aus Rosengranit von →Assuan mit Königsfigur.
Lit.: W. Wolf, KÄ, 400; E. Otto, Ägypten, 286; E. Brunner-Traut, Ägypten, 460f.

Mereruka. Ägypt. Wesir der frühen 6. Dyn. (Anfang 24. Jh. v. Chr.), dessen →Mastaba in →Sakkara mit 32

Räumen die völlige Auflösung des ursprünglich massiven Grabbaus zeigt. Unter den reichen Motiven der Wandbilder mit vielen Szenen aus dem Leben ist das Eingangsrelief besonders bemerkenswert, das M. vor einer Staffelei beim Malen der drei göttlich personifizierten Jahreszeiten darstellt. Das dem Besucher beim Eintritt vorgestellte Bild dokumentiert die künstlerische Tätigkeit des M., dessen Mitwirken beim Entwurf für die Bildausstattung des Grabes naheliegt.
Lit.: W. Wolf, KÄ, 239ff.; E. Brunner-Traut, Ägypten, 394ff.

Meres-anch. Enkelin des →Cheops, Gemahlin des →Mykerinos, aus deren Grab in →Gizeh, dem bedeutendsten Beispiel des in der Mykerinoszeit aufkommenden Felsengrabes (→Assuan, →Mer), die ältesten → Dienerfiguren stammen. Dort fand sich auch die Kalksteingruppe, die M. zusammen mit ihrer Mutter, der Königin Hetep-heres III., zeigt. Das Verhältnis wird formelhaft veranschaulicht, indem die Mutter ihren linken Arm über die Schulter der etwas kleiner gebildeten, ebenfalls stehenden M. legt. Die Gruppe ist beispielhaft für den verhaltenen Gefühlsausdruck in der →ägypt. Kunst des Alten Reiches.
Lit.: W. Wolf, KÄ, 152f., 166, 208f.

Merian, 1) Matthäus d. Ä. Schweizerisch-deutscher Kupferstecher und Buchhändler. Geb. 1593 in Basel, gest. 1650 in Schwalbach. Nach vielen Reisen, Verlagsgründungen und -aufgaben kam M. 1624 nach Frankfurt/Main, wo er den Verlag seines Schwiegervaters de Bry übernahm. Seine kulturgeschichtlich große Leistung sind die architektonisch treuen, künstlerisch jedoch unterschiedlich zu bewertenden (Gehilfenarbeit) Städteansichten der europäischen „Topographie" (30 Bde., 1642–88, Text von M. Zeiller) sowie im „Theatrum Europaeum" (1–19, 1635–1723). Ferner die Illustrierung der Bibel in Gottfrieds „Histor. Chronika".–
2) Matthäus d. J. Deutscher Maler und Kupferstecher. Geb. 1621 in Basel, gest. 1687 in Frankfurt/M. Sohn von 1), Schüler J. v. →Sandrarts in Amsterdam und Gehilfe van →Dycks in London. Nachfolger im väterlichen Verlag und Erbe. Er war berühmt als „bester deutscher Portraitist" durch seine im Stil van Dycks gehaltenen, aber auch modisch wechselnden Bildnisse. –
3) Maria Sibylla. Deutsche Malerin und Kupferstecherin. Geb. 1647 in Frankfurt/M., gest. 1717 in Amsterdam. Tochter von 1.). Heiratete 1668 den Maler J. A. →Graff. Bekannt als Malerin von Blumen und Insekten: Florum fasciculi tres, 1679–83, und: Der Raupen wunderbare Verwandlung und sonderbare Blumennahrung, 1679–1717. 1699 reiste sie zu Studien nach Surinam und veröffentlichte diese Arbeiten in: Metamorphosis Insectorum Surinamensium, Amsterdam 1705.

Merimde Beni Salame. Steinzeitsiedlung am Westrand des Nil-Deltas (5./4. Jahrtausend v. Chr.) mit Schilf- und Lehmhütten. Die Verstorbenen sind mit Blick nach Osten in der Siedlung, zuweilen unter den Behausungen beigesetzt, im Gegensatz zu den stets außerhalb der Siedlung erfolgten Bestattungen im praehistorischen Oberägypten. Der Befund ist wichtig wegen der in der ägypt. Gräberkunst deutlichen Verschmelzung der unterägypt. Idee vom Totenhaus und der oberägypt. Sitte des Totenmals mit Kultstätte, das vom Bereich der Lebenden getrennt ist.
Lit.: W. Wolf, KÄ, 23f., 48ff.

Merire. – 1) Ägypt. Oberaufseher des Harims der →Nofretete. Grab in →Amarna mit bedeutsamen zeitgenössischen Szenen (Bankettszene mit M. als Mundschenk, während die Königin →Amenophis IV. den Becher füllen läßt). – **2)** Oberpriester des →Aton. Grab in →Amarna mit Darstellung der Investitur durch → Amenophis IV. und des Tempelbesuchs der Königsfamilie mit Wagen.
Lit.: W. Wolf, KÄ, 509f.; E. Brunner-Traut, Ägypten, 417.

Merire-ha - ischtef. Aus dem Grab des M. in Sedment (Mittelägypten) stammen drei hervorragend gearbeitete, nackte Holzstatuetten des Grabherrn, die beispielhaft sind für die →ägypt. Kunst am Ende der 6. Dyn. und die in der Plastik des ausgehenden Alten Reiches spürbare Entleerung der Inhalte bei sehr sorgfältiger technischer Ausführung.
Lit.: W. Wolf, KÄ, 187ff.

Meri-Teti. Sohn des ägypt. Wesirs →Mereruka, für den der Vater in der Mastaba von →Sakkara 5 von 32 Räumen bestimmt hatte, während der Mutter 6 zugefallen waren. Mit dieser Anlage hat die Entwicklung zum Familiengrab in der frühen 6. Dyn. ihren Höhepunkt erreicht.
Lit.: W. Wolf, KÄ, 239.

Merkaba. Die Kirche in M. ist vor allem durch ihre Außenansicht bemerkenswert. Mächtige Marmorblöcke bilden einen um den ganzen Bau herumlaufenden Sockel, auf dem die Kirche steht. Die Quadern werden von schmalen Ziegeln umrahmt. Sonst werden Ziegel nur für Fenster, Teile der Kuppel und Apsis verwandt. Farbige Wirkung bei Außenwänden der Kirche. Gelbe Quadern, rote Ziegel, weiße Fugen wechseln miteinander ab. Friese und lasierte Ornamente unterstreichen die farbenreiche Wirkung (12. Jh.).

Mermescha. Ägypt. König der 13. Dyn. (18. Jh. v. Chr.), dessen kolossale Granitsitzbilder aus →Tanis in ihrer erstarrten, abgeleiteten Form und innerer Leere bei technisch vollendeter Bearbeitung ein Musterbeispiel für die →ägypt. Kunst am Ende des Mittleren Reiches sind. Sie offenbaren den Verfall der Schöpferkraft, der auch die politische Situation vor der →Hyksos-Herrschaft kennzeichnet.
Lit.: W. Wolf, KÄ, 333f.; E. Otto, Ägypten, 134.

Mernere. Sohn des ägypt. Königs →Phiops I., zusammen mit seinem Vater in einer lebensgroßen Kupferstatue dargestellt. Die Gruppe stand im Tempel von → Nechen und ist das bisher älteste archäologische Zeugnis für die durch die Annalen der 2. Dyn. belegte Kupferplastik →ägypt. Kunst. Die Gruppe, in der das Jugendliche des Prinzen treffend veranschaulicht ist, gehört zu den letzten großen Schöpfungen der Kunst des Alten Reiches.
Lit.: W. Wolf, KÄ, 177.

Antonella da Messina, „Der hl. Hieronymus im Gehäus" (London, Nat. Gall.).

Merowingische Kunst. Den Merowingern zugeschriebenes Kunstgewerbe der frühgeschichtlichen → Völkerwanderungs-Zeit, bekannt vor allem aus sehr reich ausgestatteten Fürstengräbern. – Die Denkmäler

der monumentalen Mosaikmalerei aus der Merowinger-Zeit sind nicht erhalten. Dagegen merowingische Handschriften. Sie gehören zu verschiedenen Gruppen. Die figuralen Darstellungen sind im Unterschied zur altchristl. Buchmalerei stark in den Hintergrund gedrängt. Die einzige Dekoration sind ganzseitige Zierleisten und Schmuck der Kanonstafeln. Die Initialen dagegen sind reich verziert. Bevorzugt werden Fisch- und Vogelmotive. Beide sind oft miteinander verschlungen. Bisweilen zeigen nicht nur die Initialen, sondern ganze Buchstabenreihen diesen Dekor. Die merowingische Darstellung ist flach und stark stilisiert. Sie ist skizzenhaft ohne feste Konturen. Viele Motive des Schmuckes sind der Spätantike entnommen. Die Farben der Darstellung sind zart, unterstreichen also die Abstraktion. Auch das Flechtband spielt in späterer Zeit der M. eine Rolle. Vielleicht irisch-angelsächsischer Einfluß.
Lit.: E. H. Zimmermann, Vorkarolingische Miniaturen (4 Bde.), 1916.

Merseburg, Dom, Grabplatte des Gegenkönigs Rudolf v. Schwaben. Wohl bald nach dessen Tod 1080 entstanden. Zusammenhang mit Goldschmiedeplastik. Die 1,97×0,68 m messende, mit breiter umlaufender Inschrift gerahmte Platte ist das hervorragendste Werk des Erzgusses aus salischer Zeit, die früheste erhaltene deutsche Grabplatte mit fast lebensgroßer Figur des Verstorbenen (→Grabmal). Die Schichtung der Falten und Säume macht deutlich, daß das Flachrelief mit dem beinahe freiplastisch vorspringenden Kopf auf Illusion räumlicher und körperlicher Tiefe eingestellt ist. Doch wird die Gestalt gleichzeitig durch symmetrische Ausbreitung in der Fläche verfestigt. Ursprünglich eingesetzte Glasaugen sowie mit Vergoldung und farbigem Schmelz versehen.
Lit.: H. Beenken, Roman. Skulptur in Deutschland, 11. und 12. Jh., 1924.

Meru. In der Vorstellung aller altindischen Religionsgemeinschaften ein mythologischer Berg, Symbol für die Weltmitte, Wohnsitz der Götter; Beiname zahlreicher mittelalterl. Tempel.

Merv. Hauptstadt der iranischen Provinz →Margiana, nach Alexander d. Gr. Alexandria Margiane genannt. Nach Zerstörung durch →Saken von Antiochos I. im →hippodamischen System wieder aufgebaut. Die →Parther übernahmen M. unversehrt und umgaben die hellenistische Stadt als Kern ihrer Neuplanung mit einem fast rund angelegten Befestigungsgürtel.
Lit.: R. Ghirshman, Iran II, 34f.

Mesalim. König von →Kisch (ca. 2600 v. Chr.), Stifter einer Weihekeule an →Ningirsu in →Lagasch, deren Relief Figuren in gerüsthaftem, skelettartigem Stil im Gegensatz zu den schwellenden Formen der frühsumerischen Plastik zeigt. Der Stilwandel mit abstrahierenden Tendenzen ist charakteristisch für die nach M. benannte, stark semitisch bestimmte frühdynastische Phase (II) Mesopotamiens, die im Zeichen großer Stadtbefestigungen mit plankonvexen Ziegeln (→Riemchen) steht und im 25. Jh. wieder durch sumerisch geprägte Formen abgelöst wird.
Lit.: H. Schmökel, GAV, 17, 19, 34, 39; A. Parrot, Sumer, 100ff.

Mesannepadda. Erster König der I. Dynastie von →Ur (ca. 2475 v. Chr.), Vater des →Aanepadda, mit dessen Namen die Königsliste von Ur eröffnet wird.
Lit.: H. Schmökel, GAV, 22.

Mesdag, Hendrik Willem. Holländischer Maler. Geb. 1831 in Groningen, gest. 1915 in Den Haag. Bis 1866 im Bankgeschäft tätig, arbeitete dann in Gelderland und in Brüssel. M. malte fast ausschließlich Meerbilder. Großes Verdienst erwarb er sich durch die Stiftung seiner eigenen Sammlung franz. und holländischer Impressionisten an die Stadt Haag (Mus. Mesdag).

Mesemvrie (Bulgarien). Pantokratorkirche und Kirche des hl. Johann Alitourgitos. Bei beiden Kirchen Grundriß und das Innere ohne besondere Bedeutung. Dagegen sehr reiche Außendekoration. Die horizontal gelagerten Steinschichten haben etwas ausgesprochen Malerisches. Rechteckiger Turm über dem →Narthex.
Lit.: A. Rašenov, Eglises de Mesemvria, 1932.

Meskalamdug. König von →Ur, bezeugt durch die Inschrift in einem der sogen. Königsgräber. Einem Prinzen gleichen Namens gehörte der in derselben Nekropole gefundene goldene Prunkhelm, der in Relief eine kunstvolle Frisur mit diademähnlich gelegtem Zopf und geflochtenem Haarknoten nachbildet. Es handelt sich um eine fürstliche Haartracht, die ihre spätere Entsprechung im Bronzekopf von →Ninive (→Akkadzeit) und auf Reliefs der →Ur III-Periode hat.
Lit.: H. Schmökel, GAV, 22, 33; A. Parrot, Sumer, 100ff.; E. Strommenger, Mesopotamien, 100ff.

Mesoamerika. Im Gegensatz zum geographischen Begriff Mittelamerika von P. Kirchhoff geprägte Bezeichnung für das mittelamerikanische Hochkulturgebiet in Mexiko, Guatemala, sowie Teilen von Honduras und Nikaragua, vor allem den Raum der →Azteken, →Zapoteken, →Mixteken und →Maya umfassend. Ausformung im 1. Jahrtausend v. Chr. mit folgenden Grundzügen: Hieroglyphenschrift, exakte Zeitrechnung, Monumentalarchitektur mit skulptierten Steinen, →Jade-Bearbeitung, Jaguar- und Schlangenkulte, personifizierte Gottheiten u. a. Formen ausgebildeter religiöser Symbolik. Ältere Datierung hauptsächlich durch Radiocarbon, ab 7. Jh. n. Chr. historische Belege faßbar (Genealogien, Chroniken, Wanderrouten usw.).
Lit.: P. Kirchhoff, Mesoamérica, Acta Americana, I.

Mesolithikum →Mittlere Steinzeit.

Meßbildverfahren. Mit Hilfe des M.s werden Architekturen durch photographische Aufnahmen maßgenau erfaßt. Danach können detaillierte Schnitte und Risse in die Zeichnung umgesetzt werden. Das Verfahren, das komplizierte Messungen an den Bauten selbst erspart, wurde um die Mitte des 19. Jhs. entwickelt und führte 1885 zur Gründung der königlich-preußischen Meßbildstelle in Berlin (1920 in Staatliche Bildstelle umgewandelt), die systematische Bauaufnahmen, vor allem in Deutschland, durchführte.

Messel, Alfred. Deutscher Architekt. Geb. 1853 in Darmstadt, gest. 1909 in Berlin. Studium in Darmstadt, Kassel und Berlin. In seinen Bauten ging er von der historistischen Tradition aus und verwandte anfangs Formelemente der →Renaissance, des →Barock und des →Klassizismus. Um 1890 vereinfachte er die Bauornamentik und reduzierte sie auf konstruktive Vertikalglieder. 1896 errichtete er mit dem Warenhaus Wertheim in Berlin einen bahnbrechenden Bau und schuf damit einen neuen Kaufhaustyp. Als Vorläufer einer sachlich-konstruktiven Bauweise war er vor allem auf dem Gebiet des Geschäfts- und Wohnbaus tätig. Weitere Bauten: Landesmuseum Darmstadt (1892–1905), Kaufhaus Gerson, Berlin, Pläne für den Neubau der Berliner Museen (1906ff.).
Lit.: Thieme-Becker.

Messerschmidt, Franz Xaver. Deutscher Bildhauer. Geb. 1736 in Wiesensteig bei Geislingen, gest. 1783 in Preßburg. Ausbildung in München und Wien bei M. Donner. Danach tätig in Rom und London; 1765/66 Rückkehr nach Wien, wo er 1769 in die Akademie aufgenommen wurde. Nach zweijährigem Aufenthalt in München ab 1777 in Preßburg. – M. steht außerhalb der gleichzeitigen Kunstrichtung, auch wenn er sich formal als an der Wegscheide zwischen Barock und Klassizismus stehend einordnen läßt. Er war exzentrisch veranlagt, und sein Hang zur Einsamkeit ließ ihn den Zusammenhang mit seiner künstlerischen Umwelt verlieren. Unter seinen Bronzen und vergoldeten Bleistatuen sind darum die „Charakterköpfe" (Der Griesgrämige) die typischsten Arbeiten.
Lit.: L. Hevesi, F. X. M.s Werke, 1909.

Messina, Antonella da. Italien. Maler. Geb. 1430 in Messina, gest. 1479 ebda. War hauptsächlich auf Sizilien

Tafel 17: *Gewölbemosaiken im Ostumgang von S. Costanza, Rom.*

und in Neapel tätig. Hier lernte M. auch die realistische Malerei der frühen Niederländer, besonders die der v. →Eyck und R. v. d. →Weyden kennen und auf seine Portraits und Altarbilder zu übertragen. Als M. 1475/76 in Venedig und Mailand wirkte, schuf er die Verbindung von der Frührenaissance-Malerei Veneziens zur altniederländischen. Eine zweite Quelle seiner Kunst waren die Anregungen, die ihm durch P. della →Francesca, G. →Bellini und →Mantegna zuflossen.
Lit.: J. Lauts, A. da M., 1940.

Messingarbeiten. Je nach Legierungsverhältnis von Kupfer und Zink, den Bestandteilen von Messing, unterscheidet man Weißmessing und Gelbguß. Die Kunstgegenstände, die in Messing hergestellt wurden, sind technisch und künstlerisch den Bronzearbeiten (→Gußtechniken) verwandt. Wenngleich vereinzelt monumentale Kunstwerke in Messing überliefert sind, so gehören die M. doch meist in den Bereich der Kleinkunst. In reicher Vielfalt überliefert das christl. Mittelalter M. als liturgische und kirchliche Gebrauchsgegenstände.

Mestrovic, Ivan. Jugoslawischer Bildhauer und Maler. Geb. 1883 in Vrpolje, ansässig in den USA. Studierte anfangs in Split und Wien, anschließend bei →Rodin, →Bourdelle und →Maillol in Paris. 1911–1914 hielt er sich in Rom auf. 1919 übersiedelte er nach Agram und wurde 1922 an die dortige Kunstakademie berufen. 1947 ließ er sich in den USA nieder und lehrte dort an verschiedenen Kunstschulen und Universitäten. – In seinen Werken fand er zu einem eigenen, östlich monumentalen Stil, in dem er Anregungen von →Maillol und →Minne, dazu von der Plastik →Michelangelos verarbeitete. Während seines Aufenthaltes in Paris und Rom entwarf er Skulpturen für einen geplanten, jedoch nicht ausgeführten Kosovo-Tempel, zu dem die ausgeführten Teile von fast 40 Plastiken im Belgrader Mus. aufbewahrt werden.
Lit.: H. Vollmer, Künstlerlex. d. 20. Jhs.

Metallschnitt. In Abwandlung des →Holzschnitts entwickelte graphische Technik, bei der an Stelle von Holz Metall als Stock verwendet wird.

Metapont. Griech. Kolonie in Unter-Italien. Zwei dorische Tempel der archaischen Zeit wurden hier gefunden. Ein dem Apollon Lykeios geweihter →Peripteros ist in den spätarchaischen Proportionen mit 6×12 Säulen errichtet. – 3 km entfernt stand ein zweiter Peripteros, ebenfalls mit 6×12 Säulen, jedoch mit auffallend weiten →Interkolumnien, wie sie für Holzbauten charakteristisch sind. Vielleicht ist hier ein früherer Holzbau um 500 v. Chr. in Stein umgesetzt worden.
Lit.: H. Berue – G. Gruben – M. Hirmer, Griech. Tempel und Heiligtümer, 1961.

Meten. Sohn des →Snofru, Oberjägermeister am ägypt. Königshof. Aus der Statuenkammer der →Mastaba in →Sakkara stammt die Sitzstatuette aus rotem Granit, deren gedrungene Form für die Plastik der Übergangszeit von der 3. zur 4. Dyn. ebenso charakteristisch ist wie der streng blockhaft-geometrische Aufbau. Die Reliefbilder des Grabes zeigen eine bedeutsame Erweiterung der Motive, indem zu den Totenritualszenen Darstellungen der Jagd treten.
Lit.: W. Wolf, KÄ, 133f., 202.

Meteoraklöster. Name einer Gruppe von Klosteranlagen in Nordgriechenland. Die Klöster wurden auf hohen, unzugänglich steilen Felsen im 14.–16. Jh. erbaut. Der älteste Bauteil ist in dem Chorraum der Hauptkirche des Metamorphosis-Klosters (nach 1332) erhalten. Ursprünglich handelte es sich um eine kleine Kuppelkirche mit Fresken, die 1483 entstanden. Bei einem großen Neubau (1544), der von Athosmönchen ausgemalt worden ist, wurde die kleinere Kuppelkirche zum Chorraum umgebaut. Diesem Hauptkloster unterstanden seit 1490 alle übrigen Klöster. – Ein großer Teil des Freskenschmucks ist – bedingt durch die Beziehungen zum Athos – in Anlehnung an die sogen. Kretische Malschule entstanden.

Lit.: Kirsten-Kraiker, Griechenlandkunde, 708ff., 1962.

Metope. Rechteckige Platte, die den Zwischenraum zweier →Triglyphen am dorischen Fries ausfüllt. Über die Entstehung und ursprüngliche Bedeutung dieses Baugliedes gehen die Meinungen der Wissenschaft weit auseinander. Wahrscheinlich haben die M.n in früharchaischer Zeit aus Terrakottaplatten bestanden, ab dem 6. Jh. v. Chr. werden für die M.n Steinplatten verwandt, die Reliefbilder mit Szenen aus dem griech. Mythos tragen können.
Lit.: H. Kähler, Das griech. Metopenbild, 1949.

Metroon. Griech. Bezeichnung für einen antiken Tempel, der einer Muttergottheit geweiht ist. Das M. hat keinen eigenen Typ herausgebildet. Erhalten ist z.B. in →Olympia ein M. des 4. Jhs. v. Chr., das als dorischer →Peripteros errichtet ist.

Metsu, Gabriel. Holländischer Maler. Geb. 1629 in Leiden, gest. 1667 in Amsterdam, wo M. seit 1657 lebte. M. ist der Meister des holländischen Bürgertums, das er in häuslichen Szenen mit wenigen Figuren, aber mit feinster Wiedergabe alles Gegenständlichen schildert. Anfangs war M. von →Rembrandt beeinflußt, seit den fünfziger Jahren zeigt er einen persönlichen, in der Farbe reicheren Stil. Hauptwerke: Geflügelverkäufer und -verkäuferin, zwei Gegenstücke, (1662, Dresden, Galerie).
Lit.: W. v. Bode, Die Meister der holländischen und flämischen Malerschule, 1953 (7. Aufl.).

Metsys, Quentin →Massys, Quentin.

Metz. 1) Der Dom St. Stephan und S. Maria entstand aus zwei älteren Kirchen. Die beiden W-Türme Anfang des 13. Jhs. begonnen; Mitte des 13. Jhs. wurden die beiden Kirchen zu einem Bau verschmolzen. Vollendung des Innenraumes Ende des 13. Jhs. Umgestaltung von Querschiff und Chor 1486–1520. Kreuzgang u. a. Anbauten wurden 1754 abgebrochen, ein Umbau nach Plänen J. F. →Blondels begonnen, dessen barocke W-Front Ende d. 19. Jhs. ebenfalls abgebrochen und durch einen neugotischen Portalbau (1903) ersetzt wurde. – **2)** Handschriften. In M. entstandene karolingische Manuskripte, die jedoch keinem organisierten Skriptorium mit eigener Schultradition entstammen. Wesentlich sind zwei Gruppen: 1. Angilram-Gruppe, benannt nach dem Metzer Bischof Angrilram (gest. 791), der spätestens 788 gleichzeitig Leiter der Aachener Hofkapelle war. Die karolingische Frühminuskel der 4 Handschriften (Martyrologium Hieronymianum in Bern, Bürgerbibl. ms. 289; 3 weitere 1944 in Metz verbrannt) geht auf Frühwerke der Hofschule Karls d. Gr. (→Ada-Gruppe) zurück. Die Schmuckmotive entstammen dem vorkarolingischen Formenschatz. – 2. Drogo-Gruppe, benannt nach Bischof Drogo (823–55). Ihre 3 Prachthandschriften gehören zu den bedeutendsten Denkmälern karolingischer Buchmalerei, begründen jedoch keine Schule. Charakteristisch: üppige goldene Akanthusranken in Kanontafeln und Initialen. Hauptwerk: Drogo-Sakramentar (Paris, Bibl. Nat. lat. ms. 9428; entstanden 845–55) mit historisierenden Initialen, die kleinfigurige Szenen aus dem Leben Christi, dem Gottesdienst und den Heiligenmartyrien enthalten, locker gemalt ohne festen Kontur (Vorbilder: →Palastschule, →Reimser Schule; für die Kleinfigurigkeit: Evangelienszenen der →Ada-Gruppe, Utrecht-Psalter der →Reimser Schule). Weitere Werke: 2 Evangeliare in Paris (Bibl. Nat. lat. ms. 9383, um 840, und ms. lat. 9388). Hoher künstlerischer Anspruch und prunkvolle Ausstattung machen sie zu Werken einer Hofkunst, ausgeführt wohl von wenigen bedeutenden Künstlern, zu denen auch die Schnitzer der Elfenbeinreliefs für die Buchdeckel gehörten.
Lit.: W. Köhler, Karolingische Miniaturen, Bd. 3, Teil 2: Metzer Handschriften, 1960.

Metzer-Gruppe. Gruppe karolingischer Elfenbeinschnitzereien. Die sogen. „ältere M." wird durch das Drogosakramentar lokalisiert und in die Mitte des 9. Jhs. datiert. Sie zeigt stilistische Verwandtschaft mit der

Tafel 18: *Tomar, Fenster des Kapitelhauses, um 1520 von Diego da Arruda.*

→Liuthard-Gruppe. Charakteristisch: Flächigkeit des Reliefstils, Vorliebe für ausgesägten Grund, farbig malerische Wirkung durch reiche Anwendung von Goldfolie und Glaspasten, antikisierende Blatt- und Rankenornamentik. Die sogen. „jüngere M." setzt den Stil bis ins 10. Jh. fort. Typisch für sie ist eine gewisse Schematisierung, Steigerung der Figurengröße, Vorliebe für symmetrische Kompositionen, weichere plastischere Bildung. Hauptwerke der „jüngeren M." sind liturgische Geräte und z.B. der Heribertkamm, Köln.

Meteoraklöster.

Metzinger, Jean. Franz. Maler. Geb. 1883 in Nantes, ansässig in Paris. 1903 ließ er sich in Paris nieder und schloß sich zuerst →Seurat und dem Neo-Impressionismus, dann dem →Fauvismus und schließlich um 1908 dem Kreis um →Picasso und →Braque an, die den →Kubismus entwickelten. Gemeinsam mit →Gleizes wurde er zum führenden Theoretiker der neuen Bewegung und veröffentlichte 1912 die Schrift „Du Cubisme". Um 1920 suchte er vorübergehend Anschluß an die →„Neue Sachlichkeit".
Lit.: H. Vollmer, Künstlerlex. d. 20. Jhs.

Meudon. 3 km südöstlich von Sèvres gelegen. Hier befinden sich das Wohnhaus und das Grab des Bildhauers →Rodin. In einem Ortsteil, der „Bellevue" genannt wird, steht in der Avenue du Château Nr. 27 jenes Haus, in dem Richard Wagner 1841 den „Fliegenden Holländer" komponierte. Die Avenue du Château führt weiter zu der im 17. Jh. angelegten Terrasse de Meudon, die einen wundervollen Ausblick auf Paris bietet. Hier steht auch das Observatoire d'Astronomie Physique im Mittelbau des früheren Schlosses des Grand Dauphin (dem Sohne Ludwig XIV.), das von Jules Hardouin →Mansart (1646–1708) in den neunziger Jahren des 17. Jhs. erbaut worden war.
Lit.: Die blauen Führer, Frankreich, 1956.

Meunier, Constantin. Belgischer Maler und Bildhauer. Geb. 1831 in Brüssel, gest. 1905 ebda. Nach dem Studium der Bildhauerei in Brüssel wandte er sich der Malerei zu. 1878 entdeckte er die belgische Industrielandschaft, die für seine sozialkritischen Werke besondere Impulse vermittelte. 1885 begann er wieder in Bronze zu arbeiten, ohne die Malerei aufzugeben. – Durch seinen symbolischen Realismus hatte er als erster Bildhauer die Welt der Arbeiter in die Plastik umgesetzt. In diesen Themen hatte er Anregungen des Malers →Millet aufgenommen.
Lit.: Knaurs Lex. d. mod. Plastik, 1964.

Mewar. Kunstlandschaft im westlichen Indien mit der Hauptstadt →Udaipur. In der 1. Hälfte des 17. Jhs. schufen Maler islam. oder hinduistischer Herkunft unter Lokalfürsten einen provinziellen Mogulstil, z.B. Sahibdin in seiner Ragamala-Serie 1628 und Manohar mit seinen Ramayana-Illustrationen 1649.
Lit.: Barrett, Painting, 137.

Mexiko. Kerngebiet der Kulturen →Mesoamerikas. Im 2. Jahrtausend v. Chr. beginnen sich Ackerbaukulturen zu entfalten (Archaische Kulturen). Allmähliche Ausbildung höherer Kultformen, um 500 v.Chr. älteste Pyramidenanlagen im Hochland (→Cuicuilco, Teotihuacan). Im atlantischen Tiefland entwickelt sich eine zweite Basiskultur (→Olmeken). Seit etwa Chr. Geburt Entfaltung der Klassischen Hochkulturen (→Teotihuacan, →Tajin, →Monte Alban) mit nie wieder erreichter Kulturhöhe. Um 900 setzen →Chichimeken-Einfälle aus dem Norden ein. Das Reich der →Tolteken (→Tula) fällt später neuen Einfällen zum Opfer. Zentren der Chichimekenmacht werden →Tenayuca und dann Tezcoco. Im 14. Jh. n.Chr. erfolgt die Festsetzung der →Azteken im See von Tezcoco; allmähliches Erstarken zur Vormacht. Die Spanier trafen ein Reich an, das aus einer Reihe tributpflichtiger Vasallenstaaten und selbständig gebliebener Herrschaftsbereiche bestand (z.B. die Tarasken von →Michuacan, →Tzintzuntzan). In den →Westkulturen leben die archaischen Traditionen weiter. Kunstgewerbliche Arbeiten sind vor allem aus dem Bereich der →Puebla-Mixteca-Kultur hervorzuheben. Charakteristische Arbeiten stellen die Mosaikarbeiten dar (→Federmosaik). Die weiten Kultur- und Handelsbeziehungen beweist die Verbreitung von →Jade-Schmuckstücken; auch Keramik wurde weithin verhandelt (→Plumbate). In späterer Zeit erfolgte tiefgehende Beeinflussung der Kultur der →Maya, besonders im Hochland von Guatemala (→Iximché).
Lit.: W. Krickeberg, Altmexikanische Kulturen, 1956.

Mezcala. Westmexikanischer Kunststil, hauptsächlich in Guerrero. Charakteristisch ist die Steinschneidekunst aus grünem, grauem oder schwarzem Stein. Es wurden Menschen- und Tierfiguren, Masken, Tempelpyramiden, Perlen oder Anhänger geschnitten und die Details in einer höchst stilisierten, schematischen Art womöglich nur durch gerade Schnitte angedeutet. Manchmal fanden massive Bohrer Verwendung, niemals Röhrenbohrer. Begleitende Töpferwaren lassen die Funde in die spätklassische Zeit datieren (um 900 n.Chr.).

G. Metsu, Familie des Kaufmanns Geelvink (Berlin, Gemäldegalerie Dahlem).

Mezin. Mammutjäger-Station in der Ukraine mit bedeutenden Funden von Kleinkunstwerken aus der →Älteren Steinzeit (→Maltá, →Predmost). Zehn Frauenstatuetten aus Elfenbein und acht Vogelfigürchen sind sehr stark schematisiert; ohne Vergleichsfunde in →Predmost und vom →Petersfels wären sie kaum zu deuten. Sie tragen fein gravierte, streng geometrische Muster, u.a. →Mäander (ältestes bisher bekanntes Mäander-Rapportmuster), die vielleicht Tätowierung wiedergeben sollen. Hinzu kommen verzierte Knochenplättchen und Armreifen aus Mammutelfenbein mit flächendeckender geometrischer Verzierung. Die Datierung schwankt vom späten →Aurignacien bis zum späten →Magdalénien.
Lit.: Bandi/Maringer, Kunst der Eiszeit, 1955.

Mezyn →Mezin.

Mezzamajolika. Italien. Bezeichnung für Halbfayencen, →Fayencen.

Mezzanin. Ein Halb- oder Zwischengeschoß.

Monte Alban.

Mezzotinto. Italien., bedeutet Schwarze Kunst oder Schabkunst. Entwickelt hat sich diese Technik aus dem →Kupferstich, weicht aber im wesentlichen von diesem ab. Während nämlich beim Kupferstich die Linien mit einem sogen. →Grabstichel in die Metallplatte eingegraben werden, wird bei der Technik des M. mit Hilfe d. →Granierstahls (auch „Wiege"; bogenförmiges Stahlinstrument mit gezahnter Schneide) die Platte gleichmäßig aufgerauht und wird nun an jenen Stellen mit dem Schabeisen wieder geglättet, die im Druck hell bleiben sollen. Die Zeichnung entsteht demnach nicht durch harte Linien, sondern durch heller und dunkler nuancierte, aneinandergrenzende Flächen.
Lit.: A. Haemmerle, Der Farbstich, seine Anfänge und seine Entwicklung bis zum Jahre 1765, 1937.

Mhadia. Ca. 5 km vor M. an der tunesischen Küste wurde 1907 im Meer ein antikes Schiff entdeckt, das um 100 v. Chr. gesunken ist. Die vielfältige Ladung gehört zu den bedeutendsten und umfangreichsten Fundkomplexen. Hierzu zählen neben einigen Weihreliefs des 4. Jhs. v. Chr. vor allem eine stattliche Anzahl neuattischer Kratere und Kandelaber. Kunstgeschichtlich von größter Bedeutung sind eine Reihe von hellenistischen Bronzen, vor allem aus der 2. Hälfte des 2. Jhs. v.Chr., deren herausragendes Stück die nackte geflügelte, auf einen Hermenpfeiler sich aufstützende Knabengestalt eines Eros (oder „Agon") ist. Das signierte Bildwerk wurde von dem griech. Bildhauer Boëthos von Kalchedon um 130–120 v. Chr. geschaffen.
Lit.: W. Fuchs, Der Schiffsfund von M., 1963.

Miani. Kleinstadt auf der nordwest-indischen Halbinsel Kathiawar. Mauern und Tore einer bedeutenden mittelalterl. Residenz wurden von islam. Eroberern umgebaut und wieder verwendet. Aus dem 10.–12. Jh. n. Chr. sind Ruinen von Tempeln der Hindus und Dschainas im Stadtgelände und auf einem Berg der Halbinsel zwischen Lagune und Küste erhalten.

Miao. Kanon der Strichführung für die Gewandfaltendarstellung der chinesischen Figurenmalerei. Im 17. oder 18. Jh. n. Chr. wurden hierfür 18 verschiedene Möglichkeiten schriftlich fixiert. Im Gegensatz zu den sich allmählich entwickelnden ts'un (→Ni-ku-lu) wurde die Serie der miao künstlich geschaffen und ist ein typisches Produkt der eklektizistischen Spätzeit.

Michalowski, Piotr. Polnischer Maler. Geb. 1800/01 in Krakau, gest. 1855 bei Krakau. Ergänzte seine Ausbildung 1832 in Paris und bis 1835 in London. Danach wieder in Polen, wo er sich der Bewirtschaftung seiner Güter, dem Staatsdienst und in Mußestunden der Malerei widmete. Malte hauptsächlich Pferde- und Reiterbilder, vereinzelt aber auch Schlachtenbilder.
Lit.: A. Kuhn, Die polnische Kunst, 1930.

Michelangelo Buonarrotti. Italien. Bildhauer, Maler, Architekt und Dichter. Geb. 1475 in Caprese im Casentino, gest. 1564 in Rom. Ausgebildet 1488 bei D. →Ghirlandajo und 1489 in der Mediceischen Kunstschule bei B. di Giovanni. 1490-92 kam M. als Hausgast des Lorenzo Medici mit dem Kreis der Humanisten der „platonischen Akademie" in Berührung. Der Bologneser Aufenthalt 1494-95 brachte noch einmal bedeutende Anregungen durch die Begegnung mit dem Werke → Quercias. Das erste Werk, das seinen Ruhm begründete, entstand 1496–1501 in Rom: die Pietà in St. Peter in Rom. Sie zeigt Einflüsse→Leonardos.–1501–05 arbeitete M. wieder in Florenz; es war eine erste große, schöpferische und zugleich „klassizistische" Epoche. Der David – früher Piazza della Signoria, heute Akademie in Florenz – ist das bedeutendste und typischste Werk jener Jahre: der flache, von A. di →Duccio verhauene Marmorblock entsprach den klassizistischen Tendenzen M.s; auch die Auffassung des jünglinghaften David war völlig unkonventionell. Bedeutende Werke jener Epoche sind ferner die Brügger Madonna und der Karton der Schlacht von Cascina, der 1504 für den Ratssaal in Florenz entworfen wurde. Obwohl das Fresko nie ausgeführt wurde, heute sogar der Karton verloren ist, trug ihm diese Komposition doch größten Ruhm ein. – 1505 rief ihn Papst Julius II. nach Rom, um ihn mit der Arbeit für sein Grabmonument zu betrauen. Diese Arbeit wurde aber unterbrochen durch den Auftrag zur Ausmalung der Decke der Sixtinischen Kapelle (1508–12). Unter den Gemälden ist dieses Fresko M.s Hauptwerk: das Rahmensystem ist ein einheitliches Gerüst, an Stelle von Ornamenten treten die plastischen Reihen der Propheten und Sibyllen,

Michelangelo, „Maria mit dem Kinde, umgeben von Engeln und dem Johannesknaben", unvollendet (London, Nat. Gall.).

und in den mittleren Rahmenfeldern sind die Historien gegeben. – Anschließend wurden die Arbeiten für das Juliusgrab wieder aufgenommen. Es entstanden der Moses (1515/16) sowie die Statuen des gefesselten und des sterbenden Sklaven (Florenz, Akademie, und Paris, Louvre). Das unvollendete, monumentale Grabmal wurde 1542–45 in S. Pietro in Vincoli in Rom aufgestellt. – Papst Clemens VII., ein Medici, beauftragte M. in S. Lorenzo in Florenz, die Grabkapelle der Medici zu

bauen (1520–34). Auch dieses Werk, mit den Figuren des Abends, der Nacht, des Morgens und des Tages in einem kuppelgewölbten, feierlichen Raum, wurde nie fertig. 1535–41 mußte M. wieder in Rom arbeiten, am Fresko des Jüngsten Gerichts in der →Sixtinischen Kapelle. – In den letzten Jahren seines Lebens wandte sich M. mehr und mehr der Architektur zu; er war hier hauptsächlich Planer und Entwerfer. Sein Hauptwerk ist der Zentralbau von St. Peter in Rom mit der Kuppel, unter Zusammenziehung der teilweise komplizierten Entwürfe der Vorgänger (A. da →Sangallo, →Bramante) zu einer großen, machtvollen Raumschöpfung. Die Arbeiten gelangten unter seiner Leitung bis zum Ansatz der Kuppel, die dann nach seinem Modell fertiggestellt wurde. Weitere Architekturwerke M.s sind der Kapitolplatz in Rom, der ersten geschlossenen Platzanlage der Neuzeit, sowie das Treppenhaus der Bibliotheca Laurenziana in Florenz. – Die stilgeschichtliche Stellung M.s ist umstritten. Während er einerseits zur Hochrenaissance zählt, gehören seine großen plastischen Kompositionen und vor allem seine Architekturen schon dem Barock an. Es setzt sich aber die Ansicht durch, daß M.s Kunst einen selbständigen Stil darstellt, der sich von den Prinzipien der Renaissance ebenso absetzt wie von denen des Barock. Unbestritten aber gehört M. zu den schöpferischsten Künstlern des Abendlandes; seine Wirkung auf die Kunst aller nachfolgenden Jahrhunderte ist unabschätzbar. (Siehe Tafel 21 u. 22).
Lit.: H. Grimm, Das Leben M.s, 1860–63 (1940); Die Handzeichnungen M. B.s, herausgegeben von K. Frey, 3 Bde., 1907–11; Steinmann und Wittkower, M.-Bibliographie 1510–1926; L. Goldschneider, M., 1959.

Michelozzi di Bartolommeo. Italien. Bildhauer und Architekt. Geb. 1396 in Florenz, gest. 1472 ebda. Schüler →Ghibertis und Mitarbeiter →Donatellos. Früh trat die architektonische Tätigkeit gegenüber der bildhauerischen in den Vordergrund. Neben →Brunelleschi, von dem M. in weitem Maße abhängig, ist M. die bedeutendste Persönlichkeit für die Entwicklung der Renaissancearchitektur. Mit dem Pal. Medici-Riccardi in Florenz (1444–60) legte M. den Typus des Renaissancepalastes fest: Fassadensystem, Hofausbildung, antikisierendes Abschlußgesims und Kassettendecke im Hauptsaal waren für Jahrhunderte Vorbild. 1446 wurde M. Nachfolger Brunelleschis am Dombau in Florenz. Weitere Bauten: Kirche und Kloster S. Marco in Florenz, 1437; Medici-Kapelle in S. Croce in Florenz, bis 1445. An Plastiken ist nur eine Silberstatue Johannes des Täufers (1452, Mus. dell'Opera, Florenz) gesichert.
Lit.: F. Wolf, M. di B., 1900.

Michelstadt (Hessen). Das Rathaus von M. ist als Fachwerkhaus mit seiner holzgerechten Bauweise ein Beispiel hohen Niveaus der bodenständigen Zimmermannskunst. Über der offenen Ständerhalle das Obergeschoß mit 2 Eckerkern zwischen der Giebelwand unter einem steilen Walmdach mit Dachreiter. Über den Erkern steile Spitzhelme. 1484 vollendet.
Lit.: Reclams Kunstführer, Deutschland, Bd. IV, 1962.

Michuacan (Mexiko). Auf reiche vorklassische Tradition (El Opeño, →Chupicuaro) und stellenweise klassische Funde (gemodelte Tonfiguren, Dünn-Orange- und →Cloisonné-Keramik) folgen nach dem 10. Jh. die Tarasken in der Region um den See Patzcuaro. Ihre Hauptstadt Tzintzuntzan weist keine hervorragenden Bauten auf, aber reiche Begräbnisstätten (Yácata, T-förmige, in Rundungen endende Plattformen) und Arbeiten der Kleinkunst. Für Mexiko sonst unerreichte Feinheit bei Metallbearbeitung (hauptsächlich Kupfer), Steinschneidekunst und Herstellung von →Federmosaiken. Keramik früher wenig beachtet, nach neuen Funden jedoch mit den besten mesoamerikanischen Erzeugnissen vergleichbar. Ihr Reiz liegt in polychromer Bemalung, lackartigem Farbenglanz und abstrakter Ornamentierung. Negativmalerei in batikartiger Technik, ebenso Vorkommen von Steigbügelhenkel wie in Peru.

Mies van der Rohe, Ludwig. Deutsch-amerikanischer Architekt. Geb. 1886 in Aachen, ansässig in Chicago. Schüler von Bruno →Paul und Peter →Behrens. Nach seinen frühen Arbeiten, die noch der Tradition →Schinkels verpflichtet waren, wurde er bereits um 1910 zu einem der führenden Verfechter der neuen, sachlichen Bauweise. Als erster Architekt verwandte er 1927 in der Weißenhofsiedlung Stuttgart eine Stahlskelett-Konstruktion für den Wohnbau. Im Zentrum seines Schaffens steht die Eisen-Glasbauweise, für die er einen ganzen Bau bestimmende Grundmaße entwickelte. 1930–33 leitete er das →Bauhaus in Dessau und war maßgeblich an der Realisierung der Bauhausideen beteiligt. 1938 emigrierte er nach den USA, wo er als Leiter der Architekturabteilung des Illinois Inst. of Techn. Möglichkeit hatte, seine Baugedanken einflußreich zu verbreiten. Zweckmäßigkeit und Logik sind die Maximen seines Bauens, das ihn neben →Le Corbusier, →Gropius und F. L. →Wright zu den bedeutendsten und wegweisenden Architekten der 1. Hälfte des 20. Jhs. rechnen läßt.
Lit.: H. Vollmer, Künstlerlex. d. 20. Jhs.; N. Pevsner, Wegbereiter mod. Formgebung, 1957.

Mi Fei. Chinesischer Maler, Dichter und Kalligraph. Geb. 1051, gest. 1107. Anfänglich als Staatsbeamter tätig, sammelte er Kunstwerke und übte sich im Kopieren nach den alten Meistern. Erst um 1100 begann er selbständig zu malen und schuf mit seinen aufgetürmten Berglandschaften einen eigenen Stil, der auf scharfe Umrisse verzichtet und weiche Tuschflecken bevorzugt. Seit dem 14. Jh. gehörten Landschaften in seinem Stil zu den Pflichtübungen der akademischen Malerei. – In einer Schrift überlieferte er zahlreiche Anekdoten und Notizen über Bilder und Maler.

Mihrab. Der M. bezeichnet in der →Moschee an der →Qibla-Wand in architektonischer und dekorativer Hervorhebung die Seite der Gebetsrichtung nach Mekka. Seit Beginn des 8. Jhs. hat er verschiedene Ausformungen erfahren als flaches Nischenfeld in der Wand, vertieft in Halbkreis- oder Mehreckkontur, gewölbt mit Muschel, Kuppel, Stalaktitfüllung, tritt einzeln im Mittelpunkt der Wand oder bei sehr langen Qibla-Wänden mehrfach auf. Seine Bezeichnung geht auf die Lanze des Propheten zurück, die er als Markierung der Gebetsrichtung aufpflanzte. Nischenform erhielt er unter den Omeyaden im syrischen Gebiet. Sein Dekor ist allgemein der Höhepunkt der Moscheeausstattung und zeigt die besten Leistungen der Zeit. Das Material der Ausstattung ist Stein, Stuck, Holz, Fayencefliesen oder Fayencemosaik, Glasmosaik. Der Dekor besteht überwiegend im geometrischen und floralabstrakten Ornament, bedeutende Gestaltungen weisen größere, symmetrisch entfaltete Pflanzenornamente auf, eine Wiederholung des Nischenmotivs, oder zwei Kerzenhalter und eine Ampel (in Anspielung auf den Lichtvers im Koran „Allah ist wie das Licht in einer Lampe"), und in osmanischer Zeit kommt die Anbringung einer Wiedergabe der →Ka'aba vor (Altes Seray in Istanbul z. B.). Der nischenförmige M. hat meist zwei Blendsäulen. Gerahmt wird der M. von Friesen mit Koranzitaten. – Eine M.-Nische kann auch in der Eingangswand der Moschee an der Hofseite liegen, um ein Gebet zu jeder Zeit zu ermöglichen; auch Privatbauten enthalten M.-Nischen, besonders für den Gebrauch durch die Frauen des Haushalts.
Lit.: Wensinck und Kramers, Handwörterbuch des Islam, 1941; E. Kühnel, Die Moschee, 1949; E. Kühnel, Die Kunst des Islam, 1962.

Mikon. Griech. Maler und Bildhauer des →Strengen Stils, tätig von 742 v. Chr. an in Athen. Gemeinsam mit →Polygnot arbeitete er während der kimonischen Epoche an der Ausschmückung athenischer Bauten. Seine Werke, die in der antiken Literatur zahlreich zitiert werden, haben z. T. den Vasenmalern der Zeit als Vorbilder gedient; so finden sich auf verschiedenen Vasen Exzerpte und Reflexe seiner Wandgemälde (→Niobiden-Maler). Sie entsprechen in der Abkehr von der archaischen Zierlichkeit und der charakteristischen Aufnahme von Verkürzungen und Überschneidungen dem Stil der 60er Jahre des 5. Jhs. v. Chr. Starke Einflüsse →Polygnots wird man zu Recht annehmen.
Lit.: H. Brunn, Geschichte d. Griech. Künstler, II, 46 ff.

Mikronesien. An Werken der bildenden Kunst, verglichen etwa mit →Melanesien, relativ arm. Das Vorhandene scheint innerlich mit der Kunst →Polynesiens verwandt zu sein: selten kommen Masken vor (→Karolinen); Dekorelemente aus Holz zeichnen sich häufig durch glatte, „elegante" Formen aus. Etwas häufiger sind Malereien, etwa auf Giebelfeldern der →Männerhäuser. Die Kunst von M. wurde in früherer Zeit stellenweise von →Melanesien, später von →Indonesien her beeinflußt. – Sehr interessant ist die Archäologie M.s; neue Ausgrabungen haben ergeben, daß dieser Teil der Südsee schon um 2000 v. Chr. besiedelt worden sein muß. Viele Reste von großen Steinbauten lassen entsprechende Bauform →Polynesiens als wesentlich jünger erscheinen. Die Besiedlung von M. ging in der Jungsteinzeit offenbar von den Philippinen aus.

Lit.: R. Linton, Ethnology of Polynesia and M., 1926.

Mileševa (Serbien). Hier früheste serbische Wandmalerei (1236/37). Bilder teils hieratisch, teils an die klassische Zeit erinnernd, von großer Schönheit. Mehrere Künstler am Werk.

Milet. Eine der bedeutendsten griech. Städte Ioniens. Im 7. und 6. Jh. v. Chr. galt M. als das überragende Zentrum griech. Kultur. 546 v. Chr. kam die Stadt unter persische Herrschaft und wurde nach dem mißlungenen ionischen Aufstand zu Beginn des 5. Jhs. zerstört. – Erst unter Alexander d. Gr. erreichte M. von neuem größere Bedeutung. Nördlich der alten Stadt wurde M. neu und großzügig wieder aufgebaut. – Von den archaischen Anlagen haben sich Reste eines Mauerrings, mehrerer Tempel und Straßenzüge erhalten. – Die hellenistische Neubebauung folgt dem sogen. →Hippodamischen System mit rechtwinklig sich schneidenden Straßenzügen und großen Wohnblocks. Am Hafen und in der Stadt wurden mehrere von großen Hallen umgebene Marktplätze errichtet, von denen jedoch nur noch geringe Reste stehen. – Aus röm. Zeit stammen die relativ gut erhaltenen Anlagen der Faustina-Thermen, das riesige Theater mit einem Fassungsvermögen von ca. 30000 Personen und das prunkvolle Markttor vom Südmarkt (Berlin, Pergamonmus.). – In der Nähe von M. lag der berühmte →Didymaion und die Straße der →Branchiden. – In M. wertvolle Stücke der byzant. Keramik gefunden. Pflanzenmotive und gezackte Muster, dunkelblau, auf weißem Grund.

Lit.: M., Ergebnisse der Ausgrabungen (noch nicht abgeschlossen), 11 Bde., 1908ff.

Millais, Sir John Everett. Engl. Maler. Geb. 1829 in Southampton, gest. 1896 in London. Wurde bereits 1840 an die Royal Academy aufgenommen und war schon während seines Studiums sehr erfolgreich. Mit seinen frühen historistischen Gemälden erhielt er zahlreiche Auszeichnungen. 1848 wandte er sich jedoch von diesem Stil ab und begründete gemeinsam mit H. →Hunt die neue Richtung der →Praeraffaeliten, deren Ziel ein neuer Realismus war. – Später wandte er sich wieder mehr der akademischen Malerei zu und schuf vor allem in Anlehnung an die Werke →Velasquez' Bilder, mit denen er große Erfolge erzielte. Seine Gemälde der praeraffaelitischen Periode („Lorenzo u. Isabella", 1849, „Die Werkstatt des Zimmermanns", 1850, „Ophelia", 1852) gehören zu den charakteristischsten und qualitätsvollsten Werken, die der Praeraffaelismus hervorgebracht hat.

Lit.: Thieme-Becker.

Millefioriglas. Venezianische Bezeichnung von →Mosaikglas. Wie die →Diatreta herrlich verzierte Prunkgläser, zu denen die Murrinen oder →murrhinischen Gefäße zu zählen sind, die in den antiken Schriften gepriesen und von den Römern sehr begehrt waren. Hauptherstellungsort war in der Antike Alexandria. Um einen Mittelpunkt geordnete, polychrome Glasstücke werden zu einem Mosaik verschmolzen und zu Gefäßen geformt.

Milles, Carl. Schwedischer Bildhauer. Geb. 1875 in Lagga, gest. 1955 in Stockholm. Nach einer Schreinerlehre ging er 1897–1904 nach Paris und wandte sich dort unter dem Einfluß →Rodins der Bildhauerei zu. 1904 folgte ein Aufenthalt in München, wo er mit den Theorien →Hildebrands, die ihn nachhaltig beeindruckten, bekannt wurde. 1906 kehrte er nach Stockholm zurück und setzte sich dort bald durch. In seinen Werken, hauptsächlich Denkmälern, Portraits und Einzelstatuen, ging er vom →Impressionismus Rodins aus und fand seinen Stil in einer strengen klassischen Monumentalität.

Lit.: Knaurs Lex. d. mod. Plastik, 1964.

Millet, Jean François. Franz. Maler und Graphiker. Geb. 1814 in Gruchy bei Gréville, gest. 1875 in Barbizon. Studierte 1834–36 in Cherbourg, seit 1837 in Paris bei →Delaroche. Nach 1845 übte →Daumier einen nachhaltigen Einfluß auf ihn aus. Seine Freundschaft mit →Corot und →Rousseau brachte ihn dem Realismus nahe. 1849 ließ er sich in →Barbizon nieder. In dieser Zeit fand er in der Darstellung des bäuerlichen Lebens seinen eigenen Stil, daneben entstanden bedeutende Pastellbilder und Zeichnungen.

Lit.: Thieme-Becker.

Mills, Robert. Amerikanischer Architekt, Ingenieur und Schriftsteller. Geb. 1781 in Charleston (South Carolina), gest. 1855 in Baltimore (?). Schüler von J. Hoban und B. Latrobe. War nach diesem und →Jefferson einer der ersten ausgebildeten Architekten Nordamerikas. Obwohl von seiner Ausbildung her mehr zum barocken Klassizismus neigend, gibt es von ihm auch gotische Architekturen (Bank of Philadelphia). Seine beiden bedeutendsten Werke finden sich in Washington: das Washington Monument (1833ff.) und das Treasury Department (1836–42).

Lit.: H. R. Hitchcock, Architecture, 19th and 20th Centuries, 1958.

Mimesis. Weitgespannter Begriff der antiken Kunsttheorie, der sowohl die künstlerische Gestaltung als auch die reine Nachahmung in sich einschließt, jedoch im Bereich der bildenden Kunst die schöpferische Phantasie ausklammert.

Lit.: H. Koller, Die M. in der Antike, 1954.

Min. Ithyphallischer Gott mit Hauptkultstätten in Koptos und Achmim, bereits in der frühen →Thinitenzeit (→ägypt. Kunst) durch pfeilerhafte Kalksteinstatuen und später durch zahlreiche Reliefbilder in Tempeln bezeugt.

Lit.: W. Wolf, KÄ, 57f.; S. Morenz, ÄR, 26, 33, 279; E. Brunner-Traut, Ägypten, 96.

Minai-Ware (mina = Emailfarben). Händlerbezeichnung für eine Luxus-Töpferware der seltschukischen Zeit in Iran. Dünnwandige, vielfarbig in und über der zinnhaltigen Glasur bemalte und vergoldete Ware, deren Verzierungen in mehrmaligem Muffelbrand aufgebracht wurden. Im Jahr 1301 nennt Abulqasim in seinem Traktat über die Steine dies die berühmte Technik der sieben Farben, die aber zu seiner Zeit in Kaschan nicht mehr angewendet wurde. Das Produktionszentrum scheint vom Ende des 12. Jhs. bis zum 13. Jh. ausschließlich Ray gewesen zu sein. Die farbenprächtige Bemalung der Teller, Schalen, Becher, Flaschen und Krüge, Schüsseln, zeigt neben reinen Arabeskmustern und Schriftfriesen vielfigurige Szenen in äußerst lebhafter Gestaltung. Neben der Arbeit routinierter Dekorateure stehen von Meisterhand bemalte Stücke, deren Malerei der Buchkunst nicht nachsteht. – Unter den Seltschuken von Rum wird die Minai-Technik für Stern- und Kreuzfliesen angewandt, die die Kiosks im Seray von Konya schmückten. – Daß die Minai-Technik noch in der zweiten Hälfte des 13. Jhs. ausgeübt wurde, zeigen einzelne Beispiele von Gefäßen und die Fliesen des Palastes vom Takht i Suleiman im nordwestlichen Iran.

Lit.: A. Lane, Early Islamic Pottery, 1947; O. Aslanapa, Türkische Keramik, 1965.

Minar. Das M. (auch Minarett, von arabisch manara = Leuchtturm oder Signalturm) gehört nicht ursprünglich zu den Notwendigkeiten einer →Moschee. Der Gebetsruf durch den Muezzin erfolgte in der ersten Zeit des Islam von einem erhöhten Standort beliebiger Art. Seit omeyadischer Zeit gehört dann das M. zur architektonischen Gestaltung des Moscheekomplexes, und es ist durchaus möglich, daß Säulen oder Turm-Zellen christlicher Eremiten ein weiteres Vorbild abgaben. Ein frühes berühmtes Beispiel ist der spiralförmige monumentale Malwiya der Großen Moschee von →Samarra, der vor dem Moscheekomplex steht und an die babylonischen Stufentürme erinnert. Das M. wird in der Folge in die Moschee-Front einbezogen (Ibn Tulun) und in einen architektonischen

Bezug zur Achse der Anlage gebracht. Die omeyadischen M.e in Spanien, die tulunidischen und fatimidischen in Nordafrika sind Türme mit Innenaufgang, von quadratischem Unterbau, dem runde oder achteckige Geschosse folgen und die mit offener oder überdachter Galerie für den Muezzin endigen. In mamlukischer Zeit haben die M.e in Ägypten quadratische Grundrisse, einen achteckigen Aufbau und runde Türme – ausnahmsweise auch Zwillingstürme – mit freier Galerie und Kuppelbekrönung mit Reliefdekor. – Das iranische M. ist aus Ziegeln gebaut, rund, gestuft oder gerippt und reich mit Schriftdekor, Ziegelmosaik und glasierten Ziegeln verziert. Ein besonders wirkungsvolles Beispiel dieser Art ist der Qutb-M. in Delhi (1199–1230). Mehr Siegestürmen als M.en gleichen die Bauten der Ghaznewiden und Ghoriden in Afghanistan im 12. Jh. Seit dem 12. Jh. werden in Iran und Kleinasien die vorkragenden Galerien der seltschukischen M.e durch →Stalaktiten unterfangen. Unter dem Eindruck der Medrese und Iwan-Moschee werden die M.e in der folgenden Zeit gerne paarweise dem Iwan angegliedert. Im 14. Jh. haben türkische Moscheen gelegentlich aus architektonischen Rücksichten drei M.e, obwohl nur eines notwendig ist, und im 17. Jh. hat die monumentale Ahmed-Moschee in Istanbul sechs M.e. Typisch für die osmanische Zeit ist das nadelförmige M. mit einem oder bis zu drei Umgängen, die als knotenförmige Akzentuierung am schlanken Schaft erscheinen.
Lit.: E. Kühnel, Die Moschee, 1949; E. Diez, Die Kunst der islam. Völker, 1908.

Minarett →Minar.

Minar-i-Tschakri →Kabul.

Minbar. Der M. ist die Predigtkanzel der Moschee. Sie gehört zum Mobiliar der Moschee und ist in der ersten Zeit transportabel, da sie zunächst nur freitags zum Abhalten der Kutba (Kanzelpredigt) notwendig war. Der M. des Propheten in Medina war eine Art Katheder mit zwei Stufen und einem Sitz. Zuerst ist die Benutzung des M. dem Kalifen vorbehalten, der ihn auf Reisen mitführen konnte, später war sie auch den Statthaltern gestattet. - Der M. ist ein durch eine Tür und über Stufen zugänglicher erhöhter Sitz mit Kuppeldach, der, solange er nicht benutzt wird, verhängt ist. Durch dreieckförmige Seitenwände sind Tür, Stiege und Sitz zu einem Ganzen zusammengefügt. Das Material ist zunächst Holz mit Schnitzerei oder Einlegearbeit in immer neuen Varianten von Rankenwerk, Kassettenwerk und Schriftfriesen, die Koranzitate enthalten. Kunsthistorisch bedeutend wegen ihres reichen Ornamentschatzes sind die durchbrochenen Holzschnitzereien des M.s aus der Großen Moschee von → Kairouan, das im 9. Jh. aus Bagdad bezogen wurde. Aus dem 11./12. Jh. sind datierte M.s erhalten in Ägypten und in der Aqsam' Moschee in Jerusalem (gestiftet von Salladin, 1187). Reich mit Kassettenwerk geschmückte M.s sind im seltschukischen Kleinasien erhalten, z. B. in der Ala-ed-din-Moschee in Konya, in der Arslan Hane-Moschee in Ankara. – In mamlukischer und osmanischer Zeit gehört der aus Stein, oft Marmor, gearbeitete M. zum architektonischen Teil des Moscheeinneren.
Lit.: E. Kühnel, Die Moschee, 1949; Wensinck und Kramers, Handwörterbuch des Islam, 1941.

Min-chaf. Ägypt. Prinz der →Chephren-Zeit, dessen →Mastaba in →Gizeh das erste Beispiel für versenkte Hieroglyphen zeigt und damit den Anfang einer Relieftechnik der →ägypt. Kunst, wodurch vor allem Bilder an Außenwänden im Sonnenlicht eine scharfe Kontrastwirkung erhielten. Damit wird im Alten Reich eine Entwicklung vorbereitet, die im Neuen Reich mit der Neigung zu malerischen Werten ihren Höhepunkt erreicht.
Lit.: W. Wolf, KÄ, 206f.

Mineralmalerei →Stereochromie.

Ming-Dynastie. Chinesische Dyn., die von 1368–1644 n. Chr. herrschte. Entsprechend dem Brauch, die chinesische Kunst in ihren Epochen nach den jeweils herrschenden Dynastien zu benennen, werden Kunst und Kunsthandwerk aus jener Zeit mit dem Namen dieser Dyn. bezeichnet.

Ming-oi →Schortschuq.

Mingora. Buddhistische Kultstätte im nordwestpakistanischen Swat-Tal. Im „heiligen Bezirk" von Butkara wurden →Stupas ausgegraben, an deren dauernder Ummantelung und Weiterverwendung die Entwicklung der Architektur und an deren Reliefschmuck die Plastik von Gandhara (→Gandhara-Kunst) übersichtlich zu studieren ist. Nahebei liegt Udegram; die Höhe wird durch eine Geländefestung beherrscht, eine Stadt im Tal geht in das 4. Jh. v. Chr. zurück.

Miniaturmalerei, Buchmalerei. Text eines Buches wird illustriert durch Bild oder Zeichnung. Diese entweder in den Text eingeschaltet oder auf besonderer Seite. Bild oder Zeichnung trägt Namen: Miniatur. Bezeichnung von lat. minimum = Mennige, einer roten Farbe, die in Handschriften benutzt wurde. Ursprünglich nur rote Randleiste, dann Bezeichnung für freie künstlerische Zutaten zum Text. Der Schreiber des Textes heißt im allgemeinen Miniator, der Maler Illuminator. →Buchmalerei.

Minne, Georg. Belgischer Bildhauer und Graphiker. Geb. 1866 in Gent, gest. 1941 in Laethem. 1882–84 Studium an der Kunstakademie in Gent. 1891 besuchte er Paris und kam 1895 nach Brüssel, wo er an der Kunstakademie Unterricht nahm. Bald wurde er auf Grund von Differenzen von der Akademie ausgeschlossen. Allein versuchte er sich weiterzubilden. 1898 schuf er sein wohl berühmtestes Werk, den „Brunnen der fünf Knaben" (Essen, Folkwang-Mus.). 1899 ließ er sich in Laethem

G. Minne, Brunnenfigur (Essen, Folkwang-Mus.).

nieder und gehörte als führende Persönlichkeit der dortigen Künstlergruppe an. Nach einem Aufenthalt in England (1914–18) kehrte er wieder nach Laethem zurück, wo er bis zu seinem Tode lebte. – In seinen Werken finden sich Einflüsse von →Rodin und Elemente des →Jugendstils. Seit 1910 wandte er sich dem Neo-Realismus zu. Er gehörte zu den Exponenten dieser Richtung und übte einen großen Einfluß auf die belgischen und deutschen Bildhauer aus.
Lit.: W. Hofmann, Plastik des 20. Jhs., 1958.

Minnekästchen. Kleine, mit Schnitzerei und Malerei versehene Truhe; im späten Mittelalter gebräuchlich als Geschenk des Bräutigams an seine Braut. Auf dem Deckel findet sich oft die Darstellung eines Liebespaares oder das Bildnis des Spenders.
Lit.: H. Kohlhausen, M. im Mittelalter, 1928.

Mino da Fiesole (Mino di Giovanni Mini da Poppio, auch Mino da Florentia genannt). Italien. Bildhauer und Baumeister. Geb. um 1431 in Poppi, gest. 1484 in Florenz. Lernte bei →Desiderio da Settignano, durch den er der Frührenaissance verpflichtet war. Wiederholt (erstmals 1454) hielt er sich in Rom auf. War außerdem u. a. in Volterra und Perugia tätig, hauptsächlich jedoch in Florenz, wo er einen umfangreichen Werkstattbetrieb unterhielt. Seine Werke, hauptsächlich Grabmäler und Bildnisbüsten, dazu Altäre, Kanzeln und Tabernakel, zeichnen sich durch äußerste technische Verfeinerung, nicht immer ohne eine gewisse Oberflächlichkeit und durch feingliedrige Proportionen der Figuren aus. – Vor allem in seinen Bildnissen („Nicolo Strozzi", 1454, ehemals Kaiser-Friedrich-Mus., Berlin; „Giovanni Medici" und „Piero Medici", um 1461, Mus. Naz., Florenz) und Grabmälern („Leonardo Saluti", Dom zu Fiesole; „B. Guigni", um 1466, Badia, Florenz; „Kardinal Forteguerri", 1473, Rom, S. Maria in Trastevere; „F. Tornabounis", 1480, Rom, S. Maria sopra Ninerva) leistete er sein Bestes. – Als Vermächtnis hinterließ er einen Entwurf zur Fassade der S. Maria del Fiori zu Florenz, seine einzige Arbeit als Baumeister.
Lit.: Thieme-Becker; W. v. Bode, Kunst der Frührenaissance, 1923.

Minoische Kunst →Ägäische Kunst.

Minussinsk. Das Becken von M. am Mittellauf des Jenissei bildet mit seinen durch Steinumfriedungen und →Kurgane gekennzeichneten Grabanlagen wichtige Ansatzmöglichkeiten für die Erschließung der →eurasischen Kunst, nachdem durch S. A. Teplouchov eine Typenreihe der Grabformen aufgestellt worden war, in die die reichen Bronzefunde mit →Tierstil-Motiven eingeordnet werden konnten; →Karasuk-Kultur, →Tagar-Kultur.
Lit.: K. Jettmar, Steppenvölker, 61ff.

Minyische Gefäße. Bezeichnung für eine der bedeutendsten mittelhelladischen Keramikgattungen. Charakteristisch ist die einfarbige, fettig glänzende Oberfläche, deren Farbe der Naturfarbe des Tons folgt. Nach den verschiedenen Tonsorten lassen sich mehrere Herstellungszentren feststellen, deren Ware nach der Farbe benannt wird: grauminyisch, schwarzminyisch, gelbminyisch und rotminyisch. – Die bisweilen harten Formen mit ihren scharfen Umrißlinien lassen vermuten, daß Metallarbeiten wesentliche Anregungen übermittelten.
Lit.: F. Matz, Handb. d. Archäologie, II, 262ff.

Miran. Ruinen südlich des Lob-Nor-Gebiets in Ost-Turkestan mit den frühesten Spuren von Turfan-Wandmalereien etwa aus dem 3. und 4. Jh. n. Chr., unter deutlichem Einfluß der →Gandhara-Kunst.
Lit.: Bussagli, Malerei, 19.

Miró, Joan. Span. Maler. Geb. 1893 in Montroig bei Tarragona, ansässig in Paris. Nach seinem Studium an der Akademie in Barcelona ließ er sich 1919 in Paris nieder, wo er mit →Picasso und dem →Kubismus bekannt wird, nachdem seine früheren Bilder stark von van →Gogh beeinflußt waren. 1925 gehörte er zu dem Kreis um →Breton und unterzeichnete dessen surrealistisches Manifest. Seither stellte er regelmäßig gemeinsam mit dieser Gruppe aus. In dieser Zeit entwickelt er die für ihn charakteristische Formensprache. Er reduziert die Gegenstände bis zur Abstraktion und kommt hierbei zu hieroglyphenartigen Zeichen, aus denen er seine Bilder aufbaut. Dabei bewahrt er in seinen phantastischen Visionen stets eine heitere Naivität. 1928 bereiste er die Niederlande und stellte gleichzeitig erstmals in den USA aus. 1940 ließ er sich in Palma de Mallorca nieder und kehrte 1944 nach Frankreich zurück. Seither arbeitet er abwechselnd in Barcelona und Paris.
Lit.: H. Vollmer, Künstlerlex. d. 20. Jhs.

Mirpur Khas. Buddhistischer →Stupa in Sind mit Kultbildern der Gupta-Zeit aus buntbemalten Terrakotten.

Mir Sayyid Ali. Persischer Maler, der sich dem Humayun anschloß und seit 1555 bei der Begründung der Malschulen am indischen Mogulhof beteiligt war.
Lit.: Barrett, Painting, 77.

Miserikordie →Chorgestühl.

Miserikordienbild →Schmerzensmann.

Mishima. Aus Korea im 16. Jh. nach Japan eingeführte glasierte Keramik, die sich durch eingeritzten oder eingeprägten geometrischen Dekor auszeichnet.

J. Miró, „Frauen und Vogel beim Mondschein", 1949 (London, Tate Gall.).

Miskina. Einer der führenden Hofmaler Ende des 16. Jhs., der für den Mogulkaiser →Akbar historische und erzählende Werke illustrierte und zur Vergegenwärtigung orientalischer Gegenstände auch Stilmittel der zeitgenössischen italien. Malerei mit verwendete.
Lit.: Barrett, Painting, 88.

Mi-son. Früheste Tempelstadt der Tscham-Herrscher an der Ostküste von Annam (Süd-Vietnam). Die älteste Ruine ist ein Backsteintempel des 7. Jhs. n. Chr., der nach einem hölzernen Vorbild des 5. Jhs. errichtet wurde. Aus dem 7. Jh. stammen auch die zugleich kraftvollen und anmutigen Plastiken des Schiva-Kults im Museum von Tourane.
Lit.: Coomaraswamy, Geschichte, 221.

Missale. Liturgisches Buch. Eine Zusammenfassung von →Evangelistar (Perikopenbuch), →Lektionar, →Epistolarium, →Sakramentar, →Graduale und →Antiphonar. Es enthält alle Gebete, Lieder und anderweitigen Texte, die beim Zelebrieren der Messe in Betracht kommen.

Missorium. Ein in der altchristl. Kunst selten gebrauchter Ausdruck für ein flaches Kreuz aus Silber oder anderem kostbaren Material, auch Silberschild.

Mistra (Peleponnes). Die heute kleine, zerfallene Stadt ist reich an Kirchen von bedeutender Architektur und herrlicher Innengestaltung. Die Wandbilder der Demetriuskirche, auch „Metropolis" genannt (um 1320), sind gefühlstark, dabei dekorativ, besitzen leuchtende Farben mit starken Kontrasten. Übertroffen werden sie in der Feinheit der Ausführung noch von denen in der Brontocheionkirche (2. Hälfte 14. Jh.). Höhepunkt dieser Kunstrichtung in der Pantanassakirche (um 1428). Hier wird das Menschliche stark betont. In diesen drei Kirchen haben wir Zeugnisse der sogen. →makedonischen Mal-

schule. In der Peribleptoskirche (1340–60) ist dagegen die →kretische Malschule vorherrschend. Ihr Stil entspricht mehr der Tafel- als der Wandmalerei.
Lit.: G. Millet, Monuments byzantins de M., 1910.

Mitanni. Name eines von →Churritern und ostindogermanischen Kräften Ende des 16. Jhs. v. Chr. im mittleren Euphratgebiet gegründeten Staates, dessen Hauptstadt Waschuganni bisher nur inschriftlich bezeugt, aber archäologisch noch nicht bestimmt ist. Die Macht von M. während der Blütezeit im 15./14. Jh. erstreckte sich bis nach Nordsyrien und an den Oberlauf des Tigris. Ein wesentliches Merkmal des Heeresaufgebotes bildete das feudale Streitwagenrittertum mit Rossegespannen, dessen Erfahrungen sich bei den →Hethitern der Großreichszeit und in Ägypten in der Entwicklung eines heldisch-ritterlichen Stils auswirken. M. behauptete sich zwischen dem Hethiterreich, →Assur, den →Kassiten und Ägypten unter →Thutmosis I. und III. und IV., →Amenophis II. und IV., bis es unter →Mattiwaza zum Vasallenstaat →Schuppiluliumas wurde. Die Reihe der Könige von M. wird nach anonymen Vorgängern durch Parattarna, den Zeitgenossen →Idrimis, eröffnet, für den erstmalig die Feuerbestattung im Alten Orient bezeugt ist.
Lit.: H. Schmökel, GAV, 159ff., 334; H. Potratz, KAO, 324ff.

Mithra. Altiranischer Lichtgott, ursprünglich als Wagenritter, seit der →parthischen Kunst als Reiter in Steppentracht gedacht. →Dura-Europos. Von den Griechen mit Apollon-Helios gleichgesetzt, dargestellt mit Strahlenaureole, →Barsom und parthisch-hellenistischem Gewand auf einem Relief des →Antiochos I. von →Kommagene (→Nemrud Dagh).
Lit.: S. Nyberg, RAI, 492f., R. Ghirshman, Iran I, 439; II, 391.

Mithra →Mitra.

Mithradates. Name von →Arsakiden-Königen. M. I. (ca. 165–138/37 v. Chr.) entriß den →Seleukiden Iran und setzte die Westgrenze am Euphrat fest. Anfänge von →Ktesiphon. Münzbilder. M. II. (123–88/87). Felsrelief mit Huldigungsszene bei →Behistun. Münzbilder M. III. (um 57), von seinem Bruder →Orodes vertrieben. Münzbild mit Frontalansicht. →Parthische Kunst.
Lit.: R. Ghirshman, Iran II, 391; H. H. von der Osten, WP, 108ff.

Mithräum. Im 2. Jh. n. Chr. im röm. Imperium häufig errichtetes Mithrasheiligtum. Ausgehend von der Verehrung in Grotten, entwickelte sich die Architekturform des M.s, das sowohl in Privathäusern als auch in öffentlichen Gebäuden (Caracalla-Thermen, Rom) zu finden ist. Meist handelt es sich um unterirdische, langgestreckte Rechteckräume mit einer Vorhalle und Steinstufen an den Seiten. Der bildnerische Schmuck zeigt in Fußbodenmosaiken und Wandmalereien Szenen aus dem Ritus des Kultes. – Auch als künstliche Grotten wurden solche Heiligtümer angelegt, z.B. in →Ostia.

Mithrasreliefs. Kultbilder der an →Mithra anknüpfenden Mysterienreligion, die sich nach 70 v. Chr. in der hellenistisch-röm. Welt des Westens verbreiteten. Hauptmotiv ist die Darstellung des stiertötenden Gottes, von hellenistischen Künstlern nach dem Vorbild der einen Stier opfernden Nike geschaffen. Die mit einer Schlange und anderen Tieren ausgestattete Szene, deren Einzelheiten sich noch sicherer Deutung entziehen, ist in eine Grotte verlegt. Sie veranschaulicht – oft von Tierkreiszeichen und kosmischen Symbolen umgeben – die Vorstellung von der Welthöhle.
Lit.: H. H. von der Osten, WP, 113f.; F. Saxl, Lectures I., II., 1957; G. Kaschnitz von Weinberg, Die mittelmeerischen Grundlagen der antiken Kunst, 1944.

Mithuna. Sanskrit: Liebesvereinigung von Mann und Frau, als symbolische Kultbilder häufig an den Außenwänden von Hindu-Tempeln.

Mitla. Zapotekisches Zentrum in Oaxaca, Mexiko, in später Zeit mixtekisch beherrscht; bis in die frühe Kolonialzeit benützt. Weithin Hausreste und Gräber verstreut, 5 Palastkomplexe, 2 vollständig ausgegraben und restauriert. Säulengruppe mit Säulenhalle (38 zu 6 m, 6 runde monolithische Steinsäulen), 3 Räume um Innenhof gruppiert, Wände mit Mäandern im „M.-Motiv" verziert, deren Muster durch vorstehende Riemchensteine (etwa 100000 verwendet) entstanden. Im 2. Hof Einstieg zu kreuzförmiger Krypta. Kirchengruppe mit eingebauter katholischer Kirche, in der einige mixtekische Freskenreste erhalten sind.
Lit.: E. Seler, Die Wandmalereien von M., 1895.

Mitla, „Palacio de las grecas".

Mitra, auch Mithra geschrieben (griech. = Binde, Gürtel). **1)** Kopfbinde, Stirnband. Wurde von griech. und röm. Frauen getragen. – **2)** Bezeichnung für Kopfbedeckung der Bischöfe, Prälaten und Äbte bei einer liturgischen Handlung.

Mittelgrund. Bezeichnung für die Raumzone, die sich zwischen dem Vorder- und Hintergrund eines Bildes befindet.

Mittel-Paläolithikum →Ältere Steinzeit.

Mittelrisalit →Risalit.

Mittelschiff →Basilika, →Lichtgaden.

Mittlere Steinzeit. Die nacheiszeitliche Übergangsphase von der →Älteren zur →Jüngeren Steinzeit. Sie dauert im mitteleuropäischen Raum von etwa 8000 bis 4000 v. Chr. Im Anschluß an das Paläolithikum ist ein Rückgang künstlerischer Betätigung zu konstatieren. Ausnahme-Erscheinungen sind die ostspan. →Levante-Kunst, bemalte Kiesel des →Azilien sowie geometrische Elemente und Bernsteinplastik in der →Maglemose-Kultur Nordeuropas.

Mixteken. Im nordwestlichen Oaxaca und im Staate Puebla entwickelte sich der Mixteca-Puebla-Kunststil. Die Bauten von →Mitla werden den M. zugeschrieben, die auch als hervorragende Künstler auftreten. In Altamerika sonst unübertroffener Goldschmuck, ebenso Türkismosaike, sowie Gravierungen in Muschel, Knochen und Halbedelsteinen bei ihnen heimisch; Steinskulpturen fehlen. Berühmt sind die mixtekischen →Bilderhandschriften, deren Elemente auch auf den polychromen Töpferwaren wiederkehren können. In den Jahrhunderten vor der Ankunft der Spanier kämpften die M. erbittert mit den →Zapoteken um die Herrschaft im Tal von Oaxaca, bis sie von den Azteken unterworfen wurden. Die M. empfingen zahlreiche Kulturelemente von der Golfküste (→Olmeken), und mixtekische Einflüsse strahlten weithin aus (→Tulum, →Santa Rita Corozal).
Lit.: M. Covarrubias, Mexiko South, 1947.

Mnesikles. Griech. Baumeister der 2. Hälfte des 5. Jhs. v. Chr. Von ihm stammt der Entwurf zu den →Propyläen (437/36–432/31 v. Chr.) auf der Akropolis in →Athen. Der Bauplan, der neben dem Tor seitlich vorspringende Hallen vorsah, konnte mit Rücksicht auf bereits bestehende Heiligtümer nur unvollkommen verwirklicht werden. Die Notlösung besteht in einer teil-

weisen Fassaden-Scheinarchitektur, um so den erstrebten Raumeindruck zu realisieren. – Mit diesem Bau kündigt sich ein wesentlicher Wandel in der griech. Architektur an, da hier erstmals, um eine axial gebundene Architekturgruppe zu verwirklichen, eine Scheinarchitektur in Kauf genommen wird.
Lit.: A. Bundgaard, M., 1957.

Moche. Klassische Kultur an der Nordküste Perus (→Mochica), blühte vom 1. Jh. n. Chr. bis etwa 1000 n. Chr. Großartige Bewässerungsanlagen mit Aquädukten. Als Baumaterial vorwiegend Ton und Erde verwendet, monumentale Steinwerke fehlen. Die in span. Zeit „Huaca del Sol" (Heiligtum der Sonne) genannte Stufenpyramide erreicht 28 m Höhe. Der entwickelte Totenkult ließ Gewölbe und Grabkammern mit reicher Grabkeramik entstehen. Zehntausende von Tonwaren stellen Menschen, Gottheiten, Tiere, Vögel und Früchte dar. Bilder aus dem Alltagsleben kommen neben mythologischen Darstellungen, humoristischen Szenen und Obszönitäten vor. Häufig erscheinen Steigbügelausgüsse. Neben oben auf den Krügen aufgesetzten modellierten Freifiguren wurden Motive an die Wandungen gemalt oder in Flachrelief wiedergegeben. Der Eindruck der räumlichen Tiefe konnte durch Verbindung von Relief und Runddarstellung erzielt werden. Es läßt sich von einem Bilderatlas der Kultur in Ton sprechen. Die Personenwiedergabe erstrebt offensichtlich häufig Portraitwahrheit; Narben und körperliche Besonderheiten erfahren realistische Darstellung. Verstümmelungen scheinen auf Opfer hinzuweisen. Beliebte Typen wurden in Formen öfters kopiert. Metallarbeiten wurden in hervorragender Qualität in Gold, Silber, Kupfer und deren Legierungen erzeugt. Besondere Wirkung erzielen die Mosaikeinlagen in Türkis und Muschelschale (→ à cire perdue). Portraitköpfe kamen in gehämmertem Blech zur Ausführung. Goldbrustplatten und Kopfschmuck wurden aus getriebenem Gold verfertigt. Die Tragart des Kleinschmuckes belegen die Tonfiguren in vielfältiger Form.
Lit.: A. Baessler, Ancient Peruvian Art, 4 Bde. 1902/03; G. Kutscher, Nordperuanische Keramik, Mon. Americana I. 1954.

Mochica. Alte Form der Benennung der nach dem Orte →Moche bezeichneten Kultur, früher auch Früh-Chimu genannt.

Propyläen der Athener Akropolis, 437 v. Chr. von Mnesikles begonnen.

Model. 1) Deutsche Schreibform für Modul (lat. modulus, „kleines Maß") ist der halbe untere Säulendurchmesser und als solcher das Bezugsmaß für die antike Baukunst. Mit seiner Hilfe wurden die Verhältnisse einer Säulenordnung bestimmt. Bei Unterteilung in 30 ergeben sich die Minuten oder Partes. Die Maße der Kapitelle, des Gebälks, der Säulenhöhe und des Säulenabstandes wurden mit dem M. berechnet. – **2)** Vertiefte Gußform („Formmodel"). – **3)** Durchmesser einer Münze oder Medaille. – **4)** Erhabene Druckform für Zeug- und Tapetendruck. – **5)** Vorlage für Stickerei etc. Als Bücher „M.-Bücher" genannt. (Ältestes von 1525.)

Modell. Vom italien. modello = Vorbild, Musterbild. **1)** Vorbild für Maler oder Bildhauer in Form von Gegenständen oder lebenden Personen (→Akt). – **2)** In der Baukunst die dreidimensionale Darstellung eines Bauwerkes oder Bauteiles in kleinem Maßstab aus leichtem Material (Holz, Ton, Gips, Papier etc.), um die aus den zeichnerischen Entwürfen schwer erkennbare, endgültige Wirkung besser beurteilen zu können; in Plastik die Urform eines Bildwerkes, die in Gips gegossen und von diesem Gipsmodell in den gewünschten Werkstoff (Marmor, Bronze, Stein) übertragen werden kann (→Bozzetto).

Modhera. Ruine vom Mandapam des Sonnentempels.

Modellieren. Bezeichnung für das Formen knetbarer Materialien (z. B. Gips, Ton, Wachs) zu einem plastischen Gebilde.

Modellmännchen. Figürchen aus Ton, Wachs oder Gips, besonders gebräuchlich im 16.–18. Jh. als Proportions- und Kompositionsstudien für Maler und Bildhauer. Es wurden auch mehrere M. in einen einseitig beleuchteten Kasten gestellt: Kastenkomposition.

Modena. Der Dom wurde 1099 über einem älteren Bau als dreischiffige Basilika ohne Querschiff mit 3 Chorapsiden und flacher Decke von →Lanfranco begonnen. Die Grundrißgestaltung hält sich demnach noch eng an die frühchristl. Tradition. Hauptweihe der Kirche 1184, Vollendung des S-Portals (Porta regia) erst 1221. Im 15. Jh. wurde das Innere eingewölbt. Folgenreich für Italien war an diesem Bau die Übernahme der Zwerggalerie vom →Speyerer Dom: um den ganzen Außenbau ziehen sich vorgeblendete Wandarkaden mit einer Zwerggalerie dahinter. Im Inneren Ambo und Pontile, auf Löwen unter Säulen ruhend, mit Relief-Bilderwand in der Art nordischer Lettner (1160–80). Der 120 m hohe Glockenturm neben der nördlichen Chorapsis stammt von 1100–1319.
Lit.: Wasmuths Lexikon der Baukunst, Bd. III, 1932, N. Pevsner, Europäische Architektur, 1957; H. Busch und B. Lohse, Baukunst der Romanik in Europa, 1959.

Modersohn-Becker, Paula. Deutsche Malerin. Geb. 1876 in Dresden, gest. 1907 in Worpswede. 1897 ließ sie sich als Schülerin von Mackensen in Worpswede nieder und heiratete 1901 den Maler Otto Modersohn. 1900, 1903 und seit 1905 jährlich reiste sie nach Paris und nahm dort Kontakte mit den Fauves (→Fauvismus) auf. Sie erkannte früh die Bedeutung dieser französischen Bewegung und brachte als Vorläuferin des →Expressionismus neue Bildgedanken nach Deutschland. Ihre Stillleben, Landschaften und Bildnisse zeigen eine einfache, groß angelegte Flächigkeit und vermitteln mit sparsamen Mitteln starke Ausdrucksgehalte.
Lit.: Knaurs Lex. d. mod. Kunst, 1955.

Modhera. Ruinen eines besonders reich ausgestatteten Sonnentempels des 11. Jhs. in dem westind. Bundesstaat Gudscherat, in deren Umgebung sich Reste einer alten Siedlung mit kunstvollen Wasserbauten befinden.

Modigliani, Amadeo. Italien. Maler. Geb. 1884 in Livorno, gest. 1920 in Paris. 1907 übersiedelte er nach Paris und nahm Anregungen von →Cézanne und dem

→Kubismus auf. Seit 1909 war er auch als Bildhauer tätig. Er befreundete sich mit →Brancusi, der ihn auf die seine weitere Entwicklung stark beeinflussende Negerplastik aufmerksam machte. Seine Malerei ist wesentlich durch die gezeichnete, umschreibende Linie bestimmt, in der er den Ausdrucksgehalt fixiert. Nicht ohne manieristische Elemente hat er einen eigenen und sehr persönlichen Stil expressionistischer Darstellung entwickelt.
Lit.: Knaurs Lex. d. mod. Kunst, 1955.

Modul →Model.

Modulor. Eine von →Le Corbusier und seinen Mitarbeitern aufgestellte Proportionsskala, „die das Schlechte schwierig und das Gute leicht macht" (A. Einstein). Der M. fußt auf zwei Reihen, die durch den Goldenen Schnitt ermittelt und auf die menschlichen Körperverhältnisse bezogen sind. Ausgegangen wird dabei von einer menschlichen Körpergröße von 1,83 m bzw. 2,26 m (aufrecht stehender Mensch mit erhobenem Arm) und der Hälfte davon, 1,13 m.
Lit.: Knaurs Lexikon der modernen Architektur, 1963.

Modulus →Model.

Möbel (franz. meuble von lat. mobilis, beweglich). Nach dem Gebrauchszweck unterscheiden wir: Behältnis- oder Kastenmöbel, Tafelmöbel, Sitz- und Liegemöbel. Kombinationen sind möglich, z.B. die Truhe als Sitz- und Kastenmöbel. Die Möbelkunst des Altertums war hoch entwickelt, sie ist uns in bildlichen Darstellungen und bruchstückhaft durch Ausgrabungen überliefert. Das frühe Mittelalter dagegen hat nur einfache Gebrauchsgegenstände hergestellt. Erst im 15. Jh. beginnt eine stärkere künstlerische Ausgestaltung. Im frühen Mittelalter bildete die Truhe das erste Kastenmöbel, nun wird aus zwei übereinandergestellten Truhen, die statt beim Deckel an der Schauseite geöffnet werden, der Schrank ausgebildet. In diese Zeit fällt die Erfindung der Sägemühle, die schneller dünnere Bretter fertigt, und der neue Rahmenbau. Man beginnt Rahmen und Füllung zu unterscheiden und mit Schnitzerei zu verzieren. Die Ornamente übernimmt man aus der großen Kunst: Fialen, Maßwerk etc. Die Renaissance wandelt diese Möbeltypen ab, gestaltet ihr Material und ihre Dekoration um. Sie nimmt antikisierende Motive auf und gliedert die M. architektonisch. Die M. werden mit Einlegearbeiten, →Intarsia, geschmückt, oft liefern berühmte Künstler die Entwürfe. In Italien spielen die Brauttruhen, →Cassone, eine besondere Rolle. Die Räume werden, besonders stark in Deutschland, getäfelt und bilden mit den Türen und M. eine Einheit. – Im Barock und Rokoko wird Frankreich das Zentrum der europäischen M.-Entwicklung. Die M. machen alle Stilwandlungen des 18. Jhs. vom schweren Barock bis zum zierlichen Rokoko mit. Im Spätbarock Aufkommen der Furniere zum Verkleiden von unedlen Hölzern. Die Verzierungen werden ebenso wie die Füße geschnitzt. Großer Wert wird auf eine prunkvolle Einlegearbeit gelegt, →Boullearbeit. In Frankreich selbst werden die Möbelstile nach den zu ihrer Zeit regierenden Königen bezeichnet, bei uns ist erst die Bezeichnung Louis-seize für den dem Rokoko folgenden, bereits zum Klassizismus überleitenden Möbelstil allgemein üblich. Auf ihn folgt, wieder von Frankreich ausgehend, →Empire, die mit antikisierenden Motiven geschmückten, geraden Möbel der Zeit Napoleons. Das darauf folgende →Biedermeier ist der Stil des Vormärz in Deutschland und Österreich. Die M. sind einfach, klar und zweckmäßig gebaut. Die Maserung des Holzes bildet an Stelle von Einlegearbeit und Schnitzereien den Schmuck der Möbelstücke. Das Hauptmotiv der Bezugsstoffe sind Streublumen (→Streumuster). Nach dem Biedermeier beginnen die Möbelhersteller mit Stilimitationen: Altdeutsch etc. In England begann bereits in der 2. Hälfte des 18. Jhs. der Versuch, einen eigenen nationalen Stil zu schaffen, →Chippendale-Stil. In Deutschland versucht um 1895 der →Jugendstil bei den Möbeln das Imitieren bereits überlebter Stile zu beenden und schafft neue Schmuckelemente, die hauptsächlich aus abstrahierten Pflanzenmotiven bestehen.
Lit.: A. Feulner, Kunstgeschichte d. M.s, 2. Auflage, 1927; S. Müller-Christensen, Alte M., 3. Auflage, 1954; H. Schmitz, Das M.-Werk, 1936; E. Ferber, Ullstein Möbelbuch, 1963.

Moellon. Selten gebrauchtes Wort für quaderförmig behauenen Bruchstein.

Mönch und Nonne. Bezeichnung für rinnenförmige Lagerziegel, die für die Eindeckung von Dächern besonders bei mittelalterl. oder südländischen Bauten verwendet wurden. Mönch = Wölbung nach oben; Nonne = Wölbung nach unten zur Überdeckung der Längsfugen.

Mogul. Die indischen Herrscher Babur (1526–31), Humayun (1531–56), Akbar (1556–1605), Dschahangir (1605–27), Schah Dschahan (1627–58) und Aurangzeb (1658–1707), von denen besonders die ersten vier als Bauherren der Residenzen von →Agra, →Delhi, →Fatehpur Sikri, →Lahore und als Mäzene von Miniaturistenschulen berühmt wurden.
Lit.: Brown, Architecture, II; Kühnel, Buchmalereien; Barrett, Painting.

Mohendscho Daro. Eine der Hauptstädte der vorgeschichtlichen →Industal-Kultur in West-Pakistan. Wegen des sumpfigen Untergrundes hat man bei den Ausgrabungen die untersten Schichten noch nicht erreicht; doch sind aus dem 3./2. Jahrtausend v. Chr. erkannt: eine Zitadelle mit kultischem Bad, Priesterwohnungen, Rest einer Säulenhalle; regelmäßig geplante Stadt, deren Backsteinhäuser abgeböschte Mauern hatten und mit Holzbalken flach eingedeckt waren. Die Kleinfunde an Terrakotten, Siegeln und bemalter Keramik sind in einem Lokalmuseum aufbewahrt. Auf dem Burgberg wurde später in der →Kuschana-Zeit ein Stupa errichtet.
Lit.: J. Marshall, M., 1931; Wheeler, Alt-Indien und Pakistan.

Moholy-Nagy, László. Ungarischer Maler, Bildhauer und Kunstgewerbler. Geb. 1895 in Bácsborsod, gest. 1946 in Chicago. Nach einem Jurastudium wandte er sich 1915 der bildenden Kunst zu. 1917 nahm er Anregungen des →Konstruktivismus und von →Malewitsch auf. 1920 kam er nach Berlin und ließ sich 1923 in Weimar nieder. Bis 1928 lehrte er am Bauhaus, wo er mit →Gropius zusammenarbeitete und mehrere Bauhausbücher herausgab. Lebte anschließend bis 1933 in Berlin und wanderte nach einem längeren Aufenthalt in London 1937 nach den USA aus. Dort gründete er in Chicago 1937 „The Bauhaus", um die Bauhausbewegung weiterzuführen. – Als Künstler war er in erster Linie dem Experiment mit abstrakten Formenelementen des Konstruktivismus verbunden. Auf verschiedensten Gebieten suchte er, mit vielerlei Materialien arbeitend, neue Wege aufzuzeigen. So entstanden Photomontagen, Photogramme, Metallreliefs, Collagen u. a.
Lit.: H. Vollmer, Künstlerlex. d. 20. Jhs.

Moissac. Klostergründung wohl im 7. Jh. Die 1063 geweihte Kirche frühestes bekanntes Beispiel einer aquitanischen Kuppelkirche (→Aquitanien). Die eingestürzten Kuppeln im 14. Jh. durch got. Rippengewölbe ersetzt. Hochbedeutend die zur Bauplastik des →Languedoc gehörenden Werke der Bildnerei: Die mit umfangreichem ikonographischem Zyklus versehenen Figurenkapitelle und die Apostelstatuen an den Pfeilern des um 1100 errichteten Kreuzgangs zeigen stilistischen Zusammenhang mit den Chorumgangreliefs von 1096 in St. Sernin, →Toulouse. Hauptwerk ist das Tympanon des Südportals der Kirche mit der →Majestas Domini und den 24 Ältesten (Apokalypse, Kap. 4–5), dessen stilistische Voraussetzungen noch nicht geklärt, jedoch nicht in der früheren Plastik des →Languedoc zu suchen sind. Seine riesigen Dimensionen wohl von dem zerstörten Tympanon von →Cluny III angeregt. Die dreidimensionale Entfaltung und raumgreifende, zuckende, ekstatische Bewegtheit, die Verschränkung und Komplizierung der Körperstellungen, die Fülle der Formen, die Häufung des Zierats verbinden sich mit der visionären Ausdrucksgewalt zu einer erregenden Gestaltung der endzeitlichen Vision. Es ist das neben den Tympana von →Vézelay und →Autun bedeutendste Werk franz. roman. Bildnerei. Seinem Schulkreis gehören die um 1125 entstandenen Vorhallenskulpturen an (Verkündigung, Heimsuchung,

Luxuria, Avaritia). Sie erscheinen unter vorkragenden Dächern, unter kleeblattförmigen Arkaden, die eines der wichtigsten Zwischenglieder zwischen flacher roman. Nische und dem räumlich entfalteten Baldachin bilden. Weitere Nachfolgewerke: Souillac, Beaulieu, Cahors.
Lit.: A. Kingsley-Porter, Romanesque Sculpture of the Pilgrimage Roads, Bd. IV, 1923; W. Sauerländer, Skulptur des Mittelalters UKG XI, 1963.

Piet Mondrian, „Komposition I", 1925 (Kunsthaus, Zürich).

Mokwi (Abchasien). Kathedrale von M. (Ende des 11. Jhs.) bedeutsamer Bau. Ähnliche Grundrißanlage wie die berühmte Sophienkathedrale in →Kiew. Die Übereinstimmung erstreckt sich sogar auf das Vorhandensein einer umlaufenden Empore.

Mola Ram. Hinduistischer Miniaturmaler im Bergstaat Garhwal, 1760–1833. M. gehörte zur 5. Generation einer Malerfamilie, die ursprünglich am Mogulhof gearbeitet hatte. Er scheint eine Sammlung älterer und zeitgenössischer Miniaturen besessen zu haben, die er ohne viel eigene Erfindung im Stil von →Kangra kopierte, signierte und mit Versen – meist über die geringe Wertschätzung seiner Erzeugnisse – versah.
Lit.: Barrett, Painting, 188.

Moll, Oskar. Deutscher Maler. Geb. 1875 in Brieg/Schlesien, gest. 1947 in Berlin. Nach seinem 1897 begonnenen Studium bei →Corinth und →Leistikow in Berlin ging er 1907 nach Paris, wo er sich dem →Fauvismus anschloß und bei →Matisse seine Studien fortsetzte. In kräftiger Farbgebung schuf er zahlreiche Stillleben und figürliche Kompositionen, dazu einige Landschaftsbilder. 1918 wurde er an die Breslauer Akademie berufen und lehrte 1932 an der Akademie in Düsseldorf. Nachdem er dort 1933 entlassen wurde, übersiedelte er nach Berlin.
Lit.: Thieme-Becker; H. Vollmer, Künstlerlex. d. 20. Jhs.

Moller, Georg. Deutscher Architekt. Geb. 1784 in Diepholz, gest. 1852 in Darmstadt. Studierte bei →Weinbrenner in Karlsruhe. Seine Italienreise (1807–10) bestärkte eher seine romantischen Neigungen als den durch Weinbrenner anerzogenen Klassizismus. Ab 1810 war M. in hessisch-darmstädtischen Diensten tätig und wurde als oberster Baubeamter des Landes Schöpfer des neuen Darmstadt. Neben seinen Bauwerken von kubisch-klassizistischer Strenge (Ludwigskirche in Darmstadt, 1822) und einer Fülle romantischer, gotischer Entwürfe war M. als Architekturforscher bekannt geworden. Durch die Herausgabe der „Denkmäler deutscher Baukunst, Darmstadt 1815–49" förderte M. das Verständnis für die mittelalterl. Bauwerke, und durch seine Wiederentdeckung des originalen Kölner Dombaurisses ermöglichte er die Vollendung dieses Bauwerkes. Von seinem umfangreichen Werk steht fast nichts mehr; von bedeutenderen Bauten nur noch: Theater in Darmstadt (1818–20, mehrfach verändert), Ludwigsmonument in Darmstadt mit Plastik von L. Schwanthaler und das Schloß in Wiesbaden, 1837.
Lit.: Frölich-Sperlich, G. M., 1959.

Monasterium. Sowohl die Wohnung eines einzelnen Mönches als auch der Ort einer Mönchsgemeinschaft. Später auch im Sinn von Klosterkirche gebraucht.

Monatsbilder. Die Kennzeichnung der 12 Monate des Jahres durch anschauliche Darstellung der für jeden Monat typischen ländlichen Arbeit (z. B. Pflügen, Säen, Ernten etc.) oder anderer Vorkommnisse (z. B. Jagd). Sie erscheinen oft zusammen mit den entsprechenden Tierkreiszeichen. Ausgangspunkt für die ersten Darstellungen in Mosaikböden frühchristl. Kirchen und Kalendarien karolingischer Handschriften waren die mit charakteristischen Attributen ausgestatteten antiken Monatspersonifikationen. Erst im Laufe des Mittelalters gewannen die M. szenisch-genrehaften Charakter. Als kleinfigurige Reliefs, häufig in Vierpässe gefaßt, wurden sie in die Portalprogramme franz. got. Kathedralen des 13. Jhs. aufgenommen (Chartres, Paris, Reims, Amiens). In Deutschland ist plastische Gestaltung selten. In den Stundenbüchern franco-flämischer Miniatoren aus dem Anfang des 15. Jhs. (z. B. Brüder von →Limburg) wurde das Genremotiv in einen Landschaftsraum eingebettet und das M. so zu einem wesentlichen Ansatzpunkt für die Entwicklung der →Landschaftsmalerei.

Monatsikone. Bilder von Heiligen und ihren Festen, die in dem ihrem Festtag entsprechenden Monat vor dem Altar nebeneinander aufgestellt werden.

Mondglas. Alte Bezeichnung für →Butzenscheiben.

Mondidol. Bezeichnung für vorgeschichtlich-eisenzeitliche Fundstücke unbekannter Zweckbestimmung; es handelt sich um einen mondsichelartig nach oben gebogenen Tonkörper, dessen Enden verziert sein können. Der Form nach könnte es sich um Feuerböcke handeln. Wahrscheinlicher ist eine Deutung als Kultgegenstand.

Mondrian, Piet. Holländischer Maler. Geb. 1872 in Amersfoort, gest. 1944 in New York. Seine frühen Bilder verbinden Elemente des →Jugendstils mit einer impressionistischen Malweise. 1907 entstanden Werke, die unter dem Einfluß des →Fauvismus stehen. 1912–14 lebte er in Paris, setzte sich mit dem →Neo-Impressionismus auseinander und wurde mit dem analytischen →Kubismus bekannt, der ihn nachhaltig beeindruckte. In Serien von Stilleben reduzierte er die Gegenstände bis auf ihre Grundformen. Nach seiner Rückkehr nach Holland gründete er gemeinsam mit van →Doesburg 1917 die Zeitschrift „De Stijl". 1919 ließ er sich in Paris nieder und fand nun in der konsequenten Weiterentwicklung seiner Stillebenserien zu seinem eigenen Stil, der durch die Verwendung reiner Farben und die Beschränkung eines aus vertikalen und horizontalen Linien bestehenden Ordnungssystems gekennzeichnet ist. – Als einer der ersten Konstruktivisten der abstrakten Malerei beeinflußte er durch seine Kunst und durch seine theoretischen Schriften zahlreiche Künstler, u. a. →Léger, →Baumeister und →Bill.
Lit.: W. Hofmann, Zeichen u. Gestalt, 1957.

Mondsee, ehem. Stiftskirche. An Stelle der hochroman. Kirche wurde ab 1470 ein spätgot. Neubau unter dem Abt Benedikt II. Eck aufgeführt. Die Hauptweihe war 1487, die letzte Altarweihe 10 Jahre später. Baumeister war Hans Lengdörfer, die Barockausstattung stammt in der Hauptsache von Meinrad Guggenbichler (1649–1723), dem Hauskünstler des Klosters. Erst nach 1730 fand der Bau seinen endgültigen Abschluß durch die Barockisierung der Fassade, den Ausbau der Türme und die Vervollständigung der Einrichtung. Der Bau wirkt auf den Beschauer recht überraschend, da die seltene Form der zweiachsigen Gliederung der hellen, barocken Fassade einen starken Kontrast bildet zu der kleinen, dunklen, mit frühgeschichtlichen Funden bestellten Vorhalle und schließlich dem in seiner Größe majestätischen Innenraum einer spätgot., halbbasilikalen Staffelkirche (Länge 70 m, Breite 33 m, Höhe 29 m). Das Langhaus ist in 4 Joche gegliedert; daran schließt sich,

durch einen Fronbogen abgegrenzt, ein vierjochiger Vorchor und ein zweijochiger Hochchor, der über eine Treppe zu erreichen ist. Darunter die ehemalige, zugeschüttete Krypta. Nördlich vom Chor die Sakristei (ehemals Marienkapelle), die von außen wie eine zweite Apsis aussieht.
Lit.: Reclams Kunstführer, Österreich I., 1961.

Mond von Bali. Beim Dorf Pèdjèng (Bali) gefundene Bronzetrommel, der vorgeschichtlichen →Dongson-Kultur entstammend; sie entstand in der Gußtechnik der verlorenen Form (cire perdue) und dürfte nicht in →Hinterindien, sondern in →Indonesien hergestellt worden sein. Es handelt sich um die größte Bronzetrommel, die jemals entdeckt wurde.

Monemvassia. Die Kirche in M. ist eine der letzten Ausläufer des Achtstützenbaues in Griechenland. M. schließt sich in Baukonstruktion eng an →Hosios Lukas an (12. Jh.).

Monet, Claude. Franz. Maler. Geb. 1840 in Paris, gest. 1926 in Giverny (Seine). Empfing seine erste Anleitung von E. Boudin, mit dem zusammen er auch ausstellte; später trat er mit →Jongkind in Verbindung. Im Atelier Gleyres in Paris lernte er →Renoir, →Sisley und →Bazille kennen. 1866 versucht er es zum erstenmal mit der Malerei im Freien (Déjeuner sur l'herbe). Durch die Begegnung mit →Turner auf einer Englandreise (1871) wurde er zu dem Bild „Impression, soleil levant" angeregt. Als dieses Bild 1874 bei →Nadar in Paris ausgestellt wurde, kam es zu heftigen Protesten gegen die hierin erkennbare neue Kunst, und der Titel des Bildes wurde als Schimpf auf die ganze Künstlergruppe und ihr Programm übertragen (→Impressionismus). Gegen alle Widerstände entwickelte M. diese Art der Malerei weiter, und als einziger des Kreises der Impressionisten schöpfte er mit seinen Serienbildern (Seerosen; Kathedrale von Rouen), in denen er ein Motiv zu allen Tages- und Jahreszeiten festhielt, am konsequentesten alle Möglichkeiten des Programmes aus. (Siehe Farbtafel 31).
Lit.: Thieme-Becker.

Mongolen →Ilkhane, →Timuriden.

Monochrom. Bezeichnet die Einfarbigkeit eines Kunstwerkes im Gegensatz zu polychrom, womit die Mehrfarbigkeit bezeichnet wird. Die beiden Begriffe finden vor allem bei Werken Anwendung, deren Farbigkeit sich nicht von selbst versteht.

Monogramm →Künstlermonogramm.

Monogramm Christi. Die Anfangsbuchstaben des Wortes Christus oder des Wortes Jesus hat man in altchristl. Zeit zur Bildung eines Monogramms verwandt, das sehr verschieden in seiner Form sein kann. Besonders abwechslungsreich ist die Monogrammgestaltung an syrischen Bauten.

Monolith. Als M. bezeichnet man eine Säule, die aus einem Stein gehauen ist und nicht wie üblich aus mehreren übereinandergeschichteten Säulentrommeln besteht. Lediglich der Säulenhals mit dem Kapitell wird bei der monolithen Säule gesondert gearbeitet. Z. B. Apollontempel von →Korinth.

Monopteros. Antiker Tempeltyp von ähnlicher Form wie die →Tholos. Im Gegensatz zu ihr hat der M. jedoch keine Cella, sondern nur eine Rundstellung von Säulen, die Gebälk und Dach tragen. Wahrscheinlich hängt der M. typologisch mit dem Baldachin zusammen.

Monotypie. Graphisches Verfahren, das immer nur einen einzigen Abdruck möglich macht. Es gibt 2 Arten der M. – **1)** Ölfarbe wird in eine rauhe Glasplatte eingerieben, das Papier wird aufgelegt und nun mit einem harten Stift seitenverkehrt auf das Papier gezeichnet. Nimmt man das Papier ab, so erhält man eine farbige Zeichnung auf der Vorder- und eine Stiftzeichnung (seitenverkehrt) auf der Rückseite. – **2)** Man malt mit Ölfarbe auf eine versilberte Kupfer- oder Kunstharzplatte, legt das Papier auf und druckt in einer Kupferdruckpresse. Bei diesem Verfahren sind allerdings noch ein zweiter und dritter Abdruck möglich, die aber natürlich wesentlich blasser werden. Die M. ist ein schwieriges Verfahren, da kaum Korrekturmöglichkeiten bestehen. Sie ist seit dem 17. Jh. bekannt. In neuerer Zeit verwendete →Degas diese Technik.

Monreale, Benediktiner-Klosterkirche und Dom. 1174 von Wilhelm II. begonnen (→Sizilien), bereits 1186 Einsetzung der Bronzetüren im Westportal. Dreischiffige Basilika mit offenem Dachstuhl, Spitzbogenarkaden über Säulen mit korinthischen Kapitellen, glattem Obergaden, Querhaus mit 2 östlichen Apsiden, von →Cefalù abgeleitet, doch in reichster Steigerung. Überzogen ruhig lagernde Raum ist der Tradition frühchristl. Basiliken verpflichtet. Normannisch ist die Steigerung zum Chor hin sowie die von →Cefalù beeinflußte Doppelturmfassade. Die Außengliederung der Ostpartie von Cefalù abgeleitet, doch in reichste Steigerung. Überzogen mit Architekturformen, die aus farbigen Stein- und Tonfliesen zusammengesetzt sind. Beherrschendes Motiv sind die sich überschneidenden Rund- und Spitzbogenblenden an der Ostpartie, die lanzettförmige Bogenstellungen entstehen lassen. Der textilienhafte Oberflächencharakter ist spezifisch sizilianisch. Vollständige Ausstattung mit Mosaiken durch griech. und venezianische Künstler (vollendet Mitte 13. Jh.; in der Apsiswölbung Christus als Pantokrator, sonst Szenen aus Altem und Neuem Testament). Die großartige lineare Strenge der Mosaiken von Cefalù ist einer weicheren, pathetischeren Behandlung gewichen. Bedeutende Bronzetüren des →Bonanus von Pisa und des →Barisanus von Trani (→Kirchentüren). Bedeutender Bau, in dem die unterschiedlichen Stilelemente sizilianisch-normannischer Kunst, islam., byzant. und nordisch-normannischer Traditionen, zu einer Wirkung von großartiger Einheitlichkeit verschmolzen sind. Von den Klostergebäuden nur der prächtige Kreuzgang mit Brunnenhaus erhalten.
Lit.: H. Rau, Normannische Kunst in Sizilien, 1956.

Agnus-Dei-Ostensorium (Monstranz), um 1460 aus Basel (Berlin-Charlottenburg, Kunstgewerbemuseum).

Monrepos. Schloß M., zu deutsch „meine Ruhe", liegt etwas außerhalb der Stadt Ludwigsburg an einem kleinen See. Erbaut wurde es unter Herzog Carl Eugen vom Baumeister de la Guêpière 1764 als „Seehaus". 1804 ließ König Friedrich das Innere klassizistisch umgestalten und nannte es „Monrepos". Die Anlage ist hufeisenförmig. Eine Seeterrasse, Säulen vor dem Mittelbau, Mansarddächer, Kuppel und Dachbalustrade verleihen dem Bau eine freundliche, französische Note.
Lit.: Reclams Kunstführer, Deutschland, Bd. II, 1957.

Monstranz (von lat. monstrare = zeigen); auch ostensorium, custodia. Behälter aus Edelmetall und Glas oder Kristall, in dem die Eucharistie, die geweihte Hostie, gezeigt wird. Die von Reliquienschaugefäßen abgeleitete M. wird erst nach Einführung des Fronleichnamsfestes (1264) üblich; doch sind Beispiele bis ins 14. Jh. noch selten. Die Grundform weist einen Schaft mit Fuß und Knauf auf, über dem in reicher ornamentaler oder architektonisierter Umrahmung das zylindrische oder scheibenförmige Glas- oder Kristallgefäß angebracht ist, in dem über einschiebbarem Fuß der meist mondsichelförmige Halter (lunula) die Hostie trägt. Die Spitze zeigt gewöhnlich ein Kreuz. Höhe etwa 50 cm, im Spätmittelalter jedoch bis zu 1,20 m. In got. Zeit wird die Turm-M. mit Streben und Fialen entwickelt. In Italien findet sich die Pyxiden-, die Ciboriums- oder Retabelform. Im Barock herrscht die Scheiben-M. vor, als Sonnen-M., wobei die runde, ovale oder herzförmige Scheibe von einem mit Wolken durchsetzten Strahlenkranz umgeben ist, oder auch als figürlich geschmückte M.
Lit.: J. Weingartner, Das kirchliche Kunstgewerbe der Neuzeit, 1926; J. Braun, Das christliche Altargerät, 1932.

Montagna, Bartolomeo. Italien. Maler. Geb. um 1450 in Orzinovi bei Brescia, gest. 1523 in Vicenza. Hauptmeister der Schule von Vicenza. In Venedig beeinflußt von Giovanni →Bellini, aber auch von Antonella da → Messina, →Vivarini und →Bellano. Die Werke M.s sind streng und würdig, von kraftvoller Farbgebung. Schuf bedeutende Madonnen: Thronende Madonna mit Heiligen (Pavia, Mus.), ebenso mit 4 Heiligen, 1499 (Mailand, Mus. Brera), mit Heiligen und Stifter (Berlin, ehemals Kaiser-Friedrich-Mus.). In Verona, S. Nazzaro e Celso schuf M. einen Freskenzyklus aus dem Leben des hl. Blasius, 1504–06.
Lit.: A. Foratti, B. M., 1908; G. Delogu, Italien. Malerei, 1948.

Monte Alban. Tempelstadt nahe von Oaxaca, Mexiko, in 2000 m Höhe. Das Zentrum mißt 700 zu 250 m und wurde seit 1931 erst teilweise freigelegt. 5 Perioden unterscheidbar (M. I bis V). Zu den ältesten vorklassischen Funden gehören die deutliche Beziehungen zu den →Olmeken aufweisenden Danzantes-Reliefs, in Stein gemeißelte Tänzerfiguren mit teilweise verzerrten Gliedmaßen. Blütezeit zwischen 200 und 1000 unter zapotekischer Besiedlung (M. IIIa und M. IIIb): mächtige Rundsäulen in Verbindung mit Plattformen und versenkten Höfen, Ballspielplatz, T- und kreuzförmige Grabanlagen, typische Figurengefäße, reliefbedeckte Stelen. Nach 1300 von →Mixteken besetzt, wird M. Gräberstadt. Am berühmtesten: „Grab 104" wegen seiner Wandmalereien und „Grab 7" wegen seiner reichen Kunstschätze (hauptsächlich Goldschmiedearbeiten).
Lit.: A. Caso, Las estelas Zapotecas, 1928; ders. und I. Bernal, Urnas de Oaxaca, 1952.

Monte Cassino. Von byzant. Kunst schon früh beeinflußt. Schule der Benediktiner in M. hat byzant. Erbe bis ins 12. Jh. bewahrt. M. wahrscheinlich Brücke zwischen Byzanz und Frankreich bei Vermittlung der großflächigen byzant. Malerei.

Montemhet. Statthalter von →Theben unter → Taharka und →Psammetich I. Unter den Rundbildern des Aethiopen M., die bei allem Rückgriff auf die → ägypt. Kunst vom Alten Reich bis zum Neuen Reich eine neue, von Individualismus bestimmte Form des Bildnisses zeigen, ist vor allem der schwarze Granitkopf berühmt. Er läßt die fremdartige Herkunft des M. empfinden und bietet in der individuellen Behandlung des Gesichtes die eindrucksvolle Darstellung eines Altersbildnisses der Spätzeit.
Lit.: W. Wolf, KÄ, 616f.; E. Brunner-Traut, Ägypten, 177.

Montepulciano (Prov. Siena). Kunstgeschichtlich bedeutend ist die außerhalb der Stadt gelegene Kirche Madonna di S. Biagio. Sie ist ein klassisches Werk der Hochrenaissance und wurde als Zentralbau von Antonio da →Sangallo 1518–37 angelegt. Von den beiden geplanten Fassadentürmen ist nur einer ganz ausgeführt. Er steht im Winkel der Kreuzarme isoliert vor der Kirche. Sangallo hat in M. selbst noch einige Palazzi gebaut: Pal. Cervini (Angioletti), Gagnoni, del Pecora und Contucci (del Monte), der aber von →Peruzzi beendet wurde.
Lit.: Wasmuth, Lexikon der Baukunst, Bd. III, 1931.

Montespan. Name einer Höhle in den franz. Pyrenäen mit Funden der Eisenzeit, vor allem einem vollplastisch aus Lehm gearbeiteten Bären.

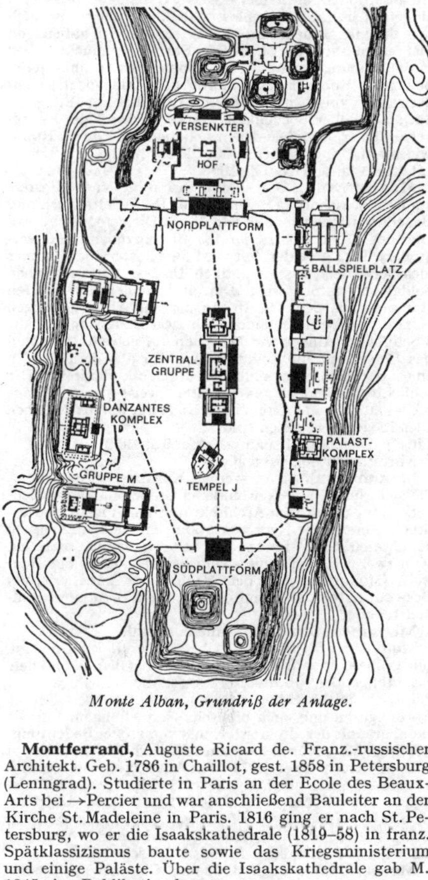

Monte Alban, Grundriß der Anlage.

Montferrand, Auguste Ricard de. Franz.-russischer Architekt. Geb. 1786 in Chaillot, gest. 1858 in Petersburg (Leningrad). Studierte in Paris an der Ecole des Beaux-Arts bei →Percier und war anschließend Bauleiter an der Kirche St. Madeleine in Paris. 1816 ging er nach St. Petersburg, wo er die Isaakskathedrale (1819–58) in franz. Spätklassizismus baute sowie das Kriegsministerium und einige Paläste. Über die Isaakskathedrale gab M. 1845 eine Publikation heraus.
Lit.: Thieme-Becker.

Month. Ägypt. falkengestaltiger Kriegsgott mit Hauptkultstätte in →Theben. In der →ägypt. Kunst erscheint M. schirmend über dem kämpfenden Pharao.
Lit.: S. Morenz, ÄR, 80, 252, 279; W. Wolf, KÄ, 364, 490.

Monticelli, Adolphe. Franz. Maler. Geb. 1824 in Marseille, gest. 1886 ebda. Lernte bei Rey und A. Raym. Von 1847 bis 1870 wechselte er häufig zwischen Marseille und Paris. Begann in klassizistischer Manier mit exakt gezeichneten Bildern, entwickelte später jedoch einen rein malerischen Stil, der auf die Zeichnung weitgehend verzichtet und mit einer fein abgestuften Farbskala arbeitet. Er ließ sich dazu außer von →Rembrandt und →Tizian besonders von →Watteau beeinflussen. Seinerseits wirkte er wieder auf van →Gogh.
Lit.: Thieme-Becker.

Montmajour, ehemalige Benediktinerabtei. Einschiffige Saalkirche (→Provence), 1140 begonnen und um

1153 geweiht. Raum zweijochig durch einen Wandpfeiler, der den Gurtbogen der Spitztonne auffängt. Gewölbe durch profiliertes Gesims von der durch Rundbogenblenden gegliederten Wand geschieden. Niedriges schmales Querhaus, breite runde, polygonal ummantelte Apsis, deren Halbkuppelwölbung Bandrippen unterlegt sind. Krypta, von deren Umgang nach außen 4 radiale Kapellen ausstrahlen, die in den stark vortretenden Apsissockel eingetieft sind. Die Geschlossenheit der Mauern, die auch den dunklen Innenraum charakterisiert, ist außen von fast festungsartigem Charakter. Einzige Schmuckmotive: in die Laibung der wenigen, kleinen Fenster eingestellte Säulchen; Konsolengesims unter dem Dachansatz. Quaderwerk. Typisch provenzalischer Kreuzgang (Ende 12. Jh.): auf hoher Sockelbank starke, rechteckige, kannelierte Pfeiler, zwischen denen sich die Mauer durch Rundbogen auf Doppelsäulen öffnet; korinthische Kapitelle.
Lit.: E. Adam, UKG IX, 1963.

Montserrat (b. Barcelona). Gründung eines Klosters auf dem M. schon im 8. Jh. Im 10. Jh. siedelten sich hier Benediktinermönche aus Ripoll an. Die romanische Anlage des 11. Jhs. wird im 13. Jh. umgebaut und vergrößert. Im Laufe der Zeit wird die Klosteranlage immer mehr erweitert, bis sie endlich 1812 von französischen Soldaten zerstört wird. Die übriggebliebenen Bauten stammen aus dem 19. Jh. In der zur Abtei gehörigen Kirche S. Cecilia finden sich zwei Baugedanken; die 3 Schiffe der Anlage wurden schon 957 geweiht, während das Chorhaupt mit seinen 3 Apsiden aus dem 11. Jh. eines der frühesten südlicher Romanik darstellt. Der schlichte Außenbau aus Haustein weist flache Wandpfeiler auf, die an ihrem oberen Ende mit jeweils 2 kleinen Blendbogen verbunden sind.
Lit.: J. Dieuzait, Hispania Romanica, 1962.

Monument →Denkmal.

Monumental. Als m. werden Kunstwerke bezeichnet, die sich durch außergewöhnliche Größenmaße auszeichnen. Häufig sind m.e Architekturen und Plastiken Ausdruck einer auf Repräsentation und Machtanspruch gerichteten Stilgesinnung. – Seltener nennt man ein Kunstwerk, das in seinen Dimensionen durch ein Bauwerk (Monument), zu dem es in einer künstlerischen Beziehung steht, bestimmt ist, m., wie z.B. Monumentalmalerei oder -plastik.

Monumentalmalerei →monumental.

Monza. Stadt in O.italien bei Mailand. Im Dom ist eine größere Anzahl von →Ampullen aus dem 5. und den darauffolgenden Jh.n aufbewahrt, die die Pilger aus Palästina mitbrachten. Sie zeigen auf beiden Seiten Einzelfiguren und auch biblische Darstellungen. Für die Ikonographie der altchristl. Kunst von großer Bedeutung.

Moor (Mor, Moro), Anthonis. Niederl. Maler. Geb. um 1519 in Utrecht, gest. 1576/78 in Antwerpen. Als Schüler J. van →Scorels ging M. von der holländischen Bildniskunst aus. Gefördert von dem Staatsmann Kardinal Granvella, erhielt er eine Fülle von Portraitaufträgen in Brüssel, Rom, Madrid, Lissabon und London und war einer der bedeutendsten Bildnismaler seiner Zeit.

Moore, Henry. Engl. Bildhauer. Geb. 1898 in Castleford, ansässig in London. Nach einer kurzen Tätigkeit als Volksschullehrer und nach der aktiven Teilnahme am 1. Weltkrieg wandte er sich 1919 der Bildhauerei zu und besuchte bis 1921 die Leeds School of Art. 1925 reiste er als Stipendiat nach Italien und übernahm anschließend einen Lehrauftrag am Royal College of Art in London. 1928 erste Einzelausstellung in London. 1931–39 lehrte er an der Chelsea School of Art und wurde 1945 mit der Ehrendoktorwürde der Universität Leeds ausgezeichnet. Nach 1945 unternahm er ausgedehnte Reisen nach Amerika, Italien und in die Balkanländer. Zahlreiche große Retrospektiven und Ehrungen ließen ihn, den bedeutendsten engl. Bildhauer der 1. Hälfte des 20. Jhs., weltberühmt werden. – In seinen frühen Werken lassen sich Einflüsse des →Kubismus, →Archipenkos und →Brancusis erkennen. Daneben war für ihn die griech., ägypt. und vor allem die praekolumbische Kunst Altamerikas von großer Bedeutung. Um 1930 hatte er die für ihn charakteristische Formensprache und Thematik gefunden. Die menschliche Figur, vor allem als liegende Gestalt, bleibt eines seiner zentralen Themen. Fast gegenständliche Arbeiten stehen neben stark abstrahierten, wobei er häufig gegenständliche und abstrakte Formen miteinander verbindet. Tektonischer Aufbau und organische Linienführung, bei einer gemuldeten Aushöhlung und Durchbrechung der plastischen Masse, sind für seine Werke bezeichnend.
Lit.: W. Grohmann, H. M., 1960.

Moosbrugger, Caspar. Deutsch-österreichischer Baumeister und Benediktiner-Laienbruder. Geb. 1656 in Au/Bregenzerwald, gest. 1723 in Einsiedeln. Kloster- und Kirchenneubau in →Einsiedeln (1704–23) ist sein Hauptwerk. M. war einer der bedeutendsten Meister des süddeutschen Barock und Haupt der Vorarlberger Schule. In seinem Stil wohl von F. →Beer beeinflußt, schuf er in Einsiedeln und dem Entwurf von St. Gallen (ausgeführt von P. →Thumb und den Söhnen Beers) kontrastreiche Raumfolgen. Weitere Werke: Klosterkirchen in Disentis und Muri, Fischingen u.a. Zugeschrieben wird M. der Entwurf zu →Weingarten.
Lit.: L. Birchler, Einsiedeln und sein Architekt C. M., 1924.

Morales, Luis de. Span. Maler. Geb. um 1510 in Badajoz, gest. 1586 ebda. Die Anfänge dieses span. Manieristen sind bisher so wenig geklärt wie seine oft erwähnte Mitarbeit am Escorial. Gesichert sind nur eine Fülle religiöser Werke (er erhielt deshalb den Beinamen el Divino) von ikonenhafter Kraft. Diese Bilder sind von stark nationaler Prägung, melancholisch, in den Details oft extrem naturalistisch, in der Aussage aber auch voll Pathos. Vielfach finden sich seine Werke noch heute in den Kathedralen und Kirchen Spaniens, aber auch im Prado, in der Akademie in Mailand und in großen ausländischen Galerien.
Lit.: D. Berjano-Escobar, El pintor L. de M., 1921 (span.); A. L. Mayer, Geschichte der span. Malerei, 1922.

Morandi, Giorgio. Italien. Maler. Geb. 1890 in Bologna, gest. 1964 ebda. 1913 Studiumabschluß an der Akademie in Bologna. 1930 als Lehrer an die Akademie seiner Heimatstadt berufen. Obgleich er nie nach Paris kam, nahm er schon früh Anregungen des →Kubismus auf. Sein immer wiederkehrendes Thema ist das Stilleben, daneben schuf er einige Landschaftsbilder und Portraits. Seine Werke sind stark von der scharf umschreibenden Zeichnung bestimmt. In seiner späten Phase mildern sich die harten Formen und verbinden sich mit impressionistischen Elementen.
Lit.: W. Haftmann, Malerei des 20. Jhs.

Moravaschule. Nach der Schlacht am Amselfelde (1389) Nachlassen der byzant. Bautätigkeit im östlichen Balkangebiet. Dafür weiter westlich im Morawatal Bildung einer eigenen Schule. Die Architekten, weitgehend vom Athos beeinflußt, bevorzugen Dreikonchensystem, wobei die eine Richtung den einschiffigen, die andere den dreischiffigen Raum wählte. Bei diesem ruhte die mittlere Kuppel auf vier Stützen, beim einschiffigen auf dem Mauerrand. Die Bauten der Moravaschule zeichnen sich durch starke farbige Behandlung der Außenwände aus. Auf ganz verschiedene Weise wird eine stark koloristische Wirkung erreicht. In der Wandmalerei Ende des 14. und im 15. Jh. Abkehr vom hieratisch feierlichen Monumentalstil des 12. und 13. Jhs. Inhaltlich ist eine Fülle von Stoffen mit enzyklopädischem Inhalt hinzugekommen. Stilistisch sind Bilder stark auf Gefühlswerte eingestellt.
Lit.: V. R. Petkorič, La peinture serbe du Moyen âge (2. Bd.), 1930–34.

Moreau, Gustave. Franz. Maler. Geb. 1826 in Paris, gest. 1898 ebda. Studium bei M. →Picot und →Chassériau. Angeregt durch den von ihm bewunderten und verehrten →Delacroix, fand er im Realismus seiner Zeit die entsprechende Ausdrucksform. Seine tiefe Religiosität ließ ihn biblische Themen malen. In seinem Spätwerk wandte er sich mehr der Mythologie und literarischen Themen zu. Von hoher Könnerschaft, stattete er seine Gemälde prunkvoll aus, malte sie mit größter Raffinesse und erreichte viel bewunderte, koloristische Sensationen. – In jüngerer Zeit hat man in der Vieldeutigkeit seiner Bilder den Beginn oder eine Vorstufe des →Sym-

bolismus erkannt. – Abgesehen von seinem eigenen Schaffen, war er als Lehrer von großer Bedeutung. →Matisse, →Rouault, →Marquet und →Puy studierten bei ihm an der Ecole des Beaux-Arts in Paris. Es zeugt von seiner großen Souveränität, daß er die Jüngeren, deren Entwicklung er nicht mitmachte, fördernd begleitete und sie bei ihrer Suche nach neuen Ausdrucksmitteln gewähren ließ.
Lit.: J. Rewald, Von van Gogh zu Gauguin, 1957.

Moreau 1) Louis Gabriel, genannt M. l'aîné. Franz. Maler. Geb. 1740 in Paris, gest. 1806 ebda. Bruder von 2) Malte mit Vorliebe Parklandschaften aus der Umgebung von Paris. – **2)** Jean-Michel, gen. M. le jeune. Franz. Radierer. Geb. 1741 in Paris, gest. 1814 ebda. Ging mit seinem Lehrer →Le Lorrain nach Petersburg und wurde Zeichenlehrer an der dortigen Akademie. Nach Paris zurückgekehrt (1759), arbeitete M. für das Kupferstricharchiv von Le Bas. 1770 trat M. in königlichen Dienst ein, war jedoch 1789 Parteigänger der Revolution und Mitglied der Kunstkommission. – M. gehört zu den feinsten franz. Radierern. Neben Buchillustrationen (Molière, 1777–83) schuf er eine Reihe von Einzelblättern oder Serien zu großen Ereignissen: Krönung Ludwigs XVI. in Reims. M. wandelte den Stil der Graphik vom Rokoko zum Klassizismus.
Lit.: A. Moureau, Les Moreau, o. J.; H. Bévaldi, L'œuvre de M. le J., o. J.

Morellische Methode. Bezeichnung für die von dem Italiener Giovanni Morelli (1816–1891) entwickelte kunstwissenschaftliche Methode, mit deren Hilfe vor allem Gemälde einzelnen Meistern zugeschrieben werden. Die Methode basiert auf der Beobachtung, daß ein Künstler am deutlichsten an für die Gesamtkomposition weniger wichtigen Details zu erkennen sei, da hier die Handschrift am unmittelbarsten und in gleicher Weise immer wiederkehrend zu beobachten sei.

Moretto, Alessandro, eigentlich Bonvicino. Italien. Maler. Geb. um 1498 in Brescia, gest. 1554 ebda. Neben Romanino und →Savoldo der bedeutendste Vertreter der Malerschule von Brescia. Schuf hauptsächlich Fresken und Tafelbilder mit religiösen Inhalten, ferner Bildnisse. In der Farbgebung befreite sich M. bald von fremden Einflüssen, in der Komposition dagegen griff er immer wieder auf verschiedenste zeitgenössische Werke (von →Tizian, →Palma Vecchio, →Raffael u. a.) zurück. M. assimilierte diese Fremdelemente jedoch stets so, daß die eigene persönliche Note in den Vordergrund trat. Hauptwerke: Gastmahl im Hause des Levi, 1544 (Venedig, S. Maria della Pietà); hl. Justina (Wien, Kunsthist. Mus.).
Lit.: G. Gombosi, M. da Brescia, 1943.

Morisot, Berthe. Franz. Malerin. Geb. 1841 in Bourges, gest. 1895 in Paris. Nach einigen Vorstudien trat sie 1862 in das Atelier von →Corot ein, bei dem sie bis 1868 lernend arbeitete. 1875 nimmt sie Anregungen des →Impressionismus durch →Manet auf und verbindet die lichte impressionistische Farbgebung mit der Festigkeit des Bildaufbaus ihres Lehrers Corot. Von Anbeginn gehörte sie zur Gruppe der Impressionisten, ohne deren theoretisch und praktisch entwickelte Farbzerlegung anzunehmen. Um 1889, als sie die Einseitigkeit impressionistischen Malens immer stärker als unbefriedigend empfand, verfestigte sich der Bildaufbau bei einer langgezogenen Pinselführung.
Lit.: J. Rewald, Geschichte des Impressionismus, 1957.

Moritzburg bei Dresden. Das Jagdschloß wurde 1542–46 von Hans Dehn-Rothfelser für den Kurfürsten Moritz von Sachsen erbaut. Die Anlage wurde dann 1593–1660 mehrfach verändert, und 1661 bis 1672 baute W. C. von →Klengel eine Kapelle dazu. 1722–30 wurde das Schloß durch →Pöppelmann umgebaut und erweitert. Er legte die Ringmauer, innerhalb deren Hof das Schloß als einfacher Rechteckbau stand, nieder, vergrößerte den Mittelbau, verband diesen durch Seitentrakte mit den Ecktürmen und umgab das Ganze mit Terrassen, Rampen und Brücken. Die reiche Bemalung der Fassaden wurde später wieder entfernt.
Lit.: Wasmuth, Lexikon der Baukunst, Bd. III, 1931.

Moronubu, Hishikawa. Japanischer Maler und Holzschnittzeichner. Seine Lebensdaten sind umstritten, jedoch gehört seine Hauptschaffenszeit sicher der 2. Hälfte des 17. Jhs. an. Als Sohn eines Bildstickers kam er nach Edo (Tokio) und arbeitete anfangs als Vorzeichner in der väterlichen Werkstatt. In seiner künstlerischen Entwicklung waren die Meister der Tosa- und →Kanoschule maßgebend. Als Holzschnittzeichner schuf er mehrere Buchillustrationen, in denen er sich nicht von dem konventionellen Schwarzdruck entfernte. – Neben religiösen Werken für Heiligtümer schuf er hauptsächlich Werke, in denen er das bürgerliche Leben schilderte. Durch diese Bilder erweckte er das Interesse für die Alltagswelt des Volkslebens und wurde dadurch zum Begründer einer neuen Malrichtung, die bis in das 19. Jh. fruchtbar blieb.
Lit.: Thieme-Becker.

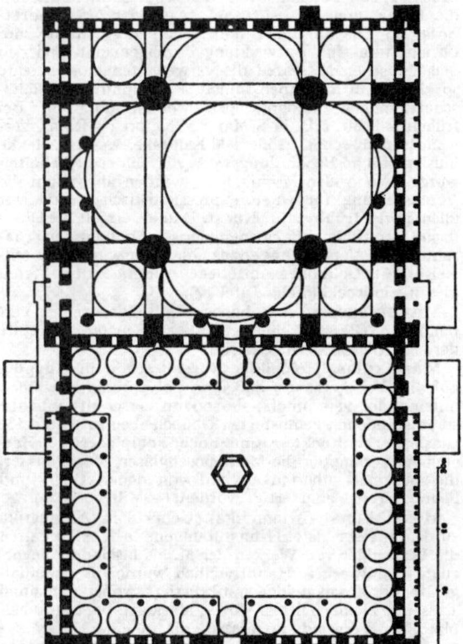

Istanbul, Grundriß der Sultan Ahmed-Moschee, 1609–1617.

Morris, William. Engl. Maler und Kunstgewerbler. Geb. 1834 in Walthamstown, gest. 1896 in London. Entsprechend der Richtung der →Praeraffaeliten suchte er diese Stilmöglichkeiten auf das Kunstgewerbe zu übertragen. Vor allem auf dem Gebiet der Buchkunst entwickelte er neue Formen, die in ihrer Weiterführung auf den →Jugendstil weisen. 1861 gründete er die Firma Morris, Warshall und Faulkner, um in diesem Betrieb für Kunsthandwerk seine Ideen zu realisieren. Dabei strebte er eine Erneuerung des Handwerks im Sinne mittelalterl. Traditionen an. Nach seinen Entwürfen ließ er in dieser Firma Tapeten, Möbel, Glasfenster und Webereien anfertigen. Seine Ablehnung galt nicht in erster Linie historisierenden Formen, sondern der maschinellen Herstellung. Fruchtbarer als seine eigenen Arbeiten waren seine Ideen, die er in der Schrift „The decorative arts“ 1878 veröffentlichte und für die Entstehung des Jugendstils und dessen verschiedene nationale Varianten wie „Art nouveau“ oder „Modern Style“ von großer Bedeutung waren.
Lit.: N. Pevsner, Wegbereiter moderner Formgebung, 1957.

Morung. Name des Männerhauses bei den →Naga in

→Hinterindien, dient u. a. zur Aufnahme der Kopftrophäen. Die Balken des M. sind immer reich mit Schnitzereien verziert, die vorwiegend erotische Szenen zum Gegenstand haben.

Mosaiken (arabisch muzauwaq = verziert). Bildwerk, das aus kleinen, bunten Teilchen aus Stein, Glas oder Ton besteht. Diese werden auf eine Schicht noch feuchten Mörtels aufgesetzt. **1)** Es können Fußböden (opus Alexandrinum, wahrscheinlich nach Alexandrien so genannt), Wände, auch Gewölbe mit Mosaiken verziert sein. **2)** Unter opus vermiculatum versteht man die Anwendung kleinster Steinchen für die Gestaltung von Menschen, Tieren und geometrischen oder pflanzlichen Ornamenten. **3)** Das opus sectili hat größere Marmorstücke, bisweilen bestand ein Körperteil aus einem Stück. **4)** Ein Fußboden aus kleinen Mosaikteilchen hat die Bezeichnung opus tesselatum oder ars quadrataria. **5)** Die Mosaiken haben von der Antike zum Christentum eine Entwicklung durchgemacht. Bei den hellenistischen M. waren die verwendeten Mosaiksteine so klein, daß mit ihnen feinste Farb- und Helligkeitsschattierungen wiedergegeben werden konnten. Bei frühchristl. M., z.B. in S. Maria Maggiore (→Rom), verwandte man schon größere Mosaikteile, wenn auch die illusionistische Behandlungsweise der Bilder beibehalten wurde. Die großen Mosaiksteine wurden aber dann die Voraussetzung für einen expressionistischen Stil, vor allem in der frühbyzant. Kunst. Damals erhielt die Oberfläche der Bilder oft einen malerisch-flimmernden Charakter. Die Verwendung glänzender Glaswürfel, die teilweise mit Goldfolien unterlegt waren, unterstützten diesen Eindruck. (Siehe Tafel 17).

Mosaikfenster. Aus bunten, mit Bleistreifen verbundenen Glasstückchen gebildetes Fenster. Vorstufe der eigentlichen →Glasmalerei.

Mosaikglas. Hohlgläser wurden schon in Ägypten auf die Weise erzeugt, daß man polychrome Glasfäden miteinander verschmolz, sie sodann zerschnitt und die so entstandenen gemusterten Glasscheiben in eine heiße Glasblase eindrückte. Eine noch kompliziertere Herstellung verlangten die Madreposengläser, Mosaikgläser, die mehrmals überfangen und von denen Quer- und Schrägschnitte angefertigt wurden. (→Millefioriglas).

Mosaikkunst (Altamerika). Gehörte in Altamerika zu den angesehensten Kunstübungen. In Mexiko galten die Verfertiger von Werken der M. als besonders bevorzugte Handwerker. Hauptsächlich wurden Zeremonialgeräte mit Mosaiksteinchen inkrustiert, wobei manchmal Tausende kleiner Türkis-, Jade-, Markasit- oder Muschelplättchen Verwendung fanden, die in eine Harzmasse gebettet wurden. Von den in den ersten Jahrzehnten nach der Konquista nach Europa gekommenen Mosaikarbeiten blieben wenige erhalten (London, Rom, Wien, Gotha, Kopenhagen, Berlin Kriegsverlust, 2. Weltkrieg). Die Ausgrabungen der letzten Jahrzehnte brachten zum größten Teil aus Höhlenfunden weiteres Material (New York), ebenso konnten im Heiligen Brunnen (Cenote) von →Chichen Itzá wie in →Monte Alban und in →Palenque herrliche →Jade-Arbeiten, in Mosaiktechnik ausgeführt, gefunden werden. Peruanische Arbeiten sind im Vergleich bedeutend gröber ausgeführt. Die Zuñi und Hopi (südwestl. USA) verfertigen schöne Arbeiten aus Türkis (→Federmosaik).

Lit.: M. H. Saville, Turquois Mosaic Art in Ancient Mexico, 1922; E. Seler, Über szenische Darstellungen auf altmexikanischen Mosaiken, Ges. Abh., IV, Berlin, 1923.

Moschee. Aus dem Wohnhaus Mohammeds in Medina, einem Hof mit von Palmstämmen getragenem flachen Dach an einer Seite, entwickelte sich die Form der M. als Versammlungsort der Gläubigen zum mehrmaligen täglichen Gebet sowie zum Anhören der Kanzelpredigt am Freitag. Sie diente ebenso der Lehre wie profanen Versammlungen. In der Zeit der ersten Kalifen befand sie sich im Zentrum des Lagers (Lagermoschee, z. B. von Basra und Kufa), anschließend an den Kalifen- oder Gouverneurspalast. In den späteren Großstädten war die M., in welcher im Namen des Kalifen die Freitagspredigt gehalten wurde (Freitagsmoschee), die Hauptmoschee oder Jami; bald wurde aber jede große M. Jami genannt. – Zur M. gehört außer der gedeckten Bethalle eine Hofanlage, ein Brunnen für die obligatorische Reinigung vor dem Gebet; zum Ausrufen der Gebetsstunde dient dem Muezzin das →Minar (oder Minarett; arabisch manāra, der antike Läutturm), das aber erst seit dem 8. Jh. eine architektonisch bedeutende Rolle im Moscheekomplex spielt. Der Betraum muß mit seiner Stirnseite nach Mekka gerichtet sein (→Qibla). Die Bedeutung dieser Funktion wird architektonisch hervorgehoben durch ein →Mihrab, eine flache Nische, die an sehr langen Wänden auch mehrfach auftritt. – Als Mobiliar genügt eine Auslegung mit Matten, später Teppichen. Nicht unbedingt notwendig ist eine Kanzel (→Minbar) für die Predigt, ein Kasten oder Schrank für den Koran (Kursi), Leuchter bzw. Kerzenhalter und Lampen für die abendlichen Gebetszeiten und eine Uhr, die die pünktliche Ausrufung der Gebetszeit ermöglicht. Die Innendekoration beschränkt sich auf die Gestaltung der Kapitelle, Wände, bisweilen Arkadenzwickel und den Mihrab, die mit Reliefs geschmückt oder flach verkleidet sind mit Stein, Stuck, Holz, Marmor, Glasmosaik, Fliesen. Da jede figürliche Darstellung hier streng verpönt ist, bilden ausschließlich pflanzliche und geometrische Formensysteme den Schmuck. Eine Ausnahme sind die Stadtdarstellungen in der Großen Moschee von →Damaskus und in der Selimiye in Edirne, die vermutlich Paradiescharakter haben. – In der →Omeyaden-Zeit ist die Grundform die quadratische Anlage, zu einem Drittel und an den drei Hofseiten mit flachem, von querlaufenden Stützenreihen getragenem Dach üblich (Amr-Moschee in Fostat, 642–73). Mit der Verlagerung der Kalifenresidenz nach Damaskus kommt in der dortigen Großen M. (705) erstmalig die Überkuppelung des auf den Mihrab zulaufenden Mittelschiffs vor als akzentuierendes Moment. Eine Überkuppelung des Raumquadrats vor dem Mihrab und des Eingangs weist in Nordafrika die M. Sidi Oqba (Kairouan, 836–703) auf. Außergewöhnlich ist die achteckige, überkuppelte Anlage der Qubbah-es-Sahra (Jerusalem, 691, sogen. Omar-M.), die über dem heiligen Felsen auf dem Tempelplatz als Wallfahrtsmittelpunkt erbaut wurde. – In ābbasidischer Zeit bleibt der Grundriß im wesentlichen gleich (Große M. von Samarra um 850), wie die heute noch erhaltene Moscheeanlage Ibn-Tulun in Kairo (877–79) zeigt. – Der fatimidische Teil der →Azhar-Moschee (970–72, Kairo) zeigt wiederum den Typ der omeyadischen Stützenmoschee, dazu aber eine Kuppel über den Maqsura sowie zwei Eckkuppeln im Qibla-Trakt. In gleicher Zeit (965) entstanden der Mihrabtrakt und die Maqsura-Räume der omeyadischen M. von →Cordova, deren Mihrab als überkuppelter, achtseitiger Raum gebildet ist. Unter den →Seltschuken führen im 11. Jh. iranische Baumerkmale zu der besonderen Form der Iwan-M. Auf ihren quadratischen, von doppelgeschossigen Räumen umgebenen Hof öffnen sich axial vier große, offene und gewölbte Hallen (Liwan oder →Iwan), deren eine den Eingang zur M. bildet, deren Mihrabraum jetzt überkuppelt ist. Dieser Typ geht einerseits auf vorislam. Palastanlagen zurück und ist andererseits von der Medrese beeinflußt. Das bedeutendste Beispiel ist die Freitagsmoschee in Isfahan aus dem 12. Jh. Das Minar wird in Iran später mit Vorliebe dem Eingangsiwan als Paar attachiert. Die Mihrabnische in diesen Bauten ist entweder eben, mit Stuck oder Fliesen verkleidet, oder flach gewölbt mit stalaktitgefüllter Nische. – In Kleinasien behält die seltschukische M. die Form der von Stützen getragenen Säle bei, gelegentlich tritt eine Kuppel vor dem Mihrab auf (Konya, Ala-ed-din M. 1155 u. a.). Der Portalsgestaltung wird besondere Aufmerksamkeit gewidmet. Am Ende des 14. Jhs. kommt in Turkestan die Sonderform der monumental ausgestalte-

Tafel 19: *Pazzi-Kapelle in S. Croce zu Florenz, nach 1429 von Brunelleschi errichtet.*

MARIVS CAPRA
GABRIELIS F

ten Musalla (Betplatz) auf, auf dem sich die Betenden im Freien vor dem großen Liwan versammeln, in dessen Hintergrund sich der Mihrab befindet (Buchara, ein späteres Beispiel in Herat). – Im 14. Jh. beginnt unter den →Osmanen in der Türkei die gleichmäßige Überkuppelung des Moscheebaus, in den der Brunnen wie in der Großen M. in Brussa (1395/96, mit 20 gleichen Kuppeln bedeckt) ohne Hof und mit der Frontseite angegliederten Minaren, einbezogen ist. Eine betonte Mittelkuppel zeigen im weiteren die Üc Serefli in Edirne (1438) und die Yesil Cami in Bursa (1421). – Im 15. Jh. entsteht in Tebris ebenfalls ein mit zentralem Dom und mehreren Kuppeln überwölbter Bau, die Blaue M. Charakteristisch für die osmanische M. wird dann, gefördert durch das Vorbild der Hagia Sophia, die zentrale, von Stützmauern und Halbkuppeln umgebene Zentralkuppel (Istanbul: Mehmediye, 1463–69, Bajezidiye, 1501–7). Unter dem genialen Baumeister Sinan erfährt das Thema des Kuppelbaus die geniale und monumentale Lösung in der Schahzade-M. (1543), der Suleimaniye (1550–56) und der von seinen Schülern erbauten Ahmed-M. (1608–14). Kuppelmoscheen dieser Art entstehen in der Folge auch in anderen Ländern des osmanischen Reichs, z. B. in Damaskus und Kairo. – Die M. der →Mamluken-Zeit (1250–1517) in Kairo sind Steinbauten, die durch Schichtwechsel roter und weißer Steine neue dekorative Momente aufweisen. Eine Besonderheit sind die oft zweiläufigen Treppen zu den Portalen. Für Fußböden und Innenausstattung ist mehrfarbiges Marmormosaik vorherrschend, und das Glasmosaik erlebt eine Renaissance. Der iranische Typ der Vier-Iwan-M. und die beherrschende Kuppel findet in bescheidenem Umfang Anwendung. Die steinernen Kuppeln sind mit Relief-Ornamentik überzogen. – Eine Verbindung von Mausoleum und M. ist der Typ der Grabmoschee, der, zurückgehend auf turkestanische Vorstufen, unter den Mamluken in Kairo eingeführt wird. – In der indischen M. der Moghul-Zeit wirken die reich gestalteten einheimischen Stützensysteme in der Form nach. Im Typ entspricht sie der iranischen Iwan-M; dem Torbau wird besondere Aufmerksamkeit gewidmet. (Abb. S. 431).

Lit.: E. Kühnel, Die M., 1949.

Moscheeampel. Für den Gebrauch in Moscheen, aber auch für Medresen und Mausoleen wurden Ampeln in Vasenform hergestellt, die, an drei oder mehr Ösen befestigt und durch Ketten gehalten, aufgehängt wurden. Öl und Docht befanden sich in einem trichterförmigen Einsatz. Die Erleuchtung der Moschee für die Gebete der Abendstunde war der praktische Anlaß für diese Übung, und die Sultane und Emire wetteiferten in der Stiftung prunkvoller Stücke, die dann einen Segenswunsch auf ihren Namen als Schmuck trugen. Ein gewisser Zusammenhang in der Anwendung des Ampel-Motivs im Dekor von Mihrab, von Nischen auf Kenotaphwänden, in Nischen von Gebetsteppichen besteht zu dem „Lichtvers" des Koran, welcher das Licht in einer ölgefüllten Lampe ein Symbol für das Wesen Allahs nennt. – Iraqische, an Ösen aufhängbare Glasampeln aus dem 9. Jh. hatten Napfform und waren sowohl aus farblosem wie kobaltblauem Glas, geschmückt mit Ritzdekor und Anguß-Reliefs. Ob sie speziell für Moscheen hergestellt waren, ist nicht beweisbar. Aus dem 10.–13. Jh. stammen einige iranische, vasenförmige Glasampeln mit einem oder drei röhrenförmigen Dochthaltern im Boden. Im 13./14. Jh. sind durchbrochene, meisterhaft gearbeitete Bronzeampeln in Spanien (1304) und bei den Rum-Seltschuken (1280) entstanden. Die bekanntesten und prächtigsten Erzeugnisse der islam. Kunst stellen aber emaillierte und vergoldete syrische M.n des 13.–16. Jhs. dar. Oft auf konkav geschwungenem, konischem Fuß, sind sie von kugeliger Form mit trichterförmigem Hals, und drei bis sechs Ösen liegen dem Leib an. Unter den →Mamluken entstanden großformatige, prunkvolle Stücke mit Schriftfriesen, Arabesken, Lotosblüten, Wappenschildern.

Lit.: C. J. Lamm, Mittelalterliche Gläser, 1930; G. Wiet, Objets en cuivre (Musée arabe), 1932.

Moser, Lukas. Deutscher Maler. Maler aus Weil der Stadt in Württemberg. Von diesem Meister ist nur der 1431 datierte und signierte Magdalenenaltar der Pfarrkirche in Tiefenbronn bekannt. Dieser Altar, auf dessen senkrechten Rahmenfriesen der Meister auf die Not und Vernachlässigung der Kunst hinweist (schri.kunst.schri.), stellt auf den Flügeln die Legende der hl. Magdalena dar (Meerfahrt, Schlaf der Gestrandeten, Kommunion), im spitzbogigen Giebelfeld das Gastmahl das Lazarus und auf der Staffel Christus mit den klugen und törichten Jungfrauen. – In der Wiedergabe der räumlichen Weite der Seelandschaft, aber auch der wirklichkeitstreuen Darstellung der Details ist dieser Altar das früheste Beispiel des im 2. Viertel des 15. Jhs. in Süddeutschland einsetzendem Realismus.

Lit.: W. Boeck, Der Tiefenbronner Altar von L. M., 1951.

Moskau. Reich an byzant. Kunstschätzen. In der Tretjakov-Galerie in M. hervorragende Ikonensammlung. Hier auch die berühmte Ikone der Heiligen Dreifaltigkeit, die um 1410 für das Dreifaltigkeitskloster des St. Sergion in der Nähe von Moskau gemalt wurde (stark vergeistigte Malerei). Im historischen Museum befindet sich eine bedeutende Psalmenminiatur (9. Jh. aus dem Besitz von Alexin Iwanowitsch Kludov). Kunstmuseum in M. besitzt Elfenbeintafel aus →Edschmiadsin (944). In der Verkündigungskathedrale im Kreml Malereien teilweise von dem berühmten Ikonenmaler Andrej →Rubljev (ca. 1360 bis 1430). In derselben Kirche Darstellung des Erzengels Michael von einem →Theophanes-Schüler (1415). Dionysij hat im Therapontkloster bei M. Wandgemälde von großer Feinheit und Schönheit ausgeführt (um 1500). In M. Ikonenschule vom frühen 15. Jh. bis zum Ende des 17. Jhs.

Kreml. Baugeschichtlich sind in M. drei Hauptperioden zu verzeichnen: 1. die frühe Moskauer Architektur des 14. und 15. Jhs.; 2. jene Periode des Moskauer Baustils, die sich durch den Einfluß der abendländischen Architektur formt, also vom 16. bis zum 18. Jh., und 3. die klassizistische Periode und die moderne Baukunst. Die ältesten Anlagen sind die drei Kathedralen im Moskauer Kreml, die Uspensky Kathedrale (1475–79), die Verkündigungs- (1484–89) und die Archangelskische Kathedrale (1505–09). Diese Bauten gehen meistenteils auf die nach M. berufenen Italiener zurück: Aristotele Fioravante, Alvis Novi, Marco Ruffo und Pietro Antonio Solario. Einen sehr starken Einfluß haben die italien. Baumeister auch auf die Erbauung des Kreml ausgeübt. Der Haupteindruck der gesamten Kremlbefestigungen mit seiner mächtigen Zinnenmauer und vor allem mit seinen mächtigen, breitgelagerten Türmen erinnert an italien. Festungen. Die Anlage wurde 1485 durch einen italien. Architekten Antonius begonnen. Auch Marco Ruffo baute an einem Turm mit. 1491 setzte P. Antonio Solario den Bau fort (sogen. Erlöserpforte und Borowickyund Konstantinojelenskaja-Bastion). Alle oberen Teile wurden mit pyramidalen Dächern überbaut. Durch die spitzpyramidale Form der Türme bekommt der Baukomplex seinen exotischen Charakter, der später in der M.er Architektur eine große Rolle gespielt hat.

Mossi. Westsudanesisches Negervolk, südlich von den →Dogon beheimatet. In den Städten islamisiert; auf dem Lande jedoch lassen sich „altnigritische" Kulturmerkmale nachweisen. Die Schnitzkunst erinnert an die der →Dogen und →Bobo. Die Holzmasken haben oft sehr hohe Aufsätze, die jedoch nicht immer brettartig stilisiert, sondern oft figürlich ausgestaltet sind. Das Maskengesicht ist naturfern stilisiert, oval und vorne konkav; die Augen sind zu dreieckigen Schlitzen reduziert. Maske und Aufsatz bestehen aus einem Stück, nur bei Frauenmasken sind die Gliedmaßen manchmal mit Gelenken versehen. Neben Holzschnitzwerk kommen kleine, bis zu 10 cm hohe Menschenfiguren aus →Gelbguß vor, die Männer und Frauen bei ihren täglichen Arbeiten

Tafel 20: *Villa Capra, sogen. „Rotonda" zu Vicenza, um 1567 von A. Palladio errichtet.*

darstellen (Nachahmung der Gelbgüsse von der Atlantik-Küste?).

Mosul (Mossul). Stadt auf dem rechten Tigrisufer gegenüber dem alten →Ninive unter den Ruinenhügeln → Kujundschik und Nebi Yunus. – Werkstatt für Metallarbeiten, vor allem im 12. Jh. n. Chr. Von hier sind die sogen. M.-Arbeiten in die Nachbarländer gelangt und verbreiteten zahlreiche Anregungen. Die Kunstwerke haben teilweise christliche Motive.

Motherwell, Robert. Amerikanischer Maler und Kunstschriftsteller. Geb. 1915 in Aberdeen, Wash. (USA), lebt in New York. Studierte in Grenoble (1938) und an der Columbia-Universität in New York Kunstgeschichte, Archäologie und Architektur. Vor dem 2. Weltkrieg reiste er nach Europa und mehrmals nach Mexiko. Als er sich der Malerei zuwandte, wurde er Schüler von K. Seligmann und S. W. Hayter in Graphik, als Maler ist er Autodidakt. Ab 1944 stellte er in Einzelausstellungen aus. 1951 wurde er Prof. am Hunter College in New York; malt abstrakt.
Lit.: Ritchie, Abstract Painting and Sculpture in America, 1951.

Motonobu, Kano. Japanischer Maler. Geb. 1476, gest. 1559. In seinen Werken versuchte er die Tradition der Tosaschule mit der von der chinesischen Kunst stark beeinflußten →Kanoschule zu verbinden. Er schuf Landschaften, Tier- oder Figurenbilder und war berühmt wegen seiner kunstvoll bemalten Schirme. Hier äußerte sich auch am deutlichsten der bei ihm erkennbare Zug zum Dekorativen, jedoch stets verbunden mit einer ausdrucksstarken Linienführung.

Mound Builders. Dieser Ausdruck bezeichnet in der Archäologie von Nordamerika die Erbauer verschiedenartiger Erdaufschüttungen (Wohnterrassen, Befestigungsanlagen, Kultplätze, Grab-Tumuli). Das Volumen dieser Erdwerke ist oft gewaltig und läßt auf organisierte Arbeitsleistung schließen. Man findet derartige Anlagen im ganzen Raum zwischen dem Golf von Mexiko und den Großen Seen, besonders im Südosten der heutigen USA (→Indianerkunst, Nordamerika). Radiokarbon-Datierungen zeigen, daß die ältesten „mounds" schon um 1000 v. Chr. entstanden sein müssen, doch wurden andere erst unmittelbar vor der europäischen Eroberung des Landes aufgeführt. Zu kultischen Zwecken errichtete Erdhügel haben oft die Form flacher Stufenpyramiden. Seltsame Anlagen sind die „effigy mounds" (Figurenhügel), etwa der berühmte Great Serpent Mound in Adams County, Ohio, der die Form einer über 300 m langen Schlange hat. Aus der „Hopewell"-Kultur (ca. 500 v.–500 n. Chr.) und ähnlichen Schichten stammen zahllose Werke der Kleinkunst, etwa Schmuckplastiken aus Speckstein und kaltgehämmertem Kupfer, mit eingeritzten Menschenfiguren verzierte Perlmutterscheiben, Pfeifenköpfe in Vogelgestalt u. a. – Es wäre verfehlt, die M. als verschollenes Volk aufzufassen, denn die verschiedenen Erdanlagen wurden sicherlich von den unmittelbaren Vorfahren der zur Zeit der europäischen Eroberung des Landes in den betreffenden Gebieten ansässigen Indianerstämme errichtet. Es handelte sich um seßhafte Ackerbauer und Jäger mit weiten Handelsverbindungen. Manche Details der auf Muschelscheiben eingeritzten Menschenfiguren lassen auf Kontakte mit dem mexikan. Raum schließen. Seltener findet man Steinplastiken (z. B. Etowah-Mound, Georgia).
Lit.: H. C. Shetrone, The M., 1930.

Mounds. „Künstliche Hügel" (engl.), vor allem als Kultplätze in Form gestufter Hügel mit Plattformen und Grabhügeln errichtet. In Nordamerika südlich der Großen Seen und im Südosten gefunden, ebenso in Mittel- und Südamerika. In →Mesoamerika vielfach als Vorformen oder bei Mangel von Steinen als Baumaterial anzutreffen (→Stufenpyramide).
Lit.: J. B. Griffin u. a., Archaeology of Eastern United States, 1952; M. Covarrubias, Mexico South, 1948.

Mozarabische Buchmalerei. Frühmittelalterl. span. Buchmalerei, geschaffen von Christen, die unter arabischer Herrschaft oder unter dem Einfluß islam. Kultur lebten (→Span. Kunst). Den Anfang kennzeichnet eine retardierte Antikentradition und das weitgehende Fehlen islam. Einflüsse; Beispiel: die spätestens 786 entstandene Apokalypsenhandschrift des Beatus von Liébana, deren Illustrationsstil aus einer Kopie der Mitte des 11. Jhs. (Paris, Bibl. Nat. ms. lat. 8878) zu erschließen ist. In der Folgezeit fehlt die für die karolingische → Buchmalerei kennzeichnende Auseinandersetzung mit spätantiken Vorlagen. Spätestens seit dem 8. Jh. entwickelt sich ein Stil, für den stark vergröbernde Reduktion antiker Formensprache zum Flächigen, zur formelhaften Figurenzeichnung und strichelnder Gewandbehandlung typisch ist. Er zeigt Verwandtschaft zum Reliefstil der →Westgotischen Kunst. Träger dieser Tradition war die sogen. westgotische Minuskelschrift. Im 9. Jh. bis ins 1. Viertel des 10. Jhs. wirken merowingische und byzant. Einflüsse stilbildend. Hauptwerk ist die Danila-Bibel zu La Calva bei Salerno (ohne Bilddarstellungen). Die Farbskala der Initialen ist wie im Merowingischen auf Rot, Grün und Gelb abgestimmt, dazu kommt noch ein Blauviolett. Für das beginnende 10. Jh. sind unkörperlich-flächige, bandartig-schlanke Figurenbildung und bunte streifenförmige Farbfüllungen charakteristisch. Hauptwerk ist die 920 datierte, ehemals zweibändige Bibel in der Kathedrale von León. Seit dem 10. Jh. sind die Kodizes sämtlich signiert und datiert. Eine Verbindung von Miniaturkunst und königlicher Kanzlei, wie sie in der karolingischen Buchmalerei bestand, fehlt ebenso wie Zusammenhang mit fürstlichen Auftraggebern bis in die Mitte des 11. Jhs. Es handelte sich ausschließlich um klösterliche Kunstübung. Wichtige Zentren: S. Millan de la Cogolla, S. Pedro de Cardeña, S. Domingo de Silos und die Klöster in und um León. Um 930–40 bewirken karolingische (größere Flechtbandinitialen) und islam. (fleuronnéeartig feingefiederte Blätter) Einflüsse einen erneuten Stilwandel. Beispiel: Datierte Bibel in der Colegiata di S. Isidoro, León, von 960. Charakteristisch ist die Klärung der architektonischen Formen (Basen und Kapitelle anstelle gesprengter Palmetten), Anwendung von Hufeisenbögen, kompakte Farbflächen, geringfügige Verstärkung der Körperlichkeit. Den Höhepunkt bilden die Apokalypsehandschriften des 10. und 11. Jhs. (bis ins 13. Jh. tradiert), die sogen. Beatus-Handschriften. Sie enthalten außergewöhnlich reiche Bildzyklen, die eigentümlicherweise durch die vier Evangelistenportraits eingeleitet werden. Es folgen genealogische Tabellen (Adam bis Noah, Noah bis Abraham, Abraham bis David, David bis Maria). Gewisse Illustrationen der Kommentare verleihen diesen Handschriften fast den Charakter von Enzyklopädien (enthalten sind u. a. Weltkarte, Sintflutdarstellung). Meist ist auch der illustrierte Kommentar des Hieronymus zum Buch Daniel hinzugefügt. Vor allem im Ikonographischen haben die Apokalypse-Manuskripte weitreichenden Einfluß auf die außerspan. Kunst ausgeübt. Stilistisch kennzeichnend sind formelhafte Sprache, abstrakt irrealer Charakter des Bildraums, geometrisch-dekorative Anordnung der Komposition, Darstellung von Architekturen und anderen Hohlformen als verkürzte Zeichen oder im Querschnitt, ausdrucksstarke Farbigkeit, die auf schwefelgelbe, lederbraune, schwarzblaue und lila Töne abgestimmt ist. Evangeliare fehlen in der M. völlig.
Lit.: W. Neuss, Die Apokalypse des hl. Johannes in der altspan. und altchristl. Bibel-Illustration, Spanische Forschungen der Görresgesellschaft 2–3, 1951; C. Nordenfalk, in: Das frühe Mittelalter, II. Buchmalerei, 1957.

Mozarabische Kunst →Westgotische Kunst, → Spanische Kunst, →Mozarabische Buchmalerei.

Mschatta. Omeyadische Schloßanlage im Ost-Jordanland aus der ersten Hälfte des 8. Jhs. Kastellgrundriß mit einer Moschee, kleinerem und einem großen Hof, Privat- und Empfangsräumen. Die Anlage einer dreischiffigen, basilikalen Thronhalle mit Dreikonchenabschluß verdeutlicht den Anschluß an die byzant. Baukunst Palästinas. Die gesamte Anlage ist unvollendet, ebenso die Reste eines Figurenprogramms in Steinbildhauerarbeit. Die prunkvoll ornamentierte Eingangsfront mit zwei fünfeckigen Portaltürmen und Portal befindet sich als Geschenk des Sultans Abdulhamid an Kaiser Wilhelm II. im Pergamonmuseum in Berlin. – Die kunsthistorische Bedeutung dieser Palastfassade ist außergewöhnlich und hat richtungsweisend auf den Beginn der wissenschaftlichen Erforschung der islam. Kunst- und Stilgeschichte gewirkt. Die durch ein im Zickzack geführtes Akantusfries-Band mit Akanthus-Paßrosetten in den Zwischenräumen gegliederte Sockelzone dieser Kalksteinfassade trägt einen mitten in der Arbeit unfertig hinterlassenen Reliefdekor. Alle Dreiecke der linken Seite sind in unterschiedlicher Weise geschmückt mit lebendig be-

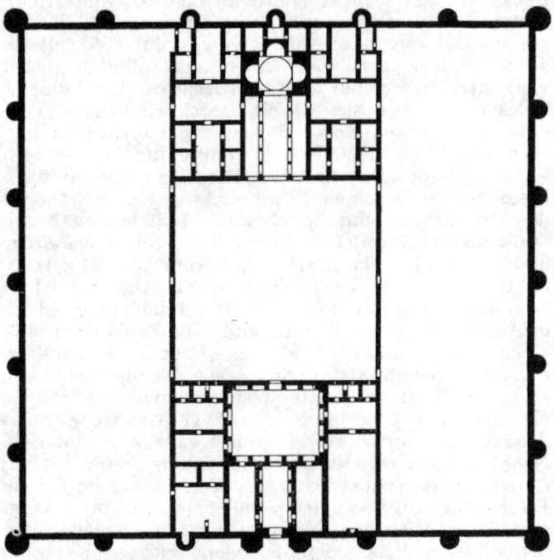

Mschatta, Grundriß der Anlage.

wegten Vögeln, Fabeltieren, einem Löwen und Pferd, einem Putto und einer Menschenfigur zwischen vom Grund aufwachsenden Strauch- und Rankenwerk oder Spiralen und Kreisen. Das Rankenwerk zeigt Reben, Trauben und Akantusformen. An der rechts auf das Portal folgenden Wand, hinter der die Moschee lag, besteht der Dekor der Dreiecke aus einem dichten Weinrankenwerk in verschiedener Formgebung und Granatfrüchten sowie der Flügelpalmette und entspringt aus Vase, Akantuskelch und Flügelpalmettenbaum. Dieser Unterschied der Dekorationsweise entspricht sowohl der Rücksichtnahme auf den Moscheeraum, der die Figurenlosigkeit forderte, wie sich der Unterschied von Meistern byzant. und koptischer Schulung sowie solcher aus dem sasanidischen Bereich kundtut. Spätantik-koptische und iranisch-frühislam. Eigenart stehen sich noch unverbunden gegenüber.
Lit.: K. A. C. Creswell, Early Muslim Architecture, 1932.

Muallafat. Südöstlich von →Mosul praehistorische Siedlung mit Rundhütten, die eine Urform nahöstlicher Architektur vertreten.
Lit.: A. Falkenstein, FWG 2, 24; A. Parrot, Sumer, 100 ff.

Muche, Georg. Deutscher Maler, Kunstgewerbler und Architekt. Geb. 1895 in Querfurt. 1916–20 gehörte er in Berlin zum „Sturm" und war anschließend bis 1927 als Lehrer für Textilentwurf am →Bauhaus in Weimar und Dessau tätig. 1931 wurde er zum Prof. an der Breslauer Kunstakademie berufen und lehrte nach 1939 an der Textilschule in Krefeld. Als Maler arbeitete er bis um 1938 abstrakt, wandte sich dann jedoch gegenständlichen Formen zu und beschäftigte sich vor allem mit der →Fresko-Technik. Während seiner Bauhauszeit beschäftigte er sich auch mit architektonischen Experimenten.
Lit.: H. Vollmer, Künstlerlex. d. 20. Jhs.

Muchina, Wera Ignatjewna. Russische Bildhauerin. Geb. 1889 in Riga, gest. 1953 in Moskau. Studierte 1910–12 in Moskau und anschließend bis 1914 in Paris bei →Bourdelle. Seit 1927 war sie Prof. am Moskauer Kunstinstitut. Vertreten nur in sowjetischen Sammlungen, nahm aber auch an bedeutenden internationalen Ausstellungen teil (Weltausstellungen Paris, New York, Brüssel; verschiedene Biennalen in Venedig).

Mudabidri. Siedlung in Südwest-Indien, meist von Dschainas bewohnt. Die Verwaltung befindet sich im Dschaina-Tschautar-Palast, dessen Pfeiler im Untergeschoß seltene Beispiele mittelalterl. Holzschnittkunst darstellen. Die Dschaina-Bibliothek mit kostbaren alten Handschriften bildet den geistigen Mittelpunkt des Ortes. Aus dem 15. Jh. stammt der Tschandranatha-Tempel, dessen weit ausladende Sattel- und Walmdächer die regionale volkstümliche Teak- und Bambusarchitektur nachahmen. Außerhalb des Ortes stehen nahe den Ruinen einer verlassenen Stadt Dschaina-Priestergräber in Turmform.
Lit.: Fischer, Caves, 29.

Mudejar. Der Begriff M. bezeichnet im span. Bereich die Kunstleistungen der Mohammedaner unter christlicher Herrschaft, zu der es nach der Eroberung islam. Zentren kam: Toledo 1085, Paterna 1238, Sevilla 1248, Granada 1492. Islam. Künstler wirken noch bis in das 16. Jh., und 1610 erfolgt die letzte Austreibung nichtchristlicher Bevölkerungsteile. Die klassische Zeit des M. ist das 13./14. Jh. In Manises und Valencia wird Lüsterfayence in der Art von Malaga hergestellt mit einer vergröberten Dekoration islam. Rankenwerks einerseits und got. beeinflußter, zierlicher Wein- und Spiralranken andererseits, bereichert durch lat.-christliche Inschriften, Tierfiguren und Wappen. Charakteristisch für die Keramik von Paterna sind grün und manganfarben gezeichnete got. Figuren und Tiere in grober Stilisierung. Die Seidenwebereien von Sevilla und Valencia produzieren Stoffe mit Arabesken- und Blütendekor, untermischt mit Wappentieren, und die Teppiche des 15. Jhs. weisen Wappen oder auch lat. Schrift im Feld auf. In der Baukunst sind Kirchtürme beeinflußt vom Minarett-Typus (Toledo), in Cordova wird ein Chor in die Große Moschee eingebaut, muhammedanische Stukkateure arbeiten in Kirchen und Synagogen. Unter Peter dem Grausamen arbeiten schließlich granadiner Handwerker bei der Anlage des Alcazar von Sevilla (1360), dessen Dekor arabische Epigraphik mit Lobpreisungen auf den König aufweist.
Lit.: E. Kühnel, Maurische Kunst, 1928.

Mudra. Symbolische Handhaltungen für Begriffe wie „Furchtlosigkeit" usw. beim indischen Kulttanz und beim menschengestaltigen Kultbild der Buddhisten, Hindus und Dschainas.

Mudabidri. Tschandranatha-Tempel der Dschainas.

Mühlenbecher (17./18. Jh.). Eine Art →Sturzbecher. Der M. wurde in Holland hergestellt und hat an Stelle eines Fußes eine Windmühle mit beweglichen Flügeln.

Müller, Albin →Albinmüller.

Mueller, Otto. Deutscher Maler. Geb. 1874 in Liebau/Schlesien, gest. 1930 in Breslau. Nach einer Lehre als Lithograph studierte er 1894–97 an der Dresdner Akademie. 1907 übersiedelte er nach Berlin, wo er mit den Malern der →„Brücke" Kontakt aufnahm und sich 1910 dieser Gruppe anschloß. Mit E. →Heckel verband ihn eine enge Freundschaft. 1919 wurde er als Lehrer an die Breslauer Akademie berufen, an der er bis zu seinem Tode unterrichtete. Seine immer wiederkehrenden Themen stammen aus dem Leben der Zigeuner, sein etwas ge-

spreizter Stil ist in seiner spitzwinkeligen Formgebung wesentlich durch →Expressionismus der „Brücke" beeinflußt. – In der Farbgebung sind matte Braun-Gelb-Töne vorherrschend.
Lit.: L. G. Buchheim, Die Künstlergemeinschaft Brücke, 1965.

München. 1) St. Michaelskirche. Die Kirche wurde 1583 begonnen und war 1588 im wesentlichen beendet. Der Einsturz eines Turmes am Querschiff verzögerte jedoch den Bauabschluß bis 1597. Die Arbeiten seit 1588 leitete der in Italien gebildete Niederländer Friedrich Sustris. Sein Werk sind Chor und Querschiff, während sein Anteil am Langhaus umstritten ist. Der Augsburger Schreiner-Architekt Wendel Dietrich darf als Urheber der Risse für die Fassade angenommen werden. St. Michael ist der erste große Kirchenbau Süddeutschlands nach dem Abbruch der spätmittelalterl. Tradition. Allerdings wird diese hier in der völligen Neu-Form des Ein-Raumes italien. Herkunft überwunden. Das Langhaus ist, nach dem Vorbilde von Il Gesù, ein ungeteilter, tonnengewölbter Saal mit niedrigen Seitenkapellen und Emporen. Die Fassade ist dreigeschossig mit Dreiecksgiebel, doch kann sich, trotz der kräftigen Horizontalgesimse, die Vertikale behaupten. Im Inneren Wandpfeiler und auf jeder Seite 3 apsidiale von Emporen überhöhte Kapellen. Über dem Schiff die berühmte, wieder instandgesetzte Riesentonne mit 20 m Spannweite. – **2)** Die katholische Kirche St. Joh. Nepomuk, auch „Asamkirche" genannt, in der die Brüder →Asam das bayerische Rokoko in eigenwilligster Weise zur Entfaltung brachten, ist schon bemerkenswert allein dadurch, daß die beiden Brüder sie neben ihrem Wohnhaus aus eigenen Mitteln errichteten. 1734 war die Weihe, aber erst der Rohbau war zu dieser Zeit vollendet. Die Fassade entstand 1746. Vom Außenbau ist nur die Fassade zu sehen, die sich auf einem Felssockel erhebt, leicht gewölbt ist und von 2 Pilastern gerahmt. Das Portal als Säulenportikus ist stark betont. Der Innenraum ist eng und hoch, einschiffig und wird durch eine an beiden Längsseiten hinlaufende Empore in 2 Geschosse unterteilt. Die Decke ist flach. In diesem Rechteck ist aber durch kurvenreiche Bauelemente (anschwellendes Galeriegeländer, an- und abschwellendes Gesims über dem 2. Geschoß, zurückbuchtende Hohlkehlenräume über dem Gesims) ein Oval eingeschrieben, dem sich westlich und östlich Chor und Vorhalle als Querovale anlegen. – **3)** Der Park von Schloß Nymphenburg war in der ersten Bauphase des Schlosses (1664–75) nach italien. Muster angelegt worden. Unter Kurfürst Max Emmanuel (1679–1726) begann, gleichzeitig mit der Umgestaltung des Schlosses, eine Erweiterung des Gartens in franz. Stil durch einen Schüler →Le Nôtres, Carbonet. Die Frühzeit des 19. Jhs. verwandelte weite Gartenpartien aus dem französischem Achsensystem in einen Landschaftspark englischen Stils. Vom französischen Park sind noch einige Überreste zu sehen, so z. B. die einzelnen gerade verlaufenden Kanalachsen, von denen eine die große Kaskade →Effners speist, außerdem das sogen. „Parterre", eine Götterversammlung in Stein von den Bildhauern Ignaz →Günther, R. A. Boos, →Straub u. a. Durch die Umgestaltung →Sckells seit 1804 wurde der strenge franz. Charakter des Parks aufgelöst in eine engl. Gartenanlage mit Seen und Baumgruppen. Die Lustschlößchen und das künstliche Dorf blieben im ursprünglichen Zustand, hinzu kamen noch der Panbrunnen (P. Lamine 1815) und der Monopteros am Badenburgsee. – **4)** Amalienburg: Sie wurde als letztes Gartenschlößchen von Fr. →Cuvilliés d. Ä. für die Kurfürstin Maria Amalia 1734–39 als Jagdschlößchen geschaffen. Im Grundriß ist der Bau eine Rotunde mit Seitenflügeln gegen W. Die Außengliederung klingt schon leicht an den Klassizismus an. Über dem Dach eine kleine runde Plattform als Hochsitz für die Fasanenjagd. Die Innendekoration ist abwechselnd in Blau und Gelb mit versilberten Elementen gehalten. →Nymphenburg.
Lit.: Wasmuth, Lexikon der Baukunst, Bd. III, 1931; Reclams Kunstführer, Deutschland, Bd. I, 1961.

Mündener Fayencen (1732–1854). Wichtigste Erzeugnisse mit Gitterdekor, an den Kreuzungsstellen Vergißmeinnichtblüten. Prunkvasen mit Blumengruppen. →Fayencen.
Lit.: Stoehr, Deutsche Fayencen und deutsches Steingut.

Münster →Dom.

Münster (Wf.). **1)** Die Jesuitenkirche St. Petri hat hohe kunstgeschichtliche Bedeutung als Urbild der manieristischen deutschen Jesuitenkirchen des 17. Jhs. Sie wurde als dreischiffige, querhauslose Basilika in rotem Backstein und gelbem Haustein 1590–97 vom Architekten Joh. Rosskott und Pater Michaelis als Berater erbaut. Der kompakte Außenbau wird durch 4 schlanke Türme aufgelockert. Der Innenraum sollte möglichst viele Sitzplätze bieten und der feierlichen Predigtmesse Gelegenheit geben, sich wie ein barockes Schauspiel vollziehen zu können. Er ist als erster manieristischer Kirchenraum der westfälischen Architektur im Gemisch seiner spätgotischen und der Renaissance verhafteten Elemente zu beachten (Wechsel zwischen Rundbogen der Renaissance und Spitzbogen, Fischblasenmaßwerk und ionischen Kapitellen, Verquickung von Hallenkirche und Emporenbasilika in Raum und Grundriß). – **2)** Fürstbischöfliches Residenzschloß (Universität). Der Bau wurde von Fürstbischof Maximilian Friedrich in Auftrag gegeben. Er entstand nach den Plänen J.C. →Schlauns seit 1767 zwischen Park und Neuplatz, da, wo vorher die Befestigungswälle der Stadt standen. Das Schloß ist das letzte Residenzschloß des Barock, ein Meisterwerk Schlauns. Als er 1773 starb, war das Schloß innen nur zum Teil, außen ganz vollendet. Sein Nachfolger, Architekt und Kanonikus Ferd. Lipper, führte die Innenausstattung in klassizistischem Stil zu Ende. Der Außenbau ist dreiflügelig mit einem langgestreckten Mittelbau und zwei der Stadt zugewandten Seitenflügeln. Über den Portalen reicher plastischer Schmuck. Im 2. Weltkrieg brannte das Schloß aus.
Lit.: Reclams Kunstführer, Deutschland, Bd. III, 465 ff., 1961.

Münstermann, Ludwig. Deutscher Bildhauer. Geb. um 1570–80 in Hamburg (?), gest. vermutlich 1637/38 ebda. Tätig für die Grafen von Oldenburg und Delmenhorst. Die erhaltenen Arbeiten sind ausschließlich für Kircheneinrichtungen bestimmt: Altäre, Kanzeln, Taufbecken und Orgelprospekte. Stilistisch steht M. am Übergang von Renaissance zu Barock. Got. Geist lebt in seinen Werken wieder auf.
Lit.: M. Riesebieter, L. M., 1930.

Münster, St. Johann →Müstair, St. Johann.

Münter, Gabriele. Deutsche Malerin. Geb. 1877 in Berlin, gest. 1962, Murnau. Sie studierte bei →Kandinsky in München und war bis 1916 eng mit ihm befreundet. Sie gehörte zu den Künstlern des →„Blauen Reiters". In ihrer Entwicklung ist sie wesentlich durch das Frühwerk Kandinskys, dessen Weg zur Abstraktion sie jedoch nicht nachvollzog, und durch den →Fauvismus beeinflußt. Auch zum Frühwerk →Jawlenskys lassen sich in ihren Bildern Beziehungen aufzeigen.
Lit.: L. Eichner, Kandinsky und G. M., 1957; H. Vollmer, Künstlerlex. d. 20. Jhs.

Münzbecher. Im 16. Jh. in Deutschland aufgekommene Trinkgefäße, in deren Körper und Deckel Silbermünzen eingelassen sind.

Müstair, St. Johann. Kloster in Graubünden (Schweiz), der Überlieferung nach von Karl d. Gr. gestiftet. 805 zuerst erwähnt. Ursprünglich einschiffige Saalkirche mit 3 Apsiden, Ende des 15. Jhs. zur Hallenkirche umgebaut. Hochbedeutendes Zeugnis einer vollständigen karolingischen Ausmalung, die 1947 entdeckt wurde. In der malerischen Ausführung die spätantiken Vorlagen vergröbernd. Vorherrschend rötliche Töne, dazu Bleiweiß, Grün, Blau, Schwarz. Wichtig das reiche ikonographische Programm, das, wohl von italien. Vorbildern ausgehend, vielleicht durch die Reichenau vermittelt wurde, die schon in der 1. Hälfte des 9. Jhs. eine bedeutende Malerschule besaß (Gebetsverbrüderung zwischen Reichenau und M.). Die durch ein locker gemaltes Rahmengerüst geschiedenen Bilder sind in Streifen angeordnet. Im Langhaus die Geschichte Daniels und Christi in je 5 Streifen zu je 8 Bildern. An den Apsiswänden auf drei Streifen Szenen aus Leben oder Legende

des Johannes (Mitte), Petrus (N) und Stephanus (S); im 12. Jh. übermalt. Hauptapsiswölbung: Christus in der Mandorla, Evangelistensymbole, Engelchöre; N-Apsis: thronender Christus, Paulus das Gesetz (Buch), Petrus den Schlüssel überreichend; S-Apsis: crux gemmata, in deren 5 Medaillons Christus, Petrus, Paulus und 2 Personifikationen erscheinen, dazu 4 größere Medaillons mit Evangelistensymbolen. Westwand: Weltgericht.
Lit.: L. Birchler, M.-Münster, Schnells kleine Kirchenführer Nr. 601, 1954; H. Schrade, Malerei des Mittelalters I, 1958.

Muffelfarben. Mit Hilfe der Muffel, einem feuerfesten Ton- oder Gußeisengefäß, werden die M. in Porzellan- oder Fayencemalerei unter möglichst geringer Hitzeeinwirkung von außen in die Glasur eingebrannt. Das zu bemalende Stück wird dabei in einer Muffel vor der Hitze geschützt.

Muhammad Ali. Miniaturist unter den →Qutb Schahis von Golkonda Anfang des 17. Jhs., ein namentlich faßbarer Meister des indo-persischen Stils zur Zeit der eklektischen Regionalschulen.
Lit.: Barrett, Painting, 125.

Mu-ku-t'u. Chinesische Maltechnik („Knochenlose Malerei"). Die dem europäischen Aquarell ähnliche Technik wurde im 10. Jh. n. Chr. entwickelt und fand vor allem in der Blumenmalerei Anwendung. Unter Verzicht auf Umrißlinien entsteht die Darstellung durch Farblavierung. Diese – wegen des Fehlens strukturierender kalligraphischer Elemente „knochenlos" genannte Malweise blieb seit ihrer Erfindung immer in Gebrauch.

Muldengewölbe. Ein →Klostergewölbe über rechteckigem Grundriß, das auch als →Tonnengewölbe betrachtet werden kann, dessen Schmalseiten durch je ein Wangenstück eines Tonnengewölbes geschlossen sind.

Multan. Stadt in West-Pakistan mit mehreren entwicklungsgeschichtlich wichtigen frühislam. Grabbauten: dem hausartigen Bau des Schah Yussuf Gardizi (1150), der Anlage des Schams-i-Tabriz (1270, erneuert 1780) und der zweigeschossigen Kuppelkonstruktion über der Ruhestätte des Rukn-i-Alam (um 1320).
Lit.: Brown, Architecture II, 22.

H. Multscher, Auferstehung Christi vom Wurtsacher Altar, (Berlin, Gemäldegalerie Dahlem).

Multscher, Hans. Deutscher Bildhauer, Schnitzer und Maler. Geb. um 1400 in Reichenhofen (Allgäu), gest. 1467 in Ulm. M. hat in der Zeit von 1430–60 die bedeutendste Bildhauer- und Malerwerkstatt Schwabens geleitet. Er ist der Begründer des monumentalen Realismus in Schwaben. Eine Ausbildung im Umkreis des Meisters von →Flémalle ist dabei wahrscheinlich. Zu den frühesten Werken dieses realistischen Ausdrucks von erschütternder Eindringlichkeit gehört der Schmerzensmann am Westportal des Ulmer Münsters (1430–35). Von der gleichzeitig entstandenen Votivnische für Konrad Karg im Inneren des Münsters ist nur noch die Umrahmung erhalten. Die Tafeln des Wurzacher Altars, 1437 (Berlin, Staatl. Mus.), stellen den Höhepunkt realistischer Gesinnung dar, während das Hauptwerk M.s, der Sterzinger Altar (1457/58), wieder zu einer idealistischen Richtung zurückführt. Bei diesem Altarwerk werden die geschnitzten Figuren als M.s Werk bezeichnet, während die gemalten Tafeln vermutlich einem Meister des Sterzinger Altars in M.s Werkstatt zugeschrieben werden können.
Lit.: K. Gerstenberg, H.M., 1928; G. Otto, H.M., 1939; Thieme-Becker.

E. Munch, „Winter in Kragerö", 1925–31 (Zürich, Kunsthaus).

Mumienportraits. Die hellenistisch-röm. M. setzen den altägypt. Brauch fort, den Kopf des Toten durch eine Maske auf dem Sarg herauszuarbeiten. Im Gegensatz zu den Mumiensarkophagen und mit schematischen Kopfbildern ausgestatteten Verschnürungen der Toten geben die in verschiedener Technik hergestellten M. möglichst lebenswahre Züge wieder. Das fast lebensgroße Brustbild aus Holz oder Leinwand wurde über dem Gesicht des Verstorbenen in die Mumienbinden eingewickelt. Die M. dienten auch dem Ahnenkult im Haus. Das älteste M. stammt aus neronischer Zeit. Die Sitte hält sich bis in das 4. Jh. n. Chr. Mehr als 750 solcher M. sind erhalten.
Lit.: K. Parlasca, M., 1966.

Munch, Edvard. Norwegischer Maler und Graphiker. Geb. 1863 in Loeiten, gest. 1944 in Sköyen bei Oslo. Ausgehend von van →Gogh und →Gauguin, fand er zu einer Formensprache, in der Elemente des →Jugendstils, des →Expressionismus und des →Symbolismus eine Synthese eingehen. Schwingende Linien umgeben die matten Farbflächen seiner Bilder. 1892 kam es in Berlin anläßlich einer Ausstellung seiner Werke zu einem Skandal, der zur Gründung der Berliner Sezession führte. 1908 befand er sich in einer schweren psychischen Krise und lebte seither zurückgezogen in Norwegen. 1910–15 entstand sein großer Freskenzyklus für die Universität Oslo. – Die Werke seiner Spätzeit zeigen eine kräftigere Farbigkeit und eine Auflockerung der Formen. – Die zentralen Themen seiner Bilder sind Portrait und Gruppenbildnisse, in denen er psychische Spannungen der menschlichen Existenz symbolisch darzulegen versucht.
Lit.: O. Benesch, E.M.

Munkácsy (eigentlich Lieb), Mihály von. Ungarischer Maler. Geb. 1844 in Munkács, gest. 1909 in Endenich bei Bonn. Seine Ausbildung führte ihn durch ganz Europa von Budapest nach Wien (1864 bei →Rahl), nach München und Paris (1867), wo er von →Courbet be-

einflußt wurde. 1867–70 lebte er in Düsseldorf, wo sein erstes Hauptwerk („Letzter Tag eines Verurteilten", Budapest, Mus. der bildenden Künste) entstand. 1872 zog er nach Paris, wo der größte Teil seines aus Landschaften, Genreszenen und biblischen Kompositionen bestehenden Werkes entstand. Dieses Werk zeichnet sich durch leuchtende Farben mit starken Gegensätzen aus. Im Treppenhaus des Kunsthistorischen Mus. in Wien und im Budapester Parlament entstanden auch Fresken.
Lit.: Thieme-Becker; K. Lyka, M.v.M., 1926.

Munthe, Gerhard Peter. Norwegischer Maler, Dekorator und Kunstschriftsteller. Geb. 1849 in Elverum, gest. 1929. Lernte 1870–74 in Norwegen und anschließend in Düsseldorf. 1877 zog er nach München und 1883 nach Paris. – In der Malerei schritt er vom Realismus und →Impressionismus zu einem volkskundlichen, dekorativen Stil, den er auch mit dem →Jugendstil verband. In dieser Art gestaltete er auch ganze Raumeinrichtungen, Teppiche und Buchausgaben.
Lit.: Thieme-Becker.

Muqarnas →Stalaktiten.

Murano. In →Ravenna befindet sich im Museo Nazionale das Mittelstück eines fünfteiligen Elfenbeindiptychons aus M. (6. Jh.). Das reich mit Szenen ausgestattete Kunstwerk zeigt im Mittelbild Christus mit den Heiligen. Darunter die drei Männer im Feuerofen. Rechts und links vom Mittelfeld die Wundertaten Christi. Unten die Jonasgestalt. Als oberen Abschluß zwei Engel, die einen Lorbeerkranz mit dem Kreuz Christi tragen. Eine →Staurothek aus M. befindet sich heute in Urbino. In der Kirche S. Maria e Donato eine eindrucksvolle Mosaikdarstellung in der Apsis (13. bis 14. Jh.): Maria stehend ohne Kind.

Muraqqa. Arabisches Klebealbum mit durch Liebhaber einzeln gesammelten Miniaturen, Zeichnungen und Schriftproben berühmter Maler und Kalligraphen. Diese Sammelalben sind eine Mode, die im 16. Jh. besonders am osmanischen und am Moghul-Hof aufkommen, aber auch im safewidischen Iran beliebt sind. Sie enthalten aus älteren Manuskripten herausgeschnittene Miniaturen, Pinselzeichnungen, und Studienblätter. Einzelblätter mit Portraits, Blüten, Tieren, eleganten Figuren, literarischen Szenen, europäischen Kupferstichen sowie Nachahmungen von solchen. Die Blätter tragen oft Zuschreibungen an namhafte Künstler. Die Albumseiten, auf die sie geklebt sind, werden mit goldener oder farbiger Randmalerei verziert oder sind mit Buntpapier bezogen.
Lit.: M. S. Ipsiroglu, Saray-Alben, Verzeichnis der Orientalischen Handschriften in Deutschland, 1964; E. Kühnel und K. Goetz, Indische Buchmalereien, 1923.

Murbach. Cluniazenserklosterkirche. Ostteile erhalten, basilikales Langhaus im 18. Jh. abgebrochen (nach Zeichnung wohl flachgedeckt). Bedeutender Bau in Großquaderwerk (wohl burgundischer Einfluß), dessen Datierung umstritten ist. Plattgeschlossen und kreuzrippengewölbt der Hauptchor mit →kommunizierenden Nebenchören (cluniazensisch), in deren Obergeschoß sich noch Kapellen zum Hauptchor öffnen. Querhaus nur außen sichtbar. Innen querrechteckige Vierung, niedrigere Seitenräume, über denen sich quadratische Türme erheben (häufig am Oberrhein), in den Flügelenden zweistöckige Kapelleneinbauten. Diese sind teils tonnen-, teils kreuzgratgewölbt. Die komplizierte Raumgliederung ergibt im Außenbau ein reich differenziertes Bild von herber großartiger Erscheinung. Steile Lisenengliederung mit Rundbogenfriesen, horizontale Geschoßteilung, nach oben an Höhe abnehmend, und scharf eingeschnittene Fenstergruppen besonders am Chorschluß. Reich gegliederte Giebel.
Lit.: E. Gall, Dome und Klosterkirchen am Rhein, 1956; E. Adam, Baukunst des Mittelalters, UKG IX, 1963.

Murillo, Bartolomé Esteban. Span. Maler. Geb. 1617/18 in Sevilla, gest. 1682 ebda. Schüler Juan del Castillos; ein Aufenthalt in Madrid ist nicht gesichert. Werke von →Raffael, →Correggio, →Rubens und van →Dyck waren ihm früh bekannt geworden. M. war neben →Velasquez der Hauptmeister des span. Barock und der Maler der katholischen Geisteswelt Spaniens. Er malte in erster Linie Madonnen und Heilige. Seine allgemeine Beliebtheit hat folgende Gründe: zum einen das Sichtbarmachen der Verzückung der Unbefleckten Empfängnis, verbunden mit einem ergreifenden Schönheitsideal der Madonnen, zum anderen die Wirklichkeitsnähe, mit der M. das Leben der Gassenkinder dargestellt hat. Beides, die liebliche Schilderung der religiösen Gefühle und der drastische Realismus der Genrebilder, entsprach der span. Volkstümlichkeit. – Der Stil M.s hat sich nur wenig gewandelt. Von kalten und harten Farben gelangte er zu weicher und duftiger Farbigkeit, die schon Elemente des Rokoko in sich birgt. Durch süßliche und glatte Kopien ist seine Malerei vielfach verkannt worden. Hauptwerke: Szenen aus der Franziskanerlegende für den Klosterhof von San Francisco in Sevilla, 1645/46 (verstreut in verschiedenen Galerien Europas); Unbefleckte Empfängnis, Kathedrale in Sevilla; Melonenesser, um 1650 (München, Pinakothek).
Lit.: A. L. Mayer, M., des Meisters Gemälde, 1923; ders., M., der Maler der Betteljungen und Madonnen, 1918.

Murrhinische Gefäße. Röm. Gattung von Glasgefäßen. Die M. (Vasa murrhina) waren bei den Römern sehr beliebt, da sie einen in vielen Farben schillernden Überzug gehabt haben sollen. Bisher konnten solche Gefäße nicht nachgewiesen werden, so daß auch die Technik und der Stil dieser Ware unbekannt sind.
Lit.: Kisa, Das Glas im Altertum, 1908.

Murschili. Könige der →Hethiter. M. I. Nachfolger →Chattuschils I., der um 1530 v. Chr. über →Aleppo und →Mari bis →Babylon vorstieß und durch seinen Plünderungszug das Ende der →Hammurabi-Dyn. herbeiführte. M. II. (1334–1306), Nachfolger →Schuppiluliumas, Vater des →Muwatalli, festigte die Großmachtstellung der Hethiter und die Position in Nordsyrien, die die Voraussetzungen für die erfolgreiche Auseinandersetzung mit →Ramses II. schuf. M. III., Königsname des Nachfolgers →Muwatallis, Urchitesup, der durch seinen Onkel Chattuschil III. abgesetzt wurde.
Lit.: H. Schmökel, GAV, 124, 131f., 135; E. Akurgal, HK, 39ff.

Murti. Sanskrit: Körper, Form; in Zusammensetzung mit Namen des Hindu-Pantheons Bezeichnungen für das Kultbild des betreffenden Gottes in einer bestimmten, in ikonographischen Texten festgelegten Form.

Musa. Frau des →Arsakiden →Phraates IV. und Mutter →Phraates V. (ca. 38–2 v. Chr.), von →Augustus als Sklavin geschenkt. Man vermutet M. in einem in → Susa gefundenen weiblichen Marmorkopf mit achaemenidischer Stufenzinnenkrone und griech. Künstlersignatur des „Antiochos, Sohn des Dryas".
Lit.: R. Ghirshman, Iran II, 96.

Musasir. Gebiet und Stadt in →Urartu westlich des →Urmiasees mit dem Heiligtum des Gottes Chaldi, das von →Sargon II. 714 v. Chr. geplündert wurde.
Lit.: R. Ghirshman, Iran I, 439.

Muschelnische. Nische, die die Form einer Muschel hat.

Muschelwerk →Grotte, →Rocaille.

Muschhuschu. Gehörnter Drache mit Löwenpranken, Adlerklauen und Schuppenleib, Symboltier des →Marduk, häufig dargestellt auf den Ziegelreliefs des Ischtartores von →Babylon.
Lit.: A. Parrot, Assur, 181, 186.

Museum →Kunstsammlung.

Musgu →Schwarzafrika, Architektur.

Music, Antonio Zoran. Österreichisch-franz. Maler, Graphiker und Entwurfszeichner für Bildteppiche. Geb. 1909 in Gorizia (Italien), lebt in Paris. Besuchte die Akademien in Zagreb und Madrid. 1940 kehrte er nach Italien zurück, wohin er auch 1945 nach seiner Haftzeit in Dachau zurückkehrte. 1953 übersiedelte M. nach Paris. – Seit 1948 ist er auf allen großen internationalen Ausstellungen vertreten: Biennale Venedig, Documenta Kassel I und II. – Malt und zeichnet abstrakte Kompositionen.
Lit.: Katalog I. Internationale der Zeichnung, Darmstadt 1964.

Musivische Arbeit. Bezeichnung für →Mosaik.

Muskelmann. Modell eines Menschen ohne Haut aus

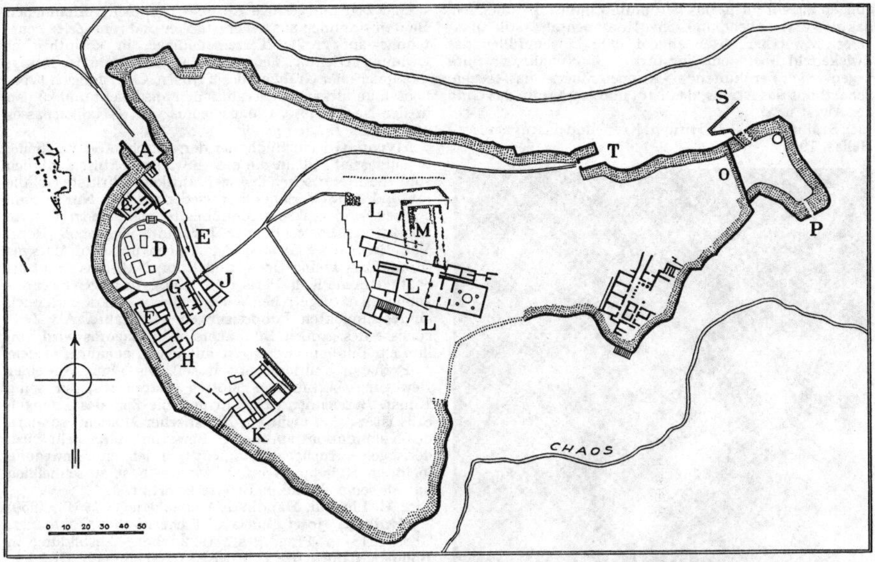

Mykene, Anlageplan der Burg.
A: Löwentor, D: Schachtgräberring, E: Aufweg zur Oberburg, L: Palast der Oberburg, M: griech. Tempel, F, G, H, J, K: Häuser, T: Nordtor, P: Notausgang, S: unterirdische Zisterne.

Holz, Gips, Ton etc. (auch gezeichnet), dient als wichtiges Studienobjekt zum Sichtbarmachen von Muskeln und Sehnen an Kunstakademien.

Musterbuch. Das M. ist eigentlich eine Sammlung von Vorlagen, die sich der Künstler anlegte, um jederzeit darauf zurückgreifen zu können. Besonders gebräuchlich war das M. im Mittelalter (exemplum). Heute gibt es solche Vorlagensammlungen nur für das Kunsthandwerk. Das bedeutendste erhaltene M. ist das Bauhüttenbuch des →Villard de Honnecourt. Dem M. kommt noch weitere Bedeutung zu, wo es mehreren Künstlern zu Vorlagenzwecken diente. So kann man z.B. auch ganze Bildformeln in ihrem Weg verfolgen oder sie Mittler werden sehen zwischen verschiedenen Kunstrichtungen.
Lit.: B. Degenhart, Autonome Zeichnungen bei mittelalterlichen Künstlern, 1951.

Mut. Ursprünglich geiergestaltige, früh anthropomorphisierte oberägypt. Göttin, Gemahlin des →Amun und Mutter des →Chons. Großes Heiligtum in →Karnak. Die Geierhaube der Königin weist auf eine Inkarnation der M.
Lit.: S. Morenz, ÄR, 100ff.; E. Brunner-Traut, Ägypten, 97.

Muthesius, Hermann. Deutscher Architekt und Architekturschriftsteller. Geb. 1861 in Groß-Neuhausen, gest. 1927 in Berlin. Schüler von H. Ende, für den er 1887–91 in Japan war. Danach arbeitete er im Ministerium für öffentliche Arbeiten in Berlin; als Attaché der deutschen Botschaft in London (1896–1903) hatte er Gelegenheit, sich eingehend mit dem Wesen der engl. Wohnkultur vertraut zu machen. Seine Eindrücke zur dortigen zeitgenössischen Baukunst, die er in mehreren Publikationen darlegte, übten auf den deutschen Wohnhausbau einen sehr großen Einfluß aus. M. gehörte auch zu den Gründern des Deutschen Werkbundes und hat für dessen Ausstellung 1914 in Köln die Halle der Farbenschau gebaut. Bedeutend sind seine Landhausbauten.

Muttergottesleuchter. Form des →Kronleuchters, seit dem 15. Jh. bekannt. Über dem Reifen erhebt sich die Gottesmutter, oft von einem Hirschgeweih mandorlaartig umgeben. Später wird das Hirschgeweih zum Leuchterträger, und die Gottesmutter steht oben darauf. Im 16. Jh. tritt an die Stelle der Maria eine weibliche Halbfigur, das Leuchterweibchen.

Mutulus. Die „Tropfenplatte" des dorischen Tempels. Der M. ist an der Unterseite der Kranzgesimse (→Sima) angebracht und folgt jeweils über einer →Metope und →Triglyphe. Er ist mit drei Reihen von runden „Tropfen" besetzt. Die Form leitet sich von der Holzbauweise ab, in der der M. ein Brett war, das mit Bronzestiften (Guttae) angenagelt war. Der griech. Steinbau hat diese Form als Dekorationselement übernommen.

Muwatalli. Sohn und Nachfolger →Murschilis' II., Großkönig der →Hethiter, Gegner →Ramses' II. in der Schlacht bei Kadesch in Nordsyrien 1286/85 v. Chr., deren Ablauf Thema zahlreicher Reliefs Ramses II. ist (→Abu Simbel, →Abydos, →Karnak, →Luxor, →Ramesseum). Den Erfolg des M. zeigt die Tatsache, daß die Position der Hethiter in Nordsyrien gewahrt blieb und von Ägypten nicht mehr angefochten wurde. Im Zusammenhang mit den Vorbereitungen für die Auseinandersetzung wurde die Hauptstadt vorübergehend von Chattuscha (→Boghazköi) nach Dattaschscha im anatolisch-syrischen Grenzraum verlegt; Felsrelief bei Sirkeli.
Lit.: H. Schmökel, GAV, 133ff.; E. Akurgal, HK, 39ff.

Mykene. Antike Stadt und Festung in der nördlichen →Argolis. Der Platz war bereits zu Beginn des 3. Jahrtausends v. Chr. besiedelt und wurde um die Mitte des 2. Jahrtausends v. Chr. zum Zentrum der nach dieser Burg benannten mykenischen Kultur. Nach Homer war M. die Heimat Agamemnons, dem Heerführer der Griechen im Kampf gegen →Troja. Mit Hilfe der Angaben Homers hat H. →Schliemann M. entdeckt und die Ausgrabungen begonnen. – Die gewaltige Anlage ist von einer Kyklopischen Mauer umgeben. Sie stammt wie fast alle Reste in M. aus der zweiten Phase der mykenischen Kultur (1400–1150 v. Chr.). Aus der ersten Phase (1600 bis 1400 v. Chr.) sind vor allem die Gräber des sogen. Schachtgräberringes zu nennen, einer durch eine doppelte Reihe von aufrecht stehenden Steinplatten eingefaßten Anlage. Reiche Goldfunde, die z.T. starke kretische Einflüsse zeigen, traten hier bei den Grabungen zutage (Athen, Nat. Mus.). Aus der Zeit der großen Befesti-

gungen ist vor allem das berühmte Löwentor zu nennen, das die erste abendländische Monumentalplastik überliefert. Zwei heraldisch angeordnete Löwen füllen das Zwickelfeld über dem Türsturz. – Außerhalb der Burg liegen die berühmten →Kuppelgräber: das sogen. Schatzhaus des Atreus, das Klytaimnestragrab, das Grab des Aigist u. a.
Lit.: S. Marinatos – M. Hirmer, Kreta und das mykenische Hellas, 1959.

Myron, Diskobol; röm. Kopie (Rom, Vat.-Mus.).

Mykenische Kunst →Ägäische Kunst.

Mykerinos. Ägypt. König der 4. Dyn. (26. Jh. v. Chr.), Sohn des →Chephren, Erbauer der dritten großen →Pyramide von →Gizeh, die dem Vorbild der →Cheops- und Chephren-Bauten folgt. Der Plan, sie mit roten Granitblöcken zu verblenden, blieb unvollendet. Aus dem Toten- und Taltempel stammen zahlreiche Plastiken, darunter zu einer Gruppe vereinte Standfiguren des M., der von seiner Gemahlin Chamerernebti schreitend in der Hüfte umarmt wird. Das gleiche Motiv zeigt die Darstellung des M. zwischen zwei Gaugöttinnen. Ohne Gefühlsausdruck ist der Begriff „Umarmen" auf eine für die →ägypt. Kunst typische Formel gebracht. Streng geometrisch ist der Aufbau der hockenden Schreiberfigur des Prinzen Chuinre, eines M.-Sohnes, deren Typus bereits unter →Cheops beginnt. Die Beherrschung der Hieroglyphenkunst galt als fürstliche Aufgabe.
Lit.: W. Wolf, KÄ, 144 ff.; E. Brunner-Traut, Ägypten, 367.

Mylasa. Antiker Ort im kleinasiatischen Karien. Die frühesten Funde stammen aus vorgriech. Zeit (2. Jahrtausend v. Chr.). Aus frühgriech., archaischer und klassischer Zeit nur geringe Reste. – Die noch vorhandenen Bauten stammen aus hellenistischer und röm. Zeit: Zeustempel auf großer Terrassenanlage, in korinthischer Ordnung errichtet; Tempel des Augustus und der Roma; monumentaler Grabbau des 2. Jhs. n. Chr., der sich typologisch an altkarische Traditionen anschließt und zu den in der Nachfolge des Mausoleums von →Halikarnassos errichteten Bauten gehört.

Myron. Griech. Bildhauer der attischen Schule. Seine Schaffenszeit fällt in die des →Strengen Stils. Zahlreich sind die literarischen Notizen antiker Schriftsteller, die ihn und seine Werke immer wieder zitieren. Nur in röm. Kopien sind einzelne Monumente aus seinem Oeuvre überliefert. So z. B. der berühmte Diskobol (Rom, Vat.-Mus.), eine Gruppe der Athena mit dem Marsyas (Frankfurt, Liebig-Haus, und Rom, Nat.-Mus.) und als Statuette eine Kuh (Paris, Cab. Med.), die wegen ihrer angeblichen naturgetreuen Wiedergabe zu anekdotisch reich ausgeschmückten Lobpreisungen veranlaßte. Als Zeitgenosse des großen Bildhauers →Pythagoras wird von ihm ein Bildhauerwettstreit mit jenem genannt, in dem er Pythagoras unterlegen sein soll. Die häufig von einer Bewegung bestimmten Motive charakterisieren seine Kunst. Bezeichnend für ihn und die Zeit des Strengen Stils ist es, daß nicht ein realistischer Moment, sondern der Kulminationspunkt einer Bewegung dargestellt wird, der sogen. „fruchtbare Moment", in dem eine Bewegung in ihrem Ruhepunkt erfaßt wird. – Fast ausschließlich hat M. seine Werke in Bronze gefertigt.
Lit.: G. Lippold, Handb. d. Archäologie V, 136 ff., 1950.

Myslbek, Josef Václav. Tschechischer Bildhauer. Geb. 1848 in Prag, gest. 1922 ebda. Ausbildung in Böhmen, dann kurze Zeit bei E. J. →Hähnel in Dresden. 1875–96 Prof. an der Kunstgewerbeschule in Prag, danach bis 1919 ebda. an der Akademie tätig. – M. war der Vertreter der nationalen tschechischen Plastik. Wie →Mánes ging er von den romantischen tschechischen Volkssagen aus, später wandte er sich realistischen Darstellungsformen zu. Sein Hauptwerk ist das monumentale Reiterdenkmal des hl. Wenzel auf dem Wenzelplatz in Prag (1888 begonnen).
Lit.: K. B. Mádl, J. V. M., 1902 (deutsch); V. V. Štech, J. V. M., 1922.

Myson. Griech. Vasenmaler der attischen Schule. Seine in rotfiguriger Technik bemalten Vasen sind um 490–80 v. Chr entstanden. Sein Name ist durch mehrere signierte Gefäße bekannt. Er bevorzugt Kratere korinthischer Form und schließt sich stilistisch an die Art des →Epiktet an, jedoch ohne dessen gesammelte Kraft der gespannten Ausdruckslinie zu erreichen. – Meistens schmückt er die Vasen nur mit einer Gestalt auf jeder Seite. Berühmt ist eine Darstellung, die den König Kroisos auf dem Scheiterhaufen sitzend zeigt.
Lit.: J. D. Beazley, ARV, 237–244, 1963.

Mysterienvilla. Berühmte röm. Villenanlage in →Pompeji. Grundriß und Aufriß dieser fast völlig erhaltenen, im 1. Jh. v. Chr. erbauten Villa zeigen die für diese Zeit typische Vermischung von altitalischem Atriumhaus und hellenistischem Peristylbau. Im Innern befinden sich die z. T. vorzüglich erhaltenen Wandbilder. Sie gehören zum sogen. 2. Stil (→Röm. Kunst) und stellen im Zentralraum des Hauses einen inhaltlich noch ungedeuteten Zyklus dar, den man auf Mysterienfeierlichkeiten bezogen hat.
Lit.: L. Curtius, Die Wandmalerei Pompejis.

Mythologie. Kenntnis und Deutung der Mythen (heiligen Lehren), der Sagen der Götter- und Heroenwelt eines Volkes.

Nabeshimaporzellan. Japanisches Porzellan, benannt nach dem Gründer einer Manufaktur, dem Fürsten Nabeshima. Seit 1660 wurde dieses Porzellan hergestellt, das sich durch eine überdurchschnittliche Qualität in Form und Dekor – meist Pflanzen- und Blumengebilde in zarten Emailfarben – auszeichnet.

Nabis. Franz. Künstlergruppe des 19. Jhs. – Unabhängig vom Gegenstand der Darstellung und von seiner realistischen Wiedergabe erkannten die N. die anzustrebenden Werte der Malerei im rein ästhetischen Bereich. Dekorativ werden die Farben auf der bewußt als Fläche behandelten Bildebene geordnet. →Bonnard, →Denis, →Sérusier, →Vallotton und →Vuillard waren – ausgehend von →Gauguin – die Hauptmeister der N.
Lit.: A. Humbert, Les N. et leur époque, 1954.

Nabonid. Letzter König der →Chaldäer-Dyn. von →Babylon (555–539 v. Chr.), von →Kyros II. besiegt. Umfangreiche Bautätigkeit in Tempelbezirken, vor allem in →Ur, da er Sohn einer Priesterin des Gottes →Sin war, in →Sippar und →Larsa, wobei er auf die Freilegung der alten Gründungsurkunden Wert legte.
Lit.: H. Schmökel, GAV, 317ff.; A. Parrot, Assur, 170, 178f.

Nabopolassar. Begründer der →Chaldäer-Dyn. von →Babylon (626–605 v. Chr.), das er aus den Mitteln der assyrischen Beute nach der Zerstörung von →Ninive ebenso wie andere Städte seines Herrschaftsgebietes (→Sippar) in großzügiger Bauplanung erneuerte. Hauptanliegen war der Wiederaufbau des verfallenen →Etemenanki. Befestigung von →Babylon. Steinbrücke über den Euphrat. Grab im Palast von Babylon.
Lit.: A. Parrot, Assur, 168ff., 178ff., 186; H. Schmökel, GAV, 311ff.

Nabu. Babylonischer Gott der Schreibkunst, Sohn des →Marduk, verehrt im Tempel →Ezida von →Borsippa.
Lit.: A. Parrot, Sumer, 384; E. Strommenger, Mesopotamien, 126.

Nachdunkeln →Galerieton.

Nachgotik →Gotik.

Nacht. Ägypt. Astronom und hoher Beamter unter →Thutmosis IV. Die Wandmalereien im Grab des N. (→Theben-West) gehören zu den schönsten der ägypt. Kunst des Neuen Reiches und zeigen neben Ritualszenen farbenfrische Stimmungsbilder aus dem Alltag, darunter die ergreifende Darstellung eines blinden Harfners und eine einzigartige Komposition von Musikantinnen und Tänzerinnen.
Lit.: W. Wolf, KÄ, 490ff.; E. Brunner-Traut, Ägypten, 483f.

Nachtstück. Gemälde, das eine Darstellung bei künstlicher Beleuchtung oder Mondlicht wiedergibt. Es gibt N.e seit dem 15. Jh. Ihre Themen waren meistens die nächtliche Geburt Christi oder die Gefangennahme bei Fackelbeleuchtung. Das erste N. überhaupt hatte den Traum Kaiser Konstantins zum Thema. In der Barockzeit malte man N.e meistens nur wegen der interessanten Hell-Dunkel-Kontraste, die besonders in der holländischen Malerei des 16. und 17. Jhs. beliebt waren (→Rembrandt, →Elsheimer, Honthorst, Aert van der →Neer etc.). Durch die Wiederaufnahme der barocken Tradition im 19. Jh., die die niederl. Kleinmeister so häufig kopieren ließ, traten wieder N.e auf (Schelfhout, Wutte etc.).

Nadar. Franz. Photograph, Schriftsteller, Zeichner und Luftschiffer. Geb. 1836 in Paris, gest. ebda. 1910. Der eigentliche Name lautet Félix Tournachon. Studierte in Lyon Medizin, war in Paris als Journalist tätig und war einer der Pioniere der Photographie. Er machte die ersten Luftaufnahmen von Paris aus einem Ballon und wollte die Photographie, besonders die des Portraits, zu einem Gebiet der Kunst erheben. Daneben gehörte er mit →Durand-Ruel und L. E. →Duranty zu den frühesten Förderern des →Impressionismus. In N.s Atelier fand 1874 die erste und der Bewegung den Namen gebende Ausstellung statt.

Nadeln der Kleopatra. Name von zwei Obelisken, die ursprünglich vor dem Tempel →Thutmosis' III. und vor dem Tempel des Sonnengottes in Heliopolis errichtet wurden, später (in röm. Kaiserzeit) vor dem Caesartempel in Alexandria standen (heute London, Victoria Embankment, und New York, Zentralpark).

Nad-i-Ali. Fundstätte bemalter Keramik (10./9. Jh. v. Chr.) am Helmandfluß (Prov. Sistan, Ostiran). Pferdegeschirr mit Spiralornamentik. Zeugnis für das Vordringen iranischer Kräfte während der Landnahme der →Meder und Perser in Westiran.
Lit.: J. Wiesner, UKG II, 120; K. Jettmar, Steppenvölker, 226.

Näpfchen. Halbkugelige Mulden im Mauerwerk neben Kirchenportalen, die durch Entnahme von Gesteinsstaub entstanden sein sollen, der als Heilmittel galt. Auf vergleichbare Weise, nämlich durch das Schleifen, d.h. Weihen der Schwertklingen vor dem Kampf, glaubt man die Schleifrillen an Kirchenportalen erklären zu können.

Naga. Hackbau treibender Volksstamm in →Hinterindien, kulturgeschichtlich interessant durch die Tatsache, daß es sich um „lebende Megalithiker" handelt. Die von den N. errichteten Steinsetzungen sollen zusammen mit der Kopfjagd und damit verbundenen Riten (→Morung) den Feldern Fruchtbarkeit verleihen. Ihre Giebelhäuser, vor allem die Männerhäuser, sind fast immer reich mit figuralen Schnitzereien verziert.

Naga. Halb menschliches, halb schlangenförmiges Wesen der indischen Mythologie, auf vielen Kultbildern als Vertreter von Erdkräften dargestellt.

Nagara. Bezeichnung für den nordindischen Tempeltypus mit seinem beherrschenden Merkmal des kurvilinearen Turms über dem Allerheiligsten. In der traditionellen indischen Architekturtheorie sind jedoch die künstlerischen und geographischen Grenzen gegenüber den beiden anderen Stilen →Vesara und →Dravida, unter denen man die Tempel des mittleren bzw. des südlichen Indien begreift, nicht immer einheitlich festgelegt.

Nagara Pathama. Sanskrit-Bezeichnung des thailändischen Ortes und Ausgrabungsgeländes von Nakhon Pathom, aus dem buddhistische Steinbildwerke der 2. Hälfte des 1. Jahrtausends und Backsteinbauten aus dem beginnenden 2. Jahrtausend erhalten sind wie die Stufenturm-Anlagen Wat Phra Pathom und Wat Phra Men.

Nagardschunikonda. Alt-indische Hauptstadt im Dekkhan mit buddhistischen und hinduistischen Kultstätten des 1.–4. Jhs. n. Chr. Während der Erbauung des Tungabadra-Dammes und vor der Überflutung des

Nagardschunikonda. Buddhistisches Kultrelief mit Darstellung eines Stupas.

Ruinengeländes erbrachten neue Grabungen wertvollen Aufschluß über die frühindische Stadtgeschichte. Funde sind in einem Lokalmuseum auf einem Hügel gesammelt, wo auch Teile der Ruinen wieder aufgebaut werden.
Lit.: P. R. R. Rao, The art of N., 1956.

Nagelkopf. Bezeichnung für ein Ornament in Rautenform, das an den Kopf eines Nagels erinnert. Es findet sich vor allem in der anglo-normannischen Baukunst als Verzierung schmaler Bauglieder.

Nagoricino (Serbien). Kirche des hl. Georg in Staro N. (1317/18). Typisches Beispiel für Malereien des 14. Jhs. In den Bildern Ansammlung vieler Menschen mit individuellem Ausdruck. Vergleiche etwa „die Verspottung Christi".

Nahl, Johann August d. Ä. Deutscher Bildhauer und Maler. Geb. 1710 in Berlin, gest. 1785 in Kassel. Studierte bei →Schlüter und in Paris. Tätig in Straßburg, Berlin, Potsdam und Kassel. N. war der begabteste Dekorateur des friderizianischen Rokoko. Die Verbindung von zarten Farben mit Silberschmuck verleiht seinen Räumen eine besondere Note. Sein Hauptwerk ist die Bibliothek im Schloß →Sanssouci bei Potsdam. Daneben schuf N. auch den plastischen Schmuck des →Knobelsdorff'schen Opernhauses in Berlin. In Kassel war N. ab 1777 Direktor der Akademie.
Lit.: F. Bleibaum, J.A.N.

Nahr el Kelb. Hundsfluß nördlich →Beirut, Grenze des ägypt.-hethitischen Interessengebietes. Felsreliefs →Ramses' II., der als Sieger mit Gefangenen opfernd vor seinen Göttern dargestellt ist. Stil und architektonischer Rahmen unterscheiden sich grundsätzlich von den assyrischen Siegesreliefs, von denen das des →Asarhaddon am besten erhalten ist. Auch Nebukadnezar II. hat sich am N. verewigt. An den Felsdenkmälern kann man die verschiedenen Wesenszüge →ägypt., →assyrischer und →babylonischer Kunst ablesen.
Lit.: A. Jirku, WB, 32; H. Schmökel, GAV, 133, 277.

Naïri. Assyrische Bezeichnung für das Gebiet östlich der Tigris- und Euphratquellen mit dem Bereich des oberen Großen Zab zwischen →Van- und →Urmiasee, wahrscheinlich churritisches Kernland, im 2. Jahrtausend v. Chr. bedeutsam wegen der für den →Streitwagen-Bau wichtigen Hölzer (Esche, Birke), seit dem 9. Jh. v. Chr. Teil des Reiches von →Urartu, Schauplatz schwerer Abwehrkämpfe gegen assyrische Feldzüge des 9.–7. Jh, v. Chr.
Lit.: H. Schmökel, GAV, 334; R. Ghirshman, Iran I, 295.

Naiskos. Bezeichnung für ein kleines griech. Tempelchen ohne Säulenstellung. In der Regel findet sich der N. bei den hypostylen Tempeln als zentraler Kultbildschrein.

Naiskosbilder. Bezeichnung für antike Bilder, deren Rahmen in Form eines →Naiskos gegeben ist, d.h. eines kleinen Tempelchens. Vor allem als Grabstelen waren N. geläufig. Diese Rahmenform fand außerdem bei Innenraumdarstellungen Verwendung. Von hier aus hat sich der Begriff N. auch auf antike Darstellungen von Innenräumen ohne diesen Rahmen übertragen. Beispiele dieser Art finden sich hauptsächlich in den Wandmalereien von →Herculaneum und →Pompeji.

Naksch-i-Rustem →Naqsch-i-Rustam.

Nakum →Naranjo.

Nalanda. Ruinen bei dem gleichnamigen Dorf in Bihar. Von der buddhistischen Universitäts- und Klosterstadt des 6.–8. Jhs. sind in situ →Viharas und →Stupas erhalten; im Regionalmuseum werden Stein- und Bronzebilder im spät-guptazeitlich-frühmittelalterl. Übergangsstil aufbewahrt.
Lit.: B. B. Lal, N., 1955.

Nana. Babylonische Göttin, Tochter des →Anu, Gemahlin des Nabu, thronend auf dem →Kudurru des →Melischipak unter dem Planeten Venus dargestellt.
Lit.: A. Parrot, Sumer, 318.

Nancy. Ab 1735 Residenz des vertriebenen Königs Stanislaus Lescinski von Polen. Er wählte sich als Baumeister für seine neue Stadt Emmanuel Héré de Corny (1705–63). Hérés Aufgabe war, die neue Stadt mit der alten Stadt, welche auch ein Baugelände für die königliche Residenz enthielt, zu vereinigen. Es entstanden drei miteinander in engem Zusammenhang stehende Platzanlagen: ein ovaler, zur Palaisfront paralleler Raum mit zwei Halbkreisflügeln, sich öffnend zur Place de la Carrière mit ihrer Promenade und den sie umschließenden Häuserfronten. Den Abschluß dieses Platzes bildet ein Triumphbogen, ausgerichtet auf eine Brücke und den anschließenden Stanislaus-Platz, der von geschmiedeten Toren und Skulpturen geschmückt wird.
Lit.: Henry A. Millon, Architektur des Barock und Rokoko, 1962.

Nani. Hoher Beamter in →Mari, dessen Beterstatuette im →Ischtarat-Tempel gefunden wurde (26. Jh. v. Chr.). Sie fügt sich in ihrem individuellen Charakter zu den anderen Weihefiguren des Heiligtums (→Abichil, →Idi Narum, →Iku Schamagan, →Lamki-Mari, →Urnansche) als Beispiel für die sumerische Kunst vor der →Akkadzeit.
Lit.: A. Parrot, Sumer, 116ff.; E. Strommenger, Mesopotamien, 70.

Nalanda. Ruine des Hauptstupas mit Votiv-Stupas.

Nan-matol →Ponape.

Nanna. Name des sumerischen Mondgottes, der vor allem in →Ur verehrt wurde.

Nanni di Banco. Italien. Bildhauer. Geb. um 1375 in Florenz, gest. 1421 ebda. Schüler seines Vaters Antonio und Niccolò d'Arezzos. Ging in seinen Plastiken bewußt von antiken Vorbildern aus, die er intensiv studiert hatte, und wurde neben →Ghiberti und →Donatello in der Plastik der Frührenaissance führend. Sein Hauptwerk der Spätzeit ist die Gruppe von vier Heiligen an Or San Michele in Florenz, 1408f., auch bekannt als „Quattro Coronati", ferner schuf er dic Madonna della Cintola am Nordportal des Florentiner Domes, 1414–20.
Lit.: O. Wulff, N. di B. und die Anfänge der Renaissanceplastik in Florenz, in: Jb. der Preußischen Kunstsammlungen, 34, 1913.

Nanteuil, Robert. Franz. Kupferstecher. Geb. wahrscheinlich 1623 in Reims, gest. 1678 in Paris. Bedeutendster Portraitstecher des 17. Jhs. in Frankreich. In fast gleichbleibender Darstellung – Kopf mit geradem Blick auf seitlich gewendetem Schulteransatz in ovaler Fassung – schuf er über 200 Bildnisse von Zeitgenossen, doch werden die individuellen Züge der gesellschaftlichen Konvention untergeordnet.
Lit.: E. Bouvy, R.N., 1924.

Naos. Ursprünglich antike griech. Bezeichnung für das Haus. Der Begriff wird jedoch in erster Linie für das Haus des Gottes, den Tempel gebraucht und bezeichnet diesen in seiner Gesamtheit. Hiervon abzuleiten ist der →Naiskos als Diminutiv von N. – In der byzant. Kunst übertragen auf den inneren Bezirk der Kirche.

Napata. Stadt der Aethiopen am 4. Nilkatarakt, unter →Thutmosis III. südlichste Grenzstation des Neuen Reiches. Im 8. Jh. v. Chr. Hauptstadt einer selbständigen Königsdyn., deren Herrscher Ägypten unterwarfen und während der 25. Dyn. beherrschten (→Aethiopen). →Schabaka, →Taharka. Um 300 v. Chr. trat das südlichere Meroe als Residenz an Stelle von N. Der Einfluß der →ägypt. Kunst ist unverkennbar und offenbart sich vor allem in den zahlreichen →Pyramiden-Gräbern.
Lit.: W. Wolf, KÄ, 397, 599; E. Otto, Ägypten, 286; E. Brunner-Traut, Ägypten, 562f.

Napirasu. Gemahlin des elamischen Königs →Untaschgal (Mitte 13. Jh. v. Chr.), dargestellt auf einem

Reliefstreifen der sogen. Schlangenstele des Königs. Ihre Bronzestatue, ohne Kopf in →Susa gefunden, ist durch die Inschrift gesichert, die auch eine Fluchformel gegen Zerstörung und Verschleppung enthält. Technisch bemerkenswert, daß die feingravierte Außenschale mit fließendem Fransensaum und schrägen Gewandstreifen in einem zweiten Arbeitsgang über dem Kern vollgegossen wurde. Meisterwerk →elamischer Kunst, die mesopotamische Vorbilder selbstbewußt umprägte.
Lit.: A. Parrot, Sumer, 322, 336; H. H. von der Osten, WP, 32; E. Strommenger, Mesopotamien, 99.

Naqia. Gemahlin →Sanheribs, Mutter →Asarhaddons, mit dem N. auf einem Bronzerelief dargestellt ist.
Lit.: A. Parrot, Assur, 118, 150.

Naqsch-i-Radjab. Felsen 5 km nördlich von →Persepolis mit Reliefs →Ardaschirs I. und →Schapurs I. Die Darstellung der Reiterinvestitur schließt an die Felsbilder von →Firuzabad und →Naqsch-i-Rustam an.
Lit.: K. Erdmann, KIS, 50ff.

Naqsch-i-Rustam. Alte Kultstätte mit elamischem Relief bei →Persepolis, von →Dareios I. zur Anlage seines Felsengrabes gewählt. Die Relieffassade mit überhöhten Säulen beiderseits des Türrahmens, Tierprotom-Kapitellen und Zahnschnitt-Gebälk gibt das Bild eines Palasteingangs wieder. Darüber tragen die 28 Völkerschaften des Reiches den Thron des Herrschers, der, auf einem Podest betend, bogenbewehrt vor einem Feueraltar steht. Er betet zu →Ahura-Mazda, dessen Symbol über der Szene schwebt. Das Motiv folgt dem Vorbild von →Behistun, bereichert durch die Völkerdarstellungen und Gefolgschaftsreihen im Palast von →Persepolis. Unverkennbar ist der Zusammenhang mit der →medischen Kunst. Die Grabfassade wurde zum Muster für die anderen Achaemenidengräber in N. und →Persepolis, die jedoch ohne Inschrift und daher schwer bestimmbar sind. Die kultische Bedeutung von N. dokumentiert der hohe quadratische Turm gegenüber dem Dareiosgrab, der wie in →Pasargadae als →Feuertempel gedeutet werden darf (→Anahita-Kult?). Ein Bekenntnis zur altpersischen Tradition von N. sind die an der Felsgräberwand angebrachten Reliefs der →Sasanidenkunst. Belehnungsszene →Ardaschirs I., →Bahrams II. durch →Ahura-Mazda. Gott und Herrscher zu Pferd. Triumphrelief →Schapurs I. über Valerian. Familienbild →Bahrams II. Investitur →Narses durch →Anahita. Göttin und Herrscher zu Fuß. Reiterkampfbild →Hormizds II., der seinen Gegner aus den Sattel wirft. Feueraltäre weisen auf die Fortsetzung des alten Kultes, wie auch die Siegesinschrift Schapurs am Feuertempel bezeugt.
Lit.: R. Ghirshman, Iran I, 226ff.; II, 392; H. H. von der Osten, WP, 79ff., 85f., 129ff.

Nara. Japanische Stadt, 30 km östlich von Osaka gelegen. Im 8. Jh. n. Chr. war N. als Hauptstadt kulturelles und politisches Zentrum. Die z.T. aus dieser Zeit erhaltenen Bauten zählen zu den frühesten Zeugnissen japanischer Holzbaukunst. Architekturen wie die Tempel Todaiji, Toshodaiji und Yakushiji bergen Plastiken von höchster Qualität. – Die Schatzkammer Shosoin, die in ihrer Anlage auf einen Bau des 8. Jhs. zurückgeht, später jedoch erweitert und restauriert wurde, dient als Museum, in dem vor allem chinesisches Kunsthandwerk der Tang-Zeit aufbewahrt ist. – In der Nähe von N. liegt →Horyuji mit den ältesten japanischen Tempelanlagen.

Naramsin. König von Akkad, Enkel →Sargons (23. Jh. v. Chr.). Sein Sieg über das östliche Bergvolk der →Lulubäer und ihre Verbündeten ist Thema der berühmten Siegesstele, eines Meisterwerkes der Kunst von Akkad, und des Felsreliefs von →Darband-i-Gawr. Die in →Susa gefundene Stele zeigt das Augenblicksbild des Sieges N.s, der im unwegsamen Gebirge, gefolgt von den emporstürmenden Garden, den Paß gewonnen hat. Stürzende, tödlich getroffene, um Gnade flehende Gegner charakterisieren das Momentane ebenso wie die Haltung des Königs, in dem die in Diagonalen verlaufende Komposition ihren Höhepunkt hat. Bemerkenswert ist die unschematische Wiedergabe der Landschaft. Unsicher bleibt die Zuweisung des Bronzekopfes aus Ninive an N. Reste einer Palastfestung N.s bei →Tell Brak. Die 10 m starke Mauer umfaßte 4 Hofanlagen mit umliegenden Wohnbauten und wahrscheinlich auch einen Tempel für den Kult des „Gottes“ N.
Lit.: H. Schmökel, GAV, 43ff.; A. Parrot, Sumer, 384; E. Strommenger, Mesopotamien, 71ff.

Naranco bei Oviedo →Westgotische Kunst.

Naranjo. Neben →Tical, →Uaxabtum, Calakmul und Nakum die wichtigste Mayastadt im →Peten. Zahlreiche →Stelen wurden im 8. und 9. Jh. errichtet, ausgedehnte, archäologisch gesicherte Anlagen, bei denen jedoch die Quantität vor der Qualität steht.

Siegesstele des Naramsin, König von Akkad, reichsakkadisch (Paris, Louvre).

Narasimha. Eine Inkarnation des indischen Gottes Vischnu als Mann-Löwe, der einen Frevler zerreißt.

Narbonne, Parement de →Meister des Parement de Narbonne.

Nardo di Cione. Florentinischer Maler, Bruder des →Orcagna. Erwähnt 1343–65, gest. 1365/66 in Florenz. Hauptwerk: Fresken der Strozzikapelle in S. Maria Novella, Florenz: Jüngstes Gericht, Inferno (Dante-Illustration), Paradies (Mitarbeit Orcagnas von Vasari erwähnt). Datierung: fünfziger Jahre des 14. Jhs. Die als ungeteilte Bildfelder behandelten Wände haben flächig-teppichhafte Wirkung. Im einzelnen überraschen Freiheit des Ausdrucks und der Bewegung, Zartheit der Farben, Linien und Formen. Die Tafelbilder zeigen den gleichen Verzicht auf räumliche Wirkung bei „nazarenisch“ sanfter Stimmung.
Lit.: →Orcagna.

Narmer. Zweiter ägypt. König der 1. Dyn. (→Thinitenzeit), Gründer von →Memphis. Mit seinem Namen versehen ist die Alabasterfigur eines hockenden Pavian, die bei unmittelbarer Naturbeobachtung die blockhafte Form der →ägypt. Kunst zeigt. Aus →Nechen stammen der Keulenkopf mit der Reliefdarstellung des unter dem

Baldachin thronenden N. bei seinem Triumph über Unterägypten und die berühmte Schminkpalette, das bedeutendste Denkmal der „Vereinigung der beiden Länder". Die Vorderseite zeigt unter der Palastfassade zwischen →Hathor-Köpfen den Triumphzug des N. mit der Krone Unterägyptens zum Staatstempel von → Buto, darunter das mesopotamische Motiv der Fabeltiere mit verschlungenem Schlangenhals in ägypt. Umwandlung, schließlich den Königsstier bei der Zerstörung einer feindlichen Stadt. Auf der anderen Seite N. mit der hohen Krone Oberägyptens als Sieger über einem in die Knie gesunkenen Feind. Darunter fliehende Feinde, im Gegensatz zu N. und seinem Gefolge ohne Standlinie, die Zeichen der neuen Ordnung ist.
Lit.: W. Wolf, KÄ, 56, 86ff., 90f.

Narse. Sasanidenherrscher (293–302 n.Chr.), Sohn →Schapurs I., Großonkel des von ihm vertriebenen → Bahram III. Inschrift am Monument von →Paikuli. Felsrelief mit Investitur durch →Anahita in →Naqsch-i-Rustam.
Lit.: R. Ghirshman, Iran II, 392.

Narthex. – **1)** Hirtenstab, Rute (ferula) in der Hand der byzant. Kaiser. – **2)** Quergestellter Vorraum in der altchristl. Basilika. Wurde für alle byzant. Kirchen in der späteren Zeit verbindlich. Bisweilen ist dem N. noch ein →Atrium vorgelagert. Er hatte ein Pultdach und war an den Schmalseiten geschlossen.

Nase. Bezeichnung für Vorsprünge an mittelalterl. Bogenprofilen, durch die Kleeblattbogen, Dreiblätter, Drei- und Vierpässe u.a. gebildet werden. →Maßwerk.

Nasenstein. Formziegel mit angearbeiteter Nase zur Abwässerung bei Gesimsen etc.

Nash, Paul. Engl. Maler. Geb. 1899 in Dymchurch/Kent, gest. 1946 in Boscombe. 1907 kam er zur Malerei und ließ sich an der Slade School in London ausbilden. Seine ersten Werke zeigen Einflüsse von →Derain und →Cézanne. Um 1912 nahm er Anregung des Neo-Impressionismus auf, wandte sich jedoch bald dem →Konstruktivismus und →Surrealismus – beide miteinander verbindend – zu. Auf geometrisch aufgeteilten Flächen stehen in einer sie umgebenden Mondlandschaft monolithartige Figuren, ein Thema, das er häufig variierend wiederholte. Seine ausgebleichte Farbigkeit vermittelt den Eindruck erkalteter Monotonie.
Lit.: H. Vollmer, Künstlerlex. d. 20. Jhs.

Nasik. Alte Siedlung und frühbuddhistische Kulthöhlen im westlichen Indien nahe der gleichnamigen Stadt. Funde an Plastik bis in die Gupta-Zeit nachweisbar.
Lit.: H. D. Sankalia u.a., Report on the excavations at N. and Jorwe, 1955.

Nasriden. Die N., eine spanisch-arabische Familie, beherrschen als Sultane und Nachfolger der →Almohaden das Königreich Granada 1231–1491. Das Gebiet Andalusien ist während dieser Zeit das einzige muslimisch regierte in Spanien, seine Hauptstadt ist Granada. Unter dem vorletzten Herrscher Boabdil mußten sich die N. in die Lehnsherrschaft von Ferdinand von Aragonien und Isabella von Kastilien begeben, 1492 wird Granada endgültig von christlichen Herren erobert. – Wechselnde politische und künstlerische Beziehungen bestehen zu den islam. Herrschern in Nordafrika, den Meriniden, und in der Folge erscheint der Alhambrastil in Fes und Merrakesch, Rabat. – Unter den N. erreicht der maurische Stil seinen Höhepunkt. Er manifestiert sich in der unter Muhammed I. 1232–73 erbauten Alhambra. Für diese in drei Teile öffentlicher und privater Natur gegliederte Anlage sind Zellengewölbe, Stalaktitgewölbe und ein überreich durchbrochener Stuckdekor, der die tektonische Funktion überspielt, typisch. Das Wappen der N. erscheint hier in dekorativen Wiederholungen. Im Moscheebau ist das Rippengewölbe über Stalaktittrompen eine Neuerung westlicher Prägung. Eine typische Form der Lüsterfayencen dieser Periode aus Malaga sind die sogen. →Alhambravasen, große, eiförmige Vorratsgefäße mit massiven „Flügelhenkeln". Berühmt sind die Waffen aus Toledo, speziell die sogen. Boabdil-Schwerter mit reicher und zierlicher Gold- und Zellenschmelzarbeit an Griff und Scheide.
Lit.: E. Levi-Provenca., Enzyklopädie des Islam, 1936; E. Kühnel, Maurische Kunst.

Nataradscha. Kultbild des indischen Gottes → Schiva in einer Tanzpose als Herr des kosmischen Tanzes.

Natatio. Schwimmbad der röm. →Thermen.

Natoire, Charles Joseph. Franz. Maler. Geb. 1700 in Nîmes, gest. 1777 in Castel Gandolfo bei Rom. Schüler von F. →Lemoyne. 1723–29 Stipendiat, seit 1751 Direktor der franz. Akademie in Rom. – N. war ein glänzender Dekorateur des franz. Rokoko und Rivale → Bouchers; sein Hauptwerk ist die Ausmalung des Salon oval im Hôtel Soubise in Paris mit Darstellungen zur Geschichte der Psyche (1737–39). Außer mythologischen Gemälden und Fresken schuf er Entwürfe für Tapisserien.
Lit.: P. Clauzel, N., peintre nîmois, 1897.

Nattier, Jean-Marc d. J. Franz. Maler. Geb. 1685 in Paris, gest. 1766 ebda. Galanter Maler der Damen der Hofgesellschaft, die er unter großzügiger Vermeidung aller Unschönheiten in heroischer Verkleidung als Göttinnen des Olymp oder als allegorische Figuren darstellte. Seine in lichten Farben charmant komponierten Bildnisse sind Meisterwerke des Rokoko.
Lit.: P. de Nolhac, J.M.N., Peintre de la cour de Louis XV. (franz. und engl.), 1905 und 1910.

Naturalismus →Realismus.

Naturpapier. Bezeichnung für ein in seiner Masse gefärbtes Zeichenpapier. Es wurde seit Ende des 15. Jhs. hergestellt und bewies sich als sehr reizvolles Material zum Zeichnen mit Silberstift, Kreiden, Pastellfarben etc.

Stifterfiguren des Markgrafen Ekkehard und seiner Gemahlin Uta, um 1245–1250 (Naumburg, Westchor des Domes).

Nauen. Heinrich. Deutscher Maler. Geb. 1880 in Krefeld, gest. 1940 in Kalkar. Nach seinem Studium bei Knirr und →Kalkreuth schloß er sich 1902 dem Kreis um G. →Minne an, der ihn stark beeindruckte. 1906–11 war er in Berlin ansässig. In dieser Zeit bringt die Begegnung mit Werken van →Goghs die für ihn entscheidende Wende. Großflächige, dekorative und starkfarbige Bilder entstanden. Unter dem Einfluß des →Kubismus verfestigten sich seine Bilder um 1912 durch prismatische Strukturen. 1911 übersiedelte er wieder nach dem Rheinland und

lehrte 1920–1936 an der Düsseldorfer Akademie. Zu seinen bedeutendsten Werken zählen die großen Wandbilder, die er 1912–14 auf Schloß Drove bei Düren schuf.
Lit.: P. Wember, H. N., 1949.

Naukratis. Älteste griech. Handelsniederlassung im Nildelta. N. wurde wahrscheinlich am Ende des 7. Jhs. v. Chr. von verschiedenen ostgriech. Städten, zu denen →Milet und →Samos gehörten, gegründet. Zu der Stadt gehörten mehrere Heiligtümer und Tempel. Von besonderer Bedeutung für die griech. Kunstgeschichte sind die reichen Einzelfunde an Keramik und Plastik (z. T. London, Brit Mus., und Oxford, Mus.), von denen vor allem Alabasterstatuetten archaischer Zeit zu nennen sind.
Lit.: Prinz, die Funde aus N., 1908.

Naukydes. Griech. Bildhauer aus →Argos. Er war der Bruder des →Polyklet, aber wohl bedeutend jünger als dieser und muß als Schüler seines berühmten Bruders angesehen werden. N. war bis gegen 400 v. Chr. tätig. Gemeinsam mit Polyklet hat er verschiedene Bronzewerke ausgeführt. Weiter werden in der antiken Literatur eine Erinna, Athleten und ein Hermes genannt. Erhalten ist nur die röm. Kopie eines Diskobolen, an den weitere Werke durch Stilvergleich angeschlossen wurden.
Lit.: G. Lippold, Handb. d. Archäologie, V., 199, 1950.

Naumburg, Dom St. Peter und Paul. 1028 Verlegung des Bistums von Zeitz nach Naumburg. Anstelle einer Anlage der Mitte des 11. Jhs. seit etwa 1220 ein Neubau, der, von O nach W fortschreitend, die ursprünglich spätroman. Formen (Vorbilder: rheinische Bauten; Magdeburg, Ostteile) immer stärker gotisiert, vor allem im Konstruktiven (Kreuzgewölbe, Spitzbogen), doch bleibt der Eindruck wuchtiger Schwere und breiter Lagerung des Raums. Doppelchörige, dreischiffige Pfeilerbasilika in gebundenem System mit Stützenwechsel, im Mittelschiff kuppelige Kreuzgratgewölbe über quadratischem Grundriß, glatter Obergaden. Ostquerhaus. Die ehemals halbrunde Ostapsis nach 1300 durch got. polygonal geschlossenen Chor ersetzt. Die Krypta im O Ende 12. Jh. begonnen. Der Ostlettner einziger bekannter roman. →Lettner. Seitlich der Chöre je ein Turmpaar (die östlichen mit spätgot. Obergeschossen und barocken Hauben; die westlichen nach Bamberger Vorbild, d. h. auf Laon zurückgehend, südlicher Westturm seit 1894 ausgebaut). Die Bauornamentik, vor allem die Kapitelle und Schlußsteine, von hoher Qualität. Höchsten künstlerischen Ranges, neben →Straßburg und →Bamberg die bedeutendsten Werke der deutschen Bildnerei des 13. Jhs., sind die 12 Figuren der ersten Stifter und Förderer des Bistums Naumburg (aus den Geschlechtern der Wettiner und Ekkehardiner), aufgestellt in dem wohl für diesen Figurenzyklus errichteten frühgot. Westchor (Ablaßurkunde mit Spendenaufruf von 1249; architektonisches Vorbild: Bamberg), und der abschließende Westlettner. Ihr anonymer Schöpfer nach diesen Werken benannt: →Naumburger Meister.
Lit.: W. Hütt und Kollektiv, Der Naumburger Dom, 1956; E. Schubert, Der Westchor des Naumburger Doms, ein Beitrag zur Datierung und zum Verständnis der Standbilder, Abhandlungen der deutschen Akademie der Wissenschaften zu Berlin, 1965; E. Schubert (Bericht über Domgrabungen), in: Abhandlungen der deutschen Akademie der Wissenschaften zu Berlin, 1964.

Naumburger Meister. Einer der bedeutendsten deutschen Bildhauer, tätig um die Mitte des 13. Jhs. Benannt nach dem Hauptwerk, den Stifterfiguren und dem Westlettner des Doms von →Naumburg (Spendenaufruf 1249; vielleicht schon in den 40er Jahren begonnen). Der Stil der Werkstatt schließt an die schwere Formensprache der späteren Westfassadenwerke von Amiens und die der Reimser Westfassade (Türsturzreliefs) an, bringt von dort den schwerfaltigen, bildhauerisch vereinfachten Gewandstil mit (Zuschreibungen von Werken in Noyon, Amiens, selbst eines Metzer Reliefs heute umstritten). Erstes sicheres Werk ist der fragmentarisch erhaltene, wohl 1239 vollendete Mainzer Westlettner (Deësis, Gruppen von Seligen und Verdammten des Jüngsten Gerichts). Sicher von ihm auch das Martinsrelief, Pfarrkirche Bassenheim (sogen. Bassenheimer Reiter). Umstritten die Horburger Madonna und die Meißener Standbilder; letztere wohl Werkstattarbeiten, im Anschluß an Naumburg entstanden. Die Aufstellung von 12 westlichen Stifterfiguren (Wettiner und Ekkehardiner) in ständischer Zeittracht innerhalb des Naumburger Westchors, mit dessen Architektur sie ein zusammengehöriges Ganzes bilden, ohne ihr untergeordnet zu sein, ist eine von Frankreich her gesehen außergewöhnliche, bezeichnend deutsche Lösung (in der Sainte-Chapelle, Paris, sind es Apostel!). Jedoch ist eine im neuzeitlichen Sinn imdividuelle Charakterisierung nicht beabsichtigt. ,,In der psychischen Bewegtheit ... ist ein allgemeines geistiges Wachsein gegeben, das der besonderen Deutung nicht bedarf, da es auf kein bestimmtes Ziel

Der Bassenheimer Reiter, Relief vom Westlettner des Domes zu Mainz, um 1235–40 (Bassenheim, Pfarrkirche).

gerichtet ist. Sie ist ein künstlerisches Mittel, die spezifische Lebensnähe dieser Figuren darzustellen.“ (H. Jantzen) Erwogen wurde, ob die ,,primi fundatores“ als Anwesende der im Westchor verrichteten Totenmesse aufzufassen seien (W. Schlesinger). – Der anschließend errichtete Westlettner geht im Typ und Stil seiner Skulpturen (am Türpfeiler des Portikus der Gekreuzigte; im Gewände Maria und Johannes; an der Brüstung Relieffries mit der Passion) gleichfalls auf Frankreich zurück. Charakteristisch ist die dichte, mehrschichtige Aufstellung der Figuren innerhalb eines Kastenraums unter einer fortlaufenden Zeile kleiner Wimperge sowie der untersetzte, derbe Figurentyp und das schwere Gewandzeug. Bedeutende eigene Leistung und gegenüber Frankreich neu ist die gequält erregte, eindringliche Gestaltung des Leidens. Die Werke des N. mit ihrer zu höchster Vollendung gesteigerten Eindringlichkeit in der Gestaltung seelischer Bewegtheit und der außergewöhnlichen Selbständigkeit der Figuren gegenüber der Architektur sind Gipfelleistungen deutscher got. Bildnerei des 13. Jhs., gewonnen aus der Umwertung franz. hochgot. Vorbilder auf der Grundlage deutscher, staufischer Tradition (→Deutsche Kunst).
Lit.: H. Jantzen, Deutsche Bildhauer des 13. Jhs., 1925; W. Schlesinger, Meißner Dom und Naumburger Westchor, ihre Bildwerke in geschichtlicher Betrachtung, 1952; J. Jahn, Die Erschließung der Bildwerke des N., 1964.

Nautiluspokal. Pokal aus einer Nautilusmuschel in kostbarer Fassung, oft aus Silber, die in ihren (plastischen) Ornamenten gerne Meerestiere oder mythische Meerwesen darstellt. Die N.e stammen meistens aus der Renaissance-Zeit.

Navaranga. Eine indische Tempelhalle, deren Decke in 9 rechteckige Felder geteilt ist; gewöhnlich wird die zentrale Abteilung mit dem Bild eines Hauptgottes wie Schiva geschmückt, den die Bilder der acht →Dikpala umgeben.

Naxische Vasen. Griech. Vasengruppe der Kykladen des 8. und 7. Jhs. v. Chr., benannt nach einem ihrer Hauptfundorte, der Insel →Naxos. Die Vasen wurden aus dunkelrotem Ton gefertigt und mit einem grün-weißen Überzug versehen. – Der Dekor zeigt in geometrischen Zeichen, vornehmlich konzentrische Kreise in metopenartig gerahmten Feldern; im 7. Jh. neben subgeometrischer Ornamentik, Tiergruppen und Blütenornamente, in der 1. Hälfte des 7. Jhs. polychrome Figuren- und Handlungsbilder.

Naxos. Griech. Kykladeninsel. Von antiker Besiedelung, die bis in das 3. Jahrtausend v. Chr. zurückreicht, ist kaum etwas erhalten. – Neben den berühmten Marmorsteinbrüchen bestand auf N. im 6. Jh. v. Chr. eine hochbedeutende Bildhauerschule, deren feine Oberflächenmodellierung typisch inselionische Stilelemente zeigt. Neben einem um 570 v. Chr. entstandenen Kopf eines Kuros (Kopenhagen, Carlsberg Glypt.) zählen die berühmte in →Delphi gefundene Sphinx der Naxier (um 560 v. Chr., Delphi, Mus.) und einige auf den Kykladen und im →Ptoion gefundene Kuroi (1. Hälfte des 6. Jhs. v. Chr.) zu den Hauptwerken dieser Schule.
Lit.: E. Buschor, Frühgriech. Jünglinge, 61 ff., 1950.

Nay, Ernst Wilhelm. Deutscher Maler. Geb. 1902 in Berlin, ansässig in Köln. 1925–28 Studium bei C. → Hofer an der Berliner Akademie. 1936/37 unternahm er eine Nordlandreise, die ihm Anregungen aus dem Werke von E. →Munch vermittelte. In dieser Zeit entstanden seine berühmten Lofotenbilder, in denen er die Inseln und das Meer darstellte. In der Beschäftigung mit → Delaunay findet er seinen eigenen Stil der farbig-rhythmisch geordneten Bildfläche (1943). Nach 1945 entfernte er sich endgültig vom Gegenstand und wandte sich der expressiven Abstraktion zu. Runde Farbflecken ordnet er zur Bildeinheit. 1951 ließ er sich in Köln nieder.
Lit.: H. Vollmer, Künstlerlex. d. 20. Jhs.

F. Overbeck, „Der Triumph der Religion in den Künsten" (Frankfurt/M., Städel).

Nayaka-Nayika. Eine Art Katalog der Liebhaber und Liebhaberinnen und ihrer verschiedenen Temperamente, beliebte Vorlage für indische Miniaturmaler.

Nayarit. Staat in Westmexiko mit eigenem Kunststil (→Westkulturen), hauptsächlich aus Ixtlán bekannt. Charakteristisch sind die phantastisch-grotesken oder realistischen Tonfiguren und Hausgruppen. Einzeldarstellungen zeigen Krieger, Musiker, Zwerge, Bucklige, wasser- oder babytragende Frauen; Götter fehlen. Besondere Vorliebe zur Wiedergabe der Umwelt in kleinen Modellgruppen auf Sockelplatten.

Nayyak. Südindische Hindu-Dyn. des 17. Jhs., unter der sich eine Sonderform des indo-islam. Mischstils z. B. in den Palastbauten von →Madura entwickelte.

Nazarener. Der →Romantik zugehörige Gruppe deutscher Maler in Rom. Aus Protest gegen die ausdruckslose, akademische Kunst beschlossen →Overbeck und →Pforr, die Kunst, rückgreifend auf den frühen → Raffael, auf →Perugino und auf →Dürer, zu erneuern. Nach dem Beispiel religiöser Bruderschaften gründeten die beiden 1809 in Wien einen Lucasbund, dessen Mitglieder – die Lucasbrüder – sich zu streng sittlichem und religiösem Lebenswandel verpflichteten. Zusammen mit Vogel und Hottinger übersiedelten Pforr und Overbeck 1810 von Wien nach Rom, wo sie im ehemaligen Kloster S. Isidoro „ihr Künstlerleben" begannen. In den nächsten Jahren gesellten sich P. →Cornelius, W. →Schadow, →Schnorr von Carolsfeld und die Brüder →Veit hinzu. Die protestantischen Mitglieder traten bei ihrem Eintritt in den Bund zum Katholizismus über (daher der Spottname Nazarener, der später von den Mitgliedern als Ehrenname geführt wurde). Im Geiste mittelalterl. Gemeinschaftsarbeit malten sie zuerst die Casa Bartholdy in Rom mit Fresken aus (1816/17, seit 1887 Berlin, Nationalgalerie) und später das Casino Massimo, Rom.
Lit.: K. Andrews, The Nazarenes, A Brotherhood of German Painters in Rome, 1964.

Nazca. Archäologischer Fundplatz in Südperu, etwa gleichzeitig mit →Moche. Die frühesten Reste des N.-Stils in den Tälern von →Ica und N. gefunden. Stattliche Bauwerke fehlen. Die künstlerische Hinterlassenschaft steht völlig im Dienste des Totenkultes. In den runden oder eckigen Kammergräbern mit Schächten fanden sich prächtige Totentücher in harmonischer Farbgebung mit immer wiederkehrenden Motiven und hochentwickelte Töpferei in polychromer Bemalung. Häufig kommt Doppelausguß mit bandförmigem Tragegriff vor, fast ausschließlich gerundete Böden, weiter becherförmige Vasen typisch. Die Qualität der in Spiralwulsttechnik erzeugten Gefäße auf gleichbleibendem, hohem Niveau. Neben gemalten Mustern erscheinen halbrealistische Bilder von Menschen, Vögeln (Kolibri, Nachtschwalben), Tieren, Fischen sowie anthropomorphen Gottheiten in typisierter Wiedergabe der menschlichen Züge (sogen. „Katzendämon", „Zackenschlangendämon"). In der 2. Phase wird komplizierter Formen- und Farbenreichtum entwickelt (4.–6. Jh.), der dann zur Zeit der Ausdehnung der →Tiahuanaco-Kultur vereinfacht wird, wobei die Muster langsam degenerieren. Die pastellgedämpften Farben leuchten matt durch Polierung. Eingeritzte Konturen werden in Schwarz und dunklem Braun nachgezogen. Expansion im mittleren Küstengebiet zeigt die Beliebtheit von Winkelornamenten und Fischfiguren („Interlocking-Stil").
Lit.: E. Seler, Die buntgemalten Gefäße von N., 1961.

Neandria. Griech.-äolische Ortschaft mit gut erhaltenen Resten einer antiken Stadtbefestigung. Bedeutendster Grabungsfund ist ein kleiner ringhallenloser Tempel des frühen 6. Jhs. v. Chr. mit einer in der Mittelachse des Innenraumes verlaufenden Säulenreihe, von der das berühmte Kapitell stammt, dessen Form zu den Vorläufern des ionischen Kapitells zählt. Charakteristisch ist ein Kranz von herabhängenden Blättern am Übergang vom Kapitell zum Säulenschaft.
Lit.: R. Koldeweg, N., 1891.

Neapel. 1) Baptisterium S. Giovanni in Fonte. Das Baptisterium ist als nördlicher Annex an die Basilika von Santa Restituta angebaut. Über quadratischem Grundriß erhebt sich eine achteckige Kuppel mit einer Mosaizierung, die der architektonischen Gliederung folgt und sich klar auf drei Zonen verteilt: Untere Zone (Fensterzone) mit →Pendentifs enthält: Apokalyptische Tiere, Hirtenszenen, acht Apostel. Die Hauptzone (stark zerstört): Jesus und die Samariterin, Hochzeit zu Kana, Trauer am Grabe, wunderbarer Fischzug, Christus wandelt auf dem Meer, →Gesetzesübergabe. Szenen sind durch breite Zierstreifen getrennt. Im Zenit der Kuppel eine „crux monogrammatica", A und O, die Hand Gottes mit Kranz. Frühes 5. Jh. – **2)** 4 →Katakomben: S. Ephebo, S. Gaudioso, S. Gennaro, S. Severo. Alle 4 zeichnen sich durch großen Empfangssaal aus. Sonst die für Katakomben charakteristischen Galerien und Kammern. Soweit sie mit Fresken aus-

geschmückt sind, wie vor allem S. Gennaro, sind sie in der Thematik stark unterschieden von der röm. Katakombenmalerei. Anknüpfen an die Antike. Wenige biblische Geschichten, starkes Arbeiten mit Symbolen. Viele Dekorationen und vor allem Portraitdarstellungen Verstorbener vornehmer Familien, Heiliger, Kirchenfürsten. In N. noch erhalten die von Arkaden durchbrochene Apsis der Anfang des 5. Jhs. erbauten Basilica Severiana. **3)** Weitere Sakralbauten: die Kartäuserkirche S. Martino, die 1325 begonnen und im 17. Jh. vollständig erneuert wurde; ferner die Kirche S. Francesco di Paolo, die 1815–24 nach dem Vorbild des →Pantheon in Rom von Pietro →Bianchi erbaut wurde. Unter den Profanbauten ist die Porta Capuana zu nennen, die zu den schönsten Renaissancebauten zählt. Sie wurde 1485 von Giuliano da →Majano begonnen und 1535 erneuert.
Lit.: H. Achelis, Die Katakomben von Neapel, 1936; J.-L. Maier, Le baptistère de Naples et ses mosaïques in: Paradosis, Etudes de littérature et de théologie anciennes XIX, 1964.

Neapolis. Skythische Residenzstadt auf der Krim mit kyklopischen Mauern, deren Anlage ebenso wie die Reliefs (Bildnisse des Skythenkönigs Skiluros und seines Sohnes Palakos um 110 v. Chr.?) den übermächtigen Einfluß der griech. Kunst offenbaren. Münzen des Königs Skiluros auch in Olbia.
Lit.: K. Schefold, HDA 2, 429.

Nearchos. Griech. Töpfer und Vasenmaler der attischen Schule. In der ersten Hälfte des 6. Jhs. v. Chr. in Athen tätig. Neben →Sophilos gehört er zu den ersten Malern, die den →schwarzfigurigen Stil prägten. Großfigurige Gestalten aus dem griech. Mythos schmücken seine Vasen, von denen nur 7 erhalten sind. Die meisten wurden in dem sogen. →Perserschutt gefunden und befinden sich im Akropolis-Museum in Athen. Sein Wirken war sehr fruchtbar, wie sich aus der nahen Verwandtschaft vieler Werke gleichzeitiger Vasenmaler zeigt.
Lit.: J. D. Beazley, ABV, 82f., 1956.

Nebaj. Fundplatz polychromer Mayakeramik der klassischen Zeit im Chixoy-Tal, Guatemala. Auf zylinderförmigen Gefäßen erscheinen Figurengruppen in bewegter Darstellung, die einzelnen Personen sind von Hieroglyphenfeldern begleitet. Obwohl derartige Gefäßfunde nicht allzu häufig sind, erweitern sie den spärlichen Bestand der →Bilderhandschriften beträchtlich. Offensichtlich sind historische Szenen und Zeremonien wiedergegeben. Die Farbenabstimmung von vorwiegend Dunkelbraun, Rot, Schwarz und Weiß auf orangefarbenem Grund verleiht den Keramiken ihren besonderen ästhetischen Reiz (→Chama).

Nebamun-Ipuki. Ägypt. Bildhauer unter →Amenophis III. Das Gemeinschaftsgrab des N. mit dem Bildhauer Ipuki in →Theben-West zeigt Wandmalereien mit hochgestaffelten Figuren, charakteristisch für die in der →ägypt. Kunst des Neuen Reiches beliebte Neigung zu Raumhaftigkeit und zusammenfassendem Bildaufbau. Der Beruf der beiden Grabherren ist nur in wenigen Motiven berücksichtigt; breit ausgeführt dagegen ist das Leichenbegängnis mit gesteigertem Ausdruck, wie vor allem die erregt bewegte Gruppe der Klagefrauen bezeugt.
Lit.: W. Wolf, KÄ, 497f.; E. Brunner-Traut, Ägypten, 481.

Nebel, Otto. Deutsch-Schweizer Maler. Geb. 1892 in Berlin, ansässig in Bern. Nach dem Studium der Architektur war er vorübergehend als Schauspieler tätig und wurde dann Schüler von →Kandinsky. 1914–1918 Kriegsteilnehmer. Lebte anschließend in Berlin und gehörte dem Kreis des „Sturm" an. Eine enge Freundschaft verband ihn mit →Klee. Unter dem Einfluß seines Lehrers und seines Freundes fand er 1918 zur ungegenständlichen Malerei. Studienreisen führten ihn in die Schweiz, nach Italien und Frankreich. 1933 emigrierte er in die Schweiz und ist seither in Bern ansässig.
Lit.: H. Vollmer, Künstlerlex. d. 20. Jhs.

Nebenapsis. Dient gelegentlich als Abschluß der Seitenschiffe einer Kirche neben Hauptapsis.

Nebenchor. Chor am Ende eines Seitenschiffes.

Nebukadnezar. Babylonischer Königsname. N. I. (1125–1104 v. Chr.) bedeutendster Herrscher der sogen. 2. Dyn. von →Isin. Darstellung auf dem →Kudurru des Rittimarduk, der in fünf Reliefstreifen wichtige Symbolmotive zeigt, darunter das Bild der Göttin →Gula und eines kentaurenähnlichen Bogenschützen. Die meisten Zeichen deuten auf Sternbilder (Tierkreis). – N. II. (604 bis 562), Sohn und Nachfolger des →Nabopolassar, glanzvollster Vertreter der →Chaldäer-Dyn. von → Babylon, das unter ihm seine größte Blüte erlebt. Die enorme Bautätigkeit N.s II. in Babylonien (→Borsippa) ist durch zahlreiche Stempelziegel mit seinem Namen und Berichte gesichert, wobei das Interesse für die Aufdeckung im Sand versunkener Tempel und alte Gründungsurkunden bemerkenswert ist. Zerstörung →Jerusalems und babylonische Gefangenschaft der Juden.
Lit.: H. Schmökel, GAV, 312ff.; A. Parrot Assur, 170ff.; E. Strommenger, Mesopotamien, 121ff.

Nechen. Oberägypt. Stadt auf dem Westufer des Nils nördlich von →Edfu, gegenüber El-Kab, von den Griechen nach dem in N. verehrten Falkengott Hierakonpolis genannt. N. ist vor allem bedeutsam für den Übergang von der →Negade II-Phase zur →Thinitenzeit und ein für die Reichseinigung wichtiges Zentrum. Königliche Reliefkeulen und Schminkpaletten, darunter die des →Narmer, aus dem Tempel von N. beweisen, daß hier die Hauptstadt des Südens während der Reichseinigung lag. Wichtig ist die Keule der Königs „Skorpion" mit der Darstellung eines Gründungsrituals durch den Pharao mit oberägypt. Krone. Einzigartig ist eine Grabanlage der letzten praedynastischen Zeit mit Wandmalereien, die Schiffs-, Jagd- und Kriegsszenen zeigen, deren Motive in der →ägypt. Kunst weiterleben.
Lit.: W. Wolf, KÄ, 45ff., 75ff., 88ff.

Necho. Nachfolger →Psammetichs I. (609–594 v. Chr.), der beim Versuch, die ägypt. Herrschaft im Sinne der Ausdehnung des Neuen Reiches in Syrien und Palästina zu erneuern, von →Nebukadnezar II. bei →Karkemisch 605 vernichtend geschlagen wurde. Auch Nubien konnte auf die Dauer nicht gewonnen werden. Die Unternehmen fügen sich zu den in der →ägypt. Kunst der →Saitenzeit gepflegten Beziehung zur Formtradition des Neuen Reiches.
Lit.: E. Otto, Ägypten, 232ff.

Neefs (Nefs), Pieter d. Ä. Niederl. Maler. Geb. um 1578 in Antwerpen, gest. zwischen 1656 und 1661 ebda. Ging in seiner Kunst von den beiden Steenwyk aus und spezialisierte sich sehr bald auf Innenraumansichten mittelalterl. Kirchen, von denen er drei Grundtypen (dreischiffig, siebenschiffig und mit vorn hell erleuchteter Kapelle) entwickelte. Die Figurenstaffage ließ N. durch F. Francken und durch Teniers d. J. hinzufügen. Schwächere Stücke werden seinem Sohn Pieter d. J. (1620–75 in Antwerpen) zugeschrieben.
Lit.: H. Jantzen, Das niederl. Architekturbild, 1910.

Neer, Aert (Aernout) van der. Holländischer Maler. Geb. um 1603 in Amsterdam (?), gest. 1677 in Amsterdam. Stand anfangs unter dem Einfluß von →Camphuysen, E. van de →Velde und P. Molijn, in der Komposition folgte er Buytewegh. – N. war einer der bekanntesten Landschaftsmaler des 17. Jhs. Seine der Umgebung Amsterdams entnommenen Motive stellt er bei Mondschein dar oder im Licht einer Feuersbrunst. Meisterhaft erfaßte er in seinen Bildern die Atmosphäre winterlicher Tage und Abendstimmungen.
Lit.: W. v. Bode, Die Meister der holländischen und flämischen Malerschulen, 1923.

Neferhotep. Gottesvater des →Amun-Rê unter → Aja und →Haremhab. Das Grab in →Theben-West zeigt im Quersaal die religiösen Szenen mit dem Totenritual und die Ehrengoldbelehnung, im hinteren Längssaal die Bilder aus dem Berufsleben, darunter ein ausführlich geschilderter Besuch des N. im Amuntempel. Bemerkenswert sind die lebhaft bewegten Harfnermotive. Die Darstellungen sind vom späten →Amarna-Stil abhängig, doch ist der Ausgleich mit dem konventionellen Stil unverkennbar.
Lit.: W. Wolf, KÄ, 535ff.; E. Brunner-Traut, Ägypten, 483.

Nefermaat. Sohn des →Snofru, Gemahl der →Itet. Die →Mastaba in →Medum bietet wie die des →Rahotep eine bedeutsame Ausweitung der Bildreliefs mit

Motiven wie Vorführen von Opfertieren, Fischfang, Schlachtszene, Kinderspiel, wobei die knappe, verdichtete Figurensprache der zur Verfügung stehenden Wandfläche angemessen ist. Ein gleiches gilt für die berühmten Gänse in der Malerei des →Itet-Grabes. N. Erfinder des →Pastenmosaiks.
Lit.: W. Wolf, KÄ, 202f.

Negade. Nördlich von →Theben auf dem Westufer des Nils gelegene praedynastische Siedlung, nach der zwei Kulturphasen vor der →Thinitenzeit benannt worden sind. Für die Stufe N. I ist jetzt die nach →El Amrah geprägte Bezeichnung Amratien eingeführt, für N. II der nach Gerzeh (in der Nähe von →Fayum) gebildete Begriff Gerzeen. N. I und N. II unterscheiden sich in der Keramik, indem an Stelle der für El-Amrah charakteristischen Weißmalerei auf dunklem Grund Gefäße mit Rotbemalung treten, deren figürliche Motive (Schiffe mit Standartensymbolen) in der →ägypt. Kunst der →Thinitenzeit weiterleben. Diese Verbindung wird auch durch die Grabanlagen von N. II nahegelegt, die wie in N. I von der Siedlung getrennt sind, ebenso durch die Plastik. Bemerkenswert sind die Beziehungen von N. II zu Vorderasien, wie das Vorkommen von →Wellenhenkelgefäßen beweist. Die Wandmalereien im Grab von →Nechen gehören in die Übergangsphase zur →Thinitenzeit ebenso wie reliefgeschmückte Schminkpaletten und der in Nechen gefundene Keulenkopf mit der Darstellung des Königs „Skorpion", so daß wir die Stufe N. II als unmittelbaren Auftakt zur dynastischen →ägypt. Kunst betrachten dürfen.
Lit.: W. Wolf, KÄ, 30, 36ff., 50ff.

Nehavend. Stadt 100 km südlich von →Hamadan, das alte Laodicea, benannt nach der Gemahlin Antiochos' III. Reste eines hellenistischen Tempels mit Bronzestatuetten verschiedener griech. Götter (3./2. Jh. v. Chr.) und Stele mit Edikt Antiochos' III. von 193 v. Chr. Bei N. 642 n. Chr. Entscheidungsschlacht der arabischen Eroberer gegen den letzten Sasanidenkönig →Yezdegerd III.
Lit.: R. Ghirshman, Iran II, 18, 101, 392; H. H. von der Osten, WP, 148.

Neher, Bernhard. Deutscher Maler. Geb. 1806 in Biberach a. R., gest. 1886 in Stuttgart. Schüler →Dannekkers und von P. →Cornelius; geriet in Rom (1828–32) unter den Einfluß von →Overbeck. Nach Arbeiten in München (Fresken am Isartor) und Weimar (1836–46, Fresken mit Themen aus Werken von Goethe und Schiller im Schloß) wurde er Direktor an der Akademie in Leipzig (1841–46). In Stuttgart lehrte er von 1846–79 an der Kunstschule, von wo aus er in die württembergische Hauptstadt und Provinz wirkte; sein Werk umfaßt Ausschmückungen von Schlössern und Kirchen durch Decken- und Wandbilder, Glasfenster und Altarbilder (erhalten: Ravensburg, katholische Stadtpfarrkirche, Altarbild).
Lit.: Thieme-Becker.

Neidkopf (althochdeutsch nîd = Haß). Eine Fratze, ein Dämonen- oder Tierkopf aus Stein oder Holz, wurde als Abwehr gegen böse Mächte an Häusern, an oder in roman. Kirchen (am Chorgestühl oder am Taufstein) angebracht. Wahrscheinlich geht dieses „Bannen" von bösen Geistern auf den aus dem Heidnischen kommenden Dämonenaberglauben zurück.

Neithart (Nithart) →Grünewald.

Nekropole. Bezeichnung einer antiken Gräberanlage. Die N. befand sich in der Regel außerhalb der Stadt als gesonderter Bezirk. Als Fundort zahlloser Grabbeigaben sind die zum großen Teil besser als die dazugehörigen Städte erhaltenen N.n für die Kenntnis der antiken Kulturen von unschätzbarer Bedeutung. So stammen z. B. fast alle griech. bemalten Vasen aus Nekropolen. – In frühchristl. Zeit synonym mit →Katakombe und →Coemeterium gebraucht.

Nektanebos. Ägypt. Fürst aus Sebennytos, Gründer der 30. Dyn. (378–341 v. Chr.), unter dessen Enkel, N. II., Ägypten endgültig unter persische Herrschaft gerät (→Artaxerxes III.). N. I. ist die erste Anlage des →Isis-Heiligtums auf →Philae zuzuschreiben, N. II. die Tempelbauten auf →Elephantine. Eine Granitfigur N. I. mit feinplissiertem Schurz knüpft ebenso wie eine Sitzfigur →Amuns mit dem davorstehenden N. II. aus schwarzem Granit (beide London) an Bildwerke und Themen des Neuen Reiches an, ohne jedoch über ein technisch glänzendes Äußere hinauszugelangen. Ein gleiches gilt für zwei Löwenpaare, deren größeres von N. I. geweiht wurde, während das kleinere N. II. für das Serapeum in →Sakkara stiftete (Vatikan, Paris). Sie folgen dem Vorbild des von →Amenophis III. für seinen Tempel im nubischen Soleb gestifteten Löwenpaares, das sich breit gelagert mit Kopf und Pranken dem Betrachter zuwendet. Doch fehlt bei den Denkmälern der N.-Zeit die gesammelte Spannkraft ebenso wie die witternde Sprungbereitschaft, an deren Stelle ein müdes Hingelagertsein getreten ist. Der bereits am Vorbild deutliche Bruch mit der kubischen Raumvorstellung und der Richtungsgeradheit ist durch betont schwungvolle Kurven gesteigert, so daß man an griechische Verbindungen denken kann; →Tigranerelief.
Lit.: W. Wolf, KÄ 442f., 624ff.

Nematomorpher Typus. Menschendarstellung in der ostspanischen →Levantekunst, bei dem (oft in starker Bewegung befindliche) Figuren nahezu strichartig stilisiert wiedergegeben werden.

Nemea. Ort eines alten griech. Zeusheiligtums auf der Peleponnes. In Anlehnung an den Tempel in →Tegea ist in N. am Ende des 4. Jhs. v. Chr. über einem archaischen Vorgängerbau ein dorischer →Peripteros mit 6×12 Säulen erbaut worden. Für einen dorischen Tempel ganz ungewöhnlich ist das Fehlen des →Opistodoms und die dadurch hervorgerufene Frontbetonung. – Die Innenraumgestaltung zeigt eine gewisse Verwandtschaft zum Apollontempel von →Bassae.
Lit.: Berve – Gruben – Hirmer, Griech. Tempel und Heiligtümer, 1960.

Nemi-See. In den Albanerbergen gelegener Kratersee, an dessen Ufern außer mehreren röm. Villen ein bedeutendes Dianaheiligtum lag. Berühmt wurde der N. durch zwei bereits seit dem 15. Jh. bekannte, 1927–1932 geborgene Prunkschiffe des 1. Jhs. n. Chr. – Sie zählten zu den wichtigsten Zeugnissen röm. Schiffbaukunst. – Während des 2. Weltkrieges wurden sie zum größten Teil zerstört.
Lit.: G. Ucelli, Le navi di Nemi, 1950.

Nemrud Dagh. Berg im alten Königreich →Kommagene mit Grabmal Antiochos I.

Neoimpressionismus (oder Pointillismus). Hauptvertreter →Signac und →Seurat. Bezeichnung einer Malweise, die entstanden ist aus dem Prinzip des →Impressionismus, die Farben in ihrer Reinheit nicht zu beeinträchtigen. So setzte man die Farben in kleinen Pinseltupfen oder -strichen ungemischt nebeneinander auf die Leinwand; erst das Auge des Beschauers vollzog die „optische" Mischung.

Neolithikum →Jüngere Steinzeit.

Nepal. Alter Fürstenstaat mit einer landschaftlichen Sonderentwicklung der →indischen Kunst, besonders in →Kathmandu und den umliegenden heiligen Stätten.

Nephrit (Neuseeland). N. oder Grünstein diente den Maori als Material zur Herstellung von Schmuckanhängern (→Tiki-Figuren) ebenso wie das jadeähnliche Gestein „pounamu". Die Bearbeitung dieser harten Materialien war mühsam und nahm viel Zeit in Anspruch; die steinernen Anhänger hatten daher großen Wert.

Nephthys. Menschengestaltige Göttin, Gemahlin des →Seth, in der ägypt. Kunst als Klageschwester der →Isis dargestellt, die den Tod des →Osiris beweint.
Lit.: S. Morenz, ÄR, 170, 257, 280; E. Brunner-Traut, Ägypten, 97.

Nepi, Sant'Elia →Sant'Elia bei Nepi.

Nere (Rußland). Hier ein bemerkenswertes Beispiel

Farbtafel 21: *Jan van Eyck, Maria mit dem Kinde in der Kirche, Ausschnitt; Berlin-Dahlem, Mus.*

einer russischen Bau-Schule, die in der Gegend von →Wladimir und →Susdal in der 2. Hälfte des 12. Jhs. entstanden ist und bis zum Anfang des 13. Jhs. eine Rolle spielte. Ihre Kirchen kubisch. Die Fassade reich geschmückt mit Arkaden und Skulpturen. Im Tympanon der großen Arkaden Reliefschmuck. Kleine Säulen tragen bei der Fassade auf halber Höhe die Arkatur. Dieselben Säulchen kehren bei der Apsis wieder und stützen das Kranzgesims.
Lit.: J. Grabar, Histoire de la Russe, Bd. I, 1909; F. W. Halle, Die Bauplastik von Wladimir-Susdal, 1929.

Neredica (Nordrußland). Kirche (1198). Wandmalereien gehören zu den bedeutendsten im Gebiet von →Nowgorod.

Nereïdenmonument →Xanthos.

Neresheim. Benediktinerklosterkirche zum Hl. Kreuz. Ursprünglich roman. Münster, das aber im 18. Jh. abgebrochen werden mußte. Die Leitung des Neubaues übergab man Balthasar →Neumann. Der Bau ging aber so langsam vorwärts, daß Neumann inzwischen starb (1753). Von der Grundaushebung 1745 dauerte es noch bis 1792, erst da fand die abschließende Weihe statt. Die Pläne Neumanns wurden von seinen Nachfolgern Wiedenmann und Conradi aus Donauwörth in bezug auf Dekorationsreichtum und Wölbungshöhen abgeändert, aber im wesentlichen fand doch Neumanns Konzeption ihre Verwirklichung. Vom Außenbau fällt nur der Glockenturm als älteres Element (1618–27; die beiden Obergeschosse von 1789) auf. Der Baukörper an sich ist ein einfacher Langbau mit Kreuzflügeln in der Mitte. Die Fassade ist zweigeschossig mit einer sich vorwölbenden Mitte und starken Säulen- und Pilasterrahmungen. Der Innenraum ist der Inbegriff deutsch-barocker Kirchenbaukunst. Der Bauherr, Abt Aurelius Braisch, wollte eigentlich eine kreuzförmige Basilika mit Kuppel über der Vierung. Eine basilikale Anlage hätte aber die geplante Zusammenfassung aller Raumeinheiten gestört. So bediente sich Neumann, wie in →Vierzehnheiligen, des Wandpfeilers als fügsames Mittel zur Gestaltung schwingender Raumfiguren. Durch Loslösung der Pfeiler von der Wand wird der Raum zweischalig; die Wand ist nur noch Abschluß, alle architektonischen Funktionen sind scheinbar auf die Pfeiler übergegangen. Die Wölbflächen werden von flachbogigen Gurten abgegrenzt und schieben sich von O und W gegen die runde Vierung (Spannweite von 20 m), die von hölzernen Freipfeilern umstanden wird. Zur geplanten reichen Ausstattung kam es nicht mehr. Nur die Fresken von Martin →Knoller (1775 vollendet) sind bemerkenswert, sie stehen in liturgischem Einklang mit der Bedeutung der einzelnen Raumabschnitte. (Abb. S. 450).
Lit.: Reclams Kunstführer, Deutschland Bd. II, 1960.

Nerezi. In der Kirche St. Pantelaimon bei N. Wandmalereien (1164), ausgezeichnete Beispiele der byzant. Kunst des 12. Jhs. Das Menschliche, das Gefühlvolle, das Innige sind charakteristische Züge. Vergleiche die „Kreuzabnahme", die „Beweinung Christi". Es sind Werke der byzant. Renaissance.

Nergal. Babylonischer Herr der Unterwelt, Gemahl der Totenherrin Ereschkigal, die, nach Überlieferung des 2. Jahrtausends v. Chr. von N., dem ursprünglich oberirdischen Gott, besiegt, die „Königsherrschaft in der Unterwelt" übergibt. Die zum Heiligtum →Esangila in →Babylon führende Hauptstraße trug den Namen des →Marduk und des N.
Lit.: A. Parrot, Assur, 286; H. Schmökel, GAV, 99, 151, 185f.; E. Strommenger, Mesopotamien, 121.

Nero. Röm. Kaiser. Er regierte von 54–68 n. Chr. und feierte sich selbst durch riesige Bauanlagen. Sein mehrere hundert Meter langer Palast zog sich quer durch die Stadt Rom. Erhalten sind von diesem sogen. „Goldenen Haus" (→Domus aurea) nur wenige Teile, da der Palast selbst einem Brand zum Opfer fiel und sein Platz später wieder überbaut wurde.

Nerva. Röm. Kaiser, der als Nachfolger →Domitians von 96–98 n. Chr. regierte. Von seinen Bauten verdient vor allem das Nerva-Forum, das der Anlage des →Kaiserforums entspricht, Erwähnung.

Nervi, Pier Luigi. Italien. Architekt. Geb. 1891 in Sondrio, ansässig in Mailand. Mit seinen weitgespannten Hallen- und Kuppelräumen aus Spannbeton gehört er zu den bedeutendsten modernen Architekten Italiens. Er versucht gegen die konstruktivistische Anschauung des →Bauhaus-Stils eigene Architekturformen zu finden, die der architektonischen Gestaltung freieren Spielraum lassen. 1932 baute er mit dem Stadion von Florenz seine erste monumentale Anlage. Es folgten Ausstellungshallen für die Turiner Messe 1948/49, das Pirelli-Hochhaus in Mailand 1955–58, das Pariser UNESCO-Gebäude 1953–58. Große Anlagen für die Olympischen Spiele in Rom 1960, Audienzhalle des Vatikans in Rom 1971. –
Lit.: E. N. Rogers, P.L.N., 1957.

Nesactium. Vorgeschichtliche befestigte Ansiedlung in der Nähe von Pula/Istrien, berühmt wegen zahlreicher, offenbar einheimischer Skulpturen, die vielleicht zu einer (eisenzeitlichen?) Tempelanlage gehören.
Lit.: A. Gnirs, Istria Praeromana, 1925.

Nesi-ames. Die Kalksteinstatue der N. ist ein Musterbeispiel für die Wiedergabe weiblicher Körperformen in der →ägypt. Kunst der Übergangszeit von der 3. zur 4. Dyn.
Lit.: W. Wolf, KÄ, 131ff.

Nesiotes. Griech. Bildhauer der attischen Schule des →Strengen Stils. Gemeinsam mit →Kritios tätig.

Nespanefeher. Ägypt. Beamter zur Zeit des Herihor (Begründer des Gottesstaates von →Theben 1085 v. Chr.). Die Wandmalereien in seinem Grab (→Theben-West) zeigen großzügige Form und sicheren Geschmack bei reicher Farbwirkung, ein Zeichen, daß die Tradition →ägypt. Kunst der Ramessidenzeit im Übergang zur Spätzeit noch stark nachwirkte.
Lit.: W. Wolf, KÄ, 635ff.

Nespekaschuti. Das aus grünem Stein gearbeitete Sitzbild des N. ist ein Musterbeispiel für die Plastik der →ägypt. Kunst zur →Saitenzeit. Die ausgewogene Form kann ebensowenig wie die vollendete technische Bearbeitung über die innere Leere hinwegtäuschen.
Lit.: W. Wolf, KÄ, 622f.

Nessos-Maler (Netos-Maler). Griech. Vasenmaler der attischen Schule. Als Zeitgenosse des →Sophilos ein früharchaischer, schwarzfiguriger Vasenmaler Athens. Der wirkliche Name des Malers ist unbekannt. Benannt wird er nach einer großartigen Komposition, die Herakles im Kampf mit dem Kentauren Nessos auf einer Amphora in Athen (Nat.Mus. Nr. 1002) zeigt. Ca. 15 Gefäße konnten ihm zugeschrieben werden.
Lit.: J. D. Beazley, ABV, 4ff., 1956.

Netos-Maler →Nessos-Maler.

Netsuke (Netske). Plastisch ausgearbeiteter japanischer Gürtelknopf. Die N. diente zur Befestigung des an ihr getragenen →Inro und gehört wegen ihrer mannigfachen, phantasievollen Formen zu den beliebtesten Sammlergegenständen ostasiatischer Kleinkunst.
Lit.: H. G. Bunko, Die N., 1959.

Nette, Johann Friedrich. Deutscher Baumeister. Geb. um 1672, gest. 1714 auf einer Reise in Nancy. War hauptsächlich in Stuttgart tätig, wo ihn der Hof mit großen Aufgaben betraute. Hauptwerke sind sein Anteil am Schloß zu →Ludwigsburg (seit 1707) und Bauten am Schloßplatz zu Stuttgart. 1709 lieferte er den Plan für die Stadt Ludwigsburg.
Lit.: Thieme-Becker.

Netzgewölbe. Spätgot. Gewölbeform, bei der die Rippen die Gewölbedecke wie mit einem Netz überspinnen und die Jocheinteilung verschwinden lassen. Besonders häufig in England und Deutschland.

Netzglas →Fadenglas.

Netzrahmen. Rahmen mit einem aus Schnüren gespannten Netz, der als Hilfsmittel zum Zeichnen dient. Der N. wird senkrecht vor dem zu zeichnenden Gegen-

Farbtafel 22: *Giotto, Ogni-Santi-Madonna, Ausschnitt; Florenz, Uffizien.*

stand aufgestellt. Auf dem Zeichenblatt wird das gleiche Netz mit einem leichten Stift aufgetragen und nun das Zeichenobjekt in seinen Hauptpunkten und -linien übertragen.

Neuattische Kunst. Bezeichnung für eine Kunstrichtung des Hellenismus. Ursprünglich waren damit die Erzeugnisse, die attische Künstler seit der Mitte des 2. Jhs. v. Chr. schufen, gemeint. Als Stilbegriff bezeichnet die N. Monumente, deren Formen durch eklektizistische und klassizistische Elemente gekennzeichnet sind. Kennzeichnend für diesen Klassizismus, der als Pendant zur mehr barocken und pathetischen Richtung innerhalb des Hellenismus angesprochen werden kann, ist die bewußte Anlehnung an klassische Vorbilder, ohne daß es sich bei den hierbei geschaffenen Werken im engeren Sinne um Kopien handelt. Jedoch kann vermutet werden, daß die N. zur Entstehung der Kopie, wie sie seit dem 1. Jh. v. Ch. nach berühmten Kunstwerken der klassischen Zeit immer häufiger angefertigt wurde, wesentlich beigetragen hat. – Während zu Beginn die N. ihr Vorbild ausschließlich in der attischen klassischen Kunst sah, hat sie sich später nicht nur auf diesen Kunstkreis bezogen.
Lit.: W. Fuchs, Die Vorbilder der neuattischen Reliefs, 1950.

Neubarock. In Europa im 19. Jh. auftretende Kunstrichtung, die einerseits als Reaktion gegen den →Klassizismus mit seinen kühlen, glatten Formen zu werten ist und andererseits entstanden ist aus dem Bestreben, historische Stile nachzuahmen. Am weitesten sichtbar äußerte sich der N. in der Architektur (Berliner Dom, Reichstagsgebäude, Große Oper in Paris etc.). Früher als in der Baukunst setzte der N. schon in Plastik und Malerei ein, so z.B. mit dem Kopieren niederl. Meister des 17. Jhs., in der Malerei ab Mitte des 19. Jhs. oder in der z.B. an →Rubens orientierten Malerei von →Delacroix (Romantik). In ihren Auswüchsen wird der N. nur noch zur aufgeblähten, schwülstigen Form (besonders im Kunstgewerbe) mit großem Materialaufwand und viel Pathos.

Neresheim, Benediktiner-Klosterkirche, Blick auf den Hochaltar.

Neubritannien. Große Insel vor der Nordostküste von →Neuguinea, zu →Melanesien gehörig, ausgezeichnet durch besonders hochentwickelte Holzschnitzkunst, deren Wirkung durch farbenfreudige Bemalung erhöht wird. Viele Plastiken dieser Art sind in komplizierter Technik „durchbrochen" gestaltet (vergleiche →Malanggane, Uli-Figuren), dazu mit Bast, Federn und Pflanzenfasern verziert. Eine Besonderheit sind die „harécha"-Masken des Baining-Stammes: leichte Gerüste aus Stangen und Rinde, mit Baststoff überzogen, wenig bemalt, in Form riesiger Tier- und Dämonenfiguren. Manche sind 20 und mehr Meter hoch.
Lit.: H. Nevermann, Masken und Geheimbünde in Melanesien, 1933.

Neuburg a. d. Donau. 1) Durch Veränderungen im 19. Jh. wurde dem Schloß einiges von seiner Ursprünglichkeit genommen. Von den Anlagen Ludwig des Gebarteten (1425) hatte allerdings Ottheinrich durch die Umbauten 1527–38 nicht mehr viel übriggelassen. Hans Knotz hatte die Bauleitung, und auch Paul Beheim aus Nürnberg wurde zu Rate gezogen. Schließlich entstand eine gegen O offene dreiflügelige Anlage von schlichtem Äußeren. Die Einfahrt durch ein Hauptportal mit sehr schöner Kassettenwölbung leitet in den Schloßhof, der erst durch einen barocken O-Trakt von 1660–70 zum Rechteck geschlossen wurde. Die 3 Ottheinrichs-Flügel werden von zweigeschossigen Laubengängen umzogen, die zu den ältesten ihrer Art zählen. Der barocke O-Trakt mit seinen gekuppelten Flankentürmen beherrscht das Bild der Unterstadt. Die einst sehr prächtige Innenausstattung ist heute nicht mehr vorhanden. Nur in der Schloßkapelle im W-Trakt in der 1951 freigelegten Freskoausmalung hat sich das älteste Zeugnis eines monumental durchgeführten protestantischen Bildprogramms erhalten. Maler war Hans Bocksberger d. Ä. (1543). – **2)** Ehemalige Hofkirche St. Maria. Der Neubau an der Stelle eines älteren Baues der Benediktiner wurde unter Ottheinrich als protestantisches Gotteshaus ab 1607 errichtet. Es sollte hier dem gegenreformatorischen Jesuitenzentrum St. Michael in München eine ebenso monumentale Anlage antworten. Die Pläne stammten von Hofbaumeister Sigmund Doctor und dem kaiserlichen Hofmaler in Prag, Jos. Heinz. Die Leitung des Baues hatte Gilg Vältin aus Graubünden. Noch während des Bauens trat mit Wolfgang Wilhelm ein katholischer Fürst die Regierung an, und die noch unfertige Kirche wurde den Jesuiten übergeben. Dadurch wurden Änderungen des ursprünglichen Planes notwendig. Charakteristisch für die ganze Anlage ist, daß sie in eigentümlicher Weise das Schema einer spätgot. Hallenkirche mit den Formen der italien. Hochrenaissance verbindet.
Lit.: Wasmuths Lexikon der Baukunst, Bd. III, 1931; Reclams Kunstführer, Deutschland Bd. I, 1961.

Neu-Dachau. Am Ende des 19. und zu Beginn des 20. Jhs. bestehende Künstlerkolonie in Dachau. Hauptmeister dieser Gruppe war A. →Hölzel, neben ihm sind L. Dill und A. Langhammer zu nennen. Diese 3 Maler gründeten 1897 die Gruppe N. Hölzel unterhielt hier eine Malschule, aus der mehrere Künstler, besonders der skandinavischen Länder, hervorgingen. – Verbindende Elemente fanden die Mitglieder dieser Künstlergemeinschaft in den Motiven der Moorlandschaft um Dachau und in der matten Farbgebung einer stark dekorativen Stimmungsmalerei.

Neue Hebriden. Inselgruppe im östlichen →Melanesien; Ahnenschädel wurden mit Ton umkleidet und geschmückt. Um Versammlungsplätze standen Steinsäulen; auf Malekula findet man Steinfiguren unbekannten Alters. In neuerer Zeit stellte man vor allem große Figuren aus dem weichen Holz von Palmfarnen her, die vom „suque"-Männerbund als Zeichen sozialen Ranges verliehen wurden. Auch große, vertikale Schlitztrommeln mit figuraler Verzierung wurden verfertigt. Masken aus Weichholz, auch aus Baststoff oder mit Spinnweben (!) überzogen, spielten in den Riten der Männerbünde eine große Rolle.
Lit.: A. B. Deacon, Malekula, 1934. H. Nevermann, Masken und Geheimbünde in Melanesien, 1933.

Neue Sachlichkeit. Bezeichnung für Baukunst, Innenarchitektur und Kunstgewerbe von ca. 1900 bis ca. 1925, deren Bestreben es war, sich loszumachen von der Nachahmung geschichtlicher Stile und Formen und eigene, auf Sachlichkeit und Zweckmäßigkeit ausgerichtete Stilformen zu finden. In Italien wird seit 1923 die neue, auf Zweckmäßigkeit und klare Gestaltung zielende Bauweise, die der als N. bezeichneten entspricht, mit dem Ausdruck „Stile novecento" benannt. – N. wird auch als Ausdruck für eine Reaktion der europäischen Malerei auf den Expressionismus verwendet. Zuerst beschränkte sie sich auf die Malweise einiger Künstler (um 1920) und war dann Programmwort für eine Gemäldeausstellung 1925 in Mannheim. Das Wort wurde von G. F. Hartlaub geprägt und wurde auf einen besonders klaren, scharfen, sogar starren Realismus angewendet. Hauptmeister der N. sind →Kanoldt, →Scholz und →Schrimpf. →Magischer Realismus.

Neugotik. Bezeichnung für die im 19. Jh. in Europa vielfach wieder aufgenommene Gotik. Geistesgeschichtlich gesehen, ist die N. ein Bestandteil der Romantik, die den bewußten Gegensatz zum kühlen Klassizismus sucht. Wie die Romantik, kommt auch die N. von England. Dort entstehen die ältesten neugot. Bauten (ab 1750), zunächst als künstliche Ruinen, dann schon als Wohnhäuser (Strawberry Hill) und schließlich Kirchen. Von England aus tritt die N. ihren Weg nach Deutschland an (Nauener Tor in Potsdam, 1755; „Gotisches Haus" im Wörlitzer Park, 1786/87), war jedoch anfänglich nur eine private Liebhaberei. Erst zu Beginn des 19. Jhs. rückt die N. ins Licht des öffentlichen Interesses. →Schinkel baut seine Werdersche Kirche in Berlin (1824–30), und in England, wo ab 1820 eine Reihe neugot. Kirchen errichtet werden, entsteht ab 1836 nach den Plänen von →Barry das Parlamentsgebäude in London. Von diesem Zeitpunkt an ist die N. „salonfähig", und es entstehen im weiteren Verlauf des 19. Jhs. zahlreiche Kirchen und Profanbauten (vor allem Rathäuser), in denen der got. Stil nach allen Richtungen variiert wird. Allerdings tauchen auch hin und wieder Formen auf, wie sie in der „Original"-Gotik nie vorgekommen sind. Wichtigste Vertreter des neugot. Bauens sind in Deutschland Hauberisser (München), Hase (Hannover), Schinkel, Schäfer; in Wien H. v. →Ferstel (Votivkirche) und F. v. Schmidt (Rathaus). In Frankreich sind →Viollet-le-Duce, Gau und Lassus zu nennen.
Lit.: W. D. Robson-Scott, The Literary background of the Gothic revival in Germany, 1965.

Neuguinea. Eines der an „primitiver Kunst" reichsten Gebiete der Erde. Die Bevölkerung der Küstengebiete ist stammverwandt mit der →Melanesiens, im Landesinneren wohnen vorwiegend Papua-Stämme. Auch die Kunst von N. erinnert stark an die melanesische, doch tritt in den Papua-Gebieten die Verwendung von Holz gegenüber der von Flechtwerk, Rindenstoff usw. in den Hintergrund. In den Küstenländern sind die feuchtheißen, ungesunden Flußniederungen (→Sepik, Purari, Fly-River) Zentren erstaunlich vielfältiger Kunstübung. Zahlreiche Stilprovinzen lassen sich unterscheiden: der Nordwesten mit dem →Korwar-Stil; das Land um den Sentani-See; das →Sepik-Gebiet; das Massim-Gebiet; das Land um den Papua-Golf u. a. – Die Schnitzkunst ist in den Küstenländern hoch entwickelt (Ahnenfiguren, vergleiche →Schnabelstil, seltener Masken; verzierte Balken von Kulthäusern, Dekor an Geräten usw.), daneben auch die Malerei auf Schilden, Türbrettern, in Giebelfeldern von Häusern. Wie in Teilen Melanesiens werden auch hier Ahnenschädel und Kopftrophäen mit Ton umkleidet und bemalt. Die Kunstwerke von N. spielen eine wichtige Rolle in mannigfachen Geheimbundriten. – Archäologisch ist Einfluß der bronzezeitlichen →Dongson-Kultur Hinterindiens durch Funde am Sentani-See im NW belegt. Hier findet man auch Felsmalereien, die an jene Nordaustraliens erinnern. Praehistorische Steinfiguren, Steingefäße und bemalte Keramik fand man im Ramu-Gebiet (Hinterland der Astrolabe-Bai). Eine Klarstellung der Problematik vorgeschichtlicher Hochkultur-Einflüsse in N. bleibt künftiger Forschung vorbehalten.
Lit.: R. Firth, Art and Life in New Guinea, 1936.

Neukaledonien. Inselgruppe →Melanesiens südlich der →Neuen Hebriden; manche Holzplastiken und Masken erinnern bei oberflächlicher Betrachtung stark an solche aus Afrika (Kamerun). Auch Hausbalken, Türbretter, Pfähle usw. sind reich beschnitzt. Keulen und Beilklingen bestehen aus geschliffenem Nephrit und Serpentin. Stellenweise findet man auch Felsritzungen (geometrische Symbole, Menschengesichter).
Lit.: F. Sarasin, Ethnologie der Neu-Caledonier, 1929.

Neuklassizismus (Neoklassizismus). Stilbegriff in der europäischen Kunst, der als Reaktion gegen Rokoko und Barock zu verstehen ist.

Neumagen bei Trier. In N., dem antiken Noviomagus, wurde ein spätröm. Kastell ausgegraben, in dessen Fundamente zahlreiche Grabmäler des 2. Jhs. n. Chr. verbaut waren. – In provinzialröm. Stil zeigen sie Szenen aus dem Alltag und ordnen sich damit zu jener Gattung, deren Hauptstück in der →Igeler Säule überliefert ist.
Lit.: W. v. Massow, Die Grabmäler von N., 1932.

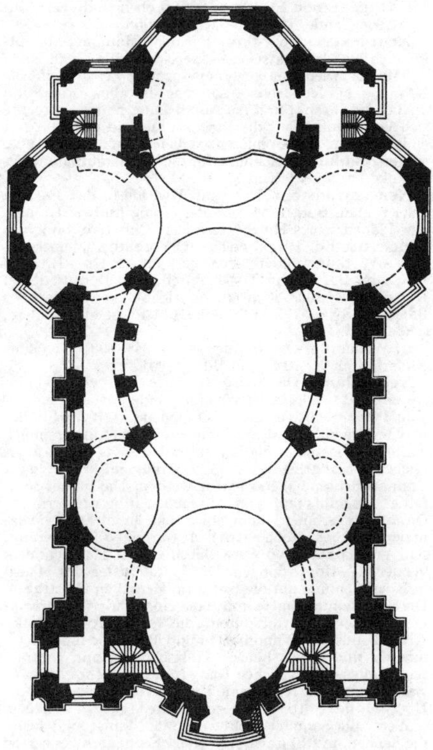

Vierzehnheiligen, Klosterkirche, von Balthasar Neumann ab 1744 errichtet; Grundriß.

Neumann, Balthasar. Deutscher Architekt. Geb. 1687 in Eger, gest. 1753 in Würzburg. Vom Glockengießer stieg N. zum bedeutendsten Baumeister des deutschen Barock auf. 1712 trat er in den Militärdienst ein, um Ingenieur zu werden, 1719 wurde er Hauptmann und fürstbischöflicher Baudirektor in Würzburg, 1741 errang er als Oberst die höchste ihm erreichbare Stellung. Als Baudirektor von Würzburg, Bamberg und des Domkapitels sowie Leiter der bischöflichen Baukommission setzte er den Erlaß diktatorisch strenger Bauvorschriften durch. Seine künstlerische Ausbildung vor 1720 (Baubeginn der Residenz in →Würzburg) ist noch nicht ganz geklärt, doch steht fest, daß er sich umfassende Kenntnisse der Architekturtheorien angeeignet hatte. Zuerst als Bauleiter der Würzburger Residenz beschäftigt, gelang es ihm, allmählich auch die künstlerische Leitung an sich zu ziehen. Mit Geschick und Einfühlungsvermögen verband er verschiedenste Einflüsse mit eigenem Formempfinden und schuf so in der Würzburger Residenz die

einheitlichste Schloßanlage des 18. Jhs. in Deutschland. Die Treppenhausanlage dieses Schlosses, wie auch die des Schlosses in →Bruchsal (1731), ist die Krönung der barokken Treppenhausarchitektur. Zu genialsten Raumschöpfungen und großartigen Lösungen steigert er sich bei der Vereinigung von Langhaus und Zentralbau und geschwungener Raumabschnitte mit dem Freipfeilersystem in den Kirchen zu →Vierzehnheiligen (1743–72) und →Neresheim (1745–92). – Neben diesen Hauptbauten schuf N. (ausführend oder beratend) eine Fülle von Kloster-, Stadt- und Landkirchen, Schlösser, Amts- und Wohnbauten, Brücken und Kasernen.
Lit.: Max H. von Freeden, B.N., Leben und Werk, in: Deutsche Lande, Deutsche Kunst, 1953.

Neurenaissance. Ihre Formen stammen hauptsächlich aus der deutschen Renaissance, die gegen Ende des 19. Jhs. wieder aufgenommen wurde. Zeitlich fällt die N. mit dem Neubarock zusammen, ist aber formal und zeitlich beschränkt in ihren Auswirkungen; sie erstreckte sich vornehmlich auf die Innenräume und endete – mit einigen wenigen Reminiszenzen bei Möbeln – um 1900.

Neurokoko. Bezeichnung für die Wiederaufnahme des Rokoko-Ornamentes im 19. Jh.

Neuschwanstein. Das Schloß wurde in den Formen einer roman. Burg 1868–86 unter König Ludwig II. nach den Plänen seines Hoftheatermalers Christian Jank von Baumeister Ed. Riedel errichtet. Vorbild war einerseits die →Wartburg, andererseits die Welt der Oper Richard Wagners. Bei seinem Tode fehlten noch Bergfried und Kapelle, die auch nicht mehr hinzukamen. Wie alles Bauen Ludwigs II. ist N. eine Flucht in eine andere, schönere Welt.
Lit.: Wasmuths Lexikon der Baukunst, 1931; Reclams Kunstführer, Deutschland Bd. I, 1961.

Neuseeland. Die südwestlichste Insel von →Polynesien zeigt uns künstlerisch eine Sonderentwicklung der Kunst Ozeaniens. Die Maori schufen einerseits im Stil der polynesischen Kunst statisch und eher unpersönlich wirkende Plastiken, die jedoch andererseits durch überreiches Oberflächendekor (Spiralornamentik) auf ganz charakteristische Weise belebt werden. Die immer sorgfältig ausgeführten, glatte Flächen überwucherndern Ornamente erinnern manchmal fast an die in →Melanesien üblichen. Hoch entwickelt war die →Tatauierung; sehr geschätzt waren etwa durch diesen Hautschmuck verzierte →Kopftrophäen. Die Spiralmuster des Maori-Stils wurden hier auf die Haut des Menschen übertragen. Die Schnitzkunst hatte in N. eine Hochblüte. Wir erwähnen etwa die Götterfiguren, die Steven-Aufsätze der Kriegskanus, die Wandplatten und Tragbalken der Zeremonien- und Vorratshäuser; Holzschnitzer und Tatauierer besaßen priesterlichen Rang (tohunga). Ihre Aufgabe war es, mit ihrer Kunst eine Brücke vom Diesseits in die Überwelt der Götter und heroisierten Ahnen zu schlagen. – Wertvolle Sammelobjekte der Maorikunst sind heute die flachen, mit Spiralen und Menschenfiguren verzierten Keulen aus Holz, Bein und Jade, ebenso die →Tiki-Figuren. – →Tapa wurde in N. nicht erzeugt, sondern durch feingeflochtene Matten, in ,,Fingerwebe-Technik" hergestellt, ersetzt. – Auf beiden Inseln von N. kommen →Felsbilder vor. →Nephrit.
Lit.: W. J. Phillips, Maori Art, 1946.

Neutra, Richard Joseph. Österreichisch-amerikanischer Architekt und Fachschriftsteller. Geb. 1892 in Wien, gest. 1970 in Wuppertal. Studium bei O. Wagner und A. →Loos in Wien. 1918–23 arbeitete er an der Eidgenössischen Technischen Hochschule in Zürich und war anschließend bei E. →Mendelsohn in Berlin tätig. Reisen führten ihn durch Europa, nach Nordafrika und Vorderasien. 1923 siedelte er nach New York über, wo er vorübergehend als Assistent bei F. L.→Wright arbeitete, ehe er sich 1926 in Los Angeles niederließ. – Im Zentrum seines Schaffens stehen Siedlungs- und Wohnbau. Dabei wendet er sich scharf gegen den Funktionalismus von →Le Corbusier und nimmt als Grundlage seines Bauens die Wohn- und Lebensbedürfnisse des Menschen. Immer wieder versuchte er Bauten zu schaffen, in denen Natur und Architektur eine Synthese eingehen. – Unter anderem veröffentlichte er 1930 das Buch ,,Amerika, die Stilbildung des neuen Bauens in den Vereinigten Staaten", Wien 1930, sowie ,,Mensch und Wohnen", Stuttgart 1955.
Lit.: H. Vollmer, Künstlerlex. d. 20. Jhs.

Nevers, St. Etienne. 1063–97 erbaute Kirche, zu einem ehemaligen Cluniazenserkloster gehörend. Noch kein eigentlicher Schulcharakter des Burgundischen. Ausgangspunkt für Bauten der →Auvergne, wie St. Nectaire, →Clermont-Ferrand. Dreischiffiges Langhaus, breitausladendes Querhaus mit Apsiden, Vierung durch Bögen mit Übermauerung abgetrennt, Chor mit Umgang und drei radialen Kapellen. Dreiteiliger Wandaufriß: Arkade, Empore, Obergaden mit kleinen Fenstern; im Chor die Empore durch gekoppelte Rundbogennischen ersetzt. Quadratische Arkadenpfeiler mit vorgelegten Halbsäulen. Halbrunddienste verleihen der Mittelschiffwand kräftiges Relief und tragen die Gurtbogen der Rundtonne. Seitenschiffe und Chorumgang kreuzgratgewölbt. Der steile, dunkle Raum mit der spannungsvollen, kräftigen Plastizität der schweren Wände gehört zu den schönsten Anlagen roman. franz. Baukunst (keine späteren Umbauten).
Lit.: E. Adam, UKG IX, 1963.

Newcastle (England). Hier ein um 664 entstandenes Pfeilerkreuz. Es handelt sich um ein irisches Hochkreuz, das in den Gebieten der Mönchskirchen Nordenglands in Gebrauch kam. Solche Kreuze sind aus Stein gehauen.

New Grange. Großes westeuropäisches Kuppelgrab in der Nähe von Dublin/Irland, im Jahre 1699 geöffnet, megalithisch. Die Bauformen, aber auch Verzierungen an einigen Steinen lassen auf Beziehungen zu →Malta und zum ostmediterranen Raum schließen.

New York. Städtebaulich entstand in N. das größte Problem in der räumlichen Begrenzung der City durch die Inselufer. Das führte seit 1889 zum Bau von Hochhäusern, deren Höhe allerdings seit 1916 beschränkt wurde durch eine Zonenbau-Zone. Der Stadtplan zeigt ein völlig regelmäßig angelegtes Rechtecksystem in fortlaufend numerierte streets und avenues, dem sich nur die älteren Gebäude aus holländischer und engl. Zeit in der sogen. Unterstadt (downtown) nicht einordnen. Von den 5 Hauptbezirken (Broux, Manhattan, Queens, Brooklyn und Richmond) wird ganz Manhattan von der einzigen, völlig quer verlaufenden Straße durchschnitten, dem berühmten Broadway, einer Hauptverkehrsader der Stadt. Die meisten und höchsten →Wolkenkratzer befinden sich in der downtown (Woolworth-Gebäude mit 51 Stockwerken und einer Höhe von 240 m, das Empire-State-Building mit 86 Stockwerken und einer Höhe von 300 m). In der Oberstadt der 4 km lange und 0,8 km breite Zentralpark als größte Parkanlage von 117 Parks in N. – Vor der Stadt steht im Hafengebiet die riesige ,,Freiheitsstatue" von →Bartholdi.
Lit.: Wasmuths Lexikon der Baukunst, Bd. III, 1931.

Nias. Kleine indonesische Insel vor der Südwestküste von →Sumatra, bewohnt von Menschen mit indisch beeinflußter, ,,altindonesischer" Kultur. Megalithische Züge und Kopfjagd bestimmen das Gesamtbild. Bezeichnend sind Ruinen von Siedlungen in Süd-N., die menhirartige Steinsäulen, Kultterrassen, steinerne Altartische und ,,Pilzsteine" (Podeste für Kulttänze) aufweisen (→Marianen, Insel Tinian). Die Gräber sind Steinkisten oder Steinurnen, auch Steinsarkophage in Tiergestalt. Megalithische Ideenwelt vereinigt sich mit der Technik der Hochkultur bei der Gestaltung und Verzierung steinerner Thronsessel, Nachbildungen von Trommeln, Bänken in Schiffsform u. a. – Die Dorfplätze sind mit Steinplatten gepflastert, die Häuser durch geschnitztes Dekor reich verziert; isolierte Holzfiguren kommen ebenfalls vor (teils sehr einfache, teils hochstilisierte Ahnenfiguren, Darstellungen mythischer Tiere).
Lit.: P. Wirz: Het oude N., 1928.

Niaux. Bei Tarascon (Dép. Ariège, Südfrankreich), Pyrenäenhöhle mit altsteinzeitlichen →Höhlenmalereien der →franko-kantabrischen Kunst, bekannt seit 1906. Gut erhaltene schwarze, seltener rote Strichzeichnungen von schwungvoller Linienführung finden sich im sogen. „Salon noir", 770 m vom Eingang entfernt. Abgebildet sind in naturalistischer Darstellung Bison, Wildpferd, Steinbock und Hirsch. Einige Tiere sind von Geschoß-

spitzen getroffen, Wandunebenheiten wurden in die Bilder einbezogen. Die Malereien gehören dem mittleren und dem späten →Magdalénien an.
Lit.: Bandi/Maringer, Kunst der Eiszeit, 1955.

Niccolini, Antonio. Italien. Theatermaler und Architekt. Geb. 1772 in S. Miniato, gest. 1850 in Neapel. Begann als Theatermaler in Florenz, ging aber 1807 nach Neapel, wo er der Dekorateur der zwei dort berühmtesten Theater – S. Carlo und del Fondo – wurde. N. erhielt mehrere Hofämter und wurde Mitglied und auch Präsident verschiedener Künstlervereinigungen und Akademien. Nach dem Brand des Theaters S. Carlo baute er es als klassizistisches Theater neu auf (1816/17); auch das (erst nach 1850 vollendete) Theater in Bari geht auf ihn zurück. Ferner schuf er in Neapel mehrere Villen für den Hofadel.
Lit.: Thieme-Becker.

Rembrandt, „Rembrandts Sohn Titus am Schreibtisch" (Rotterdam, Mus. Boymans-van-Beuningen).

Nicholson, Ben. Engl. Maler. Geb. 1894 in Denham/Buckinghamshire, ansässig im Tessin. Studium in London, Mailand und Pasadena (USA). Seine frühen Werke entstanden unter dem Einfluß des →Kubismus, während er nach 1930 Anregungen von →Mondrian aufnahm und zur Abstraktion fand. 1933/34 beteiligte er sich in Paris an den Ausstellungen der Gruppe „Abstraction – Création". Statische und architektonische Elemente bestimmen seine Bilder, die in reinen Farben geometrisch aufgebaut sind. In seinen späteren Werken wandte er sich wieder der Gegenständlichkeit zu, um durch die Erfahrung der Abstraktion „wieder zu einer neuen bildhaften Gestaltung vordringen" zu können.
Lit.: D. Baxandall, B.N., 1962.

Nichursanga. Lesart für →Ninchursag.

Nicolo. Oberitalien. Bildhauer der Mitte des 12. Jhs., dessen Stil sich von byzant. Vorbildern herleitet. Signiert und datiert: Portale der Dome von Ferrara (1135) und Modena (1137). Kennzeichnend eine sichere, preziös elegante Gliederung, an Metall erinnernde, glatte blanke Steinoberflächen, zisilierende Feinheit der Ausführung, Bevorzugung schlanker drahtiger Formen. Am Portal von Ferrara erscheinen Gewändefiguren, die den ersten Säulenfiguren der franz. Gotik ähneln; allerdings in kleinem Maßstab und an den Kanten der Gewändepfosten angebracht. Die frühesten bekannten franz. Beispiele, allerdings weniger entwickelt, offenbar um 1130, St. Quentin in Beauvais. Zusammenhänge und Priorität noch nicht geklärt.
Lit.: G. H. Crichton, Romanesque Sculpture in Italy, 1954; W. Sauerländer, Skulptur des Mittelalters, UKG XI, 1963.

Nicopolis (Epirus). Hier befindet sich eine fünfschiffige Basilika, die sogen. Basilika B, und eine dreischiffige Basilika (sogen. Basilika A) mit Querschiff. Dieses zeichnet sich dadurch aus, daß es in drei Teile zerfällt, was durch die neue Gestaltung der Liturgie bestimmt war, →Querschiff.

Niederländische Kunst. Sie umfaßt die Kunst des heutigen Belgien (ehemalige span.-österreich. Niederlande; belgische Staatsgründung 1830) und Hollands (Freiheitskampf 1568–1648). Schon seit karolingischer Zeit lieferten insbesondere die zu den ehemaligen Kerngebieten röm. Kolonisation, den Kristallisationspunkten der abendländischen Kunstentwicklung gehörenden südlichen Niederlande bedeutende schöpferische Beiträge, deren wichtigster die Metallkunst des Maasgebietes in der 2. Hälfte des 12. Jhs. ist (→Goldschmiedekunst, →Email). Doch kann man infolge der engen politischen und kulturellen Verflechtungen mit den angrenzenden Nachbargebieten, Frankreich und dem Deutschen Reich, vor etwa 1400 noch nicht von einer eigenständigen N. sprechen. Ihr Beginn ist in den Werken der zahlreichen niederl. Künstler zu suchen, die seit Ende des 14. Jhs. an den Höfen von Dijon (Burgund), Bourges und Paris tätig waren und weitreichenden Einfluß besonders auf die franz. Kunst ausübten. Unter den Bildhauern ist der an der Kartause von Champmol/Dijon beschäftigte Claus →Sluter von überragender Bedeutung. Er verband eine fast bildnismäßige Wirklichkeitserfassung in Physiognomie und körperlicher Erscheinung mit wuchtiger Plastizität und pathetischer Ausdrucksfülle. In der Malerei leiteten die franco-flämischen Miniatoren, unter denen die Brüder von →Limburg die künstlerisch und entwicklungsgeschichtlich wichtigsten waren, im Norden Europas eine neue Epoche ein (→Buchmalerei, →Landschaftsmalerei). Sie wird geprägt durch eine, die mittelalterl. Flächenbindung überwindende Gestaltung des Innen- und Landschaftsraums (angeregt durch italien.

H. Bosch, „Der Garten der Lüste" (Madrid, Prado).

Vorbilder; letztlich durch →Giotto) und die unvoreingenommene Abbildung sichtbarer Wirklichkeit. Damit lieferten sie die Grundlagen für die sich um 1420–30 abzeichnende Wende in der →Tafelmalerei. Etwa gleichzeitig beginnen die südlichen Niederlande mit ihren reichen Handelsstädten (Brügge, Gent, Brüssel u. a.), deren Stadtbild teilweise noch heute bestimmt wird

M. Hobbema, Die Wassermühle (Amsterdam, Reichsmus.).

durch bedeutende spätgot. Bauten vor allem der Profanarchitektur (→Belfried, Rathaus, Tuch-, Kornhallen etc., Bürgerhäuser), alle schöpferischen Kräfte an sich zu ziehen. Einen ersten Höhepunkt erlebt die altniederl. Tafelmalerei in den Werken der Brüder van →Eyck, deren Schärfe der Charakterisierung in der Erfassung des Physiognomischen, des Körperlichen, des Stofflichen und des Raums und seiner Atmosphäre bereits von dem nächsten hochbedeutenden Meister, dem gegen Mitte des 15. Jhs. tätigen Rogier van der →Weyden, gemildert wird zugunsten einer gotischeren Schönlinigkeit, einer rhythmischen Flächenkomposition, die wieder stärker von der Figurengruppierung ausgeht. Sie gewinnt weitreichenden Einfluß, u. a. auf die deutsche Malerei. In seinen Schülern scheidet sich bereits Südniederländisches von Nordniederländischem. Für letzteres sind eine sprödere, nüchternere Gestaltung und besondere Vorliebe für die Schilderung des Landschaftlichen kennzeichnend (z.B. D. →Bouts, A. v. →Ouwater). Neben die Darstellung religiöser Themen tritt bereits bei J. v. Eyck eine Bildnismalerei höchsten künstlerischen Ranges. Wichtigste Maler: M.→Broederlam, H. und J. v.→Eyck, Meister von →Flémalle (R. Campin), R. v. d. →Weyden, P. →Christus, A. v. →Ouwater, D. →Bouts, H. →Memling, →Joos v. Gent, H. v. d. →Goes, →Geertgen tot Sint Jans, H. →Bosch, →Meister der virgo inter virgines, G. →David. – Weniger bedeutend als die Malerei ist die Bildnerei des 15. Jhs. Es entstanden zahlreiche Grabmäler sowie geschnitzte Flügelaltäre, die der gleichzeitigen deutschen Produktion verwandt sind. – Mit dem 16. Jh. dringt die von Italien ausgehende →Renaissance in die N., besonders in die Malerei ein. In der künstlerischen Umwälzung treten erstmals die Unterschiede der einzelnen Stämme so deutlich hervor, daß man von nun an von einer holländischen und von einer fläm. Kunst sprechen kann, die in ihren Gegensätzen im 17. Jh. voll zum Tragen kommen. Die politische und konfessionelle Trennung beider Gebiete in der 2. Hälfte des 16. Jhs. hatte diese Tendenz maßgeblich gefördert. – Baukunst: Im fläm. Bereich entsteht eine stark von Italien beeinflußte Renaissancearchitektur, deren Bauornamentik im sogen. →Floris-Stil hervorsticht (z.B. Rathaus zu Antwerpen). – Eigene Wege geht die Baukunst seit der Mitte des 16. Jhs. in Holland, für die Backsteingiebelfassaden mit Hausteinstreifen charakteristisch sind. Um 1650 entwickelte sich hieraus ein ruhiger Klassizismus (z.B. Rathaus zu Amsterdam), der vor allem nach Deutschland wirkte. – Von epochaler Bedeutung für die moderne Architektur waren die um 1900 von H. P. →Berlage errichteten Bauten, die einen auf Sachlichkeit gerichteten monumentalen Stil zeigen (z.B. Neue Börse zu Amsterdam). Diese Gedanken wurden vor allem von J. P. →Oud in konsequentester Weise weitergeführt. Den wesentlichsten Beitrag zur modernen Stadtbaukunst lieferte Holland durch den großzügigen Wiederaufbau der im 2. Weltkrieg zerstörten Innenstadt von →Rotterdam. – Während die Bildhauerkunst eine untergeordnete Rolle spielte, erreichte die Malerei eine unübertroffene Blüte. Aus der Auseinandersetzung mit der italien. Kunst kam es im 16. Jh. erst zu einer nationalen Variante der Renaissance (Q. →Massys, L. van →Leyden), die in einen Manierismus überging. Als eigenständige Leistung entwickelte sich die Landschaftsmalerei und das bäuerliche Sittenbild vor allem im fläm. Bereich (P. →Bruegel). – Die alles Vorige und Nachfolgende überstrahlenden Künstler des 17. Jhs. sind – gleich Antipoden auf engstem Raum – im fläm. Süden P. P. →Rubens, im holländischen Norden →Rembrandt. In schärfstem Gegensatz zu Rubens prunkvollen Barockkompositionen von leuchtender Farbgebung steht die vergeistigte Kunst Rembrands mit ihrem malerischtonigen Realismus, der sich besonders deutlich in seinen Bildnissen ausdrückt. – Neben diesen epochalen Genieerscheinungen, den ersten großen Repräsentanten holländischer und fläm. Kunst, brachte das 17. Jh. eine solche Fülle von bedeutenden Malern hervor, wie sie in dieser qualitativen und quantitativen Dichte einzigartig blieb. – Wesentliche Bildgattungen wie →Genre und →Interieur (→Vermeer van Delft, P. de →Hooch, →Ostade, →Steen, →Terborch), Gruppenbildnis (Gildenbilder) und Portrait (→Hals, van →Dyck), Stilleben (de →Heem), Landschafts- und Marinemalerei (→Ruisdael, →Hobbema) wurden hier zu neuer Form entwickelt und fanden in den häufig auf eine Bildgattung spezialisierten Künstlern ihre gleichzeitige Vollendung. – Die folgende Zeit zehrte weitgehend von diesen künstlerischen Errungenschaften. Während sich im fläm. Gebiet mit der 1830 erfolgten Gründung Belgiens eine →Belgische Kunst entwickelte, erreichte Holland zu Beginn des 20. Jhs. durch van de →Velde, durch die dem →Jugendstil verwandte Gruppe de →Stijl und durch P. →Mondrian erneut internationale Bedeutung

Lit.: S. Collon-Gevaert, J. Lejeune, J. Stiennon, Romanische Kunst an der Maas im 11., 12. und 13. Jh., 1957; J. Stan Leurs, Geschiedenis van de Vlaamsche Kunst, 2 Bde, 1938, 1942; E. Panofsky, Early Netherlandish Painting, 1953.

Niederweisel, Kreis Friedberg, Oberhessen. Hier wurde im Jahre 1963 eine der seltenen Tierplastiken der jungsteinzeitlichen linearbandkeramischen Kultur gefunden. Die recht primitive Darstellung eines Schweines ist kaum als Kunstwerk zu bezeichnen; sie kann vielleicht im Kult dieser jungsteinzeitlichen Kultur eine Rolle gespielt haben.

Niello (lat. nigellus = schwärzlich). Diese Technik besteht darin, daß auf eine helle Metallplatte eine Zeichnung eingeritzt wird, in deren Fugen eine Legierung aus Blei, Borax, Kupfer, Schwefel und Silber eingeschmolzen oder eingeklopft wird. Die Platte wird dann poliert, so daß eine dunkle Zeichnung auf hellem Metallgrund entsteht, die manchmal wie eine Einlegearbeit wirkt. Es wurde auch die geritzte, zur Aufnahme der Niellomasse bestimmte Platte zum Drucken verwendet (Niellen), was den irrigen Glauben aufkommen ließ, die N.-Technik sei der Vorläufer zum Kupferstich (Vasari). Verwendet wurde das N. schon von Ägyptern und Römern, im Mittelalter wurden Kruzifixe und metallene Kultgegenstände damit verziert. Im Orient von Persern und Indern benützt, kam es schließlich nach Süd-Rußland (Tula – Arbeiten, besonders bei Schmuck). Um die Mitte des 19. Jhs. wurde das N. wieder in Wien geübt.

Niemeyer, Oscar. Brasilianischer Architekt. Geb. 1907 in Rio de Janeiro, ansässig ebda. Studium an der Universität seiner Heimatstadt, wo er mehrere öffentliche Gebäude, Hotels und Banken erbaute. Gemeinsam mit →Le Corbusier errichtete er das Studentenhaus in der Cité Universitaire Paris. Sein Hauptwerk ist die Planung und Erbauung der neuen Hauptstadt Brasiliens, Brasilia. 1957 war er auf der „Interbau" in Berlin mit einem Wohnblock vertreten. Er gehört zu den bedeutendsten Architekten Südamerikas. In seinen Architekturen verbindet er Anregungen von Le Corbusier mit eigenen Baugedanken, die ihm eine freiere Handhabung moderner Baumöglichkeiten erlauben.

Lit.: H. E. Mindlin, Neues Bauen in Brasilien, 1957.

Nigeria →Nok-Kultur, →Esie, →Benin, →Yoruba.

Nikaia, Koimesiskirche. Die 1910 zerstörte Koimesiskirche (7./8. Jh.), von der gute Photographien erhalten sind, ist eine der bedeutendsten Übergangskirchen vom Typ der Kuppelbasilika zu dem der Kreuzkuppelkirche, nämlich dadurch, daß der Kuppelraum zum beherrschenden Bauglied wird, daß die Nebenschiffe der Basilika sich zu Umgängen um den Kuppelraum entwickeln, daß die Kuppel von Pfeilern getragen wird und nicht mehr auf Wänden aufliegt. Die Kreuzarme, die auf die Vierung stoßen, sind mit flachen Tonnen überwölbt und führen ihrerseits auf den Kuppelraum hin. Besonders wertvolle Mosaiken besaß die Koimesiskirche, so eine stehende Madonna um 850 (Madonnen in dieser Haltung waren in der Zeit vor dem Bilderstreit nicht bekannt). Die vier Evangelisten an den Pendentifs (1065), ebenso die Engel, die den apokalyptischen Thron umstehen, zeugen von hohem Können. Auch die Narthexmosaiken (1059–1067) sind bedeutsam.

Lit.: Alfons Maria Schneider, Die röm. und byzant. Denkmäler von Iznik – Nicaea, Istanbuler Forschungen Bd. 16, 1940; Th. Schmit, Die Koimesiskirche von N., 1927.

Nikandre. Griech. archaische Statue einer Frau, von der Naxierin N. der delischen Artemis geweiht. Das um die Mitte des 7. Jhs. v. Chr. geschaffene überlebensgroße Marmorstandbild steht am Anfang der in dichter Überlieferung erhaltenen archaischen Frauen- und Mädchenstatuen und zählt zu den bedeutendsten Zeugnissen frühgriech. Monumentalplastik. Stilistisch läßt die in aufrecht stehender Haltung und mit einem eng anliegenden Mantel bekleidete N. in der flachen Körperlichkeit ihre entwicklungsgeschichtliche Herkunft vom →Xoanon erkennen, während die blockhafte Gebundenheit gleichzeitig eine neue monumentale Gesinnung verrät.

Lit.: G. Lippold, Handb. d. Archäologie, V, 43, 1950.

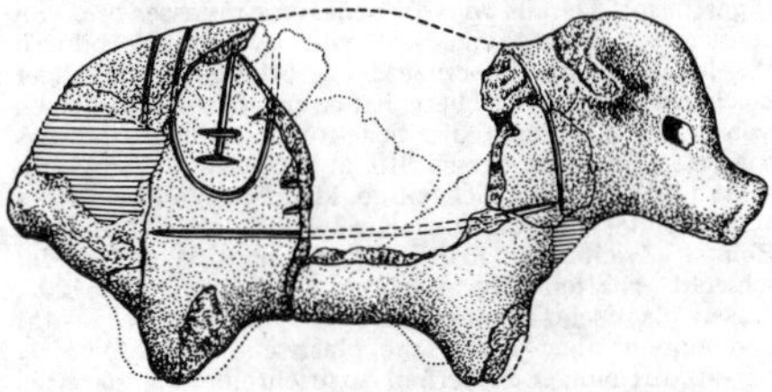

Niederweisel, Einfache Tierplastik der Jüngeren Steinzeit (Linearbandkeramik).

Nike. Griech. Siegesgöttin, die als Botin des Zeus den Sieg verkündet. In der griech. Kunst wird sie als weibliche geflügelte Gestalt dargestellt. Bildwerke berühmter Künstler der griech. Antike sind erhalten. So die N. des →Archermos, die N. des →Kallimachos, die N. des →Paionios und die N. von →Samothrake. In der Vasenmalerei wird N. häufig mit dem Lorbeerkranz, den sie einem Sieger überreicht, dargestellt.

Lit.: F. Studnizka, Die Siegesgöttin.

Nikeballustrade. Die mit Reliefs vom Ende des 5. Jhs. v. Chr. eingerahmte Umfassung des →Nikepyrgos auf der Akropolis von Athen. Sie gehören in ihrem reichen, schönlinigen Stil zu den bedeutendsten Kunstwerken der attischen Bildhauerei dieser Zeit.

Nikepyrgos. Vorgeschobene Bastion des 13. Jhs. v. Chr. auf der →Akropolis in →Athen neben den →Propyläen gelegen. Auf dem N. wurde am Ende des 5. Jhs. v. Chr. der zierliche Nike-Tempel als ionischer →Amphiprostylos nach einer Entwurfsidee des →Kallikrates erbaut und mit der durch reiche Reliefs geschmückten Nikeballustrade umgeben. Der N. selbst wurde bei diesen Bauarbeiten mit einer Kalkstein-Quaderwand eingefaßt.

Lit.: Kirsten-Kraiker, Griechenlandkunde, 1962.

Nikeratos. Griech. Bildhauer aus Athen, tätig in der 2. Hälfte des 3. Jhs. v. Chr. (?) in Pergamon und Delos. Durch mehrere Basisinschriften und durch die zahlreich von →Plinius für ihn genannten Werke ist er bekannt, ohne daß es bisher gelungen ist, sichere Zuschreibungen vorzunehmen.

Nike von Samothrake →Samothrake.

Nikias. Griech. Maler des 4. Jhs. v. Chr. aus Athen. Keines seiner in der antiken Literatur häufig erwähnten Gemälde ist erhalten, doch hat man versucht, Wandbilder aus →Pompeji mit Werken des N. in Verbindung zu bringen. Seine Schaffenszeit muß mit der des →Praxiteles ungefähr übereinstimmen, da von N. überliefert ist, er habe die Plastiken des Praxiteles bemalt.

Lit.: A. Rumpf, Handb. d. Archäologie, VI., 143ff., 1953.

Nikli-Tegea (Griechenland, Peloponnes). Kirchenanlage von N., gehört zu den bedeutenden Bauten der byzant. Architektur Griechenlands des 12. Jhs. Kreuzkuppelkirche auf quadratischem Grundriß mit Eckkuppeln. Gute Proportionen des Bauganzen.

Nikolaus von Hagenau →Hagnower, Niklas.

Nikolaus von Verdun. Lothringischer Goldschmied und Emailleur aus Verdun. Nachweisbar 1181–1205. Sein Werk stellt den Höhepunkt der →Goldschmiedekunst des Maasgebietes dar, doch verwendet er auch rheinische Anregungen. Die direkte künstlerische Herkunft noch nicht geklärt. Hauptwerk ist der signierte, 1181 vollendete Klosterneuburger Altar (auch Verduner Altar; Stift Klosterneuburg bei Wien), das bedeutendste der vollständig erhaltenen mittelalterl. Werke der Email-

kunst, dessen unter Kleeblattarkaden, in drei Reihen übereinander angebrachte Grubenschmelzplatten die bis dahin vollständigste bekannte Darstellung des göttlichen Heilsplans in typologischer Gegenüberstellung von Szenen des Alten und Neuen Testaments zeigt (→ Typologie). Ursprünglich eine aus 45 Platten bestehende Amboverkleidung, die 1331 unter Zufügung von 6 Platten zum Altarretabel umgestaltet wurde. Farbig auf den Kontrast des kobaltblauen Grundes zu den vergoldeten, mit Gravur und dünnen Schmelzfurchen versehenen Figuren abgestimmt. Details wie Wolkensäume, Wasser etc. von nuancierter Farbigkeit. Sein von byzant. Vorbildern abgeleiteter, reich differenzierter, geschmeidig lebendiger Zeichenstil und die sichere Erfassung des Körperlichen weisen ihn als einen der bedeutendsten Künstler des späten 12. Jhs. aus, dessen Stil an der Schwelle zur Gotik steht und wie die gleichzeitige, kleinfigurige Plastik des Maasgebietes auf die got. Großplastik einwirkte (z.B. Reims). Zweites inschriftlich gesichertes Werk ist der schlecht erhaltene Marienschrein in Tournai von 1205, dessen plastische Figuren geringere Ausdrucksintensität und eine weniger energische plastische Durchformung zeigen. Mit einiger Sicherheit zuzuschreiben: Langseiten des Dreikönigenschreins, Kölner Dom (nach 1181); Annoschrein, Siegburg (1183 vollendet).
Lit.: F. Röhrig, Der Verduner Altar, 1955; S. Collon-Gevaert, J. Lejeune, J. Stiennon, Romanische Kunst an der Maas im 11., 12. und 13. Jh., 1957.

Nikopol. Skythische Residenzstadt am linken Dnjeprufer gegenüber N., nahe den →Kurganen von →Solocha und →Tschertomlyk, vom 5.–2. Jh. v. Chr. besiedelt. Bis 160 qm große Wohnbauten mit mehreren Räumen, Gießerei- und Schmiedewerkstätten. Auffallend sind die griech. Weinamphoren, da nach Herodots Zeugnis bei den königlichen →Skythen der Wein zusammen mit dem Dionysoskult verboten war.
Lit.: Schefold, HDA 2, 429; J. Wiesner, Thraker, 31f.

Nikosthenes. Griech. Töpfer der attischen Schule. Um 520–500 v. Chr. in Athen tätig. Aus seiner Werkstatt sind über 100 signierte Gefäße erhalten. Charakteristisch für N. ist der Typ der Bandhenkelamphora. Sie lehnt sich an mittelitalische Formen an und wurde vielleicht speziell für den Export nach Etrurien angefertigt. Sowohl spätschwarzfigurige als auch frührotfigurige Vasenmaler haben für N. gearbeitet. So u. a. die Maler →Epiktet und →Oltos.
Lit.: Hoppin, Handbook of Attic redfigure Vases, II., 424ff.

Ni-ku-lu. Um 1600 n. Chr. verfaßte theoretische Schrift zur chinesischen Landschaftsmalerei, in der 16 Möglichkeiten (ts'un) der Strukturierung von Gebirge und Felsen systematisch dargelegt wurden. Diese Grundtypen ergaben sich aus zwei bereits in älterer Zeit entwickelten Maltechniken: 1) Die geschwungene Pinselzeichnung. 2) Das Auftragen von Punkten mit dem spitzen Pinsel, wobei der aufgetragene Punkt zur Seite gewischt wird. – Die sich hieraus ergebenden Strukturen der Binnenzeichnung wurden auf die 16 ts'un, die Grundtypen hin systematisiert. Sie bilden eine der wichtigsten Grundlagen der eklektizistischen Literatenmalerei.
Lit.: Sze Mai-mai, The Tao of Painting, Bd. 2, 133ff., 1956.

Nilson, Friedrich Christoph. Deutscher Maler. Geb. 1811 in Augsburg, gest. 1879 in München, entstammt einer Augsburger Künstlerfamilie. Schüler von → Schnorr von Carolsfeld und Zimmermann. Wirkte mit bei den vielen Fresken, mit denen die neuen öffentlichen Bauwerke Münchens geschmückt wurden, so nach eigenen Entwürfen die Decke im Stiegenhaus der Staatsbibliothek und die Dekorationen für das Pompejanische Haus in Aschaffenburg, beide von Fr. v. →Gärtner. Später wirkte er noch an der Ausmalung von Schloß →Hohenschwangau mit. Seine Malerei begann im Stil der Münchner Romantik, nahm aber mit der Zeit immer mehr historisierende Formen an.
Lit.: Thieme-Becker.

Nimbus. Heiligenschein, Strahlenkranz, von der Antike übernommen. Schon Apollo und Sol ist er beigegeben. Der N. bestand in der altchristl. Kunst zunächst nur aus einem Reifen. Später entwickelte er sich zur Scheibe. Über seine Anwendung in der Folgezeit vergleiche →Heiligenschein.

Nîmes. Das bereits keltisch besiedelte, röm. Nemausus genannte N. erreichte seine erste Blüte in der röm. Kaiserzeit, nachdem es durch →Augustus zur Kolonie ernannt worden war. Bereits im Altertum wurde die Stadt wegen ihrer prunkvollen Bauten gerühmt. Erhalten sind hiervon Teile der Stadtmauer, in die ein ca. 30 m hoher Turm (vielleicht nach dem Vorbild des berühmten →Pharos von Alexandria erbaut) einbezogen wurde. Außer der berühmten sogen. →„Maison carrée" sind noch ein Amphitheater des späten 1. Jhs. n. Chr., ein tonnenüberwölbter Bau, der zu einem Nymphäum gehörte, und ein rundes Wasserverteilerbecken (Castellum Divisorum), in das das vom →Pont du Gard hergeleitete Wasser floß und von dem aus es in die Stadt verteilt wurde, zu nennen.

Nimrud. Ruinenhügel des alten →Kalach.

Ninchursag. Sumerische Muttergöttin, als Herrin des Gebirges gedacht und lebengebende Schutzgöttin von Priesterfürsten, die die Überlieferung von →Mesalim und →Eannattum bezeug. Reich ausgestatteter Tempel in Tell el-Obed. →Aanepadda.
Lit.: H. Schmökel, GAV, 335; A. Parrot, Sumer, 384.

Ningal. Sumerische Göttin, Gemahlin des →Nanna von →Ur, wo ihr ein großes Heiligtum geweiht war.
Lit.: H. Schmökel, GAV, 335; A. Parrot, Sumer, 384.

Ningirsu. Sumerischer Gott, der besonders in → Lagasch als Herr von Girsu, einem Stadtteil, verehrt wurde. Darstellung als Kriegsgott auf der →Geierstele des →Eannatum von →Lagasch. Sein Symboltier ist der →Imdugud.
Lit.: H. Schmökel, GAV, 335; A. Parrot, Sumer, 384.

Ningizzida. Sumerischer Heil- und Schutzgott mit drachenartigem, gekröntem Symboltier, das seine Schultern schmücken kann. Persönlicher Schutzgott →Gudeas, der auf einem Weihrelief aus →Lagasch von N. geleitet wird. Weihgefäß Gudeas an N. mit Reliefbild, das zwei gekrönte Drachen mit Bügelstab beiderseits von zwei um einen Stab gewundenen Schlangen zeigt.
Lit.: A. Parrot, Sumer, 384; E. Strommenger, Mesopotamien, 82.

Ninive. Assyrische Stadt auf dem Ostufer des Tigris gegenüber Mosul (Ruinenhügel Kujundschik und Nebi Yunus). Vorassyrische Besiedlung seit der späten Vorzeit. N. war Hauptkultort der →Ischtar, deren Tempel →Tiglatpileser I. neu errichtete. Zerbrochener Obelisk. Im Gebiet des →Ischtar-Tempels des 7. Jhs. v. Chr. fand sich der berühmte Kupferkopf eines Fürsten, der allgemein nach Stil und Komposition der →Akkadzeit zugewiesen wird. Doch wird jetzt auch eine Entstehung in altassyrischer Zeit nach akkadischem Vorbild erörtert und eine Zuweisung an →Schamschiadad I. erwogen. Die brutale Zerstörung spricht für die Darstellung eines bedeutenden Herrschers, zu dessen Ehren dieses Meisterwerk altorientalischer Metallplastik aufgestellt wurde. Die Glanzzeit von N. fällt in die Regierungszeit →Sanheribs, der N. zur Residenz machte. Der in Parkanlagen errichtete Prunkpalast mit seinen Torkolossen und der reichen Reliefausstattung, die von den Kriegszügen des Sanherib und seinen Bauvorbereitungen berichtet, sollte →Dur Scharrukin in den Schatten stellen. →Assurbanipal fügte einen weiteren Palast hinzu, dem die hervorragenden Reliefs mit Kampf-, Jagd- und Kultszenen entstammen. Von größter Bedeutung ist die Tontafelbibliothek, in der die Hauptüberlieferung des →Gilgamesch-Epos gefunden wurde. Nach der Zerstörung durch die Meder unter →Kyaxares und die mit ihnen verbündeten Babylonier unter →Nabupolassar 612 v. Chr. wurde N. nie wieder aufgebaut.
Lit.: V. Christian, AKZ, 15ff.; E. Strommenger, Mesopotamien, 113ff.; A. Parrot, Assur, 366, 370; H. Schmökel, GAV, 203ff., 270ff., 278ff., 335; H. Potratz, KAO, 171, 235, 262f.

Ninlil. Sumerische Göttin, Gemahlin des Gottes Enlil von →Nippur.
Lit.: H. Schmökel, GAV, 335; A. Parrot, Sumer, 314; Assur, 71.

Ninsun. Sumerische Göttin in →Uruk, Mutter des →Gilgamesch. Als Kind der N. bezeichnen sich →Urnamu und →Schulgi.
Lit.: H. Schmökel, GAV, 56, 59.

Nintu. Sumerische Muttergöttin, auf einem Tonrelief des frühen 2. Jahrtausends v. Chr. frontal mit zwei Kindern im Arm dargestellt.
Lit.: A. Parrot, Sumer, 301; H. Schmökel, GAV, 21, 32, 34, 37, 68.

Ninurta. Sumerischer Kriegs- und Jagdgott, Herr des Pfeilsterns (Sirius).
Lit.: H. Schmökel, GAV, 335; A. Parrot, Sumer, 314, 319; Assur, 9, 16, 71.

Niobiden-Maler. Griech. Vasenmaler der attischen Schule, tätig um die Mitte des 5. Jhs. v. Chr. in Athen. Benannt wurde der anonyme Meister nach der Darstellung des Niobiden-Mythos auf einer seiner Vasen. Stilistisch lassen seine Werke – vor allem durch die Angabe von Geländelinien, durch die freiere Anordnung seiner Gestalten, die nicht mehr an eine Frieszone gebunden sind, durch kühne Dreiviertelansichten – deutliche Einflüsse der zeitgenössischen Monumentalmalerei erkennen. Einzelzüge, die für die Malerei →Polygnots und →Mikons durch die Beschreibungen des →Pausanias bekannt sind, treten in den Bildern des N.s in Erscheinung, ohne daß es jedoch möglich ist, seine Werke direkt mit der großen Malerei zu verbinden. – Unter seinen Vasen, deren bevorzugte Themen Göttergestalten und Heroenmythen sind, seien der berühmte sogen. „Argonautenkrater" (Paris, Louvre) und ein Volutenkrater mit der Darstellung einer Amazonomachie (Neapel, Mus. Naz.) genannt.
Lit.: T. B. L. Webster, Der N., 1935.

Nippur. Südöstlich von →Babylon gelegene wichtige sumerische Stadt, Hauptkultort des Gottes →Enlil, von hervorragender Bedeutung für die Bestätigung der Könige von Sumer und Akkad. Palast- und Tempelanlagen mit →Zikkurat. Bedeutsame Keilschrifttafeln für die religiös-mythische Überlieferung und die politische Tradition.
Lit.: H. Schmökel, GAV, 335; V. Christian, AKZ, 52ff.

Niqmad. König von →Ugarit (14. Jh. v. Chr.), auf einem Alabastergefäß →Amenophis' III. als „der Große des Landes Ugarit" bezeichnet. Tributpflicht gegenüber dem mächtigen Hethiterkönig Schuppiluliuma.
Lit.: H. Schmökel, GAV, 130, 226, 240.

Nirvana. Für den Inder das „Erlöschen"; besonders in der buddhistischen Kunst die Darstellung vom Tode des Erleuchteten.

Nisa. Erste Hauptstadt der →Parther am Westrand der Wüste Karakorum, nordwestlich von Aschchabad am Fuß der Gebirgskette von Kopetdagh. Befestigter Palast mit hellenistischer Fassade und dreischiffiger, von vier Säulen gestützter Mittelhalle. Zweistöckige Säulengliederung der Wand mit gewölbten Nischen in der oberen Zone für bemalte Terrakottastatuen der königlichen Ahnen. Südlich anschließend vierfache →Iwan-Anlage um einen Mittelhof. Hellenistische Statuetten und Elfenbeinrhyta zeigen das Nachleben der →Achaemeniden-Tradition und Einflüsse der →baktrischen Kunst. Türsiegel mit Stempelbildern geben Einblick in die Glyptik der →parthischen Kunst seit dem 3./2. Jh. v. Chr. bis in die →Sasaniden-Zeit.
Lit.: R. Ghirshman, Iran II, 28ff., 393.

Nisaba. Sumerische Göttin des Getreides und der Schreibkunst. Sie wurde zu den „alten" Gottheiten gerechnet.
Lit.: A. Parrot, Sumer, 288; H. Schmökel, GAV, 27, 29, 65.

Nischensarkophag. Im Unterschied von dem altchristl. Friessarkophag, bei dem ohne Unterbrechung die einzelnen biblischen Szenen nebeneinander geordnet wurden, besteht der N. aus fünf oder sieben Nischen, die durch Säulen oder Pilaster voneinander getrennt sind. In den Nischen werden einzelne Personen oder auch biblische Szenen zur Darstellung gebracht.

Ni Tsan. Chinesischer Maler, Dichter und Kalligraph des 14. Jhs. n. Chr. Unter Verzicht auf jegliche Staffage schuf er fast ausschließlich Landschaftsbilder in Tuschemalerei; Stimmungsbilder, die mit einem Minimum an technischem Aufwand entstanden. Dadurch wurde er zu dem bedeutendsten Maler der Yüan-Meister der sogen. →Südlichen Schule, deren nachfolgende Generationen in ihm ihr großes Vorbild sahen. – Aus seinem Œuvre sind mehrere Landschaften erhalten.
Lit.: Thieme-Becker.

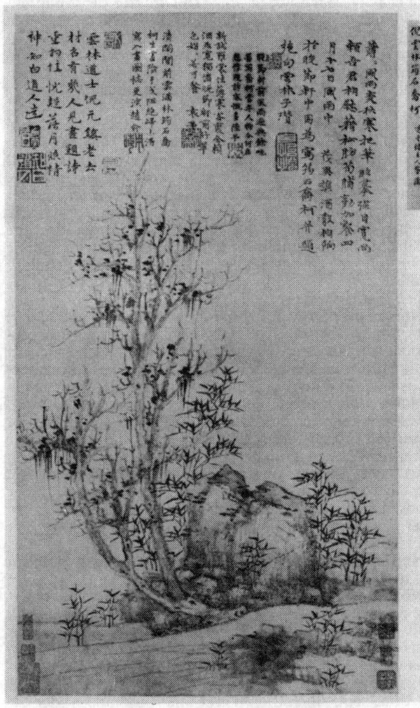

Ni Tsan, Bambus, Bäume und Felsen im Regen, Mitte 14. Jh.

Niusserrê. Ägypt. König der 5. Dyn. (25. Jh. v. Chr.), dessen →Pyramide südlich der des →Sahure bei →Abusir erbaut wurde. Wie andere Pharaonen der 5. Dyn. ließ er ein Sonnenheiligtum errichten, das durch Ausgrabungen bei →Abu Gorab gesichert ist. Mit den Totentempeln hat es die Dreiteilung in Taltempel, Aufweg und Haupttempel gemeinsam, unterscheidet sich jedoch von ihnen durch den im offenen Hof aufgemauerten →Obelisken, der geistiger Mittelpunkt der Gesamtanlage ist.
Lit.: W. Wolf, KÄ, 210ff., 214ff.; E. Brunner-Traut, Ägypten, 370f.

Nizamabad. Fundort hervorragend gearbeiteter Stuckreliefs der →Sasanidenkunst nahe Varamine südöstlich Teheran, darunter ein prachtvoller Pferdekopf, der zu einer Jagdszene gehört haben dürfte.
Lit.: R. Ghirshman, Iran II, 186.

Noami. Japanischer Maler und Dichter. Geb. um 1410, gest. nach 1484, tätig hauptsächlich in →Kyoto. Neben seinen malerischen Qualitäten waren vor allem seine Kenntnisse in Kunstdingen geschätzt, so daß er mit den fürstlichen Kunstsammlungen betraut wurde. – Landschaften, Tier- und Blumenbilder stehen im Zentrum seines Schaffens, außerdem lieferte er Entwürfe für Gartenanlagen. Nur wenige Werke seiner Hand sind erhalten, darunter nehmen die von ihm dekorativ bemalten Schirme eine Sonderstellung ein. – Seine Schüler und Nachfolger haben zahlreiche Bilder späterer Zeit mit dem Signaturstempel N.s versehen, so daß die

meisten heute unter seinem Namen bekannten Werke nur seinem Schülerkreis zugehören.
Lit.: Thieme-Becker.

Nobile, Peter von. Österreichischer Architekt und Ingenieur. Geb. 1774 in Campetro (Tessin), gest. 1854 in Wien. Studierte 1801–05 als Stipendiat in Rom. Nach Tätigkeit in Triest (Handels- und Nautische Akademie) kam er nach Wien, wo er ab 1818 Direktor der Architekturabteilung der Akademie war. Mit seinem Äußeren Burgtor (1821–24) und dem Theseustempel (eine Architekturkopie des Athener Theseustempels aus dem 5. Jh. v. Chr.) im Volksgarten, beide in Wien, vertritt N. den romantischen Wiener Vormärz-Klassizismus.
Lit.: Thieme-Becker.

Nobuiye, Myochin. Japanischer Metallgraveur und Kunstschmied. Geb. um 1486, gest. um 1564. Tat sich vor allem als Stichblattmeister hervor (→Plattnerstil) und vermittelte dieser Kunst neue, wesentliche Impulse. Einfache Motive, wie Schriftzeichen oder Pflanzen, ordnet er zu Ornamenten, die in Gravierung oder Schattenriß gegeben sind. – Die reiche Vielfalt der Formen und die unterschiedliche Qualität seiner Werkstatterzeugnisse lassen an die Mitarbeit von Gehilfen und Schülern denken.
Lit.: Thieme-Becker.

Nobuzane, Fujiwara. Japanischer Dichter und Maler. Geb. um 1177, gest. 1266. Obgleich er nicht zu den professionellen akademischen Malern Japans gehörte, galt er als Hauptmeister seiner Zeit und schuf neben religiöskultischen Werken buddhistischen Inhalts vor allem Bildnisse von Kaisern, hohen Hofbeamten und Dichtern. Trotz zahlreicher Zuschreibungsversuche konnte sein literarisch überliefertes Schaffen bisher nicht mit erhaltenen Werken gesichert verbunden werden. Jedoch dient sein Name im heutigen kunstgeschichtlichen Sprachgebrauch als Sammelbegriff für mehrere Bilder anonymer Meister, die zu den hervorragendsten Werken jener Epoche gehören.
Lit.: Thieme-Becker.

Nodus. Verdickung am Schaft eines Gefäßes zwischen →Kuppa und Fuß.

Nördlingen. Die Pfarrkirche St. Georg in N. ist eine der größten →Hallenkirchen der deutschen Spätgotik (1427 bis 1538/39). Die Pläne wurden von dem Ulmer Hans Kuhn geliefert. An dem Bau waren mehrere Baumeister beteiligt, so z. B. K. Heinzelmann, H. Zenkel aus Regensburg, W. Kreglinger aus Würzburg, M. Ensinger aus Ulm, schließlich St. Weyrer aus Burghausen, der die Einwölbung vornimmt. Am Außenbau sind nur die 6 Portale verziert. Der W-Turm, auch der „Daniel" genannt, ist 89 m hoch. Das Langhaus hat 6 quadratische Joche, die sich im W an die quadratische Vorhalle und im O an die 6 rechteckigen Joche des Chores anschließen. Der dreischiffige Hallenbau ist von Netzrippen überwölbt. Barocker Hochaltar mit 5 spätgotischen Holzfiguren vom älteren Altar.
Lit.: Reclams Kunstführer, Deutschland Bd. I, 1961.

Nördliche Schule →Südliche Schule.

Nofret. – **1)** Gemahlin des →Rahotep (4. Dyn.), deren Sitzbild im gemeinsamen Grab von →Medum zusammen mit dem ihres Gemahls als geschlossene Gruppe aufgefaßt werden darf. Das helle Gelb der Körperfarbe hebt sich vom kräftigen Braun des Rahotep ab, die zarte Schönheit des Weiblichen vom kräftig-derben Männlichen. Das Bild der N. ist ein hervorragendes Beispiel für die Fähigkeit der →ägypt. Kunst, die Wesensunterschiede der Geschlechter sinnfällig zu veranschaulichen. – **2)** Gemahlin →Sesostris' II., deren Sitzbilder aus schwarzem Granit (→Tanis) den neuen Frauentypus der Kunst des Mittleren Reiches beispielhaft vertreten. Zu den Merkmalen gehören Gesichtsbehandlung mit Aufgabe der alten Schminkstreifen, Modellierung der in Schneckenwindungen über der Brust endenden schweren Haarmasse, selbstbewußte Haltung, die dem weiblichen Charme angemessen ist.
Lit.: W. Wolf, KÄ, 134 ff., 320 ff.

Nofretete. Gemahlin →Amenophis' IV., deren bemalte Kalksteinbüste aus →Amarna neben anderen Darstellungen zu den wichtigsten Denkmälern der → ägypt. Kunst während der späten 18. Dyn. gehört. Die der Gesichtsbildung eigene kühle Anmut und nervöse Spannung gibt der farbenfrischen Plastik eine starke ästhetische Wirkung, die auch von den reizvollen Prinzessinnenstatuen der Bildhauerwerkstätten von Amarna ausgeht. Ein Klappaltar aus Amarna zeigt N. mit den zärtlich umhegten Kindern vor dem mit einem Kind spielenden Gemahl unter der strahlenden →Aton-Scheibe. In die Intimsphäre führt die Darstellung des Königspaares auf dem Streitwagen aus dem Grab des →Ahmose. Die Wiedergabe des Intimen bei der Begegnung der N. mit ihrem Gemahl und den Kindern ist ein charakteristischer Zug der Kunst von Amarna, die sich dadurch wesentlich von der Zurückhaltung der älteren Kunst unterscheidet. →Nofretka, →Mykerinos, →Meresanch.
Lit.: W. Wolf, KÄ, 455 ff., 515, 521; C. Desroches-Noblecourt, Tut-ench-Amun, 122 ff.

Nofretka. Frau des ägypt. Beamten Dersenedj (5. Dyn.). Aus einem Grab in →Gizeh stammt eine blockhafte Granitgruppe des Paares, die wegen der Abschwächung der kubischen Tendenz und der stilhemmenden Wirkung charakteristisch ist für die Plastikentwicklung der →ägypt. Kunst während der 5. Dyn.
Lit.: W. Wolf, KÄ, 156.

Nofrure. Tochter der →Hatschepsut, deren früher Tod wahrscheinlich der Anlaß für den Sturz ihres Erziehers →Senenmut war. N. ist in mehreren Plastiken mit ihm dargestellt, unter denen vor allem der →Würfelhocker des Erziehers mit dem vor ihm aus der Kubusform hervorragenden Kopf der N. berühmt ist. Musterbeispiel für die abstrakten Tendenzen der →ägypt. Kunst in der frühen 18. Dyn.
Lit.: W. Wolf, KÄ, 434 ff.

Noin Ula. 60 km von Urga in der nördlichen Mongolei →Kurgane hunnischer Fürsten des frühen 1. Jhs. n. Chr. Stofffragment mit Männerköpfen, ähnlich den Darstellungen von →Parther- oder →Kuschanen-Fürsten. Wollteppich mit Tierkampfmotiven zwischen geflügeltem Vielfraßgreif und Elch, Yak und reißendem Fabeltier. Erbe der älteren →Tierstil-Tradition →eurasischer Kunst. Kaum Tierstilmerkmale auf getriebenen Silberscheiben mit Yakdarstellung zwischen Nadelbäumen über Bergkuppen, wobei der Tierkopf frontal maskenhaft wiedergegeben ist. Beziehungen zur →baktrischen und →sarmatischen Kunst. Wagen und Gerät chinesischer Herkunft.
Lit.: K. Jettmar, Steppenvölker, 146 ff.; R. Ghirshman, Iran II, 109, 258.

Nok-Kultur. Die älteste bisher bekanntgewordene Eisenzeitkultur Westafrikas, mit Hilfe der Radiokarbon-Methode in die Zeit zwischen 1000 und 200 v. Chr. datiert. Aus dieser Schicht stammen mehrere fast lebensgroße Terrakottaköpfe und Figurenfragmente, beim heutigen Jaba-Dorf Nok (Zaria-Provinz Nigerias) und im 38 km davon entfernten Jemaa ausgegraben. Sie sind wahrscheinlich mit Hilfe von Hohlmodeln geformt und erinnern ein wenig an antike Theatermasken (leicht karikierender Stil, starr blickende Augen, halb geöffneter Mund). Die scharfe Typen-Charakterisierung der rezenten schwarzafrikanischen Plastik ist hier bereits vorweggenommen, ohne daß die individuelle Gestaltung, wie sie etwa die viel jüngere →Yoruba-Kunst auszeichnet, ganz fehlt. – Begleitfunde sind Keramikbruchstücke, Geräte aus poliertem und durchbohrtem Stein, Reste von Eisenschmelzen, Quarzperlen u. a. Spuren der N. sind auch im mittleren Benue-Tal entdeckt worden, weitere Funde sind zu erwarten.

Nola. Altchristl. Baptisterium. In altchristl. Zeit ein basilikaler Prachtbau über der Gruft des hl. Felix zu Nola. Apsis loggienartig durchbrochen. Form einer Doppelbasilika. Paulinus von Nola hat die Kirchenanlage in seinen epistulae XI und XII, die an Sulpicius Severus, einen Schüler des hl. Martin von Tours gerichtet waren, beschrieben.

Nolde, Emil (eigentlich Emil Hansen). Deutscher Maler und Graphiker. Geb. 1867 in Nolde/Schleswig, gest. 1956 in Seebüll. 1884–88 Studium in Flensburg. Anschließend bildete er sich auf Reisen nach München,

Paris und Kopenhagen weiter. 1892–98 lehrte er an der Gewerbeschule in St. Gallen und ging 1899 zu →Hölzel nach Dachau. 1905–1907 lebte er in Dresden und nahm dort Kontakt zu den Künstlern der →„Brücke" auf. 1914 reiste er in die Südsee und lebte nach dem 1. Weltkrieg in Berlin und Seebüll. – In seiner künstlerischen Entwicklung ging er vom →Impressionismus aus und kam unter dem Eindruck der Bilder van →Goghs zum

E. Nolde, „Das Abendmahl", 1909 (Kopenhagen, Staatl. Kunstmus.).

→Expressionismus. Landschaft und Spukgestalten wurden zu seinen zentralen Themen. Daneben entstanden um 1909 Bilder mit biblischen Themen und ab 1911 Szenen aus dem Großstadtleben. 1912 schuf er einen großen Zyklus aus dem Leben Christi. – Neben van Gogh haben →Munch, →Ensor und →Gauguin seine Entwicklung beeinflußt. Eine leuchtende, warme Farbgebung bezeichnet seine Werke.
Lit.: W. Haftmann, E. N., 1960.

Noli me tangere (lat. „Berühre mich nicht"). Bezieht sich auf die Darstellung des auferstandenen, verklärten Christus, der der Maria Magdalena als Gärtner erscheint (Joh. 20, 14–18). Das Thema ist fast nicht variabel, daher auch in den verschiedenen Kunstepochen kaum verändert worden. Meistens hält Christus in einer Hand ein Gartenwerkzeug, die andere abwehrend vorgestreckt gegen die vor ihm kniende Magdalena. Die älteste Darstellung befindet sich in der Lipsanothek in Brescia (Elfenbeinrelief, 4. Jh.).

Nómoli (auch nomori). Bezeichnung der vorgeschichtlichen Specksteinfigürchen, die man (oft zusammen mit Metall-Schmuckstücken) im Land der →Mendi (Sierra Leone) findet. Es handelt sich um 8–15 cm hohe Plastiken aus weichem Gestein, das mit dem Messer geschnitten werden kann: Figuren von sitzenden oder knienden Menschen und Affen in sehr ausgeprägtem Stil, mit vorquellenden Augen und stark geblähten Nasenflügeln. Alter und ursprünglicher Zweck der N. ist unbekannt; wahrscheinlich gab es auch Holzplastiken dieser Art, die nicht erhalten sind. Die heutigen →Mendi betrachten die N. als Hüter der Felder und bewahren sie dort gerne unter Blätterdächern auf.

Nonnberg. Ehemaliges Damenstift in Salzburg. In der westlichen Turmvorhalle in Nischen, Halbfigurenbilder von Heiligen und Kirchenlehrern; darüber thronende Madonna mit 2 Engeln (?), stark zerstört. Um 1154 entstanden. Die strengfrontale Komposition der Heiligengestalten, die sorgfältige Zeichnung der ernsten, edlen Antlitze zeigen byzant. Einfluß, wie er auch in der gleichzeitigen salzburgischen Buchmalerei wirksam ist. Differenzierte Farbigkeit. Vorherrschend blaue und rötliche Töne. Hochbedeutendes Zeugnis salzburgischer roman. Wandmalerei.
Lit.: P. Buberl, Die roman. Wandmalereien im Kloster N. in Salzburg, 1910; A. Grabar und C. Nordenfalk, Die romanische Malerei, 1958.

Nonnenchor. Der N. ist eine am westlichen Ende von Kirchen, besonders bei Klosterkirchen der Zisterzienserinnen eingerichtete Empore für die Nonnen. Solche Nonnenchöre erstrecken sich mitunter über das ganze Langschiff und teilen dieses in zwei Geschosse. →Empore.

Nordische Bronzezeit. In Norddeutschland und in Skandinavien ist die sogenannte N. vor allem durch die Freude am Glanz des Metalles gekennzeichnet, das schon frühzeitig in vielfältige Formen verarbeitet und reich verziert wird. Als Ornament sind einfache Zickzackbänder, später Spiralen und Doppelspiralen sowie daraus abgeleitete komplizierte Motive bekannt. Figurale Kunstwerke aus vergänglichem Material sind bisher nicht bekannt geworden. In Süd- und Mittelschweden sowie im südlichen Norwegen kommen in der späten Bronzezeit →Felsritzungen vor. Bei der Verzierung von Bronzegegenständen ist eine derartige Sicherheit der Linienführung zu beobachten, daß mechanische Hilfsmittel (Zirkel) bekannt gewesen sein müssen.

Normandie. Nordfranz. Küstenlandschaft (Seine-Mündung). Hier die früheste unter den franz. roman. Bauschulen; 1040 (→Jumièges) bis Anfang 12. Jh., dann Vorherrschaft Englands, wohin der Stil durch die Eroberung 1066 durch den Normannenherzog Wilhelm übertragen wurde (→Engl. Kunst). Typus: dreischiffige Basilika mit starker Längsdehnung des schmalen Mittelschiffs (ausgehend von →Reims, St. Rémy), gebundenes System mit Stützenwechsel, Querhaus, Staffelchor (vielleicht burgundisch →Cluny II), Vierungsturm und Doppelturmfassade, deren hochrechteckiger Fassadenblock, auf dem von unten kaum vorbereitete, reich gegliederte Türme aufsitzen, durch drei, der Schiffgliederung entsprechende Vorlagen vertikal unterteilt ist (typisch franz., vergleichbare Lösung in Burgund; Priorität nicht geklärt; →Turm). Ursprünglich Flachdecke, seit etwa 1100 Kreuzrippenwölbung (frühestes erhaltenes Beispiel in →Durham/England). Dreiteiliger Wandaufriß: Arkade, Empore, Obergaden, vor dessen Fenstern ein Laufgang angelegt ist (→Caen, St. Etienne, begonnen 1064–66). Straffe Vertikalisierung der Wand durch Dienste, die auch spätere Einwölbung ohne Änderungen ermöglichten. Das Dynamische der steilen, schmalen, streng gegliederten Räume, die Reihung von Raumkompartimenten (beides vielleicht durch das wenig frühere →Speyer angeregt) und die starke Durchbrechung und reliefierende Schichtung der Wand (Auswirkung auf staufisch rheinische Baukunst) sind wesentliche Voraussetzungen für die Entstehung der →Gotik. Ornamentformen: Blendarkaturen, Zackenfriese, Rosetten, mäanderfriesähnliche Bildungen etc. vor allem an den Arkadenbögen. Wichtigste Bauten: →Jumièges, Nôtre Dame; →Caen, St. Etienne und St. Trinité; Mont-St.-Michel; Lessay; St.-Martin-de-Boscherville. – Gotik: Übernahme der Kathedralgotik des Kronlandes (→Gotik) unter spezifisch normannischen, weitgehend der engl. Gotik entsprechenden Umbildungen (→Engl. Kunst): Neigung zu scharfen linearen Formbildungen (z. B. scharfunterschnittene Profile), schmuckhaftere Gliederung (Häufung von Bogenläufen in den Schildbögen, Rosetten in den Bogenwinkeln), Zweischaligkeit des Obergadens (normannische Romanik, engl. Bauten des 13. Jhs.), gekuppelte Rundpfeiler im Chorrund, anstelle einer Westrose wie in England meist Maßwerkfenster, Beibehaltung eines belichteten Vierungsturms. Bauten: Chor von St. Etienne, →Caen (um 1200); Kathedralen von Bayeux (begonnen um 1230) und Rouen (ca. 1200 bis Ende 13. Jh.; Außenbau bis Spätgotik); Rouen, St. Ouen (1318–38). Bedeutende Werke der Bildnerei fehlen.
Lit.: M. Anfray, L'architecture normande, son influence dans le Nord de la France aux XIe et XIIe siècles, 1939; J. Bony, La technique normande du mur épais à l'époque roman, Bulletin Monumental, 1939; E. Lambert, Caen roman et gotique, 1935; H. Jantzen, Die Gotik des Abendlandes, 1962.

Nortia. Etruskisch-röm. Schicksalsgöttin, in deren Tempel in →Volsinii alljährlich ein Nagel eingeschlagen wurde wie im Kult der →Athrpa und im Tempel des Jupiter Capitolinus am Gedächtnistag der Einweihung,

Im Heiligtum der N. gefundene zisternenartige Anlagen galten als Verbindungsschächte zur Unterwelt.
Lit.: O. W. v. Vacano, E I, 22, 43, 85.

Norwegische Kunst. Früheste Funde der N. gehören in die →Bronzezeit. Aus der vorgeschichtlichen Periode stammt der berühmte →Oseberg-Fund der Wikingerzeit, mit kostbaren Einzelstücken, die zu einer Schiffsbestattung einer norwegischen Fürstin gehörten. – Erst im 11. Jh. findet die N. Anschluß an die christlich-abendländischen Kunstentwicklungen und lehnt sich vor allem in der Sakralarchitektur eng an die →engl. Kunst der Romanik an. Einzige eigenständige Leistung sind die sogen. →Stabkirchen. Im übrigen bleibt die N. fast ausschließlich von den Kunstzentren in England und Deutschland abhängig. Lediglich das Kunsthandwerk verrät eine eigene Note, vor allem in Webarbeiten. – Die bedeutendsten norwegischen Künstler sind J. C. → Dahl und E. →Munch, wobei insbesondere Munch die N. über ihre regionale Bedeutung hinaus geführt hat.
Lit.: C. G. Laurin, Nordisk konst, 4 Bde, 1921–26.

Nosokomium. Frühchristl. Krankenhaus, Wohltätigkeitsanstalt. In der Gesetzgebung Justinians werden bereits Krankenhäuser mit dem Namen N. aufgeführt.

Nothelfer, die vierzehn. Diejenigen Märtyrer, die vor ihrem gewaltsamen Tode Gott darum gebeten haben, allen denen besondere Hilfe zu gewähren, die in ihrem Namen darum bitten. Der Kult der N. geht wahrscheinlich bis ins 13. Jh. zurück. Die Zusammenstellung der Heiligen ist nicht immer ganz gleich, meistens aber sind es folgende: Erasmus mit der seine Gedärme aufwickelnden Winde, Eustachius mit dem Hirsch, Georg mit dem Drachen, Katharina mit dem Rad, auf das sie geflochten wurde, Cyriacus mit einem Dämon an der Kette, Christophorus mit dem Jesuskind auf der Schulter, Dionysius mit dem abgeschlagenen Haupt, Achatius mit Dornenkrone oder Kreuz, Vitus mit dem Hahn, Blasius mit zwei gekreuzten Kerzen, Barbara mit dem Turm, in den sie gesperrt wurde, Aegidius mit einer Hirschkuh, Margarete mit dem Drachen an der Kette und Pantaleon mit den auf den Kopf genagelten Händen. Der bedeutendste Bau zu Ehren der N. ist die Wallfahrtskirche → Vierzehnheiligen, weil an diesem Platz, so erzählt die Legende, einem Schäfer das Jesuskind mit den N. erschienen ist.

Notke, Bernt. Deutscher Bildschnitzer und Maler. Geb. um 1440 in Lassahn bei Ratzeburg, gest. 1509 in Lübeck. Seit 1467 in Lübeck nachweisbar, 1483–98 in Schweden tätig, danach wieder in Lübeck. N. ist der führende Meister des Ostseegebietes im ausgehenden Mittelalter; sein Werk zeichnet sich durch einen oft zügellosen Realismus, aber auch durch ein prächtiges und dekoratives Gesamtprogramm aus. Sein Hauptwerk ist das St.-Georgs-Monument mit dem Drachen in der Nikolaikirche in Stockholm, 1489 (Kopie in Lübeck), das er im Auftrage des schwedischen Reichsverwesers Sten Sture geschaffen hatte. Weitere Werke: das Triumphkreuz im Dom zu Lübeck (1477) und die Hochaltäre der Dome zu Aarhus (1479) und Reval (1483). – Von seiner Tätigkeit als Maler ist wenig erhalten. Doch glaubt man, N. die Reste des Dreifaltigkeitsaltars der Lübecker Marienkirche (Lübeck, Mus.) sowie die 1942 in der Marienkirche zu Lübeck verbrannte Gregorsmesse zuschreiben zu können.
Lit.: W. Paatz, B. N. und sein Kreis, 2 Bde., 1939.

Novecento →Neue Sachlichkeit.

Nowgorod. Architektur in N. hat verschiedene Stilperioden erlebt: Die Sophienkirche (1045–1052) mit ihren 13 Kuppeln, 5 Schiffen und einer basilikalen Chorpartie schließt sich eng an die Sophienkirche in →Kiew an. Berühmt die Bronzetüren, →Korssunsche Türen. Die etwas später erbaute Kirche des Georgsklosters (1119–1130) ahmt die Provinzialarchitektur des Kiewer Bezirkes nach. Diese Bauten sind blockmäßig gefügt und monumental. Dagegen hat die Architektur des 13. und 14. Jhs. in N. eine neue Tendenz. Sowohl die Nikolauskirche in Lipno (1292) und die zwei bedeutendsten Bauten des 14. Jhs., die Kirche Theodor Stratelates (1361) und die Christi Verklärungskirche (1374) zeigen eine vertikale Auflösungstendenz wie in der Gotik. Damit hängt auch zusammen, daß Kirchen nur noch eine Kuppel haben. Das Massige, Blockartige verliert sein Gewicht. Die Fresken der oben erwähnten Verklärungskirche stammen in der Hauptsache von dem bedeutenden Maler →Theophanes dem Griechen (1378). Die der Theodor Stratelatiskirche (1361) zum mindesten aus der Werkstatt Theophanes des Griechen. Die Fresken der Verklärungskirche gehören zu den bedeutendsten der Paläologenzeit (1261–1453). Kühne Darstellungsweise. Mit hingeworfenen Skizzen wird höchste Wirkung erreicht. Die Behandlung des Lichtes bedeutsam. Eine visionäre Malerei. – Auch in der Ikonenmalerei ist N. führend. Erste Regungen eigener Kunst im russischen Raum in N. und Moskau. Nowgoroder Schule (14. und 15. Jh.) geht in der Ikonenmalerei schon eigene Wege. Arbeiten mit breiter Farbfläche und Neigung zum Linearen. Ikonen zunächst sehr flächig, dann stärker plastisch. Im 15. Jh. weitgehende Verfeinerung. Beispiel: die Auferweckung des Lazarus in N., Museum für altrussische Kunst.
Lit.: N. P. Kondakov, Die russische Ikone, 2. Bd., 1929.

Nowgoroder Bronzetüren → Korssunsche Türen.

Nowotscherkask. Bei N. am unteren Don sarmatischer →Kurgan mit reicher Ausstattung. Goldflakon mit Tierstil-Dekor, dessen Motive polychrome Einlagen besaßen. Prunkvolle Diademe, von denen eine mit hellenistischen Gemmen geschmückt und am oberen Rand mit Hirschen zwischen Bäumen bekrönt ist. Charakteristische Beispiele für die →sarmatische Kunst im Rahmen der →eurasischen Kunst im 1. Jh. v. Chr.
Lit.: K. Schefold, HDA 2, 449; K. Jettmar, Steppenvölker, 53ff.; J. Wiesner, UKG IV, 158f.

Nüll, Eduard van der. Österreichischer Architekt. Geb. 1812 in Wien, gest. durch Freitod ebda. 1868. Studierte an der Wiener Akademie bei P. v. →Nobile und P. →Sprenger. Gemeinsam mit A. Siccard v. →Siccardsburg durchreiste er 1839–43 Italien und Frankreich und gründete in Wien ein Atelier. Durch seine Lehrtätigkeit an der Wiener Akademie wurde N. sehr bedeutend für die weitere Entwicklung der Architektur in Österreich. Sein Hauptwerk, von dem besonders die architektonischen und dekorativen Teile ihm zuzuschreiben sind, während die technisch-konstruktiven der Anteil von Siccardsburg sind, ist die Oper in Wien (1861–69). Dieser Bau mit seiner Verschmelzung der verschiedensten Stilelemente auf klasizistischer Grundlage weist N. als einen Vertreter des romantischen Historismus aus. Weitere bedeutende Bauten in Wien sind das Sophienbad mit einem eisernen Hallendach und die äußeren Flügelbauten des Arsenals sowie die Sockel der Denkmäler für Erzherzog Karl und Prinz Eugen am Heldenplatz (→Fernkorn).
Lit.: Thieme-Becker.

Nürnberg. Die Lorenzkirche. Die Baugeschichte ist nicht vollständig überliefert. Der Bau entstand zunächst aus einer Kapelle des 13. Jhs. 1321 wird ein größerer Bau aufgeführt. Untergeschosse der Türme und erstes Langhausjoch sind die ältesten Teile. Dann folgen im 14. Jh. die anschließenden Joche und die Fassade, der Ausbau der Türme. Im 15. Jh. entstehen die beiden Emporen in den Seitenschiffen. Schließlich wird noch der bestehende Chor abgerissen und durch einen größeren ersetzt, der 1439–77 im Bau ist. Die Planung ist dem Rothenburger K. Heinzelmann und, nach dessen Tode, dem Regensburger Dombaumeister Roritzer zuzuschreiben. Die großartige Wölbung wohl von Jakob Grimm. Die schweren Kriegsschäden sind heute wieder beseitigt und die Gewölbe wieder geschlossen. Der Außenbau zeigt ein Turmpaar im W, ein langgestrecktes, basilikales Schiff und einen stark überragenden, von einem mächtigen Walmdach gedeckten Chor. Die Fassade ist außerordentlich reich gestaltet, sicherlich angeregt von oberrheinischen Münstern (Straßburg). Das Innere von St. Lorenz ist gekennzeichnet durch den Kontrast zwischen engem, basilikalem Langhaus und hellem, breitem Hallenchor. Zwischen diesen beiden Räumen schwebt die späte Schnitzarbeit von Veit →Stoß, der „Englische Gruß" (1517–19). Das berühmte Sakramentshaus von Adam →Krafft (1493–95) ist ein Wunderwerk spätgotischer

Steinmetzkunst. Von der Innenausstattung ist der größte Teil aus anderen Kirchen Nürnbergs im 19. Jh. in die Lorenzkirche gekommen, besonders bemerkenswert die Statuen aus dem 14./15. und auch noch aus dem 16. Jh. Die Fenster des Chores besitzen alle ihre alte Verglasung.
Lit.: Reclams Kunstführer, Deutschland, Bd. I, 1964.

Nürnberg, Lorenzkirche, Blick durch das Mittelschiff auf den Hochaltar.

Nui-sam. Ruinen von Backsteinbauten und farbigen Terrakottaplastiken des 6. Jhs. n. Chr. in Süd-Vietnam mit deutlichen Einwirkungen der frühindischen Bildhauerschulen.
Lit.: Groslier, Hinterindien, 55.

Numidischer Grabbau. Typologisch aus dem →Megalithikum Nordafrikas abzuleiten, aber chronologisch sehr jung sind die sogen. numidischen Grabbauten. Es handelt sich um im Sinne des altertümlichen Ahnenkultes großzügig geplante Bauwerke mit kegelförmiger Überkragungskuppel („falsches Gewölbe") und punisch-hellenistischem Dekor. Der berühmteste Bau dieser Art ist der Medrasen oder Medracen bei Batna (3. Jh. v. Chr.) mit einer Höhe von 18 m (Durchmesser 59 m). Zu nennen sind ferner die Königsgräber von Dougga oder Thugga (3 Stockwerke mit pyramidenförmiger Bekrönung), das „Kbur Rumijah" bei Tipasa (spätes 1. Jh. v. Chr.), „Al-Kroub" in der Nähe von Constantine und schließlich die Anlage des „Djedar" bei Tiaret (Oran), große Tumuli auf quadratischer, aus Steinblöcken erbauter Basis. Sie erinnern an die alten Königsgräber dieses Raumes, stammen aber in der Mehrzahl aus dem 5. und 6. Jh. n. Chr. In diesen Bauten ist ein letzter Nachklang vorgeschichtlicher Grabarchitektur zu spüren.

Numismatik. Bezeichnung für die Disziplin der wissenschaftlichen Erforschung der Münzen.

Nun. Bezeichnung des Urgewässers in der theologischen Lehre von →Heliopolis, nach der →Atum in Selbstschöpfung aus N. entstand.

Nuppenbecher. Hohlgläser, die entweder mit ungeformten (→Krautstrunk), vorgeformten (→Römer) oder geblasenen (→Rüsselbecher, Conchilienbecher) Applikationen aus Glas versehen sind. Vorgeformt wurden z. B. Beeren und Löwenköpfe, während bei den Conchilienbechern die Auflage von geblasenen Meerestieren erfolgte. N. kennt man schon in der Antike, so die gemmata potoria, Gläser, deren Wandungen mit Medaillons und Rosetten verziert sind. Neben Krautstrunk, Rüsselbecher und Römer rechnet man zu den N.n das Stangenglas, ein bis zu 30 cm hohes zylindrisches Gefäß, und das Daumenglas, bei dem die Nuppen (Warzen), leicht eingedrückt, den Fingern Halt verleihen.

Nurabad. An der Straße von →Bischapur nach Fahlian (Südwestiran) →Feuertempel der →Arsakiden-Zeit in Form eines Viereckturmes mit Innentreppe. Sie führte zum Dach mit dem Feueraltar.
Lit.: R. Ghirshman, Iran II, 25, 110; H. H. von der Osten, WP, 86, 122.

Nuraghe. Wohn- und Wehranlagen aus kyklopischem Mauerwerk, bekannt vor allem aus der Bronzezeit Sardiniens.

Nut. Ägypt. Himmelsgöttin, nackt mit sternverziertem Körper dargestellt, der, gestützt vom Luftgott →Schu, den schilfgeschmückten Leib des als Gemahl gedachten Erdgottes Geb überspannt. In dieser Stellung schützt N. auf Deckenmalereien der →ägypt. Kunst Grabanlagen und Kapellen.
Lit.: S. Morenz, ÄR, 25, 30f., 170, 183; E. Brunner-Traut, Ägypten, 98.

Nuzi. Südöstlich von Kerkuk gelegene altorientalische Stadt, deren Besiedlung bis in die Zeit der bemalten Keramik des 4. Jahrtausends v. Chr. zurückreicht. Im 3. Jahrtausend stand N. (älterer Name Gasur) unter sumerischem und akkadischem Einfluß. Bedeutsames churritisches Zentrum im 2. Jahrtausend. Wichtige Textfunde. Rollsiegel des →Sauschschatar weist auf →Mitanni-Einfluß. Statthalterpalast mit ornamentaler Wandmalerei. Nach N. wird eine Keramik mit Weißmalerei benannt, deren geometrische Muster neben Pflanzen- und Tiermotiven das Verschmelzen mesopotamischer und ägäischer Einflüsse wie die Wandmalerei offenbaren. Ein Doppelheiligtum mit zwei Höfen zeigt die typische Form des →Knickachstempels.
Lit.: A. Parrot, Sumer, 381; H. Schmökel, GAV, 156ff., 335; E. Strommenger, Mesopotamien, 94ff.

Nydam. Auf der Insel Alsen, Dänemark. Hier wurden im Jahre 1863 in einem Moor Waffen, Geräte, Schmucksachen und Münzen, aber auch zwei Boote gefunden. Unter den verzierten Gegenständen sind Schwertscheidenbeschläge aus vergoldetem Silber mit Einlagen aus schwarzem Schwefelsilber (→Niello), verziert in der sogen. Kerbschnittmanier. 4./5. Jh. n. Chr.
Lit.: C. Engelhard, N. Mosefund, 1865.

Nymphäum. Bezeichnung für ein griech. oder röm. Nymphenheiligtum. Ursprünglich war ein N. immer mit einer Quelle verbunden. In nachklassischer Zeit verliert das N. den direkten Bezug zum Quellwasser. In zahlreichen Heiligtümern wurden solche Nymphäen angelegt, in der Regel als offener halbkreisförmiger Bezirk, oft auch als →Exedra.

Nymphenburg. Der weitläufige Baukomplex des ehemaligen Schlosses der bayerischen Kurfürsten und Könige entwickelte sich ursprünglich aus einem würfelförmigen Mittelpavillon, der Sommerresidenz der Kurfürstin Henriette Adelheid (1636–76). Baumeister: Agostino Barelli und Enrico →Zucalli. Ab 1701 ließ Kurfürst Max Emmanuel den Bau erweitern durch G. Antonio Viscardi und, ab 1715, durch Josef →Effner, der auch gleichzeitig den Mittelbau umgestaltete (Fassade und Innenräume). Der Mittelbau mit den durch Galerien locker angefügten Seitenflügeln Viscardis zu beiden Seiten und den Effnerschen Trakten wurden unter Kurfürst Carl Albrecht (Karl VII., 1726–45) mit Kavaliershäusern umgeben, wodurch sich eine halbrunde Platzanlage bildete. Diese 10 Villen sollten Ausgangspunkt werden für die Stadtgründung des Kurfürsten, die „Carlstadt", zu der es nicht mehr gekommen ist. Im Inneren des Schlosses ist der „Steinerne Saal" besonders bemerkenswert. Seinen Kern bildete ein Saalraum Barellis (1664), der von Effner 1715 umgebaut wurde und dessen endgültige Form auf François de →Cuvilliés d. Ä. 1756/57 zurückgeht (Unterteilung mit Tribüneneinbau). Der schöne Stuck ist von Joh. Bapt. Zimmermann, ebenso die Fresken mit antiken Themen. Von den

Biskuitporzellan, Bildnis Johann Peter Melchiors, um 1810 aus Nymphenburg (München, Bayerisches Nat.Mus.).

Gartenschlößchen entstand die Pagodenburg 1716–19, die Badenburg 1718–21, die Magdalenenklause 1725–28; das letzte war die Amalienburg, von Fr. Cuvilliés 1734 bis 1739 für die Kurfürstin Maria Amalie erbaut.
Lit.: Reclams Kunstführer, Deutschland Bd. I, 1964.

Nymphenburger Porzellan. 1747 wurde in Schloß Neudeck von F. J. Niedermayr, unterstützt durch Kurfürst Max Joseph III. eine Manufaktur gegründet, die 1761 nach Nymphenburg, der Produktionsstätte des N.s verlegt wurde. Seit 1753 Porzellanherstellung. Großen Aufschwung nahm die Manufaktur mit dem Eintritt von F. A. →Bustelli im Jahre 1754, dessen Porzellanfiguren weltberühmt wurden. Als er 1763 starb, hatte er ca. 150 Modelle geschaffen. Mit dem Tod von Max Joseph III. ging dessen Kurwürde auf Carl Theodor von der Pfalz über, der seine Frankenthaler Manufaktur auflöste, so daß mehrere Frankenthaler Künstler, darunter als bedeutendster P. Melchior, nach Nymphenburg übersiedelten. – Seit Anfang dieses Jhs. werden die alten, zerschlagenen Figurenmodelle neu geformt. Sehr häufig finden sich Nachahmungen und Fälschungen. Die Geschirre mit Blumendekor nach Stichen oder nach der Natur. Außerdem kupfergrüne Landschaften mit Goldspalier. – Neben den Figuren Bustellis sind Portraitreliefs der 1. Hälfte des 19. Jhs. besonders hervorzuheben, u. a. von L. →Schwanthaler. – Marke: Eingedrückter Rautenschild. (Siehe Farbtafel 23).
Lit.: G. Weiß, Ullstein Porzellanbuch, 1964.

O

Obeid. Ruinenstätte (el-O.) 6 km westlich von →Ur, deren alter Name noch nicht bekannt ist. Nach O. wird eine bemalte, vorwiegend geometrisch verzierte Keramik des 4. Jahrtausends v. Chr. benannt. Stiftmosaiktechnik des frühen 3. Jahrtausends v. Chr. (→Uruk). In die →Mesalim-Zeit führen plankonvexe Ziegel (→Riemchen). Kultzentrum war der Tempel der →Ninchursag, deren Name durch Inschriften →Aanepaddas von →Ur gesichert ist. Die Umfassungsmauer erinnert an das Tempeloval von →Chafadschi. Der Ninchursagbau war mit Tierfiguren und einem großen →Imdugud-Relief aus Kupfer ausgestattet, das das Symboltier des →Ningirsu beherrschend über zwei Hirschen zeigt. Die Bildwerke sind typisch für den schweren gedrungenen sumerischen Stil von →Ur um 2500 v. Chr.
Lit.: V. Christian, AKZ, 75ff.; H. Schmökel, GAV, 2, 22, 31f., 38; H. Potratz, KAO, 91, 101f., 106; A. Parrot, Sumer, 385.

Obelisk. Nach dem griech. Wort für „Bratspießchen" benannter Monolith auf quadratischer Grundfläche mit sich verjüngendem Schaft und einer als Pyramidion bezeichneten, mit Goldblech verkleideten Spitze, die als Sitz der Sonne galt. Alle O.en sind aus Rosengranit von →Assuan gearbeitet, wo der dort gefundene unfertige O. im Steinbruch fast 42 m mißt. Der höchste noch aufrechtstehende O. der →Hatschepsut in →Karnak hat 30 m Höhe. Die für die →ägypt. Kunst charakteristische stereometrische Form ist im Alten Reich für die Sonnentempel geschaffen (→Abusir, →Heliopolis, →Niuserrê) und im Neuen Reich vor den →Pylonen der Göttertempel aufgestellt worden. Der O. begegnet niemals in Totentempeln. Über das technische Problem der Aufstellung, die auf der Theodosiusbasis des nach Konstantinopel verbrachten O. dargestellt ist, schweigen die Überlieferungen und Bildzeugnisse der ägypt. Kunst.
Lit.: W. Wolf, KÄ, 214ff.; E. Brunner-Traut, Ägypten, 160.

Oberaltaich. Ehemalige Benediktinerklosterkirche St. Peter und Paul. Ein Neubau an Stelle eines älteren erfolgte 1622–30. Die Dekoration wurde 1731 erneuert. Der Außenbau ist sehr eigenwillig gestaltet durch auf- und abschwingende Mauerpartien. Die W-Fassade bildet eine vortretende Rundung zwischen den Türmen, die im Inneren die Taufkapelle birgt. In der O-Apsis die Sakristei und eine 3. Apsis an der N-Wand. In der nördlichen Eingangsvorhalle merkwürdige Stukkaturen von 1630. Der Innenraum ist eine dreischiffige Halle in spätgot. Formen, in 5 Joche gegliedert und durch Emporen unterteilt. Im NO die berühmte „hängende Stiege", die zu den Emporen führt. An der Orgelempore klassizistische Schnitzereien aus dem späten 18. Jh. Statt der Stukkaturen wurden hier die Mauerflächen mit gemalten Schmuckmotiven überzogen, gipfelnd in den leuchtenden Deckenfresken von J. A. März, deren Programm theologisch-allegorisch recht kompliziert ist. Der mächtige Hochaltar stammt von 1693. Sein Altarblatt ist versenkbar (Petri Kreuzigung) vor einer Bühne mit der um 1730 geschnitzten Gruppe der Schlüsselübergabe. Schöner Rokokotabernakel (1758/59) von M. Obermayer aus Straubing. Unter den 8 Nebenaltären tragen die beiden östlichen Gemälde von Cosmas D. →Asam (1731).
Lit.: Reclams Kunstführer, Deutschland, Bd. I, 1961.

Obergaden auch Lichtgaden. Fensterzone der oberhalb der Arkaden gelegenen Mittelschiffwand einer →Basilika.

Oberländer, Adolf. Deutscher Maler und humoristischer Zeichner. Geb. 1845 in Regensburg, gest. 1923 in München. Nach einem Studium an der Münchener Akademie bei Anschütz und →Piloty wurde er ab 1863 Zeichner bei den „Fliegenden Blättern", mit denen er weithin bekannt wurde. Mit seinen phantasievollen, alle Themen erfassenden Karikaturen wurde er einer der bekanntesten Vertreter dieses Genres und Wegbereiter der später in München tätigen Simplizissimus-Zeichner O. →Gulbransson und Th. Th. →Heine. – Gemälde, in denen er ähnliche Themen darstellte, gibt es nur aus seiner Früh- und Spätzeit. Außer für die „Fliegenden Blätter" zeichnete er für die „Münchner Bilderbogen".
Lit.: Thieme-Becker; O. Alben.

Obermarchtal (S.-Württemberg). Ehemalige Prämonstratenserklosterkirche St. Peter und Paul. O. war 1500 Reichsabtei geworden. 1686 legte man den Grundstein für eine neue Kirche. Der Bau, dessen Leitung Michael →Thumb, nach dessen Tod (1690) Christian Thumb und Franz →Beer übernommen hatten, war 1701 beendet. Die Stuckarbeiten von Joh. Schmuzer wurden allerdings 1776 von Morisi überarbeitet. Die Turmhelme der beiden O-Türme wurden erst 1790 aufgesetzt. Der ganze Außenbau ist nur mit umlaufenden Pilasterordnungen geschmückt. Der Innenraum ist einschiffig mit einem Orgeljoch im Osten, 3 Langhausjochen mit je 3 Seitenkapellen, in Emporen unterteilt, einem

Querschiff und einem 3 schiffigen Chor. Die Wölbung bilden Stichkappentonnen. Die Wände sind ganz weiß, ebenso die reichen Stukkaturen, die trotz ihrer Üppigkeit in der Ornamentik klar bleiben. Mächtiger Hochaltar mit Gemälde von Joh. Heiß 1696 (Verherrlichung des Prämonstratenser-Ordens).
Lit.: Reclams Kunstführer, Deutschland, Bd. II, 1960.

Obelisken und Pylon
im Heiligtum des Reichsgottes Amon zu Karnak.

Oberzell/Reichenau, St. Georg →Reichenau/Oberzell, St. Georg.

Obrist, Hermann. Deutsch-schweizerischer Bildhauer und Kunstgewerbler. Geb. 1863 in Kilchberg bei Zürich, gest. 1927 in München. Nach anfänglichem Studium der Naturwissenschaften und dem Besuch der Kunstakademie Karlsruhe ging er bei einem Töpfer in Lehre. 1889 besuchte er die Weltausstellung in Paris, die ihm wesentliche Eindrücke vermittelte. Es folgte 1892 die Gründung einer Werkstatt für Stickerei in Florenz, 1894 ließ er sich in München nieder. Sein dort errichtetes Haus ließ er von →Pankok und →Riemerschmied ausstatten. Neben einer Werkstatt für Stickerei gründete er ein Bildhaueratelier. Von den Gedanken →Morris' angeregt, rief er als einer der bedeutenden Wegbereiter des →Jugendstils die ,,Vereinigten Werkstätten für Kunst und Handwerk" ins Leben. 1903 veröffentlichte er seine Schrift ,,Neue Möglichkeiten der bildenden Kunst", in der er für einen eigenen Zeitstil unter Verzicht auf historische Vorlagen eintritt. – Ausgehend von gegenstandsfreier, kunstgewerblicher Ornamentik, kam er zur gegenstandslosen, arabesken Form in der Plastik, die er ornamental in Brunnenanlagen und Grabmonumenten verwandte. Er ist der erste Vorläufer abstrakter Plastik, die für ihn jedoch ihre wesentliche Aufgabe im Bereich des Dekorativen erfüllte.
Lit.: N. Pevsner, Wegbereiter moderner Formgebung.

Obsidian. Dunkles, glasartiges Gestein, das in der Antike für Gemmen, Statuetten und Spiegel verwendet wurde.

Oc-eo. Siedlung der 1. Hälfte des 1. Jahrtausends n. Chr. im Me-Kong-Delta an der Westküste von Süd-Vietnam und Mittelpunkt der von Südindien aus beeinflußten sogen. →Fu-nan-Kultur, die sich bis nach Kambodscha erstreckte und deren luxuriöse Anlagen von chinesischen Reisenden beschrieben wurden. In dem alten Handelsmittelpunkt fand man bei Grabungen u.a. Münzen und Kleinkunst der röm. Kaiserzeit.
Lit.: L. Malleret, L'archéologie du delta du Mékong, 1959.

Ochsenauge. Bezeichnung für eine runde oder ovale Fensteröffnung, wie sie vor allem an Barockbauten häufig vorkommt.

Ockergräberkultur. Zwischen Dnjepr und Wolga im 3. und frühen 2. Jahrtausend v. Chr. verbreitete niedrige →Kurgane mit Hockerbestattungen, deren Skelette infolge ritueller Ockerstreuung stark gefärbt waren. Die Sitte ist auch in den →Katakomben und →Balkengräbern des nordpontischen Steppenraumes beobachtet.
Lit.: F. Hančar, Pferd, 89ff.

Odeion (lat. odeum). Antiker Konzertsaal. Die überdeckten Bauten hatten ursprünglich einen quadratischen Grundriß (größte griech. Anlage dieser Art: O. des Perikles in Athen, 445 v.Chr. über einer Grundrißfläche von ca. 60 × 60 m erbaut). Im Hellenismus lehnt sich das O. der Form eines überdachten griech. Theaters an. – In röm. Zeit meist ein quadratischer Bau mit halbrundem Zuschauerraum und einem Podium.

Oeben, François. Franz. Kunsttischler. Geb. um 1710, gest. 1763 in Paris. Neben →Boulle und →Roentgen der bedeutendste Ebenist seiner Zeit, besonders der Epoche von Ludwig XV. Unterhielt in Paris eine größere Werkstatt. Bedeutendste Leistungen (zumeist in Zusammenarbeit mit Riesener): Schreibtisch König Ludwigs XV. (1760–69, Paris, Louvre) sowie ein Toilettentisch, Sekretär und Nähtischchen (München, Residenzmus.).
Lit.: A. Feulner, Kunstgeschichte des Möbels, 1927.

H. Obrist, Entwurf für ein Denkmal, 1902
(Zürich, Kunstgewerbemus.).

Oecus. Bezeichnung für die beidseitig am →Tablium im röm. Haus anschließenden Räume. Auch der Repräsentationssaal der röm. Villa wird O. genannt.

Ödenburg, im westlichen Ungarn. Hier sind eisenzeitliche Gefäße gefunden worden, die auf der Schulter –

eingerahmt von breiten, farbigen Bändern – Bildszenen tragen. Bekannt die Darstellung bespannter Wagen.

Ölberg. Die Darstellung der Ö.szene, in der Christus im Gebet verharrt, findet sich nach vereinzelten Werken frühchristl. Zeit seit dem 14. Jh. in dichter Überlieferung. Nachdem anfangs die Szene auf Christus und die schlafenden Jünger beschränkt war, wird sie im 15. Jh. durch die mit Judas herannahenden Häscher erweitert, während die Renaissance in verschiedenen Formen nach Möglichkeiten sucht, dem Ringen Christi Ausdruck zu verleihen. In der Plastik wird die Szene seit dem 15. Jh. häufig als freie, neben der Kirche aufgestellte Gruppe, bisweilen in Verbindung mit anderen Passionsszenen, gegeben. In dieser Form blieb die Ö.darstellung bis in die Barockzeit üblich.

Ölmalerei. Das Malen mit Farben, die durch Öl gebunden werden (Leim-, Mohn-, Nußöl, eventuell in Verbindung mit hellen Weichharzen wie Mastix oder Damar oder mit Balsam). Als Malgrund wurde ursprünglich nur Holz verwendet (→Tafelmalerei), zuerst in Italien (2. Hälfte 15. Jh.), später zunehmend Leinwand (auf einen Rahmen gespannt), gelegentlich auch Kupfer (→Elsheimer) oder Pappe. Wichtig für die Farbwirkung ist die →Grundierung. Die Ö. läßt ein Neben- und Übereinandersetzen von Pinselstrichen zu, ohne daß die Farben ineinanderlaufen. Doch kann bei Verdünnung mit Damarlösung auch verfließend weich gemalt werden. Zwischen dickem (pastosem) und dünnem, durchscheinendem (Lasur) Farbauftrag gibt es vielerlei Abstufungsmöglichkeiten. Auch läßt sich die Ö. mit der →Temperamalerei verbinden. In der frühen Ö. und bis über den Barock hinaus wurde außer für Skizzen die schichtenweise Malerei verwendet, bei der das Bild über der auf die Grundierung aufgetragenen Vorzeichnung erst mit einer einfarbigen oder nur wenige Farbtöne angebenden Untermalung, dann in teils pastosen, teils lasierenden Schichten aufgebaut und mit Lichthöhungen versehen wurde. Diese recht zeitraubende Technik erzeugt eine besondere Leuchtkraft und Tiefe der Farben und ermöglicht eine höchst verfeinerte Wiedergabe des Stofflichen (vergleiche etwa die altniederl. Malerei). Bei der seit dem →Impressionismus häufig verwendeten Primamalerei werden die Farben auf der Palette vorgemischt und in einem Arbeitsgang auf die Grundierung aufgetragen, wobei spätere Änderungen nicht ausgeschlossen sind. Ihr Vorzug liegt in der Spontaneität des künstlerischen Ausdrucks und der unmittelbaren Wirkung der individuellen Handschrift. Charakteristisch für die Ö. ist eine satte, glänzende Farbwirkung, deren Aussehen bei Verwendung lichtechter Farben sich nach dem Trocknen nicht ändert. Doch reagiert das Ölbild empfindlich auf Temperaturschwankungen, Feuchtigkeits- und Lichteinwirkungen, so daß es über lange Zeiträume zum Bräunlichwerden (Nachdunkeln) des Öls und zu Rissen (Krakeluren) durch Eintrocknen kommen kann; letzteres vor allem, wenn bei dickem Farbauftrag die einzelnen Schichten unterschiedlich rasch trocknen. Zum Schutz wird das Bild nach Vollendung mit einem durchsichtigen Firnis überzogen (Lösungen von Terpentin und einer harzigen Substanz wie Schellack, Bernstein, Asphalt, Kolophonium), der jedoch selbst nachdunkelt und den bekannten gelblich-bräunlichen Galerieton erzeugt. Entstandene Schäden werden durch →Restaurierung behoben. Wegen ihrer relativen Feuchtigkeitsbeständigkeit wurden Ölfarben schon im Altertum als Schiffsanstrich, im Mittelalter zum Bemalen von Fahnen und Bannern verwendet. Die Brüder van →Eyck erfanden sie nicht, wie →Vasari behauptet, sondern führten sie, technisch verfeinert und in Verbindung mit der →Temperamalerei, erstmals in die Tafelmalerei ein. Nicht zuletzt ihrer der Ö. zu dankenden, farblichen Brillanz wegen wurde die altniederl. Malerei im Italien des 15. Jhs. hoch geschätzt. Unter den italien. Malern war Antonello da →Messina (um 1460–70) der erste, der sie verwendete. Er hatte sie während seiner Lehrzeit bei einem niederl., an Van-Eyck-Vorbildern geschulten Meister in Neapel kennengelernt. Dank des zügigeren Malvorgangs u. der weichen farbl. Übergänge hat die Ö. d. Temperamalerei seit d. späten 16. Jh. völlig verdrängt. Lit.: A. Ziloty. La découverte de Jean van Eyck et l'évolution du procédé de la peinture à l'huile du moyen âge à nos jours, 1941; K. Wehlte, Ö., 1949.

Oels (Schlesien). Das Schloß ist eine Gründung des 13. Jhs. und wurde im 16. und 17. Jh. umgebaut. Der Hauptbau umschließt einen unregelmäßig viereckigen Hof. An der NO-Seite Rundturm und Vorschloß, an dem sich das Haupttor von 1603 in den Formen der niederl. Renaissance befindet. Endgültige Gestalt erhielt das Hauptschloß 1585/86 u. 1616. Bes. schön der Hof m. d. offenen Galerien in beiden Obergeschossen. Bauteile des 16. Jhs. sind Werk des Kaspar Khune.

Oeser, Adam Friedrich. Deutscher Maler und Bildhauer. Geb. 1717 in Preßburg, gest. 1799 in Leipzig. Lernte in Wien bei R. →Donner, D. Gran u.a. Ging 1739 nach Dresden und nahm Einfluß auf →Winckelmann, indem er ihn mit Donners Gedanken über die Antike vertraut machte. Ab 1759 in Leipzig, 1764 Direktor der Kunstakademie, zeitweilig auch Lehrer Goethes. – O. bekämpfte den Barock, erzielte selber aber nur einen etwas blassen Proto-Klassizismus. Seine Bedeutung liegt nicht so sehr in eigenen künstlerischen Werken als in seiner pädagogischen Wirksamkeit. A. R. →Mengs, der Hauptmeister des Frühklassizismus, und →Erdmannsdorff orientierten sich an seinen Thesen. Lit.: F. Schulze, A.F.O., 1944.

Œuvre. Bez. f. d. gesamte Werk eines Künstlers, wie es häufig in einem Œ.-Katalog (Werkverzeichnis) gesammelt, bearbeitet u. zusammengestellt wird.

Ogüz. Skythischer →Kurgan im Dnjeprgebiet mit griech. Funden um 360 v. Chr. Das Inventar ist beispielhaft für die Auflösung der →skythischen Kunst. Lit.: K. Schefold, HDA 2, 453.

Oheimir. Ruinenhügel im Bereich des alten →Kisch.

Ohlmüller, Daniel. Deutscher Architekt. Geb. 1791 in Bamberg, gest. 1839 in München. Empfing seine Ausbildung als Schüler K. v. →Fischers an der Münchener Akademie und auf einer Italienreise (1817/18). Unter L. v. →Klenze führte er dann die Bauaufsicht an der Glyptothek in München (1819–30). Sein Hauptwerk ist die neugotische Mariahilfkirche in München-Au (1831 bis 1839), die der erste gotische Neubau des 19. Jhs. in Deutschland wurde (zerstört, Neubau nach dem Kriege).

Ohmann, Friedrich. Österreichischer Architekt. Geb. 1858 in Lemberg, gest. 1927 in Wien. Studierte bei →Ferstel an der Wiener Technischen Hochschule und bei Fr. →Schmidt an der Akademie ebda. Seit 1899 leitete er die Ausbauarbeiten an der Neuen Hofburg in Wien nach Plänen von →Hasenauer (nicht vollendet). Neben O. →Wagner lehrte er ab 1904 an der Architekturabteilung der Wiener Akademie. Er baute die Wienflußregulierung nach eigenen Entwürfen, mit denen er einen massigen →Jugendstil aufgriff.

Ohrgewölbe. Anderer Ausdruck für Tonnengewölbe mit Stichkappen (= Ohren).

Ohrid (Mazedonien). Clemenskirche. Reich an Kunstschätzen. Eine große, aus Holz geschnitzte Heiligenfigur (14. Jh.), das einzig bekannte Beispiel dieser Art im Osten. Es verrät ebenso byzant. wie roman. Charakter. Die Ikone „Verkündigung", ein Meisterwerk der Ikonenkunst aus dem 14. Jh., früher in der Clemenskirche, befindet sich heute in der Makedonischen Staatssammlung in Skoplje. In derselben Kirche Steatitplastik mit der Wiedergabe der 12 Kirchenfeste, interessante Stücke von Ikonenbeschlägen u. gute Beispiele mittelbyzant. Monumentalmalerei (vor 1056 gemalt). Der „Marientod" (Koimesis) und die „Himmelfahrt Mariae" sind Arbeiten von höchster Qualität.

Ohrmuschelstil. Ornamentaler Dekorationsstil, in seinen Schmuckelementen dem →Knorpelwerk ähnlich. Der O. findet sich vor allem im niederländischen und

Farbtafel 23: *Bustelli, Dame mit zerrissenem Kleid.*

deutschen Kunstgewerbe des späten 16. bis späten 17. Jhs. Im Dekorationssystem des O.s wirkt die →Groteske nach. Charakteristisch sind weichfließende, gerundete, ungegenständliche Formen, die mit figürlichen Elementen durchsetzt werden. Der Name O. leitet sich von der Ähnlichkeit mit einer Ohrmuschel her.
Lit.: W. K. Zülich, Entstehung des O.s, 1932.

Oikos. Griech. Bezeichnung für ,,Haus". Im Kultgebrauch bezeichnet O. den Versammlungsraum von Kultgemeinschaften.

Oinochoe. Bezeichnung eines griech. Vasentyps in der Form einer kleinen Kanne mit einem Henkel, einem gerundeten Bauch und einem abgesetzten Hals. Häufig findet sich als Lippe die Kleeblattform. Die O. wurde als Schankgefäß für Wein oder Wasser benutzt.

Oktateuch. In der griech. Kirche Bezeichnung für die ersten acht Bücher der Bibel (5 Bücher Mosis, Josua, Richter, Ruth).

Oktogon. Bezeichnung für die Form eines regelmäßigen Achtecks, besonders für einen Bau, dessen Grundriß einem Achteck folgt.

Okyo, Maruyama. Japanischer Maler. Geb. 1733, gest. 1795. Bereits von Anfang an war O. stark von der europäischen Kunst beeinflußt, vor allem von der Malerei der Niederlande, und beschäftigte sich eingehend mit den Problemen und Möglichkeiten der →Perspektive. Innerhalb der japanischen Tradition ging er von der →Kanoschule aus, entwickelte jedoch bald einen ausgeprägten Realismus von größter naturalistischer Präzision. Nach 1765 setzten sich seine Werke immer mehr durch und fanden dank ihrer genauen Pinselführung und starken Farbigkeit großen Anklang. Er gründete in der Folgezeit die sogen. →Maruyamaschule, die die von ihm entwickelte Malweise zur Tradition erhob.

Olbia. Die ionische Gründung der Küstenstadt O. an der Mündungsbucht von Bug und Dnjepr Ende des 7. Jhs. v. Chr. folgte einer älteren Siedlung der Milesier auf der Berezaninsel am Eingang der Bucht. Die reichen Funde offenbaren den starken Einfluß der Griechen auf die →skytische Kunst. In die →Sarmaten-Zeit gehören Beinschnitzereien in hellenistisch-parthischem Stil, die die charakteristische Frontalität zeigen.
Lit.: K. Jettmar, Steppenvölker, 13ff.; R. Ghirshman, Iran II, 268ff.; S. A. Zebelev, O., 1940.

Olbrich, Josef Maria. Österreichisch-deutscher Architekt und Kunstgewerbler. Geb. 1867 in Troppau, gest. 1908 in Düsseldorf. Studierte in Wien bei K. v. →Hasenauer und O. →Wagner. Zusammen mit letzterem sowie seinem Mitschüler J. →Hoffmann gehörte er zu den Begründern der Wiener Sezession, für die er 1898 mit dem Ausstellungsgebäude den ersten Sezessionsbau Wiens erstellte. 1899 berief der Großherzog von Hessen O. als Haupt einer Künstlergruppe, der u.a. P. →Behrens angehörte, nach Darmstadt, wo sein Hauptwerk entstand (für die Kunstausstellung von 1901): das Ernst-Ludwig-Haus (Gemeinschaftsatelier) sowie die Villen der Mathildenhöhe; 1908 das Ausstellungsgebäude mit dem Hochzeitsturm. Seine Spätwerke sind in Düsseldorf zu suchen: Warenhaus Tietz, 1907–09. – O. war einer der großen künstlerischen Neuschöpfer der Jahrhundertwende. Er war ein ungewöhnlich begabter Architekt für Ausstellungsarchitekturen (Darmstadt 1901, 1904, 1908; Turin 1902; St. Louis 1904). Daneben schuf er kunstgewerbliche und gewerbliche Gegenstände und veröffentlichte Publikationen über seine Entwürfe. (Abb. S. 466).
Lit.: J. A. Lux, J.M.O., 1919.

Oldenburg, Claes. Amerikan. Künstler, geb. 1929, Stockholm. Kindheitsjahre i. d. USA, lebt in New York. O. ist wie R. Lichtenstein eine Hauptgestalt der Pop-Art, doch bevorzugt er 3 dimensionale Gebilde, in denen sich Produkte unserer Zivilisation (Beisp.: Ice-Cream Sandwich 1961; Soft Pay-Telephone 1963) als Objekte dem Betrachter anbieten. – Lit.: Kat. Stedelijk Museum Amsterdam, 1970 (m. Literat.-Angabe).

Olifant (altfranz. ,,Elefant"). Bezeichnung für mittelalterl. Jagd- und Trinkhörner aus Elfenbein, die auf den Namen von Rolands lautschallendem Horn zurückgeht (Rolandslied). Die Hörner sind zumeist mit Schnitzereien versehen: Jagd- und Kampfszenen, Tiere, Ranken. Die ältesten Beispiele gehören dem 10. Jh. an. Exemplare u.a. in den Sammlungen von Berlin, Gotha, Paris, Prag, Wien. Der Dekor mancher Stücke zeigt islam. oder byzant. Stilcharakteristika. Andere sind rein abendländischen Charakters. Sie wurden später gelegentlich in Edelmetall gefaßt und als Reliquienbehälter verwendet.

Olivier, Die Brüder. Deutsche Maler der Romantik. **1)** Ferdinand. Geb. 1785 in Dessau, gest. 1841 in München. Nahm 1804 in Dresden Beziehungen zum Kreis der Romantiker um C. D. →Friedrich und P. O. →Runge auf und ging 1807 in diplomatischer Mission nach Paris; in den dortigen Museen setzte er seine Studien fort. Hier entstanden in Anlehnung an die Kunsttheorien F. Schlegels seine ersten vom romantischen Geist getragenen Bildnisse, die denen der späteren →Nazarener sehr nahestehen. 1811 ging F. O. mit seinem Bruder Heinrich nach Wien, dort erweitert die Begegnung mit J. A. →Koch seinen Stil. Er entwickelte seine eigentümliche romantische Landschaftsauffassung, die in den Bildern des Salzburger Landes und der Voralpen zum Ausdruck kommt. O. stand in naher Verbindung zu den Nazarenern, doch führte ihn die religiöse Erweckung nicht zum Katholizismus, sondern zu einem vertieften Protestantismus. – **2)** Friedrich. Geb. 1791 in Dessau, gest. 1859 ebda. War mit seinem Bruder (1) in Wien, wo er die Akademie besuchte. 1818 folgte er →Schnorr nach Rom und schloß sich dort lose den Nazarenern an (Mitarbeit an verschiedenen Fresken). 1823 kehrte Fr. O. zu seinem Bruder nach Wien zurück und ging anschließend mit ihm nach München; dort half er →Schnorr von Carolsfeld bei der Ausführung der Wandmalereien im Königsbau. In den Münchener Jahren entstanden auch reizvolle Landschaften des Alpenvorlandes. Seit 1850 lebte er wieder in Dessau. **3)** Heinrich. Geb. 1783 in Dessau, gest. 1848 in Berlin. Ging mit seinem Bruder (1) zuerst nach Dresden, später nach Paris. In seinen Bildnissen (bedeutendstes Werk: Herzogin Louise von Anhalt, 1812) malte er die Modelle meist in altdeutscher Tracht. – H. O. nimmt eine Mittelstellung zwischen Sturm und Drang und der Romantik ein; im Stil klassizistisch, in der Themenwahl altdeutsch-romantisch. – Lit.: L. Grote, Die Brüder Olivier, 1938.

Ollantaytambo. Eine der großen Inka-Festungen am Rande des reich terrassierten Urubamba-Beckens mit Stützmauern aus polygonen Steinblöcken.

Olmeken. Sicher schon im 9. Jh. v. Chr. wurden an der Golfküste von Veracruz und Tabasco Kultstätten mit eigenem Kunststil errichtet, die der Mutterkultur der meisten mesoamerikanischen Hochkulturen angehören. Die O. erwiesen sich als Künstler des Basaltsteinschnittes (Kolossalköpfe). Die vollplastischen Steinfiguren und -köpfe sind von gleicher naturalistischer Lebensnähe wie die erlesenen →Jade-Schnitzereien, die offenbar durch Handel weithin gebracht wurden (Guerrero, Guatemala, Honduras, Costa Rica, El Salvador, Panama). Die weite Verbreitung des O.-Stils beweisen Felsenbilder in Mexiko, Guatemala und El Salvador (vergleiche die Danzantes von →Monte Alban). Eine betonte ikonographische Rolle spielte die Jaguardarstellung. Die menschlichen Gestalten weisen gedrungene, plumpe Körper auf. Die breiten Nasen und die wulstigen, aufgeworfenen Lippen treten in Verbindung mit Jaguarzügen (,,Babyface" oder ,,Tigerface"). Hauptfundplätze sind →La Venta, →Cerro de las Mesas, →Tres Zapotes und San Lorenzo, wo die riesigen Steinbilder in Gräben gestürzt wurden und dadurch besser erhalten blieben als an den anderen Orten (→Gualupita, →Teotihuacan).
Lit.: M. Covarrubias, Mexico South, 1948; ders., Indian Art of Mexico and Central America, 1957; M. W. Stirling, Stone monuments of southern Mexico, 1943.

Farbtafel 24: *Kuba-Maskentyp des Babende-Bundes, Kongo; Berlin, Mus. für Völkerkunde.*

Olokun →Yoruba.

Olpe. Griech. Kannentyp mit dickem Bauch; vor allem in Ionien gebräuchlich.

Oltos. Griech. Vasenmaler der Spätarchaik (ca. 520–500 v. Chr.). Er gehört zu den frühen attischen Meistern des →rotfigurigen Stils. Meisterhaft ist seine Körperdarstellung durch eine Flächenkunst, die alle plastischen Werte im straff geführten Kontur versammelt.
Lit.: A. Bruhn, O., 1943; J. D. Beazley, ARV, 53ff., 1963.

J. M. Olbrich, Ernst-Ludwig-Haus, Darmstadt, 1900 errichtet.

Olympia. Griech. Heiligtum in der Landschaft →Elis auf der Peloponnes. Ort der Olympischen Spiele, die auf die Leichenspiele zu Ehren des Ortsheros Pelops zurückgehen. Das Heiligtum liegt über einer vorgriech. bronzezeitlichen Siedlung mit ovalen Apsidenhäusern. Die frühesten griech. Funde gehören der geometrischen Epoche (→Geometrische Kunst) an (Keramik, Bronzestatuetten und Waffen). Der älteste Tempel des Bezirks, das Heraion, hat zwei übereinanderliegende Bauschichten. Heraion I ohne →Peristasis. Heraion II langgestreckter dorischer →Peripteros. Beide Bauten gehören in das 7. Jh. v. Chr. Die ursprünglich vorhandenen Holzsäulen von Heraion II sind im Laufe der Zeit durch Steinsäulen ersetzt worden. Deshalb keine Stileinheit der Einzelteile. Im 6. Jh. v. Chr. wurde die Schatzhausterrasse und das Bouleuterion (Rathaus) angelegt. Erst im 5. Jh. v. Chr. (470–60) entsteht der große Zeustempel nach einem Entwurf des einheimischen Architekten →Libon als dorischer Peripteros. Er ist in den klassischen kanonischen Proportionen mit 6 zu 13 Säulen errichtet. Über Pronaos und Opistodom sind in je 6 →Metopen die zwölf Taten des Herakles dargestellt. Die Westgiebelskulpturen zeigen den Kampf der Lapithen und Centauren. Im Ostgiebel wird der Mythos von der Wettfahrt des Oinomaos und Pelops geschildert. Das monumentale Gold-Elfenbein-Kultbild des Zeus wurde von →Phidias geschaffen. – In spätklassischer und hellenistischer Zeit wird das Heiligtum durch große Anlagen, wie Hallen, das →Gymnasion und die →Palaistra, erweitert. Das Stadion, das außerhalb des heiligen Bezirks liegt, bestand aus einer einfachen Laufbahn mit ringsum angeschütteten Erdwällen, deren Untersuchung eine große Anzahl geometrischer, archaischer und klassischer Weihgeschenke zutage brachte (Dreifüße, Greifen, Kessel, Bronzestatuetten, Terrakottaplastik u.a.). Als Kultort und Stätte der Olympischen Spiele existierte Olympia bis ins 4. Jh n. Chr. Das Heiligtum wurde 394 durch Theodosius I. geschlossen und später durch eine byzantinische Siedlung überbaut.
Lit.: Adler, Curtius, Dörpfeld u.a., Die Ergebnisse der vom Deutschen Reich veranstalteten Ausgrabungen, 1897ff.

Olympieion. Größter Tempel in Athen. Der Bau wurde im 6. Jh. v. Chr. im Auftrag des Peisistratos unter der Mitarbeit des Architekten →Antimachides begonnen. Er sollte – dem olympischen Zeus geweiht – ein neues Zentralheiligtum als Symbol der Staatsmacht Athens werden. Nach dem Sturz der Peisistratiden blieb der Bau unfertig liegen. Fragmente von riesigen dorischen Säulen wurden gefunden. – Der heute noch teilweise stehende Bau korinthischen Stils wurde unter Antiochus IV. von Syrien 174 v. Chr. begonnen, jedoch erst durch Hadrian im 2. Jh. n. Chr. vollendet.

Olynthos. Griech. Stadt auf der Halbinsel →Chalkidike. Siedlungsspuren gehen bis in das Neolithikum zurück. Seit dem Beginn des 5. Jhs. v. Chr. ist O. griechisch. Im 4. Jh. wird die Stadt nach einem systematischen Plan mit rektangulärem Straßennetz von ca. 1200 m Länge und 200 m Breite auf einer fast ebenen Fläche angelegt. Die Ausgrabungen lassen das ganze antike Straßensystem mit einer noch z.T. erhaltenen Kieselsteinpflasterung erkennen. Die Wohnhäuser sind nur in ca. 50–60 cm hohen Fundamentmauern stehen geblieben. In der Regel handelt es sich hierbei um Häuserblocks, die durch eine schmale Gasse getrennt in 2 Reihen je fünf Einheiten mit je 5 Wohn- und 2–3 Wirtschaftsräumen von insgesamt ca. 250 qm zusammenfassen. Die erhaltenen Felssteinfundamente lassen den Plan der Stadt und ihrer Häuser genau ablesen. Das sogen. Peristylhaus, wie es auch in →Pompeji und auf →Delos gefunden wurde, ist hier in seinen Anfängen gut zu erkennen. – Zahlreiche Kieselsteinfußbodenmosaiken mit meist geometrischen Motiven sind erhalten. In einem der vornehmen Häuser sind die ältesten griech. figürlichen Mosaiken überliefert: Dionysos auf dem Panther reitend, von seinem Gefolge umgeben, und Achill mit Thetis bei der Waffenübergabe. – Fehlen in der Stadt auch die in hellenistischer Zeit obligatorisch gewordenen großen Platzanlagen und öffentlichen Gebäude, so erlaubt der Grabungsbefund doch, die Wohnviertel des Mittelstandes und der Reichen zu scheiden. – Am Westabhang des benachbarten Hügels wurden ausgedehnte Nekropolen und reiche Funde an Kleinkunst und Plastik ausgegraben.
Lit.: Kirsten-Kraiker, Griechenlandkunde, 614ff., 1962.

Omeyaden. Nach den vier Nachfolgern Mohammeds (khalifa = Stellvertreter) wird das Amt des Beherrschers der Gläubigen für die Zeit von 661–750 erblich unter der arabischen Familie der O. Sie errichten ihre Residenz in der alten Metropole Damaskus und übernehmen mit der Herrschaft über das syrische und jordanische Gebiet das Erbe der spätantiken Kultur. Unter ihrer Regierung wird der Islam über Nordafrika bis Spanien einerseits und bis Turkestan andererseits verbreitet und dieses Gebiet der staatlichen Oberhoheit der Kalifen unterstellt. Mit dieser politischen, wirtschaftlichen und religiösen Gemeinsamkeit sind die Grundlagen für die Entwicklung einer einheitlichen islam. Kunst gegeben. – Der Stil der O.-Zeit ist geprägt durch die Übernahme des spätantiken Formenensembles der Dekoration, Akantus, Wein, Flechtwerk, untermischt mit Figuren von Tieren, Tänzerinnen und Jägern, symbolischen Fabelwesen, das in Friesen, Zwickeln und Medaillons flächenfüllend verwendet wird. Beliebt ist die Gliederung durch Arkadenreihen. Die antiken Techniken, wie Marmorbearbeitung, Marmorverkleidung, Glasmosaik, Wandfresko, Millefioriglas, Elfenbeinschnitzerei und -einlege-

Olympia, Altis; im Vordergrund der Heratempel.

arbeit, werden weiter ausgeübt – oft durch koptische oder byzant. Kräfte –, die Einzelformen sind stärker ornamentalisiert, Friese im gedrungenen kufischen Schriftduktus kommen hinzu. Ein neues Element in der Profanbaukunst ist die aus dem iranisch-sassanidischen Gebiet überkommene Technik der Stuckdekoration, sowohl im flachen, geformten Relief wie in hochplastisch modellierten Figuren. Für die Bauten und das Mobiliar religiöser Bestimmung ist seit dem 7. Jh. die Verwendung von Figuren im Dekor verpönt. – Neue Eigenheiten entstehen in der Gestaltung von Mihrab, Minbar, und Minarett. Der Moscheetyp ist die Stützenmoschee, deren mittleres Transept durch Überhöhung und Kuppel aus architektonischen Gründen betont wird. Erhaltene wichtige Zeugnisse dieser Baukunst sind die Moschee von Medina (707–709), die Große Moschee von Damaskus (706–714), die Aqsa-Moschee in Jerusalem (637) und die Qubba-es-Sahra in Jerusalem (669–691), die Amr-Moschee in Fostat (Alt-Kairo) von 673 und der Kern der Großen Moschee von Cordova. Von den Profanbauten der Omeyaden sind eine Reihe von Schlössern im östlichen Steppengürtel Syriens und Jordaniens erhalten, wie Quseir Amra, et-Tuba, Mschatta, Qasr el Hair al Gharbi und -al Sharqi, Chirbet el Mefjer und Chirbet el Minje. Einmalig in der islam. Kunst sind die großangelegten Glasmosaikzyklen in den Moscheen von Jerusalem und Damaskus, und bedeutend die Holzschnitzereien der Aqsa-Moschee. Die wichtigsten Bauherren sind die Kalifen Walid I., Walid II. und Hischam I. – Von der Kleinkunst sind Elfenbeinpyxiden, hervorzuheben, deren geschnitzte Verzierung in Spanien einen reichen Spätstil entfaltet. – Die islam. Kunst befindet sich in dieser Periode auf gleicher Ebene mit der byzant. westgotischen und langobardischen Kunst, ist aber geprägt durch einen vorderasiatisch arabischen Einschlag. Ihr Stil, übertragen nach Spanien, bleibt dort in seinen Grundzügen unverändert bis in das 11. Jh. in Geltung.
Lit.: K. A. C. Cresswell, Early Muslim Architecture, 1932; E. Kühnel, Die Kunst des Islam, 1962.

Omphalos (Nabel der Welt). 1) In der griech. Kultur im Heiligtum von →Delphi lokalisiert. Eine röm. Nachbildung als bienenkorbförmiger Stein ist erhalten. – 2) Spielt eine Rolle in der Gesamtanlage der Grabeskirche in Jerusalem. Es wird damit der angebliche Kreuzesfelsen bezeichnet, der als „Weltmitte" gilt. Er befindet sich in dem Binnenatrium, das an die Apsisseite der fünfschiffigen Basilika stieß.

On. Ägyptischer Name von →Heliopolis.

Onager. Wildeselart, von den Sumerern im frühen 3. Jahrtausend v. Chr. für die Schirrung am Kult- und →Streitwagen mit Nüsternring gezähmt, wie zahlreiche Darstellungen, vor allem die sogen. Standarte von →Ur bezeugen. →Chafadschi, →Eannatum, →Tell Agrab. Nach der Einführung des Pferdes in Vorderasien trat die Bedeutung des O. zurück, doch wurde er als Jagdwild geschätzt. Reiterreliefs →Assurbanipals.
Lit.: F. Hančar, Pferd, 402ff.; J. Wiesner, UKG II, 29f.

Onatas. Griech. Bildhauer des →Strengen Stils und führender Meister der berühmten äginetischen Erzgießerschule. Lehrer des →Kalamis. Seine Tätigkeit ist für →Olympia, →Deplhi und →Athen belegt. In der antiken Literatur wird er gleichrangig neben den großen Meistern der attischen Kunst eingestuft. Dem entsprechen zahlreiche öffentliche und private Aufträge. Außer einer mit seiner Signatur versehenen Statuenbasis (Athen, Nat.Mus.) ist keines seiner Werke erhalten.
Lit.: G. Lippold, Handb. d. Archäologie, V, 98, 1950.

Onesas. Griech. Gemmenschneider des Hellenismus. Ein Karneol mit einem Herakleskopf und eine sogen. Glaspaste mit einer Leierspielerin (beide Florenz, Mus. Arch.) tragen seine Inschrift.

Onesimos. Griech. Vasenmaler der attischen Schule, tätig in der Zeit des →Strengen Stils (um 490–80 v. Chr.). Er bemalte ausschließlich Schalen und war für den Töpfer Euphronios tätig. Stilist. schließt er sich an den Panaitios-Maler, mit dem ihn die Forschung teilweise gleichgesetzt hat, an. Zahlr. Schalen konnten ihm zugeschrieben werden, nur eine (Paris, Louvre) ist von ihm signiert. – Lit.: J. D. Beazley, ARV, 313ff., 1963.

Onnos. Letzter ägypt. König der 5. Dyn. (Unas, 25. Jh. v. Chr.), dessen →Pyramide in →Sakkara südlich vom →Djoser-Bezirk liegt. Die durch einen langen, mit Fallsteinen gesicherten Gang erreichbare Sargkammer mit Satteldach ist wie der Vorraum erstmalig mit religiösen Texten versehen (Pyramidentexte), deren Jenseitshoffnung sich an den Sonnengott, die Verstirnung und →Osiris-Verklärung knüpft. Von den Reliefbildern des Aufweges ist die krasse Darstellung einer Hungersnot berühmt. – Lit.: W. Wolf, KÄ, 129, 218; E. Brunner-Traut, Ägypten, 381f.

Onyxglas. Hohlgläser der Antike mit polychromer, unregelmäßiger, aber dennoch rhythmisch verlaufender Äderung, die Maserung geschliffener Halbedelsteine nachahmend.

Opaion. Griech. Bezeichnung für die (nur selten vorkommende) Lichtöffnung in einem Tempeldach.

Op-Art. Moderne Kunstrichtung, die mit illusionistischen Effekten rechnet. Geometrische Abstraktionen erfahren durch Veränderung des Beschauerstandortes wechselnde Erscheinungsformen.

Opisthodom. Rückhalle der →Cella des griech. →Tempels.

Oppenheimer, Max (gen. ,,Mopp"). Österreichischer Maler und Graphiker. Geb. 1885 in Wien, gest. 1954 in New York. Studium in Wien und Prag. Anschließend lebte er abwechselnd in Berlin (1911–15), Zürich (1916 bis 1917), Genf (1917–23) und Wien (1924/25). 1926 ließ er sich in Berlin nieder und emigrierte 1939 nach den USA. Seither lebte er in New York. In seinen frühen Werken ist er ganz der Wiener expressionistischen Schule verpflichtet, findet jedoch um 1920 zu festeren, klar gebauten Kompositionen. 1923 schuf er sein monumentales Gemälde ,,Die Symphonie", eine Figurenkomposition mit ca. 70 Gestalten, das auf zahlreichen Ausstellungen gezeigt wurde und großes Aufsehen erregte. Als Kunstschriftsteller veröffentlichte er 1938 das mit 30 eigenen Illustrationen ausgestattete Buch ,,Menschen finden ihren Maler". – Im Zentrum seines Schaffens stehen figürliche Kompositionen, Portraits und Szenen aus dem Sportleben.
Lit.: H. Vollmer, Künstlerlex. d. 20. Jhs.

Oppidum. Bezeichnung für große, stadtartige und von Wällen bzw. Mauern umgebene Anlagen der keltischen →Latène-Zeit, →Entremont.

Opus alexandrinum. Fußbodenmosaik. Der Name kommt wahrscheinlich von der Stadt Alexandrien, die man als die Geburtsstätte dieser Kunst ansieht (also nicht von dem Kaiser Alexander Severus, wie manche annehmen). Im O.a. sind meist nur zwei Farben verwendet und größere Mosaikstücke als sonst üblich.

Opus incertum. Röm. Mauerwerk, bei dem die äußeren Steine separat gearbeitet wurden und sich so vom Füllwerk abhoben. Dabei handelt es sich um unregelmäßig behauenen Bruchstein.

Opus mixtum. Röm. Mauerwerk aus einer sich regelmäßig wiederholenden Abfolge von Ziegelschichten und anderen Verbänden, meist bestehend aus →opus testaceum und →opus reticulatum oder aus opus testaceum und →opus incertum.

Opus quadratum. Röm. Mauerwerk aus rechteckig zugehauenen Steinen, die z.T. in Schichten von →Läufern und →Bindern verlegt wurden.

Opus reticulatum. Röm. Mauerwerk, dessen äußere Steine pyramidenförmig zugehauen wurden. Dabei werden die Steine so verlegt, daß die Spitze nach innen, die quadratische Basis nach außen zeigt. Die Anordnung ergibt ein netzförmiges Rautenmuster.

Opus sectile. In der Technik identisch mit →opus alexandrinum, jedoch mit dem Unterschied, daß an Stelle quadratischer Steinchen zugeschnittene Marmorplatten kleinen Ausmaßes verwendet werden.

Opus siliceum. Röm. Mauerwerk, identisch mit dem sogen. →Kyklopenmauerwerk.

Opus spicatum. Röm. Mauerwerk, bei dem Ziegelsteine nach der Form des Fischgrätenmusters verlegt werden, ein Dekorationselement, das sich vom Fußbodenmosaik herleitet.

Opus tesselatum. Fußbodenmosaik aus verschiedenfarbigen, würfelförmigen Steinen.

Opus testaceum. Röm. Mauerwerk aus gebrannten Backsteinen, die in regelmäßigem Verband verschiedenste Anordnungsmöglichkeiten erlauben.

Opus vermiculatum →Mosaiken.

Orangerie. Nach seiner Verwendung als Gewächshaus zur Zucht von Orangen benanntes Gebäude, das um die Mitte des 17. Jhs. in Deutschland aufkam und seit dem 18. Jh. zur barocken Schloß- und Parkanlage gehörte. Meist handelt es sich um einen Dreiflügelbau mit überhöhtem Mittelsaal, der eigentlichen O. Die Seitenflügel laufen in stumpfem Winkel nach außen oder sind geschwungen. Auch findet sich die Aufgliederung in drei einzelne Gebäude, die im Park verteilt werden. – In der Regel bildet die dreiflügelige Anlage an der der Hauptfront des Schlosses gegenüber gelegenen Seite des Parks den einrahmenden Abschluß der Gartenanlage.
Lit.: A. Tschira, O.n und Gewächshäuser, ihre geschichtliche Entwicklung in Deutschland, 1936.

Orans, Orant. **1)** Betender Mensch mit erhobenen Händen. Bereits in den Katakomben des 3. Jhs. und auf den Sarkophagen dieser Zeit eine häufige Darstellung. Die ursprüngliche Bedeutung hat sich später geändert. Während in der Anfangszeit der O. die Hände fürbittend für die Verstorbenen erhebt, um die Errettung nach dem Tode zu erflehen, stellen die Oranten männlichen und weiblichen Geschlechts später die Verstorbenen selber im Paradies in seliger Anbetung dar. Auf Wandfresken in der Callistuskatakombe (→Rom) sehen wir sie bereits differenziert behandelt. Alter, Geschlecht, Tracht sind bei der Gruppe von O. ganz verschieden behandelt. **2)** Bez. f. Maria ohne Jesuskind mit erhobenen Armen.

Oratorium. In frühchristl. Zeit Bezeichnung für Kirchen und Betsäle. Seit im Frühmittelalter in Städten und auf dem Lande Pfarreien entstanden, wurde der Begriff nur noch für Kapellen und Beträume verwendet, die nicht Kirchen sind. Man unterscheidet öffentlich zugängliche, jedoch nur speziellen Zwecken dienende Oratorien, halböffentliche (z. B. Seminar-, Kloster-, Spital-, Schloßkapellen) und private Oratorien (z. B. Hauskapellen, in denen nicht ohne Sondererlaubnis die Messe zelebriert werden darf). Auch Orgelemporen werden gelegentlich O. genannt.

Orcagna, Andrea. Andrea di Cione, genannt O. Bruder des →Nardo di Cione. Italien. Baumeister, Bildhauer und Maler. Hauptmeister florentinischer Kunst um die Mitte des 14. Jhs. Geb. frühestens 1308, gest. wohl 1368. 1352 Mitglied der Florentiner Steinmetzenzunft. Als Baumeister tätig an den Domen von Florenz und Orvieto. Einziges gesichertes Tafelbild: Altarbild der Strozzikapelle in S. Maria Novella, Florenz, mit Christus in der Mandorla und Heiligen, 1357 datiert. Grundlage ist →Giottos Figurenstil, doch sind die Formen von metallischer Schärfe und einer Plastizität, die im Widerspruch steht zur unräumlichen, geometrisch schematisierten Anordnung. Eigenhändige Wandmalereien haben sich bis auf zwei Fragmente aus S. Croce, Florenz (aus einem Zyklus mit Triumph des Todes, Weltgericht, Inferno), nicht erhalten. Einziges, sicheres plastisches Werk ist das signierte und 1359 datierte Marmortabernakel in Or San Michele, Florenz. Übersponnen mit ornamentalem Schmuck und bunten Inkrustationen, zeigt es Freifigueren und am Sockel umlaufende Reliefs mit Marienszenen und Tugenden sowie an der Rückwand ein Relief mit Marientod und Mariae Himmelfahrt. Stilistisch schließt O. an Andrea →Pisano an, doch sind die Formen schwerer und steifer, die Anordnung flach und beengt. – Lit.: H. Gronau, A. O. und Nardo di Cione, eine stilgeschichtl. Untersuchung, 1937; R. Oertel, Die Frühzeit der italien. Malerei, 1953; J. Pope-Hennessy, Italian Gothic Sculpture, 1955.

Orchestra. Die kreisrunde oder halbrunde Spielplatz des griech. →Theaters, um den sich die →Cavea hochzieht. Ursprünglich stand in der O. ein Altar des Dionysos, um den sich das Tragödienspiel vollzog. Als im 5. und 4. Jh. v. Chr. das Bühnenhaus mit einer hochgestellten →Skene dem Theater angegliedert wurde, diente die O. wohl nur noch als Opferplatz.

Orchismalerei. Nach dem Thema der Orchidee benannter Zweig chinesischer Blumenmalerei. Die frühesten Bilder dieser Art entstanden um die Mitte des 14. Jhs. n. Chr., die letzten – bereits konventionelle Erstarrung aufweisend – im 18. Jh.

Orchomenos. Griech. Ort in Böotien gelegen. Die 1. Blütezeit dieses Platzes gehört der mykenischen Epoche an. Die Besiedelung reicht noch in vorgriech. Zeit zurück (Hausreste der Bronzezeit). Eindrucksvollster Zeuge der mykenischen Kunst ist das große →Kuppelgrab (sogen. Schatzhaus des Minyas) mit einem Durchmesser von 14 m und mit einer dem sogen. ,,Schatzhaus des Atreus" in →Mykene analogen seitlichen Grabkammer. – Aus archaischer Zeit stammt ein schmaler →Antentempel (21 × 8,35 m) des 6. Jhs. v. Chr., aus der Zeit des →Hellenismus ein Asklepiostempel, als dorischer →Peripteros mit 11 × 6 Säulen errichtet. Reste einer ausgedehnten hellenistischen Befestigung zeugen von einer erneuten Blüte in dieser Epoche.
Lit.: Kirsten-Kraiker, Griechenlandkunde, 211 ff., 1962.

Ordensburg. Burg des Deutschen Ritterordens in Preußen und Livland. Ihre bauliche Anlage vereinigt Forderungen eines Klosters mit denen einer →Burg als Stützpunkt und Waffenplatz. O.en stellen daher einen Sonderfall innerhalb der deutschen Burgenarchitektur dar. Bezeichnend ist die Regelmäßigkeit der Anlage: Vierflügelbau mit rechteckigem oder quadratischem Innenhof. Material: Backstein. Architektonische Anregungen boten der kirchliche →Backsteinbau (→Backsteingotik) und der westliche Burgenbau. Um 1300 gab es bereits 23 O.en. Die bedeutendste ist die →Marienburg, die seit 1309 Hochmeistersitz war.
Lit.: B. Schmid, Die Burgen des Deutschen Ritterordens in Preußen, 1938.

Ordnung. Abgekürzte Bezeichnung für →Säulenordnung.

Ordosbronzen. Im Steppengebiet nördlich der Chinesischen Mauer verbreitete Bronzegeräte (Messer, Dolche, Äxte, Tüllenbeile, Zaumzeug, Gürtelhaken, Stangenbekrönungen und durchbrochene Schmuckplatten), die sich durch zahlreiche Tiermotive auszeichnen. Realistische Bildungen begegnen neben phantastisch stilisierten, Tierkampfszenen neben antithetischen Gruppierungen. Wahrscheinlich gehen die Anfänge der Entwicklung bis in die Zeit der →Karasuk-Kultur zurück. Auch Beziehungen zu China (Shang-, Chou- und Han-Zeit) lassen sich nachweisen, ebenso Zusammenhänge mit dem skythischen →Tierstil. Der Befund spricht für einen Höhepunkt der O. mit reichem Tierstil im 5./4. Jh. v. Chr. und für ein Nachwirken bis in hunnische Zeit.
Lit.: K. Jettmar, Steppenvölker, 67, 86, 159ff., 189; →Eurasische Kunst III.

Orgelprospekt. Bezeichnung für die künstlerische Gestaltung der zum Kirchenraum hingewandten Seite der Orgel. Dabei werden die Orgelpfeifen einem architektonischen Rahmen, der mit reichen Schnitzarbeiten oder Malereien bereichert sein kann, eingegliedert. – Der O. entwickelte sich in der Gotik, jedoch sind die frühesten Beispiele erst aus der Mitte des 15. Jhs. erhalten. Seine reichste Ausstattung erfuhr der O. im Barock. – Gräzisierende Formen kennzeichnen die O.e des Klassizismus, der die klare architektonische Gliederung hervorhebt. Nach zahlreichen Stilmischungen im 19. Jh., das vor allem neogot. Formen bevorzugte, setzte sich im 20. Jh. eine puristische Tendenz durch, die die künstlerische Gliederung unter Verzicht auf Ausschmückung eines Gehäuses durch die freie Anordnung der Pfeifen zu verwirklichen sucht.

Oriel-window (engl.). Bezeichnung für ein vorgekragtes Erkerfenster.

Orientalisierender Stil. Zwischenstufe der griech. Kunst, die von der geometrischen zur archaischen Epoche überleitet. Am deutlichsten tritt er in der bemalten Keramik in Erscheinung. Noch im geometrischen Stil verwurzelt, werden die Vasenbilder durch nicht eindeutig geklärte Einflüsse, vielleicht aus dem Orient belebt. Die geometrische Silhouette einer Gestalt wird durch Ritzung aufgelockert, die Figuren großflächiger gegeben. Häufig reiht sich ein Tierfries um den Vasenleib, wobei Panther und Sphingen als östliche Mischwesen Eingang in die Darstellung finden.
Lit.: A. Rumpf, Handb. d. Archäologie, VI, 23ff., 1953.

Orientierung (= Richtung der Kirche). In altchristl. Zeit gab man, von Ausnahmen abgesehen (vergleiche alte Peterskirche in →Rom, Lateransbasilika u. a.), den Kirchen die Richtung von Westen nach Osten. Die Begründung dafür ist verschieden. In erster Linie führt man sie darauf zurück, daß man den wiederkehrenden Christus von Osten erwartet.

Orissa. Landschaft an der Ostküste Indiens mit den noch bestehenden Wallfahrtsorten von →Bhuvaneschvara und →Puri und den Ruinen des Sonnentempels von →Konarak.

Orléansville (Nordafrika). Die Kirche von O., das zwischen Algier und Oran liegt, ist äußerlich unscheinbar. Interessant, daß sie eine fünfschiffige Basilika ist, wie die großen altchristl. Kirchen in Rom. Sie hat rechts und links von der Eingangstür je 5 Säulen aus der Zeit der Erbauung im Jahre 324. Die alten, kostbaren Mosaiken sind wieder freigelegt. Vor dem Altar das Grab des Bischofs Reparatus (gest. 475). Besonders bemerkenswert die ursprüngliche Anlage mit einer Ost- und Westapsis, wie man sie in späteren Jahrhunderten bei roman. Bauten antreffen kann.
Lit.: Les guides bleus, Algérie, Tunisie, 1955.

Orley, Bernaert (Barend) van. Niederl. Maler. Geb. um 1492 in Brüssel, gest. 1542 ebda. Gehört zu den ersten und neben →Mabuse und J. v. →Cleve zu den bedeutendsten Romanisten der Niederlande. Seit 1518 Hofmaler der Statthalterin Margarete von Österreich. Lernte in Brüssel die von →Raffael gearbeiteten Kartons zu den mit Darstellungen aus der Apostelgeschichte versehenen Wirkteppichen (zur Ausschmückung der Sixtinischen Kapelle) kennen und ließ sich in seinen Entwürfen besonders von der Kompositionsklarheit des großen Meisters beeinflussen. Schuf zuerst Altäre und religiöse Gemälde, später jedoch nur noch Entwürfe für Werkstattgehilfen, Kupferstecher, Holzschneider, Teppichweber und Glasmaler.
Lit.: A. Wunters, B. van O., 1893.

Orme, Philibert de l' →Delorme.

Ormuzd. Persische Bezeichnung für →Ahura-Mazda.

Ornament. In ein Dekorationsschema gebrachte pflanzliche, tierische, menschliche oder ungegenständlich-geometrische Motive zur Ausschmückung eines Gegenstandes. Das O. findet sich in allen bekannten Kulturen und ist häufig – insbesondere bei frühen Kulturen – Träger von Symbolinhalten. – In der abendländischen Kunst hat sich das O. vor allem in zahlreichen →Fries-Formen ausgebildet und fand im Kunstgewerbe reiche Verwendung.

Ornamentglas. Undurchsichtiges Tafelglas, in dessen Oberfläche in zähflüssigem Zustand mit Walzen Musterungen eingedruckt wurden.

Ornamentstich. In Kupferstichtechnik ausgeführter Ornamententwurf, dessen Anfänge sich bis in das 15. Jh. zurückverfolgen lassen. Vor allem auf kunstgewerbliche Dekorationen hat der O. im 17. und 18. Jh. einen großen Einfluß ausgeübt.

Ornament, technisches. Verzierung an bronzenen Gegenständen aus vorgeschichtlicher Zeit, die sich auf technische Details der jeweiligen früheren Geräteform zurückführen läßt.

Orodes. Königsname der →Arsakiden. O. I. (56–38 v. Chr.). Besieger des Crassus in der Schlacht bei Carrhae 53 v. Chr. O. II. (4–6 n. Chr.). Palast und Tempel Kuh-i-Chodscha. Schöne Münzbilder.
Lit.: R. Ghirshman, Iran I, 316, 393.

Oropos. Antiker griech. Ort an der Nordgrenze →Attikas mit einem im Altertum berühmten Heiligtum des Amphiareios, dem sogen. Amphiareion. – Die ältesten Baureste gehören zu einem Tempel des 4. Jhs. v. Chr. mit doppelter Innensäulenstellung. Seine Blüte hatte das Heiligtum jedoch erst in hellenistischer und röm. Zeit. Am Ende des 4. Jhs. v. Chr. wurde eine gewaltige Liegehalle von 110 m Länge für den Aufenthalt der im Heiligtum weilenden Kranken errichtet, in röm. Zeit wird diese Anlage durch große Thermen erweitert. Reste von Wohnhäusern verschiedener Epochen wurden ausgegraben. Von einem Theater sind Bühnenhaus, →Orchestra und die unterste Reihe der Sitzstufen erhalten.
Lit.: Kirsten-Kraiker, Griechenlandkunde, 178ff., 1962.

Orozco, José Clemente. Mexikanischer Maler. Geb. 1883 in Zapotlan (Jalisco), gest. 1949 in Mexico-City. Begann Architektur zu studieren und arbeitete bei dem Architekten C. Herrera. Nach 1909 wandte er sich der Malerei zu, deren Gestaltungsmittel er sich autodidaktisch aneignete. Nicht zuletzt dadurch blieb er von der europäischen Malerei weniger stark beeinflußt als alle seine Landsleute. – Von großer Bedeutung für sein Werk war der Entschluß, dieses in den Dienst der Politik zu stellen, was sich mit dem Plakathaften seines Stiles gut vertrug und seinem Werk einen missionarischen Ausdruck verlieh. Dabei ist sein Stil ausgesprochen mit der mexikanischen Kultur verbunden.
Lit.: Thieme-Becker; H. Vollmer, Künstlerlex. d. 20. Jhs.

Orpheus. Thrakischer Sänger, der nach Ansicht der Antike durch Musik in unerkärlicher Weise auch die widerstrebendsten Wesen an sich zu locken vermochte. O. wurde gelegentlich auch als →Prototyp von Christus in der altchristl. Kunst gezeigt (z. B. Callistuskatakombe, →Rom).

Orthostatenrelief von der Stadtmauer zu Alaca Hüyük (Ankara, Mus.).

Orphismus. Von →Delaunay begründete, von →Apollinaire 1912 formulierte Richtung der modernen Malerei. In Reaktion zu dem strengen, auf geometrischer und stereometrischer Konzeption aufbauenden →Kubismus, der die Farbe dem Liniengefüge unterordnete, sah Delaunay in der Farbe das wesentliche Kompositionselement, deren dynamische Kräfte er zum Gestaltungsprinzip erhob. Der poetische und musikalische Klang dieser Bilder veranlaßte Apollinaire zu der für diese Richtung namengebenden Wortprägung „Orphisme". – Neben Delaunay schloß sich vor allem →Kupka dieser Malweise an.

Orthographia. Griech. antike Bezeichnung für den Aufriß eines Bauwerkes.

Orthostaten. Griech. Bezeichnung für aufrecht stehende Blöcke, wie sie sich vor allem in der sogen. O.-Schicht des griech. Tempels finden, der untersten Lage der Cellamauerblöcke.

Orthostatenreliefs. Mit Reliefbildern geschmückte Steinplatten, die, senkrecht nebeneinandergestellt, den Sockelschmuck von Palästen und Tempeln bildeten. Die Verwendung von O. begegnet erstmalig in der →hethitischen Kunst, wie beispielhaft der Befund von →Alaca Hüyük, →Guzana, →Schamal und →Karkemisch zeigt. O. mit langen zusammenhängenden Reliefzyklen sind ein charakteristisches Merkmal der assyrischen Architekturplastik seit →Assurnasirpal II. →Kalach, →Ninive, →Dur Scharrukin.
Lit.: H. Potratz, KAO, 231, 238, 244ff., 275, 284, 342f.; E. Strommenger, Mesopotamien, 100ff.; E. Akurgal, HK, 77ff.

Ortschscha. Siedlung im Gelände einer alten Stadt in Mittelindien mit einem Palast, an dem mehrere Fürstengenerationen zwischen 1500 und 1600 bauten. Die ausgedehnte rechteckige, mehrgeschossige Anlage verbindet Wehrcharakter und den Geschmack an luxuriöser Gestaltung von Wohnräumen.
Lit.: Brown, Architecture II, 129.

Orvieto. Auf mächtigem Tuffmasiv über dem Tal der Paglia gelegene natürliche Etruskerfeste. In der Nekropole Crocefisso del Tufo straßen- und blockweise gereihte Kammern aus Tuffquadern mit spitzbogigem Kraggewölbe, dessen Erdhügel von einem Cippus bekrönt war. Diese Steine werden als Symbole männlicher Kraft angesehen und entsprechenden Überlieferungen der etruskischen Königszeit zugeordnet (→Cerveteri). →Tomba Golini beispielhaft für die Grabmalerei des späten 4. Jhs. v. Chr. Fragmente von farbigen Tonreliefs und -skulpturen (Kopf eines Bärtigen) weisen auf einen Tempel des 5./4. Jhs. v. Chr. – Der Dom ist ein Hauptwerk italien. Gotik, begonnen vor 1285, vielleicht von Arnolfo di Cambio, als dreischiffige Säulenbasilika mit offenem Dachstuhl, Querschiff und geradem Chorschluß. Die seit 1310 von Lorenzo Maitani begonnene, 3giebelige Fassade ist der des Domes zu Siena verwandt. Das Radfenster stammt von Andrea →Orcagna (1359), die oberen Teile der Fassade wurden erst im 16. Jh. vollendet. Der übrige Fassadenschmuck, Skulpturen und polychrom gefaßte Mosaiken, wurde später größtenteils erneuert.
Lit.: O. W. v. Vacano, E I, 434f., 443f.; E II, 9f., 71, 84, 99, 148, 189; F. v. Duhn, IGK I, 364f.; G. Q. Giglioli, AE, Taf. 120.

Oseberg. Grabhügel nördlich von Tönsberg in der Landschaft Vestfold am Oslofjord in Norwegen, in dem 1903 ein prunkvoll verziertes Boot gefunden worden ist, das zwei Frauenbestattungen aus der Mitte des 9. Jhs. n. Chr. enthielt. Unter den reichen Funden ist unter anderem ein reichgeschnitzter Wagen aus Holz zu nennen.

Osia. Dorf in Nordwest-Indien am Rande der Wüste Thar. In der Ebene stehen Ruinen von Hindu-Tempeln des 8.–10. Jhs., die für die Entwicklung des Grundrisses und der Turmform des nördlichen Tempelstiles von Bedeutung wurden. Auf einem Burgberg ist ein Dschaina-Tempel des 13. Jhs., der sorgfältig restauriert wird, noch immer Wallfahrtsziel.

Osiris. Wahrscheinlich aus Busiris stammender Gott mit Kultzentrum in →Abydos, in der →ägypt. Kunst mumienförmig mit gekreuzten oder angewinkelten Armen, Szepter und Fliegenwedel als Insignien dargestellt, mit →Isis und →Horus zu einer göttlichen Familie verbunden. Bruder des →Seth, von dem O. getötet wird. Tod und Auferstehung des O., der im Jenseits als Totenrichter gebietet, in Mysterienspielen dargestellt. Die an O. anknüpfende Jenseitshoffnung hat in der 4. Dyn. das Totenritual für den Pharao so stark beeinflußt, daß die →Pyramiden mit einem vom Taltempel heraufführenden Aufweg und einem Totentempel an der Ostseite ausgestattet wurden, um die Fahrt des toten O. von Abydos auf dem Nil nachzuvollziehen. Die zahlreichen O.-Bilder der Gräberwelt fügen sich ebenso in den Zusammenhang wie die Darstellung des toten Pharao als O. Wie →Isis der Sirius (→Sothis), so ist O. der Orion zugeordnet.
Lit.: S. Morenz, ÄR, 297; E. Brunner-Traut, Ägypten, 98f.; W. Wolf, KÄ, 118ff.

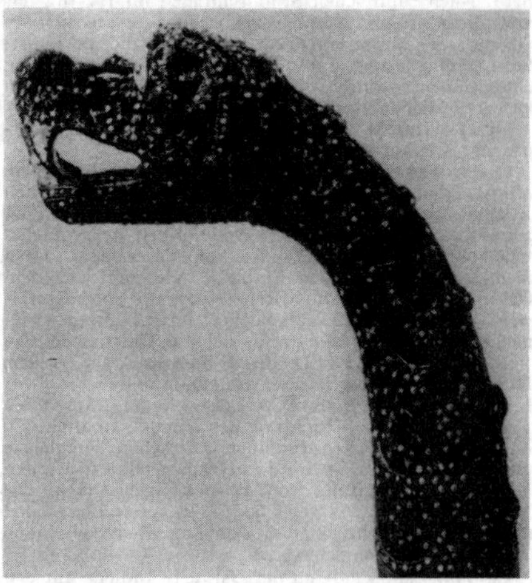

Osebergfund: Tierkopfpfosten, Wikingerzeit (Oslo, Mus.).

Osmanen. Die türkische Familie der O. aus dem Stamm der Oghuzen beginnt ab 1300 die Herrschaft der Türken über Kleinasien wiederherzustellen und die Grenzen über das Gebiet des seltschukischen Reiches von Rum bis an die ägäische Küste auszudehnen. Sie errichten ihre Residenz vorübergehend in Iznik (Nicea), dann aber von 1326–1365 in Bursa. In folge des Überganges auf das europäische Festland und des Angriffs auf den Balkan wird Edirne (Adrianopel) Regierungszentrum, und erst Jahre nach der Eroberung von Istanbul (Konstantinopel, 1453) übt der Sultan seine Regierungsgeschäfte von der Hohen Pforte im Seray von Istanbul aus aus. Im Lauf des 16. und 17. Jhs. reicht der Kultureinfluß der O. rund um das südliche Mittelmeer, durch den Iraq zum Persischen Golf, umfaßt den Kaukasus, die Krim, Ungarn und Siebenbürgen. Nach der Eroberung Ägyptens (1517) fällt dem osmanischen Sultan die Kalifenwürde zu, und das Kalifat erfährt eine neuerliche Dauer bis 1923. Mantel und Schwert des Propheten werden von Mekka in das Seray von Istanbul übertragen. – Die wichtigsten Herrscher sind Mehmed I. (1402–21), Mehmed II. (1451–81), Selim I. (1512–20), Suleiman I. (1520–66). – Die Entwicklung der islam. Kunst unter den O. vollzieht sich in zwei aufeinanderfolgenden Abschnitten, der frühosmanischen Periode bis zum Ende des 15. Jhs. und der hochosmanischen Periode bis zum Anfang des 18. Jhs. Die danach unter europäischer Einwirkung anschließende Phase des türkischen Rokoko weist handwerklich hochstehende Leistungen auf, liegt aber nicht im Rahmen einer Betrachtung der islam. Kunst. – Die frühosmanische Kunst ist eine Fortentwicklung des seltschukischen Stils unter timuridischem Formeneinfluß. Ihre Bau- und Dekorationskunst stellt die Vollendung der mittelalterl. Entwicklung von Kuppelbau, Stalaktit- und Kassettenwerk, von zierlich elegantem, kleinteiligem Schmuckwerk dar. Die charakteristischen Teppichmuster haben kassettierende Aufteilung bei Wechselspiel von Muster und Grund (sogen. Holbeinteppiche), und das chinesische Drachen-Phönix-Motiv tritt in den anatolischen Tierteppichen des 15. Jhs. in Erscheinung. – Die hochosmanische Kunst stellt eine letzte kraftvolle Stilschöpfung im Bereich der islam. Kunst dar, die Tradition und neuartige, von europäischem Sehen beeinflußte Formgebung verbindet. Im Grab- und Moscheebau herrscht die Kuppel, das nadelförmige Minarett, der quadratische Moscheehof mit gedecktem Brunnen und Arkadengängen an drei Seiten. Zahlreiche profane Bauwerke wie Imaret, Han, Bazar, Sebil schmücken als Stiftungen des Sultans und der „Großen" die Städte. Die Auskleidung dieser Bauten zeigt außer Schriftfriesen und Schriftornamenten mit blumigem Dekor auf weißem Grund bemalte Fliesen, deren groß angelegter, über die Einzelform hinausgreifender Entwurf von namhaften Kalligraphen und Zeichnern stammen. Zahlreiche, im Seray arbeitende Künstler lieferten die Entwürfe für Keramikdekor, für Textilien wie für Knüpfteppiche und führen die Randmalereien der Sammelalben (→Muraqqa) aus und die Koranilluminationen, so daß diese einen einheitlichen Palaststil zeigen. Das Charakteristische des Dekors aus Blüten, Fiederblättern, Wolkenbändern (→Tschi), Rauten, Tschintamani, demgegenüber die reine Arabeske in den Hintergrund tritt, ist der durchgehende weiße Grund. Damit ist das mittelalterl. Spiel zwischen Muster und Grund, das in Samarra begann, beendet. – Iznik als Zentrum der frühosmanischen wie hochosmanischen Keramik liefert zunächst Gefäße im reinen Blauweiß-Stil mit eigenem Charakter gegenüber dem chinesischen Vorbild, seit Mitte des 16. Jhs. aber die typisch osmanische, vielfarbig unter der Glasur bemalte Ware unter Verwendung reliefstark aufgetragener bolusroter Erde. Die Fliesen aus Iznik sind in erster Linie für die Staatsbauten – Moscheen wie Profanbauten – bestimmt. Im 17. Jh. tritt eine Gruppe von Tellern und Krügen mit Figuren von Menschen und Tieren auf, gelegentlich mit griech. Inschrift, wodurch der Kreis der Auftraggeber gekennzeichnet ist. Gegen Ende des 17. Jhs. übernimmt Kutahia die Führung in der Keramikproduktion, für dessen Geschirre die Verwendung gelber Farbe im Dekor charakteristisch ist. – Bursa ist das Zentrum für Gold- und Silberbrokate, Samte. Teppiche werden besonders in Uschak im Palaststil hergestellt, eine besonders feine Gruppe in Kairo und vielleicht in Bursa, spezielle Typen kommen aus Yördes, Ladik, Kula, Bergama, Kirschehir und dem Kaukasusgebiet. Die staatliche Manufaktur der letzten Osmanenzeit ist Hereke. – Zahlreiche Namen türkischer Miniaturmaler sind aus der Bibliothek des Seray bekannt. Eine außergewöhnliche Erscheinung aber ist im 15. Jh. Muhammed siyah kalem, dessen derbe und groteske Nomadentypen und Ungeheuer eine einmalige Beherrschung des mimischen Ausdrucks wie der graphischen Mittel aufweisen. Charakteristische und naiv reizvolle Schilderungen enthalten die Malereien des Menazilname (1537/8, Buch des persischen Feldzuges Suleimans I.) und des Surname (Murads III. Buch der Feste), die das Volksleben der Zeit schildern. Europäische Künstler arbeiten an der Ausstattung des Seray, ohne daß aber ihre Tätigkeit zu Nachahmungen durch islam. Künstler führt. Der größte Baumeister der islam. Kunst ist der Architekt Sinan, der mit Hilfe einer großen Schule Moschee- und Profanbauten wie Brücken im ganzen Land errichtet.

Lit.: U. Vogt-Göknil, Türkische Moscheen, 1953; K. Otto-Dorn, Türkische Keramik, 1960; K. Erdmann, Der Orientalische Knüpfteppich, 1955; C. E. Arseven, L'Art Turc, 1939.

Osroes. König der →Arsakiden (106/7–130 n. Chr.). Münzbilder.

Lit.: R. Ghirshman, Iran II, 115.

Ossiach (Kärnten/Klagenfurt). Ehemalige Stiftskirche Maria Himmelfahrt. Ursprünglich 3schiffige roman. Pfeilerbasilika mit östlichem Querschiff, Vierungsquadrat und 3 Apsiden von schlichtem Äußeren, die in den Jahren 1737–44 barockisiert wurden. Diesem Umstand fiel auch die roman. Krypta zum Opfer (4 Säulen davon jetzt in der Taufkapelle). Die ausgezeichneten Stukkaturen in zarten Pastellfarben stammen wahrscheinlich von einem aus Wessobrunn berufenen Meister (um 1740). Die Fresken an den Gewölben und an den Schildwänden des Hochschiffs sind vom Kärntener Maler Jos. Ferd. Fromiller. Hochaltar, Orgelprospekt und Kanzel zwischen 1700 und 1725. Bemerkenswert in der nordwestlichen Kapelle ein sehr gut erhaltener, spätgot. Flügelaltar aus dem frühen 16. Jh., ein charakteristisches Werk der St. Veiter Schule, wahrscheinlich von Meister Lucas um 1510 (leider fehlt das Gesprenge).

Lit.: Reclams Kunstführer, Österreich, Bd. II, 1961.

A. van Ostade, Rastender Wanderer (Amsterdam, Reichsmus.).

Ostade. **1)** Adriaen van. Holländischer Maler. Geb. 1610 in Haarlem, gest. 1685 ebda. Eventuell Schüler von F. →Hals, mit Sicherheit von →Rembrandt beeinflußt. Seine liebenswürdigen Schilderungen des holländischen Bauernlebens (in Innenräumen oder vor

Häusern, selten in landschaftlicher Weite) setzt er in Radierungen fort, die durch malerische und plastische Qualität bestechen. – **2)** Isaak van. Holländischer Maler. Geb. 1621 in Haarlem, gest. 1649 ebda. Schüler seines Bruders (1). Behandelt die gleichen Themen, weitet das Genre jedoch zu Landschaften mit Fuhrwerken, Ufern und Wirtshäusern aus. Im Aufbau der Gruppen und in der Lichtführung übertrifft er seinen Bruder.
Lit.: A. Rosenberg, A. und J. v. O., 1900.

Ostasiatische Kunst →Chinesische Kunst, →Japanische Kunst, →Koreanische Kunst.

Ostensorium →Monstranz.

Osterburken. Am obergermanischen Limes gelegenes röm. Kastell des 2. Jhs. n. Chr., in dessen Nähe eines der bedeutendsten Mithras-Kultbilder mit mehreren Kultszenen auf den Umfassungsreliefs gefunden wurde.

Osterinsel (Polynesien), Steinfigur, Hoa-Haka-Nana-Jo.

Osterhofen – Altenmarkt. Ehemalige Prämonstratenserklosterkirche St. Margaretha. Neubau an Stelle der älteren, baufälligen Anlage 1727 unter Joh. Mich. Fischer bis 1740. Der Außenbau ist sehr schlicht und birgt einen einschiffigen Raum mit je 3 seitlichen Ovalkapellen; darüber konvex in das Schiff schwingende Emporen; 3jochiger Chor mit polygonalem Abschluß. Die Innenausstattung besorgten die Brüder →Asam aus München: Egid Quirin den Stuck, der sich unerhört reich über den Baukörper legt und reichste Kapitellformen, Vasen auf gekurvtem Gebälk über Pilastern, Reliefmedaillons etc. hervorbringt, und Cosmas Damian die Malereien, von denen besonders das riesige Gewölbefresko zu beachten ist. Die Altarausstattung des Egid Quirin A. gehört zu den originellsten des bayerischen Barock. Der Hochaltar ist deutlich angeregt von Berninis Tabernakel in Rom, St. Peter: 4 gedrehte Säulen mit Baldachin, der sich in die 4 Evangelistensymbole verwandelt. In der Mitte das Lamm, umgeben von einer goldgelben Glorie aus Rücklicht. Das Altarblatt von Cosmas Damian A. (1732) ist umgeben von Figuren Egid Quirins. Das Thema bildet das Leben der hl. Margaretha. Die farbige Fassung der Seitenaltäre erfolgte in ziemlich bedenkenloser Weise erst 1879–83.
Lit.: Reclams Kunstführer, Deutschland, Bd. I, 1961.

Osterinsel. Einsame Insel am Ostrand von →Polynesien, berühmt durch ihre monumentalen Steinplastiken, Reste von Terrassenbauten, Befestigungsanlagen sowie durch hieroglyphenähnliche Zeichen auf Holztafeln. Die aus Steinplatten gebauten Begräbnis- und Kultplattformen (→Ahu) lagen in Küstennähe; hier standen die großen Steinfiguren, die heute fast alle umgestürzt und ihres zylindrischen Kopfputzes beraubt sind. Sie gehören alle dem gleichen Typus an (tiefliegende Augen, schmale, zusammengepreßte Lippen, verlängerte Ohren). Man formte sie mit Steinmeißeln an den Abhängen des Vulkans Rana-roraku. Ihr Gewicht beträgt bis zu 50 Tonnen. – An der Südwestecke der O. befindet sich das „heilige Dorf" Orongo, aus 48 Steinhäusern bestehend. Einen früher hier gefeierten Vogelkult scheinen Felsritzungen von vogelköpfigen Menschen wiederzugeben. – Holz ist auf der O. selten, daher gibt es nur kleine geschnitzte Plastiken („Skelettfiguren" von bärtigen Männern). Wohl noch in neuerer Zeit wurden aus vulkan. Tuffgestein kleine „Aku-Aku"-Figuren hergestellt, die in Geheimzeremonien eine Rolle spielten. Radiokarbon-Daten zufolge wurde die O. um 380 n. Chr. besiedelt; die berühmten Steinfiguren sind jedoch jüngeren Datums. – Im 17. Jh., knapp vor der Entdeckung der O. durch den Holländer Roggeveen, machte ein Krieg zwischen zwei Bevölkerungsgruppen der Errichtung der Steinfiguren ein Ende. Heute werden kleine Figuren aus Holz und Tuffgestein als „Reiseandenken" hergestellt.
Lit.: A. Métraux, Die O., 1957. – Th. Heyerdahl, Aku Aku, 1957.

Osterleuchter. Ein Standleuchter (→Kandelaber) für die Osterkerze, auf der →Evangelienseite neben oder auf dem Altar aufgestellt. Er trägt die zu Beginn der Ostervigilien geweihte Osterkerze, die am Karsamstag angezündet wird und bis Himmelfahrt bei allen Messen brennt. Sie ist schon bei Augustinus und Hieronymus erwähnt. Wie auch die übrigen innerhalb der Kirche verwendeten Leuchter, trägt der O. häufig reichen ornamentalen, auch figürlichen Schmuck.

Osthaus, Karl Ernst. Deutscher Kunsthistoriker und Sammler. Geb. 1874 in Hagen (Westf.), gest. 1921. Setzte sich besonders für die nichtoffizielle Kunst der Jahrhundertwende ein und rief 1901 den Maler Chr. →Rohlfs nach Hagen. Die Bekanntschaft mit H. van de →Velde veranlaßte O., Impressionisten und zeitgenössische franz. Malerei zu sammeln. 1902 gründete er in Hagen das Folkwang-Mus., das van de Velde baute (1922 nach Essen verlegt). 1907 gehörte er zu den Gründern des Deutschen Werkbundes. Schrieb: „Grundzüge der Stilentwicklung".

Ostia. Antike Hafenstadt Roms, an der Tibermündung gelegen, am Ende des 4. Jhs. gegründet. Aus dieser frühen Zeit stammen noch die stattlichen Reste (über 3 m hoch) der Ummauerung des 193 × 120 m umfassenden Castrums. – Sulla ließ nach einer Zerstörung 87 v. Chr. einen mächtigen, 2,8 km langen Mauergürtel mit Toren und Türmen errichten. – Die durch umfangreiche Grabungen freigelegte Stadt gilt als bestes Beispiel einer Großstadt der röm. Kaiserzeit. Die rechtwinkelig sich kreuzenden Straßenzüge gehen in ihrer Führung z.T. noch auf Anlagen der republikanischen

Zeit zurück. – Von den öffentlichen Bauten sind außer dem Forum Thermen und das hervorragend gut erhaltene Theater zu nennen. – Die eigentliche Bedeutung von O. liegt jedoch in seinen ausgedehnten Wohnvierteln, die Häuser aus verschiedensten Epochen von republikanischer Zeit an überliefern: einfache Atrium-Häuser, mehrgeschossige Bauten mit Arkadenhof und große Wohnblocks. Außerdem mehrere luxuriös ausgestattete,

Ostia, Häuserblock in der sogen. Via dei balconi.

antike, villenartige Häuser. – Große Geschäftsviertel mit Ladenstraßen vervollständigen das Bild dieser Stadt, deren Wachstum und Bedeutung mit ihrem Hafen verbunden war. Um diesen vor der Versandung zu retten, ließ →Trajan ein großes sechseckiges künstliches Hafenbecken anlegen. – Reiche Funde an Mosaiken und Einzelkunstwerken. – Neben den zahlreichen antiken Funden auch altchristl. Basilika St. Peter und Paul aus konstantinischer Zeit entdeckt.
Lit.: H. Schaal, O., 1957.

Ostrianische Madonna. Gemeint eine →Orans im Coemeterium Majus in →Rom. Dargestellt eine betende Frau mit einem Knaben. Rechts und links von ihr das Monogramm Christi. Fraglich, ob die Verstorbene gemeint ist oder ob es sich um ein Marienbild handelt. Ersteres ist mit größerer Wahrscheinlichkeit anzunehmen. Name O. rührt daher, daß das Coemeterium Majus früher ,,Ostrianum" genannt wurde.

Ostung →Orientierung.

Otricoli. Italien. Stadt, am Tiber gelegen. Bereits in der Antike besiedelt (Ocriculum). Die antiken Reste stammen zum größten Teil aus dem 2. Jh. n. Chr. Gut erhalten sind Teile von Thermen, Theater und Amphitheater. – Bedeutendster Einzelfund ist die Statue des sogen. Zeus von O., eine röm. Kopie nach einem Werk des griech. Bildhauers →Bryaxis. Das Standbild schmückte einst eine reich mit Skulpturen ausgestattete Basilika.

Ottitz, Schlesien. Fundort einer qualitätvollen weiblichen Tonstatuette (noch 11 cm hoch) der →Jüngeren Steinzeit.

Ottmer, Carl Theodor. Deutscher Architekt. Geb. 1800 in Braunschweig, gest. 1843 in Berlin. Nach dem Collegium Carolinum besuchte O. ab 1822 die Bauakademie in Berlin bei →Schinkel, nach dessen Entwurf er 1827 die Singakademie in Berlin baute. Vorher schon hatte er mit dem Königstädter Theater (1823/24) einen Beweis seines Könnens erbracht. Sein Hauptwerk aber war das nach einer Italienreise (1827–29) entstandene Schloß in Braunschweig, in dem sich der Klassizismus seiner Lehrzeit mit der an ihren Quellen studierten Renaissance zu einem einheitlichen Werk vereinigte (heute abgebrochen). In seinen ,,Architektonischen Mitteilungen" beschrieb er das Königstädter Theater.
Lit.: Thieme-Becker.

Ottobeuren (Bayern). Die Benediktinerabtei wurde Ende des 8. Jhs. gegründet. Ihr nötiger Neubau erfolgte im 18. Jh.: das Kloster 1711–31, die Kirche 1737–66. Die Kirche ist einer der vornehmsten Kirchenbauten Deutschlands. Umfangreiche Entwurfsarbeiten gingen der Ausführung seit 1718 voraus. Ein Modell von Simpert Kramer, nach dem der Bau 1737 begann, verbindet den Grundriß von →Weingarten mit einem Entwurf von 1718, der schon an die Theatinerkirche in München erinnert. Der Grundriß der Anlage zeigt ein Kreuz mit gleichlangen Balken, Hauptschiff und Querschiff sind halbkreisförmig abgeschlossen. 1744 wurden Änderungen durch →Effner vorgenommen, den Bau führte aber schließlich J. M. →Fischer zu Ende. Das Charakteristische seiner Bauweise ist, daß die Architektur beginnt, sich vom eigentlichen Rokoko ab- und den Formen des Klassizismus zuzuwenden. Der Hauptgedanke der Anlage ist die Durchkreuzung des Langbaues genau in der Mitte, die durch eine ungewöhnlich hohe Kuppel noch besonders betont wird. An das Schiff lehnen sich Seitenkapellen. Der Wechsel von Säulen und Pilastern wird ,,beruhigt" von einem gleichförmig hart geschnittenen Gebälkband. Der locker verteilte Rocailleschmuck ist von Joh. Mich. →Feuchtmayer und tritt nicht mehr rokokohaft und plastisch vor, sondern liegt der Mauer schon eng an. Die leuchtendfarbigen Gewölbefresken stammen von Joh. Jak. Zeiller. Die höchst qualitätvollen Altäre sind Werke von Jos. Christian und J. J. Zeiller. – Die Klostergebäude bilden ein Rechteck von 150 × 140 m, das sich im O an die Kirche schließt. Durch Quertrakte ist die Anlage in 2 × 2 Höfe geteilt. Die ganze Klosteranlage ist in ihrem Äußeren sehr schlicht gehalten, hat jedoch im Inneren reiche Stukkaturen aufzuweisen. Besonders zu beachten der Bibliothekssaal. Als Baumeister waren →Thumb, →Beer und Herkomer verantwortlich, deren Entwürfe aber von Chr. Vogt überarbeitet worden sind. (Abb. S. 475).
Lit.: Wasmuths Lexikon der Baukunst, Bd. IV, 1932; Reclams Kunstführer, Deutschland, Bd. I, 1961.

Ottonische Kunst. Letztes Drittel 10. Jh. – erstes Drittel 11. Jh. Beginn einer selbständigen deutschen Kunst, die sofort bis in salische Zeit die Führung im abendländischen Kunstgeschehen übernimmt. Grundlage ist die Bildung des Deutschen Reichs aus den ostfränkischen Gebieten unter Heinrich I. und Otto I. (gest. 973). Auftraggeber sind wie in karolingischer Zeit das Kaiserhaus, der hohe Adel und Klerus; künstlerische Schwerpunkte das kaiserliche Stammland Sachsen mit Magdeburg, ferner Köln, Werden, Essen, Trier, Regensburg, Reichenau, Kloster Fulda. Die rege Bautätigkeit läßt um 1000 zahlreiche Dome entstehen, die jedoch sämtlich späteren Neubauten wichen. Baukunst: Entwicklung eines im Grundriß bis zum Beginn der Gotik (→Deutsche Kunst) gültigen Kirchentyps: Kreuzförmige, dreischiffige Querhausbasilika mit ausgeschiedener Vierung, Vorchorjoch und festem Maßsystem. Häufig sind Westchöre (zuerst →Fulda), die im Gegensatz zur richtungsbetonten frühchristl. Basilika eine in sich ruhende, beidseitig in steilen Gruppen aufsteigende Gliederung der Baumassen ermöglichten (auch Gruppenbau genannt). Auf der Grundlage karolingischer →Westwerke entstehen die ersten Türme als Betonung von Westchor und Kircheneingang (→Paderborn, Sulzburg/Baden; →Turm). Im Westen des Reichs gelegentlich

Verbindung von →Westwerk und Westchor (z. B. →Essen, Maastricht u. a.), auch Rückgriff auf den Zentralbau in →Aachen (→Essen, Ottmarsheim). Erneute, doch selbständigere Auseinandersetzung mit Byzantinischem (Ehe Ottos II. mit der byzant. Prinzessin Theophanu). →Gernrode greift auf byzant. Emporenkirchen des 5. Jhs. zurück. Neue Sicherheit und Großzügigkeit in Anlage und Durchführung: →Gebundenes System betont durch →Stützenwechsel, der Rhythmisierung der Arkadenzone schafft. Noch kein Achsenbezug zwischen Arkaden und Obergaden. Im Gegensatz zur franz. roman. Baukunst (→Franz. Kunst) Betonung ungegliederter Wandflächen, die reiche Bemalung trugen. Flachdecken. Sparsame Verwendung von Schmuckformen: Schichtwechsel (zweifarbige Mauerung besonders der Bogenleibungen), Bereicherung des korinthischen Kapitells durch dekorative Einfügung menschlicher Köpfe (nordisches Element), Entstehen von Pilz- und Würfelkapitell (→Kapitell). Außenbau: Kein Sockel. Direktes Aufwachsen der Mauern aus dem Boden. Geringe, im Profil zarte Gliederung durch →Lisenen mit Rundbogenfriesen (zuerst →Köln, St. Pantaleon), die den Zusammenhang der Wand (vergleiche auch Innenraum) nicht antastet. Immer Bruchsteinmauerwerk, ursprünglich verputzt. Die ottonische Bildnerei ist als Neuanfang zu werten. Der für karolingische Zeit typische enge Anschluß an antike Vorlagen verliert sich, ebenso der Sinn für räumlich organischen Zusammenhang. Wichtig werden mittelbyzant. Anregungen, doch ist die Umbildung des Übernommenen nun ausgeprägter. Es bildet sich erstmals ein einheitlicher Stil. Bezeichnend sind Flächigkeit, koloristische Zartheit (besonders bei Goldschmiede-

Gernrode,
Ehem. Nonnenstiftskirche St. Cyriakus, SW-Empore.

arbeiten), Lebendigkeit, gelegentlich stark expressive Gestaltung (→Bernwardskunst, besonders die Türen; →Echternacher Meister), häufig verbunden mit einer gewissen schwimmenden Unsicherheit des Standes. Von höchster Qualität ist die →Goldschmiedekunst, hauptsächlich Werke der →Trierer Schule und solche, deren Entstehung in Fulda (→Basler Antependium, Aachener Pala d'oro) und vielleicht Essen (Vortragekreuze im Essener Domschatz) angenommen wird. Weitere Hauptwerke: sogen. Lotharkreuz in Aachen (wohl um 1000) und die in Wien bewahrten →Reichskleinodien. Kennzeichnend sind die zu flachen, schmalen Leisten zusammengezogenen Rahmenformen mit Goldzellenschmelz, Filigran und Steinen. Die Elfenbeinproduktion geht zurück. Sie konzentriert sich auf Lothringen und das westliche Reichsgebiet. Wichtig vor allem der →Echternacher Meister. Daneben entstehen gegossene und geschnitzte Kirchentüren mit Zyklen figürlicher Reliefs (→Hildesheim, →Köln, St. Maria im Kapitol, Augsburg) und seit etwa 1000 die ersten Kultbilder, unter denen besonders die Essener Madonna und der Kölner →Gero-Kruzifix zu nennen sind. Steinplastik ist noch selten und ohne Bedeutung. Wichtigstes Zeugnis ottonischer Malerei ist die →Buchmalerei; deren künstlerisch bedeutendstes Zentrum die Reichenau (→Reichenauer Schule). Die stilistischen Kriterien decken sich weitgehend mit denen der Bildnerei. Wesentlich ist die Aussagekraft der Gebärde; thematisch kennzeichnend eine neue Auswahl des Bilderkreises: im Mittelpunkt steht Christi öffentliche Wirksamkeit, besonders seine Wundertaten. Folgenreich ist die Übernahme des →Goldgrunds in die abendländische Buchmalerei (zuerst Reichenau). Weitere Zentren: →Regensburg, →Hildesheim, →Köln, Echternach, →Trier. Von der reichen Wandmalerei ist wenig erhalten; vollständig nur die hochbedeutende Ausmalung in →Reichenau/Oberzell mit Wundertaten Christi.

Lit.: H. Jantzen, O., 1947; L. Grodecki, L'architecture ottonienne, 1958; H. Keller, Zur Entstehung der sakralen Vollskulptur in der ottonischen Zeit, Festschrift für H. Jantzen, 1951, 71ff.

Oud, Jacobus Joh. Pieter. Holländischer Architekt. Geb. 1890 in Purmerend, ansässig in Wassenar. Studium in Delft und Amsterdam. Anschließend war er in Amsterdam, München und Leiden tätig. 1918–33 leitete er als Stadtbaumeister von →Rotterdam zahlreiche Siedlungsprojekte. Neben →Le Corbusier gilt er als einer der bedeutendsten Vertreter eines auf funktionelles Bauen ausgerichteten Architekturstils und hatte großen Einfluß auf die Entwicklung der modernen Baukunst. Ohne jedes Ornament bauend, zeigen seine Architekturen einzig Farbelemente als Schmuck. Immer versucht er, Baufunktion und Räumlichkeit zu betonen. – Wegweisend waren seine Planungen für sozialen Wohnungsbau und Siedlungen. U.a. baute er 1927 einige Wohnhäuser in der Weißenhofsiedlung Stuttgart.

Lit.: H. Vollmer, Künstlerlex. d. 20. Jhs.

Oudot, Roland. Franz. Maler. Geb. 1897 in Paris, ansässig ebda. Seine frühen Werke entstanden unter dem Einfluß →Cézannes. Um 1920 nahm er Anregungen des →Kubismus und →Fauvismus auf, ohne den direkten Bezug zum Gegenständlichen jemals aufzugeben. Stets blieb er der von →Corot begründeten klassischen Bildauffassung treu. Im Zentrum seines Schaffens stehen Landschaftsbilder der Provence und der Isle de France. Daneben hat er zahlreiche Bildteppiche entworfen.

Lit.: Knaurs Lex. d. mod. Kunst, 1955.

Ouwater, Albert van. Niederl. Maler. Begründer der Schule von Haarlem, wo er offenbar zeitlebens tätig war und 1467 urkundlich erwähnt ist. Geb. um 1410–15; Schaffenszeit wohl 1440–70/80. Einziges sicheres Werk: Auferweckung des Lazarus, Berlin, Kaiser-Friedrich-Mus. (wohl um 1455). Eigentümlich, wie Lazarus, wie von unsichtbarer Macht erfaßt, sich ohne Blick auf Christus, aus dem Bilde sehend, aufrichtet. Charakteristisch die Verhaltenheit des Ausdrucks und die tonige Farbigkeit. Zugeschrieben noch ein Fragment in New York. Sein Stil zeigt wie der des D. →Bouts eine wohl durch Petrus →Christus vermittelte Mischung des Erbes von J. v. →Eyck und R. v. d. →Weyden. Sein Schüler war →Geertgen tot Sint Jans.

Lit.: W. R. Valentiner, A.v.O., Art Quarterly VI, 74ff., 1943; E. Panofsky, Early Netherlandish Painting, 1953.

Overbeck, Friedrich. Deutsch-röm. Maler und Kupferstecher. Geb. 1789 in Lübeck, gest. 1869 in Rom. Den ersten Unterricht empfing O. 1805 bei Peroux, dann bei W. Tischbein und Ph. O. →Runge in Hamburg. 1806 ging O. an die Akademie nach Wien, wo er weniger von der offiziellen Institution empfing als von der Begegnung und Zusammenarbeit mit E. →Wächter und F. →Pforr. Diese drei schlossen mit einigen anderen Gleichgesinnten 1809 den Lukasbund, der auf religiöser Ebene und zunftmäßiger Organisation eine Erneuerung der Kunst anstrebte. Als O. deshalb an der Wiener Akademie nicht mehr weiterstudieren konnte, wandte sich der ganze Freundeskreis nach Rom, wo sie den Namen →Nazarener erhielten. O. war in diesem Kreise, in welchem die bedeutendsten deutschen Romantiker und Historisten, unter ihnen P. →Cornelius und →Schnorr von Carolsfeld, zeitweilige Aufnahme fanden, der An-

Ottobeuren, Kaisersaal.

führer. 1813 konvertierte O. wie viele andere Deutsche in Rom. Von seinen vielen, sich in den Andachtsbildern bis heute auswirkenden Bildern seien nur die Fresken in der Villa Massimo in Rom (1817–27) genannt, die unter seiner Anleitung entstanden sind. – O.s Kunst war in der Überwindung des spätbarocken, mit klassizistischen Elementen durchsetzten Stils begründet, wie er zu seiner Zeit an den Akademien gelehrt wurde.

Lit.: K. Andrews, The Nazarenes, A Brotherhood of German Painters in Rome, 1964.

Oxford. Radcliffe-Bibliothek, von James Gibbs (1682–1754) erbaut, ist ein kraftvoll gegliederter Rundbau (1737–46). Die Architektur stellt eine wenig modifizierte Weiterführung des überkommenen Klassizismus dar.

Lit.: Baukunst des Barock in Europa, 1961.

Oxkintok. Mayastadt im nördlichen Yukatán, nordwestlich von Uxmal. Bereits 475 erstes datiertes Denkmal errichtet (Türsturz 1), letztes Datum 849. Frühe Architektur ähnlich der des Petén, Keramik jedoch unterschiedlich und hoch entwickelt, hauptsächlich gut gebrannte monochrome Ware in gefälligen Formen. Enger Kontakt mit Tabasco wahrscheinlich.

Oxusschatz. Fund am Hügel →Tacht-i-Kobad im alten Baktrien (Ostiran) am rechten Ufer des Amu-Darya (Oxus), wahrscheinlich beim Vorstoß →Alexanders d. Gr. verborgen, da die jüngsten Stücke in das 4. Jh. v. Chr. gehören, während die älteren bis in das späte 7. Jh. hinaufreichen. Die meisten weisen enge Beziehungen zum Reich der →Achaemeniden auf, wie Detailvergleiche mit den Reliefs von Persepolis bezeugen. Die Gold- und Silberarbeiten, Gefäße, Arm- und Waffenschmuck, Weihefiguren und Votivtäfelchen, deuten wie die Rollsiegel und Ringsteine nach Qualität und Zweckbestimmung auf Herkunft aus fürstlichem Besitz und Kulteigentum. Die →medische Kunst ist in der Goldblechscheide eines Schwertes skythischer Form mit Löwenjagd zu Pferde und in Darstellungen von →Barsom-Trägern vertreten. Wichtig ist die Verschmelzung von assyrischen, medischen und persischen Motiven in charakteristischen →Tierstil-Bildungen, die die Begegnung mit der →skythischen und →eurasischen Kunst erkennen lassen.

Lit.: R. Ghirshman, Iran I, 90ff.; F. Jettmar, Steppenvölker, 57, 177ff., 195ff., 230ff.

Oxyrhynchos. Antike Stadt in Mittelägypten (heutiges el-Benesa), seit der Ptolemäerzeit griech. besiedelt. Blütezeit: 2. bis 4. Jh. n. Chr. Die Grabungen brachten neben hochbedeutenden röm. Papyrusfunden mehrere Architekturen zutage: Theater, Gymnasium, mehrere Tempel.

Ozeanien →Südsee.

Ozenfant, Amédée. Franz. Maler. Geb. 1886 in Saint-Quentin, ansässig in New York. Nach seinem Studium in Paris bereiste er Italien und Holland und lebte 3 Jahre in Rußland. Anschließend ließ er sich in Paris nieder. 1935–38 leitete er eine von ihm gegründete Kunstschule in London und übersiedelte anschließend nach New York, wo er wiederum eine Kunstschule gründete. – Bedeutender als seine Bilder, die stets vom Gegenständlichen ausgehen, den Gegenstand jedoch auf möglichst klare, abstrakte Formen reduzieren, ist seine kunsttheoretische Tätigkeit. Vom →Kubismus ausgehend, entwickelte er um 1915 den →Purismus und gab gemeinsam mit →Le Corbusier 1918 das puristische Manifest ,,Après le cubisme" heraus. 1921–25 erschien unter seiner Leitung – wiederum gemeinsam mit Le Corbusier – die Zeitschrift ,,L'Esprit nouveau". 1928 veröffentlichte er sein Hauptwerk ,,Art".

Lit.: H. Vollmer, Künstlerlex. d. 20. Jhs.

Pacher, Michael. Deutscher Maler und Bildschnitzer. Geb. um 1435 wohl in Neustift bei Bruneck, gest. 1498 in Salzburg (?). Ist ab 1467 als Bürger von Bruneck nachweisbar und ab 1496 in Salzburg. Für seine künstlerische Entwicklung waren maßgebend die Werke →Multschers, besonders dessen Sterzinger-Altar und die neue Formensprache der oberitalien. Malerei. Von letzterer war es besonders die tiefenräumliche Malerei →Mantegnas, die P. aufnahm. – Seine Hauptwerke, der Altar in Bozen-Gries (1471–75) und der Hochaltar von St. Wolfgang (1481 vollendet, doppelter Wandelaltar), bestehen aus Malerei und Bildwerken. P. war zwar stets nur als Maler genannt, doch ist es heute sicher, daß er auch die geschnitzten Schreinfiguren arbeitete. Als Maler schuf P. Werke, die in ihrer Aufgeschlossenheit gegenüber den neuen Formen, dabei an Kraft der Aussage kaum ihresgleichen haben, während seine Bildwerke zu den besten Leistungen spätgot. Raumkunst gehören. (Siehe Farbtafel 14).
Lit.: E. Hempel, Das Werk M. P.s, 1952.

Pachypoder Typus. Menschendarstellung in der ostspan. →Levantekunst, bei der ein kurzer, schmaler Oberkörper mit verhältnismäßig großem Kopf von übermäßig dicken Beinen getragen wird.

Paderborn. 1) Bartholomäuskapelle: Unter Bischof Meinwerk um 1017 „per graecos operarios" (durch byzant. Bauleute) errichtet. Älteste →Hallenkirche auf deutschem Boden; ohne Zusammenhang mit der übrigen ottonischen Baukunst, doch sind auch keine direkten byzant. Vorbilder faßbar. Dreischiffig, mit Hängekuppeln gewölbt (byzant. Wölbeform seit justinianischer Zeit). Durchsichtiger feingliedriger Raum, eigentümlich richtungslos in sich ruhend. – **2)** Dom: Vom ottonischen Meinwerkbau, einer dreischiffigen doppelchörigen Querhausbasilika, nur der in seiner massigen Wucht typisch westfälische Turm über dem Westchor erhalten: sockellos, ungegliedert bis auf die Rundbogenöffnungen des Glockengeschosses (Rosenfenster, Giebel und Helm später), von zwei runden Treppentürmen bis in halbe Höhe begleitet. Um 1235 Baubeginn des heutigen Doms nach dem Vorbild der Kathedrale von →Poitiers als Hallenkirche mit kuppeligen →Domikalgewölben, deren Leichtigkeit mit der kraftvollen Schwere des Raums kontrastiert. Das neben dem Mindener Dom bedeutendste Beispiel einer spätstaufischen westfälischen Hallenkirche.– **3)** Der Bau des Rathauses von P. wurde von seinem Schöpfer Hermann Baumhauer fast ins Monumentale gesteigert. Unter Benutzung älterer Mauern wurde es 1613–16 im Auftrage des Fürstbischofs Dietrich von Fürstenberg errichtet. Dem großen Giebelbau sind 2 kleinere Giebelhäuser vorgesetzt, die auf Lauben stehen. Senkrechte und waagrechte Linien des Gefachs vermitteln den Eindruck des westfälischen Bauernhauses im Geist der Renaissance.
Lit.: E. Adam, Baukunst des Mittelalters I und II, UKG IX, X, 1963.

Paderborn, Bartholomäus-Kapelle, Blick nach O.

Padmanabhapuram. Schloß des 18.–19. Jhs., nahe der gleichnamigen Siedlung, etwa 25 km östlich von Trivandrum. Die Untergeschosse aus Steinsäulen in der Art eines spät-dravidischen →Mandapams tragen ein Obergeschoß aus Holzkonstruktionen, an dessen Wänden großfigurige Fresken aus der hinduistischen Mythologie Platz fanden. Gegen die Monsunregen an der Südspitze Indiens wird die Anlage durch Walmdächer geschützt.

Padmanabhapuram. Hof und Portal des Schlosses.

Padmapani. Der →Bodhisattva, welcher mit einem Lotos in der Hand dargestellt ist.

Padmasana. Sonderform des →Asana; der Lotussitz, der Lotusthron als die am weitesten verbreitete Basis des indischen Kultbildes.

Padua. 1) Der Palazzo della Ragione (1218/19), der „Salone", stellt ein Beispiel der Wendung vom got. Bauempfinden zur Frührenaissance in der profanen Baukunst dar. 1306 wurden die Umfassungsmauern erhöht, Loggien angefügt und ein gewaltiges, hölzernes Kieldach aufgesetzt. Der obere Saal hat eine Ausdehnung von ca. 27 × 79 m. Wie er in der Höhe (27 m) geteilt war, ist nicht mehr bekannt; 2 große Zwischenmauern trennten den Innenraum in 3 Räume. Um 1307/08 begann →Giotto einen Zyklus von Wandmalereien mit astrologischem Inhalt, die aber 1420 – und auch das Dach – durch einen Brand zerstört wurden. Bei der Wiederherstellung wurden die Trennwände weggelassen (neue Ausmalung von Miretto), und so entstand ein riesiger Saal, der für diese Zeit (kurz nach 1420) einen der großartigsten Räume abendländischer Architektur darstellt. **2)** Basilika S. Antonio, 1232–1307 erbaut. Im Inneren ist besonders der Hochaltar zu beachten, eine freie Reihung von Bronzefiguren Donatellos, die aber ursprünglich als „Sacra Conversazione" unter einem von Säulen getragenen Baldachin gedacht waren, der aber nicht mehr zur Ausführung gelangte. Am linken Seitenschiff vor dem Hochaltar die Antoniuskapelle (1500–49) mit dem Grab des Heiligen. Die übrige Ausstattung des Domes bietet eine Fülle von Fresken verschiedener Maler der Renaissance (eines ist Giotto zugeschrieben). **3)** Die Cappella degli Scrovegni (auch Madonna dell' Arena genannt), errichtet 1303, gehörte zu einem Palast, der 1820 abgerissen wurde. Sie steht neben den Überresten eines röm. Amphitheaters (Arena) aus dem 1. Jh. und enthält die berühmten Fresken →Giottos (gemalt 1304–06). Sie sind als Meisterwerk seines Schaffens anzusprechen. Die 38 Fresken stellen Szenen aus dem Leben Christi und Mariae dar. Das Fresko im Chor ist aus der Schule Giottos, die Madonna zwischen 2 Engeln auf dem Altar stammt von G. →Pisano.
Lit.: F. Baumgart, Gesch. d. abendländ. Baukunst, 1960.

Paestum (Poseidonia). Antike Stadt Süditaliens, eine der wichtigsten Fundstätten des sogen. groß-griech. Bereiches. Um 600 v. Chr. als griech. Kolonie gegründet, erlebte P. ein rasches Aufblühen, bis es im 3. Jh. v. Chr. an Bedeutung verlor und später dem röm. Imperium eingegliedert wurde. – Die noch stehenden Reste der Stadt mit Mauerring, Marktplatz, Amphitheater und Wohnquartieren gehören bereits der nachgriech. Epoche an, jedoch geht das rektanguläre Straßensystem auf die griech. Stadtanlage zurück. – Inmitten der Stadt haben sich umfangreiche Bauten von zwei Heiligtümern erhalten. Der südliche Bezirk mit zwei dorischen Peripteraltempeln war der Göttin Hera geweiht. Der ältere Heratempel (sogen. Basilika) mit seiner noch völlig intakt auf dreistufiger →Krepis stehenden Ringhalle von 9 × 18 Säulen wurde nach der Mitte des 6. Jhs. v. Chr. erbaut. Die Cella mit einer auf der Mittelachse verlaufenden Innensäulenstellung ist über den mit drei Säulen ausgestatteten →Pronaos durch zwei (!) Eingänge betretbar. Archaische Gedrungenheit und eine übermäßige Verjüngung der Säulen nach oben charakterisieren die archaische Formensprache dieses Bauwerks. – Demgegenüber zeigt der jüngere Heratempel (sogen. Poseidontempel) eine ruhigere klassische Geschlossenheit. Unmittelbar neben dem älteren Bau wurde er um die Mitte des 5. Jhs. v. Chr. mit einer Ringhalle von 6 mal 14 Säulen auf dreistufiger Krepis errichtet. Bis auf das Cellamauerwerk ist der Tempel samt seinen mächtigen Giebelfeldern fast vollständig erhalten und bietet somit heute das eindrucksvollste und geschlossenste Beispiel seiner Gattung überhaupt. In der Grundrißkonzeption folgt er weitgehend seinem Vorbild, dem Zeustempel von →Olympia. – Eigenartig sind die kleinen Treppen, die beidseitig der Eingangstür in der verstärkten Pronaosrückwand zum Dachboden führen. Die Dichte der Ringhalle und die Wucht der Säulen bestimmen den Eindruck dieses Tempels, der den Höhepunkt groß-griech. Architektur der Klassik darstellt. – Neuerdings ausgegrabene Schatzhäuser und Einzelfunde vervollständigen das Bild dieser einst in hoher Blüte stehenden Stätte. – Nördlich vom Herabezirk liegt das kleinere Athenaheiligtum. Fast zierlich erscheint der Bau des spätarchaischen Athenatempels (sogen. Cerestempel). Als dorischer Peripteros mit 6 × 13 Säulen wurde er am Ende des 6. Jhs. v. Chr. errichtet und nimmt mit dem Verhältnis seiner Säulen von Lang- zu Schmalseiten klassische Proportionen bereits vorweg. Eigentümlich sind die zahlreichen ionischen

Paestum. Älterer Heratempel, sogen. Basilika, nach 550 v. Chr.

Elemente: so die vor den Pronaos gesetzte prostyle Halle mit ionischen Säulen, so die übermäßige Vertiefung der gesamten Vorhalle, der an der rückwärtigen Seite kein →Opistodom, sondern eine geschlossene Rückwand antwortet, so die dadurch bedingte einseitige Betonung der Eingangsfront, von der aus eine große Rampe zum vorgelagerten Altar führte, und so auch Schmuckformen wie das lesbische →Kymation an Stelle der →Taenia. Als weitere Sonderheit zeigt die untere Seite des Schräggeisons mit Rosetten und Sternen gefüllte Kassetten. – Lit.: F. Kraus, Die Tempel von P., 1959ff.; Berve - Gruben - Hirmer, Griech. Tempel und Heiligtümer, 200ff., 1961.

Pagan. Alte Hauptstadt in Burma, 1287 von Kublai Khan zerstört. Unter den zahlreichen buddhistischen Heiligtümern beobachtet man an den Stupas Sonderentwicklungen des Hauptteils zur Glocken-, Flaschen-, Birnen- usw. Form. Kreuzförmige Backsteintempel sind mit hervorragend konstruierten Tonnen eingewölbt. Die Ananda-Pagode, 1066 begonnen, hat einen gut erhaltenen Schmuck aus glasierten Tonplatten mit Szenen aus dem Leben des →Buddha.
Lit.: Lu Pe Win, Pictorial guide to P., 1955.

Pagasai. Griech. Hafenstadt in Thessalien, deren Blütezeit in das 4. Jh. v. Chr. fällt. Die Stadt wurde gemeinsam mit anderen Orten 294 v. Chr. durch einen Synoikismos (Zusammenschluß mehrerer Ortschaften) zu der neuen Stadt mit Namen Demetrias vereinigt. In dieser neuen Stadt wurden außer einem großen Mauerring mehrere bemalte Grabstelen (fälschlich Stelen von P. genannt) gefunden, die zu den wichtigsten Zeugnissen griech.-hellenistischer Malerei gehören (Volo, Mus.)

Pagode. In der indischen Sakralarchitektur gleichbedeutend mit →Stupa. In der ostasiatischen Architektur bildet die P. eine der charakteristischsten Bauformen: mehrgeschossiger Turm, dessen einzelne Stockwerke jeweils mit einem eigenen Dach ausgestattet sind, bisweilen durch Glocken bereichert.

Pagomenos. Griech. Maler, arbeitete auf Kreta zwischen 1314 und 1328. Vertreter der →kretischen Malschule. Kennzeichnend für ihn die exakte Malweise und der reiche Gebrauch der hellen Glanzlichter.

Paharpur. Siedlung mit buddhistischen und hinduistischen Kultstätten der Gupta-Zeit und des frühen Mittelalters in Ost-Pakistan.
Lit.: K. N. Dikshit, Excavations at P., 1938.

Pai, Lakshman. Indischer Maler. Geb. in Goa, Ausbildung in Bombay und Paris. Von impressionistischen und realistischen Versuchen kommt er zu einer individuellen Art der Abstraktion, in der sich Annäherung an neuere abendländische Schulen mit Motiven aus der indischen Volkskunst verbinden.
Lit.: Marg 8, 1954, No. 1.

Paikuli. Bei P. nördlich von Kermanschah (Provinz Kurdistan, Westiran) Turm-Monument des →Narse mit Inschrift, die nach dem Vorbild des Siegesberichtes →Schapurs I. den Kampf Narses gegen seinen Vorgänger und Neffen →Bahram III. feiert.
Lit.: R. Ghirshman, Iran II, 186; H. H. von der Osten, WP, 131.

Paimio (Finnland). Tuberkulose-Sanatorium für ca. 290 Patienten, ausgeführt 1929–33 von Alvar →Aalto und seiner Frau Aino. Der sechsstöckige schmale Hauptbau enthält nur Zimmer ohne Balkons (nach SSW). In leichtem Knick setzt er sich in ein Solarium fort. Ein 2. Trakt an den 1. in seiner Mitte in rechtem Winkel angesetzt, enthält Treppen und Aufzüge, an den sich, parallel zum Hauptbau, der Trakt mit den Eß- und Gesellschaftsräumen schließt. Schräg dazu der 4. Teil der Anlage, etwas niedriger, enthält Ärzte- und Personalwohnungen; wieder im rechten Winkel dazu und wieder etwas niedriger der Wirtschaftstrakt. Der ganze Komplex liegt in leichtem Bogen, wobei die einzelnen Teile je nach Wichtigkeit und Funktion sowohl in der Höhe als auch im Umfang gestaffelt sind.
Lit.: N. Pevsner, Europäische Architektur, 1957.

Paionios. 1) Griech. Bildhauer aus Mende in Trakien. Tätig in der zweiten Hälfte des 5. Jhs. v. Chr. Nach →Pausanias wird P. als der Meister der Ostgiebelskulpturen des Zeustempels in →Olympia genannt. Chronologische und stilistische Gründe lassen diese Zuschreibung als kaum glaubwürdig erscheinen. Sein Œuvre, das der nachphidiasischen Zeit angehört, ist einzig in der Nikestatue von Olympia (Olympia, Mus.) überliefert.
Lit.: G. Lippold, Handb. d. Archäologie, V, 205, 1950.
2) Griech. Architekt des 6./5. Jhs. Er vollendete den von →Chersiphron begonnenen Artemistempel von →Ephesos und wird außerdem als Baumeister des großen Apollontempels von →Milet genannt.

Pajou, Augustin. Franz. Bildhauer. Geb. 1730 in Paris, gest. 1809 ebda. Studierte in Paris bei →Lemoyne und bildete sich 1751–56 in Rom weiter. War anschließend in Paris tätig, wo er unter dem Einfluß seines Lehrers, von →Falconet und →Coustou als einer der Hauptmeister des franz. Rokoko u. a. zahlreiche dekorative Werke und Portraits („Mme. Dy Barry", 1773, Paris, Louvre) schuf. 1768–70 arbeitete er an den in verschiedenen Materialien (Stuck, Holz, Stein) hergestellten Dekorationen des Theaters zu Versailles (hauptsächlich mythologisch-allegorische Kompositionen).
Lit.: E. Hildebrandt, Malerei und Plastik des 18. Jhs. in Frankreich, 1924.

Pala d'oro. Eine Altartafel im Dom zu S. Marco in Venedig. Die P. wurde 976 für den Dogen Orseoli angefertigt und später mehrmals restauriert und ergänzt. Sie besteht aus 86 Einzeltafeln. Es sind Emaillearbeiten in Form von →Zellenschmelz. Die Platten der P. sind reich mit Edelsteinen besetzt. Dargestellt sind u.a. der thronende Christus mit den Aposteln und Engeln darüber. Auch Kirchenfeste werden durch entsprechende biblische Bilder zur Anschauung gebracht.

Paläolithikum →Ältere Steinzeit.

Nike des Paionios, um 420 v. Chr. (Olympia, Mus.).

Palaikastron. Antike Hafenstadt Ostkretas. Von früh- bis spätminoischer Zeit besiedelt, wurde P. auch nach dem Zusammenbruch der minoischen Kultur um 1400 v. Chr. nicht verlassen. Zahlreiche minoscihe Werke der Kleinkunst, vor allem Keramik und Terrakotta. Aus spätminoischer Zeit gut erhaltene Architekturreste von Wohnhäusern. – In griech.-archaischer Zeit wurde hier ein Zeustempel errichtet (um 550 v. Chr.), von dem Reste architektonischer Terrakotten gefunden wurden.

Palaiologenzeitalter (1261–1453). Die Zeit des allmählichen Verfalls des byzant. Kaiserreiches, damit auch die Zeit größter Armut. Auswirkung auf die Kunst war unausbleiblich. So wurde Mosaikschmuck in den Kirchen durch die billigeren Wandmalereien ersetzt, ebenso die wertvollen Emaillearbeiten durch Tafelbilder, die gemalt waren. Beim Fehlen kostbaren Materials konnte nur noch Wert auf gute Formgebung gelegt werden.

Palais →Palast.

Minoische „Palast-Stil"-Amphora aus Knossos, 15. Jh. v. Chr. (Hieraklion, Mus.).

Palaistra. Antike Bezeichnung einer Sport- und Übungsstätte. Als im 4. Jh. v. Chr. im Zusammenhang mit den großen Wettkämpfen, wie sie z.B. in →Olympia abgehalten wurden, der Begriff und Stand des Berufssportlers aufkam, wurde an vielen Orten die P. errichtet. In der Regel handelt es sich dabei um einen von Säulenhallen umgebenen rechteckigen oder quadratischen Hof. Anschließend an die Säulenhallen finden sich Räumlichkeiten für die Athleten, wie Bäder, Umkleideräume, Massageräume etc.

Palampet. Dorf im Dekkhan mit Ruinen eines mittelalterl. Tempels im sogen. Vesara-Stil, also der Mischung nord- und südindischer Bauweise und mit gut erhaltenen Resten von Bauplastik.
Lit.: Fischer, Schöpfungen, Taf. 208.

Palas (von lat. palatium). Der Wohnzwecken dienende Bauteil einer →Burg; auch Bezeichnung nur des Festsaals oder -baus von Burg oder →Pfalz.

Palast (vom lat. palatium). Bezeichnet ein schloßartiges Wohngebäude. Im Italien der Renaissance wird das Wort „palazzo" dann auch auf Stadtwohngebäude nichtfürstlicher Personen übertragen. Der typisch italien. „palazzo" besitzt eine monumentale Straßenfront und einen Arkadenhof im Inneren. Im Franz. entspricht dem P. das Palais.

Palastschule. Eine Gruppe karolingischer Buchmalerei, bestehend aus drei Evangeliaren in Wien (Schatzkammer), Aachen (Domschatz) und Brüssel, denen Köhler (siehe Lit. zu diesem Artikel) ein viertes in Brescia zuordnet. Hauptwerk: die in goldener Capitalis Rustica und Uncialis auf Purpurpergament geschriebene, von Demetrius Presbyter signierte Prachthandschrift des Wiener Krönungsevangeliars (auch Schatzkammerevangeliar), die bei Köhler der Gruppe den Namen gibt. Sie enthält Kanontafeln, zu Anfang jedes Evangeliums je eine Initiale (nach Vorbild des 793 vollendeten Dagulf-Psalters, →Ada-Gruppe) und je ein Evangelistenbild.

Bezeichnend ist der rein retrospektive, antike Charakter der Handschrift, die Anlage der Evangelistenbilder als reine spätantike Autorenbilder ohne die in der abendländischen Kunst üblichen Symbole und in ganz antiken, plastischen Rahmen vor illusionistischen Hintergründen sowie die auf italien., griech. oder syrische Künstler weisende malerisch-illusionistische Malweise. Die übrigen Handschriften nicht in direktem Schulzusammenhang mit dem Wiener Exemplar stehend, doch von Künstlern entsprechender Herkunft. Zeitliche Ansetzung: ca. 795 bis 810. Lokalisierung nicht sicher. Nach Köhler vielleicht in oder bei Aachen, jedoch in einer Werkstatt außerhalb der Hofschule Karls d. Gr., die bislang als →Ada-Gruppe bezeichnet wurde.
Lit.: W. Köhler, Die karolingischen Miniaturen, Bd. 3, 1960.

Palaststil. Bezeichnung für die Epoche der letzten Hochblüte minoischer Kunst auf →Kreta. Besonders in den Fresken von →Knossos und großen →Amphoren des 17. und 16. Jhs. v. Chr. entwickelt sich der P. am eindrucksvollsten. Charakteristisch für ihn sind weitschwingende, vegetabilische Ornamente und ein zierlich prätentiöser Naturalismus.
Lit.: F. Matz, Kreta und Frühes Griechenland, 1962.

Palatin. Einer der sieben Hügel →Roms. Die ältesten Siedlungsreste des P. stammen aus vorröm. Zeit. Seit →Augustus, der hier sein Wohnhaus, das sogen. „Haus der Livia", errichtete, ist der P. der Residenzplatz der röm. Kaiser (Tiberiuspalast; Das Goldene Haus des Nero, der Domitianspalast). Von diesem Hügelnamen leiten sich die späteren Bezeichnungen →Palast, →Pfalz, Palazzo und Palais her.

Palau-Inseln. Zu →Mikronesien gehörige, den →Philippinen benachbarte Inselgruppe. Obwohl Mikronesien sonst relativ arm an Kunstwerken ist, findet man auf den P. figürliche Schnitzereien (Dekor an Geräten und isolierte Plastiken). Berühmt sind die in „Zeilen" angeordneten Darstellungen auf den Giebelfeldern der →Männerhäuser, die in ganzen Szenen „Bildgeschichten" erzählen und Kämpfe, Begräbnisriten usw. schildern. Ansonsten herrschen geometrische Dekors vor, auch in Form von Perlmutter-Einlegearbeiten. Archäologisch sind auf den P. große, aufgeschüttete Terrassen (Kultplätze), Reste alter Steinbauten, Keramikreste usw. nachgewiesen.

Palazzo →Palast.

Palenque, „Tempio des las Inscripciones", Maya-Kultur.

Palenque. Eine der größten Mayastädte der Klassischen Zeit im Usumacintagebiet (→Yaxchilan, →Piedras Negras). Skulptur und Stukkoarbeiten erreichen im 7. bis 8. Jh. ihren Höhepunkt. Flachreliefs zeichnen sich durch Feinheit des Linienschwunges und Schönheit der Komposition aus. Die Verteilung der Pyramidentempel (Tempel des Kreuzes, des Blattkreuzes, der Sonne, der Inschriften usw.) verleiht der Stadt ihren architektonischen Reiz. Bemerkenswert auch die Palastgruppe mit dem einzigartigen viereckigen hohen Turm. Eine der bedeutendsten archäologischen Entdeckungen des 20. Jhs. war die Freilegung einer Grabanlage unter dem „Tempel der Inschriften".

J. Palma Vecchio, Madonna mit Kind und Joseph, Johannes und Maria Magdalena (Florenz, Uffizien).

Palermo. 1) Cappella Palatina. Schloßkapelle Rogers II., begonnen 1132. Verbindung eines dreischiffigen basilikalen Langhauses mit einem überkuppelten östlichen Zentralbau (Vorbild: byzant. Kuppelkirchen). Über antiken oder antikisierenden Kapitellen der Arkadensäulen gestelzte Spitzbogen. Die Schiffe durch Holzdecken geschlossen, von denen die Stalaktitendecke des Mittelschiffs ein prächtiges Beispiel islam. Kunsthandwerks ist. Wölbungen und Wände mit Mosaiken überzogen. Hochbedeutend die von Byzantinern ausgeführten Mosaiken der Ostteile (Kuppelmosaik mit Christus als Pantokrator 1148 datiert; vergleiche auch Martorana und →Cefalù); die der Langhauswände von sizilianischen Künstlern aus der 2. Hälfte des 12. Jhs., das der Westwand aus dem 14. Jh. In dem sich zu reichster optischer Gesamtwirkung verbindenden Nebeneinander byzant., islam. und nördl. Stilelemente ist die Cappella Palatina ein charakteristisches Werk normannisch-sizilischer Baukunst. – **2)** Martorana. S. Maria dell' Ammiraglio, genannt La Martorana. 1143 vollendet. Stiftung des Admirals Georgios von Antiochia. Reine Kreuzkuppelkirche Konstantinopeler Prägung von ursprünglich quadratischem Grundriß mit 9 quadratischen Jochen, drei Apsiden (Hauptapsis 1683–86 verändert) und einem seitlich von einem Campanile begleiteten Westportikus, der 1588 einem Langhausanbau in Form einer dreischiffigen Halle weichen mußte. Inmitten barocker Stukkaturen sind die gleichzeitig mit denen von →Cefalù und der Cappella Palatina entstandenen und von Künstlern gleicher Schulung ausgeführten bedeutenden Mosaiken größtenteils erhalten.
Lit.: H. Rau, Normannische Kunst in Sizilien, 1956; O. Demus, The Mosaics of Norman Sicily, 1949.

Palestrina. Die etruskische Besiedlung von P. (Praeneste) im 7. Jh. v. Chr. wird durch die reichen Grabanlagen der Tomba Bernardini und Tomba Barberini bezeugt. Die Beigaben von goldenen Gefäßen und Schmuckstücken zeigen eine hohe Meisterschaft in der Treibtechnik, in der Herstellung von feinem Filigran, im Granulationsverfahren und in der Lötkenntnis, die zu dichtem Besatz mit winzigen, hervorragend ausgearbeiteten Figuren führt. Griech. und orientalisierende Anregungen sind im etruskischen Stil umgeprägt. Beispielhaft ist ein vergoldeter Silberkessel phönizischer Herkunft mit eingravierten Bildstreifen, an dessen oberem Rand ein etruskischer Meister sechs mit Goldblech überzogene Schlangenköpfe eingelassen hat, ohne sich um den obersten Bildstreifen zu kümmern. Daß P. bis in das 3. Jh. v. Chr. ein Zentrum der Metallkunst war, beweisen neben Goldschmuck, in dem die Granulations-

technik ihren Höhepunkt erreicht, die zahlreichen ziselierten Bronzedosen (sogen. Cisten).
Lit.: O. W. v. Vacano, E I, 451f.; E II, 73ff., 189. F. v. Duhn, IGK I, 490ff.

Palissy, Bernard. Franz. Kunsttöpfer. Geb. um 1510 in Saintes oder Agen, gest. um 1590 in Paris (Bastille). P. war eine echte Renaissanceerscheinung. Er beschäftigte sich neben seiner künstlerischen Tätigkeit mit naturwissenschaftlichen Problemen, schrieb über technische Fragen seiner Kunst und über Erfindungen, die er machte (Ausgaben 1880 und 1888). P. ist der Meister der ,,Palissyschüsseln", Gefäßen mit plastisch gebildeten Pflanzen, Tieren und Muscheln. Er erfand eine farbige, durchsichtige Lasur, mit der er seine Gefäße überzog, und dekorierte sie mit Darstellungen nach Vorbildern der Meister der Schule von Fontainebleau.
Lit.: Hanschmann, B. P., 1903; De Leroux, La vie de B. P., 1928.

Palitana →Schatrundschaya.

Palladio, Andrea. Italien. Architekt. Geb. 1508 in Vicenza, gest. 1580 ebda. Unter den zeitgenössischen Architekten waren →Bramante und →Sanmicheli seine Lehrmeister. Wichtiger aber für seinen Aufstieg zum bedeutendsten Baumeister des 16. Jhs. in Europa war das intensivste Antikenstudium in Rom (seit 1540 weilte P. mehrmals dort) sowie das Studium des →Vitruvius. Mit der Eindämmung des dekorativen Anteils am Baukörper und der Betonung des Klargegliederten, Würdigstrengen stellte sich P. in Gegensatz zur Spätrenaissance und zum beginnenden Barock, wie er von →Michelangelo vertreten wurde. Das Sichtbarmachen schöner Proportionen und eine rücksichtslose Durchführung des tektonischen Prinzips in der Anlage der Grundrisse waren sein Bestreben. P. führte die durch 2 Geschosse durchgehende Kolossalordnung in die Baukunst ein. In der Gestaltung der Innenräume mit der Betonung des Konstruktiven und seiner axialen Anordnung steht P. im Einklang mit den zeitgenössischen Tendenzen. P.s Stilentwicklung zeigt anfangs lockere Säulenstellungen und breite Proportionen; ein Beispiel hierfür ist die Basilika in Vicenza (ab 1549) mit in 2 Stockwerken offenen Bogenhallen. Es folgt eine Epoche strenger Geschlossenheit und Vereinfachung. Höhepunkt dieser Entwicklung ist die 1567 begonnene Villa Rotonda (→Vicenza) – ein quadratischer Zentralbau mit Mittelrotunde und an jeder Seite eine Portikus vorhalle (vollendet 1591 von →Scamozzi). Die Spätzeit wird kontrastreich, malerischer, ihr gehört das Teatro Olimpico (1580–85, durch Scamozzi vollendet) in Vicenza an. – P. hat unter den italien. Architekten den stärksten und nachhaltigsten Einfluß auf die europäische Baukunst ausgeübt. Durch I. →Jones, der mit P.s Schüler Scamozzi in Verbindung stand, geriet England früh und für Jahrhunderte in Abhängigkeit vom palladianischen Klassizismus. In Holland war es J. van →Campen, der um 1640 diesem strengen Stil huldigte, in Frankreich →Perrault und →Blondel, später →Soufflot, →Louis und →Gabriel, die die franz. Baukunst an diesem Vorbild immer wieder auf den strengen Weg des Klassizismus wiesen. Nur in Deutschland konnte sich, trotz der Anfänge von E. →Holl, der Palladianismus nur wenig ausbreiten. (Siehe Tafel 20).
Lit.: R. Paue, A. P., 1948.

Palladio-Motiv (nach Andrea →Palladio, 1508–80). Anordnung von drei nebeneinander liegenden Fenstern, die voneinander durch Pfeiler getrennt sind, wobei das mittlere Fenster von einem Rundbogen und die beiden seitlichen Fenster waagerecht geschlossen sind.

Palladion. Altertümlicher Typus eines Kultbildes der griech. Göttin Athena. Darstellungen eines solchen P.s finden sich auf Vasenbildern des 6. und 5. Jhs. v. Chr.

Pallava. Südindische Dyn. des 7. und 8. Jhs., unter welcher sich z.B. in den Denkmälern von →Mahabalipuram der Übergang von der felsgehauenen Bauweise zur Freiarchitektur vollzieht.

Pallium. Ursprünglich bei den Griechen der Mantel, dazu das Gewand der Gelehrten. In der frühchristl. Kunst Symbol der Auszeichnung und Würde. Seit dem 4. Jh. allmählich durch die Paenula verdrängt und nur noch über dieser in zusammengefalteter Form getragen, wurde es anschließend zum höchsten Zeichen kirchlicher Würde: zum liturgischen Schulterschmuck des Papstes und der Erzbischöfe, der die Fülle pontifikaler Gewalt versinnbildlicht. Seit der Zeit des 6. Jhs. ist das Pallium nur noch ein etwa 5 cm breites Band aus weißer Wolle, mit 6 schwarzen (ehemals roten) Kreuzchen besetzt, das ringförmig um die Schulter gelegt wird. Seine Enden hängen anfangs über die linke Schulter auf Brust und Rücken herab, wurden seit dem späten 8. Jh. zur Mitte von Brust und Rücken geführt und häufig mit Schmucknadeln festgesteckt. Im Laufe der Zeit wurden der Schulterring enger, die Enden kürzer.
Lit.: J. Braun, Die liturgische Gewandung, 1907.

Palma. 1) Jacopo, genannt P. (il) Vecchio. Italien. Maler. Geb. um 1480 in Serinalta bei Bergamo, gest. 1528 in Venedig, wo P. seit 1510 nachweisbar. Ausgehend von Giovanni →Bellini und beeinflußt von →Giorgione, L. →Lotto und später auch →Tizian, entwickelte sich P. zu einem der bedeutendsten Vertreter der venezianischen Malerei der Hochrenaissance. In Bildnissen und religiösen Werken entfaltete P. immer wieder ein Schönheitsideal einer etwas üppigen, blonden Venezianerin. Seine Werke nicht unsinnlich, in ruhiger Schönheit und weichen Formen komponiert: die Sacra Conversazione, weibliche Akte und Halbfiguren.
Lit.: A. Spahn, P. Vecchio, 1932.

2) Jacopo, genannt P. (il) Giovane, eigentlich I. Negretti. Italien. Maler und Radierer, Großneffe von 1). Geb. 1544 in Venedig, gest. 1628 ebda. Wirkte in Urbino, Rom und Venedig. In Rom lernte er die Werke →Michelangelos kennen und die der zeitgenössischen Manieristen. In Venedig waren es →Tizian und →Tintoretto, die auf ihn einwirkten. P. Giovane schuf in venezianischen Kirchen und im Dogenpalast große historische und biblische Fresken.

Palmas. Dreikantige, prismatische Steinfiguren, die sich oben fächerförmig verbreitern und unten Kerben aufweisen, um sie auf die Steinjoche (→Tajín-Kultur) aufsetzen zu können. Rückseite kann Reliefdarstellungen tragen, Vorderteil meist vollplastisch herausgearbeitet. Teils Tiergestalten, teils stehende oder kniende Menschenfiguren mit Putz und Waffen, oft in Helmmasken oder Tierverkleidungen. Starke Stilisierungen vor allem im eingerollten Bandmuster der Tajínkunst. Manche Formen weisen Übergänge zu den →Hachas auf. Bevorzugtes Material ist Basalt, Marmor oder Diorit; besonders das letzte Material gibt dem Künstler Gelegenheit zur Herstellung komplizierter Formen in höchster Vollendung.

Palmer, Samuel. Engl. Maler. Geb. 1805 in Newington, gest. 1881 in Redhill. Nach seinem Studium ließ er sich in London nieder und hielt sich 1837–39 in Italien auf. Er schuf vor allem romantische Landschaftsaquarelle und Radierungen. 1863 übersiedelte er nach Redhill. Sein Spätwerk mit seinen idyllischen Szenen ist stark von W. →Blake beeinflußt.
Lit.: L. Binyon, The followers of W. Blake, 1925.

Palmesel. Aus dem Brauch der Palmsonntagsprozession entwickeltes fahrbares Untergestell, mit dessen Hilfe eine Holzplastik des eselreitenden Christus bei der Prozession mitgeführt wurde. Vor allem im Mittelalter fand der P. reiche künstlerische Gestaltung in Süddeutschland. Eines der hervorragendsten Beispiele hat sich aus der Werkstatt H. →Multschers erhalten (Kloster Wettenhausen bei Ulm).

Palmette. Pflanzenornament mit auseinanderfächernden Blättern. Als Schmuckelement war die P. vor allem in der griech.-röm. Antike weit verbreitet und findet sich sowohl in der Plastik (Grabstelenakroter) als auch in der Architektur und Malerei.

Palmtuch →Fastentuch.

Tafel 21: *Michelangelo, David, nach 1501; Florenz, Akademie.*

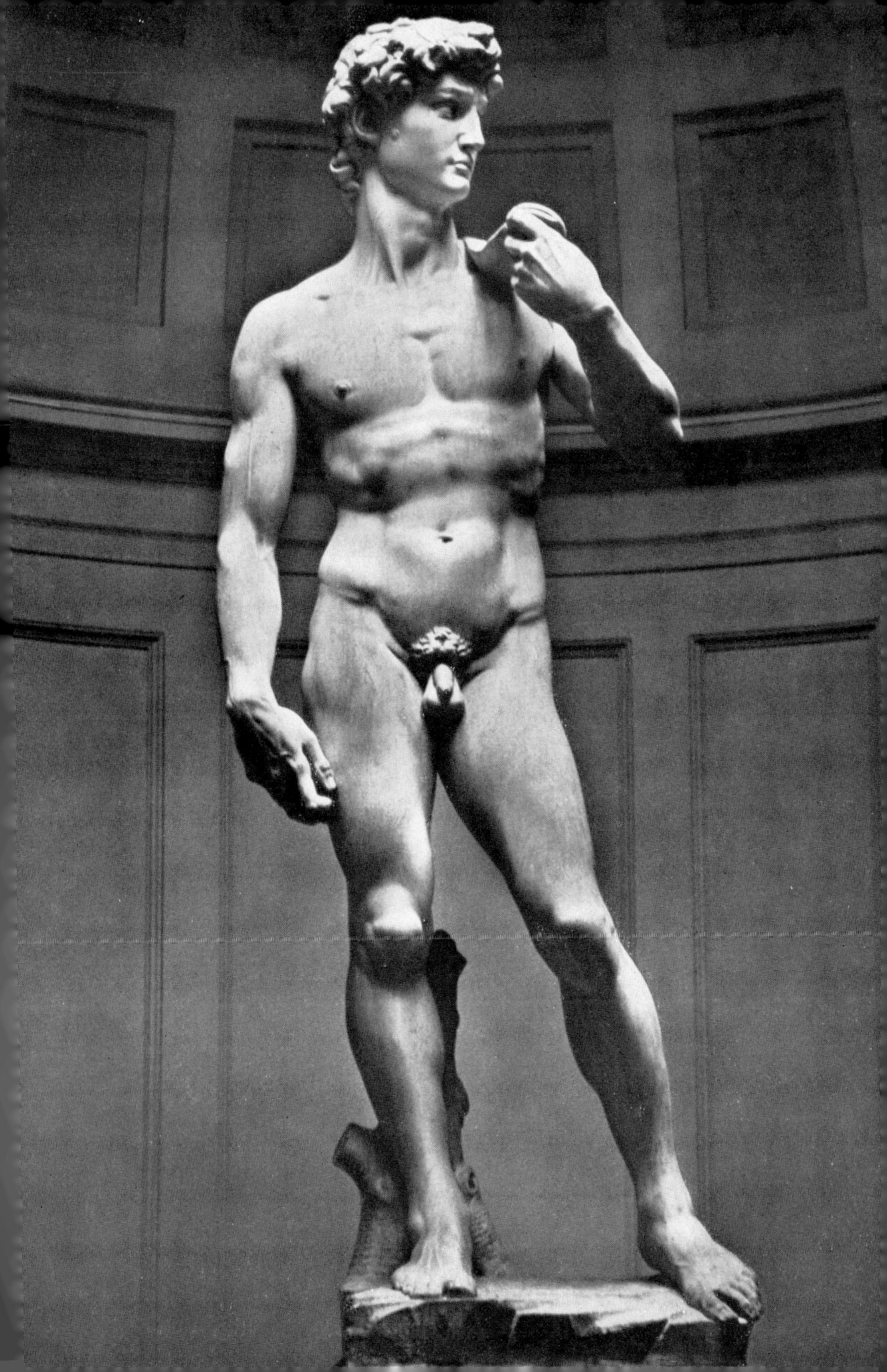

Palmyra. Karawanenstadt in der syrischen Wüste, seit dem 2. Jahrtausend v. Chr. unter dem Namen Tadmor als bedeutsamer Quellenstützpunkt für die Verbindungen mit dem Zweistromland bezeugt. Der Name P. seit der 312 v. Chr. beginnenden →Seleukiden-Zeit, nach der man in P. rechnet. Wachsende Bedeutung seit dem 2. Jh. durch Handelsverbindungen mit den →Parthern. Das seit Tiberius wachsende röm. Interesse an P., vor allem unter Trajan und Hadrian, Marc Aurel und Septimius Severus, förderte die Entwicklung, die sich in der Anlage von Prachtbauten spiegelt. Sie steigert sich nach dem Aufstieg der →Sasaniden, durch die P. noch stärker nach Rom ausgerichtet wird. Umwandlung der Tempel in christliche Kirchen seit dem 4. Jh. Die West-Ostachse von P., eine Kolonnade mit Tetrapylon und Triumphbogen, führte zur breiten Freitreppe der dreitorigen Propyläen des ummauerten Bel-Heiligtums. Mitten in dem von Säulenhallen eingefaßten Hof lag der erhöhte, über Rampe und Treppe zugängliche Tempel, dessen reichverzierte Einzelformen röm. bestimmt sind, während der Grundriß mit dem seitlich verschobenen Eingang auf der Längsseite der Tradition des altorientalischen Breitraumes folgt. Erste Einweihung für die Götter Bel, Jarhibol und Aglibol 32 n. Chr. In dieser Zeit stand auch schon der später wie das Bel-Heiligtum umgebaute Tempel des Baalschamen nahe der Quelle. Der dritte große Kultbezirk gehörte wahrscheinlich der Göttin Atargatis. Zu den Eigenarten von P. gehören unterirdische Grabräume (→Jarhai) und mehrgeschossige Grabtürme seit dem 1. Jh. n. Chr. Reicher Reliefschmuck mit Darstellungen der Verstorbenen beispielhaft für den Dualismus der griech.-röm. und parthischen Richtung in der Kunst von Palmyra. – Außerdem besitzt P. eine semitische Katakombenkammer mit Fresken und Inkrustationen. Das stark aufgelöste Akantusblatt der konstantinischen Bauten in Jerusalem hat sein Vorbild in P.
Lit.: R. Ghirshman, Iran II, 393; O. Eissfeldt, AO, 40, 63ff.; K. Michalowski, Palmyre, 1960; J. Strzygowski, Orient oder Rom, 1901, S. 11ff.

Palstab. Bronzezeitliche Werkzeuge wie Meißel und Äxte wurden früher P. genannt.

Pamor. Eine komplizierte Waffenschmiedetechnik aus →Indonesien. Dabei werden verschiedene Eisensorten zusammengeschmiedet und schließlich durch Säuren teilweise abgeätzt (ähnlich wie beim Damaszieren), wodurch die beim Schmieden vorgebildeten Muster flachreliefartig zum Vorschein kommen. →Kris.

Pamphaios. Griech. Töpfer der attischen Schule. Um 520–500 v. Chr. in Athen tätig. 31 von ihm signierte Gefäße sind erhalten. Von ihnen sind 24 rotfigurig bemalt. →Epiktet und →Oltos haben für ihn gearbeitet. Die Vasen lehnen sich den Formen des →Nikosthenes an.
Lit.: H. J. Bloesch, Formen attischer Schalen, 1940.

Pamphilos. Griech. Maler der 1. Hälfte des 4. Jhs. v. Chr., tätig in Sikyon, wo er als Nachfolger des →Eupompos Unterricht erteilte. Seine Werke sind nur literarisch überliefert. – Der berühmteste seiner Schüler war →Apelles.

Panagjurischte. In P. (Bulgarien) wurde 1949 ein antiker Goldschatz, bestehend aus kostbaren Gefäßen in getriebenem Gold (mehrere Rhyta, eine Amphora und eine Omphalosschale), gefunden. Im späten 4. Jh. v. Chr. werden diese zu den kostbarsten griech. toreutischen Arbeiten zählenden Stücke entstanden sein.
Lit.: Svoboda-Concev, Neue Denkmäler antiker Toreutik, 1957.

Panainos. Griech. Maler der klassischen Zeit. In der antiken Literatur wurde er der Bruder des →Phidias genannt. An dem berühmten Zeuskultbild von →Olympia hat er mitgearbeitet und die das Kunstwerk umgebenden Schranken bemalt. Außerdem ist er als Mitarbeiter der großen Maler →Polygnot und →Mikon erwähnt. Gemeinsam mit diesen beiden hat er die Fresken der berühmten →Stoa Poikile gemalt.
Lit.: Thieme-Becker.

Panaitios-Maler. Griech. Vasenmaler der attischen Schule. Seine in rotfiguriger Technik bemalten Vasen sind um 490–80 v. Chr. entstanden. Seinen Namen erhielt der Maler nach einem immer wieder auf seinen Gefäßen dargestellten Jüngling, der durch Beischriften als der „schöne Panaitios" gepriesen wird. Stilistisch zeigen diese Vasen eine Beruhigung gegenüber den spätarchaischen Formen und leiten damit zum →Strengen Stil über.
Lit.: J. D. Beazley, ARV, 313f., 1963.

Panakton. Antike Grenzfestung im Norden →Attikas gelegen. Sie wurde um 340 v. Chr. erbaut und ist die größte aus der Antike erhaltene Anlage ihrer Art. Bis zum Wehrgang sind die dicken Quadermauern mit 7 Toren und einer im N regelmäßigen Abfolge von vorspringenden Türmen erhalten. – Im Innern wurden noch die Reste einer kleineren, älteren Anlage gefunden.
Lit.: Kirsten-Kraiker, Griechenlandkunde, 187f., 1962.

Panataram. Eigentlich „Tschandi P.", alter Name: Palah; Hauptdenkmal der indojavanischen Kunst im östlichen →Java südlich des Kelud-Berges, erbaut unter der Madjapahit-Dynastie (1290–1520). Auf der Spitze eines Baues aus drei Terrassen, deren Seitenwände reichen Reliefschmuck tragen, befindet sich ein Shiva-Tempel. Das Dekor hat überreiches, „barockes" Gepräge. Zu der P.-Tempelanlage gehören auch Badeteiche und ein kleinerer, von Naga-Schlangen umgebener Tempel.

Panathenäische Preisamphoren. Bei den griech. Festspielen der Panathenäen wurden als Siegerpreise →Amphoren vergeben. Aus diesem Brauchtum hat sich ein fester Typus in Form und Darstellung entwickelt. Die beidseitig geschmückten Gefäße zeigen auf der einen Seite Athena als Kampfgöttin, auf der anderen Seite eine Szene mit Athleten. Die P. sind seit der Mitte des 6. Jhs. v. Chr. überliefert und reichen bis in das 3. Jh. v. Chr. Alle Vasen dieser Gattung sind im →schwarzfigurigen Stil bemalt und halten an dieser Tradition bis in die Zeit des →Hellenismus fest. Damit überein geht der archaistische Stil der Figurendarstellung.
Lit.: K. Peters, Studien zu den P., 1942.

Pandrenthan. Tempel des indischen Gottes →Schiva aus dem endenden 1. Jahrtausend in Kaschmir. Der einzellige Bau ist durch eine →Laternen-Decke abgeschlossen und mit einem Massivdach aus zwei übereinandergesetzten Pyramiden bekrönt; er öffnet sich nach den vier Himmelsrichtungen durch niedrige Tore mit einer Blendarchitektur aus Kleeblattbögen und antikisierenden Dreiecksgiebeln.

Panduah →Hazrat Panduah.

Paneel. Füllende Holztafel, die vertieft zwischen den gliedernden Teilen des →Täfelwerks liegt.

Pangwe. Westafrikanisches Negervolk, auch Fang genannt, das ursprünglich im Ostsudan lebte und heute im südlichen Kamerun und Gabon beheimatet ist. Der Stil seiner Holzplastiken wirkt klar und zwingend. Am bekanntesten sind vollplastisch geschnitzte Köpfe, die den Behältern für Ahnenschädel aufgesteckt wurden. Daneben gibt es Figuren niederer Geisterwesen und schließlich flach und schematisch, aber dennoch eindrucksvoll wirkende →Masken, besonders von langhörnigen Antilopen, die den Mond symbolisieren sollen.
Lit.: G. Tessmann, Die P., 1913.

Pankok, Bernhard. Deutscher Architekt, Maler, Bildhauer und Kunstgewerbler. Geb. 1872 in Münster i. W., gest. 1943, Baierbrunn/Obb. Studierte an den Akademien von Düsseldorf und Berlin und war 1892–1902 in München tätig, wo er zu den Gründern der Vereinigten Werkstätten gehörte. Ab 1902 war er als Lehrer an der Kunstgewerbeschule in Stuttgart tätig. – P. gehörte zu den Ausstattungskünstlern des →Jugendstils, die das Gesamtkunstwerk anstrebten. In diesem Geiste schuf er Räume für die Pariser Weltausstellung 1900 und, bei größerer Versachlichung der Formen, die Ausstattungen für den Bodenseedampfer „Friedrichshafen" (1908) und die Zeppelin-Luftschiffe (1910–19). Zu seinen malerischen Werken gehören neben Portraits und Landschaften auch

Tafel 22: *Kuppel von St. Peter zu Rom.*

Bühnenausstattungen in Berlin, Dresden und Stuttgart.
Lit.: Thieme-Becker; H. Vollmer, Künstlerlex. d. 20. Jhs.

Pankok, Otto. Deutscher Maler, Graphiker, Bildhauer und Schriftsteller. Geb. 1893 in Mülheim/R., gest. 1966 in Wesel. Studierte an der dortigen Akademie sowie an der Kunstschule in Weimar. – P. ist Expressionist mit plakathaftem Ausdruck. Seine Themen sind Landschaften und Portraitdarstellungen. 1933–45 war er als „entartet“ verfemt, nach 1945 wurde er Prof. an der Akademie in Düsseldorf. Weite Verbreitung fanden seine teilweise sehr umfangreichen graphischen Mappenwerke: Jüdisches Schicksal, Künstlerbildnisse 1933–50 und verschiedene Landschaftsmappen.
Lit.: H. Vollmer, Künstlerlex. d. 20. Jhs.

Pan-Maler. Griech. Vasenmaler der attischen Schule, tätig um 480–60 v. Chr. in Athen. Seinen Namen erhielt der anonyme Meister nach der Darstellung des Pan, der einen Hirten verfolgt, auf einem rotfigurig bemalten Glockenkrater (Boston, Mus.). Mehrere rotfigurige Vasen verschiedener Form lassen in ihren Bildern die Hand dieses Malers erkennen. Sein Stil übernimmt Elemente der archaischen Kunst und gibt sie in einer verfeinerten, manierierten Formensprache wieder.
Lit.: J. D. Beazley, Der P., 1931.

Panorama. Die Bezeichnung für ein Rundgemälde, in dessen Mittelpunkt der Betrachter steht und dadurch die Illusion des Miteinbezogen-Seins in das dargestellte Geschehen erhält. Um dieses Raumgefühl zu steigern, wird die Beleuchtung von Vordergrund zu Hintergrund erhöht und in manchen Fällen der Vordergrund sogar plastisch ausgeführt. Ursprünglich kommt das P. aus der barocken Theatermalerei, die ersten richtigen Panoramen tauchten aber erst Ende des 18. Jhs. in London und Paris auf. Meistens sind auf ihnen ganze Stadtansichten dargestellt oder besonders ruhmvolle Schlachten (in Frankreich zur Zeit Napoleons, in Deutschland um 1870/71), für die dann eigene Rundbauten aufgestellt werden mußten.

Pantanassa bei Monemvassia (Peloponnes). Kirchenanlage 12.–13. Jh. Einer der Höhepunkte der quadratisch angelegten und mit Eckkuppeln versehenen Kreuzkuppelkirchen in Griechenland. Im Unterschied zu Konstantinopel werden Quadersteine für die Errichtung der Wände benutzt (Anknüpfung an alte griech. Tradition). Ziegel verwandte man hier nur für Fenster, Teile der Kuppel und solche der Apsis. Der Bau aus Felsblöcken wirkt geschlossener und kubusartiger als die entsprechenden Ziegelbauten Konstantinopels.

Pantheon. Tempel in Rom, ursprünglich von Agrippa 27 v. Chr. im Anschluß an dessen Thermen erbaut, in seinem jetzigen Zustand wesentlich unter →Hadrian nach 110 n. Chr. ausgestattet. Das P., das ursprünglich ein rechteckiges Gebäude von normalem Tempeltyp war und erst nach einer Feuersbrunst 80 n. Chr. seine jetzige Form erhielt, ist ein Kuppelbau mit rechteckiger Säulenvorhalle korinthischer Ordnung. Der Innenraum wird von der gewaltigen Kuppel beherrscht, von säulengetragenen Nischen verstrebt (Durchmesser sowie Dachhöhe ca. 43 m). Der Tempel, der den Göttern der sieben Planeten geheiligt war (Apollo, Diana, Merkur Venus, Mars, Jupiter und Saturn), ist später mehrere Male umgestaltet worden. Trotzdem ist er noch immer eines der besterhaltenen Gebäude aus der Antike Roms. Im P., das 609 zu der christlichen Kirche S. Maria dei Martiri umgebaut worden ist, wurden in der Renaissance mehrere Künstler, u. a. Raffael und Peruzzi, begraben.
Lit.: H. Kähler, Rom und seine Welt.

Pantikapaion. Pflanzstadt Milets im Bereich von →Kertsch am kimmerischen Bosporus seit 541 v. Chr., von entscheidender Bedeutung für die Entwicklung der →skythischen Kunst. →Kul Oba Residenz des bosporanischen Reiches. Der →Sarmaten-Zeit gehören Grabanlagen mit Reiterfresken an, die den Einfluß der →parthischen Kunst zeigen.
Lit.: E. H. Minns, Scythians, 563ff.; R. Ghirshman, Iran II, 264ff.

Pantograph. Auch Storchenschnabel genanntes Zeicheninstrument, mit dessen Hilfe eine Zeichnung in einen anderen Maßstab übertragen werden kann.

Pantokrator (griech.). Christus als Allherrscher mit seiner Rechten segnend, in der Linken ein Buch haltend. Vor allem in der byzant. Kunst beherrschende Darstellung in der Kirche, sei es in der Apsis, vor allem aber in der Kuppel. Als ein Beispiel sei das Kuppelmosaik von →Daphni (11. Jh.) genannt.

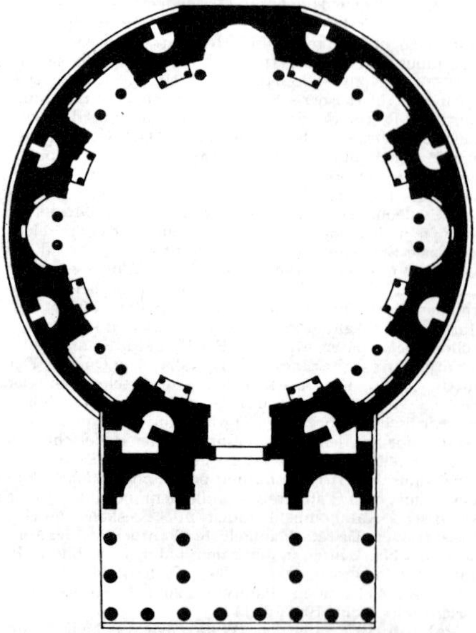

Rom, Pantheon, Grundriß.

Papak. König der Persis (→Fars), Sohn des →Sasan und Vater →Ardaschirs I. →Fratadara.

Papier(s)-collé(s) →Klebebild.

Papiermasse. Auch Papiermaché (aus dem Franz. „Papier maché“) oder Kartapesta (italien. cartapesta) genannt, ist in kleine Fetzen gerissenes Papier, das in Wasser aufgelöst und, je nach Verwendungszweck, mit Leim, Gips, Gummi etc. gemischt wird. Daraus entsteht ein Brei, der sich zum Modellieren eignet und, trocken, ziemlich hart sein kann. Bereits im 15. Jh. hat man aus P. Reliefs geformt. Im 18. Jh. wurde es zur Herstellung von Büsten, Statuen oder Modeln verwendet.

Papyrus (griech. Papyros; Mz. Papyri). Im Altertum verwendet, u. a. zur Herstellung leichter Kähne, bes. aber v. Papier. Das Mark des P.schaftes wurde in dünne Streifen zerschnitten, ohne Leim in frischem Zustand kreuzweise aufeinandergepreßt u. als Rolle, Blatt od. Buch mit Rußtinte beschrieben. Die P.industrie war in ptolemäisch-röm. Zeit Staatsmonopol, seit dem 2. Jh. n.Chr. vom Pergament verdrängt. Die hauptsächl. in Ägypten gefundenen Papyri enthalten altgriech. u. altchristl. Literatur, Dokumente aus dem öffentl. u .privaten Leben des griech.-röm. Altertums.

Papyrussäule →Pflanzensäule.

Paracas. Archäologischer praekolumbischer Fundplatz auf der Halbinsel P. Der Wüstencharakter ließ auch vergängliche Grabbeigaben weitgehend unversehrt bergen. Der Stil reicht bis nach →Nazca und →Ica. 2 Perioden unterscheidbar: „P.-Cavernas“ (fällt mit →Chavin in Formativ-Phase; reizvolle Keramik, Textilien treten im Vergleich zurück) und „P.-Necropolis“ (zeitlich gleich mit →Nazca, →Recuay, →Moche usw.; prächtige Textilien neben einfarbiger Keramik). Cavernas zeigt senkrechte Schachte mit kreisrunden Kammern, in denen offensichtlich Familiengrüfte mit bis gegen 50 Bestattungen zu finden sind. Die Textilarbeiten sind in verschiedenen Techniken hergestellt (Schleiergewebe,

Plattstich-Stickerei mit Wollfäden auf Baumwolle, bemalte Mumienbehänge in einfacher Leinenbindung). In Spiralwulsttechnik erzeugte dickwandige Schalen, Schüsseln und Krüge tragen leuchtendes Dekor in Gelb, Oliv und Schwarz. In Necropolis treten Hockermumien in rechteckigen Totengruben auf. Die in Bündel gehüllten Leichen tragen bis zu 150 Stück Kleider und Stoffe, häufig in außergewöhnlicher Webtechnik ausgeführt (→Mantos). Die Darstellung erfolgte in stilisiertem Figuralschmuck (Menschen-, Tier-, Pflanzenmotive sowie mythische Szenen und Gestalten), eckige Ornamentierung beliebt.
Lit.: H. D. Disselhoff, Alt-Amerika, 1960; A. L. Kroeber, Peruvian Archaeology in 1942, 1944.

Paradies. **1)** Ursprünglich Bezeichnung für große Parkanlagen und Ziergärten orientalischer Fürsten. – **2)** Übertragene Bedeutung = umzäunter heiliger Bezirk. – **3)** Seit dem 6. Jh. gelegentlich auch Bezeichnung für das →Atrium.

Paradiesesflüsse. Die vier P. wurden in der frühchristl. Kunst (nachweisbar seit dem 4. Jh.) als kleine, aus dem Boden quellende Wasserzungen dargestellt. In der mittelalterl. Kunst, vermutlich seit ottonischer Zeit, erscheinen sie als Personifikationen: Männer, die Gefäße halten, aus denen Wasser quillt (z.B. Taufbecken in Hildesheim, 1. Hälfte 13. Jh.).
Lit.: E. Schlee, Die Ikonographie der P., Studien über christliche Denkmäler, N. F. 24, 1937.

Paramente. Alle aus Stoff gefertigte Ausstattung, die beim liturgischen Gottesdienst Verwendung findet: die liturgischen Gewänder der Geistlichen, Altar- und Kanzelbekleidungen und sonstige Behänge, Decken und Teppiche. Ihre Farben wechseln entsprechend den Zeiten des Kirchenjahres und den besonderen Anlässen des Gottesdienstes, →Liturgische Farben. Vor allem im Spätmittelalter waren sie häufig bedeutende Werke des kirchlichen Kunstgewerbes.

Paraschurama. Indisches Kultbild: Inkarnation des Vischnu als Rama mit der Axt.

Parasnath. Heiliger Berg der Dschainas im indischen Bundesstaat Bihar. Die Kuppen eines schwer zugänglichen Waldgebirges wurden seit alter Zeit verehrt; auf ihnen erheben sich heute Tempel im späteren mittelalterl. Stil als eindrucksvolle Beispiele gemeinsamer Komposition von Landschaft und Baukunst.
Lit.: Fischer, Caves, 32.

Parement de Narbonne →Meister des Parement de Narbonne.

Parenzo (Istrien), heute Poreč (Jugoslawien). Bischof Euphrasius (533–43) baute hier eine ,,Basilika", die sogen. ,,Euphrasiana". Sie ist eine der schönsten und besterhaltenen Kirchen aus altchristl. Zeit. Das Apsismosaik mit der thronenden Madonna und den Stifterfiguren stammt aus der Zeit der Erbauung der Kirche. Die Apsis weist Marmorinkrustationen und Perlmutterschmuck auf. Auch die Kathedra (ein sehr seltenes Beispiel), einige Teile der cancelli, die Seitenapsiden sind alt. Die Apsis zeigt einen sechsteiligen polygonalen Abschluß. Bei Ausgrabungen wurden unter der Basilika Mosaiken einer Saalkirche aus dem 4. Jh. entdeckt.

Paris. **1)** Kathedrale Nôtre-Dame. Reifste Stufe der Frühgotik. Begonnen 1163, vollendet im 1. Viertel des 13. Jhs. In der Grundrißdisposition an Sens erinnernd, doch fünfschiffig mit doppeltem Chorumgang. Kapellenkranz nach 1300. Chorlänge schon fast dem Langhaus entsprechend. Dreischiffiges Querhaus nur wenig vortretend. Ursprünglich vierteiliger Aufriß: Arkade, Empore, Kreisfenster (im östlichsten Langhausjoch rekonstruiert; vergleiche auch Chars), Obergadenfenster, durch dessen spätere Vergrößerung das Kreisfenster fortfiel. Rundpfeiler, über deren Kapitellen dünngliedrige Dienste aufsteigen; in den westlichen Jochen →kantonierte Rundpfeiler (um 1200). Dominieren der Senkrechten, sechsteiliges Gewölbe. Erste got. Knospenkapitelle (→Kapitell). Bezeichnend: Steilheit des Raums; starke Öffnung der sehr dünnwandig wirkenden Flächen; elegante Feingliedrigkeit der Einzelformen (Nachfolgebau: Kollegiatskirche von Mantes, Ende 12. Jh,). Von 9 geplanten Türmen nur die der Westfassade (ohne Helme) ausgeführt. Für letztere charakteristisch das trotz der Fünfschiffigkeit ausgewogene Verhältnis von Horizontalen und Vertikalen. Querhausfassaden um 1260. Die nördliche, von Pierre de Montreuil (auch Montereau), ein bezeichnendes Beispiel des neuen Zierstils mit seinen kantigscharfen, spitzen Formen, der flachen Schichtung, der reichen Flächenauflösung und Gliederung mit Stabwerk und Maßwerkvergitterungen: eine Art Spitzenmuster zwischen den seitlichen Vertikalbahnen der Strebepfeiler. Die Bauplastik der Westfassade spätestens um 1210 begonnen. Voraussetzungen: Sens, Westfassade; bestimmte mittelbyzant. Elfenbeinschnitzereien des 10. Jhs. Charakteristisch: klar begrenzte Felderteilung, beruhigte Formensprache, Figurentyp von edler, im Ausdruck gedämpfter, kühl gemäßigter Erscheinung. Auswirkungen dieses neuen klassischen Schönheitskanons auf →Chartres (südliche Vorhalle, Lettner) und →Amiens. Um 1225–30 ein Wandel zum Pretiösen (vergleiche Weltenrichter am Mittelportal, →Gotik), der sich in der Plastik der Sainte Chapelle fortsetzt. – **2)** Sainte Chapelle. Seit ca. 1241–48 errichtet für König Ludwig den Heiligen als Schloßkapelle und zur Aufbewahrung wertvoller Reliquien (u. a. Dornenkrone Christi). Bislang Pierre de Montreuil (auch Montereau) zugeschrieben, dies von Branner (siehe Lit. zu diesem Artikel) bestritten. →Doppelkapelle über längsrechteckigem Grundriß mit Chorpolygon. Über der dunklen niedrigen Unterkirche erhebt sich, durch Treppen zugänglich, das einschiffige Obergeschoß, in dem der extremste Moment der Wandauflösung in riesigen buntverglasten Fenstern erreicht ist. Die Raumabgrenzung tritt nur noch im Gitterwerk der röhrenhaft schlanken Wanddienste, des Fenstermaßwerks und des scharf gezeichneten Gewölbegerüsts in Erscheinung. Die konstruktiv notwendigen Teile ins Dekorative umgedeutet. Eine Spätstufe der Hochgotik,

Paris, Nôtre-Dame;
Blick durch den Chor in das Mittelschiff.

deren an einen Reliquienschrein erinnernde Zartheit und Zerbrechlichkeit nicht mehr ins große Format übertragbar ist. Bedeutend die zwischen 1243–48 geschaffenen, im Innenraum an den Diensten aufgestellten Apostelfiguren, Hauptwerke des pretiösen Stils Pariser Skulptur der Mitte des 13. Jhs. (→Gotik).

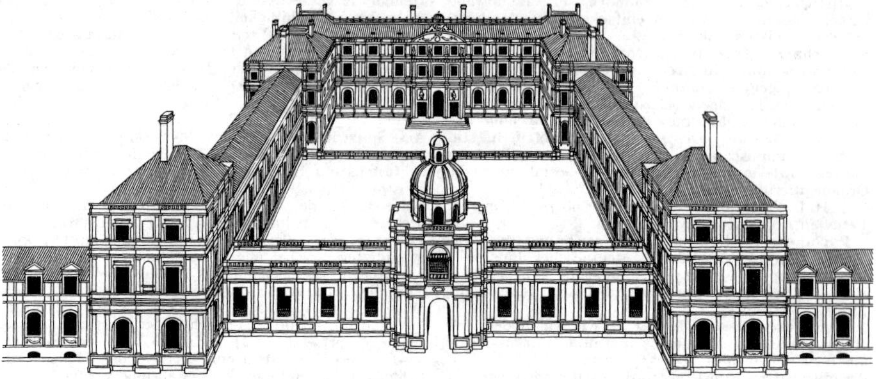

Paris, Palais Luxembourg, nach 1615 von Jacques Brosse errichtet; Übersichtsperspektive.

Lit.: M. Aubert, Nôtre Dame de P., 1920; H. Jantzen, Die Gotik des Abendlandes, 1962; W. Sauerländer, Die kunstgeschichtliche Stellung der Westportale von Nôtre Dame de P., Marburger Jb. für Kunstwissenschaft 1959, 1ff.; R. Branner, St. Louis and the Court Style in Gothic Architecture, 1965; E. Coche de la Ferté, L'antiquité chrétienne au Musée du Louvre, 1958.

3) Palais Luxembourg. 1612 erwarb Maria v. Medici, 2. Gemahlin Heinr. IV., Schloß und Garten d. Herzogs v. Piney-Luxembourg. 1615 beginnt J. Brosse den Neubau des Palais Luxembourg in Anlehnung an italien. Palazzi, speziell des Pal. →Pitti in Florenz, unter Wahrung einzelner spezifisch franz. Elemente (Eckpavillons). 1795–1805 Umbau durch Chalgrin (Schloßhof und Inneres), 1836–44 Umgestaltung der Gartenfassade. Der Garten, Schmuckstück unter den Pariser Parks, geht mit seinen Terrassen um das große Mittelbassin, den Statuen u. kunstvoll beschnittenen Hecken noch auf die Anlage von Debrosse zurück. – **4)** Ab 1670 entsteht d. Riesenbau des Hôtel des Invalides, begonnen von Libéral Bruant, beendet von Jules →Hardouin-Mansart, bestimmt für die Unterbringung von 7000 Veteranen. Vorbild für die Einteilung war der →Escorial. Die mitten im Baukomplex (17 Höfe) stehende, 3schiffige Soldatenkirche St. Louis mit dem rechteckigen Cour d'honneur davor erweitert Hardouin-Mansart 1675–1705 durch den Anbau des (Invaliden-)Domes am Südende der Hauptachse. Grundriß ist ein dem Quadrat eingeschriebenes griech. Kreuz mit überkuppelter Vierung (107 m hoch mit Spitze). Modul für den ganzen Bau ist der Radius des Vierungskreises. Die Kuppelkonstruktion geschieht in 3facher Schalung. Darunter, in der Mitte des Raumes, die Gruft Napoleons I. nach Plänen von Visconti 1843–53. – **5)** Mitte des 18. Jhs. entsteht die Place de la Concorde nach Plänen A. J. Gabriels (beendet 1772). Die vom alten →Louvre über den Garten der Tuilerien ausgehende Raumbewegung wird von der Place de la Concorde, den Champs-Elysées und der Place de l'Etoile aufgenommen und weit über den Triumphbogen Napoleons I. hinausgeführt. Die beiden Plätze sind genau in der vom Mittelpavillon des Louvre ausgehenden Achse angelegt und zeigen in ihrer Gesamtkonzeption den Geist des 19. Jhs. – **6)** Das Pantheon (ehem. St. Geneviève) wurde von →Soufflot geplant (1755) und 1764–90 nach seinen Plänen ausgeführt. Die Grundkonzeption erinnert an →Palladios Villa Rotonda: griech. Kreuz als Grundriß mit Tempelfronten, dem Innenraum ein zentraler Kreis eingeschrieben mit mächtiger Tambourkuppel darüber. Strenge u. Erhabenheit durch Vereinfachungen in der Revolution noch unterstrichen, zeigen den Schritt zum Klassizismus. – **7)** Nach Entwürfen von Raymond und Chalgrin entstand 1808/11–36 der Arc de Triomphe am Place de l'Etoile. Er war geplant als Tor zu einem Palast des Imperators, der Versailles übertreffen sollte. Der Bau ist 50 m hoch, 45 m breit und 22 m tief. Seine Wände zieren innen u. außen Reliefdarstellungen franz. Schlachten. – **8)** Eine weitgreifende Umgestaltung des Stadtkörpers, besonders der Altstadt, geschah ab 1853 unter Baron Haussmann, allerdings mehr unter militärischem als unter städtebaulichem Gesichtspunkt. Die Anlage eines funktional entwickelten Liniensystems von Straßen, um Aufständen schneller entgegentreten zu können, hatte den Bau einer Reihe von 23–30 m breiten Boulevards zur Folge, ferner Durchbrüche und Begradigungen in der Altstadt, eine allgemeine Stadterweiterung und 9 von den 12 vom Place de l'Etoile ausgehenden Strahlstraßen. – **9)** Die Bibliothèque Nationale, eine der 1. Eisenkonstruktionen, entstand 1857–65 (Henri →Labrouste) als Erweiterungsbau des aus dem 17. Jh. stammenden Hotel de Mazarin (Ehrenhof von B. de Cotte, 18. Jh.) – **10)** Einen außerordentlich kühnen Versuch einer Eisen-Glas-Konstruktion stellt die von Henri →Labrouste 1843–61 erbaute Bibliothèque Saint-Geneviève dar. Der 2schiffige Lesesaal im Obergeschoß ist an den Wänden in Bogenfenster geöffnet, von gewölbten, über eiserne Gurtbögen auf Eisensäulen getragenen Glasdächern überdeckt. – **11)** Die Große Oper von Charles →Garnier entstand 1861–74. Die Neuartigkeit der Konstruktion u. Raumgestaltung wird unter der pompösen Dekoration verwischt, besteht aber in der funktionellen Anordnung der Räume und nicht, wie bisher, in ihrer architektonisch-ästhetischen Gliederung. (Siehe Tafel 29). – **12)** Der Eiffelturm, 1887–89 von →Eiffel erbaut, ist (damals höchstes Gebäude der Welt) mit 300 m ein technisches Meisterwerk aus Eisen, das lange als Verschandelung des Stadtbildes galt und schließlich Wahrzeichen der Stadt wurde.

Lit.: Wasmuths Lexikon der Baukunst, Bd. III, 1931; Ambrière, Les Guides bleus, Frankreich, 1956; F. Baumgart, Geschichte der abendländischen Baukunst, 1960.

Parische Vasen. Griech. Vasengattung, benannt nach ihrem Hauptfundort, der Insel →Paros. Die Gefäße, vor allem Amphoren und Kannen, gehören in das 8. und 7. Jh. v. Chr. – Häufig erscheinen Tierfiguren im Schulterbild, während der Vasenkörper einfache, vom Geometrischen hergeleitete Streifendekoration zeigt.

Pariser Psalter. (Paris, Bibliothèque Nationale Cod. Grec. 139. 10.) Vielleicht schon 9. Jh. entstanden. Der P. besteht aus einem Text und 14 Miniaturen auf Pergamentblättern, die in den Text eingefügt wurden. Wir haben es mit Einzeldarstellungen zu tun, die in einen festen Rahmen eingefügt sind, und nicht mit einer kontinuierlichen Erzählungsweise, wie man sie bisweilen in Miniaturen findet. Davidszenen wechseln mit Mosesszenen und mit Darstellungen von Propheten ab. Die Illustrationen sind von ganz verschiedenem künstlerischem Wert. Wahrscheinlich haben fünf Künstler an dem P. gearbeitet. Neben Bildern mit plumpen Dar-

stellungen der Leiber und einer völligen Unkenntnis der Raumbehandlung gibt es Bilder von höchster Schönheit. Einige atmen hellenistischen Geist. Man nimmt an, daß hier ein alexandrinisches Vorbild vorlag. Der P. wird als Hauptvertreter der Makedonischen Renaissance bezeichnet.
Lit.: H. Buchthal, The miniatures of the Paris Psalter, 1938.

Park →Gartenkunst.

Parkettieren →Restaurierung.

Parler. Deutsche Baumeister- und Bildhauerfamilie, die u. a. in Köln, Schwäbisch-Gmünd, Prag, Regensburg, Ulm, Freiburg arbeitete und die die gesamte süddeutsche Baukunst der 2. Hälfte des 14. Jhs. bestimmend beeinflußte. Werkzeichen: Winkelhaken. Der Name ursprünglich Berufsbezeichnung (Polier). – **1)** Heinrich von Gmünd, Stammvater der P., Baumeister des Hallenchors der Kreuzkirche in→Schwäbisch-Gmünd (1351 begonnen), des Gründungsbaus der deutschen Spätgotik und Ausgangspunkt für die süddeutschen Hallenkirchen.– **2)** Peter P., Sohn des vorigen. Geb. 1330 in Gmünd, gest. 13. 7. 1399 in Prag, wohin er durch Kaiser Karl IV. 1353 als Baumeister des Veitsdoms berufen wurde, dessen Chor er vollendete (→Prag). Weitere Werke: Karlsbrücke mit Altstädter Brückenturm in Prag (seit 1357), Chöre von Kolin und Kuttenberg. Entscheidend für die Entwicklung der deutschen Bildnerei sind die zwischen 1365–85 unter seiner Leitung entstandenen Skulpturen des Domchors, vor allem die Fürstentumben und die Bildnisbüsten am Triforium (→Prag, Veitsdom). Im Vergleich zu den entkörperlichten Formen, der Esoterik der Andachtsbilder der 1. Hälfte des 14. Jhs., scheinen sie in ihrer körperlichen Fülle an hochgot. Plastik des 13. Jhs. (z.B. →Naumburger Meister) anzuschließen, übernehmen von dort auch Formen wie die Fürstengrablege (→St. Denis) und die Büstenkonsole (seit dem frühen 13. Jh. in Frankreich, dann in Burgund und im Elsaß verbreitet). Doch gehen sie in ihrer jeder architektonischen Einbindung entgegenstehenden Wucht der körperlichen Erscheinung, in ihrer bildnismäßigen Individualisierung, die das Eigengewicht des plastischen Werks gegenüber der Architektur hervortreten lassen, weit über alles vorherige hinaus. Ähnliche Entwicklungen auch an anderen höfischen Zentren wie →Wien, Paris, Dijon (Claus →Sluter), Bourges, Poitiers. Mit Peter P. zu verbinden außerdem die Figur des hl. Wenzel, Prager Dom; die Skulpturen des Altstädterbrückenturms (um 1376–78); das Reiterstandbild des hl. Georg; das Bogenfeld mit Kalvarienberg an der Teinkirche, Prag. Letzteres zeigt den von der P.plastik ausgehenden kleinteilig-beweglichen, in vielfältiger Schichtung und Verkürzung angelegten, auf die Darstellung des dramatischen Höhepunkts zugespitzten Reliefstil.
Lit.: K. M. Swoboda, Peter P., 1940.

Parma. **1)** Baptisterium. Begonnen 1196, vollendet im 13. Jh. Der als Oktogon in den Formen des 12. Jhs. aus Haustein und Backstein errichtete Bau gehört zu den monumentalsten →Taufkirchen des Mittelalters. Im Sockelgeschoß vier rundbogig geschlossene Stufenportale. Oberhalb zwischen Eckpfeilern Säulengalerien mit Gebälk, als Abschluß eine umlaufende Rundbogengalerie. Im Innern oberhalb des durch die Portale und Rundbogennischen gegliederten Sockels zwei Geschosse mit Säulenstellungen. Achtseitiges rippenunterlegtes →Klostergewölbe. Baumeister soll Benedetto →Antelami gewesen sein, der als Bildhauer das signierte Nordportal und im Dom von P. das Kreuzabnahmerelief des Pontile (signiert und 1178 datiert) schuf.
2) 1545 kam P. gemeinsam mit Piacenza zum Herzogtum Farnese und wurde Hauptstadt. Von seinen Kirchenbauten sei vor allem S. Giov. Evangelista genannt, eine Basilika mit Vierungskuppel, von Bernardino Zaccagni 1510 erbaut. Die Fassade entstand erst 1607 nach Entwürfen von Simone Moschino und der Turm 1614 von G. B. Magnani. Der prachtvolle Freskenschmuck im Inneren stammt von →Correggio (1494 bis 1534) und zeigt die Vision des hl. Johannes. Correggio hat auch den roman. Dom P.s mit einem prachtvollen Kuppelfresko (Himmelfahrt Mariae) geschmückt. Ein weiterer bemerkenswerter Kirchenbau der Stadt ist S. Maria della Steccata, ein reiner Zentralbau, einer der schönsten Italiens, 1521–39 von B. Zaccagni errichtet. Erst 1690 wurde der Chorraum verlängert. Der Grundriß zeigt ein griech. Kreuz, dessen Balken rund abgeschlossen sind, die Mittelkuppel und niedrige Eckräume mit Kapellen.
Lit.: K. J. Conant Carolingian and Romanesque architecture 800 to 1200, Pelican History of Art, 1959; Wasmuths Lexikon der Baukunst, Bd. IV, 1932.

Parmigianino, eigentlich Francesco Mazzola. Italien. Maler und Radierer. Geb. 1503 in Parma, gest. 1540 in Casalmaggiore. Tätig in Parma, Rom (1523–27) und Bologna (1527–31). Er nahm Einflüsse von →Correggio, →Pordenone und →Raffael auf. – P. war der wohl eigenartigste Maler des italien. Manierismus. Sein Selbstbildnis, gemalt vor einem runden Vexierspiegel (auf konvexer Holzscheibe), stellt die wohl geistvollste Aussage zum Wesen des Manierismus dar (1523, Wien, Mus.). Bezeichnend für den Stil von P.s Werken (Madonnen und Heilige sowie Bildnisse) sind die überlangen, gestreckten Gestalten, die fast übertrieben sensibelmanierierten Gesten und die raffinierte Eleganz. Die Farben sind kühl, gebrochen.
Lit.: L. Fröhlich-Bum, P. und der Manierismus, 1921; G. R. Hocke, Die Welt als Labyrinth, 1957.

Paris, Invalidendom, 1675–1706, J. Hardouin-Mansart.

Paros. Griech. Kykladeninsel mit Siedlungen, die bis in praehistorische Zeit zurückreichen. – Der eigentliche Ruhm dieser Insel gründet sich auf den hier abgebauten feinkörnigen Marmor, der zu den bevorzugten Materialien griech. Bildhauer gehörte. Eine hier bereits in archaischer Zeit ansässige Bildhauerschule brachte Werke hervor, die von feiner ionischer Sinnenfreude künden (parische Koren, letztes Drittel des 6. Jhs. v. Chr.; Nike des Strengen Stils; sogen. Stele Giustiniani, um 460 v. Chr.; sogen. Taubenstele). In der 2. Hälfte des 5. Jhs. v. Chr. gerät P. künstlerisch unter den Einfluß Attikas. – Bedeutendstes Kultzentrum der Insel war das Delion.
Lit.: O. Rubensohn, Das Delion von P., 1962.

Parrhasios. Griech. Maler aus Ephesos, tätig in der 2. Hälfte des 5. Jhs. v. Chr. Nur in literarischen Quellen sind Nachrichten über seine Bilder erhalten. Danach

sind psychologische Situationsschilderung und Charakterdarstellung für sein Werk bezeichnend. Gerühmt werden die zarten Konturlinien und die lebensvolle Plastizität seiner Gestalten. – Als Mitarbeiter des →Phidias ist er durch die Bemalung des Schildes der von Phidias geschaffenen Athena Promachos überliefert.
Lit.: A. Rumpf, Handb. d. Archäologie, VI, 115ff., 1953.

Parsua. Durch die Annalen →Salmanassars III. 834 v. Chr. bezeugtes Gebiet südlich des →Urmiasees in der Nachbarschaft von →Urartu. Der Name deutet auf die Anwesenheit persischer Stämme vor ihrer Wanderung nach Südwestiran (→Fars, →Parsumasch). Das assyrische Zeugnis ist wichtig wegen der zyklopischen Bauweise der frühen →Achaemeniden-Residenzen, die ihre Entsprechung in Urartu hat (→Pasargadae, →Masdsch-i-Suleiman).
Lit.: R. Ghirshman, Iran I, 129; H. H. von der Osten, WP, 39ff.

Parsumasch. Gebiet in Südwestiran beiderseits des Karunflusses an den Ausläufern der Bachtiariberge südöstlich von →Susa. Ursprünglich unter elamischer Herrschaft erhielt P. seinen Namen nach Landnahme der aus →Parsua eingewanderten persischen Stämme. P. ist Kernland der frühen →Achaemeniden ebenso wie Parsa (→Fars).
Lit.: R. Ghirshman, Iran I, 129, 440; H. H. von der Osten, WP, 37, 60ff.

Parthenon. Tempel der Athena Parthenos (der Jungfräulichen) auf der Akropolis in Athen. Der P., der den älteren Athenatempel (Hekatompedon) ersetzte, wurde von den Architekten →Iktinos und →Kallikrates auf den Fundamenten eines vor dem Perserkrieg begonnenen Tempels erbaut und 432 v. Chr. vollendet. Durch seine mit außerordentlicher Künstlerschaft gegebenen Proportionen und Linien und durch seine Ausschmückung war der P. das vornehmste Gebäude griech. Antike. Der P. wurde im 6. Jh. n. Chr. in eine christliche Kirche und nach 1458 in eine mohammedanische Moschee mit einem Minarett umgebaut. Als der P. 1687 während des Krieges zwischen Türken und Venezianern als Pulvermagazin verwendet wurde, explodierte er bei einem Treffer. 1801–03 brach Lord Elgin mit Genehmigung der Türken den größeren Teil des Skulpturenschmucks ab und verkaufte ihn 1816 an das Britische Museum. – Der Tempel ist als 69 m langer und 31 m breiter dorischer →Peripteros mit 17 Säulen an den Längsseiten und 8 an den Schmalseiten sowie einer inneren etagierten Säulenstellung errichtet worden. Die Plastik wurde unter der Leitung des →Phidias (447 bis 432 v. Chr.) geschaffen. Der Ostgiebel zeigte die Athena-Geburt, der Westgiebel Athenas Streit mit Poseidon; 92 Metopen mit Mythendarstellungen sowie ein um die Cella laufender ca. 160 m langer Fries, der den panathenäischen Festzug schildert, schmückten den Tempel. Im Innern stand die 10 m hohe Statue der Athena Parthenos des Phidias, in Gold und Elfenbein ausgeführt.
Lit.: Berve-Gruben-Hirmer, Grich. Tempel und Heiligtümer, 1961.

Parther. Iranisches Reitervolk, ursprünglich mit mehreren Stämmen im Steppenraum zwischen Kaspischem Meer und Oxus (Amudarja) verbreitet. Nach vergeblichem Vorstoß gegen die Griechen in Baktrien (→Baktrische Kunst) drangen sie unter Führung der Fürsten Arsakes und Tiridates aus dem Stamm der Parni um 240 v. Chr. in die Provinz Parthien, südöstlich vom Kaspischen Meer, ein, die unter Verwaltung der →Seleukiden stand. Danach erhielten sie ihren geschichtlichen Namen. Älteste Residenzstadt →Nisa. Nach dem Parnifürsten Arsakes nannte sich die Dyn. der →Arsakiden, deren Eroberung bis zum Euphrat führte. →Assur →Dura Europos, →Hatra, →Ktesiphon. In der Provinz →Margiana Hauptstadt →Merv. Kennzeichnend für die P. als Reitervolk ist die Steppentracht (Ärmelrock, lange Hose). Das Heeresaufgebot bestand aus berittenen Bogenschützen und Panzerreitern mit langen Stoßlanzen auf gepanzerten Pferden, die den Römern in der Schlacht bei Carrhae 53 v. Chr. zum Verhängnis wurden. Im Gegensatz zum Königswagen der →Achaemeniden erscheinen die Könige der P. nur als Reiter. Dazu fügt sich die Göttervorstellung. Entscheidend für die →parthische Kunst war die Begegnung mit der hellenistischen Kultur.
Lit.: F. Altheim, Niedergang I, 15ff.; WA 1, 69ff.; 2, 10ff.

Parthische Kunst →iranische Kunst IV.

Pasargadae. Ruinenstätte im Südwestiran (Provinz →Fars). Residenz →Kambyses', I., von dessen Palastanlage die am ,,Tacht-i-Mädär-i-Suleiman" gelegene Terrasse vorhanden ist. Der mächtige Bau setzt die Tradition von →Masdschd-i-Suleiman fort, zeigt aber im Gegensatz zur zyklopischen Mauer eine Werksteinverkleidung aus regelmäßig verbundenen, großen Blöcken, die als Bossenwerk bearbeitet sind. →Kyros II. bezog die Terrasse nach dem Sieg über die Meder in seine Neuplanung von P. ein. Sie umfaßte einen weiten ummauerten Bereich mit Heereslager und Wildpark, wo der monumentale Eingang zur Apadana und dem Wohnpalast führte. Tor- und Palastreliefs lehnen sich an Vorbilder der →elamischen und →assyrischen Kunst an. Erste Faltenwurfstudien führen darüber hinaus. Bauinschriften persisch, elamisch und babylonisch. Charakteristisch sind die überhöhten schlanken Säulen mit Kapitellen in Form von Tierprotomen. →Feuertempel und -altäre vertreten die Kultarchitektur wie in →Naqsch-i-Rustam. Bedeutsam ist das monumentale Grab des Kyros in Form eines Satteldachhauses auf hohem Stufenpodest, das an eine →Zikkurat erinnert.
Lit.: R. Ghirshman, Iran I, 130ff.; H. H. von der Osten, WP, 74ff.

Pascin, Jules (eigentl. Julius Pincas). Bulgarisch-franz. Maler. Geb. 1885 in Widin/Bulgarien, gest. 1930 in Paris. Nach seinem Studium in Wien und München arbeitete er für den ,,Simplizissimus". 1905 ging er nach Paris und bildete sich bei →Matisse weiter. Kurze Zeit später ließ er sich ganz in Paris nieder und schuf eine Reihe hervorragender Buchillustrationen. 1914–21 lebte er in Amerika und kehrte anschließend wieder nach Paris zurück. – Im Zentrum seiner Arbeiten steht neben Buchillustrationen und Graphik der weibliche Akt. Seine Malerei verbindet fauvistische Züge mit romantischen Elementen und bevorzugt pastellartige Grautöne.
Lit.: Thieme-Becker; H. Vollmer, Künstlerlex. d. 20. Jhs.

Pasiteles. Röm. Bildhauer griech. Herkunft. Er war im 1. Jh. v. Chr. in Rom tätig. Er hat nach der Überlieferung direkt nach der Natur modelliert, wird aber doch Klassizist gewesen sein. Zahlreiche Kopien und Umbildungen griechisch klassischer Werke gingen aus seiner Schule hervor. P. hatte ein von →Plinius zitiertes fünfbändiges Werk über die berühmten Kunstwerke der alten Welt geschrieben.
Lit.: G. Lippold, Handb. d. Archäologie, V, 386, 1950.

Pasmore, Victor. Engl. Maler und Bildhauer. Geb. 1908 in Chelsham, ansässig in London. Ausgehend vom Neo-Impressionismus der Easton Road School, zu deren Mitbegründern und Lehrern er 1937–39 gehörte, wandte er sich nach 1945 der abstrakten Form zu. Anregungen vom →Konstruktivismus →Mondrians verarbeitete er zu Bildern und Reliefs aus verschiedenen Materialien. – 1945 erhielt er einen Ruf auf den Lehrstuhl für Malerei an der Universität Durham und war seither auf mehreren internationalen Ausstellungen vertreten.
Lit.: Knaurs Lex. d. modernen Plastik, 1964.

Pass. Eine aus Dreiviertelkreisen zwischen Nasen (→Nase) zusammengesetzte, einem Kreis einbeschriebene geometrische Figur, eine der Grundformen des got. →Maßwerks. Nach der Zahl der Kreisbogenteile werden Drei-, Vier-, Fünf-, Sechs- und Vielpässe unterschieden.

Passau. Der jetzige Dom St. Stephan geht auf einige ältere Bauten des frühen und hohen Mittelalters zurück, von denen aber (Bau von 1407–30) fast nichts mehr oder stark verändert erhalten ist. Das Langhaus ist barock (1668–78) und ist Werk des Italieners Carlo Lurago; es hat eine Länge von 101 m und gehört zu den größten süddeutschen Barockbauten des 17. Jhs. Im W 2 Fronttürme und die Vierungskuppel vor den spätgotischen O-Teilen, deren Haube im 18. Jh. aufgesetzt wurde, beherrschen das Stadtbild. Das Innere zeigt eine basilikale Raumform, geteilt in 6 Joche, die flach überkuppelt sind. Die Seitenkapellen schließen schmale Quertonnen. Der

Chor ist einschiffig. Der ganze riesige Raum verrät deutlich oberitalien. Formgesinnung. Die meisterlichen Stuckdekorationen von Giov. Battista→Carlone zeigen mit ihren figürlichen Darstellungen ein theologisches Programm. Die Gewölbefresken stammen von Carpoforo Toncalla aus Mailand (1679–84). Der Hochaltar, erst 1953 aufgestellt, zeigt eine freie Figurengruppe, das Martyrium des hl. Stephan darstellend (Jos. Henselmann).
Lit.: Reclams Kunstführer, Deutschland, Bd. I., 1961.

Passepartout (franz.). Ein Kartonrahmen von einer gewissen Stärke mit ganzer Rückfläche; zwischen diese beiden wird ein graphisches Blatt gelegt, das dann auf diese Weise vor der Berührung mit weiteren, darauf liegenden Blättern geschützt wird.

Paßglas. Trinkglas, dessen Außenwände durch aufgesetzte, horizontale Glasstreifen gegliedert sind. Gläser dieser Art wurden vor allem im 16. und 17. Jh. hergestellt.

Passionale. Ritualbuch, das die Passionsgeschichte der Märtyrer und Heiligen enthält. Manchmal wurde auch das Leben Jesu, der Maria und der Apostel mit hineingenommen.

Passionssäule. Die P. ist Symbol für das Leiden Christi (Martersäule) und wird meistens gemeinsam mit allen Leidenswerkzeugen dargestellt (15./16. Jh.). Obenauf sitzt der Hahn Petri.

Passionssarkophag. In der zweiten Hälfte des 4. Jhs. erscheinen auf Sarkophagen Darstellungen vom Passionsgeschehen, wie der Einzug in Jerusalem, die Gefangennahme Jesu, das Verhör vor Pilatus, das meistens mit dem Händewaschen verbunden ist, und die Dornenkrönung. Die Kreuzigung fehlt. Sarkophage, die diese Passionsszenen zeigen, nennt man im wissenschaftlichen Sprachgebrauch P.
Lit.: H. Freiherr v. Campenhausen, Die P.e. Zur Geschichte eines altchristl. Bildkreises, 1921.

Passionswerkzeuge, Leidenswerkzeuge. Die Sinnbilder des Leidens Christi, wie Nägel, Stricke, Rutenbündel, Lanze, Rohr mit Essigschwamm, Zange, Würfel u.a. Ihre Zahl ist nicht festgelegt. Es kommen bis zu 30 vor. Besonders häufig in der deutschen Malerei und Bildnerei des Spätmittelalters dargestellt.
Lit.: R. Berliner, ,,Arma Christi“, in: Münchner Jahrb. d. bildenden Kunst, 1956, 35ff.

Passionszyklus. Darstellung der Leiden Christi als szenische Folge, beginnend mit dem Einzug in Jerusalem. Weiter: Abendmahl, Gebet auf dem Ölberg, Verrat und Gefangennahme, Geißelung und Dornenkrönung, Jesus vor Pilatus (Ecce Homo), Kreuztragung, Kreuzigung, Kreuzabnahme, Beweinung, Grablegung. Meist schließt der Zyklus mit der Auferstehung. Die Katakombenkunst kannte keine Passionsdarstellungen. Sie begegnen zuerst in der frühchristl. Sarkophagplastik (→Passionssarkophag) und in der Kleinkunst, vor allem der Elfenbeinschnitzerei, gegen Mitte des 4. Jhs. Erst die ottonische Buchmalerei schafft in den Evangelienhandschriften größere P., die unter dem Einfluß der Mystik, die sich seit dem 11. Jh. mit der Leidensgeschichte Christi intensiv beschäftigte, in die monumentale Kunst übergehen. Auch die im Zusammenhang mit der Osterliturgie stehenden Passionsspiele des hohen Mittelalters haben wohl auf die immer reichere Ausgestaltung eingewirkt, so daß sich die Szenenzahl allmählich auf 25–30 erweiterte. Zum zentralen Thema wurde die Passion in der Kunst des späteren Mittelalters, die anstelle des vorroman. und roman. Christus triumphans überwiegend den leidenden, sich für die Menschheit opfernden Christus darstellte (→Kreuzigung Christi). Im Zusammenhang hiermit entstehen Anfang des 14. Jhs. neue Typen des →Andachtsbildes, die aus dem szenischen Zusammenhang des P. gelöste Themen behandeln wie →Vesperbild (Pietà), →Schmerzensmann, Heiliggrabdarstellungen (→Heiliges Grab) etc. Besonders häufig begegnet der P. in der Graphik (z. B. →Schongauer, →Cranach und die zwei Holzschnittfolgen und eine Kupferstichfolge von →Dürer.
Lit.: K. Künstle, Ikonographie der christlichen Kunst, 1928; L. Réau, Iconographie de l'art chrétien, 1955 bis 1959.

Paste. Glasmaterial, das bereits in der röm. Antike für Gemmen und Kameen als Ersatz für teure Steine verwandt wurde.

Pastellmalerei. Mit gefärbter Kreide wird das Bild auf rauhem Papier hergestellt. Die P. läßt sich in ihren Anfängen bis ins 15. Jh. n. Chr. zurückverfolgen. Vor allem im 16. Jh. war in Italien diese Technik zum Kolorieren von Zeichnungen beliebt. Erst im 18. Jh. kam es vor allem in Frankreich zu einer mehr die malerischen Qualitäten betonenden P., die dem verfeinerten Rokokogeschmack dank ihrer differenzierten, hellen Töne sehr entgegenkam. – Nachdem im Klassizismus die P. in den Hintergrund trat, erlebte sie durch →Degas eine neue Belebung.

Pastenmosaik. Kurze Zeit in der ägypt. Kunst übliche Technik zur Bildausstattung der →Mastaba, wobei die vertieften Motive mit Farbteig ausgestrichen wurden. Als Erfinder des P. rühmt sich →Nefermaat in seinem Grabe in →Medum, in dem er unzerstörbare Bilder schaffen wollte. Da die Farbpaste nach Austrocknung ausbröckelte, gab man das P. bald wieder auf.
Lit.: W. Wolf, KÄ, 204f.

Pasticcio. Kunstgeschichtliche Bezeichnung für die nicht homogene Zusammenfügung verschiedener Stilelemente zu einem Werk.

Pastorale. Eigentlich ,,zu den Hirten“ gehörig. Darstellung des Hirtenlebens in idealisierter Form, dann auch Bezeichnung für Hirtenstab. →Pedum.

Pastos (italien. ,,teigig“). Bezeichnung für einen sehr groben, dicken Auftrag von Ölfarbe. Oft wird, um eine recht plastische Wirkung der Farbe zu erzielen, diese direkt aus der Tube auf den Malgrund gedrückt und dann mit groben Pinselstrichen oder, häufiger, mit dem Spachtel in die gewünschte Richtung verteilt. Die Impressionisten begannen zuerst mit dem pastosen Auftragen von Farbe.

Patan-Bhatgaon. Tempel in chinesischer Pagodenform.

Patan – Bhatgaon. Alte Residenz und moderner Ortsteil der nepalesischen Hauptstadt →Kathmandu mit zahlreichen neueren Holzbauten und gut erhaltenen Resten von steinernen Turmtempeln im nordindischen Stil und von mehrgeschossigen Tempeln in der Art der ostasiatischen →Pagode.

Patene. Der zum Kelch gehörende Hostienteller, der,

aus dem gleichen Material wie dieser bestehend, bis zur Opferung als Deckel des Kelchs dient. Die P. trägt meist nur Gravierung. In got. Zeit wurde in ihren Boden häufig ein Sechs- oder Vielpaß eingetieft. Auf dem Rand ist ein Kreuz (Kußkreuz) graviert.

Patenir (Patini[e]r), Joachim. Niederl. Maler. Geb. 1475–80 in Bouvignes oder Dinant, gest. 1524 in Antwerpen. Angeregt von H. →Bosch, G. →David und Qu. →Massys. Wurde zum ersten niederl. ,,Spezialisten" für Landschaftsmalerei. Vermutlich hat er in Werken von Massys (Versuchung des hl. Antonius, Madrid, Prado), Joos van Cleve und A. →Isenbrant die Landschaften gemalt, während in seinen eigenen Bildern die Figuren in vielen Fällen von anderer Hand stammen. – Seine Landschaften staffeln sich in mehrere Zonen hintereinander, wobei der Grundton von Bräunlich im Vordergrund über Grünlich zu Bläulich in der Ferne wechselt. Die weiten Panoramen seiner Bilder zeigen, phantastisch und dramatisch aufgebaut, Felsen, Wälder, Flüsse und Städte.
Lit.: L. von Baldaß, Die niederl. Landschaftsmalerei von P. bis Breughel, 1918 (Jb. der Wiener Kunstsammlungen, Bd. 34); L. v. Puyvelde, Die Welt von Bosch und Brueghel, Flämische Malerei im 16. Jh., 1962.

Pater, Jean-Baptiste. Franz. Maler. Geb. 1695 in Valenciennes, gest. 1736 in Paris. Schüler und neben →Lancret erfolgreichster Nachahmer →Watteaus (Ländliches Konzert, Paris, Louvre). Die Qualität der Arbeiten wich später einer kalten und flüchtigen Ausführung.
Lit.: F. Ingersoll-Smouse, J.-B. P., 1928 (franz.) mit Werkkatalog.

Pâte sur pâte. Bezeichnung für die sehr dünne über der Glasur angebrachte Reliefverzierung von Porzellan. Die Technik wurde in Anlehnung an chinesisches Porzellan nach der Mitte des 19. Jhs. entwickelt und fand vor allem in Meißen Anwendung.

Patina. Grüne Oxydschicht, die sich unter dem Einfluß der Luft auf Kupfer und Bronze bildet. Das allmähliche Zustandekommen der P. ist abhängig von der Zusammensetzung der Legierung. Besonders günstig für die Bildung der P. sind alle Legierungen, die hauptsächlich aus Kupfer und Zinn bestehen. Die P. kann braun, grün oder schwarz sein, sie kann auch künstlich erzeugt werden, was bei modernen Bronzearbeiten fast immer geschieht.

Patna. Hauptstadt der indischen Provinz Bihar. In einer Folge mehr oder weniger in sich abgeschlossener Teile erstreckte sie sich in einer Länge von etwa 15 km am Südufer des Ganges, wie es der griech. Gesandte Megasthenes von der Maurya-Residenz Pataliputra berichtet. Die Ruinen dieser Siedlung des 3. Jhs. v. Chr. mit einer Säulenhalle vermutlich achaemenidischer Anregung grub man im Stadtteil Kumrahar aus.

Patriarchenkreuz →Kreuz.

Pattadakal. Südwestindisches Dorf auf dem Gelände einer alten Tschalukya-Hauptstadt mit Tempeln und Bildwerken des 7. und 8. Jhs. Man beobachtet eine Durchdringung des nordindischen Turmtempels und der dravidischen, massiven Kuppelformen besonders am Galaganatha, Mallikardschuna und Papanatha.
Lit.: H. Cousens, The Calukyan architecture of the Kanarese districts, 1926.

Paul, Bruno. Deutscher Architekt, Kunstgewerbler u. Zeichner. Geb. 1874, Seifhennersdorf/Lausitz, gest. 1968, Berlin. Begann als Zeichner für den ,,Simplizissimus" in München, gehörte 1897 zu den Mitbegr. der ,,Vereinigten Werkstätten für Kunst und Handwerk" in München, einem der Zentren des →Jugendstils. 1907 übersiedelte er nach Berlin und war dort 1924–33 als Direktor der ,,Vereinigten Staatsschulen für freie und angewandte Kunst" tätig. 1933 legte er dieses Amt nieder und übersiedelte nach Düsseldorf. – Bei seinem vielseitigen Wirken steht vor allem der Möbelentwurf im Mittelpunkt. Bereits 1906 entwickelte er die ersten Typenmöbel. In seinen Formen war er anfangs stark vom Jugendstil beeinflußt, entfernte sich später jedoch mehr von dieser Richtung und knüpfte an Traditionen des Biedermeier und Klassizismus an.
Lit.: H. Vollmer, Künstlerlex. d. 20. Jhs.

Paulinus v. Nola. In Bordeaux 353 oder 354 geboren. Eleganter Schriftsteller in Prosa und Versen. Später Bischof in Nola, als solcher länger als 20 Jahre gewirkt. Für die altchristl. Kunst wichtig seine epistulae XII und XIII, in welchen er Sulpicius Severus, einem Schüler des hl. Martin von Tour, Auskunft über seine eigenen Kirchenbauten zu Nola und Fondi (Campanien) gibt und ihm Inschriften für Bilder in den von Severus gebauten Heiligtümern überreicht. In seinem Poem XXVII, Vers 511 ff. erklärt er dem Bischof Nicetas von Dazien die Bilder der Felix-Basilika zu Nola, die er in Auftrag gegeben hatte.

Pattadakal. Außenwand des Virupakscha-Tempels.

Paulinzella →Hirsau, Bauschule.

Pausanias. Griech. Reiseschriftsteller des 2. Jhs. n. Chr. In elf zum größten Teil erhaltenen Büchern beschreibt er seine Reise durch Griechenland, die ihn zu den berühmtesten Stätten der Antike geführt hat. Für die Kenntnis der griech. Kunst sind seine Schriften von unschätzbarem Wert, da er von allen Orten, die er besuchte, ausführliche Beschreibungen der Anlagen und Kunstwerke, die er dort gesehen hat, überliefert.

Pausias. Griech. Maler des 4. Jhs. v. Chr. aus →Sikyon. Seine Gemälde, von denen keines erhalten ist, werden in der antiken Literatur wegen der darin zum Ausdruck kommenden meisterhaften Beherrschung der Perspektive und Vervollkommnung der →Enkaustik gerühmt. In besonderem Maße wird die Leuchtkraft der Blumenbilder des P. hervorgehoben.
Lit.: H. Brunn, Gesch. d. griech. Künstler.

Pavia. Die Stadt P. ist an größeren Bauten verhältnismäßig arm. Der weitaus bedeutendste Bau liegt ca. 8 km nördlich der Stadt, die Certosa di Pavia, das berühmte Kloster der Karthäuser. Es wurde 1396 gegründet und durch Bernardo da Venezia und Cristoforo da Conigo in got. Stil begonnen. Die Kirche wurde 1451–65 von Giuniforte Solari errichtet. Die prunkvolle Marmorfassade entstand seit 1491 nach einem Modell von G. A. Amadeo und wurde 1500–1507 von Briosco weitergeführt. Die Kirche ist ein got. Langbau mit 3 Schiffen, 2 Kapellenreihen und reicher Chorpartie, die, ebenso wie Querschiff und Vierung, schon deutliche Renaissanceformen aufweist.

Pavillon (franz., ursprünglich ,,papillon" = Schmetterling). Heißt übertragen eigentlich Zelt, Zelthaus. P. kann die Bezeichnung für einen runden oder eckigen selbständigen Bau sein, kann aber genausogut ein kräftig vorspringender Mittel- oder Eckteil eines größeren Gebäudes sein, wobei aber dann das Dach des P.s meist selbständig entwickelt ist.

Paxtafel, auch Kußtäfelchen. Ein im 13. Jh. entstandenes Reliquientäfelchen aus Elfenbein, Edelmetall, Holz oder Glas. Verziert durch Reliefs, →Hinterglasmalerei oder →Email. Es wurde vor der Kommunion zum Kusse gereicht.

Paxton, Sir Joseph. Engl. Architekt und Ingenieur. Geb. 1801 in Milton-Bryant (Bedfordshire), gest. 1865 in Sydenham (London). P. war Landschaftsgestalter und Gartenarchitekt für den Herzog von Devonshire, für den er in die Parkanlagen von Chatsworth gewölbte Gewächs-

häuser aus Eisen und Glas baute. Das dabei entwickelte System benützte er für den Bau des ,,Kristallpalastes" in London, der für die 1. Weltausstellung 1851 im Hyde-Park errichtet wurde (nach der Ausstellung nach Sydenham versetzt und dort teilweise bis 1938 erhalten). Diese Halle war die erste Großraumkonstruktion aus Eisen und Glas und wurde vielfach nachgeahmt (Glaspalast in München). Als historistischer Architekt baute P. für die engl. Rothschilds das Montmore-House in Buckinghamshire (1852–54) in elisabethanischem Stil und für die franz. Rothschilds ein Schloß in Ferrières im Stile Franz I.
Lit.: G. F. Chadwick, The works of Sir Joseph P., 1961.

Paysage intime. Bezeichnung für den franz. Naturalismus, der sich in seinen Themen dem einfachen Landleben zuwandte, wie er durch die Schule von →Barbizon entwickelt wurde.

Pazuzu. Babylonischer Todesdämon von schreckerregender Gestalt, in abwehrenden Bronzefiguren von ausgeprägter Häßlichkeit dargestellt.
Lit.: A. Parrot, Sumer, 385.

Pazyryk. Nekropole mit 5 frostkonservierten Groß-→Kurganen im Altai aus dem 5.–3. Jh. v. Chr. Den monumentalen Balkenkammern mit mächtiger Hügelaufschüttung entspricht die reiche Ausstattung, die nur teilweise den Plünderungen durch Grabräuber entgangen ist. Charakteristisch ist der reiche →Tierstil, in dem Elemente der →eurasischen Kunst (Elch- und Hirschmotiv) mit Einflüssen aus dem →Achaemeniden-Reich (Hahn- und Greifenmotive) verschmolzen sind. Wir begegnen ihm in der Ausstattung der mitbestatteten Pferde, in Leder- und Holzarbeiten, in der Tätowierung eines mumifizierten Fürsten, die die magische Bedeutung der oft phantastischen Motive offenbart. Auch die Pflanzenornamentik ist vertreten, darunter Lotus-Palmettenmuster. Einzigartig ist der Fund eines Knüpfteppichs, des bisher ältesten der Welt, dessen Reitermotive an Friese in →Persepolis erinnern. Ein gleiches gilt für Teppichbilder mit betenden Frauen vor einem Räucheraltar. Ein Wandbehang mit einem Reiter vor einem thronenden Kahlköpfigen mit Ranke läßt an die Agrippäer-Überlieferung denken. Unverkennbar sind die chinesischen Einflüsse.
Lit.: K. Jettmar, Steppenvölker, 80ff.; J. Wiesner, UKG IV, 135ff.; R. Ghirshman, Iran I, 360ff.

Peč. Kirche zu P. (um 1310) bietet eines der Hauptbeispiele für die Malerei der graeco-slawischen Schule.

Peccatel. Fundort in Mecklenburg. In einem bronzezeitlichen Grab wurde ein Bronzegefäß gefunden, das auf einem vierrädrigen Fahrgestell befestigt ist, →Kesselwagen.

Pech-Merle. Bei Cabrerets (Dép. Lot, Südfrankreich), mit altsteinzeitlichen Darstellungen aus der →frankokantabrischen Kunst, bekannt seit 1922. Abgebildet sind Mammut, Bison, Rind und Pferd in schwarzer Strichmalerei, außerdem Gravierungen und mit dem Finger gezogene Zeichnungen (u.a. drei Frauen), sogen. →,,Makkaroni", farbige Punkte und →Handumrisse. Die Darstellungen gehören dem jüngeren →Aurignacien und dem älteren →Magdalénien an.
Lit.: Kühn, Die Felsbilder Europas, 1952.

Pechstein, Max. Deutscher Maler. Geb. 1881 in Zwickau, gest. 1955 in Berlin. Nach dem Studium an der Akademie in Dresden gründete er gemeinsam mit E. L. →Kirchner, E. →Heckel u. a. die Künstlergemeinschaft →,,Brücke". Siedelte 1908 nach Berlin über und gründete dort die ,,Neue Berliner Sezession", deren Vorsitzender er 1910 wurde. 1914 unternahm er eine für seine weitere Entwicklung entscheidende Südseereise und ließ sich 1919 endgültig in Berlin nieder. 1933 als ,,entartet" verfemt, übernahm er 1945 eine Professur an der Hochschule für Bildende Künste in Berlin. – In seinen frühen Werken verband er die Probleme des →Expressionismus mit dekorativen Elementen, die seine Werke leichter als die seiner Freunde verständlich erscheinen ließen. So galt er bereits 1916 als der führende Mann der ,,Brücke", ein Urteil, das inzwischen zugunsten E. L. →Kirchners revidiert werden mußte. – Nach einer Reise in die Südsee werden seine Werke einfacher und nähern sich der exotischen Idolkunst, die sein Schaffen stark beeinflußte.
Lit.: L. G. Buchheim, Die Künstlergemeinschaft ,,Brücke", 1956.

Pedum. Zunächst gekrümmter Stab, Hirtenstab. Später Bezeichnung für Bischofsstab.

Pegu. Burmesische Hauptstadt der Tailang-Dyn. vom 6.–8. und vom 13.–16. Jh. Aus der wechselvollen Geschichte sind vor allem Stupas und Kultbilder aus der letzten Zeit der Residenz erhalten. Die sogen. Shwehmawdaw-Pagode wurde von den Königen des Landes durch fortgesetzte Stiftungen vergrößert und erreichte schließlich einen Sockelumfang von 412 m und eine Höhe von 23 m. Das Kolossalbild vom Parinirvana, dem Tode des →Buddha, in einem andern Teil des Ruinenfeldes hat eine Länge von über 55 m.

Peintre-graveur →Kupferstich.

Peking. Hauptstadt Chinas mit mehr als zweitausendjähriger Tradition. Der älteste Teil der Stadt liegt im N und geht in seiner heutigen Plananlage auf die nach 1421 n. Chr. durchgeführte Gestaltung zurück. Ein regelmäßiges System von Hauptstraßen verbindet sich mit der von N nach S verlaufenden Hauptachse. Im Zentrum lag die mit Mauern abgegrenzte sogen. ,,Verbotene Stadt", der Sitz der Kaiser vom 15. Jh. n. Chr. bis 1912. Ausgedehnte Palastanlagen mit zahllosen Repräsentationshallen und Pavillons füllen diesen Platz. Durch den Haupteingang führt der Weg über zwei Höfe zum Haupttor der Zeremonie-Hallen. Der Innenhof mit dem sogen. Fluß des goldenen Wassers wird in seinem Charakter durch fünf mit Marmorbalustraden ausgestattete Bogenbrücken bestimmt. Weitere ausgedehnte Hofanlagen mit jeweils vorgelagerten Torbauten führen zum Zentrum der drei Zeremonie-Hallen, die auf einer dreistufigen Terrasse erbaut wurden, eingegrenzt von großen Marmorbalustraden. Doppelte Pfeilerstellungen aus rot lackiertem Holz und zweifach abgesetzte Dächer mit glasierten Ziegeln bestimmen – bereichert durch weitere Dekorationen – den Farbeindruck der Haupthalle, in deren Innerem der Thron des Kaisers stand. – Hinter den Hallen folgt der weitverzweigte Palastteil mit Wohnanlagen des Kaisers und seines Hofes. – Dominierend bestimmt dieser Palast das Bild der Stadt. Außerdem besitzt P. eine Reihe von Pagoden (sogen. ,,Weiße Pagode", 1651) und Tempel (Konfuziustempel, Lamatempel). Im südlichen Teil der Stadt, der eigentlichen Chinesenstadt, liegen neben der Hauptachse die Altäre für Himmel und Erde, wobei der Himmelsaltar als große Anlage mit dreifacher Terrassierung, einer Balustrade und zwei Rundtempeln architektonisch ausgestattet ist.

Pektorale (lat. pectus = Brust). Brustschmuck in Antike und Mittelalter. Beim liturgischen Gewand entweder eine reichverzierte, meist als medaillonartiges Relief gestaltete, den Chormantel über der Brust schließende Spange oder Schnalle; auch das von Kardinälen, Bischöfen, Äbten, gelegentlich auch von Prälaten seit dem 13.–14. Jh. getragene Brustkreuz. Letzteres hängt an einer Kette oder Seidenschnur und enthält Reliquien.

Pelikan. In der christlichen Kunst häufige Darstellung des sich mit dem Schnabel selbst tötenden P.s, ein Symbol des Opfertods Christi.

Pelike. Griech. Gefäßtyp, ähnlich der Bauchamphora, jedoch mit breiter ausladendem Bauch und größerer Standfläche.

Pella. Griech. Stadt in Makedonien, um 4.–2. Jh. v. Chr. Hauptstadt dieses Landes. Bereits im Altertum war der Palast wegen seiner von →Zeuxis gemalten Fresken weit berühmt. – Die Grabungen brachten außer wertvollen Einzelfunden mehrere Fußbodenmosaiken hellenistischer Zeit zutage.

Pellegrini, Giovanni Antonio. Italien. Maler. Geb. 1675 in Venedig, gest. 1741 ebda. Sein unruhvolles Leben führte ihn von Italien nach England, Deutschland, Flandern, Holland, Frankreich und Österreich, oft mehrmals in eines dieser Länder. Er soll Schüler Paganis gewesen sein und sich in Rom und Venedig weitergebildet haben. Einflüsse S. →Riccis und der franz. Kunst sind offensichtlich. – Sein Werk umfaßt Tafelbilder und Fresken mit religiösen und mythologischen Darstellungen, die Qualität seiner sehr schnell gemalten Bilder ist sehr

unterschiedlich. Er ist nicht frei von manieristischen Elementen (Diagonalkomposition, Verkürzungen), die Formen werden durch die Lichtführung konsequent aufgelöst. – Fresken: Phaetons Sturz und Gigantensturz (in Schloß Bensburg), ferner Arbeiten im Schloß Mannheim (zerstört).
Lit.: Thieme-Becker.

Pencz, Georg. Deutscher Maler und Kupferstecher. Geb. um 1500 in Nürnberg, gest. 1550 in Leipzig. Ausgebildet unter unmittelbarem Einfluß →Dürers und der italien. Malerei, die er in Rom studierte. Technisch geht P. von Dürer aus, thematisch und farblich ist er unmittelbar von den Manieristen beeinflußt, dies besonders in den biblischen und mythologischen Werken. Als Bildnismaler verstand er es, heimische Überlieferungen mit italien. Formen zu einem eigenen Stil zu vereinen. Als Graphiker gehört er zu den Kleinmeistern. Auch die Themen für seine graphischen Arbeiten entnahm er dem Alten und dem Neuen Testament sowie der Mythologie.
Lit.: E. Waldmann, Die Nürnberger Kleinmeister, 1911.

Pendentif. Auch Hängezwickel genannte Hilfskonstruktion in Form sphärischer Dreiecke, die bei überkuppelten Räumen von polygonalem Grundriß zur Rundform der Kuppel überleiten.

Pentateuch. Hebräische Buchrolle mit den fünf Büchern Mose. Der berühmteste P. ist der von den Samaritanern aufbewahrte, dessen Metallhülle reiche Verzierungen, darunter einen Grundriß des salomonischen Tempels in Jerusalem, zeigt.

Pentelikon. Griech. Gebirge in →Attika. Es war bereits in der Antike berühmt wegen seiner ausgedehnten Marmorsteinbrüche, die seit dem 5. Jh. v. Chr. den großen Marmorbedarf in →Athen deckten.
Lit.: Kirsten-Kraiker, Griechenlandkunde, 176ff., 1962.

Penthesileia-Maler. Griech. Vasenmaler der attischen Schule, tätig um die Mitte des 5. Jhs. v. Chr. in Athen. Benannt wurde der anonyme Meister, der zu den bedeutendsten rotfigurig malenden Vasenkünstlern des Strengen Stils gehört, nach einem Schaleninnenbild mit der Tötung der Amazonenkönigin Penthesileia durch Achill (München, Mus. antiker Kleinkunst). Er bevorzugte das Tondobild und bemalte hauptsächlich großformatige Schalen, deren Innenfläche spannungsvolle Kompositionen mythischen Geschehens zeigen, während die Außenbilder mit Szenen aus dem Alltag geschmückt sind. – Von manchen Forschern wurde er mit dem →Pistoxenos-Maler gleichgesetzt.
Lit.: H. Diepolder, Der P., 1936; J. D. Beazley, ARV, 877ff., 1963.

Pentiment (italien., „Reuezug"). P.i sind unter der Ölfarbe erkennbare Korrekturen der Vorzeichnung eines Bildes. Durch sie kann man die ursprüngliche Konzeption eines Gemäldes bzw. seine verschiedenen Stadien feststellen. Mit dem freien Auge nicht erkennbare P.i können mit Hilfe der Gemäldedurchleuchtung sichtbar gemacht werden.

Peplos. Griech. antike dorische Frauentracht. Nachdem in archaischer Zeit der ionische →Chiton Mode war, wird vor allem in der Zeit des →Strengen Stils der aus einem schweren Wollstoff bestehende P. getragen. Das einfach geschnittene Gewand wird gegürtet und ist durch einen dadurch entstehenden Überfall gekennzeichnet (Apoptygma). – Die Art, wie dieser Überfall dargestellt wird, ist eines der wichtigsten Stilkriterien zur Datierung griech. klassischer Gewandfiguren.

Peploskore. Griech.-archaische →Kore, gefunden auf der Akropolis zu Athen. Das um 540–30 v. Chr. entstandene Standbild, ein Meisterwerk attischer Bildhauerkunst, zeigt im Gegensatz zu den Statuen dieser Zeit nicht die Tracht des ionischen →Chitons, sondern den →Peplos, der eine strengere Komposition und einen klareren Aufbau der Figur ermöglichte (Athen, Akropolis-Mus.).
Lit.: G. Lippold, Handb. d. Archäologie, V, 1950.

Perachora (griech. Peraion). Griech. Halbinsel und Ortschaft, gegenüber von →Korinth gelegen. Der antike Ort besaß außer einem Hafen ein Heiligtum der Hera Akraia. Ein bescheidener Tempel des 9. Jhs. v. Chr. wurde im 6. Jh. v. Chr. durch einen Neubau ersetzt. Außerdem ein archaischer Tempel der Hera Limenia. Von besonderer Bedeutung sind die reichen Funde an Weihgaben, vor allem protokorinthische und korinthische Keramik.
Lit.: H. Payne, P., 2 Bde., 1940–1961.

Percier, Charles. Franz. Architekt. Geb. 1764 in Paris, gest. ebda. 1838. Während seines Studiums an der Ecole des Beaux-Arts bei A. F. Peyre le Jeune lernte er P. F. L. →Fontaine kennen; mit diesem weilte er 1786–92 als Preisträger der Akademie in Rom. In Paris wurde er Architekt und Chefdekorateur der Oper. In dieser Stellung rief er seinen Freund Fontaine, der in England weilte, nach Paris und verband sich mit ihm zu einem Atelier, das von 1794 bis 1814 bestand. In diesen 20 Jahren schufen beide den Empirestil, und ihr Atelier wurde zum Ziel aller sich dem Klassizismus verschreibenden Architekten. Nach 1814 zog sich P. zurück und war künstlerisch nicht mehr tätig.

Pergamenische Kunst. Die von →Pergamon ausgehende Kunstrichtung des →Hellenismus, die für diese letzte große Epoche griech. Kunst von zentraler Bedeutung war. Bedingt durch die pergamenischen Herrscher, die Attaliden, die Pergamon zu dem überragenden kulturellen Zentrum dieser Zeit werden ließen, fand hier die Kunst freizügige Förderung, so daß zahlreiche griech. Künstler in Pergamon tätig waren. Hauptwerk der P. ist der große →Pergamonaltar.

Pergament. Seit der Antike benutztes Schreibmaterial, vielleicht nach der Stadt Pergamon benannt, wo im Altertum dessen Herstellung besonders blühte. Benutzt werden Tierhäute, die geglättet, aber nicht gegerbt werden.

Pergamon (heute Bergama). Antike Stadt im NW Kleinasiens, auf einem steil ansteigenden über 330 m hohen Berg gelegen. Ihre Blüte erlebte sie im 3. und 2. Jh. v. Chr. als Zentrum des Königreichs der Attaliden. Unter diesem Herrschergeschlecht wurde P. Mittelpunkt griech.-hellenistischer Kultur. Kunst und Wissenschaft wurden in gleicher Weise großzügig gefördert. 200000 Schriftrollen soll die berühmte Bibliothek von P. im 1. Jh. v. Chr. umfaßt haben. – Auf dem Burgberg lag die von einer großen Mauer umgebene hellenistische Stadtanlage. Auf riesigen, am Hang künstlich errichteten Terrassen wurden glanzvolle Bauten erstellt, die den Anspruch einer hellenistischen Residenz unübertroffen repräsentieren. An oberster Stelle lag einst der Königspalast, neben dem später unter →Trajan ein Peripteraltempel mit 6 × 9 korinthischen Säulen auf einem Podium stehend erbaut wurde. – Darunter liegt das Heiligtum der Athena Polias Nikephoros mit einem dorischen Peripteros von 6 × 10 Säulen, einem der letzten Bauten in dieser Ordnung, zu Beginn des 3. Jhs. v. Chr. erbaut, von Hallen umgeben, an die sich die Bibliothek anschloß. – Weiter abwärts wurde um 180 v. Chr. der große Zeusaltar (→Pergamonaltar) errichtet, darunter ein rechteckiger Markt mit einschließenden Hallen. – Ein Siedlungsviertel liegt zwischen diesem oberen Teil und der nächsten Terrasse, die einen Tempel der Demeter, wiederum von großen Hallen umgeben, trägt. In einem stumpfen Winkel nach Osten umbiegend, folgen dicht aneinandergedrängte Anlagen von Gymnasien, Thermen und einem Heratempel. Eine Straße führt weiter abwärts zum unteren Markt. – Die gesamte Stadtanlage folgt dem leicht abwärts gerichteten Zug des Bergrückens, dessen oberster Teil nach Westen steil abfällt. Hier wurde ein riesiges, hervorragend erhaltenes Theater, das unten in einer über 200 m langen Terrasse abschließt, erbaut. – In röm. Zeit wurde vor allem die am Fuße des Berges liegende Ebene besiedelt, wovon Backsteinbauten erhalten sind. Reste eines Theaters, eines Amphitheaters, eines Stadions und eines Asklepieions wurden hier aus gegraben. – Altchristl. Basilika auf der Agora. Sie zeigt den für das westliche Kleinasien im allgemeinen verwandten Typus: dreischiffige Basilika mit Narthex und Atrium sowie halbrunde Apsis im Osten.
Lit.: H. Kähler, P., 1949; Berve – Gruben – Hirmer, Griech. Tempel und Heiligtümer, 266ff., 1961.

Pergamonaltar. Größter griech. Altarbau, um 180–160 v. Chr. in Pergamon errichtet, dem Zeus und der

Athene durch Eumenes II. als Dank für den siegreichen Ausgang kriegerischer Unternehmungen geweiht. Die Grundfläche umfaßt ca. 36 × 34 m. Der Altar selbst steht auf einem von Säulenhallen umgebenen Podium, das über eine breite Treppe von Westen her zugänglich ist. Ein 2,30 m hoher, 120 m langer Fries umgibt das Podium, während ein zweiter, kleinerer Fries den Innenhof des Altarplatzes schmückt. Der große Fries zeigt die Schlacht der Götter und Giganten. In heftiger Bewegung wird hier das große Geschehen zu einer barocken Komposition vereinigt, die den Höhepunkt pergamenischer Kunst darstellt und zugleich als letztes Glied in der Kette griech. Relieffriese steht. Neben pathetischen Gesten und pastoser Formgebung, die den Gesamteindruck bestimmen, klingen gleichzeitig in Einzelzügen klassizistische Elemente an. – Der kleine Fries zeigt Szenen aus dem Leben des mythischen Vorfahren der Attaliden, des Telephos. – Die zum größten Teil erhaltenen Friese und Architekturen des Altars wurden nach den 1876–86 erfolgten Ausgrabungen im sogen. Pergamonmuseum, Berlin, rekonstruiert und aufgebaut.
Lit.: H. Kähler, Der große Fries von Pergamon, 1948; E. M. Schmidt, Der große Altar zu Pergamon, 1961.

Pergola (italien.). Laubengang, dessen Säulen oder Pfeiler an ihrem oberen Ende mit Holzbalken verbunden sind, um rankenden Pflanzen Halt zu bieten.

Peribolos. Griech. Umfassungsmauer, auch für den eingefaßten Bezirk wie ein Heiligtum gebräuchlich.

Périgueux, Kathedrale St. Front. Begonnen bald nach 1120. Bedeutendes Beispiel einer aquitanischen Kuppelkirche (→Aquitanien) über griech. Kreuz. Die fünf quadratischen Kuppeljoche durch tonnengewölbte Zwischenjoche in Breite der quadratischen Kuppelpfeiler verbunden. Deren wuchtige Massen aufgelockert durch unprofiliert eingeschnittene Rundbogendurchgänge an allen vier Seiten, über denen jeweils zwei Emporenöffnungen sitzen. Dies, wie auch der Grundriß, wohl angeregt durch S. Marco, →Venedig. Herber, schmuckloser Innenraum. Westlich vorgelagert als Atrium der Rest des Vorgängerbaus (980–1047). Über dem Kircheneingang hoher Turm. Außenbau im 19. Jh. in entstellender Weise restauriert.
Lit.: Chanoine J. Roux, La Basilique St. F. de P., 1919.

Perikles. Griech. Staatsmann Athens. Geb. 495/90 v. Chr., gest. nach 429 v. Chr. Nachdem er 450 die Leitung Athens übernommen hatte, verbindet sich mit seinem Namen der Neubau der in den Perserkriegen zerstörten Akropolis. In enger Zusammenarbeit mit →Phidias ließ er das zentrale Heiligtum Attikas wieder aufbauen und war durch seine den künstlerischen Fähigkeiten des Phidias kongeniale Großzügigkeit indirekt an der zu höchster Reife aufblühenden attischen Kunst der Klassik maßgeblich beteiligt. Ein Portrait, das ihn als Strategen zeigt, ist in Hermenkopien nach einem Werk des →Kreisilas erhalten.
Lit.: G. Lippold, Handb. d. Archäologie, V, 172, 1950.

Perikopenbuch. Buch mit Auszügen aus den Evangelientexten, die für die einzelnen Sonntage und Feiertage des Jahres bestimmt sind. Auch →Evangelistar genannt.

Peripteros. Griech. Tempel mit einfacher, umlaufender Säulenstellung.

Peristasis. Umlaufende Säulenstellung des griech. Tempels.

Peristeron. In der Nähe von Saloniki gelegene griech. Ortschaft. Hier eine fünfkuppelige Anlage des hl. Andreas. Die Andreaskirche besteht aus einer mittleren Kuppel, die von Säulen getragen wird, und kreuzförmig angeordneten Nebenkuppeln. Das Besondere dieser Kirche ist, daß sie trotz ihrer byzant. Form viel an altchristl. und antiker Tradition besitzt.

Peristyl. Säulenhof eines antiken Hauses, →Gymnasions, →Palaistra u. a.

Perlmutter. Die irisierende Innenschicht vieler Muschelarten. Die vielseitigen Formen der Bearbeitungsmöglichkeiten machen P. zu einem besonders im Kunstgewerbe immer wieder verwendeten Material. Mosaiken (in der byzant. Kunst), →Intarsia, Boullearbeit, P.-reliefs. P.-gravierungen werden manchmal mit schwärzlichen Massen gefüllt, um die Zeichnung deutlicher zu machen. (Siehe Farbtafel 7).

Perlstab. Griech. ionisches Architekturornament, das dem →Eierstab oder →Blattstab entspricht. Im Unterschied zu diesen Ornamenten steht beim P. an Stelle der ovalen Gebilde oder Blätter eine Reihe von Rundbuckeln. Häufig kommt der P. auch als den Eier- oder Blattstab einfassendes Schmuckglied vor.

Permeke, Constant. Belgischer Maler und Bildhauer. Geb. 1886 in Antwerpen, gest. 1952 in Ostende. Studium an den Akademien von Brügge und Gent, wo er Malunterricht nahm. 1909–12 lebte er in Laethem und schloß sich dem dortigen Künstlerkreis an. Nach einer schweren Verwundung im 1. Weltkrieg lebte er anschließend in Antwerpen, Ostende und seit 1926 in Jabbeke bei Brüssel. Ausgehend vom →Impressionismus, kam er seit 1913 zu einem barocken →Expressionismus kraftvoller Formen. Erst 1936 entstehen die ersten plastischen Versuche, die er als Autodidakt schuf. Sein Spätwerk ist durch monumentale Plastiken, die formal seinen expressionistischen Bildern sehr verwandt sind, bestimmt.
Lit.: Knaurs Lex. d. mod. Kunst, 1955; W. Vanbeselaere, De Vlaamse Schilderkunst von 1850–1950 van Leys tot, P., 1961.

Permoser, Balthasar. Deutscher Bildhauer. Geb. 1651 in Kammer bei Otting, gest. 1732 in Dresden, erste Ausbildung in Salzburg und Wien. 1675 ging er nach Italien; 14 Jahre arbeitete er in Venedig, Rom und Florenz und erwarb sich virtuose Fähigkeiten in der Behandlung verschiedener Materialien. 1689 rief ihn der sächsische Kurfürst als Hofbildhauer nach Dresden, wo er sein Leben lang tätig blieb. Reisen führten ihn von hier aus nach Italien (1697/98 und 1725–28), Berlin und Wien (Apotheose des Prinzen Eugen, 1718–21). – P. ist der wichtigste Vermittler italien. Barockplastik nach Deutschland. Er überwindet jedoch den theatralischen Zug der frühen nach →Berninis Vorbild geschaffenen Werke und kommt – etwa in den Kirchenvätern von Bautzen – zu einfachen, großflächigen und lebensvollen Figuren. Sein Hauptwerk, zugleich Höhepunkt deutscher Barockplastik, ist der Figurenschmuck am →Zwinger zu Dresden (1711–18).
Lit.: W. Boeck, B. P., 1938.

Peroz. Sasanidenherrscher (459–484 n. Chr.), Sohn →Yezdegerds II. Reliefstuckplatten-Gefüge aus Tschahar-Tarchan mit Reiterjagd auf Eberrudel. Investitur durch →Ahura Mazda und →Anahita über dem fast vollplastischen Reiterrelief an der Rückwand des Haupt-→Iwan von →Taq-i-Bostan. Mit P.endet die Felsrelieftradition der →Sasanidenkunst.
Lit.: R. Ghirshman, Iran II, 394; K. Erdmann, KIS, 64ff.

Perpendicular Style. Bezeichnung der engl. Spätgotik, abgeleitet aus den Formen der Dekoration und des Maßwerks, für die die Betonung der Vertikalen und die Vergitterung der Flächen durch rechtwinkliges, in der Ausführung starres, trockenes Stabwerk charakteristisch ist. Im Gegensatz zur engl. Früh- und Hochgotik (→Early English, →Decorated Style) treten Wandfläche und horizontale Geschoßteilung nun völlig zurück hinter der engen, in der Wirkung monotonen Folge von steil aufsteigenden Vertikalbahnen der Dienste, die überleiten zu den die Gewölbeflächen dicht überspinnenden, reichen →Netz- und →Fächergewölben. Beginnend mit dem Chor der Kathedrale von Gloucester, seit 1337. Weiteres →Engl. Kunst.

Perrault, Claude. Franz. Architekt. Geb. 1613 in Paris, gest. 1688 ebda. Hauptberuflich Mediziner, aber auch Mathematiker und Techniker, Archäologe und Latinist, Zeichner und Dichter. Zu architektonischer Betätigung wurde er durch seinen Bruder Charles angeregt, der Architekt war. P.s erster Bau wurde auch sein bedeutendster: die Ostfassade des Louvre mit den Kolonnaden. Mit dieser Fassade, mit den 28 gekuppelten, korinthischen Säulen zwischen Sockelgeschoß und Hauptgesims und der Klarheit und Würde der Proportionen, siegte P. im Wettbewerb über den Entwurf →Berninis. Er schuf damit eines der bedeutendsten Bauwerke des franz. Klassizismus.

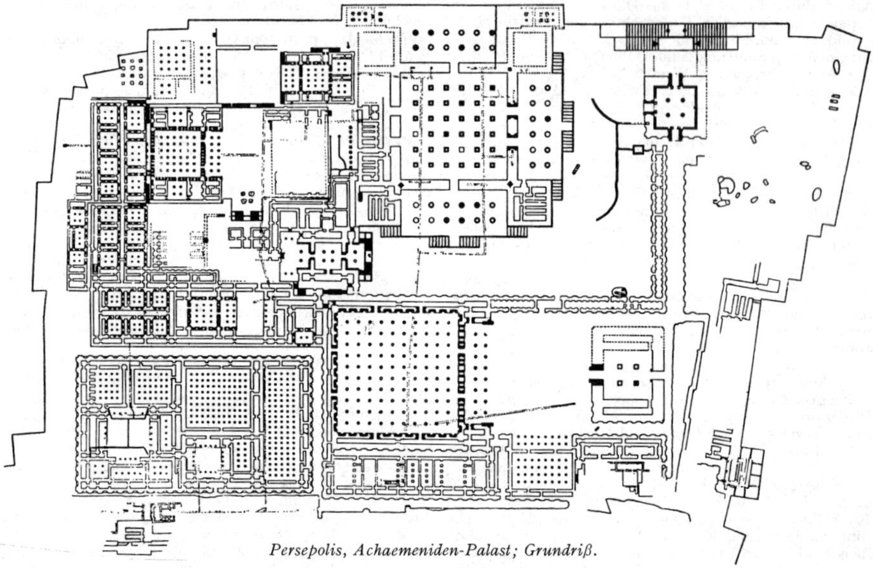

Persepolis, Achaemeniden-Palast; Grundriß.

Lit.: A. Hallays, Les P., 1926; A. E. Brinckmann, Die Baukunst des 17. und 18. Jhs. in den roman. Ländern, 1931.

Perret, Auguste. Franz. Architekt. Geb. 1874 in Ixelles/Brüssel, gest. 1954 in Paris. Als Vorläufer moderner Eisen- und Betonbauweise wandte er sich bereits vor 1905 diesen neuen Materialien zu, ohne in der Architektur deren Eigencharakter zu verleugnen. In seinem Schüler →Le Corbusier fand er einen Nachfolger, der diese neuen Möglichkeiten erkannte und weiterführte. – Seine Baugedanken verwirklichte er vor allem auf dem Gebiet des Mietswohnhauses. Daneben baute er nach abgewandelten Plänen von H. van de →Velde 1913 das ,,Théâtre des Champs-Elysées" in Paris. 1923 errichtete er als Stahlbetonbau die Kirche ,,Nôtre-Dame de Raincy" in Paris. Außerdem wurden ihm mehrere öffentliche Bauten in Paris übertragen.
Lit.: Thieme-Becker; H. Vollmer, Künstlerlex. d. 20. Jhs.

Persepolis. Nach dem Palastbau von →Susa begonnene Palastanlage →Dareios I. auf mächtiger Terrasse am →Kuh-i-Ramat, die an die Bautradition von →Masdschd-i-Suleiman und →Pasargadae anschließt. Höhepunkt der Hofkunst der →Achaemeniden. Zerstörung durch →Alexander d. Gr. Nach den Gründungsurkunden auf Gold- und Silbertafeln und den Bauinschriften waren beim Tode des Gründers Palast, Wohnräume und Schatzhaus fertiggestellt. Die Apadana wurde wie die ,,Ratshalle" unter Xerxes vollendet, der außer seinem eigenen Palast und Umbauten im Harem- und Schatzhausbereich das gewaltige Hauptportal errichten ließ. Der ,,Hundertsäulensaal" wurde unter →Artaxerxes I. fertig. Trotz der langen Bautätigkeit und mehrfacher Veränderungen wirkt die Gesamtanlage wie aus einem Guß, so daß wir mit einer festen Planung der Architekten Dareios' I. rechnen dürfen, die von Süden nach Norden durchgeführt wurde. Dazu fügt sich das Hauptthema der figurenreichen Reliefs an den Freitreppen und Türleibungen, die sich auf den großen Empfang der Völkerabordnungen am Neujahrsfest beziehen. Einzigartig ist die präzise Wiedergabe von Tracht und Tributgaben als Herkunftszeichen der Vertreter aus allen Teilen des Reiches. Ein gleiches gilt für die repräsentativen Darstellungen des Herrschers beim Hofzeremoniell und die langen Reihen der medisch-persischen Garden, der Adligen und der Diener. Der Großkönig als Bezwinger dämonischer Mischwesen ist Inbild des Kampfes gegen das Böse. Das →Ahura-Mazda-Symbol zeigt den religiösen Sinngehalt der Friesbilder. Trotz unverkennbarer Beziehungen zur assyrischen Kunst ist die persische Neuschöpfung offenbar. Beispielhaft sind die riesigen Torfiguren geflügelter Stiere mit Menschenkopf, die im Gegensatz zu den →Lamassu nicht mehr fünf, sondern vier Beine zeigen, also auch schräg betrachtet werden können. Das Mitwirken griech. Künstler, durch Ritzskizzen gesichert, wird besonders bei der Behandlung der Gewandfalten deutlich. Die Form der Türstürze weist auf ägypt. Vorbilder. Charakteristisch iranisch sind die überhohen Säulen mit Kapitellen in Form von Tierprotomen, die auf elamisches Erbe zurückgehen. Die Fremdelemente sind in einem neuen kraftvollen Stil verschmolzen, der auch den Werken der Kleinkunst eignet. Das Erlahmen dieses Hofstils im 5./4. Jh. ist in P. deutlich zu verfolgen. Felsgräber wie in →Naqsch-i-Rustam.
Lit.: R. Ghirshman, Iran I, 147 ff.; H. H. von der Osten, WP, 86 ff.

Perser-Schutt. Die Eroberung Athens durch die Perser im Jahre 480 v. Chr. führte zur totalen Zerstörung der →Akropolis. Nach der siegreichen Beendigung der Perserkriege wurde der heilige Platz neu ausgebaut. Zu diesem Zweck ist das Plateau durch Schuttanschüttung im Süden vergrößert worden. Grabungen in diesem Gebiet brachten reiche Funde archaischer Plastik. Vor allem die berühmten Akropolis-Koren wurden hier gefunden. Da mit der Zerstörung der Akropolis ein festes Datum vorliegt, sind die Funde, zu denen auch keramische Fragmente und einzelne Bauglieder gehören, für die Chronologie der griech. Kunst von besonderer Bedeutung als terminus ante quem.

Persische Kunst →Iranische Kunst III.

Personifikation. Konkrete Dinge, die an sich seelenlos und unpersönlich sind (etwa das Meer), ebenso abstrakte Begriffe (etwa die Tugenden) werden in Form von hierfür charakteristischen Personen in der Literatur und Kunst den Menschen nahegebracht.

Perspektive. Darstellung eines Gegenstandes auf

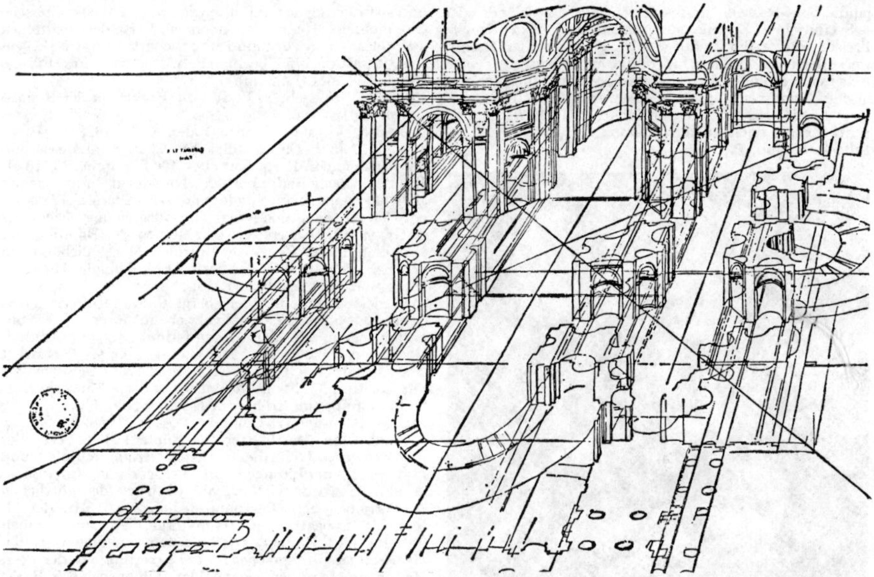

B. Peruzzi, Perspektive zu St. Peter in Rom.

einer ebenen Bildfläche mit zeichnerischen und malerischen Mitteln, die den Eindruck der Raumtiefe hervorrufen. Das Wort kommt aus dem Lat. „perspicere" (= hindurchschauen). Die Entstehung einer perspektivischen Zeichnung kann man sich folgendermaßen vorstellen: Den darzustellenden Gegenstand oder Raum betrachte man mit einem Auge durch eine, der Größe des Zeichenblattes entsprechende Glasplatte. Würde man nun die einzelnen Gegenstände mit ihren wichtigsten Punkten auf der Glasplatte fixieren und mit Linien verbinden, so bekäme man das perspektivische Bild, auf dem zwar alle zur Platte parallelen Geraden auch unter sich parallel sind, die in die Tiefe laufenden Geraden aber in perspektivischer Verkürzung erscheinen, die sich alle in einem Punkt, dem „Fluchtpunkt", schneiden. Von dem Punkt aus, von dem man das Bild betrachtet hat, ein Lot auf die Bildfläche gefällt, ergibt den „Augenpunkt", der zugleich Fluchtpunkt aller senkrecht zur Bildfläche in die Tiefe laufenden Geraden ist. Die durch den Augenpunkt laufende waagerechte Gerade ist die Horizontlinie, die der geometrische Ort aller Fluchtpunkte jener Geraden ist, die einer zur Bildfläche senkrecht stehenden Grundebene parallel sind. Das Auge des Betrachters deutet das perspektivische Bild auf Grund der Erfahrung in seine richtigen Dimensionen um. Liegt allerdings der Gesichtspunkt zu hoch oder zu tief, so erscheinen die dargestellten Dinge in Vogel- bzw. Frosch-P. Um in einem Bild besondere Raumtiefe zu erzeugen, eignet sich dazu in erster Linie die Darstellung von in Wirklichkeit gleich großen, sich in der Tiefe aneinanderreihenden Gegenständen wie z.B. eine Allee, ein Säulengang, Häuserreihen etc. Durch die perspektivische Behandlung der Dinge vermindert sich ihre Größe nach der Tiefe zu. Würde man nun im Vordergrund kleine und gegen die Bildmitte zu gleichartige, aber größere Gegenstände darstellen, so würde eine klare Tiefenvorstellung trotz geometrischer Richtigkeit nicht zustande kommen. Neben dieser konstruierbaren Linear- oder Zentralperspektive gibt es noch eine Beleuchtungs-P., bei der die Dinge durch Licht- und Schattenmodellierung perspektivisch abgestuft werden, und eine Farben-P., bei der die Räumlichkeit durch Aufhellen der Farben des Hintergrunds (in der Landschaftsmalerei z.B.) erzeugt wird. Im Mittelalter war die P. für die Malerei unbedeutend, wichtig war nur die Fläche. Erst mit →Giotto, der den Raum in die Bildfläche einzubeziehen versucht, beginnt ein zaghaftes Ergründen der Raumtiefe und ihrer Gesetze. Die Entdeckung der Konstruierbarkeit der P. ist wahrscheinlich →Brunelleschi zuzuschreiben. Von hier an (um 1420) erst findet die P. praktische Anwendung in Italien (→Masaccio, →Alberti), dann, vorerst in der Darstellung von Innenräumen der Brüder van →Eyck, auch im N. In Deutschland setzte sich die P. aber erst mit →Dürer richtig durch.

Peru →Peruanische Kunst.

Peruanische Kunst. Sammelbegriff für die Kunsterzeugnisse der verschiedenen indianischen Kulturen der südamerikanischen Anden und der Küste des Pazifik. Die bedeutendsten sind die →Chavin-Kultur und die →Chimu-Kultur.

Perugia. Befestigte Stadt des etruskischen Zwölferbundes (Perusia) auf dem rechten Tiberufer östlich vom Trasimenischen See. Die Reste der torbewehrten Stadtmauer sind ein eindrucksvolles Zeugnis etruskischer Wehrarchitektur, die durch die natürliche Lage begünstigt wurde. In P. wurde der →Athrpa-Spiegel gefunden, das schönste Beispiel dieser Kunstgattung (um 320 v. Chr.), deren Darstellung das Verschmelzen etruskischer Tradition und griech. Einflüsse offenbart. Ein gleiches gilt für die Urnenreliefs von P. und das bei P. gelegene →Volumniergrab des späten 2. Jh. v. Chr. Ihre zweite Blüte erlebte die Stadt zwischen 14. und 16. Jh. als Mittelpunkt der umbrischen Malerschule (→Perugino, →Pinturricchio). Von seinen Bauwerken sei als ein Beispiel der Pal. Antinori-Gallenga genannt, der von 1748–58 von Caratolli und R. Bianchi erbaut wurde.
Lit.: O. W. v. Vacano, E I, 442; E II, 8ff., 13ff., 36, 40f., 43, 94, 150ff., 156ff., 189; F. v. Duhn, IGK I, 345; G. Q. Giglioli, AE, Taf. 411, 415ff., 423.

Perugino, Pietro (di Cristoforo Vannucci). Italien. Maler. Geb. um 1450 in Castello della Pieve (Umbrien), gest. 1523 in Fontignano (Umbrien). Nach den – nicht immer ganz genauen Angaben →Vasaris soll P. Schüler Piero della →Francescas gewesen sein; Einflüsse von →Verrocchio und →Pollaiuolo sind unverkennbar. 1481 wurde er nach Rom berufen, um zusammen mit →Ghir-

landajo, →Rosselli und →Botticelli die Wände der →Sixtinischen Kapelle auszumalen. Das bedeutendste Fresko, das er dort schuf (zugleich eines seiner Hauptwerke), ist die Schlüsselübergabe an Petrus. In seinen Arbeiten verbinden sich umbrische Anmut und florentinische Monumentalität zu klar und einfach komponierten Bildern mit einer oft ins Schwärmerische und Sentimentale reichenden Stimmung.
Lit.: F. Knapp, P., 1926.

P. Perugino, Grablegung (Florenz, Gall. Pitti.).

Perustica (Bulgarien). Rote Kirche. Reiche Zentralanlage mit Umgang. Fragmente der Malerei aus der Zeit vor dem 9. Jh. erhalten. Es gibt nur wenige Zeugnisse dieser Art, da das meiste in der Ikonoklastenzeit (→Ikonoklast) zerstört wurde.

Peruzzi, Baldassarre. Italien. Architekt und Maler. Geb. 1481 in Siena, gest. 1536 in Rom. Begann als Maler unter dem Einfluß von →Pinturicchio und →Sodoma. Ging 1503 nach Rom, wo er sich bald über architekturtheoretische Studien der Baukunst zuwandte. Eine Schülerschaft zu →Bramante oder gar eine Zusammenarbeit mit diesem ist nicht bewiesen, vielmehr gelangte P. durch das Studium der antiken und der zeitgenössischen Bauwerke Roms zu Formen, die denen der Hochrenaissance entsprechen. Ab 1520 wirkte er neben A. da →Sangallo d. J. bei der Bauleitung von St. Peter in Rom, Der einzig nachgewiesene Palastbau von ihm in Rom ist der Pal. Massimo alle Colonne, ab 1535. In Siena war P. Dombaumeister sowie Festungsarchitekt. Als Maler gehörte er dem weiteren Raffael-Kreis an.
Lit.: W. W. Kent, The life and works of B. P. of Siena, 1925.

Peschawar. Als Puruschapura Hauptstadt der altindischen →Gandhara-Provinz, dann Hauptstadt der ehemaligen North West Frontier Province, heute Verwaltungs- und Universitätsstadt mit einem bedeutenden Regional-Museum an Gandhara-Plastik. Östlich der Stadt liegen die Ruinen eines riesigen Stupas des →Kanischka.

Peschwarun. Ausgedehntes Ruinenfeld einer Siedlung frühislam. Zeit in Seistan am Nordufer des Hilmend-Sees.

Pesel. In niedersächsischen und friesischen Bauernhäusern die große, mit steinernem Fußboden ausgestattete Prunkstube für Festlichkeiten.

Pesellino, eigentlich Francesco di Stefano. Italien. Maler. Geb. um 1422 in Florenz, gest. 1457 ebda. Bekannt als Meister des kleinen Formates. Auf Truhen und Predellen breitete P. in Anlehnung an Fra Filippo →Lippi und →Fra Angelico auf anmutig epische Weise biblische Geschichten, Heiligenlegenden und Heldendichtungen aus. Das einzig urkundlich gesicherte Altarwerk, ein Trinitätsaltar, 1455 begonnen, wurde von Fra Filippo Lippi vollendet (London).
Lit.: W. Weisbach, F. P. und die Romantik der Renaissance, 1901.

Pesne, Antoine. Franz. Maler. Geb. 1683 in Paris, gest. 1757 in Berlin. Schüler von Ch. de →Lafosse und der Akademie in Paris. Seit etwa 1704 in Italien, 1710 als Hofmaler nach Berlin berufen. Drei Königen hat er hier gedient; seine glänzendste und fruchtbarste Tätigkeit entwickelte sich nach der Thronbesteigung Friedrichs d. Gr. (1740). An erster Stelle stehen die Bildnisse der Hofgesellschaft, Zeugnisse warmer Menschlichkeit, in denen P. sich als einer der besten Rokokomaler Deutschlands und hochbegabter Kolorist ausweist. Seine dekorativen Arbeiten in Rheinsberg, Charlottenburg, Potsdam und Sanssouci passen sich in ihrer heiter unpathetischen Art der Gesamtstimmung des Friderizianischen Rokoko an. – Die Hauptwerke als Portraitist sind: Friedrich d. Gr. als Kronprinz, 1739; Selbstbildnis mit Töchtern (1754, beide Berlin) und die Tänzerin Barberina Campanini (früher im Berliner Schloß).
Lit.: G. Poensgen (Herausgeber), A. P., 1958.

Pestbilder (Pestblätter, Pestsäulen). Die Pest oder der „Schwarze Tod", die im Mittelalter gefürchtetste und in ihren Auswirkungen oft verheerende Infektionskrankheit, wurde vielfach als Ausdruck des göttlichen Zornes angesehen. Bestimmte Heilige, so z.B. der hl. Rochus, Sebastian, Christophorus, Antonius, auch Christus und Maria (als Schutzmantelmadonna) galten als besondere Fürsprecher für die Errettung vor der Pest. Man widmete ihnen eigene Darstellungen, so z.B die Pestblätter (Einblattdrucke d. 15./16. Jhs.), und baute den Pestheiligen Kapellen, Altäre, weihte ihnen Bildstöcke (vor allem auf dem Lande) und Säulen. Diese Pestsäulen als Votiv- und Betsäulen entstanden in der Barockzeit vorwiegend in Süddeutschland, Schlesien und Österreich (die bedeutendste Pestsäule am Graben in Wien von ca. 1690).

Gelnhausen, ehem. Kaiserpfalz, Obergeschoß des Torbaus.

Petel, Georg. Deutscher Bildhauer u. Elfenbeinschnitzer. Geb. 1601/02 in Weilheim, gest. 1634 in Augsburg. Lernte bei Degler in Augsburg und ging ab 1620 auf die Wanderschaft, die ihn durch Italien und in die Niederlande führte, wo er P. P. Rubens kennenlernte. Bevor er sich 1625 in Augsburg niederließ, arbeitete er an einigen deutschen Fürstenhöfen. Noch einmal, 1630/31, reiste er nach Antwerpen, fertigte eine Büste von Rubens (Mus. Antwerpen) und schöpfte neue Anregungen für seine groß und einheitlich gedachten Werke aus Elfenbein, Lindenholz u. Bronze. – P. ist der bedeutendste Meister der deutschen Barockplastik des 17. Jhs.; an ihm kann der große Verlust gemessen werden, den die deutsche Kunstentwicklung durch den Dreißigjährigen Krieg erlitt.
Lit.: K. Feuchtmayer in: Münchner Jb. der bildenden Kunst, 1926; Th. Müller und A. Schädler, G. P. 1601 bis 1634, 1964.

Phaistos, Stufenanlage (Zuschauertribüne) an einem Kultplatz im Palastbezirk.

Petersburg. Die Stadt wurde von Peter d. Gr. 1703 gegründet. 1714 gab Peter seinen berühmten Erlaß heraus, nach dem fortan in P. nur noch in Stein gebaut werden dürfe. 1716 wurde als kaiserlicher Generalarchitekt der ruanzose Leblond als Nachfolger Schlüters nach P. beFrfen. Leblond stellte einen Generalbebauungsplan auf und hatte vor, den Wassili-Ostrow, den Petersburgski-Ostrow und das linke Ufer der Newa einheitlich zusammenzufassen. Leblond starb aber 1719, sein Nachfolger wurde der Italiener Michetti, der die für P. so bedeutend gewordenen italien. Baugedanken brachte. Unter Katharina d. Gr. (1762–96) wuchs P. wieder beträchtlich. In den Bauwerken ihrer Regierungszeit tritt das Barock aus der Zeit der Kaiserin Elisabeth (1741–62) und ihres Architekten B. Rastrelli zurück gegenüber dem Klassizismus franz. Prägung, den Rinaldi vorbereitet und der schließlich zum völligen Durchbruch gelangte im Gebäude der Akademie der Künste, einem gemeinsamen Werk von Delamotte und Kokorinow (1765–72). Um die Jahrhundertwende (1801–11) entsteht die Kasankathedrale, das Hauptwerk Worochinins, die in Anlehnung an St. Peter in Rom geplant wurde, ohne aber die beabsichtigten Säulenhallen zur vollen Durchführung kommen zu lassen. Während der Regierungszeit Alexanders I. ist unter den Architekten P.s an erster Stelle Quarenghi zu nennen, Hauptmeister des an röm. Vorbildern geschulten Klassizismus, den eine Reihe klassizistischer Architekten umgibt. In Richard de Montferrand, der einen klassizistischen Stil im Sinne →Palladios vertritt, vollzieht sich schließlich der Schritt zur Neu-Renaissance (Siegessäule Alexanders, 1834). Das Hauptwerk Montferrands ist die Isaakskirche (1818–58).
Lit.: Wasmuths Lexikon der Baukunst, Bd. IV, 1932.

Petersdom →Rom, St. Peter.

Petersfels. Höhle bei Engen (Baden), →Magdalénien-Station mit Kleinkunstwerken. Wichtig sind u. a. mehrere als Anhänger oder Amulett zu deutende, völlig schematisierte →Frauenstatuetten (Höhe nur bis zu 4,5 cm) und Dreiecke aus Lignit, die Gravierung zweier Rentiere auf einem →Lochstab und eines Pferdes auf einer Kohleplatte, außerdem ein durchlochtes Elfenbeinscheibchen mit geometrischer Gravierung.
Lit.: Peters, Die altsteinzeitliche Kulturstätte P., 1930.

Petosiris. Oberpriester des →Thot von Hermopolis. Das Grab am westlichen Wüstenrand bei Tuna im Gau Hermopolis Ende des 4. Jhs. v. Chr. angelegt, ist wichtig für die Begegnung ägypt. Kunsttradition mit frühhellenistischen Einflüssen. Die tempelartige Anlage mit Vorhof, offener Säulenvorhalle mit Schranken und Pfeilersaal, von dem ein Schacht zur Sargkammer führt, ist mit einer bemerkenswerten Relieffolge ausgestattet. Während die dem täglichen Leben entnommenen Szenen des Vorraums einen ägypt.-griech. Mischstil mit oft dominierender griech. Formgebung zeigen, sind die Kultbilder des abschließenden Raumes ganz vom ägypt. Flächenstil bestimmt. Im Sakralbereich hat sich die alte Kunsttradition behauptet, dem sie auch ursprünglich zugehört.
Lit.: W. Wolf, KÄ, 643ff.

Petra. In Jordanien gelegene antike Stadt, ehemals Hauptstadt des nabatäischen Reiches (1. Jh. v. Chr.). – 106 n. Chr. fällt P. an Rom, seit dem 4. Jh. n. Chr. Bischofssitz. Neben den Ausgrabungen der Stadt sind vor allem die in den nubischen Buntsandstein gehauenen Felsgräber röm. Zeit von Bedeutung. Sie zeigen große, prunkvoll ausgestattete Fassadenarchitekturen.

Petrossa, auch Pietrossa genannt. Im 19. Jh. wurde westgotischer Goldschatz gefunden, der aus der Zeit vor 376 n. Chr. stammt. Spätantike und gotisch-pontische Arbeit, in Bukarest aufbewahrt.

Petrusgrab →Rom.

Pettenkofersches Verfahren. Bezeichnung für das von Max von Pettenkofer (1818–1901) entwickelte Verfahren zum Restaurieren blind oder rissig gewordener Gemälde. Dabei wird durch Alkoholdämpfe ein Aufquellen des Firnisses verursacht, wodurch sich die Risse schließen und die Farbe neue Leuchtkraft erhält.

Pevsner, Antoine. Russischer Maler und Bildhauer. Geb. 1886 in Orel, gest. 1962 in Paris. Studium an der Kunstschule in Kiew (1902–09) und an der Akademie in St. Petersburg (1910). 1911 ging er nach Paris und wurde dort mit dem →Kubismus bekannt. 1913 begann er, nachdem er →Archipenko kennenlernte, abstrakt zu malen. 1915–1917 lebte er gemeinsam mit seinem Bruder Naum →Gabo in Stockholm und Oslo und arbeitete mit ihm an plastischen Experimenten. 1917 kehrte er nach Rußland zurück und wurde an die Kunstschule in Moskau berufen. Er entwickelte zusammen mit Gabo eine neue Ästhetik, die zum →Konstruktivismus führte und die Grundlage für das 1920 in Moskau veröffentlichte „Realistische Manifest" bildete. 1923 übersiedelte er nach Paris und erhielt 1930 die franz. Staatsbürgerschaft. Gleichzeitig wandte er sich der Plastik zu und realisierte die Gedanken seines Manifestes in „Raumplastiken", die häufig symmetrisch aufgebaut sind und aus abstrakten Bewegungselementen bestehen.
Lit.: W. Hoffmann, Plastik d. 20. Jhs., 1958.

Pfaffenhofen bei Telfs. Hier wurde eine Priesterbank mit Kathedra einer altchristl. Kirche des 5. Jhs. bei Ausgrabungen 1961 entdeckt.

Pfahlbau. Auf Pfählen stehende Häuser oder Windschirme. Vor allem in Urwaldgebieten finden sich häufig P.ten, die in erster Linie zum Schutz gegen Ungeziefer und gegen Bodennässe errichtet wurden, aber auch gegenüber angreifenden Feinden guten Schutz boten. Verbreitet ist der P. vor allem in Indonesien, Polynesien, Melanesien, Hinterindien und in Afrika (Kongogebiet). – In Europa ist der P. aus vorgeschichtlicher Zeit überliefert. Die heute häufig unter Wasser liegenden P.-Siedlungen der Alpenseen wurden in der Jungsteinzeit und in der Bronzezeit erbaut.

Pfalz (von lat. palatium = Palast). Im frühmittelalterl. Deutschland Zentrum der Verwaltung, Rechtsprechung und Repräsentation der deutschen Kaiser und Könige (Kaiserpfalz, Königspfalz), das, mit ausgedehnten Wirtschaftsgebäuden versehen, zeitweilig dem gesamten Hofstaat als Wohnstätte diente. P.en waren über das ganze Reichsgebiet verstreut und wurden, solange noch keine festen Residenzen existierten, vom jeweiligen Herrscher im Wechsel aufgesucht. Baukünstlerisch relevant waren die P.anlagen seit Karl d. Gr. (um 800) bis zu Friedrich II. (um 1250). Die wichtigsten karolingischen Anlagen: Aachen als Lieblingssitz Karls d. Gr., Worms, Ingelheim, Frankfurt a. M., Forchheim, Nimwegen; die bedeutendsten P.en der ersten sächsischen Könige: Quedlinburg, Magdeburg; weitere berühmte, oft aufgesuchte P.n: Speyer, Tribur, Mainz, Gelnhausen, Goslar, Nürnberg, Köln. Die sämtlich zerstörten Anlagen sind nur teilweise durch Ausgrabungen bekannt. Im Gegensatz zur →Burg wurde die P. in verkehrstechnisch günstiger Lage errichtet. Ihre Hauptbestandteile waren der Palas und die Pfalzkapelle. In den P.en Karls d. Gr. (z.B. Ingelheim) wirkten Baumotive der röm. Antike nach. Im 11. Jh. wurden wieder Formen der germanischen →Königshalle weiterentwickelt, wie die Verwandtschaft mit dem einzigen erhaltenen, da in Steinarchitektur ausgeführten Beispiel Naranco bei Oviedo zeigt (Mitte 9. Jh., für Ramiro I. v. Asturien, später zur Kirche umgebaut; →Westgot. Kunst). Der Palas ist ein meist zweistöckiger, auch dreistöckiger Rechteckbau, dessen Untergeschoß Küche, Wirtschaftsräume, gelegentlich eine Warmluftheizung (→Hypokausten; z. B. in Goslar) enthielt. Das Hauptgeschoß wurde von einem einzigen Saal (Kaisersaal) eingenommen, der durch Freitreppen unmittelbar mit dem Hof verbunden war, an seiner dem Hof mit der Gerichtslinde zugekehrten Längsseite offene Arkadenstellungen, manchmal auch einen Balkon hatte. An der Rückwand des Saals stand der Kaisersitz. Bei der P.kapelle finden sich unterschiedliche Ausprägungen als →Doppelkapelle, Kapelle mit Westempore, Torkapelle (entsprechende Typen im Burgenbau). Palas und Kapelle können als ein Baukomplex oder getrennt errichtet sein (Sonderfall: Aachener Pfalzkapelle; → Aachen). Spätestens seit dem 12. Jh. wurden vom Burgenbau Wehranlagen wie Berchfrit und Ummauerung übernommen. In diesen Fällen lagen die Wirtschaftsgebäude und Wohnbauten für die Hofbeamten außerhalb der Mauern. (Abb. S. 494).

Lit.: G. Schlag, Die deutschen Kaiserpfalzen, 1940; Deutsche Königspfalzen, Beiträge zu ihrer historischen und archäologischen Erforschung, Veröffentlichungen des Max-Planck-Instituts für Geschichte, Göttingen 1963ff.

Pfarrkirche. Ländliche Pfarreien entstanden im W um die Wende zum 6. Jh. Im 11. Jh. kamen Stadtpfarreien auch in den Bischofsstädten hinzu. Architektonisch sind die frühen Anlagen bescheiden, ohne künstlerischen Anspruch. Erst mit dem Erstarken des Bürgertums erhielt die P. immer entschiedenere Vorrangstellung, um im 14. und 15. Jh. zum vorherrschenden Typ zu werden, der unabhängig von Kathedral- und Klosterkirchen eigenständige baukünstlerische Lösungen entwickelte. Frühes deutsches Beispiel einer bürgerlichen P. ist St. Luzius in Werden a. d. Ruhr (995), bereits mit der für spätere P.n bezeichnenden Anlage einer westlichen Einturmfassade ausgestattet. Das als P. errichtete Münster in →Freiburg/Br. (got. Teile ab ca. 1235) wetteifert erstmals mit der Kathedrale, von der es den gesamten Formenapparat bis auf die Einturmfront übernimmt. Stilbildenden Einfluß gewinnt die P. in Deutschland mit der Heiligkreuzkirche von →Schwäbisch Gmünd (begonnen 1320; Hallenchor seit 1351), die den Ausgangspunkt für die süddeutsche, spätgot. Hallenkirche bildet. Von nun an sind die künstlerisch bedeutenden Bauten überwiegend städtische P.n (z. B. St. Georg, →Dinkelsbühl; Frauenkirche in München u. a.; →Deutsche Kunst). In England hat die P. eine lange Tradition. Im 15. Jh. übernimmt sie gemeinsam mit der Kapelle anstelle der Kathedrale die baukünstlerisch führende Rolle. Von der Kathedralbaukunst ausgehend, wird der Anlagetypus vereinfacht. Durch weite Arkadenstellung und häufiges Fortlassen des Querschiffs wird der Raum vereinheitlicht, gewinnt gelegentlich durch Verzicht auf Obergadenfenster hallenartigen Charakter (in der vorherigen engl. Baukunst selten). Die lagernde Breiträumigkeit wird durch Flachdecke oder Holztonne betont. Auch hier überwiegt die Einturmanlage als Westabschluß (→Engl. Kunst).

Lit.: E. Bachmann, „Kunstlandschaften im roman. Kleinkirchenbau Deutschlands", Zeitschrift des Vereins f. Kunstwissenschaft, 8, Berlin 1941; G. Hutton, Englische Pfarrkirchen, 1953.

Pfau. In der altchristl. Kunst gilt der P. als Symbol der fleischlichen Auferstehung Christi, in der außerchristlichen Kunst auch als Symbol der Eitelkeit.

Pfeiler. Im Gegensatz zur Säule behält der P. zumeist etwas vom Charakter eines stehengebliebenen Wandstücks. Seiner Funktion nach ist er gewöhnlich eine senkrechte Stütze von meist quadratischem, rechteckigem, auch kreuzförmigem Querschnitt, häufig mit rechteckigen und (oder) gerundeten Vorlagen besetzt, die bei gewölbten Räumen die Gurt- und Schildbögen, bei Kreuzgewölben zusätzlich die Rippen aufnehmen. Er kann im Zusammenhang einer Arkadenstellung frei stehen oder als Wandpfeiler aus der Wand vortreten (zwischen zwei Fenstern, in der Gotik häufig als in den Innenraum hereingezogener Strebepfeiler). Doch spricht man auch von Rundpfeiler, sofern die Rundstütze sich grundsätzlich von der antiken Säule unterscheidet (→Säulenordnung), entweder durch besonders großen Durchmesser (roman. Baukunst, z.B. →Tournus, →Durham) oder wegen übermäßiger schlanker Längung und Fehlens des Kapitells (z. B. häufig in spätgot. Hallenkirchen).

Pfeilerbasilika. →Basilika, bei der Pfeiler und nicht Säulen den Architrav oder die Bogen tragen.

Pferdekopfamphoren. Gruppe griech.-archaischer Vasen, deren Bildschmuck einen auf eingerahmtem Feld dargestellten Pferdekopf zeigt. Dieser Bildtyp leitet sich von Protomen in Pferdekopfform her. – Die enge Beziehung des Pferdes zum Totenkult und die teilweise erwiesene Verwendung dieser Amphoren als Aschenurnen lassen vermuten, daß der Bildtyp, der sich vom Ende des 7. Jhs. v. Chr. bis gegen 530 v. Chr. verfolgen läßt, an bestimmte Kultbräuche gebunden war.

Pfette (Pfetten). Parallel zum Dachfirst liegende Balken an beiden Seiten des Dachstuhls. Die P. dienen als Auflager für die Sparren.

Pflanzensäule. Bezeichnung verschiedener Säulenformen der →ägypt. Kunst, in der die P. mit dem kristallinisch-stereometrischen Pfeiler konkurriert. Bereits im →Djoser-Bezirk von →Sakkara begegnet die Verwendung des Pflanzenbündelmotivs an der Stirnseite von Mauerzungen (Palmblattrippen?). Hier tritt auch erstmalig die Papyrus-Säule mit stilisierter, offener Dolde und Dreikantstengel als Wahrzeichen Unterägyptens auf. Die P. ist die Leitform der Architektur in der 5. Dyn. an Stelle des Vierkantpfeilers der 4. Dyn., demgegenüber sie die Hinwendung zur Naturform vertritt. Im Hof des Totentempels für →Sahure in →Abusir begegnet die Palmen-Säule mit glattem, zylindrischem Schaft und hoch-

Tafel 23: *Portal des Hohenstaufen-Jagdschlosses Castel del Monte, Apulien, 1240 erbaut.*

stehenden, nach außen gebogenen Palmwedeln als Kapitell. Die Papyrusbündel-Säule hat einen unten eingezogenen Schaft, der durch bodenständige Blätter eingehüllt sein kann, konvexe Kanneluren und ein stilisiertes Doldenkapitell. Wir unterscheiden die glockenförmig offene Dolde von der steil geschlossenen Form. Die Lotosbündel-Säule hat im Unterschied zur Papyrus-Säule einen unten konisch geraden, nicht eingezogenen Schaft mit Kanneluren, die entsprechend dem Naturvorbild konvex sein können. Das Kapitell zeigt meist geschlossene, hohe Doldenform. In der Spätzeit wird das Kompositkapitell entwickelt, das verschiedene, reich variierende Pflanzen vereinigt (→Edfu, →Esne). Alle ägypt. Säulen haben Basis und Abakus. Der Schaft kann bebildert sein, besonders reich in der →Ramessidenzeit. Der Ursprung der P. liegt in der Vorstellung von der aus dem Ursumpf unter dem Himmel emporsprießenden Vegetation. In diesem Sinne sind Tempelboden und -dach aufgefaßt.
Lit.: W. Wolf, KÄ, 123 ff., 306, 313, 334, 408, 414, 610; E. Brunner-Traut, Ägypten, 164 ff.

Pforr, Franz. Deutscher Maler und Graphiker. Geb. 1788 in Frankfurt/M., gest. 1812 in Albano bei Rom. Begann seine Ausbildung bei J. H. →Tischbein in Kassel und ging 1805 an die Akademie nach Wien, wo er bei Maurer und Füger lernte. In Wien traf er auch auf →Overbeck, dessen Hinwendung an den Geist und die Technik der altdeutschen Meister er teilte. Als Overbeck nach Rom zog, ging er mit den Freunden des „Lukasbundes" mit und gehörte damit in Rom zu den →Nazarenern. Dabei hatte P. sich sehr schnell von der Nachahmung der altdeutschen Maler entfernt und war schon in Wien zu einem Stil gelangt, der alle Merkmale der späteren Romantik aufwies. Sein Hauptwerk, mit Zeichnungen zu Don Quijote und dem Gemälde „Kaiser Rudolfs Einzug in Basel", fällt noch in die Wiener Schaffenszeit. Lit.: K. Andrews, The Nazarenes, A Brotherhood of German Painters in Rome, 1964.

Phaidimos. Griech. Bildhauer der attischen Schule. Er war von ca. 550–530 v. Chr. in Athen tätig. Erhalten ist eine von ihm signierte vierstufige Basis mit den Füßen eines →Kuros (Athen, Nat.Mus.). Eine zweite signierte Basis (New York, Metr.Mus.) konnte mit einer gut erhaltenen Reliefstele verbunden werden. Weitere Werke wurden ihm zugeschrieben.
Lit.: G. Lippold, Handb. d. Archäologie, V, 38, 1950.

Phaistos. Vorgeschichtliche Stadt in Südkreta mit berühmtem Palast aus minoischer Zeit, der seit 1900 ausgegraben wurde. Der Palast liegt auf einer Höhe, 100 m über der ihn umgebenden Ebene und entspricht in seiner Anlage dem Palast von →Knossos: der rechteckige Hof ist auf drei Seiten von Gebäudekomplexen umgeben. Er wurde ca. 1900 v. Chr. erbaut, nach einem Erdbeben ca. 1700 v. Chr. völlig umgebaut und im 14. Jh. v. Chr. zerstört. Unter den Funden (die meisten im Museum in Herakleion) sind vor allem Keramiken zu erwähnen, darunter prachtvolle →Kameres-Vasen aus dem ältesten Palast. – Am N-Ende des W-Hofes große Treppenanlage für die Zuschauer kultischer Spiele. – Aus geometrischer Zeit (10.–8. Jh.) Siedlungsreste. – Große hellenistische Stadtmauer. (Abb. S. 495).
Lit.: S. Marinatos — M. Hirmer, Kreta und das mykenische Hellas, 81 ff., 1959.

Phanagoria. Griech. Kolonie von Teos auf der Halbinsel von →Taman um 540 v. Chr.; bedeutsam wegen des griech. Einflusses auf die Kunst der →Skythen (→iranische Kunst II) und →Sarmaten. Frühsarmatische Artiuchoffsche →Kurgan-Gruppe des 2. Jhs. v. Chr., aus der der bisher älteste datierte griechische Kameo stammt (→iranische Kunst IV).
Lit.: K. Schefold, HDA 2, 448.

Pharos. Der Stadt →Alexandria vorgelagerte Insel mit dem berühmtesten Leuchtturm der Antike, auf den sich der Name der Insel übertragen hat. →Sieben Weltwunder.

Phersu. Etruskischer Todesdämon mit Maskenkappe, dessen Name in Zusammenhang steht mit der altmittelländischen Bezeichnung für den Totenbereich (pher, Unterweltsgöttin Phersipnei, Persephone) und mit dem lat. Wort persona in der Bedeutung „Maske". Darstellung in der →Tomba degli Auguri in →Tarquinia als Tänzer und als Führer eines reißenden Hundes, der an einer Leine mit Schlagklöppel gehalten wird.
Lit.: O. W. v. Vacano, E II, 192 ff.

Phiale. Griech. Schale, meist mit einer Buckelung in der Mitte des Inneren (→Omphalos) und weder mit Henkeln noch mit Fuß ausgestattet. Sie diente als Spendegefäß im Kult und wurde hauptsächlich in Bronze hergestellt.
Lit.: H. Luschey, Die P., 1939.

Phidias. Griech. Bildhauer der attischen Schule. Bereits in der Antike galt P. als bedeutendster Repräsentant der klassischen Kunst. Als Freund des Perikles hat er die Plastik des perikleischen Zeitalters eindeutig geprägt. Im Mittelpunkt seines Wirkens, das von ca. 470–430 v. Chr. reichte, steht die Schöpfung des →Parthenon und der großen Götterbilder der Athena Parthenos und des Zeus in Olympia. Sein Frühwerk ist uns nur durch literarische Quellen bekannt. An dem großen Projekt des Parthenon, den er gemeinsam mit dem Architekten →Iktinos errichtete (449–432 v. Chr.), hat er über 70 Bildhauer beschäftigt und geschult. Zu ihnen mögen so bedeutende Meister wie →Agorakritos, →Alkamenes und →Kreisilas gehören. Hier ergab sich für P. die Möglichkeit, über sein eigenes Schaffen hinaus einer ganzen nachfolgenden Generation den Stempel seiner Kunst aufzuprägen. Sind auch Originale von seiner Hand wohl für immer verloren, so lassen doch Konzeption und Anlage der Fries- und Giebelkompositionen dieses Baues die Größe seines Genies erahnen. – Nur wenige Statuen, wie die Athena Parthenos, seine Amazone, der sogen. Kasseler Apoll, die Athena Lemnia und einige andere, sind uns in römischen Kopien überliefert, so daß unsere Kenntnis von seiner Kunst doch in erster Linie auf die Parthenonskulpturen und seine Wirkung auf die folgende Generation beschränkt bleibt. Mit ihm wurde das schlechthin klassische Maß künstlerischen Bildens bei größtmöglicher Freiheit und gleichzeitig größtmöglicher Gebundenheit an Form und Komposition für immer gültig fixiert. So bleibt denn einerseits die raumgreifendste Bewegung und die selbständige Gewanddrapierung stets einer übergeordneten Gesamtkomposition verbunden, während andererseits die Konzeption stets so weit gespannt ist, daß sie jeder Figur ein Eigenleben ermöglicht. (Abb. S. 498).
Lit.: H. Schrader, P.; E. Langlotz, Phidiasprobleme; E. Buschor, P. der Mensch.

Phigalia →Bassae.

Philae. Die Insel P. südlich →Assuan; Hauptkultort der Göttin →Isis, wurde in der Zeit von der 30. Dyn. (→Nektanebos I.) bis →Hadrian mit einer Reihe von künstlerisch bedeutenden Tempeln ausgestattet, deren Reliefs durch den Stausee sehr gelitten haben. Im SW Halle des Nektanebos vor dem weiträumigen Tempelvorplatz, dessen östliche Kolonnade von einem Tempel des →Imhotep begleitet wird. Das Zentrum bildet der nördlich anschließende, in seiner jetzigen Form von den →Ptolemäern errichtete Isistempel. Durch einen großen →Pylon gelangt man in den Hof mit dem Geburtshaus (Mammisi), den ein kleinerer Pylon abschließt. Auf einen Quersaal mit Vorhof folgt das von Kapellen umgebene Allerheiligste mit dem Sockel für die Barke der Göttin. Wegen seiner Bildmotive, darunter musizierende Tiere, ist der →Hathor-Tempel bemerkenswert, wegen der Kompositkapitelle der unvollendete Kiosk der röm. Kaiserzeit. Zusammen mit dem Augustustempel und dem Hadrianstor ist er ein bedeutsames Zeugnis für die Auseinandersetzung röm. Architektur mit der Form- und Kulttradition Ägyptens, die sich auch in den Reliefmotiven offenbart.
Lit.: W. Wolf, KÄ, 609 ff.; E. Brunner-Traut, Ägypten, 526 ff.

Tafel 24: *Burg Eltz (Mosel), 12.–16. Jh.*

Philippi. Griech. antike Ortschaft im östlichen Makedonien, 356 v. Chr. von Philipp II. von Makedonien als Kolonie gegründet, seit dem 1. Jh. v. Chr. röm. besiedelt. Aus röm. Zeit sind erhalten die Reste eines Forums, an drei Seiten von Hallen umgeben mit mehreren Gebäuden, außerdem Thermen, ein Gymnasium und ein am Berghang liegendes Theater, von dem aus eine Befestigungsmauer byzant. Zeit zur fast 300 m hoch liegenden Akropolis führt, die später durch ein mittelalterl. Kastell überbaut wurde. – In P. eine der frühesten Christengemeinden. Aus dem Ende des 5. Jhs. n. Chr. stammen die Reste einer Kirche, die dem Typ der griech. Basilika folgt. Bedeutender sind die Reste einer weiteren Kirche, einer Kuppelbasilika des 6. Jhs. n. Chr., die sich typologisch an justinianische Kuppelbauten anlehnt und im Schmuckstil deutliche Beziehungen zur Hagia Sophia in →Konstantinopel erkennen läßt. – Neuerdings wurde östlich des Forums ein oktogonaler Bau des späten 4. Jhs. n. Chr. ausgegraben, das früheste Zeugnis eines oktogonalen Martyrions in Griechenland.
Lit.: Kirsten-Kraiker, Griechenlandkunde, 655ff., 1962.

Philippinen. Südostasiatische Inselgruppe, die ethnologisch meist zu →Indonesien gezählt wird, jedoch auch mit →Mikronesien (das von hier aus besiedelt wurde) viele verwandte Züge in der Kunst aufweist (→Palau, →Marianen). Ohne nennenswerte Kunst sind die Negritogruppen der P.; im übrigen unterscheidet man eine altmalaiische und eine jungmalaiische Volksschicht (letztere mit Einflüssen aus Indien und China). In den Sammlungen findet man nur selten Kunstwerke von den P.; es handelt sich um großzügig vereinfachte, fast „kubistisch" wirkende Holzfiguren, sowohl isoliert als auch in Form von Dekorelementen an Geräten (z.B. Löffelgriffe).

Phidias, Kopf des „Kasseler Apoll"; röm. Kopie (Athen, Nat. Mus.).

Philiskos. Griech. Bildhauer aus →Rhodos. Um 50 v. Chr. war er tätig. Erhalten ist in Fragmenten eine von ihm signierte weibliche Gewandstatue, die einen ausgesprochen klassizistischen Stil zeigt (Istanbul, Mus., Nr. 1352). Für Rom arbeitete P. eine Statuengruppe der apollonischen Trias und eine Gruppe der neun Musen. Die sogen. Philiskos-Musen, einige Statuen, die allgemein auf diese Gruppe zurückgeführt werden, sind wohl älter.
Lit.: G. Lippold, Handb. d. Archäologie, V, 383, 1950.

Philister. Volk der Großen Wanderung, das zusammen mit anderen Mittelmeervölkern (→Tyrrhener) im ausgehenden 13. Jh. v. Chr. Ägypten unter Merneptah und →Ramses III. Ägypten bedroht und in schweren Abwehrkämpfen zurückgeworfen wird. Darstellungen der P. auf den Schlachtenreliefs →Ramses' III. in →Medinet Habu. Die P. breiteten sich zusammen mit Kretern im kanaanäischen Süd-Palästina aus, das nach ihnen benannt wird. Die kretischen Beziehungen sind durch spätmykenische Keramik in P.-Gräbern Palästinas gesichert. Die reichen Eisenfunde erklären sich aus dem Zusammenbruch des hethitischen Eisenmonopols nach dem Untergang des →Hethiter-Reiches. Die biblische Überlieferung bestätigt die kretischen Verbindungen und weist auf starke Einflüsse der Kanaanäer (Phönizier). Von →David besiegt, begegnen die P. zusammen mit den Kretern (Kreti und Plethi) nur noch in der Leibwache Davids.
Lit.: H. Schmökel, GAV, 236f.; E. Otto, Ägypten, 100ff.

Philokles. Griech. Baumeister, dessen Tätigkeit am →Erechtheion zu Athen gemeinsam mit Archilochos nach 409 v. Chr. belegt ist.

Philon. Griech. Architekt des 4. Jhs. v. Chr. aus →Eleusis. Obwohl er zu den berühmtesten Baumeistern seiner Zeit zählt, ist fast nichts von seinem Schaffen erhalten. Von besonderem Interesse ist sein Arsenalbau im →Piräus, die sogen. Skeuothek, die zwar nicht erhalten ist, deren Bauurkunde jedoch mit bis in einzelne Details gehenden Angaben für die Bauausführung gefunden wurde. Danach ist ein langgestreckter rechteckiger Hallenbau mit Giebeldach zu rekonstruieren. Zahlreiche bautechnische Fachausdrücke der Antike sind nur dank dieser Inschrift bekannt. – Ferner hat P. die Vorhalle des Telestenions in →Eleusis errichtet.

Philosophensarkophage. Die P. sind in der Zeit von 250–280 entstanden. Es sind die ältesten christlichen Sarkophage. Genannt seien als wichtigste Beispiele der wannenförmige an der Via Salaria, der in S. Maria Antiqua (→Rom), der von La Gayolle und ein Kindersarkophag in Ravenna. Grundgedanke der P.: Das Christentum ist die wahre Philosophie. Das Buch, das der Philosoph in der Hand hält, ist in diesem Fall das Evangelium. Dadurch, daß der gute Hirte und die →Orans, teilweise auch biblische Szenen wie die Taufe Christi dem Philosophen beigegeben werden, sind die P. als christliche erwiesen. Neben den P.n, bei denen die ganze Vorderfläche mit Figuren bedeckt ist, gibt es noch Riefelsarkophage, bei denen der Philosoph nur das mittlere Feld einnimmt.
Lit.: F. Gerke, Ideengeschichte der älteren christlichen Kunst, Zeitschrift für Kirchengeschichte, 3. Folge X, LIX. Bd., 1940, 1. Halbband.

Philostrat. Griech. Sophist und Rhetor aus Lemnos. Im 3. Jh. n. Chr. war er in Rom tätig und verkehrte dort am Hofe des Kaisers. Von besonderer Bedeutung ist unter seinen Schriften ein Buch, in dem er eine Gemäldegalerie beschreibt. Bisher hielt man diese Beschreibungen für fiktiv, doch machen neuere Forschungen wahrscheinlich, daß P. sich auf damals vorhandene Bilder bezogen hat. Dadurch ist dieses Werk für die Kenntnis der antiken Malerei von großem Wert und scheint geeignet, durch weitere Forschungen das Wissen um diese fast völlig verlorene Kunst zu vertiefen.

Philoxenos. Griech. Maler aus Eretria. Um 300 v. Chr. war er tätig. Er ist der einzige griech. Maler, von dem ein Werk mit Sicherheit in römischer Kopie erkannt werden konnte. Für den König Kassandros (306–297 v. Chr.) hat er ein Gemälde, das Alexander d. Gr. in der Schlacht mit Dareios zeigt, geschaffen. Dieses Bild ist wahrscheinlich in dem berühmten →Alexandermosaik kopiert. Weitere Werke sind nicht belegt.
Lit.: H. Brunn, Gesch. d. griech. Künstler II., 171.

Phintias. Griech. Vasenmaler und Töpfer der attischen Schule. Um 520–500 v. Chr. war er in Athen tätig. 6 von ihm signierte Gefäße sind erhalten, über ein Dutzend weitere Vasen konnten ihm zugeschrieben werden. Neben →Euphronios und →Euthymides gehört er zu den Malern, die am Ende des 6. Jhs. v. Chr. den neuen Stil der rotfigurigen Technik begründeten.
Lit.: J. D. Beazley, ARV, 22ff., 1963.

Phiops. 2. und 4. ägypt. König der 6. Dyn. (24./23. Jh. v. Chr.). P. I., →Pyramide in →Sakkara. Aus dem Tempel von →Nechen stammen die lebensgroßen Kupferstatuen des P. und seines Sohnes →Mernere, weit ausschreitend über neun Bogen der Fußplatte, die Symbole der Landesfeinde. Der Kopf des Königs, individuell gestaltet, hebt sich erhaben von dem Kinderbildnis des Mernere ab. Zwei Statuetten des knienden P. mit zwei Kugelgefäßen zeigen eine neue Auffassung vom opfernden König. Der Typus behauptet sich lange in der →ägypt. Kunst. P. II., Pyramide in →Sakkara. Die Reliefs des Totentempels sind von hoher Qualität, doch in den Motiven ohne neue Erfindung mit Ausnahme einer Szene, die den König allein einem großen Tier gegenüber zeigt, also in unmittelbarer Bedrohung. Auf die frühe Thronbesteigung weist außer einer Alabasterstatuette, die P. II. mit →Uraeus als nacktes, hilfloses Kind darstellt, eine Alabasterfigur der Mutter, die das Königskind in vollem Ornat auf dem Schoß hält. Der Wandel in der Auffassung vom Königsbild seit →Chephren ist unverkennbar.
Lit.: W. Wolf, KÄ, 173ff., 187f., 743.

Phnom Da. Alte Kultstätte. Vorwiegend hinduistische Plastik des 6. Jhs., früheste monumentale Zeugnisse vom indischen Einfluß auf das süd-vietnamesische Großreich von Fu-nan.

Phnom Penh. Khmer-Hauptstadt des 15. Jhs. in Kambodscha mit einem wichtigen Museum regionaler Plastik; fortdauernde Pflege traditionellen Kunsthandwerks. – Lit.: Coormaraswamy, Geschichte, 219.

Phönizische Kunst →Altorientalische Kunst X.

Photographie. Herstellung von Bildern durch Lichteinwirkung auf lichtempfindliche Schichten. Durch Entwickeln und Fixieren werden die Bilder sichtbar und haltbar gemacht. Die Geschichte der P. geht auf Leonardo da Vinci zurück, der um 1500 die Lochkamera, die sogen. camera obscura erfand. Das erste regelrechte photographische Verfahren wurde von Niepce und Daguerre entwickelt (1839). Als Bildträger wurde bei dieser sogen. Daguerreotypie eine jodierte Metallplatte verwendet, wobei das Bild nicht vervielfältigbar war. – Um 1830/40 erfand der Engländer Talbot die sogen. Kalotypie, Papiernegative, die kopiert werden konnten. – Seit 1860 kam zunehmend das gleichfalls kopierbare Glasnegativ in Gebrauch. – Im Laufe des 19. und vor allem im 20. Jh. hat sich in der P. eine eigene künstlerische Richtung herausgebildet, wobei sie mit eigenen, spezifisch photographischen Mitteln neue künstlerische Wirkungen zu erzielen sucht. Abgesehen von der künstlerischen Aussagefähigkeit der P., ist sie als Hilfsmittel der Kunstwissenschaft von unschätzbarem Wert und gehört heute zu deren fundamentalen Arbeitsmitteln.

Photomontage. Zusammensetzung unterschiedlicher Photographie-Abschnitte zu einem Bildgefüge mit eigener neuer Komposition u. eigenem neuen Inhalt, sei es auf phototechnischem Weg oder als →Collage.

Photoplastik. Photographisches Hilfsverfahren zur Herstellung einer Plastik. Dabei wird mit einer Meßkamera eine Stereoaufnahme als Raumbild auf die Modellmaße projiziert. Die Modellierung wird dann nach dem Raumbild durchgeführt.

Phraates. Königsname der →Arsakiden. P. II. (138 bis 129 v. Chr.). Plünderungszüge der →Saken bis Mesopotamien, wodurch reiche Beute in den ostkaspischen Steppenraum gelangt mit Vorwürfen für die →eurasische Kunst. P. III. (70–57). Münzbild mit Hirschkrone als Zeugnis für die eurasische Komponente in der →parthischen Kunst. P. IV. (38–2 v. Chr.). Rückgabe der bei Carrhae 53 v. Chr. erbeuteten röm. Feldzeichen und Gefangenen an →Augustus, der P. IV. →Musa als Ehrengeschenk zukommen läßt. P. V. (2. v. Chr.–4 n. Chr.), Sohn der Musa. Münzbilder. – Lit.: R. Ghirshman, Iran II, 394; K. Jettmar, Steppenvölker, 240.

Phradmon. Griech. Bildhauer der argivischen Schule. Bekannt wurde Ph. durch seine Beteiligung am Bildhauerwettstreit von →Ephesos, an dem sich außer ihm →Phidias, →Polyklet und →Kreisilas beteiligten. Durch diese Nachricht ist seine Schaffenszeit auf die 2. Hälfte des 5. Jhs. v. Chr. festgelegt. Außer der vielleicht in röm. Kopie erhaltenen Amazone (Rom, Pal. Doria Pamphili) ist kein weiteres Werk bekannt.
Lit.: G. Lippold, Handb. d. Archäologie, V, 169f., 1950.

Phrynos. Griech. Töpfer der attischen Schule. Um 550 v. Chr. war er in Athen tätig und gehört zu den Meistern der sogen. →Kleinmeisterschalen, einer Sondergattung archaischer Vasen. Drei von ihm signierte Gefäße sind erhalten. – Lit.: J. D. Beazley, ABV, 168f., 1956.

Phulkari. Vorwiegend in Nordindien verbreitete Schals oder Schleier mit Baumwollstickerei.

Phlyakenvasen. Griech.-unteritalische Vasen des 4. Jhs. v. Chr., vor allem unter den apulischen und kampanischen Vasen zu finden. Benannt wurden die P. nach ihrem Bildschmuck, der Szenen aus grotesken Komödien schildert (Phlyakenspiel).

Phylakopi. Praehistorischer Fundort an der Küste von →Melos mit größerer kykladischer Siedlung, deren Schichten der →Bronzezeit angehören. Drei Schichten lassen sich ablesen: 1. einheimisch kykladische Anlage mit typischer Befestigungsmauer, 2. minoische Anlage, von der vor allem Fresken und Keramiken erhalten sind, 3. mykenische Anlage mit Megaronbauweise, Befestigung und mykenischer Keramik.

Phyle. Antike Grenzfestung im Norden →Attikas. Auf einem Felsplateau liegt die Kastellanlage, die um 400 v. Chr. errichtet wurde und noch im Mittelalter bewohnt war. Es ist dies die älteste aller erhaltenen griech. Festungen. Die Quadermauern stehen noch bis zur Höhe des Wehrgangs aufrecht, dazu sind vier Türme und Tore erhalten.
Lit.: Kirsten-Kraiker, Griechenlandkunde, 185, 1962.

Phyromachos. Griech. Bildhauer des 3. Jhs. v. Chr. aus Athen, vor allem in →Pergamon tätig. Die antike Literatur zählt ihn zu den hervorragendsten Bildhauern und stellt ihn gleichbedeutend neben →Myron, →Polyklet und →Lysippos. An den berühmten Galliermonumenten soll er mitgearbeitet haben, jedoch läßt sich sein Anteil hieran nicht mehr identifizieren.
Lit.: G. Lippold, Handb. d. Archäologie, V, 321, 1950.

Physiologus. Tierbuch; die vom 7.–13. Jh. neben der Bibel meistverbreitete Schrift des Mittelalters. Verfaßt von einem frühchristl. Anonymus wohl in Alexandria in der 1. Hälfte des 2. Jhs. (vorchristl. Quellen). Das griech. Wort „Naturkundiger", auf dessen Autorität sich das Werk beruft, wurde zum Namen der Schrift, in der wirkliche und fabelhafte Eigenschaften existierender und sagenhafter Tiere (z. B. Löwe, Einhorn, Phönix, Pelikan, Adler etc.) typologisch auf Christus, den Teufel, die Kirche und den Menschen bezogen werden. Zahlreiche Übersetzungen aus dem Griechischen ins Lateinische (um 400), in roman., germanische, slawische, auch orientalische Sprachen. Wichtig wegen seiner außerordentlichen Auswirkung auf die mittelalterl. Ikonographie. So sind mittelalterl. Tierdarstellungen oft nur mit Hilfe des P. deutbar. Kritische Ausgabe von E. Sbordone, Physiologi Graeci (1936), deutsche Übersetzung von O. Seel (1960). Im Mittelalter bilden die sogen. Bestiarien eine Nachfolge des P. Ihre Kenntnis ist wichtig, da sie den Inhalt des P. ergänzen und verändern.
Lit.: T. H. White, The Book of Beasts, 1954; F. McCulloch, Mediaeval Latin and French Bestiaries, 1962; M. Wellmann, Der P., 1930; E. Peterson, Die Spiritualität des griech. P., Byzant. Zeitschrift, 60–72, 1954.

Piano (italien.), Stockwerk. In der altchristl. Kunst spricht man z. B. von einem doppelten Piano bei Sarkophagen, wenn zwei Bildreihen übereinander gezeigt werden oder in den Katakomben die Grabanlagen auf verschiedenen Stockwerken liegen.

Piazetta, Giambattista. Italien. Maler. Geb. 1682 in Venedig, gest. 1754 ebda. Schüler seines Vaters, dann des A. Molinari, der ihn →Caravaggio nahebrachte. C. M. →Crespi, bei dem in Bologna er sich nach 1700 aufhielt, vermittelte ihm die Farbigkeit →Correggios. Lebte ab 1711 wieder in Venedig, wo er neben →Tiepolo zum bedeutendsten Maler des venezianischen Settecento (18. Jh.) wurde. P. malte hauptsächlich kirchliche Werke, so Fresken (Verklärung des hl. Dominikus in SS. Giovanni e Paolo in Venedig, 1727) und Staffeleibilder. Wenige Bildnisse. – Lit.: R. Pallucchini, G. P., 1956.

Piazza Armerina. Name des Platzes einer großen röm. kaiserzeitlichen Villa in der Nähe von →Gela auf →Sizilien gelegen. Der antike Name des Palastes war Villa Herculia. – Die Anlage wurde im 3. Jh. n. Chr. erbaut. Der Grundriß der Villa, deren monumentaler Mittelteil freigelegt ist, zeigt eine durchgehende Planung, die sowohl durch die Funktion der einzelnen Baukomplexe als auch durch das unebene Terrain, das mehrere Achsenverschiebungen notwendig machte, bestimmt ist. Durch einen großen Torbau gelangt man in das polygonale Eingangsatrium mit einer Säulenhalle. Das angrenzende →Tablium, in dem Reste von Fußbodenmosaiken erhalten sind, führt zu dem großen →Peristyl mit seinen umgebenden Säulenhallen und dem in der Mitte liegenden Brunnen. Links davon liegen die Einzelräume mit z.T. vorzüglich erhaltenen Mosaiken. Die Räume sind nach den dargestellten Mosaikthemen benannt. – Auf der dem Tablium gegenüberliegenden Seite schließt das Peristyl mit einem langgestreckten Korridor ab, der zur Repräsentationshalle, der →Aula, überleitet und diese mit den Privatgemächern verbindet.– Ausgedehnte Bauten wie →Thermen, →Circus, →Exedren und ein Dreikonchensaal runden, den Mittelkomplex umgebend, die Anlagen ab.
Lit.: G. V. Gentili, Die kaiserliche Villa bei P.

Picabia, Francis. Span.-franz. Maler. Geb. 1879 in Paris, gest. 1953 ebda. Nachdem er als Impressionist begonnen hatte, kam er 1911 durch die Begegnung mit →Apollinaire und dessen Freundeskreis zum →Kubismus. Nach einem Aufenthalt in Barcelona (1916) ging er nach Zürich und schloß sich dort dem →Dadaismus an, zu dessen eifrigsten Verfechtern er gehörte. 1918 ließ er sich in Paris nieder und kehrte um 1925 zur gegenständlichen Malerei zurück. Nach 1945 wandte er sich erneut der abstrakten Malerei zu.
Lit.: H. Vollmer, Künstlerlex. d. 20. Jhs.

Picasso, Pablo (eigentlich Ruiz y Picasso). Span. Maler, Graphiker, Bildhauer und Keramiker. Geb. 1881 in Malaga, ansässig an der Côte d'Azur. 1900 kam er erstmals nach Paris. In den folgenden Jahren führte der Einfluß von →Toulouse-Lautrec und →Gauguin zu seinem ersten eigenständigen Stil, der sogen. „Blauen Periode" (1901–04). 1904 ließ er sich in Paris nieder und schuf in den folgenden Jahren (bis 1907) Bilder, die als Werke seiner sogen. „Rosa Periode" bezeichnet werden („Der Jüngling mit dem Blumenkranz"). 1906/07 leitet sein Bild „Demoiselles d'Avignon" zum →Kubismus über. Gegenüber den früheren, noch mit klassizistischen Elementen durchsetzten Formen tritt nun eine herbere und vereinfachte Formensprache in Erscheinung. Anatomische Körperlichkeit und Perspektive werden zugunsten der reinen Form und des absoluten Volumens aufgegeben. Wesentliche Anregungen vermittelte hierbei das Werk →Cézannes. Um 1909 tritt in seinen Bildern die Farbe gegenüber der Linie in den Hintergrund, 1911 erfolgt die Aufsplitterung der Formen, die nur noch in Realitätsfragmenten die Beziehung zum Gegenstand erkennen lassen. Diese neuen Bildmöglichkeiten fand P. in gemeinsamer Arbeit mit G. →Braque. – Nach 1918 lassen sich keine so fest fixierbaren Epochen im Schaffen P.s mehr feststellen. Neben klassizistischer Rückwendung („Mutter mit Kind", 1922) läßt sich wenige Jahre später eine deutliche Hinwendung zum →Surrealismus („Der Vogelkäfig", 1925) erkennen, während die dreißiger Jahre die Berührung mit dem →Symbolismus mit sich brachten. – Sein späteres Werk ist maßgeblich bestimmt durch die Auseinandersetzung und gegenseitige Verflechtung von Elementen des Kubismus mit solchen des Naturalismus und Neoklassizismus. Bezeichnend ist die Zusammenfügung von Front- und Profilansicht eines Kopfes. – 1946–1954 beschäftigte er sich hauptsächlich mit Keramik. – Neben seinem reichen malerischen Schaffen stehen eine Reihe von Plastiken, vor allem aus der kubistischen Periode, und zahlreiche graphische Werke, Folgen und Einzelblätter, in denen er sämtliche graphischen Techniken anwendete. (Siehe Tafel 32).
Lit.: B. Geiser und H. Bolliger, P. Das graphische Werk, 1955; A. Vallentin, P, P., 1957; L.-G. Buchheim, P., 1959.

Picot, François. Franz. Maler. Geb. 1786 in Paris, gest. 1868 ebda. War u. a. Schüler von J. L. →David, in dessen klassizistischer Tradition er sich zu einem Hauptmeister der akademischen Richtung in Paris entwickelte. Neben mythologischen und allegorischen Einzelwerken schuf er hauptsächlich große Deckengemälde, u. a. im Louvre, in Versailles und in verschiedenen Kirchen von Paris.
Lit.: Thieme-Becker.

Piedestal. Postament für eine Statue, auch Sockel für eine Säule.

Piedras Negras. Mayastadt der Klassischen Zeit am Usumacinta, baulicher Höhepunkt, etwa gleichzeitig mit →Yaxchilan. Geschlossene Anlage („Akropolis"). Von außergewöhnlicher Schönheit ist das Wandrelief 3 aus dem Tempel 0–13 (761), bestechend durch seine harmonisch ausgeglichene Komposition und den warmen Elfenbeinton des Kalksteins: Auf einem erhöhten Thron sitzt, von Gruppen reichgeschmückter Gestalten umgeben, ein Herrscher, wobei alle freien Flächen von Hieroglyphenfeldern ausgefüllt sind. Die Entwicklung der Stelen-Skulptur läßt sich über 200 Jahre (etwa 600 bis 800) verfolgen; die anfängliche Steifheit weicht zugunsten einer nahezu schwerelosen Materialbeherrschung und Weichheit der Formen.

Pienza. Als frühes Beispiel einer Stadtplanung der Renaissance in der Gruppierung mehrerer Gebäude um einen zentralen Platz ist die Anlage von Piazza, Kathedrale und Palast (Palazzo Piccolomini, um 1460) von P. zu nennen. Ihr Schöpfer ist Bernardo Rossellino (unter Papst Nikolaus V., Bauherr der Peterskirche), der mit dieser Anlage für Papst Pius II. als Vorgänger →Michelangelos gelten kann.
Lit.: N. Pevsner, Europäische Architektur, 1957.

Piero di Cosimo, eigentlich Piero di Lorenzo. Italien. Maler. Geb. 1462 in Florenz, gest. 1521 ebda. Schüler und Gehilfe des C. →Rosselli. In seinen religiösen (Maria Immaculata mit 6 Heiligen, Florenz, Uff.), mythologischen (Tod des Prokris, London, Nat. Gal.) und profanen Werken (Bildnis der Simonetta Vespucci, Chantilly) Anklänge an Stil und Eigenheiten von →Leonardo da Vinci, →Verrocchio, →Signorelli, →Credi und selbst eines H. van der →Goes (Portinari-Altar in Florenz).
Lit.: R. L. Douglas, P. d. L., 1946.

Pietà →Vesperbild.

Pietra dura (italien.). Bezeichnung für das sogen. Florentiner Mosaik.

Pietra Zannoni. Etruskischer Grabstein aus der Certosa-Nekropole von→Bologna (um 600 v. Chr.), dessen Relief einen Wagenlenker mit mächtigem Hengstgespann zeigt. In die Zügel des Pferdes greift ein Mann im langen Ärmelgewand mit barettähnlicher Kopfbedeckung, wahrscheinlich ein Vertreter der Unterwelt, der hier an Stelle späterer Todesdämonen steht. Die P. mit orientalisierenden Motiven steht am Anfang einer langen Reihe von etruskischen Grabsteinen mit der Darstellung des ins Jenseits fahrenden oder reitenden Toten, die sich bis in das 4. Jh. v. Chr. verfolgen lassen.
Lit.: O. W. v. Vacano, E I, 441; II 75f.; G. Q. Giglioli, AE, Taf. 236ff.

Pietrera. Hügelgrab bei →Vetulonia mit Kuppelraum in Kraggewölbetechnik und quadratischem, nach oben leicht verjüngtem Mittelpfeiler, der jedoch keine Stützfunktionen hat. Späteres 7. Jh. v. Chr. Eine ähnliche Anlage bei Casal Marittima (Mus. Florenz) läßt an einen Zusammenhang mit dem altmittelländischen Pfeilerkult denken und an eine Beziehung zu der durch Überlieferung gesicherten Weltbildvorstellung vom Pfeiler als Weltachse. Bedeutsam ist, daß man bei der P. nach dem Einsturz dieselbe Bauform aus härterem Gestein wiederherstellte. Die reichen Beigaben sprechen ebenso für die Besonderheit der Stätte wie die ältesten Zeugnisse der etruskischen Großplastik, lebensgroße Figuren von Männern und Frauen mit wohlgerundeten Köpfen, die wie die Canopen von →Chiusi auf die religiös bedingte Sonderbewertung des Hauptes in der →etruskischen Kunst weisen.
Lit.: O. W. v. Vacano, E I, 144ff.; E II, 84f.; G. Q. Giglioli, AE, Taf. 66.

Pigalle, Jean-Baptiste. Franz. Bildhauer. Geb. 1714 in Paris, gest. 1785 ebda. Schüler von R. →Le Lorrain und J. B. →Lemoyne; vollendete seine Ausbildung in Rom. In seinem Stil mischen sich Elemente des Rokoko, des frühen Klassizismus und auch des Naturalismus. Sein Hauptwerk, dessen Qualität er nicht wieder erreichte, ist der Sandalen bindende Merkur (mehrere Ausführungen). Ein anderes bedeutendes Werk ist das Grabmal des Marschalls Moritz von Sachsen in Straßburg (St. Thomas, 1753–70).
Lit.: S. Rocheblave, J.-B. P., 1919.

Pignon, Edouard. Franz. Maler. Geb 1905 in Bully/Marles-les-Mines, ansässig in Boulogne-sur-Seine. Nachdem er bis 1927 als Bergarbeiter tätig war, ging er nach Paris und besuchte dort Bildhauer- und Zeichenkurse. 1940 wandte er sich ganz der Malerei zu und schloß sich dem Schülerkreis um →Lhote an. Bis 1950 lebte er häufig in Ostende und beschäftigte sich immer wieder mit dem Thema des Bergarbeiters. Seit 1952 entstanden vor allem Guaschen mit figürlichen Kompositionen und Stilleben. Daneben schuf er auch einige Plastiken. In seinen neueren Werken findet sich immer wieder das Thema des Krieges und des Kampfes, wobei er sich bei starker Farbigkeit einer abstrakten Formensprache nähert.
Lit.: Lefèvre, H., P., Paris 1956.

Pilaster. Wandpfeiler, d. h. ein Pfeiler, der wie üblich in Fuß, Schaft und Kapitell gegliedert ist, aber nicht frei und vollplastisch im Raum steht, sondern in die Wand eingemauert ist und nur aus ihr vortritt.

Anton Pilgram, Selbstbildnis am Orgelfuß im Stephansdom zu Wien, Sandstein, 1513.

Pilgerstraßen. Wichtigste Pilgerziele der abendländischen Christenheit im Mittelalter waren Jerusalem, Rom und das Grab des Apostels Jacobus Major in Santiago de Compostela. Die Pilgerzüge bewegten sich auf festgelegten Routen, die die einzelnen Länder Europas untereinander verbanden und entlang derer sich Motive vor allem der Baukunst und Bauplastik rasch verbreiteten. Von besonderer Bedeutung waren in roman. Zeit die Frankreich durchquerenden und sich westlich der Pyrenäen vereinigenden Wege nach Santiago. Eine Route führte von St. Denis bei Paris über Orléans, ein Seitenzweig von Chartres aus nach Tours und von dort weiter über Poitiers nach Ostabat/Pyrenäen. Hier traf sie mit einer zweiten von Vézelay über Périgueux und einer dritten von Le Puy über Conques und Moissac kommenden zusammen, von wo aus der Weg über Roncesvalles, Burgos und Léon (früher nördlicher über Vitoria und Oviedo) nach Santiago weiterführte. Eine vierte Route verlief von Arles über Toulouse, Somport und vereinigte sich mit den restlichen in Puenta-la-Reina. Bedeutendes Beispiel für das Ausmaß der Motivwanderungen ist die Kirche →Santiago selbst, die fast eine Kopie von St. Sernin in →Toulouse darstellt.
Lit.: A. K. Porter, Romanesque sculpture of the Pilgrimage Roads, 10 Bde., 1923; L. Vázquez de Parga, J. M. Lacarra, J. Uría Ríu, Perigrinaciones a Santiago, 3 Bde., 1948/49.

Pilgram, Anton. Österreichischer Architekt und Bildhauer. Geb. 1460/65 wahrscheinlich in Brünn, gest. um 1515 in Wien. War in seinen Wanderjahren in Südwestdeutschland tätig, wo er von N. →Gerhaert von Leyden beeinflußt wurde. Gegen 1500 errichtete er in Brünn das nördliche Langschiff von St. Jakob sowie das Portal des Rathauses (1511). Nach 1511 wirkt er als Leiter der Dombauhütte von St. Stephan in Wien; in dieser Zeit entstehen der Orgelfuß (1513) und die Kanzel (bis 1515). An beiden Werken hat P. sein Selbstportrait angebracht. – P. steht allen idealistischen und lyrischen Zeitströmungen fern; seine Werke sind realistisch und von eindrucksvollem Ernst.
Lit.: K. Oettinger, A. P., 1951.

Pilih. In der Webetechnik →Indonesiens aus der Musterung mit Hilfe des „flottierenden Einschlages" abgeleitetes Verfahren der Ornamentierung von Tüchern. Jener Faden, der das Muster bildet, wird mit Hilfe einer langen Gabelspule durch bestimmte, ausgewählte (pilih = aussuchen) Kettenfäden gestochen.

Pillalmari. Mittelalterl. Tempel in der zentralindischen Landschaft des Dekkhan mit besonders reich verzierten, glänzend polierten Säulen aus schwarzem Basalt.
Lit.: Yazdani, Arts, 23.

Pilon, Germain. Franz. Bildhauer. Geb. 1535 in Paris, gest. 1590 ebda. Arbeitete als Schüler unter Leitung von →Delorme am Grabmal Franz I. in St. Denis. Im Werk P.s erreicht die franz. Plastik der Renaissance ihren Höhepunkt; er befreit sie aus der Tradition der Schule von →Primaticcio. Meisterwerke auf diesem Weg sind das 1565 begonnene Grabmal Heinrichs II. und seiner Gattin in der Valois-Kapelle in St. Denis mit dem knienden Königspaar und zwei realistischen, fast nackten Liegefiguren sowie das Bronzebild des knienden Kanzlers Birague (ab 1584, Paris, Louvre). 1572 wurde P. zum künstlerischen Leiter der königlichen Münze ernannt.
Lit.: J. Babelon, G. P., 1927.

Piloty, Karl Theodor von. Deutscher Historienmaler, Geb. 1826 in München, gest. 1886 in Ambach bei München, Bruder des Malers Ferdinand P. (1828–95) und Sohn des Lithographen Ferdinand P. d. Ä. (1786–1844). Nach erster Ausbildung bei seinem Vater studierte er ab 1840 unter J. →Schnorr von Carolsfeld an der Münchner Akademie. Nach dem Tode des Vaters führte er die Lithographische Anstalt P. & Löhle. Eine Reise nach Antwerpen und Paris (1852) brachte ihm neue Kenntnisse, Einflüsse von →Delaroche werden spürbar. Seinen großen Erfolg erlebte er 1855 mit dem Bild „Seni an der Leiche Wallensteins". – P. führte die franz. Farbigkeit im Münchener Akademieleben, das noch ganz unter dem Einfluß der idealistischen Malerei der →Nazarener P. →Cornelius und J. Schnorr v. Carolsfeld stand, ein. Sein großer Erfolg von 1855 führte P. dazu, daß er sich ganz dem historistischen Genre hingab, wobei er in der Darstellung der Zeitkostüme größte geschichtliche Treue erstrebte.
Lit.: Thieme-Becker.

Pilzkapitell →Kapitell.

Pinakothek. Griech. Bezeichnung für eine Bildersammlung, ursprünglich speziell auf die P., die zu den →Propyläen der Akropolis von Athen gehörte, bezogen. Heute allgemein als Bezeichnung für Gemäldesammlungen verwendet. Berühmte P. in München.

Pinax. Griech. Bezeichnung einer kleinen bemalten Tontafel. In der korinthischen Malerei des 7. und 6. Jhs. v. Chr. entstanden, erfreuen sich die Pinakes vor allem in der attisch schwarzfigurigen Malerei – als Weihgaben für die Heiligtümer bestimmt – einer großen Beliebtheit. Vorzügliche Beispiele sind von der Hand des →Exekias erhalten.

Pinienzapfen. Häufiges Ornamentmotiv, das schon in der assyrischen Kunst auftaucht. In der Antike war es dem Bacchus geweiht, wurde aber auch als Wasserspeier verwendet. Im Mithraskult galt der P. als Symbol der Fruchtbarkeit wegen seiner vielen Schuppen und ist von da in die christliche Kunst übernommen worden, die in ihm Sinnbild des →Lebensbaumes sieht oder ihn als Bekrönung auf den Lebensbrunnen setzt.

Pinturicchio, Bildnis eines Knaben (Dresden, Gemäldegalerie).

Pinturicchio, eigentlich Bernardino di Betto di Biagio. Italien. Maler. Geb. um 1454, gest. 1513 in Siena. Schüler →Peruginos, dem er bei der Ausmalung der →Sixtinischen Kapelle in Rom behilflich war (1480–84). Auch in der Folgezeit malte er hauptsächlich Fresken mit religiösen, aber auch mit dekorativen und historischen Themen (Fresken der Dombibliothek in Siena, 1502–08, mit Schilderungen aus dem Leben Papst Pius II.). In Siena verwendet er erstmalig den später sehr beliebten, antiken Groteskenschmuck. Seine Bilderzählung ist undramatisch, episch, die Farben leuchtend bei reichlicher Verwendung von Gold.
Lit.: W. Bombe, Geschichte der Peruginer Malerei, 1912.

pinxit (lat. „er hat es gemalt"). Findet sich – auch in Abkürzungen wie pinx. oder nur p. – als Zusatz von Künstlersignaturen auf Gemälden.

Piombo, Sebastiano del. Italien. Maler. Geb. um 1485 in Venedig, gest. 1547 in Rom. Bildete sich in Venedig im Umkreis →Giorgiones, ging 1511 nach Rom; stand zuerst unter dem Einfluß →Raffaels, schloß sich später →Michelangelo an. Trotz starker Anklänge an beide Meister darf P. nicht als Eklektiker bezeichnet werden. In seinem Werk vereinigt er die Traditionen venezianischer Malerei mit Formen und Dynamik Michelangelos. Mit Michelangelo stand er in regem Briefwechsel (herausgegeben von Milanesi, 1890). 1531 erhielt er das begehrte Amt eines Plombators der päpstlichen Bullen (daher „del Piombo"). P. malte Fresken mit religiösen (Venedig, S. Giovanni Crisostomo) und weltlichen Themen (Rom, Galateasaal der Farnesina), Altarbilder und Bildnisse (Dorothea, Berlin, Staatl. Mus.).
Lit.: L. Dussler. S. del P., 1942.

Piot, René. Franz. Maler und Kunstschriftsteller. Geb. 1868 in Paris, gest. 1934 ebda. Schüler von Andrieu und G. →Moreau an der Ecole des Beaux-Arts in Paris. In Italien betrieb er mehrere Jahre lang Studien zur Freskotechnik, die er sowohl für Freskierungen verwandte wie auch für Bühnendekorationen. Fresken von ihm finden sich u. a. in der Villa des Kunsthistorikers B. Berensons in Settignano und im Hause André Gides in Paris.
Lit.: Thieme-Becker.

Piper, John. Engl. Maler, Lithograph, Bühnenbildner, Illustrator und Schriftsteller. Geb. 1903 in Epsom (Surrey), lebt am Lake Ogwen. Besuchte 1926–28 die Richmond School of Art und das Royal College of Art in London. Danach war er als Kunstjournalist tätig. In Paris traf er 1933 mit →Braque, F. →Léger, →Arp und C. →Brancusi zusammen, und bis 1937 versuchte er sich in kubistischer und abstrakter Malerei. – Die Hauptthemen seiner oft ins Romantische reichenden Werke sind Landschaften und Architekturen; im Auftrage der königlichen Familie schuf er eine Serie Zeichnungen von Schloß Windsor. Ferner fertigte er Bühnendekorationen an für Inszenierungen von Sir Laurence Olivier, für Britten-Opern und für das Covent-Garden-Opera-Ballett. Außer Buchillustrationen stammen von ihm die Mosaiken und Glasfenster in der Kathedrale von Coventry.
Lit : Katalog der 1. Internationale der Zeichnung, Darmstadt 1964.

Piräus. Antike Hafenstadt →Athens. Neolithischen Siedlungsspuren folgt ein um 510 v. Chr. angelegtes Kastell, das im Auftrag des Tyrannen Hippias erbaut wurde. Im 5. Jh. v. Chr. werden ein Kriegs- und ein Handelshafen ausgebaut. – Die den Hafen umgebende Stadt geht auf einen Plan des →Hippodamos von Milet zurück, der hier zum erstenmal Gelegenheit hatte, sein rektanguläres Straßennetz konsequent durchzuführen. Noch die heutige Stadt geht auf diese Planung zurück. – Um 460 v. Chr. wird P. mit Athen durch große Mauerbefestigungen verbunden. Sie dienten dem Schutz des lebensnotwendigen Hafenzugangs. – Bedeutende antike Bauten wurden in Piräus errichtet. So die berühmte Skeuothek des →Philon und ein teilweise erhaltenes →Theater. Zahlreiche Einzelfunde konnten in der Hafengegend geborgen werden. Neben den berühmten sogen. Piräus-Reliefs, die Exzerpte nach den Schildreliefs der Athena Parthenos des →Phidias zeigen, ist vor allem ein erst vor wenigen Jahren bei Straßenbauarbeiten gefundener Statuenhort mit monumentalen Bronzestatuen zu nennen.
Lit : Kirsten-Kraiker, Griechenlandkunde, 101 ff., 1962.

Piranesi, Giovanni Battista. Italien. Kupferstecher und Architekt. Geb. 1720 in Mogliano bei Venedig (?), gest. 1778 in Rom. 1740 kam er nach Rom, wo seine Hauptwerke entstanden. In großformatigen Blättern schuf er die Veduten des antiken, mittelalterl. und barocken Rom, eine Serie röm. Grabmäler, ein Kamin-Werk u. a. Am eindrucksvollsten sind Darstellungen der antiken Baudenkmäler, die, ganz barock gesehen, mit starken Perspektiveffekten und grellen Lichtwechseln in gigantischer Größe vor dem Betrachter erstehen. P.s sehr individuelles Bild der Antike strahlt aus auf die Kunst des Klassizismus und der Romantik. Heute gehören die „Carceri" (entstanden wohl 1743–45 in Venedig), eine Serie kühn hingeworfener, phantastischer, surrealer Bühnenkompositionen, zu den meist beachteten Graphiken. – Als Architekt trat P. kaum in Erscheinung. Der einzige röm. Bau, der nach seinen Entwürfen entstand, ist S. Maria Aventina, 1765. Hier zeigt sich seine große Verehrung →Palladios, aber auch die ihm eigene Dekorationsfähigkeit, die er schon in seinen Stichvorlagen bewiesen hatte.
Lit.: Ausgewählte Werke P.s, herausgegeben von P. Lange, 1885–88; U. Vogt-Göknil, P.s Carceri, 1958; Seghers, G. B. P., 1960 (franz.); H. Volkmann, P. – Architekt und Graphiker, 1965.

Pirna (Sachsen). Stadtkirche St. Marien. An Stelle einer älteren Kirche entstand in den Jahren ab 1466 und von 1502–46 ein Neubau, eine sehr weiträumige, spätgot. Hallenkirche. Die achteckigen Pfeiler sind außerordentlich schlank, und das Rippengewölbe, dessen Rippen zum Teil naturalistisch als Baumstämme geformt sind, bilden gewundene Reihungen. Die Gewölbekappen sind mit Rankenwerk der Frührenaissance bemalt. Bemerkenswerte Renaissance-Emporen von 1570/71.

Pisa. 1) Dom. Der 1063 begonnene Dom (Teilweihe 1118) bildet gemeinsam mit dem frei stehenden Baptisterium (1153 ff.), dem Campanile (1174 ff.) und dem →Campo Santo eine der schönsten, einheitlichsten Baugruppen des italien. Mittelalters. Der Dom wurde von dem Griechen Buschetos als fünfschiffige Säulenbasilika mit dreischiffigem Querhaus entworfen. Die Querhausflügel, an den Stirnseiten von halbrunden Apsiden geschlossen, werden gegen die längsrechteckige Vierung von durchlaufenden Mittelschiffsäulenarkaden abgeschnürt. Über der Vierung Ovalkuppel über Trompen (heutige Form 14. Jh.). Zweijochiger Vorchor mit halbrunder Ostapsis. Dreiteiliger Langhausaufriß: Rundbogenarkaden (korinthische Kapitelle), Emporen (auch in den Seitenschiffen und Querhausabseiten; lombardischer Einfluß), ungegliederter Obergaden. Langhaus flachgedeckt, Seitenschiffe kreuzgratgewölbt. Erhöhung des Obergadens, letzte Langhausjoche und Fassade von dem 1264–70 erwähnten Rainaldus. Charakteristisch für das Äußere ist die monotone Wiederholung umlaufender Rundbogengalerien bzw. -blenden. Wesentlich für die prächtig-dekorative Gesamtwirkung ist die weißgrundigfarbige Marmorinkrustation innen wie außen. Ausstattung: Porta Ranieri (Bronzetür) des →Bonanus v. Pisa; Marmorkanzel des Giov. →Pisano (jetzt Mus.; 1302–10); Hauptapsismosaik mit Christus, Maria, Johannes dem Evangelisten unter Mitwirkung des →Cimabue (Johannes, 1302); Bronzetüren von Giovanni da →Bologna (1596–1606). – **2)** Der von Diotisalvi entworfene Rundbau des Baptisteriums (1153–1265) schließt an röm. Vorbilder und die Rotunde der Anastasis in Jerusalem an, ist im Detail, etwa den umlaufenden Rundbogenblenden, jedoch pisanisch. Gewölbt durch einen stumpf abgeschnittenen Kegel mit oberer Öffnung, der im 14. Jh. mit einer äußeren Schutzkuppel versehen wurde. Das Äußere später unter Mitwirkung des Nicolo →Pisano (ca. 1250 bis 1265) überarbeitet. Wichtigste Ausstattung: Marmorkanzel des Nicolo Pisano (1260); Taufbrunnen von 1246; Madonna über dem Haupteingang von Giovanni →Pisano (ca. 1295). – **3)** Auch der zylindrische Campanile (1174 bis 1271), der sich durch Nachgeben des Grundes schon beim Bau einseitig senkte („Schiefer Turm" von P.), ist mit mehreren Geschossen umlaufender Rundbogenblenden und reicher Marmorinkrustation versehen. Seine Baumeister sollen Guiglielmo Tedescho und →Bonanus von Pisa gewesen sein. Glockengeschoß erst 1350. (Siehe Tafel 15.)

Pisa, Westfassade des Doms und Campanile („Schiefer Turm").

Lit.: P. Schubring, P., 1902; C. Ricci, Romanesque Architecture in Italy, 1925; K. J. Conant, Carolingian and Romanesque architecture 800 to 1200, Pelican History of Art, 1959.

Pisac. Inka-Bergfestung am Rande des Urubamba-Tales (→Machu Picchu).

Pisanello, Antonio Pisano, genannt P. Italien. Maler und Medailleur. Geb. um 1397 in Verona, gest. 1455. Meist in Verona tätig, arbeitete er auch in Pavia, Venedig und an weiteren Orten Italiens. In seiner künstlerischen Entwicklung geht er von →Gentile da Fabriano aus und nimmt später Anregungen der niederl. Miniaturisten auf. Neben seinen Fresken, die bis auf zwei zerstört sind („Verkündigung Mariae", 1422–26, Verona, S. Fermo; „Aufbruch des hl. Georg zum Drachenkampf", 1438, Verona, S. Anastasia) schuf er mehrere Tafelbilder und war vor allem als Bildnismaler berühmt, wobei er die strenge Profilansicht bevorzugte („Lionello d'Este", Bergamo, Akademie; „Prinzessin d'Este", Paris, Louvre). In seinem Stil verbinden sich spätgot. Zierlichkeit mit einem neuen unbekümmerten, erzählerischen Realismus, der ihn als einen der großen Meister der Frührenaissance auszeichnete. – Eine Sonderleistung vollbrachte er mit seinen Medaillen, denen er sich in seinem Spätwerk zunehmend widmete. Durch hervorragende Bildnismünzen und -medaillen bahnte er dieser in der Renaissance wieder neu auflebenden Kunstgattung den Weg.
Lit.: B. Degenhart, A. P., 1940; L. Coletti, P., 1953 (italien. Ausgabe), 1954 (franz. Ausgabe).

Pisano. 1) Giunta. Italien. Maler. Führender Meister der Schule von Pisa im 2. Viertel des Duecento. Ein 1236 datierbares Kruzifix aus S. Francesco, Assisi, ist verloren. Erhalten die signierten Kruzifixe in S. Maria degli Angeli bei Assisi, in S. Ranieri, Pisa und in S. Domenico, Bologna. Fortführung der bei →Berlinghiero beginnenden Vereinfachung des Aufbaus und Reduktion der Nebenszenen. Die Gestalt des leidenden Christus, weich modelliert und mit merklicher Seitenschwingung der Körperachse, ist an den Kreuzenden umgeben von Medaillons mit den Figuren Mariae, des Johannes und des segnenden Christus. Er schafft damit den bis →Giotto gültigen Kruzifixtyp des Duecento. – **2)** Nicolò. Einer der bedeutendsten italien. Bildhauer, wohl aus Apulien stammend und im Kreis der um den Stauferkaiser Friedrich II. in →Sizilien und Süditalien tätigen Bildhauer geschult. Gest. vor 1284. Zuerst faßbar in der 1260 datierten und signierten Marmorkanzel des Baptisteriums von Pisa. Weitere Hauptwerke: Kanzel im Dom von Siena (1268 vollendet), großer Brunnen vor dem Dom von Perugia (in Zusammenarbeit mit seinem Sohn Giovanni und seinem Schüler →Arnolfo di Cambio). Wesentlicher Beitrag ist die Schaffung eines neuen Kanzeltyps, für dessen tektonischen Aufbau die Übernahme got. Formen (Besetzung der Ecken mit Figuren oder Dienstbündeln zur Betonung des struktiven Gerüsts, polygonale Brüstung, Kleeblattbogen, Knospenkapitelle), für dessen kunstvoll verschränkte Systematik des ikonographischen Programms die organisierende Programmatik franz. Monumentalplastik die Voraussetzungen bilden. Der plastische Stil, selbst die Technik der Steinbehandlung (Bohrungen), Gewandmotive und Haartracht dagegen knüpfen im wesentlichen an antike Vorbilder an. Bezeichnend sind bildmäßige Zusammenfassung breit geschilderter Figurenszenen auf eng gefüllten, rechteckigen Relieffeldern (vergleiche spätantike Sarkophagreliefs), Gefühl für kompaktes körperliches Volumen, gedrungene Proportionierung der Figuren, deren fester Stand durch breit stauende Falten zu seiten der Füße betont wird, und ungebrochene Kraft der sinnlichen Anschauung. – **3)** Giovanni. Sohn des Nicolò P. 2). Geb. in Pisa, gest. vor 1314. Bildhauer und Baumeister. Zuerst 1265 erwähnt als Mitarbeiter seines Vaters an der Sieneser Kanzei, dann am Brunnen von Perugia. Hauptwerk ist die Domfassade von →Siena, deren Bau er von 1284 bis nach 1296 leitete. Sie ist die erste italien. Fassade, die in allen Teilen mit Skulpturen besetzt ist und deren Bauplastik zum wesentlichen Element der architektonischen Gestaltung wird. Grundlage seines plastischen Stils ist die von Nicolo übernommene wuchtige Körperlichkeit der Figur, das Arbeiten mit tiefen

Unterschneidungen. Hinzu kommt die Auseinandersetzung mit Skulptur und Aufbau der Reimser Westfassade. Typisch italien. ist die Ablehnung der Archivolten- und Gewändefiguren, die „freie" Aufstellung auf ausladenden Standflächen (ausgehend von der Tabernakelfigur), die in einer dem Norden ungewohnten Weise die Eigenständigkeit und Schwere der körperhaften Erscheinung betont. Von Nicolò trennt ihn die differenziertere Faltenbehandlung, die erregt bewegte Haltung,

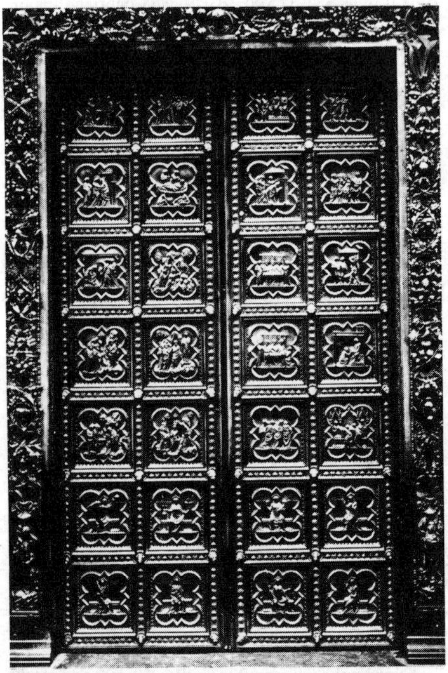

A. Pisano, Tür des Baptisteriums zu Florenz.

die besonders in den heftig vorgebeugten Köpfen deutlich wird (Vorbild: Reims, Josephsmeister), die dramatische Vergegenwärtigung biblischen Geschehens in den Kanzelreliefs, von der nördlichen Gotik hingegen das kompakte plastische Volumen, der breite Stand und das machtvolle Pathos seiner Gestalten. Weitere wichtige Werke: Kanzeln in S. Andrea, Pistoia (1301 vollendet), und im Dom von →Pisa (1302–10, jetzt Mus.); mehrere frei stehende, teils ganzfigurige Madonnen, u. a. über dem Eingang des Pisaner Baptisteriums (ca. 1295), in der Arenakapelle von Padua (ca. 1305/06) und im Dom von Prato (ca. 1312). – **4)** Andrea. Andrea da Pontadera, genannt A. P., Sohn des Notars Ugolino Nini. Geb. wohl 1290/95 in Pontedera, gest. ca. 1349 in Orvieto. Vermutlich in Pisa als Bildhauer und Goldschmied geschult. Signiert und 1330 datiert ist die erste Bronzetür des Baptisteriums von →Florenz mit Szenen aus dem Leben Johannes des Täufers und Figuren von Tugenden in 28 quadratischen Relieffeldern, vergoldet und in Vierpässe gefaßt (der Vierpaß zeigt Einfluß nördlicher Gotik). Die Schaffung einer schmalen Raumbühne, die tektonische Fügung und der vollplastische Figurenkern zeigen Einwirkung von →Giotto, doch sind Haltung und Faltenführung geschmeidiger. Seit 1337 arbeitet er als Florentiner Dombaumeister am Campanile, dessen Programm er um 4 Nischen mit je 2 Standfiguren bereichert (letztere heute Domopera). Vorher schon Mitarbeit an den Reliefs (→Florenz, Campanile). Seit 1343 vielleicht in Pisa, 1347–49 (?) →Capo maestro am Dom von Orvieto, doch sind keine gesicherten Werke erhalten. **5)** Nino. Italien. Bildhauer. Sohn des Andreas P. 4). – Geb. um 1315, erstmals 1349 erwähnt als Dombaumeister in Orvieto, gest. wohl vor 1368. Signierte Werke: Madonna in S. Maria Novella, Florenz (Frühwerk); Madonna mit Heiligen und Engeln über dem Cornaro-Grabmal der dalle → Masegne-Werkstatt in SS. Giovanni e Paolo, Venedig. Überzeugende Zuschreibungen u. a.: Madonna lactans in S. Maria della Spina, Pisa, die das Motiv der ihr Kind stillenden Madonna erstmals in die italien. Plastik einführt, sowie die Verkündigung in S. Caterina, Pisa, die reiche Nachfolge fand. Beide gelten als Spätwerke. N. P. bereichert den typisch toskanischen, statuarischen Aufbau der Figur und ihr volles, körperliches Volumen durch weichen Linienfluß und nuancierte Charakterisierung des seelischen Ausdrucks, angeregt durch gleichzeitige franz. Skulptur.

Lit.: P. Bacci. „Juncta Pisanus pictor", Bolletino d'Arte 1922/23, 145ff.; R. Oertel, Die Frühzeit der italien. Malerei, 1953; J. Toesca, Andrea e Nino Pisano, 1950; J. Pope-Hennessy, Italian Gothic Sculpture, 1955.

Piscina (lat.). **1)** Das Taufbecken eines Baptisteriums (→Taufkirche). – **2)** Eine meist in einer architektonisch verzierten Nische angebrachte Vertiefung an der Chorsüdwand neben dem Altar, in die das vom Geistlichen zum Waschen der liturgischen Gefäße und der Hände benutzte Wasser abläuft.

Pissarro, Camille. Franz. Maler und Graphiker. Geb. 1831 auf der Insel Saint-Thomas (Westindien), gest. 1903 in Paris. Kam 1843 erstmals nach Paris, wo er Zeichenunterricht bei M. Savary nahm. Seine erste bedeutende Begegnung ist die mit →Corot, der seine Malerei für Jahre stark beeinflußt hat. Durch →Manet, den er 1866 kennenlernte, wurde P. Freilichtmaler. Zusammen mit C. →Monet reiste er 1871 nach England, wo er →Constable studiert und sich ebenfalls der impressionistischen Malerei verschreibt. Nach 1884 schloß er sich noch den Neoimpressionisten unter Führung von →Seurat an. – Seine Darstellungen beschränken sich fast ganz auf Landschaften, Dörfer und ländliche Szenen. Erst nach 1895 kamen Stadtansichten von Paris, Rouen und Le Havre hinzu.

Lit.: J. Rewald, C. P., 1963.

Pistoxenos-Maler. Griech. Vasenmaler der attischen Schule, tätig um 480–460 v. Chr. – In streng-rotfigurigem Stil bemalte er hauptsächlich Schalen, deren groß angelegte Innenbilder einen Vorläufer des sogen. →Penthesileia-Malers erkennen lassen.

Lit.: J. D. Beazley, ARV, 859ff., 1963.

Pitcairn. Kleine Insel im östlichen →Polynesien, westlich der →Oster-Insel. Von archäologischem Interesse sind Felsritzungen, Steinwerkzeuge und Reste von Steinfiguren, die einst Tempelplattformen säumten, jedoch durch europäische Ansiedler zerstört wurden.

Lit.: T. Heyerdahl, Aku Aku, 1957.

Pithos. Antikes Vorratsgefäß, das vor allem in der →Bronzezeit in allen Bereichen der Ägäis und der angrenzenden Gebiete gebräuchlich war. Die z. T. riesigen Tongefäße erreichen eine Höhe bis zu ca. 2 m und weisen oft mehrere an den Wänden verteilte Henkel auf. Vor allem das minoische Kreta überliefert hervorragende Stücke dieser Art, die auch mit in Relief aufgesetztem Schmuck verziert sein können.

Pitti (Florenz). Das wuchtige Bauwerk des Palazzo P. trägt seinen Namen nacc Luca P., einem reichen Florentiner Kaufmann. Zwischen 1457 und 1466 wurde der Kernbau von Luca Fancelli ausgeführt und bestand wahrscheinlich aus dem Zentrum des heutigen Frontbaues. Nach 1550 Erneuerung durch Ammauati (Fenster statt der Seitenportale und Bau des Hofes). G. Parigi verlängerte den Bau 1620 um je 3 Fensterachsen rechts und links. 1640 baute sein Sohn das Gebäude auf die heutigen Dimensionen aus. Der Komplex wurde im 18. Jh. nochmals erweitert (Terrassenflügel). Die Räume sind in ihrem Inneren mit Fresken allegorischen Inhalts, bezugnehmend auf die jeweiligen Besitzer, von den verschiedensten Malern ausgeschmückt, wie z. B. Colonna, Volterrano, Pietro da →Cortona.

Lit.: Reclams Kunstführer, Florenz und Fiesole, 1962.

Pittoni, Giovanni Battista (d. J.). Italien. Maler. Geb. 1687 in Venedig (?), gest. 1767 in Venedig. Empfing starke Einflüsse von S. →Ricci, →Piazetta, →Tiepolo und anderen Venezianern. Sein Werk umfaßt Altarbilder, historische Kompositionen mythologischen Inhalts und Deckenbilder, jedoch keine Fresken. Während er in Italien, durch die bedeutenderen Zeitgenossen in den Schatten gestellt, bald vergessen wurde, hat er auf die deutsche Kunst durch Schüler und Nachahmer (A. Kern) Einfluß gewonnen.
Lit.: Thieme-Becker.

Pittura metafisica (ital. ,,metaphysische Malerei"). Eine Richtung der modernen Malerei, die von →Chirico zwischen 1911 und 1915 begründet wurde. Charakteristisch für die P. ist äußerste zeichnerische Härte und überscharfe, plastische Modellierung in einer stillen, rätselhaften Welt, in der die Gegenstände die Beziehung zur Umgebung und ihren eigentlichen Sinn verloren haben. Die Bilder sind perspektivisch konstruiert, aber die einzelnen Dinge haben verschiedene Horizontlinien, wodurch ihre Einsamkeit noch gesteigert wird. Um 1920 hatte die P. ihren Höhepunkt überschritten. Ihre Ziele sind vom →Surrealismus aufgenommen und weitergeführt worden.

Plakette. Bezeichnung für eine →Medaille von eckiger Form.

Plangi (Planghi). In →Indonesien ursprünglich heimische Technik des Bemusterns von Geweben, typologisch vom →Ikat abzuleiten. Der Umriß des darzustellenden Ornaments wird mit Fäden so ausgenäht, daß sie kleine Schlaufen bilden. Diese umwickelt man dann mit feinen Fasern und deckt sie auf diese Weise ab; dann wird das Gewebe in ein Färbebad getaucht, das die umhüllten Stellen frei läßt. Mit diesem komplizierten Verfahren werden sehr feine Farbeffekte erzielt. Die P.-Technik ist weit verbreitet, Arbeiten dieser Art finden sich in Afrika, Asien und Amerika (Mexiko, Peru).
Lit.: A. Bühler, Die Reservemusterungen, Acta Tropica, 1946.

Plankonvexe Ziegel →Riemchen.

Plassenburg (Kulmbach). Die P. war bis 1602 fürstliche Hofhaltung, ging aber 1553 zugrunde. Der Neubau erfolgte ab 1559 unter den Baumeistern Beck, Caspar Vischer, 1563 dem Steinmetz Daniel Engelhardt (plastischer Schmuck des ,,Schönen Hofes"). 1564 wird der Bau bezogen, ist aber noch nicht abgeschlossen: der ,,Schöne Hof", die Arkadenreihen der W- und O-Flügel, die Fortifikationen und die Erneuerung der Hohen Bastei sind erst 1585 fertiggestellt. Kommandantenhaus und Kaserne stammen aus dem 18. Jh. 1806 wird auf Befehl Napoleons die äußere Fortifikationslinie geschleift, darunter auch die Hohe Bastion, die 1866 dem Zellengefängnis weichen mußte. Der W-Front der Burg legt sich die westliche Bastion, das Rondell, vor. Hier öffnet sich der durch ein Renaissanceportal ausgezeichnete Durchgang zum Schloßhof, dem ,,Schönen Hof". Sein Grundriß bildet ein unregelmäßiges Rechteck, davon sind 3 Seiten von offenen Arkadengängen begrenzt, deren schwere Pfeiler- und Mauerstirnen sich steigern zu zwei darüberliegenden Arkadengeschossen, die zu den geschmücktesten Architekturen der deutschen Renaissance gehören. Flaches Relief bedeckt teppichhaft jede Fläche, Brüstung, Pfeiler und Bogen.
Lit.: Reclams Kunstführer, Deutschland, Bd. I, 1961.

Plastik →Bildhauerkunst.

Plataniti (Griechenland, Argolis). Bei der Kirche Agios Soter in P. eigenartige Kuppelkonstruktion. Diese wird nicht durch Stützen gehalten, sondern unmittelbar über den Schildbögen errichtet. Kirche mit sehr kleinen Abmessungen.

Plateresкenstil (span. plateresco = ,,goldschmiedartig"). Der P. kam in Spanien Ende des 15. Jhs. auf und wurde zur Dekoration von Fassaden verwendet. Sein Hauptmerkmal ist die üppige, z. T. überladene Verzierung von Flächen mit sehr kleinteiligen, aber mannigfaltigen Schmuckformen. Parallel zum Formenüberschwang der Gotik in ihrem Ausklingen setzt sich der P. aus Elementen des Mudéjarstils, der Spätgotik und der italien. Frührenaissance zusammen.

Plattnerstil. Bezeichnung für die meist ornamentale Verzierung ostasiatischer Metallgegenstände, vor allem von Schwertern (→Tsuba).
Lit.: Hara, Meister der japanischen Schwertzierarten, 1902.

Platytera →Marienbildtypen.

Pleinairmalerei. Vom Franz. abgeleitete Bezeichnung für die Freiluftmalerei, deren Bilder im Gegensatz zur Ateliermalerei in der freien Natur gemalt werden. Besonders die Maler der Schule von →Barbizon und fast ausschließlich die Maler des →Impressionismus bevorzugten die P.

Plenarium. Ein liturgisches Buch mit Texten, die während der Messe gelesen werden, sowie verschiedenen anderen Texten; →Lektionar.

Pleydenwurf(f), Hans. Deutscher Maler. Geb. um 1420 vielleicht in Bamberg, gest. 1472 in Nürnberg. Seit 1457 ebda. ansässig. Beeinflußt von den Niederländern R. v. d. →Weyden und Dirk →Bouts, bricht er mit der monumentalisierenden und idealisierenden Malerei in Nürnberg und führt statt dessen einen kräftigen Realismus ein. Damit wurde er zum Hauptmeister der Nürnberger Malerei vor →Dürer. Das für P. gesicherte Werk ist nicht groß: der Hochaltar für St. Elisabeth in Breslau (vor 1945 nur einzelne Tafeln erhalten), Bildnis des Grafen von Löwenstein und Kreuzabnahme (beides Nürnberg, Germ. Mus.) sowie sein vermutlich spätestes Werk, die Kreuzigung (um 1470, München, Alte Pinakothek).
Lit.: A. Stange, Deutsche Malerei der Gotik, 9, 1958.

Plinius. Röm. kaiserlicher Beamter und Schriftsteller (23–79 n. Chr.). Er fertigte zahlreiche Exzerpte der antiken Literatur an. Erhalten ist hiervon die in 37 Büchern abgefaßte Schrift ,,Naturalis historia". Hierin finden sich zahlreiche Abschnitte über die griech. Kunst und Kultur. Für die Kenntnis der antiken Kunst bilden diese Schriften neben denen des →Pausanias die wichtigste literarische Quelle.

Plinthe. Bezeichnung des Sockelblocks einer Statue, der in die Basis eingelassen wird, um ein Standbild mit seiner Basis zu verbinden und ihm Halt zu geben.

Plumbate (Bleiglanzkeramik). Dünnwandige Gefäße aus hartem Ton. Der Bleigehalt erzeugt einen glasurähnlichen metallischen Glanz. Unterschiedliche Hitze beim Brennen ruft blaugraue oder orange Färbung mit vielen Zwischentönen hervor. Zusammen mit Fein-orange-Keramik in toltekischer Zeit weithin verhandelt, die Funde reichen von Nayarit im nordwestlichen Mexiko bis nach Nikaragua. Die Dekoration weist zahlreiche Anklänge an den Schnörkelstil der ,,Joche" von der Golfküste auf. Nahezu die Hälfte der bekannten Gefäße sind Figurengefäße und zeigen Menschen-, Götter- oder Tierdarstellungen von ausgezeichneter Qualität: Köpfe alter Männer, Tlalocköpfe, Totenschädel, Akrobaten, Hirsche, Jaguare, Tapire, Schlangen, Kröten, Vögel usw. Selbständiges Herstellungsgebiet im Raum von Chiapas Guatemala – El Salvador, wo vielleicht das Ursprungsgebiet zu suchen ist.
Lit.: A. O. Shepard, P., a Mesoamerican trade ware, 1948.

Pluviale (lat. = Regenmantel). Ärmelloser, fußlanger Radmantel, ursprünglich mit Kapuze, später nur mit schildförmigem Rückenstück. Als liturgisches Gewand seit dem 9./10. Jh. in Benutzung, zunächst als Chorgewand an Festtagen anstelle der Cappa, dann bei anderen liturgischen Verrichtungen anstelle der →Kasel (die daher seit dem 12. Jh. nur noch Meßgewand ist).
Lit.: J. Braun, Die liturgische Gewandung, 1907.

Podiumtempel. Charakteristische Form des etruskischen Tempels, der sich, ausgerichtet durch das →Augurenritual, bereits früh auf einem steinernen Unterbau mit breiter Mitteltreppe erhob. Das unten und oben mit schwingenden Profilen geschmückte Podium zeigt Beziehungen zu den profilierten Unterbauten der Grabanlagen, doch muß auch an Einflüsse durch orientalische und griech. Altarbauten gedacht werden. Die Cella besaß eine tiefe Vorhalle mit ,,tuskischen" Säulen, die uns durch röm. Überlieferung und jüngere Steinnachbildungen bekannt sind. Die Form gleicht der dorischen Säule, doch war der Schaft unkanneliert und auf eine an

das dorische Kapitell erinnernde Basis gesetzt. Mehrkantige Steinsäulen mit Volutenkapitellen im Grabbau schließen die Verwendung anderer Formen im Tempelbau nicht aus. Das Giebeldach sprang weit vor, ausgestattet mit reichem First- und Dachrandschmuck von Terrakottafiguren, wie die Funde von →Veji bezeugen. Im Gegensatz zum griech. Tempel stehen außer dem Fehlen der Ringhalle die im Augurenritual begründete Richtungsbetonung und das auffallende Verharren in den vom altertümlichen Holzbau bestimmten Formen.
Lit.: O. W. v. Vacano, E I, 23ff.; E II, 185; G. Kaschnitz von Weinberg, RK I, 95ff.; II, 23ff., 26ff., 32ff.

Poelaert, Joseph. Belgischer Architekt. Geb. 1817 in Brüssel, gest. 1879 ebda. Schüler von Huyot in Paris. – P. war einer der befähigtesten Architekten des Historismus in Belgien. Im neugot. Stil schuf er die Kirche Nôtre-Dame in Brüssel-Laeken als wirkungsvollen point-de-vue der Avenue de la Reine. Sein bedeutendster Bau aber ist der Justizpalast in Brüssel, der durch seine Lage und Größe das ganze Stadtbild beherrscht (1863–83, Kuppel nach seinem Tod) und in den von Frankreich her inspirierten Renaissance-Historismus einen neuen Akzent setzt.
Lit.: Thieme-Becker.

Poelzig, Hans. Deutscher Architekt, Kunstgewerbler und Bühnenbildner. Geb. 1869 in Berlin, gest. 1936 ebda. Studierte an der Technischen Hochschule Berlin und war von 1900 bis 1916 als Lehrer und Direktor an der Akademie in Breslau tätig, anschließend als Professor und Stadtbaurat in Dresden und ab 1920 in Berlin, wo er an der Technischen Hochschule und an der Akademie der Künste lehrte. – P. hat stets eine Synthese von Zweck- und Kunstform gesucht und diese, unter Vermeidung von Stilanlehnungen, in einer konstruktionsbedingten Formgebung, verbunden mit einer der Bauaufgabe entsprechenden Dekoration, gefunden. Seine berühmteste Leistung dieser Art ist der Umbau des Großen Schauspielhauses in Berlin (1918/19, für M. Reinhardt). Für lange Zeit vorbildhaft waren ferner das Haus des Rundfunks in Berlin (1929/30) und das Verwaltungsgebäude der I. G. Farben in Frankfurt.
Lit.: Th. Heuß, H. P., Bauten und Entwürfe, Das Lebensbild eines deutschen Baumeisters, 1948.

Pöppelmann, Matthes Daniel. Deutscher Architekt. Geb. 1662 in Herford, gest. 1736 in Dresden. Über seine Ausbildung ist nichts bekannt. 1686 trat er in den Dresdner Hofdienst ein, wo er unter →Klengel und Starcke im Oberbauamt arbeitete. Vor den Bauarbeiten am →Zwinger in Dresden reiste er nach Wien und Rom zum Studium von Palast- und Gartenbauten. Auf dieser Reise beeindruckten ihn stark die Bauten J. L. v. →Hildebrandts und C. →Fontanas. 1711–22 entstand dann die einmalige Festarchitektur des →Zwingers, Höhepunkt des deutschen Barock und glücklichste Verschmelzung von Architektur und Plastik (→Permoser).
Lit.: B. A. Döring, M. D. P., 1930; H. Heckmann, P. als Zeichner, 1954.

Poganovo (Bulgarien). In den Wandbildern der Kirche von P. (Ende des 15. Jhs.) finden wir eine byzant. Kunst, die stark westliche Einflüsse verrät.

Poggio a Caiano (Toskana). Die berühmte Villa P. (18 km nordwestlich von Florenz) wurde von Sangallo 1480–85 für Lorenzo Il Magnifico erbaut. Unter dem Porticus sind noch Freskenreste von F. →Lippi zu sehen; an der Decke der Loggia Basreliefs aus der Werkstatt Andrea della →Robbias. Im großen Saal Fresken von Pontormo, Andrea del Sarto und Franciabigio (16. Jh.).

Poggio Gaiella. Monumentale Hügelanlage bei →Chiusi, in der zahlreiche Kammergräber neben- und übereinander angeordnet waren. Die Ausstattung mit Bildfriesen, Vergoldungen, etruskischen und griech. Vasen sowie Skulpturen weist auf einen Bestattungsplatz für vornehme Familien, der seit dem 6. Jh. v. Chr. benutzt worden ist. Aus einem Rundgrab im P. stammt eine steinerne Hausurne des 3./2. Jhs. v. Chr., die für den etruskischen Hausbau wichtig ist. Es handelt sich um einen Rechteckbau mit Türen an Lang- und Schmalseite, gedeckt von einem weitvorspringenden Walmdach mit langer Mittelöffnung für Rauchabzug und Regeneinfall. Die Urne bietet damit ein schönes Beispiel für das Atriumhaus, dessen Dachöffnung als Impluvium bezeichnet wurde.
Lit.: O. W. v. Vacano, E I, 211ff.

Pointillismus →Neoimpressionismus.

Poitiers. 1) Um 650–90 Baptisterium Saint-Jean. Rechteck mit 3 Apsiden. Merowingischer Umbau einer frühchristl. Anlage des 4. Jhs. – **2)** Nôtre-Dame-la-Grande: Nach 1100 entstandenes Hauptwerk der Bauschule des →Poitou. Dreischiffige Hallenkirche mit

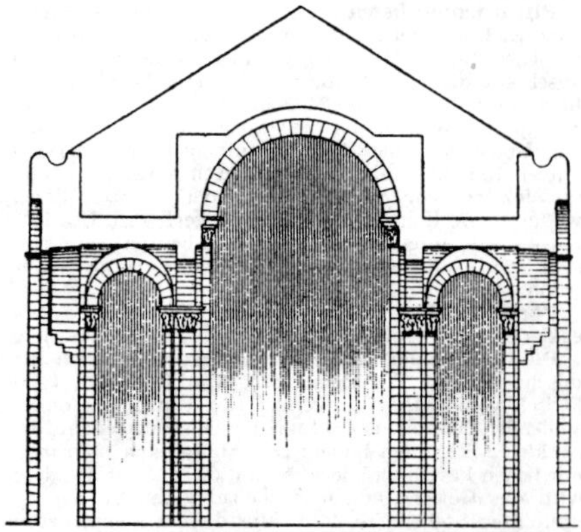

Poitiers, Nôtre-Dame-la-Grande.
Längs- und Querschnitt des um 1100 errichteten Baus.

Querschiff, Chor mit Umgang und Kapellenkranz. Im Mittelschiff Rundtonne mit Gurtbogen, abgestützt durch die Kreuzgratwölbung der Seitenschiffe und direkt oberhalb der Arkaden ansetzend. Typisch die aus vier Halbsäulen gebildeten Pfeiler (auch in Aulnay, Chauvigny). Schmuckloser Innenraum. Reichste Häufung plastischen Schmucks an der Fassade (wohl 2. Viertel 12. Jh.), dem Hauptbeispiel poitivinischer Fassadenlösung (mit →Aquitanien zusammenhängend). Untergeschoß dreibogig gegliedert, Obergeschoß oberhalb eines Gesimses aufsitzend. Die Ecken durch mit geschuppten Kegelhelmen abgedeckte Rundtürmchen betont, die in der Art von Bündelpfeilern mit unterschiedlich starken Halbrundvorlagen umstellt sind. In mehrschichtigem, kräftigem Relief überzieht der üppig gebildete, bauplastische Schmuck dicht die Fläche. Bezeichnend die Neigung zu bunt abwechselnden, kleinteiligen Ziermustern.
Lit.: R. Crozet, L'Art Roman en Poitou, 1948.
3) Kathedrale St. Pierre: Begonnen 1162. Prototyp der frühgot. Hallenkirche des →Poitou. Rechteckiger Raum mit drei in die platte Ostwand eingetieften Nischen. Das Querhaus durch je eine seitliche quadratische Kapelle angedeutet. Über quadratischen Jochen, getragen von Bündelpfeilern, stark gebuste (→busig) kuppelige →Domikalgewölbe. Im Langhaus leichte Erhöhung des Mittelschiffs und sechsteilige Gewölbe. Die Wandflächen durch schlanke flache Blendarkaden und einfache schmale Fenster gegliedert. Eine gleichzeitig mit den frühgot. nordfranz. Kathedralen (z. B. →Paris, Nôtre Dame) entstehende, diesen gleichrangige Lösung, die unter Verwendung frühgot. Formen zu einer diametral entgegengesetzten Raumform von nüchtern heller Weiträumigkeit und fast richtungsloser Raumvereinheitlichung gelangt.
Lit.: W. Krönig, „Hallenkirchen in Mittelitalien", in: Kunstgeschichtl. Jb. der Bibliotheca Hertziana II, 1938, 1–142, 80ff.

Poitou. Westfranz. Landschaft zwischen der Küste der Vendée (zwischen Loire- und Garonnemündung) und dem Massif Central. Haupttypus der Bauschule roman. Zeit: dreischiffige Hallenkirche mit Querschiff, Chor mit

Umgang und Kapellenkranz (Vorbild: St. Martin, →Tours), mit Rundtonne im Mittelschiff, Kreuzgratwölbung in den Seitenschiffen sowie Rundpfeilern oder solchen, die aus vier Halbsäulen zusammengesetzt erscheinen. Frühester gewölbter Bau: →St. Savin-sur-Gartempe, um 1080 begonnen (mit Rundpfeilern; vollständige gleichzeitige Ausmalung); Hauptwerk: Nôtre-Dame-la-Grande in →Poitiers. Daneben findet sich die aquitanische Kuppelkirche (→Aquitanien), z. B. in Poitiers, St. Hilaire (1101–19) und im Kloster Fontevrault/Anjou (Chor 1119). Plastischer Dekor konzentriert sich an den als reine Schaufronten ausgebildeten Fassaden (gelegentlich auch der Querschiffe), die bis zum Übermaß dicht mit ornamentalem und figürlichem Schmuck überzogen sind. Antike Einflüsse fehlen ganz. Bedeutendstes Beispiel: Poitiers, Nôtre Dame. Charakteristisch die wie Bündelpfeiler mit Halbrundvorlagen umstellten, mit geschuppten Kegelhelmen bedeckten Rundtürmchen an den Fassadenecken. Weitere Beispiele: Civray, Echillais, Echebrun, Petit-Palais, Jouin-des-Marnes, Aulnay. Ähnlich wuchernder Außenschmuck umzieht in untektonischer Weise auch die Langhausaußenwände und den Chor, während der Innenraum fast keinen plastischen Dekor zeigt. Enger Zusammenhang der Bauplastik mit →Aquitanien, Auswirkung der Fassadenlösung wohl auf England (→Engl. Kunst). Bedeutende Leistung der Frühgotik ist die Entwicklung der got. Hallenkirche mit kuppeligen Domikalgewölben (Vorbild: Le-Mans). Ihr Prototyp die 1162 begonnene Kathedrale St. Pierre in →Poitiers. Weitere Bauten: La-Couronne, St.-Cerneuf-de-Billon; Candes; Le-Puy-Notre-Dame; Chor von St. Serge, Angers u. a. Seit den Albigenserkriegen keine eigenständigen Lösungen mehr; Bauten allgemein südfranz. Charakters (→Languedoc). Bedeutende Werke got. Bildnerei im P.: Plantagenet-Gräber in Fontevrault (Ende 12. bis Mitte 13. Jh.; →Grabmal); der um 1400 entstandene plastische Schmuck im Saal und am Tour Maubergeon des Palastes des Duc de Berry (Palais de Justice) in Poitiers. Bemerkenswert vor allem die Bildnisstatuen, etwa der Königin Isabeau de Bavière und der Jeanne de Boulogne, für die eine Zuschreibung an Guy de Dammartin erwogen wird und die im Stil den →Bildnisstatuen Karls V., Königs von Frankreich, und der Jeanne de Bourbon vom Hospice des Quinze-Vingt (heute Paris, Louvre) verwandt sind.

Lit.: R. Crozet, L'art roman en Poitou, 1948; P. Héliot, Les églises abbatiales de St. Maixent de Celles-sur-Belle et l'architecture Poitivine, 1955; L. Schreiner, Die frühgotische Plastik in Südwestfrankreich, 1963.

Pokal. Trinkgefäß, das aus →Kuppa, Schaft und Fuß besteht und als Prunkgefäß oft einen Deckel trägt (besonders im 15. und 16. Jh.). Der Pokal wird aus Metall oder Glas hergestellt und auf verschiedenste Art verziert (siehe Farbtafel 19).

Pola. Antike Stadt an der Küste der istrischen Halbinsel. Seit 42 v. Chr. röm. Außerhalb der Stadt liegt ein gut erhaltenes Amphitheater. Die heutige Stadt geht in ihrer Anlage auf die antike Stadt (Pula) zurück. Von ihren Monumenten ist vor allem der um Christi Geburt errichtete Sergierbogen zu nennen, der Waffenreliefs, einen girlandentragenden Erotenfries und Victorien zeigt. – Außerdem in P. berühmtes Elfenbeinkästchen (etwa 400). Auf dem Deckel die Darstellung: Christus übergibt Petrus das Gesetz. Darüber die Lämmerallegorie. Auf dem Kasten selbst die Memoria Petri im Vatikan und weiter Gläubige vor den Türen der Memoria.

Poliakoff, Serge. Russ.-franz. Maler. Geb. 1906 in Moskau, lebt in Paris. In Moskau beginnt er mit seinen Studien. Auf Reisen kam er nach Istanbul, Sofia, Belgrad und Berlin. 1924 ließ sich P. in Paris nieder, wo er seine Studien fortsetzte. Diese ergänzte er 1933–37 in London. Die Begegnung mit W. →Kandinsky 1938 gab seinem Schaffen die Richtung. Auf einfachen und meist geometrischen Formen aufbauend, entfernt sich P. in seinen abstrakten Arbeiten deutlich vom Plastizismus.

Pollaiuolo, Antonio del. Italien. Goldschmied, Bildhauer, Maler, Zeichner und Kupferstecher. Geb 1429 (?) in Florenz, gest. 1498 in Rom. Da die Angaben →Vasaris den Urkunden widersprechen, sind Lehrmeister nicht gesichert. Zusammen mit seinem Bruder Piero (1443 bis 1496) war er in einer Werkstatt tätig. Er arbeitete Entwürfe für Paramente aus, fertigte Turnierrüstungen und -waffen und schuf Kupferstiche für Reproduktionszwecke. – Um 1484 gingen die Brüder nach Rom. Es entstanden das bronzene Grabmal für Papst Sixtus IV.

A. und P. del Pollaiuolo, „Martyrium des hl. Sebastian", um 1475 (London, Nat. Gall.).

in S. Peter (1490–93) und ebda. das Grabmal für Papst Innozenz VIII. (1493–97). In diesen beiden Prachtgräbern löste P. erstmals die Aufgabe des monumentalen Grabmals. Bedeutend sind auch seine Statuetten (Herkules und Antäus, Florenz, Bargello), meisterhaft durch die anatomisch genaue, kraftvolle und realistische Darstellung des menschlichen Körpers, die sich auch in Gemälden P.s findet (Szenen der Herakleslegenden, Florenz, Uffizien). Die Bilder sind scharf und klar in der Zeichnung und sehr lebendig in der Bewegung. – P.s große Leistung sind seine Aktdarstellungen, durch die er eine von seinen Zeitgenossen nicht erreichte Stellung einnahm und zum Lehrmeister der bedeutendsten Maler südlich und nördlich der Alpen wurde.

Lit.: G. Colaciecchi, A. del P., 1943 (deutsch).

Polledrara-Vasen. Nach dem Fundort Polledrara benannte Sondergattung der →Bucchero-Vasen. Die P. sind im Gegensatz zu den reinen Bucchero-Vasen polychrom, wobei rote, blaue, grüne und weiße Farbe verwandt wird.

Lit.: A. Rumpf, Handb. d. Archäologie, VI, 53, 1953.

Pollock, Jackson. Amerikanischer Maler. Geb. 1912 in Cody, Wyoming (USA), starb 1956 durch einen Unfall bei New York. Studierte in Los Angeles bei Th. Benton und in New York. Beeinflußt durch →Orozco und angeregt durch →Picasso und den →Surrealismus fand er um 1940 zu abstrakten Formen. Mit seinem spontanen Farbauftrag schuf er bewegte und frei entwickelte Flächenstrukturen von größter Dynamik. Damit zählte er zu den tachistischen Mitbegründern des →Action Painting und beeinflußte die abstrakte Malerei der Moderne nachhaltig.

Lit.: B. Robertson, J. P., 1960.

Polnische Kunst. In ihrer Entwicklung war die P. hauptsächlich durch die großen europäischen Kunstströmungen, besonders von der deutschen Kunst abhängig. Roman. Bauten finden sich in Krakau, Posen und Strelno. Die Zisterzienser und die Deutschordensritter brachten im 13. Jh. die Gotik nach Polen. In der Plastik lassen sich deutliche Beziehungen zu niederrheinischer Kunst erkennen (z. B. Bronzetüren am Dom zu Gnesen). – Mit dem 15. und 16. Jh. finden sich zahlreiche Werke deutscher Künstler, so von Veit →Stoß und Peter →Vischer u. a. – In der Baukunst wird die italien. Renaissance und die italien. Barockarchitektur bestimmend, bis im 18. Jh. sich Einflüsse aus Frankreich bemerkbar machen. – Erst im 19. Jh. beginnt sich eine nationale eigenständige P. zu entwickeln, die sich vor allem in Historiengemälden zu erkennen gibt.

Polonnaruwa. Mittelalterl. Ruinenstadt auf Ceylon. Unter den buddhistischen Denkmälern ragen die Backsteinkonstruktionen von Lankatilaka und Thuparama hervor. Von der Verzierung sind besonders die „Mondsteine", ein halbrunder Fußbodenbelag aus konzentrischen Kreisen mit Pflanzen- und Tiermustern, berühmt geworden. Im Tivamka-Heiligtum sind Wandgemälde von →Dschatakas erhalten; monumentale Buddha-Felsbilder im Gal-Vihara sind noch heute Wallfahrtsziel. Aus der Zeit der hinduistischen Eroberung stammen Schiva-Heiligtümer im Tschola-Stil.
Lit.: S. Paranavitana, Art and architecture of Ceylon, P. period, 1954.

Polsterquadern. Bezeichnung für außen abgerundete Quadern.

Polychromie. Vom Griech. abgeleiteter Begriff für die Vielfarbigkeit, gleichbedeutend mit Buntheit, da P. sich nur auf Werke bezieht, deren Farben keine fließenden Übergänge und keinen tonigen Grund zeigen, sondern deren Farben scharf voneinander abgesetzt sind. Dies trifft vor allem für die antike Architektur und Plastik zu, da beide ursprünglich mit reicher Bemalung versehen waren, wobei vor allem die Gegensätze von Blau und Rot dominierten. – Auch durch verschiedenfarbige Baustoffe können polychrome Effekte in der Architektur erzielt werden, ebenso in der Plastik durch verschiedenfarbige Materialien.

Polonnaruwa. Ruinen buddhistischer Kultstätten, im Hintergrund rechts der Stufenbau „Sat Mahal Pasada".

Polydoros. Griech. Bildhauer des 1. Jhs. v. Chr. aus Rhodos. Er arbeitete gemeinsam mit →Hagesandros an der berühmten →Laokoongruppe.

Polyeuktos. Griech. Bildhauer der attischen Schule, im 3. Jh. v. Chr. in →Athen tätig. In einer röm. Marmorkopie ist seine in der antiken Literatur mehrfach genannte Erzstatue des →Demosthenes erhalten. Die Bürgerschaft Athens hatte die Statue um 280 v. Chr. in Auftrag gegeben und ließ sie auf der →Agora Athens aufstellen. Der Stil des Standbildes zeigt die für den frühen →Hellenismus charakteristische Strenge und Vereinfachung der Formensprache.
Lit.: H. Brunn, Gesch. d. griech. Künstler I, 399.

Polygnot. Nach Aussage der Schriftquellen der bedeutendste Maler der griech. Antike. Er stammt aus →Thasos und siedelt später nach Athen über, wo er maßgeblich an der Ausschmückung der kimonischen Staatsbauten beteiligt war. Seine Schaffenszeit umfaßt die des →Strengen Stils. Die Kenntnis seiner Malerei begründet sich in erster Linie neben Reflexen in der Vasenmalerei (→Niobidenmaler) auf die ausführliche Beschreibung des →Pausanias von den Wandgemälden der Knidier-Lesche in →Delphi. Dargestellt war hier Odysseus in der Unterwelt und die Iliupersis. Als erster hat er die Figurenkomposition der einfachen Reihung in eine Ebene durch die Aufteilung und Staffelung der Gestalten auf eine größere Fläche abgelöst. Immer wieder wird das hohe Ethos seiner Kunst gerühmt. Wahrscheinlich ist damit die Darstellung eines Zustandes anstatt einer Handlung gemeint.
Lit.: E. Löwy, P., 1928.

Polygonalmauerwerk. Charakteristische Mauerung griech.-archaischer Architektur. Das Mauerwerk wird hierbei nicht mit rechteckigen und unbehauenen Steinen, sondern aus vieleckig zugeschnittenen Blöcken errichtet.

Polygonalmauerwerk an der Terrasse des Apollontempels zu Delphi.

Polyklett. Griech. Bildhauer aus →Argos. Schüler des →Hageladas. Durch seine schon in der Antike berühmten Werke wurde er zum bedeutendsten Exponenten der peloponnesischen Schule in der 2. Hälfte des 5. Jhs. v. Chr. Er schuf einen eigenen, auf betonter Tektonik aufbauenden Stil und blieb einer der wenigen Bildhauer seiner Zeit, die nicht dem mächtigen künstlerischen Einfluß des →Phidias erlagen. – Seine Schaffenszeit ist durch fest datierte Werke von 452–405 v. Chr anzusetzen. Im Gegensatz zu Phidias, der hauptsächlich als Götterbildner berühmt war, schuf P. mit Ausnahme des Goldelfenbeinbildes der Hera in Argos (nach 423) in erster Linie Athletenstatuen, deren bedeutendste – ein Diadumenos (London, Brit. Mus.) und der Doryphoros (Speerträger) – in röm. Zeit vielfach kopiert wurden. Im Künstlerwettstreit von →Ephesos, wo es um die schönste Amazonenstatue ging, errang er den Sieg über →Phidias und →Kreisilas. – Alle seine Statuen schuf er nach dem chiastischen System, ein Prinzip, das er in einem Buch mit dem Titel →„Kanon" schriftlich fixierte. Der Grundgedanke solcher Kompositionsweise ergab sich aus der konsequenten Weiterentwicklung von →Ponderation und →Kontrapost. Der berühmte →Doryphoros, den er auf dem Höhepunkt seines Wirkens gegen 430 v. Chr. schuf, stellt die reinste Verkörperung dieses „Kanons" dar.
Lit.: G. Lippold, Handb. d. Archäologie, V, 162ff., 1950.

Polyklet d. J. Griech. Baumeister in der Mitte des 4. Jhs. v. Chr. in der →Argolis tätig. Bekannt wurde er durch seine Bauwerke in →Epidauros. Dort errichtete er einen Rundtempel, die sogen. →Tholos, und das große Theater.

Polymedes. Griech. Bildhauer der argivischen Schule. Seine Schaffenszeit fällt in den Beginn des 6. Jhs. v. Chr. – Namentlich wird er auf einer ergänzten Basisinschrift, zu der die Statuen des Kleobis und Biton gehören (Delphi, Mus.), genannt. Diese beiden gut erhaltenen, in Delphi gefundenen Standbilder gehören zu den bedeutendsten Werken der früharchaischen Plastik. Dem

→Kuros-Typ entsprechend repräsentieren sie in ihrem tektonischen Aufbau und in den gedrungenen Einzelformen den dorischen Stil des 1. Viertels des 6. Jhs. v. Chr.
Lit.: Fouilles de Delphes, IV, Taf. 1/2; G. Lippold, Handb. d. Archäologie, V, 25, 1950.

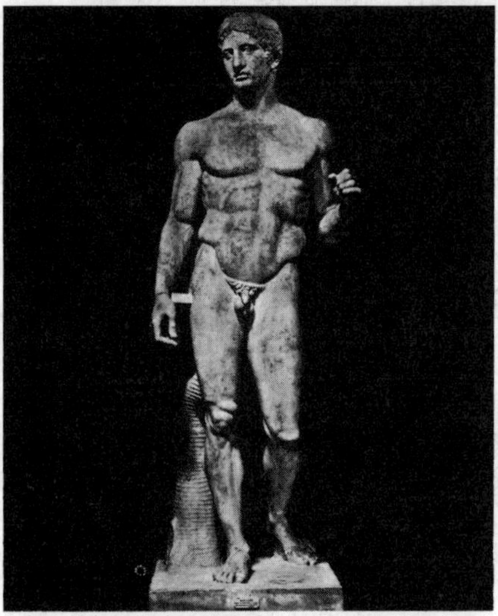
Polyklet, Doryphoros; röm. Kopie (Neapel, Mus. Naz.).

Polynesien. Bei der Betrachtung der Südseekunst tritt P., verglichen etwa mit →Melanesien, etwas in den Hintergrund. Die Phantasie der braunhäutigen Polynesier bewegt sich in abstrakteren Bahnen als die ihrer westlichen Nachbarn und bringt nicht den erdrückenden Reichtum an bunt bemalten Skulpturen hervor, wie er etwa in Neu-Irland so kennzeichnend ist. In P. steht die Ornamentik im Vordergrund, z. B. bei der Verzierung des Rindenbaststoffes (→Tapa). Figurale Plastik ist in P. nicht sehr häufig, sie kann aber monumentale Größe erreichen (→Osterinsel). Masken fehlen fast ganz, Farben werden nur sparsam verwendet. Bevorzugt werden klare, glatte Formen. Nur in →Neuseeland vereinigt sich polynesischer Geist mit phantasievoller Detailgestaltung (→Maori-Kunst). Die räumliche Trennung der Inselgruppen bewirkte das Entstehen vieler Lokalstile, besonders in den Rand- und Mischzonen, die jedoch weit weniger ausgeprägt sind als in Melanesien. →Fidschi-Inseln, →Tonga-Inseln, →Samoa, →Tahiti, →Cook-Inseln, →Marquesas, →Hawaii, →Osterinsel.
Lit.: C. G. Suggs, The Island Civilizations of P., 1960.

Polyptychon. Ein mehr als zweiflügeliger Flügelaltar; auch ein mehr als zweiteiliges Retabel.

Pommersfelden. Das Schloß, eigentliche Bezeichnung „Neues Schloß Weissenstein", ist das erste der größeren fränkischen Schlösser des Spätbarock und wurde 1711–18 von Joh. →Dientzenhofer, Lucas von →Hildebrand (mitbestimmend bei der Anlage des Treppenhauses), M. v. Welsch (Marstall und Garten) für den Mainzer Erzbischof u. Fürstbischof v. Bamberg L. F. v. Schönborn errichtet. Das Schloß zeigt eine klar entwickelte, barocke Konzeption: eine 3flügelige Anlage mit Ehrenhof; der Bau ist dreigeschossig, ein mächtiges Mansardendach bekrönt ihn. Der Mittelteil ist stark vorgezogen und besonders betont durch die reiche Paradetreppe. Auf der Gartenseite der Festsaal, der durch beide Obergeschosse reicht. (Abb. S. 510).
Lit.: H. Kreisel, Das Schloß zu P., 1953.

P'o-mo. Chinesische Technik der Tuschemalerei, bei der zugunsten frei aufgetragener Tuschekleckse auf die scharfe Umrißlinie verzichtet wurde. Die Technik wurde vor allem von Meistern der →Sung-Zeit bevorzugt.

Pompeji. Antike Stadt, am Fuße des Vesuvs gelegen. Ursprünglich südlichster Platz etruskischer Kultur, geriet P. später unter griech. Einfluß. Seine Blüte erlebte der Ort erst in röm. Zeit, als P. im 1. Jh. v. Chr. zu einem beliebten Villenort reicher Römer emporstieg. Nach einem Erdbeben im Jahre 63 n. Chr. wurden die Zerstörungen zwar wieder beseitigt, jedoch bedeutete ein gewaltiger Ausbruch des Vesuvs im Jahre 79 n. Chr. die Verschüttung und den Tod dieser wohlhabenden Stadt. – Nach langjährigen Raubgrabungen und Zufallsfunden wurde P. seit 1748 systematisch ausgegraben. Die reichen Grabungsergebnisse sind in zweierlei Hinsicht von einmaligem Interesse: Zum einen ist durch die konservierende Lavaschicht die bauliche Anlage der Stadt fast vollständig erhalten, zum anderen bilden die Wandgemälde im Inneren mehrerer Häuser (→Mysterienvilla, →Vettierhaus) den größten Komplex antiker Wandmalereien überhaupt. – Stadtanlage und Architektur: Dem Terrain entsprechend zeigt der Stadtplan eine langgestreckte, ovale Form, der eine große Stadtmauer mit Türmen und Toren entspricht. An der Kreuzung der Hauptachsen des rechtwinkeligen Straßensystems liegt als großer rechtwinkeliger Platz das Forum (32×142 m), umgeben von zweigeschossigen Säulenhallen, um die sich Tempel, öffentliche Amtsgebäude, Basiliken usw. reihen. Im SO der Stadt liegen beim sogen. Forum Triangulare die Reste eines dorischen Tempels des 6. Jhs. v. Chr., in der Nähe davon Theater, Odeion, Palaistra und Kasernen, im S das große Amphitheater. – Außer den großen Wohnvierteln hatte P. noch 3 Thermen. Die Wohnviertel zeigen nicht wie in →Ostia große Mietblocks, sondern vorherrschend Atriumhäuser, die bisweilen durch ein Peristyl erweitert sind. Neben den Malereien fanden sich hier mehrere Fußbodenmosaiken, zu denen das berühmte →Alexandermosaik gehört. – Wandmalerei: →Röm. Kunst.
Lit.: A. Maiuri, P., 1939; K. Schefold, Die Wände P.s, 1957.

Pomposa. Östl. v. Ferrara, ehemal. Abteikirche (Ausgang 8. Jh.). Charakteristisch die starke Anlehnung an den Typus der altchristl. Kirche.

Ponape. Mikronesische Insel, zu den →Karolinen gehörig, berühmt wegen ihrer ausgedehnten vorgeschichtlichen Steinbauten noch unbestimmten Alters. Die aus natürlichen Basaltsäulen und Korallenkalkstücken zusammengefügten Bauten der „Stadt Matolenim" (Metalanim) liegen an der Meeresküste, zum Teil auf kleinen Inseln („Venedig Mikronesiens"). Der Tradition nach stammen sie von der halb mythischen Bevölkerungsschicht der „Tschau-Telur-Könige", die später im Kampf gegen die Vorfahren der heutigen Mikronesier zugrunde ging. Die Mauern der Bauwerke sind bis zu 12 m hoch und bis zu 3 m dick. Das Hauptgebäude (Mausoleum) weist eine doppelte Mauereinfassung und im Inneren einen terrassierten Grabhügel und mehrere Begräbnisplätze auf.
Lit.: P. Hambruch, P., 1932.

Ponderation. Die P. ist als charakteristisches Kriterium griech. frühklassischer Plastik um 490–80 v. Chr. in →Attika entwickelt worden. Sie bezeichnet die Verlagerung von Stand- und Spielbein, die eine Schrägführung des Beckens nach sich zieht, und steht damit im Gegensatz zum archaischen Standmotiv des →Kuros, aus dessen Gebundenheit die P. das Menschenbild befreit. Sie ist die umwälzendste Erfindung der griech. Plastik, für deren auf die archaische Zeit folgende Epochen sie gültig bleibt. Darüber hinaus ist die gesamte abendländische Kunst, soweit sie die Darstellung des Menschenbildes betrifft, weitgehend durch die P. bestimmt.
Lit.: G. Lippold, Handb. d. Archäologie, V, 94ff., 1950.

Pont du Gard. Röm. Aquädukt über dem Tal des Gardon bei Nîmes. Auf einer dreigeschossigen Anlage von 273 m Länge und 49 m Höhe liegt der gemauerte Wasserkanal. Der untere Teil besteht aus 6 gewaltigen durch Wellenbrecher verstärkten Pfeilern, die durch Bogen verbunden sind. Darüber stehen 10 entsprechende

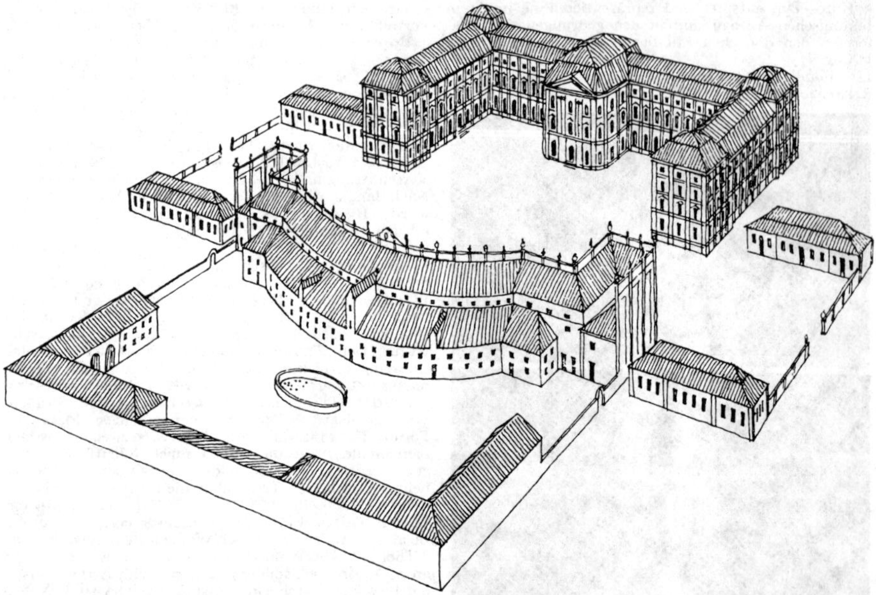

Pommersfelden, Schloß Weißenstein mit Marstall, 1718 vollendet.
Mitarbeiter: Lukas von Hildebrandt und Johann Dientzenhofer. Übersichtsperspektive.

Pfeiler und Bogen, die die kleinteilige Arkadenanlage des dritten Geschosses mit dem Kanal tragen. Der P. wurde in augusteischer Zeit um 20 v. Chr. erbaut und ist die bedeutendste und am besten erhaltene antike Anlage ihrer Gattung.
Lit.: H. Kähler, Rom und sein Imperium, 54ff., 1962.

Pontigny. Burgundisches Zisterzienserkloster (→Zisterzienser-Baukunst), baukünstlerisch abhängig von Clairvaux. Die Gründungskirche seit 1140–70 durch Steinbau ersetzt (P. II, Vorbild: Clairvaux II): Dreischiffige, kreuzförmige Pfeilerbasilika. Das niedrigere Querhaus allseitig von Rechteckkapellen umgeben. Spitzbogige Arkadenzone, abgeschlossen durch ein Horizontalgesims, bis zu dem im Mittelschiff kantige Pfeilervorlagen hochführen, die in Kämpferhöhe auf Konsolen abgefangene Halbrunddienste aufnehmen, die ihrerseits zu den Gewölbegurtbogen aufsteigen. Ehemals plattgeschlossener Rechteckchor, der seit 1185 durch einen rein frühgot. Chor mit Umgang und einem nach außen sich nicht abzeichnenden Kapellenkranz ersetzt wurde. Erstes faßbares Eindringen got. Formen nach Burgund, doch gleich reduziert. Wie im Langhaus ist die Wand zwischen Arkaden und Fenstern nicht durchbrochen. Die sparsame Gliederung und der weitgehende Verzicht auf Schmuckformen schafft einen Raum von monumentaler Nüchternheit.
Lit.: H. Hahn, Die frühe Kirchenbaukunst der Zisterzienser, 1957.

Pontormo, Jacopo da. Italien. Maler. Geb. 1494 in Pontormo bei Empoli, gest. 1557 in Florenz. War angeblich Schüler →Leonardo da Vincis; ab 1512 bei A. del →Sarto in der Lehre, dem er lange Zeit verpflichtet blieb. P. ist der eigenartigste und begabteste Nachfolger seines Lehrers und der letzte Vertreter der Florentiner Renaissance. In seine frühe Zeit, vor 1520, gehört eine →Santa Conversazione für S. Michele Visdomini in Florenz, eines seiner schönsten Tafelbilder. – Sowohl das graphische Werk →Dürers als auch die Malerei →Michelangelos wirkten auf ihn, erkennbar in seinen Bildern „Noli me tangere“ und „Venus und Amor“, Kopien von zwei Kartons →Michelangelos. Diese Einflüsse führten P. zu einem eigenen, sehr persönlichen Stil, mit dem er zum Hauptmeister des Manierismus neben Parmigianino wurde. Wie bei diesem wurden die Proportionen der Körper gestreckt, die Gewänder faltenlos starr. – Als Portraitist erlangte P. durch psychologisch vertiefte und formal ganz geschlossene Werke hervorragende Bedeutung (Frauenportrait um 1533, Frankfurt, Städel, ein Meisterwerk lebendigen Ausdrucks und vornehmer Haltung).
Lit.: J. R. Rearick, The drawings of P., 1964, 2 Bde.; L. Berti, P., 1964.

Pop-Art (Popular-Art = „Volkstümliche Kunst“). Kunstrichtung der modernen Malerei und Plastik, die anfangs der sechziger Jahre des 20. Jhs. in den USA entstand und sich dort aus rasch über den europäischen Kontinent ausbreitete. Die geistigen und künstlerischen Voraussetzungen der P. sind denen des →Dadaismus verwandt, insbesondere der Gedankenwelt von K. →Schwitters verbunden. Die Künstler der P. suchen durch die Montage bereits vorgegebener Objekte und Fragmente der Konsumwelt zu neuen ästhetischen Ergebnissen zu gelangen. So werden z. B. Teile von Reklamebroschüren, Illustrierten, Warenetiketten u. a. zu Bildgefügen collagenartig komponiert oder in Anlehnung an solche Vorbilder in Form eines neuen Realismus gemalt. Als einer der Hauptmeister dieser Richtung sei R. →Rauschenberg genannt.

Populonia. Etruskische Küstenstadt am rechten Ufer der Cornia gegenüber →Elba. Bedeutendes Schmiedezentrum, das auch den Reichtum der kunstvollen Grabbeigaben erklärt, darunter goldener Ohrschmuck des 4. Jhs. v. Chr., der bereits den Verfall der Granulationstechnik zeigt. Bemerkenswert ist ein Bronzegürtel des 8. Jhs. mit zentralem Acht-Spiralen-Tangentenmotiv, beiderseits flankiert von Radmustern mit Wasservogelprotomen und Strahlen. In die Mitte des 7. Jhs. gehören Kuppelgräber mit Zwickelbildung über quadratischem Grundriß und steinernen Totenbetten, deren Beine gedrechselte Möbelstücke nachahmen. Im 6. Jh. treten daneben kleine tempelartige Rechteckbauten, die teilweise mit Holzgebälk und Terrakottaschmuck aus-

gestattet waren. Die Stadtmauerreste vermitteln noch einen Eindruck etruskischer Festungsarchitektur des 6./5. Jhs. Seit dem 5. Jh. lief P. der Rivalin →Vetulonia den Rang ab und war mit ihr wie mit →Chiusi durch einen Dreibund im Zeichen des Schmiedegottes Velchanu koordiniert.
Lit.: O. W. v. Vacano, E I, 436f., 453; E II, 9f., 56, 89, 189, 200; F. v. Duhn, IGK, 282ff.; G. Q. Giglioli, AE, Taf. 4.

Pordenone, Giovanni Antonio da. Italien. Maler. Geb. 1484 in Pordenone, gest. 1539 in Ferrara. Von Montagna und →Tizian beeinflußt, kam P. 1515 nach Rom, wo er den röm. Manierismus der →Raffael-Schüler kennenlernt. Nach Venezien heimgekehrt, übt er seinerseits Einfluß auf Tizian aus. P. war viel als Freskomaler tätig und schuf fast nur religiöse Werke.

Poros. Poröser Kalkstein, der bei Piräus abgebaut wurde. Vor allem in griech. archaischer Zeit diente der P. als bevorzugtes Material für Plastik (sogen. „Poros"-Giebel, Athen, Akropolis).

Porphyrius. Bischof von →Gaza. Erhielt einen Brief von der Kaiserin Eudokia, der Gattin des Arkadius (395–408), wie er auf dem Platz eines berühmten Tempels des Marnieon eine Kirche bauen sollte. Es wurde ein Plan vorgelegt für eine Kirche in Kreuzform. Der Brief beweist, daß diese Grundrißform bereits im 4. Jh. in Konstantinopel bekannt war.

Porsenna. Sagenhafter Etruskerkönig, verbunden mit Clusium (→Chiusi) oder →Volsinii, auch als Herr ganz Etruriens überliefert. Sein von Plinius unter Berufung auf Varro beschriebenes fünftürmiges Grabmal hat man im →Poggio Gaiella bei Chiusi vermutet. Die Überlieferung berichtet von Kämpfen des P. mit Rom und einem über Latium verhängten Verbot von Eisenwaffen und -geräten. Ein Eisenmonopol der Etrusker ist angesichts des etruskischen Ursprungs des Wortes ferrum und der hervorragenden etruskischen Schmiedekunst durchaus denkbar. →Elba.
Lit.: O. W. v. Vacano, E I, 211, 220ff.; E II, 125, 135, 149.

Porta, Giacomo della. Italien. Baumeister. Geb. 1541, gest. 1604 in Rom. War Schüler von →Vignola und hauptsächlich in →Rom tätig. Dort arbeitete er seit 1573 an der Peterskirche als Baumeister, schuf die Fassade zu Vignolas Kirche Il Gesu (1753), begann 1580 mit dem von →Maderna vollendeten Pal. Chigi und führte nach →Michelangelos Modell die Kuppel der Peterskirche aus. (Siehe Tafel 22).
Lit.: Thieme-Becker.

Portal. Der architektonisch hervorgehobene, auch plastisch ausgeschmückte Haupteingang eines Gebäudes. Die antike Kunst kennt zwei Hauptformen: 1) mit waagerecht oben abschließendem Gesims (griech.), 2) das rundbogige P., dessen Ausschmückung häufig in Anlehnung an die Form des →Triumphbogens geschaffen wurde (röm.). – Das roman. P. ist allgemein rundbogig geschlossen, und zwar so, daß die rechteckige Türöffnung gegen das obere Bogenfeld, das Tympanon, durch einen waagerechten Türsturz abgegrenzt wird, der bei sehr großen P.öffnungen in der Mitte durch einen Türpfeiler (franz. trumeau) gestützt wird. Diese Anfang des 12. Jhs. fertig ausgebildete, für das gesamte Mittelalter verbindliche Grundform (in got. Zeit mit spitzbogigem Abschluß) erfährt reiche architektonische und plastische Ausgestaltung (→Bauplastik). Führend wird Frankreich mit der Ausbildung des Figurenportals (→Franz. Kunst). Die Portalwände werden schräg in die Mauer eingeschnitten und in roman. Zeit häufig abgetreppt: Stufenportal. In die Ecken der Abtreppung werden meist Säulen eingestellt, aus ihren Kanten häufig großformatige Gewändefiguren herausgearbeitet (zuerst →Languedoc, →Provence). Letztere sind Vorläufer der got. vollrunden, den Gewändesäulen vorgehefteten Gewändefiguren: Figurenportal (zuerst: →Chartres-West). Im Laufe der Entwicklung des got. Figurenportals wird die Abtreppung aufgegeben zugunsten eines glatten, schräg in die Mauer eingeschnittenen Gewandes mit davorgestellten Gewändefiguren unter Baldachinen. Die Säulengliederung des got. Gewändes wird auf Höhe des Türsturzes in den Bogenläufen, den Archivolten, fortgeführt, die ihrerseits mit Figuren kleineren Maßstabs besetzt sind (Vorstufen in der roman. Bauplastik der → Auvergne). Das Tympanon trägt in Frankreich schon in roman. Zeit häufig (→Burgund, →Languedoc, →Provence), in got. Zeit durchweg eine Reliefdarstellung, ebenso der Türsturz. Auch der Türpfeiler trägt plastischen Schmuck. In roman. Zeit wird er in Südfrankreich gelegentlich als Bestienpfeiler ausgebildet (→Bestiensäule;

N-Portal der Neuwerkskirche zu Goslar.

Beispiel: Souillac, →Languedoc), in der Gotik wird er ins Programm der Gewändefiguren einbezogen (Trumeaufigur; bei Marienkirchen häufig die Madonna, z. B. die Vierge dorée von Amiens). In der Provence, auch in Norditalien finden sich in Anlehnung an röm. Triumphbogen roman. Portale in Form eines ein- oder dreiteiligen Portikus. An den Westfassaden, auch an den Querhausfassaden der got. Kathedralen des franz. Kronlandes fand das got. Figurenportal nach Umfang des Programms und Reichtum und Rang der künstlerischen Ausführung seine großartigste Gestaltung, zumeist als drei-, auch fünfportalige Anlage, an den Querhausenden gewöhnlich dreiteilig, dort häufig noch mit einer Vorhalle versehen (z. B. →Chartres). Das got. P. ist spitzbogig geschlossen und von einem Giebel, dem Wimperg, übergriffen. Das roman. Stufenportal gibt es auch in Deutschland, jedoch ohne plastischen Figurenschmuck. Das Figurenportal findet hier erst am Ende der staufischen Zeit Eingang, angeregt durch Frankreich (zuerst: →Bamberg, Dom; →Freiberg, Goldene Pforte). In Italien findet sich Bauplastik am Portal bereits in roman. Zeit, doch fehlt das Figurenportal mit Gewändefigur auch in der Gotik (→Italien. Kunst). Spanien schließt sich in got. Zeit eng an franz. Lösungen an (→Span. Kunst; in roman. Zeit Zusammenhang mit der Kunst des Languedoc). In England fehlt sowohl architektonische Betonung wie auch bauplastischer Schmuck der P.e fast ganz (→Engl. Kunst). – Die Neuzeit greift mit der Renaissance auf die antiken Grundformen des P.s zurück, wobei der griech. Typ häufig durch einen Giebel bereichert wird. In der Detailgestaltung folgt das P. dem Stil der →Renaissance, des → Barock und des →Klassizismus. (Siehe Tafel 23).
Lit.: E. Redslob, Das Kirchenportal.

Portatile (Portatilium). Tragbarer Altar, der auf Reisen mitgenommen werden kann, um unterwegs Messe halten zu können. Seit dem 7. Jh. in Gebrauch. Seine Benutzung war ein Privileg für höhere Geistliche.

Porte Miègeville →Toulouse.

Portikus. Eine von Säulen getragene Eingangshalle, auch Bezeichnung für →Narthex 2).

Portinari, Candido. Brasilianischer Maler. Geb. 1903 in Brodowski (Sao Paulo), lebt in Rio de Janeiro. Studierte 1918–28 an der Kunstakademie in Rio, ging dann nach Paris, von wo er aber, ohne erkennbar beeinflußt worden zu sein, bald wieder heimkehrte. Hier erfuhr er durch den Japaner →Foujita einen starken und nachhaltigen Einfluß in technischer und stilistischer Hinsicht. – In seinen anfangs kubistischen, später mehr surrealistischen Wandbildern ruft er durch den ihnen oft eigenen brutalen Ausdruck Erinnerungen an →Goya oder an → Picasso (Guernica) hervor.

Lit.: H. Vollmer, Künstlerlex. d. 20. Jhs.

Portlandvase. Berühmtes röm. →Überfangglas augusteischer Zeit in Form einer Amphore (London, Brit. Mus.). Mit einem weißen Glasmantel ist das dunkelblaue Glas überfangen. Die mythisch-allegorischen Darstellungen sind in ihrer Deutung umstritten. Vielleicht können die Szenen auf die Liebesvereinigung des Apollon mit Atia (der Mutter des Augustus) gedeutet werden, womit die göttliche Abstammung des Augustus dokumentiert werden soll.

Lit.: E. Simon, Die P., 1957.

Porto (o Porto). Zweitgrößte Stadt Portugals, am Douro gelegen, 6 km entfernt von seiner Mündung. Das ehemalige Kloster Nossa Senhora da Serra do Pilar stammt aus dem Ende des 16. Jhs. Die Kirche ist ein Rundbau mit einer prachtvollen Kuppel, dahinter ein Chor mit kreisrundem Kreuzgang und 36 Säulen. Die Anlage stellt eines der wertvollsten Bauwerke der portugiesischen Renaissance dar.

Portogruaro. In Concordia sagittario bei P., eine Nekropole entdeckt, ebenso eine Coemeterialbasilika. Die gefundenen Sarkophagdeckel zeigen Halbzylinder- oder Dachform, also östlichen Einfluß.

Lit.: O. Brusin – E. U. Zovalto, Monumenti Romani e Christiani di Julia Concordia, 1960.

Portrait. Darstellung eines Menschen mit den ihm eigenen individuellen Gesichtszügen. Je nach Bildtyp unterscheidet man P.-Kopf, P.-Büste, Brustbild, Kniestück und P.-Figur oder -Statue. Verschiedene Kulturen haben unabhängig voneinander das P. entwickelt. Häufig wird anfangs die gemeinte Gestalt durch Attribute oder Namensbeischriften bezeichnet, ohne daß die Darstellung selbst portraithaft ist. – Die abendländische P.-Kunst hat ihre Wurzeln in der griech. Antike, die in spätklassischer Zeit das P. entdeckte (→Kreisilas). Handelte es sich hierbei oft um sogen. Ideal-P.s, die dem Naturalismus Schranken auferlegten, so entwickelte die röm. Kunst im P. einen ausgesprochenen Realismus, dessen Anfänge auf kultische Ahnenfiguren und die →Wachsbildnerei zurückgehen. – In den sogen. →Mumien-P.s fand das P., bisher fast ausnahmslos der Plastik vorbehalten, Eingang in die Malerei. – Während der Spätantike trat das P. als Gestaltungsaufgabe zunehmend in den Hintergrund und verschwand in der frühchristl. und byzant. Kunst fast völlig. – Das frühe und hohe Mittelalter kennt das P. im eigentlichen Sinn nicht. Im Frühmittelalter fehlt das Bedürfnis nach individueller physiognomischer Charakterisierung. Dennoch dürfen die Autoren- und Dedikationsbilder in der →Buchmalerei wohl als eine Quelle für die Entstehung des P.s gelten. Die zweite ist die Grabfigur, die im Hochmittelalter ein Idealbildnis ohne Ähnlichkeitsanspruch ist. Dargestellt wird der Verstorbene in der Blüte seiner Jahre, im Todesalter Christi, d. h. als 33jähriger. Das zunehmende Interesse an physiognomischer Differenzierung und Ausdruck seelischer Gestimmtheit, das die Skulptur des 13. Jhs. kennzeichnet (Reimser Kathedralplastik, besonders der Josephsmeister; →Naumburger Meister: Stifterfiguren des Naumburger Doms), ist ein weiterer Schritt. Die Wiedergabe der sichtbaren Wirklichkeit wird erst allmählich zu einem Problem künstlerischen Gestaltens. Seine Anfänge liegen in der ital. Kunst (→Giotto, →Arnolfo di Cambio). Seit der 2. Hälfte des 14. Jhs. findet es sich auch in Nordeuropa, besonders in der höfisch bestimmten franco-flämischen Miniaturmalerei, deren Umkreis die früheste erhaltene P.-Tafel, das P. Johannes d. Guten (um 1360; Paris, Bibl. Nat.), angehört, und im böhmischen Kunstkreis. In der bürgerlicher und intimer werdenden Plastik des späteren 14. Jhs. ist die Individualisierung des P.s etwa an den →Bildnisstatuen Karls V. und der Jeanne de Bourbon vom Hospice de Quinze-Vingt und an den P.-Büsten der →Parler-Werkstatt im Prager Veitsdom deutlich abzulesen. Im 15. Jh. nimmt das P. unter starker Beteiligung der Malerei, die allmählich die Führung gewinnt, einen immer breiteren Raum ein. Zentren der P.-Malerei sind nun Italien und die Niederlande (ab etwa 1430; →van Eyck). – Seit dem 15. Jh. entwickelte sich eine immer breiter werdende Typenvielfalt des P.s in Malerei und Plastik. Die Renaissance greift in Italien den antiken Typ der P.-Büste und den der P.-Medaille wieder auf (→Pisanello) und steigert

G. Bellini, Bildnis der Catarina Cornaro, Königin von Cypern (Budapest, Mus. der bildenden Künste).

die Individualität des P.s bis zum scharfen Realismus (→Donatello). Mit dem 16. Jh. gehört das P. bis zum Klassizismus des 19. Jhs. zunehmend zu den Aufgaben der Malerei. Die großen Meister des 16. und 17. Jhs. leisten gerade auf diesem Gebiet Hervorragendes (→Dürer, →Holbein, →Tizian, →Rembrandt, van →Dyck, →Bellini) und finden in der Darstellung der Einzelpersönlichkeit ihre vornehmste Aufgabe. – Während das 19. Jh. im P. die antikische Büste bevorzugte und in der Malerei sich mehr anderen Themen zuwandte, erlebte das P. in der modernen Kunst, besonders im →Expressionismus und durch die singuläre Leistung →Kokoschkas und → Beckmanns, nochmals einen großen Aufschwung, wobei die psychologische Deutung der portraitierten Person im Mittelpunkt des Interesses steht. – Eine Sonderentwicklung, die bisweilen bis an die Grenze der Karikatur führt, brachte die →japanische Kunst für das P. (Siehe Farbtafel 15, 26, 27, 28).

Lit.: A. Hekler, Bildnisse berühmter Griechen, 1940; B. Schweitzer, Die Bildniskunst der röm. Republik, 1948; E. Buschor, Bildnisstufen, 1947; E. Buchner, Das deutsche Bildnis der Spätgotik und der frühen Dürerzeit, 1953; W. Waetzoldt, Die Kunst des P.s, 1908; E. Waldmann, Das Bildnis im 19. Jh., 1921.

Portugiesische Kunst. Eine bodenständige P. entstand mit der Unabhängigkeit Portugals im 12. Jh. In ihrer Entwicklung weist sie weitgehende Verwandtschaft mit der →span. Kunst auf. In der Gotik läßt sich trotz tiefgreifender franz. Einflüsse ein eigener Charakter erkennen. Die Klosterkirche in Batalha vom Ende des 14. Jhs. gehört zu den Hauptwerken dieser Zeit. – Mit der Renaissance setzte sich der sogen. →Emanuel-Stil durch. – Im 16. Jh. nahm die Malerei Anregungen der niederl., insbesondere der flämischen Meister auf. – Deutschen Einfluß läßt die Barockarchitektur, deren bedeutendstes Werk das Kloster Mafra (erbaut von dem deutschen Architekten J. F. Ludwig) ist, erkennen. – Im 19. Jh. geriet die P., vor allem in der Bildnis- und Historienmalerei, unter die zunehmende Vorherrschaft der franz. Kunst.

Porzellan. Keramisches Erzeugnis aus feuerbeständigem, weißem Kaolin und schmelzbarem Feldspat, das weiß, durchscheinend, hell klingend und mit dem Stahl nicht ritzbar ist. Wir unterscheiden a) Kaolinporzellan: Europäisches Hartporzellan, ostasiatisches P. (China und Japan), chinesisches Weichporzellan (blanc de Chine). b) Surrogatporzellan: Frittenporzellan (pâte tendre), Knochenporzellan, Biskuitporzellan. Name von „porcella" = Schweinchen, einer glänzend weißen Seemuschel der Gattung Cypraea, abgeleitet. Die Oberfläche dieser Muschel ist ähnlich dem Porzellan. Die Bezeichnung P. verwendet bereits Marco Polo in seiner Reisebeschreibung von China (1295). Der Gebrauch des Namens P. war im 17. und 18. Jh. jedoch noch schwankend und wurde auch für Fayence verwendet. Erfindung im 1. Jh. n. Chr. in China. Unter den Sung-Kaisern (960–1279) entstehen Keramiken, die den Übergang zum echten P. bilden, sie haben eine helle, fast weiße Glasur und sind dünnwandig. 1717 und 1724 (1708 Erfindung Boettgers→Meißner Porzellan) gibt der franz. Missionar d'Entrecolles in 2 Briefen genaue Angaben über die Herstellung und Zusammensetzung des chinesischen P. P. aus China kam nach Europa und wurde als Rarität geschätzt (man glaubte unter anderem, es könnte Gift vernichten oder anzeigen). Man versuchte es nachzumachen, die meisten Versuche auf alchimistischer Basis. P.ähnliche Stücke stellte man 1575 in Italien (→Medici-Porzellan); 1671 in Frankreich und England her, aber erst der Physiker und Mathematiker Tschirnhausen, der Steine und Erden von Sachsen auf ihr Verhalten bei hohen Temperaturen untersuchte, lieferte die Voraussetzung für die Erfindung des P. für Europa durch Böttger. Marken: In China gibt es keine Fabrikmarken, es wird nur die Dynastie und die Regierungszeit des Kaisers angegeben. (Siehe Farbtafel 8 und 23).

Lit.: R. Schmidt, Das Porzellan als Kunstwerk und Kulturspiegel, 1925; L. Schnorr v. Carolsfeld, P. (neu bearbeitet von E. Koellmann), 1956; G. Weiß, Ullstein-Porzellanbuch 1972; H. Jedding, Europäisches Porzellan 1970.

Potala. Palast in→Lhasa.

P. Potter, Der junge Stier, 1647 (Den Haag, Mauritshaus).

Potpourrivase. Um die Mitte des 18. Jhs. entstandene Porzellanvasen mit reicher Blumenverzierung, bisweilen auch mit figürlichem Schmuck. Der Deckel einer solchen Vase, die zur Aufbewahrung von Kräutern oder wohlriechenden Essenzen diente, ist durchbrochen. – Vor allem die Meißner Porzellanmanufaktur stellte prachtvolle Stücke dieser Art her.

Potsdam →Sanssouci.

Potter, Paulus. Holländischer Maler und Radierer. Geb. 1625 in Enkhuyzen, gest. 1654 in Amsterdam. Seine besondere Leistung ist die Tierdarstellung als Träger der Bildwirkung, mit der er zum bedeutendsten holländischen Maler dieses Genres wurde. Eine sachliche, plastische Wiedergabe der Tiere und ihrer Physiognomien verbindet sich mit einer saftigen Malweise. Die Formate seiner Bilder sind nicht groß, der Landschaftsausschnitt, in dem die meist ruhig verharrenden Tiere gezeigt werden, ist eng gehalten.

Lit.: W. v. Bode, Die Meister der holländischen und fläm. Malerschulen, 1953.

N. Poussin, Das Reich der Flora, um 1635 (Dresden, Gemäldegalerie).

Pougny, Jean. Franz. Maler. Geb. 1892 in Konokkalo (Rußland), lebt in Paris. Wurde als Zögling der Kadettenanstalt in St. Petersburg (Leningrad) von →Rjepin zum Malen angeregt. Studierte dann an der Académie Julian in Paris und stellte bei den Indépendants aus. Über Italien kehrte er nach Rußland zurück, ließ sich aber 1918 in Paris nieder. – In seiner Frühzeit folgte er den Kubisten, wandte sich jedoch später wieder der gegenständlichen Malerei zu; seine Themen sind Landschaften, Stilleben, Interieurs und Portraits.

Lit.: H. Vollmer, Künstlerlex. d. 20. Jhs.

Poussin, Nicolas. Franz. Maler. Geb. 1593/94 in Villers bei Les Andelys (Normandie), gest. 1665 in Rom. Als Lehrer werden genannt Lallemand und Elle. 1624 kam er erstmals nach Rom, das er mit nur zweijähriger Unterbrechung (1640–42 in Paris) nicht mehr verließ. – P. schloß sich der röm. Barockmalerei an, entwickelte aber einen sehr persönlichen, an der franz. Klassik orientierten Stil. Seine Vorbilder waren →Raffael, →Tizian, →Carracci und →Domenichino; er studierte die Antike, die in seinem Werk breiten Raum einnimmt, und kunsttheoretische Schriften. – In der Verbindung antiker Ruinen, Figuren aus Mythologie und Geschichte und einer idealistischen Landschaft schuf P. das weit in das 18. Jh. hineinreichende Vorbild der „heroischen Landschaft".

Lit.: P. Jamot, N. P., 1948.

Pozzo, Andrea del. Italien. Maler, Architekt und Kunstschriftsteller. Geb. 1642 in Trient, gest. 1709 in Wien. Laienbruder der Gesellschaft Jesu, für die er fast alle seine Werke schuf. 1681 kam er nach Rom und schmückte die Kirche S. Ignazio mit gewaltigen, illusionistischen Deckengemälden aus. Durch eine überragende Beherrschung der Perspektive sowie durch Virtuosität und Phantasie bereitete er die Grundlagen der illusionistischen Architekturmalerei des Spätbarock vor. 1702 ging er nach Wien, wo er die Jesuitenkirche (Universitätskirche) im Inneren ausbaute und ausmalte (ab 1703). Ferner malte er die Fresken im Gartenpalais des Fürsten Liechtenstein (1704–07). – Von seinen Architekturen kam nur wenig zur Ausführung; so fertigte er Entwürfe für den Dom zu Laibach (1700) und für die Fassade von S. Giovanni im Lateran, Rom (1699). Große Bedeutung erlangte dagegen sein literarisches Werk: Perspectiva pictorum et architectorum.

Lit.: H. Tintelnot, Barocke Freskenmalerei in Deutschland, 1951.

Pozzogräber. Für die Aufnahme von Aschenbehältern (Gefäße, Haus- und Helmurnen) bestimmte viereckige oder runde Gruben, die von den rechteckigen Grabgruben der Fossagräber mit brandlosen Bestattungen unterschieden werden. Die früher vertretene strenge Trennung von Verbrennern und Bestattern seit der →Villanova-Zeit läßt sich nach dem Befund in etruskischen Nekropolen (→Populonia, →Vetulonia), die beide Grabarten mit gleichen Beigaben zeigen, nicht mehr aufrechterhalten.
Lit.: O. W. v. Vacano, E I, 103ff., 117ff.

Prabhamandala. Sanskrit: „Glanzkreis"; eine mandorla-artige Aureole, die das indische Kultbild umgibt.

Pradakschina Patha. Heiliger Pfad zur Umwandlung des buddhistischen →Stupa und des →Garbagriha im Tempel der Hindus und Dschainas.

Prado →Madrid.

Praehistorie. Bezeichnung für →Vorgeschichte.

Praekolumbische Kunst. Bezeichnung für die Kunst Altamerikas bis zur Entdeckung dieses Erdteils durch Kolumbus.

Praeneste. Moderne Bezeichnung von →Palestrina.

Praeraffaeliten. Vereinigung engl. Maler, gegründet 1848 von Dante Gabriel Rossetti, Holman Hunt und John C. Millais als „Pre-Raphaelite Brotherhood". Sinn und Zweck dieser Vereinigung war, durch Läuterung des Geistes, seelische Vertiefung in die Kunst und engeren Kontakt mit der Natur eine Reform der Kunst von innen her zu erzielen, wobei die Vorläufer Raffaels als Vorbilder dienten.

Prag. 1) Veitsdom. 930 ein Rundbau, geweiht als Burgkirche am Hradschin (Vorbild: karolingische Pfalzkapellen). Nach Erhebung Prags zum Bistum (973) seit 1060 roman. Neubau: dreischiffige, doppelchörige Basilika mit Westquerschiff, westliches Turmpaar zwischen Schiff und Querhaus, zwei Krypten (wohl süddeutsche, regensburgische Vorbilder). Nach Einrichtung des Erzbistums ein got. Neubau unter Kaiser Karl IV. 1344 von dem aus Avignon berufenen Matthias v. Arras begonnen nach Kathedralschema: Chor mit Umgang und Kapellenkranz, der sich an den Seitenschiffen zwischen den Strebepfeilern fortsetzt. Ab 1353 durch Peter →Parler fortgeführt. Chorweihe 1385. Typisch parlerisch: Betonung der Horizontalen trotz Steilheit des Raumes; Rahmung der Arkadenöffnungen durch Rechteckfelder, entstanden durch das Aneinanderstoßen senkrechter Dienstbündel und ausgeprägter Horizontalgesimse. Choreinwölbung mit Netzgewölbe. Bis Anfang 15. Jh. Querhausteile, Untergeschoß des südwestlichen Turms der Querhausfassade (Hauptportal). Seit 1397 Fortführung durch Parlers Söhne Wenzel und Johann. Vollendung erst seit 1859. Bedeutende Parlerplastik: 21 Bildnisbüsten der Stifter, Förderer, Verwalter und der beiden Baumeister an den Durchgängen des Triforiums (1344–85); Figur des hl. Wenzel, Wenzelkapelle (1373, mit P. Parlers Meisterzeichen signiert); Tumba des Erzbischofs Johannes v. Wlaschim (genannt Otschko, gest. 1380); Fürstentumben von Bretislaus I. und II., von Spitignew II., von Boriwois II., von Ottokar I. und II. in den Chorscheitelkapellen (1376/77); Näheres s. →Parler. Mosaik mit Jüngstem Gericht an der Vorhalle des südlichen Querschiffportals (Porta Aurea), vollendet 1371; Leuchter (lothringisch-maasländische Arbeit in der Nachfolge des →Nikolaus v. Verdun).
Lit.: K. M. Swoboda, Peter Parler, 1940; O. Kletzl, Planfragmente aus der deutschen Dombauhütte von Prag in Stuttgart und Ulm, 1939.

2) Im Jahr 1526 wurde Ferd. von Österreich König von Böhmen. Mit ihm zog der Geist der Renaissance ein. Das Hauptwerk dieser Zeit ist das Belvedere, das der König 1534–63 dem Hradschin gegenüber errichten ließ; ein Lustschloß im Sinne des Quattrocento nach dem Vorbild des Salone in Padua. Der Bau wurde von Hans von Spatiot begonnen und von Paul de la Stella de Mileto vollendet. Als Krönung des barocken Kirchenbaues in P. ist die Kirche St. Nikolai auf der Kleinseite anzusehen. Der Bau des Langhauses und die Fassade werden 1703–11 von Chr. →Dientzenhofer (1655–1722) ausgeführt. Ein verhältnismäßig einfacher Grundriß (das Langhaus ist begrenzt von einem eingezogenen Vorraum mit 2 ovalen Seitenkapellen, rechteckigen Seitenkapellen an den Langseiten und ist in 3 Joche geteilt), der im Inneren den Eindruck eines längsgerichteten Ovals erweckt mit 3 Querovalen. Dieser Eindruck ergibt sich durch die schwingenden Bögen der Brüstungen der Seitenkapellen und der darüberliegenden Emporen. Diese Schwingungen werden im ganzen Raum bis zum Gewölbe fortgesetzt (allerdings gemindert durch die Gewölbeausmalung von 1760) und auf die Fassade, die in der Mitte vor- und an den Seiten zurückschwingt. Kilian Ignaz Dientzenhofer (1689–1751) fügte dem Langhaus seines Vaters, vielleicht auf Wunsch der Jesuiten nach Angleichung ihrer Kirche an Il Gesù (→Rom) hin, einen großen Kuppelzentralbau an.
Lit.: Wasmuths Lexikon der Baukunst, Bd. IV, 1932.

Prambanan. Berühmter Tempelkomplex im mittleren →Java, erbaut unter der shivaitischen Mataram-Dyn. Der Haupttempel heißt Lara Djonggrang (um 916 n. Chr.) und ist ein dem Shiva geweihter Terrassenbau; andere →Tjandis sind Brahma, Vishnu, Ganesha und der Durga geweiht. Die einzige lebensgroße Tierfigur im naturalistischen Stil Indonesiens zeigt Nandi, den Reitstier des Shiva. Ein für die Anlagen von P. typisches Reliefdekor der Terrassenwände ist ein Löwe zwischen zwei Himmelsbäumen („P.-Motiv").

Prandtauer, Jakob. Österreichischer Baumeister. Geb. um 1658 in Stanz bei Landeck, gest. 1726 in St. Pölten. Über seine künstlerische Herkunft gibt es keine sicheren Zeugnisse. Sein erster Bau, zugleich sein Hauptwerk, ist der Neubau des Stiftes →Melk a. d. Donau (ab 1702). Als einer der eigenartigsten österreichischen Barockarchitekten steht er zwischen dem plastischen Stil →Fischer von Erlachs und dem ornamentalen →Hildebrandts. Später sind franz. klassische Einflüsse bemerkbar. – Durch die Einfachheit der Baukörper, die Feinheit ihrer ornamentalen Ausschmückung und die edle Harmonie der Proportionen gehören seine Werke zu den schönsten Barockarchitekturen Österreichs. (Neben Melk das Karmeliterinnenkloster St. Pölten, 1702–12.)
Lit.: H. Hantsch, J. P., 1926; J. P. und sein Kunstkreis, Ausstellungskatalog, 1960.

Prasada. In Sanskrit die Bezeichnung sowohl für den fürstlichen Palast als auch für den Tempel; in den Sprachen der indischen Kolonialgebiete meist als Prasat bekannt.

Prato (Toscana). Der Bau der Kirche S. Maria delle Carceri wurde 1485–91 von Giuliano da Sangallo errichtet. Die Fassade ist mit vielfarbigem Marmor verkleidet, der Grundriß zeigt ein griech. Kreuz mit Vierungskuppel; innen ist der Bau tonnengewölbt und der erste, folgerichtig ausgeführte Bau dieser Art. Im Inneren sind Terrakotta-Dekorationen von Andrea della →Robbia.

Praxiteles. Griech. Bildhauer der attischen Schule des 4. Jhs. v. Chr. Schüler des →Kephisodot. Seine Schaffenszeit reicht von 380 bis 340/30 v. Chr. Außer dem berühmten Hermes in →Olympia sind seine Werke nicht im Original, sondern nur in zahlreichen röm. Kopien überliefert. Von seiner Hand stammt die bereits in der Antike hochberühmte Aphrodite von →Knidos (reiche Replikenüberlieferung). Entsprechend dem Stil dieser spätklassischen Zeit zeigen vor allem seine Götterbilder, verglichen mit den ernsten Gestalten des vorangegangenen Jahrhunderts, intimere und individuellere Züge. Darüber hinaus sind für ihn ein weicher Fluß der Oberflächenmodellierung und die Ausbreitung der Gestalt in die Fläche charakteristisch. – Ein einschenkender Satyr und die sogen. Aphrodite von Arles repräsentieren die Frühstufe seines Œuvres. Die Knidia und der Hermes in Olympia bezeichnen den Höhepunkt seiner Schaffenszeit, während ein angelehnter Satyr als Spätwerk in röm. Kopien überliefert ist.
Lit.: G. Lippold, Handb. d. Archäologie, V, 234ff., 1950; R. Lullies/M. Hirmer, Griech. Plastik, 228 ff., 1960.

Predella →Altar.

Predmost in Mähren. Von hier stammen u. a. sieben schematisierte Frauenstatuetten. Hinzu kommt, als Gravierung auf einem Mammutstoßzahn, die Darstellung

einer völlig in geometrische Elemente aufgelösten Frauengestalt (Höhe 15,5 cm). Die Funde gehören dem →Solutréen an.
Lit.: Bandi/Maringer, Kunst der Eiszeit, 1955.

Praxiteles, Hermes mit dem Dionysosknaben, um 360/50 v.Chr. (Olympia, Mus.).

Preller, Friedrich d. Ä. Deutscher Maler und Radierer. Geb. 1804 in Eisenach, gest. 1878 in Weimar. Begann sein Studium in Weimar und setzte es, von Goethe unterstützt, in Dresden fort. Dort kopierte er u. a. →Ruisdael und →Poussin. Weitere Stationen seines Studiums waren in Antwerpen, wo er 1824–26 bei van Bree lernte, Mailand und 1828–31 Rom. Hier wurde er von J. A. →Koch nachhaltig beeinflußt. Ein Aufenthalt in Neapel regte P. zu seinen wiederholten Odysseus-Zyklen an (1832–34, 7 Gemälde in Leipzig; 1854–56, 16 Kohlezeichnungen, Berlin, Nat.-Gal.; 1865–68, 16 Bilder in Wachsfarben auf Kalkplatten im Mus. in Weimar). In seiner künstlerischen Entwicklung, die sich in diesen Zyklen spiegelt, schwankte P. zwischen seinen romantischen Neigungen und dem anerzogenen Klassizismus.
Lit.: Thieme-Becker.

Presbyterium. Altarraum. Wird nach den Presbytern so genannt, die in der alten Kirche hier ihren Platz hatten. Im Mittelalter war es vor allem der Raum für die Sitze der Geistlichen vor dem Hochaltar.

Preslav. Durch Jahrhunderte hindurch ein Mittelpunkt der Kultur und Kunst in →Bulgarien. Vor allem von Byzanz stark beeinflußt. Interessanter Rundbau einer Kirche aus dem 9. oder 10. Jh., der in seiner Anlage dem Mausoleum in →Spalato (Split) ähnelt und in seiner Anknüpfung an röm. Bauweise stark archaisierende Tendenzen verrät. P. ist Fundstätte hochqualifizierter Keramikarbeiten aus spätbyzant. Zeit.

Prieche →Empore.

Priene. Griech. Stadt in Klein-Asien, ursprünglich im Mündungsdelta des Maiandros gelegen. Das sumpfige Gelände veranlaßte die Bewohner in der Mitte des 4. Jhs. v. Chr. zu einer Neugründung am Abhang des Mykale, eines benachbarten Gebirgsrückens. – Die ausgegrabene Stadtanlage gehört zu den bemerkenswertesten hellenistischen Beispielen ihrer Art. Ein rektanguläres Straßennetz, nach dem sogen. →hippodamischen System geplant, bezieht Wohnviertel und öffentliche Gebäude gemeinsam in den durchdachten Stadtgrundriß mit ein. Das Zentrum bildet der Staatsmarkt, von Hallen umgeben, mit einem →Buleuterion, einem anschließenden →Prytaneion und einem Zeusheiligtum. – Von diesen Zentralanlagen abgesondert liegt der Kaufmarkt. Die Wohnviertel sind durch das Straßennetz bedingt, in gleichmäßige Wohnblocks (sogen. „Insulae") von 160×120 Fuß (47,20×35,30 m) unterteilt. Den Platz von 2 solchen „Insulae" nimmt das sich an den Hang anschmiegende →Theater mit einem Fassungsvermögen von 5000 Zuschauern ein. – Oberhalb des Stadtkerns, auf einer vorspringenden Felsklippe gelegen, stand das Heiligtum der Stadtgöttin, der Athena Polias. Durch einen bescheidenen Propylonbau kommt man zu den Resten des Athena-Tempels, der als ionischer →Peripteros mit 6×11 Säulen errichtet war. Der Bau ist in spätklassischer Zeit entstanden und wurde nach den Entwürfen des →Pytheos erbaut. Bereits damals und bis in die röm. Antike galt der Tempel als das Musterbeispiel eines klassisch-ionischen Peripteros. Einfache Maßverhältnisse, die sich aus dem Grundriß entwickeln, bestimmen die Proportionen des Gesamtbaus und seiner Einzelglieder. Der Bau, der die Finanzkraft der Stadt überstieg, wurde von Alexander d. Gr. fertiggestellt.
Lit.: Berve-Gruben-Hirmer, Griech. Tempel und Heiligtümer, 259ff., 1960.

Priependach. Auch Mönch- und Nonnendach. Ein Hohlziegeldach, das aus konisch geformten, im Schnitt halbkreisförmigen Ziegeln gebildet wird. Reihen von wannenartig mit der Wölbung nach unten verlegten Ziegeln (Nonnen) werden jeweils von solchen mit der Wölbung nach oben verlegten (Mönche) abgedeckt. Im Mittelalter häufig, heute sehr selten verwendet.

Primaticcio, Francesco. Italien. Maler, Bildhauer, Stukkateur und Architekt. Geb. 1504 in Bologna, gest. 1570 in Paris. Seit 1525/26 als Gehilfe G. →Romanos bei der Ausmalung des Pal. del Tè in Mantua tätig. 1532 von Franz I. von Frankreich nach Fontainebleau zur Ausgestaltung des Schlosses berufen. Als 1. Hofmaler und seit 1559 als Oberaufseher der königlichen Bauten war P. die Hauptfigur der sich an der Ausschmückung dieses Schlosses und der Hoffestlichkeiten bildenden Schule (genannt Schule von Fontainebleau). Ihr gehörten ferner F. →Rosso, später auch N. →Abbate und vorübergehend B. →Cellini an. Der Stil dieser Meister ist ein früher Manierismus von großer dekorativer Eleganz. Die sehr geschlossen auftretende Gruppe italien.-franz. Dekorateure hat auf die franz. Kunst einen sehr starken und anhaltenden Einfluß ausgeübt.
Lit.: L. Dimier, Le P., 1928; S. Béguin, L'école de Fontainebleau, 1960.

Primitive Kunst. Bezeichnung für die Kunst der Naturvölker. →Afrikanische Kunst, →Indianerkunst, →Südsee, →Polynesien usw.

Prinias. Antike Ortschaft im Gebirge Mittelkretas. Auf steilem Felsmassiv liegt auf einer Akropolis ein früharchaisches Heiligtum mit einem Tempel des 7. Jhs. v. Chr., bestehend aus einem Hauptraum und einer Vorhalle. Daneben ein kleines Tempelchen mit Relieffriesen, die von zwei sitzenden Frauenfiguren eingerahmt werden.
Lit.: G. Lippold, Handb. d. Archäologie, V, 22, 1950.

Probedruck. Meist sehr seltener und kostbarer Druck eines graphischen Blattes (Radierung, Kupferstich) vor der endgültigen Fertigstellung, d. h. vor der Signatur. Da die Platte, vor allem bei der Radierung, nicht bis ins Detail die künstlerische Wirkung erkennen läßt, bedient man sich zur Kontrolle eines P.s.

Prochorovkakultur. Im Steppenraum südlich vom Ural gelegenes →Kurgan-Gebiet der →Sarmaten mit reichen Funden der frühsarmatischen Kunst (4.–2. Jh. v. Chr.), →Eurasische Kunst IV.
Lit.: K. Schefold, HdA 2, 450; K. Jettmar, Steppenvölker, 55.

Profil (franz.). Bezeichnung für den Umriß des menschlichen Kopfes, von der Seite her gesehen. In der Malerei ist das P. am besten darstellbar, weil es keine

Verkürzungen gibt. P. ist in der Baukunst der Teil, der von einem Bauglied aus dem Gesamtgefüge vorspringt. Auch für architektonisierte Möbelstücke (Schränke) wird der Begriff P. angewendet. Die Gesamtheit aller P.e, z. B. einer Fassade, nennt man Profilierung.

Prokopius von Caesarea. Historiker zur Zeit des Kaisers Justinian (gest. nach 562). In seinem Werk „peri ktismaton" (De aedificiis Justiniani Imp.) – 6 Bücher – gibt er eine Überschau über alle Bauten Justinians. Vor allem preist er die Hagia Sophia. Seine Beschreibungen sind insofern von höchstem Wert, als manches Gebäude inzwischen zerstört oder stark verändert ist.

Prome. Eine der frühesten Hauptstädte von Burma; Siedlung am Irawadi wahrscheinlich schon unter den Tagaung im 1. Jh. n. Chr.; Fragmente buddhistischer und hinduistischer Kultbilder aus dem 5. Jh. Am Ort erhalten sind Bauten des 10. Jhs.: der Terrassenbau des Stupas Bawbawgyi und die beiden Tempel von kreuzförmigem Grundriß und mit Backsteingewölben, Bebe und Leymethna.
Lit.: Brown, Architecture I, 209.

Pronaos. Vorhalle der →Cella des griech. Tempels.

Prophetenschnallen →Danielschnallen.

Proportionslehre ist die Lehre von der Gesetzmäßigkeit der Verhältnisse, in denen die Teile eines Kunstwerkes zueinander stehen müssen, um bestimmten ästhetischen Forderungen zu genügen. Diese sind aber zu verschiedenen Zeiten verschieden, und so war man stets bestrebt, einen allgemein gültigen „Kanon", d. h. ein Richtmaß an Hand der menschlichen Gestalt zu finden. Der erste, der einen solchen Kanon aufstellte, war →Polyklet. In der Renaissance, als man die Antike zum Vorbild nahm, wurden diese Bestrebungen wieder aufgenommen, und →Alberti und →Leonardo da Vinci als Vertreter Italiens, →Dürer in Deutschland stellten ebenfalls P.n auf. In jüngster Zeit hat →Le Corbusier (→Modulor) sich wieder damit beschäftigt.

Propyläen. Griech. Bezeichnung für einen antiken Torbau. Zu fast jedem heiligen Bezirk führte der Weg durch einen solchen Eingangsbau, der bereits zu den großen Palastanlagen der kretisch-mykenischen Kultur gehörte. In der Regel haben die P. klassischer Zeit drei Durchgänge, die durch Innensäulenstellungen voneinander getrennt sind. – Auch der säulengeschmückte Zugang zum Atrium oder Ambitus der christlichen Basilika kann P. genannt werden.
Lit.: Berve-Gruben-Hirmer, Griech. Tempel u. Heiligtümer, 175ff., 1960.

Proscenium. Die Vorbühne des antiken →Theaters.

Proskynese. Fußfällige Ehrenbezeigung. Ein beliebtes Motiv in der byzant. Kunst ist die P. des Kaisers vor Christus. So in der Kirche der →Hagia Sophia in Konstantinopel über dem Haupteingang. Dort liegt der byzant. Kaiser Leo VI. zu Füßen Christi. Das Motiv selbst stammt ursprünglich aus der altorientalischen Kunst.

Prospekt →Vedute.

Prostylos. Griech.-ionischer Tempel mit einfacher Säulenvorhalle an der Front.

Prothesis. 1) Seit der griech. geometrischen Zeit (bis ca. 400 v. Chr.) häufig dargestellte Aufbahrung eines Toten. – **2)** (griech. = vorgesetzt). Nebenapsis, meistens im Norden der Hauptapsis gelegen. Sie kann rechteckig, rund oder polygonal geformt sein. Hier wird in den griech.-orthodoxen Kirchen das Abendmahl vorbereitet. – **3)** Bezeichnung für einen kleinen Tisch an der Apsiswand gegenüber dem Altar, auf dem die Hostien bis zur Opferung aufbewahrt werden.

Protogenes. Griech. Maler und Bildhauer aus Kaunos (Karien), tätig im 4. Jh. v. Chr. auf Rhodos, von Aristoteles und →Apelles bewundert. Weder von seinen in der antiken Literatur erwähnten Werken noch von einem von ihm verfaßten Werk über die Zeichenkunst ist etwas erhalten.
Lit.: A. Rumpf, Handb. d. Archäologie, VI, 147, 1953.

Protokorinthische Vasen. Vasengattung der 1. Hälfte des 7. Jhs. v. Chr. aus →Korinth oder →Sikyon. In ursprünglicher Anlehnung an den sogen. →orientalisierenden Stil spätgeometrischer Keramik entwickelt sich ein großflächiger Tierstil mit häufig umlaufender Friesdarstellung. Die P. sind die Vorläufer der korinthischen Gefäße der 2. Hälfte des 7. Jhs. v. Chr.
Lit.: Payne, Necrokorinthia, 1931.

Protome. Bezeichnung für plastisch ausgearbeitete Köpfe oder Oberkörper von Menschen oder Tieren, die in dekorativer Weise an einen Gegenstand angestiftet sind. Die P. wurde im Alten Orient entwickelt und kam von dort im 8. Jh. v. Chr. nach Griechenland und Italien. – Vor allem Bronzekessel archaischer Zeit zeigen häufig solchen Schmuck.

Protorenaissance. Vorrenaissance. Ein von Jacob Burckhardt geprägter kunsthistorischer Begriff zur Kennzeichnung der Übernahme antiker Bauformen und Motive in die roman. Baukunst Italiens, vor allem der →Toscana, auf die die florentinische Frührenaissance (→Brunelleschi) zurückgriff, da sie die betreffenden Denkmäler infolge eines fruchtbaren Irrtums für Werke der Antike hielt. Hauptbeispiele: S. Miniato al Monte und das Baptisterium in →Florenz. Die Bezeichnung wurde ausgedehnt auf die in der Form ebenfalls antiken Werken aufs engste verpflichtete Bildnerei Apuliens unter dem Stauferkaiser Friedrich II. (→Sizilien) und die der →Provence. Heute wird der Begriff mit Zurückhaltung verwendet, da bewußter stilistischer Anschluß an die antike Formenwelt als Kriterium einer echten Renaissonce nicht hinreicht.

Protothyas. Griech. Bezeichnung des Skythenfürsten →Bartatua.

Prototyp. Vom →Typus abgeleiteter, ursprünglich in der Soziologie entwickelter Begriff, der im Unterschied zum Idealtyp einen allgemein üblichen und gebräuchlichen Typus innerhalb einer Kunstepoche bezeichnet, einen Typus, der in seiner Art stellvertretend eine Epoche charakterisiert.

Provence. Südfranz. Landschaft im Gebiet der Rhône-Mündung. Roman. Bauschule Ende 11. bis Ende 12. Jh. mit bedeutenden Bauten ausschließlich in Arles, Avignon und deren Umgebung. Vorherrschend zwei Typen: 1.) Einschiffige Saalkirche mit Tonnenwölbung, in den Seitenschiffen Halb- oder Dreivierteltonnen. Schwere, wenig gegliederte Baumassen schaffen dumpfe, gedrückte Innenräume mit geringer Lichtzufuhr und Außenbauten von festungsähnlicher Geschlossenheit (z. B. Kathedrale von Avignon; →Montmajour; Orange). 2.) Schlank proportionierte, dreischiffige Basilika mit Spitztonne im Mittelschiff, Rundtonnen in den Seitenschiffen. Weite, hohe Arkadenstellung, kleine, hochgelegene Obergadenfenster. Kreuzförmige Pfeiler, deren Vorlagen die Arkadenbögen und die Gurtbogen der Wölbung aufnehmen. Seitenschiffe ohne Fenster. Wenig schmückendes Detail. Dunkler Raum von herber Straffheit (z. B. →Arles, St. Trophime). Bedeutende, reiche Kreuzganganlagen, gewölbt durch Halbtonnen. Typisch: hohe Sockelbank, auf der starke kannelierte bzw. mit Bauplastik versehene Pfeiler aufruhen (z. B. →Montmajour, →Arles, St. Trophime). Die Schmuckformen der Provence greifen immer auf antike Motive zurück. Die Bildnerei ist das einzigartige Beispiel einer Protorenaissance innerhalb der roman. Plastik. Anfänge wohl nicht vor 1130; Hauptwerke etwa im 5. und 6. Jahrzehnt des 12. Jhs. (→St. Gilles-du-Gard; →Arles, St. Trophime). Hauptaufgaben: Schmuck von Portalen und Kreuzgängen. Vor den Portalen Anlage eines ein- oder dreitorigen Portikus, dessen röm.-klassizistische Architekturformen den röm. Triumphbogen und der röm. Theaterarchitektur Südfrankreichs entlehnt sind (Nîmes, Orange). Hinzu kommen Motive früherer franz. Figurenportale; die Dreitorigkeit in →Burgund, die aus der Pfeilerkante herausgearbeitete Gewändefigur im →Languedoc vorgebildet (→Toulouse, St. Etienne, Kapitelsaalportal). Der noch nicht aus dem roman. Flächenzwang gelösten Gewändefigur werden Motive röm. freiplastischer Skulpturen äußerlich aufgeheftet, etwa die reiche, eklektizistisch häufende Gewandbehandlung. Das Nebeneinander frühroman. und klassizistisch verfeinerter, stark pathetischer Züge bewirkt eine innere Zwiespältigkeit der Werke (St. Gilles). An den Kreuzgangpfeilern werden sowohl großformatige Figuren (wie in →Moissac) und erzählende Reliefs (wie in →San Domingo de Silos) dargestellt, und zwar sind die Figuren, wie am Portal von St. Gilles, an die Pfeilerkanten gerückt; bedeutendstes Beispiel: Arles, St. Trophime. In Früh- und Hochgotik spielt die P. eine untergeordnete Rolle. Erst die Verlegung der Papstresidenz Anfang des 14. Jhs. nach Avignon läßt hier ein bedeutendes Kunst-

Aix-en-Provence,
Petrus an einem Pfeiler des Kreuzganges.

zentrum, vor allem der Malerei, entstehen; Schule von →Avignon. Der als Vierflügelbau um einen unregelmäßig viereckigen Innenhof gruppierte Papstpalast von Avignon (1334–42; bis 1352 Erweiterung) gehört zum Großartigsten franz. mittelalterl. Profanarchitektur. Spezifisch südfranz. ist die kubische Großformigkeit und Geschlossenheit seiner gewaltigen Mauermassen, die nur durch ausgenischte, flache Spitzbogenblenden (Voraussetzungen in Les-Saintes-Marie; Palast von Narbonne), abschließende Zinnenkränze und Ecktürme gegliedert sind. Im Innern kreuzrippengewölbte, langgestreckte, höchstens zweischiffige Säle.
Lit.: K. J. Conant, Carolingian and Romanesque architecture 800–1200, Pelican History of Art, 1959; E. Adam, Baukunst des Mittelalters, UKG IX, X, 1963; R. Hamann, Die Abteikirche von St. Gilles und ihre künstlerische Nachfolge, 1956; W. Sauerländer, Skulptur des Mittelalters, UKG XI, 1963.

Prunkwaffen. Sammelbegriff für besonders reich verzierte Waffen, vor allem der →Bronzezeit.

Prytaneion. Griech. antikes Gebäude für die obersten Beamten einer Stadt oder eines Heiligtums. Sowohl in seiner Funktion als auch in seinem Bautyp leitet es sich vom Königshaus ab, so daß es in seiner Anlage mit mehreren um einen Peristylhof gruppierten Räumen dem vornehmen Herrenhaus entspricht.

Psalterium. Liturgisches Buch mit den 150 Psalmen, die während des Chorgebets der kirchlichen Tageszeiten gesprochen werden.

Psammetich. Gründer der 26. Dyn. Ägyptens (663 bis 609 v. Chr.) mit der Residenzstadt Sais im westlichen Nildelta, nach der die ganze Epoche, mit dem Ende der Assyrerherrschaft beginnend und mit der persischen Eroberung endend, als Saitenzeit bezeichnet wird. Anlage der Großen Galerie im Serapeum von →Sakkara. Die Tendenz zum Archaismus zeigt sich auch in monumentalen Privatgräbern in →Theben-West (→Ibi, Petamenophis), vor allem in der Reliefausstattung, die auf Vorlagen bis in das Alte Reich zurückgreift, und in der Rundplastik, für die die Vorliebe für dunkelgrünen und schwärzlichen, auf Hochglanz polierten Stein (→Wadi Hamamat) charakteristisch ist.
Lit.: W. Wolf, KÄ, 607f., 619ff., 636ff.; E. Otto, Ägypten, 232ff.

Pseudobasilika (Pseudobasilikale Hallenkirche). Eine →Hallenkirche, deren Mittelschiff über die Seitenschiffe erhöht ist, ohne daß der Obergaden eine eigene Fensterzone hat. Im allgemeinen wird der Begriff nur verwendet, wenn die Höhe des Obergadens die Anlage einer basilikalen Bedachung erfordert.

Pseudodipteros. Griech. Tempel mit einfacher umlaufender Säulenstellung, jedoch doppelter Jochweite der Ringhallen.

Pseudoperipteros. Antiker Tempeltyp, der als Scheinarchitektur den →Peripteros nachahmt. An Stelle der freistehenden Säulen des Peripteros werden beim P. nur Halbsäulen vor die seitlichen Fassaden geblendet. Der P. kommt in der griech. Architektur kaum vor, dagegen wird er in der röm. Baukunst häufig verwandt.

Psiax. Griech. Vasenmaler der attischen Schule, um 520–500 v. Chr. in →Athen tätig. Vier von ihm signierte Gefäße sind erhalten, weitere Werke konnten ihm zugeschrieben werden. Seine Vasenbilder sind in rotfiguriger Technik (→Rotfiguriger Stil) ausgeführt und stehen stilistisch den Werken →Epiktets nahe.
Lit.: J. D. Beazley, ARV, 6ff., 1963.

Pskov. Hier wichtige Schule der →Ikonen-Malerei. Vor allem im 15. und 16. Jh. von großer Bedeutung.

Psychomachie →Tugenden und Laster.

Ptah. Ägypt. Stadtgott von →Memphis, in Menschengestalt mit kahlgeschorenem Kopf (oder enganliegender Kappe?) und ungelösten Gliedern in der →ägypt. Kunst dargestellt. Als Schöpfergott, der aus dem Herzen über die Zunge mit göttlichem Wort wirkt, mit →Hephaistos gleichgesetzt. Schutzgott der Künstler und Handwerker, Vater des →Imhotep.
Lit.: S. Morenz, ÄR, 298; E. Brunner-Traut, Ägypten, 99; W. Wolf, KÄ, 743.

Ptahhotep. Sohn des ägypt. Wesirs Achtihotep (späte 5. Dyn.). Doppelgrab in der →Mastaba des P. und seines Vaters in →Sakkara, die wegen der besser erhaltenen Bilder im Grabteil des P. nach diesem benannt wird. Aus dem massiven Kern des Oberbaus ist ein kompliziertes Raumsystem geworden, dessen Mitte ein Pfeilersaal bildet. Die Opferkammer des P., deren Decke Palmstämme nachahmt, zeigt künstlerisch hervorragende Reliefbilder, die im Vergleich zu denen im Grab des →Ti großfigurig sind und neue Proportionen mit Neigung zu Längen zeigen. Der Motivschatz ist noch reicher (P. bei der Morgentoilette, Oberbildhauer Ni-anch-Ptah, der Künstler des Grabes, im Nachen, Jagd in der Wüste). P. ist nie aktiv dargestellt.
Lit.: W. Wolf, KÄ, 237ff.; E. Brunner-Traut, Ägypten, 392f.

Ptoion. Griech. Heiligtum in Böotien. Das dem Apollon geweihte Orakelheiligtum erlebte seine Blüte in archaischer Zeit. Hiervon zeugen die zahlreich gefundenen Weihgaben: Kuroi, bronzene Dreifüße. – Die Reste eines Tempels stammen aus dem 4. Jh. v. Chr.

Ptolemäer. Nach →Ptolemaios I. benannte hellenistische Dyn. in Ägypten, an deren Ende Kleopatra VII., die Tochter Ptolemaios' XII., steht. Mit ihrem Tod 30 v. Chr. Beginn der röm. Herrschaft. Die P. achteten die religiöse und künstlerische Tradition Ägyptens. Sie betrachteten sich als die legitimen Nachfolger der Pharaonen, deren Erbe sie bewußt an den alten Kultstätten des Landes pflegten. Vor allem in der Architekturornamentik und in der Reliefkunst ist das Eindringen hellenistischer Einflüsse in die erstarrte Formenwelt der Spätzeit →ägypt. Kunst spürbar. Die Neuprägungen der P. behaupten sich unter röm. Herrschaft bis in das 2. Jh. n. Chr., da die Römer die Scheinvorstellung eines national-ägypt. Staates nach dem Vorbild der P. aufrechterhielten.
Lit.: W. Wolf, KÄ, 601ff.; E. Brunner-Traut, Ägypten, 68ff.

Ptolemaios. Nach dem Tode →Alexanders d. Gr. fiel Ägypten dem makedonischen Feldherrn P., Sohn des Lagos, zu, der die nach ihm benannte hellenistische Dyn. begründete, als er 305 v. Chr. als P. I. den Königstitel annahm. Unter P. III. Euergetes I. (247–222) erreichte das begabte Herrscherhaus den Höhepunkt der Macht. Baubeginn des Horustempels von →Edfu, der unter P. XII. Neos Dionysos (81–51), dem Gründer des Hathortempels von →Dendera, vollendet wurde.
Lit.: W. Wolf, KÄ, 601ff.; E. Brunner-Traut, Ägypten, 68ff.

Pucara. Herkunftsort eines gleichzeitig mit dem klassischen →Tiahuanaco-Stil auftretenden Kunststils nordwestlich des Titicacasees. Vielleicht auf →Chiripa aufbauend. Besonders die Steinstatuen zeigen Verwandtschaft mit den knienden Figuren von Tiahuanaco. Die Keramik weist auf rotem Beguß Gelb und Schwarz in dicken Lagen auf.

Pucelle, Jean. Bedeutendster franz. Miniator der 1. Hälfte des 14. Jhs. In Paris tätig, dort erwähnt 1319 bis 1324. Von Meister →Honoré ausgehend, übernimmt er die durcharchitektonisierte Buchseite, die feinen rahmenden Ranken, doch wird bei ihm erstmals das Bild das Primäre. Die kleinfigurigen Genreszenen der unteren Randleiste gehen auf engl. Psalter und Stundenbücher des späten 13. und des 14. Jhs. zurück, mögen über Rheinland und Maasgebiet vermittelt sein. Die selbständige Auseinandersetzung mit italien. Anregungen (Siena, Duccio) führt zur Einbettung der Figurenszene in einen zusammenhängenden perspektivischen Rahmen (z. B. ein Gebäude, dessen Frontseite entfernt ist; Vorstufe einer Innenraumschilderung), zur Intensivierung des seelischen Ausdrucks und zur Gestaltung der mit Hilfe von Licht und Schatten modellierten, plastischen Erscheinung. Bezeichnend für letzteres ist die Vorliebe für Semi-Grisaillen (farbige Tönung nur der Hintergründe, Architekturen, Hautpartien; →Grisaille). Eine bedeutende Neuerung ist die Darstellung der Monatsbilder als reine Landschaften (Auswirkung bis zu den Brüdern von →Limburg und →Bruegel). Direkter Einfluß auf →Blandol, →Meister des Parement de Narbonne, Jacquemart de Hesdin. Werke: Bibel (Paris, Bibl. Nat. ms. lat. 11935; vollendet 30. 4. 1327); ,,Brevière de Belleville" (Paris, Bibl. Nat. ms. lat. 10483–84, wohl vor 1326); ,,Heures de Jeanne d'Evreux" (Sammlung M. de Rothschild, Paris, um 1325–28).
Lit.: E. Panofsky, Early Netherlandish Painting, 1953.

Puebla-Mixteca-Kultur. Zusammenfassung einer Gruppe von Völkern in Puebla, Oaxaca und teils auch in Tlaxcala und Guerrero. Führendes Volk waren die →Mixteken von West-Oaxaca. Besondere Blütezeit nach der Südwanderung der →Tolteken aus Tula. Hervorragende Mosaikarbeiten (→Mosaikkunst) aus Stein und Federn (→Arte plumario), prächtiger Goldschmuck. Die wichtigsten der erhaltenen →Bilderhandschriften gehören in diesen Bereich. Sonst nicht erreichte Höhe zeigt die Keramik; vor allem die →,,Cholula-Ware" wurde weithin verhandelt, besonders nach →Tenochtitlan.

Puerta de las Platerias →Santiago de Compostela.

Puget, Pierre. Franz. Bildhauer, Maler und Architekt. Geb. 1620 in Marseille, gest. 1694 ebda. Seine künstlerische Heimat ist Italien, im Umkreis von →Cortona, →Bernini und →Michelangelo. Der Klassizismus des franz. Barock lag P. nicht, und so nehmen seine kraftvoll naturalistischen Werke eine Sonderstellung in der franz. Kunst ein. Die plastischen Hauptwerke sind die Karyatidenfiguren am Rathausportal von Toulon (1656/57) sowie 2 Marmorgruppen für den Park von Versailles: Milon von Croton (1682, Paris, Louvre) und Perseus befreit Andromeda (1684, ebda.).
Lit.: F. P. Alibert, P. P., 1930.

Pugin, Augustus Welby Nortmore. Engl. Architekt, Architekturzeichner und -schriftsteller, Kupferstecher und Aquarellist. Geb. 1812 in London, gest. 1852 auf seinem Landsitz in Ramsgate. Die Vollendung und Herausgabe des von seinem Vater August Charles P. (1762–1832) begonnenen Werkes ,,Examples of Gothic Architecture" bereitete P. auf seine Architekturlaufbahn vor. In ihr wurde er zum Wegbereiter der engl. Neugotik. Für P. war die Gotik der einzig legitime Stil für England, für den er mit seiner Schrift: ,,An Apology for the Revival of Christian Architecture in England", 1843, kämpferisch eintrat. Ferner suchte er mit der Förderung des Kunstgewerbes durch Handwerkerschulung die Verbreitung der Gotik in England zu fördern, womit er das Werk von W. →Morris vorbereitete. Ein Beispiel seiner kunstgewerblichen Leistungen war die Inneneinrichtung des von Ch. Barry erbauten Londoner Parlamentes. Die Hauptkirchen P.s sind: Ägidiuskirche in Cheadle (1841 bis 1846) und die Kirche in London-Fulham.
Lit.: H. R. Hitchcock, Architecture 19th and 20th centuries, 1958.

Puimre. Ägypt. Amunpriester und Oberbaumeister der →Hatschepsut und des →Thutmosis III. Grab in →Theben-West (II, 39), dessen Bildausstattung enge stilistische Verwandtschaft mit den Reliefs im Hatscheptsuttempel von →Der el-bahri zeigt. Die Anlage hat nur einen Quersaal, in dem die Darstellung fremder Gesandtschaften, darunter ein Kreter, bemerkenswert ist, und anschließende Nischen für die religiösen Szenen.
Lit.: W. Wolf, KÄ, 479ff.

Pultdach →Dachformen.

P'u-ming. Chinesischer Malermönch, der um die Mitte des 14. Jhs. n. Chr. das früheste erhaltene Bild der →Orchismalerei schuf.

Punktieren. In der Bildhauerkunst werden mit Hilfe verschiedener Methoden die wichtigsten Punkte von einem Modell in Ton oder Gips auf den Materialblock (Stein, Holz), aus dem das Bildwerk entstehen soll, übertragen. Hierzu benutzt man eine Punktiermaschine oder einen Tasterzirkel.

Punktiermanier, Punzenmanier. Verfahren des Kupferstichs, bei dem die Zeichnung durch Punkte mit einer Punze oder mit einem mit Punktreihen versehenen Rädchen (→Roulette) hergestellt wird. Die P. fand vor allem im 18. Jh. in England Anwendung.

Punktreihen. Reihen eingeritzter oder gemalter ,,Punkte" kommen in zahlreichen Höhlen der →Älteren Steinzeit vor, ihre Bedeutung ist umstritten.

Punt. Weihrauchland an der Küste des Somalilandes, in der →ägypt. Kunst (→Der el-bahri) als Ziel einer Expedition der Königin →Hatschepsut mit landschaftlichen und ethnographischen Details dargestellt. Berühmt ist das Reliefbild der fettleibigen Fürstin von P., deren Krankheitserscheinungen treffend beobachtet und wiedergegeben sind.
Lit.: W. Wolf, KÄ, 475ff.; E. Brunner-Traut, Ägypten, 469ff.

Puri. Ostwest-Achse des Wallfahrtstempels Dschaganatha.

Punzbuckelzier. Dünnwandige Metallgefäße vorgeschichtlicher Zeit (zum Beispiel aus Gold, wie bei Funden von →Zürich-Altstetten) wurden gelegentlich durch plastische Buckel verziert, die man durch →Treibtechnik von der Innenseite her fertigte.

Punze. Stahlstift zum Treiben und Verzieren von Metallen (auch Leder), die auf eine plastische Unterlage (Kitt, Pech) gelegt werden. Das Werkzeug wird sowohl bei Kunstschmiedearbeiten als auch beim Kupferstich verwendet. Dabei kann die P., je nach Bearbeitungsweise, verschieden geformten Querschnitt haben.

Punztechnik. Bereits in vorgeschichtlicher Zeit bekannte Methode, besonders gehärtete Metallstäbchen mit verschieden geformten Enden zum Treiben (→Treibtechnik) dehnbarer dünner Metalle, aber auch zur Verzierung (→Punzbuckelzier) zu verwenden (Goldschale von →Zürich-Altstetten).

Puri. Küstenstadt und traditioneller indischer Wallfahrtsort in Orissa. Auf eine Gründung der Wende vom 1. zum 2. Jahrtausend geht der Dschaganatha-Tempel zurück, während in späteren Jahrhunderten immer neue Tempel und Residenzbauten besonders längs der Prozessionsstraße entstanden. Auf dem Wege nach Konarak fährt man über die Atharanala-Brücke, deren Kragebau-Konstruktion auch aus dem Beginn des 2. Jahrtausends stammen soll.

Purismus nennt man in der Kunstgeschichte das Bestreben, Kunstwerke stilrein zu machen. Besonders im 19. Jh. war der P. sehr verbreitet, als man gotische Kirchen ihrer barocken Ausstattung beraubte und durch neugotische ersetzte, in dem Glauben, Kunstwerke müßten von stilistisch späteren Zutaten befreit werden. In der neueren Kunst wurde eine puristische Strömung durch das 1918 von A. →Ozenfant und →Le Corbusier veröffentlichte Manifest „Après le cubisme“ begründet. Nach diesem Manifest, das sich mit dem →Kubismus kritisch auseinandersetzt, sollten das Experiment und die Phantasie zugunsten reiner architektonischer Formen ausgeschaltet werden. Zielte diese Richtung ursprünglich auch hauptsächlich auf eine Neuorientierung der Malerei, so hat sie doch diese nicht wesentlich beeinflußt, sondern hauptsächlich in der Architektur Le Corbusiers und seiner Schüler ihren Niederschlag gefunden.

Purpurlüster →Lüster.

Purrmann, Hans. Deutscher Maler. Geb. 1880 in Speyer, gest. 1966 in Basel. In München studierte er bei F. v. →Stuck und Hackl (1900–05), wandte sich dann aber nach Paris, wo er 1906–14 bei →Matisse arbeitete. 1916–35 lebte er in Berlin, von wo aus er Reisen nach Frankreich und Italien unternahm; 1935 emigrierte er aus Deutschland und übernahm die Leitung der Villa Romana in Florenz. – Seine Bilder zeigen gegenständliche Farbkompositionen, die Bildthemen hauptsächlich Landschaften, Stilleben und Portraits. Seine Kontinuität und seine Unabhängigkeit von Zeitströmungen der Kunst übten starken Einfluß auf jüngere, gegenständliche Maler, obwohl er nie ein offizielles Lehramt bekleidete.
Lit.: H. P., Ein Meister, ein Maler, 1949.

Puscht-i-Kuh. Gebirge im Südwesten von →Luristan, wo die Bronzestatuette des Schutzgottes einer Stadt gefunden wurde. Auf dem Rock des Schwertgegürteten, der auf dem Rücken einen Köcher trägt, bedeutsame Inschrift, die davon berichtet, daß ein assyrischer Statthalter die Kleinplastik wieder an ihren Ursprungsort zurückgebracht hat.
Lit.: R. Ghirshman, Iran I, 55ff.

Puteoli (heute Pozzuoli). Röm. Hafenstadt, seit Augustus bis zum Ende des 2. Jhs. n. Chr. neben →Ostia Haupthafen Roms und mit dieser Stadt durch eine große Straße verbunden. Neben zwei Amphitheatern, Thermen, einem Stadion und einem Theater ist ein reich ausgestattetes Kaufmannszentrum (Macellum) z. T. erhalten.

Putten (Putto, Amoretten). In der Frührenaissance nach dem Vorbild der antiken →Eroten entwickelte kleine, nackte Knabengestalten, häufig mit Flügeln versehen. Bis in die Zeit des Spätbarock und Rokoko erfreuten sich die P. in Malerei und Plastik zunehmender Beliebtheit.

Putzritzung →Ritzzeichnung.

Puuc-Region. Hügelland im Westteil des nördlichen Yucatán, im 9. und 10. Jh. überaus dichte Bevölkerung, Entstehung einer Reihe von Zentren: →Uxmal, Kabah, →Sayil, →Labná, →Chacmultun, Etzná. Die Bauten weisen sorgfältige Ausarbeitung bei der Wandverkleidung auf. Ornamentierte Fassaden – vor allem gezackte Rautenmotive – wechseln mit aufeinandergestellten, stilisierten Regengottmasken ab. Rundsäulen als Vergrößerung der Türbreite, Wechsel frei stehender Säulen mit gebündelten Halbsäulen. – In Yucatán sind in der spätklassischen Zeit 4 Kunststile unterscheidbar: Puuc, Alt-Chichen, Los Chenes und Rio Bec; hinzu kommt später der toltekische Stil von →Chichen Itzá. Ursprünglich als Zeichen einer Renaissance der Mayakultur im nördlichen Yucatán nach dem Verlassen der Klassischen Mayastädte angesehen, bilden sie jedoch eindeutig Lokalvarianten der Klassischen Zeit in Yucatán.

Putto in der Wallfahrtskirche Birnau.

Puvis de Chavannes, Pierre Cécile. Franz. Maler. Geb. 1824 in Lyon, gest. 1898 in Paris. Kurze Zeit Schüler bei H. Scheffer und →Couture, sonst Autodidakt, wobei Einflüsse von →Delacroix und Chassériau erkennbar sind. Erst 1861 gelang ihm die Anerkennung mit zwei Allegorien (Krieg und Frieden). Von da an schuf er in großer Zahl Wand- und Raumdekorationen, deren berühmteste die Wandbilder für das Panthéon in Paris mit der Legende der hl. Genoveva sind (1874–78), und in der Sorbonne 1887 eine Allegorie der Wissenschaften. In diesen großflächigen Kompositionen entwickelte P. einen monumental-dekorativen Stil, wobei die Figuren klar umrissen, flächig gesehen, in edler Haltung in einer stimmungsvollen Landschaft gegeben sind. Die Farben sind zart und fein abgestuft vor silbrig-grauem Hintergrund.
Lit.: Thieme-Becker; Declairieux, P. et son œuvre, 1928.

Puy, Jean. Franz. Maler. Geb. 1876 in Roanne (Loire). Begann an der Ecole des Beaux-Arts in Lyon mit einem Architekturstudium, wechselte dann jedoch in das Malatelier von Tony Tellet ebda. 1898 ging er nach Paris, wo er in der Académie Julian Schüler von J. P. →Laurens und →Carrière war. Unter dem Einfluß von →Matisse überwand er den Impressionismus und gelangte zu einem gemäßigten Kubismus. Schloß sich den Indépendants an. – P. bevorzugte Landschaften (Bretagne und Loire), in Paris entstanden auch figürliche Kompositionen.
Lit.: Thieme-Becker; H. Vollmer, Künstlerlex. d. 20. Jhs.

Puzur Ischtar. Statthalter von →Mari, dessen Dioritstatuenpaar im Schloßmuseum von →Babylon gefunden wurde, wahrscheinlich von →Hammurabi nach der Eroberung von Mari als Siegestrophäe entführt. Das mehrfach umgeschlagene Fransengewand, dessen schräggeführter Wellensaum den gedrungenen Körper mit reichem Dekor umfängt, steht ebenso in neusumerischer Kunsttradition wie ein als zugehörig erkannter Kopf mit ornamental gebildetem Bart und die von einer einfachen Hörnerkrone umfaßte Kappe. Die Kopfbedeckung weist auf Vergöttlichung.
Lit.: E. Strommenger, Mesopotamien, 83; A. Parrot, Sumer, 386; H. Potratz, KAO, 190ff.

Pygmalion. Bei Ovid erwähnter griech. Künstler (König von Cypern), der sich in eine von ihm geschaffene Elfenbeinstatue eines Mädchens verliebte. Auf seine Bitte hin verwandelte Aphrodite die Statue in ein lebendes Wesen. – Vor allem die Barockmalerei bediente sich wiederholt dieses Themas.

Pylon. Bezeichnung für die seit dem Mittleren Reich nachweisbaren ägypt. Tempeltoranlagen mit zwei geböschten Rechteck-Türmen beiderseits des von einer Hohlkehle bekrönten niedrigeren Eingangs. Die Nischen in der Vorderfront des P. waren für Flaggenmaste aus Zedernholz bestimmt. Bei der Ausweitung von Tempelbezirken wurden vor den Zusatzanlagen neue P.e errichtet, so daß in →Karnak sechs P.e hintereinander liegen.
Lit.: W. Wolf, KÄ, 312ff., 412ff., 544ff.; E. Brunner-Traut, Ägypten, 162f.

Pylos. Griech. auf dem Peloponnes gelegene Ortschaft, in deren Nähe umfangreiche Anlagen mykenischer Zeit gefunden wurden. Neben zahlreichen Kuppel- und Kammergräbern dieser Gegend ist vor allem ein 1939 entdeckter großer mykenischer Herrensitz, wahrscheinlich der Palast Nestors, von Bedeutung. Die gesamte, ca. 90×170 m umfassende Anlage stand auf einer sehr steil ansteigenden und somit natürlich geschützten Erhebung, die bereits in mittelhelladischer Zeit (ca. 1. Hälfte des 2. Jahrtausends v. Chr.) besiedelt war. Nur die westliche Hälfte dieses Platzes wurde durch den Palast eingenommen, während der übrige Teil – wie in →Tiryns – wohl als Fliehburg diente. Der Hauptkomplex mit dem reich ausgestatteten Megaron, dem ein Propylon

Pylos, Eingang (Dromos) eines mykenischen Kuppelgrabes, 13. Jh. v. Chr.

und Hof vorgelagert ist, war – wie erhaltene Treppen zeigen – zweigeschossig. In klarer Gliederung schließen sich Korridore, Magazine und Nebenräume an. Der Palast stammt aus der Spätphase mykenischer Kultur (nach 1300 v. Chr.) und brannte um 1200 v. Chr. nieder. – Lit.: Kirsten-Kraiker, Griechenlandkunde, 430ff., 1962.

Pyramiden. Mit P. bezeichneten die Griechen die charakteristische Form monumentaler Königsgräber →ägypt. Kunst in Anlehnung an den für eine bestimmte Brotform üblichen Ausdruck (pyramous). Die Entwicklung der P. beginnt mit den Königsgräbern von →Abydos, unterirdischen, stetig erweiterten Kammeranlagen mit Sandhügel, vor dessen Ostseite sich die Opferstelle mit Steinstelen befand. Diese nomadische Form wird mit der →Mastaba aus Ziegelsteinen der seßhaften Niltalbevölkerung vereinigt. Schon in Abydos ist das Anfügen eines Statuenpalastes und eines Tempels für den Nekro-

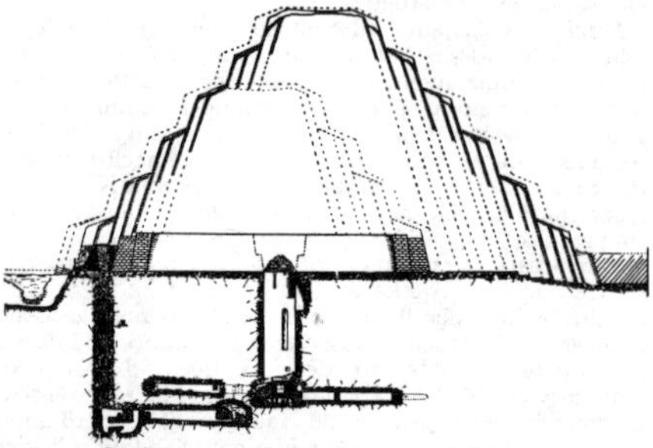

Stufenpyramide des Djoser in Sakkara; Schnitt in O/W-Richtung.

polengott gesichert, womit die drei Hauptteile einer P.-Anlage gegeben sind. Eine wichtige Neuerung brachte der Bau der P. →Djosers in →Sakkara, wo die bisher in Holz, Rohrmatten und Ziegel errichteten Bauten in Stein umgesetzt und alle Anlagen in einem Komplex mit dem Grabbau als Mitte vereinigt wurden. Der traditionelle Hügel wurde vergrößert und stufenförmig überhöht, so daß er die umgebenden Bauten mitsamt der Umfassungsmauer überragte. Damit war der entscheidende Schritt zur charakteristischen P.-Form getan. Der weitere Weg ist durch die P. von →Medum, →Dahschur, →Gizeh und →Abusir gekennzeichnet. Die Anlagen von →Gizeh mit der durch den →Osiris-Kult bedingten Erweiterung (Taltempel, Aufweg und Totentempel an der Ostseite der P.) bilden den monumentalen Höhepunkt des Baugedankens, der hier seine klassische Form erreicht. Seit dem Ende der 4. Dyn. verliert die Grabform unter dem Einfluß des →Re-Glaubens allmählich an Bedeutung. Sie behauptet sich noch im Mittleren Reich (→Der el-bahri, →Lischt, →Dahschur, →Illahun und →Hawara). Im Neuen Reich bricht →Amenophis I. mit der Tradition durch die Anlage eines geheimen Felsengrabes. Lediglich Privatgräber in →Theben-West sind noch mit Ziegel-P. ausgestattet. Dagegen leben die P. als Grabform bei den →Äthiopen-Königen im nubischen →Napata und Meroe bis zum Untergang des Reiches um 350 n. Chr. weiter, angeregt durch die Eroberung Ägyptens im 8. Jh. v. Chr. Ägypt. Einfluß bestimmt auch die vor 12 v. Chr. errichtete →Cestius-P. in Rom, wo sich noch eine größere, später als Grab des Romulus bezeichnete, schon im 10. Jh. n. Chr. abgerissene P. befand.
Lit.: W. Wolf, KÄ, 48ff., 112ff., 303ff., 557f.

Pyramidendach. Pyramidenförmiges Dach.

Pyrgoi. Antike Hafenstadt von →Caere. Die seit 1957 durchgeführten Ausgrabungen brachten bedeutende Reste eines 386 v. Chr. zerstörten und ausgeraubten Heiligtums einer Göttin, die Leukothea oder Eileithyia genannt wurde. – Seit 191 v. Chr. war P. röm. Kolonie. Aus dieser Phase stammt das in ein mittelalterl. Kastell verbaute Polygonalmauerwerk. Neben zahlreichen Architekturterrakotten wurden von dem Heiligtum ein frühklassischer Tempel (Anfang 5. Jh. v. Chr.) und Teile von dessen Giebelplastiken in Terrakotta gefunden. Sie zeigten den Kampf der Götter gegen die Giganten.

Pyrgoteles. Griech. Gemmenschneider, der z. Zt. Alexanders d. Gr. so großen Ruhm genoß, daß dieser sein Portrait von P. in Stein geschnitten bestellte. – Mehrere mit der Signatur des P. versehene Gemmen sind bekannt, jedoch haben sich diese Werke als Fälschungen erwiesen.

Pythagoras. Griech. Erzbildner des 5. Jhs. v. Chr.

In erhaltenen Signaturen bezeichnet er sich als Samier, ist aber 494 v. Chr. nach dem unteritalischen Rhegion ausgewandert und arbeitete hauptsächlich für Auftraggeber aus diesem Gebiet. Seine Schaffenszeit fällt in die Epoche des →Strengen Stils und reicht von ca. 480–450 v. Chr. In Nachbildung ist von seinem Œuvre, das in erster Linie Statuen von Olympioniken umfaßte, nur ein hinkender Philoktet erhalten. Außerdem verschiedene Zuschreibungen.
Lit.: G. Lippold, Handb. d. Archäologie, V, 124f., 1950.

Pytheos. Griech. Architekt und Bildhauer des 4. Jhs. v. Chr., wahrscheinlich aus →Priene. Nach seinen Entwürfen ist der Athena-Tempel von Priene und das berühmte Mausoleum von →Halikarnassos erbaut worden. Als Bildhauer hat er die den Grabbau des Maussollos bekrönende Quadriga geschaffen, von der originale Reste erhalten sind (London, Brit. Mus.).
Lit.: G. Lippold, Handb. d. Archäologie, V, 254, 1950.

Python. Griech. Töpfer der attischen Schule, tätig vom Ende des 6. Jhs. v. Chr. bis gegen 470. Hauptsächlich Schalen entstanden in seiner Werkstatt, deren früheste Stücke von →Epiktet, die späteren von →Duris in rotfiguriger Technik bemalt wurden.
Lit.: H. Bloesch, Formen attischer Schalen, 96ff., 1940.

Pyxis. Kästchen aus Holz, Metall oder Elfenbein. Die Form kann rund oder viereckig sein. Sie ist mit einem Deckel verschlossen und diente zur Aufbewahrung von Reliquien, später auch von Hostien. – In der griech. Antike ist die P. seit geometrischer Zeit in Keramik bekannt.

Q

Qal'a-i-Duchtar. „Schloß der Tochter", Ruine der befestigten Residenz →Ardaschirs I. bei →Firuzabad.

Qalat Schergat. Ruinenstätte des alten →Assur.

Qasr (arabisch „Schloß", vergleiche auch chirbet). In der islam. Architekturgeschichte ist Q. die Bezeichnung für Schloßanlagen aus dem 8./9. Jh. im arabisch-islam. Raum vom Iraq über Syrien und Nordafrika bis Spanien. Die von einer bewehrten Mauer umschlossene Anlage schließt Höfe, Wohn- und Repräsentationsräume, Bäder, gelegentlich auch einen →Han oder Tiergehege ein. Unter der omeyadischen Herrschaft in Spanien geht die Bezeichnung in den dortigen Sprachgebrauch über als alcazar (Sevilla, Segovia). Auch im Iran werden die eroberten Plätze sasanidischer Schloßanlagen in der Folge als Q. bezeichnet (Q. i Schirin). – Von besonderer Bedeutung für die kunst- und kulturgeschichtliche Stellung der Omeyaden sind mehrere außerhalb der Hauptstädte erhaltene Schloßbauten durch ihre einzigartige großformatige historische Malerei und Skulptur. In Quseir Amra (711–15), einem Badeschloß mit Empfangstrakt, wurden Freskomalereien mit dem Kalifen als Beherrscher der Welt und als König der Könige gefunden sowie Jagdmotive und Tänzerinnen. Eine weitere omeyadische Residenzanlage mit mehreren Höfen ist Q. et-Tuba im Ost-Jordanland. Aus der ersten Hälfte des 8. Jhs. stammt Q. el Hair al Gharbi in Kastellform mit bedeutenden Stuckreliefs an der Fassade (Kalif Hischam im Torbogen) und im Innenhof sowie symbolischen und genrehaften Fußbodenmalereien byzant. und sasanidischer Maltradition. Hier wie in Chirbet el Mefjer bezeugt die bemalte, hochplastische Ausstattung mit Stuckfiguren und Ornament, daß in omeyadischer Zeit keine grundsätzlich figurenfeindliche Einstellung das künstlerische Programm der Ausstattung beeinflußte. Eindrucksvoll dokumentiert sich vielmehr die Übernahme des byzant.-iranischen Repräsentationsstils. Ein ebenfalls in Syrien gelegenes Schloß mit Jagdgehege ist Q. el Hair al Scharki. – Noch in der abbassidischen Residenz Samarra werden die einzelnen Schloßbauten außerhalb der Stadt Q. genannt, Q. el Arus und Q. el Ashiq, von denen Ruinen erhalten sind.
Lit.: A. Musil, Quseir Amra, 1907; W. Hamilton, Chirbet el Mafjar, 1959.

Qibla. Die Q. bezeichnet die Richtung nach Mekka, wie sie der Prophet Mohammed beim Gebet seit 624 eingenommen hat. Ihre Bestimmung ist seitdem notwendige Voraussetzung zur Gebetsausübung. Alle Moscheen der islam. Welt sind mit ihrer Stirnwand daher geographisch genau nach Mekka ausgerichtet. Zum Bau einer Moschee oder auf Reisen war daher die Bestimmung dieser Richtung mit Hilfe eines Astrolabs z. B. von entscheidender Bedeutung. Wurden mit dem Vordringen des Islam christliche Kirchen in Syrien, byzant. Kirchen in Kleinasien, Feuerheiligtümer im Iran oder Jaina-Tempel in Indien als Moschee verwendet, legte man die Q.-Seite gewissenhaft fest, notfalls mit Hilfe einer eingezogenen „Mekka-Wand". Die Q.-Wand der Moschee ist akzentuiert durch den →Mihrab, die architektonisch und symbolisch gestaltete Stelle, die der Prophet durch Einstoßen seiner Lanze zu kennzeichnen pflegte.
Lit.: Wensinck und Kramers, Handwörterbuch des Islam, 1941.

Quader. Werkstein mit eben zugehauenen Stoß- und Lagerflächen.

Quadratischer Schematismus →Gebundenes System.

Quadratnetz. Ein Netz von Quadraten, das zur →Quadrierung über eine Entwurfszeichnung gelegt wird.

Quadratnetzsystem. Hilfslinien für die proportionsgerechte Herrichtung von Figuren im Werkverfahren der →ägypt. Kunst.
Lit.: W. Wolf, KÄ, 285ff.

Quadratur. Die Festlegung konstruktiv wichtiger Punkte in der Architektur, vor allem bei der Grundrißgestaltung, mit Hilfe der Grundfigur des Quadrats. Häufig verwendet besonders im Mittelalter. Ein Musterbeispiel ist das roman. →gebundene System. Durch Ineinanderzeichnen mehrerer Quadrate entstehen zum Teil verwickelte Figuren, etwa der →Achtort u. a., die als Proportionsschlüssel, vor allem in der got. Baukunst, eine wichtige Rolle gespielt haben sollen.
Lit.: M. Velte, Die Anwendung der Q. und Triangulatur bei der Grundriß- und Aufrißbildung got. Kirchen, Basler Studien zur Kunstgeschichte 8, 1951.

Quadraturmalerei. Bezeichnung für die perspektivische Architekturmalerei, die die Wand oder Decke eines Innenraumes durch illusionistische Architekturausblicke optisch erweitern soll. →Mantegna hat die Q. entwickelt, die vorerst hauptsächlich auf Italien beschränkt blieb und erst im 18. Jh. in Deutschland im Bühnenbild und in der Deckenmalerei Verwendung fand. – Als Vorläufer der Q. können die Wände des 2. und 3. Stils von →Pompeji angesprochen werden.

Quadrierung. 1) Als Q. bezeichnet man das Überziehen einer Entwurfszeichnung mit einem Quadratnetz, um somit eine maßstabsgleiche Übertragung auf ein anderes Format zu ermöglichen. Vor allem für die monumentale Wandmalerei war dieses Verfahren, da hierbei keine originalgroßen Entwürfe hergestellt werden konnten, von großer Bedeutung. – **2)** Auch die Nachahmung von Quadermauerwerk, indem man im Putz Scheinfugen zieht, wird Q. genannt.

Quadriga. Lat. Bezeichnung für ein Viergespann, wie es in der griech. und röm. Kunst bei Szenen von Wagenrennen und Triumphzügen dargestellt wurde. – Der →Klassizismus nahm dieses Motiv wieder auf und verwendete es als denkmalsartige Einzeldarstellung (z. B. Q. von G. →Schadow, Berlin, Brandenburger Tor).

Quattrocento. Italien. Abkürzung für 1400, gleichbedeutend mit 15. Jh. Im kunstgeschichtlichen Sprachgebrauch bezeichnet Q. das Zeitalter der Frührenaissance (ab ca. 1420).

Qubba (auch Kubba). Im Wortsinn eigentlich „die Kuppel", bezeichnet im engeren kunsthistorischen Zusammenhang den Kuppelbau des Felsendomes (Q. es Sahra, fälschlich Omar-Moschee genannt) auf dem Tempelplatz (Haram) in Jerusalem, der im Jahr 691 als Wallfahrtszentrum über dem heiligen Felsen erbaut wurde. –

Im weiteren Sinn wird jede Kuppel über einem Heiligtum „Qubba" genannt, z. B. auch überkuppelte Grabbauten frommer Persönlichkeiten in Nordafrika, die vom Volk verehrt werden. Im Iran entspricht das dem Imam-Zadeh, Grabbauten der Nachkommen der Imame. – Als Q. wird in vorislam. Zeit das Zeremonialzelt bezeichnet, das das Stammesheiligtum, oft einen Stein, birgt und das bei entscheidenden Stammesunternehmungen Mittelpunkt ist. Ein solches, von einem Kamel oder einem Vogel getragenes Zeremonialzelt ist in frühislam. Zeit noch in Lüsterfayenceschalen dargestellt. Ein Rest dieses Brauchs ist in islam. Zeit (seit dem 13. Jh.) das Mitführen des Mahmal in der Karawane der Mekkapilger (Hadj), eines von einem Kamel getragenen Zeltes, das einen Koran birgt.
Lit.: J. Walker, in: Enzyklopaedie des Islam, 1927.

Quedlinburger Itala. In Quedlinburg wurde das sogen. Italafragment entdeckt. Um 380–390 entstanden. 12 Illustrationen zur Geschichte Sauls, Davids und Salomos. Unzialhandschrift. Bilder gehören in die Zeit des sogen. schönen Stils.
Lit.: H. Degering - A. Boeckler, Die Quedlinburger Italafragmente, 1932.

Queensware. Seit 1765 von J. →Wedgwood hergestelltes, neu erfundenes, gelbliches Steingut, das für ein Teegeschirr der engl. Königin erstmals verwendet wurde.

Quellinus. 1) Artus d. Ä. Niederl. Bildhauer. Geb. 1609 in Antwerpen, gest. 1668 ebda. Q. war der bedeutendste niederl. Bildhauer des Barock. Seine üppig kraftvollen Figuren sind plastisches Gegenstück zu dem malerischen Werk P. P. →Rubens. Er wurde ausgebildet in Italien bei →Duquesnoy, dort empfing er auch Anregungen von →Bernini. Das Hauptwerk Q.s findet sich in Amsterdam, wo er 1650–64 den plastischen Schmuck des Rathauses (königl. Pal.) schuf. Ferner schuf er Bildnisbüsten (de Graeff, Bürgermeister von Amsterdam, 1661), mythologische Gestalten, Heiligenfiguren u. a. – **2)** Artus d. J., Neffe von 1). Geb. 1625 in St. Truyen, gest. 1700 in Antwerpen. Schüler seines Onkels Q. d. Ä. und Gehilfe desselben am Rathaus in Amsterdam. Er arbeitete meist in Belgien – Mecheln, Gent, Brügge – und vorzugsweise kirchliche Kunst.
Lit.: J. Gabriels, A. Q. de Oude, 1930.

Queluz bei Lissabon. Die Sommerresidenz der portugiesischen Könige ist in einem Mischstil einheimischer und französischer Formvorstellungen von M. V. Oliveira um 1750 erbaut. Q. entfaltet vor allem nach dem Garten einen hohen malerischen Reiz im Wechsel niedriger Flügel und originell pointierter Giebel.
Lit.: Baukunst des Barock in Europa, 1961.

Quercia, Jacopo della. Italien. Bildhauer. Geb. 1364/74 wahrscheinlich in Quercia Grossa bei Siena, gest. 1438 in Siena. Die künstlerische Herkunft Q.s ist ungeklärt, sie ist wohl in der Holzschnitzkunst zu suchen. Die erhaltenen, ihm zuzuschreibenden Werke sind, mit Ausnahme eines Bronzereliefs (Taufbrunnen von S. Giovanni in Siena um 1430), alle aus Stein. Es sind Architekturplastiken, Reliefs für Kirchenausstattungen und Liegefiguren (Grabmal der Ilaria de Caretto, 1406, Dom zu Lucca). Freistatuen hat Q. noch nicht geschaffen. – Die Hochschätzung Q.s bei den Zeitgenossen spiegelt sich in der Teilnahme an dem Wettbewerb um die 2. Tür des Baptisteriums in Florenz, 1401, zusammen mit →Ghiberti – der den Auftrag erhielt – und →Brunelleschi. Q., der am Übergang von der Gotik zur Frührenaissance steht, zeigt seine reifste Arbeit an den Hochreliefs der Fonte Gaia in Siena (1409–19, mit Madonna mit Kind; Tugenden und biblische Legenden).
Lit.: L. Biagi, J. della Q., 1946; A. C. Hanson, J. della Q.s Fonte Gaia, 1965.

Quergurt. Der das Gewölbe einer Basilika von Wand zu Wand unterfangende Bogen, ansetzend jeweils oberhalb sich gegenüberliegender Stützen (Pfeiler, Säule); auch →Gurtbogen genannt.

Querschiff, Querhaus. Der zwischen Langhaus und Chorpartie einer mittelalterlichen →Basilika eingeschobene, deren Längsrichtung durchquerende Bauteil, meist seitlich über die Bauflucht vortretend. Die Kreuzungsstelle heißt →Vierung. Das Q. kann ein-, zwei- oder dreischiffig sein. Es kommen auch zwei Q.e vor (z. B. →Cluny III). In der Gotik kann das Q. fortfallen.

Quimbaya. Einer der schönsten Stile der kolumbischen Metallarbeiten im mittleren Caucatal. Meist großer, massiver Guß, wobei Flaschen und Figuren typisch sind.

Quirigua. Eine der kleineren Klassischen Mayastädte, die aber zu den bedeutendsten Werken zählende Steinplastiken besitzt, politisch mit →Copan verbunden. Höhepunkt im 8. Jh., gehört der Hauptphase des Klassischen Mayastils an. Zwölf skulptierte Stelen, darunter Stele E (771) größter von den Maya bearbeiteter Steinblock (65 t Gewicht, Höhe über 10 m). 4 tiergestaltige Großplastiken; Zoomorph P – auch „Große Schildkröte" genannt – gilt als eine der schönsten Mayaskulpturen, voll verworrenem, schwer analysierbarem Symbolismus. Eine Gestalt sitzt im Rachen eines kauernden drachenartigen Ungeheuers, dessen Körper mit Schnörkeln und Hieroglyphenfeldern bedeckt ist (Größe 3:3,50:2,20 m, 795 datiert). Q. weist die schönstgearbeiteten Hieroglyphenformen auf, drei Monumente tragen Hieroglyphen in Vollfigurform (überhaupt nur 7 Beispiele bekannt). Die Härte des Steins erlaubte nur einfacheren Zierat, die Werke erhalten dadurch Würde und Vornehmheit.

Qum-Qum. Das Q. ist ein Behälter für Rosenwasser oder anderes Parfum mit enger Spritzöffnung zum Versprengen von Essenzen, speziell syrische Gläser des 13.–15. Jhs. Ihrem niedrigen, kugelförmigen, oft an zwei Seiten flachgedrückten Körper sitzt ein hoher, spitz zulaufender Hals auf. Das farblose Glas ist bei den wertvolleren Stücken mit farbigem Arabesk- oder Tierornament in Emailmalerei geschmückt.
Lit.: C. J. Lamm, Mittelalterliche Gläser, 1930.

Qutb Schahi. Islam. Dyn. und Bauherren des 17. Jhs. im Dekkhan mit den Hauptstädten →Haiderabad und →Golkonda.

R

Rabirius. Röm. Architekt, tätig in der 2. Hälfte des 1. Jhs. n. Chr. in Rom. Wahrscheinlich war er am Bau des großen Flavierpalastes auf dem →Palatin in Rom beteiligt.

Rabula-Codex. 584 von dem Mönch Rabula im Kloster Zagba in Mesopotamien geschrieben und illustriert. Seit 1497 in der Bibliotheca Laurentiana Florenz. Neben ganzseitigen geschlossenen Darstellungen, wie Kreuzigung, Himmelfahrt, Pfingsten, Wahl des Matthias, Thron Christi zwischen Heiligen, auch Miniaturen in sehr kleinem Maßstab, 60 an der Zahl. Diese befinden sich am Rand von Kanontafeln, in deren Kolumnen die Evangelien durch griechische Zahlen angezeigt zu werden pflegten. Die Arkaden der Kanontafeln sind reich geschmückt. Die erwähnten Marginalien enthalten zumeist Darstellungen aus dem Neuen Testament.
Lit.: C. Cecchelli, Evangeliarii syri volgo Rabulae, 1959.

Radfenster →Fenster.

Radha. Mythologische indische Hirtin, Gespielin des Gottes →Krischna.

Radierung. Vom Kupferstich abgeleitete graphische Technik. In ihren Anfängen geht die R. in das frühe 16. Jh. zurück und hatte ihren Ursprung in der Ätzung von Waffenverzierungen. – Die frühesten R.en wurden mit Hilfe von Eisenplatten durchgeführt. Im 17. Jh. erreichte die R. durch →Rembrandt ihre höchste Blüte und stand nun als künstlerisches Ausdrucksmedium gleichrangig neben Kupferstich und →Holzschnitt. Gleichzeitig entstand in den Niederlanden die Farbradierung, während →Goya in der 2. Hälfte des 18. Jhs. die R. durch die Hell-Dunkel-Töne der →Aquatinta-Technik bereicherte. – Vor allem M. →Klinger und der →Impressionismus trugen zu einer Neubelebung der R. im späten 19. Jh. bei.

Radschghat →Benares.

Radschgir. Ausgedehnte Ruinen nahe der gleichnamigen Siedlung in Bihar. Die Geländefestung mit einer Wehranlage in Zyklopenmauerwerk geht auf die Mitte des 1. Jahrtausends v. Chr. zurück. Im Mittelalter und in neuerer Zeit errichteten Buddhisten und Dschainas hier Kultplätze.
Lit.: M. H. Kuraishi u. a., R., 1956.

A. Altdorfer, Pokalentwurf, Eisenradierung (München, Staatl. Graphische Sammlung).

Radschputana oder Radschasthan. Kunstlandschaft im Nordwesten Indiens mit frühmittelalterl. Tempelstädten wie →Osia und späteren lokalen Fürstentümern während der Mogulzeit wie →Udaipur. Älterer Sammelbegriff für die Malschulen des 16.–19. Jhs. mit ihren Untergruppen von →Bundi, →Kotah usw.
Lit.: Coomaraswamy, Geschichte, 142.

Raffael, eigentlich Raffaello Santi. Italien. Maler und Architekt. Geb. 1483 in Urbino, gest. 1520 in Rom, wurde im Pantheon beigesetzt. Gegen 1500 trat er in die Werkstatt →Peruginos in Perugia ein; 1504 wandte er sich nach Florenz und studierte systematisch die älteren und zeitgenössischen Meister (→Leonardo, →Fra Bartolommeo). 1508 endlich übersiedelte er nach Rom, gelangte dort schnell zu höchstem Ruhm und wurde 1515, nach dem Tode →Bramantes, Baumeister von St. Peter und Präfekt der Altertümer. – In R. spiegelt sich das Wesen der Hochrenaissance am reinsten und vollkommensten. Ausgehend vom Lyrismus Peruginos, gelangt er zu einer sehr eigenen, harmonisch geschlossenen, dabei großzügigen, lebendigen und verinnerlichten Form. Am deutlichsten ist diese Wandlung erkennbar an dem Bild der „Sposalizio“ von 1504 (Mailand, Brera), das in der Komposition sich bis in Einzelheiten an das gleichnamige Werk des Lehrers anlehnt. – In Florenz streift er die speziell umbrische Note ab und gewinnt in der Adaptierung der Eigenheiten von italien. Meistern aller Provinzen ein die ganze italien. Malerei umfassendes Format. Hier entstehen auch die ersten der berühmten R.-Madonnen: Madonna aus dem Hause Tempi, um 1505 (München, Pinakothek), Madonna mit dem Stieglitz (Florenz, Uffizien). – 1508 ruft ihn der Auftrag von Papst Julius II., die →Stanzen im Vatikan mit biblischen und historisch-allegorischen Fresken auszumalen, nach Rom. Er entfaltet hier seine letzte Reife, zugleich verliert er sich in einem ausgedehnten Werkstattbetrieb. Die Hauptzyklen in den Stanzen sind die der Segnatura (1509–11) mit der „Disputa“, „Schule von Athen“ und „Parnass“, und die der Stanza d'Eliodoro (1511–14) mit der Vertreibung Heliodors (schon z. T. von seinem Schüler S. del →Piombo ausgeführt). Diese beiden Zyklen sind in ihrer neuartigen Bildform, die die Hochrenaissance hinter sich läßt, für die spätere Malerei von besonderer Bedeutung. Die Scala del'Incendio hat R. dann nur noch entworfen, die Ausführung überließ er den Schülern. – Ganz im antiken Geist gedachtes, heiter-weltliches Werk sind die Fresken der Villa Farnesina (1514f.), die aber auch nur in Teilen eigenhändig von ihm gemalt sind (Triumph der Galathea). – Neben diesen großen, die ganze Kraft R.s in Anspruch nehmenden Aufträgen entstand eine Fülle von Tafelbildern, deren berühmteste die Sixtinische Madonna (um 1516, Dresden, Gal.) und die Papstbildnisse von Julius II. (1511/12, Florenz, Ufficien) und Leo X. (1517f., ebda. Pal. Pitti) sind. Besonders letztere sind hervorragende Beispiele der Bildniskunst. – R.s Bauleistungen werden sehr unterschiedlich beurteilt. Er war kein Baumeister, und so ist anzunehmen, daß sich seine Anteile an der Villa Farnesina und der

Raffael, „Der Parnaß“ (Rom, Vatikan, Stanzen).

Villa Madama, beide in Rom, ebenso wie am Petersdom auf Entwürfe und Ideen beschränken.
Lit.: H. Grimm, R. S., 1927; W. E. Suida, R. S., 1948; O. Fischel, R., 1948 (engl.); U. Middledorfer, R. Drawings, 1946; N. Pevsner, Europäische Architektur, 1957.

Raffaëlli, Jean François. Franz. Maler, Graphiker und Bildhauer. Geb. 1850 in Paris, gest. 1924 ebda. Kurze Zeit Schüler bei J. L. →Gérôme. Stärker war der Einfluß der Impressionisten, unter ihnen besonders der von →Monet. Er wurde bekannt als einer der Maler der Landschaft um Paris und seiner Volkstypen, die er charakteristisch zu treffen verstand. Durch eine ihm eigene Art des Auftrages von Farbtupfen wußte er seine Bilder

lebendiger zu gestalten; dieselbe Technik übertrug er auch auf seine Farbradierungen.
Lit.: Thieme-Becker.

Ragamala. Die 36 Ragas und Raginis sind Tonweisen, mit denen die Inder durch Instrumental- oder Vokalmusik verschiedene Seelenstimmungen schildern. In der Miniaturmalerei vom frühen 17. Jh. an werden sie durch Landschaft, Figuren von Tieren und Menschen oder bestimmte Handlungen, den R.-Bildern, symbolisch ausgedrückt und häufig durch Hindi-Verse erläutert.
Lit.: O. C. Gangoly, Ragas and Raginis, 1934.

Raghe. Rey nahe Teheran ist die Stätte des alten R., des westlichsten Missionszentrums der Reform →Zarathuschtras, berühmt durch sein Feuerheiligtum (→Feuertempel). Auf alte Besiedlung weisen Funde bemalter Keramik des 4. Jahrtausends v. Chr., deren Motive (Tänzerfiguren) Beziehungen zum Zweistromland zeigen.
Lit.: H. H. von der Osten, WP, 115, 122, 128; S. Nyberg, RAI, 493; A. Parrot, Sumer, 52.

Rahl, Carl. Österreich. Maler, Radierer und Kupferstecher. Geb. in Wien 1812, gest. ebda. 1865. Schüler der Wiener Akademie und der in München und Stuttgart. Ging 1836 nach Rom und wurde dort Mitglied der Deutschen Künstlervereinigung. Seit 1850 wieder in Wien, wo er eine Malschule leitete (berühmter Schüler →Eisenmenger) und 1863 Prof. an der Akademie wurde. – Durch seine kraftvolle Art der Schilderung historischer Ereignisse bereitete er H. →Makart den Weg. Große Bedeutung kommt R. durch seine Fresken zu (technisch meist von Eisenmenger, Griepenkerl und Lotz ausgeführt). Allein für Th. →Hansen malte er in Wien in der Griechischen Kirche, im Arsenal und im Palais Todesco. Für die Universität in Athen (→Hansen, Chr.) entwarf er den Fries „Die Entwicklung der griech. Kultur" (Ausführung Lebiedsky). – In seinen Ölbildern greift R. thematisch alle Möglichkeiten auf: Portraits, Landschaften, Genre, Historisches und Religiöses.
Lit.: Feuchtmüller, Kunst in Österreich von 1860–1918, 1964.

Rahle. In der islam. Kunst bezeichnet R. ein zusammenfaltbares Lesepult, das beim Lesen in hockender Stellung am Boden benutzt wird. Besonders große und kunstvoll in Holz geschnitzte R.s wurden für Prunkkorane in Moscheen hergestellt.

Rahman, Habib. Moderner indischer Baumeister, der besonders in den übervölkerten Städten Bombay und Calcutta den Bau von Hochhäusern gefördert hat.
Lit.: Marg 17, 1963, No 1.

Rahman, Hamidur. Zeitgenössischer pakistanischer Maler, der nach Studien in Dacca, Paris, London und Florenz zu einer expressiven Gestaltung von Themen seiner orientalischen Umgebung gekommen ist.
Lit.: Cont. arts 5, 1964, No 2.

Rahmen. Bezeichnung für die Einfassung von Bildern, Spiegeln, Fenstern und Türen. In der Bildkunst gehört der R. häufig als untrennbarer Bestandteil zum Bild selbst, da er das Bild nach außen hin begrenzt und nach innen zusammenschließt. Zu unterscheiden von dem dreidimensionalen R. ist die in gleicher Fläche gegebene Umrahmung, die Bordüre oder Borte und die Randleiste. – Die Geschichte des R.s beginnt im späten Mittelalter, wo sich bei spätgot. Altarbildern architektonisch gestaltete R. finden. Mit der Renaissance setzte sich zunehmend der einfache Leistenrahmen durch, der sich lediglich durch sein Profil und durch seine Farbe vom Bildfeld absetzt. Die dabei häufig zu beobachtende Schrägführung des R.s nach innen entspricht den neuen Gedanken der →Perspektive. – In der Barockzeit wird der R. zum Gegenstand reicher, bisweilen wuchernder Verzierung. Pflanzliche Ornamente oder →Muschelwerk dienen als Zierglieder, während Gold als Farbe des R.s dominiert. Der Klassizismus brachte strengere und kühlere, häufig auch architektonisierte R., während die 2. Hälfte des 19. Jhs. wieder die Barockformen bevorzugte. – In der modernen Bildkunst wird der R. in verschiedenen Formen verwendet, wobei die glatte Leistenform vorherrscht.
Lit.: E. Evert, Der Bilderrahmen als ästhetischer Ausdruck von Schutzfunktionen, 1909.

Rahmennetz →Netzrahmen.

Rahmenstil. Bei vorgeschichtlicher →Keramik, vor allem der →Jüngeren Steinzeit: die Verzierung beschränkt sich zunächst auf tektonisch wichtige Bereiche der Gefäßkörper (Rand, Umbrüche) und bewahrt auch bei größerer Flächendeckung ihre strenge Gliederung. Beliebt sind Rauten- und Schachbrettmuster, →Umlaufstil.

Rahotep. Sohn des →Snofru (frühe 4. Dyn.). Aus der →Mastaba am Fuß der →Pyramide von →Medum stammen die lebensgroßen Sitzbilder des R. und seiner Frau →Nofret, die trotz der Trennung als geschlossene Gruppe aufzufassen sind. Die kräftige Gestalt des R. steht zu der weiblichen Zartheit in starkem Kontrast, der durch die dunkle Hautfarbe noch gesteigert wird. Die Plastik verbindet tektonisches Gefüge mit großer Lebendigkeit und vermittelt ein eindrucksvolles Bild vom energischen Geschlecht der Pyramidenbauer. Die Bildausstattung des Grabes zeigt bereits eine wachsende Bereicherung des Motivschatzes mit Darstellung von R. und Nofret am Opfertisch, Söhnen und Töchtern, Jagd-, Fisch- und Vogelfangszenen, Bootsbau und Feldarbeit, wobei die Vorliebe für bestimmte Details wichtig für die kommende Entwicklung der ägypt. Grabbildkunst ist.
Lit.: W. Wolf, KÄ, 134ff., 202f., 743.

Raimondi, Marcantonio. Italien. Kupferstecher. Geb. um 1475 in Bologna, gest. vor 1534 ebda. R. war Niellotechniker, daneben aber auch von Anfang an Kupferstecher. Früh schon zeigen sich Einflüsse →Dürers, die sich nach dessen italien. Reise verstärken. Durch das Kopieren von 74 Dürerblättern und die Übertragung von Dürer-Holzschnitten (Marienleben, Kleine Passion) in Kupferstiche hat er viel für die Verbreitung der Kenntnis der Dürerschen Kunst in Italien getan. Zusätzliche Bedeutung kommt R. durch die enge Verbindung mit →Raffael zu, dessen Kompositionen er seit 1510 in Rom stach. Da er nach Skizzen und Entwürfen arbeitete, sind uns viele unausgeführte Ideen und auch Vorstufen von ausgeführten Werken auf diese Weise überliefert.
Lit.: Hirt, Marcantonio R. und sein Stil, 1898; A. Oberheide, Der Einfluß M. R.s auf die nordische Kunst des 16. Jhs., Diss. Hamburg, 1933.

Rakshasa-Figuren. In der Steinplastik →Indonesiens häufig vorkommende dämonische Gestalten, die meist an beiden Seiten von Tempeltoren dargestellt sind. Sie sollen feindliche Mächte abschrecken, ähnlich wie die →Kala-Köpfe. Ebenso findet man die R. an →Kris-Griffen, vor allem auf →Bali.

Rama. Besondere Inkarnation des indischen Gottes →Vischnu, Held des Gedichtes Ramayana, welches in der mittelalterl. Plastik und besonders in der späteren Miniaturmalerei immer wieder illustriert wurde. Sein Helfer ist der Affenkönig →Hanuman.

Rameschwaram.
Gänge, Hallen und Torturm des Küstentempels.

Rameschwaram. Siedlung an der östlichen Küste Südindiens bei der Landbrücke nach Ceylon mit einem der größten späteren dravidischen Tempel, der als

Pilgerstätte wegen der Verbindung mit der Legende des Gottes →Rama und seiner Expedition gegen Ceylon eine besondere Tradition erhalten hat.

Ramesseum. Totentempel →Ramses II. in →Theben-West, zugleich →Amun geweiht. Die an den Tempel →Sethos I. angelehnte riesige Anlage bestand aus dem Eingangspylon mit zwei aufeinanderfolgenden Höfen, deren erster zugleich den Eingang zu einem Palast bildete. Am →Pylon zwischen beiden Höfen stand einst die sorgfältig gearbeitete Kolossalfigur →Ramses' II., deren Trümmer auf eine Höhe von 18 m weisen. Vom überhöhten zweiten Hof führten drei Treppen in eine Querhalle, an die sich der große Säulensaal schloß. Von ihm gelangte man durch zwei kleinere Vorsäle in das Allerheiligste. Die weitläufige Anlage ist ein Musterbeispiel für die Raumordnung der ägypt. Architektur der 19. Dyn. Die riesigen Wandflächen boten reichlich Platz für ausgedehnte Reliefbilder mit kultischen und historischen Szenen, unter denen die Hethiterkämpfe dominieren. Sie zeigen trotz häufiger Wiederholung sehr lebendige und einfallsreiche Einzelszenen, wobei die reichen Bewegungsstudien auffallen. Konventionell ist die Deckenverzierung mit astronomischen Motiven.
Lit.: W. Wolf, KÄ, 549f.; E. Brunner-Traut, Ägypten, 475ff.

Ramessidenzeit. Zeit der von →Ramses I. begründeten 19. Dyn. (1314–1200 v. Chr.) und der 20. Dyn. (1200–1085) mit →Ramses III.–XI.

Ramose. Ägypt. Wesir unter →Amenophis III. und IV. Das Grab in →Theben-West mit Vorhof, Säulen-Quersaal und Säulen-Längshalle, zu Beginn der Regierungszeit Amenophis IV. angelegt, ist wichtig, weil es den Stilwandel und die religiöse Wende zur →Amarna-Zeit offenbart. Wegen des frühen Todes R.s ist das Grab nur teilweise mit feinmodellierten Reliefs ausgestattet, die zu den besten der →ägypt. Kunst gehören, während andere Szenen nur gemalt sind. Letztere zeigen ekstatisch bewegte Klagefrauen im Begräbnisritual. Die Reliefs R.s und seiner Frau offenbaren in zarten, verfeinerten Reliefs sehr empfindsame Züge. Neben der konventionellen Darstellung des Königs, der neben der Göttin →Maat thront, findet sich das Bild der →Aton-Scheibe, deren Strahlenhände das Königspaar am Erscheinungsfenster des Palastes schützen. Hier ist die eigenartige Körperbildung und Gesichtsphysiognomie des Königs berücksichtigt, während sie auf dem konventionellen Relief fehlt.
Lit.: W. Wolf, KÄ, 498ff., 504ff.; E. Brunner-Traut, Ägypten, 484ff.

Ramses. Name von elf Pharaonen der 19./20. Dyn. (1314–1085 v. Chr.). Das neue Königshaus stammt aus dem Bereich der →Hyksos-Stadt Auaris und →Tanis, →Ramses-Stadt. R. I., Sohn eines Generals und Wesirs namens Sethos (→Seth) und Vater →Sethos I. Kleiner Tempel in →Abydos. Kleines Grab im Tal der Könige (→Theben-West) mit dichtgedrängten Kultszenen. R. II., Sohn →Sethos I. (1301–1235 oder 1290–1223), größter Bauherr Ägyptens (→Ramsesstadt, →Ramesseum, →Abu Simbel und andere nubische Felsentempel). Der Tempel in →Abydos, wo der Tempel →Sethos I. vollendet wird, ist der sorgfältigste und im Material kostbarste Bau aller von R. II. geschaffenen Anlagen. Die Raumfolge zeigt zwei Höfe mit zwei →Pylonen, eine erhöhte Pfeiler-Querhalle mit zwei aufeinanderfolgenden Pfeiler-Quersälen vor dem Allerheiligsten, umgeben von Kapellenräumen. Die Reliefs zeigen Kultszenen und an den Außenwänden bewegungsreiche, oft raumhaft wirkende Darstellungen aus dem Hethiterkrieg, die auf allen Bauwerken R. II. oft flüchtig, schematisch, teilweise mit dramatischen Einzelheiten, wie sie vor allem der Ablauf der Schlacht von Kadesch bot, wiederholt werden. In →Karnak entstand zwischen den Pylonen →Amenophis' III. und →Haremhabs als größtes Bauwerk der Große Säulensaal, dessen dicht gestellte Papyrussäulen beiderseits des überhöhten Mitteltraktes die Idee des Papyrusdickichts für →Amun als den verborgenen Gott mit kolossalen, an die Grenze des technisch Möglichen führenden Dimensionen veranschaulichen. Im Amunheiligtum von →Luxor wurde der von →Amenophis III. geschaffenen Raumfolge ein großer Hof mit Papyrussäulen und abschließendem Riesenpylon vorgelegt, wobei die Achse durch die einbezogene Kapelle →Thutmosis III. bestimmt ist. Kolossalsitzbilder und zwei →Obelisken R. II., von denen der kleinere auf der Place de la Concorde in Paris steht. Die Grabanlage im Tal der Könige folgt dem von →Sethos I. gewählten System des langgestreckten Korridors mit kleinen Nebenräumen, der zu einer Folge von

Luxor, Statue König Ramses II. im ersten Hof des Amun-Tempels.

Pfeilerhallen führt und mit großen Wandflächen die Ausstattung mit reichen Malereien und Reliefs ermöglicht. Der Typus des Königsgrabes bleibt verbindlich bis in die späte Ramessidenzeit. Ein gleiches gilt für die konventionellen Motive, unter denen die religiösen Themen überwiegen. Besonders eindrucksvoll sind die herrlichen Reliefs im Grab der Königin Nofretiri, der Gemahlin R. II. im Tal der Königinnen (→Theben-West), die ein hervorragendes Zeugnis der Reliefkunst und Wandmalerei in der frühen Ramessidenzeit sind. Zu den riesigen Dimensionen der Architektur fügen sich die Kolossalfiguren R. II., deren charakteristische Physiognomie einen Idealtyp vertritt, aber auch Individualzüge berücksichtigt. Die sorgfältige, feine Modellierung zeichnet sich oft durch eine metallische Schärfe aus. Ein Meisterwerk ist das Granitsitzbild (Turin, Mus.), in dem sich ältere Formtradition mit neuen Stiltendenzen verbindet. Das Zusammenwirken führt zu einem neuen Königsbild, in dem sich das Herrscherideal der Ramessidenzeit offenbart. Majestätische Hoheit, adelige Haltung, menschliche Wärme, Güte und Liebenswürdigkeit sind harmonisch veranschaulicht. Ein gleiches gilt für die Bildnisse der weiblichen Mitglieder der Königsfamilie, die Darstellungen der Mutter Tuja und der Lieblingsgemahlin Nofretiri. Unverkennbar spricht aus den zahlreichen Bildwerken auch die der Ramessidenzeit eigene Frömmigkeit. R. III., 2. Pharao der 20. Dyn. (1198–1166). Die Abwehrkämpfe gegen die Nord- und Seevölker, darunter die →Philister, sind das Hauptthema der Reliefs auf den großen Wandflächen seiner Bauwerke. →Medinet Habu. In →Karnak kleiner Amuntempel mit einfacher klassischer Raumfolge vor der

SW-Ecke des →Haremhab-Pylons quer zur Hauptachse des Heiligtums ebenso wie der Chonstempel. Beide Bauwerke R. III. zeigen eine Abkehr von den kolossalen Dimensionen R. II., die sich auch in der Plastik offenbart. Sie läßt vor allem im Königsbild ein Nachlassen lebendiger Gestaltung erkennen und das Vordringen eines kraftlosen Klassizismus. Das reich gegliederte, große Grab im Tal der Könige mit thematisch mannigfachem Bildschmuck zeigt in einer Nebenkammer spätmykenische Bügelkannen, deren Darstellung wichtig für die Datierung der mykenischen Spätstufe ist. Im Tal der Königinnen (→Theben-West) Gräber der Söhne R. III. mit ausgezeichnet erhaltenen Farbreliefs. Die Grabanlagen R. VI. und IX. zeichnen sich vor allem durch die astronomischen Motive der Decken aus, die wegen der mit dem Grab verbundenen Weltbildvorstellung bedeutsam sind.
Lit.: W. Wolf, KÄ, 548ff., 557ff., 570ff., 584ff.; E. Brunner-Traut, Ägypten, 436f., 445ff., 451f., 460ff., 497ff.; E. Otto, Ägypten, 171ff.

Ramses-nacht. Kniende ägypt. Stifterfigur, die einen Altarsockel mit der thronenden Götterdreiheit von →Theben vor sich hält, →Amun, Mut und Chons. Sie ist charakteristisch für ähnliche Weihefiguren der →Ramessidenzeit, die die für die →ägypt. Kunst charakteristische Tendenz zur Einbindung in den Würfelraum offenbaren.
Lit.: W. Wolf, KÄ, 564ff.

Ramsesstadt. Von Ramses II. im Bereich der →Hyksos-Stadt Auaris und →Tanis gegründete Residenzstadt.
Lit.: E. Otto, Ägypten, 173, 182, 194ff., 211; E. Brunner-Traut, Ägypten, 252ff.

Ranakpur. Dschaina-Kultort in den Aravalli-Bergen von Gudscherat. Der Tschaumukh-Tempel des Adinatha wurde nach einer Inschrift 1439 von Dharanaka gestiftet und durch Depaka erbaut. Auf einer rechteckigen Terrasse erhebt sich das Heiligtum, das durch ein Achsenkreuz in Höfe, lichtdurchflutete →Mandapams mit reichverzierten Decken und dunkle Zellen für Kultbilder unter hochragenden →Schikharas unterteilt ist.
Lit.: Brown, Architecture I, 165.

Ranchito de las Animas. Fundort nahe von →Cempoala, Veracruz, mit Tonfiguren ähnlich →Teotihuacan IV in Typus, Kleidung, Haartracht und Kopfputz. Die Keramik weist die für das Klassische Teotihuacan typische Ausschabtechnik auf, jedoch kommen andere Motive vor, hauptsächlich werden Fisch, Leguan und Schlange wiedergegeben.

Randhausburg →Burg.

Rang Mahal. Grabungsplatz in Nordwest-Indien am später ausgetrockneten Sarasvati-Fluß. In Schichten der Kuschana- und Gupta-Zeit fand man Terrakotten, welche die südlichste Ausdehnung von Formen der →Gandhara-Kunst erkennen lassen.
Lit.: H. Rydh, R. M., 1959.

Rangun. Kultischer Mittelpunkt in R., der Hauptstadt des modernen Burma, ist die sogen. Shwe Dagon Pagode, ein Terrassenbau mit riesigem in die Höhe gezogenem und vergoldetem Schlußstück. In diesem →Stupa werden Reliquien des Buddha aufbewahrt, er ist ein nationales Denkmal und zugleich Wallfahrtsort für die gesamte indo-chinesische Welt. Der gegenwärtige Bau geht auf das 16. Jh. zurück und wurde zuletzt nach dem Erdbeben von 1930 erneuert.
Lit.: Brown, Architecture I, 213.

Ranofer. Ägypt. Oberpriester des →Ptah von →Memphis (5. Dyn.), der zugleich die Oberaufsicht über die Steinbrüche und Steinwerkstätten der Residenz hatte, also über beste Kräfte verfügen konnte. So sind die beiden lebensgroßen Kalksteinstatuen aus der →Mastaba in →Sakkara Werke ersten Ranges. Tektonisch gefügt und doch lebendig zeigen sie R. schreitend in aristokratischer Auffassung einmal als schlanke Idealfigur mit Perücke und plissiertem Schurz, das andere Mal etwas füllig realistischer ohne Perücke mit gesteiftem, vorn abstehendem Rock. Dieser Unterschied zwischen feierlich offiziellem und privatem Bild ist auch an anderen Figuren zu beobachten, darunter der des →Ka-aper.
Lit.: W. Wolf, KÄ, 157ff., 186f., 336, 617.

Ranson, Paul. Franz. Maler und Kunstgewerbler. Geb. 1862 in Limoges, gest. 1909 in Paris. Studierte in Paris an der Académie Julian. Bereits früh war er sehr stark von P. →Gauguin beeinflußt. Nachdem er anfangs der Gruppe der →Nabis angehörte, schloß er sich später dem →Symbolismus an. 1908 gründete er in Paris eine eigene Kunstschule, an der u. a. P. →Bonnard, M. →Denis, A. →Maillol und F. →Vallotton unterrichteten.
Lit.: Thieme-Becker.

Rapa-iti. Polynesische Insel, zur Gruppe der Austral-Inseln gehörend (→Cook-Inseln). Bemerkenswert sind zwölf durch umfangreiche Steinmaueranlagen beschützte Hügelfestungen, die bisher erst zu einem Teil archäologisch erforscht sind.
Lit.: T. Heyerdahl, Aku Aku, 1957.

Rapanui →Osterinsel.

Raphiaplüsch. Eine besonders im Kongogebiet bei den →Bakuba und Bushongo bekannte, äußerst dekorative Stoffart. Bei ihrer Herstellung werden Palmbastfasern mit Nadeln durch einen Stoffgrund geführt und mit kleinen Messern abgeschnitten, wodurch eine veloursartige Fläche entsteht, die oft sehr ansprechend ornamentiert ist (meist schwarz und hellbraun auf gelblichrötlichem Grund). Fertigkeiten dieser Art – auch Stickereien mit Raphiafasern sind bekannt – werden bei den →Bakuba so hoch eingeschätzt, daß z.B. der 1916 verstorbene König Kwete Bashenge als hervorragender Raphiaweber und Anfertiger von Schmuckborten bekannt war. Stoffe dieser Art gehörten früher vor allem zur Ausschmückung der Königsresidenzen, teilweise wohl auch zur Prunkkleidung.
Lit.: H. Himmelheber, Negerkunst und Negerkünstler, 1960.

Rapport. Bezeichnung für die Wiederholung gleicher Ornamentmotive, die in der Aneinanderreihung das Dekorationsschema ergeben. – Ein Muster, dessen einzelne Teile nicht in sich abgeschlossene Glieder sind (z.B. →Laufender Hund, →Mäander), sondern sich aus der fortlaufenden Reihung ergeben, wird unendlicher R. genannt. – R.-Systeme finden sich vor allem im Kunsthandwerk (Teppiche, Keramik).

Raqqa. Die antike Provinzstadt R. wird von den Arabern im 7. Jh. erobert. Im 8. Jh. wird nach dem Vorbild von Baghdad unter dem Kalifen Mansur am Flußufer des Euphrat eine hufeisenförmige Stadt neu gegründet, die unter Harun al Raschid zur Residenzstadt wird. Ruinen und Bauteile aus dieser Zeit, sowie aus dem 12.–13. Jh. sind erhalten in zwei Moscheen, einem Minarett, Toranlagen, einem Palast und mehreren Heiligengräbern. Das zu Beginn des 13. Jhs. bereits völlig verfallene Stadtgebiet wurde heute zum bekannten Fundort der Raqqa-Keramik, die dort im 12. Jh. produziert wurde. Sie zeichnet sich aus durch eine braune Lüstermalerei über transparenter, oft grünlicher Glasur, auch durch vielfarbige Unterglasurmalerei, die iranischen Stil mit syrischem Handwerk verbindet.
Lit.: F. Sarre und E. Herzfeld, Archäologische Reise im Euphrat- und Tigrisgebiet, 1920.

Rasa. Indische Theorie von der „Stimmung" in bildender und darstellender Kunst.

Raschdorff, Julius. Deutscher Architekt. Geb. 1823 in Preß/Schlesien, gest. 1914 in Berlin. Nach seinem Studium in Berlin war er in Köln als Stadtbaumeister und seit 1872 als selbständiger Architekt tätig. 1878 folgte er einem Ruf an die Technische Hochschule Berlin-Charlottenburg. Zu seinem umfangreichen Werk gehören Rathäuser (Trier, 1856; Köln, 1860), Kirchen (Engl. Kirche St. Georg, Berlin, 1881; Friedenskirche, Berlin, 1889; Dom, Berlin, 1894) und zahlreiche öffentliche Gebäude, für die der historisierende Anschluß an deutsche und italien. Renaissanceformen charakteristisch ist.
Lit.: Thieme-Becker.

Rasikapriya. Hindi-Versdichtung des Keschavadas, deren Liebesszenen im sogen. provinziellen Mogulstil und

in den späteren nordindischen Malschulen häufig illustriert wurden.
Lit.: Barrett, Painting, 109.

Ras Schamra. Ruinenstätte des alten →Ugarit.

Rastatt (Baden). Das Schloß entstand an Stelle der von den Franzosen 1689 völlig zerstörten Anlage. Im Auftrage Markgraf Ludwig Wilhelms wurden die Entwürfe für Schloß und Stadt von Domenico Egidio Rossi aus Wien 1697–1707 ausgeführt. Seine Nachfolger waren M. L. Rohrer (bis 1732), sein Sohn und ein Böhme namens Sack. Das Residenzschloß, nach dem Vorbild von Versailles, besteht aus einem Fürstentrakt mit niedrigen Flankenkörpern und tiefem, dreiflügeligem Ehrenhof gegen W. Vor den Flankenbauten Kolonnaden und am Aufgang eine figurenbesetzte Balustrade. Trotz des franz. Grundrisses ist der Stilcharakter des ganzen Baues italien. mit einigen Zügen Wiener Barocks. Die üppige Stuckdekoration im Inneren entstand 1703–05, wurde aber 1740–50 im Sinne des Rokoko umgestaltet. Die Fresken stammen von italienischen Künstlern. – Lustschloß Favorite: liegt etwas abseits von Rastatt bei Kuppenheim und ist das Lustschloß der Markgräfin Sibylla Augusta, der Witwe Ludwig Wilhelms (des „Türkenlouis"). Der Bau entstand nach ihren eigenen Plänen 1710/11; die erste Bauleitung hatte M. L. Rohrer. Der Grundriß zeigt einen rechteckigen Baukörper, der sich gegen SW zu einem Ehrenhof winkelt. Anschließend einzeln stehende, niedere Paralleltrakte. Vor dem Rechteck ein dreiachsiger Mittelrisalit mit geschwungener Rampe. Die Gliederung ist ruhig und vornehm mit flachen Lisenen, Pilastern und Dreiecksgiebeln. Im Inneren reiche Stuck- und Freskodekorationen.
Lit.: Reclams Kunstführer, Deutschland, Bd. II, 1962.

Rastrelli, Bartolomeo Francesco Graf. Italien.-russischer Architekt. Geb. um 1700 in Paris, gest. 1771 in Petersburg (Leningrad). Sohn des aus Florenz gebürtigen Bildhauers und Architekten B. Carlo R. (1675 bis 1744) und auch dessen Schüler. Seit 1725 auf Studienreisen, wohl in Sachsen, Österreich, Süddeutschland und Frankreich. Einflüsse dieser Schulen (→Boffrand, →Cuvilliés, →Neumann und →Fischer von Erlach) sind jedenfalls später spürbar. Nach 1730, unter der Regentschaft der Zarin Anna, begann sein Aufstieg. Er verwendete wuchtige Bauformen, leitete aber in den Innendekorationen entschieden zum Rokoko über. Als wirksamster Bahnbrecher der westeuropäischen Kunst in Rußland wußte er diese mit dem nationalrussischen Charakter zu vereinen; so wurde er zum Begründer eines „russischen Rokoko", auch „Stil Rastrelli" genannt. Als Hauptmeister der russischen Baukunst im 18. Jh. sind fast alle weltlichen und kirchlichen Großbauten jener Epoche mit seinem Namen verbunden: Winterpalais in Leningrad, Zarskoje Sselo bei Leningrad, ferner Bauten in und um Moskau, Kiew und anderen Städten.
Lit.: A. Eliasberg, Russische Baukunst, 1922.

Raszien (Altserbien). Eine der bedeutendsten Kirchen vom Typ einer einschiffigen Kuppelbasilika.

Ratha. In Sanskrit „Fahrzeug", besonderer Typus des Hindu-Tempels in der Form eines von Pferden gezogenen Götterfahrzeugs, z.B. in →Konarak.

Rauch, Christian Daniel. Deutscher Bildhauer. Geb. 1777 in Arolsen, gest. 1857 in Dresden. Nach seinem Studium in Kassel und Berlin bei →Schadow reiste er 1804 nach Rom, wo er bis 1811 blieb und sich unter dem Einfluß von →Thorvaldsen weiterbildete. 1818 ließ er sich in Berlin nieder und führte dort zahlreiche Denkmäler aus, die ihn zu den bedeutendsten Bildhauern des →Klassizismus rechnen lassen. – Gemeinsam mit K. F. →Schinkel schuf er 1819 die 12 Schlachtengenien am Kreuzbergdenkmal in Berlin. 1820 lernte er Goethe kennen, mit dem ihn daraufhin ein enger Kontakt verband (1821 Bronzebüste Goethes). Lange Zeit trägt er sich nach Goethes Tod mit der Absicht, ein Goethedenkmal zu errichten, konnte diese Arbeit jedoch nicht über einige Entwürfe hinaus verwirklichen. – Seit 1808 arbeitete er an zahlreichen Aufträgen für den königlichen Hof in München. Sein dortiges Hauptwerk ist das 1825–35 entstandene Denkmal mit der sitzenden Statue Max Josephs I. – Seine letzte Schaffensperiode (1840–57) ist ausgefüllt durch das in Berlin errichtete Denkmal Friedrichs d. Gr. und weitere Memorialplastiken für das preußische Königshaus.
Lit.: Thieme-Becker.

Rauchfaß (thuribulum, thymiaterium). Ein Gefäß für Weihrauch und Kohlen. Es ist mit Ketten versehen, die zum Aufhängen und Schwenken benutzt werden. Seine Form ist sehr verschieden. Als Metallgefäß kann es getrieben oder gegossen sein.

Rauchmiller (Rauchmüller), Matthias. Deutscher Bildhauer, Elfenbeinschnitzer, Maler und Architekt. Geb. 1645 in Radolfzell (Bodensee), gest. 1686 in Wien. Tätig in Mainz, Wien, Schlesien und Passau. Bedeutender spätbarocker Meister mit rheinisch-fläm. Einfluß. Schuf bedeutende Grabmäler (Grabmal Karl v. Metternich, um 1675, Trier, Liebfrauenkirche), Architekturplastiken (Dreifaltigkeitssäule am Graben in Wien, 1682, nach dem Tode von J. B. →Fischer von Erlach umgestaltet und vollendet). Als Hauptwerk wird ein elfenbeinerner Humpen mit bacchischen Darstellungen (1676, Wien, Sammlung Liechtenstein) genannt. Ferner malte R. Fresken im Passauer Dom und in der Dominikanerkirche zu Wien.
Lit.: Feulner, Deutsche Plastik des 17. Jhs., 1926.

Raumkunst. Bezeichnung für die zur Innenarchitektur und Innendekoration gehörenden Elemente, die in gegenseitiger Ergänzung einen Innenraum gestalten und damit eine R. hervorrufen. →Möbel, →Mosaiken, Wandgemälde, Stukkaturen usw. gehören zur R. – Sie tritt in verschiedenen Epochen stärker oder schwächer in Erscheinung. Höhepunkte der R. brachte die röm. Antike (→Pompeji), das →Rokoko und die 2. Hälfte des 19. Jhs. mit dem sogen. →Mansart-Stil, wobei man bei letzterem weniger von R. als von „Raumkitsch" sprechen könnte. – Der →Jugendstil mit seinem Anspruch auf totale Gestaltung und seiner These vom Gesamtkunstwerk führte die R. zu einer erneuten Blüte.

Rauschenberg, Robert. Amerikanischer Künstler. Geb. 1925 in Port Arthur, Texas (USA), lebt und arbeitet in New York. Studierte an der Universität von Texas, an der Kunstschule von Kansas City, dann in Paris an der Académie Julian. In New York war R. Schüler von →Motherwell. – R. gehört zu den Künstlern des Neuen Realismus, wobei er zur →Pop-Art überleitet. Geistig den Arbeiten K. →Schwitters verbunden – ohne Nachahmer zu sein –, montiert R. aus den Objekten der Konsumwelt bildwürdige Ästhetik.
Lit.: Katalog der Ausstellung: R., Museum Haus Lange Krefeld, 1964.

Ravenna. Die Entwicklung der altchristl. Kunst ist in R. eng verbunden mit dem politischen Geschehen. 402 wird R. zur weström. Residenz erhoben. Damit ist die Möglichkeit zu einer hohen künstlerischen Entwicklung der Stadt gegeben. 493 erobert Theoderich R. Auch die Ostgoten haben einen beträchtlichen Anteil an dem künstlerischen und kulturellen Aufschwung der Stadt. 540 erobert Belisar R. Damit ist R. den byzant. Einflüssen offen. R. wies in den drei genannten Perioden großen Reichtum an kirchlichen Gebäuden auf. Von den ca. 50 sind 20 erhalten. – **1)** In der zuerst genannten Periode nach 402 entstand die fünfschiffige Bischofskirche Hagia Anastasis, nach dem Bischof Ursus auch Basilika Ursina genannt (1. Viertel des 5. Jhs.). Sie stand einst dort, wo heute sich die Kathedrale befindet. Der alte Bau wurde in der ersten Hälfte des 18. Jhs. abgerissen und durch den heutigen ersetzt. Einige wertvolle Plastiken erinnern an die alte Zeit. Ein Sarkophag aus der Mitte des 5. Jhs. bildet den dritten Altar im rechten Schiff. Dargestellt ist Christus inmitten der Apostel Petrus und Paulus, rechts und links je eine Dattelpalme. Aus der zweiten Hälfte des 5. Jhs. stammen in derselben Kirche zwei hervorragende Sarkophage in der Capella della Beata Virgine del Sudoron, der sogen. Rinaldosarkophag (die Vorderwand zeichnet sich durch imponierende Größe aus. Dargestellt der thronende Christus zwischen Petrus und Paulus) und die Urne des hl. Barbatianus (die Vorderseite ist in 5 Felder geteilt durch Säulen, diese enden nach oben in einer Muschel. Auch hier wieder Christus mit den beiden

Hauptaposteln und rechts und links je eine Amphore). Bemerkenswert ist auch die Marmorkanzel in der Kathedrale (556–569). Auf 36 Feldern wird je ein Tier dargestellt. – **2)** Im Unterschied zu der alten Bischofskirche ist das Baptisterium in unmittelbarer Nachbarschaft bis auf Veränderungen am äußeren Aufbau erhalten geblieben. Die Mosaiken stammen aus der Zeit um 450, einige Forscher setzen sie schon in die Zeit des Bischofs Ursinus. Die Taufkapelle S. Giovanni in Fonte genannt. Kuppel und Wände tragen reichen Mosaikschmuck. Die Flächen zwischen und über den Fenstern sind mit Stuckdekorationen geschmückt, die ursprünglich farbig waren. Die Kuppel umfaßt drei Zonen, die oberste zeigt die Taufe Christi, die folgende zwei Apostelprozessionen, die dritte 4 Altäre und 4 Throne, die in Architektur eingebettet sind. Die Mosaiken unter den Fenstern bringen Darstellungen von Propheten. Zwischen den Arkadenbögen Marmorinkrustationen. In der Mitte des Fußbodens befindet sich das Taufbecken. – **3)** In die gleiche Zeit gehört die Kirche S. Crucis (Restbestände in der Kirche S. Croce erhalten). – Von der Schwester des Kaisers Honorius erbaut. **4)** Galla Placidia Mausoleum, vielleicht auch eine Gebetskapelle. Nach Galla Placidia benannt, die nach dem Tode des Honorius (423) von Ravenna aus das weströmische Reich regierte. Galla Placidia ist im Unterschied zu antiken Tempeln ein nach außen hin sehr schlicht wirkender Ziegelbau. Über der Vierung des kreuzförmigen Grundrisses befindet sich eine Hängekuppel, die wegen eines aufgesetzten Daches nur innen sichtbar ist. Im Innern ist Galla Placidia einer der schönsten Bauten der altchristl. Zeit. Ein feines Gesims trennt den unteren Teil der Wände, die mit einer buntfarbenen Marmorinkrustation überzogen sind, von dem darüber befindlichen Mosaik. Das Blau der Wöl-

Ravenna, Mausoleum der Galla Placidia, innen (425–433).

bungen und der Kuppel und die aufgesetzten Farben in Gold, Grün usw. geben dem Bau ein fast überirdisches Gepräge. Unterstützt wird der Eindruck durch das diffuse Licht, das die gelblichen Alabasterscheiben bewirken, die zwar neu sind. Aber auch die früheren Fenster ließen nur wenig Licht in den Raum. Die Architektur wird durch die Mosaiken und das Licht überspielt. Die antiken Architekturgesetze werden völlig verneint. Alle harten Linien und scharfen Formen werden vermieden. Galla Placidia hat etwas Fließendes. Der Eindruck des Unwirklichen, des Transzendenten, soll durch das Spiel von Licht und Farbe erreicht werden. Die Ikonographie der Galla Placidia führt auch über die reale, irdische Welt hinweg und unterstützt den Gesamteindruck: Das Bild von dem guten Hirten, wo er wie ein auf dem

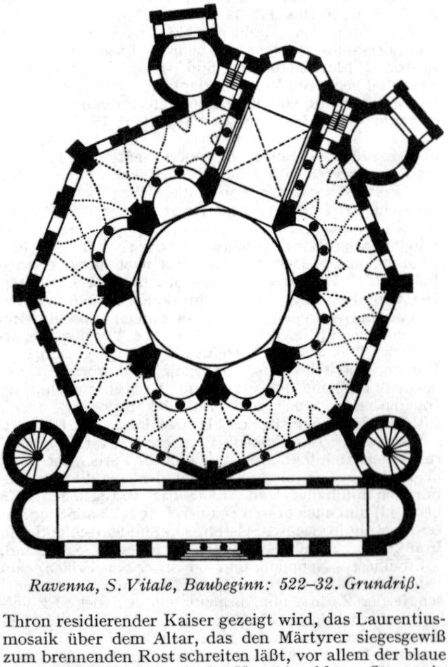

Ravenna, S. Vitale, Baubeginn: 522–32. Grundriß.

Thron residierender Kaiser gezeigt wird, das Laurentiusmosaik über dem Altar, das den Märtyrer siegesgewiß zum brennenden Rost schreiten läßt, vor allem der blaue Himmel der Kuppel mit der Unzahl goldener Sterne, in dessen Mittelpunkt das Kreuz Christi als Sinnbild des Kosmokrators gezeigt wird, ebenso die vier Tiere aus der Offenbarung Johannes, die Apostel in anbetender Haltung, führen den Besucher der Galla Placidia in die ewige Welt. Galla Placidia starb 450. Die Ansichten gehen auseinander, ob sie wirklich in der Kapelle beigesetzt ist. **5)** Von ihr wurde auch die Kirche S. Giovanni erbaut (dreischiffig, 2 Pastophorien, Apsis, Triumphbogen; Fußboden war mit Mosaiken bedeckt. Reste erhalten). **6)** Ins 5. Jh. gehört auch die Basilika Apostolorum, heute S. Francesco genannt. Umbau erfolgte im 10. oder 11. Jh. Campanile aus 9. Jh. Im Jahre 1321 wurde in dieser Basilika das Leichenbegängnis Dante Alighieris gefeiert. Ein antiker Sarkophag nahe beim Porticus wurde damals seine Grabstätte. Zwei beachtliche altchristl. Säulensarkophage befinden sich in der Kirche. **7)** Nach der Eroberung Roms durch die Ostgoten entstand um 500 die Bischofskirche Anastasis Gothorum, die später den Namen Spirito Santo erhielt. Nach der Besiegung der Ostgoten ging sie in den Besitz der katholischen Kirche über. Dicht neben dieser Kirche die arianische Taufkapelle (um 500). Sie hat im Aufbau und im Schmuck der Mosaiken viel Ähnlichkeit mit der Taufkapelle der Orthodoxen, nur daß sich die Mosaiken im wesentlichen auf die Kuppel beschränken. Beim Übergang in katholischen Besitz erhielt sie den Namen S. Maria in Cosmedin. – **8)** Um dieselbe Zeit entstand neben S. Agatha die Palastbasilika des Theoderich. Ursprünglich trug sie den Namen S. Salvatoris. Nach Inbesitznahme durch die katholische Kirche den Namen S. Martin, seit dem 19. Jh. S. Apollinari Nuovo. Kirche wurde um 500 unter dem Ostgotenkönig Theoderich erbaut. Innenraum von großer Pracht. Fast alle Wände sind noch mit Mosaiken bedeckt. Die obere Reihe unter dem Dachansatz bringt auf der linken Seite, wenn man zum Altar schaut, Szenen aus dem Leben Jesu, rechts seine Passion. Sie sind ebenso wie die Prophetengestalten zwischen den Fenstern und der Palast des Theoderich und der Hafen von Ravenna auf dem unteren Fries aus der Zeit Theoderichs. Dagegen ist der Zug der Märtyrer und Märtyrerinnen über den Arkaden erst nach 560 anzusetzen, als die ursprünglich arianische Kirche katholisch geweiht wurde. Den heutigen Namen gab man der Kirche im 9. Jh. anläßlich der Überführung der Gebeine des hl. Apollinaris von der Kirche S. Apollinaris in Classe. Kirche weist durch ihren reichen Mosaikschmuck und durch die Ausmalung aller Bauglieder wie kaum eine andere altchristl. Basilika über alles Wirkliche hinaus. Ein zweistöckiges Mausoleum, beim Tode Theoderichs (526) noch nicht vollendet, wurde zu seinen Lebzeiten erbaut. Die ostgotischen Bauten im Bezirk des Mausoleums, Eusebii, Andreae gothorum, Georgii, sind restlos zerstört. Zur Zeit der Goten wurde im 1. Stock des Episkopiums das sogen. Oratorium S. Andreae eingebaut. Im Vorraum eine seltene Darstellung von Christus militans in Mosaik. Im Gewölbe des Hauptraums tragen vier Engel das Firmament, zwischen denen die Evangelisten mit Symbolen und dem Bibelbuche in der Hand gezeigt werden. Eine Anzahl portraitartiger Darstellungen der Apostel sind noch bemerkenswert. **9)** Zur Zeit der Ostgoten begonnen und nach der Eroberung durch die Byzantiner eingeweiht wurden die Memorialkirchen S. Apollinaris in Classe (549) und S. Vitale (547). Abgesehen von dem reichen Mosaikschmuck in S. Apollinare (s. u.), ist diese Kirche dadurch zukunftweisend, daß sie ein erhöhtes Presbyterium über einer Krypta besitzt. Zwei Pastophorien neben der Apsis hat sie mit

Ravenna, S. Vitale, Presbyterium mit Mosaikschmuck (533–547).

S. Vitale gemein. S. Vitale hat die Form eines Oktogons. Die Kirche ist ein Zentralbau mit Emporen. Vielleicht liegen Anregungen von →Konstantinopel vor. Die dortige Basilika Sergios und Bacchos hat eine ganz ähnliche Grundrißgestalt. Im Innern von S. Vitale wechseln 8 dicke Pfeiler mit Nischen ab, die mit einer Säulenstellung zu dem Umgang offen sind. Großer Kontrast zwischen dem mystischen Halbdunkel im Umgang und auf den Emporen und dem überreichen Licht im Innern des Zentralbaus. Alles soll möglichst immateriell in diesem Gotteshaus wirken. Deshalb sind die Pfeiler mit zarten farbigen Marmorplatten überzogen. Deshalb verwandeln sich die Kapitelle in ein zartes Spitzengewebe, deshalb vor allem der reiche, überirdisch wirkende Mosaikschmuck im Presbyterium und in der Apsis. Im Presbyterium haben die Mosaikgemälde vom Opfer Abels und Melchisedeks auf der einen Seite und vom Mahl der drei Engel bei Abraham mit dem geschlachteten Lamm und der Opferung Isaaks Bezug auf die eucharistische Feier am Altar, der im Presbyterium steht. Über diesen Bildern werden rechts und links die Evangelisten gezeigt, ebenso Mosegeschichten und Engelfiguren. Nicht nur die Seitenwände erstrahlen im Mosaikschmuck, sondern auch die Decke, die das Lamm in der Mitte zeigt, das über der Sternenwelt, über den Verlauf der Zeiten, über alle Pflanzen und Tiere Herrscher ist. In künstlerischer Weise werden alle diese Gedanken zu einer großartigen Gesamtkonzeption vereinigt. Der Triumphbogen beim Eingang zum Presbyterium zeigt Christus mit den Aposteln und den beiden Söhnen des Märtyrers Vitale. Die Apsis ist mit einem der großartigsten Bilder der altchristl. Kunst geschmückt. Christus auf der Weltkugel reicht dem Märtyrer Vitale den Siegeskranz. Dieser wird von einem Erzengel geleitet, dem ein Engel auf der entgegengesetzten Seite entspricht. Der Bischof Ecclesius, der den Bau begann, trägt auf dem Bild das Modell der Kirche. An den Seiten der Apsis wird Justinian mit seinem Hofstaat und gegenüber die Kaiserin Theodora mit ihren Hofdamen gezeigt. Man kann deutlich zwei Malschulen unterscheiden. Künstler der röm.-hellenistischen Tradition haben neben byzant. Künstlern hier gewirkt. In dieser Kirche wird deutlich das Zusammenspiel von kirchlicher und weltlicher Macht. Neben den viel bewunderten Mosaiken in den erwähnten Kirchen besitzt R. auch eine umfangreiche Sammlung von Sarkophagen aus dem 5. Jh., die in einer Anzahl von Kirchen, vor allem in S. Apollinaris in Classe, aufbewahrt werden. Einige befinden sich auch im erzbischöflichen Museum. Hier ist neben Kapitellen, Altarschranken, Marmorkanzeln, Mosaikfragmenten das Glanzstück, die → Maximinianskathedra. – **10)** S. Apollinaris in Classe. Abgesehen von der großartigen Raumwirkung, ist für die altchristl. Kunst vor allem das Apsismosaik wichtig, das aus zwei Teilen besteht. Im Hauptteil wird Christus, dessen Medaillon auf dem Schnittpunkt eines Gemmenkreuzes dargestellt wird, auf dem Berg der Verklärung gezeigt, umgeben von Moses und Elias, ihm zu Füßen drei Jünger, die durch Lämmer symbolisiert sind. Darunter schreiten je sechs Lämmer von rechts und links auf den Heiligen Apollinaris zu. Man nimmt an, daß an seiner Stelle sich ursprünglich Christus als Lamm befunden habe und erst im 7. Jh. durch Apollinaris verdrängt sei. Das besonders schöne Apsismosaik stammt in seinem Hauptteil aus der Zeit um 549, als die Kirche eingeweiht wurde. Da der größte Teil der Mosaiken und Marmorinkrustationen verlorengegangen ist, kann man heute die Schönheit dieser Kirche nur erahnen. In S. Apollinare in Classe ist zum erstenmal ein Campanile nachweisbar. Sein oberes Mauerwerk wurde in roman. Zeit ergänzt. Auch das Museo Nazionale enthält im Kreuzgang des ehemaligen Benediktinerklosters und in anderen Räumen Sarkophage neben vielen Stücken der altchristl. und byzant. Kunst. In R. treffen sich die Malerei, Plastik und Architektur westlicher und östlicher Tradition.

Lit.: G. Bovini, Ravenna, seine Mosaiken und Monumente, 1959; E. Dinkler, Das Apsismosaik von S. Apollinare in Classe, 1964, in: Zeitschrift Felix Ravenna (seit 1911); Bibliographie: G. Bovini, Principale Bibliographia su Ravenna romana paleocristiana e paleobyzantina, 1962; C. O. Nordström, Ravennastudien, 1953.

Ravi Varma. Indischer Maler Mitte des 19. Jhs., der in einem oft platten Realismus nach falsch verstandenen engl. Vorbildern einheimische mythologische Themen darstellte, jedoch an den südindischen Fürstenhöfen seiner Zeit hoch geschätzt wurde.

Lit.: Rao, Painting, 9.

Ray. Der Handelsstraßenknotenpunkt R. (südöstlich von Teheran) wird in der Mitte des 7. Jhs. von den Arabern erobert. Im 10. Jh. wird R. gerühmt für seine Seidenstoffe, Gewebe und glasierte Schalen. Nach den Samaniden waren zu dieser Zeit die Bujiden fast selbständige Herrscher; die Bevölkerung war überwiegend persisch. Von der Mitte des 11. Jhs. an gehört R. zum Gebiet der Groß-Seltschuken, und anschließend wird es von den Khwarism-Schahs beherrscht. Die Stadt wird gegen Ende des 12. Jhs. durch Bürgerkrieg verwüstet und 1220 von den Mongolenheeren völlig zerstört. Anfang des 15. Jhs. war die Stätte von R. unbewohnt und wurde erst in neuerer Zeit zum Feld archäologischer Unternehmen. – Zwei seltschukische Grabtürme bei R. sind erhalten. Silber, Glas, Elfenbein, Stuck und Wandmalerei, besonders aber Keramikfunde, auch Seidenstoffe, stammen aus dem Gebiet von R. Für Keramiken mit Lüstermalerei bezeugen Fehlbrände die Produktion am Ort. Das früheste Datum auf solchen Stücken ist 1179.
Lit.: A. U. Pope, A Survey of Persian Art; G. Wiet, Soieries Persanes, 1947.

Ray, Man. Amerikanischer Maler, Bildhauer und Kunstschriftsteller. Geb. 1890 in Philadelphia, ansässig in Paris. Nach anfänglichem Studium der Architektur in New York wandte er sich 1907 der Malerei zu und kam 1913 zur abstrakten Kunst. 1917 gründete er gemeinsam mit M. →Duchamp und →Picabia eine Dadaistengruppe in New York. 1921 übersiedelte er nach Paris, wo er sich den Dadaisten und Surrealisten anschloß. 1922 entstanden seine ersten Photogramme. Die photographischen Mittel bestimmten wesentlich seine weitere Entwicklung. So schuf er in der Folgezeit mehrere surrealistische Filme. 1940–51 lebte er in Hollywood und kehrte anschließend nach Paris zurück. – Seine Werke zeigen häufig eine abstrakte Formensprache, die er mit surrealistischen Elementen zu verbinden sucht.
Lit.: Knaurs Lex. d. abstrakten Malerei, 1957.

Rayonismus. Von →Larionow 1911/12 in Moskau gegründete Kunstrichtung, die Berührungen mit dem →Futurismus aufweist und auf Anregungen jener Richtung zurückgeht. Nach dem 1913 veröffentlichten Manifest wird – den Futurismus konsequent weiterführend – gefordert, ein Bild solle die 4. Dimension, unabhängig von Raum und Zeit darstellen. Die Gegenstände eines Bildes werden dabei in Strahlendiagramme zerlegt, eine Bildauffächerung, die Wesenszüge →abstrakter Kunst beinhaltet.

Rayski, Ferdinand von. Deutscher Maler. Geb. 1806 in Pegau (Sachsen), gest. 1890 in Dresden. Besuchte die Akademie in Dresden, ließ sich 1835 in Paris von der romantischen Schule →Delacroix' anregen und bereiste, bevor er sich in Dresden niederließ, Süddeutschland. – R. war hauptsächlich Bildnismaler, schuf aber in den dreißiger Jahren auch Historienbilder (Ermordung des Thomas Becket, Dresden, Galerie) und Schlachtenbilder. Später entstanden auch Genre-, Tier- und Jagdstücke. – Sein Stil ist sehr persönlich, vornehm im Ausdruck und malerisch.
Lit.: M. Walter, F. v. R., 1943 (mit Werkverzeichnis).

Razm-nama. „Buch der Kriege", von Kaiser → Akbar veranlaßte persische Übersetzung des Hindu-Epos Mahabharata, welche 1584–89 illustriert wurde, u. a. von dem Hindumaler Daswanth, und auch später im sogen. provinziellen Mogulstil Miniaturisten zur Vorlage diente.
Lit.: Barrett, Painting, 83, 107.

Ready-mades →Dadaismus.

Rê. Ägypt. Sonnengott von →Heliopolis, wo er mit →Atum zu R.-Atum sowie Horus zu →R.-Harachte verbunden wird. Als Welt- und Himmelsgott ist er der Herr der Weltordnung und Vater der →Maat. Als kosmischer Gott wird R. menschengestaltig, als R.-Harachte mit Falkenkopf dargestellt. Als Reichsgott ist er mit → Amun vereinigt. Sein Kultsymbol ist der →Obelisk.
Lit.: S. Morenz, ÄR, 298; E. Brunner-Traut, Ägypten, 99.

Realismus. Dem Naturalismus verwandte Darstellungsweise der bildenden Kunst, wobei die Grenze zwischen R. und Naturalismus nicht scharf zu bestimmen ist. Ein Wesensmerkmal des R. beruht auf der präzisen Erfassung der Formen des darzustellenden Gegenstandes, wobei die charakteristischen Elemente des Objektes besonders betont werden können. Hierin liegt ein Unterschied zum Naturalismus, der die Objekte als Gegebenheit hinnimmt. – Die frühesten, heute faßbaren realistischen Züge sind in der röm. Kunst, besonders im Portrait republikanischer Zeit, überliefert. In der folgenden röm. Kaiserzeit werden sie zugunsten eines Idealismus in den Hintergrund gedrängt. – Zum zweiten Male erscheint ein ausgeprägter R. in der Plastik der Spätgotik, vor allem bei →Gerhaert von Leyden. Erneut durchdringt der R. im 19. Jh. die bildende Kunst, vor allem die Malerei. – Außerhalb der europäischen Kunstentwicklungen tritt in der japanischen Holzschnittkunst seit dem 16. Jh. ein dominierender R. in Erscheinung.

Recceswinth-Krone. Westgotische Weihegabe mit Stifternamen (650–676).
Lit.: Ars Hispaniae, Bd. II, 1947.

Rechmire. Ägypt. Wesir unter →Thutmosis III. und →Amenophis II. Grab in →Theben-West mit Vorhof, Querhalle und einer nach dem Innern zunehmend höher werdenden Längshalle, die den Eindruck eines sich erweiternden Tiefenraumes erweckt. Unter den Bildthemen sind wichtig die Darstellungen der Fremdvölker, darunter Kreter, mit charakteristischen Tributen, des Jagdwildes im hügelreichen Wüstengelände, dessen Raumweite mit verschieden verlaufenden Wellenlinien veranschaulicht wird, und der Künstlerwerkstätten, unter deren Statuen auch das Motiv der weiblichen →Sphinx begegnet, wahrscheinlich bezogen auf die Gemahlin →Thutmosis' III., Meritre-Hatschepsut.
Lit.: W. Wolf, KÄ, 426, 482ff.; E. Brunner-Traut, Ägypten, 491f.

Recuay. Name eines Stils von Keramikwaren und Steinschnitten aus dem Callejón de Huaylas-Tal des nördlichen Peru, teilweise mit →Moche auftretend. Haus- und Tempelbau aus gespaltenen Steinplatten, zwei bis drei Stockwerke hoch, teils auch unterirdisch. Skulpturen zeigen rund bearbeitete menschliche Gestalten. Auf steinernen Türsturzen scheinen Pumawiedergaben auf. Die Gefäße sind reich modelliert, beliebt waren Gruppenszenen, doch reichen Material und Ausführung nicht an Mocheware heran. Die bunte Bemalung kann auch in Negativtechnik ausgeführt sein. Der Stil wurde von der Expansion der Tiahuanaco-Kunstformen überschwemmt.

Redon, Odilon. Franz. Maler und Graphiker. Geb. 1840 in Bordeaux, gest. 1916 in Paris. Nach seinem Studium in Bordeaux übersiedelte er 1871 nach Paris, wo er 1889 Kontakt mit den Symbolisten aufnahm. Im Gegensatz zu seinen Altersgenossen schloß er sich nicht dem → Impressionismus an, sondern ging in seinem →Symbolismus auf →Goya, →Bosch und →Bruegel zurück. Die darwinistische Lehre übersetzte er in fast surrealistische Traumbilder, so daß er heute auch als Begründer und Vorfahre des →Surrealismus angesehen wird. Daneben entlehnte er seine Themen literarischen Vorbildern wie E. A. Poe und Flaubert. Im Mittelpunkt seines Schaffens stehen Radierung und Lithographie. Erst mit 50 Jahren ging er zur Pastell- und Ölmalerei über. Hierbei schuf er Stilleben und mythologische Bilder. 1909 ließ er sich in einem Landhaus bei Versailles nieder.
Lit.: R. Bacou, O. R., 1956.

Refektorium. Speisesaal im Kloster, Erholungsraum.

Regenbogenschüsselchen. Volkstümliche Bezeichnung für frühe keltische Münzen (meist aus Gold), nahegelegt durch die „schüsselartige" Form.

Régence. Stilrichtung in Frankreich unter der Herrschaft (Régence) des Herzogs Philipp von Orléans (1715 bis 1723), die einen Übergang zwischen der schweren Pracht des Louis-quatorze-Stils und dem Rokoko bildet. Die eigentlichen Schöpfer dieses Stils waren die Baumeister R. de →Cotte, der Dekorateur Pineau und der Ebenist Charles Cressent. Das Charakteristikum dieses Stils ist das häufigere Auftreten der Rundungen an Stelle der Winkel, von flachen Pilastern an Stelle der Vollsäulen; die plastische Gliederung der Räume erfaßt gleichermaßen Wände, Decken, Innenausstattung und bemüht sich nicht um Kontraste, sondern um Übergänge. Fabeltiere, Frauenköpfe etc. bilden die neuen Ornamentformen.

Regenerieren, das Auffrischen der durch Schmutzschichten matt gewordenen Farben (→Restaurierung).

Regensburg. 1245 wird R. freie Reichsstadt, blühte dann auf zu einer Großhandelsstadt. 1810 kam es zu Bayern und war auch nicht mehr freie Reichsstadt. – **1)** Dom St. Peter. 778 erstmals genannt. Durch Grabungen roman. Basilika des 11. Jhs. gesichert, von diesem Bau noch einer der beiden Westtürme („Eselsturm") erhalten. Um 1250 Beginn eines got. Neubaus mit langer Bauzeit. Erst 1618 Einwölbung der letzten drei Joche, 1697 Bau eines barocken Vierungsturmes. Dieser im 19. Jh. beseitigt und durch neogot. Vierungsturm nach Vorbild des Münsters zu →Freiburg ersetzt. Die Anlage zeigt eine dreischiffige Basilika mit Querschiff, Doppelturmfassade im Westen und dreiteilig gestaffeltem Chor. – **2)** Die ehemalige Benediktinerkirche St. Emmeram wurde im 18. Jh. ausgebaut (dreischiffige Basilika mit Querschiff, rechteckigem W-Chor über der „Wolfgangskrypta" und drei O-Apsiden; einzelne Bauteile reichen noch bis ins 8. Jh. zurück) durch die Brüder →Asam, die auch die Innendekoration ausführten. Die Gewölbefresken stammen von C. Damian Asam und behandeln Themen aus Kloster- und Kirchengeschichte, die Stuckplastik der Vasen, Ranken, Bänder und Ordnungen von Egid Quirin Asam. Die sehr bedeutenden Grabdenkmäler reichen bis ins 11. Jh. zurück. Der Bampanile von 1575–79 steht an Stelle eines roman. Turmes. – **3)** Die Stiftskirche Unserer Lieben Frau zur Alten Kapelle wurde schon 967 genannt; ihr Neubau erfolgte 1002–04, der Anbau des tiefen Hochchores und der Nebenkapellen 1441–65. Eine Umgestaltung im Sinne des Rokoko wurde 1747–65 vorgenommen. Der Grundriß zeigt eine dreischiffige Basilika mit Querhaus und abgerücktem W-Turm; ein östliches Querhaus wurde wieder abgetragen. Im Inneren werden spätgot. und spätbarocke Architektur-Formen durch ein Stuckgewand in zarten Farben, Gold und Weiß, zu einer Einheit verschmolzen. – **4)** Minoritenkirche. Eine der größten Bettelordenskirchen Süddeutschlands. Das Langhaus von mehr als 38 *m* Länge entstand Mitte bis 2. Hälfte des 13. Jhs. Charakteristisch war die Flachdecke. – Im 2. Viertel des 14. Jhs. wurde eine vergrößerte Chorerneuerung durchgeführt. Die kostbaren Glasfenster (14. Jh.) wurden später i. d. Nat. Mus. München überführt.

Regensburger Schule. Wichtigstes bayerisches Skriptorium ottonischer Zeit. Bezeichnend ist die Aufteilung des Bildfeldes in geometrische Felder, die gefüllt sind mit symbolischen, um eine Mittelfigur gruppierten Halbfiguren und Brustbildern und versehen mit einer Fülle erklärender Beischriften. Es entsteht so eine gewissermaßen graphische Darstellung theologischer Gelehrsamkeit. Die für die R. typische Aufteilung des Hintergrundes in gewebeartig gemusterte Felder ist von dem in Regensburg bewahrten karolingischen Codex aureus Karls d. Kahlen abgeleitet (Schule von →St. Denis). Hauptwerke: Sakramentar Heinrichs II. (geschrieben im Kloster St. Emmeran für den Bamberger Dom, um 1010; heute München, Staatsbibl. cod. lat. 4456, cim. 60); Evangeliar der Äbtissin Uota von Niedermünster (1002–25?; heute München, Staatsbibl. cod lat. 13601, cim. 54); Evangeliar Heinrichs II. (Rom, Vatikan, Ottob. lat. 74). – Lit.: G. Swarzenski, Die Regensburger Buchmalerei des 10. und 11. Jhs., Denkmäler der süddeutschen Malerei des frühen Mittelalters 1, 1901; H. Jantzen, Ottonische Kunst, 1947.

Regentenstück. Bezeichnung für ein Gruppenbildnis, wie es vor allem in der holländischen Malerei des 17. Jhs. zu den geläufigen Bildtypen gehört. Dargestellt werden die Regenten (Vorsteher) einer Gilde.

Registrum Gregorii, Meister des; →Trierer Schule.

Regnault, Henri. Franz. Maler. Geb. 1843 in Paris, 1871 im Krieg gefallen. 1860–65 Studium an der Ecole des Beaux-Arts in Paris, als Schüler von →Cabanel. 1866 ging er für drei Jahre, mit einem Stipendium ausgezeichnet, nach Rom und reiste 1869 nach Madrid, um dort die Werke →Velazquez' zu studieren, die ihn nachhaltig beeindruckten. Daneben beeinflußten ihn die Bilder von →Delacroix sehr stark. – Im Mittelpunkt seines Schaffens stehen Bildnis, Portrait und Szenen aus dem orientalischen Leben. – Lit.: Thieme-Becker.

Regolini-Galassi. Nach dem Entdecker benanntes, 1836 unberührt vorgefundenes, etruskisches Fürstengrab bei →Cerveteri mit langer Kammer, in falscher Gewölbetechnik spitzgieblig überdacht, und zwei Nebenräumen. Katafalk mit bronzener Lagerstatt für die verstorbene Larthia, die mit Wagen, Thron und reichen Beigaben beigesetzt wurde. Brandbestattung eines vornehmen Kriegers im Nebenraum. Erweiterung der Kammer für eine dritte, kostbar ausgestattete Beisetzung, nach der der Eingang zugeschüttet und der Tumulus so vergrößert wurde, daß noch fünf Kammergrabanlagen in ihn hineingetrieben wurden, ohne die ursprüngliche Anlage zu zerstören. Sie ist ein einzigartiges Denkmal →etruskischer Kunst. – Lit.: O. W. v. Vacano, E I, 90 ff.

Regula. Leiste mit in der Regel 6 →Guttae besetzt, unter der →Tänia des griech. dorischen Gebälks.

Re-Harachte. In →Heliopolis verehrte Vereinigung von →Re und →Horus.

Reiberdruck. Druckerzeugnis eines Holzschnitts, wobei das Papier auf den Holzstock gelegt und mit einem sogen. Reiber oder mit der Hand angedrückt wird.

Reichenau/Oberzell, St. Georg. Zum Komplex des im Frühmittelalter hochbedeutenden Klosters auf der R. gehörig (→Reichenauer Schule). Krypta vielleicht schon um 836. Begonnen spätestens unter Abt Hatto III. (888 bis 913). Flachgedeckte Säulenbasilika mit Querschiff, plattgeschlossenem Ostchor, halbrunder Westapsis, Vierungsturm, Paradies. Unter Abt Wittigowo (985 bis 997) Erhöhung der Obermauern, wohl Anfügung der östlichen Nebenapsiden. Gleichzeitig die Ausmalung, die künstlerisch bedeutendste und einzige fast völlig erhaltene ottonischer Zeit. An den ungegliederten Mittelschiffhochwänden sind zwischen breiten scheinperspektivisch gemalten horizontalen Mäanderfriesen teppichhaft, flächig ausgebreitet Szenen mit Christi Wundertaten in acht durch vertikale Bordüren geschiedenen Feldern angebracht. Nordwand von W nach O: Heilung des Besessenen von Gerasa, des Wassersüchtigen, Beruhigung des Sturms auf dem Meer, Heilung des Blindgeborenen. Südwand von O nach W: Heilung des Aussätzigen, Auferweckung des Jünglings von Naim, Heilung des blutflüssigen Weibes, Auferweckung der Tochter des Jairus, des Lazarus. Charakteristisch sind die monumentale weiträumige Anlage und die anschauliche Darstellung des Schauplatzes. Mit Ausnahme der Meeresszene tritt Christus, seiner Bedeutung gemäß größer als die übrigen Gestalten, mit im Segensgestus ausgestreckter Hand von links ins Bild (Richtungshinweis für das „Ablesen" der Bilder), gestützt durch die als Kollektivfigur erscheinende Apostelgruppe und räumlich von den anderen Figuren getrennt. Verbindend wirkt die durch alle Szenen durchlaufende Streifenteilung: gelbbraune Bodenzone; seegrüne, oben himmelblaue Himmelssphäre; abschließender gelber, weiß gerandeter, welliger Wolkensaum. Modellierung wird durch farbige Bänder und Streifen erreicht, die sich um eine höchste Helligkeit gruppieren. Differenziert abgestufte Farbigkeit von warmer Gesamtwirkung. Zusammenhang vor allem mit der Liuthard-Gruppe der Buchmalerei der →Reichenauer Schule (Evangeliar Ottos III., München). Auch die übrigen Teile der Kirche ausgemalt; erhalten noch Medaillonbildnisse von Äbten in den Arkadenzwickeln und Apostelfiguren zwischen den Obergadenfenstern. Stilistisch und thematisch zugehörig, doch geringerer Qualität die fragmentarischen Fresken der Silvesterkapelle in Goldbach bei Überlingen/Bodensee.

Lit.: K. Martin, Die ottonischen Wandbilder der St. Georgs-Kirche Reichenau-Oberzell, 1961.

Reichenauer Schule. Skriptorium der Reichsabtei auf der Bodenseeinsel →Reichenau; das nach Umfang und künstlerischem Rang der Produktion bedeutendste Zentrum ottonischer Buchmalerei. Man unterscheidet folgende Gruppen: **1)** Eburnant-Gruppe, benannt nach dem Schreiber eines Solothurner Sakramentars. Hauptwerk ist der sogen. Gerokodex, ein wohl für Erzbischof Gero von Köln (969–76) geschriebenes Sakramentar in Darmstadt (Landesbibl. ms. 1948), dessen Evangelistenbilder nach dem Lorscher Evangeliar der →Ada-Gruppe kopiert sind. Zugehörig das Petershausener Sakramentar in Heidelberg (Universitätsbibl. sal. IXb). Die stilistisch von der angelsächsisch beeinflußten karolingischen Schule von →St. Gallen abzuleitenden eleganten, harmonisch ausgewogenen Goldinitialen, Spiral- und Flechtranken beeinflußten alle ottonischen Schulen Deutschlands, selbst franz. und italien. Skriptorien. – **2)** Roudprecht-Gruppe, benannt nach dem

Apokalypse des hl. Johannes, Reichenauer Schule, um 1020 (Bamberg, Staatl. Bibliothek).

Schreiber des um 983 entstandenen Psalters in Cividale (Bibl. Comunale; wohl für den Trierer Erzbischof Egbert). Zugehörig ein Evangelienbuch aus Poussay (Paris, Bibl. Nat. ms. lat. 10514). Charakteristisch die unruhigen, gelegentlich sprühenden Formen der enggeflochtenen, vielfach in typischen Pfeilspitzen endigenden und mit Kugelknospen besetzten Initialen und Ranken sowie das Vorherrschen des Zeichnerischen, Flächenhaften im Figurenstil; letzteres vielleicht durch frühmittelalterl. Monumentalmalerei angeregt, wie sie sich in Norditalien erhalten hat (Nordenfalk). Der Cividaler Psalter enthält 19 ganzseitige Bilder, u. a. 10 Trierer Erzbischöfe, frontal stehend vor Purpurgrund gegeben, der durch geometrische Winkelmuster und Tierfiguren belebt wird. – **3)** Codex Egberti, ein um 980–84 von den Mönchen Kerald und Heribert für den Trierer Erzbischof Egbert geschriebenes Perikopenbuch (Trier, Stadtbibl. cod. 24), das in breitformatigen Bildern vor zartfarbigem Streifengrund in 51 Szenen den ältesten erhaltenen, neutestamentlichen Zyklus der deutschen mittelalterl. Malerei enthält. Stilistisch wie ikonographisch liegt eine spätantik-christl., wohl röm. Vorlage zugrunde, deren Aufbau dem Vergil Codex der Vaticana aus dem 4./5. Jh. entsprochen haben muß. Charakteristisch die Sinnfälligkeit der Veranschaulichung in knappster Form, das Zurücktreten des umweltlichen Raums, das sichere Gefühl für harmonisch rhythmische Gleichgewichtigkeit der Bildhälften, die Leichtigkeit und juwelenhafte Schönheit des Farbigen, der Verzicht auf den Kontur, der Aufbau in „Farbsilhouetten". – **4)** Den Höhepunkt der R. bildet die von den 80er Jahren des 10. Jhs. bis in das 3. Jahrzehnt des 11. Jhs. reichende Produktion der Liuthard-Gruppe, benannt nach dem Schreiber des Evangeliars Ottos III. (?) in Aachen (Münsterschatz), dessen Evangelisten und 21 Evangelienbilder in hochformatigen Bildfeldern unter rundbogigen architektonischen Rahmenarkaden erscheinen. Bezeichnend das Bemühen um feierlich monumentale Wirkung, die verstärkt wird durch Verzicht auf räumlichen und architektonischen Zusammenhang, die Hinterlegung von Szenen mit →Goldgrund, der von der R. erstmals in die abendländische Malerei übernommen wird. Weitere Hauptwerke: Evangeliar Ottos III. in München (Staatsbibl. Clm 4453; nach 997–1001); Perikopenbuch Heinrichs II. in München (Staatsbibl. Clm 4452; zwischen 1002–14); Bamberger Apokalypse (Staatsbibl. A II 42; Ansetzung entweder anschließend ans Münchener Otto-Evangeliar oder gegen 1020). Hauptthema bleibt weiterhin Christi öffentliche Wirksamkeit. Der ekstatische Bewegungsdrang greift von der Form der Rankeninitialen auf den Figurenstil über. Die menschliche Figur wird entkörperlicht, allein bestimmt durch ihre Funktion als Gebärdenträger, ihre gewaltige Ausdruckskraft durch die erhöhte Resonanz verleihende Leere der Fläche gesteigert. In der ekstatischen Gebärdensprache dieser Malerei ist ein kaum je wieder begegnendes Maß religiöser Vergeistigung erreicht, die in Verbindung mit dem Goldgrund die Möglichkeit schafft, die Zeitlosigkeit des Geschehens zur Anschauung zu bringen. Die seltenen neuen Bilderfindungen sind von eindringlicher Großartigkeit, wie z. B. die visionär-ekstatisch gesteigerten Evangelistendarstellungen im Münchnener Evangelienbuch Ottos III. Der Einfluß der R. erfaßte sämtliche ottonischen südwestdeutschen Skriptorien.

Lit.: A. Boeckler, Die Reichenauer Buchmalerei, in: Kultur der Abtei Reichenau, II, 1925, 956ff.; W. Gernsheim, Die Buchmalerei der Reichenau, Diss. München 1934; H. Jantzen, Ottonische Kunst, 1947; C. Nordenfalk, Buchmalerei, in: Das Frühe Mittelalter vom 4. bis 11. Jh., 1957.

Reichle (Reichel), Hans. Deutscher Bildhauer und Baumeister. Geb. um 1570 in Schongau (Bayern), gest. 1642 in Brixen. Mehrere Jahre Gehilfe G. da →Bolognas in Florenz, 1596 nach Brixen berufen und 1602 in Augsburg ansässig, nach 1607 wieder in Brixen. – R. ist der bedeutendste deutsche Bildhauer des Frühbarock. Der Einfluß der Florentiner Jahre wirkt lange nach und wurde von ihm, vereint mit der nordischen Ausdruckskunst, zu einem eigenständigen Stil umgeformt. Die Reihe seiner großen Meisterwerke beginnt in Brixen mit den 44 Habsburger Statuen aus Terrakotta (heute in mehreren Sammlungen); in Augsburg schuf er die Bronzegruppe des hl. Michael am von →Holl erbauten Zeughaus (1607), dort am Rathaus die Büsten der röm. Imperatoren (1620) und die Kreuzigungsgruppe in St. Ulrich und Afra (1605). Während der 2. Brixener Epoche war er meist als Baumeister und Ingenieur tätig.

Lit.: F. Kriegbaum, H. R., Jb. d. Kunsthist. Sammlungen in Wien, 1931.

Reichsapfel. Insignie des röm. Kaisers schon seit Caracalla. Er trug auf der linken Hand zum Zeichen seiner Weltherrschaft eine Weltkugel (= Apfel). Die christlichen Kaiser des Morgen- und Abendlandes folgten diesem Brauch und fügten den Kronenreif und das Kreuz dem Reichsapfel hinzu.

Reichskleinodien des Hl. Röm. Reiches Deutscher Nation. Der Krönungsornat der deutschen Kaiser und Könige und die zugehörigen geheiligten Insignien, die zugleich Symbol und Siegel der Herrschaft waren. Heute bewahrt in der Schatzkammer der Wiener Hofburg. Die ältesten Teile, das Krönungsevangeliar (Schatzkammerevangeliar, →Palastschule), die Stephansburse und der Säbel Karls d. Gr. entstammen karolingischer Zeit. Vermutlich 935 erwarb Heinrich I. die als Reliquie einen Kreuzesnagel enthaltende hl. Lanze, die als Krönungsspeer der Langobardenkönige ihm den Anspruch auf Oberitalien und damit auf die Kaiserkrone verschaffte. Von höchstem künstlerischen Rang sind die ottonischen und salischen Stücke: **1)** Die wohl vor 982 entstandene, mit Emailplatten, Juwelen und Perlen reich geschmückte Krone (Bügel und Kreuz erst unter Konrad II, 1024–39), deren achtseitiger Grundriß wohl auf das himmlische Jerusalem anspielt und deren Wandungen Zellenschmelzplatten mit Darstellungen alttestamentarischer Könige tragen. – **2)** Das mit Edelsteinen und Perlen besetzte Reichskreuz mit den Reichsreliquien (Span vom Kreuz Christi, hl. Lanze), entstanden wohl unter Heinrich II. (1002–24). Beide scheinen in der gleichen, noch nicht klar lokalisierten Werkstatt gearbeitet worden zu sein (vielleicht Reichenau). – **3)** Das vermutlich für Heinrich III. (1039–56) gefertigte Reichsschwert, dessen Oliven-

Krönungsmantel der deutschen Kaiser aus der Schatzkammer zu Palermo, 1133/34 (Wien, Kunsthistorisches Museum).

holzscheide mit 14 goldgetriebenen Herrschergestalten verziert ist (eventuell Kaiser und Könige von Karl d. Gr. bis Heinrich III.) Hinzu kommen ferner der staufische Reichsapfel und die prächtigen Gewänder, die, für die Normannenkönige Siziliens im 12. bis zum Anfang des 13. Jhs. von byzant. und islam. Meistern in Palermo gearbeitet, von den Staufern geerbt und von Friedrich II. (1212–50) wohl erstmals zur Kaiserkrönung getragen wurden. Hauptstück: der scharlachrote, mit Gold- und Perlstickerei versehene Krönungsmantel (1133/34). Weiter eine Alba (1181), Strümpfe, Schuhe sowie Handschuhe. Letztere zusammen mit dem Zeremonienschwert wahrscheinlich für Friedrich II. angefertigt. Form und Farbe der Gewänder gehen auf die die spätröm. Kaisertradition fortsetzende Tracht der byzant. Kaiser zurück. Ein erstes Inventar wurde 1246 von Ysengard von Falkenstein angelegt. Von den zahlreichen späteren Teilen des Schatzes ist noch die purpurne, mit Stickerei verzierte Adlerdalmatika zu nennen, eine deutsche Arbeit des 14. Jhs.
Lit.: H. Fillitz, Die Insignien und Kleinodien des Heiligen Römischen Reiches, 1954.

Reife Klassik. Bezeichnung für die phidiasische und nachphidiasische Epoche der →griech. Kunst (ca. 450 bis 400 v. Chr.).

Reims. 1) Kathedrale Nôtre Dame: Begonnen 1211; Westfassade im 14. Jh. vollendet. Die klassische Kathedrale der Hochgotik, in Grund- und Aufriß → Chartres weitgehend entsprechend, doch stärker vereinheitlicht. Charakteristisch die rundplastische Bildung der Bauglieder. Neu die Entwicklung von echtem → Maßwerk, das die Wandauflösung steigert. Erste Kapitelle mit Blattkränzen. West- und Querhausfassaden doppeltürmig geplant, nur die Westtürme bis auf die Helme ausgeführt. Für die Fassade kennzeichnend die Vertikalisierung, der Kontrastreichtum zwischen geschlossenen und offenen Teilen, die verfeinerte Schichtung der Schmuckformen. Großartigster Formenreichtum kennzeichnet das Strebewerk mit seinen doppelten Strebebögen und Tabernakelbekrönungen. Die Skulptur gehört zu den Gipfelleistungen got. Bildnerei und hat weitreichenden Einfluß ausgeübt, vor allem auf Deutschland (→Bamberg, →Magdeburg) und Italien (besonders Giovanni →Pisano). Bezeichnend für den plastischen Schmuck der älteren Schule bis 1245/50 ist der ,,klassizistische", auf antike Gewandstatuen zurückgehende Figurentyp, die bunte Vielfalt der Erscheinung, die sinnliche Fülle und Lebendigkeit, die ,,geradezu eine Übertragung von Wirkungsmitteln der Goldschmiedekunst auf den Schmuck des großen Kirchengebäudes darstellt" (W. Sauerländer, vergleiche die unten angegebene Lit.). Die Vorbilder der Frühwerke, etwa der um 1180 entstandenen sogen. Porta preziosa (Bischofsgrabmal, an das nördliche Querhaus versetzt) und der Nordquerschiffportale (z. B. Sixtusportal, um 1220) entstammen der Kleinkunst des Maasgebiets (z. B. Heribertschrein, Köln-Deutz). Von hier ist die lockere Bewegtheit der Figuren, die schmuckhafte Fügung, die phantasievolle Feinheit der Zierformen abzuleiten, die dem Portalaufbau den Charakter edelsteinhafter Kostbarkeit verleihen. Reifstes Werk dieser Schule ist die Heimsuchungsgruppe der Westfassade (um 1230). Die klassische Ausgewogenheit ihrer plastischen Gestalt, die volle Körperlichkeit, die weiche Milde ihrer Erscheinung steht in deutlichem Gegensatz zu dem strengeren Formenkanon, der got. Schärfe, der gereckten Straffheit der Kathedralskulptur von →Paris und →Amiens. Gegen 1250 erreicht die beispielhaft in den Aposteln der St. Chapelle von →Paris vertretene ,,preziöse" Stufe des Pariser Stils R., um hier in dem lächelnden Engel der Verkündigung und verwandten Werken seine reifste Ausprägung zu erfahren. Charakteristisch sind die schlanke Körperform, die anmutig tänzerische Leichtigkeit des Standes, die liebliche Neigung des kleinen Kopfes, die helle Heiterkeit des Ausdrucks. Der gleichen Stufe gehören die Gestalten des sogen. Josephsmeisters an. Das spontan wirkende Vorbeugen des Kopfes, die zugespitzte Charakterisierung intensiver psychischer Bewegtheit verleiht ihnen den Charakter einer fast bildnismäßigen Individualität (Einfluß auf Giovanni →Pisano). Auch die Einstellung von Figuren in kleeblattbogig geschlossene Nischen an der westlichen Innenwand (etwa um 1260) ist nicht ohne Auswirkung geblieben. – **2)** Abteikirche St. Remy, 1005–49. Wichtiger frühroman. Bau der Ile-de-France, dessen reiche Anlage Er-

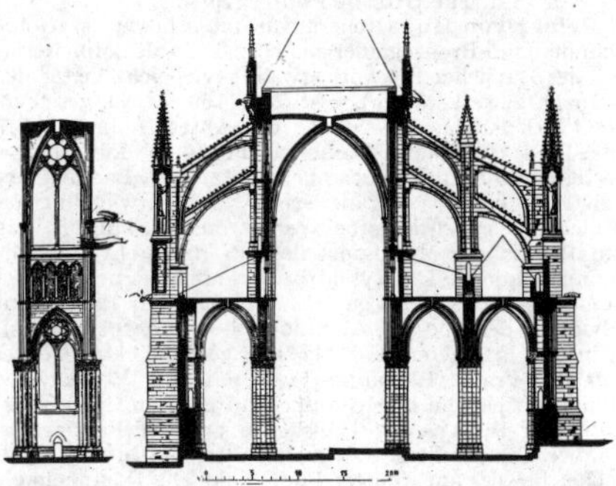

Reims, Kathedrale Nôtre Dame, Schnitt durch Langhaus und Chor.

satz bietet für die verlorene alte Kathedrale von Chartres. Dreischiffige Basilika mit dreischiffigem Querhaus, um das die Seitenschiffe herumgeführt waren und an dessen Ostseite Kapellen saßen. Der Vorchor mit halbrunder Apsis wurde durch einen frühgot. Chorneubau ersetzt. Erhalten hat sich das Langhaus. Ursprünglich flachgedeckt (jetzt got. Kreuzrippenwölbung). Reicher Wandaufriß mit eingestuften Rundbogenarkaden über bündelartigen Pfeilern (vielleicht nicht ursprünglich), Empore (Doppelarkaden umgriffen von Rundbogennischen) und ungegliedertem Obergaden, über dessen Fenstern noch Kreisfenster saßen (durch Wölbung verdeckt). Bezeichnend franz. ist die starke Durchbrechung der Wand. Verwandte Bauten in Vignory und Montier-en-Der.
Lit.: H. Reinhardt, La Cathédrale de Reims, son histoire, son architecture, sa sculpture, ses vitraux, 1963; W. Vöge, Bildhauer des Mittelalters (Aufsatzsammlung), 1958; D. Schmidt, ,,Portalstudien zur Reimser Kathedrale", Münchner Jahrbuch der bildenden Kunst 1960, 14 ff.; W. Sauerländer, Skulptur des Mittelalters, UKG XI, 1963; K. J. Conant, Carolingian and Romanesque architecture, 800–1200; Pelican History of Art 1959; E. Adam, Baukunst des Mittelalters I, UKG IX, 1963.

Reimser Schule. Karolingisches Skriptorium, dessen Malstil in den 20er Jahren des 9. Jhs. an den illusionistisch-malerischen Stil des Wiener Krönungsevangeliars (→Palastschule) anschließt. Bezeichnend sind die gesteigerte, erregt dynamische Bewegtheit, die unruhigen, sich gelegentlich schraubenartig um die Figuren windenden, mit dem Pinsel flüchtig hingestrichelten engen Fältelungen der dünnstoffigen Gewänder und die gewaltsam gesteigerte psychische Aktivität, die die Gestalten erfaßt hat. Hauptwerk: Evangeliar für Erzbischof Ebo (vor 823 im Kloster Hautvillers bei Reims geschrieben; heute Epernay, Stadtbibl. 1). Eine weitere Zuspitzung erfährt dieser Stil in den reinen Federzeichnungen des sogen. Utrecht-Psalters (Utrecht, Universitätsbibl. script. eccl. 484), dessen figurenreiche, szenische, in wogenden Zonenlandschaften vereinigte Darstellungen wörtliche Illustrationen einzelner Psalmstellen sind und auf eine spätantike Vorlage, letztlich wohl auf eine um 400 n. Chr. anzusetzende Bilderhandschrift zurückgehen. Typisch reimsisch sind die mit reichen Eckakroterien versehenen Giebelarchitekturen der Kanontafeln. Auch später behauptete R. eine führende Stellung. Hauptwerke: Evangeliar, ehem. Slg. Crawford (jetzt Morgan Library M. 728); Bibel von S. Paolo fuori le mura für König Karl d. Kahlen geschrieben, die eine touronische Bilderbibel wiederholt, deren Zyklus jedoch auf 24 Szenen erweitert (lange der Schule von →St. Denis bezw. →Corbie zugeschrieben).
Lit.: G. Swarzenski, „Die karolingische Malerei und Plastik in Reims", Jahrbuch d. Königl. Preuß. Kunstsammlungen 1902, 81–104; C. Nordenfalk, Buchmalerei, in: Das frühe Mittelalter vom 4.–11. Jahrhundert, 1957; T. Worwald, The Utrecht Psalter, 1953.

Reiner von Huy (Renerus aurifaber huyensis). Goldschmied und Bronzegießer aus Huy, 1125 als „Ministeriale" des Lütticher Bischofs erwähnt (vielleicht Leiter der Münzprägewerkstätten), gest. um 1150. Einzig gesichertes Werk ist das im Auftrag des Abtes Hellinus (1107 bis 1118) für Nôtre-Dame-aux-Fonts in Lüttich gefertigte bronzene Taufbecken (jetzt St. Barthélemy, Lüttich), eines der künstlerisch und entwicklungsgeschichtlich bedeutendsten Werke roman. Skulptur, das am Beginn der Maaskunst des 12. Jhs. steht (→Goldschmiedekunst). Das zylindrische, auf steinernem Sockel stehende Becken wird getragen von ehemals 12 Rindern (Symbole der Apostel; Abbildung des →Ehernen Meers). Sein mit Propheten und Aposteln geschmückter Deckel seit der Franz. Revolution verloren. Die Beckenwandung umzieht ein in Hochrelief auf glattem Grund ausgeführter Fries von 4 Taufszenen und der Predigt Johannes des Täufers. Die vollrunden Gestalten stehen locker bewegt auf welliger Bodenlinie. Die Räumlichkeit der Szenen, die flüssige Bewegtheit der Figuren und die organische Bildung der Körperformen greifen auf antike Tradition zurück. Direkte stilistische Vorstufe bilden Werke wie die Bibel von Stavelot. Der plastische Stil des R. leitet eine Entwicklung der europäischen Kunst ein, die für die entstehende Gotik von größerer Bedeutung wurde als irgendeine der Schulen roman. Bauplastik. Zugeschrieben werden noch Kruzifixe in Gelbguß.
Lit.: S. Collon-Gevaert, Histoire des arts du métal en Belgique, 1951.

Reinhart, Johann Christian. Deutscher Maler und Radierer. Geb. 1761 bei Hof in Bayern, gest. 1847 in Rom. In Leipzig Schüler von →Oeser, in Dresden von →Klengel. Seit 1785 mit Schiller befreundet und in Meiningen tätig. Seit 1789 in Rom, wo er dem deutsch-röm. Kreis um →Carstens und J. A. →Koch angehörte. – Seine ursprüngliche, frische Naturbeobachtung entfaltete sich in Deutschland. Später nahm er den heroischen Stil seiner röm. Zeitgenossen an, bewahrte jedoch einen idyllischen Zug und den romantischen Drang ins Unendliche. Prachtvolles Beispiel seiner engen Naturverbundenheit sind die 4 Ansichten Roms von der Villa Malta aus gesehen (1829–35, Tempera; München, Neue Pinakothek).
Lit.: P. F. Schmidt, Deutsche Landschaftsmalerei, 1922.

Reinheim im Saarland. Fundort eines jungeisenzeitlichen sogen. Fürstengrabes mit reichen, zum Teil aus dem Mittelmeer-Gebiet importierten Beigaben. Unter anderem wurden eine bronzene Röhrenausgußkanne, zwei Bronzebecken, goldene Hals-, Arm und Fingerringe, ein Anhänger in der Form eines (männlichen) Figürchens sowie ein ebenfalls bronzener Spiegel mit anthropomorphem Griff geborgen.
Lit.: J. Keller, Das keltische Fürstengrab von R., 1965.

Reinigungsbrunnen. Ein Wasserbecken im Atrium der altchristl. Basilika, labrum oder cantharus genannt. Diente der Reinigung der Füße und Hände beim Eintreten in das Gotteshaus.

Reiterdenkmal. Die kunstgeschichtliche Entwicklung des R.s steht in engem Zusammenhang mit der Geistesgeschichte. Auffallend ist, daß R.e nur dann entstehen, wenn der Zeitgeist mehr dem Diesseits zugewandt erscheint und aus diesem Grunde bestrebt ist, bedeutenderen Menschen damit zur Erinnerung ein Denkmal zu setzen. Ausnahmen bilden jene R.e, die aus der reinen Rechtssphäre zu verstehen sind, wie z.B. im Mittelalter, dem der Gedanke eines reinen Denkmales für eine Person, das an kein Grabmal gebunden ist, fremd war. Aus der Antike ist nur ein Reiterstandbild erhalten geblieben, nämlich das des Kaisers →Marc Aurel (Rom, Kapitolsplatz) aus dem 2. Jh. nach Chr. Es galt lange Zeit als Bildnis Kaiser Konstantins, dem ersten christlichen Kaiser, und blieb deshalb vor der Vernichtung verschont. Ein R. Theoderichs in Ravenna aus dem 6. Jh. entstand noch in antiker Tradition. Auf denselben Geist ist auch die Reiterstatuette Kaiser Karls d. Großen aus dem 9. Jh. zurückzuführen (Paris, Musée Carnavalet). Aus dem Mittelalter (1239) stammt der Bamberger Reiter, der aber vielleicht auf einen Einfluß von Südfrankreich mit seinen vielen antiken Vorbildern zurückzuführen ist. Dagegen ist der →Magdeburger Reiter (1250) auf dem Marktplatz zu Magdeburg aus der Rechtssphäre zu verstehen; er ist wahrscheinlich das Bildnis Kaiser Otto I. oder II. Um diese Zeit ist auch der Bassenheimer Reiter, vom Meister der Naumburger Figuren, entstanden. Richtige R.e schuf aber erst die Renaissance, jene auf die antike Tradition zurückgreifende Zeit, in der der Mensch sich von der Mystik des Mittelalters abkehrt und zum irdischen Dasein wendet. Die Entwicklung beginnt in Italien. Um 1230 entstand der Reiter am Pal. Ragione in Mailand von Antelami. Um 1328 malt Simone →Martini den Guidoriccio da Fogliano als Denkmal an die Wand (Siena), und wenig später, 1370, schufen die Brüder Georg und Martin Klausenburg das Reiterstandbild des hl. Georg auf dem Hradschin in Prag, das zwar noch religiöses Symbol des Heiligen, zugleich aber schon Denkmal eines Reiters ist. Richtiges R. entsteht zu dieser Zeit aber auch in Stockholm von Bernt →Notke, nämlich das des Sten Sture. Der völlige Durchbruch des Gedankens eines R.s gelingt aber erst mit dem Gattamelata des →Donatello in Padua (1450) und dem Colleoni des →Verrocchio in Venedig (1479). Von hier ab hat das R. seine Bindungen zur Grabplastik und Heiligenverehrung ganz abgeworfen und dient nur mehr der Erinnerung an bedeutende Persönlichkeiten oder Fürsten, nur noch der Repräsentation. Eines der bedeutendsten R.e in Deutschland ist das des „Großen Kurfürsten" in Berlin, von →Schlüter 1698 geschaffen. (Abb. S. 533).

Rekha. Rekha Deul oder Rekha Schikhara: der steil aufwachsende, konvex einbiegende Teil des nordindischen Tempelturms.

Relief (italien. rilievo = erhabene Arbeit). Eine Plastik, die im Unterschied zur Freiplastik aus einer Fläche herausgearbeitet ist und mit ihr verbunden bleibt. Die Fläche kann dabei gerade oder gekrümmt sein. Je nach der Stärke des Hervortretens spricht man von einem Flachrelief (franz. bas-relief), einem Halb- oder Hochrelief (franz. haut-relief). Das R. kann aus Stein, Holz, Metall oder Elfenbein gefertigt sein.

Reliefgläser (Sidonische Gefäße). Geblasene Gläser, die Tiere, Schiffe, Menschenköpfe etc. darstellen und mit Früchten, Blättern und Ranken aus Glas reliefartig geschmückt sind. Stempel mit den Namen Artas von Sidon, Eirenaios, Ariston etc. weisen auf phönizischen Ursprung hin.

Reliefintarsia. →Intarsia, wobei die eingelegten Teile reliefartig erhöht sind.

Leonardo da Vinci, Skizzen zum Reiterdenkmal für Francesco Sforza.

Reliquiar (reliquiarium). Kästchen oder ähnliches Behältnis zur Aufbewahrung von Reliquien. Seit dem 4. Jh. üblich. Schönes Beispiel das Kreuzreliquiar im Domschatz der Kathedrale zu Cosenza, 12. Jh. (Silber vergoldet, mit Emaille verziert, von Friedrich II. geschenkt).
Lit.: R. Rückert, Zur Form der byzant. R.e, Münchner Jb. d. bildenden Kunst, 1957, 7ff.; E. Meyer, Reliquie und R. im Mittelalter, in: Festschrift C. G. Heise, 1950.

Reliquienkult. Die Verehrung der körperlichen Reste von Märtyrern (Reliquien) hat in der westlichen Kirche eine größere Rolle gespielt als in der Ostkirche. Die Architektur des Westens ist in der Gestaltung des Altarraumes und des Querschiffes weitgehend durch den R. bestimmt. (Vergleiche etwa die Peterskirche in Rom. Für den Osten →Memorialkirche).

Remarquedruck. Probedruck einer →Radierung, benannt nach dem Brauch, an Hand einer kleinen Zeichnung (franz. remarque) am Rand der Platte die Ätzwirkung zu erproben.

Rembrandt, eigentlich R. Harmensz van Rijn. Holländischer Maler und Radierer. Geb. 1606 in Leiden, gest. 1669 in Amsterdam. Schüler des Pieter Lastmann in Leiden. Nach erster selbständiger Tätigkeit zog er 1631 nach Amsterdam und heiratete 1634 Saskia van Uylenburgh. Lebte nach deren Tod (1642) mit Hendrickje Stoffels zusammen, die später seine Frau wurde. 1656 wurde über das Vermögen von R. mit seinem Haus (jetzt R.-Mus.) und seiner bedeutenden Kunstsammlung ein Konkursverfahren verhängt. Von völliger Verarmung nach diesem Verlust kann jedoch nicht die Rede sein, da ihm viele vermögende Gönner über den materiellen Zusammenbruch hinweghalfen. – R. ist der bedeutendste holländische Maler und einer der bedeutendsten Meister der Weltkunst. In seinem alle Themen umfassenden malerischen und graphischen Werk liegt das Schwergewicht auf biblischen Szenen und auf Bildnissen. – Sein Gesamtwerk läßt sich in drei große Zeitabschnitte unterteilen.

Rembrandt, David vor Saul die Harfe spielend (Frankfurt, Städel).

Der erste umfaßt die Jahre in Leiden, 1626–31. Es überwiegt das kleine Format mit biblischen Szenen. Das Geschehen spielt sich oft in dämmrigen Innenräumen ab, wird durch scharfe Helldunkel-Gegensätze dramatisiert, die seelische Spannung wird betont. In diese Zeit fallen etwa „Paulus im Gefängnis" (1627, Stuttgart, Gal.) und „Diana im Bade" (1630). In seinen Radierungen hat er die Vielfalt menschlichen Ausdrucks eingefangen, auch den Akt in ungemildertem Naturalismus dargestellt. – Die zweite Schaffensperiode, äußerlich abgesetzt durch den Umzug nach Amsterdam, wird durch 2 Gruppenbilder begrenzt. Am Anfang steht die „Anatomie des Dr. Tulp" von 1632 (Amsterdam, Rijksmus.). Sie ist noch hart realistisch, stark plastisch mit scharfen Helldunkel-Werten. Das Ende dieser Periode wird etwa durch das berühmte Bild „Die Nachtwache" (1642, Amsterdam, Rijksmus.) gesetzt. Hier erreicht der Kolorismus R.s seinen Höhepunkt. In diesen zehn Jahren weist sein Stil eine zunehmende Farbigkeit auf, gleichzeitig werden alle Härten gemildert. Er wurde zu einem gesuchten Bildnismaler und malte von seiner Familie eine Reihe von Einzel- und Gruppenportraits: „Der Maler mit seiner Gattin Saskia" (Dresden, Gal.). Das Hauptwerk unter den biblischen Bildern ist ein fünfteiliger Passionszyklus (München, Pinakothek), während die Mythologie etwa durch „Delila" (1636, Leningrad, Eremitage) vertreten ist. Thematisch neu sind Landschaften: Gewitterlandschaft (um 1638, Braunschweig, Mus.). Die Graphik, besonders die Radierung, gewinnt an Bedeutung; in ihr kommt die Tiefe und Dramatik seiner Ausdruckskunst besonders stark zur Geltung. Blätter wie die „Heimkehr des verlorenen Sohnes" von 1636 gehören zu den höchsten Leistungen abendländischer Graphik. – Die Spätzeit wird äußerlich bezeichnet durch den Tod der Saskia und erfährt eine Zäsur durch die wirtschaftliche Bedrängnis von 1656; es zeigt sich eine zunehmende Beruhigung, Vertiefung und Verinnerlichung. Dramatische Effekte verschwinden, wie auch die Landschaft. Bilder wie „Der barmherzige Samariter" (1648, Paris, Louvre) oder der „Jacobssegen" (1656, Kassel, Gal.) und die „Heimkehr des verlorenen Sohnes" (1668/69, Leningrad, Eremitage) sind Zeugnisse einer zunehmenden Vergeistigung. Am Anfang dieser Zeit stehen so bedeutende Radierungen wie das „Hundertguldenblatt" (um 1649) oder die „Drei Bäume", später nimmt diese Technik mehr und mehr ab. – Die Selbstbildnisse aus allen Epochen sind Zeugnisse ständiger Selbstkontrolle und -kritik, Zeugnisse auch eines Menschen, der Freud und Leid bewußt erlebt hat. Ergänzend zu seinem Werk treten hinzu die Zeichnungen, die in ihrer Behandlung oft in sich abgeschlossene Bildwerke sind. (Siehe Farbtafel 25).
Lit.: Urkunden über R., herausgegeben von C. Hofstede de Groot, 1906; W. v. Bode, Beschreibendes Verzeichnis seiner Gemälde, 8 Bde., 1897–1905; H. W. Singer und J. Springer, Sämtliche Radierungen, 3 Bde., 1914–20; F. Lippmann und C. Hofstede de Groot, Zeichnungen von R., 10 Bde., 1888–1910; K. Bauch, Die Kunst des jungen R., 1933; L. Münz, A critical catalogue of R.s etchings, 1952; O. Benesch, The drawings of R., 6 Bde., 1954–57; K. Bauch, R., Gemälde, 1966.

Remojadas. Sammelbegriff für verschiedene Keramikfunde im südlichen Veracruz. Am bekanntesten sind die „Lachenden Gesichter", meist als Bruchstücke fast lebensgroßer, hohler Figurinen erhalten, vielleicht erfolgreichster Versuch in der praekolumbischen Kunst Amerikas, Stimmung statt Handlung zu veranschaulichen. Götter und Vornehme sind reichlich vertreten, ebenso Tierköpfe. Große Tonfiguren mit dünner Wand sind für Westmexiko, →Zapoteken und →Tolteken typisch, in späterer Zeit stellten auch die →Azteken Weihrauchbecken gewaltigen Ausmaßes her.
Lit.: W. Spratling, More Human than Divine, 1960; S. K. Lothrop, Das vorkolumbianische Amerika und seine Kunstschätze, 1964.

Remter. Der Speisesaal des →Klosters (dort meist Refektorium genannt) und der →Ordensburg des deutschen Ritterordens. Neben den Sommerremtern gab es heizbare Winterremter. Berühmt sind die der →Marienburg.

Renaissance. In Frankreich 19. Jh. entstandener, von J. Burckhardt erstmals intensiv formulierter Stilbegriff für die als Reaktion auf die mittelalterliche Kunst in Italien entwickelte, neue Kunstrichtung. Übersetzt bedeutet R. „Wiedergeburt" und meint damit die Erneuerung der antiken Kunsttradition. Die Zeit der R. selbst bezeichnete sich durch →Vasari als „rinascità", worunter mehr die Wiedergeburt der Kunst überhaupt als die der Antike verstanden wurde, da man in der Gotik eine unkünstlerische Barbarei sah. – In der Antike dagegen erkannte man eine Epoche höchster künstlerischer Qualität und war somit bestrebt, es ihr gleichzutun. Dies weniger in der direkten Adaptation und Nachahmung als mehr in dem Wunsch, die Antike fortzuführen. Dieser Anschluß an die Antike ist in Italien beheimatet, denn hier war die antike Tradition nie in Vergessenheit

Fassadensysteme: Palazzo Rucellai, Florenz, nach 1446 von L. B. Alberti (links); Palazzo Piccolomini, Pienza, um 1460 (rechts).

geraten, sondern lebte durch das ganze Mittelalter in vielfältiger Form, wenngleich meist anderen Gedanken untergeordnet, fort. Dabei unterscheidet man die Entwicklung, deren Anfänge nicht genau zu datieren sind, in drei Hauptphasen: Früh-R. (15. Jh.), Hoch-R. (1. Hälfte 16. Jh.), Spät-R. oder Manierismus (2. Hälfte 16. Jh.). – Baukunst. Die Gotik war in Italien nie recht heimisch geworden. Dagegen lebten antike Formen vor allem in der spätroman. Architektur der Toscana fort. Davon setzt sich als erster R.-Bau die kühne Kuppel des Florentiner Doms von →Brunelleschi ab. Die großen Palastbauten der Früh-R., wie der Palazzo Pitti, der Palazzo Strozzi, der Palazzo Medici und der Palazzo Rucellai (alle in →Florenz), schließen sich an. Gleich zu Anfang der Entwicklung zeichnete sich deutlich die Tendenz zur Profanisierung der Kunst ab. Galt früher die ganze künstlerische Aufmerksamkeit dem Sakralbereich, so nimmt nun der profane Palastbau eine dominierende Rolle ein. Die zu diesen Palästen gehörenden Säulenhöfe lassen erkennen, welch großen Einfluß das Studium der literarischen Überlieferung antiker Baukunst durch →Vitruvius Pollio auf die neue Bauweise hatte. Hauptsächlich auf diesem Wege fanden antike Bauelemente, wie →Säulenordnung, Rundbogen und Zentralbau, Eingang in die R. – Für den Kirchenbau wurde der Zentralbaugedanke zu einer beherrschenden Idee. – In →Alberti fand die Früh-R. ihren Vollender. Gleichzeitig weitet sich die R. über ihren Geburtsort Florenz hinaus aus und entwickelt sich in Rom um 1500 zur Hoch-R. Mit →Bramante erlebte diese Zeit ihren Gipfelpunkt, vor allem durch das nun groß in Angriff genommene Projekt eines Neubaus von St. Peter in →Rom, von Bramante ursprünglich als der größte abendländische Zentralbau geplant. Außerdem manifestierte sich Rom in großen Palastbauten als neues Zentrum der Blütezeit dieser Epoche (z.B. Palazzo Farnese). – Einen eigenen Palaststil bildete Venedig aus. – Um 1500 drang die R. in die übrigen europäischen Länder ein, die jeweils eigene, national bestimmte Formen und Stilrichtungen entwickelten. In Deutschland vollzog sich eine allmähliche Ablösung der got. Formen in der 1. Hälfte des 16. Jhs., wenngleich der radikalen italien. Hinwendung zum Horizontalismus vertikale Elemente wie steile Giebeldächer entgegenstanden. Große Schloßanlagen, Bürger- und Rathäuser wurden in dieser neuen Bauweise errichtet. (Schlösser zu →Heidelberg, →Aschaffenburg, →Stuttgart; Rathäuser zu →Rothenburg, →Bremen, →Paderborn, →Heilbronn u. a.) Charakteristisch ist ein reiches, bisweilen fast wucherndes Ornamentwerk, das häufig die antikischen Bauglieder bis zur Unkenntlichkeit überzog. – Das in Italien entwickelte Prinzip der Symmetrie setzte sich in Deutschland nur bedingt durch, ebenso spielte der in Italien so wichtige Zentralbaugedanke des Kirchenbaus hier kaum eine Rolle. – In den Bauten des Augsburgers Elias →Holl klingt die deutsche R. aus und wird gleichzeitig in das Frühbarock übergeleitet. – In Frankreich breitet sich die R. etwa gleichzeitig wie in Deutschland aus. Besonders die symmetrische Bauanlage fand hier ein vielfältiges Echo. Große Schlösser und Paläste entstanden (z.B. →Blois, →Chambord, →Fontainebleau). Hauptwerk dieser Entwicklung ist der von →Lescot geschaffene große Bau des →Louvre zu Paris. – Bildhauerkunst. In Italien begann die ebenso leidenschaftliche wie wissenschaftlich-anatomische Durchbildung des nackten menschlichen Körpers, um dessen Formen und Proportionen sich seit dem ersten Begründer der Früh-R., →Donatello, zahlreiche Bildhauer, besonders in Florenz, bemühten. Gleichzeitig gewinnt die Plastik gegenüber der früheren, weitgehenden Bindung an architektonische Zusammenhänge eine neue Freiheit und Selbständigkeit. Neue, z.T. aus der Antike wieder aufgenommene Themen gewinnen Bedeutung: so das Reiterdenkmal, das prachtvoll ausgestattete Grabmal und die Bildnisbüste. Die Neuentdeckung des Menschen, dessen Gestalt zu einem

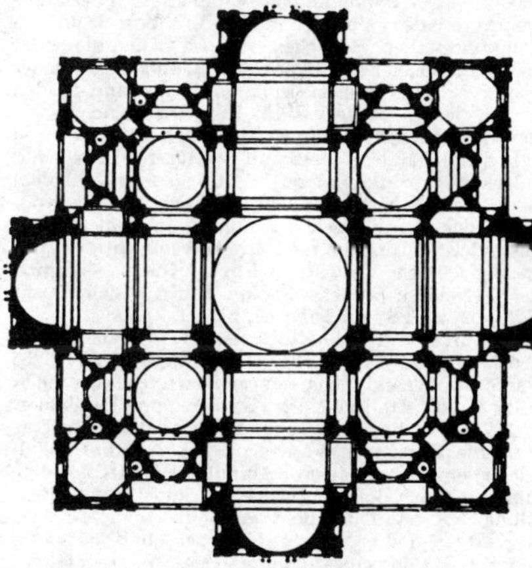

Bramante, Grundrißentwurf für St. Peter, Rom.

zentralen Maßstab wurde, fand besonders in der Bildnisbüste, deren Charakterisierung bis zum krassen Realismus gesteigert werden konnte, ihren Niederschlag. – Die große Reihe bedeutender italien. Bildhauer wie →Quercia, die →Robbias, →Desiderio da Settignano und →Verrocchio fand ihren bekrönenden Höhepunkt in dem

Hauptmeister der Hoch-R., in →Michelangelo, dessen Gestalten für die weiteren Generationen richtungweisend werden sollten. – Bereits den Übergang zum Barock bilden die weiträumigen Brunnen des Giovanni da →Bologna. – Nur vereinzelt drang die neue Auffassung der Menschengestalt in die deutsche Plastik ein. Die spätgot. Bildnerei hatte einen reichen Aufschwung genommen und verhinderte somit ein intensives Eindringen jener Umwandlung, die sich in der Abkehr von der körperlosen Gewandfigur zugunsten der klassisch-körperhaften Gestalt vollzog. Nur vereinzelte Meister wie Adam →Krafft und Peter →Vischer nahmen die neuen Gestaltungsprinzipien in ihr Schaffen auf, während ein Meister wie Hans →Leinberger die got. Form mit R.-Elementen zu verbinden suchte. – Stärker setzte sich die R. in der Bildhauerei Frankreichs durch, wo es z.B. →Goujon gelang, mit zarten Reliefs und Figuren einen Stil eigener Prägung zu schaffen. – Malerei. Von tiefgreifendster Wirkung und Folge war der Wandel, der sich mit der R. in der Malerei vollzog. Formal und inhaltlich verwirklichten sich hier die weitgespannten Neuerungen. Mit →Giotto, den →Vasari als den ersten wirklichen Künstler ansprach, begann die perspektivische Eroberung des Raumes und die realistische Wiedergabe der Bildwelt. Neben dem Problem, das die Gestaltung und die Proportionierung des menschlichen Körpers aufgab und um das sich zahlreiche Maler, insbesondere →Leonardo da Vinci, bemühten, fand die Malerei im Landschaftsbild, in der Architekturmalerei, in Dekorationssystemen (→Groteske), im Portrait und in mythologischen Themen neue Aufgaben. – Von →Masaccio, dem ersten großen Meister der Früh-R., bis zu →Botticelli, dem letzten großen Maler des Quattrocento, reiht sich eine dichte Kette bedeutender und z.T. höchst eigenwilliger Persönlichkeiten wie Piero della →Francesca, →Melozzo da Forli, →Mantegna, →Signorelli, →Ghirlandajo u. a. Die Malerei der Hoch-R. fand ihre Erfüllung in dem großen Dreigestirn →Leonardo da Vinci, →Michelangelo und →Raffael. Eine eigenständige Schule entstand mit →Bellini, →Giorgione und →Tizian in Venedig. – Von größter Bedeutung für die Entwicklung und den Aufschwung, den die Malerei in dieser Epoche nahm, war die Erfindung der →Ölmalerei. – Kühnste Verkürzungen und Überschneidungen, wie sie für →Correggio und den →Manierismus der Spät-R. charakteristisch sind, leiten zum Frühbarock über. – In den außeritalien. Bereichen Europas griffen die Maler der Niederlande, vor allem van →Eyck, die Lehre von der perspektivischen Raumerfassung rasch auf und fanden bereits in der 1. Hälfte des 15. Jhs. entscheidende Lösungen der neuen Probleme. – In Deutschland dagegen dringt die R.-Malerei erst mit →Dürers Lehr- und Wanderjahren in die Malerei ein. Dies sowohl auf dem Umweg über die Niederlande als auch im direkten Kontakt mit der venezianischen Schule. – In kühlem Realismus schuf →Holbein meisterhaft beobachtete Bildnisse. →Deutsche Kunst, →Engl. Kunst, →Franz. Kunst, →Niederl. Kunst, →Span. Kunst. (Siehe Farbtafel 21, 22, 27, 28 und Tafel 19, 21, 22, 25).
Lit.: J. Burckhardt, Die Kultur der R. in Italien, 1860 (8. Auflage 1958); H. Wölfflin, R. und Barock, 1926; E. Panofsky, R. and Renaissances in western art, 1960.

Reni, Guido. Italien. Maler, Radierer und Bildhauer. Geb. 1575 in Calvenzano, gest. 1642 zu Bologna. Trat 1595 in die Werkstatt →Carraccis ein. In Rom (1600) wurde er von →Caravaggio beeinflußt. Erst 1622 kehrte er für immer nach Bologna zurück. Die künstlerische Entwicklung R.s ist noch nicht ganz überschaubar; erschwerend ist, daß er, durch Spielleidenschaft stets verschuldet, viel Massenware durch seine Werkstatt anfertigen und verkaufen ließ. Die Stärke R.s lag in der einfachen Komposition, nicht übermäßig groß, mit möglichst nur einer Gestalt. Obwohl er sich damit weitgehend in Gegensatz zur zeitgenössischen Kunst stellte, wurde er doch sehr geschätzt. Farblich machte er die wohl stärksten Wandlungen eines italien. Malers durch. Von einer kontrastreichen Helldunkel-Komposition mit scharf abgesetzter Beleuchtung gelangte er zu einem lichten Allgemeinton mit kalten, hellen Farben, die häufig süßlich und leer wirken. Großartig ist in seinen Werken Harmonie und Zusammenklang von Bewegung und Gewand (Fresken der Quirinalskapelle in Rom, 1610).
Lit.: M. von Boehn, G. R., 1925.

Rennes (Bretagne). Nach dem Brand von 1720 mußte der Stadtkern völlig neu aufgebaut werden. Der Plan von Robelin wurde von V. Gabriel überarbeitet. Der Stadtplan ist in seiner Linienführung streng axial ausgerichtet, ebenso der Fluß, der in einen Kanal gefaßt wurde. Die Plätze sind von dreigeschossigen Häusern umgeben, die alle im Erdgeschoß Arkaden aufweisen. Das Palais de Justice (ehemaliges Palais de Bretagne), 1618–55 nach Plänen von Salomon de Brosse erbaut, blieb vom Brand verschont. Die Fassade zeigt toscanische Bauformen. Das Rathaus von Gabriel ist ein aus zwei Pavillons bestehender Bau mit einem Turm dazwischen (1734). Die ebenfalls von Gabriel entworfenen einheitlichen Platzwandungen sind erst im 19. Jh. vollendet worden.
Lit.: Wasmuths Lexikon der Baukunst Bd. IV, 1932; Die Blauen Führer, Frankreich, 1963.

Renoir, Auguste. Franz. Maler. Geb. 1841 in Limoges, gest. 1919 in Cagnes. Nach einer Lehre als Porzellanmaler lernte er 1861 →Monet und →Sisley kennen. Ohne die theoretischen Forderungen des →Impressionismus zu befolgen, schloß er sich den Impressionisten an und malte Bilder von strahlender Leuchtkraft. In der straffen Konturführung sind seine Frühwerke noch durch den →Realismus →Courbets beeinflußt. Um 1865 lockert sich auch die Umrißlinie seiner Gestalten impressionistisch auf. Im Gegensatz zu seinen Malerfreunden fand

A. Renoir, „Gabrielle á la rose", 1911 (Essen, Folkwang-Mus.).

er die Themen seiner Bilder nicht in der Landschaft, sondern im Stadtleben von Paris. Die Darstellung des bürgerlichen Lebens und der weiblichen Gestalt stehen im Zentrum seines Schaffens. – Um 1886 verfestigt sich sein Stil zu einer plastischen Formensprache. 1899 ließ er sich an der Côte d'Azur nieder. Seit 1908 war er durch eine Gicht fast gelähmt. 1913 begann er unter dem Einfluß →Maillols unter Mitwirkung von Gehilfen Plastiken auszuführen. Daneben schuf er Lithographien und Radierungen.
Lit.: J. Rewald, Geschichte d. Impressionismus, 1957.

Rentier. Beliebt als Motiv bei Darstellungen der →Älteren Steinzeit, z.B. als Gravierung auf einem

→Lochstab (→Keßlerloch) oder auf einem Adlerknochen (→Teyjat). – Das R. ist außerdem das natürliche Vorbild für das in der →skythischen Kunst und im →Tierstil der →eurasischen Kunst häufige Motiv der gehörnten Hinde, die bei den Steppenvölkern bis in die Hunnenzeit als weisendes Tier galt. R.-Geweihmotiv als Kopfschmuck der im Totenritual von →Pazyryk getöteten Pferde.
Lit.: K. Schefold, HDA 2, 437; K. Jettmar, Steppenvölker, 271.

Rentoilieren. Beim Restaurieren bezeichnet man das Ersetzen einer brüchig gewordenen Leinwand eines Ölbildes durch eine neue Leinwand als R.

Repin →Rjepin.

Replik →Kopie.

Repoussoir. Aus der franz. Sprache stammende Bezeichnung für einen im Vordergrund des Bildes stehenden Gegenstand. Sinn und Zweck einer solchen Anordnung liegen in der Möglichkeit, größere Tiefenwirkungen zu erzielen.

Reproduktion. Vor allem auf die Flächenkunst bezogene Bezeichnung für die Wiederholung, Vervielfältigung oder Nachbildung eines Kunstwerkes. Die R.-Verfahren leiten sich von →Holzschnitt und →Kupferstich her, während später hauptsächlich chemigraphische Verfahren verwendet wurden. – Heute bezeichnet die R. vor allem abbildende Nachbildungen (z.B. Farbdruck nach Ölgemälden) im Gegensatz zur originalgraphischen Vervielfältigung (z.B. Kupferstich, Holzschnitt, →Lithographie, →Radierung).

Resavaer Malschule. In dem serbischen Resav bildete sich im 14. und zu Beginn des 15. Jhs. eine Malschule aus, deren Wirkungen weit über die Grenzen des Ortes hinausgingen. Es ist ein illusionistischer Stil und an den Fresken in →Mistra (Peribleptos-Kloster) abzulesen. Charakteristisch für diesen Stil ist die Freude an dem Monumentalen, an impressionistischer Darstellungsweise, an starker Licht- und Schattenwirkung. Daneben ist die Kunst gefühlsbetont, verinnerlicht, besonders deutlich bei den Gesichtern. Der Raum wird mit großer Kühnheit behandelt.

Restaurierung. Wiederherstellung eines Kunstwerkes, die sich aber nur auf die Sicherung des Materials zu beschränken hat, eventuell auch spätere, stilistisch fremde Zutaten entfernen muß. R. von Bauwerken nennt man Denkmalspflege. Wandgemälde, die durch das Lösen des Putzes von der Wand gefährdet sind, werden erhalten durch Einspritzungen von Kalziumkasein und wieder angepreßt. Können die Schäden so nicht behoben werden, oder sind die Gemälde durch Feuchtigkeit bedroht, so werden sie entweder mitsamt dem Putz abgenommen, was dadurch geschieht, daß man auf ihre Vorderseite Leinwand mit einem leicht löslichen Mittel anklebt und rückwärts ablöst, oder aber sie werden ohne Putz auf ähnliche Weise abgenommen und übertragen. Holzgemälde sind meistens durch das Sichwerfen des Holzes gefährdet. Daher verstärkt man dieses auf der Rückseite des Bildes mit einer sogen. Parkettierung, ein System längs- und quergestellter, aufgeleimter Holzleisten. Wurmstichige Hölzer werden durch Einspritzen von das Holzmehl festigenden Substanzen wieder „beschwert" (besonders bei Holzschnitzereien). Ist das Holz dem völligen Zerfall nahe, so wird es bis zum Malgrund abgelöst und auf einer neuen Platte hinterfangen. Gemälde auf Leinwand, die brüchig geworden sind, kann man entweder von rückwärts „nähren" durch Einbügeln einer Masse aus Harzen und Ölen; sind die Sprünge (Craquelé) nicht nur auf Eintrocknen der Ölfarbe zurückzuführen, oder sind Risse da, so muß man entweder das Bild mit einer neuen Leinwand hinterkleben („doublieren") oder von der alten ablösen und auf eine neue übertragen („rentoilieren"). Ausgebrochener Malgrund wird ausgekittet und behutsam ergänzt. Übermalungen, heute durch Quarzlampen und Gemäldedurchleuchtung zu erkennen, werden wieder entfernt. Das Entfernen von Schmutz und alten, vergilbten Firnisschichten geschieht mit Hilfe von Terpentin und Alkohol oder, in schwierigeren Fällen, durch das sogen. Pettenkofersche Verfahren, das lange verwendet wurde und den spröden Firnis durch Alkoholdämpfe aufweichte. Steinplastik wird an verwitterten Stellen durch möglichst gleichartiges Material ergänzt oder imprägniert.
Lit.: Konservierung und Denkmalspflege, Herausgeber: Schweiz. Institut für Kunstwissenschaft, Zürich 1965 (I: R. E. Straub, Tafelbild, II: Th. Brachert, Gefaßte Holzskulptur und Schnitzaltar).

Retabel →Altar.

Rethel, Alfred. Deutscher Maler und Zeichner. Geb. 1816 in Aachen, gest. 1859 in Düsseldorf. 1829–36 Studium bei W. v. →Schadow in Düsseldorf, 1836–47 in Frankfurt a.M. tätig. Mehrere längere Reisen führten ihn nach Italien und ließen ihn die alten italienischen Meister kennenlernen. – 1853 fiel er in eine schwere Geisteskrankheit, von der er sich bis zu seinem Tode nicht mehr erholte. – In seinen Werken ging er von der nazarenischen Malweise seines Lehrers aus. Um 1840 fand er seinen eigenen Stil, der durch die Betonung des linearen und zeichnerischen Elements charakterisiert ist. In dieser Weise schuf er monumentale Gemälde und Wandbilder, u. a. die Fresken im Rathaus zu Aachen (1847). Nach 1848 entstand eine Reihe bedeutender Holzschnittfolgen.
Lit.: Thieme-Becker.

Rettungssymbolik. Bei den Fresken der Katakombenkunst spricht man von einer R. Die dargestellten Szenen aus dem Alten und Neuen Testament haben keinen erzählenden Charakter. Sie verkünden die eine Wahrheit: Die Rettung vom Tode ist möglich. Mit wenigen Strichen werden die Rettung Noahs, Daniels in der Löwengrube, Jonas im Bauch des Ungeheuers, der wieder ausgespien wird, usw. vorgeführt. Der kurze Hinweis gibt den gewünschten Trost.

Revers. Die rückwärtige Seite einer Münze.

Revolutionsarchitektur. In den achtziger Jahren des 18. Jhs. durch C. L. →Ledoux in Frankreich entstandener Baustil, dessen Elemente aus stereometrischen Grundformen wie Kugel, Pyramide und Würfel entwickelt wurden. Unter Verzicht auf jegliche Ornamentik und jeglichen Bauschmuck erhält das Bauwerk einzig in der gegenseitigen Durchdringung dieser Elemente seine künstlerische Form. – Die R. ist hauptsächlich in zahlreichen Entwürfen von Ledoux erhalten, der – wie es scheint – wesentliche Gedanken modernen Bauens des 20. Jhs. vorweggenommen hat.

Reynolds, Sir Joshua. Engl. Maler. Geb. 1723 bei Plymouth, gest. 1792 in London. Dort 1741–43 Schüler von Th. Hudson. 1749–52 durchreiste R. Italien und auf der Rückreise Paris. Spätere Reisen führten ihn durch die Niederlande, Frankreich und die Rheinlande. 1768 gehörte er zu den Gründern der Royal Academy und war bis 1790 ihr Präsident. – R. galt in England als der angesehenste Portraitist seiner Zeit. Er war geschult an →Correggio, →Tizian und →Veronese und an van →Dyck, dessen Bildniskunst er wieder aufgriff. Sein warmes Kolorit, besonders der Helldunkelton, war an →Rembrandt entwickelt. Die bekanntesten seiner Werke sind „Die Schauspielerin Mrs. Siddons als tragische Muse" (1774, Dulwich, Gal.) und „Die Herzogin von Devonshire mit ihrem Töchterchen" (1786, Chatsworth). – Seine 15 Reden, die er als Präsident der Akademie hielt und die seine ästhetischen Anschauungen verkündeten, wurden viel beachtet und weit verbreitet (in deutsch bereits 1781).
Lit.: W. Armstrong, Sir J. R., o.J. (deutsch).

Rhabdosis. Fachausdruck des griech. Bauhandwerks. Die R. bezeichnet die Herstellung der →Kannelierung der antiken Säule.

Rhamnous. Griech. Ort mit antiker Festung und einem Heiligtum an der NO-Küste →Attikas. Der Tempelbezirk liegt auf einer künstlichen Terrasse, die im N von einer gut erhaltenen Quadermauer abgestützt wird. Hier liegen nebeneinander die Reste der beiden Tempel der Nemesis und Themis. Der kleinere Bau vom Ende des 6. Jhs. v. Chr. war ein einfacher →Antentempel mit polygonalem Mauerwerk. – Um 430 v. Chr. wurde der zweite Tempel als dorischer →Peripteros mit 6 × 12 Säulen errichtet und der Nemesis geweiht. Der Bau blieb unvollendet, die Reste der Säulen zeigen nur den Ansatz zu Kanneluren. Das marmorne Kultbild der Nemesis schuf →Agorakritos. Teile hiervon sind in röm.

Kopien überliefert. – Unterhalb des Tempelbezirks liegt die antike Stadt mit Resten einer bedeutenden Festung des 4. Jhs. v. Chr., deren quadratische Türme und deren dem Gelände angepaßte Quadermauer z. T. erhalten sind.
Lit.: Kirsten-Kraiker, Griechenlandkunde, 174ff., 1962.

Griech. Rhyton, 5. Jh. v. Chr. (Neapel, Mus. Naz.).

Rheinsberg (Brandenburg). Das Schloß wurde für den Kurprinzen Friedrich (II.) unter Benutzung einer älteren Anlage von Kemmeter und →Knobelsdorff 1734–39 errichtet. Die durch einen Brand stark beschädigte Stadt wurde ebenfalls nach Plänen von Knobelsdorff ab 1740 neu gestaltet.

Rhodische Vasen. Nach einem der Hauptzentren ostionischer, griech. Keramik benannte Vasengattung, die jedoch nicht nur auf →Rhodos beschränkt ist, sondern auch auf →Samos und Knidos hergestellt wurde. Charakteristisch für diese dem 7. und 6. Jh. v. Chr. angehörenden Gefäße sind übereinandergestaffelte Tierfries- und eine kleinteilige Füllornamentik. Thematisch und stilistisch gehört die Ware zum sogen. →orientalisierenden Stil, in den im 6. Jh. Elemente der schwarzfigurigen Malerei Eingang finden.
Lit.: W. Schiering, Werkstätten orientalisierender Keramik auf Rhodos, 1957.

Rhodos. Griech. Insel vor der SW-Küste Klein-Asiens. In der Antike reicher Handelsplatz. Bereits aus mykenischer Zeit sind mehrere →Nekropolen auf R. gefunden worden. Im 7. Jh. v. Chr. entwickelt sich eine eigenständig rhodische Keramik mit charakteristischem Tierfriesstil. →Ialysos, →Lindos und →Kamiros waren die Zentren in archaischer Zeit. Erst gegen Ende des 5. Jhs. v. Chr. wird die Stadt Rhodos gegründet, die in hellenistischer Zeit zur Hauptstadt eines die ganze Insel umfassenden Staates wurde. Gleichzeitig entsteht eine bedeutende Bildhauerschule, in deren Werkstätten berühmte Monumente wie der →Koloß von Rhodos und die →Laokoongruppe geschaffen wurden. – Als Sitz der Johanniter erlangte R. im 14. und 15. Jh. n. Chr. erneut große Bedeutung.

Rhoikos. Griech. Erzgießer und Architekt aus →Samos. Nach →Plinius und →Pausanias hat er gemeinsam mit →Theodoros den Erzguß entwickelt. Andere antike Literaten kennen ihn als Architekten. Der große Heratempel in Samos, der erste griech. →Dipteros, ist nach seiner Entwurfsidee entstanden. Er war um 560 v. Chr. tätig.
Lit.: Berve-Gruben-Hirmer, Griech. Tempel u. Heiligtümer, 238ff.; G. Lippold, Handb. d. Archäologie, V, 56, 1950.

Rhomäische Reichskunst. Bezeichnung für die justinianische Reichskunst.

Rhythmische Travée →Joch.

Rhythmus. Bezeichnet in der bildenden Kunst und Architektur als kunstwissenschaftlicher Begriff der Ästhetik den Ablauf einer Gliederung des Kunstwerkes. In seiner ursprünglichen Bedeutung bezieht sich der R. auf einen Zeit- oder Bewegungsablauf, wobei mehrere Zeiteinheiten den R. ergeben. In der Übertragung auf die kunstwissenschaftliche Terminologie ist die Bedeutung des R. nicht in der gleichen Weise scharf fixierbar, jedoch ist es z. B. üblich geworden, von einem Farb- oder Form-R. zu sprechen, wenn sich Form und Farbe nach einer gewissen Gesetzmäßigkeit verfolgen lassen.

Rhyton. Antikes Spendegefäß mit einer der Einfüllöffnung entsprechenden unteren Öffnung, die beim Einfüllen mit Spendenflüssigkeit mit dem Finger zugehalten, bei der Spende selbst geöffnet wurde. In verschiedenen Formen erscheint das R. in der kretisch-mykenischen Kultur, worunter auch Tierformen zu finden sind. – In die griech. Kunst fand das R. im 5. Jh. v. Chr. erneut durch Anregungen aus dem Orient Eingang, jedoch hauptsächlich als Trinkgefäß in Form eines Rinderhorns. – Allgemein bezeichnet man jedes Trinkgefäß in Form eines Tier- oder Menschenkopfes als R. (Siehe Tafel 3).
Lit.: K. Tuchelt, Tiergefäße in Kopf- und Protomengestalt, 1962.

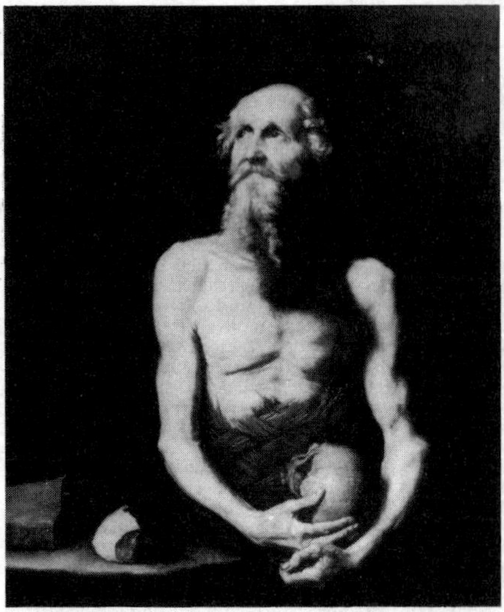

J. de Ribera, „St. Paulus der Eremit", 1647 (Köln, Wallraf-Richartz-Mus.).

Ribalta, Francisco. Span. Maler. Geb. vielleicht 1565 in Solsona, gest. 1628 in Valencia. Ausbildung wohl in Madrid und beeinflußt von →Raffael, →Correggio und →Caravaggio, ohne daß ein Italienaufenthalt bezeugt wäre. Seit 1599 in Valencia tätig, wurde er das Haupt der Valencianer Schule, aus der auch →Ribera hervorging, und zum Begründer der nationalspan. Malerei des 17. Jhs. R. hat sich früh vom Romanismus befreit und durch das Studium (Kopieren) von Correggio und Caravaggio einen eigenständigen, malerischen Helldunkel-Stil geschaffen. Naturalismus und die tiefe Religiosität sind Gemeingut der span. Malerei, die Monumentalität der Zeichnung und das dunkel glühende Kolorit sind Eigenheiten der Valencianer Schule.
Lit.: G. Jedlicka, Span. Malerei, 1941.

Ribat. Das R. ist eine befestigte muslimische Klosteranlage, wie sie als Truppenlager an allen strategisch

wichtigen Plätzen im muslimischen Bereich üblich waren. Diese Garnisonen dienten der Ausbreitung des Islam durch den Heiligen Krieg, und die meisten von ihnen entstanden als Stiftungen. Erhalten sind in Tunesien das R. Monastir und Susa aus dem 9. Jh. Im 12. Jahrhundert entsteht in Persien mit der Entwicklung der Mystik des Sufitums eine veränderte Aufgabe für die R.s, die nunmehr religiösem Bedarf dienen.
Lit.: G. Marcais, Enzyklopädie des Islam, 1936; K.A.C. Creswell, Early Muslim Architecture, II, 1940.

Ribera, Jusepe de, genannt Lo Spagnoletto. Span. Maler. Geb. um 1590 in Játiva, gest. 1652 in Neapel. Schüler→Ribaltas. In Parma ließ er sich unmittelbar von →Correggio und →Tizian, später in Padua und Rom von →Veronese und →Caravaggio anregen. Seit 1616 lebte er in Neapel und arbeitete für die span. Vizekönige und die dortigen Klöster. Bemerkenswert in seinem Werk sind die grausig-düsteren Marterszenen (Andreasmarter, 1628, Budapest, Nat.-Galerie). – In R.s malerischem Schaffen erleben wir das Bemühen, aus Caravaggios Helldunkel zu einer lichterfüllten, nicht minder farbigen Malerei vorzustoßen. Sein Primat im Kolorit wurde von allen großen span. Malern anerkannt und viel nachgeahmt. Er unterhielt eine große Schul-Werkstatt in Neapel. Seine Radierungen und Zeichnungen waren begehrte Studienobjekte.
Lit.: A. L. Mayer, J. de R., 1908.

Ricci, Sebastiano. Italien. Maler. Geb. 1659 in Belluno, gest. 1734 in Venedig. Schüler Mazzonis und Cervellis. In Bologna beeinflußt von L. →Carracci und →Reni. Nach weiteren Studien in Rom, Florenz und Mailand ließ er sich vor 1700 zum erstenmal in Venedig nieder. Aufträge führten ihn nach Wien (Arbeiten im Schloß Schönbrunn), London, Paris und in die Niederlande. Seit 1716 ständig in Venedig. – Er knüpfte mit heiterhellfarbigem Stil an die venezianische Barocktradition eines →Veronese an und bereitete damit →Tiepolo vor. – R. schuf große und bedeutende Fresken in Kirchen sowie Altarbilder und mythologische Werke.
Lit.: J. v. Derschau, S.R., Ein Beitrag zu den Anfängen der venezianischen Barockmalerei, 1922.

Riccio, Andrea. Italien. Bildhauer. Geb. 1470 in Padua, gest. 1532 ebda. Schüler des B. Bellano in Padua. Bedeutender Bronzebildhauer. Neben kleinen Ausstattungsstücken für weltlichen und kirchlichen Gebrauch schuf er auch Großbronzen. Sein Hauptwerk ist der Osterleuchter im Santo zu Padua (1507–17, ohne Sockel 3,92 m hoch); dieses Werk ist in der Vereinigung von Heiligem mit Profanem, Reliefs und Statuetten in feinster und zierlichster Form, bei hervorragender technischer Ausführung ein Kompendium seiner Kunst; auch seine Stilentfaltung ist an diesem Stück ablesbar. Sie fällt in die Übergangszeit, die durch die Überwindung des noch got. Naturalismus am Ende des Quattrocento und der sich ausbreitenden Renaissance gekennzeichnet ist. – R. war auch als Goldschmied und Medailleur tätig.
Lit.: L. Planiscig, A. R., 1927 (deutsch, Werkverzeichnis).

Richardson, Henry Hobson. Amerikanischer Architekt. Geb. 1838 in St. James Parish (Louisiana), gest. 1886 in Brookline, Mass. Nach dem Studium an der Harvard Universität ging R. 1859 nach Paris, wo er bis 1865 die Ecole des Beaux-Arts besuchte. Hier arbeitete er als Assistent bei →Hittorf und bei →Labrouste. In Amerika gründete er zusammen mit Ch. Gambrill ein Atelier, in dem auch McKim gearbeitet hat. – R. war in der amerikanischen Architektur vor →Sullivan die beherrschende Persönlichkeit. Sein Stil leitet sich ab aus einer romantischen Neigung zur südfranz., roman. Baukunst und aus einer umfangreichen Kenntnis der europäischen Architekturgeschichte. Am auffallendsten ist seine kraftvolle Verwendung von Werkstein, den er oft bis in die obersten Geschosse im Bossen stehen läßt und so einen sowohl romantischen als auch massiv-wehrhaften Eindruck hervorruft. Seine Grundrisse zeigen dabei eine klare Konzeption. Neben Kirchen und Universitätsgebäuden, Staatsbauten und Warenhäusern bereitete er durch seinen Backsteinwolkenkratzer für Field & Pray (Chicago) dem Stahlskelett-Wolkenkratzer den Weg.
Lit.: H. R. Hitchcock, Architecture 19th and 20th centuries, 1958.

Richelieu bei Chinon (Touraine). R. ist eine einheitliche Gründung des Kardinals Richelieu. Ausgangspunkt der Stadtanlage ist das Geburtshaus des Kardinals, das durch Jacques Lemercier seit 1627 zum Schloß ausgebaut wurde (in der Revolution bis auf wenige Reste zerstört). Das Schloß, im Formcharakter altfranz., viereckiger Wasserburgen, wurde umgeben von einem heute noch bestehenden Garten, der vor der Hofseite in einen großen, von schnurgeraden Alleen durchschnittenen Park übergeht. Die Hauptachsen treffen sich auf einem dem Schloßhof vorgelagerten runden Platz. Seitlich vom Schloß, ebenfalls nach Entwürfen Lemerciers, entstand die Stadt auf gradlinigem, rechteckigem Grundriß, umgeben von Wällen und Gräben. Die Häuser sind durchwegs einheitliche Ziegelrohbauten mit Hausteingliederungen.
Lit.: Wasmuths Lexikon der Baukunst, Bd. IV, 1932; Die Blauen Führer, Frankreich, 1963.

Richier, Germaine. Franz. Bildhauerin. Geb. 1904 in Grans bei Arles, gest. 1959 in Montpellier. 1922–25 studierte sie an der Ecole des Beaux-Arts in Montpellier bei einem Schüler von→Rodin und arbeitete anschließend bis 1929 in Paris bei →Bourdelle. Bereits ihre 1930–40 entstandenen Büsten und Torsi zeigen einen eigenwilligen Stil. Um 1940 wendet sie sich der Tierplastik zu und schuf monumentale Bildwerke von Insekten, Fledermäusen und Kröten. Mit der berühmten ,,Spinne" von 1946 geht sie dazu über, die Extremitäten ihrer Gestalten durch Drähte miteinander zu verbinden. Hieran anschließend entstanden die großen ,,Krallenmenschen" ihres Spätwerks. – In ihrer künstlerischen Entwicklung nahm sie Anregungen des →Surrealismus auf. Ihre Werke sind mit denen von→Giacometti und→Armitage vergleichbar, ohne daß unmittelbare Beziehungen aufzuweisen sind.
Lit.: J. Cassou, G.R., 1961.

Richmond, Sir William Blake. Engl. Maler und Bildhauer. Geb. 1842 in London, gest. 1921 in Blavor Lodge, Hammersmith. Durch die Bekanntschaft mit J. →Ruskin kam R. dem Kreis der Praeraffaeliten nahe, deren Haupt H. →Hunt auf die fast nur autodidaktisch erlernte Malerei R.s erste Einflüsse übte. Um sich aus diesem Kreis zu lösen, ging er 1865 für mehrere Jahre nach Rom, wo er die Werke →Michelangelos studierte, bei Podesti die Fresko- und bei Costa die Landschaftsmalerei erlernte. 1869 kehrte er mit einem historistischen Bild (Triumph zu Ehren des Bacchus) nach London zurück, wo er als Maler für Mythologien und dekorative Ausschmückungen wirkte (Ausmalung von St. Paul in London); außerdem schuf R. eine bedeutende Reihe von Portraits: H. Hunt, W. Morris u.a. Als Bildhauer arbeitete er das Grab für den Staatsmann W. E. Gladstone in Hawarden bei Chester.
Lit.: Thieme-Becker.

Richter, Adrian Ludwig. Deutscher Maler, Radierer und Illustrator. Geb. 1803 in Dresden, gest. ebda. 1884. Seine Ausbildung im Graphischen bei seinem Vater Carl August R. (1770–1848) und in der Malerei bei untergeordneten Lehrern war solide, aber nicht inspirierend. Die Mitarbeit an den mit seinem Vater herausgegebenen Radierfolgen ,,Malerische An- und Aussichten" von Dresden und Umgebung brachten ihm von dem Verleger ein Stipendium nach Italien ein, wo er unter dem Einfluß J. A. →Kochs sich in der Ölmalerei weiterbildete; den →Nazarenern blieb er fern. Aber auch für sein zeichnerisches Schaffen war dieser Italienaufenthalt befreiend und anregend. Nach Dresden zurückgekehrt, begann er mit italien. und alpinen Landschaften, die aber nach einer Reise in das obere Elbetal ganz überwunden wurden; es entstanden nun die bekannten Gemälde vom Schreckenstein (Überfahrt am Schreckenstein, 1837). Von 1836 datiert die folgenreiche Verbindung mit dem Leipziger Verleger G. Wigand, für den er bis in die 60er Jahre fast 2500 Illustrationen schuf, meist Holzschnitte, wodurch er den Einfluß der engl. Holzschneider durch eine bedeutende Dresdner Schule ersetzte. Auf dem Gebiet der Holzschnittillustration lag

auch seine größte Begabung, wobei er im Figürlichen phantasievoll, lebendig und oft sehr humorvoll gewirkt hat; der Geist seiner Kunst war dabei dem der deutschen Spätromantik, am ehesten M. v. →Schwind, nahestehend.
Lit.: Thieme-Becker, L. Richter, Lebenserinnerungen eines deutschen Malers.

Ricketts, Charles. Engl. Maler, Kunstgewerbler, Graphiker und Kunstschriftsteller. Geb. 1866 in Genf, gest. 1931 in London. Nachdem er 1889–97 die Zeitschrift „The Dial" herausgegeben hatte, gründete er 1896 die Vale-Press für bibliophile, meist von ihm selber illustrierte Buchdrucke. – Als Graphiker – Holz- und und Linolschnitt – begann er in der Nachfolge der →Praeraffaeliten und des W. →Morris und wurde neben →Beardsley einer der großen engl. Jugendstilkünstler. Später wich er von dem scharfen Umrißstil aller dieser Künstler ab und näherte sich der Holzschnittechnik Dürers. Zu seinen bekanntesten Illustrationen gehören die Märchen von Oscar Wilde (gemeinsam mit C. H. Shannon) und Daphnis und Chloe, 1893. – Als Maler war er stärker von den franz. Romantikern beeindruckt und als Bildhauer von →Rodin. Seine kunstgewerblichen Arbeiten (Schmuck und Kleinbronzen) gehören dem →Jugendstil an. – Das größte Echo erzielte er aber mit den Arbeiten für das Theater (Bühnenbilder, Figurinen, Inszenierungen), mit denen er revolutionierend auf das engl. Bühnenwesen wirkte (Inszenierung der Salome von Wilde).
Lit.: R. Schmutzler, Art Nouveau, 1962.

Ridinger (Riedinger), Georg. Deutscher Baumeister. Geb. 1568 in Straßburg, gest. 1616 in Aschaffenburg. War in Straßburg bei Jörg Schmidt in der Lehre, arbeitete im Dienste des Markgrafen von Ansbach und hat wahrscheinlich Italien und Frankreich bereist, bevor er mit dem Aschaffenburger Schloßbau (1605–14) betraut wurde. Durch geschickte Ausnutzung der Höhenlage (mit großartiger Terrasse) schuf er eines der wirkungsvollsten Architekturbilder der Zeit und die erste streng symmetrisch gruppierte Schloßanlage Deutschlands, die für Deutschland von großer entwicklungsgeschichtlicher Bedeutung war.
Lit.: M. Wackernagel, Die Baukunst des 17. und 18. Jhs. in den germanischen Ländern, 1921.

Ri(e)dinger, Johann Elias. Deutscher Maler und Graphiker. Geb. 1698 in Ulm, gest. 1767 in Augsburg. Schulung in Ulm und Augsburg. Nach dreijähriger Tätigkeit in Regensburg, wo er in der Reitschule Studien trieb, besuchte er 1718/19 in Augsburg die Akademie des älteren Rugendas. Er blieb fortan in Augsburg und wurde dort 1759 Direktor der Stadtakademie. – R. zeichnete, stach und radierte fast 1300 Blätter mit Tierdarstellungen, meist mit erläuterndem Text. Viele davon stellte er in Serien, die im eigenen Verlag erschienen, zusammen: Der Fürsten Jagdlust (36 Bl., 1729), Beschreibung und Vorstellung der wilden Tiere (40 Bl., 1736) u.a. Weiterhin malte er Bildnisse, Tierstücke und auch religiöse Darstellungen.
Lit.: N. Lieb, in Thieme-Becker, 1934; G. A. W. Thienemann, Leben und Wirken R.s, mit Nachträgen, 1856–76.

Riefeln. Einkerbungen, die entweder gerade (Säulen) oder geschwungen (Riefelsarkophage) von oben nach unten verlaufen.

Riefenkeramik. Mit Riefen verzierte Tonware, die im mitteleuropäischen Bereich in der späten →Bronzezeit und frühen →Eisenzeit in Erscheinung tritt.

Riemchen. Bezeichnung für die im Alten Orient heimische langgestreckte Ziegelform der →Uruk- und →Dschemdet-Nasr-Zeit, die ältere Hochformate ablösen. Der R.-Technik folgt die Periode der sogen. plankonvexen Ziegel, die bei ebener Unterseite oben gewölbt sind und im Fischgrätenverbund verbaut wurden. Die verschiedenen Ziegelformen sind für die Unterscheidung der Bauschichten in den Zentren sumerischer Kunst wichtig (→Altoriental. Kunst 2).
Lit.: A. Parrot, Sumer, 218f.; H. Potratz, KAO, 34f.

Riemenschneider, Tilman. Deutscher Bildhauer und Bildschnitzer. Geb. um 1460 in Osterode/Harz, gest. 1531 in Würzburg. Seine künstlerische Herkunft ist im einzelnen nicht bekannt; sie ist am Oberrhein und in Schwaben im Umkreis →Schongauers (R. verwendete Schongauer-Stiche in der Werkstatt) und N. →Gerhaert von Leydens zu suchen. Seit 1483 lebte er in Würzburg, wo er als angesehener Bürger Ratsmitglied und 1520/21 auch Bürgermeister wurde. Durch diese Stellung in die Wirren des Bauernkrieges von 1525 verstrickt, wurde er wegen Unterstützung der Anführer gefangengenommen und gefoltert. – In Gegensatz zu der oft manieristischen Kunst der siebziger Jahre des 15. Jhs. sucht er schon in

T. Riemenschneider, Mariae Himmelfahrt, aus dem Creglinger Altar, Holz, um 1505–1510 (Creglingen, Herrgottskirche).

seinen ersten Werken eine natürliche und stille Haltung in einem klaren Flächenaufbau. R. vermeidet alle banalen und brutalen Züge, die die Kunst jener Zeit kennt, und scheidet mehr und mehr realistische Einzelformen zugunsten einer einheitlichen Gesamtstimmung aus. Charakteristisch dafür ist der Ausdruck seiner zwar individuellen, sich aber in leidvoller Demut gleichenden Gestalten. R.s Werkstoffe sind Sandstein, Marmor und Holz. Er verzichtete mehr und mehr auf die realistisch gemeinte, farbige Fassung von Figuren und Schnitzwerk. Die früheste bekannte Arbeit ist der Münnerstädter Altar (1490–92, nur in Teilen erhalten in verschiedenen Museen); in die Frühzeit gehören ferner die Steinfiguren von Adam und Eva (1491–93, Würzburg, Mainfränkisches Mus., ebda. größte Sammlung von R.-Werken). Weitere Werke sind der Heiligenblutaltar der Jakobskirche in Rothenburg (1499–1505, mit Abendmahlsdarstellung im Mittelschrein), der Altar der Herrgottskirche in Creglingen (1505, mit Mariae Himmelfahrt) sowie die steinernen Grabmäler Würzburger Bischöfe, deren bedeutendstes das des Bischofs R. v. Scherenberg ist (1496–99, St. Kilian, Würzburg). Für Bamberg schuf R. 1499–1513 das Prunkgrab für Kaiser Heinrich II. und Kunigunde (Dom, Marmor, teilweise vergoldet). Der Hochaltar des Würzburger Domes, 1506–22, ist nur noch in einzelnen Teilen erhalten; er war aus Marmor und Holzschnitzwerk mit Lindenholzfiguren gearbeitet. – In der stilistischen Einordnung steht R. am Ende der Spätgotik; er näherte sich den Renaissanceidealen und vermied, von einer kurzen Epoche um 1520 abgesehen

(Grabmal für Lorenz von Bibra, Würzburg, Dom), die Übernahme italien. Formen.
Lit.: H. Schrade, T. R., 2 Bde., 1927; J. Bier, T. R., 2 Bde., 1937; M. H. v. Freeden, T. R., 1954.

Riemerschmid, Richard. Deutscher Architekt, Kunstgewerbler und Maler. Geb. 1868 in München, gest. 1957 ebda. Studierte an der Akademie in München. Seine erste bedeutende Bauleistung war der Innenausbau des Münchener Schauspielhauses (Architekt M. →Littmann) 1901 mit einer einfachen →Jugendstil-Dekoration. Große Breitenwirkung hatte R. schon 1898 mit der Gründung der „Vereinigten Werkstätten" in München erzielt, in denen Künstler wie →Obrist, →Endell und →Pankok mitarbeiteten. Als die in dem gleichen Geist in Dresden gegründeten „Dresdener Werkstätten" des K. Schmidt mit jenen in München zu den „Deutschen Werkstätten" 1907 vereinigt wurden, baute er das Fabrikgebäude und dazu Dresden Hellerau, den bedeutendsten deutschen Beitrag zur Gartenstadtbewegung. – Sein Werk war die Förderung und Entwicklung einer deutschen Wohnkultur, die jeden Bereich des Wohnens umfassen sollte.
Lit.: Thieme-Becker; H. Vollmer, Künstlerlex. d. 20. Jhs.

Riesen →Fiale.

Riesener, Jean Henry. Deutsch-franz. Ebenist und Bronzekünstler. Geb. 1734 in Gladbeck (Westfalen), gest. 1806 in Paris. Trat 1755 in die Werkstatt →Oebens ein, heiratete 1767 dessen Witwe und war neben D.→Roentgen der bedeutendste Meister seines Faches in Europa. An seinen Möbeln ist die Entwicklung des allgemeinen Zeitgeschmacks vom Schweren und Prunkvollen, über das Graziöse zum streng Sachlichen hin, ablesbar. Seit er 1774 Kunsttischler des Hofes wurde, arbeitete er auch für den franz. Adel. Seine Werke finden sich in den bedeutendsten Museen der Welt: Louvre, Metropolitan-Mus., Victoria-Albert-Mus. sowie in franz. Schlössern und engl. Kronbesitz.
Lit.: A. Feulner, Kunstgeschichte des Möbels, 1927.

Rietfeld, Gerrit Thomas. Holländischer Architekt, Geb. 1888 in Utrecht, ebda ansässig. Bildete sich autodidaktisch und schloß sich mit →Oud, Vilmos und Huszar der von Th. →Doesburgh 1917 gegründeten Stijl-Bewegung an. Die Werke, die er in diesem Geiste schuf, sind extreme Beispiele der Strenge und Nüchternheit, der Herrschaft der Vernunft über die Phantasie. Sein eigenes Haus, 1924 in Utrecht erbaut, ist mit seiner die Gliederung der Architektur unterstreichenden Einrichtung so unbeweglich, daß jede Änderung das „ästhetische Gleichgewicht" stören würde. – Mit den einzelnen Möbelformen aus Holz und Stahl und seinen funktionellen Architekturentwürfen konnte er dem →Bauhaus viel Anregendes vermitteln.
Lit.: W. Fischer, Bau, Raum, Gerät, 1957.

Rietschel, Ernst Friedrich August. Deutscher Bildhauer. Geb. 1804 in Pulsnitz, gest. 1861 in Dresden. Studierte 1820–26 an der Dresdener Akademie und arbeitete anschließend in Berlin bei Chr. →Rauch, dessen bester Schüler er wurde. Nach einem kurzen Romaufenthalt (1830/31) erhielt R. den Auftrag für das Denkmal König Friedrich Augusts in Dresden (1843 fertiggestellt). Ab 1832 wirkte er als Prof. an der Dresdener Akademie, wo er, später zusammen mit E. →Hähnel, die neue Dresdener Bildhauerschule begründete und dabei vom Klassizismus Rauchs zum Realismus überleitete. Seine bedeutendsten Leistungen waren die Giebelfelder an den Opernhäusern in Dresden (Altes Haus) und Berlin und das Goethe-Schiller-Denkmal in Weimar (1852–56), in dem er einen zeitlosen Ausdruck dieser Aufgabe erreicht hat.
Lit.: Thieme-Becker.

Riez (Provence). Hier eines der bekannten Baptisterien der Provence. Baubeginn 439 n.Chr. Alter des Gesamtbaues umstritten, wahrscheinlich 5. Jh. Elegantes Gebäude mit achteckiger Kuppel, die auf antiken Säulen ruht. Im Innern bewahren die Säulen Abstand von Umfassungsmauer. Dadurch überwölbter Umgang möglich. In den Ecken halbkreisförmige Nischen.
Lit.: A. Villard, Art de Provence, 1957.

Rigaud, Hyacinthe. Franz. Maler. Geb. 1659 in Perpignan, gest. 1743 in Paris. Schüler der königlichen Akademie in Paris. Spezialisierte sich auf den Rat →Lebruns hin auf Portraits, mit denen er, wie neben ihm kein zweiter, reüssierte. Er war der Meister des pompösen, höfisch-repräsentativen, jedoch äußerlichen Barockportraits und traf damit den Geschmack des Hofes Ludwigs XIV. Besser sind dagegen die bürgerlichen Bildnisse. – Er portraitierte 4 Generationen der königlichen Familie Frankreichs, aber auch die Könige von Schweden, Spanien, Polen, Sachsen.
Lit.: E. Hildebrandt, Malerei und Plastik des 18. Jhs. in Frankreich, 1924.

A. Rodin, Balzac (Paris, Mus. Rodin).

Rimini. Der Grundriß der Stadt geht noch auf das ehemalige röm. Castrum zurück. Herren der Stadt waren vom 13. Jh. bis 1528, als sich die Stadt unter päpstliche Herrschaft stellte, die Malatesta. Unter Sigismondo entstand das baugeschichtlich wichtigste Werk in R., der Dom S. Francesco. Ursprünglich got., wurde er 1446 bis 1455 nach Plänen von L. B. →Alberti umgestaltet. Vollendet wurde aber nur das Erdgeschoß der Hauptfassade und die Seitenansichten. Der Plan sah noch einen großen Kuppelraum in Anschluß an das Langschiff vor. Die Kirchenfassade wurde als erste in der neueren europäischen Architektur der Gestalt des röm. Triumphbogens nachgebildet. Unter den Bogenstellungen der rechten Langseite Sarkophage mit berühmten Persönlichkeiten vom Hofe Sigismondos. Die plastische Dekoration des Domes stammt zum größten Teil von Agostino di Duccio.
Lit.: Wasmuths Lexikon der Baukunst, Bd. IV, 1932; Nikolaus Pevsner, Europäische Architektur, 1962; Die Blauen Führer, Italien, 1963.

Rimsin. Sohn des elamischen Fürsten Kudurmabug, Zeitgenosse →Schamschiadads I. und →Hammurabis, Herrscher von →Larsa und Begründer eines mächtigen Staatswesens in Südmesopotamien (1758–1668 v. Chr.),

wo für R. Wiederherstellung zahlreicher Tempel und Neubauten bezeugt sind.
Lit.: H. Schmökel, GAV, 77ff.

Rimusch. Zweiter König von Akkad, Sohn →Sargons (Anfang 23. Jh. v. Chr.), von dessen Bautätigkeit für Tempel und künstlerischen Interessen die Überlieferung berichtet. Fragment einer Triumphstele aus →Lagasch mit bewegten Kampfszenen in Horizontalreliefs, die deutlich die Abkehr vom schweren Stil der älteren → sumerischen Kunst erkennen lassen.
Lit.: H. Schmökel, GAV, 42; J. Bottéro, FWG 2, 95ff.; A. Parrot, Sumer, 174.

Rindenstoff →Tapa.

Ringel- oder Ringbecher. Im 16. und 17. Jh. stellte man kleine Glasgefäße zum Trinken her, an denen bewegliche gläserne Ringe in ebensolchen Ösen hingen.

Ringkrug. Ein Krug, dessen Körper aus einem Ring besteht. Im Inneren des Ringes ist häufig eine Figur angebracht. Im 16. Jh. ist der R. aus Steinzeug oder Ton, seit dem 17. Jh. auch aus Glas.

Ringtonne. Bezeichnung für eine ringförmig – auch halbringförmig – geführte Tonnenwölbung. Die R. findet sich vor allem bei roman. Chorumgängen.

Rio Bec-Region. Mit dem (→Chenes-Region) Chenes-Stil verwandter Klassischer Mayastil im südlichen Yucatán (→Puuc). Die Verwendung von Scheinarchitektur dient zur Erzielung dekorativer Effekte. Wichtigste Städte: Rio Bec, →Xpuhil, →Tzibanché.

Ripidien. Liturgischer Fächer. Auf byzant. Bildern oft von Engeln gehalten.

Rippe →Gewölbe.

Risalit. Aus der Hauptfluchtlinie vorspringender, architektonisch besonders hervorgehobener Teil eines Bauwerks. Je nach seinem Platz am Bau unterscheidet man Mittel-R., Seiten-R. und Eck-R. – Vor allem in der Barockarchitektur wurde das R. zu einem wesentlichen Element der Wandgliederung und der reliefartigen Belebung einer Fassade.

Ritschl, Otto. Deutscher Maler und Kunstschriftsteller. Geb. 1885 in Erfurt, lebt in Wiesbaden. Begann als Schriftsteller, wandte sich 1919 aber der autodidaktischen Malerei zu. Hier begann er in der Art der → Brücke-Maler und →Kokoschkas, wurde aber in Paris erst von →Matisse, dann vom →Kubismus beeinflußt Auf diesem Weg kam R. zur Abstraktion, wobei er mit geometrischen Farbreihungen begann.
Lit.: O. Domnick, Abstrakte Malerei, 1947; O. R., Zur Kunst unserer Zeit, 1952.

Ritzzeichnung. Die R. gehört zu den ältesten Kunsttechniken der Menschheit. Dabei wird die Darstellung mit einem harten Gegenstand in das bildtragende Material eingeritzt. Die ältesten Zeugnisse sind auf Stein, Knochen oder Elfenbein aus der →Altsteinzeit überliefert. Eine Sondergruppe stellen die mittelalterlichen Putzritzungen dar, bei denen die Zeichnung in den noch weichen Mörtel eingekratzt wird (Beispiel im Kreuzgang des Magdeburger Doms, 13. Jh.).

Riva (Tessin, Schweiz). St. Croce, 1563–85. Der achteckige Kuppelraum mit eckigen Diagonalnischen erinnert an lombardische Raumgestaltung des Bramante-Kreises. Querarme und Chor weitausladend. Im Inneren hohe, toscanische Säulen, die sich als Pfeiler im Tambour fortsetzen. Zwischen Chor und nördlichem Querflügel der Glockenturm. Hauptportal und Erdgeschoß werden dem Tibaldo Pellegrino de' Pellegrini zugeschrieben.

Rivera, Diego. Mexikanischer Maler. Geb. 1886 in Guanajuato, gest. 1957 in Mexiko-City. Bis 1904 studierte er in Mexiko. Die erste Ausstellung seiner Arbeiten veranlaßte die Regierung, ihm ein Europa-Stipendium zu gewähren. Auf dieser Reise kam er in Spanien, Frankreich, Deutschland, Italien und Rußland (1920/21) mit allen künstlerischen und politischen Strömungen der Zeit in Berührung. Nach Mexiko zurückgekehrt, erhielt er große Freskoaufträge, durch die er der meistbeschäftigte Maler seines Landes wurde. Als Nationalist verarbeitete er in seinen Fresken die Formen einheimischer Volkskunst, da er diese aber mit klassenkämpferischen Inhalten (Lenin als Weltpriester, Sieg des Sozialismus) verband, wurden einige seiner Arbeiten inhibiert.
Lit.: H. F. Secker, D. R., 1957.

Riwaq. R. heißen in der islam. Baukunst die den Moscheehof an den Seiten begleitenden überwölbten Arkadengänge, wie sie seit den omeyadischen Kalifen üblich werden. Frühe Beispiele aus verschiedenen Bauphasen sind erhalten in der Moschee von Ocheidir, in der Amr-Moschee in Kairo, in der Moschee Sidi Oqba in → Kairouan und in der großen Moschee in →Cordova.
Lit.: K. A. C. Creswell, A short Account of Early Muslim Architecture. Penguin Book, 1958.

Rjepin, Ilja Jefimowitsch. Russischer Maler. Geb. 1844 in Tschugujeff (Gouv. Cherkoff), gest. 1930 in Kukkala (Finnland). Besuchte ab 1864 die Petersburger (Leningrader) Akademie und erhielt 1873 ein Reisestipendium, mit dem er nach Wien, Rom und Paris reiste. – R. war der bedeutendste Vertreter der realistischen Malerei der 2. Hälfte des 19. Jhs. in Rußland. Seine Bilder haben so viele malerische Qualitäten, daß sie zwischen den nationalrussischen „Peredwishniki" und der russischen Moderne vermitteln konnten. Inhaltlich sind seine Werke stark sozialkritisch (Die Prozession, 1883, Tretjakoff-Galerie, Moskau). – 1893–1907 wirkte er als Prof. für Historienmalerei an der Petersburger Akademie und legte damit den Grundstein für den russischen Neurealismus. Werke: Iwan der Schreckliche an der Leiche seines Sohnes, 1885, Tretjakoff-Galerie; Barkenzieher an der Wolga, 1872, Leningrad.
Lit.: V. Fiala, Die Russische Realistische Malerei des 19. Jhs., 1953.

Robbia, della. Italien. (Florentiner) Bildhauer-, speziell Tonbildnerfamilie der Früh- und Hochrenaissance. – **1)** Luca. Geb. 1399 in Florenz, gest. 1482 ebda. Begründer der Robbia-Werkstatt. Die künstlerische Herkunft dürfte im Umkreis →Ghibertis und →Donatellos zu suchen sein. Er arbeitete in Marmor, Bronze und glasiertem Ton. Durch seine Arbeiten aus glasiertem Ton wurde er bekannt. Später bevorzugte seine Werkstatt meist diesen Werkstoff. Sein Verdienst ist die Anwendung und Veredelung einer volkstümlichen Kunsttechnik auf Kunstwerke großen Formates und hohen Anspruches. Die Hauptwerke beginnen 1431 mit der Sängerkanzel für S. Maria del Fiore (Bronze, jetzt Dom-Mus. Florenz). Sie verrät neben Einflüssen Ghibertis und Donatellos das intensive Studium der Antike. Gleichzeitig fertigte L. R. die Lünettenreliefs über den Sakristeitüren des Florentiner Domes (1431–43) aus glasiertem Ton. Später wieder – 1446–67 – arbeitete er an eben diesen Sakristeitüren in Bronze. Zu seinen schönsten Arbeiten gehören die Tondo-Madonnen aus farbig glasiertem Ton. – **2)** Andrea. Geb. 1435 in Florenz, gest. 1525 ebda. Neffe und Schüler von 1). Entwickelte die Technik der Tonbildnerei und der Glasurtechnik weiter. Künstlerisch ging er vom Stil des Onkels aus, gelangte aber später zu einem spannungsvolleren Ausdruck. Schönstes Frühwerk sind die „Bambini" am Findelhaus in Florenz (1463–66). – A. d. R. schuf aus glasiertem Ton große Retabelwerke mit Predellen, in großer Anzahl Madonnenreliefs – vielfach als Tondo –, Büsten und auch Freifiguren. – Nach seinem Tod wurde die Werkstatt weitergeführt von seinem Sohn Giovanni (1469 bis nach 1529 in Florenz), während Girolamo (1488 bis 1566 Paris), ebenfalls Sohn von 2), in Paris und im Umkreis des →Primaticcio in Fontainebleau wirkte.
Lit.: P. Schubring, L. della R. und seine Familie, 1921.

Robert, Hubert. Franz. Maler. Geb. 1733 in Paris, gest. 1808 ebda. Lebte 1754–65 als Stipendiat der franz. Akademie in Rom, wo er sich an →Piranesi und Pannini zum Architekturmaler bildete. Er malte dabei mit Vorliebe dekorative, malerische Ruinen. Auch als Aktualitätenmaler tat er sich hervor; so malte er die beiden großen Brände der Pariser Oper (1777 und 1782) sowie

Farbtafel 25: *Rembrandt, Der alte Mann mit der roten Mütze; Berlin-Dahlem, Mus.*

die Veränderungen des Pariser Stadtbildes. Auch Ereignisse der Franz. Revolution (1789) hielt er im Bild fest (Zerstörung der Bastille).
Lit.: P. Sentenac, H. R., 1929 (franz.).

Roberti, Ercole de. Italien. Maler. Geb. um 1456 in Ferrara, gest. 1496 ebda. Schüler des C. →Tura, weitergebildet unter dem Einfluß →Mantegnas und der → Bellini. Sein Haupttätigkeitsfeld lag in Ferrara, wo er seit 1486 als Hofmaler tätig war. Von dieser Stellung aus nahm er großen Einfluß auf die Malerei der Emilia im 15. Jh. Die Mehrzahl seiner Bilder stellen religiöse Themen dar (hl. Disputatio aus S. Maria in Porto in Ravenna, jetzt Mailand, Mus. Brera), doch gibt es auch mythologische Darstellungen: Szenen aus der Argonautensage (Padua, Mus., und Privatbesitz). Nicht gesichert, aber wahrscheinlich von ihm begonnen und nicht vollendet, ein Portrait des Herzogs Ercole (von Dosso →Dossi vollendet).
Lit.: A. Venturi, Malerei des 15. Jhs. in der Emilia, 1931; Thieme-Becker.

Robusti, Jacopo →Tintoretto.

Rocaille. Wesentliches Dekorationselement des → Rokoko, bestehend aus einer sogen. Grotte, auch Muschelwerk genannt.

Rodin, Auguste. Franz. Bildhauer. Geb. 1840 in Paris, gest. 1917 in Meudon. Anfangs Schüler der Ecole d'Art décoratif, dann in den Ateliers von →Barye und Carrier-Belleuse sowie für Porzellan-Manufaktur in Sèvres tätig. 1871–77 bei Rabourg in Brüssel als Architekturbildhauer beschäftigt. In diesen Jahren bereiste er Florenz und Rom und war besonders beeindruckt von den Werken →Michelangelos. – Mit der Rückkehr nach Frankreich begann seine große plastische Tätigkeit; er war bald der einflußreichste, zeitgenössische Bildhauer und begründete mit seinen weich durchgeformten Plastiken, auf denen Licht und Schatten malerisch spielen, einen Stil, den man Impressionismus der Plastik nannte. Er fand vielfältige neue Formen, um seelische Erregungen wie Freude und Verzweiflung in Gestik und Bewegung der Körper darzustellen. Indem er das Denkmal aus seinem architektonischen Rahmen löste und es unter die Menschen stellte (Die Bürger von Calais, 1885–88, mehrere Bronzegüsse), hob er das Allgemeinmenschliche und Allgemeinverbindende hervor. Mit zunehmendem Alter ging R. auch dazu über, die Bildwerke nur noch so weit aus dem Block herauszuarbeiten, daß das Wesentliche des seelischen Ausdruckes bloßgelegt wird (Danaide, 1890, Marmor und Entwürfe zum Denkmal Balzacs, 1893–98, Gips). – Die bedeutendste Sammlung seiner Werke ist im Mus. R. in Paris; dort befinden sich die unvollendet gebliebene „Porte d'enfer" (Gips, 1880f.), die Plastiken Adam und Eva (1899, Marmor), Le Penseur (1889f., Bronze), der Kuß (1886f., Marmor), Paolo und Francesca (1905, Marmor), Faunesse (1885, Marmor), die drei Schatten und Ugolino. – Allen seinen Arbeiten gehen eine Fülle von Zeichenstudien, vor allem Bewegungsstudien, sowie Aktmodelle voraus. Es entstanden auch einige Radierungen und Illustrationen. – Der Dichter R. M. Rilke war nach der Jahrhundertwende Sekretär R.s und hat in Briefen darüber berichtet (1903, 1913, Briefe 1928 und 1931). (Abb. S. 543.)
Lit.: E. Waldmann, A. R., 1944; G. Grappe, Dessins de R., 1933; J. Gantner, R. und Michelangelo, 1953.

Roeder, Emy. Deutsche Bildhauerin. Geb. 1890 in Würzburg, gest. 1971, Mainz. 1912–14 Studium bei → Hoetger in Darmstadt. 1915 ging sie nach Berlin und studierte dort als Meisterschülerin bei →Lederer (1920 bis 25). 1933–49 lebte sie in Italien, meist in Florenz. 1950–55 lehrte sie an der Kunstschule in Mainz. – In ihren frühen Werken nimmt sie Anregungen ihres Lehrers und der Maler der →„Brücke" auf. Ein betonter →Expressionismus ist für diese Plastiken bezeichnend. Um 1940 wandte sie sich vom Expressionismus ab und fand eine strenge, großflächige Formensprache. Neben Tierplastiken und Aktfiguren schuf sie vor allem zahlreiche hervorragende Portraits.
Lit.: Knaurs Lex. d. mod. Plastik, 1964.

Römer. Deutsches Renaissanceglas, das aus den → Nuppenbechern, speziell aus dem Krautstrunk hervorgegangen ist. Der Name ist seit dem 16. Jh. für ein halbkugeliges Trinkgefäß mit zylindrischem Schaft, der auch als Hohlraum ausgebildet ist, in Gebrauch. Der Dekor des meist grünen oder braunen Glases (→Waldglas) besteht aus aufgesetzten Nuppen, und der Fuß wird häufig von einer Fadenspirale umgeben oder mit dicht übereinanderliegenden Glasringen verziert. Die Herkunft des Namens ist unsicher, vielleicht von „roemen" = preisen (niederländisch-niederrheinisch). Eine plumpere Abart des R. ist der Berkemeyer, der im 17. Jh. im Gebrauch war und dessen Name aus dem Holländischen stammt. Der R. wird bis in die neueste Zeit in unzähligen Varianten fabrikmäßig hergestellt.

Römische Kunst. Die Epoche der R. umfaßt zeitlich die Kunst der Römischen Republik und der Kaiserzeit bis zu Konstantin d. Gr., geographisch die von Rom ausgehende Kultur, die sich über das Weltreich ausbreitete. Sie ist im Gegensatz zur →griech. Kunst, deren Erbe sie antrat, eine Reichskunst, die an das Imperium gebunden ist und auch erst in Erscheinung tritt, als dieses Weltreich entstanden war. Neben den starken Einflüssen, die von Griechenland kamen, nimmt die R. altitalische und etruskische Tradition in sich auf. Bestimmend bleibt dabei die griech. Komponente, die in den andersartigen röm. Anspruch eingeschmolzen wird. Daß daneben Anregungen von den Außenbezirken des Reiches, das vom Orient bis Germanien und nach Afrika reichte, eingeflossen sind, bleibt insgesamt von untergeordneter Bedeutung. – Drei große Erscheinungsformen, die über die ganze Zeit röm. Kunstschaffens parallel verlaufen, bestimmen die R.: Die offizielle Staatskunst, die Kunst der Einzelgattungen und die Volkskunst. Die Staatskunst, wie sie sich in den kaiserlichen Aufträgen großer Monumente der Repräsentation manifestierte, steht hierbei an erster und auch die anderen Kunstzweige bestimmender Stelle. – Bemerkenswert und für die R. charakteristisch ist die Bezeichnung der einzelnen Abschnitte dieser Kunst. Sie kennt nicht wie andere Kulturen eine archaische, klassische und barocke Stufenfolge, sondern teilt sich in die republikanische, die kaiserzeitliche und die spätröm. Epoche. Im Mittelpunkt steht dabei die Kunst der Kaiserzeit, die sich wiederum aufgliedert, und zwar in die augusteische, die flavische, die trajanisch-hadrianische, die antoninische und die Kunst des 3. Jhs. n. Chr. – Stilistisch sind nur zwei Wege zu erkennen: der eine kann mit →Barock, der andere mit →Klassizismus bezeichnet werden. Sie treten parallel oder abfolgend oder auch sich gegenseitig durchdringend auf. Die einzelnen Epochen werden hierbei von dem Verhältnis, in dem die drei großen Gebiete der Kunst – die Baukunst, das historische Relief und das Portrait – sich zu diesen beiden Richtungen verhalten, bestimmt. – A r c h i t e k t u r: Die größten Leistungen der R. liegen dort, wo Technik und Kunst zusammentreffen und damit im Bereich der Architektur. Eine charakteristische Stellung nimmt der Tempelbau ein. Die Grundform ergibt sich aus dem etruskischen →Podiumstempel mit an der Front vorgelagerter Treppe, einer Säulenvorhalle und vernachlässigter Rückseite. Der Tempel ist ausgesprochen frontbetont. Diese Richtungsbezogenheit bleibt für die ganze röm. Zeit verbindlich. Schon in der späten Republik und noch ausgesprochener in der Kaiserzeit wird der etruskische Baukern griech. ummantelt, die Schmuckformen werden hellenisiert. Seit Augustus geschieht dies fast ausnahmslos in der röm. Art sehr entsprechenden korinthischen →Säulenordnung, die durch ionische Elemente, wie es besonders im →Komposit-

Farbtafel 26: *Peter Paul Rubens, Rubens und seine Frau Isabella in der Geisblattlaube; München, Alte Pinakothek.*

Relieffries der Ara Pacis: Zug zum Marsfeld; Rom.

kapitell zum Ausdruck kommt, bereichert werden kann. In dieses hellenisierte Gebilde hat die eigentlich röm. Bauleistung, der Gewölbebau, nie Einzug gehalten (Ausnahmen: der Venus-Romatempel Hadrians in Rom und der Tempel im Diokletianspalast von →Spalato). – Der Tempel selbst ist meist an seinen Bezirk gebunden, axial zu begrenzenden Hallen, wie in den geplanten Anlagen der →Kaiserfora. – Dagegen ist das →Forum Romanum kein konzipierter Platz, sondern ein allmählich gewachsenes Gebilde. Die einzelnen Bauten lassen keine Beziehung zueinander erkennen, lediglich den Basiliken scheint eine einfassende Aufgabe zuzukommen. – Als Typ tritt die →Basilika vorstufenlos als fertige Schöpfung republikanischer Zeit in Erscheinung. Hier im Profanbau – ohne Verpflichtung an sakrale Traditionen – tritt das rein röm. Element des Bogens hervor, der, von Pfeiler zu Pfeiler sich spannend, zum wesentlichsten Bestandteil der republikanischen Architekturschöpfung wurde. Er eroberte sich rasch das Gebiet der Ingenieurbauten, wie sie in grandiosen Beispielen der Brücken und →Aquädukte erhalten sind, dazu findet er sich in reicher Vielfalt an den Außenarchitekturen der → Theater und profanen Repräsentationsbauten. – Daß die röm. Architektur im Gegensatz zur griech. Baukunst eine ausgesprochene Raumarchitektur war, zeigt die Basilika und die von ihr abzuleitenden Typen. Als Langhausbau errichtet, verleugnet sie im Innern diese Ausrichtung, indem ihr eine umlaufende Gliederung entgegengesetzt wird. Die konsequente Durchführung dieser rein röm. Bauidee bringt die flavische Kaiserzeit. So entsteht das →Trajans-Forum aus der Form der Basilika und verwirklicht sich als geplante Abfolge mehrerer Raumkomplexe. In verwandter Weise findet sich dieses Prinzip an den →Thermen-Anlagen wieder. Während die republikanische Therme, wie sie in →Pompeji erhalten ist, ein Nebeneinander der notwendigen Räume zeigt, wird in allen kaiserzeitlichen Thermen ein axial aufgereihtes Hintereinander, das in dem auch außen sichtbaren Rund des →Caldariums endet, durchgeführt. Dabei können zur Bereicherung die Nebenräume seitlich eine symmetrische Verdoppelung erfahren. Dieses System ist eine der großen Leistungen flavischer Zeit, deren zweite Bauidee in der Palastanlage seinen entsprechenden Ausdruck fand. Der Domitianspalast auf dem →Palatin entspricht in der Konzeption dem Trajans-Forum und der Thermen-Anlage: eine axial ausgerichtete Abfolge dreier Raumkomplexe, die unter Abwandlung des Raumcharakters im Innern von der Symmetrieachse unabhängig existieren. Dadurch gerät die Architektur in Bewegung, ein Moment, das sich auch in vorspringenden Sockeln und der Gliederung der Wände ausdrückt. – Ein letztes Mal wird in spätröm. Zeit der basilikale Gedanke in der monumentalen →Konstantinsbasilika vorgetragen. Die axiale Außenführung wird hierbei durch seitlichen Zugang unterbrochen. Mit tonnengewölbten Seitenschiffen und dem kreuzgewölbten Mitteltrakt entfaltet sich die Gewölbearchitektur in einem abschließenden Monument. – Die bildende Kunst ist durch das auf das einmalige Geschehen gerichtete Bewußtsein der Römer maßgeblich bestimmt. Das führt konsequenterweise zur Entstehung des individuellen →Portraits und des historischen Reliefs. – Das Portrait, das seine Wurzel in den Totenmasken des Ahnenkults hat, entstand unter dem Einfluß der hellenistischen Plastik, die dem röm. Brauch entgegenkam. So entstand das Privatportrait. Als solches ist das röm. Portrait immer zu verstehen, auch wenn bei repräsentativen Herrscherbildnissen der schonungslose Realismus manche Glättung erfuhr. – Die republikanische Kunst zeichnet sich in ihrer Herkunft vom Wachsabguß noch durch einen etwas trockenen Realismus aus. Man beschränkt sich gleichsam ohne Rücksicht auf die plastische Substanz auf die zuverlässige Wiedergabe des Vorbildes. Die einfache Frisurendarstellung ist charakteristisch für diese Zeit. – Mit Augustus erfährt diese Kunst eine Angleichung an das Griechische. Der Klassizismus, der hier zum Ausbruch kommt, entsteht jedoch nicht durch einfache Nachahmung, sondern durch eine Gräzisierung der röm. Formensprache. Dies geschieht in Monumenten wie der →Ara Pacis in solcher Vollkommenheit, daß die augusteische Zeit zur Epoche der röm. Klassik werden konnte. Bei zahlreichen Arbeiten wird man zu Recht griech. Künstler angenommen haben. Dabei dringt das röm. Element stets deutlich hervor: so in dem feierlich repräsentativen Schreiten von Friesfiguren oder der historischen Thematik. Ein treffendes Beispiel ist die

Statue des →Augustus von Primaporta: die Komposition beruht völlig auf polykletischer Plastik. Dagegen ist die zur Ansprache erhobene Hand, die einseitig die Front betonende Panzerdarstellung, die Bildung des Hauptes typisch röm. – In der nachfolgenden Zeit, die zur flavischen Epoche überleitet, lockert sich die kühle Repräsentationskunst. Mit dem letzten Drittel des

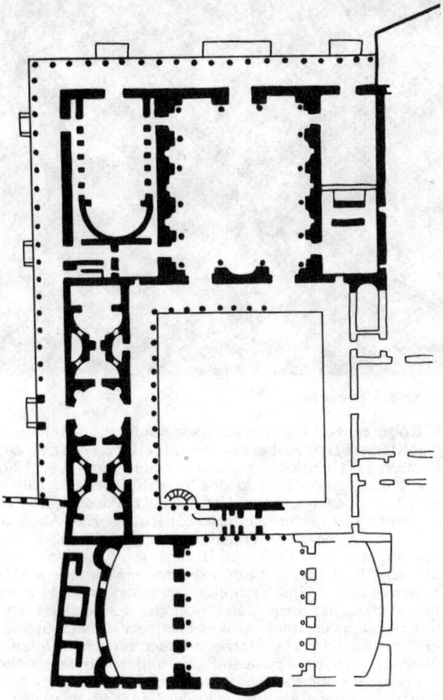

Rom, Flavierpalast auf dem Palatin, Grundriß.

1. Jhs. n. Chr. wird die flavische Kunst unter den Kaisern Vespasian, Titus und Domitian zu großer Blüte geführt. Die klassizistischen Tendenzen treten zugunsten eines neu aufkommenden Realismus, der sich mit einer gewissen Monumentalität paart, zurück. Charakteristisch für diese Zeit sind in besonderem Maße die Frauenportraits mit ihren hoch aufgetürmten Frisuren. Die reiche Lockenpracht wird durch betonte Licht- und Schatteneffekte wirkungsvoll ausgestaltet. Auch im Relief spielen Licht und Schatten, dazu eine räumliche Ausweitung des Reliefgrundes eine bestimmende Rolle. – Die Wandmalerei erreicht in dieser Epoche im sogen. vierten Stil ihren Höhepunkt und Abschluß. Der erste Stil ist noch durch eine völlige Abhängigkeit vom griech. Osten bestimmt. In meist dreigeschossiger Gliederung wird die Wand durch gemalte oder stuckierte Quader dekoriert. Für das 2. Jh. v. Chr. bleibt dieser Stil beherrschend und läßt seine Abhängigkeit von vergleichbaren Wänden aus →Delos gut verfolgen. Der anschließende zweite Stil, der sich bis zur augusteischen Zeit fortentwickelte, gibt die Stuckierung auf und steigert die architektur-illusionistische Wandmalerei durch gemalte vorspringende Sockel und Säulen und durch scheinbare Ausblicke in den Himmel. Die geschlossene Wand wird gleichsam aufgerissen, der Raumeindruck erweitert. – Der dritte Stil, der die frühe Kaiserzeit vom Anfang des 1. Jhs. n. Chr. bestimmt, zeichnet sich durch eine neue Betonung der geschlossenen Wand aus. Schließlich der bis in flavische Zeit hineinreichende vierte Stil, der wieder enger an den zweiten Stil anschließt und den dort aufkommenden Illusionismus bis ins Manierierte hinein steigert. Dem Betrachter der ausgemalten Räume wird der Eindruck von weiten Architekturen und von Landschaftsausblicken vermittelt. Die gut erhaltenen Wandmalereien von →Pompeji (die Stileinteilung erfolgte an Hand der pompejanischen Wände) und →Herculaneum lassen die Entwicklung dieser Kunstrichtung am besten verfolgen. – Unter der Regierung Trajans (98–117 n. Chr.) beruhigt sich in der offiziellen Kunst der barocke Stil der Flavier. Sein Nachfolger →Hadrian setzt die Tendenzen Trajans fort. Er entwickelt eine überaus vielfältige Bautätigkeit, die stark von griech. Einflüssen bestimmt wird, gepaart mit der Betonung des repräsentativen Gedankens. So tritt in der Reliefkunst die Handlungsdarstellung zugunsten der hervortretenden Einzelfigur zurück. Die philhellenischen Vorstellungen Hadrians vermischen sich mit einem Zug zum Romantischen. Deutlich wird dies in der vielfältig versponnenen Anlage seines Palastes →Hadriansvilla oder im Doppeltempel der Venus und Roma in Rom. – Von der Gedankenwelt Hadrians ausgehend, findet die antonionische Kunst, die die 2. Hälfte des 2. Jhs. n. Chr. umfaßt, zu einem gesteigerten seelischen Ausdruck im Bild des Menschen. Das Portrait entfernt sich zunehmend von der repräsentativen Ruhe. Zerfurchte Stirn und durch tiefe Bohrung aufgelockertes Haar, ein oft fast gequälter Gesichtsausdruck vermitteln den Eindruck geistiger Unruhe. Die Stilmittel werden ausgesprochen malerisch, das Relief bis zur Verunklärung eines dargestellten Vorganges barock und weich in der Einzelformulierung. – Im 3. Jh. n. Chr. wird der Ausweg aus der fast undurchsichtig gewordenen, spätantoninischen Kunst gesucht. Eine neue monumentale und wieder mehr auf Repräsen-

Mark Aurel beim Opfer, röm. Relief des 2. Jhs. n. Chr. (Rom, Conservatorenpalast).

tation gerichtete Gesinnung setzt sich durch. Die Formen straffen und vereinfachen sich, jedoch findet sich nur selten noch die künstlerische Kraft, diese vereinfachte Bildsprache mit sprechendem Sinngehalt zu füllen. Die sich fortlaufend steigernde Monumentalisierung bedingte eine weitgehende Entleerung und Vertrocknung. Diese bis zur völligen Unsinnlichkeit gesteigerte Trockenheit des künstlerischen Bildens führt zum Ende der R., die

Röm. Schlachtsarkophag (Rom, Vat.Mus.).

im 4. Jh. n. Chr. zunehmend von dem neuen Gedankengut des Christentums aufgesogen wird und von hier aus – unter neuen Voraussetzungen – in den Beginn der →altchristl. Kunst hineinwirkt.
Lit.: E. Esperandien, Basreliefs de la Gaule Romaine, 1907–1931; W. Technau, Kunst der Römer, 1940; W. Zschietzschmann, Die hellenistische und die röm. Kunst, 1939; B. Saria, Die Kunst im röm. Kaiserreich, 1956.

Römische Ordnung →Säulenordnung.

Roentgen, David. Deutscher Kunsttischler. Geb. 1743 in Herrenhag i. d. Wetterau, gest. 1807 in Wiesbaden. Sohn des Kunsttischlers Abraham R. (1711–93), dessen Werkstatt in Neuwied er 1772 übernahm. Begann im Stil des Vaters mit Arbeiten im engl.-holländischen Formenkreis, errang sich aber bald mit Möbeln im Louis-seize-Stil einen internationalen Ruf. Die Möbel zeigten anfangs überreiche Rokokoformen mit Intarsien nach Entwürfen von J. →Zick. Nach 1780 wurden die Formen strenger und klarer, die Intarsien verschwanden, dafür wurden reichste Bronzebeschläge nach Pariser Mustern verwendet. In folgerichtiger Fortsetzung dieses Stilgeschmackes gelangte R. zu immer betonterer architektonischer Formgebung. Nachdem er 1779 schon eine Niederlassung in Paris gegründet hatte, von der aus er Hof und Adel in Frankreich belieferte, gründete er auch in Berlin 1790 ein Verkaufskontor. So belieferte er alle Höfe von Paris bis Petersburg. 1795 jedoch mußte die Fabrikation in Neuwied wegen der Kriegswirren eingestellt werden. Nach den von seinen Mitarbeitern geretteten Inventar- und Musterbüchern haben eine Reihe von Tischlern in ganz Deutschland noch Möbel im „Neuwieder Roentgen"-Charakter gearbeitet.
Lit.: H. Huth, Abraham und D. R. und ihre Neuwieder Möbelwerkstatt, 1928.

Rössener Kultur. Nach dem Fundort Rössen bei Merseburg benannte Kultur der →Jüngeren Steinzeit. Kennzeichnend für den donauländisch-nordischen Mischstil dieser Kultur sind Armschmuckreifen aus Stein und mit Winkelbändern geschmückte Gefäße.
Lit.: A. Stroh, Die R. in Südwestdeutschland, 1940.

Rötel. Ein weicher Zeichenstift, der aus einem Gemisch von Eisenocker und Ton besteht. Die Farbe an und für sich war schon lange in Gebrauch; als Zeichenstift taucht der R. erst gegen Ende des 15. Jhs. in Italien auf. In der Renaissance für Bildentwürfe und Modellierung von Aktzeichnungen verwendet, wurde er immer beliebter und wurde besonders gern von Meistern des franz. Rokoko verwendet, auch gemeinsam mit Pastellkreiden.

Rogerus von Helmershausen. Goldschmied, Mönch des Klosters Helmershausen, der um 1100 im Auftrag des Erzbischofs Heinrich von Werl (Urkunde vom 15. 8. 1100) für den Paderborner Dom den Tragaltar der hll. Kilian und Liborius fertigte (jetzt Domschatz). Wichtigste Zuschreibung ist der um 1118 für die Paderborner Abdinghofkirche geschaffene Tragaltar mit Darstellungen der Martyrien der hll. Felix und Blasius (jetzt Franziskanerkirche). R. steht am Beginn der niedersächsischen Metallkunst des 12. Jhs. Technisch bevorzugt er Gravierung und Punzierung sowie Durchbrechung des Grundes. Die untersetzten, bretthaft ausgeschnittenen Gestalten vergröbern die feierliche Starre salischer Figuren. Wesentlich sind sichere Flächenfüllung und spannungsreiche Umrisse, die gleichermaßen der Schilderung eines epischen Handlungsablaufs wie der eines dramatischen Höhepunktes gerecht werden. Die stilistischen Voraussetzungen sind im Westen, vor allem in Lothringen (Bibel von Stavelot) zu suchen.
Lit.: H. Swarzenski, Monuments of Romanesque Art, 1954; H. Kohlhausen, Geschichte des deutschen Kunsthandwerks, 1955.

Rogier van der Weyden →Weyden, Rogier van der.

Rohden, Martin. Deutscher Maler. Geb. 1778 in Kassel, gest. 1868 in Rom, seit 1795 dort ansässig. Er gehörte zum deutsch-röm. Künstlerkreis und war von J. A. Koch stark beeinflußt. Ab ca. 1810 gelang es ihm jedoch, sich vom röm. Einfluß →Poussins zu lösen und durch einen konsequenten Realismus zu ersetzen. Die Motive, die er von nun an wählte, waren anspruchslos, die Naturauffassung klar und sachlich. Farblich erreichte er mit zartem, tonigem Kolorit Wirkungen, die erst viel später wieder, etwa bei →Corot, erzielt wurden.
Lit.: F. Noack, Das Deutschtum in Rom, 1927.

Rohlfs, Christian. Deutscher Maler. Geb. 1849 in Niendorf/Holstein, gest. 1938 in Hagen. 1870–81 Studium an der Akademie in Weimar. 1901 wurde er als Lehrer an die Folkwangschule nach Hagen berufen, an der er bis 1911 unterrichtete. Ausgehend vom Realismus, schloß er sich um 1897 dem →Impressionismus an. 1910 wandte er sich zunehmend unter dem Einfluß von →Cézanne und van →Gogh dem →Expressionismus zu. Die Gegenstände seiner Bilder lösen sich auf, werden zu facettenartigen Gebilden von flackernder Farbigkeit. Vorübergehend arbeitete er gemeinsam mit E. →Nolde in Soest. – 1927 ließ er sich in Ascona nieder. – Sein Alterswerk ist durch poetische Blumenbilder gekennzeichnet.
Lit.: P. Vogt, Chr. R., 1956.

Rohr (Niederbay.), Augustinerchorherrenstift, gegründet 1133. Völliger Neubau durch Egid Quirin →Asam 1717–19. Der Grundriß der Kirche zeigt ein 3schiffiges Langhaus mit wenig ausladendem Querschiff, Seitenkapellen zwischen eingezogenen Strebepfeilern und einem halbrund abgeschlossenen Chor. Der Innenraum ist in italien.-bayerischer Tradition eine tonnengewölbte Halle ohne Vierungskuppel und wirkt durch die kräftig profilierte Gliederung schwer und wuchtig. Alles betont den Längszug zum Hochaltar, dem Prunkstück der Ausstattung. Dieser, eine Schaubühne von größten Ausmaßen, ist Ziel der Raumanlage. Durch verdeckte seitliche Lichtquellen wird der Vorgang auf dieser Schaubühne beleuchtet, dem dramatisch dargestellten Erschrecken der freien Gruppe überlebensgroßer Apostelfiguren, die rund um den leeren Sarg stehen, aus dem Maria, von Engeln umgeben, frei emporschwebt zum Licht, das sich aus einem runden Fenster über sie ergießt. Lit.: Wasmuths Lexikon der Baukunst, Bd. IV, 1932; Reclams Kunstführer, Deutschland, Bd. I, 1961.

Röm. Portraitbüste einer Frau (Rom, Mus. Capitolino).

Rokoko. Stilbezeichnung für die Epoche europäischer Kunst, die sich an das Barock anschloß und vom Klassizismus abgelöst wurde. Der Begriff R. entstand aus dem franz. Wort „rocaille" (Grottenwerk) und tauchte 1836 erstmals als Spottwort auf, wurde später zur offiziellen Bezeichnung für den Stil der Zeit zwischen ca. 1730 und 1780. – Die monumentalen Formen des Barock werden durch weiche, zarte, lichterfüllte Raumgebilde ersetzt. Kennzeichnend für das R. sind besonders die aus →Muschel- und Rankenwerk gebildeten Verzierungen, Ornamente und Stukkaturen, die in gelöster Form spielerisch und in meist asymmetrischer Anordnung die Wände überspinnen. Zarte Farbtöne, wie mattes Blau und blasses Rosa, durchsetzt mit Gold und Silber, herrschen vor. Blumengebinde, Seidentapeten, funkelnde, mit Kristall ausgestattete Kronleuchter und kostbar gerahmte Spiegel verleihen den Räumen ein festliches Gepräge. So blieb das R. in erster Linie ein Dekorationsstil und fand in der reichen, oft verspielten Ausstattung von Innenräumen und deren Gegenständen sein eigentliches Betätigungsfeld. – Baukunst. Erste Anfänge lassen sich in Frankreich nach 1725 beobachten. Hier fand der Louis-XV-Stil vor allem in Ornamentstichen und Entwürfen von →Meissonier, Pillement und →Cuvilliés seine reinste Ausprägung. Das klassische Werk dieses franz. R. ist die Innenarchitektur und -ausstattung des Hôtel de Soubise in Paris von G. →Boffrand (um 1735). Diese von Frankreich ausgehenden Anregungen wurden vor allem in Deutschland aufgenommen und weiterentwickelt, so daß hier dieser letzte Raumstil abendländischer Kunst seine reifste Verwirklichung erfuhr. Vor allem die Kirchenräume Balthasar→Neumanns in →Vierzehnheiligen und →Neresheim, die Innenräume →Cuvilliés' in der Amalienburg (→Nymphenburg) und die friderizianischen Bauten von →Knobelsdorff in →Potsdam und →Berlin mit den prachtvollen Dekorationen von J. A. →Nahl gehören zu den bedeutendsten Leistungen des R. – Bildhauerei. Während Frankreich sich nur schwer von der akademischen Tradition löst, wird in Deutschland die Plastik in graziösen, von spielerischem Licht umflossenen Bildwerken und Stukkaturen zu neuer Form gebracht. Auch hierbei dominiert das dekorative Element der Raumausstattung, der die Plastik untergeordnet und eingegliedert wird. In den Kirchen und Kapellen klingt die Bewegtheit verklärter Heiligenfiguren zusammen mit beschwingter Architektur; in den Schlössern werden Treppenhäuser, Garten- und Parkanlagen von Putten, antikischen Götter- und Heldengestalten festlich belebt. – Hauptmeister dieser Kunst sind I. →Günther, F. →Dietz, J. A. →Feuchtmayer und E. Q. →Asam. – Den reinsten Ausdruck fand dieser Stil jedoch in der Kleinplastik des Porzellans, dessen zierliche Figuren am schönsten die Grazie dieser Zeit widerspiegeln. – Malerei. Besonders in der Pastellmalerei, deren zarte Töne dem R. sehr entgegenkamen, erlebte in Frankreich eine Malkultur von höchster Feinheit. Höhepunkte bilden die galanten Gartenszenen und

Stuckarbeiten in der Klosterkirche Zwiefalten.

Komödienbilder →Watteaus und die sinnenfrohen Gemälde von →Boucher und →Fragonard. – In Italien kann man die duftigen venezianischen Veduten →Guardis und die Pastelle der Rosalba Carriera zum R. rechnen. – Kunstgewerbe. Mit dem reichen Ornamentstil des R. erfuhr das Kunstgewerbe eine höchste Steigerung an graziöser Beschwingtheit. In Möbeln, Gold- und Silbergeräten, schmiedeeisernen Prachtgittern, phantasie-

Rom, Callistus-Katakombe, Schnitt.

vollen Stukkaturen und Tapeten fanden Kunst und Wohnkultur des R. ihre letzte Prägung.
Lit.: M. Osborn, Die Kunst des R., 1940; A. Schönberger und H. Soehner, Die Welt des R., 1959.

Roland (Rolandsäule). Eine überlebensgroße Bildsäule aus Holz oder Stein, die sich auf Markt- oder anderen Hauptplätzen norddeutscher Städte, vor allem im Gebiet zwischen Weser und Oder, vereinzelt auch im ostdeutschen Kolonialgebiet, in Böhmen, Siebenbürgen und Ragusa findet. Sie stellt gewöhnlich eine barhäuptige Ritterfigur dar, die in der Rechten aufrecht ein gezücktes Schwert hält; im 15. Jh. gewöhnlich als jugendlicher, seit der Renaissance als bärtiger Ritter, im Barock auch als röm. Krieger charakterisiert. Von den 38 bekannten Standbildern sind 19 erhalten, u. a. in Bremen, Brandenburg, Halberstadt, Halle a. S. Der 1719 erneuerte R. in Halle scheint der Tracht nach auf ein Vorbild des 13. Jhs. zurückzugehen. Für das 14. Jh. sind mehrere literarisch bezeugt. Frühestes erhaltenes Beispiel ist der R. vor dem Bremer Rathaus von 1494. Seit dem 17. Jh. (J. Gryphiander) hat man sich vergeblich um eine eindeutige Klärung von Herkunft und Bedeutung dieser Standbilder bemüht. Allgemein werden sie heute als Rechtssymbole angesehen, vielleicht als Zeichen der hohen Gerichtsbarkeit, der Marktfreiheit oder sonstiger städtischer Freiheiten und Rechte. Mit dem Namen scheint nicht die literarisch überlieferte Person R.s, des Paladins Karls d. Gr., gemeint gewesen zu sein.
Lit.: M. Samson-Campbell, Deutschlands R.e in Geschichte und Bild, 1939.

Rollenportrait. Darstellung eines Schauspielers oder einer Schauspielerin in einer Theaterrolle. Das R., das zu den wichtigsten Zeugnissen der Bühnen- und Kostümkunst gehört, wurde zu Beginn des 18. Jhs. in Frankreich entwickelt und fand um die Mitte des 18. Jhs. Eingang in die engl. Malerei und Graphik.
Lit.: H. Tintelnot, Barocktheater und barocke Kunst, 1939.

Rollsiegel. Zylindrische, meist zum Aufhängen längs durchbohrte Bild- und Inschriftensteine, die zum Siegeln auf weichem Ton abgerollt wurden. Die R. treten spätestens in der Schicht →Uruk VI um 3000 v. Chr. an die Stelle des Stempelsiegels, dem gegenüber sie eine größere Bildfläche boten, so daß umfangreiche Szenen dargestellt werden konnten. Die Bildmotive sind ein wichtiges Zeugnis für die Entwicklung der frühen →sumerischen Kunst, als deren Schöpfung das R. betrachtet werden darf. Kult-, Kampf- und Jagdszenen mit dem Herrscher im Netzrock bilden die ältesten Themen, denen antithetische Kompositionen mit wilden Tieren und →Fabeltieren mit Schlangenhals folgen. In der →Mesalim-Zeit macht sich eine starke Neigung zu schematischen Figuren, die durch Motivkontraktion zum sogen. Figurenband zusammengedrängt werden, und zu abstrakten Ornamenten bemerkbar. Die R. der →Akkadzeit zeichnen sich durch klare Kompositionen, kraftvolle Bewegtheit und Neigung zu erfindungsreicher frischer Mythenerzählung aus. Charakteristisch für die →Ur III-Zeit sind die R. mit Einführungsszenen, die den R.-Inhaber im Geleit von Schutzgottheiten vor einer thronenden Gottheit zeigen. Seit dem 16. Jh. begegnen unter dem Einfluß der →Mitanni, →Kassiten und der churritischen Kunst neue Motive, unter denen →Streitwagen-Szenen besonders charakteristisch sind. Ungeklärt ist noch das Auftreten der Flügelsonne. Ein neuer Höhepunkt zeichnet sich in der →assyrischen Kunst seit →Eriba Adad I. mit kraftvoll und fest geformten Figuren ab, die eine Fülle von Fabelwesen (Flügelpferd) und reich bewegte Jagd- und Tierkampfbilder neben vielen Symbolmotiven (→Lebensbaum) bieten. Die Tradition wird in den R. der →Achaemeniden-Kunst neu belebt durch klare Darstellungen des Wagenkämpfers, Reiterkriegers und Tierbezwingers unter dem Symbol →Ahura Mazdas. Nach dem Untergang des Achaemenidenreiches erlischt die R.-Kunst. Sie ist für den Alten Orient ebenso charakteristisch, wie ihr Fehlen in der →ägyptischen Kunst typisch ist.
Lit.: A. Parrot, Sumer, 74ff., 164ff., 186ff., 248f., 308ff.; Assur, 158ff., 181ff.; E. Strommenger, Mesopotamien, 17ff., 21ff., 25ff., 36ff.

Rollwerk. Bezeichnung für sich an den Enden aufrollende Schmuckelemente, die mit den Rollen über die Dekorationsfläche hinauskragen und somit plastisches Eigenleben erhalten. Kartuschen und Wappen zeigen dies an frühesten Beispielen. – Später wurde das R. vor allem im Barock (Deutschland und Niederlande) zu einem beliebten Dekorationsmotiv.

Roluos. Khmer-Hauptstadt des 9. Jhs., das alte Hariharalaya mit dem Tempelberg Bakong des Königs Indravarman von 881.
Lit.: Groslier, Hinterindien, 102.

Rom. I) A l l g e m e i n e s. Zu Recht trägt R. den Beinamen „Ewige Stadt". Seit der Gründung Roms im 8. Jh. v. Chr. behauptete diese Stadt sich als Zentrum politischen, religiösen und kulturellen Lebens. Kulturgeschichtlich ist R. das in Stein gebannte Abbild abendländischer Geschichte, die es wie kein zweiter Ort in ungebrochener Kontinuität überliefert. Neben- und übereinandergeschichtet lagern hier die großen kulturellen Strömungen der Vergangenheit in zahlreichen Beispielen von zentraler Bedeutung. – Erst Hauptstadt des antiken röm. Imperiums, dann als Sitz des Papsttums geistliche und machtpolitische Hochburg des Abendlandes, schließlich Hauptstadt der italien. Republik. – Einst Platz und Ausgangspunkt der röm. Weltkultur, dann Ort einer überaus fruchtbaren Bautätigkeit der Romanik, schließlich unübertroffenes Zentrum der Hochrenaissance und des Barock. – **II)** A n t i k e. Die Blüte erreichte R. während der röm. Kaiserzeit, vor allem in den ersten beiden Jahrhunderten n. Chr. Um das Zentrum des →Forum Romanum reihen sich die großen Kaiserpaläste auf dem →Palatin, das Jupiterheiligtum auf dem →Capitolium, die →Kaiserfora. Weitere Anlagen künden von der hochentwickelten Kunst und Kultur jener Zeit: →Colosseum, →Pantheon, →Ara Pacis, →Engelsburg, →Maxentius (Konstantins)-Basilika, →Boarium forum, →Eurysaces-Grabmal, →Domus Aurea, →Titusbogen, →Trajans-Säule. – **III)** A l t c h r i s t l. K u n s t. Sie beginnt in R. mit dem 1. Drittel des 3. Jhs., und zwar mit der Malerei der →Katakomben, die im 16. Jh. entdeckt und seit dem 19. Jh. erforscht wurden. **1)** C a l l i s t u s (C a l i x t u s)- K a t a k o m b e. An der Via Appia gelegen. Mit Fresken seit etwa 220 n. Chr. geschmückt. Begräbnisort für fast alle röm. Bischöfe des 3. Jhs. Die original griech. Inschriften sind hierbei bemerkenswert. Die Krypta der hl. Cäcilia enthält byzant. Malereien aus dem 7. und 8. Jh. Die sogen. 6 Sakramentskapellen haben ihren Namen daher, daß man annahm, die Sakramente der Taufe, der Eucharistie und der Buße seien hier illustriert.

Die C. ist die am meisten von Fremden besuchte Katakombe Roms. – In der sogen. Papstgruft wurde die Mehrzahl der röm. Bischöfe des 3. Jhs. beigesetzt. Es herrscht in der Gruftkapelle das →Loculusgrab vor. Die prächtigen Arkosolgräber fehlen ganz. Sechs Papstgrabinschriften blieben erhalten. Im 4. Jh. schmückte Papst Damasus die Krypta mit Marmorsäulen und zwei Inschriften. – Über der Katakombe die Basilika (cella trichora), eine Gedächtniskapelle mit drei Apsiden, die kreisförmig angeordnet sind und eine Kleeblattform im Grundriß bilden. Die Lucinagruft ist der älteste Teil der Callistuskatakombe. Ikonographisch weist sie manche Sonderheiten auf. So wird Christus bei seiner Taufe in dem Augenblick gezeigt, als diese schon vollzogen ist. Auf einem anderen Bild trägt ein Fisch einen großen Korb mit Broten auf seinem Rücken (symbolisch zu verstehen). Die Bilder sind auch bemerkenswert durch die Art der künstlerischen Gestaltung. Plastizität, Schlankheit zeichnen sie aus. Sie sind in ihren Proportionen harmonisch. Verschiedene Stilarten folgen aufeinander: Der rot-grüne Linearstil (Mitte des 3. Jhs.) wird abgelöst durch ein Liniengewirr, das die Architektur auflöst. Wände und Decken werden von einem Gespinst von Linien überdeckt. Auch das Verschwinden der antiken Bildstruktur ist unverkennbar. Das Gefühl des Unwirklichen, was ja durchaus dem christlichen Denken entsprach, wurde das Beherrschende. – Coemeterium S. Soteris. Eine Kapelle im Bereich der Katakombe S. Callisto. In ihr befindet sich das bekannte Fresko von den 5 Seligen im Paradies, die in Orantenstellung unter Paradiesbäumen gezeigt werden und jeweilig mit einem Namen gekennzeichnet sind. – **2)** S.S. Marci e Marcelliani (Katakombe). Gelegen an der via Ardeatina. Genannt nach den Diakonen Markus und Marcellinus, die unter Diokletian getötet wurden. Anlage in der Nähe von S. Callisto, De Rossi bezeichnet das Gebiet als 5. Region von S. Callisto. – **3)** Domitilla-Katakombe. Eine der ausgedehntesten Katakomben R.s. Alle Gänge zusammen ergeben die Länge von etwa 12 km. Deutlich erkennbar die Entwicklung vom rotgrünen Linearstil in der Dekoration mit seinen impressionistischen Figuren aus der Mitte des 3. Jhs. bis hin zu dem schönen Stil der nachkonstantinischen Zeit. Das Abrücken von der Antike wird deutlich in der Aufhebung des Gesetzes von Stütze und Last. Das Verhältnis von Decke und Wand wird labil und unreal. Eine dreischiffige unterirrdische Basilika wurde im späten 4. Jh. über den Gräbern des Nereus und Achilles errichtet. Das sogen. Flavier-Hypogaeum ist der älteste Teil der Domitillakatakombe. Eine Grabkammer bei der Eingangshalle enthält links und in der Mitte Szenen aus dem Mythos von Eros und Psyche (um 220). – **4)** Jüdische Katakombe an der Via Nomentana. 1919/20 kam eine große jüdische Katakombe unter der Villa Torlonia an der Via Nomentana ans Tageslicht. Die Inschriften sind im allgemeinen griech. – **5)** Die Praetextatus-Katakombe an der Via Appia. Neben den mit vielen anderen Katakomben gemeinsamen Bildern weist diese manches Besondere auf. So erscheinen bei einem Hirtenbild an der Decke eines Cubiculums neben dem guten Hirten sieben Schafe, ein Esel und ein Nahrung suchendes Schwein. Während die Passionsdarstellungen sonst in den Katakomben fehlen, gibt es hier ein Fresko, das als Verspottung Christi gedeutet werden kann. In einem →Luminarium sind die Wände des Lichtschachtes mit besonders fein empfundenen Jahreszeitenbildern bedeckt. In der P. erscheint das sogen. blutflüssige Weib, das Jesus um Hilfe bittet, zum ersten Male in der christlichen Kunst. Die P. besitzt ein bedeutendes Brustbild von Christus: jugendlich, bartlos mit lang herabwallenden Haaren, einem vollen Nimbus in blauer Farbe. In einer angrenzenden Galerie ist ein synkretistisches Gemälde entdeckt, in dem die Aufnahme des Verstorbenen in die himmlische Welt sehr farbenreich geschildert wird. Es handelt sich um ein Gedächtnisbild für einen verstorbenen synkretistischen Priester. Außerdem wurden 12 Sarkophage gefunden, eine für Katakomben besonders hohe Zahl. – **6)** Priscilla-Katakombe. An der Via Salaria nuova gelegen. Sehr alt mit weit ausgedehnten Galerien. Neben den üblichen Katakombenbildern zeichnet diese Katakombe manches Besondere aus. Eine Anzahl von Päpsten ist hier beigesetzt, das älteste Bild der Jungfrau Maria in fast pompejanischem Stil befindet sich hier. Wichtigster Teil ist die nach den bedeutsamen „Acilierinschriften" des ersten Stockwerks benannte Aciliergruft. – Cappella Greca. Es handelt sich um eine bedeutsame Anlage in der Katakombe S. Priscilla. Sie wird so genannt wegen der griech. Inschriften, die sie

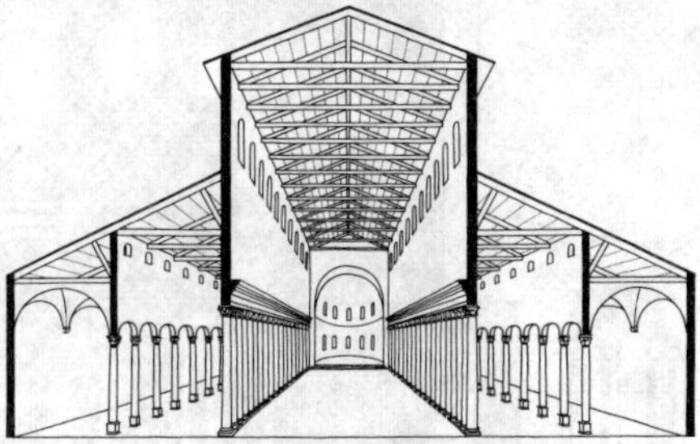

Rom, Alt-St. Peter, Schnittrekonstruktion.

aufweist. Ein Bogen teilt den viereckigen Raum in zwei Teile. Er weist Fresken mit Darstellungen aus dem Alten und Neuen Testament auf. – Neben den Katakomben bilden die zahlreichen Kirchen den Schwerpunkt altchristl. Kunst in R. **8)** S. Giovanni in Laterano, fünfschiffige Basilika mit Apsis, Triumphbogen, Arkaden, Obergaden und offenem Dachstuhl. Die Anlage wurde 1650 durch →Borromini in eine Barockkirche umgewandelt. Mit ihr verbunden ist der oktogonale Bau des Baptisteriums S. Giovanni in fonte. Zur Zeit Konstantins d. Gr. über einem Nymphaeum (Badehaus) errichtet. Trotz vielfacher Erneuerungen ist die Grundstruktur deutlich erkennbar. Viele Baptisterien sind von S. Giovanni in ihren Bauformen beeinflußt. Übereinandergestellte Säulen trennen einen Wandelgang von dem eigentlichen Taufraum. Dabei tragen 8 schwere, antike Porphyrsäulen auf starkem Gebälk kleine Säulen. Das Taufbecken befindet sich in der Mitte der zentralen Anlage. Unter dem Boden des Baptisteriums noch Reste antiker Häuser mit Fußbodenmosaik. Drei Kapellen und eine Vorhalle, die später auch noch in eine Kapelle umgewandelt wurde, sind an den Kern des Gebäudes angebaut. In einer Apsis der „Vorhalle" ein schönes Mosaik mit goldenen Zweigen auf blauem Grund (5. Jh.). In der Kapelle des hl. Venatius treffen wir auf Mosaiken des 7. Jhs., in der des Johannes Evangelista auf solche des 5. Jhs. Hier sind auf Goldgrund Vögel und Blumen harmonisch zueinander geordnet. Aller übrige Schmuck des Baptisteriums stammt aus späterer Zeit. – **9)** Als Memorialkirche entstand die nach 325 erbaute Peterskirche, in Grund- und Aufriß der Laterankirche verwandt. Im Unterschied zu jener besaß sie ein →Atrium in Form eines Quadroporticus. Ausgrabungen unter der heutigen Peterskirche (siehe unten), die die Entdeckung des Petrusgrabes zum Ziele hatten, brachten reiche Funde spätröm. Mausoleen. **10)** Zu den noch im 4. Jh. begonnenen Kirchen gehört weiterhin S. Paolo fuori le mura. In konstantinischer Zeit begonnen, wurde sie unter Theodosius nach 390 in eine riesige fünfschiffige Kirche umgebaut. 1823 abgebrannt, später erneuert. Von dem Mosaikschmuck des 5. Jhs. nur der Triumphbogen erhalten, der Christus mit den 24 Ältesten zeigt. – **11)** Mit dem Kaiserhof verknüpft ist die Kirche S. Croce, die um 350 aus der Helenaresidenz umgebaut wurde. Kreuzförmiger Bau. In dem Treffpunkt der Kreuzarme wird die Kreuzreliquie aufbewahrt, die angeblich Helena im Jahre 326 in Jerusalem aufgefunden hat. Vom alten Bau fast nichts erhalten. – **12)** Mit der Geschichte des Kaiserhofes hängt auch die Kirche S. Costanza bei der Kirche S. Agnese zusammen. Ein von Konstantin dem Großen zu Beginn des 4. Jhs. errichtetes Mausoleum für seine in Bithynien verstorbene Tochter

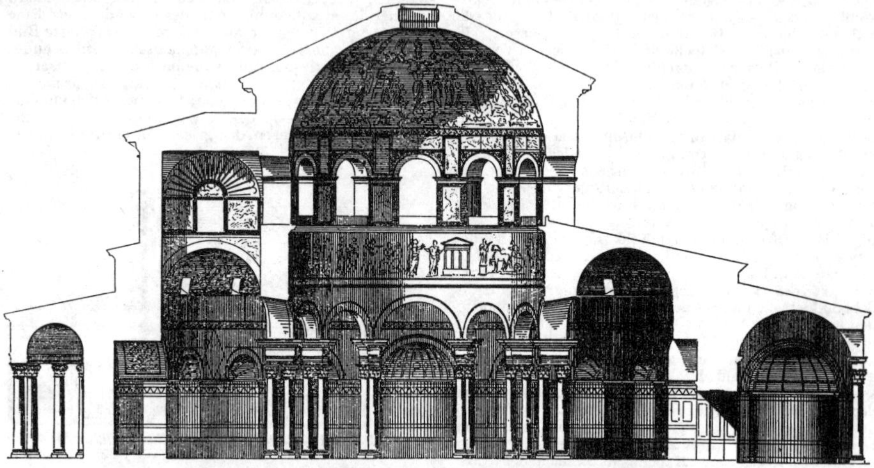

Rom, S. Costanza, Schnitt durch das Mausoleum der Costanza.

Costanza. Nach einer späteren Umwandlung in ein Baptisterium wurde es seit 1254 als Kirche benutzt. Die Form dieses fast vollständig erhaltenen Gebäudes hat ihr Vorbild in antiken Rundbauten. Der zentrale Kuppelraum wird von 24 paarweise zusammengestellten Granitsäulen getragen, die durch reich profiliertes Gebälk miteinander verbunden sind. Um den Mittelbau läuft ein Seitenschiff. Dieses ist fensterlos, hat aber abwechselnd kleine und große Rund- und Rechtecknischen. In den beiden Rundnischen haben sich Mosaiken aus dem 4. Jh. erhalten. Die Decke dieses runden Seitenschiffes ist mit Mosaikfeldern aus der Bauzeit des Mausoleums geschmückt. Weinlese, Tiergestalten, Köpfe, geometrische Motive wechseln miteinander ab. Der Mosaikschmuck der Kuppel ist verlorengegangen, aber aus alten Zeichnungen wie der des Francesco d'Ollandas aus dem 16. Jh. ersichtlich. Fischende Eroten mit eingefügten biblischen Erzählungen waren hier dargestellt. **13)** Genannt sei noch aus der Zeit Konstantins die Coemeterialkirche extra muros S. S. Marcellino e Pietro aus den Jahren 325–330 und die Kirche Apostolorum ad catacumbas S. Sebastiano (330). Diese Kirche schon im 5. Jh. erwähnt. Im 4. Jh. über einem Friedhof erbaut. Im 9. Jh. nach dem hl. Sebastian genannt, während sie vorher den Namen „basilica apostolorum" trug. 1612 völlig erneuert. Damals entstanden auch die Barockaltäre. Bei dieser Gelegenheit wurde die dreischiffige Kirche in eine einschiffige verwandelt. Im Innern sind die vier grünen Säulen des Hauptaltares antik. Bei Ausgrabungen fand man unter der Kirche ein röm. Privathaus und darunter drei Familiengräber mit Stuckdekorationen und Malereien. Ein gutes Beispiel für die Stilentwicklung im 3. Jh. Jede reale Beziehung zur Architektur verschwindet. Decken und Wände sind mit der gleichen Dekoration von Linien geschmückt. Alle Linien scheinen ineinander überzugehen und damit den eigentlichen Raum aufzuheben. Über den Grabkammern, etwas erhöht, das sogen. Triklinium. Zahlreiche eingeritzte Inschriften, die sich auf Petrus und Paulus beziehen und entsprechende Anrufe zeigen, daß hier wirklich die Apostelfürsten beigesetzt waren (vielleicht um 258). Von der Kirche S. Sebastiano führt ein Gang, der um die Apsis herumgeht, zur sogen. Platonia. Hier befindet sich ein Grab des hl. Quirinus und in seiner Nähe ein Grabgewölbe mit der Inschrift „Domus Petri". Es ist das angeblich eine Bestätigung für die These der Translation von Petrus und Paulus nach S. Sebastiano im Jahre 258. Das Wort Platonia wird hergeleitet von dem Plattenbelag des Fußbodens der Kammer. Statt des Namens Platonia liest man bisweilen Platoma. Im liber pontificalis trägt sie schon diesen Namen. – Auch bei den Ausgrabungen in Ostia kamen mehrere Oratorien und christl. Bauwerke aus dieser Zeit zum Vorschein. – **14)** Von Gotteshäusern, die durch Kirchenführer erbaut wurden, sei zunächst die Kirche S. Maria Maggiore erwähnt. Sie wurde von Papst Liberius (352–366) erbaut, wiederaufgebaut von Papst Sixtus III. (432–440). Später durch mehrere entscheidende Umbauten geändert, trotzdem ahnt man noch etwas von dem ursprünglichen, großartigen Raumeindruck. Auffallend die starke Betonung der Tiefenachse. Die drei Längsschiffe werden durch 40 sehr eng gestellte, ionische Säulen voneinander getrennt. An den Wänden über den schweren Architraven finden sich rechts und links musivische Darstellungen, und zwar links von Abraham, Isaak und Jakob, rechts von Moses und Josua. Die Mosaiken haben impressionistischen Charakter und knüpfen eng an die Kunst der Antike, etwa Pompejis, an. Die Figuren sind plastisch herausgearbeitet. Man vermeidet also die flächenhafte Darstellung. Die Bewegungen sind lebendig, die Gewandbildung ist antik, ebenso die Kompositionsgesetze, die Behandlung von Stand- und Spielbein. Nur das Aufkommen eines teilweise goldenen Hintergrundes weist auf spätere Entwicklungen hin. Meinungen sehr verschieden, ob diese Mosaikzyklen zur Zeit des Liberius oder erst des Sixtus entstanden. Vieles spricht für die letztere Auffassung. Die Mosaikdarstellungen am Triumphbogen zeigen einen völlig anderen Charakter. Sie wollen nicht schlicht erzählen, sondern ein dogmatisches Bekenntnis ablegen. Szenen aus dem Leben Marias und der Kindheitsgeschichten Christi haben nur den einen Zweck, Maria zu verherrlichen, die in kaiserlicher Pracht gezeigt wird. Im Jahre 431 auf dem Konzil von Ephesus war sie als Gottgebärerin offiziell anerkannt, was nun in Bildern dieser Kirche ein Jahr später seinen Niederschlag fand. Die Bilderfolge am Triumphbogen wird umrahmt am oberen Ende von dem Thron Christi, der von den Apostelfürsten und den Tieren der Offenbarung umgeben ist. Unten durch die Stätten Jerusalem und Bethlehem, aus denen Lämmer herausschreiten. – **15)** Aus gleicher Zeit wie der zweite Bau von S. Maria Maggiore 422–432 die Kirche S. Sabina. Unter ihr alter „Titulus Sabinae". Ein Juwel altchristl. Kunst ist die Holztür des Hauptportals aus dem 5. Jh. Von den anfänglich 28 Bildflächen nur 18 erhalten. Szenen aus dem Alten und Neuen Testament werden geschildert. Ebenso wird die Majestas Christi und die Verherrlichung der Kirche auf je einem Feld gezeigt. Besonders bemerkenswert die

Rom, S. Maria Maggiore, Blick durch das Mittelschiff zum Hochaltar.

Kreuzigungsgruppe, vielleicht die älteste, auf alle Fälle eine der ältesten, die es gibt. Raum selbst von größter Feierlichkeit, vor allem durch seine Schlichtheit. Die 24 kannelierten Säulen wahrscheinlich aus antiken Tempeln. Die Arkaden bekleidet von ornamentalem Marmorfries. Wandmosaiken sind nicht erhalten, dagegen im Innern eine Mosaiktafel mit Inschrift, in der der Name des Gründers genannt wird. Ferner eine Personifikation der ecclesia ex gentibus (Heidenkirche) und der ecclesia ex circumcisione (Judenkirche). – **16)** Die Kirche S. Pudenziana. Eine der ältesten Basiliken in Rom (384–399), auf altröm. Haus erbaut. Im Laufe der Jh.e mancherlei Erneuerungen in der Architektur, vor allem aber in dem Apsisbild, das zu den schönsten in der altchristl. Kunst gehört. Die Köpfe der Apostel wurden außer dem des Petrus in der Barockzeit sämtlich verändert, und das Gesamtbild wurde damals oben und unten verkürzt. Im übrigen blieb die Komposition erhalten. Christus sitzt mit golddurchwirkten Gewändern auf einem mit Gemmen geschmückten Thron zwischen den Aposteln. Ihm am nächsten Petrus und Paulus. Hinter diesen je eine weibliche Gestalt, einen Lorbeerkranz haltend, die, wie man heute weitgehend annimmt, die Juden- und Heidenkirche symbolisieren sollen. Ein reichgeschmückter Portikus trennt den Vorderteil des Bildes von dem hinteren, wo Häuser sichtbar werden, und ein großes Gemmenkreuz auf dem Berge Golgatha. Ebenso erscheinen die vier Tiere aus der Offenbarung Johannes. Darüber erhebt sich ein illustonistisch aufgelöster Himmel. Das himmlische Jerusalem wird dargestellt. – **17)** Der Schwester der Pudenziana, S. Prassede ist eine Kirche geweiht, auch aus dem 4./5. Jh. Sie ist mehrfach umgebaut. Entscheidend für das heutige Aussehen der Umbau von 822. S. Prassede besitzt in seiner Apsis ein schönes Mosaikgemälde: Der segnende Christus in der Mitte. Über ihm die Hand Gottes. Zu ihm werden von den Aposteln Petrus und Paulus die hl. Pudenziana und Praxedis herangeführt. Am Rand des Gemäldes werden rechts und links der hl. Zeno und der Stifter Paschalis I. gezeigt. Zu Füßen Christi der Jordan. Im rechten Seitenschiff der Kirche die berühmte Kapelle des hl. Zeno. Wände, Kuppeln und Eingang mit leuchtenden Mosaiken geschmückt (9. Jh.). In der Kuppel tragen 4 auf Säulen stehende Engel das Brustbild des Erlösers. **18)** Neben den längsgerichteten Kirchen aus der Mitte des 5. Jhs. auf dem Caelius der Zentralbau S. Stefano Rotundo (ca. 468–483). Östlicher Einfluß, vielleicht von Anastasiskirche in Jerusalem. Ungewölbter Rundbau mit doppeltem Umgang. Der mittlere Umgang wird von einer niedrigen Halle umgeben. Über den Arkaden erhielten sich 22 glattschäftige, ionische Säulen. Verunziert wird das Innere durch eine gewaltige Dreierarkade, die quer durch den Raum läuft und um die Mitte des 12. Jhs. aus Gründen der Sicherheit angelegt wurde. Beim Eintritt links der Bischofsstuhl Gregors des Großen (590 bis 604). – **19)** S. Lorenzo fuori le mura. Auf dem Grab des hl. Laurentius wurde z. Zt. des Kaisers Konstantin (vielleicht 330) eine Basilika errichtet, von der beachtliche Teile wieder entdeckt wurden. Diese alte Kirche wurde von Papst Pelagius II. (579–590) umgestaltet und mit doppelten Emporen versehen, die an den Schmalseiten weiterliefen. Papst Sixtus III. (432–40) hatte in Anlehnung an die unter Konstantin erbaute Basilika seinerseits ein Gebäude für die Maria errichten lassen. Da die Kirchen verschieden orientiert waren, stießen die Apsiden aneinander. Papst Honorius III. (1216–1227) verschmolz die beiden Kirchen, indem er die beiden Apsiden abbrechen ließ. Das Presbyterium mit seinen Säulen und Emporen entspricht der unter Pelagius II. umgebildeten Kirche, nur daß diese wesentlich tiefer lag und bei der Umänderung der Kirche das Niveau gehoben werden mußte. Das Mosaik an dem Triumphbogen mit Christus auf der Weltkugel, umgeben von den Heiligen, stammt aus dem Ausgang des 6. Jhs. – **20)** Aus einem röm. Larentempel ist die unmittelbar am Forum Romanum gelegene Kirche SS. Cosma e Damiano hervorgegangen, die Papst Felix IV. an einen antiken Rundbau im 6. Jh. anschloß. Berühmt das Apsismosaik (526–30): Christus kommt auf den Wolken vom Himmel herab, Petrus und Paulus rechts und links akklamieren ihm. Sie bringen die beiden mit Märtyrerkränzen ausgezeichneten Ärzte Cosmas und Damiano zu Christus. Rechts und links werden auch noch der Papst Felix IV. und der hl. Theodor gezeigt. – **21)** Die Kirche S. Maria Antiqua geht jedenfalls auf einen antiken Bau zurück, wahrscheinlich auf die Bibliothek des in der Nähe gelegenen Augustustempels. Wurde im 6. Jh. in diese Kirche verwandelt. So ist das Atrium, in das man zunächst vom Forum aus eintritt, noch ein Teil des alten röm. Baues. Der dreischiffige Raum mit Presbyterium, Apsis und Seitenkapellen ist vor allem durch seinen Bilderschmuck von Bedeutung. Papst Johannes VII. hatte bei der Restaurierung der Kirche die Wände mit Fresken verzieren lassen (705–707). Da sie vorher schon Bilder besaß, und die Nachfolger Johannes VII. ihrerseits neue Fresken arbeiten ließen, kam es bisweilen zu dreifachen und noch weiteren Übermalungen, was man vor allem in der Apsis und ihren Nachbarwänden feststellen kann. Die hier tätigen Maler haben einen ganz verschiedenen Stil, je nach dem Land, aus dem sie kamen. Das berühmte Kreuzigungsbild atmet syrischen Geist. Man sieht es an dem Lendentuch Christi, das für syrische Darstellungen charakteristisch ist, aber auch an der Komposition und Durchführung des Themas. Der Verkündigungsengel dagegen ist ganz hellenistisch empfunden. Die Darstellung des hl. Andreas verrät wieder byzant. Einfluß. Auch echt röm. Bilder fehlen nicht. Wenn Künstler aus den verschiedensten Ländern mitarbeiteten, hängt das nicht zum wenigsten damit zusammen, daß viele von ihnen bei dem Bildersturm aus dem Osten flüchteten und in Italien arbeiteten. Die Kirche wurde durch den angrenzenden Palatin stark gefährdet und im 13. Jh. aufgegeben. Auf ihren Trümmern erbaute man die Kirche S. Maria Liberatrice (13. Jh.). Diese wurde 1900, als die Ausgrabungen der wiederentdeckten S. Maria Antiqua begannen, abgerissen. – **22)** S. Maria in Cosmedin. Hervorgegangen aus einer kleinen einschiffigen Diakonie des 6. Jhs., die über den Trümmern eines Herkulestempels erbaut war, und zwar in ein antikes Kornhaus hinein. Unter Papst Hadrian (772 bis 795) zu einer dreischiffigen Kirche umgewandelt. Die Säulen im Innern sind antik. In der Sakristei Fragment eines Mosaiks aus dem frühen 8. Jh. mit Anbetung der Heiligen Drei Könige (Goldgrund). – **23)** S. Clemente. Über einer älteren Unterkirche aus dem 4. Jh., die 1084 von den Normannen zerstört wurde, erhebt sich die seit 1108 von Paschalis II. errichtete Oberkirche. Die Unterkirche wurde ihrerseits wieder über einem der ältesten christlichen Versammlungsräume in Rom erbaut, einem Haus, das einem Mann namens Clemens gehörte. Die Ausstattungsstücke aus der oberen Kirche wurden zum guten Teil aus der darunter befindlichen altchristl. Basilika genommen, so die Marmorschranken des alten Chores aus der Zeit Johanns II. (532–535). Ebenso die beiden Ambone. Bedeutsam das Apsisbild aus der Oberkirche aus dem 12./13. Jh., ebenso das Mosaik am Triumphbogen. Für die altchristl. Kirche von Wichtigkeit ein Madonnenbild des 5. oder 6. Jhs. im byzant. Stil in einer Nische des rechten Seitenschiffes der Unterkirche. Ebenso bemerkenswert am Ende dieses Seitenschiffes „Christus in der Vorhölle", nicht nach dem 9. Jh. Im Niveau des Hauses des Clemens sehenswert ein gut erhaltenes Mithras-Heiligtum. – **24)** S. Caecilia. Das Privathaus der Caecilia unter der Titelkirche der hl. Caecilia ist durch Kardinal Rampolla in den Jahren 1899–1900 freigelegt worden. Es ist einer der wenigen röm. Privatbauten, der christliche Erinnerungen wachruft. – **25)** Pietro in Vincoli. Dreischiffige Basilika mit Querschiff aus dem 5. Jh. Angeblich als Aufbewahrungsort für die Ketten des Petrus erbaut. Trotz mehrfacher Umgestaltung spürt man noch etwas von der monumentalen Wirkung des alten Kirchenraumes, von dem noch 20 antike kannelierte Säulen mit dorischen Kapitellen stehen. Im Seitenschiff das gigantische Denkmal des Moses von →Michelangelo. – **26)** S. Agnese fuori le mura. Altchristl. Basilika, von Honorius I. (625–638) errichtet. Bedeutsam durch die umgehenden Emporen und ein Apsisbild mit stark östlichem Einschlag, (Heilige Agnes zwischen den Päpsten Honorius und Symmachus). Unter der Basilika Reste einer frühchristl. Anlage. – **27)** R. ist reich an altchristl. →Sarkophagen. Die größte Sammlung der Welt befindet sich im Lateranmuseum. Auch das Thermenmuseum enthält wertvolle Stücke, ebenso andere Museen wie der Conservatorenpalast. Ferner befinden sich Sarkophage in einzelnen Kirchen Roms, vor allem in den Vatikanischen Grotten. Hier auch andere christliche Kunstwerke. Wertvolle Stücke altchristl. Kunst, vor allem Kleinkunst, im Museo Cristiano im Vatikan (Geräte aus Glas, Gold, Elfenbein, Emaille).

Lit.: R. Krautheimer, Corpus basilicarum christianarum Romae, 1934 ff. (bisher unvollendet); F. W. Deichmann, Frühchristl. Kunst in Rom, 1948; E. Mâle; The early Churches of Rome (franz. 1934), 1960; J. Wilpert, Die röm. Malereien der Katakomben Roms, 1903; T. Wirth, Röm. Wandmalereien vom Untergang Pompejis bis an das

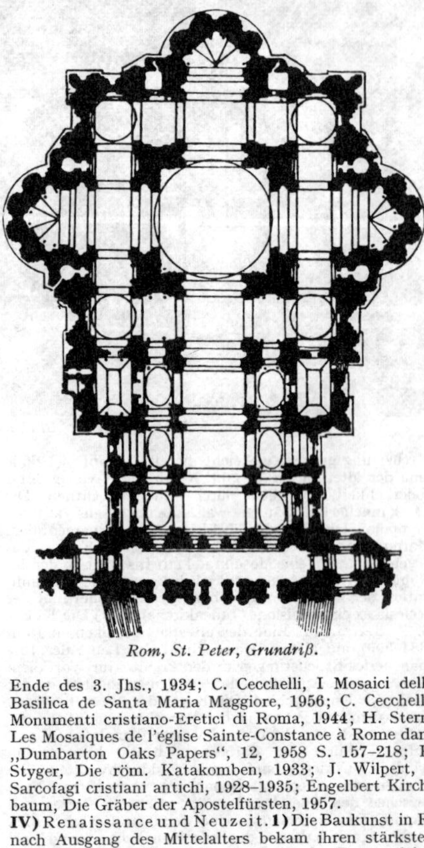

Rom, St. Peter, Grundriß.

Ende des 3. Jhs., 1934; C. Cecchelli, I Mosaici della Basilica de Santa Maria Maggiore, 1956; C. Cecchelli, Monumenti cristiano-Eretici di Roma, 1944; H. Stern, Les Mosaiques de l'église Sainte-Constance à Rome dans „Dumbarton Oaks Papers", 12, 1958 S. 157–218; P. Styger, Die röm. Katakomben, 1933; J. Wilpert, I Sarcofagi cristiani antichi, 1928–1935; Engelbert Kirchbaum, Die Gräber der Apostelfürsten, 1957.

IV) Renaissance und Neuzeit. **1)** Die Baukunst in R. nach Ausgang des Mittelalters bekam ihren stärksten Akzent durch den Beginn des Neubaues der Peterskirche, der um 1506 unter Papst Julius II. und dem Baumeister →Bramante eingeleitet wurde. Die Peterskirche in Rom ist die Grabeskirche des Apostels Petrus. Sie ist der größte christliche Kirchenbau. Die alte, 326 eingeweihte Kirche sollte schon unter Papst Nikolaus V. 1452 umgebaut werden, die Arbeiten blieben aber stecken. Unter Papst Julius II. wurde im Jahre 1502 Bramante mit der Leitung des Neubaues beauftragt. Er legte einen Entwurf vor, der im Grundriß ein griech. Kreuz mit einer Vierungskuppel in der Mitte und 4 überkuppelten Apsiden zeigte. Die Idee war, eine Verbindung zwischen Zentralbau und Basilika herzustellen, d.h. Bramante wollte gleichsam das Pantheon auf die Konstantinsbasilika stellen. Von 1506–14 wurde neben Bramante auch →Peruzzi eingestellt. Nach dem Tode Bramantes übernahmen von 1515–20 →Raffael und neben ihm Guiliano da →Sangallo und →Fra Giocondo die Bauleitung; bis 1536 Peruzzi und bis 1546 Antonio da →Sangallo. Im selben Jahr (1546) wurde dann →Michelangelo die Weiterführung des Baues übertragen. Auf ihn gehen die W-Teile (also die Rückseite der P., da sie nicht „orientiert" ist) und vor allem die riesige Kuppel zurück, die, allerdings nach seinen Plänen, erst 1593 von G. della Porta vollendet wurde (der sie aber etwas in die Länge streckte). Michelangelo hat auch die in Bramantes Entwurf vorgesehene Gleichordnung der Nebenräume in Unterordnung unter den Hauptraum verwandelt. Von 1564–73 war →Vignola Bauleiter, dem bis 1603 Giac. della Porta (Kuppel) folgte. In der Zeit von 1603–26 baute schließlich →Maderna unter Papst Paul V. Borghese das Langhaus mit Vorhalle und Fassade, deren Kolossalordnung und das kräftige Ein- und Ausschwingen barockes Wollen deutlich zum Ausdruck bringen. 1629–69 trat →Bernini an seine Stelle. Auf ihn gehen die halbkreisförmigen Kolonnaden, die den Vorplatz einfassen, und das Altartabernakel (1633) zurück, dessen 29 m hohe, gedrehte Bronzesäulen denen des salomonischen Tempels nachgebildet sein sollen. Gemeinsam mit →Fontana baute Bernini in dieser Zeit auch zwei Fassadentürme, die aber später abgetragen worden sind. Maße der P.: 15160 qm Fläche, 211,5 m Länge, 119 m innere Höhe bis zur Kuppel, 42 m Kuppeldurchmesser. – Aus dieser Zeit und der des Papstes Leo X. stammen die bedeutendsten Baudenkmäler R.s. Ausgehend vom Kapitol, dem kleinsten der 7 Hügel, der in der Antike der bedeutende Mittelpunkt der Stadt war, wird man schon mit →Michelangelo konfrontiert. – **2)** Der Kapitolsplatz, Beispiel einer der frühesten Stadtplanungen, wurde von Michelangelo 1537 entworfen. Eine Rampentreppe führt

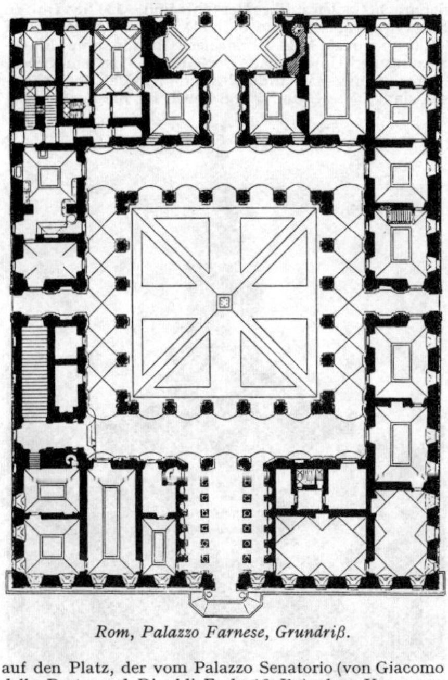

Rom, Palazzo Farnese, Grundriß.

auf den Platz, der vom Palazzo Senatorio (von Giacomo della Porta und Rinaldi Ende 16. Jh.), dem Konservatorenpalast rechts davon (1564–75 von Giacomo della →Porta nach Entwürfen von Michelangelo) und dem Kapitolinischen Museum links (um 1650) rechtwinkelig umstanden wird. In der Mitte des Platzes das Reiterstandbild →Mark Aurels, das lange als Bildnis des christlichen Kaisers Konstantin galt und deswegen nicht vernichtet wurde. Die Dynamik der Platzanlage wirkt über sich hinaus in den Gesamtorganismus der Stadt hinein. – **3)** Ein privater Palastbau, an dem Michelangelo u. a. mitgewirkt haben, ist der Palazzo Farnese. Er hat diesem Bauwerk seine endgültige Gestalt gegeben. Kardinal Alessandro Farnese ließ 1517 von Antonio da Sangallo (1483–1546) einen Bau beginnen, der nicht fertig wurde, aber schon 1526 für des Kardinals Hofstaat von 366 Personen als Wohnung diente. Im Todesjahr Sangallos waren die Außenmauern und 2 Stockwerke der Hoffassade fertig. →Michelangelo vollendete den Bau. Der Grundriß des Palastes zeigt ein Rechteck, das sich aus 4 Flügeln um einen quadratischen Hof bildet. Die Einzelformen des auf Michelangelo zurückgehenden 2. Stockwerkes im Hof zeigen unverkennbar die Merkmale des Manierismus: Verdreifachung der Pilaster, Konsolen an den Fensterecken, die nichts tragen, weit vorspringende Segmentgiebel. – **4)** Il Gesù. Die Mutterkirche der Jesuiten gehört in den kleinen Kreis der typenbildenden, wegweisenden Bauwerke der abendländischen Architektur. Auf der Schwelle zwischen Renaissance und Barock entsteht das Urbild des längsgerichteten Kuppelbaues aus der Durchdringung des zentralen Raumsystems der Hochrenaissance mit dem Langhausgedanken des Mittelalters. Entwürfe für diese Kirche gehören zu den letzten architektonischen Arbeiten →Michelangelos, eine im allgemeinen wenig beachtete Tatsache. Das Projekt wurde erst 4 Jahre nach seinem Tode in Angriff genommen. Architekt war Giacomo →Vignola (1507–73). Die Fassade von Il Gesù scheint allerdings auf Gedanken →Albertis zurückzuführen. Seine Lösung, den Innenraum mit dem hohen Mittelschiff und den niederen Seitenschiffen im Außenbau zu veranschaulichen, ohne dabei die Säulenordnungen der klassischen Architektur aufzugeben, nahm sich den röm. Triumphbogen zum Vorbild. Voluten bilden die Vermittlung zwischen dem Mittelteil und den niedrigeren Seitenteilen. Dieses Schema ist in der Gesù-Fassade Vignolas und ebenso in dem für die Ausführung maßgeblichen Plan della→Portas verwendet worden. Das Innere ist ein relativ kurzes Langhaus mit wenig vorspringendem Querhaus und runder Apsis. Die Vierungskuppel beherrscht das Zentrum und ist wichtiges Element zur Bildung des großen, einheitlichen Raumes, geeignet für Messe und Volkspredigt. Im Langhaus mächtige Wandkompartimente zu beiden Seiten; Girlanden und niedrige Logen (Coretti) gliedern die Wand oberhalb der Arkadenstellungen der Kapellenzugänge. Einzigartig zu nennen ist die Lichtführung in dieser Anlage: regelmäßige Fensteröffnungen in der Mittelschiffstonne, die das Langhaus beleuchten, aber im letzten Joch vor der Kuppel fehlen, so daß dieses dunkel ist. Und darauf der Kontrast des herabstürzenden Lichtes aus der Vierungskuppel. – **5)** S. Andrea della Valle. Die Kirche des Theatinerordens übersetzte das Vorbild von Il Gesù in die Baugesinnung des Barock. Den von P. P. Olivieri 1591 begonnenen Bau führte C. →Maderna weiter. Die Fassade, die bei seinem Tode 1629 nur in den unteren Teilen fertig war, vollendete C. Rainaldi in Abwandlung des ursprünglichen Planes. Die Fassade ist steiler als die von Gesù, plastisch reicher gegliedert und einheitlicher. Die Vierungskuppel ist die größte von Rom nach St. Peter. Der Innenraum ist in seiner Längsrichtung ungehemmter als bei Gesù und auch einheitlicher gestaltet. Die Fresken stammen von Giovanni →Lanfranco (1621–25 in der Kuppel) und von →Domenichino (Kuppelzwickel und Apsis, 1624–28). – **6)** S. Ignazio. Von 1626 bis 80 dauerte der Bau dieser zweiten großen Jesuitenkirche R.s. Baumeister war der Jesuitenpater und Mathematik-Professor Orazio Grassi. Die Fassade bleibt sowohl an Straffheit der Gliederung als auch an Einheitlichkeit hinter der Schauseite von S. Andrea della Valle zurück. Der kolossale Baukörper, dessen Querhaus schlichte Backsteinwände aufweist, erhielt niemals die geplante Vierungskuppel. Gegenüber Gesù hat sich das Raumbild im Inneren gewandelt. Die großen Nebenkapellen, die sich frei im Langhaus öffnen, schließen sich untereinander fast zu durchgehenden Seitenschiffen zusammen. Auf die niedrigen Logen, die in Gesù zwischen Kapellenöffnungen und Gesims eingeschoben waren, verzichtet der Architekt zugunsten eines einheitlichen Aufbaues. Ihre Vollendung findet die Architektur in den einzigartigen Fresken Andrea →Pozzos. Der „Triumph des Glaubens" gehört zu den kühnsten Werken illusionistischer Malerei. – **7)** S. Maria in Campitelli. Für ein Marienbild, das in der Pest-Epidemie von 1656 angeblich Hilfe gespendet hatte, ließ Papst Alexander VII. von Carlo Rainaldi 1663–67 die Kirche erbauen. Die Fassade entbehrt der Skulpturen und Nischen; ihre Gliederung entsteht in den beiden Geschossen nur durch das Postament, Säulen in mehreren Reliefschichten und das vorspringende, verkröpfte Gesims. Das Langhaus wird in seinem Inneren an beiden Seiten von breiten und tiefen Seitenkapellen begleitet, deren

Rom, Il Gesù, Blick auf den Hochaltar.

jede wie ein Querarm wirkt und von je einer kleinen Kapelle flankiert wird. Die Vortäuschung eines Querhauses geschieht durch vorgestellte Säulen. In der Mitte eine nicht sehr hohe Kuppel auf Rundbögen mit Tambour und ovalen Fenstern vor einem kurzen, halbrund geschlossenen Chor. – **8)** S. Agnese in Agone und die Piazza Navona. Die Kirche wurde 1625 von C. Rainaldi begonnen und von →Borromini mit einer norditalien. Doppelturmfassade versehen, die mit der mächtigen Kuppel eine einzigartige Verbindung eingeht und von weittragender Bedeutung werden sollte, besonders für die österreichische Architektur (Dreifaltigkeitskirche in →Salzburg). Der Innenraum besteht aus einem zentralen Quadrat, dessen abgefaßte Ecken zu kleinen Nischen ausgebildet sind und dessen Seiten sich gegen 4 kurze Kreuzarme hin öffnen (im W und O gerade, im N und S durch halbrunde Apsiden abgeschlossen). In seiner Gesamtheit vermittelt der Raum den Eindruck eines Ovals, dessen Längsachse parallel zur Fassade läuft, dessen Umrisse von hervortretenden Mauerteilen gelockert werden. Die Kirche bildet den Hauptakzent der Piazza Navona, die in ihrem Grundriß dem langgestreckten Stadion Kaiser Domitians entspricht. Gregor XIII. ließ hier 1580 als erster Brunnen aufstellen. Nach 1647 ersetzte →Bernini den mittleren durch die beherrschende Fontana dei Fiumi (4-Ströme-Brunnen). Bekrönt wird er durch einen Obelisken aus der Zeit Domitians. – **9)** Cappella di S. Ivo und Palazzo della Sapienza. Der Palast wurde von Pius IV. (1559–68) begonnen und im wesentlichen von G. della →Porta ausgeführt. 1642 bis 1650 schuf →Borromini die Kapelle S. Ivo, deren Inneres unter Pius IX. eine neue Dekoration erhielt. Der Palast war bis 1935 Teil der röm. Universität und ist heute Staatsarchiv. Nur der viereckige Innenhof weist freiere Architekturformen auf; er wird an vier Seiten von zweistöckigen Pfeilerarkaden und vorgesetzten Pilastern umgeben. Die vierte Seite wird von der Kapelle eingenommen, deren Fassade über die des Hofes hinausragt und wie eine zweigeschossige Exedra gestaltet ist. Die konkav geschwungene Wand wird durch Pilaster, rechteckige und rundbogige Fenster gegliedert. Darüber eine Attika mit querovalen Fenstern. Links und rechts die „monti“ (Berge) aus dem Wappen des Papstes Alexander VII. Chigi (1655–67). Darüber erhebt sich, getragen von Pilastern zwischen geschwungenen Mauern, die Laterne, eine der originellsten und schönsten R.s. Auf ihr wird eine gewundene Schneckentreppe, die eine Krone bildet, ihrerseits von einer kleinen Metallkrone mit Kreuz vollendet. Das Innere ist im Grundriß ein Kreis mit abwechselnd Halbkreisen und Trapezen, deren Umrisse vielfach gebrochen werden (Borromini soll die Biene, das Wappentier Papst Urbans VIII. Barberini, zur Grundfigur gewählt haben). Die Wände gliedern sich durch ein Gerüst aus Pilastern, Rundnischen und Apsiden und tragen zu der ein- und ausschwingenden Raumbewegung bei. – **10)** S. Andrea al Quirinale. Der kleine Bau ist einer der Haupttypen kirchlicher Barockarchitekturen, der orientierte Ovalraum. Er ist ein Spätwerk →Berninis und entstand 1668–78. Erweitert wird das Oval durch acht Nischenkapellen in einer dicken Umfassungsmauer. Gegenüber dem Eingang die größere Altarnische. Niedrigere Kapellen mit Coretti wechseln sich mit höheren ab. Dadurch tritt der Raum vor und zurück, weitergeführt von der ovalen Kuppel mit ihren schweren Segmenten. – **11)** S. Maria in Via Lata ist auf den Resten eines antiken Versammlungsplatzes im 17. Jh. entstanden. Die Fassade ist ein Werk von Pietro da →Cortona (1658–62). Für den bühnenartigen Aufbau hat er zweifellos Motive aus der Architektur →Palladios verwendet: über einem eleganten Säulenportikus die hohe Loggia des Obergeschosses. – **12)** S. Bibiana. →Bernini schuf 1625 den Bau in seiner heutigen Gestalt unter Verwendung älterer Mauern (z. T. aus dem 4. Jh.). Die Architektur der Fassade erinnert an die von Palastbauten. Ein schwerer Portikus mit drei Arkaden, darüber hochrechteckige Fenster im Obergeschoß und ein Dreiecksgiebel über unterbrochenem Gebälk. Das Innere zeigt eine kleine, dreischiffige Basilika, deren acht Säulen antiker Herkunft sind. – **13)** SS. Luca e Martina war schon im 8. Jh. Doppelkirche. Pietro da →Cortona baute 1634–50 eine neue Oberkirche mit Einbeziehung der Unterkirche. Der Grundriß ist ein griech. Kreuz, dessen Balken durch runde Apsiden abgeschlossen sind. Diese Grundform ist auch für die Fassade be-

Rom, S. Ivo della Sapienza, von Borromini erbaut.

stimmend. Das Volumen des Innenraumes greift hier zum erstenmal auf den Außenbau über. Das Mittelteil der Fassade, eingerahmt von Doppelpilastern, ist konvex. Die Gliederung im Untergeschoß geschieht durch schwere Säulen, im Obergeschoß nur durch Pilaster. Über einem kräftigen Gesims die mächtige Kuppel, deren Tambour von Pilastern gegliedert und von der Laterne bekrönt ist. Der Innenraum wird von der Kuppel erhöht; die Elemente der Fassade, Säulen und Pilaster, setzen sich hier, die Wand auflösend, fort. Die verbleibenden Mauerflächen öffnen sich in Rundnischen. Die dynamische Architektur offenbart sich hier in aller Klarheit ihrer barocken Prinzipien, da sie nie eine malerische Dekoration erhielt. – **14)** S. Andrea delle Fratte. Die schon im 12. Jh. erwähnte Kirche erhielt ihre heutige Gestalt im 16. Jh. Querhaus mit Kuppel und Glockenturm wurden 1653–56 von →Borromini errichtet. Der Bau blieb jedoch aus Geldmangel unvollendet. Die klassizistische Fassade stammt von Valadier (1826). Der schmucklose Ziegelbau wurde von Borromini in eine elastische, kurvenreiche Architektur verwandelt, über der und einer Balustrade sich der Turm erhebt mit plastisch durchmodellierter Haube und Pilastern mit Cherubim. Das Innere ist eine Nachahmung des Modells von Il Gesù. – **15)** S. Carlo alle Quattro Fontane ist die erste römische Kirche →Borrominis; 1638 wurde sie begonnen, die Fassade erst 1662 vollendet. Der kleine Bau nimmt sich einerseits Elemente der antiken Architektur zum Vorbild und verkörpert andererseits in der rhythmisierten Fassade mit ihrem wellenförmigen Ein- und Ausschwingen und der Wechselwirkung zwischen Ober- und Untergeschoß die dynamischen Tendenzen des Barock. Auch die ovale Laterne der nach außen kaum in Erscheinung tretenden Kuppel ist aus schwingenden Wänden zusammengefügt. Der Grundriß ist ein Rhombus mit abgerundeten Ecken, der innere Aufbau verschleiert aber diese Grundkonzeption durch die Säulen und die dazwischen ein- und ausschwingenden Wandflächen. Erst das kräftige Gesims nimmt wieder den Grundriß rein auf. Zwischen Kuppel und Gesims vermitteln Halbkuppeln, die sich in Halbkreisen oder Korbbögen öffnen. Die Kuppelschale überzieht ein kräftiges Tiefrelief aus Kreuzen und Vielecken. Diese komplizierte Raumkonzeption stellt am besten die widersprüchlichen Tendenzen der manieristischen Architektur dar mit der Gegensätzlichkeit zweier verschiedener Wandeindrücke in einem, unabhängig von der Konstruktion, dem Auge vorgestellten Raum. – **16)** S. Maria dei Miracoli. Von C. Rainaldi stammt der heute noch bestehende Außenbau (1662–81). Von Carlo →Fontana ist die innere Ausgestaltung (1671), er wurde von Bernini beraten. Der Glockenturm, dem sicherlich der von S. Agnese in Agone zum Vorbild diente, ist aus dem 18. Jh. Dem Hauptportal ist eine aus vier Säulen bestehende Vorhalle mit Attika und Giebel vorgelegt. Über dem beiderseits zurückschwingenden Baukörper eine Balustrade mit Heiligen. Das Innere des Rundbaues ist durch vier große und vier kleine Nischen mit Pilastern dazwischen gegliedert. – **17)** S. Maria della Pace entstand als Votivbau 1482 als Dank für den Frieden von Mailand unter Papst Sixtus IV. 1504 kam ein Kreuzgang nach Entwürfen von →Bramante hinzu, und 1656/57 errichtete P. da →Cortona Fassade und Stuckdekoration im Inneren. Die Fassade ist eine der bewegtesten der Barockzeit in Rom, Urbild der barocken Schauwand. Die Architekturglieder drängen nach außen, nach innen und in die Höhe in der Dynamik vielfältiger Formen. Der Mittelbau tritt weit vor, im Erdgeschoß sich öffnend wie ein Rundtempel. Über Gesims und Architrav ein flaches Dach, darüber das Obergeschoß, das, im Gegensatz zum unteren, zurücktritt. Ein mehrfach gerahmter Giebel krönt den Aufbau. Das einschiffige Langhaus mit Nebenkapellen und beherrschendem Kuppelraum enthält bedeutende Fresken →Raffaels: die Sibyllen über dem Bogen der ersten rechten Kapelle (1514). – **18)** S. Susanna ist eine der ältesten Kirchen R.s. 290 gegründet, 796 neu erbaut und 1475 völlig restauriert, erhielt sie ihre heutige Fassade 1603 durch C. →Maderna. Die giebelgekrönte Fassadenwand steigert sich in ihren plastischen und architektonischen Elementen von den Seiten zur Mitte, vermindert aber gleichzeitig die Plastizität von unten nach oben. Der stark betonte Giebel faßt die Bewegung der Schauwand zusammen. – **19)** SS. Trinità dei Monti beherrscht mit ihrer Doppelturmfassade die Spanische Treppe und ist eine franz. Gründung von 1495. Der Bau wurde erst 1595 beendet und von Ludwig XVIII. restauriert. Das Portal mit Treppe aus dem 16. Jh. steht als Säulenaedicula mit Dreiecksgiebel zwischen den beiden von Pilastern gegliederten Turmsockeln. Das Obergeschoß mit Rundbogen in der Mitte wird von einer Balustrade abgeschlossen. Die Fassade erinnert an lombardische Gestaltungsprinzipien. Im Inneren in der zweiten Nebenkapelle links die „Kreuzabnahme" von D. da →Volterra (1541), einem Schüler Michelangelos. – **20)** S. Vincenzo e Anastasio. Die Fassade von Martino →Longhi 1646–50 zeigt eine fast heftige Plastizität und ist nur noch Schauwand. Die Gliederung des

Rom, Stazione Termini, 1950 erbaut.

Untergeschosses durchbricht über dem Portal das trennende Gebälk und bricht in das Obergeschoß ein. Dieses übernimmt die Säulenordnung der Mittelachse des Erdgeschosses bei nochmals gesteigerter Plastizität. In der Mitte ein Fenster, als Säulenaedicula gebildet, mit 2 schwebenden Wesen, das Wappen des Bauherrn, des Kardinals Mazarin, haltend. **21)** →Vatikan. – **22)** Das 20. Jh. hat in Rom vornehmlich zwei bedeutende Bauwerke hervorgebracht: 1948–50 wurde die Vorhalle des Hauptbahnhofes, Stazione Termini, von den Architekten Calini, Castellazzi, Fadigati, Montuori Pintonello und Vitellozzi erbaut. Sie wird von kühn geformten Trägern überspannt, die auf einer dünnen Spitze aufruhen. Das weit ausladende Dach ist vollständig verglast. Die Betonpfeiler sind mit braunrotem Granit, die inneren Deckenträger mit weißem Glasmosaik verkleidet. Die Gebäudeteile des Hauptbahnhofes sind asymmetrisch aufeinander bezogen und nehmen vorbildlich auf die städtebauliche Situation Rücksicht. Reste der Servianischen Mauer sind in die Gruppenkomposition mit einbezogen. Einen großartigen Eindruck macht die 1957 entstandene Sporthalle, die von Pier Luigi →Nervi und Annibale Vitellozzi für die Olympischen Spiele 1960 für vier- bis fünftausend Zuschauer erbaut wurde. Der schalenförmige Kuppelbau aus vorfabrizierten Elementen wird in der Richtung der Druckkräfte der Schale von Y-förmigen Stützen gehalten, die um den ganzen Bau lückenlos aneinandergereiht sind. (Siehe Tafel 17, 22.)
Lit.: Die Blauen Führer, Italien, 1963; Reclams Kunstführer, Italien, Bd. V, 1962; F. Baumgart, Geschichte der abendländischen Baukunst, 1960; N. Pevsner, Europäische Architektur, 1957; Joedicke, Geschichte der modernen Architektur, 1958.

Romako, Anton. Österreichischer Maler. Geb. 1832 in Atzgersdorf bei Wien, gest. 1889 in Wien durch Selbstmord. Schüler der Wiener Akademie bei C. →Rahl und der Münchener Akademie bei W. →Kaulbach. Kam 1857 nach Rom, wo er heiratete und sich niederließ. Als beliebter Maler der Fremdenkolonie wurde sein Haus Treffpunkt großer Künstler wie Liszt und →Feuerbach. Als er 1874 nach Wien zurückkehrte, konnte er sich gegenüber →Makart nicht durchsetzen. Hauptwerke: Admiral Tegetthoff in der Seeschlacht bei Lissa, 1880, Wien – Österreich. Galerie; Bildnis R. →Begas mit Gattin.
Lit.: F. Novotny, A. R., 1954.

Romanisch-byzantinische Bauschule. In dem galizisch-wolhynischen Fürstentum bildete sich im 12. Jh. eine R. aus, die weit nach dem Osten sich auswirkte, wie etwa in der Koimesiskirche des Jelickyklosters in Czernikov (12. Jh.). Die Bogenfriese, ebenso die roman. Kapitelle weisen in diese Richtung. Ähnliche Wahrnehmungen kann man bei der kürzlich ausgegrabenen Koimesiskirche in Křylos-Halič (2. Hälfte des 12. Jhs.), ebenso bei der später erbauten Pantelejmonkirche in Halič machen.

Romanische Kunst (Romanischer Stil, Romanik). Die erste ganz Europa umfassende Stilepoche mittelalterlicher Kunst, beginnend um 1000, abgelöst durch die →Gotik (in Frankreich seit der Mitte des 12. Jhs., in Deutschland erst gegen Mitte des 13. Jhs.). Bis zum Beginn des 19. Jhs. existierte keine einheitliche Bezeichnung. In Deutschland z. B. sprach man von vorgot., altdeutscher, byzant., auch neugriech. Kunst. Wegen der Ähnlichkeit bestimmter Motive der Baukunst (Rundbogen, Säule etc.) mit röm. Bauformen prägte de Gerville gegen 1820 den Terminus „romanisch" in Analogie zu dem schon bestehenden Begriff „romanische Sprachen", obwohl diese sich nur auf die Gebiete der Romania (Italien, Südfrankreich, Spanien) beschränken. Die für die Ausbildung der R. wichtigsten Gebiete sind Deutschland (→Deutsche Kunst) und Frankreich (→Franz. Kunst), daneben das mit dem franz. →Languedoc eine kulturelle und künstlerische Einheit bildende nördliche Spanien (→Span. Kunst) und Norditalien (→Italien. Kunst, →Lombardei). England gehört zum Ausstrahlungsbereich franz., normannischer Kunst (politische Zusammengehörigkeit, →Engl. Kunst, →Normandie). Skandinavien und das östliche Europa blieben Randgebiete. Hauptträger dieser Kunst ist die Kirche. Werkstätten und Bautrupps waren Klöstern und Bischofssitzen angegliedert. Hauptauftraggeber sind neben der Kirche Kaiser und Könige, in der Spätzeit auch der Adel. Hauptaufgaben sind der Kirchenbau und dessen Ausstattung, der Schmuck liturgischer Geräte und Bücher, daneben der Bau der nicht erhaltenen Kaiser- und Königspfalzen (→Pfalz), später der Burgenbau (→Burg). Während in Deutschland die Kunst eng mit dem jeweils regierenden Kaiserhaus zusammenhängt und infolgedessen in →ottonische, →salische und →staufische Kunst unterteilt wird, ist für Frankreich (auch Italien) die Ausbildung landschaftlich gebundener Schulen charakteristisch. Grundsätzlich unterscheidet sich der stärker antiker Tradition verhaftete franz. Süden von dem durch germanische Franken und Normannen eroberten Norden (→Franz. Kunst). Wesentlich ist der rege Austausch zwischen den einzelnen Kunstzentren. Verbindend wirkten die Kirche (besonders Orden und →Pilgerstraßen), der Reichsgedanke (speziell für Deutschland und Italien), auch die an keine politische Grenze gebundene Internationalität der kulturtragenden Oberschicht (Adel, Klerus). Grundlage der R. ist im Norden die →karolingische Kunst. Sie brachte, ausgehend von irisch-angelsächsischen und merowingischen Traditionen, eine erste Rezeption antiker Überlieferung und der das griech.-röm. Erbe fortführenden byzant. Kunst. Dies zeigt sich in den übernommenen Kirchentypen, wie →Basilika, →Zentralbau und deren Varianten, in einzelnen Bauformen und Motiven, in der Vorrangigkeit der Darstellung der menschlichen Figur und der figürlichen Szene u. a. Diese vielschichtigen Anregungen verfeinerter, hochentwickelter Kunstäußerungen werden im Karolingischen noch weitgehend kopierend übernommen. In roman. Zeit setzt eine selbständige Umformung der Vorbilder ein, die in allen Zentren zu eigener Stilbildung und im Gesamten zum Entstehen einer abendländischen Kunst führt. Wesentliches Anliegen roman. Baukunst (besonders in Frankreich und Deutschland) ist die künstlerische Durchformung des Außenbaus. Der Baukörper wird aus vielfältig gestuften, reich gegliederten, wechselnd runden und eckigen Teilen additiv gefügt, gipfelt in reichen Turmgruppen (→Turm), die über jeden praktischen Zweck hinaus als vertikale Akzente die liturgisch wesentlichen Punkte des Innenraums (Chor, Vierung, Westeingang) nach außen sichtbar machen und auszeichnen (auch Gruppenbau genannt). Das gleiche Bedürfnis nach Straffung des architektonischen Gefüges zeigt auch der Innenraum, besonders seit Einführung der Wölbung (→Gewölbe) um 1100. Beides unterscheidet die roman., und von nun an alle abendländische Baukunst grundsätzlich vom frühchristl. (das in Italien bis zum Beginn des 12. Jhs. nachwirkt) und byzant. Kirchenbau, der den Außenbau vernachlässigt und den breitgelagerten Innenraum mit dem untektonischen Schmuck flimmernder Mosaiken ausstattet, während die roman. Wandmalerei u. a. ein wesentliches Mittel der Raumgliederung darstellt. Die gleiche selbständige Umformung zeigt sich in Bildnerei und Malerei. Der körperlich-räumliche Illusionismus, die lockere malerische Behandlung spätantiker Vorlagen werden aufgegeben zugunsten einer sich in Gebärden und Linien ausdrückenden, stärker vom geistig-seelischen Gehalt geprägten Darstellungsweise und einer zunehmenden Verfestigung der Flächenkomposition. Vom späten 10. Jh. bis in die Mitte des 11. Jhs. ist Deutschland führend. Ottonische und salische Zeit knüpfen in der künstlerisch beherrschenden Rolle der Kleinkunst, wie →Goldschmiedekunst, →Elfenbeinschnitzerei und →Buchmalerei, an Karolingisches an. Um 1000 entstehen die ersten Kultbilder (z. B. Kölner →Gero-Kruzifix; franz. Beispiele nur literarisch überliefert) und reliefierten Kirchentüren. Die Skulptur ist noch fast ausschließlich bewegliches kirchliches Ausstattungsstück. Die 2. Hälfte des 11. Jhs. bringt einen entscheidend neuen schöpferischen Impuls mit der Ausbildung einer an die Architektur gebundenen Steinplastik in Südfrankreich, dem christl. Spanien und Norditalien. Ausgehend von antiken Vorbildern, gewinnt die Skulptur die seit der Antike verlorene monumentale Form zurück. Formale und ikonographische Vorlagen entstammen der Kleinkunst. Dies erklärt die Bindung roman. Bildnerei an die Fläche, aus der erst die got. Figur sich endgültig löst. Neu ist auch die aufrüttelnd expressive Gestaltung vielfach endzeitlicher Themen. Der figürliche und szenische Schmuck dient vornehmlich der Ausstattung von Kirchenportalen, Fassaden, Kreuzgängen und Kapitellen. Führend wird Frankreich, vor allem mit der für die →Gotik folgenreichen Entwicklung des straff tektonisch gegliederten Figurenportals (→Languedoc, →Burgund, →Provence). Die roman. Bauschulen Nordfrankreichs, Deutschlands und Englands nehmen an dieser Entwicklung nicht teil. Hauptbeitrag des Nordens ist die gegen Mitte des 12. Jhs. sich entwickelnde hochbedeutende Metall- und Goldschmiedekunst des Rhein-Maas-Gebietes. Der Figurenstil der mosanen Reliquienschreine, den die Rückgewinnung einer organischen Gestaltung körperlich-seelischer Bewegtheit bei voller körperlicher Rundung und weitgehendes Aufgeben der Flächenbindung charakterisiert, liefert eine der wichtigsten Voraussetzungen für das Entstehen der got. Skulptur. Von der auch dem Umfang nach bedeutenden roman. →Wandmalerei haben sich nur wenige Reste erhalten (die zahlreichsten in Italien). Einen Ausgleich bietet die →Buchmalerei, deren Gipfelleistungen der ottonischen und salischen Zeit angehören, während in hochroman. Zeit ihre Bedeutung zurückgeht (mit Ausnahme von England). Anfänge der →Tafelmalerei lassen sich im 12. Jh. in Italien fassen (Zentren in Lucca und Pisa; →Toscana), doch setzen die wenigen erhaltenen Werke eine längere Tradition voraus (auch literarisch bezeugt). Nördlich der Alpen spielt sie in roman. Zeit noch keine Rolle. (Siehe Farbtafel 13, 17 und Tafel 15).

Lit.: M. Hautmann, Die Kunst des frühen Mittelalters, Propyläen-Kunstgeschichte VI, 1929; K. J. Conant, Carolingian and Romanesque architecture 800–1200, Pelican History of Art, 1959; E. Adam, Baukunst des Mittelalters I, UKG IX, 1963; A. Kingsley Porter, Romanesque sculpture of the pilgrimage roads, 1923; W. Sauerländer, Skulptur des Mittelalters, UKG XI, 1963; A. Goldschmidt, Die Elfenbeinskulpturen, 4 Bde., 1914–26; A. Grabar und C. Nordenfalk, Die großen Jahrhunderte der Malerei, Die romanische Malerei, 1958.

Romanismus. Stilrichtung der niederl. Malerei des 16. Jhs., die unter dem Einfluß der italien. →Renaissance stand. →Niederländische Kunst.

Romano, Giulio, eigentlich G. Pippi. Italien. Maler und Architekt. Geb. 1499 in Rom, gest. 1546 in Mantua. Lieblingsschüler und Mitarbeiter →Raffaels. An der Ausführung mehrerer Werke beteiligt, wurde er mit der

Vollendung von Arbeiten Raffaels nach dessen Tod betraut. So hat er nach den Entwürfen Raffaels die Fresken der Sala di Costantino der →Stanzen ausgeführt. 1524 berief ihn Herzog Federigo Gonzaga als Architekt und Hofmaler nach Mantua. Seine Hauptwerke als Architekt waren der Neubau des Domes S. Pietro in Mantua sowie der Pal. del Tè (1525 f.), eine für die Baukunst der Spätrenaissance und des Manierismus richtungweisende Anlage. Diesen Pal. malte er auch mit Fresken nach mythologischen Legenden aus (Amor und Psyche, Gigantensturz u.a.). Als Maler ging er von Raffaels Spätwerk aus und zeigte Formen des röm. Manierismus, die er nach Oberitalien verpflanzte.
Lit.: F. Hartt, G. R., 1958 (2 Bde.).

Romantik. Die R. ist kein Stil, sondern eine Geisteshaltung, die gegen Ende des 18. Jhs. in Deutschland im Kreis um Schlegel, Tieck und Novalis entstand. Kennzeichnend für die R. ist die Wahl ihrer Themen, die meistens der Geschichte des Mittelalters oder Legenden- und Sagenkreisen entnommen werden; offenbar wird dies aber nur in Malerei und Literatur – die zu dieser Zeit in besonders engem Kontakt miteinander stehen –, eventuell noch in der Architektur (Neuromanik, Neugotik). In der deutschen Malerei wird die R. eine nationale Kunst und erfaßt einerseits die im Klassizismus minder geschätzte Landschaftsmalerei, die landschaftliche Stimmungseffekte in inniger Verbindung mit der menschlichen Figur als Thema wählt (Ph. O. →Runge, C. D. →Friedrich, Jos. A. Koch); andererseits ist es die Historienmalerei, die durch ihre der Literatur und Geschichte entlehnte Themenwahl dem Geist der R. entgegenkam (M. v. →Schwind, Anton Petter, Ludwig →Schnorr v. Carolsfeld). Eine religiös bestimmte Sonderrichtung romantischer Malerei vertraten die →Nazarener. Um 1830 war das Zeitalter der R. zwar zu Ende, doch blieben romantische Elemente in der Malerei noch lange lebendig, die schließlich aber vielfach zu modernem Kitsch verflachten. Die R. in England vermochte bei weitem nicht den schöpferischen Ausdruck der deutschen R. zu erreichen, obwohl die Praeraffaeliten eine ähnliche Malergemeinschaft mit gleichen Zielen wie die Nazarener darstellten. In Frankreich nahm die R. ihren geistigen Ausgang von →Rousseau; in der Malerei, angeführt von →Delacroix, der sich →Rubens und das Barock zum Vorbild nahm, ging sie aber ganz andere Wege als die deutsche. Von großer Bedeutung wurde die R. für die Denkmalspflege durch ihre Blickrichtung auf die Vergangenheit.
Lit.: H. Beenken, Schöpferische Bauideen der deutschen R., 1952; M. Brion, Die Kunst der R., 1960.

Romney, George. Engl. Maler. Geb. 1734 in Dalton in Furness, gest. 1802 in Kendal. Lernte in Kendal und hatte ebda. auch sein erstes Atelier. Ging 1762 nach London und wurde dort als Bildnismaler so berühmt, daß er neben →Gainsborough und →Reynolds bestehen konnte. Mehrere Studienreisen führten ihn nach Frankreich und Italien. Seine Hauptwerke sind die Portraits der Lady Hamilton (als Bacchantin, Kalypso, Cäcilie).
Lit.: H. Ward und W. Roberts, G. R., 1904.

Rops, Félicien. Belgisch-franz. Maler, Radierer und Lithograph. Geb. 1833 in Namur, gest. 1898 in Essonnes (Paris). Autodidakt und anfangs Lithograph. 1856/57 gab er eine Zeitschrift „Uylenspiegel" heraus, für die er politische und gesellschaftskritische Karikaturen in der Art von →Gavarni und →Daumier anfertigte. Später arbeitete er für den „Charivari Belge". Nach 1858 wandte er sich der Radierung zu, die er technisch meisterlich beherrschte. In dieser Technik schuf R. eine große Anzahl Buchtitel und Illustrationen, wobei das erotische Element bald einen breiten Raum einnahm. Unter den von ihm illustrierten Büchern stehen an erster Stelle Baudelaires „Les épaves", 1866, und 5 Zeichnungen zu C. de Costers „Uylenspiegel". Seine Ölbilder und Aquarelle behandeln die gleichen Themen, hinzu treten hierbei noch Landschaften. Ab 1876 arbeitete er in Paris.
Lit.: Thieme-Becker; O. Mascha, F. R. und sein Werk, 1910.

Rosa, Salvator. Italien. Maler, Radierer, Dichter und Musiker. Geb. 1615 in Aranella bei Neapel, gest. 1673 in Rom. Wirkte in Neapel, Florenz und Rom. Lernte in Neapel bei dem →Ribera-Schüler A. Falcone, einem Schlachtenmaler. Er übernahm dieses Genre und bereicherte es durch Landschaften, in denen er sich als origineller, phantasievoller Maler erwies. Die zerklüfteten Berglandschaften mit phantastischen Details gab er in skizzenhafter Manier, die figürlichen Kompositionen sind konventioneller, doch schuf er auch bedeutende Bildnisse. Durch seine sehr persönlichen Landschaftsschilderungen und seine von wild bewegtem Leben erfüllten Schlachtenbilder übte R. einen bedeutenden Einfluß u.a. auf →Piranesi aus.
Lit.: B. Cattaneo, S. R., 1929.

Rosenkranzbilder. Darstellungen, in denen Maria mit dem Christuskind und dem Rosenkranzmotiv in Verbindung gebracht wird, indem die Gruppe entweder in einem Kranz von Rosen erscheint oder Rosenkränze an Gläubige übergibt, vor allem an die sogen. Rosenkranzbruderschaften. – Das früheste Beispiel ist in einem Triptychon von 1474 (Köln, Andreaskirche) erhalten. Vor allem im Barock fanden die R. im gesamten Europa weite Verbreitung.

Rosenthalporzellan. 1879 bis heute. Gegründet von Philipp Rosenthal. Fabriken in Selb, Kronach, München und anderen Orten.

Rosette (franz. Röschen). Eines der ältesten und häufigsten Ornamentmotive. In einem kreisrunden Umriß ist die Form einer runden Blüte nachgebildet, mehr oder weniger abstrahiert. Sind die die Blütenblätter verkörpernden Gebilde in ihrer Linienführung so angeordnet daß sich beim Betrachten die Illusion einer Drehung ergibt, so nennt man das Motiv Wirbelrosette.

Rossano (Kalabrien). S. Marco in R., eine Kreuzkuppelkirche (spätestens aus dem 12. Jh.) mit freien Pfeilerstützen und 4 um die Hauptkuppel verteilten tambourlosen Nebenkuppeln über den Eckräumen (→Codex rossanensis).

Rosselli, Cosimo. Italien. Maler. Geb. 1439 in Florenz, gest. 1507 ebda. Kam aus der Florentiner Frührenaissanceschule und wurde wegen seiner großen handwerklichen Fähigkeiten mit verantwortungsvollen Aufgaben betraut, vor allem mit der Ausführung von drei Fresken in der Sixtinischen Kapelle zu Rom. Von besonderer Bedeutung war sein Wirken als Lehrer. So gehörten bedeutende Meister der Florentiner Malerei zu seinen Schülern, u. a. →Fra Bartolommeo. – Neben Fresken schuf er Altar- und Tafelbilder religiöser Thematik.
Lit.: Thieme-Becker.

Rossellino, 1) Antonio. Italien. Bildhauer. Geb. 1427 in Settignano, gest. 1479 in Florenz. Bruder von 2) und dessen Schüler. Knüpfte an die anmutige und zierliche Kunst →Desiderio da Settignanos an. Seine technisch vollendeten Marmorfiguren sind frei bewegt und zeugen von einer feinen Beobachtung des Stofflichen. Das Hauptwerk ist das Grabmal des Kardinals von Portugal in San Miniato al Monte in Florenz (1461–66); von nicht geringerem Rang ist ferner die Aktfigur des hl. Sebastian in der Kollegiatkirche in Empoli (1457). Neben Altarwerken und Kirchenausstattungen (Kanzelreliefs im Dom zu Prato, 1473) hat R. Madonnenreliefs und Bildnisbüsten geschaffen. – **2)** Bernardo. Italien. Baumeister und Bildhauer. Bruder von 1). Geb. 1409 in Settignano, gest. 1464 in Florenz. Mit dem Marmorgrabmal des Leonardo Bruni (1444–51) in S. Croce in Florenz schuf er das erste Wandnischengrab, das typbildend bis zum Ende der Frührenaissance gewirkt hat. Er knüpfte als Bildhauer mehr an →Donatello an und erreichte nicht die anmutvolle, freie Schönheit der Werke seines Bruders. Auch als Architekt war er weniger selbständig. Hier war es L. B. →Alberti, an den er sich anlehnte, dessen Pal. Rucellai in →Florenz er vollendete. Sein eigenständigstes Werk ist der Dom in Pienza (1460–64), eine Hallenkirche nach süddeutschem Typus, mit dem Vorplatz und dem Pal. Piccolomini, beides im Auftrage von Papst Pius II.
Lit.: L. Planiscig, B. und A. R., 1942.

Rossetti, 1) Biagio. Italien. Architekt. Geb. um 1447, gest. 1516 in Ferrara. In Ferrara, wo er seit 1475 als Hof-

baumeister tätig war, entwickelte er nach 1492 einen neuen, erweiterten Stadtplan. Sein eigenwilliger Baustil, der eine eigene Variante der Renaissance hervorbrachte, wird am eindringlichsten durch den sogen. Palazzo dei Diamanti (1492/93) dokumentiert. – **2)** Gabriel Charles, genannt Dante Gabriel R. Engl. Maler und Dichter. Geb. 1828 in London, gest. 1882 in Birchington-on-Sea, italien.-engl. Abstammung. Machte sich in jungen Jahren schon einen Namen als Lyriker und als Übersetzer altitalien. Gedichte. Seine malerische Ausbildung empfing er auf einer Privatakademie, auf der Royal Academic School in London, und bei F. M. Brown. Ab 1848 arbeitete R. in Ateliergemeinschaft mit H. →Hunt, und mit diesem, J. E. →Millais und anderen gründete er die Bruderschaft der →Praeraffaeliten. Die Freundschaft mit J. →Ruskin und W. →Morris brachte die Verbindung mit der von Morris ins Leben gerufenen kunstgewerblichen Bewegung. – R. malte nur kurze Zeit im Stil der Praeraffaeliten („Verkündigung Mariä", 1849); es sind dies seine Frühwerke. Eine Periode, in welcher er zeichnet und aquarelliert, schiebt sich zwischen seine praeraffaelitische Zeit und die spätere, deren Werke in der Sorgfalt der Ausführung noch an jene frühe Zeit erinnern, in der Komposition aber phantasievoller und in der Maltechnik dekorativer sind.
Lit.: H. C. Marillier, D.G.R., 1899.

Rosso, Giovanni Battista, genannt Fiorentino R. Italien. Maler. Geb. 1494 in Florenz, gest. 1540 in Paris. Bildete sich in Rom im Umkreis von →Michelangelo und del →Sarto. Mit →Pontormo und →Bandinelli gehörte er zu den Begründern des frühen →Manierismus. Durch Empfehlung von Michelangelo kam er etwa 1530 nach Frankreich an den Hof Franz I., wo er Hofmaler wurde. Zusammen mit →Primaticcio entwickelte er in Fontainebleau eine für die ganze weitere Entwicklung der Dekoration bedeutende Schule. – R. war in seiner Stellung in Fontainebleau ein Universalkünstler. Er entwarf Stukkaturen und Fresken für die Innenausstattungen (Galerie Franz I.), Dekorationen für Hoffeste und Theater und Tafelgeräte.
Lit.: S. Béguin, L'école de Fontainebleau, 1960.

Rosso, Medardo. Italien. Bildhauer. Geb. 1858 in Turin, gest. 1928 in Mailand. Autodidakt als Maler und Bildhauer. Wandte sich nach 1883 aus Protest gegen Baudelaires Verdikt gegen die Plastik dieser zu. Seine Werke zeigen einen allerhöchsten Realismus; die Oberflächenbehandlung und die Lichteinwirkung auf ihnen spielen dabei eine große Rolle in dem Bemühen, Wirklichkeiten vorzutäuschen. Die Plastik wird dabei malerisch aufgefaßt und weich und konturlos, wie Wachs, das er gern verwandte, behandelt. Seine künstlerischen Vorstellungen hat er in „L'impressionismo nella scultura", 1909, zum Ausdruck gebracht.
Lit.: G. Papini, M. R., 1940.

Roszak, Theodore. Amerikanisch-polnischer Bildhauer, Maler und Graphiker. Geb. 1907 in Posen, lebt in New York. Studierte in New York an der Columbia-University und am Art Institute von Chicago. Begann mit Malerei und ging erst 1935 zur Plastik über. Am Sarah Lawrence College in Bronxville (N. Y.) lehrt er seit 1941 in der Bildhauerklasse. – Seine abstrakten Plastiken schafft er aus Holz, Bronze, Stahl und Eisen (auch Altmetall). Anfangs von N. →Gabo und →Pevsner beeinflußt, doch wandte er sich von diesen Richtungen ab, da sie ihm zu begrenzt erschienen. Seine Abstraktionen organischer Formen (Vögel im Feuer, Stahl und Kupfer, Privatbes.) sind ausdrucksstark und symbolhaltig.

Rotes Fort →Delhi.

Rotes und weißes Kloster (Ägypten) →Sohâg.

Rotfiguriger Stil. In der griech. Vasenmalerei aus der Umkehrung des →Schwarzfigurigen Stils entwickelte Maltechnik. Beim R. wird der Bildgrund schwarz lasiert, die Figuren darin ausgespart. Diese um 530–20 v. Chr. in Athen entstandene Malweise (→Andokides-Maler) ermöglichte reichere Binnenzeichnung und kam somit dem dieser Zeit entsprechenden Bedürfnis nach plastischer Durchbildung der Bewegung einer Gestalt sehr entgegen. Auch die Möglichkeit, die dritte Dimension im Bild zu erschließen, war erst mit den Mitteln des R. gegeben. Die Griechen haben diese Technik vor allem in der Zeit der Klassik zur Vollendung gebracht.
Lit.: J. D. Beazley, ARV, 1963.

Rothenburg ob der Tauber. Als Mitglied des schwäbischen Städtebundes erlebte die Stadt (ab 1172 freie Reichsstadt) im 16. Jh. ihre höchste Blüte. Der damals angelegte Befestigungsring ist bis heute erhalten, wie überhaupt die ganze Stadt ohne wesentliche Beschädigungen als einzigartiges Denkmal mittelalterl. Städtebauens bestehenblieb. Den östlichen Zugang zur Stadt bildet das Röder-Tor mit Bastei von 1615. Von hier aus durch die Röderstraße zum Markus-Torturm (13. Jh.), durch die Hafengasse zum Markt mit Rathaus. Der Bau besteht an seiner Schmalseite aus 2 parallelen Trakten mit 2 Giebeln. Der hintere, ältere Teil ist noch aus dem 13. Jh., während der vordere Teil nach einem Brand (1501) durch einen Renaissancebau (1572–75) von Wolf Löscher und Hans von Annaberg ersetzt wurde; er gehört, auch wegen seiner unsymmetrischen Kompositionsweise, zu einem der schönsten seiner Art. Besonders schön das Hauptportal mit italien. Renaissanceformen. Die dem Markt zugewandte, breitere Fassade besitzt einen vorstehenden, achteckigen Treppenturm; im Erdgeschoß ein Laubengang mit Rustika-Altane von 1681. Nördlich vom Marktplatz die Stadtkirche St. Jakob, ein dreischiffiger, got. Bau von 1373–1436, der W-Chor 1453–71 (Hl.-Blut-Kapelle). Hochschiff und Chor besitzen eine gemeinsame Firstlinie, nur unterbrochen von den beiden den Chor flankierenden Türmen. Die Innenausstattung fiel größtenteils einer Restaurierung durch C. A. von →Heideloff zum Opfer. Übrig blieb der Hochaltar von 1466, einer der frühen, großen Flügelaltäre deutscher Spätgotik (die Tafeln von Friedrich Herlin, die Schnitzfiguren aus dem Kreise Hans →Multschers) und der Hl.-Blut-Altar →Riemenschneiders (1501–05).
Lit.: Wasmuths Lexikon der Baukunst, Bd. IV, 1932; Reclams Kunstführer, Deutschland, Bd. I, 1961.

Roti. In →Indonesien gefundene bronzezeitliche Zeremonialäxte mit gekrümmtem Stiel und halbmondförmiger Schneide, oft mit typischen Dekormotiven der →Dongson-Kultur verziert. Gegenwärtig ist es noch nicht möglich, eindeutig zwischen bodenständig-indonesischen und aus →Hinterindien importierten Stücken dieser Art zu unterscheiden.

Rott am Inn (Obb.). Gründung des Benediktinerklosters 1086; Neubau der Kirche von 1158 bis 1184. Unter Mitverwendung älterer Teile wurde die Kirche durch J. M. Fischer 1759–63 neu errichtet. Die Ausstattung war erst 1767 vollendet. Die Kirche zählt zu den schönsten Rokokokirchen Bayerns. Der Grundriß zeigt einen stark betonten Zentralraum, von dem sich die Nebenräume symmetrisch zur Längsachse entwickeln. Den Mittelraum deckt eine Flachkuppel über einem ungleichseitigen Achteck. R. ist ein Spätwerk des vom aufkommenden Klassizismus bedrohten Barock, gekennzeichnet durch eine Beruhigung der von Architekturgliedern bewirkten Raumbewegung und ein Zurücktreten der runden zugunsten der geraden Linien. Die Ausstattung besorgten der Augsburger Maler M. →Günther und der Münchener Bildhauer Ignaz →Günther. Die Kuppel- und Deckenfresken, betont durch Rahmengesimse auf den weißen Wandflächen, haben Szenen mit den Heiligen des Benediktinerordens und den beiden Kirchenpatronen zum Inhalt.
Lit.: Wasmuths Lexikon der Baukunst, Bd. IV, 1932; Reclams Kunstführer, Deutschland, Bd. I, 1961.

Rottenhammer, Hans. Deutscher Maler. Geb. 1564 in München, gest. 1625 in Augsburg. Arbeitete 1596–1603 in Venedig im Umkreis →Tintorettos; verwendet jedoch in seinem Werk auch die Überlieferung der Donauschule

Farbtafel 27: *Tizian, Bildnis Papst Paul III. Farnese; Wien, Kunsthist. Mus.*

→Altdorfers. – Er malte Fresken und Altarbilder. Hervorragend seine kleinformatigen Kupfertafeln, auf denen er in leuchtend glatter Feinmalerei religiöse und mythologische Szenen festhielt: Jüngstes Gericht; Venus und Mars (beides München, Pinakothek); Ruhe auf der Flucht (Dresden, Galerie); Tod des Adonis (Paris, Louvre); Parnass mit den Musen (1603, Wien, Mus.). Diese technisch wie künstlerisch hochstehenden Bilder zeigen ihn als Manieristen.
Lit.: A. R. Peltzer, H. R., in: Österreich. Jb. 33, 1916.

Rotterdam. Schon 1917 hatte sich in Holland die Stijlgruppe gebildet, ein Zusammenschluß von Malern wie z. B. →Mondrian, Architekten wie →Oud, Wils, van't Hoff u. a. Die Architektur dieser Gruppe bekam Impulse von Frank Lloyd →Wright und zeichnet sich durch den Verzicht auf jegliches Ornament aus. Aus der Überzeugung, die erarbeiteten Vorstellungen in städtebaulichen Planungen zu realisieren, entstand 1925–30 eine der ersten Stadtsiedlungen, in der sich bereits Ideen ankünden, mit denen auch der heutige moderne Städtebau arbeitet: In der Siedlung Kiefhoek in Rotterdam sind die Gartenflächen an Stelle der Hinterhöfe getreten, und kleinere Platzanlagen unterbrechen die parallelen Häuserzeilen. Die von J. J. Oud (geb. 1890) geschaffenen Arbeitersiedlungen R.s, zur selben Zeit entstanden, fußen ebenfalls auf derselben Grundlage wie die Architektur der ganzen Stijlgruppe und der →Le Corbusiers: Die Bauten sind würfelförmig und weiß, zeigen deutlich die enge Beziehung zur Malerei des →Kubismus. In R. entstand auch zur gleichen Zeit eines der ersten scheibenförmigen Hochhäuser: der Bergpolder Block von den Architekten Tijen, Maaskant, Brinkman und van der Vlugt. Vertreter moderner Fabrikbauten könnte die Tabakfabrik von Nelle in R. sein, erbaut 1929 von Brinkman und van der Vlugt. Von R., Zentrum des Stijls in den zwanziger Jahren, gingen auch nach dem 2. Weltkrieg wichtige Impulse für den Städtebau aus. Die sechshundert Meter lange Lijnbaan, eine Fußgängerpromenade mit 85 Geschäften, verbindet Bahnhofsviertel und Stadtmitte. Ihre doppelte Funktion als Verkehrsweg und Kaufzentrum hat zu zeilenförmiger Bebauung geführt, die aber, durch Vordächer und Querbrücken verbunden, sich zu einzelnen Höfen ordnet. Die Ladenbauten, für den motorisierten Zubringerverkehr nur an der Rückfront zu erreichen, sind teils zweigeschossig, teils mit einem dritten (Unter-) Geschoß versehen. Die Querdächer bieten Witterungsschutz, so daß der Fußgänger auch bei Regen trockenen Fußes von einer Straßenseite zur anderen gelangt. Zwanglos gruppierte Grünanlagen, frei stehende Vitrinen, Gartencafés.
Lit.: J. Joedicke, Geschichte der modernen Architektur, 1958.

Rottmann, Carl. Deutscher Maler. Geb. 1797 in Handschuhsheim b. Heidelberg, gest. 1850 in München. Nach Ausbildung bei seinem Vater begab er sich zu J. A. →Koch nach München. Zwei Reisen nach Italien (1826/27 und 1829/30) bereiteten ihn auf die Ausführung der Fresken in den Hofgartenarkaden in München (Architekt L. v. →Klenze) vor. Dieser Zyklus zeigt 28 Gemälde zu einer Reise des bayerischen Kronprinzen von Triest bis Süditalien. Sie stellen mit ihren stilisierten, monumentalen Landschaften einen Höhepunkt im Schaffen R.s und in der klassizistischen Landschaftsmalerei dar. – 1834/35 reiste er zusammen mit dem Architekten L. →Lange nach Griechenland. Der danach für die neue Pinakothek in München gemalte Landschaftszyklus bezeichnet die Entdeckung der griech. Landschaft für Deutschland. Mit ihren historischen und ethischen Anknüpfungen und der Umsetzung der zeichnerischen Werte in malerische gehören diese späten Landschaften in die Spätromantik.
Lit.: H. Decker, C. R., 1957.

Rottmayr, Johann Michael. Deutsch-österreichischer Maler. Geb. 1654 in Laufen in Bayern, gest. 1730 in Wien. 1675–88 in der Werkstatt K. Loths in Venedig tätig, danach wirkte er als gesuchter Freskant in Passau (Dom), Salzburg (Residenz und Franziskanerkirche), Melk (Stiftskirche), Wien (Karlskirche, Peterskirche) und dem Schönbornschloß Pommersfelden. – R. war der angesehenste, meistbeschäftigte Maler des österreichischen Frühbarock. Die Themen sind der religiösen und weltlichen Allegorie entnommen; die Darstellung geht nie über allgemeine Aussagen hinaus, sie bleibt immer sanft und unpathetisch. Gebunden werden diese weich konturierten Kompositionen durch die hellen, leuchtenden Farben.
Lit.: R. Guby, Der Maler J. M. R., in: Ostbayrische Grenzmarken, 1925.

Rotuli →Kelch.

Rotunde. Kleiner Rundbau, einfachste Form des Zentralbaues.

Rouault, Georges. Französischer Maler und Graphiker. Geb. 1871 in Paris, gest. 1958 ebda. Nach einer Glasmalerlehre (1885–90) wurde er 1891 Schüler von G. →Moreau an der Ecole des Beaux-Arts in Paris, wo er gemeinsam mit →Matisse, →Marquet und →Manguin studierte. 1898 wurde er Konservator am Museum Moreau. 1902 wandte er sich dem →Fauvismus zu. Stark expressive Konturen und eine dunkle Farbskala charakterisieren die Bilder dieser Phase. Gleichzeitig wandte er sich von den früheren biblischen Themen ab und malte Szenen aus dem Zirkusleben und der Welt der Dirnen. Um 1912 nimmt er die religiöse Thematik wieder auf. 1916–30 schuf er fast ausschließlich große, graphische Zyklen, u. a. die Folge des „Miserere" im Auftrag des Kunsthändlers Vollard. Die Bilder seines Spätwerks kennzeichnet eine ikonenhafte Strenge bei fast reliefartig starkem Farbauftrag. Gleich Bleifassungen umrahmen breite schwarze Konturen die Gestalten.
Lit.: P. Courthion, G. R., 1962.

Rouffignac. Höhle bei Les Eyzies (Dép. Dordogne, Südfrankreich), in der erst 1956 →Höhlenmalereien und Gravierungen der →franko-kantabrischen Kunst entdeckt wurden (→Magdalénien).
Lit.: Bandi u. a., Kunst der Welt, Die Steinzeit, 1960.

Roulette. Werkzeug des →Kupferstichs, bestehend aus einem mit kleinen Zähnen versehenen Rädchen.

Rousseau, Henri. Franz. Maler. Geb. 1844 in Laval, gest. 1910 in Paris. Er arbeitete in der unteren Verwaltung, bei einem Anwalt und in einem Stadtzollbüro von Paris, bevor er sich 1885 pensionieren ließ. Zu diesem Zeitpunkt begann er auch zu malen, jedoch nicht als Sonntagsmaler, sondern um sich seinen Lebensunterhalt zu verdienen. Abgesehen von einigen Unterweisungen durch Clément und →Gérôme war er Autodidakt. In demselben Jahr stellte R. auch das erstemal im Salon des Indépendants aus und machte die Bekanntschaft von →Gauguin, →Redon und →Seurat. Seine „Entdeckung" geschah jedoch erst 1906 durch →Picasso, →Delaunay, →Apollinaire und →Vlaminck. – Er malte ganz ungekünstelt, hauptsächlich Landschaften; 1896 erreichte er seinen persönlichen Stil mit umfangreicheren Kompositionen (auch größeren Formaten) in satten, reinen Farben. Später kamen exotische und traumhafte Sujets hinzu. 1905 nahm er mit dem „Hungrigen Löwen" an der ersten Ausstellung der Fauves teil. – Das Werk von R. nimmt einen besonderen Platz in der Geschichte der modernen Malerei ein. Die Kubisten und Surrealisten betrachten ihn ebenso als einen der ihren wie die Maler des →Blauen Reiter. Sein Beispiel zog das Interesse auf die Kunst der „Naiven" und zahlloser Sonntagsmaler.
Lit.: Oto Bihalji-Merin, Die naive Malerei, 1959; D. Vallier, H. R., 1961.

Rousseau, Théodore. Franz. Maler und Radierer. Geb. 1812 in Paris, gest. 1867 in Barbizon. Seine wesent-

Farbtafel 28: *Botticelli, Weibliches Brustbild (Simonetta Vespucci); Frankfurt a. M., Städelsches Mus.*

liche Ausbildung empfing er 1828/29 von dem Klassizisten G. Lethière. Die Bekanntschaft mit dem Werke →Constables und dem der holländischen Landschafter gab seiner Arbeit die entscheidende Richtung. Er wurde der Maler des schattigen Waldes mit seiner unberührten Natur. Selbst Vordergrundstaffage lehnte er ab. Dafür zog er sich nach →Barbizon zurück, wo er eine Gruppe Gleichgesonnener zur „Schule von Barbizon“ um sich sammelte.
Lit.: C. D. Thomson, The Barbizon School of Painters, 1890.

H. Rousseau, „Am Waldrand“, um 1886 (Zürich, Kunsthaus).

Roxolanen. Stamm der Sarmaten, der aus dem Schwarzmeergebiet tief in den Donauraum eindrang und wesentlich zur Vermittlung der →sarmatischen Kunst an die Germanen beitrug.

Roy, Jamini. Indischer Maler. Geb. 1880, schloß sich an die bengalische Volkskunst an und entwickelte einen persönlichen Stil mit stark betonten Umrißlinien, kraftvollen Bewegungen und fast ungemischten Farben.
Lit.: Marg 6, 1954, No 2.

Roy, Pierre. Franz. Maler. Geb. 1880 in Nantes, gest. 1950 in Mailand. Schüler seines Vaters Donatien R. (1854–1930 in Nantes) und seit 1904 bei J. P. Laurens in der École des Arts Décoratifs. Ein Sinn für das Architektonische, minuziöse Genauigkeit und Phantasiereichtum zeichnen sein vielseitiges Werk aus. Anfangs stand er den Fauves (→Fauvismus) und →Apollinaire nahe und arbeitete an Illustrationen und Theaterdekorationen (L'eau de vie von Ghéon, 1914). Nach dem 1. Weltkrieg schloß sich R. dem →Surrealismus an und behielt diese geistige Richtung von da an bei. Sein Erfolg führte ihn mehrfach nach Amerika und 1939 nach Hawaii, von wo er einen exotischen Zug für sein Werk mitbrachte. – Seine Arbeiten, die vom Nachimpressionismus bis zum Surrealismus reichen, sind nicht schulmäßig einzuordnen.
Lit.: Thieme-Becker.

Rubens, Peter Paul. Niederl. Maler. Geb. 1577 in Siegen (Westfalen), gest. 1640 in Antwerpen. Bedeutendster Vertreter des flämischen Frühbarock, handwerklich geschult von den Romanisten Noort und Veen. Trat in die Dienste des Herzogs von Mantua ein, für den er vor allem als Diplomat tätig war. In dieser Zeit entstanden auch seine ersten großen Werke, so das Altarbild der Jesuitenkirche in Mantua (1604–06) und ein Altarbild für S. Maria in Vallicella in Rom (1607/08). In erster diplomatischer Mission nach Spanien entsandt, malte er dort 1603 das Reiterbild des Herzogs von Lerma. Nach Antwerpen zurückgekehrt, wurde er Hofmaler der Statthalter in Brüssel, – seine reichste Schaffensperiode begann. 1610–12 schuf er die Kreuzaufrichtung und die Kreuzabnahme für die Kathedrale in Antwerpen, 1615–20 das „große“ und das „kleine“ Jüngste Gericht (München, Pinakothek). In diesen beiden Werken tritt seine ganz eigene Ausdrucksform, die er im Laufe der nächsten Jahre immer mehr vervollkommnete, bereits klar in Erscheinung. Aus der Mythologie entnahm er u. a. das Thema für den Raub der Töchter des Leukippos (1615f.). Auf dem Höhepunkt seines Ruhmes, in den Jahren von 1621 bis 1625, malte er für Maria von Medici eine Folge von 21 Bildern für das Luxembourgpalais in Paris (Mediceergalerie, heute im Louvre), an großen religiösen Werken entsteht 1625 die Himmelfahrt Marias der Kathedrale in Antwerpen. Doch seine diplomatischen Fähigkeiten stehen seinen künstlerischen nicht nach: 1629 gelingt es ihm, in London zwischen England und Spanien den Frieden zu vermitteln – glanzvolle Krönung langer und mühseliger Verhandlungen. Künstlerische Bilanz des politischen Erfolges ist das Bild „Krieg und Frieden“ (London, Nat. Gal.). In den Jahren von 1630 bis 1632 schuf er den grandiosen Ildefonsoaltar (Wien, Kunsthist. Mus.), 1634 die Whitehall-Decke in London sowie die Familienbilder mit seiner zweiten Frau Helene Fourment. – Aus seinem großen Werkstattbetrieb gingen

P. P. Rubens, Bathseba am Brunnen, um 1635 (Dresden, Gemäldegalerie).

Hunderte von Arbeiten hervor, die jedoch alle unter seinem Namen verzeichnet sind. Um seine Werke auch ins Graphische zu übertragen, bildete er zahlreiche Kupferstecher aus. – Mit urwüchsigem Genie, gebändigt und kultiviert durch das Studium der italien. Kunst, hat er die vielfältigsten Themen aufgegriffen und behandelt. Dabei gleitet er niemals ins Klassizistische oder Manieristische, immer bleibt er sinnlich-kraftvoll, warm und farbig (vorherrschend Rot), ob er nun die Pracht eines schwellenden Frauenkörpers, eine muskulöse Mannesgestalt oder ein geschmeidiges Tier darstellt. Seine universelle Bildung (er beherrschte neben dem Griechi-

schen und dem Lateinischen auch alle modernen Weltsprachen) hob ihn weit über die Zeitgenossen hinaus. (Siehe Farbtafel 26).
Lit.: M. Rooses, R.s Leben und Werke, 1905; Glück und Haberdietzl, Die Handzeichnungen von P. P. R., 1928 – beides grundlegende Werke; H.-G. Evers, P. P. R., 1942 und 1944; L. van Puyvelde, Les esquisses de R., 1948.

Rubinglas. Nach dem Edelstein Rubin benanntes Glas, das durch Zusatz von Kupfer oder Gold und durch langsames Erhitzen beim zweitenmal erst die rote Färbung erhält. Die Herstellung in praktisch anwendbarer Form erfolgte erstmalig durch Johann Kunckel (1630–1703), daher auch für R. die Bezeichnung Kunckelgläser.

Rubinlüster →Lüster.

Rubljev, Andrej. Geb. um 1360/70, gest. als Mönch des Spas-Andronikov-Klosters um 1430. Durch ihn eine bedeutende Malschule in Moskau. Wohl sein bedeutendstes Werk: die „Dreieinigkeit" des Troicko-Sergjevsky-Klosters um 1410 (heute in der Tretjakovgalerie in Moskau). Hier wird seine charakteristische Malweise deutlich: feine, gedämpfte Töne, zarte Schattierungen in seiner Kolorierung, dabei kräftige Linienführung. Malerei weich, gefühlsbetont, überzeitlich. Charakteristisch für R. und die von ihm ausgegangene Kunstströmung die langen Hälse und schmalen Schultern der dargestellten Personen. Weitere Werke: Wandmalereien der Verkündigungskathedrale in Moskau (1405), →Ikonen aus der Kathedrale in Svenigorod (Erzengel, Paulus, Christusdarstellungen).
Lit.: T. Rice, Icones, 1963.

Rudbar. Moderne Stadt im Berggebiet südwestlich des Kaspischen Meeres. 20 km entfernt von →Marlik.

Rude, François. Franz. Bildhauer. Geb. 1784 in Dijon, gest. 1855 in Paris. Seit 1805 in Paris Schüler bei E. Gaulle und Cartellier. Die Romreise, für die er 1812 das Stipendium gewonnen hatte, konnte er nicht antreten, da der Staat keine Stipendien zahlen konnte. Er ging dann bis 1827 nach Belgien, wo er eine Reihe streng klassizistischer Bildwerke schuf. Mit der Figur des Neapolitanischen Fischerknaben (Louvre, Paris) setzte er sich 1833 in Paris durch und erhielt den Auftrag für das Relief „Auszug der Freiwilligen" mit der bewegten Figur der „Marseillaise" am Arc de Triomphe. Dieses 1836 vollendete Werk war sein größter Erfolg und ist eine der bedeutendsten Äußerungen des national-franz. Pathos sowie R.s barock-naturalistischen Stils. Ins Romantische überträgt er ihn in dem Denkmal des erwachenden Napoleons im Park in Fixin bei Dijon (1847). Sein Einfluß auf die franz. Plastik des weiteren Jhs. (→Carpeaux) ist bedeutend: er hat diese vom →Klassizismus zum Naturalismus geführt.
Lit.: P. Quarré, La vie et l'œuvre de F. R., 1947.

Rudernadeln. In Mittel- und Südosteuropa gefundene bronzezeitliche Nadeln, deren Köpfe ruderähnliche Formen zeigen.

Rückenpfeiler. In der ägypt. Plastik wird die stehende Figur in der Regel mit einem R. ausgestattet, die der Statue Halt verleiht und ihre Verbundenheit mit dem Steinblock bekundet. Häufig dient hierbei der R. als Platz für Inschriften, die neben einem Gebet den Namen und Rang des Dargestellten enthalten.

Rücklaken (Dorsale). Ein Tuch oder gewirkter Teppich, der, als Behang von Chorgestühl, an Sessellehnen oder über Bänken an der Wand angebracht, vor allem im späteren Mittelalter gebräuchlich war; häufig mit figürlichen Darstellungen.

Rüsselbecher. Gehört zur Gattung der →Nuppenbecher. Die rüsselförmigen Applikationen, die auf stilisierte Vogelköpfe zurückgehen, sind hohl und sitzen an der Wand der schlanken, trichterförmigen Gläser (7.–8. Jh.).

Rüstlöcher. Die viereckigen Löcher im Mauerwerk, in denen Holzteile des Baugerüsts verankert werden. Bei mittelalterl. Bauten blieben sie zuweilen offen.

Ruine. Bezeichnung für ein zerstörtes, nur noch in Teilen erhaltenes Bauwerk. Mit der Renaissance erwachte das Interesse an der antiken R., so daß sich seit dem 16. Jh. vor allem Gartenanlagen finden, in die R.n architektonisch eingegliedert wurden. Der in der R. erkannte ästhetische Wert führte schließlich im 18. Jh. zur Errichtung künstlicher R.n, die hauptsächlich in Deutschland zur Ausstattung großer Parkanlagen (z.B. →Sanssouci) gehörten. – In der bildenden Kunst entwickelte sich aus diesem lebhaften Interesse an der R. die sogen. →Ruinenmalerei.

Ruinenmalerei. Bezeichnung für eine Sondergattung der Architektur- und Landschaftsmalerei, wie sie in eigenständiger Ausprägung seit dem 17. Jh. in Erscheinung tritt. Vorläufer finden sich seit dem 15. Jh. in Darstellungen der Geburt Christi, wobei die Geburtsstätte gern als Ruine gegeben wird. Mit der Renaissance wird die antike Ruine zum Gegenstand der Malerei und Graphik. – Erst im 17. Jh. jedoch wird die Darstellung der Ruine, wobei häufig mehrere Ruinen zu einer stimmungsvollen Ruinenlandschaft vereinigt werden, zu einem tragenden Bildelement. Der Einfluß solcher Bilder auf die zeitgenössische Bühnenbildgestaltung war von großer Bedeutung, wie umgekehrt die Bühnenbildnerei wieder Anregungen für die R. mit sich brachte. – Eine zweite Blüte erlebte die R. in der Malerei der →Romantik, wobei vor allem die Burgruine und got. Architekturelemente zu Objekten der Darstellung wurden. Hauptmeister dieser Richtung im 19. Jh. ist C. D. →Friedrich.
Lit.: H. Vogel, Die Ruine in der Darstellung der abendländischen Kunst, 1948.

Ruisdael, van, holländische Landschaftsmalerfamilie aus Naarden. **1)** Salomon, schreibt sich auch Ruysdael. Onkel von 2). Geb. um 1600 in Naarden, gest. 1670 in Haarlem. Möglicherweise Schüler van→Goyens, mit dem zusammen er die holländische Landschaftsmalerei begründete. Er wählt dabei Dörfer oder Hausgruppen an Flußmündungen oder Kanallandschaften, gern in

J. I. van Ruisdael, „Die Wassermühle" (Rotterdam, Mus. Boymans-van-Beuningen).

Schrägkomposition gesehen. Später werden die Motive mannigfaltiger, es kommen Wirtshäuser mit Straßen hinzu, einzelne, betonte Bäume beleben das Bild, wie auch die sehr lebendige Figurenstaffage. Auch farblich werden die späteren Bilder reicher, lebendiger. – **2)** Jacob Isaack. Geb. um 1628 in Haarlem, gest. 1682 in Amsterdam (?). Neffe von 1), Schüler seines Vaters Isaack v. R. (1599–1677) und wohl auch seines Onkels Salomon, beeinflußt von E. van de→Velde; R. ist der bedeutendste Landschaftsmaler der Niederlande. Lebt seit etwa 1657 in Amsterdam, auch als Arzt und Lateinlehrer tätig. Er entwickelt seit den fünfziger Jahren einen pathetischen Landschaftsstil mit sterbenden Baumriesen, Ruinen und Bergschlössern. In diese Zeit fallen 2 Hauptwerke: die 2 Ansichten des Judenfriedhofs in Amsterdam. Später wird der Stil vereinfacht mit großen querlagernden Schatten und weiter Raumübersicht. Damit Hand in Hand geht eine Steigerung der Motive zu riesiger Größe, mit starken Lichtkontrasten. – R. ist der erste Landschaftsmaler, der

eine persönliche, schwermütige Stimmung auf die Landschaft überträgt. Die Hauptwerke (selten datiert) sind: Die Mühle von Wijk bei Duurstede (um 1670, Amsterdam, Rijksmus.); Blick auf Haarlem (vor 1660, ebda.), Eichenwald im Wasser (Berlin, Staatl. Gal.).
Lit.: W. v. Bode, Die Meister der holländischen und fläm. Malerschulen, 1953.

Rum. R. ist die persisch-türkische Bezeichnung für das Byzant. Reich in Kleinasien, das Reich der Rhomäer. Im übertragenen Sinn gilt dieser Name auch für das Röm. Reich in Kleinasien sowie als alter Stadtname für Konya. Die mittelalterl. türkischen Herren dieses Gebiets, die →Seltschuken (1077–1302), die ihren Hauptsitz in Konya hatten, werden daher im Gegensatz zu den Groß-Seltschuken in Iran und Iraq die R.-Seltschuken genannt.

Rumänische Kunst. Seit dem 14. Jh., als die Fürstentümer Walachei und Moldau gegründet wurden, entwickelte sich eine eigene R., deren frühe Architektur durch den Sakralbau bestimmt ist. Stilprägend waren hierbei osteuropäische und byzant. Einflüsse. Byzant. Typen folgen die Bauten der Walachei mit gedrungenen Kreuzkuppelkirchen. Dagegen zeigen die Kirchen der Moldau langgestreckte Baukörper und steile Kuppeln und bisweilen got. Portalschmuck. Die Blütezeit reicht vom 15. bis 17. Jh. – Im 17. und 18. Jh. dringen Einflüsse des Barock und Klassizismus aus dem Westen in die R. ein. – Die Malerei schließt sich – überliefert in Ikonen und Wandmalereien – eng an die byzant. Kunst an, während die Plastik hauptsächlich auf den dekorativen Bereich beschränkt bleibt. – Außerdem reiches, volkstümliches Kunsthandwerk.

Rundbau →Zentralbau.

Rundbogen →Bogen.

Rundbogenfries. Vor allem in der Architektur der Romanik gebräuchliche Friesform, bestehend aus aneinandergereihten Rundbogen.

Rundfenster →Fenster.

Rundpfeiler →Pfeiler.

Rundstab. Ein stabartiges, im Querschnitt rundes, halb- oder dreiviertelrundes Bauglied, das vorwiegend der Gliederung dient.

Runenstein. Monolithe mit Inschriften und Ornamenten in Norddeutschland und Skandinavien, →Jellinge.

Runge, Philipp Otto. Deutscher Maler. Geb. 1777 in Wolgast, gest. 1810 in Hamburg. Seine Ausbildung war nicht systematisch und vollständig: während der kaufmännischen Lehre in Hamburg Zeichenunterricht, 1799–1801 Akademie in Kopenhagen mit klassizistischem Lehrgut und 1801–03 Akademie in Dresden. Diese Jahre mit der Verbindung zu L. Tieck und J. W. Goethe waren für sein späteres Werk maßgebend. Dieses Werk versuchte er ab 1803 in Hamburg zu vollbringen; es bestand in der Idee, in der Darstellung der 4 Tageszeiten ein Symbol pantheistischer Weltanschauung zu geben. Außer den vorbereitenden Umrißzeichnungen (1802/03; 1807 gestochen) und der 1. Fassung des ,,Morgen" ist davon nichts fertig geworden. Alle übrigen Arbeiten dienten R. nur dazu, seine malerisch-handwerklichen Fähigkeiten auf große Formate zu schulen und seine Farbentheorie zu erproben. Diese veröffentlichte er 1810 (,,Farbenkugel oder Construktion des Verhältnisses aller Mischungen der Farben zueinander"). Überhaupt ist sein literarisches Werk mit Märchen, Gedichten, Reiseberichten und seinem künstlerischen Vermächtnis von Bedeutung. – Fast alle seine Werke sind in der Hamburger Kunsthalle zu finden, darunter: ,,Die Hülsenbeckschen Kinder" und ,,Ruhe auf der Flucht". – R.s große Bedeutung für die deutsche Malerei liegt in der Vereinigung seiner theoretischen Idee mit der künstlerischen Praxis. Mit ihr wurde er zum Schöpfer der deutschen romantischen Malerei.
Lit.: P. F. Schmidt, Ph.O.R.: Sein Leben und sein Werk, 1956.

Rupar. Grabung eines Ruinenhügels in Nordindien, an welchem besonders klar die Folge von der →Industal-Kultur über die frühgeschichtliche Zeit mit reichen Funden an Keramik, über die Altertümer der Maurya-Zeit, über eine Zeit mit griech.-baktrischen Münzen und über die indischen Dyn.der Schungas und Kuschanas bis zur frühislam. Wiederbesiedlung abzulesen ist.
Lit.: Fischer, Schöpfungen, Abb. 7.

Rusa. Königsname von →Urartu. R. I. (730–714 v. Chr.), Gegner →Sargons II. und der →Kimmerier. Bronzeschild mit Tierfriesen im Tempel von →Toprakkale. R. II. (678–654 ?). Bündnis mit den Kimmeriern. – →Tierstil-Erscheinungen im Bereich von →Urartu.
Lit.: R. Ghirshman, Iran I, 441; W. I. Awdijew, GAO, 372.

Rusâfeh (Mesopotamien). Bedeutsam die Sergiuskirche (6. Jh.). Dreischiffige Pfeilerbasilika mit mächtigen Längsarkaden, dreigeteilter Apsis und dreigeteiltem Narthex. Ähnlich den syrischen sogen. Kathedralkirchen wie →Ruwéha. Antikisierende Tendenz in der Gliederung der Wände, der Portale, beim Schmuck der Archivolten und Kapitelle.

Rusellae. Stadt des etruskischen Zwölferbundes über dem rechten Ufer des Ombrone, deren kyklopische Mauerreste noch heute ein eindrucksvolles Bild von etruskischer Festungsarchitektur bieten. Im Bereich von R. Gräber der →Villanova-Zeit und der frühetruskischen Periode. Der röm. Sieg von R. 303 v. Chr. brach nach der Schlacht am Vadimonischen See endgültig die etruskische Heeresmacht und trug wesentlich zum Verfall der Etrusker bei.
Lit.: O. W. v. Vacano, E II, 9, 43, 83, 150, 157f., 164, 166f.; F. v. Duhn, IGK I, 298.

Ruskin, John. Engl. Maler, Aquarellist, Zeichner, Kunstkritiker und Soziologe. Geb. 1819 in London, gest. 1900 in Brantwood. Studierte in Oxford und war dort Schüler der Zeichen- und Malschule von Fielding und Harding. Seine eigentlichen künstlerischen Anreger sind aber Roberts und →Turner, dem zu Ehren er 1843 seine erste Kunstkritik schrieb. Diese ergänzte er bis 1860 zu dem Werk ,,Modern Painters". Leidenschaftlich trat er auch für seine Freunde, die →Praeraffaeliten → Hunt, →Millais und →Rossetti, ein (Schrift: Pre-Raphaelism, 1851). In Venedig zeichnete und aquarellierte er die alten Kirchen und Paläste und erwies sich damit selber als ein Künstler von hohem Rang. Auch diese Arbeit publizierte er (Stones of Venice, 1851–53). 1869 wurde R. als Prof. nach Oxford berufen, wo er ein Museum und eine Zeichenschule einrichtete; ein anderes Museum gründete er mit einer Unterrichtssammlung und Bibliothek in Meersbrook bei Sheffield als Abendschule für Handwerker. Mit dieser Form der kunstgewerblichen Schulung wurde R. einer der Vorbereiter der Gewerbeschulen und erreichte damit auch eine große Breitenwirkung seiner künstlerischen Ideen, die hauptsächlich auf eine Erneuerung des Kunsthandwerks gerichtet waren.
Lit.: D. Leon, R. – The Great Victorian, 1949.

Russell, Morgan. Amerikanisch-franz. Maler. Geb. 1886 in New York, gest. 1953 in Broomall, Pennsylvanien. Nach ersten Studien in Amerika kam er 1906 nach Paris zu R. Henri und H. →Matisse. Zusammen mit Stanton Macdonald-Wright (geb. 1890) gründete R. in Paris die dem →Orphismus verwandte Synchromistische Bewegung. Die Arbeiten dieser Epoche stellten beide mit Erfolg 1913 in München und in der Armory-Show in New York aus. Aus abstrahierenden Übersetzungen realer Gegenstände fand R. zu einem echten abstrakten Stil mit kubistischen Formen (Leben der Materie, 1925). Schließlich wandte er sich aber wieder der gegenständlichen Malerei zu (Stilleben, Portraits). 1946 kehrte er nach Amerika zurück. Auf 2 retrospektiven Ausstellungen in New York (1950/51) wurde erkennbar, daß R. zu den bedeutendsten amerikanischen ,,Abstrakten" zu zählen ist.
Lit.: A. C. Ritchie, Abstract Painting and Sculpture in America, 1951.

Russische Kunst. Mit der Einführung des Christentums (988) entwickelte sich eine eigene R. Man unterscheidet zwischen einer altrussischen Kunst, die vor allem durch prunkvolle, stark byzant. beeinflußte Kirchenbauten charakterisiert ist, und einer neurussischen Kunst, deren Beginn mit der 1703 erfolgten Gründung von St. →Petersburg fixiert ist. – Baukunst. Die ältesten Baudenkmäler, die Sophienkirche in →Nowgorod und die Sophienkirche in →Kiew, stammen aus der 1. Hälfte des 11. Jhs. und wurden als Kreuzkuppelkirchen von byzant. Baumeistern errichtet. In ihrer Anlage folgen die Kirchen des Mittelalters einem Bautypus, der im 12. und 13. Jh. in Nowgorod und Vladimir mit roman. und armenischen Elementen durchsetzt wurde. Meistens, auch im Verlauf der späteren Entwicklung, gehen die Bauten von folgender Grundform aus: über einem griech. →Kreuz konzipierte Anlage mit zahlreichen Apsiden, einer halbkugeligen oder zwiebelförmigen hohen Hauptkuppel und vier in ihrer Gestalt der Hauptkuppel entsprechenden Nebenkuppeln. Mongolisch-persische und arabische Einflüsse brachten reiche Zierformen und eine ausgeprägte Polychromie. So ergaben sich z.T. bizarre Mischgebilde, die, wie z.B. die 1555–60 errichtete Basiliuskathedrale in →Moskau, auch Elemente der altslavischen Holzbautradition und Anregungen italien. Architektur in sich aufnahmen. Die altslavische Tradition führte schließlich zu einer eigenen Gattung, während sich die italien. Einflüsse hauptsächlich in der Profanbaukunst niederschlugen. So begann 1441 Pietro Antonio →Solari den sogen. Facettenpalast zu errichten, der erste Steinbau des Moskauer →Kreml. – Bei der neurussischen Baukunst handelt es sich anfangs um lediglich auf russisches Gebiet verpflanzte westeuropäische Architektur. In St. Petersburg, dessen Bebauungsplan von dem Franzosen →Leblond stammte, wirkten Andreas →Schlüter und Gottfried →Schädel. Das eigentliche Bild dieser Stadt prägte jedoch der italien. Baumeister Bartolomeo →Rastrelli. Er versuchte, indem er sich in die russische Formenwelt Moskaus vertiefte, einen spezifisch russischen Barockstil zu entwickeln und wurde somit zum Hauptmeister des russischen Barock. – Kennzeichnend für Bauten des Klassizismus sind neben großzügiger Räumlichkeit und reichem plastischem Dekorationsschmuck die Verwendung der glatten, basislosen, dorischen Säule und ein meist ockergelber Verputz. Hiermit hatte sich ein kaiserlich russischer Repräsentationsstil eigener Prägung entwickelt. – Malerei. Noch stärker als die Baukunst ist die Malerei der byzant. Kunst verpflichtet und war ursprünglich sogar reiner Import. Jedoch zeigen Mosaiken und Fresken, besonders aber die auf großen Bilderwänden in den Kirchen vereinigten →Ikonen in der Stetigkeit der Überlieferung und der handwerklich-gläubigen Haltung ihrer Schöpfer Grundzüge russischer Eigenart. Im 14. und 15. Jh. führten die Maler Daniel und →Rubljev die Malerei zu ihren Höhepunkten. Unter dem Patriarchen Nikon wurden in der 2. Hälfte des 17. Jhs. neue ikonographische Themen aufgenommen. Zunehmend lockerte sich die strenge Konvention der Überlieferung, bis schließlich die heftigen Glaubenskämpfe im 18. Jh. das Ende einer überaus fruchtbaren Tradition der Ikonenmalerei mit sich brachten. An ihre Stelle traten nun prunkvolle, vergoldete Bilderwände barocken Stils. Inzwischen hatte sich der Einfluß des Westens auch in der Malerei geltend gemacht. Schon am Ende des 17. Jhs. waren holländische Meister nach Rußland gekommen. Unter Zar Peter d. Gr. arbeiteten neben Franzosen vor allem deutsche Maler. →Lewizkij, der als erster russischer Maler gilt, arbeitete ganz im Stile des franz. Rokoko. Erst im 19. Jh. entstand eine eigenständige russische Malerei, deren Charakteristikum ein realistischer Landschafts- und Genrestil ist. Als bedeutendster Maler dieser Epoche sei →Rjepin genannt. – Nach der Revolution von 1917 kamen zuerst die avantgardistischen Kräfte zum Durchbruch. So lehrte →Chagall in Witebsk, →Kandinsky in Moskau, der →Konstruktivismus fand vor allem in der Architektur seinen Widerhall. – Seit Stalin jedoch wurden die neuen künstlerischen Bewegungen zunehmend in den Hintergrund gedrängt und schließlich verboten. Die bildende Kunst trat nun in den Dienst der Massenwerbung für den sozialistischen Aufbau, es entstand der sogen. Sozialistische Realismus. – Bildhauerei. Die Bildhauerei spielte innerhalb der R. nur eine sehr untergeordnete Rolle. Immer stand sie im Schatten von Architektur und Malerei. So fand die Plastik erst spät und auf dem Umweg über Ausländer (→Falconet) Eingang in die R., während schließlich das 19. Jh. einige russische Bildhauer hervorbrachte, die jedoch nie mehr als einen provinziellen Rang erreichten.

Lit.: M. Alpatow und N. Brunow, Geschichte der altrussischen Kunst, 1932; O. Wulff, Die neurussische Kunst, 1932; F. Nemitz, Die Kunst Rußlands, 1940; V. Fiala, Die russische realistische Malerei d. 19. Jhs., 1953.

Russisches Kreuz →Kreuz.

Russolo, Luigi. Italien. Maler, Radierer und Musiker. Geb. 1885 in Portogruaro (Venedig), gest. 1947 in Cerro di Laveno. Begründete mit dem „Manifest der futuristischen Malerei" 1910 zusammen mit →Boccioni, →Carrà, →Balla und →Severini den →Futurismus. Als Maler war er von O. →Redon beeinflußt, dessen Mystizismus er teilte; thematisch griff er wie seine Freunde das Problem der Darstellung des Bewegungsablaufes auf (Bild: Kraftlinien des Blitzes, ca. 1911). Für die Veranstaltungen der Futuristen komponierte R. auch die Musik, den sogen. „Bruitismus", der dann vom →Dadaismus in Zürich aufgegriffen wurde. Nach der Auflösung dieser Gruppe wandte R. sich von der Malerei ab.

Lit.: Cassou, Langui, Pevsner: Durchbruch zum 20. Jh., 1962.

Rustikamauerwerk am Palazzo Strozzi in Florenz.

Rustika. Bezeichnung für ein Mauerwerk aus Bossenquadern. Es findet sich bereits in der röm. Architektur, fand aber vor allem in der Hochrenaissance und im Barock zur Betonung der monumentalen Wucht und Schwere in Untergeschossen von Palästen vielfach Verwendung.

Rusuti, Filippo. Italien. Mosaizist und Maler, der 1308 und 1317 im Dienst König Philipps d. Schönen von Frankreich nachweisbar ist. Einziges sicheres Werk ist die signierte, gegen 1308 entstandene Fassadendekora-

tion von S. Maria Maggiore in →Rom mit Christus in der Glorie, Maria und Engeln. R. war Schüler des Römers →Torriti, doch wird bei ihm auch im Figurenstil eine Berührung mit der Gotik spürbar.
Lit.: I. Toesca, Storia d'arte italiana, S. 987 und 1035, Anm. 40, 1927.

Ruthwell-Kreuz. Ein mit Relief geschmücktes Steindenkmal. Um 700 in England entstanden. Byzant. Einfluß etwa bei der Christusdarstellung. In der Szene Christus und Magdalena ist Christus selbst von seltener Schönheit, dagegen Maria Magdalena, die Christi Füße mit ihrem Haar trocknet, sehr plump. Offenbar fehlten hier byzant. Vorbilder.

Ruwêha (Zentralsyrien). Bizzoskirche. Eine der großen Kathedralbasiliken des 5. Jhs. in Syrien. Neu die Fassade: Über einem dreigeteilten Narthex erheben sich rechts und links kleine Türme wie Eckrisaliten. Der Mittelbau über dem Narthex ist flach gedeckt, so daß eine Art Altan zwischen den Türmen gebildet wird. Reich profiliertes Hauptportal. Die Fassade von R. ist die fortschrittlichste von allen Kathedralkirchen der Zeit. Im dreischiffigen Innern tragen kurze, gedrungene Pfeiler riesige Arkaden. Dadurch, daß zwei mittlere Pfeiler mit Querbögen verbunden sind, wird ebenso wie durch die Seitenportale der einheitliche Rhythmus der altchristl. Basilika zum Altar hin gehemmt. Dreiteilige Apsis. Glatter Chorabschluß.
Lit.: H. W. Beyer, Der syrische Kirchenbau, 1925.

Ruysdael, van →Ruisdael.

Ry, Simon Louis du → Du Ry, Simon Louis.

S

Saalburg (Taunus). Röm, am obergermanischen Limes gelegenes Kastell. Die heute wieder weitgehend erneuerte Anlage geht auf die Bebauung in Stein des 3. Jhs. n. Chr. zurück und gehört zu den anschaulichsten Beispielen röm. Befestigungsarchitektur. – Bereits am Ende des 1. Jhs. n. Chr. wurde eine Anlage mit Erdumwallung errichtet, die unter →Hadrian ausgebaut und 138 n. Chr. mit einer Steinmauer umgeben wurde. – Außerhalb des Lagers fanden sich die Reste eines Bades und mehrerer röm. Häuser.
Lit.: H. Schönberger, Führer durch das Römerkastell S., 1964.

Saalkirche. Einschiffige Kirche, die im wesentlichen nur aus einem einfachen saalartigen Raum besteht. Im Mittelalter meist bei Bauten kleinen Maßstabs, etwa anspruchslosen Pfarrkirchen, anzutreffen; häufiger in Italien, auch in der →Provence. Der Typ eignet sich besonders für reine Predigtkirchen und kommt außer bei →Bettelordenskirchen vor allem seit der Renaissance im protestantischen Kirchenbau vor, dort auch in größerem Maßstab.

Saar. St. Nepomuk auf dem Grünen Berg in Mähren wurde von Johann Santin Aichel zwischen 1719 und 1722 erbaut. Der Grundriß bildet einen Kreis, um den sich 5 etwas nach außen versetzte, quergelagerte Oval-Kapellen legen. Zwischen den einzelnen Kapellen und dem Grundkreis bilden sich 5 Zwickelräume, kleinere Kapellen, mit dem Grundriß sphärischer Dreiecke, jede flankiert von 2 Pfeilern. Der Innenraum, eine seltsame Mischung von got. und barocken Elementen (Aichel hatte mehrere got. Kirchen restauriert), gipfelt in der von Stichkappen und Fenstern durchbrochenen, spitz zulaufenden Kuppel, die von einer Maßwerkempore vor den hellen Fensteröffnungen gegen die Kapellenpartien abgeschlossen wird.
Lit.: Bruckmann, Architektur der Welt, Barock, 1964.

Saarinen. 1) Eliel. Finnisch-amerikanischer Architekt, geb. 1873 in Rantasalmi, gest. 1950 in Bloomfield, Michigan. Nachdem er 1922 den 2. Preis im Wettbewerb um den Wolkenkratzer der „Chicago Tribune" gewonnen hatte, erhielt S. eine Professur an der Michigan University in Chicago. In Cranbrock bei Detroit baute er einen vorbildhaften Hochschulkomplex. In Zusammenarbeit mit seinem Sohn Eero S. entstanden u. a. mehrere Laboratoriumsgebäude für General Motors, eine Kunsthalle in Buffalo und die Christuskirche in Minneapolis. – S. gehört zu den Architekten, die maßgebend den zeitgenössischen Baustil beeinflußt haben. Seine Bauten sind von klassischer Strenge, von größter Präzision im Detail. – **2)** Eero. Finnisch-amerikanischer Architekt. Geb. 1910 in Helsinki, gest. 1961 in Ann Arbor, Michigan, Sohn des 1), mit dem er auch anfangs zusammenarbeitete, besonders bei den verschiedenen Projekten für General Motors. Assoziierte sich dann jedoch mit R. F. Swanson und errichtete mit diesem u. a. ein Opernhaus für Stockbridge (Mass.), mehrere Hochschulgebäude, darunter ein Auditorium mit 1200 Plätzen für das Massachusetts Inst. of Technology in Cambridge, Mass. – Hat sich S. in diesen frühen Bauten noch im Bereich geometrisch nennbarer Baukörper gehalten, so modellierte er in seinen Flughafenanlagen – Dulles Airport in Washington und J. F. Kennedy-Flughafen der TWA in New York – Baukörper und Grundrisse aus einer Synthese von praktischen Bedürfnissen und ästhetischen Raumvorstellungen heraus.
Lit.: A. Christ-Janer, E. S., 1948.

Sabazios. Thrakophrygischer Gott, der in Kleinasien Züge des Attis und →Mithra aufnahm, dargestellt mit phrygischer Mütze, gegürtetem Ärmelrock und langer Hose, die auf medisch-parthischen Einfluß weist. Verbunden mit zahlreichen Attributen aus verschiedenen Kulten. In den Bereich des S. gehören Bronzehände in der Geste der sogen. benedictio latina, wobei die beiden kleinen Finger der rechten Hand eingeschlagen, die drei anderen ausgestreckt sind.
Lit.: M. P. Nilsson, GGR II, 630ff.; R. Ghirshman, Iran II, 11.

Sabha-Mandapam. Versammlungshalle des nord-west-indischen Tempels mit reichverzierten Säulen.

Sabratha. Röm. Stadt in Nord-Afrika, westlich von Tripolis gelegen. Zum älteren Teil gehört das →Forum mit dem Haupttempel und der der Stadt vorgelagerte Hafen, während der jüngere Teil (2. Hälfte des 2. Jhs. n. Chr.) mit regelmäßiger Straßenführung und Insulabebauung hauptsächlich als Wohnviertel diente. Eine Befestigungsmauer um den älteren Teil stammt aus byzant. Zeit. – Von den eindrucksvollen Bauresten sind neben dem Forum mit seinem Tempel vor allem ein gut erhaltenes und z.T. wieder aufgebautes Theater, Thermen und ein am Stadtrand gelegenes Amphitheater zu nennen.
Lit.: G. Caputo, Il teatro di S., 1959.

Sacchi, Andrea. Italien. Maler. Geb. 1599 in Nettuno, gest. 1661 in Rom. Schüler Albanis in Rom, seit 1616 in Bologna, wo er →Carracci studierte. Seit 1621 wieder in Rom, erwies er sich als ein hochbegabter Meister einer mit leuchtenden Farben, großen, pathetischen Gestalten und Dramatik arbeitenden Malerei. S. arbeitete zusammen mit Meistern wie →Barocci, →Lanfranco und →Cortona und ließ sich von ihnen anregen. Doch bewahrte er stets Zurückhaltung gegenüber allzu illusionistischen Erscheinungen zeitgenössischer Malerei. So konnte er über seinen besten Schüler, Carlo Maratti, auf A. R. →Mengs und den Klassizismus wirken. – Sein Hauptwerk ist ein Deckenfresko im Pal. Barberini in Rom: Die göttliche Weisheit (um 1630).
Lit.: H. Posse, Der röm. Maler A. S., 1925.

Sachetti. Italien. Künstlerfamilie des 18. und 19. Jhs., hauptsächlich als Bühnenbildner tätig. – **1)** Lorenzo. Geb. 1759 in Padua, gest. in Prag (?). Arbeitete für verschiedene Theater, u. a. in Venedig, Wien (1794–1814), anschließend in Brünn und nach 1830 in Prag. Seine Arbeiten entstanden häufig unter Mitwirkung seines Bruders Vicenzo und seines Sohnes Antonio, deren Stil er auch maßgeblich beeinflußte. – **2)** Antonio. Als Sohn des Lorenzo S. 1790 in Venedig geb., gest. 1870 in Warschau. Er lernte bei seinem Vater, mit dem er bis 1830 zusammenarbeitete (Wien, Brünn, Prag), um dann in Warschau für das dortige Theater Entwürfe und Dekorationen zu liefern. Daneben schuf er mehrere zu seiner Zeit beliebte Panoramen und Lithographien.
Lit.: Thieme-Becker.

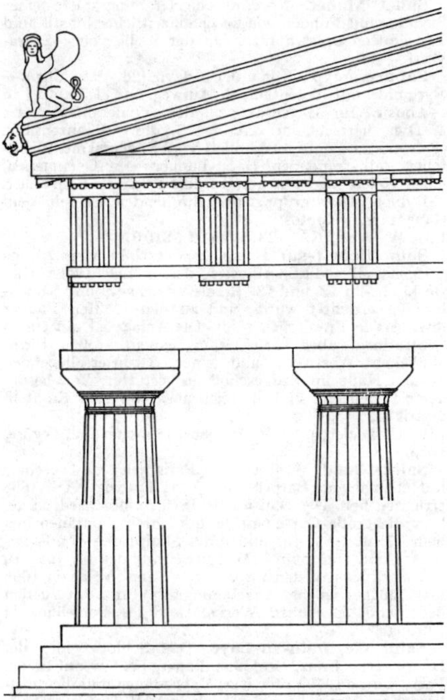

Dorische Ordnung.

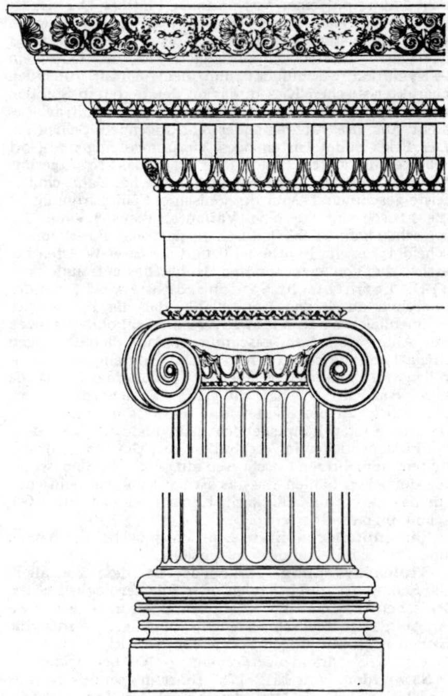

Ionische Ordnung.

Sachetti, Giovanni Battista. Italien. Architekt, Maler und Kunstgewerbler. Geb. in Turin, gest. 1764 in Madrid. Als Schüler von →Juvara wurde er 1735 nach Spanien berufen, wo er z. T. nach Plänen und Entwürfen seines Lehrers arbeitete (Schloß zu Madrid, 1738–64). Sein Hauptwerk ist der Bebauungsplan für das jenes Schloß umgebende Stadtgebiet.
Lit.: Thieme-Becker.

Sachmet. Löwenköpfige ägypt. Göttin, auch rein anthropomorph dargestellt, Gemahlin des →Ptah. Beispielhafte Plastiken im Muttempel von →Karnak.
Lit.: S. Morenz, ÄR, 100ff.; E. Brunner-Traut, Ägypten, 100.

Sacra (Santa) Conversazione. Bezeichnung für die Darstellung der Madonna, umgeben von einem Kreis der Heiligen. Die Szene findet sich vor allem in der italien. Malerei seit dem 15. Jh. und gehörte während der Renaissance zu den bedeutenden Bildtypen. – Ableitend von dieser ursprünglichen Bedeutung, bezeichnet man im kunstwissenschaftlichen Sprachgebrauch auch die Darstellung von mehreren in feierlicher Versammlung gezeigten Göttern außerchristlicher Kulturen als S.

Sacra sindon. Heiliges Schweißtuch, speziell Leichentuch Christi, das die ganze Gestalt Christi umgibt im Unterschied zu dem Schweißtuch, das nur das Antlitz Christi bedeckte. Beide Male soll es den Abdruck seines Gesichtes bzw. seiner Gestalt zurückbehalten haben.

Sacsahuamán. Große dreirängige Inka-Festung an der Grenze von Cuzco als spätes Beispiel für die bis in die Vorzeit zurückreichenden Fluchtburgen. Besonders berühmt durch die polygonalen Zyklopenmauern, bei denen Steine bis zu 6 m Höhe Verwendung fanden. Zeitansatz um 1400.

Sa'di. Scheich Muslih al-Din Sa'di, der im 13. Jh. in Schiraz lebte, verfaßte u. a. die Dichtungen „bustan" (Garten) und „gulistan" (Rosengarten), die seit dem 14. Jh. in mit Miniaturen namhafter Künstler geschmückten Handschriften verbreitet wurden. Aus dem Jahr 1427 stammt ein für die Bibliothek des Prinzen Baysonghur in Herat verfertigter Band, und am gleichen Ort arbeitet der Meister Behzad gegen Ende des Jhs. an Miniaturen für beide Texte.
Lit.: J. H. Kramers, Enzyklopaedie des Islam, 1934; B. Gray, Persische Malerei, 1961.

Säulenbasilika. Basilika, deren Mittelschiffswände ausschließlich auf Säulen ruhen; im Gegensatz dazu die Pfeilerbasilika oder die Basilika mit Stützenwechsel.

Säulenordnung. Werden in der Antike und antikisierenden Architektur die Systeme genannt, nach denen nicht nur die Säulen, sondern auch die davon abhängigen Gebäudeteile, vornehmlich die Balkenlage, bestimmt werden. In der griech. Architektur werden drei Säulenordnungen oder Stile unterschieden, der dorische, ionische und korinthische Stil. – **1)** Die dorische Säule erhebt sich auf der für das ganze Gebäude gemeinsamen Unterlage (→Stylobat); der Schaft wird nach oben schmaler mit einer leichten Biegung des Konturs (→Entasis) unterhalb der Mitte und ist mit 16–20 Kanneluren versehen, die sich in scharfen Kanten treffen; das Kapitell besteht aus einer hervorspringenden runden Scheibe (→Echinus), unten mit einer dünnen Profilierung (→Anuli) versehen, und einer darauf ruhenden vierkantigen Platte (→Abakus). Der untere Teil der Balkenlage, →Architrav oder Epistyl, besteht aus glatten, geschliffenen Steinbalken, der obere, der Fries, aus →Triglyphen und →Metopen, darunter mit einer sogen. Tropfenleiste, mit konischen und zylindrischen Zapfen versehen. Auf den Fries folgt als hervorspringendes Kranzgesims das →Geison, dessen Unterseite mit tropfenbesetzten Hängeplatten (Mutuli →Mutulus) über jeder Triglyphe und Metope liegt. Das Ganze wird von der Traufleiste, der →Sima, gekrönt. – **2)** Die ionische Säule hat eine runde Basis, aus zwei schmalen Hohlkehlen und einem Wulst zusammengesetzt. Die Basis ruht häufig auf einer vierkantigen Plinthe. Der Schaft hat 20–24 Kanneluren, durch ausgesparte Flächen vom Säulenstamm getrennt. Das Kapitell besteht aus einem unteren echinusartigen Teil, mit ionischem →Kymation geschmückt und dem darauf ruhenden charakteristischen Kissen, das an den Seiten in Spiralen zusammengerollt ist (→Voluten). Der Architrav besteht aus drei übereinander vorkragenden Schichten. Der Fries bildet ein einziges, zusammenhängendes, oft reliefgeschmücktes Band, über dem das Kranzgesims hervorspringt, auf der Unterseite mit einer Zahnschnittleiste geschmückt. Von der ionischen Säulenordnung ist die attisch-ionische eine Variante, die sich von der ionischen hauptsächlich durch die „attische Basis" unterscheidet, der die Plinthe fehlt und aus zwei Wulsten besteht, die von einer breiten Hohlkehle getrennt sind. **3)** Die korinthische Säulenordnung weicht von der ionischen durch das Kapitell ab, das die Form eines Blumenkelches hat, mit zwei verschieden hohen Kränzen aus Akantusblättern geschmückt. Aus diesen steigen Stengel auf, die sich in den Ecken zu Voluten zusammenrollen und einen reich profilierten Abakus tragen. – **4)** Die röm. Baukunst behält die griech. Säulenordnung bei, obgleich leicht umgebildet, was teilweise darauf beruht, daß die Säulen hauptsächlich nicht als Stütze, sondern als Fassadendekor in Verbindung mit Gewölben, Archivolten, in mehreren Geschossen aufgebaut werden, wobei die dorischen Säulen für das Erdgeschoß, die ionischen für das zweite und die korinthischen für das dritte Geschoß angewandt werden.

Säulenpfeilerbasilika. Eine Basilika, bei der Säulen und Pfeiler miteinander abwechseln.

Säulensarkophag. Sarkophag, bei dem vor allem die Schauseite durch Säulen oder Pilaster gegliedert ist. Zwischen die Säulen werden Einzelpersonen, wie etwa Apostel, oder biblische Szenen, eingefügt. Werden die Säulen noch mit Bögen verbunden, so spricht man von einem Säulenarkadensarkophag, →Nischensarkophag.

Safewiden. Von 1512–1737 führt die schiitische, aus Ardebil stammende Dyn. der S. nach der Zeit der mongolischen Teilreiche (Timuriden) in Iran eine nationale Periode innerhalb der islamischen Kunst herauf. Zentren der Baukunst und Kunstindustrie sind Tebris, Kaschan, Yezd, Kirman, Isfahan, Schiraz, Sultanie. In Parallelentwicklung mit dem Dekorationsstil des Osmanischen Reiches entsteht ein eleganter Spätstil. Zahlreiche Künstlernamen von Malern und Kalligraphen sind bekannt. Das schiitische Bekenntnis als Staatsreligion ließ den Malern größte Freiheit in der figürlichen Darstellung. Dennoch bewahren die besten Leistungen den Charakter des Dekors, und erst der im 17. Jh. einsetzende europäische Einfluß führt im negativen Sinn über die der islamischen Kunst eigenartigen Grenzen hinaus. Künstler aus dem safewidischen Iran gehen an den Hof der Großmoghuln und beeinflussen den Beginn der Moghulkunst. Zu den bedeutendsten Bauten gehören die reich mit Fayencemosaik und Fliesen verkleideten Bauten wie die Grabmoschee des Scheich Safi in Ardebil, die Blaue Moschee in Tebris, in Isfahan der Poloplatz (Maidan) mit angrenzenden Palastanlagen, der Königsmoschee und der Moschee Lutfallah, sowie die Medrese Mader i Schah.

Sagalassos. Antike Stadt in Klein-Asien. Bereits in griech. Zeit besiedelt, erlebte die Stadt in der röm. Kaiserzeit ihre eigentliche Blüte. Davon künden die z. T. gut erhaltenen Bauten, unter denen vor allem ein korinthischer →Peripteros des 2. Jhs. n. Chr., ein Theater und zwei Fora zu nennen sind. Reste zweier christlicher Basiliken gehören in frühchristl. Zeit.
Lit.: K. Lanckoronski, G. Niemann, E. Petersen, Städte Pamphyliens und Pisidiens, II, 127ff., 1892.

Sagan (Schlesien). Das Schloß wurde 1627 begonnen, 1646 fortgeführt und erst im 18. Jh. beendet. Der Architekt ist unbekannt, die Ausführung geschah durch italien. Werkleute. Der Bau ist eine dreiflügelige Anlage mit 3 zweigeschossigen Flügeln, das erste Beispiel dieser Art in der deutschen Baukunst. Die Wandgliederung ist durch Rustikaquadern gegeben, die Fenster sind mit Hausteinumrahmungen versehen.

Sahet Mahet. Nordindische Grabungsstätte einer Siedlung mit Funden von kuschanazeitlicher Plastik und Terrakotten der Guptazeit an der Stelle von →Schravasti.

Sahure. Ägypt. König der 5. Dyn. (26. Jh. v. Chr.).→ Pyramide mit Totentempel, Aufweg und Taltempel in →Abusir. Im Gegensatz zu den Pfeileranlagen der 4. Dyn. herrscht im Bau des S. die →Pflanzensäule (Palmen- und Papyrusbündel) vor. Bedeutsame Wandreliefs mit treffenden Darstellungen von Gefangenen, lebensvollen Jagdszenen und Bildern von der Fahrt nach →Byblos. Dioritgruppe des thronenden S. mit dem Gaugott von Koptos.
Lit.: W. Wolf, KÄ, 123ff., 154ff., 210ff.

Saint-Benoît-sur-Loire. In der Nähe von Orleans gelegenes Benediktinerkloster, dessen machtvolle Klosterkirche im 12. und 13. Jh. als tonnengewölbte Säulenbasilika errichtet wurde und zu den größten Bauten ihrer Art in Frankreich zählt. Die Anlage ist mit einem Zentralturm über der Vierung, einem großen turmähnlichen Westwerk und einer darunter liegenden offenen Halle im Erdgeschoß ausgestattet. Von besonderer Bedeutung sind die reich ausgestalteten Kapitellplastiken.
Lit.: H. Leclercq, S., les reliques, le monastère, l'église, 1925.

Saint-Cloud. Westlich von Paris gelegene Ortschaft mit ehemaligem Barockschloß, das Ludwig XIV. 1658 errichten ließ. Der Bau wurde 1870 zerstört, jedoch gehört die große Gartenanlage mit ihren Fontänen aus dem 17. und 18. Jh. und ihren Skulpturen von →Lepautre und Hardouin →Mansart (Ende des 17. Jhs.) zu den eindrucksvollsten ihrer Art. – Eine in S. von 1696 bis 1766 betriebene Porzellanmanufaktur zählt zu den bedeutendsten frühen Werkstätten des Porzellans in Europa.

Saint Germain-en-Laye. Das Schloß, eines der Hauptwerke franz. Schloßbaukunst, liegt westlich von Paris, wurde 1370 unter Karl V. begonnen und diente als königliche Residenz bis zu Ludwig XIV. Unter Franz I. wurde der Bau unter Beibehaltung der alten Fundamente völlig neu gestaltet. Erster Bauleiter war Pierre Chambiges (gest. 1544), dann Guillaume Guillain und Jean Langlois. Die gewaltigen Außenmauern sind durch die dichten Fensterreihen weitgehend aufgelöst, so daß sie nur noch eine Reihe von Pfeilern bilden.

Saint-Honorat de Lérins (Provence). 2 Kapellen: Saint Souvenir und De la Trinité. Beides Zentralbauten aus dem 6. Jh.

Saint-Louis. 1764 von den Franzosen gegründete Stadt der USA, am Mississippi gelegen. Seit dem letzten Viertel des 19. Jhs. entstanden hier zahlreiche Geschäftshäuser, die zu den wegweisenden Gebäuden des Eisenbaus zählen. Skelettkonstruktionen und Fassaden, die eine sachliche Gliederung von Eisen und Glasflächen zeigen, bestimmen den Charakter dieser Bauten. 1890/91 wurde das von →Sullivan entworfene Wainewright Building erbaut, einer der ersten und bedeutendsten Bauten amerikanischer Wolkenkratzerarchitektur.

Saitenzeit. Nach der von→Psammetich I. begründeten 26. Dyn. (633–525 v. Chr.) mit Residenz in Saïs am kanopischen Nilarm, dem alten Kultort der mit Athena verglichenen Göttin Neith. Niederlassung von griech. Kaufleuten. Die griech. Beziehungen wurden besonders unter Amasis (569–525), dem Freund des Polykrates von Samos, gepflegt, dessen Nachfolger →Psammetich III. bei Pelusium vernichtend von den Persern unter→Kambyses geschlagen wurde. Die Bildkunst der S. unterscheidet sich von den realistischen Tendenzen der → Äthiopen-Zeit durch gesteigerte Neigungen zum Archaismus mit einer idealistischen Rückbesinnung auf die Formtradition der →ägypt. Kunst des Alten und Mittleren Reiches, wobei sich bei technisch hervorragender Bearbeitung deutlich eine Formentleerung und kalte Manier beobachten lassen. →Nespekaschuti. Bevorzugt wird dunkelgrünes und schwarzes, auf Hochglanz poliertes Gestein.
Lit.: W. Wolf, KÄ, 621ff.; E. Brunner-Traut, Ägypten, 250f.

Sakavand. Südlich →Behistun bei S. zwei Felsgräber. Über einer Relieffigur eines betenden Mannes vor zwei Feueraltären (→Feuertempel). Lage und Motiv weisen in den Bereich der →medischen Kunst des 7./6. Jhs. v. Chr.
Lit.: R. Ghirshman, Iran I, 89.

Saken. Nach dem persischen Wort „Saka" als Bezeichnung für die Skythen Südrußlands und die ihnen verwandten Reitervölker im eurasischen Steppenraum verwendeter Ausdruck für die nordiranischen Völker Mittelasiens, die Träger eines charakteristischen →Tierstils waren. In diesem Sinne gebrauchten schon die Griechen seit Herodot das persische Wort, das in zahlreichen Namen Irans weiterlebt. Darstellungen der verschiedenen S.-Stämme auf den Reliefs von →Naqsch-i-Rustam und →Persepolis. →Kuschanen.
Lit.: K. Jettmar, Steppenvölker, 271; R. Ghirshman, Iran I, 441; II, 396; F. Altheim, WA II, 88ff.; H. H. von der Osten, WP, 297.

Sakhna. Andere Schreibweise für →Sehne (→Ferhad und Schirin).

Sakistan. Vom Helmandfluß bewässerte Tiefebene Ostirans, deren Name auf das Vordringen von →Saken zurückgeht (Prov. Sistan, Neubildung von S.).
Lit.: H. H. von der Osten, WP, 297.

Sakkara. Westlich →Memphis gelegene ägypt. Nekropolenstätte, deren Wahrzeichen der →Djoser-Bezirk mit der Stufen-Pyramide ist. Die Grabanlagen reichen von der →Thinitenzeit bis in die Perserzeit. Pyramiden →Sechem-chet (3. Dyn.), →Userkaf, →Onnos (5. Dyn.), →Teti, →Phiops I. und II., →Mernere (6. Dyn.). Bedeutsame →Mastabas mit Grabfiguren und Reliefbildern, die eine wachsende Erweiterung des Motivschatzes zeigen (→Hesire, →Meten (3. Dyn.), →Ti, →Mereruka, →Ptahhotep (5. Dyn.). Grab →Haremhabs. Das Gesamtbild von S. beweist, daß das Gebiet um den Djoser-Bezirk als Nekropole gegenüber →Gizeh bevorzugt wurde. S. lief Gizeh den Rang ab. Die Bedeutung von S. ergibt sich auch aus dem Serapeum, der Felsengruft für die Bestattung der heiligen →Apis-Stiere, die im Neuen Reich zunächst in Einzelgräbern, dann in Holzsärgen einer unterirdischen Galerie unter →Ramses II., schließlich in einer unter →Psammetich I. geschaffenen großen Anlage mit Seitenkammern in Steinsarkophagen beigesetzt wurden.
Lit.: W. Wolf, KÄ, 745; E. Brunner-Traut, Ägypten, 375ff.

Stufenpyramide des Djoser bei Sakkara, Altes Reich.

Sakkez. Stadt südlich des →Urmiasees, 40 km entfernt von →Ziwije, dem Fundort eines skythischen Schatzes, so daß wir den Namen von S. mit der auch für die →Skythen im Altertum verwendeten Bezeichnung →Saken verbinden dürfen.

Sakonides. Griech. Vasenmaler der attischen Schule, tätig um 560–530 v. Chr. Er bemalte vor allem sogen. Kleinmeisterschalen und gehört zum Umkreis des →Lydos.
Lit.: J. D. Beazley, ABV, 170f., 1956.

Sakramentar (sacramentarium, liber sacramentarium), Meßbuch. Es enthielt in der Zeit der alten Kirche die Gebete, die der Bischof oder Priester bei der Messe (sacramentum) oder bei messeähnlichen Feiern zu sprechen hatte. Aus ältester Zeit bedeutsam das sogen. sacramentarium Leonianum (nach 538 festgelegt), das Gelasianum (Mitte des 6. Jh.), das Gregorianum (älteste Gestalt etwa 595). Im Mittelalter wurde das S. stark erweitert.

Sakramentshaus. Behälter für das Hostiengefäß. In frühchristl. Zeit wurde die Hostie meist in einer →Pyxis oder, über dem Altar schwebend, in einem taubenförmigen Metallgefäß (Eucharistische Taube, Hostientaube) aufbewahrt. Seit dem 12. Jh. stellte man den Hostienbehälter häufig in einer mit architektonischen Schmuckformen verzierten Wandnische in der Nordwand nahe dem Altar auf; ein Brauch, der sich, vor allem in Italien, bis ins 16. Jh. hielt. Zur Bildung eines eigentlichen S.es kam es erst nach Einführung des Fronleichnamsfestes 1246. Das Gebilde wurde aus dem Wandzusammenhang gelöst und frei auf einem pfeilerartigen Sockel als durcharchitektonisierter, durchbrochener und vergitterter Schrein mit turmartiger Bekrönung errichtet. Das Material war meist Stein, selten Bronze, in Frankreich häufiger auch Holz. Besonders prächtige Beispiele von oft beträchtlicher Höhe entstanden in der Spätgotik: S. im Münster von →Ulm (1467–71; 28 m hoch), in St. Lorenz in →Nürnberg von Adam →Krafft (vollendet gegen 1500; 19 m hoch); in der Marienkirche von Lübeck (Bronze 1479; 9,5 m hoch). – Auch die Renaissance hielt am Aufbau der Miniaturtürme fest, bis 1614 Papst Paul V. die Aufbewahrung der Hostie im Altartabernakel zur Vorschrift machte.
Lit.: R. Wesenberg, Das got. S., Diss. Gießen, 1937.

Sakramentskapelle. In der Callistuskatakombe in →Rom werden 5 Cubicula als S. bezeichnet. Der Name rührt daher, daß man neben der Taufe auch das Sakrament des Abendmahls in den verschiedenen Kammern dargestellt zu sehen glaubte.

Sakristei. Ein Raum, der der Aufbewahrung der Altar- und Kirchengeräte und der Ornate sowie dem Umkleiden und dem Aufenthalt der Geistlichen dient. In frühchristl. Zeit wurde hierfür die gegen 400 zuerst in Syrien der Apsis seitlich angefügte Kammer, das Diakonikon, benutzt. Da dieser Raumteil in der abendländischen Kirche Nebenapsis u. ä. wurde, fügte man, weniger organisch, die S. dem Chorteil nördlich, später meist südlich, gelegentlich auch am Chorscheitel hinter dem Altar an.

Saktsche Gözü. Späthethitischer Burgpalast östlich von →Schamal (Südanatolien) mit Portalsphingen und →Orthostatenreliefs, die in Stil und Motiven (Mischwesen, Flügelsonne über →Lebensbaum, Löwenjagd mit Wagen) das Verschmelzen →assyrischer und →hethitischer Kunst zeigen.
Lit.: E. Akurgal, HK, 90ff.; H. Bossert, Altanatolien, 74, 874ff., H. Schmökel, GAV, 147.

Salamanca. Span. Provinzhauptstadt und Bischofssitz, seit 1250 berühmte Universität, ist reich an bedeutenden Baudenkmälern. Neben der alten, um 1100 gegründeten, die neue K a t h e d r a l e von 1509 in spätgot. und frühen Renaissanceformen, die neben der von Segovia die prächtigste ihrer Zeit ist. Architekt war Gil de Hontañon. Der Bau ist eine dreischiffige Hallenkirche mit Kapellen, einer barocken Vierungskuppel und einem 106 m hohen Turm. Als Vertreter des Stadtpalastes in der Renaissance nationaler Art ist die herrliche C a s a d e l a s C o n c h a s (1512) zu nennen, deren Flächen noch mit Pilgermuscheln geziert sind; die Ajimezfenster und das wunderschöne Portal sind noch mit got. Elementen und reizvollen Renaissancedetails geschmückt. Vor den Fenstern im Erdgeschoß reich geschmiedete Zierkörbe, innen ein zweigeschossiger Hof mit Prachttreppe. Aus diesen Anfängen entwickelt sich der →Plattereskenstil.
Lit.: Wasmuths Lexikon der Baukunst, Bd. IV, 1932.

Salem (Baden). Von den Gebäuden des um 1135 gegründeten Zisterzienserklosters hat sich nur die Kirche erhalten. Sie stammt aus der Zeit von 1297–1414 und entstand an Stelle eines älteren Baues. Baugeschichtlich interessant ist die hier vor sich gehende Auseinander-

setzung zisterziensischer Baugepflogenheiten mit hochgot. Elementen. Die Raumform ist die einer got. Basilika mit Querschiff; zwischen Seitenschiffen und Hochschiff ist eine Durchgangszone ausgeschieden, durch Quermauern zwischen den einzelnen Jochen kapellenartig unterteilt. Die Strebepfeiler sind bis in die Arkadenzone herabgezogen. Von der got. Ausstattung ist außer dem um 1500 errichteten Sakramentshaus nichts mehr erhalten. Die heutige Raumausstattung ist frühklassizistisch und entstand 1774–94 unter der Leitung von J. Georg Dirr und J. G. Wieland.
Lit.: Wasmuths Lexikon der Baukunst, Bd. IV, 1932; Reclams Kunstführer, Deutschland, Bd. II, 1960.

Salem-Kultur →Hallstatt-Kultur, Alb-Salem-Kultur.

Salinar. Formative praekolumbische Kultur des nordperuanischen Küstenlandes, folgt auf die →Chavin-Phase. S.-Keramik (nach einer Hazienda im Chicama-Tal benannt) rot auf weiß bemalt. Kopfgefäße können als Vorläufer der Portraitköpfe der →Moche-Kultur angesehen werden. Eine zweite Kulturphase mit Negativmalerei heißt Gallinazo (auch Virú-Ware genannt, mit charakteristischem konischem Ausguß). Es sind verschiedene Metallbearbeitungstechniken bekannt, wie die Legierung von Gold und Kupfer und Kupferguß.

Salisbury, Kathedrale (1220–66). Einzige der got. engl. Kathedralen, die nach einheitlichem Plan zügig errichtet wurde. Bezeichnendes Beispiel der engl. Vorliebe für die komplizierte additive Fügung der Raumteile, das ständige Wiederholen der gleichen einfachen Formen, das Grundriß, Aufriß und Oberflächenbehandlung charakterisiert. Zehnjochiges, dreischiffiges Langhaus, westlich um 3 Joche ausladendes Querschiff mit östlichem Seitenschiff und mächtigem quadratischem Vierungsturm. 2 Zwischenjoche bis zu dem kleineren Ostquerschiff (Verdoppelung wohl durch →Cluny III angeregt); an dem geraden Chorschluß in Mittelschiffbreite die ebenfalls platt geschlossene →Lady Chapel angefügt. Die östlich der Vierung gelegenen Teile durch Chorgestühl und Lettner dem Chor einbezogen. Dessen kompliziertem, kantigem Raumgebilde steht das gleich lange einfache Langhaus gegenüber. Die gewaltige Längenerstreckung tritt durch die Choreinbauten nicht in Erscheinung. Selbst das Mittelschiffgewölbe wird durch den in der Kirchenmitte gelegenen Lichtschacht des Vierungsturms unterbrochen. Diese im Verlauf der engl. Gotik sich verstärkende Raumunterteilung steht im Gegensatz zur kontinentalen Entwicklung mit ihrer zunehmenden Raumvereinheitlichung.
Lit.: P. Meyer u. M. Hürlimann, Engl. Kathedralen, 1948.

Salische Kunst. Die deutsche Kunst während der Regierungszeit der salischen Kaiser, seit Konrad II. (1024 gekrönt), häufig als Spätstufe der →ottonischen Kunst behandelt, die fortgeführt und zu neuer Monumentalität gesteigert wird. Schwerpunkt künstlerischer Entwicklung wieder im Rheinland. Wichtigster epochemachender Bau ist der Kaiserdom zu →Speyer. Neu: Einbeziehung des Achsenbezugs von Arkadenzone und Obergaden ins →gebundene System, Einführung der Kreuzgratwölbung im Mittelschiff (zuerst Speyer nach 1080). Modellierung und Schichtung der Wand durch vertikale Gliederungen. Reiche künstlerische Durchformung des Außenbaus. Erste Stufenportale und Entstehen der →Zwerggalerie (zuerst →Trier, Dom). Immer Sockel. Im späteren 11. Jh. am Oberrhein Quaderwerk (→Murbach, →Hirsau, Bauschule; wohl von Burgund übernommen). Entstehen von Doppelturmfassaden und Rückkehr zum Wegbau (Speyer) ist eine landschaftlich gebundene Erscheinung, typisch für das Oberrheingebiet (Straßburg, Basel, Konstanz u. a.; vielleicht Rückwirkung auf Burgund; zuerst wohl in Cluny II). In →Köln Entstehen der →Dreikonchenanlage (St. Maria-im-Kapitol), damit typisch kölnische Schulbildung (→Staufische Kunst). Wichtig die Entwicklung von Landschaftsstilen: Köln, Oberrhein, der am Ottonischen festhaltende Osten des Reichs. Die neue Monumentalität zeigt sich in der Straffung und Bereicherung der Baukörper wie in der außerordentlichen Größe der wichtigen Bauten (→Speyer; →Straßburg, dessen salisches Münster die gleichen Maße wie das heutige got. hatte). Vergleichbare Züge bestimmen die salische Bildnerei: Schwinden der ottonischen Lebendigkeit, Erstarrung zum Sinnbild (man vergleiche das ottonische →Gero-Kruzifix mit dem Werdener Kruzifix). Tiefenhaltigkeit der Fläche und Raumangaben verlieren sich. Für das Relief wird dichte Flächenfüllung typisch. Strenge, hieratische, oft auf Symmetrie bedachte Formen, monumentale Gebärden und Verhaltenheit des Ausdrucks deuten auf eine neue Weise religiösen Erlebens. Bezeichnende Werke u. a.: Imad-Madonna, Kreuzigungsgruppe in der Regensburger Schottenkirche (um 1180), →Korssunsche Bronzetüren (1153). Um die Mitte des 11. Jhs. erste bedeutendere Steinreliefs, doch nicht als →Bauplastik am Außenbau (z. B. thronender Christus mit 2 Heiligen, St. Emmeran, Regensburg, zwischen 1049–64). Entstehen bedeutender →Grabmäler; u. a. bronzene Grabplatte Kaiser Rudolfs von Schwaben (gest. 1080) in →Merseburg. In der Malerei läßt sich die salische Zeit nicht gleich deutlich von der ottonischen trennen; →Ottonische Kunst.
Lit.: →Deutsche Kunst; →Romanische Kunst.

Salmanassar. Assyrischer Königsname. S. I. (1265 bis 1235 v. Chr.) stärkt durch Unternehmen gegen →Urartu, die →Gutäer und die hethitische Nachfolge die Macht von →Assur, wo er aus der reichen Beute den Assurtempel neu errichtet. Neubauten im →Ischtar-Heiligtum von →Ninive. Gründung von →Kalach. S. III. (858 bis 824), Sohn →Assurnasirpals, Gegner des Barhadad von →Damaskus und →Sardurs I. von →Urartu. Provinzresidenz →Til Barsip. Der sogen. schwarze →Obelisk mit Zikkuratbekrönung aus Kalach (31. Regierungsjahr) zeigt auf vier Seiten fünf Relieffriese mit Tributszenen unterworfener Völker, darunter die Huldigung des Königs Jehu, Sohn des Omri von Israel. Die Feldzüge S.s III. sind auf dem Bronzetor von Imgur Enlil dargestellt. Aus Assur stammt die Basaltfigur nach dem Vorbild →Assurnasirpals II. mit der Inschrift, die die Aufstellung an einem Tor der von ihm verstärkten Befestigungen →Assurs verkündet. Siegesstele (bei Mossul) und Relief am →Nahr el Kelb nach der durch Assurnasirpal eingeführten offiziellen Fassung mit Göttersymbolen. Die Vorliebe für Tatenberichte in Bild und Wort ist charakteristisch für die →assyrische Kunst seit dem 9. Jh. v. Chr.
Lit.: A. Parrot, Assur, 373; E. Strommenger, Mesopotamien, 106f.; H. Schmökel, GAV, 254ff.; H. Potratz, KAO, 436.

Salomon. König von Israel, Sohn Davids (10. Jh.), Erbauer des Tempels von Jerusalem, der als Langraumbau mit Vorhalle und niedrigeren Seitenräumen angelegt war. Der biblische Bericht vermittelt eine Vorstellung von der prunkvollen Ausstattung des Tempels, in dessen Allerheiligstem der Cherubenthron ohne Gottesbild stand, und vom Palast, der ebenfalls von Meistern →phönizischer Kunst erbaut worden war. Pfeilergestützte Langräume mit überhöhtem Mittelteil sind auch die für die Gespanne der Wagenritter bestimmten Anlagen in →Megiddo. →Streitwagen.
Lit.: A. Parrot, Assur, 255ff.; H. Schmökel, GAV, 295f.; A. Jirku, WB, 83f.

Salomonen. Melanesische Inselgruppe östlich von →Neuguinea, bekannt nicht nur durch reiche Holzschnitzkunst (z. B. Stevenenden von Booten), sondern auch durch Steinplastik: Ahnenfiguren und reliefverzierte Graburnen. Ein reich skulptierter Steinsarkophag stammt aus dem Inneren der Insel Choiseul. Auf Bougainville findet man anatomisch richtig proportionierte, lebensgroße Menschenfiguren aus bemaltem Holz. Waffen (besonders Keulen) und Geräte sind reich verziert; Masken bestehen aus Holz, Baststoff und Flechtwerk.
Lit.: H. Bernatzik, Owa Raha, 1936; E. Paravicini, Reisen in die britischen S., 1931.

Salona. Kirchlicher Mittelpunkt, wenn auch nicht Metropole von Dalmatien. Ruinenstadt nördlich von →Spalato. Bekannt durch seine umfangreichen Kirchenanlagen aus frühchristl. Zeit (Doppelkirchenanlage wie in →Aquileja, →Trier u. a.). Einzigartiger Sarkophag aus dem Anfang des 4. Jhs. In der Mitte das bekannte

Bild von dem Hirten mit dem Schaf, dann aber auf der einen Seite Frau mit einem Kind auf dem Arm, umgeben von einer größeren Zahl kleingestalteter Menschen. Auf der anderen Seite ein Mann im Pallium, der von Frauen und kleinen menschlichen Figuren umstanden ist. Ikonographie noch nicht hinreichend erklärt.

Lit.: W. Gerber, Der nordwestliche Teil der Neustadt von Salona in: Forschungen in Salona. 1. Bd., 1917; H. Laag, Altchristliche Gemeindezentren in: Kunst und Kirche Jg. XXVII H. 4, 1964.

Saloniki (Thessaloniki), Relieffriese vom Galeriusbogen, 297 n. Chr.

Saloniki (Thessaloniki). Griech. Stadt an der makedonischen Küste. 316/15 v. Chr. durch den Zusammenschluß (Synoikismos) von 26 kleinen Ortschaften gegründet. Die antiken Baureste stammen erst aus röm. Zeit. Um 300 n. Chr. wurde von Kaiser Galerius ein großer Rundbau mit einem Durchmesser von ca. 25 m als Mausoleum erbaut. Das Innere war mit reichem Marmordekor als Scheinarchitektur geschmückt. Im 5. Jh. wurde der Bau in die berühmte St. Georgskirche umgewandelt (siehe unten). Zur antiken Anlage gehörte eine Ummauerung, von der eine ca. 90 m lange Prunkstraße zum Galerius-Bogen führte. Der Triumphbogen bestand ursprünglich aus einer überkuppelten, von vier Pfeilern getragenen Anlage, der sich seitlich Nebenbögen anschlossen. Zahlreiche Reliefs verkleideten das Bauwerk. Erhalten hat sich der Nordpfeiler mit ansehnlichen Resten des Reliefschmucks. – Bei der großen Bedeutung S.s in der Zeit des byzant. Kaisertums ist die Vielzahl von Kirchen nicht verwunderlich, die im allgemeinen noch heute erhalten sind. Aus der Fülle sollen einige herausgegriffen werden: **1)** Die St. Georgsrotunde. In diesem Rundbau mit sehr starken Mauern (6,3 m) sind 8 überwölbte Nischen angebracht. Die Wölbungen mit ornamentalem Mosaik geschmückt. Die Konstruktion über den Nischen bis hin zur Kuppel außergewöhnlich in ihrer Art. Nach Umwandlung des Baues in eine Kirche wurde die Kuppel reich mit Mosaiken geschmückt, die zum guten Teil noch erhalten und von höchster Qualität sind. Das Kuppelmosaik ist entsprechend den 8 Nischen in 8 Abschnitte eingeteilt. Architektur in Mosaiken nachgeahmt mit Nischen, Halbkugeln und Brüstungen. Im Unterschied zum Rand der Kuppel ist der Scheitel fast zerstört, im Innern der Rotunde kommen zum Mosaikschmuck schmückende Marmorplatten hinzu. Um 400 wahrscheinlich in eine christliche Kirche umgewandelt. Die Christen veränderten bei der Übernahme den Bau in mancher Beziehung. So wurde etwa dem Bau an der Westseite ein Narthex angegliedert. Vielleicht war die St. Georgsrotunde während des Mittelalters die berühmte Asomatakirche, die man an anderer Stelle gesucht hat. **2)** Die Acheiropoietoskirche. Wahrscheinlich unmittelbar nach dem Konzil von Ephesus (431) erbaut. Dreischiffige Kirche mit monolithischen Säulen, über den Kapitellen ein Abakus, darüber ein Kämpfer. Bedeutsame Emporenkirche. Die Säulen dieser Emporen wesentlich schlechter als die des Erdgeschosses. Die Kirche hat nach altchristl. Tradition ein offenes Holzdach. Die Acheiropoietoskirche wurde später umgewandelt in eine muselmanische Kultstätte. Der Name der Kirche kommt erst nach dem 12. Jh. auf. Wahrscheinlich war sie ursprünglich eine Marienkirche. **3)** Hosios David. In der kleinen Kapelle wurden 1921 Mosaiken entdeckt, die u. a. den Traum des Ezechiel darstellen. Christus wird noch barfuß gezeigt wie auf den Sarkophagen, Mosaiken und Freskomalereien des 4. Jhs. Mosaiken in den Nischen haben Ähnlichkeit mit denen von S. Costanza (→Rom). Hosios David ist im frühen 5. Jh. erbaut. **4)** Demetriuskirche. Der hl. Demetrius, dem die Kirche geweiht ist, fand 303 den Märtyrertod. Ihm zu Ehren erbaute man wenige Jahrzehnte später eine kleine Kirche am Ort seines Martyriums (es ist wahrscheinlich die kleine einschiffige Basilika in der Krypta). Leontius errichtete als Exarch von Illyrien (412–413) hier eine große Kirche.

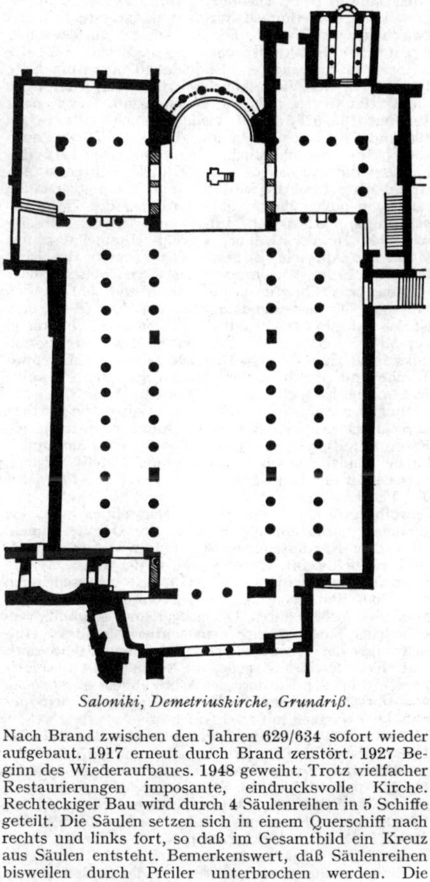

Saloniki, Demetriuskirche, Grundriß.

Nach Brand zwischen den Jahren 629/634 sofort wieder aufgebaut. 1917 erneut durch Brand zerstört. 1927 Beginn des Wiederaufbaues. 1948 geweiht. Trotz vielfacher Restaurierungen imposante, eindrucksvolle Kirche. Rechteckiger Bau wird durch 4 Säulenreihen in 5 Schiffe geteilt. Die Säulen setzen sich in einem Querschiff nach rechts und links fort, so daß im Gesamtbild ein Kreuz aus Säulen entsteht. Bemerkenswert, daß Säulenreihen bisweilen durch Pfeiler unterbrochen werden. Die

Wände oberhalb des Mittelschiffes, die Pfeiler und der Narthex waren mit bunten Marmorplatten überzogen. Diese Platten wurden teilweise abgelöst, um Mosaiken, vor allem die der Stifter, anzubringen. Die Farbigkeit im Innern wurde durch die grünen, dunkelroten und weißen Säulen erhöht. Ebenso zeigen die Arkadenbögen einen farbigen Glanz. Bedeutsam die noch erhaltenen Mosaiken: „Der hl. Demetrius mit einem Prälat", „Der hl. Demetrius mit zwei Kindern", „Der hl. Demetrius mit den Stiftern" (alle drei Bilder aus dem 7. Jh.). „Maria mit einem Heiligen" (11./12. Jh.). Die Mosaiken aus dem 7. Jh. entstanden kurz vor dem Bilderstreit. Strenge Frontalität, Figuren nebeneinandergereiht. Der Bezug auf Umgebung vermieden. Haltung der Figuren fast gleich. Nur die Gesichtszüge verraten deutlich den Unterschied der Personen. Es sind also typisch byzant. Andachtsbilder. Kein Bezug auf Raum und Zeit. Das Äußere des Baues entspricht weitgehend dem Inneren. Satteldach über dem Hauptschiff, Pultdächer über den Nebenschiffen. Das Dach des sehr hoch gezogenen Querschiffes hebt sich deutlich heraus, so daß in der Außenarchitektur eine Kreuzform entsteht. **5)** Hagia Sophia. Übergangstypus von der Kuppelbasilika zur kreuzförmigen Kuppelkirche. Der Grundriß ist schon quadratisch. Kuppel der dreischiffigen Kirche steht auf 4 Trompen. Im Narthex kleine Kuppel und Kreuzgewölbe. Kapitelle mit windbewegten Blättern von einem alten Bauwerk (wahrscheinlich 5. Jh.). Im großen Kuppelmosaik ist die Himmelfahrt Christi dargestellt, Maria zwischen zwei Engeln und die Apostel umgeben ihn. Apostel mit charakteristischen Zügen. Mosaik Ende des 9. Jhs., vielleicht auch erst Ende des 10. oder Anfang des 11. Jhs. In der Viertelkugel oberhalb der Altarnische die Mutter Gottes mit dem Christuskind. Kirche nach Justinus (565–578) erbaut, vielleicht auch erst zwischen 690 und 730. Nach Eroberung durch die Türken noch 150 Jahre lang christlich. Dann Moschee. 1912 den Christen zurückgegeben. **6)** Die Chalkeonkirche. Auf Grund einer Inschrift wird sie um 1028 angesetzt. Sie zeigt von außen durch die Anordnung der Ziegel ein prächtiges Farbenspiel. Im Innern reicher Mosaikschmuck. In der Kuppel Christi Himmelfahrt mit Maria und Aposteln. Zwischen den Fenstern des Tambours die Propheten, in der Apsis Maria, weitere Bilder wie das von Christus zelebrierte Abendmahl an den Wänden. Die bedeutendste Wandmalerei des Narthex ist das Jüngste Gericht mit dem thronenden Christus in der Mitte, Johannes der Täufer und Maria rechts und links, also eine →Deësis-Gruppe. **7)** Apostelkirche. Kirche mit quadratischem Grundriß. Vier Gewölbe tragen die Kuppel. Das Mittelquadrat im N, S und W umgeben von Seitenschiffen. Dem Ganzen ein Narthex vorgelagert. An den Ecken des Außenquadrats je ein Raum mit Kuppel, so daß es sich um eine Fünfkuppelkirche handelt. Reicher Mosaikschmuck, teils zerstört, teils wieder ans Licht gebracht. In der Kuppel Christus der Panthokrator mit Propheten und Engeln. In den Gewölben, die zur Kuppel führen, Darstellungen aus den Evangelien, die auf die Kirchenfeste Bezug nehmen. Über dem Narthexeingang das immer wiederkehrende Bild in der byzant. Kunst vom Tod der Maria. **8)** Die Kirche des Propheten Elias ist wahrscheinlich um 1360 entstanden. In der Türkenzeit diente sie als Moschee. Außen durch Dachziegel und Keramik verschiedener Färbung reich ornamentiert. In dieser Hinsicht einer der bedeutendsten Bauten der mittelbyzant. Zeit. Kreuzförmige Kapelle mit 3 Konchen (Kleeblattform), ist bei den Klöstern des Athos üblich. Anregungen von dort wahrscheinlich. Dasselbe gilt von dem geräumigen Narthex mit zwei Geschossen.

Lit.: N. D. Papahadzis, Denkmäler von Thessaloniki, 1963; Kirsten-Kraiker, Griechenlandkunde, 670ff., 1962.

Salucci, Giovanni. Italien. Architekt. Geb. 1769 in Florenz, gest. ebda. 1845. Studierte an der Akademie in Florenz und baute in Mantua, bevor er Offizier bei den Pioniertruppen Napoleons wurde, eine Kapelle in S. Andrea (1808). Als Nachfolger von N. v. →Thouret wurde er 1817 königlich württembergischer Hofbaumeister. In dieser Stellung baute er 1822-29 das Schloß Rosenstein bei Stuttgart und die königliche Grabkapelle auf dem Rotenberg. Da seine Stellung am Hof in Stuttgart nicht gefestigt war, kehrte er schon 1839 nach Florenz zurück. – S. war Klassizist; er lehnte sich in seinen Bauten an Palladio an, kam aber nicht über einen trockenen Akademismus hinaus.

Lit.: Thieme-Becker.

Salvatorbild. Gleichbedeutend mit →Majestas Domini.

Salzburg. 1) Die Residenz entstand 1596–1792 in der Formensprache des römischen Barock. Die Hauptfassade entstand erst 1710; die Innendekoration ist besonders reich mit Stukkaturen und Fresken ausgestattet. Gegenüber der Residenz der 1588 begonnene sogen. Neubau (Regierungsgebäude). – **2)** An der S-Seite des Residenzplatzes der Dom, der an Stelle eines älteren Baues von Santino →Solari 1614–28 in der Formensprache des italien. Frühbarock errichtet wurde. Die beiden Fassadentürme kamen erst 1652–55 dazu. 1944 wurde die Kuppel durch eine Bombe zum Einsturz gebracht. 1959 wurde der Dom wiederaufgebaut und völlig restauriert. Der Grundriß zeigt ein lat. Kreuz mit überkuppelter Vierung, dessen 3 kürzere Balken halbrund abgeschlossen sind. An der Zweiturmfassade aus hellem Untersberger Marmor öffnen sich 3 Rundbogen zur Vorhalle. Das Innere des tonnengewölbten, vierjochigen Mittelschiffs ist in kühlem Weiß gehalten. Die Seitenwände werden gegliedert durch riesige Doppelpilaster, miteinander durch leicht verkröpftes Gebälk verbunden. **3)** Von →Fischer von Erlach, dem Wiener Hofbaumeister, sind allein in S. 4 seiner bedeutendsten Kirchenbauten aufgeführt: die Dreifaltigkeitskirche (1694–1702), die Kollegienkirche (vor 1696–1707), die Ursulinerinnenkirche (beendet 1705) und die Johannesspitalkirche. Fischers Frühstil wird am ausgeprägtesten in der für die Jesuitenuniversität gebauten Kollegienkirche verdeutlicht. Die Grundanlage der Fassade geht in gewisser Beziehung auf die des Domes zurück, nur wurde die flache Schauwand auf die vorschwellende Konche projiziert; dieses Körperhafte der Fassade wird am ganzen Außenbau fortgesetzt, an den abgerundeten Ecken der Querhausarme, der hohen Kuppel und, ins Kubische übersetzt, dem von der Fassade etwas abgesetzten Turmpaar mit der figurengeschmückten Balustrade und der Stufung der Rückseite der Kirche. Der Grundriß des Baues ist annähernd der eines griech. Kreuzes. In den einspringenden 4 Mauerecken sind aber 4 längsgerichtete Ovalkapellen eingefügt. In der Verbindung zwischen Lang- und Zentralbau ist das Schwergewicht entschieden auf die Zentralisierung gelegt worden. Mittel- und Sammelpunkt der Raumentwicklung der im Inneren 75 m langen und 38 m breiten Kirche ist das Vierungsquadrat mit der hohen, runden Tambourkuppel. Die Wände werden gegliedert von durchgehenden Kolossalpilastern, die abwechselnd einmal eine Mauereinheit mit 2 übereinanderliegenden Statuennischen, einmal einen Kapellenzugang mit darüberliegender Empore zwischen sich nehmen. Die Kuppelwölbungen der Ovalkapellen sind im Scheitel geöffnet, so daß sich eine vertikale Raumverbindung mit den Emporen ergibt, die durch kleine Laternen in den Emporengewölben betont wird. **4)** Die Dreifaltigkeitskirche lehnt sich eng an Borrominis S. Agnese in Rom an: ein längsgerichteter Raum mit Tambourkuppel, Kreuzarmen und Halbkreisnischen in den Diagonalachsen. Davor wurde die flache Einbuchtung der Front zwischen den zwei Türmen als offenes, quergestelltes Oval gelegt. Während sich aber hier die Kreuzarme im Innenraum unterhalb des Gebälks öffnen und nur als sekundäre Gliederungselemente wirken, sind sie in der Kollegienkirche zum Hauptelement des Raumganzen geworden. Sie werden hier bis zum Wölbungsansatz in doppelter Raumbreite um die Vierung hochgeführt.

Lit.: Reclams Kunstführer, Österreich, Bd. II, 1962; Wasmuths Lexikon der Baukunst, Bd. IV, 1932; N. Pevsner, Europäische Architektur, 1963.

Samaniden. Die im 10. Jh. in West-Turkestan, daüber hinaus zeitweise bis Kirman und Tabaristan herrschende Vasallendynastie der aus Balkh stammenden S. (874–999) gab der islamischen Kunst in diesen Gebie-

ten einen durch türkische und asiatische Züge bestimmten Charakter. In dem alten Zentrum Samarkand wie in der neuen Hauptstadt Buchara werden Wissenschaft und Literatur gepflegt. Die Hochschätzung von Wort und Schrift spiegelt die Töpferkunst, deren Dekor die elegantesten und eindrucksvollsten Schriftbilder islamischer Keramik erreicht. Diese Töpferware ist besonders aus Alt-Samarkand (Afrasiab) bekannt, wurde aber bis Ray exportiert und in der zu Beginn des 10. Jhs. aufblühenden Stadt Nischapur gleichartig gepflegt. Figürliche Motive wie Vögel zeigen hier den gleichen, vom Kalligraphischen herkommenden Reiz der Gestaltung. Aus einem kleinen Palast und Privatvillen Bucharas wurden Stuckdekorationen und figürliche Wandmalereien bekannt, die den Wohnbauten von Samarra entsprechen. Das älteste, völlig erhaltene Mausoleum in der islamischen Kunst ist das Grab des bedeutendsten S.-Fürsten Ismail in Buchara. Es ist dies ein Ziegelbau mit Zentralkuppel, vier Eckkuppeln und ornamental gestaltetem Mauerverband aus den Jahren 892–907.
Lit.: K. Otto-Dorn, Die Kunst des Islam, 1964.

Samarkand. Russische Stadt der Usbekischen Republik. Bereits →Alexander d. Gr. gründete hier eine Stadt (Markanda), die später im 9. und 10. Jh. n. Chr. zu einem Zentrum asiatischer Kultur wurde. Nach ihrer völligen Zerstörung durch Djingis Khan (1220) erlebte sie nach 1369 als Sitz des Timur eine neue Blüte, von der noch zahlreiche islamische Baudenkmäler künden. Erhalten sind die Reste zweier Moscheen der 1. Hälfte des 15. Jhs. und die große Grabmoschee des Timur Lenk, ein oktogonaler Kuppelbau, dessen meiste Teile am Ende des 15. Jhs. erbaut wurden. – Zahlreiche Einzelfunde an Textilien, Teppichen, Fayencemosaiken und Fayencegefäßen.
Lit.: Z. Schubert von Soldern, Die Baudenkmale von S., 1898.

Samarra. 1) Stadt auf dem linken Tigrisufer 120 km nördlich Bagdad. Unter dem Pflaster islam. Häuser praehistorisches Gräberfeld mit bemalter Keramik, deren stilisierte Tier- und Menschenfiguren in Wirbelkompositionen um ein Hakenkreuz dargestellt sind. Das Torsionsprinzip unterscheidet die S.-Ware von der in Tell Halaf (→Guzana) und Arpatschije gefundenen bemalten Keramik des 4. Jahrtausends v. Chr. – **2)** Residenzgründung der abbassidischen Kalifen, nacheinander von 7 Kalifen und ihren türkischen Garden bewohnt von 836–892 und dann verlassen. Auf 33 km längs des Flusses waren aus Grundrissen und Ruinen neben dicht aufeinanderfolgenden Privathäusern mehrere Paläste bestimmbar. Von der großen Freitagsmoschee stehen noch die Umfassungsmauern und das spiralförmige Minarett „Malwiya", eine gleichartige, kleinere Anlage ist in der Ruine Abu Dilif erhalten. Ein achtseitiges Mausoleum – Qubbet al Suleibiyya – stellt für das 9. Jh. eine Besonderheit der Baukunst dar und enthält 3 Kalifenbestattungen. Das bedeutendste kunstgeschichtliche Ereignis, das sich an den Ruinen von Samarra ablesen läßt, ist der Beginn einer abstrakten Flächenmusterung im Schrägschnittstil, der auf den Einfluß der türkischen Garden zurückzuführen ist. In seinen Auswirkungen bis Ägypten und Turkestan wird er als „abbassidischer Reichsstil" bezeichnet. Aus den Grabungen von Samarra stammt unsere Kenntnis der einmaligen Höhe der Lüsterkeramikproduktion zur Zeit ihres Ursprungs sowie vom Import chinesischen Seladons und von dem einflußreichen Vorbild der T'ang-Keramik. Aus dem 11. Jh. ist ein künstlerisch bedeutendes schiitisches Heiligtum in dem Bau Imam Dur erhalten.
Lit.: E. Herzfeld, Die Geschichte der Stadt S., 1948; E. Herzfeld, Erster vorläufiger Bericht über die Ausgrabungen von S., 1912; F. Sarre und E. Herzfeld, Archäologische Reise im Euphrat- und Tigrisgebiet, 1911.

Samberger, Leo. Deutscher Maler. Geb. 1861 in Ingolstadt, gest. 1949 in Geitau bei Bayrischzell. Schüler der Akademie in München bei Benczur und Lindenschmit. Einflüsse von →Lenbach traten hinzu. Er pflegte hauptsächlich das Portrait (ähnlich Lenbach), schuf aber auch religiöse Bilder.
Lit.: H. Vollmer, Künstlerlex. d. 20. Jhs.

Sammelvedute →Vedute.

Sammlermarke. Seit dem Anfang des 17. Jhs. finden sich auf graphischen Blättern handsignierte, gestempelte oder aufgedruckte Marken, die den Besitzer der Blätter kennzeichnen. Für die Kenntnis der Herkunft eines Blattes kann die S. wertvolle Hinweise geben.

Sammuramat. Aus →Babylon stammende Mutter des Assyrerkönigs →Adadnirari III., die vier Jahre (809 bis 806 v. Chr.) die Regentschaft führte, eigene Stelen errichten ließ und erfolgreiche Feldzüge unternahm, so daß sich die griech. Sage ihrer bemächtigte, die ihren Namen →Semiramis mit den berühmten „Hängenden Gärten" verband. Die entsprechende Zuweisung der in →Babylon aufgedeckten gewölbten Substruktionen im Palastbereich ist nicht gesichert.
Lit.: H. Schmökel, GAV, 258; A. Parrot, Assur, 374; E. Strommenger, Mesopotamien, 108, 124.

Samoa-Inseln. Inselgruppe im westlichen →Polynesien, nördlich von →Tonga. Figürliche Holzplastik ist hier nicht sicher nachweisbar, dagegen wurden reichverzierte Kriegskeulen und Geräte hergestellt, ebenso →Tapa, z. T. mit stilisierten Tiermotiven verziert.
Lit.: A. Krämer, Die S., 1903.

Samojeden →Sibirische Stämme.

Samos. Griech. Insel vor der kleinasiatischen Küste. Um 1200 v. Chr. von Ionern besiedelt, entstand hier ein großes Heraheiligtum, das seine Blütezeit im 6. Jh. v. Chr. hatte. Ein um 900 v. Chr. errichteter Altar auf einer kleinen Terrasse bildete die Keimzelle. Mehrere Altarbauten schließen sich in der Folgezeit an, immer größer werdend bis zu dem „Rhoikos-Altar" (um 550 v. Chr.), der eine Fläche von ca. 36,5 m × 16,5 m umfaßte. Nach 800 v. Chr. wurde der früheste Tempel als →Hekatompedon ohne →Peristasis erbaut. Um 670 v. Chr. entsteht über diesem durch eine Überschwemmung (?) vernichteten Tempel unter Beibehaltung der Grundsubstanz ein Peripteros mit 6 × 18 Säulen. Eine Ummauerung des Heiligtums schließt sich an. Zwischen 570 und 550 wird der Kultplatz neu geordnet. Der Architekt →Rhoikos erbaut gemeinsam mit →Theodoros einen neuen Heratempel. Es ist dies der erste →Dipteros, dazu in monumentalen Ausmaßen von ca. 52,5 × 105 m, mit insgesamt 104 Säulen um die dreischiffige Cella. Kaum vollendet, ging der Tempel wahrscheinlich durch politische Wirren zugrunde. Noch im 6. Jh. v. Chr. beginnt der Tyrann Polykrates mit einem Neubau, der sich bis auf geringe Abweichungen eng an den Entwurf des Rhoikos anlehnt. Der Tempel blieb unvollendet. Die Arbeiten an ihm schleppten sich noch bis ins 4. Jh. v. Chr. fort, bis endlich die Ringhalle geschlossen war. Neben den Bauten des Heraions hat die Bildhauerschule von S. zum Ruhme der Insel beigetragen. Reiche Funde an vor allem archaischer Plastik lassen einen regen Kunstbetrieb erkennen, der durch bereitwillige Aufnahme von Einflüssen aus dem Orient und aus Ägypten charakterisiert ist.
Lit.: Berve-Gruben-Hirmer, Griech. Tempel und Heiligtümer, 236ff.; E. Buschor, Altsamische Standbilder.

Samothrake. Griech. Insel vor der Küste Thrakiens, seit dem 8. Jh. v. Chr. griech. (durch Samier) besiedelt. An der N-Küste liegen die Reste der gleichnamigen Stadt S. mit gut erhaltenem Mauerring. – Der eigentliche Ruhm dieser Insel gründete sich auf ein vor allem in hellenistischer und röm. Zeit hochberühmtes Mysterienheiligtum, in der Nähe der Stadt gelegen. Das Heiligtum war einer großen Muttergottheit und anderen Göttern geweiht und geht in seinen ältesten Resten in das 7. Jh. v. Chr. zurück. Seit der 2. Hälfte des 4. Jhs. und bis in die Mitte des 2. Jhs. v. Chr. wird die heilige Stätte großzügig ausgebaut. Von den zahlreichen Kultbauten, die nicht die geläufige Form griech. Tempel zeigen, ist vor allem die Anlage eines Baues mit apsidialem Innenraum und einer Vorhalle mit dorischen Säulen zu nennen. Von diesem Bau stammen die heute in Wien aufbewahrten Giebelskulpturen, eines der wenigen Beispiele hellenistischer Giebelplastik. Im 3. Jh. v. Chr. wurde in dem Bau des Arsinoïons der größte griech. frei überdeckte Bau (Rundbau mit ca. 20 m Durchmesser) errichtet. – Unter den Einzelfunden ragt die sogen. Nike von S. (Paris, Louvre) als eines der qualitätvollsten Beispiele hellenistischer Gewandplastik hervor. Sie stand ursprünglich in einem Nischenbau auf einem Schiffsbug, von dem sie siegverkündend herabzuschweben scheint. Lit.: K. Lehmann, S., 1958ff.; Kirsten-Kraiker, Griechenlandkunde, 645ff., 1962.

San Agustin. Vorkolumbischer Zeremonial- und Bestattungsplatz im südkolumbianischen Hochland, der einer weitverbreiteten Kultur des 1. Jahrtausends n. Chr. ihren Namen gibt. Menschen- und tiergestaltige Steinplastiken von „monolithischem" oder „megalithischem" Charakter lassen sich in 2 Stilgruppen ordnen: 1. priesterlich streng, konventionell-hieratisch, 2. vollendet realistisch. Die Statuetten zeigen übergroßen Kopf, kleinen Körper mit sehr kurzen Beinen, angewinkelten Armen, großen Mund, Hauzähne und breite tierähnliche Nase. Bei einer bedeutenden Anzahl menschlicher Figuren erscheinen Raubtierdarstellungen auf den Schultern, in denen mit einiger Wahrscheinlichkeit tierische Doppelgänger oder „alter ego" gesehen werden können. An Grabtypen kommen ein rechteckiges Steinkistengrab, manchmal mit Sarkophag, und ein mit großen, flachen Steinplatten verschlossenes Schachtgrab vor (→Kolumbien).

Sanatruq. Fürst von →Hatra, dessen Beterstatue mit Inschrift bei den Ausgrabungen gefunden wurde. Streng frontale Haltung, feine Ausarbeitung aller Einzelheiten der Kleidung, ein charakteristisches Beispiel für die Plastik in der →parthischen Kunst.
Lit.: R. Ghirshman, Iran II, 94, Abb. 105.

Sanchi →Santschi.

Sancta Sanctorum. Bezeichnung für die päpstliche Kapelle im Lateranpalast. In ihrer heutigen Form im 13. Jh. gestaltet. Sie ist für die altchristl. Kunst dadurch bedeutsam geworden, daß im Jahre 1903 unter dem Altar eine große Zahl wertvoller Reliquienbehältnisse in verschiedener Form und aus verschiedenem Material gefunden wurden, die aus sehr früher Zeit stammen. Hervorgehoben sei eine Emaillearbeit aus dem 5./6. Jh. Es handelt sich um ein figurenreiches Kreuz. Das Bildwerk ist aus durchsichtigen, farbigen, in goldene Zellen eingefüllten Pasten zusammengesetzt. Vielleicht in Jerusalem entstanden. Dargestellte Szenen: Verkündigung, Begegnung, Geburt, Reise nach Bethlehem, Anbetung, Darbringung im Tempel und Taufe.

Sanctuarium. – **1)** Ursprünglich die für die Laienwelt unzugängliche →Apsis. Später wird der Begriff verengt auf die Stätte des Hochaltars. – **2)** Bezeichnung für den Aufbewahrungsort von Reliquien, auch für Reliquien selbst.

Sandhara Prasada. Ein indischer Tempel, der im Innern einen Umgang um das Allerheiligste besitzt.

San Domingo de Silos. Kloster in Kastilien, dessen Kreuzgangpfeiler einen bedeutenden christologischen Reliefzyklus tragen (u. a. Kreuzabnahme, Himmelfahrt, Auferstehung, Frauen am Grabe, Thomaswunder). Kapitelle ohne figürlichen Schmuck. Entstanden wohl um 1120. Vorbild: →Moissac, dessen szenischer Kapitellzyklus nun an den Pfeilern erscheint, während seine großen Pfeilerfiguren hier fehlen. Stilistisch anschließend an den „Tympanonmeister" von Moissac sowohl in den Gesichtstypen wie in den Gliederbewegungen, die dessen Verschränkungsmotive voraussetzen. Die eigentümliche Entleerung der erregt gespannten, geballten Formen des franz. →Languedoc wohl auf den Einfluß →mozarabischer Buchmalerei zurückzuführen. Charakteristisch sind die eindrucksvoll monotone Gruppierung und das sehr flache Relief.
Lit.: W. Sauerländer, Skulptur des Mittelalters, Ullstein-Kunstgeschichte XI, 1963.

Sandrart, Joachim von. Deutscher Maler, Kupferstecher und Kunstgeschichtsschreiber. Geb. 1606 in Frankfurt, gest. 1688 in Nürnberg. Lebte 1637–44 in Amsterdam, dann auf Reisen in der Pfalz, nach Augsburg und Frankfurt, seit 1674 in Nürnberg. Als Maler genoß S. eine holländische Schulung, die er mit Zügen der fläm. (→Rubens) und italien. (venezianischen) Barockmalerei vereinigte. Thematisch schuf er Historienbilder (Das Gesandtenmahl des Ottavio Piccolomini, 1650, Nürnberg, Rathaus), Altäre (in der Stiftskirche Lambach b. Gmünden, 1657) und Portraits. Sein mit Abstand bedeutendstes Werk ist jedoch die „Teutsche Akademie der edlen Bau-, Bild- und Malereikünste" (2 Bde., erstmals 1675), dem ersten großen Quellenwerk der deutschen Kunstgeschichte. Das Werk ist abhängig von → Vasari, auch von C. →Mander und enthält eine allgemeine Betrachtung über die drei Künste und eine Sammlung von Lebensbeschreibungen von Künstlern seit der Antike.
Lit.: R. Peltzer, Neue Ausgabe der „Teutschen Akademie" mit Kommentar, 1925; ders., S.-Studien, in: Jb. der bildenden Kunst, N. F., 1925.

Nike von Samothrake, nach 190/89 v. Chr. (Paris, Louvre).

Sandreuter, Hans. Deutsch-Schweizer Maler. Geb. 1850 in Basel, gest. 1901 in Richen b. Basel. Schüler der Akademie in München und →Böcklins, dessentwegen er 1874 nach Florenz ging. Seine Studien ergänzte er 1877 bis 1880 in Paris. Nach einem weiteren Italienaufenthalt ließ er sich in Basel nieder. Stilistisch von Böcklin geprägt, war er thematisch Lokalhistorist: Kartons für Mosaikbilder im Schweizerischen Landesmus., Bern (Gründung Berns; Tells Gefangennahme), Fassade des Hauses der Bärenzunft in Basel.
Lit.: Thieme-Becker.

Sangallo (San Gallo). Italien. Baumeisterfamilie der Renaissance; ihre wichtigsten Mitglieder sind: **1)** Giuliano da S. Geb. 1445 in Florenz, gest. 1516 ebda. Er führte die Baugedanken →Brunelleschis weiter und überwand dadurch die Formen der Florentiner Frührenaissance. Er war tätig in Rom – hier 1514 an St. Peter –, Mailand, Neapel und Florenz. Seine bedeutendsten Bauleistungen sind die Kirche S. Maria delle Carceri in Prato (ab 1485), wobei er einen Zentralbau über griech. Kreuz entwarf, sowie die Villa Reale in Poggio a Caiano, eine für den italien. Landhausbau vorbildlich gewordene Anlage. Wie sehr sich G. da S. ständig mit dem Zentralbaugedanken beschäftigte, zeigt auch eine so kleine Anlage, wie die Sakristei von S. Spirito in Florenz. – **2)** Antonio da S. d. Ä. Geb. 1455 in Florenz, gest. 1534 ebda. Bruder von 1), Onkel von 3). Sein Hauptwerk ist die Kreuzkuppelkirche S. Biagio b. Montepulciano, einer der eindrucksvollsten Zentralbauten der Hochrenaissance. Schuf ferner Paläste. – **3)** Antonio da S. d. J. Geb. 1483 in Florenz, gest.

Potsdam, Schloß Sanssouci.

1546 in Terni. Neffe von 1) und 2), Schüler→Bramantes. Er war der Bedeutendste der Familie und einer der gefragtesten Baumeister seiner Zeit, der 1520, nach → Raffaels Tod, Bauleiter der Peterskirche in →Rom wurde. Vollzog bereits in seinen Bauten den Umbruch von der Hochrenaissance zu frühesten Barockformen: im Pal. Farnese in Rom (Planung 1514 f., Baubeginn 1534, vollendet von →Michelangelo) sind erstmals die Haupträume auf eine Hauptachse ausgerichtet worden, ein Gedanke, der für die Barockbaukunst entscheidend wurde. Wirkte auch als Festungsbaumeister.
Lit.: Willich und Zucker, Baukunst der Renaissance in Italien, 1929; G. Clausse, Les S., 1900–03; C. v. Fabriczy, Handzeichnungen G. da S., 1902.

Sangharama. Bezeichnung für indische Klosterbauten; zu den buddhistischen Anlagen gehörte als Hauptkultobjekt ein →Stupa im Klosterhof.

Sanherib. Assyrischer König, Sohn →Sargons II. (704–681 v. Chr.), Zerstörer von →Babylon. Prächtiger Ausbau der Residenz in Ninive an Stelle von →Dur Scharrukin, dessen Anlagen S. durch die Erweiterung von Ninive und die Ausstattung von →Assur zu übertreffen sucht. Bemerkenswert sind die Berichte über die großen künstlich bewässerten Parkanlagen. Darstellung auf Siegesstelen und den Reliefs der Residenz, deren Bildzyklen von den Kämpfen in den Marschlandschaften Südmesopotamiens, von Jagden mit Lockvögeln, von der Belagerung der Stadt Lachisch und vom →Lamassu-Transport aus den Steinbrüchen berichten. Die in weichem Stil wiedergegebenen Landschaftsmotive unterscheiden sich deutlich von den Flachbildern der →assyrischen Kunst des 8. bis 7. Jhs. v. Chr.
Lit.: A. Parrot, Assur, 374; E. Strommenger, Mesopotamien, 113ff.; H. Schmökel, GAV, 269ff.; H. Potratz, KAO, 256ff., 261, 270, 277f., 384.

San José. Typisches kleineres Zeremonialzentrum im zentralen Britisch-Honduras, dem Petén-Gebiet angehörig. Pyramiden, Höfe, zweigeschossige Bauten, Überkragungsgewölbe, Ballspielplatz und reiche Grabanlagen gefunden. Beziehungen weithin feststellbar. Skulptierkunst fehlt, doch wurden die Gebäude reichlich mit Stucco verziert. Die Keramikfunde lassen eine durchgehende Typologie von 5 Stufen aufstellen, die mit den Schichten von →Uaxactun und →Holmul verglichen werden können.
Lit.: J. E. S. Thompson, Excavations at S., 1939.

Sanmicheli, Michele. Italien. Baumeister. Geb. 1484 in Verona, gest. 1559 ebda. Schüler →Bramantes, dessen Stil S., vereint mit der Kenntnis der röm. Bauten Veronas, weiterentwickelte. Der von ihm entwickelte Typ der Palastfassade in Verona, der Palazzi Pompei, Canossa und Bevilacqua (alle dreißiger Jahre), wirkte lang nach und wurde besonders von den Architekten des Historismus, etwa →Semper, geschätzt. Ab 1528 war S. in venezianischen Diensten tätig, wobei er, als einer der bedeutendsten Festungsbaumeister Italiens, die Befestigungswerke Veronas baute mit der Porta Nuova (1533f.) und der Porta Stuppa (1550f.).
Lit.: H. Willich und P. Zucker, Baukunst der Renaissance in Italien, 1929.

Sanraku. Japanischer Maler. Geb. 1561, gest. 1635. Gehörte zu der berühmten →Kano-Schule und war Schüler des →Eitoku, dessen Stil er fortsetzte. 1583 wurde er an den Hof zu Osaka berufen und schuf dort zahlreiche, prachtvoll ausgestattete Schirme. Seine letzten Lebensjahre verbrachte er als Priester in → Kyoto. Deutlich läßt sich der betont dekorative Charakter seiner zahlreich erhaltenen Werke erkennen. Seine eigentliche Leistung bestand darin, daß er eine neue Figurenkunst, die sich an chinesische Traditionen anlehnt, in die japanische Malerei einführte.

Sansovino, Andrea, eigentlich A. Contucci. Italien. Bildhauer und Architekt. Geb. um 1460 bei Monte San Savino, gest. 1529 ebda. Als Bildhauer bei A. →Pollaiuolo in der Lehre; die Baukunst erlernte er bei G. da →Sangallo. Tätig in Florenz, Lissabon und Rom. – S. steht am Übergang von der Früh- zur Hochrenaissance. Die Arbeiten am Baptisterium in Florenz 1493–96 stehen noch unter dem Eindruck Pollaiuolos. Erst nach der Rückkehr von der Iberischen Halbinsel erwies sich S. als eine die Stilentwicklung vorwärtstreibende Kraft. Mit der Übertragung antiker Triumphbogenmotive auf das Wandgrab schuf S. einen neuen Grabmaltypus: in S. Maria del Popolo in Rom die Grabmäler der Kardinäle Ascanio Sforza (1505) und Girolamo Basso (1507). Weitere Werke sind die „Taufe Christi" über der Osttür des Florentiner Baptisteriums (1502f.) und ab 1513 verschiedene Ausstattungsstücke für die Casa Santa im Dom zu Loreto.
Lit.: G. A. Huntley, A. S., 1935.

Sansovino, Jacopo, eigentlich Tatti. Italien. Baumeister und Bildhauer. Geb. 1486 in Florenz, gest. 1570 in Venedig. Schüler des Andrea S., dessen Namen er annahm, tätig in Florenz, Rom und seit 1527 in Venedig, wo er eine sehr reiche, bedeutende Bautätigkeit entfaltete und sich zu einem der führenden Hochrenaissancemeister entwickelte. Sein Hauptwerk in Venedig ist die Marcus-Bibliothek (Libreria Vecchia, 1536f.), andere Bauten ebda. sind die Zecca 1537–45 (Münze), Paläste und Kirchen. Bedeutend ist auch sein bildhauerisches Werk, das schon in Florenz einsetzt mit einem hl. Jacobus (1513, Dom), in Venedig dann mit dem plastischen Schmuck der von ihm erbauten Loggetta am Campanile (1540–45), dem Dogengrab des Venier, vor 1561, S. Salvatore und den Standbildern des Mars und Neptun im Hof des Dogenpalastes (Scala dei Giganti) Höhepunkte der italien. Hochrenaissanceplastik erreicht.
Lit.: H. Willich und P. Zucker, Baukunst der Renaissance in Italien, 1929; H. R. Weihrauch, Studien zum bildnerischen Werke des J. S., 1935.

Sanssouci (Potsdam). Das Schloß S. wurde 1745–47 nach eigenhändigen Skizzen Friedrichs II. von →Knobelsdorff konzipiert. Die Bauleitung lag in Händen von J. Boumann und Büring. Das eingeschossige Schloß hatte ursprünglich eine Länge von 97 m, die Seitenflügel sind erst 1841 dazugekommen. Der Bau ist deutsch in der üppig-barocken Fassadengestaltung, aber franz. in Anordnung und Dekoration der Innenräume. Seine Mitte bildet ein ovaler, überkuppelter Saal, der mit seiner Rundung aus dem Baukörper in den Garten vorspringt. Die durchgehenden, rundbogigen Fenster werden beiderseits von beinahe vollplastischen Karyatiden über Pilastern gerahmt, die das durchlaufende, breite Gesims mit den Händen tragen. Über diesem Gesimsband läuft eine mit Vasen geschmückte Balustrade. Die Innenausstattung, überaus elegant und nobel, entstand 1750 durch J. Chr. von Hoppenhaupt. Der ausgedehnte Park, der von Friedrich II. nach 1744 unter →Knobelsdorffs Leitung als franz. Park angelegt wurde, schließt im W an die im englischen Stil gehaltenen jüngeren Parkteile (ab 1755) an. Sie erfuhren aber 1819 eine Umgestaltung durch Peter Lenné. Östlich vom Schloß entstand 1755–63 die Bildergalerie und im W die alte Orangerie von G. C. Unger (1747). Die neue Orangerie (1850–56) von Hesse und →Stüler. (Abb. S. 574).
Lit.: Wasmuths Lex. der Baukunst, Bd. IV und I, 1932; N. Pevsner, Europäische Architektur, 1963.

Santa Conversazione →Sacra Conversazione.

Santa Rita Corozal. Mayaruinenstadt im nördlichen Britisch-Honduras (Belize), von den anderen Zentren weitgehend isoliert. Aufgefundene Fresken sind zeitlich kurz vor der Ankunft der Spanier anzusetzen und zeigen starken mixtekischen Einfluß (→Tulum).

Santa Rosa Xtampak. Bedeutendste Mayastadt der →Chenes-Region im nördlichen Yucatán. Reste von Wandmalereien, Palastanlage mit zahlreichen Räumen in drei Stockwerken.

Santas. Hethitischer Königsgott, mit →Marduk gleichgesetzt.
Lit.: M. Riemschneider, WH, 73; E. Akurgal, HK, 48ff.; O. R. Gurney, The Hittites, S. 130, S. 138, 1954.

Sant'Elia, Antonio. Italien. Architekt. Geb. 1888 in Como, gefallen 1916 am Monte Zebio. Studierte am Polytechnikum von Mailand und schloß sich der Bewegung des →Futurismus an. Mit dem von ihm verfaßten „Manifesto dell'architettura" – 9. Juli 1914 – versuchte er, die Übertragung des Futurismus auf die Architektur zu propagieren.
Lit.: A. Sartoris, S. e l'architettura futurista, 1943.

Sant'Elia bei Nepi. Der besterhaltene, künstlerisch bedeutendste frühmittelalterl. Monumentalfreskenzyklus im Umkreis von Rom. Wohl Ende 11. Jh. Laut Inschrift (Apsis) Werk der röm. Maler Johannes, Stephanus und Nicolaus. In der Apsiswölbung, in herben Linien gezeichnet, Christus in goldgelbem Mantel vor blauem Grund stehend, dazu Petrus, Paulus, Zug der Lämmer vor goldgelbem Grund, Engel, hl. Märtyrerinnen. Im Querschiff zu seiten der Apsis in zwei Reihen die 24 Ältesten der Apokalypse schreitend, ferner Szenen aus Apokalypse und Gründungslegende der Kirche.
Lit.: C. J. Hoogewerff, „Gli affreschi nella chiesa di S. E. presso N.", Dedalo, 331ff., 1927/28; R. Oertel, Die Frühzeit der italien. Malerei, 1953.

Santiago de Compostela. Berühmteste und meistbesuchte abendländische Pilgerkirche (→Pilgerstraßen), errichtet seit ca. 1078 an Stelle eines Vorgängerbaus (Doppelkathedrale 879–96) über dem Grab des Apostels Jakobus Major. Chor und Querhaus 1105 geweiht, 1128 bis auf die Westfassade weitgehend fertig. Berühmteste roman. Kirchenanlage Spaniens. In Grund- und Aufriß St. Sernin in →Toulouse entsprechend, doch dreischiffiges Langhaus. Einzelne Emporenbogen hufeisenförmig gestelzt (Einfluß maurischer Baukunst). Dem alten Westeingang mit seinem Narthex, dem Portico della Gloria, ist eine churriguereske Fassade mit Türmen vorgelegt (Renaissance). Hochbedeutende Bauplastik: **1)** Puerta de las Platerias (um 1110–20), eine Doppeltoranlage (Typ der „Porta des Comtes", →Toulouse) an der Südquerhausfassade mit Aposteln, Propheten, Engeln, Szenen des Alten und Neuen Testaments u. a. – Bezeichnend span. ist die überreiche Dekoration mit plastischem Schmuck, das Fehlen einer architektonischen Einbindung der Skulptur und einer klaren, struktiven Portalgliederung. Motive heterogenster Herkunft erscheinen wahllos nebeneinander. Doch gehören die großen Apostelgestalten, die über den Eingängen vor der Mauer „kleben", zu den führenden Werken roman. Bauplastik. Stilistisch kennzeichnend sind das voll gerundete Hochrelief, die fast gedunsen wirkenden Formen (vergleiche →Languedoc). – **2)** Der von Magister Matheo signierte und datierte Portico della Gloria, das berühmteste Werk mittelalterlich span. Skulptur, bis 1188 errichtet. Das schwer deutbare Programm enthält u. a. am Gewände des Mittelportals Propheten und Apostel, im Tympanon eine apokalyptische Darstellung. Es ist eine dreitorige Anlage mit Vorhalle. Dies und die Gewändegliederung weisen auf →Burgund. Westfranz. Anregungen (Saintonge) sind die tangentialen Archivoltenfiguren zu danken. Den Gewändefiguren fehlt die straffe Rundung franz. Vorbilder. Die Form wirkt wie aufgeblähtes Hochrelief, ausgehend von der der früheren Puerta de las Platerias. Der üppige, die Faltenmotive häufende Gewandstil ist eine spezifisch span. Variante des Byzantinismus, der im letzten Drittel des 12. Jhs. überall in Europa erscheint. (Abb. S. 578).
Lit.: K. J. Conant, The Early Architectural History of the Cathedral S. d. C., 1926; W. Sauerländer, Skulptur des Mittelalters, UKg. XI, 1963; E. H. Buschbeck, Der Portico della Gloria, 1919; J. A. G. Nuño und J. G. Ricart, Arquitectura y Escultura Romanicas, 1948.

Santomaso, Giuseppe. Italien. Maler. Geb. 1907 in Venedig, lebt dort und besuchte die dortige Akademie. Die ersten gegenständlichen Arbeiten verraten Einflüsse von M. →Rosso und Semeghini. Die Kenntnis der Werke von →Braque, Morandi und →Carrà ließ ihn zu einem abstrakten Maler werden. 1939 unternahm er eine Reise in die Niederlande und nach Frankreich. 1946 gehörte er zu den Gründungsmitgliedern der „Fronte Nuove delle Arti".
Lit.: Ausstellungs-Katalog „Documenta" – Kassel, 1955.

Santschi. Ruinen buddhistischer Klöster und Kultstätten in Mittelindien. Die →Stupas I–III sind wegen ihrer reichen Skulptur an steinernen Zäunen und Toren wichtige Zeugnisse für die Bildhauerkunst vom 1. Jh. v. bis 1. Jh. n. Chr. Der Tempel XVII dürfte eine der frühesten Schöpfungen der Gupta-Architektur und ein Vorbild für spätere indische Tempel sein. – Lokalmuseum mit Funden aus allen Perioden, beginnend mit dem Kapitell einer →Aschoka-Säule. (Abb. S. 578).
Lit.: J. Marshall u. a., The monuments of S., 1940.

Santulliano (S. Julian) de los Prados, Oviedo → Westgotische Kunst.

Sao-Kultur. Nach den bisher veröffentlichten Ausgrabungsergebnissen handelt es sich um eine frühmittelalterl. Kultur, die an den Ufern des Tschad-Sees (besonders an der Schari-Mündung) blühte. Franz. Archäologen fanden dort Figuren von Menschen und Tieren (z. B. Widderköpfe) aus feingeschlämmtem Ton, reichverzierte →Keramik und vor allem Schmuckstücke und Plastiken aus →Gelbguß, in der Technik der „verlorenen Form" hergestellt. Das sagenhafte Volk der Sao scheint die Ufer des Tschad-Sees etwa in der Zeit vom 8.–12. Jh. n. Chr. besiedelt zu haben.
Lit.: J. P. Lebeuf und A. Masson-Detourbet, La Civilisation du Tchad, 1950.

Saqqar. In S. südlich von Kairo das Jeremiaskloster. Trotz der Zerstörung einige Wandmalereien erhalten. Sie verraten verschiedene Stile. Deutlich wird das etwa an der Darstellung der Maria. Zwei Bilder verraten griech. Einfluß. Das eine Mal wird sie liebevoll und

mütterlich dargestellt, das andere Mal stillt sie ihr Kind. Demgegenüber zeigt ein anderes Marienbild mehr orientalische Einflüsse. Maria wird in Frontalansicht gegeben, der Körper wird fast zur Fläche, der Kopf vergrößert, die Beine verkürzt. Die Malereien stammen wahrscheinlich aus dem 6. Jh. An einem Wandgemälde mit heiligen Eremiten und Äbten kann man den Übergang zur koptischen Kunst feststellen.
Lit.: K. Wessel, Koptische Kunst, 1965.

Sarasvati. Indische Göttin der Weisheit, Frau des Brahma, mit einem Musikinstrument, einer Art Laute, dargestellt.

Saray. Das persische Wort saray bezeichnet ursprünglich lediglich einen „Wohnsitz", wird aber besonders in türkischen Gebieten allgemein im Sinn von „Fürstensitz" verwendet. In dieser Form ist es Bestandteil vieler Städtenamen in Kleinasien.

Sardeis (Sardes, Sardis). Ehemalige, in Kleinasien gelegene Hauptstadt des Lyderreiches, seit →Alexander d. Gr. griech. Zu Beginn des 3. Jhs. v. Chr. wurde hier mit dem Bau eines riesigen ionischen Tempels für die Göttin Artemis begonnen, dem letzten Vertreter in der Reihe ionischer Monumentaltempel. Mit einer Grundrißfläche von ca. 45 m Breite und fast 100 m Länge steht er kaum hinter seinen beiden Vorbildern, dem berühmten Artemision von →Ephesos und dem sogen. → Didymaion, zurück. Vieles ist in der Plananlage von diesen beiden Bauten übernommen. Jedoch besteht ein gravierender Unterschied: Die Langseiten zeigen nicht wie sonst üblich eine doppelte, sondern eine zwei Joche überspannende einfache Säulenstellung, während die Fronten zwei Reihen von Säulen aufweisen und eine jeweils dritte Säulenreihe prostyle Hallen vor der Cella bildet. Somit handelt es sich hier nicht um einen → Pseudodipteros. (Abb. S. 578).
Lit.: H. Butler, Sardis, 1923; Berve-Gruben-Hirmer, Griech. Tempel und Heiligtümer, 236ff., 1961.

Sardes. – **1)** Durchscheinender, kastanienbrauner Stein, nach der Stadt Sardes benannt. Er gehört zur Gruppe des Chalzedon, Mineral aus feinfaseriger Kieselsäure. – **2)** →Sardeis.

Sardonyx. Halbedelstein, weiß-rotschichtiges Achat, viel zu Gemmen verarbeitet. Beispiele dafür aus altchristl. Zeit mit christlichem Bildschmuck vorhanden. So im Britischen Museum in London.

Sardur. Königsname in →Urartu. S. I. (9. Jh. v. Chr.). Erbauer der Felsenfestung nahe dem →Van-See. S. II. (760–730). Inschriftbericht über Tempel- und Palastbauten, Wasserleitungen und reiche Metallarbeiten, durch kunstreiche Funde bestätigt. Gravierter Helm aus →Karmir Blur.
Lit.: R. Ghirshman, Iran I, 442; W. I. Awdijew, GAO, 369ff.

Sarenput. Ägypt. Gaufürstenname von →Elephantine. S. I., Zeitgenosse →Sesostris I., legte sein Felsgrab auf dem westlichen Nilufer gegenüber →Assuan an. Es zeichnet sich durch klargeordnete, rhythmische Raumfolge, durch Verwendung des Vierkantpfeilers in Vorhof und Empfangshalle und durch das Tonnengewölbe des zum Kultraum führenden Ganges aus. Sorgfältig gearbeitete Reliefs, darunter die Darstellung des thronenden Grabherrn. Das Felsgrab seines Enkels S. II. aus der Zeit →Amenemhets II. übertrifft die ältere Anlage in der die Tiefenrichtung betonenden Raumordnung und gilt als einer der schönsten Innenräume →ägypt. Kunst.
Lit.: W. Wolf, KÄ, 312f., 385ff.

Sargent, John Singer. Amerikanischer Maler. Geb. in Florenz 1856, gest. in Chelsea (London) 1925. Studierte in Paris bei C. Duran (1874–79) und ergänzte diese Studien durch Reisen nach Italien und Spanien, wo besonders →Velasquez ihn beeinflußte. Nach 1884 lebte er in London, wo er als beliebter Portraitist ein großes Atelier unterhielt. Sein Stil hatte eklektische Anklänge, war aber vornehm, mit vollen Farben.
Lit.: Thieme-Becker; E. H. Blasfield, J. S. S., 1927.

Sargon. Begründer des Reiches von Akkad (→Akkadzeit) um 2350 v. Chr., nach dem Sieg über →Lugalzaggesi, dessen weitreichende Herrschaftspläne S. verwirklicht. Das erste semitische Großreich erstreckte sich bis an die Küsten des Mittelmeeres. Sein Schöpfer wurde zur legendären Gestalt. Darstellung auf Kampf- und Triumph-Reliefs nach Vorbild der →Geierstele, jedoch im neuen kraftvoll gestrafften Stil der Kunst von Akkad. Die Zuweisung des prachtvollen Kopfes von → Ninive an S. ist umstritten. S. II., assyrischer König (721–705), Eroberer von Samaria, Gegner →Rusas von →Urartu, Gründer von →Dur Scharrukin, dargestellt auf den Reliefs des Palastes, die den betont kraftvollen muskelstrotzenden Stil der →assyrischen Kunst unter →Assurnasirpal II. verfeinert abschwächen. (Siehe Tafel 1).
Lit.: A. Parrot, Assur, 374; E. Strommenger, Mesopotamien, 109ff.; H. Potratz, KAO, 436; H. Schmökel, GAV, 265ff.

Sari. Seidenes Umschlagtuch, Teil des indischen Frauengewandes.

Sarigüzel-Sarkophag. (Istanbul, Archäologisches Museum). Berühmter frühchristl. Sarkophag aus Marmor. Spätes 4. oder frühes 5. Jh. Zwei von rechts und links heranschwebende Viktorien (Engel) tragen einen Lorbeerkranz mit dem Monogramm Christi. Stark hellenistischer Einschlag. Interessant die Ikonographie für einen Sarkophag dieser Zeit.

Sar-i-Pul-i-Zohab. Felsreliefs von S. (Kurdistan) →Anubanini, →Hurin-Scheich-Chan, →Lulubäer.

Sarkedsch →Ahmedabad.

Sarkophag (griech. = Fleischfresser). Der Sarg für die Begüterten in der Antike und auch in frühchristl. Zeit. Er kann aus Stein, Holz, Bronze oder Blei bestehen, wenn auch der Steinsarkophag überwiegt. Der Deckel auf dem S. ist in der westlichen Hälfte des Mittelmeergebietes meistens flach, in der östlichen halbzylindrisch und ahmt hier die Form eines Daches nach. Der merkwürdige Name S. rührt wahrscheinlich daher, daß viele S.e, die aus einer bestimmten Kalkart verfertigt waren, die Verwesung des Leichnams beschleunigten. S.e werden nach Form und Thema eingeteilt. Formal: Man spricht von Riefelsarkophagen (bei ihnen ist ein großer Teil der Fläche mit Riefeln geschmückt), →Säulensarkophagen, →Nischensarkophagen, →Friesreliefsarkophagen, →Stadttorsarkophagen, Baumsarkophagen. Thematisch: Man spricht etwa von →Philosophensarkophagen, →Passionssarkophagen, Schlachtensarkophagen, Kinder- oder Erotensarkophagen. (Abb. S. 579).

Sar-Maschad. Bei S. in der Persis (→Fars) südlich →Bischapur Felsrelief →Bahrams II., das in eindrucksvoller Profildarstellung den König als Löwentöter zum Schutz seiner Familie zeigt.
Lit.: R. Ghirshman, Iran II, 173; K. Erdmann, KIS, 59f.

Sarmaten. Nordiranisches Volk, ursprünglich im Steppenraum östlich des Don bis zum Oxus (Amudarja) verbreitet. Seit Ende des 4. Jh. v. Chr. wachsende Ausdehnung der S. (→Jazygen, →Roxolanen) nach Westen, wo die →Skythen in Rückzugsgebiete verdrängt werden. →Eurasische Kunst IV.

Sarnath. Ruinen von buddhistischen Kultstätten, die in der Nachbarschaft eines maurya-zeitlichen Tierparks errichtet wurden. Im Lokalmuseum befindet sich das Löwen-Kapitell – das Symbol der modernen Republik Indien – von einer →Aschoka-Säule. Aus der Gupta-Zeit stammen der Dhamek-Stupa mit seinem reichen Terrakotta-Schmuck und zahlreiche Kultbilder.
Lit.: V. S. Agrawala, S., 1956.

Sarpul. Kurzform von →Sar-i-Pul-i-Zohab.

Sarto, Andrea del. Italien. Maler. Geb. 1486 in Florenz, gest. 1531 ebda. Außer einem einjährigen Aufenthalt in Frankreich 1518/19 lebte S. stets in Florenz und war dort einer der bedeutendsten Hochrenaissancemeister. Sein Stil ist verwandt dem des →Fra Bartolommeo. Sein Frühwerk wurde Ausgangspunkt der

Tafel 26: *Blick in die Kuppel von S. Lorenzo zu Turin, 1666 von Guarini begonnen.*

1. Generation von Manieristen. Große Bedeutung kommt S. als Koloristen zu: seine Farbskala reicht von warmleuchtenden Farben bis zur Grisaillemalerei, seine Darstellungen wirken oft schon barock. In der Komposition vereinigt S. Eindrücke, die er von →Michelangelo und →Dürer empfing (Geburt Mariae, Florenz, 1513/14). Sein ausschließlich religiöse Inhalte behandelndes Werk umfaßt Tafel- und Freskenmalereien, die er durch hervorragende Zeichnungen vorbereitete.
Lit.: H. Wagner, A. d. S., 1950; J. Shearman, A. d. S., 2 Bde., 1965.

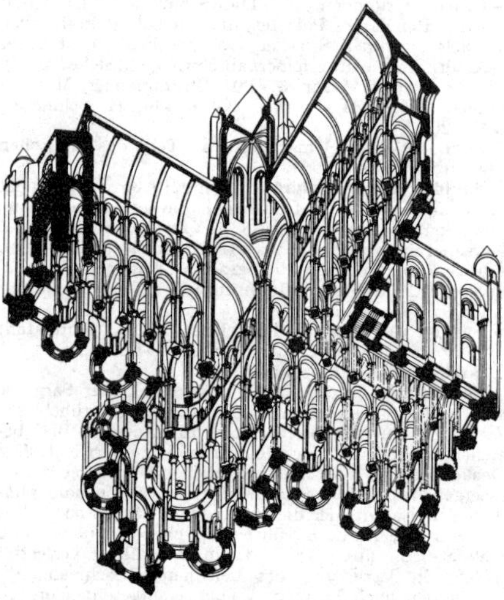

Santiago de Compostela; Isometrie.

Sarvistan. Bei dem Dorf S. in der Persis (→Fars) am Wege von Shiraz nach Darabdjird Ruine eines →Sasaniden-Palastes, der →Bahram V. zugeschrieben wird. Wie in →Firuzabad ist der repräsentative Teil mit drei →Iwanen und zentralem Kuppelsaal, begleitet von überwölbten Seitenräumen, an einen Mittelhof mit umliegenden Wohnräumen angeschlossen, doch ist die Anlage offener und leichter.
Lit.: R. Ghirshman, Iran II, 181; K. Erdmann, KIS, 31 f.

Sasan. Fürst der Persis (→Fars), Vater des →Papak. Oberster Vorsteher des →Anahita-Tempels in →Istachr. Tradition der →Fratadara. Nach S. wird die Dyn. der →Sasaniden benannt, die sein Enkel →Ardaschir I. gründet.

Sasaniden. Nach →Sasan benannte, von →Ardaschir I. gegründete persische Dyn. (224–651 n. Chr.), die die Herrschaft der →Arsakiden ablöst und betont die Tradition der →Achaemeniden pflegt. Erhebung des Zoroastrismus zur Staatsreligion. Ausdehnung des S.-Reiches vom Euphrat im W bis über den Oxus (Amudarja) und das Indusgebiet im Osten. Von den S. waren die →Kuschanen abhängig. →Ardaschir, →Bahram, →Chosroe, →Hormizd, →Kavadh, →Schapur, →Yezdegerd.
Lit.: R. Ghirshman, Iran II, 119 ff.; H. H. von der Osten, WP, 123 ff.

Sasanidenkunst →Iranische Kunst V.

Sasaram. Kleiner Ort im indischen Bundesstaat Bihar mit Baudenkmälern der Sur-Dyn. In der Altstadt befindet sich das Grab des Hasan Khan Sur, um 1535; das Mausoleum des Scher Khan Sur, um 1540, liegt auf einer Insel inmitten eines künstlichen Teiches; Umgangsbau über dem Achteck, das durch kunstvolle Zwischenglieder in ein Zweiunddreißigeck und den Grundkreis einer mächtigen Kuppel verwandelt wird. (Abb. S. 580).

Sati. Die Selbstverbrennung der indischen Witwe; S.-Stein: zur Erinnerung an eine Witwenverbrennung errichteter Gedenkstein mit symbolischen Darstellungen.

Satteldach →Dachformen.

Sattler, Ernst. Deutscher Maler und Radierer. Geb. 1840 in Schonungen bei Schweinfurt, gest. 1923 in Dresden-Hellerau. Studierte in Karlsruhe bei →Schirmer und in München bei →Piloty, ferner in Berlin, Paris und Florenz. In München stand er in Beziehung zu →Leibl, →Thoma und →Hildebrand. Zusammen mit Thoma malte er in seinem Schweinfurter Haus „Peterstirn" Deckenfresken (1875) und im Haus des Frankfurter Architekten Ravenstein Wandfresken mit Szenen aus Wagner-Opern (1882). In seinen Tafelbildern malte er Landschaften und Seestücke.
Lit.: Thieme-Becker.

Santschi. Stupa I mit Steinzaun und Osttor.

Satyros. Griech. Bildhauer und Architekt aus Paros, tätig um die Mitte des 4. Jhs. v. Chr. und neben →Pytheos als Baumeister des Mausoleums von →Halikarnassos überliefert, für das er vielleicht auch Skulpturen arbeitete. Neben einer inschriftlich gesicherten Basis in Delphi wurden ihm verschiedene Portraitstatuen und der berühmte →Klagefrauensarkophag zugeschrieben.
Lit.: G. Lippold, Handb. d. Archäologie, V, 244, 1950.

Sardeis, Artemision, 4. Jh. v. Chr.

Saura, Antonio. Span. Maler. Geb. 1930 in Huesca, lebt in Paris und Madrid. Stellt seit 1950 in Madrid aus. Schafft vorzugsweise großformatige Kompositionen mit

Abstraktionen gegenständlicher Dinge in einem stark expressiven Stil.

Sauroktonos. Beiname einer berühmten Apollonstatue des →Praxiteles. Dargestellt ist der jugendlich nackte Gott, der sich an einen Baumstamm lehnt und mit einem Pfeil eine Eidechse tötet. Das nicht mehr erhaltene, um 360 v. Chr. geschaffene Original war als Bronzestatue gefertigt und ist in mehreren röm. Marmorkopien überliefert (Paris, Louvre; Rom, Mus. Vat.; Athen, Nat. Mus.).
Lit.: Lippold, Handbuch d. Archäologie, V, 240, 1950.

Röm. Girlandensarkophag (Rom, Mus. Naz.).

Sauschschatar. König von →Mitanni, Sohn → Schuttarnas I., Zeitgenosse →Amenophis II. (15. Jh. v. Chr.), dessen →Rollsiegel aus →Nuzi mit Flügelsonne zwischen flankierenden Löwen und Tierbezwingermotiven typisch für den Mischstil der Kunst von Mitanni ist.
Lit.: A. Parrot, Sumer, 335; H. Schmökel, GAV, 162, 187f., 215, 222; H. Potratz, KAO, 337.

Sausga. Göttin des churritischen Pantheons, dargestellt auf Reliefs der →hethitischen Kunst.
Lit.: M. Riemschneider, WH, 42, 76, 86f., 88; E. Akurgal, HK, 48ff.

Savoldo, Giovanni Girolamo. Italien. Maler. Geb. vor 1480 in Brescia, gest. um 1550. Studierte 1508 an der Mediceischen Akademie zu Florenz. 1525–35 arbeitete er wahrscheinlich am herzoglichen Hof zu Mailand. – Über seine Vita ist nur wenig bekannt, da er zu seinen Lebzeiten kaum ans Licht der Öffentlichkeit trat. Dies mag teilweise dadurch bedingt sein, daß er nur wenige Werke schuf, wobei er bisweilen das gleiche Bild in mehreren Fassungen bearbeitete. Trotzdem zählt er zu den eigenständigsten Malern der 1. Hälfte des 16. Jhs. in Oberitalien und gehörte zu den Wegbereitern →Caravaggios. (Abb. S. 580).
Lit.: Thieme-Becker.

Sayil. Eine der größeren Mayastädte in der →Puuc-Region, Yucatán. Die Palastanlage, ein dreistöckig scheinendes Gebäude von über 80 Räumen, besteht aus einzelnen, auf massiven Terrassen stehenden Baukörpern. Die sonst für Mayabauten typischen engen Türöffnungen werden durch den Einbau runder Säulen verbreitert.

sc. Abkürzung des lat. Wortes „sculpsit" („er hat es gestochen"), wie sie auf Kupferstichen gemeinsam mit der Signatur zur Kennzeichnung des Stechers angebracht wird.

Scagliola. Aus Gips und Leimwasser bestehendes, durch Pigmentfarben gefärbtes Material, das geschliffen werden konnte und als Imitation von Marmor verwendet wurde. Besonders im Barock und Klassizismus fand die – hauptsächlich von italien. Handwerkern geübte – S.-Technik reiche Anwendung.

Scamozzi, Vincenzo. Italien. Architekt und Architekturtheoretiker. Geb. 1552 in Vincenza, gest. 1616 in Venedig. Wohl Schüler →Palladios, an dessen Bauten er auch die Bauleitung innehatte (Villa Rotonda) oder die er vollendete (Teatro Olimpico in Vicenza). S. hinterließ in Vincenza, Venedig und anderen Orten ein sehr umfangreiches, architektonisches Werk, in dem er →Serlio, →Sansovino und →Palladio nachahmte. Seine bedeutendsten Werke sind in Venedig die Neuen Prokurazien, das bedeutende Theater in Sabbioneta und die Anlage der venezianischen Festungsstadt Palma Nuova, 1593. Der von ihm entworfene Dom zu Salzburg wurde in verkleinerter Form von Solari ausgeführt. – Große Bedeutung kommt S. als Architekturtheoretiker zu; sein wichtigstes Werk ist die in 6 Büchern 1615 erschienene Schrift „Dell'Idea dell'Architettura Universale"(deutsch erstmals 1647).
Lit.: R. K. Donin, V. S. und der Einfluß Venedigs auf die Salzburger Architektur, 1948; J. v. Schlosser, Kunstliteratur, 1924 (S. als Architekturtheoretiker).

Scarabäus →Skarabäus.

Schabaka. König der →Aethiopen-Dyn. (716–701 v. Chr.), der die ephemere Herrschaft des Deltafürsten Bokchoris (24. Dyn., 720–715) beseitigt. Unter ihm wurde nach einer wiederentdeckten alten Papyrushandschrift die als Denkmal memphitischer Theologie berühmte Granittafel geschaffen, in deren Mittelpunkt derKünstler- und Schöpfergott →Ptah von →Memphis steht.
Lit.: W. Wolf, WÄ, 38ff.; E. Otto, Ägypten, 228ff.

Schabkunst. Auch Mezzotinto genanntes Kupferstichverfahren, bei dem die ganze Platte mit einem Schabeisen oder Granierstahl aufgerauht wird, so daß sie einen gleichmäßig weichen Samtton ergibt. Anschließend werden mit dem Polierstahl die Partien, die im Druck hell erscheinen sollen, geglättet. Die Zeichnung kann in die so präparierte Platte mit dem Grabstichel oder mit einer Kaltnadel eingearbeitet werden. Die um die Mitte des 17. Jhs. in Deutschland entwickelte Technik fand in den Werken engl. Portraitisten des 18. Jhs. ihre höchste Blüte.

Schabtechnik. Graphische Technik, bei der ein weiß grundiertes, schwarz getöntes Papier als Bildträger dient. Das so präparierte Blatt wird mit einem schabenden Gegenstand (Messer, Radierwerkzeuge) bearbeitet, so daß aus der schwarzen Schicht die Linien der Zeichnung herausgeschabt werden. In der Wirkung ist eine solche Zeichnung dem →Holzschnitt verwandt.

A. del Sarto, Vier Heilige, 1528 (Florenz, Uffizien).

Schachbrettfries (Würfelfries). Friesform, bestehend aus schachbrettartig geordneten Quadraten, die durch verschiedene Oberflächenbehandlung und verschiedene Profilierung voneinander geschieden sind. Der S. gehört zu den wichtigen Friesen der roman. Ornamentkunst.

Schachtgrab. Grab in der Form von in den Boden getriebenen Schächten. Die im Mittelhelladikum entstandene Form wurde in mykenischer Zeit übernommen.

Sasaram. Grab des Scher Kahn Sur.

Die bedeutendsten Beispiele sind in →Mykene im sogen. Schachtgräberring überliefert. Hier wurden mehrere Gräber dieser Art gefunden, die nach Aussage der Einzelfunde (kretischer Import von Goldschmuck und Prunkwaffen) in das 16. Jh. v. Chr. zu datieren sind. Später wurden diese Gräber durch einen doppelten Steinplattenring innerhalb der großen Burganlage als eigener Bezirk abgegrenzt.
Lit.: G. Karo, Die Schachtgräber von Mykenae, 1930-33.

Schadow. 1) Gottfried. Deutscher Bildhauer, Zeichner und Graphiker. Geb. 1764 in Berlin, gest. 1850 ebda. S. lernte bei dem Leiter der Berliner Hofbildhauerwerkstatt, dem in Paris ausgebildeten Antoon Tassaert. Erste Arbeiten von ihm waren jedoch Radierungen. Um die katholische Jüdin M. Devidels heiraten zu können, flüchtete er mit ihr nach Rom, wo er konvertierte, heiratete und bis 1787 blieb. Hier wurde besonders die Bekanntschaft mit A. →Canova, der an einem der Papstgräber arbeitete, bedeutend. Als S. 1787 nach Berlin zurückkehrte, fand er in Minister v. Heinitz einen verständigen Gönner, und 1788 wurde er, nach dem Tod seines Lehrers Tassaert, Leiter der Hofbildhauerwerkstatt. In die Zeit bis 1802 fallen jetzt alle diejenigen Bildwerke, die seinen Ruhm als bedeutendsten deutschen Klassizisten unter den Bildhauern begründeten. In Verbindung mit dem Oberhofbauamt entstanden mehrere Arbeiten im königlichen Schloß und als Hauptwerk die Quadriga auf dem Brandenburger Tor wie auch der sonstige Schmuck dieses Bauwerkes. Immer wieder während jener Zeit beschäftigte er sich mit dem Entwurf für ein Reiterdenkmal für Friedrich d. Gr., das aber erst sein Schüler Chr. →Rauch hat schaffen können. Das bedeutendste Marmorbildnis dieser Jahre ist die Prinzessinnengruppe mit Louise und Friederike (1795–97). Neben Denkmälern für die Generale der preußischen Kriege – Zieten, Fürst von Dessau, Blücher – schuf er in dem Wittenberger Lutherdenkmal unter zierlichem gotischem Eisenbaldachin (Entwurf von → Schinkel) noch einmal ein großes Denkmal. – 1816 wurde S. Direktor der Berliner Akademie, die aber unter seiner fast militärischen Leitung erstarrte.
Lit.: H. Mackowsky, Die Bildwerke G. S.s, 1951; ders., S.s Graphik, 1936.

2) Wilhelm von. Deutscher Maler und Schriftsteller, geb. 1789 in Berlin, gest. 1862 in Düsseldorf, Sohn des →S., Gottfried. Lernte in Berlin bei F. G. Weitsch sowie bei seinem Vater. 1811 ging er nach Rom, wo er sich den →Nazarenern anschloß. Nach seiner Rückkehr nach Berlin wurde er Lehrer an der Akademie und 1826 als Nachfolger von →Cornelius zum Direktor der Akademie in Düsseldorf berufen. Durch seine Umorganisation dieser Anstalt und durch seine Lehrtätigkeit während 33 Jahren hat S. die Düsseldorfer Malerschule begründet. – Der größte Teil der Bilder und Fresken S.s ist religiösen Inhalts, wie: Christus und die klugen und törichten Jungfrauen, 1838–42, (Frankfurt/M., Städel). Von seinen Bildnissen sind besonders nennenswert die aus der Zeit des röm. Aufenthaltes: Gabriele von Humboldt, 1818, und →Thorvaldsen. S. schrieb auch mehrere Aufsätze über seine Kunstauffassung.
Lit.: P. F. Schmidt, Biedermeier Malerei, 1922.

G.G. Savoldo, Tobias und der Engel, um 1540 (Rom, Galleria Borghese).

Schaduppum. Verwaltungsstadt im Herrschaftsbereich von →Eschnunna zu Beginn des 2. Jahrtausends v. Chr., von starken Mauern umschlossen. Außer einem Doppelheiligtum ist ein großer Tempel mit Torraum, Hof und Breitcella mit Vorraum aufgedeckt worden. Torraum und Vorcella bewacht durch ein Paar stilisierter Terrakottalöwen von starker Ausdruckskraft. Keilschrifttexte mit Reformgesetzen des Fürsten Bilalama von →Eschnunna und mathematischen Themen mit Zeichnungen, die die Probleme des Pythagoras und Euklid vorwegnehmen. Heute Tell Harmal.
Lit.: E. Strommenger, Mesopotamien, 85; H. Schmökel, GAV, 73, 80, 82.

Schädel, Gottfried. Deutscher Architekt. Geb. in Wandsbek bei Hamburg, gest. 1752 in Kiew. Gemeinsam mit →Schlüter reiste er 1713 nach St. Petersburg,

Mykene, Schachtgräberring, Anfang 13. Jh. mit Gräbern seit dem 16. Jh. v. Chr.

der ersten Stätte seines Wirkens (Palais für Fürst Menschikoff, 1713–16; Schloß Oranienbaum, 1713–25). Arbeitete anschließend in Moskau, wo er als Mitarbeiter →Rastrellis am Ausbau des →Kreml tätig war. Nach 1735 ließ er sich in Kiew nieder und baute hier eine Reihe bedeutender Architekturen: Glockenturm der Sophienkathedrale und Torbau der Umfassungsmauer dieser Kirche, 1746; Andreaskathedrale, 1742ff.; zahlreiche Kirchenumbauten. – Durch seine ausgedehnte Tätigkeit wurde S. zu einem der Hauptmeister russischer Barockarchitektur.
Lit.: Thieme-Becker.

Schäftlarn (Oberbayern). Die ehemalige Prämonstratenserklosterkirche geht auf eine Anlage aus dem 8. Jh. zurück. 1702 beginnt der Neubau des Klosters unter dem Münchner Hofbaumeister G. A. Viscardi, der bis 1707 dauert. Die Kirche wird 1733 durch F. →Cuvilliés begonnen. Die endgültige Weihe fand 1760 statt. Die Fassade ist schlicht, die Eingangswand durch Pilaster gegliedert, über deren Dreiecksgiebel ragt der Turm (1712) mit seiner Kupferhaube auf. Das Innere ist eigentlich das einer Wandpfeilerkirche, aber die verschieden weiten Pfeilerabstände bilden 2 Räume: einerseits das um die große Flachkuppel kreuzförmig gruppierte Laienhaus mit schmalen Kapellen seitlich der breiten Querachse und andererseits das ebenfalls mit Flachkuppel gedeckte, seitlich durch Oratorien erweiterte Presbyterium mit der halbrund schließenden Apsis. Die Gliederung der Wände geschieht durch Kompositpilaster und ein Gebälk. Die anmutige Rocailledekoration war ehemals vergoldet. Die Deckengemälde und die Stukkaturen sind späte Werke Johann Baptist →Zimmermanns (1754–56). Das Kloster ist ohne Aufwand dreigeschossig und symmetrisch klar geordnet. (Abb. S. 582).
Lit.: Reclams Kunstführer, Deutschland, Bd. I., 1960.

Schäufelein, Hans Leonhard. Deutscher Maler und Holzschnittzeichner. Geb. um 1480 in Nürnberg (?), gest. um 1539 in Nördlingen, dort seit 1515 als Stadtmaler beschäftigt. Wahrscheinlich lernte er in →Dürers Werkstatt, jedenfalls arbeitete er 1505 für ihn. Die Wanderschaft führte S. nach Tirol und Augsburg, wo eine reiche Tätigkeit in Druckgraphik einsetzte: Andachtsbücher, ein Plenarium und Holzschnittaufträge Kaiser Maximilians (Weisskunig, Theuerdank und Triumphzug). Sein malerisches Schaffen entfaltet sich in seiner ganzen Breite erst in Nördlingen. Neben Bildnissen und Altären entstehen alt- und neutestamentarische Darstellungen und Vorlagen für Holzschnitte in allen Themen (Triumphzug Kaiser Karls V., Schlacht von Pavia). – Der Grundcharakter seiner Kunst ist weich und mild, oft wehleidig empfindsam. Formal zeigt er eine zunehmende Sicherheit in der Behandlung von Renaissanceformen und eine ungewöhnliche Präzision in der Wiedergabe von Trachten und anderen zeitgeschichtlichen Gegenständen.
Lit.: C. Glaser, Die altdeutsche Malerei, 1924; F. Winkler, Die Zeichnungen Kulmbachs und S.s, 1942.

Schaffner, Martin. Deutscher Maler, Bildhauer und Medailleur. Geb. um 1479 in Ulm, gest. um 1547 ebda. Lernte in Ulm, zeigt aber, besonders in den harten farbigen Werken der Frühzeit, Anlehnung an H. Holbein d. Ä. Später dringen Einflüsse von →Burgkmair und →Dürer in den Vordergrund, wobei die Farbgebung weicher und toniger wird und die spätgot. Formen abgestreift werden. Zu diesen Werken seiner Hauptschaffenszeit gehören der Hutzaltar des Ulmer Münsters (1521) und der Wettenhausener Passionsaltar (1524, Schrein ebda., Tafeln in München, Pinakothek) sowie die Bildnisse des Itel Besserer (1516, Ulm, Münster) und eines unbekannten Mannes (um 1520, Wien, Mus.). In diesen Werken zeigt sich sein Bemühen, das neue renaissancehafte Formenempfinden anzunehmen. – Als Bildhauer gelang ihm dieser Schritt nicht, hier blieb er den spätgot. Formen verbunden. Dies gilt auch für einige ihm zugeschriebene Schaumünzen mit Brustbildnissen, darunter vermutlich ein Selbstbildnis.
Lit.: S. Graf Pückler-Limburg, M. S., 1899; C. Glaser, Die altdeutsche Malerei, 1924.

Schaftring (Wirtel). Ein um die Mitte eines Säulenschaftes gelegter steinerner Ring, gewöhnlich nur bei Säulen geringeren Umfangs. Er begegnet bereits im Frühmittelalter (z. B. →Basler Antependium, Anfang 11. Jh.), wird jedoch erst in spätroman. Zeit häufig. Als reine Schmuckform betont er hier das körperliche Volumen des Baugliedes oder, falls er um Wanddienste gelegt wird, die plastische Struktur des Wandreliefs. Knapper ausladend, doch oft zu mehreren übereinander angeordnet, findet er sich noch in der franz. Frühgotik (z. B. Kathedrale von →Laon). Eine mit S. versehene Säule wird als gewirtelt bezeichnet, der Vorgang als Wirtelung.

Schahbazgarhi. Dorf in Nordwest-Pakistan an einer alten Handelsstraße. Auf Felsen befinden sich Inschriften des indischen Kaisers →Aschoka. Neuerdings begonnene Ausgrabungen sollen die Geschichte von Stadt und Kultstätten der →Gandhara-Kultur klären.
Lit.: A. H. Dani, S., 1964.

Schahdara →Lahore.

Schah Dschahan. Mogulkaiser 1627–58, Bauherr besonders in →Agra, Mäzen einer Miniatur-Malerschule.

Schahname. Das „Buch der Könige“ ist ein iranisches Heldenepos aus gesammelten Sagenstoffen vorislam.

Zeit. Es schildert die iranischen Herrscher in ihrem ständigen Kampf gegen die turanischen Eindringlinge. Im 10. Jh. verfertigte der iranische Dichter Abu 'l-Kasim Firdusi für den Sultan Mahmud von Ghazna eine in Verse gefügte Fassung. Während Einzelmotive wie die Episoden aus dem Leben des populären Helden Bahram Gur in der dekorativen Malerei spätestens im 12. Jh. nachweisbar sind, wird das gesamte Werk seit dem 14. Jh. häufig illustriert. Ein monumentales Beispiel aus der Schule von Tebris, ehemals in der Sammlung Demotte und heute in verschiedenen Museen, entstand 1330–36 in Tebris. Ein großartiges, 1430 von Djafar für den Timuridenprinzen Baisonghur geschaffenes bebildertes Manuskript befindet sich in der kaiserlichen Bibliothek in Teheran.
Lit.: J. Mohl, Le Livre des Rois, 1830–78; Basil Gray, Persische Malerei, 1961.

Schahr-i-Gholghola →Bamiyan.

Schahr-i-Zohak →Bamiyan.

Schah Tepe. Praehistorische Siedlung im Gurgangebiet südlich von →Turang Tepe mit bemalter Keramik, die sich wie die von Tepe →Hissar von der bemalten Ware in →Sialk und →Tepe Gijan unterscheidet, so daß wir in Iran mit zwei Kulturbereichen der Frühzeit rechnen dürfen. →Iranische Kunst.
Lit.: H. H. von der Osten, WP, 17ff.; R. Ghirshman, Iran I, 1ff.

Schakti. „Energie", allgemein das weibliche Prinzip oder Ergänzungsbild indischer Götter, im besonderen Sinne Devi, die Frau des →Schiva.
Lit.: Banerjea, Development, 489.

Baldachin über der Kanzel der Klosterkirche zu Schäftlarn.

Schalabhandschika. Aus der indischen Literatur bekannte und in der Plastik häufig dargestellte Figur eines Mädchens, das den Aschokabaum zum Blühen bringt und von ihm Blüten pflückt.

Schalimar. Gartenanlagen der Mogulzeit nahe →Lahore und →Schrinagar.

Schallaburg (bei Melk, Österreich). Erwähnt wird die Burg schon im 12. Jh. In der heutigen Anlage sind noch mittelalterl. Bauteile eingeschlossen, nämlich die mit vielfach vermauerten Rundbogenfenstern versehene, rechtwinklige Umfassungsmauer einer ehemals dreigeschossigen Turmburg. Hans Wilhelm Losenstein veranlaßte 1572–1600 den Umbau der S. Das Prunkstück der Anlage ist der trapezförmige Hof, dessen O-Front, N-Seite (außen 2 Ecktürme) und ein Teil der W-Seite in prächtige zweigeschossige Arkaden aufgelöst sind, wobei auf jede Erdgeschoßlaube zwei kleine Bogen im Obergeschoß kommen. Hermenpilaster, als Masken gebildete Keilsteine, Konsolen, Figurennischen, Ornamentmotive, z. T. aus Terrakotta, im Obergeschoß, Wappenschilde in Zwickelfeldern und antikisierende Büsten in den oberen Gängen schmücken die Arkaturen, deren Gänge von Stuckrippen mit Schlußsteinen überwölbt werden.
Lit.: Reclams Kunstführer, Österreich, Bd. I, 1961.

Schalldeckel. Über einer Kanzel angebrachter sogen. Kanzelhimmel oder eine Kanzelhaube, um den Schall des von der Kanzel gesprochenen Wortes zu verstärken.

Schamal. Späthethitischer Fürstensitz (Ruinenstätte Sendschirli) in Südostanatolien im Grenzbereich gegen Nordsyrien, südlich von →Saktschegözü und →Marasch. Die →Orthostatenreliefs des Burgpalastes, vor allem am Südtor der Zitadelle mit zahlreichen Motiven (besonders wichtig Tiermischwesen, Wettergott, adlerköpfige Gottheit, Krieger- und Reiterfiguren), zeigen das Nachwirken hethitischer Tradition, assyrische Vorbilder und dominierende Einflüsse der →Aramäer mit breitem, weichem Stil, der sich vor allem in Stelen abzeichnet. Beispielhaft ist das Relief des Barrekup (8./7. Jh. v. Chr.).
Lit.: H. Bossert, Altanatolien, 100ff.; E. Akurgal, HK, 90ff., 100ff.; H. Potratz, KAO, 342ff.; H. Schmökel, GAV, 140ff.

Schamasch. Name des babylonischen Sonnengottes, dessen Haupttheiligtum in →Sippar lag. S. wird meist thronend mit vierfacher Hörnerkrone und Flammenbündeln, auf →Rollsiegeln der →Akkadzeit mit Säge beim Durchschneiden des Gebirges während des Aufgangs dargestellt. S. unter dem Baldachin auf dem Relief des Nabu-apal-idinna. Thronend auf seinem Tempel mit Bergkuppen als Schemel auf der Gesetzesstele des →Hammurabi.

Schami. Bei →Malamir auf dem linken Ufer des →Karun hellenistischer Tempel mit Fragmenten von Großbronzen, unter denen der Kopf Antiochos IV. Epiphanes vermutet wird. Hellenistisch geprägt ist die Bronzestatue eines Partherfürsten in charakteristischer Reitertracht, ein bedeutsames Bildwerk aus der Frühzeit der →parthischen Kunst. Aus einem Grab stammen gravierte Perlmuttfragmente mit Profildarstellungen parthischer Bogenschützen und Reiter sowie einem ausdrucksvollen Frauenkopf in Vorderansicht, typisch für die Frontalitätsneigung der →parthischen Kunst.
Lit.: R. Ghirshman, Iran, II 19ff., 87ff., 108f.; H. H. von der Osten, WP, 118.

Schamschiadad. Assyrischer Königsname. S. I. (1748–1716 v. Chr.), Begründer des altassyrischen Reiches, Zeitgenosse →Hammurabis und →Zimrilims von →Mari, Bauherr des Enlil-Tempels in →Assur, Gründer der Residenzstadt Schubatentil (→Chagar Bazar). Siegesstele nach Art →Naramsins von Akkad, dessen Tradition S. I. bewußt pflegt, so daß die Zuweisung des berühmten Bronzekopfes von →Ninive an S. I. durchaus erwägenswert ist. Von S. V. (823–810), dem Gemahl der →Sammuramat, kennen wir eine Stele aus →Kalach, die dem Vorbild →Assurnasirpals II. folgt.
Lit.: H. Schmökel, GAV, 337; A. Parrot, Assur, 374; Sumer, 310; H. Potratz, KAO, 171. 220, 307.

Schapur. Königsname der →Sasaniden. S. I. (241 bis 272 n. Chr.): Sohn und Nachfolger →Ardaschirs I. Gründer von →Bischapur und →Gundeschapur. Häufig werden neugegründete Städte nach dem →hippodamischen System angelegt. Das Thema der Reiterinvestitur auf dem Felsrelief von Naqsch-i-Radjab schließt an →Ardaschir I. an. Der Triumph des S. über Valerian 260 n. Chr. ist auf fünf Felsbildern dargestellt (→Bischapur, →Naqsch-i-Radjab, →Naqsch-i-Rustam) und auf einem Sardonyx-Cameo (Paris, Bibl. nat. Cab. méd.). Kolossalstatue in der Grab(?) - Grotte von Bischapur. Dammbau von →Schuschtar. Tatenbericht in Parthisch, Sasanidisch und Griechisch am Fuß des →Feuertempels

von →Naqsch-i-Rustam. S. II. (309–379 n. Chr.): Ausdehnung des →Sasaniden-Reiches nach Osten. → Kuschanen. Zerstörung →Susas und Gründung einer neuen Residenzstadt (→Iwan-i-Kerkha). Triumphrelief bei →Bischapur nach Vorbild S. I. mit Frontdarstellung des thronenden Herrschers.
Lit.: R. Ghirshman, Iran II, 396f.; H. H. von der Osten, WP, 126ff., 138.

Scharff, Edwin. Deutscher Bildhauer, Maler und Graphiker. Geb. 1887 in Neu-Ulm, gest. 1955 in Hamburg. Besuchte schon mit 15 Jahren die Kuntsgewerbeschule in München und ein Jahr später die Akademie, wo er Schüler von Hackl war. 1907 reiste er nach Italien, Frankreich und Spanien. Während seines zweiten Parisaufenthaltes 1912/13 wechselte er zur Bildhauerei. 1923 wurde er Lehrer an der Hochschule für bildende Künste in Berlin, 1933 nach Düsseldorf versetzt und schließlich mit Arbeitsverbot belegt. – Sein plastisches Werk teilt sich im wesentlichen in 2 Gruppen: Bildnisköpfe (H. →Tessenow, E. →Nolde u.a.) und Pferdegruppen (Rossebändiger in Düsseldorf, 1935/36; 2 galoppierende Pferde, 1949). Daneben gibt es aber auch Ganzfiguren (Weiblicher Torso, 1932) und Reliefs (Bronzetür an der Klosterkirche Marienthal b. Wesel, 1945-49). – Die Kunst S.s steht in direkter Nachfolge der Münchener Bildhauerschule nach →Hildebrand, mit in sich geschlossenen gegenständlichen, aber nicht naturalistischen Körpern.
Lit.: G. Sello, E. S., 1956.

Scharffeuerfarben. Farben der Fayence- und Porzellanmalerei, die unter der Glasur liegen und unter unmittelbarer Hitzeeinwirkung eingebrannt werden. → Muffelfarben.

Scharkalischarri. Fünfter König der Dyn. von Akkad (23. Jh. v. Chr.), Nachfolger →Naramsins. Als Untertan des S. bezeichnet sich der Schreiber Ibnscharrum auf einem hervorragend gearbeiteten → Rollsiegel, das verdoppelt in Umkehrung das Motiv des Büffeltränkens durch einen Knienden am Fluß zeigt.
Lit.: A. Parrot, Sumer, 186; H. Schmökel, GAV, 45, 48, 50, 52.

Scharoun, Hans. Deutscher Architekt. Geb. 1893 in Bremerhaven, lebt in Berlin. Studierte an der Technischen Hochschule Charlottenburg (Berlin), wo er heute auch lehrt. 1919-33 war er Prof. an der Akademie in Breslau. – S. lehnte es ab, an der von den Architekten des →Bauhauses propagierten Rasterung der Architektur mitzuwirken und setzte dem eine Architektur entgegen, die von den inneren Bedürfnissen des Gebäudezweckes ausgeht. Er entwickelte dabei Raumformen und Dimensionen, die einen neuartigen Raumreiz und ein Erleben der Raumumgrenzungen bewirken. Diese Bauform wird vereinfachend gern als „organische Architektur" bezeichnet. – Diese unorthodoxe Architektur begann 1929 im Ledigenheim in Breslau und erreichte ihren genialen Höhepunkt beim Wettbewerb um das Staatstheater in Kassel (nicht ausgeführt) und den Neubau der Berliner Philharmonie, in welchem Bau erstmals seit dem Gewandhaus in Leipzig (Gropius & Schmieden) für den Konzerthausbau ein völlig neues Formensystem entwickelt wurde.

Scharrierung. Mit einem Steinmeißel (Scharriereisen) ausgeführte, parallele Furchen der Oberfläche eines Steinblockes. In schräger Führung (sogen. Schmal-S.) findet sich die S. seit dem 15. Jh., in senkrechter Führung (sogen. Breit-S.) seit dem 17. Jh.

Scharrukin. Keilschriftlich Bezeichnung für →Sargon in der Bedeutung „legitimer König".

Schatrundschaya. Heiliger Berg und Tempelstadt der Dschainas nahe der Siedlung Palitana auf der nordwestindischen Halbinsel Kathiawar. Seit dem 11. Jh. werden bis heute am Hang und auf der Kuppe des Gebirges Wallfahrtstempel gestiftet, bis 1959 bereits 863. Der mittelalterl. Stil mit säulenreichen →Mandapams und steil aufsteigenden →Schikharas wird nach kultischen Vorschriften getreu kopiert.
Lit.: Coomaraswamy, Geschichte, 125; Brown, Architecture I, 164.

Schattenbild (Schattenriß, Silhouette). Darstellung nach dem Schatten eines Gegenstandes oder eines Menschen, wobei die Binnenzeichnung fehlt und nur eine schwarze, scharf begrenzte Fläche gegeben wird. Der abzubildende Gegenstand wird zwischen die senkrecht stehende Bildfläche und eine Lichtquelle gebracht, so daß der Schatten auf die Bildfläche fällt und nachgezeichnet werden kann. Das S. kann mit Hilfe des → Storchschnabels in ein anderes Format übertragen werden. – Die Anregungen zum S. lieferte das ostasiatische Schattenspiel, das seit dem 18. Jh. in Europa bekannt war. Einer der ersten Liebhaber des S.s war der als sparsam bekannte franz. Finanzminister Etienne de Silhouette (1709–1767), nach dem das S. auch Silhouette genannt wird. – Eine große Beliebtheit erreichte das S. vor allem zur Zeit Goethes, der es für seine physiognomischen Studien verwendete. – Dem S. verwandt ist der Scherenschnitt, bei dem eine Silhouette in dunklem Papier ausgeschnitten wird. Bekannt wurde diese im Orient bereits früh geübte Technik in Europa im 16. Jh., erreichte ihre Blüte jedoch erst gleichzeitig mit dem S. im 19. Jh.
Lit.: M. Knapp, Deutsche Schatten- und Scherenbilder, 1916.

Schattenspiel (Indonesien) →Wayang.

Schattieren. Bezeichnung für die Darstellung der Schatten, die unter Lichteinwirkung von einem Gegenstand oder einer Person geworfen werden. Im Gegensatz zur optisch zweidimensionalen Flächenkunst ist es der Sinn und Zweck des S.s, diese Zweidimensionalität optisch aufzuheben und den Gegenständen plastische Körperlichkeit und Raumbeziehung zu verleihen. Die früheste Nachricht über das S. ist aus der griech. Antike überliefert, wo die Maler wie →Apollodoros und →Zeuxis am Ende des 5. Jhs. v. Chr. und zu Beginn des 4. Jhs. v. Chr. das S. bereits vorgenommen haben sollen. – Da das S. eng verbunden ist mit illusionistischer Raumdarlegung, wird die Schattengebung in der Malerei parallel zur → Perspektive ein wesentliches künstlerisches Mittel der →Renaissance. Je nachdem, ob solche Schatten durch sich kreuzende parallele Linienscharen oder durch einfache Parallelstrichführung dargestellt werden, spricht man von Kreuzlagen oder von Schraffur (Schraffierung).

Schatzhaus (griech. Thesauros). Griech. Gebäude, das seiner Form nach meist einem →Antentempel folgt und häufig sehr reich ausgestattet ist. Die Schatzhäuser wurden als Aufbewahrungsort für wertvolle Weihegaben von einzelnen Gemeinden in den großen Heiligtümern (→Delphi, →Olympia) hauptsächlich in archaischer Zeit errichtet. – Fälschlich hat man früher die großen Kuppelgräber in →Mykene wegen der hier gefundenen reichen Grabbeigaben als Schatzhäuser angesprochen.

Schaubert, Eduard. Deutscher Architekt. Geb. 1804 in Breslau, gest. 1860 ebda. Ab 1825 studierte er bei K. F. →Schinkel an der Bauakademie in Berlin, wo er Kleanthes, einen Griechen, kennenlernte. Mit ihm fuhr er 1829 nach Italien und weiter nach Griechenland, wo beide in Ägina in den Dienst des jungen griech. Staates traten. 1832 kamen sie zum erstenmal nach Athen, wo S. dann bis 1850 als Architekt, Baubeamter und Archäologe wirkte. Danach kehrte er in seine Heimatstadt zurück, wo er seine bedeutende und umfangreiche Sammlung griech. Antikenfunde der Universität in Breslau übereignete. Als Architekt hatte er ab 1842 die Metropolitankirche in Athen gebaut (vollendet von P. Kalkos, D. Zezos und dem franz. Architekten Boulanger), entwarf die Stadt- und Bebauungspläne von Piräus, Eretria und anderen, im griech. Bürgerkrieg zerstörten Städten. – Das Hauptwerk von S. und Kleanthes ist jedoch der Stadtplan von Athen, durch welchen sie als die eigentlichen und urspünglichen Schöpfer des neuen Athen angesehen werden müssen. Sie machten zuerst eine genaue topographische Aufnahme der Stadt mit ihren antiken und mittelalterlichen Denkmälern, soweit diese bekannt waren. Dieser Plan schuf die Voraussetzung für den Auftrag der Regierung in Nauplia an S. und Kleanthes für einen Plan einer neuen Hauptstadt Athen (1832/33). Der neue Plan sah die Anlage der Stadt nördlich der Akropolis vor. Die Altstadt, in der

man die bedeutendsten antiken Denkmäler vermutete, wurde umfaßt im Norden durch eine etwa zur Akropolis parallele Achse ,,Hermesstraße". Nördlich dieser Querachse, zwischen Syntagma-Platz und Kerameikos, legten sie ein fast gleichschenkliges Achsendreieck an, mit der Piräus- und der Stadionstraße, die sich im Omoniaplatz (früher Ottoplatz) treffen. Von diesem Platz aus führt schließlich eine Hauptstraße senkrecht auf die Hermesstraße und auf die Propyläen der Akropolis zu. Dieses Achsensystem bildet auch heute noch das Rückgrat der Innenstadt von Athen.
Lit.: H. H. Russack, Deutsche bauen in Athen, 1942.

Schaubild. Die perspektivische Darstellung einer Architektur oder Landschaft oder die graphische Darstellung von Szenen oder Dingen mit Hilfe eines Fadennetzes (→Netzrahmen).

Schedelsche Weltchronik. 1493 erschienenes, aus der Werkstatt von M. →Wolgemut hervorgegangenes Holzschnittwerk mit ca. 2000 Holzschnitten. Mehrere Gesellen haben neben dem Meister an dieser umfangreichsten Holzschnittfolge des 15. Jhs. gearbeitet, darunter wahrscheinlich auch der junge A. →Dürer, der damals bei Wolgemut in die Lehre ging.

Scheibe, Richard. Deutscher Bildhauer. Geb. 1879 in Chemnitz, gest. 1964, Berlin. 1897–99 Studium der Malerei in Dresden und München. Nach einem Aufenthalt in Rom wandte er sich 1907 der Bildhauerei zu, in der er vor allem durch →Maillol beeinflußt ist. Die Freundschaft mit G. →Kolbe führte zu einer dauernden gegenseitigen Anregung. Er suchte die klassische Statuarik und schuf neben einigen Tierplastiken und Denkmälern vor allem Aktfiguren. – 1925 wurde er an die Städelschen Kunstschulen berufen und lehrte seit 1936 an der Hochschule für bildende Künste in Berlin.
Lit.: E. Redslob, R. S., 1955.

Scheibenfibel. Völkerwanderungszeitlicher Fibeltyp, der die Tradition der emaillierten provinzialröm. Scheibenfibeln fortsetzt. Eine besonders prächtige S. wurde in →Wittislingen gefunden. Sie zeigt Almandineinlagen in Form einer ,,Kreuzrosette" (vier ineinander verschlungene Tiere). Die goldene Zierplatte weist außerdem reiche Filigranverzierung auf (7. Jh. n. Chr.).

Scheibenkreuz. Ein Kreuz (mit oder ohne →Kruzifixus), das einer Scheibe einbeschrieben oder ihr aufgeheftet ist. Die Scheibe kann rein ornamental (etwa mit gravierten oder ausgeschnittenen Füllungen wie Ranken und dergleichen; Beispiele in Hildesheim, Heiligkreuzkirche, Anfang 12. Jh.) oder figürlich geschmückt sein (Beispiel: Soest, S. Maria zur Höhe, Ende 13. Jh., mit Reliefszenen aus dem Leben Christi sowie gemalten Ranken).

Scheibenriß. Bezeichnung für einen Glasgemäldeentwurf, wie er vor allem von deutschen und niederl. Meistern der Renaissance ausgeführt wurde.

Scheibenspange. Angelsächsische und keltische → Zierscheiben der Völkerwanderungszeit, die vermutlich auf das Gewand aufgenäht waren, reich verziert mit Einlagen aus verschiedenem Material, aber auch mit ornamentalen Motiven, die in →Treibtechnik hergestellt sein können.

Scheidbogen. Ein innerhalb der Arkadenstellung einer Kirche jeweils zwei Stützen verbindender Bogen, der Mittelschiffjoch von Seitenschiffjoch scheidet. Die von ihm getragene Mauer wird auch Scheidmauer genannt.

Scheinarchitektur. Bezeichnung für die illusionistische Architekturmalerei, in der mit Hilfe raffinierter Perspektive Architekturen vorgetäuscht werden können. Erstmals in bedeutenden Leistungen tritt die S. in den röm. Wandmalereien von →Pompeji auf. Später findet sie sich vor allem in der Renaissance und im Barock in der →Quadraturmalerei und im →Deckenbild.

Scheintür. Bezeichnung für eine in Stein nachgeahmte, fest verschlossene Tür, wie sie sich vor allem in oberägypt. Grabanlagen findet. Durch die S. soll der Tote, dessen Stätte von außen geschützt und unzugänglich sein mußte, aus dem Grab herauskommen können, um die Weihegaben, die vor dem Grab niedergelegt wurden, anzunehmen.

Scheitelkapelle. Die am Scheitel eines got. Chorschlusses, also in der Hauptachse der Kirche gelegene Kapelle, gewöhnlich zu einem Kapellenkranz gehörig. Sie ist meist der Maria geweiht. Fast regelmäßig findet sie sich in engl. Kathedralen, und zwar durchweg erheblich vergrößert und aus dem Raumzusammenhang weitgehend gelöst; →Lady Chapel.

Scheintür aus dem Grab des Ateti, Altes Reich (Kairo, Mus.).

Schellack. Harzprodukt aus Stock- oder Gummilack wird zur Herstellung von Kitten, Firnissen, Holzpolituren, Lacken etc. verwendet.

Schepseskaf. Letzter Pharao der 4. Dyn., Sohn des→ Mykerinos, dessen Grabbauten er mit Ziegel, nicht in Stein vollendete, ohne eine eigene →Pyramide zu errichten. Sein Steingrab im Süden von →Sakkara hat die Form eines riesigen Sarkophages mit Tonnendach und weist in der Innenausstattung bereits auf die 5. Dyn. Die Gründe für die Abkehr von der Pyramidenform sind noch nicht geklärt, unverkennbar jedoch ist der Gedanke des monumentalen Totenhauses, das zugleich Mahnmal wie die →Mastaba ist.
Lit.: E. Brunner-Traut, Ägypten, 397.

Scherenschnitt →Schattenbild.

Scheschonk. Libyscher Söldnerführer und Begründer der 22. Dyn. (→Bubastis). Nach dem Tode →Salomons erobert S. I. (950–922 v. Chr.) →Jerusalem. Siegesinschrift in →Karnak, dessen Tempelbezirk er durch die sogen. Bubastidenhalle erweitert. Bau des Amuntempels von →El Hibe mit feinen Reliefs, die an den Stil →Sethos' I. erinnern, bezeichnend für die archaisierenden Tendenzen der →ägypt. Kunst nach dem Untergang des Neuen Reiches.
Lit.: W. Wolf, KÄ, 599, 607, 635, 638; E. Otto, Ägypten, 222ff.

Schibe. Fundort eines großen →Kurgans im Hochaltai, 170 km westlich von →Pazyryk. Doppelwandige Grabkammer auf dem Boden eines tiefen Schachtes mit Baumsargbeisetzung und Pferdebestattung (→Tierstil-Trensen). Goldbelegte Aufnähplättchen, Reste von Eisengegenständen mit Goldtauschierung, chinesische Lackschale. Der Befund spricht für eine Chronologie wie für Kurgan V von →Pazyryk (3. Jh. v. Chr.?).
Lit.: K. Jettmar, Steppenvölker, 82, 139ff.

Schick, Gottlieb. Deutscher Maler. Geb. 1776 in Stuttgart, gest. 1812 ebda. Als Schüler von →Hetsch und →Dannecker in Stuttgart sowie von →David in Rom (1802–11) war er einer der reinsten Vertreter der deutschen klassizistischen Malerei, mit romantischer Empfindsamkeit. Er schuf, auch von →Mengs beeinflußt, Historienbilder (David vor Saul), Landschaften mit mythologischen Staffagen (Apoll unter den Hirten) und Bildnisse, die zu den besten der Zeit gehören: Bildnis Danneckers von 1798 und seiner Frau von 1802 (alles Stuttgart, Galerie) und das schöne Gruppenbild der Kinder Humboldts (1809, früher Schloß Tegel bei Berlin, zerstört).
Lit.: K. Simon, G.S., 1914; Fleischhauer-Baum-Kobell, Schwäbische Kunst im 19. und 20. Jh., 1952.

Schickhardt, Heinrich. Deutscher Architekt. Geb. 1558 in Herrenburg, gest. 1634 ebda. Schüler Georg Beers in Stuttgart, 1593–1600 im württembergischen Mömpelgard (Montbéliard) tätig, wo er u. a. die Martinskirche (1601–07) errichtete. Nach 1600 Hofarchitekt des Herzogs von Württemberg. In dieser Stellung entfaltete er eine reiche Tätigkeit als beratender, entwerfender und auch ausführender Architekt. Sein Hauptwerk ist die Anlage von →Freudenstadt und die Stadtkirche ebda. (1601–18 als Winkelhakenkirche in gotisierenden Renaissanceformen).
Lit.: J. Baum, Forschungen über H. S., 1916.

Schiele, Egon. Österreichischer Maler. Geb. 1890 in Tulln/Donau, gest. 1918 in Wien. Studium an der Wiener Akademie (1906–09). In seinem Frühwerk, das dem →Jugendstil verbunden ist, steht er weitgehend unter dem Einfluß von G. →Klimt. Später übernimmt er Anregungen der ostasiatischen Kunst. Zwei Jahre vor seinem Tod folgt die Abkehr vom Jugendstil. – Von seinem Œuvre sind vor allem seine hervorragenden Zeichnungen zu nennen, in denen er bereits früh zu expressiven Formen findet, die nicht ohne Einfluß auf →Kokoschka blieben. Das betont erotische Element zahlreicher seiner Werke schockierte seine Umwelt so stark, daß er 1912 inhaftiert wurde. – Bald nach seinem Tode geriet er in Vergessenheit und wurde erst in den letzten Jahren neu entdeckt.
Lit.: O. Bensch, E. S. als Zeichner.

Schiff (lat. navis). Bezeichnung für den langgestreckten Raum einer Kirche. Man unterscheidet Haupt- und Nebenschiffe oder Mittel- und Seitenschiffe.

Schifferstadt in der Rheinpfalz. Hier wurde ein hutförmiges Gebilde aus dünnem Goldblech gefunden, das durch (getriebene) Ornamente reich verziert ist und vielleicht als Bekrönung eines Kultfpahles zu erklären ist. Zwei vergleichbare Funde stammen ebenfalls aus Süddeutschland und aus Frankreich. Die Funde sind bronzezeitlich.

Schiffskanzel. Predigtkanzel in Form eines Schiffbugs, bereichert durch dem Tafelwerk entsprechende Gebilde. Die S. ist vor allem im 18. Jh. in Süddeutschland und Österreich verbreitet und ist in Bezug zu dem vom Schiff auf dem See Genezareth aus predigenden Christus entstanden.

Schikhara. Der steil aufsteigende, reich mit mythologischen Figuren geschmückte Turm über dem →Garbagriham des nordindischen Tempels.

Schilchak-Inschuschinak. Sohn des →Schutruk-Nachunte, Bruder des →Kutir-Nachunte (1165–1151 v. Chr.), dessen Name auf der Ziegelrelieffassade des Tempels von →Susa und auf einer in einem →Luristan-Grab gefundenen Bronzeaxt gesichert ist.
Lit.: R. Ghirshman, Iran I, 283; H. Schmökel, GAV, 181, 198.

Schildbänder. Beschläge aus Bronzeblech (selten aus Eisen) der Lederriemen für die Befestigung der Armbügel griech. Schilde. Die reichsten Funde solcher Stücke, die hauptsächlich dem 7. und 6. Jh. v. Chr. angehören, wurden bei den Grabungen in Olympia gefunden, wo die Schilde als Dank- und Weihegaben auf den Stadionwällen aufgestellt worden waren. – Von besonderer Bedeutung sind die S. wegen ihrer in gerahmten Feldern übereinandergeordneten Bilder, die Szenen des griech. Mythos in getriebenem Relief darstellen und zu den wichtigsten Belegen früharchaischer Bildtypik gehören.
Lit.: E. Kunze, Archaische S., Olympische Forschungen, II, 1950.

Schildbogen. Der Bogen, der sich auf einer nichttragenden, den Raum abschließenden Stirnmauer dort abzeichnet, wo ein Kreuz- oder Tonnengewölbe auf sie trifft. Die Mauer wird Schildmauer oder Schildwand genannt.

„Der goldene Hut von Schifferstadt", 13. Jh. v. Chr. (Speyer, Historisches Mus.).

Schildhalter. Die ein Wappenschild auf beiden Seiten tragenden oder stützenden Figuren: Menschen (häufig Wilde Männer), Engel oder Tiere (Löwen, Adler, Hirsche, Greife u. a.). Sie gehören zu den „Prachtstücken" des →Wappens.

Schilfmaler. Griech. Vasenmaler der attischen Schule, tätig im letzten Drittel des 5. Jhs. v. Chr. Ausschließlich Lekythenbilder sind von ihm, der nach den immer wieder auf seinen Bildern erscheinenden Schilflandschaften benannt wurde, bekannt. Charakteristisch für seinen Stil ist neben einer lockeren, fast skizzenhaften Pinselführung die Dreiviertelansicht, in der seine Gestalten gegeben sind, die somit den strengen Silhouettencharakter klassischer Formgebung aufzulösen scheinen.
Lit.: J. D. Beazley, ARV, 1376ff., 1963.

Schilling, Johannes. Deutscher Bildhauer. Geb. 1828 in Mittweida, gest. 1910 in Klotzsche b. Dresden. Studierte an der Dresdener Akademie bei E. →Rietschel (1842–50) und an der Berliner Akademie bei →Drake (1851/52). Anschließend war er in Dresden Gehilfe von →Hähnel. Bevor er dort ein eigenes Atelier eröffnete, reiste er 1854–56 nach Rom. – S. begann in der Nachfolge Rauchscher Traditionen, entfernte sich jedoch von ihr zugunsten einer immer stärkeren Barockisierung, der er auch schließlich die Einheitlichkeit und Maßstäblichkeit der Plastik opferte. Hauptwerk: Nationaldenkmal auf dem Niederwald am Rhein, vollendet 1883.

Schilpa Schastra. Kunsttheoretische und ikonographische Handbücher indischer Priester und Handwerker.

Schinkel, Karl Friedrich. Deutscher Architekt und Maler. Geb. 1781 in Neuruppin, gest. 1841 in Berlin.

Kurze Zeit Schüler beider →Gilly in Berlin, übernahm S. nach dem Tode Friedrich Gillys einige von dessen Aufträgen. 1803 brach er zu einer Studienreise auf, die ihn über Venedig und Rom bis Sizilien und zurück über Paris führte; Zeugnisse jener Reise sind ein für die Kulturbetrachtung jener Zeit bedeutendes Tagebuch und eine Fülle von Reiseskizzen. Die Rückkehr nach Berlin erfolgte 1805 zu einem Zeitpunkt, in dem die Bautätigkeit in Preußen zum Erliegen kam. So sind die kommenden Jahre mit malerischer Tätigkeit ausgefüllt: Schaubil-

K. F. Schinkel, Entwurf für das Denkmal Friedrichs d. Gr.

der für Panoramen (Panorama von Palermo, 1808) entstanden und Staffeleibilder, von denen zwei, „Blick in Griechenlands Blüte" und „Dom am Meer" (1931 verbrannt), zu den Meisterwerken deutscher idealistischer Romantik gehören. Auch die Architekturentwürfe jener Zeit, eine Gedächtnishalle für Königin Luise und eine Kathedrale zur Erinnerung an die Freiheitskriege, sind reinste Zeugnisse der Romantik, mit deren Vertretern v. Arnim, Cl. Brentano u.a. er befreundet war. Geistig gehören hierher auch die Bemühungen des Staatsbeamten S. (seit 1815) in der Denkmalpflege um die Fertigstellung des Kölner Domes und der Marienburg. – Diejenigen Bauten aber, mit denen S. berühmt wurde und mit denen er ranggleich neben →Klenze und →Weinbrenner steht, sind klassizistisch: die Neue Wache unter den Linden 1816–18, das Schauspielhaus als Tempel der Musen 1818–21 und das Alte Museum 1822–28 (alles in Berlin). Wie sehr sich bei S. jedoch Klassizismus in edelster Ausformung und Romantik stets die Hand reichen, beweisen die feindetaillierten Backsteinbauten für Feilner (1829), die Bauakademie (1831–36) und die Werdersche Kirche (1821–31, wiederum alles in Berlin). Nicht minder romantisch-klassizistisch sind die Entwürfe für ein Königsschloß auf der Akropolis in Athen (1834) und für den Kaiserpalast Orianda auf der Krim (1838), ein Feenschloß mit klassizistischen Einzelformen.
Lit.: P. O. Rave, Schrifttum zu S. bis 1935; ders. Herausgeber von: Das Lebenswerk, 1938ff. (bisher 12 Bde.); C. v. Lorck, K. F. S., 1939; E. Riehn, S. als Landschaftsmaler, Diss. Göttingen, 1942.

Schirasch-Tschakra. Kreisförmiger Heiligenschein hinter dem indischen Kultbild.

Schirmer, Johann Wilhelm. Deutscher Landschaftsmaler, Radierer und Lithograph. Geb. 1807 in Jülich, gest. 1863 in Karlsruhe. Schüler W. →Schadows an der Düsseldorfer Akademie, an der er selbst 1840–54 lehrte, bevor er 1854 Leiter der Kunstschule in Karlsruhe wurde. – Seine früheren Bilder und Radierungen sind noch romantisch beeinflußt, doch weicht dies frühen realistischen Formen. Eine Italienreise 1839/40 weist ihn auf C. →Lorrain und →Poussin. Seine Werke haben jetzt einen heroisch-historischen Zug. In der Spätzeit kehrte er wieder zu reinen Landschaften zurück, die in ihrer Gelockertheit schon impressionistisch wirken.
Lit.: K. Zimmermann, J. W. S., 1920.

Schirmfassade. Dekorativ vor ein Gebäude gelagerte Fassade, die in keinem organisch-architektonischen Zusammenhang mit dem entsprechenden Bauwerk steht. Die S. findet sich vor allem in der profanen Barockarchitektur und dient vielfach als vermittelndes Bindeglied zwischen einer außen liegenden Platzanlage und dem Innenraum.

Schischupalgah. Indische Stadt aus der Zeit um Christi Geburt, nahe der Elefanten-Plastik mit einer Inschrift des →Aschoka von Dhauli, vielleicht Vorläufer der Tempelstadt von →Bhuvaneschvara.
Lit.: Fischer, Schöpfungen, Abb. 12.

Schiva. Eine der Hauptgottheiten der Hindus. Im kosmischen Tanz schafft, aber zerstört er auch die Welt. Anfangs im abstrakten Symbol des →Linga, später im menschengestaltigen Kultbild verehrt.
Lit.: Banerjea, Development, 446–509.

Schiz. Ruinenstätte Tacht-i-Suleiman in der alten Media Atropatene (Azerbeidschan) mit medischem Feuerheiligtum, das unter den →Arsakiden größte Bedeutung gewann. Charakteristisch ist die runde Stadtanlage wie in →Hatra, →Ktesiphon, →Merv. Der zentrale Feuertempel mit seinen fanatisierten intoleranten Magiern (Mobads) war auch in der Sasanidenzeit wichtig.
Lit.: R. Ghirshman, Iran II, 35, 397; H. H. von der Osten, WP, 298.

Schlagschatten. Schatten, den ein vom Licht getroffener Körper oder Gegenstand auf seine Standfläche oder sonstige Umgebung wirft. Er wurde innerhalb der abendländischen Kunst erstmals in der nordischen Malerei der ersten Hälfte des 15. Jhs. wiedergegeben (z. B. Jan van →Eyck, Meister von →Flémalle, Konrad →Witz).

Schlaun, Johann Conrad. Deutscher Architekt. Geb. 1695 in Noerde bei Ossendorf (Westf.), gest. 1773 in Münster. Trat 1719 in die Dienste des Fürstbischofs von Paderborn, Kurfürst Clemens August, wandte sich 1720 nach Würzburg, wo er sich an den Werken B. →Neumanns orientierte, und war anschließend in Rom. 1725–28 war er in Bonn tätig als kurkölnischer Baumeister, bis er 1729 nach Münster kam, wo er die höchsten Bauämter bekleidete. – S. ist der bedeutendste westfälische Barockbaumeister. Er ist maßvoll, zeigt hohes Können in der Gliederung der Flächen, deren Struktur eine besonders vornehme Note erhält durch die der holländisch-norddeutschen Tradition entsprechende Verbindung von Backstein und Haustein. Die Hauptwerke dieses Stils sind in Münster die Hospitalkirche St. Clemens (1744–53), der Erbdrostenhof (1754–57) und das fürstbischöfliche Schloß (1767–72).
Lit.: Th. Rensing, J. C. S., 1954.

Schleich, Eduard (d. Ä.). Deutscher Landschaftsmaler. Geb. 1812 in Haarbach (Niederbayern), gest. 1874 in München. Als Schüler der Münchener Akademie malte er anfangs Stimmungslandschaften in der Art C. → Rottmanns. Eine Parisreise, die er 1851 zusammen mit K. →Spitzweg unternahm, ließ ihn dann aber zu seinem persönlichen Stil finden. Mit seinen lichten, bayerischen Landschaften konnte er sogar auf die Entwicklung der Münchener Landschaftsmalerei Einfluß nehmen.
Lit.: Thieme-Becker.

Schleifkanne. Zinnkanne, wie sie mit dem Aufschwung des Bürgertums im 16. und 17. Jh. hauptsächlich in den Zunftstuben vorkam. Die S. kann eine Größe von ca. 0,5 m erreichen und besteht aus einem sich nach oben verjüngenden Bauch, der meist auf Löwenfüßen steht, und reichgeschmücktem Deckel und Henkel. Der Name S. leitet sich von dem großen Gewicht solcher Gefäße her, die nicht getragen werden konnten, sondern herangeschleift werden mußten.

Schleifrillen. An mittelalterl. Kirchenportalen zu beobachtende Rillen, die angeblich dadurch entstanden sind, daß man vor dem Auszug in einen Kampf die Waffen weihte, indem man sie am Kirchenportal wetzte.

Schleißheim (bei München). Das Schloß wurde 1597 als Sommersitz von Herzog Wilhelm V. begonnen, 1626 erweitert. Kurfürst Max Emmanuel ließ 1684 das Schlößchen Lustheim durch Enrico →Zuccali errichten. Der Plan zu einem prunkvollen Schloßneubau durch

Zuccali, aufgenommen 1701, mußte wegen des Span. Erbfolgekrieges 1704 eingestellt werden. Neue Pläne wurden 1714 von Decotte geliefert; 1719 wurden die Bauarbeiten wieder aufgenommen unter der Leitung von J. →Effner. 1727 waren sie im wesentlichen beendet. Dabei wurde das Alte Schloß als W-Flügel der Anlage beibehalten. Der zweigeschossige Hauptbau, mit Eckpavillons und Verbindungsgalerien 300 m lang, ist außen sehr zurückhaltend gestaltet, doch im Innern sehr prunkvoll ausgestattet.

Berlin, Südfront des Schlosses, nach dem Umbau von A. Schlüter, 1698–1706.

Schlemmer, Oskar. Deutscher Maler, Zeichner und Bühnenkünstler. Geb. 1888 in Stuttgart, gest. 1943 in Sehringen bei Badenweiler. Studierte an der Akademie in Stuttgart bei Keller und →Hölzel. Hier begann er als Nachimpressionist, arbeitete sich jedoch über den → Kubismus zu einem abstrakten Stil durch. Dieser Stil führt alle Naturformen auf statische und geometrische Formen zurück, beläßt ihnen aber den gegenständlichen Charakter. 1920 wurde S. von →Gropius an das →Bauhaus in Weimar (später Dessau) berufen, dem er bis 1929 angehörte. In diese Zeit fallen seine bedeutendsten Werke: die Wandbilder im Werkstättengebäude des Weimarer Bauhauses und im Folkwang-Mus. in Essen (nach 1933 vernichtet). Ebenfalls in diese Zeit fallen seine bühnenkünstlerischen Experimente mit dem „Triadischen Ballett“, zu dem er die Ausstattung und Choreographie leitete. Über diesen Teil seines Werkes schrieb er: „Die Bühne im Bauhaus“, 1925.
Lit.: H. Hildebrandt, O. S., 1952.

Schliemann, Heinrich. Deutscher Kaufmann und Archäologe. Geb. 1822 in Neubuckow (Mecklenburg), gest. 1890. Bereits in seinen Jugendjahren faßte er – fasziniert von der Lektüre der Homerischen Epen – den Entschluß, den Stätten der Helden Homers nachzuspüren. Nachdem er als Kaufmann ein Millionenvermögen erworben hatte, realisierte er seinen Jugendtraum und ließ sich 1870 in Athen nieder. In den folgenden Jahren führte er umfangreiche Ausgrabungen durch und entdeckte die Städte →Troja, →Mykene, →Tiryns und →Orchomenos. Durch seine Ausgrabungstätigkeit, die er im Laufe dieser Arbeiten ständig vervollkommnen konnte, wurde S. zum Begründer der modernen → Archäologie.

Schloß. Ein fürstlicher oder aristokratischer Wohnbau. Ausgehend von Befestigungsbauten, Burgen, entstehen im 15. und 16. Jh. schon Übergangsbauten zwischen Burg und Schloß (→Meißen, →Albrechtsburg). Die Wehrhaftigkeit tritt in der Folge immer mehr zurück zugunsten einer großzügigeren und prunkvoller werdenden Bauweise, wobei sich auch die Parkgestaltung immer mehr entwickelt, im späten 18. Jh. oft sogar eine Verschmelzung der Architektur mit der Landschaft erstrebt wird. Schloßbauten repräsentieren meistens städtisch-weltliche Kultur ihrer Zeit in höchster Form.

Schlüter, Andreas. Deutscher Bildhauer und Baumeister. Geb. um 1664 in Hamburg oder Danzig, gest. 1714 in Petersburg. Über die Ausbildung dieses bedeutendsten norddeutschen Barockbildhauers ist wenig bekannt. 1689-93 war er in Warschau tätig (Grabmal J. Sobieski in Zolkiew). 1694 in Berlin, führte er die Dekorationen des Marmorsaales im Potsdamer Stadtschloß aus. 1696 unternimmt er eine Studienreise nach Italien. 1697 bis 1698 ist er am Bau des Zeughauses in Berlin vor allem mit plastischen Dekorationen beschäftigt, u.a. entstehen die 21 Masken der sterbenden Krieger, Plastiken höchster Ausdruckskraft. Für den Hof des Zeughauses bestimmt war das Bronzestandbild Kurfürst Friedrichs III. (später Königsberg, vermutlich zerstört). Gleichzeitig (1703 errichtet) entstand das kraftvolle Reiterdenkmal des Großen Kurfürsten. Es ist das erste unter freiem Himmel aufgestellte Reiterstandbild in Deutschland, zugleich das großartigste Zeugnis der Plastik des absolutistischen Zeitalters. Weitere Plastiken sind die Prachtsarkophage (aus Blei gegossen) der Königin Sophie Charlotte (1705) und König Friedrichs I. (1713, beide im Dom zu Berlin). Zuerst nur mit der Bauleitung des Berliner Schlosses befaßt, geht die Ausführung des An- und Umbaus allmählich immer stärker auf ihn über, so daß dieses Hauptwerk des norddeutschen Barock seine schönsten Teile ihm verdankte.
Lit.: H. Ladendorf, Der Bildhauer und Baumeister A. S., 1935.

Bayeux, Kathedrale, Schlußstein in der N-Vorhalle.

Schlußstein. Der Wölbstein im Scheitel eines → Kreuzgewölbes oder →Bogens. Vor allem im Gewölbe ist er oft reich verziert. Er hat die Form einer meist runden Platte, die mit Relieffiguren, Ornamenten, auch einem→ Wappen versehen sein kann. In der Spätgotik häufig in Form eines Knaufs, der mitunter aus dem Gewölbe herabhängt: hängender Schlußstein.

Schmalkalden. Schon 874 urkundlich erwähnt und seit 1335 Stadt. Von der alten Stadtanlage sind der doppelte Mauerring und Häuser aus dem 16. und 17. Jh. noch erhalten. Die Stadtkirche St. Georg wurde 1437 von Jörg Meier (Erfurt) begonnen; der einschiffige Chor der Hallenkirche ist an den Gewölben mit 1500 datiert, im Schiff mit 1506. Im Chor Netzgewölbe mit gewundenen Reihungen. Der Außenbau ist aus Sandsteinquadern gefügt. Zwischen den beiden W-Türmen (barocke Hauben) ein reiches W-Portal. Bei der Stadt liegt das Schloß Wilhelmsburg, 1585–89 an Stelle einer abgetragenen

Anlage von Christoph und Hans Müller errichtet. Die Anlage ist ein regelmäßiges Rechteck mit einem fast quadratischen Innenhof. Um den Hauptbau liegen mehrere Zwinger. Das Schloß selbst bietet wenig gegliederte Baukörper, die erst oberhalb des Hauptgesimses durch Zwerchhäuser stärker belebt werden. In den vier Hofecken je ein Treppenturm mit Schneckentreppe. Die 1590 geweihte, im Grundriß rechteckige Schloßkapelle ist sehr reich ausgestattet. An drei Seiten sind dreigeschossige Emporen aufgeführt; auf der vierten Seite tritt zum erstenmal die typisch protestantische Anordnung Altar - Kanzel - Orgel übereinander auf. Die prachtvolle Stuckdekoration ist ein Meisterwerk des Niederländers Wilhelm Vernucken.
Lit.: Wasmuths Lexikon der Baukunst, Bd. IV, 1932.

Schmelzglasuren. Daß islam. Töpfer zum Schmuck auf Baukeramik aufgebrannte und gegeneinander durch tote Ränder getrennte verschiedenfarbige Glasflüsse schon früh verwendet haben, zeigen Beispiele aus dem 11. Jh. von der großen Moschee in Kairouan. Im 14. Jh. ist diese Technik in Persien in Übung und erlebt darauf im 15. Jh. ihre Blüte unter den Timuridenherrschern in Samarkand. Von dort aus erfährt die frühosmanische Dekorationskunst ihre Anregungen für die großartigen Mihrabwände in Brussa, Edirne und Istanbul. Unter den safewidischen Herrschern sind besonders in Isfahan die Bauten mit großfigurigen Fliesengemälden des 17. Jhs. ausgestattet worden.
Lit.: A. Lane, A Guide to Tiles, 1960; A. U. Pope, A Survey of Persian Art, Bd. V, 1939.

Schmelzmalerei →Email.

Schmerzensmann (Erbärmdebild, Imago pietatis). Bezeichnung für die Darstellung Christi, der in seinen Leiden gezeigt ist und auf seine Wunden weist. Die Gestalt Christi wird zur Verdeutlichung bisweilen mit Folterwerkzeugen umgeben, während ein Engel das Blut, das aus seinem Körper fließt, in einem Kelch auffängt. Die frühesten Darstellungen finden sich in der byzant. Malerei des 12. Jhs., während die abendländische Kunst erst seit dem 14. Jh. entsprechende Bilder überliefert.

Schmerzensmutter (Mater dolorosa). Die Darstellung der ihren Schmerz um den Tod ihres Sohnes Christus äußernden Maria. Typologisch leitet sie sich von Kreuzigungsdarstellungen her. Symbol ihres Schmerzes ist häufig das Schwert, das Maria sich in die Brust stößt.

Schmidt, Friedrich Freiherr von. Deutsch-österreichischer Architekt. Geb. 1825 in Frickenhofen (Württemberg), gest. 1891 in Wien. Begann seine Ausbildung in Stuttgart und erlernte in der Kölner Dombauhütte unter der Leitung →Zwirners das Steinmetzhandwerk. Nachdem er bei mehreren großen Wettbewerben (Wien, Votivkirche; Rathaus, Berlin) mit gotischen Projekten Aufsehen erregt hatte, wurde er 1857 als Prof. für Baukunst an die Akademie nach Mailand und 1859 an die in Wien berufen. Als Dombaumeister von St. Stephan vollendete er diesen Bau. Sein Beitrag zu den Großbauten der Wiener Ringstraße ist das Rathaus (1872–82), in welchem sich die Formen der Gotik und der niederl. Renaissance vereinen. – S. entstammte der romantisch gestimmten neugotischen Schule des Kölner Dombaues. Von diesen Anfängen aus hat sich S. eine unorthodoxe, freie Form der Gotik erarbeitet, die auch den Bedürfnissen der Zweckbauten des 19. Jhs. gerecht zu werden verstand.
Lit.: E. Neumann, F. v. S., Ein Beitrag zu seiner Monographie und zur Kunstgeschichte des 19. Jhs., Diss. Wien, 1953.

Schmidt, Martin Johann, genannt Kremser-Schmidt. Österreichischer Maler und Radierer. Geb. 1718 in Grafenwörth bei Krems, gest. 1801 in Stein bei Krems. Die Ausbildung weist nach Venedig in den Umkreis Crespis und Dizianis. Sehr stark ließ er sich auch von dem Helldunkel-Stil →Rembrandts beeinflussen. Er schuf einige Deckenfresken, so in d. Klosterkirche Dürnstein (1755), im Stift Herzogenburg (1756), in der Klosterkirche zu Göttweig (1765) u. a. Umfangreicher das Werk seiner Tafelbilder: Altäre in Melk, Krems, Göttweig und anderen Orten, und mythologische Darstellungen (Schmiede des Vulkan). Wie bei vielen seiner Zeitgenossen sind die Ölskizzen von besonderer Eindringlichkeit in ihrem unmittelbaren Schwung und Elan. Weiter sind von S. viele Zeichnungen und Radierungen bekannt.
Lit.: A. Mayer, Der Maler J. M. S., 1879; Ausstellungskatalog Wien, 1951.

„Christus als Schmerzensmann“, um 1500 (Aachen, Suermondt-Mus.).

Schmidt-Rottluff, Karl. Deutscher Maler. Geb. 1884 in Rottluff bei Chemnitz. Gründete nach anfänglichem Architekturstudium gemeinsam mit →Kirchner, → Heckel und anderen 1905 in Dresden die →„Brücke“. Ging 1911 mit einigen seiner Freunde nach Berlin. 1947 übernahm er eine Professur an der dortigen Kunsthochschule. – Zu Beginn seiner Entwicklung hatte van →Gogh einen starken Einfluß auf ihn, später wirkte der Stil →Kirchners auf sein Schaffen ein. Als erster der Brücke-Maler beschäftigte er sich bereits 1910 intensiv mit der →Lithographie und dem →Holzschnitt. Er reduzierte seine Gestalten auf kubische Grundformen. – Nach dem 1. Weltkrieg wird sein Stil monumental, die Farbe gedämpfter, die Formen ruhiger, wobei er stets

Gold-Diadem, großgriechisch, Anfang 4. Jh. v. Chr. (Tarent, Mus.).

an der perspektivischen Raumstruktur festhält. – Das Problem des Kolorismus bezeichnet sein Alterswerk. Farbige Konturen und gebrochene Farbgebung charakterisieren seine späten Bilder. – Außer Landschaften und Stilleben schuf er eine Reihe von religiösen Bildern, daneben ist das Portrait – insbesondere das Selbstbildnis – eines seiner bevorzugten Themen.
Lit.: Katalog K. S., Frankfurt a. M., Kunstverein, 1964.

Schmiedekunst. Über die S. des Altertums und Frühmittelalters ist kaum etwas bekannt (nur literarische Quellen, Vasenbilder, Miniaturen etc.). Die ersten erhaltenen Beispiele entstammen dem 12. und 13. Jh., überwiegend Tür- oder Torbeschläge, auch Gitter. Im 13. Jh. ist die S. vor allem in Frankreich (z. B. die herrlichen Türbeschläge der Notre-Dame, Paris), den Niederlanden (z. B. Türbeschläge der Kathedrale von Lüttich) und England verbreitet gewesen. Auch Truhenbeschläge, Standleuchter und Kaminböcke finden sich im 13. Jh. In der Frührenaissance wurden in Italien Fackelhalter und Laternen von hohem künstlerischem Rang gefertigt (großartige Beispiele an Florentiner Palästen). Nach Umfang der Produktion, handwerklicher Vollendung und Reichtum der Formen erreichte die S. im 16. Jh. in Deutschland einen Höhepunkt. Es entstanden Gitter, Beschläge, Leuchter, Wandarme und vielerlei anderes Gerät. Zugleich wurden in Anlehnung an die gleichfalls hochentwickelte Waffenschmiedekunst Verfeinerungen wie Ätzen, Gravieren etc. angewandt. Im 17. und 18. Jh. hat die S. vor allem in Verbindung mit der Baukunst großartige Werke hervorgebracht, besonders Gitter, Balkon- und Treppengeländer etc. In Frankreich überwogen repräsentativ klassizistische Formen (Beispiele in Versailles, den Trianonschlössern u.a.), in Deutschland phantasievolle Schöpfungen wie die perspektivischen Gitter, die häufig Chor und Langhaus anstelle des Lettners trennen (z. B. Würzburger Residenz, Chorgitter in Zwiefalten u. a.).
Lit.: J. Schramm, Über das Kunstschmiedehandwerk, 1937; H. Phleps, S., 1935.

Schmiege →abfasen.

Schmitthenner, Paul. Deutscher Architekt. Geb. 1884 in Lauterburg im Elsaß, lebt auf Schloß Kilchberg bei Tübingen. In Karlsruhe Schüler von K. Schäfer und in München von R. →Riemerschmid. Ab 1918 Prof. an der Technischen Hochschule in Stuttgart, wo er – unabhängig vom offiziellen Zeitstil der 30er Jahre – durch die Lehre guter handwerklicher Details und eines zwar schlichten, aber charaktervollen Bauens, die Architekturgesinnung im ganzen südwestdeutschen Raum positiv beeinflussen konnte. Die größeren Vorkriegsbauten sind alle zerstört; nach dem Krieg: Königin-Olga-Bau in Stuttgart (1950–53), Rathaus in Hechingen (1957) und mehrere Banken in Süddeutschland.
Lt.: Thieme-Becker.

Schmitz, Bruno. Deutscher Architekt. Geb. 1858 in Düsseldorf, gest. 1916 in Berlin. Nach seinem Studium an der Düsseldorfer Akademie (1874–78) ließ S. sich in Berlin nieder. Er wurde berühmt durch seine monumentalen Denkmäler, von denen das Völkerschlachtdenkmal in Leipzig (1898–1913) die Krönung seines Schaffens darstellt. Davor liegen Entwürfe für das Viktor-Emanuel-Denkmal in Rom (1883, nicht ausgeführt) und Ausführungen für das Kyffhäuserdenkmal (bis 1896), das Deutsche Eck in Koblenz (bis 1897) und das Kaiser-Wilhelm-Denkmal an der Porta Westfalica (1896, Plastik von →Zumbusch). Eine eigene Denkmalsgruppe bilden in seinem Werk die Bismarckdenkmäler. – In der Architektur bewegte er sich in monumentalen, barocken Raumschöpfungen, deren äußere Erscheinung besonders im Detail viele Härten aufweist: Rosengarten und Friedrichsplatz in Mannheim (1899–1903).
Lit.: XIII. Sonderheft der Berliner Architekturwelt, 1913.

Schmuck. Ein Sondergebiet der Goldschmiedekunst, bei dem mehr Gewicht auf die Verwendung kostbarer Materialien und besonders Steine gelegt wird. Es handelt sich dabei um kleine Gegenstände, die ihrem Verwendungszweck nach fast gleich geblieben sind: Broschen (→Fibeln, →Agraffen), Halsschmuck (Ketten, Anhänger), Ohrschmuck, Armschmuck, Fingerringe, Kopfschmuck (Kronen, Diademe) und Gürtel. Im Stil zeigen die Schmuckstücke die Formen der jeweiligen Kunstströmung. Seit frühester Zeit werden Steinschneidekunst (→Gemmen), Filigrantechnik und die verschiedenen Techniken des →Email für Schmuckstücke verwendet.
Lit.: E. Bassermann-Jordan, Der Schmuck, 1909; J. Evans, A History of Jewellery, 1951; E. Battke, Geschichte des Ringes, 1953; E. Steingräber, Alter Schmuck, 1956.

Schmun. Ägypt. Name der Stadt →Hermopolis.

Schnabelkanne. Nach der Ausguß-Form benannter ursprünglich etruskischer Metallgefäß-Typus, der sich häufiger in reich ausgestatteten Gräbern der keltischen →Latène-Zeit findet. Kannenrand und →Attache können mit Fratzen und Dämonen keltischer Art verziert sein.

Schnabelstil. Für den Norden →Neuguineas kennzeichnende Kunstrichtung, an Masken und Ahnenfiguren ausgeprägt. Die Nase der dargestellten „Übernatürlichen" ist schnabelartig bis in die Bauch- oder Genitalgegend verlängert, oft eindeutig in Form eines Vogelschnabels ausgebildet. Grundgedanke ist wohl die weitverbreitete Idee vom „Seelenvogel", der vogelähnlichen Ahnenseele, die sich in den Nachkommen der mythischen Ahnen verkörpert und ihnen Leben gibt.

Schneeberg (Sachsen). Die Stadtkirche St. Maria und Wolfgang wurde 1515–26 durch H. v. Torgau als 3schiffige Hallenkirche errichtet. Der Bau ist verwandt mit dem der Annakirche in →Annaberg. Das spätgot. Gewölbe zeigt über alle 3 Schiffe hinweg ein einfaches, einheitliches Rippenmuster. Um den ganzen Raum einschließlich des Chores laufen Emporen, wobei die Wandpfeiler dahinter nicht verkröpft wurden, sondern eingezogen sind.
Lit.: Wasmuths Lexikon der Baukunst, Bd. IV, 1932.

Schnelle →Steinzeug-Krüge, von hoher schlanker Form, mit Reliefs verziert (16. Jh.). Die besten Stücke kommen aus Siegburg.

Schneuß →Fischblase.

Schnittervase. Nach ihrem szenischen Schmuck be-

nannte kretische Vase aus Hagia Triada. Die reliefverzierte Steatitvase ist im 16. Jh. v. Chr. entstanden und zeigt in naturalistischer Weise eine Schar von singenden (?) Männern, die Erntegeräte geschultert tragen. Das nicht vollständig erhaltene Gefäß war ursprünglich ein →Rhyton.
Lit.: S. Marinatos, M. Hirmer, Kreta und das mykenische Hellas, Taf. 103–105, 1959.

Schnitzaltar →Altar.

Schnorr von Carolsfeld, Julius. Deutscher Maler und Zeichner. Geb. 1794 in Leipzig, gest. 1872 in Dresden. Studierte ab 1811 an der Akademie in Wien, wurde jedoch stärker durch J. A. →Koch und F. →Olivier geprägt. 1817 reiste er nach Italien, wo er sich in Rom den →Nazarenern anschloß. In den Albaner- und Sabinerbergen entstanden in den Jahren 1819–26 seine schönsten und beseeltesten Landschaften und Bildnisse. In Rom freskierte er das Ariost-Zimmer des Casino Massimo in der Art der Loggien von →Raffael. Sie veranlaßten Ludwig I. von Bayern, ihn nach München zu rufen, wo er im Königs- und im Festsaalbau der Residenz (Architekt L. v. →Klenze) die Ausführung von zum Teil riesenhaften Fresken nach der Nibelungensage und der Geschichte früher deutscher Kaiser übertragen bekam. Diese Arbeiten zogen sich von 1827 bis 1867 hin und wurden teilweise nur durch Schüler ausgeführt. 1846 folgte er einem Ruf an die Akademie in Dresden, wo er auch Direktor der Gemäldegalerie war.
Lit.: H. W. Singer, J. S. v. C., 1911.

J. Schnorr von Carolsfeld, Aktstudie, 1820 (Dresden, Kupferstichkabinett).

Schnuramphore. Charakteristisches Gefäß der → Schnurkeramik. Die S. zeigt eine bauchige Gefäßform mit meist zylindrischem Hals und vier an der Bauchzone angebrachten kleinen Henkeln (bzw. Ösen). Muster, die den Abdruck von Winkelschnüren nachahmen oder solche Abdrücke selbst bilden den Schmuck dieser Gefäße.

Schnurkeramik. Jungsteinzeitliche Kulturgruppe, benannt nach ihrer keramischen Ware, deren Kennzeichen schnurartige, eingepreßte Verzierung ist. Die S. kam wahrscheinlich im 3. Jahrtausend aus dem Osten (nach anderen Vermutungen ist ihr Ursprung in Sachsen-Thüringen zu suchen) und breitete sich über weite Gebiete Europas aus. Träger dieser Kultur, für die Erdhügelgräber für ganze Sippen charakteristisch sind, waren wahrscheinlich Indogermanen. – Zu den Leitformen der S. gehört die →Schnuramphore.

M. Schongauer, Maria mit dem Kinde (Frankfurt Städel).

Schönbrunn (Wien). Schloß. Der Bau zählt zu den Meisterwerken →Fischer von Erlachs in der Profanbaukunst. Sein erster Plan von 1692 war ein „Über-Versailles", ein riesiger Schloßkomplex auf der Höhe des vom Wiental aufsteigenden Geländes, dort, wo heute die Gloriette steht: viel größer als der schließlich ausgeführte Bau, mit Terrasse, Brunnen und vielen Nebengebäuden. Der zweite, vereinfachte Plan, verlegte das Schloß in die Senke des Wientals. Auf der Höhe sah man ein Belvedere vor. Die Ausführung des Schlosses nach diesem 2. Plan begann 1695. Vollendet wurde das Schloß erst unter Kaiserin Maria Theresia durch N. Pacassi, der in mehrfacher Hinsicht Fischers Pläne abänderte. So wurde noch ein oberes →Mezzanin angesetzt und die Innenausstattung erneuert. Die kostbarsten, noch erhaltenen Interieurs des Rokoko stammen aus den Jahren um 1760. Der Garten, von Jean Trehet 1705 bis 1706 begonnen, unter Maria Theresia durch Jadot umgestaltet, ist einer der größten und vielseitigsten, die es gibt. Der reizvolle Zentralpavillon Jadots ist heute der Mittelpunkt des Tiergartens. 1766 erbaute der klassizistisch geschulte Architekt Ferdinand von Hohenberg das Schloßtheater in einem Flügelbau des Ehrenhofs. 1772–77 die Gloriette, das „Belvedere" auf der Berghöhe, die künstlich angelegte römische Ruine u.a. (schwere Bombenschäden des 2. Weltkrieges sind inzwischen behoben worden).
Lit.: Wasmuths Lexikon der Baukunst, Bd. IV, 1932; Reclams Kunstführer, Österreich, Bd. I, 1961.

Schöne Madonnen. Nach ihrer eleganten, schönlinigen Formgebung benannte Madonnendarstellungen des sogen. →Weichen Stils.

Schönfeld, Heinrich. Deutscher Maler. Geb. 1609 in Biberach an der Riß, gest. um 1682 in Augsburg. Mit seiner in Rom und Neapel erworbenen Bildung wurde er der bedeutendste Vertreter des süddeutschen Frühbarock, wobei er in den überlängten Figuren noch stark manieristische Züge zeigt. Anklänge zeigen sich ferner außer an die Italiener, an →Poussin, →Callot und → Liss. Seine Kompositionen zeigen bei relativ großen Formaten kleine Gestalten, die in die Architektur und Landschaft eingebettet sind. Bedeutend in seinem Werk ist die Farbe, mit einem rostbraunen Grundton und hellen reflexartigen Farbflecken. Thematisch schuf S. religiöse und mythologische Werke.
Lit.: W. Drost, Barockmalerei in den germanischen Ländern, 1926; H. Voss, H. S., 1964.

Schönfelder Keramik. Teilweise von der Glockenbecherkultur beeinflußte Keramikgruppe der Jungsteinzeit. Hauptfundgegend ist das Gebiet der mittleren Elbe. Gekrümmte Bandmuster schmücken als charakteristischstes Element die meist flachen, großen Schüsseln der S.

Schöntal (Württemberg). Die ehemalige Zisterzienserklosterkirche stammt in ihren heutigen Bauteilen aus dem 18. Jh. Die alte, 1157 gegründete Anlage wurde Ende des 17. Jhs. abgebrochen und der Entwurf des Neubaues von Joh. Leonhard →Dientzenhofer geliefert, der aber den Baubeginn nicht mehr erlebte. Seine Schüler Ströhlin und Schießer führten den Bau auf und zu Ende (1727). Die Ausstattungsarbeiten zogen sich noch bis 1736 hin. Der Grundruß zeigt eine dreischiffige Anlage mit Vorhalle, 4 Langhausjochen, Querschiff und Chor mit Emporen und rechteckigem Abschluß. Den äußeren Aufbau gliedern einerseits die beiden Türme mit der im Mittelbau etwas vorspringenden Fassade und dem mit einer Figurenbalustrade bekrönten Dreiecksgiebel, andererseits die hohe Vierungskuppel. Im Inneren der hohen Halle schöne, gleichmäßig verteilte Stukkaturen; im Chor Deckenfresken von Lucas Ant. Colomba und sehr schöne Alabasteraltäre aus der Bildhauerwerkstatt der Kern von Forchtenberg um 1640–50. Im Kreuzgang südlich der Kirche das Grabmal Götz von Berlichingens.
Lit.: Wasmuths Lexikon der Baukunst, Bd. IV, 1932; Reclams Kunstführer, Deutschland, Bd. II, 1960.

Schravana Belgola.
Dschaina-Kultsäten auf dem Indragiri.

Schola cantorum. In Kirchen der von Schranken umzäunte Raum für den Sängerchor.

Scholle, Die. 1899 in München gegründete Künstlervereinigung, die in einer der Worpsweder Gruppe verwandten Weise bestrebt war, Elemente der Heimatkunst mit Formen des Jugendstils zu verbinden. Die Gruppe, der die Maler Erler, Jank und Putz angehörten, erreichte jedoch nur lokale Bedeutung.

Scholz, Werner. Deutscher Maler und Graphiker. Geb. 1898 in Berlin, lebt in Alpbach/Tirol. Studierte an der Hochschule für bildende Künste in Berlin. Seine Anfänge standen den Malern der →Brücke und E. → Nolde nahe. Die Thematik seiner Werke umfaßt religiöse Darstellungen, Stilleben und figürliche Kompositionen. Für die Firma Krupp malte er ein Triptychon: Aus der Welt des Stahls (1955). – Unter seinen Graphiken nimmt die Antike einen breiten Raum ein, u.a. mit einer Pastellserie ,,Die Mythologie der Griechen" (113 Blatt), 1955.
Lit.: A. Behne, W. S., 1948.

Schongauer, Martin. Deutscher Maler und Kupferstecher. Geburtsdatum ungewiß, wird zwischen 1425 und 1445 angesetzt in Colmar, gest. 1491 in Breisach. Sohn eines Augsburger Goldschmieds. Das einzig gesicherte Tafelbild, die ,,Madonna im Rosenhag" (1473, Colmar, Martinskirche), eines der bedeutendsten Werke der deutschen spätgot. Malerei, zeigt als künstlerische Herkunft S.s die Niederlande bei R. van der →Weyden. Ein zweites gesichertes Werk ist das Fresko ,,Jüngstes Gericht" an der inneren Westwand des Münsters zu Breisach. Mit dieser Arbeit wurde S. 1488 beauftragt, sie zeigt jedoch starke Zeichen von Werkstattarbeit. Das Fresko wurde 1931 freigelegt. – Der Ruhm S.s beruht hauptsächlich auf seinen Kupferstichen, von denen 115 heute noch bekannt sind. Mit diesen phantasiereichen und ausdrucksvollen Arbeiten hat er den Kupferstich technisch vervollkommnet und ihm neue Aufgaben in der Darstellung seelischer Inhalte gestellt. Die Komposition der Stiche christlichen Inhalts – die Versuchung des hl. Antonius, Verkündigung, große Kreuztragung – haben durch ihre neuartige Formulierung viel Nachahmung gefunden. Neben dem druckgraphischen Werk gibt es von S. eine Reihe prägnanter Zeichnungen.
Lit.: L Baldass, M. S., 1927; J. Baum, M. S., 1948; J. Rosenberg, Die Handzeichnungen M. S.s, 1923; M. Lehrs, Kupferstiche M. S.s und seiner Schule, 1925.

Schortschuq. Name eines Höhlenklosters in Turfan, in dessen Nähe sich auch ,,die tausend Zellen" (Ming-oi) befanden. Um die Wende vom 8. zum 9. Jh. Nachwirkung ost-iranischer Kunstelemente und Einflüsse chinesischer Kunst.
Lit.: Bussagli, Malerei, 94.

Schrägschnitt. Der Schrägschnitt bezeichnet eine von der Technik des Holzschneidens herrührende Stilisierung. Diese Formgebung wird zum Element islamischer Kunst überall dort, wo seit dem 9. Jh. aus asiatischem Gebiet stammende türkische Bevölkerungsteile die Kunstausübung bestimmen: unter den abbassidischen Kalifen in der Residenz Samarra, unter der Statthalterschaft der Familie Ibn Tuluns in Kairo und fortlebend bis in das 12. Jh. in Turkestan. Ursprünglich auf plastische Arbeiten gemünzt, wird diese Stilbezeichnung übertragen auf die Flächenmalerei wie auf den Gerätdekor und Textilgestaltung, wenn durch lückenlose Reichung sich Form an Form derart fügt, daß keine Grundfläche mehr wirksam wird.
Lit.: E. Herzfeld, Der Wandschmuck der Bauten von Samarra und seine Ornamentik, 1923.

Schraffieren, Schraffur →Schattieren.

Schrank →Möbel.

Schravana Belgola. Südindisches Dorf, zumeist von Dschainas bewohnt, mit Pilgerunterkünften, Bibliotheken, Krankenhäusern und Dschaina-Denkmälern des 10.–12. Jhs. Die Siedlung liegt an einem künstlichen Teich zwischen zwei kahlen Felswänden. Den höheren, Indragiri, krönt die 17,68 m hohe, aus dem anstehenden Felsen gehauene Kolossalfigur des Gommateschvara. Gegenüber liegt der Tschandragiri mit Tempeln voller gut erhaltener Skulpturen.
Lit.: Fischer, Caves, 20.

Schravasti. Nach der Sanskrit-Literatur eine alte nordindische Hauptstadt des Königs Schravasta, in welcher ein reicher Kaufmann dem →Buddha ein Kloster baute. Durch Ausgrabungen mit dem Ort →Sahet Mahet identifiziert. Das ,,Wunder von S.", bei dem der Buddha vor aller Augen aus einem Mangokern einen Mangobaum emporwachsen ließ, ist in der altindischen Kunst wiederholt dargestellt worden, z.B. in der Malerei von Adschanta und in der Plastik von Santschi.
Lit.: M. Venkataramayya, S., 1956.

Schreiberfiguren. Charakteristisches Motiv der

ägypt. Plastik seit der 3. Dyn., in dem sich Bedeutung und Wertung der Schreibkunst durch die geistig führenden Schichten offenbart, so daß S. zugleich Darstellungen vornehmer Grabherren sind. Es handelt sich ausschließlich um Männer, die mit untergeschlagenen Beinen sitzen. Auf den Schenkeln liegt die Papyrusrolle, deren zusammengerolltes Ende die Linke hält, während die Rechte mit gekrümmten Fingern auf dem Anfang ruht, so daß der Eindruck des Schreibens mit der Binse entsteht. Die Entwicklung läßt sich von gedrungenen archaischen Formen über klassische Bildungen der 4./5. Dyn. bis zu Meisterwerken der Spätzeit verfolgen. →Nespekaschuti, Petamenophis.
Lit.: W. Wolf, KÄ, 133, 151f., 156, 161ff., 444, 470, 566, 621ff.

Schrein. Hölzerner Behälter, Schrank, auch der Mittelteil eines Flügelaltars (→Altar).

Schriftband →Spruchband.

Schrimpf, Georg. Deutscher Maler, Graphiker und Kunstgewerbler. Geb. 1889 in München, gest. 1938 in Berlin. Bildete sich autodidaktisch. Nach einem unsteten Wanderleben durch Holland, Belgien, Frankreich und Italien wurde er 1922 Lehrer an einer Gewerbeschule in München und 1933 Prof. an der Staatl. Kunstschule in Berlin-Schöneberg. – S. gehörte zu den Vertretern der Neuen Sachlichkeit, deren nüchternen Charakter er ins Poetische abwandelte. In den 20er Jahren stellte er im →Sturm aus. Die Themen seiner Bilder liegen im Figürlichen mit besinnlichen Inhalten (Mädchen mit Tulpen; 3 schlafende Mädchen). Als Graphiker gab er Mappenwerke heraus und illustrierte Bücher.
Lit.: M. Pförtner, G. S., 1940.

Schrinagar. Moderne Hptstdt. des indischen B.-Staates Kaschmir; in der Umgebung die Ruinen der buddhistischen Siedlung und Kultstätten von Harvan und der mittelalterliche Hindu-Tempel von Schankaratscharya, als „Takht-i-Sulaiman" bekannt. Aus islam. Zeit stammen hölzerne Moscheen und Dschahangirs Parkanlage Schalimar Bagh.

Schrinivasanalur. Südindisches Dorf mit einem →Tschola-Tempel des Gottes Koranganatha, der sich durch besonders gut gearbeitete Reliefplastik auszeichnet.

Schrirangam. Südindische Tempelstadt auf einer Insel im Cauvery-Fluß nördlich von →Tritschinopoly. Der große Tempel von Raghunathaswami besteht aus 7 rechteckigen, in der Nord-Süd-Richtung angeordneten, von Mauern umwehrten und durch riesige Tore betretbaren Baueinheiten, die Bazare, Pilgerunterkünfte und schließlich die vischnuitischen Heiligtümer selbst enthalten. Die Anlage wurde um 1000 gestiftet und besonders in spätdravidischer Zeit durch die Nayyaks ausgebaut. Etwa 2 km entfernt liegt der kleinere, dem Schiva geweihte und mehrfach restaurierte Tempel von Jambukeschvar.
Lit.: Brown, Architecture I, 117.

S.Christina de Lena →Westgotische Kunst.

Schrotschnitt. Eine Technik des vom →Holzschnitt abgewandelten →Metallschnitts. Das Verfahren wurde im 15. Jh. entwickelt und war bis an den Anfang des 16. Jhs. üblich. Dabei liegen die Linien der Zeichnung nicht an der Oberfläche der Platte, sondern werden eingeschnitten, so daß sie im Druck weiß erscheinen (Weißschnitt). Außerdem wurden mit Punzen schmückende Ornamente und Punkte eingeschlagen.

Schu. Menschengestaltig dargestellter ägypt. Gott der Luft und kniender Träger des Himmels (→Nut), nach der Lehre von →Heliopolis Sohn des →Atum.
Lit.: S. Morenz, ÄR, 298.

Schuch, Carl. Österreichischer Maler. Geb. 1846 in Wien, gest. 1903. ebda. Schüler von Halauska in Wien (1866–68). In München lernte er →Leibl und →Trübner kennen, deren Malerei er ebenso in sich aufnahm wie die →Courbets. Die nächsten Jahre verbrachte er im Wechsel zwischen Oberbayern, Italien – Rom, Olevano, Venedig –, den Niederlanden und Paris. Vor dem Durchbruch des →Impressionismus entfaltete S. noch einmal alle Möglichkeiten der aufs höchste verfeinerten wienerischen Geschmackskultur, die er noch durch das von Leibl und Courbet aufgenommene bereichert hatte. Er malte hauptsächlich Landschaften und Stilleben.
Lit.: K. Hagemeister, C. S., Leben und Werk, 1913.

Schüchlin, Hans. Deutscher Maler. Gest. 1503/05 in Ulm, dort im letzten Viertel des 15. Jhs. ansässig. Einzig gesichertes Werk von ihm ist der Hochaltar der Kirche zu Tiefenbronn mit Darstellungen der Passion Christi und des Marienlebens, 1469. Der Stil dieses Altars weist Beziehungen zu M. →Wolgemut in Nürnberg und zur niederl. Malerei auf.
Lit.: F. Haack, H. S., 1905; A. Stange, Deutsche Malerei der Gotik, 8, 1957.

Schützenstück. Bezeichnung für die als Gruppenbildnis dargestellten Angehörigen einer Schützengilde der Niederlande. Der Brauch, solche Bilder in Auftrag zu geben (verwandt sind Regentenstücke), kam in der 2. Hälfte des 16. Jhs. auf und führte im 17. Jh. zu einer reichen Blüte dieser Bildnisgattung. Hauptmeister solcher Werke sind F. →Hals und →Rembrandt („Nachtwache").
Lit.: A. Riegel, Das holländische Gruppenportrait, 2 Bde., 1931.

Schuka-Nasa. Sanskrit: „Papageiennase"; gebogener Bauteil des mittelalterl. indischen Tempels, besonders der kurvige Unterteil des Tempelturmes.

Schule von Avignon →Avignon, Schule von.

Schule von Corbie →Corbie, Schule von; auch →St. Denis, Schule von.

Schule von Saint Denis (Corbie) →St. Denis, Schule von.

Schule von Sankt Gallen →St. Gallen, Schule von.

Schule von St. Amand →St. Denis, Schule von.

Schule von Tours →Tours, Schule von.

Schulgi. König von →Ur, Sohn des →Urnammu (ca. 2046–1998 v. Chr.), Erbauer der monumentalen Ziegelgruft von Ur, über deren Kraggewölben ein oberirdischer Verehrungstempel mit Nischengliederung der Wände errichtet war, wahrscheinlich ein Abbild des Königspalastes. Die Anlage ist ein wichtiges Zeugnis für die monumentale Architektur der →sumerischen Kunst unter der III. Dynastie von Ur.
Lit.: A. Parrot, Sumer, 387; H. Schmökel, GAV, 59ff.

Schultze-Naumburg, Paul. Deutscher Maler, Architekt und Kunstschriftsteller. Geb. 1869 in Naumburg-Almrich, gest. 1949 in Jena. Seine Ausbildung empfing er ab 1887 an der Akademie in Karlsruhe und bei v. Kellers. 1930–40 war er Direktor der Staatl. Kunsthochschule in Weimar. – S. wurde weniger bekannt durch seine reiche Bautätigkeit – zumeist große Landsitze – als durch seine kunstpädagogischen und kunstpolitischen Schriften (Kulturarbeit, 9 Bände, 1901–17; Vom Verstehen und Genießen der Landschaft, 1924; und andere). In diesen Schriften sprach er sich für eine Entstädterung und planvolle Besiedelung des Landes aus auf der Grundlage deutscher, bodenständiger Kulturwerte. Obwohl ein zeitweiliger Mißbrauch seiner Gedanken diesen schadete, muß ihr bedeutender Wert für die heutige Landschaftsplanung anerkannt werden.
Lit.: Thieme-Becker; H. Vollmer, Künstlerlex. d. 20. Jhs.; Wasmuths Lexikon der Baukunst, Bd. IV, 1932.

Schumacher, Fritz. Deutscher Architekt und Architekturschriftsteller. Geb. 1869 in Bremen, gest. 1947 in Hamburg. Verlebte seine Jugend in Bogotá und New York. Studierte dann an den Technischen Hochschulen in München und Berlin und arbeitete sodann im Atelier G. v. →Seidls (1893–95), anschließend bis 1899 am Stadtbauamt in Leipzig. Er folgte einem Ruf als Prof. an die Technische Hochschule in Dresden, 1909 ging er als Baudirektor nach Hamburg, dessen Ausbau zur heutigen Großstadt auf ihn zurückzuführen ist. – Unter Anknüpfung an die norddeutsche Backsteinbauweise entstanden seine unexzentrischen, von nobler Ge-

Tafel 27: *Sakristei der Karthause zu Granada, 1727–64 von L. de Valo u. F. M. Vasquez erbaut.*

staltung getragenen hansischen Staatsbauten. Er hat diese durch farbige Keramik, Plastiken, Malerei und Mosaike geschmückt und durch dieses staatliche Mäzenatentum vielen jungen Künstlern am Anfang ihrer Entwicklung helfen können.
Lit.: Thieme-Becker; H. Vollmer, Künstlerlex. d. 20. Jhs.

Schunga. Frühindische Dyn. und Stifter z.B. des Stupa von →Bharhut.

Schuppiluliuma. S. I., Bruder Arnuwandas I., Begründer des Großreiches der →Hethiter (ca. 1375–1335 v. Chr.), hervorragend als Feldherr und Staatsmann. Eroberer des →Mitanni-Reiches, das zum Vasallenstaat wurde. →Mattiwaza. – S. I. nutzte die Schwäche Ägyptens unter →Amenophis III. und IV. zur Ausbreitung der hethitischen Macht in Nordsyrien und im Libanon. →Aleppo, →Alalach, →Karkemisch, →Ugarit, →Niqmad. S. II., Bruder und Nachfolger Arnuwandas III., ist der letzte kurzfristige Herrscher des Großreiches, das mit der Hauptstadt Chattuscha (→Boghazköi) dem Ansturm von Balkanvölkern, darunter die Phryger, zum Opfer fällt.
Lit.: H. Schmökel, GAV, 127ff., 139f.; E. Akurgal, HK, 39ff.

Schuqamuna. Berg- und Kriegsgott der →Kassitenzeit, mit Nusku oder →Nergal identifiziert.
Lit.: A. Parrot, Sumer, 319; H. Schmökel, GAV, 185.

Schuruppak. Sumerische Stadt nördlich →Uruk (Ruinenstätte Fara). Frühgeschichtliche Besiedlung mit Schichtenfolge von der →Dschemdet-Nasr-Periode bis zur Ur III-Zeit. Archive von S. bezeichnen die III. Phase der frühdyn. Zeit Mesopotamiens (26. Jh. v. Chr.). S. ist die Stadt →Ziusudras (→Utnapischtim), des sumerischen Sintfluthelden, der am Kai von S. das rettende Schiff baute.
Lit.: H. Schmökel, GAV, 5, 7f., 29.

Schusin. König von →Ur, Sohn des →Amarsuena, Enkel des →Schulgi (ca. 1989–1980 v. Chr.), dessen →Rollsiegel ihn als Gott thronend beim Empfang von Bittstellern zeigen. Bezeugt sind Tempelbauten für S., der in der Monumentalgruft von →Ur beigesetzt wurde. Verteidigungsmauer gegen die vordringenden Westsemiten am mittleren Euphrat. Die an S. als Gott gerichtete Hymne einer →Inanna-Priesterin weist auf den Kultakt der Heiligen Hochzeit.
Lit.: H. Schmökel, GAV, 61; O. E. Dietz, FWG 2, 394.

Schussenried (Württemberg). Die ehemalige Prämonstratenserklosterkirche geht auf eine mehrfach veränderte roman. Anlage zurück. Die achtjochige Pfeilerbasilika ist geschmückt mit zurückhaltendem Stuckdekor aus dem 18. Jh. Besonders schön das Langhausfresko von Johannes Zick (1745) und das Chorgestühl im Mönchschor vom Überlinger Schnitzer Machein (1715–17) mit einem straff gegliederten theologischen Programm (hierarchische Steigerung von der Welt der Tiere und Pflanzen in der unteren Zone bis zu den Ordensheiligen in der Bekrönung). Der Umbau der Klosteranlage war von Domenikus Zimmermann im 18. Jh. in gewaltigem Umfange geplant gewesen, aber nur zu etwa einem Drittel durch Jakob Emele 1752–70 ausgeführt worden. Sie bewahrt als größte raumschöpferische Kostbarkeit den Bibliothekssaal. Der Entwurf ist von Zimmermann (1754–61): ein rechteckiger Raum mit Balustrade in züngelndem Rocaille-Ornament mit spielenden Putten, getragen von rötlichen Säulen vor schwellend gerahmten Schrankwänden. Vor den Säulen Apostelfiguren, diskutierend mit Puttogruppen, die die Irrlehre symbolisieren. (Abb. S. 594).
Lit.: Wasmuths Lexikon der Baukunst, Bd. IV, 1932; Reclams Kunstführer. Deutschland, Bd. II, 1962.

Schustar. Am Fluß →Karun gelegene Stadt in Südwestiran (Provinz Chusistan), deren Bedeutung bis in elamische Zeit zurückverfolgt werden kann. Unter →Schapur I. Anlage einer mächtigen Staudammbrücke mit Bogenarchitektur, die an röm. Wasserleitungen erinnert.
Lit.: R. Ghirshman, Iran II, 137; H. H. von der Osten, WP, 126, 134.

Schutruk-Nachunte. Elamischer König, der im 12. Jh. v. Chr. nach einen Plünderungszug gegen →Babylon zahlreiche Bildwerke mesopotamischer Kunst nach →Susa verschleppte und sie dort im Heiligtum des →Inschuschinak mit neuen Inschriften weihte. Dazu gehören Reliefs der Kunst von Akkad (→Akkadzeit), darunter die Siegesstele →Naramsins und die aus →Sippar entführte Gesetzesstele des →Hammurabi, auf der S. seine elamische Weihinschrift nicht mehr anbringen konnte, wiewohl die Fläche bereits dafür geglättet war. Die im Alten Orient häufig bezeugte Entführung von Denkmälern (Kunstraub?) ist vorwiegend religiös bedingt durch die Vorstellung von der einem Bildwerk innewohnenden Kraft, die man dem ursprünglichen Besitzer entzieht und sich dienstbar macht.
Lit.: A. Parrot, Sumer, 388; H. H. von der Osten, WP, 32; H. Schmökel, GAV, 181.

Schuttarna. Königsname von →Mitanni. S. I. Sohn des Parattarna (frühes 15. Jh.), dessen in →Alalach gefundenes Siegel von seinem Sohn →Sauschschatar, neu benutzt wurde. S. II., Vater →Tuschrattas, Zeitgenosse →Amenophis' III., dem er eine Tochter zur Frau gab und das Standbild der →Ischtar von →Ninive zu Heilzwecken sendete.
Lit.: H. Schmökel, GAV 162f.

Schutzmantelmadonna →Marienbildtypen.

Schvayambunath. Lokale Sonderform des buddhistischen Stupa im Zentrum eines viel besuchten Wallfahrtsortes nahe der nepalesischen Hauptstadt →Kathmandu.

Schwäbisch Gmünd. Die Hauptpfarrkirche zum Hl. Kreuz ist einer der bedeutendsten Kirchenbauten des 14. Jhs. Das Münster ist aber aus stückweisem Umbau einer romanischen Anlage hervorgegangen. Der Plan dazu stammt wahrscheinlich von Heinrich →Parler. Am Chor scheint sein Sohn Peter mitgewirkt zu haben, und 1372 tritt als Werkmeister Johannes von Gmünd, wahrscheinlich ein Bruder Peters, auf. Der Grundriß des Langhauses behält die Maße der Basilika bei: die rechteckigen Mittelschiffsjoche sind genau doppelt so breit wie die quadratischen Seitenschiffsjoche. Der Bau ist aber eine Hallenkirche von sehr großen Ausmaßen. Nach emporenbesetzter Vorhalle folgen 6 Joche Langhaus. Die reichen Rippenfigurationen der Gewölbe lasten auf vegetabilisch gestalteten Kapitellkränzen. Der Chor, der 1351 angesetzt wurde, ist fast genauso lang (32,5 m) wie das Langhaus (25 m). Die Türme des romanischen Baues waren zwischen Chor und Langhaus gelegen und stürzten 1497 ein. Die Wölbung konnte daher erst nach ihrer Beseitigung abgeschlossen werden. Der Chor ist ein Hallenchor, dem der Zisterzienserkirche zu Zwettl (Niederösterreich) verwandt, mit dreiseitigem Schluß und Kapellenumgang, der daraus entsteht, daß die Wände des Chorumganges im Erdgeschoß bis an die Außenkanten der Strebepfeiler gezogen sind. Die turmlose W-Fassade, die in ihren Einzelheiten an die Straßburger Bauschule erinnert, trägt einen gewaltigen Giebel, der so hoch ist wie der rechteckige Unterbau.
Lit.: Wasmuths Lexikon der Baukunst, Bd. IV, 1932; Reclams Kunstführer, Deutschland, Bd. II, 1960.

Schwäbisch Hall (Württemberg). Pfarrkirche St. Michael. Der bestehende Bau geht zurück auf eine ältere (roman.) Anlage mit O-Turmpaar. Der Neubau als netzgewölbte Halle erfolgte 1427–56 durch Konrad von Nürnberg und N. Eseler d. Ä. Der spätgot. Hallenchor wird 1494–1527 aufgeführt. Er überragt das Langhaus um 6 m, die Wände von einem Kapellenring ummantelt. Die W-Front hat monumentalen Charakter: vom Marktplatz führt die breit gerundete Treppe hinauf zur Fassade, die im roman. Turm (1170) mit seiner Renaissancebekrönung von 1573 gipfelt. Nach der roman. Vorhalle mit tiefen Portalen öffnet sich die sechsjochige Halle in 3 Schiffen mit Rundpfeilern. Die Emporen sind aus dem

Tafel 28: *Empore der Wallfahrtskirche Wies, 1754 geweiht.*

Schussenried, Bibliothek im ehemaligen Kloster, um 1757 von D. Zimmermann erbaut.

19. Jh. Der Chor wirkt viel lichter und schlanker als das Langhaus. Die Rippenführung seines Gewölbes ist aber zur reinen Ornamentik herabgesunken, ähnlich wie das Fenstermaßwerk der Seitenkapellen. Deutlich ist aber in den Baugliedern der Einfluß von →Schwäbisch Gmünd zu spüren.
Lit.: Reclams Kunstführer, Deutschland, Bd. II, 1962.

Schwanthaler, Ludwig von. Deutscher Bildhauer. Geb. 1802 in München, gest. 1848 ebda.; entstammt einer alteingesessenen bayerischen Künstlerfamilie. Seine Studien an der Münchner Akademie seit 1818 sind gegenüber den eigenen und den Übungen in der väterlichen Werkstatt unbedeutend. 1823 wurde das Königshaus auf ihn aufmerksam und stiftete, nach ersten Arbeiten, 1826 einen Romaufenthalt, wobei er unter →Thorvaldsen arbeitete. Ein 2. Romaufenthalt folgte 1832–34. Die Vorliebe König Ludwig I. für seine Kunst bewirkte, daß S. bald einer der meistbeschäftigten Bildhauer in Deutschland wurde. Seine offiziellen Plastiken und Denkmäler zeigen dabei antikisierende Formen, mit romantischen Gefühlsinhalten, während seine wenigen Gelegenheitsstücke reizende und intime Einfälle zeigen. – In Anlehnung an die Plastiken des Äginatempels in der Glyptothek in München schuf er die Giebelfeldplastiken zu diesem Bau. In Fortsetzung der Tradition der antikischen Giebel schuf er solche für die Propyläen in München und für die Walhalla bei Regensburg, wobei er die Westgiebel mit Kampfesszenen und die Ostgiebel mit Huldigungen schmückte. Weitere noch erhaltene Werke sind u.a. die Bavaria in München (1837ff.), die Statuen in der Feldherrnhalle sowie in Darmstadt das Standbild von Großherzog Ludwig (→Moller, G.).
Lit.: Thieme-Becker.

Schwarz, Hans. Deutscher Medailleur und Bildschnitzer. Geb. um 1492 in Augsburg, dort 1512–32 tätig, nachweisbar in Nürnberg und im Ausland. Einer der bemerkenswertesten Kleinplastiker zu Beginn der deutschen Renaissance. Schuf religiöse Bildgruppen (Grablegung Christi, 1516; Judith mit Magd), trat aber vor allem als bedeutender Medaillenschneider hervor. Nach Vorzeichnungen schnitt er die Modelle aus Buchsbaum, bevor er den Gußmodel fertigte. Insgesamt sind etwa 175 Bildnismedaillen berühmter Deutscher aus der Zeit von 1517–30 bekannt, darunter Albrecht →Dürer, Kaiser Maximilian, Konrad Peutinger, Jakob Fugger, Kardinal Albrecht von Brandenburg u.a.
Lit.: E. F. Bange, Kleinplastik der deutschen Renaissance, 1928.

Schwarzafrika. 1) Ahnenfiguren. Früher bezeichnete man alle afrikanischen Holzfiguren als →„Fetische", während in Wahrheit ein großer Teil von ihnen nicht magischen Zwecken, sondern dem Kult diente. Die afrikanische Ahnenfigur gilt als Sitz der übernatürlichen Lebenskraft der Stammeltern. Um die Kontinuität des Lebens über den Tod hinaus zu sichern, stellte man diese Plastiken nicht nur auf Ehrenplätze in den Häusern, sondern auch auf Gräber. Äußerlich zeichnen sich die Ahnenfiguren durch feierlich-ruhige Haltung und oft durch einen stark betonten Nabel (durch ihn wird die Lebenskraft weitergegeben) aus. Die jeweils typischen Stammesfrisuren und -tatauierungen sollen dem Ahnengeist das Erkennen seines Abbildes erleichtern und ihm dadurch die Möglichkeit geben, sich darin niederzulassen.
Lit.: L. Underwood, Figures of Wood in West Africa, 1947; E. Leuzinger, Afrika, 1959.

2) Architektur. Ein großer Reichtum an Formen sowie eine Anzahl von baukünstlerisch hochstehenden Typen rechtfertigen eine, wenn auch nur kurze Andeutung der bestehenden Vielfalt. Runde Kegeldachhäuser, die Wände oft figural oder ornamental bemalt, findet man vor allem im Osten und Südosten. In Westafrika und im nördlichen und nordöstlichen Kongogebiet findet man das Giebeldachhaus, das große Dimensionen haben kann, wenn es sich um Königsresidenzen handelt. So hatte die Halle des Mangbetu-Königs Munsa die Ausmaße 25×50 m. An der Atlantikküste umschließen Giebeldachbauten oft einen Innenhof in der Art des altmittelmeerischen Impluviums. Auch Wandschmuck in Form von Malerei und Tonrelief ist in diesem Raum nicht selten. Die dekorativste Ornamentbemalung tragen jedoch die Lehmbauten der Ndebele (Matabele) in Südrhodesien. – Die mit Flachdächern versehenen ,,Temben" Ostafrikas bilden oft labyrinthartige Komplexe. – Im westlichen Sudan ist (teilweise unter islam. Einfluß) eine Lehmarchitektur großen Stils heimisch. Meist werden Lehmklumpen verstrichen, doch kommt (bei den →Bambara und →Bobo) auch die Verwendung von luftgetrockneten Ziegeln vor. Auf diese Weise

Holzplastik, Yoruba.

entstanden oft weiträumige, mit Reliefstreifen und Mauerzacken reich geschmückte Bauten (Festungen, Königsresidenzen, Moscheen). Die Musgu am Südufer des Tschad-Sees errichten für unseren Geschmack recht sonderbar, aber dennoch sehr reizvoll wirkende Kuppelbauten mit eigenartigem Reliefschmuck. – Trockenmauerwerk aus Stein kommt nicht nur in den hochkulturlich beeinflußten Räumen vor, sondern u. a. auch im Volta-Becken und als Unterbau der Kegeldachhütten von Nordkamerun. Im Zusammenhang mit vor- oder frühgeschichtlichen Hochkultur-Einflüssen finden wir Steinbauten vor allem in Südostafrika (→Simbabwe-Kultur), in Äthiopien und schließlich bei den noch zu wenig erforschten Steingräbern und Steinbauwerken von Angola (Mbundu-Gebiet).
Lit.: J. F. Glück, Afrikanische Architektur, TRIBUS N. F. Bd. 6, 1957; H. Haselberger, Die Bautraditionen Westafrikas, 1964.

3) Eisenbearbeitung. Die Kenntnis der Eisenbearbeitung war im Sudan schon zur Zeit der →Nok-Kultur um 400 v. Chr. verbreitet, griff aber von dort relativ langsam um sich und wurde z. B. in das Land südlich des Sambesi erst um 800–1000 n. Chr. durch vordringende Südostbantustämme verpflanzt. Künstlerisch von Belang sind nur Schmuckketten und ähnlicher Zierat (Togo, südlicher Sudan, aber auch im Osten bei den Massai und im Süden bei den Herero) sowie vor allem eiserne Großstatuen (Kriegsgott ,,Gu") in →Dahomey, vereinzelte eiserne Tierfiguren in Ostafrika und die reich verzierten und durchbrochenen Prunkäxte, wie man sie etwa bei den Mangbetu im nordöstlichen Kongogebiet findet.

4) Elfenbein. Hier galt das Elfenbein als ,,königlicher" Werkstoff, als Symbol für Kraft und Dauerhaftigkeit; es wurde daher in der höfischen Kunst West- und Zentralafrikas oft verwendet (→Yoruba, →Benin, aber auch →Baluba). Elfenbein-Schnitzereien dieser Art erhielten häufig einen gelblichen bis bräunlichen Farbton durch Einreiben mit Öl. – Reich beschnitzte Elefanten-Stoßzähne wurden (oft mit seitlicher Anblasöffnung) gern als Signaltrompeten verwendet. Elfenbein-Masken gibt es u. a. bei den →Bapende. Auch Schmuckanhänger, Armringe, verzierte Prunklöffel usw. bestehen in West- und Zentralafrika nicht selten aus diesem Material. Als Ersatz dient gelegentlich der Zahn des Nilpferdes.

5) Gelbguß. Dieser Ausdruck bezieht sich im engeren Sinne auf den Messingguß, doch kommen in S. unzählige Varianten der Legierung von Kupfer mit Zinn, Zink und Blei vor, so daß hier zwischen Bronze und Messing nicht immer exakt unterschieden werden kann. Bei den vor allem in Westafrika hergestellten Plastiken dieser Art handelt es sich um Güsse in ,,verlorener Form" (à cire perdue). Diese Technik wird noch heute im →Kameruner Grasland geübt, und zwar vor allem im Dienste der Reiseandenken-Industrie. Schon im frühen Mittelalter hatte sie in →Yoruba, später in →Benin und im →Ashanti-Reich große Höhen erreicht. – Andere Metallbearbeitungstechniken in S.: Treiben, Hämmern, Damaszieren, Einlegearbeiten (Zinn), Punzieren, Drahtflechtereien.
Lit.: W. Hirschberg, Die Künstlerstraße, 1962.

6) Goldschmiedekunst. Alte Kunstwerke der Goldschmiedekunst sind in Afrika nur selten erhalten geblieben, da die meisten in früheren Jahrhunderten eingeschmolzen und nur nach ihrem Metallwert eingeschätzt wurden. Es handelt sich fast immer um höfische Kunst, ähnlich wie bei der →Elfenbein-Schnitzerei. Besonders berühmt waren die Goldschmiedearbeiten der →Ashanti, darunter ein lebensgroßer, ca. 1,5 kg schwerer Kopf eines bärtigen Mannes aus dem Schatz des Königs Kofi Kalkalli (heute in der Wallace Collection, London), sowie zahlreiche Figürchen, Schmuck usw.

7) Keramik. Großräumige Untersuchungen über dieses Thema fehlen bisher, unser Wissen ist daher lückenhaft. Die Töpferei liegt fast ausschließlich in den Händen der Frau, die nur in Ausnahmefällen (Haussa, →Bakongo) über eine Töpferscheibe verfügt und ansonsten die Gefäße frei formt. Komplizierte Formen, die nicht selten an etruskische Keramik erinnern, sind besonders in Westafrika ebenso vertreten wie eingeritzte oder geprägte Ornamente. Bemalte Gefäße kommen etwa bei den Haussa und am Benuë vor. Menschengestaltig sind die ,,Seelenkrüge" der Matakam im Mandara-Gebirge südlich des Tschad-Sees.

8) Lederbearbeitung. Besonders im islamisierten Sudan erreicht dieses Kunstgewerbe häufig beträchtliche Höhen (Haussa, Ful, Mandingo); das Leder wird gefärbt, bestickt, geritzt, bemalt, geprägt oder in feine Streifen geschnitten und mit Strohbändern verflochten. Besonders Schwertscheiden, Köcher, Zaumzeug, Schuhe und Sandalen, Kissen usw. sind in diesem Raum oft sehr gefällig ausgestaltet.

9) Masken. Die afrikanische Maske ist im Gegensatz zur Skulptur (Ahnenfigur, →Fetisch) nicht Kultobjekt an sich, sondern Requisit bei Maskentänzen, die übernatürliche Mächte zur ,,enthusiastischen" Verkörperung durch den Maskenträger herabrufen sollen. Die angestrebte ,,Ähnlichkeit" des Ahnengeistes oder Naturdämons mit seinem geschnitzten Abbild soll eine magische Entsprechung und damit auch Identität bewirken. Der Maskenträger wird zum Sitz der übermenschlichen Macht, die durch seinen Mund spricht. Oft ist ein Menschenopfer nötig, um der Maske Lebenskraft zu verleihen (→Basonge); Tieropfer sind vielfach Ersatz für frühere Menschenopfer an den Geist der Maske. Viele Masken erhielten ihre Patina durch Bestreichen mit Tierblut und mit Rotholzpulver vermengtem Fett. – Nach der Art ihrer Verwendung unterscheiden wir Gesichts-Masken (die häufigste Art, etwa bei den →Dan und Kran), Kopfaufsätze (z. B. die ,,Tjiwara"-Masken der →Bambara) und Stülpmasken, die den ganzen Kopf bedecken (z. B. die ,,Bundu"-Masken der →Mendi). – Besonders charakteristische Masken finden wir vor allem bei den →Dan und Kran, →Bambara, →Bakuba, →Bapende, →Basonge, →Baule, →Bayaka, →Bobo, →Dogon, →Guro, →Ibibio, →Ibo, im →Kameruner Grasland, bei den →Makonde, →Mendi, →Mossi, →Pangwe, →Senufo, →Tshokwe und →Yoruba. – Der weitaus größte Teil davon besteht aus Holz, doch kommen u. a. auch hautüberzogene Exemplare vor (→Ibibio), ebenso Maskennachbildungen in Metall und Elfenbein (→Kameruner Grasland, →Benin). Zur kompletten Maskenkleidung gehört fast immer ein Kostüm aus körperverhüllenden Faser- oder Bastumhängen, häufig auch eine Federkrone oder ähnliches; diese Teile sind jedoch bei den in europäischen Sammlungen befindlichen Exemplaren fast nie erhalten. – In Räumen, wo die alte Ehrfurcht vor dem im Maskentänzer sich verkörpernden Geisterwesen verschwunden ist, dienen die Masken vielfach als profanierte Requisiten von

Ahnenmaske aus dem Ogowe-Gebiet, Gabun.

Possenspielen und Komödien, doch ist auch hier ein Nachklang der ursprünglichen Geheimhaltung des Maskenwesens noch oft zu bemerken.
Lit.: L. Underwood, Masks of West Africa, 1947; N. Mylius, Antlitz und Geheimnis der überseeischen Masken, 1961; R. Eberl-Elber, Westafrikas letztes Rätsel, 1936.

10) Steinbearbeitung. Wie in der Architektur, ist auch in der bildenden Kunst die Verwendung von Stein in Schwarzafrika nur auf jene Räume beschränkt, die in vor- oder frühgeschichtlichen Epochen Hochkultureinflüsse empfingen. – Isoliert steht vorerst ein ausdrucksvoller, 20 cm hoher Tuffsteinkopf unbekannten Alters, im nordöstlichen Kongogebiet am Uëlle entdeckt, der vielleicht typologisch als frühe Vorstufe der →Yoruba-Steinplastik (vertreten u. a. durch einen Widderkopf im Besitz des Oni von Ife und durch Statuen und Säulen, gefunden bei Idena-Ore) aufzufassen ist. Vergleiche auch →Esie. – Leicht zu bearbeiten ist der schneidbare Speck- oder Seifenstein (Steatit), der u. a. für die →Nómoli von Sierra Leone und die Vogelfiguren und figürlich verzierten Schalen von →Simbabwe das Ausgangsmaterial darstellt.

Schwarze Kunst. →Schabkunst (Mezzotinto).

Schwarzfiguriger Stil. Bezeichnung für die die archaische Kunst der griech. Vasenmalerei bestimmende Maltechnik. Die Gestalten werden auf dem roten Ton der Vase in schwarzer Silhouette aufgemalt und durch eine geritzte Binnenzeichnung belebt. Am Ende des 7. Jhs. v. Chr. wurde der S. entwickelt und blieb bis zur Zeit des →Rotfigurigen Stils beherrschend. Einzelne Maler haben aber auch darüber hinaus noch an der alten Malweise des S. festgehalten.
Lit.: J. D. Beazley, ABV, 1956.

Schwarzlot. In der Glasmalerei verwendetes, leicht aufschmelzbares Bleiglas, aus dem die Binnenzeichnung in dünnen Strichen herausgekratzt werden kann.

Schwarzrheindorf (Rheinland). Um 1150 vom Kölner Erzbischof Arnold von der Wied als doppelgeschossige Palastkapelle erbaut: Zentralbau über kreuzförmigem Grundriß mit weitgeöffneter östlicher Apsis in beiden Geschossen. Gegen 1173 durch Anfügung eines mit den ersten rheinischen Kreuzgewölben versehenen Langhauses in eine Nonnenkirche umgewandelt. Erster bedeutender Bau der rheinisch staufischen Baukunst mit reicher Außenbaugliederung (Auswirkung auf →Bonn, Münster): Über dem kaum gegliederten Sockel unter dem Pultdach des Untergeschosses eine umlaufende Zwerggalerie; am Obergeschoß charakteristische rheinische Vierpaß- und Fächerfenster; mächtiger Turm über der Zentralbaumitte. Trotz entstellender Restaurierung des 19. Jhs. bedeutend die 1846 entdeckte, vollständige Ausmalung der Kirche. In der Unterkirche typologische Darstellungen des Alten (Ezechiel) und Neuen Testaments, vor 1156 vollendet; in der Oberkirche nur im Altarraum figürliche Szenen: Christus als Weltenrichter mit Evangelistensymbolen und Stiftern sowie Heilige, dazu im Gewölbe Szenen der Apokalypse; wohl erst um 1170.
Lit.: A. Verbeek, S., Die Doppelkirche und ihre Wandgemälde, 1953.

Schwaz (Tirol). Stadtpfarrkirche Unserer Lieben Frau, eine der größten got. Kirche Tirols. An ihr haben hervorragende Meister Bayerns und Schwabens mitgearbeitet. Die Stadtpfarrkirche geht auf eine ältere Anlage von 1337 zurück. Der bestehende Bau wurde 1460 begonnen und zeigt die eigentümliche Anlage von 2 Chören und 4 Schiffen. Der ursprüngliche Bau war nach dem Plan von Hans und Gilg Mitterhofer als 5jochige, 3schiffige Halle mit polygonalem Chor und N-Turm 1478 vollendet. Schon 12 Jahre später war diese Kirche zu klein geworden; die notwendige Erweiterung erfolgte, vielleicht nach dem Vorbild von Rattenberg, als Doppelkirche vierschiffig und zweichörig und mit einer Verlängerung nach W um 2 Joche, wobei man sich weitgehend an den bestehenden Bau anglich. Architekt dieses meisterhaften Erweiterungsbaus war der Münchener Bildhauer Erasmus Grasser. Die einheitlichen Gewölbe waren 1502 geschlossen. Der Turm wurde bis 1513 nach Plänen des Augsburger Baumeisters Burkhard Engelberg und seines Schülers Jakob von Elchingen neu gebaut. Eine im 18. Jh. erfolgte Barockisierung wurde 1905–11 entfernt. Das Innere überrascht nicht nur durch seine Doppelkonzeption, sondern auch durch die Wuchtigkeit des saalartig wirkenden, 40 × 36 m großen Langhauses. Hohe, breite Maßwerkfenster sorgen für Helligkeit in den tieferen Raumzonen. Das in die Pfeiler sich senkende Sternrippengewölbe überspannt einheitlich die in gleicher Höhe verlaufenden Langhaus- und Chorgewölbe.
Lit.: Reclams Kunstführer, Österreich, Bd. II, 1961.

Schwedische Kunst. Seit dem 11. Jh. entwickelte sich im Anschluß an die Kunst Mitteleuropas eine eigenständige S. Die Einführung des Christentums im 11. Jh. setzte in Skandinavien den Einschnitt zwischen Frühgeschichte und Mittelalter. Baukunst. Die roman. Baukunst lehnte sich hauptsächlich an die →Deutsche Kunst an und brachte neben Basiliken Rundkirchen, die sich von Wehrbauten ableiten. Die Gotik brachte Einflüsse aus Frankreich, jedoch zeigen die Proportionen gedrungenere Verhältnisse (Dom zu Uppsala; Dom zu Linköping mit einem Chorbau des 15. Jhs.). Die 1388 bis 1430 erbaute Hallenkirche in Vadstena wurde vorbildlich für die Klosterkirchen zu Reval und Danzig. – Entsprechend der neuen Gesinnung der Renaissance, die im 16. Jh. nach Schweden eindrang, entstanden nun in erster Linie große Schloßbauten. Unter der Mitwirkung deutscher und niederl. Baumeister wurden die Schlösser in Gripsholm, Kalmar und Vadstena erbaut. Im 17. und 18. Jh. bestimmte das italien. Barock die Bautätigkeit, wie sie in den Schlössern zu Drottningholm und Stockholm überliefert ist. Im späten 18. und im 19. Jh. entsprach die Baukunst Schwedens dem allgemeinen europäischen Klassizismus und Historismus. Nach 1900 entwickelte sich wieder eine eigenständige Architektur, deren beginnendes Hauptwerk der monumentale Klinkerbau des Rathauses zu Stockholm ist. – Bildhauerkunst. Die Plastik der S. war im Mittelalter z. T. noch enger an die deutsche Kunst geknüpft als die Baukunst. Seit dem Ende des 14. Jhs. wurden vor allem Bildwerke der Lübecker Schule importiert. So schuf z. B. Bernt →Notke eines seiner Hauptwerke, den hl. Georg, für die Stadthauptkirche zu Stockholm (1489). Im 16. und 17. Jh. wird der deutsche Einfluß durch Anregungen und Arbeiten aus den Niederlanden abgelöst, während das 18. Jh. sich mehr der franz. Kunst zuwandte. – Durch den Bildhauer J. T. →Sergel errang die S. im Zeitalter des Klassizismus erstmals europäische Bedeutung. Nachdem das 19. Jh. wieder stärkere Einflüsse aus Frankreich brachte, fand die S. des 20. Jhs. vor allem durch C. →Milles wieder zu eigenständigen Formen. – Die Malerei kann erst seit dem 18. Jh. als S. angesprochen werden, indem sich aus der von dem Hamburger D. Krafft in Stockholm gegründeten Schule (2. Hälfte 17. Jh.) im 18. Jh. eine Schwedische Schule heranbildete. – Berührungen mit der Romantik und mit der Düsseldorfer Schule bestimmten die Entwicklung des 19. Jhs., dessen bedeutendster Meister der Landschaftsmaler C. J. →Fahlcrantz ist. A. →Zorn vertritt innerhalb der S. den Impressionismus. Besonders seine Radierungen sind von hoher Qualität. – Im 20. Jh. entwickelte sich in Schweden ein gemäßigter Expressionismus, neben dem die unter dem Begriff „Neue Sachlichkeit" gefaßte Richtung vertreten ist.

Schweifwerk. →Beschlagwerk, das, mit Voluten u. ä. verbunden, zu den wichtigsten Schmuckmotiven deutscher Frühbarockbaukunst gehört und hauptsächlich als Giebelverzierung verwendet wurde.

Schweizerische Kunst. Die Kunst der Schweiz stand von Anfang an in regem Austausch mit den Nachbarländern, vor allem mit Deutschland und Frankreich. – Bis in das 15. Jh. verlief die Entwicklung parallel zur →Deutschen Kunst. Aus dem Mittelalter sind bedeutende roman. und got. Bauten erhalten (Kirche in Zillis mit den ältesten roman. Deckenbildern; Münster in Basel, Münster in Bern; Kathedrale in Lausanne). Die Eigenentwicklung der S. begann im 16. Jh., besonders in der Malerei mit den Werken von Urs →Graf, Nikolaus →Manuel und Hans Lu. Eine Sonderstellung innerhalb der europäischen Kunst nimmt die hochentwickelte Glasmalerei der Schweiz ein, vor allem durch die berühmten Wappenscheiben des 15. und 16. Jhs. (Königsfelden). Seit dem 18. Jh. verbindet die Künstler der Schweiz häufig nicht viel mehr als ihre Geburt mit ihrer Heimat. Die bedeutendsten Meister wie Anton →Graff, Heinrich →Füßli oder Arnold →Böcklin wurden in ihrem künstlerischen Werdegang durch Aufenthalte und Arbeiten im Ausland bestimmt. – Eine lokal geprägte heroische Landschaftsmalerei und Historienmalerei brachte das 19. Jh., aus dem sich →Stauffer-Bern mit seinen realistischen Radierungen am deutlichsten hervorhebt. – Einen Höhepunkt bedeutet der kraftvolle Monumentalstil →Hodlers, mit dem die S. einen wesentlichen Beitrag zur Malerei des →Jugendstils leistete. Im 20. Jh. überstrahlt Paul →Klee seine Landsleute Cuno →Amiet, Max →Bill und die Bildhauer H. →Haller und O. Ch. Bähringer. – Gleichfalls schweizer Herkunft war →Le Corbusier, dessen revolutionierende Baugedanken und dessen Wirken jedoch nicht im engeren Sinne der S. zugerechnet werden können.

Schwertgriff. Griffe von Schwertern vorgeschichtlicher Zeit waren schon früh sehr häufig mit einfachen, überwiegend ornamentalen Motiven verziert; auf entsprechenden Waffen der →Völkerwanderungs-Zeit kommen auch prächtigere Zierkombinationen (zum Beispiel aufgelegte, in →Treibtechnik gearbeitete Goldbleche) vor. →Schwertscheide.

Schwertscheide. In vorgeschichtlicher Zeit waren die Scheiden von Schwertern gelegentlich mit Motiven des vorherrschenden Stils verziert; siehe auch →Schwertgriff.

Schwetzingen. Das Lustschloß der pfälzischen Kurfürsten ist hervorgegangen aus einer 1689 verwüsteten mittelalterl. Burg. Die Wiederherstellung und Erweiterung des Schlosses Anfang des 18. Jhs. war 1716 beendet. 1722 wurde der verwüstete Schloßpark durch J. Belling (Düsseldorf) neu angelegt, 1748 aber durch A. Petri (Zweibrücken) nach dem Vorbild von →Versailles in strenger Einhaltung eines Achsensystems umgestaltet. An diesen Park schließen sich seit 1776 die sogen. Engl. Anlagen nach Plänen der beiden →Sckell an, die, in England geschult, auf Achsensysteme verzichten und bildmäßige Landschaftsstaffage suchen. Rechts und links vom Schloß schließen sich Zirkelbauten an, die besondere Beachtung verdienen. Beide sind durch die niedrige, gebogene Konzeption und die verglasten Fronten aufs engste mit dem Garten verbunden. In dem einen Trakt war die Orangerie untergebracht, der andere ist Speise- und Spielsaal. Beide Trakte gehen auf Entwürfe von Alessandro →Galli-Bibiena zurück; die Ausführung besorgte Franz Wilhelm Rabaliatti. Hinter der ehemaligen Orangerie das Theater, 1752 von Pigage errichtet und 1762 erweitert. Das Innere wirkt etwas kühl durch die klassizistisch anklingende Formengebung. In den das alte Parkparterre umschließenden Englischen Anlagen entfaltet sich ein kaum zu überblickender Reichtum an Motiven. Nach den Entwürfen von Pigage entstanden hier künstliche Tempelruinen, Teiche mit Inseln und Brücken, der Apollotempel mit einem Naturtheater, das Badhaus, der Tempel der Botanik; zwischendurch stehen einzelne Statuen und Figurengruppen von Grupelle, Linck, Verschaffelt.
Lit.: Wasmuths Lexikon der Baukunst, Bd. IV, 1932; Reclams Kunstführer, Deutschland, Bd. II, 1962.

Schwibbogen. Freischwebender Bogen. In der Kirchenbaukunst wird der Begriff u. a. zur Bezeichnung der Bögen verwendet, die zwischen die beiden Obergadenwände des Mittelschiffs gespannt sind und eine Flachdecke tragen; gelegentlich auch zur Benennung des got. →Strebebogens. S. wird ferner ein über eine Straße gespannter Bogen genannt, der in schmalen Gassen Häuser gegeneinander abstützt, manchmal auch einen schmalen Gang trägt, welcher das Obergeschoß zweier Gebäude miteinander verbindet.

Schwind, Moritz von. Österreichisch-deutscher Maler und Graphiker. Geb. 1804 in Wien, gest. 1871 in München. Studierte an der Universität in Wien und nach 1821 an der dortigen Akademie bei L. →Schnorr v. Carolsfeld und P. Krafft. Seine frühen Wiener Zeichnungen erinnern in manchem an →Rethel, in den Ölbildern jener Zeit klingt aber schon die ganze biedermeierliche Märchenwelt an, die er später in so schönen Zyklen auszubreiten wußte („Die 7 Raben" 1857/58 und „Die schöne Melusine" vor 1870). – 1828 übersiedelte S. nach München, wo er durch P. →Cornelius mehrere Freskierungsaufträge in der Residenz erhielt, mit literarisch-lyrischen Themen (Tasso). Ein durch →Hübsch in Karlsruhe vermittelter Auftrag zur Ausmalung von Räumen in der neuen Karlsruher Galerie rief S. für 4 Jahre dorthin, weitere 3 Jahre lebte er in Frankfurt/M. 1847 erhielt er eine Professur an der Akademie in München, wo für die „Fliegenden Blätter", die „Münchner Bilderbogen" und Verlage seine Meisterzeichnungen entstanden. Es folgten 1853–55 die Ausmalung der Wartburg und 1863–67 die der Oper in Wien, mit Szenen aus Mozarts „Zauberflöte" und anderen Opern. Sie zählen zu S.s besten Großkompositionen. – S.s große Bedeutung für die deutsche Kunst liegt in den Holzschnittzeichnungen der Münchner Zeit, die eine große Verbreitung fanden und einen Hausschatz deutscher Kunst bildeten. In dieser manchmal episch-erzählenden, oft lyrischen und immer romantischen Darstellungskunst lag die Stärke von S., und so sind auch diejenigen seiner Fresken die besten, in denen er ohne jedes Pathos den Raum schmücken konnte, wie in Karlsruhe und in Wien.
Lit.: H. Busch, M. v. S., 1849.

Schwitters, Kurt. Deutscher Maler, Graphiker, Plastiker. Geb. 1887 in Hannover, gest. 1948 in Ambleside (England). Er besuchte die Dresdener Kunstakademie und schloß sich nach dem 1. Weltkrieg der → „Sturm"-Gruppe in Berlin an. Dort entfaltete er eine vielfältige Tätigkeit, zu der auch literarische und phonetische Produktion (Die Ursonate) gehörte. S. ist

auch der Begründer der „Merz"-Bewegung gewesen einer deutschen Gruppe des →Dadaismus. Im „Merz" drückt sich der Kampf des Künstlers gegen die konventionelle Kunst seiner Zeit aus. S. bricht vollends mit der herkömmlichen Kunsttechnik (Ölmalerei) und baut statt dessen seine Bilder aus Abfall zu →Collagen zusammen. Mit diesem, geistig dem Dadaismus, aber auch dem →Surrealismus verbundenen Schaffen hat S. einen neuen Kunstausdruck gefunden.
Lit.: L. Schreyer, Erinnerungen an Sturm u. Bauhaus, 1956.

Sckell. 1) Friedrich Ludwig von. Deutscher Gartenarchitekt. Geb. 1750 in Weilburg/Lahn, gest. 1823 in München. Verbrachte seine Lehrzeit in Bruchsal und Zweibrücken, daran schlossen sich Reisen nach Paris und England an, wo er die neuesten Strömungen in der Auffassung zum Garten kennenlernte. Wieder zurückgekehrt, wirkte er nacheinander als Hofgärtner in →Schwetzingen, in badischen Diensten und in München. Sein Hauptwerk dortselbst ist die Anlage des Englischen Gartens, an dessen Gründung und Planung er 1789 mitgewirkt hatte. Außerdem sind eine Fülle von Schloßgärten auf seine Tätigkeit zurückzuführen. – **2)** Carl August. Gartenbaumeister und Lithograph. Geb. 1793 in Karlsberg bei Zweibrücken, gest. 1840 in München. Neffe und Schüler von 1), als dessen Nachfolger er ab 1823 die Leitung der Gartengestaltung von Nymphenburg innehatte. Fortbildungsreisen führten ihn nach Wien, Paris und London.
Lit.: D. Hennebo und A. Hoffmann, Geschichte der deutschen Gartenbaukunst, Bd. 3, 1963.

Scorel, Jan van. Niederl. Maler. Geb. 1495 in Schoorl b. Alkmaar, gest. 1562 in Utrecht. Lernte bei →Mabuse (Jan Gossaert) und bei C. →Cornelisz. Auf seiner Wanderschaft, die ihn über Nürnberg, Kärnten, Venedig nach Rom führte, nahm S. Anregungen →Dürers, →Raffaels und →Michelangelos auf. Während sein Frühwerk, der 1520 entstandene Altar der Kirche in Obervellach/Kärnten mit der Darstellung der hl. Sippe noch ganz got. aufgefaßt ist, werden die Kompositionen nach der Italienreise großräumig und lichtvoll; die Anregungen, die ihm Italien gab, verarbeitete er zu einem eigenen Stil. Neben biblischen Geschichten (David und Goliath, um 1538, Dresden, Gal.) schuf er vorzügliche, charaktervolle und lebendige Bildnisse.
Lit.: G. H. Hoogewerff, J. v. S., 1923.

Scott, Sir George Gilbert. Engl. Architekt. Geb. 1811 in Gaweott bei Buckingham, gest. in London 1878. War neben →Pugin der bedeutendste engl. Neugotiker, jedoch gehörte er schon zu der Generation, die einem „strengen Historismus" huldigte. Im Gegensatz zu Pugin griff er nicht auf die typische engl. Tudorgotik zurück, sondern auf die kontinentale Früh- und Hochgotik. Sein erster großer Erfolg war der Wettbewerbssieg und Auftrag für die St. Nikolaikirche in Hamburg (1846–63). Ein außerordentliches Werk ist auch das Albert-Memorial im Hyde-Park (Denkmal für Prinzgemahl Albert, 1863–72), eine geistvolle Baldachinarchitektur über der Sitzplastik und sehr reicher Architekturplastik (u. a. von H. H. Armstead).
Lit.: P. Ferriday u. D. Cole, Sir Gilbert S., 1963.

Scrolls. Rolle, Liste, Schnörkel, Schnecke. Auch Ausdruck für verschnörkeltes Ornament wie etwa bei der →Irisch-angelsächsischen Buchmalerei.

Sculps. Andere Abkürzungsform von →sc.

Sebaldusgrab →Vischer, Peter d. Ä.

Sebil. Öffentliches Brunnenhaus, meist eine fromme Stiftung hochgestellter Persönlichkeiten. Aus der osmanischen Zeit sind zahlreiche Sebil in Kioskform an öffentlichen Bauten in Kairo und besonders in Istanbul erhalten. Einen Sebil zu stiften, ist ein Gott gefälliges Werk, seine Inschriften preisen oft das Wasser als Quell des Lebens. Im 17. Jh. sind in Istanbul gelegentlich Auslaufbrunnen und Trinkbrunnen, aus denen das Wasser zugereicht wird, in einem gemeinsamen Haus untergebracht, z. B. im Ahmed-Brunnen.

Seccomalerei (italien. al secco = „aufs Trockene"). Eine Malerei auf trockener Wand zum Unterschied von der Freskomalerei, bei der die Farben auf den noch feuchten Kalkbewurf aufgetragen wurden.

Sechem-chet. Ägypt. König, Nachfolger →Djosers, dessen unvollendete →Pyramide in Stufenform in →Sakkara südwestlich von der →Onnos-Pyramide wiedergefunden wurde. Die schöne Risalitmauer aus Kalkstein folgt dem Vorbild des Djoserbezirkes. Der helle Alabastersarkophag mit feinem Goldschmuck war nicht erbrochen, aber leer. Die unterirdische Anlage umfaßt 132 Räume.
Lit.: E. Brunner-Traut, Ägypten, 382.

Sechspaß →Paß.

Seddin (Westpriegnitz). Fundort eines als „Königsgrab" bekannten Hügels aus der jüngeren nordischen Bronzezeit (→Nordische Bronzezeit), in dem der Sage nach ein König in einem dreifachen Sarg bestattet war; gefunden wurde eine Grabkammer aus großen Steinblöcken mit „falschem Gewölbe" und eine große Tonurne, in der sich ein Bronzegefäß mit der Asche eines Mannes befand. Das Bronzegefäß ist mit Reihen einfacher Buckelornamente verziert.
Lit.: A. Kiekebusch, Das Königsgrab von S., 1928.

Seehof bei Bamberg. Aus einem „Seehaus" des 15. Jhs. und Erweiterungsbauten im 16. und 17. Jh. entwickelte sich das Schloß zu einem repräsentativen Herrensitz. 1687–95 wurde von Fürstbischof Marquard Sebastian von Stauffenberg die Anlage nach Entwürfen von Antonio Petrini, der auch die Bauleitung hatte, errichtet. Um einen Binnenhof legen sich 4 mit starken Ecktürmen versehene Flügel. Voraussetzung dieses Baues sind wohl got. Wasserburgen, wenn auch die prallen Kuppeldachhauben der Ecktürme diesen Eindruck etwas verwischen. Der Baukörper ist wuchtig und breit, auch in der Gliederung. Die Flügel sind zweigeschossig mit einer Reihe von Dachgauben darüber, um die höheren Eckturmbauten auszugleichen. Die Hoffronten sind durchgehend zweigeschossig und im Erdgeschoß in Arkaden geöffnet. Der Park umschließt rechteckig das Schloß, das zentral im Schnitt seiner Achsen liegt. Er wurde von Fürstbischof Lothar F. von Schönborn ab 1698 angelegt. An der N-Seite die Orangerie, entworfen von B. →Neumann, ausgeführt von J. H. →Dientzenhofer (1733–37). Von Küchel stammt das hervorragende Haupttor, 1737/38 von Dientzenhofer ausgeführt.
Lit.: Reclams Kunstführer, Deutschland, Bd. I, 1961.

Seeling, Heinrich. Deutscher Architekt. Geb. 1852 in Zeulenroda, gest. 1932 in Berlin. Schüler der Berliner Bauakademie. Bevor er sich selbständig machte, war er in mehreren großen Architekturbüros tätig. 1903–10 hatte er mit dem Architekten R. Seel ein Büro, ab 1907 war S. Stadtbaurat von Berlin-Charlottenburg. – S. war in Deutschland der erfolgreichste Theaterarchitekt und stärkster Konkurrent von F. →Fellner und H. →Helmer in Wien. Er entwickelte einen Typ, bei dem die Logenrangtreppen im Saalumgang ansetzten und dadurch zu einer innigen Kommunikation der Ränge führten. Seine prachtvollste Ausführung fand dieses System im Stadttheater in Freiburg (1910).
Lit.: Thieme-Becker.

Segantini, Giovanni. Schweizer Maler. Geb. 1858 in Arco, Südtirol, gest. 1899 bei Pontresina. Autodidakt, der sich mit Schildermalen und anatomischen Zeichnungen für Studenten den Lebensunterhalt verdiente. Seine ersten Bilder, die in Mailand entstanden, haben noch nichts von der späteren divisionistischen Technik, in der das Licht in der Form der Strahlenzerlegung dargestellt wird, an sich. Dieser Wandlungsprozeß geht ab 1886 vor sich und geht Hand in Hand mit einer Verschiebung der Inhalte: von anekdotischen Genrestudien (Strickendes Mädchen am Zaun) gelangte er zu symbolhaften Andeutungen (Pflüger im Engadin, 1890) und schließlich zu symbolistischen Werken (Werden, Sein und Vergehen). In diesen späten Arbeiten schlägt sich ein mystisch-pantheistisches Versenken in die Wunder des menschlichen Seins nieder.
Lit.: W. Ritter, G. S., 1897.

Seger-Porzellan →Berliner Porzellan.

Segesta. Antike Stadt an der NW-Küste Siziliens. Die nichtgriech. Bevölkerung adaptierte angesichts der rasch aufblühenden benachbarten griech. Kolonialstädte (z. B. →Selinunt) in vielfältiger Weise griech. Kulturgut.

Eindruckvollstes Zeugnis solcher Übernahmen bildet ein außerhalb der Stadt auf einer isolierten Erhebung im letzten Viertel des 5. Jhs. v. Chr. errichteter Kultbau mit 6 × 14 Säulen. Der Bau blieb unvollendet, war jedoch von Anfang an ohne Cella und ohne Dach geplant, so daß man nicht von einem →Peripteros, sondern lediglich von einer diesem Tempeltyp entlehnten Säulenstellung mit Gebälk sprechen kann, in der die Idee des griech. Tempels gleichsam pervertiert wird.
Lit.: Berve-Gruben-Hirmer, Griech. Tempel und Heiligtümer, 231f., 1961.

Seghers, Herkules. Niederl. Maler und Radierer. Geb. 1589, gest. um 1645 in Amsterdam. Schüler von →Coninxloo. Er malte die flache, sich in die Tiefe erstreckende holländische Landschaft mit niedrigem Horizont und feinen, in die Tiefe leitenden Farbstufen. In älterer Manier malte S. auch phantastische Gebirgslandschaften. Sehr bedeutend sind die etwa 60 Landschaftsradierungen, die teilweise farbig sind und durch eine sehr eigene Art der Strichführung auffallen. Vermutlich hat sich →Rembrandt bei seinen Landschaftsdarstellungen von S. anregen lassen.
Lit.: J. Springer, Die Radierungen des S., 1910–12; L. C. Collins, H.S., 1953.

Segmentbogen →Bogen.

Segmentgiebel →Giebel.

Sehne. Ort zwischen Kermanschah und Hamadan (Westiran) mit medischem Felsgrab des 7./6. Jhs. v. Chr., genannt →„Ferhad und Schirin".
Lit.: R. Ghirshman, Iran I, 87.

Seibal. Mayastadt im südlichen Petén, in der vor allem im 8. und 9. Jh. der Stelenkult blühte, der jedoch in →Copan und →Quirigua seine höchste Ausbildung erfuhr. 15 Stelen erhalten, die meisten mit Reliefdarstellungen.

Seidl, Gabriel von. Deutscher Architekt. Geb. 1848 in München, gest. ebda. 1913. Bis 1870 war S. Maschinentechniker in der Lokomotivenfabrik von Maffei, danach studierte er bei G. Neureuther. 1876/77 weilte er in Rom, 1878 gründete er mit R. v. Seitz (1842–1910) ein Atelier für Innenarchitektur. Zusammen bauten beide das Bayerische Nationalmuseum in München (1896–1900). Dieser Bau zeigt das ganze historistische Können S.s in teilweise hervorragender Qualität. Das Deutsche Museum, 1906 begonnen, wurde erst nach seinem Tod vollendet. S.s Historismus war vielseitig, jedoch mit einer Betonung von üppigen barocken Formen, wovon die Treppenhäuser seiner Großbauten Zeugnis ablegen.
Lit.: Thieme-Becker.

Seima-Kultur. Nach dem Fundort Seima an der Oka, unfern Gorki, benannte Bronzezeitkultur des 2. Jahrtausends v. Chr., in der das Erbe der →Kammkeramik weiterlebt. Weitreichende Beziehungen zur sibirischen →Karasuk-Kultur. Messerklingen mit Tierkopfabschluß weisen auf die Anfänge des →Tierstils in der →eurasischen Kunst.
Lit.: F. Hančar, Pferd, 214ff.; K. Jettmar, Steppenvölker, 164.

Seitenstetten (Niederösterreich). Das Stift wurde ab 1719 von J. Munggenast umgebaut, vielleicht noch unter Verwendung von Ideen Prandtauers. Die Anlage ist rechteckig, die Fronten sind durch Mittelrisalite gegliedert. Der W-Fassade der im Mittelpunkt stehenden Kirche ist der große Stiftshof vorgelagert, barockes Atrium mit Brunnen und Marienstatue in der Mitte. Gegenüber der Kirche die dreischiffige Einfahrtshalle mit dem klassizistisch ausgemalten Festsaal darüber, von außen als leicht vortretender Mittelrisalit und gegen den Hof als Pavillon mit abgesetztem Dach zu erkennen. Im N-Trakt das Stiegenhaus mit seiner dreiarmigen, von geschlungenem Geländer begleiteten Treppe, reicher Stuckverzierung an den Wänden und dem Deckenfresko von B. Altomonte (1744).
Lit.: Reclams Kunstführer, Österreich, Bd. I, 1961.

Seitz, Gustav. Deutscher Bildhauer. Geb. 1906 in Mannheim (Neckerau), gest. 1969, Hamburg. Nach seinem Studium in Berlin hielt er sich 1928 vorübergehend in Paris auf, wo er mit den Werken →Maillols und →Despiaus, die einen nachhaltigen Einfluß auf ihn ausübten, bekannt wurde. Seit 1947 lehrte er in Berlin an der Hochschule für bildende Künste und an der Akademie Berlin-Weißensee. – Aktfigur und Portrait stehen im Zentrum seines Schaffens, in dem Anregungen Maillols und auch der ägypt. Plastik verarbeitet sind.
Lit.: H. Vollmer, Künstlerlex. d. 20. Jhs.

Sekos. Bezeichnung für einen antiken ummauerten, jedoch nicht mit einem Dach versehenen Bezirk. Ursprünglich diente ein solcher Hof wohl als Platz eines in einem kleinen Naos stehenden Kultbildes. Bei den ionischen Kolossaltempeln von Didyma (→Didymaion) oder →Sardeis entsteht aus einem solchen S. die hypostyle Tempelform.

Seladon. Chinesisches Steingut und Porzellan, meist mit graugrüner, undurchsichtiger Glasur überzogen.

Selbstbildnis. Bezeichnung für die Selbstdarstellung eines bildenden Künstlers. Aus dem Mittelalter haben sich S.-ähnliche Darstellungen erhalten, die jedoch nur durch Namensbeischriften als solche gekennzeichnet sind. Nach Vorläufern innerhalb der franz. Miniaturmalerei des beginnenden 15. Jhs. finden sich die ersten wirklich als S. zu bezeichnenden Darstellungen in der italien. Malerei der 2. Hälfte des 15. Jhs., wo sich der Maler häufig unter den →Assistenzfiguren darstellt. Zu einer eigenen Bildgattung führt A. →Dürer zu Beginn des 16. Jhs. das S., das in der Malerei von →Rembrandt seine intensivste Ausprägung erfährt.

Seleukia. Am rechten Tigrisufer von →Seleukos I. Nikator 307 v. Chr. gegründete Stadt (Opis), der die Rolle des alten →Babylon zugedacht war. Die Bedeutung von S. sank nach der auf dem gegenüberliegenden Tigrisufer durch die →Parther erfolgten Gründung von →Ktesiphon. Einnahme durch →Mithradates I.

Seleukiden. Nachfolger in der Herrschaft →Seleukos I., von entscheidender Bedeutung für die hellenistische Durchdringung des untergegangenen →Achaemeniden-Reiches, dessen Tradition von den →Fratadara gewahrt wurde. Die Geschichte der S. in Vorderasien ist wesentlich bestimmt durch die Auseinandersetzung mit den →Parthern unter den →Arsakiden. Nach der Niederlage des S.-Königs Antiochos VII. gegen →Phraates II. 129 v. Chr. war das Schicksal des von Seleukos I. geschaffenen gewaltigen Reiches besiegelt.

Seleukos. General Alexanders d. Gr. und als S. I. Nikator Begründer der griech. Dyn. der →Seleukiden (356–280 v. Chr.). S. unterwarf seit 308 v. Chr. von →Babylon aus den iranischen Osten bis zu den Toren Indiens.

Selinunt (Selinus). Griech. Siedlung des 7. Jhs. v. Chr. auf Sizilien. Im Jahre 408 wurde die Stadt von Karthagern zerstört. – Die →Akropolis von S. bietet das imposanteste Beispiel für die großen Bauleistungen griech. Siedler im Westen. In zwei gesondert eingefaßten Bezirken standen 4 große Peripteroi, dazu einige kleinere Tempel und Altäre. Sämtliche Bauten sind als dorische Architekturen errichtet, wenngleich die klassische Ausformung der Bauten Griechenlands nicht verwirklicht wird. Dagegen findet sich eine Fülle von individuellen Lösungen. Auffallend ist hierbei die wiederholt festzustellende und zur eigentlich dorischen Tempelarchitektur im Gegensatz stehende Frontbetonung durch große Fronttreppen, durch die Verbreiterung des Mitteljochs, durch das Fehlen des →Opistodoms als Pendant zum →Pronaos oder durch eine doppelte frontale Säulenstellung. Die Bauten sind im 6. und 5. Jh. v. Chr. entstanden, jedoch zeigen auch noch die Tempel der klassischen Zeit viele archaische Züge. Von einem archaischen Tempel (sogen. Tempel F) und einem Tempel des 5. Jhs. (Heratempel) sind reiche →Metopen-Reliefs erhalten, die ein Gegenstück zur griech. festländischen Bauplastik darstellen.
Lit.: Berve-Gruben-Hirmer, Griech. Tempel und Heiligtümer, 211ff., 1960.

Selinus →Selinunt.

Seltschuken. Die türkischen S. aus dem Stamm der Oghuzen drängten im 11. Jh. aus den Gebieten östlich des Aralsees nach Iran, wo sie sich zunächst in Transoxanien festsetzten. Im Groß-Seltschukischen Reich herrschten von 1037–1231 verschiedene Familien in fast unabhängiger Weise über Iran, Iraq und Syrien. Ihre Residenzen sind in Isfahan, in Bagdad, von 1118–94 in Hamadan; bedeutende Zentren und Herrschaftssitze sind Mosul, Sultanie, Merw. In Kleinasien gründen die S. von Rum ein eigenes Reich mit der Hauptstadt Konya (1071–1300), mit Serayanlagen in Kobadabad, am Beyshir-See, in Aspendos und mit großen Han-Anlagen an den Überlandstraßen. Durch den Mongolensturm im ersten Viertel des 13. Jhs. zerfällt das Groß-Seltschukische Reich, während sich in Kleinasien die Türken behaupten konnten. – Die Kunsterzeugnisse der seltschukischen Periode zeichnen sich durch einen reifen islam. Stil aus. Die Entwicklung der Arabeske hat zur klassischen Vollendung dieser Form geführt. Im Dekor dominieren Schriftbänder, meist in zweischichtigem Dekor über Rankengrund und mit mannigfachen Schriftformen wie Kufi, Tsuluts, Naskhi, blühendem und redendem Kufi, sowie Friese mit Jagd- und Fabeltieren, Mischwesen und Menschenfiguren. Für den Ablauf des Programms ist die Darstellung des im Türkensitz hockenden Fürsten typisch, Jagd, Gelage und Tanz, Gestirnsymbole. In den Keramikzentren von Ray, Kaschan, Gurgan wird feinste Töpferware von porzellanartiger Wirkung hergestellt. Zweischalige Gefäße und figürliche Keramiken sind Sondererscheinungen dieser Zeit. Spezielle Gattungen, wie die Lüster- und Minai-Fayencen, werden von Künstlern mit dekorativen Gruppen, lyrischen Schilderungen und Einzelfiguren unter Hinzufügung beliebter Strophen der Dichtung bemalt. Zur Entfaltung einer illustrativen Buchmalerei führten der Einfluß der uighurischen Sekretäre und die Aufträge der seltschukischen Sultane. Von den Malern der Bagdad-Schule sind die ersten Illustrationen von Unterhaltungsliteratur wie der Fabeln des Bidpai und der Makamen des Hariri erhalten, aber auch von naturwissenschaftlichen Werken. – Stuckarbeit und Holzschnitzerei werden im Verband der Architektur bis zur Manieriertheit beherrscht, Fayencemosaik – zuerst in Stuck gebettet, dann selbst völlig die Wände überziehend –, Mosaik aus sternförmigen, kreuzförmigen und vieleckigen Fliesen, erleben eine Blüte technischer und künstlerischer Fertigkeit. Die Architektur erfährt durch die Notwendigkeit der Verbreitung der Lehre und der Herrschaft durch zahlreiche örtliche Machthaber großen Aufschwung. Moscheen und Minare, Medresen, Karawanseraien stellen bedeutende Bauaufgaben. Neu ist die Betonung eines Prunktores, das durch Stalaktitwerk bereichert ist. Die iranische Bauform des Iwan und die türkische Form der Türbe als Grabbau werden kennzeichnend für die seltschukische Kunst Irans und Kleinasiens. – Die ältesten erhaltenen Knüpfteppiche der islam. Kunst stammen aus der Ala-ed-Din-Moschee auf dem Burghügel der Residenz Konya und zeigen eindrucksvolle, kräftige Komposition bei feinster Farbstimmung. – Aus Khorassan kommen gegossene, getriebene, gravierte und tauschierte Bronzegeräte wie Mörser, Kannen, Räucherbecken und -tiere, Lampen, Leuchter. Von diesen Anfängen ausgehend, entwickelt sich die Tauschierkunst im oberen Iraq mit dem Zentrum Mossul, dessen Meister im Auftrag sowohl der islam. Herrscher bis nach Kairo arbeiten, wie auch christlicher Auftraggeber.

Lit.: T. T. Rice, The Seljuks, 1961; A. U. Pope, A Survey of Persian Art, 1938.

Semiramis. Griech. Name für die Königin →Sammuramat.

Lit.: H. Schmökel, GAV, 258.

Semper, Gottfried. Deutscher Architekt und Architekturschriftsteller. Geb. 1803 in Hamburg, gest. 1876 in Rom. Nach dem Studium der Rechte und dem der Mathematik (bei Gauß) in Göttingen entschloß er sich Architekt zu werden und ging zur Ausbildung nach München zu F. v. →Gärtner, der S. in klassizistischem Geiste beeinflußte. 1826 setzte er diese Studien in Paris bei J. I. →Hittorff und Chr. Gau fort. 1830 begann er eine entscheidende Bildungsreise durch Südfrankreich, Italien, wo er die antike Polychromie und die Sgraffitomaltechnik der Renaissance untersuchte, Sizilien und Griechenland. Einem kurzen Aufenthalt in seiner Heimatstadt folgte 1834 die Berufung nach Dresden als Prof. an die Kunstakademie. Dort entstand sein frühes Hauptwerk, das erste Dresdener Opernhaus, in zierlicher Frührenaissance (1837–41, abgebrannt 1869). Dieser Bau war in der Geschichte des Theaterbaues epochemachend durch die Kenntlichmachung des Zuschauerhauses im Außenbau und durch die Grundrißlösung. – Wegen seiner Teilnahme an der Revolution von 1849 mußte S. Deutschland verlassen und fand in England Aufnahme, wo er Berater des Prinzgemahls Albert in Fragen des Kunstgewerbes wurde (Gründung des South Kensington Museum mit Kunst-

G. Semper, Aula in der Eidgenössischen Technischen Hochschule Zürich.

gewerbeschule, 1851). Im engl. Exil entstanden auch seine Schriften ,,Wissenschaft, Industrie und Kunst", 1852, und ,,Der Stil in den technischen und tektonischen Künsten". – Ein neues Tätigkeitsfeld eröffnete sich für S. 1855 durch die Berufung an die Eidgenössische Technische Hochschule in Zürich, für die er auch das Hauptgebäude (1859–64) baute. Dieser Hochschulbau wurde für diese Bauaufgabe typenbildend. Zusammen mit R. Wagner erarbeitete er in Zürich die ersten Gedanken zur Form eines Wagnertheaters, die dann zu dem Münchner Projekt eines Bühnenfestspielhauses in amphitheatralischer Form mit doppeltem Proszenium führten. – 1869 wurde S. von Kaiser Franz-Joseph nach Wien berufen, um zusammen mit K. v. →Hasenauer das Forum der Neuen Hofburg mit den beiden Hofmuseen und dem Hoftheater zu planen. Diese Wiener Bauten stellen die Krönung des künstlerischen Werkes von S. dar, das sich besonders im Theaterbau in unvergleichlicher Folgerichtigkeit entwickelte. – Sonstige Werke: In Dresden: Gemäldegalerie (1846–52) als Abschluß des Zwingers, Villa Rosa (1839), die das Vorbild für die ,,italien. Villen" in Deutschland wurde, das zweite Opernhaus (1871–78) zusammen mit seinem Sohn Manfred S.; in der Schweiz: Stadthaus in Winterthur (1865–69). Daneben gibt es von S. Denkmäler und viele unausgeführte Projekte.

Lit.: Thieme-Becker.

Senbi. Ägypt. Gaufürst unter →Amenemhet I. Grabanlage bei →Mer, bedeutsam wegen der Darstellung einer Wüstenjagd, die erstmalig in der →ägypt. Kunst den Eindruck der Raumtiefe vermittelt. →Uchhotep.

Lit.: W. Wolf, KÄ, 376ff.

Sendschirli. Ruinenfeld des alten →Schamal.

Seneb. Zwergenhafter ägypt. Hofbeamter der 5. Dyn., dessen Darstellung eine Gruppe aus der Ziegelmastaba des S. in →Gizeh zeigt. Die verkrüppelte Gestalt hockt mit untergeschlagenen Beinen neben seiner adligen Frau, die in gewohnter Haltung sitzt. Der Leerraum unter S. ist durch die Figuren eines Knaben und eines Mädchen mit typischem Kindergestus der Verlegenheit verdeckt. Die Wiedergabe des S. ist bedeutsam für die Abkehr vom idealen Wesensbild der Grabstatue und für die Tendenz zum realistischen Abbild, die sich häufig in der →ägypt. Kunst der 5. Dyn. beobachten läßt.
Lit.: W. Wolf, KÄ, 178ff.

Senenmut. Vermögensverwalter und mächtiger Günstling der →Hatschepsut, Erzieher ihrer Tochter →Nofrure, deren früher Tod vermutlich zum Sturz des S. geführt hat. Erbauer des Tempels in →Der el-bahri, in dessen Allerheiligstem sich S. dargestellt hat. Die unvollendete Grabanlage des S. vor der Terrassenanlage ist wegen ihrer astronomischen Deckenbilder bemerkenswert. Endgültiges Grab in →Theben-West. Unter den zahlreichen Statuen des S. dominieren die, die ihn als Erzieher der Prinzessin zeigen, wobei S. stehend und hockend, schließlich in streng geschlossener Form des →Würfelhockers dargestellt ist. Die Statuen des S. sind beispielhaft für die Privatplastik der →ägypt. Kunst in der frühen 18. Dyn.
Lit.: W. Wolf, KÄ, 434ff.; E. Brunner-Traut, Ägypten, 474.

Senet. Gemahlin des →Intefoker, deren Felsengrab zur Zeit →Sesostris I. in →Theben-West angelegt wurde, wo im Neuen Reich der Begräbnisplatz hoher Staatsbeamter lag.
Lit.: W. Wolf, KÄ, 383ff.

Sennefer. Vorsteher von →Theben unter →Amenophis II. Grab (96) in →Theben-West mit unterirdischem Vorraum und Pfeilerhalle. Außer den ausführlichen lebendigen Bildern des Bestattungsrituals ist vor allem die Ausgestaltung der Grabräume als Weinlaube bemerkenswert, ein eindrucksvolles Zeugnis künstlerischer Erfindung bei der Veranschaulichung der Jenseitshoffnung. Aus dem Amuntempel von →Karnak stammt die Sitzgruppe des S. mit Frau und Tochter, die zwischen den Unterschenkeln des einander im Rücken umfassenden Paares steht. Das Bildwerk läßt besonders in den fülligen Körperfalten des Mannes die Abkehr vom strengen Stil der frühen 18. Dyn. erkennen.
Lit.: W. Wolf, KÄ, 436; E. Brunner-Traut, Ägypten, 490f.

Sennui. Gemahlin des ägypt. Gaufürsten Djefai-hapi von →Asjut zur Zeit →Sesostris I. Die überlebensgroße Granitstatue der auf einem Würfel sitzenden S. aus dem Grab im nubischen Kerma (3. Katarakt) verbindet schlichte, geschlossene Form mit feiner Wiedergabe von weiblichem Charme. Beispielhaft für die →ägypt. Kunst der frühen 12. Dyn.
Lit.: W. Wolf, KÄ, 339f.

Sens, Kathedrale St. Etienne. Begonnen unter Erzbischof Henri de Sanglier (gest. 1142). Dreischiffige, ursprünglich querschifflose Basilika mit Chorumgang und einzelner Scheitelkapelle (später erneuert; Querhaus im Spätmittelalter eingefügt). →Gebundenes System mit →Stützenwechsel zwischen Pfeilern mit Vorlage und gekoppelten Säulen. Sockel und Kapitelle der massig vortretenden Dienstbündel teilweise diagonal gestellt, also von vornherein auf Kreuzrippenwölbung berechnet. Sechsteilige Mittelschiffsgewölbe. Dreigeschossiger Wandaufriß (burgundische Vorbilder): Arkaden, tiefschattende Emporen mit Zwillingsarkaturen, Obergadenfenster (im 13. Jh. vergrößert). Die konsequente Durchstrukturierung des Raummantels mit Hilfe von körperlich gerundeten Baugliedern und „Füllwänden", die sinnvolle Unterordnung selbst des kleinsten Details unter dieses System ist got. Doch fehlt die in St. Denis entwickelte diaphane Struktur (→Gotik). Die starke Raumvereinheitlichung und die Dreigeschossigkeit für diese Frühstufe außergewöhnlich und von der Frühgotik nicht aufgegriffen.
Lit.: E. Chartraire, La Cathédrale de Sens, o. J.; O. von Simson, The Gothic Cathedral, 1962.

Senufo. Zwischen dem Oberlauf des Niger und der Elfenbeinküste wohnendes Westsudan-Volk mit noch heute lebendigem, reichem Volkstum, das sich u.a. in einer hochentwickelten Holzschnitzkunst äußert. Die Masken, „Deble"-Figuren, Reliefs auf Holztrommeln usw. werden von einer eigenen Schnitzerkaste („Kule") verfertigt; die Holzplastiken sind zum Teil naturhaft, zum Teil auch (Masken!) hochstilisiert und überaus ausdrucksstark; die Masken des Lo-Geheimbundes wirken für unser Gefühl ein wenig überladen an akzessorischem Beiwerk (Hörner, Auswüchse, Zierwülste usw.). Auch Metallgüsse sind nicht selten (Gießer-Kaste „Logon"), die an die Goldgewichte der →Ashanti erinnern, aber plumper geformt sind. Sie dienen u. a. als Zauberrequisiten.

Sepik-Gebiet. Das an Kunstwerken reichste, auch relativ am besten erforschte Gebiet von →Neuguinea; es zerfällt bei genauer Betrachtung in viele kleine Stilprovinzen (z.B. Maprik, Yuat, Korewori, Washuk u.a.) mit ausgeprägten Eigenheiten. In den Männerhäusern (→Männerhaus) des S.s, die dem Kult (Geheimbundriten) dienen, findet man reichverziertes Gerät aller Art (große Schlitztrommeln, Schwirrhölzer, tonumkleidete Ahnenschädel usw.), vor allem aber bemalte Holzfiguren und Masken, die das S. berühmt gemacht haben. Häufig ist hier der →Schnabelstil vertreten. – Auch Stevenenden von Kanus, Paddel, Keulen, Schilde, Hausbalken, Aufhängehaken, Rednerpulte usw. sind in unglaublicher Vielfalt ausgestaltet, bemalt und häufig noch mit Federn, Pflanzenfasern und Haaren geschmückt.
Lit.: R. Gardi und A. Bühler, Sepik - Land der sterbenden Geister, 1958.

Sens, Portal der Kathedrale St. Etienne.

Sepulcrum. Reliquiengruft im Altar. Es bezeichnet die ausgehöhlte Stelle in der →Mensa oder im →Stipes, in die die Reliquien gelegt werden, die dann mit einer Platte →Sigillum versiegelt wird.

Sepulcrum a mensa. Tafelgrab. Ähnelt in seiner Anlage einem →Arkosolium, nur wird der Arkosolbogen oben durch eine gerade Fläche ersetzt.

Serabit-el-Chadim. Bergwerk auf der Halbinsel →Sinai mit Graffitti, in denen die ägypt. Expeditionen des Mittleren- und Neuen Reiches erwähnt werden. Bedeutender Hathortempel, der Göttin als Herrin des Türkislandes geweiht mit letzter Inschrift aus der Zeit →Ramses' VI.

Lit.: A. Parrot, Sumer, 232; E. Brunner-Traut, Ägypten, 548f.

Seraph (Seraphim), (hebräisch = brennender Lichtengel). Engel mit sechs Flügeln. Vergleiche Jesajas Kap. 6: „Zwei Flügel zu ihren Häupten, zwei zu ihren Füßen und zwei Flügel, mit denen sie flogen." Sie sind der Schar dienender Engelwesen einzureihen. Ihre Darstellung war vor allem in der byzant. Kunst beliebt. Später verwischen sich in der Kunst die Unterschiede zwischen Seraphim und →Cherubim.

Séraphine, S. Louis (S. de Senlis). Franz. Malerin. Geb. 1864 in Assy (Oise), gest. 1934 in Senlis. Man weiß fast nichts über die Anfänge ihrer Malerei. Der Sammler Wilhelm Uhde entdeckte sie 1912, half ihr und ermutigte sie zum Malen. – Sie malte nur Blumen, Blätter und Früchte, diese aber mit einer der Natur und dem Naturalismus widerstehenden Imagination.
Lit.: Oto Bihalji-Merin, Die naive Malerei, 1959.

Serbien. Im 9. Jh. christianisiert und zwar durch die Mönche Kyrillos und Methodios aus Thessaloniki. Eine serbische Kunst entwickelte sich dann unter Stephan Nemanja (1167–1196), der den serbischen Staat unabhängig machte, vor allem aber unter Stephan Dusan (1331–1351), unter dessen Führung das Reich sich kraftvoll entwickelte. Die bedeutenden Herrscher S.s haben selbst viel für Klostergründungen und den Bau von Kirchen getan. Trotz der Selbständigkeit S.s ist im 12. und 13. Jh. noch eine starke Abhängigkeit von Byzanz festzustellen. Griech. Künstler kamen weiterhin nach S. Die Klöster selbst haben durch den Bau ihrer Kirchen und deren Ausmalung vor allem im 13. Jh. und der darauf folgenden Zeit auf künstlerischem Gebiet viel geleistet. Schon im 13. Jh. wurde allmählich der byzantinische Stil durch einen einheimischen verdrängt, der sich vor allem durch eine Feinheit der Formen und starken Realismus auszeichnet. Über serbische Kirchen und Wandmalereien im 13. und 14. Jh. vergleiche die Artikel: →Mileševa, →Sopocani, →Nerezi, →Nagoricino, →Gracanica (Klosterkirche), →Dečani, →Studenica (Muttergotteskirche), →Cučer, →Peč, Ljuboten, →Lesnovo, →Markon Monastir (Markuskloster). In der Schlacht auf dem Amselfelde (1389) wurden die Serben von den Türken besiegt. Sie zogen sich in den westlichen Teil ihres Landes zurück, bis in der Mitte des 15. Jhs. die Türken auch dieses Gebiet eroberten. In der Malerei, neben immer noch bestehenden byzantinischen, stärker werdende orientalische und westliche Einflüsse. Vor allem wirkte sich im 15. Jh. der Einfluß der kretischen Malschule stark auf Serbien aus, →Manasija, Ravanića (1381) u.a. Die spätere Kunst ist rein serbisch.
Lit.: Oto Bihalji-Merin, Jugoslawische Fresken, in: Der silberne Quell, Bd. 60, 1922; Dimitar Cornakov, Die Fresken in der Kirche des hl. Klemens zu Ohrid, in: Kunstdenkmäler in Jugoslawien, 1961; A. Derocco, Architecture monumentale et décorative dans la Serbie du Moyen, Age, 1953.

Serdab. Das Serdab, eine unter den →Abbasiden aufkommende besondere islam. Bauform, ist ein unter dem Bodenniveau gelegener Wohnraum, der durch Luftschachtanlagen im Sommer kühl bleibt. Die Form, die aus mittelasiatisch-uighurischer Überlieferung hergeleitet wird, ist bis in die jüngste Zeit in Bagdad und in Südpersien bekannt.
Lit.: K. Otto-Dorn, Die Kunst des Islam, 1964.

Sergel, Johann Tobias. Schwedischer Bildhauer. Geb. 1740 in Stockholm, gest. 1814 ebda. Studium in Stockholm und Paris, 1767–78 in Rom tätig, danach in Stockholm. Die künstlerischen Anfänge S.s sind vom franz. Rokoko bestimmt, von dem er sich jedoch in Rom zugunsten einer klassizistischen Haltung abwandte. Vergleichbar der Haltung von G. →Schadow, gelang es S., den trockenen Klassizismus in seinen besten Werken durch sein sinnenfreudiges Temperament aufzuheitern. Sein Werk besteht aus mythologischen und allegorischen Kompositionen und aus Bildnisbüsten. Bedeutend und aufschlußreich für die Wertung seines Künstlertums sind seine Zeichnungen.
Lit.: A. L. Romdahl, J.T.S., 1922.

Serigraphie →Siebdruck.

Serlio, Sebastiano. Italien. Baumeister und Architekturtheoretiker. Geb. 1475 in Bologna, gest. 1554 in Fontainebleau, wohin er 1542 als Hofbaumeister gekommen war. Nach anfänglicher Ausbildung als Maler wurde S. Schüler →Peruzzis in Rom. Als Baumeister ist er so gut wie gar nicht in Erscheinung getreten, auch nicht in Fontainebleau. Sein bedeutender Ruhm gründet sich vielmehr auf sein architekturtheoretisches Werk, den „Sieben Büchern über die Baukunst". Es erschien seit 1537 in 7 Büchern unter jeweils anderen Titeln und Widmungen und vermittelte den italien. und damit später den europäischen Baumeistern die Lehren des →Vitruvius Pollio.
Lit.: J. v. Schlosser, Die Kunstliteratur, 1924; N. Pevsner, Europäische Architektur, 1957 (mit Bibliographie).

Serres (Makedonien). Kirche St. Theodor besaß eines der bedeutendsten Mosaikgemälde der byzant. Renaissance, das „Abendmahl der Apostel" (12./13. Jh.). Durch Brand der Kirche 1913 zerstört. Nur das Mosaik des hl. Andreas aus der Abendmahlsgruppe gerettet. Heute im archäologischen Museum zu Saloniki.
Lit.: E. Diz, O. Demus, Byzantine mosaics in Greece, 1931.

Sérusier, Paul. Franz. Maler. Geb. 1865 in Paris, gest. 1927 in Morlaix. Studierte u.a. an der Académie Julian, wo er zu den Anregern der →Nabis zählte. Seine Gedanken über die Malerei, die ihn einen symbolistischen Ausdruck suchen ließen, hat er sich 1888 bei einer Begegnung mit P. →Gauguin in der Bretagne erworben. S. setzte der inspirativen Kunst der Impressionisten seine auf scharfer Beobachtung und logischer Überlegung beruhende entgegen. Die Formen in seinen Bildern sind streng reduziert, es entstehen große Flächen, die durch ein graphisches Gerüst gegliedert sind. Auch in der Farbgebung – speziell der der Schatteneffekte – ging S. neue Wege. Sein Stil wurde dadurch zum Vermittler zwischen dem →Impressionismus einerseits und dem →Fauvismus und →Kubismus andererseits.
Lit.: A. Humbert, Les Nabis, 1954.

Servaes, Albert. Belgischer Maler. Geb. 1883 in Gent, lebt in Laethem-Saint-Martin. Studierte an der Akademie in Gent. Unter dem Einfluß G. →Minnes und seines Lehrers G. van de Woestyne umging er den →Impressionismus zugunsten einer auf das Spirituelle ausgerichteten Malerei. In der Folgezeit wurde er der Hauptvertreter des belgischen →Expressionismus, wobei er an die frühe niederl. Malerei anknüpfte. Seine Hauptthemen waren religiöse Darstellungen, Landschaften und das Leben der Bauern.
Lit.: P. Haesaerts, Laethem-Saint-Martin, 1965.

Sesklo. Praehistorischer Fundplatz in Thessalien (Nord-Griechenland). Die Kulturstufe der Funde gehört zur Jüngeren Steinzeit. Nach diesem Ort wurde eine zeitlich entsprechende Kultur des griech. Festlandes benannt, die neben der jüngeren →Dimini-Kultur die wichtigste vormykenische Stufe bezeichnet. Charakteristisch sind megaronähnliche Hausanlagen in Stein.

Sesostris. Name von drei Pharaonen der 12. Dyn. S. I., Sohn →Amenemhets I. (1971–1928 v. Chr.). →Obelisk in →Heliopolis. Jubiläumskapelle in →Karnak, ein von Pfeilern mit Schranken umstellter Kernbau auf einem Sockel mit Treppenrampen. Relief des von →Path umarmten S. I. →Pyramide in →Lischt, ein mit radialen Stützmauern angelegter Bau, dessen Zwischenräume aufgefüllt und mit Kalksteinplatten abgedeckt wurden. Der Gegensatz zum Kernbau der älteren Pyramiden ist deutlich. Totentempel mit Pfeilerhof, in dem die Sitzbilder S. I. standen, streng aufgebaute, feierliche Figuren. In der Nähe wurden zwei hervorragende Zedernholzstatuen des schreitenden Königs gefunden. Aus Koptos Relief mit plastisch bewegter Darstellung S. I. im Sprungtanz vor →Min. – S. II. (1897–1878), Sohn →Amenemhets II. – Pyramide in →Illahun, deren Eingang nicht mehr an der Nordseite, sondern im Süden versteckt liegt. Sicherungsgründe bestimmten auch die Verschiebung der Sargkammer aus dem Zentrum. Die S. II. zugeschriebenen Sitzbilder bieten trotz Anlehnung an die Plastik des Alten Reiches einen bemerkenswerten

Wandel in der Gesichtsbildung, die nach Aufgabe der plastischen Schminkstreifen eine veränderte Augenpartie zeigen und zusammen mit der Mundwinkelvertiefung einen lebhaften Eindruck hervorrufen. Sitzstatuen seiner Gemahlin →Nofret.-S. III. (1878–1843) ist der ruhmreichste Herrscher der 12. Dyn. Mit Kalksteinplatten verkleidete →Pyramide aus Nilschlammziegeln in →Dahschur. Im Tempel von →Bubastis begegnet im Bau des S. III. zum erstenmal das →Hathorkapitell. Das große Jubiläumsbild aus dem Tempel von →Madamud zeigt die auch der Rundplastik des Mittleren Reiches eigene, strenge tektonische Gliederung. Sitzstatuen aus →Der el-bahri erstmalig mit flachgelegten Händen, ohne Faustbild wie in der Vergangenheit. In den herrlichen Köpfen S. III. Umwandlung starrer stereometrischer Form in plastisch bewegte mit Licht- und Schattenwirkungen. Abkehr von der idealistischen jugendlichen Darstellung durch Wiedergabe des müden Altersgesichtes, das von der Vergänglichkeit des Irdischen kündet.
Lit.: W. Wolf, KÄ, 743.

Abydos, Tempel Sethos I., Neues Reich.

Sesshu. Japanischer Priester, Maler, Dichter und Gartengestalter. Geb. 1420, gest. 1506. S. kam früh nach →Kyoto und wurde 1457 Schüler von →Shubun. Eine bedeutungsvolle Reise führte ihn 1467–69 nach China, wo er die Kunstwerke der Meister der Sung- und Yüanzeit studierte und auch kopierte. Im Anschluß an diese Reise schloß er sich dem Tuschestil der sogen. →Nördlichen Schule an. Eines seiner Hauptwerke ist ein 1486 geschaffener, ca. 15 m langer →Makimono mit Landschaften, in die Tempel hineingruppiert sind.
Lit.: J. C. Covell, Unter dem Siegel von S., 1941.

Sesson. Japanischer Priester und Maler. Geb. 1501, gest. nach 1589. In der stilistischen Anlehnung an die chinesische Tuschemalerei der Sungzeit steht S., der wahrscheinlich Autodidakt war, dem Maler →Sesshu nahe. Blumenbild und Landschaft stehen im Zentrum seines Schaffens, das der Interpretation zenbuddhistischer Kosmologie diente. Charakteristisch sind sein breiter Pinselstrich und ein flüssiger Tuschestil mit phantasievoller barocker Linienführung.

Seth. Ägypt. Gott mit dem Kopf eines zoologisch unbestimmbaren Tieres, Mörder des →Osiris und Gegner des →Horus. Auffallend ist die Verehrung des S. durch die →Hyksos in Auaris. Der Auffassung vom Inbild des Bösen steht die durch die →Sethos-Namen bezeugte Verehrung der 19. Dyn. gegenüber. Mit dem Sternbild des Bären und dem griech. Typhon verbunden.
Lit.: F. Morenz, ÄR, 298; F. Boll, Sphaera, 560f., 1903.

Sethos. Ägypt. Königsname der 19. Dyn. S. I., Sohn →Ramses I. (1312–1298 v. Chr.), Vater →Ramses II. Erbauer der mit schönen Reliefs geschmückten Totenkapelle →Ramses I. in →Abydos. Sein Hauptwerk ist der von Ramses II. vollendete große reliefgeschmückte Tempel in Abydos mit dem benachbarten Scheingrab (Osireion). Tempel an der alten quellenreichen Wasserstation el-Kanâjis im Wadi Mia mit Vorhalle vor der in den Felsen getriebenen Raumfolge, an deren Rückwand S. mit →Amun und →Re-Harachte eine Gruppe bildet. Bedeutsam ist die lange Grabanlage des S. in →Theben-West von mit reichen Reliefs und Malereien ausgestatteten Korridoren, Nebenkammern und Pfeilerhallen. Der große Totentempel mit vorzüglich gearbeiteten Reliefs wurde erst unter Ramses II. vollendet. S. II., 4. Nachfolger von S. I (spätes 13. Jh.) kleiner Tempel und →Obelisken in →Karnak. (Siehe Tafel 2).
Lit.: W. Wolf, KÄ, 545f., 568ff.; E. Brunner-Traut, Ägypten, 418ff., 463f., 560.

Seto. Japanische Ortschaft, die im 13. Jh. n. Chr. eines der Hauptzentren japanischer Keramikindustrie war. Vor allem braunglasiertes Steingut für das Teezeremoniell wurde hier hergestellt. – Seit dem beginnenden 19. Jh. ist S. das wichtigste Produktionszentrum ostasiatischer Porzellane, die für den Export nach Europa bestimmt sind.

Settignano →Desiderio da S.

Seurat, Georges. Franz. Maler. Geb. 1859 in Paris, gest. 1891. ebda. Studierte an der Ecole des Beaux-Arts in Paris. Diese Ausbildung ergänzte er durch Studien in Museen. Zusammen mit →Signac schuf er den →Neoimpressionismus, dessen ästhetische Theorie eines fast wissenschaftlichen Stils er 1890 formulierte. Danach suchte S. nach einer logischen Malweise, indem er die Theorien zur Farbenlehre und Optik heranzog. Er „teilte" (diviser) die Farben auf, um einen möglichst großen optischen Effekt zu erzielen, und trug sie durch viele kleine runde Punkte auf (→Pointillismus). Signac und andere übernahmen diese Technik in der Folgezeit. Das Bild wird dabei flächiger, die Linie erhält eine andere Bedeutung, und die Farben erscheinen reiner.
Lit.: H. Dorra und J. Rewald, G.S., 1959.

G. Seurat, „Brücke bei Courbevoie" (Privatbesitz).

Severini, Gino. Italien. Maler. Geb. 1883 in Cortona, gest. 1966, Paris. 1899 kam er nach Rom und studierte dort gemeinsam mit →Boccioni bei →Balla. 1906 ließ er sich in Paris nieder und wandte sich unter dem Einfluß →Seurats dem →Divisionismus zu. Unter dem Einfluß des →Kubismus werden seine Formen um 1910 großflächiger. 1911/12 entstehen hieraus Bewegungsbilder des →Futurismus, zu dessen Initiatoren er gehörte, obgleich der Kubismus vorerst die dominierende Rolle in seinem Schaffen beibehält. 1914 kam er zu seinen ersten abstrakten Kompositionen. Um 1920 malte er wieder

kubistische Bilder, die jedoch unter dem Einfluß von →Matisse dekorativ aufgelockert erscheinen. In seinem Spätwerk wandte er sich wieder der abstrakten Malerei zu.
Lit.: H. Vollmer, Künstlerlex. d. 20. Jhs.

Severische Kunst →Antoninisch-Severische Kunst.

Severus, L. Septimus. Röm. Kaiser. Geb. 146 n. Chr., in →Leptis Magna, 193–211 an der Regierung. Seine Tätigkeit galt vor allem der Erhaltung der Einigkeit des Reiches, das in einzelne Staaten zu zerfallen drohte. Von seinen Bauleistungen ist an erster Stelle die prunkvolle Ausstattung seiner Heimatstadt Leptis Magna zu nennen. In Rom errichtete er ein großes Nymphäum, das sogen. Septizonium. Auf dem →Forum Romanum wurde ihm zu Ehren nach seinen Siegen über die Parther ein dreitoriger Triumphbogen aufgestellt, dessen Reliefschmuck Szenen aus den Kriegszügen des Kaisers und Allegorien des Sieges und des Reiches zeigt.
Lit.: J. Hasenbrock, Untersuchungen zur Geschichte des Septimus S., 1921.

Sevilla. Der Alcázar, neben der→Alhambra, der wichtigste Bau des Mudejarstils. Die Kathedrale, Hauptwerk der Spätgotik in Spanien, ist eine fünfschiffige Halle mit umlaufenden Kapellenreihen. Das Gewölbe des 10-jochigen Mittelschiffs wird von 32 frei stehenden und den dazugehörigen Wandpfeilern getragen. Die Kapellenreihe, Sakristei und Kapitelsaal gehören zu den besten Leistungen des →Platereskenstils (Anfang 16. Jh.). Der Turm der Kathedrale, die berühmte Giralda, Rest der ehemaligen Moschee, stammt von 1184; der Renaissance-Aufsatz ist von Hernan Ruiz (1568).
Lit.: Wasmuths Lexikon der Baukunst, Bd. IV, 1932.

Sèvres-Porzellan. Gegründet 1738 (Produktion ab 1745) in Vincennes. 1756 nach Sèvres verlegt. Die franz. königliche Porzellanmanufaktur. Ursprünglich Weichporzellan, ab 1768 Weich- und Hartporzellan, ab 1804 nur noch Hartporzellan. Geschirre mit hervorragender Malerei und Vergoldung. Figuren, meist in Biskuit, Modelle von Pigalle, Gaffiéri, Falconet u.a. S. war im 18. Jh. Vorbild für die meisten europäischen Manufakturen. Marken: Gekreuzte L in Blau mit und ohne Krone, Ziffern und beigesetzten Jahresbuchstaben. Im 19. Jh. häufige Änderung der Marken. Viele Maler- und Vergolder-Marken. Viele Nachahmungen und Fälschungen.
Lit.: E. Garnier, La Porcelaine tendre de S., 1891; W. B. Honey, French Porcelain of the 18th Century, 1950.

Sewu →Tschandi.

Seyfer (Syfer), Hans. Deutscher Bildhauer. Geb. um 1460 vielleicht in Sinsheim, gest. 1509 in Heilbronn. Die Kunst S.s hat ihren Ursprung am Oberrhein, im Umkreis von Nicolaus →Gerhaert von Leyden und M. →Schongauer. Als Hauptwerk wird ihm der Hochaltar der Kilianskirche zu Heilbronn (vollendet 1498) zugeschrieben. Mit den Figuren dieses Werkes hat S. die spätgot. Bildschnitzerei zu neuer, kraftvoller und monumentaler Erfassung der menschlichen Erscheinung geführt. Gesicherte Werke sind eine Kreuzigungsgruppe an St. Leonhard in Stuttgart (vor 1501, Original jetzt in der Hospitalkirche) und die Figuren des Ölbergs am Speyerer Dom (1506–09, zerstört 1689, Teile davon im Mus. ebda.).
Lit.: R. Schnellbach, Spätgot. Plastik im unteren Neckargebiet, 1931.

Sezession (lat.). Abspaltung einer Gruppe von Künstlern von einem bestehenden Künstlerverband oder aber die Bildung einer neuen Künstlergruppe mit ganz neuen Zielen. Der Name S. ist jedoch nur für deutsche Gruppen dieser Art seit dem Ende des 19. Jhs. entstanden. Die erste S. bildete sich in München 1892 unter der Führung von →Stuck, →Uhde und →Trübner. Ihr folgten 1897 die Wiener S. (Jugendstil) unter →Klimt und 1899 die Berliner S. unter →Liebermann, die sich 1906 in die Neue und die Freie S. spaltete; von da an bildeten sich S.en auch in anderen Städten.

Sfax (Tunesien). In einem kleinen Museum befindet sich u. a. ein christliches Grabmal mit Mosaikdeckel. S. besitzt auch zwei Baptisterien und eine Nekropole.

Sfumato. Italien. Bezeichnung für eine weiche, verschwimmende Umrißgebung, wie sie sich in der Malerei vor allem in den Werken →Leonardo da Vincis und seiner Schule findet. Innerhalb der Plastik bezeichnet S. die weiche, malerische Oberflächenmodellierung.

Sgraffito. Dekorationstechnik, bei der verschiedenfarbige Putzschichten übereinanderliegen, deren einzelne Lagen herausgeritzt werden, so daß eine mehrfarbige Dekoration entsteht. Die Technik wird seit der Renaissance geübt und findet vor allem im Bereich moderner Architekturausstattung wieder Verwendung.

Shahadin. Maler in einem indo-islam. Regionalstil, einer der Hauptmeister unter den Miniaturisten von →Bikaner Ende des 17. Jhs.
Lit.: Barrett, Painting, 1956.

Shahn, Ben. Amerikanischer Maler. Geb. 1898 in Kovno (Litauen), gest. 1969 in New York. 1906 wanderte die Familie nach Amerika aus, wo sie in den Slums von Brooklyn lebte. 1913–18 arbeitete er bei einem Lithographen und studierte in Abendkursen. An der Universität von New York hörte er sodann Vorlesungen in Biologie. Verschiedene Reisen nach Europa und Nordafrika (1925–29) brachten ihm die Kenntnis der modernen Kunstbewegungen; in Paris interessierte er sich besonders für →Dufy und →Rouault. Seine Bilder haben einen stark sozialen und pazifistischen Einschlag und sind oft mit einer ans Surrealistische grenzenden, photographischen Präzision gemalt; die Verzerrung als Mittel zum expressiven Ausdruck verwendete er ebenfalls.
Lit.: J. Thrall, B. S. – Malerei und Graphik, 2 Bände, 1964.

Sharaku, Toshusai. Japanischer Holzschnittkünstler des letzten Viertels des 18. Jhs. n. Chr. (gest. um 1800). Farbige Holzschnitte von Ringern und Schauspielern sind von seiner Hand bekannt. Charakteristisch ist die bis ins Groteske gesteigerte Mimik seiner Gestalten. – In seinen letzten Lebensjahren wandte er sich auch der Ölmalerei zu.
Lit.: I. Kondo, Toshusai S., 1955.

Shaw, Richard Norman. Engl. Architekt und Architekturschriftsteller. Geb. 1831 in Edinburgh, gest. 1912 in London. Schüler von W. Burn und G. E. Street. 1853/54 bereiste er den Kontinent; seine Stationen waren Rom, Florenz, Prag, Lübeck und die franz. Kathedralstädte, in denen er sich für die Gotik begeisterte. Die Skizzen dieser Reise veröffentlichte er in den „Architectural Sketches from the Continent" (1858), die 4 Jahre später eine spezielle Publikation über die mittelalterl. Architektur in Frankreich und Italien nach sich zogen. – In seinen architektonischen Arbeiten blieb er jedoch nicht bei diesen historischen Studien stehen, sondern entwickelte den modernen Anforderungen angepaßte Grundrisse, wodurch er zum Begründer der neuzeitlichen engl. Hausbaukunst wurde.
Lit.: R. Blomfield, R. N. S., 1940.

Shen Chou. Chinesischer Maler. Geb. 1427, gest. 1509. War ausschließlich als Tuschemaler tätig und zählt zu den bedeutendsten Meistern dieser Technik der Ming-Zeit. Er schuf hauptsächlich Landschaften, daneben aber auch Blumenbilder. Während sein Frühwerk noch unter dem Einfluß der Sung-Meister stand, fand er später in Anlehnung an die Landschaftsmaler der Yüan-Zeit zu freierer Formgebung.

Shêng. Mit →mao identischer Begriff chinesischer Kunstterminologie.

Sheraton-Möbel. Ende des 18. Jhs. von Thomas Sheraton in London hergestellte Möbel. Eine klassizistische Sonderform. Glatte Flächen, ohne Relief, sparsamer Dekor. Bei den Sesseln werden die durchbrochenen Lehnen zum Stilträger. Die Möbel sind einfach und sehr zweckmäßig. Sheraton gab ein Möbelwerk mit Vorlagen heraus: The Cabinet-maker's and Upholsterer's Drawing-book, 1791.
Lit.: O. Brackett, English Furniture (2nd edition by H. Clifford), o. J.

Sher Gil, Amrita. Indische Malerin, 1912–1941, eine der ersten Künstlerinnen, die sich zur Darstellung des zeitgenössischen indischen Lebens moderner Techniken bediente.
Lit.: K. Khandalavala, A. S. G., 1946.

Shigemasa, Kitao. Japanischer Dichter, Maler und

Shih-Tao, Die Stromschnellen der neun Drachen in Fukien, um 1700.

Farbholzschnittmeister. Geb. 1739, gest. 1820. Seine Holzschnittentwürfe schuf er hauptsächlich für Plakate oder für Illustrationen eigener Dichtungen. Sein eklektizistischer Stil folgte der Mode seiner Zeit.

Shih-Tao (auch Tao-chi). Chinesischer Dichter und Maler der 2. Hälfte des 17. Jhs. Seine Werke sind in ihrem Inhalt durch eine pantheistische Weltanschauung geprägt, denn S. war als Mönch Taoist und Chan-Buddhist. Zu Beginn fertigte er zahlreiche Kopien nach Werken alter Meister aus, ohne jedoch in seinem Werdegang von diesen Traditionen wesentlich beeinflußt zu sein. – Wild bewegte Landschaftsbilder, daneben Vogel- und Blumenbilder stehen im Zentrum seines Schaffens.

Shubun. Japanischer Priester und Maler, tätig in der 1. Hälfte des 15. Jhs. Über seine Biographie ist nur wenig bekannt. 1414 wurde er Schüler von →Josetsu und unternahm 1423 eine Studienreise nach Korea. Als Priester im Shōkokuji-Tempel zu →Kyoto stand er dem Zenbuddhismus nahe. Künstlerisch schloß er sich der Malerei der chinesischen Sung-Zeit an und führte diese Malweise in Japan ein. Gleichzeitig gilt er als Vollender dieses Stils, der durch seine Schüler, deren berühmtester →Sesshu wurde, weite Verbreitung fand.

Shunsho, Katsugawa. Japanischer Maler und Farbholzschnittkünstler. Geb. 1726, gest. 1792. Sein Ruhm gründet sich auf in starken Farben vorgetragene Genreszenen aus dem Alltag der Frauen und auf Holzschnitte mit Darstellungen aus der Welt des Theaters. Als erster japanischer Künstler soll er großformatige Portraitköpfe geschaffen haben. Eine von ihm gegründete Schule, die sogen. Katsugawa-Schule, führte seinen Stil weiter. Lit.: F. Succo, Katsugawa S., 1922.

Sialk. Die praehistorische Siedlung S. bei Kaschan südlich Teheran weist zwei verschiedene Kulturperioden auf. S. A ist eine Dorfsiedlung mit mehreren Schichten (5./4. Jahrtausend v. Chr.), deren Kennzeichen eine bemalte helle Keramik mit stilisierten Tiermotiven, meist Steinböcken, und geometrischen Mustern ist. Die Toten wurden unter den Hütten aus gestampftem Lehm bestattet, deren Wände in S. A II durch Lehmziegel ersetzt wurden. In S. A III Ablösung der bemalten Keramik durch eine monochrome Ware. Dem Stempelsiegel folgt das →Rollsiegel, begleitet von protoelamitischen Schrifttäfelchen, die auf Beziehungen zu →Susa und dem Zweistromland deuten (frühes 3. Jahrtausend v. Chr.). Die Träger der Kultur von S. A, die die älteste →iranische Kunst vertreten, sind uns unbekannt. S. B ist eine künstliche Terrassenanlage des frühen 1. Jahrtausends, geschaffen für einen Fürstensitz über der mauerbewehrten Unterstadt. Die von der Siedlung getrennten Gräber zeigen oft Steindecken in Satteldachform. Die bemalte Keramik mit Tiermotiven (u. a. Pferde) und geometrischen Mustern unterscheidet sich von der S. A-Ware. Typisch ist die Schnabelkanne mit langem, gekröpftem Tüllenausguß. Die Beigabe von Zaumzeug deutet auf reisiges Herrentum. Die Träger dieser Kultur dürfen angesichts der Zusammenhänge mit →Amlasch, →Marlik, →Luristan, der →medischen und der →Achaemeniden-Kunst als indogermanische Iraner betrachtet werden als Stammverwandte der Meder und Perser, die das Erbe der fremden Altbevölkerung in ihrem Sinne umgewandelt haben.
Lit.: H. H. von der Osten, WP, 13ff.; R. Ghirshman, Iran I, 1ff.

Siam →Thailand.

Siana-Schalen. Griech. Schalengattung, des attisch-schwarzfigurigen Stils, benannt nach ihrem Hauptfundort. Die Gefäße gehören dem 2. Viertel des 6. Jhs. v. Chr. an. Das Innere zeigt in der Regel Tondokompositionen, die später von den Malern der sogen. Kleinmeisterschalen weitergeführt werden, während sich auf den Außenseiten häufig friesartige Szenen des griech. Mythos oder mythische Mischwesen finden. Die sehr charakteristische Form zeigt ein tiefes Schalenbecken mit abgeknicktem Rand und einem meist mittelhohen Fuß. Lit.: J. D. Beazley, ABV, 51ff., 1956.

Sibirische Stämme. Die Kunst der vorwiegend von Jagd und Fischerei lebenden Bewohner von Tundra und Taiga äußert sich vor allem in der oft überraschend reichen Dekoration von Kleidern und Geräten. Zu erwähnen sind etwa die sehr ansprechend mit Spiral- und Kurvenmustern bemalten Lachshautmäntel der Giljaken (Nivchen) im Amur-Gebiet. Besonders reich verziert sind die Festgewänder (auch für die Bekleidung der Toten verwendet) bei den ugrischen Völkern, wo Fellstückchen mosaikartig mit kleinen Stichen zusammengenäht werden. Bei den Amurvölkern werden kleine Stücke von Birkenrinde, Fischhaut und Stoff ornamental appliziert, auch bei Decken und Tragtaschen. Die Schnitzkunst äußert sich nicht nur im Dekor von Schöpfkellen und Schüsseln, sondern auch bei der Herstellung kleiner Tierfiguren, für die u. a. auch ausgegrabenes Mammutelfenbein verwendet wird. In früheren Jahrhunderten entstanden in Zentralsibirien durch oberflächliches Behauen von Felsblöcken rohe Steinfiguren, besonders als Bekrönung von Hügelgräbern. Manche dieser monolithischen Figuren dürften schon aus der Jungsteinzeit stammen. – Bei den Samojeden u. a. Stämmen verziert reicher Bronze- und Kupferschmuck die Frauentracht, ebenso die der Schamanen (auch Eisenfigürchen), deren Trommeln mit einfachen figürlichen und geometrischen Zeichnungen geschmückt sind (→Felsbilder, Nord- und Zentralasien).

Siccardsburg, August Siccard von. Österreich. Architekt. Geb. 1813 in Budapest, gest. 1868 in Weidling b. Wien. Studierte mit E. v. d. →Nüll an der Wiener Akademie und bereiste mit diesem zusammen 1839–43 Italien und Frankreich. In Wien gründete er mit v. d. Nüll ein gemeinsames Atelier, in welchem er mehr den technisch-organisatorischen Anteil trug. Weitere Angaben →Nüll, Eduard van der.

Sichem (Shechem). Gebirgsortschaft in Zentralpalästina, deren früheste Besiedlungsspuren bis in das 4. Jahrtausend v. Chr. zurückgehen. Im Hellenismus wurde hier eine Stadtanlage errichtet, die – 128 v. Chr. zerstört – Vespasian im Jahre 72 n. Chr. neu gründete. Lit.: E. Nielsen, Shechem, 1959.

Sidamarasarkophage. Auch lydische Sarkophage genannt. Eine Gruppe von kleinasiatischen Sarkophagen, die um 400 n. Chr. entstanden sind. Hervorragendes Beispiel hierfür in den Staatl. Museen in Berlin: Christus zwischen zwei Aposteln. Das Berliner Fragment ist mit einer reichen Architektur ausgestattet, deren Kapitelle und Gebälkteile durchbrochen sind. Dadurch wird eine starke Licht-Schatten-Wirkung erreicht, die mehr malerischen Charakter hat. Die Figuren von Christus und den Aposteln sind dagegen durchaus plastisch. Sie treten durch die sich auflösende Architektur um sie herum um so stärker hervor.

Siddhartha. Prinzenname des späteren →Buddha.

Sidon. Phönizische Hafenstadt nördlich von →Tyrus, bereits zur Zeit →Tiglatpilesers I. ein wichtiges Handels- und Kunstzentrum mit Tributpflicht gegenüber →Assur. 677 von →Asarhaddon zerstört, dessen Siegesstele aus Sahamal den gefangenen König Abdimilkutti von S. mit Nasenringzügel zeigt. Als Zentrum der →phönizischen Kunst bezeugt durch den biblischen Bericht von →Salomons Tempel- und Palastbau und durch das Homerische Epos, das einen von Hephaist für den König von S. gefertigten Prunkbecher erwähnt. In S. lebte der Kult des Künstlergottes →Koschar bis in hellenistische Zeit weiter. – Aus dem 5. und 4. Jh. v. Chr. stammen zahlreiche Sarkophage der dortigen Grabanlagen. Berühmteste Werke dieser Art sind der sogen. →Alexandersarkophag und der sogen. →Klagefrauensarkophag. Neben diesen Haus- und Säulensarkophagen, die z. T. auch für den Export hergestellt wurden, fanden sich in S. mehrere einfachere Sarkophage, die in der Form den Mumiensarkophagen verwandt und ein typisches Beispiel für die Stilmischung ägypt. und griech. Elemente sind.
Lit.: H. Schmökel, GAV, 336; A. Parrot, Assur, 35.

Siebdruck (Serigraphie). Druckverfahren, das ursprünglich zur Dekoration von Textilien, in neuerer Zeit für Plakate verwendet wird. Über die Druckform (eine Schablone, bei der die zu druckenden Teile ausgespart sind) wird ein feinmaschiges Sieb gelegt, das für den gleichmäßigen Farbauftrag sorgt. Die Farbe selbst wird mit einer Gummiwalze aufgetragen.

Siebenarmiger Leuchter. Vom jüdischen Gottesdienst im Tempel zu Jerusalem in den christlichen Kult übernommen. Er wird auch in der altchristl. Kunst dargestellt.

Sieben Brüder. Skythische →Kurgan-Gruppe im →Kuban-Gebiet, deren ältester (IV) durch griech. Beifunde um 470–60 v. Chr. datiert ist, während der jüngste (III) in die Zeit 400–375 gehört.
Lit.: K. Schefold, HDA 2, 452f.

Sieben Weltwunder. Zusammenfassung der in der Antike berühmtesten Bau- und Kunstwerke. Verschiedene Listen der S. sind überliefert, die in der Nennung von einzelnen Monumenten voneinander abweichen. Die Zusammenstellung der S. erfolgte im 3. Jh. v. Chr., als das Bewußtsein gegenüber der ursprünglichen Sakralbedeutung der antiken Monumente entschwunden war und man sie als Kunstwerke zu verstehen begann. Der Grund, ein bestimmtes Werk zu den S. zu zählen, war in der Regel durch seine abnorme Größe oder durch seine ungewöhnlich prunkvolle Ausstattung gegeben. Im allgemeinen werden folgende Monumente zu den S. gezählt: **1)** Die Pyramiden von →Gizeh. – **2)** →Babylon, wobei in den verschiedenen antiken Listen entweder die hängenden Gärten der Semiramis, der babylonische Turm oder die großen Mauern genannt werden. – **3)** Das Artemision von →Ephesos, das wohl wegen seiner großen dipteralen Anlage und seines reichen Schmucks an Bauplastik zu den S. gezählt wurde. – **4)** Das große Goldelfenbein-Kultbild des Zeus in →Olympia, das der berühmteste aller griech. Bildhauer, →Phidias, geschaffen hatte. – **5)** Das Mausoleum von →Halikarnassos, ein prunkvoller spätklassischer Grabbau für den karischen Fürsten Mausollos, an dessen reichen Reliefriesen so berühmte Bildhauer wie →Timotheus, →Bryaxis, →Leochares und →Skopas mitgearbeitet haben. – **6)** Der Leuchtturm von Alexandria (sogen. Pharos), der zu seiner Zeit sowohl wegen seiner Höhe von ca. 110 m als auch wegen seines Leuchtsystems als technisches Wunderwerk galt. Errichtet wurde er von den Ptolemäern zu Beginn des 3. Jhs. v. Chr. – **7)** Der Koloß von Rhodos, eine um 270 v. Chr. am Hafen von →Rhodos errichtete ca. 40 m hohe Mantelstatue des Gottes Helios, in Bronze gefertigt. –
Die monumentale Überlieferung der S. ist spärlich. Erhalten haben sich in voller Größe lediglich die Pyramiden von Gizeh, in Resten stehen die Monumente von Babylon und Alexandria, während von dem Artemision von Ephesos außer einigen Architekturfragmenten und skulptierten Säulentrommeln lediglich die Fundamentbettung durch Grabung gesichert werden konnte. Antike literarische Notizen und Beschreibungen, dazu Münzbilder und Kopien nach einigen Teilen des Zeus-Kultbildes lassen eine ungefähre Vorstellung von dem Phidiasischen Werk in Olympia rekonstruieren. Dagegen ist man, was die Gestalt des Kolosses von Rhodos anbetrifft, nur auf vage Vermutungen angewiesen.

L. Signorelli, „Triumph des Pan“ (Berlin, Staatl. Museen).

Siegburger Kathedra. Um 1170. Steinerne Lehnenbekrönung eines Abtstuhles aus Siegburg (jetzt Schnütgen-Mus., Köln). Neben der Halbfigur der Madonna noch Reste der Evangelistensymbole. Diese ikonographisch außergewöhnliche Verbindung wohl auf Schriften des Ruppert v. Deutz zurückzuführen. Stilistisch steht dies bedeutende Werk der Kölner Schule am Beginn der sogen. staufischen Renaissance, zwischen dem Meister der →Gustorfer Schranken, von dem es die neue Schärfung und Spannung der Linien unterscheidet, und dem des Tympanons von St. Pantaleon, →Köln. Bezeichnend ist der geschlossene schlanke Umriß der Madonnenfigur,

ihre noch feierlich frontale, starre Haltung, der verhaltene Ausdruck. Doch verleiht die feine Gewandfältelung, etwa an den Oberarmen, der plastischen Form Nachdruck und rhythmisches Leben.
Lit.: H. Beenken, Romanische Skulptur in Deutschland, 11. und 12. Jahrhundert, 1924.

Siegel. Abdruck aus einer negativen Form, der als Kennzeichen einer Person oder einer Gemeinschaft dient. Die älteste Form des S.s ist das altorientalische →Rollsiegel, wie es auch in Ägypten seit der 1. Dyn. zu finden ist. Später weicht die Form des Rollsiegels dem →Skarabäus. In der griech. und röm. Antike tritt neben den S.n die →Gemme auf.
Lit.: W. Ewald, Siegelkunde, 1914.

Sima mit Löwenkopfwasserspeiern vom Athena-Tempel zu Syrakus, um 480/70 v. Chr.

Siegestürme. Die sogen. Siegestürme der Herrscher Mahmud und Mas'ud von Ghazna im afghanistanischen Gebiet stellen eine Sonderform türkisch-islam. Baukunst im 11./12. Jh. dar. Als Bauwerk entsprechen sie den Minarets der Moscheen, dienen aber in der dekorativen Gestaltung der Dokumentation der Taten des Herrschers.
Lit.: A. U. Pope, A Survey of Persian Art, Bd. I und IV, 1939; K. Otto-Dorn, Die Kunst des Islam, 1934.

Siena. 1) Dom: Ältester got. Dom Italiens, um 1225 im Bau, Langhaus um 1260, Kuppel um 1264 errichtet, Ausbau von Chor und Fassade bis ins 14. Jh. Riesige, langgestreckte dreischiffige Basilika mit dreischiffigem Querhaus und plattgeschlossenem Chor. Im Winkel von südlichem Querhausarm und Langhaus der Campanile. Dem basilikalen System ist der sechsseitige Kuppelraum der Vierung schwerfällig, unorganisch eingefügt. Charakteristisch das Fortwirken roman. Formen u. a. in den Rundbogen der Arkaden und Gurte (trotz Kreuzrippenwölbung), dem aus der süditalien. Baukunst des 12. Jhs. übernommenen Laufgang zwischen Arkaden und Hochfenstern (Auswirkung auf →Florenz, S. Croce) und der in horizontaler Schichtung wechselnden, schwarz-weißen Marmorinkrustation an Wänden, Pfeilern, Außenbau (toscanisches Motiv des 12. Jhs.), die die malerische Wirkung des Baus unterstreicht. Die Bauleitung des Fassadenuntergeschosses hatte von 1284–99 Giovanni →Pisano inne. Auch hier betonen die drei gleichgroßen Portalnischen mit den oben an ein kräftiges Horizontalgesims stoßenden Wimpergen trotz got. Einzelformen die flächige Wirkung. Obergeschoß mit verbreitertem Mittelfeld und Rosenfenster in lockeren Formen wohl in Anlehnung an die Fassade von →Orvieto im 14. Jh. errichtet (für die hochbedeutenden Fassadenskulpturen vergleiche Giovanni →Pisano). Wichtigste Ausstattung: Kanzel des Nicolo →Pisano (1268). (Siehe Farbtafel 17). – **2)** Palazzo Pubblico: Das an der Südseite des großen, ovalen Marktplatzes gelegene Rathaus ist eines der schönsten Italiens. Sein durch Öffnungen gegliedertes Untergeschoß und das Mittelgeschoß mit seinen von Spitzbogenblenden umfaßten, durch je zwei eingestellte Säulchen unterteilten Fenstern und der sehr schlanke, 102 m hohe seitliche Turm mit Wehrgangkrönung entstand 1285–1305. Im 15. Jh. wurde ein in den Formen angepaßtes Obergeschoß mit überhöhtem Mittelteil oberhalb der ehemals abschließenden Blendbogenarkatur zugefügt.
Lit.: K. H. Clasen, Die got. Baukunst, Handbuch der Kunstwissenschaft, 1930.

Sienesische Malerei →Toscana.

Sigillum. 1) Verschlußplatte des →sepulcrum (der Reliquiengruft) im Altar. –**2)** Lateinische Bezeichnung für →Siegel.

Sigiriya. Befestigter Felsberg auf Ceylon, „Löwenfels", nach der Form, die König Kaschyapa ihm um 500 n. Chr. gegeben haben soll. Auf dem Plateau befinden sich die Ruinen eines künstlichen Teiches und eines Palastes; an einer steilen Treppe in einer Galerie die Wandgemälde von Frauenbüsten, die u. a. nach den hier eingeritzten Versen mittelalterl. Besucher als Himmelsgottheiten gedeutet werden.
Lit.: S. Paranavitana, S. graffiti, 1956.

Signac, Paul. Franz. Maler. Geb. 1863 in Paris, gest. 1935 ebda. Unter dem Einfluß von →Monet begann er impressionistisch zu malen. 1884 begründete er mit Seurat, mit dem er eng befreundet war, den →Neoimpressionismus, durch den er versuchte, den Bildaufbau durch eine naturwissenschaftlich genaue Farbanalyse und Farbverwendung zu bestimmen und in ein festes lineares Konstruktionssystem einzubinden. Diesem Stil ist er stets treu geblieben, wenngleich sich die Strenge seiner Bilder nach 1900 etwas mildert. 1913–19 lebte er in Antibes und kehrte anschließend nach Paris zurück.
Lit.: G. Besson, P.S., 1934.

Signatur. Das Kennzeichen, durch das ein Künstler ein Werk als seine Arbeit bezeichnet. Dies kann durch Initialen, Namensbeischrift oder ein sonstiges Kennzeichen (Monogramm) geschehen. Häufig wird durch einen Zusatz die Art der Tätigkeit an einem Kunstwerk präzisiert, wenn z.B. Stecher und Zeichner bei einem Kupferstich signieren oder Gießer und Bildhauer bei einer Metallplastik. – Maler signieren meist mit dem Zusatz „pinxit" (er hat es gemalt), Stecher mit „sculpsit" (er hat es gestochen), Gießer mit „fundit" (er hat es gegossen) oder auch allgemein bei verschiedenen Kunstgattungen mit „fecit" (er hat es gemacht). Die Bezeichnung „sculpsit" gehört ursprünglich zur Bildhauersignatur. – Üblich sind auch Abkürzungen dieser Charakterisierungen.

A. Sisley, „Seine-Ufer im Herbst" (Frankfurt/Main, Städel).

Signet (Druckerzeichen). Auf dem Titelblatt oder am Ende eines Druckerzeugnisses angebrachtes Kennzeichen des Druckers (Verlegers). Ältestes Beispiel: Bibel von 1462 (Fust und Schöffer). – Häufig wird das S. durch Ornamentik künstlerisch ausgestaltet.

Signorelli, Luca. Italien. Maler. Geb. 1441 in Cortona, gest. 1523 ebda. Schüler P. della →Francescas in Arezzo, geriet er in Florenz in den Einflußbereich der dortigen Malerschule, besonders des A. →Pollaiuolo. Er fand in der Darstellung des bewegten, nackten Menschen sein Thema, versuchte ihn in voller Plastizität darzustellen

und über das rein Formale hinaus auch die seelischen Zustände durch Bewegung und Haltung des Körpers zum Ausdruck zu bringen. Hauptwerke dieses Bemühens sind die Fresken im Dom zu Orvieto (1499/1505): „Predigt und Sturz des Antichrist", „Auferstehung der Toten", „Strafe der Verdammten", „Einzug ins Paradies", wobei er den menschlichen Akt vielfältig darstellte. Neben weiteren Fresken schuf S. Altarwerke, Rundbilder von Madonnen, mythologische Darstellungen und Bildnisse.
Lit.: L. Dussler, L.S., 1927; M. Salmi, L.S., 1922, 1953, und Katalog Mostra di L.S., 1953.

Sikandra. Gut erhaltener, unvollendeter, d.h. ohne Ausführung der Kuppel über dem Stufenbau gebliebener Grabbau des Mogulkaisers →Akbar nahe Agra.

Sikyon. Griech. Stadt in der Nähe von →Korinth gelegen. Als Heimat berühmter Künstler hatte S. bereits in der Antike eine besondere Bedeutung und galt im Hellenismus als die „Vaterstadt der Malerei". – Schon im 7. Jh. v. Chr. blühte hier eine Bildhauerschule. Im 5. Jh. v. Chr. war die Kunst des Erzgusses der Ruhm der Stadt, im 4. Jh. v. Chr. trat an Stelle der Bronzeplastik die Monumentalmalerei, die hier einen Höhepunkt erreicht hatte. Zu den bedeutendsten Künstlern von S. gehören u.a. →Apelles und →Lysippos. – Reste antiker Bauten wurden ausgegraben: →Theater, →Stoa, →Gymnasion und eine röm. →Thermen-Anlage, die als Museum ausgebaut ist, in dem die Einzelfunde von S. aufbewahrt werden.
Lit.: Kirsten-Kraiker, Griechenlandkunde, 329ff., 1962.

Silanion. Griech. Bildhauer der attischen Schule des 4. Jhs. v. Chr. Zeitgenosse des →Leochares. Wie →Lysippos wird auch S. Autodidakt genannt. Für Athen schuf er eine in röm. Nachbildung erhaltene Theseusstatue und ein Sitzbild des Platon, das ebenfalls in Kopien überliefert ist. Bereits in der Antike wurde er wegen seiner vortrefflichen Charakterisierung seelischer Zustände wie Zorn, Schmerz etc. gerühmt.
Lit.: G. Lippold, Handb. d. Archäologie, V, 272, 1950.

Silberschmelz. Emailtechnik im →Zellenschmelz, bei der der Rezipient und die Stege aus Silber sind.

Silberschmiedekunst →Goldschmiedekunst.

Silberstift. Zeichenstift aus Metall mit einer Silberspitze. Der S. diente vor dem →Bleistift allgemein als Zeichengerät, mit dem Zeichnungen von einer hellgrauen gleichmäßigen Linienführung hergestellt werden konnten. Im Gegensatz zum Bleistift hat der S. nicht die Möglichkeit einer tonigen Darstellung, wie sie etwa bei weichen Übergängen oder Schatten angestrebt wird. Sie können mit dem S. lediglich durch Schraffur (→Schraffieren) erreicht werden.

Silhouette →Schattenbild.

Silsile. 70 km nördlich →Assuan gelegenes Ufergebirge aus hartem Sandstein, der seit dem Mittleren Reich in wachsendem Maße als Material genutzt wurde. Nahe S. Felsrelief →Mentuhoteps I., das den König mit Mutter, Thronfolger und Kanzler zeigt. Die festen klaren Formen sind charakteristisch für den Stil der →ägypt. Kunst im frühen Mittleren Reich. Felskapelle →Haremhabs auf dem Westufer von S. mit künstlerisch und geschichtlich wichtigen Reliefs, die sich auf ein siegreiches Unternehmen gegen Nubien beziehen (Triumphzug auf dem Tragsessel) und das Bindeglied zwischen dem späten →Amarna-Stil und der Flachbildkunst der →Ramessidenzeit bilden.
Lit.: W. Wolf, KÄ, 362, 545, 566f.

Sima. Bezeichnung für die hochgestellte Abschlußleiste als oberstes Glied der Bauordnung des griech. Tempels. An den Fronten verläuft die S. über dem Schräggeison (→Geison), an den Langseiten als Traufleiste, die häufig mit Wasserspeiern in regelmäßiger Abfolge besetzt ist. (Abb. S. 607).

Simbabwe. Vor- oder frühgeschichtliche Kultur Südostafrikas, deren Kerngebiet im heutigen Südrhodesien lag. Ausschlaggebend für ihr Auftreten ist wohl der Goldreichtum des Landes, der schon früh Metallsucher aus weiter entfernten Gebieten (Südarabien?) angezogen haben dürfte. Die um 800–1000 n. Chr. vom Norden her vordringenden Bantu-Stämme gründeten hier das berühmte „Monomotapa"-Reich, das ab 1505 mit den Portugiesen Handel trieb und Verträge schloß. Spuren dieser Zeit sind nicht nur Goldminen, sondern auch Steinmauern, Reste von steinernen Tempel- und Burganlagen, Monolithen, Bewässerungsterrassen und ähnlichem. – Künstlerisch bemerkenswert sind streng stilisierte Specksteinplastiken von auf Säulen sitzenden Raubvögeln, Steinschalen mit Reliefbandverzierung in Form von kleinen Tierfiguren und ähnlichen Skulpturen.
Lit.: B. G. Paver, S., Rätsel des alten Goldlandes, 1959.

Simferopol. Stadt auf der Krim, in deren Nähe der berühmte Goldene →Kurgan gefunden wurde (Altin Oba). Die reiche Ausstattung, durch griech. Beifunde um 525–500 v. Chr. datiert, ist beispielhaft für die Entwicklung der →skythischen Kunst. Griech. beeinflußt ist auch die Steinarchitektur der Grabkammer mit Kraggewölbe.
Lit.: K. Schefold, HDA 2, 452; K. Jettmar, Steppenvölker, 30.

Simhasana. Sonderform des indischen →Asana: ein von Löwenfiguren getragener Thron, ein Thron mit Löwenfüßen.

Sin. Akkadischer Name des Mondgottes, der vor allem in →Ur verehrt wurde.

Sinai. 1) Die Halbinsel S. war für Ägypten wegen der Kupfer-, Malachit- und Türkisvorkommen seit der Frühzeit von Bedeutung. →Hathor-Tempel bei Serabit el-Chadim, der „Herrin des Türkislandes" geweiht. Bei den Kupferminen Felsreliefs des →Sechem-chet (3. Dyn.). Aus dem Mittleren Reich stammen Felsbilder, die Beduinenesel mit Reitern darstellen, die ältesten Reitermotive der →ägypt. Kunst, in der auch nach Einführung von Pferd und →Streitwagen seit der späten →Hyksos-Zeit das Reiterbild selten ist. Im Tempel von Serabit el-Chadim stiftete →Sesostris I. eine Statue →Mentuhoteps, der die Türkisminen wieder in Betrieb genommen hatte. Durch Inschrift gesichertes Steinköpfchen der Königin →Teje. Von großer Bedeutung sind die S.-Inschriften des 2. Jahrtausends v. Chr., die sich auf Bestattungsritual und Totenkult beziehen.
Lit.: W. Wolf, KÄ, 745; E. Brunner-Traut, Ägypten, 546ff.; H. Schmökel, GAV, 239f.

2) Katherinakloster. Bedeutender Apsisschmuck in der Klosterkirche. Das Motiv wie bei der Apsis von S. Apollinare in Classe in Ravenna: Die Verklärung Christi (Matthäus 17) wird gezeigt. In der Mitte Christus in einer Mandorla. Rechts und links von ihm die Gestalten von Moses und Elias. Die drei Jünger, die dem Ereignis beiwohnen, stürzen erschreckt zu Boden. Das Ganze spielt sich auf einem silbernen Hintergrund ab. Das Apsisbild umgibt ein Band mit aneinandergereihten Medaillons von Heiligen. Im Triumphbogen erscheint Moses, was aus der Lage des Klosters verständlich ist, zweimal: einmal vor dem brennenden Dornbusch, das andere Mal hält er die Gesetzestafeln, die er auf dem heiligen Berg empfangen hat. Das Alter des Apsismosaiks ist umstritten. Meistens entscheidet man sich für das Jahr 565. Im Kloster befinden sich Ikonen aus vorikonoklastischer Zeit (z.T. 6. Jh.). Die Technik einiger Ikonen ist bedeutsam. Es gibt Beispiele von enkaustischer Malerei (→Enkaustik).
Lit.: Benesevi, Date de la mosaïque du Mont Sinai, in: Byzantion I, 145, 1924.

Sinan. Türkischer Baumeister. Geb. um 1489 in Kaisarije, gest. um 1587 in Istanbul. Wie kein zweiter Architekt prägte er die Baukunst, insbesondere den Moscheebau osmanischer Zeit. Ausgehend von dem Vorbild der Hagia Sophia in →Konstantinopel, schuf er, den Kuppelbau monumentalisierend, gewaltige Zentralanlagen mit geometrisch angelegten Raumfolgen. An die 300 Moscheen gehen auf seine überaus fruchtbare Tätig-

Farbtafel 29: *Tiepolo, Deckenfresko in der bischöflichen Residenz zu Würzburg.*

keit zurück. Die meisten seiner Bauten errichtete er in Istanbul und setzte somit dem Bild dieser Stadt die wichtigsten Akzente. Hauptwerke: Prinzenmoschee, 1547; Suleimanije, 1549–57; Rustem Pascha, 1561 (alle in Istanbul); Moschee Selims II., 1574, Adrianopel.
Lit.: E. Egli, S., 1954.

Singa. In der Plastik →Indonesiens der Löwe, in →Bali zum geflügelten Mythentier umgebildet. Auch der dämonenabwehrende, holzgeschnitzte Tierkopf an der Front der →Batak-Häuser wird als S. bezeichnet.

Singerie →Chinoiserie.

Sinope. Am Schwarzen Meer gelegene, von →Milet im 7. Jh. v. Chr. gegründete griech. Kolonialstadt. In ihrer wechselreichen Geschichte lag S. u.a. im Herrschaftsbereich der Griechen, Kimmerier, Perser und Römer. Die noch nicht abgeschlossenen Ausgrabungen lassen die einstige Bedeutung dieser Stadt erkennen. Aus dem Hellenismus stammt ein Tempel, der von großen Hallen umgeben ist und vor dem ein Altar stand. – Zahlreich sind die Architekturreste von Bauten, die bis in das 6. Jh. v. Chr. zurückreichen, vor allem Dachterrakotten. Weitgehend unerforscht sind noch die ausgedehnten Nekropolen, zu denen u.a. Gräber der pontischen Könige gehören.
Lit.: E. Akurgal – L. Budde, Vorläufiger Bericht über die Ausgrabungen in S., 1956.

Sintenis, Renée. Deutsche Bildhauerin. Geb. 1888 in Glatz/Schlesien, gest. 1965 in Berlin. Nach anfänglichem Zeichenunterricht in Stuttgart studierte sie 1908–1911 in Berlin. 1929 wurde sie Mitglied der Preußischen Akademie der Künste. Von den Nationalsozialisten als „entartet" verfemt. 1947 erhielt sie einen Ruf an die Hochschule für bildende Künste in Berlin. – Das zentrale Thema ihrer Arbeiten ist die Tiergestalt, die sie jedoch nicht statuarisch, sondern im Bewegungsmotiv darstellt. Ihr Stil zeigt einen skizzenhaften →Impressionismus, der vor allem in den zahlreichen Fohlenplastiken zum Ausdruck kommt.
Lit.: Knaurs Lex. d. mod. Plastik, 1964.

Sinterung. Durch den Brennvorgang von Keramik entstehende Überzugsschicht, die eine Verdichtung des Materials mit sich bringt. – Bei alten Werken, die längere Zeit der Verwitterung ausgesetzt sind, entsteht gleichfalls eine S., die ihren Ursprung in dem natürlichen Oxydationsvorgang hat. Dabei kann die Schicht der S. so stark und intensiv sein, daß die ursprüngliche Oberfläche weitgehend zerfressen ist.

Sippar. Unter der Ruinenstätte Abu Habba nördlich von →Babylon wurde das von Sumerern gegründete S. entdeckt, der Hauptkultort des →Schamasch, dessen Tempel mit einer →Zikkurat ausgestattet war. Inschriften der Könige →Rimusch und →Manischtusu. Berühmt ist das Relief des Nabu-apal-idinna mit der Darstellung des unter einem Baldachin thronenden Schamasch, vor dem die Sonnenscheibe heruntergelassen wird. Wahrscheinlich wurde die Gesetzesstele des →Hammurabi durch →Schutruk-Nachunte aus S. entführt.
Lit.: H. Schmökel, GAV, 337.

Sipylos. Berg bei Manisa (Magnesia) in Westkleinasien mit hethitischem Riesensitzbild der Göttermutter, von →Pausanias (3, 22) als ältestes Bild der Göttin bezeichnet. Von der Bedeutung des S. als heiliger Stätte kündet die Tantalos- und Niobeüberlieferung.
Lit.: M. Riemschneider, WH, 40, 98, 237; H. Bossert, Altanatolien, 58.

Sirkeli. Bei S. am Ceyhanfluß in Kilikien (Südanatolien) hethitisches Felsrelief des Königs →Muwatalli mit Hieroglypheninschrift. Darstellung des Königs in Gebetshaltung. →Hethitische Kunst.
Lit.: M. Riemschneider, WH, Taf. 2.

Sironi, Mario. Italien. Maler, Illustrator und Architekt. Geb. 1885 in Sassari (Sardinien), lebt in Mailand. Studierte zuerst Ingenieurwesen; erst 1914 wechselte S. zur Malerei, wo er Schüler von A. Discovolo wurde. Vom →Futurismus ging er über zur „Pittura Metafisica", dann wurde er Mitglied der „Valori Plastici". In Mailand endlich wurde er Mitbegründer des „Novecento". Seine Wandbilder und Glasgemälde finden sich in Ministerien und öffentlichen Gebäuden Roms und anderer italien. Großstädte (Universität Rom, Palazzo dell'Arte, Mailand).
Lit.: Thieme-Becker; H. Vollmer, Künstlerlex. d. 20. Jhs.

Sisley, Alfred. Franz.-engl. Maler, Radierer und Lithograph. Geb. 1839 in Paris, gest. 1899 in Moret-sur-Loing. S. entstammt einer engl. Familie und blieb auch Engländer. 1860–63 lernte er bei →Gleyre, wo auch →Monet, →Bazille und →Renoir studierten. Mit ihnen stellte er 1874 bei →Nadar aus. Außer vor seinem Malstudium war S. nur zweimal kurz in England (1874 und 1897), sonst lebte und malte er in der Umgebung von Paris. – S. begann unter dem Einfluß von →Corot und →Daubigny. In seiner Freilichtmalerei wurde jedoch der impressionistische Einfluß von Monet zeitweilig so stark, daß ihre Bilder dieser Epoche kaum zu unterscheiden sind. (Abb. S. 607).
Lit.: F. Daulte, A.S., 1959.

Sistrum. Kultisches ägypt. Rasselgerät, für rhythmische Musik im Dienst der →Hathor und →Isis verwendet, oft mit Hathorkopf versehen. Auf ägypt. Einfluß geht die Darstellung eines S.s auf der kretischen Schnittervase von Hagia Triada zurück.
Lit.: E. Brunner-Traut, Ägypten, 95, 166.

Sittanavasal. Höhlentempel der Dschainas in Südindien. Die Decke eines Felsenheiligtums des Mahendravarman I aus dem 7. Jh. ist mit Freskogemälden eines von Tieren, Menschen und göttlichen Wesen bevölkerten Lotusteiches geschmückt.
Lit.: T. M. Ramachandran, Jaina monuments, 135, 1944.

Sitte, Camillo. Österreich. Maler, Architekt und Fachschriftsteller. Geb. 1843 in Wien, gest. 1903. ebda. Studierte bei H. v. →Ferstel an der Technischen Hochschule in Wien. Anschließend reiste er in Europa, Kleinasien und Ägypten. – S. hat sich vor allem um den Städtebau verdient gemacht. Mit theoretischer (Schrift: Der Städte-Bau nach seinen künstlerischen Grundsätzen, 1889) und praktischer Betätigung gab er ein Beispiel für die Bewertung von Straßen- und Platzräumen im Stadtbild.
Lit.: Thieme-Becker.

Sittenbild. Bezeichnung für ein Bild, das Brauchtum und Sitten einer bestimmten Epoche wiedergibt. →Genre-Malerei.

Situla. Typus eisenzeitlicher Bronzegefäße mit umlaufenden reichen Reliefdarstellungen; sie kommen vorwiegend im Ostalpenraum vor und haben italisch-etruskische Vorbilder. →Situlenkunst.

Situlenkunst. An oberitalisch-etruskische Vorbilder angelehnte, oft szenisch zu nennende Darstellungsweise auf den parallelen Bildstreifen eisenzeitlicher Bronze-Eimer (→Situla) aus Krain, Tirol und Oberitalien. Bevorzugte Motivkombinationen sind unter anderem Krieger und Kampfdarstellungen, Tiere, aber auch Faustkämpfe und Trinkgelage der Alpenbewohner.
Lit.: O.-H. Frey in: Germania, 40, 1962.

Siwri Hissar bei Smyrna. Kirche Kizilklisse aus dem 5. Jh. zeigt schon in früher Zeit Verbindung von basilikaler Anlage und Kuppelbau. Zweischiffig, mit Querschiff, das nur über den Südrand hinausragt, mit Narthex und polygonaler Apsis. Übergang vom quadratischen Grundriß zu Tambour und Kuppel durch Trompen gut durchgeführt.

Sixtinische Kapelle. Hauskapelle des Papstes im Vatikan in Rom. Sie wurde 1473–81 im Auftrag Sixtus IV. von Giovanni de Dolci erbaut. Ursprünglich ein kahler, flach eingewölbter, nur mit unscheinbaren Gesimsen und Pilastern ärmlich gegliederter Raum, wurde die Kapelle von den besten Malern der Zeit wie →Pinturricchio, →Botticelli, →Ghirlandajo, →Perugino, →Signorelli, →Rosselli mit Darstellungen aus dem Alten und dem Neuen Testament an den Längswänden geschmückt. Oben wurden Scheinbilder der Päpste auf-

Farbtafel 30: *Eugène Delacroix, Die Frauen von Algier; Paris, Louvre.*

gemalt. Die Decke samt den Zwickelfeldern der 4 Ecken und den 12 Dreiecksfeldern zwischen den Stichkappen wurde von →Michelangelo in der kurzen Zeit von 1508–12 mit Darstellungen aus der Schöpfungsgeschichte, 12 Sibyllen, 7 Propheten und nackten Jünglingen (Ignudi), insgesamt 343 gewaltige Figuren, ausgemalt. Das Riesenfresko des Jüngsten Gerichts an der W-Wand schuf er 1534–41.

Lit.: R. Schott, Michelangelo.

Sixtinische Kapelle, Innenansicht.

Sizilien. Im 8. Jh. v. Chr. von den Griechen besiedelt. Die wichtigsten Städte mit bedeutenden antiken Bauten sind →Syrakus, →Gela, →Akragas und →Selinunt, wobei das reiche Syrakus im Altertum sogar mit Athen wetteifern konnte. Eine Sonderstellung nimmt →Segesta ein. 227 v. Chr. wurde die gesamte Insel röm. Provinz mit dem zentralen Verwaltungssitz Syrakus. 552–826 oström. Provinz, seit 827 in islam. Besitz (Aghabiten, Fatimiden). Seit 1016 erobern Normannen Unteritalien, das seit 1072 mit Sizilien zum normannischen Reich unter König Roger I. (Guiscard; Krönung 1130) verbunden wird. Die lebhafte Bautätigkeit unter Roger II. bedient sich sowohl byzant., islam. wie nordisch-normannischer Traditionen. – Byzant. Beiträge sind die Form der →Kreuzkuppelkirche (z. B. Martorana, →Palermo), die durch Längsreihung dreier überkuppelter Raumabschnitte mit dem westlichen Typ der Basilika kombiniert wird (z. B. Cappella Palatina, →Palermo), und der Schmuck kirchlicher Innenräume mit Mosaiken (von griech. Künstlern ausgeführt in →Cefalù, in der Capella Palatina und der Martorana, beide Palermo). Islam. Erbe zeigt vor allem der nur in Resten erhaltene Schloßbau (z. B. Cuba, Zisa). Die in eine mit Wasserspielen versehene Gartenlandschaft eingebetteten Hallen und Pavillons wirken wie steingewordene Geometrie: Würfel, Quader, eingewölbt mit meist gestelzten, schmucklosen Kuppeln über persischen Trompen (→Trompe) mit der charakteristischen Zierform des als →„Stalaktiten“ bezeichneten hängenden Zellenwerks. Die Mauern werden von Reihen typischer islam. Spitzbogen, mit flachen Bogennischen und geometrischen „Mustern ohne Ende“ überzogen. Vorbilder bot die fatimidische Kunst Ägyptens. – Rein normannisch, mit Doppelturmfassade, Außenbaugliederung durch Lisenen und Rundbogenfriese, mit Kreuzgewölben, sowie Chor und Querhaus in den schweren nordfranz. roman. Formen, ist der wohl von franz. Bauleuten begonnene Dom von →Cefalù, nordisch beeinflußt die Dome von →Palermo und →Monreale; letzterer ein bedeutendes Spätwerk, in dem die bisher unverbundenen Stilelemente verschmolzen sind zu einer Architektur hohen künstlerischen Ranges. Bis auf Kapitelle mit Tierornamentik fehlt Bildnerei. 1212–50 übernimmt der Stauferkaiser Friedrich II. das normannische Erbe. Die in seinem Auftrag errichteten Schlösser und Wehrbauten S.s und Unteritaliens (→Hohenstaufenschlösser) und die im Umkreis seines Hofes entstehende, sowohl von Denkmälern der röm. Antike wie von der gleichzeitigen franz. got. Skulptur befruchtete Bildnerei bilden den Höhepunkt sizilianischer und unteritalienischer Kunst des Mittelalters. Die Plastik hat durch den wohl hier geschulten Nicolo →Pisano einen wesentlichen Beitrag für die Entwicklung der Skulptur in der →Toscana und in der Folge auch Norditaliens geleistet.

Lit.: H. Rau, Normannische Kunst in Sizilien, 1956; C. A. Willemsen, Apulien, Land der Normannen – Land der Staufer, 1958.

S. Juan de Baños →Westgotische Kunst.

S. Julian (Santulliano) de los Prados →Westgotische Kunst.

Skaligergräber →Verona 4).

Skandinavische Kunst →Norwegische Kunst, →Schwedische Kunst.

Skarabäus. Ägypt. Siegel und Amulette in Mistkäferform. Durch die Übereinstimmung des Wortes für Käfer mit der Bezeichnung der werdenden Sonne wurde der S. zum Symbol des Sonnengottes. Mitbestimmend war die Vorstellung, daß der Käfer durch Urzeugung entstehe, die auch mit dem Sonnengott (→Heliopolis) verbunden wird. Die Unterseite des S. zeigt meist Hieroglyphen, die bei fürstlichen Siegeln hervorragend ausgearbeitet und komponiert sind. Riesen-S. →Amenophis' III. am heiligen See des →Amun-Tempels von →Karnak.

Lit.: H. Stock, Der S. der alten Ägypter, 1949.

Skara Brae. Spätmegalithische Siedlung auf den Orkney-Inseln, in der sich fast quadratische Häuser aus Stein ebenso erhalten haben wie ein großer Teil des jungsteinzeitlichen Inventars.

Skelettbau. Bezeichnung für ein Bauwerk, dessen tragende Elemente nicht durch ein konventionelles Mauerwerk, sondern durch ein Rahmenwerk aus Balken gegeben sind. Im allgemeinen wird der Ausdruck S. auf die moderne Architektur angewendet, die eine Anlage mit Hilfe eines Stahl-, Eisen- oder Betongerüstes errichtet, wie sie sich mit dem →Eisenbau auszubilden begann. Darüber hinaus finden sich wesentliche Merkmale des S.s jedoch bereits in früherer Holzarchitektur, vor allem im →Fachwerkbau.

Skene. Die Bühne oder das Bühnengebäude des griech. →Theaters.

Skenographie. Griech. Bezeichnung der antiken Bühnenmalerei. Wahrscheinlich gehörte die S. seit dem 6. Jh. v. Chr. zur attischen Bühnenkunst. →Agatharch von →Samos hat nach der antiken Überlieferung als erster Maler die Mittel der Perspektive für die S. entdeckt (um 460 v. Chr.), so daß der Begriff der S. in der Antike gleichbedeutend mit dem Begriff der Perspektive war. →Vitruvius hat ihn z. B. in diesem Sinne gebraucht.

Skeuothek →Philon.

Skiagraphie. Griech. Bezeichnung der antiken Schattenmalerei. Gemeint war hiermit die Darstellung von Licht und Schatten in der Malerei, wodurch eine körperliche Malweise – betont durch das Aufsetzen von Glanzlichtern – ermöglicht wurde. Da die griech. Malerei ursprünglich eine reine Flächenkunst in der Art eines durch Binnenzeichnung bereicherten Silhouettenstils war, galt die S., da sie eine naturgetreue oder illusionistische Malerei eröffnete, als eine der großen Entdeckungen der antiken Kunst. Sie wird allgemein →Apollodoros zugeschrieben.

Skizze. Kompositionsentwurf, in dem die Grundzüge eines Bildwerkes angelegt sind, ohne daß die einzelnen

Details bereits ausgearbeitet wären. Eine solche summarische Zeichnung bildet eine wesentliche Vorstufe des endgültigen Kunstwerkes, das es häufig an Spontaneität und Unmittelbarkeit übertrifft. Von der S. streng zu scheiden ist die Vorzeichnung.

Skopas. Griech. Bildhauer der 1. Hälfte des 4. Jhs. v. Chr. aus →Paros. Gegen 420 geboren, schuf er um 390 als erstes großes Werk die Skulpturen des Tempels der Athena Alea in →Tegea. Auch als Architekt dieses Bauwerks wird er genannt. Eine im Altertum berühmte Gruppe des Asklepios und der Hygieia – zum Teil in

Skopas, Männlicher Kopf vom Tempel der Athena Alea in Tegea (Athen, Nat. Mus.).

röm. Kopien überliefert – stammt ebenfalls von seiner Hand. Seine Mitarbeit beim Wiederaufbau des Artemistempels von →Ephesos und seine Tätigkeit am →Mausoleum von →Halikarnassos unterstreichen seine Bedeutung. Zahlreiche weitere Statuen (z.B. Mänade, Dresden) wurden ihm zugeschrieben. – Ein sehr charakteristischer Stil, der in dem pathetischen Ausdruck seiner Gestalten stets deutlich in Erscheinung tritt und weit in den →Hellenismus hineinwirkt, stellt sein Temperament unverwechselbar neben das seiner Zeitgenossen.
Lit.: K. A. Neugebauer, Studien über S., 1913.

Skoplje (Makedonien). Andreaskirche an der Tresca bei S. Die Malereien der Andreaskirche sind von großem kunstwissenschaftlichem Interesse. Sie beweisen, daß im 14. Jh. griech. Einflüsse die serbische Kunst stark bestimmt haben. Der malerisch-illusionistische Stil wird übernommen. Das Letzte Abendmahl, die Fußwaschung, das Gebet am Ölberg sind eindrucksvolle Beispiele dieser neuen Malweise. Die Gegenstände werden weitgehend entstofflicht durch die starke Licht- und Schattenwirkung, durch die skizzenhafte Darstellung der Gesichter.

Skorpionmensch. Mythisches Wesen mit Skorpionleib und menschlicher Bildung von Kopf, Händen und Füßen, auf der Stirnseite eines Harfenkastens aus der Königsnekropole von →Ur zusammen mit einer bechertragenden Antilope dargestellt. Wie das Motiv der Tierkapelle und die Darstellung speisetragender Tiere auf demselben Musikinstrument gehört der uns im Sinngehalt noch verschlossene Bildgedanke des S.en in die geistige Überlieferung der →sumerischen Kunst, die in Darstellungen von →Guzana nachwirkt.
Lit.: A. Parrot, Sumer, 149, 388; H. Schmökel, UAB, 277.

Skréta, Karel. Tschechischer Maler und Kupferstichzeichner. Geb. um 1610 in Prag, gest. 1674 ebda. Studierte 1630–38 in Italien die Venezianer, besonders P. →Veronese, war in der Werkstatt G. →Renis tätig und wurde ferner von dem Werk →Carraccis nachhaltig beeindruckt. 1638 kehrte er nach Prag zurück, wo er der führende Meister der böhmischen Malerei des 17. Jhs. wurde. Sein Stil war geformt von der Kunst am Hofe Rudolfs II. und von den Italienern.
Lit.: G. E. Pazaurek, C.S., 1889; O. Strettiová, Das Barockportrait in Böhmen, 1957.

Skripu (Böotien). Bedeutsame Kirche (Stiftung eines gewissen Leo aus dem Jahre 1873/74). Merkwürdige Verbindung von Basilika und kreuzkuppelartiger Bauform. Dabei ruht die Kuppel nicht auf selbständigen Stützen, sondern auf dem Mauerwerk. Stark archaisierende Tendenz, bei der man trotz neuen architektonischen Wollens von der Basilika nicht loskommt.

Skulptur →Bildhauerkunst.

Skurz (italien. scorcio). Figurendarstellung in besonders ausgeprägter Verkürzung durch Perspektive. Findet sich vor allem in der italien. Malerei des →Manierismus.

Skyphos. Griech. Vasentyp in der Form eines zweihenkeligen Bechers.

Skythen. Ostindogermanisches, nordiranisches Reitervolk mit alter Streitwagenüberlieferung, das im späten 8. Jh. v. Chr. in den nördlichen Schwarzmeerraum eindrang und die →Kimmerier verdrängte. Ausdehnung der S. in den donauländisch-balkanischen Raum und das östliche Mitteleuropa. →Vettersfelde. Der Einbruch der S. in Vorderasien begünstigte die Entwicklung des Reiterkriegertums und des →Tierstils im Nahen Osten. Von den Persern wurden die S., gegen die →Dareios I. 512 v. Chr. einen erfolglosen und verlustreichen Feldzug unternahm, →Saken genannt. Die Darstellungen der S. auf den Reliefs von →Persepolis und griech. Denkmälern zeigen Männer in charakteristischer Steppentracht mit reichverziertem Ärmelrock, langer Hose und Spitzmütze, bewaffnet mit →Akinakes und →Goryt. Die griech. Überlieferung berichtet von seßhaften S. und Nomadenstämmen, die bis in den sibirischen Raum verbreitet waren, wohin sie griech. Kunstmotive vermittelten. Die Beziehungen zwischen S. und Griechen sind auffallend eng, begünstigt durch die verwandte religiöse Tradition der S. (Apollon- und Artemiskult, gehörnte Hinde, Rentier, →Aristeas). Von besonderer Bedeutung ist der Totenkult der S. mit prunkvollen Beigaben, Mitbestattungen von Gefolgschaft und Pferden. Ablehnung des Dionysoskultes und des Weins, jedoch ekstatisches Hanfrauschritual, dessen farbige Halluzinationen die phantastische Eigenart der skythischen Kunst (→Eurasische Kunst II) mitbestimmt haben können.
Lit.: K. Jettmar, Steppenvölker, 272; J. Wiesner, UKG IV, 113ff.

Skythische Kunst →Eurasische Kunst II.

Skythopolis. Am Jordan gelegene Stadt, deren Besiedlungsspuren bis in die 2. Hälfte des 4. Jahrtausends zurückreichen. 19 Besiedlungsperioden, die vom Chalkolithikum bis in frühTarabische Zeit reichen, konnten nachgewiesen werden. Die hellenistische Stadt liegt neben einem Tell, dessen Untersuchung einen kanaäischen Tempel des 14.–11. Jhs. v. Chr., ägypt. Stelen von →Sethos I. und →Ramses II. und III. und einen hellenistischen Dionysostempel sichern konnte. Unterhalb die hellenistisch-römische Stadt mit einem Theater und weiteren öffentlichen Bauanlagen. Aus frühchristl.-byzant. Zeit stammen eine Kirche des 4. Jhs., eine Synagoge des 5.–7. Jhs. und ein Kloster des 6. Jhs.

Slevogt, Max. Deutscher Maler und Graphiker. Geb. 1868 in Landshut, gest. 1932 auf seinem Gut Slevogthof bei Neukastel. An der Münchner Akademie studierte er bei W. v. Diez, 1889 schlossen sich Reisen nach Paris und Italien an, die seinen von →Leibl beeinflußten braunen Akademieton aber nicht zu ändern vermochten. Nur in der Bildkomposition gelangte er schnell zu eigenem Stil („Th. Goering am Flügel", Rückenbildnis). In der Mitte der 90er Jahre kommt das historische

Thema in großer Ausführung hinzu, und er entwickelt nun eine eigene Licht- und Farbgebung (Salome). Die urwüchsige Kraft seiner oft gewagten Kompositionen zeigt sich schon in der „Danae" (1895). Durch die Unterdrückung des Effektes im Historienbild und durch eine zunehmend impressionistische Behandlung des Malerischen gelang S. der Schritt vom Historienbild zur freien Erfindung nach einem literarischen Thema. Landschaften und Portraits wurden nun impressionistisch, ohne von anderen Künstlern direkt beeinflußt zu

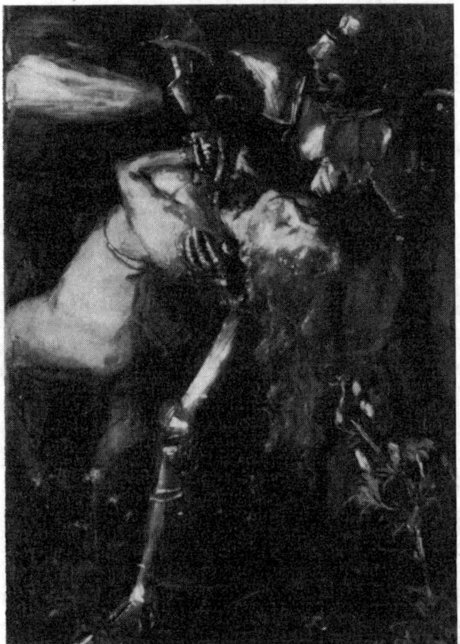

M. Slevogt, Frau Aventiure (Frankfurt, Städel).

sein. Neben dem malerischen Werk steht ab 1900 ein ebenso vielseitiges, umfangreiches und in seiner Bedeutung in der neueren deutschen Graphik einzig dastehendes graphisches Werk. Den Höhepunkt dieses Teiles seines Gesamtwerkes stellen die Lithographien zu „Faust II" und „Macbeth" (1925–27) dar.
Lit.: E. Waldmann, M.S., 1923.

Sluter, Claus. Einer der bedeutendsten Bildhauer des späten 14. Jhs., aus Haarlem/Holland stammend, zuerst faßbar in den Gildelisten der Brüsseler Steinmetzenzunft (um 1380), seit dem 1. 3. 1385 im Dienst Philipps des Kühnen in Dijon nachweisbar, wo er am 24. 9. 1405 starb. 1389 löste er Marville als Werkstattleiter ab. Hauptwerk ist der große Brunnen der Kartause von Champmol bei Dijon (1396–1406), der die Darstellung des Kalvarienbergs mit der Idee des Lebensbrunnens verband. Die nur in Bruchstücken erhaltene bekrönende Kreuzigung als Zone des Neuen Testaments und des Blutes wird den sechs Prophetenfiguren des Sockels als Zone des Alten Testaments und des Wassers gegenübergestellt. Das mit der Kunst Peter →Parlers vergleichbare Neue liegt begründet in der bildnismäßigen Individualisierung, der wuchtigen Schwere der körperlichen Erscheinung, dem Pathos und der Intensität des Ausdrucks. Erhalten haben sich ferner die Portalfiguren der Kartause (1389–97) mit Maria am Türpfeiler und den Heiligen Johannes d. T. und Katharina mit den knienden Stifterfiguren Philipps des Kühnen und seiner Gemahlin am Gewände sowie das schwer beschädigte, stark restaurierte Grabmal Philipps des Kühnen (1384 bis 1410 für die Kartause, jetzt Dijon, Mus.), das erstmals vollplastische Figuren des Trauergefolges, sogen. Pleurants, unter den umlaufenden Arkaden der Tumba zeigt, eine Idee, die wohl S. zuzuschreiben ist (→Grabmal). Durch seinen ebenfalls aus Haarlem stammenden Neffen Claus de Werve wird die S.-Tradition der Werkstatt fortgeführt.
Lit.: H. David, C. S., 1951.

S. Miguel de Escalada →Westgotische Kunst.

S. Miguel de Linio bei Oviedo →Westgotische Kunst.

Smilis. Griech. Bildhauer der früharchaischen Zeit aus Ägina. Von seiner Berühmtheit als Kultbildner zeugt der Auftrag der Samier, die von ihm das Herakultbild für Samos fertigen ließen, von dem Münzdarstellungen noch eine Vorstellung vermitteln. In vorgestreckten Händen trug die Göttin, die mit Stoffgewändern bekleidet wurde, Spendeschalen. – Weiterhin soll er das alte Kultbild der argivischen Hera geschaffen haben.
Lit.: G. Lippold, Handb. d. Archäologie, V, 34, 1950.

Smirke, Sir Robert. Engl. Architekt und Fachschriftsteller. Geb. 1780 in London, gest. 1867 in Cheltenham. 1796 Schüler des Klassizisten Sir J. →Soane sowie der Royal Academy in London. 1801–05 bereiste er Holland, Italien, Sizilien, Griechenland und Deutschland und veröffentlichte als Ergebnis dieser Reise „Specimens of Continental Architecture". – S. begann, seiner Ausbildung gemäß, als Klassizist. In diesem Stil ist auch noch sein Hauptbauwerk, das Britische Museum in London (ab 1823, vielfach erweitert), gehalten. Die Wiederherstellung der Kathedrale in York nach einem Brand 1829 brachte S. mit der Gotik in Berührung, und in der folgenden Zeit baute er mehrere neugotische Schlösser und Clubhäuser.
Lit.: H. R. Hitchcock, Architecture 19th and 20th Centuries, 1958.

C. Sluter, Moses vom Mosesbrunnen zu Dijon.

Smyrna (Izmir). Antike Stadt an der W-Küste Kleinasiens. Die älteste griech. Siedlung lag ca. 4 km nördlich der heutigen Stadt und wurde um 600 v. Chr. völlig zerstört. Erst im 3. Jh. v. Chr. wurde die Stadt neu angelegt und vor allem in der röm. Kaiserzeit

prunkvoll ausgestattet. Von der antiken Bebauung ist nicht allzuviel erhalten, am besten noch die hellenistisch-röm. Agora. – S. war schon im 11. Jh. im Besitz der →Rum-Seltschuken, später (1403) vertrieb Timur die Ritter von →Rhodos aus der Stadt, die eine ausgedehnte fränkische Siedlung hatte, und 1425 kam sie unter die osmanische Herrschaft. – Besonders für die „Smyrna-Teppiche", aber auch für andere Erzeugnisse des Hinterlandes wurde sie im 17. Jh. der Hauptausfuhrhafen nach Europa. Zu dieser Zeit waren die für ihre Ausfuhr charakteristischen Teppiche Erzeugnisse aus dem Gebiet der Stadt Uschak, die den osmanischen Hofstil des 16. Jhs. in verwilderter Form spiegelten. Mit der Zeit wurden hoher Flor und grobe Knüpfung ihr Charakteristikum. Im 19. Jh. ist „Smyrna-Teppich" die Bezeichnung für eine grobe türkische Ware, die verschiedenste, auch fremde Muster reproduziert.
Lit.: C. J. Cadoux, Ancient S., 1938.

Snofru. Erster König der 4. Dyn. (frühes 27. Jh. v. Chr.), Vater des →Cheops. Bauherr der →Pyramiden von →Medum (für seinen Vater Huni?) und →Dahschur, die den Weg zur klassischen ägypt. Grabanlage erkennen lassen.
Lit.: W. Wolf, KÄ, 117ff.

Snyders, Frans. Fläm. Maler. Geb. 1579 in Antwerpen, gest. 1657 ebda. Schüler P. Bruegels d. J. und nach 1609 Mitarbeiter von P. P. →Rubens, von dem S. auf das Tier-, Früchte- und Blumenstück gewiesen wurde. Nach Vorbildern von Rubens malte er dann auch kämpfende Tiere. Die Kunst von S. ist von echt barocker Haltung durchdrungen: eine chaotische Fülle realistisch dargestellter Gegenstände, gebändigt durch Komposition und prunkvolle Farben. – Die Zusammenarbeit mit Rubens ist u.a. an folgenden bekannten Bildern belegt: „Früchtekranz" (München, Pinakothek), „Diana auf der Hirschjagd" (Berlin, Staatliche Mus.).
Lit.: G. Glück, Rubens, van Dyck und ihr Kreis, 1933; W. v. Bode, Die Meister der holländischen und fläm. Malerschulen, 1953.

Soami. Japanischer Maler und Gartengestalter. Tätig am Ende des 15. Jhs., gest. 1525. Er stammte aus einer Künstlerfamilie, deren Tradition er fortsetzte. Religiöse Vorstellungen suchte er mit ästhetischen Werten zu verbinden. Stilistisch lehnte er sich an die chinesische Malerei der sogen. Südlichen Schule an, für die eine fließende, lyrische Formgebung und atmosphärische Landschaftsschilderung bezeichnend ist.

Soane, Sir John. Engl. Architekt und Architekturschriftsteller. Geb. 1752 in Reading, Berkshire, gest. 1837 in London. War Emaillierlehrling, stellte aber ab 1772 Architekturzeichnungen aus, die die Aufmerksamkeit auf ihn lenkten und ihm ein Reisestipendium eintrugen. 1777 findet man ihn in Rom, dessen architektonischer Formenreichtum seinen Stil stark beeinflußte. Von den Bauten S.s ist nur noch wenig erhalten: von der Bank von England steht nur noch die Fassade in London, seine Ministerien und Verwaltungsgebäude in Whitehall sind alle der Zeit zum Opfer gefallen. Von größeren Werken sind nur noch 2 Bauten in Stowe (gotische Bibliothek und Gallery im Dulwich College) erhalten. Diese Bauten zeigen, daß S. ein Klassizist war, dem es nicht an romantischen Neigungen fehlte.
Lit.: D. Stroud, The architecture of Sir J.S., 1961.

Sockel. Bezeichnung für den etwas vorspringenden Unterbau eines Gebäudes, einer Säule oder eines Pfeilers; auch der Standblock einer Statue.

Sodoma, eigentlich Giovanni Antonio Bazzi. Italien. Maler. Geb. 1477 in Vercelli, gest. 1549 in Siena. Ausgebildet in der Schule des Spanzotti in Vercelli und um 1500 in Mailand von der Kunst →Leonardos beeinflußt. Später tätig in Siena, Rom und der Lombardei. Der Stil seiner anmutvollen Gestalten erfuhr durch seinen 2. Romaufenthalt 1513–15 unter dem Einfluß →Raffaels und anderer röm. Maler eine stärkere Betonung des Körperlichen. Die Kompositionen werden auch figurenreicher, die Hintergründe für die Gestaltung des Bildes wichtiger. Das Hauptwerk dieses röm. Aufenthaltes ist ein Fresko der Villa Farnesina in Rom, 1514: Vermählung Alexanders mit Roxane.
Lit.: E. Jacobsen, S. und das Cinquecento in Siena, 1910.

Sögel bei Osnabrück. Schloß Clemenswerth war das Jagdschloß Fürstbischof Clemens Augusts und wurde für ihn von J. C. Schlaun 1736–50 erbaut. Die Anlage sollte alle Vorbilder übertreffen. Tief im Wald führen 8 Alleen auf eine Lichtung, auf der sich das rote, zweigeschossige Schlößchen mit der hellen Sandsteingliederung erhebt. Sein kreuzförmiger Grundriß ist so angelegt, daß von jedem Fenster aus eine der Alleen mit dem darauf wechselnden Wild beobachtet werden kann. 8 kleine Pavillons für das Gefolge und den Wirtschaftsbetrieb umgeben die Anlage. Der 8. Pavillon beherbergt die Schloßkapelle. Die Innenausstattung des Schlosses ist äußerst kostbar und wurde von hervorragenden Künstlern wie dem Hofbaumeister M. Léveilly, den Stukkateuren D. Castelli, Geitner, Morsegno, den Malern J. E. Holzer, Bernhard Rottmann, G. Kopper, Bigari, dem Bildhauer Chr. Manskirch geschaffen; sie nimmt in allen Details Bezug auf die Jagd.
Lit.: Reclams Kunstführer, Deutschland, Bd. IV, 1962.

Söller (auch Altan). Bezeichnung für einen →Balkon, der von Stützen, die auf dem Boden stehen, getragen wird, im Unterschied zu einem freitragenden Balkon.

Soest. Dom St. Patroclus. Baubeginn im 10. Jh., 1166 vollendet. Eine zweigeschossige Vorhalle umschließt auf drei Seiten den mächtigen Westturm. Die an byzant. Malerei anschließenden Fresken der Apsis im 2. Weltkrieg vernichtet. Anschließend rekonstruierende Wiederherstellung der Anlage einschließlich der 1817 gesprengten Krypta. – St. Petri-Kirche. 1174 als roman. Kreuzbasilika erbaut, Umbau des Langhauses im 13. Jh. mit got., nach 1270 errichtetem Chor. Im Inneren Fresken aus der Schule des →Konrad von Soest, außerdem mehrere Gemälde des 14. und 15. Jhs. – St. Maria zur Höhe. Ursprünglich im 12. Jh. als →Hallenkirche errichtet, wurde die Anlage im 13. Jh. umgebaut. Die am Ende des 19. Jhs. restaurierten Wandfresken gehören zu den wichtigsten Wandmalereien des 13. Jhs. – St. Maria zur Wiese. 1331 begonnene Hallenkirche, in Backsteinmauerwerk aufgeführt. Der große 1421 begonnene Turm wurde erst im 19. Jh. vollendet. – St. Nikolaikapelle. Zweischiffige Hallenkirche mit durch Restaurierung stark veränderten Apsisbildern des 13. Jhs. Hauptwerk des Innenschmucks ist ein Altarbild des →Konrad von Soest.
Lit.: R. Nissen, S., 1931.

Soest, Konrad von, →Konrad von Soest.

Soestdijk bei Amersfoort. Das königliche Sommerschloß S. wurde 1816 von Jan de Greef (1784–1834), dem Stadtarchitekten in Amsterdam und Lehrer an der Delfter Artillerieschule, erbaut. Es ist eine weitläufige Anlage, an der Architektur →Palladios geschult, und erinnert an engl. Schloßanlagen: im Viertelkreis steht der Hauptbau mit seinen Flügelbauten, zweigeschossigen Pavillons und Säulenarkaden.
Lit.: Klopfer, Von Palladio bis Schinkel, 1911.

Soffici, Ardengo. Italien. Maler, Kunstschriftsteller und Journalist. Geb. 1879 in Rignano sull'Arno (Florenz), lebt in Poggio a Caiano (Florenz). Studierte Malerei an der Accademia Libera del Nudo in Florenz, anschließend, 1900–07, war er in Paris. Wieder in Italien, begründete er mit anderen die Zeitschrift „La Voce" und „Lacerba". Seine Teilnahme am →Futurismus war nur ein Zwischenspiel in seinem dem Gegenständlichen verpflichteten Werk.
Lit.: Thieme-Becker; H. Vollmer, Künstlerlex. d. 20. Jhs.

Soffitte. **1)** In der antiken Baukunst eine Zierleiste, wie sie sich unter dem ion. Architrav oder unter den Deckenbalken findet. **2)** Eine die Bühne des Theaters nach oben abschließende Stoffbahn, auf der die obere Raumbegrenzung des Bühnenbildes dargestellt ist.

Sofia. Hauptstadt Bulgariens, bereits in röm. Zeit besiedelt und nach einer Zerstörung durch die Hunnen (477 n. Chr.) in der Mitte des 6. Jhs. durch Justinian neu errichtet. In S. zwei bedeutende christliche Kirchen: Sophienkirche und Georgskirche. Sophienkirche: Dreischiffige Kuppelbasilika mit Querschiff und Narthex. Alle Raumteile überwölbt. Georgskirche: Ursprünglich röm. Bad, später in ein Gotteshaus verwandelt (Rund-

bau). In S. bemalte Grabkammern aus dem 4. Jh. – Der dritte bedeutende Sakralbau in S. ist die im 15. Jh. von den Türken errichtete Moschee Büjük Djami (heutiges Nationalmuseum). In S. befinden sich wertvolle Sammlungen röm., byzant., islam. und bulgarischer Kunst.
Lit.: R. F. Hoddinoth, Early Byzantine churches in Macedonia and Southern Serbia, 1963.

Sogdiana. Gebiet zwischen Oxus (Amudarja) und Jaxartes, im →Achaemeniden-Reich 16. Satrapie mit der Hauptstadt Marakanda (modern Samarkand). Bereits →Kyros II. hatte die Grenze am Jaxartes durch befestigte Lager nach assyrischem Vorbild gesichert, da S. ständig vom Einfall nomadischer →Saken gefährdet war. Die Bedeutung der S. seit der Achaemenidenzeit liegt vor allem in den Handelsbeziehungen zu den Völkerschaften Mittelasiens, worauf die Grabinventare von →Pazyryk weisen. Zahlreiche Motive der Achaemenidenkunst haben auf diesem Wege in die →eurasische Kunst der Reitervölker und ihren →Tierstil Eingang gefunden, →Oxusschatz.
Lit.: R. Ghirshman, Iran I, 443; II, 398; H. H. von der Osten, WP, 64, 66, 298.

Sohâg (Oberägypten). Westlich und nordwestlich von S. die berühmten Klöster Dêr el-abjad (weißes Kloster) und Dêr el-ahmar (rotes Kloster) mit dreischiffigen Basiliken des 5. Jhs. Typische Mönchsarchitektur. Gründer: Schenute und Amba Eischai. Das weiße Kloster wurde um 1124 mit neuem Schmuck versehen. In diesem Jahre wurde unter Abt Gregorios ein Kolossalbild des →Pantokrators geschaffen. Und zwar in einer Aureole, umgeben von den Evangelistensymbolen. Durch die armenischen Beischriften sind Hinweise auf Einflüsse von außen her gegeben.

Sohlbank. Unterer Abschluß einer Fensteröffnung, auf dem die Laibung des Fensters aufliegt.

Soissons. Nordfranz., bereits in röm. Zeit gegründete Stadt, deren Kathedrale zu den bedeutendsten Werken der franz. Spätgotik gehört. Der Bau wurde 1177 begonnen und im 13. Jh. mit farbigen Glasfenstern ausgestattet. Im Inneren befindet sich die „Anbetung der Hirten" von P. P. →Rubens. – Außerhalb der Stadt liegen die Reste des Klosters St. Médard, der ehemaligen Grabstätte der Merowinger. Erhalten haben sich eine Krypta des 9. Jhs. und ein Kapitelsaal des 13. Jhs.

Sokrates von Theben. Griech. Bildhauer, tätig im 2. Viertel des 5. Jhs. v. Chr. Seine Identität mit einem in Athen tätigen gleichnamigen Bildhauer ist umstritten. Vielleicht kann das sogen. Charitenrelief (Rom, Mus. Vat.) als Kopie nach einer für S. in der antiken Literatur genannten Gruppe der Chariten angesprochen werden.
Lit.: G. Lippold, Handb. d. Archäologie, V, 112, 1950.

Solari (Solario). Italien. Baumeister- und Bildhauerfamilie der 2. Hälfte des 15. Jhs. **1)** Guiniforte (Boniforte). Geb. 1429, gest. 1481 in Mailand, wo er seit 1456 an der Dombauhütte tätig war und diese seit 1471 auch leitete, bis sein Sohn Pietro Antonio die Leitung übernahm. – Parallel hierzu arbeitete er seit 1452 an der Bauhütte der Certosa di Pavia. – Nach 1465 wurde er Nachfolger →Filaretes als Leiter des Ospedale Maggiore zu Mailand. Seine Haupttätigkeit konzentrierte sich auf die beiden großen Aufgaben in Mailand und Pavia. – **2)** Pietro Antonio. Geb. nach 1450 in Mailand (?), gest. 1493 in Moskau. Schüler und langjähriger Mitarbeiter seines Vaters am Mailänder Dombau, der seit 1476 unter seiner Leitung stand. – Nach 1484 entstand eines seiner plastischen Hauptwerke, das Grabmal für den Bischof Marco de Capitani von Alessandria (ebda., Dom). – 1490 wurde er nach Moskau berufen und zum dortigen Generalarchitekten ernannt. In den wenigen ihm noch verbliebenen Lebensjahren schuf er eine Reihe von bedeutenden Bauten, die den italien. Baustil weiter in Rußland verbreiteten. Dazu gehören die Vollendung des sogen. Facettenpalastes des Kreml und mehrere Toranlagen der Kremlumfassungsmauer.
Lit.: Thieme-Becker.

Solarium. Sonnenuhr, Treppe, Balkon, Altan.

Soleb. Nubischer Stützpunkt der 18. Dyn. mit Tempel →Amenophis' III., 500 km südlich von →Assuan. Die Säulenhöfe und -säle stehen dem Tempel von →Luxor nahe. Bedeutsam wegen einer monumentalen ruhenden Löwenfigur aus rotem Sandstein, bei der im Gegensatz zu älteren Denkmälern das Schwergewicht seitwärts verlagert und die Vorderpranken ebenso wie der Kopf dem Betrachter der Seitenansicht zugekehrt sind. Die Abkehr von der Richtungsgeradheit →ägypt. Kunst ist ebenso bemerkenswert wie das wesenhafte Erfassen gesammelter Spannkraft und überlegenen Witterungsvermögens. Die zugehörige zweite Figur, erst unter →Tut-ench-Amun fertiggestellt oder geschaffen, ist weniger kraftvoll gestaltet.
Lit.: W. Wolf, KÄ, 442f.; M. Schiff Giorgini, S. I, 1965.

Solimena, Francesco, genannt l'Abbate Ciccio. Italien. Maler, auch als Architekt tätig. Geb. 1657 in Canale di Serino, gest. 1747 in Barra (Neapel). Kam früh nach Neapel, wo er entscheidend durch Meister wie G. →Lanfranco und L. →Giordano geprägt wurde. Er entwickelte jedoch aus diesen Anregungen einen eigenen, dekorativen Stil. Die Kompositionen seiner Werke sind figurenreich, mit kühnen, luftigen Architekturen, anmutigem, einschmeichelndem Kolorit und klar im Ausdruck. Mit kurzer Unterbrechung am Wiener Hof war er stets in Neapel tätig. Sein Werk, Fresken und Staffeleibilder, besteht aus religiösen, mythologischen und historischen Darstellungen sowie aus Bildnissen. Als Architekt trat S. besonders mit Landhäusern und Palästen hervor (in Neapel).
Lit.: W. Rolfs, Geschichte der Malerei in Neapel, 1910; F. Bologna, F.S., 1958.

Solis, Virgil. Deutscher Kupferstecher und Holzschnittzeichner. Geb. 1514 in Nürnberg, gest. 1562 ebda. Er gehört zu den Nürnberger →Kleinmeistern und wurde angeregt und beeinflußt von →Dürer, →Burgkmair u.a. Nürnberger Meistern. S. hinterließ ein sehr umfangreiches Werk an Buchillustrationen, mythologischen, allegorischen und sittenbildlichen Darstellungen, die von Malern, Bildhauern und Goldschmieden als Vorlagen benutzt wurden, und eine bedeutende Sammlung von Ornamentstichen.
Lit.: M. Geisberg, Der deutsche Einblatt-Holzschnitt der 1. Hälfte des 16. Jhs., 1930; M. J. Friedländer, Der Holzschnitt, 1926; Lippmann, Der Kupferstich, 1926.

Somanatha Patan. 1954 wieder aufgebautes Hindu-Heiligtum an Stelle des mittelalterlichen Küstentempels.

Solitär. 1) Bezeichnung für einen besonders großen und somit kostbaren Diamanten. **2)** Bezeichnung für einen frei stehenden Baum innerhalb einer Gartenanlage.

Solitude bei Stuttgart (franz., „Einsamkeit"). Häufiger Name für Lustschlösser des 18. Jhs. Besonders bekannt ist die S. bei Stuttgart, 1763–67 von P. L. de la Guêpière für Herzog Karl von Württemberg erbaut. Maßgebend für die hier verwendeten Gliederungs-

elemente war die Anordnung L. v. →Hildebrandts: zwei niedrige Flügelbauten mit Eckrisaliten sind beidseitig an eine Rotunde angesetzt. Unter der Dachzone ein Fries mit Triglyphen, eine strenge Balustrade am Rand des Kuppeldaches der Rotunde.
Lit.: Wasmuths Lexikon der Baukunst, 1932; Bruckmann, Architektur der Welt, Barock, 1964.

Somnathpur. Hängezapfen im kuppelförmigen Abschluß eines Tempelraumes.

Solocha. Der südöstlich von →Nikopol bei S. gelegene →Kurgan eines →Skythen-Fürsten (430–20 v. Chr.) enthielt außer einheimischen Arbeiten, die das abweisende Verharren skythischen →Tierstils gegenüber griech. Einflüssen erkennen lassen, einen von einem Griechen gearbeiteten Goldkamm. Den Griff bildet eine Reiterkampfgruppe mit Skythen, die neben der einheimischen Tracht und Bewaffnung griech. Helme und Panzer tragen.
Lit.: K. Schefold, HDA 2, 452f.; K. Jettmar, Steppenvölker, 25, 30.

Solutréen. Fundgruppe der →Älteren Steinzeit (etwa 25000–20000 v. Chr.), mit besonderer Bearbeitungs-Technik der Steingeräte. Die Kunstwerke, stilisierte Frauenstatuetten, flächenfüllende Ornamentik und Rapportmuster, stehen dem →Magdalénien näher als dem älteren →Aurignacien.

Somanatha Patan. Hauptstadt an der Südküste der Halbinsel Kathiawar mit noch nicht abgeschlossenen vorgeschichtlichen Grabungen und bedeutenden mittelalterl. Ruinen. Der besonders heilige Küstentempel wurde 1025 durch Mahmud von Ghazni zerstört, von Hindukönigen im 12. Jh. wieder aufgebaut, später in eine Moschee verwandelt, in der sich jetzt ein städtisches Museum befindet.
Lit.: H. Cousens, S., 1931; K. M. Munshi, S., 1958.

Somnathpur. Ruine eines Hindutempels des 13. Jhs. in der alt-indischen Residenz der →Hoyschala-Dyn., welche eine besonders reiche und gut erhaltene Steinmetzarbeit in der Eindeckung der Kulträume zeigt.

Sonderborg, K. R. H. Dänisch-franz.-amerikanischer Maler und Graphiker. Geb. 1923 in Sonderborg auf Alsen (Dänemark), lebt in Paris und New York. Nach der kaufmännischen Lehre 1939–41 in Hamburg studierte er 1947–49 an der dortigen Kunstschule. 1951 reiste er nach Italien (Stromboli), 1953 arbeitete er im Atelier S. W. →Hayters in Paris. Ist Mitglied der Künstlervereinigung „Zen 49“. Seine Arbeiten sind ungegenständlich abstrakt und sehr stark graphisch aufgebaut.
Lit.: O. Hahn, S., o. J.

Sonderbund. Verein von avantgardistischen Kunstförderern, dessen Ziel es war, in Ausstellungen einen Überblick über das europäische zeitgenössische Schaffen zu geben. Zahlreiche bedeutende moderne Künstler wurden durch diese Ausstellungen des S.s erstmals einem breiteren Kreis der Öffentlichkeit bekannt. – Die erste S.-Ausstellung fand 1910 in Düsseldorf, eine weitere 1912 in Köln statt.

Sondergotik. Ein von K. Gerstenberg (vergleiche die unten angegebene Literatur) eingeführter Begriff zur Kennzeichnung der Eigenentwicklung der Spätphase der deutschen got. Baukunst, besonders der des 15. und beginnenden 16. Jhs. Er soll deren Unabhängigkeit gegenüber der Gotik Frankreichs verdeutlichen. Da die Forschung inzwischen jedoch geklärt hat, daß der deutsche got. Kirchenbau sich von Anfang an bis auf wenige Ausnahmen (z. B. →Köln, Dom) von der franz. got. Architektur unterscheidet (sowohl von der Kathedralgotik des Kronlandes wie von den Sonderentwicklungen in Südfrankreich und selbst Burgund) und daß Deutschland mit der Ausbildung der →Hallenkirche bereits Mitte des 14. Jhs. ganz andere Wege geht, ist der Begriff heute entbehrlich. →Deutsche Kunst, →Gotik.
Lit.: K. Gerstenberg, Deutsche S., 1913.

Songket. In →Indonesien bezeichnet dieses Wort Prunktücher aus gewebten Goldfäden, häufig in der Dekortechnik des „flottierenden Einschlages“ mit Ornamenten verziert.

Sonnenwagen. Vorgeschichtlicher →Kultwagen. Am bekanntesten ist der Fund von →Trundholm in Dänemark; er gehört der älteren →Bronzezeit an und ist in einem Moor gefunden worden. Auf einem sechsrädrigen Untergestell aus Bronze sind ein gegossenes Pferd (ebenfalls aus Bronze) und eine mit dünnem Goldblech überzogene, aus zwei verschiedenen Platten hergestellte Bronzescheibe befestigt, Länge ca. 57 cm. Vielleicht handelt es sich um eine Darstellung der Sonne, die man sich von einem Pferd gezogen vorstellte.
Lit.: J. Brøndsted, Danmarks Oldtid, 2, 1939.

Sophilos. Griech. Vasenmaler der attischen Schule. In der ersten Hälfte des 6. Jhs. v. Chr. in Athen tätig. Wie →Nearchos zählt er zu den bedeutendsten Meistern der Frühzeit des →schwarzfigurigen Stils und muß als einer seiner Schöpfer genannt werden. 40 Vasen und Fragmente sind von seinem Gesamtwerk erhalten. Seine Wirkung auf die früharchaische Vasenmalerei ist sehr groß. Mit ihm beginnt der Mythos in großem Maßstab zur Quelle der Bildthematik zu werden.
Lit.: J. D. Beazley, ABV, 37ff., 1956.

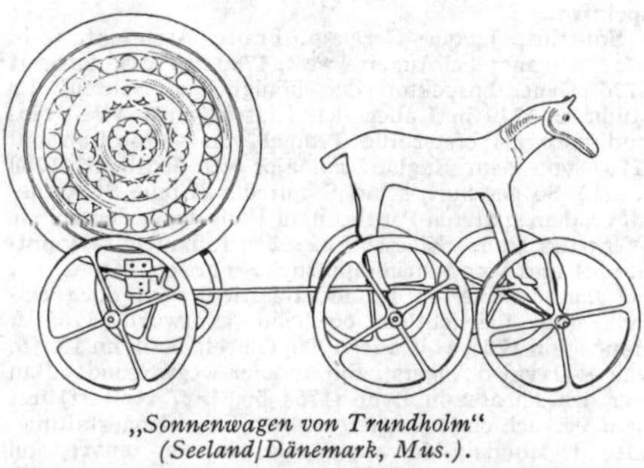

„Sonnenwagen von Trundholm“ (Seeland/Dänemark, Mus.).

Sopocani (Serbien). Gemälde in der Klosterkirche von S. (1260) von großer Bedeutung. Sie sind ikonographisch bemerkenswert wegen der Fülle von Personen, die bei den einzelnen Szenen auftreten, und künstlerisch wegen der Akribie bei der Bearbeitung der Hintergründe. Aber auch die Art der Farbbehandlung, vor allem der Anwendung von Glanzlichtern, zeigt die Eigenständigkeit der Kunst von S. Verschiedene Künstler nebeneinander und nacheinander bei der Arbeit. So sind zwei Kapellen an der Westseite der Kirche erst am Ende des 13. Jhs., der Exonarthex im 14. Jh. ausgemalt und noch später die östlichen Seitenkapellen. Anscheinend einheimische Künstler am Werk.

Lit.: N. Okunev, Les peintures murales de S., in: Byzantinoslavica I, 1929; D. T. Rice, Byzant. Kunst, 1964.

Sopraporte (Supraporte). Bezeichnung für das künstlerisch ausgestaltete Feld über einer Tür bei Barock- und Rokokoräumen.

Sosias. Griech. Töpfer der attischen Schule. Um 530–20 v. Chr. in Athen tätig. Nur zwei Werke sind erhalten. Bemalt sind sie vom sogen. Sosias-Maler, mit der erste Meister, der den →rotfigurigen Stil souverän handhabt. Abgesehen von seiner revolutionierenden Maltechnik, die sich stilistisch der spätarchaischen Formensprache bedient, liegt seine Bedeutung in der Darstellung von Gefühlsäußerung und Stimmungsbild. So auf dem Schalenbild in Berlin, das den Helden Achill zeigt, der die Wunde seines Freundes Patroklos verbindet.

Lit.: J. D. Beazley, ARV, 21, 1964.

Sosikles. Kopist der röm. Kaiserzeit. Berühmt wurde er durch eine von ihm signierte erhaltene Kopie der Amazone des →Polyklet.

Sosos von Pergamon. Griech. Mosaikkünstler aus Pergamon, tätig in der 1. Hälfte des 2. Jhs. v. Chr. Namentlich ist er aus der antiken Literatur bekannt. Zwei Werke wurden ihm zugeschrieben, die in röm. Kopien oder doch zumindest in seinen Arbeiten verwandten Umbildungen überliefert sind: das berühmte sogen. „Taubenmosaik" aus Pompeji und der sogen. „Nicht aufgekehrte Speisesaal" (beide Rom).

Lit.: A. Rumpf, Handb. d. Archäologie, VI, 166, 1953.

Sostratos. Griech. Baumeister und Ingenieur aus Knidos, tätig in der 1. Hälfte des 3. Jhs. v. Chr. In seiner Heimatstadt erbaute er eine wegen ihrer originellen Anlage berühmte Halle. Sein Hauptwerk ist der zu den →Sieben Weltwundern zählende Leuchtturm vor Alexandria, der sogen. →Pharos.

Sothis. Name der →Isis als Herrin des Sirius, dessen Aufgang am Morgenhimmel die Nilschwelle ankündigte und als Neujahrstag galt. Die im 28. Jh. v. Chr. eingeführte Kalenderrechnung nach der S.-Periode von 1460 Jahren ist für die Chronologie der →ägypt. Kunst wichtig, da uns dadurch für die Regierungsjahre mehrerer Pharaonen feste, auf unseren Kalender beziehbare Daten zur Verfügung stehen.

Lit.: W. Wolf, WÄ, 30f.; KÄ 98; S. Morenz, ÄR, 282.

Sottinsu-Ansicht. In der Deckenmalerei des Barock häufig vorkommende illusionistische Raumerweiterung nach oben durch kühne, in die Höhe weisende Perspektive.

Soufflot, Jacques-Germain. Franz. Architekt. Geb. 1713 in Irancy bei Auxerre, gest. 1780 in Paris, dort seit 1776 Generalinspektor der königlichen Bauten. Er studierte 1749 in Italien den Klassizismus →Palladios und maß als erster die Tempel von →Paestum auf (1767 von dem Engländer Major veröffentlicht, 1769 franz.). So geschult, schuf S. mit der Kirche St. Geneviève, dem späteren Pantheon, in Paris das bedeutendste Werk des franz. Klassizismus: Zentralbau mit Hauptkuppel und vier Nebenkuppeln über griech. Kreuz, der bei kompliziertesten Raumdurchdringungen doch einfach und übersichtlich erscheint (Entwürfe 1755 f. Baubeginn 1764, vollendet 1790, Giebelplastik im 19. Jh. von →David d'Angers). Ein anderer wegweisender Bau war das Theater in Lyon (1754–56, 1827 zerstört) mit dem Versuch einer theatergemäßen Fassadengestaltung.

Lit.: J. Mondain-Monval, S., Sa vie, son œuvre, son esthétique, 1918; A. E. Brinckmann, Baukunst des 17. und 18. Jhs. in den romanischen Ländern, 1915.

Souillac. Südfranz. Stadt. Zur ehemaligen Klosteranlage gehörte die Kirche Sainte-Marie, die um 1130 über kreuzförmigem Grundriß erbaut wurde. Am Querhaus kleine Apsiden. Über dem Mittelschiff drei Pendentifkuppeln, die von breiten Gürtelbogen getragen werden. Spätere Umwandlung der Fassade in Barockformen. An der Rückseite der Kirche wurden wertvolle Skulpturenreste des roman. Portalschmucks aufgestellt.

Soulages, Pierre. Franz. Maler. Geb. 1919 in Rodez (Aveyron), lebt in Paris. Er begann sehr früh zu malen, jedoch ohne jeden Kontakt mit den zeitgenössischen Kunstströmungen. Erst 1938 begegnete er der modernen Malerei in Paris, kehrte aber nochmals nach Rodez zurück, um in der Zurückgezogenheit zu malen. 1946 übersiedelte er nach Paris und stellte zum erstenmal bei den Indépendants aus. Jetzt fing er auch an, Dekorationen und Kostüme für das Theater zu entwerfen („Die Kraft und die Herrlichkeit" von G. Greene). – S. malt abstrakt, mit wenig Farben, in der Hauptsache kräftige dunkle Konturbalken auf grautonigem Grund.

Soumak (Sumak). Orientalische Schnürwebetechnik, die hauptsächlich für Textilien (Teppiche, Decken usw.) in Kaukasien verwendet wird. Bezeichnend sind zwischen den Musterreihen eingeschossene Verstärkungsfäden.

Soutine, Chaim. Franz. Maler. Geb. 1894 in Smilovitch b. Minsk, gest. 1943 in Paris. Studierte ab 1910 an der Akademie in Wilna; 1911 ging er nach Paris, wo er die Académie des Beaux-Arts besuchte. Hier hatte er Verbindung mit →Chagall, →Lipchitz und Cendrars und freundete sich auch mit →Modigliani an. Er zog ruhelos in Frankreich umher, um zu malen, bis er durch einen Mäzen (Castaing) in Lèves ansässig wurde. – S.s malerisches Werk erinnert an →Nolde und →Kokoschka; es ist, wie deren Werke, expressiv, mit reinen, kräftigen Farben, ohne jedoch von diesen Künstlern beeinflußt gewesen zu sein.

Spadini, Armando. Italien. Maler. Geb. in Poggio a Cajano (Florenz) 1883, gest. 1925 in Rom. Weitgehend Autodidakt. 1910 gewann er den italien. Staatspreis und ließ sich in Rom nieder, wo er als Vertreter des italien. →Impressionismus einen großen Einfluß auf die röm. Malerschulen gewann.

Spalato. Röm. Stadt an der dalmatinischen Küste (heutiges Split). Hier erbaute →Diokletian seinen großen Palast, in dem er nach seinem Rücktritt von der Regierung von 305–313 n. Chr. lebte. In der Anlage ist der Palast nach dem System des röm. Lagers geplant. Eine große Mauer umgibt den Komplex, der durch zwei rechtwinklig zueinander laufende Straßen vierfach auf-

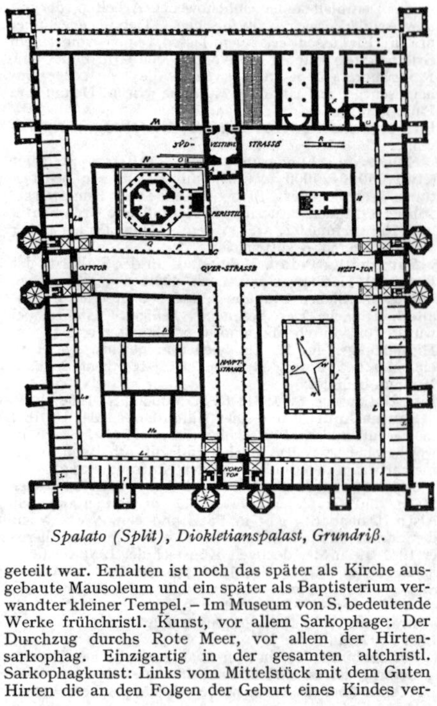

Spalato (Split), Diokletianspalast, Grundriß.

geteilt war. Erhalten ist noch das später als Kirche ausgebaute Mausoleum und ein später als Baptisterium verwandter kleiner Tempel. – Im Museum von S. bedeutende Werke frühchristl. Kunst, vor allem Sarkophage: Der Durchzug durchs Rote Meer, vor allem der Hirtensarkophag. Einzigartig in der gesamten altchristl. Sarkophagkunst: Links vom Mittelstück mit dem Guten Hirten die an den Folgen der Geburt eines Kindes ver-

storbene Matrone Asklepia mit 14 Miniaturfiguren, die sich um sie drängen, rechts vom Mittelstück der Gatte, umgeben von einer großen Zahl von Kindern. An den Schmalseiten des Sarkophages Darstellungen des Hadestores. – Bemerkenswerte Friedhofsanlage aus altchristl. Zeit in Monastirini bei S. Es handelt sich um Grabkammern auf oberirdischen Friedhöfen, die ausgemauert sind und oft ein Tonnengewölbe besitzen. In den Kammern stehen die Sarkophage oder sind Senkgräber angelegt. Die Überreste der Mauer erhalten, dabei auch eine größere Anzahl einschiffiger Mausoleen mit eingefügter Apsis. Die vier exedraförmigen Freigräber, eine besondere Eigenart, zeigen unmittelbare Einflüsse des hellenistischen Orients.
Lit.: W. Gerber, Kultbauten Istriens und Dalmatiens, 1912.

Spangenhelm. In ca. 10 Exemplaren überlieferter Helmtyp des 5. und 6. Jhs. n. Chr. Die Stücke wurden im allemannischen Bereich gefunden, stammen jedoch aus einer östlichen byzant. Werkstatt. Charakteristisch sind ein Helmgerüst aus Kupfer und reiche Verzierungen in Gravierung und Treibarbeit.

Spanische Kunst. I) Altchristl. Kunst. Obwohl auf dem Konzil von Elvira in Spanien, das noch vor der Anerkennung des Christentums (313) stattgefunden hat, 19 Bischöfe und 24 Presbyter als anwesend erwähnt werden, ist von christlichen Bauten aus der Zeit vor diesem Konzil nichts erhalten. Dasselbe gilt von dem 4.–6. Jh. nach Anerkennung des Christentums. Eine Ausnahme bilden Tarragona mit seiner Coemeterialkirche, deren Spuren in der Nekropolis gefunden sind, ferner 3 Gebäude, deren Reste man in den Balearen ausgegraben hat und die wahrscheinlich christlich sind, ferner eine cella memoriae in Ampurias. Auch in Mérida, Elche, Galicien sind Reste von Gebäuden gefunden, die allem Anschein nach Kirchen waren. Das wichtigste Baudenkmal aus altchristl. Zeit ist die Baugruppe in Centcellas dicht bei Tarragona, die in den letzten Jahren vom deutschen archäologischen Institut untersucht ist. Größer ist die Zahl der Kirchen, die aus westgotischer Zeit erhalten sind. →Westgotische Kunst. – Über 30 christliche Sarkophage aus dem 4. und den folgenden Jahrhunderten haben sich in Spanien erhalten. So finden wir vor allem beim Hochaltar der Kirche San Félix in Gerona 6 altchristliche und 2 antike Sarkophage. Weitere werden im archäologischen Museum in Gerona, im archäologischen Museum in Barcelona, an der Fassade der Kathedrale von →Tarragona, im Museum in Valencia, in der Real Academia de la Historia in Madrid, in Saragossa, im Convent de Santa Domingo el Real in Toledo, im Museo arqueológico Nacional in Madrid, in Jaén, Burgos und anderen Orten aufbewahrt. Während die Sarkophage an den genannten Stellen die Beziehungen zu den röm. klar erkennen lassen, haben die in der Nekropolis von Tarragona gefundenen ihre eigene Note. Sie scheinen mehr von Afrika aus beeinflußt zu sein. – Die wichtigsten altchristl. Mosaiken befinden sich in der Kuppel des oben erwähnten Baues von Centcellas. Diese ist in 3 Streifen aufgeteilt. Im unteren Streifen werden Jagdszenen gezeigt, im darüberliegenden biblische Geschichten. Der obere ist sehr zerstört, so daß eine einwandfreie Deutung nicht gegeben werden kann. Die Mosaiken besitzen eine große Farbenpracht. Die Figuren sind gut proportioniert. Bedeutende Künstler waren am Werk. Eine spanische Eigenart sind die Gräber, deren Deckplatten mit Mosaiken geschmückt sind. (Beispiele in der Nekropolis von Tarragona, von Montecilla. Ebenso bemerkenswert das Mosaico Sepulcral von Alfaro (Logroño) im Museo arqueológico Nacional, Madrid.)
Lit.: Ars Hispaniae, Vol. segundo, 1947; Die blauen Führer, Spanien, 1961; H. Laag, Die Coemeterialbasilika von Tarragona, in: Von der Antike zum Christentum, 1931; H. Lützeler, Spanien, 1955.

II) Mittelalter. Allgemein ist ein Fortleben provinzialröm. Traditionen charakteristisch. Dies gilt auch für eine erste bedeutende Bautengruppe (Kirchen; die erste erhaltene nordische Königshalle Naranco bei Oviedo), die, im 9./10. Jh. entstanden, sich im äußersten Norden erhalten hat, wo nach dem Arabereinfall von 711 das westgot. Königreich Asturien (Hauptstadt Oviedo) neu gegründet wurde. Es bildete den Ausgangspunkt der Reconquista, der Rückeroberung Spaniens durch die Christen, die erst 1492 zum Abschluß kam. Steinbau, Wölbung, Bautypen und -formen, Ornamentik entlehnen diese westgot. Bauten der provinzialröm. Kunst; außerdem sind östliche und karolingische Einflüsse nachzuweisen (→Westgot. Kunst). Daneben bildet sich die sogen. mozarabische Kunst, Werke der unter der Mau-

Tarrasa (Spanien), roman. Baptisterium St. Michael (S. Miguel).

renherrschaft lebenden Christen, denen Ausübung des Gottesdienstes, Kirchen- und Klosterbau gestattet war. Sie nimmt islam. Anregungen auf (Ornamentik, den stark eingezogenen Hufeisenbogen u. a., →Islam. Kunst) und hat breite Auswirkungen auf die Kunst des vorroman., christlichen Nordspanien und Kataloniens gehabt (z. B. Kirchen in Tarrasa, Gerona u.a.; →Westgot. Kunst). Ihr Einfluß reicht bis in got. Zeit (→Mudejar-Stil). Den bedeutendsten Beitrag lieferte die →mozarabische Buchmalerei. Vorroman. Wandmalerei hat sich in Katalonien (Tarrasa) und Asturien (Oviedo) erhalten. – Im Zuge der Reconquista kommt es in roman. Zeit zu einer engen Verbindung mit dem südlichen Frankreich, vor allem durch Ordensniederlassungen der Cluniazenser und durch die durch Frankreich nach →Santiago de Compostela führenden →Pilgerstraßen. Das franz. →Languedoc bildet mit dem christlichen Spanien eine zusammenhängende Kunstlandschaft. Baukünstlerische Lösungen breiten sich von Frankreich bis nach Galicien im äußersten span. Westen aus. Span. Sonderformen sind u.a. der häufige Dreiapsidenschluß des Chores und der hohe span. Rundsockel. Dagegen scheint Spanien bei der Ausbildung der →Bauplastik eine entscheidende Rolle gespielt zu haben. Bildungen, die in →Toulouse gegen Ende des 11. Jhs. begegnen, finden sich zwei Jahrzehnte früher bereits in →León (Panteón de los Reyes). Die Grundlage bilden hier mozarabische Vorbilder. Wichtigste Werke und Zentren roman. Baukunst und Bildnerei:

→León, →Santiago de Compostela, →San Domingo de Silos, außerdem Jaca, Salamanca (alte Kathedrale), →Avila. Wandmalerei hat sich nur in abgelegenen Dorfkirchen Kataloniens zahlreich erhalten. Ihre Herkunft und Entstehung sind noch ungeklärt. Die byzant. geprägten Programme und das monumentale Fresko überhaupt dürften durch Italien vermittelt sein, wenngleich direkter Einfluß nirgends faßbar ist. Es sind Werke einer flächig-ornamentalen Linienkunst, einer Volkskunst, deren expressive Wirkung durch Symmetrie, rhythmisierende Wiederholung und intensiv bunte, von schwarzen Konturen gerahmten Farbflächen verstärkt wird und sich bis zum Grotesken steigern kann. Anhaltspunkte zur Datierung, wegen des Volkskunstcharakters stilistisch nicht erschließbar, geben das Weihedatum von Tahull, S. Climente, von 1123 und die dargestellte Ermordung des hl. Thomas Becket (1170) in Tarrasa. – Die eigentliche Gotik dringt um 1220 ein. Vorbereitend wirkten seit der 2. Hälfte des 12. Jhs. Einflüsse der vorgot. →Zisterzienser-Baukunst, Anregungen aus →Burgund (etwa →Vézelay) und der Frühgotik des →Languedoc (etwa →Poitiers, Kathedrale), die sich mit der bodenständigen roman. Tradition zu einem teilweise bis weit ins 13. Jh. reichenden Übergangsstil verbanden. Charakteristische Bauten u.a.: Kathedralen von →Tarragona und Siguënza. Die ersten rein got. Bauten entstehen in Anlehnung an die klassische franz. Hochgotik (Reims, Bourges usw.) in León und Altkastilien seit ca. 1220: Kathedralen von →Burgos, →León, Toledo. Mit Ausnahme von León wird trotz basilikaler Anordnung bereits die spezifisch span. Betonung der Breitenausdehnung deutlich, das Bestreben, hallenartige Räume zu schaffen. In der Folge gewinnt das Dekorative entschiedenes Übergewicht gegenüber der Betonung klarer Struktur. Dies zeigt sich u.a. bereits in dem Anbau einer Vielzahl von Begleiträumen und dem Einbau eines kapellenartig isolierten, reich verzierten Priesterchores inmitten des Hauptschiffes (Presbyterium; Hochaltar durchweg unter der Vierung). Für die span. Baukunst des 14. Jhs. wird der Einfluß der Gotik des franz. →Languedoc wesentlich. Der Schwerpunkt der Entwicklung liegt nun in Katalonien. Eine bedeutende baukünstlerische Leistung stellt die Kathedrale von →Barcelona dar (begonnen 1298; Vorbild →Albi). Bedeutendes Beispiel katalonischer Spätgotik ist das Langhaus der Kathedrale von Gerona (begonnen 1417 von Guillerma Boffiy), ein einschiffiger, von Seitenkapellen begleiteter Raum von 23 m Breite und 34 m Höhe mit sparsamer Gliederung der riesigen Wandflächen. Im übrigen Spanien führt die Entwicklung zu immer üppigerer Prachtentfaltung des Dekorativen, zum Überspinnen der Flächen mit überreichen Schmuckformen (gotico florido). Blütezeit dieses sogen. Mudejar-Stiles ist das 14. Jhs. Den Höhepunkt spezifisch span. Prachtentfaltung der bauplastischen Dekoration bildet die späteste Stufe der Spätgotik, der →Platereskenstil. Beispiel: Palacio de Infantado, Guadalajara. Der am Kirchenbau entwickelte Stil bestimmt auch den bedeutenden spätgot. Profanbau (Schlösser, Paläste, Rathäuser etc.). Eine verwandte Erscheinung ist der phantastisch-skurrile Schmuckreichtum des portugiesischen Emanuelstils (z. B. Belem-Kloster, begonnen 1517). Eines der Hauptwerke span. Spätgotik ist die Kathedrale von Sevilla. Wie für die Gotik Englands und Deutschlands ist auch für die span. Gotik ein langes Nachleben bis ins 16. Jh. kennzeichnend. – Seit der Mitte des 12. Jhs. spielt die span. Bildnerei keine führende Rolle mehr, wird weitgehend von außerspan. Einwirkungen abhängig. Bald nach 1150 findet das franz. Figurenportal Eingang (z. B. Sanguesa/Navarra, um 1160; Ripoll). Neben Säulenfiguren des Typs von →Chartres-West finden sich eine Fülle anderer skulpturaler Motive. Das für Nordfrankreich typische klare struktive Gerüst fehlt. Besonders berühmt ist der 1188 datierte Portico della Gloria in →Santiago de Compostela, der in der Provinz eine lange Nachfolge findet. Hiervon unabhängig, doch auch ohne Auswirkung vollzieht sich gegen Mitte des 13. Jhs. die Rezeption des nordfranz. hochgot. Figurenportals in allerengster Anlehnung an franz. Vorbilder: →Burgos, auch León. Sowohl in der Architektur wie in der Bildnerei sind zahlreiche franz., später deutsche und niederl., auch italien. Künstler tätig. Eine Sonderentwicklung zeigt Katalonien. Seine Bauplastik wird von Tarragona bestimmt, das auf franz. Kathedralplastik zurückgreift. Im übrigen ist für den Beginn des 14. Jh. der Einfluß Italiens charakteristisch, vor allem der der Giovanni →Pisano-Nachfolge

El Greco, Begräbnis des Grafen v. Orgaz (Toledo, St. Tomé).

(z. B. Grabmal der hl. Eulalia, Kathedrale von Barcelona, 1327 begonnen). Blütezeit ist das 15. Jh. mit dem Zentrum Barcelona (mehrere namentlich bekannte Bildhauer). – Auch die span. Malerei got. Zeit ist in hohem Maße von außerspan. Vorbildern abhängig. Wichtigstes Zentrum ist Katalonien. Hier führt Ferrer Bassa Mitte des 14. Jhs. sienesischen Einfluß ein (z.B. Fresken mit Marienleben, Pedralbes bei Barcelona, 1345/46). Der gleichen Richtung gehören Jaume und Pere Serra an (tätig für den Hof von Barcelona 1363–99) sowie der von ihnen abhängige Hauptmeister des →Weichen Stils Lluis Borassa (1380–1424 nachweisbar, aus Gerona, z. B. Marienaltar in Barcelona, Kathedrale, um 1400). Mit dem Werk des Lluis Dalmau (aus Valencia, 1428–60 in Barcelona nachweisbar, 1431–37 wohl in Flandern) dringt niederländ. Einfluß der Stufe der Brüder van →Eyck ein (z. B. Madonna mit dem Stadtrat von Barcelona, Barcelona Mus.), der in den Bildern des bedeutenden Jaume Huguet (in Barcelona 1448–87, Hauptwerk: Altar des hl. Augustin, 1486–88, Barcelona Mus.) selbständig verarbeitet wird. Letzterem steht die Malerfamilie Vergos nahe. – In Kastilien setzt eine bedeutende Malerei erst im 15. Jh. ein. Ausgangspunkt sind der Altar und das Apsisfresko der alten Kathedrale von Salamanca, die Mitte des 15. Jhs. von dem Italiener Nicolas Florentino gemalt werden (wohl identisch mit dem von →Vasari erwähnten Dello di Nicolo, auch Dello Delli genannt). Sein Stil zeigt Einfluß des →Masaccio und des →Ghiberti. Sein Nachfolger ist Nicolas Frances, dessen Hauptaltar der Kathedrale von León 1450 vollendet wird. Bedeutendster kastilischer Meister der 2. Hälfte des 15. Jhs. ist Fernando Gallego, dessen Stil sich von Jan van →Eyck ableitet, jedoch etwa der Stilstufe von Petrus →Christus entspricht (Hauptwerk: Altarfragmente im Diözesanmus. von Salamanca).

Lit.: J. Gudiol y Ricart, Arquitectura y escultura romanicas, Ars Hispaniae V, 1948; W. M. Whitehill, Spanish romanesque architecture of the eleventh century, 1941; A. Kingsley-Porter, Romanesque sculpture of the pilgrimage roads, 1923; W. Sauerländer, Skulptur des Mittelalters, UKG XI, 1963; A. Duarn Sanpere und J. A. de Lasarte, Escultura Gotica, Ars Hispaniae VIII, 1958; J. Gudiol y Ricart, Arte de España Cataluña, 1955; B. Gilman-Proske, Castilian Sculpture. Gothic to Renaissance, 1951; A. Grabar und C. Nordenfalk, Romanische Malerei, 1957.

III) Renaissance bis Neuzeit. Mit dem Ende des 15. Jhs. drangen Elemente der Renaissance aus Italien nach Spanien ein. Sie führten im Übergang von der Gotik zur Renaissance, zum sogen. →Platereskenstil, der sich durch goldschmiedeartige überreiche Ornamentik in der Baukunst auszeichnet. Das früheste Beispiel dieser Art ist im Colegio de Santa Cruz in Valladolid (1480–92) erhalten. Jedoch hielten sich got. Formen noch bis in das 16. Jh. – In Reaktion zu den Mischformen des Platereskenstils fand die Renaissance erst am Ende des 16. Jhs. durch den strengen und ornamentfeindlichen →Desornamentadostil endgültige Aufnahme in Spanien.

F. Goya, Saturn verzehrt seine Kinder (Madrid, Prado).

Bedeutendstes Beispiel dieser neuen Stilgesinnung ist der →Escorial. – Der Barock führte zur höchsten Entfaltung eines eigenen religiös-ekstatischen Stils, der seinen eindrucksvollsten Niederschlag in der berauschenden Ausstattung von Kirchen fand. Höhepunkt dieses phantastischen Dekorationsstils um 1700 im sogen. →Churriguerismus. Das 18. Jh. stand weitgehend unter dem Einfluß franz. und italien. Architektur (z. B. Schloß zu →Madrid). Wenige Bauwerke des Klassizismus leiteten zum Historismus über, mit dem die S. ihre Eigenart einbüßte und allgemein europäischen Charakter annahm. – Einen höchst eigenwilligen und eigenständigen Aufschwung nahm die Architektur Spaniens nach 1900 im sogen. Neukatalonischen Stil, der die individuelle Schöpfung A. →Gaudis ist. Die Bauwerke Gaudis entstanden parallel zur europäischen Jugendstilbewegung, zeigen auch gewisse Verwandtschaft zu diesem, sind jedoch nur mit großer Einschränkung dem →Jugendstil zuzurechnen. – In der Malerei brachte es die S. seit dem 16. Jh. zu ihren bedeutendsten Leistungen, die z. T. die europäischen Kunstentwicklungen maßgeblich beeinflussen sollten. Das beginnende 16. Jh. stand noch weitgehend unter italien. und niederl. Einfluß. Um 1570 setzte jedoch bereits die große Blütezeit span. Malerei ein. Seit 1577 wirkte der Grieche Theotokopoulos, genannt El →Greco, in Toledo und wurde – obgleich von Geburt kein Spanier – zum bedeutendsten Meister des span. Manierismus. Zu Beginn des 17. Jhs. bereitete →Riberas fanatischer Realismus dem genialen →Velasquez und der Kunst →Murillos den Weg, den →Zurbarán mit seinen barock-monumentalen Helldunkel-Bildern fortsetzte. An der Wende vom 18. zum 19. Jh. erfüllte →Goya diese reiche Entwicklung, indem er den Realismus ins Dämonische steigerte. Während die Malerei des 19. Jhs. mit ihren farbenfrohen Szenen, u. a. des span. Volks- und Zigeunerlebens, in ihrer Bedeutung auf Spanien beschränkt blieb, erreichte sie im 20. Jh. durch P. →Picasso erneut Weltrang. Neben ihm sind weitere hochbedeutende Maler der Moderne zu nennen: S. →Dali, J. →Gris und J. →Mirò. – In der Bildhauerei vertreten D. de Siloe und F. Vigarni den Platereskenstil. Bereits im 16. Jh. finden sich in der Plastik Formen, die zum Barock überleiten, der zu leidenschaftlich-ausdrucksvoller Gestaltung und zu einem betonten Realismus führt. Besonders die bemalte Holzplastik ist durch packende Naturtreue und durch eine schwärmerisch religiöse Haltung gekennzeichnet. Der Realismus findet seine äußerste Steigerung in der Bekleidung der Figuren mit Stoffgewändern. Während des Klassizismus und des anschließenden 19. Jhs. läßt sich ein deutlicher Rückgang der span. Bildhauerkunst erkennen. Erst das 20. Jh. brachte Spanien durch den Kubisten P. →Gargallo und den Metallplastiker J. →Gonzalez neue bedeutende bildhauerische Persönlichkeiten und Impulse.

Lit.: A. E. Brinckmann, Die Baukunst des 17. und 18. Jhs. in den romanischen Ländern, 1915; A. L. Mayer, Geschichte der span. Malerei, 2 Bde., 1922; M. Wackernagel, UKG XIII, 1963; M. Wackernagel, UKG XIV, 1964.

Sparta. Griech. dorische Stadt auf der südlichen Peloponnes. Wie keine zweite Stadt Griechenlands hatte S. in der Antike dorische Traditionen der Einwanderungszeit bewahrt und sich absichtlich von den übrigen Städten und Stämmen und ihren kulturellen Entwicklungen weitgehend abgekapselt. Hellenistische Stadtmauer und ein Theater des 3. Jhs. v. Chr., von →Augustus erneuert und diesen Zustand heute wiedergebend. – Außerdem nicht sehr bedeutende Reste eines Artemisheiligtums mit einem Tempel des frühen 8. Jhs. v. Chr. und einem Tempel vom Beginn des 6. Jhs. – In der Nähe von S. das berühmte Apollonheiligtum von →Amykleion.

Lit.: P. Roussel, S., 1960.

Spechter. Aus dem →Krautstrunk sich entwickelnder zylindrischer →Humpen, der statt Nuppen (Warzen) eine Quadermusterung trägt. Der S. stammt aus dem Spessart.

Speckstein →Steatit.

Speculum humanae Salvationis →Heilsspiegel.

S. Pedro de Nave bei Zamora →Westgotische Kunst.

Speerschleuder und →Lochstab sind Gerättypen aus dem Jungpaläolithikum, die sehr häufig sorgfältig verziert worden sind. Die S., gefertigt aus Rengeweih oder Bein, verstärkte die Wirkung von Fernwaffen (Speer und Harpune). Ihr eines Ende war oft als lebendig und naturalistisch gestaltete Tierplastik gearbeitet (u.a. Gemse, Mammut, Bison).

Lit.: Bandi/Maringer, Kunst der Eiszeit, 1955.

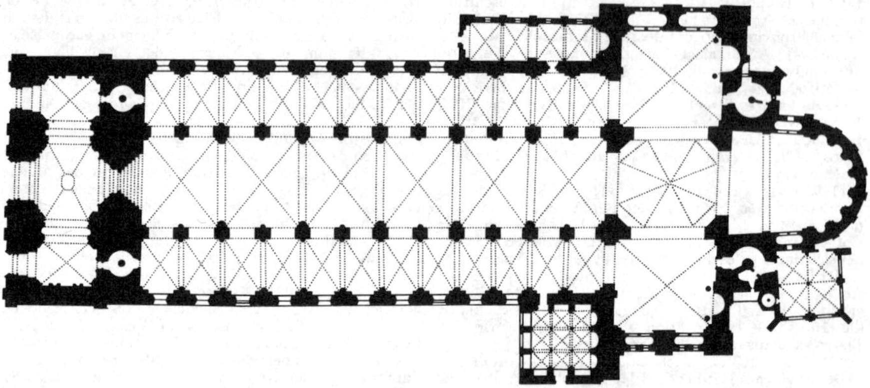

Speyer, Grundriß des Doms.

Spencer, Stanley. Engl. Maler, Glasmaler und Freskant. Geb. 1891 in Cookham (Berkshire), lebt in Burghclere bei Newbury, Berkshire. Im Gefolge seines Studiums an der Slade-School in London zeigten sich Einflüsse der frühen italien. Maler und der Praeraffaeliten. Durch den 1. Weltkrieg ergaben sich für ihn Studienaufenthalte in Italien und Jugoslawien. Er malte viele biblische Szenen (Kreuztragung, Auferstehung, Tate Gall. London), dann Portraits und Landschaften.

Sperlonga. Antiker röm. Villenort an der Küste S-Italiens. In neuerer Zeit wurde hier eine Villa der röm. Kaiserzeit (Tiberius) ausgegraben, zu deren Funden höchst bemerkenswerte Plastiken gehören. Mehrere Fragmente hellenistischer Figurengruppen, wobei auf einem Fragment die drei Bildhauer, die die berühmte →Laokoon-Gruppe schufen, →Athanadoros, →Hagesandros und →Polydoros, genannt werden.

Speyer, Dom. Erster der drei rheinischen Kaiserdome, Grablege der Salierkaiser. Seiner gewaltigen Dimensionen und erstaunlichen Vertikalisierung wegen (70 m lang, 30 m hoch) wie auch seinem entwicklungsgeschichtlichen Rang nach der bedeutendste deutsche Bau salischer Zeit, vergleichbar nur mit dem gewaltigen Neubau der Abteikirche von Cluny III in Burgund (→Cluny). S. I wurde um 1030 unter Konrad II. begonnen und war 1061 vollendet, wurde jedoch wegen Baufälligkeit schon bald nach 1080 bis um 1106 erheblich umgebaut unter Leitung von Bischof Benno von Osnabrück, seit 1088 unter Bischof Otto von Bamberg. Ältester Teil ist die sich unter Chor, Vierung und Querschiff erstreckende kreuzförmige, aus vier Quadraten und halbrunder Apsis bestehende →Krypta (anschließend die Grablege), deren Höhe von 7 m das Bodenniveau der Ostteile beträchtlich anhebt. Letztere mit halbrunder Apsis, Vorchorjoch, ausgeschiedener Vierung, Vierungsturm und in die Ecken zwischen Chor und Querhaus eingestellten Rundtürmen gehören, über den Fundamenten von S. I, zur zweiten Bauphase. Das aus 12 querrechteckigen Mittel- und Seitenschiffenjochen bestehende Langhaus hatte in den Seitenschiffen von Anfang an Kreuzgratgewölbe, im Mittelschiff ursprünglich eine Flachdecke. Spezifisch salisch ist der Achsenbezug von Arkadenöffnungen zu Seitenschiff- und Obergadenfenstern, die kräftige Reliefierung der Wand durch die die Arkaden und Fenster umgreifenden Rundbogenflachnischen und die halbrunden Pfeilervorlagen, auf denen Rundbogen aufliegen, die wiederum die Flachnischen umschließen; ferner die steile straffe Proportionierung des Raums. – S. II fügt die Mittelschiffkreuzgratwölbung hinzu, die erste Einwölbung eines Großraums innerhalb der mittelalterl. Baukunst. Jedem zweiten Mittelschiffpfeiler werden Wandstreifen und von Schaftringen umschlossene halbrunde Vorlagen vorgelegt, so daß durch die Zusammenfassung jeweils zweier Mittelschiffjoche das →gebundene System entsteht. Wichtig das Stufenportal zum Mittelschiff, das früheste erhaltene Stufenportal der roman. Baukunst, das das plastische Volumen der Mauer sichtbar werden läßt. Auch für den Außenbau sind straffe Vertikalisierung und Monumentalität charakteristisch. Großartig vor allem die Ostpartie. Bezeichnend salisch ist die Anlage eines Sockels, über dem steile Blendbogen aufsteigen. Den Abschluß unter dem Dachansatz bildet eine die Mauermasse auflockernde, umlaufende Zwerggalerie, sowohl an Chor, Querschiff wie, durch Mauerstücke rhythmisiert, auch am Langhaus. Nach Brand von 1159 Gurtrippengewölbe im Querhaus, Erneuerung der Vierungskuppel. Bauornamentik der Querhausfenster in der Art der →Corrente Comasca. 1689 Verwüstung des Doms durch die Franzosen, 1774–92 Wiederherstellung durch F. J. Neumann (u.a. Westbau), 1793 erneute Zerstörung durch die Franzosen. Durch Napoleon vor dem Abbruch gerettet. Seit 1852 Wiederherstellung durch Hübsch (heutiger Westbau) und spätnazarenische Freskoausmalung durch J. Schraudolph, die im Zuge der letzten, gründlichen Restaurierung 1957–61 abgenommen wurde. 1900 durch Grabungen die Kaisergräber Konrads II., Heinrichs III., IV., V. und ihrer Gemahlinnen freigelegt.
Lit.: F. Klimm, Der Kaiserdom zu Speyer, 1952; 900 Jahre Speyrer Dom, Festschrift zum Jahrestag der Domweihe, 1061–1961, herausgegeben von L. Stammer, 1961.

Sphinx. Ägypt. Mischwesen aus Löwenleib und Menschenhaupt, ursprünglich nur männlich als vergöttlichter Pharao. Ältestes Beispiel: S. des →Chephren bei →Gizeh. In der →ägypt. Kunst, die sich im Mittleren Reich besonders um die Verbindung von Löwenkörper und Pharaonenkopf bemüht (→Amenemhet II. und III.), tritt der weibliche Typus erst unter →Hatschepsut auf, der ersten Königin auf dem Pharaonenthron. Wahrscheinlich hat diese Darstellung auf die mykenischen Frühgriechen gewirkt, die rege Beziehungen zu Ägypten während der Hatschepsutzeit unterhielten und das Motiv weiblich auffaßten. Ausweitung des S.-Typus als Inbild der Abwehrkraft in der Sphinx des →Amun von →Karnak. S.-Alleen flankierten die Prozessionsstraßen zu heiligen Stätten.
Lit.: W. Wolf, KÄ, 123, 318f.,329f., 425ff.; E. Brunner-Traut, Ägypten, 169.

Spiegelgewölbe. Variante eines Kreuzgewölbes, wobei der Abschluß des Gewölbes an Stelle der kreuzförmig zulaufenden Rippen durch eine Spiegel genannte flache Decke ersetzt wird.

Spiegelmalerei →Hinterglasmalerei.

Spiegler, Franz Joseph. Deutscher Maler. Geb. 1691 in Wangen/Allgäu, gest. 1757 in Konstanz. Schüler von

Johann Kaspar Sing in München, möglicherweise auch in Wien ausgebildet. Er lebte seit 1727 in Riedlingen und Konstanz und gehört zu den Meistern der spätbarocken, oberschwäbischen Architekturmalerei. Fresken in den Klöstern Ottobeuren, St. Peter im Schwarzwald, St. Blasien, Salem und Zwiefalten sind die wichtigsten Zeugen seiner umfangreichen Tätigkeit.
Lit.: H. Ginter, Südwestdeutsche Kirchenmalerei des Barock, 1930.

Spielbein →Standbein.

Spielkarten. Eine der frühesten Gattungen der Graphik, besonders des →Kupferstichs. Die ältesten Stücke sind aus der 2. Hälfte des 15. Jhs. erhalten und gehören zu den ältesten Zeugnissen des Kupferstichs. Ein anonymer Meister wird nach diesen Werken →S.meister genannt, während einer der bedeutendsten Künstler, die S. schufen, der sogen. →Meister E. S. ist.
Lit.: K. Bachmann, Die S., 1932.

Spielkartenmeister. Deutscher Kupferstecher. Tätig am Oberrhein (Basel?) um 1430/50. Von diesem Meister ist ein Teil eines in Kupfer gestochenen Kartenspieles erhalten. Danach lassen sich diesem Meister weiter zuordnen: eine Folge von Szenen aus dem Leben Christi (24 Blatt) und 17 Einzelstiche. Die technischen Möglichkeiten des Kupferstichs stehen bei diesem Meister schon auf bemerkenswerter Höhe; formal ist er der Kunst von K. →Witz verbunden.
Lit.: M. Geisberg, Anfänge des Kupferstichs, 1924.

S. Pietro al Monte bei Civate, →Civate.

Spina. Antike griech. Siedlung, in Oberitalien an der südlichen Po-Mündung gelegen. Die im 4. Jh. v. Chr. verlassene Stadt brachte reiche Funde an griech. Vasen aus der dortigen Nekropole, vor allem Gefäße des schwarzfigurigen und rotfigurigen Stils, die z. T. zu den hervorragendsten Stücken der griech. Vasenmalerei überhaupt gehören. Darunter befinden sich Vasen von so bedeutenden Meistern wie dem →Penthesileia-Maler.
Lit.: N. Alfieri u. P. E. Arias, S., 1958.

Spindeltreppe →Wendeltreppe.

Spira. Abschwingender Mauerfuß als Sockel der Cellawand des griech. Tempels. Ursprünglich zur ionischen Architektur gehörig, findet die S. in der 2. Hälfte des 5. Jhs. v. Chr. auch am dorischen Tempel (Athen, →Hephaisteion) Verwendung.

Spirale. Gehört, ebenso wie der →Mäander, bereits zum Ornamentenschatz der →Älteren Steinzeit. In der →Jüngeren Steinzeit kommen Spiralmotive wesentlich häufiger vor (→Bandkeramik).
Lit.: Beninger, Quartär 10/11, 1958/59, 63ff.

Spiralsäule. Säule, deren Schaft mit spiralförmigen Ornamenten geziert ist oder deren Oberfläche selbst spiralförmig gezogen ist.

Spittal, Salamanca-Schloß (Kärnten). Der dreigeschossige, kubische Bau (1527–36 errichtet) erhebt sich auf quadratischem Grundriß. An der NW- und SO-Ecke springen kreisförmige Türme (ursprünglich Wehrtürme) vor. Die Straßenfront wird in 3 Teile gegliedert durch zwei kräftige, waagerechte Gesimsbänder und schmächtige, korinthisierende Pilaster. Im Mittelteil das säulengerahmte Portal mit dem üppigen Aufsatz vom Klagenfurter Stukkateur K. Pittner (1702) und dem Wappen der Portia, von Figuren und Laubwerk umgeben. In den beiden darüberliegenden Geschossen im Mittelteil Renaissancefenster mit Balkon. Ebenso einfach sind die übrigen Fronten gehalten. Von besonderer Schönheit ist der bemerkenswerte Hof mit den dreigeschossigen Säulenarkaden. Der prächtige, plastische Schmuck stammt von mehreren Bildhauern, darunter G. A. Pilacorte. Das Spittaler Salamanca-Schloß ist einer der ersten reinen Renaissancebauten im deutschen Sprachgebiet.
Lit.: Reclams Kunstführer, Österreich, Bd. II, 1961.

Spitzbogen →Bogen.

Spitze. Wir unterscheiden der Technik nach genähte, geklöppelte, geknüpfte, aber auch gestrickte und gehäkelte S. Seit dem 19. Jh. werden S.n auch maschinell hergestellt. Die S.n sind hervorgegangen einerseits aus Durchbrucharbeiten (Herausziehen von Schußfäden und Verknüpfen und Umnähen der freigelegten Kettenfäden), andererseits aus der Verzierung des Saumes durch Verknüpfen der Kettenfäden. Durch das Weglassen des Grundgewebes entstehen im 15. Jh. vollkommen durchbrochene Muster. Zentrum der genähten S.n ist Italien, der geklöppelten S.n die Niederlande, Frankreich und Deutschland.
Lit.: V. Henneberg, Stil und Technik der alten S., 1931; M. Dreger, Entwicklungsgeschichte der S., 1910; M. Schütte, Alte S., 1914.

Spitzenbild. Spitzenartiges →Scherenschnitt-Gebilde, das zur Einrahmung eines Andachtsbildes hergestellt wurde. Der Brauch, solche S.er zu schaffen, geht in das 17. Jh. zurück.

Spitz- oder Hornbecher. Abart des →Sturzbechers, der schlank geformt und lichtblau gefärbt im Rheinland, derb gearbeitet und olivgrün gefärbt besonders in Norwegen in Gebrauch war. (5.–8. Jh.).

Spitzweg, Carl. Deutscher Maler und Illustrator. Geb. 1808 in München, gest. 1885 ebda. S. ergriff zuerst

C. Spitzweg, Der Einsiedler vor seiner Klause (Frankfurt, Städel).

die Apothekerlaufbahn und studierte an der Universität München 1830–32 Pharmazie. Nach Abschluß seines Studiums bereiste er Italien. – Ein Kuraufenthalt 1833 in Bad Sulz erst wies S. auf die künstlerische Laufbahn. Er ließ sich von C. H. Hansonn im Malen unterrichten, behalf sich aber weitgehend durch das Studium und Kopieren der alten Meister in der Pinakothek. Schneller als malerische eignete er sich graphische Fähigkeiten an. Ab 1844 arbeitete er mit an den „Fliegenden Blättern" in München; auch für den „Nürnberger Trichter" und die „Fränkischen Blätter" zeichnete er. Aus dieser Zeit gibt es nur wenige Bilder. Diese sind zeichnerisch penibel ausgeführt, die Pointe mit penetranter Aufdringlichkeit dargestellt. Das Hauptstück jener Zeit ist „Der arme Poet", 1839. – Zwei Reisen brachten eine Umorientierung in seinem Schaffen. 1850 reiste S. nach Venedig und ein Jahr später nach Paris, London (1. Weltausstellung) und Antwerpen. Unter den Eindrücken dieser Reise verlor S. die kleinliche Technik mit ihren marionettenhaften Figuren. Er malt nun in kräftiger, pastoser Manier, seine Landschaften gewinnen an Atmosphäre, und er verzichtet auf Staffage; die figürlichen Kompositionen sind nicht mehr literarisch gebunden (Ausruhende Spaziergänger). Diese Bilder weisen auch eine fast pleinairistische Malweise auf. In Gegensatz zu den weithin bekannten frühen S.s stehen diese kleinformatigen Bilder der Spätzeit durch ihre farblich und malerisch freiere Darstellungen, damit jenen weit überlegen.
Lit.: H. Uhde-Bernays, C.S., Des Meisters Leben und Werk, 1935.

Spitzzahnornament. Roman. Ornamentform im anglonormannischen Kirchenbau; eine Reihe kleiner dreiseitiger Pyramiden, die das Aussehen spitzer Zähne haben (engl. dog-tooth).

Split. Heutiger Name von →Spalato.

Spola Stupa. Ruinen eines Reliquien-Hügels im historischen Khyberpaß nahe der heutigen pakistanisch-afghanischen Grenze. Terrakottaplastik im spätesten →Gandhara-Stil im Museum von →Peschawar.

Spola-Stupa. Im Khyber-Paß. Buddhistischer Reliquienhügel der Gandhara-Kultur.

Spoleto (Spoletium). Bereits in der Antike bedeutende Stadt, ca. 100 km nördlich von Rom gelegen. 90 v. Chr. erhielt sie röm. Bürgerrecht und wurde 569 n. Chr. Hauptstadt des langobardischen Herzogtums S. – Umfangreiche antike Reste sind erhalten: Bogen des Drusus und Germanicus, polygonale Stadtmauer, Theater, Amphitheater, ein in eine Kirche umgebauter Tempel u.a. – Aus der Zeit des langobardischen Herzogtums stammt der große →Aquädukt vor der Stadt, das am besten erhaltene antike Bauwerk dieses Ortes.
Lit.: C. Pietrangeli, Spoletium, 1939.

Spolien. (Raub) Kunstwerke, die aus einem Bauwerk herausgenommen sind, um einem anderen eingefügt zu werden, z.B. viele Säulen in der altchristl. Kunst, die von antiken Bauten stammen.

Spontanismus →Tachismus.

Spottkruzifix. Auf Stuck ausgeführte Ritzzeichnung des 2. Jhs. n. Chr., am Palatin zu Rom gefunden. Die Darstellung zeigt eine Kreuzigungsszene, wobei der Gekreuzigte mit einem Eselskopf dargestellt ist. Vielleicht handelt es sich um eine Verspottung des in röm. Zeit aufkommenden Christentums.

Spranger, Bartholomäus. Niederl. Maler und Radierer. Geb. 1546 in Antwerpen, gest. 1611 in Prag, S. war der Hauptmeister des niederl. Romanismus, entwickelte diesen jedoch weiter durch das Studium der Werke von Parmigianino, →Correggio und →Tintoretto. 1565 ging er nach Italien und wurde 1570 in Rom päpstlicher Maler. 1575 ging S. als Hofmaler Kaiser Maximilians II. nach Wien und später an den Hof Rudolfs II. nach Prag. – Er schuf Fresken und Altäre für Kirchen in Rom und Prag (Kloster Strahov, Wenzelsdom). Bedeutender jedoch sind seine kleinformatigen Bilder allegorisch-mythologischen Inhalts, in denen er den nackten menschlichen Körper in allen Bewegungsformen darstellte.
Lit.: E. Dietz, Der Hofmaler B.S., in: Österreichisches Jb., 1909–10; ders., B. S., Das graphische Werk, 1931.

Sprenger, Paul. Österreichischer Architekt. Geb. 1798 in Sagan, gest. 1854 in Wien. Studierte in Wien am Polytechnikum und an der Akademie bei P. →Nobile. Dort wurde er 1828 Prof.; ab 1850 war er der Leiter der obersten Baubehörde des Landes. Der ,,k.k. Statthaltereistil" der großen Staatsbauten – Münze, Zollamt und Landesgericht in Wien – zeichnet sich durch einen noblen Spätklassizismus aus. Betont wird bei dieser Architektur das Wehrhafte und Patriotische, wodurch sich dieses Werk dem ,,romantischen Historismus" zuweisen läßt.
Lit.: Thieme-Becker.

Spruchband (Banderole, Bandrolle). In der bildenden Kunst ein in eine Bildkomposition eingefügtes, mit einem Text, einer sogen. Legende, versehenes Band, dessen Enden eingerollt sind. Es findet sich in der mittelalterl. Kunst auf Wand- und Tafelbildern, auf Reliefs, Bildteppichen und besonders häufig in der Druckgraphik (Holzschnitt, Kupferstich) des 15. Jhs., vor allem in Deutschland. Es wird entweder von einer Figur gehalten oder frei in die Bildfläche hineinkomponiert.

Stab →Rundstab.

Stabiae. Am Golf von Neapel gelegene antike Stadt, ursprünglich alte oskische Siedlung. Gleichzeitig mit →Pompeji und →Herculaneum wurde sie 79 n. Chr. durch einen großen Ausbruch des Vesuvs zerstört. Seit 89 v. Chr. vornehmer röm. Villen- und Kurort. Zwei große Villenanlagen wurden bereits im 18. Jh. entdeckt, jedoch erst seit 1950 systematisch ausgegraben. In ihrer Planung und in ihrem Umfang folgt die eine nicht dem bekannten röm. Villentyp, so daß man vielleicht ein Sanatorium annehmen kann: Am Steilhang stehen oben die Reste einer großen Wandelhalle, von der aus man nach unten in ein Schwimmbad gelangt, an das sich Ruheräume und Bäder anschließen. – Die zweite Villa besteht aus einem Triclinium, um das sich kleinere Zimmer und Exedren reihen.
Lit.: L. D'Orsi, Gli Scavi di S., 1954.

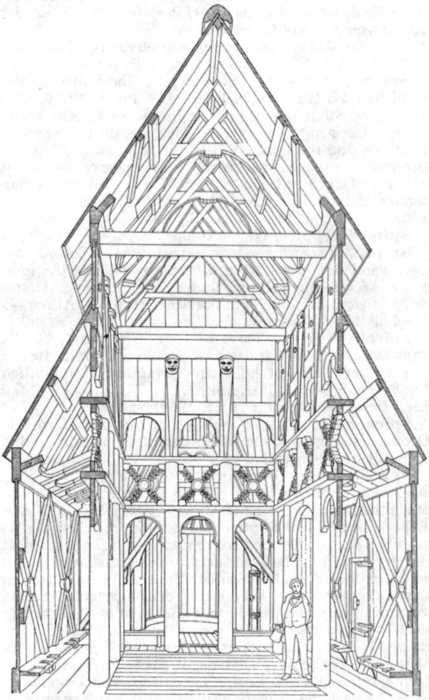

Stabkirche, Borgung (Norwegen); Schnitt.

Stabkirche. Bis ins 13. Jh. gebräuchlicher, als reine Holzkonstruktion errichteter norwegischer Kirchentyp, dessen Formen nicht aus dem Steinbau abzuleiten sind. Die Art des Zimmerwerks ist in manchem dem Schiffsbau entlehnt. Bezeichnend ist die Fügung der Wände aus senkrecht gestellten Pfosten (Stabbauweise), deren an Schiffsmaste erinnernde Höhe zur Bezeichnung ,,Mastenkirche" führte. Für den Außenbau charakteristisch sind steil hochragende, übereinandergeschichtete Dächer, Vorhallen und ein das Ganze umziehender halboffener Laubengang; für den Innenraum der offene Dachstuhl, die äußerst schmalen Seitenschiffe, in denen basilikale Form ausklingt, sowie die saalartigen Dimensionen des Hauptraums, der so entschieden dominiert, daß die Raumform wohl mit Recht von der nordischen Königshalle abgeleitet wird (auch andere Merkmale sprechen dafür). Schmuckformen des Wikingerstils: geschnitzte Tierornamentik an den Türen, Drachenköpfe an den Giebeln (entsprechend denen an den Vordersteven der Wikingerschiffe).

Lit.: A. Bugge, The origin, development and decline of the Norwegian stavechurch, 1935; H. Reiher, Norwegische S.n, o. J.

Stabwerk →Fenster.

Stade. Fundort westlich von Hamburg. Hier kam das fast 12 kg schwere und 57 cm im Durchmesser große bronzene Rad eines endbronzezeitlichen Wagens zutage, das zu einem vierrädrigen →Kultwagen gehören soll.

Stadion. Griech. Maßeinheit von ca. 185 m Länge. Die griech. Wettkampfbahnen waren nach diesem Längenmaß ausgerichtet. Daher hat sich die Bezeichnung der Maßeinheit auf die Kampfstätte übertragen. Die alten Stadien waren durch eine Start- und Zielleiste markiert und von Erdwällen für die Zuschauer umgeben (→Olympia und →Nemea). Die jüngeren Stadien rahmen die Kampfbahn mit Stufentribünen ein (→Delphi, →Epidauros u. a.).

Stadler, Toni. Deutscher Bildhauer. Geb. 1888 in München, ansässig ebda. Als Sohn des Malers Anton S. kam er früh mit der bildenden Kunst zusammen. Er studierte bei →Gaul in Berlin, bei →Hahn in München und 1925–27 bei →Maillol in Paris. 1946–58 lehrte er an der Akademie in München. In seinen Werken verbindet sich das Erbe →Hildebrands mit Einflüssen von Maillol und mit Anregungen aus der griech. archaischen Plastik. Seine Entwicklung ist durch eine konsequente Hinwendung zur archaischen Form gekennzeichnet.

Lit.: H. Vollmer, Künstlex. d. 20. Jhs.

Stadtbaukunst. Ein wichtiges Teilgebiet der Baukunst. Die Neuanlage einer Stadt nach architektonisch-künstlerischen Gesichtspunkten kann entweder radial von einem bestimmten Punkt aus oder im Achsensystem erfolgen. Muß auf schon vorhandene Gebäude oder Stadtteile Rücksicht genommen werden, so ist es wichtig, die Neubauten so anzugleichen, daß das Stadtbild nicht gestört wird. Außerdem ist es Aufgabe des Städteplaners, die Dimensionen der Bauten so aufeinander abzustimmen, daß architektonisch Wichtiges betont, Unwichtiges nicht über Gebühr herausgestellt erscheint, wobei optische Hilfen gegeben werden müssen.

Lit.: A. v. Gerkan, Griech. Städteanlagen, 1924; K. Gruber, Die Gestalt der deutschen Stadt; E. Egli, Geschichte des Städtebaus 2 Bde., 1959.

Stadthagen. Das Schloß, seit 1535 errichtet, ist eine regelmäßige Anlage um einen viereckigen Hof und zeigt noch got. Elemente. Das fürstliche Mausoleum, angebaut an die Martinskirche (14. und 15. Jh.), ist ein bemerkenswerter siebeneckiger Kuppelbau, entstanden 1620–23 nach Plänen von G. M. Nosseni (1608). Im Inneren steht ein Prunksarkophag, hervorragende Arbeit des Adrian de →Vries.

Stadtl-Paura bei Lambach, Dreifaltigkeitskirche. Der Grundriß ruht auf der Dreizahl: über einem gleichseitigen Dreieck erheben sich 3 Türme, dazwischen 3 Tore, die Kuppellaterne ist dreiseitig; in 3 Apsiden stehen 3 Orgeln und 3 Altäre, der Marmorfußboden ist dreifarbig (rot, schwarz und weiß). Dem Grundrißdreieck ist der zentrale Kuppelraum eingeschrieben, an den sich die drei Apsiden mit ihren Halbkuppeln schließen, die aber von außen nicht sichtbar sind, weil sie sich an die Türme ansetzen. Die Gliederung geschieht verhältnismäßig schlicht durch toscanische und ionisierende Pilaster. Dafür sind die Portale um so formen- und farbenreicher. Die Gliederung des Innenraums mit Paaren von riesigen korinthischen Säulen unter durchlaufendem Gebälk mit Türen dazwischen und Fenstern darüber geht mit der Außenerscheinung parallel.

Stadttorsarkophage. Neben den →Friesrelief- und →Säulensarkophagen hat sich Ende des 4. Jhs. in Theodosianischer Zeit noch der sogen. Stadttorsarkophag herausgebildet. Nebeneinandergereihte Stadttore befinden sich in diesem Fall im Hintergrund der Reliefs. Hervorragendes Beispiel der Stadttorsarkophag in →Mailand.

Lit.: H. Lawrence, The city gate-sarcophagi (Art. Bull. X 1927, S. 1ff.); H. v. Schönebeck, Der Mailänder Sarkophag und seine Nachfolger, 1935.

Staël, Nicolas de. Russisch-franz. Maler. Geb. 1914 in Petersburg (Leningrad), gest. 1955 durch Freitod in Antibes. Studierte an der Académie des Beaux-Arts in Brüssel und ließ sich 1932 nach einer Hollandreise in Paris nieder. Dort arbeitete er zeitweilig als Dekorationsmaler. Noch vor dem 2. Weltkrieg führte ihn eine lange Reise nach Spanien und Italien. Später ließ er sich in Antibes nieder. – Er begann, in reich kontrastierenden Tönen, abstrakt zu malen. Ab 1953 nahmen seine abstrakten Kompositionen langsam figürlichen Charakter an, und die Farben wurden auf Grautöne reduziert.

Staffage. Franz. Bezeichnung für das Beiwerk, das zur Belebung einer Landschafts- oder Architekturmalerei dient. Meist handelt es sich dabei um in die Landschaft gestellte Menschen oder Tiere.

Staffel (Altarstaffel) →Altar.

Staffelchor. Chorform der roman. Baukunst, ausgehend von Cluny II (→Cluniazenserbaukunst). Hier wurde ein langgestreckter Hauptchor mit halbrunder Apsis beidseitig von den in der Verlängerung der Seitenschiffe liegenden, etwas kürzeren Nebenchören begleitet. An diese schlossen sich seitlich rechteckige Nebenräume an (für Bußübungen der Mönche, „cryptae" genannt) sowie südlich und westlich davon nochmals je eine an der Ostwand des Querhauses gelegene Apsis. Die Gruppe erscheint im Grundriß als Staffelung von Apsiden und Nebenräumen. Durch die Reformorden der Cluniazenser fand der S., der sich sowohl mit halbrunden Apsiden wie mit plattem Chorschluß findet, weite Verbreitung; in Deutschland vor allem in →Hirsau, Bauschule.

Staffeleibild. Im Unterschied zur Wandmalerei ein auf Holz oder Leinwand gemaltes Bild, das auf der Staffelei entsteht. Das S. gehört sowohl zur Ateliermalerei als auch zur Freilichtmalerei.

Staffelgiebel →Giebel.

Staffiermalerei. Bezeichnung für die Farbgebung von Plastik, vor allem die Ausstattung mittelalterl. Holzbildwerke mit Gold und Farben. In der Regel wurde die S. in besonderen Werkstätten ausgeführt. →Faßmaler.

Stahlschnitt. Das Schneiden oder Meißeln kunstgewerblicher Gegenstände aus Edelstahl.

Stahlstich. Graphische Technik, die in der gleichen Weise wie der →Kupferstich ausgeführt wird, jedoch mit dem Unterschied, daß beim S. eine Stahlplatte als Druckstock verwendet wird.

Stalaktiten. Stalaktiten sind nischenförmige Bauelemente, die zellenartig hängend den Übergang vom vieleckigen Grundriß zum Rund der Kuppel oder der Nische verkleiden oder umgekehrt am Kapitell, unter Minarett-Umgängen sowie Balkonen den Übergang vom Rund zu einer aufliegenden, mehrkantigen Ebene bilden. Das Material ist Holz, Stein, Stuck, glasierte Keramik. Die Form erscheint nach iranischen Vorstufen – wo die Trompen solcherart verkleidet werden – im 12. Jh. erstmalig an der Aqmar-Moschee in Kairo, erreicht dann im spanischen Westen den größten Reichtum der Entfaltung im 14. Jh. Unter den türkischen Machthabern in Iran und Kleinasien sind die S. sowohl am Außen- wie am Innenbau tragender oder auch rein schmückender Bestandteil. Monumentale Gestaltungen am Außenbau zeigen die Portale und offenen Liwane iranischer Bauten vom 14. bis zum 18. Jh.

Lit.: J. Rosintal, L'Origine des Stalactites de l'Architecture Orientale, 1938.

St. Albans. 793 gegründete Benediktinerabtei nördlich von London. Eindrucksvolles Beispiel eines frühen normannisch-roman. Kirchenbaus, 1077 durch Abt Paul von Caen begonnen, 1115 geweiht. Kreuzförmige Pfeilerbasilika mit 10jochigem Langhaus, Querschiff, gewaltigem festungsartigem Vierungsturm, 7jochigem Chor, der 1235–60 durch got. Neubau ersetzt wurde. Holzdecke in spätgot. Formen modern erneuert. Die Westfassade bis auf die Portale (1195–1214) aus dem

19. Jh. Riesig dimensionierte Pfeiler von fast gleicher Breite wie die Arkadenbögen, kaum plastische Gliederung, schlichte Stufung ruhiger Flächen. Reste roman. und got. Wandmalereien. Bezeichnend engl. ist die enorme Längenerstreckung von Langhaus und Chor sowie die Betonung der Horizontalen.
Lit.: P. Meyer und M. Hürlimann, Engl. Kathedralen, 1948.

Stallen →Chorgestühl.

St. Amand, Schule von →St. Denis, Schule von.

Stambha. Sanskrit: Säule, Pfeiler. In allen Phasen der indischen Baukunst wurden Ehrensäulen als Träger von Kultsymbolen entweder frei stehend oder vor Tempeleingängen errichtet.

Stammbaum Christi →Jessebaum.

Stamnos. Griech. Vasentyp mit gedrungenem Leib und kurzem angesetzten Hals, sowie zwei horizontal angebrachten Henkeln. Seit dem 6. Jh. v. Chr. diente der S. als Weingefäß.

Standbein. Mit der Einführung der →Ponderation wird das Kräftespiel des menschlichen Körpers innerhalb einer Darstellung auf das belastete S. und entlastete Spielbein verteilt. Dieser Kräfteausgleich ist das wesentlichste Element des →Kontrapost.

Standbild →Bildhauerkunst.

Stanimeka (Bulgarien). Bedeutende Anlage einer einschiffigen Kuppelbasilika. →Raszien (Altserbien).

Stanzen (italien., „Zimmer"). Die von →Raffael, seinen Schülern und Nachfolgern ausgemalten Wohngemächer Papst Julius II. im →Vatikan.

Staraja Ladoga (Rußland). In der Georgskirche in S. Wandmalereien (um 1180). Charakteristisch ist die Überbetonung der Glanzlichter.

Starnina, Gherardo. Gherardo di Jacopo, genannt Starnina. Florentinischer Maler. Erwähnt 1387–1409, gest. zwischen 1409–13. Vermutlich Schüler des Agnolo Gaddi. Einzig erhaltenes sicheres Werk: Freskenfragmente der Hieronymuskapelle in S. Maria del Carmine, Florenz (1404 vollendet). Helle weiche Farben verbinden sich mit wuchtigen, stark plastischen, ausdrucksstarken Formen.
Lit.: U. Procacci, G.S., 1936; Thieme-Becker.

Staro Nagoricino. Wandmalereien von S. gehören zu dem sogen. „schönen Stil" im 13. Jh. Erzählungen stehen im Vordergrund, daher friesartige Anordnung der Bilder verständlich. Stärkere Individualisierung gegenüber dem hieratischen Stil. Figurendarstellung und Architektur knüpfen stark an Antike an. Wiederentdeckung des Raumes. Vorliebe für Passionsdarstellungen.

Statue. Freiplastische Darstellung eines Menschen oder eines Tieres von mindestens ungefährer Lebensgröße. Bei kleineren Standbildern spricht man von Statuetten.

Statuette →Statue.

Statuetten, gezeichnet auf Tongefäßen. Seit der →Jüngeren Steinzeit sind (meist eingeritzte) menschengestaltige Figürchen auf vorgeschichtlicher Keramik bekannt. Ihre Bedeutung liegt überwiegend außerhalb kunsthistorisch faßbarer Kriterien.

Stauffer-Bern, Karl. Deutsch-schweizerischer Maler, Radierer, Bildhauer und Dichter. Geb. 1857 in Trubschachen (Emmental), gest. 1891 in Florenz. 1876–80 studierte S. in München an der Akademie; seine akademischen Studien ergänzte er durch Landschaftsaquarelle. In Dresden kopierte er 1880 nach v. →Dyck und →Velasquez. In Berlin endlich gelang ihm mit einem Portrait der große Durchbruch zum vielbeschäftigten Portraitmaler. Doch wollte er sich weiterentwickeln und ließ sich von P. Halm in die Radierkunst einführen. In dieser Technik schuf er Portraits, die zum Besten seines Werkes zählen und der deutschen Radierung neue Wege öffneten. Zur Bildhauerausbildung ging er 1888 nach Rom. – Werke: Portraits, u. a. von Gustav Freytag; Portraitradierungen von Wilhelm von Bode, →Menzel, Gottfried Keller.
Lit.: G. J. Wolf, K.S., 1920.

Staufische Kunst. Die nach den Stauferkaisern benannte deutsche Kunst des 12. und beginnenden 13. Jhs. bis zum Einsetzen der →Gotik (→Deutsche Kunst). Das Frühstaufische bleibt der →salischen Kunst verhaftet. Neue Blüte erst Ende 12. bis Anfang des 13. Jhs. Zentren: das gesamte Rheingebiet, Westfalen, Niedersachsen. Auftraggeber: vorwiegend der Adel, z. B. Heinrich d. Löwe (→Braunschweig). Für die Baukunst ist die Verbindung ottonisch-salischer Traditionen mit franz. Anregungen (besonders →Normandie, →Burgund) kennzeichnend. Neue Baugedanken werden kaum entwickelt. Das Spätstaufische ist besonders im Rheinland ein reicher, vielgliedriger, im Grunde unarchitektonischer Spätstil mit stark plastischer Ausbildung der Einzelformen und einer Fülle phantasievollster, ornamentaler Zierformen, die sich vor allem an dem sich durch den Reichtum seiner Turmgruppen auszeichnenden Außenbau konzentrieren. Die Innenräume sind meist schwer, gedrückt, haben anfangs Flachdecken, seit Mitte des 12. Jhs. dank franz. Anregungen Kreuzrippenwölbung, die im N nur zögernd aufgegriffen wird. Die plastische Durchformung der Wand dient der Betonung von wuchtiger Schwere der Mauermasse. Ausgeprägte landschaftliche Eigenarten. Oberrhein: Kontrast zwischen dunklen, lastenden Innenräumen und freier, reicher Entfaltung des Außenbaus (z.B. Schlettstadt, St. Fides). Meist Doppelturmfassaden, auch Einzeltürme, hohe achteckige Vierungstürme. Ausbildung des Groß-

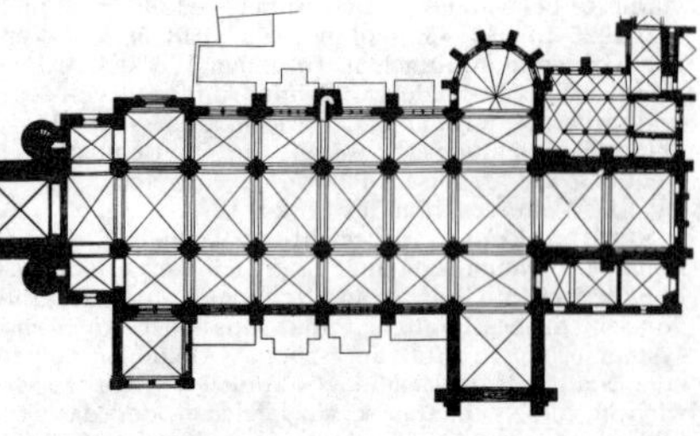

Paderborn, Dom; Grundriß.

quaderwerks (umstritten, ob zuerst im Elsaß oder in Burgund). Burgundische Vorstufen für alle Einzelformen, wie z.B. für den Spitzbogen. Kerngebiet ist das Elsaß Einfluß bis →Worms, →Mainz, →Bamberg. Für Norddeutschland ist Festhalten am Ottonisch-Salischen typisch: strenge, kaum gegliederte Bauten, vielfach Flachdecken. In Niedersachsen Staffelchöre, beeinflußt durch Bauschule von →Hirsau. In Westfalen oft massige, einen Westchor ummantelnde Einzeltürme (→Soest, St. Patroklus). Es finden sich hier Basiliken mit →Domikalgewölben (Dome von Münster und Osnabrück) und Hallenkirchen (→Paderborn, Dom mit kuppeligen Gewölben; Einfluß des →Poitou und Anjou). Rheinland mit Zentrum Köln: Rheinische Bauschule seit der Mitte des 12. Jhs. bis kurz nach 1200. Gebilde von überfeinerter, am Ende fast manierierter Schönheit. Wichtige Elemente: Zwerggalerie, phantasievolle Fensterformen wie die nach ihren Umrissen benannten Schlüsselloch-, Lilien-, →Fächer- und Glockenfenster. Helle, aufgelockerte, dreigeschossige Innenräume mit zweischaliger Wand (normannischer Einfluß, doch Umbildung ins Untektonische; z. B. →Bonn, Münster). – Der retardierende Zug der S. zeigt sich auch in der Bildnerei, die keine Monumentalisierung durch Verbindung mit der Architektur sucht, sondern weiterhin vorwiegend kirchliches Ausstattungsstück bleibt. Ausgeprägte Schulbildung oder Lokalstile fehlen weitgehend, bis auf das kölnische und sächsische Gebiet. Letzteres, ausgehend von den Skulpturen des

es mit den vier radial angeordneten Feldherrenstatuen, die aus dem Denkmalsockel vortreten, die Auflösung der Denkmalplastik in jener Zeit unterstützt hat. Unbeschwerter und noch von einem romantischen Geist getragen sind dagegen die Arbeiten für König Ludwig II. von Bayern in Schloß Berg am Starnberger See.
Lit.: H. Bitterlich, C. v. Z., 1830–1930, 1931.

F. de Zurbarán, Der Apostel Andreas (Budapest, Mus. der bildenden Künste).

Zurbarán, Francisco de. Span. Maler. Geb. 1598 in Fuente de Cantos (Estremadura), gest. 1664 in Madrid. Schüler der Malerschule von Sevilla, tätig hauptsächlich in Madrid, wo er 1638 Hofmaler Philipps IV. wurde. Z. steht fest in der Tradition der span. Malerei und verbindet diese mit italien. Einflüssen: farblich durch den von →Caravaggio nach Spanien vermittelten Helldunkeleffekt, in der Darstellung durch die naturalistische Schärfe und thematisch durch die tiefreligiösen Inhalte seiner Bilder. Letztere sind der Geschichte des Mönchtums entnommen: Apotheose des Thomas von Aquino (1631, Sevilla, Mus.); Bonaventura-Zyklus für die Kollegiatskirche S. Bonaventura in Sevilla (um 1629, in verschiedenen Mus.). Auch monumentale, ganz aus barockem Geist entwickelte Einzeldarstellungen von Mönchen in meditierender, verzückter oder betender Gebärde finden sich bei Z.
Lit.: H. Kehrer, F. de Z., 1918.

Zurovka. Skythische →Kurgan-Stätte im Dnjepr-Gebiet. Inventardatierung der Gräber durch griech. Beifunde von 550–525 bis 460–50 v. Chr. Charakteristische Beispiele für die Auseinandersetzung des skythischen →Tierstils mit den Einflüssen der griech. Kunst.
Lit.: K. Schefold, HDA 2, 452f.; K. Jettmar, Steppenvölker, 30.

Zurvan. Iranischer Gott des Himmels, der Zeit und des Schicksals, Vater von →Ahura-Mazda und →Ahriman, dessen Darstellung bereits für die Kunst von →Luristan vermutet wird (Dreifigurenwesen).
Lit.: R. Ghirshman, Iran I, 51f.; S. Nyberg, AIR, 104f., 380ff.

Zustand (fran. état). Probedruck des →Kupferstichs. Dabei werden häufig verschiedene Abzüge von verschiedenen Phasen (Zuständen) des entstehenden Werkes genommen, um so den Fortgang der Arbeit zu kontrollieren.

Zwartnotz. Palastkirche (651-661 n. Chr.). Vierkonchenanlage, von einem Umgang und einer runden Abgrenzungsmauer umgeben. Vier Pfeiler zwischen den Konchen tragen die Kuppel. Die drei Konchen sind zum Umgang durch eine Säulenstellung von je 6 Säulen geöffnet. Die vierte Konche, die Apsis, ist geschlossen.

Zweite Klassik. Bezeichnung für den letzten Abschnitt der klassischen →griech. Kunst mit bereits hellenistischen Tendenzen (ca. 400–323 v. Chr.). Hauptmeister sind →Graxiteles und →Lysipp.

Zwerchhaus. Beim Giebeldach quer zur Dachrichtung ausgebauter, gaubenartiger Dachvorsprung in der Form eines Giebels. Beliebtes Motiv der deutschen Renaissancearchitektur.

Zwerggalerie. Eine Arkadenreihe aus Bogen auf Zwergsäulchen, die innerhalb der Mauerstärke von einer kastenförmigen Raumschicht hinterlegt wird. Die Z. ist ein charakteristisches Schmuckmotiv der roman. Baukunst des Rheinlandes und der →Lombardei. Sie dient der Auflockerung der Mauermassen und ist in der Regel unter dem Dachansatz angebracht, vorwiegend am östlichen Chorschluß, gelegentlich auch die ganze Kirche umziehend, manchmal unter einer Giebelschräge etwa der Westfassade ansteigend. Wohl ausgehend von spätantiken Vorformen findet sich das früheste Beispiel der abendländischen Baukunst an der Westfassade des Doms von →Trier (nach der Mitte des 11. Jhs.). In der zweiten Bauphase des Doms von →Speyer (nach 1180) wird auch hier eine Z. angelegt, und zwar erstmals unter dem Dachansatz der Ostapsis und von dort aus den gesamten Bau umziehend. Speyer II bildet den Ausgangspunkt für die Motivverbreitung in der rheinischen Romanik bis ins 13. Jh. Während die Z. in Frankreich fehlt, findet sie sich zahlreich an Bauten der Lombardei (u. a. in Modena, Ferrara), die infolge zu früher Datierungen lange als Entstehungsgebiet der Z. angesehen wurde, während die heutige Forschung überwiegend Trier und Speyer die Priorität zuerkennt.

Zwiebeldach →Dachformen.

Zwiebelmuster. Fälschliche Bezeichnung für eine dem ostasiatischen Porzellan entlehnte und stark veränderte Art des Dekors (Blüten, Blätter und knollenähnliche Früchte). Wir finden es auf Fayencen, besonders Delfter. Die blaue Unterglasurmalerei auf Meißner Porzellan (Astern und Pfirsichblüten) wird ebenfalls als Z. bezeichnet.

Zwiefalten. Die Kirche Unserer Lieben Frau entstand an Stelle der 1109 geweihten, 1739 abgebrochenen älteren Anlage der ehemaligen Benediktinerstiftsabtei. Die Brüder Schneider, Stiftsmaurermeister, begannen mit dem Wiederaufbau. 1741 übernahm J. M. →Fischer aus München den Bau, der, unter Berücksichtigung auf die Brüder Schneider zurückgehender Bauteile (ein Turm) 1747 beendet war. Die Ausstattung zog sich noch bis 1765 hin. Die Stukkaturen stammen von J. M.→Feuchtmayer, die Skulpturen und das Chorgestühl von J. Christian, und die Fresken schuf F. J. Spiegler. Konkav schwingen die pilasterbesetzten Flanken der W-Fassade, die mit schweren Säulenpaaren besetzte Mittelachse nach vorn wölbend, über der sich der Giebel mit bewegtem Umriß emporschiebt. Figuren von Heiligen beleben die Architektur. Der Innenraum öffnet sich nach einer

Zwiefalten, ehem. Klosterkirche; Innenansicht.

niedrigen, von 2 Säulen gestützten Vorhalle mit Fresken von F. Sigrist, über der sich die Orgelempore erhebt. Ein kunstvoll geschmiedetes Gitter trennt Vorhalle von Hauptraum, der von säulenbesetzten Wandpfeilern bestimmt wird. Hinter dem engeren Vierungsbogen öffnet sich die Kuppel. Der Mönchschor ist etwas eingezogen und leitet zum rechteckig abgeschlossenen Altarraum. Verhältnismäßg große Dimensionen (Länge 93,5 m, Breite 27 m, Höhe der Flachkuppel 27 m) sind in mathematischer Sicherheit gegeben. Beide Gurtbögen scheiden wohl die Räume ihrer Bestimmung nach, aber nicht die einzelnen Joche. Der ganze Raum ist eine Einheit; alle Stilmittel und Elemente des Rokoko verschmelzen miteinander: die Architektur geht in z.T. vergoldeten Stuck über, die Stuckrocaillen greifen in die Farbigkeit der Fresken über, die Plastizität der gemalten Figuren gibt die Verbindung zu den Skulpturen am Hochaltar →Feuchtmayers, die das Gemälde Spieglers mit dem Marienthema des Patroziniums rahmen.
Lit.: Nik. Pevsner, Europäische Architektur, 1957; Reclams Kunstführer, Deutschland, Bd. II, 1960; Architektur der Welt, Barock, 1964.

Zwillingsfenster →Fenster.

Zwinger. In der Festungsarchitektur entwickelter Umgang, der zwischen zwei Mauergürteln liegt. Er wurde in dieser Weise hauptsächlich in der mittelalterlichen Burg und Stadtbefestigung ausgebildet, findet sich jedoch dem Prinzip nach bereits viel früher, z. B. bei mykenischen Burganlagen (→Tiryns). In Friedenszeiten diente der mittelalterliche Z. als Übungsplatz und als Platz für ritterliche Wettkämpfe. Aus dieser Funktion leitet sich die einzigartige Barockanlage des Z.s in →Dresden ab, der keinen Festungscharakter mehr hat, sondern lediglich für höfische Festlichkeiten angelegt wurde.

Zwirner, Ernst Friedrich. Deutscher Architekt. Geb. 1802 in Jakobswalde/Schlesien, gest. 1861 in Köln. Bildete sich an den Bauschulen in Breslau und Berlin. An letzterer geriet er unter den Einfluß K. F.→Schinkels, der ihn mit der Ausführung einiger seiner Bauten beauftragte. 1833 wurde Z. Bauleiter am Kölner Dom. Hier bildete er sich eine Dombauhütte heran, die in der Lage war, die Planungen in der nun streng historischen Gotik werkgerecht auszuführen. In Abweichung der Schinkelschen Pläne gestaltete er die beiden Giebel des Querhauses, den Dachreiter über der Vierung und die neue Sakristei. Nebenher ging eine vielfältige, meist got. Kirchenbautätigkeit in den Rheinlanden, aber auch technische und profane Bauten in mehr klassizistischen Formen gibt es von ihm (Leuchtturm auf Rügen, Geschäftshaus Concordia in Köln). Schrift: E. Z., Vergangenheit und Zukunft des Kölner Dombaues, 1842.

Zwischengoldgläser oder Pauschmalgläser. Die Herstellung erfolgt auf die Weise, daß ein dünnwandiger Glasbecher in einen anderen genau eingepaßt wird. Die innere Fläche des Außenbechers trägt eine Lackschicht, aus der die gewünschte Musterung mit einer Nadel herausgekratzt wird. Die äußere Fläche des Innenbechers wird mit Blattgold überzogen und sodann die beiden Becher miteinander verschmolzen. Die Z. wurden hauptsächlich im 18. Jh. in Böhmen hergestellt.

Zwischenwässern (St. Veit/Kärnten). Das bischöfliche Schloß Böckstein wurde an Stelle eines kleineren Renaissanceschlößchens nach Plänen des J.G. Hagenauer 1776–80 erbaut. Der stattliche kubische Bau erhebt sich in 2 Hauptgeschossen über einem Sockelgeschoß, mit einem Halbgeschoß unter dem Mansardendach. Die Gliederung ist schlicht, aber wirkungsvoll, der Sockel in Rustika mit schönen Portalen, die Hauptgeschosse in durchgehender Pilasterordnung unter einem das letzte Geschoß abgrenzenden Gebälk. In der Mitte des Daches eine große Laterne, die im Inneren den durchgehenden Mittelraum von oben beleuchtet. Die Repräsentationsräume im Hauptgeschoß sind alle frühklassizistisch mit Stukkaturen vom Wiener Stukkator K. Martin Kellner (1780–82), Tapeten und illusionistischen Wandmalereien vom Wiener Franz Wagner farbig ausgestattet. Die Skulpturen stammen vom Bruder des Baumeisters J. B. Hagenauer.

Zyklopenmauerwerk →Kyklopenmauerwerk.

Zypern (Kypros). In der Kirche Hagios Neophytos besitzt Z. bedeutende Wandmalereien von 1193. Besonders charakteristisch die Anwendung von hellen Glanzlichtern. Auf Z. gab es im 12. Jh. eine lokale Malschule. Für sie sind kennzeichnend die Fresken in der Kirche Panhagia-Phorbiotissa in Asinou (1105/06).

Zyprische Kunst. Die geographisch und historisch bedingte Berührung der Insel Zypern mit dem Vorderen Orient und mit den Griechen war auch für die Z. von bestimmendem Einfluß. Die Anregungen von außen kommen sowohl in Nachahmungen als auch in Mischbildungen zum Ausdruck. – Die Keramik der Jungsteinzeit (vor 3000 v. Chr.) zeigt noch eine eigenständige Formensprache der Dekoration. Eine rotpolierte Keramik ist charakteristisch für die folgende Epoche der älteren Bronzezeit (ca. 3000–2100 v. Chr.). Um 2000–1700 macht sich ein starker Einfluß aus dem Orient bemerkbar, während anschließend Anregungen Ägyptens zum Tragen kommen. Von ca. 1400 v. Chr. an wird für die Z. die →ägäische Kunst bestimmend, bedingt durch mykenische Handelsniederlassungen auf der Insel. – Die erste griech. Kolonisationsbewegung erfaßt nach 1200 v. Chr. auch Zypern und vermittelt der Z. ein neues Gepräge, das fest ausgebildet in einer besonderen Variante geometrischer Kunst in Erscheinung tritt (ca. 1000 bis 700 v. Chr.). – Eine Blüte erreichte die Z. in archaischer Zeit durch eine Monumentalplastik, in der sich kleinasiatische, ägypt. und ostgriech. Elemente bemerkbar machen. Seit der Mitte des 6. Jhs. v. Chr. wird die Z. in zunehmendem Maße von festländisch griech. Kunst abhängig.
Lit.: C. Watzinger, Kypros, 1939.

Heiligen Grabes in →Gernrode und den Quedlinburger Äbtissinnengrabmälern (30er Jahre 12. Jh.; beides →Stuck), zeichnet sich durch ausgeprägtes Festhalten an der Tradition aus. Bedeutend sind vor allem die Werke des großformatigen Bronzegusses der Zentren Hildesheim, Magdeburg und Braunschweig: u.a. die sogen. →Korssunschen Türen in Nowgorod, der →Wolframsleuchter in Erfurt, der →Braunschweiger Löwe. Auch in Köln bildet die Metallkunst den Schwerpunkt. Die →Goldschmiedekunst des Rhein-Maas-Gebietes, einsetzend um 1120 mit Godefroid de Claire und →Reiner von Huy und bis ca. 1200 dauernd, bringt vor allem Tragaltäre und Reliquienschreine höchsten künstlerischen Ranges hervor. Besonders die maasländischen Werke liefern im Figürlichen einen wesentlichen Beitrag für die Ausbildung der got. Skulptur (→Deutsche Kunst, →Nikolaus von Verdun). Der Zusammenhang mit der Kleinkunst ergibt für die großformatige Kölner Bildnerei ein reicheres, weniger traditionell gebundenes Bild. Hauptwerke sind u.a. die →Gustorfer Schranken, die →Siegburger Kathedra und das Tympanon von St. Pantaleon in →Köln. Ein Höhepunkt wird im letzten Drittel des 12. Jhs. mit der Aufnahme des gleichzeitig in ganz Europa faßbaren byzant. Einflusses erreicht. Diese sogen. staufische Renaissance bringt besonders in Sachsen bedeutende Werke hervor, u.a. die Chorschrankenreliefs in Hildesheim und →Halberstadt sowie die Triumphkreuzgruppe in →Halberstadt. Sie zeigt eine innere Annäherung an die Gotik vor deren eigentlichem Eindringen, das im Osten erstmals in der Goldenen Pforte von →Freiberg/Sachsen zu fassen ist. Die Malerei spielt eine vergleichsweise geringe Rolle. Von der für die Innenraumgliederung staufischer Kirchen so wichtigen Wandmalerei haben sich Reste in →Burgfelden/Württemberg, in Prüfening bei Regensburg und in →Schwarzrheindorf/Rheinland erhalten. Die Aufnahme byzant. Einflüsse wird besonders in der Buchmalerei deutlich. Wichtig ist hier eine Erweiterung der Themenkreise u.a. um mariologische Zyklen und Illustrationen mystischer Texte und profaner Dichtung (Eneide, Tristan, Parzival).
Lit.: →Deutsche Kunst, →Roman. Kunst.

Staurothek (griech. „Kreuzbehälter"). Kreuzreliquiar zur Aufnahme einer Reliquie vom Kreuz Christi. Die berühmteste S. ist die in der 2. Hälfte des 10. Jhs. entstandene, aus der Konstantinopler Sophienkirche stammende, die 1204 von den deutschen Kreuzfahrern geraubt wurde und in den Domschatz von St. Georg in Limburg kam. Ihr flacher Holzkasten ist mit vergoldetem Silberblech beschlagen und mit Zellenschmelzdarstellungen hl. Figuren versehen (siehe Farbtafel 11).

St. Avold (Lothringen). Die ehemalige Benediktinerklosterkirche gehört zu den künstlerisch bedeutendsten Bauten des 18. Jhs. in Lothringen. Der Grundriß zeigt eine dreischiffige →Hallenkirche mit wenig ausladendem Querhaus und einschiffigem Chor. Der räumlich sehr wirksame Innenbau ist in klassizistischer Formensprache gehalten: Säulen auf hohen Sockeln mit korinthischen Kapitellen, im Mittelschiff Tonnengewölbe, Hängekuppeln über Abseiten und Vierung.

St. Blasien, Schwarzwald. Ehem. Benediktinerkloster. Nach einem verheerenden Brand von 1768 wurde die ganze Anlage von M. d' →Ixnard neu errichtet. Es entstand etwas völlig Neues: eine klassizistische Rotunde anstelle der beiden zerstörten Münsterkirchen. Die Ausführung nach den Plänen von d'Ixnard lag in Händen von F. J. Salzmann und, 1774–76, auch in denen von N. de Pigage. Die Weihe fand 1783 statt. Ein Brand von 1874 ließ nur noch Ruinen zurück, die durch ein Kupferdach geschützt wurden. Eine völlige Wiederherstellung erfolgte 1911–13. Der Außenbau der Kirche wird charakterisiert durch die 64 m hohe Tambourkuppel und den von polygonen Türmen begrenzten Säulenportikus. Die Außenmauern sind streng und klar gegliedert. Im Inneren sind es wieder die Säulen, die die Flächen gliedern. Sie stehen gleichmäßig im Rund, nur gegen Chor und Vorhalle weiter auseinandertretend. Wahrscheinlich ist an das Vorbild des antiken Pantheon gedacht worden, das Größenverhältnis ist nämlich hier wie bei der Rotunde : Kuppel = 1:1. Ein breiter Architrav trennt den Raum in zwei Zonen. Die Kuppel mit ihrer Spannweite von 32 m ist durch 20 Rippen gegliedert, die gegen den Kugelpol zu ein Kranzgesims abfängt. Südlich schließt an die weiße, ursprünglich durch farbige Fenster erhellte Rotunde der tiefe Chorarm, gedeckt von einer Tonne und begleitet von Säulenarkaden. Die Kirche liegt im Mittelpunkt des nördlichen Haupttraktes der Klosteranlage, die d'Ixnard einheitlich geplant hatte.
Lit.: Wasmuths Lexikon der Baukunst, 1932; Reclams Kunstführer, Deutschland, Bd. II, 1962.

St. Denis (Frankreich). Bei Paris gelegenes Kloster, das seit karolingischer Zeit in enger Verbindung zum franz. Königshaus stand. Seine durch Abt Suger errichtete Kirche – Chorgrundsteinlegung 14. 7. 1140, Weihe 11. 6. 1144 – ist der Schöpfungsbau der →Gotik. Die erhaltene Baubeschreibung Sugers erwähnt die Kirchenausstattung und erläutert die symbolische Bedeutung der Bauglieder: die 12 Chormittelschiffsäulen entsprechen den 12 Aposteln, die Seitenschiffsäulen den Propheten, Christus ist der einende Eckstein. Erhalten das Chorerdgeschoß mit Umgang und 7 radialen Kapellen, die mit dem Umgang zu einer Einheit verschmelzen. Langhaus und wenig ausladendes Querhaus nur durch Grabungen bekannt. Vollständige Einwölbung mit Kreuzrippengewölben, deren Schub auf Strebepfeiler abgeleitet wird, so daß die dazwischenliegenden Flächen mit Fenstern durchbrochen werden können. Erhalten ferner die doppeltürmige Westfassade, deren Nordturm und Portalplastik in der Franz. Revolution zerstört wurden. Charakteristisch die straffe Vertikalisierung des durch einen Zinnenkranz abgeschlossenen Fassadenblocks durch Strebepfeiler, die unterschiedliche Portalgröße und Geschoßhöhe in Mittelteil und Seitenteilen, an denen der Langhausquerschnitt ablesbar ist, die Einfügung eines Rosenfensters im Mittelteil, das typisch franz., unvorbereitete Aufwachsen der Türme oberhalb des Fassadenblocks. 1231–81 Umbau von Langhaus und Chorobergeschossen vielleicht durch Pierre de Montreuil (auch de Montereau genannt). Gegenüber der klassischen Hochgotik ist die Neigung zum Dekorativen, besonders in der reichen Maßwerkgestaltung, spürbar. →Bündelpfeiler anstelle von →kantonierten Rundpfeilern, erstmals Verglasung des Triforiums. In S. befindet sich die Grablege der franz. Könige. Unter Ludwig d. Heiligen wurden 1263/64 die Grabmäler der Karolinger und Kapetinger errichtet. Charakteristisch ist die architektonische Gliederung der Tumba, auf der der Verstorbene unter einer Arkatur, einem Baldachin erscheint, sowie das Vorherrschen eines bestimmten höfischen Typus von jugendlicher Grazie (→Grabmal). Spätere Grabmäler von A. →Beauneveau, Germain →Pilon (Figuren des Grabmals von Heinrich II. und Katharina v. Medici), Philibert →Delorme u. a. (Abb. S. 626).
Lit.: E. Panofsky, Abbot Suger, 1946; S. McK. Crosby, L'abbaye royale de St. Denis, 1953; Formigé, L'abbaye royale de St. Denis, 1960.

St. Denis, Schule von. 1) Eine Gruppe westfränkischer, karolingischer Handschriften, wohl Werke der Hofschule Karls d. Kahlen. Von Friend (vergleiche die unten angegebene Lit.) in St. Denis lokalisiert, sowohl aus liturgischen Gründen wie wegen ikonographischer Eigenheiten, in denen er Einfluß des dort hochgeschätzten Pseudo-Dionysius Areopagita sah. Nordenfalk (vergleiche die unten angegebene Lit.) hält auch Compiègne als Sitz der Werkstatt für möglich. Hauptwerk: der Münchner →Codex Aureus, ein 870 von Liuthard und Berengar für Karl d. Kahlen geschriebenes Evangeliar. Initialen, Ornamentrahmen und figürliche

Farbtafel 32: *Paul Klee, Neuer Stadtteil; Privatbesitz.*

Darstellungen stehen der Schule von →Reims außerordentlich nahe. Kennzeichnend ist die überreiche Verwendung von Akanthusborten und -blättern und eine Art Marmorierung mit Gold- und Farbtupfen, die die koloristisch überladenen Zierseiten zu Musterbeispielen karolingischer Ornamentpracht machen. Weitere Werke: Gebetbuch Karls d. Kahlen in München (Residenz-Schatzkammer); ein von Liuthard geschriebener Psalter und ein Krönungssakramentar in Paris (Bibl. Nat. ms. lat. 1152, 1141); viele Evangeliare normalen Formats, Lexika und Psalter mit tironischen Noten. – **2)** Die nordfranz., bis in die östlichen Reichsteile wirkende sogen. franko-sächsische Gruppe (auch anglo-fränkische Gruppe genannt), bei der es sich vielleicht um mehrere Werkstätten handelt. Bislang nach St. Denis, neuerdings von A. Boutemy (vergleiche die unten angegebene Lit.) nach St. Amand lokalisiert. Sie ist, beginnend bald nach 800, die langlebigste der westfränkischen Schulen. Ihre Formen wurden noch im 11. Jh. tradiert. Sehr viele Werke haben sich erhalten, meist Evangeliare und Sakramentare. Hauptwerk: sogen. zweite Bibel Karls d. Kahlen (Paris, Bibl. Nat. ms. lat. 2; nach 866). Bis auf das sogen. Evangéliaire de François II (Paris, Bibl. Nat. ms. lat. 257) macht sie die vom Wiener Krönungsevangeliar eingeleitete, im westfränk. Bereich dominierende Renaissancebewegung (→Palastschule, Schule von →Reims) nicht mit. Initialen, gerahmte Titelseiten und Kanonbögen zeigen einen strengen Flächenstil, eine klassisch harmonisierte Variante der engl. Flecht- und Tierornamentik. (Siehe Tafel 9).
Lit.: A. M. Friend, „The Carolingian Art in the Abbey of St. Denis", Art Studies I, 1923, 132–48; Ch. Niver, A study of certain of the more important manuscripts of the Franco-Saxon school, 1941; A. Boutemy, „Le style franco-saxon, style de St. Amand", Scriptorium III, 260–64, 1949; O. Homburger, Eine spätkarolingische Schule von Corbie. Karolingische und ottonische Kunst, Wesen, Werden, Wirken, 412–26, 1957; C. Nordenfalk, Buchmalerei, in: Das Frühe Mittelalter vom 4.–11. Jahrhundert, 1957.

Steatit. Weicher Speckstein von gelb-grauer, grünlicher oder rötlicher Farbe. Wegen der leichten Bearbeitungsmöglichkeit vielfach als Material für Kleinkunst bevorzugt. So in der ostasiatischen Kunst und im minoischen Kreta, wobei vor allem aus der ägäischen Kunst zahlreiche Steingefäße und Statuetten in S. überliefert sind (z. B. sogen. →Schnittervase). – Im Mittelalter diente der S. vor allem innerhalb der byzant. Kunst als Elfenbeinersatz.

Steatopygie. Weibliche Statuetten der →Älteren Steinzeit weisen fast immer überbetonte Geschlechtsmerkmale sowie eine übersteigerte Fettleibigkeit auf. Als Steatopygie wird der „Fettsteiß" der Statuetten umschrieben; siehe z. B. die Venus von →Willendorf.

Steen, Jan. Holländischer Maler. Geb. um 1626 in Leiden, gest. 1679 ebda. Seine künstlerische Herkunft ist unbekannt, doch sind Einflüsse →Brouwers erkennbar. Wie dieser und A. →Ostade war S. ein Meister des holländischen Genrestückes. Er schildert das Leben der Bauern, gesitteter als jene Genremaler, und auch das Leben des Bürgertums. Seine Darstellungen sind humorvoll und anekdotenreich, voll von Hinweisen auf Sitten und Gebräuche, Mode und Hausrat des damaligen Lebens in Holland.
Lit.: W. Martin, J.S., 1926.

Steichen, Edward. Amerikanischer Photograph und Maler. Geb. 1879 in Michigan (USA). Begann als Maler. Da er damit keinen Erfolg hatte, wurde er Illustrator, Lithograph und Photograph. Als letzterer hatte er bei der Leitung des Art Institute in Chicago Erfolg: erstmals wurden Photos von ihm in einer Kunstausstellung gezeigt. Jetzt reiste er nach Europa. 1902 war er in Paris, wo er im Salon 2 Gemälde ausstellte, jedoch keine Photos, da diese die Ausstellungsleitung nicht annehmen wollte. In dieser Zeit entstanden in Paris die Aufnahmen von →Rodin und dessen Werken, unter ihnen als bedeutendste die des „Balzac". Als er nach Amerika zurückkehrte, eröffnete er in New York eine „Photo-Secession-Gallery". – War seine Technik bis zum 1. Weltkrieg eine rein malerische, so erkannte er durch seine Kriegsphotos, daß die Photographie Präzisionskunst ist und stellte sich nun auf Dokumentar- und Werbephotographie um. Später wurde S. Direktor der Photoabteilung des Museums of Modern Art in New York, wo er die „Family of Man", die bekannteste der Photoausstellungen, zusammenstellte.
Lit.: P. Pollack, The picture history of Photography, 1958.

St. Denis, Blick durch das Mittelschiff nach O.

Steindruck →Lithographie.

Steinguß. Bezeichnung für den Guß eines Bildwerkes, dessen Material aus mit Flüssigkeit angerührtem Steinpulver besteht. Vor allem die süddeutsche Spätgotik überliefert mehrere Bildwerke dieser Technik. In Abwandlung entsteht hieraus der Kunststein oder Gußstein, ein in gleicher Weise gegossener Steinblock, der jedoch erst nach dem Guß künstlerisch bearbeitet wird.

Steingut. Keramik mit porösem Grundkörper (weißen Scherben u. durchsichtiger Glasur); um 1740 von Th. Astbury in England erfunden.

Steinhausen (Württemberg). Die Wallfahrtskirche liegt in einem kleinen Dorf unweit von Biberach und wurde von Domenikus Zimmermann für das Prämonstratenserstift von Schussenried zwischen 1727 und 1735 erbaut. Sie ist ein Hauptwerk des süddeutschen Barock. Das Innere wurde als ovaler Hauptraum mit Emporen, innerem Säulenkranz und 2 rechteckigen Ausbauten mit Altar und Orgel erbaut; die Stukkaturen stammen ebenfalls von D. Zimmermann, das Deckenfresko von seinem Bruder Baptist.
Lit.: Bruckmann, Architektur der Welt, Barock, 1964.

Steinkammergrab. Sammelbegriff für Grabanlagen der →Jüngeren Steinzeit und der →Bronzezeit, die aus großen Steinblöcken errichtet sind (→Megalithen). Die Innenseite der Wandsteine ist gelegentlich verziert.

Steinkreuze. Auf den britischen Inseln zu findende Kreuze aus Stein, die zu den frühen Zeugnissen des Christentums dieser Länder gehören. Die ältesten sind in der 2. Hälfte des 7. Jhs. n. Chr. entstanden, die jüngsten im 11. Jh. – Charakteristisch sind eine Pflanzenornamentik, die in Syrien beheimatet ist, und ein typisch engl. Tierstil. Später wird der Einfluß der Wikinger in der künstlerischen Gestaltung deutlich. Im irischen Bereich

überwiegen keltische Ornamentik und figürliche Dekorationen.

Steinl, Matthias. Österreichischer Bildhauer und Baumeister. Geb. um 1644, gest. 1727 in Wien. Einer der vielseitigsten und tüchtigsten Meister des österreichischen Barock; jahrzehntelang haben Baukünstler, Bildhauer und Kunstgewerbler nach seinen Vorlagen gearbeitet. Er wirkte als Elfenbeinschnitzer (Reiterstatuetten der Kaiser Leopold I., Josef I. und Karl VI., Wien, Mus.), als Baumeister (Turm und Portal der Stiftskirche Dürnstein, Turm der Kirche in Zwettl), baute Altäre und Portalanlagen und schuf Einrichtungsgegenstände für Kirchen (Stiftskirche Klosterneuburg).
Lit.: L. Pühringer-Zwanowetz, M. S., 1966.

Steinlen, Théophile Alexandre. Schweizerisch-franz. Zeichner, Lithograph und Maler. Geb. 1859 in Lausanne, gest. 1923 in Paris. Besuchte die Kunstschule in Lausanne und arbeitete als Textilmusterzeichner in Mülhausen, bevor er 1882 nach Paris ging. Hier wurde er einer der Chronisten des Montmartre, jedoch weniger der der Straßen und Häuser als der der Bewohner und ihrer sozialen Misere. An verschiedene Zeitschriften („Chat noir", „Assiette au beurre" u.a.) lieferte er seine sarkastischen Zeichnungen mit Darstellungen aus dem Leben der Arbeiter und des Proletariats.
Lit.: Thieme-Becker.

Steinmetzzeichen. Monogrammartiges Arbeits- und Ehrenzeichen, das vom Steinmetzen zur Kennzeichnung des aus seiner Arbeit hervorgegangenen Werkstücks dem fertig behauenen Quader vor dem Versetzen eingemeißelt wurde. Ähnliche Marken finden sich schon in der antiken Baukunst, scheinen dort jedoch nur als Versetzungszeichen gedient zu haben. Im Abendland kommen S. um die Mitte des 12. Jhs. auf. Es sind insgesamt etwa 10000 bekannt. Die zahlenmäßig stärkste Verbreitung und den größten Formenreichtum haben sie in got. Zeit, vor allem in der Spätgotik. Bis ins 14. Jh. kommen sie meist nur auf glatten Quadern vor, anschließend auch auf Blöcken, die mit Profilen versehen sind (Rippen u.a.), selten dagegen auf ornamental oder figürlich geschmückten Teilen oder auf Werken der Bauplastik. Sie finden sich an kirchlichen und profanen Bauten bis ins 18. Jh. und verschwinden mit der Auflösung der letzten Reste des Bauhütten- und Zunftwesens. Die Entwicklung ihrer Formen bietet der baugeschichtlichen Forschung wertvolle Anhaltspunkte, doch können die mit den S. zusammenhängenden Fragen noch nicht als geklärt gelten. Von S. zu unterscheiden ist das meist auf einen Schild gesetzte Meisterzeichen, das der leitende Baumeister seit der 2. Hälfte des 14. Jhs. führte und an sichtbarer Stelle des von ihm errichteten Bauwerks oder Bauteils anbrachte.
Lit.: Ržiha, Studien über S., 1881–83; L. Schwarz, Die deutsche Bauhütte des Mittelalters und die Erklärung der S., 1926; K. Friedrich, Die Steinbearbeitung in ihrer Entwicklung vom 11. bis 18. Jh., 1932.

Steinschneidekunst, Steinschnitt →Gemme.

Steinzeichnung →Lithographie.

Steinzeit →Paläolithikum, →Neolithikum.

Steinzeitliche Abstraktion. Wird als Begriff für künstlerische Äußerungen vor allem der →Jüngeren Steinzeit herangezogen; sie ist vor allem für bäuerliche Kulturen dieser Zeit typisch.

Steinzeug. Tonwaren aus einem beim Brennen sinternden, wasserundurchlässig werdenden Ton, dessen glänzende Glasur durch Verdampfen von Salz während des Brennprozesses hervorgerufen wird. S. wurde früh in Ostasien hergestellt. Seit dem 15. Jh. in Deutschland, zunächst am Rhein, eine Berühmtheit hatte das Kreußener S. Anfang des 18. Jhs. stellte Böttger in Meißen (→Meißner Porzellan) das sogen. Böttger-Porzellan her, ein braunrotes S. in japanischen Formen.
Lit.: K. Kretschau, Rheinisches S., 1924.

Stele. Frei stehende, plastisch ausgearbeitete oder reliefierte monolithische Pfeilersäule, als Grabdenkmal, Votivstein oder Erinnerungszeichen (Gesetzesverkündung, Vertragsabschluß, Zeitmarkierung usw.) errichtet. S.n kommen in den meisten alten Hochkulturen vor.

Stempelkeramik. Antike Keramik, deren Schmuck nicht aus Bemalung, sondern aus vor dem Brand mit Hilfe eines Stempels eingedrückten Ritzmustern (meist Pflanzenornamente) besteht. Die S. tritt erstmals bei Schaleninnenausschmückung um 460 v. Chr. in Erscheinung und fand nach 400 v. Chr. weitere Verbreitung, während sie in schwarz- und rotgefirnißter hellenistischer Ware in einfacherer und schematischer Weise vorkommt.

J. Steen, Fröhliche Gesellschaft (Den Haag, Mauritshaus).

Stephanos. Antiker Bildhauer, Schüler des →Pasiteles, dessen eklektizistische Art eines Klassizismus nach Werken des →Strengen Stils er fortsetzte, indem er Statuen mit nachempfundenen Formen des →Strengen Stils zu Gruppen zusammenfügte. Sein berühmtestes Werk, das er auch bei neu erfundenen Gruppen wiederverwendet hat, ist der sogen. S.-Jüngling, vielleicht eine Kopie nach einer Statue des Strengen Stils (Rom, Villa Albani).
Lit.: G. Lippold, Handb. d. Archäologie, V, 129, 386, Taf. 36, 3, 1950.

Stephansdom in Wien →Wien, Stephansdom.

Stereobat. Fundamentschicht unter der →Krepis des griech. Tempels. Der S. schließt nach oben in der →Euthynterie ab.

Stereochromie. Überzug, mit dessen Hilfe ein mit Wasserfarben aufgetragenes Wandbild auf Putz befestigt und geschützt wird. Der Überzug besteht aus Wasserglas. Das Verfahren wurde zu Beginn des 19. Jhs. entwickelt und später durch haltbarere chemische Mittel (Mineralmalerei) verbessert.

Stern bei Prag. Schloß. Erzherzog Ferdinand II., späterer Regent von Tirol, erbaute seiner Frau Philippine Welser zu Ehren das Sternschloß nach eigenen Plänen. Die Grundsteinlegung erfolgte 1555, die Bauleitung hatte der königliche Baumeister Bonifaz Wolmut. Das Jagdschloß erhebt sich über sechsstrahlig sternförmigem Grundriß; das Dach über den Sternecken des Gebäudes folgt dem Grundriß und trägt auf seiner Spitze das Emblem des Sternes. Das Innere wird durch ein recht verwinkeltes und kompliziertes Raumsystem gebildet. Die in Muldenform mit Stichkappen eingewölbten Decken und die Wände prangen in feinster Stuckarbeit, die zarteste Reliefs in Arabesken und figürlichen Darstellungen phantastisch über die Flächen spinnt. Italienische Künstler haben hier den großen deutschen Stukkatoren des 17. und 18. Jhs. reichste Anregungen geliefert.
Lit.: O. Schürer, Prag, 1943.

Sterngewölbe. Eine aus dem Kreuzrippengewölbe (→Kreuzgewölbe) entwickelte spätgot. Form, bei der die Rippen sternförmige Figuren bilden. Entstanden und besonders reich vertreten in der engl. Baukunst, auch in deutschen spätgot. Hallenkirchen zu finden.

Sternkranzsarkophag →Sarkophage. Vor allem in Südgallien, bei denen Sterne und Kränze in großer Zahl die Vorderansicht, vor allem aber die Zwickel zwischen den einzelnen Figuren schmücken.

Stettheimer, Hans. Einer der bedeutendsten deutschen Baumeister der Spätgotik. Geb. um 1360 in Burghausen a. d. Salzach, gest. 1432 in Landshut. Tätig vor allem in Bayern. Seine Hallenkirchen sind überwiegend als Backsteinbauten errichtet, deren reicher geformte Bauteile in Haustein ausgeführt sind. Die künstlerische Herkunft noch nicht endgültig geklärt, jedoch Kenntnis der Baukunst der →Parler vorauszusetzen. Charakteristisch ist die steile Proportionierung der Hallenkirchen, die durch die dichte Reihung schlanker Stützen unterstrichen wird. Insgesamt 7 Kirchen gesichert. Hauptwerke: St. Martin in →Landshut (begonnen 1387); Chor der Franziskanerkirche in →Salzburg (begonnen 1408).
Lit.: F. Dambeck, H. S. und die Landshuter Bauschule, Verhandlungen des historischen Vereins für Niederbayern nr. 82, o. J.

St. Florian (Oberösterreich). Das Augustinerchorherrenstift ist hervorgegangen aus einem Kloster über dem Grab des hl. Florian. Die jetzigen Stiftsbauten sind seit 1686 nach Plänen von C. →Carlone begonnen, von J. →Prandtauer weitergeführt und bis 1751 zu Ende gebracht worden. Die Kirche reicht in ihrem Kern (Gruft und Krypta) Grabungsergebnissen zufolge bis in röm. Zeit zurück. Der heutige Bau ist eine Neuanlage, von 1686–1708 unter Verwendung alter Mauerzüge von Carlo Carlone erbaut. Die Bedeutung der Kirche liegt in ihrer Innengestaltung. Nach einer 2jochigen, dreischiffigen Vorhalle mit der Orgelempore entfaltet sich der überwältigende, hochgewölbte Raum des Langhauses, der sich über die quadratische Vierung hinwegschwingt und vom flachbogigen Chor geschlossen wird. Riesige Halbsäulen auf hohen Sockeln tragen ein weitausladendes, üppig verkröpftes Gebälk, in das die mächtigen Jochbänder der tiefen Gewölbe eingespannt sind. An den Arkaden der Seitenkapellen wiederholt sich die Säulenordnung in kleinerem Maß. Darüber balustradenbesetzte Emporen. Die überaus reiche Stuckausstattung ist eine hervorragende Leistung B. Carlones, eines Bruders des Architekten. Die ganze Kirche, mit Ausnahme der Chorwand, ist in Weiß gehalten. Über dem ganzen Raum

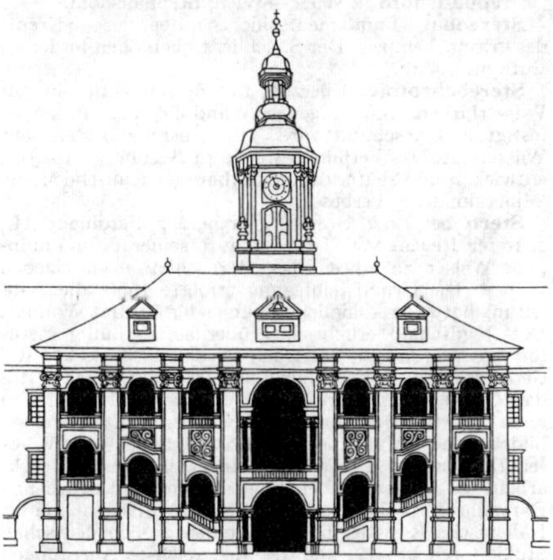

Stift St. Florian,
Treppenhausfassade von Jakob Prandtauer, nach 1718.

schweben die mit ihrer →Scheinarchitektur in die Architektur des Raumes eingreifenden Fresken der Münchener Hofmaler J. A. Gumpp und Melchior Steidl (1690–95), die für Österreich bahnbrechend werden sollten. Die Kirche bildet mit ihrer Zweiturmfassade den hohen Endpunkt der über 34 Fensterachsen laufenden W-Fassade des Stiftes am N-Ende. Nach S bis zum Leopoldinischen Trakt schließt das Kloster im engeren Sinne an den Konvent an. Südlich vom Leopoldinischen Trakt der Stiftshof mit dem repräsentativen Teil des Klosters als Grundherrschaft: die Prälatenzimmer im W-Flügel, darüber die Kaiserzimmer; im S-Flügel Marmorsaal, Landeshauptmann- und Tafelzimmer; im O-Flügel Bibliothek und Kunstsammlungen. Die architektonische Wandgliederung der W-Fassade – ionische Pilaster mit leicht verkröpftem Gebälk – geht noch auf →Prandtauer zurück. Dem W-Trakt vorgelagert als siebenachsiger Risalit mit eigenem Dach ist das Treppenhaus, eine der genialsten Schöpfungen seiner Art. →Carlone hatte es 1706 noch in Angriff genommen. Das Motiv der Arkaden mit eingestellten Säulen (Palladio-Motiv) geht ebenfalls noch auf Carlone zurück. 1714 wurde das Treppenhaus von Prandtauer beendet.
Lit.: Reclams Kunstführer, Österreich, Bd. I, 1961.

St. Gallen (Schweiz). Das 613 gegründete Kloster wurde im 18. Jh. völlig neu erbaut durch Peter →Thumb 1755–68 unter Einwirkung des Planes von Bagnato und eines Modelles von Gabriel Loser. Der Grundriß zeigt einen dreischiffigen Bau mit flacher W-Apsis und ovaler Vierungskuppel. Das Schiff ist charakteristisch für das späte Stadium des Vorarlberger Hallentypus: Seitenschiffe statt Kapellen, keine Emporen und 3 kuppelartige Gewölbe im Langhaus. Der querovale Kuppelraum beherrscht die ganze Raumanlage; die Seitenschiffe durchschneiden ihn nicht, sondern umschließen ihn als äußere Raumsphäre. Der Chorbau, (1760–66) von Joh. Michael und F. Beer vollendet, wiederholt zunächst das Raumbild des Schiffes. An der O-Seite eine Apsis, die zwischen zwei Tonnen sich vorwölbt, mit reichem Skulpturenschmuck von Jos. A. →Feuchtmayer. Bemerkenswert sind auch die Fresken und Stukkaturen in Schiff und Kuppelraum von Christian Wenzinger.
Lit.: Wasmuths Lexikon der Baukunst, Bd. IV. 1932.

St. Gallen, Bauplan von. Ein dem St. Galler Abt Gozbert (816–37) gewidmeter, auf 5 zusammengenähte Pergamentseiten gezeichneter, von der jüngsten Forschung als Pause erkannter Klosterplan (möglicherweise in Fulda hergestellt, über Reichenau vermittelt). Er ist die früheste erhaltene Planzeichnung einer bereits voll ausgebildeten, umfangreichen Klosteranlage mit Kirche, Kreuzgang und zugehöriger Klausur, Gästehäusern, Wirtschaftsgebäuden, Garten, Friedhof u.a. (→Kloster). Er wurde bislang als Idealplan von großer Fortschrittlichkeit betrachtet, da die Kirche in der Zeichnung Ansätze des →gebundenen Systems, ein Vorchorjoch und Doppelchörigkeit zeigt. Doch muß nach H. Reinhardt (vergleiche die unten angegebene Lit.) die Zeichnung als „exemplum" gelten, während die tatsächlichen Abmessungen sich aus den Beischriften, den „tituli", ergeben (eine seit der Spätantike bis ins Mittelalter gebräuchliche Technik der Planzeichnung). Demnach liegt keine →Quadratur zugrunde, die Kirche sollte erheblich kürzer sein, gedrungener proportioniert, die Säulenabstände wesentlich enger; entsprechend der Mehrzahl karolingischer Kirchenbauten. Die Doppelchörigkeit findet sich, wie neuere Grabungen ergaben, bereits im alten Kölner Dom (um 800) und der Klosterkirche von →Fulda (um 810). Somit scheint der Plan in allen wesentlichen Teilen doch ältere Überlieferung zu tradieren. Noch ungeklärt bleibt, woher die Vorlage des Plans stammt und ob er in dem 830 begonnenen Neubau des Klosters ausgeführt wurde.
Lit.: H. Reinhardt, Der St. Galler Klosterplan, 1952; Studien zum St. Galler Klosterplan, herausgegeben von J. Duft, 1962; Kat. der Ausstellung: Karl d. Gr. – Werk und Wirkung, Aachen 1965.

St. Gallen, Schule von. Letztes der karolingischen Klosterskriptorien, dessen aus merowingischen und insularen Traditionen, unter westfränkischem und byzant. Einfluß sich entwickelnder fränkischer Initialstil mit dem verschlungenen, mit Blattknospen versehenen Riemenwerk und den roten, blauen und grünen Gründen den Ausgangspunkt für die ottonische Initialornamentik der → Reichenauer Schule bildete. Der schwere prächtige Eindruck der ganzseitigen Initialen und Titelseiten wird durch die rotkonturierten, breiten Goldbänder bestimmt,

die sich als Spiralranken winden oder zu Flechtknoten ballen. Die Entwicklung verläuft von einer rhythmisch strengen Frühphase in der 2. Hälfte des 9. Jhs. zu größter Üppigkeit in den ersten Jahrzehnten des 10. Jhs. Wichtigstes Beispiel für die seltenen figürlichen Darstellungen ist der Davidzyklus des sogen. Psalterium aureum in St. Gallen (Stiftsbibl. cod. 22; zwischen 890 und 920). Weitere Hauptwerke: Lindauer Evangeliar (New York, Morgan Library M. I.); Folchard-Psalter in St. Gallen (cod. 23); Evangelium Longum in St. Gallen (cod. 53; mit Elfenbeinplatten des Buchdeckels von → Tuotilo.)
Lit.: F. Landsperger, Der St. Galler Folchard-Psalter, 1912; A. Merton, Die Buchmalerei in St. Gallen, 1923; C. Nordenfalk, Buchmalerei, in: Das Frühe Mittelalter vom 4.–11. Jh., 1957.

St. Gilles-du-Gard, Relief am Türsturz des Mittelportals.

St. Gilles-du-Gard (Provence). 1116 begonnene bedeutende Pilgerkirche, heute Ruine. Erhalten das barockisierte, dreischiffige Langhaus und die unter diesem gelegene, sehr weiträumige Krypta mit kannelierten Eckpfeilern und gedrückten Kreuzgratgewölben (Rippen erst nach 1150). Das nicht ausladende Querschiff und der Chor mit Umgang und Kapellenkranz zerstört. Hochbedeutend die wohl im wesentlichen im 5./6. Jahrzehnt des 12. Jhs. geschaffene dreitorige Portalanlage der Westfassade mit Apostelfiguren und Erzengeln (im Gewände und zwischen Pilastern in Nischen an den Wandstücken zwischen den Portalen), Deësis, einem Marientympanon u. a. Sie ist das Hauptwerk der Bildhauerschule der →Provence, in dem Formen der röm. Triumphbogen- und Theaterarchitektur (Vorbilder: Nîmes, Oranges) mit Motiven früherer roman. Figurenportale verschmelzen (→Toulouse, Kapitelsaalportal von St. Etienne; →Burgund, dorther u. a. dreiportalige Anlage). Die Übernahme röm.-klassizistischer Bau- und Schmuckformen (Säule, Architrav, Eierstab u. a.) und die direkten Entlehnungen röm. Skulpturmotive, etwa in der Anlage der Friese (Vorbilder: spätantike Sarkophagreliefs) oder der eklektizistisch häufenden Gewandbehandlung der großen Figuren, verleihen dem Fassadenschmuck ein Pathos, das trotz der in der got. Skulptur ebenfalls verwirklichten, erstaunlich lebendigen Veranschaulichung der christlichen Heilswelt dem antiken Triumphbogen näher steht als der Kunst der kommenden got. Kathedrale. Die Motive antiker „Freiplastik" werden der noch nicht aus der roman. Flächenbindung gelösten Figur äußerlich aufgedrängt. Dadurch entsteht eine zwiespältige Kunst, die neben archaischen bereits manieriert-klassizistische Züge trägt. Doch ist St. Gilles-du-Gard das großartigste Werk der sogen. Protorenaissance der provençalischen Skulptur. Weitreichende Auswirkungen (→Provence), vor allem auf →Arles.
Lit.: R. Hamann, Die Abteikirche von St. G. und ihre künstlerische Nachfolge, 1956; W. Sauerländer, Skulptur des Mittelalters, UKG XI, 1963.

Stich, Abk. f. →Kupfer- od. Stahlstich.

Stichbandkeramik. Jungsteinzeitliche Keramik, nach der eine Kulturgruppe benannt wird. Dreiecke, Zickzackbänder und ähnliche Muster, die streng gradlinig verlaufen und in die Tonware eingestochen sind, charakterisieren die S.

Stichbogen →Bogen.

Stichkappe. Kleine Gewölbekappe, die in die Rundung eines Deckengewölbes senkrecht zu dessen Achse einschneidet und auf diesem aufsitzt. Sie entsteht meist dann, wenn der vermehrten Lichtzufuhr wegen der Scheitel eines Fensters höher liegt als der Ansatz des Deckengewölbes. Häufig in Verbindung mit dem → Tonnengewölbe.

Stickerei. Die S. zeigt von den textilen Künsten die größte Vielgestaltigkeit, vom künstlerischen Entwurf bis zur Volkskunst. Im 11. und 12. Jh. finden wir reiche Goldstickereien, oft mit Perlen und Steinen bereichert. Zentren sind Byzanz und Sizilien, die S. waren für den höfischen und kirchlichen Gebrauch bestimmt. In Deutschland finden wir im 12. und 13. Jh. Seidenstickerei, die hauptsächlich für kirchliche Zwecke bestimmt war. Profane Kunstwerke sind in dieser Zeit selten →Bayeuxteppich. Um und nach 1300 Höhepunkt in England „opus anglicanum". In der Gotik finden wir oft bunte Seidenstickerei auf einem gestickten Goldgrund, eine Parallele zur Tafelmalerei auf Goldgrund. Die feinste S. dieser Art ist die Lasurstickerei, das Gold scheint dabei durch die bunte Seidenstickerei durch. Im 15. Jh. Blüte in Burgund und Florenz. In der Renaissance wird eine Fülle von Stickereiarten verwendet: großflächige Aufnäharbeiten →Applikationsarbeiten, Weiß- und Wollstickerei (Zentren Deutschland und die Schweiz), Durchbrucharbeiten und Filetstickerei in einem geknoteten Netzgrund, →Spitzen. Im Barock werden alle Möglichkeiten verwendet. Bei Paramenten und Kleidung kommt noch die häufige Benutzung von samtigen Chenillefäden dazu. Durch Unterlegen entstehen plastische Wirkungen. Die Kreuzstichstickerei, die besonders in der Volkskunst gepflegt wird, findet im Biedermeier starke Verwendung.
Lit.: R. Jaques, Deutsche Textilkunst, 1942.

Stierkapitell. Der Gebälkträger in Form von zwei liegenden, einander abgewandten, jedoch miteinander verbundenen Vorderkörpern von Stieren (Stierprotomen) ist charakteristisch für die Palastarchitektur der → Achaemeniden, wie der Befund von →Persepolis und die Felsgräberfassaden von →Naqsch-i-Rustam zeigen. An Stelle der Stiere können auch Löwen- und Greifenprotome treten. Die Herkunft dieser religiösen Architektursymbolik ist wahrscheinlich in der vom Zweistromland angeregten →elamischen Kunst zu suchen.

Stiermensch. Bildgedanke der →sumerischen Kunst, dessen mythologische Bedeutung uns noch verschlossen ist, doch weist der Befund auf eine gute Macht, die sich gegen reißende Wesen wehren muß. Das Motiv läßt sich in verschiedenen Variationen, die teils den Tier-, teils den Menschencharakter stärker berücksichtigen, durch die altorientalische Kunst vom 3. bis 1. Jahrtausend v. Chr. verfolgen. Die Hörnerkrone des S. bezeugt den göttlichen Charakter. Der Abwehrgedanke offenbart sich in den Torfiguren der →assyrischen Kunst (→Lamassu), die umgewandelt am Monumentaltor des →Xerxes in →Persepolis auftreten.

Stifter, Adalbert. Österreichischer Dichter und Maler. Geb. 1805 in Oberplan im Böhmerwald, gest. 1868 in Linz. Als Maler und Zeichner war S. Autodidakt, hat beides sein ganzes Leben hindurch betrieben und hat auch ausgestellt. Er malte fast ausschließlich Landschaften, in diesen erreichte er aber in den 30er und 40er Jahren einen Punkt, wo sie neben seinen dichterischen Landschaftsschilderungen als eigenständige und gleichwertige Kunstwerke angesehen werden müssen. Er machte dabei ganz unabhängig von →Corot Entdeckungen, die zu ähnlichen Farbwerten und atmosphärischen Stimmungen führten.
Lit.: F. Novotny, A. S. als Maler, 1941.

Stifterbildnis →Donator.

Stiftskirche (Kollegiatskirche). Die Kirche eines körperschaftlich organisierten, anfangs in klosterähnlicher Gemeinschaft lebenden, aus Weltgeistlichen bestehenden Kollegiats- oder Stiftskapitels. Häufig gleichzeitig Pfarrkirche. Die Bezeichnung Stift kommt im

13. Jh. auf. Gelegentlich wird auch eine Klosterkirche als S. bezeichnet.

Stigmatisation. Das Erscheinen der Wundmale Christi bei Personen, die sich in religiöser Ekstase befinden. Das berühmteste Beispiel hierfür ist der hl. Franz von Assisi, dessen S. in der bildenden Kunst häufiger dargestellt worden ist.

Stijl, De. Von Theo van →Doesburg 1917 in Leiden gegründete Künstlergruppe, die eine gleichnamige Zeitschrift bis 1931 herausgab. Weitere Mitglieder waren Piet →Mondrian, →Vantongerloo, →Oud, Gerrit → Rietveld u.a. – →Severini, →Arp, El →Lissitzky und →Brancusi pflegten eine Zeitlang regen Kontakt zu dieser Gruppe. Ihr Ziel, das vor allem von Mondrian und Doesburg programmatisch vertreten wurde, bestand in einer totalen Erneuerung der Kunst, die nach den aufgestellten Thesen sich nicht nur auf das künstlerische Schaffen zu beschränken habe, sondern den gesamten Lebensbereich verändern solle. Grundformen bildeten die ebene Fläche und geometrische Elemente sowie reine, unvermischte Farben. Dies galt in verwandter Weise für Malerei (Mondrian), Plastik (Vantongerloo), Architektur (Oud) und Innenarchitektur oder Möbel (Rietveld). War auch das Streben dieser Gruppe in vielem utopisch, so nahm es doch einen wesentlichen Einfluß auf die Formgestaltung des 20. Jhs., vor allem im →Bauhaus.
Lit.: H. L. Jaffé, De Stijl 1917–1931, 1956.

Stil. Der gesetzmäßige Zusammenhang aller Faktoren eines Kunstwerkes, durch den jede Einzelheit ihre bestimmte Akzentuierung erhält. Ein S. kann sich entweder auf die einem bestimmten Künstler eigentümliche Formgebung beziehen oder auch auf verwandte Formprinzipien, die innerhalb einer Epoche, einer Künstlergruppe, einer Schule oder eines Gebietes Gültigkeit haben. Dabei ist der Begriff S. nicht künstlerischer, sondern ästhetischer Art. Die Kunstwissenschaft verwendet ihn vor allem innerhalb der Stilanalyse, durch die bestimmte Entwicklungen der Kunst oder Gegensätze verschiedener Epochen in ihren formalen Möglichkeiten herausgearbeitet werden. Wichtigste Methode solcher Analyse ist Charakterisierung eines Kunstwerks durch den Vergleich. Mit Hilfe dieser Methode ist es möglich, Künstlerzuschreibungen vorzunehmen, Kunstwerke zu datieren und sie in bestimmte Epochen oder Gebiete einzuordnen. Die wichtigsten Grundstrukturen der verschiedenen S.e werden als flächig, haptisch (plastisch) und malerisch bezeichnet. – Erstmals in seiner vollen Bedeutung für die Kunstwissenschaft erkannt und präzise formuliert hat H. →Wölfflin den Begriff des S.s.

Stilisierung. Darstellungsweise, bei der das naturgegebene Vorbild durch Reduzierung auf die Wesensmerkmale oder durch ornamentale Umwandlung schematisiert wird. Bereits im Rahmen der →Eiszeitkunst, vor allem bei Frauenstatuetten und auf bemalten Kieseln des →Azilien, zu beobachten.

Stilleben. Bezeichnung für die Anordnung lebloser Gegenstände zu einer Bildkomposition. In der Regel werden Blumen, Früchte, tote Tiere usw. zu einem S. vereinigt. Die ersten Ansätze zu solchen Kompositionen finden sich bereits in der röm. Antike, vor allem als Beiwerk zu den Wandmalereien von →Pompeji. Stillebenartige Elemente finden sich später in der niederl. Malerei (z. B. van →Eyck) und in den Werken von → Dürer und →Cranach zu Beginn des 16. Jhs. Zu einer eigenen Kunstgattung entwickelte sich das S. am Ende des 16. Jhs. und erlebte seine große Blüte im 17. Jh. in der niederl. Malerei, wo sich innerhalb dieser Gattung einzelne Spezialrichtungen wie Blumen-, Frucht-, Jagd- und Küchenstück ausbildeten. Die Bezeichnung S. stammt gleichfalls aus den Niederlanden und wurde zu Anfang des 18. Jhs. erstmals von Houbraken gebraucht. Gleichfalls in den kunstwissenschaftlichen Sprachgebrauch eingegangen ist die franz. Bezeichnung „nature morte". – Im 19. Jh. und zu Beginn des 20. Jhs. erreichte das S. bei den Malern des →Impressionismus, innerhalb des → Fauvismus (→Matisse), →Kubismus (→Picasso, → Braque) und im →Expressionismus erneut große Bedeutung. In neuester Zeit hat sich auch die Photographie des S.s angenommen.

Stilo (Kalabrien). Kirche La Cattolica (11. Jh.). Gutes Beispiel einer byzant. Kreuzkuppelkirche in Süditalien. Vier um die Hauptkuppel verteilte Nebenkuppeln über den Eckräumen.

Stimmer, Tobias. Schweizer Maler und Zeichner für Holzschnitt und Glasmalerei. Geb. 1539 in Schaffhausen, gest. 1584 in Straßburg, dort seit 1570 tätig. Er war einer der vielseitigsten Meister der deutschen Spätrenaissance, ausgehend von →Holbein d. J. und →Dürer. S. arbeitete als Fassadenmaler, wovon nur noch die Malerei am „Haus zum Ritter" in Schaffhausen (1570) erhalten ist. Bedeutend sind eine Reihe Bildnisse, Risse für Glasmalereien und die Malereien an der Astronomischen Uhr des Straßburger Münsters. Als Holzschneider arbeitete er für den Verleger Jobin in Straßburg eine Folge „Neue künstliche Figuren biblischer Historien" (170 Blatt, 1576) und die berühmte Bildnisserie von Gelehrten in Reußners „Contrafacturbuch" (erschienen 1587).
Lit.: M. Bendel, T. S., 1940.

Stipes. Unterbau des →Altares.

Stirnziegel. In der antiken Architektur zu findende Ziegel, die entlang des unteren Dachrandes vertikal gestellt werden. In der Regel sind die S. ornamental geschmückt, wobei am häufigsten Palmetten verwendet wurden.

St. Lambrecht (Steiermark). Benediktinerstiftskirche, größte Hallenkirche der Steiermark. Der got. Umbau nach Einsturz des roman. Münsters 1327/28 dauerte bis 1421. Im ersten Bauabschnitt wurde der 2jochige Raum hinter dem Lettner errichtet. Ab 1359 wurde gegen W das Schiff für die Laienbrüder mit einfachen Achteckpfeilern weitergeführt. Die O-Partie wurde wahrscheinlich erst spät der neuen Anlage angeglichen, der Chor vermutlich erst 1386 begonnen und der ganze Kirchenraum schließlich einheitlich eingewölbt. Die Einrichtung der Kirche wurde 1631 vollständig erneuert. Die Seitenaltäre standen quer vor den Pfeilern, in barocker Manier den Drang nach vorne hemmend. – Das Stift ist ein einheitliches Werk des Stiftsbaumeisters Domenico Sciassia ab 1639. Zwei Haupttrakte sind durch 2 Quertrakte verbunden. Der lange O-Trakt spannt sich zwischen 2 überhöhte Eckrisalite. Ihn empfängt der S-Trakt mit reicher Pilastergliederung. Der W-Trakt, dem Inneren des Stiftes zugewendet, ist mit plastischen Rosetten und Kartuschen belebt.
Lit.: Reclams Kunstführer, Österreich, Bd. II, 1961.

Stoa. Griech. offene Säulenhalle als langgestreckter Rechtecksbau mit geschlossener Rückwand.

Stoa poikile. Große Prunkstoa, die auf der →Agora in Athen durch Kimon erbaut wurde. In ihrem Schmuck wurden die großen Siege in den Perserkriegen gefeiert. Fresken der bedeutendsten Meister jener Zeit, wie → Polygnot, →Mikon und →Panainos mit Darstellungen aus den Perserkriegen (Die Marathonschlacht) und aus der mythischen Vergangenheit Athens (Amazonomachie und Iliouperis) schmückten einst die Halle und gaben ihr den Namen „die Bunte" (griech. = poikile). Weder von dem Bau noch von den Fresken ist etwas erhalten. Die Kenntnis von ihr verdankt man der häufigen Erwähnung in der antiken Literatur und der eingehenden Beschreibung des →Pausanias.

Stobi (Makedonien). Eines der besten Beispiele einer frühen dreischiffigen Basilika mit Emporen ohne Querschiff (5. Jh.).

Stockholm. 1) Das Schloß ist ein Hauptwerk → Tessin d. J., der, geschult an →Bernini und dem römischen Barock wie auch an Beispielen der franz. Architektur, es seit 1697 erbaute. Die alte Anlage wurde nach dem Brand von 1697 abgetragen; die neue besteht aus 4 weitausladenden Flügeln, ein Rechteck um einen Ehrenhof bildend. Für die prunkvolle Innenausstattung wurden französische Künstler und Handwerker herangezogen. Die Pläne Tessins zur Umgestaltung der Umgebung des Schlosses in eine Barockstadt blieben unausgeführt. Der Bau des Schlosses wurde kurz vor seinem Tode nach längerer Unterbrechung wieder aufgenommen. Sein Nachfolger war Karl Hårleman (1700–53). **2)** Als zweites bedeutendes profanes Baudenkmal der Stadt ist das Ritterhaus (Riddarhuset) zu nennen. Erste

Entwürfe 1641 stammen von Jean de la Vallée. Dieser schönste Bau von Schweden erinnert in seiner Fassade an das Mauritshuis im Haag; es wurde nach 1650 durch Jost Vingboons ausgeführt und von Jean de la Vallée beendet, der auch das kühn und elegant geschwungene Dach hinzufügte.
Lit.: Wasmuths Lexikon der Baukunst, Bd. IV., 1932.

Stollenkrypta →Krypta.

Stollenschrank. Zweiteiliger Schrank mit Abstellbrett über dem unteren Schrankkasten und zurückspringendem Oberteil.

Stonehenge. Berühmteste aus →Megalithen errichtete Anlage Westeuropas, bei Salisbury in England. Sie besteht seit ungefähr 2000 v. Chr. und ist mehrfach erweitert worden. Die Bedeutung der kreisförmigen Anlage (aus →Menhiren und Trilithen) ist umstritten.

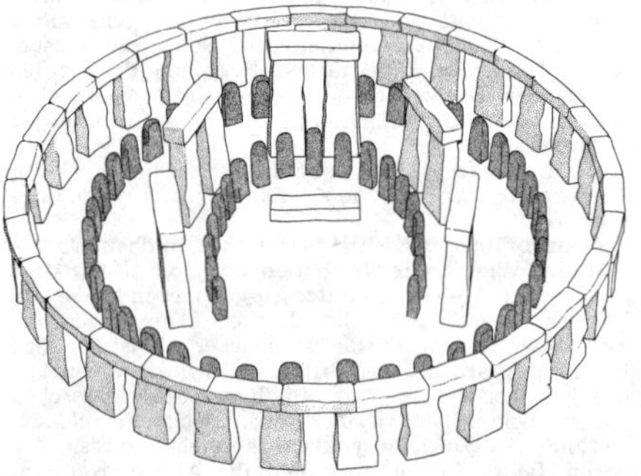

Stonehenge, Anlage des megalithischen Heiligtums.

Storchschnabel (Pantograph). Zeichengerät, bestehend aus mehreren gegeneinander verstellbaren Gelenkstäben. Der S. dient als Hilfsmittel zur Übertragung einer Zeichnung in ein größeres oder kleineres Format.

Stoß, Veit. Deutscher Bildhauer und Bildschnitzer. Geb. um 1445 wohl in Nürnberg, gest. 1533 ebda. Lebte 1477–96 in Krakau, wo er für die deutsche Gemeinde den Hochaltar der Marienkirche und andere Arbeiten schuf, danach wieder in Nürnberg. S. war der bedeutendste Bildhauer der deutschen Spätgotik, auch einer der bedeutendsten Meister der deutschen Kunst überhaupt. Seine künstlerische Ausbildung ist nicht bekannt, sie weist auf Nürnberger Überlieferung, auf den Meister des Nördlinger Hochaltars und auf Nikolaus →Gerhaert von Leyden. Doch hat er einen sehr persönlichen Stil geformt, den beseelter Ausdruck, leidenschaftlicher Naturalismus und barocke Durchbildung der Gewanddetails kennzeichnen. Neben meisterhafter Schnitztechnik beherrschte S. auch die Steinbildnerei, den Kupferstich und die Malerei. – Sein Hauptwerk ist der Krakauer Marienaltar (1477–89), der mit 13 m Höhe und 11 m Breite der größte Schnitzaltar der Spätgotik ist. Im Mittelschrein zeigt er die Gruppe des Marientodes; in ihrem Ausdruck von Trauer, Freude und Hingabe gehört sie zu den Meisterwerken deutscher Kunst. Ebenfalls in Krakau entstand die Grabplatte von König Kasimir IV. Jagiello (um 1492) aus Rotmarmor. In Nürnberg schuf S. den „Englischen Gruß" (1517/18, St. Lorenz), eine im Chor hängende Verkündigungsgruppe, sowie für St. Sebald ein Kruzifix (1520). Sein letztes Werk ist der Bamberger Altar von 1520–23. Die beiden zuletzt genannten Werke strahlen durch große, gerundete Formen Klarheit und Ruhe aus.
Lit.: M. Loßnitzer, V. S., 1912; E. Lutze, Katalog der V.-S.-Ausstellung in Nürnberg, 1933; E. Bucher, V. S. als Maler, in: Wallraf-Richartz-Jb., 1952.

St. Pölten (Österreich). Der Dom Mariae Himmelfahrt entstand in 3 Bauperioden. Bei der 1. Weihe 1150 waren die sehr wuchtige, schmucklose Zweiturmfassade im W, die nördliche Seitenschiffswand und die Rosenkranzkapelle (zweijochig mit Kreuzrippengewölbe und dekorativen Wandmalereien aus dem 17. Jh.) vollendet. Dieser Bau war eine dreischiffige, querhauslose Basilika, kürzer als die heutige Anlage. Nach einem Brand mußte die Kirche 1267 vollständig erneuert werden. Die nunmehr frühgot. Basilika wurde im Chor verlängert, die S-Wand um 1 m nach außen verlegt. Die Bauarbeiten dauerten bis ins 14. Jh. – 1720–50 wurde die Kirche nach Plänen →Prandtauers barockisiert, wobei man auch die alten Gewölbe einriß. Am Außenbau zeigt die frei stehende S-Flanke des Domes frühgot. und barocke Formen. Im Inneren dominiert das Barock. Hohe Wandpilaster, ein reiches Gesims und jochweise abwechselnd Kuppeln und Gewölbe mit Laternen in den Seitenschiffen sind die von Prandtauer eingefügten Barockelemente. Dazu gesellen sich die starke Farbigkeit im Mittelschiff durch rot getönte Architekturglieder, Ölgemälde über den Arkadenbögen und die Fresken an der Mittelschiffstonne von D. →Gran, T. F. Geudon und (vielleicht) B. →Altomonte (1739).
Lit.: Reclams Kunstführer, Österreich, Bd. I, 1961.

Strà, Villa Nazionale. Zwischen Padua und Venedig liegt die Villa Nazionale oder Pisani in S. Die Anlage entstand um 1740. Bemerkenswert ist nicht nur ihre äußere Konzeption, sondern auch das Innere mit einem Deckenfresko von G. B. →Tiepolo.

Stralsund. Norddeutsche Stadt mit bedeutenden Bauten des Mittelalters. Reste der Stadtmauer mit zwei mittelalterl. Toren haben sich erhalten. Wichtigstes Monument ist das Rathaus auf dem Marktplatz, einer der bedeutendsten Profanbauten der sogen. →Backsteingotik (1278 erbaut). Die mit Türmchen und durchbrochenen Wimpergen ausgestatte Prunkfassade wurde am Ende des 14. Jhs. errichtet, während der Innenhof 1680 durch zweigeschossige Säulengänge bereichert wurde. – Aus dem 13. Jh. stammt die Nikolaikirche mit einer machtvollen Doppelturmfassade und Wandmalereien des 14. Jhs. (nach 1366) – Die in ihrer heutigen Gestalt im 14. und 15. Jh. erbaute Marienkirche wurde im 13. Jh. gegründet. 1416–78 kam der gewaltige Westturm mit seinen riesigen Rosettenfenstern hinzu.
Lit.: F. Adler, S., 1926.

Straßburg. Münster. Errichtet auf den Fundamenten des 1015 begonnenen Werinher-Münsters, einer dreischiffigen Basilika mit ausladendem Querhaus, Chorturm über rechteckig ummanteltem, halbrundem Chor und einer der ersten Doppelturmfassaden mit mittlerer Eingangshalle und innerer Empore. Erhalten die Hallenkrypta, die, im frühen 12. Jh. verlängert, das Bodenniveau von Chor und Vierung beträchtlich anhebt. Nach 1176 ein wahrhaft monumentaler Neubau der Ostteile in spätstaufischen Formen des Elsaß (beeinflußt durch →Basel) mit achtseitigem Vierungsturm mit Klostergewölbe über Trompen (äußere Form 19. Jh.) und Wölbung der Querhausflügel, in deren Mitte Stützen eingestellt wurden. Im Südflügel Einwirkung burgundischer Gotik. Das von ca. 1235 bis 1275 errichtete Langhaus zeigt eine der frühesten Übernahmen von Formen hochgot. Kathedralarchitektur in die deutsche Baukunst (Vorbild: →St. Denis-Langhaus, z. B. verglastes Triforium), doch ergibt die breite Proportionierung (alte Fundamente!) und die weite Arkadenstellung eine ganz unfranz. Raumwirkung. Bedeutend die alte Verglasung. Seit 1275 Neubau der Westfassade, deren Entstehungsgeschichte in mehreren Rissen zu verfolgen ist. Ausgehend von der modernsten franz. Lösung, der nicht mehr erhaltenen Fassade von St. Nicaise, Reims, mit ihrem klaren Gleichgewicht horizontaler und vertikaler Elemente und dem deutlichen Bezug zum Langhausquerschnitt, bringt Riß B von S. eine spezifisch deutsche Umwandlung, eine ausgeprägte Vertikalisierung durch das Aufwachsen der Türme vom Boden aus, gerahmt durch Strebepfeiler und gegenüber der Fassade verselbständigt, sowie durch Stabwerkvergitterung und Höherrücken des Rosenfensters. Erst ein dritter Plan wurde gegen Ende des 13. Jhs. von →Erwin von Steinbach verwirklicht. Er steigert die Vergitterung der Fassade durch Maß- und Stabwerk (Vorbild: Querhausfronten von Notre-Dame, →Paris). Spezifisch deutsch ist das Durch-

laufen der geschlossenen Wandflächen hinter dem Gitterwerk und der Überreichtum der Schmuckformen. Seit 1360 ein Zwischengeschoß errichtet und unter Verzicht auf Türme ein Abschluß durch rechteckigen Fassadenblock mit einem bekrönenden Mittelteil geplant. Die Übernahme der Bauaufsicht durch die Bürger bewirkte seit 1399 durch Ulrich →Ensinger den Bau des Nordturms, der von Joh. Hültz von Köln 1419–39 vollendet wurde. Es ist eine der höchsten und künstlerisch be-

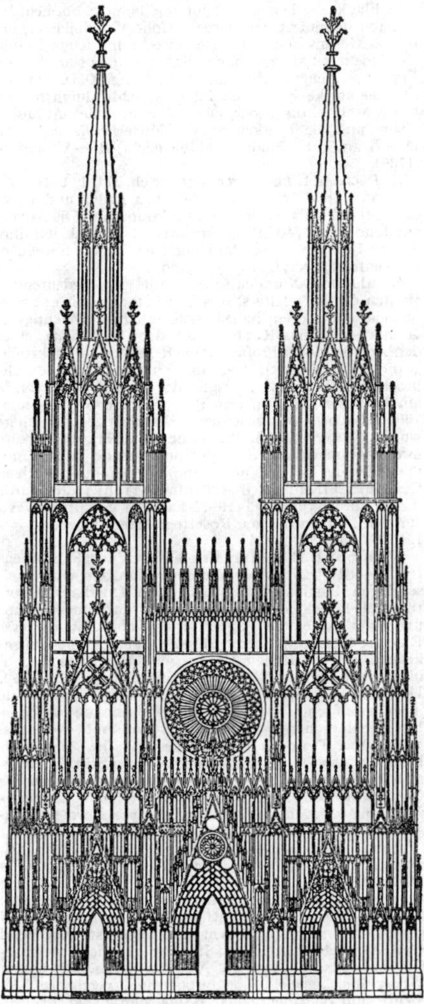

Straßburg, Münster.
Entwurf zur Westfassade, Riß B, nach 1275.

deutendsten Turmschöpfungen der abendländischen Baugeschichte. Die Skulptur des Münsters gehört neben der von →Bamberg und →Naumburg zu den größten Schöpfungen der deutschen Bauplastik. Den Anfang macht der Schmuck des roman. Doppelportals (Tympana: Marientod, Marienkrönung; Ecclesia und Synagoge) und des sogen. Engelspfeilers (Darstellung des Jüngsten Gerichts) am bzw. im Südquerschiff, geschaffen von einer um 1230 aus Chartres zugewanderten Werkstatt (bis →Sens zu verfolgen; um 1225 in Burgund wirksam). Charakteristisch sind die außergewöhnliche Freiheit der Bildwerke im Verhältnis zur Architektur (besonders am Gerichtspfeiler), die lockere, lebhafte Intensität von Bewegung und Ausdruck, die Schlankgliedrigkeit der Figuren und die feine, fließende Gewandbehandlung. Der um 1390 entstandene Zyklus der Westfassade, von dem die Gewändefiguren (Tugenden, Propheten, Kluge und Törichte Jungfrauen) und Teile des mittleren Tympanons (Passion Christi) erhalten sind (das übrige in der franz. Revolution zerstört), leiten eine neue Phase deutscher Bildnerei ein, deren Auswirkungen bis nach →Köln reichen (Chorapostel im Dom). Bezeichnend ist die Zuspitzung des Ausdrucks, teils zum Asketisch-Erregten (Propheten), teils zum Naiv-Bürgerlichen (Jungfrauen), die abnehmende Plastizität des Körperlichen, das unter schweren, teils faltenreichen Gewändern verborgen wird, sowie die Einstellung in Nischen und die stärkere Beziehung der Figuren aufeinander. Der bedeutende Lettner 1682 abgebrochen (seine Fragmente und Originale der Fassade teilweise im Museum).

Lit.: H. Jantzen, Das Straßburger Münster, 1933; H. Weigert, Das Straßburger Münster und seine Bildwerke, 1942.

Straub, Johann Baptist. Deutscher Bildhauer. Geb. 1704 in Wiesensteig (Württemberg), gest. 1784 in München; dort seit 1735 tätig. Ausgebildet in Wien, gab ihm das österreichische Barock reiche Anregungen, die ergänzt wurden durch die Münchener Kunst, speziell durch die Leistungen der Brüder →Asam. S. war neben J. →Günther der führende Bildhauer des bayerischen Rokoko. Sein Stil entwickelt sich von reich ausgebildeten Rocaille- bis zu frühen klassizistischen Formen der späten Jahre. Immer aber sind die Altäre, Kanzeln, Tabernakel und Figuren mit dem Raum, in welchen sie hineingeschaffen wurden, innig verbunden. Hauptwerke: Altäre in Schäftlarn und Ettal.

Lit.: Giedion-Welcker, Bayerische Rokokoplastik, J.B.S., 1922.

Straubing. Die wohlerhaltene, alte Stadt besitzt in ihrer St. Jakobskirche eine der größten got. Kirchen Bayerns. Der Entwurf des Baues wird Hans →Stettheimer zugeschrieben. 1423 ist der Chor vollendet, 1492 die Wölbung. Der Bau, der erst 1529 fertig wurde, blieb trotz der langen Bauzeit einheitlich. Der Grundriß zeigt eine Hallenkirche mit Kapellen um den ganzen Bau, in dessen Innerem Chor und Langhaus in einer einheitlichen, dreischiffigen Halle verschmolzen sind. Das Äußere des Backsteinbaues wird von dem die ganze Anlage überdeckenden riesigen Dach bestimmt. Der W-Turm, erst um 1580 hochgeführt, trägt schon einen spätbarocken Helm. Im Inneren der 9jochigen Halle steigen schlanke Rundpfeiler zu der vor dem Brand von 1780 höher gelegenen, mit Netzrippen versehenen Wölbung auf. Der Chorschluß ist durch ein Zusammenrücken der beiden O-Pfeiler gelöst. In der Ausstattung sei besonders auf den Hochaltar verwiesen, dessen neugotischer Schrein einen Flügelaltar mit schönen Gemälden des Nürnberger Meisters Michael →Wohlgemut und 5 Figuren eines unbekannten Nürnberger Schnitzers in sich birgt (3 Figuren stark überarbeitet). Hervorragend die Rokokokanzel von 1753. Die Kapellen sind durch sehr schöne Gitter geschlossen. Bemerkenswert die Maria-Hilf-Kapelle mit Stuck über Netzrippen und Resten von Wandmalerei. – Die Karmelitenkirche, ein Backsteinbau wie St. Jakob, dürfte, ebenfalls wie dieser, auf H. →Stettheimer zurückgehen. Um 1370 begonnen und 1464 vollendet, wurde die Hallenkirche 1700–10 unter Wolfgang →Dientzenhofer aus Amberg einer durchgreifenden Barockisierung unterzogen. Die schlanken, got. Pfeiler wurden mit Halbsäulen und Pilastern verkleidet, die Stichkappenwölbung ist ohne Rippen; der Chor ist einschiffig.

Lit.: Reclams Kunstführer, Deutschland, Bd. I, 1961.

Straubing, Schatzfund von. Röm. Fundkomplex des 3. Jhs. n. Chr., der in einer röm. Villa in der Nähe von Straubing ausgegraben wurde. Die bedeutendsten

Stücke sind Prunkrüstungen aus versilberter und vergoldeter Bronze.
Lit.: J. Keim – H.H. Kulmbach, Der röm. Schatzfund von Straubing, 1951.

Strebebogen (Strebepfeiler, Strebewerk). Der Strebepfeiler ist eine got. Sonderform des →Pfeilers, eine pfeilerartige Mauerverstärkung, die den auf die Wand ausgeübten, auf wenige Punkte konzentrierten Seitenschub eines Kreuzgewölbes auffängt. Er kann der Außenwand vorgelegt sein oder als Wandpfeiler nach innen gezogen werden (in diesem Fall liegen die Fenster in der Fluchtlinie seiner Außenkante). Doch wird er auch in einiger Distanz zur Mittelschiffhochwand einer Basilika über den Seitenschiffen errichtet und mit der Oberwand durch ein oder zwei offene Strebebogen verbunden. Diese sind in der Regel als einhüftige →Schwibbogen gebildet, die über das Seitenschiffdach hinweg die besonders belasteten Punkte der Hochwand angreifen und den Gewölbeschub durch Gegendruck neutralisieren. Dieses aus Strebepfeiler und -bogen bestehende offene Strebewerk tritt zuerst in →Chartres auf.

Strebepfeiler →Strebebogen.

Strebewerk →Strebebogen.

Streitwagen. Der S. begegnet erstmalig als Scheibenradgefährt mit →Onager-Gespann in der →sumerischen Kunst der →Mesalim-Zeit, Zeichen eines feudalen Herrentums. Wachsende Bedeutung erhält er durch die Entwicklung des Speichenrad-Wagens mit Rossezweigespann seit dem 17. Jh. v. Chr. durch das Mitwirken der →Churriter, →Mitanni und →Hethiter. Seitdem ist er in der →altorientalischen Kunst bis in die späte Assyrerzeit, in der →ägypt. Kunst des Neuen Reiches, in der →iranischen Kunst bis in die Achaemeniden-Zeit, in der →mykenischen, griech. und →etruskischen Kunst als Herren- und Göttersymbol üblich. Er findet sich in Kampf- und Jagddarstellungen. Demgegenüber tritt das Motiv des Reiterkriegers und -jägers zurück, das erst seit dem späten 2. Jahrtausend v. Chr. in der altorientalischen, ägypt. und frühgriech. Kunst erscheint und in wachsendem Maße nach dem Einbruch der →Kimmerier und →Skythen das S.-Motiv zurückdrängt. →Assurbanipal läßt sich zum erstenmal als reitender Bogenschütze auf der Jagd darstellen. König und Gott zu Pferd sind charakteristisch für die →iranische Kunst der →Parther und →Sasaniden, in der im Gegensatz zur →Achaemeniden-Zeit der S. als Herren- und Göttersymbol fehlt. Das Hauptmotiv des ältesten Rittertums der Alten Welt ist somit der S.-Held, nicht der Reiterkrieger, wie auch der Befund in China seit der Shangzeit des 2. Jahrtausends v. Chr. beweist.
Lit.: J. Wiesner, AO, 38, 1939, 2–4; Ber. 4. Internat. Kongreß für Anthropologie, Ethnologie und Urgeschichte Wien 1955, 90ff.; UKG IV, 104ff.; F. Altheim, WGA I, 100ff.; II, 100ff.; F. Hančar, Pferd, 100ff.; K. Jettmar, Steppenvölker, 217.

Strelka. Fundort einer getriebenen und gravierten, teilweise vergoldeten Silberschale →Chosroes I. im Gebiet von Perm, charakteristisch für die Sasanidenkunst des 6. Jhs. n. Chr. (→iranische Kunst V). Der Herrscher in vollem Ornat thronend in Frontalansicht zwischen stehend ihm zugewandten Lehnsherren, ebenfalls frontal dargestellt, jedoch Kopf im Profil. Darunter Reiterjagd des königlichen Bogenschützen auf Mufflons.
Lit.: R. Ghirsman, Iran II, 206.

Strenger Stil. Bezeichnung für die frühe Klassik der →griech. Kunst (ca. 480–450 v. Chr.).

Strettweg. Fundort in der Nähe von Judenburg in der Steiermark. Hier wurden im Jahre 1851 mehrere Brandgräber aus vorgeschichtlicher Zeit entdeckt, aus denen unter anderem der berühmte →Kultwagen von Strettweg stammt. Auf einem vierrädrigen Plattenwagen aus Bronze ist, als zentrale Figur, eine weibliche Gestalt zu erkennen, die auf dem Kopf eine flache Schale trägt. Sie wird von vier nackten, bewaffneten Reitern umgeben, hinzu kommen weitere Figuren. Es handelt sich um einen Opfer- oder →Kultwagen der älteren vorchristl. →Eisenzeit.
Lit.: W. Schmid, Der Kultwagen von S., 1934.

Streumuster. Dekorform, die durch meist unregelmäßig gestreute Blumen und Blumensträußchen gebildet wird. Bei →Porzellan, aber auch bei textilem Kunstgewerbe angewendet.

Strigel, Bernhard. Deutscher Maler. Geb. 1460/61 in Memmingen, gest. 1528 ebda. Sohn und Gehilfe seines Vaters Ivo S. (1430–1516), später Schüler von B. Zeitblom in Ulm. S. ist besonders als Bildnismaler hervorgetreten, obwohl es ihm nicht ganz gelang, das Charakteristische der Dargestellten herauszuarbeiten. Kaiser Maximilian beauftragte S. seit 1515 wiederholt mit Portraitaufträgen (Bildnisse des Kaisers und der Familie, Wien, Mus.).
Lit.: A. Schädler, B.S., in: Münchner Jb. der bildenden Kunst, 1954.

St. Riquier →Centula.

Strongylion. Griech. Bildhauer, tätig am Ende des 5. und zu Beginn des 4. Jhs. v. Chr., vielleicht aus Athen stammend. Unklar ist die Überlieferung, ob er mit →Kephisodot zusammengearbeitet hat. Von seinen wiederholt in der antiken Literatur genannten Werken ist weder eines im Original erhalten, noch konnte bisher eine röm. Kopie einer seiner Statuen nachgewiesen werden. Besonderen Ruhm trug ihm ein in Bronze gefertigtes, auf der Athener Akropolis aufgestelltes Pferd von zweieinhalbfacher Lebensgröße ein, ferner eine Amazone, die →Nero raubte und nach Rom bringen ließ.
Lit.: G. Lippold, Handb. d. Archäologie, V, 189f., 1950.

Strozzi, Bernardo, genannt Il Prete Genovese oder Il Cappuzzino. Italien. Maler. Geb. 1581 in Genua, gest. 1644 in Venedig. S. war Kapuzinermönch; er hatte die Erlaubnis zu malen, floh aber, als er 1630 wieder ins Kloster zurückkehren sollte, nach Venedig. In seiner Kunst beeinflußt vom Manierismus eines →Parmigianino und vom Stil eines →Caravaggio. Sein kraftvoll packender Stil machte ihn zum führenden Meister der Genueser Schule des 17. Jhs. und ermöglichte ihm, der in Venedig auch noch die Kunst eines →Liss und →Veronese studierte, auf die dortige Kunst Einfluß zu nehmen.
Lit.: G. Fiocco, B.S., 1921.

Strukturforschung. In den Kunstwissenschaften ein Forschungszweig, dessen Aufgabe die Untersuchung der Merkmale eines Kunstwerkes ist, die es in die Kultur einer gesamten Epoche oder eines bestimmten zeitlich oder geographisch abgegrenzten Bereiches einordnen lassen. Die wichtigste methodische Voraussetzung der S. ist die vergleichende und zusammenfassende Anwendung von Stilkritik, Ikonographie und Ikonologie, d.h. die Betrachtung von Inhalt und Form in ihrer gegenseitigen Abhängigkeit und Zusammengehörigkeit. Ziel der S. ist es, über die Form oder den Inhalt des Einzelkunstwerks hinaus, aus der Analyse des Monumentes historische Schlüsse über eine bestimmte Epoche zu ziehen, wobei auf diesem Wege gewonnene Erkenntnisse in umgekehrter Weise auf Einzelkunstwerke angewendet werden können, um sie dem ihnen zugehörigen Bereich zuzuordnen.
Lit.: C. v. Lorck, Grundstrukturen des Kunstwerks, 1926; F. Matz, Kunstgeschichte und S. (in: Griech. Kunst, Bd. I, 1950).

St. Savin-sur-Gartempe. Frühester gewölbter Bau der roman. Bauschule des →Poitou; errichtet 1060/65 bis um 1115. Dreischiffige Hallenkirche mit Querschiff, Vierungsturm, Chor, Chorumgang und Kapellenkranz sowie Krypta, westliche Vorhalle mit Empore und einem in got. Zeit erhöhten Westeinturm. Die Mittelschiffrundtonne setzt direkt über hohen schlanken Rundpfeilern auf, die noch die ursprüngliche marmorierende Bemalung tragen. In den Seitenschiffen Kreuzgratwölbung. Die von Restauratoren unberührte, fast vollständig erhaltene, um 1100 entstandene Ausmalung gehört zu den bedeutendsten, künstlerisch qualitätvollsten Zeugnissen roman. Wandmalerei nördlich der Alpen. Auf der Tonnenwölbung des Mittelschiffs ein Zyklus des Alten Testaments in O-W-Richtung beidseitig entlang des Gewölbescheitels friesartig gereiht (ähnlich wie der Teppich von →Bayeux), wobei die einzelnen Szenen

durch Bäumchen und eingestreute Tierfabeln voneinander geschieden sind. In der Westempore Märtyrer, hl. Bischöfe von Poitiers und an der Ostwand ein Passionszyklus mit zentraler Kreuzabnahme. In der Vorhalle Szenen der Wiederkunft Christi und der Apokalypse. Die Querschiffmalereien fast ganz verschwunden (vielleicht Jugend Christi und Wundertaten); die Szenen mit Heiligenleben in den Chorkapellen verblassen; im Chor nur Spuren stehender Heiligengestalten. Nach Grabar stili-

St. Savin-sur-Gartempe, Blick durch das Mittelschiff.

stisch an karolingische Vorbilder anschließend. Charakteristisch die lebendige Erzählhaltung, die starke Bewegtheit der gut gezeichneten Figuren, die durch begrenzende Konturen betonte Flächigkeit der Bildwirkung trotz einzelner einfacher Weißhöhungen sowie die tonige auf braune, rötliche und Ockertöne abgestimmte Farbigkeit.

Lit.: K. J. Conant, Carolingian and Romanesque architecture, 800 to 1200, Pelican History of Art, 1959; E. Maillard, L'église de Saint-Savin-sur-Gartempe, 1926; J. Yoshikawa, L'Apokalypse de Saint-Savin, 1939; G. Gaillard, Les fresques de Saint-Savin I, Paris 1944; A. Grabar, Wandmalerei, in: Die großen Jahrhunderte der Malerei, Romanische Malerei vom 11.–13. Jh., 1958.

Stucco lustro (italien.). Bedeutet das Auftragen der Malerei auf frischen Stuck mit Kalkfarbe, wobei Malerei und Schicht auf einmal mit heißer Mauerkelle geglättet werden, wahrscheinlich eine Maltechnik in den Katakomben.

Stuck (italien. stucco). Eine Masse aus Gips, Kalk und Sand, die anfangs weich und gut formbar ist, jedoch schnell erhärtet und kaum Korrekturen mehr zuläßt. Als Werkstoff zur Herstellung von Skulpturen, vor allem von Reliefs, ist er schon im Altertum benutzt worden. Zuerst scheint er im Orient nachweisbar zu sein (→Parthische Kunst), ebenso in der →Gandhara-Kunst. Im kaiserlichen Rom wurde er zur Modellierung von Relieffiguren in Innenräumen verwendet, desgleichen in den frühchristl. Kirchen →Ravennas. In karolingischer Zeit findet er sich vorwiegend in Italien und im Alpengebiet (Beispiele in S. Maria della Valle, Cividale, 9. Jh.; Ziboriumreliefs in S. Ambrogio, Mailand, um 835), doch auch im Norden (literarisch bezeugt für →Centula). Im frühen 11. Jh. kommt er gelegentlich in Nordfrankreich vor (z.B. antikisierende S.-Kapitelle in St. Remy, →Reims). Eine bedeutende Rolle spielte der S. in der roman. Skulptur des sächsischen Gebiets; beginnend mit dem Heiligen Grab in →Gernrode (11. bis 12. Jh.) und den hiervon abhängigen Quedlinburger Äbtissinnengrabmälern (30er Jahre 12. Jh.) bis hin zu den Chorschrankenreliefs in Hildesheim und →Halberstadt (um 1200). Die zahlreichen vollplastischen S.bildwerke des 14. Jhs. wurden meist in zwei Hälften gearbeitet und dann zusammengefügt. Für die plastische Dekoration von Innenräumen wurde S. seit der Renaissance, zuerst in Italien, in zunehmendem Maße verwendet. Ihren Höhepunkt erreichte die S.dekoration im Barock, der auch Marmorimitationen in S. ausführte: S.marmor (Marmorstuck). Der S. wurde gefärbt, mit Marmorbrocken durchsetzt und „poliert". Die Herstellung einer solchen blank glänzenden Oberfläche, erreicht durch Glätten mit der heißen Maurerkelle, findet sich auch beim einfarbigen stucco lustro, einer italien. Besonderheit. Überhaupt war die Verarbeitung von S. in der Barockzeit eine handwerkliche Fertigkeit, die vor allem von italien. Künstlern ausgeübt wurde, auch bei Dekorationen deutscher barocker Innenräume. Neben der reinen Dekoration findet sich häufig auch vollplastische S.skulptur. Seit dem Klassizismus bis in den Beginn des 20. Jhs. wurde S. vorwiegend zur Verzierung von Decken verwendet: Stuckdecken.

Lit.: F. Berndt, S.plastik im frühmittelalterlichen Sachsen, ihre Bedeutung und Technik, Diss. Hannover, 1932.

Antike röm. Stuckdekoration
in der Basilika unter der Porta Maggiore, Rom.

Stuck, Franz von. Deutscher Maler, Graphiker, Bildhauer und Architekt. Geb. 1863 in Tettenweis (Niederbay.), gest. 1928 in Tetschen (Böhmen). Suchte sich zuerst als Zeichenlehrer für höhere Schulen auszubilden, bezog dann aber 1885 die Münchener Akademie. Seine Vorbilder waren Diez, →Böcklin und →Lenbach. Entsprechend waren seine bevorzugten Themen der Akt, die Mythologie und das Portrait. Seine Stärke lag dabei im Idyllisch-Lyrischen („Neckerei") und in der dramatischen Allegorie („Der Krieg", „Die Sphinx"). – Farblich gelangte S. von einer kontrastlosen Hellmalerei in frühen Stimmungslandschaften zu einer sehr kräftigen, den Farbwert in den Dienst des Themas stellenden Malerei (schwefeliges Gelb in dem Bild „Die Sünde"). Plastische Effekte werden dabei besonders betont, das Kunstgewerbliche schiebt sich in den Vordergrund, nicht zuletzt durch eine ganz eigene Art der Bildbegrenzung und Rahmung, die dem →Jugendstil verbunden ist.

Lit.: H. Vollmer, F.v.S., 1902; F. v. Ostini, Das Gesamtwerk F.v.S.s, 1909.

Stuckmarmor →Stuck.

Studenica (Serbien). Die Muttergotteskirche in S. (1183–1190), eine Stiftung des Großzupans Stephan

Nemanja, bildet einen wichtigen Einschnitt in der Architektur Serbiens. Sie ist westlich und östlich bestimmt. – Der Außenbau, die Dekoration der Wände, Portale, Fenster zeigen süditalien.-roman. Einflüsse, die beherrschende Kuppel ist byzant. Gepräges.

Studioskloster →Konstantinopel.

Stüler, Friedrich August. Deutscher Architekt und Architekturschriftsteller. Geb. 1800 in Mühlhausen (Thüringen), gest. 1865 in Berlin. Studierte an der Berliner Bauakademie, wo er die Aufmerksamkeit K. F. →Schinkels erregte. 1827/28 baute er sodann für diesen das Palais Prinz Karl am Wilhelmsplatz in Berlin. Damit begann sein Aufstieg in der staatlichen Bauverwaltung, in der er schließlich die höchsten Ämter innehatte („Architekt des Königs", Ministerialbaurat). – S. verband die klassizistische Schinkeltradition mit einer Vorliebe für Renaissanceformen, verwendete aber auch, wo dies erforderlich war, gotische Formen (Burg Hohenzollern). Wichtiger aber ist sein Backsteinbau der Universität in Königsberg mit Terrakotten; er ist mit gleichartigen Formäußerungen H. v. →Ferstels in Wien vergleichbar. Die Budapester Akademie der Wissenschaften, ein Bau in strengen Renaissanceformen, war seinem Schüler Lucae Leitbild für den Bau der Technischen Hochschule in Berlin.
Lit.: Thieme-Becker.

Stützenwechsel. Der Wechsel zweier verschieden geformter Stützen innerhalb einer Arkadenstellung; z.B. Pfeiler-Säule-Pfeiler (rheinischer S.); Pfeiler-Säule-Säule-Pfeiler (sächsischer S.); auch der Wechsel von Pfeilern oder Säulen mit und ohne Vorlagen. Er dient der Rhythmisierung der Arkadenfolge. Seine Anfänge liegen in der byzant. Architektur (z.B. →Saloniki, Demetriusbasilika). Häufig in der roman. Baukunst, vor allem in Niedersachsen. Im Zuge der Raumvereinheitlichung des got. Kirchenraums fällt der S. fort.
Lit.: G. Humann, S. in der romanischen Baukunst, 1925.

Stufenpyramide. Während die ägypt. Pyramide als Monumentalform des über einem Grab errichteten Steinhaufens gilt (entwickelt aus der Mastaba), stellt die S. Mesoamerikas eine künstliche Aufschüttung (→Mounds) zur Aufnahme der Kultstätte dar, zu der eine Außentreppe hinaufführt, bildet also den Sockel oder Unterbau für das Heiligtum. Aufgebaut in mehreren Zonen, besteht der Kern aus Erde und Geröll, während der Mantel aus sorgfältig geschichteten Steinen und Mörtel mit dauerhaftem Stucküberzug hergestellt wird. Durch die Zurücksetzung des oberen Baukörpers entsteht der Stufencharakter von sicher symbolischer Bedeutung. Urform →Cuicuilco im Tal von Mexiko. Weiterbildung der olmekischen Mounds bei den →Maya (Uaxactun, Tikal, Xpuhil usw.). Gewaltige Anlagen durch Überbauungen (→Teotihuacan, Cholula, Tenayuca usw.). Die Wände der Zonenstreifen tragen Malerei und Reliefs und verleihen den Pyramiden ihren Horizontalrhythmus, den die aufstrebenden Treppen auflösen. Schlangenmäander erscheinen in →Xochicalco, Schlangenfriese in →Tenayuca, Relieffriese in →Tula und →Chichen Itzá, plastischer Schmuck in wechselnder Anordnung in →Teotihuacan. Die meisten Pyramiden der aztekischen Zeit waren Doppelpyramiden (Templo Mayor in →Tenochtitlan). – →Zikkurat.
Lit.: H. J. Spinden, Maya Art and Civilization, Indian Hills, 1957.

Stufentempel. Auf einem Stufenbau (→Stufenpyramide) sich erhebender Tempel.

Stundenbuch (Livre d'heures). Ein in Latein oder der Landessprache geschriebenes Gebetbuch für Laien, das als Kernstück die Stundengebete des Marienoffiziums sowie andere Texte und Gebete enthält. Im Spätmittelalter vor allem in Frankreich verbreitet und nach der Blütezeit in der 2. Hälfte des 15. Jhs. auch für Bürger hergestellt. Kunsthistorisch bedeutend besonders die um 1400 von franco-flämischen Miniatoren mit reichen Illustrationen versehenen Stundenbücher. Sie sind Meisterwerke der höfisch bestimmten →Buchmalerei, die an den Höfen von Paris, Bourges und Dijon entstanden (z. B. die „Très riches heures du Duc de Berry" der Brüder von →Limburg).

Stupa. Aus dem altindischen Begräbnishügel stammende halbkugelartige, massive Konstruktion, später der Aufbewahrungsort besonders von buddhistischen Reliquien und schließlich ein Erinnerungsmal an den →Buddha oder Ereignisse aus seinem Leben oder dem seiner Jünger. In der kanonischen Gestalt folgen aufeinander Terrasse, halbkugelförmiger Hauptteil Anda (= „Ei"), ein Kiosk Harmika mit der Reliquienurne und ein Ehrenschirm. Dieses Kultobjekt ist umgeben von

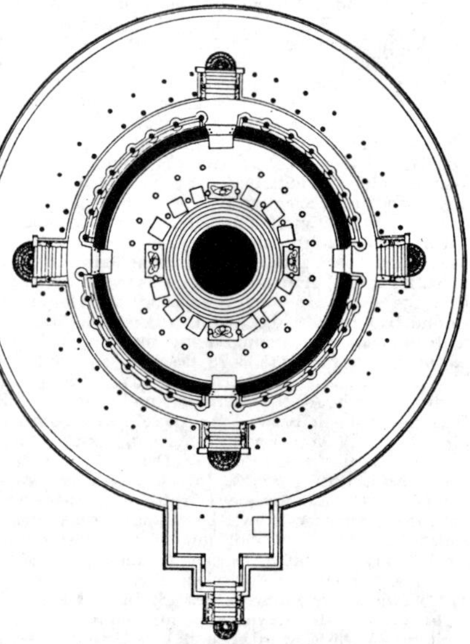

Ceylon, Wata-da-ge, Polonnâruwa (Stupa), Grundriß.

dem steinernen Zaun Vedika mit den vier Eingängen Torana, die ursprünglichen Holzbauten nachgeahmt sind. Aus frühindischer Zeit stammen die reich verzierten Anlagen von →Bharhut, →Santschi und →Amaravati. Sonderformen entwickelten sich auf Ceylon, in Hinterindien, im indonesischen Kolonialgebiet (→Borobodur), in Tibet und in der Mongolei.
Lit.: A. H. Longhurst, The story of the S., 1936; G. Combaz, L'évolution du S. en Asie, 1933–37.

Stupinigi (bei Turin). Die Villa Reale, Residenz des Herzogs von Savoyen und Königs von Sardinien, ist ein Hauptwerk →Juvaras. Der Bau, 1729 begonnen, war 1735 im wesentlichen vollendet, zog sich aber noch bis 1773 hin. Die großzügige Schloßanlage schließt sich um ein Sechseck in verhältnismäßig niedrigen Trakten. Auf einer Seite sich öffnend zu einem länglichen, auf den beiden Langseiten von gebogenen Flankenbauten begrenzten Hof, auf der gegenüberliegenden Seite sich sammelnd in einem Rundbau, dem an der Frontseite noch zwei kurze Trakte im Winkel angesetzt wurden. Zu ihnen parallel stehen zwei in den Park ragende Flankenbauten, die mit schmalen, gleich wie die Front gegliederten Verbindungstrakten an den nächsten beiden Ecken des Sechsecks links und rechts vom Mittelbau an die Anlage angeschlossen wurden. Alle Gebäudeteile sind mit einer figurentragenden Balustrade besetzt und haben flache Dächer.
Lit.: Wasmuths Lexikon der Baukunst, Bd. IV u. Bd. II, 1932; Nik. Pevsner, Europäische Architektur, 1961.

Sturm, Der. 1910–1932 in Berlin erscheinende Kunst- und Kulturzeitschrift, die durch ihren Herausgeber H. Walden zu einem Forum der avantgardistischen Kunst in Deutschland wurde. →Futurismus, →Kubismus und →Expressionismus fanden hier ihre bedeutendste Förderung, die durch seit 1912 veranstaltete Ausstellungen

intensiviert wurde. 1916 gründete der S. eine ihm angegliederte Kunstschule. Bis zum Ausbruch des 3. Reiches blieb der S. der zentrale Diskussionsort aller in Deutschland bekanntgewordenen künstlerischen Neubewegungen. Lit.: L. Schreyer, Erinnerungen an S. und Bauhaus, 1956.

Sturz. Der obere waagerechte Abschlußbalken einer Maueröffnung (Fenster, Tür), beim Fenster das Pendant zur →Sohlbank.

Sturzbecher. Glasbecher mit leicht eingezogener Wandung und scharfem Umbruch über dem flachovalen Bodenteil, 5./6. Jh. n. Chr. – Später wieder entstanden in Nürnberg im 16. Jh. Becher ohne Fuß (kann gefüllt nicht abgestellt werden). Leer wird er mit der Öffnung nach unten „gestürzt".

Sturzenegger, Hans. Schweizer Maler und Radierer. Geb. 1875 in Zürich, gest. 1943 ebda. Besuchte ab 1892 die Akademie in Karlsruhe und war dort 1904 Schüler von H. →Thoma. Von diesem wie auch von →Hodler war er stark beeinflußt. Zusammen mit dem Dichter Hermann Hesse reiste er 1911 und 1913 nach Hinterindien. – Begann als Landschaftsmaler, ging dann aber zur figürlichen Komposition und zum Portrait über. Lit.: Thieme-Becker; H. Vollmer, Künstlerlex. d. 20. Jhs.

Stuttgart (Württemberg). **1)** Das Alte Schloß ist hervorgegangen aus einer Wasserburg des 13. Jhs. Der Gesindebau im SO, die „Dürnitz", ist der älteste erhaltene Teil, höher aufgereckt, mit vorgeschobener Renaissanceterrasse. 1533–78 geschah ein großzügiger Um- und Ausbau unter den Herzögen Christoph und Ludwig durch Alberlin Tretsch und seine Gehilfen Blasius und Martin Berwart. Aus dieser Zeit stammen u.a. die gegen NW vorgelegten Binnenhoftrakte, auch die beiden Rundtürme im O und W. Der südliche kam erst 1687 hinzu. Das späte 18. Jh. beseitigte die Wassergräben. 1931 brannte die Dürnitz aus, 1944 wurde der ganze Baukörper schwer beschädigt. Prunkstück der Anlage ist der Binnenhof mit seinen 3geschossigen Lauben mit gedrückten Bögen und kannelierten Säulen, eine Kostbarkeit der deutschen Renaissancebaukunst. **2)** Das wichtigste Bauwerk des 18. Jhs. ist das Neue Schloß. Der erste Entwurf stammte von R. Retti, 1744. Weitere Entwürfe wurden u.a. von Öttinger, →Galli Bibiena und, 1747, von B. →Neumann geliefert. Es blieb aber bei Rettis Plänen, und nach seinem Tod 1751 wurde der Bau von Ph. de la Guêpière weitergeführt. Der letzte Ausbau erfolgte 1805–07 durch →Thouret und betraf hauptsächlich die Innenausstattung, die jedoch 1944/45 völlig ausbrannte. Der Wiederaufbau beschränkte sich auf die Renovierung der alten Umfassungsmauern, das Innere wurde für staatliche Repräsentationszwecke modern wieder eingebaut. Die Anlage, eines der letzten großen Stadtschlösser Deutschlands, folgt durchaus franz. Vorbildern: 3 gleich lange und gleich hohe Flügel legen sich um einen Ehrenhof. Die Risalite der Stirnseiten und der Hauptfront treten nur wenig aus der Mauerflucht vor. Die ursprünglich grünlichen Sandsteinquadermauern wurden verputzt. Der zum Ehrenhof gewendete Mittelbau gipfelt in einem Mezzaningeschoß mit figurenbesetzter Balustrade und einer Krone. – **3)** Das 20. Jh. bringt beispielhafte Leistungen der modernen Architektur; so den neuen Hauptbahnhof von 1914 bis 1927 von Paul →Bonatz und E. F. Scholer, dessen modernste Baumaterialien aber im Außenbau von Muschelkalkquadern ummantelt wurden; die Weißenhofsiedlung, eine zur Bauausstellung 1927 von 15 namhaften Architekten errichtete Siedlung wie z. B. J. P. →Oud, V. Bourgeois, →Mies van der Rohe, → Le Corbusier, W. →Gropius etc. Lit.: Reclams Kunstführer, Deutschland, Bd. II, 1960.

St. Wolfgang. Pacheraltar. In der Tiefe des Chores der roman., 1414 got. vollendeten Kirche St. Wolfgang steht der Hochaltar von Michael →Pacher. 1471 schloß Abt Benedikt Eck von Mondsee den Vertrag mit dem Künstler. 1481 schon war der Altar vollendet. Das erstaunlich gut erhaltene Werk ist das kostbarste Vermächtnis der spätgot. Altarbaukunst. Kleinarchitektur, Plastik und Tafelmalerei sind hier in vollkommener Harmonie vereint. Der Wandelaltar wurde früher nur an den höchsten Feiertagen ganz geöffnet. An Sonntagen waren nur die Außenflügel geöffnet, und an Werktagen blieben auch diese geschlossen, so daß nur die 4 Bilder ihrer Rückseiten zu sehen waren. Die Bilderzyklen der Sonn- und Werktagsseiten wurden nach Entwürfen Michael Pachers von seinem Bruder Friedrich ausgeführt, dessen Bedeutung in der Kunstgeschichte aber noch nicht ganz erforscht ist. Ist der Altar ganz geöffnet, so erlebt man die strahlende Schönheit und Würde des geschnitzten, vergoldeten Schreins, der von dem linken Flügel mit den beiden übereinanderliegenden Szenen der Geburt Christi und seiner Beschneidung, von dem rechten Flügel mit der Darstellung Christi im Tempel und dem Tod Mariae darunter und der Staffel mit Heimsuchung, der Flucht nach Ägypten und den Schnitzfiguren der Heiligen Drei Könige dazwischen umgeben wird. Der Schrein selbst in seiner goldenen Pracht zeigt tiefe Baldachinräume in reichem, got. Schnitzwerk mit der von Christus gekrönten, demütig knienden Maria zwischen den Figuren des hl. Wolfgang und des hl. Benedikt. Als Gleichnis des ewigen Lebens wird hier die Aufnahme Mariae in den Himmel, ihre Erhebung zur Himmelskönigin, dargestellt. Knisternder Stoff faltet sich, bricht sich, flutet über die Figuren, stockt und trägt bei zu den mehrfach sich kreuzenden, in Diagonalen die Bedeutung der Figuren weisenden Kompositionslinien. (Siehe Farbtafel 14). Lit.: Reclams Kunstführer, Österreich, Bd. II, 1961.

Stylobat. Oberste Stufe des Unterbaues eines griech. Tempels. Auf dem S. stehen die Säulen der Ringhalle.

Suastika. Hakenkreuzförmiges Ornamentmotiv, das sowohl als unendlicher Rapport als auch als einzeln stehendes Flächenornament vorkommt. Es bezeichnet speziell die griech. Überlieferung des Hakenkreuzes, wie es seit der protogeometrischen Vasenmalerei verwendet wurde.

Subaschi Längär. Ruinenstadt in der Turfan-Oase. Erhalten sind u.a. würfelförmige Stupa-Ruinen, die durch vorkragende Lehmziegel in einen Kreis verwandelt und durch Kuppeln bedeckt waren.

Suburgan. Regionale Sonderform des →Stupa in der Mongolei.

Suczava (Moldau). Georgskirche (1522) und Demetriuskirche. Beides Dreikonchenkirchen. Bezeichnend die Anordnung der Fresken. In den drei Konchen finden der →Pantokrator und die wichtigsten christlichen Darstellungen ihren Platz. Die Passionsszenen werden auf die Kirchenwände verteilt.

Sudatorium. Schwitzbad der röm. →Thermen.

Südamerika, Kunst der Naturvölker. Trotz des harten Lebenskampfes der in der Region des tropischen Regenwaldes lebenden Volksstämme finden wir auch in diesem Lebensraum stellenweise bedeutende Manifetsationen naturvölkischer Kunst. Nur archäologisch erfaßbar sind die Reste der „Amazonas-Kultur" (Insel Marajó, Maracá, Santarem, Manaos u.a. Fundstellen) mit reich geschmückter Keramik in z.T. komplizierten Formen (Graburnen in Menschengestalt) und sehr harmonisch wirkendem Liniendekor, ebenso die mit aufgesetzten Tier- und Menschenfigürchen geschmückten Gefäße der Keramikprovinz am Rio Paraná. In einzelnen Gebieten, etwa im Bannkreis der alten Anden-Hochkulturen, stellen auch rezente Stämme kunstvoll dekorierte Keramik her (z.B. Chama, Piro, Cashibo in der „Montaña"; Xingú-Stämme). Weit weniger hochentwickelt ist in S. die Holzschnitzerei, deren Produkte etwa dem Vergleich mit den kunstvollen Masken Schwarzafrikas nicht standhalten können. Zu erwähnen sind etwa die Masken der Bakairi, Trumai und Camayura am oberen Xingú und der Chiriguano von den Abhängen der bolivianischen Anden, schließlich die häufig tiergestaltig geschnitzten Sitzbänke der Schamanen. Meist sind im Waldgebiet des tropischen S. die Maskenkostüme jedoch relativ kunstlos aus Rindenstoff und Stroh hergestellt. – Die Dekoration des Rindenstoffes (z.B. Yuracaré) und der eigenen Haut mit harmonisch wirkenden Linienmotiven (z.B. bei den Caduvéo im Gran Chaco) wirkt in vielen Fällen erstaunlich ansprechend. Dies gilt auch für die besonders in Ostbrasilien prächtig gestalteten Kopfputze aus bunten Papageien- und Kolibrifedern.

Lit.: Th. Koch-Grünberg, Zwei Jahre unter den Indianern, 1966; Handbook of South American Indian, 1948.

Südliche Schule. Angeblich auf →Wang Wei zurückreichende Richtung chinesischer Landschaftsmalerei. →Tung Ch'i-ch'ang unterschied die S. von der Nördlichen Schule in Analogie zum nördlichen und südlichen Ch'an-Buddhismus. Die beiden Schulen sind somit nicht an bestimmte geographische Bereiche gebunden. Nach Tung Ch'i-ch'ang und der daran anschließenden kunstgeschichtlichen Kategorisierung gehören die Meister der strengen Tuschmalerei zur S., was jedoch mit dem angeblichen Begründer dieser Richtung wenig zu tun hat, da er häufig mit kräftiger Farbgebung malte.

Südsee. 1) Volkstümliche Bezeichnung für die Inselwelt Ozeaniens, heute von etwa 2,5 Millionen Menschen bewohnt. In insularer Isolation entstanden häufig eindrucksvolle Kunstwerke. Die historisch-geographisch bedingte Gliederung in →Melanesien (Inseln der Schwarzen), →Polynesien (Viel-Insel-Reich) und →Mikronesien (Klein-Insel-Reich) gibt weitgehend auch rassische und künstlerische Provinzen wieder. – Im Osten grenzt an die S. das Inselreich von →Indonesien und Südostasien, von wo aus die S. einst besiedelt wurde. Ob im Sinne von T. Heyerdahls bekannter Theorie vom Westen (Südamerika) her die Kultur und Kunst der S. beeinflußt wurde, ist unsicher.

Lit.: T. Bodrogi, Die Kunst Ozeaniens, 1960; A. Bühler, T. Barrow, C. P. Mountford, Ozeanien und Australien, 1961.

2) Keramik. Dieses Kennzeichen vollneolithischer Kultur ist im Pazifik nicht sehr häufig; sein Fehlen auf vielen Inselgruppen erklärt sich nicht aus kulturellem Tiefstand, sondern aus dem Mangel an formbarem Ton. Archäologisch ist mittels Radiokarbondaten Keramik auf →Samoa im 1. Jh. n. Chs., auf den →Marquesas-Inseln um 130 n. Chr. nachweisbar. Auf den →Tonga-Inseln gab man die Herstellung von K. noch vor der europäischen Entdeckung auf. – Gegenwärtig ist K. im →Sepik-Gebiet vertreten (Krüge und Dachaufsätze aus gebranntem Ton, reich verziert), ebenso auf den →Fidschi-Inseln (z.B. Öllampen, mit Harz überzogen: Glasur-Ersatz). – Wo Ton vorhanden ist, etwa im →Sepik-Gebiet, wird er auch zum Umkleiden von Ahnenschädeln und →Kopftrophäen verwendet.

3) Kopftrophäen. In →Neuguinea und →Melanesien (z. B. Neu-Irland, →Salomonen, →Neubritannien) werden K. durch Umkleiden mit Ton und Bemalen zu echten Kunstwerken ausgestaltet. Besonders eindrucksvoll sind die Schädeltrophäen des →Sepik-Gebietes. Leitgedanke bei dieser Verzierung ist es, die Lebenskraft des Toten an seinen Schädel zu binden und sie nutzbar zu machen. Ähnlich behandelte und geschmückte Schädel spielen auch im Ahnenkult der Südsee eine große Rolle. Umkleidete und bemalte Gesichtsschädel, vom Gehirnschädel abgetrennt, können als typologische Vorstufen der →Masken gelten.

4) Masken. Während in →Polynesien Masken praktisch fehlen, kommen sie in →Neuguinea und →Melanesien überaus häufig vor. Sie bestehen meist aus Holz, seltener aus geflochtenen Rotan-Fasern (Korbmasken). Manche der geschnitzten Masken erinnern stark an solche aus Afrika (z. B. die aus →Neubritannien). Die größten Masken, die in der S. hergestellt wurden, stammen von den Baining im Inneren von →Neubritannien.

Lit.: H. Nevermann, Masken und Geheimbünde in Melanesien, 1933.

5) Steinbauten →Ahu, →Marae, →Ponape.

6) Steinplastik. Relativ häufig wurde in Ozeanien weiches Gestein (Tonmergel, Kreide, weicher Kalkstein) zu Skulpturen verarbeitet, vor allem in →Neuguinea; aber auch hartes vulkanisches Gestein diente zur Herstellung von figürlicher Plastik, etwa bei den →Maori Neuseelands (→Tiki-Figuren), ebenso auf den →Marquesas-Inseln. Aus praehistorischen Schichten stammen Mörserreibsteine im Nordosten von →Neuguinea und im östlichen →Polynesien; hier erreicht die Steinplastik der S. in den monumentalen Statuen der →Osterinsel ihren Höhepunkt.

Sullivan, Louis Henri. Amerikanischer Architekt und Architekturschriftsteller. Geb. 1856 in Boston, gest. 1924 in Chicago. 1872/73 studierte er Architektur am Massachusetts Institute of Technology in Chicago; ohne das Studium dort beendet zu haben, verdingte sich S. als Zeichner in einem Architekturbüro. 1874 reiste er über London nach Paris, wo er an der Ecole des Beaux-Arts und bei Vaudremer weiterstudierte; vor der Rückkehr nach Amerika durchreiste er noch Italien. 1876 war S. wieder in Chicago, wo er 1879 in Dankmar Adlers Büro angestellt wurde. Mit diesem assoziierte sich S. zum Büro

L. H. Sullivan, Buffalo (New York), Guaranty Building, 1895.

„Adler und S." (1881–95). Dieses Büro war in den folgenden Jahren das aktivste in Chicago, und S. entwarf in dieser Zeit über 100 Gebäude. Eines der größten und das bedeutendste war das Auditorium Building, ein Verwaltungshochhaus mit einem Theater. Für die Weltausstellung in Chicago baute das Atelier das Transportation Building, das als einziges Gebäude der Ausstellung ausländische Anerkennung fand. – Von seinen ersten Bauten an bewies S. Selbständigkeit in der Formung der Baukörper und ihrer Gestaltung. Er begann mit sehr schweren, zyklopischen Strukturformen und mit Formen, die der italien. Palastarchitektur entlehnt waren. In den Werken der Hauptepoche (1885–95) wurden die Gliederungen der Achsen zum wesentlichen Gestaltungselement (Guaranty Building, Buffalo). Seine Spätwerke zeigen einfache, blockhafte Formen, auf Flächenstrukturen wurde zugunsten eines einzigen Schmuckstückes verzichtet. Außergewöhnlich blieb stets die bizarre Phantastik seiner Dekorationen, die er in allen Materialien ausführen ließ und in denen er sich mit dem Spanier A. →Gaudi berührt.

Lit.: S. Paul, L. H. S., Ein amerikanischer Architekt und Denker, 1963.

Sumatra. Insel →Indonesiens, nur in den Küstenstrichen islam. missioniert und von der eigentlich indonesischen Kultur berührt, während im Landesinneren die →Batak-Stämme wohnen. – Sporadisch findet man die Hinterlassenschaften megalithischer Kulturen, so etwa roh geformte Steinfiguren wie die „Venus von Pagaralam", die Statue eines knienden Menschen mit sehr plumper Formgebung; die Landschaft Pasemah ist reich an →Dolmen, →Menhiren und

Terrassenbauten, wie man sie auch auf →Nias findet. Auf vielen Monolithen findet man Reliefs, die Krieger, Reiter und ähnliches darstellen und stilistisch an die chinesische Han-Kunst erinnern. Groteske Bronzefigurinen aus der Zeit der →Dongson-Kultur wurden bei Bangkinang (südliches S.) entdeckt. – Um 600 n. Chr. war das Shrividjaya-Reich (Zentrum Palembang) ein Kerngebiet des Mahayana-Buddhismus in Indonesien (Plastiken von Seguntang, Süd-S., Bronzefiguren aus dem Djambi-Gebiet), doch wurde es um 800 n. Chr. von →Java aus durch die Shailendra-Dyn. regiert, deren Kerngebiet erst später nach S. überwechselt. Vorwiegend aus Ziegeln (im Gegensatz zu den javanischen Steinbauwerken) bestehen die Anlagen von Muara Takus, Padanglawas und Tandjungmedang (12.–13. Jh.). – Um 1275 wird S. zum ersten islam. Staat Indonesiens, und im Reich von Malakka (um 1400) wird das Kunstgewerbe sehr gepflegt.

Sumerische Kunst →Altorientalische Kunst.

Sumu-ilu. König der Dyn. von →Larsa (1829–1801 v. Chr.). Inschrift auf der Weihefigur eines liegenden Hundes, auf dessen Rücken ein Becher steht. Die Kleinplastik aus →Lagasch zeichnet sich aus durch Naturnähe, die in der frühen →babylonischen Kunst mehrfach zu beobachten ist.
Lit.: A. Parrot, Sumer, 290; H. Schmökel, GAV, 76.

Sung-Dynastie. Chinesisches Herrschergeschlecht. Regierte 960–1279 n. Chr. Nach dieser Dyn. wird allgemein auch die chinesische Kunst jener Zeit benannt.

Sunion →Kap Sunion.

Sunna. Auf das Kunstschaffen unter dem Islam hat die streng orthodoxe Handlungs- und Denkweise (Sunna) derjenigen mohammedanischen Völker (Sunniten) immer wieder stark eingewirkt, für die die Befolgung der überlieferten Aussprüche und Ratschläge des Propheten Mohammed (Hadith) verbindlich war. Besonders unter den Türken wirkten diejenigen Aussprüche des Propheten, die vor der „Schaffung" lebender Wesen durch den Künstler warnen, wiederholt zu einer Einschränkung der darstellenden Malerei. Aus dem gleichen Grund sind bilderstürmerische Tendenzen häufig aufgetreten und an den erhaltenen Kunstdenkmälern durch die Vernichtung der Köpfe von Lebewesen erkennbar.
Lit.: Enzyklopädie des Islam, Bd. IV, S. 601–3 und S. 346, Bd. II, S. 200–206, 1934; K. A. C. Creswell, The Lawfulness of Painting in Early Islam. Ars Islamica, Vol. XI–XII, S. 159–66, 1946.

Super-Exlibris. Bezeichnung für ein auf dem Vordeckel eingeprägtes →Exlibris.

Suppedaneum. Die gelegentlich unter den Füßen des gekreuzigten Christus angebrachte Stütze, auch die oberste der Altarstufen.

Supraporte →Sopraporte.

Suprematismus. Von →Malewitsch 1913 begründete Kunstrichtung des russischen →Konstruktivismus. Auf dem Wege über den →Kubismus kam Malewitsch zu geometrisch abstrakten Formen. Kreis, Kreuz, Rechteck und vor allem das Quadrat sind die wesentlichen Bildelemente des S., mit dem sich Malewitsch vom Gegenstand, den er einen „Ballast" nannte, befreite. Durch El →Lissitzky wurde der S. 1922 in Deutschland bekannt, wo er vor allem im →Bauhaus fruchtbar wurde.

Suq. Bezeichnung für das Laden- und Handwerkerviertel islam. Städte, →Bazar.

Sura. Benennung der im Koran niedergeschriebenen Offenbarungen Mohammeds, die ihrerseits in Verse unterteilt sind. Der Koran enthält 114 Suren. In Koranhandschriften des 8. bis 18. Jhs. werden die Titelköpfe der Suren oft reich illuminiert. Zum Schmuck von Bauten, zur Verzierung von Moscheegerät wie Lampen und Korankasten, Rahle, werden überwiegend Suren oder Teile von ihnen gewählt, besonders gern die Fatiha, der Lichtvers und der Thronvers.
Lit.: Handwörterbuch des Islam, Stichwort „Koran", herausgegeben von A. J. Wensinck und J. H. Kramers, 1941.

Surahi. Langhalsiges indisches Wassergefäß.

Surch Dum. Fundort in der Ebene von Ku-i-Dascht (→Luristan). Tempel aus Feldsteinen mit Weihegaben von typischen Luristanbronzen, darunter Scheibenkopfnadeln mit religiösen Motiven, Spiegel, männliche und weibliche Statuetten, jedoch keine Darstellung von Pferden und kein Pferdegeschirr, das sonst für Luristangräber charakteristisch ist.
Lit.: R. Ghirshman, Iran I, 42, 47 ff., 63, 68, 73, 91, 299, 343.

Surch Kotal →Surkh Kotal.

Surdasch. Ort im nordöstlichen Iraq, in dessen Nähe sich das →Kizkapan-Grab befindet.

Surkh Kotal. Siedlung und Kultstätte, nach Auffassung des Ausgräbers Dynasten-Heiligtum der →Kuschanas, ca. 2.–4. Jh. n. Chr., am Nordabhang des Hindukusch (Nordafghanistan). Besonders wichtig sind eine „eteo-tocharische" Inschrift in griech. Buchstaben; eine gewaltige, vierläufige Freitreppe als Aufstieg zu einer Terrasse; Heiligtümer auf dem Grundriß des iranischen Feuertempels; Umgang mit Fragmenten von Säulen auf pseudo-attischen Basen; Bauplastik im →Gandhara-Stil; drei unterlebensgroße Statuen im Stil von →Mathura. – Einflüsse der →baktrischen Kunst sind deutlich erkennbar.
Lit.: D. Schlumberger, The excavation at S., 1961; R. Ghirshman, Iran II, 4 ff., 398.

Surrealismus. Richtung innerhalb der modernen Kunst. Programmatisch wurde der S. erstmals 1924 in dem von A. →Breton formulierten „Manifeste du Surréalisme" vorgetragen. Unter dem Eindruck der Psychoanalyse Freuds versuchte der S. das Unbewußte und Traumhafte im Bild sichtbar zu machen, wie es im späteren Mittelalter bereits in den Werken von Hieronimus →Bosch in Erscheinung tritt. Der moderne S. hatte seinen entscheidenden Wegbereiter in der durch de →Chirico 1913 begründeteten →Pittura metafisica und darüber hinaus auch in einigen Werken von M. →Klinger und in Anklängen im →Symbolismus. – In den 20er Jahren dieses Jhs. entstand in Paris eine starke surrealistische Gruppe, deren Gedanken sich rasch über Europa und nach den USA ausbreiteten und die sich hauptsächlich in der Malerei manifestierten. Die Hauptmeister des S. sind: S. →Dali, M. →Ernst, A. →Masson, →Tanguy, →Mirò und →Chagall als Maler, während →Arp als Bildhauer eine Ausnahme innerhalb des S. blieb. Zeitweise dem S. nahestehend waren →Picasso, →Klee u.a.
Lit.: D. Wyss, Der S. in Literatur und Malerei, 1949.

S. Dali, „Beschwörung Lenins"
(Paris, Mus. Nat. d'Art Moderne).

Surya. Der indische Sonnengott, zu dessen Ikonographie nicht nur alte Sanskrittexte, sondern auch Bildmotive der iranischen Nachbarn beitrugen.
Lit.: Banerjea, Development, 428–445.

Susa. Residenz der Könige von Elam. Kultzentrum des Gottes →Inschuschinak. Schon in der ältesten Schicht S. I. (4. Jahrtausend v. Chr.) kündigt sich mit der bemalten Keramik und ihrem charakteristischen →Tierstil eine hohe künstlerische Begabung an. Hauptmotive sind Steinböcke mit mächtigem gedrehtem Ge-

hörn, Wasservögel mit langgezogenem Hals und „Windhunde“ in „fliegendem Galopp“. Typisch ist die strenge Verspannung und Rahmung der Ornamentik. Keramikverfall in Schicht S. II, deren →Rollsiegel auf Beziehungen zur →Dschemdet-Nasr-Periode Mesopotamiens weisen, aber auch auf betonte Eigenart. Aus der →Akkadzeit stammt die Überlieferung vom Tempel des →Inschuschinak, der durch Puzur-Schuschinak erneuert wurde, also auf ältere Tradition zurückgeht. Nach S. entführt wurde das Kultbild des sumerischen Gottes →Nanna von →Ur, nachdem die Elamiter den letzten König der III. Dyn. von Ur, →Ibbisin, besiegt hatten. Die Bedeutung von S. im 2. Jahrtausend v. Chr. wird durch die Bildwerke für →Untaschgal und →Napirasu bezeugt, auch durch die von →Schutruk-Nachunte nach S. verschleppten Denkmäler des →Naramsin und des →Hammurabi. Ziegelrelieffassade des von →Kutir-Nachunte und →Schilchak-Inschuschinak erneuerten Haupttempels. Wichtig ist der Bericht →Assurbanipals nach Plünderung und Zerstörung von S. um 640 v. Chr. Sie erwähnt eine mit Bronze und Lapislazuli geschmückte →Zikkurat in S., prachtvoll ausgestattete Tempel und Paläste mit kostbaren Statuen. Danach waren die Kultbauten mit Torskulpturen und reicher Architekturplastik am Tempelgebälk ausgestattet. Das ungebrochene Nachwirken der Tradition von S. zeigt die Tatsache, daß →Dareios I. die Stadt zum politischen Zentrum des →Achaemeniden-Reiches machte und seinen Palast nach dem Grundriß der alten Königsbauten an derselben Stelle errichten ließ. Der Wanddekor der nach einem Brand von →Artaxerxes II. wiederhergestellten Anlagen bestand aus farbigen Glasurziegeln mit Darstellungen von königlichen Garden, Löwengreifen, Flügelstieren und Löwen. Steinreliefs sind erst für den kleinen Palast →Artaxerxes I. und →Dareios II. gesichert. Der Befund von S. ist wichtig für die Frage nach den Einflüssen der →elamischen Kunst auf die der →Achaemeniden.
Lit.: R. Ghirshman, Iran I, 443; H. H. von der Osten, WP, 298; W. Hinz, Das Reich Elam, 1964.

Syon House, Middlesex, 1761 von R. Adam begonnen.

Susdal (Rußland). Eigene Ikonenschule, die vom 13. bis 15. Jh. in Blüte stand.

Sutherland, Graham. Engl. Maler und Graphiker. Geb. 1903 in London, lebt in Cap d'Ail (Südfrankreich). Der Ausbildung an der Goldsmith Kunstschule in London und der Kunstschule in Chelsea nach ist S. Graphiker. Erst 1935 begann er zu malen. Erstes Aufsehen erregte er 1946 mit einer Kreuzigung für eine Kirche in Northampton. Später entwarf er Tapisserien für die neue Kathedrale in Coventry. Auch als Portraitist ist er bekannt (S. Maugham, Churchill). – S. läßt sich in seinen Arbeiten von der Natur inspirieren. Formen aus der Pflanzen- und Tierwelt, die sich selbst in seinen Portraits finden, bewirken einen ausdrucksstarken und surrealistischen Eindruck.
Lit.: D. Cooper, The work of G. S., 1961.

Sutton Hoo. Fundort einer Gruppe von Grabhügeln südlich von Snape in East Anglia, Großbritannien; hier wurde im Jahre 1939 ein reich ausgestattetes Grab aus der zweiten Hälfte des 7. Jhs. n. Chr. geöffnet, das zur Gruppe der völkerwanderungszeitlichen Schiffsbestattungen (→Oseberg) gehört. Unter den ungewöhnlich reichen Beigaben (Waffen und Schmuck) verschiedener Provenienz sind zahlreiche Objekte aus Gold zu erwähnen.
Lit.: C. Green, S., 1963.

Blaubeuren, Chorgestühl von Jörg Syrlin in der ehem. Benediktinerklosterkirche.

Suwêda. Hier eine heute völlig zerstörte, zentralsyrische Kirche aus dem 5.–7. Jh. Kathedrale mit 5 Schiffen. Zwei Turmfassaden, wie sie in Mittelsyrien üblich wurden. Eigenartig ist die Tatsache, daß die Apsis erst nach einem breiten, vorgelagerten Zwischenraum nach Osten auslädt.

Swastika →Suastika.

Swat. Fluß und Landschaft in Nordwest-Pakistan, ein Mittelpunkt der Kunst von →Gandhara.

Sweelink, Gerrit Pietersz (genannt Gerrit Pietersz oder Pietersen). Niederl. Maler und Radierer. Geb. 1566 in Amsterdam, gest. 1628 (?) ebda. Lernte bei →Cornelisz in Haarlem. Nach vorübergehendem Aufenthalt in Antwerpen (1593) reiste er für mehrere Jahre nach Rom, von wo er um 1600 nach Amsterdam zurückkehrte und sich dort niederließ. Er schuf als Maler hauptsächlich Bilder religiösen Inhalts und Schützenstücke (Amsterdam, Rijksmus.). Zahlreiche Werke wurden ihm zugeschrieben. – In seiner Tätigkeit als Radierer war er anfangs stark von seinem Lehrer Cornelisz beeinflußt, fand jedoch nach seinem Romaufenthalt zu selbständigeren Formen.
Lit.: Thieme-Becker.

Swelinck, Jan Gerrits. Niederl. Kupferstecher. Geb. um 1600 in Amsterdam, vermutlich als Sohn des G. P. →Sweelink. Arbeitete hauptsächlich für franz. Verleger, für die er mehrere Serien von Buchillustrationen schuf. – Erhalten sind u.a. 11 um 1618 entstandene Ansichten der Ile de St. Louis zu Paris.
Lit.: Thieme-Becker.

Syfer →Seyfer, Hans.

Symbol. Es entsteht dort, wo einer dinglichen Form auf Grund einer postulierten bzw. angenommenen, rational nicht faßbaren Wesensverwandtschaft ein höherer, allgemeinerer Sinn, meist religiöser Art, unterlegt wird. Seine Verwendung, die praktisch jede Erscheinung betreffen kann, ist weltweit und seit frühester Zeit verbreitet. Das häufigste christliche S. ist das Kreuz. Daneben wurden Tiere (z.B. Fisch, Lamm, Taube u.a.), Zahlen, Farben und Gegenstände (→Marianische Symbole) als S.e verwendet. Ein erheblicher Teil der mittelalterl. S.e entstammt der →Typologie.
Lit.: E. Cassirer, Wesen und Wirkung des S.begriffs, 1956; D. Forstner, Die Welt der S.e, 1961.

Symbolismus. Kunstrichtung, vor allem der Malerei, die um 1880 in Frankreich begründet wurde. Ziel des S.

war es, in der Darstellung einer Phantasie- und Traumwelt die Realität der jenseits der sichtbaren Dinge liegenden Existenz aufzudecken. Immer blieb der Zusammenhang und eine gewisse Abhängigkeit des S. der bildenden Kunst vom S. der Literatur deutlich. So ist der S. mehr im Inhaltlichen als im Formalen fixierbar und griff auf verschiedene Stilrichtungen über. Zu den wichtigsten Wegbereitern des S. gehören G. →Moreau und O. →Redon, während P. →Gauguin der eigentliche Vollender dieser Richtung genannt werden muß. Die rücksichtslose Aufgabe einer real gesehenen Umwelt war das geeignete Mittel, die Gedanken des S. auszudrücken.
Lit.: U. Christoffel, Malerei und Poesie. Die symbolische Kunst des 19. Jhs., 1948.

Symmetrie. Symmetrische Verhältnisse finden sich am deutlichsten in der Baukunst, die sich häufig, bedingt durch technische und statische Anforderungen, der S. bedient. Mit Ausnahme der Gotik tritt die S. in fast allen Epochen der abendländischen Architektur in Erscheinung. Dies sowohl im Detail als auch in der Gesamtanlage von Bauten, wie z. B. an dreiflügeligen Renaissanceschlössern oder mehrschiffigen Basiliken. – In der bildenden Kunst findet sich die S. hauptsächlich bei antithetischen Gruppenkompositionen, in der Regel jedoch weniger streng als in der Baukunst, die von Natur aus eher geometrischen Formen folgt.
Lit.: K. L. und R. Wolf, S., 1956.

Synagoge. Griech. Bezeichnung für das jüdische Gottesdiensthaus. Der Grundriß folgt einem Quadrat oder einem einfachen Rechteck. Im Inneren finden sich Galerien oder Emporen für die Frauen. – Bisweilen wird die Anlage einer S. auch durch den gültigen Stil des Landes oder der Zeit, in der sie erbaut wurde, beeinflußt. So die hellenistisch beeinflußten S.n Syriens, so die maurisch byzant. dreischiffige S. in Toledo (13. Jh.) oder auch die got. Formen aufnehmende S. in Prag (13. Jh.).
Lit.: M. Rosenmann, Der Ursprung der S. und ihre allmähliche Entwicklung, 1907.

Synchronismus. Dem →Orphismus verwandte Richtung der abstrakten Malerei, deren Grundlage die wissenschaftliche Analyse des Spektrums bildet. Der S. entstand durch die konsequente, wenn auch etwas akademische Weiterführung der durch →Cézanne und den →Kubismus entwickelten Kunsttheorien und wurde 1912 in Paris begründet, jedoch ohne daß aus ihm eine fruchtbare Entwicklung hervorgegangen wäre.

Synkretismus (griech.). Eine Verbindung verschiedener Religionsformen, vor allem im Zeitalter des Hellenismus und der römischen Kaiserzeit. Im wesentlichen sind dabei hellenistische und orientalische Elemente miteinander verschmolzen. Derselbe Prozeß ist in der Kunst feststellbar.

Syon House. Vom „Vater des Classical Revival" (engl. Neuklassizismus), Robert →Adam (1728–92), erbaut. Durch die Wiederbelebung der röm. Stuckdekoration und durch die Eleganz, mit der er die klassischen Motive behandelt, hat er auf den Kontinent einen starken Einfluß ausgeübt. Gegenüber der bisher von →Palladio bestimmten Villenarchitektur zeigt Adam einen durchaus entgegengesetzten Stilwillen. Die zarte Anmut seiner Architektur zeigt sich besonders in S. Das Parkportal ist gerahmt von schlanken, leicht dekorierten Pilastern, bekrönt von einem Löwen. Die Wände der Innenräume sind mit zarter, delikat ausgeführter Stuckornamentik von lebhafter Rhythmik bedeckt. (Abb. S. 639).
Lit.: N. Pevsner, Europäische Architektur, 1961.

Syrakus. Bereits in der griech. Antike in hoher Blüte stehende Stadt an der O-Küste Siziliens. Nach der Überlieferung wurde S. als korinthische Kolonie bereits im 8. Jh. v. Chr. besiedelt. Reste mehrerer griech. Tempel haben sich erhalten: Aus dem Anfang des 6. Jhs. v. Chr. stammt der dem Apollon (und Artemis?) geweihte dorische Peripteros, ein langgestreckter Bau mit 6 × 17 Säulen. Um die Mitte des 6. Jhs. wurde der die gleiche Säulenzahl aufweisende Tempel des Zeus (sogen. Olympieion) außerhalb der Stadt errichtet, während der am besten erhaltene Tempel der Athena – ein dorischer Peripteros mit 6 × 14 Säulen – zu Beginn des 5. Jhs. erbaut worden ist und seine gute Erhaltung der Umwandlung in einen Dom verdankt (seit dem 7. Jh. n. Chr. christliche Kirche, 1728–54 mit einer großen Barockfassade ausgestattet). Ein gut erhaltenes Theater, das auf eine Anlage des 6. Jhs. zurückgeht, zeigt heute den Zustand des 4. und 3. Jhs. v. Chr. – Dicht dabei liegen die Reste des riesigen Altars Hieron II. (199 × 22,5 m) aus dem 3. Jh. v. Chr. und ein röm. Amphitheater augusteischer Zeit. – Katakomben: Vigna Cassia, S. Maria di Gesù, S. Giovanni, S. Lucia. Die beiden ersten im Kern wohl noch ins 2. Jh. zurückreichend. S. Giovanni (5. Jh.) In den Katakomben Sarkophage und Senkgräber häufiger als in Rom. Bisweilen mehrere Leichen in einem Grab. Form der Arkosolgräber variiert in S. sehr. Interessante Fresken in der Vigna Cassia. Darstellung eines Mädchens von 25 Jahren, das verstorben ist und in flehender Haltung vor Christus kniet. Dieser ist von dem Apostelfürsten begleitet. Freskenschmuck auch in den (→ Hypogäum) Hypogäen rings um S. Der sogen. Adelfiasarkophag (340) verdient besondere Beachtung. Das Museo Archeologico besitzt u.a. griech. Inschriften aus den Katakomben.
Lit.: J. Führer und V. Schultze, Die altchristl. Grabstätten Siziliens (Jahrbuch des Kaiserlich Deutschen Archäologischen Institutes, Ergänzungsheft VII, 1907); F. Fabricius, Das antike S., 1932.

Syrien. S. ist für die christliche Kunst, vor allem für die Entwicklung der frühchristlichen Architektur von größter Bedeutung. Die syrische kirchliche Kunst hat nur eine kurze Blütezeit erlebt, da 638 das Land erobert und damit von Byzanz getrennt wurde. Drei wichtige Gebiete muß man bei der Betrachtung der Bauten Syriens unterscheiden: Nordsyrien mit Antiochia und seinem Hinterland, Mittelsyrien, südlich und südöstlich von Aleppo, und das Hauràngebiet, südöstlich von Damaskus. Obwohl die Gebiete heute weithin wüst liegen und ausgetrocknet sind, findet man noch erhebliche Reste altchristlicher Architektur. Nordsyrien ist den Basiliken des Westens am meisten verwandt, Mittelsyrien geht vom 6. Jh. an seine eigenen Wege, vor allem durch die Bevorzugung der Pfeilerbasiliken. Am weitesten trennen sich die Kirchen des → Haurán mit ihren Querbogenanlagen von der herkömmlichen Bauweise. Nordsyrien ist von den drei Gebieten das bedeutendste. Hier ragen vor allem die Bauten des berühmten Architekten Makianus Kyris hervor. Sie verkörpern den sogenannten Kathedraltypus aus dem 5. Jh. Vergl. die dreischiffigen Kirchen →Kalat-Siman, Bizzoskirche in →Ruweha, →Dêr Termanin, →Kalb Lauzeh. Besonders beachtlich war die Klosterkirche des hl. Simeon im →Kalat-Siman (460–490). Dieser Bau hat weitgehenden Einfluß auf die gesamte nordsyrische Baukunst ausgeübt. Von →Antiochia, der wohl wichtigsten Stätte im syrischen Bereich, ist bis auf geringe Mauerreste nichts erhalten. Gegenüber der westlichen Basilika gibt die syrische die einseitige Richtungstendenz und dadurch die absolute Tiefenwirkung auf. Im Unterschied zu den westlichen Kirchen besitzen die syrischen einen reichen Außenschmuck. Fenster und Portale sind mit reich profilierten Bändern umzogen. Außerdem benutzt man ein durchlaufendes Horizontalgesims. Größten Wert legt man auf die Fassade. Es gibt in Syrien schon turmartige Anlagen in Form von Eckrisaliten (vergleiche etwa die Fassade der Bizzoskirche in →Ruweha). Die Wände sind aus Quadern gefügt (Ziegelbau in Syrien unbekannt). Das gab dem Bau eine große Plastizität. Auch im Innern zeigt der tektonische Aufbau der Apsis dieselbe Tendenz. Größter Gegensatz zu den in Mosaiken aufgelösten weströmischen und byzantinischen Bauwerken. In Syrien nur auf dem Fußboden Mosaik verwandt. Der schöne Raumkörper der nordsyrischen Basilika verrät ohne Zweifel

Tafel 29: *Treppenhaus der Oper zu Paris, 1861–74 von Ch. Garnier erbaut.*

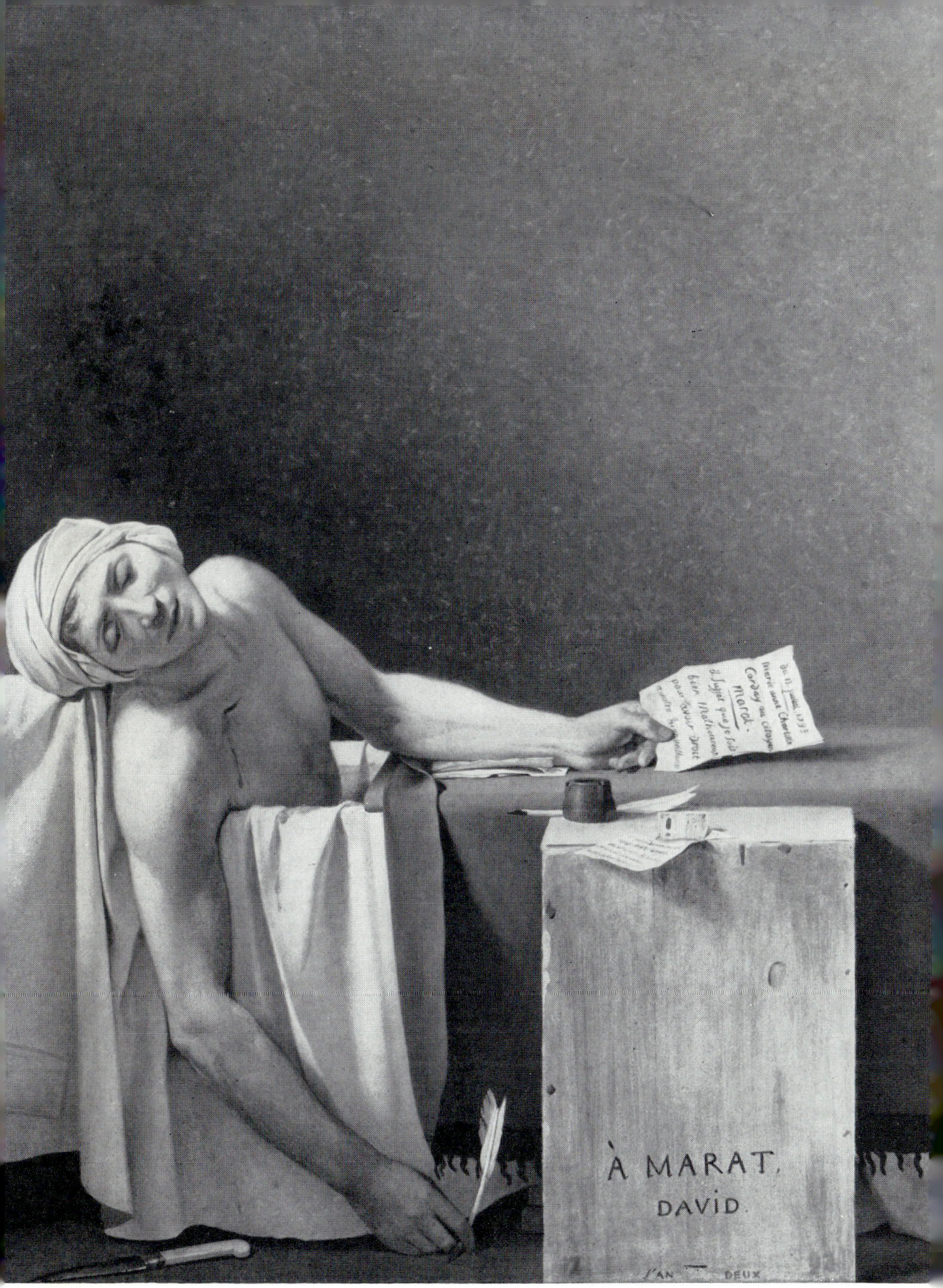
À MARAT,
DAVID
L'AN DEUX

starken hellenistischen Einfluß. In Nordsyrien neben den dreischiffigen Säulenkirchen auch Pfeilerbasiliken und einschiffige Saalkirchen vorhanden, es kommen auch Zentralkirchen vor. Vergleiche etwa Bosra (512 bis 513). Mittelsyrien bevorzugt die Pfeilerkirche (Apostelkirche in J'djâz, Ende des 4. Jhs., die Kathedrale von Kerratin, 5. Jh., die Kathedrale Il Anderin). Ebenso wie auf dem Gebiet der Architektur war Syrien auch in anderen Kunstzweigen führend. So gab es eine syrisch-palästinensische Schule der Elfenbeinschnitzerei.
Lit.: W. H. Beyer, Der syrische Kirchenbau, in: Studien zur spätantiken Kunstgesch., Bd. I, 1925; F. W. Deichmann, L'architectura sacra paleo-cristiana della Syria e della Palestina: Corsi di cultura sull'arte ravennate e byzantine, 1960, 2; R. Pfister, Textiles de Palmyre, 1934; W. Sas-Zaloziecky, Die altchristl. Kunst, UKG VII, 1963.

Syrlin, Jörg. Deutscher Schreiner, Bildschnitzer und Bildhauer. Geb. um 1425 in Ulm, gest. 1491 ebda. Er ist Meister des großartigen Chorgestühls des Ulmer Münsters (1469–74), das in seinem Umfang wie in seinem ikonographischen Programm mit den weisen Männern und Frauen des Altertums, den Sibyllen und Propheten, Aposteln und Märtyrern, das Heilsgeschehen kommentiert. Dieses Gestühl ist die bedeutendste Schöpfung dieser Art in seiner Zeit. – S. war aber auch Steinbildhauer, was sich am Brunnen des Fischkastens in Ulm (1482) nachweisen läßt. – Sein Sohn Jörg S. d. J. (etwa 1455–1523) führte den Werkstattbetrieb fort und schuf wie sein Vater Chorgestühle, Altäre und Einzelfiguren. (Abb. S. 639).
Lit.: W. Vöge, J. S. d. Ä., 1950.

Szilágy-Somlyó (Siebenbürgen). Hier wurde ein Schatz aus gotischer Zeit gefunden (um 400). Schmuckarbeiten zeigen got.-pontischen Stil. Aufbewahrt in Budapest.

T

Tabarca (Tunesien). Auch Thabraka genannt. Bekannt vor allem durch eine Mosaikdarstellung, die in den Ruinen der altchristl. Kirchenanlage gefunden wurde. Sie zeigt eine altchristl. Basilika, die in die Ebene projiziert ist (um 400). In der Nekropole für Afrika, Spanien, Palästina charakteristische Mosaikgräber. Die Deckplatte ist bei ihnen musivisch dekoriert.

Taberna. Röm. Kaufladen, ein zellenartiges Gebäude, in republikanischer Zeit aus Holz, seit der Kaiserzeit in der Regel aus Stein. Derartige Gebäude wurden vor allem am Rande eines →Forums aneinandergereiht und dienten dem Handel oder als Wechslerstuben.

Tabernakel (lat. tabernaculum „Hütte, Zelt"). Gehäuse zur Aufbewahrung der geweihten Hostien (→Sakramentshaus), das seit 1863 fest auf der Mitte der Altarplatte angebracht sein muß, mit Ausnahme von Kathedral- und Konventskirchen immer auf dem Hochaltar. Die Bezeichnung T. häufig auch gleichbedeutend mit →Baldachin oder →Ciborium.
Lit.: E. Baare-Schmidt, Das spätgot. T. in Deutschland, Diss. Bonn 1937; R. Fattinger, Liturgisch-praktische Requisitenkunde, 229ff., 1955.

Tablinum. Hinter dem →Atrium gelegener Hauptraum der röm. Privatvilla. Bei Anlagen, die sowohl ein Atrium als auch ein →Peristyl in sich vereinigen, liegt das T. breitgerichtet zwischen Atrium und Peristyl. Nach außen ist es häufig durch eine größere Höhe gegenüber den anderen Teilen der Villa abgehoben.

Tabot. In der abessinischen Kirche eine etwa 50 bis 60 cm hohe geheiligte Tafel. Steht im Allerheiligsten der Kirche, in der sich ein T. oder die Bundeslade befindet.

Tabula Iliaca →Iliastafeln.

Tabularium. Das Staatsarchiv im antiken Rom am Capitol zum →Forum Romanum hin gelegen. In →Travertin und Ziegelmauerwerk wurde es nach einer im T. gefundenen Inschrift 78 v. Chr. erbaut. Heute ist das T. das am besten erhaltene Gebäude republikanischer Zeit in Rom.

Taburet. Kleines, niedriges Tischgestell, das im islam. Orient zum Auftragen der Speiseplatten dient. Ursprünglich aus Holz gearbeitet, kommen sie in Syrien (Raqqa) im 13. Jh. in keramischer Ausführung vor, dienen aber vermutlich dem gleichen Zweck. Einfarbig glasiert, auf Füßen stehend, in vierkantiger oder sechskantiger Form, sind sie an allen Seiten reliefiert und gitterartig durchbrochen, die Deckplatte ist in der Mitte offen.
Lit.: E. Kühnel, Islamische Kleinkunst, 126, 1963.

Tachismus. Auch Spontanismus genannte Richtung der abstrakten Malerei. Ihre wesentliche Ausprägung erfuhr sie nach 1940 in den USA, von wo der T. nach 1950 nach Europa kam und in der 2. Hälfte der 50er Jahre großen Einfluß gewann. Die führenden Vertreter des frühen T. sind J. →Pollock und →Wols, der spätere G. →Mathieu. Der T. entstand aus der Überzeugung, daß eine spontane Formgebung, die nicht aus überlegten Kompositionsprinzipien hervorgeht, eine unmittelbare Frische in der Darstellung möglich werden läßt. Dem Spiel des Zufalls wird hierbei im Vertrauen auf die plötzliche Eingebung freier Lauf gegeben.

Tacht-i-Kobad. Hügel am rechten Ufer des Oxus (Amudarja) in Baktrien, wo der →Oxusschatz gefunden wurde.

Tacht-i-Mädär-i-Suleiman. Name der ältesten Terrassenanlage von →Pasargadae.

Tacht-i-Rustem. Bezeichnung der Grabruine →Kambyses II. bei →Persepolis.

Tacht-i-Suleiman. Name der Ruinenstätte →Schiz.

Tadsch Mahall →Agra.

Täfelwerk, auch Täfelung. Verkleidung von Wänden oder Decken (oder beidem) hauptsächlich im 15.–18. Jh. (Nachahmung in der 2. Hälfte des 19. Jhs. „Altdeutsche Stuben"). An der Decke meist in Form von Kassetten, die Wand wird durch Pilaster, Giebel etc. zu einer geschnitzten Scheinarchitektur, in die die Tür einbezogen wird. Oft wird das Ganze noch durch →Intarsia geschmückt. Die Entwürfe dieser meisterhaften Schreinerarbeiten werden oft von bedeutenden Künstlern geliefert, z. B. P. →Flötner. (Abb. S. 642).

Tänia. Abschlußleiste des griech. dorischen →Architravs.

Tätowierung →Tatauierung.

Taeuber-Arp, Sophie. Schweizer Malerin, Entwurfszeichnerin und Modelleurin. Geb. 1889 in Davos, gest. 1943 in Zürich, Gattin des H. →Arp. Begann mit Zeichnungen, Klebebildern und Stickereien, wobei es ihr um die Reduzierung der Formen auf Vierecke und Kreise ging und um die Wirkung derselben in der Fläche zueinander. Sie nahm teil an der Dada-Bewegung (→Dadaismus) in Zürich, inszenierte für das schweizerische Marionettentheater und war von 1916–29 Lehrerin an der Kunstgewerbeschule in Zürich. 1922 heiratete sie H. Arp. Seit 1929 lebte sie in Paris, wo sie 1937–39 die Zeitschrift „Plastique" herausgab. 1941 kehrte sie in die Schweiz zurück. – Ihre Arbeiten – Wandmalereien, Mosaike, Wohnungseinrichtungen, Bildteppiche, Reliefs – beruhen auf der Verwendung der grundlegenden geometrischen Formen.
Lit.: Max Bill, S. T.-A., o. J.; G. Schmidt, S. T.-A., 1948.

Tafelmalerei. Im engeren Sinn die Malerei auf einer Holzplatte als Bildträger. Ein solches Bild wird Tafelbild genannt. Anstelle der Holztafel kann bei kleinen Formaten gelegentlich eine Kupferplatte vorkommen (→Elsheimer), vor allem bei großen Formaten auch eine auf einen Holzrahmen gespannte Leinwand. Sämtliche

Tafel 30: *J.-L. David, Der Tod des Marat, 1793; Brüssel, Mus. Royaux des Beaux Arts.*

Malgründe werden mit einer ->Grundierung versehen, bevor das Bild in ->Tempera- oder ->Ölmalerei aufgetragen wird. Zum Schutz und als Abgrenzung gegen den umgebenden Raum bzw. die Wandfläche werden die Bilder mit einem ->Rahmen versehen. Tafelbilder kommen bereits in der Spätantike vor (->Mumienportraits). In frühchristl. Zeit entwickelt sich die T. vor allem im byzant. Bereich (->Ikonen). Gegenüber der Bilderfeindlichkeit des frühen Christentums behaupteten sich anfangs vor allem die sogen. Acheiropoiiten, Christus- und Marienbilder, die angeblich nicht von Menschenhand geschaffen worden waren (->Lukasbilder). Nachdem im Frühmittelalter die Wand- und Buchmalerei führend waren, setzt im 12. Jh. eine Wiederbelebung der T. ein, und zwar handelt es sich nun meist um Antependien und Retabeln, die fest mit dem ->Altar verbunden waren. Die frühesten erhaltenen Beispiele aus dem späten 11. Jh. stammen aus Katalonien. Im 12. Jh. finden sich zahlreiche Beispiele auch in Italien, während nördlich der Alpen die T. später einsetzt; in Deutschland im 13. Jh. Die Blütezeit der T., die bald und bis in die Gegenwart die Führung innerhalb der Entwicklung der Malerei übernahm, beginnt mit dem 14./15. Jh. Wichtigste Zentren werden Italien, wo allerdings die Wandmalerei weiterhin eine wesentliche Rolle spielte, und die Niederlande (->Italien. Kunst; ->Niederl. Kunst). Kurz nach der Mitte des 15. Jhs. wird zuerst in Italien neben der Holztafel als Malgrund auch die Leinwand verwendet (z. B. ->Mantegna, Jacopo ->Bellini), während im Norden noch im 16. Jh. vorwiegend auf Holz gemalt wurde. Die absolute Vorherrschaft des Leinwandbildes trat erst im 19. Jh. ein.

Lit.: W. Worringer, Die Anfänge der T., 1924; A. Eibner, Entwicklung und Werkstoffe der T., 1928; H. Schrade, Malerei des Mittelalters, 2 Bde., 1958ff.; E. G. Garrison, Italian Romanesque Panel Painting, 1949; W. Folicetti-Liebenfels, Geschichte der Ikonenmalerei, 1956; H. Hager, Die Anfänge des Italienischen Altarbildes, 1962.

Täfelwerk am Chorgestühl der Klosterkirche Ottobeuren.

Tagar-Kultur. Die nach einem wichtigen Fundplatz im Minussinskgebiet benannte T. folgt der ->Karasuk-Kultur im 7./6. Jh. v. Chr. Charakteristisch ist die Zunahme von ->Tierstil-Motiven (Rolltier, Raubvogelkopf), die sich in der II. Phase der T. seit dem 4. Jh. v. Chr. noch steigern (kauernder Hirsch), so daß mit der Zuwanderung von neuen Kräften gerechnet werden kann. Auftreten von Rankenornamentik. Totenbestattung in riesigen ->Kurganen, deren Holzkammern dauernd zugänglich blieben. Totenmasken aus Lehm, deren Entwicklung wir bis in die durch Leichenverbrennung gekennzeichnete Spätstufe des 2.–1. Jhs. v. Chr. verfolgen können. Die im 1. Jh. folgende Taschtyk-Kultur, die bis in das 6. Jh. n. Chr. reicht, steht im Zusammenhang mit der Ausbreitung der Hunnen.

Lit.: K. Jettmar, Steppenvölker, 69ff.

Tafelmalerei: Meister des Marienlebens, „Verkündigung" (München, Alte Pinakothek).

Tages. Etruskische Mythengestalt des aus dem Acker gepflügten greisen Kindes, das als Enkel des ->Tinia die disciplina Etrusca als Grundlage für den Zwölferbund der etruskischen Städte kündete. Wichtig ist die Beziehung zu ->Tarquinia durch die Überlieferung von dem Bauern Tarchon, der T. auf tarquinischem Gebiet aus dem Acker pflügte. In den Gräbern von Tarquinia gefundene Gemmen weisen auf den T.-Mythos.

Lit.: O. W. v. Vacano, E II., 44f.

Tagore. 1) Abanindranath. Indischer Maler. Geb. 1871 in Bengalen, Bruder von Gaganendranath, Neffe von Rabindranath T. In westlicher Malweise ausgebildet, richtet er sich später nach altindischen Vorbildern und illustriert indische und islam. Legenden in der Tradition der klassischen Wandmalerei und der mittelalterl. Miniaturistenschulen. Gemeinsam mit engl. Kunsthistorikern wie E. B. Havell und J. Woodroffe gründet er die Indian Society of Oriental Art 1907. Mit seinem Bruder Gaganendranath Schöpfer der Bengal School of Arts 1917. Schrieb während seiner schöpferischen und pädagogischen Tätigkeit in Calcutta die Werke „Some notes on Indian artistic anatomy" (1914) und „Sadanga or the six limbs of painting" (1921).

2) Gaganendranath. Indischer Maler, 1867–1938, Mitbegründer der impressionistischen und kubistischen Richtungen unter den zeitgenössischen indischen Kunstschulen.

3) Rabindranath. Indischer Dichter, Philosoph und Maler, 1861–1941. Gründet 1901 die internationale Kunstschule Vischva Bharati im bengalischen Schantiniketan. Malt seit 1922, meist Federzeichnungen, bevorzugt freies Linienspiel mit näherer oder fernerer Beziehung zu Naturvorbildern. Titel für seine Phantasien meist später von Freunden erfunden. Zahlreiche Ausstellungen in Indien und Europa, z.B. Berlin 1930.

Lit.: H. J. Stooke, Drawings and paintings of R. T., 1961.

Taharka. Vierter Pharao der ->Aethiopen-Zeit (689–663 v. Chr., 25. Dyn.), der von ->Asarhaddon und ->Assurbanipal besiegt wurde. Abschluß des großen Hofes der 22. Dyn. im ->Karnak-Tempel durch unvollendeten Riesenpylon. Einbau des hohen Zehnsäulengangs in der Hofmitte. Zeitgenosse des ->Montemhet.

Lit.: W. Wolf, KÄ, 600, 607, 614ff.; E. Otto, Ägypten, 229ff.

Tahiti. Die größte der polynesischen „Gesellschafts-Inseln", ein Zentrum der Kultur Ozeaniens. Bauwerke aus großen Korallenkalkblöcken (→marae) sind nur spärlich erhalten. Begräbnisplätze waren von geschnitzten Ahnenfiguren umgeben. Mit geschnitztem Dekor versehene Gerätschaften fanden vorwiegend im Kult Verwendung. Ornamentik war reich entwickelt, bestand aber nur aus geometrischen Motiven; mit diesem Dekor war auch →Tapa bemalt.
Lit.: T. Henry, Ancient Tahiti, 1928.

Tajin. Wichtigster Fundplatz der früher den →Totonaken zugeschriebenen T.-Kultur, die heute besser Klassischer Veracruzstil genannt wird. Name nach dem totonakischen Regengott T. Der Haupttempel mit seinen 364 Nischen in 6 abgestuften, terrassenförmigen Rängen stellt eines der hervorragendsten Bauwerke des vorkolumbischen Amerika dar. Reliefs und Statuen originell durch ihre Eleganz, die Realistik der Darstellung wird überwuchert von einer extremen Schnörkel- und Arabeskenornamentik. Flachreliefs auf großen rechteckigen Mauerfeldern, bei denen Opferszenen überwiegen, können mit ähnlichen Wiedergaben bei den Tolteken (Tula und Chichen Itzá) verglichen werden. Enger Kontakt bestand zum Hochland, vor allem mit →Teotihuacan.
Lit.: T. Proskouriakoff, Varieties of Classic Central Veracruz Sculpture, 1954; S. K. Lothrop, Altamerikanische Kunst, 1956.

Takayoshi, Fujiwara. Japanischer Maler. Geb. vor 1078, gest. nach 1156. Tätig in Kyoto, wo er auch als Hofbeamter eine Stellung innehatte. Eigenhändige Werke konnten ihm bisher nicht mit Sicherheit zugeschrieben werden, jedoch lassen Bilder seines Umkreises erkennen, daß er wohl als der eigentliche Schöpfer des →Yamato-e, jenes höfischen Stils, der vor allem in der →Tosa-Schule eine lange Tradition aufweist, anzusprechen ist. Reichste Farbharmonien, lyrische Stimmungswiedergabe und höchste Feinheit der Ausführung müssen seine Bilder gekennzeichnet haben.
Lit.: Thieme-Becker.

Takht-i-Bahi. Kloster und Kultstätte der →Gandhara-Zeit in den Bergen nördlich von →Peschawar, besonders berühmt durch eine Inschrift des 1. Jhs. mit Nennung des indo-parthischen Königs Gondophares.

Takht-i-Bahi. Blick auf das buddhistische Kloster.

Tâla. Maßeinheit für das hinduistische Kultbild, das danach als Tri-Tâla = Drei-Tâla usw. berechnet wird.

Tâlamâna. Hieratischer Proportionskanon der menschlichen Figur in der chinesischen Kunst. →Angula. Die im T. festgelegte Gesetzmäßigkeit basiert auf kultischen Voraussetzungen, die auf den Buddhismus zurückgehen. →Tâla.

Talbotypie →Photographie.

Talisman →Amulett.

Taman. Halbinsel zwischen Asowschem und Schwarzem Meer gegenüber →Kertsch mit skythischen →Kurganen vom 6.–4. Jh. v. Chr. (T.-Gruppe).
Lit.: K. Schefold, HDA 2, 452.

Tamayo, Rufino. Mexikanisch-amerikanischer Maler. Geb. 1899 in Oaxaca (Mexiko). Studierte an der Akademie von Mexiko-City. Obwohl von der franz. Kunst tief beeindruckt, studierte er eingehend die Kunst seiner Heimat. 1933 erhielt er den Auftrag zu Wandmalereien in der Sternwarte von Mexiko. Lebt seit 1943 in New York. – Die Kunst von T. ist stimmungsvoller als die seiner Landsleute →Rivera und →Orozco. In seinen Bildern, die auf unauffällige Weise expressiv sind, erkennt man in den raffinierten geometrischen Konstruktionen Reste des →Kubismus, ein Einfluß, der auf Abhängigkeit von →Picasso hinweist.
Lit.: H. Vollmer, Künstlerlex. d. 20. Jhs.

Tambour (französisch). Zylindrisches oder polygonales Bindeglied zwischen Kirche und Kuppel, also deren Unterbau.

Tamgha. Siegel- und Stammeszeichen bei den Turkvölkern, das im Dekor des Hausrats einer Familie und eines Stammes als Besitz- und Herkunftszeichen auftritt. Viele osmanische Waffen und Helme aus dem Arsenal der Sultane in Istanbul tragen ein zur Zeit Mehmed des Eroberers eingeschlagenes T., das angeben soll, daß diese Stücke noch aus der ruhmreichen Zeit der Oghuzen (später Turkmenen genannt) stammen.
Lit.: L. A. Mayer, Sarazenic Heraldery, 1933.

Tami-Stil. Sonderform der Kunst →Neuguineas, vertreten auf den Tami-Inseln und den Landstrichen um den Huon-Golf; von hier aus wurden schon vor der europäischen Kolonisierung geschnitzte Holzgegenstände verhandelt. Kennzeichnend sind weiß, rot und schwarz bemalte Figuren mit flachen Gesichtern, die wie die ebenfalls häufigen Tierfiguren oft schematisch und konventionell vereinfacht wirken.

Tammuz. Westsemitischer Name des sumerischen →Dumuzi, der Göttin →Ischtar zugeordnet. Tod und Wiederauferstehen des T. bildeten das Thema des alljährlichen Neujahrsrituals mit dem Kultakt der Heiligen Hochzeit. An Dumuzi knüpft die Vorstellung von T. als gutem Hirten an. Mit →Osiris verwandt ist T. als Herr des Orion. – Lit.: H. Schmökel, GAV, 12, 168, 241.

Tanagra. Griech. Stadt im östlichen Böotien, berühmt wegen der hier gefundenen sogen. Tanagrafiguren, Terrakottastatuetten mit Bemalung, deren früheste Stücke am Ende des 4. Jhs. v. Chr. entstanden sind. Die bedeutendsten Figuren stammen aus dem 3. Jh. v. Chr. Charakteristisch sind anmutige Formgebung und vielfach aus dem Tanz entnommene Stellungen.
Lit.: G. Kleiner, T.-Figuren, 1942.

Tanaquil. Frauengestalt der etruskischen Königssage. T. verhalf als Frau des Lucumo dem aus Korinth geflohenen Demaratos zur Königsherrschaft in Rom.
Lit.: O. W. v. Vacano, E II, 73, 116.

Tandschore. Südindische Residenz- und Tempelstadt. Aus der Tschola-Zeit um 1000 stammt der Brihadischvara-Tempel mit dem prachtvollsten Vimana der gesamten indischen Baukunst, einem 15 Geschoß hohen Turm über dem Allerheiligsten mit einem massiven, 80 t schwer geschätzten, kuppelförmig zugehauenen Deckstein. Aus der Stiftungszeit des Tempels rühren die kostbaren Fragmente von Wandmalerei her, die sich im Umgang um das Garbagriham befinden, während in späteren Jahrhunderten verschiedene zusätzliche Bauten und Bilder geschaffen wurden. Der nahe gelegene Palast mit seinen reichen Decken und Gewölbebildungen stammt in seiner gegenwärtigen Gestalt zumeist aus der Zeit des Raghunatha Nayyak (1600–1634); im „Wachtturm" und „Arsenalturm" ist die Form des dravidischen Tempelturms für weltliche Zwecke abgewandelt.
Lit.: K. V. Pakkirisami, T., 1955.

Tang-i-Sarvak. Tal bei Behbahan (Südwestiran) mit Felsreliefs eines parthischen Vasallenfürsten (um 200 n. Chr.). In der Darstellung von Inthronisation, Belehnung und Reiterkampf konkurriert die für die parthische Kunst (→Iranische Kunst IV.) charakteristische Frontalität mit Profilszenen.
Lit.: R. Ghirshman, Iran II, 54ff., 399.

Tang-i-Tschak-Tschak. Tal 18 km nördlich von Furch (→Luristan) und 60 km südlich von Darab mit charakteristischen Resten eines →Feuertempels und eines Feueraltars unter einem offenen Pavillon mit säulengestützter Kuppel.
Lit.: R. Ghirshman, Iran II, 150.

Tandschore.
Bezirk und Vimana des Brihadischvara-Tempels.

Tanguy, Yves. Franz. Maler. Geb. 1900 in Paris, gest. 1955 in Woodbury (Connecticut, USA). Bereiste als Matrose der Handelsmarine Afrika, Südamerika, Spanien und andere Länder. Durch ein Bild von→Chirico wurde T. zum Malen angeregt. Er war Autodidakt und schloß sich 1925 den Surrealisten in Paris an. 1939 wanderte er nach Amerika aus. – T. wurde zu einem der originellsten Maler des →Surrealismus. Er wandte sich von Anfang an von der wirklichkeitsnahen Malerei ab; die Themen und Gegenstände, die aus seiner Phantasie geboren wurden, fanden imaginäre Formen und irreale Umgebungen.
Lit.: H. Vollmer, Künstlerlex. d. 20. Jhs.

Tanis. Im östlichen Nildelta bei San el-Hagar gelegene altägypt. Stadt, seit der 21. Dyn. T. genannt, in deren weiterem Bereich die Festung Auaris der→Hyksos-Zeit und die von →Ramses II. gegründete Residenz →Ramsesstadt lag. Großer Tempel Ramses' II. für →Amun an Stelle eines Sethheiligtums, wobei viele Architekturstücke aus der 4. Dyn. und dem Mittleren Reich verbaut wurden. Königsgräber der 21./22. Dyn., unter denen das unversehrte Grab des Psusennes I. (1054–1009, 21. Dyn.) eine wahre Schatzkammer war, bedeutsames Zeugnis für das Kunsthandwerk der beginnenden Spätzeit. →Ägypt. Kunst.
Lit.: W. Wolf, KÄ, 745; E. Brunner-Traut, Ägypten, 252ff.

Tanka. Buddhistische Tempelfahnen, besonders aus Nepal.

Tankei. Japanischer Bildhauer. Geb. 1173, gest. zwischen 1254 und 1256, tätig in Kyoto. War wohl Schüler seines Vaters →Unkei und zählt zu den bedeutendsten Bildhauern seiner Zeit. Er schuf hauptsächlich große Holzbildwerke, die z.T. erhalten und auch inschriftlich genannt sind. Hauptwerke : 8 m hohe Statue eines Tempelwächters in Nara; tausendarmige Kwannon mit 28 umgebenden Gestalten in Kyoto, eine Gruppe, an der über 50 Schüler und Gesellen seiner Werkstatt mitgearbeitet haben.
Lit.: Thieme-Becker.

Tanlay. Das Schloß in der Nähe von Tonnerre ist um 1560 vom Bruder des Kardinals de Coligny, François d'Andelot, begonnen worden. Es stammt aber nur z.T. aus dieser Zeit, andere Bauteile kamen um die Mitte des 17. Jhs. dazu. Bemerkenswert die Kapelle von 1648. Am Eingang das kleine Schloß von 1610. Das große Schloß umgibt ein ausgedehnter Park mit einem 530 m langen Kanal.

Tantrismus. Esoterische Geheimlehre Nordindiens und Tibets, z.T mit sexuellen Riten, welche vor allem für synkretistische Kultbilder der Buddhisten und Hindus eine besondere Ikonographie hervorgebracht hat.

Tanum. Bezirk in Westschweden (Bohuslän) mit zahlreichen →Felsritzungen der Bronzezeit. Aus Långemyr/Kalleby stammt die Darstellung von drei (maskierten?) Menschen, die →Luren blasen.

Tanya, Kano. Japanischer Maler und Dichter. Geb. 1602, gest. 1674. Bereits früh wurden ihm, der in der Tradition der →Kano-Schule stand, große öffentliche Anerkennung zuteil, die sich in erster Linie auf seine virtuose Handhabung aller technischen Mittel begründete. Große Aufträge für Klöster, Paläste und den Kaiserhof führte er aus und wurde zu einem vielbewunderten Vorbild. Häufig nachgeahmt wurde seine leichte Pinselführung, die jedoch bei aller Könnerschaft einen gewissen Eklektizismus nicht verleugnen kann.

Tao-Chi →Shih Tao.

Taormina (antik Tauromenion). 396 v. Chr. gegründete antike Stadt, an der O-Küste Siziliens gelegen. Gehörte zu verschiedenen sizilischen Herrschaftsbereichen, bis sie 212 v. Chr. an die Römer fiel. Von den antiken Funden ist das hervorragend erhaltene griech. Theater (heutiger Zustand zeigt röm. Restaurierung) an erster Stelle zu nennen, außerdem ein kleineres röm. Theater und Reste eines Tempels.

Tapa. Rinden- oder besser Baumbaststoff, der in der →Südsee die Textilien ersetzte. Die Innenrinde des Papiermaulbeerbaumes und ähnlicher Pflanzen wurde sorgfältig abgeschält, dann mit Schlegeln (T.-Klopfern) auf harter Unterlage flachgeklopft, bis eine feste, aber dennoch schmiegsame „Bahn" entstand. Dieser „Stoff" wurde dann ein- oder mehrfarbig, zum Teil mit Hilfe von Stempeln und Matrizen, bemalt.

Tapete. Wandverkleidung aus gewebten Stoffen, →Bildteppich, Teppich, Ledertapeten. Ende des 16. Jhs. entstanden Papiertapeten, sie wurden zuerst mit Hilfe von Holzmodeln bedruckt, ähnlich dem →Zeugdruck. Ende des 18. Jhs. Erfindung der Tapetendruckmaschine. (Siehe Tafel 31).

Tanum, Bronzezeitliche Felsritzung aus Långemyr (Schweden).

Tapies, Antonio. Span. Maler. Geb. 1923 in Barcelona. Begann nach anfänglichem Studium der Rechtswissenschaften 1946 autodidaktisch zu malen. Stand anfangs unter starkem Einfluß von →Picasso und →Miró, während er später mehr von →Klee und den Surrealisten angeregt wurde. 1948 fanden seine ersten Ausstellungen statt, gleichzeitig gründete er eine Künstlergruppe, die Vereinigung „Dau Al Set". Seit 1958 wurde er, durch zahlreiche Preise ausgezeichnet, rasch berühmt. – Charakteristisch für seine Werke sind ein dicker, häufig mit der Spachtel aufgesetzter Farb-

auftrag und matte, gedämpfte Farbgebung einer am Gegenständlichen orientierten Malerei.
Lit.: Ausstellungskatalog A.T., Zürich, Künsthaus, 1962.

Taq-i-Bostan. Bei Kermanschah (Westiran) am →Zagros-Paß Felsrelief →Ardaschirs II., der mit → Ahura Mazda, auf einem überwundenen bärtigen Gegner stehend (Julian?), belehnt wird, während →Mithra die Investitur mit dem →Barsom weiht. Unmittelbar daneben Fels-Iwan →Schapurs III. mit Felsrelief an der Rückwand, das die Begegnung des Königs mit seinem Vater, →Schapur II., zeigt. Das in der →Sasanidenkunst neue Thema ist dadurch bedingt, daß Schapur III. schon zu Lebzeiten seines Vaters designierter Thronfolger war, aber erst nach dem Tode Ardaschirs II. zur Herrschaft kam. →Peroz wollte die Anlage zu einem dreifachen →Iwan umwandeln, doch wurde nur der große Mitteliwan vollendet. An der Rückwand das fast vollplastische, mächtige Reiterbild, das Peroz im Panzerhemd mit Helm und geschulterter Stoßlanze zeigt, darüber Investitur des Herrschers durch →Ahura Mazda und →Anahita. Auch hier ist das Relief gesprengt. Die beiden Seitenwände sind mit einzigartigen Reliefbildern geschmückt, die die verschiedenen Phasen einer Treibjagd auf Schwarzwild (vollendet) und Rotwild (nur angelegt) bis in Einzelheiten schildern und die Überlieferungen von der großen Bedeutung der Jagd am Sasanidenhof bestätigen.
Lit.: R. Ghirshman, Iran II, 190ff.; K. Erdmann, KIS, 63ff.

Tarassa (Spanien). Im Vorort San Pedro von T. drei bedeutende Kirchen: **1)** San Pedro, längsgerichtete Kirche mit Tonnengewölbe aus dem 12. Jh. Steinerner Flügelaltar mit sehr verblaßten Bemalungen aus dem 10. Jh. Überbleibsel von byzant. Mosaiken im Chor. – **2)** San Miguel, westgotisch (5. Jh., teilweise im 9. Jh. erneuert). Quadratische Anlage. 9 Räume sind durch Hufeisenbogen auf Säulen voneinander getrennt. Kuppel auf Trompen. Auch Apsis hat im Innern der Kirche eine Hufeisenform. Krypta mit quadratischer Kapelle und Dreikonchenchor. Bemalung aus dem 7. Jh. wird als Taufkapelle angesehen, und zwar aus altchristl. Zeit. – **3)** Santa Maria (Apsis aus dem 9. und Langschiff aus dem 12. Jh.).
Lit.: Die blauen Führer, Spanien, 1961.

Tarchonspiegel. In Tuscania, am Marthafluß zwischen Bolsener See und →Tarquinia, gefundener Spiegel des 3. Jhs. v. Chr. mit der Darstellung einer Leberschau, deren Priester pavatarchies an Tarchet, die etruskische Form für →Tages, denken läßt und die Verbindung mit Tarchon als Stadtheros von Tarquinia.
Lit.: O. W. v. Vacano, E II, 46ff., 197.

Tarent. Griech. Stadt an der SO-Küste Italiens, im 8. Jh. v. Chr. durch →Sparta gegründet. Gegen Ende des 6. Jhs. steigt T. zu einer der bedeutendsten Städte Süd-Italiens auf und konnte diese Stellung bis in die Mitte des 4. Jhs. v. Chr. halten. – Die antiken Baureste sind nur spärlich: Stadtmauer, Tempelfragmente, Amphitheater, Aquädukt. – Von der Bedeutung dieser Stadt als künstlerischem Zentrum (→Tarentinische Kunst) sprechen jedoch die reichen Einzelfunde an Plastik und Kleinkunst.
Lit.: H. Klumbach, Tarentiner Grabkunst, 1937.

Tarentinische Kunst. Unter diesem Begriff werden die Kunstwerke einer groß-griech., unteritalischen Schule in →Tarent zusammengefaßt. Die Blütezeit der T. fällt in das 5. Jh. v. Chr. Das bedeutendste Werk dieser Schule ist in dem →Ludovisischen Thron erhalten.
Lit.: E. Langlotz-Hirmer, Kunst der Westgriechen, 1964.

Tar-o-Sar. Ruinen in Seistan; sasanidische Anlagen in frühislam. Zeit überbaut.

Tarquinia. Bedeutende Stadt des etruskischen Zwölferbundes (Corneto) auf dem linken Ufer der Martha nahe der Einmündung in das Meer, benannt nach dem mythischen Bauern Tarchon, der das Greisenkind →Tages aus dem Boden des Bereichs von T. pflügte. →Tarchonspiegel. Die Gräber der →Villanova-Kultur des 8. Jhs. v. Chr. zeigen bereits bemerkenswerte, im etruskischen Totenritual weiterlebende Erscheinungen (Helm- und Hüttenurnen). Im 7. Jh. begegnen wir einer ausgeprägt monumentalen Grabarchitektur (Doganaccia, Sesto Fiorentino). Charakteristisch für T. sind die mit Relieffiguren in Flechtbandrahmen geschmückten Treppensteine, deren Fabelwesen auf griech. Vorbilder des 7./6. Jhs. zurückgehen. Die Bedeutung ist uns noch verschlossen. Zu den griech. angeregten Motiven fügt sich die Überlieferung von dem vornehmen Korinther Demaratos, der mit begabten Handwerkern nach T. gelangte und fürstliche Ehren erhielt. →Tanaquil. Besonders reich ist das Gebiet von T. an Grabanlagen mit Wandmalereien, die unter griech. Einfluß seit dem letzten Drittel des 6. Jhs. entstanden sind und bis in das 4. Jh. verfolgt werden können. →Tomba della Caccia e della pesca, →Tomba degli Auguri, →Tomba dei Vasi dipinti, →Tomba delle Leonesse, →Tomba del Triclinio, →Tomba dell'Orco, →Tomba Francesca Giustiniani, →Tomba degli Scudi, →Tomba del Barone, →Tomba del Letto funebre. Sie vermitteln in etruskischer Umbildung ein lebhaftes Bild von den Jenseitsvorstellungen der Etrusker, in denen der Bildgedanke des Symposion mit Flötenspiel und Tanz von zentraler Bedeutung war. Eine zunehmende Verdüsterung der Themen zeigt sich in den gräßlich gebildeten Todesdämonen des 4. Jhs. Sämtliche Kammergräber von T. zeigen den Innenraum eines Giebeldachhauses mit breitem Längsbalken und seitlich schräg abfallenden Deckenflächen, die mit Streifen- oder Schachbrettmuster bemalt sind. (Siehe Farbtafel 9).
Lit.: O. W. v. Vacano, E I, 58ff., 235ff., 438; E II, 9, 34ff., 43ff., 61ff., 119ff., 190, 201; F. v. Duhn, IGK I, 310ff.; G. Q. Giglioli, AE, Taf. 1, 5, 71ff., 348ff.

Tarquinius. Name etruskischer Könige in Rom, der auf Herkunft aus →Tarquinia weist. Die Überlieferung nennt zuerst T. Priscus, den Sohn des →Demaratos, mit seiner Gemahlin →Tanaquil, die ihrem Schwiegersohn Servius Tullius die Herrschaft verschaffte. Mit T. Superbus, der 510 v. Chr. aus Rom vertrieben wurde, endet das etruskische Königstum in Rom, dem der erste Bau des Jupitertempels auf dem →Capitolium verdankt wird. →Veji, →Vulca.
Lit.: F. Altheim, RRG I, 151ff.

Tarracina (heute Terracina). Antike Stadt, südlich von Rom gelegen, seit 329 v. Chr. röm. Erste Blüte in der ersten Hälfte des 1. Jhs. v. Chr. unter Sulla, wovon die Reste einer regen Bautätigkeit (→opus incertum) zeugen. Außerdem großer Zeustempel auf einer außerhalb der Stadt gelegenen, weithin sichtbaren Anhöhe. Ihre zweite Blüte erlebte T. in der Kaiserzeit unter →Trajan und Severus, als die Stadt neben →Ostia den wichtigsten Hafen Latiums unterhielt.

Tarraco. Antiker Name von →Tarragona.

Tarragona (antik Tarraco). Bereits in der röm. Antike blühende Stadt an der Mittelmeerküste Spaniens. Vor allem in augusteischer Zeit und der nachfolgenden Kaiserzeit wurden zahlreiche bedeutende Bauten errichtet, von denen noch ansehnliche Reste erhalten sind: große Befestigungsmauer aus riesigen Felsblöcken (vorröm.), Forum und öffentliche Bauten, Theater, Amphitheater. – In T. in den zwanziger Jahren umfangreiche Ausgrabungen. Eine antike, halb heidnische, halb christliche Nekropolis entdeckt. Wichtige Sarkophagfunde. Die christlichen in ihrem Schmuck wesentlich unterschieden von den röm. Dagegen Verwandtschaft mit afrikanischen Sarkophagen. – Auch Reste einer Coemeterialbasilika gefunden. Ebenso Gräber mit Mosaikschmuck ausgegraben ähnlich denen in Nordafrika, →Tabarca.
Lit.: A. Schulten, Tarraco, 1934; H. Laag, Die Coemeterialbasilika von T., in: Von der Antike zum Christentum, Festgabe für Victor Schultze, 125ff., 1930.

Tarsos. Das im Altertum bedeutsame T. an der Südostküste Kleinasiens war bereits im 4./3. Jahrtausend v. Chr. eine wichtige Siedlung für die ägäische Entwicklung, wie vor allem die reichen Funde bemalter Keramik mit ihren kretischen Entsprechungen zeigen.
Lit.: H. Goldman, T., 1955.

Tartsche →Wappen.

Tasa. Oberägypt. Ort nördlich →Badari, namengebend für die der Badarikultur voraufgehende prae-

historische Kultur, die jünger ist als die von →Merimde beni Salame. Kennzeichen ist eine schwarze Keramik mit geometrischen, weiß ausgefüllten Ritzmustern. Im Gegensatz zu Merimde sind die Toten außerhalb der Siedlung und mit dem Blick nach Westen bestattet, so daß sich bereits eine deutliche Beziehung zu der geschichtlichen Vorstellung vom Totenland im Westen ergibt. Bedeutsam für die Verbindung mit jüngeren Kulturphasen ist die Beigabe von Schminkpaletten, die in der →Thinitenzeit ihre reichste Bildausstattung erhalten.
Lit.: W. Wolf, KÄ, 32; E. Otto, Ägypten, 22ff.

Taschtyk-Kultur →Tagar-Kultur.

Tassel. Mantelschließe, häufig als Schmuckstück ausgebildet. Getragen im 13. und 14. Jh. (Beispiele u.a. an den Mänteln der Naumburger Stifterfiguren).

Tassili n'ajjer →Felsbilder, Nordafrika.

Tassilo-Kelch. Vergoldeter Kupferkelch von 26 cm Höhe im Stift Kremsmünster. Seine Inschrift nennt den Bayernherzog Tassilo (748–88) als Stifter. Das bedeutende Beispiel karolingischer →Goldschmiedekunst dürfte um 777 entstanden sein. Auf der Kuppa sind auf niellierten Silberplatten Christus und die vier Evangelisten, auf dem Fuß Heilige dargestellt. Im übrigen ist der →Kelch mit reicher Ornamentik in Kerbschnitt verziert, deren Formen wie auch der Figurenstil auf insulare Vorbilder weisen. Gegen die bislang vielfach angenommene Entstehung in England spricht jedoch nicht nur die kontinentale Kelchform, sondern auch die enge stilistische Verwandtschaft mit einem Psalter in Montpellier (Nr. 409), der der Gruppe der auf dem Kontinent entstandenen, nach insularen Vorlagen gearbeiteten Handschriften des späten 8. Jhs. angehören dürfte. Seine vermutliche Entstehung im Kloster Mondsee macht auch für den Kelch eine Herkunft aus dem Bereich Salzburgs wahrscheinlich.
Lit.: G. Haseloff, Der T., 1951.

Florenz, Baptisterium S. Giovanni.

Tatauierung. Früher meist „Tätowierung" geschrieben, eine für den Träger schmerzhafte Art dauerhaften Körperschmuckes, vor allem in der →Südsee verbreitet. Man unterscheidet Narbentatauierung, die nur einfache, wulstige Linien ergibt, und die eigentliche Tatauierung, bei der Farbstoff in die Haut „einoperiert" wird. Zentren dieser Kunst waren →Mikronesien (Karolinen, →Marshall-Inseln), ferner →Neuseeland und die →Marquesas-Inseln. Hier besonders war vom rasierten Scheitel bis zu den Zehenspitzen in manchen Fällen der ganze Körper mit komplizierten geometrischen Motiven und Augenornamenten bedeckt – eine Prozedur, die mehrere Jahre in Anspruch nahm.

Tatschara. Bezeichnung des Wohnpalastes der →Achaemeniden, auch im Sinne von „Winterpalast" aufgefaßt.
Lit.: K. Erdmann, KIS, 21; R. Ghirshman, Iran I, 147ff.

Tatti, Jacopo →Sansovino, Jacopo.

Taubenmosaik →Sosos von Pergamon.

Roman. Taufstein aus der Klosterkirche Alpirsbach (heute Freudenstadt).

Taufkirche, Taufkapelle (Baptisterium). Ein selbständiges kirchliches Gebäude, das, neben einer Bischofs- oder Pfarrkirche errichtet (im Westen meist westlich oder nördlich von ihr), ausschließlich der Taufe diente und gewöhnlich Johannes dem Täufer geweiht war. Die frühesten Beispiele scheinen aus dem 4. Jh. zu stammen (S. Giovanni in Fonte, Neapel; T. der älteren Menasbasilika bei Alexandria). Spätestens seit dem 3. Jh. war ein getrennter Taufraum üblich (Hauskirche von →Dura Europos). Die Bezeichnung Baptisterium ist bereits in vorchristl. Zeit für das Badebecken der →Frigidarien röm. →Thermen nachweisbar. Von den Raumformen röm. Thermen und Mausoleen scheint sich ein Teil der bei T.n anzutreffenden Formen abzuleiten. Sie sind gewöhnlich Zentralbauten über rundem, rechtwinkligem, kreuz- oder kleeblattförmigem, meist jedoch achteckigem Grundriß, häufig versehen mit einem inneren Säulenumgang und gelegentlich mit einer als Apsis hervorgehobenen Nische wohl zur Aufstellung des Bischofsthrons. Die T.n sind in der Regel mit →Klostergewölbe oder Kuppel bedeckt. Das Zentrum bildet das in den Boden eingetiefte, über Stufen erreichbare Taufbecken, in dem die Taufe durch Untertauchen vollzogen wurde. Das Becken kann quadratisch, rechteckig, rund, polygonal, vierpaß- oder kreuzförmig sein.
Lit.: E. Sjöqvist, Studi intorno alla Piazza del Collegio Romano, 2. L'origine del battistero constantino romano, in: Opuscula Archael. 4, 135–53, 1946.

Taufstein (Taufbecken). Ein größeres rundes oder vieleckiges Gefäß zur Aufnahme des Taufwassers, hergestellt aus Stein oder Metall. Bis in frühmittelalterl. Zeit, gelegentlich auch später noch (besonders in Italien) wurde die Taufe in einem großen Taufbecken vorgenommen, das die Mitte einer gesonderten →Taufkirche (Baptisterium) einnahm. Die Vereinfachung des Taufritus führte im 11. Jh. zur Bildung eines mäßig großen, von einem Fuß getragenen T.s, der in katholischen Kirchen nahe des Eingangs, später in protestantischen Kirchen im Chor aufgestellt wird. In roman. Zeit finden sich die unterschiedlichsten Formen (Kessel, Kufe, Pokal, Schale) immer auf kurzem gedrungenem Fuß und meist mit reichem ornamentalem und/oder figürlichem Schmuck versehen. In got. Zeit beschränkte sich die Ausstattung meist auf architektonische Schmuckmotive. Bevorzugt wird die Pokalform, häufiger findet sich als Material auch Zinn. Seit der Renaissance, vor allem im Barock, nimmt figürlicher Schmuck und die Vielfalt der Grundformen wieder zu.

Lit.: A. Schuchert, „Taufe und Taufstein", in: Universitas, Festschrift für Bischof Stohr, 330–36, 1960.

Tauriskos. Griech. Bildhauer aus Tralleis, tätig um die Mitte des 1. Jhs. v. Chr. Überliefert ist seine Mitarbeit an der Gruppe des sogen. Farnesischen Stiers.

Lit.: G. Lippold, Handb. d. Archäologie, V, 383f., 1950.

Tauschierung. In einen dunkel eingefärbten Metallgegenstand (aus Kupfer, Bronze oder Eisen) werden Muster eingeprägt oder eingraviert; anschließend werden diese Muster mit Silber oder Gold ausgelegt. Die Technik des Tauschierens war bereits in vorgeschichtlicher Zeit bekannt.

Taut, Bruno. Deutscher Architekt und Fachschriftsteller. Geb. 1880 in Königsberg/Pr., gest. 1938 in Istanbul. Studierte bei Th. →Fischer, war 1921–24 Stadtbaurat in Magdeburg und anschließend als freier Architekt in Berlin tätig (zusammen mit seinem Bruder Max T., geb. 1884 in Königsberg, der in Berlin lebt). 1931 in Berlin Prof. für Wohnungsbau und Siedlungswesen; 1932 wurde er mit einer Reihe anderer deutscher Architekten nach Moskau berufen. Von dort ging er nach Istanbul, wo er die Architekturabteilung der Kunstakademie leitete wie auch das Entwurfsbüro des türkischen Bauministeriums. – T. gehört zu den Pionieren der neuen Architektur. In seinem zweckfreien Glashaus auf der Kölner Werkbundausstellung 1914 zeigte er alle Möglichkeiten, die das Glas als Baustoff zuläßt. Hervorragende und in die Zukunft weisende Siedlungsbauten entstanden um Berlin und Magdeburg (Berlin-Zehlendorf, 1926–31).

Tavant. Bescheidene, zwischen Tours und Poitiers gelegene Kirche einer Priorei der Abtei Marmoutier. In Chor und Krypta eine im ikonographischen Programm beschränkte, künstlerisch sehr bedeutende Freskoausmalung des 12. Jhs. Auf den Chorgewölben ein fragmentarisch erhaltener Zyklus der Kindheit Christi, in der Apsis eine Majestas Domini. Besser erhalten ist die Kryptadekoration mit Majestas Domini und Szenen aus dem Leben zweier hl. Märtyrer, einer Kreuzabnahme, Christus in der Vorhölle (?), Adam und Eva, dem psalmodierenden David, mit Samson den Löwen tötend, zwei thronenden Märtyrerinnen, Tugenden und Lastern und profanen Motiven. Die fein nuancierte Farbigkeit ist auf rotbraune, braune, blaßgelbe und grüne Töne abgestimmt. Großartig die lebendig-spontane Gestaltung bei skizzenhaft flüchtiger Zeichnung, die lebhafte, gelegentlich tänzerisch flüssige Bewegtheit der Figuren.

Lit.: M. Weber, „The frescoes of T.", Art Studies, 1925, 83ff.; P. H. Michel, Les fresques de T., 1944; A. Grabar, Wandmalerei, in: Die großen Jahrhunderte der Malerei, Die Romanische Malerei vom 11.–13. Jh., 1958.

Tawananna. Titel der hethitischen Königsgemahlin zur Bezeichnung ihrer Regierungsgewalt, die sie bei Thronwechsel nicht an die Frau des neuen Königs abgibt, sondern bis zum Lebensende behält.

Lit.: M. Riemschneider, WH, 38, 52, 56; E. Akurgal, HK, 18ff., 31ff.

Taxila. Verschiedene Ruinenfelder nahe der gleichnamigen Eisenbahnstation in Nordwest-Pakistan. Bhir: Siedlungshügel, vermutlich aus achaemenidischer Zeit und von Alexander d. Gr. erobert, mit Funden aus der Maurya-Zeit. Sirkap: befestigte Stadt der griech.-parthischen Periode des 1. Jhs. v. Chr. bis 1. Jhs. n. Chr.; regelmäßiger Schachbrettgrundriß, Paläste der Regionalfürsten, buddhistische und dschainistische Stupas und Tschaitya-Hallen im Grundriß erhalten. Jandial: Reste eines Tempels auf dem Grundriß des antiken →Peripteros, jedoch mit Aufmauerung der Räume zwischen den Säulen und wahrscheinlich mit zusätzlichem Turm über dem Allerheiligsten. Sirsukh: Reste einer noch nicht ausgegrabenen Stadtbefestigung der Kuschana-Zeit. Jaulian und Mohra Moradu: buddhistische Klöster des 2.–5. Jhs., Schiefer- und Stuckplastik im Lokalmuseum.

Lit.: J. Marshall, T., 1951.

Taylor, Robert d. J. Engl. Bildhauer und Baumeister. Geb. 1714, gest. 1788 in London. Sohn des Bildhauers und Baumeisters T., Robert d. Ä. – Nach seiner Ausbildung bildete er sich durch einen längeren Italienaufenthalt weiter. Schuf als Bildhauer vor allem zahlreiche Grabdenkmäler, wobei er es liebte, Pflanzenwerk vor dunklem Marmorgrund wirkungsvoll darzustellen. – Als Architekt errichtete er seine Bauten in einem würdevollen klassizistischen Stil und bevorzugte dabei die korinthische Ordnung. Architektonisches Hauptwerk ist neben einer Gruftkapelle mit 12,5 m hoher Kuppel auf dem Friedhof zu Kent und mehreren Herrenhäusern sein Bauanteil an der Bank von England (London), deren Innenhof und Seitenflügel er errichtete (Teile dieser Arbeiten nach 1938 beseitigt).

Lit.: Thieme-Becker.

Teatro marittimo →Hadriansvilla.

Tebessa (Theveste). In Nordafrika gelegene Ortschaft mit bedeutenden antiken Resten röm. Zeit. Darunter ein Amphitheater und ein viertoriger Ehrenbogen für Caracalla. Aus byzant. Zeit stammen die Reste einer riesigen Zitadelle mit einem Grundrißrechteck von ca. 280 m × 320 m. Etwa 500 m vom Triumphbogen des Caracalla altchristl. Basilika vom Ende des 4. Jhs. Komplex von Gebäuden, also eine Art →Kirchenfamilie (Gemeindezentrum). Monumentale Portale. Säulenstellung vor dem Eingang. Von einem Vorhof führt eine Treppe von 32 Stufen zu einer Kapelle (Triconchos). Altar der Basilika aus zwei Gräbern zusammengesetzt. Atrium besitzt Wasserbecken. Die drei Schiffe sind getrennt durch Säulen, die an Pfeiler angelehnt sind. Der Ostteil der Kirche abgetrennt durch Balustraden. Platz des Altares dort erkennbar. Zwei kleine Treppen führen zum Bischofssitz hinter dem Altar. Drei Apsiden. Fußböden mit ornamentalem Mosaikschmuck. Zwei Galerien über Seitenschiffen. Ferner Baptisterium mit reichem Schmuck, schön geformte →Piscina.

Tegea. Griech. Ortschaft auf dem Peloponnes mit einem berühmten Heiligtum der Athena Aleia (der geflügelten Athena). Ein alter Tempel brannte am Anfang des 4. Jhs. v. Chr. ab. Um 350 v. Chr. wurde unter der Leitung des →Skopas ein dorischer →Peripteros – der erste Marmortempel auf dieser Halbinsel – erbaut. Der spätklassische Bau nimmt zahlreiche klassische „Zitate" in sich auf. So stammen der Säulendurchmesser und das Interkolumnium von den →Propyläen in Athen, die Ornamente sind dem →Erechtheion nachgeahmt, die Bauanlage insgesamt lehnt sich mit der langgestreckten Cella und einer seitlich angebrachten Tür an den Tempel von →Bassae an. Die noch erhaltenen Fragmente der Giebelplastiken weisen deutlich skopasische Züge auf. Die Kompositionen gehen wohl auf einen Entwurf des →Skopas zurück.

Lit.: Berve-Gruben-Hirmer, Griech. Tempel und Heiligtümer, 153 ff., 1961.

Teigdruck. Holzschnittverfahren, bei dem der Bildträger, das Papier, mit einer teigigen Masse überzogen wird, in die sich der Holzstock einprägt. Anschließend wird die eingeprägte Zeichnung mit Samtstaub überstäubt und tritt somit kräftiger hervor.

Teisikrates. Griech. Bildhauer aus Böotien (?), tätig in der 1. Hälfte des 3. Jhs. v. Chr. – Schüler des Eutykrates, eines Sohnes des →Lysippos. In der antiken Literatur werden seine Werke häufig genannt, jedoch konnte bisher keines im Original und kaum etwas in röm. Kopien erkannt werden.

Lit.: G. Lippold, Handb. d. Archäologie, V, 295, 1950.

Teje. Gemahlin →Amenophis' III., Mutter →Amenophis' IV. Inschriftlich gesichert ist ein Kopf der T. aus Grünstein, gefunden in einem Tempel auf dem →Sinai. Dagegen ist die Zuweisung des berühmten T.-Kopfes aus Eibenholz, gefunden in el →Fayum, nur wahrscheinlich. Es handelt sich um ein Meisterwerk der frühen →Amarna-Zeit, das psychologisches Erfassen eines faszinierenden Gesichtsausdrucks offenbart.

Lit.: W. Wolf, KÄ, 441f.; W. Otto, Ägypten, 148f., 159, 168.

Tektiforme Zeichen. In ihrer Bedeutung umstrittene gravierte oder gemalte Zeichen der →Älteren Steinzeit, die sehr häufig als Fallen oder auch als Wildgatter gedeutet worden sind.

Tektonik. Im kunstgeschichtlichen Sprachgebrauch die Vereinigung verschiedener unbeweglicher Elemente,

wie sie vor allem in der Architektur zu einer künstlerischen Form zusammengebracht werden.

Telamon. Architekturbegriff, der dasselbe wie Atlant bedeutet (→Atlas).

Telari. Bezeichnung für die mit Leinen bespannten Rahmen der Bühnendekoration der Hinterbühnenseitenwände, auf denen meist architektonische Malerei angebracht ist. →Bühnenbild.

Telepinu. Hethitischer König des frühen 15. Jhs. v. Chr., berühmt durch den Text, der das Staats- und Thronfolgerecht regelt und dabei die Geschichte seiner Vorgänger erzählt, die mit König Labarna beginnt, dem eigentlichen Begründer des Hethiterreiches um 1600 v. Chr. Vom König T. ist der gleichnamige hethitische Gott zu unterscheiden, der Vater des Wettergottes →Teschup.
Lit.: H. Schmökel, GAV, 123ff., M. Riemschneider, WH, 258f., E. Akurgal, HK, 18ff., 31ff., 48ff.

Telesterion. →Eleusis.

Tell Agrab. Ruinenstätte im Dijalagebiet 65 km östlich Bagdad, deren alter Name bisher unbekannt ist. Aus plankonvexen Ziegeln (→Riemchen) erbaute Stadtmauer mit Halbkreistürmen. Aus dem Scharatempel stammen wichtige Funde der frühsumerischen Periode und der →Mesalim-Zeit (Beterfigur, Köpfe von Beterinnen, Reliefgefäß mit Stier- und Löwengruppe, Kupferfigur eines Wagenlenkers mit Viergespann), die die charakteristischen Stilmerkmale semitischer Einflüsse in der →sumerischen Kunst zeigen.
Lit.: A. Parrot, Sumer, 371; V. Christian, AKZ I, 88; E. Strommenger, Mesopotamien, 64; H. Schmökel, GAV, 20, 32ff., 36.

Tell Atchana. Ruinenstätte des alten →Alalach.

Tell Brak. Ruinenstätte im oberen →Chabur-Gebiet, nach der Keramik seit der Tell Halafzeit (→Guzana) besiedelt. Schwere weibliche Idolplastik. Bedeutsame Funde im Bereich des Tempels mit Tonstiftmosaik der Außenwand, das zusammen mit anderen Wesenszügen auf Beziehungen zu →Uruk weist. Augenidole und Alabasterköpfe deuten die Wandlung der Göttervorstellung an. Tierfiguren mit Stempelsiegel der Unterseite haben ebenfalls Entsprechungen in →Uruk, so daß T. als sumerische Station angesehen werden darf. Die Bedeutung von T. ergibt sich aus der Anlage des festungsartigen →Naramsin-Palastes, einem wichtigen Zeugnis der Architektur von (→Akkadzeit) Akkad, Neubau aus der Zeit der III. Dyn. von →Ur.
Lit.: A. Parrot, Sumer, 374, 384; H. Schmökel, GAV, 338.

Tell el Amarna →Amarna.

Tellem. Bezeichnung der älteren Holzplastik im Gebiet der →Dogon, von anderen Autoren als Name eines älteren Sudanvolkes im Wohnraum des genannten Stammes aufgefaßt. Es handelt sich um 200 oder mehr Jahre alte Figuren aus sehr hartem Holz. Meist sind schlanke, stehende Gestalten (zwitterartig mit Kinnbart und Brüsten) dargestellt, die mit erhobenen Armen „um Regen flehen". Ausdrucksvolle Tierfiguren, als Wächter der Felder aufgefaßt, werden „bazou" genannt. Auch Reiterfiguren und „Kultpferde" (Tragekasten für Holzfiguren in Form eines Pferdes ohne Beine) werden beschrieben.

„Teller". Seit dem 10. Jh. in der byzant. Baukunst das Bestreben, die Kirchen durch die Dekoration der Außenflächen mehr in der Öffentlichkeit wirken zu lassen. Hierfür stellt man in Bulgarien und Griechenland u. a. besondere Teller her. Sie werden mit der Unterseite in den Verputz der Mauern eingedrückt.
Lit.: David Talbot Rice, Byzant. Kunst, 108, 1964.

Tell Ghassul. 20 km südöstlich →Jericho gelegene praehistorische Siedlung (Ende 4. Jahrtausend v. Chr.), deren Häuser Wandmalereien mit religiösen Motiven zeigen, z. B. Stern im Flimmerstil, Fratzenmasken, Gruppe von sechs Personen, davon zwei auf Schemeln, deren Deutung wegen des fehlenden Oberteils nicht möglich ist (Fürstenpaar mit Gefolge oder thronende Gottheiten?). Die Bewohner von T. setzten ihre Toten in Steinkisten bei, die megalithischen Charakter zeigen und Beziehungen zu den →Dolmen im Ostjordanland nahelegen.
Lit.: A. Jirku, WB, 12ff.; H. Bossert, Altsyrien, 988, 993, 1123f., 1146ff.

Tell Halaf. Ruinenstätte des alten →Guzana über Siedlungsschichten mit bemalter Keramik des 5./4. Jahrtausends v. Chr., die als T.-Gattung bezeichnet wird. →Arpatschije.

Tell Hariri. Ruinenstätte von →Mari.

Tell Harmal. Ruinenstätte der alten Stadt →Schaduppum.

Tell Muqajjar. Ruinenstätte des alten →Ur. Die arabische Bezeichnung weist auf die Bitumenschichten der →Zikkurat hin.

Tello. Ruinenstätte der sumerischen Stadt →Lagasch.

Tell Tayinat. Palastanlage mit eindrucksvollen Portallöwen und Thronfragment der späten →hethitischen Kunst (Hataygebiet).
Lit.: E. Akurgal, HK, 90ff.; H. Bossert, Altanatolien, 74, 870ff.

Temenos. Durch eine Umfassungsmauer eingefaßter Heiliger Bezirk einer griech. Kultstätte.

Tempel. Etymologisch nicht mehr genau abzuleitende Bezeichnung eines antiken Kultbaus. Die griech. Architektur hat verschiedene Tempeltypen entwickelt. Die einfachste Form, die nicht unbedingt als Frühform zu bezeichnen ist, ist der →Antentempel. Die großen Bauten der klassischen Zeit werden in der Regel als →Peripteros errichtet. Die Entwicklung, die zu diesem Bautyp führte, ist nicht mehr im einzelnen nachzuzeichnen. – Das Innere eines griech. Tempels diente ausschließlich der Aufbewahrung des Kultbildes und nicht einem Kultzeremoniell. Deshalb liegt der zu einem Heiligtum gehörende Altar in der Regel vor dem T., bisweilen mit ihm durch eine Rampe verbunden. Aus dieser Funktion der →Cella erklärt sich die Monumentalität zahlreicher Kultbilder, die häufig den ganzen Innenraum in seiner Höhe ausfüllen. Damit kommt der Cella ein schreinartiger Charakter zu. Die umgebende Säulenstellung, die das Dach trägt, bezeichnet des Haus des Gottes als heiligen, von der Umwelt abgesonderten Ort. Der früheste, erhaltene Peripteros wurde auf der Insel →Samos gefunden. Im 7. Jh. v. Chr. sind die ersten peripteral geplanten Anlagen entstanden, zu denen als frühester dorischer Bau das Heraion in →Olympia gehört. – Allgemein wird angenommen, daß diese ausschließlich in Stein überlieferten Anlagen sich aus einer Holzbaukonstruktion entwickelt haben und sich die Einzelformen aus ihr erklären lassen. Neuere Forschungen haben gezeigt, daß sich diese Annahme nicht lückenlos aufrechterhalten läßt, so daß sowohl typologisch als auch formal die Entstehung des griech. T.s noch ungeklärt ist. – Die archaischen T. des 6. Jhs. v. Chr. zeigen in der Regel eine langgestreckte Form mit einer schmalen Cella, deren Decke durch Innensäulen getragen wird. Gegen Ende des Jahrhunderts werden die Proportionen gedrungener, und Lang- und Schmalseite erreichen das Verhältnis 1:2, wie es sich z. B. an dem Aphaiatempel von →Ägina mit 6 Säulen an den Fronten und 12 an den Langseiten überliefert hat. Ein vielfach zu beobachtendes Grundmaß archaischer T. ist das sogen. →Hekatompedon. – In klassischer Zeit entwickelt die griech. Architektur kanonische Proportionen. Die Cella wird in die →Peristasis eingebunden, indem sie häufig mit der jeweils 2. Säule der Front- und Langseite axial fluchtet. Besonders der Zeustempel von →Olympia und die perikleischen Bauten →Attikas überliefern diese Entwicklungsstufe. Charakteristisch für diese Bauten ist es, daß sie sich ausschließlich und allseitig nach außen wenden. Dabei bestimmt das Säulenverhältnis von 6 × 13 die klassische Proportion. Höchst komplizierte Berechnungen der Einzelteile, die sich aus einem Grundmaß herleiten, legen Grundriß- und Aufrißgestaltung fest. Um einer klassizistisch anmutenden Starrheit zu entgehen, wird die →Kurvatur angewandt. Spielte wegen der dargelegten Funktion der Cella bis um 450 v. Chr. die Gestaltung des Innenraumes mit seinen häufig etagierten Säulen kaum eine Rolle, so dringen in der 2. Hälfte des 5. Jhs. v. Chr. ionische Elemente in den attisch-dorischen T. ein, die in ihrer Konsequenz dazu führten, das Innenraumproblem als Gestaltungsaufgabe

zu erkennen. Besonders →Iktinos hat sich diesen Fragen gewidmet und sie an einer Reihe von Bauten durchexerziert, bis er zu seiner grandiosen Lösung kam, die in dem T. von →Bassae überliefert ist. Im 4. Jh. v. Chr. verliert die kanonische Bauweise der Klassik, was den dorischen T. betrifft, an Gültigkeit, und es entstehen von dieser Zeit an nur noch wenige T. dieser Art. Die Unlösbarkeit des →Triglyphenkonflikts veranlaßte die Baumeister, sich von da an fast ausschließlich der ionischen Architekturordnung mit ihrer Variante, der korinthischen, zuzuwenden. – Der ionische T., als Peripteros ungefähr gleichzeitig mit dem dorischen entwickelt, bietet weniger Probleme. Bauten dieser Art sind vor allem auf den griech. Inseln und an der kleinasiatischen Küste errichtet worden. Der ionische T. hat zugunsten einer monumentalen Ausgestaltung bereits im 6. Jh. v. Chr. neben der peripteralen Anlage den →Dipteros entwickelt (z. B. →Samos, →Didymaion und →Ephesos). Neben der ionischen →Säulenordnung ist das Äußere dieser T. vor allem durch einen über dem Architrav liegenden, durchgehenden Fries im Gegensatz zum dorischen →Triglyphon gekennzeichnet. Die riesigen Anlagen der Dipteroi, die eine Überdeckung aus technischen Gründen nicht ermöglichten, führten zum →Hypostylos mit dem offenen →Sekos an Stelle einer geschlossenen Cella. Das Kultbild findet seinen Platz in einem →Naiskos, der im Inneren des Sekos steht (z. B. →Didymaion). – Die Tempelbauten des →Hellenismus schließen sich fast ausnahmslos der ionischen oder korinthischen Bauweise an. – Der röm. T. leitet sich vom etruskischen →Podiumtempel ab. Im Gegensatz zum griech. ist er ausnahmslos frontbetont, indem der Cella eine Säulenhalle vorgelagert wird, zu der eine große Fronttreppe hinaufführt. An diesem Grundtypus hält die röm. Sakralarchitektur fast ausnahmslos fest. Dabei bedient sie sich zur Ausschmückung des Äußeren griech. Elemente, die sie nach freier Wahl hinzufügt. So können diesen Bauten ionische, dorische oder korinthische Säulen angefügt werden. Eine eigene Säulenordnung hat die röm. Baukunst nicht entwickelt, lediglich das sogen. →Kompositkapitell ist aus der Vermischung verschiedener Formen als typisch röm. Produkt entstanden. →Stufentempel; →Zikkurat.

Lit.: Berve-Gruben-Hirmer, Griech. Tempel und Heiligtümer, 1960.

Temperamalerei. (von italien. temperare „mischen, mengen"). Das Malen mit Farben, deren Bindemittel (Ei, Öl mit einem Zusatz von Feigenmilch, Honig, Leim oder Kasein) mit Wasser zu verdünnen, nach dem Trocknen jedoch nicht mehr wasserlöslich sind. Die Zusätze ergeben die verschiedenen Temperaarten, z. B. Leim- oder Kaseintempera für Wandmalerei in Innenräumen, Eigelb- oder Öltempera für Staffeleibilder, Temperafarben trocknen rasch auf. Mit →Firnis überzogen, gewinnen sie an Leuchtkraft. Sie müssen dünn aufgetragen werden, um ein Abblättern zu vermeiden. Übergänge lassen sich nur durch feine Schraffuren und Punktierungen erreichen. T. wirkt dadurch härter als die →Ölmalerei, erreicht auch nie deren satte leuchtende Farbwirkung. Mittelalterl. →Tafelmalerei ist durchweg in T. ausgeführt.

Lit.: K. Wehlte, T., 1946.

Temperantiaschale. In mehreren Exemplaren überlieferte Prunkschale aus →Zinn von der Hand des berühmtesten Meisters seiner Zeit, François Briot (um 1550–1615).

Templerkirchen. Kirchen der Tempelritter, →Heiliges Grab.

Templon. Seit dem 16. Jh. üblich gewordene Bezeichnung für die →Ikonostasis byzant. Kirchen.

Tenancingo. Im Süden des Tales von Toluca gelegene Distrikthauptstadt, in deren Nähe sich der Tempelbezirk von →Malinalco befindet.

Tenayuca. Tempelpyramide 10 km nordwestlich von Mexico City, Mittelpunkt der einstigen Hauptstadt des Chichimekenreiches, wahrscheinlich dem Kult der untergehenden Sonne bestimmt. Bemerkenswert wegen der Einfassungen durch nebeneinander gesetzte Reihen monumentaler Schlangen und Xiuhcoatls (Feuerschlangen). Von W führt eine breite Treppe zur Plattform mit Doppelheiligtum. Vergrößerung durch 7 Überbauungen im Zeitabstand von jeweils 52 Jahren, einem Jahreszyklus; durch Tunnelbohrungen erforscht, bietet frühesten Zeitansatz im 11. Jh.

Teneberleuchter. Schmiedeeiserner Leuchter mit dreieckigem Aufsatz, der 13–16 Kerzen trägt. Diese symbolisieren Christus und die Apostel, gelegentlich noch die drei Marien. Nur in der Karwoche gebraucht und im Chor aufgestellt. Berühmtes Beispiel in der Kathedrale von Sevilla mit Figuren Christi und der Apostel. Entstanden ist der T. im Mittelalter.

Tenebrosmalerei. Variante der Hell-Dunkel-Malerei, bei der der Kontrast zwischen Licht und Dunkel durch scharf abgrenzende Farbgebung hart betont wird, im Gegensatz zu den verschleifenden Übergängen, wie sie z. B. →Rembrandt bevorzugte. Die T. ist geeignet, plastische Werte anschaulichst wiederzugeben und wurde vor allem von →Caravaggio und seiner Schule, besonders aber im 17. Jh. in der span. Malerei angewendet.

Teniers, 1) David d. Ä. Niederl. Maler. Geb. 1582 in Antwerpen, gest. 1649 ebda. Wurde auf seiner Reise nach Italien von →Elsheimer beeinflußt, später in der Heimat von P. P. →Rubens. Sein Themenkreis war weit gespannt: geschichtlich-mythologische Darstellungen finden sich ebenso wie Landschaften und Genreszenen. Doch lassen sich nur wenige Bilder dem Älteren T. mit Sicherheit zuordnen. – **2)** David d. J. Niederl. Maler. Geb. 1610 in Antwerpen, gest. 1690 in Brüssel, Sohn von 1). Ebenso dessen Schüler und des A. →Brouwer. Ging 1651 als Hofmaler und Galeriedirektor Erzherzog Leopold Wilhelms nach Brüssel, wo er 1663 die Akademie gründete. Unter den Themen, die sein Vater pflegte, griff sich der Jüngere T. das →Genre heraus mit der Schilderung des fläm. Volkslebens auf Markt und Straße, in Stuben und Schenken.

Lit.: A. Rosenberg, T. d. J., 1901; R. Oldenbourg, Flämische Malerei im 17. Jh., 1918.

D. Teniers d. J., Die fünf Sinne (Brüssel, Mus. Royaux des Beaux Arts).

Tenochtitlan. Hauptstadt des Reiches der →Azteken, in den Lagunen des Sees von Texcoco errichtet, über Dammstraßen zugänglich. Die Stadt blüht wetteifernd mit →Tlatelolco auf und erreicht im 15. Jh. die Hegemonie über den Bereich des Hochtales von Mexiko hinaus. Prächtige Palastanlagen und Tempelkomplexe mit Pyramiden wurden errichtet, am großartigsten war der Haupttempelbezirk (Templo mayor) am Orte der jetzigen Kathedrale. Die Kämpfe bei der Wiedereroberung der Stadt durch Hernan Cortés 1521 bringen die völlige Zerstörung der Stadt. Die meisten erhalten gebliebenen Kunstwerke sind archäologisches Fundgut.

Lit.: S. de Madariaga, Cortés, Eroberer Mexikos, 1960; J. Soustelle, So lebten die Azteken am Vorabend der spanischen Eroberung, 1957.

Teopanzolco. Aztekische Pyramide nahe von Cuernavaca, Morelos, Mexiko. Der an sich schmucklose Bau ist deshalb besonders bemerkenswert, weil er einen guten Eindruck vom einstigen Aussehen des Haupttempels von →Tenochtitlan vermittelt. Der zweistufige und deshalb nur 8 m hohe Unterbau trägt zwei rechteckige Sakrarien

mit breiten Eingängen, geböschten Mauersockeln und senkrechten Wänden, die von dickem Verputz aus Kalkmörtel überzogen waren. Die kleinen Tempelbauten bestehen aus Vorhalle und Cella, die größere hat die Ausmaße von 10 × 7 m, die kleinere besitzt an den Ecken vorgeschobene steinerne Steinpfeiler, auf denen einst die hölzernen Dachstützpfosten aufsaßen.
Lit.: E. Noguera, Archaeological Sites of the State of Morelos, 1961.

Teotihuacan. Größte Ruinenstadt und bedeutendstes Kulturzentrum des Hochlandes von Mexiko, 50 km nordöstlich von Mexiko City. Erbauer und deren Sprache unbekannt, lediglich Sagen berichten über T. als ,,Ort der Götter". Gegen Ende der formativen Phase (vorklassische Periode) von Bevölkerung mit ausgezeichneter Töpferei besiedelt, erste Anlage der Sonnenpyramide errichtet. Ausbildung der Klassischen T.-Kultur (3. Jh. bis etwa 900). Starke Einflüsse von der Golfküste (→Tajin, →Olmeken) und Ausstrahlung bis zur Grenze →Mesoamerikas. Herrschaft offensichtlich von mächtiger Priesterschaft ausgeübt (Theokratie). Die Ruinen des Kult- und Verwaltungszentrums mit ihren großen Plätzen, breiten Straßen (über 10 qkm) zeigen Spuren von Brandschatzung, danach nicht mehr besiedelt. Die frühen Perioden durch massive, blockartige Steinskulpturen in geometrischer Strenge charakterisiert. Dünne gut gebrannte Keramik in Orangefarbe meist als Importware. Die Klassische Zeit kennt vor allem stucküberzogene Fassaden mit reicher Bemalung meist in al-secco-Technik. Für die Keramik sind Dreifußgefäße bezeichnend, in →Cloisonné, al-secco, Schab- oder eingestempelten Mustern. Insgesamt 4 Perioden unterscheidbar. Der gewaltige Pyramidenbau der Sonnenpyramide mit 5 übereinander gesetzten, geböschten Terrassen hat bei 225 m Seitenlänge heute noch 63 m Höhe und über 1 Mill. m^3. Mondpyramide 40 m hoch (120 × 150 m). ,,Straße der Toten" führt an Palastruinen vorbei zur ,,Zitadelle", deren Zentraltempel abwechselnd steinerne Federschlangen und Regengottköpfe aufweist. Wandmalereien finden sich im Tempel des Ackerbaus, in Tepantitla (,,Paradies des Regengottes"), in Tetitla (Fresken des Regengottes), in Atetelco (einziger vollständig restaurierter Gebäudekomplex) usw. Einen Eindruck von einstiger Prachtentfaltung geben die Ornate tragenden Tonfigurinen und die in großer Zahl gefundenen Steinmasken.
Lit.: M. Gamio, La Población del Valle de T., 1922; W. Krickeberg, Altmexikanische Kulturen, 1956; S. Linné, Altamerika, 1960.

Tepe Gawra. Seit dem 5./4. Jahrtausend v. Chr. nach Ausweis von Tell Halaf- (→Guzana), →Samarra- und →Obeid-Keramik besiedelter Ort, 4 km östlich von →Chorsabad. Lückenlose Schichtenfolge bis in churritische Zeit des 2. Jahrtausends. Der Tempel der Schicht XIII (→Obeid-Zeit) zeigt ein Mittelschiff, das an beiden Enden durch Querräume abgeschlossen wird, und rhythmische Wandgliederung durch abgetreppte Pfeiler. Die Beziehung zum Tempel in →Eridu, Schicht VII, ist bei aller Eigenart unverkennbar. Die Grundzüge des Tempels der Schicht VIII (28. Jh.) mit Vorhalle und Langraum, flankiert von seitlichen Langräumen, kehren wieder am →Inanna-Tempel des →Karaindasch in →Uruk (14. Jh.).
Lit.: A. Parrot, Sumer, 377; Christian, AKZ I, 29f.; J. Wiesner, UKG II, 14.

Tepe Giyan. Praehistorischer Fundort in der Nähe von Nehavend (Westiran), wichtig für die Entwicklungsstufen der bemalten Keramik auf dem iranischen Hochland, die durch →Tierstil-Motive gekennzeichnet ist und wie in →Sialk von einer grauschwarzen Ware zurückgedrängt wird (3./2. Jahrtausend v. Chr.).
Lit.: R. Ghirshman, Iran I, 3; H. H. von der Osten, WP, 17, 45f., 52, 61.

Tepe Hissar. Ruinenstätte im Gebiet von →Damghan. Praehistorische Dorfsiedlung mit bemalter Keramik. Nach Zerstörung tritt eine Grauware auf (4./3. Jahrtausend v. Chr.). Die 2. Siedlungsschicht weist ein befestigtes Gebäude, Alabaster-, Gold- und Silbergefäße zusammen mit Goldschmuck auf (3./2. Jahrtausend v. Chr.). Für die Bedeutung des Platzes spricht die wegen ihrer Stuckornamente wichtige Palastanlage des Sasanidenkönigs →Kavadh I. →Feuertempel.
Lit.: R. Ghirshman, Iran I, 2ff.; H. H. von der Osten, WP, 16ff.

Tepidarium. Das Lauwarmbad der antiken → Thermen.

Tepozteco, Haus des. Tempelpyramide auf dem zerklüfteten Steilabfall der Felsen oberhalb Tepoztlan, Morelos, Mexiko, errichtet. Teilweise blieben Reliefdarstellungen erhalten, u.a. in bezug auf König Ahuitzotl (gest. 1502); dem Pulquegott geweiht.

Teppich (griech. tapes, lat. tapetum, althochdeutsch tepith). Früher Wandbehang, erst in neuerer Zeit Fußbodenbelag. Wir unterscheiden: 1.) Gewebter T.: rechtwinklige Kreuzung von Kette- und Schußfäden in einem Webstuhl. 2.) Gewirkter T.: Einflechten der bunten Schußfäden in die Kette (Nadel oder Spule). 3.) Knüpf-T.: Die Kettfäden werden mit den kurzen bunten Schußfäden verknüpft. – Die in der →altorientalischen Kunst entwickelte T.-Kunst reicht in frühsumerische Zeit zurück, in der Wandverkleidungen mit Stiftmosaikmustern die Verwendung von farbigen Behängen mit geometrischen Ornamenten bezeugen. Schon die bemalte Keramik der Vorzeit mit ihren eigenartigen Tiermotiven läßt an Textilarbeiten denken. Auf eine entwickelte T.-Kunst weisen assyrische Steinreliefs mit Blütenmustern und Fransenrahmen. Durch Überlieferung bezeugt ist die hochstehende T.-Kunst von → Sardes, die am Hof der →Achaemeniden bevorzugt wurde. Beziehungen zur Achaemenidenkunst zeigt der bisher älteste erhaltene, aus feiner Wolle geknüpfte Teppich aus Grab V von →Pazyryk, dessen Reiter- und Hirschfries ein aus der →assyrischen Kunst bekanntes Blütenmusterfeld umgibt. Ihren Höhepunkt erreichte die T.-Kunst des Altertums unter den →Sasaniden. – In Ägypten finden wir die ersten Teppiche im 2. Jahrtausend v. Chr. Seit dem frühen Mittelalter werden Knüpf-T.e aus dem Orient, besonders aus Persien eingeführt. Im Abendland selbst wird mehr der gewirkte →Bildteppich hergestellt. Seit dem 19. Jh. werden gewebte Teppiche (→ Jacquardweberei) mit orientalischen Mustern als Fußbodenbelag auch in Europa hergestellt. (Siehe Farbtafel 20).
Lit.: H. Haack, Echte Teppiche, 1956; D. Heinz, Alte Orientteppiche, 1956.

Terafim. Alttestamentliche Bezeichnung für kleine Idolplastik, die ihren Ursprung in kanaanäischen Götterstatuetten aus Ton, Silber und vergoldeter Bronze hat, wie sie in →Ugarit belegt sind.
Lit.: A. Parrot, Sumer, 240f.; A. Jirku, WB, 245.

Terborch (ter Borch), Gerard. Holländischer Maler. Geb. 1617 in Zwolle, gest. 1681 in Deventer. Schüler seines Vaters Gerard T. d. Ä. (1584–1662) und des P. de Molijn in Haarlem. T.s Fach war das Genrebild der vornehmen bürgerlichen Gesellschaft, deren Damen und Herren er in angemessener Gestik, in kostbarer Kleidung, in der Konversation begriffen oder musizierend darstellt. Die Darstellung wertvoller Stoffe, das Hervorheben charakteristischer Merkmale war ihm besonderes Anliegen, während er auf Beiwerk soviel wie möglich verzichtet und den Raum in verhaltenes Dämmern taucht. Die hohe Schule holländischer Genremaler, unter ihnen Meister wie →Vermeer, stehen in seiner Nachfolge.
Lit.: E. Plietzsch, G. T., 1944; S. J. Gudlaugsson, Gerard ter Borch, 2 Bde., 1959/60.

Terbrugghen (ter Brugghen), Hendrick. Niederl. Maler. Geb. 1588 in Deventer, gest. 1629 in Utrecht. Schüler von →Bloemaert und anschließend wahrscheinlich in Italien (1604–14?), wo er von →Caravaggio stark beeindruckt wurde. Nach Utrecht zurückgekehrt, wurde T. mit seinen Halbfigurenstücken der bedeutendste Caravaggio-Interpret der Utrechter Schule. Die Themen seiner stets originell komponierten, physiognomisch und materiell gut beobachteten Darstellungen sind dem biblischen Geschehen (Berufung des Matthäus, 1621, Utrecht, Mus.) entnommen und auch dem alltäglichen Leben (Trick-track-Spieler, ebda.).
Lit.: B. Nicolson, H. T., 1959.

Tergeste. Antiker Name der Stadt →Triest.

Termanin (Syrien). Auch Dêr Termanîn. Große syrische Prachtbasilika (um 500), dreischiffig und querschifflos. Bemerkenswert der dreiteilige Narthex mit Doppelturmfassade. Diese reich gegliedert, Loggia über dem Portikus. Sonderheit in Syrien: innere polygonale Apsis. Sie war noch im 19. Jh. erhalten, heute in Trümmern.
Lit.: W. H. Beyer, Der syrische Kirchenbau, 1925.

G. Terborch, Gesellschaft im Zimmer (Amsterdam, Reichsmus.).

Terrakotta (ital.), porös gebrannter Ton. Gehört zu den ältesten bildnerischen Werkstoffen. T. wird auch für Gefäße verwendet, vor allem jedoch in der Klein- und Bauplastik. – Während sich in Ägypten bereits früh die →Fayence gegenüber der T. durchsetzte, kam es im Alten Orient erstmals zu einer reichen T.-Produktion, die wiederum in Griechenland seit geometrischer Zeit begegnet (vor allem Böotien, →Tanagrafiguren). – Im Ostasiatischen sind vor allem zahlreiche Grabbeigaben der Tang-Zeit Chinas aus T. bekannt. – Das europäische Mittelalter verwendete T. nur selten, erst die Kleinbildkunst des sogen. →Weichen Stils brachte wieder eine erneute Blüte der T.-Kunst (vor allem in Deutschland), die in der italien. Renaissance eine weitere Steigerung erfuhr.

Terramare-Kultur. Bronzezeitkultur der 2. Hälfte des 2. Jahrtausends v. Chr., hauptsächlich im nördlichen Apennin verbreitet. Charakteristisch sind in Pfahlbauweise angelegte, regelmäßige Siedlungen, eingefaßt von breiten Gräben und Erdwallanschüttungen.

Terra sigillata. Röm. Keramik mit rotem Überzug und vielfältigen Vasenformen. Die erste Werkstatt dieser Ware entstand wohl um 30 v. Chr. in Arretium. In der Kaiserzeit verbreitete sich die T. über das gesamte röm. Imperium und zählte zu den beliebtesten Keramiken der röm. Kaiserzeit. Die oft wie getriebene Metallgefäße wirkenden Keramiken zeigen ausnahmslos eingepreßten Reliefdekor, gehören somit zur Reliefkeramik. In der Regel ist die Ware durch Töpferstempel gekennzeichnet, so daß sich die Ausbreitung in die verschiedenen Gebiete sehr genau bestimmen läßt. – Zeitlich reicht die T. bis ins 4. Jh. n. Chr., lebt jedoch vereinzelt in provinzieller Ware noch bis in das 7. Jh. n. Chr. weiter.
Lit.: R. J. Charleston, Roman Pottery, 1955.

Terrazzo. Italien. Bezeichnung für Estrich, ein fugenloser Bodenbelag aus Mörtel oder Zement, in den verschiedenfarbige Steinchen eingewalzt werden, so daß eine unregelmäßige, mosaikähnliche Musterung entsteht.

Teschup. Hethitisch-churritischer Wettergott, auf dem Felsrelief von →Yasilikaja über die gebeugten Nakken von zwei Berggöttern schreitend bei der Begegnung mit der Göttin von →Arinna dargestellt. Auf Reliefstelen aus →Til Barsip, dem →Adad ähnlich, mit Blitzbündel, Streitaxt und Schwert ausgestattet, auf einem Stier stehend.
Lit.: H. Schmökel, GAV, 151, 166, 169, 212; M. Riemschneider, WH, 72; E. Akurgal, HK, 48ff.; A. Parrot, Assur, 77ff.

Tessenow, Heinrich. Deutscher Architekt und Fachschriftsteller. Geb. 1876 in Rostock, gest. 1950 in Berlin. Studierte an der Technischen Hochschule München bei F. v →Thiersch. Wurde als Assistent von M. Dülfer 1909–11 in Dresden ansässig. Dort seit 1920 Leiter der Architekturschule der Kunstakademie. Seit 1926 an der Technischen Hochschule Charlottenburg tätig. – Der Bau des Dalcroze-Instituts in Hellerau bei Dresden (→ Riemerschmid, R.) mit seinen auf allen Schmuck verzichtenden glatten Flächen und Baukörpern zeigt das Programm von T. Er hat mit dieser sehr sachlichen, feinproportionierten, an den Neuklassizismus erinnernden Kunst großen Einfluß auf den Wohnhausstil in ganz Deutschland gewonnen und dies sowohl in der Außen- wie auch in der Innenarchitektur.

Tessin. 1) Nicodemus d. Ä. Deutsch-schwedischer Architekt. Geb. 1615 in Stralsund, gest. 1681 in Stockholm. Seit 1636 in schwedischen Diensten, anfangs hauptsächlich mit Stadtplanung und Bauaufsicht beschäftigt. Eigene frühe Bauten (z. B. Herrenhof Krusenberg) zeigen im Grundriß franz., in der Gestaltung der Fassade deutsch-holländische Anregungen. 1646 Ernennung zum königlichen Baumeister. 1651–53 entscheidende Studienreise nach Deutschland, Holland, Frankreich und Italien, wo ihn besonders die Antike und der Klassizismus →Palladios beeindruckten. In den folgenden Jahren zahlreiche große Bauaufträge in Schweden (Paläste in Stockholm, Bürgerhäuser, Kirchen, Landschlösser des schwedischen Adels). 1660 Übersiedlung nach Stockholm, von wo aus er sein Hauptwerk, das Schloß Drottningholm, (1662–86) errichtete. Es wurde von seinem Sohn vollendet. – **2)** Nicodemus d. J. Als Sohn des 1) 1654 in Nyköpping (Schweden) geb., gest. 1728 in Stockholm. Lernte bei seinem Vater und studierte an der Universität Uppsala (1670–72) Mathematik und Sprachen. 1673/74 Studienreisen nach Italien, nach England und schließlich nach Frankreich, wo er hauptsächlich die Gartenbaukunst →Le Nôtres studierte. 1681 Ernennung zum Hofarchitekten, 1690 geadelt und 1714 in den Grafenstand erhoben. – Sein Hauptwerk ist die monumentale Neuanlage des Stockholmer Schlosses (1696ff.) und die Planung der angrenzenden Umgebung (1706–12). Außerdem zahlreiche Landschlösser, Kirchen und öffentliche Gebäude. Sein weitreichendes Wirken ist bis nach Norwegen, Dänemark, Frankreich, Deutschland und vor allem Rußland zu verfolgen.
Lit.: Thieme-Becker.

Teti. Erster König der 6. ägypt. Dyn. (spätes 25. Jh. v. Chr.). →Pyramide in →Sakkara. Im Totentempel fand sich eine Totenmaske zur Anfertigung eines Bildnisses, ein wichtiges Zeugnis für die in der Kunst des späten Alten Reiches spürbare Neigung zur Annäherung an Erscheinungsbilder. An der Pyramide des T. Gräberstraße mit →Mastabas von Wesiren, darunter die des →Mereruka und des Kagemni.
Lit.: W. Wolf, KÄ, 197, 239; E. Brunner-Traut, Ägypten, 394.

Tetramorph →Evangelistensymbole.

Tetrarchen. Vierherrschaft zur Zeit Diocletians. Zwei Augusti und zwei Caesaren leiteten das röm. Reich. Am 1. März 293 Neueinteilung durchgeführt. Man spricht von einer tetrarchischen Kunst, die sich in der Zeit der 4 Kaiser entfaltet.

Tetzcotzinco. Felsenpark südöstlich von Tetzcoco, Mexiko. Auf Veranlassung König Nezahualcoyotls von Tetzcoco um 1460 geschaffene künstlich bewässerte Anlage mit aus dem Felsen geschlagenen Terrassen, Wasserbecken, Treppen und Kapellen, eine Art Götterburg bildend (→Malinalco).

Teufel. Der katholische Glaubenssatz, daß ein Teil der Engel von Gott abfiel und in die Hölle verstoßen wurde, geht auf Lukas 10, 18 und die Geheime Offenbarung 12, 9ff. zurück. In der frühchristl. Kunst wird der T. nur sym-

bolisch als Schlange, Drache oder Löwe dargestellt, im Mittelalter auch unter anderen Tiersymbolen, z.B. dem Basilisk. Erst im Mittelalter bildet man ihn in menschlicher Gestalt als nackten Engel von dunkler Hautfarbe ab (z.B. byzant. Handschrift des 9. Jhs. in Paris, Bibl. Nat. ms. lat. 510, die vielleicht auf ein justinianisches Vorbild zurückgeht; Evangeliar Ottos III. der →Reichenauer Schule, um 1000). Frühe karikierende Teufelsdarstellungen finden sich in der engl. Buchmalerei des 10./11. Jhs. Gelegentlich hat er eine Zackenkrone oder zackig gesträubtes Haar. Die Stelle in Psalm 95,5 „alle Götter der Heiden sind Dämonen" führte zur Übernahme heidnischer Fabelwesen wie Kentauren, Sirenen, vor allem jedoch des Satyrs, einer Verbindung von Mensch und Ziegenbock, als Abbild der Dämonen. Unter Mitwirkung dieser Vorstellungen scheint es um 1100 vermutlich zuerst in Frankreich zur Gestaltung jenes mißgebildeten T.typs gekommen zu sein, der sich bis ins 16. Jh. hielt: fratzenhaftes Gesicht mit spitzen Satyrohren und Hörnern, zottige Behaarung, Bocksfüße oder Füße mit Klauen (nur selten Pferdefuß), Schwanz, im Spätmittelalter häufig Fledermausflügel. Er trägt einen Haken oder Dreizack und ist von roter, grüner oder schwarzer Farbe. Fertig ausgebildet finden sich diese phantastischen T.sgestalten in der franz. Portalplastik seit dem Anfang des 12. Jhs. (z. B. →Moissac, →Autun; auch auf Kapitellen in →Vézelay, Beaulieu, Soulliac). Die deutsche Kunst hat den franz. T.-Typ übernommen, während die italien. die menschliche Form des T.s häufiger beibehielt. Wichtige Anregungen zur Schilderung von T.sgestalten boten die vielgelesenen Heiligenviten (besonders die des hl. Antonius), auch das geistliche Schauspiel. Die T.sdarstellungen nahmen im Spätmittelalter einen immer breiteren Raum ein (vergleiche das Erbauungsbuch der ars moriendi). Ihren Höhepunkt erreichten sie in der nördlichen Kunst des 16. Jhs., auch unter dem Einfluß Luthers, dessen Schriften die personifizierten Laster als Teufel aufzählen. Berühmt für den Reichtum vielfach neu erfundener, phantastisch-grausiger T.sgestalten ist das Werk des H. →Bosch. Die Kunst der Renaissance und des Barock kehrte zur menschlichen T.sgestalt zurück.

Lit.: O. Erich, Die Darstellung des Teufels in der christlichen Kunst, 1931; J. Levron, Le diable dans l'art, 1935; E. Langton, Satan, 1945; E. Castelli, Il Demoniaco nell'Arte, 1952.

Te'uman. König von Elam, der von →Assurbanipal besiegt wurde. Die Enthauptung des T. und die im Palastpark von →Ninive für das Siegesmahl aufgehängte Kopftrophäe sind auf den Bildreliefs von Ninive besonders drastisch hervorgehoben. Diese Bildsprache fügt sich zu dem grausamen Bericht Assurbanipals über die Durchführung des Feldzuges in Elam mit der Entscheidungsschlacht am Ulaifluß.

Lit.: A. Parrot, Assur, 377; E. Strommenger, Mesopotamien, 116.

Textilien. Sammelbegriff für aus natürlichen oder künstlichen Fasern bestehende Gewebe, Wirkwaren oder Spitzen.

Teyjat. Fundort in Frankreich (Dép. Dordogne) mit zahlreichen Beispielen jungpaläolithischer Kunstwerke (→Franko-Kantabrische Kunst); berühmt ist eine der seltenen Gruppendarstellungen: die Gravierung auf einem Adlerknochen ist nur als Rentierherde zu interpretieren.

Thailand. Die ältesten bedeutenden Funde auf dem Boden des heutigen T. gehören dem →Fu-nan-Reich an. Von etwa 1000–1300 n. Chr. war T. ein Teil des Reiches der →Khmer. Ihre Residenz war hier Lopburi, nach dessen Name ein Kunststil bezeichnet wird, der sich durch bemerkenswerte Plastiken aus Stein und Bronze auszeichnet. Die echte Thai-Kunst setzte erst mit dem Stil von Sukhodaya (Sukhothai) ein. Das Reich dieses Namens erreichte nach 1300 große Ausdehnung und Macht, und damals entstanden zahllose künstlerisch sehr hochstehende Bronzestatuen wie etwa stehende Buddha-Figuren, durch grazile Formgebung und einen spitzen, stupa-förmigen Kopfschmuck charakterisiert. Im 14. Jh. entwickelte das Reich von Ayudhya (Ajuthia) einen eigenen Stil (Bronzefiguren im Bangkok National-Museum). Ikonographisch ist diese Kunst vom Tehravada-(= Hinayana-)Buddhismus her bestimmt. Sie wirkt bis in das 19. Jh. fort. Eigenständig entwickelt wurde in T. die Pose des „schreitenden Buddha", der in Vorderindien nie auf diese Art dargestellt wurde.

Thalin (Armenien). Kathedrale (7. Jh.), gutes Beispiel für die abwechslungsreiche Kirchenarchitektur Armeniens. Grundriß wirkt basilikal. Pendentifkuppel über zwölfeckigem Tambour. Dreikonchenanlage. Alle drei Apsiden mit Arkaden geschmückt, die auf Säulchen ruhen.

Lit.: J. Strzygowski, Die Baukunst der Armenier und Europa, 1918.

Thamugadi. Antiker Name der Stadt →Timgad.

Thasos. Griech. Insel vor der thrakischen Küste mit gleichnamiger Stadt an der N-Seite, die in der 1. Hälfte des 7. Jhs. v. Chr. von →Paros gegründet wurde. Ausgedehnte Grabungen legten weite Teile der Stadt mit zahlreichen Anlagen frei, darunter ein Theater und einen Tempel. Hervorragend erhalten ist die mit Türmen und Toren ausgestattete Stadtmauer. Auf der Agora, die durch ein breites Propylon zugänglich war, stand der nach 380 v. Chr. errichtete Altar des Zeus, zu dessen Bezirk ein kleiner Antentempel gehörte. Säulenhallen umgeben den nicht ganz rechtwinkligen Platz. Am Rande der Agora wurde im 4. Jh. n. Chr. über einem Ladenbezirk eine dreischiffige Basilika errichtet. – Südöstlich davon liegen am ansteigenden Hang die Reste eines Poseidonheiligtums, eines Dionysosheiligtums und eines Heiligtums der Artemis. – Die meisten dieser Bauten wurden in hellenistisch-röm. Zeit errichtet.

Lit.: Kirsten-Kraiker, Griechenlandkunde, 637ff., 1962.

Thatta. Stadt und Ruinenfeld in West-Pakistan an einem ausgetrockneten Arm des unteren Indus. In der Stadt liegen die Dabgir-Moschee des →Akbar und die gut restaurierte Freitags-Moschee des →Schah Dschahan mit prachtvollen Sterngewölben über dem Haupt-Kultraum. Auf einem ehemaligen Steilufer, dem Makli-Berg, dehnt sich eine Gräberstadt aus. Aus dem 15. Jh. stammt ein Beispiel des indo-islam. Mischstils, das Mausoleum des Dscham Nizamuddin, während die Sandstein- oder Backsteingräber z.B. des Diwan Schurfa Khan oder der Mirza Tughril Beg um die Mitte des 17. Jhs. errichtet wurden.

Lit.: M. I. Siddiqi, T., 1950.

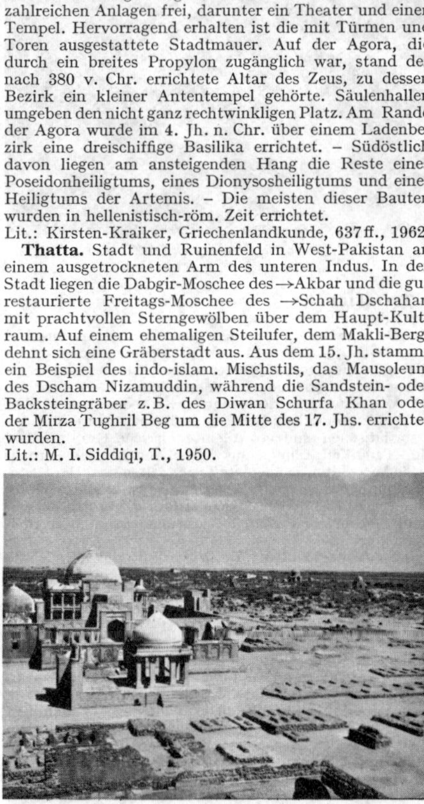

Thatta. Blick auf die Gräberstadt.

Thayngen →Kesslerloch b. Thayngen, Schweiz.

Theater. 1) Griech. Theater. Neben dem Tempel ist das T. die bedeutendste Bauleistung der griech. Kunst. Die ältesten Bauten waren in Holz errichtet und entstanden wohl am Ende des 6. Jhs. oder zu Beginn des 5. Jhs. v. Chr. Mit der Entstehung der griech. Tragödie und Komödie entwickelte sich parallel der T.-Bau. Die älteste Stätte lag am S-Hang der Athener Akropolis und ist in einer in Stein errichteten späteren Anlage des 4. Jhs. v. Chr. erhalten (Dionysos-T.). Zentrum des griech. T.s war die Orchestra, ein kreisrunder Platz, auf dem

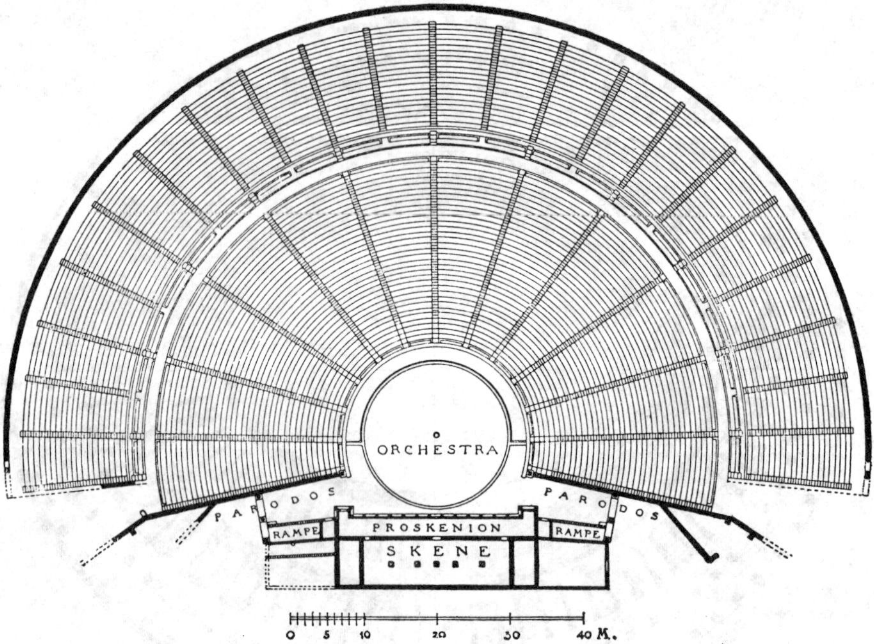

Epidauros, Theater, Grundriß.

das Spiel zur Aufführung kam. In seiner Mitte stand ursprünglich ein großer Opferaltar, die Thymele. Am Hang hinauf reihen sich der Rundform des Orchestra folgend die Zuschauersitze, denen gegenüber hinter der Orchestra die Skene, das Bühnenhaus, errichtet wurde. Sie diente als Hintergrund der Tragödienaufführung. Im 5. Jh. Erweiterung dieses Bau-Typs durch zwei seitlich angeschlossene Flügel, die Paraskenien, zwischen denen das Proskenion errichtet wurde, das nun gleichfalls als Spielfläche diente. Über die ursprüngliche Holzkonstruktion und die einzelnen Entwicklungsstufen innerhalb des Holzbaus herrscht noch weitgehend Unklarheit. Die Ausführung des Dionysostheaters in Stein begann wohl unter →Perikles und wurde im 4. Jh. vollendet. Sie zeigt das Ende einer nicht mehr im einzelnen nachvollziehbaren Entwicklung. – Im 4. Jh. und vor allem im Hellenismus wurden zahlreiche Theater nach diesem Prinzip mit einzelnen lokalen Varianten erbaut. Bedeutende Beispiele haben sich in Großgriechenland, in →Pergamon und am besten in →Epidauros erhalten. Teilweise nahmen die T. riesige Ausmaße an und konnten bis zu 40000 Zuschauer aufnehmen. – **2)** Röm. Theater. Im Bereich der röm. Kunst wurden drei Typen entwickelt. a) Das halbrunde T., das in seiner Grundform vom griech. T. übernommen wurde. Noch im 1. Jh. v. Chr. war dabei die Holzbauweise obligatorisch (Vorschrift). Jedoch errichtete man nun die Bauten nicht mehr an einen Hang, dessen Anstieg die griech. T. häufig ausnutzten, sondern als rechteckiges Gebäude mit einer eingeschriebenen Halbrundform des Zuschauerraumes, der cavea. Auch die kreisförmige Orchestra weicht nun einem halbkreisförmigen Spielplatz. Erst 55 v. Chr. wurde durch Pompeius das erste T. in Stein in Rom errichtet, das späteren Bauten im gesamten mediterranen Bereich als Vorbild diente. b) Das Amphitheater, ein ovaler Bau, der hauptsächlich für Gladiatorenkämpfe usw. diente. Die größte Anlage dieser Art wurde mit dem sogen. →Colosseum in Rom errichtet. – c) Der Circus, eine langgestreckte Rennbahn mit ringsum laufenden Zuschauertribünen, hauptsächlich für Pferde- und Wagenrennen benutzt. – Mit der Kaiserzeit wurde das T. des röm. Typs a) mit einer hohen Abschlußwand hinter der Skene ausgestattet, die bis auf die Höhe des obersten Zuschauerranges reichte. Der Fassadenausstattung dieser Wand wurde besondere Aufmerksamkeit gewidmet. Von außen bietet dieser Typ nun den Eindruck eines geschlossenen Bauwerks, das auch überdeckt wurde. Kleinere T. hatten ein festes Dach, die größeren konnten mit Zeltbahnen abgedeckt werden (wie auch die Amphitheater). – Der ursprünglich rein kultische Charakter des griech. Theaters hatte sich während des Hellenismus weitgehend säkularisiert. In Rom diente das T. fast ausschließlich der Unterhaltung. **3)** Während das Mittelalter das T. als architektonische Form negierte, nahm der T.-Bau in der Renaissance einen erneuten Aufschwung. Am Anfang stehen noch die einem Palast zugehörigen Theatersäle. Epochal in seiner Bedeutung für die weitere Entwicklung wurde das nach antiken Vorbildern errichtete Teatro Olympico in Vicenza von →Palladio. – Einen großen Einfluß hatte die Barockoper auf die im 17. Jh. zahlreich erstellten T. Maßgeblich blieb bis gegen das Ende des 18. Jhs. die in Italien entwickelte Form des T.s. – Entscheidende Neuerungen brachte das 19. Jh., das im abendländischen Bereich als das zentrale Jh. des T.-Baus bezeichnet werden muß. Zahllos sind die Anlagen, die nun bis in provinzielle Kleinstädte hinein errichtet werden. Das aufstrebende Bürgertum ergriff Besitz vom T., das bisher in erster Linie auf die fürstliche Hofhaltung begrenzt war. Große Zuschauerräume mußten geschaffen werden, wobei sich die antike Halbrundform immer wieder anbot. Nun erfolgte auch die Trennung des unteren Zuschauerraums, des Parketts, von den oben übereinandergestaffelten Rängen mit ihren Logen für die Privilegierten. Seit dem Ende des 18. Jhs. war Frankreich durch den epochalen Bau von V. →Louis in Bordeaux führend im europäischen T.-Bau geworden. – Bedeutende T.-Architekten des 19. Jhs. waren →Gilly, →Schinkel,

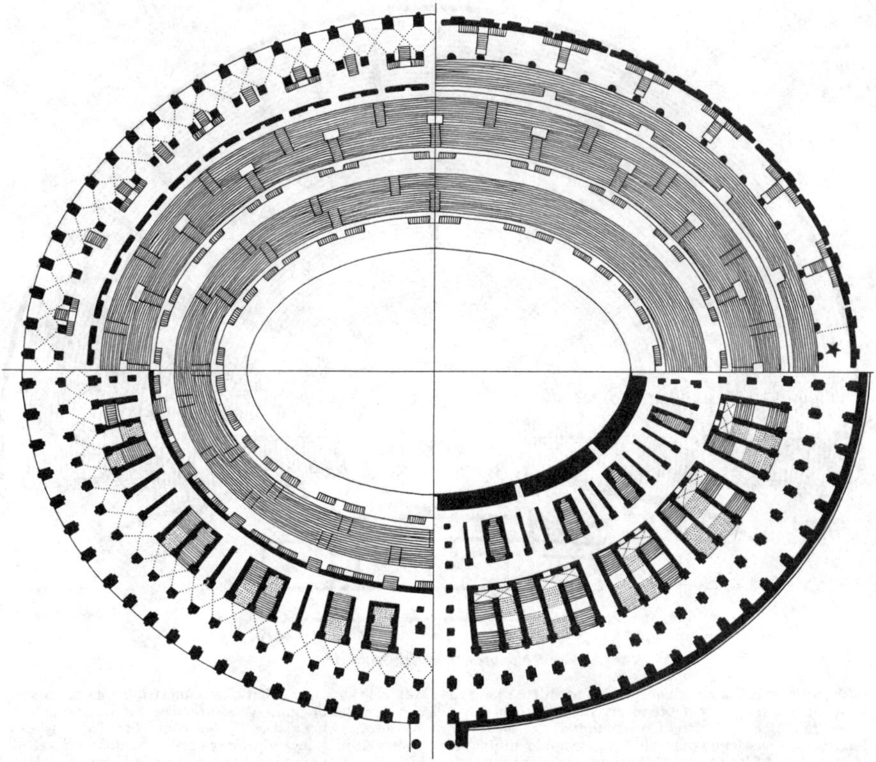

Rom, Colosseum, Grundrißschnitte durch die einzelnen Geschosse.

→Fellner und Hellmer (fast ausschließlich auf den T.-Bau spezialisiert) und →Garnier, der die große Oper von Paris erbaute. – Die moderne Baukunst geht häufig von der Halbrundform des Zuschauerraumes ab und bevorzugt den Rechteckbau. (Siehe Tafel 29).

Lit.: M. Bieber, The History of the Greek and Roman T., 1961; H. Kindermann, Theatergeschichte Europas, 7 Bde., 1957–1965.

Theaterdekoration →Bühnenbild.

Theben. 674 km südlich Kairo gelegene altägypt. Stadt, deren Name Weset oder einfach Nut = „Stadt" lautete, von Homer in der Ilias 9, 381 ff. mit Bezug auf die zahlreichen →Pylone als „hunderttorig" bezeichnet. Ursprünglich Kultort des Kriegsgottes →Month, wurde T. spätestens im Mittleren Reich Zentrum des →Amun-Kultes. Von T. ging die Vertreibung der →Hyksos aus, nach der T. als Hauptstadt das alte →Memphis überflügelte. Absinkende Bedeutung nach der 21. Dyn. (1085–950 v. Chr.). Ausplünderung durch →Assurbanipal. Während sich der alte Name auf die Tempel und Paläste am Ostufer (T.-Ost) und die Totentempel und Gräber am westlichen Wüstenrand (T.-West) bezog, gelten heute für den Ostteil die Namen→„Karnak" und →„Luxor", dagegen wird der ausgedehnte Bereich auf dem Westufer als „T.-West" bezeichnet oder kurz als T. Wahrscheinlich wurde die griech. Namensform schon in mykenischer Zeit durch die zahlreichen →Sphinx-Alleen begünstigt, die an die mythische Überlieferung vom böotischen T. erinnerten. T.-West (→Der el-bahri, →Memnonskolosse, →Medinet Habu, →Ramesseum) wurde in der →Ramessidenzeit verwaltungstechnisch von T.-Ost als Totenstadt abgetrennt, deren Totentempel jedoch auch Palastanlagen bargen (→Ramesseum, →Medinet Habu). An der Südgrenze des Bereichs lag ein Palast →Amenophis' III. An der Fruchtlandgrenze lagen die Totentempel →Amenophis' I.–III., →Thutmosis' III. und IV., →Haremhabs, Merneptahs, →Sethos' I. Die Entwicklung begann mit der Grabanlage →Menthuhoteps I. in →Der el-bahri, der in der 12. Dyn. das Felsengrab →Intefokers für seine Frau →Senet folgte. Der Höhepunkt liegt im Neuen Reich. Einen Schwerpunkt bildet das Tal der Könige (Bibân el-Moluk) mit den Felsengrüften der Pharaonen von →Thutmosis I. bis →Ramses XI. mit Ausnahme →Amenophis' IV., der sich in →Amarna beisetzen ließ. Ohne Außenarchitektur sind Gänge und Kammern stollenartig bis zu 200 m in das Kalksteinmassiv getrieben, wobei Sicherungsmaßnahmen durch tiefe Schächte und Knickkorridore vorgenommen wurden. Die Ausplünderung begann Ende der 18. Dyn. und erreichte Ende der 20. Dyn. ihren Höhepunkt. In der 21. Dyn. wurden die Mumien aus den erbrochenen Gräbern umgebettet, zuletzt im Grab →Amenophis' II. und in einem Felsgrab oberhalb Der el-bahri (Cachette). Der Grundplan der Anlagen ist wesentlich durch die Folge von Korridoren, Nebenräumen für Beigaben, Vorhalle und Sargkammer bestimmt, die am Ende des Raumsystems liegt und mit Pfeilern ausgestattet sein kann. Der Wandschmuck wird wesentlich durch das Imduat- und das Pfortenbuch bestimmt. Die Deckenmotive sind vom Sternenhimmel bestimmt. Die Gräber der →Hatschepsut, →Thutmosis' III. und →Ajas liegen im Westtal von Biban el-Moluk. Die Privatgräber südlich von Der el-bahri liegen in den Bereichen von el-Asasif (I),

Theben (Der-el-bahri), Tempel der Königin Hatschepsut.

el-Chocha (II) und Schech Abd el Kurna (III). Der Grundplan der meisten Anlagen besteht aus Vorhof, Quer- und Längshalle, wobei die reichen Gräber mit Pfeilern ausgestattet sein können. Die Wandbilder, Reliefs und Malereien, sind nach einem Kanon, entsprechend den Himmelsrichtungen, angeordnet. Neben Anlagen des Mittleren Reiches Gräber von Königinnen und Prinzen der →Ramessidenzeit, Nofretiri (66), Söhne →Ramses' III. (43, 44, 55). Bei Der el-Medine 1 km westlich vom →Ramesseum liegt südlich von einem zierlichen →Hathor-Tempel der →Ptolemäer-Zeit die Stadt der Nekropolenarbeiter, der Steinmetzen, Bildhauer und Maler. Von hier stammen zahlreiche Künstlerskizzen auf Stein und Ton (Ostraka) mit oft kühnen Entwürfen und Kopien aus älteren Gräbern, die uns wichtige Einblicke in das künstlerische Schaffen des Neuen Reiches vermitteln. Die zugehörigen Grabanlagen sind oft durch kleine →Pyramiden über dem Eingang gekennzeichnet. Besonders wichtig die Gräber des Bildhauers →Ipuje (217), des Sennedjem (1), Paschedu (3, 326), Amenemhet (340), deren Malereien fast ausschließlich religiöse Szenen mit besonderen Motiven zeigen. Südwestlich von Der el-Medine Gräber von Kurnet Murai mit der großen Anlage des →Heje (40) und den Gräbern des Amenenimet (277) und des Amenemheb (278) aus der 19. Dyn., die bereits Verfallserscheinungen zeigen.
Lit.: W. Wolf, KÄ, 478ff., 491ff., 502ff., 534ff., 557f., 589ff., 592ff.; E. Brunner-Traut, Ägypten, 453ff.

Theoderich-Grabmal →Ravenna.

Theoderich von Prag. Hauptmeister der böhmischen Malerei des 14. Jhs., tätig in Prag als Hofmaler Kaiser Karls IV., dort urkundlich erwähnt 1359–81. Herkunft unbekannt. Einzig gesichertes Werk (Urkunde von 1367) ist die Ausstattung der Kreuzkapelle von Burg Karlstein mit 133 Tafelbildern – einer Kreuzigung, einem Schmerzensmann, sonst Brustbilder von Propheten und Heiligen –, die die Wände oberhalb des edelsteinverzierten Sockels bis zur Gewölbezone bedecken. Die Form des Brustbilds mag durch Italien angeregt sein. Neu ist der Verzicht auf architektonische Rahmung, die vollständige Füllung des Bildfeldes durch Halbfiguren von massiger untersetzter Körperlichkeit mit vollen fleischigen Gesichtern in dickstoffigen, schweren, kaum durch Faltenzüge gegliederten Gewändern. Charakteristisch ist die konturlos weiche, breite Malweise, die zu Erwägungen über eine mögliche spätere Entstehung führte.
Lit.: A. Matějček und J. Pešina, Gotische Malerei in Böhmen, Tafelmalerei 1350–1450, 1955.

Theodoros. Griech. Erzgießer, Toreut und Architekt aus →Samos. T. war im 6. Jh. v. Chr. tätig und wird neben →Rhoikos als Erfinder des Erzgusses genannt. Als Architekt hat T. gemeinsam mit Rhoikos am Heratempel seiner Heimat gearbeitet. Auch beim Bau des →Artemisions von →Ephesos war er beteiligt. Von toreutischen Werken wird ein Silberkrater für den König Kriosos (vor 548 v. Chr.) genannt. Außerdem soll sich T. als Gemmenschneider betätigt haben. Der Ring des Polykrates wird ihm zugeschrieben.
Lit.: G. Lippold, Handb. d. Archäologie, V, 58, 1950.

Theodoros Stratelates. Berühmter Künstler, der aus der Werkstatt →Theophanes des Griechen hervorgegangen ist und um 1370 n. Chr. als Freskomaler in →Nowgorod tätig war.

Theodosius I, d. Gr. (379–395). Neben seiner politischen Leistung sein Verständnis für die Kunst bedeutsam. In der alexandrinischen Weltchronik vom 4.–5. Jh. ein Bild von T. als röm. Imperator mit seinem kleinen Sohn Honorius. Auf einer Goldmedaille hält T. das →Labarum mit dem Monogramm Christi in seiner Hand. Dadurch wird seine große Bedeutung für die christliche Kirche auch in der Kunst gewürdigt.

Theodosiuskloster bei Jerusalem. Dreipaßartige Kuppelkirche (7. Jh.). Der Trikonchos ist hierbei besonders fein durchgearbeitet.

Theodosius-Missorium (Madrid). Entstanden 388. Silberner Teller für Theodosius I. Befindet sich in Madrid in der Academia de la Historia. Die Köpfe sind unverhältnismäßig groß und die Figuren plump, ähnlich wie beim Theodosiusobelisken in Konstantinopel. Herkunft vielleicht Syrien oder auch die oström. Hauptstadt.

Theodotos. Griech. Architekt des 4. Jhs. v. Chr. Sein Name wird auf einer Bauinschrift aus →Epidauros genannt, wonach T. den Asklepiostempel in diesem Heiligtum errichtet hat. Der um 380 v. Chr. erbaute Tempel ist ein dorischer →Peripteros mit 6 × 11 Säulen und zeigt im Grundriß die im 4. Jh. v. Chr. beliebte gedrungene Proportion. Es ist der erste Bau in dieser spätklassischen Proportionierung. – Nach der Überlieferung soll T. auch als Bildhauer an den Giebelplastiken dieses Tempels gearbeitet haben. – Umstritten ist seine Identität mit einem Architekten gleichen Namens, der für das Mausoleum in →Halikarnassos genannt wird.
Lit.: L. Curtius, Antike Kunst, II/1, 341f.

Theophanes der Grieche. Griech.-byzant. Künstler, der in Konstantinopel ausgebildet und später einer der größten Maler in Rußland Ende des 14. und Anfang des 15. Jhs. n. Chr. wurde. Berühmt seine Wandmalereien in der Verklärungskirche von →Nowgorod (1378), ebenso in Moskau (1405). Für Rußland wichtig, daß beim Entstehen einer eigenen Kunst die Grundlagen zunächst von einigen griech. Künstlern geschaffen wurden. T. hat seinerseits seit Beginn des 15. Jhs. stark russisch empfunden, vor allem bei seinen Ikonen. Bekanntes Beispiel dafür „Die Verklärung Christi" Ende des 14. Jhs. Heute in Moskau in der Staatlichen Tretjakovgalerie.

Theophilus Presbyter. Verfasser des wichtigsten

mittelalterl. Lehrbuchs technischer Verfahren des Kunstgewerbes, der „schedula diversarum artium", in der die Bereitung und Anwendung von Farben, Glaserzeugung und Glasverarbeitung, Glasmalerei sowie das gesamte Gebiet der Metall- und Edelsteinbearbeitung beschrieben wird. Die heutige Forschung neigt zu einer Ansetzung ins erste Drittel des 12. Jhs. und hält ihren Verfasser für einen Theologen und Goldschmied aus Nordwestdeutschland, der vermutlich personengleich mit →Roger von Helmarshausen ist.
Lit.: A. Ilg, „T.", Quellenschriften für Kunstgesch. 7, N. Ausgabe, Wien 1888, Einleit. p. XLIII; C. R. Dodwell, Theophilus, The various arts, 1961.

Theotokopulos, Dominikus →Greco, El.

Thera. Griech. Kykladeninsel (heutiger Name Santorin oder Thira). Die gleichnamige antike Hauptstadt der Insel konnte weitgehend freigelegt werden. Die Anlagen stammen zum großen Teil aus hellenistischer Zeit, als T. Sitz der ptolemäischen Nauarchen war. Neben zahlreichen Häusern wurden →Thermen, →Theater, →Agora, →Basiliken (antike Markthallen und frühchristl. Gottesdiensthäuser), ein Gymnasium und mehrere Tempel ausgegraben. Südöstlich von der Stadt liegen die berühmten Felsen mit Inschriften aus dem 7. Jh. v. Chr. Außerdem reiche Einzelfunde an Kleinkunst, Keramik und Plastik, vor allem der archaischen Zeit.
Lit.: H. Reck, Santorin, 3 Bde., 1936.

Thermen. Antike Badeanlagen, die seit dem 5. Jh. v. Chr. in Griechenland und während der ganzen Epoche der röm. Kunst gebaut wurden. **1)** Griech. Thermen. Die frühesten Anlagen mit nur bescheidenen Ausmaßen finden sich in Olympia (5. Jh. v. Chr.), bestehend aus heizbaren Sitzwannen, einem Schwimmbad und einem Rundbau, der als Schwitzbad diente. Das Rundbad beherrschte den T.-Bau bis in das 1. Jh. v. Chr. Zu dieser Zeit findet sich erstmals in Kertsch die entwicklungsgeschichtlich wichtige Abfolge von drei Bädern, dem Heißbad, Lauwarmbad und Kaltbad. – **2)** Röm. Thermen. Im röm. Bereich entwickelten sich die T. zu weitaus bedeutenderen Anlagen, die zu den großen Bauleistungen der Römer gehören. Die frühesten T. wurden unter Ausnutzung heißer Quellen in Kampanien, vor allem im privaten Villenbereich seit dem 2. Jh. v. Chr. errichtet. Kurze Zeit später entstanden die ersten öffentlichen T. in →Pompeji (um 150 v. Chr.). Damit wurden die T. in ihrer Anlage erweitert und dienten der Körperpflege, aber auch der Unterhaltung. Der Benutzer kam in der Regel über das Apodyterium (Auskleideraum) über eine →Palaistra in das Sudatorium (Warmluftbad, oft aus mehreren Räumen bestehend), dem ein Laconicum (Schwitzbad) angegliedert sein kann. Erst dann betrat man die abfolgenden Bäder der eigentlichen Therme: Vom Caldarium (Warmbad) gelangte man in das Tepidarium (lauwarmes Bad) und schließlich in das Frigidarium (Kaltbad), von dem aus der Weg zu dem Natatio (Freibad) führte. – Dieser Funktion folgend, entwickelten sich verschiedene Typen. 1) Reihentyp (republikanisch und frühkaiserzeitlich). Aufgefädelte Abfolge der Räume, meist ohne Natatio, wie in Pompeji, Herculaneum und Ostia überliefert. – 2) Ringtyp. Ringförmige Abfolge, bei deren Benutzung man zum Schluß wieder an den Ausgangspunkt (Apodyterium) zurückgeführt wird, ohne die Räume nochmals zu durchschreiten wie beim Reihentyp. Beispiele hierfür sind in Thamugadi und Milet überliefert. – 3) Doppelreihentyp. Symmetrisch oder unsymmetrische Verdoppelung des Reihentyps, wohl zur gleichzeitigen, getrennten Benutzung von Männern und Frauen. – Eine Variante hiervon ist die symmetrische Anlage mit Verdoppelung einzelner Teile. – 4) Doppelter Ringtyp. Innerer Ring mit Sudatorien, äußerer Ring mit symmetrisch angeordneten, auf beiden Seiten sich entsprechenden Bädern, die wieder zurück zum gemeinsamen Apodyterium führen. – Eigene Formen entwickelten die Kaiserthermen. – 5) Kleine Kaiserthermen. Auf einer Hauptachse folgen die eigentlichen Baderäume ohne Natatio, entsprechend dem Reihentyp, jedoch mit dem Unterschied, daß die Nebenräume queraxial symmetrisch zur Hauptachse angeordnet sind wie in den Kaiserthermen und Barbarathermen zu →Trier. – 6) Große Kaiserthermen. Entsprechend den kleinen Kaiserthermen Hauptachsenanordnung, jedoch mit Natatio, mit äußeren Palaistren und weiteren Innenpalaistren. Die Anordnung der Nebenräume folgt wie bei den kleinen Kaiserthermen. (Abb. S. 658).
Lit.: E. Pfretschmer, Die Grundrißentwicklung der röm. T., 1909.

Thermos. Griech. Heiligtum des Apollon und der Artemis in Nord-Griechenland. Siedlungsspuren reichen bis in die →Bronzezeit zurück. – Verschiedene sehr frühe Megaronhäuser wurden festgestellt. – Von besonderer Bedeutung für die Entstehung des →Peripteros sind die im 7. Jh. v. Chr. errichteten Tempelanlagen. Einer dieser Bauten hat apsidiale Form und ist mit einer Pfostenstellung umgeben. Die Frage, ob es sich hierbei um eine Vor- oder Frühform des Peripteros handelt oder ob die Anlage als Pfostenstellung für einen Zaun zu interpretieren ist, konnte bisher nicht mit Sicherheit geklärt werden.
Lit.: Berve-Gruben-Hirmer, Griech. Tempel u. Heiligtümer, 112, 1961.

Thesaurarium. Schatzkammer der Kirche im →Diakonikon.

Thesauros. Griech. Bezeichnung eines antiken → Schatzhauses.

Theseion. Dorischer →Peripteros (6 × 13 Säulen) am Rande der →Agora Athens. Der Tempel wurde ungefähr gleichzeitig mit dem →Parthenon errichtet und ist der am besten erhaltene griech. Tempel des Festlandes. Seinen Namen erhielt er auf Grund einer Fehlinterpretation als Tempel des Theseus. Richtig ist die sich allmählich durchsetzende Benennung als Hephaisteion, da der Tempel wohl dem Hephaistos geweiht war.
Lit.: H. Koch, Das T.

Thessaloniki →Saloniki.

Thiersch, Friedrich Ritter von. Deutscher Architekt. Geb. 1852 in Marburg/Lahn, gest. 1921 in München. Studierte ab 1868 am Polytechnikum in Stuttgart bei → Leins, daneben betrieb er an der dortigen Kunstschule bei →Neher Zeichenstudien. Schon während dieser Studienjahre empfing er von dem Kunsthistoriker W. Lübke die für seine späteren Arbeiten überaus fruchtbaren Anregungen zur Aufnahme alter Bauten. Nach dem Abschluß des Studiums und einer Reise zur Weltausstellung in Wien (1873) arbeitete er im Frankfurter Baubüro von Mylius und Bluntschli, wo er u.a. am Rathauswettbewerb für Hamburg beteiligt war. Von einer Reise durch Italien und Griechenland (1877/78) brachte er eine Fülle von Architekturzeichnungen mit, die, von verschiedenen Verlegern publiziert, seinen Ruf weit verbreiteten. Nach nochmaliger Tätigkeit in Frankfurt wurde T. 1879 an die Technische Hochschule in München berufen, wo er bis zu seinem Tod lehrte und durch seine Beschäftigung mit Fragen der Kunsterziehung und Denkmalpflege sowie durch seine auf vielen Reisen – auch in den Orient – erworbene Kennerschaft den Studierenden ein breites, universales Wissen vermittelte.
Lit.: H. Thiersch, F. v. T., 1925.

Thinitenzeit. Nach der nördlich von →Abydos gelegenen Gauhauptstadt This benannte älteste geschichtliche Epoche der ägypt. Kunst. Aus This stammen die Herrscher der 1. und 2. Dyn. (30.–28. Jh. v. Chr.) → Narmer, →Kaa, →Chasechem. Die staatliche Konsolidierung der T. offenbart sich in der Formverfestigung der Rundbilder, die ebenso die Entwicklung einer charakteristischen Stilbildung und eines festen Motivschatzes zeigen wie die Reliefdarstellungen der Keulenköpfe und Schminkpaletten. Ihr Thema sind die zur Reichseini-

Tafel 31: *Broschierte Tapete aus Silberbrokat, 2. Hälfte des 18. Jhs.; Berlin, Staatl. Mus.*

Nimes
LE
TOR
ERO

gung führenden Kämpfe. In die T. fällt die endgültige Prägung der Hieroglyphenschrift mit klarer Ordnung der Zeichen, die einen starken Sinn für Tektonik verrät. Die Entwicklung der Architektur offenbart sich in einer Grabanlage von →Negade, in den Königsgräbern von →Abydos und in der Reliefstele des Königs „Schlange", die die filigranartig gebildete Palastfront mit Doppeltor und drei Türmen zeigt.
Lit.: W. Wolf, KÄ, 45ff.; E. Brunner-Traut, Ägypten, 57.

Thöny, Wilhelm. Österreichischer Maler, Graphiker und Illustrator. Geb. 1888 in Graz, gest. 1949 in New York. Studierte in Graz Musik (Klavier und Gesang) sowie Zeichnen und Malen. Ab 1907 setzte er seine Ausbildung als bildender Künstler an der Akademie in München fort, wo er 1913 zusammen mit A. →Kubin, F. →Marc u.a. zu den Gründern der Neuen Sezession gehörte. Nach den Kriegsjahren lebte T. in der Schweiz, bis er 1923 die Sezession in Graz begründete. 1931 zog T. nach Paris und 1938 nach New York. Dort verbrannten ihm bei einem Großfeuer über 1000 seiner Werke. – T. ist keiner der Stilrichtungen seiner Zeit zuzuordnen, ebenso arbeitete er in allen malerischen und graphischen Techniken.
Lit.: B. Grimschitz, W. T., 1950.

Tholos. Bezeichnung für einen griech. Rundtempel mit umlaufender Säulenstellung. Der Sinn dieser Bauten ist noch ungeklärt, jedoch läßt er sich vielleicht im Zusammenhang mit den im mediterranen Raum verschieden vorkommenden Rundgräbern verstehen und damit in ihrem Ursprung mit Heroenkulten in Verbindung bringen. – Erhalten ist eine T. in der Marmaria in →Delphi, die im 4. Jh. v. Chr. erbaut wurde, jedoch auf einen älteren Bau des 6. Jhs. v. Chr. zurückgeht. – Ein zweites Beispiel ist aus →Epidauros bekannt, das vielleicht zur Aufbewahrung der heiligen Schlangen des →Asklepieions diente. (Abb. S. 659).
Lit.: F. Robert, Thymélè, 1939.

Tholosgrab. Vorform der mykenischen Kuppelgräber. Das T. ist seit dem Ende des 3. Jahrtausends v. Chr. bekannt, Beispiele haben sich auf →Kreta, den →Kykladen und in →Attika erhalten. Der Bau eines solchen T.s wurde auf ebenem Boden über einem runden Grundriß errichtet und entweder ganz in Stein überwölbt oder mit Holz abgedeckt. Häufig gehören mehrere Nebenkammern zu einer Anlage.

Thoma, Hans. Deutscher Maler und Graphiker. Geb. 1839 in Bernau/Schwarzwald, gest. 1924 in Karlsruhe. Nach einer Lithographenlehre und Tätigkeit als Lackierer und Bemaler von Zifferblättern besuchte er 1859–66 die Kunstschule in Karlsruhe, wo er u.a. bei →Schirmer studierte. Anschließend ging er an die Akademie in Düsseldorf. Eine Reise nach Paris 1868 mit der Begegnung mit den Werken von →Courbet und der Meister von Barbizon brachte nachhaltige Einflüsse. Nach Rückschlägen in Karlsruhe wandte sich T. 1870 nach München und nahm Beziehungen zu →Leibl und →Böcklin auf. 1874 reiste T. das erstemal nach Italien, wo er mit H. v. →Marées zusammentraf. 1877 ging er nach Frankfurt und erlebte dort seine ersten großen Erfolge, durch die er 1899 als Direktor der Galerie und Prof. der Akademie nach Karlsruhe berufen wurde.
Lit.: E. Würtenberger, H. T., 1924.

Thomas, Adolph. Deutscher Maler, Geb. 1834 in Zittau/Sachsen, gest. 1887 in Dresden. Besuchte zuerst die Gewerbeschule in Zittau und ab 1853 die Dresdener Akademie. 1857 trat T. in das Atelier L. →Richters ein, wo seine ersten lithographischen Versuche entstanden. Seine romantischen Veduten der Sächsischen Schweiz und der Lausitzer Berge (Klosterruine Oybin) trugen ihm 1864 ein Reisestipendium ein, mit dem er nach Bayern und Tirol reiste. Nach Dresden zurückgekehrt, wurde er Lehrer an einer Privatakademie. 1869 erhielt er nochmals ein Reisestipendium, das ihn für 3 Jahre durch Italien bis nach Capri führte. Später arbeitete er nur noch in Dresden und benutzte für seine Landschaften Reiseskizzen als Vorlagen. Für das 2. Dresdener Opernhaus malte er in den großen Treppenhäusern Fresken.
Lit.: Thieme-Becker.

Thorak, Josef. Deutscher Bildhauer. Geb. 1889 in Salzburg, gest. 1952 in Hartmannsberg/Rosenheim. Nach der Töpferlehre und Wanderjahren in Ungarn, Serbien und der Türkei besuchte er 1910–14 die Akademie in Wien, wo er Schüler von Hanak war. 1915 war T. Meisterschüler Manzels an der Akademie in Berlin. Durch W. v. →Bode gefördert, konnte er sich rasch entfalten. Nach 1933 war er, neben dem Maler →Ziegler, der geförderte Vertreter der nationalsozialistischen Kunstauftraggeber. Er schuf in dieser Zeit fast ausschließlich monumentale Akte (Denkmal der Arbeit an der Reichsautobahn in Salzburg, zerstört).
Lit.: Thieme-Becker; H. Vollmer, Künstlerlex. d. 20. Jhs.

Thorikos. Antiker Ort an der Bucht von →Laureion. Siedlungsspuren (Grundmauerreste von Häusern) reichen bis ins 2. Jahrtausend v. Chr. zurück. Aus mykenischer Zeit, in der T. ein vornehmer Herrensitz war, ist ein ovales →Kuppelgrab erhalten. – Zum Schutz der Silbergruben von Laureion wurde im 5. Jh. v. Chr. der Ort durch große Mauern zu einer Festung ausgebaut. – Die Grabungen brachten neben den Resten der Befestigung ein Dionysosheiligtum mit einem kleinen →Antentempel und einem um 400 v. Chr. erbauten →Theater, das dem Dionysos-Theater in →Athen entspricht, zutage.
Lit.: Kirsten-Kraiker, Griechenlandkunde, 166ff., 1962.

Thorn-Prikker, Jan. Deutsch-holländischer Maler. Geb. 1868 in Den Haag, gest. 1932 in Köln. Studierte an der Akademie in Den Haag. 1904 kam er nach Deutschland, wo er zuerst in Krefeld, dann in Hagen i. W. tätig war. 1919 wurde er Prof. an der Kunstgewerbeschule in München, dann 1923 an der Akademie in Düsseldorf und zuletzt an der Werkkunstschule in Köln. – T. ist als Maler vom →Neoimpressionismus, von →Millet und van →Gogh beeinflußt. Auf der Suche nach einem konstruktiven Stil gelangte er über den →Jugendstil mit seinen Linienornamenten zu einer monumentalen Flächenkunst, die besonders in seinen Wandbildern, Mosaiken und Glasgemälden zum Ausdruck kommt.
Lit.: M. Creutz, J. T.-P., o. J.

Thorsberg. Moor am Nordrand von Süderbrarup in Angeln, wo in den Jahren 1858 bis 1861 vor allem reiche Funde aus der Zeit vom 1. Jh. v. Chr. bis zum 5. Jh. n. Chr. ausgegraben worden sind. Es handelt sich vermutlich um einen Opferplatz. Zu nennen sind Bestandteile von Trachtenschmuck, massive Goldringe und Gegenstände röm. Herkunft.

Thorvaldsen, Bertel. Dänischer Bildhauer. Geb. 1770 oder 1768 in Kopenhagen, gest. 1844 ebda. Sein Studium absolvierte T. an der Akademie in Kopenhagen, in deren Zeichenklasse er eintrat, 1785 in die Gipsklasse und 1786 in die Modellierklasse aufstieg. 1796 brach T. nach Rom auf. Im deutsch-röm. Künstlerkreis fand er Freunde, die ihm bei seinem Aufstieg behilflich waren. Bedeutend wegen der damit einsetzenden wirtschaftlichen Unabhängigkeit wurde die Bestellung einer Marmorausführung des „Jason" von 1802/03. In schneller Folge entstanden nun die ersten der sich an antike Vorbilder anlehnenden Bildwerke: „Amor und Psyche", „Ganymed, den Adler tränkend" und seine erste kirchliche Arbeit, ein Relief mit der Taufe Christi (1805, Schloßkirche Brahetrolleborg). 1808 wurde T. Mitglied der röm. Akademie S. Lukas. Die Menge der Aufträge zwang T. nun, einen Atelierbetrieb mit mehreren Gehilfen einzurichten. – Ein besonderer Großauftrag war das Löwendenkmal bei Luzern, das aus dem natürlichen Fels in romantischer Umgebung herausgeschlagen wurde (Ausführung Lukas Ahorn ab 1818). 1819 reiste T. nach Kopenhagen, wo er den Auftrag für den plastischen Schmuck der dortigen Frauenkirche erhielt. An diesem seinem bekanntesten Werk arbeitete er bis 1838 in Rom; es besteht aus dem segnenden Christus, dem Taufengel, der Reihe der Apostel und Reliefs zur christlichen Heilsge-

Tafel 32: *P. Picasso, Der Torero, 1912; Basel, Öffentliche Kunstsammlung.*

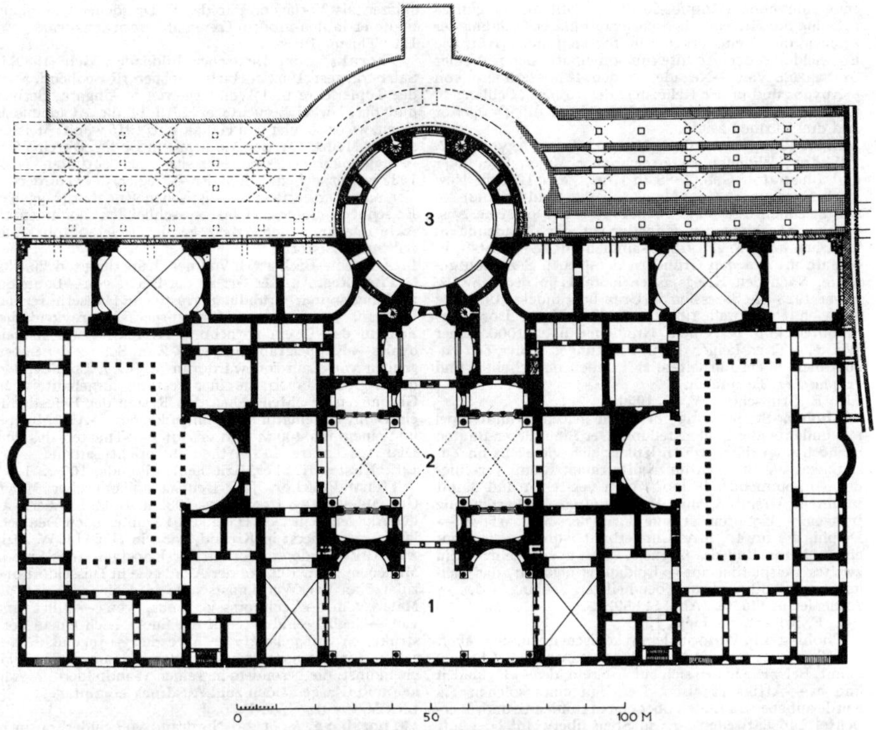

Rom, Grundriß der Caracalla-Thermen: Frigidarium (1), Tepidarium (2), Caldarium (3).

schichte. In denselben Jahren wandte sich T. auch vom klassisch-antiken Ideal ab und dem mittelalterlich-romantischen zu. Am besten ist dieser Wandel an dem Reiterstandbild des Kurfürsten Maximilian I. von Bayern abzulesen. – 1838 kehrte T. nach Kopenhagen zurück, wo er die letzten Jahre seines Lebens, von einer kurzen Italienreise abgesehen, verbrachte. Hier wurde auch schon zu seinen Lebzeiten mit dem Bau eines ihm gewidmeten Museums begonnen. – Die Kunst T.s entstand im Wettkampf mit der A. →Canovas. Beide suchten sie das von →Winckelmann verkündete Gesetz der antiken Schönheit zu verwirklichen.
Lit.: P. O. Rave, T., 1942.

Thoth. Ägypt. Gott, als Ibis oder ibisköpfiger Mensch dargestellt, dem auch der Pavian zugeordnet wird, von den Griechen mit Hermes identifiziert. Die Verbindung mit den Gesetzen und den heiligen Büchern führt zur häufigen Darstellung beim Totengericht. Als Götterbote verkündigt er der Königinmutter die Geburt ihres göttlichen Kindes (→Der el-bahri).
Lit.: S. Morenz, ÄR, 299; E. Brunner-Traut, Ägypten, 101.

Thothotep. Gaufürst, Zeitgenosse des →Chnumhotep. Grabanlage in →Der el-Bersche mit bedeutsamen Bildszenen, die für die →ägypt. Kunst des Mittleren Reiches charakteristisch sind.
Lit.: W. Wolf, KÄ, 373f.; E. Brunner-Traut, Ägypten, 410f.

Thouret, Nicolaus Friedrich von. Deutscher Architekt. Geb. 1767 in Ludwigsburg, gest. 1845 in Stuttgart. Wurde ab 1778 auf der Hohen Karlsschule in Ludwigsburg als Maler ausgebildet; 1789–91 weilte T. zur Ergänzung seiner Studien in Paris. 1793 wurde er von seinem Landesfürsten nach Rom geschickt, wo sich T. unter dem Einfluß von →Weinbrenner der Architektur zuwandte. 1796 kehrte er nach Württemberg zurück und führte dort das von F. H. Fischer begonnene Schloß Hohenheim weiter. Goethe empfahl ihn für den Wiederaufbau des Schlosses in Weimar. Die Arbeiten dort begannen 1798 und endeten 1800 mit der Berufung von H. Gentz; neben den Einrichtungen im Schloß baute er das 1798 mit Schillers „Wallenstein" eröffnete Theater in Weimar (1825 abgebrannt). – 1801 wurde T. Hofarchitekt in Stuttgart. In seinem streng klassizistischen Stil entwarf er die Einrichtungen der Schlösser in Stuttgart und Ludwigsburg sowie das Lustschloß Monrepos. Ferner geht auf seine Tätigkeit in jenen Jahren die Neuorientierung der Stuttgarter Stadtanlage mit der Königstraße zurück.
Lit.: P. Faerber, N. F. v. T., 1949.

Thumb. Österreichisch-deutsche Baumeisterfamilie, die neben der Familie Beer Hauptträger der „Vorarlberger Bauschule" war. Ihr Tätigkeitsbereich erstreckte sich über ganz Süddeutschland einschließlich dem Elsaß und der Schweiz. Der Bautypus ihrer Kirchen zeichnet sich aus durch ein tonnengewölbtes Langhaus, Seitenschiffemporen und tiefen Chor mit Kapellenkranz und Emporen. Von großer Wirkung und Bedeutung bei ihnen sind die edlen Stuckdekorationen. – Bedeutende Mitglieder der Familie waren die Brüder: **1)** Michael T. Geb. in Bezau, gest. 1690 ebda., Vater von 3). **2)** Christian T. Geb. in Bezau, gest. 1726 in Au. Baute zusammen mit 1) die Wallfahrtskirche auf dem Schönenberg in Ellwangen (1682–83) sowie Kirche und Kloster Obermarchtal (1686–92). Christian T. erbaute allein die Schloßkirche Friedrichshafen (Propsteikirche Hofen, 1696–1700) mit der herrlichen Schmuzerstuckierung. **3)** Peter T. Geb. 1681 in Bezau, gest. 1766 in Konstanz. Sohn von 1). In ihm, dem bedeutendsten der Familie,

sammelten sich die Erfahrungen der Familien T. und→Beer, so daß er zu den führenden Baumeistern des deutschen Spätbarock zu zählen ist. Sein Meisterwerk ist die Wallfahrtskirche Neubirnau am Bodensee, wohl der schönste und gelungenste Zusammenklang von Architektur und Landschaft (1746–49). Ein Frühwerk ist Kirche und Kloster Ebersmünster im Elsaß (bis 1727), während die Klosterkirche St. Gallen wie auch der dortige Bibliothekssaal sein Spätwerk darstellen (1755 bis 66), das er zusammen mit J. M. →Beer und C. →Moosbrugger schuf.

Lit.: R. Werneburg, P. T. und seine Familie, 1916; M. Hanttmann, Geschichte der kirchlichen Baukunst in Bayern, Schwaben und Franken, 1921; J. Hoffmann, Der süddeutsche Kirchenbau im Ausgang des Barocks, 1938.

Tholos im Athenaheiligtum zu Delphi, 4. Jh. v. Chr.

Thutmosis. Vier Herrschernamen der 18. Dyn.-T. I., 3. Herrscher, Sohn →Amenophis', Vater von T. II. (1530–1520 v. Chr.). Obeliskenpaar in →Karnak, das den Eingang zum 4. →Pylon und zur angrenzenden Längshalle mit großen Königsstatuen in Gestalt des Osiris bezeichnete. Sie wurde durch den 5. Pylon abgeschlossen. Die unvollendete und von den Nachfolgern mehrfach umgewandelte Anlage offenbart eine großzügige Planung, in der die aus dem Mittleren Reich übernommene Form des wuchtigen Tores vorbildlich für die späteren Pylone werden sollte. T. I. trennte als erster Totentempel und Grab, das im Tal der Könige (→Theben-West) versteckt wurde und daher ohne jede Außenarchitektur blieb. Die älteste Anlage im Tal mit steilem, gewundenem Treppengang, Vorsaal und ovalem Sargraum mit Seitenkammer ist im Verhältnis zu den späteren Königsgräbern bescheiden. T. II., Gemahl der →Hatschepsut, Grab im Tal der Könige. T. III. (1504 bis 1450), Nachfolger der →Hatschepsut, deren Bilder und Inschriften in blindem Haß zerstört wurden, während ihre Bauten von T. III. mit eigenen Darstellungen ausgestattet, erweitert oder verändert wurden. →Buhen, →Medinet Habu, →Der el-bahri. Beispielhaft für die Bautätigkeit des größten Feldherrn Ägyptens ist das Heiligtum von →Karnak. Östlich von dem 5. Pylon T. I. wurde der 6. Pylon errichtet, auf dem T. III. die unterworfenen Städte und Völker darstellen ließ. Das Thema wird im anschließenden Saal fortgesetzt, in dem zwei künstlerisch bedeutsame Granitpfeiler mit Lilien- und Papyrusmotiv die Einheit von Ober- und Unterägypten veranschaulichen. Östlich vom Allerheiligsten entstand die quer zur Hauptachse angelegte Große Festhalle, deren Zeltstangensäulen auf ein in Stein umgesetztes Festzelt deuten. Östlich davon wurde der Botanische Garten errichtet, ein Saal, dessen Wände sehr feine Reliefdarstellungen der aus Syrien mitgebrachten Pflanzen und Tiere zeigen. In dem ostwärts gelegenen Obeliskentempel T. III. stand der 30,7 m hohe →Obelisk, heute vor dem Lateran zu →Rom. Auf der heiligen Straße zum Muttempel entstand der 7. Pylon vor dem der Hatschepsut. In →Luxor zeigt die zierliche Granitkapelle mit schlanken, straffen Papyrusbündelsäulen (→Pflanzensäule) das Wirken T. III. Das Grab im Tal der Könige (→Theben-West) weist ein erweitertes Gang- und Kammersystem auf, dessen Grundriß übersichtlicher geworden ist. Die Statuen T. III. zeigen heitere Gesichtsbildung, adlige, wohlproportionierte, schlanke Gestaltung und ausgereifte technische Sorgfalt. – T. IV., Nachfolger →Amenophis' II., Vater →Amenophis' III. (1425? bis 1408). Das Grab im Tal der Könige zeigt ein rechtwinklig gebrochenes Gangsystem, das zu einem Vierpfeilersaal mit anschließender Sargkammer und Nebenräumen führt. Aus →Karnak stammt eine Sitzgruppe des T. IV. mit seiner Mutter, wobei sich eine Abkehr von den Idealformen der frühen 18. Dyn. in der auffallenden Schwere mit der Tendenz zu individueller, realistischer Gesichtsbildung zeigt. Der →Streitwagen T. IV. aus seinem Grab ist mit dem Reliefbild einer Syrerschlacht ausgestattet, das nach Art der Kavaliersperspektive mitten in das Kampfgetümmel führt und von starker Raumhaftigkeit ist.

Lit.: W. Wolf, KÄ, 407ff., 422ff., 439ff., 488ff.; E. Brunner-Traut, Ägypten, 439ff.

Thymele. Der in der Mitte der →Orchestra stehende Altar des griech. →Theaters. Inschriftlich wurde auch die →Tholos in →Epidauros T. genannt.

Lit.: F. Robert, T., 1939.

B. Thorvaldsen, Löwe von Luzern.

Ti. Ägypt. Großgrundbesitzer und hoher Beamter am Hof von vier Königen der 5. Dyn., dessen →Mastaba in →Sakkara die bedeutendste dieser Zeit ist. Der Oberbau über Schacht und Sargkammer ist mit Vorhalle und Pfeilerhof ausgestattet, von dem ein langer Gang mit Seitenkammer zur Grabkapelle mit anschließender Statuenkammer führt. Letztere öffnet sich in Augenhöhe mit Schlitz zur Kapelle, als Durchblick für die Figuren, die auf diese Weise am Totenritual wie →Djoser teilnehmen. Sie hatten auch Ausblick auf die Wandbilder, die in kanonischer Ordnung alle für einen Ägypter von Rang wichtigen Themen enthalten und zu den schönsten Reliefs der →ägypt. Kunst überhaupt gehören. Die

Anordnung nach Himmelsrichtungen erleichtert die Orientierung. Die Nordwand wird beherrscht vom Leben in den Deltasümpfen mit der berühmten Darstellung des im Boot vor Papyrusdickicht fahrenden, einer Nilpferdjagd zuschauenden T., belebt durch einzigartige Tiermotive. Die Südwand zeigt das Vorführen von Tieren, Handwerkerszenen und das Mahl des T. Die Ostwand führt beiderseits von T. und seiner Frau in den Bereich der Feldarbeit und des Schiffsbaus, während die Westwand den Scheintüren ins Jenseits und der Dar-

Relief im Grab des Ti bei Sakkara, Nilpferdjagd.

stellung von Opfergaben vorbehalten ist. Ebenso sinnvoll placiert sind die Reliefbilder von Ruder- und Segelschiffen in der Westwand des Ganges, wobei erstere nach Norden, letztere nach Süden fahrend gedacht sind. In den Bildzyklen hat die seit dem Übergang zur 4. Dyn. deutliche Entwicklung ihren Höhepunkt erreicht. Meisterhaft ist die liebevolle Darstellung von Details, lebendig gesteigert durch das Einfügen von Worten, also sprechende Figuren. Die Bedeutung des Grabes zeigt sich in den starken Nachwirkungen, die über das Alte Reich hinaus in die Spätzeit verfolgt werden können.
Lit.: W. Wolf, KÄ, 224ff., 236ff., 743; E. Brunner-Traut, Ägypten, 385ff.

Tiahuanaco. Der klassische T.-Stil entwickelte sich auf einem 4000 m hoch gelegenen Plateau in Bolivien wo die gleichnamige Ruinenstadt, wahrscheinlich ein berühmtes Wallfahrtszentrum, den Namen gab. Das größte Bauwerk war eine 15 m hohe Stufenpyramide. Aufrecht stehende Steinplatten wurden aneinandergefügt, berühmt die 3 × 3,80 m große Platte des sogen. Sonnentores. Es besteht ein großer Reichtum an Skulpturen, meist in Basrelief ausgeführt. Bennett-Stele (jetzt La Paz, Bolivien) 6 m hoch, voll herausgearbeitet, pfeilerähnlich mit vertikalen und horizontalen Umrißlinien unter Vernachlässigung der Wiedergabe der Rundungen und naturalistischer Details. Die Vorbilder der in Stein gehauenen Reliefs scheinen Motiven der Textilkunst oder der keramischen Werke zu entstammen. In konventioneller Erstarrung erscheinen Profilbilder Laufender und Frontalbilder Stehender mit rituellem Gerät in den Händen, weiter Kondor- und Jaguarwiedergaben oder deren Details zur Anreicherung. Charakteristisch sind viereckige Köpfe, tränende Augen, dreifingrige Hände und N-förmige Schneidezähne vor allem im Stil des Küsten-T. Wahrscheinlich schon vor 700 begann sich der Stil über ganz Peru auszudehnen.
Lit.: A. Stübel und M. Uhle, Die Ruinenstädte von T. im Hochland des alten Peru, 1892; H. D. Disselhoff, Geschichte der altamerikanischen Kulturen, 1953.

Tiara (griech.). Ursprünglich die hohe spitze Mütze der assyrischen und persischen Könige. Wohl seit dem 7./8. Jh. wird die T. vom Papst als außerliturgische Kopfbedeckung bei feierlichen Anlässen und Aufzügen getragen. Sie war anfänglich eine weiße, spitze helmartige Mütze, die sich von der damaligen Form der Mitra kaum unterschied. Frühestens seit dem 9. Jh., spätestens seit dem 11. Jh. erhielt sie einen mit Edelsteinen geschmückten Kronreifen am unteren Rand und spätestens seit dem 13. Jh. zwei rückwärts herabhängende Streifen (bis ins 15. Jh. schwarz). Bonifaz VIII. fügte nach 1295 einen zweiten Kronreifen, Benedikt XI. (1303/04) oder Clemens V. (1305–14) einen dritten hinzu.

Tiberius. Röm. Kaiser, Nachfolger des →Augustus, regierte 14–37 n. Chr. Führte eine Politik weiter, die bereits von Augustus begründet wurde und die einen übertriebenen Personenkult ablehnte. Konnte sich Augustus jedoch noch mit einem gewissen Recht als „princeps inter pares" bezeichnen, so gilt dies nicht mehr in gleicher Weise für T., mit dem das röm. Kaisertum sich endgültig manifestierte. Dies findet nicht zuletzt seinen Ausdruck in der Bautätigkeit des T., an erster Stelle durch seinen großen Palast auf dem →Palatin, dem Gründungsbau röm. kaiserlicher Palastarchitektur.
Lit.: E. Kornemann, T., 1960.

Tibetische Kunst. Eine eigenständige T. entwickelte sich seit dem 7. Jh. n. Chr. mit der Einführung des Buddhismus. Frühere Zeugnisse in Tibet gehören einer megalithischen Kulturstufe, der ein eurasischer Tierstil folgt, an. – Mit dem Buddhismus und seiner sich in Tibet manifestierenden Sonderform des Lamaismus drangen stilbildende Elemente vor allem aus Indien, aber auch aus China ein. Der Klosterstaat konservierte seine Formen bis in das 20. Jh. – **1)** Baukunst. Während der Wohnhausbau einfache Formen zeigt, schließt sich der Typ der Tempelanlage mit prunkvoller Ausstattung an indische Vorbilder an: Auf eine Vorhalle folgt ein großer Zentralsaal, hinter dem das eigentliche Heiligtum mit den Götterbildern liegt. Wandmalereien und Deckengemälde schmücken die Vorhalle und den Zentralsaal, dessen Decke von Säulen mit skulptierten und bemalten Kapitellen getragen wird. Die Tempelanlage wird umschlossen von hohen Hofanlagen, die nach außen gerichtet gewaltige Mauern, nach innen mehrstöckige Holzgalerien zeigen. Über 5000 solcher Klöster wurden in Tibet seit dem 7. Jh. errichtet. Als Sonderform der →Pagode wurde in Anlehnung und Abwandlung der indischen →Stupa die sogen. Tjorten entwickelt: quadratischer Unterbau mit rundem, gefäßartigem Oberbau. – **2)** Malerei. Charakteristisch ist die Verschmelzung indischer und chinesischer Elemente. Indische Symbole werden mit chinesischen Naturelementen vereinigt, wobei stilistisch sowohl ein ausgeprägter Realismus als auch die ornamentale, stilisierte Linienführung zu finden sind, häufig beides zu dramatischen Kompositionen mit mehreren Figuren vereinigt. – Neben Buchmalerei und Holzschnitt werden in der Flächenkunst als typisch tibetische Eigenart kunstvoll ausgestattete Fahnen, die bemalt oder bunt gewebt sein können, überliefert. – **3)** Bildhauerei. Die Plastik fand ihr reichstes Betätigungsfeld im Götterbild, daneben in der Portraitdarstellung von Priestern und Heiligen. Beherrschend ist als Material Bronze, häufig versilbert oder vergoldet. Weiche Formgebung steht häufig in scharfem Gegensatz zu hart gegebener Umrißzeichnung.
Lit.: S. Hummel, Geschichte der T., 1939; ders., Die lamaistische Kunst in der Umwelt von Tibet, 1955.

Tibur. Antike Stadt, heutiges →Tivoli. In röm. Zeit, vor allem in der sullanischen Epoche (1. Hälfte 1. Jh. v. Chr.), herrschte eine rege Bautätigkeit. Mächtige Arkadensubstruktionen trugen ehemals einen großen Hercules-Tempel. Ein Antentempel (Ende 2. Jh. v. Chr.) und ein Rundtempel (Mitte 1. Jh. v. Chr.) wurden an einem Steilhang ausgegraben, ferner fanden sich Reste eines Amphitheaters und der alten Stadtmauer. – In der Nähe von T. errichtete →Hadrian seinen berühmten Palast (→Hadriansvilla).
Lit.: C. Carducci, Tivoli, 1940.

Ticoman. Fundplatz der späten →Archaischen

Kultur Mexikos (→Zacatenco), nach dem Aufscheinen oder Verschwinden von Figurinenformen in drei Unterphasen geteilt. Obwohl die Tonfiguren durch Schliff und Polierung technisch vervollkommnet sind, geht ihnen offensichtlich durch Massenherstellung die Lebendigkeit früherer Zeit ab. Keramik in der Form dick und schwer, charakteristisch sind Dreifußgefäße mit großen hohlen Füßen, manchmal in Brustform oder elefantenbeinartige Menschenfüße. Grabkeramik gut geschliffen, Auftreten polychromer Keramik, →Cloisonné. Beziehung zu Puebla, zur Golfküste und zur südlichen Abdachung der Mesa Central offensichtlich. Der Übergang zur → Teotihuacan-Kultur noch ungeklärt.
Lit.: G. C. Vaillant, Excavations at T., 1931.

Tieck, Christian Friedrich. Deutscher Bildhauer. Geb. 1776 in Berlin, gest. 1851 ebda.. Bruder des Dichters Ludwig und der Sophie T. 1794–97 Schüler G. →Schadows, daneben aber immer in Verbindung mit dem Romantikerkreis seiner Geschwister. 1797 reiste er mit den Brüdern Humboldt nach Rom und Paris, wo er 1798 in das Atelier J. L. →Davids eintrat. 1801 kehrte er über Weimar heim. In Weimar machte er die Bekanntschaft Goethes, für den in der Folgezeit eine Reihe Büsten entstanden, sowie die der Romantiker Schlegel und Schelling. 1802–05 entstand in Weimar auch eine Reihe von Arbeiten für den Schloßausbau. 1805 konnte T. wieder nach Rom reisen, wo er Chr. →Rauch kennenlernte; zeitweilig leitete er dann dessen Atelier in Carrara, wo T. auch im Auftrage Kronprinz Ludwigs von Bayern 21 Marmorbüsten für die Walhalla bei Regensburg schuf. 1819 konnte er sich endgültig in Berlin niederlassen, wo er gemeinsam mit K. F. →Schinkel und Chr. Rauch die staatliche Bildhauerwerkstatt begründete. Durch Schinkel erhielt T. mehrere Aufträge für dessen Berliner Großbauten, so stammt von ihm der äußere und innere Schmuck des Berliner Schauspielhauses.
Lit.: E. Hildebrandt, C.F.T., 1906.

Tiefschnittschmelz →Silberschmelz.

Tiemann, Walter. Deutscher Maler, Graphiker und Buchkünstler. Geb. 1876 in Delitzsch, gest. 1951. Studierte in Leipzig, Dresden und Paris. Als Maler bevorzugte er Landschaften. Ab 1898 begann er für den Buchdruck zu arbeiten, und 1907 gründete er mit C. E. Poeschl die „Januspresse" in Leipzig. 1920 wurde T. Direktor der Leipziger Akademie für graphische Künste und Buchgewerbe. – Beeindruckt von der italien. Renaissance-Buchkunst, entwarf er 1906–09 die „Tiemann-Mediäval", eine Antiqua-Schrift, der sich in den folgenden Jahren noch mehrere andere Schriftarten anschlossen.
Lit.: Thieme-Becker; E. Göpel, W. T., 1936.

Tiepolo, Giovanni Battista. Italien. Maler. Geb. 1696 in Venedig, gest. 1770 in Madrid. Schüler von Lazzarini, reifte unter dem Einfluß der Venezianer S. →Ricci, → Piazetta und →Veronese und führte die venezianische Malerei des 18. Jhs. zu einer letzten Hochblüte mit europäischem Rang. T. arbeitete hauptsächlich als Freskant. Nach ersten Arbeiten in Kirchen und Palästen Venedigs ging T. nach Oberitalien, wo er vor allem in Udine (Erzbischöflicher Palast, 1727) und Mailand tätig war. Hauptwerk dieser Jahre sind die Bilder der Villa Valmarana bei Vicenca (1737). Weitere Arbeiten in Venedig gingen seinem bedeutendsten Werk, den Fresken in der →Würzburger Residenz (1750–53), voraus. Hier malte T. den Kaisersaal aus sowie die riesige Decke des Treppenhauses mit der Huldigung an Fürstbischof Karl Philipp von Greifenklau als den Förderer der Künste. – Bevor T. 1762 nach Madrid ging, wo er das Schloß ausmalte, arbeitete er nochmals in Venedig: Pal. Labia (1757). Wenigen Tafelbildern steht ein bedeutendes graphisches Werk zur Seite, das teilweise als eigenständige Arbeit anzusehen ist, wie die Folge von Radierungen „Flucht nach Ägypten", teilweise auch vorbereitenden und studienhaften Charakter hat, wie die Rötelzeichnungen. – Seit den Arbeiten in Würzburg wurde T. unterstützt von seinem Sohn Domenico T. (1727–1804), seinem Schüler, der später besonders als Radierer hervorgetreten ist. (Siehe Farbtafel 29).
Lit.: E. Sack, G. und D. T., 1910; v. Hadeln, Handzeichnungen von G. B. T., 2 Bde., 1927; v. Freeden und C. Lamb, Das Meisterwerk des G. B. T.: Die Fresken der Würzburger Residenz, 1956.

Tierfibel. Bei bestimmten →Fibeln aus vorgeschichtlicher Zeit ist der Bügel als Tierkörper gesehen worden, sehr oft sind Pferdefigürchen dargestellt. Tierfibeln kommen auch in frühgeschichtlichem Zusammenhang vor (→Adlerfibel und →Zikadenfibel).

G. B. Tiepolo, Marthyrium der hl. Agathe (Berlin, Gemäldegalerie Dahlem).

Tiergefäß. Seit der →Jüngeren Steinzeit kommen gelegentlich tiergestaltige Gefäße vor, die häufig in kultische Zusammenhänge einzuordnen sind, manchmal aber auch als Kinderspielzeug gedeutet werden. Im Mittelalter finden sich T.e als →Aquamanile, auch das mediterrane →Rhyton kann als T. geformt sein.

Tierkapelle. Altorientalisches Bildmotiv auf einem Harfenkasten aus den Königsgräbern von →Ur mit harfenspielendem Esel, taktierendem Bär und →Sistrum schlagendem Fuchs (Schakal?). Der Bildgedanke kehrt auf einem spätheithitischen Relief aus →Guzana wieder und zeigt das starke Nachleben der geistigen Überlieferung →sumerischer Kunst, in der die Musik von wesentlicher Bedeutung ist. Der Sinngehalt des Motivs, das an Tierfabeln denken läßt, ist uns noch verschlossen, doch ist eine Beziehung zum →Tammuz-Ritual wahrscheinlich.
Lit.: A. Parrot, Sumer 150, 390; H. Schmökel, UAB, 277.

Tierkopfenden an Trinkhörnern. In keltischer Zeit ist der Gebrauch von Trinkhörnern von osteuropäisch-südrussischen Reiternomaden übernommen worden und spiegelt sich im Fundbild durch die sogen. Trinkhornbeschläge (aus Edelmetall), deren Enden gelegentlich in Tierköpfe (zum Beispiel Widder) übergehen.

Tierkreiszeichen →Monatsbilder.

Tierornamentik. Aus dem germanischen Bereich des 4. bis 9. nachchristl. Jhs. bekannte Zierweise, bei der die Darstellungen von verschiedenen Tieren zum Bestandteil einer sehr komplizierten und in mehrere Stilstufen einzuteilenden Ornamentik werden, die sich im wesentlichen auf Kleinkunstwerke (Fibeln, Schnallen) beschränkt.
Lit.: B. Salin, Die altgermanische T., 1935.

Tierradentro-Kultur →Kolumbien.

Tierstil. Der vorwiegend in der →eurasischen Kunst verbreitete T. ist der künstlerische Ausdruck theriomorpher Weltvorstellungen, die alle Mächte und Kräfte in stilisierten Tierbildern zu fassen suchen. Dabei tritt die organische Bildung zugunsten einer Überbetonung von Wesensmerkmalen und zeichenhaften Abkürzungen, die im Sinne einer Kraftsteigerung verschmolzen werden können, zurück. Das Bild des Menschen und der Flora fehlt ursprünglich im T., der jede erzählende Darstellung vermeidet. Die Wurzeln der geistigen Überlieferung führen in die Schichten des frühzeitlichen Jägertums und in den Bereich der Jagdmagie, in der charakteristische Wesensmerkmale bestimmter Tiere zu Kraftsymbolen werden.
Lit.: K. Jettmar, Steppenvölker, 272; K. Schefold, HDA 2, 431ff.

Tiersymbolik. Die altchristl. Kunst hat von der Antike (→Tierstil) die Vorliebe für Tierdarstellungen übernommen. Man vergleiche etwa den Schmuck der →Maximianskathedra oder die Fresken der →Katakomben. Die Tiere können reine Zierstücke sein, haben aber auch oft symbolischen Charakter. Das gilt etwa vom Schaf, der Taube, dem Pfau, dem Hirsch. Die Entscheidung kann nur von Fall zu Fall getroffen werden. – Nicht nur in frühchristl. Zeit, auch und besonders im Mittelalter spielt die T. in der bildenden Kunst eine bedeutende Rolle. Daß mittelalterl. Tierdarstellungen in der Regel als Symbole zu verstehen sind (→Symbol), darauf weisen die Häufigkeit von Tierdarstellungen an und in Kirchen, vor allem in roman. Zeit (z.B. an Portalen, Kapitellen, →Bestiensäulen u.a.), sowie die mittelalterl. Legendenliteratur und die Verwendung von Tiersymbolen als Heiligenattribute. Eine Grundlage bildet die T. der Heiligen Schrift (Ezechiels Berufungsvision Kap. 1; Apokalypse). Wichtigste Quelle wurde der →Physiologus, daneben noch weitere vorchristl. Quellen, etwa der nordische Sagenkreis, die jedoch heute nur noch zum Teil faßbar sind. Die außerordentliche Vielschichtigkeit der Bedeutung einzelner Tiersymbole erschwert die Deutung mittelalterl. Tierdarstellungen beträchtlich.
Lit.: L. Charbonneau-Lassay, Le Bestiaire du Christ, 1940; V. v. Blankenburg, Heilige und dämonische Tiere, 1943; P. Dam, Fabulous Beasts, 1952.

Tiffany, Louis Comfort. Amerikanischer Maler, Glaskünstler und Kunstgewerbler. Geb. 1848 in New York, gest. 1933 ebda. Studierte in New York und Paris und bereiste von Frankreich aus Spanien, Italien und Nordafrika. 1879 gründete er in New York ein Atelier für Glaskunst und Dekoration. Berühmt wurde er durch seine Entwicklung eines Spezialverfahrens, durch welches er irisierende Ziergläser in antikem und venezianischem Stil herstellen konnte (Tiffany Favrile glass). Seine Glasarbeiten gehören mit ihren verspielten, pflanzlichen Formen zu den schönsten Schöpfungen des →Jugendstils. Auch seine Flachgläser (Tiffany Kapelle in der Kathedrale von New York – Altar mit Glasmosaiken und Fenster) sind von großer Schönheit.
Lit.: R. Schmutzler, Art Nouveau – Jugendstil, 1962.

Tiglatpileser. Assyrischer Königsname. T. I. (ca. 1116–1078 v. Chr.). Die in den Eckfundamenten des Anu-Adad-Tempels in →Assur gefundenen Tonprismen berichten über die ersten fünf Regierungsjahre des mächtigen bis zum Mittelmeer vorgedrungenen Eroberers, dessen Weltreichsidee unter Gott Assur Vorbild für die Assyrerkönige des 9.-7. Jhs. v. Chr. wird. Seinen Namen nahm programmatisch T. III. an (745 bis 727), dessen Feldzüge Assur wieder ein Großreich schufen. Von seinen Taten berichten die Reliefs im erweiterten Palast von →Kalach, die u.a. den Abtransport von Kultbildern aus eroberter Stadt darstellen. Die Wandmalereien im Palast von →Til Barsip, die repräsentative Audienzen zeigen und grausame Szenen assyrischer Kriegführung wiedergeben, sind beispielhaft für die →assyrische Kunst unter T. III.
Lit.: H. Schmökel, GAV, 338; A. Parrot, Assur, 378; E. Strommenger, Mesopotamien, 108f.

Tigranerelief. Das nach dem einstigen Besitzer benannte ägypt. T. der 30. Dyn. (um 350 v. Chr.), aus dem Grab eines Zanufer in →Memphis mit der Darstellung des sitzenden Grabherrn, vor dem sich ein Harfner mit musizierenden Frauen und Tänzerinnen eingefunden hat, ist bemerkenswert wegen der Umbildung von Motiven des Neuen Reiches. Sie macht sich besonders in der plastischen Gewandbehandlung bemerkbar, ebenso in der Raumhaftigkeit der Figuren, und ist beispielhaft für eine ganze Gruppe von Reliefs, in der sich die Begegnung →ägypt. Kunst mit griech. Einflüssen offenbart.
Lit.: W. Wolf, KÄ, 639ff.

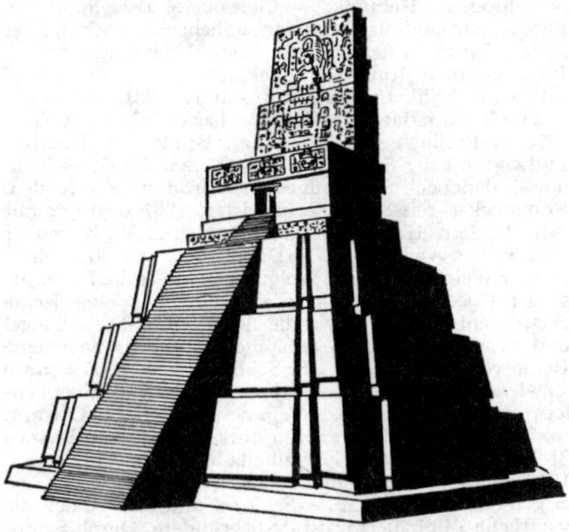

Tikal, Stufenpyramide, Modell.

Tikal. Größtes und vielleicht ältestes Zentrum der Mayakultur im Peten, Guatemala. Höchste Pyramiden des Mayagebietes, besonders Tempel I bis V (50–75 m hoch) mit ausgebildetem Dachkamm. Eingangsverkleidung der Türen durch reich geschnitzte Sturze aus Sapodillaholz, religiöse Zeremonien darstellend (die schönsten im Völkerkundemuseum Basel). Datierte Inschriften vom Ende des 3. bis zum 9. Jh. n. Chr. Ausgangspunkt des Stelen-Altar-Kultes, ungefähr 100 Stelen erhalten, davon nur etwa ein Viertel skulptiert, die anderen einst sicher mit bemaltem Stuck überzogen. Starke →Teotihuacan-Impulse für die frühklassische Zeit nachweisbar. Die →Leidenplatte, eine makellose ovale Jadescheibe mit einem frühen Datum (320), sicher aus der Umgebung von T. stammend.
Lit.: In den Memoirs of the Peabody Mus. (Maler, Tozzer) und Tikalreports (Shook u.a.).

Tikar →Kameruner Grasland.

Tiki-Figuren. Die T. (eigentlich „hei tiki") waren bei den Maori →Neuseelands wichtige Teile des Halsschmuckes; sie waren aus →Nephrit hergestellt und als Symbol heroisierter Ahnengestalten voll „mana" (spiritueller Lebensenergie) gedacht. Es handelte sich meist um 10–20 cm hohe Figürchen von grotesken, embryonenähnlichen Wesen mit großem Kopf.

Til Barsip. Unter den Ruinen von Tell Achmar am linken Euphratufer südwestlich von →Arslan-Tasch 1,5 km unterhalb der Sadschurmündung wurde das alte T. wiederentdeckt, dessen Besiedlung in praehistorische Zeit zurückreicht (Tell Halaf, →Guzana, und →Obeid-Keramik). Über Schichten des 3./2. Jahrtausends v. Chr. assyrische Palastanlage mit reichen Wandmalereien aus der Zeit →Tiglatpilesers III. Stele Asarhaddons, vor dem Abdimilkutti von →Sidon und →Uschanahuru um Gnade flehen. Reliefstelen des →Teschup und der →Ischtar auf einem Löwen weisen zusammen mit Torlöwen auf späthethische und aramäische Kräfte in T., das Hauptort des von →Salmanassar III. unterworfenen aramäischen Staates Bit Adini war.
Lit.: A. Parrot, Assur, 351; V. Christian, AKZ I, 35f.; H. Bossert, Altsyrien, 351f., 368, 442f., 571, 745, 801, 885, 981ff.; E. Strommenger, Mesopotamien, 108f.; H. Schmökel, GAV, 338.

Tilmun. Sumerische Bezeichnung der Bahrein-Inseln,

die für die Seeverbindungen im Persischen Golf und die Werkstoffimporte für die →sumerische Kunst wichtig waren. Dazu fügen sich sumerische Einflüsse in den zahlreichen Gräbern. – Lit.: H. Schmökel, GAV, 338.

Timantes. Griech. Maler aus →Sikyon (?), um 400 v. Chr. tätig. Als Zeitgenosse und Konkurrent des →Zeuxis und →Parrhasios tritt er in Erscheinung. Letzteren soll er in einem Malerwettstreit besiegt haben. Vier Werke werden in der antiken Literatur genannt; Die Opferung der Iphigenie, der schlafende Kyplos, die Ermordung des Palamedes und ein Heros. – Keines seiner Gemälde ist erhalten, doch hat man versucht, Reflexe dieser Werke i. d. Wandbildern Pompejis zu erkennen.
Lit.: L. Curtius, Die Wandmalerei Pompejis, 290f.

Timgad. Moderner Name der röm. Provinzialstadt Colonia Marciana Thamugadi in Algerien. Die Stadt wurde von →Trajan im 2. Jh. n. Chr. gegründet und nach einem rektangulären Plan erbaut. Die öffentlichen Anlagen sind genau eingeplant. Neben →Thermen und Forumsbauten sind gepflasterte Straßenzüge, eine Bibliothek und ein →Theater weitgehend erhalten. Ein Ehrenbogen für Trajan steht noch wie in →Benevent völlig aufrecht. – Die eigentliche Blütezeit von T. fällt in das 3. Jh. n. Chr., im 6. Jh. wurde die Stadt zerstört. Dank ihrer Abgelegenheit in der heutigen Wüste sind die Ruinen vorzüglich erhalten und bilden eines der wichtigsten Beispiele für die Kenntnis der röm. Provinzialarchitektur. – Außerdem altchristl. kleine Kirche mit 3 Schiffen. Daneben großes christliches Kloster, in welchem Reste einer donatistischen Kathedrale, Kapellen, Oratorien, die Wohnung des Optat, des donatistischen Bischofs von T. aus der Zeit von 395 sich befinden (Donatisten in Nordafrika standen im Kampf mit der römischen Kirche).
Lit.: H. Holzinger, T. und die röm. Provinzialarchitektur in Nordafrika; Algérie Tunisie, in: Les Guides Bleus, 1955.

Timomachos. Griech. Maler aus Byzanz, im 1. Jh. v. Chr. tätig. – Acht Werke werden in der antiken Literatur genannt. Jedoch ist keines erhalten. Berühmt wurde er, als →Caesar zwei seiner Gemälde – „Der rasende Aias" und „Der Kindermord Medeas" – für die damals ungeheure Summe von 80 Talenten kaufte und im Tempel der Venus Genetrix in Rom ausstellte.
Lit.: G. Lippold, T., 1937.

Timonidas. Griech. Vasenmaler aus Korinth, tätig um 580–560 v. Chr. Seine in mittelkorinthischem Stil bemalten Werke (Pinax, Berlin; Flaschengefäß, Athen) zeichnen sich durch feine Umrißlinie und eine Vorliebe für das Detail aus. – Lit.: J. L. Benson, Geschichte der korinthischen Vasen, 59, 1953.

Timotheos. Griech. Bildhauer der attischen Schule des 4. Jhs. v. Chr. Gegen 380–70 arbeitete er an den Skulpturen des Asklepiostempels in →Epidauros. Nach einer Inschrift hat er die Modelle für die →Akroter-Figuren gefertigt. Nach griech. Sprachgebrauch kann sich dies sowohl auf die First- und Eckakrotere als auch auf die Giebel insgesamt beziehen. Der Stil der erhaltenen Fragmente (Athen, Nat. Mus.) legt es nahe, ihn als Meister der Giebelplastiken anzunehmen. Wie →Kephisodot steht er noch ganz in der nachphidiasisch-attischen Tradition. Gegen 350 hat er gemeinsam mit →Leochares, →Bryaxis und →Skopas an den Friesen des →Mausoleums von →Halikarnassos gearbeitet.
Lit.: B. Schlörb, T., 1964.

Timuriden. Der Mongolenfürst Timur (1387–1405) erobert 1393 Bagdad und dehnt in großen Eroberungszügen das Herrschaftsgebiet seiner Familie von Buchara und Samarkand bis über den Kaukasus, Iraq, Kleinasien und Iran und bis an die indische Grenze aus. Diese von Türken und Mongolen besetzten Gebiete regieren seine Nachfolger, die T., bis 1502. Der bedeutendste Herrscher ist Schah Rukh (1405–1447). – Der mit den →Ilkhanen beginnende mongolische Einfluß in der iranisch-islam. Kunst führt unter den T. eine reiche Entfaltung der Künste herbei. Auffallend ist dabei ein stärkerer Einfluß Chinas in der Verwendung und Nachahmung von Blau-Weiß-Porzellan, besonders aber in dem Auftreten des hohen, schlanken Figurenideals in chinesischer Tracht, sowie eine neue Neigung zur chinesischen Tuschmalerei. – Für die Baukunst unter timuridischer Herrschaft zeugen vor allem in Samarkand die Medrese Bibi Hanum (1399) und die Gräberstraße „Schah Zinda" mit dem Mausoleum Timurs (1490–1501, Gur e Mir), dessen stark kannelierte Kuppel zu den eindrucksvollsten Denkmälern islam. Kunst zählt. Den hohen, betonten Torbau, das Stalaktitwerk, die Maqsurakuppel, zeigt in vollendeter Form 1418 die Djauharzadeh-Moschee im Heiligtum des Imam Riza in Meschad; als erste Zentralkuppelmoschee entsteht in der Mitte des 15. Jhs. in Tebris die Blaue Moschee. Die Bauverkleidung durch glasierte Ziegel, Fayencemosaik, gemalte Fliesen und Reliefflíesen erlebt in dieser Zeit die vielseitigste und prächtigste Ausbildung. Von der Profanbaukunst mit von Fliesen und auf Stoff gemalten Gemälden geschmückten Pavillons ist nichts erhalten geblieben. In Schiraz und Tebris blüht die Buchmalerei. In Herat wirkt 1470–1506 der bedeutendste Maler der islam. Welt, der durch seine Signaturen und seinen neuen Stil bekannte Meister →Behzad. – Die auf den Miniaturen dieser Zeit geschilderten Teppiche entsprechen in der Musterung den späteren osmanischen und safewidischen Holbein-, Medaillon- und Gebetsteppichen sowie den Tierteppichen. Beispiele iranischer Teppiche sind nicht erhalten. Für die Gefäß-Keramik ist die Nachahmung chinesischer Fabrikate typisch, während die Bauverkleidung einen Höhepunkt vorderasiatisch-islam. Entwicklung darstellt. Diese Kulturentfaltung im Reich Timurs bildet die Grundlage der großen Stile der nach dessen Zerfall aufkommenden nationalen Reiche der →Osmanen, →Safewiden und Mogh uln. – Lit.: E. Cohn-Wiener, Turan, 1930; I. Stchoukine, Les Peintures des Manuscripts Timurides, 1954; E. Kühnel, Die Kunst des Islam, 1962.

Tinia. Hauptgott des etruskischen Pantheons, Großvater des →Tages, mit Zeus und Jupiter gleichgesetzt. T. ist der führende neunte Gott von acht blitzschleudernden Gottheiten. – Lit.: O. W. v. Vacano, E II, 23ff.

Tino da Camaino. Italien. Bildhauer und Baumeister. Sienese, vermutlich Schüler des Giovanni →Pisano. Zuerst erwähnt 1311 in Pisa (Taufbecken für den Dom). 1315 Dombaumeister in Pisa, 1319/20 in Siena. Gest. 1337 in Neapel, wo er im Dienst des Robert von Anjou zahlreiche Grabmäler schuf, die reiche Nachfolge fanden; u.a. Grabmal der Katharina von Österreich in S. Lorenzo (um 1323) und der Maria von Ungarn in S. Maria Donna Regina (1325). Bedeutendstes Frühwerk ist das unvollständig erhaltene Orso-Grabmal im Florentiner Dom (um 1321–23), das erstmals den Toten als Sitzfigur auf dem Sarkophag zeigt. Seinen Stil zeichnen lyrische Stimmung und weiche Linienführung aus.
Lit.: R. Valentiner, T.C., a Sienese sculptor of the fourteenth century, 1935; Morisani, T.d.C. a Napoli, 1945.

Tintoretto, eigentlich Jacopo Robusti. Italien. Maler. Geb. 1518 in Venedig, gest. 1594 ebda. Über seine Lehrzeit ist wenig Sicheres bekannt; angeblich soll er Schüler →Tizians gewesen sein. Wichtig für die Entwicklung seines Frühstils wurden jedenfalls die Anregungen, die von →Parmigianino ausgingen. Das „Markuswunder" (1548, Venedig, Akademie), ein Werk, das ihn schlagartig berühmt machte, weist auf röm. Studien und auf die Begegnung mit der Formenwelt →Michelangelos hin: es wird eine Romreise für 1547/48 angenommen. Von ihr abgesehen, arbeitete T. ausschließlich in Venedig, wo sich alle örtlich gebundenen Hauptwerke befinden. – Um 1560 gibt es im Werke T.s einen Stilwandel. Die plastisch herausgearbeiteten Körper treten zurück, die Komposition wird tiefenräumlich. Die Verwendung des Lichtes erfährt gleichzeitig eine höhere Bedeutung: durch Lichtführung oder reflexartiges Erscheinen greift das Licht aktiv in das Geschehen ein und schafft eine geisterhafte, visionäre Stimmung. Mit diesem Stil wurde T. der Hauptmeister des venezianischen Manierismus. Die bedeutendste Leistung dieser Epoche sind die Wand- und Deckengemälde der Scuola di S. Rocco in Venedig mit dem Passionsgeschehen in der Sala dell'Albergo (1565/66) und mit alt- und neutestamentarischen Darstellungen in den Sälen des Unter- und Obergeschosses (1575–82). Seit 1574 arbeitete T. zudem im Dogenpalast,

wo er im Senatssaal das Deckenbild ,,Venedig als Beherrscherin der Meere" (1581–84) und im Saal des hohen Rates die Darstellung des Paradieses malte.
Lit.: E. v. d. Bercken und A. L. Mayer, J.T., 1923; v. Hadeln, Zeichnungen des T., 1922; E. v . d. Bercken, Die Gemälde des J.T., 1942.

Tipasa (Algerien). Reich an altchristl. Gotteshäusern. Große Basilika am Meer. Viele Anbauten, auch Baptisterium, erbaut im 4. Jh. 52 m lang, 42 m breit. Neunschiffig. Schiffe durch Säulen und Pfeiler getrennt, über welchen Arkaden. Die mittl. Schiffe hatten Mosaikfußboden, Anbauten z. T. Mosaikschmuck. Ferner: Grabkirche von S. Salsa auf der Ostnekropolis (5. Jh.), kleine Basilika beim Jupitertempel, weitere Kapellen, Westnekropolis mit Grabeskirche d. Bischofs Alexander.
Lit.: Algerie Tunisie in: Les Guides Bleus, 1955.

Tiraz. Das iranische Wort für ,,Stickerei" bezeichnet im übertragenen Sinn in der islam. Kunst besonders Textilwerkstätten staatlicher und privater Natur. Nach vermutlich vorislam. Tradition werden unter den →Omeyaden bis zu den →Fatimiden in diesen Werkstätten Gewandstoffe, Gewänder, Turbane, der Sonnenschirm des Kalifen und die Kiswa für die →Kaaba gearbeitet. Sie sind durch Inschriftborten bezeichnet und zunächst ausschließlich für den Bedarf des Hofes bestimmt. Die Inschriftborten zierten die Leinengewänder am Oberarm, am Ärmelsaum, am Halsausschnitt sowie den Turban. Mit den Fatimiden beginnt eine reichere Verwendung von Seide und Gold, zunehmend erscheinen jetzt und unter den →Mamluken private Manufakturen, die von hohen Würdenträgern unterhalten werden. – Von zahlreichen namentlich bekannten Tirazwerkstätten in Ägypten, Iraq, Iran, Sizilien und Spanien, Kleinasien sind Originalstücke erhalten. Eine bekannte Tiraz-Arbeit ist der 1133 in Palermo gearbeitete Mantel Rogers II., der Krönungsmantel der Deutschen Kaiser wurde. Tirazstoffe sind auch der Mantel Heinrichs VI. in Regensburg und das Grabgewand Rudolfs IV. in Wien. Mit dem 14. Jahrhundert wurden die Tirazstreifen zum textilen Dekor, der meist nur noch anonyme Wünsche u. Formeln in Wiederholung enthält od. Namen des Kalifen.
Lit.: E. Kühnel, Catalogue of Dated Tiraz-Fabrics, 1952; A. Grohmann, Enzyklopaedie des Islam, 1934; H. J. Schmidt, Alte Seidenstoffe, 1958.

Tirnovo. Von 1186–1393 Hauptstadt des zweiten unabhängigen Reiches der Bulgaren. In dieser Zeit ein Mittelpunkt der Kultur und Kunst. Bei der Zerstörung der Stadt durch die Türken die bedeutendsten Kirchen mit ihrem Schmuck vernichtet. Trotzdem einige erhalten, wie die der 40 Märtyrer mit ihrer Malerei aus dem späten 14. Jh. Es hat sich ein lokaler Stil herausgebildet, der teils griech., teils einheimische Charakterzüge hat. Am Außenbau der Kirche eine Fülle von Blendarkaden.

Tirthankaras. 24 Hauptheilige der ind. Religionsgemeinschaft der Dschainas, nach Symbolen unterschieden. – Lit.: U. P. Shah, Studies in Jaina art, 1955.

Tirukalikunram. Südindischer Tempel späteren dravidischen Stils an der Straße von Madras zum Küsten- und Tempelort →Mahabalipuram.

Tirupati. Südind. Siedlung mit tradition. Wallfahrtsstätte auf dem Berg u. dem dravidischen, während der 1. Hälfte des 2. Jts. errichteten Tempel Schri Govindaradscha in der Ebene an einem heiligen Teich.

Tiruvannamalai. Südindischer Tempel, an dessen 4 Toren im Achsenquadrat der Mauern um die Tempelhöfe die Entwicklung des dravidischen Stils von der Tschola-Zeit um 1000 bis Ende d. 18. Jhs. abzulesen ist.
Lit.: F. H. Gravely, The Gopuras of T., 1959.

Tiryns. Mykenische Burg in der →Argolis. Vasallensitz der Könige von →Mykene. Die Anlage erstreckt sich auf einer niedrigen Felserhebung in der Ebene. Die Bauzeit fällt in die 2. Hälfte des 2. Jahrtausends v. Chr., jedoch war der Platz bereits im 3. Jahrtausend besiedelt. Aus dieser Epoche sind die Fundamentreste eines großen Rundbaues nachgewiesen. – Die mykenische Anlage mit gewaltigem →Kyklopenmauerwerk ist in drei abfolgenden Bauphasen entstanden, von denen die wichtigste in das 13. Jh. v. Chr. gehört. Um drei →Megaron-Bauten mit Vorhöfen und Propyläen legt sich ein Mauerring mit Kasematten und ausgedehnten Fortifikationen. Im späten 12. Jh. v. Chr. wird dieser Anlage eine große Unterburg als Fliehburg für die umliegenden Dörfer angegliedert. Dazu werden die Mauern verstärkt und der seitlich herabführende Quellgang befestigt.
Lit.: F. Matz, Kreta u. frühes Griechenland, 192ff., 1962.

Tischari. Name eines churritischen Königs von →Urkisch, Erbauer des Pirigal-Tempels (→Akkadzeit). Gründungsstein mit ausdrucksvoller Bronzefigur eines Löwen, der die typischen Merkmale der Plastik von Akkad zeigt. – Lit.: A. Parrot, Sumer, 182; H. Schmökel, GAV, 48, 156, 186; UAB, 278f.

Tischbein, Wilhelm. Deutscher Maler, Radierer, Altertumsforscher und -sammler. Geb. 1751 in Haina, gest. 1829 in Eutin. T. entstammte einer weitverzweigten deutschen Künstlerfamilie; so studierte er bei seinem Onkel Johann Heinrich T. (d. Ä., 1722–89) in Kassel und ab 1766 bei seinem Onkel Jakob (1725–91) in Hamburg. Bis 1779 lebte er hauptsächlich als Portraitist in Bremen, Kassel und Berlin. Mit einem Stipendium versehen, reiste er sodann ein erstes Mal nach Italien und, kaum zurückgekehrt, ein zweites Mal durch die Vermittlung Goethes, dessen berühmtes Bild ,,Goethe in der Campagne" T. 1787 in Rom malte. Im gleichen Jahr ließ er sich in Neapel nieder, wo er Direktor der Kunstakademie wurde. 1779 kehrte T. nach Deutschland zurück, wo er sich in Hamburg niederließ. – T., außerordentlich vielseitig begabt, begann als Maler in der Rokoko-Tradition, die er aber in Italien und unter dem Einfluß Goethes zugunsten einer klassizistischen Linie überwand.
Lit.: Thieme-Becker; W. Sörrensen, W.T., 1910.

Titelkirche. Die nachkonstantinischen T.n wurden auf Hausgrundstücken erbaut, die man schon vorher der Kirche übereignet hatte. Der Name titulus bedeutet Hausinschrift. Sie gab auf einer Tafel den Namen des Besitzers an. Ein so übereignetes Haus für kirchlichen Gebrauch wurde dann nach dem Titulus T. genannt.

Titulus. In der bildenden Kunst die Unter- oder Beischrift einer bildlichen Darstellung, entweder innerhalb des Bildfeldes oder neben ihm angebracht. Der T. hat häufig Versform, doch kann er auch eine einfache Prosaerläuterung sein. Er dient der Erklärung des Bildinhalts. Sofern es sich um einen bekannten Vers handelt, der bereits vorlag, kann er auch die Art der bildlichen Darstellung inspiriert haben. Er ist eine wichtige Quelle zur Erschließung frühmittelalterl. Bildinhalte.
Lit.: E. Steinmann, Die Tituli und die kirchliche Wandmalerei im Abendland vom 5.–11. Jh., 1892; J. von Schlosser, Die Kunstliteratur, 1924.

Titus. Röm. Kaiser, regierte 79–81 n. Chr. Ihm zu Ehren wurde für seinen erfolgreichen Kriegszug gegen Jerusalem (70 n. Chr.) der heute noch stehende Triumphbogen auf dem →Forum Romanum errichtet. Zu seinen bedeut. Bauleistungen gehört eine Thermenanlage u. die Vollendung des Colosseums.

Titusbogen. Röm. →Triumphbogen am Osteingang des →Forum Romanum von →Domitian im Jahre 81 n. Chr., zur Erinnerung an den von Titus im Jahre 70 n. Chr. errungenen Sieg über die Juden gestiftet. Der eintorige Bogen ist völlig erhalten und gilt als eines der bedeutendsten Beispiele seiner Gattung. Nach diesem Vorbild ließ Trajan seinen Ehrenbogen in →Benevent kopieren. – Im Durchgang des T. zeigen Reliefs den Triumphzug des Titus, bei dem die heiligen Tempelgeräte aus Jerusalem mitgetragen werden.
Li.: H. Kähler, Rom und sein Imperium, 121ff., 1962.

Tivoli (bei Rom). Bereits in der röm. Antike besiedelte Ortschaft (→Tibur) vor →Rom. Hier ließ →Hadrian seine berühmte Villenanlage errichten. →Hadriansvilla. – Von seinen Baudenkmälern aus der Neuzeit ist das bedeutendste die Villa d'Este, 1549 von Pirro Ligorio für den Kardinal Ippolito d'Este begonnen. Der mächtige Bau, mit wenigen Gliederungselementen versehen, blieb unvollendet. Architektonisches Hauptmotiv ist die zweigeschossige Vorhalle mit Freitreppe an der Gartenfront, die den Hintergrund für die berühmten terrassenförmigen Gartenanlagen mit ihren Wasserkünsten bildet. Auf die Gestaltung dieses Parks wurde wesentlich mehr Wert gelegt als auf den verhältnis-

mäßig einfachen Bau. Die Gartenanlagen gehören zu den schönsten und reichsten ihrer Art. Sie wurden ebenfalls von Pirro Ligorio, unter Mitwirkung von Orazio Oliviero, ausgeführt und waren 1569 vollendet.
Lit.: Wasmuths Lexikon der Baukunst, Bd. IV, 1932; N. Pevsner, Europäische Architektur, 1963.

Tizian, eigentlich Tiziano Vecelli(o). Italien. Maler. Geb. in Pieve di Cadore um 1476/77 oder 1489/90, gest. 1576 in Venedig. Sehr früh kam T. nach Venedig, wo er – möglicherweise zusammen mit →Giorgione – zu Giovanni →Bellini in die Lehre ging. Mit Giorgione arbeitete T. auch 1508 an den Fresken am Fondaco dei Tedeschi (Kaufhaus der Deutschen, Fresken zerstört, durch Radierungen überliefert). Mit zunehmender Selbständigkeit des Stils entwickelte er sich zum größten Meister der venezianischen Hochrenaissance. – Sein Werk wird in vier Epochen eingeteilt. Am Anfang steht T. noch in Beziehung zu Bellini und Giorgione. Besonders das alles beseelende Lebensgefühl des Giorgione wirkte

Rom, Titusbogen,
81 n. Chr. auf dem Forum Romanum errichtet.

auf T. und führte zu Höhepunkten wie die „Himmlische und irdische Liebe" um 1516 (Rom, Gal. Borghese). Das Ende dieser Epoche kann in dem „Zinsgroschen" (Dresden, Gal.) um 1518 gesehen werden. – Es folgt ein Jahrzehnt prachtvollster Entfaltung, in welchem T. dem Geist der Hochrenaissance an Weite und Größe der Komposition am nächsten kommt. Am Anfang dieser Periode steht die Himmelfahrt Mariae, die „Assunta", um 1518 in der Frarikirche in Venedig; am Ende entstehen die Madonna des Hauses Pesaro (ebda.) und die Ermordung des Paulus Martyr (1528-30, Venedig, SS. Giovanni e Paolo, nur noch Kopie erhalten). In letzterem erreicht T. in farbiger Pracht und bewegter Komposition eine fast barocke Wirkung. Gleichfalls in diese Zeit gehört das weltbekannte Bild „Bacchus und Ariadne" (1523, London, Nat. Gal.). In den dreißiger und vierziger Jahren wird die Gestaltung seiner Kompositionen wieder etwas ruhiger, wie im „Tempelgang Mariä" (1534-38, Venedig, Akademie). In den teilweise scharfen Kontrasten und den kühleren, gedeckteren Farbtönen zeigen sich vorübergehend auch manieristische Züge (Ecce Homo, 1543, Wien, Mus.). Stärker tritt in dieser Zeit T. als Bildnismaler hervor. Er leistet hierbei Ungeheures in der Charakterisierung der in Glanz und Pracht auftretenden Persönlichkeiten. Die Höhepunkte dieses Wirkens sind die Bildnisse von Papst Paul III. mit seinen Nepoten (1545, Neapel, Mus. Naz.) und von Kaiser Karl V. (1533, Madrid, Prado; 1545, München, Pinakothek). – In der Mitte der fünfziger Jahre zeigt sich bei T. ein Altersstil von tiefer, geistiger Gelöstheit. Er wendet sich wieder der großen Komposition zu, deren dramatisches Leben durch geheimnisvolle Lichteffekte betont wird, und er erreicht eine Fähigkeit, die Farbe zum Träger seelischen Ausdrucks zu machen, die in dieser Art erst von →Rembrandt wieder erreicht wurde. Zu den ausdrucksvollsten Werken des Alters gehört die „Dornenkrönung" (1570/71, München, Pinakothek). (Siehe Farbtafel 27). – Lit.: H. Tietze. T., Leben und Werk, 2 Bde., 1936; ders., T., Gemälde und Zeichnungen; 1950; v. Hadeln, Zeichnungen des T., 1924; F. J. Mather, in: The Art Bulletin, 1938.

Tjanting. Ein etwa im 17. Jh. n. Chr. erfundenes Gerät, das für die Vervollkommnung der →Batik-Technik in →Indonesien unerläßlich war. Es besteht aus einem Kännchen an einem Holzgriff, durch das geschmolzenes Bienenwachs auf den noch ungefärbten Stoff gegossen wird. Im Gegensatz zur alten Wachstropftechnik kann man mit Hilfe des T. lange, durchlaufende Linien hervorbringen.

Tjorten →Tibetische Kunst.

Tlatelolco. Schon zu Beginn des 13. Jhs. früheste Siedlung auf den Laguneninseln, stand später in Konkurrenz mit →Tenochtitlan, an das es 1473 seine Selbständigkeit verlor; kulturell nach wie vor der Schwesterstadt überlegen. Noch später Sitz der Großkaufleute, bedeutendster Markt und die stattlichsten Tempel mit ähnlichen Überbauungsstufen wie →Tenayuca. Die letzte Phase der aztekischen Keramik (Aztekisch IV) mit Wiedergabe realistischer Themen nach T. benannt.

Tlatilco. In den Ziegeleien am Nordrand der Stadt Mexiko gefundenes Gräberfeld mit typischen Zügen der unteren und mittleren →Zacatenco-Kultur. Die Grabbeigaben an Töpfen, Masken, hohlen und vollen Tonfiguren, Stempeln usw. weisen auf überraschend weite Beziehungen hin (Nordamerika, Honduras, peruanische Küste). Besonders enge Verflechtung ergab sich mit Figuren im olmekischen Stil. Ausdrucksstark sind vor allem stehende weibliche Figuren, gepanzerte Krieger, Akrobaten und Tierdarstellungen; auf das Konzept der Dualität weisen Masken mit halb Lebenden-, halb Toten-Gesicht hin (→Las Bocas).
Lit.: Muriel N. Porter, Tlatilco and the Pre-Classic cultures of the New World. Viking-Fund, 19, 1953.

Tobey, Mark. Amerikan. Maler, geb. 1890, Centerville (Wisconsin), seit 1906 Kunststudium. 1918 Bekanntschaft mit Bahá'i-Lehre. Seit 22 unterrichtet er Malerei in Seattle. Reisen nach Europa, Kleinasien, Mexiko, China u. Japan. 35 erste Einzelausstellung in Seattle. 60 Niederlassung in Basel, wohnt abwechselnd in Basel u. Seattle. 48 formieren sich die künstler. Kräfte gegen die geometrisch erstarrte Abstraktion u. es entstehen ungegenständl. Richtungen wie „l'Informel", „Non-Figuration" und „Tachismus". Parallel dazu findet T. seinen eigenen Weg; die Einzelform löst sich auf zugunsten einer Gesamtvibration der Bildfläche, die eine meditative Weltschau zum Ausdruck bringt.
Lit.: Kat. der Kestner-Gesellschaft Hannover, 1966.

Todi (Provinz Perugia). Die Wallfahrtskirche S. Maria della Consolazione wurde 1508 von Cola Mateuccio da Caprarola begonnen, außen 1516–24 durch Ambrogio da Milano und F. de Vito Lombardo ausgeführt. Ihre Vollendung durch die halbkreisförmige Kuppel erfuhr sie erst über ein Jahrhundert später (1617). Der Bau erscheint wie eine Verkörperung von Plänen →Leonardos, geht aber wahrscheinlich auf einen Entwurf →Bramantes zurück. Der Grundkörper ist ein rechteckiger Kubus auf quadratischem Grundriß, aus dem der mächtige Zylinder des Tambours mit Kuppel und Laterne aufsteigt und an den eine halbkreisförmige und drei polygonale

Apsiden mit Halbkuppeln angeschlossen sind, die bis zum oberen Rand des Mittelbaus reichen. Der klare Baukörper ruht vollkommen in sich und steigt doch gleichzeitig aktiv auf. Baukörper und Einzelglieder sind von größter Einfachheit. Auf dem fensterlosen Erdgeschoß erhebt sich das leichter wirkende 2. Geschoß, das in rhythmischem Wechsel mit Segment- und Dreiecksgiebel bekrönte Ädikulafenster enthält, deren Rhythmus an den Rundbogennischen und den Rechteckfenstern des Tambours wiederkehrt. Eine niedrige Attika ist Sockel für die Halbkuppeln der Apsiden, deren Gesimse und Gebälk um den Mittelkubus herumgeführt und dadurch an diesen gebunden werden.
Lit.: F. Baumgart, Geschichte der abendländischen Baukunst, 1960.

Töpferscheibe. Durch das Aufkommen der schnell drehenden Töpferscheibe (im nordalpinen Europa im Verlauf der keltischen →Latène-Zeit) verarmt die vorher reichhaltige Verzierung vorgeschichtlicher →Keramik und kommt erst allmählich in vereinfachter und der Tektonik der Keramik angeglichener Weise wieder zur Geltung.

Toichobat. Sockelstufe, auf der sich das Cellamauerwerk des griech. Tempels erhebt.

Tokio (Tokyo). Hauptstadt Japans. Der ehemalige alte Stadtkern, der auf einer Anhöhe lag, fiel zum größten Teil der Zerstörung zum Opfer, jedoch hat sich sein radiales Straßensystem weitgehend erhalten. Die Straßen gingen ursprünglich von dem großen ummauerten Bezirk des Kaiserplatzes aus, von dem noch kleinere Nebengebäude und Reste der Bastionen des 17. Jhs. stehen. – Die Bauten des 19. und 20. Jhs. entstanden fast ausschließlich unter dem Einfluß europäischer Baukunst.

Tolima. Vorkolumbischer Stil →Kolumbiens, früher ebenfalls als →Quimbaya bezeichnet. Die Metallarbeiten zeigen einen verhältnismäßig einfachen, flachen Guß; Leib, Kopf und Glieder sind konventionell stilisiert, tragen manchmal gegabelten Schwanz und Flügel, dazu häufig Spiralen verwendet.

Tolteken. Teil der aus dem Norden Mexikos hereinbrechenden barbarischen →Chichimeken, die gegen Ende des 9. Jhs. die →Teotihuacan-Kultur vernichten. Entwicklung einer weite Gebiete umfassenden bemerkenswerten Kultur, die ihren Einfluß bis ins →Maya-Gebiet ausdehnte (→Chichen Itzá). Zentrum der T.-Herrschaft in Mexiko von 900 bis 1150 war →Tula (Tollan). Obwohl die Reste der Stadt lange bekannt waren, wurde bis zum Beginn der Ausgrabungen 1938 ihre Existenz in den Bereich der Sage verwiesen bzw. sie fälschlich mit Teotihuacan identifiziert. Die Geschichte der T. und ihrer mythischen Führer Mixcoatl und Quetzalcoatl von Sagen umrankt. Das T.-Reich wurde für die →Azteken zum Hort aller schönen Künste und galt als Paradies schlechthin. Die T. werden besonders mit der Einführung der Metalltechnik verbunden. Neue Chichimekeneinfälle brachten das Ende der T.-Herrschaft herbei (→Mazapan, →Coyotlatelco). (Siehe Tafel 7).

Toluca, Hochland von. Vielfarbige Keramik bei den Matlazinken, mit abstrakten Mustern verziert. Bedeutend ansprechender als aztekische Ware der gleichen Zeit. Beliebt war besonders Negativmalerei in Batik-Technik, bei der das Muster mit flüssigem Wachs aufgetragen und nach der Anbringung des dunklen Hintergrundes wieder mit heißem Wasser abgewaschen wurde. →Calixtlahuaca.

Tomaso da Modena. Italien. Maler. Geb. 1325/26 in Modena, gest. 1379. Tätig in Modena und Treviso. Malte Triptychon mit Madonna und Heiligen, eine Madonna und einen Schmerzensmann (vielleicht Diptychon) im Auftrag Kaiser Karls IV. für Burg Karlsstein (→Theoderich v. Prag), doch bleibt ein Aufenthalt in Böhmen umstritten. Hauptwerke: Fresken mit lesenden, schreibenden, meditierenden Dominikanern im Kapitelsaal von S. Niccolò, Treviso (datiert 1352); Fresken mit Legende der hl. Ursula (heute Treviso, Mus.). Außergewöhnlich der Sinn für das Gegenständliche, für physiognomische Besonderheiten und die Fähigkeit, das Wesen geistiger Tätigkeit darzustellen. Der Rhythmus der Linien, die flächenhaft-farbige Geschlossenheit der Komposition weisen bereits auf Grundzüge späterer venezianischer Malerei.
Lit.: L. Coletti, L'arte di T.d.M., 1933.

Tomba Campana. Nach dem Entdecker benanntes großes etruskisches Kammergrab des späten 7. Jhs. v. Chr. mit Hügelaufschüttung bei →Cerveteri, in dem rechts neben dem Eingang ein Rundsessel aus dem anstehenden Tuff geschnitten ist. Die Ausstattung fügt sich zu anderen Grabanlagen, die die große Bedeutung des Thronsessels im etruskischen Totenritual bezeugen.
Lit.: O. W. v. Vacano, E I, 228; E II, 95f.

Tomba degli Auguri. Etruskisches Kammergrab mit Wandmalereien (530–20 v. Chr.) bei →Tarquinia. Die Rückwand zeigt zwei ehrfurchtsvoll grüßende Männer beiderseits einer Scheintür. Auf der rechten Wand Ringerpaar mit drei Becken als Kampfpreis. Nach dem links von der Gruppe stehenden Mann mit Krummstab (Lituus), der als Augur oder priesterlicher Schiedsrichter gedeutet wird, ist das Grab benannt. Bedeutsam ist die rechts anschließende Darstellung des →Phersu, der mit einer Fangleine seinen Hund auf einen blutenden, durch ein verhüllendes Tuch geblendeten Keulenträger hetzt. Die Szenen stehen wohl in Zusammenhang mit blutigen Leichenspielen im Totenkult.
Lit.: O. W. v. Vacano, E II, 192ff.; H. Leisinger, ME, 34ff.; G. Q. Giglioli, AE, 109ff.

Tomba degli Scudi. Etruskische Grabanlage mit Wandmalereien bei →Tarquinia um 300 v. Chr., benannt nach den Schildmotiven der hinteren Kammer. Beiderseits der Verbindungstür des großen Vorraumes Symposionszene mit Musikanten. Tendenz zu räumlicher Darstellung mit Frontal- und Dreiviertelansicht der Gesichter, Licht- und Schatteneffekten, die den Einfluß der frühhellenistischen Kunst zeigen. Die T. ist wichtig wegen der großzügigen architektonischen Planung, die uns Einblick in die Anlage eines vornehmen etruskischen Hauses mit Zentralraum und Nebengemächern, Tür- und Fensterplacierung gibt.
Lit.: H. Leisinger, ME, 89ff.; G. Q. Giglioli, AE, Taf. 386f.

Tomba degli Scudi e delle Sede. Etruskische Grabanlage des späten 7. Jhs. v. Chr. bei →Cerveteri mit drei nebeneinanderliegenden Kammern und breiter Vorhalle, benannt nach den Schildreliefs und den beiderseits der Tür zur Mittelkammer aus Tuff gehauenen Rundsesseln, die zusammen mit den sechs Ruhelagern etruskische Jenseitsvorstellungen bekunden, ohne daß wir jedoch die Beziehung von Thron und Lager zu den bestatteten Männern und Frauen klären können. Das Schildmotiv hat seine Entsprechung in der Ausstattung der Tomba →Regolini-Galassi und im Wandschmuck der →Tomba dei rilievi, ist also ein bedeutsamer Bestandteil des etruskischen Totenrituals.
Lit.: O. W. v. Vacano, E I, 173f.; E II, 96; G. Q. Giglioli, AE, Taf. 95.

Tomba dei rilievi. Kammergrab des 2. Jhs. v. Chr. bei →Cerveteri, benannt nach den bunten Reliefschilden des Wandschmuckes. Das Schildmotiv in der etruskischen Grabausstattung ist seit dem 7. Jh. v. Chr. durch Beigaben und Reliefs bezeugt, so daß wir ihm eine besondere Bedeutung in der Jenseitsvorstellung beimessen können. →Regolini-Galassi, →Tomba degli Scudi e delle Sede.
Lit.: O. W. v. Vacano, E I, 102, 114f., 147ff.; E II, 101; G. Q. Giglioli, AE, Taf. 341ff.

Tomba dei tori. Kammergrab mit Wandmalerei bei →Tarquinia, benannt nach zwei Stieren, davon einer mit bärtigem Männerkopf, deren Beziehung zu den beiden nebenstehenden erotischen Szenen noch nicht gedeutet ist. Im Giebelfeld darüber beiderseits eines volutengeschmückten Mittelsockels Reiter und Löwensphinx in gestrecktem Galopp. Das Hauptbild unter beiden Friesen zwischen den beiden Türen zu den dahinterliegenden Grabkammern zeigt hinter einem Brunnen den auf den anreitenden Troilos lauernden Achill. Das Thema ist ebenso unverkennbar griech. wie Einzelmotive der Malereien, deren Gesamtbild jedoch die etruskische Umprägung offenbart, bestimmt von Todes-

nähe und Jenseitsbezug. Die T. ist das bisher älteste Beispiel eines reich bemalten Grabes von Tarquinia. Um 550 v. Chr.
Lit.: H. Leisinger, ME, 12 ff.; G. Q. Giglioli, AE, Taf. 107.

Tomba dei Vasi dipinti. Kammergrab mit Wandmalereien bei →Tarquinia, benannt nach den im Symposion eines Paares verwendeten griech. dargestellten Gefäßen (Ende 6. Jh. v. Chr.). Das Trinkgelage auf der Kline ist ein charakteristisches Motiv etruskischen Jenseitsglaubens und fügt sich zu der entsprechenden Ausstattung der Gräber. Pferde mit Fischleib (Hippokampen) im Giebelfeld beiderseits eines geschwungenen Mittelsockels weisen wohl auf das Weltbild, nach dem der Bereich der Lebenden von dem der Toten durch das Meer getrennt ist.
Lit.: O. W. v. Vacano, E II, 144; H. Leisinger, ME, 24.

Tomba del Barone. Kammergrab mit Wandmalerei, benannt nach Baron Kestner. Im Giebelfeld beiderseits geschweiftem Sockel Hippokampen und Delphine, darunter Fries mit Reitern und Frau, der von einem Bärtigen in Begleitung eines Flötenspielers eine große Schale gereicht wird (Opferszene an Göttin oder Verstorbene?),
Lit.: H. Leisinger, ME, 43 ff.; G. Q. Giglioli, AE, Taf. 115.

Tomba del Colle. Kammergrab der ersten Hälfte des 5. Jhs. bei →Chiusi mit Wandgemälde, dessen Szenerie charakteristisch etruskische Motive wie Kandelaberträger, Flötenspieler und thronende Frau unter Sonnenschirm zeigt. Dazu fügen sich die reichen Kandelaberbeigaben in etruskischen Gräbern, die Thronsesselausstattungen (→Regolini-Galassi, →Tomba delle cinque sedie, →Tomba degli Scudi e delle Sede, →Tomba Campana) und die Überlieferung vom etruskischen Ursprung der Flötenmusik.
Lit.: O. W. v. Vacano, E II, 129; G. Q. Giglioli, AE, Taf. 204.

Tomba del Duce. Etruskisches Steinkreisgrab mit mehreren Bestattungsgruben bei →Vetulonia. Metallschrein in Form eines Rechteckhauses, mit reichen Bildmotiven des orientalisierenden Stils geschmückt, für Aufnahme der Asche. Bronzeschiffchen mit Hirschbug und Tierfiguren als Zeugnis für Beziehungen zu Sardinien. Eine weitere Grube enthielt zahlreiche Waffen, daneben ein mit Gefäßen gefülltes Bronzebecken, das einen Silberbecher mit orientalisierenden Figuren enthielt, Tonschale mit Flügellöwen, die ein vierspeichiges Rad umschreiten, und etruskischer Inschrift, dem sicheren Zeugnis für die Anwesenheit der Etrusker im frühen 7. Jh. v. Chr.
Lit.: O. W. v. Vacano, E I, 136 ff.; E II, 80 f.; F. v. Duhn, IGK I, 229 ff.; G. Q. Giglioli, AE, Taf. 39.

Tomba della Caccia e della Pesca. Etruskisches Kammergrab mit Wandgemälde, das in lebhaften Szenen Fischfang im Boot und Wasser-Vögeljagd mit Schleuder am Strand zeigt. Das Landschaftsbild ist bedeutsam. Im Giebelfeld Trinkgelage. Im Giebelfeld über der Eingangstür Heimkehr Berittener mit Hunden und Jagdbeute. Die Darstellung aufgescheucht auseinanderschwirrender Vogelschwärme hat ihre Entsprechung auf einer Goldfibelplatte des 7. Jhs. aus →Vulci, aber nicht in der griech. Kunst, in der auch das Verwachsen des Menschen mit der Natur fehlt. Man wird an Kretisches erinnert, zumal sich der Besucher der Hauptkammer in der T. allseitig von momentan bewegten Szenen mit auffliegenden Vögeln umgeben sieht und die Meereswellen mit den schwingenden, auf- und untertauchenden Delphinen über die Grabecken geführt sind, ohne daß auf die Ecke als Grenzlinie Rücksicht genommen wird. Um 520 v. Chr. Tarquinia.
Lit.: O. W. v. Vacano, E I, 433; E II, 124 f., 146; H. Leisinger, ME, 20 ff.; G. Q. Giglioli, AE, Taf. 113 ff.

Tomba della Doganaccia. Zwei monumentale etruskische Grabhügel des 7. Jhs. v. Chr. bei Tarquinia. Der Hügelfuß war von einem Kalksteinplattenring umschlossen. Das Innere der Anlage bestand aus einem Vorraum und einer außergewöhnlich großen Grabkammer mit kielförmigem Gewölbe. Wichtig ist der Fund einer Bodenscherbe mit der etruskischen Inschrift rutile hipukrates, die einen etruskischen und einen griech. Bestandteil zeigt. Dazu fügt sich die Überlieferung von den im 7. Jh. in Tarquinia zugewanderten Griechen aus Korinth, unter denen sich Demaratus, der Vater des Tarquinius Priscus und Schwiegervater der →Tanaquil, befand.
Lit.: O. W. von Vacano, E I, 22, 226 f.; E II, 85, 89.

Tomba delle cinque sedie. Kammergrab des frühen 6. Jhs. v. Chr. bei →Ceveteri (Banditaccianekropole) mit fünf längs der Vorraumwand aus dem Tuff geschnittenen Thronsesselchen, die wohl für kleine Tonbilder der Verstorbenen bestimmt waren. Zur Vorstellung vom Thronsessel der Toten fügen sich entsprechende Grabausstattungen in der Tomba →Regolini-Galassi, →Tomba degli Scudi e delle Sede und →Tomba Campana.
Lit.: O. W. v. Vacano, E I, 173 f.; E II, 96 f.

Tomba delle Leonesse. Kammergrab mit Wandmalerei bei →Tarquinia, Ende 6. Jh. v. Chr., benannt nach zwei weiblichen Leoparden im Giebelfeld beiderseits eines altarähnlichen Stützpfeilers. Das Tiermotiv deutet auf Dionysos, in dessen Bereich auch die darunter befindliche ekstatische Tanzszene beiderseits eines großen Mischkruges mit Harfen- und Flötenspieler weist. →Tomba del Triclinio. Der Bildkreis darunter zeigt springende Delphine und fliegende Vögel über bewegten Wellen, die regelmäßiger als in der →Tomba della Caccia e della pesca angeordnet, jedoch ebenfalls auf allen Seiten des Grabes erscheinen. Auf den Seitenwänden beim Symposion gelagerte Männer zwischen Säulen „tuskanischer" Form (→Podiumtempel), die über die Ecken des Grabes gemalt sind, ihnen also die teilende und begrenzende Funktion nehmen.
Lit.: O. W. v. Vacano, E II, 10 ff.; H. Leisinger, ME, 27 ff.; G. Q. Giglioli, AE, Taf. 111 f.

Tomba delle Leopardesse. Kammergrab mit Wandmalerei bei →Tarqinia, benannt nach den antithetischen Leoparden im Giebelfeld der Rückwand. Darunter Gelageszene mit drei Paaren auf Ruhebetten. An den Seitenwänden Tanz zu Harfen- und Flötenspiel. Der bemalte Längsbalken der Decke und die beiderseits geneigten Flächen mit Schachbrettmustern veranschaulichen klar die Vorstellung vom Totenhaus mit Giebeldach. Der Figurenstil zeigt die Abkehr von archaischen Vorbildern und Beziehungen zur griech. Malerei des frühen 5. Jhs.
Lit.: H. Leisinger, ME, 50 ff.

Tomba del Letto funebre. Kammergrab mit Wandmalerei bei →Tarquinia, benannt nach dem mächtigen Totenbett auf der Rückwand, flankiert von Personen mit ehrenden und opfernden Gesten. An den Seitenwänden Wettspiele, darunter die hervorragende Darstellung eines Jünglings mit Pferd. Nahe Verwandtschaft mit der →Tomba del Triclinio. Um 480 v. Chr.
Lit.: H. Leisinger, ME, 78 ff.

Tomba dell'Orco. Etruskisches Kammergrab bei →Tarquinia, benannt nach Wandmalereien mit Unterweltsszenen, für die die Gestalt des geflügelten Todesdämonen mit Geierschnabelnase, Tierohren und Schlangen charakteristisch ist. Anfang 4. Jh. v. Chr. Die Anlage besteht aus zwei Kammern, deren ältere den schönen Kopf einer Frau aus dem Geschlecht der Velcha mit düster gestimmtem Gesichtsausdruck zeigt. Die jüngere Kammer ist mit Darstellungen aus dem Hades geschmückt.
Lit.: O. W. v. Vacano, E I, 190 ff.; II, 121, 140; H. Leisinger, ME, 92 ff.; G. Q. Giglioli, AE, Taf. 246 ff.

Tomba del Triclinio. Etruskisches Kammergrab mit Wandmalerei bei →Tarquinia. 1. Hälfte 5. Jh. v. Chr. Die lebhafte Darstellung eines Symposions mit Tänzerinnen und Tänzer, die sich in einer Gartenlandschaft zum Spiel der Flöte bewegen, folgt griech. Vorwürfen, die im etruskischen Stil umgeprägt sind. Die beschwingte Darstellung fügt sich zu der Überlieferung von etruskischer Musik, in der der Flöte besondere Bedeutung zukam. Die Efeuranken im Giebelfeld weisen ebenso wie die ekstatischen Bewegungen in den Bereich des Dionysos.
Lit.: O. W. v. Vacano, E I, 41 f.; H. Leisinger, ME, 59 ff.; G. Q. Giglioli, AE, Taf. 205 ff.

Tomba Francesca Giustiniani. Etruskisches Kammergrab mit Wandmalerei bei Tarquinia. Um 450 v. Chr.

Unter dem Giebelfeld mit zwei Leoparden beiderseits des gemalten Stützbalkens für die farbig angelegte, rot-weiß gestreifte Deckenkonstruktion tanzendes Paar mit Doppelflötenbläserin und Zweigespann vor leichtem Wagen. Um 450 v. Chr. Das Gespannmotiv fügt sich zu der in etruskischen Gräbern häufigen Beigabe von Wagen und Trensen, Zeugnissen eines ritterlichen Feudalstils.
Lit.: H. Leisinger, ME, 81ff.

Tomba François. Nach dem Entdecker benanntes etruskisches Kammergrab der Familie Saties bei →Vulci mit Gemälde, das das Abschlachten von zwölf jungen Trojanern durch Achill vor dem Scheiterhaufen des Patroklos zeigt. Ende 4. Jh. v. Chr. Die Darstellung steht in Zusammenhang mit den letzten Freiheitskämpfen des 280 von Rom niedergeworfenen Vulci und dem blutigen Menschenopfer im etruskischen Totenritual, das 355 v. Chr. die Tarquinier an gefangenen Römern vollzogen. Die Tradition lebt in den Gladiatorenspielen weiter. Wichtig sind die Szenen mit kämpfenden Helden, die nach den Beischriften auf die Überlieferung von dem kriegerischen Unternehmen der Brüder Aulus und Caelius Vibenna sowie ihres Freundes Mastarna bezogen werden dürfen.
Lit.: O. W. v. Vacano, E I, 204f.; E II, 121f., 136; G.Q Giglioli, AE, Taf. 264ff.

Tomba Golini. Etruskisches Kammergrab bei Orvieto, mit Wandgemälde aus dem Ende des 4. Jhs. v. Chr., das die Vorbereitung eines Jenseitsmahles durch Diener vor dem thronenden Herrn der Unterwelt, Eita mit der Wolfskappe, und seiner Gemahlin Persipnei (Persephone) zeigt. Der Verstorbene zieht mit Rossegespann und Wagen in den zum Gelage versammelten Ahnenkreis der Velier ein, empfangen von einer Lasa, einer geflügelten weiblichen Unterweltsgestalt, die in der Rechten die Schriftrolle mit dem Tatenbericht trägt. Am Tor zum Jenseits ein Wächter mit großem gebogenem Blashorn.
Lit.: O. W. v. Vacano, E II, 99; G. Q. Giglioli, AE, 244f.

Tomba Regolini Galassi →Regolini-Galassi. → Cerveteri.

Tonala. Fundplatz mit Zeugnissen olmekoiden Stils im westlichen Chiapas, Mexiko, ähnlich →Izapa und → Cozumalhuapa. Ausgrabungen legten eine alte Stadt mit von Pyramiden und Plattformen umgebenen Plätzen frei. Steinerne Altäre weisen Schildkrötengestalt mit Jaguar-, Drachen- und Menschenköpfen auf. Menschendarstellungen besitzen Ähnlichkeit mit Stelen des →Monte Alban, ebenso kehren immer auch olmekische Motive wieder.

Tondo. Kunstwerk auf einer kreisrunden Fläche (Malerei, Relief). Im engeren Sinne bezeichnet der T. die in der florentinischen Malerei des 15. bis 16. Jhs. vorkommenden Rundbilder mit Madonnendarstellungen. Typologisch leiten sich diese vom antiken Medaillon und der Glorie her, jedoch gibt es auch außerhalb dieses Bereichs T. Kompositionen, wie z. B. bei Münzbildern und vor allem bei Schaleninnenbildern der griech. Vasenmalerei, die erstmals die Rundfläche als besonderes Gestaltungsproblem auffaßte.

Tonga-Inseln. Inselgruppe im westlichen →Polynesien, bekannt durch große Steinbauten: Trilithen-Tore aus Korallenkalkblöcken im Gewicht von ca. 100 Tonnen, die etwa aus dem 14. Jh. n. Chr. stammen; „langi", das sind große, mit Steinblöcken umkleidete Grabhügel u.a. Die T. wurden in früheren Jahrhunderten von den →Fidschi-I. beeinflußt. Keramik, an jene von →Neukaledonien erinnernd, wurde früher hergestellt, doch gab man diese Fertigkeit bald auf. – Figurale Plastik ist ebenfalls sehr spärlich. Bei den wenigen bekannten Stücken handelt es sich um ca. halbmeterhohe Holzfiguren von göttlichen Wesen. Hochentwickelt war hingegen die Schnitzkunst bei der Herstellung formschöner →Kopfbänke, Waffen und Geräte. Noch im vorigen Jh. wurde auch reich ornamentierte →Tapa hergestellt.
Lit.: A. Bühler, Ozeanien, 1961.

Tonholzschnitt →Holzschnitt, Helldunkelschnitt.

Tonina. Größtes südwestliches Mayazentrum der Klassischen Zeit. Von 16 aufgefundenen Stelen sind 15 skulptiert, als Eigenheit rund wie Statuen gearbeitet, im Aussehen den Stelen von →Quirigua und →Copan ähnlich, doch bedeutend kleiner.

Tonnengewölbe. Den Durchschnitt bildet ein Halbkreis, ein Kreissegment, seltener die Ellipse, der Korbbogen oder der Spitzbogen. Zur Entlastung der Widerlagermauern werden lange weite T. zwischen Gurtbogen gespannt, die eine Jocheinteilung ergeben (z. B. bei Kirchenmittelschiffen).

Tonpapier →Naturpapier.

Tonplastik →Terrakotta.

Tonstich. Holzschnittverfahren, bei dem der Holzstock in hartem Material gewählt, quer zur Faser mit dem Stichel bearbeitet wird.

Tonsur. Innerhalb eines Klosterbezirks eine Kapelle, die mit einem Brunnentrog ausgestattet ist.

Toorop, Jan (Johann Theodorus). Holländischer Maler und Graphiker. Geb. 1858 in Poerworedjo auf Java, gest. 1928 in Den Haag. Studien an den Akademien in Amsterdam und Brüssel. Besonderen Einfluß erlangten anfangs →Bastien-Lepage, →Manet und →Ensor. Ab 1890 wandte er sich dem →Symbolismus zu, zugleich wurden die Inhalte seiner Bilder religiös und die Formen zeichnerisch. – Nachdem T. alle Formen der europäischen Malerei der Jahrhundertwende durchgangen hatte, kam er zu einer epischen Stimmungskunst. Das Zeichnerische seiner Kunst, von →Beardsley beeinflußt, entwickelte sich zu monumentalen Formen (Kreuzwegstationen 1918 in Oosterbeck).
Lit.: Thieme-Becker.

Topèng. Tanzmaske in der Volkskunst →Indonesiens, bei pantomimisch-dramatischen Vorführungen getragen („Wayang-T."). Obwohl dabei meist hinduistische Mythen dargestellt werden, scheint der Gedanke des Maskentanzes älter zu sein und aus der altindonesischen Schicht zu stammen. Der Tänzer spricht nicht selbst, sondern wie beim →Wayang wird ein Dalang als Erzähler eingesetzt. Die oft sehr eindrucksvollen T.-Masken lassen sich in solche des „edlen" und des „dämonischen" Typus gliedern.

Topi-Kallu. Steinmal der südindischen Megalithkultur; Deckstein auf vier aufrecht stehenden Steinplatten.

Topographie →Kunsttopographie.

Toprakkale. Ruinenhügel mit Resten von altorientalischen Burg- und Palastanlagen →Rusas I., der in T. die zweite Hauptstadt von →Urartu neben dem nahegelegenen →Tuschpa gründete. Tempelbezirk mit Weiheschild Rusas I.
Lit.: W. I. Awdijew, GAO, 371f.; R. Ghirshman, Iran I, 444.

Toqalé Kelissé à Gueurémé (Kappadozien). In der sogen. neuen Kirche von T. eine eigenartige Grundrißgestaltung, die noch häufiger in den Felskirchen von Kappadozien anzutreffen ist. Drei Apsiden lehnen sich an die Längsseite des Hauptschiffes, das eine gewölbte Decke trägt, an. Vor den 3 Apsiden in Hufeisenform ein enger Gang. An der Nordflanke des Schiffes und verbunden mit ihm befindet sich eine einschiffige Kapelle mit einer Apsis im Osten.
Lit.: J. Ebersolt, Monuments d'architecture Byzantine, Figur 13, Plan 2a, 1934.

Torana. Ursprünglich ein Holztor des indischen Dorfes, später das steinerne Portal im Zaun des buddhistischen →Stupa.

Torcello. Kirche besitzt hervorragende Kunstwerke. Neben dem Bischofsthron in der Apsis sind die Mosaiken bemerkenswert, etwa die Darstellung der Maria in der Konche der Apsis und das Jüngste Gericht an der Westwand. Mosaiken stammen aus dem 12. Jh., sie übertreffen an künstlerischem Wert die von S. Marco in Venedig. Dom wurde 1008 erneuert und dann in der beschriebenen Weise ausgeschmückt.

Toreutik. Griech. Fachausdruck f. Metalltreibarbeit.

Torgau (Sachsen). Im 14. Jh. Residenz der Markgrafen von Meißen, die sich seit 1481 auf einer Höhe an der Elbe das Schloß Hartenfels unter Mitverwendung älterer Bauteile errichten ließen. Die Anlage entstand in 2 Bauperioden, die erste zwischen 1533 und 1544, die zweite 1616–23. Schönster und auch bedeutendster

Teil ist die Hoffront des O-Flügels. Konrad Krebs erbaute sie 1533–35 und versah sie mit einem besonders schönen, in der Mitte des Traktes nach dem Hof sich öffnenden Treppenhaus, ein Motiv, das zu ungewöhnlich frühem Zeitpunkt von →Blois übernommen worden ist.
Lit.: Wasmuths Lexikon der Baukunst, Bd. III und IV, 1932; N. Pevsner, Europäische Architektur, 1961.

Torques. Bezeichnung für den typisch keltischen Halsring, der vor allem von latènezeitlichen Steinplastiken bekannt ist (Silberring von →Trichtingen).

Torriti, Jacopo. Italien. Maler und Mosaizist. Gesicherte Werke: Mosaikapsisdekorationen der röm. Kirchen S. Giovanni in Laterano (Christus, mystisches Kreuz, Heilige und Stifter) und S. Maria Maggiore (Marienleben mit dem got. Bildtyp der Marienkrönung). Beide sind durch den Stifter Papst Nikolaus IV. um 1290 datierbar. T.s Stil steht byzant. Tradition näher als der des →Cavallini, doch kennzeichnet auch ihn röm. Klarheit und Kühle.
Lit.: M. Soldati, „Nota su Jacopo Torriti", L'Arte 1928, 247 ff.

Torso. Unvollständige Plastik. Ursprünglich handelt es sich ausnahmslos um teilweise zerstörte oder unvollendete Bildwerke. Seit dem Ende des 19. Jhs. sah man in der Unvollständigkeit jedoch einen eigenen Reiz, der dazu führte, daß der T. als so gewolltes Kunstwerk geschaffen wurde. Einer der ersten Bildhauer, der den T. als Thema behandelte, war A. →Rodin.
Lit.: Ausstellungskatalog T., Essen, 1964.

Torus. Mit dem →Trochilus abwechselnder Wulst an der Basis der griech. ionischen Säule (→Säulenordnung).

Tor von Asien. Bereich der alten Karawanenstraße im nördlichen →Zagros-Gebirge, die das Hochland von Iran mit Mesopotamien verbindet, im Zuge der Linie Bagdad–Kermanschah–Hamadan–Teheran. Die von Herzfeld geprägte Bezeichnung ist durch die zahlreichen Felsbilder seit dem 3. Jahrtausend bis in die →Sasaniden-Zeit gerechtfertigt, die die Bedeutung dieser Strecke bezeugen. →Anubanini-, →Behistun, Derbend-i-Gawr, →Lulubäer, →Sar-i-Pul-i-Zohab, →Taq-i-Bostan.

Tosa-Schule. Nach einem bis in das 12. Jh. n. Chr. zurückzuverfolgendem, jedoch erst im 14. Jh. als Schulbezeichnung gebräuchlichen Familiennamen benannte japanische Malrichtung, die die →Yamato-e, eine Hauptrichtung japanischer Illustrationsmalerei, vertritt.

Toscana. Die roman. Baukunst schafft weder im Grundriß noch im Aufriß Neues. Frühester, bedeutender, einflußreicher Bau ist der 1063 begonnene Pisaner Dom (→Pisa). Er verbindet einen flachgedeckten, in seiner horizontalen Lagerung und der gleichförmigen Reihung von Arkaden und Emporen frühchristl. Baugefühl verhafteten Raum mit einer byzant. beeinflußten Kuppel über Queroval. Lombardischem Einfluß sind die Emporen zu danken sowie die im Florentiner Raum begegnende hohe, zum Schiff hin offene Krypta (z.B. Dom von Fiesole; S. Miniato, →Florenz). Wesentlich ist die Bedeutung des Dekorativen, die vielleicht als Fortbildung byzant. Mosaikdekoration entstandene Marmorinkrustation, schwarz oder grün auf weißem Grund, die den Wänden innen wie außen eine bildmäßige Wirkung verleiht. Sie verschleiert die tektonische Struktur des Baus (besonders in Pisa) oder legt ihm eine neue Gliederung auf, wie die bedeutenden Florentiner Beispiele (S. Miniato, Baptisterium) mit ihren antikischen Rechteck- und Bogenformen zeigen, deren Wirkung in der Verbindung von zarter, anmutig heller Leichtigkeit mit dem Maß und der Würde röm. Antike begründet ist (auch als →„Protorenaissance" bezeichnet). Großartigste Leistungen dieser Schmuckkunst sind die als reine Schaufronten entwickelten, die Horizontale betonenden Fassaden von S. Miniato und Empoli. – Got. Baukunst: → Italien. Kunst. – Das Schwergewicht italien. Bildnerei verlagert sich im 13. Jh. von Norditalien in die bisher wenig produktive T. Die bedeutenden Leistungen setzen mit den Werken des wohl in Süditalien ausgebildeten (→Sizilien) Nicolo →Pisano ein (Kanzeln in Pisa von 1260 und Siena von 1268). Wesentlich ist die ungebrochene Kraft sinnlicher Anschauung, die für die T. weitgehend bestimmend bleiben sollte. Sein Sohn Giovanni →Pisano gestaltet nach Kenntnis der Reimser Fassade seit 1284 die des Sieneser Doms. Zum erstenmal wird in Italien die Skulptur zu einem wesentlichen Element architektonischer Fassadengliederung; doch fehlt (typisch italien.!) das Figurenportal. Die freie Aufstellung der Gestalten auf ausladenden Standflächen (Vorbild: Tabernakelfiguren), die Wucht der Formgebung und das Pathos der Haltung (auch des seelischen Ausdrucks) betonen die Eigenständigkeit der körperhaften Erscheinung in einer Weise, wie sie der gleichzeitigen nordischen Bildnerei fremd ist. Nicolo Pisanos zweiter Schüler, →Arnolfo di Cambio, nimmt wenig Gotisches auf, bleibt antikischer in der ruhig geschlossenen Form, der großzügigen, etwas spröden Zeichnung des Gewandes (z.B. Fassadenfiguren in der Florentiner Domopera, um 1300). Die Ende des Duecento gewonnene Synthese antiker und got. Elemente bleibt die Grundlage toscanischer Bildnerei des Trecento bis zum Beginn der Renaissance. Bedeutendste Künstler: Andrea → Pisano (unter Einwirkung →Giottos stehend); →Tino da Camaino; Lorenzo →Maitani; Nino →Pisano; Andrea →Orcagna. – Ausgangspunkt toscanischer Malerei roman. Zeit waren Lucca und Pisa, vorwiegend mit Werken der Tafelmalerei, die zumeist den gekreuzigten Christus als Triumphans auf einer in Kreuzform gebildeten Tafel zeigen, auf der seitlich des Kreuzstammes Nebenszenen senkrecht gereiht erscheinen. Ein abstraktes Muster einfacher Formen und herbe, strengbunte Farben schaffen die künstlerische Einheit. Mitte des Duecento übernehmen Siena mit →Guido da Siena und Florenz mit →Coppo di Marcovaldo die Führung. Beide

Duccio di Buoninsegna, „Madonna Rucellai" (Florenz, S. Maria Novella).

Zentren arbeiten im Stil der →maniera greca, der byzant. Maltradition, deren Aufnahme zu Beginn des 13. Jhs. in der T. wie im übrigen Italien einen grundlegenden Wandel bewirkte: die Überwindung der formelhaften Erstarrung und des additiv-vereinzelnden Sehens spätroman. Malerei durch Vereinheitlichung der Sicht und eine lebendigere, formal wie geistig konzentrierte Gestaltungsweise. Höhepunkte dieser Entwicklung sind die Werke

des Florentiners →Cimabue und des Sienesen →Duccio. Für Florenz ist und bleibt die Betonung des Linear-Zeichnerischen, des tektonischen Bildaufbaus (beides enthalten in dem typisch florentinischen Begriff „disegno“) und die geringere Bedeutung des Farblich-Malerischen charakteristisch; sienesische Malerei ist dagegen lyrischer, weicher, harmonischer in den Farben wie in Zeichnung und Ausdrucksgehalt, mit geringerem Interesse für Tektonik und Räumlichkeit der Bildanlage. Gipfelpunkt der mittelalterl. Malerei der T. bildet das die gesamte europäische Entwicklung befruchtende Werk des im Beginn des 14. Jhs. tätigen Florentiners →Giotto, der sich aus der Bindung an die maniera greca löst und die Grundlagen der neuzeitlichen Malerei schafft (im einzelnen →Giotto). Seine Leistung prägt die gesamte florentinische Trecentomalerei, deren wichtigste Vertreter T. →Gaddi, B. →Daddi, →Maso di Banco, →Orcagna und →Nardo di Cione sind. In Siena dagegen leitet →Duccio direkt von der maniera greca zur Aufnahme got. Stilelemente über; nur mittelbar wird Giottoeinfluß wirksam. Bedeutendste Maler sind Simone →Martini, Pietro und Ambrogio →Lorenzetti. – Später wurde die T. zum Zentrum der entstehenden →Renaissance. (Siehe Farbtafel 22).

Lit.: M. Salmi, L'Architettura Romanica in Toscana, o. J.; J. Pope-Hennessy, Italian Gothic Sculpture, 1955; R. Oertel, Die Frühzeit der italien. Malerei, 1953.

Toscanische Ordnung →Tuskanische Ordnung.

Totenbuch. Ägypt. Papyri, die seit der 18. Dyn. den Verstorbenen mit ins Grab gegeben wurden. Das T. enthielt Texte mit reichen Illustrationen, die die frühesten Beispiele der →Aquarell-Malerei überliefern.

Totengericht. Wichtiges Motiv der ägypt. Grabbildkunst, bestimmt von der Vorstellung, daß der Tote im Jenseits in die Gerichtshalle vor →Osiris geführt wird, wo →Anubis sein Herz gegen die Wahrheit (→Maat) wägt und →Thoth die Sünden verzeichnet. Das die Frevler verschlingende Höllentier wird als krokodilköpfige Raubkatze dargestellt.

Lit.: S. Morenz, ÄR, 100ff.; E. Brunner-Traut, Ägypten, 115.

Totenleuchte. Steinerner Aufbau auf Friedhöfen in Form eines Turmes oder einer Betsäule, gelegentlich von beträchtlicher Höhe und von innen besteigbar. Über Nacht wurde in ihm ein Licht entzündet (Armeseelenlicht). Sehr früh und besonders häufig begegnen T.n in Frankreich, vor allem im Poitou (lanternes des mortes; Beispiel in Cellefrouin/Dep. Charente; Beschreibung der T. von Charlieu/Loire im 12. Jh. durch Abt Petrus Venerabilis von Cluny). Sie gehören überwiegend dem 11. und 12. Jh. an und werden im 13. Jh. seltener. Ältestes deutsches Beispiel ist die tabernakelartige T. von 1268 auf dem Friedhof des ehemaligen Zisterzienserklosters Pforta. Später verlor sich der Brauch.

Totenschild. Mit Wappen, Symbolen und Inschriften versehener Schild, der über dem Grab eines Angehörigen des Ritterstandes aufgestellt wurde. Die ältesten Beispiele dieser →Funeralwaffen stammen aus der 1. Hälfte des 13. Jhs. – Die häufigsten Formen sind dreieckig, rechteckig oder rund.

Totonaken. Bewohnen das mittlere und südliche Veracruz zur Zeit der Conquista, durch künstlerisch hochstehende Steinskulpturen ausgezeichnet. Ihnen wurden früher alle in ihrem Gebiet gefundenen archäologischen Stätten zugeschrieben (→Tajín). Hauptort war →Cempoala; Keramikfolge in Cerro Montoso gesichert (1200–1500). Kühn gemalte Zeichnungen in dunklem Rot und Schwarz auf orangefarbenen Gefäßen. Umrißlinien nach Brennen eingeschnitten. Bei origineller Gestaltung Abhängigkeit zu Hochland-Mexiko unverkennbar. Tonware der Opferinsel (Isla de Sacrificios) hat Beziehung zu →Cholula aufzuweisen. →Ranchito de las Animas, →Remojadas, →Huaxteken.

Lit.: W. Krickeberg, Die T., 1918, 1925.

Toulouse. **1)** St. Sernin: Eine der größten und künstlerisch bedeutendsten Pilgerkirchen Frankreichs. Zur Bauschule des →Languedoc gehörend. Chorweihe 1096, vollendet wohl Mitte 12. Jh. Fünfschiffige pseudobasilikale →Hallenkirche mit unbelichteten Emporen im niedrigen Obergaden. Dreischiffiges Querhaus mit zwei östlichen Apsiden an jedem Flügel. Chor mit Umgang und 5 radialen Kapellen. Achteckiger Vierungsturm. Im Langhaus führen halbrunde Vorlagen zu den Gurten der Rundtonne hoch. Dunkler Raum mit starkem Höhendrang. Am Außenbau großartige Staffelung der Ostpartie. Auswirkung auf →Santiago de Compostela Bauplastik siehe unten. – **2)** Jakobitenkirche: Einziger erhaltener bedeutender Bau unter den franz. →Bettelordenskirchen. Steile zweischiffige querhauslose Halle mit eingestellter Reihe schlanker Rundstützen, Kreuzrippenwölbung und →Sterngewölbe im polygonalen Chorschluß. Das für südfranz. Gotik typische Wandkontinuum durch die Schmalheit der hohen Maßwerkfenster gewahrt. Großartig monumentaler, saalartiger Raumeindruck. Am Außenbau zwischen einfachen Strebepfeilern tiefe, schlanke Nischen. Die 1326–47 ehemals als Grabkapelle erbaute St. Antoniuskapelle enthält eine vollständige got. Ausmalung in Leimfarbentechnik: im Gewölbe die Apokalypse, an den Wänden gemalte Maßwerkfenster und Szenen aus dem Leben des hl. Antonius. Vorherrschend sind helle, blaue und graue Töne. Kolorit und Zeichnung sowie die orgelpfeifenartig gerollten Falten der Gewänder zeigen Zusammenhang mit gleichzeitiger Pariser Miniaturmalerei. – **3)** Die roman. Toulousaner Bildnerei gehört zu den bedeutendsten Zeugnissen der Bauplastik des →Languedoc. Frühestes Werk ist die Doppeltoranlage der „Porte des Comtes“ am Südquerhaus von St. Sernin, deren Figurenkapitelle mit klobigen, großköpfigen Gestalten von schwerfälliger Erscheinung sich stilistisch mit einem in den 60er Jahren des 11. Jhs. im Panteón de los Reyes in →León arbeitenden Bildhaueratelier verbinden lassen, das wiederum mit Werken von St. Benoît-sur-Loire enge Verwandtschaft aufweist. Die Chorweihe von St. Sernin, 1096, ermöglicht die Datierung der marmornen Chorumgangreliefs (→Majestas Domini, Seraphim, →Cherubim, 2 Engel, 2 Heilige) und der Kapitelle der Querhausemporen. Sie zeigen eine entschiedene Rückwendung zur Antike in Statuarik und Ornamentformen, kompakte, gepreßt wirkende Formen, eine neue Energie des bildnerischen Vortrags und eine in der Folge für die roman. Skulptur besonders des Languedoc bezeichnende Expressivität, die in den ausdrucksmächtigen, ruckartigen Bewegungen und der Betonung einzelner Körperteile wie Händen, Augen etc. deutlich wird. Die nächste Stufe vertritt das urkundlich vor 1118 gesicherte Südportal von St. Sernin, die „Porte Miègeville“, mit figürlich geschmücktem Tympanon (Himmelfahrt Christi) und den seitlich davon ohne architektonische Rahmung frei vor der Mauer angebrachten, als Hochreliefs gearbeiteten Gestalten der Apostel Petrus und Jacobus. Die plastischen Formen haben größere Fülle (gedunsen wirkende Köpfe, geblähte Wangen, wulstige Faltenzüge) und Beweglichkeit gewonnen. In den Details zeigt sich genauere Wirklichkeitsbeobachtung. Der Stilwandel scheint dem Einfluß der Portalplastik von S. Isidor in →León zu danken zu sein. Letztes Hauptwerk ist das Kapitelsaalportal von St. Etienne (wohl vor 1137; heute Museum) mit Apostel- und Heiligenstatuen, die nun erstmals seitlich des Eingangs vor abgetrepptem Gewände erscheinen und zwar fast vollplastisch aus den Ecken des Stufengewändes herausgearbeitet.

Lit.: E. Adam, Baukunst des Mittelalters, UKG IX, X, 1963; W. Sauerländer, Skulptur des Mittelalters, UKG XI, 1963; A. Kingsley-Porter, Romanesque Sculpture of the Pilgrimage Roads, Bd. IV, 1923; A. Auriol und R. Rey, La basilique St. Sernin de T., 1930; L. Schürenberg, Die kirchliche Baukunst in Frankreich zwischen 1270 und 1380, 1934.

Toulouse-Lautrec, Henri de. Franz. Maler und Graphiker. Geb. 1864 in Albi, gest. 1901 auf Schloß Malromé. Entstammte einer der ältesten Adelsfamilien Frankreichs. Durch zwei Beinbrüche 1878 und 1879 verkrüppelt und damit ungeeignet für das feudale Gesellschaftsleben, wandte sich T. der Kunst zu. Für kurze Zeit lernte er jeweils bei L. →Bonnat und bei Cormon, bildete sich aber mehr autodidaktisch, wobei er sich →Degas und japanische Farbholzschnitte zum Vor-

bild nahm. – T. verkehrte fast ausschließlich in den Kabaretts (Moulin Rouge), Bordellen und Tanzlokalen des Montmartre und der Pariser Vororte. So wurde er, der zu jeder Zeit und an jedem Ort seine Skizzen aufnahm, zum Chronisten des bohémienhaften Lebens dieses Teiles von Paris. Ab 1890 begann er auch mit den Serien seiner Farblithographien, den Folgen zu „Yvette Guilbert“ (16 Blatt, 1894), „Elles“ (11 Blatt, 1896) und mit seinen Plakaten, die einen Höhepunkt der Plakatkunst bezeichnen.
Lit.: G. Jedlicka, H. d. T.-L., 1929.

H. de Toulouse-Lautrec,
Aus der Lithographienfolge „Elles“.

Tour, George de la, →La Tour, George du Mesnil.

Tournus, St. Philibert. Klosterkirche. Kryptenweihe 979. Die eigentliche Kirche seit etwa 1000 im Bau. Sie hat einen Chor mit Umgang und Kapellenkranz, ein Querschiff mit Vierungsturm und ein dreischiffiges Langhaus. Charakteristisch die starken Rundpfeiler, die die quergestellten Tonnen über Gurtbogen im Mittelschiff und die Kreuzgratwölbung der Seitenschiffe tragen (Wölbung wohl nach 1066). Von besonderem Interesse ist die um 1020 anzusetzende, doppelgeschossige, dreischiffig-dreijochige Vorkirche, die möglicherweise Rückschlüsse auf diejenige von →Cluny II gestattet, hier jedoch Langhausbreite hat. Kurze starke Rundstützen mit Deckplatte tragen die Mittelschiffkreuzgratwölbung und die Quertonnen der Seitenschiffe im Untergeschoß. Sie verleihen dem niedrigen Durchgangsraum den Eindruck lastender Schwere. Das Obergeschoß ist ähnlich kraftvoll geschaffen. Rundpfeiler ohne Sockel oder Basis, über denen Vorlagen aufsteigen, tragen den Obergaden, der durch eine Rundtonne mit Gurtbögen eingewölbt ist. Tonnenansatz und Oberwand sind durch ein von Konsolen gestütztes Gesims geschieden. Die Seitenschiffe haben im Viertelkreis geführte Tonnen, die der Verstärkung der Obermauern dienen. In der klaren Struktur liegen bereits Ansätze für die spätere Bauschule von → Burgund. Wichtig ist auch der Außenbau: Sockellos steigt der Fassadenblock auf, nur durch flache eingetiefte Rechteckfelder mit halbrunden Blendbögen gegliedert, die eine zweigeschossige, nicht mit dem Innern übereinstimmende Unterteilung erreicht, jedoch ohne axialen Bezug untereinander. Ein turmähnlicher Aufsatz an der Südecke (der Nordturm 12. Jh., das Portal 19. Jh.) zeigt erste Ansätze zur Doppelturmfassade, auch hierin wohl eine Fortführung von Cluny II (→Turm).
Lit.: K. J. Conant, Carolingian and Romanesque architecture 800 to 1200, Pelican History of Art, 1959; E. Adam, Baukunst des Mittelalters, UKG. IX., 1963.

Tours, St. Martin. Bedeutende Pilgerkirche über dem berühmten Martinsheiligtum (unter dem Chorscheitel), die, Ende des 18. Jhs. völlig zerstört, nur durch Grabungen bekannt ist. Frühestes Beispiel eines Chores mit Chorumgang und Kapellenkranz (Vorform ohne radiale Kapellen in Chartres nach 858). Der Bau von St. Martin entwickelt den Prototyp der Pilgerkirche (→Toulouse, St. Sernin; →Santiago de Compostela): langgestrecktes, hier fünfschiffiges Langhaus; weiträumiges, dreischiffiges Querhaus mit je zwei Kapellen an der Ostwand, Chor mit Umgang und hier fünf radialen Kapellen. Um 1050 Umbau des Querhauses: Einwölbung durch Tonne mit Gurtbogen sowie Kreuzgratwölbung in den Seitenschiffen (nach Brand von 1123 Langhauswölbung unterblieben), Anlagen eines Vierungsturms und von Doppelturmfassaden an Querhausenden und Westfront. Nach 1202 frühgot. Chorneubau. – In karolingischer Zeit war das Kloster St. Martin Sitz einer der bedeutendsten Schulen der Buchmalerei; vergleiche Schule von →Tours.
Lit.: C. Hersey, „The church of Saint-Martin at Tours (903–1150)“, in: Art Bulletin 1943, 1ff.; K. J. Conant, Carolingian and Romanesque architecture 800 to 1200, Pelican History of Art, 1959.

Tours, Schule von. Von ca. 800 bis zum Normanneneinfall von 853 war das Kloster St. Martin in T. eines der wichtigsten Zentren karolingischer Buchmalerei. Unter Abt Alkuin (796–804) vollzog sich eine Schriftreform, aus der sich die karolingische Minuskel entwickelte, wurde ein neuer Bibeltyp, die ein-, höchstens zweibändige Bibelhandschrift, in die karolingische Kunst eingeführt. Sie bildete den Schwerpunkt der touronischen Produktion. Die Ornamentik der Alkuin-Stufe mischt angelsächsische mit spätantik-italien. Elementen. Unter Abt Fridugis (807–34) wird sie durch einen neuen Initialstil und einen anderen Kanontafeltyp abgelöst (Bibeln in Basel, Zürich, Bern). Bei den um 830 einsetzenden figürlichen Darstellungen erscheinen nebeneinander bildmäßige Deckfarbenkompositionen (Evangeliar in Stuttgart, Landesbibl. cod. II 40 und London, Brit. Mus. Add. 11848) und silberne Silhouettenbilder (z. B. Ranagaldus-Sakramentar in Autun, Stadtbibl., um 844/45); letztere wohl angeregt durch ravennatische Vorbilder (Miniaturen?, Steinschnitte). Hauptwerke sind die in der Intensität des Plastisch-Räumlichen, in der Klarheit des Aufbaus und der lebhaften Veranschaulichung der Handlung spätantiken Vorbildern sehr nahe kommende, um 840 entstandene Grandval-Bibel (London, Brit. Mus. Add. 10546) und die um 846 anzusetzende sogen. Vivian-Bibel (Paris, Bibl. Nat. lat. 1), in der eine Reduktion zum mittelalterl. Schichtenraum zu beobachten ist. Außerdem das um 850 geschriebene Lothar-Evangeliar in Paris (Bibl. Nat. lat. 266), das sowohl im Ornamentalen wie Figürlichen den Gipfel touronischer Buchmalerei darstellt.
Lit.: W. Köhler, Die Karolingischen Miniaturen, Die Schule von Tours, 2 Bde., 1930, 1933.

Toyokuni →Kunisada.

Traditio legis. Übergabe des Gesetzes an Moses, dann aber auch durch Christus an Petrus und Paulus. Hier ist an die nova lex des Neuen Testaments gedacht.

Tragaltar (Portatile). Nachweislich seit dem 6. Jh. vor allem auf Reisen, neben dem normalen feststehenden →Altar in Benutzung. Seine Einführung wurde erforderlich, seit die Messe nur noch auf einem geweihten Altar zelebriert werden durfte. So diente er auch wohl dazu, besonders seit dem 16. Jh., um einen noch nicht geweihten Altar benutzbar zu machen. Er besteht aus einem hölzernen Kästchen oder einer Platte, die mit Elfenbein oder Edelmetall verkleidet ist und in deren oberer Fläche ein meist eine Reliquie einschließender Stein eingelassen ist, auf den der Kelch gesetzt wird. Der T. kann auf Füßen oder Säulchen ruhen, auch eine Fußplatte und gesimsartig ausladende Deckplatte haben.

Ältestes erhaltenes Beispiel ist der von Kaiser Arnulf (887–99) dem Kloster St. Emmeran in Regensburg gestiftete T. (heute München, Reiche Kapelle der Residenz), der mit Edelsteinen und Treibarbeit in Goldblech ausgestattet und mit einem ciboriumartigen Überbau versehen ist. Künstlerisch bedeutende T.e entstanden besonders in roman. Zeit, z. B. die des →Eilbertus und seines Kreises in Köln sowie die des →Rogerus von Helmarshausen (→Goldschmiedekunst).
Lit.: B. Kleinschmidt, „Der mittelalterl. T.", in Zeitschrift für christliche Kunst, 1903, 299ff., 323ff.

Tragstein →Konsole.

Traini, Francesco. Italien. Maler. In Pisa 1321–45 (vielleicht 1363) erwähnt. Signiert ist die Altartafel des hl. Domenikus aus S. Caterina, Pisa (vollendet 1345). Zugeschrieben: Fresken im →Campo Santo (Südostecke): Triumph des Todes, Jüngstes Gericht, Inferno, Leben der Anachoreten (angesetzt kurz nach 1350). In den Fresken schließt T. thematisch an →Orcagna an (Reste in S. Croce, →Florenz), stilistisch verwertet er Anregungen Giovanni →Pisanos und der Sienesen. Die drastisch-eindringliche Erzählweise, die strengbunten Farben, prallen Formen und gespannten Linien weisen ihn als Hauptmeister Pisas im 14. Jh. aus.
Lit.: M. Meiss, „The Problem of F. T.", Art Bulletin XV, 1933, 97ff.

Trajan. Röm. Kaiser, 98–117 n. Chr. an der Regierung. Unter ihm und unter seinem Nachfolger →Hadrian erlebte das röm. Imperium und die Kunst der röm. Kaiserzeit ihre höchste Blüte. Seine Bedeutung und seine Taten spiegeln sich zum einen in den zahlreichen Städtegründungen (mehrere Städte mit dem Namen Traianopolis) und dem Ausbau vieler Städte, zum anderen in den großen Monumenten und Anlagen, die ihm gewidmet sind. →Trajansäule, Bogen in →Benevent und Portraits des Kaisers.
Lit.: W. H. Gross, Bildnisse T.s, 1940.

Trajanssäule. Große röm. Säule auf dem Trajansforum (→Kaiserforum) neben der Basilika Ulpia errichtet. Sie wurde 114 n. Chr. geweiht. Die Weihinschrift ist erhalten, konnte jedoch bisher noch nicht gedeutet werden. Die Säule selbst steht auf einem kubischen Sockel, in dem die Asche des Kaisers aufbewahrt wurde, und ist mit einem ca. 200 m langen, in Spiralen sich hochwindenden Fries geschmückt. Der Stil dieser ausgedehnten Frieskomposition, die Szenen aus den von dem Kaiser geführten Dakerkriegen zeigt, betont in eigentümlicher Weise malerische Werte.
Lit.: K. Lehmann-Hartleben, Die T., 1926.

Tralleis. Griech. Stadt in Karien, seit 133 v. Chr. unter röm. Herrschaft. Totale Zerstörung bei einem Erdbeben im Jahre 27 v. Chr. und anschließender Wiederaufbau unter Augustus. Wichtiger als die geringen antiken Baureste ist die hier gefundene Statue des sogen. Knaben von T. (Istanbul, Archäolog. Mus.), eines Jünglings mit Umhang, der – die Beine überkreuzt – sich an einen Vierkantpfeiler anlehnt. In seinen Formen zeigt das Stadtbild Züge der späten Klassik, jedoch läßt die genauere Betrachtung erkennen, daß es sich um eines der hervorragendsten Werke des frühkaiserzeitlichen röm. Klassizismus handelt (1. Jh. n. Chr.).
Lit.: R. Lullies - M. Hirmer, Griech. Plastik, 94, 1960.

Transenna. Durchbrochene Marmorplatte. Die → cancelli waren oft aus ihnen zusammengesetzt, sie dienten auch als Fenster. Ebenso wurden sie als Abschluß einer Märtyrergruft benutzt. Sie ermöglichten einen Durchblick in das Märtyrergrab.

Transept (transeptum). Querhaus einer →Basilika. Dieses wurde im 5. Jh., vielleicht schon im 4. Jh. durch die vermehrte Zahl der Kleriker notwendig. →Querschiff.

Transfiguration →Verklärung Christi.

Trapeza. Gleichbedeutend mit →Refektorium.

Trapezkapitell. →Kapitell mit Seitenflächen in Trapezform, besonders beliebt in der byzant. Bauweise.

Trapezunt. Bedeutendste Stadt der Schwarzmeerküste z. Zt. des byzant. Reiches. Nach 1204 Hauptstadt eines kleinen, selbständigen Staates. 1461 durch Türken zerstört. T. ein Kultur- und Kunstzentrum. Charakteristisch für die Kirchen in T. und Umgebung die Behandlung der Außenwände, die teilweise bemalt, teilweise mit Plastiken reich geschmückt waren. Hervorragende Wandmalereien in der Sophienkirche in T., ähnlich denen von→ Sopočani.

Tratzberg (bei Schwaz/Tirol). Ursprünglich Grenzfeste gegen Bayern (1296), wurde die bestehende Burg 1491 durch einen Brand völlig zerstört. Um 1500 wurde der Neubau nicht mehr als Befestigung, sondern palastartig konzipiert. Zur Ausführung gelangten von den 4 geplanten Trakten nur der S- und O-Teil. Der O-Trakt wurde mit Bogengängen versehen. Bestimmend für diese Bauteile ist der Übergangsstil von 1500. In der Mitte des S-Traktes befindet sich der Habsburger Saal, dessen gewaltige Decke auf einem einzigen, rotmarmornen Träger ruht. Die Wände überzieht ein Wandbild mit 148 Ahnen Maximilians I., eine Arbeit von Hans Maler aus Schwaz (1508). Der Saal gehört zu den schönsten Denkmalsälen deutscher Renaissance. Die Schloßkapelle hat got. Netzgewölbe und Schlußsteine mit Wappen (1508). Nach dem wirtschaftlichen Zusammenbruch der Tänzl kam das Schloß 1554 an das Augsburger Patriziergeschlecht der Ilsung. Unter ihnen wurden die fehlenden N- und S-Trakte in Angleichung an die bestehenden Bauteile angefügt, so daß die um einen Binnenhof gelagerte vierseitige Anlage geschlossen war.
Lit.: Reclams Kunstführer, Österreich, Bd. II, 1960.

Travée →Joch.

Travertin. In Italien angewachsener poröser Kalkstein (Tuffstein), der bereits in der Antike in den Abruzzen abgebaut wurde. Die röm. Kunst verwendete ihn als Baustein, der jedoch bei kostbaren Gebäuden wie Tempeln und öffentlichen Anlagen häufig mit wertvollerem Material (Marmor) verkleidet wurde.

Trecento (italien. „dreihundert", Abkürzung für 1300). Übliche kunsthistorische Bezeichnung für das 14. Jh. in der italien. Kunst. Vor allem für die italien. Malerei des 14. Jhs. auch als Stilbegriff verwendet.

Treibarbeit. Die Haupttechnik der →Goldschmiedekunst. Austreiben von Hohlkörpern, Buckeln und Reliefs aus Metall durch Hämmern von oben nach unten. – Bereits in vorgeschichtlicher Zeit bekannt, um dünne Bleche über einem Holzkern zu formen (→Punztechnik).

Tremolierstich. Gravierung an unauffälliger Stelle eines Silbergegenstandes, um durch eine Metallprobe die Vollwichtigkeit festzustellen.

Treppengiebel →Giebel.

Treppenhaus (Treppenturm). Als Turm wird die Treppenanlage vor allem im Mittelalter dem Gebäude ein- oder angegliedert. Die frühesten Beispiele finden sich in den sogen. →Eselstürmen der karolingischen Architektur. Hieraus entstand der in der Renaissance des Nordens beliebte Treppenturm, der dominierend die Außenansicht eines Gebäudes mitbestimmt. In Betonung der Vertikalen findet sich ein solcher Turm häufig in der Ecke, die durch den winkeligen Anstoß zweier Bauflügel entsteht (→Blois, →Dresden). – Die italien. Renaissance verlegte den Treppenaufgang dagegen in das Innere der Gebäude und schuf das T., das im Barock seine großartigste Ausprägung durch mehrläufige Treppen erfuhr. Vor allem in Deutschland wird das T. in barocken Schloßanlagen mit einem unübertroffenen Prunk ausgestattet und in intensivster Weise in die künstlerische Gestaltung mit einbezogen (→Bruchsal, →Brühl, B. → Neumann).
Lit.: H. Keller, Das T. im deutschen Schloß- und Klosterbau des Barock, 1936.

Treppenturm →Treppenhaus.

Tres Zapotes. Einer der bedeutendsten Fundplätze der →La Venta-Kultur in Veracruz, Mexiko. Neben Kolossalköpfen muß vor allem auf die skulptierten Stelen hingewiesen werden, von denen einige szenische Darstellungen zeigen. Ein Stelenfragment enthält eine in Mayaart gehaltene Datenangabe, die das Jahr 31 n. Chr. ergeben würde. Die Ausgrabungen brachten eine reiche Keramikfolge zutage, die Anknüpfungspunkte zum Hochland erlaubt.

Triangulation. Die Verwendung des gleichseitigen Dreiecks in der Architektur, um mit seiner Hilfe konstruktiv wesentliche Punkte zu fixieren. Man hat im

gleichseitigen Dreieck eine der Grundfiguren got. Baukunst sehen wollen, doch kann wohl nur das spitzwinklige Dreieck mit veränderlichem Winkel als solche gelten. →Quadratur.

Trianon. Lustschlösser im Park von →Versailles.

Tribhanga. Das indische Kultbild mit einer dreifachen Biegung des Körpers, also einer Art S-Kurve von Oberschenkel, Hüfte und Oberkörper.

Tribuna →Apsis.

Trichinopoly →Tritschinopoly.

Blois, Treppenturm im Schloßtrakt Franz I., ca. 1515–1525.

Trichtingen. Fundort im ehemaligen Oberamt Sulz am Ostrand des württembergischen Schwarzwaldes. Hier wurde im Jahre 1928 – als Einzelfund – ein schwerer, wohl keltischer Halsring (→Torques) geborgen, der vielleicht zu einer Kultstatue gehört hat. Er besteht aus einem massiven Eisenkern, auf den Silberdrähte gelötet sind, und wiegt 6,744 kg. Die beiden Enden des Ringes sind als antithetische Stierköpfe gestaltet.
Lit.: P. Goessler, Der Silberring von T., 1929.

Trier. 1) Kaiserthermen. Im späten 3. Jh. n. Chr. begonnene Anlage, von Konstantin d. Gr. fortgeführt. Sie umfaßte eine Fläche von ca. 250 × 150 m und wurde in Kalksteinmauerwerk errichtet. Dekorativ eingefügte Ziegelsteinstreifen geben den Wänden eine farbige Gliederung. Die besterhaltenen Teile gehören zu dem ehemaligen →Caldarium. Im Mittelalter dienten diese Mauern als Teil der Stadtbefestigung. – In der Vorstadt konnten die Grundmauern einer weiteren Thermenanlage, den sogen. Barbarathermen, festgestellt werden. Die noch in großen Teilen bis in das 17. Jh. n. Chr. stehende Anlage stammt vom Ende des 2. Jhs. n. Chr. – **2)** Basilika (Aula Palatina oder Aula Regia). Der Bau (um 310 n. Chr. errichtet) gehörte einst zu dem ausgedehnten Palastbereich Konstantins d. Gr. Über eine Grundrißfläche von 56 × 28 m erhebt sich das mächtige Ziegelsteinmauerwerk dieser über 30 m hohen Saalarchitektur, die zu den besterhaltenen röm. Bauten überhaupt gehört. Immer wieder neuen Zwecken dienend und mehrfach restauriert, konnte die Basilika die Jahrhunderte überdauern. Sowohl technisch als auch künstlerisch läßt sie Einblick gewinnen in das Wesen röm. Architektur. Einmalig ist die hier zu beobachtende Warmluftheizung, die in den Wänden hochgeführt wurde. Ebenso einmalig ist der geschlossene Raumeindruck, wie er ebenbürtig nur durch das →Pantheon in Rom vermittelt werden kann. – **3)** Porta Nigra (schwarzes Tor). Nach der dunklen Farbe des Gesteins benanntes unvollendetes Nordstadttor. Von 2 Türmen flankiert, wurde der zweitorige Durchgang geschützt. Die mehrgeschossige, bis zu einer Höhe von ca. 30 m erhaltene Anlage stammt aus dem 3./4. Jh. n. Chr. und gilt mit seiner Grundrißausdehnung von 36 × 21,5 m als größtes erhaltenes Festungstor. – Im 11. Jh. n. Chr. erfolgte die Umwandlung in eine Doppelkirche, der im 12. Jh. eine polygonale Apsis mit Zwerggalerie am Ostturm angegliedert wurde. Ein Teil der christlichen Einbauten fiel zu Beginn des 19. Jhs. den Restaurierungsbestrebungen zum Opfer.

4) Hauptzentrum des frühen Christentums auf germanischem Boden. Durch röm. Herrschaft gelangte bereits früh das Christentum nach T. Älteste christliche Kultanlagen vor den Toren der spätantiken Stadt. Coemeterien: Coemeterium Sancti Eucharii (St. Matthias), Coemeterium Sancti Maximini, Coemeterium Sancti Pauli, St. Martin, St. Viktor. In spätantiker Stadt Bischofskirche als Doppelkirchenanlage. Reste von zwei altchristl. Kirchen im Dom und Liebfrauen. Bedeutendste Reste altchristl. Kultbauten auf germanischem Boden. Bei Grabungen auf Coemeterium große Zahl von Inschriften gefunden (jetzt größtenteils im Bischöflichen und Landesmuseum). Altchristl. Sarkophage des späten 4. bis 5. Jhs. meist schmucklos. Freskengeschmückte Grabkammer Mitte des 5. Jhs. im Bereich von S. Maximin 1936 gefunden. In St. Paulin reich beschlagener Sarg des hl. Paulinus, Ende des 4. Jhs. Zwei ikonographisch bemerkenswerte Sarkophage, der Noahsarkophag und der Sarkophag mit dem guten Hirten. Beide im Landesmuseum. Ferner frühchristl. Kleinkunst im Bischöflichen und Landesmuseum. Bedeutende Sammlung koptischer Textilien im Städtischen Museum (Simeonsstift). Im Domschatz byzant. Elfenbeinrelief mit Darstellung einer Reliquienübertragung. Datierung umstritten. – Obengenannte Doppelkirche (Bischofskirche) seit 1943 ausgegraben. Auf röm. Palastgelände entstanden. Erster Bau um 326, Umbau 346. Kirchen waren dreischiffige Basiliken mit Baptisterium. 400 weitere Umbauten. Es entstand die hohe, bis zu 30 m hochführende quadratische Halle im Dom mit 4 Deckenstützen und quadratischem Podium (heute zum großen Teil noch erhalten). Nach 450 Zerstörung der Kirche durch Brand. Bei Wiederaufbau Südkirche nur bis Baptisterium wiederhergestellt. Nordkirche erst unter Bischof Nicetius zwischen 525 und 526 wieder errichtet. Zerstörung im Normannensturm (882). Nur zögernder Wiederaufbau, dabei große Teile des spätantiken Baues aufgegeben.
Lit.: Th. K. Kempf, Trierer Domgrabungen 1943–1954, neue Ausgrabungen in Deutschland 1958, S. 368–379; Th. K. Kempf, Untersuchungen und Beobachtungen am Trierer Dom 1961–1963, Germania 42, 1964, S. 126–141.

5) Dom: Älteste Bischofskirche Deutschlands. Unter Erzbischof Poppo (1016–47) wird die röm. quadratische Halle instand gesetzt und zum Ostteil des heutigen Doms. Im Westen werden zwei dreischiffige Joche angefügt sowie eine Westapsis, flankiert von zwei sich unten in Portalen öffnenden Rechtecktürmen, die von seitlichen Rundtürmen begleitet werden. Vollendet wohl 1121. Monumentale salische Westfassade. Wichtig die Doppeltürmigkeit, die Gliederung durch Lisenen und Rundbogenfriese und die einfache Zwerggalerie unter dem Dachansatz (Turmobergeschosse spätgot.). In der 2. Hälfte des 12. Jhs. Bau des Ostchores mit Vorchorjoch, polygonaler Apsis und seitlichen Türmen. Wesentlich der Reichtum der Gliederung. Im Anschluß wurde der Poppo-Bau mit frühgot. Kreuzrippengewölben versehen. Nach einem Brand von 1717 barocke Änderungen und Anbauten (u. a. Querschiff). Der Eindruck des Innenraums wird vor allem durch die außerordentliche Weiträumigkeit des spätantiken Baues bestimmt. – **6)** Liebfrauenkirche: Bedeutender füher got. Bau, als Zentralbau seit ca. 1240 über dem bis 1238 immer wieder erneuerten dreischiffigen, spätantiken Längsbau südlich des Domes errichtet; um 1253 vollendet. Um einen steil aufschießenden, von einem Turm bekrönten Mittelraum ordnen sich kreuzförmig vier niedrigere Flügel, der östlich weiter ausladende, alle in polygonalen Apsiden endigend. In die Kreuzwinkel sind quadratische Raumteile mit je zwei polygonalen niedrigen Kapellen gestellt, so daß sich ein kreisförmiger Grundriß ergibt. Vorstufen in den Ostteilen von St. Yved, Braisne, für Einzelformen in Soissons und →Reims (besonders Maßwerk) zu suchen.

Trotz teilweiser Schließung der Fensterflächen durch Füllwände ausgeprägter, dynamisch-gerüsthafter Charakter. Typisch deutsch ist das Fehlen des →Triforiums und die strenge Herbheit des Außenbaus ohne Fialen, Tabernakel und Maß- oder Stabwerkvergitterung. Die Zentralbauanlage macht die Liebfrauenkirche in T. zu einem Sonderfall innerhalb der got. Baukunst (größere Zentralbauten sonst nur in Prag und Ettal).
Lit.: H. Eichler, Trier, 1952; E. Gall, Dome und Klosterkirchen am Rhein, 1956; N. Irsch. Der Dom zu Trier, 1931; H. Bunjes – H. Lückger. Die kirchlichen Denkmäler der Stadt Trier mit Ausnahme des Doms, 124–203, 1938.
7) Unter den Profanbauten geht das Erzbischöfliche Schloß noch auf eine röm. Marktbasilika zurück. Seine endgültige Gestalt erhielt der Bau im wesentlichen im 17. Jh., nur der S-Flügel kam um die Mitte des 18. Jhs. dazu, ihn baute Joh. Seitz, Schüler Balthasar →Neumanns. Das Treppenhaus ist in reinstem, üppigstem Rokoko mit Bildhauerarbeiten von Ferdinand →Dietz ausgestattet. Das Schloß brannte im 2. Weltkrieg aus und konnte nur äußerlich wiederhergestellt werden (das Treppenhaus wurde restauriert).
Lit.: Reclams Kunstführer, Deutschland, Bd. III, 1961.

Trier, Hann. Deutscher Maler. Geb. 1915 in Kaiserswerth, lebt in Berlin. Besuchte 1934–38 die Akademie in Düsseldorf; während des Studiums schon unternahm er mehrere Studienreisen in die Schweiz, nach Italien und nach Holland. Nach dem 2. Weltkrieg konnte er diese Reisen nach Südamerika (Kolumbien, Ekuador), Mexiko und die USA ausdehnen. 1955/56 lehrte er an der Hochschule für Bildende Künste in Hamburg, seit 1957 an einer ebensolchen Hochschule in Berlin.
Lit.: W. Schmalenbach, H. T., Katalog 2, 1959/60, Kestnergesellschaft, Hannover.

Trierer Schule. 1) Buchmalerei: Ottonisches Skriptorium unter Erzbischof Egbert (gest. 993). Hauptmeister ist der Meister des Registrum Gregorii, benannt nach einem Handschriftenfragment (Widmungsbild mit dem unter einem Baldachin thronenden Kaiser Otto III. oder II. in Chantilly, drei weitere Blätter, eines mit Darstellung Papst Gregors, in Trier), dessen Initialornamentik von der Eburnant-Gruppe der →Reichenauer Schule abzuleiten ist. Weitere Einflüsse: →Ada-Handschrift (Evangelistenbilder); Schule von →Tours (Majestasbild); Wiener Krönungsevangeliar der →Palastschule oder Schule von →Reims (Evangelistenbilder); spätantike Vorlagen des 4. Jhs. in der Art der Quedlinburger Itala (Schichtenraum). Doch verschmilzt er die vielfältigen Übernahmen zu einem sehr persönlichen Stil, den Monumentalität und klassische Ausgewogenheit der Form sowie Gleichgewichtigkeit des feinen differenzierten Kolorits auszeichnen. Wesentlich ist der Sinn für räumlich-plastische Werte, die Entwicklung eines klar gestaffelten, durch ein kompliziertes System räumlicher Schichtung und subtiler Farbstufung gestalteten Schichtenraums. Der Meister des Registrum Gregorii gehört zu den wenigen als Individuen faßbaren Künstlerpersönlichkeiten des Frühmittelalters. Nach Nordenfalk (siehe unten angegebene Literatur) ist er möglicherweise identisch mit dem von Otto II. zur Ausmalung des Aachener Münsters berufenen Johannes Italus, vielleicht auch als Elfenbeinschnitzer tätig gewesen. Weitere Werke der Buchmalerei: Sakramentar in Chantilly (Mus. Condé cod. 1447); goldenes Evangeliar der Sainte-Chapelle (dorthin gelangt 1379; jetzt Paris, Bibl. Nat. ms. lat. 8851; entstanden bald nach 983); Evangeliar in Manchester (John Ryland's Library ms. 98; nach 996).
Lit.: C. Nordenfalk, „Der Meister des Registrum Gregorii", Münchner Jb. der Bildenden Kunst, 3. Folge, Bd. 1, 1950, 61–77; ders., Buchmalerei, in: Das Frühe Mittelalter vom 4.–11. Jh., 1957.
2) Elfenbeinschnitzerei: Im Zusammenhang mit Trier stehen einmal der von Nordenfalk auch als Bildschnitzer angesehene Meister des Registrum Gregorii, dem der Deckel des Notker-Evangeliars in Lüttich, die Platte des hl. Nazarius im Kestner-Mus. von Hannover, eventuell die Mainzer Madonna und eine Berliner Darbringung im Tempel zugeschrieben werden; ferner der sogen. →Echternacher Meister, der die Tafeln des Codex Aureus Epternacensis arbeitete. – **3)** Goldschmiedekunst: Bedeutendste und am besten faßbare der ottonischen Schulen, wirksam unter Erzbischof Egbert. Hauptwerke sind der Einband des von Kaiserin Theophanu gestifteten Codex aureus Epternacensis (zwischen 983–91; heute Nürnberg, Germanisches Nationalmus.) und der sogen. Egbertschrein im Trierer Domschatz, ein kastenförmiger →Tragaltar auf Löwenfüßen, als Reliquie die Sandale des Apostels Andreas enthaltend und auf dem Kasten einen goldenen Schuh tragend. Dazu: Nagelreliquiar in Trier, Hülle für den Stab des hl. Petrus in Limburg. Charakteristisch ist der Typus der Reliquiare, deren Form die der eingeschlossenen Reliquie spiegelt. Sowohl der künstlerische Rang wie die Eigenart der Schmuckmittel und Technik scheidet diese Werke deutlich von anderen ottonischen Goldschmiedearbeiten. Für die künstlerische Gesamtwirkung sind vor allem das flache Relief der Schmuckformen, die koloristische Zartheit, der reizvolle Goldzellenschmelz und die sehr feine Verwendung von Glasflüssen charakteristisch.
Lit.: H. Schnitzler, Rheinische Schatzkammer, 1957; W. Sauerländer, Skulptur des Mittelalters, Ullstein-Kunstgeschichte XI, 1963.

Triest (antik Tergeste). Als röm. Kolonie erlebte T. in der Kaiserzeit seine erste Blüte, von der noch zahlreiche antike Baudenkmäler künden: so Teile eines augusteischen Mauerrings, eines Kapitols claudischer Zeit, des Forums mit einer unter Trajan errichteten Basilika mit Doppelapsiden und eines gleichzeitigen Theaters. – Besitzt an altchristlicher Kunst eine Elfenbeintafel, welche Dioskurides und Europa darstellt (5. Jh.). – St. Justuskathedrale ist mit bedeutenden Mosaiken venezianischer Schule geschmückt (spätes 12. Jh.). In der Apsis der nördlichen der beiden Hauptschiffe Maria mit dem Kind, umgeben von Erzengeln und Michael. Darunter zwei Gruppen von Aposteln. In der Apsis des Südschiffes Christus, der auf Basilisken tritt. Neben ihm rechts und links Heilige. In der Kirche berühmtes Gemälde (11. Jh.), der hl. Justus von Bauvais.

Triforium (von altfranz. trifoire, durchbrochene Arbeit). In der Wand ausgesparter kleiner Laufgang, der sich in Bogenstellungen zum Innern einer Kirche öffnet; angebracht in Mittelschiff, Querhaus und Chor, im viergeschossigen System zwischen Empore und Obergadenfenster, im dreigeschossigen zwischen Arkade und Hochschiffenster. Es dient, obwohl begehbar, vor allem der Gliederung der Wand, der Belebung der toten Zone, hinter der im Mittelschiff die Pultdächer der Seitenschiffe ansetzen. Es kommt auch als Blendtriforium vor. Vorgebildet wird es im wesentlichen in der normannischen Baukunst Frankreichs (→Normandie, →Engl. Kunst) seit dem Ende des 11. Jhs. (mur épais oder mur évidé; z.B. Bernay, Boscherville u.a.; von hier angeregt die Triforien der staufischen Bauten des Rheinlands). Seine Blütezeit liegt in got. Zeit. Da die dünnere got. Wand die Anlage eines Laufgangs in der Mauerstärke nicht zuläßt und weder das Blendtriforium noch das sich auf die lichtlosen Seitenschiffdächer öffnende T. dem got. Bestreben nach diaphaner Struktur, nach Hinterlegung mit lichthaltigem Raumgrund, entsprechen, wird zuerst in →Laon um 1170–80 das Kastentriforium entwickelt. Seine Rückwand wird hinausgeschoben und ruht auf den Seitenschiffgewölben auf. Die folgerichtige Entwicklung dieses Motivs führt zur Durchfensterung der T.rückwand zuerst im 1231 begonnenen Langhaus von →St. Denis (anstelle der Seitenschiffpultdächer nun Satteldächer).
Lit.: H. E. Kubach, „Das T.", Zeitschrift für Kunstgeschichte, 275–88, 1936; H. Sedelmayr, Die Entstehung der Kathedrale, 1950.

Triglyphe. Die T. bildet im Wechsel mit der →Metope den Fries über dem →Architrav des dorischen Tempels. Sie besteht aus einer zweifach senkrecht eingeschnittenen, rechteckigen Platte, so daß drei Stege als Profil stehen bleiben. Den oberen Abschluß bildet eine Querleiste.

Triglyphenkonflikt. Die Anordnung des →Trigly-

Triptychon, Elfenbein, um 988 n. Chr. (London, Brit. Mus.).

phons bildet seit jeher das größte Problem der dorischen Architektur. Der Konflikt ergibt sich daraus, daß über jeder Säule und jeder Jochmitte eine Trigyphe liegen soll. Das führt in der Konsequenz zu je einem Rest einer Metope an den Ecken. Um dies zu vermeiden, wurden verschiedene Lösungen versucht: 1) Verbreiterung der Eckmetope, 2) Zusammenziehung des Eckjoches (Eckkontraktion).

Triglyphon. Der aus →Metopen und Triglyphen bestehende Fries des dorischen Tempels. →Triglyphe.

Trikonchos. Sogen. Dreipaß. Schon altchristl. Bauform (vergleiche cella trichora in Rom): Kapelle mit 3 Apsiden in Kleeblattform. Am →Athos, gelegentlich auch sonst im Osten wird der T. mit einem Kuppelraum und einer Vorhalle mit reichen architektonischen Formen verbunden. →Dreikonchenanlage.

Trimurti. Darstellung der indischen Götterdreiheit Schiva, Vischnu und Brahma in einem Kultbild.

Trinität →Dreifaltigkeit.

Trinkhörner →Gallehus.

Triptychon. Erweitertes →Diptychon, ferner Bezeichnung für eine dreigeteilte →Ikone, die aus einem Mittelstück und zwei Flügeln besteht.

Triratna. Buddhistisches Kultsymbol der „drei Edelsteine": der Buddha, das Gesetz, der Mönchsorden.

Tritschinopoly (Trichinopoly). Südindische Stadt mit Teppa Kulam („Heiliger Teich") und dem „Fels" an seinem Ufer, einer Bergformation mit höhlenartigem Zugang zu schivaitischen Felsheiligtümern mit Kultbildern der Pallava-Zeit des 7. Jhs. Die Bergkuppe wird durch spätere dravidische Tempel gekrönt. Ein alter Handels- und Pilgerweg führt nach Norden zur nahe gelegenen Tempelstadt →Schrirangam.

Lit.: Coomaraswamy, Geschichte, 114.

Triumphbogen. 1) In der röm. Kaiserzeit aufkommender Ehrenbogen. Als frei stehender Torbau mit 1 oder 3 Durchgängen wird der T. in der Regel zur Erinnerung an einen Sieg und zur Ehrung des Triumphators errichtet. Historische und allegorische Reliefdarstellungen schmücken den T. und weisen auf den Anlaß der Weihung hin. Bedeutende Beispiele sind in Rom in den T. des Titus (→Titusbogen), des Septimus →Severus und des Konstantin erhalten. – In der Renaissance und vor allem im →Klassizismus des 19. Jhs. n. Chr. wird der röm. T. nachgebildet, wie z.B. durch das Siegestor in München oder den Arc de Triomphe in Paris. **2)** Weitgespannter Bogen, der in der Kirche entweder die Apsis oder das Querschiff von dem Raum der Laien trennt. In altchristl. Zeit wurde er arcus genannt.

Triumphkreuz (Triumphbalken) →Kreuzigung Christi.

Trivikrama. Eine Inkarnation des indischen Gottes Vischnu: er steht auf dem linken Bein und hat das rechte schräg nach oben gestreckt, um mit drei Schritten den Weltraum zu durchmessen.

Trochilus. Hohlkehle zwischen zwei Tori (→Torus) an der Basis der griech. ionischen Säule.

Trökes, Heinz. Deutscher Maler und Graphiker, Entwurfszeichner von Textilien und Glasbildern. Geb. 1913 in Hamborn, lebt in Berlin. Sein Studium absolvierte T. an der Kunstgewerbeschule in Krefeld, u.a. 1933–36 bei J. →Itten und 1940 bei G. →Muche. 1939 wurde T., der als Surrealist, beeinflußt von M. →Ernst und P. →Klee, begonnen hatte, mit Malverbot belegt. Nach dem 2. Weltkrieg war er Prof. in Weimar, dann ab 1956 an der Hochschule für bildende Kunst in Hamburg und schließlich an der Kunstakademie in Berlin. – Beeinflußt durch seine dem →Bauhaus verbundenen

Lehrer Itten und Muche schafft T. abstrakte Flächenkunst.
Lit.: W. Haftmann, Malerei im 20. Jh., 1955.

Troger, Paul. Österreichischer Maler. Geb. 1698 in Zell im Pustertal, gest. 1762 in Wien. Kam früh nach Venedig, wo er sich an →Piazetta, →Ricci und →Pittoni bildete. Als T. 1728 nach Österreich zurückkehrte, entfaltete er rasch eine von →Salzburg (St. Cajetan, 1728) über →Melk (Marmorsaal und Bibliothek, 1731/32) bis nach Raab in Ungarn und Brixen in Tirol reichende Freskantentätigkeit, deren Illusionismus bezeichnend ist. Weniger illusionsfreudig, dafür aber stimmungsvoller, sind seine Altarbilder.
Lit.: R. Jacobs, P. T., 1930; H. Tintelnot, Die barocke Freskenmalerei in Deutschland, 1951.

Trois Frères. Bei Montesquieu-Avantès (Dép. Ariège, in den französischen Pyrenäen) gelegene, weitläufige Höhle mit Gravierungen aus der →Älteren Steinzeit sowie Kleinkunstwerken, bekannt seit 1914. Mehr als 600 Gravierungen zeigen u.a. Mammut, Nashorn, Bison, Bär, Feliden, Rentier, Steinbock, Hirsch, Pferd und Schnee-Eule, zum Teil mit markierten Einschußlöchern, aber auch Darstellungen anthropomorpher, maskierter Gestalten. Die oft nur schwer zugänglichen Bilder nehmen häufig Rücksicht auf Unebenheiten der Höhlenwand. In einem versteckt gelegenen Raum, dem sogen. „sanctuaire", befindet sich die berühmte Figur des „dieu cornu": eine menschliche Gestalt mit Löwentatzen, Bart, Eulenaugen, Wolfsohren und Pferdeschwanz. Der Umriß ist graviert, Körper, Beine und Genitalien sind mit schwarzer Farbe besonders hervorgehoben. – Die Darstellungen beginnen mit dem →Aurignacien, gehören vor allem dem →Magdalénien an.
Lit.: Bandi/Maringer, Kunst der Eiszeit, 1955.

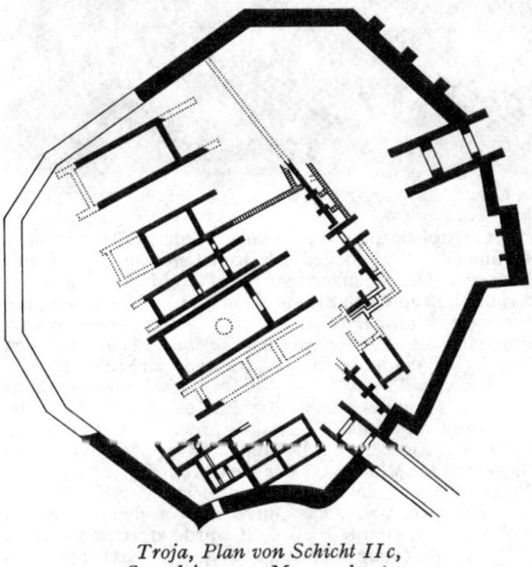

Troja, Plan von Schicht IIc, Grundrisse von Megaronbauten.

Troja. Antike Stadt in der Landschaft Troas an der Nord-Westküste Klein-Asiens. H. →Schliemann entdeckte 1868 die historische Stadt auf dem Hügel Hissarlik. 9 Siedlungsschichten, von denen die älteste in das 4. Jahrtausend v. Chr. datiert wird, wurden freigelegt. Die handelspolitisch und strategisch günstige Lage bedingte es, daß die Stadt trotz zahlreicher Zerstörungen immer wieder neu aufgebaut wurde. Die 6. Siedlungsschicht ist die des homerischen Troja (15.–12. Jh. v. Chr.). Die letzte und 9. Schicht gehört der röm. Kaiserzeit an.
Lit.: F. Matz, Troja, Kreta und Mykene.

Trojaburg →Wisby.

Trompe (oder Ecktrichter). Ein über einer rechtwinkligen Mauerecke aufgemauerter Bogen, der mit einer nischenartigen Wölbung versehen ist. Die T. wird angewendet, um z.B. ein quadratisches Turmuntergeschoß ins Achteck zu überführen bzw. um über einer quadratischen Vierung eine Kuppel über achtseitigem Grundriß zu errichten. T.n finden sich vor allem in der Baukunst des Orients und des Mittelalters. Das islam. Schmuckmotiv der →Stalaktiten besteht aus einer häufenden Übereinanderschichtung kleiner T.n. Die entwickeltere Lösung der Überleitung vom Quadrat zur Kuppel ist das →Pendentif, das sphärische Dreieck (→Kuppel).

Trompe-l'œil. Darstellungsweise, mit der die Künstler ihre außerordentliche Virtuosität unter Beweis zu stellen suchen. Dabei wird ein Objekt so sehr naturalistisch dargestellt, daß der Betrachter im ersten Augenblick getäuscht werden kann, ob es sich um den Gegenstand selbst oder um den gemalten Gegenstand handelt. Berichte und Anekdoten über Beweise solcher Könnerschaft finden sich seit der griech. Antike des frühen 4. Jhs. v. Chr. Ihre Mittel sind raffinierte Schattengebung und Perspektive.

Tropaion. Antike Bezeichnung für ein Siegesmal. Davon abzuleiten sind die Trophäen, jener in der Renaissance an öffentlichen Gebäuden zu findende Schmuck, bestehend aus Waffen usw., die um einen Schild oder Brustpanzer geordnet sind.

Tropfenplatte →Mutulus.

Trophäen →Tropaion.

Troy (Detroy), **1)** François de. Franz. Maler. Geb. 1645 in Toulouse, gest. 1730 in Paris. T. gehörte neben →Rigaud zu den Portraitisten am Hofe Ludwigs XIV. Mit diesem schuf er das Fach des „mythologischen weiblichen Portraits". – **2)** Jean-François de. Franz. Maler. Geb. 1679 in Paris, gest. 1752 in Rom. Sohn von 1) und auch dessen Schüler, daneben jedoch stark beeindruckt von →Rubens und →Veronese. 1699–1706 weilte er in Rom, danach in Paris, bis er 1738 als Direktor der Franz. Akademie nach Rom zurückkehrte. – Das Werk von T. umfaßt Vorlagen für Gobelins (7 Kartons der Geschichte der Esther, 1742; Geschichte Jasons), Altarwerke in franz. Kirchen sowie kleinformatige Bilder mit biblischen oder mythologischen Szenen und genrehafte Portraits.

Trübner, Wilhelm. Deutscher Maler. Geb. 1851 in Heidelberg, gest. 1917 in Karlsruhe. Besuchte 1867/68 die Kunstschule in Karlsruhe bei →Schirmer und anschließend die Akademie in München. Die 1. Internationale Kunstausstellung in München 1869 regte T. zum Studium der Arbeiten von →Courbet und →Leibl an. 1872 hatte T. ein gemeinsames Atelier mit H. →Thoma. 1896–1903 wirkte T. als Lehrer am Städelschen Kunstinstitut in Frankfurt/Main, danach als Prof. an der Akademie in Karlsruhe. Ab 1885 begann T., sich eine Sammlung alter und zeitgenössischer Meister zuzulegen, die einen großen Ruf genoß (nach seinem Tod versteigert). – T. stand in seinen Landschaften und Portraits dem Kreis um Leibl nahe, gelangte dabei aber, besonders in den späten Werken, nahe an den →Impressionismus.
Lit.: G. J. Wolf, Leibl und sein Kreis, 1923.

Truhe. Möbel in Kastenform, auch als Sitz-T. hergestellt. Vielfach diente die T., kostbar verziert, als Hochzeitsgeschenk, das der Braut mitgegeben wurde.

Trumeau. Franz. Bezeichnung für den Türpfeiler eines →Portals.

Trundholm. In Dänemark, Fundort des sogen. →„Sonnenwagens" von T.

Trysa. Antike Ortschaft an der lykischen S-Küste Kleinasiens, in der Nähe des heutigen Gjölbaschi gelegen. Bedeutendstes Monument ist ein großes Grabmal des späten 5. Jhs. v. Chr. mit umfangreichen Reliefszenen (Wien, Kunsthist. Mus.) aus dem griech. Mythos und den homerischen Epen (Freiermord, Trojanischer Krieg). – Der Grabbau selbst, in marmorartigem Kalkstein errichtet, war die Grabstätte eines lykischen Dynasten und wurde in Hausform erbaut. Die Reliefs befanden sich an einer Umfassungsmauer. Stilistisch stehen die Kunstwerke dem ostgriech. Bereich nahe, während die dargestellten Themen auf in Athen entwickelte Bildgedanken zurückzuführen sind.
Lit.: F. Eichler, Die Reliefs des Heroons von Gjölbaschi-T., 1950.

Tschaddar. Schleier aus Seide oder bestickter Baumwolle, Teil des indischen Frauengewandes.

Tschad-Kultur →Sao-Kultur.

Tschahar Taq. Persische Bezeichnung der →Feuertempel in offener Pavillonform, deren vier Säulen, durch Bogen verbunden, eine Kuppel trugen.
Lit.: K. Erdmann, KIS, 40f.; R. Ghirshman, Iran II, 150.

Tschaitya. Für den Inder allgemein ein verehrungswürdiger Ort: ein Hain, eine Höhle, eine Quelle; später besonders ein buddhistisches Heiligtum, eine aus dem Fels gehöhlte, dreischiffige Säulenhalle mit Apsidenschluß.

Tschanderi. Badal-Mahall-Tor.

Tschalukya. Mittelalterl. Hindu-Dyn. Zentral-Indiens, Mäzene prachtvoller Steintempel im →Dekkhan.

Tscham. Mittelalterl. Dyn. und Bauherren im späteren Annam, dem heutigen Vietman.

Tschampanir. Stadt in Gudscherat mit den Resten einer mittelalterl. Residenz, einer Bergfestung, künstlichen Wasseranlagen und mit der gut erhaltenen Freitags-Moschee des Sultans Mahmud Begarha, 1485 bis 1507. Die breitrechteckige Stützenmoschee an der Westseite eines weiten Kolonnadenhofes ist über dem Hauptkultraum in zwei Geschossen hochgeführt und wird darüber durch eine Konstruktion aus krummen Steinbohlen in Kuppelform abgeschlossen.
Lit.: Brown, Architecture II, 58.

Tschanderi. Mittelalterl. islam. Residenz in Zentralindien. Von den Bauten der Malwa-Schahs sind einige typisch indo-islam. Schöpfungen aus dem 15. Jh. erhalten, in denen technische Sicherheit und reiche, jedoch auf mohammedanische Weise abstrakt gezügelte Schmuckfreude eine künstlerisch gelungene Verbindung eingehen: der Palastbau des Kuschk Mahall, die Grabruine Schahzadi ka Rauza und das triumphbogenartige Badal Mahall.

Tschandi. Auf Java die übliche Bezeichnung für ein Hindu-Heiligtum aus Unterbau, Tempel und turmartiger Bekrönung; häufig enthält der Hauptkultraum auch eine Urne mit der Asche des königlichen Stifters. Die bekanntesten Schreine dieser Art sind z.B. die Turmtempel des 7. und 8. Jhs. auf dem Djeng-Plateau, die Ruinen einer Wallfahrtsstätte und eines königlichen Kultorts, oder der T. Sewu, ein kreuzförmiger und von 250 Kapellen umgebener Bau des 9. Jhs. mit hervorragenden Beispielen fragmentarisch erhaltener Portraitplastik; sowie die denkmälerreichen T.-Komplexe von Prambanan (zentrales schivaitisches Heiligtum Loro Dschongrang, umgeben von den T. des Brahma, des Vischnu und der →Vahanas dieser Gottheiten) oder Panataran mit einem der feinsten und spätesten Tempel des Schiva aus dem Ende des 14. Jhs. und mit gut erhaltenem Tempelschmuck.
Lit.: Rowland, Art, Kap. 24.

Tschandigarh. Nach der Teilung Indiens in die Republiken Indien und Pakistan 1947 neu gegründete Hauptstadt des indischen Staates Pandschab, auf einer Ebene im Vorgelände des Pandschab-Himalayas 266 km nördlich von Delhi. Le Corbusier entwarf die regelmäßig geplante Stadt nach 12 Wohneinheiten entsprechend den Einkommensklassen. Während einige öffentliche Gebäude wie der High Court auf moderne Weise als Stahlbeton-Bauten ausgeführt wurden, wählte man für die durchweg einstöckigen Wohnsiedlungen den Backstein aus dem reichlich vorhandenen Material des Lehms von nahe gelegenen Flußufern.

Tscharsadda. Ruinenfeld und Reliquienhügel bei einem Dorf 20 km Nordost von Peschawar. Geländestudien und Grabungen, die gegenwärtig im Gange sind, haben bisher bei Schaikhan einen Stadtplan nach dem Schachbrettgrundriß aus dem 1. Jh. v. Chr. und am sogen. Bala Hissar, dem höchsten der Ruinenhügel, eine Besiedlung von der achaemenidischen Zeit bis zum Anfang des 19. Jhs. ergeben. Ergebnisse früherer Zufallsfunde wie griech.-baktrische Münzen, →Gandhara-Plastik und Hindu-Kultbilder werden im Museum Peschawar aufbewahrt.
Lit.: M. Wheeler, Charsada, 1962.

Tschedi. Form des burmesischen →Stupa.

Tschen-la-Reich. Königreich in Hinterindien; von den →Khmer gegründet, noch ehe →Angkor Zentrum des Reiches wurde (ca. 550–800 n. Chr.). Im Reich T. wurde die Kunst des →Fu-nan-Reiches organisch weitergebildet (Tempel von Sambor, der Hauptstadt des T.). Die Bildhauerkunst erreichte besonders im „Stil von Prasat Andet“ – Statuen heute im Museum von Phnom Penh – bedeutende Höhen. Die indische Kunst, die bisher dominiert hatte (→Fu-nan, →Champa-Reich), wird nunmehr durch eigenständiges Stilbewußtsein immer mehr zurückgedrängt, und die Kunst von →Angkor bereitet sich vor.

Tschertomlyk-Kurgan. Der T. ist wegen seiner monumentalen, mit mehreren Kammern ausgestatteten Anlage und seines Reichtums an kostbaren Grabbeigaben beispielhaft für ein skythisches Fürstengrab des 4. Jhs. v. Chr. Besonders berühmt ist die Silberamphora, deren Schulterfries Skythen in charakteristischer Tracht beim Zureiten von Pferden zeigt (380–60 v. Chr.). Die Darstellung zeugt vom lebhaften Interesse und Einfühlungsvermögen der im Auftrag von Skythenfürsten arbeitenden griech. Künstler (→Karagodeuasch, →Kul Oba, →Solocha, →Woronesch), deren Hand sich auch sonst im Grabinventar des T.s offenbart.
Lit.: K. Schefold, HDA 2, 452f.; K. Jettmar, Steppenvölker, 24ff.

Tschhopra. Das konvex einbiegende Oberteil des nordindischen Tempelturms.

Tschi. Unter den Dekorationsformen islam. Kunst bezeichnet T. einen Wolkenballen, wie er zur Mongolenzeit in die islam. Dekoration und Malerei aus dem chinesischen Bereich eindringt. In der chinesischen Legende haben die Wolken, welche himmlische Erscheinungen begleiten, fünf verschiedene Farben und Bedeutungen, die gelbe Wolke z. B. gilt als Zeichen des Reichtums und wurde gern für die Musterung von Textilien verwendet. Die aus dem Chinesischen stammende Bezeichnung T. geht zurück auf den langes Leben garantierenden „Pilz“ (Ling-chih), dessen Form der chinesische Wolkenballen gelegentlich annimmt. – In Iran nimmt der Wolkenballen bald die Form des Wolkenbandes an, am elegantesten in Schleifenform, und wird dem Gefüge von Arabeskwerk und Ranken zugeordnet. In dieser Form ist das Wolkenband geläufig in der Buchmalerei, im Bau- und Textildekor sowie auf Teppichen. Seit Ende des 15. Jhs. ist es ein Dekorbestandteil der osmanischen und safewidischen Kunst.

Tschidambaram. Südindische Stadt und Wallfahrtsstätte mit einem Tempel, der auf eine Gründung der Tschola-Zeit um 1000 n. Chr. zurückgeht, dessen →Gopuram am Osteingang ein sehr frühes Beispiel des monumentalen dravidischen Torturms darstellt und der während der Herrschaft der Vidschayanagar-Könige durch großzügige Stiftungen, z.B. das Tausend-Pfeiler-Mandapam, erweitert wurde und bis zur Gegenwart laufend renoviert wird.
Lit.: Fischer, Schöpfungen, Abb. 35, Taf. 176–178.

Tschidambaram. Tempelbezirk mit Tausend-Pfeiler-Mandapam, heiligem Teich und einem der vier Tortürme.

Tschiengmai. Alte Hauptstadt im Norden Thailands mit buddhistischen Stufentürmen, z.B. Wat Tschet Yot Ende des 13. Jhs., und mit Fragmenten von buddhistischen Kultbildern.
Lit.: Rowland, Art, 234f.

Tschintamani. In der islam. Ornamentik wird mit T. eine pyramidale Zusammenstellung von drei Kugeln – einfarbig oder gemustert – bezeichnet. Das Wortteil Tama entspricht dem indisch-buddhistischen Symbol der Reinheit, dem „Juwel". Eine Zusammenstellung von drei Juwelen (triratna) hat die symbolische Bedeutung „Buddha, seine Lehre und seine Gemeinde". – In seltschukischer Zeit erscheint im islam. Bereich nicht die Form der drei Juwelen, aber der drei Kugeln in der Dekoration, und hält sich ausschließlich im türkisch beherrschten Gebiet. Im 15. und 16. Jh. wie auf den Teppichen und Fliesen des 17. Jhs. wird sie häufig kombiniert mit einem Paar gewellter Wolkenstreifen (→Tschi).

Tschitor. Mittelalterl. Hauptstadt des westindischen Staates Mewar, auch als Tschitorgarh bekannt. Mittelpunkt war die Festung, von der heute die Ruinen eines indo-islam. Palastes des Rana Kumbha und 2 „Siegestürme", hohe, mehrgeschossige Turmbauten des Mittelalters, erhalten sind.
Lit.: Brown, Architecture I, Taf. 112.

Tschoga Zembil. Ruinenstätte in der Provinz Chusistan, 50 km südöstlich →Susa, das alte →Dur Untaschi.
Lit.: W. Hinz, Das Reich Elam, 1964.

Tschokwe. Eigentlich Batshokwe, im nördlichen Angola und südlichen Kongogebiet beheimatetes großes Negervolk, das sehr expressive Schnitzkunstwerke hervorbrachte. In den Jünglingsweiheriten werden →Masken gebraucht, die aus einem Harz- und Wachsüberzug über einem Geflecht von Gerten und Rindenstoff bestehen. Bei profanen Tanzfesten werden Masken vorgeführt, deren Gesichter geometrisch vereinfacht, aber in ihren Dimensionen naturalistisch wirken. Auffällig ist ihr reiches Dekor aus Perlen, Haaren, Metallschmuck usw. und ihre bunte Bemalung (rot, blau). Naturhaft wirken auch die selteneren, etwa halbmeterhohen Holzfiguren, die meist als Ahnenbilder aufzufassen sind. Der Höhepunkt der T.-Kunst ist längst vorbei. In der Zeit vor 1880 entstanden bedeutende Holzplastiken, die man heute in ethnographischen Sammlungen sehr hoch einschätzt.

Tschola. Mittelalterl. südindische Dyn. und Stifter z. B. des Tempels von →Tandschore.

Tschorten. Form des →Stupa in Tibet.

Tschudi, Theophil. Schweizer Architekt. Geb. 1847 in Mumpf im Aargau, gest. in Zürich. Schüler der Technischen Hochschule in Zürich bei G. →Semper. 1871–73 in einem Atelier in Budapest tätig. Seit 1876 wieder in Zürich, wo er sich bald darauf mit A. Chiodera assoziierte. Beide übten sie in historischen Stilen eine rege und vielseitige Bautätigkeit in der ganzen Schweiz aus (Hotelbau, Kirchen und Synagogen, Schulen u.a.).

Tsuba. Bezeichnung für die Parierplatte japanischer Schwerter. Seit dem 11. Jh. n. Chr. werden diese Metallteile mit Relief, Durchbrucharbeiten oder Gravierungen verziert, wofür sich eine eigene Kunst herausgebildet hat. Im 16. und 17. Jh. erreichte dieses Kunsthandwerk seine größte Blüte und brachte reich ausgestattete Stücke hervor, deren üblicher Schmuck durch Einlegearbeiten in Gold, Silber oder Messing bereichert werden konnte.

Ts'un. Bezeichnung für die Art der Strichführung in der Landschaftsmalerei chinesischer Kunst. Die sich in langer Tradition entwickelnde Reihe der T. wurde um 1600 n. Chr. in der Schrift →Ni-kulu kanonisiert.

Tuaillon, Louis. Deutscher Bildhauer. Geb. 1862 in Berlin, gest. 1919 ebda. Schüler von R. →Begas, hauptsächlich beeinflußt aber 1885–92 in Rom durch A. v. →Hildebrand und H. v. →Marées, wodurch T. dem Neuklassizismus zugeführt wurde. Er schuf Bildwerke und Denkmäler von großer Formenklarheit, die in den Details realistisch durchgearbeitet waren. Hauptwerke sind die „Amazone zu Pferd", 1895 (Berlin, vor der Nat. Gal.), die Gruppe der Rosselenker (Bronze, Bremen) und ebda. das Reiterstandbild Kaiser Friedrichs III. (1905).

Tuc-d'Audoubert. Bei Montesquieu-Avantès (Dép. Ariège), in den franz. Pyrenäen gelegene, nur schwer zugängliche Höhle mit Gravierungen aus der →Älteren Steinzeit, bekannt seit 1912. Dargestellt sind u.a. Bison und Pferd, aber auch Pfeile, Zeichen und maskierte Figuren. – Im hintersten Saal, etwa 700 m vom Eingang entfernt, wurde ein aus Höhlenlehm naturalistisch in Hochrelief geformtes Bisonpaar (63 und 61 cm) entdeckt. Ein Bisonstier folgt einer Bisonkuh und ist im Begriff, sie anzuspringen.
Lit.: Bandi/Maringer, Kunst der Eiszeit, 1955.

Tucheraltar →Meister des Tucheraltars.

Tuchhalle →Gewandhaus.

Tudorblatt. Ornamentform der engl. Spätgotik, die, entfernt an ein Efeublatt erinnernd, aus aufrecht stehenden, rautenförmigen Blättern gebildet ist.

Tudorbogen →Bogen.

Tudorstil. Innerhalb der →engl. Kunst die Epoche von ca. 1530 bis zum Beginn des 17. Jhs. Bezeichnend ist das Festhalten an Elementen der Gotik, die mit den neuen Formen der aus Italien und Deutschland eindringenden Renaissance verbunden werden.

Tübingen (Württemberg). Der Stiftskirche sind 2 ältere Bauten an gleicher Stelle vorangegangen. Graf Eberhard im Bart lancierte 1470 den Neubau. Zunächst wurde der Chor aufgeführt, der in seinen Stilformen auf Peter von Koblenz deutet. Er wurde, als

1534 die Reformation einzog, als Grablege des Württemberger Herzogshauses benutzt. 1478–83 wurde das Langhaus errichtet, vielleicht unter Hinzuziehung der Stuttgarter Bauhütte. Barocke Anklänge von Renovierungsarbeiten (1674) wurden im 19. Jh. wieder entfernt. Die unteren Langhausgeschosse sind noch romanisch. Das Glockengeschoß von 1468, der Helm von 1529. In den Fensteröffnungen der N-Seite Figurenreliefs des 15. Jhs., u. a. die berühmte Fensterskulptur des geräderten Märtyrers Georg. Das Schiff ist ein 6jochiger Raum mit viel niedrigeren Seitenkapellen, durch die eingezogenen Strebepfeiler erweitert. Die Einwölbung erfolgte erst im 19. Jh. Der Chor ist gegen das Langhaus durch einen schönen, spätgot. abgeschlossen, der an den Wanddiensten schönen Skulpturenschmuck von 1490 trägt. Lit.: Reclams Kunstführer, Deutschland, Bd. II, 1961.

Tüllengefäß. Bereits um 2000 v. Chr. in Klein-Asien vorkommende Gefäßform, die sich später in weiteren Gebieten um das Mittelmeer findet. Charakteristisch für das T. ist eine Ausgußtülle, die jedoch verschieden lang sein kann.

Tümmler. Kalottenförmige blau- oder olivgrüne Glasschale ohne Standfläche mit verdicktem Randsaum. Als Verzierungen können Glaswarzen, Rippen oder ein Bodenkreuz aufgesetzt sein, 5.–8. Jh. n. Chr.

Türbe. Eine T. ist eine monumentale Grabanlage in Turmform mit Erdbegräbnis und einem darüber liegenden Raum mit Kenotaph, vergleichbar dem Mausoleum und dem iranischen Gunbad. In der islam. Architektur ist die T. eine türkische Form und tritt mit den→Seltschuken auf. Als Ziegel- oder Steinbau ist sie vom 11.–14. Jh. in Iran und Kleinasien verbreitet. Ihre Gestalt ist die eines zeltförmigen Turmes auf rundem oder vieleckigem Grundriß, gerippt und sternförmig. Der Innenraum ist überwölbt und wird von einem spitz zulaufenden Dach bedeckt. In ihrer Monumentalität und dem unendlichen Reichtum ihrer Dekorationen sind in Iran die Grabtürme von Ray, Radkan und Nachtschewan berühmt. Die T.n können mehrere Bestattungen einer Familie enthalten und sind gelegentlich einer →Medrese (Erzerum), einem Kloster (Mevlana-Türbe in Konya) oder einer →Moschee (Ala-ed-Din-Moschee in Konya) angegliedert. Im 14. und 15. Jh. entstehen bedeutende Beispiele im Steinbau im Osten Kleinasiens (Kayseri) und in der ersten osmanischen Residenz Bursa. Die zahlreichen T.n der osmanischen Sultane und der bei jeder Thronbesetzung hingerichteten Prinzen in Bursa (Mehmed Celebi, 1421 und Türbe Murads II.) sind jetzt durchgehend Kuppelbauten auf quadratischem oder achteckigem Grundriß, mit zeltartigem Vordach oder offener Galerie ausgestattet. Diesen Typ verwendet auch →Sinan im 16. Jh. in Istanbul und bereichert den Steinbau durch Schichtenwechsel und Reliefwirkung. – Die Innenausstattung der osmanischen T.n mit glasierten Fliesen enthält die großartigsten Leistungen der Fliesendekoration aus dem 15. und 16. Jh., und farbenprächtige Beispiele ornamentaler und floraler Wandmalerei haben sich hier erhalten.
Lit.: A. Gabriel, Une Capitale Turque, Brousse, 1958; A. U. Pope, A Survey of Persian Art, 1938; K. Otto-Dorn, Die Kunst des Islam, 1964; B. Ünsal, Turkish Islamic Architecture, 1959.

Türpfeiler. Mittelpfeiler, der bei großen Portalen den Türsturz trägt.

Türsturz. Über einer Tür oder einem →Portal querliegender Balken, der die über der Tür hochgeführte Wand trägt.

Tugenden und Laster. An die „Psychomachie" des span. Dichters Prudentius (um 405 n. Chr.) anschließende Personifikationen der T. haben in der Kunst des Mittelalters Gestalt angenommen. Man unterscheidet dabei: a) Die christlichen Tugenden Hoffnung (spes), Liebe (caritas) und Glaube (fides). b) Die vier Kardinaltugenden Tapferkeit (fortitudo), Gerechtigkeit (justitia), Klugheit (prudentia) und Mäßigkeit (temperantia). – Diese Tugenden können durch weitere Personifikationen erweitert werden. – Im Gegensatz zu den Tugenden hat sich bei den Personifikationen der Laster keine Kanonisierung entwickelt. – Die frühesten Darstellungen finden sich in Miniaturen des 6. Jhs. Seit dem 12. Jh. werden die T. als beliebter Portalschmuck verwendet, vor allem an franz. Kathedralen.

Tughra. Herrschermonogramm bei den Oghuzen, →Seltschuken, →Mamluken, →Osmanen. Sie erscheint auf Münzen, am Ende von Erlassen, Siegeln und gilt auch als Staatsemblem. Ihre Form enthält alle Buchstaben der Herrschertitel, Eigennamen und Vatersnamen, in graphischer Zusammenfassung. Sie war im amtlichen Gebrauch in der Türkei bis 1922. – Die Tughra ist mit dem Pinsel oder dem Schreibrohr geschrieben, in späterer Zeit golden und mehrfarbig ausgestattet. Ihre Einzelbuchstaben wechseln von Herrscher zu Herrscher, aber allgemein sind die Buchstabenlängen in der Mitte zusammengefaßt, die rund auslaufenden Buchstaben in deren unterer Hälfte gruppiert.
Lit.: J. Deny, in: Enzyklopaedie des Islam, 1934.

Tukulti Ninurta. Assyrischer König (1235–1198 v. Chr.), Eroberer von →Babylon unter →Kaschtiliasch IV., Erbauer des Neuen Palastes in →Assur, wo er den Anu-Adadtempel und das →Ischtar-Heiligtum erneuert. Gründer der Assur gegenüberliegenden Stadt →Kar-T. Aus dem Ischtar-Tempel stammt ein Reliefaltar des T. für den Gott Nusku, auf dem zwei bärtige Beter, stehend und kniend vor dem Symbolsockel des Gottes Nabu, gekennzeichnet durch Schreibtafel und Griffel, dargestellt sind.
Lit.: H. Schmökel, GVA, 192ff.; A. Parrot, Assur, 3ff.; E. Strommenger, Mesopotamien, 102.

Tula. Zentrum der Herrschaft der →Tolteken in Mexiko im 10. bis 12. Jh. Die große Ruinenstadt T. im Staate Hidalgo ist eine der bedeutendsten archäologischen Stätten Mexikos. Sie kann als Stadt Quetzalcoatls, der „Federschlange", bezeichnet werden, in der der Priesterherrscher und die höchst verehrte Gottheit zugleich zu sehen sind. Die historischen Berichte sind stark mit mythischen Angaben verbrämt (Sündenfall Quetzalcoatls bringt Ende der paradiesischen Zeit, Zug nach Osten, Verheißung der Wiederkehr des Kulturheros usw.). Wichtigstes Bauwerk der Stadt war offensichtlich der Tempel des Morgensterns (Pyramide des Quetzalcoatl), eine Stufenpyramide aus 5 Absätzen mit 40 m Seitenlänge und 10 m Höhe. Auf den teilweise erhaltenen Friesen der Außenwände wechseln Herzen fressende Jaguar- und Adlerdarstellungen in Flachrelief ab. Dazwischen finden sich die von Federschlangen umrahmten menschlichen Züge Quetzalcoatls. Auf der Tempelplattform wurden kriegergestaltige Atlantensäulen als Dachgebälkträger errichtet (4,60 m hoch, aus vier Teilen zusammengesetzt). Pfeiler und steinerne Wandbänke tragen reichlich Kriegerdarstellungen. Zahlreiche Details finden sich in genauer Entsprechung in →Chichen Itzá wieder.

Tula-Arbeiten. Silberne Dosen und Schmuckgegenstände, die im 19. Jh. in Niello-Technik in Tula (Süd-Rußland) hergestellt wurden.

Tulpenbecher. Tongefäß der Jüngeren Steinzeit Westeuropas, dessen Mündungsform eine tulpenähnliche ausladende Form zeigt, während der Gefäßkörper nach unten spitz zuläuft. Der T. gehört zu den wichtigsten Typen der sogen. →Michelsberger Kultur.

Tulum. Mayastadt an der nördlichen Ostküste der Halbinsel Yucatán (Quintana Roo, Mexiko). Aus dem Jahr 564 n. Chr. stammt ältestes datiertes Monument, gleichzeitig Vorkommen von Überkragungsgewölben. Bedeutende Stadt nach der mexikanischen Eroberung Yucatáns mit wichtigen archäologischen Belegen für die Zeit vor der Ankunft der Spanier. Von drei Seiten ummauert, vierte Seite fällt zur Klippenküste ab. Räuchergefäße mit Figurendarstellung ähnlich denen von →Mayapan. Fresken religiösen Inhalts, schwarzer Hintergrund erinnert an Negativmalerei. Deutlicher mixtekischer Einfluß, die Darstellungen erinnern an mixtekische Bildermalerei in den Codices. Die Wandmalereien sind weniger gut erhalten als die von →Santa Rita Corozal.
Lit.: S. K. Lothrop, T., 1924.

Tuluniden. Die T. sind die nahezu unabhängig vom abbassidischen Kalifen regierenden Gouverneure (Emire)

Ägyptens von 868–905. Der Gründer der Dyn. stammte aus einer Familie aus Buchara und sein Sohn, Ahmed ibn Tulun, wuchs im türkischen Heer des Kalifen in Samarra heran. Dieser besetzt 868 Fostat (Alt-Kairo) und vereint schließlich Ägypten, Syrien, Kilikien und Mesopotamien in seiner Hand. Ende des 9. Jhs. gründet er zur Unterbringung des großen Heeres neben Fostat die neue Stadt al katai mit der nach ihm benannten Moschee und seinem Palast im Zentrum. Unter Khumarawaih (882–84) erfahren Musik, Malerei, Bildhauerkunst eine Hochblüte. Den allgemeinen Luxus der Zeit bezeugen die Berichte Makrizis über die Bazare von al katai. Unter tulunidischer Herrschaft üben Türken und griech. Söldner die Herrschaft aus, Juden und Christen haben entscheidende Staatsämter inne. – Unter den T. wird der „abbassidische Reichsstil" vom Iraq nach Ägypten übertragen, dessen Kennzeichen die völlige Abstrahierung ursprünglich pflanzlicher Formen zum flächenfüllenden Ornament ist. Seine eigenartige Wirkung beruht auf der Anwendung des sogen. Schrägschnittstils auf Reliefarbeit in Holz, Stein und Stuck, der den omeyadischen, tiefgeschnittenen Hell-Dunkel-Effekt des Reliefs ablöst. – Die Ibn-Tulun-Moschee (876–79) in Kairo ist eine vollständig erhaltene Bauanlage mit dem typischen Dekor dieser Periode. Der große, quadratische Hof mit zentralem Brunnenhaus ist umgeben von spitzbogigen Arkaden. In der Kleinkunst ist die Übernahme der Fabrikation von Lüsterfayence aus dem Iraq nach Fostat, wo nun das Töpferzentrum bis in die mamlukische Zeit fortbesteht, wichtig. Bergkristallarbeiten, die ebenfalls den Schrägschnittstil zeigen, sind Flakons, die häufig als Reliquiare in abendländische Kirchenschätze gelangen, und Schachsteine. Figürliche Portraitplastik soll zur Ausstattung des Palastes Khumarawaihs gehört haben, bekannt sind aber nur Holztäfelungen und Türfüllungen in Schrägschnittornamentik mit Bemalung.
Lit.: K. A. C. Creswell, Early Islamic Architecture, Bd. II, 1940; E. Kühnel, Die Kunst des Islam, 1962.

Tumba. Ein über dem Niveau des Friedhofs errichtetes kistenförmiges Grab, das auch Füße haben konnte. →Grabmal.

Tummler. Vom 16.–18. Jh. verbreitetes Trinkglas, das weder mit einem Henkel noch mit einem Fuß ausgestattet ist. Die nach unten schwere abgerundete Form ist als Gefäßkörper gedrungen. Das schwere Gewicht am unteren Teil läßt das Glas stehen.

Tumpal. In der Ornamentik →Indonesiens häufig vorkommendes Dekormotiv verschiedener Gewebe; es handelt sich um ein gleichschenkeliges Dreieck, dessen Inneres mit Rankenornamenten symmetrisch ausgefüllt ist. Diese Ranken werden typologisch von Bambusschößlingen oder einer bis zur Unkenntlichkeit stilisierten Menschenfigur abgeleitet.

Tumschuq. Buddhistische Kulthöhlen im Westteil der Turfan-Oase mit Wandmalereien im indo-iranischen Stil vermutlich des 6. Jhs.
Lit.: Bussagli, Malerei, 70.

Tumulusgrab. Antikes Rundgrab, in der äußeren Form einem Tumulus (Hügel) verwandt. Es findet sich vor allem in der etruskischen Grabarchitektur.

Tung Ch'i-ch'ang. Chinesischer Maler, Dichter, Kalligraph und Staatsbeamter. Geb. 1555, gest. um 1636. In seiner Malerei lehnte er sich hauptsächlich an →Tung Yüan und →Ni Tsan an und schuf ausschließlich Landschaftsbilder. – Größte Bedeutung für die kunstgeschichtliche Erforschung chinesischer Malerei erlangte er durch seine Schriften, in denen er erstmals die Trennung der sogen. →Südlichen Schule von der Nördlichen Schule darlegte und aus der Tradition zu erklären suchte. Daß es sich hierbei jedoch um eine reine Erfindung handelt, hat sich erst in neuerer Zeit herausgestellt, so daß die historischen Angaben nur mit größter Vorsicht zu verwenden sind.
Lit.: Thieme-Becker.

Tung Yüan. Chinesischer Maler der 2. Hälfte des 10. Jhs. n. Chr. Arbeitete anfangs noch unter den Tang-Herrschern, später unter den Herrschern der Sung-Dyn. in Nanking. Als einer der Hauptmeister der →Südlichen Schule schuf er als erster chinesicher Maler große Stimmungslandschaften, mit denen er eine neue Maltradition begründete. Von seinem Werk, das häufig nachgeahmt und kopiert wurde, ist mit Sicherheit nichts erhalten. Zugeschrieben wird ihm ein →Kakemono mit einer Tuschlandschaft (Boston, Mus.).
Lit.: Thieme-Becker.

Tunika. Dem griech. →Chiton entsprechendes röm. Kleidungsstück, das von Männern unter der Toga oder einem leichteren Mantel, von Frauen unter einem mantelartigen Obergewand getragen wurde.

Tunis. In dem Vorort Le Bardo, 4 km von T., befindet sich das weltberühmte Musée National du Bardo (Bardo-Museum). Sehr große Sammlung röm. Mosaiken. Für die altchristl. Kunst wichtig Saal V (christlicher Saal). Hier vor allem Gräber mit Mosaikschmuck, Sarkophage, Taufbecken, Terrakottaplatten und anderes mehr. Sie stammen zumeist aus der Umgebung von T. Auch die Treppe von Saal V zum oberen Stock bringt an den Wänden Grabmosaiken in größerer Zahl.

Tuotilo. Mönch des Klosters St. Gallen, tätig um 900. Erster namentlich bekannter Elfenbeinschnitzer des Mittelalters, mit dessen Namen die Klostergeschichte des Ekkehard die Einbandtafeln des sogen. Evangelium Longum der St. Galler Stiftsbibliothek verbindet (Schule von →St. Gallen). Die Vorderseite zeigt Christus in der Mandorla, Cherubim, Evangelisten, Sol, Luna, Okeanus, Gaea. Durch Inschriftleisten wird oben und unten je ein Feld mit üppiger, symmetrisch angeordneter Rankenfüllung abgetrennt. Die Rückseite stellt Mariae Himmelfahrt und Szenen aus dem Leben des hl. Gallus dar. Sein Stil verbindet westfränk. Ornamenttradition mit einer eigentümlich zum Graphisch-Abstrakten neigenden Figurenbildung, die vermutlich auf oberitalien. Vorbilder zurückzuführen ist. Sein Werk kennzeichnet das Ende der karolingischen Elfenbeinkunst.
Lit.: A. Goldschmidt, Die Elfenbeinskulpturen aus der Zeit der karolingischen und sächsischen Kaiser, 2 Bde., 1914–18; E. v. Philippowich, Elfenbein, 1961.

Tura, Cosimo. Italien. Maler. Geb. in Ferrara um 1430, gest. 1495 ebda. Wirkte stets in seiner Heimatstadt und war einer der Hauptmeister der dortigen Malerschule des Quattrocento. Die Gestalten seines Werkes sind in harten Umrissen gegeben, die Formen sind oft unruhig, der Ausdruck leidenschaftlich erregt. Er schuf Fresken, von denen jedoch kaum etwas erhalten ist, Kartons für Gobelins u.a. für die Hofhaltung der Este in Ferrara und religiöse Tafelbilder: Thronende Madonna mit Kind, um 1480 (London, Nat. Gal.); Pietà desselben Altars (Paris, Louvre); möglicherweise zu demselben Altar gehörig, Ruhe auf der Flucht (New York, Metropolitan Mus.); Madonna mit Heiligen (Berlin).
Lit.: S. Ortolani, C T., F. del Cossa, E. de'Roberti, 1941.

Tûr-Abdin-Gebiet (Mesopotamien). In der Gebirgslandschaft des T. befindet sich eine Anzahl von gewölbten Klosterkirchen. Sie gehen teilweise auf altchristl. Zeit zurück. Charakteristisch die Anwendung des Akantusornaments, verbunden mit Weinranken und Girlanden. Hellenistische Reminiszenzen.

Tura Dagan. Gouverneur von →Mari, Vater des →Puzur Ischtar, auf dessen Dioritstatue genannt, die im sogen. Museum des Burgpalastes →Nebukadnezars II. von →Babylon gefunden wurde.
Lit.: A. Parrot, Sumer, 268; E. Strommenger, Mesopotamien, 83.

Turang Tepe. Praehistorische Siedlung nördlich Damghan in der Gurganebene südöstlich vom Kaspischen Meer mit bedeutsamer Idolplastik einer nackten Frau, die reichen Kopf-, Hals- und Armschmuck trägt. Sie gehört in die Schicht der vorindogermanischen →iranischen Kunst (3. Jahrtausend v. Chr.), in deren Idolen wir ein Zeugnis der Verehrung einer →Anahita ähnlichen Göttin sehen dürfen. →Sialk, →Tepe Gijan, →Tepe Hissar.
Lit.: R. Ghirshman, Iran I, 1ff.; H. H. von der Osten, WP, 274.

Turfan-Kunst. Nach der Oase Turfan in der zentralasiatischen Steppe, im Altertum an der Nordstrecke der Seidenstraße, heute in West-China gelegen, wurde eine Landschaft mit Siedlungen und buddhistischen Kult-

stätten und später die gesamte ost-westliche Mischkunst der 2. Hälfte des 1. Jahrtausends im Tarim-Becken benannt. Freibauten aus luftgetrockneten Lehmziegeln (quadratische →Stupas und Tempel mit Trompen-Kuppeln sowie Hallenbauten mit Tonnengewölben) stammen aus der sasanidischen Überlieferung. In frühen Wandgemälde-Zyklen wie denen von →Miran wirkte die antikisierende Kunst von →Gandhara nach. Im westlichen Zentrum, besonders in →Kyzil, herrschte z.B. in den Stifterbildnissen tocharischer Ritter ein westlicher, iranischer Stil vor, während später im östlichen Zentrum, besonders in →Bäzäklik, ostasiatischer Einfluß überwog.

Lit.: A. von Le Coq, Die buddhistische Spätantike in Mittelasien, 1922–33; H. Härtel, Turfan und Gandhara, 1957.

Turin. Baugeschichtlich besonders bedeutend ist der Zentralbau von S. Lorenzo von Guarino →Guarini (1624–85), der geographisch wie generationsmäßig zwischen →Bernini und den großen Barockarchitekten Deutschlands und Österreichs steht. Seine Sakralbauten, vor allem S. Lorenzo (ab 1666), zeigen mit ihren phantastischen Verflechtungen konkaver und konvexer Kurven einen Stil, der an Kühnheit →Borrominis Formensprache noch übertrifft. In S. Lorenzo wölben sich Bogen und Balkone gegen den zentralen Hauptraum vor. Dieser ist von einer Kuppel überdeckt, für welche Guarini einen achtzackigen Stern aus hinüber- und herüberschwingenden Rippen erfunden oder der Moschee von →Cordoba nachgebildet hat. Die dominierende Farbe des Innenraums ist Altrosa. Voluten und plastische Dekorationen sind weiß; dazu kommen einige grüne, gelbe und schwarze Akzente. – 1679 begann Guarini mit seinem profanen Hauptwerk, dem Palazzo Carignano, mit seiner kraftvollen, geschwungenen Fassade und der Verklammerung seiner Innenräume. Die Linie der Fassade wird gebildet durch einen ovalen Raum in der Mitte, der an der Frontseite von zwei der Rundung folgenden Treppen flankiert wird. Die Verbindung zwischen den vorgewölbten Treppen und den anschließenden Flügelbauten links und rechts wird durch einschwingende Mauerpartien hergestellt, so daß sich eine Schwingung in der Reihenfolge konkav-konvex-konkav ergibt. Es ist charakteristisch für den Avantgardismus Guarinis, daß er allein es gewagt hat, das auf →Borromini zurückgehende Motiv der kurvig geschwungenen Kirchenfassade auf den Palastbau zu übertragen. – Das bedeutendste Werk im Kirchenbau in T. von →Juvarra (1717–31) ist die Superga, auf einem Hügel vor der Stadt gelegen. Der kuppelbekrönte Zentralbau öffnet sich in einer Säulenvorhalle mit Dreiecksgiebel, die dem ganzen Bau einen ruhigen, „klassischen" Charakter verleiht. Die Kirche drängt aus der mächtigen, sechsstöckigen Klosteranlage nach vorn, kommt aber in ihrer Bewegung nicht zum Ausströmen und erinnert dadurch an antike Tempel. Über dem Giebel zieht sich um den ganzen Baukörper eine Balustrade, die den Bau in zwei Zonen teilt, deren obere der hohen Kuppel mit ihren rundbogigen Fenstern und den Säulen, die die Fenster flankieren, vorbehalten ist. (Siehe Tafel 26).

Lit.: Wasmuths Lexikon der Baukunst, Bd. III und IV, 1932; N. Pevsner, Europäische Architektur, 1963; F. Baumgart, Geschichte der abendländischen Baukunst, 1960.

Turm. Hohes Bauwerk, für das die Höhenerstreckung im Verhältnis zu einer kleinen Grundfläche bestimmend ist. Zu unterscheiden sind frei stehende Türme und solche, die unmittelbar mit einem Baukörper verbunden sind. – Zu den ältesten Zeugnissen über einen T. gehört die alttestamentarische Geschichte vom T.-Bau zu Babel. Nach heutiger Kenntnis handelte es sich dabei jedoch nicht um einen T., sondern um eine →Zikkurrat. Die griech.-röm. Antike kannte den T. hauptsächlich als Befestigungsbauwerk einer Stadtmauer oder als Leucht-T., für den der berühmte sogen. →Pharos von Alexandria (→Sieben Weltwunder) typenbestimmend wurde. – Die außereuropäische Baukunst kennt den T. in verschiedenen Formen. Deren wichtigste sind: →Minarett, →Stupa, →Pagode.

Eine neue Entwicklung setzt um 1000 nördlich der Alpen ein. Während Italien mit der Anlage des gesondert stehenden mittelhohen Glockenturms, des →Campanile (seit dem 11./12. Jh.; frühe Beispiele in Ravenna u.a.), der antiken Überlieferung verhaftet bleibt, entstehen im Norden in ottonischer Zeit erstmals Türme im Bauverband. Sie entwickeln sich auf der Grundlage des karolingischen Westwerks, bilden jedoch keinen gesonderten Kultraum mehr, sondern dienen lediglich der architektonischen Betonung von Westeingang oder Westchor. Frühe deutsche Beispiele für den Einturm oberhalb der Westfront: St. Cyriak in Sulzburg/Baden (nach 993); St. Luzius in Werden. Eintürme über Westchören finden sich am Dom von →Paderborn, in Reichenau-Mittelzell u.a. Spezifisch ottonisch ist das Fehlen eines Sockels und jeder Gliederung bis auf schmale Fensteröffnungen. In der Folgezeit wird die Einturmfassade bezeichnend für die →Pfarrkirche, während Dome und Klosterkirchen entweder Westchöre mit Einturm oder Doppelturmfassaden erhalten. Die Doppelturmfassade scheint auf Cluny II (→Cluniazenserkunst) zurückzugehen. Das in dessen Nachfolge stehende →Tournus hat einen turmähnlichen Aufsatz auf der Südecke der zweigeschossigen Vorhalle (Nordturm 12. Jh.). In der 1. Hälfte des 11. Jhs. wird die Doppelturmfassade am Oberrhein konsequent ausgebildet (z. B. →Basel, →Straßburg, →Speyer), ebenfalls in →Burgund selbst (→Cluny III, →Autun). Ob die Bauten der →Normandie (z. B. →Jumièges, begonnen 1040) sie von Cluny II übernommen haben, ist noch ungeklärt. Charakteristisch für franz. Doppelturmfassaden ist und bleibt, daß die Türme oberhalb eines Fassadenblocks aufsetzen, nicht wie in Deutschland von unten her entwickelt werden. England übernimmt die Doppelturmfassade von der Normandie, doch finden sich hier bei Pfarrkirchen auch Einzeltürme. Für die Baukunst roman. Zeit ist Vieltürmigkeit charakteristisch. Den Baumassen wird durch die steil aufragenden, vertikalen Akzente der Türme oberhalb liturgisch wichtiger Punkte des Kirchengebäudes (Westfassade oder Westchor, Vierung oder Chor, dazu Treppentürme) das Lagernde genommen (→Romanische Kunst). Turmreichtum bleibt auch das Ziel der got. Kathedrale, obwohl die Mehrzahl der Türme nicht vollendet wurde. In →Laon waren z. B. 7 geplant. Dennoch entstammen die schönsten abendländischen Turmschöpfungen der Gotik; z. B. der Straßburger Münsterturm, der mit seinen 142 m Höhe bis ins 19. Jh. der höchste Kirchturm der Welt blieb, oder der des Münsters in →Freiburg mit seinem Helm aus feinem durchbrochenem Maßwerk. Daneben gab es den T. im profanen Bereich, z. B. im Burgenbau (→Burg) die Wohn-, Wehr- und Tortürme, letztere auch bei Stadtbefestigungen. Rathäuser erhielten als Wahrzeichen städtischer Macht stattliche Türme (vergleiche den flandrischen →Belfried und Türme italien. Rathäuser, z. B. →Siena, →Florenz u. a.), die auch der Anbringung von Uhren und Glockenspielen dienten. Zu erwähnen sind ferner die häufig im Bauverband errichteten sogen. Geschlechtertürme italien. Adelspaläste (vergleiche San Gimignano). Die Vorliebe für Türme im Verband mit der Fassadengestaltung findet sich im Norden auch in nachmittelalterl. Zeit. Wichtige Beispiele sind die →Treppentürme der Renaissanceschlösser (z. B. →Blois; Albrechtsburg in →Meißen u.a.) und die gelegentlich hohen Fassadentürme deutscher Barockkirchen (z.B. →Vierzehnheiligen). Im Barock findet sich erstmals auch in Italien die Doppelturmfassade (zuerst Oberitalien, von →Borromini in den röm. barocken Kirchenbau übernommen, z.B. S. Agnese, Piazzo Navona, Rom, 1625ff.). – In der Neuzeit haben sich neben dem Kirchturm und dem Wehrturm neue Formen des T.-Baus entwickelt. Als isoliertes Bauwerk wurde der →Eiffel-Turm in Paris, Wahrzeichen einer Weltausstellung, errichtet. Dem T. verwandt ist der →Wolkenkratzer. (Siehe Tafel 13).

Lit.: Thiersch, Pharaos, Antike und Islam, 1909; H. Soehner, Geschichte des Westeinturms im Abendland, ungedruckte Diss. München, 1950; M. Révész-Alexander, Der T. als Symbol und Erlebnis, 1953.

Turmfassade →Turm.

Turner, William. Engl. Maler und Radierer. Geb. 1775 in London, gest. 1851 in Chelsea. Seine Ausbildung bis 1789 war sporadisch, dann trat er in die Reynolds-Schule der Akademie ein. Diese verließ er 3 Jahre später, um Zeichnungen für das „Copperplate Magazine" anzufertigen. Bis 1797 ist er für verschiedene Stecher auf Reisen durch ganz England; es entstanden hierbei Landschaften, Architekturen und Seestücke als Zeichnungen und Aquarelle. – 1802 wurde T. Mitglied der Akademie und 1807 dortselbst Prof. für Perspektiv-

W. Turner, „Felsige Bucht", um 1830 (London, Tate-Gall.).

ehre. – Etwa ab 1800 begann T. in Öl zu malen, wobei er seine Landschaften durch biblische und mythologische Staffagen belebte. Seine Vorbilder dieser ersten Jahre waren C. →Lorrain, N. →Poussin und R. Wilson. 1807–19 gab er nach dem Muster des „Liber Veritatis" von C. Lorrain ein Stichwerk nach seinen eigenen Bildern und geordnet nach Themen heraus. Dieses Werk ließ er nach seinen Angaben von fremden Stechern in →Mezzotintotechnik arbeiten. – Die Wende in seinem Werk brachte eine Italienreise 1819. Unter dem Eindruck des Lichtes, besonders an der Küste (Venedig), trat die Bedeutung der Linie und der Form zurück hinter den Wunsch, die Wirkung des Lichtes, das die Dinge verändert, zu erfassen. Mit dem Teil des Werkes, der nun einsetzte, wurde T. zum Anreger des →Impressionismus.
Lit.: J. Rothenstein u. M. Butlin, W. T., 1964.

Tuschmalerei. Ostasiatische Maltechnik. Sie wurde bereits in der →Tang-Zeit entwickelt, jedoch sind die ältesten Belege erst aus der →Sung-Zeit erhalten. Mit schwarzer Tusche wurde die Darstellung auf Seide oder Papier aufgetragen. – Die frühe T. ist in ihren Themen ganz an Religion und Philosophie gebunden. Von China wurde die T. nach Japan übertragen und dort in der Ashikaga-Periode vor allem durch den Maler →Sesshu zu höchster Blüte gebracht.
Lit.: E. Grosse, Die Ostasiatische T., 1922; R. Göpper, Vom Wesen chinesischer Malerei, 1962.

Tuschpa. Hauptstadt des Königreiches →Urartu am Ostufer des →Van-Sees, wo →Sardur I., →Ischpuini und →Menua eine mächtige Festung auf dem beherrschenden Felsen anlegten, die kyklopische Mauern, unterirdische Kammer- und Treppenanlagen zusammen mit Tunnelsystemen uneinnehmbar machten. In unmittelbarer Nähe von T. Heiligtum in Form eines Felsentores mit Inschrift, die außer den Königsnamen die Hauptgötter nennt, an erster Stelle Chaldi.
Lit.: W. I. Awdijew, GAO, 361ff.; A. Goetze, HDA III, 1, 3; HDA III, 3, 173ff.; R. Ghirshman, Iran I, 296.

Tuschratta. König von →Mitanni, Sohn →Schuttarnas II., frühes 14. Jh. v. Chr., mächtiger Gegner des →Schuppiluliuma und durch Heiratspolitik Verbündeter der Pharaonen →Amenophis III. und IV., wie zahlreiche →Amarna-Briefe bezeugen. Erneute Entsendung der →Ischtar-Statue von →Ninive an Amenophis III.
Lit.: H. Schmökel, GAV, 128f., 155ff., 163f., 177, 188, 221.

Tuskanische Ordnung (toskanische). Antike →Säulenordnung, die in ihrem Aufbau der dorischen Ordnung entspricht, jedoch mit dem Unterschied, daß sich die T. auf einer Säulenbasis erhebt. Sie wurde wohl in der etruskischen Baukunst entwickelt und findet sich wieder in der röm. Architektur.

Tutchalija. Könige der →Hethiter. Der Name ist mit dem Aufstieg eines neuen Herrschergeschlechtes in Chattuscha (→Boghazköi) um 1450 v. Chr. verbunden (T. II.), wodurch die Entwicklung zum Großreich der Hethiter eingeleitet wird. Der Sohn T.s II. ist →Chattuschil II., unter dessen Nachfolger, T. III., der neubegründete Staat in schwere Abwehrkämpfe verwickelt wird. Grabstein mit Hieroglyphenschrift in →Boghazköi (?). T. IV., Sohn und Nachfolger →Chattuschils III. (ca. 1250–1220), Vater Arnuwandas III. Letzte Blüte des Großreiches. Beziehungen zu Merneptah. Abwehrkämpfe gegen Westkleinasien. Heiligtum von →Yasilikaja, dessen Götterreliefs sich wohl zu den religiösen Reformen T.s fügen. Kultrelief in →Alalach.
Lit.: H. Schmökel, GAV, 126f., 137f.; E. Akurgal, HK, 39ff.

Tut-ench-amun. Schwiegersohn und Nachfolger →Amenophis IV., ursprünglich Tutechnaton, nach Verlassen von →Amarna und Rückkehr nach →Theben Namensänderung in T.. die die Aufgabe der →Aton-Verehrung und ein neues Bekenntnis zu →Amun offenbart. Ein gleiches zeigt sich in der Namensänderung seiner Frau Amches-en-Amun. Nach dem frühen Tode des T., der politisch eine Figur im Spiel stärkerer Mächte war (→Haremhab), wurde der „Gottesvater" →Aja

Basaltstatue Tut-ench-amuns (Kairo, Mus.).

Nachfolger. Er sorgte für die Bestattung des T., dem das unversehrt gefundene Notgrab in →Theben-West Ruhm gebracht hat. Die reiche Ausstattung bietet ein unmittelbares Bild vom Luxus höfischen Lebens, vom anspruchsvollen Totenritual und dem ungeheueren Aufwand an kostbaren Arbeiten ägypt. Kunsthandwerks, so daß wir uns eine ungefähre Vorstellung von der einstigen Pracht in den Grabanlagen der großen Pharaonen machen können. Künstlerisch bedeutsam sind die drei ineinandergeschachtelten Särge mit dem Bildniskopf des Königs, die faszinierende Goldmaske über dem Kopf der Mumie, die Reliefbilder und Einlagearbeiten mit dem

Tympanon vom mittleren W-Portal des Straßburger Münsters: Abendmahl.

königlichen Paar, Jagd- und ->Streitwagen-Szenen von einzigartiger Farbigkeit. Unverkennbar wirkt der empfindsame Stil von ->Amarna nach, vor allem in der Darstellung des Königspaares. Ein Teil der Arbeiten ist nach Ausweis des ->Aton-Motivs und der älteren Namensform von T. noch während des Aufenthaltes des T. in Amarna geschaffen worden. (Siehe Farbtafel 3).
Lit.: W. Wolf, KÄ, 743; E. Brunner-Traut, Ägypten, 466f.; C. Desroches-Noblecourt, T., 1964.

Tuti-name. „Das Papageienbuch", eine Sammlung indischer Geschichten meist erotischen Inhalts, die besonders in einer Ausgabe der Mogulzeit 1580–85 prachtvoll illustriert wurden.
Lit.: Barrett, Painting, 85.

Tutub. Wahrscheinlicher Name der in ->Chafadschi entdeckten Tempelstadt.

Tylissos. Von frühminoischer bis in griech. Zeit besiedelter vornehmer Villenort, 12 km von Hieraklion (Kreta) entfernt. Drei minoische Bauperioden lassen sich deutlich erkennen. Die ältesten Funde gehören dem Frühminoischen an, vom Ende der mittelminoischen Zeit stammen die wichtigsten Reste. Drei große palastähnliche Komplexe mit zweigeschossigen Wohnbereichen, umgeben von Korridoren und Magazinen. Weitere Funde reichen bis zum Eindringen der Dorer in Kreta.

Tympanon. 1) Ursprünglich Bezeichnung für einen griech. Tamburin. Später wurde der Begriff auf die Rückwand eines Giebels übertragen. – **2)** Bogenfeld eines ->Portals, also die Fläche zwischen dem Türsturz und dem darüber schwingenden Halbbogen. Hier entfaltete sich mit Vorliebe die christliche Kunst.

Typologie. Man spricht von T., wenn geschichtliche Fakten des Alten Testaments (Personen, Handlungen, Ereignisse, Einrichtungen) als von Gott gesetzte, vorbildliche Darstellungen (Typen) kommender und vollkommenerer Fakten des Neuen Testaments (Antitypen) aufgefaßt werden. Es ist eine Deutungsweise, die das Neue durch das Alte Testament erklärt, die heilsgeschichtliche Stellung des letzteren jedoch vom Neuen Testament, vom Wirken Christi her bestimmt, somit die Einheit der Offenbarung in beiden betonend (concordia veteris et novi testamenti). Typus und Antitypus werden in heilsgeschichtlicher Steigerung gesehen. Das Neue Testament ist die Vollendung und der Ausgangspunkt der Deutung. Die Anfänge der T. liegen in den Schriften des Neuen Testaments selbst. Seine höchste Vollendung in frühchristl. Zeit findet das typologische Denken bei Augustinus. Die bedeutendsten literarischen Beiträge des Hochmittelalters, deren Entstehen bezeichnenderweise mit der ersten Blüte der Scholastik zusammenfällt, sind die Schriften von Hugo von St. Viktor, Suger von St. Denis, Rupert von Deutz, Honorius Augustodumensis u.a. Letzterer führt erstmals Motive des ->Physiologus, des berühmtesten Tierbuchs des Mittelalters, in die T. ein. Schon in der frühchristl. Kunst findet sich die Zusammenstellung alt- und neutestamentlicher Szenen. Aus der Zuspitzung jenes „concordia"-Gedankens entwickelte sich der eigentliche typologische Bilderkreis, z. B. Gegenüberstellungen von: 12 Apostel – 12 Propheten; Kreuzigung Christi – eherne Schlange, Isaakopfer; Christus in der Vorhölle – Jonas im Bauch des Walfischs u.a. Er konnte erheblichen Umfang annehmen. Die Zuordnungen wurden häufig variiert und konnten von recht äußerlichen Übereinstimmungen ausgehen. Beliebt war die Rahmung eines neutestamentlichen Geschehens (sub gratia) durch zwei Szenen des Alten Testaments, eine „ante legem", die zweite möglichst „sub lege" (nach Errichtung der Gesetzestafeln durch Moses). Das berühmteste Beispiel hierfür ist der Klosterneuburger Altar des ->Nikolaus von Verdun. Ausgedehnte typologische Zyklen finden sich in frühchristl. Zeit nicht, im Frühmittelalter selten. Eins der ersten Beispiele ist wohl der byzant. Chludoff-Psalter (2. Hälfte 9. Jh.). Häufiger kommen sie erst seit der 2. Hälfte des 12. Jhs. vor, und zwar besonders in Lothringen und im Maasgebiet (Godefroid de Claire; ->Nikolaus von Verdun), sowie in Nordfrankreich (Glasfenster in Chartres, Bourges, Le Mans u.a.). Sie entwickelten sich vor allem in der Kleinkunst (Tragaltäre, Email), in der Glas- und Buchmalerei (späte Beispiele: ->Armenbibel, ->Heilsspiegel). Für die Wiedergabe im Bereich der Großplastik eigneten sich die komplizierten Darstellungsinhalte wenig (vereinzelte Beispiele u.a. in Reims; Straßburg-Nordturm, 14. Jh.). In der italien. Kunst findet sich der typologische Bilderkreis selten. Mit dem Ende des Mittelalters verliert er sich auch in der Kunst des Nordens.
Lit.: W. Molsdorf, Christliche Symbolik der mittelalterl. Kunst, 1926; L. Goppelt, Typos. Die typologische Deutung des Alten Testaments im Neuen, 1939; P. Fairbain, The Typology of Scripture, 1952.

Tyrannenmörder. Bereits in der Antike berühmte Gruppe der beiden athenischen Helden Harmodios und Aristogeiton, die die Stadt ->Athen 514 v. Chr. von den Peisistratiden befreiten. Ihnen zu Ehren wurde auf der ->Agora eine bronzene Statuengruppe errichtet,

die →Antenor geschaffen hatte. In den Perserkriegen raubte Xerxes 480 v. Chr. diese Standbilder. Nach Beendigung des Krieges schufen →Kritios und Nesiotes eine neue Gruppe der T., die in röm. Kopien erhalten ist (Neapel, Mus. Naz.). Sie zeigt beide mit ausgestrecktem Arm auf den nicht dargestellten Gegner eindringend.

Tyrrhener. Nach →Tyrrhenos benannte lydische Auswanderer, deren Landnahme in Italien von Herodot mit den Anfängen der etruskischen Kultur verbunden wird. Hesiod nennt die Tyrrhener im Zusammenhang mit den von Kirke geborenen Odysseussöhnen Agrios, Latinos und Telegonos (Theogonie 1011ff.). T. begegnen in der griech. Überlieferung als Seeräuber im östlichen Mittelmeer, wo auf Lemnos eine Stele mit etruskischer Inschrift bezeugt ist. Mit den T.n werden die von →Ramses III. zusammen mit den →Philistern und anderen Seevölkern abgewehrten Turscha gleichgesetzt, doch ist diese Verbindung nicht gesichert. Dionys von Halikarnassos bestritt zur Zeit des Augustus die östliche Herkunft der Etrusker (I 26), die er als alteinheimische Bevölkerung betrachtete, da ihre Sitten und Gebräuche keinem anderen Volke ähnlich seien. Dieser Auffassung widerspricht der Befund, daß wir die etruskische Kultur nicht aus der italischen Vorgeschichte des 3./2. Jahrtausends v. Chr. ableiten können und mit einer Zuwanderung von neuen Kräften im Zusammenhang mit der Großen Wanderung seit dem 12. Jh. v. Chr. rechnen müssen, wobei das Mitwirken einer östlichen Komponente wahrscheinlich ist.
Lit.: O. W. v. Vacano, E I, 83ff.; E II, 33ff.

Tyrrhenische Vasen. Unter dieser Bezeichnung wird eine umfangreiche Gruppe von Vasen zusammengefaßt, deren Herkunft nicht gesichert ist, die jedoch einen einheitlichen Stil zeigen. Der Bildschmuck dieser Vasen, bei denen es sich fast ausschließlich um Amphoren handelt, lehnt sich formal und thematisch stark an die Malweise des →Kleitias an. Bedingt durch den rasch aufblühenden Exportbedarf um die Mitte des 6. Jhs. v. Chr., sind wahrscheinlich diese Vasen als Imitationen für italische Besteller hergestellt worden. Ihre Hauptfundorte sind →Vulci und →Tarquinia. Den Namen erhielt diese Gruppe aus der alten, wahrscheinlich irrigen Annahme, es handele sich um italische Ware.
Lit.: J. D. Beazley, ABV, 94ff., 1956.

Tyrrhenos (Tyrsenos). Griechischer Name des aus Lydien stammenden Führers der →Tyrrhener, die nach Herodot I, 94 infolge einer Hungersnot zur Auswanderung nach Italien gezwungen wurden und dort den Kern der etruskischen Entwicklung bildeten.
Lit.: O. W. v. Vacano, E II, 33ff.

Tyrus. Kanaanäische Küstenstadt südlich von →Sidon, blühte bereits zur Zeit von →Ugarit im 14. Jh., wie der Bericht des Königs Abimilki von T. an den Pharao bezeugt. Tributpflicht gegenüber →Assur unter →Tiglatpileser I. Darstellung der Inselstadt auf dem Bronzetor →Salmanassars III. in →Balawat. Die Bedeutung von T. als Zentrum der →phönizischen Kunst ergibt sich aus der biblischen Überlieferung vom Tempel- und Palastbau →Salomons, der den schon von David zum Bau eines Königshauses herangezogenen kunstsinnigen König →Chiram von T. beauftragte. Gründung von →Karthago. Hauptkultstätte war der Tempel des Stadtgottes Melqart, den die Griechen mit Herakles identifizierten.
Aus frühchristl. Zeit stammt die Basilika des Paulinus in T., vielleicht schon 314 erbaut. Zerstört. Eusebius, (Schriftsteller zur Zeit Konstantins) gibt die Weiherede des Bischofs Paulinus wieder, woraus man manches für den Bau entnehmen kann. Es war eine Basilika mit prächtiger Inneneinrichtung wie Holzschnitzereien, hatte Atrium mit →Kantharus und Propyläen. Die Altarschranken waren aus Holz. Viele Anbauten. Eine Mauer (Peribolos) umgab die ganze Anlage. Ein vollständiges Mosaikpavimentum aus der zerstörten Kirche Kabr Hisam in T. befindet sich im Louvre.
Lit.: H. Schmökel, GAV, 338; A. Parrot, Assur, 112, 255; W. Sas-Zaloziecky, Altchristl. Kunst, UKG VII, 29, 1963.

Tzibanché. Mayastadt in der mittleren Ostküstenregion von Yukatán (→Rio Bec-Region). Ähnlich →Tikal hat sich ein geschnitzter Sapodillatürsturz erhalten, der 8 Hieroglyphen, aber keine Figurendarstellung zeigt (Tempel VII, 618). Das letzte sicher datierte Mayadatum (909) findet sich auf einem Jadeanhänger aus der Stadt.

Tzintzuntzan. Hauptstadt der Tarasken, der Träger des „Königreiches →Michuacan", einer der zivilisiertesten Staaten des alten Mesoamerika, am See Patzcuaro gelegen, heute Morelia.

U

Uaxactun. Wichtiges Mayazentrum im Peten, Guatemala. Hier wurden die meisten der frühen Stelen errichtet (älteste 328). Durch intensive archäologische Studien der Carnegie Institution (1926–37) genau be- legte Keramikfolge, die als chronologischer Fixpunkt für den gesamten Mayabereich dient. Die durch die Ausgrabungen gewonnenen Erkenntnisse erlauben, den Keramikphasen bestimmte Architekturtypen zuzuordnen. Tempel E-VII mit den 3 gegenüberliegenden Tempeln E-I – III bilden ein Sonnenobservatorium zur Festlegung der Jahreszeiten. Stukkomasken des Tempels E-VIIsub (von Tempel E-VII überbaut) zeigen Schlangen- und Reptilköpfe in starker Stilisierung und deutlicher Beziehung zum olmekischen Stil. Unter dem Gebäude A-I gefundene, meist polychrom bemalte Se-Gefäße gehören durch Linienschwung und Komposition zu den besten des Mayagebietes.
Lit.: O. G. Ricketson, Jr., The Culture of the Maya. I. Excavations at U., 1933.

Uccello, Paolo. Italien. Maler. Geb. 1397 in Florenz, gest. 1475 ebda. Außer in Florenz war U. 1425–30 in Venedig, 1445 in Padua und 1465–68 in Urbino tätig. In seinen Lehrjahren war er Gehilfe →Ghibertis an der zweiten Baptisteriumstür in →Florenz. – U. ist eine der bemerkenswertesten Gestalten der italien. Frührenaissance durch das leidenschaftliche Bemühen, die neuen Probleme der Malerei aufzugreifen und zu lösen. Dabei ging er aus von →Gentile da Fabriano und von →Pisanello. In seinem Werk versuchte er sodann die Perspektivlehre zu verfolgen, er zeichnete die Pflanzen in ihrer natürlichen Form und gab vor →Donatello dem Gedanken des Condottiere-Reiterdenkmals Raum. Dabei ist das erhaltene malerische Werk nur klein. Hauptwerke sind drei Schlachtenbilder für den Pal. Medici (wohl Schlacht von S. Romano, heute in Florenz, Uffizien; London, Nat.-Gal. und Paris, Louvre); ferner das Reiterbild des John Hawkwood (Fresko im Dom zu Florenz von 1436) und Fresken im Kreuzgang von S. Maria Novella.
Lit.: W. Boeck, P. U., 1939; J. Pope-Hennessy, P. U., 1950.

Uchhotep. Gaufürst, Sohn des →Senbi, zur Zeit →Sesostris I. – Grabanlage bei Mer mit bedeutsamen Wandbildern der ägypt. Kunst des Mittleren Reiches.
Lit.: W. Wolf, KÄ, 378ff.

Udaipur. Hauptstadt der Kunstlandschaft und des Sitzes von Malerschulen →Mewar seit 1568. An einem Steilufer über einem Teich und auf künstlichen Inseln wurden durch Radschputenfürsten zahlreiche Paläste erbaut und prachtvoll, z. T. mit Wandmalereien ausgeschmückt. Durch den Kunstsinn der Bauherren und Baumeister wurden Schöpfungen verschiedener Jahrhunderte in einem einheitlichen Stil entworfen; in die See- und Berglandschaft fügen sich harmonisch ein z. B. die Torbauten Bari Pol 1600 und Tripulia 1725; die Schloßanlagen Rai Angan 1571, Bari Mahall 1699–1711, Tschini ki Tschitra Mahall 1725–34; der Gul Mahall auf der Insel Dschagmandir 1640 und die Bauten auf der Insel Dschagnivas 1740.
Lit.: Reuther, Paläste; Coomaraswamy, Geschichte.

P. Uccello, Die Schlacht bei S. Romano, 1456? (Florenz, Uffizien).

Udayagiri-Khandagiri →Bhuvaneschvara.

Udayapur. Siedlung im indischen Staat Gwalior. Am hinduistischen Udayeschvara-Nilakantheschvara-Tempel des 11. Jhs. verbinden sich mittelalterl. Turmbautechnik und anschauliche Wiedergabe komplizierter ikonographischer Themen zu einem der bedeutendsten Kunstwerke des westlichen Indiens.
Lit.: Fischer, Schöpfungen, 213.

Udegram →Mingora.

Udschdschain. Indische Stadt, aus den antiken Schriftstellern als Handelsmittelpunkt Ozene bekannt, einer der 7 heiligen Orte der Hindus. Im Gange befindliche Ausgrabungen legen eine mauerbefestigte Siedlung am Ufer des Sipra-Flusses frei. Mittelalterl. Hindutempel werden noch immer benutzt. Nicht nur von kunstgeschichtlichem, sondern auch von naturwissenschaftlichem Interesse ist das Observatorium, welches Maharadscha Dschai Singh II. 1728–34 errichten ließ.
Lit.: Ind. Arch., 1956/57f.

Überfangglas (plattiertes Glas). Auf farblosem Glas wird eine Schicht oder werden mehrere Schichten Farbglas aufgetragen, indem die bereits geformte farblose Glasblase in flüssiges Farbglas getaucht wird. Hierauf erfolgt die endgültige Formung. Durch das Aufblasen bleibt die Farbschicht dünn, d. h. die Farbe hell. Beim Schleifen oder Ätzen eines solchen Glases erhält man eine farblose Musterung auf farbigem Grund.

Übergangsstil. Bezeichnung der letzten Phase der staufischen Baukunst in der ersten Hälfte des 13. Jhs. (→Stauf. Kunst), der deutschen Spätromanik. Angewendet vor allem auf die rhein. Baukunst, die das System got. Bauten der Ile-de-France übernimmt, es jedoch in einem typisch spätstaufischen Sinn umsetzt.

Überkragungsgewölbe. Im Unterschied zum echten Bogen, wo sich beim Rundbogen mit keilförmigen Gewölbesteinen der Druck auf den Schlußstein konzentriert und beim Spitzbogen der Druck in die Vertikale überträgt, wird beim Kragsteinbogen oder „falschem Bogen" die obere Steinlage über die untere vorgekragt, bis als Abschluß eine einzige Steinplatte oder zwei gegeneinander gelehnte Steinplatten die verbleibende Lücke schließen, wobei auch Firstbalken als Stütze Verwendung finden können.

Überlingen (Bodensee). Die Stadtpfarrkirche St. Nikolaus wurde 1421 an Stelle einer kleinen Basilika als dreischiffige Halle erbaut, durch Unterteilung der Seitenschiffe aber in eine fünfschiffige umgewandelt. Anfang des 16. Jhs. entschloß man sich zur basilikalen Form und erhöhte das Mittelschiff. Der Bau war 1563 beendet, die Netzrippengewölbe geschlossen. Die reiche Ausstattung des 17. Jhs.: Der Hochaltar, 1613–16 von Jörg Zürn, wirkt trotz aller seiner, der Formensprache der Renaissance entnommenen Elemente in Türmung, Aufbau und durchbrochener Rückwand wie ein got. Flügelaltar. Die Fülle der holzgeschnitzten, ungefaßten Figuren erinnert an volkstümliche Krippenkunst.
Lit.: Semler, Ü., 1949; Lauterwasser, Ü., 1952; Reclams Kunstführer, Deutschland, Bd. II, 1960.

Uffizien (Galeria degli Uffizi). Im Auftrag von Cosimo Medici durch →Vasari 1560–74 in Florenz eingerichtete Kunstsammlung, die 1737 in den Besitz des toscanischen Staates überging. Neben Werken der älteren Malerei befinden sich in den U. große Sammlungen italien., vor allem florentinischer und venezianischer Malerei des 15. und 16. Jhs.

Udaipur. Insel, See und Schloß.

Ugarit. Bedeutendste Küstenstadt Nordsyriens im 2. Jahrtausend v. Chr., die aus älterer Besiedlung erwachsen ist. Die Lage gegenüber der Kupferinsel Zypern begünstigte die reiche Entwicklung von U., das Beziehungen zum Zweistromland wie zum kretisch-mykenischen Bereich unterhielt. Besonders eng waren die Verbindungen mit Ägypten seit der 12. Dyn. Siegel →Sesostris' I., Basaltstatue der Gemahlin →Sesostris' II., →Sphinx →Amenemhets III. Nach Eindringen der →Churriter Wiedereroberung durch →Amenophis II. Hochblüte

unter →Thutmosis IV. und →Amenophis III. Hervorragende Stellung des Königs Niqmad von U., der auch von →Schuppiluliuma geschätzt wurde. Von dem reichen Kunsthandwerk zeugen Elfenbeinreliefs, die den Einfluß des frühen →Amarna-Stils zeigen, Goldschalen mit Relieffriesen, unter denen vor allem die Darstellung einer Streitwagenjagd auf Wildstiere bemerkenswert ist. Zahlreiche Bronzestatuetten mit Gold- und Silberbelag lassen an die biblische Überlieferung der →Teraphim denken. Der Kult des Künstlergottes →Koschar wird durch kanaanäische Texte bezeugt. Die Existenz einer mykenischen Faktorei ergibt sich aus der Keramik und einem Elfenbeinrelief der Herrin der Tiere in kretischer Tracht. In U. sind alle Voraussetzungen für die Entwicklung eines Mischstils gegeben, an den die →phönizische Kunst anschließen kann. Bemerkenswert ist die Stadtplanung von U. ebenso wie die Palast-, Tempel- und Wohnhausarchitektur. Der Königspalast umfaßte einen ausgedehnten Bereich mit zwei Innenhöfen, um die sich zahlreiche Räume gruppierten – eine monumentale Erweiterung des altorientalischen Hofhaustypus.
Lit.: H. Schmökel, GAV, 222 ff., 240 ff., 339; H. Potratz, KAO, 310; E. Strommenger, Mesopotamien, 100 ff.; C. Schaeffer, Ugaritica I, (1939) ff.

Ugme. König von →Lagasch, Sohn des →Urningirsu, dessen monumentale Ziegelgruft in →Lagasch wiedergefunden wurde.
Lit.: H. Schmökel, GAV, 55; A. Parrot, Sumer, 203.

Uhde, Fritz von. Deutscher Maler, geb. 1848 in Wolkenburg, gest. 1911 in München. Seine Ausbildung an den Akademien in Dresden, Wien und München war wenig erfolgversprechend: von dem Akademiebetrieb in Dresden abgestoßen, von H. →Makart in Wien als Schüler ebenso abgewiesen wie von →Piloty und →Diez in München, fand er endlich in →Munkácsy einen Lehrer, der sich seiner annahm und 1879/80 das Atelier in Paris mit ihm teilte. Als er 1880 nach München zurückkehrte, gewann er die Freundschaft M. →Liebermanns, der ihn von der dekorativen Kompositionsweise Munkácsys befreite und ihn zum Naturalismus hinführte, durch den er auch zur Freilichtmalerei gelangte. Seinen eigentlichen Ruhm begründete U. jedoch mit seinen religiösen Bildern, wobei er hauptsächlich den christlichen Legendenschatz in genrehafter Manier ausbreitete („Lasset die Kindlein zu mir kommen", 1884, Leipzig).
Lit.: H. Rosenhagen, F. v. U., 1908.

Uhlmann, Hans. Deutscher Bildhauer. Geb. 1900 in Berlin, ansässig ebda. Nach einem Ingenieurstudium wandte er sich 1925 der Bildhauerei zu. Im Dritten Reich verfolgt, trat er erst nach 1945 an die Öffentlichkeit. Er begann mit konstruktivistischen Drahtplastiken, die er ohne Anregungen von →Gabo oder →Pevsner entwickelte. Dazu benutzte er in Verbindung mit seinen Drahtkonstruktionen ausgeschnittene oder durchlöcherte Metallblöcke. Gleichzeitig entstanden seine ersten Gestängeplastiken, die sich an Figürliches wie Insekten oder Vögel anlehnen. Nach 1954 werden seine früher weicheren Formen härter und schärfer in der Konturierung.

Uighuren. Für die Entwicklung der Malerei in der islam. Kunst sind im 9. und im 12. Jh. starke Impulse aus dem ostturkestanischen Reich der U. von Bedeutung. Bereits das Auftreten der in Ost-Turkestan beheimateten Bauweise des unterirdischen Serdab beweist die Anwesenheit der türkischen Söldnerheere mit ihren Offizieren und Familien in der abbassidischen Residenz Samarra. Gleichartig wie auf den Turfan-Fresken die türkischen Herren aus dem gleichzeitig blühenden uighurischen Königreich, erscheinen diese türkischen Militärsklaven auf farbig bemalten Bildstelen von →Samarra, und die Gestaltung der rückläufigen Wellenranke zeigt in Turfan ein Vorstadium der Entwicklung zur Arabeske im Vorderen Orient. Den gleichen Einfluß Ost-Turkestans spiegeln die Wandfresken des Samanidenpalastes von Nischapur im 9./10. Jh. Im 12. Jh. vermitteln die uighurischen Sekretäre der seltschukischen Herrscher die hochentwickelte Kunst der Buchmalerei aus den manichäischen Klöstern nach dem Iraq.

Uli-Figuren. Geschnitzte Kultfiguren der melanesischen Insel Neu-Irland, spielen eine große Rolle in Geheimbund-Riten. Es handelt sich um mythologische Gestalten oder Ahnenfiguren, die man durch Ausstattung mit Brüsten und Penis zweigeschlechtlich charakterisierte.

Ulm, Münster. Größte deutsche got. Pfarrkirche. 1377 nach dem Sieg des schwäbischen Städtebundes nach Plänen Heinrichs von Gmünd (→Parler) als Hallenkirche mit Chor in Mittelschiffbreite zwischen zwei Türmen begonnen. Nur die Choruntergeschosse wurden von ihm ausgeführt. Zwischen den Strebepfeilern des Chorpolygons anfangs flache Kapellen geplant (vielleicht Einfluß auf entsprechende Lösung an nordostdeutschen Kirchenbauten). Parlerisch ist die breite Proportionierung, die Plastizität der Bauglieder und die sprühend lebendigen Formen der Blattkapitelle. Heinrichs in →Prag (Dom) geschulter Sohn Michael Parler führte seit 1387 die Chorobergeschosse auf und verbreiterte und erhöhte das Langhaus in Form einer Staffelhalle mit drei gleichbreiten Schiffen und überhöhtem Mittelschiff. Unter Heinrich Parler d. J. Anlage eines äußeren Triforiums ohne Brüstung vor den Chorhochfenstern nach Prager Vorbild und Fertigstellung des Baus bis zum 8. Langhausjoch. Die Westvorhalle und der gewaltige Westturm von Ulrich →Ensinger begonnen, der gleichzeitig die Langhaushalle in eine dreischiffige Basilika umwandelte. Der Westturm 1399 nach dem Vorbild des gleichfalls von Ensinger geschaffenen Straßburger Münsterturms entworfen (→Straßburg) und neben diesem der bedeutendste got. Turmentwurf überhaupt. Unter Matthäus Böblinger erfuhr der Turm 1474–94 erhebliche Änderungen, wurde auch nach dessen Riß im 19. Jh. bis zur Höhe von 161 m aufgeführt. Unter Burkhard Engelberg bis 1507 Umwandlung in eine fünfschiffige Basilika durch Unterteilung der Seitenschiffe. Dann Baueinstellung. Vollendung erst 1845–90. Die reiche Bauplastik, die bis auf das ältere, nordwestliche Marienportal und den jüngeren Vorhallen- und Archivoltenschmuck von den Parlern stammt, nimmt innerhalb

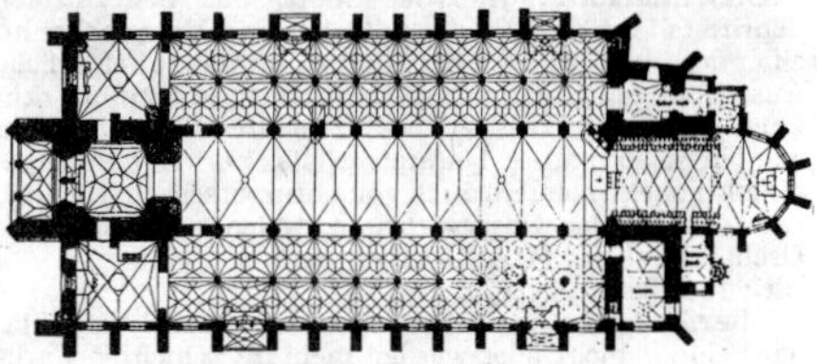

Ulm, Münster, Grundriß.

der Entwicklung der deutschen Plastik des späten 14. Jhs. eine wichtige Stellung ein. Das ursprünglich als Hauptportal geplante südwestliche Marienportal wurde nach Vergrößerung des Baus durch das jetzige Genesisportal ersetzt (zwei maßstäblich verschiedene Reliefplattengruppen). Charakteristisch ist die freie Entfaltung des Figürlichen vor dem Grund.
Lit.: A. Hermann, Das Ulmer Münster, 1950; I. F. Schultze, „Beiträge zur Baugeschichte und zu den wichtigsten Skulpturen der Parlerzeit am Ulmer Münster", Ulm und Oberschwaben, 1955; A. Conradt, Ulrich von Ensingen als Ulmer Münsterbaumeister, Diss. Freiburg/Br. 1959; K. Friedrich, „Die Risse zum Hauptturm des Ulmer Münsters", Ulm und Oberschwaben, 19 ff., 1962.

Umbildung →Kopie.

Um-el Aqarib. Ruine in der Nähe von →Lagasch, deren alter Name unbekannt ist. Fundort eines charakteristischen Männerkopfes der →sumerischen Kunst vor der →Akkadzeit.
Lit.: A. Parrot, Sumer, 114, 391.

Umlaufstil. Bei vorgeschichtlicher Keramik vor allem der →Jüngeren Steinzeit (→Bandkeramik): Spirale, Mäander, Winkelbänder umziehen als meist eingeritzte Verzierung den Gefäßkörper, ohne allzu große Rücksicht auf seine Struktur zu nehmen. →Rahmenstil.

Umma. Sumerische Stadt am Iturungalkanal nordöstlich der Rivalenstadt →Lagasch-Girsu. Ruinenstätte Dschocha. Besiedlung seit frühsumerischer Zeit. Hauptkultort der Göttin →Nisaba, von deren Heiligtum plankonvexe Ziegel (→Riemchen) zeugen. Grenzstreitigkeiten zwischen U. und Lagasch schlichtete →Mesalim von Kisch. Sie bilden das Thema der Triumphstele (→Geierstele) des →Eannatum von Lagasch.
Lit.: H. Schmökel, GAV, 7, 17, 24f., 27, 38, 61; V. Christian, AKZ, 59f.

Ungarische Kunst. Während der Zeit der Landnahme zwischen 896 und 997 entstand vor allem orientalisch beeinflußtes Kunsthandwerk einer Nomadenkultur (z. B. Taschenbleche mit sasanidischem Palmettendekor.) Im 11. Jh. schließt sich Ungarn an die mittelalterl. westeuropäischen Kunstentwicklungen an, tradiert jedoch auch weiterhin orientalische Elemente. Um 1000 findet die Christianisierung statt, die den Anfang monumentaler Steinarchitektur mit sich bringt. Anregungen aus Italien und Deutschland bilden die Grundlage für die weitere Entwicklung. In der got. Baukunst wird der in Deutschland entwickelte Typ der →Hallenkirche bevorzugt. Jedoch wird die schwere Massigkeit früherer Architekturen nicht aufgegeben. Am Ende des 12. Jhs. starker Einfluß der →Zisterzienserbaukunst. Besondere Formen entstehen bei Wehrbauten in Siebenbürgen im 15. Jh., jedoch gehörte dieser Landstrich damals noch nicht zu Ungarn. – Eine hohe Blüte erlebte die U. in der Renaissance. Mit M. Corvinus wurde die Residenz zu Ofen in der 2. Hälfte des 15. Jhs. zu einem Zentrum italien. Frührenaissancebaukunst. Später kamen zahlreiche italien. Maler und Bildhauer nach Ungarn und arbeiteten im Dienste der Könige. – Mit der im 2. Viertel des 16. Jhs. einsetzenden 150jährigen Türkenherrschaft wurden die hervorragendsten Werke vernichtet, während gleichzeitig die künstlerische Tätigkeit weitgehend einem Stillstand anheimfiel. Ausnahmen bildeten die Gebiete Siebenbürgens und Oberungarns, wo prachtvolle Schlösser in einem deutsch-italien. Mischstil mit sgraffito-geschmückten Fassaden und Arkaden-Innenhöfen entstehen. – Unter dem Einfluß der Wiener Hofkunst erlebte die U. einen neuen Aufschwung im 18. Jh. Bedeutende Baumeister, darunter L. v. →Hildebrandt, arbeiteten für die ungarischen Fürsten (Schloß Esterhazy). – Entsprechend den westeuropäischen Kunstentwicklungen fand auch hier der Klassizismus eine rasche und weite Verbreitung. Erst mit dem späteren 19. Jh. traten national eigenständigere Elemente in Erscheinung. Dies gilt besonders für die Malerei, die bis dahin – wie auch die Bildhauerkunst – fast ausschließlich ausländische Meister beschäftigt hatte. Mit →Munkáczy tritt in der bildenden Kunst erstmals ein ungarischer Maler von europäischem Rang auf den Plan. Er wie seine Nachfolger orientierten sich hauptsächlich an der farbenprächtigen ungarischen Volkskunst, die stets ihre Eigenständigkeit bewahrt hatte.
Lit.: A. Hekler, Ungarische Kunstgeschichte, 1937; E. Magyar, Ungarische Architektur bis zum Ende des 19. Jhs., 1954.

Unkei. Japanischer Bildhauer. Geb. um 1153, gest. um 1224. Als Sohn und Schüler des →Kokei entwickelte er sich zu einem der bedeutendsten Plastiker Japans. Er arbeitete in Kyoto, Nara und Kamakura. Von seinen wenigen, eigenhändigen, erhaltenen Werken befinden sich die wichtigsten in Nara. Gemeinsam mit seinem Sohn →Tankei, der die Tradition des Vaters fortsetzte, schuf er die dortigen Figuren der Tempelwächter am Südportal des Todaiji-Tempels (1203). Eine große Gruppenplastik (Hokuendogruppe in Kofukuji) entstand um 1210. Die zu dieser Gruppe gehörenden zwei Stifterfiguren zählen zu den bedeutendsten Werken japanischer Plastik überhaupt.
Lit.: Thieme-Becker.

Unold, Max. Deutscher Maler und Graphiker, geb. 1885, Memmingen, gest. 1964, München. Studierte in München bei M. Heymann und an der Akademie. Von hier wurde seine Malweise durch die Tradition von →Leibl und →Trübner beeinflußt. Reisen in die Provence (1912 und 1913) zeitigten Einflüsse →Cézannes; von dort gelangte er schließlich über eine tonige Flächenmalerei zu einer den Umriß betonenden Form der Neuen Sachlichkeit. Als Graphiker war er durch den altdeutschen Holzschnitt beeinflußt; hier schuf er eine Reihe Buchillustrationen: „Judenbuche" von Droste-Hülshoff, „Simplizius Simplizissimus" von Grimmelshausen.
Lit.: Thieme-Becker; H. Vollmer; Künstlerlex. d. 20. Jhs.

Untaschgal. König von Elam (Mitte 13. Jh. v. Chr.), Gemahl →Napirasus, Gründer von →Dur Untaschi und Erbauer der dortigen →Zikkurat. In →Susa gefunden wurden die Bruchstücke einer von Schlangen gerahmten, durch Flechtbandstreifen unterteilten Reliefstele des U. (sogen. Schlangenstele mit Einführungsritual des Königs und seiner Familie, unterstützt von Wassergöttinnen und Stiermenschen am Dattelbaum).
Lit.: A. Parrot, Sumer, 391; R. Ghirshman, Iran I, 283; H. H. von der Osten, WP, 32; E. Strommenger-M. Hirmer, Mesopotamien, 99; W. Hinz, Das Reich Elam, 1964.

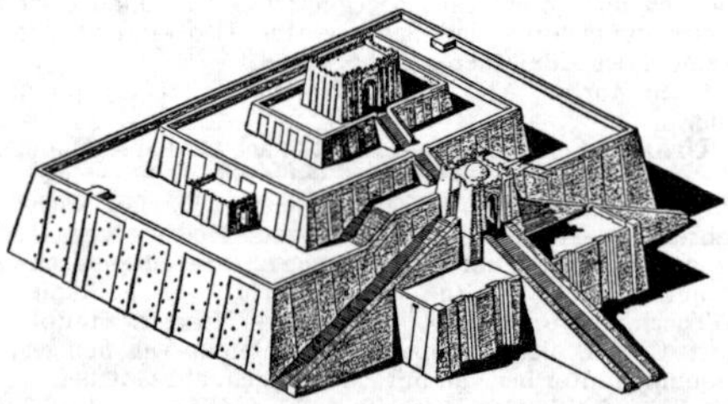

Ur, Zikkurrat des Nanna-Heiligtums, Rekonstruktion.

Unterglasurmalerei →Porzellan.

Untermalung. Die erste, unterste auf die →Grundierung eines Tempera- oder Ölgemäldes aufgetragene Farbschicht. Sie dient dazu, Rißbildungen zu verhindern, die Komposition im großen festzulegen, vor allem jedoch dazu, dem Bild einen Farbton zu unterlegen, der die farbige Erscheinung der oberen Malschichten entscheidend mitbestimmt.

Unterwisternitz (→Dólni Věstonice). Bei Pollau, Südmähren, große Mammutjägerstation mit Funden paläolithischer Kleinkunst (jüngstes →Aurignacien und ältestes →Solutréen). Zu nennen sind u.a. ein kleines Mammut (Sandstein, Länge 2,6, Höhe 2,1 cm), das älteste Menschenköpfchen mit Gesichtsdetails aus Elfenbein (Höhe 4,5 cm) sowie sechs nackte, vollschlanke Frauenstatuetten aus gebranntem Knochenmehl und Löß, feuergehärtet, und eine Männerstatuette. Außerdem sind zahlreiche Tierplastiken (oft nur Köpfe) gefunden worden: Bär, Löwe, Pferd, Mammut, Nashorn, Eule, Rentier. Es kommen auch ornamentierte Schmuckplättchen aus Elfenbein vor.
Lit.: Bandi/Maringer, Kunst der Eiszeit, 1955.

Uqair. Ruinenstätte nordöstlich von →Babylon auf dem rechten Tigrisufer, deren alter Name noch nicht bekannt ist. →Obeid-Keramik mit sonst seltenen Naturmotiven. Eine Hochterrasse mit Tempel, dessen Wände Reste von Malereien (Kultprozession, Tierfiguren) zeigen, hat ihre Entsprechung in →Eridu Schicht VII und →Uruk.
Lit.: A. Parrot, Sumer, 391.

Ur. Sumerische Stadt nördlich von →Eridu (Ruinenstätte →Tell Muqajjar). Aus der Vorzeit stammen Gräber mit Idolen stillender Frauen und männlicher Figuren (→Obeid-Zeit). Bedeutsam wegen ihrer reichen Beigaben sind die sogen. Königsgräber mit Gefolgschaftsbestattungen im ausgedehnten Friedhof des 26./25. Jhs. v. Chr. →Meskalamdug, Puabi. Die Funde, darunter die „Standarte" von U. mit Darstellungen von Kampfszenen (→Streitwagen mit →Onager-Gespannen) und Siegesfest, die ebenfalls mit farbigen Einlagebildern und plastischem Schmuck versehenen Musikinstrumente, goldene Gefäße, Schmuck und Waffenverzierung, vermitteln ein eindrucksvolles Bild vom sumerischen

Kunsthandwerk, das auch die Technik der Granulation und des Goldfiligran beherrschte. Zeit der 1. Dyn. von U., vertreten durch →Mesanepadda, →Aanepadda. Hauptkultort des →Nanna und seiner Gemahlin →Ningal. Die →Zikkurat des Mondgottes erhielt durch →Urnammu einen wetterfesten Backsteinmantel und die klassische Form, die lange nachwirkte. Hofhaustempel der Ningal mit Knickachscellen. Monumentale Grabanlagen des →Schulgi und →Amarsuena. Beispielhaft für den sumerischen Städtebau sind die Wohnviertel der U. III-Zeit mit ihren Straßenzügen. (Siehe Farbtafel 5 u. 6).
Lit.: H. Schmökel, 339; H. Potratz, 438; V. Christian, AKZ, 100ff.; E. Strommenger, Mesopotamien, 100ff.; A. Parrot, Sumer, 100ff.

Uraeus. Griech. Form der ägypt. Bezeichnung für die kampfbereite Stirnschlange (Kobra-Art), die in der →ägypt. Kunst als Kopfschmuck des Pharao, als Götterzeichen, als Abwehrsymbol an Tempeln und im Bereich des Totenkultes begegnet. Die U.-Schlange ist Erscheinungsform der Schutzgöttin Uto und damit Symbol der Königsherrschaft.
Lit.: S. Morenz, ÄR, 245; E. Brunner-Traut, Ägypten, 102.

Urartu. Seit →Salmanassar I. nachweisbarer Name für den Bereich um →Van-See, →Urmia- und Sewansee im Norden Assyriens. Die Bewohner von U. sind Nachfahren der →Churriter. Blütezeit des Reiches von U. vom 9. bis 7. Jh. unter den Königen →Sardur, →Ischpuini, Menua, →Rusa. Hauptorte →Toprakkale, →Tuschpa, Teschebaini, →Irpuni, →Musasir. Hauptgott Chaldi, dem Ischpuini und Menua ein heiliges Monumentaltor bei Van mit einer langen, alle Gottheiten von U. aufzählenden Inschrift weihten. Wichtig ist, daß im Pantheon von U. der Name des Wettergottes →Teschup in wenig veränderter Form wiederkehrt. Vom Reichtum von U. zeugt neben der Darstellung der Kriegszüge →Salmanassars III. auf dem Tor von →Balawat die Beuteliste →Sargons II. Zusammenbruch des Reiches von U. unter der Herrschaft der →Meder. →Altorientalische Kunst.
Lit.: W. I. Awdijew, GAO, 361ff.; E. Akurgal, KA, 23ff.; R. Ghirshman, Iran I, 295ff., 444f.

Urbino. Die Geburtsstätte →Raffaels war seit dem 13. Jh. im Besitz der Montefeltre; der Hof Federigos (1444–82) galt als einer der glanzvollsten seiner Zeit. Der Palazzo Ducale wurde seit 1466 durch Luciano da Laurana erbaut. Ab 1540 wurden zwar Veränderungen vorgenommen, die aber dem im Sinne der Hochrenaissance aufgeführten Bau nicht viel von seiner Ursprünglichkeit nahmen. Das Gebäude ist unregelmäßig, die Hauptfassade im W öffnet sich in dreifacher Loggia zwischen 2 Türmen; der innere Hof gilt als einer der schönsten Arkadenhöfe der Renaissance. Er hat sich die anmutige Beschwingtheit florentinischer Arkaden bewahrt. An den stärker betonten Ecken des Hofraumes werden, anders als in Florenz, die zarten Säulen durch kräftige Pfeiler mit vorgeblendeten Pilastern ersetzt. (Siehe Tafel 25)
Lit.: Wasmuths Lexikon der Baukunst, Bd. IV, 1932; N. Pevsner, Europäische Architektur, 1961.

Urfa. Aus U., dem alten Edessa, stammt ein Mosaik, das eine syrische Familie in parthischer Tracht darstellt. Charakteristisch für das römisch-parthische Grenzgebiet ist die in der parthischen Kunst beliebte Frontalität.
Lit.: H. H. von der Osten, WP, 113.

Urgeschichte →Vorgeschichte.

Urkisch. Churritische Stadt am oberen →Chabur, Residenz des Königs →Tischari.
Lit.: H. Schmökel, GAV, 48, 156, 181; A. Parrot, Sumer, 182.

Urlugaledinna. Leibarzt des →Urningirsu, dessen →Rollsiegel den Heilgott Edinmugi in Vorderansicht neben stilisiertem →Lebensbaum zeigt, an dem medizinische Nähnadeln hängen. Zusammen mit Salbentöpfen auf Ständern ist dieses Motiv das bisher älteste Zeugnis für die Berücksichtigung der Heilkunde in der →sumerischen Kunst.
Lit.: H. Schmökel, UAB, 64f.

Urmiasee. Der Bereich um den U. (Nordwest-Iran) ist von großer Bedeutung für die Entwicklung der →Mannäer und des Reiches von →Urartu, für die Landnahme der →Meder und Perser (→Parsua) und für den Vorstoß der →Skythen nach Vorderasien (→Ziwije).
Lit.: R. Ghirshman, Iran I, 445.

Urna. Haarlocke inmitten der Stirn, eines der Merkmale des Buddhabildes.

Urnammu. Begründer der III. Dyn. von →Ur (21. Jh. v. Chr.). Bauherr der großen →Zikkurat für →Nanna in Ur und für →Inanna in →Uruk. Das Heiligtum von Ur erhält seine endgültige Gestalt, die Zikkurat durch die Umkleidung mit einer Brandziegelschicht zur Sicherung gegen Witterungseinflüsse ihre klassische Form. →Gründungsfiguren aus Bronze zeigen U. als Ziegelkorbträger beim Tempelbau. Eine Reliefstele stellt in mehreren Friesen Szenen aus dem Bauritual dar, darunter das Opfer des U. an →Nanna und →Ningal, wobei der Herrscher betont schlicht vor der thronenden Gottheit erscheint. Der Bildgedanke wirkt in der Kunst der →Hammurabi-Zeit nach.
Lit.: H. Schmökel, GAV, 55ff.; A. Parrot, Sumer, 391; E. Strommenger, Mesopotamien, 75ff.; H. Potratz, KAO, 131ff.

Urnansche. König von →Lagasch (Ende 26. Jh. v. Chr.), Großvater des →Eannatum I. Ein Weihrelief aus Lagasch zeigt U. im →Zottenrock als Tempel-Bauherrn mit dem Ziegelkorb auf dem Kopf vor seiner Familie, die ihm in einer anderen Szene als Thronfürsten mit dem Kultbecher feierlich naht. U. ist gegenüber seinen Angehörigen betont groß wiedergegeben, um sein Priesterkönigtum sinnfällig zu veranschaulichen. Diese Darstellungsweise ist charakteristisch für die →sumerische Kunst und wirkt lange nach.
Lit.: A.Parrot, Sumer, 130f., 391; H.Schmökel, GAV, 24; E. Strommenger, Mesopotamien, 67, 70; H. Potratz, KAO, 304.

Urnenfelder-Kultur. Jüngere Phase der mitteleuropäischen →Bronzezeit (entspricht den Kulturstufen Hallstatt A und B), etwa 12.–8. Jh. v. Chr. Die Kunstübung ist weitgehend von Ornamenten beherrscht, Plastik ist selten. Träger der Ornamente sind überwiegend Geräte aus Bronze.

Urnina. Ältere Lesung für →Urnansche.

Urningirsu. König von →Lagasch, Sohn des →Gudea (21. Jh. v. Chr.). Monumentale Ziegelgruft mit Nischengliederung in →Lagasch. Die →Ningizzida geweihten Beterstatuen des U. folgen im Stil den Plastiken Gudeas, übertreffen sie aber in Qualität, wie die künstlerische Behandlung von bärtigem Kopf und Gewand zeigen.
Lit.: A. Parrot, Sumer, 218ff.; E. Strommenger, Mesopotamien, 81; H. Schmökel, GAV, 55.

Uruk. Sumerische Stadt, das biblische Erech, Mittelpunkt des →Inana-Kultes. Größte Ruinenstätte in Südmesopotamien (Warka). Die Besiedlung reicht bis in die Zeit der ältesten bemalten Keramik zurück, die nach der →Obeid-Phase durch eine nach U. benannte, unbemalte rote und graue Ware verdrängt wird (U.-Stufe bis 3000 v. Chr.). Die frühgeschichtliche Entwicklung (U. VI–IV, 30.–28. Jh. v. Chr.) ist durch Stiftmosaikwände eines Tempelhofes mit Pfeilervorhalle in Eanna, dem heiligen Bezirk der Inanna, gekennzeichnet und durch die ältesten monumentalen Tempelanlagen mit langem, von Seitentrakten flankiertem Mittelraum und querliegendem Kopfbau. Strenge symmetrische Planung mit rhythmischer Nischenarchitektur. Terrassentempel im Kultbereich des Himmelsgottes →Anu, Vorstufe für die →Zikkurat-Entwicklung wie in →Eridu. Aus Schicht IV/III (→Dschemdet-Nasr-Zeit, 28. Jh.) stammt ein prachtvoller weiblicher Alabasterkopf, das älteste Zeugnis sumerischer Monumentalplastik. Die Reliefkunst ist vertreten durch eine Löwenjagdstele, die den fürstlichen Tierbezwinger in charakteristischer Tracht zeigt, und ein großes Alabastergefäß, das in mehreren Friesen das sumerische Weltbild bietet (Wellenband als Wassermotiv, darüber Pflanzen, übergeordnet Herdentiere, im Gegenzug, darüber nackte Gabenträger, beherrschend die Begegnung des Priesterfürsten mit der Priesterin vor dem Bereich der Inanna, der durch

Stiftmosaik aus dem Eanna-Heiligtum von Uruk (Bagdad, Iraq-Mus.).

Schilfringbündel gekennzeichnet ist. Schwere gedrungene Figurenbildung, deren schwellende Formen auch an Reliefgefäßen mit Tierkampfmotiven zu beobachten sind. In die →Mesalim-Zeit fällt der Bau der 9,5 km langen Stadtmauer von U. mit plankonvexen Ziegeln (→Riemchen), die in der Überlieferung als Werk des →Gilgamesch erscheint. Die Bedeutung von U. wird durch die mit ständiger Bautätigkeit verbundene Kulttradition bis in die →Parther-Zeit bezeugt.
Lit.: V. Christian, AKZ, 67ff.; E. Strommenger, Mesopotamien, 77f.; A. Parrot, Sumer, 392; H. Schmökel, GAV 5ff., 13ff., 339; H. Potratz, KAO, 438.

Urukagina. König von →Lagasch um 2355 v. Chr., Schöpfer eines bedeutsamen Reformwerkes. Neubauten in Lagasch, das unter seiner Herrschaft von →Lugalzaggesi geplündert und zerstört wird.
Lit.: H. Schmökel, GAV, 26ff., 339.

Uschanahuru. Ägypt. Kronprinz, Sohn →Taharkas, auf den Siegesstelen →Asarhaddons von →Til Barsip und →Schamal als Gnadeflehender, einmal mit Nasenstrick, dargestellt.
Lit.: H. Schmökel, GAV, 277; A. Parrot, Assur, 379.

Uschebti. Ägypt. Grab-Figürchen in Mumienform, mit Arbeitsgerät ausgestattet, aus Fayence, Ton, Holz und Stein gearbeitet, deren Name „die Antwortenden" bedeutet. Wird der Verstorbene im Jenseits zur Arbeit gerufen, haben die U. für ihn zu antworten und die Arbeit zu verrichten. Die U. treten im Mittleren Reich an die Stelle der älteren →Dienerfiguren, die zu ganzen Gruppen (Gutshof, Brauereien, Küchen, Bäckereien, Schlächtereien, Bootsfahrer, Leibgarde) in die Gräber mitgegeben wurden, um dem Toten im Jenseits ebenso wie auf Erden zu dienen. Neben lebensvollen Bildungen stehen flüchtig-schematische Massenarbeiten, deren Motive den Wandbildern der Grabanlagen folgen und sie ersetzen sollen. – Lit.: W. Wolf, KÄ, 165ff., 182ff.; E. Brunner-Traut, Ägypten, 111ff.

Uschnischa. Ein Auswuchs auf der Schädeldecke des Buddhabildes, ein Symbol für die übermenschliche geistige Begabung und Bedeutung des Dargestellten.

Userhet. Königlicher Schreiber unter →Amenophis II. Grab in →Theben-West (Nr. 56), dessen Wandbilder sich durch reiche Motive auszeichnen. Unter ihnen ist vor allem die Jagd auf dem →Streitwagen bemerkenswert wegen der Neigung, das Wildgelände raumhaft zu erfassen. Szenen aus dem Berufsleben, Festmahl mit Musik, Fisch- und Vogelfang, Weinlese, Barbiere bei der Arbeit. Opfer an →Amenophis II. Grabprozession und Totenritual. – Aus der Zeit →Sethos' I. stammt das Grab eines anderen U. (Nr. 51). Besonders eindrucksvoll das ebenfalls raumhaft wirkende Bild des U. mit Frau und Mutter unter einem von Vögeln belebten naturalistischen Baum, dessen Göttin die Totenspeisung vornimmt, während die Seelenvögel trinken.
Lit.: W. Wolf, KÄ, 483ff., 580f.; E. Brunner-Traut, Ägypten, 483, 486.

Userkaf. Erster König der 5. Dyn. Ägyptens (26. Jh. v. Chr.). →Pyramide in →Sakkara, in deren Totentempel ein kolossaler Granitkopf gefunden wurde, ein bemerkenswertes Zeugnis für die im Alten Reich seltene Kolossalfigur. Die feingearbeiteten Reliefbilder, darunter die beliebten Themen der Vogeljagd mit Wurfholz und des Fischspeeres, die noch im Neuen Reich geschätzt werden, stehen den Schöpfungen der 4. Dyn. in nichts nach.
Lit.: W. Wolf, KÄ, 155, 210, 124, 222.

Uspenski. Der Bischof Porphyri U. (1804–1883) hat als einer der ersten im 19. Jh. auf den großen Kunstwert der →Ikonen hingewiesen und selbst die großartige Sammlung von Ikonen im Katharinenkloster des →Sinai entdeckt. U. ließ sie in das Museum in Kiew bringen.

Utamaro. Kitagawa. Japanischer Maler und Holzschnittmeister. Geb. 1753, gest. 1806. Hervorgehend aus der sogen. →Kanoschule, erlernte er dort den Holzschnitt, den er jedoch bald durch den Farbholzschnitt bereicherte. Er arbeitete lange Zeit für einen Verleger, der ihn zu ununterbrochener Produktivität antrieb. So entstanden über 600 Alben, Serien und Bücher, dazu unzählige Einzelblätter. – Um 1780 fand er in der feinen Naturbeobachtung von Insekten, Muscheln und anderem Kleingetier ein Thema, das ihn mehrfach beschäftigen sollte. Nach 1790 wandte er sich zunehmend der Darstellung des Lebens der Frauen, vor allem in den zeremoniellen Freudenhäusern Yedos zu. In graziöser, aber auch etwas manierierter Weise schilderte er die Intimsphäre jener Welt und ihrer kultivierten Erotik. Mit eleganter Linienführung und sinnlicher Freude stellt er die Frauen und Mädchen dar, stets mit überlängten Hälsen und kunstvoll aufgetürmten Frisuren. – Sarkastische u. kritische Bilder i. d. Spätzeit seines Lebens.
Lit.: Thieme-Becker; Shibui Kisyshi, U., 1952.

Utchal. Parthischer Fürst von →Hatra, wo seine bis in Details der Kleidung sorgfältig ausgearbeitete Beterstatue gefunden wurde. Zeit Vologases' III. (?).
Lit.: R. Ghirshman, Iran II, 89.

Utnapischtim. Babylonischer Name des im →Gilgamesch-Epos genannten Sintfluthelden (→Ziusudra), der in →Schuruppak von →Enki (→Ea), dem Gott von →Eridu, den Rat erhielt, ein Schiff zu bauen, um mit seiner Familie, Vieh und Wild dem von den Göttern beschlossenen Verhängnis zu entgehen.
Lit.: H. Schmökel, GAV, 16.

Utrecht. Stadt in Holland mit bedeutenden Resten roman. Kirchenbaukunst. Die meisten dieser Bauten erfuhren jedoch in der Barockzeit tiefgreifende Veränderungen. So wurde die S. Janskerk, 1050 erbaut, 1539 mit einem neuen Chor und 1682 mit einer großen Barockfassade ausgestattet. – Zu den Hauptwerken niederl. Gotik gehörte der Dom St. Martin (1254 bis 1517). Der heutige Zustand zeigt Chor und Turm durch einen Platz getrennt, der an Stelle des 1674 eingestürzten Langhauses liegt. Ein Kreuzgang führt von der Kirche zum ehemaligen Kapitelhaus, der heutigen Universität. – Außerdem zahlreiche Profanbauten des 14. bis 17. Jhs., die als alte Stadtbild von U. bestimmen.

Utrechtpsalter. Karolingische, in reiner Federzeichnung illustrierte Psalterhandschrift des 9. Jhs., wohl aus der Schule von →Reims. Sie ist das Hauptdenkmal frühmittelalterl. Zeichenkunst. In erregten, schnellen Strichen sind an jedem Psalmenanfang figurenreiche Szenen auf einem durch wogende Bodenlinien in mehrere Zonen geteilten Schauplatz dargestellt. Charakteristisch ist die nervöse Intensität der Schilderung, die leichte, graziöse Bildung und reiche Bewegtheit der Figuren, die Andeutung eines mit illusionistischen Mitteln wiedergegebenen Landschaftsraumes. Der Stil zeigt deutlich, daß bedeutende spätantike Vorlagen zur Verfügung standen. Die Darstellungen folgen dem Prinzip der Wortillustration (z. B. zwei Betten mit Schlafenden = Vers 20: „Wie ein Traum"). Da einige Illustrationen nicht zur gallikanischen Textübersetzung des U. passen, sondern nur zum sogen. Hebraicum, muß der Zyklus für ein Psalterium duplex oder triplex geschaffen worden sein, d.h. für eine Ausgabe mit parallel geschriebenen Übersetzungen. Grundlage scheint eine Handschrift der Zeit um 400 gebildet zu haben. Die starken Auswirkungen auf die →Engl. Buchmalerei (u.a. drei Kopien) läßt darauf schließen, daß der U. im 10. oder 11. Jh. nach England gelangte. Seit 1718 in Utrecht, Universitätsbibliothek. – Lit.: E. T. De Wald, The illustrations of the U. P., 1933; Benson-Tselos, „New light on the origin of the U.", Art Bulletin, 13ff., 1931; D. Panofsky, „The textual basis of the U. P. illustrations", Art Bulletin, 50ff., 1943.

Utrillo, Maurice. Franz. Maler, geb. 1883 in Paris, gest. 1955 ebda. Sohn der Suzanne →Valadon, adoptiert von dem span. Kritiker Michel Utrillo. Er begann unter Anleitung der Mutter 1902 zu malen. Bis 1914 lebte er abwechselnd auf Reisen in die Bretagne, nach Korsika und dem Montmartre und in Trinkerheilanstalten. Er wurde zum bekanntesten Schilderer der franz. Hauptstadt und besonders der Gassen und Plätze des Montmartre. Anfangs vom →Impressionismus beeinflußt, gelangte er später zu einem ganz persönlichen, viel nachgeahmten Stil, der wirklichkeitsnah (aber nicht naturalistisch) und volkstümlich ist. Seine berühmtesten Werke datieren aus der „weißen Epoche".
Lit.: M. Ilyin, M. U., 1953.

Utsch. Dorf in West-Pakistan südlich des Zusammenflusses von Satledsch und Tschenab. Von einer Gruppe islam. Gräber des 15. Jhs. ist dasjenige der Bibi Dschawandi am besten erhalten: Verwandlung des zweigeschossigen, abgeböschten Oktogons durch Trompen in ein Sechszehneck als Grundlage der Kuppel.

Uxmal. Größte Mayastadt im westlichen Teil von Nordyucatán mit den schönsten Beispielen des Puuc-Stils (→Puuc-Region). Im Gegensatz zu →Chichen Itzá fehlt mexikanischer Einfluß. Fassaden in höchster Perfektion mosaikartig zusammengesetzt. Der über 100 m lange Gouverneurspalast enthält über 20000 Bau-

Uxmal, Fassade des Hauses der „Monjas", Maya-Kultur.

teile. Andere Gebäudekomplexe: Taubenhaus, Schildkrötenhaus, Südgruppe, Nordgruppe, Nonnenhaus (vier Bauten um Innenhof gruppiert) und Haus des Zauberers (Haupttempel der Stadt, Westfassade im Chenes-Stil, über 30 m hohe steile Treppe).

V

Vače. Etwa 20 km östlich von Ljubljana (Jugoslawien), auf einer Anhöhe nördlich der Save, Fundort einer →Situla. Das Gefäß ist etwa 24 cm hoch und mit drei umlaufenden Bildfriesen verziert. Dargestellt sind Reiter und Wagenlenker, Opferszenen, Kriegsspiele und ein Gastmahl sowie verschiedene Tiere. Der Stil der figuralen Verzierung zeigt etruskische und griech.archaische Elemente.
Lit.: Die Situla aus V., 1956.

Vadschrapani. Begleitfigur des →Buddha; in der Kunst von →Gandhara auf antikisierende Weise als Herakles und mit dem Blitzbündel dargestellt.

Vafio (Vaphio). Griech. Ortschaft des südlichen Peloponnes, in der Nähe von →Sparta gelegen. Berühmt als Fundstelle zweier mykenischer Kuppelgräber des 15. Jhs. Die Besonderheit ist dadurch begründet, daß eines der Gräber völlig unberührt aufgedeckt wurde und das gesamte Grabinventar – vorzüglich erhalten – geborgen werden konnte. Neben Gemmen, Metallringen und Lampen wurden zwei Goldbecher gefunden, die in reicher Treibarbeit lebendig Szenen zeigen. Berühmt vor allem der eine Becher mit seiner realistischen Darstellung eines Stierfanges (Athen, Nat.-Mus.).

Vaga, Perino del (eigentlich Pietro Buonaccorsi). Italien. Maler. Geb. 1501 in Florenz, gest. 1547 in Rom. Nach Ausbildung in Florenz und dem Studium →Michelangelos dort und in Rom wurde V. um 1517 durch G. →Romano in die Werkstatt →Raffaels aufgenommen. In Rom arbeitete er an den Fresken der Loggien mit. Bis zur Plünderung Roms im Jahre 1527 blieb V. dort tätig, danach folgte er einem Auftrag, im Palast des Andrea Doria zu arbeiten, nach Genua. Diese Fresken übertrugen den Dekorationsstil der röm. Raffaelschule nach Genua, wobei V. den Versuch der Jugendjahre, die Stile Raffaels und Michelangelos zu vereinen, wieder aufnahm. 1539 ist V. wieder in Rom, wo er u.a. im Vatikan (Decke der Sala Regia) und in der Engelsburg tätig war.
Lit.: K. Escher, Malerei der Renaissance in Mittel- und Unteritalien, 1922.

Vahana. Reit- und Symboltier indischer Gottheiten, z. B. der Stier Nandi für Schiva, der mythologische Vogel Garuda für Vischnu.

Valadon, Marie Clémentine, gen. Suzanne. Franz. Malerin und Zeichnerin. Geb. 1865 in Bessines bei Limoges, gest. 1938 in Paris. Kam als junges Mädchen nach Paris, wo sie als Näherin und Modell in den Ateliers vom Montmartre arbeitete (bei →Renoir, →Toulouse-Lautrec, →Puvis de Chavanne u.a.). Als sie mit 18 Jahren ein Kind bekam (→Utrillo, Maurice), begann sie, ermutigt von →Degas, zu zeichnen. Erst 1909 ging sie auch dazu über, zu malen. – Für ihre Graphiken bevorzugte sie Akte und Portraits, bei den Gemälden traten Stilleben hinzu. – Lit.: Thieme-Becker.

Valeurs. In der Malerei die Farben, die durch Licht und Schatten in ihren Tonwerten abgestuft sind.

Valladolid. Nordspan. Stadt, zeitweise Hauptstadt Kastiliens. Kathedrale. Der machtvolle Bau wurde 1585 von Juan de Herrera begonnen und, nachdem 1598 die Arbeiten eingestellt worden waren, von Churriguera weitergeführt, jedoch bis heute nicht vollendet. S.

Maria la Antigua. 1095 gegründet. Kreuzgang und Glockenturm des 12. Jhs., die übrigen Teile und die Ausstattung stammen zum größten Teil aus dem 14. Jh.

Vallauris. Südfranz. Stadt, in der Nähe von Cannes gelegen. Die alteinheimische Keramiktradition erreichte Weltruhm nachdem Picasso Ende der vierziger Jahre V. zu einem Zentrum mod. Töpferkunst werden ließ.

Vallotton, Félix. Franz. Maler und Graphiker. Geb. 1865 in Lausanne, gest. 1925 in Paris. Er besuchte 1883–86 die Académie Julian in Paris. Die frühen Eindrücke von →Courbet und →Manet wurden später überdeckt durch solche von →Toulouse-Lautrec, van →Gogh und →Rousseau. Zeitweilig geriet V. auch stark unter den Einfluß von →Seurat, in dessen pointillistischer Manier er malte. In den 90er Jahren entstanden in der Hauptsache Graphiken, Illustrationen für Bücher und Zeitschriften und Holzschnitte, die dem →Symbolismus zugeordnet werden. Als er nach 1900 wieder zu malen begann, übertrug er den bei seinen Graphiken gewonnenen Stil auf die Malerei. Dabei gelangte V. zu Formen, durch die er heute als Vorläufer der „Neuen Sachlichkeit" gilt. – Lit.: Thieme-Becker.

Valltorta. Schlucht bei Albocácer (Spanien) ist mit 15 Abris u. einer großen Zahl Felsmalereien eine der wichtigsten Fundstellen ostspan. Levantekunst.
Lit.: Bandi/Maringer, Kunst der Eiszeit, 1955.

Goldbecher aus Vafio mit Stierkampfszene in Treibarbeit um 1500 v. Chr. (Athen, Nat.Mus.).

Valori Plastici. 1919 von de →Chirico in Rom gegründete Künstlergruppe, die die Nachfolge der →Pittura metafisica antrat. Neoklassizistische strenge Statuarik und matte grautonige Farbgebung kennzeichnen die Werke dieser Gruppe.

Valsgärde. Gräberfeld des 7. Jhs. n. Chr. in Uppland (Schweden); unter den Funden sind Rüstungen und reich verzierte Helme zu erwähnen, außerdem Reitzeug mit Tierornamentik.

Van-See. Der V. (nordöstliche Türkei) gehörte zum Gebiet der →Nairi-Länder und bildete den Mittelpunkt des Reiches von →Urartu mit der Hauptstadt →Tuschpa am äußersten Ostufer. – Lit.: R. Ghirshman, Iran I, 445.

Vantangerloo, Georges. Belgischer Maler, Bildhauer und Architekt. Geb. 1886 in Antwerpen, ansässig in Paris. Studium der Bildhauerei und Architektur in Antwerpen. Während des 1. Weltkrieges wurde er in Holland interniert und kam dort mit der Gruppe →„De Stijl" in Berührung. →Mondrian und →Doesburg übten einen nachhaltigen Einfluß auf ihn aus. Seine ersten abstrakten Plastiken entstanden 1917. 1924 veröffentlichte er seine Schrift „Die Kunst und ihre Zukunft". Seit 1927 lebt er in Paris. In seinen Plastiken spielt das mathemat. Element eine große Rolle, da die mathemat. Gleichung wesentl. Grundlage seines Schaffens ist. 1938 löste er sich zugunsten der geschwungenen Linienführung v. seinem geometr. Konstruktivismus.
Lit.: W. Hofmann, Plastik d. 20. Jhs., 1958.

Vanvitelli, Luigi. Italien. Baumeister. Geb. 1700, gest. 1773. Ausgehend vom spätbarocken Stil F. →Juvaras, dessen Schüler V. war, entwickelte er eine strengere klassizistische Formgebung. Seit 1751 stand er in Diensten des Königs von Neapel und schuf in der Folgezeit zahlreiche bedeutende Bauten. Sein Hauptwerk ist das 1752–59 errichtete Schloß Caserta.

Varaha. Eine Inkarnation des Vischnu als Eber; der indische Gott wird entweder im Ganzen als Tier oder als Mensch mit einem Eberkopf dargestellt.

Vasari, Giorgio. Italien. Maler, Baumeister und Kunstgeschichtsschreiber. Geb. 1511 in Arezzo, gest. 1574 in Florenz, wo er seine vielseitige humanistische und künstlerische Ausbildung empfangen hat. 1531 kam V. nach Rom. Lebte ab 1532 als gesuchter Maler abwechselnd in Rom und Florenz und erwarb sich auf seinen vielen Reisen ein breit angelegtes Wissen über die italien. Künstler. – Die Fresken V.s im Pal. Vecchio in Florenz (seit 1555) und in der Scala Regia des Vatikans (1571–73) lassen V. als einen weniger bedeutenden Manieristen erscheinen. Bedeutender war er als Baumeister (Uffizien in Florenz, 1560f.). – Größten Ruhm erwarb er sich mit seiner Geschichte der italien. Künstler: „Le vite de' più eccellenti Pittori, Scultori e Architettori" (2 Bde., 1550, 2. Aufl. 3 Bde., 1568). Dieses Werk enthält Lebensbeschreibungen italien. Künstler von →Cimabue bis in seine Gegenwart und ist durch die Fülle des Tatsachenmaterials, das V. zur Verfügung stand, eines der wichtigsten Quellenwerke der Kunstgesch. – Lit.: W. Kallab, V.-Studien, herausgegeben von J. v. Schlosser, 1908; J. v. Schlosser, Die Kunstliteratur, 1924; seit 1924 erscheint „Il V." als Periodicum der V.-Forschung.

Vasarély, Victor. Ungar.-franz. Maler, Graphiker u. Schöpfer dreidimensionaler Objekte. Geb. 1908, Pecs (Ungarn); ab 1927 Beschäftigung mit künstler. Problemen. Sein Lehrer war L. →Moholy-Nagy. 30 Übersiedlung nach Paris, lebt in Annet-sur-Marne. Seit 1929 unablässig Ausstellungen. Ausgangspunkt sind für ihn die „konkreten" u. konstruktiven Ideen u. Arbeiten eines →Malewitsch, Mondrian, Kandinsky, Gropius, Le Corbusier. Der asketische Verzicht auf andere als geometrische Formen, in Verbindung mit einer unermüdl. Kombinationsphantasie, läßt ein reiches Oeuvre aufblühen. Verschieden „tief" gedachte Bildebenen auf Glasplatten aufzutragen u. räumlich real voneinander zu trennen, modifiziert den Bildinhalt durch die Bewegung des Betrachters; so entsteht kinetische Kunst. Ein Bild V.s ist zugleich in sich vollendetes Werk u. weiterweisender Entwurf. – Lit.: Kat. der Kestner-Gesellschaft Hannover, 1963/64 (mit reicher Literaturangabe); Kat. der Kunsthalle Köln, 1971.

Vasenmalerei →Griech. Kunst, →Orientalisierender Stil, →Schwarzfiguriger Stil, →Rotfiguriger Stil.

Vatikan. Ursprünglich Wohnhaus der Päpste, errichtet unter Papst Symmachus (498–514). Wird zur Residenz unter dem aus Avignon zurückgekehrten Papst Gregor IX. (1377). 1450 Neubau unter Nikol. V. (Borgia-Säle), dem Alexander VI. einen Turm anfügte (Torre Borgia). 1473–81 ließ Sixtus IV. von Giovanni de' Dolci die →Sixtinische Kapelle errichten. Unter Innozenz VIII. (1484–92) Erbauung des Belvedère als Gartenhaus nördlich des vatikanischen Palastes. 1503 setzt →Bramantes Tätigkeit ein. Er gestaltet den Damasushof (Loggien), den Belvederehof, baute die flache Wendeltreppe im Belvedere und verband dessen Baukörper mit dem Palast durch 2 parallele Flügelbauten. In diesen gewaltigen Zwischenhof setzte später Sixtus V. (1585–90) den Querbau des Bibliotheksflügels. – Für Julius II. (1503–13), unter dem der Neubau des Petersdomes begonnen wurde, malte →Michelangelo die Sixtinische Kapelle aus (1508–12) und →Raffael und seine Schüler die Stanzen, die Sala dell' Incendio (1514–17) und die Loggien. Paul III. ließ 1540 die Paulinische Kapelle und, 1563, die Scala regia erbauen. Die Anlage der Scala regia von →Bernini zeigt virtuos angewandte Bühneneffekte. In den ungünstigen, nach O sich verjüngenden Raumabschnitt wurde eine an Breite und Höhe abnehmende, tonnengewölbte, von Kolonnaden begleitete Treppe eingebaut. Der so gewonnene Raumeindruck geht weit über die wirklichen Dimensionen hinaus. Letzte Vollendung die prunkvolle Dekoration:

das Konstantin-Denkmal, dessen Aufgabe es ist, die Richtungsänderung des Weges von den Kolonnaden zur Treppe im rechten Winkel zu überspielen, oder das den Eingang betonende Stuck-Engelpaar mit dem päpstlichen Wappen. Unter Clemens VIII. (1592–1605) Neugestaltung der päpstlichen Wohnräume. Die Säle a Croce greca, rotonda und delle Muse entstanden unter Pius IV. (1775–99), der Parallelflügel zur Bibliothek (Braccio Nuova) unter Pius VII. (1800–23) und die Scala Pia an der vierten Seite des Damasushofes an Stelle der alten Freitreppen unter Pius IX. (1846–78).
Lit.: Wasmuths Lexikon der Baukunst, Bd. IV, 1932; N. Pevsner, Europäische Architektur, 1957; H. Busch u. B. Lohse; Baukunst des Barock in Europa, 1961.

Vauban, Sébastien le Prestre, Marquis de. Franz. Kriegsbaumeister. Geb. 1633 in St.-Leger-de Foucheret, gest. 1707 in Paris. V. war Militär-Ingenieur; 1677 wurde er zum Baumeister aller franz. Festungen ernannt und 1703 zum Marschall von Frankreich erhoben. Er war der genialste Festungsbaumeister seiner Zeit. V. gründete im Auftrage Ludwigs XIV. 33 neue Festungen und baute über 300 alte Anlagen um. Das System V.s mit den vielfach gebrochenen Bastionen, dem sichtfreien Glacis und den vorgelagerten Werken hat bis in das 19. Jh. der Kriegstechnik als Vorbild gedient. Die Architektur der Anlagen ist ihrem Zweck entsprechend herb, doch mit feinen Proportionen auch bei den einfachsten Unterkunftsbauten und mit sparsamem, aber qualitätvollem Schmuck an den Hauptbauten.
Lit.: R. Blomfield, S. l. P. de V., 1938 (engl.).

Vaudoyer, A. Laurent Thomas. Franz. Architekt, Kupferstecher und Architekturschriftsteller. Geb. 1756 in Paris, gest. ebda. 1846. Bei A. F. Peyre ging er in die Lehre; 1783 gewann er den großen Rompreis und ging für 5 Jahre nach Italien. Zu einer Verwirklichung seiner großen Projekte kam es nie; z.B. hatte er ein Ruhmesdenkmal für die Große Armee an Stelle der St. Madeleine in Paris projektiert. Die Bauausführungen bewegten sich stets im Rahmen von Ergänzungen und Umbauten an vorhandenen Gebäuden. Seine Bedeutung ist eher in seiner Lehrtätigkeit und in seinen Publikationen zu suchen. Bei ersterer wirkte V. in Richtung auf eine Verbreitung der franz. Revolutionsarchitektur; unter seinen Veröffentlichungen seien nur genannt: Beschreibung des Marcellustheaters in Rom, 1812 (franz.), und in vier Bänden die Sammlung der preisgekrönten Architekturentwürfe der Akademie in Frankreich (Arbeiten für den Rompreis). – Lit.: L. Hautecœur, Histoire de l'Architecture classique en France, 5. Band, 1953.

Vaux-le-Vicomte bei Melun. Das Schloß wurde 1657–60 von Levau für den Finanzminister N. Fouquet erbaut und bildet mit seiner klaren Raumdisposition und dem streng symmetrischen Grundriß einen Vorläufer von →Versailles. Die Seitenflügel treten nur wenig vor; im Mittelpavillon ist der ovale Salon untergebracht, der ein bedeutendes Beispiel gibt für die Anwendung ovaler Raumformen. Die Dächer der Flügelbauten haben noch die Steilform, die charakteristisch ist für das 16. und frühe 17. Jh. in Frankreich. Die Wände sind durch eine einzige, beide Geschosse zusammenziehende Kolossalordnung von schlanken ionischen Pilastern gegliedert, die in ihrer Leichtigkeit und Eleganz in Frankreich nicht ihresgleichen hat. An der Innenausstattung sind Meister wie →Lebrun, Mignard, →Puget beteiligt. Den Garten, entwarf Le Nôtre. – Lit.: Wasmuths Lexik. d. Baukunst, IV, 1932; N. Pevsner, Europäische Architektur, 1961.

Vedute. Bezeichnung für die topographisch genaue Wiedergabe einer Stadtansicht. Die originalgetreue Darstellung ist hierbei das dominierende Bildprinzip, dem sich Perspektive und Bildaufbau unterordnen. Varianten sind die Sammelvedute, in der verschiedene Gebäude, die jedoch in der gezeigten Zusammenstellung nicht vorkommen, aneinandergereiht werden, und die Idealvedute, die eine ideale, d.h. erfundene Ansicht darstellt. – im 17. Jh. aufkommend, erlebte die V.-Malerei im 18. Jh. ihre Blüte, findet sich darüber hinaus aber noch bis in das 19. Jh. – Hauptmeister dieser vor allem in Italien heimischen Kunstrichtung ist →Canaletto.

Veitshöchheim/Würzburg. Die erste Anlage des Schlosses der Fürstbischöfe von Würzburg in V. war (um 1680) von Petrini, Zimmer und Bezani errichtet worden. 1748 und 1753 erfolgten Erweiterungen nach Plänen B. →Neumanns. Das Schloß liegt exzentrisch im Garten. Der zweigeschossige Bau trägt noch die 4 Erkerrisalite des älteren Gebäudes, angereichert mit den seitlichen Pavillons Neumanns. Zu dieser bewegten Umrißlinie gesellt sich das schweifende Dach. Um das ganze Schlößchen läuft eine mit Vasen und Kindergruppen (von P. Wagner) geschmückte Balustrade. Der berühmte Park wurde um 1760 angelegt. Er ist in verschwenderischer Fülle mit Brunnen, Skulpturen und Wasserspielen ausgestattet und ist eine der wenigen franz. Anlagen, die noch erhalten sind.
Lit.: Wasmuths Lexikon der Baukunst, Bd. IV, 1932; Reclams Kunstführer, Deutschland, Bd. I, 1959.

Veji. Befestigte südlichste Stadt des etruskischen Zwölferbundes an der Cremera, stärkste Rivalin des nahen Roms bis zur röm. Eroberung 396 v. Chr. Vom einstigen Reichtum zeugen die im weiten Ring um V. liegenden Grabanlagen mit ihren kunstvollen Beigaben. →Grotta Campana. Die Bronzearbeiten weisen auf eine hochentwickelte Schmiedekunst seit dem 8./7. Jh. im Dienst reisiger Adelsfamilien. Beispielhaft ein hoher Kammhelm als Urnenschmuck, der die für das Totenritual charakteristische Kopfbetonung zeigt. Fahrbares Kohlebecken aus Bronze mit randständigen Wasservogelfiguren und klingendem Behang. Im nahen Grab von Formello wurde die →Chigi-Kanne gefunden. Aus der Zeit um 500 v. Chr. stammen die Reste farbiger Tonstatuen einer Gruppe, die den Raub der Apollon geheiligten Hirschkuh durch Herakles darstellt. Sie schmückte einst den Giebel des Minervatempels. Die erhaltene Apollonfigur und der Hermeskopf zeigen die Umformung des griech. Vorbildes in den etruskischen Stil der Werkstatt von V., die mit der Tradition des berühmten →Vulca verbunden werden darf.
Lit.: O. W. v. Vacano, E I, 14ff., 442f.; E II, 135ff., 190; G. Kaschnitz von Weinberg, RK I, 90ff.; F. v. Duhn, IGK I, 386ff.; G. Q. Giglioli, AE, Taf. 7, 56ff., 158, 189ff., 240.

Velarium →Velum.

Velázquez, Diego de Silva y. Span. Maler. Geb. 1599 in Sevilla, gest. 1660 in Madrid. Schüler Pachecos in Sevilla, seit 1623 Hofmaler in Madrid; zwei Italienreisen, 1629–31 und 1649–51, die V. für Kunstkäufe des Hofes

Velázquez, Philipp IV. von Spanien (Florenz, Gall. Pitti).

durchführen kann, bilden Zäsuren in seinem Werk. – An seinen künstlerischen Anfängen stehen Bilder mit Volkstypen in der in Sevilla vorherrschenden, von →Caravaggio beeinflußten Helldunkelmanier. Die wichtigsten: „Das Frühstück" (Leningrad, Eremitage), „Christus im Haus der Martha" (London, Nat. Gal., als Sittenbild aufgefaßt) und am Ende des Frühstiles „Los Borrachos" = Die Trinker, 1630 (Madrid, Prado). Der Eindruck der Werke →Tintorettos, →Tizians und →Veroneses, die V. auf seiner ersten Italienreise kennenlernte, schlägt sich nieder in der „Schmiede des Vulkan" (um 1631, Madrid, Prado). Das Hauptwerk der Epoche bis zur 2. Italienreise ist die „Übergabe von Breda" (1634/35, Prado). Nach 1650 entstehen die großen Hauptwerke V.s in einem leicht aufgetragenen, vorimpressionistischen Stil, der besonders stark in den Bildern „Las Meninas" (1656, Infantin Margarita mit Hofstaat im Atelier des Malers) und „Las Hilanderas" (um 1657, Spinnerinnen einer Gobelinwirkerei) zum Ausdruck kommt.
Lit.: C. Justi, D. V. und sein Jh., 2 Bde., 1888 (mehrere Aufl.); E. Lafuente-Ferrari, D. V., 1960.

Velde, van de. Holländische Malerfamilie. **1)** Willem d. Ä. Geb. 1611 in Leyden, gest. 1693 in London, wo er seit 1673 Hofmaler war. Er war Marinemaler und hat mehrere zeitgenössische Seeschlachten dargestellt. – **2)** Adriaen. Geb. 1636 in Amsterdam, gest. 1672 ebda., Sohn von 1). Er hatte sich der Landschaftsmalerei zugewandt, deren bedeutendster holländischer Vertreter im 17. Jh. er war. Dabei wählte er die heiter durchsonnte Landschaft mit anmutigen, friedlichen Menschen und Tieren (Der Strand von Scheveningen, 1658, Kassel, Gal.). In der gleichen Weise schuf er auch Bilder mit biblischen oder mythologischen Inhalten (Landschaft mit der Wanderung Jacobs, 1663, London, Wallace Coll.). Von ihm sind auch eine Reihe Radierungen bekannt. – **3)** Willem d. J. Geb. 1633 in Leyden, gest. 1707 in Greenwich. Sohn von 1). Hatte sich wie sein Vater der Marinemalerei zugewandt, in welcher er es zu ebensolcher Berühmtheit brachte wie sein Bruder als Landschafter. Ging 1673 mit seinem Vater nach England und wurde 1677 Hofmaler.
Lit.: W. v. Bode, Die Meister der holländischen und flämischen Malerschulen, 1953; K. Zoege von Manteuffel, Die Künstlerfamilie v. d. V., 1927.

Velde, Henry van de. Architekt, Innenarchitekt, Maler und Kunstgewerbler. Geb. 1863 in Antwerpen, gest. 1957 in Zürich. Bildete sich an der Akademie in Antwerpen und in Paris als Maler aus; als solcher schloß er sich den Neoimpressionisten an. 1890 begann V. mit dem Studium der Architektur und des Kunstgewerbes. Hier beschäftigte er sich besonders mit den Erneuerungsbestrebungen von →Morris. Die Stilerneuerung, die V. daraufhin anstrebte, fand ihre erste Verwirklichung in seinem eigenen Haus in Uccle bei Brüssel, das mitsamt den Einrichtungsgegenständen von ihm entworfen wurde. – Arbeiten für Bings „Art Nouveau" in Paris (1896) und die Internationale Kunstgewerbeausstellung in Dresden (1897) machten V. so bekannt, daß ihm →Osthaus 1900 die Einrichtung des Folkwang-Museums in Hagen übertrug. – 1902 folgte er einer Berufung nach Weimar, wo er die kunstgewerblichen Lehranstalten gründete, die dann von W. →Gropius in das →Bauhaus überführt wurden. An dieser Schule, deren Atelierhaus er in seinem zweckhaften, im Ornamentalen dem →Jugendstil verbundenen Stil erbaute, wirkte er bis 1914, dann mußte er bei Kriegsausbruch als Belgier in die Schweiz gehen. – Sein architektonisches Werk der Jahre vor dem 1. Weltkrieg litt unter der nationalen Versteifung der europäischen Länder: der Bau für das Théâtre-des-Champs-Elysées (1912) wurde ihm während der Ausführung aus solchen Gründen abgenommen und firmiert jetzt unter →Perret, und das Theater für die Werkbundausstellung in Köln, 1914, wurde wieder abgerissen. – Ab 1921 baute V. in Otterloo (Holland) das Kröller-Müller-Museum, 1926–43 war er Direktor des Institut des Art Décoratifs in Brüssel und 1942 Vorsitzender der Flämischen Akademie der Wissenschaften.
Lit.: H. Vollmer, Künstlerlex. d. 20. Jhs.

Velem St. Vid oder Velem-Szentvidhegy an der österreich-ungarischen Grenze, bekannt durch einen Depotfund (ein Diadem, vier Schreiben, Draht) aus Gold. Das sogen. Diadem ist 60 cm lang und 16 cm hoch. Die flächendeckende Verzierung besteht überwiegend aus konzentrischen Kreisen und Zickzacklinien in →Treibarbeit. Die Funde sind in die frühe vorchristl. →Eisenzeit zu datieren.
Lit.: A. Mozsolics, Der Goldfund von Velem-Szentvid, 1950.

Velum (lat.). **1)** In altchristl. Zeit und im frühen Mittelalter die Verhüllung des Altares durch Vorhänge, die zwischen den Säulen des Ciboriums angebracht waren. Auch das Tuch zur Verhüllung der Meßgeräte und das Schultertuch des Priesters werden V. genannt. – **2)** Bezeichnung für das Quadratnetz als Hilfsmittel perspektivischer Konstruktion.

Venasqe (Provence) in Vaucluse. Hier eine der berühmten altchristl. Taufkapellen in der Provence mit 4 überwölbten Apsiden. 6 Säulen, die antiken Monumenten entnommen sind, tragen die Entlastungsbögen für die Kuppel. Einmalig für die Zeit des 6. oder 7. Jhs. sind die im Gewölbe der nördlichen Apsis sich befindenden 5 Akustikgefäße. Oberhalb des Taufbeckens Decke mit Kreuzgewölbe.
Lit.: André Villard, Art de Provence, 1957.

Vence. Südfranz. Ortschaft in der Nähe von Nizza. Berühmt wurde V. durch seine kleine Kapelle Notre-Dame Du Rosaire, die (1951 errichtet) eines der bedeutendsten Werke moderner Kunst darstellt. Bis in alle Einzelheiten ist sie die Schöpfung von H. →Matisse.

Vendelstil. Nach dem schwedischen Fundort Vendel in Uppland, entspricht der II. und III. Stufe des sogen. germanischen Tierstils, in dem die Darstellungen von Tieren zu fast unkenntlichen Bestandteilen einer komplizierten flächendeckenden Ornamentik werden (7. und 8. Jh. n. Chr.).

Venedig. 1) Dogenpalast: Bedeutendstes mittelalterl. Profanbauwerk Venedigs, Sitz der Dogen und des Rates der Stadtrepublik. Die Wasserfront 1340–1419 errichtet, seit 1424 Bau des Flügels an der Piazetta. Neben S. Marco gelegen, das die vierte Seite des um einen Rechteckhof gelagerten Flügelbaus schließt. Der am Dachansatz mit einem zarten, zinnenähnlichen Band versehene, gewaltige Kubus des Obergeschosses, dessen wenig durchfensterte, geschlossene Wandfläche mit ihrer durch die rosa-graue Rautenmusterung bildmäßigen Wirkung typisch italien. ist, ruht auf einem in filigranhaft feinen Maßwerkarkaturen geöffneten Zwischengeschoß und den gedrungenen spitzbogigen Rundpfeilerarkaden des Erdgeschosses. Bezeichnend venezianisch ist die Umkehrung der gewohnten statischen Verhältnisse, die dem Gebäude eine unwirklich schwebende, wie eben aus dem Wasser auftauchende Wirkung verleiht. Venezianisch ferner die geschliffene Eleganz der Formen und der Reichtum des Dekorativen, in dem sich östliche Einflüsse spiegeln. Im Innern reiche Dekorationen; Wandbilder u. a. von →Tintoretto und →Veronese. – **2)** S. Marco: Anstelle einer Basilika des 10. Jhs. (seit 976 die Reliquien des Evangelisten Markus bergend), von der nur der 1902 nach einem Einsturz erneuerte Campanile erhalten ist, seit 1063 wohl von byzant. Bauleuten als reine →Kreuzkuppelkirche errichtet und 1095 geweiht. Der im Typus rein byzant. Bau (Vorbild: Apostelkirche, →Konstantinopel) hatte nur geringe Auswirkungen, vor allem auf die Bauschule →Aquitaniens. Die teilweise von byzant. Meistern geschaffene Mosaikdekoration des Innern entstammt dem 12. und dem frühen 13. Jh. Der heutige Eindruck mitbestimmt durch vielfältige spätere Zutaten und Ausstattungsgegenstände. An der Dekoration der im 13. Jh. begonnenen Fassade wurde bis ins 15. Jh. gearbeitet. Wichtigstes Ausstattungsstück ist die berühmte →Pala d'Oro. (Abb. S. 694).
Lit.: O. Demus, The Church of S. M. in Venice, history, architecture, sculpture, 1960.

Venezianische Gläser →Glas.

Veneziano, Domenico. Italien. Maler. Geb. um 1410 in Venedig, gest. 1461 in Florenz. Obwohl aus Venedig

Venedig, Dogenpalast.

stammend, bedeutender Meister der florentinischen Frührenaissance, der an →Masolino, →Masaccio, aber auch an →Donatello geschult war. Künstlerische Bedeutung kommt V. weniger durch die geringe Zahl eigener Werke zu denn als Vermittler zwischen den Künstlern des frühen Quattrocento und Künstlern wie P. della →Francesca, →Pollaiuolo, →Pesellino u. a. Signiert sind von V. nur zwei Werke: 1. von einem Altar aus S. Lucia de Bardi zwei Tafeln (Florenz, Uffizien und Berlin, ehem. K.-F.-Mus.); 2. Madonna mit Kind, Freskofragment eines Tabernakels (London, Nat. Gal.).
Lit.: H. Bodmer, D. V., 1950.

Venus. Röm. Göttin der Liebe (griech. Aphrodite). – Auch irreführende Bezeichnung für besonders fettleibig dargestellte Kleinplastiken der →Älteren Steinzeit, die vielleicht als künstlerisch gestaltete Versuche zu betrachten sind, in der weiblichen Gestalt das Übernatürliche wiederzugeben (Venus von →Willendorf).

Venus von Milo →Melische Aphrodite.

Verdüre. Vom 15. bis 18. Jh. gebräuchlicher gewirkter Wandteppich, dessen Schmuck im Unterschied zum →Bildteppich hauptsächlich aus Pflanzenwerk besteht, bisweilen durch Tiere oder heraldische Tiergruppen bereichert.

Verethragna. Altiranischer Gott der Kraftfülle und des siegreichen Angriffs, mit dem griech. Herakles gleichgesetzt in den Bildwerken am Grabmal des Antiochos→ von Kommagene.
Lit.: R. Girshman, Iran II, 400; S. Nyberg, RAI, 58, 69ff., 389f., 495.

Verhulst, Rombout. Niederl. Bildhauer. Geb. 1624 in Mecheln, gest. 1696 (oder 1698) in Den Haag. V. kam 1650 nach Amsterdam, um am Skulpturenschmuck des neuerbauten Rathauses von J. van Campen (heute königlicher Palast) mitzuwirken. Er blieb sodann in Holland und wurde dort einer der bedeutendsten Barockbildner. Er war in seinem Stil jedoch nicht vom holländischen Barock geformt, sondern vom fläm. (→Rubens) und von →Bernini.
Lit.: M. v. Notten, R. V., 1907; A. E. Brinckmann, Barockskulptur, 1921.

Verismus. Bezeichnung für einen rücksichtslosen Naturalismus in der bildenden Kunst. Der V. ergibt sich aus einem gesteigerten Realismus und fand erstmals in der antiken röm. republikanischen Portraitkunst Anwendung.

Verkehrte Perspektive. Von einer verkehrten Perspektive spricht man, wenn die vorderen Figuren auf einem Bild bewußt kleiner als die rückwärtigen dargestellt werden.

Verklärung Christi (lat. Transfiguration). Auf dem Berge Tabor. Grundlage der Darstellung sind die Berichte der Synoptiker. Markus 9, 1–2; Luk. 9, 29 und Matth. 17, 2: „Da ward er vor ihnen verklärt und sein Angesicht glänzte wie die Sonne; seine Kleider aber wurden weiß wie der Schnee.“ Die V. wurde erstmals in der byzant. Kunst dargestellt. Im 6. Jh. ist ein fester Bildtyp entwickelt, der im 11. Jh. auch von der abendländischen Kunst übernommen wurde. Christus, von dem Strahlen ausgehen, erscheint in weißem Gewand in einer Mandorla schwebend über dem Berg seinen erschrocken am Boden kauernden oder knienden Jüngern Petrus, Jakobus und Johannes, während neben ihm, meist in Halbfigur, Moses, als Vertreter des Gesetzes, und Elias, als Vertreter der Propheten, erscheinen; beide im Redegestus. Die Darstellung kommt vor allem in der Mosaikdekoration und Wandmalerei, auch in der Buchmalerei vor, jedoch nicht in der Plastik. Sie wird oft dem Passionszyklus vorangestellt. Giotto führt einen neuen Typ ein, der von nun an bevorzugt wiedergegeben wird; Christus mit ausgebreiteten Armen schwebend ohne Mandorla. Die Darstellung findet sich auch in der Renaissance (z.B. Raphael, Vatikan) und im Barock häufig.
Lit.: L. Höller, Die V. Jesu, 1937; H. Riesenfeld, Jésus transfiguré, 1947.

Verkündigung der Geburt Jesu Christi an die Jungfrau Maria durch den Engel Gabriel. Die Grundlage der Darstellung bildet Luk. 1, 26–38, dazu die Apokryphen, besonders das Protevangelium des Jakobus. Die Darstellung begegnet schon in der Katakombenkunst. In frühchristl. Zeit findet sich meist das Bild der Wolle spinnenden Maria (Protevangelium), ein Motiv, das im Hochmittelalter verschwindet. Seit dem 14. Jh. wurde die V. zu einer der beliebtesten Darstellungen des christlichen Bilderkreises.
Lit.: L. Rudrauf, L'Annonciation, 1943; W. Braunfels, V., 1949; A. Walzer, Die V., in: Neue Beiträge zur Archäologie und Kunstgeschichte Schwabens, 1952.

Verkürzung →Perspektive.

Vermeer van Delft, Jan, eigentlich Jan van der Meer. Holländischer Maler. Geb. 1632 in Delft, gest. 1675 ebda. Auf kaum 40 Bildern baut sich der Ruhm

dieses Hauptmeisters holländischer Malerei des 17. Jhs. auf. Es sind einfache Innenraumbilder mit ein bis zwei Personen bei einer gänzlich belanglosen Tätigkeit; eine Ausnahme bilden zwei Landschaften (Ansicht von Delft, Den Haag, Mauritshuis), die Höhepunkte in seiner unkonventionellen Farbgebung sind. Denn auf dieser – V. setzte gern Komplementärfarben, wie ein kühles Blau und ein leuchtendes Gelb, gegeneinander – wie auch auf einer ruhigen und streng ausgeglichenen Komposition

J. Vermeer van Delft, Ansicht von Delft (Den Haag, Mauritshaus).

beruht die starke Wirkung seiner Bilder. Durch den Verzicht auf handlungsreichen Inhalt kommt der Farbe die Rolle des Stimmungsträgers zu, was die Maler der modernen, gegestandslosen Malerei veranlaßte, in V. einen Vorläufer ihrer Ideen zu sehen. Die berühmtesten seiner vielpublizierten Bilder sind: Briefleserin am Fenster (Dresden, Gal.); Das Milchmädchen (Amsterdam, Rijksmus.); Der Künstler und sein Modell (Wien, Gal. Czernin). – Lit.: E. Plietzsch, V. v. D., 1939; L. Goldscheider, V. v. D., 1958.

Vernis mou. Bez. f. Durchdruckverfahren, Kupferst.

Verona. 1) Bereits in der röm. Antike blühende Stadt. Erhalten haben sich kaiserzeitliche Bauten, darunter ein hervorragendes Amphitheater, ein Theater und zwei große Stadttore vom Ende des 1. Jhs. v. Chr. – **2)** Kirche Zeno Maggiore, begonnen im 5. Jh., ausgebaut im 9., 12, und 13. Jh. (der Chor 1389–96). Der Dom, im 8. und 9. Jh. erbaut. – Sarkophage in S. Giovanni in Fonte. – **3)** Der Festungsbaumeister der Republik Venedig, Michele Sanmicheli (1484–1559), erbaute seit 1527 die bastionisierte Befestigungsmauer der Stadt, von der noch einige Tore Zeugnis geben: die Porta Nuova (1533–40), S. Zeno (1541), Stuppa oder del Palio (1557). Sanmicheli hat mit seinen Bauten im Geist des manieristischen Klassizismus das Stadtbild V.s von Grund auf geändert. Eine Reihe privater Bauten geben Zeugnis davon. Der Palazzo Bevilacqua (1532) zeigt ein kräftig rustiziertes Erdgeschoß mit vortretenden, ebenfalls rustizierten Pilastern. Das Obergeschoß gliedern kannelierte Säulen mit vorgelegter Balustrade, darüber ein reich ornamentiertes Bachgesims. In den Scheitelpunkten aller Fenster sind Büsten angebracht. Der Palazzo Pompeji (zwischen 1530 und 50) bringt ebenfalls über der Rustika des Erdgeschosses Rundbogenfenster zwischen kannelierten Säulen. Nur sind hier die Fassadengestaltung verwischende Einzelformen weggelassen, so daß die Gliederung schlichter und eindrucksvoller erscheint. – **4)** Skaligergräber, zum Andenken an die Skaliger (ital. Dynastengeschl., 1277–1370 in Verona) errichtete got. Denkmäler, die erstmals eine Verbindung von Reiterstandbild u. Grabmal darstellten. Lit.: Wasmuths Lexikon der Baukunst, Bd. III und IV, 1932; N. Pevsner, Europäische Architektur, 1961.

Veronese, Paolo (eigentlich Caliari). Italien. Maler. Geb. 1528 in Verona, gest. 1588 in Venedig. Schüler von Antonio Badile, angeregt durch →Parmigianino, G. → Romano und die Venezianer. Siedelte 1553 nach Venedig über, wo er, von einer Reise nach Rom 1560/61 abgesehen, fortan lebte. V. hat, obwohl Zeitgenosse der großen Manieristen, die heiter unbeschwerte Welt der Hochrenaissance noch einmal in seinen Werken beschworen und Geist und Formen jener Epoche zum Barock hinübergeführt. Ein bezeichnendes Motiv bei V. sind Gastmähler mit religiöser Motivierung, in denen er die ganze Pracht renaissancehaften, heiter festlichen Lebens schilderte (Hochzeit zu Kana, 1563, Paris, Louvre, und Gastmahl im Hause des Levi, 1573, Venedig, Akademie). – Um 1560 mit der Romreise erreicht der Stil V.s seine volle Entfaltung. Sie zeigt sich in den perspektivisch kühnen Formen und den skizzenhaften Szenen der Fresken in der Villa Barbaro Giacomelli in Maser.
Lit.: Th. Hetzer, V., 1940 (Röm. Jb. f. Kunstgeschichte, Bd. 4); E. Hüttinger, Venezianische Malerei, 1959; R. Pallucchini, Catalogo delle opere, 1939 (mit Bibliographie).

Verrocchio, Andrea del. Italien. Bildhauer und Maler. Geb. 1436 in Florenz, gest. 1488 in Venedig. Schüler eines Goldschmieds. Wurde nach dem Tode →Donatellos Hauptmeister der florentinischen Bildhauerei. Seine frühen Werke sind Beispiele der Auseinandersetzung mit diesem älteren Vorbild; so der bronzene, heiter bewegte „David" (1465, Florenz, Nat.-Mus.). Das erste Hauptwerk ist die Bronzegruppe „Christus und Thomas" für eine Nische vor Or San Michele (bis 1480). Diese Gruppe, eine der bekanntesten florentinischen Plastiken, ist technisch vorzüglich gearbeitet und ein Meisterwerk in der Schilderung seelischer Vorgänge durch Haltung und Gebärde. Gegen Ende seines Lebens schuf V. noch ein zweites hochbedeutendes Werk in dem „Reiterdenkmal des Condottiere Colleoni", das seinen Platz vor der Kirche SS. Giovanni e Paolo in Venedig gefunden hat. V. hat das Tonmodell dieses als Denkmal wichtigen Werkes noch selbst vollenden können, während der Guß von →Leopardi bis 1496 besorgt wurde.
Lit.: L. Planiscig, A. del V., 1941; P. Schubring, Italien. Plastik des Quattrocento, 1922.

P. Veronese, Die Auffindung des Mosesknaben, um 1575 (Dresden, Gemäldegalerie).

Versailles. 7 km südwestlich von Paris gelegen; wurde 1624 königliche Domäne. Damals ist vermutlich schon ein unbedeutendes Schlößchen vorhanden gewesen, das Ludwig XIII. durch einen Neubau von Leroy ersetzen ließ. Dieser Bau war eine Wasserburg mit vorspringenden Ecktürmen. Seit den 60er Jahren wurde sie Jagdschloß und Wohnsitz Ludwigs XIV., der sie ab 1663 mit Gartenanlagen umgeben ließ. 1668 wurde mit dem Ausbau des Schlosses nach Plänen von Levau begonnen, der aber schon 1670 starb. Die Escaliers des Ambassadeurs mit ihrer T-Form geht noch auf ihn zurück. Sein Nachfolger wird Dorbay. Das alte Schloß erfuhr zunächst nur eine Ummantelung auf 3 Seiten, wobei die alten 3 Trakte um den rechteckigen Hof – jetzt Cour de marbre – im wesentlichen beibehalten wurden. Nur nach O hin erfolgte eine Verlängerung. Ab

1678 lag die Bauleitung in Händen J. →Hardouin-Mansarts. Er erhöhte die Anbauten Levaus um ein Geschoß, erbaute bis 1680 den S-Flügel und schuf 1679 die Galerie des Glaces im Obergeschoß des Hauptbaues. 1682 verlegte Ludwig XIV. seine ständige Residenz nach V. und ließ durch Mansart den N-Flügel (1685–89) anfügen, so daß die symmetrische Anlage des Schlosses entstand (die Gesamtlänge der Gartenfassade beträgt 576 m). Dem Mittelbau vorgelegt ist die Cour Royale als Ehrenhof, zu dessen Seiten liegt der nördliche Pavillon, 1771–73 von

Versailles, Schloß; Hofansicht.

Gabriel erbaut, dreigeschossig mit Tempelfassade auf Rustikasockel, darüber der reliefgeschmückte Giebel. Der südliche Pavillon wurde 1810–20 von Dufour aufgeführt. Das Theater am Ende des N-Flügels, 1753 von Gabriel begonnen, wurde erst 1767–70 vollendet. An der N-Seite des Mittelbaus liegt die Zimmerflucht Ludwigs XIV., deren Dekorationen Meisterstücke darstellen von →Lebrun und seinen Schülern. Westlich davon schließt sich die Spiegelgalerie an, die ebenfalls von Lebrun 1679–84 mit Gemälden, die das Leben Ludwigs XIV. zum Thema haben, ausgestattet wurde. Von besonderer, raumschöpferischer Bedeutung ist die Schloßkapelle im N-Flügel, die 1699–1710 von Mansart errichtet wurde. Die Dekoration stammt von Robert de →Cotte (ab 1708) und läßt, außen wie innen, schon das kommende →Rokoko ahnen. Die Gartenfront von V. blickt auf den Park →Le Nôtres mit seinen weiten Blumenparterres, seinen Springbrunnen, seinem kreuzförmigen Mittelteich und seinen parallel geführten Alleen und Wegen, die zwischen hohen, kunstvoll beschnittenen Hecken in eine scheinbar endlose Ferne verlaufen. Das Schlafzimmer des Königs befindet sich genau in der Mitte dieser gewaltigen Komposition aus Landschaft und Architektur. Begonnen wurden die Anlagen 1663, im wesentlichen zwischen 1667 u. 1688 ausgeführt. 1685 entstand die berühmte Orangerie Mansarts und der Grand Trianon (1687/88) für Madame de Maintenon. Den Petit Trianon erbaute Gabriel (1762–64) für die Gräfin Dubarry; er wurde später Lieblingssitz Marie Antoinettes. Er ist ein reizvoller Bauwürfel ohne Kuppel und ohne Fenstergiebel, mit nur wenigen, zurückhaltend angewandten Schmuckformen. Der Park wurde 1774 durch Richard im englischen Stil erweitert; hier entstand auch 1782–86 das Hameau (Dörfchen), eine Gruppe von Landhäusern für die Schäferspiele Marie Antoinettes nach Plänen von Mique und Robert, eine Nachahmung normannischer Bauernhöfe.
Lit.: Wasmuths Lexikon der Baukunst, Bd. IV, 1932; N. Pevsner, Europäische Architektur, 1961.

Versenktes Relief. Relief, dessen die Darstellung umgebende Steinschicht nicht abgearbeitet ist, so daß die Relieffiguren nicht vor einem Reliefgrund stehen, sondern bei dem die Figuren nur in ihrem Umriß in den Stein hineingearbeitet sind. Vom eingeritzten Relief unterscheidet es sich dadurch, daß die Darstellung in der Binnenfläche plastisch ausgearbeitet ist. Das V. erscheint als typisch ägypt. Reliefform seit der 4. Dyn. und wurde vor allem an Außenwänden von Architekturen verwendet.

Vertikalismus. Betonung des Vertikalen wie etwa beim Höhendrang der Gotik. Hochstrebigkeit.

Vesara. Sanskrit: „Gemischt"; eine traditionelle Bezeichnung für den mittelalterl. Tempelstil in Zentralindien, der eine Mischung aus dem nordindischen →Nagara-Stil und der südlichen →Dravida-Kunst darstellt.

Vespasians-Forum. Auch Forum Pacis (Friedensforum) genanntes Kaiserforum in →Rom. Der eingefriedete Platz ist 145 m lang und 100 m breit. Das Heiligtum mit dem Friedenstempel als Podiumsbau und einer Bibliothek wurde 75 n. Chr. durch Vespasian geweiht. Durch einen Brand zur Zeit des Commodus beschädigt, wurde das V. durch →Severus wieder instandgesetzt. Aus dieser Epoche stammen die noch stehenden Reste.

Vesperbild. Schmerzhafte Muttergottes, Pietà. Die in der Bibel nicht erwähnte Szene der schmerzerfüllten Maria, die ihren toten Sohn in den Armen hält, ist aus dem Zusammenhang der Beweinung isoliert. Die Bezeichnung V. deutet auf die Zeit des Geschehens am Abend des Kreuzigungstages. Als Einzelmotiv der bildenden Kunst wurde es von der religiösen Dichtung des 12. und 13. Jhs. vorbereitet. Im Zusammenhang mit der Mystik erscheint es zu Beginn des 14. Jhs. erstmals in der deutschen Plastik als →Andachtsbild. Frühestes Beispiel ist dasjenige auf der Veste Coburg (wohl um 1320). Im 14. Jh. wird Christus meist aufrecht auf dem Schoß der Mutter sitzend und von dieser gestützt dargestellt, im 15. Jh. vorwiegend waagerecht über deren Knien liegend. Seit dem Ende des 15. Jhs. hält Maria oft nur den Kopf des Sohnes auf ihrem Schoß, während sein Körper neben ihr am Boden liegt. In der Malerei findet sich das V. zuerst in den Miniaturen des Turiner Stundenbuches (Anfang 15. Jh.), kurz darauf als Einblattholzschnitt (Lambach, Maihingen), als Tafelbild erst in der zweiten Hälfte des 15. Jhs. (Werk der Schule von →Avignon, Paris, Louvre). Großartigstes und berühmtestes Beispiel einer Pietà ist die des →Michelangelo im Petersdom, →Rom (gegen 1500). Auch in Renaissance, Barock sowie im 19. Jh. wurde das Motiv häufig dargestellt.
Lit.: F. C. Schneider, Die mittelalterl. deutschen Typen und Vorformen des V.es, Diss. Kiel 1933; E. Reiners-Ernst, Das freudvolle V. und die Anfänge der Pietà-Vorstellung, 1939; C. Gravenkamp, Marienklage, 1948.

Vettersfelde. Fundort einer skythischen Fürstenausstattung des 6. Jhs. v. Chr. in der Mark Brandenburg. Die Goldarbeiten, darunter ein →Akinakes-Beschlag mit Tierfries und Augenmotiv, ein als Pferdestirnplatte oder Schildzierat verwendetes Fischrelief mit Tieren der drei Lebensbereiche (Erde, Wasser, Luft) und eine aus vier Rundplatten mit antithetischen Tierfiguren zusammengesetzte Zierscheibe, zeigen unverkennbar die Begegnung →skythischer und griech. Kunst. Die Tierstilmotive sind zu erzählenden Darstellungen organisch gebildeter Tierwesen geworden, denen auch die mythische Figur eines Fischmannes zugeordnet werden kann.
Lit.: K. Jettmar, Steppenvölker, 23f., 37ff.

Vettierhaus. Röm. Villa in →Pompeji, von den Brüdern Vettius, zwei reichen Kaufleuten, erbaut. Das V. entstand bereits vor dem großen Erdbeben im Jahre 63 v. Chr., wurde stark beschädigt und anschließend renoviert. Von dieser Instandsetzung stammen die bedeutenden hier erhaltenen Wandbilder, die sich eng an stadtröm. Kunst anschließen. Die Arbeiten scheinen sich längere Zeit hingezogen zu haben, denn die bemalten Wände zeigen Beispiele des 2., 3. und 4. Stils (→Röm. Kunst, →Pompeji). Die jüngsten Fresken, die bereits die totale Auflösung der Wand anstreben, sind wohl erst unmittelbar vor der Zerstörung Pompejis durch den Vesuvausbruch entstanden. – Die Villenanlage selbst verbindet das altitalische Atriumhaus mit dem hellenistischen Peristyl.
Lit.: H. Kähler, Rom und sein Imperium, 108ff., 1962.

Vetulonia. Wichtige befestigte Stadt des etruskischen Zwölferbundes (Vatluna, Vatuluna) im Mündungsgebiet der Bruna und des Ombrone unweit Grossetto. Auf die alte Küstenstadt weisen noch spätere Münzen mit

Delphinen und Dreizack zusammen mit der frühkaiserzeitlichen Symbolfigur eines Schiffsruderhalters. Die röm. Überlieferung verlegt nach V. den Ursprung der Machtzeichen Rutenbündel und Beil, der Tracht des Triumphators, des elfenbeinernen Amtssessels und der Trompete. Die Blütezeit V.s fällt in das 7./6. Jh. v. Chr., während es später seine Bedeutung an die Rivalin →Populonia verlor, die zusammen mit →Chiusi im 3. Jh. einen Dreierbund mit V. bildete. Gemeinsame Bronzemünzen mit dem Bild des Schmiedegottes Velchan (Vulcanus), Schmiedehammer und -zange. Die ausgedehnten Nekropolen führen in die →Villanova-Zeit des 9./8. Jhs. zurück. Pozzogräber des Poggio alla Guardia neben Fossagräbern und kleinen steingeschichteten Grabkammern. Für das 7. Jh. sind reich ausgestattete Steinkreisgräber (Circoli) charakteristisch, →Tomba del Duce. Die Beigaben weisen auf eine hochentwickelte Bronzetechnik (Gefäße, Geräte, darunter die als Geschirrträger gedeuteten Baumständer) und eine blühende Goldschmiedekunst, die sich durch Goldgranulation im Silhouettenstil auszeichnet. Die dritte Grabform des 7./6. Jhs. ist durch Hügel über Steinbauten vertreten, deren bestes Beispiel die →Pietrera ist. Aus einem Steinplattenkreis mit Bestattungsgrube und Hügel stammt die älteste bisher bekannte etruskische Grabstele des Aule Pheluske mit der Darstellung eines helm- und schildbewehrten Mannes, der in der erhobenen Rechten eine Doppelaxt trägt.

Lit.: O. W. v. Vacano, E I, 92ff.; E II, 9f., 62ff., 81ff., 155ff., 190, 201; F. v. Duhn, IGK I, 208ff.; G. Q. Giglioli, AE, Taf. 6.

Vézelay (Burgund). St. Madeleine. Die Benediktinerabteikirche gehört zu den berühmtesten Wallfahrts-

Vézelay, St. Madeleine, 12. Jh.

kirchen des westlichen Abendlandes. Chor und Querschiff 1104 vollendet, im späten 12. Jh. got. erneuert. 1120–32 Langhaus. Typ 2 der Bauschule von →Burgund: breit gelagertes Mittelschiff mit neun queroblongen Jochen. Tief ansetzende Kreuzgratgewölbe, die die Anlage der Obergadenfenster in der Gewölbezone ermöglichen. Kreuzförmige Pfeiler mit vorgelegten Halbsäulen, darüber aufsetzend halbrunde Vorlagen, die die Gurtbogen unterfangen. Charakteristisch die Schmuckfreude: reicher Skulpturenschmuck der Kapitelle, ornamentaler Schmuck an Arkadenumrandungen, Horizontalgesimsen und Schildbogen, Gurtbogen im Schichtwechsel zweifarbiger Steine gemauert. Doch wird hierdurch die kraftvolle Struktur des breit gelagerten, lichtdurchfluteten Raumes mit dem kräftigen Relief seiner Mauern eher gesteigert als verwischt. Gegenüber den cluniazensischen Bauten Burgunds (→Cluny III, →Autun) dominiert die Längserstreckung gegenüber der Höhenentwicklung. In der Bezogenheit auf menschliche Maßstäbe wird V. zur Grundlage für die Bauten der burgundischen Gotik (→Dijon). 1145–52 Anlage einer dreischiffigen, dreijochigen →Vorkirche mit Emporen und Kreuzrippenwölbung im dritten Joch (Vorbild: Cluny III; Kreuzrippenwölbung wohl aus der →Normandie übernommen). Westliche Doppelturmfassade got. verändert (Mittelgiebel, Obergeschosse des Südturms). Mit der got. Erneuerung der Ostteile gleichzeitig Anlage von offenem →Strebewerk. Der plastische Schmuck der vom Narthex ins Langhaus führenden Portale gehört neben dem Tympanon von →Moissac zum künstlerisch wesentlichsten Beitrag roman. Bauplastik. Bezeichnend und für die Stilstufe um 1120 typisch ist der visionäre Charakter der Darstellung, die ins Heftige, Unruhige gesteigerte Bewegung der Figuren. Das dünne Tuch der Gewänder mit seinen feinlinigen, in Kurven und Bögen geführten, an den Gelenken spiralig zusammengezogenen Falten erscheint wie vom Wind erfaßt, der die Säume anhebt und kräuselt. Im Gegensatz zu älteren Werken in →Toulouse wirken die Figuren wie von der Rückfläche gelöst und außerordentlich frei bewegt. Die Herkunft des Formenrepertoires liegt bei einer Malerschule mit byzantinisierendem Einschlag.

Lit.: E. Adam, Baukunst des Mittelalters, UKG IX, 1963; K. J. Conant, Carolingian and Romanesque architecture, 800 to 1200; Pelican History of Art, 1959; G. Zarnecki, Gislebertus, sculpteur d'Autun, 1960; W. Sauerländer, Skulptur des Mittelalters, UKG XI, 1963.

Vicenza. Die baugeschichtliche Bedeutung der Stadt liegt in der ausgedehnten Tätigkeit Andrea →Palladios (1508–80), die sich hier entfaltete. Seine wichtigsten, hier aufgeführten Bauwerke übten ihren Einfluß auf die europäische Architektur bis ins späte 18. Jh. hinein aus. **1)** Die Basilika Palladiana ist eine zweigeschossige, offene Bogenhalle, mit der Palladio den got. Palazzo Ragione (ab 1549) umgab. Bereits an diesem, seinem ersten größeren Bau, tritt das auf, was man unter „Palladio-Motiv" versteht: zwischen je 2 hinter vorgelegten Säulen aufgeführten Wandpfeilern steht je ein innerer Bogen, der beiderseits auf je einer Säule kleinerer Ordnung ruht, wobei als Widerlager ein kurzer Architrav dient, der die kleinen Innensäulen mit den Wandpfeilern verbindet. Diese Anordnung wird durchgehend in Erd- und Obergeschoß angewandt. Den Abschluß bildet eine figurenbesetzte Balustrade, die sich am Dachrand wiederholt. Den Dachfirst bekrönen 3 Figuren. – **2)** Der Palazzo Chieregati (Museum) wurde um 1550 begonnen und gilt als einer der besten Bauten Palladios. Die zweigeschossige Fassade zeigt eine korrekt durchgeführte ionische Ordnung über einer toscanisch-dorischen Ordnung, wobei das Erdgeschoß ganz und das Obergeschoß bis auf die 5 mittleren Interkolumnien in offene Säulenvorhallen aufgelöst ist. Der Dachrand wird von Figuren bekrönt. **3)** Diesem Pal. gegenüber liegt das Teatro Olimpico, 1579 nach Plänen Palladios begonnen und 1584 von Scamozzi beendet. Der Zuschauerraum für 1200 Personen steigt in 13 Stufenreihen im Halboval zu einer reichen Säulenhalle empor; im Sinne des antiken →Theaters liegt zwischen diesen Stufen und der Skene die Orchestra. Die zweigeschossige Bühnenwand mit schweren Ordnungen, die wahrscheinlich nicht mehr dem ursprünglichen Plane Palladios entsprechen, gibt den Blick frei auf 5 perspektivisch ansteigende und sich verjüngende Gassen; zu beiden Seiten des Proszeniums je eine weitere Gasse. – **4)** Das konsequenteste Beispiel einer streng symmetrischen Planung ist aber die noch vorhandene Villa Capra, die sogen. „Rotonda", vor den Toren V.s gelegen. Um 1567 begonnen, ist der Bau eine akademische Leistung von höchstem Range und wurde besonders in England bewundert. Das Wohnhaus

zeichnet sich durch seine unvergleichliche Noblesse aus: jede der 4 Seiten schmückt eine Tempelfassade mit schlanken, ionischen Säulen und fein proportionierten Giebelfeldern; die wenigen, sorgfältig placierten Fenster sind ebenfalls mit Giebeln versehen. Eine zentrale Kuppel verleiht dem Bau überlegene Würde. (Siehe Tafel 20).
Lit.: Wasmuths Lexikon der Baukunst, Bd. IV, 1932; N. Pevsner, Europäische Architektur, 1961.

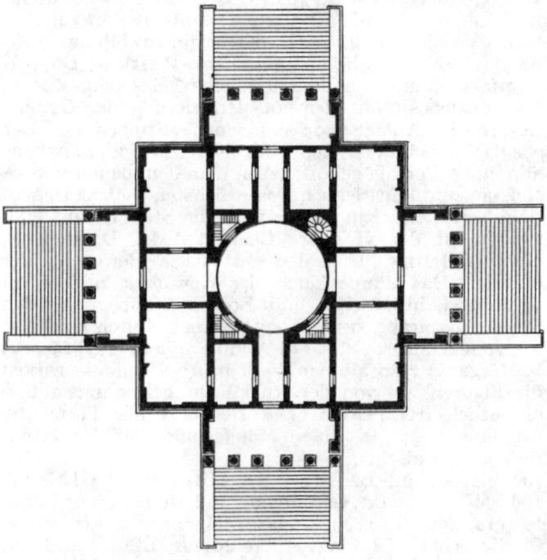

Vicenza, sog. „Rotonda" (Villa Capra); Grundriß.

Vidschayanagar. Ruinen der südindischen, nicht weit von der kleinen Stadt Hampi, am Tungabhadra-Fluß gelegenen Residenzstadt, in der die Könige von V. seit etwa 1400 bis zum Untergang der Dyn. in der Schlacht bei Talikota 1565 herrschten. In den Hindutempeln, z.B. dem Atschyutaradscha 1539, Pattabhirama 1530–42 oder Vitthalasvamin (begonnen 1513, 1565 noch nicht vollendet), verbinden sich kühne technische Meisterleistungen mehrgeschossiger Torbauten mit handwerksmäßig sauberer Ausführung der Relief-Plastik an den ausgedehnten Tempelwänden und Pfeilerhallen. In den Residenzbauten, z.B. den Stadttoren, den Thronplattformen, dem sogen. „Lotus Mahall" oder Rathaus, den sogen. „Elefantenställen" oder dem sogen. „Bad der Königinnen" sind alt-indische Bau- und Schmuckformen mit den zeitgenössischen Erfindungen der islam. Architekten harmonisch in einer südindischen Variante des indo-islam. Mischstils vereint.
Lit.: H. Longhurst, Hampi ruins, 1917.

Vieira da Silva, Maria Elena. Franz.-portugiesische Malerin. Geb. 1908 in Lissabon, lebt in Paris. 1927 kam sie nach Paris, wo sie bei →Bourdelle und →Despiau Bildhauerei erlernte, bei Hayter Graphik und bei → Léger Malerei. Entwarf Tapisserien und illustrierte Bücher. Erst sehr viel später begann sie ausschließlich zu malen. Ihr malerischer Stil ist abstrakt, wobei sie mit Linien und Farbpunkten Mosaike bildet.

Vienne (antiker Name Vienna). Von der antiken Stadtanlage haben sich bedeutende Bauten augusteischer Zeit erhalten. Dazu gehören ein völlig intakter Tempel (korinthischer Pseudoperipteros), der auf dem Forum dem Augustus und seiner Gattin Livia geweiht war, und ein riesiges Amphitheater, das mit einem Durchmesser von über 130 m zu den größten Anlagen dieser Art überhaupt gehört. Außerdem Reste eines Circus, auf dessen Spina noch ein Obelisk erhalten ist.

Vientiane. Siedlung in Laos, auch als Vieng Chan bekannt, mit dem 1586 gegründeten Heiligtum That Luang, einer Sonderform des →Stupa auf quadratischer Grundlage innerhalb eines Mauergevierts mit pagoden- und turmartigen Verzierungen in einem regionalen hinterindischen Stil. Die jetzt sichtbare Konstruktion aus vergoldetem Holz und glasiertem Ziegel und das hoch aufragende Schlußstück stammen aus laufenden Renovierungen seit dem 18. Jh.
Lit.: Groslier, Hinterindien, 238.

Vierblatt. Eine aus vier Spitzbogen zusammengesetzte Maßwerkfigur, die in der späteren Gotik anstelle des aus vier Rundbogen gebildeten Vierpasses tritt.

Vierpaßfibel. Fränkischer Fibeltyp der →Völkerwanderungs-Zeit. Auf der vierpaßförmigen Grundplatte (aus Bronze), die oft mit Goldblech verkleidet ist und die mit Filigranstreifen die Kreuzform betonen kann, sind Verzierungen in Granulation angebracht, außerdem kommen Almandine, Glasflüsse und Perlen als Besatz vor (frühes 8. Jh. n. Chr.).

Viertelstab. Stabförmiges Bauglied, dessen Profil den Querschnitt eines Viertelkreises hat.

Vierung. Die Durchdringungsstelle von Langhaus und Querhaus einer kreuzförmigen →Basilika. Von einer eigentlichen V. kann man erst seit ottonischer Zeit sprechen (zuerst →Hildesheim, St. Michael). Vorbedingung ist, daß die V. ausgeschieden ist, d.h. sich nach allen vier Seiten in gleich großen Bogen öffnet und dadurch keinen isolierten Raumteil mehr bildet. Dabei werden die Vierungspfeiler durch Vorlagen verstärkt und durch Vierungsbogen in der vollen Breite von Mittelschiff und Querhaus miteinander verbunden. Eine Vorform ist die sogen. abgeschnürte V., bei der die Querhausflügel durch trennende Füllungen abgegrenzt werden oder die Bogenöffnungen in Breite und Höhe nicht völlig übereinstimmen, so daß der Raumabschnitt gegen die vier angrenzenden Raumteile isoliert wird. Haben das Mittelschiff des Langhauses und das Querhaus gleiche Breite, so entsteht an der Kreuzungsstelle ein quadratischer Raumabschnitt, das Vierungsquadrat. Die V. war in der Regel zur Benutzung für die Mönche, das Domkapitel etc. als „chorus psallentium" gedacht und durch Chorschranken, Lettner und dergleichen dem Chor einbezogen. Am Außenbau wird die V. meist durch einen Vierungsturm betont.
Lit.: H. Beenken, „Die ausgeschiedene Vierung", Repertorium für Kunstwissenschaft, 207–31, 1930; Bökelmann, „Die abgeschnürte Vierung", Neue Beiträge zur Kunstgeschichte des ersten Jahrtausends, 1954; G. Urban, Der Vierungsturm bis zum Ausgang des roman. Stils, Diss. Frankfurt, 1953.

Vidschayanagar. Ruinen des sogen. Königinnenbades

Vierzehnheiligen. Der 1. Bau entstand 1446 an der Stelle, wo die 14 Nothelfer dem Langheimer Klosterschäfer erschienen waren. 1525 fiel er jedoch dem Bauernaufruhr zum Opfer. Ein 2. Bau hielt sich bis ins 18. Jh. Als dieser zu klein wurde, holte man Entwürfe ein für den Neubau. Bauherr war einerseits der Prälat von Langheim, andererseits aber der Bamberger Fürstbischof Carl Friedrich von Schönborn, der für die endgültige Wahl des Baumeisters, nämlich Balthasar →Neumann, ausschlaggebend war. Die Grundsteinlegung erfolgte 1743, die Bauleitung lag in Händen

Gottfried Heinrich Krohnes. Er verkürzte den ursprünglich länger geplanten Chorraum Neumanns beträchtlich, so daß der Gnadenaltar nicht mehr, wie beabsichtigt, in die →Vierung gestellt werden konnte. Neumann änderte daher die Pläne (1744): Standort des Altares sollte die Mitte des Langschiffes werden. Aus dem so entstandenen Spannungsverhältnis zwischen basilikalen und zentralen Richtungstendenzen bezieht der Bau seine Raumwerte.

Vierzehnheiligen, Innenansicht der Klosterkirche, 1743 bis 1772 nach Plänen von B. Neumann errichtet.

Von außen gesehen, wirkt der Bau wie eine gewöhnliche, kreuzförmige Basilika mit der im Stil →Borrominis geschwungenen Fassade. Erst das Innere enthüllt die wahre architektonische Konzeption: der Chor hat ovalen Grundriß, die Querarme kreisförmigen Grundriß; das Langhaus bildet sich aus 3 Längsovalen, von denen das westliche gleich groß ist wie das östliche Choroval. Dazwischen liegt das mittlere, wesentlich größere Langhausoval, Brennpunkt der Architektur mit dem Altar der 14 Nothelfer. Die den Gesamteindruck bestimmenden Ovalräume werden in Höhe des Gewölbeansatzes durch Gurtbogen voneinander geschieden, die als windschiefe Bogen gebildet sind, in dreidimensionaler Schwingung sich schräg gegeneinander vorneigend. Die beherrschenden Farben des Raumes, Weiß, Gold und Rosa, werden übergossen von Helligkeit aus den Abseiten, die die aus Pfeilern mit vorgestellten Säulen und Emporen gebildeten Ovalräume ummanteln. Der Gnadenaltar, nur noch als Ornament faßlich, losgelöst von aller Tektonik, ist von J. M. →Feuchtmayer und J. G. Üblherr (1763), die zartfarbigen Gewölbefresken von J. Appiani, der auch die (leider im 19. Jh. ausgetauschten) Altarblätter des Hochaltars und der beiden bühnenartig schräggestellten Altäre an den östlichen Vierungspfeilern schuf.
Lit.: N. Pevsner, Europäische Architektur, 1957; Reclams Kunstführer, Deutschland, Bd. I, 1961.

Vigée-Lebrun, Marie Louise Elisabeth. Franz Malerin. Geb. 1755 in Paris, gest. 1842 ebda. Sehr geschätzte Portraitistin des Klassizismus, weitgehend Autodidakt, gefördert durch →Greuze. Mitglied der Akademie und Lieblingsmalerin von Marie-Antoinette, weshalb sie zu Beginn der Franz. Revolution das Land verließ. Wirkte sodann in Italien, wo sie aufgefordert wurde, ihr Bildnis für die Künstlerportraitsammlung der Uffizien in Florenz zu malen. Später wirkte sie noch in Wien, Berlin und Petersburg, bevor sie 1802 nach Paris zurückkehrte. – V.-L. hat fast nur Frauen portraitiert: Marie-Antoinette, Mme. de Staël (Mus. Genf), Königin Luise von Preußen u. a.
Lit.: A. Blum, Mme. V.-L., 1919 (franz.); W. H. Helm, V.-L., 1916 (engl.).

Vigeland, Gustav. Norwegischer Bildhauer. Geb. 1869 in Mandal, gest. 1943 in Oslo. V. stand in seinen frühen Werken stark unter dem Einfluß →Rodins. Ein Zeugnis dieses leidenschaftlichen Ausdruckes ist das Bronzerelief „Die Hölle" (1897, Oslo, Nat.-Gal.). Sein bedeutendstes Werk, in welchem sich V. um Monumentalwirkung der symbolistischen Figurengruppen bemühte, ist die Brunnenanlage im Frogner-Park in Oslo (mit rund 100 Figurengruppen). V. war ferner ein anerkannter Meister für Bildnisbüsten (Björnson, Ibsen).
Lit.: H. Vollmer, Künstlerlexikon d. 20. Jhs.

Vignette (franz. „Weinranke"). Ursprünglich das die Buchseite rahmende, zierliche Weinrankenornament spätmittelalterl. Handschriften, auch die Rahmenbordüre einer Buchminiatur. Später nannte man kleine ornamentale oder figürliche Ziermotive auf gedruckten Buchseiten V.n. Sie werden vor allem über Kapitelanfängen, auf Anfangsseiten, Titeln und am Buchschluß angebracht.

Vignola, Giacomo Barozzi da. Italien. Baumeister. Geb. 1507 in Vignola, gest. 1573 in Rom. Nach Lehrjahren in Bologna, Tätigkeit in Frankreich, kam V. 1546 nach Rom, wo er 1564 Nachfolger →Michelangelos als Dombaumeister von St. Peter wurde. Der bedeutendste Teil seines Werkes entstand im Dienste der Farnese, wie das prachtvolle Schloß der Farnese in Caprarola (1547 bis 1559), ein fünfeckiger Bau mit einem runden Innenhof über dem Sockelbau einer Befestigung von →Peruzzi. Ein für die ganze Entwicklung barocken Kirchenbaues wichtiger Bau ist die Jesuitenkirche Il Gesù in →Rom (1568–84) mit der Zusammenfassung aller Raumteile zu einem alles beherrschenden Langhausraum mit seitlichen Kapellennischen und Kuppel (vollendet von Giacomo della Porta). Als Baumeister von St. Peter in Rom errichtete V. die Nebenkuppeln.
Lit.: W. Lotz, V.-Studien, 1939; N. Pevsner, Europäische Architektur, 1957.

Vihara. Felsgehauenes oder aus Hau- oder Backstein errichtetes buddhistisches Kloster.

Viksø (Dänemark). In einem Moor wurden zwei Helme aus Bronzeblech mit einfacher, getriebener Ornamentik und zwei gegossenen Hörnern gefunden, die in die jüngere →Bronzezeit, vielleicht aber auch in die ältere →Eisenzeit gehören.

Villa. Ursprünglich das röm. Wohnhaus, das nicht in einem festen Verband mit anderen Häusern steht. Da sich die antike röm. V. aus dem Wohnhaus des Landgutes entwickelte, gehörte zu ihr in der Regel die Einbindung in die Natur. Dies entweder unter Berücksichtigung der natürlichen Umgebung oder durch eine künstliche Garten- und Parkanlage. Derartige Villen, oft Sommersitz vornehmer Familien (→Pompeji), waren in der röm. Kaiserzeit auch außerhalb Italiens im Imperium verbreitet. So haben solche Anlagen wohl auch in Deutschland auf die karolingische Palastarchitektur Einflüsse ausgeübt. Die V. in ihrer antiken Bedeutung lebte seit der Renaissance in Italien wieder auf und verbreitete sich rasch über das übrige Europa. Ein fixierter Bautyp hat sich hierbei nicht entwickelt, vielmehr ist es ein Wesensmerkmal der V., daß sich in ihr, der ungebundenen Landhausform, individuelle Bauformen finden.

Villa Hadriana →Hadriansvilla.

Villa Herculia →Piazza Armerina.

Villandry (Touraine). Von der ursprünglichen Burg ist der Donjon übriggeblieben, ein dicker, viereckiger Turm, der in die im 16. Jh. errichtete Neuanlage von Jean le Breton miteingebaut wurde. Drei Wohnflügel umgeben einen Ehrenhof, der sich im N zum Loiretal und dem Tal des Cher öffnet. Heute ist hier ein Museum

untergebracht. Die Gartenanlagen wurden im 19. Jh. vom Marquis de Castellane völlig umgestaltet zu einem Park im engl. Stil. Die heutigen Besitzer ließen die französische Anlage wiederherstellen. Drei übereinanderliegende Terrassen sind Wassergarten, Ziergarten und – die unterste – Gemüsegarten. Die in geometrischen Figuren angelegten Beete sind von kunstvoll beschnittenen Taxus- und Eibenhecken eingefaßt. Jedes Buchsbaumgebüsch stellt eine Versinnbildlichung des Herzens dar. Dazwischen laufen Kanäle, sind Springbrunnen und Weinlauben angelegt.

Villanova. Bedeutsamer Fundort einer ausgedehnten →Pozzogräber-Nekropole bei →Bologna (10.–7. Jh. v. Chr.), deren Leitform die bikonische, mit streng linearen, knapp begrenzten Mustern verzierte V.-Urne ist. Im Gegensatz zu ihr vertreten die mit Buckeln und dehnenden Riefen geschmückten Gefässe der Fossagräber einen anderen Stilwillen. Das Nebeneinander der beiden Strukturschichten wirkt in der →etruskischen und →röm. Kunst nach.
Lit.: O. W. v. Vacano, E I, 103ff.; G. Kaschnitz von Weinberg, RK I, 79ff.; F. v. Duhn, IGK I, 153ff.

Villard de Honnecourt. Franz. Baumeister aus Honnecourt an der Schelde (Pikardie), tätig um 1230–35. Während dieser Jahre entstand sein früher fälschlich als „Skizzenbuch" bezeichnetes Bauhüttenbuch (seit 1795 in Paris, Bibl. Nat.ms. 19093), das einzige, wenn auch leider nur etwa zur Hälfte erhaltene der Hochgotik (→Bauhütte). Es handelt sich um eine Mustersammlung, begleitet von Beischriften und ausführlichen Texten in der Art eines Traktates, in Federzeichnung auf Pergament ausgeführt, vereinzelt laviert und heute aus 33 Blättern bestehend. Es enthält, nach Kapiteln geordnet, Bauzeichnungen, angewandte Architektur, Steinmetztechnik, Baugeometrie, Zimmermannskunst, Maschinen für Krieg und Frieden, Feldmesserei sowie für Plastik und Malerei Abschnitte über die menschliche Gestalt, Tierdarstellungen, Maßverhältnisse, geometrische Schemata für Figurenkompositionen. Das Bauhüttenbuch des V. gewährt einen einzigartigen Einblick in Arbeits- und Denkweise eines Künstlers hochgot. Zeit und ist nicht nur kunsthistorisch, sondern für fast alle Gebiete der Geisteswissenschaft eine der bedeutendsten Quellenschriften des Mittelalters. V. unternahm Reisen nach Cambrai, Laon, Reims, Meaux, Chartres, Lausanne und Ungarn. Vor der Ungarnreise dürfte der Großteil der Eintragungen entstanden sein, zu einer Zeit, als V. bereits Meister war, da das Buch sich an Schüler wendet. Seine Lehrzeit verbrachte er vermutlich in der Bauhütte der Zisterzienserkirche von Vaucelles (begonnen 1190, geweiht 1235). An ausgeführten Bauten ist kein gesichertes Werk erhalten. Mit einiger Berechtigung zugeschrieben wurde ihm der 1257 geweihte Chor der Kollegiatskirche von St. Quentin; doch vielfache spätere Änderungen lassen eine Beurteilung seines persönlichen Stils kaum zu. Lit.: Thieme-Becker.

Villon, Jacques (Pseudonym für Duchamp). Franz. Maler. Geb. 1875 in Damville, gest. 1963. Er ist der Älteste der drei Brüder Duchamp (→Duchamp, Marcel und →Duchamp-Villon, Raymond). Besuchte ab 1894 die Académie Cormon und arbeitete für die satirischen Zeitschriften „Assiette au beurre" und für „Gil Blas". 1911 schloß er sich unter dem Einfluß seines Bruders Raymond dem analytischen →Kubismus an. Zusammen mit →Gleizes, →Léger, →Metzinger und →La Fresnaye gründete er die „Section d'Or". Ab 1919 begann er abstrakt zu malen; eine Periode, in der er Werke zeitgenössischer Künstler graphisch reproduzierte, schloß sich an. 1935 führte ihn eine Reise nach Amerika. – V.s Kunst ist der Versuch, eine Synthese zwischen →Impressionismus und Kubismus, zwischen der gegenständlichen und der abstrakten Malerei, zu finden.
Lit.: J. P. Crespelle, J. V., 1958.

Violett-le-Duc, Eugène Emanuel. Franz. Architekt, Baukonservator und Architekturschriftsteller. Geb. 1814 in Paris, gest. 1879 in Lausanne. Schüler des Architekten Francois Leclère (1785–1853), der sich schon mit wissenschaftlichen Studien befaßt hatte. 1836/37 bereiste er Italien und Sizilien, wo er die antiken und mittelalterl. Baudenkmäler studierte. Diese Studien setzte er in Südfrankreich fort. Sie bildeten das Fundament für das reiche architektonische Schaffen von V., seiner für die Erhaltung der Baudenkmale wertvollen Restaurierungsarbeiten und seines literarischen Werkes, durch das er zum Lehrer vieler Architektengenerationen wurde. – 1840 wurde er zum Inspektor der Restaurierungsarbeiten an der St. Chapelle ernannt, ab 1845 stellte er in Paris die Nôtre Dame (zusammen mit Lassus) wieder her und in der Provinz die Kirchen und Kathedralen von Vézelay bis Reims. In Carcassonne gelang es ihm, ein ganzes mittelalterl. Stadtbild mit Wehrbefestigung zu sichern. Aber auch als Ingenieur leistete er Bahnbrechendes, sowohl bei der Einziehung von Behelfskonstruktionen in historischen Bauwerken als auch bei neuen Eisenkonstruktionen und den Entwürfen für die kaiserlichen Salonwagen der Eisenbahn.
Lit.: Katalog E. V.-le-D., 1814–1879, 1965.

Virakal. Heldengedenkstein für indische Krieger, gewöhnlich mit stark abstrakten Flachreliefs einer Reiterfigur.

Visby. Küstenstadt in Gotland. Wichtigster Teil der alten Stadt ist die über 3 km erhaltene Stadtmauer mit 44 Türmen aus dem 13. und 14. Jh. – An der SW-Seite der Stadt wurde 1412 mit einem burgartigen Schloßbau begonnen, der nach 1470 zur größten Schloßanlage des Nordens ausgebaut wurde (1679 zerstört). Die alte Stadt selbst fiel zum größten Teil 1525 der Zerstörung durch Lübeck zum Opfer. Von den alten Bauten, die wiederhergestellt wurden, ist die im 12. Jh. gegründete Marienkirche (heute Dom) der bedeutendste. Weitere Kirchen- und Klosteranlagen gehörten zur mittelalterl. Stadt. Aus dem 17. Jh. stammt das Burmeisterhaus, eines der bedeutendsten Beispiele nordischer Holzbau- und Zimmermannskunst. – Die sogen. Trojaburg in der Nähe V.s ist eine bronzezeitl. Anlage, die aus labyrinthartigen Steinsetzungen besteht.

Vischer. Erzgießerfamilie in Nürnberg, tätig von etwa 1450–1550. Die Gießhütte der V. war die bedeutendste zu jener Zeit in Deutschland, und ihre Meister zählen zu den führenden Künstlern auf dem Gebiet der Bronzebildnerei. Eine Zuschreibung der verschiedenen Arbeiten an einzelne Familienmitglieder ist nicht immer möglich, da es sich häufig um Gemeinschaftsarbeiten der Werkstatt handelt. Die bedeutendsten Mitglieder sind: **1)** Hermann d. Ä. Gest. 1488 (wenn nicht anders angegeben, bei allen Nürnberg), begründete 1453 die Gießhütte. Das einzige gesicherte Werk seiner Hand ist ein Taufbecken der Stadtkirche zu Wittenberg (1457) sowie einige Grabplatten. – **2)** Peter d. Ä. Sohn von 1). Geb. 1460, gest. 1529. Geselle seines Vaters, dessen Werkstatt er, nachdem er 1489 Meister geworden war, übernahm. Er ist die führende Gestalt unter den Bildhauern der Dürerzeit und führte die Hütte zu ihrer glanzvollen Stellung. Künstlerisch wurzelte er in der Spätgotik, doch nahm er auch Anregungen der Renaissance auf und verbreitete diese. Dadurch kommt ihm in der deutschen Kunst eine ähnliche Stellung zu, wie sie →Ghiberti in der italien. innehatte. – Sein Hauptwerk ist das Sebaldusgrab der Sebalduskirche in →Nürnberg. Aus einem noch ganz got. empfundenen Entwurf (1488) entwickelte er die heutige Form des Baldachingrabes, vor dessen 8 Säulen die 12 Apostel stehen (begonnen 1508, vollendet 1519). Die handwerkliche Ausführung ist eine Gemeinschaftsleistung der Familie; von P.V. stammen die Apostelfiguren, deren vollendete Schönheit von der Verbindung got. Formen des 14. Jhs. mit solchen der Renaissance herrührt. Ein weiteres, umfangreiches Werk sind die Figuren der Könige Artus und Theoderich vom Grabmal Kaiser Maximilians in Innsbruck (1513, →Maximiliansgrab). – **3)** Hermann d. J. Sohn von 2). Geb. um 1486, gest. 1517. Er weilte 1515/16 in Italien, von wo er einige architektonische Zeichnungen mitbrachte (Paris, Louvre). Zugeschrieben wird ihm der architektonische Aufbau des Sebaldusgrabes, sodann das Fuggergitter mit Rundbogenrelief für die Fuggergrabkapelle in Augsburg (Schloß Montrottier). Ferner arbeitete H.V. einige Grabplatten, darunter wohl die des Hermann von Henneberg mit Gemahlin (1508,

Stadtkirche Römhild). – **4)** Peter d. J. Sohn von 2). Geb. 1487, gest. 1528. Auch er war wahrscheinlich in Italien, wo er die Formen der dortigen Renaissance in sich aufnahm. Sein Hauptwerk sind wohl die vielen Kleinplastiken des Sebaldusgrabes. Auch die Figuren am Maximiliansgrab werden ihm zugeschrieben, obwohl er als Kleinplastiker gilt. – **5)** Hans. Sohn von 2). Geb. 1489, gest. 1550 in Eichstätt. Er übernahm 1530 die Hütte. Seine Hauptwerke sind der ganz im Stile der

P. Vischer d. Ä., „Selbstbildnis am Sebaldusgrab", 1518–19 (Nürnberg, Sebaldus-Kirche).

italien. Hochrenaissance gehaltene Apollobrunnen im Hof des Nürnberger Rathauses (1532), ferner das Doppelgrabmal der Kurfürsten Joachim und Johann Cicero im Dom zu Berlin (1530), die Grabmale Albrechts von Brandenburg in der Stiftskirche in Aschaffenburg (1525) und Joachim des Beständigen in der Schloßkirche zu Wittenberg.
Lit.: S. Meller, P. V. d. Ä. und seine Werkstatt, 1925; E. F. Bange, Die künstlerische Bedeutung P. V.s d. Ä., in: Preußisches Jb. 50, 1929; A. Feulner, P. V.s Sebaldusgrab in Nürnberg, 1924.

Vischnu. Eine Hauptgottheit der Hindus, der Gott der Erhaltung. Mit Sonnenscheibe oder Wurfrad, Keule und Lotus abgebildet. Zur Rettung der Welt hat er sich in 10 „Herabkünften" (= Avatar) inkarniert und z. B. als →Krischna oder →Rama die Menschheit vor dem Untergang bewahrt.
Lit.: Banerjea, Development, 385–427.

Vischvakarman. In der indischen Mythologie der Baumeister der Götterpaläste; das Urbild für den indischen Künstler.

Visierung. Eine im Spätmittelalter und in der Renaissance übliche Bezeichnung für Entwurf, Werkzeichnung, Riß.

Vitruvius Pollio. Röm. Architekt des 1. Jhs. v. Chr. Seine Erfahrungen als Architekt und Ingenieur legte er in seinem 10 Bücher umfassenden Werk „de architectura", das er →Augustus widmete, nieder. Buch 1 gibt die einzige aus der Antike erhaltene Architekturtheorie und -ästhetik wieder, Buch 2 behandelt die Verwendung der Baumaterialien, die Bücher 3 und 4 beschreiben eingehend den Tempelbau mit zahlreichen Detailangaben, Buch 5 erörtert öffentliche Anlagen wie →Forum, →Basilika und →Theater, Buch 6 das Privathaus, Buch 7 die Innendekoration. In den 3 letzten Büchern spricht V. von technischen Details der Installation und des Maschinenbaus. – Für dieses sehr umfassende Werk hat V. mehrfach ältere Architekturschriften, die er in einem Vorwort z. T. aufführt, exzerpiert. Ein Großteil der heutigen Kenntnis antiker Architektur wird diesen Schriften verdankt. Besonders wichtig ist das 6. Buch, das das griech. und röm. Privathaus genau beschreibt. Die Angaben ergänzen sich vortrefflich mit den Ausgrabungsergebnissen. Sehr wertvoll ist daneben das 7. Buch, das die Technik des Verputzens der Innenwände und der Wandmalerei erörtert und somit ein unschätzbares Pendant zu den erhaltenen Fresken →Pompejis bildet. – Darüber hinaus enthält das Werk des V. zahlreiche antike Begriffe zur Bautechnik.
Lit.: E. Stürzenacker, M. Vitruvius Pollio, über die Baukunst, 1938.

Vivarini. Italien. Künstlerfamilie des 15. Jhs. aus Murano bei Venedig. **1)** Antonio V. Geb. um 1415, gest. um 1480. Schuf hauptsächlich spätgot. Altarbilder von barocker Schwere. – **2)** Bartolomeo V. Geb. um 1432, gest. um 1499. Bruder des Antonio V., mit dem er mehrere Werke gemeinsam ausführte. In antikischen Details und in der klaren Plastizität verraten seine Werke Einfluß der Malerei Paduas, besonders von →Mantegna. – **3)** Alvise V. Geb. um 1445, gest. 1504. Sohn des Antonio V., jedoch mehr in der Nachfolge seines Onkels Bartolomeo arbeitend. Klare Figurendarstellung verbindet sich in seinen Bildern mit stimmungsvoller Landschaftsschilderung. Hierin scheinen sich Anregungen von Giovanni →Bellini und Antonella da Messina niederzuschlagen.
Lit.: Thieme-Becker; V. Moschini, I Vivarini, 1946.

Vivin, Louis. Franz. Maler. Geb. 1861 in Hadol (Vogesen), gest. 1936 in Paris. Wie andere der modernen „Primitiven"-Maler Frankreichs (→Séraphine), wurde V. von W. Uhde entdeckt und in seiner Arbeit gefördert. Er war bis zu seinem 62. Lebensjahr Postbeamter, hatte jedoch viel früher schon zu malen begonnen. Er lebte auf dem Montmartre in Paris und so stellen seine Bilder in den meisten Fällen Motive dieses Stadtteiles und der Kirche Sacre Cœur dar. Aber auch Stilleben mit Blumen malte er. Seine Malweise war kleinlichst exakt, sehr farbig, aber fein abgestimmt, mit der diesen Malern eigenen Liebe zum Objekt.
Lit.: O. Bihalji-Merin, Das naive Bild d. Welt, 1959.

Vix. Am Mont Lassois am Oberlauf der Seine (Frankreich) gelegener Fundort eines reichen Frauengrabes der →Eisenzeit, das von den Handelsbeziehungen früher keltischer Fürsten zum Mittelmeergebiet Zeugnis ablegt: gefunden wurden griech. und etruskische Gegenstände, darunter der große Krater von Vix, ein 1,65 m hohes Gefäß mit einem Reliеffries am Hals. In einer unteritalischen Werkstatt (Tarent ?) ist der Krater gegen Ende des 6. Jhs. v. Chr. entstanden.
Lit.: R. Joffroy, Le trésor de V., Histoire et portée d'une grande découverte, 1962.

Vladimir →Wladimir.

Vlaminck, Maurice de. Franz. Maler. Geb. 1876 in Paris, gest. 1958 in La Tourillière. Von van →Gogh beeinflußt, kam er autodidaktisch zur Malerei und gründete 1903 mit →Derain eine Ateliergemeinschaft, in der er sich zum →Fauvismus entwickelte. Wilde, ungezügelte Pinselführung und leuchtende Farben kennzeichnen die Bilder dieser Phase. Unter dem Einfluß der Werke →Cézannes läßt sich ab 1907 eine gewisse kubistische Verfestigung der Formen erkennen, wenngleich Vlaminck sich nie dem →Kubismus anschloß, sondern ihn aufs heftigste ablehnte. 1918 erwarb er in Paris ein eigenes Atelier. Die Formen und Farben seiner Bilder werden wieder freier. 1925 ließ er sich in La Tourillière nieder. (Abb. S. 702).
Lit.: J. Leymarie, M. de V., 1959.

Vocha (Küstenebene bei Korinth). Hier frühchristl. Basilika in Skutela, eine andere bei der Station Sikionia.

Völkerwanderungskunst. Kunst der →Völkerwanderungs-Zeit.

Völkerwanderungs-Zeit. Beginnt im 4. Jh. n. Chr

mit dem Einbruch der Hunnen und geht im letzten Viertel des 1. nachchristl. Jahrtausends in das Frühe Mittelalter über. Die Kunst der V. ist, außer der frühchristl. Kunst, die Brücke zum Mittelalter. Plastik und Malerei treten hinter einer reichen Ornamentik auf Fibeln, Schnallen und Waffenbeschlägen zurück.

M. de Vlaminck, „Stilleben" (Stuttgart, Staatsgalerie).

Vogeler, Heinrich. Deutscher Maler, Graphiker, Buchkünstler, Kunstgewerbler und Dichter. Geb. 1872 in Bremen, gest. 1942 in einem Dorf in Kasachstan (UdSSR). Er studierte Malerei und Graphik an der Akademie in Düsseldorf und kam, nach mehreren Reisen, nach Worpswede, wo er mit Otto Modersohn und F. Mackensen in Verbindung trat. Während des 1. Weltkriegs kämpfte V. an der Ostfront, und hier kam er nach 1917 mit dem kommunistischen Gedankengut in Berührung. Er eignete sich dasselbe an und legte es einer eigenen heimischen Kunstschule zugrunde. Nach 1923 unternahm V. mehrere Reisen nach Rußland, teils zu Lehrzwecken, teils um künstlerische Eindrücke zu sammeln, die er in Deutschland dann zu Agitationsbildern verarbeitete. 1931 zog er endgültig nach Rußland, wo er in Moskau und Odessa lebte, bis er 1941 nach Kasachstan evakuiert wurde.
Lit.: H. Liebau, H.V., Diss. Berlin, 1958.

Vogelfibel. Fibeltyp der →Völkerwanderungs-Zeit (→Fibel). Dargestellt ist ein Vogelkörper in heraldischer Auffassung (→Adlerfibel).

Vogelherd. Höhle bei Stetten ob Lontal (Württemberg) mit bedeutenden Kleinfunden aus der→Älteren Steinzeit. Dem mittleren →Aurignacien gehören fünf kleine, naturalistisch aufgefaßte Rundplastiken aus Elfenbein an, u.a. Mammut, Wildpferd, Panther. Teile einer Rundplastik (Ren?) und vier Halbplastiken (u.a. Bison, Höhlenlöwe, Mammut) sind dem jüngeren Aurignacien zuzuschreiben, sie sind mit Punktreihen, Kerben und Kreuzen reicher ornamentiert als die älteren Funde.
Lit.: Riek, IPEK 8, 1932/33.

Vogelornament. In der →Bronze- und →Eisenzeit spielt die Darstellung von Vögeln eine zunehmende Rolle, bekannt sind vor allem Gravierungen auf Metallgeräten, wobei Vögel zum Bestandteil der Ornamentik werden, →Vogelsonnenbarke.

Vogelsonnenbarke. Verzierungselement der vorgeschichtlichen Metallzeit, vor allem als Gravierung auf Geräten. Als Motiv die von einem Vogel gefahrene oder gezogene Sonne in abstrakt geometrischer, später naturalistischer Darstellung. Es besteht ein enger Zusammenhang mit religiösen Vorstellungen.

Volkskunst. Begriffsbestimmung, Eigenart: Von M. Haberlandt (1911) wird die V. mit der Mundart verglichen (Urwüchsigkeit, Gebundenheit an den Lebensraum, stetig wiederkehrende Motive). Getragen wird die V. vorwiegend vom Bauerntum, daneben vom kleinstädtischen Bürgertum und von einigen Berufsgruppen, die über einen relativ unveränderlichen Lebensrhythmus und viel Freizeit verfügen (z.B. Almhirten, Fischer usw.). Die dabei verwendeten Motive gehen z.T. auf sehr alte, noch aus vorchristl. Zeit stammende Anschauungen zurück (Lebensbaum, Seelenvogel, Sonnenzeichen). Von der „hohen Kunst" wie auch von der „naiven Kunst" unserer Zeit unterscheidet sich die V. dadurch, daß ihre Schöpfer vorwiegend anonym bleiben und nicht bestrebt sind, bewußt subjektiv und persönlich-intuitiv zu gestalten. Die Beschränkung auf traditionsbedingten Formenschatz hat zur Folge, daß oft uralte Grundtypen konserviert werden. – Die V. will nicht „Kunst an sich" schaffen, sondern steht vorwiegend im Dienste des Schmuckbedürfnisses des einfachen Menschen. Ihr Lebensraum ist daher das Haus des Bauern und Kleinbürgers, daneben gelegentlich die Kirche. – Äußerlich kennzeichnend sind: treffsichere und oft „heraldisch" wirkende Stilisierung, Buntheit, einfache und klare Typisierung, häufig verbunden mit überaus komplizierter Technik. Diese nimmt nicht selten geradezu den Charakter eines Geduldspieles an; auch dadurch unterscheidet sich die V. von den subjektiven, einer spontanen Intuition entspringenden Werken der „hohen Kunst". – Nach A. Riegel (1894) ist es Wesensmerkmal der V., daß sie nur für den Eigenbedarf geschaffen wird und ihre Erzeugnisse daher eigentlich unverkäuflich sind (Abgrenzung der V. gegenüber dem Kunsthandwerk und der V.-Hausindustrie unserer Zeit). Spezialistentum besonders Begabter, die ihre Werke (etwa im Tauschwege) weiterzugeben bereit sind, spielt in der V. dennoch immer eine Rolle. – Gliederung der europäischen V.: Nach H. Th. Bossert (1938) lassen sich hier drei Hauptgebiete unterscheiden: 1) Gebiet der „Gotik" (reicht von Portugal bis Polen und Finnland, im SO bis Slavonien, Rumänisch–Siebenbürgen, Kroatien, Istrien, Dalmatien. In W-Europa und Italien erlischt dieser Stil relativ früh, etwa mit dem Ende des 14. Jhs. – 2) Gebiet des „Byzant. Stils" (Griechenland und Galizien). – 3) Mischzone islam. mit „byzant." Kunst (östliches Rumänien, Großteil Jugoslawiens, Albaniens, Griechenlands). Zu 1) ist zu sagen, daß hier spätere Stilformen der „hohen Kunst" (besonders Renaissance und Barock) Eingang in die V. fanden, mit welchen sich die nachlebenden „gotischen" Elemente vermischten. Dies erklärt die schwierige Datierbarkeit von Werken der V. nach Stilkriterien. Reiche V. findet man heute noch in „Rückzugsgebieten", die von der modernen Zivilisation weniger berührt werden (Alpentäler, Agrargebiete Osteuropas, Teile der Balkaninsel). – Die Wertschätzung der V. war bis weit ins 19. Jh. sehr gering, und erst in neuerer Zeit begann sich die Kunstwissenschaft ernsthaft damit zu befassen; erste grundlegende Publikation: A. Riegel 1894; erster V.-Kongreß Prag, 1928. – Nach den verwendeten Materialien lassen sich die Werke der V. gliedern in: a) Holzarbeiten (Möbel – heute von Sammlern sehr geschätzt –, Zimmermannsarbeiten, Drechslerarbeiten, Binderarbeiten, Spanschachteln, Modeln für Teig und Butter u.ä. kleinere Hausgeräte). Die Dekormotive sind eingeritzt, -geschnitten oder -gebrannt, wobei Sechssterne u.ä. Symbole mit dem Zirkel konstruiert werden. Bemalte Holzgeräte und Möbel traten erst auf, als die „Rauchstuben" verschwanden. Sehr wertvoll sind die Erzeugnisse der Bildschnitzerei (Krippenfiguren, Heiligenfiguren, Schlittenköpfe, Joche u.ä.), wobei besonders die Masken der Alpenländer zu nennen sind (verwendet im jahreszeitlich bedingten Brauchtum, z.B. Perchten-Masken). –b) Lederarbeiten (z.B. verzierte Lederhosen und Ledergürtel, seit Beginn des 19. Jhs. in Teilen Österreichs mit gespaltenen Federkielen bestickte Trachtengürtel, sonst

oft mit Silber beschlagen; auch Saum- und Sattelzeug. →Lederschnitt). – c) Flechtarbeiten: Schwingen, Körbe (Zickzackmuster), Hüte (z.T. mit Perlenstickerei verziert), Strohklebearbeiten. – d) Horn- und Beinschnitzereien: Kämme, Pulverhörner, Schnupftabakdosen, Beinlöffel, Hirschhornknöpfe. – e) Textilkunst: Stickerei (Kreuzsticharbeiten mit uralten Dekormotiven!), Strikkerei (z.B. Kniestrümpfe oder „Stutzen" der Alpenländler mit komplizierten Zopfmustern), Bandweberei. →Applikationsarbeit, →Zeugdruck. Textilarbeiten wurden meist für den Brautschatz („Aussteuer") angefertigt. – f) Tonarbeiten (→Keramik, →Majolika, →Habaner-Fayencen). Die Mehrzahl der Tonarbeiten gehört dem Kunstgewerbe an, da von ausgebildeten Spezialisten hergestellt, desgleichen die – g) Glaswaren und – h) Metallarbeiten (Eisen, Kupfer, Blei, Zinn, Silber und Gold). – i) Malerische Techniken (z. B. Dekor auf Bauernmöbeln, →Hinterglasmalerei). Hier treten komplizierte Sonderformen auf: Malerei auf Spinnweben und Raupengespinst, Federbilder (→Federmosaik), Bilder aus Haaren, Fruchtmosaiken aus Samenkörnern, Bilder aus Schmetterlingsflügeln usw. Hier sind auch die oft kunstvoll bemalten Ostereier zu nennen, die man auch mit Wülsten aus Binsenmark beklebte. Das Studium der V. muß mit der Beschäftigung mit dem Brauchtum Hand in Hand gehen, da viele Formen und Motive darin verankert sind.

Lit.: R.Forrer, Von alter und ältester Bauernkunst, 1906; M. Haberlandt, Völkerschmuck, 1906; Ch. G. Holme, Peasant Art in Sweden, 1910; Ch. G. Holme, Peasant Art in Austria, 1911; Ch. G. Holme, Peasant Art in Russia, 1912; Ch. G. Holme, Peasant Art in Italy, 1913; J. M. Ritz, Bauernmalerei, 1935; G. Opresco, Art du Paysan Roumain, 1937; H. Th. Bossert, V., 1938; R. v. Spiess, Bauernkunst, 1943; S. Lehmann, Deutsche V., 1943; H. Th. Bossert, Ornamente d. V., 1949; E. Meyer-Heisig, Deutsche V., 1954; F. Lipp, V. und Handwerk der Gegenwart in Österreich, 1957.

Vollard, Ambroise. Franz. Kunsthändler. Geb. 1865 auf Réunion (Indischer Ozean), gest. 1939 in Paris. Ab 1893 leitete er in Paris eine Kunsthandlung, in der er 1895 die 1. →Cézanne-Ausstellung zusammenstellte. Auch →Picasso (1901) und →Matisse (1904) danken ihm das erste öffentliche Erscheinen ihrer Werke. – V. hat die moderne Kunst mit dem ganzen Einsatz seiner Person und seines Vermögens gefördert. Die Künstler haben es ihm gedankt durch ihre Bilder von ihm (4 Portraits, gemalt von →Renoir, →Cézanne, →Denis, →Picasso) und durch die Verbindung seines Namens mit ihren Werken (Suite Vollard von Picasso). V. war auch Auftraggeber für Keramiken, Bronzen und besonders Graphiken. Diese veröffentlichte er in seinem Verlag: „Daphnis und Chloë", illustriert von →Bonnard. O. →Redon illustrierte Flauberts „La Tentation de Saint Antoine" (1938).

Vologases. Königsname der →Arsakiden, V.I. (51–77/78 n. Chr.). →Iwan-Palast in →Assur. V. III. (147/48–191). Palast und Tempel in →Hatra. Zerstörung des Königspalastes in →Ktesiphon durch Marc Aurel. V. IV. (191–207). Belagerung von →Ktesiphon durch Septimius Severus 198. Verstärkte Beziehungen zu →Palmyra. V. V. (208–222). In seine Regierungszeit gehören die Reliefs von →Tang-i-Sarvak sowie die Graffiti und das Mithrasfresko von →Dura Europos. Die Münzbilder V. I.–V. zeigen mit Ausnahme der Frontaldarstellung von V. IV. Profilansicht.

Lit.: R. Ghirshman, Iran II, 401.

Volsinii. Stadt des etruskischen Zwölferbundes am Bolsenasee, die im Bündnis mit →Vulci am längsten den Römern widerstand. Nach der Niederlage gegen Rom 280 v. Chr. und sozial bedingten Unruhen wurde V. geschleift und der Rest der Bevölkerung an der Stätte des heutigen Bolsena angesiedelt. Die Geschichte von V. erklärt die Geringfügigkeit der Funde. Im Gebiet von V. befand sich das Zentralheiligtum des etruskischen Zwölferbundes →Voltumna. V. wurde auch mit →Porsenna verbunden. Die Funde im Bereich von V. weisen auf eine frühetruskische Besiedlung, ohne daß die wichtige Kultstätte bisher identifiziert worden ist.

Lit.: O. W. v. Vacano, E II, 43, 46, 125, 145f. 159f., 161f., 190.

Volte. Laibung des Bogens über einem Grab. Etwa beim →Arkosolium. In diesem Fall meistens mit Bildern geschmückt.

Volterra. Stadt des etruskischen Zwölferbundes über dem rechten Ufer der mittleren Cecina, deren Aufstieg durch die metallreichen Berge Nordwestetruriens begünstigt wurde. Unterirdische Rundgräber mit Mittelstütze. Aus ihnen stammen die meisten der mit Hochreliefs geschmückten Aschenurnen der zweiten Hälfte des 2. Jhs. v. Chr., deren Deckel die ausgestreckte Figur des Toten mit betont großem Kopf trug. In der Vernachlässigung des Körpers gegenüber dem Haupt wirkt etruskische Vorstellung vom Kopf als Wesensträger nach. Die Reliefs folgen Vorwürfen der hellenistischen Malerei. Bevorzugt werden Szenen aus dem Trojanischen Krieg, begünstigt durch die Aeneasüberlieferung, und der Odyssee, wobei an die Tradition von den Odysseussöhnen als Herrschern der →Tyrrhener gedacht werden darf.

Lit.: O. W. v. Vacano, E I, 212; E II, 201; G. Kaschnitz von Weinberg, RK I, 106f.; F. v. Duhn, IGK I, 288ff.; G. Q. Giglioli, AE, Taf. 56, 395ff., 409, 421.

Volterra, Daniele da, eigentlich Ricciarelli. Italien. Maler und Bildhauer. Geb. 1509 in Volterra, gest. 1566 in Rom. Schüler von →Sodoma und beeinflußt von →Peruzzi und P. del →Vaga. V. geriet, als er 1540 nach Rom kam, ganz in Abhängigkeit von →Michelangelo, dessen Spätstil er weiterentwickelte zu einem zeichnerisch-plastischen Stil, mit welchem er Hauptmeister der ersten Generation röm. Manieristen wurde.

Lit.: H. Voss, Malerei der Spätrenaissance in Rom und Florenz, 1920.

Volto Santo. Berühmtes Kultbild des Gekreuzigten in langärmeliger, knöchellanger Tunika mit Krone im Dom zu Lucca. Die Legende reiht es unter die sogen. authentischen Christusbilder ein (→Lukasbilder) und schreibt es Nikodemus zu. Sicher nicht vor dem 8. Jh. entstanden. Der langgewandete Kruzifixtyp nach Künstle (siehe die unten angegebene Literatur) in Rom bereits im 7.–8. Jh. verbreitet (u.a. Katakombe des hl. Valentin, Mosaikbild aus Alt-St. Peter).

Lit.: K. Künstle, Ikonographie der christlichen Kunst, 1928; G. de Francovich, „Il V. di Lucca", Bolletino storio Lucchese, Bd. 8, 1936.

Voltumna. Zweigeschlechtlich gedachter Schutzgott des etruskischen Zwölferbundes und Herr des heiligen Haines im Bereich des alten Volsinii am Bolsenasee, wo die alljährliche Zusammenkunft der Stadtvertreter in religiösem Ritual begangen wurde. Die Kultstätte ist bis heut noch nicht wiederentdeckt. Darstellung des V.-Vertumnus auf dem →Tarchonspiegel.

Lit.: O. W. v. Vacano, E II, 42f., 49, 52, 145, 167, 201.

Volturno. San Vicenzo. In der kreuzförmigen, jetzt halb unterirdischen Laurentius-Kapelle des 882 von den Sarazenen zerstörten Klosters im Quellgebiet des Volturno beim heutigen Ort Castellone befindet sich der einzige bedeutende Freskenzyklus des 9. Jhs., der sich mit dem spätestens im 11. Jh. als Kunstzentrum wichtigen Kloster Monte Cassino verbinden läßt, zu dessen engstem Bereich die Abtei gehörte. Das Stifterbildnis des Abtes Epiphanius auf der Kreuzigungsszene sichert seine Entstehung zwischen 826–43. Dargestellt sind die Majestas Domini, zwei mal die thronende Madonna, Erzengel, sechs weibliche Heilige mit Kronen, Märtyrerszenen der Heiligen Laurentius und Stephanus, die Verkündigung, Geburt Christi, Kreuzigung und die Frauen am Grabe. Charakteristisch sind die schlanke Längung der Figuren, die kleinen Köpfe, die ausdrucksstark lebhafte, fast heftige Bewegtheit der mit auffallender Freiheit in die Fläche gesetzten Figuren. Die temperamentvolle Malerei scheint keiner traditionellen Formel zu folgen.

Lit.: G. Graf Vitzthum, Die Malerei und Plastik des Mittelalters, Handbuch der Kunstwissenschaft, 49ff., 1924; M. Avery, The Exultet Rolls of South Italy, 1936 (Abb. Taf. CXC–CXCIV); R. Oertel, Die Frühzeit der Italienischen Malerei, 1953.

Volumniergrab. Großes etruskisches Familiengrab des späteren 2. Jhs. v. Chr. bei →Perugia, beispielhaft für die Entwicklung der Grabanlagen zur Grabkapelle, wie die Mittelkammer mit der von zwei Flügelgestalten flankierten Bildurne des Familienoberhauptes und davorhängender vielflammiger Öllampe zeigt. Deutlich offenbart sich die Bevorzugung gegenüber den anderen Kammern der Anlage, deren Zuweisung an andere Familienmitglieder nicht gesichert ist.
Lit.: O. W. v. Vacano, E II, 87; G. Q. Giglioli, AE, Taf. 415ff.

Volute. Schneckenförmige, spiralige Einwindung, die für das äolische und ionische Kapitell charakteristisch ist. – Daneben findet die V. in der Ornamentik zahlreicher Kulturen reiche Verwendung.

Vorarlberger Bauschule. Sammelbegriff für eine Gruppe von Barockmeistern des späten 17. Jhs. in Süddeutschland und der Schweiz. Mit der V., deren Hauptmeister P. →Thumb und F. →Beer waren, entwickelte sich ein eigenständig deutscher Barockstil gegenüber der früheren starken Anlehnung an die italien. Barockarchitektur. Wichtigstes Werk dieser Schule ist die von F. Beer erbaute Klosterkirche zu →Weingarten.

Vor der Schrift. Probedruck eines →Kupferstichs, in den die Namen des Stechers oder Verlegers noch nicht eingetragen sind (franz. „Avant-la-lettre").

Vorgeschichte. Geschichte der Menschheit bis zum Einsetzen schriftlicher Überlieferung. Die Vorgeschichte beginnt mit sehr spärlichen Funden: Knochen ältester Menschen und einfachen Steingärten; die Datierungen schwanken zwischen 1,5 Millionen und 600000 Jahren. Die →Ältere Steinzeit dauert bis ungefähr 10000 v. Chr. und wird von der →Mittleren Steinzeit abgelöst. Die mitteleuropäische →Jüngere Steinzeit setzt zwischen 4500 und 3500 v. Chr. ein und geht kurz nach 2000 v. Chr. in die →Bronzezeit über. Die →Eisenzeit beginnt um 800 v. Chr. und endet um Christi Geburt. – Die vorgeschichtliche Kunst ist mit religiösen, magischen oder kultischen Bedürfnissen der Menschen erklärt worden, man hat darauf hingewiesen, daß Schmuck- und Spieltrieb eine Rolle gespielt haben mögen, man sprach von ihr sogar als einem „Urtrieb der Menschheit". Alle Interpretations-Versuche haben davon auszugehen, daß die Kunst vorgeschichtlicher Zeit sichtbar oder greifbar zu machen suchte, was für das Leben der Menschen von zentraler Bedeutung war. Weil das Wissen von der Bedeutung der Kunst für die Menschengruppen, die sie geschaffen haben, fast immer fehlt, wirkt sie fremdartig, bisweilen einseitig und vielfach unerklärlich. Jede moderne Interpretation hängt unmittelbar von zeitbedingten Anschauungen der Betrachter ab. Alle Theorien, nach denen vorgeschichtliche Kunstwerke in ein Jahrzehntausende umfassendes Entwicklungs-Schema (mit durchlaufender Abfolge einzelner Stilstufen) einzuordnen seien, führen in die Irre, wenn – unabhängig von kulturhistorischen Kriterien – überwiegend Begriffe kunsthistorischer Art herangezogen werden. Erschwerend für die Beurteilung ist schließlich, daß die Auswahl des Überlieferten ganz von Zufällen abhängig ist. – In den späten Phasen der →Älteren Steinzeit (Jungpaläolithikum) entstanden vor allem Malereien und Gravierungen in Höhlen (Frankreich und Spanien = frankokantabrische Kunst), aber auch Reliefs und plastische Darstellungen. Zentrales Motiv der Kunst war die Tierwelt (Jagdtiere), Menschen wurden nur sehr selten dargestellt. Während des Übergangs zur →Mittleren Steinzeit verarmt die reiche jungpaläolithische Kunst; das Schwergewicht verlagert sich auf einfache Geräte-Verzierungen und auf Muster, die vielleicht rein dekorativen Zwecken entsprechen. Seit der →Jüngeren Steinzeit überwiegt eine Kleinkunst, die sich auf die Verzierung von Gegenständen des täglichen Bedarfs beschränkt. Schon deshalb steht die reiche Verzierung jungsteinzeitlicher Keramik im Vordergrund vieler Erörterungen (→Rahmenstil, →Umlaufstil). Monumentale Kunstwerke haben sich aus dieser Zeit nicht erhalten, sie könnten aus Holz bestanden haben. Bekannt sind idolartige Gebilde (→Idolplastik) sowie anthropomorphe und theriomorphe Kleinplastiken aus gebranntem Ton (zum Beispiel der sogenannte Widder von →Jordansmühl oder der Fund von →Niederweisel), die sich weniger kunstwissenschaftlichen als vielmehr religionsgeschichtlichen Kategorien zu erschließen scheinen. Im ganzen wird die naturnahe Darstellungsweise zugunsten größerer Abstraktion aufgegeben. Das Aufkommen von Metallen während der →Kupferzeit und der →Bronzezeit erschließt neue Möglichkeiten für Ornamente auf Waffen und Geräten; es entsteht, besonders im nördlichen Mitteleuropa (Nordische Bronzezeit), ein ausgeprägtes Kunstgewerbe. Die ältesten Verzierungen sind verhältnismäßig einfach, in späteren Phasen ist oft eine Tendenz zu prunkvoll-überladener Zierweise zu erkennen. In den jüngeren Abschnitten der →Bronzezeit (→Urnenfelder-Kultur), vor allem aber in der darauf folgenden →Eisenzeit, kommen Anregungen, Einflüsse und Importgegenstände aus dem Südosten und Süden (Mittelmeergebiet) hinzu (→Hirschlanden, →Vix) und führen schließlich zur Entfaltung einer eigenständigen keltischen Kunst (→Laténe-Stil). Damit ist Mitteleuropa zur Randzone des zentralen mediterranen Kulturraumes geworden.
Lit.: Hörnes/Menghin, Urgeschichte der bildenden Kunst in Europa, 1925; H. Kühn, Die Kunst Alteuropas, 1954; F. Adam van Scheltema, Die Kunst der Vorzeit, 1950; R. v. Uslar, Vorgeschichtliche Kunst in Deutschland, mit Literaturverzeichnis. In: Beihefte zum „Gymnasium" Heft 5, 1965.

Vorhangbogen →Bogen.

Vorkirche. Anstelle des schon bei der frühchristl. →Basilika gelegentlich vor der Westfront gelegenen →Narthex, eines wohl für die Büßer bestimmten Vorraums, tritt bei cluniazensischen Bauten (→Cluniazenser-Baukunst) eine regelrechte V., die relativ kurz, jedoch mehrjochig, in der Regel dreischiffig und manchmal doppelstöckig angelegt ist. Sie betont den vom Westen auf den Chor zuführenden Prozessionsweg. Die Existenz einer solchen V. ist durch Grabungen bereits für →Cluny II gesichert. Eingeschoben zwischen →Atrium und Langhaus, erinnerte sie hier in ihrer über die Flucht der Seitenschiffe hinaustretenden Breitenausdehnung noch an das karolingische →Westwerk. Erhalten hat sich die zweigeschossige V. von →Tournus, nun bereits in gleicher Breite wie das Langhaus errichtet. Die cluniazensische Anlage der V. verbreitete sich auch in Deutschland (→Hirsau, Bauschule) und England (→Durham, Kathedrale) und wurde selbst von nichtcluniazensischen Bauten übernommen (in Burgund z.B. in →Vézelay; hier beeinflußt durch Cluny III). Die V. wurde bereits in Cluny II als „galilaea" bezeichnet, ein Terminus, der in Frankreich und England geläufig wurde. Gelegentlich wird die V. auch Narthex genannt.

Vorkragen. Das Herausragen eines Architekturelements aus der Wandfläche. Läßt man die jeweils höhere Schicht der Steine gegenüber der unteren v., so entsteht ein sogen. falsches Gewölbe, das →Kraggewölbe.

Voronet (Moldau). In V. Dreikonchenkirchen (Wende des 15./16. Jhs.). In diesen werden in V., wie auch sonst in den moldauischen Kirchen, in der oberen Reihe die wichtigsten kirchlichen Feste und darunter der Ablauf der Passionsgeschichte dargestellt. In V. ist bei der Passionsgeschichte die chronologische Reihenfolge nicht beachtet. Die Fresken in V., die noch einen byzant.-hieratischen Stil zeigen, sind abhängig vom →Athos, vor allem von den Malereien im Xenophon. Sie sind die frühesten im Moldaugebiet (etwa 1488). Eine besondere Eigenart in V., aber auch in anderen Kirchen des Moldaugebietes besteht darin, daß ein Teil der Heilsgeschichte auf die Außenwände der Kirche gemalt ist. Hervorzuheben eine eigenartige Deësisgruppe an der Außenwand der Apsis.

Vorromanische Kunst. Die abendländische Kunst der Zeit vor 1000 n. Chr. →Karolingische Kunst, →Romanische Kunst.

Vorsatzpapier. Das über die Innenseiten eines Bucheinbandes geklebte Papier. Es kann einfarbig oder golden (marmoriert) mit dekorativem Schmuck versehen sein. Seit ca. 1600 ist das V. bekannt.

Vortizismus. 1914 von Wyndham Lewis gegründete engl. Richtung der bildenden Kunst. Die von dem Dichter Ezra Pound eingeführte Bezeichnung V. leitet sich von dem lateinischen Wort „vortex" (Wirbelwind) ab. Künstlerisch suchte der V. Elemente des →Kubismus mit solchen des →Futurismus zu verbinden, ohne jedoch die starre Ästhetik des ersten und die ungebundene Bewegtheit des zweiten anzunehmen. Intellektuelle Gliederung und energische Massenbewegung bilden die Grundlage des V., für den die nonfigurativen, aus metallisch geometrischen Elementen zu einem Wirbel geordneten Bilder von W. Lewis charakteristisch sind. Die Gruppe, die einen nicht unwesentlichen Einfluß auf die Entwicklung der neueren Kunst in England nahm, löste sich bereits 1915 wieder auf.

Vos, Cornelis de. Fläm. Maler, Geb. um 1584 in Hulst, gest. 1651 in Antwerpen. Wiewohl V. Bilder mit mythologischen oder biblischen Inhalten malte – auch solche in Zusammenarbeit mit →Rubens und in dessen Auftrage –, hat er doch nur als Bildnismaler Bedeutung erlangt. Diese beruhte neben seinen technischen Fähigkeiten auf der Wahrhaftigkeit seiner Darstellung. Da V. seine Modelle nicht verschönte, wurde er auch nicht Hofmaler, sondern blieb der bürgerliche Portraitist Antwerpens. – V. gruppierte seine Gruppenbildnisse sowohl nach dem Schema der fläm. Malerei des 16. Jhs. (um einen Tisch oder ein Musikinstrument) als auch nach neueren Kompositionsformen von Rubens.
Lit.: Edith Greindl, C. de V., 1940 (franz.); Thieme-Becker.

Votiväxte. Auch Zeremonialbeile genannt, →Hachas.

Votivbild. Ein Bild, das auf Grund eines Gelübdes gestiftet wurde. In gleicher Weise zu verstehen auch Votivkapelle usw.

Vouet, Simon. Franz. Maler. Geb. 1590 in Paris, gest. 1649 ebda. Nach einer Reise nach Konstantinopel (1611) kam V. 1612 nach Italien, wo er seine wahre Schulung in Venedig durch die Werke →Veroneses und in Rom durch die →Caravaggios erfuhr. Nach bedeutenden Werken dort (Fresken in S. Lorenzo in Lucina) und in Genua (Kreuzigung in S. Ambrogio) eröffnete V. in Rom eine Malerschule, in der nach dem lebenden Modell gelehrt wurde. – 1627 rief ihn Ludwig XIII. als Hofmaler nach Paris zurück. Hier stand V. einer großen Werkstatt vor, die mit Aufträgen für Innendekorationen (Szenen aus Tasso, Paris, Haus Guyot de Villeneuve), Gobelins, mythologische und biblische Bilder sowie Portraits überhäuft war. – Bedeutend ist die Stellung V.s in der franz. Kunstentwicklung durch die Einführung italien. Barockmalerei in Frankreich und durch seine sehr große Schülerschaft (→Le Brun, →Le Sueur).
Lit.: H. Voss, Malerei des Barock in Rom, 1924; W. Weisbach, Franz. Malerei des 17. Jhs., 1932.

Voysey, Charles Francis. Engl. Architekt und Kunstgewerbler. Geb. 1857, gest. 1941 in London. Schüler Mackmurdos, dessen Lehrgut er auch zeitlebens verpflichtet blieb, besonders in den Entwürfen für Stoffe und Tapeten. In seinen architektonischen Arbeiten spielt jedoch die Tradition von P. →Webb und N. →Shaw eine fast ebenso große Rolle, in denen er die Arts and Crafts Architektur weiterentwickelte und damit extreme Jugendstilformen vermied. Auch japanische Anregungen nahm er auf.
Lit.: R. Schmutzler, Art Nouveau – Jugendstil, 1962.

Vries, Adriaen de. Niederl. Bronzebildner. Geb. um 1560 in Den Haag, gest. 1627 in Prag. Schüler G. da →Bolognas, anschließend in Augsburg tätig (Merkur- und Herkulesbrunnen, 1599 bzw. 1602). 1603 ging V. für etwa ein Jahrzehnt an den Hof Kaiser Rudolfs II. (Büsten des Kaisers, 1603 und 1607). V. verließ Prag jedoch wieder und arbeitete für die Stadtkirche in Bückeburg das Taufbecken (1615) und anschließend in Dänemark für das Schloß Frederiksborg den großen Brunnen (heute im Park von Drottningholm). 1623 kehrte er nach Prag zurück, um im Dienste Wallensteins zu arbeiten. – V. war ein virtuoser Meister der Bronzebildnerei; er stand an der Scheide zwischen Manierismus und Barock.
Lit.: A. E. Brinckmann, Barockskulptur, 1921; ders., Deutsche Kleinbronzen um 1600, in: Preuß. Jb., 1921; C. Buchwald, A.d.V., 1899.

Vries, Hans Vredeman de. Niederl. Maler, Architektur- und Ornamentzeichner. Geb. 1527 in Leeuwarden, gest. um 1604. Schüler des C. →Floris, tätig in Amsterdam, Den Haag, Hamburg, Danzig, Prag und anderen Städten. Als Architekturzeichner und -maler war er einer der Hauptmeister seiner Zeit mit genauen perspektivischen Bildkompositionen. Ferner schuf V. Vorlagebücher für Kartuschen, Grotesken, Grabdenkmäler, Möbel, Gärten im Dekorationsstil der niederl. Spätrenaissance. Außerdem schrieb er architekturtheoretische Werke: Architectura, 1577; Artis perspectivae formulae, 1568.
Lit.: H. Jantzen, Das niederl. Architekturbild, 1910; W. Zülch, Die Entstehung des Ohrmuschelstiles, 1932; W. Drost, Barockmalerei in den germanischen Ländern, 1926.

Vuillard, Edouard. Franz. Maler. Geb. 1868 in Cuiseaux, gest. 1940 in La Baule. Besuchte die Académie Julian, später die Académie des Beaux-Arts und arbeitete im Atelier von P. →Bonnard. Aus Opposition gegen den Akademismus des 19. Jh.s schloß V. sich 1889 den „Nabis" an. 1908 wurde er Prof. an der Akademie Ranson. – Seine Malerei steht außerhalb der Extreme. Grautöne und Zwischenfarben erzeugen in seinen Interieurs, Portraits und Stilleben einen intimen Charakter, der durch die Ausgewogenheit der Komposition unterstrichen wird.
Lit.: C. R. Marx, V. et son Temps, 1945.

Vulca. Bildender Künstler aus →Veji, aus dessen Werkstatt nach der Überlieferung das tönerne Viergespann auf dem First des 509 v. Chr. geweihten Capitolinischen Jupitertempels in Rom stammte.
Lit.: O. W. v. Vacano, E I, 25f.; G. Kaschnitz von Weinberg, RK I, 95ff.

Vulci. Bedeutsame Stadt des etruskischen Zwölferbundes über dem rechten Ufer der Fiora. Die Reste der Stadtmauer weisen auf eine annähernd viereckige Anlage mit beherrschender Burgfeste. Von dem einstigen Reichtum V. zeugen die Beigaben in den dichtbelegten Nekropolen, vor allem Bronzegerätschaften und figürliche Kleinbronzen, die die Auseinandersetzung etruskischer Meister mit Werken der griech. Kunst offenbaren. Der griech. Einfluß wird besonders an der großen Menge von Originalvasen deutlich. Hochentwickelt war bereits im 7. Jh. v. Chr. die Goldschmiedekunst. Die Grabmalerei ist vertreten durch die →Tomba François. Eine großartige Grabanlage des 6. Jhs. v. Chr. war einst die Cuccumella, ein künstlicher Berg mit Plattenring und monumentalen Einbauten, die auf eine Verbindung von Tempel- und Grabanlage deuten. Die Bauelemente der Cuccumella begegnen teilweise in den Tuffkammergräbern von V., die mit Plastiken ausgestattet waren.
Lit.: O. W. v. Vacano, E I, 200ff; E II, 190, 201; F. v. Duhn, IGK I, 303ff.; G. Q. Giglioli, AE, Taf. 57ff., 101ff.. 213ff.

Wachsausschmelzverfahren →Wachsbildnerei.

Wachsbildnerei (Zeroplastik). Als Material spielt Wachs in der Plastik eine doppelte Rolle. Zum einen dient es als Hilfsmittel der Bronzegießkunst, wobei über das Modell eine Schicht aus Wachs gezogen wird. Nachdem das so präparierte Modell mit einem Mantel umgeben wurde, wird durch Hitzeeinwirkung das Wachs herausgeschmolzen, so daß eine Hohlwand entsteht, diedie flüssige Bronze aufnehmen kann. – Als selbständige Kunstgattung entwickelte sich die W. aus dem Totenkult und dem Abformen von Totenmasken in Wachs, eine Technik, die bereits in der Antike bekannt war und besonders im röm. Ahnenkult eine bedeutende Rolle spielte, später findet sich die W. in ähnlicher Bedeutung wieder im Totenzeremoniell des franz. Hofes im 14. Jh. – Im Mittelalter weit verbreitet sind die Erzeugnisse der W. als Votivgaben. Eine hohe Blüte erlebte die W. seit der Renaissance, in erster Linie in bemalten Portraitbüsten und Portraitmedaillons, die von den bedeutendsten Meistern der Zeit (z. B. →Ghiberti, →Michelangelo) gefertigt wurden.

Wachsmalerei →Enkaustik.

Wackerle, Joseph. Deutscher Bildhauer. Geb. 1880 in Partenkirchen, gest. 1959 ebda. Begann seine Ausbildung an der Fachschule für Holzschnitzerei in Partenkirchen, studierte an der Kunstgewerbeschule in München Architekturplastik und besuchte abschließend die dortige Akademie. 1900–06 weilte er hauptsächlich in Italien. 1906 übernahm er die künstlerische Leitung der Nymphenburger Porzellan-Manufaktur. Ab 1909 war er Lehrer an verschiedenen Kunstschulen, bis er 1923 Prof. an der Akademie in München wurde. – Ein großer Teil seines Werkes ist architekturgebunden, wobei er, besonders in seinen Anfängen, ein ausgesprochener Eklektiker war, der seine klassizistisch empfundenen Werke in ein äußeres Stilgewand (Antike, Gotik, Renaissance oder Barock) kleidete.
Lit.: Thieme-Becker; H. Vollmer, Künstlerlex. des 20. Jhs.

Wadi Hammamat. Das östlich von Koptos bis zum Roten Meer verlaufende Gebirge bildet im W. (Taubental) eine uralte Wüstenstraße. Auf ihre frühe Bedeutung weisen Felsbilder, deren Schiffsmotive mit entsprechenden Darstellungen der Kultur →Negade II verbunden werden können. Das W. lieferte der →ägypt. Kunst kostbare Steine, vor allem schwarzen und grünen Basalt (Grauwackeschiefer), Porphyr und bunte Breccien, außerdem verschiedene Halbedelsteine (Amethyst, Karneol, Bergkristall, Achat, Jaspis) und Gold. Es begünstigte Expeditionen, die vom Roten Meer nach → Punt führten.
Lit.: W. Wolf, KÄ, 19, 297; E. Otto, Ägypten, 289; E. Brunner-Traut, Ägypten, 555f.

Wächter, Eberhard. Deutscher Maler. Geb. 1762 in Balingen, gest. 1852 in Stuttgart. An der Hohen Karlsschule in Stuttgart bei Guibal und Harber ausgebildet. 1784 in Mannheim und anschließend bis 1793 in Paris, wo er dem Kreis um J. L. →David angehörte. 1794–98 weilte er in Rom, wo er mit J. A. →Koch, F. →Weinbrenner und Carstens verkehrte. Besonders Carstens, dessen Kompositionsmanier, Allegorie und Farbe er übernahm, beeinflußte ihn stark. Einige Jahre lebte er in Wien, wo er sich mit Buchillustrationen den Unterhalt verdiente. 1811 wurde er in Stuttgart Inspektor der Kupferstichsammlung. – Sein Werk ist nicht umfangreich; in ihm erweist sich W. als einer der wenigen Maler des →Klassizismus.
Lit.: Thieme-Becker.

Wagenmotiv. Das W. ist in der →altorientalischen Kunst seit der →Mesalim-Zeit bezeugt und bildet einen festen Bestandteil in Darstellungen des Kultrituals. →Rollsiegel seit der Mesalim-Zeit bezeugen uns das W. in Götterszenen. Im Gegensatz dazu fehlt das W. in der →ägypt. Kunst, in der es erst nach Einführung des →Streitwagens auftritt, ohne jedoch im altgeprägten Kultzeremoniell Eingang zu finden, in dem ausschließlich Barke und Sänfte dargestellt sind.
Lit.: J. Wiesner, AO, 38, 1939, Heft 2–4.

Wagen von Monteleone. Der zweirädrige W., gefunden bei Spoleto (New York, Metr. Mus.), ist beispielhaft für die etruskischen Prunk-, Königs- und Kultgefährte des 6. Jhs. v. Chr., die auch im Totenritual verwendet wurden und im röm. Triumphzeremoniell weiterlebten. Die Wände des Wagenkastens sind mit mythologischen Reliefszenen ausgestattet (Front: Übergabe der Waffen an Achill durch Thetis. Seiten: Zweikampf über Gefallenem, Wagenfahrer mit Flügelpferdgespann).
Lit.: G. Q. Giglioli, AE, Taf. 88ff.; M. Pallottino - H. I. Jucker, Etruskische Kunst, Taf. 50f., 1955.

Wagharschapat bei Etschmiadsin (Armenien). Hripsimekirche (618 erbaut). Quadratischer Mittelbau, von einer Kuppel überwölbt. An die 4 Seiten des Quadrats schließt sich je ein apsisartiger Anbau an. Zwischen diesen Anbauten befinden sich wiederum Nischen. Eine der interessanten Lösungen armenischen Kirchenbaues.

Wagner, Martin. Deutscher Maler, Bildhauer, Graphiker, Kunstsammler und Archäologe. Geb. 1777 in Würzburg, gest. 1858 in Rom. Sohn des Bildhauers Peter W. Ab 1797 studierte er bei H. Füger an der Wiener Akademie, wo er durch E. →Wächter beeinflußt wurde. 1803 bis 1804 weilte er in Paris und danach in Rom, das er nur noch für Reisen und kurze Aufenthalte in der Heimat verließ. – W. war der vertraute Kunstberater König Ludwigs I. von Bayern sowie dessen Kunstagent. So erwarb er selber in Griechenland die Äginetengruppe des Aphaiatempels zu →Ägina, die er mit B. →Thorvaldsen wiederherstellte und die in der Glyptothek in München Aufstellung fand. Für jenen Bau entwarf W. auch die Giebelgruppe (Ausführung Haller und Rietschel). Sein künstlerisches Hauptwerk ist der große Fries in der Walhalla bei Regensburg (1827–37).
Lit.: Thieme-Becker; F. Noack, Das Deutschtum in Rom, 1927.

Wagner, Otto. Österreichischer Architekt und Fachschriftsteller. Geb. 1841 in Penzing b. Wien, gest. 1918 in Wien. Sein Studium begann W. an der Technischen Hochschule in Wien, setzte es ab 1860 an der Bauakademie in Berlin fort und kehrte 1861 zum Studium bei v. d. →Nüll und →Siccardsburg nach Wien zurück. Ab 1863 arbeitete er selbständig. Sein Frühwerk bis 1890 hält sich im Rahmen des allgemeinen Historismus, wobei er – im Gegensatz zu den meisten seiner Zeitgenossen – von barocken Formen zu strengeren klassizistischen kam. Die Epoche wird charakterisiert durch die Synagoge in Budapest (1879) und sein eigenes (erstes) Wohnhaus (1889). Den Abschluß dieses Werkteiles bilden die ersten Veröffentlichungen seiner Bauten und Projekte (1890). – In seinen folgenden Entwürfen propagierte W. einen „Nutzstil“, dessen Formen sich aus Zweck, Material und Konstruktion ergeben und der eine Weiterentwicklung der Ideen von G. →Semper darstellt. Diese „Kampfepoche“ wird gekennzeichnet durch die ausgeführten Arbeiten für die Wiener Stadtbahn, sowie die Bauten der Donau-Regulierung. 1894 wurde W. Prof. an der Akademie in Wien, und innerhalb von 6 Jahren gelang es ihm, hier eine „Wagnerschule“ aufzu-

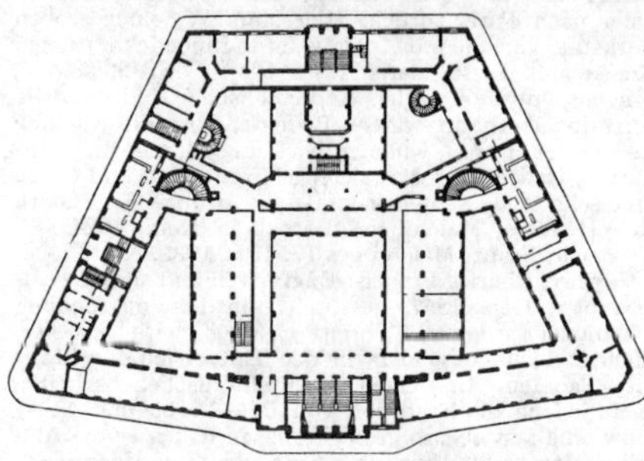

O. Wagner, Post-Sparkasse, Wien, 1905; Grundriß.

bauen, zu der als bedeutendste Vertreter J. →Hoffmann und J. M. →Olbrich gehörten. Mit dieser jungen Elite vollzog er mit die Gründung der Wiener „Sezession" und setzte den neuen Stil durch. – Er war der Wegbereiter des neuen Bauens in Österreich und hat die Baukunst dieses Landes für Jahrzehnte an die Spitze der europäischen Bauentwicklung gestellt. – In seinen umfangreichen schriftstellerischen Arbeiten erklärt er seine Entwürfe und seine Idee der zeitgemäßen Architektur.
Lit.: H. Geretsegger und M. Peintner, O. W., 1964.

Walachei und Moldau. 1374 wurde das orthodoxe Christentum durch die Klostergründungen des serbischen Mönches Nikolaus und seiner Schüler in der Walachei und Moldau eingeführt. Die Walachische Kirche wurde gleichzeitig dem byzant. bestimmten Erzbistum Ochrid unterstellt, die der Moldau Anfang des 15. Jhs. dem Patriarchen von Konstantinopel. Die Walachei wurde durch ihre Lage stärker von Byzanz beeinflußt als die Moldau, die sich immer mehr westlichen Einflüssen öffnete. Die serbische Baukunst in der letzten Phase ihrer Entwicklung gab der Walachei und Moldau viele Anregungen. Vor dem 14. Jh. keine nennenswerten Bauwerke in der W. und M. In der Walachei der →Trikonchos und die →Kreuzkuppelkirche vorherrschend. Die älteste Dreikonchenkirche in Cozia (1393) von großem Können. Sie ist vom Stil der →Moravaschule bestimmt. Vom 16. Jh. an mehr Eigenständigkeit in der walachischen Baukunst. Die malerischen Steinschichten werden durch Quader ersetzt. Der Bau wird in zwei Stockwerke gegliedert. Die Gesimse treten sehr stark hervor. Der Schritt von der malerischen Bauweise zur tektonischen wird vollzogen. Neu sind die reichgeschmückten Vorhallen mit Kuppeln. →Curtea de Arges. Auch Kuppel und Tambour weisen reichen plastischen Schmuck auf. Die Dreikonchenkirchen in der Walachei den westlichen Einflüssen stärker ausgesetzt als die Kreuzkuppelkirchen. Hierfür Beispiele: die Nikolauskirche (Biserica Domneasca) in Curtea de Arges (14. Jh.), die alte Metropole in Târgoviste (1518), die Fürstenkirche in Târgoviste (1582). In der Moldau fehlt die Kreuzkuppelkirche. Dagegen herrscht der Bautypus des →Trikonchos der →Moravaschule vor. Seine Form wird schon stark vom Westen bestimmt. Die steil abfallenden Satteldächer, auch die Art des Turmaufsatzes zeigen Tendenzen der Gotik. Streben zum Vertikalismus. An den Fenstern und Portalen, vor allem im Innern got. Tendenzen. Beispiele: Kirche von Pâtrâuti (1487), Bădăuti (1487), die Eliaskirche in Suczava (1488), die Georgskirche in →Voronet (1488).
Lit.: P. Henry, Les églises de la Moldavia du Nord des Origenes à la fin du XVe s., 1930; J. D. Stefanescu, L'évolution de la peinture religieuse en Bucovine et en Moldavie, 1928; W. Sas-Zaloziecky, Die byzant. Kunst, UKG VIII, 1963.

Waldalgesheim (Rheinland). Sogen. Fürstengrab aus dem späten 4. Jh. v. Chr. mit einem importierten campanischen Eimer, einer keltischen Röhrenausgußkanne (→Schnabelkanne), Hals und Armreifen aus Bronze und Gold, Wagenbeschlag und Pferdegeschirr. Die Funde sind im typischen →Latène-Stil verziert.

Waldglas. Das unentfärbte, also ohne Beimengung von reinigenden Zusätzen hergestellte Glas des Mittelalters, dessen Farbskala von Grün bis Braun reicht. Die meisten mittelalterl. Gläser aus dem Spessart, dem Thüringer Wald, dem Fichtelgebirge (→Fichtelberger Gläser) sowie aus dem Böhmerwald, dem Erz-, Riesen- und Isergebirge hatten bis zur Entwicklung des → Kristallglases diese charakteristische Färbung.

Waldmüller, Ferdinand Georg. Österreichischer Maler. Geb. 1793 in Wien, gest. 1865 bei Baden/Wien. W. besuchte, jedoch nur unregelmäßig, 1807–10 die Akademie in Wien. 1811 kam er als Zeichenlehrer nach Agram, wo er eine Schauspielerin heiratete. Als Theatermaler begleitete er seine Frau nach Prag, Brünn und Baden. Erst 1817 kehrte W. nach Wien zurück, wo er durch Kopieren alter Meister seine unzureichende Ausbildung ergänzte. 1825–44 reiste er jährlich nach Italien. 1829 wurde er Prof. an der Akademie in Wien und Kustos der Gemäldegalerie. Mehrmals verfaßte W. Streitschriften gegen die Ausbildung an der Akademie, so daß er 1857 entlassen wurde (1864 rehabilitiert). – W. hat in seinem Werk die ganze Fülle der malerischen Möglichkeiten seines Jhs. bis zur Grenze der optischen Auflösung eingefangen. Er begann mit klassizistisch isolierten Bildniskompositionen, erreichte aber bald seinen eigenen Bildstil, in dem er sachlich, detailreich und farblich virtuos das Wiener Bürgertum portraitierte. Den Höhepunkt seines Schaffens bezeichnen die späteren Landschaften und das Sittenbild, in denen er den kleinteiligen Realismus überwand, um zu einer ganz natürlichen Lebensschilderung zu gelangen.
Lit.: B. Grimschitz, F. G. W., 1957.

Waldsassen. Ehem. Benediktinerabtei St. Johannes Evangelist. 1685 wurde der Grundstein zu der neuen, an Stelle einer alten, mehrmals geplünderten und gebrandschatzten Kirche gelegt. 1704 waren Kloster- und Kirchenbau beendet. Abraham Leutner aus Prag hatte die Entwürfe geliefert und hatte auch die Bauleitung bis 1690 inne. Werkmeister war 1685–89 G. →Dientzenhofer und Maurermeister dessen Bruder Christoph. 1691 führte B. Schießer die Fassade auf und den Bau zu Ende. Stukkator war G. B. →Carlone, Jakob Steinfels aus Prag schuf die Fresken. Von den zisterziensischen Bauformeln hat der Barockbau die enorme Länge und den geraden Chorabschluß übernommen. Die Doppelturmfassade im W wird von Pilastern zweigeschossig gegliedert. Der Innenraum, hoch und lang, wird in den 3 von zweigeschossigen Kapellen begleiteten Langhausjochen von ovalen Kuppeln überwölbt. Die Vierung wird betont von der mächtigen Kuppel und dem Querhaus. 3 weitere Joche (Mönchschor) führen zum rechteckigen Chorraum. Die Mischung von oberitalien. Elementen mit aus Prag kommenden zeigt sich hier vor allem in den zweigeschossigen Ovalkapellen. Der Stuck Carlones bleibt trotz seiner Üppigkeit maßvoll. In den in drei Flügeln um einen Kreuzhof gruppierten Klosterbauten (1681–1704) befindet sich die Bibliothek, ein bemerkenswerter Raum mit flachem Gewölbe und einer Galerie, die von burlesk geschnitzten Atlanten (K. Stilp) getragen wird.
Lit.: Reclams Kunstführer, Deutschland, Bd. I, 1961.

Wallot, Paul. Deutscher Architekt. Geb. 1841 in Oppenheim/Rh., gest. 1912 in Langenschwalbach/Taunus. Studierte ab 1856 an der Technischen Hochschule in Darmstadt, sodann in Hannover und 1861 an der Bauakademie in Berlin; ein Semester an der Universität Gießen schloß das Studium ab. Seine praktische Bauausbildung erfuhr W. 1864–68 an verschiedenen Berliner Ateliers, darunter bei Gropius & Schmieden. 1868 ließ er sich in Frankfurt/M. nieder, wo er, durch den Einfluß des Semper-Schülers Bluntschli, der italien. Hochrenaissance nähertrat. Eine Italienreise 1872 verstärkte diesen Einfluß. – Bekannt wurde W. durch den Sieg im 2. Wettbewerb um das Berliner Reichstagsgebäude (1. Preis, zusammen mit F. v. →Thiersch).
Lit.: Thieme-Becker.

Walmdach →Dachformen.

Wandelaltar →Altar.

Wandgrab. Eine →Tumba, die mit einer Seite an eine Kirchenwand angelehnt ist und meist von einer Bogennische oder einem baldachinartigen Mauervorsprung überdeckt ist.

Wandmalerei. Verschiedene Techniken wurden im Zusammenhang mit der malerischen Gestaltung einer Wand entwickelt. So die →Freskomalerei, die →Seccomalerei und die →Enkaustik. Der W. verwandt sind → Mosaik, →Glasmalerei und →Sgraffito als Techniken, die Deckenmalerei und Höhlenmalerei als künstlerische Aufgabe. – Die W. gehört in ihrem Ursprung aus der Höhlenmalerei zu den ältesten Äußerungen der Flächenkunst überhaupt. Architektonische Wände mit Malereien sind bereits aus der ägypt. Kunst bekannt. Die Griechen sahen in ihr einen der Höhepunkte der Kunst und schätzten sie sogar höher ein als die Plastik (→Polygnot, →Stoa Poikile). In grandiosen Werken ist die W. der röm. Kunst überliefert, vor allem in den Wänden von →Pompeji und →Herculaneum. Hier können bereits die beiden grundsätzlichen Möglichkeiten der W. in

ihrer stilisierten Zielsetzung vollendet betrachtet werden: zum einen die W. im Dienst der Raumdekoration und Flächenfüllung, d. h. die Bemalung einer Wand unter Wahrung des geschlossenen Wandcharakters. Zum anderen die W. im Dienst eines Raum- und Architekturillusionismus, dessen Aufgabe es ist, die geschlossene Wand illusionistisch aufzubrechen und den optischen Eindruck weiter Architekturen zu erwecken. – In der altchristl. Kunst findet die W. vor allem in den →Katakomben (→Rom) ein reiches Betätigungsfeld. – Die nach literarischer Überlieferung zahlreichen frühmittelalterl. W.n sind fast völlig verloren. Im gesamten Mittelalter hat die W. große Bedeutung im Sakralbereich zur Veranschaulichung christlicher Gedanken gehabt, bis nach dem 13. Jh. die Glasmalerei gegenüber der W. zunehmend an Bedeutung gewann. Lediglich in Italien konnte sich die W., vor allem durch die im 14. Jh. entwickelte Freskotechnik, kontinuierlich behaupten. – Mit dem Barock erlebte die W. eine erneute große Blüte illusionistischer Raumdekoration, vor allem auch im Deckenbild (→Deckenmalerei). – Im 19. Jh. fanden lebhafte Bestrebungen zur Wiederbelebung der im Klassizismus in den Hintergrund gedrängten W. statt, um die sich vor allem die →Nazarener und H. von →Marées bemühten.
Lit.: A. Eibner, Entwicklung und Werkstoffe der W. vom Altertum bis zur Neuzeit, 1926; K. Welte, W., Einführung in Werkstoffe und Techniken, 1957.

Wang Chien →Wang-Meister.

Wange. Seitenwand einer Treppe oder eines →Chorgestühls.

Wang Hsi-chih. Chinesischer Maler und Kalligraph. Geb. 321, gest. 379 in Nanking. Als Maler schuf er Figurenkompositionen und Tierbilder, von denen jedoch nichts erhalten ist. – Von überragender Bedeutung war sein Wirken als Schriftkünstler. Auf ihn geht die Durchbildung der chinesischen Pinselschrift zurück, wovon in Japan erhaltene Kopien des 8. Jhs. einen guten Eindruck vermitteln.
Lit.: Thieme-Becker.

Wang Hui →Wang-Meister.

Wang-Meister. Vier während der Ching-Dyn. in der Provinz Kiangsu tätige chinesische Maler mit dem Familiennamen Wang. Charakteristische Elemente, die die vier Künstler als zusammengehörig erkennen lassen, sind rhythmische Flächengliederung und der auf dem Liniengefüge begründete Bildaufbau. Häufig werden Typen und Motive aus der Tradition übernommen, jedoch durch die intellektuelle Kompositionsweise zu neuen Bildern vereint. – **1)** Wang Shih-min. Geb. 1592, gest. 1680. Er schuf seine Werke in der Tradition der Maler der Ming- und Yüan-Dyn. – **2)** Wang Chien. Geb. 1598, gest. 1677. Schüler des Wang Shih-min, von dem er die Übernahme traditioneller Malerei lernte. Er sah vor allem in den Werken der Yüan-Zeit seine Vorbilder, die er jedoch nicht kopierte, sondern in einen eigenen Stil, der durch eine kontrastreiche Farbgebung gekennzeichnet ist, übersetzte. – **3)** Wang Hui. Geb. 1632, gest. 1717. Auch er schloß sich der älteren Malerei an, verarbeitete jedoch die Anregungen und Vorbilder durch eine tupfenartige Tuschmalerei. – **4)** Wang Yüan-chi. Geb. 1642, gest. 1715. War der Enkel des Wang Shih-min und erreichte von allen vier W. die größte Berühmtheit. Hohe Stellungen hatte er am Kaiserhof inne, wo er die kaiserlichen Kunstsammlungen leitete und der engste künstlerische Berater des Kaisers Kang Hsi war. Als Maler orientierte er sich hauptsächlich an der sogen. →Südlichen Schule und schuf Werke, die durch eine flüssige weiche Pinselführung gekennzeichnet sind.
Lit.: V. Contag, Die sechs berühmten Meister der Ching-Dyn., 1940.

Wang Meng. Chinesischer Maler, Dichter und Kalligraph. Gest. 1385 in Nanking (?). Als Nachfahre des →Chao Meng-fu begann er in dessen Manier zu malen, wandte sich jedoch später dem Stil der sogen. →Südlichen Schule zu und wurde einer der Hauptmeister dieser Richtung. Barocke Details kennzeichnen seine ausdrucksstarken Landschaften ebenso wie eine kraftvolle Pinselführung. Als einer der „Vier Meister“ der →Yüan-Zeit wurde er in seinen Werken, dessen erstes 1343 datiert ist, bestimmend für zahlreiche nachfolgende Maler.
Lit.: Thieme-Becker.

Wang Shih-min →Wang-Meister.

Wang Chien (Stil des Wang Meng), Täler in Wolken und Schatten von Kiefern, um 1600.

Wang Wei. Chinesischer Maler, Kalligraph, Dichter und Musiker. Geb. 699, gest. 759. Nach der chinesischen kunstgeschichtlichen Tradition wird W. als Begründer der sogen. →Südlichen Schule angesprochen. Auf ihn gründete sich die Darstellung der Stimmungslandschaft, die er erstmals durch seinen lockeren Tuschstil impressionistisch leicht schuf. Von seinen eigenen Werken ist nichts erhalten, jedoch wurden seine Bilder häufig kopiert und nachgeahmt, so daß sich auf diesem Umweg ein Eindruck von seiner Kunst gewinnen läßt.
Lit.: Thieme-Becker.

Wang Yüan-chi →Wang-Meister.

Wappen (lat. arma, franz. armes, engl. arms, italien. arme). Erbliches Kennzeichen einer Person, eines Geschlechts oder einer Körperschaft. Es entstand im Zusammenhang mit dem Rittertum in der Mitte des 12. Jhs. und diente ursprünglich der Kennzeichnung eines Heerhaufens oder eines einzelnen Kämpfers. Die Wappenkunde, Heraldik, wurde durch die Turniere ausgebildet, die durch eine Wappenschau eingeleitet wurden. Zu unterscheiden sind die tatsächlich getragenen W. und das hiervon abgeleitete abbildende W. Ersteres befand sich auf dem Schild, der anfänglich dreieckig mit ausgebogten Seitenwänden gebildet war. Seit der Mitte des 14. Jhs. wird die Form gedrungener. Zugleich begegnet eine neue Schildform, die Tartsche, die rechteckig ist und anfangs abgerundete, seit dem 15. Jh. eingebogte Ecken sowie einen leichten Grat in der Mittelsenkrechten hat. Unterscheidungsmerkmale der W. sind Farben und Wappenbilder. Die Farben beschränken sich auf die möglichst rein und leuchtend gegebenen sechs „heraldischen Tinkturen“: Schwarz, Weiß, Rot, Blau, Grün, Gelb; möglichst kontrastierend zusammengestellt. Die Wappenbilder gingen aus Feldzeichen, Fahnenbildern etc. hervor und setzen sich aus den Heroldsbildern, unbegrenzt variablen Musterungen und den sogen. gemeinen Figuren zusammen. Letztere bilden Gegenstände oder Teile von Dingen ab, z.B. Menschen, Tiere, Pflanzen, Gestirne, Geräte, Waffen etc.; möglichst schlagkräftig vereinfacht, dekorativ und rein in der Fläche dargestellt, damit sie über weite Entfernung zu erkennen waren. Die Bezeichnung rechts und links geht jeweils vom Wappenträger aus. Außer am Schild findet sich das W. am Helm, als plastische W.figur, dem Kleinod oder Zimier, häufig eine Abkürzung oder Erweiterung der eigentlichen W.figur; ferner an der auf die Schultern herabhängenden Helmdecke. Das getragene W. verschwand gleichzeitig mit dem Rittertum im 16. Jh. Das abbildende Wappen übernimmt entweder allein den Schild oder häufig nur das Helmkleinod (z.B. auf Münzen, Siegeln etc.). Es kann farblos sein und verzichtet damit auf ein wesentliches Charakteristikum des W.s (Farben im 17. Jh. durch Schraffuren angedeutet). Anfangs nur von weiblichen oder geistlichen Mitgliedern ritterlicher Geschlechter geführt, als Kennzeichnung des gesamten Geschlechts und seines Besitzes (Herrschafts- und Landeswappen) gebräuchlich, ging es spätestens seit dem 14. Jh. auch auf Städte, Bistümer, Abteien, Zünfte und Körperschaften jeglicher Art, bürgerliche Personen, sogar auf Heilige, Sagengestalten etc. über. Mit dem Verschwinden der wirklich getragenen W. wird die Skala der heraldischen Tinkturen erweitert, die Zeichnung kompliziert und unübersichtlich, außerdem Einzelwappen immer häufiger zu Gesamtwappen vereinigt und die Schildform abgewandelt. Seit der Mitte des 16. Jhs. wird auch in Deutschland der in der italien. Renaissance ausgebildete Kartuschenschild übernommen. Er besteht aus einem gewölbten Oval und einem Rahmen mit →Rollwerk. Das W. wird vervollständigt durch Nebenstücke (Amts- und Würdenabzeichen wie Kronen, Stäbe und dergleichen); durch die als Prachtstücke bezeichneten Schildhalter (seit dem 14. Jh., Menschen oder Tiere, die das W. seitlich stützen); durch Wappenmäntel (seit dem 17. Jh., den Schild umfangende Draperien, die von einer Krone oder einem Baldachin herabhängen); durch Devisen (Wahlsprüche) auf Banderolen, Konsolen etc.; durch Banner, Waffen und Kriegsgeräte, die wie Trophäen hinter dem Schild erscheinen.
Lit.: Koerner, Handbuch der Heroldskunst, 4 Bde., 1920–33; E. v. Berchem, Heraldische Bibliographie, 1937.

Wappenscheibe. Eine Art Kabinettscheibe, wobei Formen des Tafelbildes auf die Glasmalerei übertragen wurden. Im 15.–17. Jh. fast ausschließlich in der Schweiz entstanden. Das Wappen des Stifters (Privatperson, Stadt etc.), auf eine Glasscheibe gemalt, wird einem öffentlichen Gebäude, verbunden mit einem Geldbetrag, gestiftet. Berühmteste W.n-Entwürfe von H. →Holbein.
Lit.: H. Meyer, Die schweizerische Sitte der Fenster- und Wappenschenkung vom 15.–17. Jh., 1884.

Warangal. Ruinen einer Festung mit Tempeln und Palastbauten im Dekkhan nahe der Siedlung Hanamkonda. Auf dem Plateau eines Berges, den hinduistische Fürsten befestigten, befinden sich Ruinen mittelalterl. Tempel, etwa des 11.–13. Jhs., im Stil der Tempel des benachbarten Hanamkonda. Um 1500 errichtete ein hinduistischer Gouverneur der islam. Bhamani-Dyn. eine →Darbar-Halle mit Kielbogen und geradem Dach.
Lit.: Yazdani, Fine Arts, 27; Brown, Architecture II, 67.

Warka. Ruinenstätte des alten →Uruk.

Wartburg. Bekannt vor allem durch ihre enge Verknüpfung mit der Geistesgeschichte Deutschlands. Wohl um 1070 von Ludwig dem Springer gegründet, 1080 erstmals erwähnt. Ältester erhaltener Teil ist das um 1180 erbaute sogen. Landgrafenhaus, der besterhaltene, wenn auch stark restaurierte →Palas des deutschen Burgenbaus (→Burg). Eine gewisse Wahrscheinlichkeit spricht dafür, ihn der gleichen Bauhütte zuzuweisen, die die Doppelkirche von →Schwarzrheindorf errichtete. Seine Hofseite ist in drei Geschosse gegliedert, die sich in Arkadenstellungen öffnen. Im Zuge der eingreifenden Restaurierung 1838–67 wurde der Palas, sowie mehrere andere Räume von Moritz von →Schwind ausgemalt.
Lit.: H. v. d. Gabelentz, Die W., 1941.

Wasmann, Friedrich. Deutscher Maler. Geb. 1805 in Hamburg, gest. 1886 in Meran. Nach anfänglicher Ausbildung in Hamburg besuchte er die Akademie in Dresden. 1829 arbeitete er in München bei P. →Cornelius, dann zog er nach Tirol weiter und 1832 schließlich nach Rom, wo er sich den →Nazarenern, besonders →Overbeck, anschloß. Nach einem Aufenthalt in Hamburg (1843–46) ließ er sich in Meran nieder. – W. gehörte nur noch am Rande zu den Nazarenern. Den diesen eigenen Purismus nahm er nicht an, vielmehr entwickelte er viel Sinn für Farbe und malerische Techniken.
Lit.: F. W., Ein deutsches Künstlerleben, von ihm selbst geschildert. Herausgegeben von B. Grönvold, 1896.

Wasserfarben →Aquarellmalerei.

Wasserspeier vom Straßburger Münster, Langhaus S-Seite.

Wasserspeier. Ein Rohr oder eine Rinne, die zur Ableitung des auf das Dach niedergehenden Regenwassers dient. Die vorderen Enden sind häufig plastisch verziert; in der Antike mit Löwenköpfen, in der Gotik mit menschlichen Figuren, Tieren und Fabelwesen.

Wasserzeichen. Im 13. Jh. aufgekommene Fabrikats-

A. Watteau, „Gesellschaft im Freien“ (Berlin, Gemäldegalerie Dahlem).

bezeichnung von Papier. Die W. wurden ursprünglich durch Drähte auf der Siebform beim Schöpfen von handgefertigtem Papier erzeugt. Ochsenkopf, Turm, Waage oder Wappen sind die geläufigsten W., die vor allem als Hilfsmittel zur Datierung früher Zeichnungen und Graphiken Bedeutung haben können.
Lit.: W. Herdeg, Kunst im W., 1952.

Wat. Thailändische Kultstätte mit dem Haupttempel Bot und den Klosterbauten Viharn.

Watsch →Vače.

Watteau, Antoine. Franz. Maler. Geb. 1684 in Valenciennes, gest. 1721 in Nogent-sur-Marne. Lebte seit 1702 in Paris, wo er zuerst Schüler C. →Gillots und später bei dem Dekorationsmaler C. Audran tätig war. Durch diesen hatte W. die Möglichkeit, die Werke von →Rubens in der Medici-Galerie zu studieren und zu kopieren. Hinzu kommen Einflüsse →Tizians und → Veroneses. – In wenigen Jahren hat er ein ungemein großes Werk geschaffen, das aber nur aus Staffeleibildern und vorbereitenden Zeichnungen besteht. Inhaltlich überwiegen galante Themen: Feste im Freien, galante Szenen, die italien. und franz. Komödie. Bildnisse sind selten. – In W., dem bedeutendsten Maler Frankreichs im 18. Jh., zeigen sich schon alle Möglichkeiten der franz. Malerei jenes Jhs. Da ist einmal die Neigung, das Gesellige, Geistreiche darzustellen, die heitere Seite des Lebens inmitten einer ebensolchen Natur und auch inmitten dieser Heiterkeit die stimmungsvolle Melancholie. Die Handlung selber interessiert dabei weniger, es zählt die beredte Gestik. Gerade in der Darstellung der stummen Zwiesprache zwischen den Menschen bleiben alle Nachahmer W.s weit zurück.
Lit.: E. de Goncourt, Cat. raisonné de l'œuvre, 1875; Handzeichnungen, herausgegeben von C. Gurlitt, 1909; E. Hildebrandt, A. W., 1922; J. L. Vaudoyer, A. W., 1939 (deutsch); W. Weisbach, Franz. Malerei des 17. Jhs., 1932.

Wayang (wörtlich „Schatten“, voller Name W. Kulit, d.h. Lederschatten). Für →Indonesien typische Art des Schattenspieles, künstlerisch sehr verfeinert und besonders in →Java und →Bali gepflegt. Die von unten an Stäben bewegten Lederpuppen werden vom Puppenspieler „Dalang“ bewegt, der gleichzeitig Sprecher ist. Ihr Schatten wird auf einen flach über einen Rahmen gespannten, durchscheinenden Stoff geworfen. Die Zuschauer können die Figuren auch unter Verzicht auf das Schattenbild von der Seite des Dalang her betrachten und sehen dann das reich vergoldete und gefärbte Dekor der durchbrochenen, halb durchscheinenden Lederpuppen. Dargestellt werden Stoffe aus Mythen und Heldenepen wie etwa die Taten von Pandji, dem Nationalhelden von Java. Ein wichtiges Requisit ist dabei der →Gunungan als Universalkulisse. – Abarten sind der W.krutjil und W.klikit (mit flachen Holzfiguren) und W.golek mit plastischen Holzfiguren, schließlich der W.beber (statt beweglicher Puppen werden Rollbilder auf Papier oder Seide gezeigt). Der W.topèng (→Topèng) ist in Wahrheit kein Schattenspiel, sondern ein mimischer Maskentanz.

Webb, Philip. Engl. Architekt, Dekorateur und Kunstgewerbler. Geb. 1831 in Oxford, gest. 1915 in Worth, Sussex. Verbrachte seine Lehre bei J. →Billing in Reading, anschließend im Atelier von G. E. Street in Oxford tätig, wo er seinen späteren Mitarbeiter W. → Morris kennenlernte. Ab 1861 hatte W. ein eigenes Atelier und war gleichzeitig Mitarbeiter der von Morris gegründeten Werkstätten in London, wodurch er mit dem Kreis der →Praeraffaeliten um D. G. →Rossetti in Berührung kam. Für diese Werkstätten lieferte W. Entwürfe für Kirchen- und Raumausstattungen, Stickereien, Glas, Schmuck u.a. Auch hatte er selber in Kirchen und im Victoria and Albert Museum in London (Diningroom, zusammen mit der Gesamtausstattung) Deckenmalereien ausgeführt. Sein bekanntestes Werk und der Ausgangspunkt für den neuen engl. Wohnhausbau wurde das für Morris erbaute Red-House in Upton, Kent (1859). Durch die Umformung der praeraffaelitischen Ideen durch W., besonders auf dem Gebiet des Kunstgewerbes, konnten diese erst ihre starke Wirkung auf die Entwicklung des →Jugendstils ausüben.
Lit.: W. R. Lethaby, P. W. and his work, 1935.

Weber, Max. Russisch-amerikanischer Maler, Holzschneider und Kunstschriftsteller. Geb. 1881 in Bialy-

stok. Mit 10 Jahren kam er nach Amerika, wo er studierte und an Kunstschulen unterrichtete. 1905 ging er nach Paris. Hier besuchte er die Académie Julian und war Schüler von J. P. →Laurens und H. →Matisse. Seine Freundschaft mit G. →Apollinaire, P. →Picasso und H. →Rousseau hinterließ ihre Spuren in seinem Werk. Nach Reisen durch Italien, Spanien und Holland kehrte W. 1908 nach New York zurück, wo seine Arbeiten heftig umstritten wurden. Gleichzeitig propagierte er die Indianerkunst, deren Verbindung mit der zeitgenössischen Kunst er aufzuzeigen suchte.
Lit.: H. Vollmer, Künstlerlex. d. 20. Jhs.

Weberei. Die Stoffe werden durch verschiedenartige Durchkreuzung der am Webstuhl aufgespannten Kette mit senkrecht zu ihr geführten Schüssen gebildet. Die Schüsse werden jeweils durch die ganze Breite geführt und bilden an den Umkehrungen die Webekanten oder Endel. Durch verschiedenartige Bindungen und verschiedene Farben des Materials werden die Muster gebildet. Sie können nicht übermäßig groß sein und wiederholen sich regelmäßig („unendlicher Rapport"). Grundlage für die Entwicklung der Seiden-W. in Europa ist die antike Textilkunst, vermittelt durch Byzanz (6.–12. Jh., kaiserliche Werkstätten, „Imperialstoffe" mit eingewebten Adlern, aber auch anderen Motiven). Neben dem Einfluß von Byzanz bringt der vordringende Islam seinen Formenschatz in die Seidenweberei von Spanien und Sizilien, die lange Zeit Zentren der W. sind. Im 13.–15. Jh. geht diese Rolle an Venedig und Lucca (sogen. Diasperstoffe = Blattpalmetten, von Tieren flankiert, die sich reliefartig vom Grund abheben) über. In der Gotik nördlich der Alpen nur vereinzelte Sonderleistungen. In der Renaissance wird in Italien eine Vielzahl von Mustern ausgebildet, die die got. Tiermotive verdrängen und unter dem Namen →Granatapfelmuster zusammengefaßt werden. In der Mitte des 16. Jhs. werden bei den Kleiderstoffen die größeren Motive durch →Streumuster abgelöst (nicht bei den Bespannungsstoffen). Um 1700 wird Frankreich führend (Paris, Lyon). Im 19. Jh. Erfindung des mechanischen Webstuhles durch J. M. Jacquard →Jacquardweberei.
Lit.: R. Jaques, Deutsche Textilkunst, 1942; H. Schmidt, Alte Seidenstoffe, 1958; A. C. Weibel, Two thousand years of textiles, 1952.

Wedgwood, Josiah. Engl. Keramiker. Geb. 1730 in Burslem (Staffordshire), gest. 1795 in Etruria, einem von ihm bei Newcastle gegründeten Ort. W. entstammte einer Töpferfamilie und eröffnete selbst seine erste Fabrik 1757 in Burslem. Es folgten 1769 Gründungen in Etruria und ein Jahr später in Chelsea. In diesen Fabriken wurden Fayence, Steingut und andere keramische Waren erzeugt. Dabei war er bemüht, auch die Gebrauchsgeschirre sorgfältig herzustellen und gute Formen zu schaffen. Berühmt wurde W. auch durch die Entwicklung einer neuartigen Masse, die nach einem Teegeschirr für die Königin Queensware genannt wurde. Ferner erzeugte W. schwarzgefärbte „Basaltware" und die → Jasperware, in der der Klassizismus W.s und seines Mitarbeiters →Flaxman besonders deutlich zum Ausdruck kommt.
Lit.: W. Burton, J. W. and his pottery, 1922.

Wehrkirche. Eine Kirche, die zu Verteidigungszwecken, mit Wehreinrichtungen versehen, gelegentlich festungsartig ausgebaut ist. Die Arten der Befestigung sind sehr unterschiedlich. Häufig ist nur der Turm entsprechend stark und geräumig ausgebaut, mit Laufgang, Zinnenkranz und Schießscharten ausgestattet. Oft ist die Kirche selbst unbefestigt, jedoch von Mauern umgeben, die Torturm, Vorburg und Wassergraben aufweisen können. Solche Anlagen sind später häufig abgebrochen worden. Besonders ausgeprägte Befestigungsanlagen werden als Kirchenburgen bezeichnet.
Lit.: M. Weber, Wehrhafte Kirchen in Thüringen, 1935; W. v. Erffa, Die Dorfkirche als Wehrbau, 1938; K. Kafka, „Kärnter W.n", Carinthia I. 145, 361ff., 1955; G. Oprescu und E. Daniel, Die W.n in Siebenbürgen, (deutsch) 1961.

Weicher Stil. Bezeichnung für eine Stilrichtung der deutschen Plastik der 2. Hälfte des 14. Jhs. Vorläufer reichen bis in die ersten Jahrzehnte des 14. Jhs. zurück. Benannt wurde dieser Stil nach seinen ausgesprochen weichen Formen, die im Gegensatz zur vorhergehenden Scharfgratigkeit got. Plastik stehen. Am ausgeprägtesten findet sich der W. bei Werken kleineren Formats, insbesondere bei den sogen. „Schönen Madonnen", die in ihrer intimen Darstellungsweise den W. am reinsten vertreten.

Weikersheim. Aus einer mittelalterl. Wasserburg hervorgegangen. 1586 entstand ein Neubau, dessen Ausführung in den Händen Georg Robins lag. Er übernahm den alten Bergfried und Teile von Wirtschaftsgebäuden. Ab 1679 wurde der niedrige, gegen O gewendete Marstalltrakt angefügt, der O-Flügel gebaut und das Torwart-Rondell umgestaltet. Im frühen 18. Jh. erfolgte die Innenausstattung (ausgenommen des Rittersaales) und die Umgestaltung der Umgebung des Schlosses: der rechteckige Marktplatz und die ihn im Halbrund umfangenden, mit Arkaden durchsetzten Zwickelbauten des Schlosses, dessen Gegenüber die Stadtkirche (ein dreischiffiger, spätgot. Hallenbau von 1414) mit ihrer schlichten Front bildet, so daß sich eine geschlossene harmonische Gesamtheit ergibt. Das Schloß selbst ist eine einfache, nicht ganz rechteckige Anlage mit Innenhof, aus dessen Verband der alte, barock bekrönte Bergfried ragt. Vor dem O-Flügel mit seinem breiten Durchgang läuft parallel der Marstall, dessen Durchgang zur Brücke über den ehemaligen Wassergraben auf den Marktplatz führt und an der Außenseite von einem monumentalen Torbau betont wird. Bedeutendster Teil des Schlosses ist der S-Trakt, entworfen 1586 von Robin, ausgeführt von Beringer bis 1596. Schon von außen ist er hofseitig reicher verziert. Das Erdgeschoß trägt Arkaden, die Front wird in der Mitte bekrönt von einem mit Rollwerk besetzten Giebel und 4 weiteren Giebeln. In diesem Trakt befindet sich der durch 2 Geschosse reichende Rittersaal, in Größe und Pracht einer der hervorragendsten dieser Art in der deutschen Renaissance.
Lit.: Reclams Kunstführer, Deutschland, Bd. II, 1960.

Weilburg a. d. Lahn. Das Schloß geht auf eine ältere, aus dem 14. Jh. stammende Anlage zurück. 1535 von Baltasar Wolff begonnen und um 1585 von Ludwig Kempf beendet. 4 Flügel schließen sich um einen unregelmäßig quadratischen Hof, dessen malerischer Reiz in der gewachsenen, unregelmäßigen Verteilung von Treppentürmen, Erkern, Zwerchhäusern und prachtvollen Portalen liegt. Am N-Flügel eine zweigeschossige Galerie mit Arkaden im Erdgeschoß. Die Innenräume enthalten noch die alte Ausstattung (16.–19. Jh.). Am W-Flügel der Stadtpfeiferturm mit seinem Haubendach von 1572. Die Flucht von Repräsentationsräumen im Obergeschoß wurde 1695–1703 eingerichtet. Der Ausbau zur Barockresidenz 1702–19 durch den am franz. Klassizismus geschulten Architekten Julius Ludwig Rothweil. Die ganze Anlage muß Niveauunterschiede überwinden. So schließt sich an das Renaissance-Schloß als Verbindung zur Hofkirche und als westlicher Abschluß des Hofgartens die obere Orangerie, ruhig und schlicht mit Erdgeschoßarkaden und Rustikaquaderung, ein im Viertelkreis gebogener mit Mansardedächern und Gauben bekrönter Bau von Rothweil 1703–05. Die untere Orangerie (1710–14), nach dem Vorbild des Grand → Trianon ein eingeschossiger Saal mit einer von Pilastern zwischen rundbogigen Fenstern gegliederten Fassade, schließt das südliche Gartenparterre ab.
Lit.: Reclams Kunstführer, Deutschland, Bd. IV, 1962.

Weinbrenner, Friedrich. Deutscher Architekt. Geb. 1766 in Karlsruhe, gest. 1826 ebda. Die Familie hatte eine Zimmerei, in der er nach dem Tod der Eltern mitarbeitete. Daneben betrieb er Studien im Zeichnen, in Mathematik und in Physik. In Zürich (1787) baute er seine ersten Häuser. 1790 reiste er zusammen mit dem Architekten K. Haller von Karlsruhe aus nach Wien, wo er die Akademie besuchte. Daran schloß sich ein kurzer Aufenthalt in Dresden an, worauf W. 1790 nach Berlin ging und dort Anregungen von →Gilly, →Langhans und den beiden Genellis aufnahm. Hier entstanden auch die ersten Entwürfe für die Stadtplanung von Karlsruhe. 1792 reiste W. nach Rom, wo er bald eine der führenden

Persönlichkeiten des deutsch-röm. Künstlerkreises wurde. Bedeutend wurden seine Aufenthalte in → Paestum, die seine Vorliebe für dorische Bauformen bestärkten. Auch hier entstanden mehrere Entwürfe für Karlsruhe. 1797 kehrte W. nach Karlsruhe zurück. – Seine Stellung in Karlsruhe und sein Ruf in Deutschland brachten eine Reihe von Reisen in Deutschland und Frankreich mit sich. – W.s Hauptwerk war der klassizistische Stadtkern von →Karlsruhe mit der Nord-Süd-Achse

F. Weinbrenner, Ev. Stadtkirche, Karlsruhe.

vom Schloß, über den Marktplatz, Rondellplatz zum Ettlinger Tor und die daran befindliche Bebauung: Rathaus (1805–25) und evangelische Stadtkirche (1807 bis 1816) und das Markgräfliche Palais am Rondellplatz. – Die Neigung W.s zu monumentalisierten dorischen Formen kam nur in seinen Torbauten (Ettlinger Tor) und den Projekten (Denkmal für Friedrich d. Gr., 1791) zum Ausdruck. In den übrigen öffentlichen Bauten huldigte er einem strengen →Klassizismus, dem eine genaue Kenntnis der franz. Revolutionsarchitektur (→Ledoux) zugrunde lag.
Lit.: A. Valdenaire, F. W., 1919.

Weingarten. 1090 wurde das schon 940 gegründete Frauen-, spätere Benediktinerkloster Wallfahrtsort. Brände und Verfall machten einen Neubau nötig. 1715 wurde die alte Säulenbasilika abgerissen und die neue Kirche nach Plänen von Caspar →Moosbrugger begonnen. Die Ausführung wurde A. Schreck und Ch. → Thumb anvertraut. 1724 war die Kirche weihefertig, aber die Konventsbauten bleiben unvollendet. Ihre Errichtung begann erst 1727. Ab 1740 baute Joseph Schmuzer an der N-Partie. 1792 begann die Bautätigkeit noch einmal, wurde aber durch die Säkularisation von 1803 beendet. Der Idealplan von 1724 zeigt die geplante Anlage: 2 rechteckige Höfe, in deren Mittelachse die Kirche liegt. Dieses Viereck sollte an 3 Seiten von geschwungenen Arkadengängen mit Pavillons und Toren gleichsam umspielt werden. Aus der Ortschaft führen Treppen vor die Fassade der Kirche, dem größten barocken Kirchenbau auf deutschem Boden. Das Innere gehört zur Gruppe der Vorarlberger Bautypen: eine ovale Vorhalle öffnet sich in den mit emporenbesetzten Wandpfeilern gegliederten Raum; Querarme und eine dreischiffige Chorpartie schließen sich ans Langhaus. Gelockert wird die Strenge des Raumes durch die weiten Durchbrechungen der Wand zwischen den Pfeilern und das Schwingen der zurückgesetzten Emporen in den Querarmen. Die Kuppel, von hohem Tambour gekrönt, wurde von Frisoni ausgeführt und betont sehr deutlich die Vierung. Den Stuck, in flachem Relief, ruhigen Ornamenten und auch zurückhaltend im Figürlichen, gestaltete der Wessobrunner F. Schmuzer (ab 1718). Erst die temperamentvollen Gewölbefresken C. D. →Asams sprengen den ruhigen, würdevollen Rahmen der Architektur.
Lit.: Reclams Kunstführer, Deutschland, Bd. II, 1960.

Weinstock. Ebenso wie der Wein selbst ein Symbol Christi. Auch die häufig auf frühchristl. Sarkophagen vorkommenden Weinranken mögen wie der W. als Zeichen der Hoffnung auf Erlösung und ewige Seligkeit zu deuten sein. Gelegentlich finden sich Weinranken als symbolisches Pflanzenornament an den Säulen von Altären. Vergleiche auch →Lebensbaum, der ebenfalls Trauben tragen kann.
Lit,: C. Leonardi, Ampelos. Il simbolo della Vite nell'arte Pagana e Paleocristiana, 1947.

Weisgerber, Albert. Deutscher Maler und Graphiker. Geb. 1878 in St. Ingbert/Saar, gefallen 1915 bei Fromelles (Ypern). Absolvierte zuerst eine Dekorationsmalerlehre in Kaiserslautern, besuchte dann die Kunstgewerbeschule in Frankfurt/M. und schließlich die Akademie in München, wo er Schüler von F. v. →Stuck war. Wurde bald Mitarbeiter der ,,Jugend", machte Plakatentwürfe und Buchillustrationen. Als Maler bevorzugte er anfangs das Portrait, worin seine starke Begabung lag. Das Parisjahr (1906) setzte ihn mannigfachen Anregungen aus, deren Verarbeitung zu einem eigenen Stil ihm nicht mehr geglückt ist. Er entwickelte nun aber einen Sinn für dekorative Kompositionen und nahm auch religiöse Themen in Angriff (Sebastian). Auch mit dem →Kubismus hat er sich noch beschäftigt. – 1913 gehörte W. zu den Begründern der ,,Neuen Sezession" in München, deren erster Vorsitzender er auch war.
Lit.: Thieme-Becker.

Weiß, Emil Rudolf. Deutscher Maler, Graphiker, Kunstgewerbler und Dichter. Geb. 1875 in Lahr, gest. 1942 in Meersburg/Bodensee. Studierte in Karlsruhe bei →Kalckreuth und →Thoma, in Stuttgart und in Paris an der Académie Julian. Danach ließ er sich in Hagen nieder, wo er für K. E. →Osthaus und das Folkwangmuseum tätig war (1903–06). 1907–33 lehrte W. in Berlin an verschiedenen Kunstinstituten. Ab 1914 verheiratet mit R. →Sintenis. – In seinem malerischen Werk herrschte das Wandbild vor (Hagen sowie auf mehreren Dampfern des Norddeutschen Lloyd), in den Tafelbildern das Stilleben und das Portrait. Beschäftigte sich außerdem mit der Buchkunst und entwickelte mehrere neue Schrifttypen.
Lit.: Thieme-Becker; H. Vollmer, Künstlerlex. d. 20. Jhs.

Weißguß, Weißmessing →Messingarbeiten.

Weißschnitt. Holzschnittvariante, bei der die Linien der Darstellung nicht wie üblich positiv herausgearbeitet, sondern in den Stock eingeschnitten werden. Im Abdruck bleiben die Linien weiß gegen den schwarzen Grund stehen.

Welfenschatz. Reliquienschatz des Hauses Braunschweig-Lüneburg, der seit Ende des 11. Jhs. bis ins 15. Jh. von Mitgliedern der Geschlechter der Bourbonen und Welfen gesammelt und seit 1218 bis 1671 im Braunschweiger Dom bewahrt wurde. Er besteht aus Reliquiaren und sonstigen Geräten des kirchlichen Kunstgewerbes, darunter als wichtigste Stücke: Welfenkreuz (Mitte 11. Jh.), Tragaltar des →Eilbertus (Köln, um 1150–60), Kuppelreliquiar (Köln, um 1175), Plenar Ottos d. Milden (1339).
Lit.: O. v. Falke, R. Schmidt, G. Swarzenski, Der W., 1930; Der W., herausgegeben von den Staatl. Museen Berlin, 1935.

Wellenhenkelgefäße. Hochgeformte Keramik mit Griffen in Form von Wellenrelief, in Syrien und Palästina während des späten 4. Jahrtausends v. Chr. verbreitet. Das Vorkommen von W. in der →Negade II-Phase weist auf nahöstliche Einflüsse in der praedynastischen → ägypt. Kunst vor der →Thinitenzeit.
Lit.: A. Scharff, Ägypten, 15f.

Wells. Stadt in SW-England mit einem der bedeutendsten frühgot. Kathedralbauten. Baubeginn um 1170. Der dreischiffige Querbau ist der älteste Teil. Langhaus zwischen 1220 und 1239 vollendet. Gleichzeitig entstand die große W-Fassade als schirmartiger, vielgliedriger Vorbau mit über 300 Nischenfiguren. In der 2. Hälfte des 14. Jhs. und zu Beginn des 15. Jhs. wurden die Türme errichtet (unvollendet). – Von besonderer Bedeutung ist der reich ausgestattete Chor in hochgot. Formen (1320–63). – Zur Stabilisierung des um 1330 er-

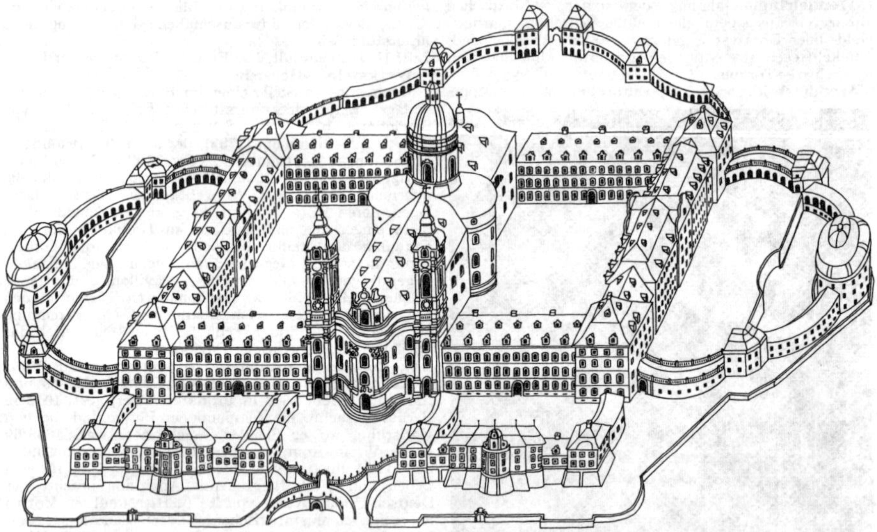

Kloster Weingarten, Übersichtsperspektive der ursprünglich geplanten Anlage.

richteten machtvollen Zentralturms wurden 1338 zwischen den Säulen des Vierungsquadrats spitzbogige Verstrebungen eingebaut, die einen einzigartigen Raumeindruck von kühnster Architektur vermitteln. – 1319 wurde der oktogonale Kapitelsaal, der um eine gebündelte Säule gruppiert ist, vollendet.

Welsch, Maximilian von. Deutscher Baumeister. Geb. 1671 in Kronach, gest. 1745 in Mainz. Bevor er 1704 in kurmainzischen Militärdienst eintrat bereiste W. Italien, wo er besonders →Borromini studierte. 1706 wurde W. Generalinspektor der kurfürstlichen Festungen, wodurch ihm die Aufsicht über fast alle künstlerischen Unternehmungen des Landes zufiel. Doch obwohl er an den Hauptschöpfungen des rheinisch-fränkischen Barock mit Entwürfen beteiligt war (→Würzburg, Schloß und Schönbornkapelle, Schlösser in →Pommersfelden und →Bruchsal), ist die künstlerische Persönlichkeit W.s schwer zu fassen, da die Bauten meist durch andere ausgeführt wurden. Sein Leitbild war der italien.-österreichische Barock, wie er von Borromini und →Fischer von Erlach ausstrahlte. Daneben hat er J.-H. →Mansart studiert. Von ihm selber stammt vermutlich Schloß und Garten →Favorite bei Mainz (abgetragen), sowie das Orangerieschloß in Fulda, eines der schönsten und heitersten Werke des deutschen Barock und, wenige Jahre vor seinem Tod begonnen, die Klosterkirche →Amorbach (1742f.).
Lit.: K. Lohmeyer, Baumeister des rhein.-fränkischen Barocks, 1931.

Welsche Haube. Mehrfach geschweifte Turmbekrönung, die aus zwei glockenförmigen, übereinanderstehenden Hauben gebildet wird. Die W. findet sich hauptsächlich in der deutschen Renaissancebaukunst.

Welt, Fürst der. Mittelalterl. Allegorie des bösen Prinzips der Weltlust, deren Kehrseite Verderbnis ist. Sie kommt in weiblicher Gestalt als „Frau Welt" oder in männlicher Gestalt als Fürst der Welt (das Wort ist eine neuere Analogiebildung) im Zusammenhang mit dem Zyklus der Klugen und Törichten Jungfrauen vor, wobei die Klugen Jungfrauen von Christus, die Törichten vom Fürst der Welt angeführt werden (z. B. Westfassade des Münsters in →Straßburg, gegen 1300). Frau Welt findet sich beschrieben in dem Gedicht Walthers von der Vogelweide „Abschied von der Welt", in dem des Konrad von Würzburg. „Der Welt Lohn" (1260/70), als Skulptur am Wormser Dom (kurz nach 1300) und an der Sebalduskirche in Nürnberg. Beide Gestalten sind als Verführer gekennzeichnet, deren Rückseite als Zeichen der Verderbnis von Schlangen und Gewürm bedeckt ist.
Lit.: K. Schäfer, Frau Welt, eine Allegorie des Mittelalters, Schau-ins-Land 17. Jg., S. 58ff.; W. Stammler, Frau Welt, eine mittelalterliche Allegorie, 1959.

Wells, Kathedrale, Mittelschiff nach O.

Weltenburg. Benediktinerklosterkirche St. Georg und Martin. Die durchgreifende Wiederherstellung von Kloster und Kirche unter Abt Maurus Bächl erfolgte durch die Brüder Cosmas Damian und Egid Quirin →Asam. 1716 wurde die alte Kirche abgebrochen, 1718 erfolgte bereits die Weihe der neuen Anlage, die Ausstattungsarbeiten zogen sich aber noch bis 1751 hin. Die Fassade, die sich an die Konventsgebäude anschließt, ist dreiachsig, mit großem Mittelfenster und Dreiecksgiebel. Nach einer ovalen Vorhalle öffnet sich das langgestreckte Oval des Kirchenraumes. Die straffe Gliederung erfolgt durch Säulen und Pilaster und führt zur Kuppel, die aber in halber Höhe absetzt, weitergeführt von illusionistisch gemalter Wölbung und beleuchtet von den nicht sichtbaren Fenstern des Tambours. Gemalte und wirkliche Architektur verbinden sich hier zu einer genialen Illusion. (Abb. S. 714).
Lit.: N. Pevsner, Europäische Architektur, 1957; Reclams Kunstführer, Deutschland, Bd. I, 1961.

Wendelring. Halsringe der späten →Nordischen Bronzezeit aus einem gleichmäßig gedrehten kantigen Gold- oder Bronzestab gefertigt, so daß kräftige Hell-Dunkel-Gegensätze entstehen. Entfernte Ähnlichkeit zu keltischen →Torques.

Wendelstein. Bez. f. Treppenturm mit Wendeltreppe.

Weltenburg a. d. Donau, Klosterkirche St. Georg, erbaut von C. D. und E. Q. Asam.

Wendeltreppe. Spiralig hochgeführte Treppe, die meist in einen →Treppenturm verlegt ist. Vor allem die Baukunst der Spätgotik hat das System der W. in hervorragenden Beispielen ausgearbeitet.

Wen Jen Hua. Chinesischer Begriff für die ostasiatische Literatenmalerei. →Chinesische Kunst.

Wenzelbibel. Die für König Wenzel I. 1380–90 geschriebene Bibelhandschrift (deutsche Übersetzung des Alten Testaments von Martin Rotlöw veranlaßt), die mit außerordentlich reichem Schmuck, Miniaturen und Randleisten versehen ist und ein Hauptwerk der böhmischen Buchmalerei darstellt.
Lit.: J. v. Schlosser, „Die Bibelhandschrift König Wenzels I.", Jb. der Kunsthistorischen Sammlungen des Allerhöchsten Kaiserhauses, 1893.

Wenzinger, Christian. Deutscher Bildhauer, Maler und Architekt. Geb. 1710 in Ehrenstetten bei Freiburg, gest. 1797 in Freiburg i. Br. War 1731 in Rom, 1735–37 in Paris und anschließend in Wien; seit 1745 lebte W. in Freiburg. Er ist Hauptmeister des Rokoko in Freiburg, sein Hauptwerk ist die Ausstatttung der Stiftskirche von St. Gallen mit Stuckfiguren und -reliefs (1757–61), Dekkenmalerei und überlebensgroßen Sandsteinfiguren der Schauseite außen. Ferner sind von ihm erhalten ein Ölberg (1745 für Staufen gefertigt, heute Frankfurt/M., Liebighaus) und ein Taufstein im Freiburger Münster (1768). Als Baumeister hat er in Freiburg das „Haus zum schönen Eck" erbaut (1761 f.).
Lit.: G. Münzel, C. W. in: Zeitschrift für bildende Kunst, N. F., Bd. 33, 1929.

Wereffkin, Marianne von. Russische Malerin. Geb. 1870 in Tula, gest. 1938 in Ascona (?). Studierte in München, wo sie zu dem Kreis russischer Künstler um A. v. →Jawlensky und W. →Kandinsky gehörte. Sie kann als eine Vorläuferin des →Expressionismus gewertet werden, doch hat ihr Hang zur Mystik ihren Arbeiten etwas traumhaft Unwirkliches verliehen, ein Eindruck, der durch ihre ausgefallene Farbgebung noch unterstützt wird.
Lit.: H. Hildebrandt, Die Frau als Künstlerin, o. J.

Werkstein →Haustein.

Werneck. An Stelle einer im Bauernkrieg zerstörten Anlage erbaute hier Fürstbischof Friedrich Karl von Schönborn ab 1735 ein Sommerschloß. Die Entwürfe lieferte B. →Neumann (1733), der auch die Ausführung übernahm. 1744 ist nur das „Vorgebäu" noch nicht ganz fertig. Das Schloß entwickelt sich aus zwei vierflügelig nebeneinander an der Wern liegenden Wirtschaftsanlagen, deren Höfe im Viertelkreis an der Schloßvorhof-Seite eingezogen sind und so im Halbkreis Hof und Ehrenhof des dreiflügelig sich anschließenden Hauptbaues in seinem Gegenstoß auffangen. Die 3 Schloßflügel tragen an allen 4 Ecken Pavillons mit eigenen Dächern; die beiden zwiebelbehelmten Türme an den Flügelenden unterstreichen die optische Trennung zwischen Vorhof und Ehrenhof, die entsteht durch das Zurückweichen der beiden Pavillons.
Lit.: Reclams Kunstführer, Deutschland, Bd. I, 1961.

Werner, Anton Alexander von. Deutscher Maler und Illustrator. Geb. 1843 in Frankfurt/Oder, gest. 1915 in Berlin. Besuchte die Akademie in Berlin und die von Karlsruhe, wo er Schüler →Schirmers war. 1868/69 weilte W. in Rom, wo er, wie auch in der folgenden Zeit, viele illustrierende Arbeiten fertigte. Eine für sein Leben und Werk tiefgreifende Änderung brachte der Deutsch-Franz. Krieg von 1870. Hier fand er Motive für seine neuhistoristischen Bilder: Panoramen und Dioramen der Schlacht bei Sedan und das größte Werk dieser Gruppe: die Kaiserproklamation im Spiegelsaal von Versailles, ein trocken registrierender, aber geschichtlich zuverlässiger Situationsbericht.
Lit.: Thieme-Becker, A. Rosenberg; A.v.W., 1895.

Weserrenaissance. Stilrichtung der deutschen Renaissance im Wesergebiet, gekennzeichnet durch das Festhalten an got. Elementen der Baukunst. →Deutsche Kunst, →Renaissance.

Wessobrunn (Oberbayern). Berühmt seiner Stukkateure wegen, die ihre fruchtbare Tätigkeit von ca. 1600 bis 1800 entfalteten und in einigen ihrer Sippen wie der Schmuzer, →Zimmermann, →Feuchtmayer zu höchster Künstlerschaft heranwuchsen.

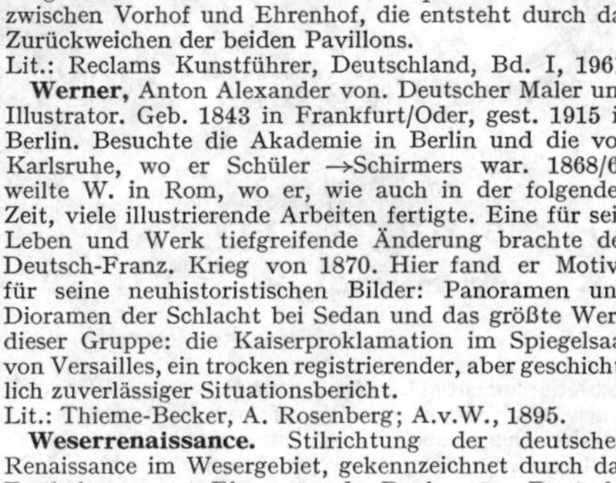

Schloß Werneck, von B. Neumann ab 1733 errichtet; Ansichtsperspektive.

Westgotische Kunst. Die Kunst der Westgoten auf span. Boden. Von den Bauten, die nach der Eroberung Spaniens durch die Westgoten im 5. Jh. bis zum Arabereinfall im Jahr 711 entstanden, hat sich nur weniges erhalten (u.a. S. Juan de Baños, S. Pedro de Nave). Im engeren Sinn versteht man daher unter W. die Bauten des nach 711 im äußersten Norden gegründeten westgot. Königreichs Asturien mit der Hauptstadt Oviedo, das zum Ausgangspunkt der Reconquista wurde, der Rückeroberung Spaniens durch die Christen. Ihren Höhepunkt erreicht die W. im 9./10. Jh. Charakteristisch

ist für alle Architektur der kleine Maßstab, die Vielfalt der Grund- und Aufrißgestaltung, die additive Fügung der Anlagen aus einer Vielzahl kleiner Raumteile sowie die Anwendung von Wölbung. Wesentliche Grundlage ist die provinzialröm. Kunst auf span. Boden, die Vorbilder für Steinbau, Wölbung, für Bautypen (Basilika) und -formen wie für den bauplastischen Schmuck bot (Kerbschnitt-Technik, Ornamentformen). Hinzu kommen gelegentlich karolingische, vor allem aber östliche

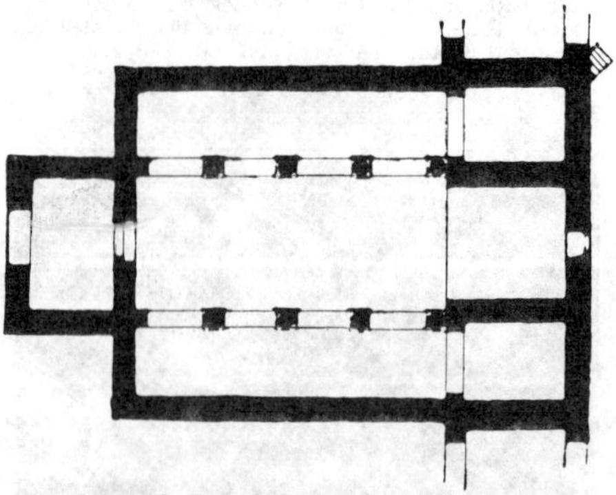

S. Juan de Baños; Grundriß

Einflüsse, die nach 711 besonders durch die mozarabische Kunst vermittelt wurden (→Span. Kunst. →Mozarabische Buchmalerei), die Kunst der unter Maurenherrschaft lebenden Christen, die in Architektur, Bauschmuck und Buchmalerei vielfältige Übernahmen aus dem Islam, aufweist und bis ins 11. Jh. außerordentlich wirksam bleibt. – Vor dem Arabereinfall entstanden ist die 661 geweihte Kirche S. Juan de Baños, die den basilikalen Typ eigentümlich reduziert und abgewandelt zeigt: Säulenbasilika mit kurzem Langhaus, weit ausladendem Querhaus, mit zwei an dessen äußersten Enden östlich angesetzten Nebenräumen (Sakristeien?) und einem gleichgeformten Chor in der Mitte. Im Westen eine kleine Vorhalle. Die heute verlorenen Arkaden, die die Kirche im Süden, Westen und Norden umgaben, sind der spätantiken Architektur des Orients entlehnt. Auch S. Pedro de Nave bei Zamora ist auf Grund des gut geschnittenen Quaderwerks (später Bruchsteinmauerwerk) und der reichen Ornamentik vor 711 anzusetzen. Es finden sich sechsstrahlige Sterne, Kreuze, sich drehende Räder u.a. in Kerbschnitt-Technik (provinzialröm. Vorbilder z.B. auf Grabstelen des 2. Jhs. n. Chr., Mus. Burgos). Die Hufeisenbögen sind wegen der geringen Einziehung nicht auf islam., sondern provinzialröm. Vorbilder zurückzuführen. Grundriß: dreischiffige Pfeilerbasilika (vermutlich ehemals tonnengewölbtes Langhaus) mit einem nicht über die Seitenschiff-Flucht vortretenden Querhaus und ausgeschiedener Vierung (ursprünglich mit Kuppel), Vorchor und tonnengewölbtem Rechteckchor. Bezeichnend westgot. sind die seitlich der Querhausflügel angebauten vorhallenartigen Räume. Seitlich des Vorchors Prothesis und Diakonikon (→Sakristei). Relativ besser erhalten haben sich die späteren Bauten in den asturischen Bergen, sofern sie nicht wie die alten Kathedralen von Oviedo (erhalten die im 12. Jh. veränderte Camera Santa) und →Santiago de Compostela später erneuert wurden. Wichtigste Beispiele: S. Julian (Santulliano) de los Prados in Oviedo ist unter den durch Alfons II. seit 812 errichteten Bauten erwähnt. Die wohl ehemals zum Palast gehörige Pfeilerbasilika hat ein breites, durchlaufendes, nicht über die Seitenschiffe vortretendes Querhaus ohne ausgeschiedene Vierung, drei rechteckige, tonnengewölbte, östliche Apsiden, seitlich des Querhauses die charakteristischen Nebenräume, einen dritten gleichartigen als Westvorhalle. Langhaus und Querhaus sind flachgedeckt. Der Außenbau, der durch die Höhenstaffelung der Raumteile reich gegliedert ist, zeigt erstmals Strebepfeiler. Wichtig sind die ursprünglichen Keramiktransennen (ornamental durchbrochene Füllungen) der Chorfenster und die fragmentarisch erhaltene Ausmalung mit dekorativer Ornamentik und gemalter Scheinarchitektur (wohl Nachleben spätpompeianischer Wandmalerei). Plastischer Schmuck und Hufeisenbogen fehlen. Berühmt ist der unter Ramiro I. (842–50) wohl als Königshalle erbaute, seit dem späten 9. Jh. als Kirche erwähnte langgestreckte Rechteckbau Naranco bei Oviedo (ältestes Beispiel einer nordischen Königshalle, →Pfalz), mit zwei tonnengewölbten Geschossen über hohem Sockel. An der Nordseite führen zwei Treppenläufe zur kleinen Eingangshalle des oberen Hauptgeschosses, an der südlichen Hangseite ist wohl eher eine Terrasse statt zweiter Treppenanlage zu ergänzen. Die Strebepfeiler, denen innen Gurtbogen entsprechen, laufen hier bis zum Sockel durch. An den Schmalseiten des Hauptgeschosses liegen, vom Innenraum durch eine dreiteilige Arkadenstellung getrennt, allseitig durch Arkaden geöffnete Lauben. Im Untergeschoß eine Badeanlage. Charakteristische Details: kannelürenartige Rillen an den Strebepfeilern, die oben und unten in die jeweils nächste Rille umbiegen; gestelzte Rundbogen; Blendarkaturen der Seitenwände mit vier gedrehten, dünnen Säulchen, die ein pyramidenförmiges, abgestumpftes Kapitell tragen, dessen Flächen ein zickzackförmig geführter Taustab in Dreieckfelder teilt, darin heraldische Tiere und Figürchen; an den Vorhallen Freisäulen mit verkümmerten korinthischen Kapitellen; an den Gurtbogenenden „Hängekonsolen" mit runden, reliefverzierten Scheiben, deren Motive und Relieftechnik (wie ausgestanzt, ohne Modellierung gearbeitet) auf orientalische und provinzialröm. Einflüsse weisen. Trotz mittelmäßiger Steinbehandlung und etwas grober, wenn auch reichhaltiger Ornamentik wirkt Naranco durch die steilen Proportionen und die Folgerichtigkeit der architektonischen Gliederung. – Von der benachbarten, etwa gleichzeitigen Kirche S. Miguel de Linio ist nur der Westbau erhalten mit zweigeschossiger Vorhalle und seitlich angrenzenden Räumen mit Treppen sowie ein basilikales Joch. Einzelformen und Bauschmuck lassen auf die gleiche Bauhütte wie bei Naranco schließen. Ebenfalls mit Naranco verwandt ist die einschiffige, vollständig tonnengewölbte Kirche S. Christina de Lena südlich Oviedo. Dem langrechteckigen Mittelraum sind an allen vier Seiten rechteckige Raumteile angefügt. Einer westlichen Empore im Innern entspricht auf der Ostseite ein um 2 m erhöhter Absatz, der durch eine dreiteilige Arkatur vom übrigen Raum abgetrennt ist. Strebepfeiler, Gurtbogen, Blendarkaturen entsprechen Naranco. Die Formen der Hängekonsolen, der Säulen, Kapitelle und Ornamentik sind mit den dortigen identisch. Ein Charakteristikum dieser unter Ramiro entstandenen Bauten ist das Bemühen um Symmetrie der Anlagen. – Von den im nördlichen Spanien etwa gleichzeitig entstandenen, mozarabischen Kirchen ist S. Miguel de Escalada (südlich León) die qualitätvollste. Sie wurde von aus Cordoba geflüchteten Mönchen errichtet und 913 geweiht (westgot. Vorgängerbau). Charakteristisch ist die lebendigere, an islam. Vorbildern geschulte Bildung der Ornamentik in stärker gerundetem Relief, die Verwendung von Stuck (Schrankenplatten; Stuck nicht vor 711 in Spanien nachweisbar) und die weite Proportionierung der dreischiffigen Säulenbasilika. Vom Hauptraum ist ein Querschiff (Tonne nach alten Resten erneuert) nur durch eine Pfeilerstellung abgetrennt, zwischen die Schranken gestellt sind. Im Osten liegen drei Apsiden über hufeisenförmigem Grundriß, außen rechteckig ummantelt. In den runden Obergadenfenstern und Apsidenfenstern ursprünglich Marmortransennenplatten. An der Südseite ist eine Halle mit hufeisenförmigen Arkaden über 12 Säulen angebaut (930–40), vielleicht der Rest eines Kreuzgangs. Östlich anschließend ein Turm des 12. Jhs. Es finden sich derbe, nur geritzte Blattkapitelle (ähnlich Naranco, aus dem westgot. Vorgängerbau übernommen), gezackte Akanthuskapitelle (byzant. Vorbilder), Kapitelle mit Palm-

blattwedeln (den Friesen nahestehend). Zu erwähnen ist noch S. Maria de Lebeña bei Santander (um 924; Verwandtschaft mit S. Miguel de Linio). Weiteres →Span. Kunst.

Lit.: H. Schlunck, Arte Visigodo. Arte asturiano, in: Ars Hispaniae, Bd. 2, 1947; H. Lützeler, Spanien, 1955.

Westkulturen Mexikos. Bei Fehlen der Grundzüge mesoamerikanischer Zivilisation scheinen Elemente des Komplexes der →Archaischen Kulturen Mexikos teilweise modifiziert bis in die Eroberungszeit anzudauern. Die Kunst weist reiche lokale Ausbildungen auf. Vier Hauptgruppen zusammenfaßbar: **1)** Aztatlán-Guasave-Culiacán-Komplex (Zweig der Mixteca-Puebla-Kultur); **2)** →Nayarit, →Jalisco, →Colima-Komplex; **3)** →Michoacán (Tarasken); **4)** Guerrero (→Mezcala).

Westphal, Conrad. Deutscher Maler, Graphiker und Kunstschriftsteller. Geb. 1891 in Berlin, lebt in München. Nach dem Studium bei Orlik in Berlin und an der Akademie in München ergänzte er seine Ausbildung 1914 in Paris. Zwischen 1926 und 1933 fallen mehrere Reisen und Aufenthalte in Frankreich, Italien, Griechenland und Nordafrika. 1954 lehrte W. an der Landeskunstschule in Berlin. – W. malte anfangs gegenständlich und gelangte erst langsam zur Abstraktion, die jedoch durch diesen langsameren Reifeprozeß überzeugendere Ergebnisse zeigt als bei manchen seiner Zeitgenossen.

Lit.: H. Vollmer, Künstlerlex. d. 20. Jhs.

Westwerk. Eine der auffälligsten Erscheinungen des karolingischen Kirchenbaus (→Karolingische Kunst). Es handelt sich um einen der Kirche im Westen vorgeschobenen Querriegel, dessen im Obergeschoß gelegener, geosteter Altar einem gesonderten Titelheiligen geweiht ist. Ein vollständiges W. besteht aus einer niedrigen, mehrschiffigen Durchgangshalle zum angrenzenden Langhaus der Hauptkirche sowie aus einem zum Kirchenschiff in Arkaden geöffneten Zentralraum im Obergeschoß, der mit einem doppelgeschossigen, sich in Arkaden öffnenden Umgang versehen ist. Das W. ist als

Corvey/Weser. Schnitt durch das 873–885 der Abteikirche angefügte Westwerk.

mächtiger Turm über die Langhaushöhe hinaus hochgeführt und an den Frontecken mit Treppentürmen versehen. Im Außenbau erscheint es als mächtige Dreiturmgruppe, Im Innern als hochgelegter, quadratischer Zentralraum. Die Zweckbestimmung ist noch umstritten. Es wird als Kaiserkirche interpretiert, von der aus der Kaiser mit Gefolge, getrennt von den übrigen Gottesdienstteilnehmern, der Messe beiwohnte (häufige Anwesenheit der Herrscher in den mit W. ausgestatteten Abteien →Centula und Corvey gesichert). Andere sehen in ihm einen hochgelegenen Gegenchor, eine Reliquien-, auch eine Taufkirche, wieder andere einen Zweckbau, etwa als →Wehrkirche, Sendgerichtshalle, Begräbnisstätte. Es ist möglich, daß das W. von Beginn an mehreren Aufgaben diente. Das W. bildet eine Voraussetzung für die Entstehung der Doppelturmfassade (→Turm) und der →Vorkirche.

Lit.: A. Schmidt, W.e und Doppelchöre, ungedruckte Diss. Göttingen 1950; A. Fuchs, „Entstehung und Zweckbestimmung der W.e", Westfälische Zeitschrift, 1950; D. Großmann, „Zum Stand der W.-Forschung", Wallraf-Richartz-Jb. 1957; Katalog der Ausstellung: Karl d. Gr., Aachen 1965; Katalog der Ausstellung: Kunst und Kultur im Weserraum, 800–1600, 1966.

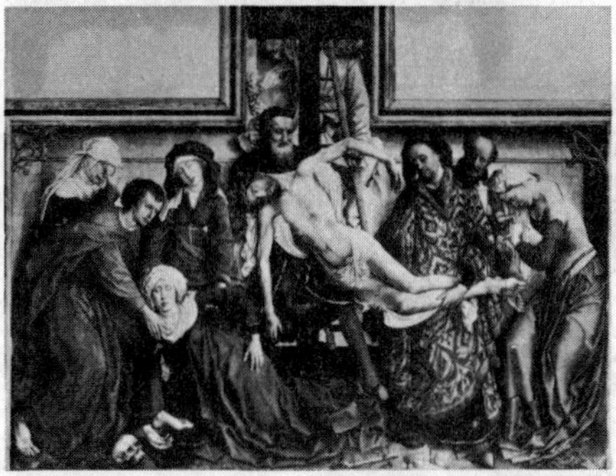

Rogier van der Weyden, „Kreuzabnahme", um 1435 (Madrid, Escorial).

Weyden, Rogier van der. Einer der bedeutendsten und einflußreichsten niederl. Maler des 15. Jhs. Geb. ca. 1397/1400 in Tournai, gest. 1464 in Brüssel. Lehrzeit 1427–32 wohl bei Robert Campin (vielleicht identisch mit dem Meister von →Flémalle, dessen Œuvre von einigen Forschern als Frühwerk W.s angesehen wurde). Seit spätestens 1436 Stadtmaler von Brüssel, für dessen Rathaus er die verlorenen, berühmten vier Gerechtigkeitsbilder malte (mit Selbstbildnis, um 1440; aus Tapisserien in Bern erschließbar). 1450 reiste er nach Italien. W. erlangte internationalen Ruhm. Eine bedeutende Anzahl von Altären hat sich ganz oder teilweise erhalten, dazu großformatige Einzeltafeln, Madonnenbilder und Bildnisse, letztere immer vor neutralem Grund (seit ca. 1450; gegen 1460 oft mit halbfigurigen Madonnenbildern zu Diptychen vereint). Von seinem großen Vorgänger, Jan van →Eyck, unterscheidet ihn die wieder verstärkte Konzentration auf den geistlichen und symbolischen Gehalt, das Zurücktreten der detailliert-wirklichkeitsnahen Schilderung der räumlich-landschaftlichen Umgebung. Wesentlich sind die Betonung der Flächengliederung, die eine wieder gotischere rhythmische Schönlinigkeit mit großer Straffheit verbindet, sowie das Dominieren der Figurenkomposition. Sie kann, wenn auch oft eher zierlich gebildet, hohe Monumentalität erreichen und wird, häufig von einer Rahmenarchitektur eingefaßt oder von einer Nische bzw. Rückwand hinterfangen, gern reliefmäßig in der vordersten Bildebene entwickelt. W.s Farbigkeit ist kontrastreich, spröde, dabei von großer Reinheit der einzelnen Farbe.

Lit.: H. Beenken, R. v. d. W., 1951; E. Panofsky, Early Netherlandish Painting, 1953.

Whistler, James. Amerikanisch-engl. Maler, Graphiker und Schriftsteller. Geb. 1834 in Lowell, Mass. (USA), gest. 1903 in Chelsea/London. Aufgewachsen in Rußland und Amerika, 1851–54 Zögling der West-Point Militärakademie und danach kartographischer Zeichner am Marinedepartement in Washington. 1855 ging er nach Paris, wo er in das Atelier Gleyres als Schüler eintrat. Sein weiteres Leben spielte sich ab zwischen London und Paris. In beiden Städten unterhielt er abwechselnd Lehrateliers. – Seine Pariser Anfänge stehen unter Ein-

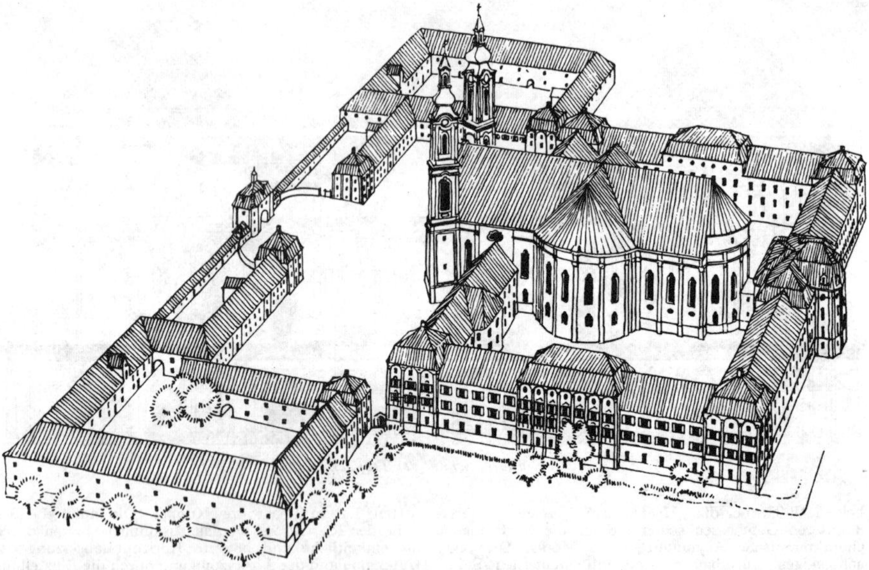

Kloster Wiblingen, ursprünglich geplante Anlage.

flüssen von →Manet und →Courbet. Formal stand er auch den Impressionisten nahe, indem er sich von den Japanern inspirieren ließ und indem sich das ästhetische Problem vor das inhaltliche und kompositorische schob. Lit.: Thieme-Becker.

J. Whistler, „Mädchen in Weiß", 1864 (London, Tate-Gall.).

Whitehall →London.

Wiblingen bei Ulm. Die Pläne für die völlige Erneuerung der Klosteranlage W., die 1714 begonnen wurde, sahen eine Vierflügelanlage vor, in deren Mitte in der Halbierungsachse die Kirche stehen sollte. Ausführende Baumeister waren zunächst Chr. Wiedenmann, der auch die Entwürfe geliefert hatte, ab 1750 J. M. →Fischer, G. Specht und schließlich der kurtrierische Hofmaler Januarius Zick. Der O-Trakt des Klosters geht auf J. M. Fischer zurück. Seine Pläne zur Kirche sind aber nur zum Teil verwendet worden. Die Grundsteinlegung erfolgte 1771, 6 Jahre nach seinem Tod. Specht führte den Rohbau auf, aber der eigentliche Umformer der Fischerschen Idee, der wesentliche Einflüsse von P. →Thumb aufweist, ist nicht bekannt. Die Doppelturmfassade (die Türme waren höher geplant) ist schlicht und öffnet sich im Inneren in 3 aneinandergereihte Quadrate, ein westliches, an der Fassade leicht ausgewölbtes, ein größeres Zentralquadrat mit flach angelegten Segmentarmen und ein Chorquadrat mit halbrunder Apsis. Breite Pilaster auf Sockeln zwischen 2 Fensterreihen leiten den Blick zu den Spiegelwölbungen und zu der Flachkuppel über der Mitte. Eine fast gerade Empore zieht sich an den Wänden hin. Das Schwerlastende wird aber aufgehoben durch die erstaunliche Virtuosität der Malereien von → Zick, der hier zum Vollender der barocken, illusionistischen Deckenmalerei wird.
Lit.: Reclams Kunstführer, Deutschland, Bd. II, 1960.

Widerlager. In der Architektur besonders stark ausgebildete Mauerpartie, durch die der Druck eines Bogens oder eines Gewölbes aufgefangen wird.

Wiege. Kupferstichwerkzeug, gleichbedeutend mit dem →Granierstahl.

Wien. 1) Stephansdom. Die ursprüngliche Pfarrkirche des Bistums Passau (12. Jh.) wurde erst 1479 zum Dom, 1722 zur Metropolitankirche erhoben. Das W-Schiff des älteren romanischen Baues war um 1160 vollendet. Diese Anlage war eine 83 m lange Querschiffsbasilika mit 2 W-Türmen, Chorquadrat und Apsis, Nebenapsiden an den Querschiffsflügeln. Ein fast vollständiger Neubau erstand 1230–40, seine Schlußweihe war 1263, es war ein plastisch reich geschmückter Bau mit Vierungsturm. Von dieser Anlage ist die W-Fassade mit Riesentor und W-Empore erhalten geblieben. Die

Wien, Hofburg, Schnitt der Treppenführung.

beiden W-Türme, die „Heidentürme“, zeigen in ihren 3 unteren Geschossen schon die für die Spätromanik charakteristische Asymmetrie der Details. Die oben achteckigen Turmbauten sind mit steinernen Spitzhelmen gedeckt. Ihren Fialen- und Krabbenschmuck mit den Balustradenkronen bekamen sie erst in der Gotik. Der bedeutendste Schmuck der Fassade ist das unter einem Pultdach vorspringende Riesentor, bald nach 1240 vollendet. Eine Reihe von Nischen enthalten noch die originalen Symbolskulpturen. Das Spitzbogentor, das heute die Portalleibung umgibt, ist eine etwas spätere Zutat. Sein Gewände besteht aus 6 reich ornamentierten Säulen zwischen abgeschrägten Pfosten. 1359 Grundsteinlegung zum got. Neubau des Langschiffes, das in Hallen- bzw. Staffelform aufgeführt werden sollte. Dadurch wurde die Verbreiterung der ehemals die basilikale Anlage abschließenden W-Fassade notwendig, es wurden ihr Doppelkapellen beigegeben. In großem Gegensatz zur roman. W-Fassade zeigt die südliche Seitenfront eine bereits im Sinne der reifen Gotik durchgeführte weitgehende Auflösung durch Fenster zwischen kräftig vorspringenden Strebepfeilern. Der Hohe Turm am südlichen Querhaus, schönster der Gotik neben dem von →Freiburg i. Br., wurde zunächst nur bis zum 2. Geschoß aufgeführt. Erst 1439 war der Turmbau abgeschlossen. Der Bau des nördl. Querschiffsturms, des Adlerturms, blieb in halber Höhe stecken (1511). Gegenüber dem südl. Hohen Turm sind die Details hier schon spätgotisch, schärfer und kleinteiliger. Die Haube in halber Höhe stammt aus der Zeit von 1556–78. Die Wölbung des mächtigen Langhauses wurde erst nach 1446 geschlossen. Das Innere wirkt überwältigend durch seine Höhe und Länge (100 m) nach Durchschreiten der niedrigen Eingangshalle. Reich profilierte Pfeiler tragen das Netz- und Sternrippengewölbe. Die Seitenwände sind unter den Fenstern mit 4zeiligem Maßwerk und Dreipaßfriesen mit Masken abgeschlossen. Breitere Pfeiler, mit 3 in zwei Höhen stehenden Figuren besetzt, wechseln ab mit schmäleren, nur eine Figur tragenden Wandpfeilern. – **2)** Karlskirche: Die Grundsteinlegung erfolgte 1716; →Fischer von Erlach leitete den Bau bis 1722, sein Sohn Josef Emanuel vollendete ihn mit Änderungen 1724–39. Zwischen 1724 und 30 wurden die Reliefs der Triumphsäulen von Mader, Straub und Schletterer ausgeführt, zwischen 1725 und 30 das Kuppelfresko von Johann Michael Rottmayr. Die Stukkaturen im Inneren stammen von Albert Camesina. Über einem strengen röm. Portikus, flankiert von 2 Triumphsäulen und seitlichen Glockentürmen, wölbt sich die dominierende, von einer zarten Laterne bekrönte Kuppel. Die aufstrebenden Teile der Riesenfront werden zusammengehalten durch die einheitliche und betonte Horizontalabsetzung der Unterzone und der Attikazone und durch die Einstellung der Säulen in die vorspringenden Bauteile von Mitte und Flügeln. Die Breite des Schiffes entspricht der des Portikus, die des Querschiffes dem Abstand zwischen den beiden Triumphsäulen. In den beiden seitlichen Glockenbauten klingt Asiatisches mit und bei den Triumphsäulen die →Trajanssäule in Rom. Der ganze Bau hat mehrfache symbolische Bedeutung durch die Idee der Verbindung des dem Kaiser gewidmeten Baues mit dem salomonischen Tempel. Der Innenraum wirkt kühl. Die Längsrichtung wird durch die Kuppel nicht gemildert. Der Chor wird beherrscht von einer plastischen Wolkendekoration. – **3)** Der mächtige Baukomplex der Wiener Hofburg bietet seiner Geschichte gemäß eine Reihe verschiedenartiger Fassaden und Hoffronten von der Renaissance bis ins 19. Jh. Die Michaelerplatzfront ist von dem jüngeren Fischer geplant, aber bis auf den linken Flügel (Hofreitschule) erst 1883–93 ausgeführt worden. Die mächtige, viergeschossige Front schwingt zurück, dem Rund des Michaelerplatzes folgend. Starke plastische Akzente wie Monumentalskulpturen, Doppelsäulen und reicher, plastischer Schmuck an der Bekrönung besetzen den Mittelrisalit mit dem breiten Portal und der hohen Kuppel über der Eingangshalle. Die halbrunden Eckrisalite der Flügel wiederholen diese Elemente und sind noch zusätzlich durch 2 kolossale Wandbrunnen betont. Hinter dem dem Schweizertor gegenüberliegenden Bogen liegt ein kleiner Zwischenhof, der zum Josephsplatz führt. Den Namen gab ihm das schöne Reiterdenkmal Josephs II. von Zauner (1795 bis 1807); er gehört zu den geschlossensten Höfen Wiens. Ihn beherrscht die Fassade der ehemaligen Hofbibliothek, deren Kernbau ursprünglich frei stehend geplant war. Der Bau war die letzte Planung Fischers von Erlach und wurde von seinem Sohn J. E. Fischer ausgeführt (1723 bis 35). Die beiden Seitenflügel passen sich organisch an, stammen aber von N. Pacassi (1767–73). Die 4. Seite des Josephsplatzes wird geschlossen von der Front des frühklassizistischen Palais Pallavicini von Hohenberg, 1783. Der Bau der Hofbibliothek wird durch einen kräftig vortretenden Mittelrisalit mit mächtiger Kuppel beherrscht. Über der Rustika des Sockelgeschosses erheben sich die durch ionische Pilaster zusammengehaltenen beiden oberen Geschosse. Dieser vertikalen Gliederung wirkt das kräftige Dachgebälk mit der Attika darüber horizontal entgegen. Die beiden Torachsen links und rechts sind durch Balkons und größere Fenster

betont. Der Große Saal der Hofbibliothek (National-) gilt als der schönste Bibliothekssaal der Welt. Er zieht sich durch den ganzen Trakt und durch 2 Geschosse, seine Mitte wird von der weiten Kuppel mit den ovalen Tambourfenstern eingenommen. Mächtige Säulenstellungen teilen die beiden Längsflügel in je zwei Abschnitte. Die Farben des Holzes, der Bücher und vergoldeter Elemente wirken zusammen mit der hellen Architektur und den Fresken von D. →Gran (bis 1730), die von Maulpertsch 1769 restauriert wurden. Der heutige Lesesaal ist mit Fresken von J. Bergl 1773–75 geschmückt. – **4)** Von den barocken Palaisbauten W.s sei an erster Stelle das Belvedère, das ehemalige Gartenpalais Prinz Eugens, genannt. Es ist das Hauptwerk Lucas von →Hildebrandts, eine Gartenpalastanlage im strengen Sinn, die das Untere Belvedère (villa suburbana), das ursprüngliche Sommerwohnpalais, und das eigentliche „Belvedère", einen nur für Feste bestimmten Lustbau, den Höhepunkt der Anlage auf der Höhe, mit einem dazwischen liegenden Garten verbindet. Der Garten wurde bereits 1700 begonnen. Das Untere Belvedère wurde 1714–16 ausgeführt, die Fresken von Martin Altomonte stammen von 1716. Das Obere Belvedère war 1721–23 im Bau. An seiner Innenausstattung waren Vlaude Le Fort du Plessy, der Stukkator Dantino Bussi, die Maler Carlo →Carlone, Geatano Fanti, Jonas Drentwett und Giacomo del Po beschäftigt. Der Bau wurde Ende des 18. Jhs. von Hohenberg etwas verändert, der Garten 1850 restauriert. Das Untere Belvedère, mit polygonalem Ehrenhof und schlichter Fassadengestaltung, führt frontal zu dem dreiachsigen Saalbau des Festsaals. Im Inneren ist dieser („Marmor"-)Saal prächtig in rotem Stein gehalten, der zusammen mit den weißen Skulpturen, den die Wände überziehenden Fresken Altomontes und Gold- und Brauntönen eine einmalige Wirkung erzielt. Von diesem Saal aus führt der Blick über den ganzen, reich gestalteten Garten, über seine Terrassen, Brunnen, die mit Sphingen besetzten Seitenalleen und die Kaskaden zum oberen Belvedère. – **5)** Das Palais Schwarzenberg wurde nach Plänen Lucas von→Hildebrandts von 1697–1704 (Rohbau) errichtet. 1716 erwarb Fürst Schwarzenberg das Gebäude, ließ es von J.B.→Fischer von Erlach 1720–23 und 1728 durch dessen Sohn weiterführen und beenden. Das Palais beherrscht, auf einer Geländestufe liegend, den ganzen Schwarzenbergplatz bis zum Ring. Die dreiflügelige Anlage legt sich um einen mächtigen Ehrenhof in z. T. gekurvtem Grundriß. Die Fassade wird vorbereitet durch die zweigeschossigen, kurvig geführten Flankenbauten. Fahrrampen am etwas zurückspringenden Mittelteil führen zur dreibogigen Eingangshalle, hinter deren Attikaterrasse die tambourartige Erhöhung des Festsaales aufsteigt. Eine mächtige Attika betont über der Pilasterordnung massiv die Horizontale. Durch die Hell-Dunkel-Belebung der vor- und zurückweichenden Bauteile wird weitgehend auf Ornamentik verzichtet. Das Innere des Palastes, dessen schwere Kriegsschäden wieder behoben werden konnten, zeigt eine im wesentlichen weiß-gold gehaltene, zarte und ornamentreiche Dekoration. – **6)** Palais Daun-Kinsky. 1713–16 wurde das Palais von Lucas von→Hildebrandt für den Grafen Philipp Daun errichtet. Später wurde der Bau vom Fürsten Kinsky erworben. Die Wandgliederung der sich in die Straßenlinie einfügenden Fassade ist eine Meisterleistung optisch vibrierender, dekorativer Elemente. Die 7 Achsen steigern sich zur Mitte hin, die in 3 Achsen in ihrer Dekoration nur etwas stärker betont ist: das Mittelportal ist mit seitlichen Atlanten und gesprengtem Giebel besetzt, eine Attika mit Figuren bekrönt den Mittelteil. Die stelenartigen, nach oben sich verbreiternden, reich detaillierten Pilaster sind ein Lieblingsmotiv Hildebrandts. – **7)** Ringstraße. Nach dem letzten Türkensturm auf Wien (1683) wurde um die befestigte Stadt ein Schußfeld (Glaçis) in einer Breite von ca. 500 m angelegt. Innerhalb dieses Schußfeldes war keine Bebauung zugelassen, außerhalb desselben aber legten sich vom 18. Jh. ab der Gürtel der Vororte sowie die Gartenanlagen des hohen Adels (Belvedère, [4]). Erst im Jahre 1857 wurde durch Dekret von Kaiser Franz-Josef die Festungsanlage aufgehoben, geschleift und zur Bebauung freigegeben. Für diese wurde ein Wettbewerb ausgeschrieben, den L. v. →Förster gewann; die Ausführung stellt eine Überarbeitung dar (Beamtenkompromiß). – Den Kern der Gesamtanlage bildet eine 5mal geknickte Prachtstraße, die, am Donaukanal beginnend, die Altstadt umfaßt, um wieder den Kanal zu erreichen. An dieser Hauptstraße (Ringstraße) wurden alle großen, repräsentativen Gebäude angelegt, die für die Hauptstadt der k. k. Monarchie notwendig geworden waren. Die Finanzierung dieser ungeheuer aufwendigen Bauten erfolgte durch den Verkauf von Grundstücken dieser Stadterweiterung an Private (Stadterweiterungsfonds). Bei der Bebauung mit öffentlichen Gebäuden bildete sich ein kultureller und politischer Schwerpunkt zwischen Oper und Votivkirche; an diesem Abschnitt liegen: die Staatsoper von v. d. →Nüll und →Siccardsburg (1861–69), die Hofmuseen und die Neue Hofburg nach Entwürfen von G. →Semper und K. →Hasenauer (ab 1872), das Justizgebäude von Wielemans (1875–81), das Parlament von T. →Hansen (1873–83), das Rathaus von F. v. →Schmidt (1872–83), gegenüber dem k. k. Hofburgtheater von Semper und Hasenauer (1874–88), sodann die Universität von H. →Ferstel (1873–83) und von demselben die Votivkirche (1856–79). – Verbunden wurden diese Prachtgebäude durch eine nicht minder großzügige Privatbebauung und eine Folge öffentlicher Parkanlagen (Rathauspark, Volks- und Burggarten, Stadtpark). – Kulturhistorisch kommt dieser Anlage eine außergewöhnliche Bedeutung zu. Sie entstand im wesentlichen innerhalb von 30 Jahren und bildete bei allem Formenreichtum einen eigenen Stilausdruck (Ringstraßenstil), der durch den politischen Zusammenhang von Südosteuropa eine weite und genau erkennbare Ausbreitung gefunden hat (Budapest). Dieses Kunstwerk war möglich geworden, weil durch die Größe der Aufgaben die bedeutendsten Baumeister Mitteleuropas nach Wien kamen um hier mitzuwirken.

Lit.: N. Pevsner, Europäische Architektur, 1957; Reclams Kunstführer, Österreich, Bd. I, 1961; B. Grimschitz, Die Ringstraße in W., o. J.

Wiener Genesis, „Abrahams Knecht beschenkt Rebekka" (Wien, Nat.Bibliothek).

Wiener Genesis. Purpurhandschrift (etwa 500 n. Chr.). Genannt nach Aufbewahrungsort. Als Entstehungsort wird Antiochia, auch Konstantinopel genannt. Behandelt das 1. Buch Moses vom Paradiesgeschehen bis

zum Tode Jakobs. Von der reichen Illustration nur 24 Blätter mit 48 Miniaturen erhalten. Die Schrift in Gold und Silber hebt sich wirkungsvoll vom Untergrund ab. Verschiedene Künstler mit verschiedenem Stil am Werk beteiligt. Kontinuierlicher Stil und Darstellung von Einzelbildern wechseln miteinander ab.

Wiener Krönungsevangeliar, Gruppe der →Palastschule.

Wiener Neustadt. Die erste österr. Stadt, die seit der Antike eine rechtwinkelige Umfassung und achsengerechte Aufteilung der Gebäude anstrebte. Der wesentliche Ausbau der Befestigung erfolgte im 13. Jh. Ihre Blüte erlebte die Stadt unter Kaiser Friedr. III. als Residenz (bis 1487). Die ehemalige Burg (Militärakademie) war im 13. Jh. an der SO-Ecke der Stadt entstanden. Die von 4 Türmen (erhalten noch der Rákóczyturm an der W-Ecke) flankierte dreiflügelige Anlage wurde nach einem Erdbeben im 14. Jh. neu erbaut. 1378 entstand die Leopoldinische Gruftkapelle im O-Flügel, 1420–40 kam eine Oberkirche hinzu. 1449–60 ließ Friedrich III. von seinem Baumeister Peter Pusika im W-Trakt über der Durchfahrt die Georgskapelle errichten und bestimmte sie zu seiner Grablege. Seine Tumba wurde aber im Stephansdom aufgestellt. Die dreiachsige Fassade der Georgskapelle bildet zugleich die großartige Eingangsfront der Burg. Über den 3 freien, von Strebepfeilern gestützten Seiten, die von dreiteiligen Maßwerkfenstern durchbrochen sind, erhebt sich ein mächtiges Sattelwalmdach. Ein Laufgang in Höhe des Kapellbodens zieht sich um den Baukörper, dessen Untergeschoß die breite, sternrippengewölbte Durchfahrtshalle ist. Die O-Front wird gebildet von der berühmten Wappenwand: 107 Wappenreliefs sind um das mittlere Fenster zwischen den beiden Strebepfeilern angeordnet, unten die Figur Friedrichs III. in einer Nische, oben als Abschluß 3 Nischen mit Maria zwischen 2 Heiligen. Gegenüber dieser Wand das barocke Treppenhaus mit dem Durchgang zum Garten. Das Innere der Georgskapelle zeigt eine dreischiffige Halle über rechteckigem Grundriß mit glatten Rundpfeilern, Netzgewölbe über dem Mittelschiff und Kreuzgewölben über den Seitenschiffen. Ein Emporengang um 3 Seiten betont die behäbige Breite des Raumes. Die mit Blendmaßwerk versehene Brüstung spannt sich zwischen 2 durchlaufenden Horizontalgesimsen.

Lit.: Reclams Kunstführer, Österreich, Bd. I, 1961.

Wiener Porzellan. 1) Du Paquier (1718–1744) baut teils durch eigene Forschungen, teils mit Hilfe entwichener Arbeiter aus Meißen die Wiener Porzellanmanufaktur auf. Einfache Geschirrformen, schlanke Schokoladetassen mit und ohne Henkel. Dekor: aufgelegte Blumen, Riefelungen, Schwarzlotmalerei, „gesäte Blümeln", Streublumen, früher als in Meißen. Marke: Keine. – **2)** Staatsfabrik (1744–84), Geschirrformen, stark von Sèvres beeinflußt. Marke: Blaumarke Bindenschild (nicht Bienenkorb), seit 1783 eingepreßte Jahreszahl. – **3)** Sorgenthal (1784–1864). Verkauf der staatl. Manufaktur an den Fabrikanten Sorgel von Sorgenthal. Marke: Bindenschild.

Lit.: J. Folnesics u. E. W. Braun, Geschichte der K. K. Wiener Porzellanmanufaktur, 1907.

Wiertz, Antoine. Belgischer Maler und Bildhauer. Geb. 1806 in Dinant, gest. 1865 in Brüssel. Studierte an der Akademie in Brüssel, wo sich sein vielseitiges Talent entwickelte. Schon mit 20 Jahren veröffentlichte er seine Idee der Monumentalmalerei, die er 1835/36 in Rom erstmals verwirklichen konnte (Kampf der Griechen und Trojaner um den Leichnam des Patrokles). Nach Belgien zurückgekehrt, begann er mehrere Bilder von kolossalsten Ausmaßen mit moralphilosophischen Themen zu malen. Vorbilder seines eklektizistischen Stils waren Rubens und Michelangelo. Neben Ausdrücken feinster Kultur stehen grobe Geschmacklosigkeiten, peinlichste Sinnlichkeit, krassester Naturalismus, dagegen aber wieder edel geformter Klassizismus.

Lit.: Thieme-Becker; F. Vanderpyl, A. W., 1931.

Wies, Wallfahrtskirche. D. →Zimmermann erbaute die Kirche 1745–54, deren Einrichtung 1757 vollendet war. Zwischen Chor und dreiflügeligem Prioratshaus ein zierlicher Turm. Die sich wölbende, giebelbekrönte W-Fassade wird von kräftigen Säulen gegliedert, die die Ecken betonen und die 3 Portale rahmen. Aus der schlichten Vorhalle führt nur eine Pforte in den zentralen Ovalraum, dem bestimmenden Kompositionselement. Pfeilerpaare, die der durchfensterten Wand vorgelegt sind, tragen die flache, bemalte Kuppel. Bewegte Raumformen schwingen sich aus den Gebälkköpfen, Raum und Rahmenzone zugleich schneidend und verbindend; beschwingte Rokokodekoration umspielt den ganzen Raum. Die Längsachse zum Hochaltar wird betont durch Vertiefung des Chorraumes, der mit reich verzierten Emporenbrüstungen und farbigen Säulen der mehrfach geöffneten Stuckzone den Blick

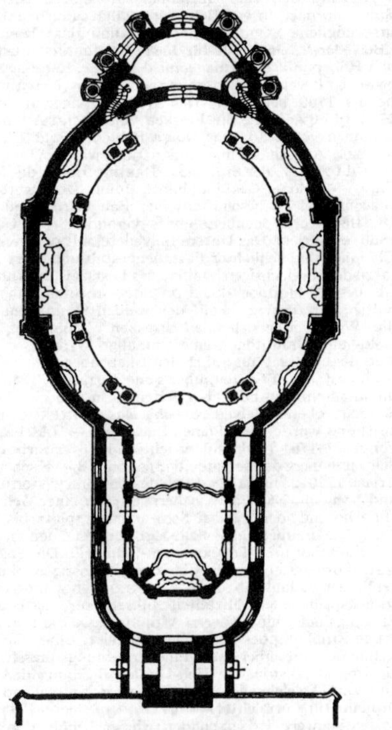

Wies, Wallfahrtskirche; Grundriß; 1745–54 von D. Zimmermann erbaut.

zum Hochaltar zieht. Zweigeschossig, von tiefblauer Stuckdekoration beschirmt, verschmilzt er mit der Wandgliederung. Die Ausstattungsarbeiten leitete der Bruder des Baumeisters, Johann Baptist Zimmermann. (Siehe Tafel 28).

Lit.: Reclams Kunstführer, Deutschland, Bd. I, 1960; N. Pevsner, Europäische Architektur, 1957

Wilhelmsthal →Kassel.

Wilhering bei Linz. Die Stiftskirche Mariae Himmelfahrt und Schutzengel wurde 1733 erbaut. 1751 war die Ausstattung beendet. Baumeister und Planer waren wahrscheinlich J. Haslinger (1701–41) und Andreas Altomonte. Bei der Turmfassade ist vielleicht ein Einfluß J. M. Prunners wirksam geworden. Die Fassade wird betont durch das roman. Stufenportal mit rundbogigem Fenster darüber, flankiert von Doppelpilastern und bekrönt von dem aus einem sarkophagartigen Sockel aufsteigenden Turm. Bedeutend ist das Innere, das den Übergang vom Barock zum Rokoko verdeut-

licht. Es öffnet sich in das dreijochige, von Wandpfeilern mit Doppelpilastern gegliederte Langhaus, das von 3 flachen seitlichen Altarnischen begleitet und durch 2 stärker betonte Pilaster mit Kanzel und Orgel gegen Chor und Querhaus abgeschlossen wird. Flachkuppeln bilden das Gewölbe. Die Seitenaltäre, gerahmt von Vollsäulen und schwingendem Gebälk, sind die Verbindung zwischen der flachen Wand und dem Stuck, der die Fresken von Altomonte mit ihrem Programm der Verherrlichung Mariae in der Lauretanischen Litanei umspielt.
Lit.: Reclams Kunstführer, Österreich, Bd. I, 1961.

Wiligelmo da Modena. Italien. Bildhauer. Schuf mehrere Figurenfriese und das Westportal des Doms von Modena (kurz nach 1099). Einer der Begründer roman. Bildhauerkunst. Voraussetzungen seiner Kunst unzureichend geklärt, doch gehört sie in den Zusammenhang südfranz.-span. Plastik der →Pilgerstraßen. Rückgriff auf antike Motive. Eindringlich körperhafte Formensprache. Die Besetzung der Portalpfosten mit vertikalen Reihen von Prophetenfiguren unter Arkaden zukunftsweisend (→St. Denis). Nachfolge: Prophetenstatuen vom Hauptportal des Doms von Cremona; Bischofsthron im Dom von Bari (um 1105).
Lit.: R. Salvini, W. d. M. e le origini della scultura romanica, o. J.

Willendorf (Nieder-Österreich). Mammutjägerstation des →Gravettien. Hier wurden zwei →Frauenstatuetten gefunden, die verschiedene Konstitutionstypen verkörpern. Die erste (Höhe 11 cm) ist aus Kalkstein gefertigt und zeigt als gedrungene Rundfigur den fettleibigen Typus einer reifen Frau mit bienenkorbartiger Frisur, Andeutungen von Armringen und roten Farbspuren. Die Geschlechtsmerkmale sind überbetont, in der Vernachlässigung von Gesicht, Händen und Füßen wird die Typisierung deutlich. Die Reliefs von →Laussel und die Plastiken von →Brassempouy und →Malta sind stilistisch und zeitlich verwandt. Der zweiten Statuette aus Mammutelfenbein (Höhe noch 23,2 cm, ursprünglich etwa 30 cm) fehlen Kopf und Füße. In beginnender → Stilisierung wird der Typus einer vollschlanken Frau wiedergegeben.
Lit.: Bandi/Maringer, Kunst der Eiszeit, 1955.

Willmann, Michael. Deutscher Maler. Geb. 1630 in Königsberg, gest. 1706 im Kloster Leubus in Schlesien. Wurde in Holland an →Rembrandt geschult, weilte dann in Prag und als Hofmaler des Großen Kurfürsten in Berlin und lebte seit 1666 in Leubus. – In seinem Stil ist W. von Rembrandt und den religiösen Bildern van → Dycks ausgegangen; in seinem späteren Werk erst treten einzelne Lokalfarben hervor und gewinnt seine Malerei leuchtenden Glanz. Sein Hauptwerk sind die Fresken der Josephskirche in Grüssau, Schlesien (1692–95). Für das Kloster Leubus malte er 12 Apostelmartyrien und den Hochaltar der dortigen Stiftskirche (1681).
Lit.: E. Kloß; M. W., 1934.

Wilson, Richard. Engl. Maler. Geb. 1714 in Penegoes (Wales), gest. 1782 in Colommendy bei Llanferres (Wales). Er studierte in London und war anfangs Portraitist. Während seines Italienaufenthaltes 1749 in Venedig und Rom wandte er sich dem Landschaftsfach zu, wobei er von S. →Rosa, später auch von C. →Lorrain beeinflußt wurde. W. verarbeitete diese verschiedenen Strömungen zu einem sehr persönlichen und sehr engl. Stil, in welchem die typische Atmosphäre einer Landschaft zum Ausdruck kommt. Damit wurde er neben →Reynolds zum Begründer der engl. Landschaftsmalerei des 18. Jhs.
Lit.: J. Meier-Graefe, Die großen Engländer, 1908; G. F. Hartlaub, Große engl. Maler der Blütezeit, 1948; W. G. Constable, R. W., 1953 (engl.).

Wilton House (Wiltshire). Von Inigo Jones (1573 bis 1652) für den Grafen Pembroke nach 1647 erbaut. Er wurde vom Prince of Wales und dann von König und Königin zum Hofarchitekten berufen, worauf er nach Italien ging und →Palladio studierte. Seine Architektur komponiert locker und wirkungsvoll Gebäudegruppen, demgegenüber steht eine strenge Symmetrie der Innenräume. Schmuckformen im Überschwang lehnt er ab, aber im sogen. Doppelwürfelsaal von W. verwendet er Blumen- und Fruchtgehänge, die, fest geformt, die strukturellen Gliederungselemente nirgends überwuchern.
Lit.: N. Pevsner, Europäische Architektur, 1957.

Wimmer, Hans. Deutscher Bildhauer. Geb. 1907 in Pfarrkirchen/Niederbayern, ansässig in München. Studium an der Akademie in München bei B. Bleeker. 1943/44 als Kriegsteilnehmer in Rußland. Seit 1949 lehrt er an der Akademie in Nürnberg. In seinen Werken führt er die Tradition der Münchener Schule von → Hildebrand und →Lehmbruck fort und verbindet diese mit Anregungen aus der Gotik und der italien. Frührenaissance. Neben Tierplastiken und religiösen Themen spielt das Portrait in seinem Schaffen eine wesentliche Rolle.

Wimperg. Der got. Ziergiebel, der, häufig von → Fialen flankiert, über Portalen und Fenstern angebracht wird und die vertikale Stoßkraft des Spitzbogens, über dem er sich befindet, verstärkt, vor allem wenn er Horizontalgliederungen wie Gesimse und Galerien überschneidet. Das Giebelfeld ist mit Blendmaßwerk oder anderen Blendgliederungen gefüllt oder durchbrochen gearbeitet. Die Giebelschrägen sind mit →Krabben (Kriechblumen) besetzt, die Spitze ist von einer →Kreuzblume bekrönt. In der Spätgotik verliert sich das Baumotiv.

Winchester. Südengl. Stadt (Hampshire), Krönungsort der ersten engl. Könige. Kathedrale. 1079 Baubeginn. Die roman. Anlage wurde in späteren Jahrhunderten weitgehend umgebaut. Den originalen Eindruck dieses Meisterwerks normannischer Baukunst vermittelt noch das nördliche Querhaus mit seiner wuchtigen Strenge, außerdem die zweischiffige Krypta. Dem ursprünglich halbrunden Chor wurde 1189–1202 ein hallenartiger Chor angebaut. Tiefgreifender Umbau des Langhauses im 14. Jh. Erst im 16. Jh. wurde der Chor mit einem Sterngewölbe eingewölbt, während die Wölbung der →Vierung sogar erst aus dem 17. Jh. stammt. – Glasmalereien und Fresken des Mittelalters gehören zu den besonderen Schätzen der Kathedrale.

Winchester, Schule von →Englische Buchmalerei.

Winckelmann, Johann Joachim. Deutsch-röm. Kunstgelehrter. Geb. 1717 in Stendal, gest. (ermordet) 1768 in Triest. Nach Tätigkeit als Lehrer kam W. als Bibliothekar zu Graf von Bünau in Nöthnitz bei Dresden. Angeregt von der dort vorherrschenden klassizistischen Atmosphäre wie auch von der Bekanntschaft mit →Oeser, schrieb W. 1755 die für die klassizistische Kunst Deutschlands so fruchtbaren „Gedanken über die Nachahmung der griech. Werke in der Malerei und Bildhauerkunst" nieder. Im gleichen Jahr ging W. auch nach Rom, um die röm. Altertümer an der Quelle zu studieren, und wurde dort 1763 Präsident der Altertümer und Skriptor der vatikanischen Bibliothek. Nach Griechenland ist er, der soviel über die griech. Kunst geschrieben hat, nie gekommen. – In Rom schrieb W. dann sein Hauptwerk, die „Geschichte der Kunst des Altertums" (1764, neue Ausgabe 1934). Mit diesem Werk ist W. zum Begründer der klassischen Archäologie und auch der neueren Kunstwissenschaft geworden. Denn an die Stelle der bisher üblichen Sammlung von Künstlergeschichten setzt W. die Stilgeschichte, die die Grundbedingungen künstlerischen Schaffens untersucht, die Lebensformen der Völker, ihre Gesellschaft und Religion berücksichtigt und so den Zusammenhang zwischen Kunst und Leben aufzuzeigen sucht.
Lit.: C. Justi, W. und seine Zeitgenossen, 3 Bde., 1866 bis 1872, 1923; W. Waetzoldt, Deutsche Kunsthistoriker, Bd. 1, 1921; B. Vallentin, W., 1931.

Windbewegter Akantus. Dieser Ausdruck findet sich zuerst bei Ch. Texier und R. P. Pullan in: L'architecture byzantine, London 1864, S. 240. Er ist dann in die Fachsprache übernommen. Der W. kommt an den verschiedensten Stellen der Mittelmeerwelt vor, genauso in Syrien (vergleiche etwa →Kalat-Siman) wie in S. Marco in Venedig, in der Hagia Sofia und in →Saloniki. In den beiden ersten Fällen ist er aus der Umformung des korinthischen, in den beiden letzten Fällen aus der Um-

formung des Kompositkapitells erwachsen. Es handelt sich dabei um die Tendenz, Bewegung in den Akanthus durch Drehung der Blätter zu bringen. Es können dazu zwei Reihen windbewegter, nach derselben Richtung hin gedrehter Blätter sein (S. Marco Venedig) oder nur eine Reihe. Der W. ist schon im 5. Jh. nachweisbar.
Lit.: Wilken von Alten, Geschichte des altchristl. Kapitells, 1912.

Windeisen. Rund- oder Flacheisen, die zur Versteifung großflächiger Bleiverglasungen (Glasfenster) gegen den Winddruck dienen. Sie werden in Abständen horizontal hinter der Glasfläche angebracht und im Fenstergewände verankert.

Windsor Castle. 35 km westlich von London gelegenes königliches Schloß. Die mittelalterl. Anlage mit einem gewaltigen Rundturm des 11. Jhs. als ältestem Teil erstreckt sich über einen terrassierten Hang. Die heutige Gestalt ist in ihrem Äußeren das restaurierte Werk des 19. Jhs., das die von mehreren Generationen über das gesamte Mittelalter hin aneinandergereihten Hofanlagen zu vereinigen suchte. Türme und Flügel geben den weitverzweigten Bauten ihre Akzente. – Zu den bedeutendsten Sakralbauten engl. Spätgotik gehört die 1477 begonnene St. Georg's Chapel mit ihren königlichen Grabmälern, dem reichen Chorgestühl und den hervorragenden Glasmalereien der Fenster.
Lit.: O. Mershead, W., 1951.

Winter, Fritz. Deutscher Maler und Graphiker. Geb. 1905 in Altenbögge (Westfalen), lebt in Dießen/Oberbayern. Bevor W. 1927 bis 1930 am →Bauhaus bei O. →Schlemmer, W. →Kandinsky und P. →Klee studierte, war er Bergarbeiter. Reisen in die Schweiz zu →Kirchner und nach Frankreich sowie die Freundschaft mit N. →Gabo gaben ihm Anregungen. Von den Nationalsozialisten an der Arbeit gehindert und nach dem Krieg bis 1949 in Gefangenschaft, begann seine künstlerische Produktion erst in den 50er Jahren. Beeinflußt von seinen Bauhauslehrern und dem späten F. →Marc, nähert sich sein Werk dem von H. →Hartung. Seine abstrakten Formen, von schweren, schwarzen Balken durchzogen, erinnern an das Leben im Bergbau; dagegen stehen kräftige rote oder gelbe Flecken, die aus den grautonigen Kompositionen hervorstechen.
Lit.: Katalog documenta III, Malerei – Skulptur, 1964.

Wiranschehr (Mesopotamien). Interessantes Beispiel für die Umwandlung eines Martyriums (Gedächtniskirche) in eine Gemeindekirche. Man legte durch den ursprünglich oktogonalen Kuppelbau ein Längsschiff. Auch der Aufbau wurde entsprechend geändert. Trotz geringer Überbleibsel war es möglich, Grundriß und Aufriß genau festzulegen (8. Jh.).

Wirbel. Unendliches um einen Mittelpunkt komponiertes Muster, das eine drehende Bewegung vortäuscht. Bekannt in der →Nordischen Bronzezeit und in der Kunst der →Völkerwanderungs-Zeit.

Wirtel →Schaftring.

Wisby. Ortschaft, in deren Nähe eine bronzezeitl. Anlage gefunden wurde, die sogen. Trojaburg. →Visby.

Wismar (Mecklenburg/Schwerin). Wichtigster Profanbau ist der Fürstenhof, bestehend aus dem Alten und dem Neuen Hof (1553). Der Alte Hof (1512), ein Ziegelbau der Renaissance, ist das bedeutendste Werk seiner Zeit auf deutschem Boden. Der entwerfende Meister ist nicht bekannt, die Ausführung wurde geleitet durch Gabriel von Aken und Valentin Lyra. Der Bau zeigt starke oberitalien. Einflüsse: die drei Geschosse sind durch breite Friese getrennt und durch 7 Pilaster gegliedert, zwischen denen je ein dreiteiliges Fenster liegt.
Lit.: Wasmuths Lexikon der Baukunst, 1932; N. Pevsner, Europäische Baukunst, 1957.

Wismutmalerei. Besonders im süddeutschen Bereich zur Verzierung von kleinen Möbeln im 16. und 17. Jh. gebräuchliche Lacktechnik, bei der die Farben auf eine pulverisierte Wismutschicht aufgetragen werden. Eine abschließende Glättung erfolgte durch den Polierstahl. Durch das metallische Durchscheinen der Wismutschicht konnte eine besondere Wirkung erzielt werden.

Witte, 1) Emanuel de. Holländischer Maler. Geb. 1617 in Alkmaar, gest. 1692 in Amsterdam, wo er seit 1654 tätig war. Nachdem er mit mythologischen Bildern in der Art des →Elsheimer begonnen hatte, spezialisierte sich W. auf das Fach des Interieurmalers von Kirchen, worin er es zum holländischen Hauptmeister brachte. Seine Innenansichten der Delfter und Amsterdamer Kirchen verzichten auf die Gesamtansicht mit allen Einzelheiten und bieten statt dessen lichtumspielte Ausschnitte. So wirken diese Architekturdarstellungen malerisch und stimmungsvoll. – **2)** Pieter de. Niederländischer Maler und Bildhauer, →Candid.
Lit.: W. v. Bode, E. de W., in: Zeitschrift für bildende Kunst, 27, 1916; ders., Meister der holländischen und fläm. Malerschulen, 1953.

Witten, Hans. →Meister H. W.

Wittingau, Meister von →Meister von Wittingau.

Wittislingen. Fundort eines alemannischen Gräberfeldes (alemannischer Schmuck). Hier wurde im Jahre 1881 ein reich ausgestattetes Frauengrab geborgen. Zu den Beigaben gehört, außer einem langobardischen Goldblattkreuz, einer koptischen Bronzepfanne und einer →Scheibenfibel auch eine prächtige →Bügelfibel mit halbrunder Kopfplatte und zehn Knöpfen, Silber vergoldet. Sie zeigt feinste Zellenverglasung. Auf ihrer Rückseite nennt eine Inschrift die Dame Uffila und den Goldschmied Wigeris. Länge 16 cm, Datierung um 650 n. Chr., rheinfränkisch.

Witz, Konrad. Deutscher Maler. Geb. um 1400 in Rottweil, gest. um 1445 in Basel, wo er seit 1431 ansässig und seit 1434 Mitglied der Malerzunft war. Seit die Kunstgeschichtsforschung die Reste des Werkes von W. wieder zusammengetragen hat, gilt W. als einer der bedeutendsten Maler der altdeutschen Malerei. Geschult wohl an den Niederländern van →Eyck und dem Meister von →Flémalle, überwand er doch deren Werk und bildete eine neue, weitreichende Schule. Er ist der erste deutsche Meister, der die Gestalten oder

K. Witz, Petri Fischzug (Genf, Mus.).

Gegenstände im dreidimensionalen Raum erfaßt hat, der die äußere Erscheinung, die stoffliche Struktur wirklichkeitsgetreu wiedergab. Mit der Plastik und Monumentalität seiner Gestalten überwand er den →Weichen Stil, ohne etwas von mittelalterl. Idealität aufzugeben. Schließlich war W. derjenige Meister, der in der Darstellung von Petri Fischzug (1444, datiert und signiert, Genf, Mus.) das erste identifizierbare Landschaftsbild geschaffen hat. – Das heute erhaltene Werk W.s wird mit etwa 20 Tafeln angegeben, von denen 13 dem Basler Heilsspiegelaltar angehören (um 1435; 9 Tafeln in Basel, 2 in Dijon, 1 in Berlin); vom Genfer Altar, zu dem der wunderbare Fischzug gehört, sind 4 Tafeln erhalten (1444, Genf, Mus.)
Lit.: D. Burckhardt, Das Werk des K. W. (Festschrift der Stadt Basel), 1901; H. Jantzen, K. W., 1927; W. Ueberwasser, K. W., 1938; J. Gantner, K. W., 1942.

Wladimir. Stadt an der Kljasua, östlich von Moskau; durch hervorragende Architektur, Malerei und wert-

volle Ikonen in gleicher Weise bekannt. Die Demetriuskirche (1190) in W. ist eine der bedeutendsten Rußlands, die auch durch reiche plastische Außendekoration verschönt wird. Die Wandmalereien der Kirche (1194) betonen stark die menschlichen Züge. In der Technik zeichnen sie sich durch reiche Verwendung von Glanzlichtern aus. In W. im 13. und 14. Jh. wichtige Ikonenschule. Vom späten 12. Jh. Stil der Bilder in W. stark von der byzant. Renaissance berührt, wie etwa die Apostelgruppe in der Demetriuskirche. Unter den Ikonen von größtem Wert die ,,Mutter Gottes von Wladimir", wahrscheinlich 1125 in Konstantinopel gemalt und dann nach Rußland gebracht. Heute in der Moskauer Staatlichen Tretjakow-Galerie.

Wladimir. Großfürsten von Kiew. In der zweiten Hälfte des 10. Jhs. brachte W. I., der Fürst von Kiew, den größten Teil des heutigen Süd- und Zentralrußlands unter seine Herrschaft. Dabei entschied er sich für die Einführung des orthodoxen Christentums in seinem Lande (988). Mit der Religion öffnete er gleichzeitig der byzant. Kunst sein Land. Auf seine Veranlassung wurde die Koimesiskirche (989) erbaut. Für die künstlerische Entwicklung Rußlands war somit W. der Bahnbrecher geworden.

Wölfflin, Heinrich. Schweizerisch-deutscher Kunsthistoriker. Geb. 1864 in Winterthur, gest. 1945 in Zürich. Sohn des Philologen Eduard W. (1831–1908), studierte u.a. in München, wo er 1886 promovierte. Schon 1893 wurde er als Nachfolger seines Lehrers Jakob Burckhardt Prof. in Basel. 1901 folgte er einem Ruf nach Berlin, wo er 1911 in die königlich-preußische Akademie der Wissenschaften aufgenommen wurde, 1912 ging er nach München und 1924 nach Zürich. – W. ist der Begründer der modernen Kunstgeschichte, die sowohl auf die Würdigung der Form als auch auf die Erforschung und Wertung ihrer eigengesetzlichen Entwicklung abzielt. Sein Werk ,,Kunstgeschichtliche Grundbegriffe" (1915, 10. Auflage 1948) ist, auch über die engeren Fachkreise hinaus, zu einem Standardwerk kunstpädagogischer Arbeit geworden. Die wichtigsten Werke sind (nur Erstauflagen genannt): Renaissance und Barock, 1888; Die klassische Kunst, 1899; Die Kunst A. Dürers, 1905; Italien und das deutsche Formgefühl, 1931.
Lit.: F. Landsberger, H. W., 1924; F. Strich, Zu H. W.s Gedächtnis, 1956; Festschriften: 1924 (60. Geb.); 1935 (70. Geb.); Concinnitas, Beiträge zum Problem des Klassischen, H. W. zum 80. Geburtstag, 1944.

Wörlitz (Anhalt). Das Schloß ist 1769–73 von →Erdmannsdorff als Sommersitz für den Herzog Franz von Anhalt erbaut: ein typisch englisch-akademischer, von der Architektur →Palladios beeinflußter Bau. Die schlichte, zweigeschossige Fassade wird in der Mitte betont durch 4 den drei mittleren Fensterachsen vorgelegte, korinthische Säulen mit Dreiecksgiebel darüber. Der Sommersaal, ein Parterrebau, weist eine ähnliche Gliederung auf: 4 ionische Säulen flankieren 3 rundbogige verglaste Türen. Die fensterlosen Mauerflächen links und rechts davon springen etwas vor, sie sind mit je einer Figurennische geschmückt. Am Ansatz des flachen Daches läuft eine Balustrade. Sehr bedeutend ist der Park, der von J. F. Eyssenbeck im engl. Stil angelegt wurde.
Lit.: Wasmuths Lexikon der Baukunst, 1932; N. Pevsner, Europäische Architektur, 1957.

Woldenberg (Ostpreußen). Fundstelle einer kleinen, naturgetreuen Bernsteinplastik, die ein Pferd wiedergibt; die Darstellung gehört vermutlich in die →Jüngere Steinzeit. →Bernstein.

Wolfegg (S-Württemberg). Das Schloß wurde nach einem Brand von 1578 an Stelle der mittelalterl. Burganlage neu erbaut und 1580 vollendet. Die Anlage, eine der frühesten von Frankreich beeinflußten Renaissancebauten, ist 4flügelig mit quadratischen Eckpavillons. Die Innenausstattung ging nach einem 1646 von Schweden gelegten Brand zugrunde und wurde 1728 erneuert, im 18. Jh. im Sinne des Rokoko umgestaltet.
Lit.: Reclams Kunstführer, Deutschland, Bd. II, 1960.

Wolfenbüttel (Niedersachsen). Das Schloß W., Niedersachsens größtes erhaltenes Schloß, ist, bis auf Sockel und Portal, ganz aus Holz. Neu- und Umbauten nach schweren Beschädigungen wurden 1558 von Francesco Chiaramella di Gaudino und 1569–75 von Paul Francke (Hausmannsturm 1614) durchgeführt. Die Fassaden (1714–16), gleichmäßig und einheitlich gegliedert durch Fenster, Pilaster und Gesimse, erheben sich schwerelos aus dem Wasser des Burggrabens. Nur an den Brüstungen ist figürlicher Schmuck angebracht (von F. Fink aus Tirol). Die Hofarkaden wurden 1643 zweigeschossig und aus Holz aufgeführt, waren aber erst nach 1690 beendet (die Säulen wurden 1955 durch steinerne ersetzt); der Redoutensaalflügel, in dem sich unverkleidet der hohe Saalbau, der Palast des Mittelalters, erhebt, wurde erst 1695 aufgeführt. Das Innere des Schlosses ist, im Gegensatz zu seinem Äußeren, unerhört reich ausgestattet. Das Treppenhaus von 1690 ist das älteste durch 2 Geschosse reichende Niedersachsens.
Lit.: N. Pevsner, Europäische Architektur, 1957; Reclams Kunstführer, Deutschland, Bd. IV, 1962.

Wolframsleuchter, Erfurt. Bronzene Leuchterfigur eines bärtigen Mannes, wohl eines Büßers, auf einem vierfüßigen, mit Figürchen besetzten Untersatz stehend im Dom zu Erfurt. Laut Inschrift Stiftung des Wolfram und der Hiltiburc. Entstanden zwischen 1155–70. Sie vertritt innerhalb der Entwicklung der sächsischen Großplastik die unmittelbar auf die Quedlinburger Äbtissinnen folgende Phase. Schon im Kopf fällt die weichere, detaillierte Modellierung auf. Umrißlinien und Flächenwölbung sind geschmeidiger. Der Rumpf ist oben leicht eingezogen. Von der Hüftpartie abwärts wölbt sich das Gewand leicht nach außen. Dadurch wird die Starrheit der frontalen Haltung etwas gemildert.
Lit.: H. Beenken, Romanische Skulptur in Deutschland, 11.–12. Jh., 1924.

Wolfskehlmeister. Deutscher Bildhauer, tätig in Würzburg Mitte des 14. Jhs.; benannt nach dem um 1348–50 entstandenen Grabmal des Bischofs Otto von Wolfskehl (gest. 1345) im Würzburger Dom. Hauptwerk ist das Grabmal des Bischofs Friedrich von Hohenlohe (gest. 1352) im Dom zu →Bamberg, eines der eindrucksvollsten, künstlerisch bedeutendsten Werke der deutschen Skulptur des 14. Jhs. Noch ist in den edlen, gelängten Proportionen der Figur und in den den hageren Leib fast verhüllenden, großformig wuchtigen Faltenmotiven etwas von der unkörperlichen ,,Idealität" der ersten Jahrhunderthälfte erhalten. Die schräg über den Leib laufenden Faltenbahnen, die in einem Punkt an der linken Hüfte unter der Hand zusammentreffen, zeigen ausgeprägt die von Pinder (siehe unten angegebene Literatur) als ,,Schwingungsstil" bezeichnete Stilstufe der Jahrhundertmitte. Die wirklichkeitsnahe Erfassung des Greisenhaften, vor allem im ausgezehrten, aristokratisch-asketischen Kopf, weist wohl bereits auf den beginnenden ,,Realismus" der zweiten Hälfte des 14. Jhs. (→Parler, →Sluter).
Lit.: W. Pinder, Mittelalterl. Plastik Würzburgs, 1924; Thieme-Becker.

Wolgemut, Michael. Deutscher Maler und Holzschnittzeichner. Geb. 1434 in Nürnberg, gest. 1519 ebda. Schüler von H. →Pleydenwurff, dessen Werkstatt er 1473 übernahm. Das Urteil über die künstlerische Persönlichkeit W.s ist noch nicht gefestigt. Sicher ist, daß er zu den profiliertesten Künstlern des 15. Jhs. in Nürnberg gehört und daß er den Holzschnitt zu künstlerischem Rang erhob, womit er seinem bedeutendsten Schüler, A. →Dürer, viel geben konnte. Soweit sich erkennen läßt, war W. in seinem Stil von den altniederl. Meistern, aber auch von →Schongauer, beeinflußt. – Das Werk W.s ist sehr umstritten. Es bleiben als gesicherte Werke die Hochaltäre in Zwickau (Marienkirche, 1476–79), Nürnberg (Heiligkreuzkirche, um 1486), Schwabach (Stadtkirche, 1506–08, Hauptwerk) und mehrere andere Altäre. Als Holzschneider ist W. berühmt geworden durch die Holzschnitte zum ,,Schatzbehalter" (1491) und in Zusammenarbeit mit mehreren Meistern, darunter seinem Lehrer Pleydenwurff und seinem Schüler Dürer, entstand die →,,Schedelsche Weltchronik" (1493).
Lit.: E. Abraham, Nürnberger Malerei der 2. Hälfte des

15. Jhs., 1912; A. Stange, Deutsche Malerei der Gotik, 9, 1958; E. Flechsig, Albrecht Dürer, Bd. 1, 1928.

Wolkenkratzer →Hochhaus.

Wols (Alfred Otto Wolfgang Schulze). Deutsch-franz. Maler, Graphiker, Aquarellist, Musiker und Photograph. Geb. 1913 in Berlin, gest. 1951 in Paris. W.' künstlerische Tätigkeit weist keine Kontinuität auf; sie wurde immer wieder unterbrochen von Zeiten, in denen er als Mechaniker, Chauffeur o.ä. arbeitete. – Er begann als Photograph und ging, von →Moholy-Nagy geleitet, nach Paris. Hier arbeitete er literarisch, photographisch und beginnt zu malen. 1937 war W. offizieller Photograph auf der Weltausstellung in Paris. Während des Krieges, in welchem er zeitweilig in Frankreich interniert war, mußte er sich auf das Aquarellieren und Zeichnen beschränken. Erst nach 1945 konnte er sich, unterstützt von J. P. Sartre und einem Kunsthändler, mehr entfalten. Außer Ölbildern entstanden nun Illustrationen zu Werken von Kafka, Sartre u.a. Er erfuhr zu Lebzeiten keine offizielle Anerkennung. – Der künstlerische Ausdruck W.'s ist phantastisch-surrealistisch. Die Linie nimmt eine besondere Stellung ein; sie löst sich vom Gegenständlichen, um, neben dem Realen, abstrakte Traumgebilde zu umschreiben.
Lit.: W. Haftmann, Wols – Aufzeichnungen, Aquarelle, Aphorismen, Zeichnungen, 1963.

Wondjina →Felsbilder Australiens.

Worcester-Porzellan (1750 bis heute). Zwischen 1750–60 meist einfaches Tafelgeschirr mit unterglasurblauem Dekor, später Anlehnung an Imari-Dekore, Blumen im Stil von Meißen. Ab 1756 Umdruck von Kupferstichen auf Porzellan, Nachahmung von Sèvres-Mustern. Marken: Halbmond; W. Fliesenmuster; ferner Namen bzw. Initialen der Besitzer Flight und Barr.
Lit.: W. B. Honey, English Pottery and Porcelain, 1947; J. L. Dixon, English Porcelain of the 18th Century, 1952.

Worms, Dom.

Worms, Dom. Über dem 1018 geweihten Bau des Bischof Burchard, einer doppelchörigen Basilika mit Querschiff, deren Abmessungen denen des spätroman. Doms entsprachen und von dem sich die Untergeschosse der westlichen Rundtürme erhalten haben, wurde bald nach der Mitte des 12. Jhs. der heutige Dom begonnen. Er gehört zu den bedeutendsten Beispielen rheinischer Romanik. Der mit Kreuzrippenwölbung versehenen Pfeilerbasilika im →gebundenen System schließt sich im Osten ein erhöhtes Querschiff mit Vierungsturm an, der innen durch ein über Trompen errichtetes Klostergewölbe geschlossen ist. An das seitlich von Sakristeien begleitete Chorquadrat legt sich eine halbrunde Apsis, die, von Rundtürmen flankiert, nach außen platt geschlossen ist. Die herben Bauformen wie auch Details (etwa die Bandrippen) weisen auf elsässische Einflüsse (→Staufische Kunst). Nach der Weihe der Ostteile von 1181 wurden Langhaus und Westchor wohl gegen 1320 vollendet. Während die südliche Mittelschiffwand mit ihren die Hochfenster umgreifenden Rundbogenblenden auf → Speyer zurückgeht, zeigt die Nordwand den Versuch, die schweren Mauermassen im Sinne roman. Baukunst Nordfrankreichs oder Burgunds aufzulockern. Die umgreifenden Blendbogen setzen erst auf einem Horizontalgesims oberhalb der Arkaden auf; zwischen Gesims und Fenstern erscheinen nochmals Blendnischen. Im Westchor ist eine letzte geistvolle Stufe plastischer Durchmodellierung der schweren Mauermassen erreicht. An das von einem hohen Turm bekrönte, von Rundtürmen flankierte Vorchorjoch, das wieder mit einem Klostergewölbe geschlossen ist, legt sich die polygonal gebrochene Westapsis (franz. Einflüsse). Im Untergeschoß stufen sich tiefe Nischen ein, in deren Rücksprünge Säulen eingestellt sind; diese wieder fortgesetzt in Rundstabarchivolten. Kanten und Bogenläufe sind mit Zickzackornamenten besetzt (normannischer Einfluß). Über einem horizontalen Schachbrettfries sind im Obergeschoß große Radfenster angeordnet, in Anbringung und Größe fein gestuft. Die kräftige plastische Durchmodellierung kennzeichnet auch den Außenbau mit seinen Zwerggalerien. Den Eindruck bestimmen die beiden steil aufragenden Dreier-Turmgruppen über den Chorpartien.
Lit.: R. Kautsch, Der Dom zu W., 1938; E. Gall, Dome und Klosterkirchen am Rhein, 1956.

Woronesch. Aus einem skythischen →Kurgan bei W. stammt ein griechisches Silbergefäß (380–60 v. Chr.) mit der detaillierten Darstellung von →Skythen in charakteristischer Steppentracht mit typischer Bewaffnung, die durch die Überlieferung bestätigt wird, wie die entsprechenden Bildzeugnisse von →Karagodeuasch, →Kul Oba, →Solocha und →Tschertomlyk.
Lit.: K. Schefold, HDA, 2, 452f.

Worpswede. Dorf bei Bremen. Seit 1889 Künstlerkolonie, gegründet von Fritz Mackensen, deren wichtigste Mitglieder Otto Modersohn, Fritz Overbeck, Hans am Ende und Heinrich Vogeler waren. Wie in →Neu-Dachau war das Ziel dieser Künstlergruppe, das einfache, bäuerliche Leben, hier in der norddeutschen Moor- und Heidelandschaft mit realistischen Stilmitteln darzustellen. Der Gegensatz zwischen Form und Inhalt half den deutschen →Expressionismus vorzubereiten.
Lit.: Knaurs Lexikon moderner Kunst, 1955, W. Haftmann, Malerei im 20. Jahrhundert, 1965.

Wotruba, Fritz. Österreichischer Bildhauer. Geb. 1907 in Wien, ansässig ebda. Nach einer Graveurlehre wandte er sich der Bildhauerei zu und studierte 1925/26 bei A. Hanak. 1931 wurden seine Werke erstmals auf großen Ausstellungen in Zürich und Essen gezeigt. 1938 emigrierte er nach der Schweiz und kehrte 1945 nach Wien zurück. – Seine Plastiken schuf er fast ausschließlich in Stein. Er ging dabei von der klassischen Statuarik aus und kam um 1940 zur archaischen Form. Nach 1945 fand er seinen eigenen Stil. Seine Gestalten bauen sich aus aufeinandergetürmten kantigen Blöcken auf, rhythmisiert durch kraftstrotzende Formensprache zugunsten gerundeter und abgeschliffener Modellierung.
Lit.: Knaurs Lex. d. mod. Plastik, 1964.

Wouters, Rik. Belgischer Maler und Bildhauer. Geb. 1882 in Mecheln, gest. 1916 in Amsterdam. Bei seinem Vater erlernte er bereits früh das Holzschnitzerhandwerk. Anschließend studierte er in Mecheln und Brüssel, wo er sich 1907 freischaffend niederließ. Bei einem Aufenthalt in Paris lernte er die Werke der Impressionisten und der →Fauves kennen, die ihn nachhaltig beeindruckten. Als Bildhauer ist er besonders durch →Rodin beein-

flußt worden, doch lassen sich seine Werke, in denen sich Fauvismus und Impressionismus verbinden, auch mit →Degas und →Bourdelle in einzelnen Zügen vergleichen.
Lit.: A. J. J. Delen, R. W., 1947.

Wouwerman, Philips. Holländischer Maler. Geb. 1619 in Haarlem, gest. 1668 ebda. Schüler seines Vaters Paulus W., dann des F. →Hals und wohl auch noch des Pferdemalers Pieter Verbeek, tätig in Haarlem. W. ist der Meister des holländischen Pferdebildes: in Jagdgesellschaften, Reitertreffen, auch bei einzelnen Reitern in der Dünenlandschaft, steht das Pferd im Mittelpunkt. Die Landschaft, in der sich das dargestellte Geschehen abspielt, gehört zum Besten, was die holländische Malerei bietet. Vereinzelt malte W. auch sittenbildliche Szenen („Fröhliche Gesellschaft", Leningrad, Eremitage) und solche religiösen Inhalts, wenngleich genrehaft in der Auffassung („Predigt Johannis", Dresden, Gal.).
Lit.: W. v. Bode, Die Meister der holländischen und fläm. Malerschulen, 1953.

Wren, Sir Christopher. Engl. Baumeister. Geb. 1632 in East Knoyle (Wiltshire), gest. 1723 in Hampton Court. W. gehört zu den genialen engl. Dilettanten-Künstlern. Er war ursprünglich Naturwissenschaftler und wandte sich erst 1661 der Baukunst zu; 1665 besuchte er Paris, und 1666 bot sich ihm die große Chance, seine künstlerischen und technischen Fähigkeiten unter Beweis stellen zu können, als nach einem großen Brand London wieder aufgebaut werden mußte. Wenn auch von seinem groß angelegten Plan nur wenig ausgeführt wurde, so hinterließ er doch bleibende Spuren im Stadtbild. Darüber hinaus hat W. aber allein in London über 50 Kirchen erbaut (viele inzwischen zerstört), ferner Kirchen der Provinz, Paläste und andere Profanbauten. – Künstlerisch steht W. in der Nachfolge J. →Jones, dessen Palladianismus er weiterführte; W. war aber auch unbefangen genug, um, wenn er damit beauftragt wurde, gotisch zu bauen. – Das Hauptwerk W.s ist die St. Pauls-Kathedrale in London (1672–1700), eine Verbindung von Zentral- und Langhausbau, in Anlehnung an St. Peter in Rom als die größte Kirche des Protestantismus erbaut, künstlerisch aber etwas trocken und nüchtern.
Lit.: Das Gesamtwerk, herausgegeben von der W.-Society, 20 Bde., 1924–43; E. F. Sekler, Sir C. W., 1956; V. Fürst, C W., 1956; N. Pevsner, Europäische Architektur, 1957.

Wright, Frank Lloyd. Amerikanischer Architekt und Fachschriftsteller. Geb. 1868 in Richland Center, Wisc., gest. 1959 in Phoenix, Arizona. Studierte an der Universität Wisconsin und war anschließend in mehreren Architekturbüros Chicagos tätig, darunter in jenem von Adler & →Sullivan (1888–94), wo er am Auditorium und am Transportation Building der Weltausstellung Chicago (1893) tätig war. Seit 1894 freier Architekt. 1911 errichtete er sich sein Wohn- und Ateliergebäude „Taliesin I" (East), dem 1938 „Taliesin West" in Arizona folgte; an diesen beiden Orten hatte W. seine Lehrateliers, in denen er mit seinen Schülern zusammenlebte. – Die Grundlagen von W.s Werk sind einmal Werk und Schriften Sullivans, besonders die Schrift „Kindergarten Chats" (1901–1902). Zum zweiten der Typ des engl. Landhauses, dessen Grundriß sich um eine große Galerie gliedert. Das 3. Element ist der „Schindelstil" (Shingle-Style), der die Elemente des Blockhausbaues mit Bruchsteinmauerwerk und unverkleideter Holzkonstruktion in den Hausbau übernimmt. Schließlich kam W. auf der Weltausstellung in Chicago und intensiver noch auf einer Reise nach Japan (1906) mit der dortigen Bautradition in Berührung. Auf diesen Grundlagen und aus dem sicheren Gefühl für Statik und die sachgerechte Verwendung von Materialien, zu denen bei W. auch Stahl und Stahlbeton hinzukommen, entstand das Werk W.s. Er schöpfte alle romantischen Möglichkeiten, die die Landschaft bot, aus (Haus über dem Wasserfall, 1937 bis 1939), griff für den Hochhausbau auf das natürliche System des tragenden Stammes mit den auskragenden Ästen (Etagen) zurück (Laboratorium der Johnson Wax Werke in Racine, 1949) und löste sich in dem Bau des Guggenheim-Mus. in New-York schließlich endgültig von dem Bauen mit Wand und Dach, indem er unter eine weite Glaskuppel eine spiralförmige Rampe stellte.
Lit.: H. R. Hitchcock, The nature of materials: the buildings of F.L.W., 1942.

Wu Chen. Chinesischer Maler, Dichter und Kalligraph. Geb. 1280, gest. 1354. In abgeschiedenem Einsiedlerdasein verbrachte er, kaum bekannt, sein Leben. Nach intensivem Studium der Lehren des Konfuzius und Buddha wandte er sich der Malerei zu. Er schuf hauptsächlich Landschaften und hervorragende Werke der →Bambusmalerei. Klare Gliederung und kraftvolle Pinselführung kennzeichnen seine Werke, die häufig durch selbstverfaßte und hochgeschätzte Gedichte bereichert sind. Später wurde er zu den „Vier Meistern" der →Yüan-Zeit gerechnet, und seine Bilder dienten als häufig nachgeahmte Vorbilder.
Lit.: Thieme-Becker.

Wüchsenzeichen →Tremolierstich.

Würfelhocker. Bezeichnung für die Statue eines am Boden hockenden Mannes, der sein Gewand über die eng angezogenen Knie bis zu den Füßen gehüllt hat, so daß die Plastik einen Kubus bildet, aus dem nur der Kopf herausschaut. Die Hände sind meist flach auf die Oberseite des Würfels gelegt, die Füße meist nur wenig vorgesetzt. Der Typus tritt im Mittleren Reich Ägyptens auf, nachgebildet der im Leben üblichen Sitzweise, und zeigt neben streng kubischen Formen Figuren, bei denen die Körperbildung durch die Stoffverhüllung durchscheint. Beispielhaft ist der W. des Hatschepsutgünstlings →Senenmut, der mit seinem Schützling →Nofrure in einem Block vereinigt ist. Im W. hat die Würfelraumtendenz der →ägypt. Kunst eine bis in die Spätzeit wirkende charakteristische Form gefunden.
Lit.: W. Wolf, KÄ, 342ff., 432ff.; E. Brunner-Traut, Ägypten, 169f.

Würfelkapitell →Kapitell.

Würzburg, Treppenhaus in der Residenz.

Würzburg. Residenz. 1719 entschloß sich Fürstbischof Johann Philipp Franz von Schönborn zum Bau eines großen Schloßes an Stelle der kleinen, schlecht gebauten Anlage von Petrini. Die Grundsteinlegung erfolgte 1720, der Bauherr starb aber 1724. Erst unter sei-

nem Bruder Friedrich Carl von Schönborn (ab 1729) kam der Riesenbau 1744 zur Vollendung. Auch die Ausstattung von S- und O-Flügel fällt in diese Zeit. Seine Nachfolger führten die Ausgestaltung von Treppenhaus (Bischof Greiffenklau holte nach 1749 →Tiepolo), Kaisersaal und den übrigen Räumen aus, außerdem wurde der westlich vorgelegte Platz angelegt und dem nördlichen Rosenbachhof Petrinis ein Gegenüber im Gesandtenbau (1767) errichtet. Bauleiter des Residenzbaues war Balthasar → Neumann. Seinem unter Mitwirkung des Bauherrn Joh. Phil. Franz v. Schönborn entstandenen Entwurf lag das Schema einer Dreiflügelanlage zugrunde, die einen Ehrenhof und mehrere Binnenhöfe umschloß. Die Aufrißgestaltung des Ehrenhofes, der Flügelfronten und der Gartenseite, der Entwurf des Ehrenhofgitters und die Altarausstattung der Kirche gehen auf L. von →Hildebrandt zurück. Das Verdienst Neumanns liegt in der grundlegenden Bau-Idee, in der Verschmelzung der verschiedenen Baugedanken und vor allem in der virtuosen Bauleistung von Treppenhaus und Kirche. Die Anlage zeigt einen im W offenen Ehrenhof, um den sich 3 Blöcke lagern, deren seitliche je 2 Höfe umschließen. Die westlichen und dem Ehrenhof abgekehrten Fronten haben 2 Geschosse, jedes von einem Halbgeschoß gefolgt. Die Erdgeschosse sind rustiziert, die mit Flachgiebeln besetzten, wenig vortretenden Eckrisalite werden von Pilastern gegliedert, Portikusportale in ihre Mitte nehmend. Die seitlichen Fronten weisen die gleiche Risalitgliederung auf, nur springen sie in der Mitte in Halbovalen vor (das nördliche war ursprünglich für die Schloßkirche bestimmt). Die dem Ehrenhof zugekehrten Fronten der Seitenflügel sind mit je 2 stärker vorspringenden Risaliten mit vorgesetzten Portikusbalkonen besetzt. Die reichste Gliederung ist an dem Mittelbau zu finden. Halbsäulen, reiche Fensterumrahmungen, ovale Öffnungen des oberen Halbgeschosses tragen zu der Fülle der Dekoration bei. Die 167 m lange Gartenfront wird von 2 flachen Eckrisaliten und einem kräftig vortretenden Mittelpavillon gegliedert, in dem sich die Akzente sammeln: über einem Balkonportikus öffnet sich in hohen Rundbogenfenstern das Obergeschoß. Darüber eine Attika mit Hermenpilastern und Kurvengiebel. Wichtige Gliederungsakzente stellen auch die voneinander abgesetzten Dächer und die Dreifarbigkeit der Architektur – ockergelber Sandstein mit hellgrauen Gliederungselementen und weißen Skulpturen auf der Dachbalustrade – dar. Von den ursprünglich reich ausgestatteten Innenräumen seien zunächst die Sala Terrena (Gartensaal) genannt, ein rechteckiger, durch eingestellte Säulen oval wirkender Saal mit Fresken von Johannes Zick und Skulpturen von L. Bossi; vor allem aber das große Treppenhaus, einer der Höhepunkte barocken Treppenbaus. Die geniale Idee liegt in dem weiten, oberen Umgang, der der Treppe angefügt wurde. Dadurch sitzen im oberen Stockwerk die Umfassungsmauern des Treppenhauses nicht auf den äußeren Wangen der Treppenläufe auf, sondern sie treten hinter dem Umgang zurück. Und nachdem sie auf diese Weise den Blicken des Hinaufsteigenden entzogen sind, scheint das von Tiepolos Fresken glanzvoll geschmückte Spiegelgewölbe frei zu schweben. Die Konstruktion dieses 18 m breiten Gewölbes war allein schon eine kühne Leistung, und Neumann hatte viele Bedenken zu überwinden, ehe er es ausführen durfte. Seine zum Klassizismus tendierende Ausstattung erhielt das Treppenhaus zwischen 1765 und 75 (Stuck von Bossi, Skulpturen von Wagner). Der Kaisersaal ist von außen sichtbar durch den gartenseitigen Mittelpavillon; er ist im Grundriß ein an den Ecken abgeschrägtes Rechteck, geteilt in halber Höhe durch ein Gesims auf kannelierten Halbsäulen. Darüber wölbt sich ein kuppeliges Spiegelgewölbe, in das die Ovalfenster des Mezzanins mit Stichkappen eingreifen und das mit Fresken von Tiepolo (1752) geschmückt ist. Die Hofkirche wurde, entgegen der ursprünglichen Idee, in den westlichen S-Flügel eingebaut (ab 1732). Der rechteckige Raum wird durch vorgestellte Säulen in 3 an- und ineinander greifende Ovale verwandelt. Dieser Kirchenbau ist einer der ersten Sakralbauten Neumanns, in denen er windschiefe Bogen verwendet. Sie fangen hier die Kuppel der Ovale als Gurte mit Stichkappen auf. Der Raum ist zweigeschossig, ein Gesims teilt ihn, schwingende Emporen auf Säulen sind Eingangs- und Altarseite vorgelegt, während sich an den Langseiten Oratorien vorwölben. (Siehe Farbtafel 29).

Lit.: Reclams Kunstführer Deutschland, Bd. I, 1961; N. Pevsner, Europäische Architektur, 1957; Bruckmann, Architektur der Welt – Barock, 1964.

Wüstenschlösser →Chirbet, →Mschatta, →Omeyaden.

Wu-liang-tsu. Fundort in Shantung (China). Berühmt vor allem wegen der hier gefundenen zahlreichen reliefierten und geritzten Steinplatten aus Gräbern der Han-Zeit (ca. 200 v. Chr. – 200 n. Chr.). Die dargestellten Themen zeigen vor allem Szenen aus dem chinesischen Mythos und der Geschichte Chinas, wobei beides nicht scharf voneinander getrennt ist, sondern sich gegenseitig durchdringt. Z. T. finden sich Darstellungen von Architekturen dieser Zeit, die für die Kenntnis der verlorenen chinesischen Baukunst besonders wichtig sind.

Wurzel Jesse →Jessebaum.

Wu-Tao-Tse. Chinesischer Maler des 8. Jhs. n. Chr., gest. 792. Er zählt zu den berühmtesten Meistern der ostasiatischen Malerei und soll nach der Überlieferung die buddhistische Figurenmalerei begründet haben. Wenngleich auch keines seiner Werke im Original erhalten ist, so lassen spätere Kopien doch noch etwas von seinem Stil erkennen, der durch eine besonders kraftvolle und temperamentvolle Pinselführung gekennzeichnet ist. – Neben der reinen Figurenmalerei schuf er Bilder symbolischen Inhalts und Landschaften.

Lit.: Thieme-Becker.

Wu Wei. Chinesischer Maler. Geb. 1459, gest. 1509. Trotz seiner Tätigkeit in der vornehmen Umgebung des kaiserlichen Hofes war W. wegen seiner ungebundenen freien Lebensführung bekannt. Er arbeitete in der lockeren Tuschmanier und folgte hauptsächlich der Süd-Sung-Tradition. Virtuos impressionistisch gemalte Landschaften, die weniger eine Vertiefung in buddhistische Naturreligiösität als mehr die Freude am Bild selbst zeigen, kennzeichnen sein Schaffen. Daneben schuf er hauptsächlich zahlreiche Albumsblätter anspruchloseren Inhalts, die seinen Intentionen am besten Ausdruck verleihen.

Lit.: Thieme-Becker.

Wyatt, James. Engl. Architekt. Geb. 1748 in Burton Constable, gest. 1813 bei Marlborough. Studierte etwa 1762–65 in Rom. Nach einem Aufenthalt in Venedig kam er 1766 nach London, wo er zum bedeutendsten und meistbeschäftigten Architekten seiner Zeit aufstieg. Von seinem Studium her war W. Klassizist, was ihn, einen hervorragenden Kenner der engl. Gotik, aber nicht hinderte, das Schloß Fonthill Abbey bei Salisbury, in Übereinstimmung mit dem Bauherrn W. Beckford, als Kathedrale auf kreuzförmigem Grundriß mit einem Mittelturm zu errichten (1796ff.); dieser Bau war so überdimensioniert, daß er 1825 bereits einstürzte (heute Ruine). Neben einer Fülle von Bauten in London und der engl. Provinz, von denen nur noch ein kleiner Teil steht, hat W. in zeitbedingter Manier einige große Kathedralen restauriert (Durham, Lichfield, Lincoln, Salisbury).

Lit.: A. Dale, J. W., 1956.

Xanten. Ausgrabung in St. Victor zwischen 1933 und 1963. Gefunden Holzsarg aus den Jahren 361–363 für 2 Märtyrer, der von einem christlichen Gräberfeld umgeben ist. Hier um 390 eine Cella memoriae. Ein im Innern farbig gefaßter querrechteckiger Holzbau nahm in zwei Räume aufgeteilt zwei Mensen für Totenmahle auf; nach Brand im frühen 5. Jh. wurde ein Holzpfostenbau errichtet, der von rechteckigem Steinsaal noch vor 450 abgelöst wurde (Totenkapelle). Um 500 (merowingische Periode) entstand in unmittelbarer Nähe der Cella memoriae über dem Doppelgrab eine größere Grabkapelle mit Ostapsis. Darin Marmorsarg mit Kind. Diese Memoria mit Grab bleibt bis Ende 800 bestehen. Um den Coemeterialbau gruppiert sich große Zahl merowingischer Gräber des 7. und 8. Jhs.
Lit.: H. Borger, Die Ausgrabungen unter der Stiftskirche des hl. Victor und in der Stifts-Immunität zu Xanten-Vortricht in: Kunstdenkmäler 16, Heft 5, 177ff., 1963.

Xanthos. Antike lykische Stadt in Kleinasien, in der u.a. die Reste eines Theaters ausgegraben wurden. Die überragende kunstgeschichtliche Bedeutung von X. gründet sich jedoch in erster Linie auf die Grabanlagen verschiedenen Typs. Die in den Fels gehauenen, mit einer architektonisch ausgestatteten Fassade geschmückten Gräber gehören zu den wichtigen Zeugnissen antiker Holzbaukunst, da hier sonst nicht bekannte Formen des Holzbaus in Stein verewigt sind. – Daneben eine stattliche Reihe der lykischen Pfeilergräber, bei denen der Sarkophag auf einen hohen Pfeiler aufgesockelt ist und die z.T. mit Reliefs verziert sind. Das berühmteste dieser Gattung ist das sogen. Harpyenmonument, nach seinem Reliefschmuck benannt, das im späten 6. Jh. v. Chr. entstand (London, Brit. Mus.). – Das bedeutendste Monument ist das berühmte sogen. Nereidenmonument, ein Grabbau in Form eines aufgesockelten, ionischen Tempels mit überreichem plastischen Schmuck, der sich auf den Sockel (zwei Friese), auf die Cella (Fries), das Epistyl (Fries), die Joche des Pterons (Statuen von Nereiden), Giebel und Akroterien verteilt. – Die Friese beziehen sich in ihren Darstellungen auf den fürstlichen Grabherrn, dessen Leben sie verherrlichen und dessen Verehrung sie zeigen. – Stilistisch gehört der plastische Schmuck zur spätklassisch-ionischen Kunst des endenden 5. Jhs. v. Chr. und zeigt sowohl Einflüsse der griech. Malerei als auch der attischen Plastik der klassischen Zeit (Friese des Niketempels zu Athen; Parthenonfries).
Lit.: G. Lippold, Handb. d. Archäologie, V, 208f., 1950.

Xerxes. König der →Achaemeniden, Sohn und Nachfolger →Dareios' I. (485–465 v. Chr.). Zerstörung des Mardukheiligtums von →Babylon. Palast in →Persepolis, wo X. das →Apadana vollendete und das gewaltige Hauptportal errichtete. Grab am Felsen von →Naqsch-i-Rustam.
Lit.: R. Ghirshman, Iran I, 154ff.

Xoanon. Holzgeschnitztes idolartiges Götterbild frühgriech. Zeit.

Xochicalco. Große Ruinenstadt im Westen des Staates Morelos, Mexiko, an der südlichen Abdachung der Mesa Central, durch aufsteigende Terrassen in eine trutzige Bergfeste ausgebaut. Das Zentrum der Kultstätte bildet eine Tempelplattform mit reichem Reliefschmuck. Zwischen den Windungen gefiederter Schlangen sitzen von Hieroglyphen begleitete Priester mit reichem, turbanartigem Kopfputz. Die Darstellungen erinnern an ähnliche Denkmäler in →Copan. X. weist eine eigenartige Mischung von nördlichen Elementen (Teotihuacan, Tolteken) mit südlichen Hochkulturen (Zapoteken, Maya) auf.
Lit.: E. Noguera, Cerámica de X. El Méx. Antiguo, VI., 1947.

Xpuhil. Mayastadt in Quintana Roo, Yucatán, der →Rio Bec-Region angehörend. Typisch sind Scheinarchitekturen in feiner Ausfertigung. Den Tempeln angesetzte Türme nehmen die Form von Tempelpyramiden an, deren Treppen allerdings durch ihre Steilheit unbegehbar sind. Die Tempelkammern tragen kulissenartige Dachkämme.

Xultun. Eine der größeren Mayastädte des Herzgebietes der Klassischen Mayakultur, lange besiedelt. Die Stele 10 (889) liefert ein deutliches Zeichen für den in den letzten Jahrzehnten der Klassischen Mayakultur eingetretenen Verfall: Stil, Proportionen und Schmuckanhäufungen sind Zeichen dafür.

Xylographie. Aus der griech. Sprache entnommenes Fremdwort für den →Holzschnitt.

Yakscha. Begleiter und Diener indischer Hauptgottheiten, gemeinsam mit ihrer weiblichen Form Yakschi häufig Verkörperung von Wohlstand und Fruchtbarkeit.

Yamato-e. Höfischer Malstil der japanischen Kunst. Von →Takayoshi entwickelt, wurde er vor allem in der →Tosa-Schule gepflegt. Charakteristisch sind die Anwendung der geometrischen Perspektive, von oben gesehene Einblicke in ohne Dächer gegebene Häuser und bei der Figurendarstellung floskelhaft wiedergegebene Gesichtszüge, wobei das Auge lediglich als Strich, die Nase als Haken dargestellt wird.

Yap. Zu →Mikronesien gehörige Insel nördlich der →Palau-Inseln, die sich durch relativ reiche Schnitzkunst (z.B. Schmuck von Hausbalken, besonders bei Versammlungshäusern) auszeichnet. Menschenfiguren in Hochrelief erinnern an solche aus →Melanesien. Auch dekorative Bemalung (Tier- und Menschenfiguren) spielt eine große Rolle. Durch Brand- und Ritzmuster werden Bambusdosen verziert. Archäologisch sind aus Stein gebaute Zeremonialplattformen, terrassierte Grabhügel und Keramik nachweisbar. – Ein kulturhistorisches Kuriosum ist das „Steingeld" (mühlsteingroße, durchbohrte Steinscheiben, die Kaufwerte darstellen).

Yasilikaja. 2 km nordöstlich von →Chattuscha (→Boghazköi) gelegenes Heiligtum der →Hethiter, das durch eine Felsgruppe mit zwei natürlichen Kammern und einen davorliegenden Tempel gebildet wurde. Durch die Götterreliefs in den Felskammern werden diese als Allerheiligstes ausgewiesen, so daß wir von einem Freiheiligtum sprechen dürfen. Die Prozession der Gottheiten zeigt Götter mit Spitzmütze, kurzem gegürtetem Gewand und Schnabelschuhen sowie Göttinnen mit hoher Kopfbedeckung (Polos) und langem, vielfach gefalteten, schleppenden Rockgewand. Zentralmotiv ist die Begegnung der Hauptgottheiten, des Wettergottes, der über die geneigten Häupter von Berggöttern schreitet, und der auf einem Löwen stehenden Sonnengöttin von →Arinna. Beide Götter werden seitlich von je einem Stier mit Spitzmütze begleitet. Hieroglyphenschrift bietet uns die Namen, darunter die churritische Bezeichnung Hepat für die Große Göttin und den ebenfalls churritischen Namen Scharruma für den ihr auf einem Löwen folgenden jugendlichen Gott. Er umarmt auf einem Nebenrelief den König →Tutchalija, der in Y. zweimal dargestellt ist. Bemerkenswert ist der doppelköpfige Adler als heiliges Zeichen für zwei Göttinnen im Gefolge der Sonnengöttin von Arinna. Der Gesamtbefund erweist Y. als einzigartiges Zeugnis für monumentale Felsbilder sakralen Charakters, die als eigene Schöpfung der →hethitischen Kunst betrachtet werden dürfen und bis in phrygische Zeit nachgewirkt haben.
Lit.: H. Schmökel, GAV, 146f.; E. Akurgal, HK, 50ff.; H. Potratz, KAO, 341.

Yaxchilan. Eine der drei großen Mayastädte am Usumacinta (→Palenque, Piedras Negras). In der Zeit des Höhepunktes um 700 vier Tempel mit je drei skulptierten Türsturzplatten errichtet, die zu den bedeutendsten Werken der Plastik der Maya gehören.

Ybl, Miklós (Nikolaus). Ungarischer Architekt. Geb. 1814 in Székesfehérvár, gest. 1891 in Budapest. Studierte an der Akademie in Wien und bildete sich anschließend

auf Reisen nach München und Italien. Ab 1841 wirkte er in Budapest, dessen Gesicht Y. mit seinen monumentalen Neurenaissancebauten weitgehend prägte. Er begann als Romantiker mit roman. und got. Formen (Kirche in Fót, 1845–55). Sein bedeutendster und auch qualitätvollster Bau in Budapest ist das Opernhaus (1878–84), das aus der Tradition der Wiener Oper lebt, dabei aber zu eigenen Formen findet.
Lit.: M. Major, Geschichte der Architektur, Band 3, 1960.

Yezdegerd. Königsname der →Sasaniden. Y. I. (399–420 n. Chr.), Sohn →Schapurs III.; Y. II. (428 bis 457), Sohn →Bahrams V. Münzbilder. Y. III. (632/33), letzter Herrscher der Dyn., nach schweren inneren Wirren, die der Ermordung →Chosroes II. folgten, in →Istachr gekrönt. 637 arabische Eroberung von →Ktesiphon. 642 Entscheidungsschlacht bei Nihawend. 651 Ermordung Y.s III. bei Merv. Die Münzbilder bestätigen den Verfall.
Lit.: H. H. von der Osten, WP, 148ff.; R. Ghirshman, Iran II, 401f.

York. Nordengl. Stadt, bereits in röm. Zeit besiedelt und seit 630 Bischofssitz. 1076 Zerstörung durch die Normannen. Unter ihnen erlebte die Stadt anschließend eine große Blüte, die mit reger Bautätigkeit verbunden war. – Neben großen Teilen der Befestigungsmauer des 14. Jhs. ist vor allem die Kathedrale St. Peter zu nennen, die größte Kirche Englands. In ihr sind Teile einer Kirche des 8. Jhs. verbaut. Mehrere Bauperioden lassen sich verfolgen. Sie reichen von 1154 bis 1472. Ältester Teil sind Chor mit Krypta (1154–81), es folgt das Querhaus (1220–60), dann das Langhaus mit Kapitelsaal und Vorhalle (1291–1350) und schließlich der Turm (1405–72). Durch diese lange Bauzeit und die verschiedenen Phasen läßt sich hier wie an kaum einem zweiten Beispiel die Entwicklung engl. Gotik verfolgen. – Die Glasmalereien der Fenster, die vom 12. bis 16. Jh. entstanden sind, gehören zu den bedeutendsten in England.
Lit.: A. Clutton-Brock, The Cathedral church of Y., 1931.

Yoruba. Etwa 5 Millionen Menschen umfassendes Volk im westlichen Nigeria, das in früheren Jahrhunderten die nach unserer Wertung am höchsten stehenden Kunstwerke Schwarzafrikas schuf. Die berühmten Bronzen und Terrakotten, wie man sie etwa in der Nähe der „heiligen Stadt" Ife ausgraben konnte (heute zum Großteil im Besitz des British Museum, London, und des Oni von Ife), müssen als reife Schöpfungen einer vielleicht vom Mittelmeerraum her beeinflußten afrikanischen Hochkultur angesehen werden. Die alten Stücke, die besonders seit den Ausgrabungen von L. Frobenius (1910) bekannt wurden, wirken weniger als „Negerkunst" denn als „klassisch-naturalistisch" im europäischen Sinne. Das am häufigsten abgebildete Beispiel einer Yoruba-Bronze ist der als „Meergott Olokun" bezeichnete gekrönte Kopf, der sich im British Mus. befindet. Ihm sowie zahlreichen anderen Bronze- und Terrakottaköpfen ist der Gesichtsschmuck in Form von Parallel-Linien eigentümlich, der wohl eine Tatauierung oder Bemalung wiedergibt. – Eine genaue Datierung der alten Y.-Kunst ist noch nicht möglich; man nimmt an, daß der Großteil der erwähnten Fundgegenstände aus der Zeit zwischen dem 12. und 14. Jh. n. Chr. stammt. Sie sind dadurch so bemerkenswert, daß sie nicht Typen, sondern klar und sprechend charakterisierte Individuen wiedergeben. Da laufend neue Stücke dieser Art ausgegraben werden, ist für die Zukunft ein größeres Wissen über diese faszinierende Kultur zu erhoffen, deren Anfänge vielleicht auf die vorgeschichtliche →Nok-Kultur zurückgehen. – Im Laufe der letzten Jahrhunderte trat im Lande der Y. ein Stilwechsel ein, und die neuen hölzernen Götterfiguren, →Masken, Tanzkeulen, figurengeschmückten Schalen usw. sind in ihrer Art zwar häufig überaus eindrucksvoll, aber doch fast durchweg typisch afrikanisch stilisiert.
Lit.: L. Frobenius, Und Afrika sprach, 1912/13; W. Fagg, De l'art de Y., in: L'Art nègre, 1951.

Yüan-Dynastie. Chinesisches Herrschergeschlecht, das von 1280–1368 regierte. Nach der geläufigen Periodeneinteilung der chinesischen Kunst, die gewöhnlich nach den Dynastien benannt werden, bezeichnet man mit Y. die Kunst Chinas in jener Zeit.

Yün-kang. Fundplatz Nord-Chinas mit bedeutenden Zeugnissen der Kunst des 5. Jhs. n. Chr. Wichtig sind vor allem mehrere in den anstehenden Sandstein gehauene Tempelgrotten, die mit zahllosen Reliefs und Plastiken religiösen Inhalts ausgestattet sind. Ohne daß ein einheitlicher Plan zu erkennen wäre, zeigen die Darstellungen Figuren von verschiedenster Größe. Das bedeutendste Monument ist eine über 10 m hohe Statue eines sitzenden Buddha. Stilistisch weisen die Werke (jetzt in verschiedensten Sammlungen) enge Verbindungen zur Zentralasiatischen Kunst auf und waren für die Entstehung des chinesischen Skulpturenstils von größtem Einfluß.
Lit.: S. Mizune and T. Nagahiro, Yün-kang. The Buddhist cave-temples of the fifth century A.D. in North-China, 1952.

Yvon, Adolph. Franz. Maler. Geb. 1817 in Eschweiler (Lothringen), gest. 1893 in Paris. Schüler von P. →Delaroche. Bereiste 1843 Rußland und nahm 1855 als Kriegsmaler am Krimkrieg teil. In Frankreich ließ er sich als Historien-, Schlachten- und Bildnismaler nieder. Durch die Protektion Kaiser Napoleon III. wurde Y. der Schlachtenmaler der Kriege des 2. Kaiserreiches. 1883 wurde er Prof. an der Ecole Polytechnique sowie an der Académie in Paris. Hauptbild (in mehreren Versionen): „Marschall Ney deckt den Rückzug", 1812 (Museen in Le Havre, Manchester und Paris).
Lit.: Thieme-Becker.

Z

Zaachilla (Teotzapotlan). Residenz der Hohenpriester und Grabstätte der Könige der →Zapoteken, südlich von Oaxaca gelegen. Die Grabanlagen wurden ähnlich wie in →Monte Alban von den Zapoteken angelegt und von den Mixteken wieder benützt. Von den letzteren blieben herrliche Goldarbeiten und Jadeartefakte sowie polychrom bemalte Tongefäße erhalten.

Zababa. Sumerisch-semitischer Kriegsgott mit Hauptheiligtum in →Kisch, dessen Tempel in der Überlieferung eine wichtige Rolle spielt. In →Babylon war ein Osttor mit der anschließenden südlichen Achsenstraße nach Z. und →Ninurta benannt.
Lit.: H. Schmökel, GAV 339; A. Parrot, Sumer, 319; E. Strommenger, Mesopotamien, 121.

Zabalam. Inschriftlich bezeugte sumerische Stadt mit →Inanna-Heiligtum, das von →Naramsin gegründet wurde. Z. gehörte später zum Herrschaftsbereich des →Hammurabi von →Babylon. Archaeologisch noch nicht identifiziert.
Lit.: H. Schmökel, GAV, 50.

Zabdibol. Vornehmer Parther aus →Palmyra, dessen Grabbüste (um 100 n. Chr.) ein charakteristisches Beispiel für die durch die →parthische Kunst verbreitete Frontalität ist.
Lit.: R. Ghirshman, Iran II, 69.

Zabotin-Kurgane. Die Gruppe der Z. im Dnjepr-Gebiet ist bedeutsam wegen der in ihrem Inventar vertretenen Frühphase der →skythischen Kunst, wie →Tierstil-Motive auf geritzten Knochenplatten und am Riemenschmuck bezeugen, die in das Ende des 7. Jhs. v. Chr. gehören, als sich noch starke Kräfte der →Skythen in Vorderasien befanden. →Ziwije.
Lit.: K. Jettmar, Steppenvölker, 28, 30.

Zacatenco. Stufe der →Archaischen Kulturen Mexikos, benannt nach dem Fundplatz am ehemaligen Seeufer des Sees von Tetzcoco, heute innerhalb von Mexico City gelegen. Drei Stufen unterscheidbar: Früharchaisch 1400–900 v. Chr. (Z. I, gleich →Tlatilco I), Mittelarchaisch 900–500 (Z. II, gleich Tlatilco II und →Copilco), Spätarchaisch 500–100 (Z. III, gleich →Ticoman und →Cuicuilco). Die Tonfiguren erreichen bei ihrem

erstaunlichen Typenreichtum eine später nie wieder erlangte Lebensnähe. Die Tongefäße haben zumeist gerundete Böden und weite Öffnungen, Hals wird kaum markiert. Schwarze Ware erscheint mit geometrischen Ritzmustern, auch rot auf weißer und weiß auf roter Ware. Auch die figuralen Gefäße weisen eine große Variantenfülle auf. Sie geben Menschen in verschiedenen Posen wieder – vorwiegend weibliche Gestalten, die sicher dem Fruchtbarkeitskult dienten, mit verschiedensten Haartrachten und Kopfzieraten –, ferner Wasservögel, Fische, Pekaris, Kaninchen, Affen usw.
Lit.: G. C. Vaillant, Excavations at Z., 1930; derselbe, Excavations at El Arbolillo, 1935; M. Covarrubias, Indian Art of Mexico and Central America, 1957.

Zacualpa →Kaminaljuyu.

Zaculeu. Fundplatz der Kultur der Hochlandmaya, der nördlichen Zone angehörend (Huehuetanago, Guatemala), mit gut belegter Keramikfolge und bemerkenswerten Goldobjekten.

Zadkine, Ossip. Russisch-franz. Bildhauer. Geb. 1890 in Smolensk, gest. 1967, Paris. 1906 kam er nach England, wo er Zeichenkurse besuchte und in London mit den dortigen Künstlerkreisen bekannt wurde. 1909 ging er nach Paris und besuchte dort die Ecole des Beaux-Arts. Entscheidender als diese Studienausbildung war für ihn jedoch die Bekanntschaft mit →Picasso, →Chagall und →Lipchitz, durch die er den →Kubismus als für ihn wesentlichste Komponente kennenlernte. Die Prinzipien des in der Malerei entwickelten Kubismus hat er in der Folgezeit konsequent auf die Plastik über-

O. Zadkine, Denkmal der zerstörten Stadt, Rotterdam.

tragen. Um 1920 fand er in der freien Handhabung des Kubismus, den er nun nicht mehr als Prinzip, sondern als Möglichkeit versteht, seinen eigenen Stil. Die menschliche Figur steht hierbei im Zentrum seines Schaffens. Aus ihr entwickelte er um 1930 barockere Formen, die er vor allem durch den nun bevorzugten Werkstoff des Gipses verwirklichte. Hierbei erreichte er den Höhepunkt seines Schaffens. Nach 1940 lockert sich der Aufbau seiner Plastik weiterhin auf, indem er seine Gestalten durch Aushöhlungen und Durchbrechungen zergliedert. — 1914—45 lebte er in New York und kehrte anschließend nach Paris zurück. 1953—54 schuf er sein berühmtestes Werk, das „Mahnmal für das zerstörte Rotterdam". Lit.: J. Casson, O. Z., 1962.

Zagros. Gebirgskette, die von den transkaukasischen Bergen nach Südosten verläufi und Mesopotamien vom iranischen Hochland trennt. Der Z. begünstigte seit der Vor- und Frühzeit die Eigenentwicklung im Iran und bei den Mesopotamien benachbarten Bergvölkern trotz starker Einflüsse aus dem Euphrat-Tigris-Raum. →Anubanini, →elamische Kunst, →Gutäer, →Hurin-Scheich-Chan, →Kassiten, →Lulubäer, →Rimsin, →Schutruk-Nachunte. Das Siegesrelief und das Felsbild →Naramsins sind ebenso beredte Zeugnisse für die mesopotamischen Abwehrmaßnahmen wie die triumphalen Darstellungen des Feldzuges gegen die Elamiter im Palast →Assurbanipals in →Ninive. Die Bedeutung des Z.-Passes offenbart sich in den zahlreichen Felsreliefs am →„Tor von Asien" Derbend-i-Gawr, →Sar-i-Pul-i-Zohab, →Behistun, →Taq-i-Bostan.

Zahnfries, Zahnschnitt →Fries.

Zahnstock. Gerät aus Knochen oder Holz mit stempelähnlich gefertigter Arbeitsfläche zum Anbringen regelmäßiger Verzierungen auf vorgeschichtlicher Keramik.

Zalu-Ab. Gräberstätte nordöstlich Kermanschah nahe Dinavar. Durch Raubgrabungen wurden schmale, hohe Bronzebecher bekannt, die in Form und Reliefschmuck ähnlichen Arbeiten aus →Luristan nahestehen und Einflüsse aus dem Bereich der →Mannäer zeigen. 8./7. Jh. v. Chr.
Lit.: R. Ghirshman, Iran I, 80.

Zampieri, Domenico →Domenichino, Domenico.

Zangenfries. Fries aus zangenförmigen nebeneinandergereihten Gebilden. Bei den Germanen beliebt, so beim Grabmal des Theoderich in →Ravenna.

Zanth, Karl Ludwig. Deutscher Architekt. Geb. 1796 in Breslau, gest. 1857 in Stuttgart. Seine Ausbildung begann er in Stuttgart bei N. v. →Thouret, wandte sich dann aber nach Paris, wo er sich bei J. →Hittorff weiterbildete. Mit diesem bereiste er 1822–1824 Italien und Sizilien und war Hittorff bei der Herausgabe der Schrift über die antike Polychromie behilflich. Sein Hauptwerk, die königliche Villa Wilhelma mit der zugehörigen Gartenanlage bei Stuttgart, ist in seinem maurischen Stil und der feingliedrigen Verwendung der Eisenkonstruktionen der Palmenhäuser ein schönes Beispiel für den romantischen Historismus (1842–53).
Lit.: Thieme-Becker.

Zapoteken. Hauptteil der Bevölkerung Oaxacas seit ältester Zeit, ihr bedeutendstes Zentrum und eines der größten Ruinenfelder Mexikos ist →Monte Alban, dessen erste Periode starke olmekische Einflüsse zeigt. Der klassische Stil fällt mit dem Klassischen →Maya-Stil zusammen, jedoch früherer Beginn und längere Dauer. Die Architektur weist auch Ähnlichkeiten mit →Teotihuacan auf. Die Tempel waren sicher stuckverkleidet und bemalt. Gemauerte Gräber tragen farbenreiche Wandmalereien, bei Fehlen zapotekischer Bilderhandschriften der einzige Beweis ihrer einstigen wahrscheinlichen Beschaffenheit. Die berühmten zapotekischen „Bestattungsurnen" sind zylindrische Gefäße mit figürlichen Darstellungen, meist Götter wiedergebend, deren Tracht mit symbolischen Elementen in verwirrender Vielfalt angereichert ist. Der kleine Fassungsraum läßt die Tonbecher mehr als Medien der Figurenwiedergabe denn als Behälter erscheinen.
Lit.: A. Caso und I. Bernal, Urnas de Oaxaca, 1852.

Zarathuschtra. Reformator der altiranischen Religion, dessen Wirken wahrscheinlich in die frühe →Achaemeniden-Zeit fällt. Erst in der →Sasaniden-Zeit wurde seine Lehre zur Staatsreligion erhoben. Wiewohl wir bereits auf medischen Felsgräbern und in der Kunst der Achaemeniden das Bildsymbol →Ahura-Mazdas kennen, der als altiranischer Gott im Mittelpunkt der Religion des Z. steht, ergibt sich aus den Darstellungen kein Anhaltspunkt für die durch Z. bestimmte religiöse Entwicklung, deren westlichen Schwerpunkt wohl der Priesterstamm (Magier) der →Meder bildete. →Raghe. Die Felsgräber der Achaemeniden lassen sich mit der

von Z. geforderten Leichenvernichtung durch wilde Tiere nicht vereinbaren. Die Verehrung des heiligen Feuers hat in der Lehre des Z. noch keine Bedeutung (→Feuertempel). Die Achaemeniden können nicht als Anhänger der Reform betrachtet werden. Ein gleiches gilt für die →Parther, deren Bildüberlieferung eine hervorragende Bedeutung von →Mithra (→Mithradates-Namen) und →Anahita erkennen läßt. Die parthischen Sarkophage mit Anahitamotiven sind nicht zoroastrisch. Mithrasfresko von →Dura-Europos. Die auf den Mithrasreliefs dargestellte Stiertötung widerspricht dem Auftreten des Z. gegen die Blutopfer. Ein Wandel in den religiös bestimmten Bilddenkmälern Irans ist das Motiv der Reiterinvestitur auf den Felsreliefs der →Sasanidenkunst. Ahuramazda (→Ormuzd) ist allein von allen Gottheiten wie der König hoch zu Roß dargestellt, unter dessen Hufen der Widersacher →Ahriman liegt, während unter dem Königspferd der irdische Gegner hingestreckt ist. Anahita und Mithra erscheinen stets zu Fuß, also untergeordnet, wie es der Lehre des Z. entspricht. Dazu fügt sich das aus dem Befund von →Bischapur erschlossene Brauchtum, die Toten in Mulden auf den Bergen auszusetzen, um ihre Knochen später in Ossuarien zu sammeln.
Lit.: S. Nyberg, RAI, 496f.; H. H. von der Osten, WP, 299; R. Ghirshman, Iran I, 446; II 404; F. Altheim, Alexander und Z., 17ff., 37ff., 142ff., 1960.

Zariqum. Statthalter von →Assur, Untertan des →Bursin, für dessen Leben er einen Tempel weihte. Beterstatue im Stil der→sumerischen Kunst zur Zeit der III. Dyn. von →Ur.
Lit.: H. Schmökel, GAV, 94; A. Parrot, Assur, 3.

Zauner, Franz Anton. Österreichischer Bildhauer. Geb. 1746 in Untervalpatann (Tirol), gest. 1822 in Wien. Als er 1766 nach Wien kam, bildete er sich unter dem Einfluß →Donners zum Rokokobildner (Brunnen im Schloßhof von Schönbrunn, 1776). Erst während eines Romaufenthaltes 1776–81 wandte er sich dem Klassizismus zu, dessen bedeutendster Vertreter in Österreich er wurde. 1806 wurde Z. Leiter der Akademie in Wien. – Sein Hauptwerk ist das Reiterdenkmal Josefs II. auf dem Josefsplatz in Wien (1795–1806). Es ist dem antiken Reiterdenkmal →Mark Aurels nachgebildet und die beste plastische Leistung jener Epoche in Österreich.
Lit.: H. Burg, F. A. Z. und seine Zeit, 1915; E. Tietze-Conrat, Österr. Barockplastik, 1920.

Zeichenkamera →Camera obscura.

Zeichnung →Handzeichnung.

Zeiller (Zeiler). Tiroler Malerfamilie des 17./18. Jhs. aus Reutte. – **1)** Paul. Geb. 1658 in Reutte, gest. 1738 ebda. Bildete sich in Rom und war ausschließlich Maler von Altartafeln für seine engere Heimat. – **2)** Johann Jacob. Geb. 1708 in Reutte, gest. 1783 ebda. Sohn von 1.) Lernte bei seinem Vater, später in Rom und in Neapel bei →Solimena. Um 1735 kam er an die Akademie in Wien, wo er mit P. →Troger in Verbindung trat. Mit diesem zusammen freskierte er im Stift Altenburg und entwickelte sich zu einem vielbeschäftigten Freskanten, der u.a. im Kloster Ettal (Kloster und Stiftskirche, 1747–55) und in Ottobeuren (Stiftskirche, 1763f.) malte. Daneben malte er auch religiöse Tafelbilder, häufig für dieselben Kirchen, in denen er freskierte. – **3)** Franz Anton. Geb. 1716 in Reutte, gest. 1793 ebda. Schüler von 1.). Ging 1738 zu →Holzer nach Augsburg und anschließend nach Italien, wo er sich in Rom und Venedig an der Kunst →Solimenas, →Veroneses und →Tiepolos schulte. Wie sein Vetter 2.) war er ein vielbeschäftigter Freskant, der besonders in Brixen/Südtirol tätig war.
Lit.: Thieme-Becker.

Zeitblom, Bartholomäus. Deutscher Maler. Geb. um 1455 in Nördlingen, gest. 1518 in Ulm. Z. war einer der Hauptmeister der spätgot. Ulmer Schule, aus dessen Werkstatt eine Reihe großer Altäre hervorgingen. Sein Stil hat noch etwas von spätgot. Idealität, die Linienführung ist anmutig, die Farben sind zart. Am nächsten stehen ihm →Herlin, der möglicherweise sein Lehrer war, und der Meister der Tafeln des Sterzinger Altars. Hauptwerke Z.s sind der Hochaltar der Klosterkirche zu Blaubeuren (um 1490–95), der Eschacher Altar (um 1496, Stuttgart, Gal.), der Heerberger Altar (1497) und der Kirchberger Altar (um 1482).
Lit.: S. Wulz, Die Familie Z., Jb. d. Historischen Vereins für Nördlingen, Jahrgang 18, 1936; A. Stange, Deutsche Malerei der Gotik, 8, 1957.

Zelleneinlage oder Zellenverglasung. Eine dem →Zellenschmelz verwandte Emailtechnik auf germanischen Schmuckstücken der Völkerwanderungszeit. In die Zellen werden farbige Glasstücke oder Halbedelsteine eingelegt.

Zellengewölbe. →Kreuz-, →Stern- oder →Netzgewölbe, dessen Kappen als kleine →Klostergewölbe gebildet sind, d.h. als trichter- oder kerbschnittartig eingetiefte Zellen zwischen Graten erscheinen. Die Gewölbeform kommt in der Spätgotik vor (z.B. Albrechtsburg, Meißen).

Zellenschmelz (Émail cloisonné). Auf den Rezipienten (Gold, Kupfer oder Silber) werden schmale Metallstege hochkant befestigt, sie bilden die Umrißzeichnung des Dekors bzw. der bildlichen Darstellung. Die in diese Zellen gefüllte Glasmasse wird nach dem Brand glattgeschliffen und poliert. Email und Rezipient bilden eine Fläche.

Zellentechnik. Steine, überwiegend Granate, werden nicht mehr einzeln auf einen Goldgrund aufgesetzt, sondern sorgfältig bearbeitet und geschliffen in Zellen aus aufgelöteten Goldstegen befestigt; sie bilden oft ein geschlossenes Mosaik. Bekannt im 5./6. Jh. n. Chr.

Zeltdach →Dachformen.

Zemen (Westbulgarien). Die Malzyklen von Z. (1354 n. Chr. unter dem Despoten Dejan ausgemalt) leiten eine neue Periode in der westbulgarischen Malerei ein. Zu den Festzyklen treten Bilder aus der Passionsgeschichte. Sie werden hier viel stärker betont als in der mittelbyzant. Malerei. Nicht nur ikonographisch, sondern auch im Stil ist Z. bahnbrechend. Man verläßt die von der Antike bestimmte byzant. Malerei und knüpft dort an, wo die Kunst vor dem Bildersturm stehengeblieben war. Die Figuren werden wieder unrealistisch, sie werden weitgehend in die Fläche projiziert. Auch die graphische Art der Behandlung bedeutet eine Abkehr von der mittelbyzant. Kunst.
Lit.: A. Grabar, La Peinture religieuse en Bulgarie, 1928.

Zentralamerika. Die große Variantenfülle und die bestehenden mesoamerikanischen und südamerikanischen Einflüsse sind bei den archäologisch faßbaren Kulturen noch vielfach ungeklärt. Aus Honduras sind vor allem die Vasen aus weißem Marmor mit reichem, reizendem Schnörkelmuster und stilisierten Köpfen aus dem Uloatal bemerkenswert. Aus Costa Rica stammen neben schön bemalten Tongefäßen der Chorotegen hervorragende →Jade-Schnitzereien von der Nicoya-Halbinsel (als Axtgötter und Anhänger in Fledermausform) und den Guapiles im Nordosten (röhrenförmige Perlen bis 37 cm Länge, Verwendung von Schnursägen). Im Diquisdelta fanden sich Hunderte von mit mathematischer Präzision gehauenen Steinkugeln mit bis über 2 m Durchmesser sowie reiche Grabbeigaben von Goldobjekten.
Lit.: S. K. Lothrop, Pre-Columbian Art, Robert Woods Bliss Collection, 1957.

Zentralbau. Architektur, deren Bauteile symmetrisch um einen Mittelpunkt angeordnet sind. Der Mittelpunkt kann zu einem Mittelraum ausgeweitet werden. Kreis, Polygon und Quadrat sind die Grundformen des Z.s, für dessen oberen Abschluß die Form der Kuppel bevorzugt wird. In der Gewölbearchitektur entspricht sie am ehesten dem Z.-gedanken. Vielfach werden auch einräumige Rundbauten (z.B. →Pantheon in Rom) als Z. angesprochen. – Als Grundgedanke basiert der Z. auf der Weltortidee und der Orientierung der vier Weltgegenden. Dadurch ist der Z. vornehmlich dem Sakralbereich und – vor allem in frühen Kulturen – dem Totenkult zugehörig (→Kuppelgräber). In der christl. Baukunst hat sich der Z. vor allem in der byzant. Architektur ausgebildet, während er sonst auf Grabbauten und Baptisterien beschränkt blieb. Der verbreitetste Typ im byzant. Bereich ist die →Kreuzkuppelkirche (z. B. Hagia Sophia zu →Konstantinopel). – Abgesehen von Einzelbauten

wie der Pfalzkapelle zu →Aachen setzte sich im Abendland der Z. erst mit der Renaissance durch. Als grandiose Leistung sollte der Neubau von St. Peter zu →Rom nach den ursprünglichen Plänen als Z. errichtet werden. In der Folgezeit bis ins Barock wird der Z. innerhalb der Kirchenarchitektur vielfach variiert. Als Idealidee gehörte er zwar zu den beherrschenden Gedanken der Renaissance, ohne sich jedoch weiterhin baulich durchsetzen zu können. – Später schloß sich der →Klassizismus

Leonardo da Vinci, Zentralbauskizze.

enger an die Antike an. Vor allem das →Pantheon in Rom wurde zu einem hochverehrten und vielfach nachgeahmten Vorbild (z. B. →Paris, Panthéon). Im Laufe des 19. Jhs. löste sich der Z. aus seiner Bindung an den Sakralbereich und wurde profanisiert.
Lit.: D. Boniver, Der Zentralraum, 1937.

Zentralperspektive →Perspektive.

Zeremonialbeile. Votiväxte →Hacha.

Zeroplastik →Wachsbildnerei.

Zeugdruck. Das Bedrucken von Textilien, ursprünglich, spätestens seit dem 4. Jh. n. Chr. und bis um 1800, von Hand mit Hilfe hölzerner Formmodel, in die die gewünschten Muster eingeschnitten wurden. Seither maschinell ausgeführt. Solche Model bildeten eine der wesentlichen Voraussetzungen für die Entstehung des →Holzschnitts (Ende des 14. Jhs.). Sie wurden dabei auf Papier statt auf Stoff abgedruckt und schwarz eingefärbt, während der mittelalterl. Stoffdruck auch Rot und Gold anwandte. Beschrieben findet sich das Verfahren in →Cenninis „Trattato della Pittura" (Anfang 15. Jh.).
Lit.: W. Schmidt, Textildruck, 1951; R. Haller, Färberei und Z., 1951.

Zeuxis. Griech. Maler aus Herakleia. Seine Schaffenszeit fällt in die erste Hälfte des 4. Jh. v. Chr. Sein persönlicher Stil ist heute nicht mehr faßbar, da keines seiner Werke erhalten ist. Zahlreich sind die literarischen Überlieferungen seiner Bilder. Er wird der Erfinder der Schattenmalerei genannt. Gemeint ist hiermit wohl, daß er als erster die Differenzierungsmöglichkeiten durch Einbeziehung von Licht- und Schattenwirkungen in die Malerei genutzt hat.
Lit.: A. Rumpf, Handb. d. Archäologie, VI., 127ff., 1953.

Zick. 1) Johannes. Deutscher Maler. Geb. 1702 in Daxberg bei Memmingen, gest. 1762 in Würzburg. Lernte in Konstanz, später bei →Piazetta in Venedig, dort auch von →Tiepolo beeinflußt. Später nahm er auch Anregungen aus dem Werke →Rembrandts auf. – Seine Hauptwerke sind die Fresken im Schloß zu Bruchsal, wo er 1751 den Fürstensaal, 1752 das Treppenhaus und 1754 den Marmorsaal ausmalte. Eine andere sehr bedeutende Arbeit sind die Fresken der Pfarrkirche in Amorbach (1753). – **2)** Januarius. Deutscher Maler. Geb. 1732 in München, gest. 1797 auf Ehrenbreitstein bei Koblenz. Sohn von 1.), auch dessen Schüler, bis er 1757 nach Paris und darauf nach Rom ging. Seit 1760 lebte er auf Ehrenbreitstein. – Januarius Z. war der bedeutendste Vertreter des Überganges vom Rokoko zum Klassizismus. Er schuf in einer Reihe bayrisch-schwäbischer Kirchen Deckenfresken, in denen er sich mit der barocken, tiefenräumlichen Illusionskunst und mit der klassizistischen, flach komponierten Kunst auseinandersetzte. Das bedeutendste Werk dieser Art ist das Fresko der Klosterkirche in Wiblingen (1778–80).
Lit.: A. Feulner, Die Z., 1920; ders., Januarius Z.s Frühwerke, Städel-Jb., Bd. 2, 1922.

Zickzackfries →Fries.

Ziebland, Georg Friedrich. Deutscher Architekt. Geb. 1800 in Regensburg, gest. 1873 in München. An der Akademie in München Schüler K. v. →Fischers, dem er bei der Ausführung des Hoftheaters in München assistierte (1811–18) und dessen Bauten er nach Fischers Tod vollendete. 1826–28 zum Studium altchristl. Baukunst in Italien. Diese Studien fanden ihren Niederschlag in der Bonifazius-Basilika in München (1835–50), einem romantisch-historischen Bau. Gleichzeitig baute er gegenüber der Glyptothek von →Klenze das Kunstausstellungsgebäude (1838–45), heute Neue Staatsgalerie.
Lit.: Thieme-Becker.

Ziegelbau →Backsteinbau.

Ziegelmosaik. In der islam. Kunst gehört seit dem 9./10. Jh. das Mosaik aus unglasierten und später aus farbig glasierten Ziegeln zu den Grundelementen der dekorativen Verkleidung von Ziegelbauten und bleibt Bestandteil des Baudekors bis in das 18. Jh. Der früheste Bau mit Z. ist die Grabanlage des Samaniden Ismail in Buchara (892–907), deren Mauerwerk durch schlichtes Versetzen von Ziegeln eine ornamentale Gestaltung von starker Hell-Dunkel-Wirkung erfuhr. Ein Beispiel der größten Verfeinerung dieser Technik durch Verwendung glatter und im Relief geschnittener Ziegel bei reichster ornamentaler Erfindung ist in dem Minar Mas'uds III. von Ghazna aus dem Jahr 1114/15 erhalten. In feiner Abstimmung reicht sein Dekor vom geometrischen Versatz bis zum feinsten Rankengrund, von dem sich der Schriftfries in blühendem Kufi abhebt. Den glänzenden Höhepunkt der Bauverkleidung durch farbig glasierte Ziegel stellen die timuridischen Bauten Samarkands dar.
Lit.: A. U. Pope, A Survey of Persian Art, 1938; D. Wilber, Islamic Art and its Decoration.

Ziegenfisch. Symboltier des sumerischen Gottes →Enki von →Eridu. Der Bildgedanke wird für die ursprüngliche Darstellung des →Tierkreiszeichens „Steinbock" bis in hellenistisch-röm. Zeit verwendet und lebt noch lange in der astronomischen Ikonographie des Mittelalters weiter, wie die entsprechenden Darstellungen an roman. und got. Kirchenportalen neben Handschriften bekunden (→Autun, →Bourges, →Vézelay).
Lit.: F. Boll, Sphaera, 560f. 1903.

Ziegler, Adolf. Deutscher Maler. Geb. 1892 in Bremen, gest. 1959 in Varnhalt bei Baden/Baden. 1911/12 und nach dem Kriegsdienst während des 1. Weltkriegs Studium an der Akademie in München. 1924–33 als freischaffender Künstler tätig, erhielt er 1933 eine Professur an der Münchner Akademie, an der er ab 1934 eine eigene Mal- und Zeichenschule eröffnen konnte. – Z. entsprach in seiner realistischen Malweise dem Kunstdenken des Nationalsozialismus und verschrieb sich diesem mit seinem ganzen Können.

Ziergiebel →Wimperg.

Zierscheibe. Aus fränkischen Gräbern überwiegend des 7. Jhs. sind zahlreiche durchbrochene Scheiben aus Bronze (Durchmesser ca. 8–10 cm) bekannt geworden, die zum Teil auf Ledertaschen aufgenäht waren, aber auch als Schmuckanhänger dienten. Die (zusätzlich gravierten) Motive zeigen germanische Heilszeichen, Tiere und Kreuze.

Ziesenis, Johann Georg. Deutscher Maler. Geb. 1716 in Kopenhagen, gest. 1777 in Hannover. Nach Tätigkeit

an verschiedenen Orten kam Z. 1757 als Hofmaler nach Zweibrücken und 1760 nach Hannover. Z. war einer der bedeutendsten Bildnismaler seiner Epoche; er überwand in seinem Werk allen Pomp barocker Portraits und gelangte schließlich, auch durch den Einfluß der engl. Portraitmalerei, zu einfachen, aber eindrucksvollen und realistischen Bildnissen. Er malte sowohl das Bürgertum als auch Fürstlichkeiten.
Lit.: F. F. Kuntze, J. G. Z., Diss. Erlangen, 1932.

Zikadenfibel. In der →Völkerwanderungszeit kommt der Typus einer →Fibel vor, die in Aufsicht einer Zikade mit weggespreizten Flügeln ähnelt. Die Gliederung ist verhältnismäßig naturalistisch, die Augen sind oft als aufgesetzte kleine Knöpfe gearbeitet.

Zikkurat. Stufenturm, charakteristisch für die Tempelarchitektur der sumerischen Kunst, von der der Baugedanke in die assyrische, babylonische und elamische Kunst überging (→Altorientalische Kunst). Klassische Form mit zentraler Rampentreppe und seitlich angelegten Wandtreppen in der Z. des →Urnammu in →Ur, deren geböschte Außenseiten aus gebrannten Lehmziegeln mit rhythmischer Nischengliederung bestanden, während den Kern ungebrannte Ziegeln mit Schilflagen und Bitumengeschichten bildeten. Die oberste Terrasse trug den Tempel. Die älteste Form der Z. ist in den Tempelterrassen von →Eridu und →Uruk vertreten, die bereits die Tendenzen zum Hochtempel erkennen lassen. Durch den künstlichen Tempelberg war der Sitz der Gottheit dem profanen Bereich entrückt. In der Z. von →Babylon erreichte die Bauform ihren Höhepunkt.
Lit.: A. Parrot, Sumer, 392; Assur, 380; E. Strommenger, Mesopotamien, 49ff., 75ff., 97ff., 100ff., 121ff.; H. Potratz, KAO, 60f., 131ff., 438.

Zille, Heinrich. Deutscher Zeichner und Maler. Geb. 1858 in Radeburg/Sachsen, gest. 1929 in Berlin. Bildete sich als Lithograph aus und studierte daneben an der Kunstschule in Berlin. Als Gehilfe in graphischen Werkstätten erlernte er noch die übrigen Reproduktionsverfahren. Ab 1900 begann er für Zeitungen, die „Lustigen Blätter“, den „Simplizissimus“ und die „Jugend“ zu zeichnen. – Seine schwere und entbehrungsreiche Jugend schlug sich später in seinen sozialkritischen Zeichnungen nieder. Die Motive seiner, den Blick auf das soziale „Milljöh“ gerichteten Schilderungen entnahm er den Berliner Proletariervierteln. Seine Skizzen wechseln zwischen humorvoll-gemütlichem Genre und bissig-aggressiven Studien.
Lit.: A. Behne, H. Z., o. J.

Zimier →Wappen.

Zimmermann. 1) Domenikus. Deutscher Baumeister. Geb. 1685 in Wessobrunn, gest. 1766 in Wies bei Steingaden. Z. begann als Maler und Stukkateur der Wessobrunner Schule und hat diese Tätigkeit auch stets nebenher ausgeübt. Bauaufträge führte er erst nach der Übersiedlung nach Landsberg a. Lech (1716) aus. Einfache Land- und Klosterkirchen machen den Anfang. Das erste geniale Werk, in welchem Z. seine Fähigkeit zu formensteigender Vereinfachung demonstriert, ist die Wallfahrtskirche Steinhausen mit einem zu einem Oval zusammengezogenen Langhaus (1727–33). Es folgt die Frauenkirche zu Günzburg (1733–40) und schließlich mit der Wallfahrtskirche „Die →Wies“ in Oberbayern ein Hauptwerk süddeutscher Rokokoarchitektur.
Lit.: Muchall-Viebrook, D. Z., 1912; N. Lieb, Münchner Barockbaumeister, 1941; C. Lamb, Die Wies, 1937. – **2)** Johann Baptist. Deutscher Stukkateur und Maler. Geb. 1680 in Wessobrunn, gest. 1758 in München. Bruder von 1.), mit welchem er auch anfangs zusammenarbeitete. Später schloß er sich aber in München →Cuvilliés an. Unter dessen Leitung entwickelte sich Z. zu einem graziösen Meister des bayrischen Rokoko. Zusammen mit Cuvilliés und teilweise auch Mirowsky arbeitete er an den Dekorationen der Amalienburg im Park von Nymphenburg, an denen der Reichen Zimmer der Münchner Residenz und, eine Meisterleistung dieser Kunst, an der Ausstattung des Nymphenburger Schlosses (1756).
Lit.: H. Tintelnot, Barocke Freskenmalerei in Deutschland, 1951.

Zimmermann, Mac. Deutscher Maler, Graphiker und Bühnenbildner. Geb. 1912 in Stettin, lebt in Berlin. Studierte an der Schule in Stettin für gestaltende Arbeit. Da er sich schon vor 1933 zum →Surrealismus bekannte, wurde er 1933–45 mit Malverbot belegt. 1946 lehrte er an der Akademie in Dessau, seit 1948 in München und ab 1958 als Prof. an der Hochschule für bildende Künste in Berlin. – Z. ist einer der wenigen deutschen Surrealisten.
Lit.: P. Waldberg, Surrealism, 1962.

Zimrilim. Letzter König von →Mari (1716–1695 v. Chr.), Zeitgenosse →Schamschiadads I. und →Hammurabis. Das Archiv von Mari bezeugt seine rege Bautätigkeit, zu der auch die Ausstattung des reichen Königspalastes gehört. Der König von →Ugarit bemühte sich durch Vermittlung des →Hammurabi von →Aleppo bei Z. um eine Besichtigung dieses Wunderwerkes, das Zentrum ausgedehnter Handelsverbindungen war. Darstellung der Inthronisation des Z., der zuletzt Vasall des Hammurabi von Babylon wurde, auf einem Wandgemälde des Palastes.
Lit.: A. Parrot, Sumer, 392; H. Schmökel, GAV, 89ff.; E. Strommenger, Mesopotamien, 86ff.

Zingel →Burg.

Zinn (Zinnguß). Gußverfahren zur Herstellung von Gefäßen und Geräten aus Z. mit Zusatz von Blei, in neuerer Zeit mit Legierungen von Kupfer, Wismut und Antimon. Gußformen aus Sand, Gips oder Metall, Verzierungen durch Reliefieren der Gußformen oder durch Gravieren oder Ätzen. Bereits in der griech. und röm. Antike war der Zinnguß geläufig. Auch im Mittelalter fand er für Kannen, Trinkgefäße und Teller reiche Verwendung. Höhepunkt des Zinngusses vom 16.–18. Jh., da in jener Zeit Gebrauchsgegenstände aus Z. als Ersatz teurer Silberware für breite Schichten des Bürgertums hergestellt wurden. Gegenstände dieses Edelmetalls wurden anfangs sowohl in der Form, als auch im Dekor nachgeahmt, während später mehr die Fayence als Vorbild diente. Mit der Renaissance entwickelten sich eigene Formen des Z.s, vor allem im reichen Reliefdekor. Zentrum dieser Entwicklung war Nürnberg, Hauptmeister K. Enderlein (1560–1633). – Zunehmend wurde das Z. seit dem späten 18. Jh. durch das Porzellan verdrängt und wurde nur noch in der Volkskunst tradiert.
Lit.: K. Berling, Altes Z., 1920; Hintze, Die deutschen Zinngießer und ihre Marken, 7 Bde., 1921–31.

Zinnenfries. Ein rechtwinklig gebrochener Stab, in der Form an die Umrißlinie eines Zinnenkranzes erinnernd. Er kommt als Bauornament vor allem in der roman. Architektur der →Normandie und Englands vor.

Ziselieren. Letzte Überarbeitung der gegossenen oder getriebenen Metallarbeit mit Meißel, Feile, Punze und Stahlstift.

Ziste →Ciste.

Zisterzienserbaukunst. Baukunst des aus dem benediktinischen Reformorden der Cluniazenser (→Cluny) hervorrgegangenen Zisterzienserordens, der, 1098 von Abt Robert in Cîteaux/Burgund als Protest gegen den verweltlichten Machtanspruch und die ungeheure Prachtentfaltung von →Cluny III gegründet, strenge Askese und harte körperliche Arbeit zu Ordensidealen erhebt (Rodung unwirtlicher Gebiete, Landbau, Verzicht auf die benediktinische Wissenschaftspflege). Diese Ideale prägen die übernationale Baukunst des Ordens, der durch den Eintritt des Bernhard von Clairvaux (1113) zum bedeutendsten Mönchsorden des 12. Jhs. wurde und dessen zahlreiche Kirchenbauten eine ausgeprägte Sonderstellung innerhalb der gleichzeitigen roman. Architektur einnehmen. Bis zum Tode des Bernhard von Clairvaux waren schon, über ganz Europa verbreitet, 500 Zisterzienserabteien neu gegründet. Mutterkloster war →Cîteaux (Cistercium; heute zerstört), hinzu kamen vier weitere Mutterklöster – 1114 gegründet: La Ferté, Pontigny; 1115 gegründet: Morimond, Clairvaux – von denen nur →Pontigny erhalten ist. Für die Verbindung zwischen Mutterklöstern und den Hunderten von Tochtergründungen sorgte eine straffe Organisation. Anfangs alljährliche, später alle drei Jahre einberufene Generalkapitel achteten auf die Einhaltung der strengen, auch